U0901339

权威性·科学性·准确性·实用性

河北经济年鉴

HEBEI ECONOMIC YEARBOOK

2013

(总第29卷)

河北省人民政府　主办

中国统计出版社
China Statistics Press

图书在版编目（CIP）数据

河北经济年鉴. 2013：汉英对照/河北省人民政府编. —北京：中国统计出版社，2013.9

ISBN 978-7-5037-6985-6

Ⅰ.①河… Ⅱ.①河… Ⅲ.①地方经济—河北省—2013—年鉴—汉、英 Ⅳ.①F127.22-54

中国版本图书馆 CIP 数据核字（2013）第 226765 号

河北经济年鉴-2013

作　　者/ 河北省人民政府办公厅　河北省统计局　河北省社会科学院
责任编辑/ 佘竞雄　潘保海　谢英欣
责任校对/ 苑守满　杜荣水
封面设计/ 郝　巍　张小霞
出版发行/ 中国统计出版社
地　　址/ 北京市丰台区西三环南路甲 6 号　邮政编码/100073
电　　话/ 邮购（010）63376909　书店（010）68783171
网　　址/ http://csp.stats.gov.cn
印　　刷/ 中国标准出版社秦皇岛印刷厂
经　　销/ 新华书店
开　　本/ 889 mm×1194 mm　1/16
字　　数/ 1 900 千字
印　　张/ 47.5
版　　别/ 2013 年 9 月第 1 版
版　　次/ 2013 年 9 月第 1 次印刷
定　　价/ 380.00 元

本书附同版本 CD-ROM 一张，光盘内容以书面文字为准。

如有印装差错，由本社发行部调换。

编 辑 说 明

《河北经济年鉴—2013》是本书出版以来的第29卷，主要记载了2012年河北省经济社会发展和改革开放的业绩与历程。

2012年，河北人民在党中央、国务院和河北省委、省政府正确领导下，积极应对复杂局面，坚持稳中求进的工作总基调，认真落实省第八次党代会确定的目标任务，大力实施“一产抓特色、二产抓提升、三产抓拓展”经济发展战略，扎实做好稳增长、控物价、调结构、抓创新、惠民生、促和谐的各项工作，经济社会发展呈现出稳中有进的良好态势，实现了建设经济强省、和谐河北的良好开局，为全面建成小康社会奠定了坚实基础。但发展中还存在一些突出问题：区域发展不平衡、城乡发展不协调的状况尚未根本转变，经济发展结构性矛盾比较突出，经济增长下行压力较大，安全生产和食品安全形势依然严峻，关系群众切身利益的收入分配、教育医疗、就业社保、扶贫开发等方面问题还需下大力解决，发展环境和生态环境还存在不少问题，政府自身建设需要加强。本卷对此都尽量予以全面、系统、忠实地记载。

本《年鉴》作为中国统计出版社出版的省级年鉴系列丛书之一，在总体结构和指标体系上，继续与国家和各省市保持规范、统一。统计资料篇的数字大部分来自年度统计报表，部分来自抽样调查。由于多种原因，其他篇的个别数字，可能与统计资料篇不相吻合，使用时应以后者为依据。读者在使用本《年鉴》统计资料时，如有不明之处，请参阅本卷统计资料篇的使用说明和“主要统计指标解释”。

如有错误与不当之处，恳请读者批评指正。

《河北经济年鉴》编辑部

2013年9月

《河北经济年鉴—2013》编委会、编辑人员名　　单

主　任　杨崇勇　河北省人民政府常务副省长

副主任　苏银增　河北省人民政府常务副秘书长

郭洪波　河北省统计局局长

周文夫　河北省社会科学院院长

委　员　刘志军　河北省人民政府办公厅副巡视员

杨景祥　河北省统计局副局长

彭建强　河北省社会科学院副院长

张英香　国家统计局河北调查总队纪检组长

孟祥云　河北省统计局总统计师

陈永久　河北省发展和改革委员会主任

贾红星　河北省科学技术厅厅长

杜彦卿　河北省财政厅副厅长

景庆雨　河北省人力资源和社会保障厅副厅长

朱正举　河北省住房和城乡建设厅厅长

王　昌　河北省工业和信息化厅厅长

王　宇　河北省农业厅副厅长

王志欣　河北省商务厅厅长

周　杰　河北省人民政府国有资产监督管理委员会主任

李亚民　河北省国家税务局局长

高志立　河北省地方税务局局长

陈国鹰　河北省环境保护厅厅长

庞彦须　河北省工商行政管理局副局长

张文汇　中国人民银行石家庄中心支行行长

郭锦洲　中国银行业监督管理委员会河北监管局局长

常思勇　国家开发银行河北省分行行长

王玉武　中国农业发展银行河北省分行行长

许　杰　中国工商银行河北省分行行长

杨　光　中国农业银行河北省分行行长

杨红光　中国银行股份有限公司河北省分行行长

李秀昆　中国建设银行股份有限公司河北省分行行长

尹兆君　交通银行股份有限公司河北省分行行长

王宏杰　华夏银行石家庄分行行长

高名安　中国光大银行股份有限公司石家庄分行行长

王文进　河北省农村信用社联合社理事长

乔志强　河北银行股份有限公司董事长

魏丙申　中国人民财产保险股份有限公司河北省分公司总经理

地区生产总值（亿元）

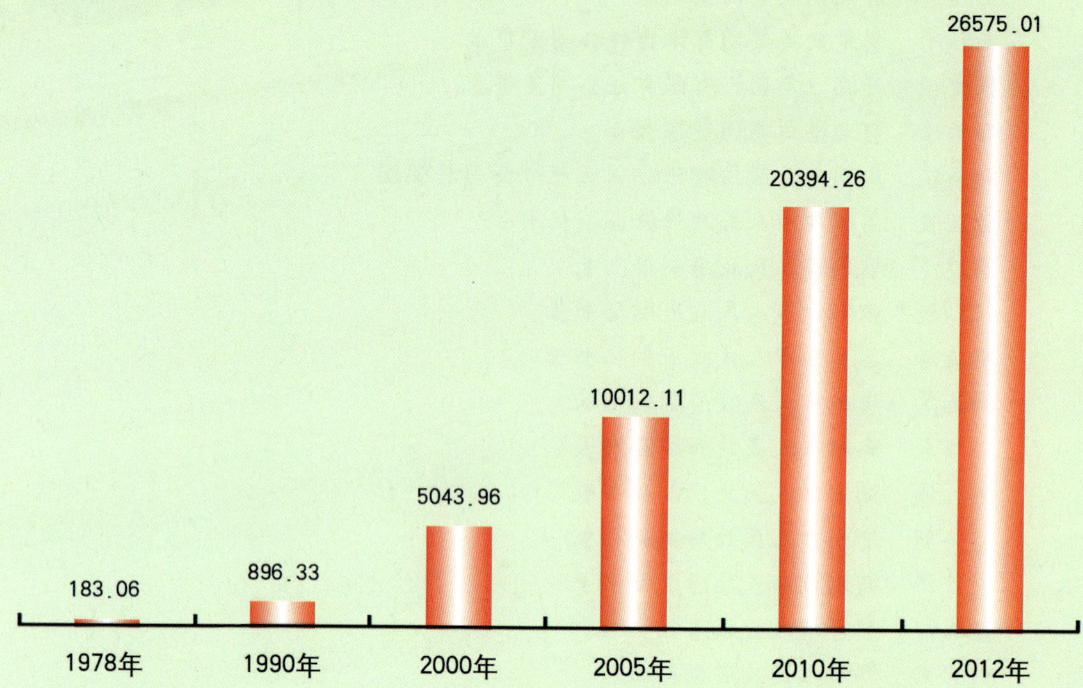

产业结构（%）

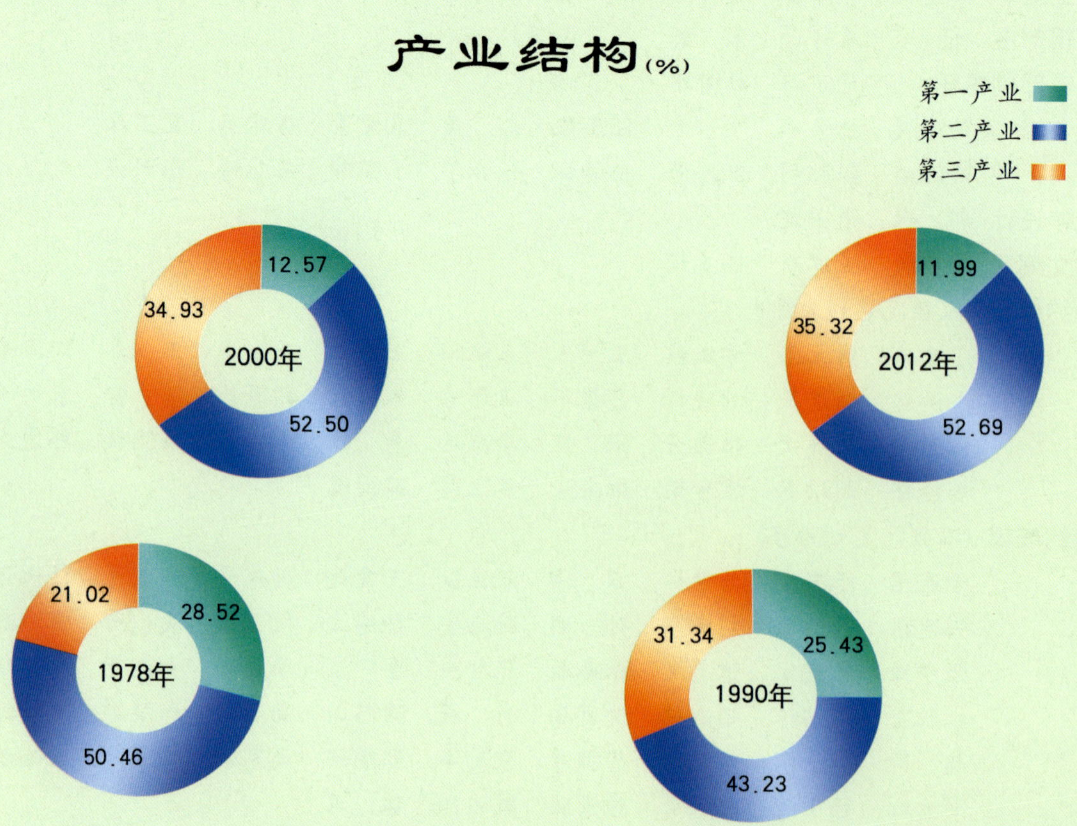

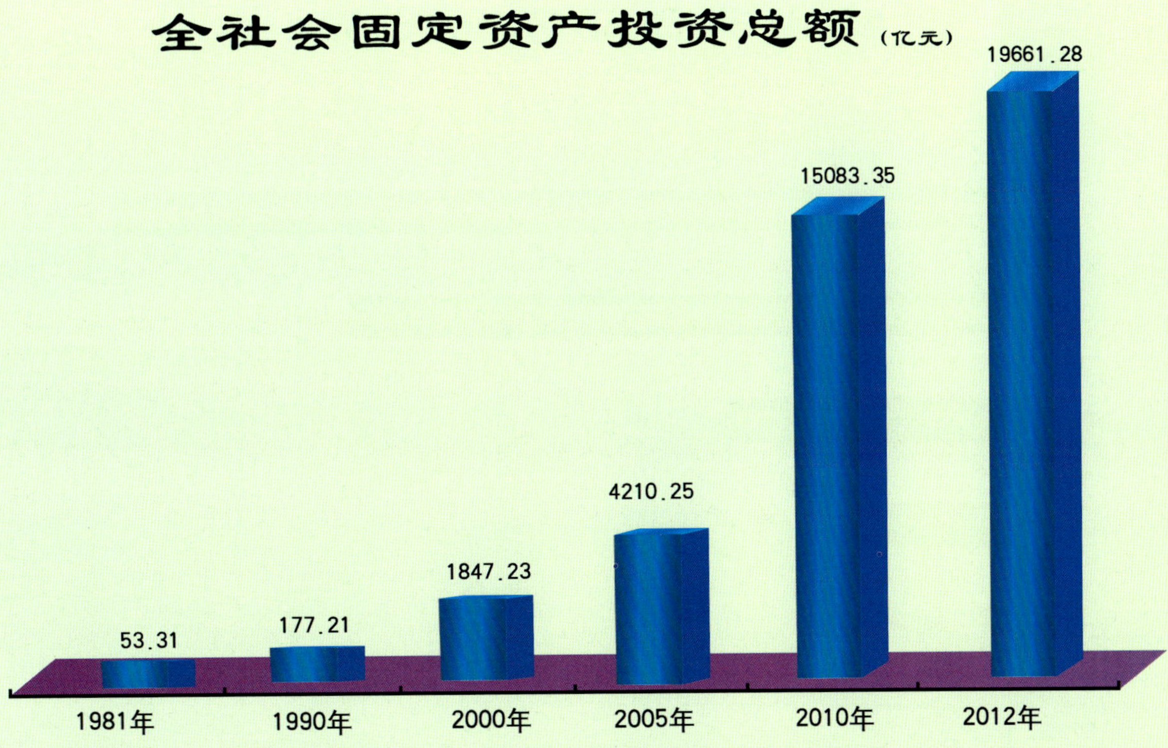

财政总收入与财政支出（亿元）

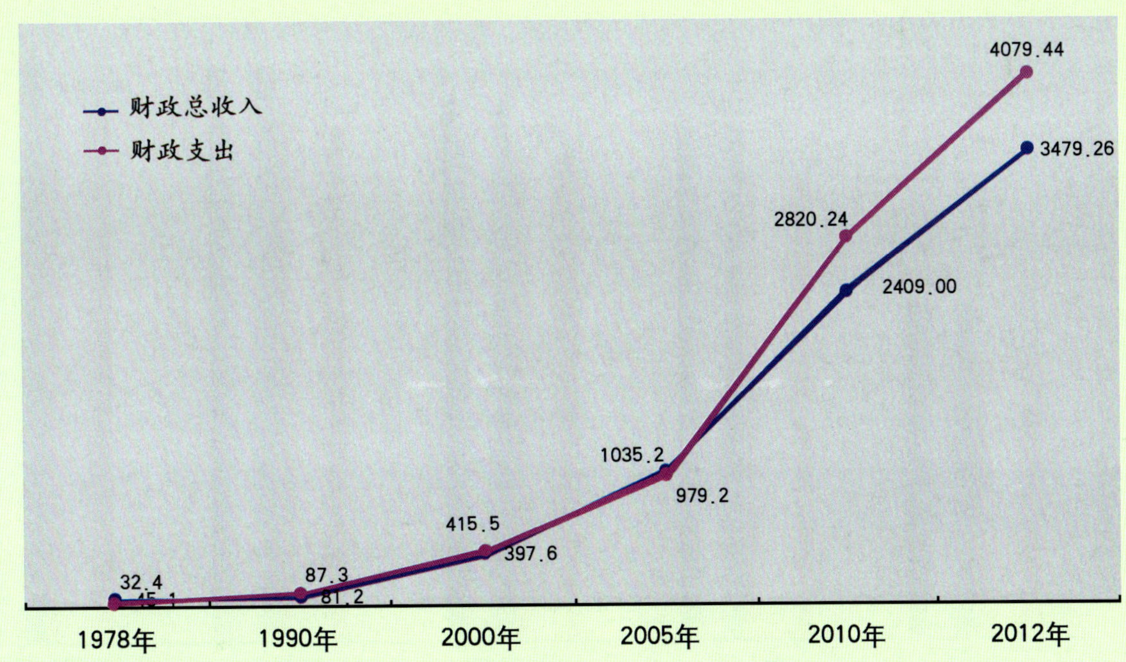

社会消费品零售总额（亿元）

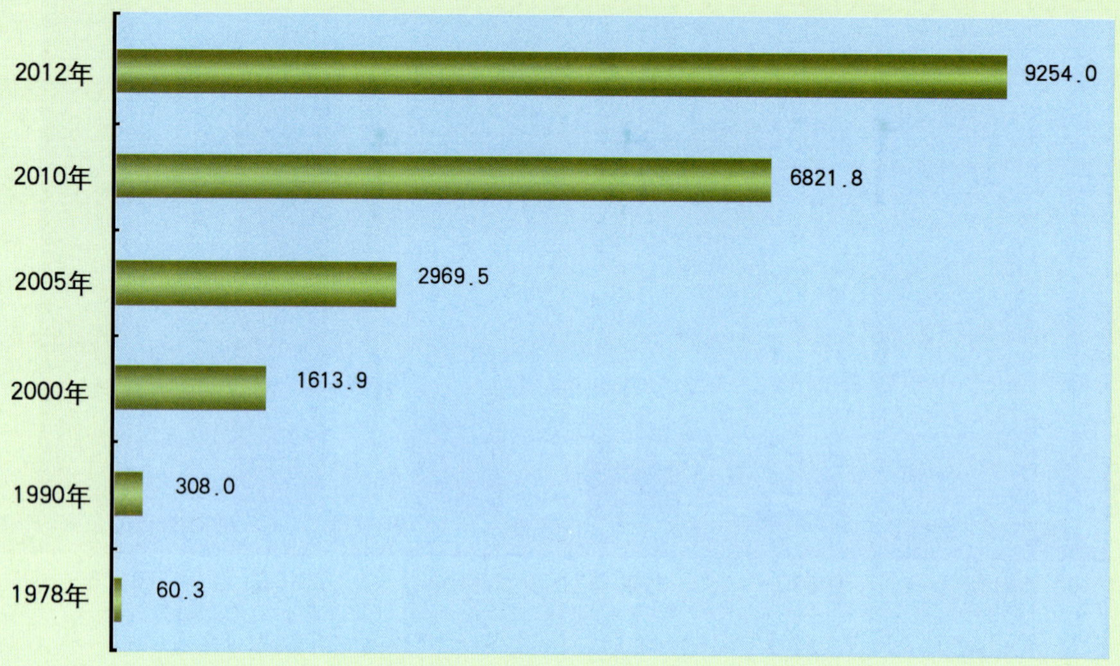

城乡居民人均收入（元）

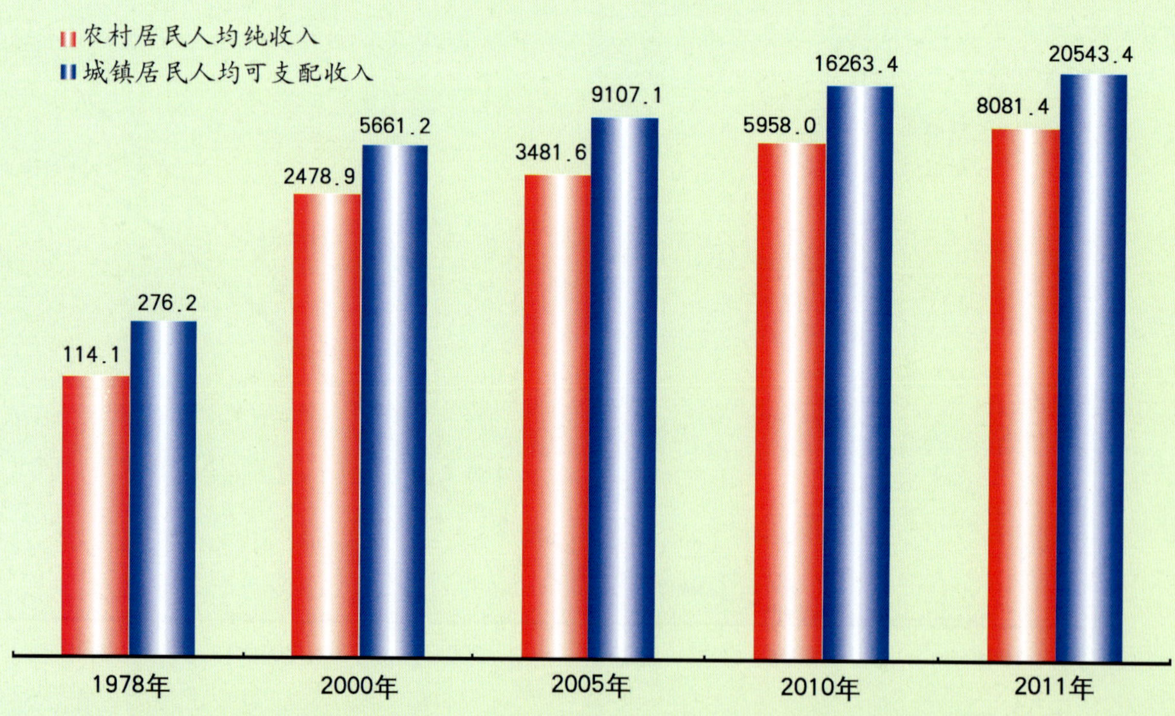

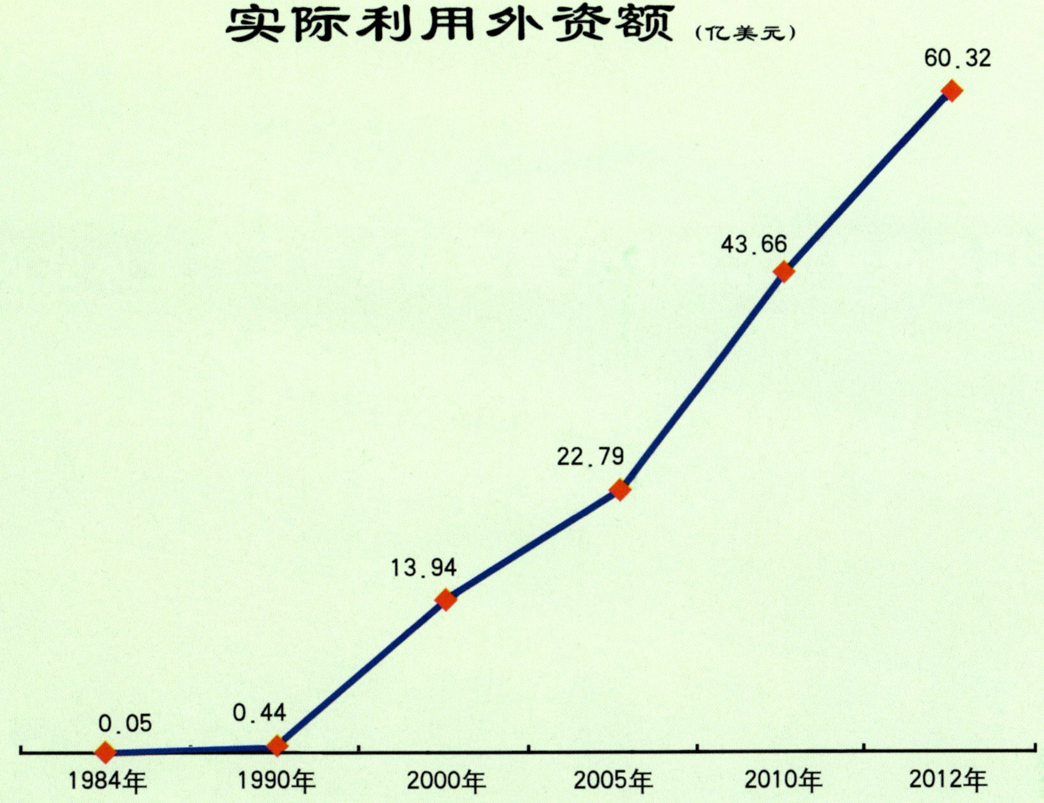
实际利用外资额（亿美元）
60.32
43.66
22.79
13.94
0.05
0.44
1984年
1990年
2000年
2005年
2010年
2012年

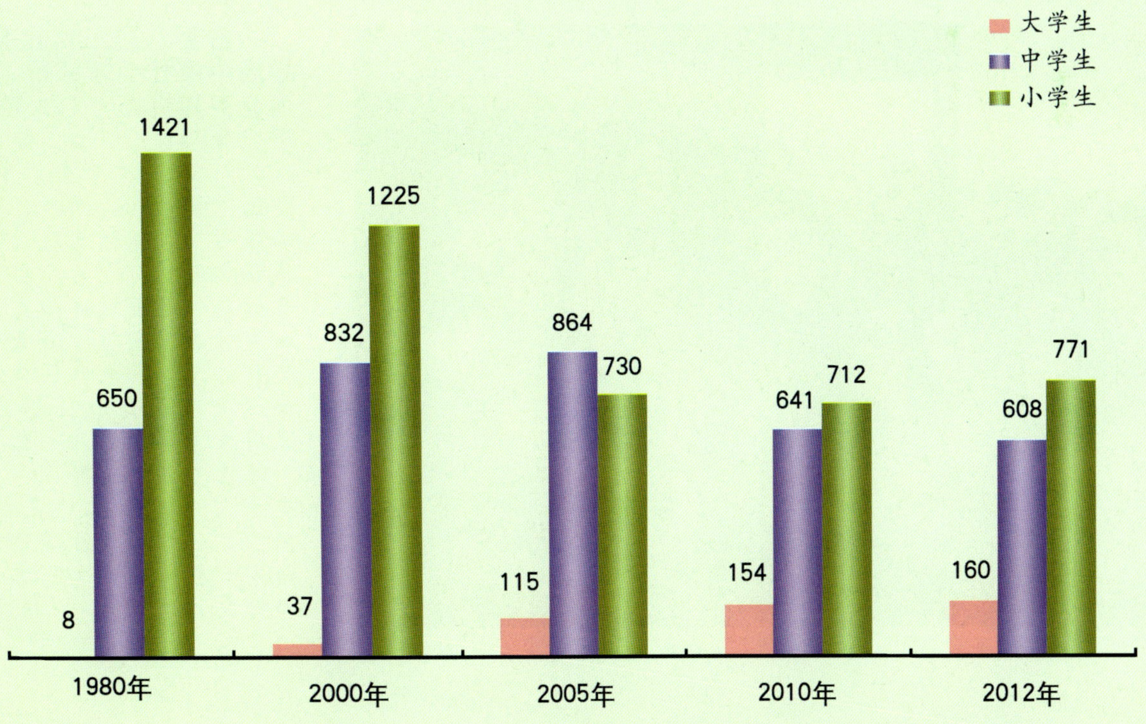
每万人口在校学生数（人）
大学生
中学生
小学生
1421
1225
864
832
730
712
771
650
641
608
8
37
115
154
160
1980年
2000年
2005年
2010年
2012年

2012
稳增长 控物价 调结构 抓创新 惠民生 促和谐

省委八届三次全会作出全面建成小康社会新部署 紧密结合河北实际贯彻十八大精神 2012年11月20日—21日，中共河北省委召开八届三次全会，对认真学习贯彻党的十八大精神，不断开创经济强省、和谐河北建设的新局面提出新要求。河北省今后五年的奋斗目标是：建设经济强省、和谐河北取得标志性突破，全面建成小康社会目标在大多数地区总体实现，全面深化改革开放任务在重要领域取得重大进展。 上图：全会会场（陈腾飞 摄） 下图：“党的十八大讲了啥？让咱农民能得到啥实惠？”2012年12月12日，省委党校张宏升教授在赞皇县孤山村南台庄为村民上辅导课。（赵威 摄）

2012
稳增长 控物价 调结构 抓创新 惠民生 促和谐

抢抓机遇、积极作为　经济发展后劲实现新增强　2012年，河北省坚持把项目建设作为工作基点，加强与国家有关部委的沟通协调，增加建设用地规模，中石化千万吨级炼油、石家庄轨道交通等75个重大项目获得国家核准或审批。石家庄格力电器等348个重点项目开工建设，张石高速、邯郸美的空调等65个重点项目建成通车或竣工投产。图为 2012年9月28日，石家庄市轨道交通开工典礼隆重举行。（郭昭 摄）

转型升级，创新驱动，产业结构调整迈出新步伐　2012年，河北省大力推进技术改造，全省用于技术改造、淘汰落后产能和培育新兴产业等方面的资金达到5800亿元，有力地促进了产业结构优化升级。左图：河北钢铁集团2180mm冷轧生产线采用当今国际领先的五机架六辊CVC+轧机板型控制技术，可生产高精度家电面板、轿车面板。（河北日报资料图片）　右图：位于河北省邯郸经济开发区的新兴新能源设备制造基地车用压缩天然气瓶生产车间。（赵永辉　摄）

2012
稳增长 控物价 调结构 抓创新 惠民生 促和谐

抓住关键、突破瓶颈，“两个环境建设”作出新部署 2012年，河北省把着力改善发展环境、着力改善生态环境作为一场新的革命，全方位、大力度加以推进，出台并实施着力改善发展环境、着力改善生态环境两个实施意见，推动了行政效率和服务质量的提高，促进了城乡面貌和生态环境的新变化。 上图：2012年10月12日，石家庄市亚龙花园燃煤锅炉采用天然气作为主要燃料改造工程现场，工人们正在进行收尾施工。（陈腾飞 摄） 下图：2012年10月19日，在三河市燕郊行政审批中心，工作人员正在解答问询者的提问。为进一步优化发展环境，该中心汇集了26个具有审批权限的单位集中办公，将280项行政审批事项削减到147项，同时还实行了“限时办结制度”，压缩审批时限，提高即办事项的项目比例；对一些重点投资项目，还实行代办制度。（陈腾飞 摄）

坚持加强“三农”工作，农业综合生产能力继续提高 上图：2012年6月7日，成安县大边董村农民在喜收小麦。当年，河北省全年粮食生产实现“九连增”，总产量达到649.3亿斤。（赵永辉 摄）

下图：美不胜收的平泉县食用菌研究中心选育基地。据北京市新发地蔬菜批发市场统计，来自平泉的食用菌已占北京市场的一半以上。承德每年向北京市场供应250万吨蔬菜、20万吨食用菌、1亿只肉鸡、1000万只鸭和300万头生猪。（贾恒 摄）

2012
稳增长 控物价 调结构 抓创新 惠民生 促和谐

主动对接、深化合作，“双百工程”取得新成效 2012年6月18日，中共河北省委、省政府在石家庄隆重举行百家科研院所、高等院校走进河北合作恳谈会。这是继上年成功举办百家央企走进河北战略合作恳谈会后河北省的又一件大事、喜事、盛事。2012年，河北省已与56家央企签署96项合作协议，119个项目开工建设或建成投产，全年累计完成投资1151.2亿元；百家院所校进河北签约项目中有187项进入实施阶段。 上图：2012年6月18日，全国政协副主席、科技部部长万钢在省委书记、省人大主任张庆黎，省委副书记、省长张庆伟陪同下参观走进河北的百家院所校情况介绍和科技成果展示。（郭昭 摄）

加强基层建设年活动扎实推进，15000名干部驻村帮扶共谋发展 2012年，河北省在全省开展了以“强班子、促发展、惠民生、保稳定”为主题的加强基层建设年活动，从省、市、县（市、区）三级选派15000名干部，进驻5000个经济发展相对较慢的村进行集中帮扶。当年，全省加强基层建设年活动成效显著，共落实帮扶资金76亿元，实施帮扶项目8.17万个，5010个村面貌焕然一新。 左图：2012年2月7日，河北省开展加强基层建设年活动动员大会在石家庄河北会堂举行。（郭昭 摄） 右图：2012年2月16日，隆尧县供电公司驻村队员到唐家庄村80岁的任平素老人家中走访慰问，帮该村谋划发展思路。（赵永辉 摄）

2012
稳增长 控物价 调结构 抓创新 惠民生 促和谐

"善行河北"主题道德实践活动，善果累累 为大力弘扬社会主义荣辱观和新时代的雷锋精神，传承中华民族的传统美德和厚德重义的燕赵风骨，把社会主义道德建设要求进一步化为全省人民的生动实践，2012年2月25日，省精神文明建设委员会决定，在全省广泛开展"善行河北"主题道德实践活动。此活动开展以来，各行各业积极响应，广大群众踊跃参加，社会各界反映强烈，燕赵大地呈现出善意浓浓、善心涌动、善行如潮、善果累累的可喜局面。 上图：高淑珍和她的"爱心小院"。高淑珍今年55岁，是唐山市滦南县洼里村一名普通家庭妇女。为了帮助肢残儿童学习文化知识，自1999年开始，14年来她先后在自己家中免费收教近百名残疾孩子。在她的感召下，多位爱心人士走进了这个农家小院，当起了志愿者，演绎了一曲爱心接力、无私奉献的动人华章。（河北日报资料图片） 下图：走进穆孟杰的"光明世界"。穆孟杰，盲人，平乡县特教学校校长。他历经坎坷，散尽家财，自办特教学校13年；他呕心沥血，精心施教，免费培养出230多名盲童学生；他送走黑暗，迎来光明，让生活在黑暗中的盲童学生拥有了光明的人生。（赵威 摄）

2012
稳增长 控物价 调结构 抓创新 惠民生 促和谐

抗击强降雨　大爱涌燕赵　2012年7月21日至22日，河北省部分地区因强降雨造成特大洪涝灾害，到7月24日，全省受灾人口达210.3万人，死亡19人，失踪20人，农作物受灾面积152.1千公顷，倒塌房屋12961间，部分基础设施受损，因灾造成直接经济损失29.88亿元。灾情发生后，河北省迅速展开救灾工作，有力地保证了受灾群众的基本生活，确保了灾区的社会稳定。到年底，灾区群众的生产生活基本恢复。 上图：7月下旬，在重灾区涞水县野三坡景区通往外界的旅游主路上，大型渣土车正源源不断地运送渣土铺垫损毁路面，以保证大批救援车辆通行顺畅。（赵威、陈腾飞、高振发　摄） 下图：11月6日，涞源县天桥村郭连香一家正忙着在新家张贴对联。7·21洪灾后，涞源县对受损民房及基础设施进行高标准修复和重建，经过三个多月艰苦奋战，到11月上旬，安排当年完工的灾后重建项目已基本完成。（陈腾飞　摄）

2012
稳增长 控物价 调结构 抓创新 惠民生 促和谐

加大投入、综合施策，保证和改善民生得到新加强 2012年，河北省各级政府大幅度增加了民生投入，并积极争取中央专项资金支持，全省用于民生方面的支出达到3115.5亿元，占全部支出的77.5%。狠抓了保障性安居工程、农村饮水安全、公共教育服务均等化、医疗卫生、养老服务、城乡低保、文化惠民、环境治理、困难群体救助等十件惠民利民的实事好事。 上图：农民也能领“退休金”了！2012年8月16日，正在办理“城乡居民社会养老保险”手续的隆尧县杨河村村民李改琴高兴地说。（赵永辉 摄） 下图：2012年，赞皇县第二中学学生在课间快乐地玩耍。2011年10月启用的赞皇二中校区是石家庄市“山区教育扶贫工程”重点项目，可容纳2400多名初中生寄宿就读，解决了长期困扰周边五乡镇孩子们的上学难。（陈腾飞 摄）

河北钢铁集

集团董事长、党委书记　王义芳

集团财务公司开业

河北钢铁集团有限公司（简称河北钢铁集团）是于2008年6月30日，由原唐钢集团和邯钢集团联合组建而成的特大型钢铁企业。2010年，河北钢铁集团先后重组了石钢和河北宣工。集团现拥有直属子分公司16家，以钢铁为主业，横跨钢铁、装备制造、金融服务、现代物流四大板块，在册员工14万余人。

集团组建以来，年钢产量由3108万吨增长到4284万吨；营业收入由1248亿元增长到2475亿元，总资产由1480亿元增长到3162亿元，实现双翻番；企业综合竞争力和国际影响力持续增强，连续四年跻身世界企业500强，并由2009年的375位前进到2012年的269位；2012年居中国企业500强第31位、中国制造业500强第10位。先后入选“世界著名品牌500强”、“全球最受尊敬的公司”。集团荣获“全国五一劳动奖状”、国家级企业管理创新成果一等奖。

河北钢铁集团以建设”国内领先、国际一流”钢铁企业集团为战略目标，坚决贯彻落实国家钢铁产业发展政策，加快产业升级和结构调整步伐，主体装备全部实现了大型化、现代化。目前，集团拥有2000m3级高炉8座、3200m3高炉5座，200　m2以上烧结机13台，6米以上大型焦炉10座；拥有120吨以上炼钢转炉20座、100吨超高功率电炉4座，LF精炼炉26座，双工位RH精炼炉8座，VOD精炼炉2座，AOD精炼炉1座，VD精炼炉4座；拥有棒材、高线、型钢、窄带生产线30条，2250、1810、1780（两条）、1700、1580热轧生产线6条；拥有130万吨、140万吨“大型”冷轧生产线2条，并配备有酸洗、镀锌、电镀锡、彩涂等强大的涂镀层板材深加工能力，还拥有3000、3500（两条）、4100、4200mm六条总产能达800万吨的中厚板生产线。经过持续优化完善，集团钢铁主业具备5000万吨优质产能，形成了从厚度0.16mm的超薄精密冷轧板，到厚度达700mm特宽特厚板的全系列板材品种结构，家电板、汽车板、管线钢、海洋平台用钢等产品畅销国内外。集团获得了全球汽车制造商供货认证，成为中国核电用钢领军者、中国唯一能够自主生产大厚度海洋平台用调质高强钢企业。集团产品以

250吨转炉

2250mm热连轧生产线

3200立方米高炉

团有限公司

"精品板材、优质建材、特殊用钢、钒钛制品"四大系列为主导，覆盖航空航天、军工、汽车、石油、铁路、桥梁、建筑、电力、交通、机械、造船、轻工、家电等20多个重要应用领域。

集团总经理　于勇

河北钢铁集团始终坚持以科技创新引领企业发展，不断加大技术创新体系建设和产品研发力度。目前，集团拥有两个国家级技术中心。对集团技术研发资源进行整合，高标准组建了集团钢铁技术研究总院，投资3亿元建成了具备国际一流水平的中试基地。集团拥有300余项自主知识产权，制定出了《低焊接裂纹敏感性高强度钢板》、《耐磨钢板》、《石油天然气输送管线用宽厚钢板》、《建筑结构用钢板》、《厚度方向性能钢板》等多项国家产品标准，200多个钢材品种替代进口，一批"高、精、尖"产品出口40多个国家和地区，集团产品在国际国内市场享有较高声誉。在一大批闻名中外的重大工程建设中，集团产品发挥了关键作用。北京奥运"鸟巢"、世博中国馆、三峡工程、西电东送、南水北调、中央电视台新台址等重大工程；上海卢浦大桥、美国旧金山新海湾大桥等40多座世界著名桥梁；首都机场、京沪高铁、广深高速等重要交通枢纽干线，以及"神舟"五号、"嫦娥"1号、特种装甲车等航天、国防和军工领域，集团产品均做出了突出贡献。

曹妃甸物流园区项目开工典礼

站在新的起点上，河北钢铁集团以科学发展观为指导，加快转变经济发展方式，大力调整产品结构，全力推进钢铁主业由"粗加工向精加工、由低端产品向高端产品、由内地布局向沿海布局、由分散发展向集中发展"的四大转变，努力实施全面转型升级发展战略，力争到"十二五"末实现规划发展目标，成为钢铁报国、奉献社会的"科学发展"示范者，人、钢铁、环境和谐共生的"绿色钢铁"引领者，促进员工全面发展的"幸福钢铁"实践者，为实现我国由钢铁大国迈向钢铁强国做出新的更大贡献！

冷轧产品

热轧生产线

厂区一角

河北港

河北港口集团向省国资委签订经济责任状

河北港口集团有限公司（简称河北港口集团）是集港口建设、开发，国有资产运营、管理以及投融资功能于一身的综合性企业集团。2012年完成港口吞吐量3.49亿吨，是当今世界最大的干散货港口运输企业。

河北港口集团现有职工17000人，总资产383亿元，拥有全资和控股、参股投资企业32家，业务涉及港口经营、港口物流、港机制造、港口建设、港口服务、港口地产、资源开发和资本运作等多个领域。现有生产泊位61个，年设计通过能力3.09亿吨，主要布局在秦皇岛港、唐山曹妃甸港区、沧州黄骅港综合港区。

煤炭业务座谈会

秦皇岛港由河北港口集团控股的秦皇岛港股份有限公司经营，是以能源运输为主的综合性国际贸易港口，为当今世界最大的煤炭输出港和干散货港。秦皇岛港分为东、西两大港区。东港区以能源运输为主，拥有世界一流的现代化煤炭码头。西港区以杂货、集装箱装卸运输为主，拥有装备先进的杂货和集装箱码头。　　秦皇岛港现有生产泊位47个，最大可接卸15万吨级船舶，年设计通过能力2.25亿吨。其中，煤炭年设计通过能力1.93亿吨，杂货年设计通过能力1480万吨，石油化工品年设计通过能力1700万吨，集装箱年设计通过能力75万标准箱。

河北港口集团在曹妃甸港区控股开发建设和经营现代化矿石码头，共计6个泊位，年设计通过能力6550万吨。其中，矿石码头一期工程包括2个25万吨级矿石泊位和2个5万吨级杂货泊位，年设计通过能力3350万吨；矿石码头二期工程包括2个25万吨级矿石泊位，年设计通过能力3200万吨，均由秦皇岛港股份有限公司控股的曹妃甸实业港务有限公司经营管理，使河北港口集团曹妃甸港区成为中国重要的矿石中转港。正在建设的曹妃甸煤炭码头二期工程，计划建设5个5−10万吨级煤炭专用泊位，年设计通过能力5000万吨，由秦皇岛港股份有限公

鸟瞰河北港口集团秦皇岛港东港区现代化煤炭装卸码头

曹妃甸港区矿石作业

口　集　团

司控股的曹妃甸煤炭港务公司建设。此外，集团参股建设的曹妃甸煤炭码头一期工程已于2009年8月8日正式通航，建有5个煤炭专用泊位，年设计通过能力5000万吨。

河北港口集团主导开发的黄骅港综合港区于2010年8月18日正式开航。黄骅港综合港区地处渤海西岸，位于河北省与山东省交界处，陆上距黄骅市区约45公里、沧州市区约90公里，毗邻京津，背靠大西北，是河北省南部沿海地区的重要新兴港口，是冀中南地区最便捷、最经济的出海口，拥有广阔的发展空间。　黄骅港综合港区一期工程于2010年8月投入试生产，共有4个通用散杂货泊位和4个多用途泊位，年设计通过能力1800万吨；其中2个多用途泊位已开通集装箱航线，年设计通过能力40万标准箱，2012年投产第一年即完成10万标箱。水工结构具备靠泊10万吨级船舶条件。

河北港口集团与邯郸市政府签订开发建设国际陆港

煤炭交易商洽谈会

河北港口集团积极履行社会责任，建设生态型、环境友好型企业。先后建成亚洲最大的秦皇岛港煤码头防风网工程、煤炭堆场与装卸机械单机洒水除尘系统等现代化环保设施，达到了国内清洁生产先进水平，实现了企业和谐发展、绿色发展、可持续发展。

河北港口集团坚持以科学发展为主题，以转变发展方式为主线，以实现国际化发展为方向，按照“以港为基、跨区经营、开放多元、转型升级”的思路，积极实施“走出去”和“引进来”的开放战略，着力打造资本和信息服务两个平台，大力发展港口经营、建设及配套服务，港口物流，其他水上运输辅助服务三大主业，努力构建港口经营、物流服务、地产开发、投资金融和综合服务五大板块，积极开展港口主业、港口物流、港口建设、港机制造、港口地产、港口服务、资源开发和资本运作八项业务，加快建设秦皇岛、唐山、沧州三大港口基地，最终形成以秦唐沧三大港区为载体、物流项目为辐射节点、集疏通道为纽带的港口物流网络，把企业打造成为集码头运营商、资源开发商、资本运营商和综合物流服务商于一体的大型综合性卓越集团公司。“十二五”末资产总额达到600亿元，年营业收入300亿元，年利润总额20亿元。

黄骅港集装箱作业

建设中的江苏靖江煤炭基地

中国农业发展银行

行长　王玉武

中国农业发展银行河北省分行作为农发行总行下属一级分行，成立于1995年3月。主要职责是按照国家的法律、法规和方针、政策，以国家信用为基础，筹集资金，承担国家规定的农业政策性金融业务，代理财政支农资金的拨付，为农业和农村经济发展服务。农发行河北省分行下辖163个分支机构，其中二级分行（含省分行营业部）11个、县级支行151个，分支机构遍布全省各市县。

近年来，河北省分行在总行党委和省委省政府正确领导下，坚持深入贯彻党和国家一系列支农惠农强农方针政策，认真落实国务院第57次常务会议精神，强化信贷支农，加快业务有效发展，狠抓经营管理，加强领导班子和干部队伍建设，各项工作实现又好又快发展，有力推动了全省新农村建设，较好发挥了农业政策性银行的职能作用。

中国农业发展银行河北省分行办公楼

河北省分行

先后被省委省政府授予“推进社会主义新农村建设先进单位”、“民主评议先进单位”、“金融贡献奖”、“金融创新奖”等荣誉称号。2012年末，农发行河北省分行各项贷款余额684亿元，各项存款日均余额174亿元，实现经营利润13.65亿元。

2012年7月5日，农发行河北分行青年礼仪之星比赛

中国农业发展银行河北省分行全省分支行行长会议

2012年11月26日，省分行机关处级干部到中纪委西柏坡廉政教育馆开展“牢记两个务必，保持党的‘先进性’和‘纯洁性’”廉政警示教育活动

河北银行
BANK OF HEBEI

乔志强董事长在支行视察

姚浩俊行长（正中）一行在企业调研

河北银行成立于1996年5月28日，是全省成立最早、规模最大的城市商业银行，也是全省唯一一家省级法人银行。成立以来，在各级党委、政府的正确领导和监管部门的有效监管下，锐意进取，开拓创新，一步步成长壮大为河北省乃至环渤海地区资本充足、内控严密、资产优良、效益良好、具有重要市场影响力的现代股份制商业银行。

经营规模不断扩大，经济效益大幅提升。截至2012年末，资产总额1218.41亿元，是建行初期的21倍；存款余额899.56亿元，贷款余额495.86亿元，分别是建行初期的18.1倍和16.9倍。盈利水平持续提升，2012年全行实现净利润12.09亿元，上缴税费4.58亿元。主要监管指标创历史最好水平，其中，资本充足率达到12.90%，拨备覆盖率423.24%，不良贷款率0.62%，贷款拨备率2.64%。河北银行在石家庄、唐山、邯郸、天津、廊坊、沧州、保定、青岛、邢台设有分行级机构，营业网点共计97家，在岗员工3000余人。据2012年英国《银行家》杂志公布的数据，河北银行在全球1000家大银行中排名第701位，综合实力已迈上了一个新的台阶。

特色化经营，差异化发展。河北银行从自身实际出发，不断完善经营机制，创新金融产品，丰富服务渠道，形成了鲜明的市场定位和业务特色。一是与全省经济发展战略深度融合。围绕地方传统优势行业、战略性新兴产业、现代服务业等领域，充分利用同省、市、县各级政府搭建的“政银企”合作平台，搞好对接和服

中债银行资金管理系统在河北银行正式上线

小微企业金融服务宣传月

合心合力 共生共荣

务。二是中小企业市场定位进一步细化和落地。将基本客户定位为大型中心企业供应链两端的中小企业及商圈、产业聚集区中的优质中小企业，坚持批量开发，整体授信，在促进中小企业发展、活跃地方经济的同时，也为自身发展探索出了一条“业务增长快、信用风险可控”的新路子。截至2012年末，全行中小微企业贷款余额286.07亿元，在全部贷款增量占比达到78.3%。其中，单户授信500万元以下的小微贷款实现突破性增长，增速达到172.3%。三是零售客户服务能力有效提升。针对居民日益增长的多样化、个性化服务需求，推出了深受欢迎的工资保证贷款、循环贷款、信用卡分期、手机银行等服务品种，安全稳健、收益合理的理财品牌也已初步打响。对客户实施分层管理，加大电子银行和自助设备的投入，与连锁便利店、第三方支付渠道等加强合作，解决排队难问题。目前共有80万石家庄市城镇居民和灵活就业人员医疗保险费的交纳、10万城镇居民个体养老保险费的缴纳和6万职工退休工资的发放在河北银行办理。

河北银行秉持“合心合力 共生共荣”的经营理念，推出了“朋友金融 知心致行”的母品牌，并针对小企业金融服务和个人理财服务，重点推出“惠友亨通”与“益友融通”两个核心子品牌，体现出的是河北银行对客户的郑重承诺，河北银行始终与客户并肩同行。

2012年7月25日，杨崇勇副省长在河北银行中层以上干部大会上宣布河北银行正式纳入省级管理

河北银行与省工信厅签署战略合作协议

河北银行员工在展会上为客户答疑解惑

邢台分行开业剪彩

秦皇岛开发区投资服务中心

秦皇岛经济技术开发区是1984年经国务院批准设立的首批国家级经济技术开发区之一，地处正在迅速崛起的环渤海经济圈中心地带，毗邻京津，联结华北和东北两大经济区。全区规划控制面积128平方公里，分东区、西区两区，东区位于万里长城的起点山海关老龙头东侧，西区紧邻著名避暑胜地北戴河。拥有海岸线6公里，海域面积23.81平方公里。

2011年9月1日，全球首家IBM物联网技术中心成立仪式暨北京大学科技园签约仪式

开发区从成立到现在，经过基础建设、起步发展、扩区开发、二次创业、跨越式发展等几个阶段，从无到有，由小到大，经济实力显著增强。已成为全省首家通过ISO9001质量管理体系认证的开发区，国内少有的集国家级开发区、出口加工区、大学科技园、高新技术创业服务中心和省级软件产业基地等政策优势和载体服务于一体的经济强区。2012年秦皇岛开发区荣获“2012最具投资价值园区”、“中国产学研合作创新示范基地”、“全国数据产业最佳基地”等多项称号，

出口加工区

2012年，秦皇岛开发区完成地区生产总值240.58亿元、增长15%；外贸出口16.09亿美元、固定资产投资108.2亿元、财政收入37.75亿元，同比分别增长25.7%、17.5%、18.1%；全区在建千万元以上项目57项，总

中国首台F级重型燃机

天威秦变

技术开发区

投资611亿元，完成投资86.49亿元。全年引进项目22项。总投资69亿元的嘉隆光电产业园、10亿元的中兴通讯智慧城市服务中心和1.5亿美元的戴卡二期等一批大项目落地。截止2012年底，全区实际到位外资24.84亿美元；引进内资634.77亿元。美国通用电气、美国ADM、新加坡丰益、日本旭硝子、韩国LG、英国TI集团以及中油、中粮、中信、粤海、哈动力、天威、富士康等一批国际、国内知名公司纷纷到开发区投资兴业。在龙头企业带动下，粮油食品加工、汽车零部件、重大装备制造、冶金及金属压延等特色迅速崛起，特色产业产值占全区规模以上工业企业比重达到70%以上，中国最大汽车轮毂生产基地、北方重要的重大装备制造基地、最大粮油食品加工基地已经形成。

2013年4月23日，秦皇岛创新创业服务基地签约

开发区文体活动

2012年10月18日，中信戴卡产业园一期工程竣工典礼

艾尔姆风电制品有限公司

展园新姿

2012年10月23日省委常委宣传部长艾文礼（右二）在石家庄长安营业厅视察党报党刊发行情况

2012年9月14日邓慧国（中）总经理参加省人民广播电台行风热线

2012年8月8日，河北省邮政公司副总经理李陕川（左）代表河北邮政与巨力集团刘伶醉酒业签署战略合作协议

河北省邮政公司向灾区捐款

2012年11月19日，河北省邮政公司召开学习十八大精神贯彻落实座谈会，并邀请十八大代表秦皇岛市邮政局投递员赵红（右三）作报告

“农邮乐”农资产品深受农民喜爱

河北省邮政公司

河北省邮政公司是中国邮政集团公司的全资子公司，于2007年3月6日挂牌成立，内设10个部室，下辖11个市局、11个直属单位，邮政局所1834处，资产总额37亿，共有员工27956人。

河北省邮政公司主要负责区内邮政通信网的建设、运行、经营与管理，按照国家规定承担普遍服务义务，受政府委托提供邮政特殊服务，除经办传统的信函、包裹、报刊发行、集邮等业务外，还顺应时代发展需要，依托网络优势，推出了物流配送、商函广告、代发工资、代办保险、农资分销等深受用户欢迎的新业务，同时还代理邮政储蓄和代理邮政速递物流业务，基本满足了社会各层次的用邮需求。

河北省邮政公司紧紧围绕省委、省政府和集团公司的工作部署，不断深化改革、加快发展，扎实推进各项工作开展。在全省邮政员工的共同努力下，河北邮政呈现出又好又快的发展态势，向着美好明天迈进。

目　录

特　载

综 合 篇

产 业 篇

区域经济篇

改革开放篇

统计资料篇

各县概况

主要统计指标解释

大 事 记

附 录

企业介绍

CONTENTS

Featured Articles

General Survey

Industries

Regional Economy

Reform and Opening to the Outside World

Statistics Data

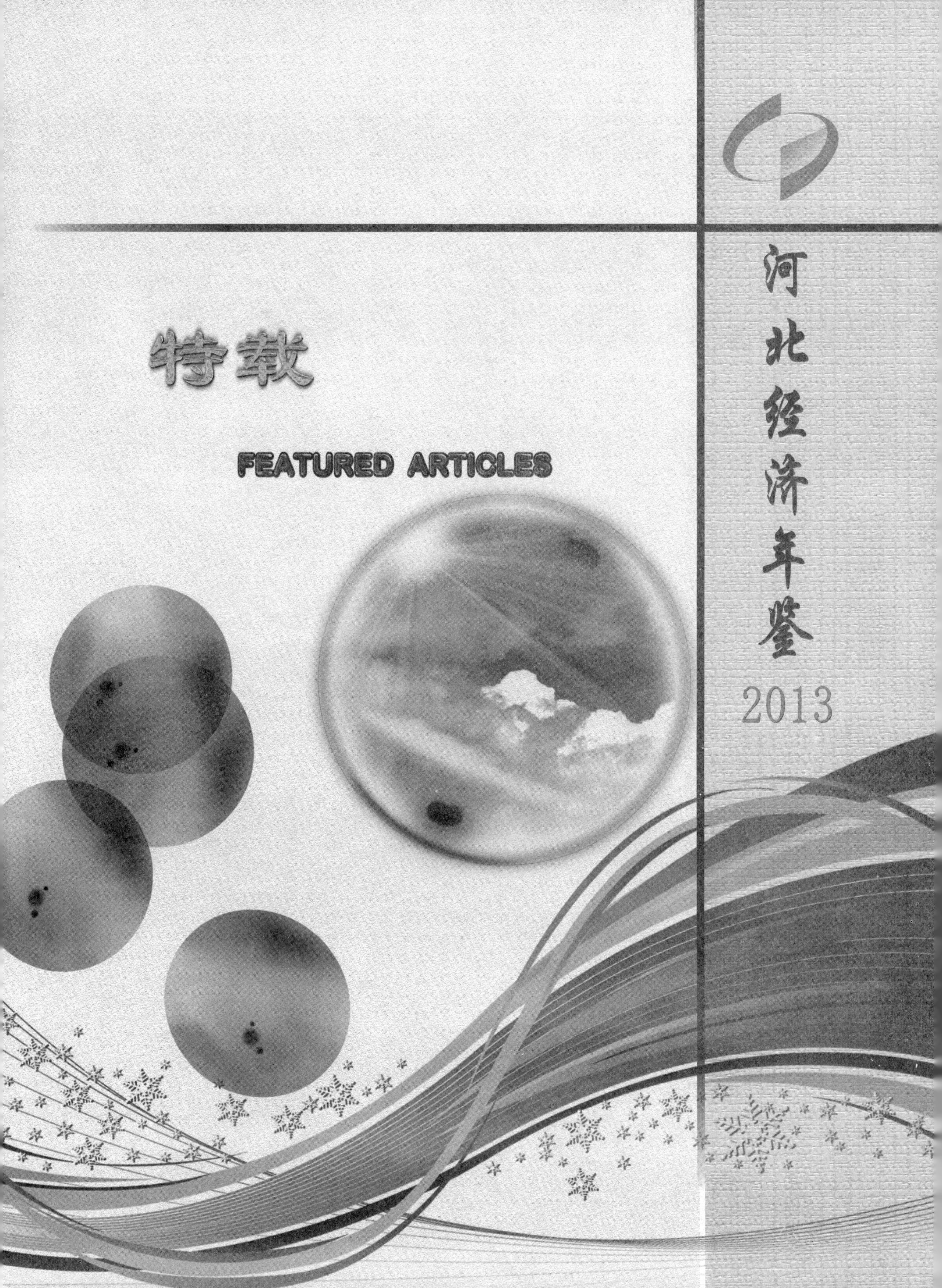
特载
FEATURED ARTICLES
河北经济年鉴
2013

中共河北省委
关于认真学习宣传贯彻党的十八大精神的决议

（2012年11月21日中国共产党河北省第八届委员会第三次全体会议通过）

中国共产党河北省第八届委员会第三次全体会议，认真学习宣传贯彻党的十八大精神，一致拥护胡锦涛同志代表第十七届中央委员会所作的《坚定不移沿着中国特色社会主义道路前进，为全面建成小康社会而奋斗》的报告和大会通过的各项决议，一致拥护以习近平同志为总书记的新一届中央领导集体。全会同意张庆黎同志代表省委常委会所作的工作报告。全会对我省紧紧围绕坚持和发展中国特色社会主义，把学习宣传贯彻党的十八大精神引向深入进行了研究部署，作出如下决议。

（一）

全会认为，中国共产党第十八次全国代表大会，是在我国进入全面建成小康社会决定性阶段召开的一次十分重要的大会，是一次高举旗帜的大会、继往开来的大会、团结奋进的大会，开启了全面建成小康社会的新的伟大进军，开启了共创中国人民和中华民族更加幸福美好未来的崭新征程。大会通过的《中国共产党章程（修正案）》，体现了党的理论创新和实践发展的成果，体现了党的十八大确立的重大理论观点、重大方针政策、重大工作部署，反映了近年来党的建设取得的新成果，对加强和改进党的工作和党的建设提出了新要求。大会作出的各项决策部署、取得的各项成果，必将对全面推进中国特色社会主义伟大事业和党的建设新的伟大工程发挥十分重要的指导作用，必将引领经济强省、和谐河北建设走向更大的胜利，具有重大的现实意义和深远的历史意义。

全会认为，胡锦涛同志代表第十七届中央委员会所作的报告，高举中国特色社会主义伟大旗帜，以马克思列宁主义、毛泽东思想、邓小平理论、“三个代表”重要思想、科学发展观为指导，分析了国际国内形势发展变化，回顾总结了过去五年的工作和党的十六大以来的奋斗历程及取得的历史性成就，确立了科学发展观的历史地位，提出了夺取中国特色社会主义新胜利的基本要求，确定了全面建成小康社会和全面深化改革开放的目标，对新的时代条件下推进中国特色社会主义作出了全面部署，对全面提高党的建设科学化水平提出了明确要求。报告旗帜鲜明、思想深刻、求真务实，切中党情国情、符合党心民心，是指导我们夺取中国特色社会主义新胜利、实现全面建成小康社会新要求、谱写人民美好生活新篇章的行动指南，是马克思主义的纲领性文献。

认真学习宣传贯彻党的十八大精神，是当前和今后一个时期全省各级党组织的首要政治任务。全省各级党组织要从全局和战略的高度，充分认识学习宣传贯彻党的十八大精神的重大意义，按照中央要求，紧紧围绕坚持和发展中国特色社会主义，把学习宣传贯彻党的十八大精神引向深入，迅速掀起学习宣传贯彻十八大精神的热潮，自觉把思想和行动统一到十八大精神上来，把智慧和力量凝聚到落实十八大提出的各项任务上来，使十八大精神成为凝聚人心、鼓舞士气、推动事业前进的强大动力，不断开创经济强省、和谐河北建设的新局面，争取在全面建成小康社会的伟大进程中，进入全国先进行列。

（二）

全会指出，认真学习宣传贯彻党的十八大精神，必须围绕主题，把握实质，加深对大会重大理论观点、重大战略思想、重大工作部署的理解，进一步统一思想、明确方向、凝聚力量。

深刻理解、牢牢把握党的十八大的主题。党的十八大报告强调，高举中国特色社会主义伟大旗帜，以邓小平理论、“三个代表”重要思想、科学发展观为指导，解放思想，改革开放，凝聚力量，攻坚克难，坚定不移沿着中国特色社会主义道路前进，为全面建成小康社会而奋斗。这是我们党立足世情国情党情新变化、立足发展新要求与人民新期待，提出的当前和今后一个时期党和国家工作的总要求。鲜明地回答了举什么旗、走什么路、以什么样的精神状态、朝着什么样的目标继续前进这些事关党和国家发展全局的重大问题，对于团结带领全国各族人民在新的历史征程上继往开来、与时俱进，开创中国特色社会主义新局面，具有里程碑意义。学习宣传贯彻十八大精神，最核心最关键的是把握好这个主题，切实做到高举伟大旗帜不动摇，始终奋发有为不懈怠，坚持改革开放不折腾，不为风险所惧，不为干扰所惑，坚定不移地沿着中国特色社会主义伟大道路奋勇前进，为全面建成小康社会而奋斗。

深刻理解、牢牢把握十六大以来党和国家取得的新的历史成就。党的十六大以来的十年，是我们党高举中国特色社会主义伟大旗帜，深入贯彻落实科学发展观，继续解放思想，坚持改革开放，推动科学发展，促进社会和谐，为夺取全面建设小康社会新胜利而不懈奋斗的十年；是积极应对国际形势深刻调整，国内发展日新月异的十年；是战胜各种风险、困难和挑战，经济总量实现历史跨越的十年，社会生产力、经济实力、科技实力迈上一个大台阶，人民生活水平、居民收入水平、社会保障水平迈上一个大台阶，综合实力、国际竞争力、国际影响力迈上一个大台阶。我们必须充分认识十六大以来我国发展取得的重大成就和宝贵经验，从国家面貌发生的历史性变化中激发豪情、鼓舞斗志、汲取力量，切实增强贯彻党的基本理论、基本路线、基本纲领、基本经验、基本要求的自觉性和坚定性。

深刻理解、牢牢把握科学发展观的历史地位和重大意义。党的十八大把科学发展观同马克思列宁主义、毛泽东思想、邓小平理论、“三个代表”重要思想一道，确立为党必须长期坚持的指导思想，是十八大的历史性贡献。科学发展观是中国特色社会主义理论体系最新成果，对新形势下实现什么样的发展、怎样发展等重大问题作出了新的科学回答，把我们对中国特色社会主义规律的认识提高到新的水平，开辟了当代中国马克思主义发展新境界。我们必须牢牢把握解放思想、实事求是、与时俱进、求真务实这一科学发展观最鲜明的精神实质，更加自觉地把推动经济社会发展作为第一要义、把以人为本作为核心立场、把全面协调可持续作为基本要求、把统筹兼顾作为根本方法，真正把科学发展观贯彻到现代化建设全过程、体现到党的建设各方面，切实把科学发展观转化为推动发展的精神力量、实际能力和自觉行动。

深刻理解、牢牢把握中国特色社会主义的丰富内涵。党的十八大报告回顾了我党九十多年来的伟大历程，得出了一个坚定的结论，即全面建成小康社会，加快推进社会主义现代化，实现中华民族伟大复兴，必须坚定不移走中国特色社会主义道路。中国特色社会主义是当代中国发展进步的根本方向，中国特色社会主义道路是实现途径，中国特色社会主义理论体系是行动指南，中国特色社会主义制度是根本保障，三者紧密联系，有机统一于中国特色社会主义伟大实践。坚持中国特色社会主义，要牢牢把握社会主义初级阶段这个总依据，牢牢把握五位一体的总布局，牢牢把握实现社会主义现代化和中华民族伟大复兴这个总任务，牢牢把握“八个必须”的基本要求，即必须坚持人民主体地位、坚持解放和发展社会生产力、坚持推进改革开放、坚持维护社会公平正义、坚持走共同富裕道路、坚持促进社会和谐、坚持和平发展、坚持党的领导，坚定道路自信、理论自信、制度自信，不断丰富中国特色社会主义的实践特色、理论特色、民族特色、时代特色，继续谱写中国特色社会主义事业的崭新篇章。

深刻理解、牢牢把握全面建成小康社会和全面深化改革开放的新目标新部署。党的十八大在十六大、十七大确立的全面建设小康社会目标的基础上，提出了全面建成小康社会的新的目标要求，即经济持续健康发展，人民民主不断扩大，文化软实力显著增强，人民生活水平全面提高，资源节约型、环境友好型社会建设取得重大进展，特别是提出国内生产总值和城乡居民人均收入比 2010 年翻一番，使小康社会目标更加明确、更加切近，同时标准也更严、要求也更高。改革开放是中国特色社会主义的重要内涵，是中国未来发展的强大动力。全面深化改革开放，就是不失时机地深化重要领域改革，坚决破除一切妨碍科学发展的思想观念和体制机制弊端，构建系统完备、科学规范、运行有效的制度体系，使各方面制度更加成熟更加定型。同时，报告对推进经济、政治、文化、社会、生态文明建设作出一系列新的重大部署，特别是把生态文明建设纳入总体布局之中作出专题部署，适应了国内外形势的新变化，顺应了各族人民过上更好生活的新期待，体现了党中央高瞻远瞩的长远眼光、战略思维和对子孙后代高度负责的精神，体现了战略设计、宏观谋划与实施步骤、具体措施的统一。这些新目标新要求新部署，有原则要求，有政策安排，有举措办法，保持了连续性、增强了针对性、突出了指导性，为促进经济社会又好又快发展提供了重要遵循。我们必须紧密结合新的发展实践，深刻理解和切实贯彻好这些目标要求和重大部署，促进各个环节、各个方面协调发展，努力把全面建成小康社会的各项事业推向前进。

深刻理解、牢牢把握全面提高党的建设科学化水平的重大任务。党的十八大报告在总结新世纪新阶段党的建设新鲜经验的基础上，围绕全面提高党的建设科学化水平，从坚定理想信念，坚持以人为本、执政为民，积极发展党内民主，深化干部人事制度改革，坚持党管人才原则，创新基层党建工作，坚定不移反对腐败，严明党的纪律等八个方面，提出了明确要求。这是对党的建设理论的重大创新，彰显了我们党解放思想、改革创新的自觉追求和党要管党、从严治党的坚强决心。我们必须充分认识加强党的建设的极端重要性和紧迫性，牢牢把握加强党的执政能力建设、先进性和纯洁性建设这条主线，全面加强党的思想建设、组织建设、作风建设、反腐倡廉建设、制度建设，建设学习型、服务型、创新型的马克思主义执政党，更好地提高党的领导水平和执政能力，提高拒腐防变和抵御风险能力，确保党始终成为中国特色社会主义事业的坚强领导核心。

（三）

全会要求，全省各地各部门要按照中央统一要求，结合实际，精心组织，周密部署，加强指导，迅速掀起学习宣传贯彻十八大精神热潮。

领导带头，学深学透。各级领导班子、党员领导干部要带头学习、带头宣传、带头贯彻、带头落实，当好表率。首先要集中精力认认真真、原原本本、原汁原味、全面系统地精读细读十八大文件特别是十八大报告和党章，认真学习领会习近平总书记在十八届一中全会的重要讲话，切实把十八大精神学懂、学深、学透，真正入脑入心、融会贯通，真正领会精神实质。各级党委（党组）理论学习中心组要把学习十八大精神作为中心内容，制定计划，列出专题，深入研讨，增强学习的全面性、系统性、针对性。县处级以上领导干部要做到先学一步、多学一点、学深一些，带头学习好、领会好、掌握好、宣传好十八大精神。充分发挥各级讲师团和各级党校、行政学院干部培训教育主阵地作用，抓好各级领导干部的培训轮训工作。

*层层宣讲，全面覆盖。*迅速组织推动，将十八大精神传达到基层，宣传到群众，确保覆盖到每一名党员，覆盖到各个社会群体。各级党委（党组）要结合本地本部门实际，加强工作指导，加强督促检查，及时了解情况，总结推广先进经验，一级抓一级，层层搞宣讲。各级领导干部要带头宣讲，各级组织、宣传部门和其他有关部门，要在党委的统一领导下，各司其职、相互配合，环环相扣地把学习宣传贯彻工作不断引向深入。各地要组织宣讲团，深入城乡集中开展面对面宣讲。继续开展好千名书记讲党课活动，组织全省五万名干部进农村、进社区、进机关、进企业、进校园宣讲，运用人民群众喜闻乐见的形式，用事实说话、用典型说话、用数字说话，使宣讲工作既全面准确又深入浅出。抓好党的十八大精神进教材、进课堂、进学生头脑的工作，抓好离退休人员、偏远地区农村党员、失业人员以及流动人口中党员的学习。工会、共青团、妇联等人民团体要充分发挥自身优势，开展各具特色的学习教育活动。

*丰富载体，浓厚氛围。*创新形式载体，探索方法手段，形成强大声势，营造浓厚氛围。各级宣传部门要把宣传学习贯彻十八大精神作为当前和今后一个时期工作的重中之重，充分发挥各类媒体优势和特色，牢牢把握正确导向，组织各级党报、党刊、广播、电视、网络等新闻媒体和出版单位，开辟专栏、专版，采取专题、专访等多种形式，进行全方位、多角度、立体式的报道。加强与中央新闻媒体和重点新闻网站的对接合作，用好文化站、农家书屋、阅报栏等宣传阵地，策划推出一批优秀舞台剧、影视剧和出版物，组织开展“欢乐城乡”群众文化活动，努力使十八大精神家喻户晓，深入人心。

*学以致用，用以促学。*各级各部门要坚持理论联系实际，把运用十八大精神指导实践、推动工作，作为学习的出发点和落脚点，作为衡量学习成效的重要标准。开展形式多样的理论研究和工作研究，深入阐释解读重大理论和实践问题，推出一批有深度、有分量、有针对性和可操作性的研究成果，努力把十八大提出的新思想、新观点、新论断，转化为推动工作的新思路、新方法、新举措。要按照十八大精神和省委全会的要求，紧紧围绕全面建成小康社会的目标，紧密联系经济强省、和谐河北建设实际，深入研究涉及本地区、本部门的发展问题，认真查找工作中的不足和差距，深入研究涉及本地区、本部门工作的重大战略性问题，明确具体奋斗目标，理清发展思路，制定深化改革、扩大开放的具体措施，创造性地开展工作，切实把学习成果转化为实践动力。

（四）

全会强调，今后五年是全面建成小康社会的决定性阶段，也是实现建设经济强省、和谐河北宏伟目标的关键时期。全省各级党组织要把学习宣传贯彻党的十八大精神与全面落实省第八次党代表大会精神结合起来，认真对照十八大提出的新部署、新要求、新任务，对建设经济强省、和谐河北的各项工作再强化、再创新、再提升，坚定不移地高举中国特色社会主义伟大旗帜，坚定不移地加快全面建成小康社会进程，坚定不移地推进经济强省、和谐河北建设，走出一条具有中国特色、河北特点的科学发展路子。根据十八大作出的战略部署，结合省第八次党代表大会精神和“十二五”规划的要求，今后五年的奋斗目标简要概括为，建设经济强省、和谐河北取得标志性突破，全面建成小康社会目标在大多数地区总体实现，全面深化改革开放任务在重要领域取得重大进展。综合经济实力跃上新台阶，为全省生产总值和城乡居民人均收入提前实现翻番打下具有决定性意义的基础；经济转型实现新跨越，传统产业活力增强，战略性新兴产业、现代服务业成为主导力量，城镇化质量明显提高，农业现代化和社会主义新农村建设成效明显，经济发展步入科技引领、创新驱动的轨道；民主政治建设取得新进展，依法治省工作全面落实，法治政府建设成效突出，和谐河北建设成果丰硕；文化强省建设迈出新步伐，社会主义核心价值体系更加深入人心，公共文化服务体系更加健全，文化产业充满活力快速发展；社会建设形成新格局，城乡居民收入水平位次前移，社会保障水平持续提高，各项社会事业蓬勃发展，社会管理体制基本完善；生态文明建设呈现新景象，资源循环利用体系初步建立，生产转型、天蓝水净、地绿山青的总目标全面实现。

*坚持不懈解放思想，全面深化改革开放。*始终把解放思想作为强大思想武器，始终把改革开放作为强大动力。打开解放思想的“总开关”，着力把握发展规律，创新发展理念，破解发展难题，勇于实践、勇于变革、勇于创新。紧紧围绕学习宣传贯彻十八大精神，结合着力改善发展环境，着力改善生态环境，开展新一轮解放思想大讨论，进一步破除思想观念束缚和体制机制障碍。加快改革开放步伐，深化行政、财政、金融等重要领域和关键环节改革，实施更加积极主动的开放战略，深入推进“百家央企进河北”、“百家科研院所和高等院校进河北”，加快构建全方位、多层次、宽领域的对外开放新格局。构建风清气正、开放文明、和谐稳定的发展环境，最大程度地放开放宽放活，激发各方面的创业热情和发展活力。

*加快转变经济发展方式，不断提高发展的质量和效益。*坚持走中国特色新型工业化、信息化、城镇化、农业现代化道路，推动信息化和工业化深度融合、工业化和城镇化良性互动、城镇化和农业现代化相互协调，促进“四化”同步发展。坚持创新驱动，深化科技体制改革，强化科技人才支撑，推动科技成果转化。加快产业结构调整，

全面实施"一产抓特色、二产抓提升、三产抓拓展"经济发展战略。坚持重点先行，举全省之力打造曹妃甸区和渤海新区两大增长极，举全省之力打好扶贫攻坚硬仗，把两大增长极打造成为新兴增长区域的新突破，把环首都周边贫困县构筑成为展示扶贫开发成果的亮丽风景线。依靠城乡区域发展协调互动，加快新型城镇化进程，做大做强中心城市，扶持壮大中等城市，推动小城市扩容升级，建设一批特色重点镇，不断增强长期发展后劲。始终把"三农"工作作为重中之重，全面落实强农惠农富农政策，深入实施"幸福乡村计划"，大力发展现代农业，推进农业产业化经营，形成以工促农、以城带乡、工农互惠、城乡一体的新型工农、城乡关系。

*推进民主政治建设，发展社会主义政治文明。*坚持党的领导、人民当家作主、依法治国有机统一，深入推进法治河北建设，积极发展社会主义民主政治。落实好根本和基本的政治制度，坚定不移地坚持完善人民代表大会制度、中国共产党领导的多党合作和政治协商制度、民族区域自治制度、基层群众自治制度。支持和保证人民通过人民代表大会行使国家权力，推进社会主义协商民主广泛、多层、制度化发展。支持工会、共青团和妇联等人民团体依照法律和各自章程开展工作。积极推进军民融合式发展，巩固和发展军政军民团结。加快依法治省进程，提高全社会依法治理水平，推进科学立法、严格执法、公正司法、全民守法。提高领导干部运用法治思维和法治方式深化改革推动发展化解矛盾维护稳定能力。推进依法行政，深化司法体制改革，深化行政管理体制改革，着力建设服务法治廉洁效能政府。坚持用制度管权管事管人，保障人民知情权、参与权、表达权、监督权。加强基层民主政治建设，健全基层党组织领导的充满活力的基层组织自治机制，坚持和发展民主选举制度，完善民主决策制度，健全民主管理制度，落实民主监督制度，全面实施城市社区"四有一创"机制建设，完善以职工代表大会为基本形式的企事业单位民主管理制度。发挥基层各类组织协同作用，实现政府管理和基层民主有机结合。

*加快文化强省建设步伐，推动文化大发展大繁荣。*坚持"二为"方向、"双百"方针以及"三贴近"原则，树立高度的文化自觉和文化自信，推动社会主义精神文明和物质文明全面发展，努力实现文化资源大省向文化强省的跨越。深入开展社会主义核心价值体系学习教育，大力弘扬以爱国主义为核心的民族精神、以改革创新为核心的时代精神和以"两个务必"为核心的西柏坡精神，深化"学习雷锋、善行河北"活动，深入推进社会公德、职业道德、家庭美德、个人品德教育，不断加强改进思想政治工作和群众性精神文明创建。倡导富强、民主、文明、和谐，倡导自由、平等、公正、法治，倡导爱国、敬业、诚信、友善，积极培育和践行社会主义核心价值观。深化文化体制机制改革创新，积极构建现代文化市场体系，形成有利于创新创造的文化发展环境，推动河北省文化建设进入全国第一方阵。加强和改进互联网建设管理。推动文化事业全面繁荣、文化产业快速发展，推进重点文化惠民工程建设，有计划有组织地抓好文化精品生产，大力实施文化名人名品名栏目工程和文化产业素质提升工程，加强重大公共文化工程设施和文化产业项目建设，推动文化"走出去"步伐，增强文化整体实力和竞争力。

*着力保障和改善民生，让人民群众更多更公平地共享发展成果。*加快推进以改善民生为重点的社会建设，解决好人民最关心最直接最现实的利益问题，在学有所教、劳有所得、病有所医、老有所养、住有所居上持续取得新进展，不断满足人民群众日益增长的物质文化需要，使改革发展成果更多更公平地惠及全体人民，保证人民过上更好生活。加快基本公共服务体系建设，完善保障和改善民生制度安排。坚持教育优先发展，努力办好人民满意的教育。实施就业优先战略和更加积极的就业政策，推动实现更高质量的就业。深化收入分配制度改革，大幅提高城乡居民收入水平。坚持广覆盖、保基本、多层次、可持续的基本方针，统筹推进普惠共享的城乡社会保障体系。积极推广阳光社会救助体系，大力推进养老服务体系建设，加强城市保障性住房建设和管理，解决好农村饮水安全问题，开展爱国卫生运动和全民健身运动，促进人民身心健康。加快发展医疗卫生事业，完善基本医疗卫生制度，健全全民医保体系。加强和创新社会管理，推进基层社会管理和服务体系建设，完善和创新流动人口和特殊人群管理服务，建立健全重大决策社会稳定风险评估机制，深化平安建设，遏制重特大安全事故，进一步巩固和完善党政统揽、部门履责、政法担当、群众参与的"大维稳"格局。推行基层党组织、群众性自治组织、经济合作组织、综治维稳组织全覆盖，提升农村社会管理创新水平。

*大力推进生态文明建设，努力建设美丽河北。*牢固树立尊重自然、顺应自然、保护自然的生态文明理念，把生态文明建设融入经济、政治、文化、社会建设的各方面和全过程，坚持走生态经济发达、生态环境优美、生态文化繁荣、人与自然和谐相处的可持续发展道路，推进绿色发展生态强省，打造山清水秀美丽河北。广泛普及生态文明科学知识，大力倡导绿色生产模式、绿色生活模式和绿色消费模式，推动各行各业的生态文明建设，努力在全社会形成文明、节约、绿色、低碳的生态文明建设新格局。加快建立健全环保市场推动、环保生态补偿、环保监督管理、环保投入保障和环保科技创新等有利于生态文明建设的体制机制，建立健全生态环境监督考核体系。积极发展循环经济、低碳经济、绿色经济，构建消耗低、污染少的产业结构，继续实施新老"双三十"节能减排示范工程，认真抓好千家重点企业环境监管工程，扎实推进农村环境综合治理工程、北戴河近岸海域环境综合治理工程、洨河流域水环境治理工程和以省会为重点的城市气化工程。大力搞好植树造林和创建园林城市，构建首都绿色经济圈、沿海防护林、坝上防风固沙、太行山保土蓄水、燕山及冀西北山地水源涵养等绿色生态屏障，打造一批林茂草丰的生态恢复区片，建设一批展现河北风貌的绿色廊道，推进一批矿山生态环境恢复治理工程，创建一批生产转型、天蓝水净、地绿山青的美丽村镇、美丽城市。

全面提高党的建设科学化水平，保持党的先进性和纯洁性。以改革创新精神全面推进党的建设新的伟大工程，着力提高党的建设科学化水平，为建设经济强省、和谐河北提供坚强组织保证。深化学习型党组织建设，扎实推进领导干部思想政治素质提升工程，狠抓思想理论建设、党性教育、道德建设，自觉做坚定理想信念的表率、自觉做认真学习实践的表率、自觉做坚持民主集中制的表率、自觉做弘扬优良作风的表率。加强作风建设，深入开展以为民务实清廉为主要内容的党的群众路线教育实践活动，继续深化创先争优活动和加强基层建设年活动，着力解决人民群众反映强烈的突出问题，提高做好新形势下群众工作的能力。加强组织建设，坚持党管干部原则，深化干部人事制度改革，加快确立人才优先发展战略布局。创新基层党建工作，夯实党执政的组织基础，健全党内民主制度体系，增强党的创造活力。坚持标本兼治、综合治理、惩防并举、注重预防方针，全面推进惩治和预防腐败体系建设，进一步提高反腐倡廉建设科学化水平，努力做到干部清正、政府清廉、政治清明。大力加强反腐倡廉教育和廉政文化建设，深化重要领域和关键环节改革，深入推进权力运行监控机制建设，始终保持查办违纪违法案件的高压态势，更加科学有效地防治腐败。加强党的纪律建设，严肃党的纪律特别是政治纪律，确保中央政令畅通和各项决策落实。严格执行党风廉政建设责任制，保持党风廉政建设和反腐败工作的强大合力。

全会号召，全省各级党组织和全体共产党员，要紧密团结在以习近平同志为总书记的党中央周围，高举中国特色社会主义伟大旗帜，认真学习宣传贯彻落实党的十八大精神，以一个好的精神状态、一个好的工作作风、一个好的工作业绩，解放思想，改革开放，凝聚力量，攻坚克难，为建设经济强省和谐河北、全面建成小康社会而努力奋斗，共同创造河北更加幸福美好的未来。

中共河北省委
关于开展加强基层建设年活动的意见

（2012年2月3日）

为深入贯彻中央决策部署，认真落实省第八次党代会精神，深化和拓展创先争优活动，促进各级各部门强化基层基础工作，打牢建设经济强省、和谐河北的基础，以优异成绩迎接党的十八大胜利召开，省委决定，2012年在全省开展以“强班子、促发展、惠民生、保稳定”为主题的加强基层建设年活动。现提出如下意见。

一、总体要求

以邓小平理论和“三个代表”重要思想为指导，深入贯彻落实科学发展观，围绕建设经济强省、和谐河北的总目标，以万名干部下基层为抓手，以创先争优活动为动力，以后进村转化为重点，以实施幸福乡村计划为重要载体，以做好群众工作为基础，真正把党的声音和温暖带下去，把群众的意愿和呼声摸准确，把各种矛盾和问题解决好，让群众得实惠，让干部受教育，增进对群众的感情，提高做群众工作的本领，为全省经济社会又好又快发展奠定坚实的群众基础和组织基础。

具体要达到以下五个目标：

——*基层组织更加坚强*。各领域党的基层组织建设得到全面推进，党组织的战斗力、党组织书记的素质、党员队伍的生机活力、基层基础保障水平进一步提升。村“两委”换届按时保质完成，党员教育、管理、服务工作得到加强，全面对标、认责承诺、亮牌示范、夺旗争星等机制普遍落实。

——*运行机制更加规范*。基层民主选举、民主决策、民主管理、民主监督普遍加强，农村“一定三有”、“四议两公开”全面落实，基层党组织、基层民主组织、经济合作组织、综治维稳组织实现全覆盖。

——*发展思路更加清晰*。科学发展观深入人心，经济强省、和谐河北建设的目标要求落到实处，以人为本的发展思路更加清晰，有创新的发展理念、准确的发展定位、科学的发展规划、明确的发展目标。

——*社会环境更加和谐*。社会管理有序，社会治安综合治理进一步加强，基层矛盾纠纷有效化解，信访积案妥善处理，不发生重大群体性事件，赴省进京访大幅度下降。

——*突出问题得到解决*。基层饮水、用电、道路、通讯、文化、卫生、教育、保障等基本生产生活条件得到明显改善，群众关心的热点难点问题得到妥善解决，居民幸福指数明显提升。

二、主要任务

开展加强基层建设年活动，要认真解决影响科学发展的难点问题、影响基层社会和谐稳定的突出问题、影响群众生产生活的关键问题，把服务发展、服务稳定、服务民生、服务群众作为重要内容，组织引导党政机关和干部下基层“接地气”、转作风增才干、察民情办实事，锤炼党性、净化心灵，抓好基层、打牢基础，重点做好六项工作：

（一）深化基层组织“领头雁”工程。把基层党组织书记队伍建设摆在建设年的首要位置，建立健全选拔任用、教育培训、监督管理、激励关爱和投入保障等机制，着力提升他们推动发展、促进和谐、服务群众的本领，使他们在建设经济强省、和谐河北第一线的“领头雁”作用更加突出。全面提升基层干部素质，把农村和社区干部培训经费纳入财政预算，年底前对所有村、社区和规模以上非公有制企业党组织书记轮训一遍。深化和拓展“一定三有”，按照2010年全省农村劳动力人均收入水平，确定农村干部基础职务补贴；按照当地职工平均收入水平，确定社区党组织书记、社区居委会主任基础职务补贴。加强村、社区、非公有制企业和社会组织党组织活动场所建设，强化场所功能，发挥场所作用。

（二）提升基层党员干部素质能力。深入实施党员“双育”工程，以社会主义核心价值体系教育为重点，年内对基层党员普遍进行一次党性教育培训；以提高创业就业技能为重点，对农村、社区和非公有制企业中的45岁以下党员普遍进行一次技能培训。推行党员“三日一网”做法，通过组织开展党员活动日、党代会代表工作日、党员志愿服务日和建立共产党员网站等，促进党员更好发挥作用。深入开展创先争优活动，突出抓好窗口单位和服务行业为民服务创先争优，及时组织新一轮认责承诺和夺旗争星，激发党员队伍活力。建立健全党内激励关怀帮扶机制，加强流动党员教育管理，扎实做好在青年工人和青年农民中发展党员工作。

（三）促进机关干部直接联系群众。把推动党政机关和干部直接联系群众作为加强基层建设年的重要内容，建

立干部直接联系群众工作制度，每个机关干部都要直接联系几名普通群众，特别是要以村、社区有一定影响力的群众、生活困难群众以及企业困难职工为重点联系对象，每年谈一次心、搞一次走访、帮助解决一个困难。完善群众工作体系建设，充分发挥基层群众工作站、群众工作室的作用。“七一”前，各级选派到村的帮扶单位主要负责人要到联系点讲一次党课，年底前作一次十八大精神专题报告。

（四）培育壮大特色产业。全面推进“一产抓特色、二产抓提升、三产抓拓展”的经济发展战略，最充分地发挥农村、社区、企业等基层单位在培育特色产业发展中的基础作用。在农村，要因地制宜调整产业结构，在品种、质量、品牌上出特色，大力推进“一村一品”建设；整合村集体资产、资金、资源，利用国家惠农政策，努力实现金融信贷、公司法人、市场对接等方面的制度化，增加村级集体财富积累。在企业，要着力引进新品种、推广新技术、实践新模式，扶持有发展潜力、有市场竞争力的特色产业。积极推进农民专业合作社建设，扩大在农村合作组织、专业协会建立党组织的覆盖面。

（五）抓好基层信访稳定。按照“六个以”维稳工作要求，全面落实信访工作“八三”工作法，切实把矛盾化解在基层，做到“小事不出村，中事不出乡，大事不出县”。积极创新社会管理，加强社会治安综合治理，建立完善的服务管理体系，确保群众的利益诉求得到合理解决。开展解难题、办实事活动，把群众关心关注的热点问题、弱势群体生产难题和生活困难作为重点，开展走访慰问、结对帮扶等活动，把党的温暖送到群众心坎上，从源头上减少各种矛盾。

（六）推进幸福乡村建设。紧紧围绕建设社会主义新农村实施幸福乡村计划，以增加农民收入为核心，以改善农民生产生活条件为首要任务，打造一批布局合理、设施完善、环境优美、安居乐业、文明和谐的幸福乡村。按照山、水、林、田、村综合整治的要求，以房、水、路、电、讯、文、教、医、保、服为重点，加快农村基础设施和公共设施建设，大力推进农村新民居建设，深入推进农村饮水安全、公路联网互通、电网改造升级、环境综合整治等工程，加强农村基层公共文化体育体系建设和义务教育、医疗卫生保障工作，加快建设农民幸福生活的美好家园。

三、组织实施

各地各部门要结合本地本部门实际普遍开展加强基层建设年活动，坚持分类指导、整体推进、全面提升，确保这项活动全覆盖、见实效、受欢迎。同时，要突出农村这个重点，从省、市、县（市、区）机关和部分企事业单位选派干部组成工作组，与原单位工作脱钩，进驻重点村，集中开展帮扶工作，实现与农民群众同吃、同住、同学习、同劳动，做到民情调查进万家、惠民实事进万家、政策法规进万家、文明新风进万家。

全省135个县（市）和石家庄市裕华区、唐山市丰南区、丰润区、古冶区、开平区，均按照10%的比例确定帮扶村，由省、市、县三级分包。每个帮扶村安排一个工作组，每个工作组由3名干部组成。全省共确定5000个帮扶村，选派15000名干部驻村帮扶。省、市、县（市、区）所帮扶村不重叠。

（一）确定帮扶村。重点是三类村：(1) 班子问题多。村“两委”班子不健全，党组织软弱涣散、缺乏凝聚力和战斗力。村“两委”关系严重不协调，影响工作正常开展。(2) 经济发展弱。村集体经济薄弱，农民人均纯收入低于本县（市、区）平均水平。村农业产业结构不合理，缺乏长远发展规划。群众缺少致富渠道，增收缓慢。国家和省、市确定的扶贫重点村，要纳入帮扶范围。(3) 稳定任务重。群众的合理诉求长期得不到解决，年度内发生过到县以上集体访、越级访，村情不稳定。宗族派性及恶势力干扰村务，或被恶势力操纵。民主制度不健全，热点、难点问题久拖不决，存有矛盾激化和发生群体性事件的隐患。确定帮扶村的程序是，以县（市、区）为单位进行全面排查，初选名单经市审核后，报省委组织部研究确定。

（二）选派驻村工作组。要选拔那些政治素质高、工作能力强、发展潜力大的优秀干部，特别是优秀后备干部驻村。采取个人报名和组织推荐相结合的方式，提出初步人选，由党组（党委）研究确定。省直驻村工作组，由1名厅级干部任组长，本单位5名干部为成员，帮扶1个县的2个村，每个村分别安排1名乡镇干部为联络员。市、县（市、区）驻村工作人员参照省的办法确定。驻村工作组入村前，各级党委要进行专题培训并举行欢送仪式。

（三）加强驻村工作人员的管理和考核。驻村工作人员驻村期间，原人事、工资和福利待遇不变，党组织关系转到帮扶村，由县（市、区）委负责日常管理，原单位进行跟踪管理。严肃工作纪律，驻村期间一律不准迎送陪同、招待宴请，不准接受土特产，不给基层增加任何负担，驻村工作组人员姓名、单位及职务、联系电话要在村公开栏内进行公开，接受群众监督，驻村时间每月不少于20天。驻村结束后，采取群众民主评议的方式，由全体村民对驻村人员进行评议，考核结果分为优秀、称职、基本称职和不称职四个等次，以县（市、区）为单位的优秀等次比例不超过20%，记入个人档案，作为干部提拔使用、评先评优的重要依据。

四、活动安排

全省开展加强基层建设年活动，自2012年2月开始，到12月底结束，共分为三个阶段。

（一）广泛发动，安排部署（2012年2月上旬）。省委印发关于开展加强基层建设年活动的意见，市、县（市、区）结合实际制定具体实施方案。2月上旬，省委召开会议进行动员部署。市、县（市、区）层层召开动员大会，做好安排部署，搞好宣传发动。入村前，各级党委都要搞好本级驻村工作人员的集中培训，时间不少于3天。

（二）集中驻村，扎实推进（2012年2月中旬至10月底）。2月15日前，省、市、县驻村工作组在当地党委的领导下集中进村开展工作。入村之初，重点帮助搞好村

"两委"换届工作。工作展开后，按照六项任务要求，驻村工作组结合部门和帮扶村实际，全力落实驻村帮扶任务，研究确定帮扶项目和工作重点，提出帮扶措施，组织推动各项工作落实。省每季度对帮扶工作进行一次集中调度，6月份组织一次半年考核。市、县（市、区）要采取多种形式，加强督促检查，促进任务落实。

（三）*检查验收，总结表彰*（2012年11月初至12月底）。省统一制定活动考核标准和办法，分级进行考核验收，省进行重点抽查。总结开展加强基层建设年活动的做法、成效和经验，通过图片、宣传册、电教片等集中展示活动成果。年底前，省委召开表彰大会，对活动中涌现出来的先进集体和优秀个人进行表彰。

五、保障措施

各地各部门要把开展加强基层建设年活动作为建设经济强省、和谐河北的重大举措，做到心往基层想、脚往基层迈、资源往基层配置，真正把基层建好、把基础抓实，为推动全省经济社会又好又快发展贡献力量。

（一）*建立领导机构*。省、市、县（市、区）成立开展加强基层建设年活动领导小组和办公室。省开展加强基层建设年活动领导小组负责组织领导全省开展加强基层建设年活动。

（二）*落实领导责任*。市、县（市、区）党委和省直部门党组（党委）对开展加强基层建设年活动负总责，书记是第一责任人，要亲自谋划、亲自推动。各派出单位要指导本单位驻村工作组的工作，提供必要的生活和工作保障，提供实实在在的项目、资金支持，帮助驻村工作组解决好关系群众切身利益的实际问题。把驻村工作组的考核结果纳入对各单位实绩考核和领导班子、领导干部考核范围。建立各级党委常委联系点制度，省、市、县（市、区）党委常委结合创先争优活动，每人联系一个村，加强指导，推动落实。省委组织部协调省国资委、省委教育工委、省直机关工委和省委统战部、省民政厅等部门，对国企、机关、学校、非公有制企业和社会组织等领域党的建设进行深入研究，提出具体意见。

（三）*提供政策支持和经费保障*。国家和省涉农资金向帮扶村倾斜，农村基础设施建设、扶贫开发、各系统面向农村的项目建设等资金打捆使用，重点投向帮扶村。省财政按照每个村5万元的标准提供工作经费，同时，设立帮扶专项资金，实行项目化管理，按程序申报和拨付。审计部门要对帮扶资金使用情况进行专项审计。各级活动领导小组办公室所需工作经费，由同级财政专项列支。

（四）*加强督导检查*。省开展加强基层建设年活动领导小组办公室督导组抽调厅级干部组成四个巡回督导组，每个巡回督导组联系2－3个市，对帮扶村工作进展情况和工作组驻村工作情况进行巡回督导检查。市、县（市、区）要采取明察暗访、汇报交流、实地查看等方式，加强对活动的督导检查。对走形式、走过场，敷衍了事、推诿扯皮，群众不满意或造成不良影响的，一经发现要进行批评教育，对违反群众工作纪律，造成严重影响的在全省范围内进行通报，并追究相关单位主要领导和直接责任人责任。对驻村工作人员擅自脱离岗位，无故不在岗的，进行通报批评。

（五）*加强活动宣传*。各级宣传部门和新闻媒体要大力宣传开展加强基层建设年活动的重大意义、目标要求、基本原则和主要任务，统一干部群众思想。省开展加强基层建设年活动领导小组办公室编发活动《简报》，各级主要新闻媒体要开辟专栏专题，宣传开展活动的经验做法、先进典型和活动成效。要通过组织先进典型巡回报告、文艺演出、印发宣传册等形式，努力营造良好的舆论氛围。

政府工作报告

2013年1月26日在河北省第十二届人民代表大会第一次会议上

河北省人民政府代省长　张庆伟

各位代表：

现在，我代表河北省人民政府向大会作工作报告，请予审议，并请省政协委员和列席会议的同志提出意见。

一、过去五年的工作回顾

省十一届人大一次会议以来的五年，是我省经受住各种困难和风险考验、夺取改革发展新胜利的五年。在党中央、国务院和中共河北省委的正确领导下，省人民政府坚持以邓小平理论、“三个代表”重要思想、科学发展观为指导，突出科学发展这个主题，围绕加快转变经济发展方式这条主线，积极应对国际金融危机冲击，促进经济社会又好又快发展，圆满完成本届政府任期各项工作任务。

*五年来，我们坚持以经济建设为中心，大力实施扩大内需战略，经济保持平稳较快发展。*综合经济实力大幅提升，2012年全省生产总值26575亿元，同比增长9.6%，比2007年增长65.8%。全部财政收入3479.3亿元，其中公共财政预算收入2084.2亿元，分别比2007年增长1.3倍和1.6倍。规模以上工业增加值11069.6亿元，比2007年增长97.4%。抓住国家扩内需、稳增长的机遇，积极推进项目建设，一大批重大项目开工建设或建成投产，全社会固定资产投资19661.3亿元，比2007年增长1.9倍。大力开拓城乡消费市场，社会消费品零售总额9154亿元，比2007年增长1.3倍。

*五年来，我们坚持以加强“三农”工作为基础，加快发展现代农业，农业综合生产能力继续提高。*粮食生产实现“九连增”，2012年总产649.3亿斤，比2007年增加81亿斤。肉蛋奶、蔬菜、果品、油料等主要农产品产量稳定增长，市场供应充足、品种丰富、品质提高。全省主要农作物良种覆盖率、农作物综合机械化水平分别提高到97%和69.2%。农业产业化经营率61.5%，提高7.9个百分点。全省森林面积新增800万亩，覆盖率达到27%。除险加固大中型水库15座，新增节水灌溉面积1495万亩，新建高标准农田600万亩。以新民居建设为抓手，农村交通、电力、通讯等基础设施进一步加强，农民生产生活条件得到明显改善，农业农村呈现出加快发展的好局面。

*五年来，我们坚持以经济结构调整为重点，推进产业结构优化升级，经济发展方式转变不断加快。*三次产业结构呈现积极变化，由2007年的13.3∶52.9∶33.8调整到2012年的12∶52.7∶35.3。传统产业转型升级步伐加快，制定实施钢铁、装备制造、石化、医药等十个产业调整振兴规划，深入开展“对标行动”，五年累计投入技改资金17980亿元，重点优势产业技术装备水平和竞争力不断提高。战略性新兴产业发展提速，新能源、新材料、电子信息、生物医药等新兴产业形成局部强势，2012年规模以上高新技术产业增加值达到1301亿元，是2007年的3.3倍。服务业发展规模扩大，制定实施服务业拓展计划，商贸物流、文化旅游、研发设计等现代服务业发展明显加快。科技创新能力不断提高，组织实施500多个国家和省重大科技项目，新建8个国家重点实验室，全省专利申请量、授权量分别为2.3万件、1.5万件，是2007年的2.9倍和2.8倍，累计获得国家级科技奖励64项。节能减排成效明显，强力实施“双三十”和“双千”示范工程，坚定有序淘汰落后产能，2012年单位生产总值能耗比2007年下降22%，化学需氧量、氨氮、二氧化硫排放量分别比2010年削减4.49%、4.57%、4.94%，超额完成国家下达任务。

*五年来，我们坚持以完善基础设施为支撑，构建现代综合立体交通网络，经济建设保障能力快速提升。*高速公路建设实现新跨越，新增通车里程2216公里，总里程突破5000公里，位居全国第三。铁路建设加快推进，新增营运里程828公里，京沪高铁、石太客专、京广高铁建成通车，实现了我省高速铁路从无到有的突破。机场建设大步跨越，石家庄机场、邯郸机场改扩建基本完成，唐山机场建成通航，张家口机场即将开航，北戴河机场开工建设，民航吞吐量534万人次，比2007年翻了两番。港口建设取得重大进展，唐山、黄骅、秦皇岛三大港口跻身亿吨大港行列，全省港口通过能力6.8亿吨、吞吐量7.5亿吨，比2007年分别增加2.9亿吨和3.5亿吨。南水北调等重点水利工程扎实推进。电力、通信等基础设施进一步完善。

*五年来，我们坚持以深化改革开放为动力，持续推进重点领域改革和对外交流合作，经济社会发展活力增强。*国有企业、财税金融、医药卫生、农村、文化等改革深入推进，成功组建河北钢铁、冀中能源、河北港口、河北航空、河北融投、河北旅投等大型企业集团，河北钢铁、冀

中能源、开滦集团跨入世界500强。成立河北银行，全省金融机构网点达到14300多家，实现乡镇银行服务全覆盖。境内外多层次资本市场挂牌上市企业，由2007年的48家增加到2012年的132家。文化体制改革加快推进，我省被评为全国文化体制改革先进省份。启动实施医药卫生体制改革，政府办基层医疗机构全部实行国家基本药物制度，县级公立医院改革试点取得实质性进展。集体林权制度改革基本完成。民营经济快速发展，2012年增加值达到17232.8亿元、实现上缴税金2342.5亿元，占全省生产总值、全部财政收入的比重达到64.8%和67.3%，比2007年分别提高9.4个和8.1个百分点。对外开放步伐明显加快，实际利用外资和外贸出口年均分别增长15%和11.8%。与京津等区域交流合作不断深化，圆满完成四川平武地震灾区援建任务，援藏、援疆和支援三峡库区移民工作顺利推进。

*五年来，我们坚持以重点地区突破为引擎，深入实施重大战略部署，区域发展新格局初步形成。*河北沿海地区发展规划上升为国家战略并全面实施，沿海地区发展势头强劲，2012年秦唐沧沿海地区生产总值占全省的比重达到36.9%。冀中南地区列入国家重点开发区域，邯郸、邢台纳入中原经济区规划，国家启动首都经济圈发展规划和实施意见的编制，正定新区、冀南新区、衡水滨湖新区、白沟新城等建设有序推进。扶贫开发成效明显，全面启动新时期扶贫开发工作，加快燕山—太行山、黑龙港流域连片特困地区发展，启动环首都扶贫攻坚示范区建设，五年全省累计投入扶贫资金330亿元，110万人实现了稳定脱贫。县域经济实力不断壮大，2012年全部财政收入超10亿元的县（市）达到52个，比2007年增加36个，藁城市成为首个全部财政收入超百亿元的县级市。

*五年来，我们坚持以实施城镇化战略为依托，加强城镇改造建设，城镇面貌发生可喜变化。*城镇规划体系日臻完善，城镇建设步伐明显加快，城镇管理水平不断提高。2012年城镇化率达到46.8%，比2007年提高6.5个百分点。城镇面貌"三年大变样"成效显著，累计拆迁拆除违章和危陋建筑2亿平方米，改造城中村331个，建成一批道路桥梁、商业中心、文体中心等市政设施，污水垃圾处理、管线入地、集中供热等配套设施进一步完善，城镇综合承载能力增强。城市管理理念、管理模式和管理手段得到改进，智慧城市建设试点稳步推进，园林城市、文明城市、卫生城市、环保模范城市等创建活动深入开展，城市面貌焕然一新，人居环境不断改善，城市魅力明显提升。

*五年来，我们坚持以提高人民生活水平为根本，全力办好惠民利民实事好事，社会大局保持和谐稳定。*城乡居民收入大幅增加，2012年城镇居民人均可支配收入、农民人均纯收入分别达到20543元和8081元，比2007年增长75.7%和88.2%。就业规模持续扩大，城镇就业五年新增316.5万人，农村劳动力转移就业489.6万人，城镇登记失业率控制在4%以内。社会保障体系不断完善，企业职工基本养老保险实现省级统筹，连续八年提高企业退休人员养老金水平，城乡居民社会养老保险和基本医疗保险实现制度全覆盖，新农合筹资标准由100元提高到290元，城乡低保标准超过全国平均水平，养老机构床位数五年新增14.3万张。保障性住房建设扎实推进，累计建设保障性住房和棚户区改造住房110.9万套，解决了167.5万户城镇中低收入家庭住房困难问题，改造农村危房30万户。实施农村饮水安全工程，1753.3万农村人口饮水安全得到保障。城乡免费义务教育全面实现，学前教育加快发展，高中阶段教育基本普及，职业教育发展特色鲜明，高等教育质量提高，公办本科高校生均预算内教育事业费由3958元提高到12000元。文化事业蓬勃发展，省市博物馆、图书馆等一批公共文化设施投入使用并实现免费开放，覆盖城乡的公共文化服务体系逐步健全。文物保护得到加强。全民健身运动广泛开展，圆满承办北京奥运会分赛场足球比赛等国际重大赛事。基层医疗卫生服务体系不断完善，新型农村合作医疗参合率达到96.2%，城市社区卫生服务街道覆盖率达到99%。安全生产总体形势稳定好转，食品药品安全监管力度加大。社会管理综合治理不断强化，圆满完成北京奥运会、党的十八大等重大安保任务，信访工作得到加强，社会大局和谐稳定。支持驻冀部队革命化现代化正规化建设协调推进，驻冀人民解放军和武警官兵出色地完成了一系列急难险重任务。国防动员和双拥共建深入开展，军政军民团结的良好局面巩固发展。人口计生、民族宗教、广播影视、新闻出版、外事侨务、妇女儿童、人民防空、防震减灾、地理信息、气象、档案、老龄、残疾人等事业都取得了新成绩。

*五年来，我们坚持以加强政府自身建设为保证，不断提高行政效率和服务质量，政府执行力和公信力明显增强。*行政体制改革加快推进，省市县乡（镇）政府机构改革取得新进展，省直管县（市）财政体制改革扎实推进，各类园区管理得到加强。事业单位分类改革有序开展。创新政府管理模式，加快市、县（市、区）行政服务中心建设，开展政府绩效管理试点，推行政府机关标准化建设。大幅精减和规范行政审批事项，五年共取消和调整626项，削减率59.3%。大力推进反腐倡廉工作，加强惩防体系建设，深入开展行政权力公开透明运行，政府廉政建设取得新成效。自觉接受人大法律监督和工作监督、政协民主监督和社会监督。五年共办理人大代表建议2424件、政协提案2470件，按时办复率均为100%。

刚刚过去的2012年，是我们积极应对复杂局面、战胜各种困难挑战、取得重要发展成就的一年。我们坚持稳中求进的工作总基调，认真落实省第八次党代会确定的目标任务，按照"一个好的精神状态、一个好的工作作风、一个好的工作业绩"的要求，扎实做好稳增长、控物价、调结构、抓创新、惠民生、促和谐的各项工作，经济社会发展呈现出稳中有进的良好态势，实现了建设经济强省、和谐河北的良好开局。去年年初确定的各项目标，除社会消费品零售总额、出口总值、服务业增加值、中等职业学校招生人数等4项指标，因受刺激消费政策减弱、外需持续低迷、国内有效需求不足、初中毕业生数量减少等因素的影响没有完成外，其他32项指标顺利完成。经过全省上下的共同努力，我们办成了一大批打基础利长远、多年想办而未办成的大事要事难事。*一是抢抓机遇、积极作为，经济发展后劲实现新增强。*坚持把项目建设作为工作基点，加强与国家有关部委的沟通协调，增加建设用地规模，中石化千万吨级炼油、石家庄轨道交通等75个重大项目获得国家核准或审批。石家庄格力电器、承德北汽福田等348个重点项目开工建设，张石高速、邯郸美的空调等65个重点项目建成通车或竣工投产。*二是转型升级、创新驱动，产业结构调整迈出新步伐。*大力推进技术改造，全省用于技术改造、淘汰落后产能和培育新兴产业等方面的资金达到5800亿元，有力促进了产业结构优化升级。核定了钢铁产能，制定调整方案并上报国家，处置在建违规钢铁项目58个，控制新增炼铁产能580万吨、炼钢产能260万吨、钢材产能578万吨。*三是主动对接、深化合作，"双百工程"取得新成效。*百家央企进河北取得重大成果，与56家央企签署96项合作协议，119个项目开工建设或建成投产，全年累计完成投资1151.2亿元；百家院所校进河北签约项目中有187项进入实施阶段。圆满举办访美经贸活动、香港投洽会、廊坊经洽会，组织企业参加韩国丽水世博会等重大经贸活动，成功承办第十四届中国科协年会。*四是重点先行、合力攻坚，"两个举全省之力"开创新局面。*河北沿海地区发展规划启动实施，国家和省都安排了专项资金予以支持。国务院批准设立曹妃甸区、曹妃甸综合保税区和国家级经济技术开发区，顺利完成撤县设区工作，曹妃甸区、渤海新区和北戴河新区亿元以上重点项目922个、总投资21397.8亿元。制定新十年扶贫开发纲要实施意见，共投入各类资金210亿元，支持贫困地区建设了一大批基础设施、公共服务和产业项目。*五是抓住关键、突破瓶颈，"两个环境建设"作出新部署。*把着力改善发展环境、着力改善生态环境作为一场新的革命，全方位、大力度地加以推进，出台并实施着力改善发展环境和生态环境的两个实施意见，推动了行政效率和服务质量的提高，促进了城乡面貌和生态环境的新变化。*六是加大投入、综合施策，保障和改善民生得到新加强。*各级政府大幅度增加了民生投入，并积极争取中央专项资金支持，全省用于民生方面的支出达到3115.5亿元，占全部支出的77.5%。狠抓了保障性安居工程、农村饮水安全、公共教育服务均等化、医疗卫生、养老服务、城乡低保、文化惠民、环境治理、困难群体救助等十件惠民利民的实事好事。加强基层建设年活动成效显著，落实帮扶资金76亿元，实施帮扶项目8.17万个，5010个村面貌焕然一新。广泛开展"学习雷锋、善行河北"主题道德实践活动，引起全社会强烈反响和广泛好评。有力抗击"7·21"华北地区特大暴雨和10号强台风造成的特大洪涝灾害，迅速展开灾区恢复重建工作，灾区群众的生产生活基本恢复，充分展现了燕赵儿女不畏艰难、团结拼搏、玉汝于成的时代风采。

各位代表，过去的五年，是我省综合实力大幅提升、城乡面貌深刻变化、人民群众受益增多的五年。这些成绩的取得，是党中央、国务院和中共河北省委总揽全局、正确领导的结果，是全省广大干部群众团结协作、砥砺奋进的结果。在此，我代表省人民政府，向全省人民，向人大代表、政协委员，向各民主党派、工商联、无党派人士和人民团体，向驻冀人民解放军、武警官兵和政法干警，向中直机关驻冀各单位，向关心河北发展的香港特别行政区和澳门特别行政区同胞、台湾同胞、海外侨胞、国内外朋友，致以崇高的敬意和衷心的感谢！

回顾过去的五年，我们也清醒地认识到，全省经济社会发展和政府工作中还存在许多需要着力解决的问题。这些问题有的是长期制约我省发展的老问题，有的是随着形势变化出现的新情况。主要是：区域发展不平衡、城乡发展不协调的状况尚未根本转变；经济发展结构性矛盾比较突出，科技创新能力不强，经济增长依赖资源能源消耗，资源环境约束加剧；经济增长下行压力较大，企业生产经营成本上升，消化过剩产能和稳定就业之间存在两难选择；安全生产和食品安全形势依然严峻；关系群众切身利益的收入分配、教育医疗、就业社保、扶贫开发等方面的问题还需下大力解决；发展环境和生态环境还存在不少问题；政府自身建设需要大力度加强，政府工作与群众期待还有差距，一些部门和工作人员服务意识不强、办事效率不高，一些领域消极腐败现象依然存在。对这些问题，我们一定以更大的决心、更大的力度、更有效的措施认真加以解决。

各位代表，五年来我省经济社会发展取得的成绩来之不易，积累的经验十分宝贵，归纳起来就是：必须把解放思想作为动力之源，坚决破除落后观念和惯性思维，以创造性的工作开创河北发展的新天地；必须把推动科学发展作为强省之要，从河北省情和经济社会发展实际出发，坚定不移地走有中国特色、河北特点的发展路子；必须把加快转变经济发展方式作为振兴之策，大力推进经济结构战略性调整，实现发展速度、质量、效益相统一；必须把深化改革开放作为必由之路，加快推进重点领域改革和对外开放合作，不断为经济社会发展注入新的生机与活力；必须把统筹城乡区域发展作为战略之举，鼓励有条件的地区率先发展，支持经济薄弱地区加快发展，促进沿海与腹地、城市与乡村、优势地区与贫困地区协调发展；必须把维护最广大人民群众的根本利益作为执政之本，加大保障和改善民生力度，使发展成果更多更公平地惠及全省人民。这些经验和做法体现了继承、发展、创新，我们要倍加珍惜、坚持不懈、不断发展。

各位代表，五年来河北的改革发展走过了一段不平凡的历程。只要我们团结一心、凝聚力量、开拓创新，就一定能够战胜前进道路中的任何困难和挑战，就一定能够夺取改革开放和全面建成小康社会伟大事业的新胜利！

二、今后五年的基本思路和主要任务

今后五年，是深入贯彻落实党的十八大精神、全面建成小康社会的决定性阶段，是深入实施"十二五"规划、建设经济强省和谐河北的关键时期。综观国内外发展趋势，我省仍处于可以大有作为的重要战略机遇期，世界多极化、经济全球化深入发展，科技革命孕育新突破，全球合作向多层次全方位拓展；国内经济社会发展的基本面长期向好，市场潜力巨大；全省上下盼发展、谋发展、促发展的氛围空前浓厚，正朝着建设经济强省、和谐河北的奋斗目标阔步前进；继我省沿海地区发展规划上升为国家战略后，中原经济区发展规划发布实施，首都经济圈发展规划编制全面启动，全省11个设区市有望全部纳入国家发展战略；我省经济总量扩大，竞争实力日益增强，具备了上水平、上台阶的基础。同时，我们面临的各种风险和挑战也在增多，世界经济低速增长态势仍在延续，各种形式的贸易保护主义明显抬头，经济社会发展中不平衡、不协调、不可持续的问题依然突出，加快发展、转型升级和改善环境的任务相当艰巨。对此，我们一定高度重视、认真对待，积极抢抓机遇，沉着应对挑战，加快发展步伐，在新的征程中赢得主动、赢得优势、赢得未来。

今后五年，政府工作的基本思路是：**坚持以邓小平理论、“三个代表”重要思想、科学发展观为指导，全面贯彻落实党的十八大精神，按照省第八次党代会和省委八届二次、三次全会的部署，紧紧围绕主题主线，以提高经济增长质量和效益为中心，大力推进经济结构战略性调整，全面深化改革开放，切实强化创新驱动，不断加强环境建设，着力保障改善民生，促进新型工业化、信息化、城镇化、农业现代化同步发展，保持经济持续健康发展和社会和谐稳定，努力夺取建设经济强省和谐河北、全面建成小康社会的新胜利。**

今后五年的奋斗目标是，建设经济强省、和谐河北取得标志性突破，全面建成小康社会目标在大多数地区总体实现，全面深化改革开放任务在重要领域取得重大进展。

——*经济综合实力显著提升*。全省经济持续健康发展，经济增速和效益高于全国平均水平，生产总值年均增长8.5%以上，公共财政预算收入年均增长11%以上，经济增长质量效益大幅提升。

——*产业转型升级显著加快*。转变经济发展方式取得重要进展，传统优势产业素质有效提升，战略性新兴产业、现代服务业比重提高。创新型河北建设加快推进，新型工业化、信息化、城镇化和农业现代化水平不断提高。

——*文化事业发展显著进步*。覆盖城乡、惠及全民的公共文化服务体系基本建成，地域特色鲜明的文化产品更加丰富，公民的思想道德素质和科学文化素质、社会文明程度进一步提高，文化事业大繁荣，文化产业大发展，文化软实力明显增强。

——*生态文明建设显著加强*。主体功能区布局基本形成，资源节约型、环境友好型社会建设取得重大进展，循环经济发展水平和能源资源利用效率不断提高，主要污染物排放总量进一步减少，森林覆盖率持续增长，美丽河北建设取得明显成效。

——*人民生活水平显著提高*。城乡居民收入比2010年实现翻番，全民受教育程度明显提高，劳动就业更加充分，社会保障全民覆盖，住房保障体系基本形成，体育事业得到发展，居民衣食住行用条件大为改善。

——*发展内生动力显著增强*。重点领域改革取得重大突破，有利于科学发展的体制机制不断完善，发展环境明显改善。开放型经济发展全面提速，对外开放深度和广度进一步扩大。

实现上述奋斗目标，需要全省上下团结一心、共同努力，我们要突出抓好七项重大任务：

（一）保持经济持续健康发展，再上发展新台阶。紧紧抓住发展第一要务，激发各类市场主体活力，提高经济增长的质量和效益。积极实施扩大内需战略，努力扩大城乡消费，保持投资合理规模，加快形成消费、投资、出口协调拉动经济增长的新格局。推进重大基础设施建设和基础产业发展，区分轻重缓急，科学安排公路、铁路、机场、港口、水利、电力、通讯等重大基础设施建设，五年内构建起更加完善的交通运输体系，实现县县通高速公路。坚定不移实施“两个举全省之力”的重大战略部署，支持曹妃甸区、渤海新区大规模开发建设，使其成为经济发展的强大引擎；打好扶贫开发攻坚战，突出抓好阜平县和环首都扶贫攻坚示范区建设、燕山—太行山区和黑龙港流域集中连片特困地区的扶贫开发，促进贫困地区发展速度、农民增收幅度明显高于全省平均水平，与周边区域差距明显缩小。大力支持发展实体经济，培育一批大企业大集团，扶持中小微企业加快发展，三年内规模以上工业企业新增5000家以上，进一步做大做优全省工业经济，努力走出一条具有河北特色的新型工业化道路。

（二）加快经济结构战略性调整，形成发展新方式。深入实施“一产抓特色、二产抓提升、三产抓拓展”的经济发展战略，推进新型工业化、信息化、城镇化和农业现代化同步发展，推动信息化和工业化深度融合、工业化和城镇化良性互动、城镇化和农业现代化相互协调，努力构建现代产业新体系。大力实施创新驱动发展战略，加大科技投入力度，提高原始创新、集成创新能力，更加注重引进消化吸收再创新和协同创新。加快建设一批公共服务研发平台，构建以企业为主体、市场为导向、产学研相结合的技术创新体系。深入实施人才强省战略，培育领军人才，引进高层次、高技能人才。加快发展现代农业，科学布局农业特色产业，着力构建集约化、专业化、组织化、社会化相结合的新型农业经营体系。坚持走新型工业化道路，深入实施工业强省和质量兴省战略，全面推进“十百千工程”和“十大提升计划”，推动钢铁、装备制造、石化、建材、食品等传统优势产业向高端、精品、专业化、深加工方向发展，加快培育节能环保、新一代信息技术、生物、高端装备制造、新能源、新材料、新能源汽车等战略性新兴产业，积极化解产能过剩矛盾。深入实施服务业拓展计划，加快发展生产性服务业，大力发展生活性服务业，扩大服务业就业空间，推动服务业发展提速、比重提高、水平提升。

（三）加速新型城镇化进程，打造发展新引擎。把城镇化作为现代化建设的历史任务和扩大内需的最大潜力，摆在活跃经济社会发展全局的战略位置，促进经济增长和结构调整。坚持走集约、智能、绿色、低碳的新型城镇化道路，不断缩小城镇化率与全国平均水平的差距。发挥规划的龙头引领作用，以大城市为依托，以中小城市为重点，促进大中小城市和小城镇协调发展，推动城镇化发展由速度扩张向质量提升转型。加强城镇改造建设，加大基础设施、公共服务设施建设力度，提高城市综合承载能力。合理规划建设产业园区，优化产业布局。强化城市精细管理，全面提升城市管理水平和文明程度。创新户籍管理体制机制，有序推进农业转移人口市民化。加快发展县域经济，实施腾飞计划，充分发挥比较优势，培育壮大特色主导产业，实现全省县域经济总量倍增。

（四）扎实推进文化强省建设，丰富发展新内涵。着眼于提升文化软实力，发挥文化引领风尚、教育人民、服务社会、推动发展的作用。积极培育和践行社会主义核心价值观，推进公民道德工程建设。完善公共文化服务体系，加快文化设施网络建设，不断满足群众的基本文化需求。打造一批具有燕赵特色、体现时代精神的精品力作，关心和培养文化名家和领军人才，提升河北文化知名度和影响力。做大做强文化产业，发展新兴文化业态，促进文化与科技旅游融合，提高文化产业规模化、集约化和专业化水平，实现由文化资源大省向文化强省的跨越，力争进入全国文化建设第一方阵。

（五）着力改善优化生态环境，创造发展新优势。坚持节约资源和保护环境的基本国策，实施生态立省战略，推进绿色发展、低碳发展、循环发展，努力实现生态经济发达、生态环境优美、生态文化繁荣、人与自然和谐相处的可持续发展目标。落实生态功能区规划，强化主体功能区管理，促进生产空间集约高效、生活空间宜居舒适、生态空间山青水秀。加强城乡环境污染综合整治和绿色生态建设，强化PM2.5监测治理，抓好水、大气、土壤、海域、陆域等污染防治，实施一批生态建设工程。把资源消耗、环境损害、生态效益纳入经济社会发展评价体系，为生态环境的持续改善提供有力保障，使全省的生态环境年年都有新变化、五年实现大跨越，在建设美丽河北、促进永续发展上迈出重大步伐。

（六）加大保障改善民生力度，共享发展新成果。坚持以人为本、民生为重，努力在学有所教、劳有所得、病有所医、老有所养、住有所居上取得重要进展。办好人民满意的教育，提高教育水平，促进教育公平；坚持面向世界、面向未来、面向现代化、面向河北经济社会发展，提升高等教育质量，努力建设几所全国知名大学。加快发展医疗卫生事业，推进基本公共卫生服务均等化，加强卫生科普宣传，深化公立医院改革，振兴中医药事业，为群众提供安全有效、方便价廉的公共卫生和基本医疗服务。制定实施城乡居民收入倍增计划，大幅度提高城乡居民收入，促进居民收入水平与经济社会发展水平同步提高。实施就业优先战略和更加积极的就业政策，鼓励创业就业，加大支持青年创业的力度，构建和谐劳动关系，推动实现更高质量的就业。统筹推进城乡社会保障体系建设，坚持全覆盖、保基本、多层次、可持续的方针，提高统筹层次和保障水平。建立市场配置和政府保障相结合的住房制度。加大城乡贫困人口基本生活保障力度，三年内全部解决农村人口饮水不安全问题。改革和完善食品药品安全监管体制机制，强化安全生产基础建设。深入推进军民融合式发展，突出顶层设计，注重法规制度建设。加强和创新社会管理，加快建立源头治理、动态管理、应急处置相结合的社会管理机制。

（七）不失时机深化改革开放，增添发展新动力。以更大的勇气和智慧推进改革，增强改革的系统性、整体性、协同性，推动国有企业、医药卫生、行政体制、事业单位、财税体制、金融体制、收入分配制度、农村集体产权制度等重点改革取得突破性进展。全面提高开放型经济水平，围绕推动我省科技创新、管理创新和产业升级，提高利用外资总体规模和综合效益。实施以质取胜和市场多元化战略，扩大外贸出口，优化出口结构，打造以技术、品牌、质量、服务为核心的竞争新优势。扩大先进技术、关键设备和零部件进口。加快“走出去”步伐，增强企业国际化经营能力和资源保障水平。加强与京津等周边省市和其他省份对接合作，扩大提升与港澳台交流合作。深化百家央企进河北、百家院所校进河北合作成果，开展好百家知名民企进河北活动，形成优势互补、互利共赢、共同发展的新机制。毫不动摇地鼓励、支持、引导非公有制经济发展，破除阻碍民间投资体制障碍，深入推进全民创业，推动民营经济上规模、上档次、上水平。

各位代表，全省人民对美好幸福生活的向往，是政府义不容辞的最大责任和推动工作的最大动力。雄关漫道真如铁，而今迈步从头越。我们坚信，在党的十八大精神指引下，经过全省人民的共同努力，一个繁荣兴旺、富饶秀美、和谐文明、生机勃勃的新河北必将展现在世人面前！

三、2013年的重点工作和主要措施

今年是全面贯彻落实党的十八大精神的开局之年，是实施“十二五”规划承前启后的关键一年，是为全面建成小康社会奠定坚实基础、加快建设经济强省和谐河北的重要一年，做好今年的政府工作十分重要。综合考虑各方面因素，今年全省经济社会发展的主要预期目标是：全省生产总值增长9%左右。全部财政收入增长10%，其中公共财政预算收入增长11%。全社会固定资产投资增长20%，社会消费品零售总额增长15%，出口总值增长5%，实际利用外资增长10%左右。单位生产总值能耗下降3%，化学需氧量、二氧化硫、氨氮、氮氧化物排放量分别削减2%、3.9%、3.2%、5.7%。城镇居民人均可支配收入和农民人均纯收入增长9%以上。居民消费价格涨幅控制在3.5%左右。城镇登记失业率控制在4.5%以内。人口自然增长率控制在7.6‰以内。确定全省生产总值增长9%左右的目标，体现了积极进取、实事求是的原则，考虑了我省的发展需要和支撑条件，注重了与全面建成小康社会目标和“十二五”规划目标的有机衔接，有利于稳定预期、提振信心，有利于促进就业、改善民生，有利于稳中求进、进中求好。

实现今年全省经济社会发展主要目标，必须紧紧围绕

主题主线，以提高经济质量和效益为中心，把握稳中求进工作总基调，认真落实国家宏观调控政策，切实把稳增长、调结构、攻重点、抓改革、惠民生、优环境作为基本着力点，努力实现经济持续健康发展和社会和谐稳定。

（一）多措并举实施扩大内需战略。把扩大内需作为实现经济持续健康发展的战略基点，增强内需对经济增长的拉动力。*大力实施发展规划，增强规划的引领作用。*深入实施河北沿海地区发展规划，研究制定支持邯郸、邢台两市对接中原经济区规划的政策措施，积极争取石家庄、衡水等市纳入首都经济圈发展布局。把“十二五”规划中期评估与今年经济社会发展各项任务相结合，推动“十二五”规划顺利实施。研究制定我省全面建成小康社会发展规划，为经济社会发展提供科学依据。*大力优化投资结构，增强投资的关键作用。*选准投资方向，加大产业升级、基础设施、环境保护、民生改善等领域的投资力度，严格控制“两高”和产能过剩行业投资扩张。发挥政府投资的导向作用，激活民间投资，放宽投资准入，鼓励支持民间资本进入交通、能源、金融、市政、卫生、教育等领域。*大力扩大消费需求，增强消费的基础作用。*着力扩大城乡居民消费，提高消费能力、优化消费环境、拓宽消费领域、推动消费升级。实施商贸服务提升工程，推动信用消费、网络购物等新型业态发展，加快培育新的消费增长点。研究制定城乡居民收入倍增计划，着力提高中低收入群体的收入水平。搞好市场物价调控，完善价格补贴联动机制。加强房地产市场调控，促进房地产业健康发展。*大力发展实体经济，增强实体经济的支撑作用。*落实国家结构性减税等政策措施，加大煤电油气运等生产要素保障力度，进一步改善实体经济发展环境。鼓励支持创办经济实体，培育壮大十大工业基地、百家优势企业、千项名牌产品，增多做大规模以上工业企业，加快打造一批“航空母舰”与“行业巨人”。

（二）毫不放松抓好农业农村工作。把保供增收惠民生、改革创新添活力作为重要任务，进一步强化农业、惠及农村、富裕农民。*稳定发展粮食生产。*落实好惠农补贴政策，以创建高产示范片和建设吨粮市、吨粮县为抓手，稳定面积、主攻单产、增加总产、提高品质，加强粮食生产核心区建设，扩大优质小麦、专用玉米、杂交谷子等高效粮食生产，促进粮食和重要农产品稳定发展，力争粮食总产达到655亿斤。*培育发展特色农业。*进一步壮大畜牧、蔬菜、果品三大优势产业，创建畜禽标准化规模养殖示范场，发展一批高效蔬菜、优质果品、中药材等特色种植县。做强农业产业化龙头，重点培育100家领军企业，确保100个投资亿元以上农业产业化项目建成投产。鼓励城市工商资本到农村发展适合企业化经营的种养业。*加快农业科技进步。*加大农业科技投入，深入实施良种繁育推广、病虫害统防统治等重大农业科技工程，完善基层农技服务推广体系，大力推广稳产增产先进农业实用技术，推进机械化生产，提高农业生产水平和综合效益。*改善农业生产条件。*加快推进引黄入冀补淀、双峰寺水库等重大水利工程，抓好小型病险水库除险加固、中小河流治理、大中型灌区续建配套、节水改造和农田水利基本建设。加强气象灾害监测预警，推进人工影响天气能力建设，提高农业防灾减灾能力。推行农业标准化生产，完善农产品质量安全监测体系，提高农产品质量安全水平。*创新农业生产经营体制机制。*坚持和完善农村基本经营制度，充分保障农民土地承包经营权，创新农村合作化组织形式，加快发展各类农民合作组织和多元服务主体。培育发展村镇银行等新型农村金融机构，创新符合农村特点的担保体系，建立完善农业保险制度，引导各类信贷资金和社会资本投向农村。

（三）集中力量搞好重点项目建设。把项目建设作为稳增长、调结构、增后劲的重要载体，突出重点、明确责任、加快推进。*分级负责推进重点项目建设。*完善重点项目分级管理办法和预分预拨用地指标分配使用办法，用足用好土地占补平衡政策。按照少而精、大而难、新而重的原则，省重点抓好100项事关全省发展大局的重大项目，力促国家批复的75个重大项目开工建设。各市县也要抓好一批符合产业政策的大项目、好项目。*加紧谋划实施产业项目。*加强要素资源保障，加快中石油华北石化千万吨级炼油、长城汽车扩能改造、沃尔沃汽车、中航重型卡车及特种装备、中国联通廊坊基地、中煤科工唐山煤机装备制造等项目建设。继续抓好与央企合作、利用外资等重大项目的跟踪落实，成熟一个、支持一个、落实一个。*科学合理推进基础设施项目。*加快津保、张唐铁路建设，完成邯长邯济铁路扩能改造，确保津秦客专、邯黄铁路建成通车，力争石济、邢和、京张等铁路早日开工。抓好京港澳高速改扩建、京昆北延等22条重点高速公路建设，确保张涿、大广承德段、沿海北戴河支线等8条高速公路建成通车，新增通车里程500公里以上。加快省内机场建设，积极推进北京新机场项目。推动唐山港和黄骅港航道及码头建设，启动实施秦皇岛西港搬迁改造工程。抓好南水北调及配套工程，积极推进重点防洪工程建设。确保河北500千伏输变电工程、丰宁抽水蓄能电站等基础产业项目尽早开工。通过坚持不懈抓项目、上项目，使河北的重大生产力布局更加优化、发展后劲更加强劲。

（四）坚持不懈推进产业结构调整。把改造老的、发展新的、培育好的作为产业转型升级的主攻方向，提升产业整体素质。*加快改造提升传统优势产业。*突出抓好千项技改工程，促进钢铁、石化、建材、食品加工等产业改造升级，使全省技改投入产出比达到1：2.6。积极争取钢铁产业结构调整方案早日获得国家批准，支持装备制造业整机设备发展和零部件品质提升，延长石化产业链。*加快培育壮大战略性新兴产业。*组织实施信息产业升级、新材料产业链壮大等8大工程，滚动实施百项战略性新兴产业示范项目，培育壮大5个国家级高新技术产业基地和一批特色高技术产业集群。积极发展卫星导航技术应用产业。全面落实支持光伏产业发展的十条措施，鼓励省内重点项目和建筑工程优先使用本地光伏、节能产品。加大安国中药都建设力度，推进中医药产业上档升级。*加快发展现代服务业。*大力发展交通运输、中介咨询、信息服务、软件外包、科技研发、建筑劳务等生产性服务业，重点发展24个省级现代物流产业聚集区；积极发展商贸、医疗、家政、就业服务、社区养老、物业管理、体育健身等生活性服务业。加快发展现代金融保险业，增多金融市场主体，做大河北银行、河北融投等地方金融机构，组建燕赵财险公司，防范和化解金融风险。充分发挥旅游资源优势，完善旅游基础设施，建设精品线路和景区，打响“诚义燕赵、胜境河北”旅游品牌。推进大型商贸综合体、特色商业街、农贸市场建设，促进电子商务、服务外包、总部经济等新兴服务业发展。加快提高自主创新能力。以促进科技与经济结合为重点，加强企业创新能力建设，扶持科技型小微企业发展，鼓励科技人员创办领办科技型企业。在强化大学、科研院所研究能力的同时，鼓励企业加大研发投入，建立高水平研发机构，承担科技攻关项目。推进产学研结合，积极实施新能源关键技术研发、重大新药创制等12个重大科技专项，突破行业关键技术、研发重大技术装备、开发新工艺新产品。推进央企与河北高校共建重点实验室工作，推动与百家院所校科技合作项目落实，支持100项“863计划”等国家重大科技专项成果在我省转化应用。完善人才培养、引进、使用、评价、激励机制，造就一批高层次创新型人才和高技能人才。加快化解产能过剩矛盾。研究制定我省产能过剩行业调整化解方案，着力解决低水平重复建设、资源能源消耗高、环境污染严重等问题。强力推进节能减排，重点抓好新老“双三十”单位和“双千”企业工程，确保完成年度目标任务。实施地区用水总量控制，大力节水、节能、节地、节材，积极开展低碳试点工作。

（五）加大县域经济发展支持力度。把县域经济作为促进“四化”同步发展的最佳结合点，活跃县域经济发展全局。壮大县域经济实力。研究制定加快县域经济发展的意见，支持经济强县率先发展，做强主导产业，做大经济总量，扶持几个工业总产值超千亿元的县（市）。扶持经济弱县跨越发展，加大对全部财政收入3亿元以下县的帮扶力度，力争三年内大多数达到5亿元。培育发展特色产业。依托产业基础和资源条件，推进主导产业特色化、规模化、集群化发展。实施产业集群示范工程，培育和发展一批主业突出、特色鲜明、体系完整、环境友好、竞争力强的产业集群。搞好产业园区建设。按照产业园区化、技术高端化、生产低碳化、服务公共化的思路，引进一批高技术、高效益、低能耗、关联性强的重大龙头项目，推动产业向园区聚集、园区向城镇集中，形成土地节约、资源集约、产业聚集的园区经济发展新模式。

（六）着力提高城镇化发展质量。把完善配套设施、提升城市功能、聚集优质产业、强化精细管理作为城镇化的有效途径，力争城镇化率比上年提高1.2个百分点。注重优化城镇发展布局。做大做强区域中心城市，扶持壮大中等城市，推进有条件的县级市向高标准中等城市发展，实现大中小城市协调发展。加大省会石家庄建设力度，改善环境、完善功能、强化管理、提高品位。抓好正定新区、冀南新区、曹妃甸新城、黄骅新城、北戴河新区等建设，加快发展特色小城镇。注重增强产业牵引能力。完善城市功能分区，盘活城市空间资源，吸纳优质产业和先进生产要素，推动以业兴城、以城促产、产城互动。完善公共服务体系，强化产业的资本、信息、技术、人才等配套支撑。注重加强城镇建设管理。坚持建管并重、综合治理，系统完善城市基础设施，深入实施城市建设重点工程，有效解决交通拥堵、环境污染等突出问题，提高城市供热保障能力。加强城市风貌特色建设，搞好城市管理综合治理，促进城市网络化、智能化、个性化发展。注重推进县城扩容升级。把县城建设作为综合整治重点，突出特色、彰显个性、完善功能、打造精品，加快推进道路改造、商贸综合体、城市广场、垃圾污水处理等基础设施和公共服务设施建设，提高县城综合承载能力。加强城区景观建设，提高绿化亮化美化净化水平。统筹推进城区与产业园区建设，拓展县城发展空间。注重城乡一体化发展。统筹城乡规划、基础设施、产业布局、公共服务、社会事业协调发展。深化户籍制度改革，解决好农业转移人口社会保障、住房医疗、子女就学等问题。完善农村水电路讯房等基础设施，抓好2000个新民居重点村建设。

（七）梯次推进区域统筹协调发展。把实施“两个举全省之力”重大部署作为促进区域协调发展的有效举措，加快培育新的经济增长极。推进沿海地区率先发展。深入落实河北沿海地区发展实施意见，完善曹妃甸区、渤海新区、北戴河新区产业发展、综合交通、功能区建设、岸线开发等专项规划，进一步理顺新区行政管理体制，确保曹妃甸综合保税区通过国家验收，力争渤海新区综合保税区获得国家批准。推进贫困地区跨越发展。认真学习贯彻习近平总书记来河北视察时的重要讲话精神，以实干促进扶贫开发，用真情关爱困难群众。大力推进阜平县和环首都扶贫攻坚示范区建设，全面实施燕山—太行山、黑龙港流域连片特困地区扶贫攻坚规划，重点扶持12万个贫困家庭发展增收示范项目。把帮助困难群众特别是革命老区、少数民族地区、贫困地区的困难群众脱贫致富摆在更加突出的位置，从全省选择条件较差的5000个村，深化加强基层建设年活动。继续实施“雨露计划”，完成1万个贫困劳动力的技能培训并实现就业。推进首都经济圈和冀中南地区加快发展。积极参与首都经济圈发展规划和实施意见的制定，主动承接吸纳首都产业转移和要素辐射。抓住京广高铁开通形成的半小时、一小时经济圈和北京新机场建设的机遇，推进廊坊空港新区建设，加强与京津的交通互联、产业互补、园区共建、资源共享。支持邯郸、邢台与中原经济区融合对接，推进邯郸国际陆港建设，打造冀南区域合作示范区。抓好白洋淀、衡水湖生态环境保护，挖掘历史文化底蕴，搞好空间科学布局和基础设施建设，实现湿地保护与旅游开发协调发展。制定实施衡水地区综合配套改革方案，推动衡水经济社会加快发展。

（八）坚定不移全面深化改革开放。把改革开放作为强省富民的关键抉择，最大程度地激发全社会的创造活力。继续推进重点领域改革。积极稳妥推进行政管理体制和事业单位分类改革，有重点地优化调整全省行政区划。

加快国有企业战略性重组，培育大型企业集团，实施国有企业厂办大集体改革。深化县级公立医院综合改革，开展城乡居民大病保险试点，巩固完善基本药物制度和基层运行新机制。推动河北演艺演出集团、河北影视集团等文化企业建立现代企业制度，加快文化企业股改上市步伐。完善省直管县财政体制，健全县级基本财力保障机制。全面开展农村集体土地确权登记，深化集体林权制度改革，推进国有林场改革。整合规范政府融资平台，加强政府性债务管理。积极争取中央代发地方债券。做好营业税改征增值税准备工作。*深入推进对内对外开放*。办好“5·18”廊坊经洽会等重大经贸活动，实际利用外资实现66亿美元。坚持规范、有序、加强的原则，促进各类开发区、高新区、产业聚集区健康发展。着力推动百家央企、百家院所校进河北合作项目的落实，组织开展百家知名民企进河北活动。支持唐山筹备办好2016年世界园艺博览会。继续做好援藏、援疆工作。完善出口政策，优化出口结构，培育壮大出口企业。鼓励企业“走出去”，开拓两个市场、用好两种资源，增加外派劳务规模。*加快推进民营经济发展*。把促进民营经济发展放到重要位置，全面落实鼓励民营企业发展的“新36条”实施细则，破除阻碍民间投资的“玻璃门”、“弹簧门”等体制障碍，从降低门槛、减轻税负、融资服务、资源保障等方面加大扶持力度，支持民营经济快速健康发展。做强省级、做大市级、做实县级融资担保机构，解决民营企业担保难问题，力争全年中小企业担保资金达到400亿元，担保能力达到1500亿元。加强对企业家的培训，造就一支高素质的企业家队伍。支持引导个体工商户创业升级，推进个体工商户向小微企业转变、小微企业向规模以上企业发展。以政策的扶持、环境的改善，推动民营经济大提速、大发展。

（九）下大力气抓好“两个环境”建设。把环境建设作为破解发展瓶颈、增创发展优势的关键点，认真落实着力改善发展环境和生态环境的实施意见，坚持目标引领行动、重点带动全局、督导推动落实，确保“两个环境”建设取得实实在在的成效。*以更坚定的决心改善发展环境*。围绕构建风清气正、开放文明、和谐稳定的发展环境，进一步减少行政审批事项，理顺行政审批程序，加快省本级行政许可、非行政许可网上办理和联合审批，加强市、县（市、区）行政服务中心建设，提高政府行政效能。积极搭建公共资源交易、技术研发、电子商务、质量检测等服务平台，提升政府服务能力和服务水平。全面清理规范各项政府规章和规范性文件，对省级以下设定的行政事业性收费、罚款项目，能撤销的撤销，能减免的减免。强化对影响发展环境行为的问责，下大力解决企业和群众反映强烈的突出问题，坚决查处乱收费、乱罚款、乱检查、吃拿卡要等行为，使市场主体在宽松优化的环境中不断发展壮大。*以强有力的措施改善生态环境*。围绕打造生产转型、天蓝水净、地绿山青的生态环境，大力发展循环经济和节能环保产业，推进资源能源在生产、流通、消费等各环节的循环利用，加快构建消耗低、污染小的现代产业体系。按照国家新标准抓好PM2.5监测治理，推进城区工业企业退城进园，严格城区用煤管制，强化机动车尾气达标排放，加快“黄标车”淘汰步伐，制定城市空气重污染应急管理办法。严格饮用水源地、湿地保护，加强水污染防治，扎实推进北戴河及相邻地区近岸海域环境综合整治三年行动计划，加快滏河等重点流域水污染治理。坚持因地制宜推进农村生态环境综合整治。广泛开展全民植树造林，加强绿色屏障和绿色廊道建设，实施京津风沙源治理、退耕还林等重点工程，新增造林绿化面积420万亩。进一步强化环境安全保障，有效防范环境风险和环境事故。

（十）真心实意办好惠民利民实事。把保障和改善民生作为一切工作的出发点和落脚点，放在心上、抓在手上、落到实处。*一是推进各级各类教育发展*。继续实施学前教育三年行动计划，改扩建农村幼儿园1000所。完成中小学校舍安全工程任务，提高义务教育均衡发展水平，积极发展现代职业教育，加快建设国内知名大学。*二是推动实现更高质量就业*。重点做好高校毕业生、农民工、城镇困难人员就业工作，加强退役军人技能培训与就业安置工作，城镇新增就业70万人，应届高校毕业生就业率达到85%以上，新增农村劳动力转移就业50万人。*三是提升社会保障能力*。扩大社会保障覆盖面，城乡居民社会养老保险参保率保持在90%以上，企业退休人员基本养老金提高10%以上，新农合筹资标准提高到340元、参保率稳定在95%，提高城乡居民医疗补助标准和报销水平。继续稳步提高城乡低保标准，医疗救助起付线逐步降低或取消。积极发展老龄事业，提升居家、社区、机构养老水平。*四是加强保障性住房建设和管理*。建设保障性住房和棚户区改造住房22万套、竣工22万套、投入使用18万套，确保建设进度、工程质量和公平分配。抓好农村危房改造，年内完成18万户。*五是加大农村群众帮扶救助力度*。实施农村饮水安全工程，完善省市配套资金落实方案，解决700万农村人口饮水不安全问题。加强农村孤老孤残孤儿社会救助，推进“多院合一”型民政事业服务中心建设，确保农村五保集中供养能力达到60%。严厉打击恶意拖欠农民工工资行为，切实维护农民工合法权益。*六是强化医疗服务保障*。完成全省村卫生室标准化建设任务，加强乡村医生规范化培训，完善社区卫生服务体系。实施白内障患者万人复明工程，为5万名农村患者和城市低收入患者免费实施复明手术。推进30个县级中医院标准化建设，努力办好河北中医学院，搞好石家庄“国家中医药发展综合改革试验市”建设。坚持计划生育基本国策，提高出生人口素质。*七是丰富群众精神文化生活*。加快推进省市县图书馆、群艺馆、文化馆等文化设施建设，完成乡镇综合文化站和7000个文化信息资源共享工程基层服务点建设。坚持面向农村基层、服务农民群众，深入开展文化、科技、卫生“三下乡”活动。办好第十四届中国吴桥国际杂技艺术节。倡导“保护文物就是保护文化、就是保护人类文明”的理念，加强历史古迹、文化名城名镇名村、古树名木和风景名胜保护，推进涿鹿黄帝城、泥河湾遗址群等保护开发，搞好避暑山庄及周围寺庙、清东陵和清西陵等世界文化遗产保护，完成重点田野文物安全防范系统工程建设。加强非物质文化遗产保护和传承。推进河北奥林匹克体育中心建设，促进竞技体育、群众体育全面发展，认真组织参加第十二届全国运动会。*八是加强食品药品安全监管*。深入开展食品药品隐患排查和专项整治，加大学校和幼儿园食堂餐饮食品安全监管力度。建立覆盖全省的食品药品安全风险监测网络，加强食品药品追溯体系和技术检测能力建设，保障饮食用药安全。*九是高度重视安全生产*。严格落实安全生产责任制，实施尾矿库专项整治，制定落实恶劣天气道路交通事故防范预案，开展消防安全设施检查，加强烟花爆竹、民爆器材、化工和危险化学品等高危行业监管，抓好水电气暖等生产设施和管道、线路检测检修，坚决遏制重特大安全生产事故发生。*十是深入开展平安河北建设*。创新社会服务和管理，加强矛盾纠纷排查调处，重视做好信访工作，着力解决信访突出问题，依法维护信访秩序。加强突发公共事件应急预警，有效防范和应对森林火灾、暴雨洪水、泥石流、地震等自然灾害。深入实施“护城河”工程，完善立体化社会治安综合管理体系，推进网络依法规范有序运行，严厉打击各类违法犯罪行为，进一步增强群众的安全感和满意度。加强国防教育和国防后备力量建设，认真落实优抚安置政策，支持驻冀人民解放军、武警部队革命化现代化正规化建设，促进军民融合式发展。支持工会、共青团、妇联等人民团体发挥桥梁纽带作用，做好民族宗教、广播影视、新闻出版、外事侨务、妇女儿童、残疾人、地理信息、气象、史志档案等工作。

各位代表，我们已经踏上为全面建成小康社会而奋斗的新征程。五年看头年，开局谱新篇。我们一定进一步增强紧迫感、责任感、使命感，以奋发有为的精神状态、务实高效的工作作风、扎实有力的工作举措，奋力开创全省经济社会发展的新局面！

四、全面提高政府工作的科学化水平

面对新的形势和任务，各级政府必须把思想和行动统一到党的十八大精神上来，统一到省委的重大决策部署上来，着力加强政府自身建设，努力建设服务政府、法治政府、创新政府、效能政府和廉洁政府，全面提高政府工作的科学化水平。

第一，继续解放思想，增强开拓创新能力。把改革创新精神贯穿于政府工作的全过程，推动解放和发展社会生产力永不停步，推进改革开放和创新发展永不停滞。顺应民心，尊重民意，集聚民力，在实践中不断有所发现、有所创造、有所前进，进一步拓宽视野、开阔思路、创新思维。积极适应国内外形势的新发展、新变化，认真研究解决稳增长、惠民生的新情况、新问题，在调结构、转方式上探索新路子、实现新突破。在改革发展中坚持一切从实际出发，抓住主要矛盾和关键环节，转变发展理念、改进工作方法、完善体制机制，使各项工作更加体现科学性、增强针对性、富于创造性。

第二，转变政府职能，增强科学决策能力。全面正确履行经济调节、市场监管、社会管理和公共服务职能，营造良好发展环境，提供优质公共服务，维护社会公平正义。深化行政管理体制改革，全面提速政府工作效能、规范运转流程、提升服务质量。创新行政管理方式，加大科技手段的运用。推进政府系统标准化与信息化融合，开展第二批省政府系统19个部门的标准化建设。完善科学民主决策制度，问政于民，问需于民，问计于民，确保决策更加科学合理、切合实际、符合民意。

第三，推进法治建设，增强依法行政能力。把遵守宪法和法律作为施政的根本原则，注重运用法治思维和法治方式，推进行政权力运行公开化规范化，切实把政府工作纳入依法运行的轨道。加强政府立法，完善执法体制，规范行政裁量权，强化执法监督，全面落实行政执法责任制，真正做到有法必依、执法必严、违法必究。自觉接受人大及其常委会的法律监督和工作监督，自觉接受人民政协的民主监督，广泛听取各民主党派、工商联和无党派人士的意见和建议。认真办理人大代表建议和政协提案。重视发挥新闻媒体和社会公众的监督作用，保障人民群众的知情权、参与权、表达权、监督权。

第四，改进工作作风，增强为民服务能力。认真执行中央改进工作作风、密切联系群众八项规定和省委省政府的落实办法，牢记“空谈误国、实干兴邦”，从省政府领导班子做起，要求别人做到的自己先要做到，要求别人不做的自己坚决不做。积极开展以为民务实清廉为主要内容的群众路线教育实践活动，着力解决人民群众反映强烈的突出问题。常怀“衙斋卧听萧萧竹，疑是民间疾苦声”的忧民之心，时刻把群众的安危冷暖放在心上，多谋民生之利，多解民生之忧，多办民生之事。加强调查研究，改进文风会风，精简会议文件，坚决克服形式主义、官僚主义，切实在狠抓落实上下真功夫，做到各项工作有部署、有督促、有检查、有奖惩，大力提升各级政府的执行力和公信力，以良好的政风赢得人民群众的信赖。

第五，坚持勤政廉政，增强廉洁从政能力。按照从严治政、务实勤政、廉洁持政的要求，深入推进惩治和预防腐败体系建设，严格落实党风廉政建设责任制，严厉查处违纪违法案件，坚决纠正不正之风，做到干部清正、政府清廉、政治清明。严格遵守廉洁自律的各项规定，加强公务员队伍的廉政教育，筑牢思想防线，勿以善小而不为，勿以恶小而为之，做到自身正、自身净、自身硬。大力弘扬艰苦奋斗的优良传统，厉行勤俭节约，反对铺张浪费，力戒奢靡之风，以反腐倡廉的实际成效推进廉洁政府建设。

各位代表，全面建成小康社会是全省人民的热切期盼，是新一届政府肩负的崇高历史使命。让我们紧密地团结在以习近平同志为总书记的党中央周围，高举中国特色社会主义伟大旗帜，以邓小平理论、“三个代表”重要思想、科学发展观为指导，在中共河北省委的坚强领导下，紧紧依靠和团结带领全省人民，凝聚力量、攻坚克难，实干兴省、发展富民，为建设经济强省和谐河北、夺取全面建成小康社会新胜利而努力奋斗！

关于河北省2012年国民经济和社会发展计划执行情况与2013年国民经济和社会发展计划（草案）的报告

——2013年1月26日在河北省第十二届人民代表大会第一次会议上

河北省发展和改革委员会主任　刘学库

各位代表：

受省政府委托，我向大会作河北省2012年国民经济和社会发展计划执行情况与2013年国民经济和社会发展计划（草案）的报告，请予审议，并请省政协委员和其他列席人员提出意见。

一、2012年计划执行情况

过去的一年，面对复杂多变的国内外经济形势和我省经济下行压力不断加大的严峻挑战，各级各部门牢牢把握稳中求进的工作总基调，紧紧围绕省十一届人大五次会议确定的目标任务，认真贯彻落实国家预调微调政策，全力稳增长、调结构、控物价、惠民生、抓改革、促和谐，全省经济呈现稳中有进的良好态势。

大多数指标完成或超额完成计划目标。全省生产总值增长9.6%，全部财政收入及公共财政预算收入分别增长15.3%和19.9%，城镇居民人均可支配收入、农民人均纯收入分别增长12.3%和13.5%，城镇新增就业72.1万人，居民消费价格总水平上涨2.6%，全社会固定资产投资增长20%，实际利用外资增长14.7%，单位生产总值能耗下降6%左右，化学需氧量、二氧化硫、氨氮和氮氧化物排放量分别削减2.2%、3.2%、3.1%和1.5%，人口自然增长率为7‰。

四项预期性指标未达到计划目标。一是社会消费品零售总额增长15.5%，低于计划目标1.5个百分点，主要是受房地产市场调控、部分刺激消费政策退出等因素影响，住房、汽车、家用电器等商品销售额增速回落幅度较大。二是出口总值增长3.6%，低于计划目标6.4个百分点，主要是受外需持续低迷、发达国家贸易保护主义加剧等因素影响，我省出口难度加大。三是服务业增加值增长8.4%，低于计划目标1.6个百分点，主要是受经济增速放缓、市场需求不足等因素影响，交通运输等生产性服务业增速回落幅度较大。四是中等职业学校招生35.98万人，比计划目标少2.02万人，主要是初中毕业生数量减少，中职教育生源不足。

与此同时，经济生活中还存在一些突出矛盾和问题。一是经济企稳的基础还不稳固。世界经济持续低速增长，外部需求依然较弱。企业盈利能力下降致使增加投资的能力减弱，投资增速有所回落。中低收入者消费能力偏低，服务消费有效供给不足，消费内生增长动力有待增强。二是企业生产经营困难依然较大。受市场需求乏力等因素制约，钢铁、建材、电力等行业生产经营十分困难。企业用工、融资成本居高不下，特别是中小企业融资难的问题尚未有效缓解。三是一些涉及民生的问题仍较突出。环境保护、土地征用、食品安全等领域损害群众利益的行为时有发生，就业社保、教育卫生、住房保障等公共服务仍需加强。对上述问题，我们将高度关注，并采取有效措施努力加以解决。

二、2013年主要发展目标

按照全省经济工作会议确定的“稳增长、调结构、攻重点、抓改革、惠民生、优环境”的总体要求，2013年全省国民经济和社会发展计划主要指标共设置12大类38项，其中，预期性指标28个，约束性指标10个。在具体指标安排上，注重体现党的十八大和省委八届三次全会精神，既将“两个翻番”要求落实到年度计划，又客观考虑各方面的支撑条件，并与“十二五”规划目标相衔接，力求做到积极进取、留有余地，突出重点、体现特点。

——*经济保持平稳增长*。全省生产总值增长9%左右，其中规模以上工业增加值增长13%左右。全社会固定资产投资增长20%，社会消费品零售总额增长15%，出口总值增长5%。全部财政收入增长10%，其中公共财政预算收入增长11%。

——*结构调整取得进展*。服务业增加值增长9.5%左右，装备制造业、高新技术产业增加值增速快于规模以上工业增加值。研发经费支出占GDP的比重达到0.88%。城镇化率比上年提高1.2个百分点。

——节能减排扎实推进。单位生产总值能耗下降3%，化学需氧量、二氧化硫、氨氮和氮氧化物排放量分别削减2%、3.9%、3.2%和5.7%。

——人民生活继续改善。城镇居民人均可支配收入、农民人均纯收入均增长9%以上，城镇新增就业70万人，城镇参加基本养老保险人数新增50万人，城镇保障性安居工程住房开工22万套，新增农村饮水安全人口700万人，居民消费价格涨幅控制在3.5%左右。

全面完成今年经济社会发展的各项目标任务，必须以提高经济增长的质量和效益为中心，切实把握好以下几点：

——牢牢把握扩内需稳增长这一重要基础。积极有为地落实国家宏观调控政策，充分发挥投资的关键作用，重在选准方向、优化结构；充分发挥消费的基础作用，重在培育新的消费增长点；充分发挥实体经济的支撑作用，重在做多企业、做大规模，努力促进经济持续健康发展。

——牢牢把握调整经济结构这一主攻方向。按照“四化同步发展”的要求，注重发展战略性新兴产业和现代服务业，促进工业化与信息化深度融合；集中力量打造两大增长极，加快构筑沿海与腹地互动发展格局；大力推进城镇化和县域经济发展，逐步形成以城带乡、以工促农的新型关系。

——牢牢把握加快改革开放这一强大动力。坚定不移地把改革创新的精神贯穿于经济社会发展的各个环节，进一步加大重点领域和关键环节改革攻坚力度，大力实施创新驱动发展战略；坚持内资外资齐引、引进来走出去并重，更好地利用两个市场、两种资源，着力培育开放型经济发展新优势。

——牢牢把握保障改善民生这一根本目的。更加注重加强以改善民生为重点的社会建设，集中更多的财力，大力推进基本公共服务均等化，在学有所教、劳有所得、病有所医、老有所养、住有所居等方面持续取得新进展，使改革发展的成果更多更公平地惠及人民群众。

——牢牢把握改善“两个环境”这一有力保障。从市场主体和人民群众反映最强烈、生态文明建设最急迫的问题入手，大力度开展发展环境整治攻坚行动，大规模实施生态环境重点工程，大范围营造抓环境就是抓发展的浓厚氛围，确保发展环境大转变、生态环境大改观。

三、工作重点和主要措施

（一）着力扩大内需，保持经济平稳较快增长

扩大投资稳增长。一是抓重点项目。实行重点项目管理分级负责制，省级重点抓好100个重大项目，市级抓500个项目并实行省考核制度，县级抓1000个项目。把推进央企合作项目作为重中之重，力促65个项目建成或部分建成、85个项目落地开工，争取已签协议落实到具体项目、未签的央企签订合作协议。加大对75个国家已批复重大项目的协调调度力度，力争早开工、快实施。围绕国家支持重点，谋划上报一批重大产业项目、重大基础设施和民生工程，争取尽早获批、尽快建设。二是抓建设要素。实行用地指标预分预拨分配使用办法，用好城乡建设用地增减挂钩和工矿废弃地复垦利用政策，严格落实项目投资强度要求。协调商业银行争取总行增加信贷规模，主动向金融机构推介项目，规范发展地方投融资平台。三是抓民间投资。认真落实国家鼓励和支持民间投资“新36条”实施细则，发布一批民间资本能够参与建设的具体项目并明确投资比例，务求在交通、能源、市政、卫生、教育等领域取得实质性进展。

刺激消费稳增长。一是增强消费能力。落实国家收入分配体制改革方案，研究制定我省城乡居民收入倍增计划，着力提高中低收入群体的收入。二是培育消费增长点。认真实施节能产品惠民工程，推进太阳能等新能源产品进入公共设施和家庭。大力发展文化旅游、体育健身、休闲娱乐等服务消费，引导和鼓励社会资本兴办养老、康复等服务机构。积极发展信用消费、网络购物等新型消费模式。三是创造消费条件。加强商贸流通、宽带网络等消费基础设施建设，推动大型批发零售企业和专业市场开展电子商务交易，提高乡镇商贸中心、配送中心和农家店建设质量。

帮扶企业稳增长。围绕“三年内规模以上工业企业增加5000家以上”的目标，加强生产要素的供需衔接，鼓励金融机构创新融资模式和金融产品，重点支持骨干企业和成长型中小微企业，着力缓解民营企业融资难、用地难等问题。大力开展清费减负，实行涉企收费目录制和下限制，全面清理垄断行业违规收费和流通领域乱收费。积极拓展市场需求，推动政府采购、重大基础设施和保障性安居工程优先选用省内产品，全面落实支持光伏产业的十条措施，帮助企业走出困境。

（二）夯实基础地位，促进农业增效、农民增收

发展现代特色农业。力促种植业增产增效，加快4000万亩粮食生产核心区建设，力争粮食产量达到655亿斤；集中建设300个千亩以上有机蔬菜生产基地，支持10个中药材种植基地县和10个果品生产示范县建设。力促畜牧业规模发展，整合扩建奶牛标准化规模场（区），提高畜禽标准化规模养殖水平，创建部级水产健康养殖示范场10个。力促农业产业化提档升级，抓好34个省级以上产业化示范基地建设，争取100个亿元以上投资项目建成投产。

推进水利设施和农业服务体系建设。抓好南水北调配套工程、双峰寺水库建设，加快引黄入冀补淀前期进度，推进小型病险水库除险加固、骨干河道和中小河流治理工程建设，加强防灾减灾体系建设。健全农产品质量安全检测体系，完善基层农技推广体系。加快发展农业专业合作组织，新增种养业合作社2000个。

努力增加农民收入。全面落实各项农业补贴政策，着力改善农民工进城就业和返乡创业环境，使农民务农增收、务工增收、补贴增收。探索开展农户宅基地、集体土地上房屋确权颁证试点，研究征地制度改革举措，使农民获得更多的财产性收入。实施燕山—太行山、黑龙港流域连片特困地区扶贫攻坚规划，大力度开展阜平县和环首都示范区扶贫攻坚行动，重点扶持12万个增收脱贫示范户，

争取人均收入超过国家扶贫标准。

（三）推进结构调整，提高产业综合竞争力

加快工业转型升级步伐。加大传统产业改造升级力度，组织实施钢铁产业结构调整方案，支持装备制造业整机设备发展和零部件品质提升项目建设，推动石化产业做大"油头"、延伸链条；深入实施"十百千"工程，抓好千项省级技术改造项目，培育100家"两化"融合企业。密切跟踪国家化解过剩产能整体方案和行业方案制订动态，研究制定我省的实施方案。支持战略性新兴产业发展，组织实施信息产业升级、新材料产业链壮大等8大工程，培育壮大5个国家级高新技术产业基地和一批特色高技术产业集群，实施百项战略性新兴产业示范项目。

大力发展现代服务业。出台支持现代物流业发展的政策措施，推进省级物流产业聚集区建设，培育壮大钢铁、煤炭等大宗商品电子交易平台。积极吸引更多的金融机构入驻我省，引导股份制银行到省会以外的设区市设立分支机构，增强地方金融机构实力。抓好文化产业"三个十"工程（十个重点县、十个重点项目、十个产业园区），实施4A级以上旅游景区整改提升工程，推进服务外包示范园区和培训基地建设，支持研发设计等高端服务业加快发展。

发挥节能减排倒逼作用。制定全省能源消费总量控制实施方案和考核办法，完善统计核算体系，做好总量指标分解工作。继续抓好新老"双三十"单位，在千家重点用能企业开展能效领跑创建行动，组织实施循环经济十大专项，选取11个小城镇、11个园区、22家企业开展省级低碳试点。对年耗能万吨标煤以上的工业企业全部安装在线监测设备，对日产千吨以上新型干法水泥生产线建设烟气脱硝设施并投入运营，对新建建筑执行节能强制性标准。

（四）提升创新能力，增强科技引领作用

着力推进科技成果转化。抓好百家院所校进河北208项合作协议的跟踪落实，支持100项"863计划"、"973计划"等国家重大科技专项成果在我省的转化应用，加快实施新能源关键技术研发、重大新药创制等12个重大科技专项，突破一批关键共性技术。打造科技成果转化基地，规划建设京南中关村科技园区，在曹妃甸区、渤海新区、北戴河新区建设大学科技园和软件园区。

着力打造高水平的创新平台。支持20个省级工程实验室、工程研究中心建设，新认定30家省级企业技术中心，推进我省高校与央企共建的实验室建设，提高英利、华药、国电联合动力等一批企业重点实验室的创新能力，支持半导体照明、抗生素、维生素等产业技术创新战略联盟建设。

着力提高研发队伍的素质和创新活力。以重大项目和骨干企业为依托，建设省外人才创新创业园和院士工作站。深入实施"巨人计划"，支持科技人员申报"国家特支计划"，加快引进培养100名科技领军人才。改革科技评价和奖励制度，完善科技项目和经费管理，调动科技人员的积极性和创造性。

（五）突出重点区域，推进优势地区加速崛起

推进沿海地区率先发展。一是建设大港口。着眼推进港口转型升级，启动秦皇岛港西港搬迁工程，力促黄骅港20万吨级航道、20万吨级矿石码头与邯黄铁路同步建成投运。二是聚集大产业。争取曹妃甸千万吨级炼油、京唐钢铁二期等项目获国家核准并开工建设，加快中捷石化扩能改造、旭阳化工己内酰胺等项目建设进度，着力谋划一批促进海洋经济发展的重大项目。三是发展大城市。支持唐山、秦皇岛、沧州做大做强区域中心城市，推进曹妃甸新城、黄骅新城建设。四是拓展大腹地。加快东出西联通道建设，提升腹地集装箱生成和港口集装箱运输能力，促进沿海与腹地互动发展。

推进首都经济圈对接发展。一是加强规划对接。积极参与国家首都经济圈发展规划编制，最大限度地将我省战略意图纳入其中。二是加强基础设施对接。以交通为重点，搞好与北京的沟通衔接，逐步实现基础设施同城化。三是加强产业对接。规范整合环首都地区各类产业基地和园区，每个市集中力量打造1－2个承接首都产业转移、科技成果转化的有效载体；抓住北京新机场启动建设的有利时机，在廊坊、保定谋划建设空港新区。四是加强市场对接。发挥比较优势，尽力提高我省特色产品在北京市场占有率；深入分析京广高铁开通后的影响，研究制定应对之策，促进两省市的开放合作。

推进冀中南地区加快发展。支持石家庄发挥优势，大力发展省会经济，推动现代服务业加快发展，做大做强通用航空、生物医药、循环化工等园区，提升在全国省会城市中的影响力。帮助邯郸、邢台两市抓住中原经济区发展规划获批的机遇，组织实施重大项目，培育壮大先进装备制造、新能源和现代物流基地。制定并落实衡水省级综合配套改革试验区实施意见，助其跨越发展。

（六）统筹城乡发展，加快城镇化和县域经济发展步伐

加强城镇建设管理。围绕完善城市功能，抓好百项重点工程建设，推进城市道路、轨道交通、供水、供热和环境治理等方面的项目建设，强化城市地下管网设施、暴雨内涝防治综合体系建设，谋划实施高端商务休闲、教育、文化、医疗等服务项目。推进复合功能区和城市综合体建设，新建一批特色风貌街区、标志性建筑或滨水特色景观区。强化城市管理，开展违规调整规划、变更容积率专项治理，加快石家庄、廊坊智慧城市建设，提高城市宜居水平。

创新城镇发展的体制机制。把有序推进农村转移人口市民化作为重要任务，探索推出改革举措，解决好符合条件农民工及其随迁家属落户、社会保险接续和子女教育等问题。围绕破解资金瓶颈，研究可持续的市政建设投融资机制，保障符合条件的政府投融资平台正常运转，引导社会资金投入城镇建设。

实施县域经济腾飞计划。出台加快县域经济发展的指导意见及评价考核办法，对"三十强"和"三十弱"县（市）由省直接调度考核。实施"大县城"战略，推进县城扩容升级，鼓励有条件的县（市）加快新区建设，完善

基础设施和公共服务功能；加快构筑以县城为龙头、中心镇为支撑的新型县域城镇体系，重点抓好一批示范镇。强力推进工业强县，集中支持紧邻县城的产业园区壮大规模，提升特色产业发展水平。

（七）发展基础产业，增强交通能源支撑能力

构建现代综合交通体系。围绕完善港口功能，推进唐山港、黄骅港大型专业码头和通用、散杂货泊位建设；围绕构筑东出西联铁路通道和城际快速铁路网，确保邯黄铁路、津秦客专等项目建成通车，京沈客专、京张客专、邢和铁路等项目开工建设；围绕打通“断头路”、拓宽“瓶颈路”，抓好京港澳改扩建、石太二通道等高速公路建设，实施国省干线公路改造升级工程；围绕促进航空业加快发展，确保北戴河机场、张家口军民合用机场开航运营，承德民用机场、邢台军民合用机场开工建设，推进三河、围场等通用机场的前期工作。

提升能源保障能力。坚持“稳煤、增电、扩气、提新”的发展思路，推进煤矿产业升级和安全技术改造，加快接续煤矿建设进度，省内煤炭产量稳定在8500万吨以上；确保沙河电厂两台机组建成投产，争取580万千瓦火电机组开工建设，并同步推进电网建设；引进多方气源，力争天然气供应量达到52亿立方米；继续推进“金太阳示范工程”和光电建筑一体化示范项目，支持1万千瓦以上大型光伏电站建设，抓好张承风电基地及唐沧海上风电基地建设，加快故城、遵化等生物质发电项目建设，可再生能源发电装机占比提高到17.2%。

（八）深化改革开放，增强经济发展的动力和活力

深化重点领域改革。推进行政审批制度改革，继续精简和规范行政审批、行政监管事项，实现所有省本级行政许可、非行政许可事项网上办理和联合审批。稳步推进资源性产品价格改革，落实居民阶梯电价政策，推行居民阶梯水价，完善供热计量收费办法。围绕培育“行业巨人”和“航空母舰”，有计划地推进企业整合重组。深化财税体制改革，完善县级基本财力保障机制，做好营业税改征增值税试点工作。推进医药卫生体制改革，健全全民医保体系，开展城乡居民大病保险试点，实现集体产权村卫生室全覆盖，全面开展县级公立医院综合改革，抓好唐山、邯郸省级公立医院改革试点。

加大招商引资力度。大力开展产业招商、重点招商和小团组招商，突出抓好利用外资千万美元以上项目的谋划招商和协议落实。发挥开发区载体功能，争取引进一批战略投资者和世界500强企业。组织开展百家知名民营企业走进河北活动，争取引进一批全国叫得响、同行业有话语权的企业。实施“走出去”战略，鼓励有实力的企业到境外建设能源资源供应基地和生产制造基地。

力促外贸出口稳步增长。认真落实国家稳定外贸增长的政策措施，支持省级以上出口基地建设外贸公共服务平台，实施重点出口企业帮扶和新兴市场开拓计划，创新通关报检模式和商品归类审验办法，努力扩大出口规模。同时，加大先进技术、设备和关键零部件及重要资源进口力度。

（九）切实改善民生，促进社会和谐稳定

把扩大就业作为重民生的头等大事来抓。全面实行就业实名制管理，开展有针对性的职业技能培训和创业培训，重点做好高校毕业生、农民工、城镇就业困难人员和退役军人就业工作，确保城镇零就业家庭动态为零，应届高校毕业生总体就业率达到85%以上。

把加强社会保障作为解民忧的关键环节来抓。以非公有制经济组织从业人员、灵活就业人员、农民工和被征地农民为重点，扩大各项社会保险覆盖面。落实提高企业退休人员养老金政策，上调城乡低保标准，稳步提高工伤、失业保险待遇水平。

把发展社会事业作为造民福的重要任务来抓。推进学前教育普及提高工程，加快中小学校舍安全和农村初中校舍改造等工程建设进度。支持基本公共卫生服务体系建设，大力发展中医药事业。新建12个县级全民健身体育馆，在每个行政村建设一个文化室，加强重大文物遗址和非物质文化遗产的保护开发。支持人口和计划生育服务体系发展，改善儿童福利设施条件，促进气象、地震、档案、文物和民族宗教、外事侨务、老龄、妇女、儿童、残疾人等各项社会事业全面发展。

把改善居民生产生活条件作为谋民利的根本要求来抓。扎实推进保障性住房建设，协调落实建设用地和配套资金，完善建设、分配和管理机制，保进度、保质量、保公平分配。加大农村饮水安全工程建设力度，使更多的农村居民喝上干净卫生的饮用水。大力度改建县乡道路和农村公路，继续实施农村电网升级改造工程。

把维护社会稳定作为保民安的基础工作来抓。严格落实安全生产和食品药品安全责任制，严防重特大事故发生。加强和创新社会管理，加强社会矛盾隐患排查和风险评估，在矛盾纠纷多发领域推进专业调解组织建设，完善社会治安、应急管理等机制，主动预防和妥善处置群体性事件，努力营造和谐稳定的社会环境。

（十）改善“两个环境”，打造效能河北美丽河北

开展发展环境整治攻坚行动。一是实施行政效能提升行动，继续推进机关标准化建设，严格执行损害发展环境行为问责规定，力促行政效率和服务质量大提升。二是实施市场秩序整治行动，重点解决乱收费、乱罚款、检查多、缺诚信和假冒伪劣等问题。三是实施执法行为规范行动，细化行政裁量权等级标准和适用条件，严格设定执法程序，着力解决多头执法、重复处罚和养人收费、收费养人的问题。四是实施社会治安治理行动，组织开展“打黑除恶铲霸”专项行动，保障项目顺利建设和企业正常经营；以治安形势复杂的区域、行业、场所为重点，开展联合排查整治，下大力解决影响群众安全感的突出问题。

实施生态环境改善工程。一是推进水体污染治理工程，继续实施北戴河及相邻地区近岸海域环境综合整治三年行动计划，加快洨河流域水污染治理。二是推进城市大气污染防控工程，实施以石家庄为重点的城市气化工程，进一步细化黄标车淘汰补贴政策，推进主城区污染企业搬迁改造，抓好PM2.5监测治理，制定城市空气雾霾污染

应急防治办法。三是推进沿线环境美化工程，加大铁路、高速公路、国道省道和景区道路沿线绿化净化工作力度，确保绿色廊道建设不断取得新进展。四是推进生态环境修复工程，继续抓好太行山绿化、沿海防护林建设，启动实施京津风沙源治理二期工程，巩固退耕还林成果。五是推进农村环境综合整治工程，支持农村污水和垃圾处理、街道硬化等基础设施建设，加大农产品产地土壤重金属污染防控力度，推动村容村貌明显改观。

各位代表！2013年全省经济社会发展任务十分繁重。我们要在中共河北省委的正确领导下，深入贯彻落实党的十八大精神和省委八届三次全会决策部署，自觉接受人大的指导和监督，虚心听取政协的意见和建议，进一步解放思想、开拓创新，坚定信心、迎难而上，努力实现全年经济社会发展目标任务，为全面建成小康社会而努力奋斗！

关于河北省2012年省本级预算及省总预算执行情况和2013年省本级预算及省总预算草案的报告

——2013年1月26日在河北省第十二届人民代表大会第一次会议上

河北省财政厅厅长 邢国辉

各位代表：

受省政府委托，我向大会提交2012年预算执行情况和2013年预算草案的报告，请予审议，并请省政协各位委员和其他列席人员提出意见。

一、关于2012年财政预算执行情况

2012年，在省委的正确领导下，全省各级各部门认真贯彻落实党的十八大和省第八次党代会精神，突出主题主线，坚持稳中求进，全力做好稳增长、控物价、调结构、抓创新、惠民生、促和谐各项工作，建设经济强省、和谐河北实现良好开局，各项工作取得了新的成绩。在此基础上，全省和省本级预算执行情况良好，财政改革与发展取得新进展。

（一）全省财政预算执行情况

省十一届人大五次会议审议通过的2012年全省公共财政收入预算为1959.5亿元，公共财政支出预算为2676.5亿元。执行中，由于上年结转列入、中央专款下达、地方政府债券资金和超收资金安排，全省公共财政支出预算调整为4248.8亿元。

省十一届人大五次会议审议通过的2012年全省政府性基金收入预算为1357.6亿元，基金支出预算为1374.9亿元。执行中，经各级人大批准，全省政府性基金收入预算调整为1144亿元，支出预算调整为1327.7亿元。

据快报统计（下同），2012年全省公共财政预算收入完成2084.2亿元，完成年初计划的106.4%，比上年增长19.9%；加上中央财政分享收入1395.1亿元，全省全部财政收入完成3479.3亿元，完成年初计划的102.2%，比上年增长15.3%。全省公共财政预算支出4018.9亿元，完成调整预算的94.6%，比上年增长13.6%。

全省政府性基金预算收入完成1216.6亿元，为调整预算的106.3%，比上年下降12.4%；基金支出1236.9亿元，为调整预算的93.2%，比上年下降12.3%。

（二）省本级财政预算执行情况

省十一届人大五次会议批准的2012年省本级公共财政收入预算为382.2亿元，公共财政支出预算为405亿元（剔除中央提前通知的专项转移支付及地方政府债券）。执行中，经省十一届人大常委会第三十次会议批准，省本级公共财政收入预算调整为398.8亿元；由于省十一届人大常委会第三十次会议批准的调整预算和上年结转列入、中央专款变动等因素，省本级公共财政支出预算调整为727.4亿元。当年省本级公共财政预算收入完成417.5亿元，比上年增长13.4%；省本级公共财政预算支出668.3亿元，完成调整预算的91.9%。

省十一届人大五次会议批准的2012年省本级政府性基金收入预算和基金支出预算均为187.3亿元。执行中，由于上年结转、中央专款列入以及下达市县专款等因素，省本级政府性基金支出预算调整为174.4亿元。当年省本级政府性基金收入完成199.5亿元，比上年增长8%；基金支出145.8亿元，完成调整预算的83.6%。

上述预算执行数字在完成决算审查汇总以及与中央财政结算后，还会有些变化，具体结果待各级决算编制完毕后再报请省人大常委会审议批准。

回顾过去一年，我们认真贯彻落实省委决策部署和省人大批准的年度预算，积极发挥财政职能作用，集中财力保民生、保运转、保重点，全力推进经济强省、和谐河北建设，全省和省本级预算执行情况良好，圆满地完成了省十一届人大五次会议确定的目标任务。2012年预算执行成效主要体现在五个方面：

——财政增收节支成效明显。坚持把做大做强财政“蛋糕”作为首要任务，加强财政经济运行监控分析，全面推行综合治税、非税收入集中征缴等行之有效的征管措施，依法治税管费，确保应收尽收。全省公共财政预算收支分别突破2000亿元、4000亿元大关，财政收支均实现年初省人代会批准的目标。主动抢抓发展先机，用足、用活、用好我省全国独有、前所未有的发展优势和政策机遇，建立常态化工作机制，积极争取中央财政支持，2012年财政部下达我省转移支付等资金1974.5亿元、增长16.6%。着力推行厉行节约，建立省直公物仓，深入推广公务卡，强化预算执行“五个严控”（严控“三公经费”、会议费、党政机关楼堂馆所建设、预算追加、“吃空饷”），节约更多资金用于支持经济社会科学发展。

——积极财政政策得到认真落实。完成省以上财政投资461亿元（含地方政府债券92亿元），发放家电、摩托车下乡补贴22.6亿元，实行小微企业所得税优惠等结构性减税政策，支持发展实体经济。完善省以下财政体制，对曹妃甸区、渤海新区、北戴河新区给予“核定基数、超收全返”的财政体制优惠，落实资金60亿元支持大规模开发建设，推动沿海增长极率先发展。加大资金统筹整合力度，全省科技和节能环保支出161.9亿元，支持北戴河海域环境综合治理、农村环境综合整治、科技富民计划等重点工程，改善生态环境，强化创新驱动，增强发展后劲；省财政落实109.3亿元，助推工业强省战略、“双百工程”、服务业拓展计划等深入实施，带动产业结构调整步伐进一步加快。

——财政民生投入大幅增加。2012年全省财政用于民生支出3115.5亿元，占全部支出的77.5%。教育支出888.3亿元、增长36.2%，达到了财政教育支出占比18%目标，学前教育、中小学校舍安全工程、农村义务教育经费保障机制和学生营养改善计划等进展顺利，高校债务风险基本化解，本科高校生均拨款水平达到12000元以上。社会保障和就业支出458.8亿元，增长7.6%，企业退休人员基本养老金（达1745元、增加174元）、新农合和城镇居民医保财政补助标准（达240元、增加40元）、人均基本公共卫生服务经费（达25元、增加10元）及城乡低保标准继续提高，城乡居民社会养老保险实现全覆盖。医疗卫生支出305.9亿元，建立起医改多渠道补偿、激励约束、风险防控等机制，支持建设1.6万个标准化村卫生室，公立医院改革试点扩大到11个。落实政府投资213.9亿元，开工建设保障房和棚户区改造住房29.4万套。公共安全支出223亿元，支持创新社会管理，有力保障了“护城河”工程等重点工作。文化体育与传媒支出56.3亿元，增长11.7%，改善公共文化服务，促进了文化强省建设。

——强农惠农富农政策落实有力。全省农林水事务支出438.8亿元，增长19.9%，有效推动城乡发展一体化。着力支持稳粮丰产，加大对种粮农民补贴力度，加强农业综合开发，支持改善农田水利基础设施，打造农业科技服务平台，全省粮食总产实现“九连增”。倾力保障扶贫攻坚，完善财政综合扶贫政策体系，引导带动各类扶贫投入210亿元。积极应对农业灾害，健全农业支持保护体系，农业保险保费财政补贴品种增至14个，落实资金23.8亿元支持7·21暴雨等救灾和灾后重建。支持农村生产生活条件改善，投入资金16亿元，解决了590万农村人口饮水安全问题；完善一事一议财政奖补政策，推进基层建设年活动，带动落实帮扶资金76亿元，实施帮扶项目8.17万个，5010个帮扶村面貌焕然一新。

——财政管理科学化精细化水平进一步提高。着力完善财政管理机制，省级部门预算编审程序简化为“两上两下”，绩效预算、资产配置预算和部门预算实现同步编制；国库集中支付改革实现省市县三级全覆盖、531个乡启动试点；地方政府性债务管理体系初步建成，全省债务余额和债务率呈现“双下降”；县级基本财力保障机制逐步完善。着力加强基层财政建设，集中开展乡镇财政所标准化创建活动，全省53%的县全部完成创建任务。着力强化财政监督检查，进一步健全财政派驻监督工作机制，大力度开展重大财税政策落实情况专项检查，大范围推进财政重点支出绩效评价，保障中央和省决策部署有效落实。

在看到成绩的同时，我们也清醒地看到财政运行和财政工作中存在的问题：我省财源基础依然薄弱，人均收支低于全国平均水平，特别是县级财政保障水平相对较低，收支矛盾在各级始终十分突出；财政管理和运行机制还不够健全，部分财政资金配置分散、使用绩效不高；地方债务规模较大，财政潜在风险依然存在等。这些问题事关全省经济社会发展大局，需要高度重视，通过进一步推进发展、深化改革、加强管理，认真加以解决。

二、关于2013年财政预算草案

2013年是全面贯彻落实党的十八大精神的第一年，是实施“十二五”规划的关键之年，财政工作面临的形势仍极其复杂。一方面，我国经济发展的基本面没有改变，推进“五位一体”、实施“四化同步”带来更大发展空间；我省发展面临的全国独有优势和前所未有战略机遇没有改变，“三大经济发展战略”纵深推进，“三百工程”等重点部署全面铺开，环境改善的后发优势日益凸显，天时、地利、人和俱备，正是河北弯道超车、追赶跨越的大好阶段，为财政经济持续健康发展注入了新的动力，也为提高财源质量提供了有力保证。另一方面，国际经济发展的不确定性、国内经济前行的复杂性短期内不会改变，我省经济筑底回升的基础还不牢固，部分行业和企业经营困难的局面尚未根本扭转，经济增长下行压力较大，财政收入很难保持高速增长；国家继续实施结构性减税政策，特别是“营改增”改革扩面扩围，直接导致地方收入减少。同时，今年国家已明确的政策性增支就有10余项，都是保民生的硬指标、硬任务，稳增长、调结构也要求一定的财政支出力度。可以说，财政经济已进入中速增长的转型调整期，财政收入增速放缓和政府承担的刚性支出增加的矛盾愈发突出。

根据省委关于全省经济工作的总体部署，2013年全省预算安排的指导思想是：以邓小平理论、“三个代表”重要思想、科学发展观为指导，认真贯彻落实党的十八大、中央经济工作会议和省委八届三次全会精神，以加快转变经济发展方式为主线，紧紧围绕建设经济强省、和谐河北战略目标，努力增加财政收入，发挥财政宏观调控职能，促进经济社会持续健康发展；进一步优化财政支出结构，大力支持实施我省沿海地区发展规划和扶贫攻坚战略，着力改善发展环境和生态环境，推动战略性新兴产业和特色主导产业发展，促进产业结构优化升级；坚持民生优先，增加“三农”、教育、科技、医疗卫生、社会保障和就业、保障性安居工程、节能环保等支出；压缩行政性经费等一般性支出，努力降低行政成本；进一步深化财政改革，努力构建发展型、和谐型、法治型和效能型财政，加快实现全面建成小康社会的奋斗目标。

（一）关于2013年全省预算草案主要收支计划安排情况

综合考虑全省经济发展形势和政策性增减收因素，2013年全省全部财政收入计划安排3777亿元，比上年快报完成数（下同）增长8.6%，可比增长10%（剔除“营改增”政策性减收和铁路运输企业税收下划增收因素）。这样安排是与全省生产总值增长9%左右、居民消费价格涨幅3.5%左右的预期目标基本相适应的，也是稳妥可行的。

2013年全省公共财政收入预算安排2262亿元，比上年增长8.5%，可比增长11%，其中：税收收入安排1714.8亿元，增长9.9%；非税收入安排547.2亿元，增长4.5%。按照国家规定口径，与上年年初预算相比，经常性收入增长10.9%。全省公共财政预算收入加上中央财力性补助收入805.6亿元（不含提前通知一般性转移支付专项化和专项转移支付，下同）、调入资金8亿元，减去上解中央支出54.1亿元，2013年全省公共财政预算可用财力为3021.5亿元。按照量入为出、收支平衡的原则，相应安排全省公共财政支出预算3021.5亿元，比上年年初预算增长12.9%。教育、科技、农业等三项支出安排落实了有关法律要求，全省教育支出785.1亿元，按法定增长口径（下同）增长13.9%；科技支出43.1亿元，增长18.3%；农林水事务等农口支出210.1亿元，增长16.6%。

2013年全省政府性基金收入预算（不包括社会保障基金，下同）安排1255.3亿元，比上年完成数增长3.2%；基金支出预算安排1274.5亿元，比上年预算下降7.3%。

（二）关于2013年省本级预算草案

2013年省本级公共财政收入预算安排459.3亿元，比上年完成数增长10%，可比增长5.2%（剔除铁路运输企业税收下划因素，下同）。其中：税收收入378.4亿元，比上年完成增长14.3%；非税收入80.9亿元，比上年完成下降6.6%。

按照上述收入计划及现行财政体制测算，公共财政预算收入加上中央财力性补助805.6亿元、设区市及直管县上解34.8亿元，减去上解中央支出54.1亿元、补助设区市及直管县支出743.5亿元，2013年省本级公共财政预算财力为502.1亿元。上述中央财力性补助收入包括：税收返还176.3亿元、均衡性转移支付资金222.4亿元、国家重点生态功能区转移支付10.8亿元、民族地区转移支付3.3亿元、调整工资转移支付140.6亿元、农村税费改革转移支付55.4亿元、县级基本财力保障机制奖补资金51.9亿元、产粮大县奖励资金10.8亿元、资源枯竭型城市转移支付4.9亿元、企事业单位预算划转补助14.9亿元、工商部门停征两费转移支付5亿元、成品油税费改革转移支付92.8亿元、结算补助16.5亿元。省级补助设区市及直管县支出包括：中央税收返还116.1亿元、省对下财政体制政策返还40.7亿元、资源税定额返还12.5亿元、均衡性转移支付223.4亿元、国家重点生态功能区转移支付10.8亿元、民族地区转移支付3.2亿元、农村税费改革转移支付58.1亿元、调整工资转移支付123.2亿元、县级基本财力保障机制奖补资金51.9亿元、产粮大县奖励资金10.8亿元、资源枯竭型城市转移支付4.9亿元、成品油价格和税费改革转移支付27.2亿元、企事业单位预算划转补助10.7亿元、支持沿海地区规划实施补助等27.5亿元、其他补助22.5亿元。

2013年省本级公共财政支出预算安排502.1亿元，比上年年初预算增长14.2%。按照国家规定法定增长口径，教育支出安排62.6亿元，比上年预算增长12%；科技支出安排11.3亿元，增长13%；农业支出安排22.6亿元，增长10%，以上三项支出增幅均超过省本级经常性财政收入增幅（9.98%），达到了法定增长和省有关规定要求。

2013年省本级政府性基金收入预算安排196.4亿元，比上年完成数下降1.6%；基金支出预算安排196.4亿元，比上年年初预算增长4.9%。

2013年，省级公共财政预算支出需求与省级公共财政预算财力的差距较大，收支矛盾十分尖锐，预算平衡难度很大。为有效解决矛盾、确保预算平衡，我们加大开源节流力度，统筹安排、有保有压。在资金统筹方面，统筹专项收入、国有资本经营收入、政府性基金收入、部门其他收入和中央补助收入。在支出管理方面，专项资金实行分类口切块，类口限额内，突出重点，轻重缓急，预留配套，自求平衡；按照零基预算原则清理到期项目，对支出依据不充分、标准不实等支出进行削减，优先保证基本性支出、政策性增支和重点支出需要。

2013年，围绕贯彻落实国家和省重大决策部署，按照保民生、保运转、保重点的总体要求，省本级财政支出安排如下：

1. 人员经费。安排145.7亿元，同比增加18.6亿元，扣除增人因素比上年增长14.6%。

2. 公用经费。安排53.3亿元，与上年基本持平。

3. 总预备费。安排8亿元，与上年持平。

4. 专项项目支出。2013年公共财政预算财力在安排上述支出后，可安排用于专项项目支出的预算为295.1亿元，连同使用地方政府债券资金63亿元和中央对我省均衡性转移支付资金127.4亿元，统筹使用省对下补助和其他支出27.5亿元，可统筹安排用于专项项目支出的资金为513亿元。重点安排以下四个方面：①支持沿海地区加快发展和扶贫攻坚战略实施方面，安排专项资金25亿元，全力助推曹妃甸区、渤海新区、北戴河新区率先发展；安排扶贫资金9亿元，把阜平县和环首都贫困县作为重中之重，合力攻坚，以重点突破带动片区发展，加快贫困地区扶贫开发；继续安排基层建设年专项资金5.5亿元，与中央和省“一事一议”奖补资金、扶贫资金统筹使用，发挥资金合力，集中力量办好农民群众期盼解决的实事。②支持改善发展环境和生态环境方面，安排党务、人大、群团、行政管理事务专项支出2.4亿元，推动简化审批程序，提高行政效能，为实现“风清气正、开放文明、和谐稳定”的发展环境提供保障；安排公路建设等项目资金60.8亿元，高速铁路建设资本金2亿元，石家庄轨道交通专项资金4亿元，进一步改善基础设施条件，优化发展硬环境；安排专项支出14.5亿元，用于推进基层政法经费保障体制改革，以提升公共安全保障能力，发挥“护城河”作用；安排生态环境建设专项资金5.6亿元，支持发展循环经济和推进节能减排，实施环京津、沿渤海等重点区域环境整治以及农村环境集中连片整治等，加快建设城区天然气配套设施，推进以省会为重点的城市气化工程。③*支持改善民生和促进社会事业发展方面*，教育专项支出安排39.3亿元；科技专项支出安排8.6亿元；农林水事务专项支出安排70.1亿元；文化体育与传媒专项支出安排7亿元；医疗卫生事业专项支出安排50.9亿元；社会保障和就业专项支出安排57亿元，其中用于落实各项社会保障政策资金30.1亿元、支持就业再就业资金2.9亿元；安排保障性安居工程建设资金24亿元。④*支持产业发展、产业结构调整和转型升级方面*，安排专项资金41.9亿元，主要用于支持央企进冀、战略性新兴产业和现代物流业发展、工业企业技改以及淘汰落后产能，支持中小企业发展，支持航空服务业、旅游业和商贸流通发展。

三、坚持依法科学理财，确保完成2013年预算

2013年，我们将在省委的正确领导下，深入贯彻党的十八大和省委八届三次全会精神，认真执行省十二届人民代表大会及其常委会关于财政工作的决议，主动接受人大监督，及时办理好人大代表建议和政协提案，虚心听取各方面意见和建议，紧紧围绕建设经济强省、和谐河北，加快推进发展型、和谐型、法治型、效能型“四型财政”建设，确保完成全年预算任务。

（一）*落实积极财政政策，科学调控稳增长*。认真把握稳中求进的工作总基调，以落实积极的财政政策为主要抓手，加强和改善财政宏观调控，科学培植财源，不断提高经济增长的质量和效益。选准财政投资方向，重点围绕产业升级、基础设施、环境保护、民生改善等领域投放，做到资金跟着政策走、跟着规划走、跟着项目走。落实好财政促进就业、增加城乡居民收入、改善消费环境等政策，统筹支持提振城乡消费的各个环节。落实好结构性减税政策，对2013年国家明确取消（免征）的30项行政事业性收费及时督导有关部门落实到位，积极为企业特别是中小微企业创造良好发展环境。加强各类产业发展资金的统筹整合，推动“三大经济发展战略”深入实施，支持打造现代产业新体系。规范财政科技资金管理，强化创新驱动，积极助推创新型河北建设。加大“节能产品惠民工程”实施力度，支持重点减排工程建设，推动环京津、沿渤海等重点区域以及农村环境集中连片整治，改善全省生态环境。落实好对曹妃甸区、渤海新区、北戴河新区的财政体制优惠政策，统筹各级各类专项资金向新区基础设施建设、产业发展项目倾斜，持续推动沿海地区率先发展。

（二）*加强财政收支管理，开源节流保平衡*。坚持加强收入依法征管与优化服务并重，加大综合治税力度，规范非税收入管理，促进财政收入应收尽收，坚决防止收取“过头税”、“过头费”。坚持“抓两头、带中间”，统筹财政调控工具，加大对县域经济特别是全部财政收入3亿元以下县的扶持力度，不断做大做强县级财政收入“蛋糕”，增强县级基本公共服务保障能力。坚持发扬“五千五万”精神，加强协调配合，继续向中央争取并落实好促进河北经济发展的财税政策。坚持“过紧日子”思想，认真落实改进作风、厉行节约各项措施，深化公务卡制度改革，加强行政事业单位国有资产监管，集中开展治理“吃空饷”活动，大力压减行政经费特别是“三公”经费开支，切实降低行政成本。

（三）*强化预算绩效约束，跟踪监控提效益*。编实绩效预算，建立以绩效为导向的预算项目遴选机制。今年省财政直管县全部试编绩效预算。狠抓预算执行，严格时间节点目标，严控预算追加和调整。强化预算执行过程中的绩效管理，建立资金绩效进度督导机制。深化财政派驻监督改革，建立预算监督信息共享和情况反馈机制，有计划地开展重大财税政策、特别是民生政策落实情况监督检查。完善绩效评价方法，加强对财政重大支出政策和重大项目资金的绩效评价，建立常态化的财政重点再评价工作机制，强化评价结果应用和绩效问责。

（四）*完善财政管理机制，科学理财上水平*。进一步改进和规范省财政直管县管理，积极做好“营改增”等税制改革准备工作，完善县级基本财力保障机制，健全财力与事权相匹配的财政体制。进一步完善公共财政预算、政府性基金预算、社会保险基金预算、国有资本经营预算编制，探索建立四类预算有机衔接的政府预算体系。全面推行并不断完善部门预算、国库集中收付、政府采购、投资评审等制度，提高资金使用效益。继续加强地方政府性债务管理制度建设，促进地方政府融资平台公司规范发展，探索编制政府债务预算，推动全省政府性债务余额和债务率持续下降，防范和化解可能的财政风险。坚持公开与管理同步，按要求推进财政预决算信息和政策制度公开，主动接受人大对政府全口径预算决算的审查监督。

（五）*加强干部队伍建设，夯实基础强保障*。加强思想政治建设，深入学习贯彻党的十八大精神，用中国特色社会主义理论体系武装思想、指导实践、推动工作。加强作风建设，认真落实中央和省委关于改进工作作风、密切联系群众各项要求，扎实开展以为民、务实、清廉为主要内容的党的群众路线教育实践活动，进一步改进文风会风和作风，促进发展环境改善，提高为领导决策、为部门发展、为基层建设、为群众利益“四个服务”水平。

各位代表，做好2013年财政经济工作，任务艰巨，责任重大。我们要在省委的正确领导和省人大的监督支持下，把各项财政工作做实、做深、做细，圆满完成全年预算任务，更好地服务于经济强省、和谐河北建设大局，加快推进全面建成小康社会目标早日实现！

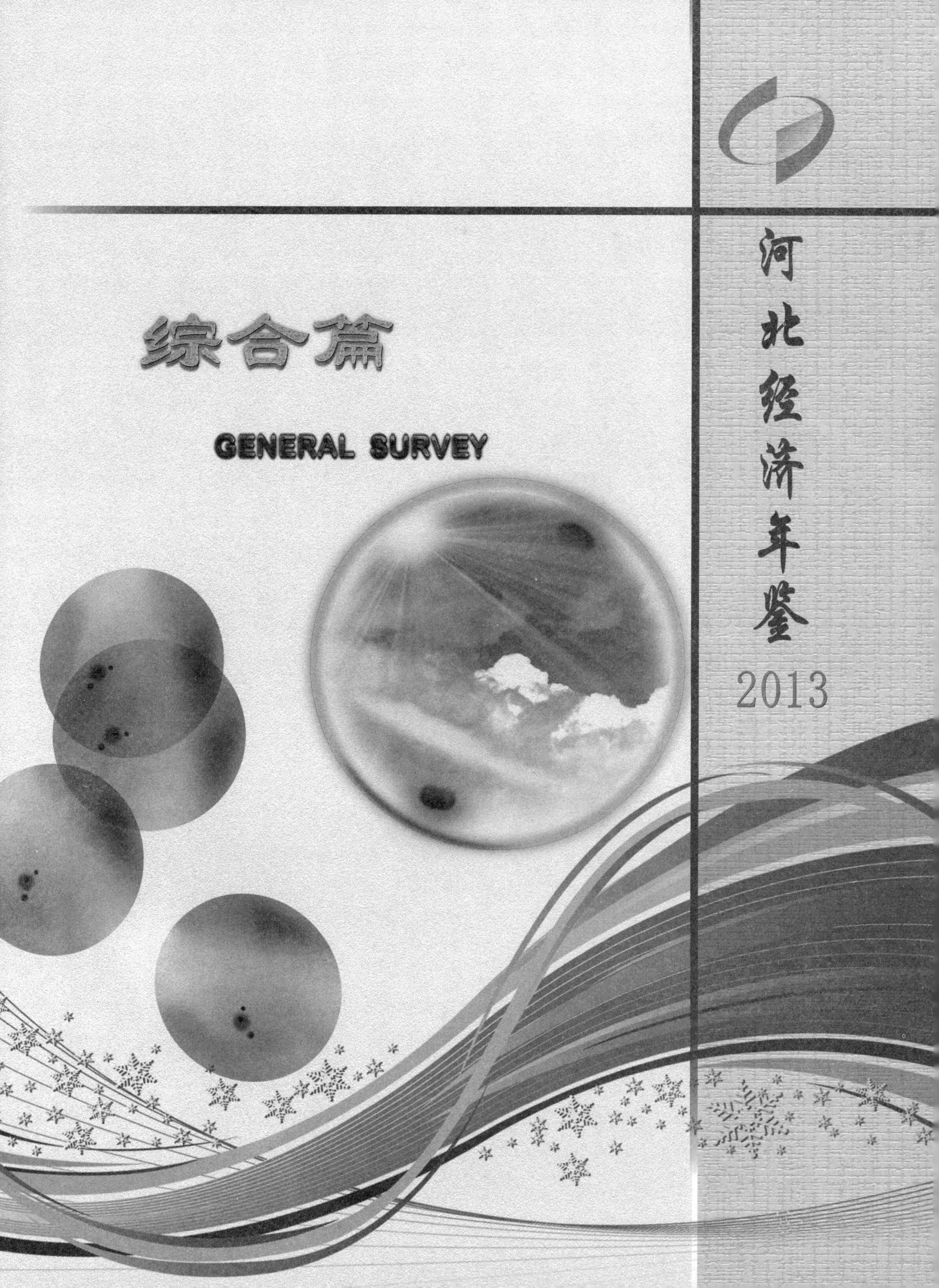
综合篇
GENERAL SURVEY
河北经济年鉴
2013

综　述

2012年，在省委、省政府的正确领导下，各地各部门深入贯彻落实科学发展观，牢牢把握稳中求进的工作总基调，突出科学发展主题和加快转变经济发展方式主线，全力稳增长、控物价、调结构、抓创新、惠民生、促和谐，积极应对复杂严峻的国内外形势，全省经济发展实现稳中有进。

一、经济运行稳中有进，经济增长、物价、就业总体平稳

面对国际复杂严峻的形势、国内经济下行压力较大的新情况，2012年前三季度全省经济增长呈现持续回落态势，一季度经济低速开局，增长9.7%，比2011年全年回落1.6个百分点，上半年增长9.5%，前三季度增速回落到9.3%，进入四季度，主要经济指标增速出现回升，带动整体经济企稳回升。全年全省生产总值实现26575.0亿元，比上年增长9.6%，增速比前三季度加快0.3个百分点，各季度间累计增长速度波动幅度为0.4个百分点，没有出现大的起落，总体运行保持平稳。其中第一产业增加值3186.7亿元，增长4.0%，对经济增长的贡献率为4.9%，比上年提高0.3个百分点；第二产业增加值14003.6亿元，增长11.5%，贡献率为64.0%，提高1.3个百分点；第三产业增加值9384.8亿元，增长8.6%，贡献率为31.1%，回落1.6个百分点。

在经济平稳增长的同时，物价总水平和就业形势保持稳定。全省居民消费价格1—7月份总体呈现高位回落运行态势，由1月份同比上涨5.2%回落到7月份上涨1.2%，8月份以后，随着整体经济企稳回升，居民消费价格有所回升，涨幅由8月份的2.1%回升到12月份的2.7%，但总体平稳。全年居民消费价格比上年上涨2.6%，涨幅同比回落3.1个百分点，比前三季度回落0.2个百分点，控制在4%左右的调控目标以内。截至12月底，全省城镇新增就业人员72.1万人，下岗失业人员再就业26.7万人，就业困难对象再就业10.4万人，均超额完成全年目标任务。全省城镇登记失业率为3.69%，同比回落0.06个百分点，控制在年度调控目标之内。

二、工业企稳回升，农业、服务业平稳发展

农业生产形势较好。粮食生产实现九连增，全年粮食总产量3246.6万吨，比上年增长2.3%。其中夏粮总产量1353.1万吨，增长4.9%；秋粮产量1893.5万吨，增长0.6%。蔬菜生产规模扩大。2012年，全省蔬菜播种面积1203.0千公顷，比上年增长3.9%，蔬菜产量7695.1万吨，增长4.2%。畜牧业生产平稳发展。肉类总产量442.9万吨，增长5.9%；禽蛋产量342.6万吨，增长0.8%；牛奶产量470.4万吨，增长2.5%。

工业生产企稳回升。规模以上工业增加值一季度增长13.5%，比2011年低2.6个百分点；上半年增长13.0%，前三季度增长12.6%，呈小幅回落态势。进入9月份，工业生产增速出现回升，9—11月份增加值分别增长12.7%、15.6%和16.9%，12月份受部分高耗能企业停、减产影响，增速有所回落，增长15.6%。2012年，规模以上工业完成增加值11069.6亿元，增长13.4%，增速比上半年加快0.4个百分点。

服务业平稳发展。全省服务业增加值一季度增长7.6%，上半年增长8.4%，前三季度增长8.1%，全年增长8.6%，呈现平稳增长态势。

三、内需拉动稳中增强，出口小幅增长

在拉动经济增长的三驾马车中，投资需求贡献最大，2012年投资需求对经济增长的贡献率为60.2%，比上年提高0.2个百分点；消费需求贡献率为45.8%，提高3.0个百分点，扭转了近年来回落的态势，表明扩大消费的政策措施取得了成效；受国际市场低迷影响，外需对经济增长的贡献率为−6.0%。

固定资产投资平稳增长。全社会固定资产投资完成19661.3亿元，比上年增长20.0%，增速同比回落4.2个百分点。其中固定资产投资完成19104.6亿元，增长21.1%，回落2.8个百分点，保持在20%以上的较快水平。大项目支撑作用明显。亿元以上在建项目5419个，同比增加896个；完成投资10634.0亿元，增长37.8%，占全省固定资产投资的55.7%，同比提高6.8个百分点，对全省投资增长的贡献率为87.7%。其中亿元以上新开工项目2411个，同比增加403个；完成投资4620.4亿元，增长42.0%。

消费品市场运行平稳。全省社会消费品零售总额实现9254.0亿元，增长15.2%，同比回落2.6个百分点。其中城镇零售额7101.4亿元，增长15.3%；乡村零售额2152.6亿元，增长14.7%。居民生活必需的商品类销售平稳较快增长，粮油食品饮料烟酒类、服装鞋帽针纺织品类、日用品类和家具类销售分别增长25.5%、22.2%、22.5%和25.5%。消费升级步伐加快，汽车、通讯电子、教育、旅游休闲、文体健身娱乐等消费较快增长。

外贸出口小幅增长。全省进出口总值505.5亿美元，比上年下降5.7%。其中，出口总值296.0亿美元，增长3.6%；进口总值209.4亿美元，下降16.3%。支撑出口增长的主要因素：一是对主要贸易伙伴出口较快增长。对美国、东盟、俄罗斯等出口增速在12%—34.8%之间，特别是对东盟出口增长34.8%，高于全省出口31.2个百分点。二是私营企业出口支撑力量增强。私营企业出口增长14.0%，高于全省出口10.4个百分点，出口额占全省的50.3%，同比提高4.5个百分点。三是主要出口商品保持增长。钢材出口增长9.8%；汽车（包括整套散件）出口增长18.5%；服装及衣着附件、家具及其零件出口分别增长9.1%和35.0%。

四、结构调整迈出新步伐，节能降耗成效明显

大力实施“一产抓特色、二产抓提升、三产抓拓展”经济发展战略取得可喜成效，产业结构调整取得新进展。

2012年，全省三次产业比例为12.0∶52.7∶35.3，第三产业增加值占全省生产总值的比重为35.3%，比上年提高0.7个百分点，扭转了近年来比重下降的局面。从产业内部结构观察，一是农业优势产业比重提高，畜牧、蔬菜、果品三大优势产业产值占农林牧渔业总产值的69.7%，同比提高1.3个百分点。二是传统产业改造提升力度加大，战略性新兴产业加快发展，装备制造业增加值1987.9亿元，增长15.0%，增速高于规模以上工业1.6个百分点；高新技术产业增加值1301.0亿元，增长15.6%，高于规模以上工业2.2个百分点，占11.8%，同比提高1.3个百分点，为2004年以来最高水平。三是在传统服务业加快发展的同时，金融业和营利性服务业实现了较快增长。交通、批发零售等传统服务业增加值增长8.6%，高于全省服务业平均水平0.2个百分点，占服务业增加值比重比上年提高0.3个百分点；金融、营利性行业等新兴服务业增加值增长11.8%，高于全省服务业3.4个百分点，占服务业比重提高0.4个百分点。

增量结构进一步调优。主要是投资结构呈现“三快两提高”的新变化。“三快”：一是装备制造业投资增长快，完成投资3132.2亿元，增长33.3%，增速高于全省投资12.2个百分点；装备制造业技术改造投资增长43.0%，占全省工业技术改造投资的32.0%。二是高新技术产业投资增长快，完成投资1893.0亿元，增长23.6%，增速快于全省投资2.5个百分点。三是工业聚集区投资步伐加快，全省71个省级工业聚集区在建项目1936个，占全省建设项目的8.9%；完成投资2183.9亿元，占全省建设项目投资的13.6%。“两提高”：一是工业技术改造投资比重提高，全省工业技术改造项目8486个，完成投资5891.4亿元，增长35.2%，占全省工业投资的63.1%，同比提高4.2个百分点。二是民间投资比重提高，完成投资14717.2亿元，增长27.5%，占全省投资的77.0%，同比提高3.9个百分点。

节能降耗取得新进展。2012年，全省规模以上工业能耗2.05亿吨标准煤，比上年增长2.3%，增速同比回落6.1个百分点，各月累计增速保持在2%左右，呈现低速平稳运行态势。单位工业增加值能耗比上年下降9.81%，降幅同比扩大3.1个百分点，为“十二五”以来持续下降最大、时间最长的一年。

五、大力实施区域发展战略，重点区域发展形成新格局

深入推动区域发展战略的落实，举全省之力建设的曹妃甸区和渤海新区两大增长极快速发展，沿海、环首都区域发展势头强劲。2012年，秦皇岛、唐山和沧州沿海三市地区生产总值占全省生产总值的比重达到36.9%；固定资产投资占全省的29.5%，比上年提高0.2个百分点，其中曹妃甸区、渤海新区和北戴河新区亿元以上在建项目285个，完成投资793.5亿元；出口总值占全省的30.1%，提高2.1个百分点；公共财政预算收入占26.5%，提高0.1个百分点。张家口、承德、廊坊和保定环首都四市地区生产总值占全省的26.1%，比上年提高0.5个百分点；固定资产投资占全省的27.9%，提高0.2个百分点；实际利用外资占25.7%，提高1.6个百分点；公共财政预算收入占25.0%，提高0.7个百分点。区域的加快发展，为全省经济增长注入了新的动力。

六、民营经济较快增长，经济内在活力较强

民营经济进一步发展壮大。在全省经济增长面临下行压力的情况下，民营经济不仅保持了较快增速，在国民经济中的比重也在提高。2012年，全省民营经济实现增加值17232.8亿元，比上年增长12.3%，增速高于全省生产总值2.7个百分点；占全省生产总值的64.8%，同比提高1.7个百分点。民营经济实缴税金2342.5亿元，增长18.4%；占全部财政收入的67.3%，同比提高1.8个百分点。民营经济出口总额248.1亿美元，增长4.1%，增速比全省出口快0.5个百分点；占全省出口的83.8%，同比提高0.4个百分点。民营经济快速发展，对稳增长起到了重要作用。

利用外资较快增长。2012年，全省实际利用外资60.3亿美元，增长14.7%。其中外商直接投资58.0亿美元，增长24.0%。外商直接投资呈现“四提高”：一是大项目外商投资比重提高。合同外资额1000万美元以上的大项目到位外资48.5亿美元，增长29.8%，占全省外商直接投资的83.6%，同比提高3.7个百分点。二是高新技术产业外商投资比重提高。到位外资14.9亿美元，增长28.4%，占全省的25.7%，同比提高2.2个百分点。三是来自香港的外商投资比重提高。到位外资36.5亿美元，增长35.4%，占全省的62.8%，提高5.3个百分点。四是外商与国企合资合作投资比重提高。到位外资3.6亿美元，增长2.5倍，占全省的6.2%，提高4.0个百分点。

金融保持平稳运行。12月末，全省金融机构各项存款余额34257.2亿元，同比增长15.9%，增速比上年提高2.6个百分点；比年初增加4693.4亿元，同比多增1228.6亿元。金融机构各项贷款余额21318.0亿元，同比增长17.5%，增速同比回落0.7个百分点；比年初增加2699.3亿元，同比多增276.2亿元。

七、经济运行质量有所提高，企业效益由降转增

在经济平稳运行的同时，财政收入实现平稳增长。2012年，全部财政收入3479.3亿元，增长15.3%，增速比上半年加快0.1个百分点，季度间波动为1.7个百分点，占全省生产总值的比重为13.1%，比上年提高0.8个百分点。其中公共财政预算收入2084.3亿元，增长19.9%，比上半年加快1.8个百分点。公共财政预算支出4079.4亿元，增长15.3%。

企业效益由降转增。受需求不足等因素影响，2012年，规模以上工业企业利润1—9月份均呈下降态势，但降幅逐步收窄。一季度下降11.7%，上半年下降7.1%，前三季度下降2.8%，1—10月增长1.6%，实现由降转增，全年规模以上工业企业实现利润2296.9亿元，比上年增长5.3%。

八、民生得到新改善，农民收入增速快于城镇居民

城乡居民收入分别登上2万元和8000元台阶，农民收入增速连续三年快于城镇。2012年，城镇居民家庭人均总收入21899元，比上年增长11.8%。其中，城镇居民人均可支配收入20543元，增长12.3%。在城镇居民家庭人均总收入中，工资性收入增长12.6%，转移性收入增长6.9%，经营净收入增长22.9%，财产性收入增长6.3%。农民人均纯收入8081元，增长13.5%，增速快于城镇居民人均可支配收入1.2个百分点。其中工资性收入增长17.0%，家庭经营纯收入增长8.3%，财产性收入增长5.8%，转移性收入增长24.8%。

九、社会事业得到新加强，经济社会发展的协调性增强

教育和科学技术发展登上新台阶。2012年，全省在学研究生35914人，增长5.4%；普通高等学校在校生116.9万人，增长1.7%。科技投入力度加大。研究与试验发展（R&D）经费支出230亿元，比上年增长14.3%，占全省生产总值的0.87%，同比提高0.05个百分点。登记省级以上科技成果3544项，其中国内领先的2593项。专利申请量23241件，授权量15315件，分别比上年增长32.1%和37.7%。签订技术合同4513份，技术合同成交金额37.85亿元，比上年增长41.8%。

文化、卫生和体育事业发展取得显著进步。年末全省共有艺术表演团体129个，群众艺术馆、文化馆180个，公共图书馆169个。广播节目综合人口覆盖率达99.33%，电视节目综合人口覆盖率达99.26%。年末全省共有医疗卫生机构79688个，卫生技术人员31.5万人，医疗卫生机构床位29.3万张。全年河北运动员在伦敦奥运会上获得1枚银牌，2枚铜牌。

2013年是加快建设经济强省、和谐河北的重要一年，全省上下要认真贯彻落实党的十八大和全省经济工作会议精神，按照省委、省政府的决策部署，紧紧围绕主题主线，把握稳中求进的工作总基调，把稳增长、调结构、攻重点、抓改革、惠民生、优环境作为基本着力点，以提高经济增长质量和效益为中心，努力实现经济持续健康发展和社会和谐稳定。

（河北省统计局　靳占恒）

全省生产总值的生产与使用

2012年，在欧债危机反复恶化、全球经济持续低迷背景下，省委、省政府带领全省干部群众，深入贯彻落实科学发展观，突出科学发展主题和加快转变经济发展方式主线，全力稳增长、控物价、调结构、抓创新、惠民生、促和谐，积极应对错综复杂的国内外经济形势，国民经济发展实现稳中有进，全省生产总值达2.6万亿元。

一、全省生产总值的生产

（一）整体经济保持平稳增长。2012年，全省经济保持了平稳发展，实现地区生产总值26575.0亿元，比上年增长9.6%。

1.第一产业经济总量稳步提升，产业化水平持续提高。2012年，全省各地紧紧抓住农业生产的有利条件，着力做好粮食生产，进一步推进蔬菜产业建设和发展，全面落实林果业生产各项任务，不断增强畜牧业生产能力，积极促进渔业资源保护和生产发展，全省第一产业生产继续保持稳定发展，总量稳步提升。全年第一产业实现增加值3186.7亿元，同比增长4.0%，比上年回落0.2个百分点，对经济增长的贡献率为4.9%，比上年提高0.3个百分点，拉动地区生产总值增长0.5个百分点。其中，农业实现增加值2093.2亿元，增长3.6%，增速同比回落1.9个百分点，占第一产业的比重为65.7%，同比提高1.1个百分点；林业实现增加值55.7亿元，增长5.5%，同比提高1.9个百分点，占第一产业的比重为1.7%，同比提高0.3个百分点；畜牧业实现增加值825.3亿元，增长4.7%，同比提高3.5个百分点，占第一产业的比重为25.9%；渔业实现增加值105.1亿元，增长4.1%，同比提高2.3百分点，占第一产业的比重为3.3%，同比持平。畜牧、蔬菜、果品三大优势产业产值占农林牧渔业总产值比重达到69.7%，比上年提高1.3个百分点。产业化水平持续上升，农业产业化经营率达到61.5%，比上年提高1.5个百分点。

2.第二产业平稳发展，工业贡献程度不断加大。2012年，第二产业实现增加值14003.6亿元，增长11.5%，对经济增长的贡献率为64.0%，同比提高1.3个百分点，拉动经济增长6.1个百分点，占全省生产总值比重为52.7%。其中工业实现增加值12511.6亿元，比上年增长11.8%，占全省生产总值的比重达47.1%，对经济增长的贡献率为59.0%，同比提高0.3个百分点，国民经济增长的9.6个百分点中，工业拉动增长5.7个百分点。

2012年，在固定资产投资增长的带动下，河北省建筑业平稳发展，实现增加值1492.0亿元，增长8.8%，比上年同期提高0.8个百分点，占GDP比重为5.6%，对经济增长的贡献率为5.0%，比上年同期提高1个百分点，拉动经济增长0.5个百分点。

3.传统行业稳步推进，新兴服务业活力提升。2012年，第三产业平稳较快发展，对全省经济增长发挥着日趋重要的作用。其中，交通和批零业占据第三产业近半壁江山，在经济发展中稳步推进，新兴服务行业快速发展，活力逐步提升，对经济发展的推动作用越来越明显。2012年，河北省第三产业呈平稳发展态势，实现增加值9384.8亿元，增长8.6%，对经济增长贡献率为31.1%，拉动全省生产总值增长3.0个百分点。

其中，交通运输、批发零售等传统服务业保持平稳发展，两行业增加值为4237.2亿元，分别增长7.5%和11.2%，占服务业比重为45.1%。金融业加快发展，实现增加值913.7亿元，增长18.7%，比上年同期提高8.7个百分点，占GDP比重为3.4%，比上年同期提高0.4个百分点，为2005年以来的最高值，对经济增长的贡献率为5.8%，比上年同期提高3.1个百分点。其中，占金融业增加值比重89%的银行业发展快速，实现增加值为

813.0亿元，增长22.4%，同比提高12.2个百分点，高于GDP增速12.8个百分点。居民服务和其他服务业、卫生社会保障和社会福利业、文化体育娱乐业等行业活力提升，三行业实现增加值824.6亿元，增长12.9%，同比提高3个百分点，三行业分别增长14.4%、10.6%、17.7%。

（二）收入分配结构出现新特征。从收入分配角度看，劳动者报酬、生产税净额占比重提高。在全省生产总值中，劳动者报酬占一半以上，比重最大，全年总量为13656.7亿元，占51.4%，比上年提高0.4个百分点；生产税净额3408.7亿元，占12.8%，比上年同期提高0.8个百分点；固定资产折旧3346.7亿元，占12.6%；营业盈余6162.9亿元，占23.2%。

（三）经济与社会协调发展。

1. 经济发展质量持续提高。财政收入占地区生产总值比重是衡量经济发展质量指标之一，发展趋势逐年提高。2012年全部财政收入完成3479.3亿元，比上年增长15.3%，占地区生产总值比重达到13.1%，比上年提高0.8个百分点。经济持续较快发展为财政收入的增长奠定了基础，整体财政实力的增强又为全省经济社会的发展提供了保障。

2. 全省人均生产总值达3.6万元。2012年全省人均生产总值为36584元，比上年增加2615元，按可比价格计算，比上年增长8.9%，按人民币对美元年平均汇价折算，约合5795美元，比上年增加536美元。

3. 全社会劳动生产率稳步提高。2012年全社会劳动生产率达到66040元/人，比上年增加3400元/人，按可比价格计算，比上年增长6.6%。其中，第一、二、三产业劳动生产率分别为22238元/人、102944元/人和76248元/人，分别比上年增加2225元/人、816元/人和4144元/人，按可比价格计算，分别比上年增长5.4%、5.4%、3.8%。

（四）民营经济（非国有）比重继续提高。民营经济占全省经济的半壁江山，对经济发展的支撑作用明显。2012年，全省民营经济实现增加值17232.8亿元，占全省生产总值的比重达64.8%，比上年同期提高1.7个百分点，比上年增长12.3%；民营经济实现出口总额248.1亿美元，比上年增长4.1%，占全省出口总额的比重为83.8%，比上年提高0.4个百分点；实缴税金2342.5亿元，占全部财政收入比重为67.3%，比上年提高1.8个百分点，推动经济发展的力量进一步巩固。

二、全省生产总值的使用

2012年，省委省政府牢牢把握扩大内需这一战略基点，着力破解制约扩大内需的体制机制障碍，建立扩大内需的长效机制，形成投资增长动力增强，消费增长依然有力，呈现内需不断扩大、居民消费水平持续提高的良好格局。

（一）内需扩大。

1. 消费需求平稳较快、政府消费带动增强。2012年，全省最终消费支出为11081.1亿元，增长10.8%，对经济增长贡献率为45.8%，比上年提高3个百分点，拉动经济增长4.4个百分点，其中，政府消费支出增长较快，全省政府消费3272.7亿元，增长15.5%，比上年同期提高11.6个百分点，占全省生产总值的12.3%，比上年同期提高1.1个百分点。居民消费支出为7808.4亿元，增长8.8%，占全省生产总值的29.4%，同比提高1.3个百分点，其中，农村居民消费2253.6亿元，增长9.7%，城镇居民消费5554.8亿元，增长8.5%。

2. 投资需求拉力增强。2012年，受全省固定资产投资较快增长影响，投资需求发展较快，拉力增强。全省资本形成总额（投资需求）为15244.6亿元，增长10.6%，占全省生产总值的比重为57.4%，同比提高0.7个百分点，对经济增长贡献率为60.2%，同比提高0.2个百分点。其中，全省固定资本形成总额为15087.9亿元，增长11.1%，占全省生产总值的比重为56.8%，同比提高0.9个百分点，对经济增长贡献率为62.3%，与上年持平。

3. 外需拉动乏力，经济外向度有所回落。受净出口回落形势影响，全省货物和服务净流出总额为249.3亿元，增长−13.7%，占全省生产总值的比重为0.9%，对经济增长的贡献率为−6.0%，同比回落3.2个百分点。

（二）居民消费水平提高，农村消费水平发展快速。2012年，居民消费水平较快提高。全省居民消费水平为10749元/人，比上年同期增加1199元/人，比上年增长8.1%。其中，城镇居民消费水平为16554元/人，增长4.1%；农村居民消费水平为5766元/人，增长12.1%。

（河北省统计局　张永立）

资产负债核算

2011年末，河北省内部门资产总计为152671.75亿元，比上年增加15781.26亿元，增长11.5%；全省金融负债75281.01亿元，增长12.9%，资产负债率为49.3%。国民财富规模进一步扩大，经济实力不断增强。

一、国民资产变化的新特点

（一）金融资产增长明显快于非金融资产，在国民资产中所占比重逐步提高。2011年末，全省金融资产84191.96亿元，比上年增长13.8%，非金融资产（实物资产和无形资产）为68479.79亿元，增长8.8%，从资产结构上看，金融资产比重占55.2%，非金融资产比重占44.8%，金融资产增速比非金融资产增速高5.0个百分点，金融资产比重比非金融资产比重高10.4个百分点。表明了河北省随着经济平稳较快发展和建设规模进一步扩大，对金融资金的需求大量增加，一方面体现了经济发展对金融活动的依赖程度日益提高，另一方面体现了金融活动对经济发展的支撑进一步增强。

（二）固定资产增速放缓，比重略有下降。非金融资产主要由固定资产、存货和其他非金融资产三个部分组成。2011年末，全省固定资产为56466.83亿元，比上年增加3574.45亿元，增长6.8%，占非金融资产的比重为82.5%，比上年下降1.6个百分点；存货为7247.29亿元，比上年增加1078.12亿元，增长17.5%；其他非金融资产为4765.68亿元，比上年增加901.93亿元，增长23.3%。由于固定资产增速放缓，比重略有下降，存货和其他非金融资产比重略有上升。

（三）存贷款增速保持平稳增长。2011年末，全省存款为29749.53亿元，增长13.2%，贷款为17813.21亿元，增长11.7%，存款增速高于贷款增速1.5个百分点，存贷款基本保持平稳增长。

（四）国有单位资产增速平稳，占全省总资产比重上升。2011年末，全省国有单位资产66691.86亿元，比上年增加9116.47亿元，增长15.8%。其中，国有单位非金融资产为24942.79亿元，增长6.0%；金融资产为41749.08亿元，增长22.6%。国有单位资产占全省总资产的比重为43.7%，比上年上升1.6个百分点。

二、各机构部门的资产总量与结构

（一）非金融企业部门。2011年末，全省非金融企业总资产达到53568.97亿元，比上年增加了2753.06亿元，增长5.4%；总负债为28026.92亿元，比上年增加了1333.55亿元，增长5.0%。其非金融资产为33178.25亿元，增长5.9%，占全省非金融资产的比重为48.5%，是全省非金融资产比重最大的部门，这主要是由于企业部门是社会再生产的主体，而固定资产是其生产经营活动的物质基础，非金融企业部门数量较多、固定资产规模较大，所以企业部门非金融资产雄厚；其金融资产为20390.72亿元，增长4.7%，占全省金融资产的比重为24.2%。

从行业结构看，非金融企业部门分为农业、工业、建筑业和其他企业。2011年末，农业、工业、建筑业和其他企业总资产分别为2510.43亿元、31313.76亿元、4434.81亿元和15309.97亿元，其中农业总资产比上年下降0.6%，工业、建筑业和其他企业总资产比上年分别增长6.5%、2.0%和5.3%。其中工业占非金融企业总资产的比重为58.5%，表明其仍然占据行业主导地位。农业、工业、建筑业和其他企业总负债分别为371.45亿元、18537.65亿元、2296.62亿元和6821.20亿元，其中农业总负债比上年下降1.8%，工业、建筑业和其他企业比上年分别增长3.6%、11.5%和7.1%。

从注册类型看，非金融企业部门分为国有企业、集体企业、私营企业、外商及港澳台投资企业和其他企业。2011年末，上述注册类型企业总资产分别为29018.91亿元、4612.33亿元、4823.59亿元、7263.40亿元和7850.74亿元，除集体企业总资产比上年下降0.5%外，其他注册类型企业总资产比上年分别增长7.2%、5.1%、3.6%和4.7%；所占非金融企业的比重分别为54.2%、8.6%、9.0%、13.5%和14.7%，国有企业仍然是国民经济的主要力量。国有企业、集体企业、私营企业、外商及港澳台投资企业和其他企业负债分别为15138.87亿元、1367.95亿元、2694.00亿元、4701.57亿元和4124.53亿元，比上年分别增长6.1%、5.9%、5.4%、4.2%和1.6%，资产负债率分别为52.2%、29.7%、55.9%、64.7%和52.5%。

（二）金融机构部门。2011年末，全省金融机构总资产达到36724.38亿元，比上年增加了4557.95亿元，增长14.2%；总负债为38932.39亿元，增加了4256.28亿元，增长12.3%。其中，非金融资产为3676.96亿元，增长27.6%；金融资产为33047.42亿元，增长12.9%。

银行业在金融机构中占主导地位。银行机构、保险机构和其他金融机构总资产分别为27260.13亿元、1500.41亿元和7963.84亿元，比上年分别增长16.0%、28.2%和6.2%；银行机构资产占金融机构资产的比重为74.2%，表明了其在金融机构部门内的主导地位。

（三）政府部门。2011年末，政府部门总资产为9624.46亿元，占全省资产的比重为6.3%，总负债为3571.65亿元，占全省负债的比重为4.8%。由于政府部门既非生产部门，又非消费部门，所以决定了其资产与负债的份额是所有部门当中最小的。

（四）住户部门。2011年末，住户部门总资产为52753.93亿元，占全省资产的比重为34.6%；总负债为4750.05亿元，占全省负债的比重为6.3%。住户部门总资产比重仅次于企业部门，同时由于住户部门负债比重小，所以导致该部门所拥有的资产净值最大。从资产构成看，固定资产占总资产的比重为49.4%，存款占总资产的比重为34.0%，两者占总资产的比重在80%以上，表明住户部门的资产主要集中在购房、购车等固定资产和银行存款两方面。

从住户部门构成看，农业住户和非农业住户总资产分别为13860.72亿元和38893.22亿元，比上年分别增长9.1%和14.5%，非农业住户增速比农业住户增速高5.4个百分点，城乡住户资产的差距进一步扩大。

（河北省统计局　于　洁）

资金流量核算

2011年，全省国民初次分配总收入为23829.55亿元，比上年增加4076.03亿元，增长20.6%；可支配收入为25632.34亿元，增加4525.33亿元，增长21.4%；总储蓄为15998.52亿元，增加3217.53亿元，增长25.2%，总储蓄率为62.4%。总储蓄的增长快于可支配总收入的增长，表明全省可供投资的自有资金有所增加。

一、资金流量运行基本情况

（一）非金融企业部门是初始流量贡献最大的部门。各机构部门创造的增加值作为资金的初始流量，是整个社会资金流动的起点和源泉。2011年，全省生产总值为24515.76亿元，比上年增长11.3%。从各机构部门增加值构成情况看，非金融企业部门为15684.39亿元，占初始流量总额的64.0%；金融机构部门为746.01亿元，占3.0%；政府部门为1450.51亿元，占5.9%；住户部门为6634.85亿元，占27.1%。显然，在收入分配的初始流量当中，非金融企业部门比重最大，占据了约三分之二的份额，非金融企业部门成为初始流量中贡献最大的部门。

（二）初次分配总收入住户部门占据主导。在初始流量的基础上，通过劳动者报酬对劳动因素、财产收入对资本因素的分配，以及生产者因生产活动与政府发生的生产税和补贴的转移，形成了各机构部门的初次分配总收入。

2011年，全省国民初次分配总收入为23829.55亿元，比上年增加4076.03亿元，增长20.6%。其中，非金融企业部门的初次分配总收入为6920.60亿元，占国民初次分配总收入的29.0%；金融机构部门的初次分配总收入为922.62亿元，比重为3.9%；政府部门的初次分配总收入为2454.59亿元，比重为10.3%；住户部门的初次分配总收入为13531.74亿元，比重为56.8%。可以看出，在初次收入分配环节，住户部门通过获得其他部门分配支付的劳动者报酬、财产收入等净额共6896.89亿元，其比重也由初始流量的27.1%上升至初次分配总收入的56.8%，占国民初次分配总收入二分之一强的份额，占据了主导地位。

（三）可支配总收入向政府部门倾斜。可支配收入分配环节是在初次分配的基础上，通过经常转移的支付和获得，而形成新的收入分配格局的过程，也称作国民收入再分配过程。这一过程的主要项目是经常转移，含收入税、社会保险缴款、社会保险福利、社会补助、其他经常转移等指标。

2011年，全省可支配总收入25632.34亿元，比上年增加4525.33亿元，增长21.4%。其中，非金融企业部门的可支配总收入为6513.85亿元，占全省可支配总收入的25.4%；金融机构部门的可支配总收入为703.47亿元，比重为2.8%；政府部门的可支配总收入为4728.89亿元，比重为18.4%；住户部门的可支配总收入为13686.13亿元，比重为53.4%。在收入再分配环节，政府部门获得其他机构部门和省外部门（中央补助收入）分配支付来的经常转移净额共2274.30亿元，其比重由初次分配总收入的10.3%上升至可支配总收入的18.4%，上升了8.1个百分点，是收入再分配环节比重上升幅度最大的一个部门。

（四）最终消费保持稳定增长。在可支配收入形成后，就进入了最终使用环节。最终消费包括居民消费和政府消费，政府消费主要是政府部门为全社会提供公共服务的消费支出；居民消费主要指居民个人消费支出。

2011年，全省最终消费9633.82亿元，比上年增加1307.80亿元，增长15.7%，最终消费率39.3%。其中，居民消费6892.66亿元，占最终消费的比重为71.5%；政府消费2741.16亿元，比重为28.5%。

（五）总储蓄保持较快增长。在可支配总收入中扣除消费后剩余部分为总储蓄，储蓄主要用于投资，以增加社会财富和生产能力，构成建设资金的供给。2011年，全省总储蓄为15998.52亿元，增加3217.53亿元，增长25.2%，总储蓄率为62.4%。

二、各机构部门资金流量特点

（一）非金融企业部门资金净融入量增幅显著提高。2011年，全省非金融企业部门初次分配总收入6920.60亿元，比上年增加1790.20亿元，增长34.9%；可支配总收入6513.85亿元，增加1722.17亿元，增长35.9%；资金净融入量为3805.83亿元，增长23.9%。企业部门为了技术创新、扩大再生产，资金需求往往大于自身储蓄，是最大的资金不足部门，需要从其他部门筹集资金。2011年非金融企业资金净融入量增幅显著提高，显示了非金融企业投资活跃，资金缺口进一步加大。

（二）住户部门是资金盈余最多的部门。2011年，全省住户部门初次分配总收入达到13531.74亿元，比上年增加1653.70亿元，增长13.9%；可支配总收入达到13686.13亿元，增加1479.75亿元，增长12.1%；居民消费6892.66亿元，增加1161.22亿元，增长20.3%；扣除居民消费后总储蓄为6474.95亿元，增加318.52亿元，增长4.9%。作为资金剩余部门，住户部门为调剂社会资金余缺提供了充足的资金保证。

（河北省统计局　于　洁）

农村经济

2012年，全省各地紧紧抓住农业生产的有利条件，加强农作物田间管理，着力做好以小麦、玉米为主的粮食生产，进一步推进蔬菜产业建设和发展，全面落实林果业生产各项任务，不断增强以肉蛋奶产品为主的畜牧业生产能力，积极促进渔业资源保护和生产发展，全省农林牧渔业生产继续保持稳定发展，生产规模进一步扩大，主要农产品产量持续增长，生产结构得到优化，经营模式不断转变，农村经济取得全面发展。

一、农林牧渔业持续稳定增长

（一）生产规模扩大。全省农林牧渔业总产值和增加值继续保持稳定增长。全年完成农林牧渔业总产值5340.1亿元，比上年增加444.2亿元，按可比价格计算增长4.1%；实现农林牧渔业增加值3186.7亿元，比上年增加280.9亿元，按可比价格计算增长4.0%。

（二）增长速度稳中有升。从农林牧渔业总产值增长速度看，近几年基本保持稳定态势，增长速度略有提升。2009—2012年的四年间，全省农林牧渔业总产值分别增长了3.2%、3.5%、3.9%和4.1%。

（三）生产结构出现新变化。农林牧渔业生产比重呈现“两升一平两降”的变化特点。其中，农业和林业比重上升，畜牧业和农林牧渔服务业比重下降，渔业比重持平。农业产值比重达到58.0%，比上年提高1.3个百分点；林业产值比重为1.5%，提高0.3个百分点。渔业产值比重为3.3%，与上年持平。畜牧业产值比重为32.7%，下降1.5个百分点；农林牧渔服务业比重为4.5%，下降0.1个百分点。

（四）优势产业发展更加突出。全省畜牧、蔬菜、果品三大优势产业实现产值3720.4亿元，占全部农林牧渔业总产值比重达到69.7%，比上年提高1.3个百分点。

二、粮油作物再获丰收

（一）粮食生产实现“九连增”。省委、省政府高度重视粮食生产，集中力量打造4000万亩粮食生产核心区，全力抓好高产创建示范片建设，加大吨粮市、吨粮县创建力度，全面落实农作物良种补贴，积极促进粮食生产发展。全省各地结合自身特点，制定了多种鼓励和促进粮食生产的政策措施，以稳定面积、提高单产为重点，以提高种植技术、加强田间管理为着力点，全力推进粮食生产。在2012年全省各地降水、光照、气温等气象条件普遍有利于农作物生长的情况下，各级党委、政府和农业部门抓住难得机遇，采取有效措施，狠抓工作落实，粮食生产保持稳定发展，实现“九连增”。粮食总产量达到649.3亿斤，比上年增长2.3%。

（二）油料等作物生产保持稳定。全省油料产量达到142.8万吨，比上年增长0.7%。从油料生产品种观察，花生、油菜籽、芝麻等传统油料作物产量均出现不同程度下降。胡麻籽、向日葵等油料小品种受市场需求带动，种植面积和产量增长较快。在市场需求带动下，全省甜菜产量增长27.8%，药材产量增长20.5%。

三、蔬菜生产规模进一步扩大

2012年，全省各地继续把发展蔬菜生产作为调整农业生产结构、增加农民收入的重要着力点，进一步加大生产投入力度，不断扩大蔬菜生产规模，积极推进设施蔬菜生产和基地建设，加强调整蔬菜生产结构，推广先进种植、栽培和管理技术，加快蔬菜生产和营销机制建设，提高生产质量，提升生产效益，蔬菜生产继续保持稳定较快发展。全省蔬菜播种面积1203.0千公顷，比上年增长3.9%；蔬菜总产量达到7695.1万吨，增长4.2%。其中，设施蔬菜播种面积336.1千公顷，比上年增长3.9%，占全部蔬菜播种面积的比重为27.9%，与上年持平。设施蔬菜产量达到2242.1万吨，增长9.3%，占全部蔬菜总产量的比重为29.1%，比上年提高1.4个百分点。

从生产品种看，大白菜、黄瓜、西红柿产量居前三位，分别为1881.2万吨、923.2万吨和699.5万吨，合计占到蔬菜总产量的45.5%。受市场需求的带动，部分蔬菜品种生产出现快速增长。其中，南瓜产量增长1.8倍，辣椒产量增长23.0%，生姜产量增长22.6%，豇豆产量增长21.4%，蘑菇产量增长15.9%，分别排在各主要蔬菜品种产量增长的前五位。

四、林业生产超额完成全年任务

2012年，全省各地采取有力措施，加大植树造林工作力度，超额完成全年造林任务。造林面积达到312.4千公顷，比上年增长9.1%，完成全年计划目标的111.5%。其中，人工造林209.0千公顷，比上年增长18.8%；无林地和疏林地新封83.3千公顷，增长19.3%。

五、果品生产实现较快发展

全省园林水果生产以调整种植结构、提高果品品质、增加生产效益为重点，稳步推进生产发展。全年园林水果产量1286.0万吨，比上年增长6.7%。从分品种情况看，主要生产品种均保持稳定增长。其中，苹果产量311.5万吨，增长6.4%；梨产量445.1万吨，增长9.4%；桃产量157.3万吨，增长3.0%；葡萄产量124.2万吨，增长10.3%。

随着近几年太行山—燕山沿线地区核桃和板栗种植的持续增加，有力地带动了全省食用坚果的生产发展。2012年，全省食用坚果产量达到40.1万吨，比上年增长19.2%。其中，核桃产量12.7万吨，增长30.7%；板栗产量24.4万吨，增长17.1%。

六、主要畜禽产品生产保持稳定增长

2012年，全省畜牧业在扭转上年滑坡局面后，生产形势持续好转，主要畜禽产品产量均保持稳定增长。全年肉类总产量达到442.9万吨，比上年增长5.9%；禽蛋产量342.6万吨，增长0.8%；奶类产量479.0万吨，增长2.6%。

（一）生猪生产持续增长。全年累计出栏生猪3396.7万头，比上年增长5.0%；猪肉产量259.0万吨，增长5.0%。作为全国生猪生产的主产区之一，随着近年来的发展，河北的生猪生产已经形成以规模养殖为主体的格局，对生猪市场波动的抵抗力增强，生猪生产的稳定回升和增长，对满足城乡居民消费需求，保障市场供应，平抑猪肉市场价格，有效抑制通货膨胀预期起到了重要作用。

（二）家禽生产保持快速发展。当前，全省的肉禽生产已经步入了良性发展的轨道，以龙头企业放养和回收为主体的产业格局基本形成，订单生产比例较高，生产的专业化和产业化程度较强。在龙头企业和市场价格的有效带动下，全省家禽生产保持较快发展态势，全年累计出栏家禽5.8亿只，比上年增长14.2%；禽肉产量85.1万吨，增长14.2%。禽蛋生产一直以来是河北的优势畜禽生产品种，禽蛋产量多年保持全国前列，是长江以南、特别是华南地区的重要供应基地。2012年，禽蛋产量达到342.6万吨，比上年增长0.8%。年末全省家禽存栏3.9亿只，增长8.0%。家禽养殖规模的持续稳步扩大，为禽蛋和禽肉生产的稳定发展提供了保障。

（三）奶牛生产稳定发展。经过近几年的建设和发展，全省奶牛生产已经全部实现小区养殖和规范化管理，牛奶生产的质量和效益不断提高。2012年牛奶产量470.4万吨，比上年增长2.5%。

（四）羊类生产出现恢复性增长。受生产环境和市场供需的影响，近几年全省肉羊生产出现小幅波动，2012年，受市场价格高位运行的拉动，全省肉羊生产在上半年出现下降的情况下，下半年逐步得到恢复和发展。全年共出栏肉羊2071.5万只，羊肉产量28.7万吨，均比上年增长1.0%。

七、渔业生产步伐加快

2012年，全省渔业生产总体保持加快发展态势，水产品产量实现较快增长。全年水产品总产量达到116.3万吨，比上年增长9.0%。由于养殖规模扩大和海洋生态环境的改善，海水养殖产量出现较快增长。海水产品产量达到63.5万吨，增长12.7%。其中，海水养殖产量38.2万吨，增长22.6%。淡水产品生产保持稳定，全年产量52.8万吨，增长4.9%。

八、农业产业化经营取得新进展

2012年，全省农业产业化经营规模持续扩大，经营水平稳定提升。农业产业化经营总量首次超过5千亿元，达到5394.3亿元，比上年增加637.2亿元，增长13.4%。农业产业化经营率达到61.5%，比上年提高1.5个百分点。全省共有885.4万农户从事农业产业化生产经营，农户参与度达到57.1%，比上年提高3.9个百分点。参与农户户均从农业产业化生产中获得纯收入8515元，增收比率达到43.4%，比上年提高3.0个百分点。

（河北省统计局　刘海涛）

城市经济

2012年，全省各地各部门认真贯彻落实省委、省政府的决策部署，深入推进新型城镇化建设，统筹城乡发展，城市综合实力进一步提升，城市承载能力增强，环境质量改善，城镇化发展取得积极成效，为促进经济持续健康发展发挥了重要作用。

一、城镇化进程稳步推进

2012年，全省城镇人口3410.5万人，比上年增加108.8万人，增长3.3%。城镇化率达46.80%，比上年提高1.2个百分点，有5个设区市城镇化率超过全省平均水平，沿海地区秦皇岛、唐山、沧州三市城镇化率达到49.07%，比上年提高1.23个百分点，高于全省2.27个百分点。

二、城市综合实力明显提升

城市经济平稳较快发展，支撑作用继续增强。2012年，11个设区城市完成生产总值8790.2亿元，占全省生产总值的33.1%；公共财政预算收入完成862.5亿元，占全省的41.4%，比上年提高0.2个百分点。以调结构、转方式为主线，加快城市经济转型升级，产业结构优化调整。三次产业比例为2.7：50.2：47.1，第二产业比重下降1.8个百分点，第一产业比重提高0.2个百分点，第三产业比重提高1.6个百分点；设区城市非农产业比重为97.3%，比全省平均水平高9.3个百分点，第三产业比重比全省高11.8个百分点。

三、城市承载能力进一步增强

2012年，11个设区城市总人口达到1422.8万人，比上年增加38.3万人，城市人口规模不断扩大，承载能力进一步增强。其中：唐山和石家庄市区人口分别达到345.0万人和297.6万人，邯郸、保定、张家口和秦皇岛市区人口在100万—200万人之间；50万—100万人的城市有4个，分别是邢台、承德、沧州和廊坊；30万—50万人的城市为衡水。

四、城市建设步伐稳步推进

2012年，全省城市基础设施完成投资3447亿元，比上年增长6.7%。市政基础设施和公共服务设施保障能力提高。交通状况明显改善，城市人均道路面积17.84平方米，10个设区城市达到15平方米以上。供热、供气、供水、排水能力提高。集中供热面积44670万平方米，比上年增长6.2%；燃气普及率达到99.79%；供水管道长度达15344公里，比上年增加330公里；排水管道长度15787公里，比上年增加352公里。

五、城市环境质量改善

2012年，全省达到和好于二级以上的天数为340天，比上年增加1天；二氧化硫浓度年平均值为0.042毫克/立方米，与上年持平；灰尘自然沉降量为11.82吨/平方公里·月，比上年下降8.3%。污染物排放治理和城市绿化工作取得积极成效。城市污水综合处理率为94.3%，比上年提高0.2个百分点；生活垃圾无害化处理率为73.1%，提高0.5个百分点。全省城市公园绿地面积73517公顷，比上年增长3.4%；公园面积达14966公顷，比上年增加1640公顷。

六、居民生活水平继续增强

2012年，城镇居民人均可支配收入达20543元，比上年增长12.3%。城镇居民人均消费性支出12531元，增长7.9%；城镇居民家庭恩格尔系数为33.6%，比上年下降0.2个百分点。城镇居民人均住房总建筑面积32.5平方米，增长0.9%。在城市建设中，积极引入多元消费模式和大型商业中心，为扩大消费创造便利条件。2012年，11个设区城市实现社会消费品零售额3335.0亿元，增长17.1%，增速比全省平均水平快1.6个百分点，占全省社会消费品零售总额比重为36.4%，比上年提高0.6个百分点。

七、社会各项事业快速发展

科技教育平稳发展。2012年，全省全社会研究与试验发展（R&D）经费内部支出245.8亿元，比上年增长22.1%；R&D经费内部支出占全省生产总值的比重为0.92%，比上年提高0.10个百分点。科研活动成果丰硕，全省专利申请量23241件，授权量15315件，分别比上年增长32.1%和37.7%。教育事业稳步发展。全省初中毕业生升学率为92.3%，比上年提高6.1个百分点。文化事业迅速发展，文化设施建设进一步完善。设区城市图书馆图书总藏量1168万册，比上年增加176万册，增长17.4%。卫生事业得稳步发展，设区城市医生数达5.3万人，占全省的37.2%。就业形势稳定，年末城镇登记失业率为3.69%，比上年末下降0.06个百分点。社会保障水平提高。全省年末全省城镇参加基本养老保险人数为

1125.7万人，比上年末增加65.9万人。参加城镇基本医疗保险人数1628.2万人，增加66.0万人。参加工伤保险的人数694.7万人，增加54.3万人。参加生育保险的人数634.4万人，增加41.3万人。

（河北省统计局　姚立云）

民营经济

2012年，河北省各级中小企业主管部门认真贯彻党中央、国务院大力扶持小微企业和省委、省政府加快发展民营经济的决策部署，坚决落实全省民营经济工作会议精神，围绕国家工信部“中小企业服务年”安排部署，大力开展“强服务、解难题、帮企业、保增长”主题活动，进一步加快引导企业转变发展方式、推进结构调整、深化转型升级，民营经济总体保持了平稳增长的发展态势。

一、基本情况

2012年，全省民营经济单位总数达247.4万个，比上年同期增加11.4万个，同比增长4.8%，其中民营企业法人单位26.1万个，比上年同期增加1.9万个；从业人员数达1938.1万人，同比增长7.4%，其中民营企业法人单位从业人员915万人，同比增长9.4%。

全省民营经济累计完成增加值17659.4亿元，同比增长15.6%，占全省GDP比重为64.8%，比上年提高1.7个百分点；实现营业收入76759.6亿元，同比增长18.4%；上交税金2342.6亿元，同比增长18.4%，占全省全部财政收入比重为67.3%，比上年提高1.8个百分点；完成固定资产投资11333.5亿元，同比增长29.5%，占全社会固定资产投资比重57.5%，比上年提高5.9个百分点；实现出口产品交货值总额1430.4亿元，同比增长15.3%。

二、主要特点

（一）规模工业企业发挥重要支撑作用。2012年，全省民营规模以上工业企业11018个，比上年增加836个；实现增加值7345亿元，同比增长11.2%，占全部民营经济总量的41.6%；上交税金917.4亿元，同比增长26%，高于全部民营经济7.6个百分点，占全部民营经济比重39.2%。

2012年，由全国工商联发布的“中国民营企业500强”榜单中，河北省25个民营企业上榜，比上年榜单增加5个企业，其中新上榜企业11个；25个民营企业入围“2012中国制造业企业500强”。河北省汽车及配件、工程机械等装备制造业拉动作用增强。保定市102家规模以上汽车及零部件企业，实现销售收入912.51亿元，同比增长23.90%。其中长城汽车420亿元，同比增长30.84%，出口同比增长16.06%，居全国第三位。廊坊市五大主导产业同比增长22.4%，对全市工业经济贡献率为70.8%，拉动全市工业经济增长16.3个百分点。

（二）固定资产投资呈高速高质增长。2012年，全省民营企业固定资产投资11333.5亿元，同比增长29.5%；其中民营工业企业固定资产投入6081亿元，同比增长21.3%。全省11个设区市中10个市的民营企业固定资产投资增幅超过30%。民营企业固定资产投入占全省全社会固定资产投入的57.5%，成为全省经济持续发展的强力拉动和重要支撑。房地产、煤炭、水泥、玻璃等国家调控的行业，资金加速向其他领域转移，民营企业投向重点以高、精、新的工业项目为主，呈现多元化，包括冶金精加工、精细化工、机械制造、信息产业、装备升级、农产品深加工、清洁循环能源等特色和优势产业。

2012年，全省民营企业投资千万元以上项目达11527个，其中亿元以上项目超过2236个，民营企业的大项目大投资为经济持续快速发展奠定了良好基础。

（三）小微型企业经济贡献量增大。2012年，全省小微型企业总数增多，增幅加大，经济贡献量持续提高，成为推动全省经济增长和社会稳定的一支重要力量。全省小微型企业数22.7万个，同比增长10.2%，从业人员数606.8万人，同比增长11.3%，完成营业收入23393.3亿元，同比增长22.7%，高于全部民营经济4.3个百分点；上交税金717亿元，同比增长25.8%，高于全部民营经济7.4个百分点。根据国家中小企业生产经营运行监测平台数据统计，全省2760个监测企业中，2012年小微型企业经营状况明显好于中型企业，占全部企业总量比重上升明显。其中，营业收入增长比大中型企业高6.7个百分点，占比38.5%，比上年提高1.2个百分点；上缴税金增长25.5%，比大中型企业高19.6个百分点，占比46.3%，比上年提高4.2个百分点；用电量增长30.1%，比大中型企业高13.7个百分点，占比27.6%，比上年提高2.2个百分点。传统主导行业企业的平稳增长是全省中小企业保持稳中有升的主体力量。煤炭采选业、食品制造业、纺织服装业和金属制品业等行业营业收入分别同比增长50.7%、33.5%、23%和17.5%；黑色金属矿采选业、家具制造业、装备制造业等行业也保持了平稳增长。

全省中小企业公共服务体系助推小微型企业快速成长。一是提供创业场所。切实加快县级创业辅导基地建设，努力解决创业者和小企业用地难题，全省新建创业辅导基地40个，总数达到380个，入驻小微型企业15000家，安置就业39万人；开展了50场次“订单式”服务活动，服务企业4000多家。二是拓展融资渠道。进一步规范省市县三级融资性担保体系建设，全省达到613家，担保能力431亿元；全年与10家金融机构签订了总额4760亿元的支持中小企业合作协议，落实资金6169亿元；省市县三级累计组织对接活动269次，向银行推荐符合信贷政策项目4100余个，解决贷款865亿元。三是扶持产业升级。全年争取国家级中小企业发展和工业企业技改专项资金2.4多亿元，扶持中小微企业项目超过220个；10个设区市和96个县级中小企业发展专项资金情况已足额或超额设立，全省各类中小企业发展资金规模达到16亿元，同比增长15%；组织认定了30个省中小企业公共服务示范平台，评选推荐了7个国家级公共服务示范平台。四是搭建服务平台。努力提升公共技术服务平台建设水平，重新认定了115个省级公共技术服务平台，评选确定了9个省级产业集群公共技术服务示范平台，上报了2个国家级示范平台。组织动员170个公共技术服务平台和2000多名技术服务人员，开展了技术支持小微企业转型升级的“百千万”活动，年内服务中小微企业超过1万家。

（四）县域经济实力显著增强。随着主导产业布局的优化调整，城市工业的不断转移和加速改制，以及大企业（集团）产业的延伸和辐射，全省县域经济发展逐步加快，经济支撑和拉动作用得到稳步提高。县域经济的主体是民营经济，2012年全省135个县（市）民营经济完成增加值合计13558.4亿元，占全省国民经济生产总值的51%，比上年上升0.6个百分点，其中92个县（市）增加值占本区域经济总量的比重超过70%；上缴税金1149.9亿元，同比增长18.6%，占全省全部财政收入的比重达33%。产业集群的快速发展壮大已成为推动县域经济发展的主要模式，全省产业集群依托县域鲜明的区域特色，逐步实现市场分化、错位发展。2012年，省市县三级协调联动，共同抓好百强企业、千家成长型企业和120家重点产业集群帮扶工作，大力实施产业集群示范工程，评定了第二批12个省级示范产业集群。截至2012年底，全省年营业收入5亿元以上产业集群370个，其中超100亿的67个，比上年增加12个；这370个产业集群中的生产企业10.6万个，全部企业数达17.3万个，从业人员472.6万人，完成增加值5701.8亿元，实现营业收入22384.7亿元，上缴税金504亿元。全省民营企业品牌创建成果显著。河北省民营企业共创中国名牌26项，占全省总量的53.06%，创驰名商标86件，占全省总量的69.5%，在全国具有较高的知名度；创省名牌产品625项，占总量的70.3%，创省著名商标154项，占总量的71.4%，创中小企业名牌产品592项。2012年，全省组织了60个民营企业争创省著名商标，并评选了200个省级中小企业名牌产品。

农产品加工业是多数县域经济的传统产业，近几年随着深加工的技术、层次和水平大幅提高，实现了从种植到餐桌，从玉米到医药，从饲料到肉食加工，形成许多一条龙产业链，竞争实力逐渐增强，市场占有量不断提升，成为县域经济的支柱产业之一。县域经济的持续快速发展带动了本区域农业、农村逐步走向产业化、工业化，成为现代农村和小城镇建设的重要载体。

（五）部分主导行业经营效益下滑。2012年，河北省部分主导行业受国内国际经济不利因素影响，如两个市场供求竞争，原材料、经营成本持续快速上涨和产品销售不畅等，生产经营压力持续增大，利润空间快速压缩，特别是钢铁、焦化、水泥三大行业在国家政策刚性调控和市场需求疲软的双重挤压下，企业经营非常困难，效益明显下滑。

钢铁行业生产经营艰难。2012年，全省民营钢铁行业完成增加值1695亿元，同比增长4%；完成营业收入7465亿元，基本持平；实现利润186亿元，同比下降24%；上缴税金155亿元，同比增长42%。邯郸市是钢铁大市，18家规模以上钢铁企业利润同比降低102%，61座高炉停产最多时达21座，46座转炉停产最多时达14条，26条轧材生产线停产6条。钢铁出口呈下降态势，民营钢铁企业产能过剩，品种单一，市场需求不足，在政策调控等诸多因素影响下，处境艰难。

建材行业增速和效益下降。由于国际市场复苏缓慢，国内基础建设放缓、房地产持续调控，导致建材需求明显回落，价格大幅下跌，企业效益明显下降。水泥行业强制性压缩产能，熟料最低时190元/吨，每吨下降了140—160元。三季度，水泥开始企稳回升。装饰材料呈低位运行，轻质矿棉板行业销量同比降低了50%，基本无利润；纸面石膏板滞销严重，库存是往年的2—3倍。

纺织行业整体效益继续回落。延续2011年下半年以来的减速、疲软态势，停产减产企业增多，亏损面增加，外销不振，内需不足，纺织业遇到了前所未有的困难。据石家庄市调查，近半小型纺织企业出现停产，大中型纺织企业开工不足，空岗率近40%。如石家庄市晋州纺织企业300多万纱锭，开工率不足一半，库存超出正常时期的3—4倍。下游消费不足，上游价格下滑，订单款式多样化、小批量提高了管理成本。国内外价差不断拉大，我国棉花经历了从每吨18000元到34000元，再下跌到18000元“过山车”式震荡，使纺织企业伤了元气。国内棉价为18853元/吨，高出国际价格5460元/吨。用工成本大幅提高，职工工资每月3000元以上，比印度等东南亚、南亚国家高1倍以上，许多企业无法参与国际竞争，国内市场无法消化，竞争日趋激烈。

化工行业利润空间不断缩小。近两年来，焦化行业受钢铁产能过剩影响较大，焦炭低谷时比2012年初每吨下降500多元，降幅30%，价格出现了成本倒挂。受国家宏观经济影响增速减缓，全省化工行业总体经济走势趋稳略有下降，效益缩水，利润下降。

新能源行业遭遇“严冬”。受美国“双反”、欧盟反倾销的影响，光伏行业经营十分困难。主要是光伏产能严重过剩，企业以降价方式维持生存。太阳能电池片2.36元/瓦，同比下降29.6%，6.5寸硅片5.33元/片，同比下降33.6%。

三、存在的主要问题

（一）企业资本需求增加快，融资难度加大。2012年，全省中小企业进入转型升级的重要时期，需要大量的资金进行调整及生产条件的改善，使得融资形势更加严峻。中小企业特别是小微型企业资金短缺问题非常普遍，十分突出。国家支持中小企业发展的金融政策力度不断加大，地方金融部门努力落实“两个不低于”，但实施环节限制多，突破少，针对中小企业金融政策的调控效果不大。民营企业固定资产投入资金75.6%是自有资金，金融机构的贷款仅占12%。2012年底，全省中小监测企业调查，64.5%的企业流动资金紧张，12.2%的企业流动资金严重不足。应收款比例提高，上游企业资金短缺，影响了处于产业链低端的小微企业，小微型企业应收款增长

17.8%，应收账款占营业收入的11.1%，造成企业财务费用同比增长20.3%。根本的问题是多数中小微企业没有土地证和房产证，无法获得有效的抵押融资。企业租赁土地短期费用较低，若征地，就得支付一大笔费用，企业满足了贷款条件，但是企业得到的贷款支付不起土地的价款。受市场大环境的影响，2012年诸多行业效益欠佳，部分企业尽管具备借贷条件，但金融机构紧缩贷款，不予考虑。跨企业间个人或企业的短期借款尤为常见，但能贷款的中小企业多为个人信贷，靠自身房产等实物抵押。民间借贷保障制度尚不规范、有序，存在潜在的较大风险和不安定因素。

（二）中小企业用工成本增大，盈利空间减小。2012年，河北省民营经济工人工资上涨成为生产成本增加的重要因素，全省民营企业职工工资收入普遍增长了20%以上，工业生产企业工人平均月工资增加300元以上，部分行业熟练技工月工资上涨40%以上。用工成本上涨过快，对传统行业带来较大冲击。2012年，全省民营经济工人年人均工资16529元，同比增长14.9%，比上年提高3.2个百分点。在增值率、税率、折旧率相对固定的情况下，劳动者报酬和企业利润此涨彼消，尤其是劳动密集型企业，附加值低的行业出现亏损较大，如纺织服装企业空岗40%，招工难，用不起，留不住。加上生产要素价格的上涨，民营企业盈利空间越来越窄。据中小企业生产经营运行监测统计，2012年底，全省12.9%的监测企业亏损，中型企业亏损面占20%，小微型企业亏损面为11.5%；中小企业亏损额增长168.1%，比上年上升45个百分点，中型企业亏损额增长197.4%，上升60.4个百分点，小微型企业亏损额增长132.9%，上升26.6个百分点；监测企业平均利润率为3.23%，比上年同期低1.6个百分点，小微型企业利润率为4.93%，比上年同期低1.14个百分点。

（三）中小企业经营场地不足，征用土地困难。由于受国家土地政策制约，新增项目用地指标不能满足新上项目建设需求，有限的用地指标一般都用于大企业、大项目上，重大轻小现象较严重，中小企业用地需求难以满足。企业用地难严重制约了部分中小企业特别是成长型企业的生产扩张和产业升级。市场准入放开后，制约中小企业发展的主要瓶颈就是土地。石家庄市高举打造药都的旗帜，一个潜力极大的创新型医药企业，因为土地不能解决，不得不选择了到南方发展。省政府明文要求各县每年用于中小企业创业辅导基地的50亩用地指标，2012年，全省135个县（市）中，41个县（市）未能全部落实，部分已规划落实的土地要投入建设和建成仍需较长时间。由于河北省各地创业基地、孵化基地、工业“园中园”建设相对滞后，使较多的小微型企业难以找到合适场所，散居各处，无法形成产业聚集。

（四）小微型企业困难大，政策落实难。结构性缺陷仍是中小企业发展的主要短板，河北省小微型企业主要从事传统行业，现代新型企业很少，创新型企业、高新技术企业、现代服务业数量更少，多数处于市场产业链低端，缺乏科技实力，创新能力不足，在品牌建设、产权保护、队伍培育方面重视不够，过度依赖资源能源消耗、低层次扩张，靠低价格、低利润来生存。规模以下工业90%的企业属于劳动密集型、资源消耗型产业，尤其是县域小微型企业，产能过剩、同质竞争严重，结构劣势凸显。

（河北省中小企业局　李延军）

固定资产投资

2012年，面对经济下行压力加大的严峻形势，全省各地各部门坚持以科学发展为主题，以加快转变经济发展方式为主线，牢牢把握稳中求进的工作总基调。以加大投资和项目建设为重点，确保经济平稳较快增长。全省投资继续保持平稳较快增长，结构进一步调整优化。建成投产了一大批项目，增加的主要生产能力有：天然原油开采165万吨/年、钢材5125.8万吨/年、风力发电4160.4万千瓦、水泥2060.5万吨/年、平板玻璃3465.8万重量箱/年、化学农药原药8350吨/年、化学纤维3.78万吨/年、新建公路1947.45公里、新建高速公路316.9公里、新(扩）建沿海港口码头年吞吐量3300万吨、城市自来水供水能力31万吨/日、城市污水处理能力28.1万吨/日。

一、运行特点

（一）投资继续保持平稳较快增长，总量位次前移。2012年，全省全社会固定资产投资完成19661.3亿元，比上年增长20.0%，其中固定资产投资完成19104.6亿元，比上年增长21.1%；农户投资完成556.7亿元，比上年下降8.6%。全社会投资增速已连续10年在20%以上，为全省经济平稳较快发展打下了基础。在固定资产投资中，建设项目投资完成16018.1亿元，比上年增长25.9%，保持了较快增长；房地产开发投资完成3086.5亿元，比上年增长1.0%，呈低速增长。

总量位次前移，增速高于全国平均水平。从全国情况看，河北省固定资产投资总量居全国第5位，位次比上年前移1位，首次超过广东省；增速比全国平均水平高0.5个百分点，居第22位，位次前移1位。

（二）第一、二产业投资增长较快，所占比重上升。全社会投资中第一产业完成704.8亿元，比上年增长38.9%，占固定资产投资的3.6%，同比提高0.5个百分点。其中，农业投资280.6亿元，增长50.0%；畜牧业投资333.8亿元，增长37.3%；渔业投资27.7亿元，增长1倍。第二产业完成投资9354.4亿元，比上年增长25.2%，所占比重为47.6%，同比提高2.0个百分点。第三产业完成投资9602.1亿元，比上年增长14.2%，所占比重为48.8%，同比降低2.5个百分点。

（三）工业投资快速增长，技术改造投资力度加大。工业投资快速增长。全省工业投资完成9338.1亿元，比上年增长26.1%，占固定资产投资的48.9%，同比提高

2.0个百分点。七个主要行业投资全面增长。食品工业、石化工业、纺织服装业完成投资710.0亿元、1217.9亿元和648.4亿元，同比分别增长40.7%、33.9%、29.9%，占全省固定资产投资的3.7%、6.4%和3.4%，分别提高0.5、0.6和0.2个百分点；建材工业、医药工业、钢铁工业投资分别增长12.9%、14.5%和8.9%，均保持低速增长。

装备制造业投资是主动力。全省装备制造业完成投资3129.5亿元，比上年增长33.3%，占全省固定资产投资的16.4%，同比提高1.5个百分点，对全省工业投资增长的贡献率达40.4%，是拉动工业投资快速增长的主要因素。其中，仪器仪表制造业、专用设备制造业、通用设备制造业、汽车制造业、计算机通信和其他电子设备制造业投资分别完成投资41.6亿元、655.9亿元、647.1亿元、401.3亿元和127.6亿元，分别增长1.6倍、70.9%、51.9%、48.3%和44.5%。

工业技术改造投资力度加大。全省工业技改项目8551个，占工业施工项目的68.0%；完成投资5952.7亿元，比上年增长36.6%，占全省工业投资的63.7%，同比提高4.9个百分点。从行业大类看，专用设备制造业、通用设备制造业、非金属矿物制品业、汽车制造业、化学原料和化学制品制造业、电力热力生产和供应业、橡胶和塑料制品业、农副食品加工业等8个行业工业技术改造投资同比分别增长87.8%、56.4%、31.8%、65.7%、42.0%、36.7%、51.1%和40.7%，对全省工业技术改造投资增长的贡献率达57.4%，拉动全省工业技术改造投资增长21.0个百分点。

（四）民间投入增多，投资比重提高。全省民间投资完成14728.9亿元，比上年增长27.6%，占全省固定资产投资的77.1%，比重同比提高3.9个百分点。从登记注册类型看，私营企业完成投资6728.5亿元，增长35.1%，占全省民间投资的45.7%，同比提高2.5个百分点，拉动全省民间投资增长15.1个百分点。从行业大类看，专用设备制造业、通用设备制造业、房地产业、公共设施管理业、汽车制造业、仓储业等6个行业民间投资同比分别增长66.6%、52.8%、5.0%、72.3%、53.2%和81.5%，合计对全省民间投资增长的贡献率达31.4%，拉动全省民间投资增长8.7个百分点。

（五）提高科技投入含量，高新技术产业投资较快增长。全省高新技术产业投资完成1909.5亿元，比上年增长24.3%，增速快于全省固定资产投资3.2个百分点，占全省固定资产投资的10.0%，比重同比提高0.3个百分点。其中，先进制造、电子信息、生物技术与现代医药、新材料领域完成投资分别增长46.4%、42.6%、27.9%和20.4%，增速均高于全省平均水平或持平。特别是风力发电、汽车零部件及配件制造、汽车整车制造等3个行业小类拉动作用较强，合计完成高新技术产业投资542.4亿元，同比增长1.3倍，占全省高新技术产业投资的28.4%，同比提高12.8个百分点，对全省高新技术产业投资增长的贡献率达81.2%，拉动全省高新技术产业投资增长19.7个百分点。

（六）大项目支撑作用显著，成为稳增长的重要抓手。亿元以上在建项目多，投资规模提高。全省亿元以上在建项目5419个，比上年增加896个，同比增长19.8%；总投资35316.5亿元，比上年增长31.0%；完成投资10634.0亿元，增长37.8%，占全省固定资产投资的55.7%，同比提高6.8个百分点，对全省固定资产投资增长的贡献率达87.7%。从行业大类看，亿元以上项目增加较多的是通用设备制造业、专用设备制造业、仓储业、汽车制造业、橡胶和塑料制品业、零售业、化学原料和化学制品制造业、房地产业等，这8个行业亿元以上项目合计1672个，同比增加383个，占全省亿元以上项目增加个数的42.7%；计划总投资、完成投资同比分别增长42.8%和66.8%，增速比全省建设项目分别快11.8和29.0个百分点。

亿元以上新开工项目增长快速。全省亿元以上新开工项目2411个，比上年增加404个，同比增长20.1%；完成投资4620.4亿元，增长42.0%。其中，10亿元以上新开工项目360个，同比增长46.3%；完成投资1536.9亿元，增长71.6%。从项目行业分布情况看，有754个项目集中在房地产业、公共设施管理业、非金属矿物制造业、专用设备制造业、通用设备制造业、化学原料和化学制品制造业等6个行业，计划总投资、完成投资同比分别增长47.2%和37.7%，分别比全省亿元以上新开工项目加快5.3和4.4个百分点。

从重点项目看，首钢京唐钢铁联合有限责任公司钢铁厂、蒙冀铁路有限责任公司新建张家口至唐山铁路、华北电力集团河北北部送变电、河北省电力公司南网送变电、石家庄新华区驰耘国际商贸有限公司新华世贸中心、涿鹿县博达建设开发投资有限责任公司高层次人才创业园项目等计划总投资在200亿元以上项目正在抓紧建设当中。保定市交通局张石高速公路保定段、唐钢滦县司家营铁矿有限责任公司开发二期及南区采选工程、廊坊市新商博国贸城投资有限公司新商博国贸城项目、秦皇岛市支援承秦高速公路建设指挥部承秦高速秦皇岛段等一批重大项目建成投产。

二、存在问题

（一）城市基础设施投资低速增长。全省城市基础设施投资完成3476.1亿元，比上年增长8.0%，同比降低3.0个百分点；占全省固定资产投资的18.2%，同比降低2.0个百分点。其中，道路运输业和市政设施管理分别完成投资763.3亿元和470.8亿元，同比分别下降6.7%和18.4%，合计占全省城市基础设施投资的35.5%，同比回落7.9个百分点，下拉全省城市基础设施投资5.0个百分点。从全国平均水平看，公共设施管理业和道路运输业投资同比分别增长20.5%和6.6%，河北比全国低10.6和13.3个百分点；合计占固定资产投资的11.3%，河北低2.2个百分点。

（二）国内贷款到位资金大幅下降。全省国内贷款到位资金1205.0亿元，比上年下降26.7%，远低于全国增长8.4%的平均速度；占全部到位资金的6.2%，同比回落3.3个百分点。主要原因：一是企业整体经济效益下降，导致银行等金融机构贷款更加谨慎，对企业投资项目建设的贷款额难以有较大的增加。二是受道路运输行业到位资金大幅下降影响。道路运输业项目建设多以贷款为主，2012年道路运输业项目减少、完成投资下降。全省道路运输业施工项目766个，同比下降21.3%，降幅比全省在建施工项目扩大12.4个百分点，直接影响道路运输业国内贷款到位资金同比下降68.0%，下拉全省国内贷款到位资金17.7个百分点。

三、对策建议

一是狠抓项目建设，增强发展后劲。紧抓当前国家陆续启动一批重大项目的机遇，抓好项目的谋划和建设力度，力促项目早落实、早开工，多上项目、上大项目、上新项目；落实好与百家央企签署的投资合作协议，优化投资环境，保障要素供给，确保合作项目快速推进。对符合国家产业政策的大项目、好项目，在政策、资金、用地等方面全力支持，确保施工进度。发挥开发区和产业园区的聚集作用，谋划储备一批符合产业政策、关联度高的大项目，优化投资环境，搭建融资平台，提高项目履约率和到位率，力促项目尽早落户。

二是优化投资结构，拓宽投资领域。加快实施重点产业调整振兴规划，加大传统产业改造提升力度，把加快传统产业转型升级作为结构调整的战略重点。积极发展战略性新兴产业，重点扶持先进装备制造、新材料、信息、节能环保等新兴产业，加快发展新能源、生物医药和信息技术等高新技术产业，把战略性新兴产业加快培育成为先导产业和支柱产业。注重社会民生投入，坚持以改善民生为出发点和落脚点，在资源配置上优先向社会保障、医疗、教育、就业和保障性住房等民生领域倾斜。大力发展循环经济，形成资源循环利用的产业链，特别是发展一系列涉及民生改善和社会和谐的项目，为经济发展提供新的动力。

三是创新筹措方式，拓宽融资渠道。努力扩大外源性资金渠道，除自筹资金以外，继续努力争取国家资金支持，进一步拓宽项目投融资渠道，积极争取落实项目资金，保证金融机构中长期贷款对全省投资增长的支撑。在向上积极争取扶持、加强信用合作融资、扩大信贷规模、加大招商引资工作力度的同时，大力吸引社会资金和民间资本，确保项目建设所需的资金投入。创新资金筹措方式。引导企业通过上市、发行企业债券、公司债券、短期融资债券、利用保险等非金融机构资金等渠道筹措建设资金。

（河北省统计局　王金锋）

国有资产监管

2012年，在省委、省政府的正确领导下，河北省国资系统认真贯彻落实省第八次党代会精神，紧紧围绕建设经济强省、和谐河北奋斗目标，全面实施"发展提升年"，坚定不移稳增长、抢抓机遇调结构，全省国企改革发展和国资监管工作取得明显成效。

一、国有经济战略性调整实现新突破

国有大型企业集团进一步发展壮大。继河北钢铁集团、冀中能源集团之后，开滦集团2012年首次进入世界500强。打造产业龙头逐步展开，在整合全省旅游文化资源的基础上，研究制定的河北旅游投资集团股份公司组建方案已经省政府批准。企业兼并重组扎实推进，河北钢铁集团重组了13家民营企业，已有10家企业完成工商变更；河北国控成功重组整合小寺沟铜钼矿、寿王坟铜矿，正在抓紧筹备组建河北国控化工集团，将搭建起全省民爆行业发展平台。

二、国有企业改革不断深入推进

积极推进国有企业公司化、股份制改革。全省32家国有企业实施了公司化改革，新组建公司制企业46家。企业上市工作有序进行，全省35家备选上市企业中18家已制订上市方案。企业法人治理结构逐步完善，根据省委要求，完成了省委管理的企业董事长总经理分设工作；董事会建设进一步规范，制定出台了相关文件，并选择9家企业作为董事会试点，外部董事人才库正抓紧筹建。国有企业厂办大集体改革稳步推进，已研究出台相关工作意见和方案，将按照省领导意见择机实施。

三、结构调整和产业升级步伐加快

认真落实工业强省战略，利用高新技术和先进适用技术改造提升传统产业，实施了一批重点技术改造项目，促进产业升级。河北钢铁集团中关铁矿采选工程、柏泉铁矿扩能技改工程扎实推进；开滦集团东欢坨矿井300万吨续建工程井下工程全部完工；冀中能源集团山西汶水新建赤峪煤矿年内可达到验收条件；华北制药新制剂一期项目年内可具备试车条件。截至9月底，工业投资完成约279亿元。

四、"走出去"战略取得明显成效

积极引导企业扩大战略资源开发和储备，破除资源瓶颈制约。省国控矿业公司与普洱签定采矿权和探矿权协议，矿区总面积590平方公里，资源价值500亿元以上；开滦集团加拿大盖森煤田项目取得政府许可，可开采优良煤种和国内紧缺煤种20多亿吨；河北钢铁集团将与加拿大阿尔德隆公司合作开发储量10亿吨的佳美铁矿。

五、资本运作水平进一步提高

创新融资方式，冀中能源集团财务公司融资平台作用得到充分发挥，开滦集团、河北钢铁集团财务公司已挂牌成立。灵活运用融资工具，河北建投集团成功发行10年期企业债14亿元，利用融资租赁融资16亿元；河北国控成功发行中期票据，融资10亿元。加快组建股权投资基金，省信产投发起设立的"河北信产新材创业投资基金"首期规模2.5亿，"河北红土创业投资基金"即将成立；科技风险投资"河北省科技型中小企业创业投资引导基金"规模已发展到2.1亿元。

六、开放合作战略取得积极进展

大力深化省国资委监管企业与央企的战略合作，拓宽合作领域，提升合作水平。省国资委共承担省政府与央企签署合作协议6项、监管企业合作项目16项，共计22项，项目总投资467亿元。加强企地战略合作，在实现低成本扩张的同时，带动了地方经济的发展。委监管企业与衡水市、承德市分别签署合作协议34项、44项，意向总投资385.7亿元和539.5亿元。扩大对外合资合作，河北钢铁集团、开滦集团、冀中能源集团等7家企业在2012年香港投洽会上，分别与国内外战略投资者签订合作协议8项，项目总投资额36亿美元，协议利用外资11.9亿美元。

七、国有企业履行社会责任取得新成效

实施棚户区改造工程，改善职工生活条件。积极开展抗洪救灾工作，对口支援涞源县恢复重建各项工作已进入全面实施阶段。大力开展节能减排，打造绿色矿山，实现绿色发展，国有企业成为改善生态环境的重要力量。探索扶贫帮扶新模式，与平泉县开展了对口项目扶贫，支持阳原县扶贫开发和新农村建设，取得了显著成效，省国资委被授予全省扶贫开发工作先进集体荣誉称号。

八、国资监管体制机制进一步完善

国资监管的一系列规范性文件相继出台和监管方式的不断优化，有力地促进了国有资产的保值增值，起草的《河北省企业国有资产监督管理条例》已列入省人大、省政府2012年立法计划。加强企业党建工作和党风廉政建设，积极推进企业惩防体系建设，为企业健康发展提供了政治保障。加强国资监管队伍建设，为企业发展提供了优质、高效的服务。

（河北省政府国资委）

重点项目建设

2012年，河北省以调结构、转方式为主线，深入落实科学发展观，围绕加快构建现代产业体系，狠抓重点项目建设，促进了全省经济的又好又快发展。当年，省重点在建项目共完成投资3800亿元，是年计划的114.1%。唐山港曹妃甸港区煤码头、京石武客专、石家庄格力工业园等88个项目竣工或部分投产；长城汽车部件园、美的（邯郸）工业园、张承风电基地等重大项目顺利推进；南车石家庄轨道交通产业园、创维电子装备制造、中海油中捷石化安全环保与清洁燃料升级等352个计划开工项目开工建设，开工率为98.3%；华润渤海新区热电、文安鲁能生态旅游度假区等12个前期项目提前启动；石家庄城市轨道交通、丰宁抽水蓄能电站等75个谋划项目获得国家核准或批复。

（一）项目结构。共安排省重点在建项目500项、前期项目50项，总投资23347亿元，当年计划投资3332亿元。其中，高新技术、战略新兴产业和先进装备制造业项目202项，总投资6232亿元，年计划投资1040亿元，分别占制造业项目的67%、56%和61%，与上年相比提高2、3和5个百分点。总投资50亿元以上大项目157项，占全部项目的28.5%，比上年提高15.2个百分点。

（二）前期跑办。省领导多次带队拜访国家部委，推动重大项目前期工作。经过各方的共同努力，一大批对本省产业结构调整有重大影响、跑办多年和梦寐以求的重大项目获得国家核准或批复。全年有京港澳高速公路京石改扩建、华电曹妃甸煤码头三期等26个项目获得国家核准，总投资1341亿元；石家庄机场改扩建工程、蔚县电厂热电等49个项目获得国家同意开展前期工作批复，总投资2044亿元。

（三）战略合作。省政府多次组织与央企、国内外大企业大集团、重点院所校的高层会谈，使战略合作不断拓展。“百家央企走进河北”战略将有效推动河北省产业结构调整，拉动投资增长。全年共与56家央企签署96项合作协议（意向），总投资11990亿元。“百家院所校走进河北”成效显著，签署合作协议208项，将大大提高河北省自主创新能力。

（四）管理创新。一是抓制度建设上水平。针对省重点项目建设和管理中存在的问题，制定出台了《关于加强省重点建设项目管理的意见（试行）》（冀政〔2012〕30号），确定了省、市、县分级管理原则，进一步规范了项目选择范围、选择条件、审定程序、管理方式，从保障建设要素、完善政策支持、加强谋划储备、强化组织领导、优化外部环境等方面提出了具体措施，有力地促进了重点项目建设工作开展。二是抓项目建设信息化。完善省重点建设项目信息管理系统，进一步提升信息管理水平。筹建开通了“河北省重点项目建设信息网”，逐步建成河北省重点项目建设信息宣传窗口、项目申报查询服务平台、项目招商推介平台。2012年开通4个月来发布信息512条。

（五）督导调度。省政府8月份在曹妃甸召开了全省重点项目建设调度会议，10月份在石家庄召开了环首都片、沿海片、冀中南片重点项目调度会议，督促落实建设条件，及时协调解决问题，推进实施进程。各级各部门加强调研督导，完善政策措施，实施“五个一”工作模式，保障了重点项目建设顺利推进。

（六）要素保障。建设用地方面，在省预留指标和国家追加指标中为105项省重点建设项目安排用地近3万亩，同时协调各设区市为265项省重点建设项目配套安排用地指标32049亩，为一批重大项目开工建设创造了条件；在建设资金方面，通过调研，选出165个有资金缺口的重点项目，协调省金融办及各金融机构，搭建银企对接平台，推进银企间沟通了解，总融资额达到522亿元；在建设条件方面，及时协调解决项目施工中遇到的供水供电、征地拆迁等问题，保证了邢台沙河电厂送出线路等项目建设的顺利进行。

（七）存在的主要问题。产业项目用地缺口较大，部分项目土地利用率低、征地补偿难度大、土地报批周期长、高质量谋划项目偏少。

（河北省发改委重点办 陈 哲）

对外经济贸易

2012年，在欧洲主权债务危机不断升级、国际经济增速放缓、外需疲弱超过预期、贸易摩擦增多、国内生产成本上涨等复杂严峻的国内外经济形势下，全省各地认真贯彻中央和省委、省政府的决策部署，牢牢把握稳中求进的工作总基调，全力做好对外经贸工作，出口和利用外资保持增长。

一、出口实现小幅增长

全省实现进出口总值505.5亿美元，同比下降5.7%，其中，出口总值296.0亿美元，增长3.6%，增速同比回落23.1个百分点。出口贸易呈现以下主要亮点：

（一）对美国、东盟、俄罗斯等主要贸易伙伴出口较快增长。对东盟出口成为全省出口的一大亮点，出口33.0亿美元，增长34.8%，高出全省出口增速31.2个百分点，占全省出口总值的比重为11.2%，同比提高2.6个百分点；对美国和俄罗斯分别出口38.8亿美元和24.9亿美元，分别增长12%和18.3%，分别占全省出口总值的13.1%和8.4%，同比均提高1个百分点。此外，对日本出口15.1亿美元，增长8.4%，占全省出口总值的5.1%，提高0.2个百分点。对台湾和香港分别出口5.1亿美元和5.0亿美元，分别增长16.7%和20.5%，分别高出全省出口增速13.1和16.9个百分点。

（二）钢材、服装及衣着附件、汽车、家具及其零件出口增势较好。大宗出口商品中，钢材出口55.6亿美元，增长9.8%；服装及衣着附件出口37.3亿美元，增长9.1%；汽车（包括整套散件）出口8.3亿美元，增长18.5%；家具及其零件出口5.1亿美元，增长35%。

（三）私营企业出口对全省出口的支撑作用增强。私营企业出口活跃，增长势头良好，出口149.0亿美元，增长14%，增速高出全省10.4个百分点，占全省出口总值的比重为50.3%，同比提高4.5个百分点。

二、利用外资较快增长

全省实际利用外资在波动中实现较快增长，实际利用外资60.3亿美元，增长14.7%。其中，外商直接投资58.0亿美元，增长24.0%。

（一）外商与国企兴办的合资合作企业投资增势强劲。外商与国企兴办的合资合作企业投资3.6亿美元，增长2.5倍，远高于2011年15.3%的增速，占全省外商直接投资的比重为6.2%，同比提高4个百分点。

（二）第一产业、第二产业外商投资增势良好。第一产业外商直接投资从2011年的下降转为迅猛增长，完成2.4亿美元，增长2.4倍，占全省外商直接投资的4.1%，同比提高2.6个百分点。第二产业对全省外商直接投资的支撑进一步增强，到位外资46.3亿美元，增长31.7%，占全省外商直接投资的79.8%，提高4.6个百分点。其中，制造业42.3亿美元，增长26.7%。与此同时，第三产业外商直接投资呈现下降，到位外资9.4亿美元，下降14.3%。

（三）第一大外资来源地香港投资比重提高。来自香港的外商直接投资较快增长，比重显著提高，完成投资36.5亿美元，增长35.4%，占全省外商直接投资的比重达62.8%，同比提高5.3个百分点。此外，来自欧盟、东盟、日本、美国的外商直接投资也呈现较快增长，投资总额分别为3.5亿美元、3.1亿美元、2.9亿美元和2.6亿美元，分别增长36.9%、21.5%、69.7%和43.2%。

（四）大项目的拉动作用进一步增强。合同外资1000万美元以上大项目外商投资48.5亿美元，增长29.8%，占全省外商直接投资的83.6%，同比提高3.7个百分点。

三、存在的主要问题

（一）出口总值位次后移，增速在全国居较低水平。河北出口增速比全国低4.3个百分点，在全国31个省（市、区）中居第24位。出口总值在全国的位次从2011年的第11位连降两位降至第13位，被后来居上的重庆、四川、河南超越。同时，紧随河北之后的安徽、江西出口总值分别仅比河北少28.5亿美元和44.9亿美元，超越河北之势明显，河北出口面临的形势十分严峻。

影响河北出口大幅回落，从出口商品分析主要有以下两方面：一是光伏产品出口受阻造成高新技术产品出口以及对欧盟出口持续深度下降。由于全球贸易保护主义日益严重，河北光伏产品出口深受其害，受到的影响前所未有。光伏产品出口12.5亿美元，下降41%，占全省出口总值的比重从2011年的7.4%降至4.2%。受此影响，高新技术产品出口30.9亿美元，下降18.9%。欧盟是河北光伏产品的主要出口市场，光伏产品出口受阻，造成对欧盟出口持续下降，全省对欧盟出口50.3亿美元，下降24.1%，大大超过全国对欧盟出口下降6.2%的降幅，占全省出口总值的比重从2011年的23.2%下降到17%。由于光伏产品出口下降，影响全省出口增速3.1个百分点。二是大宗出口商品呈现下降。机电产品出口99.3亿美元，下降0.5%，占全省出口总值的比重降至33.5%，同比降低1.4个百分点。传统出口商品纺织品、农产品、医药品出口也呈现下降，分别出口16.0亿美元、14.9亿美元和9.2亿美元，分别下降1.4%、0.6%和8.8%。

（二）进口大幅下降，对外贸易发展不平衡加剧。全省实现进口总值209.4亿美元，下降16.3%。进口下降从进口商品分析主要是铁矿砂及其精矿、机电产品和高新技术产品进口下降影响：一是铁矿砂及其精矿的下降导致了全省进口的下降。铁矿砂及其精矿是河北第一大进口商品，占全省进口总值的比重达55.3%，对全省进口增长的影响较大。全省铁矿砂及其精矿进口总量9081万吨，增长4.8%，增速同比减少9.9个百分点；进口总值115.7亿美元，下降18.3%，平均价格从2011年的163美元/吨降至127美元/吨。因此，进口下降的主要原因是铁矿石价格的下跌，另外，河北钢铁产量增速大幅放缓，对铁矿石需求减弱，导致全省铁矿砂及其精矿进口需求减弱。二是全省机电产品和高新技术产品进口大幅下降，分别进口 28.2 亿美元和 11.2 亿美元，分别下降 20.9%和 33%，降幅分别大于全省进口平均降幅 4.6 和 16.7 个百分点。

（三）合同外资下降，利用外资后劲不足。2012 年，全省合同外资一直处于下降局面，利用外资后劲不足，对以后全省利用外资增长构成较大压力。全省签订合同外资总额 38.8 亿美元，下降 8%。其中，外商与国企兴办的合资合作企业签订合同外资 1.3 亿美元，下降 12%。合同外资 1000 万美元以上的大项目签订合同外资 32.2 亿美元，下降 9.6%。来自香港的合同外资 23.9 亿美元，下降 17.2%。第二产业和第三产业签订的合同外资分别为 26.1 亿美元和 11.5 亿美元，分别下降 7%和 11.6%。

（河北省统计局　张少芬）

财　　政

2012 年，在省委、省政府的正确领导下，全省各级财政部门认真贯彻落实党的十八大和省第八次党代会精神，突出主题主线，坚持稳中求进，全力做好稳增长、控物价、调结构、抓创新、惠民生、促和谐各项工作，建设经济强省、和谐河北实现良好开局，各项工作取得了新的成绩。

一、狠抓增收节支，不断壮大财政综合实力

2012 年，全省各级财税部门坚持把做大做强财政“蛋糕”作为首要任务，加强财政经济运行监控分析，全面推行综合治税、非税收入集中征缴等行之有效的征管措施，依法治税管费，确保应收尽收。2012 年全省全部财政收入完成 3479.3 亿元，比上年增长 15.3%；全省公共财政预算收入完成 2084.3 亿元，比上年增长 19.9%。全省公共财政预算支出 4079.4 亿元，比上年增长 13.6%。全省政府性基金预算收入完成 1216.4 亿元，基金支出 1247.8 亿元。全省公共财政预算收支分别突破 2000 亿元、4000 亿元大关，财力的壮大为全省经济社会健康发展提供了有力保障。同时，着力推行厉行节约，建立省直公物仓，深入推广公务卡，强化预算执行“五个严控”（严控“三公经费”、会议费、党政机关楼堂馆所建设、预算追加、“吃空饷”），节约更多资金用于支持经济社会科学发展。

二、加强财政政策调控，助推经济强省建设

认真落实积极的财政政策，加强和改善财政宏观调控，综合运用财政政策、体制、资金等手段，拉动全省经济稳定增长和经济发展方式加快转变。一是加大投资力度。完成省以上财政投资 461 亿元（含地方政府债券 92 亿元），用于省部铁路共建项目、石家庄轨道交通建设项目等重点项目建设，交通公路基础设施建设，物流业调整、农村饮水安全、战略性新兴产业、新建廉租住房、农村公路等公共基础设施项目和保障性安居工程建设。二是扩大消费需求。发放家电、摩托车下乡补贴 22.6 亿元，带动产品销售 202.78 亿元，其中家电下乡产品销量居全国首位。实施小型微利企业所得税优惠、提高增值税和营业税起征点等结构性减税政策，支持发展实体经济。强化节日市场调控，落实 33.2 亿元发放油价补贴、猪肉供应差价补贴，完善化肥、食盐等重要商品储备，稳定物价。三是支持沿海地区崛起。完善省以下财政体制，对曹妃甸区、渤海新区、北戴河新区给予“核定基数、超收全返”的财政体制优惠，落实资金 60 亿元支持大规模开发建设，推动沿海增长极率先发展。四是支持改善环境和科技创新。加大资金统筹整合力度，全省科技和节能环保支出 161.9 亿元，支持北戴河海域环境综合治理、衡水湖和白洋淀水质改善、农村环境综合整治、科技富民计划等重点工程，改善生态环境，强化创新驱动，增强发展后劲。五是支持产业结构调整。省财政落实 109.3 亿元，采取对工业企业技术改造项目贴息支持等多种方式，助推工业强省战略、“双百工程”、服务业拓展计划等深入实施，促进了传统产业优化升级和做大做强，不断提升信息化管理水平，推动了新能源、新材料、电子信息、生物医药等战略性新兴产业加快发展，航空、商贸流通等现代服务业规模快速增长。

三、加大民生投入力度，支持和谐河北建设

坚持以人为本，优化财政支出结构，努力解决事关人民群众切实利益的问题，让发展成果更多地惠及人民群众。2012 年全省财政用于民生支出 3115.5 亿元，占全部支出的 77.5%。教育支出 888.3 亿元、增长 36.2%，达到了财政教育支出占比 18%目标，学前教育、中小学校舍安全工程、农村义务教育经费保障机制和学生营养改善计划等进展顺利，高校债务风险基本化解，本科高校生均拨款水平达到 1.2 万元以上。社会保障和就业支出 458.8 亿元，增长 7.6%，企业退休人员基本养老金（月人均达 1745 元、增加 174 元）、新农合和城镇居民医保财政补助标准（达 240 元、增加 40 元）、人均基本公共卫生服务经费（达 25 元、增加 10 元）及城乡低保标准继续提高，城乡居民社会养老保险实现全覆盖。医疗卫生支出 305.9 亿元，建立起医改多渠道补偿、激励约束、风险防控等机制，支持建设 1.6 万个标准化村卫生室，公立医院改革试点扩大到 11 个。落实政府投资 213.9 亿元，开工建设保障房和棚户区改造住房 29.4 万套。公共安全支出 223 亿元，支持创新社会管理，有力保障了“护城河”工程等重点工作。文化体育与传媒支出 56.3 亿元，增长 11.7%，改善公共文化服务，促进了文化强省建设。

四、落实强农惠农富农政策，促进城乡一体化发展

明确重点，优化方式，在财政政策和资金投入上不断向“三农”倾斜，全省农林水事务支出 438.8 亿元，增长 19.9%，有效推动城乡统筹协调发展。支持稳粮丰产。加大对种粮农民补贴力度，兑付粮食生产补贴、奖励资金 104.4 亿元，投入 59.4 亿元加强农田水利建设，落实 15 亿元实施 123 万亩土地治理，打造农业科技服务平台，推动全省粮食总产实现九连增。围绕发展特色农业，下达省以上资金14.3亿元，推进蔬菜示范县标准化生产、畜牧疫病防控体系和七大优势果品基地建设等。保障扶贫攻坚。制定《关于积极发挥财政职能推动贫困地区加快发展的意见》，完善财政扶贫政策体系，加大对欠发达地区支持力度，引导带动各类扶贫投入210亿元。应对农业灾害。健全国家农业支持保护体系，农业保险保费财政补贴品种增至14个，落实资金23.8亿元支持7·21暴雨等救灾和灾后重建。改善农村民生。以推进基层建设年活动为重点，全省投入78.8亿元在2.3万个行政村建设农村公益项目（其中省级安排5.6亿元突出支持5010个帮扶村），改善农村生产生活条件。各级财政投入16亿元，支持解决590万农村人口安全饮水问题。

五、推进财政改革创新，提升财政管理服务水平

围绕提高财政管理科学化精细化水平，深入推进公共财政体制、机制、管理创新，为发挥财政职能作用提供有力保障。着力完善财政管理机制，省级部门预算编审程序简化为“两上两下”，绩效预算、资产配置预算和部门预算实现同步编制；国库集中支付改革实现省市县三级全覆盖、531个乡启动试点；地方政府性债务管理体系初步建成，全省债务余额和债务率呈现“双下降”；县级基本财力保障机制逐步完善。着力加强基层财政建设，集中开展乡镇财政所标准化创建活动，全省完成投资4.5亿元，新（改扩）建财政所984个，101个县所辖894个财政所通过省级验收，全省53%的县全部完成创建任务。着力强化财政监督检查，进一步健全财政派驻监督工作机制，大力度开展重大财税政策落实情况专项检查，大范围推进财政重点支出绩效评价（71个省直部门开展项目支出自评价、11个省级专项资金项目实施财政重点再评价、9个部门的23个项目探索绩效信息公开），保障中央和省决策部署有效落实。

（河北省财政厅　王巨红）

金　　融

2012年，河北省金融系统认真贯彻落实稳健的货币政策，深入推进各项金融改革与创新，全力维护金融安全稳定，不断提升金融服务和管理水平，促进了经济发展方式转变和经济结构战略性调整，巩固了河北省经济健康平稳发展的良好势头。截至年末，全省银行业金融机构累计实现净利润505.51亿元，较上年增加75.26亿元，增长17.5%。河北省银行业组织体系日臻完善，布局更趋合理。“引银入冀”有新突破，汇丰银行唐山分行、渤海银行石家庄分行相继开业；机构“下延”步伐加快，股份制银行新设二级分行3家、支行41家，设区市覆盖面达到81.8%；城市商业银行新设分、支行65家，县域覆盖率达到74.3%，较上年提高22.8个百分点，实现乡镇银行服务全覆盖；村镇银行开业1家，批准筹建3家，银监会备案审批20家。河北钢铁集团财务公司开业，河北建投集团财务公司正在筹建，河北省财务公司将增至5家，多类别、多层次、多功能的银行业体系已经形成。

各项存款稳步增长，月度间波动较大。截至年末，河北省银行业金融机构人民币各项存款余额34012.99亿元，比年初增加4447.36亿元，同比增长15.0%。主要特点：一是个人存款增速快于单位存款增速。个人存款余额20903亿元，较年初增加2979亿元，同比多增782亿元，增速高于全部存款平均增速1.5个百分点。单位存款12359亿元，比年初增加1390亿元，增速低于全部存款增速2.5个百分点。由于交通、钢铁、房地产、能源等重点领域客户存款增长乏力，导致单位存款增长动力不足。二是从存款走势变化看，月度间波动明显。受个人理财产品发行影响，呈现出明显的逢季度末上冲、季度后大幅下滑的典型特点。3月份、6月份、9月份存款分别增长1137亿元、954亿元和686亿元，均创同期历史最高水平；然而4月份、7月份、10月份增量分别为－231亿元、－117亿元和35亿元，又均创了近年同期最低水平。存款增长的大起大落和经济形势、金融机构业务发展、同业竞争等因素密不可分。

贷款投放合理适度，信贷结构明显优化。全省银行业金融机构人民币贷款余额20850.86亿元，较年初增加2699.27亿元，同比增长14.9%。主要特点：一是贷款投向重点突出，实体经济资金需求得到较好满足。制造业、批发和零售业、交通运输业、采矿业新增贷款位居新增人民币企业贷款市场份额的前4位，占全省企业贷款增量的62%。政府融资平台、房地产等国家政策限制类行业贷款得到有效控制。房地产业贷款仅比年初增加30亿元，同比少增58亿元，比年初增长3.9%，低于全省贷款平均增速近11个百分点。二是短期贷款增速明显快于中长期贷款增速。全年银行业新增短期贷款1917.38亿元，同比多增496.20亿元，占全省贷款增量的67.8%，高于全省贷款平均增速11.2个百分点，高于中长期贷款增速20个百分点。三是对三农、小微企业等弱势领域投入稳步增长。全省县域、涉农新增贷款分别为1161.02亿元、1592.15亿元，占全部新增贷款的43%和59%，小微企业全年新增贷款916.13亿元，占企业全部新增贷款的49.0%，信贷投向实现了结构优化、重点突出。四是地方金融机构信贷占比不断提高。河北省地方法人金融机构信贷规模增长迅速，新增贷款938亿元，同比多增193亿元，市场份额达到35%，增速达到15.5%，比全部金融机构贷款平均增速高出0.6个百分点，对实体经济、重大项目和重点领域的支持作用持续增强，服务地方经济发展的支撑作用发挥充分。

金融机构改革与创新成效显著。农业银行河北省分行通过三农金融事业部改革深化了三农金融服务，服务水平和服务能力大幅提升。截至年末，全省县域贷款余额917.30亿元，新增134.70亿元，同比多增5.60亿元；涉农贷款余额761.30亿元，新增106.20亿元，同比多增14.80亿元。惠农卡对农户覆盖率达到21.8%，助农取款服务点乡镇覆盖率达到88.9%。农村信用社股份制改造稳步推进，全省农合机构（除蠡县外）投资股占比达到100%，提前3年完成银监会工作目标。批准农村商业银行开业10家，批准股份制农村信用社开业6家、筹建11家，农村信用社股份制改革在全国处于领先地位。城市商业银行转型加快，逐步向差异化、特色化、社区化的发展道路迈进。截至目前，城市商业银行跨市区设立省内分行11家，省外分行3家。其中，河北银行分别在天津、青岛设立了分行，廊坊银行在天津设立了分行。城市商业银行对地方经济发展的信贷支持力度不断加强，当年新增贷款231亿元，增速达20.4%，高于全省贷款平均增速4.4个百分点。全面推进“保险护城河工程”。省内135个县（市）全部开办治安保险业务，累计承保369.5万户，提供风险保障446.72亿元；积极服务新农村建设，“三农”保险实现中央补贴险种全覆盖，政策性农房保险试点有效开展，全年农业保险保费收入12.86亿元，增幅高达69.2%；服务社会保障体系建设，小额人身保险覆盖人数达到300余万人次，大额补充医疗保险承保人数达到1500余万人次。扎实推进“绿色保险工程”，积极推广环境污染责任保险，累计为113家企业提供风险保障1.31亿元，已决赔款4.99万元；推动河北省政府将森林保险纳入政策性农业保险保费补贴范围，全年签单保费266.07万元，为97.2万亩森林提供风险保障6.02亿元。

（中国人民银行石家庄中心支行　李红英）

劳动工资

2012年，全省各地积极应对复杂严峻的国内外经济形势，坚持稳中求进的工作总基调，把稳增长放在更加突出的位置，全省国民经济发展实现稳中有进，为扩大就业提供了巨大的空间。省委、省政府围绕就业优先战略，惠民生，促和协，进一步深化工资收入分配制度改革，建立覆盖城乡居民的社会保障体系，全省就业形势保持基本稳定，就业人员工资水平继续增长，社会保障水平进一步提高。

一、就业形势基本稳定，结构不断优化

1. 就业总量稳步增长。2012年底，全省就业人员达4085.74万人，比上年增加123.32万人，增长3.11%，同比加快0.59个百分点。其中，城镇就业人员1221.57万人，增加103.78万人，增长9.28%；乡村就业人员2864.17万人，增加19.54万人，增长0.69%。

2. 就业再就业工作目标任务超额完成。2012年，全省城镇新增就业72.10万人，下岗失业人员再就业26.67万人，就业困难对象再就业10.38万人，分别完成全年目标任务的103%、121%、130%，均超额完成全年目标任务。城镇登记失业人数为36.83万人，城镇登记失业率为3.69%，比上年回落0.06个百分点，低于4.5%的调控目标。年内全省有738户零就业家庭实现每户至少一人就业，零就业家庭数保持动态为零。

3. 就业人员产业结构不断优化。第一产业就业人员所占比重继续下降，二、三产业比重上升。2012年底，全省第一产业就业人员达1426.27万人，占全部就业人员的比重为34.91%，比上年减少13.36万人，所占比重下降1.42个百分点；第二产业就业人员达1400.79万人，占34.28%，比上年增加80.96万人，所占比重提高0.97个百分点；第三产业就业人员达1258.68万人，占30.81%，比上年增加55.72万人，所占比重提高0.45个百分点。

二、城镇非私营单位就业人员工资水平继续提高

2012年，全省城镇非私营单位就业人员年平均工资为38658元，与上年的35309元相比，增加了3349元，增长9.5%。其中，在岗职工平均工资（含劳务派遣人员）39542元，比上年增加3569元，增长9.9%。扣除物价因素，就业人员平均工资实际增长6.6%。

1. 分企事业机关看，企业平均工资增长快于事业和机关单位。全省城镇企业单位就业人员平均工资突破4万元，为40402元，比上年提高3589元，增长9.7%；事业单位就业人员平均工资为36492元，提高2876元，增长8.6%；机关单位就业人员平均工资为34000元，提高2122元，增长6.7%。企业单位平均工资增速分别比事业、机关单位快1.1个和3.0个百分点，平均工资水平分别比事业、机关单位高10.7%和18.8%。

2. 分登记注册类型看，国有单位就业人员工资水平最高。全省国有单位就业人员平均工资为39177元，比上年提高3305元，增长9.2%；其次是其他所有制单位（股份合作、联营、有限责任公司、股份有限公司、港澳台投资、外商投资），为38822元，提高3247元，增长9.1%；第3位的集体单位为28597元，提高3809元，增长15.4%。

3. 分国民经济行业门类看，高于全省平均工资的行业有8个。年平均工资最高的三个行业中，采矿业62061元，是全省平均水平的1.61倍；金融业60304元，是全省平均水平的1.56倍；科学研究、技术服务业58892元，是全省平均水平的1.52倍。年平均工资最低的三个行业中，农林牧渔业13669元，是全省平均水平的35.4%；住宿和餐饮业25645元，是全省平均水平的66.3%；租赁和商务服务业26686元，是全省平均水平的69.0%。最高与最低行业平均工资之比是4.54：1，比2011年的4.61：1差距有所缩小。

4. 分设区市看，全省有3个市就业人员年平均工资超过4万元，分别是唐山45232元、廊坊45061元、秦皇岛44016元，其中秦皇岛、廊坊就业人员年平均工资首次突破4万元。沧州、石家庄也高于全省平均水平，分别为39071元和39000元。平均工资排在第6位到第11位的分别是承德36761元、邯郸36669元、邢台35405元、张家口34737元、保定34027元、衡水32390元。衡水与最高的唐山相差12842元，差距比上年缩小60元。

三、城镇私营单位就业人员平均工资较快增长

2012年，全省城镇私营单位就业人员年平均工资为25158元，比上年增加3429元，增长15.8%。扣除物价因素，实际增长12.7%。

分设区市看，各设区市城镇私营单位就业人员平均工资均达到2万元以上。高于全省平均水平的有5个市，分别是唐山28751元、秦皇岛26583元、石家庄26187元、廊坊25523元和沧州25194元。低于全省平均水平的6个市分别是承德24120元、保定23913元、张家口23325元、衡水22874元、邢台22440元和邯郸22099元。最低与最高平均工资相差6652元，差距比上年扩大684元。

四、社会保障水平进一步提高

1. 养老保险实现制度全覆盖。2012年底，全省参加企业基本养老保险社会统筹的人数为949.12万人，比上年增加59.39人，增长6.7%。机关事业单位基本养老保险参保人数为176.50万人，比上年增加6.42万人，增长3.8%。新型农村社会养老保险和城镇居民社会养老保险制度合并实施，城乡居民社会养老保险实现制度全覆盖。年末全省参加城乡居民社会养老保险的人数为3334.57万人，其中符合领取养老金条件60周岁以上居民为789.71万人。

2. 医疗保险参保人数稳步增长。全省参加城镇职工基本医疗保险人数为906.82万人，比上年增加31.28万人，增长3.6%。全省参加城镇居民基本医疗保险人数为737.55万人，比上年增加50.9万人，增长7.4%。

3. 失业保险参保人数继续增加。年末全省参加失业保险人数为501.74万人，比上年增加3.04万人。全年全省共为14.26万名失业人员提供了不同时限的失业保险待遇。年末领取失业保险金人数为7.88万人，比上年末减少0.47万人。

4. 工伤保险和生育保险参保人数较快增长。年末全省参加工伤保险人数为694.81万人，比上年增加54.42万人，增长8.5%。其中高风险企业职工115.71万人，农民工179.47万人。全年享受工伤保险待遇人数为9.13万人，比上年增加0.48万人。全省参加生育保险人数为634.78万人，比上年增加41.68万人，增长7.0%。全年有9.71万人次享受了生育保险待遇，比上年增加4.24万人次。

（河北省统计局　申伟洁）

安 全 生 产

2012年，全省上下按照国家和省委、省政府工作部署，深入开展“打非治违”专项行动，强化煤矿、道路交通等重点行业领域专项整治，认真做好安全生产各项重点工作，圆满完成了十八大期间的安全生产保障任务，实现了全省安全生产形势总体稳定。

一、安全生产总体情况

2012年1—12月份，全省共发生各类生产安全事故10328起，同比下降0.7%；死亡2886人，同比下降3.3%。

从重点行业情况看，全省煤矿发生事故23起，同比下降36.1%，死亡38人，同比下降28.3%；金属与非金属矿事故20起，同比下降13%，死亡26人，同比持平；建筑施工事故30起，同比下降52.4%，死亡46人，同比下降47.1%；道路交通事故5248起，同比下降0.9%，死亡2503人，同比下降3.8%；消防火灾事故4745起，同比下降0.3%，死亡16人，同比持平；危险化学品事故1起，同比减少83.3%，死亡29人，同比上升190%；烟花爆竹事故4起，死亡7人，上年同期未发生烟花爆竹事故。

从较大以上事故情况看，全省共发生较大事故16起，同比下降36%，死亡71人，同比下降31.1%；重大事故1起死亡29人，上年同期全省未发生重大安全生产事故；未发生特别重大事故。

从控制指标完成情况看，事故死亡人数，工矿商贸及煤矿、金属与非金属矿、建筑施工、道路交通、火灾、铁路交通和农业机械事故死亡人数、较大事故和重大事故起数等均在控制进度目标以内。烟花爆竹、危险化学品事故死亡人数超出全年控制目标。

从各地区安全生产情况看，张家口、秦皇岛、唐山、廊坊、保定、邢台、邯郸等7个市事故起数、死亡人数双下降；衡水、沧州两市事故死亡人数下降。

二、安全生产重点工作

1. “打非治违”专项行动取得显著成效。全省各级按照国务院和省委、省政府的统一安排，迅速行动，广泛动员，周密部署，狠抓落实，“打非治违”专项行动全面展开、强力推进。省安委会和省安委办按照“狠抓三个层面、突出两个重点、强化两个保障措施”的工作思路，加强工作协调，开展专项督查，强化舆论宣传，营造了“打非治违”的强大声势。全省安监系统充分发挥主力军作用，停休节假日，以超常规的精神状态，全力打好“打非治违”攻坚战。从4月中旬开始，河北省组织上万名执法人员和专家、2000多个执法队，在全省14个重点行业领域，开展了历时8个多月的“打非治违”专项执法行动，全省共检查生产经营建设单位40.5万家次，查处隐患和问题51.8万条，实施经济处罚2.7亿元。

2. 煤矿关闭整合重组步伐加快。在前几年大量关闭小煤矿的基础上，2012年又公告关闭矿井37处，淘汰落后产能234万吨，完成国家下达关闭淘汰任务的370%和390%，提前3年完成了国家下达的“十二五”（166处）关闭目标。截至目前，全省剩余煤矿269处，其中地方小煤矿190处，开滦集团、冀中能源集团等整合主体已基本完成了150处地方小煤矿的接管，初步实现了国有大型企业对被兼并重组煤矿的安全、生产、经营的实质管理，基本实现以国有大型煤矿企业为主办矿格局的既定目标。督导企业建立健全瓦斯防治各项制度，实现了瓦斯“零事故”、“零死亡”。张家口市出台多项政策制度，健全完善了24个煤矿安全监管机构，配备了286名专职监管人员。邯郸市动手早、起步快，提前完成了关闭整合任务。邢台市实施了严格的驻矿监管措施，向地方煤矿派驻政府工作人员397人。省发改委争取中央预算资金3.5亿元，专项用于50个煤矿安全改造项目。

3. 全省尾矿库实现安全度汛。在汛前对全省2543座尾矿库进行了拉网式排查，对614座“头顶库”进行了“会诊式”检查，共查出隐患1767条，责令停产整顿25座，先后组织转移病、危、险库下游群众2.3万人。2012年汛期，面对数十年一遇的"7.21"强降水灾害，全省上下严防死守，经受住了严峻考验，实现了全省尾矿库未溃一坝、未死一人。在全省开展了尾矿库治理攻坚战，重点治理“头顶库”、无主库和有主但无能力治理的尾矿库。大力推广尾砂胶结充填技术，20家尾矿库被选定为全省充填试点。

4. 职业危害监管力度不断加大。组织开展了职业病危害专项治理活动，全省共关闭不符合职业卫生基本条件企业1336家，完成职业病危害因素申报企业2.9万家，居全国前列。发放职业卫生安全许可证79家，对297个建设项目进行了职业卫生“三同时”审查，对2.5万家企业主要负责人、4.8万职业卫生管理人员、70余万劳动者进行了职业卫生培训。

5. 危化企业监管进一步强化。认真汲取赵县克尔化工“2.28”重大爆炸事故教训，在全省范围组织开展危险化学品生产企业安全生产专项整治，对所有危险化学品生产企业、建设项目开展全面检查，对不符合安全生产条件的依法暂扣或吊销安全生产许可证。大力推动危险工艺自动化控制改造，全省采用危险化工工艺的245家危险化学品生产、使用企业，已有233家完成了自动化控制改造，其余12家已完成了改造设计，正在积极进行改造工作。

6. 其他重点高危行业领域安全监管持续强化。组织开展了冶金企业较大风险作业岗位安全专项整治，全省冶金企业共辨识出较大风险设备200余种、各类危险有害因素5000余种，排查整改隐患70余万条。以“道路客运安全年”为载体，以长途客车、旅游客车、卧铺客车和县级客运企业为重点，深入开展了道路客运安全专项整治；深入开展道路安全设施生命防护工程，以客货运车辆为重点，开展了集中整治超速、超员、超载、疲劳驾驶违法行为的“三超一疲劳”专项行动。开展了以防坍塌、防高处坠落事故为重点的建筑施工专项整治，加强了对在建工程项目涉及的深基坑、高大模板、脚手架、起重机械设备等施工部位和环节的重点检查治理工作。深入开展了以人员密集场所和高层、地下建筑为重点的消防专项整治，开展以社会消防安全主体责任落实、消防安全“四个能力”建设、“清剿火患”战役和党的“十八大”消防安全保卫战为主要内容的火灾隐患排查整治。特种设备、农业机械等行业领域也按照年初的工作部署，深入开展了“打非治违”专项行动，深化了专项整治，加强了安全监管。

7. 应急救援体系更加完善。在全省范围内开展了安全生产综合监管和应急资源普查，完成了各高危行业企业、重大危险源和监护铁路道口的电子地图标注工作。组织了应急演练周活动，共举办各种演练1万余次。省安全生产应急救援指挥中心（训练基地）建设项目取得积极进展，计划明年2月份正式开工建设。石家庄市开展了“重大危险源企业进行驻厂督导监管”和“包企业、促管理、保安全活动”。沧州市加强应急救援联动机制建设，对专家队伍、消防和救护机构、专业抢救队伍进行了整合。衡水市成立了应急救援指挥中心，人员装备全部到位。唐山、秦皇岛、承德等地分别举办了全市规模的安全生产应急演练。省农业厅加强了草原防火和渔业海上安全救援体系建设和演练。省公安厅、省文化厅、省卫生厅、省教育厅、省交通运输厅、省旅游局等部门针对影院剧场、医院、学校、车站、景区景点等重点人员密集场所，开展了多种形式的消防应急演练活动。承德市持续推进了重大危险源监控系统建设，已有489家重大危险源和重点企业安装了视频监控系统。

8. 教育培训、科技支撑体系不断完善。建立充实了安全培训师资库和专家库，建成了微机培训考试点90个，培训企业主要负责人和安全管理人员6.9万人，特种作业人员12.2万人，其他从业人员80万人次。修改完善了河北省安全评价、检测检验机构监督管理工作办法，积极推进省职业危害检测与鉴定实验室、省非煤矿山与重大危险源监控实验室科学化、规范化建设，这两个省级实验室正发挥着越来越大的作用。强力推进安全生产标准化建设。建立健全了安全生产标准化评定标准体系和考核体系，对1000余名评审人员和专家进行了资格培训，培育76家标准化典型企业。机械、轻工、纺织、烟草、商贸行业共创建标准化企业1880余家，位于全国前列。沧州市组织开展了安全标准化“1112”创建活动，标准化企业居全省首位；推行了专家查隐患机制，对辖区内重点企业进行了全面“体检会诊”。唐山市组织全市执法人员分期分批开展驻企监管培训活动。

9. 安全文化氛围日益浓厚。组织开展了“安全生产月”、“安全生产燕赵行”等活动，全社会高度关注、积极支持、广泛参与、共同监督安全生产的意识更加强烈。唐山市投资20万元制作播放安全生产电视公益广告。承德市组织12个县区政府的主要领导在《承德日报》发表署名文章，交流探讨安全生产工作，在全市企业组织开展了“安全公约大家唱”活动，定期播出电视安全公益广告和安全生产专题节目，组织开展安全文艺大篷车活动，在全市巡回演出56场。《河北安全生产》杂志办刊水平和影响力获得大幅提升，发行量近17万份，宣传触角深入到了基层、班组，为本省宣传安全生产工作开辟了新阵地。

10. 事故调查处理工作进一步加强。严格落实事故备案和查处挂牌督办制度，2012年省安委会挂牌督办事故10起，目前已办结8起，其余2起正在办理过程中。向社会公开了事故及事故隐患举报特服电话“12350”，并在网上公开举报信箱，省安监局受理各类事故举报103件，查实的有效事故举报20件，兑现举报奖励22.5万元。严肃事故查处和责任追究，全省有128人被追究事故责任，其中，移送司法机关追究事故责任25人，给予党纪处分15人，政纪处分42人，按照单位内部规定处理35人，通报批评18人，诫勉谈话3人。

三、2012年发布的安全生产地方性法规、标准及规章

1.《河北省特种设备安全监察规定》（河北省人民政府令〔2012〕第18号）2012年12月28日公布，自2013年2月1日起施行。

2.《河北省安全生产应急管理规定》（河北省人民政府令〔2012〕第15号）2012年12月28日公布，自2013年2月1日起施行。

3.《河北省工伤保险实施办法》（河北省人民政府令〔2011〕第21号）2011年12月31日公布，自2012年3月1日起施行。

四、2012年发生的一次性死亡10人以上生产安全事故案例

2012年，河北省共发生一次性死亡10人以上生产安全事故1起，即：河北克尔化工“2.28”重大爆炸事故。

（一）事故基本情况

2012年2月28日9时4分，位于石家庄市赵县境内的河北克尔化工有限公司（以下简称克尔公司）发生重大爆炸事故，造成25人死亡、4人失踪、46人受伤，直接经济损失4459万元。

（二）事故原因

1.事故排除人为破坏因素。事故发生后，公安部门组织查看该公司视频监控录像，未发现无关人员在事故前进入厂区；经比对死亡、失踪人员DNA样本，分析尸体尸块分布位置，确认爆炸中死亡、失踪人员均为厂区内工作人员和施工人员；经检验鉴定爆炸点周边土样，未检出TNT成分；结合调查走访厂区工作人员、死亡和失踪人员家属及周围群众情况，并结合现场物证检验调查，综合分析，该起事故排除人为破坏因素。

2.事故直接原因。克尔公司从业人员不具备化工生产的专业技能，一车间擅自将导热油加热器出口温度设定高限由215℃提高至255℃，使反应釜内物料温度接近了硝酸胍的爆燃点（270℃）。1号反应釜底部保温放料球阀的伴热导热油软管连接处发生泄漏着火后，当班人员处置不当，外部火源使反应釜底部温度升高，局部热量积聚，达到硝酸胍的爆燃点，造成釜内反应产物硝酸胍和未反应的硝酸铵急剧分解爆炸。1号反应釜爆炸产生的高强度冲击波以及高温、高速飞行的金属碎片瞬间引爆堆放在1号反应釜附近的硝酸胍，引发次生爆炸，从而引发强烈爆炸。

3.事故间接原因。一是安全生产责任不落实；二是企业管理混乱，生产组织严重失控；三是车间管理人员、操作人员专业知识低；四是企业隐患排查走过场；五是相关部门监管不力；六是政府监管不力。

（三）对事故责任单位和责任人员处理

对克尔公司总经理、法定代表人杨勇等7人移送司法机关处理；给予赵县县长张军卫等11名事故责任人员相应的党政纪处分和组织处理；给予克尔公司199万元罚款，并依法吊销危险化学品生产企业安全生产许可证；责成赵县人民政府向石家庄市人民政府写出深刻书面检查。

（河北省安全生产监督管理局　强少辉）

物　　价

2012年，全省物价部门在省委、省政府的领导下，围绕中心，服务大局，全力以赴稳物价，积极稳妥推改革，有力有效强监管，实实在在惠民生，各项工作呈现很多亮点，为全省经济社会发展做出了积极贡献。

一、积极有为地开展市场价格调控工作

认真落实国家和省稳价惠民决策部署，加强价格调控监管，保持价格总水平基本稳定。2012年全省CPI上涨2.6%，低于预期调控目标1.4个百分点。

（一）强化价格监测分析预警。密切关注重要商品价格动态，坚持按月按季分析价格形势，及时提出价格调控政策建议，为加强和改进宏观调控提供重要参考。针对3月、8月和12月蔬菜、食用油等农副产品价格出现较大幅度上涨的情况，先后研究下发了《关于加强汛期蔬菜等农产品价格调控监管工作的通知》等五个稳控物价的文件。国庆、中秋双节和十八大期间，及时启动了30种重要农副产品应急价格监测，每日向省政府上报市场价格变动情况，对市场物价始终保持了清晰的图像。

（二）积极运用价格政策促进农产品生产供应。认真落实国家提高粮食最低收购价格政策，保障种粮合理收益，稳定市场预期。研究制定了《缓解生猪市场价格周期性波动调控预案》，制定了规范农贸市场收费的政策。认真落实鲜活农产品绿色通道政策，落实蔬菜等农副产品生产流通各项价格优惠政策。

（三）管理通胀预期。及时发布价格形势分析、重要商品市场价格变化趋势信息，引导各方面理性看待价格变动。

二、积极稳妥地推进若干项重大价格改革措施

（一）顺利推行居民用电阶梯电价改革。依照法定程序召开听证会，并于7月1日起在全省试行，得到省政府和社会各方面的肯定。方案保证了近90%的居民用户电费不增长，对城乡“低保户”和农村“五保户”家庭每户每月给予15度免费电量，年免费用电金额约1.88亿元。

（二）加大差别电价实施力度。对38家高耗能企业实施差别电价政策，对9家超能耗企业实行惩罚性电价。对全省6家燃煤发电企业执行脱硫加价，加价金额1.43亿元。对脱硫投运率不足100%的燃煤发电机组，实施扣减脱硫电费的措施，扣减金额0.81亿元。

（三）适时推进油运价格改革。按照国家发改委统一部署，8次有升有降（4升4降）调整了成品油价格，研究制定了《河北省道路运输价格管理办法》，建立了道路客运价格与成品油价格联动机制，并先后6次启动联动机制调整了燃油附加费标准。调整了沧州、唐山、廊坊等

10个市县出租汽车运价和部分地方铁路货物运价。

（四）稳步推进水价和环境价格改革。调整部分水利工程供水和城市供水价格。研究提出实施农业终端水价改革意见。研究制定了主要污染物排污权有偿使用和交易基准试行价格。

（五）积极推进公立医院医药价格改革。配合县级公立医院综合改革试点，研究制定了11个县级试点公立医院医药价格改革方案。在总体上不增加患者实际医药费用负担的前提下，通过实行药品零差率销售，降低大型医用设备检查费用，合理调整医疗服务价格，促使医药收入比例调整，很好地体现了县级公立医院综合改革惠民利民的目的，得到国务院医改办和国家发改委的肯定。

三、积极果断地实施了一系列支持企业发展价格政策措施

针对经济下行压力加大的严峻形势，研究制定了《关于发挥价格杠杆作用促进改善发展和生态环境的实施意见》，制定了13条政策措施。

（一）规范涉企收费减轻企业负担。公布取消了253项涉企行政事业性收费。实行行政事业性收费下限制。降低了出入境检验检疫费等部分涉企行政事业性收费标准。取消了铁路货物运输和进出口环节部分经营服务收费项目。年减轻企业负担约6.3亿元。

（二）运用价格杠杆支持新能源产业发展。及时核定23个可再生能源发电项目上网电价。向国家发改委申报可再生能源电费补贴发电项目132个，申请补贴资金19.32亿元。对使用省内组件建设的容量在1兆瓦及以上的光伏电站项目，上网电价在国家规定的标杆电价基础上三年内每千瓦时加价0.2—0.3元。

（三）运用价格政策支持地方重点项目建设。经省政府批准，适当调整了石家庄市城市基础设施配套费标准，每年可为石家庄市筹集建设资金4.5亿元。

四、积极有力地推进了多项价格惠民举措

（一）加强医药价格管理。分三批降低148个品种600多个规格药品价格，平均降幅17%，年可减轻群众医药费用负担7亿多元。遴选制定了20个单病种收费标准，比医疗机构现行实际医药费用降低25%。对全省498家医疗机构的934台大型医用设备的收费资质进行了重新审核。

（二）加强教育收费管理。研究制定了规范中小学服务性收费和代收费的意见。大幅降低了中小学教辅材料价格。核定了17所高校42栋学生公寓住宿费标准。调整了部分民办、自考、中考、高考等收费标准。规范了职业资格考试收费。

（三）清理规范交通旅游收费。会同有关部门公布撤销了15个公路收费站点，年减轻社会通行费负担2.3亿元。规范并降低了部分景点门票价格。

五、积极有效地开展价格监管优化市场价格环境

（一）组织开展了涉农价格与收费、医药价格、教育收费、商贸流通领域价格、商品房销售明码标价等专项检查。全省共查处各类价格违法案件5453件，查处价格违法金额8871万元，实施经济制裁金额超过亿元。

（二）市场价格监管力度不断加大。颁布实施了《商贸流通企业价格行为管理规定》，在全省范围内开展了以“打击价格欺诈，构建诚信市场”为主题的商贸流通流域专项整治，全年共查处各类不正当价格行为案件622件，实施经济制裁1067.8万元。

（三）反价格垄断执法取得积极进展。依法查处了衡水驾校联合涨价案、石家庄搬家公司集体涨价案、邯郸市热力公司违规收取热计量表费案件等价格垄断和串通案件。

六、积极加强价格基础和行风政风建设工作

（一）价格信息服务水平不断提升。“数字物价”建设有序推进，网上发布、网上投诉互动功能和网络价格舆情引导能力不断增强。

（二）价格认证工作取得新进展。全省共办理各类价格鉴定、认证案件7万余件，涉及金额55.06亿元。涉纪检监察案件价格认定工作走在了全国前列。

（三）成本调查和监审工作成效明显。高质量完成了12项农产品成本调查任务。认真开展成本监审，全省共完成10多个行业、123个项目的成本监审任务，核减不应计入定价成本费用159.93亿元。

（四）价格宣传、调研和培训工作成绩突出。有6篇研究报告荣获中国价格协会价格调研优秀成果奖。开展系列宣传报道，加强舆论引导，对稳定通胀预期、扩大物价工作的社会影响发挥了重要作用。组织了基层物价局长、依法行政等物价业务培训班，提高了物价干部的政策理论水平。

（五）高度重视党风廉政和政风行风建设。严格履行成本监审、价格听证、专家评审、集体审议、社会公示等政府定价工作制度。在全国率先实行了价格政策跟踪评估制度。实行了办文办事限时制。研究制定了物价系统依法行政考核办法和价格监督检查行政执法回避制度。认真落实党风廉政建设责任制，认真开展民主评议政风行风活动，廉政风险防控机制落实有力，为民、务实、清廉的作风进一步形成。

（河北省物价局　于　哲）

消费品市场

2012年，在全球经济持续低迷，国内经济增速放缓的大背景下，消费品市场也面临严峻考验，全省继续落实各项扩内需、促消费的政策措施，积极拓宽消费领域，培育消费热点，多渠道提升居民消费能力和水平，有效克服了各种不利因素对消费市场的影响，消费品市场保持平稳增长，对全省经济的稳中有升起到了重要的支撑作用。2012年全省实现社会消费品零售总额9254.0亿元，比上年同期增长15.2%。

一、2012年消费品市场运行态势及特点

（一）消费规模持续扩大，市场运行缓中趋稳。2012

年全省实现社会消费品零售总额9254.0亿元，同比增长15.2%，增速总体平稳。分季度来看，一季度，全省社会消费品零售总额增长15.5%，上半年增长15.2%，前三季度增长15.0%，其中前三季度分别比一季度和上半年低0.5和0.2个百分点。四季度，市场出现回升，重新回到一季度15.5%的水平，比全国增速高1.2个百分点。

（二）消费品市场繁荣活跃，居民生活必需的商品类销售刚性增长。在限额以上企业（单位）批发和零售业商品零售额中，与居民生活息息相关的吃穿用类商品销售增长较平稳，其中粮油食品饮料烟酒类增长25.5%，服装鞋帽针纺织品类增长22.2%，日用品类增长22.5%，家具类增长25.5%，增速均超过20%。

（三）城乡消费市场共同发展，乡村市场增速慢于城镇。2012年，城镇市场消费品零售额同比增长15.8%，占全省社会消费品零售总额的比重为76.5%，比2011年同期提高0.3个百分点，主导作用突出。乡村市场消费品零售额同比增长14.7%。乡村市场增速慢于城镇1.1个百分点。

（四）限额以上企业零售额所占比重提高，带动作用明显。2012年，限额以上企业零售额实现2517.2亿元，占全省社会消费品零售总额的比重为27.5%，比2011年同期高0.6个百分点；增长速度为18.1%，高于社会消费品零售总额增速2.9个百分点，带动作用明显。

（五）批发和零售业主导作用突出，住宿和餐饮业增速较慢。限额以上批发和零售业迅速发展，成交活跃。全年限额以上批发和零售业商品零售额达2393.1亿元，比上年增长18.2%。限额以上住宿和餐饮业实现营业额167.1亿元，比上年增长12.1%，增速比限额以上批发和零售业慢6.1个百分点。

二、主要问题及因素分析

（一）宏观经济面下行压力仍然较大，支撑消费市场发展的动力不足。国内及全省宏观经济虽有短期向好的趋势，但仍然处在继续调整并逐渐寻找新的平衡的过程中，消费者从实体经济中得到的收入增长有限，对经济发展及收入预期的不确定性仍在增加，同时，消费环境不够优化，影响了居民消费热情，诸多因素叠加在一起，导致居民的购买力难以在短期内有较大的提振。

（二）楼市车市调控政策对居民的消费产生一定的抑制作用，相关商品销售波动较大。其中受楼市调控政策影响，建筑及装潢材料类商品零售额增长19.9%，比上年回落22个百分点，受相关优惠政策退出及其他诸多不利因素的影响，汽车类商品零售额增长11.2%，比上年回落7.1个百分点。同时调控政策不仅对建筑、装潢、汽车类商品的销售产生影响，还会使消费者持币观望，挤占消费者对其他商品的消费。

（三）消费升级趋缓，更新换代产品不突出。从2012年全年来看，汽车，建筑装潢，家电等代表消费升级的商品销售增速较上年都有一定幅度的回落，城镇居民大多数耐用消费品拥有量已接近饱和，进入更新换代消费阶段，但市场缺乏相应的更新换代的产品，这将不利于消费品市场的进一步升级。

（四）市场上促消费政策较少，居民消费日趋理性。2011年底，国家有关家电下乡补贴等一系列优惠政策相继退市，减弱了居民对相应商品的消费热情。目前市场上缺乏有针对性的促消费政策，居民的消费也日趋理性，不利于相关商品的消费。同时由于前期促消费政策挤占了一部分当期消费，对社会消费品零售额增速造成了影响。

三、对策建议

展望2013年，国内外宏观经济形势仍错综复杂，有利与不利因素并存，为进一步扩大消费需求，促进全省消费品市场平稳健康发展，提出以下几点建议。

（一）围绕加快城镇化，以政策为导向创造需求。走城镇化道路是十八大和中央经济工作会议提出的战略选择，同时也是河北省经济发展面临的重大机遇，通过城镇化，以改变河北省长期形成的城乡二元经济结构，在农民向城镇转移的进程中创造新的需求增长点。

（二）从扩大基础投资突破，培育新的消费增长点。政府引导做好商业规划和布局，改善消费环境，完善城市功能，加大对扩大内需的投入和支持力度。积极引导社会和境外资本加大对旅游、场馆、城市广场、文化演出、消费娱乐、文体等的投入力度，创造消费环境，改善消费结构，鼓励消费多元化发展，培育新的消费增长点。

（三）切实增加城乡居民收入，提高居民消费能力。繁荣城乡消费品市场，扩大消费需求，关键是增加城乡居民收入。结合国家即将出台的收入分配制度改革，考虑河北省城乡居民收入水平相对较低的实际情况，建立城乡居民收入稳定增长的机制，制定合理的企业工资指导线，最大限度的提高基层劳动者的收入水平，解决中低收入者消费力不足的问题，从而从根本上刺激消费，提高消费对经济增长的贡献率。

（四）鼓励发展大众化餐饮，支持发展经济型住宿业。发展特色餐饮、民族餐饮、早餐、快餐和送餐服务。优化大众化餐饮布局，培育一批品牌化、连锁化经营的大众化餐饮企业。大力发展绿色饭店和经济型连锁酒店，鼓励住宿企业连锁化、品牌化经营，推进住宿、旅游、出行一体化服务。

（五）加强市场监督，严把食品质量安全关。把好商品质量检验关，深入开展食品、药品安全专项整治，合理制定相关行业标准，为消费者创造安全卫生、方便快捷、诚实不欺的市场环境。

（河北省统计局　王何魁）

居民消费价格

2012年，在经济增速放缓、前期货币紧缩政策持续作用、猪肉价格周期性回调等多种因素影响下，河北物价上涨势头明显趋缓，价格涨幅明显降低。与上年价格相比，2012年全省居民消费价格总水平（CPI）上涨了2.6%，比全年调控目标低1.4个百分点，比上年涨幅低3.1个百分点。其中7月份CPI同比仅涨1.2%，创下2009年12月份以来32个月的新低。

一、2012年河北居民消费价格运行特征

（一）总水平涨幅趋缓，食品、居住涨幅回落较多。2012年全省居民消费价格总水平同比上涨2.6%，较上年的5.7%低3.1个百分点，为三年来的最低涨幅。分季度看，除一季度受元旦、春节假日消费影响，同比上涨4.2%，涨幅相对较高外，二、三、四季度分别上涨了2.6%、1.6%和2.0%，涨幅均比较温和。

八大类商品和服务项目价格同比全部呈现上涨态势，其中：衣着、烟酒涨幅升高明显，食品、居住涨幅回落较多。2012年，全省衣着、烟酒类价格同比均涨4.7%，涨幅分别比上年升高3.5和1.4个百分点，在八类商品和服务项目价格中涨幅跃居首位；与此相反，食品类同比上涨了3.8%，涨幅比上年回落8.4个百分点，涨幅位居第三；居住类同比上涨了1.7%，涨幅比上年回落5.2个百分点，位次退至第六；除此之外，家庭设备用品及维修服务类上涨2.8%，医疗保健和个人用品类上涨2.4%，娱乐教育文化用品及服务类上涨0.6%，交通和通信类上涨0.3%，涨幅与上年相比变化不大。

（二）分月走势先高位回落、再筑底回升，全年呈W型态势。2012年年初，由于春节和上年错月、涨势延续等多种因素影响，1月份全省居民消费价格总水平同比上涨了5.2%，涨幅为年内最高，之后便一路回落，7月份涨幅降至1.2%，创下32个月以来的单月新低。8—10月，CPI低位震荡，基本完成筑底，11月CPI重拾升势。全年运行轨迹呈W型态势。

（三）鲜菜涨价成为物价上涨的主要推手。2012年CPI同比上涨的2.6个百分点中，食品类价格上涨影响CPI同比上涨1.19个百分点，影响度为45.9%，仍是当前物价上涨的最大推手；衣着类上涨影响CPI上涨0.43个百分点，影响度为16.7%；居住、医疗保健与个人用品类影响CPI分别上涨0.35和0.25个百分点，影响度依次为13.5%和9.7%；其他几类影响较小。

而食品涨价又主要由于鲜菜价格上涨较多所致。2012年全省鲜菜价格同比上涨了17.1%，影响食品类价格上涨了1.66个百分点，影响整个CPI上涨约0.52个百分点，影响度高达20.1%。

（四）工业、服务项目等非食品价格影响度逐渐增强。除食品和居住外，其他六类商品及服务价格继续保持了2011年以来持续小幅上涨的态势，对总指数的影响度也在逐渐加强。其中，衣着类对CPI的影响度由上年的2.0%上升到今年的16.7%；医疗保健和个人用品影响度由上年的5.6%上升到9.7%；家庭设备用品及维修服务由上年的1.7%上升到5.4%。工业消费品、服务项目等非食品价格影响程度正在逐渐加大。

（五）价格涨幅城市高于农村。2012年城市居民消费价格总水平上涨2.7%，农村上涨2.5%，城市高于农村0.2个百分点，CPI涨幅连续多年农村高于城市的局面首次得以扭转。其中食品类高于农村1.9个百分点；烟酒类高于农村1.6个百分点；家庭设备用品及维修服务、医疗保健及个人用品均高于农村0.3个百分点。

（六）与全国平均水平持平，位居第19位。2012年河北CPI同比上涨2.6%，与全国平均水平持平，在全国31个省（市、区）中，与江苏、重庆并列第19位。与周边省市相比，高于山西（2.5%）、河南（2.5）、山东（2.1%），低于北京（3.3%）、内蒙（3.1%）、辽宁（2.8%）、天津（2.7%）。从商品构成来看，除食品类、居住类价格涨幅比全国分别低1.0和0.4个百分点外，其余六类均高于全国平均水平。

二、影响CPI走势的主要因素

（一）翘尾影响持续回落，是CPI高位回落的主要原因。受上年价格走势影响，2012年翘尾因素逐月走低，1月份为3.5个百分点，到9月份已回落至1.1个百分点，直至12月份完全消失。1—12月平均，来自于上年涨价的翘尾影响为1.9个百分点，占全省CPI涨幅的73.1%，2012年新涨价因素仅为0.7个百分点，影响度为26.9%。

（二）天气异常导致鲜菜价格大幅上涨，直接推高CPI。八类商品及服务项目虽然呈现全面上涨态势，但除食品外，其他七大类对CPI涨幅的影响均未超过0.5个百分点。CPI上扬的主要动因仍集中来自于包括蔬菜在内的部分食品价格的明显波动。

2012年7、8月份全省长时间持续阴雨天气，阻碍了叶菜的生长，供求关系推动叶菜价格上涨，湿滑的天气加大了外调蔬菜运输的难度，即使国家政策扶持的“绿色通道”依然畅行，但不断上涨的成本油价格致使鲜菜运输成本增加，双重因素导致各地鲜菜价格纷纷上扬。入冬以来，遭遇极寒天气，温度低、光照少使大棚蔬菜生产受到影响。2012年，全省鲜菜价格同比上涨了17.1%，由此拉动总指数上涨0.52个百分点，影响度高达20.1%，为262个基本分类中对CPI影响最大的类别。其中1月、8月、12月环比涨幅均在34%以上，直接导致CPI涨幅出现反弹。

（三）成本上涨导致农产品、工业品价格上涨，助推CPI上升。一是生产资料、劳动力和土地价格刚性上涨助推农产品价格上涨；二是年内成品油价格8次调价，虽然4涨4跌看似平手，但仍高于上年同期价格，全年汽油累计上涨3.1%，柴油累计上涨3.3%；三是随着汽、柴油价格上涨，物流成本持续上升，推动烟酒、衣着、家庭设备用品等工业消费品价格不断上涨，工业品价格对CPI的拉动作用在逐渐增强。继2011年全省工业品价格上涨了2.1%之后，2012年继续小幅上扬，同比上涨2.4%，尤其是9、10、11月份工业品价格环比分别上涨了0.6%、0.3%和0.6%，为近年来少有的涨势。

（四）各行业工资标准不断上升，导致服务项目价格持续走高。伴随着各地最低工资标准的上调，劳动用工成本普遍上升，作为劳动密集型的服务项目价格涨势明显，全省服务项目价格在2011年上涨4.1%的基础上，2012

年再次上涨了 1.5%，拉动全省 CPI 上涨了 0.4 个百分点，影响程度为 16.6%，对 CPI 的推升作用日渐明显。

（国家统计局河北调查总队　朱桂英　谢　蕾）

工业生产者价格

2012 年，世界经济没有明显好转，国内宏观政策转入“稳增长、调结构、促转型”的调整期。在外需持续低迷、内需有效需求不足的经济大环境下，以钢铁、煤炭、化工等基础性工业行业为主的产业结构特点，决定了工业产品价格受到大环境的冲击非常明显，主要工业行业进入低效、甚至行业性亏损的低谷期，企业经营困难进一步加重。2012 年全省工业生产者出厂价格同比下降 5.3%，工业生产者购进价格同比下降 3.8%。

一、2012 年全省工业生产者价格运行总体特征

（一）工业生产者出厂价格总体深幅下行，四季度触底企稳。2012 年全省工业生产者出厂价格总体下行，运行轨迹经历了三个明显阶段：

1—4 月份，价格波动中下行。从同比看，各月分别比上年同期下降 1.1%、2.9%、2.3%和 2.8%，降幅在波动中有所扩大。

5—9 月份，价格降幅逐月扩大，下行速度加快。在钢铁产业链产品价格不断走低拉动下，5 至 9 月份全省工业生产者出厂价格同比降幅逐月扩大，分别下降 4.0%、5.2%、6.0%、8.3%和 10.4%，且 9 月份降幅创 2009 年 12 月份以来最大降幅。

10—12 月份，价格触底企稳。从 10 月份开始，受宏观经济形势好转以及基期价格回落共同影响，全省价格运行显现触底企稳迹象。从同比看，10—12 月各月价格分别下降 8.0%、6.4%和 5.6%，降幅逐月收窄。

（二）生产资料价格降势突出，生活资料价格略涨。2012 年全省生产资料出厂价格同比下降 6.2%，影响总指数下降 5.4 个百分点。其中，采掘类、原料类和加工类产品价格分别下降 9.7%、4.0%和 7.2%。

2012 年全省生活资料出厂价格同比上涨 0.6%，上拉总指数 0.1 个百分点。其中，衣着类、食品类和耐用消费品类产品价格同比分别上涨 3.0%、1.3%和 0.8%，一般日用品类价格则下降 2.4%。

（三）四成多行业价格下降，主要行业价格降幅深。2012 年所调查的 39 个工业行业大类中，有 16 个行业出厂价格下降，下降面达 41.0%。煤炭、铁矿、钢铁、纺织、化工、医药等河北主要行业价格全部下降，且降幅均居前列，其中，黑色金属矿采选业、黑色金属冶炼和压延加工业两大行业同比降幅超过 10%，成为拉动 PPI 下行的主力。

（四）工业生产者九大类购进价格同比全部下降。2012 年全省工业生产者购进价格同比下降 3.8%，所调查的九大类价格全部呈下降态势，其中：黑色金属材料类、有色金属材料及电线类、纺织原料类三大类价格降幅较大，同比分别下降 8.8%、8.1%和 5.4%，燃料动力类、化工原料类等其他六大类价格降幅相对较小，同比降幅均在 2%左右。

二、主要行业产品价格运行情况

（一）钢铁出厂价格持续大幅下降，四季度触底企稳。2012 年前三季度，在国际市场需求疲软、国内投资增速放缓以及继续执行较严的房地产宏观调控政策的大环境下，市场对钢材的需求大幅下滑，钢铁业产能过剩、供大于求的矛盾空前突出，钢铁价格持续大幅走低，四季度受国际上美国货币量化宽松政策利好以及国内十八大关于加快城镇化发展等一系列拉动投资的利好政策影响，钢铁价格触底企稳，降幅收窄。2012 年全省黑色金属冶炼和压延加工业产品出厂价格同比下降 13.6%，其中，钢压延加工业、炼钢业、炼铁业和铁合金冶炼业价格分别下降 14.5%、14.7%、8.9%和 8.4%。分月看，9 月份降幅最深，达 24.1%；10 月份开始收窄，降 18.4%。

（二）钢铁上游的铁矿石和焦炭价格下降明显。随着钢铁价格的走低，钢铁企业对原料的需求不旺，处于钢铁上游的铁矿石和焦炭价格随之下跌。2012 年全省黑色金属矿采选业产品价格同比累计下降 13.6%，与钢铁业产品价格降幅同步；而炼焦业产品价格同比累计虽只小幅下降 0.6%，但分月看，整个价格波动过程总体呈大幅下降走势。1 月同比上涨 14.3%，8 月由涨转降，10 月降幅达到最大，降 13.6%，之后略有收窄，12 月降 8.2%。

（三）煤炭价格同比由小幅上涨转为快速下跌。与上年相比，全省煤炭出厂价格同比下降 5.1%，各月同比指数变化呈由小幅上涨逐步转为快速下跌态势。1—4 月份同比上涨但涨幅震荡回落，同比分别上涨 5.7%、6.3%、3.3%和 1.6%，5 月份持平，6 月份则出现了自 2010 年 1 月份以来首次负增长，同比下降 0.7%，7—12 月份降幅逐月大幅扩大，分别下降 2.4%、5.1%、14.0%、17.2%、18.1%、18.3%。

（四）原油和成品油价格宽幅震荡运行。与上年相比，2012 年全省原油出厂价格同比累计下降 2.5%，精炼石油产品出厂价格同比累计上涨 3.4%。分月看，原油价格 1 月份同比上涨 13.7%，5 月份由涨转降，下降 3.9%，8 月份降幅扩大，下降 17.4%，12 月份降幅又收窄，下降 6.3%。1 月份与 8 月份指数落差高达 31.1 个百分点。全省精炼石油产品价格 1—5 月份同比分别上涨 7.3%、9.1%、10.5%、7.8%、4.3%，6—8 月份同比分别下降 0.7%、5.9%、4.8%，9—12 月份同比再次上涨 0.8%、5.3%、5.3%和 3.0%。

三、工业生产者价格走势主要成因

在全省的工业行业中，钢铁、煤炭、化工、建材等基础性生产资料行业产值占了一半的比重，其中又以钢铁业“一家独大”，占了全部工业行业产值的三分之一。而近年来国际大宗商品价格大起大落、波动频繁，国内宏观经济处于由政策刺激到内生增长的转型期，在这样的经济大环境下，单一的、以初级生产资料为主的工业产业结构特点决定了河北PPI必然受到较大的影响。

基础性生产资料处于整个工业产业链的前端，对国际国内经济大环境的变化最敏感，造成价格波动也最频繁，所以河北近几年来工业品价格一直波动较剧烈。从全年来看，全国PPI最高指数为1月份的100.7，最低指数为9月份的96.4，指数落差为4.3个百分点；而河北PPI最高指数为1月份的98.9，最低指数为9月份的89.6，指数落差高达9.3个百分点。

（国家统计局河北调查总队　崔荣伟）

农产品生产价格

2012年，在部分地区遭遇自然灾害的不利条件下，河北加大生产扶持力度，农业生产得到保障，使得农产品生产者价格运行平稳。据对河北42个县1242个样本调查显示，2012年河北农产品生产者价格指数为100.66，即与上年相比，仅上涨了0.66%。

一、农产品生产者价格小幅调整

2011年1—3季度，河北农产品生产者价格呈两位数增长，第4季度涨幅下降后，2012年进行了全年小幅度调整。除第3季度小幅下降1.32%外，其余三个季度均小幅上涨。

农业（种植业）和牧业是影响农产品生产者价格的主要因素。2011年第4季度开始牧业产品价格一路下滑，2012年第3季度触底，第4季度反弹。农业（种植业）产品价格2011年一路下滑，2012年略有反弹。

二、农、林、牧、渔业生产者价格涨跌互现

分类看，农业（种植业）、林业、渔业生产者价格较上年有所上涨，涨幅分别为3.14%、6.83%、4.87%，牧业生产者价格则下降，下降幅度为2.65%。

（一）农业（种植业）产品价格涨多降少，粮食、蔬菜、水果等小幅上涨，棉花价格小幅下降。

1. 主要粮食品种价格上涨。受国家连年上调粮食最低收购价的政策提振和农业生产成本的不断增加等因素影响，粮食产品生产者价格持续上涨，主要粮食品种小麦价格上涨1.63%，玉米价格上涨5.42%，谷子价格上涨4.34%，粳稻价格上涨5.74%。

下跌的品种为大豆和马铃薯。大豆价格微幅下降0.16%。马铃薯价格下降10.84%。2012年，河北马铃薯价格一直很低，以主产区围场县为例，近年来开展节能减排，围场县关闭了几十家小淀粉加工厂，马铃薯需求量减少。四季度出售马铃薯价格虽有所上升，但是由于连降大雪，气温下降，交通受阻，很少有外来运输马铃薯的车辆。很多农户都在等待第二年春季再出售。

2. 蔬菜价格小幅上涨。种植蔬菜的比较收益增加，导致蔬菜种植面积增多（包括大地菜和大棚菜），天气大多适宜，蔬菜供应充足，价格稳定，较上年上涨6.55%。分类看，甘蓝类、叶菜类、葱蒜类、根茎类、瓜菜类蔬菜价格上涨，涨幅分别为33.70%、28.30%、17.28%、11.95%、9.94%；茄果类、豆类、白菜类蔬菜价格下降，降幅分别为6.17%、5.19%、3.08%。分品种看，价格上涨较多的蔬菜品种有白萝卜、西葫芦、菠菜、结球甘蓝、油菜，涨幅分别为114.57%、47.52%、47.38%、45.63%、33.52%，价格下降的蔬菜品种有胡萝卜、西红柿、四季豆、大白菜，降幅分别为22.44%、7.73%、5.19%、3.08%。

3. 水果价格小幅上涨。水果价格总体上涨5.08%，其中苹果价格上涨2.91%、葡萄价格上涨0.24%，西瓜价格上涨36.51%。而梨价格下降2.04%，枣价格下降19.85%。

4. 棉花价格由降转升。从价格角度看，自2011年年初开始，棉花价格一路下滑，在2012年第2季度略有回升，第3季度大幅下降。第3季度，是新棉花上市的时候，但由于夏季连续阴雨天气，新棉花质量较差，价格创新低。第4季度，产量减少的棉花供应趋紧，价格回升。

从价格指数角度看，自2011年第4季度棉花价格指数下降以来，连续4个季度下跌，2012年第4季度价格指数首次转正，为104.77。综合全年，棉花价格指数为94.92。

（二）牧业产品价格两降一升。活家禽价格下降3.47%，畜禽产品价格下降7.57%，活牲畜价格上涨1.50%。从品种看，拉动牧业产品下降的品种是猪、鸡和鸡蛋，下降幅度分别为3.05%、3.54%和9.29%。

（三）渔业产品价格全面上涨。河北以淡水养殖为主，受鱼苗和鱼饲料价格上涨影响，其产品全面上涨。淡水鲤鱼上涨3.88%，淡水草鱼上涨8.70%，淡水鲢鱼上涨28.15%，淡水鲫鱼上涨3.26%。

三、主要农产品生产者价格变动情况

（一）小麦、玉米价格倒挂转变为螺旋上涨。自农产品生产者价格调查有记载以来，小麦价格一直高于玉米价格。但在2011年第3季度玉米价格超过小麦，出现倒挂现象。因玉米用途越来越广泛，市场需求越来越大，玉米价格强劲上涨。而小麦价格较为平稳。玉米的经济收益好于小麦，种植面积猛增。2012年，玉米再次迎来大丰收，且天气较冷，玉米湿度较大，加之对玉米的需求略显低迷，导致玉米价格显降。受国家政策扶持、种植成本增加和市场刚性需求影响，小麦与玉米价格由倒挂局势转变为了你追我赶的螺旋上升趋势。

（二）猪价格下降，牛、羊价格上涨。由于供大于求，猪肉价格自2011年第4季度一路下降，在2012年第2季度触底，3、4季度反弹，第4季度达到15.51元/公斤。2012年猪价格全年下降3.05%。因养殖成本控制，预计猪价格下降空间不会太大。

牛、羊养殖随着散养的逐渐减少，规模养殖还未上量，其供应量远远低于消费需求。在饲料价格高位运行的情况下，牛、羊的生产周期长，比较效益低，使得规模养殖发展较慢，导致其价格上涨。2012 年全年牛、羊价格分别上涨 20.45%、13.51%。

（三）肉鸡和鸡蛋价格触底反弹，但总体较去年下降。肉鸡和鸡蛋都经历了“市场价格低—养殖成本高、收益少—养殖少—供应少—供小于求—价格回升”过程。肉鸡价格在 2012 年第 3 季度达到最低 9.20 元/公斤，第 4 季度反弹到 10.60 元/公斤。鸡蛋价格从年初开始就一路回升，由第 1 季度的 6.00 元/公斤涨至第 3 季度 8.58 元/公斤，第 4 季度小幅调整，达 8.45 元/公斤。

（国家统计局河北调查总队　李玲萍）

城镇居民生活

一、收入稳定增长，收入差距缩小

（一）城镇居民收入稳定增长。2012 年，河北城镇居民人均总收入 21899 元，比上年增长 11.8%。在总收入构成中，工资性收入、经营性收入、财产性收入、转移性收入全面增长。

1. 工资性收入呈良好增长势头。城镇居民人均工资性收入 13155 元，比上年增长 12.6%，增速加快 2.0 个百分点，占总收入的比重由上年的 59.7%升至 60.1%；对家庭总收入增长的贡献率达 63.6%，拉动可支配收入增长加快 8.0 个百分点。工资性收入增长速度相对较快，主要是河北省提高了企业工资指导线、最低工资标准上调以及年初发放的精神文明奖。

2. 经营性收入增幅较大。城镇居民人均经营性收入 2257 元，比上年增长 22.9%；占总收入的比重提高 0.9 个百分点。经营性收入的快速增长，主要得益于省委、省政府各项就业优惠政策的实施，拓宽了居民收入渠道。

3. 转移性收入稳步增长。城镇居民人均转移性收入 6149 元，比上年增长 6.9%，加快 0.4 个百分点。转移性收入稳步增长的原因，一是河北省上调离退休人员的养老金及离退休金标准，占转移性收入 89.9%的养老金及离退休金收入比上年增长 11.7%，增速加快 10.5 个百分点。二是从 2012 年起提高离退休职工取暖补贴标准，使得养老金及离退休金收入快速增长。

4. 财产性收入大幅回升。随着居民投资环境的改善、投资渠道的拓宽、银行存款利率的提高，城镇居民财产性收入大幅回升。城镇居民人均财产性收入 338 元，比上年增长 6.3%，加快 8.0 个百分点。其中人均存款利息收入增长 15.8%，股息红利收入增长 8.3%，保险收益增长 36.2%，其他投资收益增长 17.6%，出租房屋收入增长 6.0%。

（二）城镇居民收入增长主要有三个特点。一是居民收入首次突破 2 万元。城镇居民人均可支配收入 20543 元，这是 2006 年城镇居民收入突破万元后，时隔 6 年首次突破 2 万元。二是居民收入连续三年保持两位数增长。2010—2012 年，城镇居民人均可支配收入分别增长 10.5%、12.5%、12.3%，连续三年保持两位数增长。三是高低收入户收入差距缩小。占调查户数 20%的低收入户人均可支配收入 9573 元，占调查户数 20%的高收入户人均可支配收入 38881 元。高低收入户收入差距之比由上年的 4.37：1 缩小到今年的 4.06：1（以低收入户居民收入为 1）。从五分组的内部结构看，组与组之间的收入差距也呈缩小趋势，分别相当于全省平均水平的 0.47、0.72、0.94、1.20、1.89，也就是说低收入组的人均可支配收入不到全省平均水平的一半，中等偏下收入组相当于全省平均水平的七成，中等收入组接近全省平均水平，而中等偏上收入组、高收入组均比全省平均水平高。

二、支出全面增长，消费倾向下降

2012 年，城镇居民人均消费性支出 12531 元，增长 7.9%。八大类消费支出七类增长一类持平，即：交通和通信增长 12.9%，医疗保健增长 9.6%，其他商品和服务增长 9.6%，居住增长 9.5%，家庭设备用品及服务增长 8.2%，衣着增长 8.1%，食品增长 7.2%，教育文化娱乐服务与上年持平。

（一）交通和通信稳步增长。城镇居民交通和通信支出 1724 元，增长 12.9%。2012 年末，城镇居民家庭每百户拥有家用汽车 25.6 辆，比上年增长 9.7%；且购买档次提高，花费金额增长 14.9%。与之相对应的交通支出大幅增长，2012 年城镇居民家庭人均购置交通工具支出增长 34.6%，用于车辆燃料及配件的支出增长 15.6%，车辆使用税费增长 16.2%。

（二）边际消费倾向下降。城镇居民消费支出虽然继续增加，但其边际消费倾向呈下降态势。2012 年城镇居民的边际消费倾向为 0.409（消费增加额与收入增加额之比），即消费增加额仅为收入增加额的 40.9%，比上年下降 22.7 个百分点。居民新增收入中，用于消费的部分仅占五分之二，而其他节余部分用于储蓄或用作其他投资。

（三）网上购物渐成消费主流。随着互联网的普及，网上购物快捷、方便，逐渐成为一些人的时尚。2012 年城镇居民通过互联网购买商品或服务的支出比上年增长 40.2%，人均上网费增长 9.5%。

三、亟需关注解决的几个问题

（一）低收入家庭就业率低。虽然河北省城镇居民收入水平明显提高，收入差距逐步缩小，但高、低收入户的收入差距依然明显。要提高低收入者的收入水平，有效办法就是增加其家庭就业率。从 2012 年看，占 10%的低收入户家庭就业率比全省平均水平低 9.6 个百分点，每一就业者负担人口比全省平均水平多 0.51 人，有收入者人数比全省平均水平低 0.41 人。因此，多渠道拓宽就业领域，增加低收入家庭的就业人数，是进一步缩小收入差距的关键。

（二）消费对经济增长的拉动作用明显不足。从 2012 年情况看，河北省城镇居民的边际消费倾向仅为 0.409，比上年下降 22.7 个百分点。用于消费的部分仅占五分之二，而其他节余部分用于储蓄或用作其他投资。2012 年河北省城镇居民存入储蓄款比上年增长 11.1%，储蓄性保险支出增长13.7%。因此，当前应特别注意加强正面宣传引导，增强收入预期信心，促进城镇居民边际消费倾向提高，进而提高消费对经济增长的拉动力。

（三）与全国平均水平的差距扩大。2012年，全国城镇居民人均可支配收入24565元，比上年增长12.6%；河北城镇居民人均可支配收入20543元，增长12.3%，比全国低0.3个百分点。由于河北城镇居民收入增速低于全国，收入水平与全国的差距扩大。2011年，河北城镇居民人均可支配收入比全国低3518元，低16.1%；2012年扩大为4022元，低16.4%。达到或超过全国平均水平的目标依然任重道远。

（国家统计局河北调查总队　侯丽敏）

农村居民生活

2012年，面对复杂严峻的国际经济形势和国内发展稳定的繁重任务，省委省政府以科学发展为主题，以加快转变经济发展方式为主线，坚持稳中求进的工作总基调，把稳增长、调结构、惠民生放在更加突出的位置，促进农民增收，加大民生改善力度，农民收入登上8000元新台阶，农民生活更加幸福。

一、农民收入

2012年，农民收入较快增长，登上8000元新台阶，同比增长13.5%，农民收入呈现全面增长、城乡差距缩小的局面。

（一）农民四项收入全面增长。全省农民人均纯收入8081元，比上年增加962元，增长13.5%，四项收入全面增长。其中，工资性收入增长17.0%，家庭经营纯收入增长8.3%，财产性纯收入增长5.8%，转移性纯收入增长24.8%。

（二）工资性收入成为农民收入的"半壁江山"。农民人均工资性收入4005元，增加581元，增长17.0%，强力支撑农民增收，对全年农民增收的贡献率为60.4%；占农民人均纯收入的比重升至49.6%，比上年提高1.5百分点，接近农民收入的一半，成为农民收入的"半壁江山"。

（三）惠民政策支撑农民转移性收入加快增长。农民人均转移性纯收入603元，增长24.8%，比上年加快1.6个百分点，在农民工资性收入、家庭经营纯收入、财产性纯收入和转移性纯收入中，增速位列第一，且为增长加快的唯一收入，这主要得益于惠民政策力度的加大。据农村住户抽样调查，农民"四补贴"、农村新型养老保险、领取最低生活保障费等惠农政策收入人均216元，增加54元，增长33.3%，对农民收入增长的贡献率为5.6%。

（四）农民收入两年连上两个台阶。2011年，农民收入增加1162元，增长19.5%，达7120元，登上7000元台阶。2012年，农民收入增加962元，增长13.5%，达8081元，登上8000元台阶，农民收入两年连续登上两个台阶。

（五）农民收入连续三年保持两位数增长。2010—2012年，农民人均纯收入分别增长15.7%、19.5%和13.5%，虽然2012年农民收入增速有所减缓，但仍实现了两位数增长，总体分析，农民收入处于较快增长时期。

（六）农民收入增速连续两年快于GDP。2011—2012年，农民人均纯收入实际增长12.2%和10.7%，GDP增长11.3%和9.6%，农民收入增速比GDP分别快0.9和1.1个百分点，连续两年保持此态势。

（七）农民收入增速连续三年快于城镇居民。2010—2012年，农民人均纯收入分别增长15.7%、19.5%和13.5%，城镇居民人均可支配收入分别增长10.5%、12.5%和12.3%，农民收入增速比城镇居民分别快5.2、7.0和1.2个百分点，连续三年保持此态势。

（八）城乡居民收入差距连续三年缩小。2009—2012年，农民人均纯收入分别为5150元、5958元、7120元和8081元，城镇居民人均可支配收入分别为14718元、16263元、18292元和20543元，城乡居民收入比分别为1∶2.86、1∶2.73、1∶2.57和1∶2.54，城乡居民收入差距连续三年保持缩小态势。

二、农民生活消费

2012年，农民生活消费支出首次突破5000元，同比增长13.9%，生活消费支出呈现水平提高、结构优化、城乡差距相对趋小的局面。

（一）生活消费支出首次突破5000元。随着农民收入水平的提高，农民生活消费支出同步增加。1995年，农民生活消费支出突破千元，达1104元；2005年，农民生活消费支出首次突破2000元，达2166元；2008年，农民生活消费支出突破3000元，达3126元；2011年，农民生活消费支出突破4000元，达4711元；2012年，农村居民生活消费支出突破5000元，达5364元。

（二）生活消费水平全面提升。农民生活消费支出人均5364元，比上年增加653元，增长13.9%。八类消费支出全面增长，食品消费支出增长15.0%，衣着增长18.7%，居住增长4.3%，家庭设备用品及服务增长10.4%，交通通讯增长16.2%，文化教育娱乐用品及服务增长13.7%，医疗保健增长25.1%，其他商品和服务增长30.7%。

（三）恩格尔系数33.8%。农村居民八类生活消费支出，按所占比重从高到低排列，依次为：食品、居住、交通通讯、医疗保健、衣着、家庭设备用品、文教娱乐、其他商品及服务。食品支出所占比重即恩格尔系数为33.8%，比上年略回升0.3个百分点。

（四）商品性支出成为农村居民生活消费的主体。商品性和服务性消费支出双增长，农民商品性消费支出人均3921元，增长12.5%；服务性支出1444元，增长17.6%。

（五）消费结构不断优化。随着收入的提高，农民消费结构不断优化，用于食品、衣着、居住的基本生存型消费比重62.5%，比上年下降1.3个百分点；用于家庭设备用品、医疗保健、文教娱乐、交通通讯的发展享用型消费支出比重37.5%，上升1.3个百分点。

（六）家庭财产稳定增加。随着农民收入不断增长，农民生活质量提高，固定资产、金融资产等财产积累进一步增加。2012年，农民人均住房价值增长3.9%，生产性固定资产原值增长4.1%，金融资产余额增长14.6%。作为家庭财产的生活耐用消费品也同步增加，农民家庭拥有洗衣机增长2.1%、电冰箱增长5.3%、摩托车增长6.7%、空调器增长12.9%。

（七）农民生活更加现代。随着农民收入的增加和农村基础设施条件的改善，农民生活现代气息越来越浓，高科技产品逐渐融入其中。2012年，农民百户拥有移动电话增长4.1%、计算机增长18.9%、家用汽车增长1.8%，40.4%的电视机接入有线电视网，73.1%的计算机接入互联网。

（八）农民生活环境更好。一是住房面积扩大。农民人均住房面积36.4平方米，比上年增长2.6%。二是住房结构改善。住房面积中，砖木、钢筋混凝土结构面积占95.7%；楼房和砖瓦平房面积占95.4%。三是配套设施日趋完善。农民家庭饮用自来水的户占69.5%，使用水冲式厕所的户占6.9%，住宅外道路为水泥或柏油路面的户占55.1%，使用空调和暖气取暖的户占56.5%，使用沼气、燃气、电等新型能源的户占42.5%。

（九）社会保障程度提高。随着构建社会主义和谐社会进程的加快，农村基本公共服务水平进一步提高，养老、医疗等社会保障实现了制度全覆盖。2012年，参加城镇医疗保险和农村新型医疗保险的人数占98.0%，比上年提高2.2个百分点；参加城镇和农村养老保险的人数占58.1%，提高12.0个百分点；享受最低生活保障的农户占3.2%。农民看病、养老、生活有了充分的保障。

三、农民生产投入

2012年，农民生产费用支出人均2856元，同比增加71元，增长2.5%。从投资结构看，短期投资较快增长，长期投资大幅下降。

（一）家庭经营费用支出增长7.1%。农民家庭经营费用支出人均2648元，增加176元，增长7.1%。其中，第一产业生产费用支出人均1976元，增加116元，增长6.2%；非农产业生产费用支出人均672元，增加60元，增长9.8%。

（二）购置生产性固定资产支出下降32.8%。农民购置生产性固定资产支出人均206元，减少101元，下降32.8%。

（国家统计局河北调查总队　赵建炜）

人　口

2012年，河北省人口继续保持低速平稳增长，出生、死亡水平保持稳定，人口性别年龄结构小幅变动，人口文化素质显著提升，婚姻家庭状况稳定，城镇化水平进一步提高，老龄化进程仍在继续，空巢老人家庭亟待关注。

一、全省人口持续低速平稳增长

根据2012年人口变动情况抽样调查数据推算，2012年末，全省常住人口7287.51万人，比上年末增加47万人，增长0.65%，增长幅度与2011年接近。其中，出生人口93.56万人，人口出生率为12.88‰；死亡人口46.56万人，人口死亡率为6.41‰；人口自然增长率为6.47‰。与2011年相比，全省出生死亡均保持平稳态势。

90年代以来，全省出生率呈逐年下降的趋势，由1990年的20.5‰下降至2001年的最低值11.16‰，受育龄妇女年龄结构影响，进入20—30岁生育旺盛期的女性人口数量增加，全省逐步进入了第四次生育高峰。从2005年以来，出生率一直在13‰左右。随着社会发展和生育观念的转变，妇女的生育年龄逐渐后延，人口普查数据显示，妇女生育率的峰值已由2000年五普时20—24岁组113.67‰，后移到25—29岁组，并下降至91.63‰。2010年与2000年相比，30—49岁各年龄组育龄妇女的生育率均有所提高。妇女生育年龄的后延会使第四次生育高峰期的时间有所延长。

与出生水平相比死亡水平则更加稳定，从1990年以来全省死亡率一直在6.1‰—6.8‰之间，未产生大的波动。据第六次人口普查数据测算，2010年全省人口平均预期寿命达到74.97岁，比2000年提高了2.44岁。其中，男性72.70岁，提高2.02岁，女性77.47岁，提高2.93岁。受老龄化趋势的影响，未来全省死亡水平可能会逐步小幅缓慢上升。

二、人口性别年龄结构小幅变动

性别比是最常用的人口性别结构状况分析指标，通常用每100名女性对应的男性数量表示，经验数据表明世界上绝大多数国家的总人口性别比都在95—102之间。2012年，全省总人口性别比为102.78，略高于正常值的上限，低于全国平均水平105.34。改革开放以来，全省总人口性别比一直在102—105之间，并有逐渐下降的趋势。

从年龄结构来看，2012年全省0—14岁人口所占比重为17.46%；15—64岁所占比重为73.86%；65岁及以上人口所占比重为8.68%。少儿抚养比为23.64%，老年抚养比为11.75%，总抚养比为35.39%。与2010年人口普查时相比，总抚养比升高了1.93个百分点。一般来说，在人口老龄化初期，总抚养比小于50%，劳动力供给充足的一段时期，称为“人口红利”期。目前全省正处于“人口红利”期，劳动力供应相对充足，但是人力资源的优势需要转换为人力资本的优势，才能更好地为经济社会发展服务。因此，要加大人才培养力度，利用好“人口红利”，为科学发展、富民强省提供人力保障。

三、人口文化素质显著提升

教育是提高人口文化素质的基础，2000年以来，全省教育投入逐年增加、教育规模不断扩大，文盲人口比重大幅度降低，九年义务教育全面普及，职业教育、高等教育发展迅速。

2012年，全省6岁及以上人口中，未上学人口占3.67%、小学文化程度人口占26.09%、初中文化程度人口占49.97%、高中文化程度人口占14.84%、大专以上文化程度人口占5.43%。总的趋势来看，未上学人口、小学低学历人口比重持续下降，初高中学历人口比重持续上升，大专以上高学历人口比重快速增长。

四、婚姻家庭状况稳定

改革开放以来，人们的婚姻观念发生了一些变化，但是传统的婚姻观还是占据了主流，河北人口婚姻状况稳定。全省15岁以上人口婚姻状况非常稳定。根据抽样调查数据计算，全省15岁及以上人口中，未婚的占19.17%，初婚有配偶的占73.02%，再婚有配偶的占1.97%，离婚的占1.02%，丧偶的占4.82%。

家庭是社会最基本的单元，按照家庭内亲属关系划分，家庭户的类型分为核心家庭（一对夫妇及未成年子女）、直系家庭（有2代以上且每代只有一对夫妇）、联合家庭（至少有2代以上且每代有2对以上夫妇）、其他家庭等。随着经济社会的发展，家庭户类型逐渐由以联合家庭为主改变为以核心家庭、直系家庭为主，家庭规模小型化成为主流。2012年，全省家庭户规模为每户3.29人，每户比2000年时减少了0.3人。从代际关系上看，2012年调查数据显示，全省一代户和二代户占到了所有家庭户总数的79.41%，3代及以上户总计仅占家庭户总数的20.59%。

五、城镇化水平进一步提高

2012年，全省各地各部门认真贯彻落实省委省政府的决策部署，坚持以科学发展为主题，以加快转变经济发展方式为主线，深入推进新型城镇化建设，统筹城乡发展，城市综合实力进一步提升，城市面貌发生明显变化，城镇化发展取得积极成效，全省城镇化水平进一步提高。2012年末，全省城镇化率为46.8%，比上年提高1.2个百分点，城镇人口达到3410.53万人。已有三个设区市的城镇化率超过了50%，分别是唐山市53.6%，石家庄市53.47%，廊坊市50.60%。

近年来，虽然全省城镇化水平逐年提高，但是仍存在城市规模小、结构不合理、承载能力不强，城镇化质量不高、发展不充分等问题，全省上下需要深入贯彻落实省委省政府精神，积极推进《河北省城镇化发展“十二五”规划》落实，推动城镇化由注重数量规模扩张向注重质量内涵提升转变，走出一条集约高效、功能完善、环境友好、社会和谐的新型城镇化道路。

六、人口老龄化仍在继续，空巢老人需要关注

据2012年人口变动调查资料显示，全省有65岁及以上老人的家庭占总家庭户的23.49%，空巢老人（一个老人独居或一对老年夫妇独居）家庭占有65岁及以上老年人家庭总户数的41.68%。也就是说，在全部家庭户中，近四分之一有65岁及以上老年人口，在这些家庭中有超过四成的是空巢老人家庭。

随着全省经济社会转型和城镇化的推进，省际、城乡人口流动更加频繁，城市里越来越多的年轻人选择在外地就学、就业，农村人越来越多选择进城或到外地打工，老人留守在家，这直接造成了空巢老人家庭数量快速增长。空巢老人家庭数量的增加，对传统居家养老模式形成了严峻的挑战，也使养老问题更加突出，给老年安全带来了危机，亟需引起政府和社会的关注，并采取有效的措施进行应对。

（河北省统计局　康　辉）

计划生育

2012年，河北省各级党委、政府和人口计生等相关部门，坚持以科学发展观为统领，紧紧围绕全省工作大局，保稳定、惠民生、强服务、促统筹，圆满完成了人口计生目标任务。

继续稳定低生育水平。各级党委政府坚持一把手亲自抓、负总责，全面落实人口目标管理责任制，重点管理、一票否决、追踪奖惩等制度得到加强。严格执行现行生育政策，认真落实管理服务和长效避孕节育措施。深入推进基层群众自治，90%的县（市、区）基本实现“诚信计生”。2012年，河北省人口自然增长率为6.47‰，完成了年度人口控制目标。

扎实推进计生惠民行动。河北省投入计生惠民资金9亿多元，惠及计生群众369万人（户）次。着力推进各项法定计生奖励优惠政策落实，独生子女父母退休3000元一次性奖励资金2012年度新增对象全部落实，遗留问题落实率达71.68%。奖励扶助和独生子女伤残、死亡特别扶助标准分别提高到每人每月80元、110元和135元，三级以上计划生育手术并发症全部纳入特扶。“少生快富”工程让2.6万户计生家庭受益。

不断加强基本公共服务。河北省共落实农村妇女生殖健康检查1086万人次。104个国家级免费孕前优生健康检查项目试点县服务70余万人，人群覆盖率达91.4%，在全国率先引入了P2标准实验室建设，率先制发了风险评估指导手册，率先研发了孕前优生信息化系统，实现了所有县（市、区）项目全覆盖。

积极推进统筹解决人口问题。河北省大力推广公共决策人口计生初审制度，相关部门统筹解决人口问题的职责不断加强。强力推进出生人口性别比综合治理，查处“两非”案件959起，32个重点治理县成效明显。流动人口服务管理“一盘棋”机制建设稳步推进，创建“双居工程”示范点66个，省际间信息协查反馈率达95%以上。人口信息化建设和发展战略研究得到加强，21项研究成果即将发布。

人口计生目标管理考核结果。河北省委、省政府根据2012年全省人口和计划生育目标管理责任制考核评估结果，决定授予石家庄市、邯郸市“2012年度人口和计划生育工作特别奖”，授予承德市、张家口市、秦皇岛市、唐山市、廊坊市、保定市、沧州市、衡水市、邢台市“2012年度完成人口和计划生育责任目标奖”。授予石家庄市裕华区、赞皇县、兴隆县、平泉县、崇礼县、赤城县、抚宁县、滦南县、迁安市、香河县、永清县、定州市、顺平县、东光县、肃宁县、冀州市、衡水市桃城区、清河县、邢台县、邯郸市丛台区、曲周县等21个县（市、区）“2012年度人口和计划生育工作先进县（市、区）奖”。授予省纪委（监察厅）、省委组织部、省委宣传部、省公安厅、省人力资源社会保障厅、省民政厅、省财政厅、省卫生厅等8个单位“2012年度履行人口和计划生育职责成效突出奖”。

全省人口和计划生育工作会议。2012年2月24日在石家庄市召开。河北省委书记张庆黎出席会议，省长张庆伟作重要讲话，省委副书记赵勇主持会议，副省长杨汭对全省人口计生工作进行了部署。省委秘书长景春华，省人大常委会副主任马兰翠，省政协副主席王刚，省政府秘书长尹亚力出席会议。会议传达了张庆黎书记在省委常委会上就进一步做好人口和计划生育工作的重要讲话精神，全面总结了2011年全省人口计生工作，分析了当前形势，部署了2012年人口计生重点工作。各设区市市委书记、市长、党委或政府分管领导，人口计生委主任；部分工作先进的县（市、区）党委或政府主要负责人，人口计生局长；省人口计生领导小组成员参加了会议。

全省综合治理出生人口性别比暨全面推进免费孕前优生健康检查项目工作电视电话会议。2012年4月27日在邢台市召开。河北省副省长杨汭出席会议并讲话。会议部署了做好综合治理出生人口性别比工作和免费孕前优生健康检查项目全省全覆盖工作。现场观摩了任县“出生实名制接生登记实时监控网络平台”和免费孕前优生健康检查工作，邢台任县、沧州黄骅市、石家庄市和廊坊市等地介绍了经验。

全省人口计生系统加强基层基础工作座谈会。2012年7月17日在保定市召开。会议全面分析了全省人口形势，总结交流了各地加强基层基础工作稳定低生育水平的经验做法，研究了2012年上半年工作中存在的问题和薄弱环节，安排部署了2012年下半年工作。11个设区市汇报了人口形势及重点工作进展情况，磁县、隆尧、肃宁、涞水、辛集、遵化等6个县（市）作了典型发言。

全省推广肃宁县依托“四个覆盖”推进人口计生基层群众自治经验现场会。2012年5月22日在肃宁县召开。河北省人口计生委主任赵新、沧州市政府副市长郭建英出席会议并讲话，省人口计生委副主任、计生协专职副会长尹爱东主持会议。肃宁县介绍了依托“四个覆盖”推行人口计生基层群众自治工作情况，参会人员观看了肃宁县依托“四个覆盖”推进人口计生基层群众自治工作专题片，肃宁县7个乡、村和群众代表作了发言。赵新主任就依托“四个覆盖”深化人口计生基层群众自治工作进行了工作部署。

进一步落实人口计生利益导向政策。河北省政府将2012年确定为利益导向政策落实年，全省共投入计生惠民资金9.16亿元（主要用于落实《条例》规定的三项奖励、计划生育救助公益金和国家两项制度），各项奖励优惠政策惠及计划生育群众369万人（户）次。2012年河北省将独生子女死亡家庭的一次性救助标准由1万元提高到2万元，将独生子女伤残家庭的一次性救助标准由5000元提高到1万元；将计生家庭奖励扶助和独生子女伤残、死亡特别扶助标准分别提高到每人每月80元、110元和135元；2012年度全省共确认奖扶对象322104人，发放奖励扶助金3.09亿元；为140.09万名农村独生子女父母、167.6万名城镇独生子女父母兑现了每人每月10元的奖励，发放奖金3.59亿元；筹集计划生育救助公益金9692.43万元，救助独生子女死亡伤残等计划生育特殊家庭1.79万户，发放救助金5977.331万，用于其他特殊困难的计划生育家庭救助资金1251.5万元，救助公益金使用率达74.58%。全省共为94102名国家工作人员、企事业单位独生子女父母发放退休3000元一次性奖励。

继续做好免费孕前优生健康检查项目试点工作。2012年，河北省60%左右的县（市、区）列为国家试点。河北省政府召开了免费孕前优生项目工作会议，大力推进这项工作。河北省免费孕前优生健康检查项目试点工作实现了“一个全覆盖三个率先”。全省国家项目点由15个县扩展到104个县（市、区），其余县（市、区）全部纳入省级试点，实现了国家项目和省级试点全覆盖。全省率先建成P2标准实验室93个，占全省县（市、区）的57%。率先制发了《河北省孕前优生健康检查风险评估指导手册》，该手册得到国家人口计生委的高度认可，决定在全国推广使用。率先研发了孕前优生信息化工作系统，国家人口计生委将在全国推广使用。河北国家免费孕前优生项目工作成效显著，先后3次在国家会议上介绍经验。2010年项目实施以来，全省国家级孕前优生项目县已服务914107人，优生健康检查覆盖率达到90.4%，连续三年圆满完成了服务目标人群80%以上的工作任务。全省经综合评估确定出生缺陷高风险人群75782人，高风险人群发生率约为8.29%，全部给予积极的转诊治疗及优生咨询指导。

积极推进流动人口计划生育基本公共服务均等化。河北省积极推进流动人口计划生育基本公共服务均等化，让流动人口在现居住地获得与户籍人口同等的宣传倡导、计划生育、优生优育、生殖健康、奖励优待等方面的基本公共服务。落实流动人口免费技术服务和各项奖励优待政策，在现居住地对流入人口实行“三个纳入”，即纳入免费孕前优生健康检查项目，纳入“民心工程”，纳入“计划生育救助公益金”救助范围。现居住地流动人口免费技术服务落实率达到85%以上，流入已婚育龄群众避孕药具发放率保持在90%以上，流动已婚育龄妇女免费接受孕检率达85%以上。积极推进均等化服务试点工作，指导全国均等化试点石家庄市进一步健全完善了为流动人口服务的工作机制，探索建立了保障基本公共服务的相关制度。对留守家庭实施亲情服务工程等均等化服务项目。2012年11月，石家庄市顺利通过国家人口计生委、人社部等四部委组织的联合评估验收。继续开展第三批“双居工程”示范点创建活动，全省共创建示范点66个。

（河北省人口和计划生育委员会　刘改凤）

能源与节能降耗

2012年，各地各部门认真贯彻落实国家、省节能降耗工作部署，创新工作举措，加大结构调整，加快发展节能环保产业，积极实施“双三十”节能减排示范工程和3255循环经济示范工程，全省节能降耗成效显著。一次能源生产平稳增长，全社会能耗保持低速增长，能源消费品种结构继续优化，能源利用效率明显提高，顺利完成了全省节能降耗任务。

一、一次能源生产平稳增长

2012年，一次能源生产总量为10090.1万吨标准煤，比上年增长15.7%，增速同比加快8.5个百分点，为满足全省经济社会发展和人民生活需求提供了有力保障。从能源生产品种结构看，原煤和一次电力生产比重有所上升，原油、天然气生产比重下降。原煤、原油、天然气和一次电力占能源生产总量的比重分别为：85.3%、8.3%、1.7%和4.7%，其中，原煤比重比上年上升0.5个百分点，原油下降1.3个百分点，天然气下降0.1个百分点，一次电力比重上升1.0个百分点。

二、全社会能耗增速回落

随着全省节能工作的不断深入，全社会能源消费总量增速明显回落。2012年全省能源消费总量突破3亿吨，达30250.21万吨标准煤（等价值），比上年增长2.5%，增速比上年回落4.6个百分点。能源消费品种结构逐步优化，煤炭及其制品、油品作为效率低、污染较重的能源品种，其消费量所占比重逐步降低，电力和天然气等清洁能源则提高。2012年，煤炭、石油、天然气和一次电力占能源消费总量的比重分别为：88.8%、7.7%、1.9%和1.6%，其中，煤炭比重下降0.8个百分点，天然气和一次电力消费比重分别上升0.4和0.5个百分点。

三、能源利用效率稳步提高

2012年，全省单位GDP能耗1.216吨标准煤/万元（2010年可比价），同比下降6.46%，降幅比上年同期扩大2.8个百分点，超过年度目标（下降3.66%）2.8个百分点。从11个设区市情况看，唐山、邯郸、邢台、张家口等4市单位GDP能耗降幅超过全省平均水平，分别下降7.18%、7.37%、7.46%和7.53%。与各设区市2012年节能目标比较，11个市均达到或超过了年度目标。

2012年，全省能源加工转换效率为77.1%，比上年提高1.2个百分点。分加工转换类型看，除炼油和型煤加工效率略降外，火电、炼焦、供热、制气等效率均有所提高。其中，火力发电效率37.5%，提高0.5个百分点，洗煤92.8%，提高1.4个百分点。

四、工业节能成效显著

2012年，全省规模以上工业单位增加值能耗大幅下降，同比下降9.81%，降幅比上年扩大3.1个百分点。工业能耗占全社会比重80%左右，工业领域节能成效明显，对完成全省单位GDP能耗目标发挥了强有力的支撑作用。

（一）工业能耗低位。受工业生产形势低迷、增速放缓、能源消费需求减弱等因素影响，2012年全省规模以上工业能耗增速总体处于低速平稳运行。全省规模以上工业能耗20457.5万吨标准煤（当量值），同比增长2.3%，增速比上年回落6.1个百分点。各月累计能耗增速始终保持在2%左右的水平，与去年同期10%左右的增速水平相比，呈现了增速明显回落的特点。

（二）六大高耗能行业能耗增速低于全省平均水平。2012年，六大高耗能行业能耗18568.9万吨标准煤，同比增长2.0%，比全省工业能耗增速低0.3个百分点。

六大行业能耗增速表现为“五升一降”。非金属矿物制品业能耗同比下降9.3%。其余行业为个位数增长，其中煤炭开采和洗选业、石油加工炼焦及核燃料加工业、化学原料和化学制品制造业、黑色金属冶炼和压延加工业和电力热力的生产和供应业分别增长0.1%、5.0%、3.6%、4.0%和0.2%。

（三）各设区市工业增加值能耗下降明显。2012年，各设区市整体能耗增速低于上年。邢台、张家口能耗分别下降3.4%和1.0%，其他9个设区市能耗同比增长，增速均保持在个位数水平，秦皇岛市最高为8.4%，石家庄、唐山、邯郸、保定、承德、沧州、廊坊、衡水分别增长3.1%、1.8%、1.8%、5.9%、6.4%、3.9%、4.2%和4.3%。11个设区市单位工业增加值能耗均同比下降，其中张家口、唐山、邢台、邯郸等4个市降幅超过全省平均水平，分别下降12.6%、10.0%、14.6%和10.8%。

五、全社会用电量低速增长

全省各级各部门继续坚持用电量月会商制度，科学预警调控用电量，加强对用电大户的监测和调控，全社会用电量保持低速增长，增速比上年明显回落。2012年，全社会用电量达3077.7亿千瓦时，比上年增长3.1%，各月累计能耗整体处于个位数区间，总体增速平稳，与上年10%左右的增速相比回落明显。万元GDP电耗同比下降5.92%，降幅比上年扩大5.56个百分点。

从分产业用电情况看，第一产业同比下降23.0%；第二产业增长2.9%；第三产业增长16.8%；城乡居民生活用电增长5.4%。第二产业中，工业用电量增速回落，全省工业用电量2363.8亿千瓦时，同比增长2.9%，比上年回落9.7个百分点。

（河北省统计局　左　熠）

产业篇
INDUSTRIES
河北经济年鉴
2013

农　业

【主要农产品生产】 2012年，河北省农业系统积极应对特大洪涝、强台风、暴发性虫灾、低温冻害等严重灾害，及时制发各业恢复生产的指导意见，下派专家技术干部驻点包村，指导农民生产自救；争取省级以上救灾资金1.3亿元，紧急采购荞麦、蔬菜等短季作物种子和消毒药品支援灾区，全面开展蔬菜棚室、畜禽圈舍、水产养殖场和基层农技站等水毁设施的恢复重建；迅速打响二点委夜蛾、三代粘虫紧急除治的人民战争，及时调剂资金采购8460台烟雾机用于病虫防控，有效遏制了虫灾暴发势头。经过全系统艰苦努力，全省农业生产在大灾之年避免了大损失，粮油作物和菜篮子产品全面增产，粮食总产649.3亿斤，比上年增加14.8亿斤；油料总产142.8万吨，增长0.7%；蔬菜、肉、蛋、奶、水产品产量分别达到7695.1万吨、442.9万吨、342.6万吨、470.4万吨和116.3万吨，分别增长4.2%、5.9%、0.8%、2.5%和9%；棉花播种面积57.8万公顷，总产56.4万吨。粮食和重要农产品全面均衡增产、产销两旺，有力保障了市场供应，带动了农民增收，全年农民人均纯收入达到8081元，增长13.5%。

【种植业结构调整】 认真落实“一产抓特色”战略部署，以品种改良、品质提升、品牌建设为重点，以示范创建为抓手，持续推进特色产业向优势区域聚集，特色产品向规模化、集约化发展。粮食产业，持续打造4000万亩核心区，突出抓好优质小麦、专用玉米、杂交谷子和马铃薯种薯四大特色产业，建设620个国家级万亩高产创建示范片，在部分市县乡推行整建制高产创建试点。邯郸市率先建成吨粮市，藁城、赵县、临漳等37个县建成吨粮县。蔬菜产业，建成77个部级标准园和502个千亩以上省级标准园，在北京社区建设70家直营店，84家合作社对接北京中高端市场，日供蔬菜900吨。省级蔬菜产业服务平台启用，“冀园一品”集体商标成为河北蔬菜名片，新认证“三品一标”产品1203个，总数达到4481个。设施蔬菜播种面积33.6万公顷，增长3.9%；产量2242.1万吨，增长9.3%。棉花产业，建设9个国家级优质棉基地、53个万亩高产创建示范片，对轻简育苗移栽技术进行示范，利用滨海盐碱旱地发展棉花10万亩。中药材产业，启动省级示范园创建活动，成立专家顾问组，出台创建意见和考核办法，集中扶持100个示范园，助推中医药强省建设。

【农业科技推广】 抓住中央1号文件聚焦农业科技创新的重大机遇，扎实开展农业科技促进年活动，强化政策导向，优化装备结构，提升支撑能力，为现代农业发展注入强大动力。着力营造政策环境。省政府新设农业技术推广奖，每两年一次对有突出贡献的农技推广人员、项目和团队进行奖励。省财政安排专项资金，启动现代农业产业技术体系河北省创新团队建设，集合农科教优势资源，推动重点产业科技研发、成果转化和技术推广。积极参与百家院所校进河北活动，成功举办中国科协年会“资源高效利用与农业可持续发展”专题论坛。着力强化科技支撑。全年主推优良品种40个、先进技术30项，主要农作物良种覆盖率稳定在97%以上；推广测土配方施肥1.26亿亩、农田节水2900万亩，节本增效60多亿元；建成种畜禽场619个，主要畜禽良种覆盖率进一步提高；加强新型农民培训，完成阳光工程培训17.7万人次，培育科技示范户16.8万户，普训农民600万人次。着力提升装备水平。落实农机购置补贴9.95亿元，新增小麦、玉米联合收获机械1.28万台、大中型拖拉机及配套机具6万多台套，全省农机总动力达到1.05亿千瓦，主要农作物耕种收综合机械化水平达到69.2%，提高2个百分点。

【农业产业化】 紧紧围绕“一产抓特色、二产抓提升、三产抓拓展”的发展战略，以“特色主导、项目支撑、龙头带动、园区集聚”为主线，强化工作举措，发挥产业特色，产业化经营水平持续提高。深入推进项目建设年活动，当年建设产业化项目1455个、完成投资860亿元，分别增长23%和18%，138个亿元以上项目竣工投产。认定第五批省级龙头企业454家，新增88家，年销售收入2098亿元，增长29%。30个省级示范园区完成投资207亿元，产值增长21%。全年农业产业化经营总量达到5394.3亿元、增长13.4%，产业化经营率达到61.5%、提高1.5个百分点。

【农业经营体制机制】 积极适应农村改革发展的新形势，紧紧围绕转变农业发展方式、促进农村生产力发展，大力推进农业经营体制机制创新和生产关系调整。在巩固完善农村基本经营制度的基础上，按照依法、自愿、有偿的原则，依法推进土地流转，全省农村土地承包经营权流转面积1251.5万亩，占家庭承包耕地总面积的15.1%，提高2.4个百分点，规模经营面积占60.2%。全省农村普遍建立村级集体财富积累机制，村集体“三资”管理进一步规范，全省村集体收益达到19.3亿元，自我发展能力明显增强。全省农民合作社总数发展到3.27万家，其中种养业农民专业合作社达到2.3万家，直接带动农户300多万户。

【惠农政策落实】 积极争取中央和省级农业投资64亿元，比上年增长11.1%。其中，落实小麦、玉米、水稻、棉花良种补贴资金12.36亿元，争取中央和省级两批农机购置补贴资金9.15亿元，与上年比有大幅度增长。利用国家下达的1.825亿元专项资金，采取技物结合方式，指导农民开展麦田“一喷三防”。省政府安排2.65亿元，对77个粮食综合生产能力提高较快的县进行奖励。针对小麦生产换种率低、品种多乱杂等问题，在深入调研论证的基础上，向省政府提出改小麦良种现金补贴为购种补贴的建议。争取康菲19—3溢油事故农业补偿资金6.1亿元，用于对唐山、秦皇岛两市5县区养殖渔民赔偿补偿。落实国家渔业柴油补贴资金5.65亿元。

【五大体系建设】 基层农技推广体系，争取国家投资3亿元，用于基层站条件建设和推广能力建设。乡镇农技人员到位率达到91%，提高3个百分点，以人员聘用、岗位定责、绩效考评为重点的运行机制初步建立。动植物疫病防控体系，省级P3兽医实验室建设正式启动，9个市、121个县兽医实验室通过验收；县级水生动物疫病防治站总数达到25个，防治面积218万亩；农业有害生物预警与控制区域站达到55个，专业化防治组织发展到2040个。农产品质量检测体系，省级农产品质检中心投入使用，新争取5个市级、20个县级质检站项目，全省获国家批准的县级质检站总数达到109个，覆盖率79%。全年蔬菜、畜产品和水产品抽检合格率高于全国平均水平。农业信息服务体系，省市县农业信息网络和视频会议系统全部建成投用，省级远程视频诊断系统正式启用，12316热线、短信服务覆盖全省所有乡村。农业综合执法体系，42个县实现种养业综合执法，76个县实现畜牧水产综合执法。积极开展综合执法规范化示范创建活动，55%的县达到建设标准，提高5个百分点。

【绩效和标准化管理】 坚持两项工作统筹推进、资源共享，构建了科学高效的内部管理体系，机关管理水平和行政效能大大提升。绩效管理体系初步建立。以目标导向、过程控制、动态监督、持续改进为基本理念，积极探索绩效管理有效途径和方式方法。围绕履行职责、依法行政等6个方面，设置评估指标和考核分值，建立一级指标420个、二级指标1893个，涵盖厅属各单位和各项重点工作。先后出台实施方案、管理办法、考核办法等一系列文件，逐级签订计划任务书，细化工作任务，强化过程管理。研究制定了科学合理、简便易行、操作性强的考评方法，制发14套561份考核评估表。标准化管理顺利通过认证。突出过程控制和规范运行，扎实开展动员培训、文件编制、标识设计、内审外审和管理评审等重点工作，形成1本质量手册、19个程序文件、27个处室工作手册、106个工作指导书、47个记录表单，梳理印发221个国家和省制度文件，确定了行业精神、机关精神和机关作风用语，初步建立了较为完整的质量管理体系，并于2011年11月顺利通过ISO9000质量管理体系认证。

【农业帮扶】 积极跟进省委省政府重大决策部署，认真开展驻村帮扶、定点扶贫、对口援疆等工作。基层建设年活动，充分发挥部门职能和技术优势，深入开展“四个一”活动，为每村确定一名农技联络员、谋划一个特色产业、组织一次农民培训、培育一个合作组织；为5010个村编制了“一村一品”特色产业发展规划。省农业厅选派得力干部对玉田县两个村开展驻村帮扶，驻村工作组在办好省规定十件实事的基础上，谋划实施了一批“自选项目”，大大改善了帮扶村生产生活条件。各市县农业部门按照全省统一部署，扎实开展驻村帮扶活动，取得了明显成效。省农业厅驻燕山口村工作组，秦皇岛市农业局、廊坊市农业局、保定市畜牧水产局、衡水市农牧局驻村工作组，丰宁、怀来等12个县农业（农牧）局驻村工作组被省委评为优秀驻村工作组。定点扶贫，驻万全、平乡扶贫工作组，在摸底调查的基础上，围绕主导产业制定了具体帮扶计划，确定了蔬菜标准园、粮食高产创建、设施养殖、农产品加工、沼气建设等10多个帮扶项目，落实扶持资金近千万元。对口援疆，2010年以来选派两批干部到巴州开展援建工作，圆满完成“农二师河北现代农业研发基地”援建任务，为当地引进农业新品种50多个、新技术20多项。

（河北省农业厅　张宝立）

【农机化工作】 2012年，全省农机系统按照省委、省政府提出的“一产抓特色”战略部署，做了大量卓有成效的工作。各级农业机械化主管部门全面落实“稳增长、抓特色、重科技、保安全、强保障、促增收”工作总要求，认真落实好国家强农惠农富农政策，积极调整农机结构，提升农机化水平，农业机械化继续保持了全面快速健康发展的好势头，为实现粮食“九连增”、农民增收“九连快”和农业现代化建设做出了应有的贡献。

——农机装备总量持续增加。到2012年底全省农机总动力达到10560万千瓦，同比增长2%；大中型拖拉机保有量21万台，同比增长10.5%。

——农机作业水平稳步提升。全省主要农作物耕种收综合机械化水平达到69.2%，同比增长2%；小麦机收水平达到98.5%，机播水平97%；玉米机收率达到45.6%，比上年增长10.6个百分点，其中，中南部地区达到55%，实现历史性突破。

——农机社会化服务扎实推进。全省各类农机作业服务组织、农机户不断发展壮大，总数达到360多万个，合作社达到860个，农机服务领域和范围不断拓宽，农机销售、作业、维修市场日益兴旺。全年农业机械化服务经营收入达到221亿元，同比增长1.3%。

——农机法制建设取得新进展。重新制订的《河北省农业机械管理条例》，于2012年7月27日经河北省第十一届人民代表大会常务委会第三十一次会议修订通过，2012年11月1日起施行，河北省农机化法规建设迈入新进程。

【落实农机购置补贴政策】 中央和省财政持续加大农机购置补贴的支持力度，累计支持农机购置补贴资金达30.64亿元，补贴各类农机具55万台（套），受益农户累计达24万户。全省农机总动力连续多年保持2%以上的增长速度。2012年补贴规模持续增大，总补贴额近10亿元，继续把玉米收获机械作为补贴重点，突出抓好关键环节机械化，同时也出现了多种农业机械竞相发展的新局面，设施农业机械和田间管理机械补贴数量均创历史，分别达到3.3万台和1.8万台，畜牧养殖机械补贴达到1.3万台（套），有力地支持了农业各产业的快速发展，使河北省农机装备结构不断优化，机械化水平明显提升。石家庄、邯郸两市很好地完成了河北省结算层级下放的试点任务，为全省今后的改革提供了经验，坚定了信心。

【组织好各农时季节农机生产】 在各个重要农时季节，全省农机部门协调联动，科学谋划、精心安排、合理调度农业机械，确保了春耕春播、“三夏”、“三秋”等重要农时季节的机械化生产。夏收时节，全省组织8万多台联合收割机实施跨区作业，抢收抢打，实现了颗粒归仓。组织100多万台拖拉机、15万台玉米免耕播种机投入夏种作业，大力推行小麦机收—秸秆还田—玉米机播“一条龙”作业模式，玉米机播率达到85%，基本实现了小麦收获一亩，玉米播种一亩，机收、机播同时推进的作业格局，使传统的“三夏”变成“两夏”，为夏播争得了宝贵的农时。秋季生产中，以抓好玉米机收和小麦机播为重点，充分准备，精心组织，大力推行玉米机收、秸秆还田、精细整地、小麦播种配套作业集成技术，提高效率，降低成本，提高玉米收获和小麦播种质量，为粮食九联增创造了条件。衡水、沧州等地大力推进农机合作组织建设，不断提高农机作业组织化程度，在重要农时季节发挥显著作用。

【推进玉米收获机械化】 中南部地区农机管理部门坚持多措并举，推动玉米机械化收获取得重要突破。大部分粮食主产县把农机购置补贴资金的60%优先安排玉米收获机的补贴，为玉米机收发展提供了强大资金保证。邢台、邯郸、石家庄等重点地区把发展玉米机收作为实现玉米生产全程机械化的主攻方向和突破口，在一些市县建立示范区，实行财政资金累加补贴，加快区域发展进程。2012年，全省玉米机收水平实现历史性突破，新增玉米收获机9295台，玉米收获机保有量达到2.7万台，完成玉米机收面积2060万亩，较上年增加500多万亩，连续两年保持10个以上百分点增速，其中，中南部部分粮食主产县机收率达到60%以上。廊坊等地高度重视新机具演示活动，强化秸秆综合利用工作，有力支持了当地畜牧业的发展。全省增加作业收入达6.5亿元，机收生产效率较人工提高30倍，替代出农村劳动力120多万人。

【农机化政策法规体系建设】 2012年初，重新修订《河北省农业机械管理条例》（以下简称条例）工作被纳入河北省第十一届人民代表大会常务委员会立法项目。在省局高度重视，缜密组织，部分市县的积极配合下，《条例》审议稿经省十一届人大常务委员会多次组织立法调研和征求政府部门及社会意见、建议，两次审议之后全票通过，于2012年11月1日起施行。《条例》细化和强化了“科技推广”、“质量监督”等的相关规定，完善了“社会化服务”、“安全监督”等内容，在对农机化事业的投入、保障机制、农机监理的主体执法地位、农机公共服务体系的规范化建设、农机制造、维修、管理等各环节均作出了新的更加明确的规范，是一部有“含金量”的法规，对保障全省农机化事业又好又快地发展奠定了坚实的政策法规基础。

【抓好农机安全生产】 在农机化生产过程中，各地农机主管部门及其监理机构，坚持以人为本，立足长效，落实农机安全责任措施，突出重点，深化农机安全隐患排查治理和“打非治违”专项行动，唐山、石家庄、保定等多地积极开展“平安农机”创建和“为民服务争先创优示范窗口”活动，完善制度，加强农机安全监管能力和规范化建设。各地通过有效的工作措施，保持了全省农机安全生产形势持续稳定。全省有3个县级单位被农业部评为全国“为民服务创先争优”示范窗口，8名个人被评为示范岗位标兵，有4个县荣获国家级“平安农机”示范县称号。

（河北省农机局 郭 恒）

【农垦概况】 河北省农垦系统的农（牧）场大部分是在五十年代国家为了巩固新生的人民政权，尽快恢复和发展经济，由转业官兵、知青以及地方抽调的干部群众，在人烟稀少的沿海滩涂、坝上高原、内陆洼淀开垦而逐步建立起来的，经过半个世纪几代人艰苦不懈的努力，河北垦区成为全国各垦区中较大的一个垦区，全系统共有32个国营农（牧）场（23个农场，9个牧场）和1个省级农垦科学研究所，其中市属场14个，县属场18个。农（牧）场分布在全省除邯郸、衡水和秦皇岛外的8个市，最北部的沽源牧场与内蒙古自治区接壤，南至隆尧县境内，西临太行山脚下，东至渤海之滨，大部分处在环渤海、环京津经济圈内。全系统土地总面积374.06千公顷，其中耕地92.82千公顷，草场91.75千公顷，林地84.83千公顷，水面97.97千公顷，居民工矿企业占地31千公顷。截至2012年底，农垦生产总值达到333.42亿元，比上年增长16.68%，其中，第一产业增加值36.95亿元，增长0.13%；第二产业增加值192.62亿元，增长10.26%；第三产业增加值103.85亿元，增长40.02%，人均GDP净增加9454元，达到7.55万元，比上年增长14.32%。产业结构格局稳定，经济运行质量和效益进一步提高。全系统年末总人口44.32万人，其中从业人员26.38万人，占总人口的89.52%。共有各类学校109所，其中：成人高等学校1所，普通中等专业学校1所，成人中等专业学校1所，中学16所，职业中学1所，小学88所。教职工4445人，其中教师3803人，在校生4.62万人。医疗条件逐渐得到改善，医疗环境进一步优化，公共防疫、医疗急救应急机制初步形成，整体医疗水平逐步提高。2012年农垦系统卫生医疗单位130个，其中医院37个，病床1831张，医务人员1865人。职工生活水平进一步提高。2012年全系统实现人均纯收入10917元，比上年增长16.83%。职工住房条件进一步改善，年末职工实有住房面积1384.83万平方米，增长5.18%，人均住房面积31.25平方米。

【农垦第一产业】 通过进一步加强和重视农业的基础地位和作用，农业生产经营水平得到了稳步发展和提高，高效经济作物、牧草业、高效水产养殖业成为农业经济新的增长点，成为农业发展的重要动力。随着农业综合生产能力的明显提高，有条件的农场实施了节水农业、设施农业、生态农业、高效农业等示范工程，农业生产集约化、生产机械化、加工专业化、管理科学化和标准化水平有了进一步提高。农业产量与上年基本持平。全年实现农林牧渔业总产值81.10亿元，增长13.86%。全年农作物总播种面积为97.12千公顷。其中：粮食播种面积63.80千公顷，比上年下降1.04%，占农作物总播种面积的

65.69%；全年粮食总产为40.29万吨，比上年增加1.76万吨，减少4.19%；为国家提供商品粮35.83万吨，比上年减少1.06万吨，下降2.87%，商品率为88.93%。畜牧业保持健康发展。2012年主要牲畜存栏和畜产品产量增加，其中奶牛存栏数量增加。奶牛数量达到13.98万头，增加0.07万头，牛奶产量46.80万吨，减少1.42万吨，比上年下降2.94%。察北、沽源、大曹庄三个农场牛奶产量分别达到19.72万吨、11.75万吨和6.35万吨，占全垦区牛奶总产量的80.81%。水产养殖业发展平稳。年末水产品养殖面积1.56万公顷，比上年增长12.62%。养殖面积中淡水8198公顷，海水7419公顷。全年水产品产量10.47万吨，比上年增加2.76万吨，增长35.7%。其中：淡水产品产量7.45万吨，增长9.06%；海水产品产量3.02万吨，增长241.19%。对虾产量2.56万吨，比上年增长79.95%。全年植树造林面积2.81千公顷，其中防护林2.56千公顷。农业基础设施得到加强，生产条件继续改善。年末农业机械总动力101.60万千瓦，比上年增长6.81%。农用排灌动力机械1.25万台，13.79万千瓦，大中型农用拖拉机3647台，小型拖拉机2.28万台，联合收割机405台，机动割晒机1064台，机动脱粒机5924台。实际机耕面积83.07千公顷，占年末耕地面积的比重达89.50%，当年机播面积86.09千公顷，占农作物总播种面积的比重达88.64%，机械收获面积59.26千公顷，占农作物总播种面积的61.02%。

【农垦第二产业】 第二产业发展态势良好，增长速度较快，拉动能力不断加大。依据农垦优势和国家产业政策，坚持以市场为导向，以企业增效和职工增收为目标，积极调整产业和产品结构，农垦工业产业得到大力发展，对农业的提升能力逐步加大。一是乳业得到了较快发展。乳业已形成了以饲草（料）——奶牛养殖——乳品加工一体化为特色的产业链，发展规模不断扩大，已成为全省农垦的第一大主导产业。到2012年底，全系统日处理鲜奶能力达到2500吨。二是农产品加工业迅速发展。肉品加工、土豆、蔬菜加工等农产品加工业的发展，对现代农业的发展起着重要的拉动作用，农垦主要农产品加工转化率达到58%，坚持走加工龙头集群化发展之路，是“工业强垦”的最佳选择，也是带动农场及周边民富的主要支柱。三是结合实际，依托自身技术、人才、资源等方面的优势，围绕市场需求，抓质量、上规模、增效益，大力发展具有区域特色的地方经济，对经济的拉动作用日益突出，中捷、南大港农场的石化，芦台农场的自行车配件、成车装配和休闲家具等均已经形成一定的产业规模，成为农垦经济发展的支柱产业，且发展势头良好，潜力巨大。2012年第二产业实现增加值192.62亿元，比上年增长10.26%，增加值占农垦生产总值的57.77%，其中：制造业增加值148.27亿元；建筑业增加值42.16亿元，比上年增长97.93%。2012年工业企业总数为1035个，其中国有工业企业及规模以上的非国有工业企业177个，销售产值560.93亿元，增长25.2%。乳制品产量达到53.71万吨，比上年增长14.50%。其中液体乳产量49.83万吨，比上年增长11.93%。实现工业总产值625.52亿元，比上年增长17.51%。国有工业总产值188.82亿元，增长22.78%；轻工业总产值377.88亿元，增长113.03%；规模以上工业企业总产值556.35亿元，下降0.84%。主要工业产品总产值为：农副食品加工业17.99亿元，增长6.01%；食品制造业56.62亿元（主要为乳制品制造业），增长25.54%；纺织业3.44亿元，下降39.22%；纺织服装、鞋、帽制造业4.78亿元，下降67.51%；家俱制造业15.18亿元，增长23.62%；化学原料及化学制品制造业15.26亿元，下降40.15%；造纸及纸制品业7.15亿元，下降19.84%；黑色金属冶炼及压延加工业32.29亿元，增长82.12%；交通运输设备制造业27.46亿元，增长8.54%；石油化工及炼焦业151.89亿元，下降40.15%。建筑业稳步发展。建筑企业136个，从业人员9121人。全年实现增加值42.16亿元，增长97.93%，年末固定资产原值2.90亿元，全年施工房屋建筑面积174.72万平方米，房屋竣工面积139.82万平方米。

【农垦非国有经济】 非国有经济成为农垦经济发展新的增长点。坚持把加快非国有经济发展，作为经济结构战略性调整的重要组成部分，通过实施“两个打开”，即打开农牧场大门吸收场外法人加盟农场经济建设，打开国有经济大门吸收民营经济加盟国有经济的举措，结合农垦自身优势，落实各项优惠政策，切实解决非国有经济发展中存在的问题，有力促进了非国有经济的快速发展，使个体私营经济成为农垦经济发展新的增长点，并成为繁荣市场和增加就业岗位的重要渠道。非国有经济发展迅速，对农垦经济发展贡献逐步增大。2012年，非国有经济保持迅猛发展势头，拉动垦区经济快速增长，非国有经济在农垦生产总值中比重继续增加。非国有经济全年实现农垦生产总值208.55亿元，比上年增长14.71%，占全社会经济总量的62.54%，比上年下降1.08个百分点。其中第一产业增加值13.10亿元，增长27.43%；第二产业增加值133.95亿元，增长17.58%；第三产业增加值61.49亿元，增长6.77%。各产业在非国有经济农垦生产总值中所占比重分别为：6.28%、64.23%、29.49%。年末非国有经营单位23800个。其中，集体经济80个，个体企业2.16万个，私营企业2050个、港澳台及外商企业22个。从业人员18.24万人，其中：第一产业4.89万人，第二产业6.42万人，第三产业6.94万人。从业人员收入总额34.08亿元，比上年增长14.71%；人均收入1.87万元，增长10.8%；全年共实现利税52.83亿元，增长15.65%。形成了芦台农场自行车零配件及整车生产工业园区、中捷农场临港化工园区等一批带动区域经济快速发展的经济带，其中芦台农场已成为我国北方最大的自行车零部件生产加工基地，亨利公司已成为全国最大的铝圈生产厂，非国有经济已成为农垦经济发展的重要支撑。

【农垦科技】 科技进步和创新取得新突破。以技术创新、农业标准化、农业科技园区建设为工作重点，大力实施“科技兴垦”战略，科技进步与创新机制不断完善。一是围绕农垦支柱产业，以市场为导向，以产业升级为核心，以建设大中型企业技术开发中心为重点，指导组织开展技术改造和新产品、新技术的研制、开发工作。二是大力推进多种形式的产学研联合。先后与中科院、中国农大等多家科研院所建立了长期稳定的技术协作关系，提升了农业、人乳转基因、化工等各产业的科技含量。南大港农场优种羊扩繁基地利用从国外引进的胚胎和冲洗技术扩繁超细毛羊，毛肉兼用，发展前景良好，达到国际先进、国内领先水平。

【农垦现代农业建设】 现代农业示范建设步伐加快。一是加快现代种养业示范园区建设。以先进适用技术综合集成为手段，以做强龙头企业、做大主导产业、提高农业生产现代化水平和示范带动作用为目标，提升10个种植示范园区，10个畜禽规模养殖示范园区，其中察北、沽源牧场示范园区奶牛存栏在万头以上，带动周边农村养殖奶牛15万头。通过园区示范带动，几年来为周边农村培训农民4万多人次，输出技术30多项，冷冻精液3万多支。二是推广察北奶牛养殖、柏各庄水稻种植、中捷水产养殖三个“全国农垦现代农业示范区”的成功模式，提高农垦新成果展示功能、技术示范推广功能、科研开发辐射功能、科技信息交流功能和人才培训功能。三是做好农垦系统的高产攻关，柏各庄农场攻关地块水稻亩产达到709.3公斤，攻关目标是700公斤，汉沽农场奶牛产量平均达到每头每年8.9吨，远远超过7吨的目标，单体最高产量达到10吨。四是积极探索多种形式现代农业产业建设模式，努力形成多层次和多功能的示范区建设新格局，扩大示范带动的范围和影响。现代农业建设效果明显，示范带动作用得到发挥，垦区现代农业园区建设显现度高，先进技术应用水平明显高于周边农村。大田耕种收机械化水平达到85%，高于全省近20个百分点。垦区奶牛产业化带动强劲，企业龙头带动周边15个县（市）养殖奶牛15万余头，培训农民3万多人次，输出饲养、防病治病技术20多项，农民增加收入3亿多元。重点农区灌溉全部实现喷灌化。垦区还在供应小麦良种、水产工厂化养殖、农业科技和经营管理水平上为农村提供了示范，并通过技术、人才等方面的扶持、帮助，带动了周边地区农业和农村经济的发展。五是充分挖掘国有农场的旅游资源，打造集文化、生态、民俗、风情于一体的农垦特色旅游品牌，以旅游业带动现代农业的发展。重点推进坝上森林草原风光、沿海湿地生态旅游业发展。旅游业门票收入达到1500万元，带动相关产业收入近2亿元。

【农垦社会事业】 社会事业建设取得新进展，城镇建设步伐加快，发展环境明显改善。以服务农垦职工群众和改善人居环境为目标，农垦的教育、文化、卫生等各项社会事业都有进一步发展。一是落实安全生产、农业技术推广、学生饮用奶、质量追溯、扶贫项目、人畜饮水、电网改造、棚户区改造、农垦动物防疫体系等项目，建设内容涉及基础设施建设和生产发展等方面，涉及资金达到4亿多元，大大改善了贫困农场基础设施条件，提高了农业生产综合水平，有利于拉动农（牧）场场域经济增长，促进当地经济发展。二是社会保障体系进一步完善加强。部分经济发展较快，财政收入较多的农场开探索建立完善的民生保障立体网络。如国营中捷友谊农场创建了“善达基金”民生保障立体网络，很大程度上提高百姓幸福指数。设置了重点救助、一般救助、定向救助、量力而行、不重复救助等五大救助原则，同时规定了重大疾病救助、一般疾病救助、爱心助学救助、特困家庭重大灾难救助、定向救助标准等五大救助标准，确保所有老百姓都能看得起病、上得起学、抗得起灾。

【农垦危房改造】 一是按照农业部和省住房保障厅的安排部署，2012年危房改造任务8000户全部开工。二是依据《农业部、国家发展和改革委员会、财政部、国土资源部、住房和城乡建设部关于切实做好农垦危房改造工作的意见》（农垦函〔2011〕2号）和省政府相关政策，结合垦区实际，制定了《河北垦区危房改造工作实施方案》和《河北垦区危房改造建设实施细则》。三是争取了落实配套资金和土地指标，2012年争取国家危房改造资金2.7亿元，其中中央投资1.9亿元，省级配套资金8244万元，争取省国土资源厅落实危房改造用地指标490亩。四是强化监督检查。为推进垦区危房改造工作顺利开展，先后多次赴有关市督导检查农（牧）场危房改造工作进展情况，并定期通报垦区危房改造项目进度情况，促进危房改造工作顺利开展。

（河北省农垦局　杨　康）

林　业

【概况】 2012年，河北省林业建设在国家林业局和河北省委、省政府的坚强领导下，全省林业干部职工积极进取，扎实工作，圆满完成全年各项目标任务。

造林绿化。坚持把京津风沙源治理、退耕还林、三北防护林、太行山绿化、沿海防护林等重点工程作为增林扩绿的主体，突出抓了平山等10个3万亩以上造林大县、平泉等10个万亩以上封山育林大县，全年完成造林29.6万公顷，为目标任务的106%。2012年全国营造林核查河北省合格率达到97.2%，高出全国平均水平2.5个百分点。全省义务植树1.2亿株，省委书记张庆黎等30位省领导参加了省会义务植树活动，新建义务植树基地1.31万公顷。完成中幼林抚育20万公顷，进一步优化了林地利用结构和林种结构，森林蓄积量稳步增长。邢台市开展了规模空前的造林绿化攻坚战，邯郸市大力推进“森林邯郸”建设，石家庄、承德、张家口、保定启动了创建“国家森林城市”活动，唐山、秦皇岛、廊坊、沧州、衡水坚持高标准规划、大手笔建设，打造了一批亮点工程。

产业发展。以10个果品特色县和十大果品龙头企业为抓手，推进7大优质特色果品基地建设，完成结构调整和树体改造13.6万公顷，新增高标准基地14.33万公顷，新建观光采摘果园229个，全省果品总产量达到132亿公斤，为任务目标的130%，81家果品企业被命名为省级农业产业化龙头企业。完成省级果品质量安全检测2000批次，抽检合格率达到99.6%。举办了首届河北省名优果品擂台赛、中国·迁西栗花节暨板栗产业博览会、中国·黄骅冬枣采摘节。全省林药、林菌、林禽等林下种养业经营规模达到15万公顷，新建涿鹿水谷峪等5处省级森林公园，河北省坝上森林入选“中国最美森林”。全省林板产量达到1168万立方米。新增花卉种植面积0.4万公顷。全省林业产业总产值首次突破千亿大关，达到1040亿元。

资源管护。针对春季森林火险等级持续走高的严峻形势，严格落实防火责任制，全面强化野外火源管理、隐患排查整治、火灾应急扑救等措施，成功处置了滦平“3·29”等火灾，全省森林火灾数、森林受害面积同比分别下降23.9%、42.6%，火灾受害率0.06‰，低于0.3‰的控制目标。切实加大松材线虫病、美国白蛾等主要危险性病虫害防控力度，林业有害生物成灾率0.18‰，低于4.3‰的控制目标。武安青崖寨晋升为国家级自然保护区，新建银河山等4个省级自然保护区；国家林业局正式批准建设永年洼等3个国家级湿地公园，新建沽源葫芦河等2个省级湿地公园，完成了全省第二次湿地资源调查。编制了省、县两级林地保护利用规划。严格执行林木采伐限额制度和征占用林地审核制度，开展了“绿盾2012”检疫执法、保护森林资源监督检查等专项行动，成功破获了廊坊安次“4.19”滥伐林木、津秦高铁非法占用林地等重特大案件，全省查处涉林违法案件6929起，有效保护了森林资源安全。

林业改革。组织开展了集体林权制度改革市级验收，全省累计明晰产权553.07万公顷，登记发证532.6万公顷，分别占总任务的100%和96.3%。省委省政府农村工作领导小组出台了《河北省推进集体林权制度配套改革的意见》，进一步明确了林权流转、林权管理、林木采伐、金融支撑等政策措施。全省新增林权流转管理服务机构7个，累计达到65个，完成林地流转19.7万公顷，流转金额5.7亿元，落实林权抵押贷款4.2亿元。河间、赤城被列为全国林权制度改革管理服务建设试点，河北省被列入森林保险中央财政补贴区域。全省建立林业专业合作社1266个，平山被确定为全国林业专业合作社示范县。国有林场改革试点工作进展顺利，编制了国有林场改革试点方案。

保障能力。一是林业队伍能力提升。深入开展党的十八大精神学习、宣传活动，积极推进创先争优、基层建设年活动和党风廉政建设，与国家林业局管理干部学院联合举办了非林专业干部、县林业局长和国有林场场长培训班。二是资金项目争取晋位。落实省级以上林业投资40.8亿元，同比增长11.8%，中央投资位居全国第4位。新增国家级重点公益林20.47万公顷，总面积达到172.33万公顷。三是科技支撑能力增强。开展了林业科技服务年活动，新上国家和省级林果科研、推广项目22个，丰宁荒漠生态站获国家批准立项，编制修订国家行业标准和省级地方标准29项，新增国家重点林木良种基地4个，全省林业基本情况数据库和森林资源管理地理信息系统投入使用，自主研发了林产品交易平台。四是依法治林扎实推进。制定了行政执法过错责任追究细则等制度规定，全年办结行政许可申请610件。成立了河北省林业司法鉴定中心。五是国有林场危旧房改造进展顺利。新开工建设2822户，为任务目标的110%，开工率在全国名列前茅。

【林果业发展“四个十工程”】 为加快转变林业发展方式，确保顺利完成森林覆盖率、森林蓄积量“双增”目标，全面推进果品产业强省建设，围绕“增林扩绿、林果并重、改善生态环境、推动经济发展”的总体思路，河北省从2012年起，实施林果业发展“四个十工程”，每年选择“10个3万亩以上造林大县、10个万亩封山育林县、10个果品特色县、10个果品龙头企业”，进行集中支持和重点扶持，带动形成布局合理、优势突出、特色明显的造林绿化和林果产业发展格局。

为推动“四个十工程”顺利实施，河北省林业局主要采取以下措施。一是国家重点工程造林计划优先保证3万亩以上造林大县、万亩封山育林县的建设任务。二是林果产业发展项目资金重点向果品特色县、果品龙头企业倾斜。三是统筹省级专项资金对“四个十工程”实施以奖代补。四是组织林业科研单位开展面向“四个十工程”的科研攻关、技术指导和咨询服务。五是加强督导检查和绩效评估，严格奖惩措施，确保建设成效。

【《关于加快建设果品产业强省的意见》发布实施】 2012年2月2日，河北省人民政府印发《关于加快建设果品产业强省的意见》，《意见》要求切实抓好优势果品生产基地建设。在太行山、燕山浅山丘陵向阳缓坡优势产区，发展高档苹果生产。到2015年，新建苹果基地6.67万公顷，全省苹果总面积达到26.67万公顷，总产量达750万吨以上，优质果率每年增加2个百分点以上。在冀中平原沙地优势产区，建设高标准优质梨出口基地。到2015年，全省梨总面积稳定在20万公顷，总产量达600万吨以上，传统品种与优新品种比例由目前的2∶1调整到1∶1。在太行山、燕山岗坡次地，发展优质薄皮核桃种植，快速扩大基地规模。到2015年，新建核桃基地13.33万公顷，全省核桃总面积达到26.67万公顷，总产量达30万吨以上，实现面积翻一番、产量翻两番。在太行山和黑龙港优势产区，建设高标准红枣生产基地。到2015年，全省红枣总面积稳定在33.33万公顷，总产量达120万吨以上，制干与鲜食品种比例由9∶1调整到8∶2。在燕山优势产区，建设完善高标准优质板栗出口基地。到2015年，全省板栗总面积稳定在23.33万公顷，板栗总产量达40万吨以上。在桑洋河谷和冀东滨海优势产区，建设优质葡萄生产基地。到2015年，新建葡萄基地3.33万公顷，全省葡萄总面积达到10万公顷，总产量达150万吨以上。在环京津、环省会、环中心城市和小城镇周边，建设桃、樱桃等一批集生态文化、旅游观光、生活体验于一体的绿色有机果品观光采摘基地，培育果品产业新的增长极。到2015年，建成高标准特色果品观光采摘园1000余个。

《意见》提出，要大力发展果品产业化经营。培育壮大龙头企业，依托优势果品生产基地，加快贮藏、营销、加工龙头企业建设。鼓励龙头企业围绕更新改造、延伸链条、开发新上，谋划建设一批投资亿元以上的大项目。抓住大企业竞相扩张的有利时机，引进一批重大项目。重点培育浓缩果汁、核桃、葡萄酒、红枣、仁用杏等果品产业集群，放大规模效应。力争到2015年，全省年产值超10亿元的省级果品龙头企业达到20家，果品贮藏率达40%以上，加工率达30%以上。

【《河北省推进集体林权制度配套改革的意见》出台】 为了进一步巩固集体林权制度改革成果，推进配套改革，促进林业发展、农民增收，2012年12月8日河北省委省政府农村工作领导小组印发了《河北省推进集体林权制度配套改革的意见》。《意见》从提高思想认识、深化主体改革、规范林权流转、加强林权管理、推进采伐改革、建立合作组织、发展林下经济、完善金融支撑、加大财政支持、加强组织领导等十个方面提出了完善集体林权制度改革的措施和意见，对全面推进配套改革工作起到重要的推动作用。《意见》明确，农民或其他经营主体从集体经济组织取得的用材林、经济林、薪炭林的森林、林木所有权和林地使用权，可依法流转。国家级公益林的森林、林木所有权和林地使用权暂不进行转让方式的流转，但在不改变公益林性质的前提下，可采取转包、出租、入股等方式流转，用于发展林下种植业、养殖业、采集业或森林旅游业。对主体改革后仍由集体统一经营管理的森林、林木和林地，在明晰产权、承包到户前，原则上不鼓励流转。采伐经济林、房前屋后及在耕地上栽植的林木不纳入采伐限额管理。对纳入森林采伐限额管理的商品用材林，以县、乡、村或森林经营主体为单位编制森林经营方案，以县级林业主管部门批准的森林经营方案为依据安排林木采伐，优先安排采伐限额指标。县级以上林业主管部门要合理分配使用森林采伐限额，简化采伐审批程序，为农民或其他经营主体提供优质便捷的服务。积极引导发展林果业专业合作社和家庭合作林场、股份制林场等林业合作组织，推进适度规模经营。各级政府要鼓励和支持林果业专业合作社承担造林绿化、公益林管护、速生丰产林和现代果品产业基地、产品初加工和储藏设施建设项目。努力扩大林果业专业合作社的覆盖面，力争"十二五"末，全省新增林果业专业合作社1000个，总数达到3000个，覆盖农民100万户以上。对符合税收相关规定的林下经济产品，依法享受有关税收优惠政策。支持符合条件的龙头企业申请国家相关扶持资金。经县级以上林业主管部门批准，农民和其他经营主体可在所经营的林地范围内修筑直接为林下经济服务的工程设施，包括培育生产种子、苗木和动植物养殖等设施，不需办理建设用地审批手续。

【河北省首届名优果品擂台赛】 2012年9月26日，河北省首届名优果品擂台赛在廊坊举办。本次擂台赛各地共选送苹果、梨、红枣、核桃、板栗、葡萄、桃、柿子、大杏扁等9个树种的参赛果品400多个。经专家集中评比、打分和省果桑花质检中心现场检测，共评出河北富岗食品有限公司"富岗牌苹果"、廊坊市广阳区尚源果蔬专业合作社"冀香牌五九香梨"等20个金奖，元氏县西岭核桃专业合作社"西岭牌核桃"等40个银奖，沧州康宇枣业优先公司"康宇牌"金丝小枣等60个铜奖。

（河北省林业局　袁　媛）

畜牧兽医

【概况】 2012年，河北省各级畜牧兽医部门以科学发展观总揽全局，深入贯彻省委、省政府和农业部方针政策，突出关键环节，强化各项措施，全省畜牧业稳步健康发展。全年肉、蛋、奶产量分别达到443万吨、343万吨和479万吨，同比分别增长5.9%、0.8%和2.6%。猪、牛、羊、家禽存栏达到1915万头、403.1万头、1482万头和3.85亿只，同比分别增长1.58%、0.7%、1.7%和8.02%，猪、牛、羊、家禽出栏达到3396.7万头、340.3万头、2071.5万头和5.79亿只，同比分别增长4.97%、0.38%、1.01%和14.2%。畜牧业产值占全省农林牧渔总产值的比重为32.7%。

【奶业管理与整顿】 全省共有奶牛养殖场区2233个，生鲜乳收购站1852个，奶牛规模养殖比例继续保持100%，存栏300头以上奶牛养殖场区存栏奶牛占到全省奶牛总量的96%以上。奶牛生产性能和规模化水平进一步提高，全省泌乳奶牛比例达到53%以上，平均单产5.4吨以上，同比提高4%。全省推行"四统二分"饲养模式的奶牛规模养殖小区总数达到751家，占奶牛小区总数的57%。加强奶业监管，推广石家庄、唐山奶站网络化视频监控成功经验，保定、衡水等市稳步推进，全省实施网络化视频监控的奶站达到519家，占全省奶站总数的28%，位居全国前列。加强奶业专项整治，出动人员2800多人次、车辆1023车（次），检查县（市、区）129个，奶站1483个，检查车辆1351台，未发现添加违禁物质现象。对全省164个规模奶牛场的6.5万头奶牛开展DHI测定，其中多次测定的115个奶牛场平均头牛产奶量7.45吨，高出全省平均水平2吨，乳脂率3.62%，乳蛋白率3.28%，生产性能明显提高。加强生鲜乳生产与销售环节管理，及时调控奶价，制止部分乳品企业抢奶，有效维护奶源市场秩序。

【畜禽养殖标准化示范创建】 各级畜牧兽医部门共开展督导检查活动5843次，出动人员2.2万人次、车辆5817辆次，查处违规案件201件。开展各类技术培训778期，培训7.24万人次。全省新增备案养殖场（区）4905个，备案畜禽养殖场（区）达到28389个，全省规模养殖场总数达到39.60万个。全省生猪、蛋鸡、肉鸡、肉牛、肉羊规模养殖比例分别达到79%、91%、94%、50%、57%，同比分别提高2、1、1、2、2个百分点。畜禽养殖场（区）养殖档案进一步完善和规范，硬件设施和饲养管理水平明显提高。在省级示范场上档升级基础上，创建部级示范场51个。全省共有部省级标准化示范场1013个，其中部级209个，省级804个。6月份在石家庄召开了全省标准化示范创建现场会。全年全省新建存栏万头以上养猪场、存栏5万只以上蛋鸡场、年出栏5万只以上肉禽场、年出栏500头以上肉牛育肥场和年出栏1000只以上肉羊场63个、46个、49个、43个和116个。认真做好畜禽生产的污染治理工作，全省纳入管控范围的1.14万家规模养殖场，有3032家粪污处理达到标准，达标率26.5%。

【畜禽良繁建设】 奶牛测定能力达到8万头，生猪年测定能力达到500头；引进世界顶级奶牛胚胎211枚，培育种公牛49头，高产母牛数量达到294头；引进国外种牛胚胎900枚，培育纯种种牛204头；在围场、丰宁、张北、赤城等地加大乳肉兼用型牛核心群建设，取得积极进展。种畜禽监管进一步强化，对持有《种畜禽生产经营许可证》的种畜禽场全面清查，对到期未按照规定申办的29家种畜禽场予以通报，处罚违规种畜禽场74家，种畜禽市场秩序进一步规范。加强质量检验，认真做好种公猪站和种鸡场检验，发现问题及时处理。办理种畜禽进口审核21起，办理种畜禽进口审核手续21起，引进国外种畜禽43.1万头（只）。投资5000万元以上的种猪和种畜禽场在建项目达到36个，供种能力和水平有较大提升。坚持公开、公正、公平原则，落实畜牧良种补贴项目资金8419万元，未发生问题。

【畜牧产业化】 滦县伊利乳业投资6.5亿元新建年产30万吨高端乳制品生产基地、定州伊利乳业投资4亿元建设5.4万吨冷饮项目、蒙牛集团投资18亿元在衡水武强建设的液态奶项目、法国独资南特鸭、六和集团肉种鸡、温氏集团沧州种猪项目等进展顺利。按照《农民专业合作社法》的要求，有计划地发展农民专业合作组织，研究和创新利益联接机制，通过合作组织，把基地和龙头、生产和加工环节有机联结在一起，形成风险共担、利益均沾的利益共同体，保障产业化经营健康发展。产业化实现产值718亿元，辐射带动农户170万户，同比增长13%和12%。成功引进大型龙头企业正邦集团。全省投资5000万元以上的在建大型畜禽养殖及加工项目达到106个，计划投资265.6亿元，其中投资亿元以上的68个，计划投资额232.35亿元。

【畜产品质量安全监管】 全省全年检测畜产品及投入品73.78万批次，其中合格样品73.77万批次，总体合格率99.9%，其中省级检测畜产品及投入品1.19万批次，畜产品、饲料和兽药合格率分别达到98.7%、99.3%和99.5%。全省未发生重大畜产品质量安全事件。与省公安厅、省商务厅等9厅局联合下发《“瘦肉精”涉案线索移送与案件督办工作机制》，完善行政执法与刑事司法衔接，组织省公安厅、省工商局等8厅局在全省范围内开展“瘦肉精”专项整治联合督查活动，扎实开展节假日专项督导检查和集中监督抽检。全省畜牧兽医系统共出动执法人员53.92万人次，检查各类畜牧投入品及产品经营场所41.65万个次，核查各类违法线索161起，查处了徐水县大王店屠宰点“瘦肉精”阳性案、香河县国东清真肉类加工厂待宰羊肉“瘦肉精”阳性等有影响的案件，畜产品质量安全突发事件多发态势得到有效遏制。75个县经编办批准成立了畜产品（农产品）安全监管机构，占全省的比例达到41.7%，机构职能和人员条件进一步充实和强化。11个市级畜产品检测中心全部开展检测工作，其中10个市级畜产品检测中心通过计量认证，60个县级畜产品（农产品）质检站开展了检测工作。强化标准制定和无公害畜产品产地认定和产品认证，完成无公害畜产品产地认定160个、产品认证58个，全省有效期内的无公害畜产品产地认定和无公害产品认证个数分别达到1591个和383个。成功举办无公害检查员培训一期，培训认证骨干220多人，举办两期无公害畜产品内检员培训，共为各类养殖企业培训内检员600多人，对促进无公害产品认证工作开展发挥了重要作用。追溯体系建设逐步启动，建立以“溯源单”制度为切入点和突破口的生猪、肉牛和肉羊出栏、运输及屠宰环节追溯制度。

【重大动物疫病防控】 把防控重大动物疫病摆到重要位置，各级政府高度重视，全省11个设区市政府全部签订防疫责任状，9个设区市以政府名义召开防疫动员会议。扎实做好开展春秋两季集中免疫，确保应免尽免，不留空当。全省口蹄疫、高致病性禽流感、高致病性猪蓝耳病、猪瘟、鸡新城疫应免畜禽免疫密度均达到了100%，免疫抗体合格率达到国家规定标准。全省春防和秋防期间组织免疫小分队个数分别达到4580个和6748个。改进规模场免疫方法，对每个场固定专门驻场监督人员，统一免疫时间，实行每月督查不少于2次、每次执法人员不少于2人、检查记录一式两份的“222监督机制”，各级动监机构共对4.42万个规模场实行此项监督办法。积极组织5月和8月全省消毒月活动，消毒规模养殖场5.64万个，面积1.65亿平方米，散养户和定点屠宰厂及畜禽交易市场185.8万户，消毒面积7296.7万平方米，有效净化了养殖环境。开展“冬季重大动物疫病防控安全月”活动，各地排查畜禽2763.83万头（只），补免畜禽5515.2万头（只）。完善应急指挥系统，强化应急队伍建设，做好应急物资保障，及时招标采购应急物资，满足了防控工作需要。奶牛场“两病”净化工作成效明显，有1055个奶牛场“两病”达到净化标准，612个达到稳定控制标准。

【动物卫生监督执法】 全省产地检疫畜禽1.93亿头（只），其中生猪产地检疫申报受理率和产地检疫率均达到100%。从5月份开始，集中4个月时间对全省所有规模养殖场动物防疫条件进行审核清理，对1.02万个备案规模养殖场（区）发放《动物防疫条件合格证》。加大病死动物及其产品无害化处理监管力度，集中开展打击经营、加工病死动物及产品违法行动专项整治行动，全省共排查饲养场5.86万个次、冷库2009个次、肉类批发市场5665个次、屠宰场2808个次，出动执法车辆1.94万辆次、执法人员13.25万人次，责令整改1688次，查处病死动物及其产品60.38吨，罚款214.3万元，有效震慑和打击了不法分子。扎实开展定点屠宰场清理整顿，对不符合动物防疫条件的定点屠宰场限期整改，整改不合格的建议当地政府予以取缔。全省共有合格场542个，全部发放了《动物防疫条件合格证》。严格动物卫生监督证章管理，严格按照“统一订购、统一发放”和“专人、专帐、专库”原则，加强动物卫生监督证章管理，做到了证章标志审批严格、账目清楚、填写规范。

【医政药政】 4月份在全省开展2012年“执业兽医制度宣传月”活动，在相关媒体进行了大力宣传，印制发放相关宣传资料1万余份。全省2179人参加执业兽医资格考试，执业兽医资格考试圆满完成。4月24日在保定举办“2012年河北省兽医实验室检测技能大比武”活动，采取公平、公正、公开，检测样品双盲编号方法，全省11个设区市、22个县（市、区）33名选手参加比赛，产生了团体奖和个人奖，极大地推动了各地业务学习和培训。完成动物诊疗机构验收510个，顶级乡村兽医7210名。8个市开展了执业兽医注册工作，注册执业兽医师369人、助理执业兽医师备案320人。开展“规范兽药生产经营使用活动”，对兽药生产、经营和使用环节全面检查，发现违法案件及时查处。全省共出动执法人员5800多人次查处生产经营假劣兽药案件62件、880公斤，货值37.7万元，罚款8.9万元，兽药生产、经营和使用秩序进一步好转。组织得力人员，对省内19家兽药生产企业进行GMP验收，一次通过率100%。推进兽药经营企业GSP建设，吊销兽药经营许可证740个。全省通过GSP验收并核发兽药经营许可证的企业总数达到2430家。认真谋划兽药产业发展思路，制定出台《关于促进兽药产业发展的实施意见（2012—2015）》，明确今后几年兽药产业发展思路和目标。

【饲料产业】 4月份通过举办培训、编印宣传手册、印发明白纸等形式，在全省开展新修订的《饲料和饲料添加剂管理条例》宣传月活动，全省共举办培训94期，培训人员5200人次，发放宣传手册6865本，刷写标语2504条，印制宣传资料6.68万份。积极推进饲料生产全过程质量安全管理，推荐6家企业为农业部《饲料质量安全管理规范》示范创建单位，选定46家奶牛饲料生产企业作为省级首批试点单位。强化饲料质量安全管理，相继开展了动物源性饲料专项整治、无证生产饲料和饲料添加剂专项整治和植物源性蛋白饲料原料专项整治行动，出动执法人员1.42万人次、车辆2600多辆次，检查生产经营和使用单位2.19万个次，取缔非法窝点35个，查处违法案件15个，有力打击了不法行为。认真做好年度备案工作，对37家不合格企业不予备案，对17家不具备生产条件的企业予以注销。全省氯化胆碱产量达到18万吨，同比增长20%，获证宠物饲料生产企业22家，产量近10万吨，产值近7亿元，总产量占全国60%以上，邢台南和县成为华北最大宠物饲料生产基地。做好秸秆项目县申报工作，共申报国家秸秆养畜示范县10个。狠抓秸秆开发利用，完成青贮玉米种植865万亩，秸秆转化利用2203万吨，秸秆利用率达到29.5%。对新建饲料和饲料添加剂企业，严格审核审批条件，确保了新上企业硬件合格、软件可靠，管理到位、运行规范。全省饲料产量1220万吨，产值349亿元，同比分别增长6.1%和5.8%，为畜牧业发展提供了可靠保障。年产30万吨以上的饲料生产企业40多家，10万吨以上的25家。

【草原保护与建设】 张家口、承德坝上9个县（区、场）草原确权承包和生态补偿工作全面启动，全省1571.76万亩草原和72万亩人工草场分别享受到禁牧和牧草良种补贴，资金金额2.75亿元。争取到国家7万亩高产优质苜蓿示范建设项目，资金总额4200万元。制定印发《关于半牧区草原确权承包工作指导意见》，在张家口举办草原资源普查、草原确权承包、基本草原划定技术培训班，基本草原划定试点顺利完成，补奖政策涉及的坝上6县完成牧户信息统计、承包面积核定及草原资源普查工作；基本草原划定和草原承包工作有序开展。积极推动半牧区草原监理机构建设，全省6个半牧县全部建立健全了草原监理机构，为强化草原监理与执法工作奠定了坚实基础。完成草原虫鼠害防治699.4万亩，完成计划的146.01%，严重危害区域得到全面防治，防效达到86.1%。依托国家振兴奶业苜蓿发展行动项目，推动平原农区苜蓿种植面积42万亩。积极推进京津风沙源治理草地建设，完成工程棚圈建设72.8万平方米，围栏封育和基本草场建设43万亩，巩固完成人工种草1万亩。在隆化县召开全省草原防火演练观摩会，推动各地草原防火标准化建设。全省未发生等级以上草原火灾。

（河北省畜牧兽医局　赵学凤）

渔　　业

【概况】 2012年，河北省渔业工作认真贯彻落实全国渔业工作会议和全省农业工作会议精神，积极实施渔业“四百工程”战略，不断解放思想、攻坚克难，突出生态、高效、安全，加快推进发展方式转变，积极发展特色水产业，着力推进渔业发展环境和生态环境改善，切实为渔民增收和渔业发展服务，各项工作稳步推进，渔业经济保持了健康持续的发展势头。据统计，2012年全省水产品总产量达到116.3万吨，同比增长9%；渔业总产值达221.4亿元，同比增长12.5%；渔民人均纯收入9639元，同比增长5%。

【产业结构调整】 海洋捕捞业，调整作业结构，狠抓海上渔业生产秩序和渔事纠纷隐患排查、应急处置与调处工作，渔船编队生产水平提高，渔损海难事故发生率较上年同期降低13.6%，涉外渔船无严重违规事件发生。水产养殖业，大力推行工厂化、生态养殖、立体混养等标准化健康养殖模式，繁育各类水产苗种达919亿单位，新创建农业部健康养殖示范场15个，省级以上健康养殖示范场达85个（其中国家级59个），示范区总面积达90万亩；

高标准建设完成24个“菜篮子”水产品生产建设项目，实施总面积1.58万亩，增产79万公斤，年增产值超过800万元。唐山对虾、秦皇岛海参、昌黎扇贝、黄骅海蟹、胜芳河蟹、中华鳖六大特色品种基本建成省级以上原（良）种场，并列入省名牌培育计划。水产加工流通业，以规模型龙头企业改造升级和水产专业合作社组建为抓手，综合生产能力提高，市场开拓和品牌推介方面取得新进展，唐山“恒行”牌蟹、沧州“渤辰”牌蟹、阜平县“山泉黄”牌中华鳖、石家庄“康态牌”中华鳖4个产品被评为省名牌产品。

【水产品质量安全】 加强水产品质量安全监管工作。认真落实全省农产品质量安全专项整治行动的部署，加强关键环节治理，加大水产品质量抽检力度，未发生等级以上水产品质量安全事故。全年组织水产品质量安全抽检994个样品，其中产地水产品抽检831个，合格率99.4%，同比提高0.1个百分点，高于农业部要求的基地合格率目标2.4个百分点，不合格样品追溯查处率达到100%。加强“三品一标”认证工作。新认定无公害产地6处、面积1.54万亩，新认证无公害产品19个、产量1974吨，全省无公害产地覆盖178个生产单位、155.9万亩养殖水域，共86个单位的144个产品获得无公害水产品标识，产量达到17.3万吨。加强水产品质量安全执法工作。全省组织执法检查870次，出动执法人员4216人次，检查苗种生产企业413家，水产养殖企业1876家，处罚违法违规案件6起，处罚金额3.25万元，发出责令整改通知书171份,问题处理率达100%。贝类养殖区域划型、水产养殖病害测报、重水生动物疫病专项监测和水产苗种产地检疫工作有序推进,为水产品质量安全提供了有力保障。

【渔业资源养护】 一是继续加大渔业资源增殖放流工作力度。全省各级累计投入财政资金、资源补偿、企业和渔民自筹资金等共计4800多万元，在沿海和内陆各大中水域增殖放流各类水产苗种近54亿单位。二是进一步严格各项渔业资源管理措施。认真落实捕捞许可、伏季休渔、内陆大水面禁渔期（区）等资源养护和管理制度，鲅鱼、鲈鱼苗、对虾亲虾、水生野生动物保护等专项资源管理工作扎实开展。三是深入开展渔业水域生态环境保护工作。积极参加涉海工程环境影响评价评审，加大渔业资源生态补偿（赔偿）金收缴力度。全省落实渔业生态损害补偿资金2529.9万元，其中已用于资源修复的资金495.54万元，增殖放流褐牙鲆苗种400.54万尾。蓬莱19—3油田溢油事件处置基本结束，渔民满意、渔区稳定。四是推进水产种质资源保护区建设。新建平山县柏坡湖、曲周县沙漳河和永年县永年洼等3个国家级水产种质资源保护区。

【渔业科技与推广】 围绕全省渔业发展重点，组织实施科研项目20多项，鉴定科技成果4项，获省科技进步奖二等奖1项。推介渔业主导品种6个，主推技术3项。下发2012年农业部农业行业标准制定项目1项，组织制定2012年渔业地方标准2项。做好渔业标准的推广落实工作，组织实施全省渔业标准化示范区项目12项，已建设国家渔业标准化示范县3个，省级渔业标准化示范区45个，示范区池塘养殖总面积达到17.9万亩；工厂化标准化养殖面积25.5万平米。印发2009—2010年度省渔业地方标准1000册，下发全省水产技术推广系统。

【水生野生动物保护】 一是严格落实水生野生动物利用特许制度，全年共办理特许许可事项263项，包括驯养繁殖26项、经营利用215项、进出口审核14项、运输证明4项、同意运输函4份。二是开展水生野生动物保护宣传月活动。利用暑期与秦皇岛新澳海底世界、山海关乐岛欢乐海洋公园联合开展以“保护江豚、热爱水生野生动物”为主题的宣传活动，采取张贴宣传画和宣传标语、发放宣传手册等方式，宣传水生野生保护知识。三是继续加强水生野生动物展馆管理工作，做好监督检查，并按规定收取资源保护费，完成了驯养繁殖和经营利用证件的年度审验。

【渔业法制建设】 围绕“六五”普法和渔业法制建设要求，以科学发展观为指导，以涉渔法律法规为依据，深入贯彻《国务院依法行政实施纲要》。一是抓宣传培训。通过《中国渔业报》、《河北渔业网》和《河北渔业》杂志撰写行业特写，宣传渔政执法工作经验和做法。努力提高渔政执法人员素质，积极开展涉渔法律法规知识培训，规范电子执法文书制作，提高办案能力和水平。二是抓立法调研。对《河北省人工鱼礁建设管理规定》和《河北省水产局赴韩国专属经济区入渔管理规定（暂行）》进行修订。对《河北省休闲渔业管理办法（征求意见稿）》进行调研和论证，草案已上报省政府法制办。三是抓执法督察。完善省市两级渔政执法督察体系，重点对自收自支渔政执法机构整改、纳入或推进参公管理工作进展情况、伏季休渔执法、渔船管控等部位和环节开展督察行动，强力推进自收自支渔政执法机构整改和渔船监管工作。四是抓行政审批。进一步梳理涉渔行政许可、非行政许可和行政监管事项，明确行政审批事项的实施主体、疏理审批依据、细化审批流程，规范审批手续。五是抓规范化建设。以推进渔业文明执法窗口单位创建、文明渔港创建和休闲渔业示范基地创建为抓手，规范执法行为，完善执法程序，提升综合素质。唐山市乐亭县渔政船检港监站和石家庄鹿泉市渔政管理处被评为全国2012年度渔业文明执法窗口单位；沧州市黄骅南排河渔港被评为全国第二批文明渔港；唐山市友水产养殖服务有限公司、承德市御水庄园渔业示范基地、秦皇岛市海洋牧场增养殖有限公司和秦皇岛冀弘水产养殖观光有限公司等四个单位被评为首批全国休闲渔业示范基地。

【渔业综合管理】 围绕渔业中心工作，加大项目谋划和跑办力度，促进全省渔港、渔政执法装备、水产原良种场、水生动物疫病防治体系建设进一步加强，全年共争取国家财政、基建项目51项、资金6.95亿元，比2011年增加2.2亿多元，特别是渔政项目创历年之最，共争取14项。及时完成了2011年度5.65亿元燃油补贴资金发放的审核工作。各级渔业主管部门及其船检港监机构，结合渔业“平安渔业示范县建设”、“安全生产月”等活动，狠抓渔船检验、渔港监督、安全设施配备、职务船员培训

等各项安全管理措施。省级在省船检港监处设立海务科，建立了河北省渔船船位监控指挥系统，首次组织海事突发事件应急演练，使海上安全救助制度化，提高了应急处置能力。全年组织较大抢险救助39次，救助渔民156人、渔船33艘，挽回经济损失1633万余元。渔业互保体系进一步健全，工作再次实现突破，承保渔船2473艘、渔民3.20万人，实际收取互保费2644.68万元，同比增长20.16%，人均互保金额达11.8万元，为全省渔民群众提供风险保障41.623亿多元。同时积极引导金融资金进入渔业，省渔业互保协会与秦皇岛市商业银行签订战略合作协议，采取给银行提供违约信用担保的形式共为全省188户渔民会员提供2000万元低息商业贷款。

【渔业宣传】 全省渔业宣传工作围绕中心，精心策划，展示了河北渔业良好形象。各级渔业行政主管部门，围绕"一产抓特色"，抓住典型经验做法、渔业重大活动、突发应急事件以及重点热点难点问题，加大政务信息采集与报送、新闻宣传报道、"一报两刊"发行工作，通过省委、省政府信息专报渠道、中国渔业报、中国水产、河北渔业等行业报刊以及主流媒体，发布河北省渔业信息近500条，其中在中国渔业报刊发稿件90篇，特别是"2012渤海生物资源修复行动启动仪式"活动，在《人民日报》、《中央电视台》、《中央人民广播电台》等国家级新闻媒体刊发稿件30多篇，渔业政务信息工作被农业部渔业局、省委信息宣传中心评为先进单位。河北渔业门户网站规范高效运行，刊发各类信息600多条，客观反映了河北省在推进现代渔业建设、强化行业管理和服务等方面卓有成效的工作，充分展现了河北省渔业发展取得的成就。

【存在的问题】 一是渔业可持续发展临严峻挑战。随着河北省工业化、城镇化进程的加快，港口建设、海洋海岸工程、工业开发征用等侵占养殖水域滩涂、捕捞海域的情况越来越多，渔业生产空间大幅度萎缩，水产品质量提高难度加大，对渔业可持续发展形成了严峻挑战。二是渔业设施装备老化、落后问题突出。捕捞渔船船型小、老旧落后、耗能高，养殖池塘老化、路电网等配套设施不健全、机械化装备水平低，制约着渔业综合生产能力的提高。三是河北省渔业产业化程度不高，水产品精深加工发展滞后，规模型龙头企业少，使得河北省渔业在激烈的国内外市场竞争中没有明显优势。四是支撑服务体系薄弱。由于各级财政投入相对较少，基础设施建设滞后，渔业科技力量薄弱，不能适应现代渔业发展要求。

（河北省水产局　马志敏）

工　业

【概况】 2012年，工业运行面临的国内外形势错综复杂，困难挑战明显增多，经济下行压力加大。在此背景下，河北把稳增长放在更加重要的位置，加大了工业经济调节力度，实施了一系列调控措施，着力破解企业生产经营中的困难，全省工业生产总体保持平稳增长，四季度呈现企稳回升态势，结构调整稳步推进。但受市场需求不足、企业生产成本上升较大等因素影响，工业效益有所下降。

（一）工业生产在平稳运行中呈现"浅U型"轨迹。2012年，受外需不振、内需乏力的双重影响，以及2011年下半年以来全国工业经济下行，通过产业链逐步传导到河北实体经济的影响，全省工业生产同比呈现下行态势，但纵观各月生产增速情况，运行基本平稳，未出现较大波动，总体呈现"浅U型"轨迹。全年规模以上工业完成增加值11069.6亿元，比上年增长13.4%，增速比上年回落2.7个百分点。据电力部门和交通部门数据显示，工业用电量仅增长2.9%，增速回落9.7个百分点；公路货运量增长17.3%，增速回落5.3个百分点。前8个月生产增速呈现稳中见缓态势，3月份增速为14.8%，4—6月份在12%—13%之间，7、8月份放缓到11.3%和11.0%；9月份出现积极变化，增速回升到12.7%，10—12月份稳步回升到15.6%、16.9%和15.6%。主要运行特点：

从七个主要行业看，与上年相比，钢铁、纺织服装和医药三个行业增速加快，分别完成增加值3685.3亿元、767.7亿元和162.2亿元，比上年分别增长16.6%、15.6%和14.6%，增速比上年加快3.2、1.2和0.9个百分点；装备制造业下挫较大，完成增加值比上年增长15%，增速比上年回落9.9个百分点，主要受电气机械及器材制造业影响；与房地产相关的建材行业下行幅度较大，增速比上年回落16.4个百分点，石化工业和食品工业增速分别回落2.9和3个百分点。

从企业规模看，小型企业发展势头较好，大中型企业增长乏力。规模以上小型工业企业完成增加值4199.9亿元，比上年增长21.7%，高于规模以上工业8.3个百分点；大中型企业完成增加值6749亿元，增长8.9%，增速低于全省工业4.5个百分点。

从全国工业运行情况看，河北下行趋势与全国一致，月度运行轨迹也基本同全国相吻合。全国规模以上工业增加值增长10%，增速同比回落3.9个百分点，全国30个省市增速比上年均有所回落，河北回落幅度小于全国1.2个百分点。

（二）工业利润有所下降。2012年，全省规模以上工业实现利润2559.5亿元，比上年下降3.0%。主营业务收入43643.8亿元，增长8.6%；实现税金总额1583.2亿元，增长10.9%。

行业效益分化明显。在统计的40个工业行业大类中，有25个行业利润增长，14个行业实现利润下降。其中，利润增速较快、对全省利润上拉作用明显的主要行业是：汽车制造业实现利润152.1亿元，增长15.3%；金属制品业实现利润123.4亿元，增长17.4%；纺织业实现利润104.8亿元，增长27.4%。利润降幅较大、对全省工业利润下拉作用明显的主要行业是：黑色金属冶炼和压延加工业利润223.3亿元，下降39.6%；非金属矿物制品业利润105.7亿元，下降20.5%；煤炭开采和洗选业利润70.5亿元，下降15.3%；电气机械和器材制造业利润52.6亿元，下降65.6%；

（三）结构调整在倒逼机制和自主调控中稳步推进。2012年，在工业下行压力加大背景下，部分产能相对过剩的钢铁、建材、光伏、造纸等行业加大了淘汰落后和产品优化升级力度。同时，积极扶持新兴产业和先进装备制造业发展。全省规模以上工业中的汽车制造业完成增加值348.8亿元，比上年增长16.3%，汽车产量82.5万辆，比上年增加10.4万辆，增长14.5%。金属制品、通用设备制造两个行业分别完成增加值530亿元和345.7亿元，比上年增长25.5%和15%。

高耗能行业生产保持低位增长。全年规模以上六大高耗能工业行业完成增加值4901.8亿元，比上年增长9.9%，增速低于规模以上工业3.5个百分点，比上年回落2.2个百分点；占规模以上工业的比重为44.3%，下降2.9个百分点。各月六大高耗能工业行业生产增速均低于全省工业。

总的看，2012年全省工业经济保持了平稳运行态势，成绩来之不易，但仍然存在着一些问题和困难，主要表现为运行质量不高，发展活力不足。在市场需求不足，企业成本上升、产能过剩等因素影响下，企业利润下降，钢铁、建材等传统优势产业举步维艰，新能源、电子信息等新兴产业发展严重受挫。2013年，是全面贯彻落实党的“十八大”精神的第一年，全省上下应紧紧围绕中央、省经济工作会议精神，以推动工业转型升级为中心，大力推进企业自主创新，坚持“有中生新”和“无中生有”两手抓、两手硬，加快工业结构调整步伐，切实提高企业运行质量和效益。

（河北省统计局　王光　韩红）

【饲料加工业】　2012年，全省共有饲料及饲料添加剂生产企业1196家，比上年减少6家，减少0.5%，其中配合饲料、浓缩饲料、精料补充料生产企业868家，饲料添加剂生产企业99家，添加剂预混合饲料生产企业202家，单一饲料生产企业113家，动物源性饲料生产企业76家。全省饲料生产能力达3000吨/时。饲料产品总产量1184.9万吨，比上年减少34.8万吨，下降3%，其中配合饲料1002.2万吨、浓缩饲料168.7万吨、添加剂预混合饲料14.0万吨。配合饲料比上年增加34.7万吨，增长3.6%；浓缩饲料比上年减少0.3万吨，减少0.2%；添加剂预混合饲料比上年增加0.4万吨，增长2.9%。饲料工业总产值达349.2亿元，比上年增加19.2亿元，增幅5.8%。各种饲料添加剂总产量25.2万吨，其中维生素类（包括氯化胆碱）17.0万吨、矿物元素及其络合物6.7万吨、酶制剂0.2万吨、微生物1.2万吨、其他类0.1万吨。全省共有饲料机械制造专业和兼业厂家5家，共生产饲料机械309台（套）。

（一）全面开展新《条例》的宣贯和培训。2012年5月1日，新修订的《饲料和饲料添加剂管理条例》正式实施，相继出台了一些配套规章。为了及时宣贯新《条例》及配套规章，3月29日，河北省在石家庄平山组织召开了《饲料和饲料添加剂管理条例》培训暨新闻发布会，张钰局长到会并做了重要讲话，邀请了省内专家和农业部有关领导对新《条例》进行解读，全省11个市的饲料办主任和89个重点县的饲料办主任以及890家企业的负责人参加了培训。本次法规培训参加会议人数之多、规模之大、效果之好，为历届之最。为了进一步扩大新《条例》及配套规章宣传，提高法律意识，依法加强饲料管理，确定4月份为新《条例》宣传月。各市高度重视，认真组织，积极行动。全省通过举办培训班、印发明白纸、编制宣传手册等方式广泛进行宣传。省饲料办全年还开展了不同形式的培训活动，在平山、正定举办了两期“《饲料质量安全管理规范》试点企业培训班”。在石家庄、沧州举办了两期饲料添加剂和添加剂预混合饲料企业证号培训班。

（二）积极应对蒙牛饲料招标，保护了本土企业利益。2012年初，蒙牛（集团）强制性地要求其奶源基地必须使用蒙牛招标推荐的饲料，河北省的企业反响很大。针对此事，省饲料办为维护饲料企业合法利益，积极采取应对措施。一是及时向省局领导汇报，争取领导重视和支持。二是立即对本省供应蒙牛收奶的养殖场（小区）饲料使用情况进行摸底调查，掌握一手资料。三是多次约谈蒙牛企业代表，和蒙牛代表反复沟通和协商。经过努力，三月初，重新研究制定了蒙牛奶源基地饲料生产企业的入选标准，3月27日召开了河北省奶牛饲料生产企业与蒙牛集团奶源中部事业中心经理的见面会，最终，河北省三分之一多的奶牛饲料生产企业与蒙牛开展合作，实现了共赢。

（三）加大了日常监管和执法力度。一是强化对氯化胆碱企业的生产营销全过程监管，建立追溯体系，加大抽检力度，合格率显著提高。2012年农业部对河北省氯化胆碱产品抽检合格率首次实现100%。二是建立饲料统计与年度备案相结合工作机制，提高了饲料企业基层年报上报率，确保统计数据上报及时，上报率首次达到100%。三是加大对鱼粉生产企业整治力度。依据农业部对饲料质量安全监测结果的通报，省饲料办迅速行动，联合市、县饲料主管部门对存在问题的生产企业三次督导检查，对不合格产品追根溯源，对涉案企业进行高限处罚，并将查处情况及时上报农业部。针对沧州市海兴县鱼粉企业多、规模小、监管难度大等问题，省饲料办经过多次调研、督导、协商，沧州市局积极配合，争取海兴县公安、工商、质检等部门全力配合，克服重重阻力，对海兴县28家鱼粉生产企业逐一进行了整治，注销3家，整合重组25家，最后保留了11家，从源头上解决了一些小散乱鱼粉生产企业的质量问题。四是对举报案件能够从严从快处置，查证属实的举报全部进行立案查处，性质严重的案件移交到公安处置。

（四）加大执法力度，狠抓专项整治。为进一步加强饲料监督管理，全年开展了三项饲料专项整治行动。一是动物源性饲料专项整治行动。4月份和9月份，开展了春季、秋季动物源性饲料专项整治行动，市、县饲料主管部门对辖区内所有动物源性饲料生产、经营、使用单位进行了拉网式检查。省局派出督导组对各市和重点县进行了督导检查。二是开展了清查整顿无证生产饲料和饲料添加剂专项整治行动。为严厉打击无证生产行为，规范饲料市场，切实保证饲料产品质量安全，下发了《关于清查整顿无证生产饲料和饲料添加剂行为的通知》，5月中下旬，对重点市、县清查整顿工作进行了督导检查。三是全面开展植物源性蛋白饲料原料专项整治行动。为杜绝生产销售和使用无生产许可证、无饲料标签、无质量安全合格证的“三无”植物源性蛋白饲料原料，6月份在全省开展了植物源性蛋白饲料原料专项整治行动。重点检查植物蛋白饲料生产企业和规模养殖场（户）所使用的蛋白饲料原料是否添加和使用三聚氰胺等有害物质。检查饲料生产和经营企业供应商档案，进货记录等。

（五）开展了饲料百日执法大检查活动。为全面贯彻落实新《条例》及其配套规章，进一步加强对饲料和饲料添加剂生产、经营、使用企业的规范化管理，净化饲料市场，保障饲料产品质量安全，河北省于2012年9月至12月，在全省范围内开展了饲料百日执法大检查活动。活动期间，各市饲料办均成立了“饲料百日执法大检查活动”领导小组，制订了工作方案，举办了“百日饲料执法大检查活动”启动仪式，对大检查活动进行了周密安排。全省共出动执法人员11543人次，执法车辆2370辆次，检查饲料生产企业1349个次，饲料经营单位2536个次，养殖场4632个次。查出问题企业142个，取缔非法生产企业9个，抽检样品1324批次，检出不合格产品3批次，立案查处违法饲料生产企业7个、经营单位3个，移交公安机关1个。对各种违法行为起到了较大震慑作用。

（六）大力推行饲料质量安全管理制度，为企业规范化管理创造条件。一是配合农业部开展《饲料质量安全管理规范》试点工作。2012年初，河北省有3家饲料生产企业列为农业部《饲料质量安全管理规范》首批试点单位，为确保试点工作顺利进行，省饲料办严格按照有关要求，对试点企业全程规范。3月份，农业部组织专家对试点企业进行验收，河北省3家企业全部一次通过。二是开展了《饲料质量安全管理规范》示范企业创建活动。按照农业部有关要求，省饲料办推选6家饲料生产企业为农业部《规范》示范创建企业，组织示范企业参加了农业部举办的培训班，并指导试点企业按照《规范》要求建立和运行各项管理制度，为《规范》全面施行建立标杆、积累经验。三是积极推进省级《饲料质量安全管理规范》试点工作。为顺利开展《饲料质量安全管理规范》试点工作，省饲料办率先在奶牛饲料生产企业推行《饲料质量安全管理规范》，选定了46家奶牛饲料生产企业作为省级首批试点企业，为保证《饲料质量安全管理规范》在试点企业顺利实施，省饲料办召集有关专业人员，制定了饲料质量安全管理规范模版（是唯一一个制订模版的省份），得到了饲料生产企业的一致好评。四是落实饲料生产、经营企业警示牌制度。为加强饲料安全教育，按照局里的统一安排，省饲料办在饲料生产经营企业推行饲料安全警示牌制度，共印制生产企业警示牌2500块，经营企业警示牌4000块，要求生产企业在不同位置悬挂3块，经营企业悬挂1块。并结合百日执法检查，对警示牌悬挂情况进行了督导检查，悬挂情况和效果很好。

（七）存在问题：一是技术人才少，科技贡献率低。河北省饲料企业总体规模都偏小，技术人才少，管理水平低。由于科技投入少，新产品开发能力差，饲料产品绝大多数属于同质低价产品，缺乏竞争力。二是知名企业、知名品牌少，市场占有率低。河北省饲料企业由于规模小，科技含量低，市场占有率低，没有全国知名品牌，在行业竞争中处于劣势。

（河北省饲料工作办公室　郭丽鲜
河北省饲料工业协会　冯　琳）

【制盐业】　2012年，河北盐产区连续遭遇雨雪低温天气，蒸发量小，纳潮浓度低，中高级卤水严重不足，盐田面积因沿海开发占用而减少，生产形势异常严峻。8月3日至5日，又遭受历史罕见特大暴雨袭击，盐田基础设施遭到严重破坏，直接经济损失近亿元。同时，受宏观经济形势增速放缓和两碱行业不景气影响，用盐需求减少，工业盐销售总量出现负增长。面对不利局面，行业上下积极应对，全年共生产原盐330.9万吨，同比减产71.1万吨，减幅17.7%，销售原盐302.8万吨，同比少销38.1万吨，减幅11.2%，保持了原盐产销的基本稳定。全年共销售食盐（含入口食盐、饲料盐和渔盐）36.67万吨，同比增加7.38万吨，完成年度计划的104.2%；销售入口食盐34.36万吨，其中省内销售23.11万吨，同比增加3.08万吨，完成年度计划的94.3%；省外销售11.25万吨，同比增加2.93万吨，完成年度计划的123.6%，食盐销售总量和计划完成率创11年来最好水平。全年共出动盐政稽查、检查人员1.63万人次，执法车辆2280车次，查处盐业违规违法案件74起，查获违法盐斤316吨，罚没现金50.7万元，查处的盐业违法案件无一例复议或诉讼，维护了全省食盐市场安全。

（一）确保原盐生产稳定。为稳定原盐生产，省、市盐务局加强生产调研指导，在春晒生产高峰时期，组织召开生产调度会，了解生产情况，协调解决企业生产问题；在盐区遭受台风袭击后，迅速启动突发重大自然灾害应急预案，派出工作组赴受灾企业全力组织抗灾自救；在沧州盐区组织开展原盐产品质量建设年活动，举办质量生产培训班，引导企业改进生产工艺，完善基础设施，推进项目建设。各制盐企业加大技改力度，重点抓好纳潮、制卤和结晶管理工作，实现原盐生产的基本稳定。南堡盐场狠抓基础设施建设，纳潮沟清淤5.5万立方米，蒸发池埝维修施工土方总量10.3万立万米，新建大型节制闸4座，维修排淡闸2座，购制玻璃钢槽船7套。中盐长芦沧州盐化集团有限公司投资815.88万元进行滩田技改和设备更新，共更新塑苫6000公亩，购进塘-30新型收盐机5台。沧州临港晶山盐业公司投资500余万元对2400公亩结晶池和1800公亩调节池进行升级改造。南大港晶发公司等企业克服资金困难，购入活碴机、联合收盐机等设备，提升生产机械化水平，降低生产成本，提高经济效益。

（二）促进食盐计划落实。召开河北省食盐计划工作会议，按照以销定产、合理流向及向优势企业倾斜等原则，制定下达食盐调拨计划。狠抓计划落实，省内重点抓协调，加强与省发展改革委、省盐业专营总公司及所属汉沽盐站的协调沟通，及时解决计划落实过程中出现的问题，促进计划落实；省外重点抓衔接，赴广东、福建、河南、安徽等省市进行调研，帮助企业与省外销区衔接计划，把握市场动态，制定切实可行的销售策略。根据国家《食用盐碘含量》新标准和下放食盐准运证管理要求，会同省卫生厅等10家单位重新制定河北省食用盐加碘标准，制作并启用新版准运证，实现全省新旧碘盐标准和食盐准运证管理的平稳过渡。完成产区省级食盐储备任务，督导永大食盐公司、中盐长芦沧盐集团银山分公司分别储备5000吨和3000吨食盐，提升食盐市场突发事件处置能力。

（三）推进食盐结构调整。以中盐长芦沧盐集团、河北永大食盐有限公司为标杆，协助生产企业按照绿色食品要求严格执行生产管理，聘请专家到生产现场进行环境质量检测和产品质量检查指导，省内9家食盐定点生产企业全部获得国家农业部颁发的绿色食品认证。扶持企业加快技术改造步伐，提高食盐产品质量，改善食盐供应结构，实现食盐品种升级换代。中盐长芦沧盐集团的无碘精品食用海盐成功投放省内市场，对确保特需人群食用无碘盐起到积极作用。河北永大食盐公司建成省内第一条低钠盐生产线，中盐长芦沧盐集团银山分公司研发生产了自然精制海盐、精品腌制盐、精制味精盐等一批新品种，全省食盐产品结构得到进一步优化。

（四）强化盐政管理。一是加强队伍建设。全面清理现行规章和规范性文件，完善《行政处罚自由裁量阶次制度》，建立健全责任追究制度，提高依法行政水平。对全省盐业执法证监督证进行全面清理，取消不在执法岗位人员的盐业执法证、监督证。在盐区组织开展“五规范”学习培训、警示教育和案卷质量考评活动，执法人员的法律意识、整体素质和业务能力显著增强。

二是开展专项整治活动。围绕确保京津冀及周边地区食盐市场安全，组织开展专项治理活动，强化食盐质量监管。针对年初镇江“农药废渣盐事件”，在全省盐区紧急部署食盐安全大检查活动，落实区域治理责任制，对涉盐企业进行全面排查，防止工业盐及不合格食盐流入食盐市场。针对沧州加工盐企业较多的情况，研究制定盐产品包装专项治理工作方案，遏制生产包装不规范或包装无标识等违规行为。开展查处无证制盐企业活动，对换发《制盐许可证》的企业进行逐一审查，并上网公布相关信息。加强省际联合执法，积极参与京津冀晋蒙辽六省（市区）盐政执法联席会议和晋冀鲁豫四省共建共护友好和谐边界盐市场座谈会，整合各方执法资源，形成联合执法机制，消除市场执法死角。

三是加大宣传普法力度。开展《食品安全法》的宣传教育活动，与食盐生产企业签订食盐安全责任状。突出“消费与安全”主题，参加全省“3.15”维护消费者权益晚会，宣传盐业法规政策。围绕“5.15”碘缺乏病宣传日、“12.4”法制宣传日等主题宣传活动，开展盐业法规、碘盐防病知识和新的碘盐标准宣传，印制宣传材料4000余份，发放碘盐5000余袋，接受群众咨询1500余人次，发送宣传短信8000余条。

（五）服务制盐企业。推进产销衔接和盐碱合作。编制《河北省2012年度工业用盐平衡计划》，对全年工业用盐供需做出统筹安排。密切关注两碱化工用盐企业动态，及时为制盐企业提供市场供需信息。搭建工业盐产销衔接平台，组织省内外56家盐碱企业开展产销洽谈，签订2013年工业盐供需合同，促进本省制盐企业与两碱企业衔接。采取“四统一、两确保”管理措施，解决外购精制工业盐管理上存在的问题。加强与比邻省市盐业部门及重点盐场的沟通，规范入境工业盐的服务和管理。积极协调铁路运输工作，保证运力需求。

开展盐业学术交流。召开河北省盐业协会2012年度学术论文评审会。来自省内盐业系统的10多位专家，对全省盐业系统初选论文进行了认真评审，评选出一等奖论文6篇，二等奖论文6篇。多数论文结合盐业实际，在转变经济增长方式、推动内需、落实科学发展观、自主创新、节能减排、循环经济等方面，提出了许多新思路，对全省盐行系统加强企业管理和推进技术创新具有较高的参考价值。

（河北省盐务局　马　骁）

电子信息产业

【概况】　2012年，受国内外多种因素叠加影响，全省电子信息产业面临较大的下行压力，生产、出口、投资等处于低位运行。全年完成主营业务收入934.72亿元，其中：制造业完成756.07亿元，软件与信息服务业完成178.65亿元；实现利税78.87亿元，其中制造业实现利税30.33亿元，软件与信息服务业实现48.54亿元；完成出口20.45亿美元，其中制造业19.94亿美元，软件与信息服务业出口5104.65万美元；完成固定资产投资79.83亿元。

全省电子信息产业入统企业566家，从业人员约19.64万人，超50亿元企业3家，超亿元企业114家，进入全国电子信息百强企业3家，国内外上市公司8家。67项电子信息项目列入2012年重点技改项目计划，总投资145.78亿元，达产后可新增销售收入2979.94亿元；60多个项目分别获得国家、省技改资金、电子发展基金支持，共约1.15亿元。保定新能源及能源装备、邢台太阳能光伏光热、廊坊电子信息成为国家新型工业化产业示范基地。继华为、中兴、富士康、京东方之后，美的、格力等一批世界500强和中国电子信息百强企业相继落户。全省电子信息产业规模不断扩大，聚集效应日益凸显，具备了产业跃升的良好基础。

【光伏产业】 河北省光伏产业规模庞大，单、多晶硅产业链完整，拥有晶龙、英利集团等一批太阳能光伏重点企业，主营业务收入占全行业26.6%，发展状况对行业影响较大。2012年，受欧洲债务危机持续发酵、国际贸易摩擦不断加剧、欧盟等国际需求市场持续低迷、国内产能大量释放和行业无序竞争等影响，河北省光伏产业各项经济指标持续下滑，中小企业全面停产，大型企业出现亏损，经济运行环境比2008年金融危机后更加严峻。全年河北省太阳能电池产量3321.4MW，同比增长26.69%；主营业务收入累计200.11亿元，同比增长－33.48%，利税总额－27.23亿元，增产不增收，亏损额逐月加大，部分以光伏产业为电子信息领域发展重点的地市亏损局面较为严重。

【行业电子产品】 2012年，全省行业电子产品在全行业整体下滑的情况下，继续保持平稳发展态势，为全行业的增长做出贡献。全年，主营业务收入达到137.04亿元，同比增长25.67%；实现利税19.63亿元，同比增长46.17%，呈现产销两旺的良好态势。

【通信产业】 2012年，3G网络广泛应用，拉动民用通信产品终端设备（手机等）增长，加之国家重点工程对大型通信设备的需求，河北省通信产业规模保持稳定增长。全年主营业务收入达到155.55亿元，同比增长1.43%；利税总额8.27亿元。依托北京和天津电子信息产品集散地的优势，沧州手机配件产业已发展到10多家，产品大部分供应大型手机生产商；河北远东通信、河北四方通信等通信装备企业主营收入大幅增长。

【LED产业】 河北省半导体照明产业形成了衬底材料、外延片及芯片研发制造、发光功率器件封装及产品应用等较完整的产业链条。2012年，受原材料价格上涨，用工成本持续提高，社会资本盲目投资上游产品（芯片），形成国内外芯片（低端）大量投放市场，导致价格恶性竞争，使得产业上游芯片企业普遍亏损，中游封装企业利润进一步压缩，经营困难，产业链的垂直整合将成为趋势。LED产业主营业务收入18.64亿元，同比增长9.54%；利税3.97亿元。河北立德电子承建的人民大会堂万人礼堂LED灯光改造工程顺利通过验收，成为打造“石家庄·中国半导体光谷”的名片。中电集团第十三研究所申请建设的河北省半导体照明工程技术研究中心正式纳入河北省科技平台建设计划。

【平板显示产业】 河北省在液晶材料、基板玻璃、光学器件、显示模块有一定优势，随着我国平板显示产业规模持续扩大，全球市场份额不断提高，整体发展态势向好。2012年，主营业务收入63.22亿元，利税4.04亿元，出口创汇1.97亿美元，同比增长19.27%。石家庄旭新光电科技有限公司首条玻璃基板生产线进入正式生产阶段。

【软件与信息服务业】 2012年，河北省软件与信息服务业保持较好势头，完成主营业务收入174.9亿元，其中软件业务收入127.33亿元，形成秦皇岛数谷、石家庄动漫、廊坊信息服务等特色软件与信息服务基地，产业发展布局基本形成，产业聚集能力不断增强。全年新认定软件企业39家，累计达到455家，新登记软件产品615项，累计达到3651项。78家企业具备计算机信息系统集成资质。8家企业具备信息系统工程监理资质。

【主要问题】 河北省电子信息产业企业相比钢铁、石化、装备等传统行业规模偏小，抵御市场风险能力较弱。2012年，国内能源、原材料价格高位波动，人均劳动报酬增长17.56%；利润总额同比下降87.34%，主营业务税金及附加同比增长48.07%，企业成本上升，负担普遍加重。同时生产企业流动资金紧张状况依然突出。因市场需求不旺，生产、销售（应收款）环节资金占用较多，虽然国家出台一些利好政策，但因电子信息产业多为中小企业，融资渠道单一，流动资金压力较大。

（河北省工业和信息化厅　张智杰）

电力生产与供应业

【概况】 截至2012年底，河北省共有发电企业405家；持证进网作业电工8.27万人，承装（修、试）电力设施企业678家。全省期末发电设备容量4868万千瓦，居全国第10位，同比增长9.4%。全省装机以火力发电为主，火电装机3999万千瓦，水电179万千瓦，风电675万千瓦，其他15万千瓦。

2012年河北省发电量2316.5亿千瓦时，居全国第8位，同比增长2.97%；发电设备平均利用时间5013小时；全社会用电量3078亿千瓦时，居全国第5位，同比增长3.11%。在全社会用电量中，三次产业和城乡居民生活用电分别为97、2395.3、251.9和333.5亿千瓦时，比上年分别增长－23%、2.94%、16.79%和5.41%。河北省电力公司营运区域包括石家庄、保定、衡水、沧州、邢台、邯郸6市，冀北电网运营区域包括唐山、张家口、秦皇岛、承德、廊坊5市。

【南网】 河北省电力公司是国有大型骨干电网经营企业，负责河北南部电网规划建设、运营管理和电力交易。至2012年末，公司所属供电、科研、设计、施工、修造、培训中心等基层单位17个，资产总额644.3亿元。营业区域包括石家庄、保定、衡水、沧州、邢台、邯郸6市，县级供电企业100个，面积8.38万平方公里，人口约4911万人。

河北南部电网以500千伏构成主网架，北部通过500千伏房慈线、保霸线、骅桥线与京津唐电网相联，西部通过500千伏神保双线、阳北双线、潞辛双线与山西电网相联，南部通过500千伏辛洹线与华中电网相联，通过500千伏辛聊双线、黄滨双线与山东电网相联，陕西锦界电厂、府谷电厂通过500千伏忻石三回线并于石北站。2012年底，全网拥有500千伏变电站14座，主变31台，变电容量2400万千伏安；220千伏变电站161座（含用户站4座，电铁牵引站13座），主变349台，变电容量4976万千伏安；发电装机容量2589万千瓦，统调装机2340.2万千瓦，其中火电容量2245.5万千瓦，占93.2%；水电容量110.2万千瓦，占4.6%；风电场11座，装机容量54.5万千瓦，占2.2%。火电装机中60万千瓦及以上机组16台，容量996万千瓦；30万千瓦机组29台，容量907万千瓦；20万及以上30万以下机组11台，容量230万千瓦；20万以下火电机组容量112.5万千瓦。长期合同外购电力465万千瓦；发电量1304亿千瓦时，比上年增长2.82%；全社会用电量1621.2亿千瓦时，比上年增长2.07%。

【北网】 冀北电力有限公司于2012年2月9日独立运作，肩负着服务河北经济社会发展和保障首都北京安全可靠供电的重要使命。营业区域包括唐山、张家口、秦皇岛、承德、廊坊5市，43个县（区、市），面积10.41万平方公里，人口约2277万人。公司本部设14个部室（中心），所属供电、施工、培训等基层单位20个，职工总人数2.5万人。

冀北电网总装机容量2279万千瓦，拥有500千伏变电站19座，容量4482.5万千伏安，线路8514公里；220千伏变电站92座，变电容量3468万千伏安，线路7901.5公里。统调装机1551.4万千瓦，其中火电999万千瓦，占64.4%；风电容量505万千瓦，占32.6%；其他类型47.4万千瓦，占3%。火电专辑中30万以下机组11台，容量230万千瓦；20万千瓦以下机组4台，容量47万千瓦。

2012年冀北电网发电量1012.5亿千瓦时，同比增长3.17%；最大负荷2020万千瓦，同比增长2.75%；全社会用电量达到1456.6亿千瓦时，同比增长2.07%。实现售电量1263.2亿千瓦时；营业收入682.43亿元；经济增加值－10.18亿元，资产总额507.03亿元，利润0.27亿元，净资产收益率－1.66%，流动资产周转率8.4次，资产负债率62.73%；全员劳动生产率50.56万元/人·年。

【安全生产】 河北省电力公司坚持“安全第一，预防为主，综合治理”的方针，以科学发展观为统领，广泛开展“安全年”活动，认真做好全国两会、重大节假日保电工作，全力做好迎峰度夏、迎峰度冬期间的安全工作。“7·21”特大暴雨灾害发生后，公司立即启动抢险救灾应急预案，经过七天七夜连续奋战，河北南网受灾地区全面恢复送电，保障灾区居民企业用电。面对不断变化的安全生产新形势，省、市、县、供电所四级机构重点抓好“保人身、保电网、保设备、保客户”工作，保障企业安全发展。全面建成省市县上级应急指挥体系，梳理完善应急预案211项，应急处置能力明显提高。公司着力加强作业现场安全管控，推广应用安全风险管控系统，发现整改各类风险3533项。加大暗访力度，查处违章35项，推广亮点60项。成功发布《鸟害分布图》，推行输电线路属地化管理，主网、配网状态检修覆盖率达到100%，调减实验项目73项，巡视工作量同比减少18%。促成《河北省电力保护条例》列入省人大立法审议程序，清理线下违章作业368起，违章建筑326处，电网运行环境明显改善。全年公司安全生产总体平稳，未发生电力人身伤亡事故，未发生一般及以上电网、设备、火灾事故。

面对全国两会、党的十八大等重大政治保电任务，冀北电网公司大力发扬奥运保电精神和“严、细、实”的工作作风，科学编制保电工作方案，组织全公司力量，在电网建设任务繁重、企业改革全面推进的情况下，保障了首都供电安全和冀北地区电力可靠供应。公司荣获国家电监会“十八大保电突出贡献奖”和“十八大保电先进单位”荣誉称号。建立大安全长效机制，全面开展“安全年”活动，高质量完成八大方面、48项重点管控内容、142项重点工作全面宣贯《国家电网公司安全事故调查规程》，认真落实四大类188项安全防范措施，未发生国家电网公司考核的各类安全事件。扎实开展技术监督专项检查和设备隐患排查，发现并整改缺陷隐患932项。强化电力设施保护，发挥属地优势，清理树障166万余棵。健全技术监督机制，推行差异化管理，设备抵御风险能力不断提升。全面推进配网状态检修，顺利通过国家电网公司第一批达标验收。成功处置岱海一万全线路覆冰、承德山火、唐山地震等突发事件，有效应对“7·21”特大暴雨、台风“达维”、强暴风雪等自然灾害，圆满完成建党91周年、迎峰度夏等重要保电任务。

【电力供需】 2012年，河北南部电网期末装机容量2589万千瓦，其中统调装机容量2410万千瓦。长期合同外购电力465万千瓦。受到装机容量不足，新机投产滞后等因素影响，全年电力供应偏紧，共组织实施王建临时电能互济188天，最大临时外购电力270万千瓦，电量38.3亿千瓦时。有力地保障了电力可靠有序供应，全年未出现限电。2012年全网季节性、节日性负荷特性鲜明。一季度全网用电负荷及用电量保持稳定增长；二季度以后，受到宏观经济形势的影响，基础负荷表现持续低迷，负荷机用电量增幅逐月降低；度夏期间，降水频繁，空调制冷及灌溉负荷较常年明显偏少，最大用电需求未能实现同比增长，同时7—9月用电量连续三个月负增长；四季度经济呈现回暖迹象，基础负荷逐步企稳回升，采暖负荷大幅增长，全网负荷机用电量增长实现“触底反弹”。

2012年冀北地区全社会用电量累计完成1456.6亿千瓦时，同比增长2.1%；最大负荷2020万千瓦，同比增长2.75%。冀北电网负荷同比呈现两头高中间低的趋势。年初电网负荷与上年同期基本相当，春节后电网负荷同比增长较明显，在3月上中旬已接近1900万千瓦，但因受经济形势和宏观调控的影响，进入3月中旬后负荷开始回落，夏季大负荷期间未创出新高，负荷甚至出现负增长，直至10月下旬，负荷同比恢复为正增长。入冬后，随着地区工业负荷逐步复苏及供暖负荷的增长，冀北电网负荷不断上升，12月10日冀北电网创出2020万千瓦的历史最高记录，同比增长2.75%。

【电网发展】 河北省电力公司促成省政府出台《关于加快电网建设的若干意见》，取得加快项目审批、保护站址和线路走廊、无偿划拨用地、政府负责拆迁等优惠政策。加强电网发展诊断分析，顺利完成“十二五”电网规划滚动调整。强化项目前期跑办，500千伏辛安扩建等109个项目获的核准，提前完成110千伏及以上项目可研128项。加强工程建设全过程监管，全年开工和投产计划完成率均达100%，500千伏石西、220千伏石家庄桥西输变电等严重受阻工程顺利开工，京石武高铁配套等重点工程全部投运。深化质量通病管理，贾安华标准工艺应用，220千伏阜平等6项输变电工程荣获国家电网公司优秀设计奖，110千伏及以上工程全部实现“零缺陷”投产，220千伏及以上优质工程率达到100%。全年投产110千伏及以上线路1475公里，变电容量1072万千伏安，电网安全运行水平和供电能力显著提升。加大技术改造力度，建成投运输变电设备状态监测和电压实时监测系统，全面完成500千伏线路防风偏、防舞动专项治理。加快推进电网智能化建设，率先投运主备调同步的智能电网调度技术支持系统，全面启动智能电网综合工程等项目建设。提升用电信息采集系统应用绩效，新增智能电表132万只，直供区域覆盖率达到61%，计量关口实时监控率达到100%。

2012年，冀北电网开工110千伏及以上线路1537公里、变电容量833万千伏安，投产110千伏及以上线路1321公里、变电容量792万千伏安，开工、投产计划完成率均达到100%。针对冀北电网发展滞后、供电能力和消纳清洁能源能力不足的现状，积极开展电网诊断分析，对“十二五”电网规划进行优化调整，提出了建设以西部环首都大环网和东部“三横三纵”田字形网架为特征的500千伏“西环东网”主干网架、各级电网协调发展的规划构想。配合国家电网公司完成锡盟—南京特高压交流工程冀北段各项工作，取得锡盟—泰州、呼盟—青州特高压直流工程全部路径协议，取得风光储二期扩建工程光伏和储能项目核准批复。500千伏滦县、220千伏深井等28项工程建成投运，500千伏昌黎、高天三回等34项工程开工建设。公司滦县500千伏变电站工程荣获2012年国家电网公司质量管理流动红旗，48项110千伏及以上输变电工程优质工程率达到100%。

【农电发展】 河北南网农电事业发展迈出新步伐。全面完成农网完善工程，扎实推进新一轮农网改造升级，全年完成投资18亿元，新建和改造10千伏及以上线路8877公里，变电容量392万千伏安，8个县、84个乡、2907个自然村达到新农村电气化标准，圆满完成3276个帮扶村的电网建设改造任务。深化农电统一管理，实现卡表售电统一平台与SG186系统对接，3G抄表实抄率达到100%。强化设备运维管理，10千伏线路跳闸率同比减少50%，全面完成低电压治理计划。深化创一流县供电企业行列，13个供电所被命名为国家电网公司标准化示范供电所。加强农网建设标准化，编制完成国家电网公司10千伏变台设计施工标准和成套电力金具招标规范。

2012年冀北电网农网工程投资完成率达到90.24%，位居国家电网公司系统前列。圆满完成1734个帮扶村电网建设任务，建成4个新农村电气化县，5项农网改造升级工程入选国家电网公司“农网百佳工程”，公司农网工程管控和10千伏及以下设施成套化设计经验在国家电网公司系统推广。

【科技发展】 2012年，河北省电力公司加大科技攻关力度，衡水智能电网调度技术支持系统等13项成果获得省部级和国家电网公司科技进步奖，编制国家电网公司技术标准4项，取得专利授权513项，完成考核指标的317%。加大管理创新力度，5项成果荣获国家电网公司管理创新成果奖，推行通信一体化规划，实现供电所和35千伏及以上变电站光纤通讯网络、协同办公等重要应用系统、信息终端安全管控“三个全覆盖”，建成投运信息通信一体化调度运监中心，信息通信系统安全运行水平进一步提升。

2012年，冀北电力公司积极推进智能化项目建设，依托国家风光储输示范工程，有效破解清洁能源大规模集中并网技术难题，取得了一系列重大科研成就，得到了贾庆林、万钢等党和国家领导人高度认可。风光储输示范电站CDM项目在联合国正式注册，六氟化硫气体回收减排CDM项目第一监测期减排量获得联合国正式签发。建成冀北电网首座220千伏智能变电站，累计安装智能电能表超过369万只，用电信息自动采集覆盖率达到60%。县域电力通信网试点工程顺利通过国家电网公司验收。公司获得省部级科技进步奖12项，国际专利申请受理实现零的突破。

【精神文明】 河北省电力公司认真学习贯彻党的十八大精神，深入开展创优争先活动。衡水景县供电公司机关党委被评为全国创先争优先进基层党组织，公司共产党员服务队荣获“全省为民服务创先争优优质服务品牌”称号。加大干部跨专业轮岗交流力度，组织开展理想信念和党性党风教育，各级领导干部干事创业的能力和水平进一步提升。扎实开展加强基层建设年活动，精心选派308名干部进驻124个村，高质量实施10项惠民工程，彰显了公司负责人的央企形象。创新打造“实体+网络”反腐倡廉宣教阵地，强化廉政风险防控，干部员工的廉洁自律意识持续增强。全面加强企业文化和道德建设，开展“弘扬优秀文化，争做文明员工”活动，7家单位荣获“全国文明单位”称号。加强企业民主管理，深入开展员工建功立业劳动竞赛活动。强化团青工作，1名员工和1个基层团组织分别荣获全国“优秀共青团员”、“五四红旗团支部”称号。公司上下呈现出创新发展、和谐稳定、团结奋进的良好局面。3家单位分别获得管和河北省五一劳动奖章，2家单位被评为国家电网公司先进集体，4名员工荣获国家电网公司劳动模范称号，其中1名员工荣获特等劳动模范。

2012年，冀北公司着力加强制度建设和民主监督，不断规范职务消费管理。健全协同监督机制，构建覆盖投资、建设、采购等关键环节的监督检查体系，形成党委统一领导、纪委组织协调、各职能部门主动参与的良好工作格局。创新开展“社企和谐兴冀”和“社区光明同行”活动，将电网发展和公司发展对接地方经济、对接社会民生，公司“可靠、可信赖”品牌形象充分彰显。编制发布服务河北省和冀北五市经济社会发展白皮书，召开服务河北清洁能源发展发布会，展示公司积极履行社会责任的做法和成绩，得到了社会各界的广泛认同。充分利用现有1025个供电营业窗口，因地制宜开展社区特色服务活动，涌现出一大批先进典型人物。开展基层党组织建设和创建“电网先锋党支部”活动，组建63支国家电网冀北电力共产党员服务队，2个基层党组织被评为国家电网公司“电网先锋党支部标兵”。公司系统各单位在地方行风民主评议活动中取得31个第一名、10个第二名的好成绩，2家单位、3个班组、3名个人分别获得国家电网公司先进集体、工人先锋号和劳动模范，1名同志获得河北省五一劳动奖章、1个班组获得北京市工人先锋号，公司荣获2011—2012年度“全国‘讲理想、比贡献’活动先进集体”称号。

（河北电监办　刘　哲）

建设与建筑业

【城市建设】　2012年，河北省继续深入推进城镇化战略，加快城镇改造建设步伐，在完善配套设施、提升城市功能、聚集优质产业、强化精细管理上取得明显成效。

城乡规划体系进一步完善。省域城镇体系规划完成实施评估，新一轮修编取得阶段性成果，沿海地区总体规划经省政府印发施行。石家庄、秦皇岛完成城乡统筹规划，迁安、三河、霸州、高碑店、武安等完成市域城乡总体规划，“4+1”生态示范城市规划获批实施。开展风貌特色年活动，各市完成了城市风貌特色近期建设规划。这些规划体现了区域协调、城乡一体、绿色发展等理念，是引领新型城镇化发展的有益实践。

城市功能不断增强。全省城市基础设施投资完成3303.4亿元，其中市政基础设施投资完成1003.7亿元，110项重点工程竣工38项，石家庄新客站、沧州体育场等功能性设施相继建成。旧城更新稳步推进，重点实施了一批路网升级、管网改造、街巷整治等惠民工程，城中村改造引进的商贸综合体、总部大厦等项目陆续开花结果。精品工程不断涌现，邯郸文化艺术中心、张家口长城大街等被评为十佳建筑、景观大道。廊坊建设“便民综合服务岛”，提高了便民设施的综合服务功能，正定新区建成了目前全国规模最大的市政综合管廊。三项保护工程扎实推进，完成资源普查、规划编制和数字系统建设，启动了一批历史建筑修缮、基础设施改造和环境综合整治项目。

城市管理水平稳步提升。开展违规调整规划、变更容积率、规划执法等督导调研，发挥规划督察员作用，规划实施刚性增强，邢台“城乡规划服务大厅”做法得到省领导肯定。城市容貌环境“脏乱”整治行动成效明显，垃圾、牌匾、摊点、工地等得到有效治理和规范，市容市貌大为改观。数字城管建设继续延伸，24个县（市）平台建成。数字规划功能不断完善，被住建部评为“科学技术计划项目示范工程”。

园林绿化成效明显。各地以园林城创建提升为载体，以城区增绿为重点，加强绿地系统规划和园林绿化项目建设。全省城镇累计植树1120万株，新增园林绿地5300公顷，新建公园游园505个、绿道绿廊377公里，创建省级园林城18个，城市建成区绿地率、绿化覆盖率和人均公园绿地面积分别达到33.8%、38.4%和12平方米。石家庄成功举办河北省首届园博会，社会反响良好。

污水垃圾运营管理得到加强。新建污水处理项目17个，新增污水管网1100公里，开展污水处理设施运营管理年活动，完成18个生活垃圾填埋场等级评定工作。全省城市污水处理厂集中处理率和垃圾无害化处理率均达到87%，分别提高1个和7个百分点。

【住房保障】　在建设规模最大、资金需求最多、分配任务最重的情况下，各有关部门通力协作、攻坚克难，保质保量地完成了城镇保障性安居工程任务，全省开工保障性住房和棚户区改造住房28.75万套，竣工16.42万套，分配入住15.3万套，累计解决165.7万户城镇居民住房困难，保障覆盖率达到16.9%。更可贵的是，各项工作在规模推进中日趋规范。配套政策形成“组合拳”，省里直接下达新增建设用地指标1.25万亩，实现应保尽保；全省筹集建设资金712.5亿元，其中，中央补助90亿元，省级补助22.5亿元，市县政府筹集123.3亿元；住房公积金贷款支持保障性住房建设试点工作取得突破，新增3个试点城市，获批贷款31.82亿元；各地有效落实质量保证体系，使工程质量处于受控状态，加强分配管理，总体做到了公平分配，赢得了贾庆林等中央领导的肯定。

【房地产业】　2012年，全省房地产开发投资完成3086.5亿元，同比增长1%；商品房新开工面积7641.8万平方米，同比减少31.7%；商品房竣工面积4894.6万平方米，同比减少5.5%；商品房销售额2303.9亿元，同比减少1.8%。认真执行国家限购和差别化税收信贷等房地产调控政策，投机投资性住房需求得到有效抑制。各地加快普通商品住房建设，强化市场监测和信息发布，稳定了市场预期。开展商品房预（销）售专项检查，查处违规项目396个、企业353家，整顿了市场秩序，维护了消费者权益。积极开展城镇房屋拆迁工作问题专项工作，解决了一批积案重案和疑难案件。14个县级市房地产交易与权属登记规范化管理工作达标。全省房地产市场供给相对充足、房价基本稳定，得到国务院督导组的高度评价。

【建筑业】　在经济增速放缓、下行压力加大情况下，全省建筑业总产值预计完成4550亿元、增长21%，预计增加值1550亿元、增长23%。产业集中度进一步提升，特一级企业达到364家，产值占到建筑业总产值的60%以上。创新并规范农民工工资保证金缴纳、投标保证金收取、工程质量保证金预留使用管理等政策，每年可为企业减负超百亿元。深入实施“走出去”战略，积极培育拓展西北、西南和东南市场，施工企业省外产值突破千亿元大关。

市场整顿持续深入，实行建筑业、勘察设计业、招标代理机构资质资格动态核查，责令1000多家问题企业限期整改。开展虚假招投标和转包违法分包专项治理、监理企业专项整顿，查处了一批不达标企业和违法违规企业。开展预拌商品混凝土生产企业专项整治，要求267家限期整改、58家停产整顿，71家被收回或吊销资质，有效净化了市场环境。加强诚信体系建设，建成建筑业企业信用综合评价平台，评价结果与企业业绩、科技创新、社会贡献、质量安全等挂钩，初步实现市场与现场联动。继续推行建筑劳务实名制“一卡通”，新发卡50万张。

质量安全工作成效突出。实行施工现场质保体系量化考核评价制度，启用建设工程质量监督、检测管理信息系统，开展质量巡查暗访和工程结构创优活动，促进了各方主体质量责任落实，全省工程质量稳中有升，建成结构优质工程220项、省优工程240项。坚持以标准化、信息化完善安全防控体系，开展安全生产文明施工标准化工地创建活动，加强施工现场特种作业人员管理，严厉打击非法违法建筑施工行为。全省建筑安全生产形势稳定好转，实现事故起数、死亡人数双下降。河北省建筑市场和质量安全监督管理工作走在全国前列，在全国会上作了典型发言。

【建筑节能和建设科技】 全面推进建筑节能“五位一体”工作，新建建筑节能强制性标准执行率100%，总量达到3.45亿平方米，占既有建筑总量的30.3%；完成既有居住建筑热计量及节能改造1376.8万平方米，新增供热计量收费面积2478万平方米、可再生能源建筑应用1258.3万平方米；绿色建筑发展提速，全省绿色建筑评价标识达到37个，省部签署了共建北戴河新区国家级绿色节能建筑示范区框架协议；国家机关办公建筑和大型公建节能检测监管工作进一步加强。“4+1”生态示范城建设开局良好，一批基础设施项目和绿色示范工程开工建设。建筑节能等重点领域科技成果喜人，河北建设集团荣获国家科技进步二等奖，属全国建筑业首例；河北建工集团被评为国家级工程技术中心；省建研院承担的武当山门顶升工程，高度创世界之最；省建筑科技研发中心建设进展顺利。

【村镇建设】 在基层建设年活动中圆满完成帮扶村规划编制、危房改造和垃圾处理工作。组织编制村庄环境综合整治规划5010个、新编修村庄规划1920个，完成帮扶村危房改造3.08万户，督导帮扶村加强垃圾清运处理工作，基本实现日产日清，村庄面貌明显改善。

强力推进“7.21”洪涝重灾区农房恢复重建工作。第一时间从省市县抽调200余名业务骨干，夜以继日、负责高效地完成了2.5万余户灾毁农房调查鉴定工作。及时提请省政府印发实施方案，发动11家甲级单位编制重建规划，确保了快节奏、高水平。深入重灾区全程指导恢复重建工作，发放指导图集、政策汇编等2000多册，受到当地群众欢迎。积极向住建部争取到2万户农村危房改造指标，专门用于支持灾毁农房恢复重建。目前，原地恢复重建和维修的9031户已竣工，异地迁建的937户全部开工。

村镇规划建设改造全面加强。编制幸福乡村示范点村庄规划2240个，开工镇污水处理项目67个、建成17个，推动25个县（市）建立了城乡垃圾一体化处理模式。加大农村危房改造力度，争取中央资金9.2亿元，安排省补资金4.09亿元，在确保总体质量前提下改造完成12万户，实现国家下达的责任目标。

（河北省住房和城乡建设厅　张学峰）

交通运输业

【投资建设】 2012年，全省交通运输系统努力克服各种困难，加快构建现代综合交通运输体系步伐，公路、水路、铁路、民航、港口和管道建设有序协调发展，全年累计完成交通固定资产投资920.0亿元，比上年增长4.8%。

公路建设稳步推进，农村公路建设加快。2012年，全省公路建设固定资产投资700.6亿元，增长0.8%，其中，高速公路完成投资451.6亿元，下降16.4%；一般干线投资109.4亿元，下降7.4%；农村公路建设步伐加快，固定资产投资81.3亿元，增长1.2倍。

全省公路通车总里程达16.3万公里，增长3.8%，增速比上年提高1.9个百分点，居全国第9位；公路密度为86.9公里/百平方公里，提高3.3个百分点，居全国第16位。分类型看，高速公路通车总里程达5069公里，增长6.6%，居全国第3位；普通干线公路1.71万公里，增长1.2%，增速提高0.1个百分点；农村公路14.1万公里，增长4.4%，提高2.9个百分点。

在稳步推进公路建设的同时，路网改造完成58.3亿元，增长22.5%；场站建设力度进一步加大，完成投资8.3亿元，增长69.4%，增速比上年提高27.4个百分点。全省道路客运站420个，比上年增加77个。

港航建设快速发展，新港建设蒸蒸日上。2012年，全省港口固定资产投资完成184.6亿元，比上年增长24.7%。全省码头长度为3.6万米，增长9.0%；泊位个数173个，增加10个，其中，万吨级泊位131个，增加10个；设计吞吐能力6.8亿吨，提高21.4%。

分港口看，新港建设依然保持较快速度。唐山港完成固定资产投资120.8亿元，在上年增长1.5倍的基础上增长6.3%。码头长度1.7万米，增长21.4%，泊位65个，增加10个，且均为万吨级泊位，其中，曹妃甸港区码头长度为9183米，增长33.9%，泊位31个，增加7个，增长29.2%；黄骅港完成投资57.4亿元，增长76.1%。码头长度6077米，泊位36个，均和上年持平。百年老港秦皇岛港完成投资6.4亿元，增长2.6倍。码头长度1.3万米，泊位72个，均和上年持平。

民航建设稳定发展，运营航线不断增加。全省民航建设历经前几年高速发展之后，逐步进入稳定增长阶段。2012年，全省民航固定资产投资完成18.3亿元，下降15.2%。建成民用机场4个，民用航空航线65条，增加8条，其中，石家庄机场运营航线50条，增加7条；秦皇岛、邯郸机场分别为5条和6条，均增加1条。全省民用航空航线里程11.7万公里，增长16.7%。

城市公交建设保持发展，地方铁路、管道建设有序进行。2012年，全省开通公交线路1749条，运营线路总长度2.8万公里，增长8.3%；公交专用车道长度为59.6公里，增长4.9%；全年地方铁路固定资产投资完成8.0亿元，下降3.6%。地方铁路延展里程2174.8公里，增长0.1%；营业里程1195.2公里，其中，复线里程138.8公里，电气化线路里程176.4公里；全省拥有输油管道5条，输油里程785.93公里，输油能力1973万吨/年；输气管道1条，输气里程67.7公里，输气能力14.6千万立方米/年。

【运力情况】 2012年，全省运输装备总量不断增加，供给能力不断提高。全省民用车辆拥有量达1558.9万辆，比上年增长9.7%，其中：汽车957.6万辆，增长15.0%。载客汽车568.1万辆，增长22.6%；载货汽车153.4万辆，增长11.9%；其他汽车（含三轮汽车、低速货车）236.1万辆，增长1.8%。全省营运性车辆为215.0万辆，增长8.5%，其中，营运性汽车174.4万辆，增长8.2%。营运性载客汽车14.2万辆，增长6.9%；营运性载货汽车115.4万辆，增长10.0%。全省私人轿车快速增长，达341.4万辆，增长28.1%。公共汽车运营车数2.1万辆，增长6.2%，其中，天然气燃料公共汽车4780辆，增长38.0%。出租汽车运营车辆6.7万辆，增长3.7%。营业性民用运输货运机动船舶142艘，净载重量361.2万吨，增长4.7%；驳船3艘，净载重量3980吨位，与上年持平。地方铁路机车204台，增长3.6%；货车1979辆，增长3.7%。

【运输生产】 2012年，在国际经济复苏缓慢、国内经济增速放缓环境下，交通运输业努力克服困难，全省公路、水路、铁路、管道、民航五种运输方式共完成货运量24.3亿吨，比上年增长14.4%，增速同比降低5.3个百分点；货物周转量10844.8亿吨公里，增长10.2%，降低18.0个百分点。客运量为10.5亿人，增长5.7%，降低3.9个百分点；旅客周转量1369.2亿人公里，增长4.8%，降低6.6个百分点。

公路客货运输平稳增长，城市公交客运保持增长。全省公路客运量和旅客周转量分别为9.7亿人和578.2亿人公里，比上年分别增长5.8%和10.7%，增速同比分别降低4.5和7.4个百分点。货运量和货物周转量分别为19.6亿吨和6133.5亿吨公里，分别增长17.3%和17.5%，同比分别降低5.3和12.6个百分点。分季度看，全年客货运输基本保持平稳运行态势。客运量和旅客周转量增速分别在6.4%—4.4%和11.6%—9.6%之间小幅波动运行，三季度为运行谷底，四季度回升；货运量和货物周转量增速分别在14.9%—17.3%和16.0%—17.7%之间微幅波动运行。全省城市公交客运总量达22.3亿人次，增长3.7%；出租车客运总量为13.7亿人次，增长4.1%。

铁路客运量增长加快，货运增速见底回升。2012年，全省铁路客运量完成0.8亿人，比上年增长3.2%，同比提高2.6个百分点；旅客周转量为791.0亿人公里，增长0.8%，降低6.6个百分点。从运行态势看，受高铁、动车相继开通等因素影响，客运量增速全年逐季提高，一季度的增速－0.7%为全年谷底；旅客周转量增速微幅波动，一季度的增速－2.4%为全年谷底，后三个季度在1.6%—0.8%之间波动。铁路货运量完成4.3亿吨，比上年增长4.2%，同比降低4.5个百分点；货物周转量4180.9亿吨公里，增长1.3%，同比降低6.9个百分点。从全年运行态势看，货运增速在三季度形成谷底，货运量和货物周转量增速分别为2.0%和－0.1%，四季度回升。

水路货运增长低迷，增速大幅回落。受国际经济复苏缓慢，国内经济增速放缓，航运市场供大于求、竞争激烈等因素影响，水路货运市场依然低迷，全年货运量和货物周转量增速呈大幅波动回落态势。2012年，货运量完成2590万吨，比上年下降3.1%，增速同比降低25.1个百分点，比一季度回落7.6个百分点，是全年最低点；货物周转量为509.6亿吨公里，增长2.9%，增速同比降低5.0个百分点，比一季度回落18.5个百分点，是全年最低点。

民航运输企稳回升。2012年，全省机场民航旅客吞吐量为534.4万人，比上年增长18.3%，增速同比降低28.2个百分点；货邮吞吐量为4.1万吨，增长19.1%，增速同比降低13.0个百分点。从全年运行态势看，民航客、货吞吐量增速于上半年见底，增速分别为6.4%和12.3%，之后逐季回升，全年增速比一季度分别回升1.1和0.9个百分点。

管道运输平稳发展，天然气输送量快速增长。管道运输已成为我国继铁路、公路、水路、航空运输之后的第五大运输行业，具有安全可靠、运量大、效率高、损耗低和成本低等优势。2012年，全省管道输油（气）总量为1334.8万吨，比上年增长2.3%，增速同比降低1.4个百分点；输油（气）总周转量为20.9亿吨公里，下降2.8%，增速同比降低4.9个百分点。其中，输送原油1332.8万吨，增长2.2%。随着城镇化建设进程加快，节能降耗力度加大，发展环境要求提高，国内天然气需求旺盛，天然气输送进入跨越式发展新阶段，全省管道输气量为2.0千万立方米，增长49.9%，增速同比提高63.6个百分点，且全年呈波动提高态势，年底比一季度提高25.8个百分点，有力保障了生产、生活能源需求。

港口货物吞吐量增速企稳缓慢回升。2012年，全省港口货物吞吐量为7.6亿吨，在全国11个沿海省（区、市）中居第5位，比上年增长6.9%，增速同比降低11.2个百分点。分季度看，全年增速在7.7%—5.8%之间小幅波动运行，四季度开始回升。分货类看，煤炭及制品吞吐量为4.9亿吨，增长0.3%，同比降低13.7个百分点，全年增速自9月开始回升，年底结束了下半年以来的负增长局面；钢铁吞吐量为3905.4万吨，增长10.3%，同比降低19.6个百分点；石油、天然气及制品吞吐量为2406.1万吨，增长6.2%，同比降低31.1个百分点。由于首钢一期矿石码头投产，金属矿石进港量大幅增加，金属矿石吞吐量达1.8亿吨，增长24.7%，增速同比持平；受保障房建设提速等因素影响，矿建材料和水泥吞吐量大幅增长，增速分别为36.4%和1.1倍，其中，水泥增速同比提高103.1个百分点；由于河北积极调整出口产品结构，鼓励高科技和高附加值产品出口，全省汽车出口增速较快，出口数量、金额均位居全国汽车行业前列，出口额跃居全省机电产品出口榜首，机电产品成为全省外贸出口的龙头，全省机械、设备、电器港口吞吐量大幅增长，增速达68.4%，同比提高132.3个百分点。全省集装箱吞吐量完成90万标箱，增长16.8%。分港口看，秦皇岛港货物吞吐量达2.7亿吨，居全国第3位；曹妃甸港货物吞吐量为2.0亿吨，居全国第5位，增长11.4%；京唐港货物吞吐量为1.7亿吨，增长23.6%，增速居全国第1位；黄骅港货物吞吐量为1.3亿吨，增长12.1%，增速居全国第2位。

（河北省统计局　赵丽丽）

【民航安全保障】 2012年，河北机场集团不断优化航线网络布局，增强航空覆盖能力，降低公众出行成本，提升航空安全服务质量，推动河北机场安全发展、跨越发展和科学发展，助力民航强国和经济强省、和谐河北建设，较好地完成了全年工作目标。全年共保障飞机起降5.7万架次，保证了飞行安全、航空地面安全和空防安全，实现了河北机场集团第9个安全年和河北省民航机场28年持续安全运行。机场集团全面落实安全责任，与省政府首次签订了年度安全生产目标责任书，并层层分解到各部门、各岗位，开展了全员安全生产承诺，不断强化安全主体责任、领导责任和岗位责任。严格落实“十八大”航空安保工作，努力消除不稳定不和谐因素，做到了“十八大”期间“零差错、零事故”。进一步深化机场与驻场单位齐抓共管的良性工作机制，与驻场单位签订了《机场运行安全协议》。石家庄国际机场不断提高软硬件保障能力，顺利通过了民航华北局机场机务维修单位SMS运行审定，成为河北省首家通过局方审定的单位。完成了石家庄国际机场15#跑道新增DME设备、10KV电站改造等重点项目建设。组织开展了安全大检查、打非治违和“安全生产月”等安全生产专项工作，进行了反劫机反炸机等专项演练，机场应急管理水平得到明显提升。

【客货运输】 2012年河北机场集团完成旅客吞吐量500.75万人次、同比增长18.9%，其中石家庄国际机场完成485.21万人次、同比增长20.7%；完成货邮吞吐量40266.5吨、同比增长19.9%，其中石家庄国际机场完成39660.9吨、同比增长19.4%。航线网络更趋完善，石家庄国际机场每周往返航班最高达到1100班，同比增长20.9%，航线数量达到了81条，同比增长22.7%，运营航空公司达到了24家，同比增长4.3%；通航城市52个，同比增长18.2%。积极推进航空大众化试点工作，精心打造低成本航空枢纽。建成一小时航空圈，新增和加密了至包头、烟台、鄂尔多斯等地短程航线，完善了石家庄至秦皇岛、唐山等省内支线机场航线结构，进一步发挥石家庄国际机场作为省内航空网络枢纽的作用。石家庄国际机场不断丰富航空产品，加大市场开发力度，推出了“华东游”、“海滨游”、“草原游”等丰富多样的航空旅游产品。整合周边地市旅游资源，大力拓展周边和返程客源市场。航空货运稳步推进，在确保独联体包机和欧洲货运包机稳定运营的基础上，2012年10月23日，石家庄国际机场开通了河北省至哈萨克斯坦的首条货运航线。

【服务民生】 根据国际机场协会和中国民航局研究分析，2012年石家庄机场和秦皇岛机场实现的客流量和货运量，为河北省创造社会效益138.62亿元，相关就业岗位4.06万个，有力推动了全省经济社会发展。机场集团贯彻落实省委、省政府着力改善发展环境和着力改善生态环境的要求，组织编制了石家庄国际机场环境综合整治规划方案，经省政府批准积极组织实施。不断推进石家庄国际机场集疏运体系建设，2012年先后新增了定州、衡水和白沟3座“城市候机楼”，石家庄国际机场“城市候机楼”已达6座。旅客直通车覆盖河北省中南部7个城市，其中保定旅客班车增加到了每天8班，邢台、邯郸、衡水、定州、白沟旅客班车增加到了每天5班、沧州旅客班车达到了每天3班，方便了河北省旅客乘机出行。建设石家庄国际机场高铁站候机楼，深入研究和实施石家庄机场空铁联运模式。机场集团以企业文化落地实施为契机，践行“感动服务”理念，不断完善“从家飞”服务品牌内容和标准，促进了服务水平全面提升。综合全年服务质量调查结果，航空旅客、机组对石家庄国际机场的整体满意度有了较大提升，分别达到了94%和99%。

【经营管理】 进一步规范和完善了绩效考核制度，机场集团与各二级单位签订了经营绩效合约书，全面量化绩效指标，并与绩效工资直接挂勾兑现奖惩。将能源消耗指标纳入机场集团绩效考核体系，各二级单位不断完善能源消耗管理制度。落实全面预算和“收支两条线”管理，研究制定了《预算执行审批权限和核准制度规定》，进一步规范了预算审批程序。积极落实石家庄国际机场建设发展专项资金，积极多渠道筹措资金，并协调省有关部门出台了专项资金使用管理办法。严格职务消费管理，按上级部门相关规定，制定了《企业负责人职务消费管理规定》。组织开展了新候机楼招商，推进污水处理厂、机场职工公寓物业服务等业务外包，规范机场商业发展。大力加强人才培养，加强全员培训工作，组织选拔了机场集团第一批助理培训师。进一步落实和维护职工利益，调动员工工作积极性，制订了《劳动保护用品管理暂行规定》和《员工年休假实施办法》。

【党建和文化建设】 机场集团党委深入开展“创先争优”，结合“基层建设年”活动，积极开展了“深入一线、服务基层”活动，机场集团领导和各职能部门深入一线单位调研，解决实际问题，有效推动了各项工作的顺利开展。掀起学习贯彻“十八大”精神热潮，结合实际，制定了机场集团学习宣传贯彻党的“十八大”精神的具体举措。认真落实党风廉政建设责任制，集团公司与各二级党委、总支签订了党风廉政建设责任书。深入推进权力运行监控机制建设，实施了工程建设项目廉洁承诺责任书制度。积极推进企业文化落地实施，编制了《企业文化核心理念手册》，选拔组建了企业文化宣导师队伍，从培训、产品、传播、活动四条线全面推进企业文化落地工作，使企业文化成为激励员工、凝聚员工的精神支柱和动力来源。深入开展工会和共青团工作，成立了职工体育协会和河北民航青年联合会。机场集团荣获2012年河北省“文明单位”荣誉称号，旅客服务公司贵宾室被评为河北省“青年文明号标杆”。

（河北机场管理集团有限公司　曲　炜）

邮　政　业

【概况】　2012年，河北邮政以科学发展观为指导，按照集团公司的工作部署，在省委、省政府的关怀指导下，牢牢把握“稳定队伍、稳步发展”的工作思路，积极转变方式、调整结构、提升能力、强化基础，全省邮政实现了持续稳定、健康发展。2012年，省公司实现收入37.49亿元，完成集团下达计划的104.34%，收入规模列全国第10位，收入同比增长12.12%，高于全国平均增幅0.19个百分点。实现有效收入27.11亿元，较上年同期增加3.41亿元，增长14.4%，高于同期业务收入增幅2.28个百分点。完成集团公司下达的收支差额预算目标。货币资金保持稳定。合同用工人均工资总额比上年提高9.2%，劳务工人均劳务报酬比上年提高19.53%，全员劳动生产率比上年提高12.11%。

【业务发展】　2012年，河北邮政积极创新经营服务模式，强化项目运作，拓展业务领域，提升了企业经营发展水平。函件专业创新发展方式和商业模式，以传媒业理念和多媒体整合方案推进数据库商函的快速发展。积极开发账单业务，实现了对金融行业的全覆盖。国内小包寄递市场取得突破，省市联动运行的综合能力明显提高。专业收入规模在全国排名由2011年的第9位上升到第7位。报刊专业继续发挥重点报刊、重点市场和重点项目拉动作用，深入开发校园和图书零售市场。以第三方订阅、形象期刊为重点，积极推进媒体化经营，连续四年实现了两位数增长。报刊零售业务不断完善连锁经营管理体制，强化重点产品销售，提升了邮政报刊零售品牌的市场影响力。电子商务专业进一步加大了投入和政策扶持力度，实现了收入规模在全国排位的前移。以丰富服务品种为手段，带动了代收代缴业务的高速发展。强化大客户开发能力，实现了航空机票销量的大幅提升，在集团公司组织开展的航空机票竞赛中排名第三。深入发掘地方名优特产资源，邮乐网招商成效突出。全省邮乐网在线商家239家，在线商品4409种，邮乐网河北馆招商商品数居全国首位。集邮专业以文化引领、项目推动为抓手，紧抓社会热点，围绕十八大以及地方重大节庆活动和节日商机，积极开展形式多样的营销活动。创新举办高端客户品鉴会，加强与专家团队的合作，不断提高产品文化内涵和设计水平。强化省市联动，专业收入规模在全国的排名由2011年的第13位上升到第10位。分销专业以农邮乐品牌建设为核心，积极创新渠道产品引进模式，大力推广预收预订和代购代销，有效降低资金风险，保持了业务稳步发展。机要通信专业连续十五年实现质量全红。代理速递物流业务强化了对发展情况的绩效考核，把资费收入列为重点考核指标。积极组织专项竞赛活动，加大对快包业务的奖励力度，调动了营业窗口发展业务的积极性。资费收入达到了集团公司发展要求。代理金融专业突出业绩导向，按照集团公司“错位经营”的发展要求，与邮储银行发挥各自优势，重点推进储蓄和代理保险业务发展，储蓄余额持续增长，代理保费规模不断扩大。积极培育电子银行等新兴业务，实现了注册数、交易量和交易金额的快速增长。积极扎实地推进中邮人寿河北分公司的各项筹建工作。

【改革创新】　继续深化改革创新，不断破除制约企业发展的体制性、机制性障碍。分配激励机制改革初见成效。根据“兼顾效率和公平”的原则，通过按规模效益分类和按贡献大小计酬，对全省市县局进行了重新定级分类。通过在部分岗位推行计件工资以及在投递岗位实施星级员工管理，积极推进了收入分配改革，有效调动了市县局和一线员工的积极性。流程优化工作持续推进。加强普邮网与速递物流网资源共享和相互协作，全面推行邮件前置处理和集中分拣到段。积极对省会网络资源进行整合，实现省会进口邮件的大平面作业，减少中间作业环节，提高了邮车的准点率和邮件处理能力。创新引领发展的导向更加鲜明。结合河北邮政实际，在经过大量调查研究和反复论证的基础上，制定了省公司三年发展规划。规划的形成过程，是全省上下解放思想、创新思维、更新观念的过程，也是经营创新、服务创新、管理创新、机制创新、文化创新的过程。同时，与“三年发展规划”相配套的财务管理体系和相应的业务发展、人力资源等方面激励机制的建立，为引领企业发展，步入创新驱动的轨道注入了活力。

【企业管理】　2012年，全省邮政积极转变管理理念，加大管理创新力度，增强了科学管理效能。财务管理继续强化。构建了以利润为导向的财务管控体系，科学核定普遍服务补贴和网间结算成本，直观反映了各市局经营效益。加大对高效、新型、有发展潜力业务的成本配置和资金投入，促进了企业发展方式的转变，实现了发展质量的不断提升。充分利用信息化手段，加强对成本费用的有效控制，管理性成本同比下降了1.49个百分点，有效收入不断提高，业务边际收益显著提升。不断加强内控制度建设，针对企业管理薄弱环节，明确控制关键点，规范了经营管理流程，增强了企业风险防范能力。强化资金资产集中管理，将代收代缴资金全部纳入收支两条线管理，提高了资金使用效率，降低了资金风险。通过开展固定资产清查，掌握了企业资产现状，为优化资产结构、提升资产效能奠定了基础。加大了集中采购力度，全年共组织集中采购27次，节约资金711万元。人力资源管理更加科学。加强各级领导班子和干部队伍建设，成功举办全省三级正职干部浦东培训班，为创新干部培训方式积累了经验。一批优秀中青年干部充实到三级副职领导岗位，进一步优化了干部队伍结构。通过落实“四个严格控制”、推广先进生产组织方法等措施，进一步优化了人力资源配置，初步缓解了从业人员的结构性矛盾，较好地支撑了重点业务和高效业务发展。加强规范用工，累计节约用工560人，盘活从业人员379人。顺利完成了全省邮政员工的薪酬调标工作。紧紧围绕员工职业成长需要，开展了形式多样的教育培训和技能竞赛活动。全年共举办各类培训班89期，累计培训5900人次，全员集中培训和远程培训率位居全国前列，在集团公司举办的网上学习竞赛活动中获全国第一。扎实推进职业技能鉴定工作，广泛深入开展储汇业务员岗位练兵活动，在全国邮政通信特有职业技能竞赛中，河北邮政代表队获得“团体优胜奖”第一名。基础管理更为规范。进一步加强业务管理，严肃经营纪律，保障了各类业务的健康发展。扎实开展不规范经营治理活动和金融资金安全防范活动，增强了金融从业人员合规经营意识和风险防控意识。认真抓好资金、邮件、车辆和消防安全管理工作，开展金融资金安全教育，配备专职金融业务检查人员，构建了邮政代理金融业务检查管理体系。修订完善各专业质量管理岗、监控岗的考评标准和内容，进一步规范了邮政业务视检操作标准和流程，委托第三方机构对服务质量进行测评，促进了服务问题的及时发现和有效解决。全年未发生重大金融资金案件、重大安全生产和通信质量事故。强化内控监督机制的落实，积极开展财务收支、经济效益、经济责任审计和各类专项审计调查，完成工程审计金额1.08亿元，审减3105万元，综合审减率达到28.59%。严格执行“三重一大”制度，以工程项目建设、招投标管理、资金安全管理等为重点，积极开展了效能监察。

【核心能力增强】 2012年，全省邮政投入资金3.3亿元，用于基础设施、渠道建设和网络能力建设，为企业可持续发展夯实了基础。“两提升、两拓展”建设工程成效显著。完成了210个网点的装修改造工作，增配了180台ATM和1195台助农取款设备，提升了终端服务能力。加快了低效网点转化，全省储额3000万元以上的网点增加了36个。全力推广“农邮乐”渠道标准化建设，改造直营店650处、加盟店4291处。加快推进邮政便民服务站拓展，全省建成便民服务站2.7万处，其中加载邮政传统业务和商品销售的A类便民服务站687处。网络支撑能力进一步增强。根据全省网运生产实际，修订了全省三级邮区中心局KPI评价指标，提升了网运生产质量管理监控和精细化管理水平。对邮件封装容器和运输方式进行改革，积极尝试在县以上邮路集装化、县以下邮路散装化运邮模式。强化作业计划监控管理，全省网运作业计划合格率和执行率达到100%。通过加大投递部集中管理力度，积极推进社区服务店建设，加强投递系统管理应用，提高了投递质量，投递信息反馈率和上网率分别达到98.83%和96.15%，满足了电商小包等新业务的发展要求。组建了商务投递队伍，为个性化和竞争性业务发展提供了支撑。加强名址库建设维护管理，名址维护各项指标在全国排名第一。信息化建设不断推进。扎实开展信息网运维竞赛，确保了信息网及各应用系统安全稳定高效运行。开展了邮政营业信息系统、助农取款终端布放等11项工程建设工作。自主开发了IC卡代收费业务、保险单证与电销保单业务管理系统等21个软件项目，有力支撑了业务发展。

【和谐企业建设】 邮政部门以开展机关作风建设年为契机，进一步转变干部队伍的思想作风、领导作风和工作作风，在全省上下激发了不甘人后的斗志、弘扬了求真务实的精神，形成了加快发展的良好氛围。以“为民服务创先争优”活动为载体，狠抓制度建设和组织体系建设，切实增强了各级党组织的凝聚力和战斗力。开展了多种形式的学习贯彻落实十八大精神活动，通过学习，统一了思想，坚定了信心，明确了目标，凝聚了力量，为全省邮政科学发展奠定了坚实的思想基础。不断加大民主管理和局务公开力度，促进了企业管理水平不断提高。组织开展服务规范管理和营投双十佳评选活动，服务质量和服务水平得到有效提升。秦皇岛局投递员赵红同志光荣出席了党的十八大。全省邮政新增省级文明单位20个，5个市局、30个县局职代会被评为“河北省星级职代会”。省公司在省委省政府组织的民主评议行风活动中连续十年获得优秀，树立了企业良好社会形象。

（河北省邮政公司　段铁林）

通　信　业

【概况】 2012年，在工业和信息化部和河北省委、省政府的正确领导下，全行业主动适应新形势、努力把握新要求，全面提升通信监管机构的执行力，积极营造健康和谐的市场环境，促进了通信业快速科学发展，在圆满完成发展任务和经营指标的同时，大力加强应急（专用）通信建设和网络与信息安全管理，环首都“护城河”能力进一步增强，服务经济社会发展、服务民生的能力和水平得到进一步提升，为维护地方稳定与和谐做出了新贡献。

（一）行业发展保持稳步增长的良好态势。2012年，全省电信业务总量完成538.0亿元，列全国第7位，同比增长10%；电信主营业务收入完成457.8亿元，列全国第9位，同比增长10%；全省电话用户新增383.6万户，总数达到6720.8万户，列全国第6位，3G用户比上年末新增527.2万户，达到1077.2万户，全省电话普及率达到94.1%。2012年全省互联网宽带接入用户新增139.5万户，总数达到963.9万户，列全国第5位。

（二）电信业务市场进一步规范。依据国家法律法规和政策要求，规范了通信市场经营行为，对网内网间电话差别定价、违规开展移动固定电话业务、随意变更固定电话号码用途等违规经营行为进行了整治；进一步加强了对电信业务申诉处理的管理，电信服务质量总体良好；规范了电信经营准入，审核备案增值电信业务1147家，跨省经营单位备案1572家；限期整改141家企业电信业务不合格单位；强化码号资源管理，提高了码号资源使用效率，全年共核配、备案码号237个，依法收回码号183个；规范网站备案管理，开展了网站备案及存量数据的真实性核验工作，2012年新增备案22675个；规范IP地址备案及管理，截至12月底共备案IP地址932万个。

（三）村通宽带任务超额完成。2012年，村通宽带被列入全省重点工作，省政府1号文件明确由省局组织实施，河北联通、河北移动、河北电信承担了建设任务。各单位积极履行社会职责，强力组织省内各分支机构，加强领导、精心组织、周密部署、扎实推进，努力克服工期紧、难度大、困难多等种种不利因素，严格按照工信部的有关要求，对杆路、传输、基站等设施建设最大限度地实施共建共享。截至10月底，全省村通宽带工程共投资2亿元，共完成1140个村通宽带任务，全省行政村通宽带率已达到96.5%。

（四）宽带普及提速扎实有效推进。按照工信部统一部署，河北省通信行业启动了宽带普及提速工程，不失时机地开展了全省“宽带普及提速百日会战”。河北联通、河北移动、河北电信、河北铁通四家基础电信企业，和广大民营企业积极参与，迅速行动，以“高投入、快发展、大提速、广普及”为目标，加快工程计划、施工、验收各环节进度，形成光纤到户（FTTH）整体推进的大规模建设局面，网络覆盖和普及程度不断提高。截至12月底，全行业投资147.8亿元，全省4M及以上宽带接入用户已超过76%，高出全国11个百分点。

（五）建设市场监管进一步加强。深入开展通信建设领域突出问题专项治理行动；强化安全生产监督检查工作；开展省内通信工程优秀设计奖、优质工程奖的评选；完成并实施了《河北省通信业“十二五”发展规划》；举办了全省《招标投标法实施条例》的宣贯培训以及通信建设项目评标专家的培训。

电信基础设施共建共享工作取得实效。截至11月底，全省共建铁塔217个、杆路85.51公里、基站210个、传输线路156.928公里、室内分布85个、管道70.11公里，共建率分别为66.49%、53.73%、49.39%、39.56%、64%和45.88%；共享铁塔686个、杆路300.747公里、基站686个、传输线路283.039公里、室内分布101个、管道13.65公里，共享率分别为94.86%、99.86%、94.86%、99.87%、100%和83.25%。均达到并超过了国资委下达的考核指标。自2008年开展共建共享工作以来，全省共节约投资16.8亿元。

（六）三网融合试点工作稳步开展。自2011年12月底河北省省会石家庄市被国家列入第二批三网融合试点城市以来，河北省通信管理局积极推进三网融合各项工作。通信行业加强与广电部门的协作沟通，共同推动广电、电信业务双向进入，充分发挥好市场机制作用，积极引导三网融合业务开展，推进石家庄三网融合试点工作。河北联通已经建成IPTV播放平台，放装1000户测试运行。由省局负责帮扶的石家庄市栾城县王代梅村已经实现了三网融合。

（七）圆满完成“十八大”通信保障任务。“十八大”期间，河北省网络运行平稳，途经河北的国家一二级干线光缆未出现任何异常和中断，全面实现了确保安全、万无一失的目标。为做好“十八大”通信保障工作，河北省通信行业做了大量卓有成效的工作。一是管局机关和各企业都专门成立了通信保障工作领导机构，提出了工作目标，制定保障预案，责任层层分解，任务落实到人。二是省政府办公厅下发了《关于加强党的“十八大”期间通信网络安全畅通保障工作的通知》，就十八大通信网络安全对全省各级各有关部门提出明确要求；三是与公安部门通力协作，开展三电打击专项工作，联合发布《关于开展警民联合护线活动确保十八大期间通信网络安全畅通的通知》，加强对保护光缆线路的宣传教育，做好线路易发案地段、时段的防护工作。四是协调解决极端情况下应急通信物资的投送，通信设施电力、油料供应，应急通信物资的航空、道路、水路紧急运输和通行，为“十八大”的顺利召开提供重要通信保障。五是由机关及各省公司领导带队到各地市开展了“十八大”通信网络安全畅通保障工作大检查，对网络运行维护和安全防范、网络隐患自查整改、党政专网和重要用户通信保障、网络与信息安全保障及应急等情况进行严格检查；六是强化应急值守能力，建立了应急值班、指挥平台管理及信息报送、部门间应急联动三项机制，即执行7×24小时带班和值班，各级领导轮班值守现场，全面指挥调度十八大通信保障工作。“十八大”保障期间，全省通信行业累计出动维护人员2万人次，应急车辆500辆次、油机1000台次。

（八）应急通信保障能力不断增强。修订了《河北省通信保障应急预案》，进一步增强了参与单位的数量和人力，细化明确了各成员单位职责，优化了应急队伍的指挥调度程序，完善了应急响应分级机制。积极开展“7.21”特大洪涝灾害通信保障及灾后重建，第一时间完成通信应急保障和基础设施抢通工作，并投入2亿元开展灾后恢复重建工作，截至12月底累计完成修复投资1.20亿元，累计修复传输1385公里，基站316个、固定局所48个、营业网点8个。

（九）全省基层建设年通信帮扶工作圆满完成。2012年，举全行业之力开展了河北省基层建设年活动的通信帮扶工作，实现了全省通信帮扶5010个村庄的宽带进村和5010个村庄及周边地区2G、3G信号全面覆盖，圆满完成了帮扶目标，受到了省委的表彰。按照河北省委《关于开展加强基层建设年活动的意见》要求，省局和河北电信河北联通河北移动省、市、县三级共派出178个工作组，圆满完成“水路房电讯，文教医保服”10方面重点工作的帮扶任务，省局派驻石家庄市栾城县王代梅村开展驻村帮扶工作，多项工作领先，多家媒体报道，被评为全省优秀工作组，受到了省委的表彰。

（十）互联网网络与信息安全管理得到加强。依法封堵违法、违规网站202个，向省互联网信息办公室、新闻出版等部门通报备案信息350余条，封堵网上政治性非法出版物451种，向外省发“违法网站异地协查转办函”37件，都得到妥善处置；积极组织、协调企业建设IDC管控系统，省局侧系统已顺利通过工信部保障局组织的初步验收；省局组织协调河北联通、河北电信公司进一步优化了“河北省互联网综合管理系统”，更换了运行不稳定的DNS服务器，提高了互联网管理效率。

继续深入开展“打击利用互联网非法收售药品行为”、“深入整治互联网和手机媒体传播淫秽色情及低俗信息”、“整治医疗广告类非法出版物”、“组织开展端口类短信群发业务清理整顿”等互联网专项治理行动，配合省内相关职能部门开展了治理利用互联网发布虚假药品信息非法销售药品、整治虚假违法广告、打击传销、打击虚假发票等专项活动，取得良好效果。

（十一）社团组织、支撑机构作用得以进一步发挥。行业协会、通信学会、互联网协会等行业社团都加强了自身建设，不断提升服务水平和能力。通信行业协会全力做好年度“全省电信服务质量用户满意指数测评”。通信学会积极参与第十四届中国科协年会，成功承办了“转型创新促通信业新发展论坛”。通信学会、互联网协会分别组织编印了《2011年度河北省通信行业年度发展报告》、《2011年河北省互联网发展报告》。特别是通信行业协会和互联网协会在河北省开展社会组织评估暨诚信建设评比活动中取得显著成绩，被评为5A级社会组织和诚信建设先进单位。职业技能鉴定工作稳步推进，工程质量监督工作努力实现模式和方式的转变，全年组织培训班共15期，培训人员共计3500人。

（河北省通信管理局　刘玉朝）

【中国移动河北公司】　2012年，中国移动通信集团河北有限公司在省委、省政府和集团公司的正确领导下，围绕“可持续发展”的总体目标，抓住“转型、协同”两个关键点，着力提升“质量、服务、创新”三大能力，充分发挥广大干部员工的积极性、主动性和创造性，精细管理，提升效益，推动企业健康发展。

（一）持续推进信息化建设，全面助力河北经济发展

河北公司以“智慧城市”建设为契机，加快城市信息化步伐，认真落实“央企走进河北战略合作恳谈会”上签订的合作协议，大力推进无线城市建设和物联网发展，无线城市门户网站已上线130多项应用；与政法系统、公交系统、广电系统开展深度合作，为全省14万余家党政机关和企事业单位提供信息化服务。积极推进物联网应用，在水电燃气抄控、交通和车辆定位等重点领域成效显著。结合河北省农业大省的实际情况，积极做好农业信息化产品的开发和应用推广。

随着公司的发展壮大，中国移动河北公司服务经济社会发展的能力显著增强。公司服务客户3400多万户，2012年收入268亿元，缴纳各类税金31.6亿元。固定资产投资额度连年攀升，2012年底固定资产总额达到398亿元，2012年投资58.7亿元，“十二五”期间计划投资306亿元。公司拥有员工2.4万人，带动价值链创造就业岗位10万个以上。与产业链上下游深度合作，促进国内外先进企业落户河北，服务经济发展。

（二）网络基础不断夯实，协同支撑更加有力

2012年，河北公司立足于市场发展和客户感知，坚持四网协同战略，进一步优化资源配置，深入推进规划、计划、建设、优化、运维等工作协同开展。

“网络质量是通信企业的生命线”。河北公司通过持续提升集中监控能力，实现对交换、无线、数据、传输、承载、动环六大专业所有设备全部纳入7×24小时监控。加强专家值班，缩短故障处理时长，一级告警平均处理时长缩短至8分钟，设备告警处理率达到100%。积极推进维护工作前移，深入挖掘设备隐患，预防故障发生，建立网络设备故障闭环管理机制，及时解决网络故障。

开展“TD-SCDMA网络质量提升大会战”、“2G网络质量提升”、“室内网络质量提升”专项活动。网络质量客户满意度和领先程度持续提升，集团客户网络服务保障体系初步建立。创新研发网络、流量、业务、终端、投诉五张战略地图，助力四网协同、流量经营等工作高效开展。

（三）持续强化客户感知，服务水平保持领先

2012年，河北公司扎实开展“为民服务创先争优”活动，按计划实施144个工作执行点及25项优质服务举措到位率达到100%。

基础服务能力有效提升。营业厅10分钟等候时间达标率达到98%，人员业务咨询解答准确率达到95%；省市协同优化热线服务，月底月初接通率显著提高。透明消费体系日益完善，实现GPRS计费实时提醒。实践电话经理服务中高端客户工作，电话营销实现规模化、效益化运营。

推进“卓越服务打造工程”。深化服务创新，建立全流程服务质量管理体系。推出客户服务接待日等举措，收集服务需求。聚焦关键问题，全面加强服务协同，横向协作的服务例会制度成效明显。打通投诉管理电子化流程，完善投诉预警机制，全面提升投诉管理能力。

（四）整体运作能力增强，管理提升成效明显

2012年，公司大力优化管理手段，推进低成本高效和健康安全运营，为经营发展提供了强大支撑和有力保障。

协同效应充分发挥。构建公司重要指标动态对标体系，结合“红橙黄蓝”预警机制，把控全局能力进一步增强。以战略地图为抓手，促进网络、营销、服务、支撑等各方面协同发展。牵头成立“HBN论坛”，实现河北、河

南、湖北、湖南四省之间的全方位、多角度沟通对标，加强合作。与铁通公司协同建设和经营的机制流程更加完善。

管理效能稳步提升。管理提升活动诊断发现流程问题574个，“啄木鸟”活动收集5386条意见和建议，制定规范统一的制度流程模板，流程优化工作初见成效。推进银企合作，资金运作效益和业务协同拓展能力不断提升。深化采购需求计划管理，推进采购规范化、集中化，优化完善供应链体系，仓储物流一体化管理取得新进展。

风险防控全面巩固。配合国家审计署审计、集团公司巡视等工作，加强内部审计及整改工作，发挥内部监督与风险防控作用。深入推进法律风险体系的常态化管理，有效落实安全生产责任制，保障企业的安全运营。进一步强化新闻危机意识，持续提升敏感舆情预防和处置能力。加强应急通信管理、推进不良信息治理，全面保障网络和各类信息安全。

（五）社会责任充分彰显，树立良好企业形象

在企业自身发展的同时，河北公司始终致力于“做优秀企业公民、促和谐社会构建”，积极履行社会责任。与团省委共同组织的“蓝色梦想牵手未来”移动助学活动已连续开展五年，共出资400万元，援助3750名大中院校学生；共同搭建就业实习平台，在75所院校建立青年就业创业见习基地，预计提供225个就业岗位、450个勤工助学岗位、7500个营销岗位，并提供资金补贴。实施“温暖12．1”项目，资助65名艾滋致孤、致贫儿童。开展“上善若水，善行河北——扎根基层驻村帮扶”行动，筹集专款62万元为张家口市万全县高庙堡乡苏家咀村实施人畜饮水工程，解决了该村近30年的生产生活用水难题。

提前超额完成村通建设任务，圆满完成省委基层建设年驻村帮扶工作，高效完成十八大、保定“7.21”抗洪抢险等应急通信保障任务，得到地方政府的高度赞扬。创新开展“善行河北”手机文化传播活动，持续开展“绿色行动计划”，加强主动宣传，整合传播优秀企业形象，为发展营造良好舆论环境。

（中国移动河北公司）

【中国联通河北省分公司】 2012年，河北联通适应移动互联网时代要求，以“二次创业”战略为指引，加速规模效益发展，实现了重组以来较快发展速度。

（一）向市场要发展，经营服务取得新业绩。一是以3G为引领，积极开展各类营销，实施价值链共舞，以3G和融合业务带动2G保有和发展，移动业务快速发展。二是以宽带为龙头，实施宽带分区域经营策略，加速升级提速，实现融合拉动，落实服务承诺，固网业务稳定发展。三是以流量经营为核心，以体验式和精细化营销为抓手，贯穿“三条主线”，实施“九项系统工程”，积极推进信息内容产品化和深度运营，增值业务跨越式发展。四是以行业应用为抓手，推进营销活动规范化，积极开展校园营销、智慧城市等重大项目营销，集团客户业务突破发展。组织“校园歌手大赛”、“大学生辩论赛”，校园官方微博线上粉丝超25万，发送互动微博1万多条。积极参与智慧河北建设，成功签约“智慧秦皇岛”、“智慧承德”“智慧保定”、“智慧邯郸”等智慧城市项目，并参与各地市智能公交、数字水务等大型信息化建设项目，得到省政府领导的高度评价。围绕“强政、兴业、惠民”三大应用领域，着力推进数字城市、移动电子政务、数字社区、数字旅游、智能交通、数字物流、居民一卡通、智慧医疗、智慧教育、智慧金融等十大行业示范工程。河北联通已在6个城市推广了数字城管、5万多用户使用了车务通、15万用户使用了一卡通、2000多家企事业单位安装了移动办公系统。五是以渠道转型为动力，推进实体渠道体验式营销转型，实体、直销和电子“三位一体”渠道发展模式发挥更大作用，渠道产能全面提升。六是以客户感知为导向，构建大服务体系，创新增值业务“三权分立”管理和客服微博体系，成立维护客户权益委员会，3G满意度列全省行业前茅，服务水平持续提升。

（二）向网络要能力，支撑保障能力进一步增强。一是网络建设的精准性进一步提高，初步形成根据市场需求滚动批次安排投资的机制。网络能力不断提升，全网HSPA＋升级和EDGE顺利开通；大力推进光网建设，加速宽带客户向光网迁移。河北联通互联网数据带宽达到2360G，宽带光纤入户端口占比接近60％。二是开展网络整治和专项优化，落实“移动、宽带两个服务承诺”，各项网络运行指标均达到或优于联通集团要求。三是顺利实现BSS4.2系统割接上线和系统版本拉齐，完成大ERP系统推广、OCS系统扩建和经分系统改造等项目，信息化支撑能力显著提升。四是快速启动廊坊基地建设，已落实项目一期用地，完成主体施工招标，基本完成一期项目地基施工。

（三）向管理要效益，运营效率和质量大幅提升。一是“大市场、强支撑、小机关”组织模式基本完成。优化市场营销体系，实现公众市场网格化营销、集团客户完成准事业部建设，实现信息导航准事业部管理和电子商务集约化运营，“大市场”营销架构初步建成。深化网络公司管理体制改革，实现垂直化管理和专业化运营，实施IT管理体制改革，完成计划管理体系调整优化，试点进行市对县财务集中管理和本地网光缆维护划转工作，“强支撑”更加完善。整合省公司客户服务部门，撤销审计大区和市公司城区营销服务中心，优化机关、支撑、市场三条线人员结构，全面推进定岗定编工作，完成省公司本部定岗双选。二是绩效考核效益导向作用进一步发挥。按照“高目标牵引、高资源配置、高激励协同”原则，建立预算趋准制，强化增量和市场占有率考核。创新以倍增收入为核心的薪酬激励机制，实施管理人员业绩贡献激励计划，打通市公司、县公司管理人员职级带宽体系。建立了常态化、及时性、显性化的荣誉激励体系。三是实施利润保障计划，强化收支管控，深化资产运营，开展网络资产盘活、房产盘活，落实投资管控，带来实实在在的收益。四是资源配置进一步优化。向“高目标牵引下一体化资源配置”

转型。优化责权体系，深化全成本管理，实施分区域差异化资源配置。建立了重点营销活动、集团客户和宽带接入项目前评估、后评价机制，资源配置与经营策略动态匹配，成本支出与收入、发展、用户质量等挂钩。五是管理提升活动扎实推进。通过“四个对比”，对标先进确定44个全省性问题，细化措施推进整改，实现管理提升活动与企业发展协同推进。六是有利于发展的良好外部环境基本形成。有效竞合，与友商理性竞争，稳定市场秩序。履行政治责任和社会责任，圆满完成十八大重要通信保障和信访维稳、抗洪抢险、秦皇岛暑期保障等工作，完成2012年基层建设年通信帮扶建设任务，为全省11个市的834个行政村提供了宽带接入服务，完成了对张家口怀安县曲仑屯村定点帮扶。加强与地方党委政府汇报与沟通，得到了肯定与支持，省级领导多次来公司视察指导。

（四）向队伍要活力，聚精会神促发展的氛围更加浓厚。一是制定了《幸福河北联通三年规划与建设纲要》，公司领导定期与员工在线交流。扎实开展“面对面、心贴心、实打实服务职工在基层”活动，坚持开展“冬送温暖、夏送凉爽”活动，广泛实施建功立业活动，全省科技创新成果达到65项。二是全面建设以“七有”为核心的执行文化、以“责任共担、成果共享”为准则的协同文化。三是大力实施人力资源结构优化、素质提升和卓越人才“三大工程”。建立分专业、分岗位考核分配体系。四是党建和廉政工作再上新台阶。以喜迎“十八大”为契机，继续深化创先争优，着力推进基层组织建设年活动，落实党风廉政建设责任制，初步形成了具有鲜明特色的廉洁文化。推进精神文明建设，省部级以上精神文明单位达到45个、青年文明号集体达到111个。

（中国联通河北省分公司　梁建武）

【中国电信河北分公司】　2012年，在中国电信集团公司和河北省委、省政府的正确领导下，中国电信河北分公司以服务河北经济社会发展为己任，锐意进取，开拓创新，发展步伐进一步加快，服务能力和水平进一步提升。

（一）业务收入和用户规模保持较快增长。全年业务收入较上一年度增长30%，全业务收入市场份额提升1.69个百分点。宽带用户和移动用户分别比上年增长41%和18%，达到600万户和220万户。移动用户中3G用户占比接近50%，较2011年末提升了25个百分点。智能机户均流量由年初的112M提升到161M。固网业务中非话业务收入占比达到87%。2012年，河北电信率先在北方荣获集团颁发的“天翼先锋奖”银奖。石家庄、唐山、邯郸、保定、张家口、廊坊六个市公司荣获集团颁发的“2012年度双领先奖”。

（二）通信能力进一步增强。数据网、传输网能力进一步提升，省际出口带宽由480G提升到720G，城域网出口带宽由580G提升到880G。新建了宽带测速系统、10000管家自助服务系统，完成宽带AAA系统扩容。40G波分系统可到达11个地市。全省宽带网络覆盖已达1000万户，FTTX覆盖区域已超过70%。现有宽带用户中，4M以上用户占比达到94%。移动通信基站达1万多个。无线网有效覆盖率达到90.4%，市区及周围发达区域覆盖率达到98.8%，乡镇达到100%，村庄覆盖率为91.1%，3G网络覆盖率达到98.08%。高速高铁网络质量提升明显，接通率、掉话率等指标均保持领先。

（三）服务水平进一步提升。全省自办营业厅及社会实体渠道店面总数近9000家，缴费站近3万处，同时网上营业厅等电子化服务模式不断推广。深化落实“五个一”服务承诺，开展了“三提升、三争创、一满意”活动。在省内客户满意度测评中，宽带、固话业务排名第一，整体综合成绩排名第二。工信部百万用户申诉率在省内行业领先、集团排名前五。在第三方对各运营商热线拨测评比中，河北10000号居同城第一、全国排名第二。在2012年度集团“天翼争先”劳动竞赛活动总结表彰中，河北电信荣获三项优秀团队称号（投诉管控优秀团队、宽带服务提升优秀团队、实体渠道服务提升优秀团队），位列北方第一。

（四）行业应用领域进一步拓展。依托智能机和翼机通、综合办公等典型应用，重点聚焦政府机关、军警法司、医疗卫生、大型企业等行业领域，加快规模化复制和推广。至2012年末，全省入网万户以上的应用项目已有7个。其中，警务、电力、司法、烟草等应用项目的拓展情况居全集团首位。此外，2012年，河北电信还与省工信厅合作，针对全省中小企业开展了数字企业建设活动，建设数字企业近500家。固网方面，坚持做好专线电路等基础业务，至2012年末银行电路已达8000余条，市场份额近半。

（五）企业管理进一步加强。一是深入开展管理提升活动。围绕国资委确定的13个管理提升专题，结合企业实际情况，梳理问题，制定整改措施并抓好落实。二是全面推进精确管理，实施划小核算单元工作。全省182个县区经营单位全部实现划小核算，预算、成本、考核“三级穿透”，直接配置到位。三是加强了成本分析和营销管控，对终端补贴、佣金规则、营销政策、新增用户质量控制等方面加大了优化、集约力度。2012年，收入EBITDA率、净利润均完成预期目标。欠费率、百元营销成本拉动收入等指标均保持集团较好水平，移动用户ARPU值、移动中高端用户占比、网上用户出账率持续提升。

（六）认真履行社会责任。在十八大重要通信保障、“7·21”保定洪灾抢险通信保障等方面均圆满完成任务。“村通”工程完成200个农村基站建设。通信基础设施共建共享已连续三年超额完成工信部及集团公司的考核指标，各类设施共建共享完成数量居集团前列。积极推进节能减排，单位信息流量综合能耗较上年下降52%，下降幅度全集团排名第一。累计投资1000多万元，完成县公司“四小”（小食堂、小活动室、小浴室、小卫生间）建设，进一步改善了基层员工的生产生活条件。

此外，河北电信以良好的运营情况，赢得了当地政府和社会各界的认可。至2012年，全省已有9个市公司被评为市级以上文明单位，其中张家口、邯郸分公司被评为省级文明单位。并有多名优秀员工在集团、行业主管部门组织的竞赛中获得优异成绩。2012年，集团公司王晓初董事长和省委书记、省长曾先后到河北公司调研。

（中国电信河北分公司）

商贸流通

【消费品市场】 2012年，全省消费品市场总体呈现缓中趋稳、稳中有进的特征，社会消费品零售总额保持了持续稳定增长。全年实现社会消费品零售总额9154亿元，同比增长15.5%，增速高于全国平均水平1.2个百分点。

城镇市场消费增速高于乡村市场。全省城镇消费市场实现零售额7001.4亿元，比上年同期增长15.8%，其中，城区实现零售额4546.4亿元，增长16.0%。乡村市场实现零售额2152.6亿元，增长14.7%。城镇增幅高于乡村1.1个百分点，增幅差距比上年同期缩小1.4个百分点。

基本生活类商品是消费持续增长的稳定动力。全省限额以上批零企业粮油食品饮料烟酒类实现零售额285.4亿元，同比增长25.5%；服装、鞋帽、针纺织品类实现零售额320.2亿元，同比增长22.2%；日用品类实现零售额77.3亿元，同比增长22.5%。

完善省级商品储备制度。2012年，省本级商品储备落实专项资金500万元，完成省级冬春蔬菜储备8510吨。各设区市落实市级冬春蔬菜储备资金2000余万元，储备蔬菜3500吨。

家电下乡工作进展顺利。到2013年1月31日，全省共销售家电下乡产品2293.7万台，销售额591.8亿元，实施补贴2255.8万台，补贴金额72亿元。

【城市夜经济】 石家庄市级财政划拨2012年度专项资金3000万元，重点支持营业企业延时及街道亮化等。正定梅山路步行街、江浙小吃街等特色街区陆续建成营业，23家美食休闲广场成为市民休闲消夏的首选，新源乐汇城、先天下、东尚、万象天成、万达广场等商业综合体为市民提供了食、购、游、乐的全方位服务。自2012年4月份夜经济启动以来，引导近百家涉及百货、超市、体育健身、餐饮、电器等6类商贸流通企业延时营业至22时30分。4月1日至8月31日期间，参加延时企业累计实现销售额70.6亿元，其中夜间(20:00—22:30)销售13.5亿元，占累计销售总额的19.1%，同比增长21.1%。组织开展了夜间文化演出、体育休闲、夜间旅游等丰富多彩的项目，逐渐将夜经济建设由以往的以购物餐饮为主，逐步向食、购、娱、游全方位发展。

【市场信息服务体系建设】 全省商务系统夯实市场监测工作基础，优化监测样本的企业结构。全省三大监测系统企业达1049家，其中，生活必需品企业280家，生产资料128家，重点流通企业641家，报送率始终保持在99%以上。打造商务市场信息品牌，省级开通了商务预报广播版，11个设区市都开通了商务预报广播版、电视版、网络版和报纸版。2012年，“河北商务预报”共发布商务信息5000余条，点击率超百万次。

【加强成品油市场监管】 省商务厅研究制定了《成品油零售市场管理实施细则》，联合工商、公安、安监、质监等部门组织开展成品油市场秩序专项整顿工作，依法依规严厉查处违法违规经营行为。同时，组织开展了全省成品油市场管理人员分片培训工作。

【鲜活农产品流通体系建设】 全省商务系统在省级商贸流通专项发展资金中，安排5000万元用于农产品流通建设。支持建设“农超对接”和农产品批发市场、农贸市场、标准化菜市场项目69个。全省59家连锁经营企业与1062个农民专业合作社实现农超对接，超市生鲜农产品经营面积达到26.6万平方米，生鲜农产品销售额达到65亿元，依托商贸流通企业建设城市社区便民农产品销售网点270个。石家庄市、张家口市分别被列为全国农超对接和城市便民菜场建设试点城市，北国超市和新世隆超市2家为承办企业。河北渝香辣婆婆餐饮有限公司与河北国富恒联农牧有限公司签订了蔬菜直供合作协议，“农餐对接”开始启动。

【连锁经营和物流配送】 开展连锁经营试点，积极支持大型商贸企业到总部所在地外建设分店，鼓励中小商贸企业进社区设立便利店。石家庄市列为商务部现代物流技术应用和共同配送试点城市。省财政重点支持的11个商贸物流配送中心项目已全部开工建设。

【“万村千乡市场工程”】 2012年，全省新建和改造农家店2015个，配送中心44个，乡镇商贸中心15个。全年完成投资额1.68亿元，增加营业面积12.7万平米，拉动就业4700人。全省农家店总数达到45565家，销售额达到170亿元，已经覆盖全省90%的乡镇和73%的行政村。

【城乡商贸服务设施建设】 2012年，石家庄勒泰中心、新源乐汇城等一批大型城市商业综合体建成运营。全省新创建国家级商业示范社区3个。推进“早餐工程”，支持改造升级城市主食加工配送中心2个，新建早餐厅（店、车）230个。张家口被确定为城市便民菜场建设试点，中央财政拨付1500万元。组织筹备建设加工配送中心2个，公益性菜市场2个，20家社区连锁菜店和100个惠民蔬菜售货亭。邯郸市、石家庄市2个城市列为国家家政服务体系试点城市，邯郸家政服务网络中心建成运营，逐步实现对全市城乡的全覆盖。秦皇岛、廊坊、石家庄、保定四个市已经建设了家政服务网络中心，基本辐射所在市的市、县、乡镇。确定88908890为全省统一服务号码。全省共培训家政服务人员5000多人。

【再生资源回收】 省商务厅制定印发了《关于贯彻落实国务院办公厅〈建立完整的先进的废旧商品回收体系的意见〉的实施意见》。承德市被列为再生资源回收体系试点城市，争取国家支持资金2100万元。4个区域性大型再生资源回收基地项目获得国家立项支持，争取资金2250万元。

【商业网点规划】 2012年，全省地级以上城市商业网点规划在已全部完成的基础上，积极开展修订工作。沧州、张家口、保定、石家庄、邯郸、邢台、廊坊、唐山、秦皇岛、承德市对修订方案进行了论证，衡水市基本完成了修订方案。在全省138个县（市）中，着手编制的有78个；经政府批准公布实施的有14个；报请政府待批的有4个；已完成商业网点规划初稿的有5个。

【电子商务】 河北省人民政府印发了《关于进一步加快电子商务发展的实施意见》，着力打造10个大宗商品电子商务交易平台、100个县域特色产业集群电子商务交易平台和1000个单品电子商务交易平台。河北钢铁、秦皇岛海运煤炭、高阳纺织原料和白沟箱包、安平丝网、清河羊绒等电子商务平台影响力不断增强。确定的30个县域特色产业中，已有20个建立了第三方电子商务交易平台，网上年交易额170亿元。组织开展了农产品网上购销对接会，实现销售额10.97亿元。2012年，全省电子商务交易额突破5000亿元，县域特色产业电子商务交易额突破1000亿元。

【药品流通行业管理】 省商务厅对全省基本药物制度和《河北省基层医药卫生体制综合改革的实施意见》实施后对本省药品流通行业的影响、中药材主要产地安国中药材市场基本情况、药品流通企业经营发展状况、药品流通行业管理工作体系建设等进行了调研分析。对华润北京医药股份与河北医科大学海森医药公司组建华润河北医大药品流通新公司的进展情况进行了跟踪。

【商务领域市场监管公共体系建设】 全省已有7个设区市、28个县（市）商务部门被商务部确定为国家级试点单位，54个县（市）商务部门进入省级试点单位。全省89个国家级和省级试点单位全部设立了商务综合行政执法机构，其中7个设区市全部经编制部门批准成立；经编制部门批准成立的县级试点单位有72个，占试点总数的81%。全省89个试点单位全部建立起12312商务举报投诉服务中心（或联系点），共开通服务专线117条。2012年，河北省级12312商务举报投诉服务中心共接受有关家电下乡、生猪屠宰、酒类流通、成品油、外派劳务等举报投诉13件，向社会提供咨询服务77件。接受的举报投诉都及时办理，得到了满意答复。

【商务领域信用建设】 省商务厅组织开展2012年度中小商贸企业融资担保补助申报工作，安排布置全省中小商贸企业融资担保工作，制定了《河北省2012年中小商贸企业融资担保费用补助项目实施办法》。制定了《河北省商务领域道德突出问题专项教育和治理活动方案》，开展了“诚信兴商”宣传月活动。

【饮酒安全监管】 2012年，省商务厅印发了《河北省2012年酒类流通综合治理工作实施方案》，对酒类商品安全工作进行了部署，对全省酒类商品批发许可证进行核查。抓好酒类市场打假，做到日常巡查、集中和全省异地联查相结合。在坚持日常性检查的同时，在五一、十一、中秋、元旦、春节等重大节日，开展集中整治活动，保障消费者饮酒安全。2012年，全省各级酒类监管部门共出动执法人员7万多人次，查获各种违法违规案件6000多起。推出了《河北省酒类流通监管服务网》，以酒类流通随附单为抓手，依托网络平台，有效地架起了酒类商品消费者、酒类商品经销者与监管者之间的桥梁，完善了全省酒类商品可追溯体系。

【打击私屠滥宰】 省商务厅组织开展了全省性的打击私屠滥宰保证肉品卫生安全专项行动，共出动执法人员22.5万多人次，检查生产养殖企业、屠宰企业、批发市场（农贸市场、超市）、肉品加工企业、餐饮服务企业、团体消费单位等经营主体18.37万多个（次）。商务部门查处各类生猪屠宰违法案件416起，处罚违法涉案人员254人次，移送司法机关案件7起，查获非法屠宰加工肉品3.11万公斤。生猪定点屠宰资格审核清理工作。2012年，省商务厅成立了生猪定点屠宰资格审核清理工作领导小组，制定《河北省生猪定点屠宰资格审核清理工作实施方案》，下发《关于进一步做好生猪定点屠宰资格审核清理工作的通知》（冀商屠管字〔2012〕14号），对审核清理工作进行了全面布置，全力推进工作开展。

【牛羊鸡定点屠宰管理】 2012年5月25日，省政府办公厅下发了《关于印发河北省2012—2015年牛羊鸡定点屠宰厂（点）设置规划的通知》（冀政办函〔2012〕49号），并于当日起在全省正式实施。全年新备案牛羊鸡厂点20余家。牛羊鸡定点屠宰执法逐渐向县城及乡村推进。

（河北省商务厅 刘 璐）

【农村供销综述】 2012年，全省供销合作社在全国供销总社和河北省委、省政府的正确领导下，认真贯彻党的十七大、十八大会议精神，全面落实国务院〔2009〕40号文件和省政府〔2010〕77号文件精神，紧紧围绕推进城乡经济社会统筹发展，坚持服务“三农”的办社宗旨，按照“进中求快”的工作基调，解放思想，锐意创新，开拓进取，强力推进基层供销社组织体制改革和县城商贸综合体建设“两大重点工程”，进一步深化“两个体系一个中心”建设（农村现代流通服务网络体系、农民合作经济组织服务体系和农村社区综合服务中心），全系统经济运行质量不断提高，实力、活力、竞争力持续增强，在促进农村经济社会发展中发挥了重要作用。全省供销社购进总额835.9亿元，同比增长25.0%，其中，农副产品购进总额158.2亿元，同比增长38.0%；销售总额868.9亿元，同比增长21.2%，其中，消费品零售额288.2亿元，同比增长32.4%，农业生产资料零售额181.9亿元，同比增长18.8%；实现利润总额3.87亿元，同比增长20.4%。

【基层供销社组织体制改革】 坚持“政府主导、农民主体、供销社主办”的指导思想，在2011年“组织发动、抓好试点”的基础上，按合作制原则，以产权为核心，以资本为纽带，以重建和改造为重点，通过实施开放办社，创新体制机制，吸纳专业合作经济组织、农民能人、经营大户以及村“两委”干部和乡镇政府领导广泛参与，全面推进基层社组织体制改革，基本实现了“三年任务、两年完成”的目标任务，改革工作取得了明显成效，主要表现在：一是改革任务初步完成。到2012年底，全省供销合作社新型基层社总数达到1853个，占乡镇总数的94.5%，其中新建883个、改造970个，提前一年完成了新型基层社的建设任务。有过半新型基层供销合作社按验收标准达标，在组织农民专业合作社联合发展、开展综合服务活动、推动农村现代流通网络建设等方面发挥着积极作用。二是夯实供销社组织内涵。新型基层社的建立，解决了供销社合作对象缺位和联合社缺少联合基础的问题，使供销社组织内涵实现了创新，合作本质得到回归。新型基层社的社员中，农民专业合作社6961个，农民社员105万户，辐射带动农民425万户。平均每个新型基层社的农民社员占到88%以上，理事会中农民成员占76%以上，对当地农民合作经济组织的覆盖面达到了90%以上，供销社与农民重新建立起紧密的联系。1853个新型基层供销社，都加入县供销社，成为县供销社成员单位，接受县社的领导和业务指导，挂三块牌子，即供销合作社、专业合作社联合社、农合联乡镇分会（联合会），联合社的组织基础进一步夯实。三是服务能力明显增强。各地新型基层供销社聚合了农村各类社会资源，依托当地主导、特色产业，与区域内有实力的社会资本合作，在多地填补了服务空白，经营服务能力和公益服务能力显著增强。据统计，全系统通过基层社组织体制改革，新带动县域农业主导产业355个，年为农增收32亿元。新型基层社按照“民有、民管、民享”原则建立，通过自我协调，解决了农民生产经营中遇到的缺信息、缺技术、缺资金等问题。四是受到各方充分肯定。原全国总社党组书记、理事会主任杨传堂称赞河北基层社改革“有内容、有特色、有亮点”。省领导张庆黎、赵勇、臧胜业、沈小平和全国总社党组副书记、理事会副主任李春生均给予重要批示，肯定全省基层社组织体制改革工作。已有11个市、100多个县政府的领导对基层社改革做出肯定性批示，并利用新型基层供销合作社，将政府各部门的服务向农村延伸，把新型基层供销社打造成农村公共服务平台。

【县城商贸综合体建设】 坚持“共建、共有、共享”的建设原则，上下级社合力推进，积极寻求战略合作者，强力实施，综合体重点项目建设取得快速发展。一是积极推进重点项目发展。在前期调研和省社与11市政府以及100多个县市区政府签署《战略合作协议书》基础上，认真谋划和积极推进各市重点项目发展，确定综合体项目重点县近50个。新合作集团公司分别与任县、承德县、孟村县、隆化县、阜城县等9个县政府就综合体项目建设签约，其中，沽源县、承德县、隆化县和赵县均已成立项目公司并开工建设。二是加强争取政策支持。省政府出台《关于发挥供销合作社系统优势，推进县城商贸综合体建设的通知》（冀办字〔2012〕39号），张家口、邯郸市相继制定贯彻落实意见，创造了良好的发展环境。三是积极开展合作与招商工作，分别与河北隆基泰和集团签署合作协议，与河北盐百集团达成合作意向，赴香港参加投资贸易洽谈会，面向港资企业进行专题招商，借力社会资本和技术，共同规划和实施综合体项目。

【“农合联”实体化建设】 充分发挥“农合联”的组织、引导、领办作用，以推进实体化建设为重点，围绕基层社组织体制改革工作，通过开展各项活动，完善组织体系，强化服务功能，促进专业合作社增量提质。截至2012年底，全省供销社依托省、市、县级供销社建立“农合联”162家，占供销合作社总数的98%；建立乡镇分会1101个，占全省乡镇总数的55.8%。会员总数达到9.78万个，带动农民专业合作社7100个，涉农协会1819个，对农民合作经济组织服务覆盖率达到78%，辐射带动农户290万户。加大工作力度，年初下发《关于发挥农合联引领服务作用推动基层社组织体制改革的通知》、《农合联“十二五”规划》等文件，采取措施，促进专业合作社与基层供销社的融合，以实体化建设来助推基层组织体制改革，推进各级农合联工作持续发展。争取取政策支持，各地农合联经过几年的发展，逐步得到各级政府的认可，多市县政府赋予了农合联统领、引领、服务、考核农民合作经济组织的职能，改善了外部生存环境，充实了服务手段。积极推进农民专业合作社联合社发展，成立专业合作社联合社945个，有效的增强了专业社的发展合力和市场竞争力。组织科技服务，一年来，共进行科技服务活动6000多人次，培训农民20万余人（次），在各种媒体发送信息10万多条，培育省级著名商标29个。组织品牌培育，其中，唐山市农合联帮助农民专业合作社注册农产品品牌26个，总数达198个。组织15家专业合作社入选全国供销系统“农民专业合作社示范社”，4家专业合作社荣获“中国50佳合作社”。组织经贸活动，组织农民专业合作社、农产品经纪人、连锁超市等参加产销衔接活动13次，订单金额2.5亿元。组织农超对接，各级农合联通过积极开展农超对接活动，带动了农民专业合作经济组织和农户，农产品产业链大大延伸。抢抓新农村建设机遇，推进农村社区综合服务中心建设，发展农村综合服务社9454个、农村综合服务中心1037个，有效满足农民生产生活需求。石家庄市农合联还积极探索农业保险、金融担保公司、村镇银行“三位一体”的新型农村金融保险服务体系，解决了农民的后顾之忧。实施“百千万培训工程”，制定全系统三年行业职业技能鉴定工作规划，全省的职业技能工作站、点的总数达到了165个，举办培训认证班9期，认证人员总数805人。

【农副产品经营网络建设】 着力抓好农副产品经营服务体系建设，利用现代信息技术手段，创新经营方式，积极构建鲜活农产品直销体系，开展“农超对接”、“农企对接”、“农校对接”，在进一步畅通农产品购销渠道、保障市场供应、维护市场秩序、助农增收方面发挥了重要作用。2012年，全系统共实现农副产品购进总额158.2亿元，同比增长38.0%。为了有效解决农副产品“农民卖难、市民买贵”的问题，全省供销社积极搭建鲜活农产品直采直销的便民、惠农新平台。按照国办发〔2011〕59号文件要求，省社制定《关于推进鲜活农产品流通体系建设的实施意见》，推动全系统鲜活农产品流通体系建设。唐山、秦皇岛、承德、张家口、保定、石家庄、邯郸等市供销社按照“政府主导，供销社主办，市场化运作”的原则，因地制宜采取措施，探索鲜活农产品购销新模式，收到农民、社会和企业都满意的效果。保定市社成立“新合作农产品销售有限公司”，选择32家专业合作社作为“直采基地”，投资建设“生鲜农产品配送中心”，在全市13个社区开设直销店，定制10辆流动售货车，农产品价格低于周边市场15%以上，已成为北京市“高校联采中心”蔬菜直供基地之一；承德市社以供销社两大农副产品交易批发市场为主导，直连市区20个蔬菜直营店，满足了市区近90%的蔬菜供应。全系统的农产品鲜活新体系平均以高出收购价10%～20%的幅度收购、以低于市场价10%～20%的幅度销售农产品，既使农民增收、又让市民节支，既保障市场供应、又促进价格稳定，既引领一产特色化发展、又带动三产拓展的显著社会效益，凸显了供销合作社的作用，赢得了农民和市民对党和政府的高度赞誉。保定、张家口市社利用这一体系在“7·21”洪灾和“5·4”火灾发生后，及时供应灾民生活与救灾物资，抢运、销售农产品，发挥了积极作用。

【日用消费品经营】 消费品零售总额实现288.2亿元，同比增长32.4%，其中城市零售42.6亿元，同比增长18.5%，县以下农村零售131.3亿元，增长41.2%，农村增幅比城市高22.7个百分点。供销社农村消费品零售额的快速增长与系统大力实施流通网络的改造优化，强化农村日用消费品现代网络经营体系建设密不可分。一是大型连锁经营企业不断崛起，带动连锁经营网络体系向周边扩展。唐山金客隆、张家口新合作元丰商贸连锁有限公司、沧州盐百、廊坊民得利、正定瑞天、石家庄城区社红满楼、武安正和公司等一批县、市级日用消费品连锁企业的发展壮大，在促进供销社横向联合，改造基层社传统网点，推进“农超对接”方面，起到了很好的推动作用。二是新型农村零售终端建设不断推进。目前，全省供销社共有消费品连锁经营企业55家，直营店1617个，加盟店1.34万个，其中农村直营店1222个，加盟店1.29万个，连锁销售额达到42.4亿元。三是加快信息化建设，现代流通方式和新型业态不断发展，电子商务重视程度普遍提高。四是加强配送中心建设，全系统拥有消费品连锁配送中心140个。

【农资经营】 面对产能过剩、成本上涨、国内化肥市场持续低迷的紧迫形势，全省供销社和农资经营企业迎难而上，勇于承担责任，积极采取措施，以提升农资供给保障能力和技术服务水平为重点，着力加强农资现代经营服务网络建设，在保障农资供给、平抑市场价格、惠农助农中作用突出。全系统售给农民的农资额181.9亿元，同比增长18.8%。一是加强领导，积极组织货源。供销社成立农用物资供应协调小组，建立农资供应应急工作机制，完善应急措施；组织农资经营部门走村入户调查分析农资市场供需情况，根据农民用肥需求，及时调剂化肥品种结构，扩大储备。二是严格把关，确保农资质量。严格执行农资产品“三证”制度，落实产品质量承诺制，保证商品货真、质优、价廉；发挥农资流通协会的作用，加强对各农资会员企业经营环节的有效监管，坚决杜绝伪劣农资商品从供销社流入市场。三是连锁配送，夯实网络终端。继续加快现代农资营销网络建设步伐，实施直销、超市、连锁配送等现代流通方式，继续贯彻“规范管理、发挥功能、夯实终端、提升品牌”的网络建设工作要求，重点在提升网络运营质量上下功夫，提高配送效率，减少流通环节，稳价保供，让利于民。全省供销社共有农资经营企业156个，其中连锁企业94家，农资配送中心292个，连锁门店2.1万个，农资经营业务实现了全省乡镇全覆盖，农资销售保持较快增长。农资销售255.5亿元，同比增长18.7%。四是拓展服务，强化技术指导。开展形式多样的为农服务活动，采取预约订货、联村包户、送货到村到户、延长营业时间、增设供应网点等措施，最大限度方便农民购买。同时广泛开展测土配方施肥、技术咨询、科技讲座等农化服务活动，引导农民合理用肥。河北省农资公司作为本省农资龙头企业在省社的正确领导和大力支持下，全力实施“拓宽思路、强化管理、突出重点、提高效益”的经营思路，实现了良好的经营效益和社会效益，对系统农资供应主渠道地位的进一步巩固发挥了重要作用。公司再次被评为中国服务业企业500强、中国农资流通企业综合竞争力排名第15名、河北省百强企业等。

【盐业专营】 盐业专营企业坚持以市场为导向，以效益为中心，狠抓各类盐的调运和供应，加强盐业市场监管，加速调整经营结构，大力推进项目建设，探索体制机制改革，强化企业内部管理，不断提升企业经济运行质量，各项工作都取得了新成绩。全年实现销售收入7.99亿元。盐总量调入60.8万吨，其中，食盐33.4万吨，工业盐20.8万吨。一是落实责任，强化监管，盐的购销计划得到有效落实。层层分解国家2012年食盐计划，明确各市县公司目标；省供销社与各市供销社、省公司与各市公司分别签订盐业专营承诺书，强化各级供销社和盐业专营公司责任；开展全省食盐计划和安全大检查，督导落实；组织对全省各食盐代储单位的库存检查，进行省级食盐储备管理信息系统上线安装、调试、录入工作，初步实现全省储备盐信息化管理，确保突发事件期间，储备盐调得出、用得上。二是强化营销，推广绿标，结构调整工作取得新突破。多措并举加大绿标盐和多品种盐的推广力度，实现了全省绿标盐全覆盖的阶段目标。针对国家对食品添加剂的新规定，取消了锌、硒、钙、多元素等多品种盐的销售，加大多品种系列盐的开发力度，增加了雪花盐、晶纯盐、竹盐等8个多品种盐新品种，利用各种节假日的有利时机，提升高端食盐的市场认知度和销售比重，满足了消费者的不同需求。三是高压严打，内外兼修，全省盐业市场秩序基本稳定。通过实施联合执法，举办盐政执法人员培训班、强化内部监管、政策法规宣传等措施，打击私盐贩销，确保全省盐业市场秩序稳定。四是谋改革、强管理、重管控，努力提高企业管理水平。五是抓主题、重协调、促发展，努力构建和谐盐业企业。

【电子商务】 按照省委、省政府《电子商务“十二五”发展规划》要求，河北省供销社出资成立了河北省农产品电子商务有限公司。农产品电子商务有限公司按照经营性服务与公益性服务兼顾、经济效益与社会效益并重的原则，搭建服务河北现代农业发展的电子商务交易平台——“农交汇”电子商务平台，目前已与全国26个省（市、区）的采购商、物流商、仓储商达成合作意向，交易平台即将上线运营。这标志着省社在利用现代信息技术手段，创新经营方式、拓展服务功能，推进农产品流通现代化，促进现代农业发展中迈出了坚实的一步。全省各地供销社依托当地特色产业积极开展电子商务活动，在减少流通环节，降低流通成本，搞活农产品流通方面取得一定成效。唐山市“农合联”建立了“山水原——中国农副产品网上大集”，自平台正式开通上线以来，通过积极开展农产品网上购销活动，扎实做好唐山地方特色农产品的宣传推广工作，努力打造“山水原”唐山特色农产品网上品牌，已累计销售农产品加工制品近千件，帮助农民销售农产品1500万元。目前，“山水原——中国农副产品网上大集”交易平台已和全市783家农民专业合作社实现了网上农产品对接，网站商品单品登载总量1259种，实现了全省范围内具有地域特色、农产品信息最全、网上交易最权威、物流配送最快速、农民专业合作社最信赖的“一特四最”的良好局面。廊坊市“农合联”建立了“农合商务网”，展示、推介农产品，为进一步组建大型农产品交易平台奠定了基础。

（河北省供销合作总社　夏铭玉　马丽君）

【烟草专卖工作综述】　2012年，河北省烟草专卖局、中国烟草总公司河北省公司（以下简称“河北省局（公司)”），坚持以科学发展观为指导，深入践行“国家利益至上、消费者利益至上”行业共同价值观，按照省委省政府建设经济强省和谐河北的总体目标和“把河北省建设成为中国北方最大的烟草生产销售基地”的工作要求，围绕国家烟草专卖局“卷烟上水平”战略任务和“1+5”工作重点，坚持以严格规范为统领，以经济发展上水平为突破，严格履行法定职能，突出品牌培育第一要务，夯实各项管理基础，全面推进以一个目标、一个主题、一条主线、五个重点、八种意识为核心的“11158”发展思路的深入落实，各项工作取得明显成效。2012年，全省烟草商业系统共销售卷烟246.16万箱，其中省产烟105.73万箱，钻石品牌卷烟73.65万箱。全年共实现税利83.33亿元。同时，卷烟打假工作取得突出成效，全省卷烟市场秩序更加规范；成功实施卷烟物流技改并顺利承办全国烟草物流现场会；由于相关工作成效显著，2011年河北省局（公司）被评为全国烟草行业卷烟销售工作先进单位、会计信息质量先进单位、离退休干部工作先进集体。

【烟草市场管理】　积极争得各级党委、政府支持，建立省政府领导、十四部门参与、涵盖省市县三级的重大事项协调机制和打击制售假烟违法犯罪活动联合机制，将卷烟打假纳入各级政府的综合治理考核范畴；与山东、河南等省市建立联合打假工作体系，区域联合打假机制进一步完善，政府领导、部门联合、区域协作的大专卖格局基本形成。积极开展市场整治专项行动，始终保持打假打私高压态势，全年共侦破涉烟案件1.29万起，查获假冒、走私及非法经营卷烟1.71亿支，案值2.14亿元；破获国家烟草专卖局标准网络案件101起，有10起被列为部督案件；捣毁制假窝点32个，查获制假烟机73台；刑拘犯罪嫌疑人447人、批捕326人、判刑72人，严厉打击了涉烟违法犯罪活动，有效维护了国家利益和消费者利益。

【行业经济发展】　积极适应宏观经济形势，以优化提升卷烟销售结构为抓手，以“六个一流”为支撑，全力推进经济发展上水平。密切关注市场状况，及时分析市场走势，科学实施宏观调控，实现了卷烟销量、结构和效益的稳步协调增长。围绕烟草行业“532”、“461”品牌发展战略，扎实开展品牌培育，加强销售分析指导，积极组织适销对路货源，在全省行业开展为知名品牌发展建功立业活动，有效促进了重点品牌的快速成长。按照省委省政府和国家烟草专卖局总体要求，以超常规举措抓好“钻石”品牌销售，强力推动省内工商企业共同发展。坚持“控制总量、稳定规模”的方针，规范烟叶合同签订，狠抓政策落实，全力抓好烟区基础设施建设和现代烟草农业建设，服务烟农水平不断提升。

【零售终端建设】　按照“发展同向、工作同心、服务同步、利益同体”的总体要求，在全省范围统一了终端建设标准、工作流程和服务规范，共建成直营体验店14家，确定现代卷烟零售终端建设对象近万户，同时抓好农网服务中心、农村流动服务车建设，以直营体验店为核心、以现代卷烟零售功能终端为骨干，渐次引领和带动其他零售户发展的工作局面初步形成。以网上订货、网上配货、网上结算、网上营销为平台，加强客户经营培训与指导，推动零售客户转变经营理念，改善经营环境，提高获利水平。不断创新增值服务形式，积极研发网上跨行支付平台，全面推广贷记卡服务，全省零售户贷记卡单次资金授信额度总计达25.65亿元，该项工作得到国家烟草专卖局的充分肯定。

【物流建管】　以取消件烟备货区、推广密集式仓储一体化为主要内容，对秦皇岛市公司物流中心成功实施了技改，简化了环节，减少了位移，增加了库容，实现了效益效能的双提升，并顺利承办全国烟草行业物流工作现场会，为行业新一轮的物流改造提供了样板。以高度信息化为支撑，整合卷烟仓储视频监控、工商物流在途、批零在途、物流岗位绩效考核、“三员”监控定位等信息系统，建立了省市两级物流综合管控调度服务平台，基本完成了由企业内部物流向供应链物流的拓展。推进物流精细化管理，编制发布企业标准30项，深入挖掘、培育、创新和推广物流工作亮点，建立全省行业分拣设备备品备件库，有效降低了物流管理成本。

【基础管理】　持续夯实财务管理基础，完善预算管理、资产管理和资金监管体系，扎实开展全面审计、经济责任审计和工程项目跟踪审计，加大问题整改力度。积极推进“两项工作”运行机制转型，健全工程投资、物资采购、宣传促销三项工作配套制度，重点抓好烟用物资的公开招标，“应招尽招”要求得到有效落实。加强专卖内管机构建设，全面开展“天价烟”专项治理及其长效机制建设，严格执行“六个严禁、一个严控”。扎实开展贯标对标，11项对标指标中有8项同比提升，提升率排名全行业前列。全面完成安全生产标准化达标工作，加大隐患排查治理力度，组织开展应急演练，全年未发生任何安全生产责任事故。

【队伍建设】 深入学习宣传贯彻党的十八大精神，认真组织党组中心组理论学习和民主生活会，积极开展“235”教育实践和“提高执行力、确保全省行业政令畅通”大讨论等活动。严格执行民主集中制原则，坚持“三重一大”由党组集体研究决定，认真落实领导干部选拔任用工作条例，严格机构编制和岗位流动管理。深入开展优秀地市级局（公司）创建活动，认真落实领导联系点、部门包市（县）、全员联系零售客户制度。严格落实党风廉政建设责任制，实施全员廉政承诺，加强干部的警示教育和革命传统教育。大规模开展教育培训，创建校企合作培训机制，积极开展企业文化和服务品牌体系研究创建工作，举办全省行业文化才艺作品评选展览，扎实开展困难零售户帮扶工作，累计投资500多万元支持新农村建设。

〔河北省烟草专卖局（公司）〕

【粮食工作综述】 河北省是全国13个粮食主产省之一，主要生产小麦、玉米。正常年景粮食产需总量平衡有余，油脂油料缺口较大，主要靠省外购入和进口弥补。2012年全省粮食总产量3246.6万吨，比上年增加74万吨，为历史最好水平，其中小麦1337.7万吨，玉米1649.5万吨，稻谷49.8万吨，大豆25.9万吨。农民提供的商品粮2469.8万吨，商品率76%。全年进口粮食290.8万吨，其中大豆257.3万吨，出口粮食6.4万吨。全省各类粮食企业累计收购粮食2237.8万吨，销售粮食2948.8万吨，其中国有粮食经营企业收购粮食673.2万吨，销售粮食762.5万吨。

【粮食调控措施】 认真组织粮食收购，全省各类粮食企业共收购粮食447.6亿斤，同比增加36.5亿斤。6月28日、7月26日相继在邯郸、邢台启动了《小麦最低收购价执行预案》，按最低收购价收购小麦15.5亿斤，满足了农民售粮需要，保护了种粮农民利益；新增省级粮食储备规模落实到位，信息化管理系统开始运行。全省90个县（市、区）建立了县级储备，省市县三级储备规模创历史最高水平，完成国家下达河北省地方粮食储备计划的158.6%；粮情监测和粮食应急保障体系进一步健全，全省粮食价格监测点达到252个，应急储运、加工、供应网点达到1091个；省际间粮食产销合作关系继续扩大，保持了主要粮食品种的供求平衡和粮食市场的基本稳定。

【国有粮食企业三年振兴工程】 2012年是实施国有粮食企业三年振兴工程的收官之年，按照省局提出的“一突出”、“两确保”、“三推进”、“四优良”的工作思路和《关于做好国有粮食企业振兴工程评价工作的通知》要求，各级粮食部门进一步加强工作指导，着力攻坚克难，解决改革发展中的关键问题，争取各项资金1.15亿元，支持骨干企业加快发展，推介了一批成功经验和典型做法，较好发挥了示范引领作用。截至2012年年底，全省国有粮食购销企业已经由2011年初的681家整合到333家，企业布局更加优化，一县一企、一企多点的新型购销网络基本形成，国有粮食企业的竞争力、服务力和实力进一步提升，企业经营稳中有进、持续向好，全省国有粮食企业统算销售收入达到221亿元，实现利润1.9亿元。

【粮食产业化发展】 重点扶持了带动能力强的龙头企业，打造了一批新的知名品牌和高端产品。目前新建、在建和已进入前期准备的粮食产业化项目101个，总投资58.8亿元。省粮食产业集团、柏粮集团、今麦郎、佰裕东面业、金沙河面业、三河米业6家企业入选中国百佳粮食企业，省粮食产业集团荣膺“中国十佳粮油集团”。全省入统企业557家，粮油加工业实现年产值1006.7亿元，利税总额达49.6亿元，其中规模以上企业354家，年产值996.6亿元，利税48.9亿元。

【粮油市场供应保障能力】 各类粮食企业全年共销售粮食589.4亿斤，比上年增加43.7亿斤，军粮供应连续16年超额完成国家下达计划；围绕确保食品安全，把推广军粮特供、发展城镇大众主食和农村放心粮油工程作为重点，在军粮特供建设上，继续以“应急保障、食品安全”为两大着力点，以军民融合式为发展方向，实施了队伍、质量、基地、产品、网点、信息平台、市场“七大建设”，形成了以省正道公司为龙头、以各市军供站为区域配送中心，拥有145家网点的军粮特供应急保障网络，特供品种达到7大类120余种，全年销售额实现2.5亿元，比上年增加1亿元。在大众主食工程建设上，认真落实全国主食产业化工作会议和有关文件要求，争取省财政资金1000多万元，支持各市的主食产业化项目。石家庄市政府拨出专项资金2000多万元用于主食产业项目，“放心馒头”销售网点达到420个，邢台、廊坊、邯郸和保定的主食工程建设成效显著。在放心粮油进农村工作上，进一步延伸服务网络，改善服务方式，为农民生产生活提供便利。

【粮食依法行政】 加强粮食法规制度建设，修订后的《河北省省级储备粮管理办法》以省政府文件正式印发；粮油经营企业库存量核定办法、行政处罚自由裁量权基准制度、粮食行政复议、粮食行政审批程序等更趋完善和规范，地方粮食政策法规体系初步形成；全面开展执法实践，按照国家粮食局的要求，完成了2012年粮食库存例行检查，开展了夏秋粮食收购专项检查和省级储备粮轮换、政策性粮食销售出库等专项检查。加大粮食执法力度，严肃查处涉粮违规行为，各级粮食部门共组织开展检查6068次，出动检查人员20135人次，检查收购主体20813个次，依法查办涉粮案件618起。开展了粮食流通监督检查示范单位创建活动，博野、平山、丰南三个县区被评为全国粮食流通监督检查示范单位。

【粮食流通基础设施建设】 2012年由粮食部门主导的各类基础设施在建项目50个，总投资33.7亿元，前期谋划项目60个，计划投资74亿元，其中在建和前期仓储物流项目合计有87个。会同省有关部门争取国家粮食现代物流项目4个，补助资金1400万元；争取国家粮油仓储项目补助资金3500万元，支持了7个粮油仓储项目；粮食质量安全检验监测体系建设有了新进展，隶属于各级粮食部门的粮食检验机构已经达到12家；争取中央预算内投资1360万元，省级财政资金788万元，用于市级以上8家质检机构的设备更新和基础设施改造，省质检中心技术装备已经达到全国领先水平。农户储粮减损工程有序推进，在完成2011年度8.6万套小粮仓制作、分发的基础上，2012年新增5万套计划任务全部落实到位。

【资金和政策支持】 千方百计争取资金支持，经过积极努力，共争取各类资金近3亿元支持改革发展。其中：产粮大省奖励资金等1.4亿元，集中用于国有粮食企业振兴工程、新增省级储备费用利息补贴、质检设施设备改造、农户科学储粮项目；安排仓房维修资金2420万元，改造了89家企业仓储设施；指导基层粮食企业争取产粮大县、产油大县奖励款5000余万元。优化政策环境，促进企业改革与发展。经与省有关部门协调，将省级储备粮保管费用补贴标准由原来每吨60、70元，提高到每吨86元；将农发行贷款资格认定从原来一年分夏秋两季认定、额度每贷必审，调整为年初一次认定资格、直接授信最高贷款额度；认真落实税收优惠政策，确认房产税、土地税、印花税免税企业200家，其中军供企业11家；将1620万元政策性新增财务挂账从企业剥离，减轻了企业负担，增强了发展活力。

【粮食行业自身建设】 2012年，全省粮食系统进一步深化拓展创先争优活动，在党员干部中开展了“全系统学习抚宁、我们怎么办”大讨论，举办了“学习抚宁经验，促进全省粮食事业发展”演讲竞赛等多项活动。大力推进学习型党组织建设，利用多种有效载体，加强党员干部的政治理论学习教育。进一步加强行业人才队伍建设工作，加大干部职工教育培训力度，深入开展职业技能培训和鉴定工作，全年组织领导干部、粮油保管员、质检员等人员培训4批237人次，粮食行业干部职工的能力素质进一步增强。认真贯彻落实中央纪委十八届一次全会和省纪委八届一次全会精神，始终把党风廉政建设摆上重要议事日程，大力开展党性党风党纪教育，加强对粮食系统政治纪律执行情况的监督检查，领导干部廉洁从政的自觉性进一步增强。

（河北省粮食局　孟昭虎）

旅　游　业

【综述】 2012年，河北省旅游业紧密围绕建设“经济强省、和谐河北”的战略目标，突出改善“两个环境”主题，不断创新发展思路，转变发展方式，着力凸显特色、塑造形象，打造精品、提升品位，在世界经济低迷、国内经济下行压力加大和暑期暴雨洪灾严重的情况下，全省旅游业保持了平稳较快增长的良好发展态势。全年共接待海内外游客2.30亿人次，旅游总收入1588.33亿元，同比分别增长22.94%和30.05%，超额完成全年任务目标，为全省保增长、调结构、扩内需、惠民生做出了积极贡献。

截至2012年底，全省共有星级饭店467家，其中五星级21家，四星级129家，三星级225家，二星级90家，一星级2家。旅行社1284家，其中出境游组团社49家。A级景区300处，其中5A级景区5处，4A级景区113处，3A级景区72处，2A级景区108处，1A级景区2处。全国工农业旅游示范点40处。中国优秀旅游城市10座，旅游强县10个。旅游直接从业人员60余万人，间接就业人数约200万人。

【旅游重大决策】 2012年，省委省政府把旅游业摆上突出位置加快培育。省委首次把旅游业列入加快转变经济发展方式督导检查范围，有力推动了各项旅游业发展政策措施的落实。省人大常委会组织开展了对《河北省旅游条例》的执法检查，有效推进了依法治旅。省政府召开了全省旅游业发展电视电话会议，省委书记张庆黎作出重要批示，省长张庆伟发表重要讲话，为当前和今后一个时期旅游业发展指明了方向。省政协提交涉旅提案28件，为旅游业加快发展建言献策。在深入调研的基础上，制定出台“一主七辅”系列政策文件，即省政府《关于进一步加快旅游业实现跨越式发展的若干意见》（冀政〔2012〕22号），关于加强旅行社、景区、星级饭店以及导游员管理的4个办法，旅游发展专项资金使用、游客招徕奖励和旅游市场营销资金使用等3个管理办法，形成了指导和推动全省旅游业实现科学发展的政策体系。

【国际旅游】 2012年，全省共接待入境游客129.32万人次，创汇5.45亿美元，同比分别增长13.30%和21.73%。其中，承德市，共接待入境游客33.94万人次、创汇1.18亿美元，分别比上年增长8.79%和6.37%；秦皇岛市，共接待入境游客28.64万人次、创汇1.95亿美元，比上年分别增长8.33%和41.28%；石家庄市，共接待入境游客15.79万人次、创汇6163.83万美元，分别比上年增长16.06%和24.71%；保定市，接待入境游客12.83万人次，创汇4331.57万美元，分别比上年增长22.25%和11.46%；廊坊市，接待入境游客11.68万人次，创汇3205.96万美元，分别比上年增长10.65%和下降9.89%。全省的万人客源国和地区达到24个。其中接待韩国游客10.67万人次，比上年增长7.16%；接待日本游客9.31万人次，比上年下降2.56%；接待台湾地区同胞9.61万人次，比上年增长19.10%；接待俄罗斯游客9.07万人次，比上年增长3.29%；接待美国游客7.08万人次，比上年增长7.34%。

【国内旅游】 2012年，全省共接待国内游客2.29亿人次、创收1553.91亿元，同比分别增长23.00%和30.34%。其中，石家庄市，共接待国内游客4185.20万人次，创收264.67亿元，分别比上年增长28.89%和

34.06%；保定市，共接待国内游客3989.49万人次，创收245.78亿元，分别比上年增长17.48%和29.22%；唐山市，共接待国内游客2454.41万人次，创收167.92亿元，分别比上年增长22.66%和30.70%；秦皇岛市，共接待国内游客2313.03万人次，创收201.62亿元，分别比上年增长10.08%和16.20%；邯郸市，共接待国内游客2300.00万人次，创收134.95亿元，分别比上年增长33.72%和36.92%。

2012年，全省假日期间共接待海内外游客3990.9万人次，实现旅游收入205.6亿元；其中中秋国庆八天假日，全省共接待游客1577.8万人次，实现旅游收入84.3亿元，分别比上年国庆七天假日增长34.6%和43.3%，活跃、有序的假日旅游市场在丰富群众假日生活，拉动居民消费需求，促进经济社会发展，推进和谐社会构建等多方面都发挥了积极作用

【旅游品牌建设与宣传营销】 针对市场需求推出精品线路。召开全省培育精品线路研讨会，包装"承德—秦皇岛—唐山旅游环线"、保定"两白一山一城"和"环省会"三条精品旅游线路。2012年9月份在全国范围内举办了河北旅游主题口号和形象标识的公众征集评选活动，最终确定"诚义燕赵胜境河北"为河北旅游形象宣传主题口号。组织各级旅游部门及二百多家旅游景区、饭店等企业，历时一年多拍摄制作了新版旅游形象宣传片，荣膺2012中国旅游风云榜。出版《全景河北》旅游画册和《河北沿渤海、沿太行旅游指南》等系列旅游形象宣传品。启动了旅游形象标识设计工作，推出河北旅游品牌VI识别系统。

（一）主流媒体营销。继续在央视《朝闻天下》投放旅游形象广告。组织开展了"中央主流媒体河北行"大型采访活动，邀请新华社、中央电视台、经济日报等中央媒体聚焦河北省旅游业发展的新政策、新成就，活动累计刊播新闻稿件19篇，转载90余次。中国旅游报头版刊发要闻报道5篇以上，刊发省领导和局领导署名文章等重点报道10余次，累计刊发新闻报道70余篇，形象广告近20版。与河北日报合办《旅游休闲》周刊，累计推出48个专版，报道150余篇；与河北电视台联办《周游冀》栏目，制作各类专题节目19期，河北卫视《新闻联播》播报旅游新闻55条；与河北电台旅游文化广播频道合作制作《行走天下》专题节目130期，新闻报道200余条；与长城网合作制作旅游专题16个，原创稿件77篇。在台湾《中国时报》、《联合报》、公交车体等媒体刊登河北旅游形象广告。在香港与港中旅合作，共同出资在《东方日报》、《太阳报》、《明报》、《星岛日报》、港中旅网络等媒体开展河北旅游形象宣传。

（二）新媒体宣传。在北京星美院线投放电影映前广告。与乐途网合作开展"十二星座畅游河北"、"诚义燕赵、胜境河北"口号解读等系列活动专题。与省委外宣局、河北联通、南北游旅行网合作举办"善行河北—爱沃家乡、游沃河北"摄影、游记、散文有奖征集宣传活动。承德通过网络平台组织"万人自驾游承德"、"追寻中国最美的秋天"和"承德旅游网络风光摄影大赛"，承德市旅游局官方微博获得"全国微博影响力飞跃奖"。邯郸市在市内主要街道交叉口和机场、火车站、汽车站广场设置旅游形象展示牌。石家庄在市区主要路段LED显示屏投放《旅游之窗》专题节目。唐山在北京、石家庄等地投放公交车身和社区宣传广告。

（三）活动营销。与河北日报报业集团联合开展首届"诚义燕赵·胜境河北"河北旅游代表品牌公众推选活动。与省外宣局、河北联通等单位联合开展"善行河北—爱沃家乡、游沃河北"摄影、游记、散文有奖征集宣传活动。对接京津，分别赴北京和天津举办了河北旅游推介会，在北京举办"河北省与驻京旅游集团合作恳谈会"，推进与国旅总社、中旅总社、中青旅集团、康辉旅游集团的交流合作。组织河北旅游宣传大篷车赴上海、南京、杭州等长三角地区开展了"冀望苏浙沪，合作赢未来"为主题的河北旅游巡回促销活动，连续举办4场推介会，走进广播电台举办河北旅游节目。举办"河北人游河北"全省旅游产品对接会，发布相关旅游惠民政策，对省内游客给予不同程度的门票优惠，推出了河北旅游一卡通，会议签订合作协议320项、交易金额1.73亿元，协议组团游客22.64万人次。围绕这一主题，邯郸市开展"我游我家，邯郸人游邯郸"主题活动，邢台市举办了"万名市民骑游太行"活动。

（四）点对点营销。组织开展赴北美、东南亚、台湾以及俄罗斯、韩国等海外重点客源市场"点对点"促销。4月份，组织全省旅游系统百余人赴香港、澳门开展河北旅游专题推广，省委书记张庆黎、副省长聂辰席等领导出席会议并给以高度评价，与港中旅集团合作，成立"河北旅游推广联盟"。石家庄市在港澳举办了"多彩石家庄情牵港澳行"旅游推介会。5月份，组团随国家旅游局赴日本开展世界文化遗产专项产品巡回推广活动，分别在大阪、神户、东京举行3次推介活动。6月，聂辰席副省长率团访问日本，进一步推动冀日旅游交流与友好合作。6月份，在首尔市举办河北旅游推介会，聂辰席副省长出席会议并致辞，中国驻韩大使到会祝贺。促成建立五个河北旅游韩国推广联合体，引进万名韩国游客来冀旅游。开通韩国仁川至石家庄的旅游包机，全年总共飞行38个班次。石家庄、承德等市也在韩举办旅游推介会，开展市场营销活动。

（五）联盟营销。在韩国、港澳台、广州等地建立由多家旅行社组成的"河北旅游推广联盟"。在韩国举办的旅游专场推介会，成立5个韩国河北旅游推广联合体，促成开通韩国仁川至石家庄旅游包机38个班次。举办中俄国际旅游（北戴河）交易会，促成暑期俄罗斯来冀旅游包机17班次。组织参加各类区域、国内、国际旅游交易会，获得交易订单上千份，协议组团10万余人次。依托旅行社在石家庄建立三个河北旅游咨询服务中心。

（六）奖励营销。运用政策杠杆，从河北省旅游产业发展专项资金中列支2000万元，出台了《河北省旅游局游客招徕奖励办法》，对向河北省输送游客成绩突出的省

内外旅行社给予奖励。石家庄、唐山、邯郸、张家口、秦皇岛、承德等市也出台了关于实施游客招徕奖励的办法。

（七）区域互动营销。联合广东省旅游局共同策划举办了“广东人游河北”系列活动。7月份在广州举办了河北旅游产品推介会，举行了“广东人游河北”系列活动启动仪式，推出六条精品旅游线路。配合石家庄—珠海航线恢复运营，石家庄市在珠海举办了旅游推介会，与珠海市旅游局签署了合作协议，推出了优惠政策。联合京津冀豫鄂湘粤等6省（直辖市）和31个城市成立“京港澳高铁沿线（7+31）旅游市场推广联盟”，于2012年12月23日在石家庄市举行联盟第一次会议。会议以“高铁捷近城市旅游亲近你我”为主题，沿线7省（市）旅游局、31个城市负责人和旅游界代表参加大会，港澳旅游局作为支持机构派代表出席会议，国家旅游局副局长祝善忠、河北省人民政府副省长杨汭出席会议并致辞。大会讨论通过了《联盟章程》，共同签署《联盟协议书》和《石家庄宣言》，一致同意依托高铁大力推进区域旅游市场合作，设立了联盟秘书处，在特定市场共同举办产品推介和营销活动，共同策划推出区域旅游线路，制作宣传品，共塑区域旅游形象，建立了常态工作机制。

【旅游节庆活动】 （一）河北冬季旅游大酬宾。河北冬季旅游大酬宾活动涉及11个设区市、60余个县（市区），实施门票免费或打折的景区总数近200家。拉动了春季旅游市场。春节黄金周7天，河北接待游客近400余万人次，实现旅游收入近15亿元，同比增长17%和27%。

（二）“中国承德国际旅游文化节”。5月25日至27日，第十二届中国承德国际旅游文化节在承德市举办。旅游文化节由河北省旅游局、承德市政府共同主办，以“欢乐、健康、沟通、融合”为主题。活动期间举办了开幕式、品牌营销峰会、精品旅游线路及特色旅游产品推介会、“中国旅游演出联盟”成立仪式暨新闻发布会、“青春旋律”管乐音乐会、国际老爷车巡展等一系列特色旅游文化项目及宣传推介活动。来自俄罗斯、美国、日本、英国、丹麦等十几个国家和地区的企业家、旅行商出席了旅游节活动。

（三）“张北坝上草原旅游文化节”。7月1日至8月31日，2012年中国·张北坝上草原文化旅游节在张北县召开，旅游节以“绿色、生态、文化、开放”为主题，历时两个月，相继推出了第四届张北草原音乐节、张家口·张北草原马拉松赛、塞那都·张北草原婚庆大典、2012年全国热气球锦标赛等系列活动，据统计，旅游节期间共接待游客174万人次，实现旅游综合收入8.7亿元。特别是期间举办的张北草原音乐节影响巨大，三天接待游客30万人次。

（四）“中国（廊坊）国际热气球节”。11月24日，以“幸福廊坊·放飞梦想”为主题的第六届中国（廊坊）国际热气球节在廊坊开幕。气球节由廊坊市政府主办，廊坊市旅游局承办，来自15个国家的驻华使节以及旅游界人士参加开幕式，共吸引了来自国内外20支热气球队参赛。

（五）“崇礼国际滑雪节”。12月16日，第十二届中国·崇礼国际滑雪节于张家口市崇礼县云顶乐园滑雪场盛大开幕。滑雪节由国家旅游局、国家体育总局、河北省人民政府主办，张家口市人民政府、国家体育总局冬季运动管理中心、河北省旅游局、河北省体育局承办，崇礼县人民政府、张家口市旅游局、张家口市体育局、云顶乐园、万龙滑雪场、多乐美地滑雪度假山庄、长城岭高原训练基地共同协办。滑雪节围绕滑雪赛事和相关旅游产品展开了滑雪赛事系列、城市发展论坛及经济文化活动系列、滑雪娱乐等系列主题活动，滑雪节由11月10日开始至4月10日结束，历时150天。

【旅游行业监督管理】 （一）旅游法制化建设。积极配合省人大开展《河北省旅游条例》执法检查，并代省政府办公厅起草了执法检查报告回复意见。同时，按照国家旅游局和省人大要求，认真做好《旅游法（草案）》征求意见工作。

（二）旅游标准化建设。配合国家旅游局督导承德市创建全国旅游标准化试点城市工作，举办旅游标准化工作培训会，邀请国家旅游局专家现场授课。推动承德市旅游标准化试点创建工作全面开展。研究制定《河北省旅游“智慧景区”试点建设规范》，在全省确定13家“智慧景区”建设试点。出台了红色旅游设施规范和服务规范两个地方标准。完成星级饭店评定与复核工作，全省星级饭店达到463家。

（三）旅游信息化建设。改版河北旅游政务网，正式开通了河北旅游虚拟体验网和网上旅游博览会，实现3条精品旅游线路数字导航、40个精品景区全景数字呈现、70个重要景点旅游形象展示和5个5A级景区视频实时浏览功能。推出了基于苹果和安卓平台的虚拟体验网智能手机APP应用程序，使游客可以通过手机实现提前“探路、踩点”。建设河北旅游资讯网和英文网、旅游媒体资源网。改造旅行社网上审批系统，新增电子合同、CA认证等功能，形成集多种功能于一体的旅行社综合管理系统。组织各地旅游部门和重点旅游企业建立官方微博，开通了河北旅游微博发布厅，与省委外宣局共同利用新浪微博推出“建设美丽河北”微访谈活动，河北旅游新浪、腾讯两个官方微博粉丝数量均达到30余万人。

（四）旅游市场监督。强化联合执法，加强旅游市场综合治理，建立健全旅游企业和导游员动态管理制度，全年共开展旅游市场执法检查211次，检查旅游经营单位2524家，处罚违法违规旅游企业35家，处理旅游投诉案件257起，投诉结案率100%，游客满意率达95%以上。开展游客满意度调查活动，向社会公布调查结果，对排名靠后的景区进行警告。

（五）旅游安全管理。牢固树立安全发展和以人为本的理念，坚持“安全第一、预防为主、综合治理”的方针，始终把旅游安全工作放在重要突出位置来抓，坚持抓紧、抓实、抓细，较好地完成了各项安全控制指标任务，确保了全省旅游安全生产形势稳定。配合省政府法制办、省财政厅、省交管局、省工商局等单位开展了暑期旅游道路交通联合执法检查，对高速公路、国道等大中型客车、货车、易燃易爆危险品运输车等中的重点领域进行联合执法检查。

【旅游项目与基础设施建设】 （一）旅游发展规划。立足推动实现区域旅游协调可持续发展，研究提出了“两环两沿”（环首都、环省会、沿渤海、沿太行山）旅游产业发展新格局。围绕加快构建这一新格局，着力突出规划的动态调控和规范指导作用，编制完成了《环首都绿色经济圈休闲度假基地总体规划》、《沿海地区休闲度假基地总体规划》和《河北省红色旅游发展规划纲要（2012—2015）》等多个区域性总体和专项规划以及重点景区规划，全省基本形成了科学合理的规划体系。

（二）旅游重点项目建设。依托省内特色旅游资源，着力推进战略性、结构性项目建设，全年全省实际完成投资380亿元，比2011年增长18.8%。目前全省在建旅游项目总投资规模5700多亿元，其中亿元以上在建项目319个，现代休闲类项目300多个。正定古城、北戴河新区、唐山湾国际旅游岛、崇礼滑雪、永年广府古城等重点项目进展顺利，形成了一批新的旅游消费热点。加快发展多样化旅游产品，休闲农业与乡村旅游、红色旅游、工业旅游、购物旅游、体育旅游等新型业态日渐兴起，与文化部门合作推出了一批大型实景旅游文娱演出，全省旅游产品结构加速转型升级。

（三）旅游基础设施建设。在全省110家4A级以上景区大力实施整改提升工程，重点针对景区厕所、停车场、游客中心、标识牌、旅游购物以及景区环境卫生与服务质量，以明查暗访形式进行全覆盖式检查，逐一下发整改通知书，明确时限和任务集中整改提升，全部476项整改工程已基本完成，总投资近11亿元。

（四）旅游招商引资。积极扩大旅游业开放，组织举办了港澳旅游招商会、天津旅游推介会、廊坊旅游产业对接会、深圳旅游招商会等大型活动，年内全省共举办专题招商活动40场，推介旅游招商项目近500个，协议引进资金超千亿元。

（五）旅游商品开发。组织参加了2012中国国际旅游商品博览会，唐山隆达骨质瓷有限公司参赛作品《骨瓷挂件》、保定嘉盛光电科技有限公司参赛作品《太阳能应用产品》获得铜奖，河北省旅游局荣获最佳组织奖和最佳展台奖。组织28类、218件旅游商品参加天津2012中国旅游产业博览会，同样荣获最佳组织奖和最佳展台奖。

【精神文明建设与教育培训】 （一）行业精神文明建设。重点做好“青年文明号”单位的复核验收工作。按照团中央和团省委通知要求，为充分展示旅游窗口单位的文明开放形象，对照标准、严格把关，对符合条件的省内青年文明号进行复核验收。

（二）旅游行风建设。以深入开展“干部作风建设年”活动为契机，推动旅游政风行风建设向纵深发展，开展机关效能建设，建立健全落实首问首办制、服务承诺制、AB岗工作制、限时办结制、责任追究制等制度，努力提升旅游从业人员的责任意识、服务意识和效能意识，积极创建学习型、创新型、节约型和服务型机关。

（三）旅游人才队伍建设。加强导游员队伍建设，组织万余名考生参加导游资格和等级考试，举办了全省导游服务技能大赛，培育选拔出一批金牌导游。深入开展行业培训，指导各市县旅游局和旅游培训规范单位举办旅游企业中高级管理人员岗位职务培训班、首批旅游咨询服务中心导游员业务培训班、第二届优秀导游员培训班，组织召开了全省旅游教育培训座谈会。形成了省、市、县、企业四级培训网络，全省旅游从业人员培训覆盖面达到80%以上。

（四）导游员援藏。通过层层选拔，选派了两名优秀的外语援藏导游在西藏开展为期6个月导游工作，并按照国家旅游局要求，对十年援藏工作进行了总结。

（河北省旅游局　孙　丽）

金　融　业

【人民银行石家庄中心支行】 2012年，人民银行石家庄中心支行坚持以科学发展观统领工作全局，围绕“内抓管理保安全，外抓服务树形象，进一步强化管理，提高队伍素质，提高履职效果”的总体工作要求，切实增强责任意识和进取意识，以“对标提升”活动为载体，较好履行了中央银行分支机构职责，有力地支持了地方经济平稳较快发展。人民银行石家庄中心支行对地方经济的大力支持多次得到河北省委省政府主要领导批示表扬，连续6年被省政府授予金融贡献奖。

（一）货币政策

坚持总量调控，正确引导社会预期，为落实稳健的货币政策营造了有利环境。加强经济金融形势分析研判，搞好信贷投放测算、监测和信贷规划调整。截至年末，河北省金融机构人民币各项存款余额34012.99亿元，比年初增加4447.36亿元，同比增长15.0%。各项贷款余额20850.86亿元，较年初增加2699.27亿元，同比增长14.9%。实现了信贷投放平稳、适度的调控目标，支持了全省经济发展的信贷需求。围绕中央调控部署和河北发展大局，引导金融资源向曹妃甸、渤海新区两大增长极和冀中南、环首都经济圈等重点区域加速聚集，促进重点区域加快发展。充分发挥货币信贷形势分析季度例会、政银企对接等平台作用，积极促进产业政策、财政政策和信贷政策协调配合，培育新的经济增长点，促进产业转型升级。深入推进绿色信贷政策效果评价工作，有效推动绿色信贷发展，经验和做法被《金融时报》头版头条报道。举办企业直接融资专题培训，组织中小企业集合票据承销活动，积极推进企业直接融资，全省企业债务融资保持良好的增长态势，新增注册金额307.9亿元，发行金额265.5亿元，特别是成功发行中小企业集合票据2.8亿元，定向债务融资工具50亿元，均实现“零的突破”。中长期融资为主、短期融资为辅的多元化融资结构，有效满足了企业经营发展的资金需求，在落实国家产业政策、推进行业调整振兴等方面发挥了显著作用。

建立金融系统联系沟通机制，研发跨境人民币业务非现场核查分析系统，并积极利用媒体加强业务宣传，有效推进跨境人民币业务发展。截至年末，全省累计办理跨境人民币结算176亿元。实际收入83亿元，实际支出93亿元，收付比为1∶1.12。其中，货物贸易107亿元，服务贸易及其他经常项目31亿元，资本项下人民币跨境投融资38亿元，开立跨境人民币保函19亿元。6月12日，河北省启动出口货物贸易人民币结算之后，出口结算快速增长，带动下半年月度结算量连创新高。业务品种日趋多元化，业务范围已从初期单一的进口贸易结算拓展到经常项下全覆盖以及资本项下外商直接投资、股东贷款、贸易融资、跨境担保等领域。银企积极性日益高涨，境内外地域不断拓展，目前业务已覆盖全省11个地市，并与境外118个国家和地区发生了跨境人民币结算业务。

切实保障改善民生。出台金融支持农业农村发展、水利改革发展、旅游业发展等方面的指导意见，组织举办光伏产业、技改重点项目等银企对接活动以及环保与金融高层论坛，有效支持了实体经济发展。开展涉农和中小企业信贷政策执行情况评估，充分发挥再贷款、再贴现政策引导作用，合理调剂再贷款、再贴现限额，满足“三农”及中小微企业融资需求，做好社会弱势群体、薄弱环节金融服务工作。截至年末，全省涉农贷款余额8412.46亿元，较年初增加1592.15亿元，同比增长23.3%，高出同期各项贷款增速7.9个百分点。

（二）监督管理

人民银行石家庄中心支行深入推进“两管理、两综合”工作，河北省人民银行系统全年出台各类金融管理配套制度19个，研发金融管理与服务综合管理信息系统，建立工作台账和工作报告制度，全年共受理96家新设金融机构加入人民银行金融管理与服务体系申请，对213家金融机构开展了综合执法检查，其中人民银行石家庄中心支行受理6家新设金融机构加入人民银行金融管理与服务体系申请，并对工商银行河北省分行、中国银行河北省分行进行了综合执法检查。积极推进金融消费者权益保护工作的开展，目前全省共有17家分支机构开展了此项工作。

加大金融风险监测评估分析工作力度。加强稳健性现场评估工作，全省人民银行系统共对18家金融机构开展了稳健性现场评估，其中人民银行石家庄中心支行对1家城市商业银行、3家农村信用社进行了稳健性现场评估。制定《河北省非银行机构风险事件应急预案》，加强对小额贷款公司、担保公司、典当行等具有融资功能的非金融机构风险状况的监测、调研和评估。继续发挥“1+4”稳定报告体系和“三位一体”评估体系作用，强化对全省金融业风险状况的整体判断和客观评价。《河北省金融稳定情况报告》得到省委省政府领导批示肯定。发挥行内分析小组、金融稳定协调领导小组以及金融稳定联席会议等各层次的金融稳定协调机制作用，加强信息交流共享，发挥整体工作合力，调动各方力量共同维护全省金融稳定。

强化各领域专项检查。加强对金融支持实体经济、落实稳健货币政策、“三农金融事业部”改革试点工作等重大事项的督导检查，深入开展外汇、支付结算、货币金银、征信等领域的检查工作，进一步规范了金融机构行为，维护了金融市场秩序。组织对中国银行等10家金融机构的73个网点开展支付结算执法检查，有效规范了支付结算秩序；深入开展防范打击“反宣币”专项整治行动，得到总行货币金银局高度评价。组织开展商业银行征信业务、贷款卡发放核准行政许可事项、信用评级公司评级业务现场检查，保证了全省征信业规范运行。

（三）金融服务

加强组织调度和统筹指导，围绕经济金融运行中的热点、难点问题，深入开展调查分析和专项研究，有效推进课题研究的开展。全年共有《金融支持农村饮用水安全工程的调查和思考》等12项研究成果被人民银行总行采用，《金融支持农业科技创新的调查与建议》等7篇调研报告得到河北省委书记等领导的批示和肯定。

改善支付服务环境。在完善基础设施建设、推动小额支付系统业务创新、推广非现金支付工具、大力改善农村地区支付服务环境、加强支付领域规范管理等方面取得显著成效。在人民银行石家庄中支的督导推动下，河北省农村信用联社发挥点多面广的优势，启动了“农信村村通”工程，在村一级布放EPOS（自助服务）终端，为广大客户办理银行卡消费、行内转账、跨行汇款、助农取款等业务，全省银行卡助农取款服务点快速增至4.9万个，增长738%，已覆盖3.75万个行政村，占河北省行政村总数的78.1%；全年共办理银行卡助农取款业务302.7万笔，金额11.6亿元。初步满足了偏远农村的各项惠农补贴资金支取、日常小额取现、余额查询等基本金融需求。打造刷卡无障碍示范区。截至年末，全省共建立“银行卡刷卡无障碍示范街（区、市场）”92个，有力带动了农村地区银行卡业务的迅猛发展。全省县域发放银行卡5900万张，人均持卡量已由2009年初的0.38张提升到1.01张，全年持卡消费2420万笔、金额1354亿元，占社会消费品零售总额的23.8%。

推进社会信用体系建设。采取试点先行、重点突破的模式，组织开展农村信用体系试验区建设，促进了全省农村信用环境改善。顺利完成机构信用代码推广工作，征信数据质量全面达标。积极搭建平台推动外部评级新模式，征信市场不断规范。征信体系建设稳步推进。截至年末，企业和个人征信系统已收录河北省34.1万户借款企业和2584.2万自然人的信用信息，并向金融机构、政府部门及社会各界提供信用报告查询服务。征信系统作用不断提升，已成为金融机构贷前审查的必经环节，有效防范了信贷欺诈；政府相关部门也在有关工作审查中查询使用企业和个人信用报告，提高了金融监管的有效性和行政管理效能。中小企业和农村信用体系建设初见成效。截至年末，河北省累计为5.36万户中小企业建立信用档案，其中6507户中小企业获得信贷支持，累计获得贷款2087亿元，贷款余额1048亿元；累计为1211万户农户建立信用档案，其中202万户农户获得信贷支持，提供贷款1350亿元，贷款余额达490亿元。石家庄无极县、邢台威县、沧州肃宁、廊坊文安4个县被确定为河北省第一批农村信用体系试点县。通过为农户建立电子信用档案、开展信用评价，破解农村“贷款难”和信息不对称问题，引导金融机构加大对“三农”信贷投入，改善农村融资环境。

加强国库现代化建设。大力推进国库信息化建设，省内商业银行全部纳入了横向联网系统，税收收入电子缴库横向联网业务量全国领先。积极推进财政支出无纸化横向联网建设，河北省被确定为财政国库电子化支付全国试点省份。开展国库直接支付政府补贴资金工作，畅通了政府资金收支渠道。

提高货币发行工作水平。加强发行基金调拨和现金预约系统管理，满足了全省经济社会发展的合理现金需求。组织开展现金服务金牌工程、“零假币”“零拒绝”现金服务公开承诺活动，大力推进现金服务直通车建设，规范了商业银行现金业务，净化了人民币流通市场。组织开展反假人民币培训宣传、对外误付假币专项治理等活动，不断增强全社会的反假货币意识。严格业务操作，圆满完成钞票处理和残币销毁工作任务。

提升科技服务保障能力。加强重要信息系统信息安全等级保护测评，完成河北省小微金融机构接入人民银行金融城域网项目试点工作。开展金融IC卡知识宣传、座谈培训等活动，有效推进了金融IC卡的推广应用。加强技术保障和运维能力建设，确保了支付清算、票据交换、账户管理、国库信息处理等重要业务系统的安全稳定运行。

继续推进反洗钱工作。围绕“风险为本、法人监管”的理念，完善河北省反洗钱风险评估系统，组织开展河北银行等8家金融机构的反洗钱监督检查。依法履行反洗钱调查职责，共处理可疑交易线索36条，进行反洗钱调查18起，向公安机关报案8起，涉案金额61.75亿元。反假币工作持续深入。人民银行石家庄中心支行在全省范围内对银行业金融机构反假货币机具设备使用、反假人民币工作情况开展检查，净化货币流通市场。组织反假货币宣传活动，利用多种形式加强反假宣传，举办河北省反假货币业务培训班，创办“反假货币培训流动学校”，提高反假知识普及程度。加强电子化反假宣传站建设，目前全省建立了860多个宣传站，促进了反假货币宣传常态化。通过宣传和培训，增强社会公众反假意识，提高识假技能，构建反假“防火墙”。

优化金融服务平台。建设启用集办理行政许可、提供金融服务、推进政务公开为一体的综合服务大厅，将29项经常办理的业务集中到综合服务大厅统一办理，并通过规范业务办理流程，限定业务办结时限，公开服务承诺等措施，进一步提高办事效率和服务水平，树立和维护了人民银行良好形象。

（四）内控管理

发挥审计监督作用。建立部门间磋商交流机制，积极开展保卫内控安全、应急预案修订等审计咨询业务，经验做法得到上级行充分肯定。稳步推进内审工作转型，组织开展征信管理绩效审计试点项目，将内审转型理念融入审计全过程，进一步提升了内审工作水平。制定《会计核算业务现场监督办法》，将事后监督延伸到事前预警和事中控制，初步实现了由规范性监督向风险审慎性监督转变。强化会计基础核算，狠抓规章制度落实，实现了全辖会计核算业务零差错。加强内部管理，严格业务操作，确保了支付清算系统、票据自动清分系统、支票影像系统、网上退票系统等业务系统安全稳定运行。

规范会计财务工作。研发人民币存款准备金数据处理系统，实现了报表编制程序化、自动化和规范化，得到总行肯定并在全国推广。通过实时监控费用支出、定期通报预算支出等措施，合理安排各项支出，全力保障履职需要。控制“三公”经费及一般性经费支出，推动了会计财务管理的科学化、精细化和规范化。认真落实“管采分离”工作机制，集中采购规模和效益显著提高。

提高安全管理水平。组织开展河北省人民银行系统枪弹管理专项检查，进一步规范了枪弹的管理和使用。积极探索并逐步推进押运体制改革，完善库区守卫和交接款区安全管理机制，建立河北省人行系统发行库电视监控报警系统的三级联网，进一步提升发行库安全防护水平，确保了发行基金安全。积极依托审计咨询平台，圆满完成应急预案修订和简化工作，组织开展ABS实战演练等9项应急演练，完善了应急管理机制，提高了应急处置能力。加强要害部门、关键岗位的保密管理，开展办公网、涉密计算机、涉密载体等环节的保密检查，确保了全辖无失泄密事件发生。

（五）外汇管理

扎实推进外汇管理改革。圆满完成货物贸易外汇管理制度改革，建立了“总量筛选、动态监测、分类管理”为核心内容、贸易便利化与风险管理相结合的全新货物贸易外汇管理体系。为全省1万多家进出口企业和1000多家银行网点提供了便利，得到河北省委省政府领导充分肯定，被国家外汇管理局授予“货物贸易外汇管理制度改革工作先进集体”。加快推进资本项目外汇管理改革，落实直接投资外汇管理简政放权，简化管理流程，放松资本运用限制，促进了投资便利化。进一步深化年检无纸化改革、外债转贷款管理方式改革，实现了外债转贷登记、结汇、购付汇“三统一”，提高了资本使用效率，为全省涉外经济健康发展营造良好环境。

提升外汇管理工作水平。强化货物贸易、服务、外资、外债等重点领域和银行、企业、个人等关键环节监管，对跨境资金双向流动实施均衡管理，有效防范化解了异常资金流动冲击风险。积极配合国家外汇管理局研发并上线运行跨境资本流动统计分析系统，有效增强了外汇监管效能。全省先后开展11项专项检查，组织对151家金融机构、114家企业开展外汇业务检查，收缴罚没款138.95万元人民币，有力震慑了外汇违法违规行为。

外汇市场。全省银行间外汇市场累计交易美元4.50亿美元，同比增加2577万美元，增幅6.1%。除美元市场交易量基本与上年度持平以外，欧元、港币、日元均有较大幅度下滑，这与这几个币种的客户结算量减少有关，同时也与欧元及日元本年度汇率波动巨大，汇兑风险增加有关。

（人民银行石家庄中心支行　李红英）

【金融监管】　2012年，河北银监局全面贯彻落实科学发展观，牢牢把握“稳中求进”的总基调，全力做好“守底线、强服务、严内控、促转型”的各项工作，不断增强风险防控的前瞻性和针对性。各级领导班子成员集中调研、分头督导，推进各项防控措施落实到位。全省银行业保持了持续、健康、稳定发展的良好态势。实现了总体平稳运行，不良贷款双降，净利润同比多增，风险抵补能力增强和组织体系逐步优化。

（一）坚守底线，落实责任，有效防控重点风险

一是融资平台贷款风险有效缓释。明确牵头部门、落实条线责任，加强与地方政府沟通。强化监管约束、实行分类管理，支持重点在建续建项目合理需求，实现降旧控新。二是加大房地产贷款风险管控力度。完善压力测试，深化名单制管理，准确预判和应对风险。三是加强流动性风险管控。以地方法人和高风险机构为重点，强化日常监控，及时提示风险，落实应急预案。年末全省法人机构流动性比例59.08%，继续保持在安全区间。四是案件风险防控及安保工作成效明显。坚持“守土有责、条线负责”，狠抓案防责任和制度落实。召开座谈会，签订案防目标责任书，实现案防责任分级覆盖。五是深入推进表外业务及其他风险防控。建立逐月监测、按季分析机制，规范表外业务发展。开展银行理财等表外业务检查，并督促整改问责。密切关注和排查民间借贷、信用卡、关联交易等领域潜在风险。配合地方政府妥善处置非法集资、融资担保机构问题，组织宣教活动，有效隔离了外部风险向银行业机构蔓延。六是信息系统安全性和五级分类准确度进一步提高。加强隐患排查和风险预警，督促开展信息风险评估和整改。通过开展“三大系统应用质效提升年”、数据质量竞赛和外部评估等活动，夯实数据质量基础。

（二）改进服务，规范行为，支持实体经济能力显著增强

一是注重形势研判和政策引导，积极推动产业结构优化升级。准确研判形势，及时制定改善对实体经济金融服务的指导意见，加大对重点项目、新兴产业等领域信贷支持。出台支持曹妃甸和渤海新区建设、县域经济发展的两个指导意见，支持河北省发展战略规划的实施。针对钢铁、光伏、玻璃等重要产业经营状况，局领导带头实地调研，督导银行业机构加大支持地方经济发展力度。二是注重外部环境营造和内部措施激励，着力提高小微企业和“三农”服务积极性。规范准入程序，新设小微企业金融服务专营机构29家。开展宣传月及成效展活动，组织政银企签约仪式，努力解决小微企业融资难题。圆满完成了“两个不低于”目标。三是注重规范行为和违规纠改，保护金融消费者合法权益。开展银行业不规范经营专项治理活动，制定河北银行业公众教育服务四年规划，开展送金融知识下乡、送监管政策进基层等活动，推动建立消费者权益保护长效机制。

（三）优化体系，推进转型，银行业改革取得重要进展

一是银行业组织体系不断优化。2012年，汇丰银行唐山分行、渤海银行石家庄分行相继开业；新设银行分支机构188家，其中县域机构占比在70%以上。村镇银行开业1家，批筹3家，银监会备案20家。河北钢铁集团财务公司开业，河北建投集团财务公司筹建顺利。

二是城市商业银行转型加快。以落实五年规划、完善公司治理、签署合规承诺为抓手，引导城商行向差异化、特色化、社区化发展。通过优化股权、集中度压降、解决高管缺位，高风险行及重点关注行风险得到有效控制。河北银行实现省级管理。城商行不良贷款率、拨备覆盖率等监管指标持续向好，盈利能力显著提升。

三是农村合作金融机构改革持续深入。大力推进资格股转化，督促省联社建立股权流转机制，全省农合机构（除保定蠡县外）投资股占比达到100%，提前三年完成银监会工作目标。农商行开业10家，股份制农村信用社开业7家、批筹10家，农信社股份制改革进度在全国处于领先地位。有效控制了蠡县农信社风险，稳妥完成了尚村信用社破产法律程序。全省农合机构整体完成达标提升五项指标。

四是其他银行业机构发展转型有新进展。制定了政策性银行监管工作考核办法，分类建立监管台账，推动发挥政策职能作用。印发指导意见，强化邮储银行“惠农、强小”市场定位，稳妥推进二类支行改革，已完成改革372家，覆盖面达到71.4%。华融资产管理公司河北分公司完成股份制改造，进入发展新阶段。

（四）深化创新，务求实效，监管能力建设取得明显成效

一是科学监管能力增强。强化非现场引领、统筹监管计划、加强部门联动，建立大型银行监管专员制度，提高了监管效能。实施大型银行分支机构评级和邮储银行评价，探索监审联动，促进了银行业机构内控制度完善及合规意识提升。二是协同监管能力提高。各级各部门积极与地方政府及有关部门协调沟通，实现信息交流和共享。与省环保厅、人民银行合作举办“河北省环保与金融高层论坛”，与保监局共同检查保险代售业务等，协调推进政策落实。强化系统内横向联动和纵向沟通，落实监管联动机制和联席会议制度。出台了京津冀监管合作实施细则，深化了跨区域监管合作。三是依法监管能力提升。健全依法行政工作机制，建立联席会议制度，发挥好法律专家咨询委员会职能，防范涉诉法律风险。加强规范性文件的法律审查和备案管理，开展法制工作专项检查，全系统依法行政、依法监管水平进一步提高。

（河北银监局　纪恒建）

【国家开发银行河北省分行】　2012年，国家开发银行河

北省分行紧紧围绕省委省政府重大发展战略，充分发挥开发性金融引领作用，积极争取总行政策倾斜，在全力保障重点项目建设同时，加大对沿海地区、环首都扶贫以及民生领域的融资支持力度，为建设经济强省、和谐河北积极提供金融服务。截至2012年末，省开发银行管理资产余额突破2100亿元，达到2185.84亿元，全年对河北省融资支持总量达669亿元；非个人中长期贷款余额达1384.75亿元，居省内第一；外汇贷款余额22.85亿美元，居省内第一；缴纳各类地方税金5.27亿元。

（一）发挥中长期主力银行作用，保障重点建设项目资金需求

国家开发银行河北省分行充分发挥开发性金融引领、示范作用，将贷款规模最大限度地用于支持国家、省重点项目，2012年实现融资总量达669亿元，发挥资源的最大效能和撬动作用。一是在投向上，优先保障重点领域重点项目需求。向京港澳高速扩建、西柏坡、邢衡、张石等省内全部新建续建高速项目，以及京石客运专线、京沪高速铁路、唐山市南湖采煤塌陷区治理、廊坊干渠、首钢京唐钢铁等重点建设项目发放贷款179.57亿元，占全年发放量的58%；牵头筹组石家庄轨道交通项目银团贷款，为丰宁抽水蓄能电站项目贷款承诺75.69亿元等。二是在区域分布上，紧紧围绕河北省曹妃甸新区、渤海新区两个“增长极”，向秦唐沧地区发放贷款98.9亿元，占全部发放贷款22%。三是在贷款期限上，体现中长期投融资银行专业优势，为河北省经济社会建设提供大额长期稳定的资金支持。新发放贷款中，非个人中长期贷款占比69%。

（二）坚持“雪中送炭”，帮助政府破解融资难题

国家开发银行河北省分行主动围绕河北省政府热点、难点“雪中送炭”，支持政府急需发展的重点领域和薄弱环节。一是配合省委省政府打好扶贫攻坚战，帮助破解融资难题，积极推进“幸福乡村”建设。分行行长率队深入县乡调研，创新并建立起“一个前提、两个平衡、四个落实”的融资模式，首批以丰宁等三县为试点，通过向龙头企业京北缘天然农牧公司授信3亿元，形成可复制、可持续的有效机制。当年实现发放0.58亿元，将间接带动万人参与生产经营，有效推动当地产业化扶贫工作。二是全力协助政府做好灾后恢复重建工作，主动融资支持地市政府应对突发事件，发放应急贷款2.4亿元，支持应对承德干旱以及保定、张家口“7.21”特大洪灾。

（三）积极承担社会责任，促进民生富民事业发展

一是作为河北省支持保障性住房建设主力银行，国家开发银行河北省分行积极落实与河北省签订的《保障性住房建设金融合作协议》要求，创新建立“省带市”融资模式，累计发放贷款142.53亿元，其中2012年新发放44.53亿元，有力地支持了石家庄、保定、沧州、邯郸、廊坊、邢台等地保障性住房及棚户区改造项目建设。二是在坚持批发式融资模式的基础上，国家开发银行河北省分行积极加强与小额贷款公司、担保公司等的创新合作，有效地提升了对中小企业的融资服务效能。累计发放中小企业贷款40.66亿元，对2000多家小企业和个体工商户予以支持。三是累计发放高校助学贷款7765.71万元，资助贫困大学生16434人次，占全省高校助学贷款市场份额的100%。四是加快推进河北省水利基础设施建设。完成南水北调配套工程180亿元项目入库，承诺丰宁抽水蓄能电站项目75.69亿元，向崇礼补水、丰南沙河治理、廊坊干渠、邢清干渠等水利项目发放7.4亿元。

（四）推动重点企业“走出去”，助力开拓国际市场

一是向河北钢铁、冀中能源、开滦集团、三友集团、英利（中国）、新奥集团、德龙钢铁、三河汇福粮油等优势企业发放贷款13.34亿美元。二是国家开发银行河北省分行圆满完成了玻利维亚国家规划咨询工作，玻政府代表团成功访华，增强了玻方对我国改革发展理念、经验、模式及“规划先行”理念的认同，为规划成果落地打下坚实基础。积极服务国家战略，向玻利维亚卫星项目和中铝秘鲁特罗莫多铜矿概算外项目分别发放贷款0.61亿美元和0.83亿美元。2012年末，分行外汇贷款余额达22.85亿美元。

（五）进一步完善综合金融功能，高谋略、多方位服务经济社会发展

一是坚持规划先行，推动建立起覆盖全省的规划合作机制。为河北省沿海地区建设编制系统性融资规划，并通过专家论证。向保定、沧州、廊坊、邯郸、邢台、唐山等市提交《融资研究报告》，设计融资模式，提出发展建议；针对曹妃甸发展、产业基金设立、央企入冀、环首都扶贫攻坚战以及融资平台模式等重大事项，提出支持策略方案供省领导参阅，发挥开行外脑作用。二是“投贷债租证”综合金融服务格局逐渐成熟，全年为河北省企业债券承销、银行承兑汇票、信用证、融资租赁、夹层投资、保理等贷款以外融资额度达251.26亿元。三是积极为政府融资平台的可持续发展建言献策，推动平台市场化运作，加强融资模式创新，探索新银政合作模式。四是加强同业合作，引导资金流向，牵头组建西柏坡电厂、润泽国际信息云聚核港、邢衡高速、荣乌高速等9个项目银团，金额共计232.68亿元。

在分行党委的带领和全体员工的努力下，国家开发银行河北省分行工作取得了丰硕成果，被河北省政府授予2011年度和2012年度“金融贡献奖”，被团省委授予省“五四红旗团委”、省级“青年文明号”荣誉称号，荣获国家开发银行总行创先争优“三个一”示范单位。

（国家开发银行河北省分行　许　强）

【农发行河北省分行】　2012年，中国农业发展银行河北省分行认真贯彻落实国家大政方针和强农惠农政策，牢牢把握稳中求进的工作总基调，加大支农力度，切实防控风险，狠抓经营管理，加强队伍建设，全行各项工作取得较好成效。

——业务发展稳中见好。累放各项贷款305亿元，年末各项贷款余额达到684.2亿元，比年初增加33.3亿元，较好地发挥了支持全省新农村建设的骨干和支柱作用。

——贷款和客户结构不断优化。调控贷款、政策指导

性贷款、农业科技贷款合计净增53.2亿元，增幅达77%；商业性和粮棉油购销贷款继续向大型优质客户集中，AA级以上占比61.9%，大中型客户占比83.5%，同比均有提升。

——经营绩效持续提升。全年实现利润13.65亿元，创历史新高，超总行下达利润计划0.83亿元，同比增盈0.35亿元。

——队伍建设不断加强。深入学习贯彻党的十八大精神，党的建设、领导班子和员工队伍建设、党风廉政建设、企业文化建设得到加强，干部队伍的凝聚力、战斗力进一步增强。

（一）信贷支农。围绕全省新农村建设，积极履行职能，加大支农力度，在支持和服务全省新农村建设中，努力实现业务有效发展。一是积极支持粮棉油收储。坚持把支持粮棉油收储作为各项工作的重中之重，在复杂多变的粮棉市场形势下，正确处理业务发展与防控风险的关系，确保了支持粮棉油收购没有出现大的问题。全年累放粮棉油收储贷款210.1亿元，同比多放32.3亿元，较好地发挥了收购资金供应主力军作用。二是大力支持农业农村基础设施建设。在优先做好存量项目续贷的基础上，围绕水利建设和新农村建设两个重点，采取高端营销、上下联动、专项调度等措施，进一步加大新项目营销力度。全年累放农业农村基础设施建设等中长期贷款54.4亿元，年末中长期贷款余额319.3亿元，比年初增加10.2亿元。三是积极支持农业产业化经营和农业科技项目。全年累放农业产业化龙头和加工企业、农业小企业贷款40.6亿元，促进了全省农业产业化经营和农业小企业发展，带动了农民多渠道增收。加大对农业科技的支持力度，农业科技贷款余额达8.4亿元，比年初增加7.8亿元。

（二）风险防控。增强风险意识，坚持防控和清收并重，努力提升发展质量。一是加强风险监测排查。充分利用CM2006和信贷信息核查系统，及时预警、排查、处置各类风险信号。二是完善风险防控机制。积极为企业搭建“收储对接、工贸对接、产销对接”平台，支持企业既扩大经营又防控风险。调整优化融资性担保机构准入信用等级、监测方式等内容，规范与融资性担保机构业务合作管理。三是狠抓促销收贷。在小麦市场行情较为低迷、棉花贷款投放同比较多的情况下，2011年度小麦、棉花收购贷款均提前实现本息“双结零”，玉米收购贷款本息基本结零。四是严防中长期贷款风险。落实工作责任，坚持“逐客户、逐项目”监测，及时下发提示函，督促提前落实收贷收息资金来源，努力防止发生欠贷欠息问题。加大第二还款来源补办力度，按季通报补办情况，已补办担保手续贷款占比85.4%，比年初提高了34.3个百分点。五是大力清收处置不良贷款。累计现金清收不良贷款1861万元，进一步减轻了历史包袱和经营压力。

（三）业务经营。切实增强经营核算意识，加强业务经营指导，完善经营管理机制，努力提升经营绩效。一是推进存款组织、中间业务、国际业务和投资业务发展。以企业单位和财政资金等低成本存款为重点，积极实施“以贷引存”、“高端营销”、“一揽子”营销策略。各项存款日均余额达173.5亿元，由于组织存款降低经营成本4.3亿元。积极营销咨询顾问、保险代理等中间业务，全年实现中间业务收入2435.6万元。全年完成国际业务结算量1.75亿美元，实现手续费和汇差收入201.6万元。二是加大收息力度。针对2012年中长期贷款收息压力较大的实际，强化措施，累计收回利息22.3亿元，占全行实收利息的53%，中长期到期贷款收回率和贷款利息收回率均达到100%。全年各项贷款利息收回率达到95.69%，同比上升1.58个百分点。三是规范财务收支行为。坚持勤俭办行，严格费用支出管理，精打细算，厉行节约。四是完善激励机制。修订完善了经营绩效考评办法；坚持实施并不断完善专项量化考核，按季考核通报并兑现奖惩。坚持开展“进步创新奖”、县级支行“有效发展先进单位”评选等活动，切实激发各级行、各部门努力提升经营绩效的积极性和创造性。

（四）基础管理。坚持精细化管理，努力提高管理效能，为实现全行稳进发展奠定了坚实的基础。一是加强资金计划管理。加强资金调度管理，信贷资金运用率达到99.85%，始终保持较高水平。二是加强信贷基础管理。制定《市县级储备粮贷款管理实施细则》，进一步规范了储备粮贷款管理。加强贷审委建设，信贷审议工作水平不断提高。三是加强财会基础管理。坚持实施《财会工作四级监督管理办法》，提高了各级行财会监督质量和效果。加强会计检查辅导，充分利用远程监控系统开展非现场检查，提高会计工作水平。四是加强合规管理。组织开展序时审计、任期经济责任审计、中长期贷款审计、新增不良贷款审计等，坚持内部审计督办整改回访制度，充分利用检查和审计结果，认真整改存在的问题，堵塞管理漏洞。五是加强服务保障。积极参加阳光热线等栏目，该行被评为全省金融系统唯一一家先进单位，树立了良好的社会形象。加大新闻宣传力度，强化声誉风险管理，2011年夏粮收购过程中，在全国执行最低收购价预案的6个省中，唯独河北省没有发生任何声誉风险。

（中国农业发展银行河北省分行　郭　宁）

【工行河北省分行】　2012年，工行河北省分行认真贯彻落实省委、省政府和工总行的各项决策部署，把服务“经济强省、和谐河北”建设作为第一要务，各方面工作保持了持续健康发展的良好态势，再次被河北省政府授予“金融贡献奖”，系四大国有商业银行中唯一连续五年获此殊荣的单位。人民币各项贷款增加362.3亿元，增幅13.67%，同比多增87.76亿元，余额突破3000亿元，达到3012.41亿元。各项贷款增量、余额均居省内国有四大行首位。全年各项贷款累计投放达到1635.45亿元，较2011年多投放487.35亿元。新增存贷比高达136%。重点项目和实体经济支持力度加大。累计投放项目贷款146.58亿元，其中向曹妃甸区和渤海新区投放项目贷款34.84亿元。小微企业贷款余额392.88亿元，增加76.93亿元，增量排工行系统第5位，同比增加16.12亿元；涉农贷款余额636.84亿元，增加135.11亿元，同比增加18.24亿元；小微企业贷款、涉农贷款均达到“两个不低于”要求。不良贷款继续保持双降。不良贷款额、不良贷款率分别较年初下降1.36亿元和0.17个百分点。对地方税收贡献进一步提升。全年实现经营利润105.13亿元，缴纳地方各项税款14.79亿元，较上年多缴纳2.67亿元。新建及优化物理网点93家，新投产离行式自助银行102家。特别是县域机构网点设置进一步优化，填补部分机构空白县域，年内邢台南和、沧州海兴、张家口赤城3家县域支行实现对外营业；邯郸肥乡、秦皇岛卢龙、保定涞水3家县域支行及唐山迁安马兰庄镇网点正在积极筹备；在县域新投产离行式自助银行69家。

（一）突出支持重点项目和实体经济。积极应对经济金融环境复杂多变的新形势、新挑战，鼎力支持河北省经济社会发展。一是争取信贷投放资源。总行将河北全年贷款增量规模调增55亿元，较上年全年规模增加66亿元。二是支持重点项目建设。主动对接支持“十二五规划”、“百家央企进河北”等具有支柱和引领作用的重点项目，提供资金保障。全年累计投放项目贷款146.58亿元。其中，累计向曹妃甸区和渤海新区投放项目贷款34.84亿元。三是服务产业结构升级。在继续做好重点企业综合金融服务的同时，突出加大对河北省战略性新兴、先进制造、现代服务、文化产业支持力度，四大产业贷款余额817.67亿元，增加254.91亿元，增幅45.3%，高于各项贷款增幅31.8个百分点。加快发展供应链融资业务，办理融资51.03亿元。以商品融资产品为重点，积极发展贸易融资业务，国内贸易融资增加77.69亿元，增幅38.2%，增量排工行系统第4位。四是强化对河北省“走出去”企业和来冀投资企业本外币一体化金融服务。全年完成国际结算量156亿美元，国际贸易融资累放量达到15亿美元，办理跨境人民币业务15亿元，其中有全省首单资本项下跨境人民币资本金汇入业务和跨境人民币融资业务，填补了河北省以上业务空白。

（二）突出加强中小企业金融服务。贯彻落实国家和河北省关于金融支持中小企业发展的要求，充分发挥支持中小企业主力军作用。一是优化经营机制。建立覆盖全省的100家中小企业金融业务专营机构，完善“支行经营”、“中心＋支行配合经营”、“中心直接经营”专营模式，开辟小企业贷款审批绿色通道，最大限度提高服务效率。二是明确支持重点。与省工信厅、省工商联签订支持中小微企业金融服务战略合作协议，以国家级开发区、省级开发区、产业聚集区为重点，加大制造、医疗、物流、商贸等行业中型企业的支持力度，优先支持具有自主知识产权、一定研发能力的科技型小企业和具有自主品牌优势的小企业。三是完善产品体系。在“网贷通”产品基础上，创新推出小企业标准厂房按揭贷款“置业通”、联保贷款“互助通”和设备租赁等新产品，扩大小企业融资支持范围。四是减轻企业负担。严格落实扶持小微企业发展的有关金融政策，并在贷款利率上给予适度优惠，融资成本较上年下降约10%，切实减轻了小微企业财务负担。年末中型企业融资客户达到1091户，融资余额1303.7亿元，增加91.36亿元；小微企业贷款客户达到1963户，贷款余额392.88亿元，增加76.93亿元，增量排工行系统第5位，用实际行动解决中小企业融资难的问题。

（三）突出加大民生领域信贷支持。重点加大对与民生息息相关的住房、医疗、涉农、环保等领域支持力度。一是积极推动信用消费拉动内需增长。落实差别化住房信贷政策，控制一般房地产开发贷款投放，积极支持廉租房、公租房、棚户区改造等各类保障性住房开发项目建设，累计投放保障性住房贷款17.12亿元、新农村贷款10亿元。重点支持居民首套自住普通商品房消费贷款需求，累计投放个人贷款331.99亿元，余额在同业中率先突破900亿元。大力发展信用卡分期付款，为居民购车、装修、教育、旅游等提供高效率、低费率的分期付款服务，业务余额超20亿元。二是积极推动金融资源向县域和涉农领域流动。增设县域机构，全省县域网点覆盖率达到93%。推出农村居民和农民工专属“福农灵通卡”，每年提供12笔免费汇款，方便农村居民个人结算。对县域支行给予信贷规模倾斜，涉农贷款余额636.84亿元，同比增加18.24亿元。三是积极为公共民生领域提供综合服务。为迁安市人民医院、滦南县医院、哈励逊国际和平医院等投放项目贷款1.82亿元，支持当地改善医疗卫生环境。四是积极为改善生态环境提供支持保障。持续推进绿色信贷工程，严格控制“两高一剩”行业贷款，环境友好与环保合格企业贷款占比达到100%，收回4户环保违法企业贷款2180万元，全力支持河北省节能减排和生态环境改善。

（四）突出加快金融服务创新用新。加快金融服务创新用新，满足公众多元需求。一是加快业务创新步伐。把发展资产管理、PE、租赁等金融资产服务作为加快创新用新的重要领域，全年业务发生额2706.72亿元，业务余额超1100亿元，服务实体经济和民生领域的路径不断拓宽。二是加快服务创新步伐。开展“满意在工行”主题活动，深入实施服务效率、渠道、规范化等服务管理“六个再提升工程”，建立星级网点服务管理体系，推广网点服务质量检测与排队管理系统，客户满意度进一步提升。推进渠道优化，设立省行私人银行中心和覆盖全省11个地市的贵金属旗舰店，新建和优化物理网点93家，离行式自助银行达到150家，ATM、自助终端等各类自助设备达到3963台，个人转账终端达到1.93万台。维护金融消费权益，落实服务收费“四公开”、信贷业务经营“七不准”规定，虚心接受社会监督。连续两年荣获“河北网民最信赖的银行品牌”称号；石家庄中华支行等17家支行荣获2012年度河北省银行业协会文明规范服务百佳和千佳示范单位称号。

（五）突出履行国有银行社会责任。持续加强党的建设，深入推进为民服务创先争优活动，组织开展“以优异的工作成绩、向党的十八大献礼”主题党日和“新征程、新展望”形势政策宣传教育活动，组织党员干部学习党的十八大和省委八届三次全会精神，干部员工队伍的凝聚力、战斗力进一步增强。落实省委“基层建设年”活动要求，派驻工作组到沧州泊头富镇小卢屯村开展帮扶工作，捐资近50万元帮助该村改善饮水条件、修建进村公路、修缮危旧房屋、建设文化广场等。“7·21”洪涝灾害发生后，主动为重灾区捐款捐物，并通过省市县三级行联动方式积极对接涞源、涞水、易县、兴隆4个重灾区重建项目资金需求，全年为4县办理融资7.12亿元，帮助灾区恢复生产、发展经济，全力服务和保障灾区重建工作。开展“普及金融知识万里行”活动，深入宣传征信、反洗钱、反假币、安全用卡、预防电信诈骗等金融知识，发放调查问卷3.3万余份、宣传资料24万份，解答群众咨询20万余人次，举办讲座超过1000场次，被河北省银行业协会评为“普及金融知识万里行”活动先进单位。积极开展走进养老院、福利院“献爱心”、“三下乡”等社会公益活动，充分展现“大行大爱”精神，赢得了社会各界的广泛好评。

（工行河北省分行　吴　诃）

【农行河北省分行】　2012年，农业银行河北省分行牢固树立科学发展观，紧紧围绕全省建设“经济强省、和谐河北”战略目标，充分发挥横跨城乡、网点网络、客户资金、品牌形象等优势，大力支持全省经济建设，努力提升金融服务水平，业务经营成效显著，为河北省经济社会发展做出了贡献，连续第三年被河北省政府授予“金融贡献奖”。同时，该行积极推进经营转型，强化基础管理，各项工作取得全面进步。2012年末，全行各项贷款余额2046.06亿元，较上年末增加231亿元；各项存款余额5077.24亿元，较上年末增加608.54亿元，总量增量居四大行首位；全行平安运行，未发生经济案件、刑事案件和重大责任事故。

（一）大力支持重点区域和重点项目建设。深入落实河北省“十二五”规划和重点区域发展战略，切实加大对实体经济的贷款投放力度。以政府提出的重点区域、重点项目为导向，全面满足信用需求。紧跟沿海地区、冀中南地区、环首都经济圈等重点区域和111家央企进河北建设项目，重点围绕唐山重工业基地、曹妃甸工业区、秦皇岛港口区、沧州渤海新区、廊坊信息产业基地、保定“中国电谷”、石家庄石化及生物产业基地等重点领域，支持了一大批国家级、省级重点项目和民生工程。并对重点客户、重点项目实行名单制管理，缩短信贷审批流程，提升了服务效率。全年累计投放贷款1704.7亿元，年末法人客户实体贷款余额1517.49亿元，比上年末增加155.78亿元。

（二）全力推进“三农”和县域经济发展。坚持面向“三农”的市场定位，做好深化县域“三农”金融服务的各项工作，累计投放县域及三农领域贷款608.9亿元，“三农”贷款余额比年初增加135亿元，增速高于全行贷款增速4.5个百分点。深化服务“三农”改革，逐级建立健全“三农”金融事业部组织机构和金融服务团队，实行以“六个单独”为核心内容的运行机制。大力支持县域经济快速发展。加强分类指导，结合当地经济特点和资源禀赋，实行“一行一策”特色发展。以农业产业化龙头企业为重点，以县域商品流通市场贷款特色产品为抓手，并加大对县域中小企业的支持力度，着力解决担保难问题。同时，努力做好农户金融服务工作。积极推进金穗“惠农通”工程，为广大农户提供足不出村、方便快捷的金融服务。累计发放惠农卡586万张，全省农户覆盖率达到21.8%；农户贷款余额55.4亿元。累计代理新农保项目46个、代理新农合项目36个。建立助农取款服务点15967个，乡镇覆盖率88.9%。坚持对惠农卡实行“三免一减半”政策，累计向农民让利超过3亿元。

（三）积极助推中小企业发展。持续深化“六项机制”建设，不断强化“四单”管理，依托小企业金融服务中心，全面推广“一站式审批”模式，实行评级、授信、用信一次审批，有效缩短决策链条。进一步加大中小企业贷款的政策倾斜力度，单列信贷计划。强化政策创新和产品创新，实现了中小企业贷款持续、稳定增长，全行共支持中小企业1586户，贷款余额683亿元，同比多增91亿元；贷款增速31.42%，高于全行贷款平均增速18.7个百分点，达到了“两个不低于”的监管要求。

（四）着力提升金融服务水平。完善客户服务功能，建立了私人银行、财富中心、理财中心、理财区四位一体的立体式客户服务模式，为个人客户提供高品质、综合性服务。加大网点改建力度，完成了全辖83%的营业网点改造，服务能力大幅改善。努力提升电子化服务水平，积极推进电子交易渠道体系，全行布放ATM机2919台、转账电话22.5万台、POS机1.58万台；累计发放借记卡2649万张、贷记卡152万张，为社会公众提供了更加便捷、安全的金融服务。加强产品和服务创新，构建了“五金”产品体系，加大产品品牌推广力度，积极开展本地产品研发，加强产品组合销售，有效满足了社会大众对金融产品的多元化需求。构建全省最大的农村金融服务网络。深入构建广覆盖、一体化的三农金融服务网络，对全省县级行政区实现100%全覆盖，使“三农”客户充分享受到现代金融服务。按照银监会要求，做好不规范经营整治工作，切实维护了客户利益。

（五）积极履行社会责任。深入推进“绿色信贷”，坚决贯彻河北省着力改善生态环境要求，服务全省产业结构调整，严控“两高一剩”行业贷款，年末全行节能环保贷款余额达到152.8亿元，支持技术改造升级贷款余额达到10.2亿元。着眼民生工程，加大商品住房贷款投放力度，大力支持保障性安居工程，支持下岗失业人员自谋职业、自主创业。热心参与公益事业，充分运用金融资源和渠道，积极组织各类献爱心捐助、扶贫救助活动。大力支持河北“7.21”特大洪涝灾害灾后建设，开办捐款汇款专用窗口，在受灾区设立金融服务点。大力支持贫困地区教育事业，积极协助农总行捐资531万元在国定贫困县阜平捐建了农行大道小学。按照河北省委部署，积极开展驻村帮扶工作，得到了各级政府部门肯定。

（六）努力打造平安和谐农行。深入开展“基础管理提升年”活动，全力推进运营体系建设。全面加强风险管理，全行风险管理水平实现新提升。坚持从严治行，保持了对案件和违规行为的高压态势。加强队伍建设，抓好党风廉政建设和干部作风建设工作，在全行形成了风清气正的良好局面。坚持以人为本，加强企业文化建设，努力构建和谐农行。

（农行河北省分行　刘新彦）

【中国银行河北省分行】　2012年，中国银行河北省分行认真贯彻落实科学发展观，紧紧围绕总行工作方针和省行年度工作安排，坚持以效益为中心，加快转变增长方式，全力拓展客户，狠抓存款增长，优化贷款结构，扩大中间业务收入。各项业务快速、稳健发展，主要业务指标在系统内实现争先进位，市场竞争力显著增强，全行经营业绩表现突出。

资产负债规模不断扩大，经营效益稳步提高。2012年末，全行本外币资产、负债余额达到3928亿元和3878亿元，分别较上年增长10.5%和10.4%。实现本外币净收入131.4亿元，增长19.2%。全行实现净利润40.2亿元，同比增加8.3亿元，增幅25.9%。总资产回报率（ROA）为1.11%，较上年提升0.11个百分点。

人民币各项存款快速增长，市场份额不断提升。2012年末，全行人民币各项存款余额3730亿元，较上年新增336亿元。其中，人民币公司存款余额1565亿元，较上年新增136亿元。人民币储蓄存款余额1585亿元，较上年新增153亿元。人民币金融机构存款余额为580亿元，较上年增加47亿元。

中间业务稳步增长，轻资本型收入大幅提升。2012年末，全行实现中间业务收入24.78亿元，增长9.2%。其中，非资本占用型中间业务收入16.5亿元。国际结算业务继续保持市场领先地位。

授信资产规模扩大，资产质量持续上升。2012年末，人民币各项贷款余额2423亿元，较上年新增263亿元，增长10.85%。其中，人民币公司贷款余额1556亿元，较上年增加87亿元。中小企业新模式贷款余额68亿元，较上年新增45亿元。个人贷款余额579亿元，较上年增加120亿元。

（一）中行业务发展

第一，顺应河北经济发展大势，充分发挥“大公司”龙头带动作用。大力支持省内重点地区发展。按照省委、省政府提出的举全省之力打造曹妃甸新区和渤海新区两大增长极的要求，该行积极跟进支持河北省重点地区和重点项目的建设，并在曹妃甸新区成立了首家二级分行。

不断深化银政、银企合作。该行先后与沧州市政府、唐山市政府签订了战略合作协议；与石家庄市政府、张家口市政府开展了高层论坛。在银企合作方面，分别与河北钢铁集团、河北建设投资集团、冀中能源、冀东水泥、三友集团等大型集团开展了全方位合作；并新拓展了与燕达集团、隆基泰和、华夏幸福基业、全省排名前十位的大型房地产公司的新型战略合作关系。同时，该行加强了与中银集团内的中银保险、中银证券的合作和联动。通过优势互补，形成了银政、银企间更广泛的共同合作机制，达到了互利共赢的目的。

发挥重点产品、项目的带动作用。全年共储备公司存款重点项目651个，项目金额360亿元，综合落地率达到72.5%。各项产品、项目的带动效应不断增强，市场竞争力得到显著提升。

第二，全面提升服务县域经济能力。全年新建机构网点57家；其中空白县域支行24家，县域机构覆盖率由年初的55.9%提高到73.53%。同时，该行还加大对“三农”发展的支持力度，重点支持了“环京津、环渤海”地区的农业经济龙头企业、县域经济重点企业发展，积极研发和创新“益农贷”、“养殖贷”等涉农结算类和贷款类产品，不断延伸服务链条和服务功能，加大涉农贷款的推动力度。2012年，全行涉农贷款余额本外币合计387亿元，较年初新增141亿元，增幅57.24%，有效满足了全省“三农”发展的融资需求。

第三，积极推进网点深度转型。该行将机构网点转型作为推动重点，全面推进公司产品下沉、管理下沉、资源下沉，强化对网点效能提升的考核，持续推进大中型全功能型网点建设。不断加快电子渠道建设、自助渠道建设、电子网银建设，着力提高服务效率，不断提升机构网点的服务延伸。截至2012年末，全辖共建成大中型全功能型网点115家，离行式自助银行81家，新增ATM设备704台，新增自助终端791台。网点综合服务的功能得到了进一步提升。

第四，大力拓展中小企业客户和个人有效客户。2012年，该行加大了中小企业业务的拓展力度，着力优化流程机制，提高审批效率，推进批量化营销和产品创新推广。2012年末，新模式授信余额达到68亿元，授信客户总数达到944户，中小企业新模式业务取得了较快发展。同时，该行大力拓展代发薪客户，代发薪客户新增34万户；抢抓政策机遇，与省社保厅签订了保障卡发卡协议和新农保协议，累计发行社保卡163万张，发行农保卡30余万张，个人有效客户拓展成效显著。

第五，持续提升运营服务能力。该行严格落实金库、重空库、会计档案库管理制度，强化柜员准入管理，进一步规范经营性机构负责人柜员权限设置和辖内机构操作流程，有效提高了柜员、机构及TIMS系统用户整体管控水平。不断完善“事前、事中、事后”三级风险监控机制，加强现场检查和非现场监控，全面提升了网点操作风险控制水平。

第六，强化成本费用管控。面对成本管控压力加大的严峻形势，该行主动加强预算、核算管理，主动调整费用结构，提升精细化管理水平，提高运营效率。全行重视费用全过程管理，实行精准控制，压缩一般性费用。优化市场费用结构，提高投入产出效率，将营销资源向基层倾斜、向业务前端倾斜；优先确保基础性、战略性、保障性业务的费用需求。

（二）中行内部管理

风险管控能力进一步增强。该行不断加强授信审批流程管理，积极实行平行作业和预评审制度，优化授信审批流程，提高了透明度和审批效率。加强对重点岗位和高风险业务的监督检查；综合利用各种科技手段和风险管理工具，有效防范了技术性、操作性和市场性风险。同时，在全辖深入开展基层机构案件防控达标年活动，扎实开展“双十禁”和员工违规行为排查活动，有效遏制了潜在的风险隐患和案件苗头，提升了案防能力。出色完成了党的十八大期间的安保维稳工作，全辖全年没有发生各类经济案件、“四类案件”和重大责任事故。

（三）中行队伍建设

队伍建设得到加强。该行不断加强管理者、专业技术人员和技能操作人员三支队伍建设，合理规划各层级人员的素质培养、选拔使用等措施，建立完善了逐级选拔机制。明确选人用人导向，将经营管理人员任职资格中对基层业务经历的要求做出具体规定，鼓励各级管理者和员工主动去基层业务一线，加强充实各分支机构一线需要。不断提高员工整体素质，全面培养复合型的人才队伍。

（四）党风廉政建设成效显著。该行将党风廉政建设和惩防体系建设工作纳入目标责任制，常抓不懈，加强督导考核。同时还创新廉政教育模式，抓好反腐倡廉常规教育，做到警钟长鸣。对领导干部和管理人员实施离任稽核，对干部聘任进行廉政监督和党纪政纪审核。切实履行各级党组织和领导的“一岗两责”，逐级签订《党风廉政建设责任书》，对重点工程、重大财务开支和集中采购项目，实行全过程监控，严格按“三重一大”的要求，一律按决策程序进行，有效制约和控制了不廉洁行为的发生，惩治和预防腐败体系建设得到进一步加强。

（中国银行河北省分行　赵春雨）

【建行河北省分行】　2012年，建行河北省分行认真贯彻落实总行各项工作部署，大力支持和服务实体经济，强化资产带动，夯实客户基础，深化改革创新，加强内控管理，确保了安全稳定的运营局面，较好地完成了各项工作任务。年末，全口径存款新增490.25亿元，系统第十、同业第二；其中，一般性存款新增481.31亿元，系统第十、同业第二。各项贷款新增337.94亿元，系统第七、同业第二。实现中间业务收入34.37亿元，系统第九、同业第一；实现税前利润81亿元，创历史最好水平。资产质量显著提升，五级分类口径不良贷款额比年初减少8000万元；不良贷款率比年初下降0.1个百分点。全年未发生案件和重大责任事故。

（一）立足竞争发展，主营业务稳中求进。资产业务实力增强。认真落实总行和省政府签订的战略合作协议，将重要基础设施建设、特色优势产业、环首都经济圈、新农村建设、战略性新兴行业等作为重点业务拓展领域，认真做好项目储备，促进贷款有序投放。年末，人民币对公贷款新增166亿元，同业第二。继续打造“民本通达”服务品牌，积极开展社区金融服务个人贷款客户营销、房改金融及住房保障服务营销，加快消费经营类贷款发展，推进小企业批量化发展，小企业非贴现贷款累计投放270.6亿元，个贷新增系统第四、同业第二。严格执行银监会“七不准”和“四原则”，建立常态化定价机制，持续优化信贷审批流程，严格落实贷款条件，确保了信贷安全。负债业务稳步提升。积极抢抓大型项目建设专项资金、大型企业注册资金、保险公司等大额存款来源，强力营销大型商贸流通企业专项资金，大力拓展省、市级财政社保下拨资金承接单位和保障性住房、农田水利、社会事业、节能环保等重点领域和项目的落地资金，年末对公存款新增171.1亿元，同业第一。试点发展社区金融，狠抓代发工资业务拓展与维护，做大银行卡业务规模，促进存款和理财业务协调发展，个人存款新增占一般性存款新增的64%。积极营销城商行、信用社、财务公司等客户资金，拓展省外客户，同业存款新增8.95亿元。中间业务规范发展。规范与发展并重，组织开展不规范经营自查整改，研究中间业务发展长效机制，推动信贷类与非信贷类中间业务产品同步发展，全年实现中间业务收入34.37亿元，同业第一。战略业务取得突破。拓展电子银行应用，推进私人银行转型和跨境人民币业务有效开展，加快金融IC卡推广和安居、消费、账单和龙卡商城等分期业务顺利开展。大力发展新型财务顾问、资产收益权、票据收益权、融资租赁等投行产品，创新推出中小企业集合票据项目。年末，电子银行“短信通”业务收入首超亿元，个人网银高级客户、个人手机银行客户和企业网银高级客户新增均居系统第四，同业第一。跨境人民币实收实付结算量市场份额27.54%；信用卡消费交易额和贷款余额均居同业第一；分期业务中间业务收入同比增长192%。

（二）立足长远，业务发展质量提升。一行一策成效显现。加大对中心城市行的支持和激励力度，促进县域支行“抓特色、出亮点、上台阶”，实现了“中心城市抓提升，县域经济抓特色”。结构调整推向纵深。以信贷结构调整为重点，在客户结构、渠道结构、产品结构、区域结构等方面多管齐下，进一步夯实了业务发展基础。强化增量客户营销，既抓好“三大一高”客户，又积极拓展优质核心企业的上下游、左右邻等中型客户，抓好小微企业和无贷户，进一步改善了客户基础。按照“三三三”原则做好信贷结构调整，主动压缩退出受控行业客户、发展前景暗淡、竞争力较弱的客户，继续加快发展小企业、个人贷款、贸易融资等资本占用低、收益高的产品。加快网点建设，加大自助设备投入，积极推进自助设备集中专业化管理，加强对客户经理的统一考核管理，推动电子渠道跨越式发展，提升运行效率，延伸对外服务能力。体制机制增添活力。按照综合性、多功能、集约化要求，深入推进事业部制改革，加快零售业务和批发业务发展方式的转变，整合资源、信息共享，提高服务效率。加快网点“三综合”建设，继续深化前后台分离，提高网点资源利用效率和市场综合拓展能力。基础管理持续夯实。强化资产质量管控，实施资产质量计划管理，继续实行不良还原考核，加大不良贷款清收、转化与处置力度，全年处置不良资产6.9亿元，现金回收4.2亿元。加强全面风险管理，建立健全案防和安全运营全员责任制，强化员工从业行为管理，完善优化操作风险管控机制，改进稽核监测作业手段；建立审计整改评价机制，确保审计整改落实到位。积极创建平安建行，加大对重大活动和节假日期间的巡查力度，持续完善IT风险安全防护体系，强化24小时值班和行领导带班制度，积极做好维稳工作；强化声誉风险管理，妥善处理客户投诉，维护建行良好社会形象。和谐氛围日益浓厚。以迎接党的十八大为主题，深入开展创先争优活动，推进各级党组织建设。进一步强化各级领导班子思想、作风和组织建设，加大干部管理、选拔、交流力度，有效提升了领导干部的综合素质、管理能力和领导水平。抓好反腐倡廉建设，切实改进工作作风。关爱员工，深化行务公开和民主管理，制定关爱员工20条措施，签订女职工权益保护专项集体合同，全覆盖、多角度开展员工培训，广泛开展特困劳模、特困党员、特困员工优抚慰问活动，认真落实离退休人员两个待遇，和谐发展氛围更加浓厚。

（建行河北省分行　赵亚旗）

【交通银行河北省分行】　2012年，在省委、省政府和总行党委的正确领导下，在监管部门的监督支持下，在各级干部员工的顽强拼搏下，交通银行河北省分行业务发展稳中有进，经营业绩平稳提升，取得较好的成绩。

截至2012年末，全行资产总额达到886亿元，增长8%；人民币各项存款余额818亿元，增长8%，其中：人民币储蓄存款余额253亿元，增长14%；人民币各项贷款余额597亿元，增长12%；实现中间业务净收入3.66亿元，增长5%；实现经营利润16.9亿元，增长4%；实现拨备后利润17.8亿元，增长10%。不良贷款余额和占比实现双降。

（一）以稳固负债业务为先导，持续发展能力增强。对公存款实施重点突破，积极开展高位营销，着力提高财政保障类存款和大中型集团客户的数量和质量，成功拓展新奥集团等大型企业39户，中型客户94户，各级财政存款余额达78亿元，增加13亿元。储蓄存款以“冀龙腾飞”系列个金业务竞赛为着力点，加大对储蓄存款的持续营销拓展。代发工资客户储蓄、家易通布放、私人银行、沃德财富、交银理财等品牌客户的资产提升取得突破，到2012年末，人民币储蓄存款日均余额增量28亿元。

（二）以提升转型业务为抓手，转型发展步伐加快。以零贷业务、银行卡、交叉销售为三大核心工作，做大、做强、做优零售板块。到2012年末，AUM较年初增长46亿元，较上年末提升8位。快速推进烟草跨行支付、金融社保IC卡拓展、“织网补链”、“自助医院”等一批重点项目，赢得后发优势；稳步推进投行业务，集团协同业务、托管、企业年金等项业务实现较快增长；强化板块和海内外联动，国际业务快速发展，在国内信用证、跨境人民币业务、本外币结构性理财、进口保付业务等方面实现突破，国际结算累计实现76.8亿美元，跨境人民币结算14.6亿元，实现国际中间业务净收入1.2亿元。

（三）以增强盈利能力为重点，经营效益稳步提高。持续加强定价管理，全年新发放贷款平均利率维持较高水平。强化RAROC’应用，贷款在派生存款、客户、利润等方面的综合收益水平进一步提升。严格控制费用管理，优化财务资源配置，将有限资源集中于业务营销，最大限度创造效益，全年成本收入比下降1.2个百分点。

（四）以严格风险管控为保障，信贷业务稳健发展。科学把握信贷投向，深化推进信贷结构调整，落实支持实体经济发展要求，全面开展动态排查，有效落实抵押担保，积极化解存量潜在风险，陆续退出潜在风险和低收益贷款5.8亿元。多维度、多渠道、全方位开展风险控制管理和对重点行业、重点领域、重点客户的风险排查，建立重大风险防控责任制，保证了资产质量的真实稳定。加强内控管理，积极推进案防专项行动，继续深化员工合规教育，监控操作风险，实现零案件、零损失的目标。

（五）以改善客户体验为宗旨，服务品牌形象得到提升。筹建了邢台、张家口2家省辖分行，迁西、任丘、涿州3家县域支行，新增离行自助银行13个、离行单机点12个，服务网络覆盖面积进一步扩大；建立服务办，制定各类人员服务规范标准，加强对服务质量全方位管控；开展网点“亮化”工程，网点保洁外包、绿植美化配送，网点环境整体提升。

（六）以强党建与弘扬交行文化为支撑，和谐发展氛围愈发浓厚。深化创先争优活动，大力宣扬学习先进典型，唐山分行丰润支行党支部被总行党委表彰为创先争优先进基层党组织。倾力履行社会责任，向沧州肃宁驻村联系点、保定水灾地区累计捐款76.3万元，省行驻村帮扶组获评“全省开展加强基层建设年活动优秀驻村工作组”荣誉称号。开展员工关爱活动，完善工会基层组织建设，推进民主管理，组织员工广泛地参加各种积极向上的文体活动，大力开展送温暖、送关怀活动，团结和谐氛围进一步形成。

（交通银行河北省分行　许克诚）

【民生银行石家庄分行】　2012年，民生银行石家庄分行紧紧围绕做“民营企业的银行、小微企业的银行、高端客户的银行”的战略定位，全面加强经营管理，强力提高市场竞争力，各项业务持续、稳步、健康发展。截至12月末，该行一般性存款745.88亿元、较年初增加174.58亿元；各项贷款430.09亿元、较年初增加81.39亿元；资产规模达到936.4亿元，较年初增加292.14亿元。各项工作实现了“两个增长、两个推进、两个提升”。

（一）存款稳定增长。为服务实体经济提供充足的资金来源，该行将“稳存增存”作为全年重点工作，以存款“按日均考核”为工作标准，进一步加大了负债业务推动力度。一是进行全面动员，牢固树立“存款立行”的观念，号召全行员工全力以赴，做好稳存增存工作；二是加强了对客户的系统化、专业化、团队化营销，促进了存款持续增长；三是整合产品，利用现金管理、资金归集、乐收银、三方存管、流动利等存款与支付结算相结合的产品平台，有效带动负债业务的发展；四是开展专项劳动竞赛，全面激发了员工工作积极性。截至2012年末，该行存款新增174.58亿元，其中储蓄占68.33%，为开展资产业务、扩大信贷规模奠定了良好基础。

（二）中小微业务稳定增长。按照总行“做民营企业的银行、做小微企业的银行”战略定位，2012年该行将资源进一步向中小、小微业务倾斜，认真落实省委、省政府提出的“优势地区聚集发展”和“大力发展非公有制经济”、“支持小微企业发展”和“两个不低于”的有关要求，全力推动河北省特色区域产业发展。一是实施立足省会、布局全省的经营战略，选取优势行业优质客户进行重点开发，将业务资源向环首都经济圈、沿海经济隆起带、冀中南经济区倾斜，对优势经济产业带展开系统的市场开发。二是开展“中小企业融资方略推介”活动，选择全省优质中小企业做为重点扶植目标，采用产品整合的方式为中小企业提供一套可操作的综合融资方案，进一步促进河北省民营企业的发展。三是不断完善小微业务运营机制，加强小微客户资产管理和售后服务，切实解决小微企业融资难题。2012年该行累计发放中小微贷款208亿元，余额187亿元、占全部贷款（含贴现）的43.5%，较年初新增90.68亿元、占全行贷款增量的111.4%。目前，该行中小微业务已覆盖河北省11个设区市，行业涉及钢铁、煤炭、家电、汽车、纺织、农产品加工、医药、养殖、化工等多个行业，并组建了48个小微城市商业合作社，三年累计向河北省36000户中小微企业发放贷款400多亿元，有力支持了河北省中小微企业的发展。

（三）积极推进重点项目。2012年在全力支持民营中小企业发展的同时，在贷款规模受限的情况下，该行集中资源围绕全省两个增长极，支持了河北省部分大型重点项目，进一步提升了对基础设施行业和大型企业的金融服务能力。在2011年为沧州港务集团组织36亿元银团贷款的基础上，2012年该行又增加了20亿元的交易融资额度；与秦皇岛港授权监管企业签定合作协议，为其授信11亿元；与石家庄市高新区签署战略合作协议，为区内100家企业提供金融服务。此外，该行还支持了石家庄土地储备中心、省高速公路管理局、石药集团、河北省供销社、唐山土储等重点项目，确保了河北省基础设施行业、大型企业的资金及金融服务需求。

（四）积极推进银政合作。2012年，该行全面加强了与政府有关部门的合作，积极开展营销平台建设，为业务发展创造良好的外部环境。一是与石家庄市高新区签署战略合作协议，选择区内100家获得“国家级高新技术企业”认证的企业进行重点营销。二是加强与河北省供销社合作，对省供销社筹建大宗农产品市场出具了交易系统解决方案，提供了现金管理和托管服务。三是与河北省工商业联合会石油业商会开展合作，为商会会员单位提供全方位金融服务。四是与河北省青年联合会开展合作，有关活动已在进行中。

（五）提升合规经营水平。一是开展“民生发展，合规护航”为主题的合规建设活动，全面推进合规履职谈话和合规辅导工作，全年共进行合规履职谈话65人次，对部分员工进行合规辅导23人次，形成了“人人合规、主动合规”的良好合规氛围。二是推行“制度立行”，进一步规范员工行为。在“制度立行”思想指导下，2012年该行在业务操作、团队建设、服务督导、风险防范等方面推出了一系列规章制度，建立了合规与操作风险三级管控模式，在规范员工行为同时有效提高了科学管理水平。三是创新风险管理手段，提升信贷管理能力。2012年该行以“过程管理”为核心，创新风险管理手段，推行大公司授信风险量化预测、中小企业产业链风险监管、小微贷款风险全流程管理等风控新模式，有效控制了信贷风险。四是强化操作风险检查，发现识别风险隐患。2012年，该行认真落实银监会和总行关于不规范经营专项治理工作的各项要求，并结合银监会“三法一指引”和政府融资平台贷款清查工作，对不同时期不同风险采用不同的检查方式，不断加大风险排查力度和贷后管理，组织开展了17次自查，主要有全面内控自查自纠、不规范经营专项检查、对部分业务贷后工作检查、“六大风险”分析排查、重要岗位员工轮岗休假情况检查、重点领域和重点业务全面风险排查、2012年到期授信业务检查、交易融资业务全面风险排查、表外业务全面风险排查等。通过检查进一步规范了经营，消灭了风险隐患，防范了风险的发生。五是开展廉政宣教活动，加强员工道德风险防范。结合“践行六个提升保持作风纯洁”反腐倡廉宣教活动，该行先后开展了风险案例学习、参观监狱、发送警示短信、异常行为监督报告以及“沟通无极限，真诚面对面”主题家访、谈心等活动，同时推出《廉洁服务监督卡》制度，充分了解员工思想动态、生活动态、工作动态，既管好员工8小时内，又了解员工8小时外的活动，做到了警钟长鸣、防微杜渐，从思想层面提高了员工风险防范能力。六是强化“三防一保”，确保业务安全运行。2012年分行以“平安支行”建设为抓手，一抓安保队伍建设，二抓安防设施建设，三抓安保制度建设，四抓突发事件预案演练，全面落实安全保卫责任，全年实现零案件目标。2012年总行审计部对分行内部控制状况全面检查后，给予了该行内部控制二级评级。此外石家庄市国家税务局和地方税务局联合授予该行“纳税信用等级A级”称号。

（六）提升服务质量。按照监管部门提升金融服务的要求和总行“加强客户服务管理体系建设”精神，2012年该行进一步加强了分行客户服务管理体系建设，实现全行服务管理统一化、系统化和标准化：一是成立客户服务管理委员会和厅堂标准化服务领导小组，建立了服务协调工作机制，推动服务督导、条线服务主管、服务支持三位一体的服务管理体系；二是统一了厅堂标准化服务的流程，优化了厅堂服务管理模式；三是完善柜面人员、理财团队、服务团队的激励制度，全面提高厅堂服务管理水平；四是强化中后台管理，开展“工作作风提升‘三个一’”活动，提高了业务支持能力；五是加强渠道建设，2012月新建13家支行，进一步扩大了服务覆盖面。在河北新闻网主办的“2012年河北网友最信赖金融品牌大调查”活动中，该行成功当选“2012年河北网友最信赖金融品牌”；槐南路支行、裕华东路支行入围中国银行业文明规范服务千佳示范单位。

（民生银行石家庄分行　白　亮）

【华夏银行石家庄分行】　2012年，华夏银行石家庄分行坚持加快网络建设，突出规模增长，强化风险管理，提升服务质量，提高管理水平，圆满完成了各项任务目标。经营管理呈现以下特点：

（一）全面完成总行各项经营计划。2012年华夏银行石家庄分行取得了建行以来最好的经营业绩。年末，资产总额达到434亿元，比年初增加123亿元，增长40%；一般性存款余额398亿元，比年初增加114亿元，增长40%，完成计划的115%；一般性存款日均338亿元，比年初增加85亿元，增长34%，完成计划的123%；实现利润8亿元，比上年增加1.3亿元，增长19%，完成总行计划；实现中间业务收入1.73亿元，比上年增加0.61亿元，增长55%，完成计划的109%；不良贷款余额比年初下降0.1亿元，不良贷款率年初下降0.21个百分点，不良贷款继续“双降”，控制在总行计划之内；实现国际结算量16.8亿美元，比上年增加4.3亿美元，增长34%，完成总行基准计划；个人金融资产总量110亿元，比年初增加40亿元，增长56%，完成计划的132%。

（二）规模增长优先的发展战略成效显著。一是存量业务得到优化。做深做透20%重点客户的挖潜工作，落实两个“80%”提升目标，全年低效户存款日均提升了25.7亿元；提升授信客户的综合回报，回报率提高了14个百分点，多增存款25.5亿元。二是优势业务得到巩固。继续大力推进供应链金融业务，年末重点客户数量达到240户，业务量累计完成258亿元，拉动存款89亿元，比上年增加30亿元；继续推进小企业业务发展，净增小微企业授信客户740户，完成总行计划的3.7倍；抓客户、抓产品、抓服务，净增国际业务贸易融资授信客户94户，完成总行优秀目标的102%，国际结算增速大幅跑赢全省进出口增速，连续四年被国家外管局评为“综合考核A类银行”。三是短板业务实现有效突破。采取确定目标客户，领导带头营销，成立重点营销团队等措施，纯存款客户营销取得成效，年末已有5个重点项目实现开户，纯存款增加13亿元。通过抓考核、抓竞赛、抓客户、抓产品、抓队伍等措施，净增个人贵宾客户3259户，完成总行计划的296%；净增信用卡VIP客户15847户，完成总行计划的113%；年末，储蓄存款余额73.4亿元，比年初增加19亿元，增幅34%，增量位居系统第二位，增速高于系统平均21个百分点，高于当地同业平均5个百分点。四是创新业务成为业务增长的有力支撑。积极推进金融市场业务，抓好总行“创盈资产池”理财资金营销和结构化融资等资产项目的推进，全年共实现中间业务收入5104万元；大力推进产品创新，成功办理了保理代付业务和银租通业务；积极推进电子银行业务发展，实现了对公跨行快线、集算快线、直联快线和B2B电商快线等4大类“华夏龙网”产品全面突破；ETC业务全面推开，年末签约5720户，打造了个人高端客户的聚集平台。

（三）各项风险防控工作扎实有效。一是有效防控重点领域的风险。做好融资平台贷款风险防范，年内约定分期还款的全部正常收回，年末平台贷款余额10.95亿元，较年初减少1.95亿元；严密盯防房地产贷款风险，建立名单制管理台账，按季开展压力测试，年末全行房地产开发贷款占比3.9%，比年初下降0.44个百分点，风险可控；以钢贸、货押业务为重点，严格审查贸易背景真实性，加强贷后管理，有效防范了表外业务风险；严密盯防民间借贷渗透风险，及时掌握借款人及其实际控制人涉及民间借贷情况；强化同一债务人管理，防范集团客户集中度风险；做好流动性风险的防控，加强信息科技风险和新兴业务风险的防控。二是加强信用风险统筹管理。制定了分行2012年风险策略，分行风险管理及内部控制委员会定期召开会议，对各类风险和信贷政策执行情况进行评估，对重点风险领域、重点客户统一制定管理措施和处置方案；加强贷后管理运行机制建设，提高风险预警和快速处置能力；加大风险排查及专项检查力度，主动查找风险隐患。三是以防控新增问题贷款为重点，提升信贷资产质量。实行退出客户名单制管理，全年主动退出低质客户21户，退出力度大于往年；坚持“退出一批、处置一批、转化一批”原则，狠抓“六定”方案的完善和落实，加大存量问题贷款的清转力度，全年现金清收后四类贷款1.5亿元，收回已核销贷款661万元。

（四）实现了零案件目标。一是强化案防内生机制和长效机制建设。建立了案防组织推动过程管理机制，实行“月推进、季总结、年考核”；制定了员工个人行为“10条禁令”并开展专项排查；在17个专业初步建立案件风险点库，从源头识别和防控案件风险；以有效防控信用风险和操作风险为重点，加强授信过程合规管理与案件防控，针对授信薄弱环节进行重点检查。二是有序推进全行内控规范实施工作。成立了内控规范实施工作组织机构，梳理了主要管理工作的内控流程，编制了《内部控制手册》；制定合规积分管理办法，完善内外部检查发现问题的问责机制；采取飞行检查和夜查暗访等灵活有效方式进行全方位、多角度的突击检查，增强了专业检查的针对性。三是提升员工职业操守，防范员工参与民间借贷引发的案件风险。四是会计运行安全平稳有序。认真贯彻落实“一号行长令”，全力推进新核心系统的平稳运行，始终保持非生产性数据零修改；继续强化会计管理基础，对二级分行和同城支行实行分类管理，扎实开展会计基础规范化达标活动；对会计柜员进行全面轮岗、实施五级差异化管理，组织举办业务技能大赛，开展有针对性的业务培训；促进会计结算质量不断提高，被河北省支付清算系统考核为优秀；稳步推进反洗钱工作，会计部被中国人民银行总行授予“全国反洗钱工作先进集体”。

（五）渠道建设和网点业绩提升步伐加快。一是机构进一步增加，服务范围不断扩大。年内共设立了6家机构，其中在石家庄设立了2家县域支行，在三家二级分行分别设立了1家同城支行，在唐山设立了1家县域支行，物理网点布局更趋合理；全年新增自助银行32家，单点ATM33家。二是二级分行业务规模不断壮大。年末，唐山、保定和沧州3家机构一般性存款余额分别达到52亿元、45亿元和27亿元，在全国25家二级分行中位列第1、第3和第8位。三家二级分行还立足当地实际，因地制宜，因势而变，突出了发展特色，在当地树立了良好的社会形象。三是分行本部各经营机构实现了均衡发展。15家同城经营机构和营销部当年新增一般性存款68亿元，占全年新增总量的59%；各家经营机构的客户数量也在不断增加，客户倍增计划得到较好落实。

（六）履行社会责任、服务实体经济和广大客户的能力得到提高。一是准确把握政策重点，组织开展了不规范经营治理活动，积极主动落实整改，自查和整改率达到100%；修订完善了有关制度与合同条款，收费目录向社会公示，规范了经营和收费行为。二是分层次客户服务管理体系初步建立。加大投入力度，完善了服务设施；先后组织11家营业网点开展导入式培训，建设标杆网点；强化投诉管理，防范舆情风险，组织举办“媒体沟通与危机应对”培训，提升危机应对能力；聘请义务监督员，召开投诉客户座谈会，听取意见和建议。在2012年度省级文明服务百佳单位评选中，保定分行营业部、新华支行、红旗支行和槐安支行荣列百佳榜单，保定分行营业部和新华支行还获选全国千佳。在总行年度服务评价中，石家庄分行位列第4。三是积极开展“普及金融知识万里行”系列主题活动，普及社会公众金融知识。四是安排专职人员驻点扶贫，把用于15周年行庆的85万元资金捐赠给扶贫村，用于大桥和两个养殖项目建设。

（华夏银行石家庄分行　崔梦琳）

【中信银行石家庄分行】　2012年，中信银行石家庄分行按照“多措并举促发展，加大调整促转型，强化管理控风险，凝聚信心再超越”工作思路，进一步优化“等级行百分考核办法”，提高业务结构调整和转型费用配置比例，一手抓发展，一手抓管理，着力打造区域领先银行和客户首选银行。坚持优质中型客户的定位不动摇，坚定不移地支持服务业、文化产业和新兴节能环保的科技先导型企业，坚定不移地压缩退出政府融资平台、房地产等行业，严格控制高耗能、高污染“两高一剩”行业，从源头上把控信贷资产质量。同时，对河北省11地市和重点县域进行风险评估，对信誉差的地区制定限制性政策，对内控评估较差的支行限制其业务开发，降低信贷投放风险。年内，成功堵截多起因股东决议无效、担保手续瑕疵、贸易背景不真实等引起的风险事件，堵截金额7.86亿元；压缩存量平台贷款6.1亿元，房地产开发贷款2.5亿元、光伏行业贷款2.6亿元；清收现金8358万元，不良率下降至0.288%，实现了不良余额和不良率“双下降”的目标，资产质量得到明显改观。开展“不规范经营”专项治理，累计投入各项业务自查420人、自查金额552亿元、梳理规章制度281个、完善规章制度9个，进一步规范了各项业务的开展，健全了应急投诉制度，初步建立了合规经营长效机制。开展2011年监管评级通报问题整改活动，在合规部的牵头下按条线进行整改，整改率达到100%。强化“三项表外”业务问题整改和二级分行属地化管理问题整改，把委托债券投资理财业务和相关业务操作规程纳入到整个授信管理的全流程中去进行管理，初步建立客户属地化管理机制。开展“观狱守廉”警示教育活动，组织4批250余人赴河北女子监狱，由服刑人员现身说法。加大合规案防排查和责任问责力度，集中对平台贷款、房地产贷款、流动性风险、表外业务风险、信息科技风险、操作业务风险、影子银行等重点领域进行排查和抽查，对196人进行责任追究和经济处罚，其中警告2人、记过2人、记大过2人、辞退3人、开除1人，起到了较强的警示作用。大力开展专项审计。先后组织国内证、保理、并购、纸黄金、第三方个人存单等专项审计项目52个；自行开发非现场审计模型2个，利用总行44个非现场审计系统模型开展全员全过程监测，强化合规“威慑”作用，增强了全员合规意识。调整营销组织架构，增强营销推动能力。年内，先后成立投资银行部、机构业务部、战略客户部、小企业金融中心、供应链金融部、金融同业部、汽车金融部、汽车消费信贷部、个贷业务营销中心和贵宾理财中心等专业联动营销部门，相应撤销公司业务营销一、二、三、四部；先后组织开展了“中信财富阶梯”、“战略客户银企合作论坛”、“电子金融业务专题研讨会”、“承德地区重点客户合作对接会”、“廊坊地区重点客户合作对接会”、“衡水地区重点客户合作对接会”等银企、银政对接活动及重点客户、贵宾客户高尔夫联谊活动；先后组建专项营销小组4批，成功营销机构类客户16个、电子金融类融资项目5个、供应链金融4个；同全省100强企业的合作率达65%，较上年提高20个百分点。截至年底，分行一般性存款余额达到384亿元，较年初增加53亿元。一般性贷款余额304亿元，较年初增加25亿元。国际进出口收付汇27亿美元、人民币对外汇产品交易15亿美元。FTP（Funds Transfer Pricing system内部资金转移定价系统，简称FTP）净利润7.1亿元，同比增加1500万元。中间业务收入1.5亿元，同比增加609万元，占利润比21%。不良贷款余额9516万元，较年初下降8385万元，不良率0.3%，较年初下降0.29个百分点。综合拨备覆盖率335%，较年初提高127个百分点。

（一）业务发展。按照“发展、转型、提升”的工作思路，梳理目标客户，细化年度任务，营销对接推动，促进主营业务的稳步发展。同时，根据分行业务结构中大客户占比重、业务波动性较大的状况，结合金融脱媒形势严峻、利率市场化进程加快的实际，及时调整营销组织架构，明确不同类型客户的专业营销模式和收益要求，加大客户的分层管理，积极构建以中型客户为主、大型客户和小微客户为辅的“橄榄型”客户结构，着力改变以往对公业务强、零售业务弱的不对称发展状况，逐步形成对公业务和零售业务并重的发展局面；着力改变以往主要依靠资产业务带动负债业务增长的发展模式和传统存贷业务主要赚取息差收入的盈利模式，逐步实现投行业务、资金同业业务、国际业务等中间业务和传统业务并举、以网络结算推动盈利和规模增长的发展模式。在营销推动过程中，对中型类客户，坚持“商行＋交易银行”的服务模式，提高各分支机构对交易产品的综合运用能力，持续引导各经营单位以传统授信方案解决企业融资需求，利用电子渠道锁定中型客户的交易资金结算，努力成为中型客户的主办银行；对战略客户，坚持“商行＋投行”的开发模式，以直融产品、结构性理财、银团贷款、结构性融资、现金管理、托管业务等投行业务为切入点，有效提升中间业务收入来源和负债增长；对小微客户，积极贯彻“一链两圈三级群”的开发模式，努力搭建小企业集群营销平台，探索小微企业批量开发渠道，按照“规模化、标准化、流程化”要求，开发和锁定目标客户群。年内，分行在客户结构调整和业务转型发展方面取得可喜成绩。投行业务方面，首次营销石家庄中小企业集合票，发放第一单非上市公司股东增资并购贷款，完成首单上市公司定向增发并购贷款，并以该笔并购贷款为基础发行首笔限期销配型理财产品，开创了并购贷款＋融资理财的新融资模式，被总行评为2012年度优秀案例；完成直融项目4只、待发行项目6只，规模合计89亿元；资产管理类新增融资理财7笔52亿元，累计增加中间业务收入4502万元，带动负债增长33亿元。金融同业方面，首笔吸收同业美元定期存款业务，首次通过境外汇划方式吸收同业港币定期存款，完成首笔同业资金双边业务和人民币项下国内贸易代付业务，完成两笔零售理财票据定向资产池计划，创新了分行自主理财品牌形象。小企业和贵宾理财方面，小微企业贷款和贵宾客户新增均有所突破。在全部对公类客户中，中型客户占比提升至55%，较上年提高10个百分点，初步形成了“橄榄型”的客户结构，中间业务收入达到1.5亿元，占利润比21%，逐步向着转型目标靠近。截至年底，分行一般性存款余额达到384亿元，较年初增加53亿元。其中，对公存款288亿元，较年初增加43亿元；储蓄存款96亿元，较年初增加10亿元。一般性贷款余额304亿元，较年初增加25亿元。其中，对公贷款余额258亿元，较年初增加19亿元；个贷余额47亿元，较年初增加6亿元。国际进出口收付汇27亿美元、人民币对外汇产品交易15亿美元。FTP净利润7.1亿元，同比增加1500万元。中间业务收入1.5亿元，同比增加609万元，占利润比21%。

（二）网点建设。出台机构网点管理办法，明确机构网点规划、选址、签约、装修、验收、开业等各环节各部门的管理责任，加强机构网点建设管理。年内，石家庄分行办公位置搬迁至中信大厦，并开办分行职工食堂；新开业同城支行3家（新华东路支行、东岗路支行、盛典支行）、异地支行2家（保定涿州支行、保定东风路支行）；迁址改造老旧支行2家（自强路支行、分行营业部）；装修改造老旧支行2家（裕华东路支行、中南支行）。7月9日，新华东路支行开业；10月17日，东岗路支行开业；10月18日，保定涿州支行开业；12月24日，盛典支行开业；12月28日，保定东风路支行开业。7月9日，石家庄分行营业部由新华区新华东路209号搬迁至桥西区自强路10号；8月8日，自强路支行由自强路35号搬迁至中山西路88号，并更名为中山西路支行。截至年底，分行共拥有网点机构88家，其中，二级分行2家（保定分行、邯郸分行），石家庄同城支行（含营业部）23家（分行营业部、裕华东路支行、和平西路支行、建设北大街支行、体育北大街支行、裕华西路支行、中华南大街支行、体育南大街支行、槐安东路支行、开发区支行、休门街支行、翟营大街支行、中山西路支行、广安大街支行、丰收路支行、中山东路支行、平安北大街支行、红旗大街支行、谈固南大街支行、新华东路支行、友谊北大街支行、东岗路支行、盛典支行），异地支行2家（邯郸高开区支行、保定东风路支行）；拥有离行式自助银行61家。

（中信银行石家庄分行　吴红梅）

【光大银行石家庄分行】　2012年，光大银行石家庄分行在省委、省政府的正确领导和大力支持下，深入贯彻落实科学发展观，以“打造国内最具创新能力的银行”为战略愿景，以模式化经营为抓手，认真贯彻落实年初制定的“突出负债业务发展、突出中间业务发展、突出更有效益发展、突出更有创新发展、突出更加稳健发展、突出更加和谐发展”的工作思路。全体干部员工迎难而上，团结进取，奋勇拼搏，取得了令人振奋的佳绩，存款突破300亿元，多项经营指标创历史之最，荣获光大系统内先进单位等多项荣誉称号。

（一）业务发展。各项业务保持稳健快速增长态势。

存款规模实现跨越式增长。截至2012年末，该行一般存款时点余额达307.48亿元，较年初增加77.07亿元，增幅33.45%。

贷款规模平稳增长。截至2012年末，各项贷款时点余额为234.94亿元，较年初增加82.20亿元，增幅47.63%。

盈利能力进一步提升。截至2012年末，累计实现风险调整后利润近4亿元。

中间业务收入稳健增长。截至2012年末，该行中间业务净收入2.50亿元，同比增长39.56%。存贷比持续优化。截至2012年末，该行账面时点存贷比76.4%，较年初下降14.6个百分点。

（二）业务创新。创新业务发展迅速。该行认真贯彻落实总行“打造国内最具创新能力的银行”的战略愿景，初步尝到甜头，摸到思路，取得良好成效。对公业务方面，该行大力开展EMC（合同能源管理）、专利权质押授信、排污权质押授信等授信业务，积极探索中小企业集合票据等投行类业务，努力建立银企政多方互利共赢的机制，在社会上引起了广泛关注。通过上述创新业务和积极探索，既有效地解决高新技术项目资金短缺的问题，又强有力地支持了地方的节能减排和产业转型升级，真正实现了银企政三方共赢，在河北建立了“绿色金融、低碳金融”的企业品牌。2012年以来，该行为邯郸派瑞公司发放了河北省首笔EMC模式贷款860万元，帮助企业每年回收排放氮气1.82万吨，减少大气污染，实现废气再利用，同时为企业每年节省成本约1815万元；为河北思创伟业公司发放EMC模式贷款2500万元，帮助企业利用炼焦过程中产生的煤气发电，每年可增加收益4650万元，有效支持河北节能减排工作；为河北高新技术企业共发放专利权质押贷款6笔，金额共计8500万元，有力促进河北产业转型升级；与河北省环保厅签署了排污权质押贷款50亿元战略合作协议，为支持河北节能减排工作奠定了重要基础。

零售业务方面，瞄准交通、医疗、休闲、教育等与老百姓生活息息相关民生领域，坚持以服务客户需求为中心，遵循市场化运作规律，以科技创新为引擎，以产品创新为纽带，以渠道搭建和服务创新为着力点，积极推进客户分层管理、分类服务，陆续建立了ETC联名卡项目、乐仁堂项目、健身俱乐部、钓鱼俱乐部、邯郸青年卡项目等一系列有特色的服务平台，利用客户的网点资源、营销渠道资源，为该行批量导入大量优质客户，带来大量稳定的储蓄存款，而且做到了成本合算、风险可控。同时，不仅帮助核心客户扩大销售，拓展市场，也为广大市民带来了出行方便、健康保障和经济实惠等诸多好处，实事求是地从当地特点出发，细分市场，积极探索一条差异化、特色化的发展道路，在燕赵大地树立了“关注民生，服务大众”的鲜明品牌旗帜。

（三）内控管理。面对2012年以来复杂严峻的经济形势，为防范风险确保该行资产安全，分行一把手亲自带队，对廊坊地区、衡水地区、唐山地区的48家一般类授信客户企业开展跟踪回访，了解客户在经济下行期间的风险状况，对该行收费政策以及相关的金融产品和服务进行宣讲，并根据具体情况将客户分为压缩退出类、维持现状类、深化合作类三种类型供经营单位营销维护参考，为该行对公业务的稳健长远发展奠定坚实基础。

在内控管理方面，坚持合规经营，确保平安兴行。在大力发展业务的同时，始终不忘紧抓内控管理和合规经营工作，坚持业务发展和合规经营“两手都要抓，两手都要硬”，在柜台与运营合规、财务合规、科技运行合规、招投标与工程合规、反洗钱管理等日常合规经营管理工作上狠下功夫，坚决杜绝案件风险，取得良好效果。从2012年5月28日开始，该行又启动了“抓内控、促合规、防案件”百日系列活动，通过前期准备、组织学习、员工异常行为排查、闭卷考试、巡回宣讲、知识竞赛、活动总结七个阶段活动，促进全行员工增强合规意识和案防能力，努力做到“懂法遵规”、“敬规守则”，防止无知无畏，为全行业务健康发展奠定了重要基础，得到了监管部门和总行的高度肯定。

此外，专项治理不规范经营是银行业2012年的一项重要工作，为了做好相关工作，该行全面开展服务收费自查和整改工作，主动进行重点客户走访和解释工作，积极向省银监局、市物价局等监管部门汇报该行所采取的措施做法，充分利用各营业网点公告板、电子显示屏等媒介，积极做好免除收费服务项目宣传解释等工作，确保相关收费信息符合银监会、总行的有关规定及要求，有效维护了该行声誉，树立了规范经营的社会形象。

（四）网点建设。2012年该行网点建设卓有成效。完成分行办公大楼的装修、搬迁；完成分行营业部的装修、搬迁；1家同城支行（友谊大街支行）正式开业，1家异地支行（唐山新华道支行）正式开业，1家同城支行（谈固南大街支行），1家支行（新华路支行）搬迁，2家支行正在建设中（唐山丰南支行、邯郸滏河大街支行）；完成分行档案库筹建工作；完成全辖所有网点叫号机的改造及大堂易项目推广；逐步完成辖内新版VI形象的推广和更替。通过一系列卓有成效的措施，该行网点布局更趋合理，网点服务设置更加完善，整体服务形象得到有效提升。

截至年末，该行共设有营业网点16家：营业部、建华北大街支行、富强大街支行、友谊北大街支行、槐安东路支行、康乐街支行、中山路支行、中华大街支行、广安大街支行、西王支行、友谊大街支行、谈固南大街支行（试营业）、唐山分行营业部、唐山新华道、邯郸分行营业部、廊坊分行营业部。

（五）推进更有员工幸福感的发展。在总行的带领下，该行深入推进更有员工幸福感的发展。随着业务的快速发展，该行员工也享受到了分行发展的成果，收入较过去提高，自信心和自豪感也日益增强。一是注重提升员工综合素质。为进一步提升员工综合素质，该行在科学安排各类培训的同时，建立了“职业导师”制度，为新员工配备职业导师，发挥优秀青年员工的“传帮带”作用，培养、锻炼、储备业务骨干。通过“一对一”帮带传，极大地缩短了新员工的成长期，为分行发展迅速注入了新的力量。二是该行通过开展公益、文体活动提升员工主人翁意识和幸福感。党团工会等平台在节日送温暖、关心职工生活、丰富文体活动，颂扬表彰先进女员工、助推业务发展、定点扶贫等方面组织开展了多项活动，很好地丰富了员工的业余生活，增强了员工的体质，提升了员工主人翁意识和幸福感。通过不懈努力，该行逐渐形成了“荣辱分明、尊先鄙后、容忍互助、团结奋进”的企业文化，全体干部员工心往一处想，劲往一处使，拧成一股绳，全行员工士气鼓舞，为未来发展打下了坚实基础。

（光大银行石家庄分行　康　虞）

【邮政储蓄银行河北省分行】　2012年，中国邮政储蓄银行河北省分行立足于“服务城乡、支持‘三农’、服务中小企业”，坚持科学发展、精细管理、合规运营，强化转型升级，狠抓风险防控，持续推进能力建设和基础管理，各项工作都取得了新的成绩，为促进全省经济社会发展及满足百姓金融需求做出了积极的贡献。全行总资产达到2265.88亿元，较上年末增长20.25%。

（一）邮政金融业务实现持续健康发展。该行强化市场营销力度，积极调整业务结构，促进了业务规模和发展质量的同步提高，实现了各项金融业务的持续健康快速发展。截至2012年底，全行对公存款余额达到452.3亿元，列全国第3位。公司外汇业务走在了全国的前列，成功开办了全国首笔美元保证金开证业务和直接投资业务，办理了全国金额最大的信用证业务及保函业务。持续开展产品创新，在全国率先试点开办小企业经营性车辆按揭贷款，在全省推进连锁贷、小企业存贷质押贷款、保理等多项新产品试点工作，有效增强信贷业务可持续发展能力。全年累计发放各类零售贷款260亿元，同比增长29.35%，结余266.98亿元；逾期率0.44%，资产质量优良。全省个人储蓄存款余额达到1763.90亿元，结存商易通客户3.50万户，结存POS终端5775台。加大优质客户营销力度，通过精选理财产品、推进产品转型、加大客户营销力度等措施，有效推动了理财类业务快速发展。全省代理新保保费108.24亿元，列全国第3位。人民币理财业务累计日均保有量31亿元，代销基金有效销量8.03亿元，代理国债累计销量4.65亿元，代理贵金属业务交易量27.8亿元。在总行组织的“第二届十佳理财经理大赛”中，沧州青县支行张宇被总行授予“十佳理财经理”称号。

（二）综合竞争实力进一步增强。该行围绕提升网点效益、服务能力和品牌形象，加快渠道、营销体系建设，深化规范化服务，推进信息科技建设工作，服务能力和综合实力显著增强。积极推进网点建设改造工作，提升了邮储银行的对外形象。加大自助设备布放力度，全年新布放ATM机282台、POS机1298台。不断提升金融服务水平，在总行组织的神秘人检查活动中，被总行授予“全国规范化服务优秀组织单位奖”称号。全面推进营销工作开展，目前全行设置专职客户经理1443人，荣获总行“金雁奖”评选活动“优秀组织奖”。全年完成14个业务系统的开发上线工作，其中代发养老金、公务卡还款和开元汽贸资金归集等系统率先在全国成功上线。加大信息系统维护力度，较好地完成了系统的运行维护工作，全年无重大安全运行故障。完成了反洗钱、月末初大额存取款异常交易等数据分析，为经营发展和风险防范提供了有力的数据支撑。

（三）风险防控成效明显。坚持风险防控优先不动摇，发挥业务、风险、审计“三道防线”的作用，扎实推进全面风险管控。积极开展各类风险的识别、评价、预警和报告，认真做好信用风险监测、1+1合规示范行建设，组织开展合规管理规范运行大讨论活动，营造合规氛围。在总行组织的“学监管规定，做规范业务”合规知识竞赛复赛中，取得中部赛区第1名的好成绩。通过健全内控管理机构、实行案防审计监督项目负责制、建立案防工作例会制度等措施，不断提升审计工作精细化水平。建立重大风险隐患档案，制定消除重大风险隐患考核办法，促进问题发现与问题整改。组织开展了营业网点安防设施达标、安保制度建设、应急预案演练、安防培训等活动，不断提升安保工作水平。在集团公司组织的邮政金融资金安全专项整治活动网上学习考试中，全省通过率达到100%。

（四）精神文明建设取得新成效。员工队伍建设和党风廉政建设进一步加强，企业的凝聚力、向心力有了新的提升。逐级签订廉政建设责任书，开展支行高管人员防范合规风险履职监察及员工行为排查，进一步健全权力运行监督约束机制。全行以“为民服务创先争优”和“基层组织建设年”活动为抓手，通过组织开展向“7.21”洪涝重灾区捐款、“我与邮储共成长”主题征文比赛活动、“十八大”系列学习活动等，营造了团结拼搏、开拓进取的良好氛围。省分行获得了“省直文明单位”称号，邢台市分行获得了“省级文明单位”称号。顺利完成了省分行和市分行工会的组建工作，组织开展了首届书法、绘画、剪纸、摄影等各种文体活动，丰富了员工业余文化生活，进一步激发了员工的工作热情。

（邮政储蓄银行河北省分行　荆晓欢）

【河北省农村信用联社】　2012年，在省委、省政府的正确领导和有关部门的大力支持下，面对复杂的国内外经济金融形势，全省农信社逆势而上，积极作为，取得了发展质量和经营效益明显提升、股份制改革突破性进展、对地方经济发展贡献度持续加大的可喜局面。2012年全省农信社工作成效显著，得到了省委、省政府领导的充分肯定，被省政府授予“金融贡献奖”。

（一）主要经营指标再创佳绩。一是截至2012年末（下同），全省农信社各项存款余额6629.9亿元，各项贷款余额4081.2亿元，存、贷款市场份额分别为19.49%、19.57%。二是涉农和小微企业贷款投放“两个不低于”目标圆满完成。全省农信社涉农贷款余额3549.4亿元，涉农贷款占比达86.97%，同比增长15.8%，高于全部贷款增速3.1个百分点；小微企业贷款余额2323.4亿元，增长25.6%，高于全部贷款增速12.8个百分点。扶贫开发贷款余额285.1亿元，比年初增加63.4亿元。三是效益指标稳步增长。全省农信社贷款利息收入332.3亿元，实现拨备前利润149.4亿元，154家县级行社全部保持盈余。四是监管目标全部达标。全省农信社资本充足率、拨备覆盖率、拨贷比稳步提高，全辖统算各项监管指标全部完成年度达标目标。

（二）服务“三农”再创新业绩。2012年全省农信社在开展“农信进万家”活动的基础上，全面启动了“金融服务进村入社区、阳光信贷和富民惠农金融创新”三大工程，坚持“发展、支农、扶贫”三位一体工作新思路，不断加大支农力度。一是加强信贷投向指导。建立了支农服务评价新机制，确定全年投放380亿元支农贷款和50亿元扶贫贷款目标。印发了支持旅游、流通和小微企业等产业指导意见，全力支持县域经济和农业产业化龙头企业发展。2012年全省农信社支农贷款新增396.2亿元，超额完成预期目标。二是全力推进扶贫开发工作。积极开展信贷扶贫工作，省联社四次召开环京三市九县扶贫攻坚会议，全力调度扶贫开发工作。认真落实省委、省政府“七个一”帮扶工作要求，专项制定对阜平、赤城两县的扶贫帮困意见。2012年全省农信社扶贫贷款新增63.4亿元，其中，环首都九县比年初增加24.2亿元。此外，对保定7·21洪涝重灾区以及承德、秦皇岛、唐山等灾区，累计发放灾后重建贷款23.33亿元。三是加快金融产品创新。全面启动征信系统建设工作，建立农贷信用档案231.7万户。推广怀来县联社“小额信贷中心”管理模式，推动小额信贷业务发展。启动“农贷宝”研发和推广工作，目前已有1766户农户用信1.03亿元。全面推广“农信村村通”工程，不断加大区域覆盖面积。创新银行卡业务，全力推广网银业务，拓展96369电话银行功能，开通贷款催收、自助设备用信等功能。2012年，省联社荣获全国“农信通自助金融服务业务运行管理先进单位”和“银联卡推广突出贡献奖”。四是积极稳妥支持地方重点项目。在保证“三农”资金需求的基础上，全省农信社加大了重点地区和企业的投放力度，全年累计投放53.83亿元支持渤海新区建设，投放7.94亿元支持曹妃甸新区建设，投放3.6亿元贷款支持北戴河新区建设。

（三）“改制、清非和案防”三大攻坚战效果显著。一是“双改”取得突破性进展。省联社持续加强对改制机构的指导，制定股份公司组建和农商行公司治理指引等意见。至2012年末，全省共有28家县级机构启动了农商行改制工作，其中2家已经挂牌开业，8家获得开业批复，其余18家机构的筹建申请已报至银监会；共有35家县级联社启动了股份公司改制工作，其中已开业4家，已批准开业5家，批筹10家。二是清非工作成效显现。制定实施了贷款五项新规，信贷管理得到全面加强。深入推进全员清收、领导包收、责任清收、市场化清收和呆账核销工作，认真落实不良贷款清收考核机制。持续开展“三项整治”回头看，加大对假冒名贷款的整治。积极争取地方政府有关部门的支持，有效利用行政和司法手段开展清非工作。2012年全省农信社不良贷款余额较年初减少27.4亿元，不良贷款率较年初下降2.6个百分点。三是案防工作稳步推进。着力量化稽核检查考评工作，推行首查责任制和复查问责制，建立审计要情通报机制。推进“精确打击”行动，狠抓员工行为排查、纠风治乱、案件查处和责任追究。实施安保精细化管理，安防设施达标率达到99.9%，成功堵截了两起歹徒持械抢劫信用社案件。依法规范开展信访工作和负面舆情事件，认真排查化解各种纠纷和不稳定因素，确保了十八大期间全系统进京零信访和零案件的目标。

（四）科技、管理、企业文化和员工培训等“四项工程”扎实推进。一是不断提升科技水平。狠抓科技基础管理，制定信息化建设中长期规划，建立全省农信社科技人才库。强化科技项目建设和科技风险防控，健全信息科技风险管理体系。同城灾备中心建设项目达到了国内农信系统先进水平，统一运维服务平台项目获得了ISO20000信息技术服务管理体系认证证书，成为全国第二个获得该证书的省级联社。二是稳步推进管理机制创新。公开竞聘省联社机关中层干部，积极探索和推进市场化选聘改制机构高管人员。完善绩效考核指标体系，修订绩效考核办法，启动了绩效考核系统的软件开发工作，加快推进职位与薪酬体系改革。完善基本统计制度，推动统计工作信息化、标准化建设。三是加强企业文化建设。有4169个网点完成形象标准化建设，覆盖面达到88.08%。制定了改制机构的形象标识，全面开展“营业网点上星”活动。改版优化省联社内、外网站。大力开展文体活动和先进评选活动，制定救助困难职工互助活动管理暂行办法，捐款500余万元支持保定等洪涝重灾区抗洪救灾。加强与新闻媒体的合作，加大对政务信息的采编力度，首次荣获省委办公厅“上报中办信息工作优胜奖”。四是分级实施万名员工培训。坚持三级联动培训制度，组织推动了各级高管集训、骨干培训、业务轮训工作。不断创新培训方式，积极倡导开展“每天读书一小时”活动。充分发挥省联社系统党校作用，加强对高管人员的党建理论和高管人员素质能力培训。筹建省联社培训学院，启动建设河北农信自己的培训基地。

（五）系统党建、反腐倡廉、作风建设等工作全面加强。修订完善县级联社备用高管公开竞聘指导意见，圆满完成了全省县级机构换届工作。完成系统工会组建工作，扎实做好基层建设年驻村帮扶和定点扶贫工作，其中省联社及衡水市联社、承德办事处驻村工作组被省委、省政府授予“全省开展加强基层建设年活动优秀驻村工作组”荣誉称号，并有多名个人被授予先进个人荣誉称号。认真落实党风廉政建设责任制，深入开展廉政文化教育活动，规范农信社各级工程建设、招投标工作，落实廉洁承诺责任书制度。进一步转变干部作风，积极深入基层开展调研活动，增强推进发展环境建设的自觉性和坚定性。在2012年的行风民主测评中，省联社在22家单位中荣获第6名，社会形象显著提升。

（河北省农村信用联社　柴　璐）

【河北银行】　2012年，在各级党委、政府的正确领导和监管部门的有效监管下，河北银行以经营管理“上水平”为目标，特色化经营、精细化管理、差异化发展，实现了资产规模、增长质量和经营效益的同步提升，全行经营管理水平提高到了一个新的层次，在建设环渤海领先公众银行的征程上迈出了新的步伐。

（一）经营业绩不断提升。截至2012年末，全行资产总额1218.41亿元，较年初增加152.70亿元，增长14.33%。存款余额899.56亿元，较年初增加165.54亿元，增长22.55%。其中对公存款余额581.71亿元，较年初增加87.04亿元，增长17.60%；储蓄存款余额317.85亿元，较年初增加78.50亿元，增长32.80%。贷款总额495.86亿元，较年初增加105.44亿元，增长27.01%。全年实现净利润12.09亿元，上缴税费4.58亿元。主要监管指标创历史最好水平，其中，资本充足率达到12.90%，拨备覆盖率423.24%，不良贷款率0.62%，贷款拨备率2.64%。

（二）中小企业市场定位进一步细化和落地。全行以核心企业供应链两端的中小企业、商圈中的小微企业为基本客户定位，着力开发供应链金融和商圈融资等业务，走上了“整体规划、批量开发”之路。在促进中小微企业发展、活跃地方经济的同时，也为自身发展探索出了一条

“业务增长快、信用风险可控”的新路子。一是供应链金融和商圈融资业务模式初见成效。截至2011年末，全行供应链金融业务带动资产规模增加21.3亿元，负债规模增加18.2亿元；商圈授信余额6.39亿元，占小企业贷款增量的23.23%。二是产品体系不断丰富。围绕中小企业市场定位，开发、优化公司类产品46个，推出“账易贷”、“超值贷”、“便利贷”等3款小微企业专属产品和“租金贷”商圈客户专属产品，初步建立起与中小企业定位相匹配的产品和服务体系。三是授信政策水平不断提高。细化了行业准入标准及授信方案，覆盖行业数量达到23个，并对法人客户评级模板进行了全面优化，为转型中小提供技术支持。四是业务流程进一步优化。在有效管控风险的前提下，针对中小企业融资需求特点，减少审批环节，优化授信流程，并加大授信授权力度，进一步提高了审批效率。受益于清晰的市场定位、合理的业务推动模式和发展思路、有效的组织调度，河北银行中小微客户授信规模快速提升。截至2012年末，全行中小微企业贷款余额286.07亿元，在全部贷款增量占比达到78.28%。其中，单户授信500万元以下的小微贷款实现突破性增长，增速达到172.32%。

（三）零售客户服务能力有效提升。2012年以来，河北银行对零售客户实施分层管理，并不断强化服务措施，聚焦中高端客户，取得了良好效果。一是个人理财业务成为拓展中高端客户有效手段。推行“管理客户总资产”理念，在保本类理财产品基本实现常态化发行的同时，推出非保本、较高收益系列理财产品，满足客户不同风险与收益需求。全年发行保本类个人理财产品98期、非保本类41期，共募集资金109.7亿元，为居民创造财富1.76亿元，初步打响了河北银行安全稳健、收益合理的理财品牌。二是综合服务业务品种增加。推出存贷合一卡、POS商户分期、信用卡商城等产品和服务，加快金融IC卡发卡、受理环境的改造，推出“益友金”贵金属交易，举办多种高端沙龙、讲座活动，并不断丰富、升级增值服务项目体系，促进了服务能力和手段的提升，增强了对中高端客户吸引力。三是电子银行服务能力提升。积极把握电子银行发展趋势，围绕城镇居民特别是年轻人的金融服务需求，推出客户端版手机银行。截至2011年末，网银替代率74.44%，较年初提高19.38个百分点。2012年四季度，有超过35%的专业版企业网银客户、将近43%的个人网银客户完全通过网银进行动账交易。

（四）风险管理和内控合规水平持续提高。2012年以来，全行把董事会确立的“稳健、审慎”的风险偏好进一步细化、量化、制度化，着力将稳健经营的理念渗入整个经营活动中。在信用风险管理上，牢牢把握国家宏观经济调控和产业政策调整的方向，严格控制贷款投向，通过优化信贷政策、细化信贷准入和退出标准，加强限额管理，不断优化信贷资产结构。编写了《贷后管理操作手册》，统一操作标准和规范。规范了全行信贷档案管理，推动信贷管理工作规范化的提升。在操作风险管理上，健全了支付结算、反洗钱、对账、票据保管等方面内控制度，重新梳理和完善了柜面业务操作规程。进一步强化了对单位开户、购买重空凭证、资金转账、银企对账和客户信息的管理措施，加大了对风险易发环节的检查力度，切实防范相关操作风险的发生。在科技风险管理上，在异地数据级灾备中心投入使用的基础上，同城灾备中心建成并投入运行，信息系统突发事件应急处理能力大大提升，“两地三中心”的信息化建设格局初步建成。开发相关监控系统，对网络、主机、机房等基础设施进行实时监控，提高故障响应速度；通过技术手段，加强防范系统开发过程中的相关操作风险。在内控合规建设上，持续营造良好的内控合规氛围，提升全员合规意识，并专门聘请了知名咨询公司毕马威对河北银行内控体系进行重新梳理和评价，建立健全内部控制体系。

（五）网点布局持续优化。河北银行环渤海机构布局继续稳步推进，邢台分行于2012年年底正式成立，其他分行也在不断延伸服务网络，共设立支行18家。截至2012末，全行营业网点数量达到97家，其中，分行级机构9家。邯郸、保定分行小企业金融服务分中心挂牌成立，至此，河北银行小企业金融服务专营机构在河北省内分行实现全覆盖。积极探索社区支行服务模式，设立了省会第一家社区支行。

（河北银行　付　强）

保　险　业

【概况】　2012年，河北保险业认真学习贯彻党的十八大精神，坚持以科学发展为主题，以加快转变发展方式为主线，深入推进“保险三项工程”，保险市场呈现“稳中有进、进中趋好”态势。

2012年，河北保险业累计实现保费收入766.16亿元，同比增长4.54%。其中，财产险保费收入258.66亿元，同比增长16.03%；人身险保费收入507.50亿元，同比下降0.48%。保险赔付支出223.89亿元，同比增长22.03%。截至2012年末，全省共有省级分公司57家，分支机构4052家；保险公司总资产1839.62亿元，比年初增加251.90亿元。

（一）深入推进“保险三项工程”，保险服务质量有新提高

强力推进“保险信誉工程”。继续开展保险公司服务质量评价，将评价结果向社会公布，并作为分类监管的重要参考。构建保险从业人员大培训体系，全年共教育培训保险公司高管人员、保险中介业务管理人员和保险营销员14.6万人次。加强中介从业人员资格考试管理，从业人员素质进一步提高。组织开展“保护保险消费者权益——我们共同的责任”专项活动，开展保险进学校、进农村、进社区、进机关、进企业的教育宣传活动。一年来，保险信誉工程取得了积极成效，行业形象进一步好转。通过第

三方机构对44家保险公司的1.76万名客户开展保险服务满意度调查结果显示，整体满意度达到80%以上。

全面推进“保险护城河工程”。以治安保险为重点，推动保险业参与平安河北建设。全省135个县（市）全部开办了治安保险业务，累计承保369.5万户，提供风险保障446.72亿元。积极发挥保险社会管理功能，推动火灾、医疗、安全生产、校园安全、旅游、食品安全等责任保险发展。积极服务社会保障体系建设，推动大病保险、小额保险、企业年金业务发展。健全行业矛盾纠纷排查机制，特别是在“十八大”召开前对重点地区进行现场督导，维护首都周边地区稳定。联合中国保险学会、省综治办举办“保险与社会管理创新”高层研讨会，扩大河北保险业参与社会管理创新实践在全国的影响力。

扎实推进“绿色保险工程”。在保定、石家庄等地推广环境污染责任保险，推动省政府将开展环境污染责任保险纳入河北省“十二五”专项发展规划。截至2012年底，累计为113家企业提供风险保障1.31亿元。推动省政府将森林保险纳入政策性农业保险保费补贴范围，森林保险试点工作取得实质性进展。指导河北省保险学会开展“绿色保险我先行”征文活动和绿色保险与转型发展研讨会，绿色发展理念在全行业开始形成。

（二）综合治理车险理赔难和寿险销售误导，保险消费者权益保护工作取得新进展

健全消费者权益保护机制。畅通消费者诉求渠道，实施局长信访接待日制度，在全国首批开通12378消费者投诉维权热线，共接受信访投诉和咨询电话8994件。健全信访案件分类处理机制，集中力量查处损害消费者权益、扰乱市场秩序的违法违规案件，全年共处理有效信访投诉894件，维护了消费者的合理诉求。完善社会监督机制，公开聘任15名社会监督员，及时处理反映的意见建议。指导河北省保险行业协会成立消费者权益保护中心和在11个地市成立保险调解或仲裁机构，成功调解纠纷362件，涉及金额1713.14万元。

综合治理车险理赔难。制定《河北省财产保险业务销售服务标准指引》，建立全行业治理理赔难的联动机制，规范销售行为。进一步完善车险理赔服务测评制度，对24家财险公司进行现场测评，每季度在行业内通报。对积压未决赔案中存在的拖赔、无理拒赔等问题开展专项清理检查，累计清理积压案件3.88万件，涉及理赔金额8.75亿元。一年来，车险理赔难治理取得初步成效，车险结案率同比上升3.04个百分点，平均结案周期缩短6.16天，万件保单被投诉件数同比减少0.03件。

综合治理寿险销售误导。制定《河北省人身保险公司治理销售误导效果评价指标》，建立公司内控基础指标和11项业务经营管理性指标，首次对各人身险公司治理销售误导工作开展系统评价。督促各公司严格落实人身保险投保提示制度、客户回访制度、信息披露制度以及银保业务相关规定。组织实施销售误导专项检查，开展电话回访录音季度抽检工作，对银行网点、产品说明会开展巡查暗访。对销售误导投诉严查重处，全年查处销售误导信访案件86件。通过专项治理，销售误导类信访举报件同比下降30.90%。

（三）加大市场行为监管力度，规范市场秩序工作取得新成效

围绕重点领域开展现场检查。在财产险方面，开展全险种全流程整规检查、中介业务检查、电销专项检查以及农业保险专项检查等7大项检查。在人身险方面，对电销、银保、个险等渠道销售误导、违规销售问题进行专项检查，与银监部门联合开展银保业务销售误导检查。在保险中介方面，开展保险公司中介业务检查和邮政企业代理保险业务专项检查，继续清理整顿保险代理市场。在保险稽查方面，开展第三次数据真实性检查，配合公安机关开展“破案会战”。

针对突出问题开展信访检查。对信访举报的涉嫌违法违规问题，有针对性地开展现场检查。在财产险方面，重点检查不执行经保监会备案的费率、阴阳单、虚列费用、给予投保人合同约定外利益等问题。在人身险方面，重点检查销售误导、非法设立机构、虚列费用、委托无证人员开展业务等问题。在保险中介方面，重点检查非法设立出单点、虚开中介发票等问题。

加大违法违规行为的查处力度。全年对203家次保险机构、保险中介机构进行现场检查，对机构罚款219万元，警告4家次；对个人罚款45.8万元，警告46人次。通过对违法违规行为保持高压态势，非理性竞争和损害消费者利益问题得到一定的遏制。

（四）健全非现场监管机制，行业风险防范工作得到新加强

完善风险监控预警体系。进一步完善市场监控制度，将信息点扩展到全省135个县（市），同时增加保险营销员、保险消费者、社会监督员为信息报送员，全年共收集来自全省各地228个信息直报点和215名个人的第一手市场信息5000余条。健全风险排查预警机制，重点对财产险10类风险、人身险11类风险、保险中介5类风险开展排查评估，未发现重大风险隐患。对苗头性、倾向性问题实施风险提示制度，对9家规模增长快、综合费用率高的产险总公司发出提示函，将寿险公司分类监管结果和存在的主要问题通报各总公司。加强市场运行监测，把握行业整体运行态势和突出问题，关注异动指标和异动公司，通过开展全省保险公司景气调查和引入经济计量方法，科学预测市场运行走势。

防范重点领域风险。防范退保风险，开展投资储蓄型产品退保、人身险退保、满期给付及保单质押贷款风险排查，关注银保渠道高现金价值产品退保情况，对重点公司及时予以提示；密切监测车险退保风险，及时进行风险提示。防范案件风险，督促各级机构落实司法案件管理要求，加大对重大司法案件的风险排查与处置，落实案件责任追究制度；与公安部门共同打击保险欺诈。防范中介经营风险，制定《关于规范车险中介市场经营秩序的通知》，提高专业中介机构准入门槛，按照规定暂停部分兼业代理机构资格核准和许可证延续。

（五）着力争取政策支持，保险业改革发展环境进一步优化

推动签署省部合作备忘录。中国保监会与河北省政府正式签署战略合作备忘录，对于推动河北省设立保险法人机构，改善保险业发展环境和生态环境，促进行业更好地服务地方经济社会发展具有重要的战略意义和现实意义。

协调地方政府及有关部门出台支持政策。促进“三农”保险发展，推动增加财政补贴的农业保险险种，补贴险种已达14种，实现中央补贴险种的全覆盖；与省民政厅共同推动在2个地市开展政策性农房保险试点；积极协调有关部门出台蔬菜保险方案；推动全省5个设区市和49个县（市）政府下发开展小额保险的文件。推动责任保险发展，火灾公众责任保险、环境污染责任保险、医疗责任保险取得新进展。全力推动大病保险政策落实，在全行业开展大病保险专项调研，指导保险机构做好各项准备工作；积极向省政府提出落实大病保险政策的意见建议，与有关部门协商大病保险的试点方案，并促成省政府在石家庄、唐山开展试点。

（河北保监局　赵　卿）

【人保财险河北省分公司】　2012年，中国人民财产保险股份有限公司河北省分公司（以下简称：人保财险河北省分公司），紧紧围绕河北省委提出的“科学发展、富民强省”战略指导思想，以改革创新为动力，坚持“以市场为导向，以客户为中心”的经营理念，积极参与河北地方经济建设，努力为构建和谐河北提供良好的保险保障服务，有效发挥了“经济助推器”和“社会稳定器”的职能。2012年，人保财险河北省分公司实现保费收入115.93亿元，同比增长8.4%，业务规模位列全国系统第二位，承担风险保障金额2.61万亿元，支付各类赔款63.38亿元，赔付件数85万件，缴纳税金9.02亿元，代收代缴车船税8.76亿元，合计17.78亿元，有力支持了防灾减灾、灾后重建和生产恢复，成为保险行业服务和支持地方经济建设的“主渠道”。

（一）全面保障省内经济发展，有力支持和谐河北建设。人保财险河北省分公司充分发挥人才、机构、网络和技术优势，对关系国计民生的钢铁、电力、石油化工、制药等行业和交通建设、港口建设、临港工业区建设、工程建设等重点项目，为其提供了全方位的保险保障服务，先后承保了张唐铁路、石安高速改扩建工程、邯长铁路扩能改造工程、中石油油气长输管道、冀东、宣化钢铁、邢钢、唐钢、承钢、普阳钢铁、河北电力等一系列国家和省市重点建设项目，对关系国计民生的钢铁、电力、石油化工、制药等行业和交通建设、港口建设、临港工业区建设等重点项目提供了充足的保险保障。深入推进各级政府高度关注的重要领域、重点行业责任保险业务的发展，不断强化与行业主管部门的合作，重点推广道路客运承运人责任险、雇主责任险、道路危险货物承运人责任强制保险，大力发展火灾公众责任保险、校园方责任保险和医疗责任保险，积极推进高危行业的安全生产责任保险、环境污染责任保险，持续探索涉及人民生命安全的产品责任保险、产品质量保证保险等业务，2012年，共承担各类责任风险保额6376亿元，支付赔款1亿多元。9月2日，河北省人民政府与中国人民保险集团股份有限公司签署战略合作框架协议。双方一致表示，将本着友好合作、共同发展的宗旨，结合河北省本地实际，探索多样化的合作模式，进一步拓宽保险服务领域，扩大保险覆盖面。根据协议内容：在保险保障方面，河北省政府将积极支持中国人保开展政策性农业保险、农房保险和森林保险、新型农村社会养老保险、重大项目保险和责任保险、健康医疗保险等业务，并给予相应财政补贴等扶持政策，促进中国人保不断扩大社会风险保障面。在保险服务创新方面，河北省政府将加大对“三农保险基层服务体系”建设及推广工作的支持力度，支持中国人保在科技文化保险、小微企业贷款保证保险、综合治安保险、物流保险等新型业务试点，中国人保将在风险管理、灾情评估、灾害救助补充养老等方面为河北提供技术支持，并协助当地探索建立有效防范和化解巨灾风险机制。在项目建设方面，双方将共同促进中国人保北方信息中心项目建设，确保项目顺利建成运营。此外，双方还将建立战略合作联席会议制度，通过举办定期或不定期高层会晤，研究解决合作中遇到的重大问题。河北省委常委、常务副省长杨崇勇和集团公司丁运洲副总裁分别代表双方签署战略合作协议。此次签约，进一步密切了中国人保与河北省政府之间的关系，为双方全面加强交流合作奠定了更加坚实的基础。

（二）大力发展农村保险，全力支持和保障农业农村经济建设。人保财险河北省分公司坚持把大力发展农村保险作为关注民生、服务“三农”的重大战略举措，始终把大力发展农村保险作为服务“三农”的一号工程来抓，充分发挥保险机制的杠杆作用，帮助农民减少后顾之忧，有力促进了农村生产持续健康发展。让广大农村群众享受到了中央强农惠农政策的阳光雨露。一是积极发挥专业优势，强化与各级政府的互动合作，进一步扩大了政策性农险的承保范围和保险责任，为支持三农事业发展营造了有利的政策环境。二是大力发展农业保险。先后开办了政策性小麦、玉米、棉花、水稻、花生、大豆、油菜、马铃薯、设施农业保险和能繁母猪、奶牛养殖保险业务，2012年，又协助政府争取到了财政部支持，将森林、甜菜、育肥猪保险纳入了财政补贴，相继开发了与农业生产紧密相关的商业性塑料大棚蔬菜种植、小麦收获期火灾等业务。农险开办以来，累计承保了3，911万户（次）农户、1.5亿亩农田、715万头牲畜家禽，承担风险保障金额670亿元，承保份额始终保持在80%左右，累计赔款10.88亿元，将中央和省委、省政府“惠农强农”政策落到了实处。三是提升农险专业化服务水平。通过系统地分析建国以来的气象资料、农业风险及经营数据，建立了风险可控的政策性农险承保、理赔实务规程；大力推行“四到户、两公开”工作，即“承保收费到户、凭证发放到户、损失确定到户、赔款支付到户”，“承保信息公开、理赔结果公开”，实现了承保理赔全流程的公开、公平、公正，提升

了农险业务经营的规范化和标准化水平；与国际再保险机构接轨，构建了三级风险分散机制。四是延伸农村服务网络。先后开展了创建“人保乡（镇）、人保村”、“保险示范县”、“学泊头”和三农保险农村基层服务体系建设等活动，充实农村保险服务力量、完善农村服务网络，大力推动“保险宣传下乡、保险产品进村、保险服务上门”，将优质的保险服务送到了农民的田间地头。目前，累计建设农村营销服务部428个，三农保险服务站1，961个，三农保险服务点42，720个，实现了县乡村全覆盖，建立起了遍布农村的保险服务网络。

（三）积极抗灾救灾，积极为政府分忧、为群众解难。2012年，人保财险河北分公司凭借完善的灾害防范和救助体系，在自然灾害和安全事故面前，全力保障人民生命和财产安全，累计支付赔款84.94万件，赔款金额达到63.8亿元，有效发挥了保险的防灾减灾、灾害救助、经济补偿和社会稳定职能，有力支持了灾后重建和生产恢复，最大限度地为政府分忧、为群众解难。其中，先后为中国石油天然气股份有限公司管道建设项目赔款超过1000万元，为宣钢、河北远洋、保定旭日毛纺等赔款超过500万元，有力支持了灾后重建和生产恢复。在2012年的“7.21”强暴雨灾害中，人保财险河北省分公司迅速启动重大灾害应急预案，投入到防灾减灾，救援和查勘理赔工作中，理赔小组深入到受灾严重的山区，临时建起报案受理点，接受客户的灾后报案，并开通暴雨灾害绿色通道，快速准确理赔。2012年，在“7.21”保定特大暴雨灾害、秦皇岛台风灾害、张家口坝上地区冻灾等大的自然灾害发生后，人保财险河北分公司累计支付赔款4.44亿元，有效分担和减少了广大农户的经济损失，得到了各级政府和社会各界的高度评价。

（四）全力支持和保障平安河北、和谐河北建设。近年来，人保财险河北分公司牢固树立政治意识、大局意识和责任意识，深入落实省综治办与保监局联合下发的《关于推行治安保险促进保险业参与平安建设的意见》。围绕“改善农村治安管理”这一中心目标，充分发挥保险社会管理功能，积极探索推广治安保险，有力推动了农村治安工作向政府主导与市场机制结合的转变。针对农村治安管理缺钱少人的难题，找准自身定位，与基层地方政府部门密切开展合作，积极创新公共服务方式，探索出了一条以“农村综合治安保险”业务为纽带的农村治安管理模式，协助地方政府建立起了一套事前预防与事后补偿一体化、经费保障与机构运作市场化的农村社会治安防范体系，构建了一条“保险护城河”，为维护首都和河北和谐稳定做出应有贡献，最大限度地为政府分忧、为群众解难，促进了农村和谐稳定。2012年11月27日，省综治办、河北保监局、人保财险河北省分公司在唐山丰南召开了“全省治安保险工作现场推进会”。省综治办副主任王奎连、河北保监局副局长董淑珍分别作了重要讲话，要求各级综治部门把推行治安保险纳入年度工作计划，列入社会管理工作和平安建设考核的重要内容，建立综治、保险监管、保险公司沟通联系机制，共同营造全省治安保险良好发展环境。自2006年开办治安保险以来，全省138个县（县级市）中，先后有133个县（县级市）开办过治安保险业务。累计为341.2万户（次）农户提供了488.01亿元的风险保障，得到了各级领导、地方政府和老百姓的交口称赞。

（五）立足社会大局做好服务文章。在提升服务方面，人保财险河北分公司始终秉承“人民保险，服务人民”的宗旨，以做人民满意的保险公司为愿景，勇担社会责任，立足社会大局，做好服务文章，积极发挥保险功能作用，更好地服务社会经济发展、服务广大消费者，为全省城乡百姓提供更加优质便利的保险保障服务。一是加强服务标准化建设。狠抓服务窗口建设，在客户服务前端，统一工装标准，建立营业厅服务质量监督台账制度，大力弘扬“五心”服务，进一步规范服务标准，擦亮窗口形象，改善了客户体验，彰显了以人为本的服务理念。狠抓后台集中支援，着力建设高标准的95518客户服务中心，积极推进客户保单信息自主查询服务，不断拓展充实服务内容，拓展服务范围，方便客户通过95518客户服务电话、e-picc电子商务网站和营业网点柜台查询自己的保险信息，为客户提供人性化快捷服务。狠抓服务测评，引入“关键时刻”管理，进一步健全了内部“神秘人”检查制度，定期开展服务质量测评，提高了客户满意度。二是全面升级理赔服务。更加重视理赔效率，对万元以下车险小额案件和5000元以下非车险小额案件实行快速理赔，理赔服务效率明显提升，在行业上和系统内均名列前茅；重视增值服务，向社会推出“损失金额万元以下1小时通知赔付”、“全国联网救援服务”、“VIP客户手机自主理赔服务”、电子理赔、极速理赔、简便理赔、速递理赔等理赔服务新举措，推出了车主秘书、机场贵宾、酒后代驾等增值服务。对在河北省分公司投保的9座以下非营业客车和家庭自用汽车，出现规定的情况需拖车、送油、充电、更换轮胎、轮胎充气时，均可通过拨打河北省分公司救援服务专线电话享受到免费故障救援服务；开展车险查勘定损环节“四个一”活动，即“一句慰问、一瓶矿泉水、一本索赔指南、一次满意度调查”，不断扩展服务领域，提升客户满意度；开通绿色服务通道，落实专门团队，进一步提升服务理念和服务技能，给予客户“暖心”、“舒心”、“放心”、“热心”和“真心”的优质服务体验，为优质客户和重要客户提供特色化、贴心式的理赔服务。

（六）优质的服务，良好的信誉，使人保财险河北省分公司得到了社会各界的认可。人保财险河北分公司连续九年被河北省委、省政府授予“民主评议行风优秀单位”，评议成绩始终位居行业第一；连续五年被省政府授予“金融贡献奖”荣誉称号；获得了“河北省服务名牌”和“河北网友最信赖的品牌”荣誉称号；被河北省工商行政管理学会授予年度“重质量守信誉单位”称号，被河北省质量与名牌学会授予2012年顾客满意度测评“达标单位”称号。

（中国人保财险河北省分公司　张忠义）

【中国人寿河北省分公司】　2012年以来，中国人寿河北省分公司紧紧围绕省委、省政府的决策部署，按照总公司的要求，认真贯彻落实“攻坚克难，稳中求进，奋力拓展”的总基调，在高平台、高份额的基础上，实现新业务价值和经营效益的提升，队伍基础和管理基础进一步夯实，风险防范有效加强，各项工作都取得了新的成绩和进步。

（一）业务发展“高位求进”，为推进河北省保险业发展做出了应有贡献

第一，总体业务规模和市场份额保持了基本稳定。全年实现总保费217.11亿元，负增长0.85%，与上年基本持平，并快于全行业（河北省寿险业2012年负增长1.19%）。公司的总体市场份额为43.28%，同比提升了0.12百分点。其中，首年期交市场份额同比提升了2.66个百分点，十年期以上首年期交市场份额同比提升了3.21个百分点，个险首年期交市场份额同比提升了2.1个百分点。总体来看，保持了河北区域寿险市场的绝对领先地位

第二，主要业务指标保持了系统先进位次。总保费仍排在全国系统第三位，长期险首年保费排全国系统第三位；长期险首年期交保费排全国系统第四位，同比提升了1位；10年期以上首年期交保费排全国系统第三位，同比提升了1位；标准保费排全国系统第四位，同比提升了1位。

第三，期交业务保持了较快发展势头，新业务价值实现较快增长。全年首年期交同比增长8.03%，占长期险新单保费的比重为32.17%，同比提高7.03个百分点。10年期以上首年期交同比正增长9.66%，占首年期交保费的比重为47.15%，同比提高0.74个百分点。长期险首年标保同比增37.37%。

第四，互动业务成效显著。代理财产险业务完成总公司计划的118.66%。代理企业年金新增中标管理基金完成总公司计划的120.06%，并提前2个月完成总公司下达的任务计划。

（二）积极探索服务和谐社会建设的新途径，在建设和谐河北中发挥了更大作用

第一，积极发挥保险保障功能。2012年，各类给付支出共52.28亿元，较上年同期增长9.65%。其中赔款12.45亿元，同比增长27.42%，保险保障功能进一步突显。

第二，积极推进年金类业务发展。充分发挥公司机构网络、人才队伍、专业技术等方面的优势，大力拓展企业年金市场，重点推动中小企业集合计划业务的发展。全年实现新增签约基金总规模3.57亿元，签约客户124家，为10.88万名企业职工提供企业年金受托、账户管理和投资管理服务。

第三，加大服务“三农”力度。2012年，河北国寿通过业务拓展、服务延伸，不断提高农民保险保障水平，为促进社会稳定、建设新农村、打造和谐社会做出了积极贡献。

一是农村小额保险稳健推进，实现广覆盖多保障。2012年是河北开展农村小额保险试点工作的第四个年度，河北国寿在以往试点基础上，进一步细化工作、优化服务，向“让每一个农民都拥有保险保障”的目标积极迈进。截至12月底，全省农村小额保险承保客户75.33万人。其中，农村小额意外伤害保险承保客户51.32万人，农村小额团体意外伤害保险承保客户7.39万人，小额贷款借款人意外伤害保险承保客户16.29万人。截至12月底，全省共向农村小额保险出险客户提供保险保障3349.28万元，有效缓解了农民群众因意外返贫的风险。

二是增加保险先进村数量，创建标准显著提高。2012年，河北国寿持续开展保险先进村建设，增加保险先进村数量，提高保险先进村创建标准，对保险先进村实行分级管理，实现了数量和质量的双增长。对于已建成的保险先进村，河北国寿积极引导二级保险先进村向一级保险先进村发展，引导一级保险先进村向五有保险示范村发展，打造精品保险先进村，促使村民保险保障水平得到不断提高。截至12月31日，全省建成保险先进村5110个，同比增长1.85%，占全省行政村总数的10.59%。其中二级保险先进村4907个，一级保险先进村186个，“五有”保险示范村17个。

三是农村营销网点大发展，为农民提供全面保险服务。2012年，河北国寿致力加强农村网点建设，夯实农村业务发展基础，强化农村网点星级建设。截至12月底，全省共有农村营销服务部1194个，乡镇覆盖率达63.3%。全省共有20155名农村营销员在农村一线市场，为广大农民客户提供完备的保险服务。通过不断强化营销服务部星级创建水平，截至2012年底，全省星级网点总体增加158个。星级网点建设较以往年度显著提升，公司服务农村客户的能力得到进一步增强。

第四，积极提升服务质量。柜面服务方面，2012年，河北国寿保全统一作业平台成功上线，柜面保全业务实行“免填单”，客户柜面等待时长显著降低，保单借款等业务3分钟内完成，处理时效提高50%以上。全面开展柜面服务升级达标活动，推广业务综合柜员模式。截至12月底，全省临柜客户平均等待时间为9分18秒，平均办理时间为4分49秒，较年初分别提升了44个百分点与24个百分点，临柜客户满意度提升5.5个百分点。客户服务方面，河北国寿全力提升电话中心服务能力，2012年，河北95519电话服务中心受理申请人工服务电话783922通，同比增幅10.65%，人工接通率达到93.07%。河北国寿加强新单回访管理，全力保障消费者权益。全年电话回访成功新单822735件，其中个险渠道电话回访成功率达到98.53%，银保渠道新单电话回访成功率达到90.31%。河北国寿还扎实开展客户投诉和消费者权益保护工作，投诉案件均做到了一个工作日内响应，处理过程中保持与客户联系，及时向客户答复处理意见。

第五，积极参与社会管理。2012年，河北国寿继续大力发展与国家基本医疗保险服务相衔接的补充医疗类保险业务。2012年，全省补充医疗类业务规模达到了4.6亿元。其中，石家庄、沧州、邢台、保定、邯郸5个市本

级，60个县（区）以及北京铁路局石家庄站段的职工补充医疗业务，承保人数达316万人。全省共有保定、张家口、邢台、衡水5个市本级，34个县（区）的城镇居民补充医疗业务，承保人数达151.24万人。承保唐山唐海新农合补充医疗业务，承保人数12万人。此外，河北国寿还积极参与全省巡警特警保险项目，并成功中标。目前，承保工作正在有序进行。

（中国人寿河北省分公司　苏建利）

【平安人寿河北分公司】　2012年，中国平安人寿河北分公司以管理促发展，以服务增效益，不断健全管理制度，加强人员队伍建设，提升营销队伍素质，规范产品营销行为，加强企业诚信建设，完善E化平台支持，深挖业务发展潜能，转变纠纷化解方式，提升服务品牌形象，加强客户需求分析，加大保障型产品推动，搭建多产品推动平台，兼顾规模与效益，着力“挑战新高”。持续推进BCP计划（业务持续计划），积极应对突发事件，保证公司在遇到火灾、地震、水灾、恐怖事件、示威等突发重大事件时，能够迅速恢复运营。10月份，分公司举行BCP演习，检验BCP推广效果，演练取得圆满成功。持续推进纠纷化解方式由事后处理向事前防范转移，把安全隐患化解在苗头和萌芽状态，在处理纠纷过程中，如遇特殊情况，法务人员提前介入，协助相关部门妥善处理争议，减少和化解诉讼风险。持续加强市场开拓，在有潜力的市场，以健康人海发展模式搭建有规模、有效益的销售网点，促进个代业务健康发展。截至年底，平安人寿河北分公司个人业务累计完成保费收入38.27亿元，较2011年减少3574万元，同比下降1%；累计赔款支出3360万元，较上年增加98万元，同比增长3%；给付合计7.86亿元，较上年增加2.15亿元，同比增长38%。

（一）经营情况。2012年，公司个人业务累计完成保费收入38.27亿元，较2011年减少3574万元，同比下降1%。

按险种分类，人寿保险总保费收入30.81亿元，较2011年减少1.11亿元，同比下降3%；健康保险总保费收入7.10亿元，较2011年增加6492万元，同比增长19%；意外保险收入3592万元，较2011年增加1013万元，同比增长39%。

按渠道分类，个人代理业务保费收入34.84亿元，占总保费收入的91%，保费较2011年增加5975万元，同比增长1.74%。银行邮政代理业务保费收入3.43亿元，占总保费收入的9%，保费较2011年减少9549万元，同比下降22%。

按产品分类，分红险总保费收入26.87亿元，保费占比70%，保费较2011年减少1.22亿元，同比下降4%；投连险818万元，保费占比0.2%，保费较2011年减少139万元，同比下降15%，万能险2.81亿元，保费占比7%，保费较2011年增加2307万元，同比增长9%。

截至2012年底，长险新单总保费收入8.81亿元，占总保费的23%，保费较2011年减少4.80亿元，同比下降35%；长险续期28.59亿元，占总保费的75%，保费较2011年同比增加4.35亿元，同比增长18%。在长险新单中，趸缴1.96亿元，占比22%，同比下降65%，期缴6.85亿元，占比78%，同比下降14%。

2012年平安人寿河北分公司个人业务13月保费继续率为91.2%，其中个人代理渠道13月保费继续率为91.1%，银邮代理渠道13月保费继续率为92.7%。

2012年末平安人寿河北分公司中心支公司10家，与上年持平，支公司26家，同比增加6家，营销服务部98家，同比增加7家。

（二）经营风险。2012年，河北分公司以重大节日、重大活动、重大事件为契机，通过邀请媒体代表参观公司职场，开展媒体座谈会，邀请媒体代表下基层等形式，积极拓展媒体等外部关系沟通渠道，宣传平安的大事件、大举措，向媒体传递公司的企业文化，建立并巩固与外部媒体的良好合作，及时防范、化解媒体负面报道风险，为公司业务发展保驾护航。

2012年省行风办对2011年下半年和2012年上半年省级参评系统群众问卷测评意见和建议进行了反馈，群众评议反馈的意见主要包括理赔难、销售误导、退保不方便、销售人员素质低、盗取个人信息等方面的问题。以上问题可以看出，各种群众不满意问题仍然没有得到根本解决，影响到公司的持续和健康发展。为此分公司结合2012年监管要求和公司经营重点，持续治理销售误导，优化客户服务机制，不断提升客户满意度。

2012年平安人寿河北分公司接受的信访或纠纷数量为1228件。投诉问题类型包括：销售误导、代签名、不实告知、转账服务、续期服务、理赔纠纷、退保纠纷、保全纠纷、承保纠纷以及加值服务。在案件处理过程中，积极响应客户，第一时间联系服务人员核实案件，详细分析客户保单投保情况，通过电话及面谈，了解客户真实需求，换位思考，对客户情绪进行安抚。调取搜集相关影音及文件资料，作为案件处理证据。与涉案部门积极联系沟通，配合处理案件。依据相关制度，给客户一个公平公正的处理结果。对于被驳回诉求的客户，进行人文关怀，对驳回原因解释清楚，避免投诉升级。

2012年，平安人寿河北分公司新发生司法案件3件，分别为沧州中心支公司李争铎涉嫌诈骗案、石家庄桥西营销服务部黄冬英涉嫌诈骗案、廊坊中心支公司客户毛为刚涉嫌诈骗案。3件司法案件均为诈骗类案件（其中业外诈骗1件）。分析业内案件，存在作案手段较集中、营销员占比高的特点，2件司法案件中，嫌疑人均为营销员，且作案手段主要为通过诈骗手段冒领客户保险金和骗取受害人款项。截至2012年底，2件案件处于审查起诉阶段，1件案件已完成结案。

（平安人寿河北分公司）

【太平洋产险河北分公司】　2012年，中国太平洋财产保险股份有限公司河北分公司（以下简称河北分公司）认真贯彻全省经济工作会议和保险监管工作会议精神，紧紧围绕“稳增长、控物价、调结构、抓创新、惠民生、促和谐”的各项工作要求，根据“以客户需求为导向”战略转型工作要求和总公司年度各项工作部署，坚持“稳中求进、奋发有为”的总的发展要求，着力推进发展转型，积极为“经济强省，和谐河北”贡献力量，各项重点工作得到有效推进。

（一）稳步扩大业务规模，不断提升服务经济社会发展能力

2012年，河北分公司在保证公司业务持续健康发展的基础上，业务规模不断扩大，支持和保障河北经济社会发展的作用进一步增强。2012年公司累计实现保费收入21.71亿元，同比增长10.62%；提供风险保障7330.26亿元，同比增长6.78%。其中，车险累计完成保费收入19.22亿元，同比增长12.36%，提供风险保障1795.76亿元，同比增长21.87%；非车险累计完成保费收入2.49亿元，同比负增长1.19%，提供风险保障5534.50亿元，同比增长2.66%。公司全年上缴和代扣代缴税款2.90亿元，其中上缴税款1.29亿元，同比增长5.51%，代扣代缴1.62亿元。

在推进业务全面发展的同时，为促进河北经济平稳较快增长，努力为和谐河北建设贡献力量，河北分公司着力在全省范围发展企财险、工程险等与经济增长高度相关的业务，努力开拓责任险、家财险等平安建设相关险种服务范围和服务领域，以配套的保险保障服务为河北经济社会发展保驾护航。2012年，河北分公司企财险保费收入8650.16万元，同比增长4.07%，为全省2614家企业单位提供1632.73亿元风险保障；工程险累计入账保费1504.9万元，同比增长42.84%，承保各类工程项目32项，承担保额76.18亿元，为河北经济平稳较快增长发挥了应有作用。涉及公共安全的责任险保费收入6217.3万元，同比增长11.76%，提供风险保障2179.28亿元，其中，全省客运承运人责任险保费收入3400.24万元，为全省11199辆客运车辆提供风险保障1084.62亿元；全省统保的中小学校方责任险实现保费收入548.89万元，提供风险保障712.12亿元；危险货物责任保险共承保危险货物运输车辆4557辆，累计提供风险保障56.86亿元；医疗机构责任险实现保费收入224.74万元，提供风险保障0.25亿元；公众责任险实现保费收入218.39万元，提供风险保障9.94亿元；旅行社责任险实现保费收入34.76万元，提供风险保障2.21亿元，为河北经济社会发展提供了更加广泛、优质的风险保障。家财险保费收入463.01万元，为广大城乡家庭提供了197.76亿元的风险保障。

此外，为积极发挥保险风险转移、社会互助的作用，满足市场要求，2012年河北分公司还专门研发了河北省地方性的“护城河民生综合保险”这一服务地方民生的专用系列保险产品，积极利用保险机制分散社会风险、化解社会矛盾、维护社会稳定，减轻意外事故、自然灾害给人民生命、财产造成的损失，预防、化解和降低潜在的灾害风险，为1305户家庭提供风险保障2.09亿元。

（二）持续加强理赔管理与客服工作，有效提升服务能力

2012年，河北分公司继续坚持将理赔与客户服务水平的提升作为公司提高核心竞争力的重要环节，不断推进理赔与客户服务专业化、集约化管理，以综合治理车险理赔难为契机，提高理赔服务效率，打造服务竞争优势。

持续推进理赔省级集中，在前期理赔省级集中的基础上，推进人伤核损、车险理算、车险核赔实现省级集中管理，进一步提升理赔运营效率。提高新技术与新手段的运用水平，增配25台3G快速理赔设备，提高3G快速理赔设备运用覆盖面和有效使用率；推广运用车险理赔防渗漏系统，加快案件流转速度，进一步加强理赔服务时效管理。创新和优化理赔服务举措，积极实施人伤案件“一对一”服务，推行查勘外勤收集索赔单证制度，完善理赔信息短信通知平台，开展积压未决赔案清理专项工作，启用统一的投保、理赔、客户投诉服务流程，规范窗口服务标准，全面落实30条服务承诺要求，进一步提升客户体验。加强小额案件标准化、大额案件专业化管理，完善重大人伤案件全程管理，提升非车险理赔服务能力，强化诉讼案件处理成效，规范损余物资及被盗追回车辆管理，做好防灾防损工作，进一步夯实理赔基础管理。优化考核体系，加强业务技能培训和竞赛推动，持续提升理赔队伍服务能力和执行力。加强投诉规范化、标准化管理，提升投诉集中管控水平。

2012年7月21日至8月初，河北省各地陆续出现不同程度的强降雨，其中北京周边地区遭受强暴雨袭击。为切实做好暴雨灾害理赔服务工作，河北分公司立即成立暴雨灾害理赔服务协调小组，全面负责全辖暴雨灾害理赔服务工作的组织和协调，全辖理赔、客服人员保证全天候为暴雨灾害理赔服务，启动暴雨灾害案件快速理赔机制，开通理赔服务绿色通道，帮助客户尽快地恢复生产、生活，截至2012年底为受灾企业和个人累计支付赔款共计1775.7万元，充分彰显了太平洋保险的社会责任和品牌形象。

一系列举措的实施使河北分公司的服务质量和效率进一步提升，保险经济补偿作用进一步发挥。2012年，河北分公司累计新立案件数20.55万件，同比增长19.91%；已决件数为20.63万件，同比提高18.97%；已决赔款金额11.91亿元，同比增长28.87%；赔付率54.85%，同比增长7.77个百分点；未决赔案件数2.38万件，同比下降3.22%；未决估损金额4.32亿元，同比下降4.99%；结案率89.66%，同比上升2.08个百分点。车险整体平均结案周期42.45天，较上年末缩短14.55天；车险案件结案率89.86%，同比提高2.23个百分点；非车险案件结案率78.05%，同比基本持平；全辖投诉处理及时率98.5%，同比提高4.7个百分点；投诉一次解决率97.1%，同比提高3.3个百分点；投诉结案率99.8%，平均结案周期1.55个工作日，同比缩短0.2天。

（三）加强合规和风险管理，保障公司稳健经营

2012年，面对市场违规竞争蔓延的形势，河北分公

司始终高度重视合规经营，加强风险监测，加强合规建设，将合规经营贯穿到公司经营管理的各个环节，保证了公司的稳健经营。

建立内控自查组织，明确工作职责，规范工作要求，提升内控自查工作成效；加强合规风险监测，组织开展全辖合规达标年检，全面管控公司关键合规风险；围绕监管重点组织自查自纠，持续做好中介业务自查自纠，配合上级公司现场检查、合规调研及审计工作，进一步提升合规经营水平；完善整改工作机制，加强整改跟踪督导力度，有效推动内控缺陷整改；组织全辖员工开展合规操作自评工作，加强合规宣导和培训，积极宣导集团、总公司合规经营要求和监管部门的监管重点，持续强化合规经营理念。规范法律纠纷案件管理系统使用和合同管理，法律事务管理水平进一步提高。完善中介业务管理制度，提升渠道系统审批效率，加强代理业务管理，确保中介业务合规发展。加强全辖应收保费过程管理和责任落实，防范应收保费坏账风险。持续开展打击假赔案工作。2012 年，河北分公司应收保费率为 0.95%，同比下降 0.41 个百分点；亿元保费投诉量 79 件，同比降低 13.2%；破获虚假赔案 59 件，减损 471.35 万元，全年无重大违法违规案件的发生，监管行政处罚保持为零，内控缺陷整改率为 100%，11 家中心支公司合规经营全部达标，被河北保监局评为分类监管 A 类公司。

（四）持续优化运营管理体系，切实提高运营效率

深入细化财务集中管理工作，完善财务工作流程，进一步提升赔款支付、见费出单款项划转及全辖工资发放时效。改造提升费用系统功能，细化费用汇总分类统计。完善关键指标预算监控，加强中支费用日常监控，推进预算模块系统运用，提高预算管控水平。全面规范和完善分险种、分渠道管理，完善资金管理系统运用，进一步规范资金管理。加强分公司财务分析、市场趋势预测及其他专项分析等工作，进一步增强对公司经营与决策的支持力度。

严格统一编制管理，完善人员进出审批制度，规范用人用工管理流程，规范薪酬、职级管理，深入推进人力资源优化项目。制定实施《2012 年人工成本管控办法（试行）》，强化预算执行和过程监控，加强人工成本管控。制定 2012 年度中心支公司经营绩效考核办法、中心支公司领导班子和高管人员绩效考核方案、分公司职能部门和员工绩效考核方案等文件，强化市场对标和价值传导，优化绩效管理机制。推进 EHR 系统应用，提高人力资源信息化管理水平。

加强业务部门对核心业务系统需求和分公司个性化管理需求的管理，充分挖掘总公司下发数据，强化信息技术的数据应用和数据服务功能，加大信息技术对业务发展的支持力度。

2012 年，河北分公司先后获得了河北省政府颁发的“金融贡献奖”、河北省质量技术监督局颁发的“河北服务名牌”在河北保监局组织的河北省保险公司服务质量评价中，产险公司获第一名，公司发展受到了各方面的充分肯定。

（太平洋产险河北分公司　张景府）

税　务

【国税收入】　2012 年，全省国税系统组织国家税务总局口径税收收入 1678.5 亿元，同比增收 142.2 亿元，增长 9.3%，收入规模居全国第 7 位；组织省政府口径税收收入 1541.5 亿元，同比增收 122.4 亿元，增长 8.6%。其中，国内增值税入库 1018.3 亿元，同比增收 80.2 亿元，增长 8.6%；国内消费税入库 218.1 亿元，同比增收 27.4 亿元，增长 14.4%；企业所得税入库 325.3 亿元，同比增收 25.4 亿元，增长 8.5%；储蓄存款利息个人所得税入库 0.21 亿元，同比减收 0.6 亿元，下降 73.9%；车辆购置税入库 116.5 亿元，同比增收 9.8 亿元，增长 9.1%。办理出口退税（含免抵调库）240.6 亿元，同比多退 67.6 亿元，增长 39.1%。

【国税收入特点】　从 2012 年国税收入看，受经济下行、价格下降、企业效益下滑和落实结构性减税政策等四大因素制约，河北经济税源逐步萎缩，税收增幅持续回落，组织收入压力空前。国税收入特点：一是税收增速呈下滑态势。2012 年各季度税收增幅分别为 12.1%、11.6%、－3.4%和 13.5%。第四季度增幅较高，主要是受 12 月份免抵调库 25.6 亿元、同比增长 1.1 倍的拉动，同时也有上年基数低的客观因素。二是主体税种增幅不高。占收入总额 55.8%的国内增值税直接收入完成 937.3 亿元，同比增长 5.3%。占收入总额 19.4%的企业所得税完成 325.3 亿元，同比增长 8.3%。占收入总额 13%的国内消费税完成 218.1 亿元，同比增长 14.4%。三是主要行业增收乏力。占全省国税收入 71.6%的第二产业税收同比增长 8.9%，其中占 13.6%的采矿业仅同比增长 0.7%。分行业看，占全省国税收入 44%的五大主体税源行业低幅增长或下降，影响整体收入增长。其中装备制造业、批发零售业税收仅分别同比增长 6.1%、2.2%，黑色金属冶炼和压延业、黑色金属采选业、煤炭开采业税收同比分别下降 1.2%、10.3%、0.7%。增收行业主要为石油石化、卷烟、金融和电力，分别增收 32.7 亿元、17.7 亿元、15.1 亿元和 13.6 亿元，四行业合计增收 79.1 亿元，占全部增收额的 55.6%。四是各市除邯郸外均实现增长。衡水税收增幅最高为 24%；廊坊、沧州、承德、保定 4 市分别增长 16%、14%、13.4%、10.2%；其他 5 市增幅在 10%以下，邯郸同比下降 0.2%。五是免抵调库增收贡献大。全省办理免抵调库 81 亿元，同比增加 33.4 亿元，增长 70.2%；对国税收入和国内增值税增收的贡献分别达到 23.5%和 41.6%。

【作风纪律整顿】　2012 年 3 至 10 月，在全省国税系统开展作风纪律整顿，从数据分析入手，以领导干部为重点，深入剖析干部队伍作风纪律上存在的问题，认真加以整改，严格责任追究。梳理下发疑点数据 7.6 万条，追缴

税款1.5亿元，转出进项税额1.3亿元。给予党纪政纪处分158人，免职44人。实施领导干部交流118人，落实管理员轮岗4092人，清退执法岗位临时工132人。通过整顿，既促进税收执法及行政管理的规范，有效遏制区域性、行业性、群发性案件的发生，又使干部队伍经受历练和洗礼，依法行政观念明显增强，作风纪律得以改善，业务能力得到提高。这次整顿在系统内外产生良好反响，得到上级领导的认可和广大干部的支持。

【税收征管】 认真落实总局提出的优化税源管理体系的要求，着力抓好秦皇岛优化征管体系试点工作。实施信息管税、风险控制，初步形成专业化、信息化、扁平化的税收征管新模式。大力加强数据监控分析，及时排查税收风险，有针对性地采取纳税评估、税务稽查等风险应对措施，评估入库税款10.7亿元，同比增长75.4%；查补收入23.1亿元，同比增长36.7%。推进分级分类专业化管理，重点加强大企业管理和服务。加强税务稽查，加大省、市局直查力度，组建省局第一稽查局，有效增强稽查效果。

【税种管理】 根据各税种的特点，抓住薄弱环节，积极采取专业化管理措施。在货物劳务税上，制定总分支机构增值税管理、加强增值税专用发票管理等税收管理办法；在3个行业299户企业试行农产品增值税进项税额核定扣除；在13.5万户防伪税控一般纳税人中推行增值税进销数据分析监控系统，有效遏制发票套打违法行为；开发应用货物劳务税辅助管理系统，强化对代开专用发票、成品油抵扣和大额发票的监控。在企业所得税上，制定企业资产损失税前扣除后续管理办法，建立后续管理台账；与地税部门联合，对若干所得税政策问题予以明确，促进政策执行的统一。在出口退税上，制定皮毛加工行业税收管理办法；试点抓好征退税衔接工作；全面落实财政部、国家税务总局新出台的出口货物劳务增值税和消费税政策，组织大规模的培训辅导。

【纳税服务】 着眼于方便纳税人办税，大力加强办税服务厅规范化建设，全省91%的办税服务厅实现轮岗人员达到20%以上、95%的办税服务厅实行"免填单"服务、67%的办税服务厅实行自助办税、43%的办税服务厅实现国地税合建或共同入驻政府政务大厅，所有市区实现"同城通办"，6个市实现全市范围的"城乡通办"。同时，规范6大类涉税文书；处理纳税人投诉295起；12366纳税服务热线被评为"全省为民服务创先争优群众满意窗口"。

【干部队伍建设】 在工作理念上，变人事管理为人力资源管理，努力使人力资源配置、管理与优化征管体系相匹配。在制度建设上，出台领导干部交流办法、领导干部引咎辞职办法、县区局长和分局长执法资格考试办法、进一步加强纪检监察工作的意见等一系列制度，促进队伍管理的规范化。在班子配备上，选拔、调整、交流处级干部106名，班子结构进一步优化。在思想教育上，大力表彰先进集体和个人，评选9名全系统模范人物；坚持思想教育与解决实际问题相结合，积极争取上级支持，提高基层经费保障水平。在干部培训上，分类举办中青年骨干、所得税业务骨干、计算机人员复合培训等培训班。在全国所得税业务考试中，河北国税取得排名第二的好成绩。

【党风廉政建设】 认真落实党风廉政建设责任制，全面推进惩防体系建设。抓好廉政文化建设，全系统有89个单位被地方纪委评为廉政文化示范点。强化执法监督，对总局执法督察发现的问题认真整改，围绕代开发票、成品油抵扣等突出问题开展执法监察和"一案双查"。加强领导班子和领导干部监督管理，严格执行领导干部个人重大事项报告、述职述廉、廉政谈话等制度。认真学习贯彻《税收违法违纪行为处分规定》，组织专题考试；推进行风建设，在全省行风评议中取得优异成绩。

（河北省国家税务局　戴占阳）

【地税收入】 2012年河北省地税系统累计组织各项收入2033.86亿元，同比增收276.75亿元，增长15.75%。其中，税收收入完成1398.94亿元，增收198.79亿元，增长16.56%，是年计划的102.49%，超收33.94亿元；社保费完成538.13亿元，增收66.09亿元，增长14%，是年计划的110.5%；教育费附加等其他6项收入共计完成96.79亿元，增收11.86亿元，增长13.96%。其中，中央级完成215.67亿元，增长8.44%；省级完成158.14亿元，增长25.93%；市县级完成1025.13亿元，增长17.07%。主要特点：一是税收收入增幅高于全国平均水平。全年组织税收收入近1400亿元，创历史新高，实现16.56%的增长，超全国地税平均增幅（13.7%）2.86个百分点。二是地区间税收增幅差异较大。衡水、廊坊两市增幅较高，分别达到29.75%和20.62%；邯郸、张家口两市增幅较低，分别增长11.13%和9.52%。三是社保费收入大幅超收。全年社保费累计超收51.13亿元。其中，基本养老保险费收入完成499.99亿元，增长13.39%，占征收计划的109.17%；失业保险费收入完成38.14亿元，增长22.7%，是征收计划的131.5%。

【税收收入分析】 一是固定资产投资增长较快，拉动税收增长。前11个月，固定资产投资完成17857亿元，增长21.2%，有力地拉动了税收收入增长。全年营业税完成533.45亿元，增收76.18亿元，增长16.66%，拉动税收增长6.35个百分点。二是与房地产相关税收增幅全面回落。建筑安装和房地产业是河北省地方税收的重要来源，其税收收入所占比重达到40%以上。2012年，房地产市场持续低迷，直接导致相关税收的增幅全面回落。建筑业和房地产业税收增幅分别为15.04%和23.36%，比上年同期分别回落22.45和15.06个百分点。与房地产交易密切相关的契税仅完成88.11亿元，增长4.01%，同比回落了54.15个百分点。三是政策性减收因素远多于增收因素。减收因素主要是：受费用减除标准提高影响，个人所得税减收逐月扩大。2012年，工资薪金所得个人所得税累计减收19.1亿元，下降23.01%，个体工商户生产经营所得个人所得税减收3.52亿元，下降13.42%，两税目累计减收个人所得税达22.62亿元。受营业税起征点提高因素影响，个体工商户营业税减收5.22亿元，下降12.5%。新《车船税法》从2012年1月1日开始实施，低排量车调低了税率，车船税全年累计减收8988万元。另外，为支持小微企业发展，国家连续出台了多项税收优惠政策，也直接减少了地税收入。增收因素主要是：原油、天然气资源税自2011年11月1日起由从量定额征收改为从价定率征收，全年两税目资源税累计完成15.64亿元，增收12.66亿元。

【收入管理】 一是着力提升收入质量，转变工作导向。研究起草了《组织优质税收指导意见》、《税收质量评价办法》，从税收结构等多个维度评价税收质量，促进组织收入工作由任务导向型向质量导向型转变。二是着力提升控管能力，加强税源监控。成立了省、市、县三级税源监控部门，明确了职责目标、工作任务和监控范围，强化了税收源头控管。不断深化纳税评估，建立了77个行业评估模型，在全系统推广应用，实现了成果共享。在全省范围开展了大规模的税源普查，调查纳税人39.25万户，纠正、清理不规范数据8万余条，进一步摸清了税源底数。三是着力提升征管质效，大力推进征管改革。实施了业务重组和流程再造，将6项管理事项前移到办税服务厅，对141项涉税事项"先办后审"，下放审批权限5项，减少审批环节44项，实现免填单业务39项。在此基础上，修改了《业务工作规程》，起草了《税收管理员工作规范(试行)》，修改、完善了征管质量监控指标体系，深化了税源专业化管理，推进了税收管理员职责转型。开展以票控税，全面推广机打发票，积极推进网络发票试点，开发利用发票查询系统，全省已有2.6万户纳税人使用机打发票，开具网络发票15.6万份。四是着力提升信息化支撑能力，加强信息管税。依托综合治税系统，及时报送和提取数据，深化涉税信息的分析和利用，提高信息数据利用水平。完成了全省统一的税务信息应用支撑平台建设，对在线运行的38个软件进行了整合，完善了网上办税服务厅的服务功能，优化升级了管理决策系统，税收信息化水平迈上新台阶。五是着力提升稽查效率，完善稽查机制。建立了选案、检查、审理、执行和成果转化等税务稽查"1+7"工作机制，形成了较为科学、规范的稽查管理制度体系。开展了建筑业、房地产业等行业税收专项检查，加大了发票检查和大要案查处力度，全省共检查纳税户7822户，查补收入56.98亿元，较好地发挥了稽查的威慑作用。

【改革创新】 2012年初，省地税局确立了以"组织优质税收、提供优质服务、打造优秀团队、促进经济科学发展、促进社会和谐稳定"为主要内容的"三优两促进"总体思路和目标要求，构建起了河北地税科学发展的新坐标。一是着眼长远，准确定位。年初谋划和推动工作时，深入调查研究、广泛征求意见，坚持一切从实际出发，把发展蓝图放在全国、全省改革发展的大背景中来描绘，把目标要求放在省内外先进水平上来衡量，把工作标准放在税收职能作用充分发展上来确定，找准了地税坐标点，提出了"三优两促进"。二是着眼基础，构建体系。从顶层设计和服务大局两个逻辑原点出发，遵循税收工作规律、发展方向和内在联系，抓根本、打基础、建机制、搭框架，搭建了以质量评价为导向的优质税收工作体系，以需求管理为导向的优质服务工作体系，以"三强三好"为导向的优秀团队工作体系和以绩效管理为导向的内部管理体制和运行机制。三是着眼内部，创新理念。按照"依法行政、民主决策、科学管理"的治局理念，在内部管理上引入"计划、实施、检查、改进"的"PDCA"过程管理方法，治局理念与"三优两促进"目标要求、体系框架形成了一整套理念超前、结构严谨、体系完备的科学发展新思路。

【服务职能】 一是着力构建优质服务工作体系。研究制定了《关于提供优质服务的指导意见》和《关于优质纳税服务工作的实施方案》，不断创新税收服务经济社会发展、服务纳税人的方式方法。出台了《关于着力改善和优化税收环境的实施方案》，明确了服务"两个环境"建设的目标、任务和要求。二是认真落实各项税收优惠政策。加大对文化产业、高新技术产业、现代服务业、民营经济和小型微型企业的扶持力度，下放和规范行政审批权限，制定出台了税收优惠管理、统计测算两个管理办法，加强对税收优惠政策落实情况的管理和监督，全年累计减免税费62.8亿元。河北省保定市7.21特大洪灾后，省地税局出台了针对受灾纳税人的11项税收优惠措施。三是建立纳税人需求响应机制。制定了《纳税服务需求管理暂行办法》，全系统共组织需求调查272次，调查纳税人11.34万人，征集需求意见3.65万条，为改进纳税服务提供了依据。四是完善纳税服务平台建设。规范办税服务厅建设，统一内外部标识，165个办税服务厅完成了标准化建设。开展星级评定，共评定五星级办税服务厅(窗口)24个，四星级办税服务厅(窗口)32个。大力推行网上办税，全年网上共受理税务登记2.36万户次，受理纳税申报328.83万户次，网上征收税款1658.3亿元，占税费总额的81.5%。完善12366纳税服务热线功能，接通总局热线，增加服务人员，全年共受理纳税人咨询11.59万次，热线接通率从35%提高到98%。五是创新纳税服务手段和方式。各地积极打造纳税服务品牌，通过开办纳税人学校、建立税务QQ群、开通微博等形式开展多元化、个性化纳税服务。积极推广自助办税终端、同城通办等服务模式，安装使用自助办税终端270台，办理涉税业务16.3万笔，征收税款9.2亿元，代开发票8.4万份。全省11个市全部实现通办业务，纳税人跨区域办理业务1.3万件，服务纳税人的手段更加便捷多元。深入开展国地税联合办公，合作项目涉及纳税服务、税源管理、税收执法及数据交换等四大类20项，建立联合办税服务厅41个，降低了纳税成本，提高了纳税人满意度。

【科学管理】 全省地税系统以开展职责调整机构设置、标准化管理和绩效管理为重点，初步构建起以绩效管理为导向的内部运行和保障机制，管理的科学化、规范化和制度化水平显著提升。一是职责划分和机构调整顺利完成。省局机关新建了绩效管理处、税源监控处和基层工作处，整合了税政法规、人事教育等4个机构，调整了多个部门的职能，同时对市、县两级机构也相应调整，共涉及全系统1265个部门、4020名干部。二是机关标准化建设取得阶段性成果。在省局机关全面导入ISO9000质量管理体系，形成了包括管理手册、33个程序文件、116个作业指导书、110个流程图、423个记录文件和663个依据文件的管理体系，以“零不符合项”的优异成绩通过了中国质量认证中心的认证。三是绩效管理工作全力推进。采取顶层设计，统一构建了涵盖地税工作各个环节、各个方面的绩效管理体系框架。组织全员编写绩效目标和指标，编制下发绩效指标1028个，形成了2012年各类绩效计划。依托信息应用支撑平台，开发了绩效管理应用系统，绩效管理全面推行，以“自我管理、自我提升、自我发展”为目标的绩效文化正在逐步形成。四是建立了“以德为先、绩效导向”的选人用人机制。制定了《关于建立“以德为先，绩效导向”选人用人机制的实施意见》和一系列配套办法，将绩效结果作为选拔干部的主要依据，充分发挥绩效管理的激励作用和导向作用。五是工作保障机制得到完善。研究起草了《全省地税系统预算管理办法》，印发了《全省地税系统财务管理暂行办法》，进一步规范了经费预算和财务管理。加大基层倾斜力度，向经费水平偏低的48个县局补助资金1230万元。全省新配微机5200余台，为工作运转提供了有力保障。

【队伍建设】 全省地税系统以打造优秀团队为目标，着力加强教育培训，深入开展“创先争优”活动，积极营造干事创业的氛围，有力地促进了各项工作的顺利开展。一是注重理论学习，加强领导班子建设。以学习贯彻党的十八大精神为重点，加强各级领导干部政治理论学习。省局党组坚持党组中心组理论学习制度，每季与局务会一并召开，参加人员扩大到处、室及市局负责人，每季度一个主题，结合实际研究问题，大幅提高了理论学习效果，领导班子理论水平得到提升。二是注重教育培训，提升干部队伍素质。着力构建“五个一”教育培训体系，加强基本素质、基本技能和基本业务的培训，干部职工适岗能力得到提升。创新培训模式，积极推行网络教育培训平台，在全系统征集64个优秀培训模式予以推广。大力开展业务培训，注重培训效果，建立培训档案，组织专题座谈，加强学习交流，仅省局就组织各类培训21期，培训地税干部6700人次。组织了管理、稽查两个岗位12043人的业务考试，以考促学。三是注重精神文明创建，推进地税文化建设。在全系统开展“善行地税·德系民生”精神文明建设主体实践活动以及“优秀团队”、“我身边的好税官”、“纳税服务标兵”等一系列评选活动，发挥了典型示范、教育引导作用。以创建学习型组织为载体，积极组织读书大讲堂、党课、专题讲座等各类文化学习活动，文化建设扎实开展。

【廉政建设】 全省地税系统创新廉政建设新思路，以廉政风险防控和内控机制建设为重点，强化权力监督制约，提高制度执行力，着力构建惩防体系和廉政教育大格局，党风廉政建设得到全面加强。一是深入推进惩防体系建设。加强组织领导，深入开展教育监督、纠风惩处等各项廉政建设，出台了《党风廉政建设责任制检查考核实施办法》、《党风廉政建设责任制责任追究办法》等工作制度，初步构建起以“标本兼治、综合治理、惩防并举、注重预防”为主线，以改革体制机制、反腐倡廉教育、追究问责惩处、廉政风险防控为手段，以制度、科技和文化为支撑的惩防体系基本框架。二是积极构建大宣教格局。在廉政教育方面，开展了一次党组中心组专题学习、一次廉洁自律专题民主生活会等“十个一”活动，突出岗位廉政教育，组织全系统干部职工深入学习贯彻《税收违法违纪行为处分规定》；在廉政文化建设方面，大力推进廉政文化进机关、进基层、进家庭“三进”活动；实施廉政文化“六个精品工程”，省局命名2个警示教育基地和22个廉政文化示范点，市、县两级30个单位被当地党委纪委评为“廉政文化示范单位”。各级结合实际，组织开展了廉政知识竞赛、演讲比赛、法规考试等活动，增强了干部职工遵纪守法、廉洁自律的意识。三是建立廉政风险防控机制。深入开展廉政风险防控体系建设，认真查找思想道德、岗位职责、单位职能、制度机制方面的四类廉政风险，划分高、中、低三个等级，建立前期预防、中期监控和后期处理三道防线，综合运用多种防控手段，形成环环相扣、闭锁循环的权力监控机制，规范了权力运行，防范了廉政风险，促进了政风行风的转变。四是严格执行各项廉政制度。以领导干部为重点，认真落实《廉政准则》、重大事项报告、述职述廉、廉政谈话等各项制度，全年共有1264多名科级以上干部报告个人重大事项，述职述廉1052多人次，开展廉政谈话、诫勉谈话288人次，对43名新任干部进行了任前廉政知识考试和廉政谈话，进一步增强了各级领导干部的廉洁自律意识。五是深入开展政风行风建设。采取明察暗访等手段，着力纠正行业不正之风，省地税局在行风评议中获得第一名的好成绩。

（河北省地方税务局　高军波　李明雨）

工商行政管理

【促进市场主体健康快速发展】 （一）制定优惠政策，培育壮大市场主体。2012年，省局制定了《关于进一步优化发展环境，高效服务市场主体的实施意见》、《关于充分发挥工商职能作用，大力支持全省农村扶贫开发的实施意见》，从放宽准入条件、培育市场主体，提质提速、高效服务市场主体，指导帮扶、做大做强市场主体等方面，为各类市场主体健康快速发展营造了良好环境。全省新登记内资企业3.05万户、个体工商户16.37万户、农民专业合作社3857户，新设立外商投资企业442户。

（二）加强市场主体分析，为政府科学决策提供参考。各级充分利用登记注册优势，不断完善市场主体发展分析报告制度，加强数据综合分析，为地方政府宏观决策起到了积极作用。全省共发布综合性市场主体分析报告99期，专题性市场主体分析报告29期。省局深度开发市场主体信息资源，深入分析河北省企业生命周期的特点及影响因素，形成了《河北省内资企业生命周期分析报告》，得到了省委书记张庆黎、省长张庆伟的肯定。

（三）实施商标战略，提高企业和产品的市场竞争力。按照“梯次发展，重点突破”的原则，省局确定了100家争创驰名商标重点扶持企业、1000家争创河北省著名商标重点扶持企业，在12个重点产业中确定了300家企业进行重点培育。国家工商总局新认定河北省驰名商标48件，总数达到176件。

（四）发挥职能作用，积极帮助企业融资。积极采取动产抵押、股权出资、股权出质、商标权质押等措施，在全系统开展了“支持企业融资，服务经济社会发展”活动，帮助企业拓宽融资渠道，盘活企业资产。2012年全系统累计帮助企业融资960多亿元，8000多家企业和个体工商户从中受益。

【维护公平竞争的市场秩序】 （一）查食品，保健康。一是进一步推进监管信息化。目前，全省共有1.95万户食品经营者安装了食品安全监管信息化系统，共上传食品进销货台账7500多万条、证照37万多个、检测报告29万多个、其他证照及文件4万余份。二是大力开展抽样检验工作。2012年，共组织流通环节食品抽样检验6.16万批次，抽样检验合格率为97.8%。全省组织快检13.17万批次，筛查不合格食品140批次，对抽样检验发现的不符合食品安全标准的食品，依法进行了处置。邯郸市局对四区一县工商局的食品检验资源进行了整合，有效提高了食品抽检效能。三是扎实开展专项整治。先后开展了“红盾扫雷”、“春季飓风”专项行动、农村食品、夏季食品、校园及周边食品、地沟油、调味品、酒类以及流通环节食品非法添加和滥用食品添加剂专项整治、流通领域非法经营工业明胶专项清查等10余次专项整治行动，捣毁售假窝点16个，查处不符合食品安全标准的食品案件4577件，查扣问题食品16.2万公斤，取缔无照经营食品户1698户，吊销食品流通许可2户，移送司法机关案件18件，创建食品安全示范店4577个。

（二）查农资，保增收。全系统扎实开展春、秋两季红盾护农专项行动，通过层层签订责任状、推行农资市场监管驻场、连锁经营、“两公示”和“两帐两票一卡一书”等制度、强化农资商品质量监测、加大农资市场案件查处力度等一系列措施，推动农资市场秩序持续好转。共检测农资商品1817个批次，对检测不合格的依法进行了处理，查处各类农资案件1974件，案值1800多万元，受理农民投诉396件，为农民挽回经济损失3400多万元。

（三）查商标，保名牌。积极履职尽责，不断加大打击侵犯知识产权和销售假冒伪劣商品工作力度，共检查经营主体44万户次，检查各类市场1.8万个次，整治重点区域3521处次，捣毁制假售假窝点10个，查处商标侵权和假冒伪劣商品案件3015件，移送司法机关案件5件。

（四）查广告，保诚信。制定实施了加强广告监管的七项措施，通过严格广告经营资质管理、强化日常监督检查、提高监测效能、开展专项整治等措施，有效维护了广告市场秩序。共监测检查广告184万多条次，查处违法广告1108件，停止发布违法广告1926条。

（五）查欺诈、保公平。开展打击仿冒、傍名牌专项行动，共查处仿冒、傍名牌等不正当竞争案件705件。根据中央和省委确定的商业贿赂多发的六个领域和九个方面，认真开展治理商业贿赂专项工作，立案查处商业贿赂案件320件。把打击“霸王条款”作为工作重点，省局共征集合同文本476份，组织骨干力量召开了合同格式条款点评研讨会，针对消费者反映问题较为集中的家政服务行业，制定并发布了《河北省家政服务合同示范文本》。

（六）查传销，保稳定。全系统扎实开展打击传销违法犯罪“集中清缴”行动，共捣毁、取缔传销窝点、场所302个，清查、教育遣返传销人员6286人次，立案6起，移送公安机关案件4起，涉及人员30人。

（七）查侵权，保民生。一是加强流通领域商品质量监管。先后开展了流通领域塑料玩具、家用电器、汽车配件、家居用品、高端自行车等重点商品的专项整治，查处销售假冒伪劣和不合格商品案件720件，案值367万元。根据全省消费者投诉情况、消费市场变化情况，对建材、汽车配件、小家电、美容美发用品、服装等16类重点商品进行了质量监测，检测商品3438个批次，总体合格率93.2%，根据监测结果有针对性地强化市场监管，达到了“监测一类商品、查处一批案件、教育一批企业、规范一个行业”的目的。不断完善服务领域消费维权工作机制，查处服务领域案件1102件，受理消费者咨询7.77万件，协调解决纠纷9884件，为消费者挽回经济损失1053余万元。二是开展“12315护民生”活动。针对消费者反映问题较多的大型商场、超市和电信、汽车4S店等行业，开展行政约谈462次，约谈经营主体3492家，发送行政告诫书、行政建议书2156件。充分发挥12315申诉举报网络作用，畅通消费者维权渠道。12315申诉举报网络和消费者协会共受理消费者投诉举报11.14万件，办结10.72万件，办结率96.2%，为消费者挽回经济损失1.38亿元。依托12315申诉举报网络立案1.97万件。三是积极推进12315数据质量建设。在2012年度国家工商总局12315数据质量检查中，获取了满分的好成绩。全省工商系统开展大型宣传咨询活动500多次，通过各类媒体向社会发布统计分析、消费提示1021期，举办消费维权座谈会215场。四是扎实开展通信器材专项整治。全省检查手机经销以及售后服务企业3.16万家，查处通信器材市场中以次充好、以假冒真、欺诈消费者和不正当竞争等违法案件464件，受理维修行业消费投诉1440件，为消费者挽回经济损失近700万元。

同时，各级工商局积极配合有关部门做好社会治安综合治理、扫黄打非、走私贩私、安全生产、清理取缔黑网吧、校园周边环境整治等工作，为全省和谐稳定做出了应有贡献。

【队伍建设效能不断提升】 （一）创先争优活动深入开展。认真落实省委的要求部署，组织全系统深入开展“十个深化”和“十旗十星双百创争”活动，省局党组在全系统评选出100面先锋旗、100个模范星，并进行了隆重表彰，激发了广大干部干事创业热情。省委创先争优活动领导小组对为民服务创先争优群众满意窗口、行业服务标兵和优质服务品牌进行了表彰，全省工商系统7个单位、4名个人榜上有名。

（二）主题教育活动扎实有效。结合当前市场监管的新形势、新任务，在全系统开展“履职尽责，加强监管”主题教育活动，主题教育活动分集中讲座、查找问题、建章立制、深化提高四个阶段。集中讲座阶段，省局邀请了最高人民检察院渎职侵权检察厅李忠诚副厅长做了精彩报告，省局几位处长结合实际案例，做了针对性、操作性和实用性都很强的讲解，在全系统广大工商干部特别是一线执法人员中引起了强烈反响。

集中讲座结束后，全系统认真开展“回头看”，检查发现在市场监管各项工作中存在的共性问题、突出问题和薄弱环节，并针对“回头看”当中检查发现的问题，进行认真梳理归纳，着眼于长效机制建设，进一步建立完善市场监管的各项制度。为更有效地防范和化解监管执法风险，省局编印了《工商行政管理执法实用手册》，深受一线监管执法人员欢迎，提高了监管执法质量，推进了依法行政建设。活动结束后，省局组织14个先进典型介绍了经验，主题教育活动取得了明显成效。与此同时，省局党组针对系统实际，筛选了400名基层分局长举办了四期“效能建设与能力提升”培训班，每期7天，受到一线人员好评。

（三）信息化建设成效明显。始终坚持把信息化工作作为提升整体效能的有力支撑，全力推动信息化系统整合暨“河北经济户籍库”项目建设。继续加强数据质量建设，强化数据管理，数据质量进一步提高，各级注重信息化手段与工商监管职能的有机融合，提高了监管执法的科技含量。

（四）机关标准化建设有序推进。开展机关标准化管理工作是省政府的重要工程，省局被列为省直18个部门之一，先行开展这项工作。省局党组高度重视，多次研究机关标准化管理工作，成立了专门组织机构，制定了实施方案，召开了动员大会，聘请北京华夏认证中心老师对省局机关人员和内审员进行了培训。通过我们的不懈努力，省局机关《质量总纲》及各处室作业指导书全部通过认证，名列第二。10月23日，举行了质量认证颁证仪式。

（五）党风廉政建设不断加强。全系统认真落实党风廉政建设责任制，切实抓好惩防体系建设和反腐倡廉工作，进一步健全监督制度，加强督促检查，深化行政效能建设和廉政文化建设，党风廉政建设不断推进。省局制定的《党风廉政建设责任制实施办法》得到了省委常委、纪委书记臧胜业的批示表扬。切实加强信访举报受理和违法违纪案件查处工作，全系统共受理信访举报368件，初核78件，立案13件，党政纪处分38人，充分发挥了查办案件的治本功能和警示作用。认真开展民主评议工作，全系统形成了一级抓一级、层层抓落实的良性运行机制，省局创新评议方式，组织人大代表、政协委员、企业代表、新闻媒体及基层代表100余人，对省局机关8个职能处室和4个直属单位进行了评议，满意度达98%。

（河北省工商管理局　王　伟）

【省消协工作】　2012年，省消协秘书处在省局党组的关心支持和正确领导下，在中消协的业务指导下，始终坚持正确的政治方向和大局观念，以科学发展观为指导，大力加强领导班子和干部队伍建设，不断完善消费维权工作机制，全面履行《消法》赋予的各项职能，以“消费与安全”年主题为主线，积极指导全省消协开展工作，恪尽职守，创新发展，推动河北省消费者权益保护工作取得了新的进展。

（一）组织召开了省政府保护消费者合法权益办公会议，促进全省保护消费者合法权益工作的深入开展。3月1日，省政府召开了保护消费者合法权益办公会议，二十六个成员单位领导出席了会议，省委常委、副省长聂辰席出席会议并做重要讲话。省保护办召集人、省工商局钱晓钟局长主持了会议。省保护办办公室主任、省工商局陈润芝副巡视员总结了2011年度全省消费者权益保护工作，提出了2012年工作的基本思路、总体目标和主要任务。会议审定了全省消费维权专项活动成果。省消协孙芳会长汇报了纪念3·15活动安排。聂辰席在讲话中充分肯定了2011年全省保护消费者合法权益工作取得的显著成绩，对2012年消费维权工作提出了明确要求。

（二）紧紧围绕“消费与安全”年主题，开展丰富多彩的系列活动。3·15期间，省消协组织全省各级消协开展了形式多样、内容丰富、声势浩大的纪念活动。据不完全统计，全省参加纪念活动的各级党政领导980余人，组织宣传咨询服务活动90余场，录制专题晚会和节目40余场，为消费者提供咨询服务近5万人次，召开座谈研讨会70余场，发布警示提示203条，收到了很好的社会效果。一是联合新闻媒体广泛宣传。省消协召开了3·15新闻发布会，大力宣传“消费与安全”年主题和全省消费维权成果，与河北电视台联合举办了纪念3·15电视专题晚会，与《河北日报》等平面媒体举办了“消费与安全”座谈会，与多家媒体开设了消费维权栏目，报道河北省的消费维权成绩和行动。二是贴近百姓，开展宣传咨询服务活动。3·15期间，各级消协都以不同的方式，联合有关行政部门、行业组织、名优企业开展了各有特色的宣传咨询服务活动，面对面地为消费者提供服务和帮助。三是开展以面向“三农”、开展“三送”为内容的消费维权服务下乡活动。部分市、县级消协以不同形式组织了面向农村、农业、农民，开展送知识、送技术、送服务活动。同时，还大力宣传年主题，解决消费者提出的问题，宣传《消法》等维权法律知识。四是开展了3·15宣传进企业、进社区、进校园活动。3·15前后，全省消协积极行动起来，深入企业经营场所，现场解决消费者投诉，指导消费者如何选购商品。深入社区，通过设置展牌展板、发放宣传资料、开展假冒伪劣商品鉴别、现场接受消费者咨询和投诉，宣传消费维权法规。深入校园，举办消费维权讲座，组织维权法规及消费知识竞赛，广泛传播消费维权知识，面对面解答学生提出的问题。五是创新宣传方式，广泛传播3·15文化。运用广大消费者喜闻乐见的形式开展消费文化宣传，成为2012年各级消协3·15纪念活动的一大创新。纪念活动突出地域特色，深入群众生活，极大地丰富了3·15文化内涵。

（三）充分发挥社会监督职能，积极开展商品与服务的监督评议活动。家电售后服务质量提升年活动，是省消协2012年度开展的一项重大社会监督工作，受到省政府、省工商局高度关注。一年来，这项工作在全系统的共同努力下，先后组织了企业自查和监督检查，发放调查问卷两万余封，收回有效问卷一万五千余封，对六大类家用电器售后服务、维修、解决投诉、退换等方面进行了全方位的摸底，定期发布了家电售后服务质量和消费者投诉信息，公开企业承诺，创建诚信经营示范活动，召开表彰大会，公布调查结果，表彰优秀企业，进一步引导和规范售后服务行为。各市、县（区）消协在与省消协联动搞好家电售后服务提升年活动的同时，还结合本地区消费特点和实际，对电信、保险、金融、供水、供电、供暖等服务行业开展了监督评议，促使公共服务行业不断改进经营行为。

（四）认真做好消费教育和指导工作，积极引导消费者科学、合理消费。一是开展消费调查活动。围绕消费领域的热点、难点问题，有针对性地开展消费调查，科学引导消费。省消协先后对省会月饼市场、儿童家具市场和快递服务情况进行了消费者满意度调查，找准了消费侵权症结，及时发布提示，指导消费者安全合理消费。4月26日至5月21日对省会儿童家具市场调查结果向社会公布后，引起社会广泛关注。二是编写消费教育材料，指导科学消费。省消协编印《寿险消费指南》、《消费者权益保护手册》等书籍，出版发行《燕赵消费》杂志，免费向各级消协、理事单位、有关企业和消费者发放。《燕赵消费》杂志得到有关领导、全省市县消协和广大消费者的大力支持和协助，出版发行四期，为指导消费发挥了积极作用。三是认真开展比较试验工作。选择与消费者生活密切相关的商品进行比较试验，向社会公布检测结果，更好地指导消费。

（五）依法受理和调解消费者投诉，切实保护消费者合法权益。2012年全省共受理消费者投诉1.25万件，解决1.19万件，投诉解决率95.51%，为消费者挽回经济损失755.42万元。省消协、石家庄和所属市内六区消协三级联合，坚持每季度组织一次在省会闹市区宣传咨询服务活动，面对面受理消费者投诉。8月下旬，省消协在秦皇岛组织召开了“全省重大疑难投诉案件研讨会”，参加人员为各级消协负责投诉工作的人员及部分企业代表共计130余名，从不同层次和角度探讨分析了处理投诉难的原因。通过这一活动，在解决重大疑难投诉案件上有了很大突破。2011年，省消协组织了全省消协系统“投诉调解技能”大赛，并选拔优秀选手参加了中消协全国“投诉调解技能”竞赛，省消协荣获组织奖，受到中消协表彰。河北省两名个人分获二、三等奖。

（河北省消协　张彦波）

审计·统计

【审计概况】 2012年，在省委、省政府以及审计署的领导下，全省审计机关科学安排审计项目，依法履行职责，审计效果显著。一年来，全省共完成审计（调查）项目2911个，查出违规金额417.4亿元、损失浪费金额3.23亿元，管理不规范金额1931.73亿元；审计发现非金额计量问题22.7万个。共向司法、纪检监察及其他部门移送处理事项137件。回顾2012年，全省审计工作呈现六个突出特点：一是审计监督力度进一步加大，尤其是对问题的揭示力度、查处力度、移送力度和审计成果利用力度，明显加大，审计职能作用得到有效发挥。二是审计法治化、制度化建设进程加大，以省委办公厅、省政府办公厅名义联合下发了《关于进一步加强审计工作的意见》，将审计整改列入本级政府督查工作事项，维护审计监督的严肃性；同时，全省审计机关法规部门的审计业务核心作用得到进一步发挥，审理工作全面展开。三是全省审计业务上下联动机制已经形成，整体合力得以发挥。河北省审计厅一方面更加有效地对全省审计计划进行统筹安排；另一方面更加有效地对全省审计力量进行统筹协调，对全省社保审计、省财政直管县审计、农村信用联社审计、外资审计项目等，实行了省市县审计人员统一编组、交叉审计以及授权审计等不同的组织模式，整合审计资源，取得最大监督实效。四是信息化建设进展明显，河北省审计厅在审计项目上实现了计算机审计全覆盖，在审计管理上实现了实时联网管控，在审计应用上实现了与审计业务的有机结合，不断探索计算机审计的新方法，提高了审计效率。五是审计组织模式及方式方法得到进一步创新，已经形成了统一领导审计业务的完整工作套路。六是审计文化建设得到进一步加强，在全国率先成立审计文化研究会，搭建研究交流平台，队伍综合素质不断提高。

【社保资金审计】 按照审计署的统一安排，2012年2月至5月，河北省审计厅整合省、市、县三级审计力量，对市县两级政府社保资金开展审计。此次审计得到审计署和省委、省政府的高度评价。在审计署的表彰中，河北省审计厅社会保障资金审计工作领导小组办公室、廊坊市审计局荣获全国社会保障资金审计公务员集体三等功；石家庄市审计局、唐山市审计局、张家口市审计局、沧州市审计局、保定市审计局、省厅廊坊市审计组、邢台市审计组荣获全国社会保障资金审计公务员集体嘉奖；八名审计人员荣获全国社会保障资金审计先进公务员二等功，以及个人三等功和个人嘉奖；省厅计算机信息审计中心荣获全国社会保障资金审计先进保障团队。

【财政审计】 2012年，全省共审计预算执行和财政决算项目1339个，延伸审计了1576个部门下属单位，并且加大了对财政直管县的审计，采用上审下、交叉审、同级审等多种组织形式，完成了对24个直管县的审计。各市在深化财政审计上狠下功夫，秦皇岛市在对财政、地税进行审计的同时，还对重点行业、企业的税费缴纳情况进行了延伸审计。沧州市成立了预算执行审计领导小组，全面推行计算机辅助审计，提高了效率，扩大了审计覆盖面。

【经济责任审计】 2012年，全省各级审计机关共对855名领导干部进行了经济责任审计。省厅以经济责任审计为抓手，综合实施审计项目效果明显，避免了重复和交叉审计，在审计的深度和质量上都有新的突破，破解了经济责任审计"审什么""怎么审""如何审出成果""如何强化审计成果运用"的难题，引起国家审计署刘家义审计长的高度重视，要求认真研究和推广河北做法，总结效果。各市在加大经济责任审计力度和方法创新上取得了一些成效。承德市市委做出决定，凡是涉及干部提拔重用的，必须先征求审计意见。这些做法符合省委、省政府两办经济责任审计实施办法的相关规定，值得推广。张家口市统筹市县审计力量，对换届中转任、离职的14名县（区）长和市直单位主要领导进行了经济责任审计。邯郸市对县级党政"一把手"同步审计内容，增加了绩效审计，效果明显。廊坊市制定了对部门主要负责人和县长经济责任审计评价指标体系。保定市实行了部分领导干部审计结果报告直送市委书记、市长制度。石家庄市23个县（市）区全部成立了由县（市）区委书记任组长的经济责任审计领导小组，其中一些县区成立了与审计机关同级的经济责任审计分局。

【投资审计】 全省共对406.89亿元的项目投资额进行了审计，对援疆建设项目进行了全过程跟踪审计。特别加强了重大在建和续建政府投资项目跟踪审计力度，加大工程造价核减审计力度，最大限度节省国家建设资金。衡水市积极推进政府投资项目的全程跟踪审计；唐山、邢台等市加大了投资审计力度，效果明显。

【资源环保审计】 河北省审计厅制定下发了加强节能减排和资源环境审计工作的实施意见，成立了资源环境审计协调领导小组，建立了资源环境审计联动机制。全省审计机关每年至少开展一项资源环境审计，重点对节能减排、退耕还林、天然林资源保护、土地和水污染防治等项目进行审计，提出审计建议，促进规范管理，为推动生态文明建设做出了积极贡献。

【金融审计】 全省对11个设区市的24个县级农村信用社2011年度资产负债损益进行了审计，从审计结果来看，农村信用社审计取得阶段性突破，审计发现的问题种类多，金额大；省厅专门成立了领导小组，组织全厅业务骨干，对河北银行进行了审计；全省对61家国有及国有控股企业进行了审计，完成了国外贷援款公证审计项目9个，抽审项目执行单位126个，项目涉及农业、林业、水利、卫生、环境治理和教育等行业。

（河北省审计厅　刘　颖）

【统计概况】 （一）统计四大工程成功实施。按照国家统计局总体部署和有关领导同志对河北统计工作的要求，在企业一套表六个专业先期试点顺利并轨基础上，统计四大工程（即：基本单位名录库、数据采集处理软件系统、联网直报系统、企业一套表制度）在"三上"企业和房地产开发经营企业成功实施，实现了统计生产方式的新变革。一是精心组织实施。各级统计机构以强烈的大局意识和责任感，强化领导，统筹安排，全力推进。成立统计四大工程建设工作协调领导小组及其办公室，充实加强人员力量。省、市、县及各专业签订目标责任书，落实各级、各专业责任。省统计局把调度四大工程工作列为每月局长会议第一议题，专题研究部署；先后召开10次全省会议，贯彻国家局要求，安排部署全省工作。省统计局局长致信各设区市市长，强化行政推动。发挥邢台市的示范作用，推动全省工作深入开展。二是加强质量管理。建立分专业数据质量控制办法和业务工作操作规范。大力推广直报用户IP地址监测系统。实施报送进度监控、IP地址监控、特殊单位备案、报送情况通报制度；统一规范企业统计台账的格式、内容和取材方法。三是夯实基层基础。在调查单位推行"三上"企业统计业务规范化操作流程。在全省范围推广"企业一套表联系卡"。创建开通两千多个乡镇单位用户，把企业一套表工作向乡镇延伸。建立调查单位信息部门共享机制。四是强化督导检查。组织统计人员深入企业进行现场指导和工作核查，利用12340社情民意调查电话访问系统对企业一套表工作情况进行电话抽查，制定企业一套表联网直报执法检查的实施意见，对石家庄、沧州市开展统计巡查，对建设领域和工业统计数据质量开展联合执法检查。五是促进深化拓展。扩大服务业联网直报范围，组织完成重点服务业企业联网直报工作。稳步推进农村统计利用一套表平台数据处理试点工作。组织完成城镇单位劳资专业联网直报试点工作。扩大贸易专业联网直报范围，将限额以上批发零售、住宿餐饮产业活动单位和个体经营户纳入联网直报范围。

在各级各专业和相关部门的共同努力下，四大工程建设取得丰硕成果：统计理念发生了新变化；基本单位名录库初步实现统一完整、不重不漏、动态更新的阶段性目标；数据处理平台结构基本完善，功能日臻完备，运行安全平稳；工业、能源、建筑、房地产、批发零售和住宿餐饮6个专业联网直报工作实现常态化管理；重要指标数据的匹配性、协调性进一步提高。河北四大工程建设得到国家统计局主要领导的充分肯定，获得全国企业一套表联网直报先进集体特等奖。

（二）统计改革创新取得新突破。服务业统计改革推向深入。认真贯彻国务院《通知》精神和国家统计局工作部署，按照"条块结合、以条为主"的思路，狠抓省政府办公厅《关于加强和完善服务业统计工作的通知》的贯彻落实，研究制定全省服务业统计工作实施方案，建立部门服务业统计报表制度，组织实施重点服务业企业一套表工作，扩大联网直报范围，改进和完善物流统计工作。

文化产业统计工作成效显著。强化组织机构建设，加强部门沟通协调，初步形成齐抓共管的良好局面。扩大统计范围，健全统计制度，首次组织11个设区市开展增加值核算工作。健全数据质量管理办法，加强数据审核评估，确保了省、市、县三级数据基本衔接。积极围绕领导需求开展服务，多次受到省领导肯定。高质量完成全省文化产业“三个十”评选有关数据的统计、审核和认定工作。

全面建设小康社会统计监测拓展深化。按照国家统计局和省委、省政府监测工作的部署和要求，加强组织领导和部门协调，组织开展省、市统计监测工作，规范数据采集渠道，严格执行数据审核评估方案，撰写的全面建设小康社会进程统计监测报告得到省委、省政府主要领导的高度重视。同时，学习借鉴兄弟省市成功经验，积极做好县级监测准备工作。

城乡住户调查一体化改革正式启动。注重加强部门间沟通协调，初步建立局队协作机制框架，研究制定调查制度和工作方案，提请省政府印发开展城乡住户调查一体化改革的通知，对全省城乡住户调查一体化改革工作进行安排部署，分市县城乡住户调查一体化改革取得重要的阶段性成果。

统计业务规范化建设有效加强。适应全面实施企业一套表新形势，修订完善《河北省统计专业业务工作操作规范》和《河北省县及县以下统计机构业务工作规范化评定办法》及其实施方案，扎实开展业务规范化优秀县评定验收工作。

统计制度方法和管理体制改革扎实推进。修订完善市、县两级季度GDP核算方案。建立并实施民间投资统计、工业技改监测统计制度。完善“双三十”县(市、区)能源消费总量核算方法。继续推进乡级统计管理体制改革，全年有23个县(市、区)完成乡级统计垂直管理改革，全省共有117个县(市、区)实现乡级统计垂直管理。

(三) 统计分析和监测评价水平有了新提高。深入开展统计分析。密切关注和分析经济形势月度间的变化，加强对影响经济发展的重点领域、优势产业、重点企业的分析，及时反映新变化、新规律、新趋势，提出的“一季度经济运行稳中开局”、“经济增速有所回落，强化调控提振信心”等很多观点建议得到省领导认可，在宏观调控和科学决策中发挥了独特作用。围绕结构调整、区域发展、节能降耗、文化产业、民生改善等重大战略问题，积极谋划选题开展研究，组织唐山、秦皇岛、沧州沿海三市研究完成了《加快河北沿海地区发展的分析与建议》系列研究报告。组织完成了对一产抓特色、二产抓提升、三产抓拓展情况的统计分析评价。全年向省领导上报统计报告120多篇，其中40多篇得到省领导批示。

加强信息资料报送。定期向省委、省政府主要领导报送统计数据资料。对《河北经济形势分析与展望》进行全新设计和改版，全书彩色印刷，内容更加丰富。创新统计信息工作，加大报送力度，提高统计信息质量，全年向省委、省府办公厅上报统计信息598篇，信息工作在省直部门中居第一位。

加强统计监测评价。抓好新老“双三十”节能降耗、保障性安居工程、县域经济、农业产业化、民营经济、新型城镇化、妇女儿童发展、社会发展水平等统计监测评价分析。

(四) 统计公开透明取得新成效。公开透明力度加大。定期召开新闻发布会深入解读经济形势，接受主要新闻媒体采访，在河北日报推出“年中经济观察”、“聚焦前三季度我省宏观经济”等专题报道，为人民日报“十八大河北特刊”提供数据资料，与中央媒体联合宣传河北调结构、转方式成效。省统计局领导做客长城网与企业用户开展互动交流，开辟统计专题宣传网页。成功举办第三届“统计开放日”活动。加强门户网站建设，加大信息公开力度，及时发布和解读主要指标数据，充实完善统计年鉴等书刊的内容，系统宣传从十六大到十八大河北经济社会发展成就，全年发布统计新闻稿件141期。

拓展社情民意调查领域。开展组织工作满意度、群众安全感、公安满意度、食品安全等10多项委托调查，为党政领导和有关部门决策提供了民意支撑。开展非工业企业景气指数、城市环保等民意调查，上报数据均一次性通过验收。自主开展全省消费者信心季度调查、城镇化建设民意调查，得到省领导的肯定。组织开展企业联网直报和联系卡使用情况、劳动力调查复核以及夏收小麦预产等快速调查，促进了统计重点工作顺利开展。

(五) 部门统计工作取得新进展。严格执行部门统计调查项目审批制度，及时向社会公布。开展部门统计调查项目摸底调查。加强对部门统计人员的业务培训。省直各部门认真执行统计法律法规和制度方法，认真组织实施部门统计调查，深入开展统计分析。省财政厅、国税局、地税局等部门及时提供国民经济核算、民营统计等基础数据。省环保厅、水利厅、农业厅等部门积极健全完善资源环境统计报表制度。省发改委、住建厅、国土厅等部门建立保障性安居工程统计联席会议制度。省交通厅、教育厅、卫生厅等部门认真贯彻执行全省服务业统计调查制度。省科技厅完善“河北科技统计网”，整合科技统计数据资源。省中小企业局与省统计局联合开展民营经济统计数据质量检查。省编办、民政厅、国税局、地税局、工商局认真执行全国基本单位名录更新制度，按季度准确提供本部门行政资料。省工信厅、质监局、广电局、保监局、证监局等部门积极开展统计业务培训，加快运用现代信息技术，努力提升部门统计能力和服务水平。

(六) 队伍建设和党风廉政建设取得新成绩。大力加强队伍建设。加大干部教育培训力度，组织干部职工参加国家统计局、省委党校、省行政学院的各类培训，组织举办第六期主管统计县(市、区)长培训班，注重高层次人才培养，大范围培训基层统计人员，省统计局累计完成培训项目14个，举办培训班24期，培训各级人员4700多人次，提高了广大基层统计人员的业务素质。各设区市大规模组织业务技能培训，全年共培训6.8万余人次。

扎实开展创先争优活动。建立完善精神文明创建等6项长效机制，组织开展“走在前、做表率”系列教育实践活动。大力推进统计文化建设，成功举办全系统台球比赛和摄影书画优秀作品展，统计核心价值观得到弘扬。全员健身广泛深入，省统计局荣获第九套广播体操比赛一等奖，被省直工委和省体育局命名为全员健身先进单位。

深入推进党风廉政建设。认真学习贯彻中央纪委十七届七次全会、省纪委八届二次全会精神，积极开展反腐倡廉教育，进一步健全统计系统惩治和预防腐败体系，认真贯彻党风廉政建设责任制，全面做好廉政风险防控工作。大力加强统计行风建设，河北在全国统计系统党风廉政建设工作交流会上作典型发言。

（河北省统计局　王曙光　刘晓咏）

科学技术

【科技事业概况】　2012年，河北省科技战线认真贯彻省委、省政府的重大决策部署，以迎接十八大、学习十八大、贯彻十八大为动力，以落实全国科技创新大会精神为契机，紧紧围绕全省经济社会发展的大局，按照省委“三个一”的工作要求，加强谋划部署，狠抓工作落实，努力开拓创新，全省科技工作取得了明显成效。科技投入增加。全年研究与发展（R&D）经费支出230亿元，比上年增长14.3%，占全省生产总值的0.87%，同比提高0.05个百分点。争取国家科技项目资金取得新突破。940个项目在国家科技计划立项，争取资金总额超28.5亿元。科技支撑产业结构调整能力明显增强。全省规模以上高新技术企业达到2000家，完成工业增加值超过1600亿元、同比增长15%左右。科技创新平台建设取得新进展。完善产业科技创新体系，已建设省级以上重点实验室和工程技术研究中心239家。获奖科技成果和专利创造再创佳绩。15项科技成果获国家科技奖励，296项（人）获省级科技奖励。专利创造实现大幅增长，全省专利申请量达到23241件、授权量达到15315件，分别比上年增长32.1%和37.3%。

【科技支撑产业结构调整】　把支持调结构、转方式作为科技创新的重点任务，围绕产业链部署创新链，有力支持了传统产业升级、战略性新兴产业发展。一是重大科技创新项目支撑引领能力越来越增强。一方面是围绕河北省优势产业领域和学科，依托骨干企业、高校、院所，上下一起、各部门紧密合作，积极争取承担国家科技项目。2011年有940个项目在国家各类科技计划立项，争取资金28.5亿元，又迈上了一个新台阶。另一方面，面向解决全省骨干产业优化升级中的重大技术关键问题，集中省级财力，启动实施了重大科技成果转化专项。2012年在新材料、生物技术与制药、新能源与高效节能、电子信息、光机电一体化、农业及农产品深加工等领域立项支持了25个重大项目，项目总投资达到了35亿元。二是科技园区、创新基地带动作用越来越明显。通过进一步完善管理、加强组织协调和服务，这项工作取得了新突破。2012年，承德高新区被批准为国家级高新区，河北省国家级高新区达到5家，居全国前列。石家庄和保定国家高新区被科技部批准为创新型特色园区。新建了张家口东山、西山和唐山开平、曹妃甸等4家省级高新区。唐山机器人和张家口新能源装备被批准为国家级高新技术产业化基地，目前全省国家级高新技术产业化基地达到20个。三是高新技术企业和科技型中小企业快速发展壮大。2012年，经过国家认定的高新技术企业新增100家，培育重点高新技术企业37家，上市高新技术企业达到28家，国家级、省级创新型企业达到119家。同时，努力为科技型中小企业发展建立创业风险投融资体系和公共服务机构，省创业投资引导基金规模扩大到3亿元，发起设立子基金8支，总规模达到11.79亿元；建立公共服务示范机构50家，支持了科技型中小企业迅速成长。四是以促进光伏产业发展的国家金太阳科技示范工程，唐山新能源汽车“十城千辆”科技示范工程，保定、石家庄“十城万盏”半导体照明科技示范工程，张家口国家风光储输示范工程等建设取得了积极进展。

【科学技术研究与发展】　2012年度河北省共有15项科研成果获得国家科学技术奖励。其中，由河北省单位或人员作为第一完成单位主持的获奖项目5项，河北省单位参与协同其他单位完成的获奖项目10项。按奖励等级分：特等奖1项（参与完成）、一等奖1项（参与完成）、二等奖13项（主持完成5项、参与完成8项）。按奖种分：技术发明奖二等奖4项，科学技术进步奖特等奖1项、一等奖1项、二等奖9项。

2012年度国家科学技术奖励项目中由河北省作为第一完成单位（人）的获奖项目共5项，分别是：由石药集团中奇制药技术有限公司王金戌、石药集团欧意药业有限公司郭卫芹等完成的“马来酸左旋氨氯地平原料与制剂及产业化应用”项目获国家技术发明奖二等奖；由燕山大学刘日平、王文魁、马明臻、张瑞军、杨育林、李工完成的“高强韧新型锆合金设计、制备及其在空间活动构件上的应用”项目获国家技术发明奖二等奖；由河北省农林科学院谷子研究所、中国农业科学院作物科学研究所、张家口市农业科学院等完成的“抗除草剂谷子新种质的创制与利用”项目获国家科技进步奖二等奖；由河北工业大学、华北制药股份有限公司等完成的“大通量高效立体传质塔板技术及其在化工节能降耗中的应用”项目获国家科技进步奖二等奖；由中国人民解放军白求恩国际和平医院等完成的“头颈部鳞状细胞癌治疗后复发救治技术平台和策略的建立及应用”项目获国家科技进步奖二等奖。

2012年度河北省科学技术奖授奖项目和个人296项（人），其中：河北省科学技术突出贡献奖1人（冀中能源集团有限责任公司刘建功同志），省自然科学奖12项（一等奖1项，二等奖5项，三等奖6项），省技术发明奖14项（一等奖2项，二等奖3项，三等奖9项），省科学技术进步奖268项（一等奖18项，二等奖45项，三等奖205项），省国际科学技术合作奖1人（德国西门子股份公司伊格豪特·丹尼尔）。

2012年度河北省山区创业奖授奖项目共40项，其中，一等奖空缺，二等奖6项，三等奖34项。按类别分：研究开发类25项，推广转化类7项，创新体系类4项，个人贡献奖4人。2012年，全省共登记科技成果3544项。其中，应用技术3261项，基础理论152项，软科学131项。达到国际领先43项，国际先进427项，国内领先2593项，国内先进463项，其他18项。

2012年，河北省经登记的技术合同成交额为150.76亿元，其中技术输出合同金额34.29亿元，同比增长28.42%，吸纳技术合同交易金额116.47亿元，同比增长68.8%。

在应用基础研究方面，2012年共有317项通过验收。发表学术论文3240篇，比上年增加336篇，增长11.6%，被SCI、EI、ISTP国际三大检索收录论文2842篇，比上年增加674篇，增长31%；参加学术论文643人次，其中国际学术会议634人次。省基金资助项目获省部级以上科技奖励61项。2012年河北省研究人员获国家自然科学基金资助项目405项，资助经费2.02亿元，比上年增长46%，创历史新高。省自然科学基金共资助项目504项，其中，面上项目275项，杰出青年科学基金项目10项，青年科学基金项目174项，河北钢铁联合研究基金25项，石药集团医药联合研究基金20项。省自然科学基金学术交流专项资助学术会议7项、学术讲学14项。

【农业和社会领域科技创新】 坚持把科技服务“三农”作为常抓不懈的重点任务，把改善民生作为重要落脚点，加强相关领域的技术创新，大力推进科技服务与科技知识推广普及。一是加强现代特色农业科技创新与服务支撑。加快技术集成创新与应用，2012年有44个农业新品种得到大面积推广。新建了唐山国家级农业科技园区，建设省级农业科技园区36个，新增国家科技富民强县试点县12个、总数达50个，共研发示范农业新产品、新工艺171项，制定标准74项，实现了夏玉米攻关田亩产800公斤的新突破。围绕强化农村科技服务，制定下发了河北省《关于进一步促进科技特派员农村科技创业的实施意见》、《河北省农业科技十项重点工作》，提出了加快农业科技创新的重点任务、目标和具体措施。开展了建设100个科技特派员创新创业基地、实施100项科技特派员创新创业项目的“双百工程”，组织了一村一品致富产业“四个一”大规模科技培训，得到省委、省政府领导的充分肯定。二是加强山区优势特色产业技术开发与示范。以星火产业带示范基地和特色产业园区建设为重点，实施技术开发项目100项，研发引进新技术160项，组织开展山区百项先进适用技术推广、百万农民培训工程，建设山区技术开发基地150个。评选出2012年度河北省山区创业奖40项，调动了广大科技人员和社会各界服务山区、贡献山区的积极性。三是不断提升社会领域科技创新水平。积极做好“重大新药创制”国家重大科技专项的实施，“重组人血白蛋白新药研究”等9个项目在国家立项。支持石家庄高端医药产业园建设，建成了5大新药科技创新体系，“连苏胶囊”等11个新药获得临床和生产批件，在高端产品开发上取得重大进展。启动了海洋科技专项，实施了海水综合利用、海洋生物资源开发、海洋生态环境保护等一批重大项目，曹妃甸工业区浓海水提钾综合示范工程取得突破性进展。加强节能减排技术研发示范，实施了12项工业节能减排项目，一批节能减排技术得到大范围推广。四是科技普及活动不断深入。2012年，省科技厅与省委宣传部、省科协等有关部门，共同组织科普活动达1000余场(次)，群众参与300万余人次。积极推动科技资源转化为科普资源，新认定科普基地21家、总数达到58家。

【科技创新创业与服务平台建设】 依托骨干企业和重点高校、院所，加快创新创业平台建设，着力增强企业创新发展活力。一是新建了一批创新平台。在节能环保、新一代信息技术、生物技术等领域建设了20个工程技术研究中心，依托优势学科建立了2个省级重点实验室，并加强平台建设评估工作，实现了新起点建设、高标准管理，全省已建设省级以上重点实验室和工程技术研究中心239家。河北工业大学“技术创新方法与实施工具工程技术研究中心”进入国家建设序列。二是加快推进产业技术研究院建设。发挥政府、骨干企业两个方面的作用，采取不同模式和建设机制，新建了邢台光热、绿色建筑、秦皇岛数据产业、衡水复合材料等4家省产业技术研究院，河北省产业研究院达到9家，成为聚集产业创新要素、转化先进成果、服务产业发展的重要平台。三是培育壮大科技服务平台。目前已建成省级以上科技企业孵化器37家，其中国家级14家，在孵企业达1900多家，毕业企业900多家，自主研发产品1200多项。全省已建设生产力促进中心134家，其中，国家级示范中心达到21家。

【科技开放合作】 认真落实省委、省政府关于百家央企、百家院所校进河北的重要部署，在推动科技开放合作上迈出新步伐。一是按照省委、省政府“双百工程”要求，科技部门主动协调、谋划，一大批科技型大公司、大集团和国家级大院大所大学与河北省建立了科技合作关系，一大批科技项目和科技成果落户河北。省内高校与央企的合作，已有8所重点高校与10家央企联合开展了15个重点实验室的建设工作。二是加大科技招商力度。2012年，组织有关企业、单位参加北京科博会、广州高交会、香港投洽会等科技交流合作活动，科技合作渠道进一步拓宽。加快建设了一批国际科技合作基地，先河环保科技公司等两家企业被科技部认定为国际科技合作示范基地，基地总数达到14家，居全国前列。三是深入与两院院士的合作。2012年8月，省委、省政府召开了河北省院士联谊会第七次会员大会，近百名“两院”院士参加会议，签署了一批科技合作协议，新建院士工作站20家，总数达80家，有236位院士进站工作。中国科协年会期间，成功举办了院士合作成果展。组织开展了廊坊新奥泛能网、河北钢铁企业等一系列院士行活动。

【科技发展环境建设】 全国科技创新大会的召开，吹响了向科技强国进军的号角。围绕加快河北省科技创新步伐，研究出台新的重大举措，着力增强科技发展的动力，更好地服务经济社会发展。一是对全省科技发展进行全面部署。全国科技创新大会召开后不久，省科技厅就会同有关部门，在省内外进行广泛调研，深入研究河北省贯彻落实的重大举措。省委、省政府出台了《关于加快科技创新与改革的意见》，并召开全省科技创新大会动员部署，明确了当前和今后一个时期科技发展的指导思想、基本原则、主要目标、重大任务和政策措施保障。各地、各部门积极贯彻，全省上下形成了大力推动科技创新的良好局面。二是研究制定科技促进经济稳定增长的具体举措。针对2012年经济下行压力加大的形势，进一步突出工作重点，研究下发了《科技促进经济平稳较快发展的十项措施》、《关于大力加强全省县（市）科技工作的意见》等一系列文件，采取综合措施，着力支持企业创新发展，加强对基层的科技服务，科技为实现全省经济平稳较快发展发挥了积极作用。三是加强科技法规的研究制定工作。对科技法规制定和完善工作进行梳理，及时列入立法、修法启动程序。重点开展了《河北省技术市场条例》制定工作，同省人大教科文卫委员会、法制委员会等有关单位一起，多次召开座谈会，到河南、山西、山东等地进行考察，研究提出了新形势下促进技术市场发展新的法律保障和规范，11月25日在省十一届人大常委会第33次会议上通过并实施。修订了《河北省科学技术奖励办法实施细则》，严格了申报条件，规范了评审管理，提高了奖金标准。四是加快推动科技政策的落实。编写了《河北省科技进步条例释义指南》，利用各种媒体进行广泛宣传。组织举办了多次培训班，加大对企业有关人员的培训力度，努力把科技政策落到实处。2012年共鉴定研发费用税前加计扣除项目1200余项，加计扣除研发费用总额达21亿元，科技政策的激励导向作用明显增强。

【知识产权工作】　全省知识产权创造、运用、保护和管理能力稳步提升，知识产权工作取得明显成效。一是知识产权政策环境逐步完善。以省政府办公厅名义下发了《关于加强河北省战略性新兴产业知识产权工作的若干意见》，为全省战略性新兴产业快速健康发展提供有力支撑。研究制定了《河北省知识产权局关于加强专利行政执法工作的若干意见》，从完善制度、健全机制、队伍建设、经费投入和扩大影响等五方面作出规定，全面加强专利行政执法工作。二是深入实施知识产权优势培育工程。研究起草《河北省知识产权优势企业认定办法》及评价指南，启动河北省知识产权优势企业认定工作。筛选确定华药新药、承德颈复康等20家企业的20个项目为2012—2013年度专利战略引导计划项目，并给予立项支持。积极推动企业向国外申请专利。按照河北省专利申请资助相关政策，对PCT专利申请量前10名优势培育企业给予资金支持。三是专利权质押贷款取得新突破。2012年全省19家企业通过专利权质押方式获得银行贷款2.75亿元，较上年翻了近一番。省知识产权局与光大银行石家庄分行签署了中小企业专利质押融资战略合作协议，未来3年提供30亿元的专利权质押贷款额度，为企业搭建了新的融资平台。四是开发区（园区）专利产出能力大大提高。2012年全省开发区（园区）消除“零专利”企业404家，申请专利915项，分别比上年增长23.9%和44.6%。五是不断加大专利行政执法力度。开展知识产权执法维权“护航”专项行动，加强河北省商贸流通环节、生产环节知识产权维权工作，维护专利市场秩序；组织开展商贸流通领域“无假冒专利示范单位”培育认定工作，培育认定无假冒专利示范单位100家；资助部分设区市改善专利行政执法条件，提高执法效率；强化专利行政执法办案协作，与北京、天津、上海、重庆、江苏、山东、广东、四川签署《九省市专利行政执法协作协议》。目前，河北省持证执法人员已覆盖全省各县（市、区），执法队伍进一步壮大。充分发挥知识产权维权援助中心作用，及时办理举报投诉案件，切实维护社会公众的知识产权权益。2012年，全省共出动执法人员538人次，检查单位1406家，检查各类商品42600余件，涉嫌假冒专利商品58件。办理专利侵权纠纷案件46件，查处假冒专利案件16件。

【科技成果】　据《2012年河北省科学技术成果统计公报》，河北省科技成果登记数量稳步增长，2012年全省共登记科技成果3544项，比2011年增加413项。大专院校和医疗机构是科技成果的主要完成单位。成果类型多是应用技术，主要分布在医疗卫生、制造业、农林牧渔业。国际先进水平以上的成果达到13.26%。从类别构成上看，科技成果主要以应用技术类成果为主，2012年登记应用技术类成果3261项，占登记总数的92.01%。登记软科学类成果131项，占3.70%，登记基础理论类成果152项，占4.29%。从研究水平上看，达到国际领先水平成果43项，占总数的1.21%；国际先进水平成果427项，占总数的12.05%；国内领先水平成果2593项，占总数的73.17%；国内先进水平成果463项，占总数的13.06%，未进行评价成果18项，占总数的0.51%。从科学技术成果计划来源构成来看，2012年省级科技计划包括省自然基金在内共登记科技成果639项，占18.03%。国家计划包括国家部委计划在内登记成果共79项，占2.23%。省直部门计划登记成果716项，占20.20%。设区市计划登记成果1322项，占37.30%。在应用行业上，卫生、社会保障和社会福利业，是科技成果登记最多的行业，共登记成果2066项，占总数的58.30%。制造业成果登记居第二位，共325项，占总数的9.17%。农业成果登记居第三位，共322项，占总数的9.09%。从各类机构成果登记情况来看，大专院校登记1169项，占总数的32.99%。医疗机构登记1539项，占总数的43.43%。企业登记466项，占总数的13.15%。独立科研机构登记144项，占总数的4.06%。其他性质单位完成297项，占总数的8.38%。从科学技术成果知识产权情况来看，2012年登记的科技成果中，发明专利登记280项，实用新型专利登记187项，外观设计专利登记5项。登记标准类成果322项，占总数的9.09%。其中，国际标准17项、国家标准149项、行业标准83项、地方标准32项、企业标准41项。医疗机构登记标准类成果162项，大专院校71项，企业54项，独立科研单位9项，其他单位26项。

（河北省科技厅　冯建平）

【省社科联工作】 2012年，河北省社科联在省委、省政府和院党组的正确领导下，以迎接党的十八大、学习贯彻党的十八精神为工作主线，发挥社科联组织和社会科学在建设经济强省和谐河北中的理论支持、决策咨询、宣传普及、智力服务、思想引导等作用，各项工作取得新成绩。

（一）把握方向，营造氛围，为迎接十八大、学习贯彻十八大精神做贡献

召开党的十八大是我国政治生活中一件大事，省社科联在全年的工作中紧密围绕党的十八大开展各项活动。为迎接党的十八大，组织和推动全省社会科学学会结合学科实际开展了形式多样的理论活动，哲学与政法、科社与党建、教育与文化学科的学会和社会科学工作者发表了一批宣传研究胡锦涛同志七一重要讲话、宣传研究中国特色社会主义理论体系的文章，为党的十八大召开营造了健康向上的思想理论氛围。

党的十八召开之后，省社科联及时向各团体会员发出通知，对全省社科联系统学习贯彻党的十八大精神作出部署，提出要求。许多团体会员召开座谈会、研讨会，组织撰写辅导资料，举办学习宣讲，迅速掀起学习宣传贯彻党的十八大的理论热潮。在社科联组织的学术年会、博士论坛、科普工作会议、工作年会等活动中，都把学习贯彻党的十八大精神作为主线，用党的十八大精神指导社科联工作和社会科学活动。这些工作为统一全省社会科学工作者的思想，明确社科团体在全面建成小康社会中的任务，强化干部群众对中国特色社会主义的道路自信、理论自信、制度自信发挥了重要作用。

（二）创新思路，谋划发展，开创新时期社科联工作新局面

为贯彻党的十八大、十七届六中全会《决定》和省八次党代会及省委八届二次、三次全会精神，更好地发挥哲学社会科学和社科联组织在建设经济强省和谐河北和文化强省中的重要作用，社科联在深入调研的基础上，结合河北实际，起草了《关于加强新时期社会科学界联合会工作的意见》，经省委、省政府领导同意，以省委办公厅、省政府办公厅正式文件的形式印发全省。《意见》重新明确了社科联的性质与地位、以及发挥社科联的作用、加强社科联建设和对社科联工作领导的一系列政策规定，充分体现了省委、省政府对社科联工作的关心和支持，对推动全省社会科学事业科学发展、健康发展具有重要意义。

在省委、省政府的重视和支持下，省社科联第四次代表大会在12月胜利召开。全省社会科学界350名代表出席。省委书记、省人大常委会主任张庆黎会见了与会代表并合影留念。省领导景春华、艾文礼、宋太平、杨汭、刘永瑞出席开幕式，省委常委、宣传部长艾文礼作重要讲话。大会以党的十八大精神为指导，总结了省社科联三大以来的工作，明确了今后五年的发展思路和工作任务，修改了《河北省社会科学界联合会章程》，选举产生了新一届委员会和领导机构。大会是一次团结鼓劲的大会，为推动河北省社科联工作、进一步繁荣发展社会科学事业凝聚了力量。

（三）围绕中心，服务大局，开展应用对策和重大理论研究

大型民生调研活动，紧紧围绕河北省就业与创业、城乡社会保障体系建设、食品药品安全、环境保护与节能减排、文化强省建设、“三农”问题、加快发展现代服务业等重大民生问题，2012年筛选立项课题298项，委托课题47项，各市重点负责的民生调研委托课题55项。在2011年的160个结项课题中，有26项成果获省市级领导批示，52项成果被省、市相关部门和单位采纳或参考，110余项成果在国家、省、市级报刊公开发表。2012年已结项课题210项，其中1项成果得到李克强等国家领导人的批示，55项成果获省市领导肯定性批示，124项成果在国家、省、市级报刊公开发表。

第五届河北省社会科学博士论坛，以“学习贯彻党的十八大精神，发挥哲学社会科学智库作用”为主题，首先请省委党校的专家作题为《新形势下夺取中国特色社会主义新胜利的政治宣言和行动纲领——十八大报告解读》的报告，随后分三个分会场进行了报告交流。论坛围绕建设经济强省和谐河北、新农村建设、历史文化等问题展开热烈讨论。中新社、河北日报等媒体对论坛进行了现场采访或报道，扩大了博士论坛的影响范围和力度。

第七届河北省哲学社会科学学术年会，共收到会议论文三百余篇，在石家庄市、张家口市、沧州市举办三个专场。主题分别为“文化强省，和谐河北”、“弘扬十八大精神，服务经济强省，和谐河北建设”、“武术与社会发展研究”。与会专家学者研讨交流的内容涉及河北经济建设、政治建设、社会建设、文化建设和生态文明建设等诸多方面，被专家学者称为全省社会科学研究成果交流展示的平台。

燕赵文化论坛，抓住“增强文化发展活力，促进文化事业和文化产业繁荣发展”的热门课题进行研讨。来自省内省直单位、高校、研究机构及各市社科联的专家学者和实际工作者共150余人参加了论坛，提交论文80余篇。专家学者紧密结合当前河北省深化文化体制改革、推动文化强省建设、全面提升文化凝聚力、影响力和竞争力的实际，围绕各地历史文化资源的保护与开发、文化产业发展所面临的实际问题、文化产业发展中长期战略等问题进行了深入的研讨，为河北省文化建设提供切实有效的意见建议。

社会科学“新智库”建设研究，在总结研究经验的基础上，向更深层次和领域展开。“河北社会科学发展研究”协调组织全省四十多位专家，查阅大量的文献资料，开展广泛的问卷调查，走访了一批社科专家，组织了“河北省社会科学发展现状与走势座谈会”。完成的《2012年河北社会科学发展研究报告》从河北社会科学的发展态势、科研进展、学术生态、前瞻测评四个方面对河北社会科学作了全景式的研究，得到省领导的肯定性批示，并送有关部门参阅。承担的“河北文化机制体制改革创新”调研，是省领导交办“河北省思想文化工作进入全国第一方阵”系列研究中的子课题，课题组深入全省各市实地考察，学习借鉴外省市经验，完成的调研报告得到省委领导同志的充分肯定，批转省有关部门采纳。

京津冀协同发展论坛，总结联合三省市社科联和科协连续举办6年的成功经验，又有新的突破。2012年的论坛把参与组织和研讨的范围扩展到京津冀晋蒙五省市区。河北省的专家学者在论坛上围绕“首都经济圈：内涵与路径”的主题发表了研究成果，展示了河北社会科学界参与京津冀晋蒙区域协同发展的对策研究成果，提出了把建设经济强省和谐河北的实践融入更大的区域性发展的理论观点和咨询建议。

（四）明确导向，贴近实际，拓展社会科学普及传播的深度

河北省第八届社会科学普及周，以“建强省、促和谐、兴文化”为主题，省、市社科联和全省社科团体共组织300多个会员单位的6000余名专家学者与实际工作者，共开展广场咨询32场，报告讲座78场，社科下基层126项，知识竞赛、图片展览、主题活动等其他形式的科普活动356场，活动项目总数达580余项，发放各类书籍、宣传资料20余万份，直接受众超过30万人次，辐射人群近百万，真正使广大百姓感受到社科知识宣传普及所带来的文化之风。其间，与河北日报共同举办了“推动文化大发展大繁荣知识竞赛”，得到广大群众积极响应，共收到全省各地的参赛答卷15万余份，对引导广大干部群众深入了解推动文化大发展大繁荣和建设文化强省的重要意义，发挥了良好作用。

编写社科普及读物，从理论知识普及读本和社科知识普及读物两个系列入手。第一个系列确定为编写《讲主题，谈主线》理论普及读物，围绕转变发展方式、社会建设与社会管理、文化建设、新农村建设、党的建设共五方面组织编写。第二个系列确定编写《食品安全百问》、《百姓理财（一）》、《安全用药百问》等科学知识普及读本，为老百姓的生活生产提供切切实实的帮助。此外，在全省组织开展了第九届“全面实施素质教育”征文与课件评选活动，传播素质教育的社会共识和实践经验。

《社会科学论坛》杂志和河北社会科学网，注意发挥河北社会科学界主流媒体的作用，坚持正确的政治方向和学术方向。《社会科学论坛》2012年共发表文章三百多篇，约三百多万字，被《新华文摘》《高等学校文科学术文摘》《光明日报》《人大复印报刊资料》等15种报刊转载文章30多篇，入选了人民大学人文社会科学学术成果研究中心、人民大学书报资料中心2012年版“复印报刊资料”重要转载来源期刊。河北社会科学网及时上传河北省社会科学界的最新理论信息，在国内同类网站的影响力不断扩大，被其他媒体转发的各种稿件日益增多。

（五）搭建平台，优化机制，营造社会科学事业健康发展环境

第十三届河北省社会科学优秀成果评奖，严格按照《河北省社会科学奖励办法》（河北省人民政府令〔2005〕第8号）的规定，制定具体实施办法和操作程序。经过个人申报、单位推荐，省评奖办公室资格审查，学科专家评审、省评委会终评，评选出奖励成果226项，其中荣誉奖2项；一等奖15项、二等奖69项、三等奖140项。成果评奖活动有效显现了对全省社会科学研究的激励机制、导向机制和评价机制。

哲学社会科学研究基地，以加强基础建设与科研管理为抓手。建立基地三年来，共出版著作50余部，发表论文和理论文章700余篇，科研成果获得省部级奖励40余项，承担并完成各级各类科研立项课题430余项，与近20家国内外高校签订了多项科研互助合作协议，有近百项应用研究成果进入决策领域，为河北经济社会发展提供了有力的智力支持，成为社科联尝试河北省社会科学科研创新的平台和范例。

社会科学发展课题管理，坚持以研究建设经济强省和谐河北中的理论问题和现实问题为主攻方向，在评审立项、督导科研、核准结项三个环节强化管理。2012年共选出立项课题551项。其中，重点课题36项，一般课题347项，青年课题145项，区域经济联合基金项目23项。年内召开两次课题结项评审会议，与会专家对申请结项课题进行了严格的鉴定评审，申请结项数达450余项，占总立项数的98%以上。

社会科学重要学术著作出版资助，以支持社会科学研究者潜心学术，扶持、帮助重大理论研究和应用研究的优秀作品成果转化为宗旨，按照《河北省社会科学重要学术著作出版资助项目管理办法》，受理申报项目，并按要求进行整卷建档、资格审查、专家评选、审定资助、结项验收等工作。2011年确定资助的项目已出版9部；2012年经专家评审，资助项目16个。

《河北社会科学年鉴》，连续编纂出版6年来，在省内外社会科学界和志书编纂界的知名度越来越高。年内组织编写的《河北社会科学年鉴·2012卷》，由13个栏目组成，约180万字。全省近百个相关单位和部门的200多名社科工作者承担了编写任务或提供资料。《年鉴》与省内外同行建立了资料互换的工作交流关系，在各省市区第二届《社会科学年鉴》编写工作经验交流会上，河北省的经验受到与会专家的赞赏。

（六）规范管理，热情服务，增强社科团体工作活力和社科联社会影响力

社会科学团体管理，坚持按既主动热情、又严格规范的要求开展工作。根据《社会团体登记管理条例》有关规定，通过严格审查，对省社科联所属的56个社团进行了初审，报河北省民间组织管理局审批后，通过年检；批准成立河北省金石学会、河北省革命老区科学发展研究会；接收河北省民俗摄影协会为省社科联的团体会员。加强对团体会员的日常管理，指导其遵循自身章程，围绕工作任务，组织开展了主题鲜明、形式多样的各种活动，增强了省社科联工作的向心力、凝聚力、掌控力。

社团党建工作，重在通过对社团党组织负责人的培训推动社团党的建设。举办了第三期社团党组织负责人培训会议，隶属于社科联业务主管的48个社团党组织的负责人参加。会上请党建研究专家作了辅导报告，各学会、研究会分别结合各自的工作特点，就社团党建工作现状和改进措施展开了讨论，交流了经验，沟通了信息，为今后更

好地开展社团党建工作，奠定了良好基础。

学会评优和各市社科联评优，是社科联系统树立学习榜样，发挥典型作用，有效地调动各团体会员工作积极性的有效措施。为发挥先进社团对省社科联所属团体会员的工作带动和示范作用，先后召开了学会秘书长工作会议和社科联工作年会，总结交流各团体会员的工作经验；开展优秀市社科联评比奖励，带动了各团体会员的工作。

社科联的对外联系和联络，重点加强了与社科联委员及各省市社科联来往。应对“四大”前后委员调整的现状，重新整理了省社科联委员通讯方式，及时向他们寄送省社科联的各类资料和文件，通报有关重要活动。加强了与各省市社科联的联系，赴四川、新疆、辽宁等地社科联学习调研，接待了西藏自治区等省、市、区社科联领导来访，参加华北地区社科联协作会和全国社科联工作联席会等，交流了经验，开阔了视野，促进了工作。

（河北省社科联　孙　浩）

【省社科院工作】　2012年，河北省社会科学院坚持“为决策服务、为发展服务、为基层服务”的办院方针，健全完善“理论武装、服务决策、繁荣发展”三位一体工作新格局和“参公管理、事业管理”一院两制新体制，积极推进年初确定的各项工作，在理论宣讲、社科研究、社科联合等方面都取得了显著成绩，在打造“省级科研一流、国内国际知名、服务河北科学发展”的“新智库”建设的道路上迈出了坚实步伐。

（一）以迎接十八大召开和学习贯彻十八大精神为主线，深化理论研究和宣传宣讲，理论武装工作持续推进

第一，发挥优势，积极营造迎接党的十八大胜利召开的浓厚氛围。2012年，省社科院把迎接十八大召开和学习贯彻十八大精神、省八次党代会精神作为理论武装工作的头等大事来抓，积极营造宣传氛围，先后组织召开了全省党委讲师团主任会议暨深入宣讲宣传省第八次党代会精神座谈会、省社科理论界学习胡锦涛总书记“7·23”重要讲话座谈会，举办了全省党委讲师团系统青年理论宣讲骨干培训班、省委八届二次全会精神宣讲工作培训班，组织开展了“送理论下基层”和理论宣讲活动。据不完全统计，2012年全省党委讲师团系统（含理论宣讲工作站）共开展理论宣讲2.15万多场，受众240余万人次。接受菜单点播宣讲50余场，听众近3万人次。编辑出版了《惠在何处惠从何来》、《河北省惠农政策200问》等书籍，被省委加强基层建设年活动办公室发至每一个省驻村工作队，作为面向农村、农民解读政策的依据。编写了《〈论文化建设——重要论述摘编〉辅导读本》，成为基层宣传部长培训必读教材。出版了《党的十六大以来河北省理论研究成果文集》，编写了《与党员干部谈文化改革发展》、《与党员干部谈党的先进性和纯洁性建设》等理论读物。发挥“河北省中国特色社会主义理论体系研究中心”作用，以“中心”名义撰写了《社科理论界“走转改”如何深入下去》、《科学发展观：推动中国特色社会主义事业发展的根本指针》、《推动城市社区文化活动创新发展》、《把生态文明建设放在突出位置》等文章，在《人民日报》、《光明日报》、《经济日报》等国家级报刊发表，提升了本院理论研究在全国的知名度、美誉度。

第二，履职尽责，把学习宣传贯彻党的十八大精神作为首要政治任务。十八大召开后，院党组根据省委文件精神，专门制定了学习贯彻十八大精神的《实施意见》，作出具体安排，组织了不同范围的集中学习，进一步深化了对十八大精神的认识。与省委宣传部联合召开了省社科理论界学习党的十八大精神座谈会，艾文礼部长出席会议并讲话，为全省宣传文化系统的学习活动开了好头。及时向院属部门、各市委讲师团、各市社科联以及所属社团发出通知，提出学习宣传的要求，在全省社科理论界形成学习宣传的强大合力。及时制定了十八大精神宣讲方案，撰写宣讲提纲，更新宣讲“菜单”，组织理论宣讲工作队深入基层宣讲站提供理论服务；发挥《党委中心组理论学习通讯》、《理论信息》和“干部理论教育网”的作用，为党员干部学习十八大精神提供理论服务，积极推动全省兴起学习贯彻十八大精神的热潮。

（二）加强应用对策和基础理论研究，推动科研机制创新，社科研究工作取得积极成效

第一，强化“三个服务”，应用对策研究成果丰硕。省社科院按照省委主要领导提出的“扭住重大关切，出更多成果和人才”的要求，努力发挥“思想库”作用。一年来共完成科研成果610多项，比往年明显增多。一是围绕全省经济社会发展的重大问题，请省领导圈定或交办重大研究课题。省社科院将省领导圈定或交办的课题列为院级重大课题，组织科研力量开展研究。其中，《“标志性突破”意味着什么》和《全面建成小康社会目标在大多数地区总体实现的科学内涵及重大举措》等研究成果得到省委书记张庆黎等省领导的肯定批示，庆黎书记批示：“社科院对这两个课题研究得及时。”《河北沿海地区经济发展问题研究》一书出版后得到省长张庆伟，省委副书记赵勇，省委常委、宣传部长艾文礼的批示肯定，指出“此事办得好，围绕中心，服务了大局”；开展了“河北省思想文化建设进入全国第一方阵”课题的研究，调研成果得到省委常委、宣传部长艾文礼的肯定批示。省社科院还成功举办了“河北省经济形势分析会”，《综述报告》得到省委书记张庆黎等省领导的肯定批示，庆黎书记批示：“很有参考价值。”二是围绕中心，服务大局，积极开展应用对策研究，一批研究成果得到国家和省委、省政府领导的批示肯定。其中，《着力依法破解缠访闹访等非正常上访难题》得到国家领导人周永康、回良玉、马凯的肯定批示；《河北省社会各阶层思想动态2011年分析与2012年预测》得到省委书记张庆黎、省长张庆伟等省领导批示；《环渤海省市沿海地区发展考察报告及比较研究》得到省委常委、常务副省长杨崇勇批示；《加强企业引进京津人才智力研究报告》得到省委常委、组织部长梁滨批示；《河北省沿海地区深度新闻宣传与信息对接的建议》得到省委常委、宣传部长艾文礼批示。还出版了《2011—2012年河北发展蓝皮书》，编纂完成了《2012—2013年河北发展蓝皮

书》。编辑《决策参考》25篇、《决策建议》1篇，其中11篇获得省领导批示。与往年相比，成果质量和受重视程度实现了新突破。

第二，提升研究水平，课题立项和基础理论研究取得积极进展。一是完成年度各级课题的申报立项管理工作，获准立项国家社科基金青年项目2项，1项成果首次获得国家社科基金后期资助项目立项；获准立项省社科基金项目5项，承担委托课题1项；获准立项省软科学项目4项；确立院级重大课题10项、重点课题23项。印发并实施《河北省社会科学院第三期重点（扶持、培育）学科建设三年发展规划)》，进一步促进了学科建设。二是发表出版了一批重要研究成果。出版了《马克思总体生产思想研究》、《主体建构与困境救赎》、《华北抗日战争史研究丛书》、《唐代河北藩镇研究》、《唐代地方武官研究》、《蒙学十三经》、《丁晋公谈录》、《西柏坡精神干部读本》等著作；发表了一批高质量的学术论文，1项研究成果被《新华文摘》全文转载。与有关单位共同编制的《河北省爱国主义教育基地服务规范》等四个文件被确立为省级地方标准，创新了科研方式。4项研究成果获第七届省社科基金项目优秀成果奖，“知识产权文化创新发展研究”等多项研究成果转化应用。此外，省社科院还开展了系列学术活动，举办了“河北省沿海地区发展研讨会”、“欧美经济走势与中国经济转型”学术研讨会，研讨会情况报告得到省委副书记赵勇，省委常委、宣传部长艾文礼批示；举办了“新时期‘河北精神’专家研讨会”、《西柏坡之恋》出版座谈会，承办了“弘扬西柏坡精神，加强新时期党的建设”全国学术研讨会，提升了本院在国内外的学术影响力。

第三，创新科研机制，“三走”大调研活动取得积极成效。按照省委“三个一”的工作部署和“走转改”活动的要求，组织开展了“三走”大调研活动。在“走基层太行行——红色教育大调研”活动中，院领导和行政管理、科研人员深入河北省“老”“少”“边”区，开展西柏坡精神、社会建设、河北文化品牌和社情民意调研，接受革命传统教育，组织送理论下基层和社科普及活动，进一步强化了宗旨意识，坚定了理想信念。在“走基层沿海行——河北沿海地区发展大调研”活动中，院领导和科研人员深入环渤海沿线的秦、唐、沧等新兴增长区域和天津、辽宁、山东等毗邻沿海省份，围绕河北经济发展重大问题开展调研，形成了系列调研成果，进一步增强了开放意识和创新意识，提升了科研能力。在“走世界开放行——广泛开展国际学术交流”活动中，共接待来访9批32人次，组织学术交流研讨活动8次；安排出访团组7批30人次，扩大了本院的国际学术影响力。艾文礼部长对省社科院“三走”活动概括为“真重视”、“有特色”、“成效好”。《光明日报》在头版以《到“源头”去引“活水”来》为题报道了河北省社科院的做法。中央和省内主要媒体以及全省宣传文化系统“三个一”主题教育实践活动《简报》和《河北快报》介绍了河北省社科院“三走”活动的情况。

（三）发挥桥梁纽带作用，加强自身能力建设，社科联合工作迈上新台阶

第一，顺利完成省社科联换届工作。省委对省社科联的换届工作非常重视，提出了明确要求。省社科院举全院之力开展筹备工作，保证了大会如期召开。省委书记张庆黎和省领导景春华、艾文礼、宋太平、杨汭、刘永瑞出席开幕式或参加会见活动，艾文礼代表省委作重要讲话。大会通过了《工作报告》，审议通过了省社科联《章程》，选举了新一届委员会和常务委员会，省政协副主席刘永瑞当选为省社科联主席。这次大会对于增强社科联的向心力，提高社科界的凝聚力，推动河北省哲学社会科学事业的繁荣发展具有重要意义。

第二，服务能力和管理水平不断提高。一是服务能力得到新提升。围绕本省重大民生问题开展大型民生调研活动，收到结项课题210余项。其中，《切实防范民生实践中的不良倾向》得到中央领导李克强批示，《关注民生诉求新变化，完善民生政策》得到中央领导回良玉批示。有13项成果得到省领导张庆伟、臧胜业、杨崇勇、艾文礼、宋太平、宋恩华、张杰辉、刘永瑞、赵文鹤批示。开展了“文化建设与发展环境”与“生态环境建设”专题调研，完成了“2012年河北社会科学发展研究报告”，得到省领导肯定批示。成功举办了燕赵文化论坛、社科博士论坛、社科学术年会等品牌活动，扩大了活动的影响力；联合举办了京津冀晋蒙区域协作论坛，深化了区域合作。二是社科普及得到新拓展。举办了以“建强省、促和谐、兴文化”为主题的河北省第八届社会科学普及周活动，省领导艾文礼、刘永瑞等出席开幕式，本次活动直接受众达30万人次，取得了良好效果。编写了《讲主题谈主线》和《食品安全百问》等社科理论普及读本。三是平台建设得到新巩固。社科研究基地建设与管理工作成效显著，出版著作26余部，发表论文和理论文章300余篇，完成科研立项课题310余项，开展学术交流活动60多场次；完成了第十三届河北省社科优秀成果奖评审，评出优秀成果226项；开展社科发展研究课题立项工作，确立课题551项；开展社科重要学术著作出版资助项目评审，资助出版学术著作16部；编纂了《河北社会科学年鉴（2012卷）》。四是管理工作得到新加强。召开了省社科联工作年会，组织举办了社团党组织负责人培训会议，指导所属社团开展活动，成立、接收新学会3个，开展了学会评优和各市社科联评优活动。五是制度建设得到新完善。积极争取和推动省委办公厅、省政府办公厅联合印发了《关于加强新时期社会科学界联合会工作的意见》，为社科联工作争取到更多的政策支持和更大的发展空间。

（四）发挥改革效能，促进事业发展，“三位一体”工作新格局更加健全完善

年初，省委主要领导对省社科院的机构调整作出批示，提出“一定要抓好巩固提高的工作”的更高要求。院党组认真贯彻省委精神，把工作着力点放在抓巩固提高上，使“三个一相加大于三”的改革效能得到充分发挥。1.资源配置更加高效合理。充分发挥学科齐全、研究力量雄厚的特点和优长，加强理论宣讲专家库建设，将本院的一批专家充实到宣讲队伍中来，大大增强了宣讲工作的实力。

"河北省中国特色社会主义理论体系研究中心"积极壮大撰稿人队伍,组织本院科研骨干参与中国特色社会主义理论的研究,取得了积极效果。2. 科研机制进一步优化。充分发挥全省讲师团和社科联系统的组织优势,推动社科研究向下延伸,向基层靠近。科研人员在调研中切实感受到工作的便利,促进了科研工作与基层实际的紧密融合,推动了社科研究方式的进一步转变,培育了科研工作新的增长点。3."举全院之力"成为完成重大活动、促进事业发展的独特优势。在省社科联换届工作中,院党组周密部署,提出举全院之力办好省社科联第四次代表大会的明确要求,使原先需要几个月甚至半年才能完成的筹备组织工作在短短的半个月内就顺利完成,圆满实现了省委提出的工作要求,得到省领导的肯定和全省社科界的一致称赞。

(五)推进党的建设,强化各项服务,为"新智库"建设提供坚实保障

第一,党建和纪检监察工作进一步加强。深入推进创先争优活动,开展党员先进性和纯洁性教育,切实提高了党员干部的党性观念和党员意识。深入开展加强基层建设年活动,驻村工作组获得省、市两级的评优表彰。严格执行组织人事纪律,认真落实廉洁自律各项规定,开展廉政风险防控工作和从政道德教育,起到了保驾护航的作用。老干部工作成绩突出,被上级评为离退休干部工作先进单位。工、青、妇等各项工作稳步推进,在省直和宣传文化系统组织的演讲比赛和其他活动中都取得了好的名次。本院在2012年被评为省直文明单位,这是省社科院建院30年来的第一次。第二,人事和科研管理工作进一步提高。制定了《院处级领导干部任(聘)用工作实施意见》,完成了院属事业部门处级领导岗位第五轮聘任和参公管理部门处级领导职位补充调整工作。开展了第二次专业技术岗位聘任工作,完成了本院及全省社科研究专业职称推荐、评审工作,修改了院重要科研成果奖励办法。第三,信息工作和信息化建设进一步提升。信息工作连创佳绩,连续被省委评为信息工作优胜单位,召开了年度全省社科理论信息工作会议,院"三网一报"办网报水平不断提升。信息化工作成效明显,严格落实院信息化工作领导小组例会制度,完成软件正版化工作,数字资源建设加快步伐,网络与信息安全得到保障。第四,科辅和行政后勤工作进一步增强。《河北学刊》、《社会科学论坛》、《经济论坛》坚持正确办刊方针,不断推出精品成果。加强财务预算编制与管理,通过财务审计,完成绩效评价,资产管理更加合理。行政后勤工作运转正常,办公环境进一步改善。

(河北省社会科学院　汪　洋)

气　　象

【概况】 2012年,全省设11个设区市气象局和130个县(市)气象局(局站合一),以及曹妃甸区、曹妃甸工业区、渤海新区3个副处级气象局。全省气象部门现有在编职工2178人。建有5个新一代天气雷达站、2个风廓线雷达站、3个L波段探空雷达站、142个国家级自动气象站、10个国家级无人值守自动气象站、1个海上浮标气象观测站、2601个区域气象观测站、132个自动土壤水分观测站、20个酸雨观测站、1个沙尘暴观测站、11个闪电观测站、30个大气电场观测站、51个地基GPS/MET观测站、35个风能观测站、102个交通气象观测站等。

【气候状况】 2012年,全省年内平均气温较常年偏低,降水量较常年偏多、日照时数较常年偏少。主要遭受了干旱、暴雨、连阴雨、高温、大风、沙尘、冰雹、大雾、强降雪、雷暴等气象灾害以及引发的局地山洪、地质灾害等次生灾害。其中暴雨、雷暴天气比常年偏多,高温、冰雹、大雾、强降温寒潮天气少于常年,大风、沙尘天气较常年明显偏少。2012年灾情属于"中等偏重"年份。

气温。全省年平均气温为11.7℃,比常年偏高0.1℃,属正常年份。冬季平均气温为−3.7℃,较常年偏低1℃,是2005年以来最低。春季平均气温为13.8℃,比常年偏高0.8℃,属偏高年份。夏季平均气温为24.9℃,比常年值相等,属正常年份。秋季平均气温为11.8℃,比常年偏低0.3℃,属正常年份。

降水。全省年平均降水量为623.5毫米,较常年偏多24%,属偏多年份。冬季平均降水量为2.8毫米,比常年偏少74%。春季平均降水量为68.6毫米,比常年偏少6%,属正常年份。夏季平均降水量为418.0毫米,比常年偏多25%,属偏多年份。秋季平均降水量为134.2毫米,比常年偏多56%,属偏多年份。

日照。全省年平均日照时数为2393.2小时,较常年偏少102.5小时,属偏少年份。冬季平均日照时数472.7小时,较常年偏少48.6小时。春季平均日照时数710.9小时,较常年偏少7.4小时。夏季平均日照时数597.6小时,较常年偏少67.7小时,属偏少年份。秋季平均日照时数611.9小时,较常年偏多21.1小时。

【气象灾害】 干旱。年内河北省以阶段性干旱为主。2011年12月9日至2012年3月15日,全省大部分地区降水持续偏少,23%的县(市)无有效降水,全省平均降水量2.0毫米,比常年同期偏少8成以上,为历史同期第三少雨年。3月下旬,随着大范围降水过程的出现,全省旱情明显缓解。夏秋时节发生的阶段性干旱给全省部分地区农业生产带来严重影响,农作物大面积绝收和大量人员及大牲畜出现临时性饮水困难。2012年全省因旱受灾人口188.94万人,农作物受灾面积218.2千公顷,其中绝收19.87千公顷,直接经济损失8.34亿元。

大风。全省年平均大风日数为每站4.3天,不到常年值的一半,为有气象观测记录以来最少。年内有16天单日大风影响范围超过10个县(市),其中2天超过20个县(市)。3月23日,101个县(市)出现大风天气,是2012年大风影响范围最广的一天。此次大风造成7300余人受灾,农作物受灾面积300余公顷,直接经济损失1800余万元。

沙尘。年内共出现23个沙尘日，明显少于常年值(130天)。沙尘强度较弱，沙尘暴共出现3个县（市），浮尘出现8个县（市），扬沙30个县（市），均为1981年以来最少。

高温。年内高温日数少，强度较弱。年内高温日数共计33天，较常年（40天）偏少近2成。最长持续高温日数仅8天，出现在馆陶。全省日极端最高气温40.2℃，出现在临漳。高温天气主要集中出现在6月9～13日、6月16～23日、7月10～12日、7月26～29日四个时段。6月17日和7月1日高温范围广，共影响103个县（市）。6月16日～23日河北省南部出现持续高温天气，邯郸、邢台南部以及衡水、沧州、石家庄和保定四市的局部共23个县（市）连续高温日数异常偏多，馆陶连续8天出现高温，超过历史极值。

暴雨。年内共出现暴雨天气270个站日，较常年略偏多，强降水过程频繁，时间集中、强度大。其中，盛汛期(7月下旬至8月4日）连续出现6次暴雨天气过程。7月21～22日，全省出现年内强度最大的降雨天气，全省平均降水量50.6毫米，中北部地区26个县（市）超过100毫米。16个县（市）达到极端日降水量标准，其中5个县（市）突破历史极值。其中，保定涞源7月21日降雨量达143.8毫米，为1963年以来最大；廊坊固安7月22日降水量达366.7毫米，突破历史极值。强暴雨引发了自“96.8”以后最为严重的洪涝灾害。8月3～4日，受强台风“达维”影响，秦皇岛、唐山南部和东部、沧州东部出现强降雨天气，雨量普遍在50毫米以上，秦皇岛最大为223.8毫米，超过了8月上旬降水量的历史极值。全年因洪涝和台风造成全省949万人受灾，因灾死亡（失踪）66人，倒塌房屋5.49万间，农作物受灾面积837.93千公顷，部分水利、交通、通信和电力等基础设施被毁，直接经济损失达287.19亿元。

冰雹。共出现28个冰雹日，比常年偏少39%，但灾情较重。全年共出现冰雹53个站日，50%以上发生在6月～7月。2012年风雹对河北省造成的损失仅次于洪涝和台风的影响。据民政部门统计，2012年全省544万人次受灾，因灾死亡6人，农作物累计受灾面积473.02千公顷，其中绝收52.22千公顷，倒塌房屋3543间，直接经济损失46.83亿元。

雷暴。共出现143个雷暴日，较常年偏多。单日影响范围在50个县（市）以上的有31天，6月14日的雷暴天气影响范围最广，达105个县（市）。全年共发生雷灾事故74起，造成5人死亡，4人受伤，引起爆炸火灾2起，损伤建筑物8起，直接经济损失169万元。

大雾。共出现148个大雾日，是1971年以来第二个少雾年份。全省大部分地区大雾日数较常年偏少（10天以内），威县较常年偏多19.5天，为全省最高。1月9～11日大雾过程影响河北省范围较大，95个县（市）遭受大雾影响，大部分地区能见度不足500米。受大雾天气影响，省内13条高速公路实施了道路管制。京沪高速公路246公里左右南行方向发生5起交通事故，10辆车受到不同程度的损坏，1人死亡。

连阴雨。共出现连阴雨508个站次，比常年偏多33站次，主要出现在6～9月。全省大部分地区连阴雨日数在10天以上，保定的局部超过30天；不足10天的区域主要出现在张家口地区，部分地区少于5天。7月4～8月15日，河北省大部分地区出现连阴雨天气，保定东部、石家庄东北部、沧州西部和东部、承德南部连阴雨日数超过10天，顺平19天为全省最多。8月31日～9月8日，47个县（市）出现连阴雨天气，主要集中在中南部地区。期间，全省平均降水量55.3毫米，11个县（市）连续3天无日照。

强降雪。年内出现两次强降雪过程，分别发生在11月3～4日和11月10～11日。11月3～4日，受冷空气和西南暖湿气流的共同影响，河北省西北部地区出现暴雪天气。蔚县、丰宁均超过历史日最大降雪量；7县（市）积雪深度超过10厘米，5县（市）超过历史极值，丰宁积雪最深（43厘米）。11月10～11日，受较强冷空气的影响，河北省再次出现雨雪天气过程，承德地区出现暴雪。张北和沽源累积积雪深度超过历史同期（11月份）极值，崇礼达到历史极值。

强降温。年内强降温天气频繁，但达到寒潮标准的日数是1971年以来最少的一年。2012年，影响范围超过30个县（市）的寒潮降温过程4次，其中10月16～18日的过程范围最广、强度最大，影响范围为1971年以来同期第六位。此次强降温寒潮天气过程，64个县（市）达到寒潮标准，影响范围为2012年中最大，其中7个县（市）达强寒潮程度。

【气侯对有关行业的影响】 水资源年内全省平均降水量为623.5毫米，折合年降水资源量为1184.7亿立方米，较常年偏多228.2亿立方米。折合水资源总量为273.0亿立方米，较常年偏多超过四成。年内冬、春、夏、秋各季降水分别占全年降水量的0.5%、11.0%、67.0%、21.5%。全省大、中型水库共蓄水37.52亿立方米，比上年同期多3.29亿立方米。

农业。冬小麦：全生育期大部分时段光、温、水匹配适宜，气象条件有利于其生长发育，河北省夏粮产量实现9连增。播种期水分条件适宜，墒情较好，播种顺利；苗期气温偏高且变化平稳，降水充沛；返青期较常年偏晚6～14天；返青～抽穗期大部分时段气温偏高，热量条件适宜，加快了发育进程，4月下旬出现强降雨，土壤水分得到有效补充。玉米：春玉米生长期间，大部分时段光温水条件适宜，仅部分时段局地出现旱情或渍涝。播种期水热条件均较好，播种顺利；苗期大部分地区光温水比较协调，仅张家口西南部出现阶段性轻旱；拔节期光温适宜，降水不均，张家口东北部和承德中北部春玉米区出现旱情；夏玉米全生育期大部分地区光温水适宜，对玉米生长发育有利，仅唐山、秦皇岛东部部分地区在7月下旬、8月上旬因降水量大且时间集中而出现渍涝，对玉米产生一定不利影响。棉花：整个生育期内，温度条件基本适宜，降水大部分时段能够满足棉花的需求，出现阶段性的多雨、寡照、高湿天气，致使棉花烂铃。烂铃发生严重的区域主要在衡水、沧州、廊坊等北部和东部棉区。设施蔬菜：气候条件对蔬菜的生产除部分时段比较有利外，整体极为不利。冬季早春低温寡照导致保定周边及以南地区近80万亩日光温室果菜不能进行光合作用，不断萎蔫甚至死亡。“7.21”暴雨和“达维”台风暴雨导致蔬菜栽种期和上市期推迟40多天；11月中旬，张家口、承德遭遇特大暴雪，导致近800个蔬菜生产设施坍塌，蔬菜植株被冻死，之后的持续低温，也对北部日光温室蔬菜产量形成不利。

林业。受干旱、大风等气候条件影响，全省共发生森林火灾83起，过火面积2079.14公顷，受害面积215.49公顷。春季，河北省气温偏高，大部分时段降水量偏少，张家口、承德地区尤为明显，春初干旱严重。受其影响，全省森林火险等级持续偏高，防火形势极为严峻，3月、4月份森林火灾集中爆发。

畜牧业。全省大部分地区牧草返青情况较好，坝上地区春季返青较上年晚，坝下及南部太行山丘陵区比上年早，牧草长势好于上年，平均草原植被盖度达到62%，平均草群高度19.2厘米，平均鲜草产量3140kg/hm2，牧草鲜草总产量达到2500万吨左右，略高于上年。

交通。2012年暴雨、降雪、雾霾等天气对河北省交通行业造成了严重影响。7月21～22日强降雨天气使河北省公路设施遭受巨大损失，受灾最严重的地区为保定市的涞源、涞水、易县和承德市的兴隆县。保定市3县干线公路受损里程387公里，损毁严重路段55公里，直接经济损失9132万元；承德兴隆县干线受损3.2公里，损害严重1.9公里。7月下旬至8月初，连续暴雨天气致使秦皇岛9条普通干线公路、80%农村公路、30%场站设施受到严重水毁，部分路段因桥梁坍塌断交，航班停运5班，列车停运47列。11月3～4日，张家口、承德、保定地区出现强降雪，造成京藏高速、京新高速、张石高速等公路关闭3天。11月10～11日，受较强冷空气的影响，张家口、承德、保定地区再次出现降雪天气，多条高速公路实施交通管制。

盐业。年内盐区平均蒸发量1699.4毫米，平均降水量821.1毫米，年内蒸发量小、降雨量大、异常天气和灾害性天气多。与近10年的气象条件比，属极差年份，历史罕见。气候条件对盐区的不利影响主要表现在降雨提前、降雨频繁且降雨量大和灾害性天气影响等。

空气质量。年内全省降雨偏多，大风、沙尘和大雾天气少，气象条件较好。空气质量Ⅱ级以上天数为340天，比2011年增加1天，中度污染天数仅出现6天，无重度污染日，较2011年显著改善，张家口、衡水改善较明显。与2011年相比，1月份河北省出现持续大雾天气，Ⅱ级以上的天数减少；2月份雾霾天气少，气象条件有利于污染物的扩散，Ⅱ级以上的天数显著增加；11～12月份冷空气活动较频繁，Ⅱ级以上的天数也有所增加。

地质灾害。年内发生的地质灾害与降雨关系十分密切，6～9月共发生34起，占全年的94.4%，其中29起因降雨诱发，占总数的80.56%。

【气象防灾减灾绩效管理】 年初，省政府开展了气象防灾减灾绩效管理试点工作。气象部门按照“过程管理、参与管理、精细管理、科技管理”的思路，扎实开展工作。一是立足地方实际，与各级政府、相关部门协商确定绩效管理重点内容，科学制定了考核指标体系；二是全过程与各设区市政府接触，共同分析和解决问题，同时在网站、气象服务热线、手机短信平台开展了常态化公众满意度调查，并委托省统计局开展定期的公众满意度调查。三是研发了绩效管理系统，实现了采集、预警、考评和统计分析，进一步强化了检查指导和督促。四是编制了气象防灾减灾绩效管理评估报告，帮助责任单位分析解决问题，并作为省委、省政府、组织部、省纪委及相关部门评价被考核单位工作实绩和评先评优的重要参考以及对市级气象防灾减灾工程建设项目投资的重要依据。

【气象灾害防御体系建设】 初步形成以气象灾害防御指挥部为核心、气象灾害防御中心为支撑、气象信息服务站和信息员为延伸的气象灾害防御体系。成立了省、市、县三级气象灾害防御指挥部（11个市、133个设有气象局的县）。省级以及南皮、丰南等部分市县成立了气象灾害防御中心。建立了1900个乡镇气象信息服务站和5万余名气象信息员队伍，气象信息服务站乡镇覆盖率达90%以上，实现了村村有气象信息员。省政府出台了《河北省暴雨灾害防御办法》（政府令〔2012〕3号）、《河北省暴雪高温大雾寒潮大风灾害防御办法》（政府令〔2012〕11号），规定了政府和社会气象灾害防御的分工和责任。各地各部门相继出台实施细则，健全了气象灾害防御法规规章制度体系。建立了气象灾害联防制度，明确“发布预警——部门联动——及时转移危险区域群众”的工作流程，建立了气象局长与本级党政主要负责人的信息直通渠道。完善了预警信息发布制度，省政府对水利、安监等9个厅局颁发了突发事件预警信息发布系统应用授权。完善了信息资源共享机制，建立了全民参与制度。

气象灾害防御能力得到强化。一是气象灾害监测预报预警能力稳步提高。全省气象综合观测站网更加完善，各类观测站点县均达到25个。开展了精细化到乡镇的气象要素预报和灾害性天气短时临近预报，预报能力不断提高。与水利、安监等部门合作，将5000余个水库信息、尾矿库信息和地质隐患点加入到VIPS平台，气象服务针对性更强。二是气象灾害预警信息覆盖面显著拓宽。利用短信、大喇叭、电子显示屏、微博等渠道，实现了预警信息乡镇全覆盖。三是气象灾害风险管理能力不断强化。所有市县开展了气象灾情普查和气象灾害风险区划工作，58个县出台了气象灾害防御规划。制订了旅游景区、尾矿库、车站、港口、道路桥梁、社区等公共设施或场所等重点区域的气象灾害防御标准。满城、武安、滦平等部分县已开展了针对农村、乡镇、学校等的气象灾害应急准备认证。四是气象灾害防御组织协调能力不断强化。2012年，省市县三级气象灾害防御指挥部共组织召开322次防御工作会议，发布678份灾害防御通知，全省紧急转移47万人。各市县政府均出台了《气象灾害应急预案》，并与各有关部门的预案进行了对接。对尾矿库、港口、旅游景点等重点领域开展了气象灾害防御检查。五是“六进六有一落实”的气象科普宣传工作有效推进。六是工程性措施建设不断深化。开展了人工影响天气标准化作业点建设，并在农村中小学、幼儿园和雷电灾害易发村开展了防雷工程建设。

【省部合作】 8月29日，河北省人民政府与中国气象局在石家庄举行省部合作联席会议，对河北省气象灾害防御指挥部、河北省气象灾害防御中心进行了揭牌，并在河北省气象防灾减灾能力、国家级人工增雨基地和科学实验基地建设、河北省海洋气象监测预警工作、新能源开发利用、基层气象台站基础设施建设、河北省气象事业发展规划重点项目落实等方面达成共识。

【气象防灾减灾服务】 天气预报预警服务。准确预报了冬末春初全省大范围严重干旱、2012年3月23日大风、4月23～24日春季首场透雨、6月13日高温、6月至7月中旬6次雷雨大风冰雹等强对流天气、7月下旬至8月上旬6次暴雨台风过程、8月22～24日强低温冷冻、10月26～27日大范围强浓雾、11月2～4日罕见特大暴雪和暴雨、12月持续低温降水偏多等49次重要天气过程。全年共发布各种气象灾害预警信号3631次，报送省级各种决策服务材料656期，其中省委省政府领导批示、表扬达81人次。

应急保障气象服务。7月下旬到8月上旬，河北省发生“7.21”暴雨、“达维”台风等重大天气过程，部分地区发生历史罕见的特大洪涝灾害，部分村庄严重被毁甚至被夷为平地。气象部门提前成功预报预警，各级政府紧急采取有效措施，避免了重大伤亡。在“4.9”承德森林火灾和“5.5”张家口山火等应急气象服务中，气象部门及时启动应急预案开展应急气象观测、预报、火场遥感监测服务和人工增雨作业。全年启动暴雨等应急预案9次，省级发布短信3.7亿条，避免和减少了重大人员伤亡和财产损失。

公共气象服务。启动省突发公共事件综合预警信息发布系统建设，完善预警信息发布“绿色通道”和连线直播机制，短信发布速率达到1100条/秒，预警信息有效发布率较上年提高12.8%。完善公众气象服务平台，河北天气网总流量较上年同期增加66.37%。电视节目和手机公众气象服务产品更具针对性和实效性。“河北天气”建立了官方微博气象预警信息发布厅、天气志愿者库，官方微博被评为河北十大影响力政务机构微博。滦平等3个县局和4所学校被命名为“全国气象科普教育基地”，丰南建立了开放式气象主题公园。拓展专业气象服务领域，

启动大广、石黄等4条高速公路交通气象服务，牵头开展华北交通气象服务共享平台建设。开发了冀北电力气象服务系统，用电负荷指数平均预报准确率达80%。选派首席预报员进驻秦皇岛，保障了“十八大”前暑期办公。圆满完成中央领导北戴河暑期办公、国际马拉松赛、中国科协第十四届年会等气象服务保障任务。

人工影响天气服务。省政府出台《关于进一步加强人工影响天气工作的实施意见》（冀政办〔2012〕24号）。全省共组织开展飞机人工增雨127架次，飞行308.58小时，地面作业1010点次，发射火箭弹3200枚，炮弹3387发，燃烧烟条684根，估算增水26.8亿立方米。冀东飞机增雨基地投入使用，形成“一主两副”飞机增雨业务布局。省政府投资2.37亿元用于国家级飞机增雨基地和科学实验基地建设，购买飞机2架，批拨土地139.09亩。全省标准化作业站点达标县达80%。

气象为新农村建设服务。省委省政府继续将“气象服务进农家活动”作为民生工程。19个“三农”专项试点县地方配套资金991.1万元。建立了110个土壤水分自动站，109个特色林果业和设施蔬菜小气候自动观测站，实现农村要素预报预警精细到乡镇。在11市、50个县开展“知农时、懂农事、察农需、接地气”调研，建立了病虫害与农气灾害观测系统和卫星遥感监测农田干旱服务系统，发布冬小麦定量化灌溉预报。关注环京津菜篮子，开展了设施蔬菜灾害防御和全生育期气象信息服务。重视生态环境监测，开展了湿地、农田生态系统监测评估和森林草原火险监测，开展了核桃、鸭梨、葡萄、红果等特色服务，发布有针对性的精细化农业气象预报服务产品。面向生产一线开展了跟踪式农气服务，保障了夏粮“九连增”。

【应对气候变化和开发利用气候资源】 编制《省“十二五”控制温室气体实施方案》（参与）、《河北省气候服务手册》、《加强应对气候变化研究助力河北生态环境改善》等材料，新增《河北省气候变化监测公报》服务产品，在改善生态环境中发挥基础性作用。加强气候可行性论证和风电服务工作，完成风能、太阳能等评估37项。开展迁西板栗等特色农产品气候条件等级认证，与清华大学和风电功率预测供应商建立风电气象服务合作新模式。

【气象业务系统建设】 预测预报系统建设。加强了预报预测业务技术系统和流程建设，优化调整了省市县三级天气预报业务流程。开展了大城市精细化预报、地质灾害隐患点精细化预报等业务以及洪涝风险、尾矿库气象致灾风险评估和汛期赤潮灾害等气象监测预报服务。加强了首席预报员队伍建设，成立了赤潮预报预警小组和科研小组。加强了预测、预报业务的检验与评估，完善了质量检验评估系统，预报准确率不断提高。河北省在第三届全国气象行业天气预报职业技能竞赛中获团体第五名。晴雨预报准确率位居全国第三。

综合观测系统建设。完成《河北省气象观测站网布局规划》（2012—2015年）。新建各类自动气象站735个，气溶胶质量浓度观测系统1个，GPS/MET站6个，观测站（移动）30个，移动车载雷达站2个。完成42个自动土壤水分观测站对比观测和业务化评估。109个自动土壤水分观测站投入业务化运行。顺利完成地面气象观测业务改革调整。地面、高空、雷达、农气、酸雨、辐射、沙尘暴测报质量均继续保持较高水平。219人次获2011年度全国优秀质量测报员称号，继续稳居全国第一。河北省在华北区域地面测报竞赛中囊括团体、个人全能、单项所有第一名。作为试点省，圆满完成《国家级地面气象观测站

气象探测环境保护方案》编制任务。

信息网络通信系统建设。资料传输上报及时率100%，连续20年保持全国领先地位（A级）。国家级自动气象站实时数据质量控制系统实现业务化运行，与周边7省市和省林业厅实现数据共享，资料应用能力得到提升。省、市高清会商系统实现正式切换。

【基层气象机构综合改革】 明确“局台（站）分设、政事分开、管办分离”的改革重点，试点探索新型县级气象事业结构。在丰南开展了亮点示范县建设，探索县局“20＋X”的人员模式，构成多元人力资源保障机制。通过成立市级气象行政执法支队、气象服务中心、气象技术装备保障中心，把县局纪检监察员纳入市气象局一体化管理等举措，建立了统筹集约的业务体系，提高了市气象局对县局的支撑能力。建立了“集约化、一体化”的管理和工作模式，形成“省局提供技术支撑与业务指导，市局强化服务产品研发，县局强化基本业务和精细化服务”的格局。通过一系列改革措施，县局的基本业务水平、气象服务能力、社会管理能力和自我发展能力得到进一步提升。

【气象科技与人才】 气象与生态环境重点实验室蝉联省级优秀重点实验室。3项科技成果获省科技进步三等奖，1项获中国仪器仪表学会年度科技成果奖，获计算机软件著作权登记证书及专利各1项。首次获批国家自然基金青年科学基金1项，1项公益性行业专项通过科技部批复，2个项目获国家级项目资助。“京津冀森林火灾遥感监测与精细化火险等级预报预警”等成果在省内外推广应用。中高级职称人员占职工总数56.5%，正研级高工16人，国家级首席预报员2人，国务院政府特殊津贴8人，二级研究员1人。新进毕业生大气科学类达80%。中国气象局干部培训学院河北分院在全国首家挂牌。

【气象法规建设与社会管理】 省政府批复2013—2017年气象立法规划。开展了《河北省人工影响天气管理规定》周年督导检查。完善行政执法管理等制度，全面清理了省本级非行政许可审批事项。与安监、消防等部门联合开展“打非治违”专项行动，检查单位119家，下达法律文书205份。

（河北省气象局　石　锋）

地震活动与防震减灾

【地震活动】 （一）2012年河北省及京津地区地震活动概况。据河北省数字遥测地震台网测定，2012年河北省及京津地区共发生地震1608次，ML1.0级以下地震620次，ML1.0～1.9级地震811次，ML2.0～2.9级地震161次，ML3.0～3.9级地震13次，ML4.0～4.9级地震2次，ML5.0～5.9级地震1次，没有6.0级以上地震。最大地震为2012年5月28日10点22分52秒唐山(39.78°N118.46°E）的ML5.1级地震。

2012年6月18日天津宝坻ML4.5级、8月26日天津宝坻ML4.0级、3月5日河北张北ML3.8级、5月29日河北唐山ML3.7级，8月30日河北张家口ML3.7级、及11月20日河北张北ML3.7级地震都是非常显著的地震。

（二）2012年河北省及京津地区地震活动特征。2012年河北省及京津唐地区的地震活动仍然比较活跃。2012年小震活动集中在张渤地震带及河北平原地震带。唐山老震区的小震活动仍然是唐山地震的余震活动，而晋冀蒙交界地区和河北南部地区的小震成丛集分布。2012年小震活动频度高于2011年，基本与2010年持平。

（三）2012年河北省地震灾害情况。2012年河北省及京津冀地区共发生较明显有感地震7次，其中ML4.0级以上地震2次，ML5.0级以上地震1次。显著的地震是5月28日发生在河北唐山的ML5.1级地震。

河北唐山ML5.1级地震微观震中位于（39.7°N，118.5°E），宏观震中位于唐山市古冶区王辇庄乡的塔山营村和无水庄村。这次地震有感范围较大，唐山市辖区震感强烈，北京市、天津市震感明显，辽宁和内蒙古部分地区均有不同程度的震感，但极震区并未造成严重破坏。

地震发生时，震中附近震感强烈，先上下、后南北震动，持续时间约10多秒，能够听到明显地声。极震区烈度为Ⅴ度。Ⅴ度区普遍强烈有感，除个别建筑质量较差的房屋出现轻微破坏外，无其他房屋破坏情况。塔山营村个别房屋出现裂隙，并有少量墙皮脱落。无水庄村村委会办公楼二楼有一灯罩脱落，墙体有少许裂隙。离震中较近的横河村、前水屿村、后水峪村和杏山沟村以及滦县、开平区等地，都没有人员伤亡和财产损失报告。因此，地震并未给震区造成破坏。

（河北省地震局　毛国良　常　亮）

【地震监测及台站管理】 一是认真落实加强监测预报工作的意见，扎实做好震情跟踪和监视研判工作。强化地震监测、震情监视和跟踪判定，参与区域震情联防，加强重点地区的跟踪研究，推行年度趋势异常零报告和对重点趋势异常再核实制度，石家庄市局等较好地处置了栾城县王家庄井水位异常等多起异常事件。唐山市局对5·28唐山4.8级地震做出了一定程度的短期预测并上报当地政府。全省较好地把握了5.28唐山4.8级、张家口3.2级等显著地震事件的震后趋势，圆满完成十八大等重大活动和重要时段的地震安保任务。

二是进一步强化地震监测台站（网）规范化管理，在全国监测预报资料质量评比中获奖17项，位于全国先列，在全国地震监测台网运行经常性项目考评中获得第一名，在全国地震速报竞赛暨速报岗位创先争优活动总决赛中获得团体二等奖。

三是进一步加大台站交流力度，增强基层台站人员之间、台站与省局之间的交流与合作，促进了监测预报及科学研究的联合攻关。

四是依法保护地震观测环境，初步建成了丰宁地震台地磁、测震观测手段，并已具备技术系统安装条件；经多次勘察，初步确定了张家口台新山洞建设场址，临时架设的台网测震、强震观测运行良好，保证了正常观测需要；宽城台已经签署了迁建协议，目前台站选址等工作正在顺利开展。

【震害防御】 一是抗震设防要求管理进一步加强，全省已有10个设区市、77个县抗震设防要求确定行政许可进驻同级行政服务中心。建立全国首个地震安全性评价资质单位诚信评级机制，将工作重心由“抓项目，确保地震安全性评价工作不漏项”转移到“抓质量，确保地震安全性评价工作质量过硬”，地震安全性评价资质监管继续加强。

二是贯彻落实全国防震减灾宣传工作会议精神，继续推进《河北省防震减灾宣传规划（2011—2015年）》和“六进”专项宣传。实施了“防震减灾明白纸”项目，下发2012年度实施计划，开展宣传作品评选活动，进一步完善省、市、县、乡、村五级防震减灾知识宣传网络。

三是抓好5·12、7·28、国际减灾日、宣传周等重点时段的防震减灾宣传活动，全省地震系统以科普教育基地建设、文艺节目创编、知识竞赛、网络设计大赛、公益广告、手机短信等为载体，积极推进“六进”活动深入开展；全省在5·12、7·28、科普周、国际减灾日等特殊时段开展了内容丰富、形式多样的宣传活动。进一步深化与宣传、广电等部门的合作，提高了社会公众对防震减灾的认同感和参与度。

四是强化执法力度，在唐山、承德两市开展了《河北省地震安全性评价管理条例》执法检查，以点带面，解决问题。不断完善全省地震标准体系，完成3个地方性地震标准并加强宣贯和实施监督。

五是继续完善全省地震标准体系，健全机构，完善制度，加强地震标准的宣贯和实施监督，制定并完成3个地方性地震标准。

六是积极配合省住房和城乡建设厅、教育厅开展了农村民居安全工程、中小学校舍安全工程工作，并取得了实效。

【地震应急救援】 一是积极有效处置5·28唐山地震，并认真完成有关问题整改工作。5月28日唐山地震后，河北局反应迅速，处置有效，引起省委、省政府的高度重视，省长张庆伟亲自开展调研。同时，针对5·28唐山地震暴露出来的问题，进行了重点整改。通过整改，配置了地震现场工作队装备、设备，加强了大震物资储备管理，以利于震后快速高效开展应急处置；召开了新闻媒体座谈会，建立了与新闻媒体联系的绿色通道；开通了“河北省地震局官方微博”，并制定了相关管理办法，加强了与社会公众的互动；推动实行了行政值班改革等。

二是在省政府办公厅的组织协调下，会同有关部门组织完成全省地震应急工作检查，并以此次地震应急工作检查为抓手和推力，全省地震应急救援工作取得显著成效，各市的地震应急工作基础进一步夯实，综合应急救援能力全面增强。

三是《河北省地震应急预案》修订完成。组织机构和工作机制进一步健全，应急预案实现县级以上全覆盖。全省各行业、各类别、各层次的地震应急演练进一步常态化，群众应急避险意识显著增强。应急救援队人员设备有效充实，管理制度进一步完善；各市依托民政、粮食、供销社等部门，采取“以订代储、灵活多样”的方式制定了居民生活必需品和应急救援器材的应急保障措施和采购协议，应急物资有效保障。唐山、邯郸、沧州、邢台、保定等地明显加快了地震应急避难场所标准化建设的步伐，建成多个应急避难场所。

四是牵头组织重点地区地震应急准备工作。牵头制定《地震重点监视防御区应急准备工作方案》，并于8月13—16日召开内蒙、山西、山东、河南四省地震应急准备工作会议，制定并联合印发了协作区应急准备制度和应急响应流程。

五是加强高考期间应急准备工作。专门成立了“普通高考突发地震事件应急准备工作领导小组”，建立应急值班制度，编制应急值班人员通迅录，检查应急物资准备，积极与教育部门协调，确保全省45.9万考生顺利参加高考。

六是积极协调省政府应急办、省民政厅完成JICA项目工作。完成河北省应急时刻表编制、应急管理培训和桌面演练和地震灾害应急管理培训。

七是进一步强化地震紧急救援队伍建设，提高救援队伍实战能力。进一步加强对省、市地震应急救援队伍专业知识的培训，通过加强对救援队训练大纲和训练计划的指导，结合开展对各级救援队伍的专业培训与演练，不断提高救援队伍的实战能力。积极落实河北省第三支救援队训练基地建设相关工作，推进河北省第三支武警紧急救援队建设。

八是认真做好12322防震减灾公益服务热线。加强了对热线运营商日常运维的管理以及业务指导，并定期就热线接听人员遇到的问题进行沟通和解决，不断提高热线服务质量。

【地震科技管理与创新】 一是2012年，河北省地震局单独设立科学技术处，起草或修订了科研项目管理、科研基金管理等一系列管理制度，科技工作日趋规范化。开展了科研项目后评估机制研究，建立了科研项目后评估指标模型，为全省地震科技人员的项目申报提供渠道参考。积极开展地震科技信息管理平台建设，强化科技项目追踪问效、科研人员绩效评价管理。

二是鼓励和推荐优秀人才参与重大、重点科研课题建设，2012年全省地震系统获国家自然科学基金1项，经费70万元；申报2013年省科技支撑项目1项、软科学项目1项、科普项目1项，申报中国地震局星火计划3项，地震监测预报科研“三结合”课题9项，科研项目数量和经费均有一定程度的增长。验收通过省地震科研基金重点项目8项、硕博项目4项、青年项目21项；评审立项省地震科研基金重点项目23项、硕博项目8项、青年项目39项。

三是积极开展外事交流活动，加强与埃及、日本、希腊等国家的科技交流，促进科研能力提高。

（河北省地震局　梁志琴）

国土资源监管

【概况】　截至2008年12月31日，河北省土地调查总面积282650791.2亩，与2007年度变更调查总面积完全一致。

按一级地类统计：农用地196237289.5亩，占辖区总面积的69.43％；建设用地26913028.0亩，占辖区总面积的9.52％；未利用地59500473.7亩，占辖区总面积的21.05％。

按二级地类统计：农用地中，耕地94759460.3亩、园地10570449.9亩、林地66332148.5亩、牧草地11979318.4亩、其他农用地12595912.4亩，分别占农用地的48.29％、5.39％、33.80％、6.10％、6.42％；建设用地中，居民点及独立工矿用地23172601.0亩、交通运输用地1806221.5亩、水利设施用地1934205.5亩，分别占建设用地的86.10％、6.71％、7.19％；未利用地中，未利用土地51449408.3亩、其他土地8051065.4亩，分别占未利用地的86.47％、13.53％。

城镇及村庄地籍调查：截至本统计年度末，全省城市市区应完成面积1518.3462平方公里，已完成1473.8832平方公里，当年变更44.3126平方公里；建制镇城区应完成面积2284.1246平方公里，已完成1718.8946平方公里，当年变更28.4630平方公里；农村居民点应完成面积11817.7154平方公里，已完成8254.6400平方公里，当年变更182.9412平方公里。（注：根据《土地调查条例》第二十五条“全国土地调查成果公布后，县级以上地方人民政府方可逐级依次公布本行政区域的土地调查成果”。国家未公布2009年第二次土地调查及其以后的年度土地变更调查成果，所以河北省公布的土地资源概况数据统计时间截至2008年12月31日）

河北省矿产资源丰富，截至2012年底，河北省已发现矿产132种（亚矿种156），具有查明资源储量的矿产127种，列入《河北省矿产资源储量表》的矿产87种，矿产地1362处，总保有资源储量（矿石量）628亿吨（另有超贫磁铁矿39.09亿吨、建材矿产6.98亿立方米）。优势（竞争力较强的）矿产有铁矿、钼矿、水泥用灰岩、煤、冶金用白云岩、饰面用石材，其中铁矿87.36亿吨，居全国第3位；钼矿78.54万吨，居全国第8位；煤199.74亿吨，居全国第13位；水泥用灰岩63.71亿吨，居全国第5位；冶金用白云岩12.63亿吨，居全国第1位。2012年河北省生产铁矿石4.18亿吨，铁精粉9167.89万吨，进口铁矿1.7亿吨，铁矿自给率为35.11％，全省成品矿平均价格1065元/吨（干基含税），较2011年同期下降235元/吨；原煤产量完成20008.70万吨，国有重点煤矿商品煤综合售价535.79元/吨，同比下降88.04元/吨。全省已开发利用矿产地819处，现有各类矿山企业4724家，从业人数32.79万人，年开采矿石总量6.33亿吨，工业总产值达1088.78亿元，形成了以冶金、煤炭、建材、石化为主的矿业经济体系。地质灾害主要有崩塌、滑坡、泥石流、地面塌陷、地裂缝、海水入侵等。

河北省海岸线长487公里，管辖海域面积7000多平方公里。有海岛14个，海岛面积36.35平方公里。河北省沿海地区处于环渤海经济圈的中心地带，海洋生物、港口、原盐、石油、旅游等海洋资源丰富，气候环境适宜，海洋灾害少，是发展海水养殖、盐和盐化工、港口运输、滨海旅游等产业的优良地带，适合进行各种形式的综合开发，具有发展海洋经济的巨大潜力。目前主要海洋产业是滨海旅游业、海洋交通运输业、海洋船舶工业、海洋盐业、海洋化工业以及海洋渔业。

【服务经济】　保障发展用地，全年安排新增建设用地计划23.33万亩。共批准新增建设用地22.37万亩，利用存量土地19.9万亩。全面完成了新一轮土地利用总体规划修编，圆满完成了170个县级土地利用总体规划与二次土地调查成果衔接工作，扩大了允许建设区面积，为今后项目建设和经济发展提供了较大空间；扎实推进找矿突破，圆满完成了历时五年的矿产资源利用现状调查任务，编制发布了河北省找矿突破战略行动实施方案，实行了矿产勘查分区管理，根据地质条件划定了重点勘查区、风险勘查区和一般勘查区，不断调整完善与之配套的矿业权设置政策。一批财政出资勘查项目取得重大找矿突破，向社会发布了2010年以来全省地质找矿成果；积极争取国家围填海指标，有力支持了沿海地区率先发展。对涉及保障性安居工程的用地审批开通“绿色通道”，依法依规优先办理，严格审查上报国土资源部的各项报批材料，确保5503亩保障性安居工程项目及时用地、开工建设。

【保障民生】　在征地工作中严格执行土地管理法律法规和政策规定的征地程序和审批权限，落实征地制度，切实维护好农民合法权益；规范征地行为。严格审查市、县国土部门征地报批前依法履行征地告知、土地调查结果确认、依申请组织听证情况；严把征地补偿安置关。征地安置补偿严格执行省政府141号文确定的区片价标准和落实社保费用的相关规定，不符合规定要求的，一律不予批准征地。加强批后实施监管。征地经依法批准后，通过“征地批后实施信息系统”监管平台加强批后实施监管，及时掌握征地工作进展情况，支付补偿费用，落实安置途径，维护农民合法权益；指导各地结合中央房地产市场调控政策和当地保障性安居工程建设任务，编制国有建设用地供应计划并及时进行调整，达到了保障性安居工程和中小套型商品住房用地不低于住房用地总量70％的政策要求，优先供应保障性安居工程用地，确保保障性安居工程用地应保尽保，优先供应。

【依法行政】　精简行政审批事项。按照省政府办公厅《关于印发河北省全面清理省本级非行政许可审批事项实施方案的通知》和《全省国土资源系统集中开展着力改善“两个环境”活动方案》的要求，组织开展了非行政许可审批事项清理工作，对每一项行政审批事项，从依据到条件，从程序到时限，从材料到内容，都进行了认真分析、研究。同时，借鉴广东、广西、贵州、湖北等省经验，对现行行政审批事项进行了全面清理。对不符合国家要求的事项坚决予以取消，对不属于行政审批的事项转变管理方式，对同一项的进行合并，共取消8项非行政许可审批事项，保留非行政许可审批事项13项。

规范行政处罚行为。研究起草了《土地行政处罚自由裁量权执行标准》、《矿产资源处罚自由裁量权执行标准》。通过细化、量化执法基准，完善执法流程，健全配套制度，避免了行政执法中裁量不当、处理畸轻畸重，同案异罚、宽严失度等情况发生，规范了国土资源行政执法行为。

开展规范性文件清理。按照《河北省规范性文件制定规定》和省政府办公厅《关于印发2012年政府规章规范性文件清理工作实施方案的通知》的要求，对2012年10月31日以前制订发布的现行规范性文件进行了全面清理。对省厅起草、省政府发布的现行8件规章，拟修改《河北省土地复垦实施办法》，其余7件予以保留；对省厅起草、省政府发布的现行36件规范性文件，拟修改2件、废止5件、保留29件；对省厅制订发布的现行179件规范性文件，拟废止73件、保留106件。

【国土资源规划】 土地利用总体规划修编。全面完成土地利用总体规划与二调成果衔接工作，170个县（市、区）及所属乡级规划衔接成果全部完成省级备案，数据库全部报国土资源部备案。通过规划衔接，国土资源部追加河北省40万亩（267平方公里）规划用地规模。

矿产资源规划编制。省级矿产资源规划、11个市级矿产资源规划和有编制任务的59个县级矿产资源规划全部经省政府批准实施新一轮矿产资源规划编制工作全面完成。同时完成了涞源县大湾锌铂矿、滦南县马城铁矿两个重点矿区专项规划的编制工作。

土地整治规划编制。完成省级土地整治规划编制并通过国土资源部审查。下发《河北省国土资源厅关于加快推进市县级土地整治规划编制工作的通知》，对市、县级土地整治规划编制的任务、重点、进度等都提出了明确要求，市县土地整治规划编制全面开展，部分市县已经完成专题研究和规划文本。

工矿废弃地复垦利用试点。经积极争取，河北省被国土资源部列为工矿废弃地复垦利用试点省，试点单位由国土资源部原来要求的2—3个县，扩大到唐山、承德、沧州和保定4市18个县。试点工作已全面开展，按时完成了工矿废弃地复垦利用试点方案和专项规划的编制，先后通过了国土资源部审查。国土资源部已下达河北省2012年复垦规模2.5万亩，缓解了全省建设用地供需矛盾。

【耕地保护】 全面落实耕地保护责任制。全面落实耕地保护行政首长负责制。省、市、县、乡层层落实耕地保护目标责任制，根据土地利用总体规划确定的耕地保有量和基本农田保护面积，提出各设区市政府2012年耕地保有量和基本农田保护面积责任目标，张庆伟省长与11个设区市市长签订《耕地保护目标责任书》，落实各设区市政府耕地保护责任，按时完成了设区市政府耕地保护责任目标履行情况检查；全面开展全省基本农田划定工作，全省137个县（市、区）落实基本农田地块，总面积416.54万公顷，完成率76%；156个县（市、区）与村或村小组签订了基本农田保护责任书，完成率86%；82个县（市、区）基本完成数据库建设，完成率45%。

农村土地整治工作。做好太行山前平原农村土地整治示范建设项目立项审查工作，对项目实施情况进行督导，采取上门约谈、巡回督导等形式，全力推动示范建设工作；组织编制了《河北省2012年高标准基本农田建设实施方案》，研究制定高标准基本农田建设工作方案，积极筹措建设资金，全力推进河北省示范建设工作。

耕地占补平衡工作。研究制定了《关于进一步加强用于占补平衡补充耕地指标管理工作的通知》，明确设区市政府是耕地占补平衡第一责任人，规范新增耕地抵顶使用；代省政府办公厅起草了《关于进一步加强耕地占补平衡的通知》，实行“以补定占”，严格项目立项、实施、验收，确保工程质量；做好占补平衡项目核实和考核工作，全省验收核实新增耕地13.10万亩，其中占补平衡补充耕地12.52万亩，实现了“先补后占”和“占补平衡”，是国土资源部耕地占补平衡考核五个综合评价最好的省份之一。

【资源利用】 土地节约集约利用。制定下发了《河北省国土资源厅关于印发河北省土地节约集约利用考核实施方案（试行）的通知》，在全省部署开展土地节约利用考核，探索研究节约集约利用考核评价体系；开展河北省建设用地节约集约控制指标体系研究，经过专家多次研究论证和广泛征求意见，下发了《河北省主要项目建设用地控制指标（2012版）》，形成了涵盖商服、工矿仓储、公共服务、交通运输、特殊用地、园区用地6大类、58个主要建设项目用地的控制指标体系，在控制项目建设用地规模、严格项目用地预审、供地和监督检查、节约高效用地等方面有很高的使用价值；全省9个国家级开发区集约利用评价更新成果通过省厅验收，并顺利通过部规划院通过省级审核，101个省级开发区集约利用评价成果全部通过省级审核，报国土资源部备案；经过严格考核，霸州市、正定县、泊头市、崇礼县、滦平县、清河县、景县等7个申报市县通过了达标考核，经国土资源部组织相关专家进行评优考核及实地考核，霸州市、泊头市、崇礼县、滦平县通过各项考核，已审批公示。

规范推进城乡建设用地增减挂钩试点工作。开展城乡建设用地增减挂钩试点清理和网上报备工作，全省共上报整改卷1003宗，核准996余宗项目在线报备，项目区总规模26.63万亩。全省新民居项目建设中，农村建新区按1∶1.2倍归还周转用地，项目实施后，可新增耕地总面积1.34万亩；代省政府办公厅起草下发了《河北省城乡建设用地增减挂钩试点管理暂行办法》，制定了《河北省城乡建设用地增减挂钩试点复垦验收暂行规定》等配套措施，对促进城乡统筹发展提供了政策和措施保障。

加强房地产用地监管。按季度组织土地供应形势分析，指导编撰了《2012年河北省土地市场动态监测分析报告》和《2012年河北省城市地价动态监测报告》，下发《河北省国土资源厅关于运用土地市场动态监测与监管系统促进土地有效供应和加强供后监管的通知》，严格执行异常地块备案等各项政策规定，加强批后监管，巩固调控成果；下发《河北省闲置土地处置专项检查工作方案》，依法依规加快处置闲置土地并形成有效供应。

【地籍管理】 农村集体土地所有权确权登记发证。通过加强组织领导，狠抓试点工作，落实配套经费，全省农村集体土地所有权确权登记发证工作已全面完成，按时实现了国家和省预定目标；农村宅基地和集体建设用地使用权确权登记发证工作推进步伐明显加快。在认真总结试点经验的基础上，依据现有法规及规范性文件，出台了《关于农村集体土地确权登记发证的若干意见》、《关于切实加快推进农村集体土地所有权确权登记发证工作的通知》，明确工作完成时限和指标，派出督导组进行全面督导。全年落实省本级专项经费2.83亿元，促进了各项工作落实。

年度土地变更调查工作任务。组织12家有关专业技术单位50多名技术骨干，利用国家下发的遥感影像、疑似建设用地图斑及全省建设用地审批、开发整理资料，对全省175个县级土地变更调查成果，逐块、逐图斑进行了全面内业核查。根据核查结果，组织进行省级数据汇总，按时向国家上报了数据增量包。

宗地统一编码示范区建设。将石家庄鹿泉市和邯郸磁县作为宗地统一代码省级示范区，按照《宗地代码编制规则》要求，采取“双码运行，逐步并轨”的实施方式，注重总结梳理经验，取得了良好的示范效应；指导11个农村集体土地确权登记发证省级试点县（市）组织开展宗地统一编码工作，实现了宗地统一代码编制与农村集体土地确权登记发证工作的有机结合。

【矿产资源管理】 矿业权设置方案编制实施。2012年8月，下发了《关于印发河北省矿业权设置方案编制要求的通知》（冀国土资发〔2012〕52号），制定了河北省矿业权设置方案编制要求和提纲，明确省和设区市的责任分工，采取以一定区域为单位编制矿业权设置方案，改变了以往“一矿一方案”的做法。

矿业权审批登记管理。2012年12月，印发了《关于矿业权设置有关问题的通知》（冀国土资厅发〔2012〕83号），对矿业权设置和出让提出了具体要求，明确了以申请在先方式申请探矿权程序。2012年12月，起草了《河北省人民政府办公厅关于进一步规范超贫磁铁矿勘查开采管理的通知》（办字〔2012〕139号）文件，进一步严格超贫磁铁矿矿权设置的准入条件，规范了超贫磁铁矿勘查开发相关管理制度，提高了矿山生态保护和安全生产水平。一些地热矿泉水方面遗留问题在报请国土部、省政府批准后得到妥善处理。

矿产资源开发整合。以煤炭资源兼并重组整合为重点，持续推进矿产资源开发整合。经省政府批准，52家煤炭企业被冀中能源、开滦集团等集团公司整合。

矿业权有形市场建设。完成了省、市两级矿业权交易机构建设。省、市两级交易机构已全部按要求建成并投入运行。截至2012年底，共办理交易业务283宗、交易金额19.25亿元。其中出让探矿权5宗、金额20万元，出让采矿权46宗、金额3614.15万元；转让探矿权51宗、金额1.27亿元，转让采矿权181宗、金额17.61亿元；在承德、张家口市开展了矿业权出让网上试点交易，并借鉴先进地区网上交易经验，积极探索网上交易的范围、规则及流程。三是编制了矿业权交易标准化流程及示范文本。交易管理制度进一步完善，矿业权交易规范运行。矿业权交易纳入公共资源交易市场工作启动。

【地质勘查】 地质找矿突破。省政府成立以主管副省长为组长，由国土厅、发改委、财政厅、科技厅等省直有关部门共同参与的河北省找矿突破战略行动领导小组，先后印发了《河北省找矿突破战略行动实施方案》、《河北省矿产资源勘查分区方案》，全省共划出重点勘查区20个，风险勘查区13个，作为全省实施战略行动、实现找矿突破的重点区域。组织有关专家，利用近半年时间，对河北以往基础地质工作情况进行了摸底和清理，全面掌握了各项基础地质工作程度现状，提出了全省基础地质工作部署思路。年内以优选勘查方案的方式主动安排了7个1比5万水系沉积物测量项目，迈出了全省地勘项目管理方式改革创新的第一步。

矿产资源潜力评价。年内完成铬、锰、镍、钨、锡、钼、银、硫铁矿、重晶石、萤石、菱镁矿等11个矿种的资源潜力评价任务，提交了各矿种潜力预测评价报告，并通过全国项目办组织的评审验收。

地质勘查项目。全年利用省地勘专项资金安排地质矿产勘查项目74个，总投资约5.35亿元。利用中央资金安排矿产远景调查及危机矿山找矿项目9个；11月份，组织召开“河北省地质找矿成果发布会”，就全省2010—2012年地质找矿成果进行了发布，并对10家找矿单位进行了表彰。三年来，省财政投入地质勘查专项资金14.13亿元，实施地质勘查项目179个。累计提交经评审备案的各类大中型矿产地36处，一大批财政资金项目取得重大找矿成果。

地质勘查资质管理。完善市场准入制度，严格落实地勘单位资质分类分级标准，认真抓好地勘单位资质核定和审批管理。年内新批准乙、丙级地质勘查资质36家，变更16家，注销5家；认真落实地勘资质监督管理制度。年内完成省内外数十家地勘单位百余个项目的网上备案。对152家地勘单位进行了年度资质检查，省厅复核抽检率30%；及时向社会发布了《河北省2011年度地质勘查成果通报》，实现了地勘成果资料共享。

【矿产资源储量】 历时五年的河北省矿产资源利用现状调查工作圆满结束，全面完成了19个矿种1379个矿区的核查工作，提交矿区核查成果报告1379份，建立矿区核查成果数据库，单矿种汇总报告及数据库全部通过全国项目办终审验收；下发《河北省国土资源厅关于建设项目压覆矿产资源审批有关事项的通知》，对不压覆重要矿产资源的、签署不影响矿产资源正常勘查开采协议的建设项目或规划区，不作压覆处理；起草《河北省地热采矿权价款计算办法》并于11月份发布执行。使地热采矿权人价款评估时间由2—3个月缩短为1个月之内，同时减少了财政委托评估费用；组织开展探矿权、采矿权年检和矿产资源勘查开采活动监管工作，加强地质资料数字化建设，开展全省地质资料汇交监管平台建设工作，加快推进馆藏地质资料图文数字化和地质资料信息服务集群化、产业化，积极为重大工程、为社会提供优质服务，地质资料馆全年共接待借阅资料1099人次，2452份次，20426件次。为“双保工程”230个项目提供了资料服务，共981份次，复制量14870页。

【海域管理】 保障建设项目用海需求。2012年国家下达河北省围填海计划指标1300公顷（1.95万亩），按照建设项目向园区集聚，优先保障重大项目、高新技术产业项目和民生项目建设用海的原则，全力保障曹妃甸新区、渤海新区的用海需求，全省共安排围填海计划指标1287.99公顷，其中曹妃甸新区、渤海新区安排1232.18公顷；积极争取国家围填海计划指标支持，将4个重大项目539.28公顷填海造地用海列入国家围填海计划指标，解决了全省用海计划指标相对不足的问题；加强建设项目用海预审和确权服务，全年经省政府审批用海项目35个，面积968.55公顷，国家批准用海项目6个，面积542.5929公顷，征收海域使用金11.4439亿元。

海域集约节约利用。严格执行建设用海控制标准管理，执行投资强度每公顷3750万元的用海控制标准，2012年批准的围填海项目，平均投资强度达到每公顷5000万元以上；推进区域建设用海管理，抓好曹妃甸近期、中期、渤海新区近期、乐亭县临港产业聚集区（京唐港区）等四个区域用海规划的实施，初步形成了各具特色的集约用海区域；指导地方编制了秦皇岛旅游人工岛、曹妃甸工业区化学产业园区二期工程两个区域建设用海规划。加强闲置用海的管理，在调查认定、处置利用、预防监管等方面进行了积极探索，研究起草了闲置海域处置办法。

海域海岸带整治修复保护。开展了北戴河等区域的海岸带整治修复保护工作，建立了北戴河海滩动态原位监测站，北戴河海域综合整治与海洋国家保障工程项目修复北戴河沙滩长度680米，增加沙滩面积4.96公顷，2012年8月，胡锦涛同志对北戴河海域综合整治与海洋国家保障工程效果给予了充分肯定。河北省北戴河新区洋河——葡萄岛岸线整治与修复项目和河北省丰南区涧河口海域综合整治与修复项目，分别争取国家资金支持3000万元。河北省的整治修复做法在2012年2月全国海域管理工作会上做了典型介绍。

规范海域管理。加强海域使用项目登记管理，对2008年以来的338宗批准用海项目进行了重新整理，全部完善了初始登记手续；加强围填海项目竣工验收管理，全年共对79个围填海项目进行了填海造地竣工验收，涉及面积1518.87公顷。积极促进海域使用权市场建立，共办理海域使用权抵押登记项目23个，涉及抵押贷款金额19.11亿元。编印的《海域海岛使用管理法律法规文件汇编》下发全省海洋管理部门和相关单位，编印的《海域使用管理行政许可规范文本》对海域使用管理行政许可和非行政许可审批事项的格式、申报资料、内容和程序进行了规范。

【环境保护】 地质环境保护。完成“河北省矿山地质环境保护与治理恢复‘十二五’规划”的编制工作，全省矿山地质环境保护与治理恢复规划体系初步建立。制定了全省三区两线（自然保护区、风景名胜区、居民集聚区和交通干线、河湖周边）矿山地质环境调查和“矿山复绿行动实施方案”；将全省矿山地质环境保护与治理恢复方案的编制和保证金的缴纳情况列入省环保考核目标，新建矿山方案编制率和保证金缴纳率达到了100%，已建矿山达到了80%，全省累计缴纳保证金13亿多元。

海洋环境保护。印发《河北省海洋环境保护管理规定》，该《规定》将于2013年2月1日起实行，是河北省第一部海洋环境保护政府法规，填补了全省海洋环境保护法规空白；制定并实施了北戴河及相邻地区近岸海域环境综合整治海洋环境保障与岸滩修复实施方案，开展赤潮、溢油等暑期应急保障监测工作，建设了面向公众的海洋环境信息和预警报暑期专题服务网站，实时发布海水浴场及周边重点海域海洋环境监测预报信息；组织有关单位启动了河北省海洋生态红线区划定试点工作。

【执法监察】 土地矿产卫片执法检查。凡不符合土地利用总体规划、不符合产业政策的，依法依规进行拆除复耕。对卫片执法中发现的违法用地采矿行为发现一起，查处一起。全省卫片执法共立案查处土地违法案件7345件，落实行政处分299人，移送司法机关追究刑事责任288人；立案查处矿产违法案件362件，没收违法所得1037.6万元，罚款451.5万元，行政处分1人，追究刑事责任8人，申请法院强制执行6件。

严厉打击新增违法用地。先后印发《关于严厉打击坚决遏制2012年度新增违法占地问题的紧急通知》、《关于认真做好2012年度违法占地整改工作的通知》、《对严厉打击2012年度新增违法占地工作开展督导检查的通知》，要求各地对省厅下发的245件违法线索进行重点核查；对各市上报的108个重点违法线索进行集中督办。全省共立案查处2012年新增违法占地案件1690件，拆除、没收各类建筑物、构筑物34万平方米，对11起典型案件挂牌督办、公开曝光，效果明显。此项工作走在了全国先进行列，得到国土资源部充分肯定。

“打非治违”专项整治行动。制定“打非治违”专项整治行动方案，期间播出电视节目180期，巡回检查1500余人次，夜间突查80多次，出动车辆2000台次，联合执法50多次，处理各类举报案件150余件，先后排查了600个矿点，有效震慑了非法采矿行为。

“海盾2012”专项执法行动。组织开展围填海专项执法检查，进一步摸清了围填海项目基本情况，完善和建立了海域使用监管档案。组建省海洋执法联合检查组，对唐山、沧州辖区重点项目用海项目开展了专项执法检查，针对检查发现的个别拖欠海域使用金等情况，提出了相应的处理意见。同时，重点对2011年6月以后国家海洋局批复的区域建设用海项目进行了检查。在“海盾2012”专项执法行动中，共立案查处违法占用海域案件8起。

“碧海2012”专项执法行动。按照《河北省“碧海2012”专项执法行动实施方案》，对全省海洋工程项目进行了全面检查；结合开展北戴河海域海洋环境保护专项执法行动，对秦皇岛海域进行了巡航巡查；落实《2012年暑期秦皇岛海洋环境保护执法工作方案》，加大巡航巡查频次。本次专项执法行动共查处海洋环境违法案件14起，结案13起，查处非法采砂案件1起，制止和打击了破坏和影响海洋环境的违法行为。

海岛执法。全面推进“护岛2012”专项执法行动，进一步整顿和规范海岛开发利用秩序。全年集中开展海岛检查4次，共派出执法人员63人次，行程463海里，及时获取了有关照片和影像资料。开展了全省17个岛屿中的8个面积较大、具有开发保护价值和岛体相对稳定的海岛的命名与标志设置工作。

维权巡航执法。根据国家维权执法工作需要，河北省分别于10月、11月、12月派出三批共8名骨干执法人员，随北海区维权执法编队赴指定海域进行维权巡航执法。期间，参与维权执法的队员与海区和兄弟总队的海监队员一起，加强团结协作，始终坚守岗位，经受住了恶劣海况、船只故障及晕船等带来的种种困难和考验，用实际行动捍卫了国家海洋权益，圆满完成了维权巡航执法任务。

【创新管理】 在全国率先建立起体现党政同责的土地执法监管共同责任机制，河北省委办公厅、河北省人民政府办公厅联合印发了《关于建立国土资源执法监管共同责任机制的意见》，实行党政同责、强化共同监管、明确职责分工、注重协调配合、完善制度机制、严格责任追究，全省基本建立了“党委领导、政府负责、部门协同、公众参与、上下联动”的国土资源管理工作新格局；建立分区管理、分类出让的地质找矿新机制；建立了标准化、绩效、行政监察“三位一体”的国土资源管理新模式；推进海域使用权直接进入建设领域工作；全省改革试点有新进展。城乡建设用地增减挂钩工作取得成效，工矿废弃地复垦利用列入国家试点，在承德、邢台两市开展了省级低丘缓坡开发利用试点，开辟了新的建设用地空间；开展远程网上报批试运行工作，着力增强政务大厅服务功能，规范业务流程，完善管理制度，所有窗口全部接办各类审批事项，做到了有件必接、接件即办、当天上传，工作效率和服务质量有了新的提高。全年政务大厅共受理审批报件5495件，收费46.15亿元，实现零差错。

【党风廉政建设】 印发了《关于2012年党风廉政建设责任制任务分工安排的意见》、《关于开展基层党风廉政建设教育培训工作的通知》等文件，把反腐倡廉工作与国土资源管理工作紧密结合，细化分工，收到较好效果。依托系统内网络平台，组织研发了党风廉政教育远程培训系统，实现了对系统内干部的网上廉政教育培训，全系统共组织培训班306期，参训28618人次；研究制定绩效和标准化管理办法、实施细则、指标体系，研发了“三位一体”绩效管理系统，得到省领导充分肯定；巩固和深化“两整治一改革”专项行动，积极开展土地、矿业权交易市场专项整治活动和行政权力运行监控机制建设，不断深化国土资源管理体制改革，研究制定了《深入推进行政权力运行监控机制建设工作方案》等17项惩防体系建设制度文件，源头预防腐败工作取得了新进展；在认真组织各级国土部门自查整改的基础上，与省纪委执法室组织5个联合检查组，对闲置土地处置、土地整治和专项资金管理情况进行了重点检查，对发现的7个方面的问题研究制定了整改措施。

（河北省国土资源厅　杨淑梅）

【廊坊市国土资源管理】 2012年，廊坊市国土资源管理工作紧紧围绕“精良管理、高端发展”的总体要求，以服务全市经济社会健康发展为主线，积极主动服务，严格规范管理，提升双保能力，全面创先争优，圆满完成了各项工作任务。特别是把握好“统筹、规范、提升”三个关键，实施“三抓”战略，加快构建土地集约利用、共同监管的长效机制，用刚性的举措、精良的制度全面规范土地管理利用行为，为今后全市国土资源工作的发展夯实了基础。

（一）规划统筹合理配置空间。廊坊市国土资源局成功抓住新一轮土地利用总体规划修编工作，全力以赴争取规划规模，积极跑步进京，通过多渠道努力，2011年成功争取省定向追加规划规模近6.5平方公里，为全市下一步发展赢得了空间。同时，重点强化了总体规划的管控作用，将40%的规划规模向重点园区倾斜，为园区建设提供了发展空间；编制完成了《廊坊市土地整治规划》，对布局分散的村庄进行撤并，实现了土地空间布局的更加优化和土地资源配置的更加合理。

（二）计划统筹科学支撑项目。廊坊市国土资源局密切同商务、发改部门联系，主动对接，关口前移，严把项目质量关，推动项目用地工作由“被动供地”向建设用地总量控制和结构控制的“以供调需”模式转变，实现了规划、计划管理的高度统筹，使“稳增长、调结构”更加有力。同时，创新实行派驻联络制度，把握政策先机，2012年全力破解省供地政策实行“大头下放”，预分指标只有往年一半的不利影响，共争取获批指标2.85万亩，其中，额外争取国家和省下达指标为1.71万亩，再创历史新高，在全省名列第一，有力支撑了全市重点项目建设。

（三）城乡统筹高效利用土地。廊坊市国土资源局大力健全市场机制，在全国率先运行了网上招拍挂系统。2012年全市土地收储3.38万亩，公开出让2.6万亩。其中，市本级收储土地3792亩，公开出让土地1556亩，实现政府可支配收益8.75亿元，完成融资10亿元。同时，不断加快推进城乡一体化发展步伐，稳步实施“田水路林村”的综合整治，完成整治项目20个，新增耕地4470亩。此外，完成4.08万亩增减挂钩指标报省审批和报部备案，为提升土地利用水平，改善农村生产生活条件，拓展城市建设空间奠定了基础。

（四）齐抓共管严格土地执法。廊坊市国土资源局积极开展对土地管理共同监管机制的探索，2012年以市委、市政府的名义出台了《关于进一步加强国土资源监管工作的实施意见》，强化了各级政府的主体责任，明确了监察、发改、建设、公检法等16个部门负责土地执法工作，实现了部门协同。同时，在全市范围内开展了持续全年土地卫片执法检查暨春季严打行动，经过多方努力，共拆除违法建筑物32.8万平方米，依法追究违法当事人责任57人次，保持了打击违法用地的高压态势，使全市违法占用耕地比例降至3.27%，顺利通过了省级验收，为全市发展营造了良好的用地秩序。

（五）完善机制提升节约水平。廊坊市国土资源局找准国家严格土地管理政策和廊坊发展实际的结合点，站位全局，深入研究，以《国土内参》和《专报》为载体，提出深化节约用地、保障重点项目等40余条建议，得到了市主要领导的重视和采纳。在此基础上，代市政府起草出台了《进一步促进节约集约用地的实施意见》，推行了项目用地预申请和专家论证等9项刚性措施，构筑了“事前、事中、事后”的节约集约用地全程管理机制，收到了显著成效，仅项目用地专家论证一项，就使土地利用效率提高了20%。同时，对全市批而未供、供而未用土地进行全面清理，2012年共盘活利用存量土地6000亩，为全市的发展开辟了新的用地空间。

（六）提升效能严格落实机制。廊坊市国土资源局创新提出“效能国土”理念，将各项工作任务和制度的落实全部纳入到系统效能建设的“大盘子”，建立绩效监督管理的“大格局”。实行领导包县制度，每个领导负责一个县（市）局或分局，全权负责业务落实等方面的督导落实。成立效能督查办公室，定期或不定期地开展效能督察。实行行政效能考核制，对重要人员、重点工作环节进行考核。通过打造“效能国土”，2012年市国土局上下各项工作高效推进，保质保量地完成全年工作目标。

（七）创新理念夯实基础工作。廊坊市国土资源局创新理念，夯实基础工作。在基准地价更新工作中引入“动感地价”理论，首开国内先河，采用手机移动信号、出租车GPS等科技手段，完成了新一轮基准地价体系更新工作，为节约集约利用土地提供了科学的参考依据；结合“一张图”和“数字廊坊”工程，创新研发了“三维地理信息图”，三维建模技术达到了国内先进水平；创新信访工作机制，组建起180余人的信访工作队伍，让百姓在家门口就可以反映问题，为群众建立起贴心的沟通渠道，实现了党的十八大期间涉地进京零上访。

（八）狠抓队伍提升服务水平。廊坊市国土资源致力于打造一支开拓进取、求真务实、廉洁高效的工作队伍。依托“国土大讲堂”，大力开展岗位大练兵，全面提升业务水平，2012年共举办培训班26期，培训干部职工1200余人次；积极进行轮岗交流，完成了118名科级干部的选拔任用调整工作，对系统176名股级干部进行了轮岗交流，特别是对市局16个副科级职位全部进行公开竞争上岗，使一批高素质的青年干部走上了中层岗位；强化廉政建设，开展以印发《纪检监察专刊》、编辑《警示录》、举办党员干部培训班、安装廉政屏保、制作“廉政长廊”为载体的“十个一”教育活动，强化对重点岗位、重点人员的监督管理，在全市系统营造“廉洁行政、高效工作”之风，为全市经济健康发展提供最坚实的国土资源支撑。

（九）土地资源状况。廊坊市行政辖区面积641937.57公顷（962.9064万亩）。根据土地利用变更调查数据，2012年廊坊市主要地类面积为：耕地361049.23公顷（541.5738万亩）；林地44942.40公顷（67.4136万亩）；园地25002.78公顷（37.5024万亩）；城镇村及工矿用地122414.09公顷（183.6211万亩）；交通运输用地27422.60公顷（41.1339万亩），（其中含农村道路16587.69公顷）水域及水利设施用地40798.65公顷（61.1980万亩）；其他用地9277.43公顷（13.9161万亩）。

（十）建设用地管理。2012年，国家、省下达廊坊市计划指标1428.0667公顷（21421亩），省批准建设用地共141宗，总面积1722.8226公顷（25842.339亩），农用地1202.9968公顷（耕地843.6626公顷），建设用地256.8609公顷（3852.9135亩），未利用地262.9649公顷（3944.4735亩）。

（十一）矿政管理。实现省、市、县、重点乡地质灾害防治中心联网，地质灾害气象预警系统投入使用，完成地质灾害群测群防、应急演练及应急调查与治理工作。完成了廊坊市平香公路（三河段）矿山环境治理工程，完成了段甲岭一线矿山环境治理工程勘察、设计，并通过了河北省国土资源厅专家组验收。廊坊市163个持证矿山已全部编制矿山地质环境保护与治理恢复方案，征缴保证金77.7万元。

加强对地热、矿泉水资源勘查和开发利用的监督管理，批复13口地热井的勘探申请。组织完成了2011年地质勘查成果通报和地勘行业基本情况调查的网上直报工作。

2012年完成15家采矿企业采矿权的延续、变更，对资源枯竭或转产的5家砖瓦粘土矿企业采矿权进行注销。完成采矿许可证换证工作。对全市140家采矿企业进行年检。对全市建设项目用地《压覆矿产资源调查评估报告》进行审查备案，出具212份不压覆矿产资源证明。

（十二）测绘管理。按照国家及河北省测绘资质管理规定，3家测绘资质申办单位通过市级初审，其中2家经省测绘局审批，已取得测绘资质证书。廊坊市共有测绘资质持证单位46家，其中甲级单位4家，乙级单位7家，丙级单位9家，丁级单位26家。全年受理资质信息变更业务7宗。

2012年完成市区及开发区80平方公里1∶500比例尺地形图更新工作，市区外围约200平方公里1∶1000比例尺地形图更新工作。完成廊坊市基础地理信息空间框架数据库的设计、开发建库工作。在此基础上搭建数字廊坊基础地理信息空间框架公共服务平台，逐步建立数字廊坊基础地理信息空间框架服务体系。

（十三）资源市场。2012年，廊坊市建设用地供应总量为1867.3666公顷。其中，存量土地715.474公顷，占总量的38.3%；增量土地1151.8926公顷，占总量的61.7%。以划拨方式供应土地96.0454公顷；以出让方式供应土地1771.3212公顷，成交价款171.70亿元。与2011年相比，建设用地供应总量减少了34.1%，增量土地面积占供应总量比例增加了3个百分点，出让土地面积占供应总量比例增加了18个百分点。与2010年相比，建设用地供应总量增加了1.9%，增量土地面积占供应总量比例增加了14个百分点，出让土地面积占供应总量比例减少了1个百分点。2012年新增供地比例较前两年有所增长，一是与各县市区新批准建设的工业聚集区陆续进行开发和招商引资有关；二是前两年批准的新增建设用地比例较大，其中有很大一部分都在今年供地。这说明全市存量土地挖潜工作还有待加强，必须加大力度通过内涵挖潜解决经济发展对用地的需求，缓解新增用地规模增加的压力，促进全市节约集约高效用地。

按出让方式统计，协议、招拍挂出让面积分别为39.8863公顷、1731.4349公顷，各占出让总面积的2.3%、97.7%，成交价款1.52亿元、170.19亿元，各占成交价款总额的0.9%和99.1%。与2011年相比，招拍挂出让土地面积减少了19.3%，成交价款减少了15.7%，招拍挂出让面积占出让土地总面积比例减少了0.6个百分点。与2010年相比，招拍挂出让土地面积增加了2.8%，成交价款增加了3.3%，招拍挂出让面积占出让土地总面积比例增加了2.4个百分点。

按用途统计，商服、工业、住宅和其他用途供地面积分别为290.9166公顷、749.0255公顷、662.7609公顷和164.6636公顷，各占供应总面积的15.6%、40.1%、35.5%和8.8%。与2011年相比，商业用地增长了57.9%，工业、住宅和其他用地分别减少了27.6%、31.3%、74.7%；住宅用地和其他用途用地地价分别增长了17.9%、72%，商服用地和工业用地地价分别下降了7.9%、39%。与2010年相比，商服用地和其他用地分别增长了140%、14%，工业和住宅用地分别减少了4.5%、15.4%；工业、住宅、其他用途地价分别增长了15.8%、4.1%、78.5%，商服用地地价下降了21.3%。

（十四）土地开发整理。2012年，在土地整治方面，廊坊市国土资源局从严格和规范入手，进一步加强制度建设，印发了《关于进一步加强耕地保护工作的通知》，同时，在组织项目实施中严格依照《河北省土地整治项目管理办法》，保证了项目的规范实施和工程质量。

针对廊坊市后备资源匮乏的实际，廊坊市国土资源局组织力量对后备资源情况进行现场踏勘，全年已完成20个土地整治项目的入库和规划设计审查工作，总规模4805.4公顷，项目完成后可新增耕地298公顷。其中占补平衡项目8个，总规模1260.9公顷，新增耕地202.3公顷。

（十五）执法监察。2012年，廊坊市国土资源执法监察工作以2011年度土地矿产卫片执法检查暨春季严打专项行动为主要抓手，全面清查2011年以来全市违法用地，采取拆除、复耕和补办手续等过硬手段，及时有效消除了一大批违法用地的违法状态，为卫片执法取得优异成绩奠定了坚实基础。卫片执法中，全市违法用地510宗，非立案处理96宗，其余全部立案下达处罚决定。追缴罚款1843.95万元，没收面积117.67万平方米，补办手续消除违法状态占耕地340.60亩，复耕土地面积259.99亩，追究党政纪责任27人，移送公安机关30人，收到公安回执30人，落实到位率均实现了100%。全市违法占用耕地的比例为5.65%，扣减拆除、复耕和补办后，比例为3.27%。矿产卫片1个监测图斑，三河市政府专项行动整治到位。

2012年，为加强日常执法监管，廊坊市国土资源局以廊坊市委、市政府名义正式印发了《关于进一步加强国土资源监管工作的实施意见》（廊字〔2012〕13号），逐步规范全市执法监察工作；出台完善相关制度，进一步规范12336国土资源举报电话管理工作；加大重点违法案件督办力度，三河、大城、广阳等辖区个别省市挂牌案件得到查处整改，为全市的发展营造了良好的用地秩序。

地理信息

【概况】 2012年全省地理信息工作牢牢把握地理信息科学发展主题，结合实际，顺势而上，创新管理，搭建平台，打造品牌，各方面工作成绩斐然。1月，省机构编制委员会决定，河北省测绘局更名为河北省地理信息局。市、县（市）地理信息部门机构理顺，部分市、县（市）更名挂牌；数字城市、天地图河北、地理省情监测、地理信息产业发展等重点工作扎实开展；落实2011年11月25日省人民政府和中国航天科技集团的战略合作框架协议，省地理信息局与中国航天科技集团卫星应用研究院签署共建协议。2012年河北省地理信息局被国家测绘地理信息局考核评定为先进单位，予以表彰。

测绘法制建设。省地理信息局规范地理信息成果管理，出台《河北省地理信息成果管理规定》、《互联网地图服务成果资料档案、质量及保密管理考核专用标准》、《地形图保密技术处理系统使用管理规定》和《地形图保密技术处理情况备案制度》；加强人事档案管理，出台《河北省测绘作业证管理办法》等。

测绘依法行政。根据《全国测绘地理信息行政执法依据》和《全国测绘地理信息行政执法职权分解》，修订出台《河北省测绘行政执法依据》和《河北省测绘地理信息行政执法职权分解》；依据《中华人民共和国行政复议法》和《中华人民共和国行政诉讼法》，制定《河北省地理信息局行政复议和行政应诉办法》；印发《关于加强测绘地理信息行政执法工作的通知》，落实责任，开展地理信息市场监督，查办测绘地理信息违法案件；加强地理信息资料、CORS站建设、导航电子地图、互联网地理信息管理，加强地理信息成果及时提交、使用申请的管理，加强外国组织或者个人来冀测绘地理信息的监督管理。

测绘普法宣传。8月29日，在省会人民广场举行庆祝《中华人民共和国测绘法》修订实施10周年宣传活动，接待咨询群众2600多人，发放地图、资料近5万份。启动国家版图意识宣传教育"三进"活动，增强学生、社区公民和新闻媒体了解、使用正确国家版图的能力，提高公民的国家版图意识、维护国家版图尊严，向全省30所学校和30个社区，赠送国家版图知识类图书和地图3000册。

基础测绘工作。2012年，省级基础测绘投入2240万元，完成全省1980坐标系控制成果向2000国家大地坐标系控制成果转换工作，建立与2000国家大地坐标系相联系的全省统一的1.5度带独立坐标系，降低投影变形，提高测图准确度。使用国家最新航摄资料，为唐山和秦皇岛区域更新747幅1：10000数字线划图和数字正射影像图工作。

地理国情监测。6月4日，省政府与国家测绘地理信息局签署合作开展地理国（省）情监测试点协议，省长张庆伟，国土资源部副部长、国家测绘地理信息局长徐德明，副省长张杰辉，省长助理、省政府秘书长尹亚力出席会议。合作协议将河北省列入国家地理国情监测示范省区，合作开展地理国情监测工作。6月5日，省委书记张庆黎参观现代应急测绘装备展，观看国家地理信息应急监测车、无人飞机、影像处理系统、数据传输系统和GPS定位等先进测绘地理信息设备，对测绘地理信息工作给予充分肯定。7月28日，省地理信息局启动测绘应急保障Ⅱ级预案，为河北省北部遭受洪涝灾害地区提供应急测绘保障。贯彻落实党的"十八大"精神和省委省政府《关于着力改善生态环境的实施意见》要求，推进地理国情监测工作，服务生态文明和美丽河北建设。唐山市曹妃甸区列入全国地理国情监测普查试点区。

数字城市建设。贯彻落实省政府领导对全省数字城市建设工作批示精神，采取有力措施，加快数字城市建设步伐。全省11个设区市数字城市建设工作全部立项启动；推进县（市）数字城市立项启动速度，数字栾城、数字霸州、数字隆化、数字邱县先后立项并启动建设，正定县、冀州市、易县、三河市、定州市、涿州市已经批准立项，武安市、安平县、磁县、深州市等县（市）政府正在积极筹备数字城市立项事宜；落实省政府办公厅《关于开展智慧城市建设试点工作的指导意见》精神，做好数字城市与智慧城市建设的衔接工作。8月初，经省地理信息局申请，省委组织部在廊坊市举办首次"河北省数字城市建设县（市）长专题研讨班"，全省11个设区市国土资源局主管副局长、22个县级市和14个条件较好的县主管副县长和国土资源局局长100多人参加会议。

测绘地理信息科技创新。加强科技项目和测绘地理信息生产管理，出台《河北省地理信息局科技项目管理办法》。落实省政府和中国航天科技集团公司战略合作协议，在北斗卫星高精度导航、遥感技术利用、三维技术研发、政府地理信息政务共享和服务平台、无人机综合应用与测控等方面展开合作，国内首家引进三维城市模型建设新技术"街道工厂数据处理系统"，并利用中国科学研究院生产的倾斜像机进行航飞，大大增强快速、高效、大面积生产城市大比例尺真三维模型能力。"河北省三维基础地理信息平台建设"项目获2012年中国地理信息科技进步奖三等奖，"数字石家庄地理空间框架建设项目三维模型建设"项目、"河北省基础地理涉密信息系统建设"项目获2012年中国地理信息产业优秀工程奖铜奖；石家庄市基础平面控制网整合转换"项目、"河北省卫星定位综合服务系统"获2012年度卫星导航定位科学技术奖三等奖。

国际合作交流。加强国际间测绘地理信息技术合作与交流，省地理信息局组织2批19人出访，同时接待4个团组外宾来访。8月，省测绘协会组织会员单位32人赴台湾省测量技师公会进行交流考察。9月5日至9月25日组织人员赴瑞典完成21天的"数字城市的建设与应用"培训。

天地图省、市级节点建设。6月4日，在省会石家庄市举行"天地图·河北"网站开通仪式。省长张庆伟，国土资源部副部长、国家测绘地理信息局局长徐德明共同启动开通仪式。按照国家测绘地理信息局天地图建设工作的统一部署，投入"天地图·河北"专项建设资金1080万元，完成数据采集、软件集成、系统测试等工作。积极开展节点的维护完善和运营工作，完成制作河北省部分城市三维街景项目，充实天地图内容。"天地图·石家庄"通过国家测绘地理信息局验收，并与"天地图·河北"链接上线运行。

地理信息资源共建共享。9月11日，省地理信息局与中国航天科技集团卫星应用研究院签订项目合作协议书，双方将在卫星遥感、卫星导航、无人机、地理信息政务共享和服务平台等方面合作；4月18日，与省环境保护厅签署战略合作协议，双方在利用地理信息资源加强环境监测和环境保护、及时应对环境突发事件方面进行合作；5月18日，与省旅游局签署"关于地理信息数据应用于旅游产业的战略合作协议"，利用地理信息推动旅游信息化建设，为全省旅游开发区设计、规划和管理提供测绘支撑；与中国电子科技集团第54研究所联合开展北斗导航系统与河北省卫星定位综合服务系统兼容性研究；与河北省军区开展地理信息资源共建共享，利用省级基础地理信息资源满足军队战略需求，为信息化条件下的现代战争提供支撑。

测绘成果保密。6月29日，组织开展涉密测绘成果管理人员复审换证工作；对全省678家测绘单位和18家系统外使用测绘成果数量较多的单位进行保密检查；在省安全厅、省保密局的配合下，对涉嫌失泄密的两家单位（河北省区域地质矿产调查研究所、承德市交通勘察设计院有限公司）进行查处，并对相应的人员进行处理。省地理信息局保密检查工作得到国家测绘地理信息局、国家保密局肯定，有4家单位被评为先进集体。河北省也是省级测绘地理信息行政主管部门和省级保密行政主管部门同时被评为保密工作先进集体的唯一省份。

问题地图专项治理。严格按照地图编制管理的法律法规规定，进行地图的审核、市场检查；继续加强“问题地图”专项治理与日常巡查，对全省11个设区市的地图市场进行全面集中和不定期的排查，共查扣违法地球仪50件，下架违法地球仪100余件，制止和撤销含有“问题地图”的大型展牌5处。

互联网地图监管。加强技术及运维人员管理，要求互联网地理信息安全运维人员应具有地图安全审校人员资格证书；规范监管方式，每周正常运行一次监管系统的网站跟踪软件和POI搜索软件；对审查发现的“问题地图”准确研判，并列入执法工作范围进行处理。

【测绘地理信息机构更名挂牌】 1月13日，经省机构编制委员会决定，河北省测绘局更名为河北省地理信息局。这凸显地理信息在国民经济和社会发展中的重要作用，也适应新的形势发展要求，标志着测绘事业向地理信息事业转型，从生产型向服务型、应用型转变。3月15日，省机构编制委员办公室印发《关于加强市、县（市）测绘地理信息工作机构建设的通知》，对完善地理信息行政管理体制、加强地理信息管理机构建设、落实地理信息管理职能提出具体要求。各市、县国土资源局加挂“地理信息局”牌子，原已加挂“测绘管理办公室”牌子的，更名为“地理信息局”，确定1—2个科（室）负责地理信息工作，并增加指导地理信息产业发展、数字城市基础建设和管理等职能。一年来，各地市积极落实省机构编制委员会要求，更名挂牌工作有序推进。

【现代应急测绘装备展】 6月5日，省委书记张庆黎，国土资源部副部长、国家测绘地理信息局局长徐德明，省委常委秘书长景春华，副省长张杰辉，国家测绘地理信息局副局长李维森等参观“国家地理信息应急监测车等现代应急测绘装备展”。张庆黎书记首先参观“国家地理信息应急监测车”，并进入车内，详细了解地理信息应急监测车的功能和装备，然后逐一观看无人飞机、影像处理系统、数据传输系统和GPS定位等先进测绘地理信息设备。徐德明副部长向张庆黎书记介绍国家地理信息应急监测车等现代应急测绘装备在政府决策管理中的应用情况，以及测绘地理信息在经济社会发展中的服务保障作用。张庆黎书记对国家测绘地理信息局对河北测绘地理信息工作的支持表示感谢，对近年来河北测绘地理信息工作给予充分肯定，希望地理信息部门继续加强科技创新，充分利用现代化测绘技术装备，为全省经济社会发展做好保障服务。

【合作开展地理国（省）情监测】 6月4日，省政府与国家测绘地理信息局签署合作开展地理国（省）情监测试点协议。省长张庆伟，国土资源部副部长、国家测绘地理信息局局长徐德明出席签字仪式。省政府副省长张杰辉、国家测绘地理信息局副局长李维森代表双方在合作协议上签字。合作协议将河北省列入国家地理国情监测示范省区。合作开展的地理国情监测工作，历时3年，计划于2014年12月份完成，主要包括开展河北省国土资源动态监测、重大地质灾害监测、湿地保护区及重要水源地监测、重点区域沉降变形监测及城镇化进程监测等。届时，河北省将建立完善地理国情监测长效机制，完善地理信息资源与经济社会信息的分建共享机制，全面提高地理信息服务保障能力。一方面，为省政府准确掌握省情省力提供依据，为科学决策、应急保障、防灾减灾提供基础数据及技术支撑；另一方面为国家测绘地理信息局加快构建数字中国、监测地理国情的战略举措提供基础资料。在签约仪式上，李维森副局长还代表国家测绘地理信息局向河北省交接国家地理信息应急监测车。张庆伟省长、徐德明副部长共同开通“天地图·河北”网站，与会领导观看“天地图·河北”演示，并在现场参观国家地理信息应急监测车等现代应急测绘装备。

【项目合作协议签约】 9月11日，省地理信息局和中国航天科技集团卫星应用研究院举行项目合作协议书签约仪式，双方基于相互的职责和技术优势，在卫星遥感、卫星导航、无人机、地理信息政务共享和服务平台等方面展开合作，实现双方在卫星应用领域的优势互补、合作共赢、共同发展。

省地理信息局局长高献计、中国航天科技集团卫星应用研究院常务副院长王海涛在合作协议书上签字。省人民政府省长张庆伟，常务副省长杨崇勇，省长助理、省政府秘书长尹亚力，省发展和改革委员会主任刘学库，省财政厅厅长邢国辉，省住建厅厅长朱正举，省交通厅厅长高金浩，省接待办主任任国生，省国土资源厅副厅长、省地理信息局局长高献计，中国航天科技集团公司党组书记、总经理马兴瑞，党组成员、副总经理袁洁，总经理助理、办公厅主任赵晓晨，中国空间技术研究院院长杨保华，中国空间技术研究院党委书记李开民等出席仪式。仪式由省国土资源厅厅长张绍廉主持。

合作协议的主要内容有：一是卫星遥感。基于河北省的卫星遥感数据需求和技术需求，省地理信息局与中国航天科技集团卫星应用研究院充分合作，不断扩大遥感数据在河北省的应用范围。二是卫星导航。中国航天科技集团在北斗卫星的设计、发射、数据接收和处理方面拥有其独特的技术和优势，在该领域合作目标是升级和完善河北省目前的连续运行参考站系统。三是地理信息政务共享服务平台，在省地理信息局拥有的基础地理信息数据基础上，整合各部门相关数据资源，实现政府地理信息的共建共享，提高地理数据的使用效果。四是无人机综合应用和测控。完善和更新省地理信息局已有的无人机系统，提高无人机系统的测图和数据远程传输能力。

根据战略合作框架协议，围绕“十二五”期间河北省国民经济和社会发展规划纲要以及中国航天科技集团公司发展规划，双方将在运载火箭及航天器制造与试验领域、战略性新兴产业、航天特色高技术服务业、传统产业优化升级、技术创新体系建设与创新人才培养等5个方面开展重点合作。

【省领导会见马兴瑞一行】 9月11日，中国航天科技集团公司党组书记、总经理马兴瑞一行来石家庄参加河北省地理信息局与中国航天科技集团卫星应用研究院项目合作协议书签约仪式。省委书记张庆黎，省人民政府省长张庆伟等省领导会见马兴瑞总经理一行。双方对河北省人民政府与中国航天科技集团公司近半年来多个项目合作成功，取得实效给予肯定，对省地理信息局与中国航天科技集团卫星应用研究院在河北省人民政府与中国航天科技集团公司合作协议的总框架下，加强地理信息、卫星遥感等方面的合作表示赞赏。张庆黎书记希望合作双方在河北省人民政府和中国航天科技集团公司合作协议的总体框架下，抓好地理信息领域合作项目的落实，发挥双方优势，抓住难得机遇，尽快将技术优势落实到实际应用中，为河北省与中国航天科技集团公司的总体合作，起到引领作用，当好先行，做好示范，为全省经济建设和社会信息化做出积极贡献。参加会见的有，河北省人民政府常务副省长杨崇勇、省委秘书长景春华、省政府秘书长尹亚力以及省发展和改革委员会主任刘学库、省财政厅厅长邢国辉、省国土资源厅厅长张绍廉、省住建厅厅长朱正举、省交通厅厅长高金浩、省接待办主任任国生、省地理信息局局长高献计等。

【“天地图·河北”网站开通】 6月4日，“天地图·河北”网站（www. maphebei. com/）举行开通仪式。省人民政府省长张庆伟，国土资源部副部长、国家测绘地理信息局局长徐德明共同启动开通仪式。“天地图·河北”省级节点在面向公众的Internet网上运行，向上接入国家主节点，向下与市级节点连接，横向为各级政府、企事业单位、社会公众提供数据应用服务。通过“天地图·河北”网站，社会公众可以查询道路、商户、楼盘等地理位置，寻找学校、银行、商场、医院等信息。网站还提供完备的地图功能（如驾车路线查询、视野内检索、全屏、测距等），让社会公众迅速浏览各个城市的地图及周边环境，为衣、食、住、行等提供方便快捷的服务。

【省地理信息局揭牌】 6月5日，河北省地理信息局举行揭牌仪式。省政府副省长张杰辉，国土资源部副部长、国家测绘地理信息局局长徐德明出席仪式并为河北省地理信息局揭牌。河北省军区参谋长王舜，国家测绘地理信息局副局长李维森，国家测绘地理信息局党组成员、办公室主任吴兆琪出席仪式。张杰辉、李维森分别在揭牌仪式上发表讲话。他们对河北省测绘地理信息事业近几年的创新发展给予肯定，作为一项基础性工作，地理信息是准确掌握国情国力、提高决策管理水平的重要手段，在推动经济社会发展中发挥更加重要的作用。作为全国第一家更名为地理信息局的省级测绘地理信息主管部门，为全国省级测绘地理信息行政主管部门体制改革开创了先河，具有重要示范引领作用。

【省地理信息事业发展“十二五”规划纲要】 5月10日，省地理信息局印发《河北省地理信息事业发展第十二个五年规划纲要》，提出河北省地理信息事业发展的“十二五”目标，确立指导思想：以“构建数字河北、监测地理国情、发展壮大产业、服务经济社会”战略方向为重点，以地理信息技术装备建设、地理信息科技创新、人才队伍建设、管理体制机制建设为支撑，着眼于解决现实问题，保障服务能力建设，形成地理信息事业中长期发展的战略目标、战略任务、战略布局和战略对策，确保“十二五”期间地理信息事业的全面、快速、可持续发展。明确“十二五”期间测绘地理信息工作在测绘法制建设、行业管理、基础测绘工作、现代测绘基准建设、基础测绘设施建设、重大测绘地理信息项目建设、地理信息成果管理与应用、地理信息产业发展、积极开展科技创新与国际合作、创新地理信息体制机制、加强人才队伍建设、加强党的建设和文化建设等12方面的主要任务。

【测制5010个帮扶村地形图】 4月13日，省住房建设厅组织召开“全省加强基层建设年活动帮扶村村庄规划编制和村庄环境综合整治规划推进会”。全省基层建设年活动领导小组办公室、省教育厅、省地理信息局、全省设区市规划局和有关规划设计院参加会议。按照会议规定，省地理信息局于4月底完成并提供全省5010个帮扶村1：2000正射影像图，5月底前完成测制并提供全省2600个重点帮扶村1：1000地形图，为各设区市规划局在6月底前完成全部规划编制工作提供保障。接到任务，省地理信息局立即部署，科学谋划，组织精干技术队伍，依靠当地政府、乡村干部和群众，测绘地理信息工作人员加班加点，克服重重困难，仅用半个月时间，在4月底前完成省5010个帮扶村1：2000正射影像图，作业面积约3万平方公里；在5月底前完成了为2600个重点帮扶村规划测制1：1000地形图任务，作业面积6700平方公里，按时提交省住房与城乡建设厅。

【服务生态文明建设】 省地理信息局贯彻落实党的“十八大”精神和省委省政府《关于着力改善生态环境的实施意见》要求，积极推进地理国情监测工作，认真谋划服务生态文明和美丽河北建设。一是启动全省第一次地理国情普查，摸清全省生态环境底数，掌握自然资源、生态环境的基本情况。利用高分辨率影像资料，对河流湖泊、交通道路、构筑物、地理单元（行政区划单元、社会经济区域单元、自然地理单元、城镇综合功能单元）进行要素和属性信息采集，形成完整的地表覆盖数据和地理要素信息数据，客观、准确地反映河北省地理信息的要素及分布。二是建立省级生态变化地理信息数据库。内容包括城镇变化、道路交通、河流水系、森林植被、耕地变化、海岸线变化、地理单元变化等内容，辅以查询、统计、空间分析等功能，服务于生态文明建设，为领导决策、政策制定提供依据。三是形成生态环境快速应急地理信息保障机制。发挥动力三角翼航摄系统、无人飞机航摄系统、直升机、国家地理信息应急监测车、地表形变监测系统的作用，提高对地质灾害、尾矿库、水灾、火灾等公共突发事件和防灾救灾的地理信息快速获取、现场及时处理和输出、即时远程传输的能力，为领导现场指挥、灾情评估提供现势性地理信息。

为将地理信息服务生态文明建设落到实处，省地理信息局制定详细保障措施。一是完善河北省卫星定位综合服务系统，推动河北省北斗导航卫星产业发展。二是提升基础地理信息数据精度，制作高精度数字地面模型，为土地节约集约利用、环境整治、国土空间开发保护、城镇及农村环境改善、建设绿色生态系统等工作提供更精准的基础地理信息数据保障。三是推进数字河北地理空间框架建设，建立全省唯一的、权威的地理信息公共平台，推进共建共享及信息化进程。四是筹建河北省海洋测绘管理中心，组织实施海洋基础测绘，为发展海洋经济、海洋环境监测、治理等工作服务。

【提供应急测绘保障】 7月21日，河北省北部地区突降特大暴雨，保定市涞源、涞水、易县、阜平、唐县等11个县、84个乡镇以及承德市兴隆县遭受洪涝、风暴灾害。7月28日，省地理信息局紧急启动测绘应急保障Ⅱ级预案，做好测绘应急保障工作。7月28日、29日，省地理信息局及局属有关单位编制受灾县专题用图，为领导决策提供测绘保障。利用一周的时间，抽调作业队伍为涞源、涞水、易县、兴隆4县受灾严重的68个村庄和8个安置区测制了1∶1000地形图，作为村庄恢复重建或搬迁规划编制工作底图。

【与省环保厅签署战略合作协议】 4月18日下午，省地理信息局与省环境保护厅签署战略合作协议，省地理信息局局长高献计，省环境保护厅巡视员轩水林出席会议并签字。按照协议，双方将充分利用各自资源，在污染防治、环境质量改善、重点区域流域环境和生态安全保障领域，发挥地理信息在环保上的应用，为科学决策、科学评价、科学管理提供依据，促进环保事业发展。省地理信息局将发挥快速获取高精度激光点云、高精度数字影像、高速处理数据等方面的能力，为环境保护提供高精度、高分辨率地理信息数据和遥感影像数据，加强环境监测和环境保护。在突发环境事件中，省地理信息局的激光雷达系统、民用直升机和应急保障测绘车等尖端设备及技术将为省环境保护厅提供应急服务和精确位置服务。省环境保护厅将向省地理信息局提供环境监测点分布数据、重要生态功能区和重点地区地下水污染区域等环保专业数据。省地理信息局通过对这些地理国情要素动态的测绘、统计，从地理的角度综合分析和研究国情，完善基础地理信息公共服务平台和“天地图·河北”的内容和功能。

【与省旅游局签署战略合作协议】 5月18日，省地理信息局与省旅游局签署“地理信息数据应用于旅游产业的战略合作协议”。中纪委驻国家旅游局纪检组长、国家旅游局党组成员刘金平，省政府副省长聂辰席出席签约仪式，省国土资源厅副厅长、省地理信息局局长高献计、省旅游局局长栗进路在合作协议上签字。协议规定，省地理信息局为省旅游局快速提供高精度、高分辨率基础地理信息数据和三维影像数据，为全省旅游开发区设计、规划和管理提供测绘地理信息支撑。省旅游局向省地理信息局提供公开的旅游景区专业数据，省地理信息局通过地理要素动态地测绘、统计，从地理的角度综合分析和研究经济社会国情，完善基础地理信息公共服务平台“天地图·河北”的内容和功能。合作双方在全省数字城市建设过程中，依托数字城市平台，加载旅游产业涉及的食、住、行、游、购、娱六大要素相关的地理和属性信息，及相关的医疗救护、安全保卫、气象信息、电信通讯、银行支付等许多部门信息。

【智慧城市试点建设】 贯彻落实省政府办公厅《关于开展智慧城市建设试点工作的指导意见》精神，做好数字城市与智慧城市建设的衔接工作。一是开展智慧城市试点建设。石家庄、邯郸、廊坊3市作为国家试点城市先行启动，“数字石家庄”已建成并通过国家局的验收，为智慧城市建设打下坚实基础。二是将数字城市建设与智慧城市建设作为一个有机整体统一推进。组成智慧城市建设专题研究组，依托数字城市建设已有成果和发展目标，形成专题报告报送当地市政府，明确数字城市作为智慧城市建设的依托作用和核心地位，确保数字城市的建设成果在智慧城市建设中得以广泛充分的应用。三是完善数字城市建设成果，为智慧城市建设夯实基础。完善国土、规划、警用等8个应用系统的功能，提高系统应用的适用性和易操作性。同时，大力整合已有资源，拓展应用单位，减少重复投入。建立健全公共平台应用服务、运行管理和数据更新长效机制，确保持续稳定高效运行。

【“数字城市”建设专题研讨班】 8月14日至16日，由省委组织部主办，省地理信息局承办的全省首期数字城市建设县（市）长专题研讨班在廊坊市举行，全省36个县（市）的分管测绘地理信息工作的副县（市）长、国土资源局负责同志以及各设区市国土资源局主管测绘地理信息工作负责人共100多人参加了研讨班。省委组织部、省国土资源厅、省地理信息局、廊坊市政府、廊坊市委组织部等有关领导出席开班仪式。省国土资源厅副厅长、省地理信息局局长高献计，廊坊市政府副市长李刚分别在开班仪式上致辞并讲话。研讨班邀请中国工程院院士刘先林、中国测绘科学研究院研究员李成名等专家学者围绕数字城市建设及应用作专题学术报告，听取石家庄市国土资源局关于数字石家庄建设应用的专题发言，赴中国测绘创新基地进行参观考察。

【下放测绘资质监督管理权限】 省地理信息局将部分测绘资质管理权限下放到市、县国土资源局（地理信息局），提高地理信息服务水平，加强对测绘资质的日常监督管理，充分发挥市、县（市）地理信息行政主管部门的职能作用。一是测绘资质申请材料的组卷审查、上报工作。各设区市所辖各县（市）行政区域内的单位申请测绘资质，由单位所在地县（市）国土资源局（地理信息局）负责测绘资质申请材料的组卷审查和上报工作。二是测绘资质年度注册工作。自2013年1月1日起，各县（市）国土资源局（地理信息局）负责本行政区域内丙、丁级测绘资质年度注册纸质文档材料的受理、审查和上报工作。甲、乙级测绘资质年度注册，由测绘单位所在地县（市）国土资源局（地理信息局）审查后出具书面意见，报设区市国土资源局（地理信息局）核查后按规定程序上报省地理信息局审批。三是测绘资质巡查工作。各设区市、县（市）国土资源局（地理信息局）按照全省有关测绘资质巡查的相关规定和工作计划，依法履行监督管理职责，切实维护好地理信息市场秩序。

【应急监测及卫星通信系统项目建设】 12月20日，《河北省地理信息应急监测及卫星通信系统》项目建设方案通过专家论证。该项目将无人机、三角翼、直升机等所获取的地理信息数据，通过卫星通信、微波传输等多种通信方式，形成完整的地理信息应急监测数据传输系统，为地理信息测绘、资源调查特别是应急监测、现场指挥、领导决策等提供科学依据。项目采用航天五院自主研发的国产卫星通信系统（Anovo），实现地理信息应急监测数据的“静中通”、“动中通”模式的传输，利用卫星通讯通道，实现数据远程传输。

【《测绘法》修订实施十周年宣传】 2012年是《中华人民共和国测绘法》修订后贯彻实施的十周年，省地理信息局按照国家测绘地理信息局统一要求，结合实际开展形式多样的宣传活动。印发《河北省地理信息局关于开展测绘法集中宣传活动的通知》，明确宣传主题和内容；组织学习徐德明局长《以法为纲砥砺奋进促进测绘地理信息更好地服务科学发展》文章，提高认识，统一思想，指导工作；开展“格瑞杯”测绘地理信息法律知识有奖竞赛活动；测绘法宣传日活动日当天，在省会长安广场举办宣传活动，省人大城建环资委副主任白刚、省城建环资委委员戎兰继、省地理信息局领导班子成员及石家庄市国土资源局领导向市民宣传测绘地理信息法律法规，现场讲解测绘地理信息成果在抗震抗洪及各种灾后重建工作中的重要作用和测绘科技知识。主会场宣传日当天共接待前来咨询的群众2600多人，发放印有河北省地图、石家庄市城区图1万多份，印有测绘地理信息标志的太阳帽、环保购物袋及宣传资料3.5万份；召开由省人大、省政府有关部门、部分测绘地理信息单位负责人参加的座谈会。回顾10年来全省测绘地理信息事业取得的发展成就，总结经验，分析问题，就如何进一步加强测绘法制宣传教育、完善行政管理机制等方面征求意见。

【全省地理信息产业发展座谈会】 3月21日，省地理信息局召开“河北省地理信息产业发展座谈会”，全省11个地市测绘地理信息行政主管部门负责人、甲乙级测绘单位法定代表人、测绘仪器设备销售企业代表、省地理信息局相关处室及省测绘学会、测绘行业协会负责人共180多人参加会议。省地理信息局局长高献计在会上作题为《转变发展方式，调整产业结构，努力实现河北省地理信息产业又好又快发展》的讲话，分析河北省地理信息产业的现状及当前存在的问题，并提出三点建议，第一是实现思维方式、发展理念和管理理念的转变。从过去过度依靠人力资源、物质资源和物质消耗实现增长，逐步转变到依靠科技进步实现良性发展、科学发展上来。第二是转变服务方式。由原来单纯进行低端的地理信息数据采集，转变为对地理信息数据进行深加工和处理的地理信息综合服务，由产业上游向产业中游和下游转移。第三是转变发展方式。根据新时期经济社会发展和社会公众对地理信息需求结构的变化，加快科技创新步伐，调整产业结构和产业布局，加快地理信息产业升级转型步伐，彻底扭转地理信息产业结构不合理的现状。会议推动全省测绘地理信息企业科学把握地理信息产业发展的现状和趋势，积极引导地理信息企事业单位调整产业结构，建立健全地理信息成果汇交与共建共享机制，加快经济发展方式转变，助推省地理信息产业又好又快发展。

（河北省地理信息局　王跃先）

水利管理业

【概况】 2012年，河北省水利系统着眼实现建设经济强省、和谐河北的奋斗目标，认真贯彻落实党中央和省委省政府新时期治水兴水决策部署，抢抓水利改革发展重大机遇，在“广开源、重节水、强治理、惠民生”上下功夫，着力提高保障防洪安全、供水安全、粮食安全、生态安全的综合能力，水利事业呈现科学发展、和谐发展、跨越发展的良好态势。全省水利总投入达到180多亿元，比2011年增长27%；共解决499.51万农村人口饮水不安全问题，超额完成400万人的年度目标任务；新增节水灌溉面积390万亩，比年度目标任务多150万亩；治理水土流失面积2175平方公里，比年度目标任务多175平方公里；完成45座小（1）型水库除险加固，有147座小（2）型水库正在进行加固改造；新开工建设小水电站3座，投产2座，新增装机2220千瓦。

【水政】 （一）水利立法。与省法制办密切配合，制定出台了《河北省抗旱规定》。完成了2012年水利立法计划和2013—2017年立法规划项目建议的上报工作。开展了子牙新河河口管理体制研究，起草完成了2万余字的研究报告，于12月份通过了海委审查，为开展河口立法、理顺子牙新河河口管理体制奠定了基础。严格做好法规审查工作，全年共完成《农村水电条例》、《农村土地承包条例》、《电力保护条例》等29部地方性法规、政府规章的审查工作。

（二）水事稳定。河北省水利厅制定了维护水事秩序稳定方案，将4月作为全省水事纠纷排查月，集中时间，集中力量对边界河道水事矛盾敏感地区进行水事矛盾排查，对排查出来的21起水事矛盾进行了及时化解。配合水利部海委解决了清漳河涉县漳西渠被破坏事件，及时修复了渠道，保证了涉县35个村庄、3.4万亩耕地的春灌。与海委漳河上游局建立了维护沿漳经济社会稳定工作机制。加强与北京市、山西、河南、内蒙和天津等水务部门的沟通，积极探索建立方便、快捷实用的沟通会商机制，及时妥善解决纠纷。

（三）河道采砂。组织开展河道采砂规划工作，对保定、张家口、邢台、廊坊等市12条河道编制了河道采砂规划。加大河道采砂规范化管理和审批，对符合采砂条件的，及时给予审批，对不符合条件的申请，及时予以答复，提高采砂许可审批效率和质量。组织开展了打击河道采砂违法犯罪专项整治活动、汛前全面禁采执法检查活动、汛期督导检查活动、河道采砂执法检查活动，累计巡查400余次，出动人员1100人次，车辆520车次，查处违法取土10余处，有效避免了因河道采砂引起的安全事故以及群众集体到京上访事件的发生，确保了全国“两会”和十八大期间的水事稳定。

（四）行政许可。结合河北省水利厅开展的机关标准化管理工作，对行政审批事项的流程进行了修改完善，编制了《河北省水利厅行政许可办理手册》、《河北省水利厅非行政许可审批办理手册》、《河北省水利厅行政监管办理手册》。行政审批窗口被中共河北省委创先争优领导小组表彰为“为民服务创先争优群众满意窗口”。在推进网上审批过程中，开展了数字签名，达到了提速提质、保密安全的要求。2012年，河北省水利厅共受理行政许可652项，非行政许可审批事项109项；行政监管事项24项，所有事项均全部按期办结，没有审批超时、超法定职权范围实施审批，也没有随意设定、增加审批条件和继续审批已取消的许可等问题。

【水资源】 （一）水资源状况。2012年，河北省平均降水量为598.2mm，比上年增加104.9mm，比多年平均多66.5mm，属偏丰年份；全省水资源总量为245.88亿m^3，比多年平均值多41.19亿m^3。2012年底平原区浅层地下水平均埋深16.10m，与上年同期相比，浅层地下水位平均上升0.34m。深层地下水位平均埋深：沧州56.99m，衡水56.71m，邢台中东部平原57.88m，与上年同期相比，沧州上升0.89m，衡水变化不大，邢台中东部平原下降1.7m。2012年末，省辖大中型水库蓄水38.17亿m^3，比年初增加3.14亿m^3。白洋淀蓄水量3.13亿m^3，比年初增加1.72亿m^3；衡水湖蓄水量1.17亿m^3，比年初增加0.03亿m^3。

（二）水资源管理。严格规范水资源论证和取水许可，省级完成新改扩建项目水资源论证18个，批准取新水量4513万立方米，其中非常规水量1145万立方米，占新水量的25.4%。启动了水资源监控能力建设，成立了项目领导小组和建设办公室，石家庄、承德两个国家级城市水资源实时监控与管理系统试点建设通过验收，启动了张家口市城市水资源实时监控与管理系统建设。开展了漳河、蓟运河、滹沱河、滦河、拒马河等跨省河流水量分配和南水北调供水水量分配。开展水资源执法检查和水资源费征缴工作，配合省人大和水利部开展了水资源执法专项调研和检查。对高耗水行业进行了专项整治，摸清了171家洗车场所、144家洗浴场所、29家游泳场馆、33家高尔夫球场、6家休闲体育公园和部分水上娱乐场所、人造滑雪场的用水情况。对用水户取用水源、计量安装、计划用水、节水型器具、缴纳水资源费、水循环设施建设与利用等情况进行了整治。

（三）水资源保护。强力推进北戴河及近岸海域治理工程，投资2.1亿元，清除7条入海河流的污泥、垃圾140万立方米，修建25处河道垃圾拦截工程，新建5个水质自动监测站，圆满完成了省委、省政府下达的治理任务。加大对白洋淀、衡水湖的水生态保护，重点支持石家庄洨河整治。先后下达投资计划20多亿元，有计划地对重点城镇周边的57条中小河流进行治理。

（四）节水工作。节水型社会建设深入推进，全省开展节水型社会建设的县（市、区）达到67个，“一提一补”节水激励机制在迁安、博野、任丘、邢台市桥东区得到推广。92家企业开展了水平衡测试。全省万元工业增加值用水量下降了6.7%，农田灌溉水有效利用系数提高到0.658。石家庄市被水利部授予“全国节水型城市”称号。

（五）最严格水资源管理制度。积极推进实行最严格水资源管理制度试点工作，河北省政府在全国率先出台了《关于实行最严格水资源管理制度的意见》，印发了《实行最严格水资源管理制度实施方案》；河北省水利厅出台了4个控制指标体系实施方案，省级三条红线指标全面建立，并且分解到了各市。11月18日召开了全省水资源工作会议，对最严格水资源管理制度进行了全面部署。

【水利规划】 （一）规划工作。完成了水中长期规划，提出了今后10～20年水资源配置空间布局和工程布局。完成了水利扶贫规划，对3个片区、68个县的水利扶贫和发展做出了安排。配合水利部海委完成了滦河、蓟运河、南运河、非常规水、河系沟通、河口海岸滩涂等六项规划的编制工作。组织完成了首都经济圈水资源开发利用专题研究等相关工作。完成了“7.21”洪水灾后重建实施方案和指导意见编制工作。完成了拒马河治导线规划，并印发实施。完成了衡水湖综合治理规划、北运河干流综合治理规划报批等工作。

（二）前期工作。一是重大水利项目前期工作取得突破。引黄入冀补淀工程项目建议书已经通过水利部审查，并上报国家发改委；双峰寺水库初步设计已获水利部批复，乌拉哈达项目建议书编制工作完成。二是列入“三位一体规划”的13条河道和13处蓄滞洪区项目前期工作进展顺利。13条河道项目，完成了2个立项，2个国家发改委已评估，3项完成水规总院复审，5项完成可研审查，1项正在编制可研；13处蓄滞洪区项目，2项已通过水规总院复审，其余正在加紧完善之中。三是省内重点水利项目审批立项年度任务圆满完成。完成57项中小河流初步设计审批；审查列入后续规划项目68项，批复45项；审批重点小（2）型水库初步设计174座。完成病险水闸设计报告审查37座，批复27座，完成泵站更新改造可研报告审查2座，初设批复3座，已累计完成初设批复10座。

（三）计划工作。认真组织编报河北省水利投资建议计划，最大限度地争取国家支持。及时分解下达投资计划，全年共安排水利项目326个，其中双峰寺水库项目1个、主要江河支流治理31个、蓄滞洪区1个、中小河流治理57个、病险水库217座、病险水闸13座、泵站3个、海堤建设3项。认真研究地方配套政策，测算2010年以来各类水利项目省级配套资金需求和筹资方案，及时上报省政府、发改委和财政厅。认真开展各类项目建设情况调研，分析原因，提出对策，并采取有力措施，加快计划执行进度，全省重点项目特别是病险水库、中小河流计划执行情况明显加快。建立投资计划下达统计月报制度，及时全面掌握全省各类水利项目投资计划下达情况。

【基本建设】 （一）工程建设。不断加强水利建设市场

行业管理和项目建设规范化管理，全面推进工程建设。45座重点小（Ⅰ）型水库除险加固工程全部完成并通过验收。250座重点小（Ⅱ）型水库开工184座，超额完成年度开工180座的计划目标。双峰寺、东武仕、石河水库建设进展顺利。31个中小河流治理试点项目和56个后续项目除一个项目调整外，其余全面完成或基本完成，达到了水利部的要求。完成初步设计审批的10处51座单体泵站，累计开工8处43座。

（二）引黄入冀。2011—2012年度河北省位山、潘庄、渠村三线引黄5.78亿立方米，为实施引黄以来引水最多的一年。2012—2013年度位山引黄从11月16日始，到12月31日结束，共引水2.16亿立方米。比计划多引水0.14亿立方米，满足了受水区的需求。

【防汛抗旱】 （一）防汛工作。一是3月5日，组织召开全省防汛抗旱工作会议，对切实做好迎战大洪水各项准备进行专题安排部署；7月9日，召开了全省防汛调度会，对主汛期工作进行再动员、再部署。二是及时调整省防指人员组成，落实了省政府领导分包河系、省委省政府领导分包设区市的“三位一体”防汛工作责任制，6月下旬，组成11个检查组深入各市进行防汛专项检查，有力地督促和指导了各地防汛准备工作。三是面对汛期5次大的暴雨洪水过程，河北省水利厅积极协调国家防总、海河防总、省防指成员单位、各市县和驻军、武警部队共同抗击暴雨洪水，采取提前预泄、适时调整泄量等措施，在水库承担风险可控的条件下，科学调度洪水，既最大限度地保障下游群众安全转移，又减轻了下游河道防洪压力。共调运省储防汛物资750余万元，转移群众39.8万人次，最大限度地减少了人员伤亡。

（二）抗旱工作。全面掌握旱情动态，及时发布旱情信息和旱情简报，为领导指挥抗旱工作和农民科学抗旱提供依据；适时组织抗旱服务组织支援部分地区出现旱情和临时性饮水困难，积极指导各市县广泛动员组织群众开展了大规模的春季抗旱活动。完成了6000万元抗旱应急水源工程建设。全省累计春灌麦田5100万亩次，确保了全省粮食“九连增”，为河北省经济社会平稳持续发展提供了有力支撑。

【农田水利】 （一）农田水利基本建设。全省投入农建资金65.6亿元，农民投劳4300万个工日。新修防渗渠道1450公里，更新机井20650眼，维修旧井22800眼，新修加固小型水源工程11600处。继续开展了“海河杯”竞赛评比活动，评出22个先进县以省政府名义进行了表彰。元氏、张北、卢龙、文安等4县被水利部评为“2011—2012年度全国农田水利基本建设先进单位”。

（二）节水灌溉。围绕省委、省政府提出的打造4000万亩粮食生产核心区目标，以78个小农水重点县、43个现代农业县等重点项目为依托，按照科学规划、突出重点、连片治理、整体推进原则，坚持工程建设、制度建设、能力建设同步推进，加快全省节水灌溉工程建设。2012年，全省新增节水灌溉面积390万亩，为历年之最。

（三）灌区建设。2011年14处大型灌区续建配套与节水改造项目完成投资2.58亿元，维修改造渠道148公里，新建改建渠系建筑物376座。2012年第一批项目已批复实施，第二批项目正在批复可研和实施方案；5处中型灌区项目已批复实施。

【水土保持】 （一）水土流失治理。一是争取资金保投入。全年共争取协调投入水土保持资金12.3亿元。其中中央和省投资4.1亿元，比上一年提高78%。京津风沙源治理工程二期10年（2013—2022年）规划已经国务院讨论通过，将投资23亿元用于河北省水土保持项目。二是强化督导保进度。国家治理任务下达后，河北省水利厅立即将任务分解到市、县，加强对项目建设的调度部署，与各项目县签订了承诺书，对工程和资金支付进度较慢的县进行约谈，确保按照要求完成任务。三是加强管理保质量。河北省水利厅联合省发改委、省财政厅先后下发了《关于加强水土保持工程验收工作的通知》、《关于加快国家水土保持重点建设工程施工进度和资金支付的通知》等多个文件，要求各项目县加强工程建设管理。先后两次组织有关人员共300余人进行前期工作培训，提高前期工作水平。严格项目验收，在工程建设中落实工程监理制、资金报账制等管理制度，充分发挥群众的监督作用，保证工程发挥效益。水利部对河北省2009—2011年度坡耕地水土流失综合治理试点工程进行总体核查和专项稽察，给予了充分肯定。全年共治理水土流失面积2175平方公里，完成坡耕地治理面积4.4万亩，连续三年超额完成水利部和省政府下达的年度治理任务。

（二）水土保持监督管理。一是进一步修改完善《河北省实施〈中华人民共和国水土保持法〉办法》，该办法已列入2013年省政府立法计划。二是组织全省各级水行政主管部门共开展检查2690次、审批水保方案552个、验收水土保持设施185个。对各地2003年至2011年以来761个省批生产建设项目进行排查，制定整改措施。配合海委对唐山市境内的8个大中型生产建设项目进行了水土保持监督检查。配合水利部海河巡视组对承德市两个项目水土保持方案落实情况进行了督查。三是努力开展水土保持监督管理能力建设。启动了第二批水土保持监督管理能力建设活动，制定了《河北省第二批水土保持监督管理能力建设县实施方案》，对全省22个国家监督管理能力建设县和20个省级能力建设县进展情况进行了督导检查。

【城乡供水】 2012年，继续贯彻落实“以人为本，统筹规划，城乡一体，以适度规模的联村集中供水为主，整县推进与重点工程相结合，集中供水与分散供水相结合，加快建立农村饮水安全保障体系，让农村群众喝上干净水、安全水”的总体思路，以加快饮水安全工程建设，确保农村饮水安全目标任务顺利完成为重点，抓好全省农村饮水工程的建设和运行管理。2012年，全省解决了499.51万农村人口饮水不安全问题，超额完成了省委、省政府明确的年度目标任务。

【农村水电】 （一）水电农村电气化建设。2012年全省在建工程23处，装机容量39295千瓦，完成投资4905万元，其中中央补助资金1979万元。批复了围场县下湾子水电站设计变更、涞源县桑园水电站初步设计2个项目。全省小水电年发电量达到4.6亿度，比2011年增加1.1亿度。

（二）小水电代燃料工程建设。批复了涉县漳河、涞源县唐河、承德县上下板城、围场县下窝铺、隆化县老陡山、承德市双桥区郭营子等6个项目实施方案，完成了宽城县大桑园小水电代燃料项目初步设计批复和围场县下窝铺小水电代燃料项目挖钱沟电站初设修改批复。

（三）巩固退耕还林成果农村水电项目建设。审查了涿鹿县长梁山、青龙县水胡同、丰宁县七道河、赞皇县土门、滦平县山前水电站5个技改项目可研报告；批复了丰宁县七道河、青龙县水胡同水电站2个项目初步设计。

（四）增效扩容项目。按照水利部和财政部的统一部署，河北省从2011年开始，正式启动了农村水电增效扩容改造前期工作。截至目前，全省共完成邯郸东武仕水电站、省石津灌区管理局田庄电站等25座水电站的增效扩容改造工程初步设计审查。改造后将新增装机1360千瓦，新增年发电量0.8亿度，改造总投资1.04亿元。

【工程管理】 通过开展工程运行管理督查、工程维修养护、深化水管单位体制改革、工程管理达标建设等一系列工作，进一步提高工程管理水平。组织开展了全省水库隐患排查并及时整改，编制了《河北省水库管理办法》，提高水库安全运行水平。提前一年完成了河北省省列入全国病险水闸除险加固规划的85座大中型水闸安全鉴定核查，为工程实施奠定了良好基础，得到了水利部的充分肯定。进一步深化水管单位体制改革，争取到年度中央财政补助资金4200万元，为工程的良好运行创造了条件。积极推进达标管理，培育3个达标管理试点单位，起到了示范带动作用。2012年共投入中央和省级维养资金5530万元，对43座水库、25座泵站、53处闸涵工程、54处河段堤防进行了维修养护，维持了工程完整。

【水利科技】 （一）科研计划。组织完成了2012年水利科研和推广项目的申报立项工作，共下达水利科研和推广项目114项，其中延续项目70项，新上项目44项；已组织鉴定科研成果11项。

（二）科技成果。完成了省水利学会科技进步奖的评审工作，共有16项成果参加报奖，经过专家评审，最终8项成果获得一等奖。完成“河北省科技进步奖”和“河北省山区创业奖”的申报推荐工作，有5项成果获得奖励，其中科技进步二等奖1项，三等奖3项；山区创业奖3等奖1项。

（三）外事工作。2012年共派出4批次12人代表团赴法国、匈牙利、德国、英国、西班牙进行项目合作交流。先后两次接待了南荷兰省代表团的来访，荷兰专家与河北省水利厅领导洽谈三期科技合作项目意向；考察了迁安市生态防洪工程和地下水监测网络；商谈了二期合作项目“地下水监测与管理”实施进度和验收准备工作。省委常委、副省长聂辰席和荷兰南荷兰省省长杨·弗兰森共同签署了《河北省—南荷兰省2012—2015年合作备忘录》。

（四）水利学会。一是组织筹备河北省有关单位参加国际机械设备展览会，共有12家单位参展，效果较好。二是按照第十四届中国科协年会的总体安排，河北省水利厅、河北省水利学会协助中国基本建设优化研究会举行了第十四届中国科协年会第一分会场“水资源保护与水处理技术国际研讨会”，大会取得圆满成功。三是组织召开了“建立三条红线，实施最严格水资源管理体系学术研讨会”，大会共征集论文100多篇，特邀专家做了《实行最严格水资源管理制度的启示与建议》的专题报告，13名论文作者进行了大会交流发言，其中50篇论文由《水科学与工程技术》期刊出版论文专辑。四是完成河北省2000多名中国水利学会会员重新登记工作。

【南水北调】 （一）主体工程。天津干线委托河北省建设管理的46公里工程建设任务基本完成，3103节箱涵全部贯通，累计完成投资16.7亿元；邯石段委托河北省建设管理的133公里工程，累计完成投资40.9亿元，占合同投资的94%。重点解决了设计变更导致新增临时用地9000多亩，满足了工程建设需要。目前，天津干线和邯石段工程，永久占地已全部完成补偿兑付，累计提交用地5.5万亩，完成临时用地征用7.3万亩，复垦退还临时用地7045亩。跨渠桥梁同步推进，邯石段跨渠桥梁已有139座建成通车，实现了与主体工程协调推进、互不影响。

（二）配套工程。2012年5月29日，河北省政府召开了南水北调建委会第四次全体会议，对配套工程建设进行了专题部署。目前，邢清、保沧干渠前期工作基本完成，石津干渠和7市输水管道工程可研报告已全部编制完成，正抓紧开展各专项审批和初设工作。已到位资本金31.7亿元，其中国家资金11亿元、省级资金13亿元、各市上缴7.7亿元。已与三峡集团达成注资50亿元合作协议，合作条款已制定，正履行内部审批手续。截至2012年底，廊涿干渠建设任务基本完成，完成投资16.52亿元；穿越京石客专、石武客专的11处控制性工程已经完工，完成投资8050万元；石津干渠石家庄市区段工程基本建成，完成投资2亿元，晋州段工程结合大型灌渠续建配套改造正在加紧施工。

（河北省水利厅　边文辉）

质量技术监督

【食品安全】 2012年，河北省食品安全专项整治工作扎实开展。规范提升全省15个县域21个乡镇食品集中生产加工区域的食品质量水平，对乳制品、酒类、肉制品等7类重点产品进行治理整顿，全省食品质量安全状况持续好转。创新食品安全监管工作，探索建立监督抽查和风险监测有机结合、与质量状况联动的抽查机制，增强了质量监管的针对性和有效性；探索建立“乳制品安全风险监测预警模型”，弥补了传统单纯依靠检验数据来评价安全指标的不足。建立起食品质量安全监管三方约谈制度，对存在

质量安全隐患的企业和政府负总责责任落实不到位、存在区域产品质量安全隐患的地方政府相关负责人进行约谈，形成了政府、部门的食品安全监管合力。开展了“百家食品安全示范企业”活动，企业质量安全主体责任意识进一步增强。

【质量提升】 开展了“进万企、保平安”质量提升活动，对全省21130家食品、重点工业产品生产企业和部分特种设备使用单位进行检查，查办案件94起。围绕群众关心、社会关注、问题突出的食品、农资、建材、汽配和化妆品等产品，开展了“质检利剑”执法打假专项行动，移交案件24起。在全省18个重点区域深入开展区域性产品质量提升活动，企业优化重组、规范提升的局面开始形成。以食品安全和产品质量问题为切入点，展开质量安全风险排查整治，产品质量整体水平显著提升。12365打假举报系统更加完善，全年共受理案件举报1597起、质量投诉611起、群众咨询29985人次。

【质量管理】 质量兴省战略深入推进。省委、省政府把坚持质量兴省推进名牌战略首次写进省第八次党代会和省政府工作报告；贯彻《质量发展纲要（2011—2020年）》，省政府出台了《河北省质量发展规划（2012—2020年）》；启动实施质量提升“双五百、双五十”工程，在150家企业推广卓越绩效管理模式；出台20项具体措施，大力开展“减负增效”、支持地方发展办实事、扶持千家诚信小微企业等活动；深入11000余家企业，集中开展“进万企、送服务”，解决企业困难和需求2万余条，优化了企业发展环境。质量奖励和名牌培育机制不断完善，全省11个设区市全部设立了由主管市长任组长的“质量与名牌战略工作领导机构”，10个设区市设立了市政府质量奖；2012年10家单位和10名个人获得“河北省政府质量奖”，评出省名牌等质量奖项931项，总数较上年评选增加250项，全省各级政府落实奖励资金2159.5万元。质量诚信体系更加完善，完成10546家重点产品生产企业质量信用档案建档工作。质量分析评价工作更加深入，全省11个设区市、197个县（市、区）局全部建立季度产品质量安全状况分析报告制度，受到各级领导肯定。

【监督抽查】 省级监督抽查31类工业生产资料产品、18类建筑和装饰装修材料产品、7类农资产品、23类日用消费品产品，共抽查3278家企业3578批次产品，平均合格率87.8%，较上年提高4.1个百分点。对建筑防水卷材、电缆电线、复混肥料等6类产品质量进行联动抽查，共抽查649家企业668批次产品，平均合格率88.8%。配合国家季度监督抽查和专项抽查全省413家工业产品生产企业422批次产品，平均抽查合格率88.9%，较上年提高4.8个百分点。

【特种设备安全】 省质监局被省政府评为“2012年全省安全生产目标管理先进单位”。特种设备“打非治违”专项行动成效显著，共检查各类特种设备使用单位30151家（次），消除安全隐患7895起。电梯规范化管理水平逐步提升，在全省11个设区市培育18个住宅小区示范点，探索实施物联网技术在电梯中的应用，推进了住宅小区电梯安全管理规范化和标准化。“十八大”安保工作扎实稳妥，开展了“决战四十天、迎接十八大”特种设备专项执法特别行动，检查特种设备5124台(件)，压力管道374510米，整改隐患设备339台(件)。开展了安全生产首季集中执法行动，全省系统成立172个执法队，深入企业现场检查，发现和督促整改特种设备安全隐患1228个。定期检验工作进一步加强，全年共监督检验设备76613台(件)，定期检验设备167935台(件)，圆满完成检验任务。

【标准化工作】 围绕“一产抓特色”，制定蔬菜、畜牧、水产等地方特色农产品省级地方标准53项、市级地方标准194项，对14个第七批国家级农业标准化示范区建设工作进行督导。围绕“二产抓提升”，完成传统工业、高新技术产业地方标准101项；引导企业采用国际标准和国外先进标准，办理采标认可项目186项，采标标志备案171项；确定22家省级单位为“标准化良好行为企业”试点单位。围绕“三产抓拓展”，对在建36家省级服务业标准化试点单位进行评估验收，新创建国家级服务业试点单位3家；制定发布节能减排相关标准7项；开展了企业产品标准备案清理工作，对存在问题的企业标准取消备案资格。

【认证认可】 服务检测机构发展的能力不断提升，培训考核全省1147名实验室最高管理者，管理人员法制意识和管理能力有效提升；开展了实验室基础数据和服务满意度大调查，全省1348家实验室资料数据录入齐全，为领导决策提供了依据。加强认证认可监督管理和执法工作，开展了强制性认证产品质量安全专项整治、管理体系认证有效性拉网式检查、食品农产品认证有效性行政监管等系列活动，认证市场秩序进一步规范。推动河北省检验检测监管地方性法规立法工作，起草了《河北省认证认可监管应用指南》，认证认可工作水平显著提升。

【计量工作】 计量技术机构建设进一步加强，投入1240万元，完成32个县级计量技术机构提升改造任务，截至2012年底，全省系统120家县级计量技术机构通过达标验收，占系统县级计量技术机构的86%。工业计量管理取得新进展，完成284家高耗能企业计量保证能力合格确认和18家企业测量管理体系认证；开展“千家企业节能低碳行动”，检查全省482家重点用能单位能源计量器具配备和使用情况，指导企业建立完善能源计量管理体系。计量监督工作扎实开展，抽查米、面、油等10种定量包装商品企业213家311批次产品，抽样合格率94.9%，标注合格率97.4%。加大市场计量监督检查力度，共检查集贸市场、商场、加油站等单位5527家，查获非法计量器具162台（件），查处计量作弊案件95起。全面完成“推进诚信计量、建设和谐城乡行动”，共引导200家集贸市场、586家加油站、219家餐饮店、289家商店（超市）、182家医院和268家眼镜店实现自我承诺诚信计量。

【机关标准化管理认证】 机关管理水平进一步深化提升。作为开展机关标准化管理认证18个省直部门试点单位之一，省质监局配合省政府办公厅考察调研认证机构，制定《推进机关标准化管理认证工作实施方案》，全员参与梳理工作职责、规章制度、编制岗位说明书、作业指导书等体系文件，聘请国家评审员强化内部审核，运用办公自动化系统对程序文件进行信息化管理，工作效率和工作质量显著提高，在18个试点部门中率先通过机关标准化管理体系认证，并编写《机关标准化管理及认证实施指南》，为全省开展认证工作提供经验，受到省政府好评。

【“三大”建设】 以构筑检验检测平台为重点，加快科技质监建设。加快构建检验检测公共服务平台，省局检验检测研究中心6个国家中心主体基本完工；在原有43个食品重点实验室基础上，新增8个县级食品实验室，建立专门的风险预警研究室；加强专业技术人才引进与培养，鼓励学术研究，4项科研成果获省科技进步三等奖。以规范行政行为为重点，加快法治质监建设。推进质监领域立法工作，省政府以省长令颁布了《河北省特种设备安全监察规定》，将《河北省促进实验室发展办法》列入省政府立法调研项目；严格规范行政执法行为，发布实施行政处罚自由裁量权适用规则；严格规范行政审批行为，逐项明确审批内容、审批条件、审批程序和审批时限。以强化管理为重点，加快和谐质监建设。开展了技术大比武活动，干部职工素质能力有效提升，大比武活动被省人力资源和社会保障厅列入“河北省职业技能竞赛”一类竞赛活动；大力开展创先争优活动，开展了“走在前、做表率”等系列活动，全省系统15个单位和16名个人受到上级表彰。深入开展基层建设年活动，省质监局驻村工作组被省基层建设年活动办公室评为优秀驻村工作组。

（河北省质量技术监督局　王丽明）

食品药品监管

【概况】 2012年，河北省食品药品监管系统认真贯彻落实国家食品药品监督管理局和河北省委、省政府的决策部署，全面加强食品药品安全监管，各方面工作取得明显成效。一是行政和技术监督能力建设取得新进展。在国家和省财政的支持下，省、市、县增添食品药品检验检测仪器设备3200多台套，全省食品药品监督管理系统技术支撑能力进一步提升。二是管理创新实现新突破。省和11个设区市及大部分县（市）建立了“12331”投诉举报系统平台，投诉举报工作逐步向规范化、制度化转变。11个设区市和143个县（市、区）完成了职能调整，组建了餐饮食品、保健食品和化妆品监督机构；11个设区市和110个县（市、区）组建了药品不良反应监测机构；有9个设区市的22个市辖区成立了食品药品监督分局，有1533个乡镇成立了食品监督管理办公室（站、所），监管网络进一步健全和延伸。三是监管的科学化水平迈上新台阶。河北省食品药品监督管理局在已经建成医药诚信管理系统、药品流通实时监控系统、药品电子检验报告查验系统等多个信息化系统的基础上，将药品流通实时监控系统向药品零售企业拓展，并启动了食品药品监管数据中心及标准化建设项目。部分设区市食品药品监督管理局也加大了信息化建设投入，建立了各具特色的信息化监管系统。信息化对监管效能提升的促进作用逐步显现。四是监管重点工作扎实开展。食品药品安全隐患排查整治、基本药物安全监管、新版药品GMP实施等各项重点工作扎实推进，取得较好成效。

截至2012年底，河北省共有餐饮服务单位74165家，其中大中型以上餐饮服务单位11601家，小型餐饮服务单位29377家，各类快餐店、小吃店22743家，其他餐饮服务单位（食堂、集体用餐配送单位等）10444家。保健食品生产企业44家，化妆品生产企业28家。药品生产企业315家，其中基本药物生产企业128家。药品经营企业17533家，其中药品批发企业836家，药品零售连锁企业1944家，药品零售企业14753家，具有基本药物配送资质的药品批发企业503家。医疗器械生产企业454家，医疗器械经营企业3388家。

【餐饮服务食品、保健食品、化妆品监管】 河北省食品药品监督管理局在全省组织开展了餐饮服务食品安全示范县创建活动，制定了餐饮服务食品安全示范县创建标准，确定并公布了国家级示范县4个，省级示范县14个，省级和市级示范街196条，省、市、县三级示范店1040家，培育和推出了一批诚信经营、规范管理，点线面相结合的多层次、全方位、全业态的餐饮服务食品安全示范群体。在餐饮服务单位全面推行量化分级管理，37868家餐饮服务单位评定了首个食品安全等级，占全省持证餐饮服务单位总数的52.7%，其中特大型和大型餐馆、城区学校食堂、星级旅游饭店、集体用餐配送单位、供餐500人以上的机关及企事业单位食堂等7类餐饮服务单位实现了量化分级全覆盖。建立了餐饮食品、保健食品“黑名单”管理办法和有奖举报制度，餐饮食品、保健食品诚信体系建设取得积极进展。组织开展了地沟油、瘦肉精、非法添加和滥用食品添加剂，以及保健食品违法添加化学药物、化妆品违法添加使用禁限用物质等一系列专项整治行动。圆满完成了世界女子拳击赛、中央领导到河北视察、北戴河暑期等75起重要节日、重大活动的餐饮食品安全保障任务。

【食品药品安全隐患排查整治】 河北省食品药品监督管理局将2012年确定为食品药品安全隐患排查年，组织全省食品药品监督管理系统各级各部门，针对食品药品安全领域存在的突出问题，突出重点企业、重点环节、重点产品、重点区域，深入开展食品药品安全风险隐患排查整治活动，对排查出的风险隐患建立台账，逐条落实责任人，及时监督整改。共整治消除食品药品安全隐患12570起，处理违法违规行为9107起。特别是按照国家食品药品监督管理局的要求和河北省政府的部署，组织开展了对安国中药材市场的集中整治。河北省食品药品监督管理局约谈保定、安国市政府主要领导和分管领导，成立了安国中药材市场整顿领导小组，制定了工作方案，派出督导组长驻安国督导，并组织开展了以东方药城、中心交易大厅等为重点单位、重点区域的拉网式排查，依法取缔非法加工摊点 17 个，对影响较大、情节恶劣的 4 起制假售假案件移交公安机关处理，吊销了 2 家饮片生产企业和 1 家饮片经营企业的药品生产（经营）许可证书和 GMP（GSP）认证证书，并责令其停产停业整顿。

【基本药物安全监管】 一是提升药品质量标准。对河北省内在产的 122 个品种的国家基本药物进行了药品标准执行情况监督检查，对 40 家企业执行标准方面存在的问题及时进行了纠正。以基本药物为主要品种，启动了仿制药品质量一致性评价工作。将小儿化痰止咳颗粒（河北省增补基本药物品种）纳入国家药品标准提高计划，对其质量标准进行了修订完善。二是加强基本药物生产环节的监管。对 38 个品种规格的在产注射剂进行了生产工艺和处方核查，建立了中标基本药物品种数据库，制定并实施了基本药物中标及生产情况月报制度，实现了对基本药物生产和中标情况的实时动态监管。三是强化基本药物配送环节的监管。对基本药物配送企业和医疗机构的药品储存配送条件、电子监管实施情况等进行了监督检查，实施了基本药物供货样品备案管理。四是实施基本药物全覆盖抽验。完成国家基本药物监督抽验 129 个品种、1092 个批次，抽验合格率 99.91%；完成河北省增补基本药物抽验 122 个品种、587 批次，抽验合格率 100%。

【新版药品 GMP 实施】 一是完善基础文件，强化政策引导。出台了《河北省药品生产质量管理规范认证管理办法实施细则》等相关配套文件，细化政策规定、统一检查标准。二是制定认证规划，强化分类指导。对省内药品生产企业实施新版药品 GMP 的总体情况进行梳理，制定了分步推进实施新版 GMP 的整体规划。同时区分不同情况，加大对企业实施新版 GMP 的指导力度。鼓励有条件的企业率先通过新版 GMP 认证，吸收兼并无力进行 GMP 改造无法通过认证的企业，做大做强；指导经过升级改造能够达到标准要求的企业及时进行软硬件升级改造和产品结构调整，加快新版药品 GMP 执行进度；敦促基础差、改造投资大、产品无市场、技术力量薄弱的企业积极寻求与优势企业联合重组。三是开展教育培训，强化示范引领。组织编写了《药品生产质量管理规范（2010 修订）检查指南》，对企业和认证检查员进行了专业培训，帮助其准确理解和掌握新标准。同时组织华药、石药等优势企业积极申请认证，在认证检查过程中组织其他企业观摩，发挥其示范引领作用。到年底，共接受 58 家企业的认证申请，其中 54 家企业通过了省内新版 GMP 认证，14 家次企业通过了国家局的新版 GMP 认证。

【铬超标药用胶囊事件处置】 2012 年 4 月 15 日，中央电视台《每周质量报告》曝光了浙江省新昌县卓康胶囊有限公司、华星胶丸厂两家企业涉嫌使用工业明胶制作铬含量超标的空心胶囊，以及修正药业等国内 9 家药品生产企业购进、使用铬含量超标空心胶囊生产药品的问题。经调查，国家食品药品监督管理局认定，这次媒体曝光的铬超标药用胶囊事件，是非法使用工业明胶生产药用胶囊的劣药案件。在这次事件中，河北省阜城学洋明胶厂违法将工业明胶销往浙江等省的药用胶囊生产企业，河北省的一些药品生产企业购入了浙江等省的铬超标药用胶囊，没有检验就投入胶囊剂药品生产，导致部分批次的胶囊剂药品质量不合格。

事件发生后，河北省委、省政府高度重视，在第一时间作出决策部署，省委书记张庆黎，省长张庆伟，副省长聂辰席、杨汭等省政府领导多次作出重要批示，要求迅速查明原因，严惩问题企业，堵塞监管漏洞，安定人心。张庆伟、聂辰席、杨汭等省政府领导还多次听取汇报，深入基层、企业对事件处置工作进行调度指导。事件曝光当天，河北省食品药品监督管理局将有关情况向河北省政府作了汇报，并迅速启动应急响应机制，采取了两项紧急控制措施。一是要求全省药品经营企业和医疗机构将媒体曝光的问题批次药品立即全部下架，暂停销售和使用；要求各级食品药品监督管理部门立即行动，对流入河北省内的问题批次药品进行全面清查。二是组织省、市、县三级监管部门，集中开展对药用明胶、药用胶囊、胶囊剂药品生产企业的监督检查，严防企业使用工业明胶、铬超标胶囊等非法原料组织生产。

国家食品药品监督管理局组织各省（区、市）食品药品监督管理部门经过 1 个多月调查，于 5 月 25 日公布的信息表明，这次事件中全国共有 15 家药品生产企业生产的 19 个胶囊剂品种的 33 个批次胶囊剂药品铬含量超标。在对事件进行调查的同时，国家食品药品监督管理局部署开展了问题企业和问题产品清查、问题产品监督召回和封存销毁、涉案企业查处、相关产品监督抽验、空心胶囊及胶囊剂药品“批批检”等工作。河北省食品药品监督管理系统认真贯彻落实国家食品药品监督管理局的部署要求，到 6 月底圆满完成了各项工作任务。全省共清查企业 3 万多家次，监督企业召回和企业主动召回问题产品 3912 万粒，监督销毁问题产品 2685 万粒，安排监督抽验 1207 批次。国家食品药品监督管理局最初通报河北省有 6 家企业的 5 个品种、7 个批次的产品不合格，后经中检院复检，其中 3 家企业的 3 个批次的产品质量合格，作了撤案处理。在省内的监督抽验中，发现 4 家企业的 4 个品种、4 个批次的产品不合格，其中 1 家企业的产品因在 2010 版药典实施前生产，按照国家局要求仅召回产品，免于行政处罚。对最终查实存在违法违规行为的 6 家企业，省市监管部门均依法进行了严厉查处，作出了没收违法所得、罚款、责令停产整顿等行政处罚。河北康泰药业有限公司生产的 1 个批次的诺氟沙星胶囊铬含量超标严重，被撤销药品批准证明文件。河北省食品药品监督管理局还针对事件处置期间由于零售药店难以索取药品纸质检验报告，造成胶囊剂药品销售断档、个别企业检验报告造假等问题，开发了药品检验报告电子管理系统，供零售药店和群众免费查询，不仅解决了群众购药难的问题，也使老百姓购药用药更加放心，受到了企业和群众的赞杨。

【药品安全专项整治】 河北省食品药品监督管理局组织全系统，深入开展了打击利用互联网非法收售药品、打击侵犯知识产权和伪劣商品、药品生产经营领域集中整治等一系列专项整治行动。在打击利用互联网非法收售药品专项行动中，重点加强了对互联网销售药品行为的监测，以及对城乡药店药品购进渠道的整治。在打击侵犯知识产权和伪劣商品专项行动中，重点对城乡结合部药店及乡村药店、医疗卫生机构进行了集中整治，端掉了一批制售假劣药品的“黑窝点”。在药品生产流通领域集中整治行动中，重点加大了对中药生产偷工减料、掺杂使假，使用未取得批准文号原料药生产药品，经营假冒名牌药品、进口药品等违法犯罪行为的打击力度。整治行动中，全系统共出动人员21万人次，立案查处药品违法案件1.6万件，查处无证经营窝点200个，捣毁制假窝点7个，对463起案件进行了协查，向其他行政执法机关移送案件56起，向公安机关移送涉嫌刑事犯罪案件61起，抓捕犯罪嫌疑人58人。特别是严厉查处了邯郸清华医院成伟等人邮售假药案、廊坊刘道魁等人制售假药案、唐山胡耀中等人制售假药案等一批大案要案。2012年1月17日查处的邯郸清华医院成伟等人邮售假药案，现场查获“牛皮癣病毒转移因子”等8种假药5.9万余盒，违法货值金额470多万元。在该案中，成伟等人以邯郸清华医院名称做掩护，从社会上招聘几十名话务员冒充专家，开通30多部电话接听患者咨询，由这些假专家记录患者的地址和联系方式，向其邮售假药。该案后移交公安机关立案侦查。2012年8月24日查处的廊坊市刘道魁等人制售假药案，共端掉制售假药窝点11个，现场查获联邦胰岛再生素等假药59种、138055瓶（盒），半成品假药4万余粒及大量制假原料、制假工具、包装材料等。在该案中，刘道魁等人在当地租用民房，伪造生产厂家和药品批准文号生产假药，通过电视台、电台、网络、报纸等媒体发布虚假药品信息，利用快递物流、邮政速递等渠道将假药直接销售给患者，涉案金额500余万元，涉案的刘道魁等9名犯罪嫌疑人被刑事拘留。2012年8月3日查处的唐山市胡耀中等人制售假药案，现场发现标示德国拜耳药业公司出品中国医药研究院糖尿病生物工程学院分装的拜耳糖肽·生胰素等8个品种288盒假冒药品。不法分子将在北京生产的假药通过北京正方百合科技有限公司发往唐山邮政速递公司，再由唐山邮政速递公司负责将邮件分发全国除港澳台外的30个省（区、市），427个县（市），涉案金额867160元，涉案的8名犯罪嫌疑人被公安机关抓捕。

（河北省食品药品监督管理局　杜会杰）

环境保护

【污染减排】　2012年，河北省下达了燃煤电力企业烟气脱硝限期治理任务，完成了12台（套）总装机393万千瓦燃煤机组烟气脱硝设施建设。制定了全省水泥行业烟气脱硝限期治理计划，对81条新型干法水泥生产线明确治理时限和技术要求。出台了《河北省城镇污水集中处理设施运行监督管理办法》，进一步强化城镇污水处理厂的建设、运行、监督管理。启动了钢铁行业烧结机烟气旁路拆除工作。对制革、水泥、炼铁、造纸等10个行业淘汰落后产能实施奖补政策，累计发放奖补资金8000多万元。先后三次组织开展减排工作大检查，专项督导解决减排问题。规范了清洁生产审核工作程序和制度，千家国（省）控重点企业完成了清洁生产审核工作。同时，充分发挥“双三十”工程示范带动作用，对2011年度未完成节能减排目标的1县、3厂给予预警，并约谈党、政主要负责人和企业法人代表，提出限期整改要求。2012年，全省共完成减排项目2098个，预计可同比实现削减比例为：化学需氧量3.85％，氨氮8.31％，二氧化硫18.55％，氮氧化物5.25％，超额完成下达任务。

【污染防治】　在水环境治理上，突出规划龙头引领作用，出台了《河北省海河流域水污染防治规划（2011—2015年）》和《关于加快推进洨河综合整治的实施意见》。切实加快推进重点区域环境基础设施建设，全省44个省级工业园区内涉水排污企业均建成独立污水处理设施，全省所有县级以上城市、县城都建有污水处理厂。重点流域地级以上城市污水处理率达到85％以上，县级污水处理率达到75％以上。进一步健全和完善了全省流域跨界断面生态补偿机制，截至2012年11月，全省累计扣缴生态补偿金1.68亿元。2012年，全省七大水系达到或好于三类的水质断面比例达48.5％，比上年上升了3.3个百分点；主要污染物氨氮的平均浓度同比下降17.3％；化学需氧量的平均浓度同比下降16.1％。同时，积极推进县城所在乡镇集中式饮用水水源保护区的划定，对88个城市集中式饮用水水源保护区开展中期评估，加大了对饮用水源地的监测频次。在近岸海域水质改善上，突出了源头防控。制定出台了《北戴河及近岸海域污染防治与生态修复实施方案》，明确了重点区域、行业和企业，大大消减入海污染物。在大气环境治理上，以实施环境空气质量新标准为契机，积极推动建立区域大气污染联防联控机制，采取“减煤、降尘、迁企、控车、增绿”等措施，强力促进大气环境质量的改善。提请省政府印发了《关于加强PM2.5监测防治工作的通知》，对加强PM2.5监测与防治提出了具体要求。组织编制了《河北省大气污染防治“十二五”规划》。2012年，全省省辖城市空气质量优良天数平均达到340天，比上年增加了1天，主要污染物可吸入颗粒物、二氧化硫、二氧化氮浓度年均值全部达到国家二级标准。

【环境影响评价】　立足经济快速增长中资源环境代价过大的现实，坚持为发展服好务，为环境把好关，以控制主要污染物排放总量为着力点，综合运用工程、结构、管理三大手段，在倒逼结构调整和发展方式转变上实现新突破。在服务发展上，以改进项目审批为重点，推出了下放权限、简化环节、深化服务、提升效能、加强监管等五项举措，建立了重点区域重点项目提前介入、联系帮扶、上门服务制度，组织力量赴曹妃甸新区等重点工业区进行了对接服务，积极提供政策和技术支持。2012年，全省共审批建设项目1.9万个，涉及投资额10.9万亿元。其中，

省环保厅直接审批项目160多个，涉及投资925亿元。全面推进规划环评，共完成9个规划环评的审批，交通、水电、尾矿库等重点行业规划环评进入了审查程序。同时，制发了《关于加强标准化规模畜禽养殖场项目污染防治工作的通知》和《关于进一步加强矿山开发类建设项目环境影响评价管理的通知》，强化了全省标准化畜禽养殖场和矿山开发类建设项目环评管理。启动了建设项目环境监理试点工作，推进了环评网上审批和“三同时”动态管理系统建设。

【生态保护与建设】 坚持典型引路、试点示范，不断推进环保模范城、生态县、乡镇、村庄等生态细胞工程建设，打造了一批城乡统筹、各具特色的生态文明建设精品。一是环保模范城市创建工作取得积极进展。秦皇岛市已通过了国家环保模范城市审核，石家庄市创模规划通过了国家专家组的审核。启动了省级环保模范城市创建工作，迁安、三河、霸州等三个县（市、区）通过了省级环保模范城市考核验收，平泉、磁县、涉县创模规划通过专家组审查。同时，完成了对11个设区市、22个县级市的环境整治定量化考核。二是生态示范创建工作取得丰硕成果。24个城镇建成省级环境优美城镇。新建阜平县银河山、易县摩天岭、唐县大茂山、临城县三峰山等4个省级自然保护区，武安市青崖寨晋升为国家级自然保护区。组织完成了六里坪猕猴、唐海湿地、海兴湿地、白洋淀湿地4处省级自然保护区范围和功能区调整报审工作。开展了全省生态环境十年变化调查评估和全省自然保护区基础调查工作，完善了河北省自然保护区管理档案，建立了自然保护区综合管理数据库。三是农村环境连片整治示范工作深入开展。会同省财政厅制定了《河北省农村环境连片整治示范工作方案（2012—2014年）》，以京津和省会周边等重点区域、水源保护等敏感区域、铁路高速等重要交通干线两侧区域为重点，以县（市）为地理连片单元，率先在80个片区、700多个村庄开展了连片综合整治工作。同时，成立了河北省农村环境整治技术指导专家组，编制了《河北省农村环境综合整治规划》，印发了《关于做好河北省农村环境连片整治示范工作的通知》，出台了《河北省农村环境连片整治示范项目管理暂行办法》。

【环境执法】 突出以人为本，更加注重改善民生，在全国率先开展了环境监察廉洁执法教育活动，建立了环境监察稽查与纪检监察的联合督查机制，进一步规范了执法行为，提升了执法效能，推动了危害群众健康、影响社会稳定、制约可持续发展的突出环境问题的解决。一是严厉打击环境违法行为。深入开展了环保专项行动，强化了重点行业重金属污染整治、危险废物管理、污染减排重点企业监管三项重点工作，共出动执法人员14.8万人次，检查企业5.6万家，对368家企业进行了立案查处，处罚233家，挂牌督办116家，13家列入省级挂牌督办。组织了环境安全百日大排查行动，全面排查了重点企业治理设施、电厂脱硫、污水处理厂建设及烟气排放设施整治情况，检查企业2084家，涉尾矿库企业1862家，发现重大环境风险隐患33个，限期整改5个，实施挂牌督办18个。同时，进一步加大了排污收费征收力度，2012年全省预计征收排污费16.03亿元，其中省本级征收排污费4.9亿元，与上年相比，分别增加7.8%和12.41%。二是全面排查环境风险隐患。组织开展了核技术利用辐射安全执法检查专项行动，对全省放射源使用单位进行拉网式检查，收贮废旧放射源284枚，有效消除辐射安全隐患。加强了危险废物监管，筛选产废量占全省90%以上的399家产废企业和56家经营企业为省危险废物重点监控企业，组织开展了危废、化学品环保专项行动检查，对廊坊、唐山、沧州、邯郸、石家庄等地市涉及五金、造纸、塑料制品、钢铁等行业共计14家进口废物企业进行了现场检查，对存在安全隐患的企业提出了限期整改意见。完善了危险废物经营资质行政审批制度，强化了危险废物跨界转移管理。2012年，共完成危险废物跨省转移67批次，办理危险废物经营许可证12个。修订《河北省废弃电器电子产品处理“十二五”发展规划》，完成了历史遗留铬渣治理任务，对14家公司的41家企业进行了环保核查。三是加强环境信访和应急管理工作。围绕“十八大”维稳这条主线，坚持把环境信访与环境应急管理工作紧密结合，对苗头性、倾向性、易发性及热点、难点、焦点问题，强化应对措施，制定方案预案，大力督导落实，促进了环境污染纠纷和积案的化解。积极推进环境应急能力建设，成立了“河北省环境应急与事故调查中心”，有序推进饮用水源地及危化企业环境风险评估和风险防控，妥善处置了10起突发环境事件。2012年，全省各级环保部门共受理有效举报1.2万件，比上年减少637件。

【环境政策机制】 在环境管理上，修订了跨界断面水质目标考核并与财政挂钩的生态补偿制度，增加氨氮作为考核因子，提高了扣缴补偿金额度和考核水质断面标准，改变了监测方式、考核时段和补偿金使用方向。拓展了排污权交易范围，秦皇岛、沧州、邯郸相继启动主要污染物排污权交易，同时，扩大了交易行业。开展了排污权交易基准价的研究，提高了化学需氧量、二氧化硫交易基准价格，制定试行氮氧化物、氨氮排污权交易基准价格。在认真总结保定市试点经验的基础上，逐步将石家庄、沧州纳入环境污染责任保险试点范围。在邢台、张家口、保定等地试点推行了环保专项资金四项管理制度。在工作机制上，提请省政府印发了《河北省机动车氮氧化物排放总量减排实施方案》，明确了淘汰高污染黄标车、油品配套升级等五方面工作、13条具体措施，将外地转入河北省汽油机动车环保排放标准从国三提高到国四。提请省政府印发了《河北省机动车排气污染防治办法》，对机动车污染预防控制、检测治理、监督管理以及法律责任等做出了具体规定。研究起草了《环境行政处罚自由裁量权裁量标准》，按照违法行为、处罚种类、处罚标准、处罚幅度等，划分不同的使用等级和档次，保障行政处罚的公开、公正和透明运行。在组织体制上，以省环境监测中心站和省环境工程评估中心为依托，成立了“河北省环境污染损害鉴定技术中心”和“河北省环境污染损害评估中心”，组建了环境污染损害鉴定评估专家库。

【环境基础能力建设】 一是着力夯实环保基础能力。密切关注中央政策动向和资金调整情况，积极争取国家资金支持。截至目前，国家已下达（或提前下达）河北省2012年中央环保资金和2013年预算总计17.7亿元，较2011年全年增加98.65%。加快推进全省灰霾监测网建设，完成了53个空气质量监测点位的升级改造和11个空气质量监测质控点的建设，实现了国家、省、市三级联网和实时数据传输，正式发布了全省设区市6项污染因子实时监测数据，并以新的空气质量进行了评价。全省新增购置环保执法车辆350台，其他设备3742台套。国控重点企业安装自动监控设施2281台，省千家重点企业安装自动监控设施2669台。8个设区市环境监察机构通过了二级标准化验收，123个县（市）达到了三级以上标准。城市放射性废物库取得环保部颁发的《辐射安全许可证》，“核与辐射应急监测调度平台及快速响应能力建设项目”得到环保部、财政部批复。二是进一步强化科技支撑。编制了《河北省生态环境保护“十二五”规划》、《河北省沿海地区生态环境保护规划》、《河北省环首都绿色经济圈生态环境保护规划》、《“十二五”河北省大气污染联防联控规划》（征求意见稿）和《河北省试点地下水基础环境状况调查评估实施方案》。制定了河北省《热镀锌工业颗粒物排放标准》、《环境空气质量非甲烷总烃限值》、《清洁生产验收评估技术导则》等三项地方环保标准。“白洋淀流域污染负荷削减技术与工程示范”等3个海河项目课题通过预验收。省环科院入选河北省首批40支“巨人计划”创新创业团队。三是深入开展环境宣传教育。围绕全省环保中心工作和社会关注的环境热点问题，强化新闻发布和舆论引导。2012年，中央主要媒体共刊发报道河北省环保工作新闻稿件72篇（条），省级主要媒体刊发580多条。记者站在《中国环境报》刊发稿件373篇，头版头条19篇，均列全国第一名，稿件《河水是怎样变清的?》、《要习俗还是要清新空气》分获“杜邦杯”环境好新闻一等奖和二等奖。结合重大环保节日，组织开展了“蓝天碧水城乡行”、纪念“六·五”世界环境日大型专题晚会、全省中小学生环保知识竞赛、第三届环境与健康论坛、第五届环境权益保护论坛等一系列主题宣传教育活动，营造了良好的社会氛围。四是加快推进环境信息化建设。实施了国家环境信息与统计能力建设项目，升级完善了全省环境保护业务专网，建立了省、市、县、企业四级联动的排污申报工作综合管理信息平台，开发了河北省环保网上行政服务中心，完善了重点污染源自动监控系统建设。五是扎实推进环保队伍和党风廉政建设。按照省委关于实现“一个好的精神状态、一个好的工作作风、一个好的工作业绩”要求，省环保厅深入开展了“三个一”主题教育实践活动。制定了《河北省环保厅推进学习型党组织建设考评评分细则》，进一步增强了考评工作的针对性和可操作性。积极推进民主评议工作，组织开展了“三查一促”调研活动，由厅领导带队，深入部分市、县进行帮扶督促。围绕“十二五”污染减排规划实施和目标责任制落实，全面开展了污染减排专项绩效管理试点工作。制定了《省环保厅预防腐败工作任务分工意见》，实行台帐化管理，将26项预防腐败任务分解到相关处室单位。自主研发了网上评议系统，对厅业务处室和相关单位进行了网上测评，受到省纪委领导充分肯定。组织新任县（市、区）长、环保局长和机关事业单位干部参加各类学习培训，提高了环保业务能力水平。

（河北省环保厅　崔立昌）

教　育

【教育经费】 2012年河北省本级预算财政拨款（含基金）150.16亿元，比2011年增加了38.35亿元，增长了65.94%，专项资金增长了127%，是历年来教育财政拨款增长数额最多的一年。积极争取国家教育专项资金134.2亿元，同比比上年增加35.18亿元，再创历年新高。

【教育经费管理】 一是加强省级教育预算编制和管理工作。突出抓好四个“确保”，即：确保实现省本级财政一般预算教育经费拨款的增长高于本级财政经常性收入增长2个百分点以上；确保满足国家规定的硬性资金配套要求；确保高校生均预算内教育经费拨款达到12000元；确保落实省化解高校债务方案，实现化债目标。二是加快省级教育专项资金安排下达进度，提高教育经费的使用效益。全省共落实农村义务教育经费保障机制各项改革资金56.67亿元，确保达到国家规定的公用经费基准定额，小学生均555元，初中生均755元。免除农村义务教育阶段学生杂费，惠及学生702万人，减轻农民负担21亿元。全年共筹措专项经费42亿元，使全省公办本科高校生均拨款水平达到12000元，实现河北省高等教育投人的历史性突破。全年共化解省属高校债务56.49亿元，超额完成省属高校化债目标任务。三是加强督导检查，督促市县落实各项投入政策，实现“全省财政教育拨款占公共财政支出的比例达到18%”的目标。省教育厅会同省财政厅、省地税局组成三个督查组，赴全省11个设区市进行专项督查。刘教民厅长亲自参加了对石家庄市的专项督查活动。

【中小学校舍安全工程】 多渠道筹集资金95.9亿元（其中争取中央资金2亿元），新建、改扩建校舍1058万平方米，完成省政府年初确定的目标任务。2012年全省校舍维修改造落实资金6.47亿元，其中中央和省级5.3亿元，市、县1.17亿元。全年新建改扩建学校889所，新建校舍面积78.6万平方米，改扩建校舍面积65.3万平方米。筹集农村薄弱学校改造资金5.23亿元，购置多媒体远程教学设备2.2万台，购置仪器设备等100万台，新建改扩建校舍40万平方米。筹集资金10亿元，新建、改扩建食堂63.82万平方米，购置食堂设备21万余台（件），有效地改善了农村学校的食堂供餐条件。继续实施国家集中连片特殊困难地区普通高中改造计划，全省共安排资金7071万元，规划建设22个项目。

【治理教育乱收费】 一是组织开展了全省春季、秋季学期开学教育收费检查工作。全省各级教育行政部门共组成检查组449个，检查学校7551所，查出并纠正问题95个。二是全面实施教育收费治理工作责任制。制发了《河北省教育厅关于全面实施教育收费治理工作责任制的通知》，在全省教育纪检监察审计工作会上，省教育厅厅长刘教民同志与各设区市教育局和厅直属大中专院校的行政主要负责人代表签订了教育收费治理工作责任书，其他各级教育行政部门与学校也按照隶属关系或属地原则层层签订了责任书。三是加大政策指导和工作推进力度。转发了教育部等七部门关于2012年治理教育乱收费，规范教育收费工作的实施意见的通知，进行职责分解，确保工作落到实处。制发《关于治理义务教育阶段择校乱收费问题的通知》，提出治理义务教育择校乱收费的八条具体措施。印发《河北省加强中小学教辅材料使用管理工作实施意见》和《河北省中小学教辅材料评议推荐暂行办法》，加强教辅材料使用管理，全面实行“一科一辅”。组织开展了规范幼儿园收费、规范服务性收费和代收费、治理中小学教辅材料散滥和有偿补课问题等专项活动，取得了明显成效。四是积极探索“体制机制制度＋科技”治理教育乱收费模式。依托高校科研机构，组织开发了“河北教育收费网络监督平台”。五是严肃查处教育乱收费案件，全省各级教育行政部门共查出违规收费792.66万元。

【建立健全家庭经济困难学生资助体系】 2012年全省共安排各类资助资金27.7亿元，资助家庭经济困难学生142.3万人，形成了从学前教育到研究生教育完整的教育资助体系。一是建立家庭经济困难儿童资助制度，资助标准为每生每年500—1000元。全省共安排资金1.13亿元，资助学前儿童15万人。二是进一步提高农村寄宿贫困学生生活费补助标准，初中生每人每年1250元，小学生1000元。全省共安排补助寄宿生生活费资金3.72亿元，资助学生31.9万人。三是继续加大对普通高中家庭经济困难学生的资助力度，全省共安排国家助学金3.81亿元，享受国家助学金学生25.63万人。四是中等职业教育扩大免学费政策范围，完善国家助学金制度。共安排资金6.52亿元，免除42.7万中等职业学校学生的学费，安排资金3.7亿元使31.5万人享受国家助学金。五是建立健全普通高校家庭经济困难学生资助政策体系。共安排国家奖学金1189.6万元，获奖学生1487人；安排国家励志奖学金1.62亿元，获奖学生3.24万人；安排国家助学金6.91亿元，资助学生23.65万人；发放生源地贷款1.8431亿元，惠及学生33404人；发放校园地贷款1128.47万元，惠及学生1755人。六是继续实行高校学生服义务兵役学费补偿贷款代偿政策。安排补偿学费约3643万元，惠及服兵役学生3094名；退役士兵学费资助51.85万元，资助人数103人。七是建立普通高等学校研究生国家奖学金制度，安排资金1891万元，享受国家奖学金904人。

【农村义务教育学生营养改善计划】 按照国家统一部署，在省委、省政府的高度重视下，自2012年春季学期以来，河北省集中连片特困地区22个试点县全部启动了农村义务教育学生营养改善计划，该计划涉及学校2131所，惠及学生50.3万人。2012年全省共安排资金2.54亿元，通过食堂供餐、课间加餐等形式，每人每天3元，用于补充学生营养，增强学生体质。同时，对供餐食品实行了政府采购，建立健全了岗位责任制和责任追究制，坚决防止食品与安全事件的发生，建立学生管理信息制度，防止发生套取和冒领国家补助资金。

【进城务工子女就学】 一是认真落实以全日制公办学校为主、以输入地为主保障农民工子女平等接受义务教育的政策，进一步建立健全农村留守儿童关爱服务体系。二是及时出台随迁子女异地参加升学考试方案。2012年12月17日，省政府办公厅印发了《关于进城务工人员随迁子女接受义务教育后在当地参加升学考试工作的实施方案》，方案自2013年1月1日起开始实施。方案规定，对随迁子女在河北省报名参加中考的，河北省方案规定与当地常住户籍人口子女享受同等待遇，具体报名、审核、录取办法及条件由各设区市根据本地实际制定；对报名参加河北省高考的随迁子女，河北省方案规定学生须有本省两年以上高中学籍，同时须提供家长的《就业失业登记证》和居住证；在河北省报名参加高考后，与河北省考生享受同等的招生录取待遇。

【学前教育】 积极实施学前教育三年行动计划，继续推进以政府和集体办园为主、以公办教师为主、以政府和集体投入为主的农村学前教育“三为主”发展模式。筹集中央财政补助资金5.2亿元、省级财政配套资金1.2亿元，用于全省1620个农村闲置校舍改建幼儿园项目；筹集中央资金3.75亿元，用于2290个农村小学或教学点增设附属幼儿园；争取学前教育推进工程中央资金3.3亿元，支持全省222所幼儿园新建或改扩建39万平方米。安排1.06亿元用于扶持民办幼儿园开展普惠性学前教育，安排综合奖补资金0.7亿元用于全省城市幼儿园建设，安排资助金6800万元用于家庭经济困难儿童和孤残儿童，保障了适龄儿童接受优质普惠的学前教育。

【幼儿园保教质量】 落实《教育部关于规范幼儿园保育教育工作防止和纠正“小学化”现象的通知》要求，做好《3—6岁儿童学习与发展指南》的学习宣传和贯彻落实工作。组织了第三届幼儿园教学能手比赛。开展省级示范园评估认定工作，全年新增省级示范性幼儿园44所。组织开展学前教育宣传月活动，大力宣传加快发展学前教育的重大意义，形成全社会共同关心、支持学前教育的良好氛围。

【义务教育】 认真落实既定的均衡发展政策，在农村，继续推进学区管理体制改革，建立县级教育行政部门、学区中心校和学校三级管理的县域教育管理体制；在城乡，继续大力推广“四种模式”，提升薄弱学校的办学水平，扩大优质教育资源覆盖面，切实缩小学校之间的差距。全面推动各设区市落实好与省政府签订的推进义务教育均衡发展目标责任书。制定河北省义务教育学校标准化建设验收办法和细则，指导和推动各地加快标准化建设进程。实施2012年度农村义务教育薄弱学校改造计划——多媒体远程教学设备项目，筹集中央资金7900万元，县（市、区）配套8033万元，在1477所义务教育阶段农村中小学建设多媒体教室10915套。继续组织英特尔未来基础教育课程项目，培训教师2012名。继续采取将部分省级公办示范性高中招生名额分配到初中学校的办法，为初中阶段生源的均衡分布创造条件。

【高中阶段教育】 2012年普通高中教育与中等职业教育规模实现了大体相当。积极稳妥地推进河北省高中改制学校清理规范工作，35所整体改制或依托公办学校进行改制试验的学校全部规范为公办学校性质，7所改制学校转制为独立的民办学校。新课改后高考改革方案出台后的第一次高考平稳有序，外语科考试进行听力测试并将成绩计入高考总分。

【素质教育】 深化中小学德育工作，鼓励德育创新，组织开展中小学德育创新案例征集评选等活动，大力培育和推广先进典型经验、优秀研究成果。推动学校特色活动，开展“善行河北”主题道德实践活动，启动“感动校园人物”评选，广泛宣传雷锋事迹、雷锋精神和雷锋式模范人物，推动河北省教育系统学雷锋活动常态化、机制化；加强青少年校外活动场所建设和管理工作，制定《河北省校外活动场所管理办法（试行）》，认真做好新建36个和已建54个青少年学生校外活动场所设备配备工作，组织了对全省8个设区市部分青少年校外活动场所检查，争取国家资金6000万元，建设石家庄、张家口市级综合实践基地；加强信息交流平台建设，河北德育网文章总数1.2万篇，点击率超过370万人次，河北德育信息出版193期。

【特殊教育和民族团结教育】 加快特殊教育普及进程。积极落实义务教育阶段特殊教育学校生均公用经费标准，实现残疾学生免费义务教育全覆盖；落实国家和河北省特殊学校专项补助资金，推进了特教学校标准化建设进程；组织全省特教学校校长培训以及特教骨干专业教师省级培训，特殊学校管理水平和教学质量稳步提高。民族团结教育进一步加强。同时，深入民族自治县开展现场办公活动，帮助他们解决教育工作中的实际困难。

【职业教育】 一是继续加强对高中阶段学校招生工作的统筹协调，确保高中阶段招生增量主要用于职业教育。扩大招生范围，面向往届初中毕业生、未升学高中毕业生、复转军人、返乡农民工、青年农民和再就业人群开展一年以上的职业教育与培训。2012年招生36万人。加强与东西部的合作，近60所学校与外省建立合作办学的机制。二是加强职教师资和管理干部队伍建设。全年完成国家级培训任务370人，省级培训1581人，国外培训35人；组织“中等职业教育教学名师”评审，评选出100名长期从事教学工作、注重教学改革与实践的教学名师；聘请德国职教领域的资深专家进行为期8天的国外先进办学理念和教学方法的培训；加强实训基地建设。争取到国家21个实训基地建设项目，总金额近4000万元。稳步推进国家中职示范性学校建设，第一批14所、第二批18所示范校建设正在有序推进，第三批正在完善和修改项目建设方案和《任务书》。国家中等职业教育改革发展示范学校滚动发展到49所。大力实施“农村劳动力转移培训计划”和“农村实用技术培训计划”，全年完成农村劳动力转移培训120万人次和农村实用技术培训300万人次的任务。

【继续实施“双带工程”】 2012年，集中组织对“双带头人培养工作”的督查，对发现问题较严重的三所学校停止了办学资格。在继续招收农村基层党员干部、专业户、有志青年和返乡农民工的基础上，将农村退役士兵、青年妇女和妇女干部纳入“双带头人”培养工程，针对其实际需求开展中等职业教育学历教育。年内又招收10万农民入学。开发系列教材，增强教材的针对性、实用性和灵活性，共计开发出适合农民学员使用的系列教材33本。

【高等教育】 加快全国知名大学建设，努力提升高等教育综合实力。一是积极推进“211工程”建设、省部共建和其他省属骨干大学建设。认真组织实施中西部高校综合实力提升计划和基础能力建设工程。河北工业大学“211工程”三期建设顺利通过国家验收。河北农业大学成功实现省政府与农业部共建。二是继续坚持分类指导，分层次推进强势特色学科、重点学科、重点发展学科建设，为不同类型、不同层次学校搭建发展平台。进一步优化重点学科布局结构，安排部署了重点学科评估和遴选工作。三是进一步调整优化学科专业结构。主动适应河北省经济社会发展需要，加大学科专业布局和科类结构调整力度。新增教育部备案的本科专业128个，教育部审批的本科专业15个，设置调整专业3个；新增专科专业270个，调整备案专科专业7个，撤销专科专业37个，暂停招生专科专业168个。按照教育部2012年新专业目录和专业设置管理规定要求，对全省高校现有专业进行了对照调整。

【提高高等教育质量】 编制完成全省高等学校设置“十二五”规划。组织实施河北省高校“十二五”本科教学质量工程。制定《关于实施“十二五”高等学校本科教学质量与教学改革工程的意见》。指导高校积极参与国家“卓越工程师教育培养计划”、“卓越医生教育培养计划”、“卓越法律人才教育培养计划”等专项计划。大力推进专业综合改革试点，遴选150个国家、省级专业试点。组织指导四所国家级示范性高职院校与三所本科院校开展工程教育试点工作，积极探索培养面向工程领域一线的应用型人才的办学模式。大力加强师资队伍建设。积极开展教育部、财政部职业院校教师素质提高计划，两批培训项目共计培训高职院校教师509人。组织开展本科高校教务管理干部培训班。进一步加强和规范高校教师岗前培训工作，全年共培训教师4324人。北华航天工业学院、邯郸学院顺利通过教育部本科教学工作合格评估。组织完成了北机电职业技术学院等12所院校人才培养评估工作。组织开展全省高校实验教学示范中心评估验收工作。加强对河北中医学院筹建工作的组织领导，指导河北医科大学做好独立设置河北中医药学院的各项筹备和申报工作。积极推进成人高等教育改革发展。积极拓展多种形式与企事业单位联合办学。批准省电大开办本科试点工作，推动河北开放大学建设。扩大成人高等教育资源，利用省内外高校优质资源举办本专科函授教育和远程教育，新增8个远程教育校外中心点的行政审批和15个函授站、教学点。对全省520个函授站、教学点和远程学习中心进行了评估、年检。

【高职高专重点建设】 继续加强国家和省高职高专示范校、实训基地等重点项目建设。11所省示范院校按照建设规划实施建设，并取得阶段性成果。唐山职业技术学院国家骨干高职院校建设方案顺利通过国家审核立项，邢台职业技术学院顺利通过教育部、财政部国家示范性院校专项资金管理使用情况专项检查。10个专业被教育部确定为中央财政支持实训基地，河北省中央财政支持的实训基地总数已经达到55个。加强高职院校原有86个国家重点建设专业，申报批准新增3所学校6个国家重点建设专业。8所国家示范高职均在高考前实行单独招生考试，单招试点院校已达到19所，单独招生录取5601人。

【科技创新能力】 加大对两个国家级重点实验室和工程中心的政策倾斜，积极引导骨干大学整合科技资源和力量做好教育部和省级重点实验室的申报工作。全年河北省新增重点实验室3个、工程技术研究中心2个、高校应用技术研发中心11个。河北大学、石家庄铁道大学和河北联合大学3个省部共建重点实验室已正式列入教育部重点实验室序列。2012年科技成果有291项达到国际水平，国内首创488项，50个项目通过国家级验收，获省部级以上科技奖61项。河北医科大学丛斌教授主持完成的“高度腐败检材降解DNA检验技术体系的建立”项目获得国家科学技术进步一等奖。田永君教授科研团队所完成的“硬度的微观理论及新型亚稳材料设计”项目是燕山大学首次以第一完成人单位获得的国家自然科学奖。刘宏民教授科研团队与鞍山钢铁集团公司等单位合作完成的“冷轧板形控制核心技术自主研发与工业应用”项目成果获得国家科技进步二等奖。全省高校共发表学术论文22838篇，SCI、EI和ISTP三大索引收录6013篇。

【科技项目管理】 完成省科技厅11个批次的项目审核和申报工作，申报项目1632项，获得立项1233项，经费达到（含平台建设项目）4000万左右。2012年高校共承担各级各类科研创新项目16000余项，争取经费12亿元，其中承担国家自然科学基金项目达到719项，经费比上年增加近3000万元；鉴定科技成果近1262项，人文社科结题300余项。

【产学研合作】 2012年全省高校与企业联合承担省级及以上项目300余项，服务企业项目近2000项，解决企业技术难题近3000个，面向企业转化技术成果266项，转化技术合同金额达0.8亿元，有力推动了河北省高新技术产业化和传统产业的升级改造，产生了明显的经济效益和社会效益。

【学位工作与研究生教育】 一是积极推进河北省研究生教育的改革创新。召开了全省学位与研究生教育改革和发展工作座谈会。承办了“第五届中国研究生教育学术论坛”。二是加强导师队伍建设，不断提升导师的综合素质和指导水平。组织召开了“全省高校科学道德和学风建设宣讲教育报告会”。举办了中青年博士、硕士研究生导师业务培训讲座，全省高校导师代表和燕山大学中青年导师共160余人参加了培训。三是积极做好学位认证和学位授予信息上报工作。2012受理国（境）外学位认证509份，办理回国落户派遣手续68份，受理国内学位认证1513份；完成了2011/2012学年度学位授予信息的上报工作，本年度全省共授予学位249084人。

【毕业生就业指导与服务】 一是国家免费师范生和省内师范类毕业生就业工作进展顺利。2012年河北126名免费师范生中，123人在省内中小学就业，2人申请违约，1人符合条件出省就业。河北省师范类应届毕业生就业人数为25171，就业率为85.12%。二是继续在本科高校和独立学院中开展示范性就业指导中心建设工作，遴选出唐山师范学院等9所高校为示范性就业指导中心，进行重点建设。三是继续举办高校职业指导课教师与就业服务人员师资培训班，对30余所高校的400余名教师进行了业务培训。四是努力拓展高校毕业生就业市场。承办了河北省第六届中小企业高校毕业生人才招聘会，举办各类网上招聘活动十余场。五是积极开展高校应届毕业生入伍预征工作和在校生入伍征集工作，毕业生预征报名人数和在校生入伍报名人数分别为14456人和9814人，位居全国前列。六是组织开展了河北省2012届普通高校毕业生就业状况分析研究。七是举办“河北省大学生创业之星”表彰总结座谈会，对评选出的10名在校生创业之星、10名毕业生创业之星进行表彰。八是配合相关部门实施好基层就业项目。配合省委组织部选聘6218名高校毕业生参加“选聘高校毕业生到村任职”计划；配合省人社厅选聘1000名高校毕业生参加“三支一扶计划”；配合团省委选聘396余名大学毕业生参加“大学生志愿服务西部计划”。

【扶贫和对口支援】 一是加强教育系统对口帮扶力度。印发了《关于教育系统开展加强基层建设年活动落实帮扶项目的意见》，对帮扶工作进行指导。全年共确定帮扶学校建设项目1332项，投入资金7.60亿元。二是继续做好教育援疆工作。截至2012年12月初，第一批援疆项目已全部竣工移交，第二批20个援建项目全部开工；加大推进产业援疆力度，扎实办好第三批“十件实事”，推进人才智力援疆工作；继续实施定向巴州招生计划，从巴州应届高中毕业生中招收200名考生到河北高校学习。

【教育立法】 研究起草《河北省终身教育促进条例（草案）》，并向省政府申报了2013年立法计划；研究制定2013年地方教育立法规范，完成了省厅规范性文件合法性审核和备案工作。二是加强行政许可效能建设，促进依法行政。将国家下放省级教育行政部门的三个审批项目增设为省教育厅行政许可项目，目前，省厅行政许可项目为14项；认真做好省本级行政审批项目的清理工作，将非行政许可审批10项、行政监管42项调整为25项非行政许可审批、17项行政监管。2012年省厅共受理行政许可审批事项31项，行政监管事项70件，全部按时办结。三是组织省厅执法人员进行通用法律知识培训考核，组织机关、事业单位全体人员参加省普法办组织的干部法律知识考试。四是推进了依法治校，促进和谐校园建设。组织开展了首批7

部级、72所省级依法治校示范校的复查评估工作。五是加强普法教育，认真实施“六五”普法规划，广泛开展“法律进课堂”、“法律进学校”活动，实施了校园法治文化建设工程。六是做好教育申诉、调解和复核、复议工作，2012年受理行政申诉案4件，行政复核案3件。

【教师队伍建设】 一是制定《河北省教育人才发展中长期规划（2013—2020）》，明确今后一个时期教育人才队伍建设的目标任务与政策措施。二是切实加强师德建设。认真贯彻落实有关政策，建立健全师德考评和奖惩制度，完善“以校为本”的师德建设机制。评定了年度高校“三育人”标兵，评选了30名全省教书育人楷模，对中小学和高校师德先进人员进行了表彰。三是努力推进教师培养培训工作。强化对师范专业培养院校的全方位管理；实施教师资格考试改革，开展定期注册试点工作，河北省首次参加国家教师资格考试；录取国家“特岗计划”3180名，招收50名农村学校教育硕士研究生；“国培计划”争取到国家支持中小学教师培训经费5500万元，参训教师92000人，幼儿教师培训经费3700万元，参训教师10310人；积极开展省内师范生免费教育试点工作，招收197名免费师范生；完成“万人支教”工作，大力推进义务教育学校教师和校长的交流；选派3000名师范生到全省276所基层中小学实习支教；省委教育工委党校直接培训各类教育干部1875人；完成了全省49458名教师的资格认定工作。四是加大改革力度。开展了中小学教师职称制度改革工作，用新的标准、条件对唐山、邢台两个试点市教师高级职称进行了评审，评定了首批30名正高级教师；积极推进了中小学教师公开招聘改革试点工作，指导唐山和秦皇岛建立了教师公开招聘新机制；积极推进了中小学校长培训制度改革工作，指导石家庄市和承德市从体制机制等方面开展了探索和创新；积极稳妥推进事业单位绩效工资制度改革，清理规范了厅属高校、中专学校津补贴项目，核定了学校绩效工资总量。五是加强高层次人才队伍建设，按照国家和河北省新出台的人才政策，在高层次人才引进和使用上指导直属高校制定了一系列政策和措施。六是大力推进了农村原民办代课教师教龄补助发放工作，首批60岁及以上农村原民办代课教师身份和教龄认定已经完成，省级审批工作基本结束，部分县（市、区）教龄补助已经开始发放。

【高校党建】 一是按照省委提出的“一个好报告、一个好班子、一个好风气”的目标，会同省委组织部顺利完成了25所本科高校党委换届工作。认真总结试点高校经验，制定了符合高校特点的换届考察工作方案。整个换届考察程序严密、政策透明、公平公正、纪律严明，受到省委领导和高校师生的充分肯定和普遍好评。换届人事安排方案共涉及312名高校干部，其中新提拔87人，一大批年富力强、熟悉教学科研工作、学术水平高、管理经验丰富的干部走上了领导岗位，平均年龄比换届前下降了3.7岁，形成了以50岁左右干部为主体的领导集体。各高校党代会平稳有序，省委预批的各职人选全部高票当选。二是扎实推进高校党建工作。按照第二十次全省高校党建工作会议要求，首次在全省高校组织开展了党建工作创新案例评选活动，不断创新组织设置、工作手段、活动载体和制度机制，加大了党建创新工作力度。在全省高校全面推行了党员“七权七责”工作，高校党员先锋模范作用进一步发挥。制定印发了高校党务公开目录，明确了公开内容、公开时限，推动了高校党务公开工作。深入学校贯彻《普通高校基层组织工作条例》，把《条例》的学习作为高校二级学院书记、院长培训的必修课程。三是民办高校党建工作不断加强。对全省民办高校党建工作进行了全面考核。在教育部召开的“首届全国民办高校党的建设和思想建设工作座谈会”上，河北省6所民办高校党委书记应邀参加会议，1所高校获“全国民办高校党建和思政工作优秀成果”一等奖，2所高校获二等奖，3所高校获三等奖。

【教育督导】 认真落实省政府与教育部共同签署的《关于推进义务教育均衡发展备忘录》和省政府与各设区市人民政府签署的《义务教育均衡发展责任书》，监督指导市县政府积极推进义务教育均衡发展，启动了县域义务教育均衡发展督导评估，完成了11个县（市、区）县域内义务教育发展基本均衡县的评估工作。强化了对县级政府履行教育职责的督导，圆满完成了对48个县（市、区）政府教育工作的督导评估任务，推动了县域教育的改革与发展。加快了全省普及高中阶段教育进程，完成了17个县（市、区）的基本普及高中阶段教育评估认定工作，基本普及高中阶段教育县（市、区）比例比上年提高了10%。积极发挥教育督导在推进素质教育和提高教育质量中的作用，进一步推进教育督导改革创新，制定了《关于进一步加强督学责任区建设的意见》，在全省建立和实施了督学责任区制度，加强了中小学督导评估工作，启动了省级素质教育示范学校评估工作，完成了11个县（市、区）的国家基础教育质量监测任务。

【教育国际交流与合作】 一是积极推动政府和民间教育国际友好交流，开放规模与交流水平明显提升。2012年，派出140团组470人次出国（境）访问，接待了新加坡教育部等国（境）外30多个国（境）外重要团组200多人次来访。选派21名中小学校长赴美对口交流。加强与港澳台地区的教育交流与合作。组织河北大学等5所高校赴香港参加河北省投资贸易洽谈会推介项目。二是加强出国留学和来华留学工作。2012年国家公派留学全额资助项目录取35人。省地方合作项目派出21个团队，创下近三年来新高。选派了17名优秀中小学骨干校长和教师赴新加坡南洋理工大学学习。圆满完成了新加坡政府全额奖学金项目初三和高二项目的各项工作，共录取70名学生。完成了河北省9家中介机构延期申请审核工作，全年中介派出1500多人自费出国留学。完成因公出国培训项目申报工作，8个出国培训项目获得国家外国专家局批准，选派130名教育管理工作者和高校专业技术人员赴国外培训。河北工业大学、河北经贸大学、河北师范大学三所高校顺利获得了接受中国政府奖学金来华留学生资格。支持河北联合大学申报并获得接受用英语授课临床医学专业外国留学生资格。三是推进中外合作办学健康有序发展。研究制订了《关于推进中外合作办学发展的指导意见》等文件，提高中外合作办学质量和水平。目前全省共有中外合作办学项目42个。四是以孔子学院建设为龙头，大力开展国际汉语教育。出台了《河北省教育厅关于加强孔子学院建设的意见》，选派了200多名应届毕业生及教师到13个国家教授汉语、传播中华文化，建立了全省孔子课堂学校和对外汉语教师储备库。目前，河北省已在14个国家建立了12个孔子学院和16所孔子课堂。

【语言文字工作】 一是加强三类城市语言文字评估工作。19个三类城市的语言文字工作通过了省市共同组织的评估。二是在第15届全国“推普周”和河北省的“双推月”期间，教育部、国家语委在宁晋县举办了全国推广普通话宣传周重点活动，中央电视台等新闻媒体进行了专题报道。三是组织参加了全国性的语言文字类4项比赛和活动，获“宣传海报类”、“公益视频广告类”、“宣传口号类”等多种奖项。四是开展河北省语言文字培训测试和应用研究专项科研立项申报工作，有8个设区市和12所省部属院校的38个课题通过审核，予以立项。河北师大语言文字科研项目获得了国家语委的审核批准。五是稳步推进普通话培训测试工作。完成了3000名测试员的培训工作，完成普通话测试38.46万人次；出色完成赴港测试工作，受到国家普通话测试中心的肯定。

【学校安全稳定及治安综合治理】 一是明确安稳工作责任。召开了全省学校安全稳定暨综合治理工作会议，制定了《2012年学校幼儿园安全稳定暨综合治理工作要点》，与各地、各高校签定了《学校安全稳定暨综治工作管理目标责任书》。二是坚持日常安全工作制度化、规范化、科学化管理，促进和保障学校教育教学发展。三是开展交通安全、食品安全、消防安全三个专项行动，在坚持日常规范化管理的同时，全年分阶段严防发生安全事故。在唐山市召开了全省学校安全教育管理及应急演练工作现场观摩经验交流会。四是安全教育狠抓“计划、课时、读本、师资、考核”五落实，大力开展地震消防应急演练。五是切实抓好涉日维稳、十八大安保维稳工作。在涉日维稳和十八大期间，制定相应方案，及时采取有效工作措施，加大对重点人员、重点事件的管控，有力维护了学校和社会稳定，省委领导对省厅的工作给予了肯定。六是全力保证学生食堂饭菜价格稳定。在粮油副食品市场价格持续上涨的情况下，采取切实措施保持食堂价格基本稳定，特别是十八大前后实行每日报告制度，重点监测每日学生食堂价格情况。全年未发生因后勤工作引发的不安定因素，为全局稳定提供了保证。

【大学生思想政治教育】 一是把思想政治理论课作为思想政治教育的主渠道。规范思想政治理论课组织管理、教学管理、队伍建设，落实《高等学校思想政治课建设标准（暂行）》。二是以特色品牌活动推动思想政治教育方法创新。坚持把大学生思想政治教育融入课堂教学、学生管理、学生生活的各个方面。召开全省高校思想政治工作会议，推动全省高校思想政治工作取得新进步。组织话剧《约定无期限》在省内高校及首都高校巡演百场活动；开展2012年寒暑假河北省青年教师和百万大学生千乡万村“体验省情、服务群众”主题实践活动，上述活动在全国大学生思想政治工作简报刊发5次，中央及国家领导人和省委领导同志多次批示并给予肯定。三是大力加强队伍建设。深入开展2012年暑假河北省高校辅导员“大家访”活动，完善挂职锻炼、骨干培训、岗前培训三级培训体系。组织与辅导员面对面谈心、“80后”辅导员研究与培养、案例征集评选等工作。

【教育信息化】 一是信息公开力度进一步加大。大力推进政府信息公开工作。进一步加强河北省教育厅网站建设。不断优化教育厅网站结构，设计并维护机关标准化、党的十八大等专题。二是认真做好网络安全保密和网络舆情工作。高度重视敏感时期网络安全职守和信息上报工作。认真做好保密自查工作。高度重视网络舆情工作，及时答复网民在河北网络问政平台上提出的问题。三是大力推进各级各类教育信息化工作。基础教育方面，加大教学点数字教育资源建设。加强以河北现代远程教育网为平台的网络资源建设，搭建覆盖全省各级各类学校和广大师生的网络资源公共服务平台。加强教育信息化督导评估。制发了《关于进一步加强中小学教育信息化工作督导评估的通知》，明确教育信息化评估的重要性。继续实施“中小学信息技术与远程教育应用创新工程”。职业教育方面，国家中等职业教育改革发展示范学校开展数字化资源及平台建设。张家口机械工业学校、张家口市职业技术教育中心、廊坊市电子信息工程学校、邢台市农业学校四所被首批确定为中等职业学校教育信息化试点学校。高等教育方面，主动适应本省经济社会发展和信息化工作实际需要，调整优化高校学科专业布局和科类结构工作，2012年新增物联网工程、物联网技术、电子信息工程技术、医学信息工程等本专科专业21个。

【民办教育管理】 召开民办高校高水平建设研讨会，民办中学高水平建设经验交流会和民办高校党委书记座谈会。组织对84所学校进行了检查评估，53所学校被授予“河北省依法诚信办学学校”。下发了《河北省教育厅关于独立学院与省管民办学校2011年度检查结果和2012年招生政策的公告》，省内18所独立学院全部通过年检，省管72所民办学校中，年检合格学校64所，责令整改的民办学校6所，终止办学2所。加强对民办幼儿园的规范管理，全省无证办学机构共8031所，其中，对1268所补办了手续，对2641所予以撤销。

（河北省教育厅　崔海江）

卫　生

【修医德、强医能、铸医魂】 2012年，河北省卫生系统以加强社会主义核心价值体系建设为核心，认真贯彻落实中央、卫生部和省委、省政府领导对全省卫生系统开展

“修医德、强医能、铸医魂”主题实践活动的批示精神，特别是省委书记张庆黎“往深里做、往实里做，不断扩大战果”的批示要求，制定了全省卫生系统深入开展“修医德、强医能、铸医魂”主题实践活动推进方案，召开了推进大会，组织开展了卫生职业精神大讨论、“善行河北”、向“援疆最美女医生”余文丽同志学习等一系列活动，充分运用报纸、杂志、网络、电视等媒体，大力宣传全省各地、各医疗卫生单位开展活动的好做法和涌现出来的先进集体、先进个人，树立了崭新的行业形象，展示了卫生系统良好的精神风貌。在全省11个设区市举办了22场“刘琼芳同志先进事迹报告会”，在社会各界取得了强烈反响。4月10日，卫生部副部长陈啸宏率领人民日报、新华社、中央电视台、中央人民广播电台、光明日报、经济日报、健康报、中国卫生画报等8家中央和国家媒体以及部办公厅、医政司、机关党委、医改办、新闻办的有关负责同志专程来河北调研采访，对河北卫生系统开展“修医德、强医能、铸医魂”主题实践活动取得的成效给予充分肯定。

【深化医药卫生体制改革】 根据《国务院关于印发“十二五”期间深化医药卫生体制改革规划暨实施方案的通知》（国发〔2012〕11号）和《河北省人民政府关于印发河北省“十二五”期间深化医药卫生体制改革规划暨实施方案的通知》（冀政函〔2012〕140号），全省卫生系统坚持“保基本、强基层、建机制”的原则和“统筹安排、突出重点、循序推进”思路，突出“健全医保、规范医药、创新医疗”三项重点，把握“加强体系建设、落实保障措施、提高服务能力”三个关键点，全力推动全省医改工作深入开展。省卫生厅积极配合省医改办对各设区市医改工作任务进行了分解，完成了各设区市2012年度医改任务责任书，同时，将卫生部和省政府下达的医改任务进行了细化、分解，制定并由省卫生厅厅长与各设区市卫生局局长签订了《2012年度深化医药卫生体制改革任务责任书》，明确了年度医改工作任务目标，强化了工作责任，实现了“十二五”期间深化医改良好开局。

（一）新型农村合作医疗制度不断健全完善。2012年全省新农合参合率进一步提高，共有5037万农民参加了合作医疗，参合率达到96.24%。新农合筹资标准由2011年的每人240元提高到每人290元，其中，各级政府补助240元，农民个人缴费50元。省卫生厅与省财政厅联合制定下发了《2012年新型农村合作医疗统筹补偿方案基本框架》，适当提高了乡级、县级和市级的住院报销比例，最高支付限额由6万元提高到7万元。政策范围内住院费用支付比例平均达到73%，新农合次均住院补偿费用2254元，较2012年增加534元。在全省164个县（市、区）全面推行了门诊统筹和住院总额预付、按病种付费、按单元付费、按人头付费等支付方式改革。提高了门诊统筹筹资标准，补偿比例和封顶线。省卫生厅与省发改委、财政厅联合制定下发了《关于推进新型农村合作医疗支付方式改革工作的意见》，对实施支付方式改革的县（市、区）卫生局主管局长、经办机构主任及主管人员进行了培训。在全省全面推开儿童白血病、先心病，妇女宫颈癌、乳腺癌、重性精神病及终末期肾病救治的基础上，开展了提高肺癌、食道癌、胃癌、结肠癌、直肠癌、慢性粒细胞白血病、急性心肌梗塞、脑梗死、血友病、Ⅰ型糖尿病、甲亢、唇腭裂、耐多药肺结核、艾滋病机会性感染等14类重大疾病医疗保障水平试点工作，根据河北省肺癌等14个病种医疗费用调查情况和临床路径，对14个救治病种医疗费用进行了测算，省卫生厅与省物价局制定下发了《开展提高肺癌等14类重大疾病医疗保障水平试点工作实施方案》，对肺癌、食道癌、胃癌、结肠癌、直肠癌、急性心肌梗塞、甲亢、唇腭裂8个病种实行定额付费；对慢性粒细胞白血病、Ⅰ型糖尿病2个病种实行最高限额付费；对脑梗死、血友病、耐多药肺结核、艾滋病机会性感染4个病种实行按项目付费。对实行定额付费的病种，医疗费用没有超过定额标准的，新农合按定额的70%补偿，患者按实际发生医疗费用的30%付费，超过定额的医疗费用由定点医疗机构承担；对实行最高限额付费的，医疗费用没有超过最高限额的，新农合按实际发生医疗费用的70%补偿，患者按实际发生医疗费用的30%付费，超过最高限额的医疗费用由定点医疗机构承担；实行项目付费的，新农合对属于《河北省新型农村合作医疗报销药物目录》及《河北省新型农村合作医疗诊疗项目补偿规定》的费用，县级补偿85%，市级补偿80%，省级补偿75%，其余费用由患者自付；新农合补偿时不再扣除起付线，封顶线不与新农合统筹补偿方案设定的封顶线合并计算；重大疾病病人到非救治定点医疗机构就医发生的医疗费用，新农合不予救治补偿。省卫生厅下发了《关于严格规范新型农村合作医疗制度运行有关问题的通知》、《关于规范新农合有关统计指标口径的通知》，与省财政厅联合下发了《关于进一步加强新型农村合作医疗管理的通知》，保障新农合制度规范运行。为进一步加强对新农合定点医疗机构的监管，省卫生厅印发了《河北省新型农村合作医疗省、市、县级定点医疗机构2011年度考核评价指标》，组织完成了对16所省级定点医疗机构2011年度的考核评价。积极推进新农合异地就医结算能力建设，在已经实现统筹区域内县、乡定点医疗机构即时结报及市级定点医疗机构即时结报的基础上，开展了省级定点医疗机构即时结报试点工作。省卫生厅与省财政厅联合下发了《关于推进省级新型农村合作医疗定点医疗机构即时结报有关问题的通知》。11月1日，正式启动了6所省级定点医疗机构与石家庄市、邯郸市所辖10个县（市）的出院即时结报工作。2012年，全省参合农民有12358.51万人次得到新农合补偿总费用143.17亿元。

（二）基本药物制度和基层医疗卫生机构综合改革深入实施。紧紧围绕巩固实施基本药物制度，推行基本药物全省“统一招标、统一采购、统一配送”，着力建立和完善了八项工作机制。2012年，全省政府办基层医疗机构累计网上采购基本药物12.98亿元，基本药物配送到位率由年初的平均70%提高到86.25%，有60个县（市）达到了90%以上，基本药物30日内回款率由年初的平均10%提高到72.55%，有55个县（市）达到了80%以上。

一是完善实施基本药物制度情况月报机制；二是建立实施基本药物制度调度、培训机制；三是建立基本药物集中采购定期考核机制；四是建立优先保障基层药品供应机制；五是建立基本药物配送企业淘汰机制，经考核淘汰，全省基本药物配送企业从295家减少到不足200家；六是建立非中标药品临时备案采购机制；七是建立基本药物网上采购日期固定机制，进一步提高了基本药物采购集中度，减轻了企业配送压力，降低了配送成本；八是建立基本药物采购情况每月公示机制。与此同时，大力推进基层医疗卫生机构综合医改，所有政府办基层医疗卫生机构和25738个村卫生室配备使用基本药物并实行零差率销售，研究制定了《关于村卫生室基本药物采购和配备使用的若干意见(试行)》和《河北省县级公立医院综合改革试点医院药品采购和配备使用的若干意见（暂行)》，规范了村卫生室和县级公立医院综合改革试点医院药品采购和配备使用工作。政府办基层医疗卫生机构初步建立了公益性的管理体制和新的运行机制，基本完成核岗定编、竞聘上岗、实行绩效工资等改革工作。基层医疗卫生机构人员结构得到较大改善，素质不断提升，门诊、住院人次普遍增加，绩效工资水平明显提高，基层医务人员的积极性得到激发和调动，人民群众基本医疗卫生服务可及性显著增强。

（三）基层医疗卫生服务体系日趋完善。分两期争取中央建设资金12.67亿元，安排项目482个（县级医院12个、乡镇卫生院350个、农村急救中心52个、县级卫生监督40个、地市级儿童医院3个、地市级医院2个、全科医生临床培养基地8个、重大疾病防控体系12个、食品安全风险监测2批次、基层医疗卫生机构管理系统1个)，总投资37.8亿元，卫生服务体系建设项目实现了滚动化管理；按照省委加强基层建设年部署，安排帮扶村村卫生室建设项目3487个，落实省级配套资金8297.1万元，制发了建设方案和参考图集，有力引导项目规范实施，5010个基层建设年村卫生室建设任务按期完成并验收。根据省政府医改工作部署，协调村卫生室标准化建设资金7.59亿元，安排项目1.27万个，连片推进张家口、承德、保定、廊坊、秦皇岛5市村卫生室标准化建设并实现了全覆盖。进一步加快城市社区卫生服务体系建设，全省设有社区卫生服务机构1082个（其中社区卫生服务中心251个、社区卫生服务站831个），社区卫生服务街道覆盖率达到99%以上，12个社区卫生服务中心被评为省级示范中心，其中6个中心被评为全国“示范社区卫生服务中心”。结合卫生项目资金安排，修订完善了项目监管工作手册（2012版），以政府采购、基础设施建设和重大公共卫生为重点，制定了项目督导方案，动态更新了数据库和专家库，并对项目监管人员进行了政府采购和基建管理业务专项培训；以政府采购项目、基础设施建设项目和部分重大公共卫生项目为重点，深入全省11个设区市20个县、36个乡、37个村开展项目督导检查，期间，召开座谈会30余次，走访群众300余人次、发放900余份调查问卷、查阅账簿200余册，累计行程约3.5万公里，涉及专项资金15.5亿元；依据《河北省卫生厅卫生项目考核办法》，以设区市为单位，就2011年公共卫生服务项目资金监管工作进行考评，并在全省范围内予以通报；配合卫生部完成对河北省29家单位的项目资金督导检查。深入推进“万名医师支援农村卫生工程”等城乡医院对口支援工作，制定了《河北省三级医院对口支援县级医院项目实施方案》，组织57所三级医院对口支援159所县级医院，457所二级以上医疗机构对口支援1946所乡镇卫生院，实现了对口支援工作全覆盖。积极开展了全科医学知识培训等多种形式和内容的人员培训，累计培训基层卫生技术人员10.71万人次，基层医疗机构的服务能力和水平进一步提高。

（四）基本公共卫生服务均等化水平逐步提高。2012年，全省公共卫生服务经费由每人15元提高到了25元。继续实施国家重大公共卫生项目和基本公共卫生服务项目。全省城乡居民健康档案建档率分别为73%和78%，电子档案建档率分别为65%和71%。规范管理高血压病人446.56万人、糖尿病人122.74万人。组织实施农村孕产妇住院分娩补助、农村妇女增补叶酸预防神经管缺陷、农村妇女乳腺癌和宫颈癌检查、预防艾滋病梅毒乙肝母婴传播等重大公共卫生项目，任务完成率平均达到116.6%，其中，全年农村住院分娩补助89.03万人，完成任务的103.78%；叶酸补服人数104.91万人，完成任务的122.98%；宫颈癌检查37.58万人，完成年度任务107.35%；乳腺癌检查5.55万人，完成年度任务132.26%；实施孕产妇艾滋病检测14.24万人、梅毒检测14.24万人、乙肝检测14.54万人。加强孕产妇保健、儿童保健基本公共卫生服务管理，管理率分别达到90.19%、87.57%。完成了农村卫生厕所建设任务。在全省启动了卫生监督协管服务工作，明确了实施协管服务工作的目标任务、方法步骤、工作措施等，180个县（市、区、开发区）开展了卫生监督协管服务，占总数的96.3%，建立卫生监督协管站2326个，聘任卫生监督协管员7307个。积极开展中医药基本公共卫生服务项目试点工作，将“中医治未病”纳入健康教育、儿童保健等项目。完成了全省基本公共卫生服务项目绩效评价工作。

（五）公立医院改革稳步推进。在深入调研和广泛听取意见的基础上，代政府草拟了《河北省2012年县级公立医院综合改革试点工作指导意见》，多次征求各地、各部门意见后，报经省政府同意，于7月6日下发。《指导意见》确定了县级公立医院综合改革试点工作指导思想和总体要求，明确了县级医院功能定位和改革主要任务，为县级公立医院综合改革试点工作指明了方向。11个试点县级公立医院以破除“以药补医”机制为关键环节，以改革补偿机制和落实医院自主经营管理权为切入点，积极稳妥推进了管理体制、补偿机制、人事分配、价格机制和监管机制等综合改革。一是取消药品加成，实行药品零差率销售，由此减少的收入，通过调整医疗技术服务价格、增加政府投入和医院内部消化等途径解决。二是合理调整部分医疗技术服务收费标准，调整医疗技术服务价格总量不超过上年度药品合理差价总量的60%，调整后的医疗技术服务收费按规定纳入医保支付范围。三是增加政府投入，县级政府切实履行对所办医院的出资责任，避免县级医院举债建设。四是改革人事分配制度，创新编制管理，形成能进能出、能上能下的灵活用人机制；建立符合医疗卫生行业特点的薪酬制度，充分体现技术服务价值，合理拉开收入差距。五是建立现代医院管理制度，完善理事会、监事会和管委会等决策、执行、监督相互分工、相互制衡的法人治理结构。通过积极稳妥推进县级公立医院综合改革，试点医院的门诊、住院次均医疗费用明显降低，医院管理水平和运行效率得到提升，有效调动了医务人员的积极性。根据省医改工作调度会议精神，成立了由省卫生厅党组书记、厅长杨新建为组长的县级公立医院综合改革试点推进小组，确定了唐县由省卫生厅副巡视员江建明带队，栾城县由省医改办常务副主任毛宇山带队开展驻点工作，同时明确了驻点指导工作的主要任务和具体工作，并将责任分解落实到人。实现了卫生、医改、财政、物价、人社等部门省、市、县三级人员对接、责任对接、工作对接。7月11日，省政府召开了全省县级公立医院综合改革试点暨深化基层医改工作推进会议，推广了栾城县、唐县县级公立医院综合改革试点工作经验，对下一阶段县级公立医院综合改革试点工作进行了安排部署，省委常委、常务副省长、省医改领导小组组长杨崇勇出席会议并作了重要讲话。8月14日，杨汭副省长带领省卫生、医改、财政、人社厅、编办、物价等有关部门负责同志以及石家庄、唐山、邯郸市政府主管领导、卫生局主要负责同志，对北京市公立医院综合改革情况进行了考察，重点学习实施管办分开、医药分开“两个分开”，建立法人治理运行机制、财政价格补偿调控机制、医保付费机制“三个机制”的改革模式，实地考察了北京友谊医院的具体改革措施和成效，与北京市达成了进一步加强京冀医疗合作的意向。

加强了医改监测工作，召开了2011年度第三期医改监测数据会审会议，对第三期医改监测数据进行了集中会审，按时完成了数据会审、上报，对2012年医改监测方案及卫生统计制度进行了专题培训。组织开展了2009—2011年三年医改“回头看”活动，对各项任务完成情况进行了认真梳理和全面总结，分析了存在的主要问题，提出下一步工作思路和措施，进一步巩固完善三年医改成效。

【签订省部合作框架协议】 为充分发挥河北环绕北京的特殊区位优势，推动河北“十二五”医改工作取得实质性突破，按照卫生部和省委、省政府主要领导同志意见，积极协调卫生部和省政府及省直有关部门，研究起草了《卫生部河北省人民政府关于共同促进河北卫生事业改革发展的合作框架协议》。2012年11月6日，在卫生部机关举行了签字仪式，卫生部部长陈竺和省政府省长张庆伟分别代表卫生部和河北省人民政府正式签署了合作框架协议。卫生部党组书记、副部长张茅和河北省委书记张庆黎出席签字仪式并讲话；卫生部副部长陈啸宏主持签字仪式；河北省委常委、省委秘书长景春华、副省长杨汭、省长助理、省政府秘书长尹亚力、省卫生厅党组书记、厅长杨新建、副厅长梁占凯以及卫生部办公厅、人事司、规财司、医政司、疾控局、应急办、科教司等相关司局负责人出席签字仪式。合作框架协议共确定了深化医改、提高医疗卫生服务能力、环首都绿色经济圈卫生事业发展、公共卫生服务保障、新农合制度建设和中医药事业发展6个方面共30项具体合作事项，省卫生厅制发了《卫生部河北省人民政府关于共同促进河北卫生事业改革发展的合作框架协议目标任务分解》，明确了每项合作事项的目标任务、责任领导、牵头处室和配合处室，确保合作框架协议有效落实。

【疾病预防控制】 一是认真落实防控措施，加强艾滋病、结核病等重大传染病防治工作。按照省政府办公厅《河北省遏制与防治艾滋病“十二五”行动计划》、《关于进一步做好全省艾滋病特殊人群医疗救治和关怀救助工作的实施意见》要求，省卫生厅、省财政厅、省民政厅、省教育厅和省人社厅联合出台了《河北省艾滋病特殊人群医疗救治和关怀救助工作实施方案》，明确了采供血或输血造成的艾滋病病毒感染者和病人及其未成年子女等艾滋病特殊人群帮扶救助措施；全面实施艾滋病防治“五扩大、六加强”措施，全省共报告艾滋病病毒感染者和病人3767例，其中2012年新增529例，全省自愿咨询检测215.79万人次，干预各类高危人群143.74万人次，艾滋病继续保持低流行态势。认真实施《河北省结核病防治规划（2011—2015年》，抓住治疗管理、监测报告和实验室能力建设三个关键环节，全面提高DOTS工作质量。选定邯郸市、唐山市为试点，探索实施“疾控机构负责规划管理、医疗机构负责初筛转诊、定点医疗机构负责确诊治疗、基层医疗卫生机构负责患者全程管理”的“三位一体”结核病防治新模式。全省共发现活动性肺结核病人24629例，其中涂阳病人12448例，新涂阳病人10504例。突出重点地区和重点人群，开展霍乱、手足口病、流感、出血热、布病等重点传染病的监测报告和处置工作。二是巩固免疫规划基础性工作，全面落实扩大国家免疫规划政策。认真落实“城市日接种、农村周接种制度”，为包括流动儿童在内的适龄儿童提供及时有效的免疫服务，乙肝疫苗接种率98.58%，卡介苗接种率99.57%，脊灰疫苗接种率99.25%，百白破疫苗接种率98.84%、麻风疫苗接种率98.6%，乙脑减毒疫苗接种率为96.99%，流脑疫苗接种率为97.32%；甲肝疫苗接种率为92.38%，保持免疫规划疫苗高接种率水平。2012年8月2日，经报省政府同意，省卫生厅会同省财政厅、省食药监局联合印发了《河北省预防接种异常反应补偿办法》，进一步规范了预防接种异常反应处理工作。三是加强慢性病、地方病防治。认真开展慢性病综合防控示范区创建工作，组织专家对石家庄市桥西区、鹿泉市、邢台县、沧州市新华区、秦皇岛北戴河区、张家口宣化区进行了省级慢性病示范区验收，石家庄市桥西区、鹿泉市、邢台县、沧州市新华区、张家口宣化区被命名为河北省首批省级慢性病综合防控示范区，石家庄市桥西区、鹿泉市申报国家示范区并顺利通过了卫生部组织的材料评审和现场复核。高血压病病人规范管理人数为420.1万人，糖尿病病人规范管理人数为120.1万人。制发了《关于进一步加强全省重性精神疾病防治工作的指导意见》，明确了卫生行政部门、精防机构、疾控机构、基层医疗卫生机构在精神卫生工作中的职责，对进一步健全精神卫生工作体系、加强精神卫生专业队伍建设提出了明确要求。在全省推广"686"重性精神疾病管理项目工作取得的成功经验，"686"项目工作覆盖率达到了100%，促进了基本公共卫生服务重性精神疾病患者管理服务工作的顺利开展。与省发改委、省财政厅联合制定了《全省地方病防治"十二五"规划》，明确了全省十二五期间地方病防治的目标、原则、措施和部门职责，同时，以巩固消除碘缺乏病成果为重点，全面加强了地方病防控工作。四是组织开展群众性爱国卫生运动，改善城乡卫生面貌。组织开展"爱国卫生月"活动，以纪念爱国卫生运动60周年为契机，深入开展城乡环境卫生整洁行动，有效改善了城乡环境卫生状况。扎实推进控烟工作，组织开展"5.31世界无烟日"宣传活动，召开了"2012年烟草控制技术暨无烟医疗卫生系统创建培训会"，对创建无烟医疗卫生系统自查自评工作进行了安排部署，组织开展暗访检查，促进了卫生系统无烟工作的深入推进。推进卫生达标创建活动，完成了对乐亭县和滦县申报国家卫生县城的复核工作，对2009年命名及重新确认的省级卫生城市、县城和镇（区）等进行了复审。五是着力加强疾控队伍建设。2012年4月份启动了全省疾病预防控制系统大培训、大练兵、大比武活动，组织编发了"河北省疾病预防控制专业技术人员培训考核题库"。全省各级卫生行政部门和疾病预防控制机构均成立了活动领导组织，以大比武选拔赛为契机，全面开展了岗位练兵活动，有效提高了疾病预防控制机构专业技术人员的业务技能。6月3日至5日，省卫生厅组织举办了全省疾病预防控制中心主任培训会；11月19日至21日，在石家庄平山县举办了全省疾病预防控制机构现场流行病学和实验室技能大比武决赛。在国家和省重大政治、经济活动期间，先后组织开展了暑期重点传染病防控实战演练，制发了"暑期重点传染病防控预案"、"第十四届中国科协年会重点传染病防控工作方案"等，确保了各项防控措施的落实。

【医政管理】 一是强化医疗服务基础质量管理。有序推进医院评审评价。制发了《河北省医院评审专家库管理办法（试行）》，起草了《河北省三级综合医院评审标准实施细则（2012年版）》、《河北省二级综合医院评审标准实施细则（2012年版）》以及儿童、眼科、传染、精神等三级专科医院的评审标准实施细则，启动了新一轮医院评审工作。强化抗菌药物专项整治，制定了《2012年河北省抗菌药物临床应用专项整治活动方案》，对医院主管院长及医务、药学、质控和相关临床科室负责人进行了培训，加强全省抗菌药物临床应用监测网和细菌耐药监测网建设，定期公布抗菌药物临床应用情况和细菌耐药监测情况，督促和指导医疗机构合理应用抗菌药物。在全省二级以上医院全面推行临床路径和单病种质量控制，全省共有318家医院开展临床路径管理工作，涉及22个专业288个病种。符合临床路径的病种入组率达到52.1%，完成率达到97%。制定了《2012年河北省病历质量评比活动方案》和《2012年河北省医务人员岗位基本技能训练和竞赛活动方案》，在全省开展了病历质量评比和岗位技能训练活动，强化医务人员"三基"训练。加强临床重点专科建设，河北医科大学第二医院呼吸内科、神经内科、眼科、急诊医学科、麻醉科、临床护理专业及河北医科大学第三医院肾内科，河北医科大学第四医院普外科，河北省人民医院急诊医学科等被评为2012年国家临床重点专科。制定了《河北省临床重点专科建设指导意见》，对加强重点专科体系建设、完善管理组织、保障财政投入等进行了整体规划。组织开展了2012年省级临床重点专科建设项目评估工作，确定河北省人民医院心血管内科等40个专科为省级临床重点专科建设单位，唐山市工人医院内分泌科等20个专科为省级临床重点专科培育单位。加强医疗质量管理与控制中心建设。组织神经内科、肿瘤内科等10个专业医疗质量管理与控制中心挂靠单位申报医院集中答辩，确定了各质控中心挂靠单位，组建了各专业专家组。二是加强医疗服务监管。起草了《河北省医疗机构设置规划（2012—2015)》，提出医疗机构设置原则、配置标准和各级各类医疗机构整体规划。按照卫生部《医疗技术临床应用管理办法》和相关诊疗技术管理规范要求，组织专家对68所申请开展心血管疾病介入诊疗技术的二级以上医院、11所申报血液透析技术的医疗机构和38所申报肿瘤全身热疗与深部热疗、放射粒子植入、肿瘤消融、造血干细胞移植等三类医疗技术的医疗机构进行了临床应用能力审核。在全省医疗机构组织开展了膝关节置换、髋关节置换、综合介入、外周血管介入、神经血管介入等相关诊疗技术的申报工作。成立了由厅党组书记、厅长杨新建任组长的专项行动领导小组，与省中医药管理局联合下发了《河北省打击非法医疗广告专项行动工作方案》和《关于做好集中整治医疗广告类非法出版物专项行动相关工作的通知》，组织开展了医疗广告的集中整治，据不完全统计，专项行动开展以来，全省共抽查各地晚报、日报、电视台、网站等主要媒体29645个版面，监测医疗广告5499条次，发现涉嫌虚假违法医疗广告652条次，检查医疗机构7616家次，立案256起，撤销《医疗广告审查证明》14个，责令停业整顿22家，以无证行医处以责令停止执业活动1家，吊销诊疗科目16家，吊销《医疗机构执业许可证》1家。7月31日，省卫生厅召开了全省加强民营医疗机构监管工作视频会议，制发了《河北省民营医疗机构专项治理行动方案》，组织开展了3个月的专项治理行动，据不完全统计，全省共注销医疗机构14家，注销诊疗科目44家，取消新农合定点医疗机构资格1家，限期整改11家，停业整顿7家，行政处罚144家。推动无偿献血，全省采血量141.1吨，采血43.7万人次，临床用血全部来自自愿无偿献血，制定出台了《河北省省内异地用血报销工作实施方案（试行）》，于9月1日起在全省范围内正式启动省内异地用血报销工作。三是提升医疗服务能力。以深入开展"三好一满意"活动和"修医德、强医能、铸医魂"主题实践活动为抓手，制定下发了《全省医疗卫生系统“三好一满意”活动2012年实施方案》及《河北省卫生系统2012年“三好一满意”活动督导检查内容及评分标准》，组织专家对全省医疗机构“三好一满意”活动开展情况进行了专项督导检查。加强了对预约诊疗服务工作的指导。制定下发了《河北省医师多点执业实施方案》，自2012年3月1日起，在全省11个地市全面实行医师多点执业，全省共有68名医师进行了多点执业注册。完成了河北医科大学第二医院与南皮县人民医院、康保县人民医院、涉县人民医院、易县人民医院和丰宁满族自治县医院等5所县医院远程医疗建设项目并投入使用；省人民医院等4所三级医院与平山县人民医院等38所县医院远程医疗建设项目完成了招投标工作，进入建设施工阶段。推动医院信息化建设快速发展，省儿童医院等4所医院电子病历功能评级达到4级以上水平，河北大学附属医院等10所医院达到3级水平。深入推进“优质护理服务示范工程”，根据《护士条例》和《中国护理事业发展规划纲要（2010—2015）》，制发了《河北省〈中国护理事业发展规划纲要（2011—2015年）〉实施意见》，按照《全省护理专业技能训练和竞赛活动实施方案》，组织开展护理技能训练和竞赛活动。河北省人民医院神经内一科病区、河北医科大学第二医院心血管内科二病区、河北省石家庄市第一医院消化内科二病区被卫生部、总后勤部卫生部确定为“全国第一批优质护理示范病房”，探索实施护士的岗位设置管理，实行按需设岗、竞聘上岗、按岗聘用，对全省三级医院及部分二级医院护士岗位设置及人员配备情况进行了调查，组织制定了《河北省医院护士岗位管理实施意见》。圆满完成首批西藏先天性心脏病儿童救治工作，成立了由厅党组书记、厅长杨新建为组长的河北省西藏先天性心脏病儿童救治工作领导小组，从省直医院抽调心外、麻醉、重症医学、护理等有关专业专家组建了专家组，指定河北省儿童医院、河北医科大学第一医院为定点医院，负责收治从西藏转运河北治疗的先心病患儿，经河北医疗队赴藏筛查，17名具有手术指征的西藏先心病儿童来冀实施了手术治疗，杨汭副省长出席欢迎仪式并亲自到医院看望了西藏先心病患儿，截至10月31日，17名患儿全部康复出院。组织实施了2012年“百万贫困白内障患者复明工程”项目，为贫困参合农民按照每例手术500元的标准补贴定点医院手术费用，全年为10000余名贫困白内障患者实施了免费复明手术。

【卫生应急管理】 一是推进卫生应急管理体系建设。按照卫生部、国家发改委《关于加快突发公共卫生应急体系建设和发展的指导意见》要求，认真落实《河北省卫生部门卫生应急管理工作规范（试行）》，推进了市、县两级卫生应急办事机构建设。继续推进了市级突发公共卫生事件应急指挥与决策系统建设工作，对共用软件进行了统一开发招标。将医院卫生应急办事机构建设纳入了三级医院评审标准重点指标，规范了医疗卫生机构卫生应急工作。二是扎实做好卫生应急综合示范县（市、区）创建工作。按照卫生部办公厅《国家卫生应急综合示范县（市、区）创建工作指导方案》（卫办应急发〔2011〕135号），依据《国家卫生应急综合示范县（市、区）评估管理办法（试行）》，经专家组复核，鹿泉市、辛集市、邢台县和蠡县等4个市（县）被命名为“省级卫生应急综合示范县（市、区）”，并通过了国家卫生应急综合示范县（市、区）复核评估专家组的复核。三是全力做好鼠疫、人禽流感等突发急性传染病防控工作。贯彻落实《突发急性传染病预防控制战略》，重点抓好鼠疫、人感染高致病性禽流感和不明原因疾病的监测和应对准备工作。组织实施《河北省鼠疫防治“十二五”规划》，印发了《关于做好2012年鼠疫防控工作的通知》，切实落实监测、灭鼠和健康教育等综合防控措施，确保“鼠间鼠疫不下坝，人间鼠疫不发生”。加快国家鼠疫防控演练基地项目建设。举办SARS、人禽流感培训班2期，培训医疗、疾控和卫生监督人员约300余人次。受卫生部委托，承办北方十省突发中毒事件卫生应急处置培训班1期。完成2011年中央转移支付卫生应急人员培训项目，培训省、市、县三级医疗、疾控和卫生监督人员共计1443人次。为切实做好“双节”和“十八大”期间的卫生应急保障工作，9月18日和21日，在张北县和廊坊市开展了坝上地区鼠疫防控应急演练与突发急性传染病防控应急演练。四是加强监测预警体系和联防联控机制建设。完善突发公共卫生事件网络直报系统，每月开展一次突发公共事件风险评估，评估结果通报各地市，各地市也相应开展本辖区的风险评估。建立健全监测预警研判机制，对2011年度全省突发公共卫生事件应对工作进行了评估分析。加强部门及地区间联防联控工作，与武警河北省总队建立卫生应急协作机制，将武警总队卫勤力量纳入省级卫生应急救援体系统筹管理。加强了锡乌张呼延庆和北方九省（区、市）鼠疫联防联控协作关系，协同有关部门加强了边境口岸突发急性传染病防控工作。根据省政府办公厅、省军区司令部《关于印发河北省民兵应急大队建设总体方案的通知》要求，与省国民经济动员委员会办公室、省粮食局联合编制了《河北省民兵应急大队饮食医疗保障分队建设方案》，指定省人民医院组建饮食医疗保障分队一排人员，并制定了装备器材配备计划，职责是支援配合突发事件地政府，为执行任务中的省民兵应急大队提供一线医疗救护。五是加强卫生应急演练。根据卫生部《关于在全国卫生系统开展卫生应急大练兵活动的通知》，《河北省卫生系统开展卫生应急大练兵活动实施方案》，在全省开展卫生应急大练兵活动。5月，在全省卫生系统深入开展卫生应急“科普宣教月”宣传活动，进一步增强了公众应急避险意识，提高了自救互救和防范应对突发事件能力。六是全力做好汛期抗击洪涝灾害和防御台风工作。2012年汛期，河北省涞水、涞源等地遭受暴雨袭击后，迅速启动卫生应急三级响应，组织成立防汛抗洪卫生应急领导小组，调度省级医疗和防疫专家18人组成2支专家组指导涞水、涞源等重灾区医疗救援和卫生防疫工作，调拨1.4万公斤消杀药品等医疗救援物资支援灾区工作，组织省、市、县三级防汛抗洪卫生应急救援队伍随时待命，灾区没有发生一起传染病疫情，被省委、省政府命名为“河北省7.21暴雨和10号台风抗洪抢险救灾先进集体”。8月，完成了秦、唐、沧沿海地区防御“苏拉”、“达维”双台风的各项卫生应急工作。

【食品药品安全】 一是加强食品安全风险监测。会同省工业和信息化厅、商务厅、工商局、质监局、食品药品监管局联合制定了《2012年河北省食品安全风险监测方案》，对7595份食品中的化学性污染物及有害因素、5640份食品中的食源性致病菌进行监测，超额完成监测任务。通过“食源性疾病（食物中毒）报告系统”上报食源性疾病19起，共发病489人，死亡1人。二是健全食品安全标准体系。在全省范围内公开征集食品安全地方标准立项建议160余项，邀请有关食品安全专家对建议进行了评审，启动了食品安全地方标准制修订工作。举办标准培训班、组织开展食品安全宣传周、编制食品营养标签宣传手册，广泛宣传食品安全标准等知识。全年共备案食品安全企业标准700余份。开展了《预包装食品标签通则》等4个食品安全国家标准的跟踪评价工作。三是规范食品安全事故流行病学调查。举办了两期食品安全事故流行病学调查工作培训班，组建了调查员队伍。统一制作了食品安全事故流行病学调查员证件。组织有关专家对保定市曲阳、邢台隆尧县食物中毒进行了食品安全事故流行病学调查。四是加强餐饮流通环节食品安全监管。开展了餐饮食品、保健食品、化妆品专项整治行动，检查餐饮服务单位28915家，排查化妆品生产经营企业423家。完成了城区学校食堂、集体用餐配送单位、中央厨房等餐饮服务单位的监督量化分级管理，餐饮食品抽检合格率达到90%。五是加强药品安全监管。开展了铬超标药用胶囊清查处置工作，抽验胶囊剂药品1207批次，合格率为99.4%。将全省71家基本药物生产企业和503家配送企业全部纳入“中国药品电子监管网”，完成基本药物监督抽验53个品种132个批次，抽验合格率100%。深入开展药品生产流通领域集中整治行动，有效规范了药品市场秩序。

【中医药工作】 深入贯彻落实全省振兴中医药事业大会精神和《河北省人民政府关于振兴中医药事业的决定》，省委书记张庆黎会见了来河北调研工作的卫生部副部长、国家中医药管理局局长王国强，达成了加快河北中医药事业振兴发展的共识；张庆伟省长两赴以岭药业、安国市等地进行中医药专项调研，到北京与王国强副部长就支持河北中医药事业发展进行了座谈；孙士彬特邀咨询多次召开专题会议协调调度。省政府首次将中医药工作列入重点工作目标任务分解方案，召开了由各设区市政府和省直有关部门负责同志参加的中医药工作专题调度会议；省卫生厅成立了由杨新建厅长任组长的河北省中医药事业振兴发展推进工作小组；张家口、廊坊、邢台、沧州、承德以市政府名义召开了振兴中医药事业大会，承德、秦皇岛、唐山、沧州、邢台等市出台了贯彻落实意见。石家庄市被国家中医药管理局确定为首个“国家中医药发展综合改革试验市”，并召开了国家中医药发展综合改革试验市建设大会，制定了建设方案。共争取3.6亿元省财政资金，其中1亿元用于中医药服务能力建设；1亿元用于省中医院病房楼建设，9月29日举行了奠基仪式；配合省教育厅做好中医学院独立设置工作，争取资金1.6亿元用于中医学院筹建。进一步加大了中医医院建设力度，安排国债资金1.32亿元，用于8个县级中医医院建设项目，秦皇岛市中医院、张家口市中医院、乐亭县中医院等完成了基础设施建设并投入使用。河北省作为全国试点，率先开展了中医医院建设项目评测研究，首次综合运用地理信息技术、三维技术等，建立了技术平台先进、系统安全高效的数字化中医医院，不仅展示了中医医院建设效果，还为科学论证新增中医医院建设项目提供了依据。在县级中医医院新建了15个中医药适宜技术推广平台，为30所乡镇卫生院和社区卫生服务中心、1240个村卫生室和社区卫生服务站配备了中医药诊疗设备。完成了滦平县、行唐县、保定市新市区等8个全国基层中医药工作先进单位复核工作。争取财政投入2000万元支持省中医院、沧州中西医结合医院等省市级中医医院，高标准地建设了8个中医“治未病”中心。涉县医院、香河县人民医院通过了全国综合医院中医药工作示范单位的验收，河北工程大学附属医院、石家庄市第三医院等11所医院通过了省级综合医院中医药工作示范单位的验收。开展了新一轮中医医院评审，完成了8所三级中医医院评审和3所二级中医医院试评工作。实施了39所中医医院信息化建设项目。联合省财政厅出台了全省“十二五”重点中医专科建设实施方案，组建了专科项目库，对基础条件好、中医疗效高的76个专科给予了重点支持；4个专科被确定为国家临床重点专科，34个专科被确定为国家中医药管理局重点专科，创建了省中医院肛肠科、廊坊市中医院血液病科、石家庄市中医院皮肤病科等一批在全省乃至全国知名的中医药专科品牌。在全省开展了颤病、痿病等105个病种的中医临床路径试点，完成了消渴、水肿两个病种的临床诊疗指南的修订工作，促进了中医药标准的制订和推广工作。强化了与京、津的合作，聘请国医大师路志正、颜正华、陆广莘和中国工程院院士张伯礼、吴以岭等14位国家级名老中医作为省中医药传承特聘导师带徒授业；选定北京中医医院、广安门医院等7所国家级重点学科、专科建设单位为中医药人才培训基地，派送进修人员200名左右。召开了全省中医药传承拜师大会，启动了“燕赵中医药薪火传承工程”，会同省人社厅、省财政厅，启动了第五批全国和第四批河北省老中医药专家学术经验继承项目、第三批全国和第三批河北省优秀中医临床人才培养项目，制定了项目实施方案和学习大纲，遴选确定了68名指导老师、136名继承人、85名优秀中医临床人才培养对象，围绕“读经典、跟名师、做临床”等关键环节开展教学活动。加强了中医药传承平台建设，为田淑霄、刘亚娴等12位专家分别建立了名老中医药专家传承工作室。河北省中医院肛肠病学、沧州市人民医院中西医结合临床学等11个学科被国家中医药管理局确定为“十二五”中医药重点学科建设点。全年培养县级中医临床技术骨干300名、中医全科医师100名、中医医院财务骨干384名。孙士彬特邀咨询带队到河南南阳、安徽亳州、江苏泰州、四川成都，就中药产业发展进行了考察学习，联合省商务厅和保定市、安国市政府共同研究制定了《安国中药城建设建议方案》；会同省农业厅启动了中药材种植示范园创建活动，并筹备开展中药资源普查工作，推动中药产业上档升级，壮大中药产业。

【妇幼保健】 深入贯彻落实"两法"、"两纲"，积极引进并组织实施"降消"、"婴幼儿喂养与营养改善"、"新生儿窒息复苏"、"妇女盆底功能障碍防治"、"促进自然分娩，保障母婴安康"等妇幼项目，有效降低孕产妇和儿童死亡率。推进出生缺陷综合防治工作，针对出生缺陷的高发态势，组织专家进行调研、论证，向省政府报送《河北省卫生厅关于出生缺陷综合防治工作情况的报告》，协调相关部门，推动省政府出台了《关于加强出生缺陷综合防治工作的意见》，建立了政府主导、部门合作、社会参与的工作机制，促进三级预防措施的落实。大力推进免费婚前医学检查，全省产前筛查率较2011年提高1.5倍。开展新生儿疾病筛查101.9万例，筛查率达到95.96%，确诊先天遗传代谢病患儿432人，及时给予了治疗干预。争取卫生部苯丙酮尿症患儿特殊奶粉救助项目，为患儿免费发放治疗奶粉26963筒。组织开展中国妇幼保健协会医疗救助示范项目，免费对8410名新生儿进行听力筛查。加强母婴保健监督管理，强化母婴保健技术服务机构和人员监管，对全省10所产前诊断机构的业务指导与管理，及时进行机构校验，组织对沧州市妇幼保健院进行产前诊断准入评审。全省全年共发放《出生医学证明》120万册，组织开展了出生医学证明等母婴法律证件使用情况专项检查，规范《出生医学证明》管理。组织开展"两非"专项治理，把打击非法鉴别胎儿性别和非医学需要终止妊娠纳入日常执法监督，不断规范母婴保健技术服务。加强助产技术管理，提高产科质量，降低剖宫产率，石家庄市妇产医院等23家医疗保健机构通过国家和省促进自然分娩示范医院评审，成为河北省首批促进自然分娩示范医院。继续开展卫生保健"示范园"、"达标园"创建工作，经现场评审，全省共命名"示范园"、"达标园"30所。大力推进妇幼保健规范化建设，组织开展县级妇幼卫生工作绩效考核，在县级自评、市级考核基础上，组织专家对11个市21个县进行了抽查复核。组织开展县级妇幼保健机构能力建设项目督导检查，加强项目指导，加快执行进度。组织进行妇幼保健机构等级评审，对涞水等13所县级妇幼保健机构完成了现场评审。加强全省妇幼卫生信息系统建设，推进试点市网络运行和妇幼信息系统的全覆盖。开展人员培训，提高业务素质，加强信息质量控制，确保数据的科学准确。实行妇幼重大公共卫生服务项目信息、出生医学证明、三网监测数据的网络直报，提高数据上报的及时准确。妇幼卫生年报、妇幼机构监测、重大公共卫生服务项目网络直报等工作位居全国前列。

【卫生执法监督】 一是加强卫生监督体系建设。全面启动县级卫生监督机构房屋建设，利用医改补助河北省县级卫生监督体系建设资金，统一为各县（市、区）卫生监督机构采购一辆监督执法车和移动执法终端3套。开发并启用了"河北省卫生行政处罚网上管理系统"，通过该系统共办理卫生行政处罚案件9009件，规范了卫生行政执法办案行为，提高办案质量，受到省委、省政府办公厅的通报表扬。整合了卫生许可、行政处罚和卫生监督统计报告系统，初步形成了统一的卫生监督信息管理平台。贯彻落实《2011—2015年全国卫生监督员培训规划》，全面加强卫生监督人才队伍建设。充分利用国家卫生监督培训基地，启动了市级首席卫生监督员培训工作。在全省卫生监督系统开展以比技能、比作风、比业绩，争创优秀监督集体、争当优秀卫生监督员，让人民群众满意为主要内容的"三比两优一满意"活动。与河北省教科文卫工会联合举办了以"执法为民、护卫健康"为主题的首届全省卫生监督技能竞赛活动。在卫生部组织的首届全国卫生监督技能竞赛中，河北省代表队获团体三等奖和优秀组织奖。对市、县两级卫生监督机构设置、人员编制、经费保障、职能调整等情况进行摸底调查。二是加强职业病防治工作。贯彻落实《河北省职业病防治规划》，初步建立起由35家职业病诊断机构，152家职业健康检查机构，及24家职业卫生技术服务机构组成的职业卫生服务体系，职业病诊断机构覆盖率为72.7%，职业健康检查机构覆盖率为69.8%。加大了对已取得资质的职业卫生服务机构的监督检查力度，加强质量考核，规范技术服务行为，严厉惩处各种违法违规活动。开展职业健康状况调查和重点职业病监测工作，全省职业健康状况调查完成4.3万余家的企业填报、录入、审核工作。组织编制了河北省职业健康调查工作报告、技术报告和企业危害因素分布报告。对藁城、香河、迁安、徐水4个重点职业病监测哨点辖区内的基本情况、企业分布、主要危害进行了调查，对5733名职业健康危害接触人员开展了职业健康体检。加大职业病防治宣传教育，组织开展了《职业病防治法》宣传周、宣传月活动，张贴宣传画4815张、培训1.5万余人，发放宣传材料及宣传品46万余份，会同省电视台制作了《守望幸福—河北省职业病防治专题宣传片》。接待并妥善处理了原8023部队退役人员的上访事件，及沧州黄骅职业中暑、唐山苯中毒、张家口涿鹿某粮站疑似职业性眼病、秦皇岛新港湾港务集团公司铅中毒等10余名劳动者的职业病诊断上访投诉事件。全面加强放射卫生监督管理，对放射诊疗医疗机构开展了全面监督检查，《放射诊疗许可证》发证率达73.1%，《放射工作人员证》发放率达95%。三是加强饮用水卫生监督管理。将全省11个设区市、34个县（市、区）共计45个监测点纳入国家饮用水卫生监测网络，覆盖总人口2548.55万，对监测区域内604个集中式供水、二次供水、学校供水等供水单位进行水质监测，监测样品3089个，并对监测区域内全体人群的霍乱、伤寒等8中水源性疾病进行了监测。对136个县（市、区）的211家集中式供水单位饮用水卫生状况进行了摸底调查，重点掌握了供水单位水源类型、水处理方式以及实验室现状等基本情况。制定了《河北省生活饮用水污染事件卫生监督处置工作预案》，先后组织开展了秦皇岛暑期、环北京周边地区饮用水卫生安全应急演练，提高突发事件处置能力。组织卫生防疫人员赴保定"7.21"洪涝灾区，开展饮用水卫生安全保障工作。以“关注饮水卫生，共享健康生活”为主题，开展了饮用水卫生宣传周活动，张贴宣传海报3050张，发放宣传材料28万余份，增强了群众参与饮用水卫生安全能力。四是严厉打击无证行医。2011年10月至2012年3月，联合公安部门，组织开展了打击无证行医“暴风”行动，按照“取缔一批、重罚一批、曝光一批、移交一批”的工作目标，建立了打击无证行医“黑名单”制度，设立并向社会公布了举报电话、电子邮箱、举报信箱，全面受理群众举报投诉，共取缔无证诊所1453家，曝光457家，处罚634家，罚款133.47万元，向公安机关移送涉嫌犯罪案件51起，立案侦办33起，抓获犯罪嫌疑人30余人。召开全省打击无证行医“暴风”行动总结表彰会议，对卫生、公安系统的31个先进集体、75名先进个人进行了表彰。按照卫生部统一部署，从2012年5月到年底继续开展打击无证行医专项行动。全省各级卫生行政部门和公安机关召开联席会议358次，联合办案308起，取缔无证行医384家，罚款203万元，向公安机关移送涉嫌犯罪案件49起。组织起草了《河北省无证行医涉嫌犯罪移送指导意见》和《河北省打击无证行医投诉举报奖励办法》，探索建立打击无证行医多部门联动长效机制。五是开展公共卫生重点监督检查。制定了《2012年全省卫生监督重点检查工作方案》，对全省职业卫生、放射卫生、生活饮用水、公共场所、消毒产品、涉水产品、学校卫生、传染病防治等进行监督检查。制定了《河北省公共场所卫生监督范围》，明确了公共场所卫生监督范围和相关要求。顺利完成第十四届科协年会卫生安全保障工作，获先进集体称号。组织开展了餐饮具集中消毒单位专项监督检查，对554家消毒单位的消毒工艺流程、车间布局、生产用水等内容进行了重点检查。组织开展了纸巾（纸）生产企业专项监督检查，检查纸巾（纸）生产企业136家，查处各种违法行为，规范纸巾（纸）生产。对3.8万家各类医疗机构传染病防治工作进行了专项检查，警告5102次，罚款300余万元。

【卫生政策法规】 按照省委、省政府关于着力改善发展环境和生态环境的实施意见，结合卫生系统实际，起草了《关于着力改善发展环境的实施方案》和《关于着力改善生态环境的实施方案》。根据省政府办公厅《关于印发2012年政府规章规范性文件清理工作实施方案的通知》，组织相关处室对现行有效的政府规章和规范性文件进行了认真清理，并将清理结果报送了省政府法制办。制发了《河北省卫生行政裁量权基准制度》及其7个配套制度、卫生行政处罚裁量权行使办法及裁量基准等，自2013年1月1日起正式施行。按照省审改办《关于开展清理行政审批事项前置条件的通知》要求，开展了专项培训，组织相关处室对行政审批事项前置条件进行了梳理，将情况报送了省审改办。对非行政许可审批事项进行了严格清理，整理汇总出“2012年河北省省本级非行政许可审批项目部门自查自清”目录。组织开展了“三类事项”办理、行政处罚及限时办结制度落实等情况的督导检查，进一步规范了行政行为，提高了行政效能。依法开展行政复议，对“关于患者田领弟与河北医科大学第二医院医疗纠纷”引发的行政复议案件，通过召开研讨会、调研和论证，并与相关处室会商，作出了行政复议决定；对2011年以来省卫生厅7起行政复议案件进行了梳理，对案件发生趋势进行了详细分析，提出了省市卫生行政部门应高度重视的问题；举办了由厅机关和各市卫生局相关人员参加的“行政复议与应诉”培训班，提高了行政复议与应诉的能力和水平。按照省委组织部、省委宣传部、省司法厅《关于做好2012年全省干部法律知识考试工作的通知》，组织厅机关和厅卫生监督局所有在职干部参加了法律知识考试。

【卫生科技教育】 一是卫生科技工作。组织专家完成了河北医学科技奖和省科学技术奖推荐评审工作，授予503项科技成果河北医学科技奖，其中一等奖112项。经省科技厅组织省内外专家网评、行评和总评，省卫生厅推荐的科技项目共取得科技进步一等奖3项，二等奖4项，三等奖24项，数量和质量继续稳居全省各行业之首。利用“河北省卫生科教信息管理系统”平台，自动筛选不同专业学科专家，实施了科研课题网上双盲评审，评审确定指令课题202项，指导课题306项。完成科技成果鉴定305项。河北医科大学第三医院院长张英泽的重大科技成果转化项目“胫腓骨骨折的系列研究及其临床应用”获得国家1600万资助。确定了第十一批医学适用技术跟踪项目90项，共资助项目经费214万元。根据《河北省卫生厅关于委托北京大学医学部举办“中青年学科骨干研修班”的通知》要求，遴选57名学员，完成了理论学习，到北大医学部五所附属医院进行临床实践教学。在全省卫生系统组织开展了以“服务基层百姓、携手建设和谐健康家园”为主题的科普宣传活动。二是基层卫生人才培养。开展了全科医师规范化培训。继续开展了乡镇卫生院卫生技术人员全科医学知识培训。对全省乡镇卫生院中5000名具有执业资格的业务骨干进行了全科医学知识培训，组织了统一考试，及格率99.84%。自2010年举办了三期基层医疗卫生机构全科医生转岗培训。根据国家发改委、卫生部、教育部等五部委《关于印发开展农村订单定向医学生免费培养工作实施意见的通知》要求，从2010年开始实施农村订单定向医学生免费培养项目，三年共培养950人。9月在全省范围内开展基层卫生人员成人大专学历教育招生工作，计划招生5000人。三是学校教育工作。与省教育厅共同组织专家对河北医科大学等9所医学院校申请新增的30所临床教学基地进行实地评审，5所教学基地成绩优秀，22所合格，3所不合格。根据《关于开展高、中等医学院校临床技能考核工作的通知》要求，联合省教育厅组织专家对全省36所高、中等医学院校的临床医学专业、护理专业的学生进行了技能考核，20652人参加培训考核，抽考980人，临床医学专业平均85.51分，护理专业平均86.77分。制发了《河北省高等医学院校临床教学基地管理暂行规定》，修订了《河北省高等医学院校临床教学基地评审标准》，加大了对临床基地教学质量评价的权重，突出了临床教学质量的评价内容。四是继续医学教育和住院医师规范化培训工作。在全省县级及以上医疗卫生机构统一免费安装并使用“继续医学教育管理系统”，进行继续医学教育项目及学分管理。在全省29家住院医规范化培训基地统一安装并使用“住院医师规范化培训网络支撑系统”进行住院医规范化培训工作管理。招收300名住院医师在基地开展住院医师规范化培训。启动继续教育证书验证工作，对省直医疗卫生单位卫生技术人员2011年度继续医学教育学分完成情况进行审验。五是实验室生物安全和人类辅助生殖技术管理。完成首批28家实验室的备案工作。印发通知要求省直医疗卫生单位开展实验室生物安全自查自纠，各市卫生局对市级以下医疗卫生单位统一检查，特别是检查对重点单位、重点人员和重点环节的监督管理和安全保卫工作，严防被盗、被抢、丢失、泄漏等事故的发生，组织专家对保定、廊坊等市实验室生物安全工作进行了督导检查。根据《关于开展河北省医疗机构人类辅助生殖技术和人类精子库需求调研的通知》精神，组织专家对9个申请开展人类辅助生殖技术的医疗机构进行了现场评估，批准承德市妇幼保健院试运行等三家医疗机构开展常规体外受精－胚胎移植（IVF-ET）和卵胞浆内单精子注射（ICSI）技术；批准沧州中西医结合医院等三家医疗机构正式运行开展常规体外受精－胚胎移植（IVF-ET）和卵胞浆内单精子注射（ICSI）技术；批准石家庄市第一医院等三家医疗机构试运行开展夫精人工受精技术。六是科教许可管理。组织对省卫生厅主管的24个卫生类社会团体进行年检和对部分社团进行换届及变更登记。根据省新闻出版局《关于对2012年度报刊核验的通知》要求，对省卫生厅主管的《河北中医》、《现代口腔医学杂志》、《河北医药》等医学专业和科普期刊进行了年检初审。

【卫生权力运行监控机制建设】 3月13日，省卫生厅召开全省卫生系统纪检监察暨纠风工作会议，部署权力运行监控机制建设工作。组织省直医疗单位的38位党员院长和党委书记分别围绕贯彻落实“三个必须”和“五点要求”，特别是搞好监控机制建设问题，表明态度、亮明观点。围绕落实医院监控机制建设“四项硬任务”，先后召开2次大会、4次调度会议，进行研究和部署，全省运用“制度加科技”模式开展监控机制建设的公立医院已达130家，其中安装并使用权力运行监控系统标准版软件的医院已达20家。据省民主评议办公室组织民主评议，2012年上半年全省卫生系统群众满意度为81.31%，在全省参评的23个经济和社会管理类部门中排名第5位，比上年同期提高了4个位次。在完善提高监控机制建设的基础上，省卫生厅修订完善了河北省公立医院权力运行监控机制建设“五项制度”，指导研发了医院权力运行监控机制建设软件“标准版”，包括医院职务权力、职业权力、患者满意度、供应商诚信度、医务人员医德考评等系统。制定了《河北省医务人员医德考评实施细则》、《河北省公立医院患者满意度评价机制管理办法》等五项制度。

【卫生外事】 一是增进对外医学交流。全年共派出26批52人次赴外考察、友好访问、参加学术会议或进行学术交流，其中重点出访团组3个。先后接待了印度、美国、德国、日本、香港、世界卫生组织（WHO）等近10批59人次国（境）外国家和国际组织友人来访，其中邀请外国专家来冀讲学3次。派出8批23人次赴台湾参加学术会议。受卫生部港澳台办公室委托，6月下旬承办了“两岸ECFA医疗信息化巡回研讨会”，邀请台湾医务管理学会、台湾卫生署以及中山医学大学的专家，就台湾医疗改革史、台湾电子病历联网的实践与前瞻、智能化医院与医院管理及医疗质量等到保定、石家庄、邯郸巡讲。应卫生部邀请，爱尔兰卫生与儿童部部长詹姆斯.莱利、爱尔兰驻华大使戴克澜一行8月19日来河北访问，参观了燕达国际健康城。应河北省卫生厅邀请，德国德中医学协会一行13人于9月24日来河北访问，杨新建厅长、江建明副巡视员、赵文清副巡视员以及相关处室负责同志就医药卫生体制改革、灾难情况下的医疗救助等问题与德方专家进行了座谈交流，代表团还参观了省人民医院。按照省卫生厅与德国国际合作机构签订的食品安全合作协议，德国食品卫生专家分别于1月和10月分两次来石参加食品安全培训班并授课。二是扎实开展援外医疗。2012年是援尼泊尔和刚果（金）医疗队的换届之年。第七批援尼医疗队3月5日离境赴尼，并于3月6日与第六批援尼医疗队在加德满都举行交接仪式。中国驻尼泊尔大使杨厚兰、尼泊尔卫生部长、计划部长等参加了交接仪式并对医疗队的工作给予了高度评价，离开尼泊尔之前，尼泊尔总统亚当夫亲切接见了医疗队。5月16日，第十五批援刚果（金）医疗队从保定出发赴刚，在金沙萨正式交接后，十四批援刚医疗队5月21日和6月1日分两批回国。第六批援尼医疗队由17人组成，2010年3月出国，赴尼工作近两年来，共诊疗门诊病人59276人次，住院病人8811人次，手术703人次，开展新技术新项目22项，该队妇产科大夫与尼方专家合著的《妇科肿瘤典型病例图片集》是中国援尼医生在尼泊尔出版的第一本专业著作，也是尼泊尔第一本肿瘤方面的专著。第十四批援刚医疗队两年以来共接诊门诊病人16217人次；处理急危重症病人183人次，收住院病人298人次，手术125人次，接诊在刚华人华侨4879人次，为刚方及驻刚第三国高层领导诊治122人次，刚能源部长兼卫生部代理部长齐翁戈代表刚政府向全体队员颁发荣誉证书，表彰他们两年来为提高刚果（金）人民健康水平所做的贡献，中国驻刚大使王英武等出席了颁发仪式。第7批援尼泊尔医疗队由16人组成，涉及胸外、腹外、麻醉、中医等十余个科室，人员绝大部分由省级医院派员组成。第十五批援刚果（金）医疗队由18人组成，涉及外科、内科、麻醉、儿科等十余个科室，绝大部分由保定市级医院派员组成。2012年初出版了总第二期《河北援外医疗通讯》。三是认真实施国际合作项目。4月11日至14日，香港中国健康工程引发基金创始人梁沛锦博士一行5人，来丰宁县参加由其捐建的卫生院竣工仪式，该卫生院由梁先生筹资50万元捐建，也是该会在河北省捐建的第6所乡镇卫生院，累计投入资金近300万。按照全国友协安排，第三届中印联合医疗队6月25日在北京全国友协礼堂举行成立仪式。仪式结束后，

医疗队18名队员在石家庄市、广宗县分别进行了义诊及学术交流活动。12月5日至15日，中方9名队员在全国友协带领下赴印度，参加第三届中印联合医疗队在印的启动仪式和柯棣华大夫纪念大会，并赴印度贫困地区义诊并进行学术交流活动。

（河北省卫生厅　周志山　孙国安）

人力资源和社会保障

【就业】　2012年，面对经济下行压力加大的严峻形势，河北省人力资源社会保障系统认真贯彻省委、省政府的决策部署，坚持民生为本、人才优先的工作主线，不断完善政策、改进服务，就业局势总体稳定。

全年全省城镇新增就业72.1万人，城镇下岗失业人员再就业26.7万人，其中就业困难对象实现再就业10.4万人；高校毕业生就业率达到87.3%；农村劳动力转移就业103.9万人。全年共消除零就业家庭738户，零就业家庭动态为零；城镇登记失业率为3.69%。

（一）坚持把促进高校毕业生就业放在就业工作首位。扣紧就业服务链条，建立健全技能提升、职位对接、动态监测、托底安置等一整套工作机制。对离校前毕业生广泛开展专题讲座、职业规划、创业素质测评服务等服务，在28所院校建立了省级创业服务基地。举办了首届毕业生网络就业市场，有7万多名学生通过网络达成就业意向。精心组织“三支一扶”、“大学生村医”、“就业见习”等基层服务项目，建成高校毕业生就业登记管理系统，实现了高校毕业生就业“一人一档”实名制管理和就业状况跟踪监测，对困难家庭毕业生实行“一对一”帮扶。2012年6月，人社部在石家庄召开了全国高校毕业生就业工作经验交流现场会。

（二）健全完善公共就业服务体系。开发启用全省就业失业服务管理信息系统，实现了有就业愿望的劳动者异地登记并享受免费公共就业服务。集中开展“春风行动”、“民营企业招聘周”等一系列大型就业服务专项活动，促进农村劳动力转移就业。强化就业援助制度落实，对就业困难人员登记造册、动态管理，确保了城镇零就业家庭动态为零。

（三）加大劳动者职业培训力度。广泛开展就业岗位培训、岗位技能提升培训、预备制培训和创业培训，参加培训人员超过100万人。建成5个国家级高技能人才实训基地、4所国家级技能大师工作室，全年新培养高技能人才8万人，有40万人取得技能人员职业资格证书。石家庄、承德和邢台三市被人社部确定为全国百家职业培训示范市。

（四）以创业促进就业。加强创业组织、培训、服务和评价体系建设，石家庄、唐山、承德三市被评为全国创业先进城市。全年发放小额担保贷款27亿元，直接扶持4.2万人成功创业，带动12.9万人就业。在全国就业创业工作先进集体和先进个人表彰大会上，河北有40个单位和个人受到表彰。

【社会保障体系建设】　以实现城乡居民社会养老保险制度全覆盖为重点，全面推进社会保险各项工作，超额完成各项扩面任务。截至2012年底，职工基本养老、城镇基本医疗、工伤、失业和生育保险参保人数达到1125.6万人、1644.4万人、694.8万人、501.7万人和634.8万人；五项社保基金征缴收入达到919.5亿元，同比增长17.3%。城乡居民社会养老保险参保人数达到3334.6万人，参保率为95.8%，有790万60周岁以上的老年人领取了养老金。全省社会保障卡发放数量大幅增加，持卡人数达到1944万人。

（一）城乡居民社会养老保险实现制度全覆盖。在巩固新型农村社会养老保险和城镇居民养老保险试点成果基础上，将最后66个县纳入城乡居民养老保险参保范畴，实现了制度全覆盖。合并实施两项保险政策，统一了缴费标准、财政补贴、经办流程和基金管理，取消了原新农保试点中“捆绑参保”规定，实现了城乡居民社会养老保险政策一体化，基层机构建设、制度建设、经办管理、参保率水平均走在全国前列。

（二）社保政策体系进一步完善。出台企业职工补缴基本养老保险费政策，明确了用人单位在《社会保险法》实施前欠缴养老保险费、职工中断缴费、应保未保等问题的解决办法，建立了断保补缴长效机制。制定了职工养老保险转移接续办法，职工养老、机关事业单位养老保险关系，跨省和省内都可无障碍转移。优化医疗保险关系转移接续业务流程，实行“一门式”服务，基本医疗保险关系在省内外顺畅转移接续。全部解决了全省关闭破产企业人员参加职工医疗保险的历史遗留问题。在全国率先制定了将事业单位老工伤纳入基金统筹政策，妥善解决了2006年前事业单位工伤人员和工亡职工供养亲属的工伤保险待遇问题。

（三）社保待遇水平稳步提高。企业退休人员基本养老金和相关社保待遇水平进一步提高，取暖补贴人均增加600元，基本养老金达到人均1739元/月。改革企业离休人员一次性抚恤金、参保企业职工遗属抚恤金计算办法，大幅度提高了抚恤标准。工伤职工伤残津贴月人均增加到1876元。失业保险金月人均增加到647.5元。

（四）社保资金审计整改工作成效明显。坚持边审计、边分析、边整改，积极配合国家审计署做好社保资金审计工作，整改规范资金35亿元。按照“监督无遗漏、预警能响应、漏洞能填限、纠偏有实效”的要求，在养老、医疗、工伤保险的登记、核基、审核、待遇支付等方面调整优化了26个工作流程，以省政府名义出台了加强社会保险基金监督管理工作的意见，加强了经办环节内控制度建设和重点领域的即时监控，确保了社保基金的安全完整。

【人才工作】　以贯彻落实人才规划为主线，充分发挥政府人才工作综合管理职能作用，努力为经济社会发展提供人才智力支撑。

（一）围绕省委省政府“举全省之力打造曹妃甸和渤海新区两大经济增长极、举全省之力打好新一轮扶贫开发攻坚战”决策部署，向重点发展区域聚集人才。在曹妃甸、渤海新区“两大增长极”探索实行年薪制、协议工资和项目工资等多种收入分配方式，对新区引进聘用高层次人才和紧缺人才，不受单位专业技术岗位数额限制。先后举办了第二届沿海经济隆起带高层次人才洽谈会、第三届中国河北海内外高层次人才洽谈会、环首都绿色经济圈招才引智大会，有4万多人参加洽谈，近万人达成合作意向。成功承办了第十四届中国科协年会人才智力需求对接活动，达成签约项目115个，协议投资总额达到843亿元。举办了国际现代农业新技术展示会，邀请12个国家的农业专家参加，达成了312个合作意向。配合加强基层建设年活动，研究制定技能培训、扶持创业、智力帮扶、维权服务等十项措施，征集服务项目3252个，开展千名专家服务基层活动，开展了对口咨询指导。

（二）坚持人才优先，完善人才培养机制。规范人才选拔机制，健全了以“三三三人才工程”人选、有突出贡献专家、国务院特殊津贴专家、国家突出贡献专家、全国杰出专业技术人才梯次选拔、分级培养的模式。组织开展了第二、第三批“百人计划”评选，增设了10个博士后科研流动站，加大了对优秀拔尖人才的创业资助和培训力度。加强职业培训平台建设，有5个国家级高技能人才实训基地、4所国家级技能大师工作室建成投入使用，全年新培养高技能人才8万多人。

（三）探索推行以能力、业绩和贡献为导向的人才评价办法，稳步推进职称制度改革。努力破解现有职称体系不适应“体制外”单位人员的问题，改进非公有制企业专业技术人才、长期在基层工作的专业技术人才、海外来冀高层次人才申报和评审职称政策，突出工作业绩、能力、创新等工作实绩，适当降低了论文、外语、计算机等硬性条件，非公有制企业专业技术人才申报数量比政策出台前提高50%。启动了中小学教师职称制度改革试点，对评价标准、条件、程序、监督等进行了调整和规范。

【人事制度改革】　（一）加强公务员制度和队伍建设。进一步完善公务员招录办法，改进基层公务员职位设置，适当向基层报考人员倾斜，有效缓解了困难地区基层职位“招不来”、“留不住”的问题。规范考务程序，公务员招录面试全程录像，纪检部门监督，新闻媒体参与，促进了公平公正。加强改进公务员培训表彰工作，把职业道德和西柏坡精神培训纳入公务员各类培训班次。组织开展了第六届河北省“人民满意的公务员”和“人民满意的公务员集体”评选推荐工作。

（二）进一步规范事业单位公开招聘工作。强力推进事业单位公开招聘，建立全省事业单位集中招聘信息直报系统，对各地公开招聘情况进行了全程监督，2012年全省共有1036家单位公布招聘岗位信息，同比增加19.7%。全面推行岗位设置管理工作，积极探索以聘用合同为基础的用人机制，全省已基本完成岗位设置入轨工作，完成岗位设置的单位占总数的93%；已推行聘用制度的单位达到6.3万个，占应实施单位总数的94.5%。

（三）圆满完成军转安置任务。进一步完善军转安置办法，对团职军转干部进行政绩考核和理论考试，按照高功人员、专业对口、综合排名由高到低公开选岗；对营以下及技术干部，采取考试与考核相结合、指令性分配与双向选择相结合、专业对口与个人志愿相结合的办法，在全国率先完成了安置任务。全面落实企业军转干部解困政策，企业军转干部保持总体稳定。

【工资收入分配制度完善】　（一）规范提高公务员津贴补贴水平。认真落实国家相关政策，提高了税务人员税务征收津贴标准，为安全生产监管监察岗位工作人员发放了特岗津贴。提高了省政府驻京、津、沪等办事处和部分驻市县省直垂直管理机关单位津贴补贴标准。

（二）完善事业单位实施绩效工资制度。对全省公共卫生与基层医疗卫生和其他事业单位实施绩效工资情况进行调查摸底，研究制定了《河北省事业单位绩效工资实施意见》。出台了省政府驻京、津、沪等办事处所属事业单位按当地津补贴水平落实绩效工资和确定离退休人员补贴标准的办法。

（三）加强企业工资指导调控。以非公有制企业、劳动密集型企业为重点，大力推行行业性、区域性工资集体协商，全省共签订工资专项集体协商合同5万多份，覆盖企业7.9万家，涉及职工730多万人。加强对企业工资增长指导调控，制定发布2012年企业工资增长指导线，增长上中下线分别为23%、15%和5.5%。同时选择冶金、煤炭、港口和建材四个主导行业试行发布行业工资指导线，为企业提高职工工资提供科学可靠的参考依据。调整提高最低工资标准，最低工资标准平均增长20.5%，全年城镇企业在岗职工工资增幅预计可达14%。

【劳动关系】　（一）规范劳动用工行为。继续在全省开展劳动合同签订“春暖行动”，着力解决非公企业特别是小微型企业和流动性大企业农民工劳动合同签订率低的问题，全省各类企业劳动合同签订率达到96%。全面推行劳动用工备案制度，全省共有5万多户企业通过用工备案系统上报用工信息。

（二）强化争议调处和信访积案化解。加强基层劳动人事争议调解组织建设，在大中型企业和部分事业单位开展了调解组织建设试点，在全省1122个乡镇（街道）劳动就业和社会保障服务中心建立了调解组织，自主协商解决争议的能力进一步增强。加强仲裁办案机构建设，全省已成立63家劳动人事争议仲裁院，仲裁结案率达到95%。加强信访维稳制度建设，健全了社会稳定风险评估、三级协调联动、信息收集研判、领导信访包案、重大时节应急守机制度。建立了信访事项专案调度会制度，每周六召开由分管领导、相关处室负责人，相关部门、市县、企业负责同志参加的调度会，研究剖析信访事项，重点从政策执行以及政策衔接的角度提出解决问题的思路和方法，解决疑难案件38项。

（三）加大劳动监察执法力度。劳动保障监察“两网化”管理覆盖10个设区市本级。积极维护劳动者合法权益，集中开展农民工工资支付、清理整顿人力资源市场秩序和遵守劳动用工和社会保障法律法规专项执法检查活动，主动监察企业5.8万家，涉及劳动者261万人，受理投诉举报案件1.1万件，督促4355家企业为32.3万人缴纳社会保险费1.8亿元，为17.7万名劳动者追讨工资4.4亿元。

【机关自身建设】 （一）全面推行机关标准化管理。河北人力资源和社会保障厅是省政府开展标准化建设首批试点之一，2012年底顺利通过ISO9000质量管理体系认证。在推进过程中，加强顶层设计，着力解决内设机构之间存在的工作关系不顺、接口不清晰和协调机制缺失等问题，着力解决主要业务流程中审批前置条件多、环节多、时限长等问题，构建了符合人力资源社会保障工作的质量管理体系，提高了机关管理的科学化、规范化、制度化水平。扎实开展服务窗口单位创先争优活动、创建人民满意服务型机关主题教育实践活动，制定了定岗明责、流程公示、服务承诺、限时办结、财务透明、会文精练、政务公开、督查问效、信访随办十条规定，机关面貌明显改观。

（二）加强业务培训。组织召开了全省人社系统市、县局长培训班，邀请部领导、司局长作了4场专题辅导报告，进一步开阔视野，理清了改革发展的基本思路和主攻方向。全年共举办67个系统业务培训班，培训干部3400多人。

【基础建设】 以社会保障卡发放和功能应用为核心，大力推进人力资源社会保障业务专网软硬件建设，业务专网已覆盖到所有的乡镇（街道、社区）。在巩固完善企业职工养老保险管理系统、城乡居民社会养老保险管理系统、社会保障卡管理系统的基础上，开发了就业失业管理服务信息系统、高校毕业生就业登记管理系统、职业培训补贴实名制管理系统。同时，积极推进基层服务平台建设，以省政府名义印发了《河北省人力资源社会保障基层服务平台建设实施意见》，明确了基层服务平台建设的总体目标、建设标准、机构职能、人员配备和经费保障渠道，为推动基层公共服务平台规范化奠定了基础。

（河北省人力资源和社会保障厅　王　亮）

民　　政

【农村基层民主政治建设】 （一）第九届村委会换届选举顺利完成。根据《中华人民共和国村民委员会组织法》规定和省委、省政府工作部署，全省第九届村委会换届选举工作，从2011年11月开始到2012年4月底基本结束。全省49066个建制村中，完成村委会换届48977个，占99.8%；村委会下属委员会也基本建立健全。通过换届，实现了基层民主政治建设有序推进、村民自治机制不断完善、干部队伍素质明显提高、基层组织凝聚力和战斗力显著增强的总体目标。在全省选出的15.69万村委会成员中，村委会成员结构呈现出“三高一低”的局面。致富带头人达到8.3万名，比上届提高27.3%；女性成员数达到2.7万名，比上届提高90.5%；中专、高中以上文化程度达到8.3万名，比上届提高17.4%；村委会成员平均年龄44.9岁，比上届降低0.13岁。在省十一届人大常委会第三十二次会议上，古怀璞厅长受省政府委托，向大会报告了本省第九届村委会换届选举情况，受到与会主任、秘书长和各位委员的一致好评。河北省推行女性候选人定位产生、妇女委员专职专选的做法，受到了全国人大副委员长陈至立的充分肯定。

（二）村务公开民主管理工作扎实开展。年初，印发冀民〔2012〕23号文件，要求各地依据《村委会组织法》和《实施办法》，指导各行政村清理修改村规民约、村民自治章程。全省70%以上村的村规民约、村民自治章程得到清理与修改完善。各地依托第九届村委会换届选举，积极推选村民代表，组成村代会；整合村务公开监督小组、村民民主理财小组，成立村监会。9月19日，与省纪委等五部门联合印发了《关于进一步加强村民监督委员会建设的意见》。全省85%以上的村完成了村民代表的推选工作。村党组织书记兼任村代会主席的村有22392个，占总数的45.6%。成立村监会的典型村18438个，占总数的37.5%。张家口市怀来县等11个学习推广肃宁经验试点县，全部选出村代会主席、村监会主任，并制表装订成册。4月和6月，厅长古怀璞、副厅长刘万青分别参加全省推广肃宁经验现场会和培训班，对推广肃宁经验进行介绍和培训。肃宁县还在全国村务公开民主管理工作（运城）会议上就推进村级组织“四个覆盖”、夯实村务公开民主管理组织基础做典型发言，受到了中央书记处书记、中纪委副书记何勇同志的充分肯定。全省建立“党组织领导、村代会决策、村委会执行、村监会监督”村治新机制的村达40%。6月，青龙县、肃宁县、峰峰矿区被命名为“全国村务公开民主管理示范单位”，使河北省示范单位总数达到9个。

（三）农村社区建设获得新进步。各地重点在城市郊区村、集镇中心村、富裕村和加强基层建设年重点帮扶村，开展“农村社区建设实验”活动。迁安、迁西等地出台《关于加快新民居建设、推进农民向城镇和农村新型社区集中的实施意见》，青县编制《城乡一体化布局规划》，打破以往行政村的界限，按规划合并村庄，整合资源，组建功能完善、体系健全、服务到位的新型农村社区。迁安市财政拿出1800万元专项资金，用于扶持社区活动中心建设，搭建服务村民的综合平台。4月27日，保定市北市区通过民政部“全国农村社区建设实验全覆盖示范单位”专家组验收，河北省示范单位达到3个。同时，邢台市内丘县已申请民政部检查验收。

（河北省民政厅　张　华）

【社会救助】 （一）城乡低保工作水平不断提升。强化规范化管理、狠抓政策落实，继续保持全省城乡低保标准与全国平均水平同步增长。一是典型经验引路，推动低保管理规范化。临西县率先实行了“阳光听证”制度，较好解决农村低保对象认定难问题。省民政厅在全省印发了临西县的经验，形成了以“阳光调查、阳光核对、阳光听证、阳光公示、阳光审批、阳光发放”为主要内容的阳光低保制度；并在7月召开的全省阳光低保工作现场会和11月召开的省政府进一步加强和改进城乡低保工作电视电话会议上介绍了经验；阳光低保试点工作在全省启动，形成了覆盖全省的良好发展态势。二是强化制度建设，提高管理规范化水平。各地针对审计暴露出的问题，有针对性地加强了整改和制度建设。指导各地普遍对城乡低保进行了一轮重新认定核实，下发了文件，完善了申请、审批环节。12月，省政府下发了《河北省人民政府关于进一步加强和改进最低生活保障工作的实施意见》（冀政〔2012〕101号），民政厅制定了《河北省城乡居民最低生活保障家庭经济状况和核算评估办法》，使河北省低保科学化、精细化管理步入新的发展阶段。三是加大资金投入和监督检查力度，提升低保对象生活水平。目前全省共保障城乡低保对象288.5万人，其中城市77.3万，农村208.2万；城乡低保平均标准分别达到城市335元/月，农村1847元/年，比2011年底提高25元和185元；城乡低保平均补差水平分别达到城市234元/月，农村111元/月，比2011年底提高27元和19元。

（二）农村五保供养服务能力显著加强。全省各地继续狠抓民政事业服务中心建设，带动农村五保供养工作全面发展。一是50所重点项目建设进展顺利。经过省、市督导，各市、县努力，截至目前，50所重点建设项目，建成并投入使用的项目有13所；主体完工和即将完工的有33所；在建项目4所。二是管理服务水平进一步提高。先后下发了4份关于加强五保供养服务机构管理工作的文件，廊坊、保定、承德等市规范了服务机构内部规章制度和管理行为，秦皇岛等市提高了五保供养标准。沧州出台了落实机构和人员编制的文件。各地还加强了护理人员培训，进一步突出了办院特色，全省已经形成了以县中心型五保供养服务机构为主，区域性五保供养服务机构为辅，布局合理、设施配套、功能完善、管理规范的农村五保供养服务机构网络。三是加强了对农村分散供养对象的服务管理。保定的“手拉手”特色互助活动运行良好；各市进一步规范了托养合同，明确了服务管理责任，保证每位供养对象的生活有人照顾。目前全省农村五保供养对象23.6万人，五保供养服务机构达到580所，床位15.7万张，供养标准3464元/年；分散供养标准2443元/年。全省五保供养服务工作正在逐步走向制度化、规范化发展轨道。

（三）城乡医疗救助水平稳步提高。针对城乡困难群众基本生活得到有效保障后，医疗难题凸显的现实，河北省出台了一系列指导性政策，取得很好效果。一是大力推行了“一站式”即时结算服务。目前已有106个县（市、区）开展了“一站式”即时结算试点，达到全省县（市、区）总数的62%，已提前实现民政部要求“一站式”结算60%的目标。二是开展了重特大病救助试点。在省政府的支持下，省财政增列了3000万元重特大疾病救助试点经费，8月底省民政厅、财政厅、卫生厅、人社厅下发了《关于开展重特大疾病医疗救助的试点意见》（冀民〔2012〕82号），在前期民政部已批准河北省10个县（市、区）作为全国试点的基础上，适当增加了9个省级试点单位数量，目前正指导各试点地区按照省厅文件要求，通过开展按病种定额付费、提高救助比例和封顶线等做法，开展了特重大疾病医疗救助试点工作。三是医疗救助实施方案更趋科学合理。根据医改任务要求，各地普遍调整了医疗救助方案，提高了政策范围内住院救助比例，取消起付线，提高封顶线，加大资金发放力度，将资金结余率控制在合理范围，提高了救助资金的使用效率。截至目前，全省城市住院和门诊救助13.7万人次，支出资金1.48亿元；农村住院和门诊救助57万人次，支出资金3.2亿元，有效缓解了城乡困难群众看病难、就医贵问题。

（四）临时救助、基础能力建设等其他工作得到新发展。2012年起草下发了《关于建立健全城乡困难群众临时救助制度的通知》，对临时救助的对象、范围、标准和申请、审批进行了规范，年底前全省所有市县区全面建立了临时救助制度。协调财政加大资金投入，临时救助的独特作用得到充分发挥。2012年，河北省各级财政共列支临时救助资金6589.45万元，救助对象达到15.6万人次。其中，省级下拨临时救助资金2000万元，对因病、因残、因灾等特殊原因造成生活暂时困难的城市家庭27915户，农村家庭127859户实施了非定期、非定量临时救助。2012年圆满完成好2012年元旦春节期间为城乡困难群众发放一次性“两节”生活补贴工作。与省物价局电力公司联合发文，为全省低保、五保对象每户月补贴15度电费，为广大困难群众送去了政策温暖。国务院45号文件下发后，迅速与省编办协商沟通，省编办批复成立“河北省低保家庭经济状况核查认定中心”，中心为省民政厅管理的正处级事业单位，编制6名。争取到省政府拨付启动资金70万元。此外，积极筹备全国社会救助暨全国民政工作会议。推动廊坊市率先挂牌成立10人编制的市级“低保家庭经济状况核查认定中心”，其所属各县、市（区）也全部建立了相应机构。顺利组织了全省临西现场会、省政府低保电视电话会、全省社会救助座谈会、省政府低保督导检查等会议和活动，圆满完成国办和民政部低保调研督导活动，配合有关处室顺利完成全年两次大的社保专项审计活动。

（河北省民政厅　胡文娟）

【救灾工作】　（一）全年灾情。2012年，河北省部分地区遭受了严重洪涝、台风、风雹、低温冷冻、滑坡泥石流、生物灾害（病虫害）和干旱等自然灾害。截至12月31日，全省因灾造成农作物累计受灾面积2025.31千公顷，绝收面积288.62千公顷，受灾人口2054.91万人次，其中因灾死亡57人，因灾失踪15人，紧急转移安置52.49万人，倒塌房屋5.88万间、损坏42.82万间（其中严重损坏房屋16.86万间），部分交通、电力、通信及水利设施遭受严重损坏，因灾造成直接经济损失364.87亿元。综合分析，全省灾情重于2011年，属于中等偏重年份。与2011年比较受灾面积、绝收面积、受灾人口、因灾死亡（失踪）人口、倒塌房屋、直接经济损失分别上升25.6%、377%、−7%、500%、1667%、417%。

在各类自然灾害中，以洪涝、台风、风雹、低温冷冻损失最为严重。全年因洪涝灾害造成经济损失143.39亿元、台风造成经济损失143.80亿元，风雹造成经济损失46.83亿元、低温冷冻造成经济损失15.95亿元。分别占全年经济损失的39%、40%、13%、4%。重灾区主要集中在保定、承德、唐山、秦皇岛四市；次重灾区主要集中在张家口、沧州、衡水等市。

2012年，因自然灾害造成的死亡（失踪）人口主要集中在保定市，全市因灾死亡（失踪）48人，占全省死亡（失踪）人口的66.7%，承德市死亡8人，秦皇岛市死亡6人，邯郸市死亡4人，张家口市死亡4人，廊坊市2人。死亡（失踪）灾害种类中洪涝灾害死亡（失踪）63人，风雹死亡6人，台风死亡3人。分别占全部因灾死亡（失踪）人口的88%、8%、4%，在死亡（失踪）原因中，因溺水死亡（失踪）53人，因建筑物倒塌死亡9人，因雷击死亡5人，因泥石流掩埋和岩石坍塌分别死亡2人，因其他原因死亡1人，分别占全部因灾死亡人口的74%、12%、7%、3%、3%、1%。

与常年比较，全年因灾死亡（失踪）人口72人，较近十年平均值上升167%。溺水是全年最主要的因灾死亡原因。

2012年全省共发生各类地质灾害36起，灾害规模均为小型，其中崩塌10起、滑坡6起、泥石流10起、地面塌陷6起、地裂缝4起。与上年同期相比，地质灾害发生数量增加了100%。

2012年1—5月份，河北省共发生森林火灾9起，过火面积2079.14公顷，受害森林面积215.49公顷，同比分别下降23.85%、40.88%、42.56%，无重特大森林火灾发生，无“进京火”发生。全年河北及京津地区1级档地震756次，2级档地震147次，3级档地震14次，4级档地震1次，5级档地震1次。最大地震是2012年5月28日河北唐山ML4.8级地震。小震活动仍主要集中在老震区，大的空间格局没有改变。河北及京津地区ML≥3.0地震活动频次是11次，与2011年活动水平相当，但是低于平均水平（31.7次）。地震能量释放仍然维持2004年以来的低水平状态。

（二）主要特点分析。一是汛期洪涝、台风灾害严重。2012年3月至10月，全省遭受洪涝灾害共计22次，台风灾害一次。特别是7月下旬河北省降水异常偏多，强度大、范围广，连续出现“7.21”、“7.25”、“7.27”、“7.30”和“8.3”五次强降雨过程，致使全省大部遭受严重洪涝灾害。二是风雹灾害频发。2012年3月至10月份，河北省对流性天气过程多，强度大，全省多次出现局地短时强降水、雷电、雷雨大风等强对流天气，共发生风雹灾害35次。全省11个设区市的134个县共计544万人次受灾，因灾死亡6人，紧急转移安置1.12万人，农作物累计受灾面积473.02千公顷，其中绝收52.22千公顷，倒塌房屋3543间，因灾造成直接经济损失46.83亿元。三是低温冷冻损失较大。2012年8月下旬至9月上旬，张家口、承德两市共遭受2次低温冷冻灾害过程，8月下旬，张承两地相继出现大幅降温天气，遭受了50年一遇的特大低温冷冻灾害，由于坝上及接坝地区气温骤降，形成大面积冰冻，比常年提前20天，给农业生产、群众正常生活造成重大影响，即将收获的青玉米、马铃薯、架豆、杂豆、谷黍等农作物不同程度减产，甚至大面积绝收。特别是坝上地区的青玉米全部绝收，马铃薯、豆类、谷黍减产达5成以上。

（三）减灾救灾工作情况。2012年，全省民政系统认真学习贯彻党的十八大和省7.21洪涝灾害先进表彰暨恢复重建动员会议精神，坚持“以民为本、为民解困”宗旨，积极组织开展各项减灾救灾工作，有效保障了受灾群众的基本生活，维护了灾区的社会稳定。6月27日宋恩华副省长在省民政厅组织“5.12防灾减灾日”活动的报告上批示：“民政部门防灾减灾活动，工作扎实，有成效”；7月25日常务副省长杨崇勇在省民政厅报送的《灾情快报》上批示：“省减灾办、民政厅行动迅速、处置得力，有效降低了灾害损失，保证了受灾群众的正常生活”。2012年8月省民政厅救灾处被河北省委、省政府命名为“河北省7.21暴雨和10号台风抗洪抢险救灾先进集体”称号，2人被河北省委、省政府命名为“河北省7.21暴雨和10号台风抗洪抢险救灾先进个人”称号。

2012年，全省各级民政部门努力建立和完善救灾应急机制、确保受灾群众基本生活，努力提高灾害的救助水平。主要是做好六方面工作：一是认真谋划，提早全面部署减灾救灾工作。2012年年初，省民政厅组织有关处室，科学谋划全省救灾工作，确定了以提高灾害应急救助能力和综合减灾能力为核心，以加强救灾应急综合协调体制建设、应急救援队伍建设、资金保障机制建设、物资储备能力建设、应急社会动员能力建设，全面提升救灾应急工作的整体水平，最大限度地减少灾害造成的人员伤亡和财产损失，切实保障受灾困难群众的基本生活为全年救灾工作重点。3月9日，召开了全省救灾工作会议。王云副厅长传达了全国救灾工作会议精神，对全省2011年救灾工作进行了总结，对2012年工作进行了安排和部署。为做好全年减灾救灾工作奠定了基础。二是加强灾情管理，积极做好新灾救助工作。按照省民政厅古怀璞厅长提出的“有灾必报、有灾必查、有灾必到、有灾必救”的指示，全省各级切实做好救灾应急工作。（1）提早部署，及时启动预警响应。针对7.21、7.31、8.4等强降雨造成的特大洪涝灾害。省民政厅分别于7月20日、7月30日、8月3日依据气象部门天气预报情况，以省减灾委名义及时与有关部门进行信息沟通，并认真地开展了灾害损失评估，启动救灾预警响应，向各市县民政部门发布预警通知，要求提前做好危险地段群众的转移工作。同时，加强值守，双人值班，严阵以待，随时准备开展各项救灾工作。(2) 加强灾情管理，确保信息畅通。灾害发生后，充分利用省、市、县、乡、村5级灾情信息网络系统第一时间收集、汇总、上报全省灾情。7月22日至8月4日，全省民政系统共上报灾情初、续报500余条；省民政厅上报民政部灾情初续报72条，拟制、上报《救灾专报》4期、《救灾快报》6期，为省委、省政府有效应对灾害提供了详实的科学依据，为国家减灾委、民政部针对河北省两次启动国家救灾应急响应，对河北省救灾工作给予资金物资支持奠定了基础。(3) 反应迅速，有效应对。针对"7.21"洪涝灾害和"8.4"10号台风，于7月22日10时和8月4日上午9时分别启动4级应急响应，并根据灾情发展及时将四级响应升为3级应急响应。按照《河北省自然灾害救助应急预案》组成前方工作组，连夜赶赴保定、廊坊、承德、秦皇岛、唐山等重灾市县查灾核灾，慰问灾民、指导开展救灾工作。7月下旬至8月下旬全省各级民政系统共组织出动1.8万余人次，紧急安置转移受灾群众33.66万人，其中，转移野三坡被困游客1.2万人，大大减少了群众伤亡，切实保障重灾区被困群众基本生活，得到了重灾地区社会各界的好评。中央电视台"焦点访谈"栏目在专题报道7.21洪涝灾害抢险救灾的"直击野三坡"节目中肯定："河北省减灾办、民政厅针对7.21特大洪涝灾害，事先做出科学预判，启动预警响应，组织各地及时、有序地转移群众，得到了社会各界的高度赞扬"。(4) 加大投入，确保灾民基本生活。为妥善解决"7.21"和"8.4"10号台风被困群众的基本生活，第一时间启动救灾资金物资拨付机制，全省共紧急发放各级救灾资金22936万元，下拨了帐篷5030顶、棉被41193床、棉衣830套、棉大衣20283件、棉褥20000条等物资，保证了受灾群众的基本生活，稳定了灾民情绪和灾区社会秩序。(5) 制定救助政策，认真做好受灾群众过渡期安置。为切实做好因灾倒塌、损坏住房群众过渡期临时生活救助工作，报经省政府同意，先后下发了《关于切实加强救灾资金物资管理使用的紧急通知》、《"7.21"洪涝灾害受灾群众生活安置办法》和《因灾倒塌、损坏住房恢复重建补助资金管理工作规程》，制定了受灾群众过渡期救助标准，对受灾群众临时生活救助进行了整体部署；制定了因灾倒塌、损坏住房恢复重建原则，规定了恢复重建补助对象、补助标准的确定程序和监管措施。起草下发了《关于加强冬春期间灾民救助工作的紧急通知》，会同有关部门保证了恢复重建的有序开展。(6) 通力合作，积极会同有关部门做好恢复重建工作。会同省住建厅组成47个工作组，对四个重灾县的73个乡镇、868个行政村、25102户因灾损坏房屋进行了鉴定。会同省住建厅、省财政厅对保定、承德两市上报的涞源、涞水、易县、兴隆4个洪涝重灾县农民住房恢复重建救助对象第一批申请名单进行了审核，确认了第一批10128户救助对象名单，并按照五保户、低保户、重点优抚对象等不同类型家庭进行统计。同时，为做好水毁民政福利机构基础设施恢复建设工作，出台了《关于"7.21"洪水灾后民政福利机构基础设施恢复重建工作的方案》，下拨了专项930万元的维修补助资金。四个重灾县已经按照省厅的统一安排，对2个乡办、比较简易的福利机构进行了合并，对其他损坏的基础设施进行了维修、加固，确保民政福利机构供养人员的安全。三是多方筹集资金，大力开展冬春救助。2012年春荒期间，按照各级《2011年全省冬春救助工作方案》的要求，全省民政、财政系统多方筹措资金和物资，对春季受灾困难群众的口粮、衣被御寒、伤病医疗等问题予以重点救助。全省共下拨春荒救灾资金6000多万元，救助灾民55余万人，切实保障了受灾困难群众春荒期间的基本生活。2012年河北省受灾严重的地区多数处于北部太行山区、坝上地区等一季作物区和黑龙港流域，其中部分县市连年受灾，政府财力紧，群众家底薄，自救能力弱，特别是"7.21"、"7.31"洪涝灾害，"8.4"台风和8月份北部低温冷冻灾害都为省内数十年一遇的特大灾害，灾害范围广，受灾群众和因灾造成倒损房屋数量巨大，冬春期间灾民安置、恢复重建等救灾任务十分艰巨。为做好2012年冬令灾民救助工作，全省民政系统认真落实省委、省政府关于"采取切实有效措施，确保受灾群众有饭吃、有衣穿、有干净水喝、有住处、有病能得到医治"的要求，采取了一系列有力措施：(1) 高度重视，提早部署。10月12日召开了全省受灾群众冬春救助工作会议，古怀璞厅长、王云副厅长分别进行了部署，要求各受灾市县要提高认识，进一步增强责任感和使命感。(2) 摸清底数，制定方案。各级民政部门按照省厅的统一部署组织专门力量，采取进村入户，对受灾地区的群众逐村、逐户、逐人地调查生活困难状况的方法，认真开展受灾群众需救助情况普查。在普查的基础上，区分有自救能力，有部分自救能力和无自救能力户、人进行登记造册，特别是对无自救能力，完全需政府救助的户和人，建立灾民档案、台帐、花名册和救助卡。各县（市、区）做到了县有档案，乡有台帐，村有花名册，被救助户有灾民救助卡。2012年11月份，省民政厅组成3个工作组集中15天时间深入11个设区市35个县，对灾区群众生活状况进行抽查，详细掌握灾民生活困难底数。在此基础上与省财政厅联合制定了《全省今冬明春灾民救助方案》，并报请省政府批准执行。(3) 开展会商，评估全年灾情。2012年11月份，省民政厅以省减灾委办公室名义，召集财政、水利、农业、国土、林业、地震、气象、统计等部门召开了2012年度全省灾情会商评估会议，评估了年度灾情，明确了重灾市县，确定了救助重点。(4) 积极争取，多方筹措救灾资金。省民政厅以省政府名义向国务院专题报告河北省全年灾情；同时，多次到民政部主动汇报工作。12月8日，民政部、财政部下拨河北省冬春灾民生活救助资金2.52亿元，为河北省灾民救助工作提供了有力支持。为了解决受灾群众御寒问题，省民政厅还在10月25日下拨了棉衣、棉被等省级救灾物资共计30000件套，帮助各市县解决受灾困难群众的冬季御寒困难。同时，督促各市县落实救灾资金分摊机制，加大救灾资金投入力度，要求各市县多渠道筹措受灾群众急需的御寒物资，并尽快发放到群众手中。2012年冬令期间，全省共筹集、发放救灾衣被11.5万件（套）、取暖用煤3.2万吨。筹措救灾资金4.5亿多元，全部发放到受灾困难群众手中。四是加强备灾，夯实救灾工作基础。为加强全省备灾工作，认真总结《河北省自然灾害救助应急预案》2008年颁布以来实际运用的经验和教训，2012年省民政厅对《河北省自然灾害救助应急预案》中不适应实际工作需要或者操作性差的条款进行了修订、完善，省政府办公厅7月27日正式发布实施。修订后的《河北省自然灾害救助应急预案》，明确了救灾应急、救灾社会捐赠、灾害信息管理、应急救灾资金、物资拨付等工作流程。在应对“7.31”、“8.4”10号台风等重大灾害中，全省民政系统按照预案要求操作，做到了指挥科学，救助有序、高效，得到了省委、省政府领导的好评。经过几年的努力，全省乡村和城市社区普遍设置了由乡村、社区干部兼职的灾害信息员，总数已经达到5.5万余人。省、市、县还分别组织开展了对全省新任救灾专业人员和全省县级灾害信息员培训工作，省厅培训了各市县救灾工作新任人员265人，唐山、石家庄、邢台、秦皇岛、张家口等市及其部分县培训了乡镇灾害信息员2165名、村和社区灾害信息员5133名。通过培训，使基层灾害信息员掌握了灾害种类、灾情信息上报内容、查灾核灾方法、灾害预警程序和受灾群众生活救助项目等知识，为提高全省减灾救灾工作水平，提供了人才基础。2012年，省民政厅继续加强救灾物资储备库建设，省厅救灾物资仓库新建项目完成了用地指标报批、落实了建设资金，并完成了立项手续申报。邯郸、张家口、沧州新建了规模适中、功能齐全的救灾物资库，唐山新救灾物资仓库也具备了开工建设条件。省厅按照规定程序公开采购了360万元的救灾物资，部分市县也通过公开采购充实了救灾物资储备。张家口市为所辖各县区配发了海事卫星电话。五是周密部署，稳步推进防灾减灾工作。2012年全省各级稳步推进防灾减灾工作：(1) 认真组织开展了“国家防灾减灾日”大型系列宣传活动。(2) 按照国家有关规划和省政府领导指示精神，研究制定了《河北省防灾减灾人才发展中长期规划（2010—2020年）》和《河北省综合防灾减灾规划（2011—2015年）》，经省政府同意后已经下发各市县实施。(3) 继续开展了国家“综合减灾示范社区”创建工作，经过初评验收向国家减灾委、民政部申报了40个新国家“减灾综合示范社区”。“综合减灾示范社区”，使河北省国家“综合减灾示范社区”达到了127个。六是创新工作机制，积极开展政策性救灾保险试点。省民政厅、财政厅和河北人保公司联合组成工作组先后赴保定、承德等地，就河北省开展农村民房救灾保险试点工作进行调研，确定了丰宁满族自治县为河北省农房政策性保险试点县，并会同财政厅、河北人保公司规划了开展政策性农房救灾保险试点人群和政策性保险险种、费率、理赔办法、省级试点补助标准等，申请省财政厅落实了省级试点保费补助43万元。

（河北省民政厅　艾　军）

【双拥优抚】　（一）深入开展双拥创建工作，双拥宣传卓有成效。一是全国双拥模范城（县）再创佳绩。2012年2月27日，在全国双拥模范城（县）命名暨双拥模范单位和个人表彰大会上，石家庄、唐山、平山、高碑店等16个市（县）被命名为全国双拥模范城（县），数量位居全国前列。唐山市民政局等3个单位被表彰为全国爱国拥军模范单位，李春生、吴庆国荣获“全国爱国拥军模范”荣誉称号。在全国保持了较好的位次。二是成功举办了2012年河北省双拥文艺晚会。1月19日，省双拥办、省民政厅、省军区在省河北会堂联合举办了2012年河北省军民迎新春双拥文艺晚会。省领导及驻冀部队领导付志方、史鲁泽、张彦欣、宋长瑞、侯志奎、王增力、马兰翠、宋恩华等与省会军民欢聚一堂，共贺新春。双拥模范城（县）代表、双拥先进集体和个人，省双拥领导小组成员单位和部分驻冀部队官兵等共2000多人参加了晚会，取得很好的社会影响。三是宣传教育广泛深入。在创办好期刊《河北双拥》的基础上，又新创办了《河北双拥工作快报》，为双拥工作打造学习交流的重要平台，宣传了全省军民共建经济强省、和谐河北的经验做法和先进事迹。4月中旬，全省开展了以“热爱人民军队，共筑钢铁长城”为主题的全民国防知识竞赛活动，全省约220多万人参加了此次活动，在全省各地掀起知国防、讲国防、爱国防新高潮。四是节日走访慰问扎扎实实。春节、八一等重大节日，从省委书记、省长，到市、县党政一把手都亲自带头慰问部队，省、市、县各级党委政府和民政部门都要印发慰问信和走访部队。春节前夕，省委、省政府向驻冀部队赠送慰问品（金）外，印制20余万份《慰问信》发给优抚对象。八一期间，省厅组织全省开展了挂军烈属牌匾、爱国拥军企业家进军营等活动。石家庄市有关领导专程赴河南确山走访慰问参加“联教2012·确山”驻石部队官兵，并送去了慰问品和慰问金，并于7月下旬赴青岛慰问了海军“石家庄舰”官兵。唐山市“八一”期间大幅提高市级慰问标准，师级单位由3万元提高到6万元，团级单位由1.5万元提高到3万元。据不完全统计，全省各级仅节日期间慰问部队2000余次，慰问经费达4000多万元。五是办实事解难题持之以恒。全省各地、各部门组织开展了形式多样的拥军优属活动，按照军民融合式发展的要求，一如既往地支持部队演习、训练和营房、道路、水、电、暖等基础设施建设，积极想办法帮助驻军解决家属子女随迁随调，入学就业和住房等实际困难，受到官兵的一致好评。沧州市投资3.5亿元，为武警8632部队、武警支队迁建了新营区，为17个消防中队新建了营房。沧州市供电公司依托“军人成才课堂”，为驻沧官兵培养电工技术、微机、法律等军地两用人才300余人。5月，秦皇岛市将100套海港区“东里庄”经济适用房分配驻秦部队后，又进一步加大拥军力度，将驻秦部队军官纳入全市限价房申购人员范围，11月，又将30套归提寨限价商品住房一次性分配给各驻秦部队，有效缓解了驻秦部队干部住房难的问题。

（二）认真落实优抚政策，优抚对象权益得到保障。一是提高部分优抚对象抚恤补助标准。在国家提标的基础上，河北省为城镇烈士、因公牺牲军人和病故军人遗属每人每年提高定期抚恤金标准1200元，为在乡退伍红军老战士每人每年提高5500元，惠及4700多人。二是义务兵家庭优待标准大幅度提高。协调省财政下发文件，大幅度提高义务兵家庭优待标准。农村义务兵家庭优待金标准，按照每户每年不低于当地上年度农民人均纯收入计发；城镇义务兵家庭优待金标准，按照每户每年不低于当地年最低工资标准计发。提高之后，城镇由原来的每户每年500元增加11000元，增长了20多倍；农村由原来的3000多元增加到7000多元，增长了一倍多。该项政策使义务兵家庭每年合计受益5亿元。三是全面推行优抚对象抚恤补助金社会化发放。通过“一卡（折）通”银行化发放形式，及时兑现了61万名优抚对象的抚恤补助，并用明白纸的形式通报每位优抚对象应当享受的抚恤补助类别、金额等。新配备、更换残疾军人医疗辅助器械4760件，惠及4000多人。四是制定了完善优抚对象医疗保障体系建设三年目标。即：一年内完善优抚对象医疗费用“一站式”报销系统建设，解决好优抚对象医疗费用“报销难”问题；两年内在全省普及县（市、区）优抚诊所（医院），解决好优抚对象“看病难”问题；三年内建立优抚医院（诊所）和体检制度，解决好优抚对象“保健难”问题。五是认真落实参战涉核部队退役人员待遇。认真落实中央和省信访维稳要求，积极做好扶贫解困、政策落实、矛盾排查、舆情研判、接访理访、重点案件督查督办、积案化解等工作，制定下发了《关于做好部队退役人员解困和稳定工作的通知》（冀民〔2012〕54号），认真解决他们在生活、医疗、住房以及社会保障等方面存在的困难。2012年以来，成功接待集体访8次，妥善处理来信来访500多人次，为1.1万多名涉核人员办理了农村养老保险，为6300多人接续了企业养老保险，将1.86万人纳入医疗补助范围，为4100人办理了最低生活保障，为2100多名涉核人员进行了免费体检，确保了敏感时期无一人进京上访。六是成功举办优抚系统信息录入人员业务培训工作。为了贯彻落实民政部优抚安置局工作会议精神，适应优抚数信息系统部省市县联网建设和优抚数据精细化、规范化管理需要，于10月下旬，召开了全省优抚信息系统联网及升级改造培训会，对各设区市民政局主管局长、优抚科（处）长，各县（市、区）优抚业务人员进行培训，系统培训了数据联网规范、抚恤优待和评残批烈等政策规定，受到广大基层优抚工作者的欢迎。七是进一步加强见义勇为人员权益保护工作。为进一步做好新形势下见义勇为人员的权益保护工作，认真贯彻《国务院办公厅转发民政部等部门关于加强见义勇为人员权益保护意见的通知》（国办发〔2012〕39号）和《河北省奖励和保护见义勇为人员条例》精神，制定出台了《河北省关于加强见义勇为人员权益保护工作的意见》，从基本生活、医疗、就业、教育、住房等方面入手，解决见义勇为人员及家庭的实际困难、保障其享有合法权益，确保见义勇为人员权益保护的各项政策措施落到实处。

（三）突出保障服务意识，优抚事业单位建设和管理得到加强。一是积极向国家申报优抚事业单位维修改造项目资金，争取到国家资金1010万元，用于河北省光荣院、烈士陵园、优抚医院三类优抚事业单位建设；二是指导各优抚医院建立和完善了优抚对象医疗巡诊制度；三是协调省财政并报省政府同意下发了《河北省光荣院管理办法实施细则》，制定了达标评比的具体内容和打分标准；四是制定下发了《河北省零散烈士纪念设施建设管理保护实施意见》，推动全省零散烈士纪念设施集中迁建工作完成总任务的60%以上，在全国介绍了经验做法。

（河北省民政厅　赵亚锟）

【社会福利事业】　（一）养老服务体系建设取得新成绩。2012年，省委1号文件和省政府工作报告，明确了全省养老服务体系建设的工作目标（“新建312个城市社区养老服务中心、所有县（市、区）有一所示范性养老机构、农村互助幸福院覆盖率达到40%以上”）。经过全省上下一年的努力，养老服务体系建设的工作取得了新的进展。一是农村互助幸福院建设取得新成绩。2012年，全省新建农村互助幸福院8682个，累计建成农村互助幸福院20136所，覆盖率达到41%以上，其中唐山、邯郸、保定等覆盖率都达到50%以上。全省总体上实现了省政府下达的农村互助幸福院覆盖率达到40%以上的目标。二是城市社区居家养老服务中心建设取得新突破。全省2012年新建社区居家养老服务中心688个，超额完成了省政府下达的新建312个的任务。全省累计达到1525个。三是居家养老呼叫服务网络覆盖面进一步扩展。2012年全省居家养老呼叫服务网络覆盖面进一步扩展，惠及老人越来越多。全省居家养老呼叫服务网络入网老人总数达到72.6万人，服务商39882个，产生了良好的社会效益。

（二）养老机构建设加快推进。为加快推进养老机构建设，经省政府同意，民政厅、财政厅联合制定了《关于对养老服务机构实行奖补的意见（试行）》，明确了具体的奖励标准，对自建养老服务机构，按每张床位不低于1500元的标准给予一次性建设奖补；对连续运营一年以上的养老服务机构，按实际入住河北籍老年人数量，给予每月每张床位不低于50元的运营补贴。各地在推进养老机构建设上，积极推进：一是落实财政预算，二是加大福利彩票公益金支持力度，三是出台社会养老服务体系建设补贴和运营补贴办法，四是大力推动慈善事业发展，五是抓好各项优惠政策的贯彻落实，有利推动了养老机构加快发展。目前全省各类养老机构已经发展到1025所，民办养老机构发展迅速，床位数达到5.5万张。实现了省政府确定的一县一所示范性养老机构的目标。

（三）加快建立养老普惠制度，解决老年人无钱养老的问题。经省政府同意，省民政厅下发了《加快建立高龄老人生活补贴津贴制度的指导意见》，2012年底前，全省所有县市区都要建立高龄补贴制度，向80周岁以上老年人、特别是经济困难老年人发放生活补贴。河北省养老服务体系建设多项工作走在全国前列。河北省养老呼叫服务网络覆盖全省城乡所有县（市、区），有效破解居家养老

难题；农村互助幸福院破解农村留守独居老人无人照顾难题；“多院合一”民政事业中心创造了整合资源、降低成本，提高服务水平的成功做法和取得的成绩，得到中央媒体的广泛关注和跟踪报道，进一步得到了全省广大老年群众和民政部领导的充分认可。2012年2月温家宝总理专门听取了河北省养老服务体系建设工作汇报，3月，民政部在河北省邯郸召开了建部以来规格最高、规模最大的会议——全国社会养老服务体系建设工作会议，重点推广河北省“多院合一”型民政事业服务中心、农村互助幸福院养老模式和居家养老呼叫服务网络建设的典型经验，之后，国家老龄办又在保定市召开了全国居家养老呼叫服务网络现场会。目前，已有全国30省、市自治区的170多个考察团4530人次来河北省参观学习。

（四）儿童福利工作有新发展。一是健全制度保障，出台了一系列政策文件。2012年，制定下发了《关于落实河北省政府办公厅关于加强孤儿保障工作的实施意见的通知》，就进一步落实河北省孤儿保障工作提出了具体的要求；省厅会同省财政厅就落实艾滋病病毒感染儿童基本生活保障制度转发了《民政部、财政部关于发放艾滋病病毒感染儿童基本生活费的通知》；自2012年1月起，对全省艾滋病病毒感染儿童发放基本生活费。二是在全省市级福利机构推行设立婴儿安全岛。11月，在全省部分福利院院长论证会的基础上，通过厅务会决议，制定下发《关于在全省市级儿童福利机构推行设立“婴儿安全岛”的通知》，要求各设区市年底前首先在市区福利院附近建成一个“婴儿安全岛”，以防止由于饥饿和寒冷对弃婴所造成的二次伤害。截至目前，8所已基本完成“婴儿安全岛”的建设工作。三是扎实推进“明天计划”、“适龄孤儿职业技能培训”项目。2012年，河北省“明天计划”项目对福利机构中具有手术适应症的95名孤残儿童实施了手术治疗。“适龄孤儿职业技能培训”项目招收学员53名。四是组织开展全省孤残儿童护理员培训和鉴定工作。按照民政部要求，2012年河北省开始实施“孤残儿童护理员队伍建设工程”，对全省儿童护理员实施培训，10月中旬，河北省举办了孤残儿童护理员首期培训，培训学员78人。

（五）救助管理工作成效显著。2012年，流浪乞讨人员救助管理工作坚持抓管理、强行风、促进服务、争创示范的工作目标，通过组织开展专项活动，加大主动救助力度；协调部门联动，形成大救助格局；制定政策，完善机制；加强宣传，引导社会参与；加强站内救助服务，创建等级救助机构等措施，及时为生活无着流浪乞讨人员提供救助服务，帮助流浪乞讨人员解决临时生活困难，全年未发生任何安全责任事故，有效保障了受助人员的基本生活权益，提前实现了民政部和省政府一号文件提出的城市街面基本无流浪儿童的工作目标，取得了良好的社会效果，得到民政部、省政府的充分肯定。全省全年共救助流浪乞讨人员7.78万人次，救助流浪未成年人2908人次，危重病人、精神病人医疗救助5816人次，自主返乡救助6.07万人次，护送返乡救助6036人次。一是在全国率先开展“接送流浪孩子回家”活动及“流浪乞讨人员和流浪未成年人救助年”活动，提前实现城市街面基本无流浪儿童的工作目标。省厅会同有关部门制定了《河北省开展“接送流浪孩子回家”活动工作方案》和《开展流浪乞讨人员和流浪未成年人救助年活动方案》，按照“两个方案”要求，指导各地开展主动救助、及时救助、分类救助、延伸救助。通过加强源头预防、帮助解决生活困难、开展教育矫治和返乡安置等工作，使流浪未成年人得到及时救助保护，流浪乞讨人员得到及时救助，流浪乞讨现象得到根本改观。4月23日—27日，联合省综治办、教育厅、公安厅、财政厅、人社厅、住建厅、卫生厅等流浪未成年人救助保护工作联席会议成员单位，对各设区市流浪未成年人救助保护工作开展情况进行了督导检查。2012年6月22日，李立国部长对河北省流浪未成年人救助保护工作开展情况做出批示：“河北救助流浪儿童的实践证明：已具备相关条件的工作目标，只要努力，就能达到。应推广河北经验，并及时反映各地进展情况。”民政部总值班室《民政信息参考》（第19期）以“河北省基本实现城市街面无流浪儿童的目标”为题刊登了河北省的经验做法。在民政部2012年6月27日召开的全国社会事务工作会议上，以“转变救助理念，创新救助方式”，河北省做了典型发言。2012年12月6日，宋恩华副省长在《河北省民政厅关于接送流浪孩子回家专项行动总结》上批示：省民政厅组织开展的“接送流浪孩子回家”专项行动，时间不长，成效良好。充分说明：带着感情、带着责任去工作，成效就大不一样。同意省民政厅下一步意见，望使长劲抓长效机制的建立。二是群防群助，构建四级救助工作网络。2012年8月，省厅制定出台了《河北省民政厅关于建立健全流浪乞讨人员四级救助管理工作网络的意见》，全面推行以设区市救助管理站为龙头，县（市、区）级救助管理站为基础，乡镇（街道办事处）临时救助点为补充，村（社区）救助咨询引导点为依托的四级救助管理工作网络。同时，各站点充分发挥作用，积极开展救助管理工作。三是各部门之间加强协调，形成救助工作大格局。配合公安部门解救胁迫乞讨儿童；与卫生部门共同制定医疗救治措施，确定医疗救治定点医院；与铁路部门建立了乘车换票机制，开辟了流浪乞讨人员“绿色救助通道”；人社部门对有培训需求的人员开展职业技能培训；利用数字城管信息报送平台实施24小时网络监控；配合共青团建立青年阳光工作站，创建“青少年维权岗”，有效预防流浪未成年人违法犯罪；利用网络媒体加强工作宣传，并为流浪人员开展寻亲服务；与驻地院校和民间组织合作，充分发挥大学生志愿者、社会志愿者以及社会工作者的作用，组织开展对流浪未成年人进行教育矫治和心理咨询。四是加强基础建设，救助工作队伍整体素质得以全面提升。各地救助站加强机构规范化建设和基础设施建设，不断完善工作制度，规范内部管理，提高服务水平，有力地推进了救助管理机构标准化建设。经民政部认定，石家庄市救助管理站为国家一级救助管理机构，唐山市、廊坊市和张家口市宣化区救助管理站为国家三级救助管理机构。各地加强队伍建设，增加救助工作人员，提供公益岗位。2012年，唐山、秦皇岛、沧州等救助管理站已完成参照公务员管理。五是加强宣传，扩大影响，营造氛围，切实做好引导求助。为全面加强救助工作，在加强街面巡查救助力度，主动劝告、引导、护送流浪乞讨人员到救助管理机构接受救助的基础上，积极扩大社会参与，充分动员社区组织、社区志愿者和环卫工人等热心市民提供救助线索或进行应急救助。同时，采取多种形式加大流浪乞讨人员救助管理工作的宣传力度，通过印发宣传册、制作救助导向牌、致市民公开信、张贴宣传标语、“12.4”法制宣传、向社会公布救助热线电话和救助热线监督电话等多种方式，宣传救助管理政策措施、救助内容和救助渠道等救助服务信息，明确告知市民发现、引导流浪乞讨人员到站实施救助的方式，方便流浪乞讨人员求助或市民群众报告救助线索。同时，开展救助管理工作的有关情况在人民日报、新华网、长城网、河北日报、燕赵都市报、各地报刊、电台、电视台等新闻媒体连续予以报道，为救助管理工作营造了良好的社会氛围。六是加大主动救助力度，全力做好冬春寒冷季节救助服务工作。组织各地积极做好冬春寒冷季节流浪乞讨人员救助服务工作，密切关注天气变化，及时启动应急救助预案，充分发挥流动救助车、救助服务点、信息联络员、社会志愿者的作用，加大街头巡查、救助、劝返工作力度和密度，确保流浪乞讨人员及时得到救助服务，没有发生流浪乞讨人员冻死病死街头等非正常事故，确保了流浪乞讨人员安全过冬、平安过年。

（六）慈善事业有新起色。按照民政部要求组织全省中华慈善奖的报名工作，河北省新奥慈集团股份有限公司获得最具爱心捐赠企业奖和卓达集团总裁杨卓舒获得最具爱心捐赠个人奖。按时完成了慈善指数统计工作，张家口市获得慈善百强城市称号。完成了《河北省慈善捐助管理办法》的起草工作。

（河北省民政厅　高德海　于　菲　佟　铭）

【社会行政管理】　（一）社会组织管理。一是登记管理工作进一步规范。全年共办理社会组织筹备成立登记33家、成立登记35家、变更登记153家；年检970家，合法率均为100%。二是社会组织执法力度进一步加大。责令省属8家社会组织进行整改；撤（注）销不作为、不规范、不守法、政社不分的社会组织527家（其中省属社会组织29家）家，净化了河北省社会组织发展环境，维护了河北省社会组织的合法权益。三是法规体系建设进一步完善。先后制定下发了《河北省民政厅关于改善河北省社会组织发展环境的实施意见》（冀民〔2012〕95号）、《河北省公益性、服务性社会组织注册登记管理办法》（冀民〔2012〕122号）等规范性文件。四是社会组织评估工作全面启动。历时三个月，分五个阶段对全省自愿参加评估的657家社会组织进行了评估，社会组织管理更加规范。五是社会组织诚信建设进一步加强。在全省1万5千多家社会组织进行了诚信建设评比活动，共评出诚信建设先进单位99家。进一步提升了社会组织的知名度和公信力。六是社会组织党建面进一步扩大，达到以下四个“百分之百”：社会组织党组织应建必建率、新建省属社会组织的党组织建设率、党组织开展活动率、党员参加活动率均为100%。七是政府购买社会组织服务的投入加大。2012年积极争取国家民管局支持河北省社会组织购买服务资金175万元；省落实购买全省性经济类行业协会服务资金4000多万元。极大地调动了社会组织服务社会的积极性。八是社会组织创先争优和服务社会活动效果明显。积极引导全省社会组织开展创先争优和基层组织建设年活动，倡导开展“万家社会组织下基层帮扶活动”，活动开展以来，据不完全统计，河北省社会组织扶贫济困6.8万人次，扶持资金1.95亿元，送医送药折合人民币2476.7万元，培训科技人员3万多人次，为企业创造效益106.3亿元，为农民致富增收11.8亿元，法律援助4102人次，调解矛盾5095人次。九是调研工作进一步深入。完成省委、政协分别安排的创新社会组织管理的调研任务，报送了调研报告。古怀璞厅长在省政协第十届二十次常委会上作了题为：创新社会组织管理，发挥社会组织作用的典型发言。

（二）区划地名工作。按照区划讲科学、地名讲文化、界线讲稳定的工作方针，区划地名工作取得新进展。一是行政区划调整取得新突破。1月31日省委、省政府在唐山市召开加快推进曹妃甸新区开发建设现场办公会，提出理顺行政管理体制，决定撤销唐海县，设立唐山市曹妃甸区。省民政厅与民政部多次请示汇报沟通、争取支持，5月30日、7月3日先后向国务院上报《河北省人民政府关于调整唐山市部分行政区划的请示》（冀政〔2012〕43号）和《河北省人民政府关于唐山市部分行政区划调整有关问题的请示》（冀政〔2012〕52号）附《河北省人民政府关于唐山市部分行政区划调整方案论证和社会稳定风险评估的报告》。2012年7月11日《国务院关于同意河北省调整唐山市部分行政区划的批复》（国函〔2012〕85号）同意撤销唐海县，设立唐山市曹妃甸区。年内还对唐山、保定、邯郸、邢台、承德、张家口、沧州、衡水等市撤乡设镇和镇改街道办事处行政区划调整进行实地考察，调研论证。经省政府同意，实施6个撤乡设镇和设立2个街道办事处行政区划调整。二是第二次全国地名普查试点取得新成果。2012年是第二次全国地名普查试点关键之年。按照《国务院办公厅关于开展第二次全国地名普查试点工作的通知》（国办发〔2009〕58号）和年初全省区划地名工作会议部署要求，指导督促各设区市、县（市、区）如期完成了国家确定的河北省11个沿海县（市、区）第二次全国地名普查试点任务，普查成果通过民政部验收。11个试点县（市、区）共收录现有地名信息23449条，历史地名信息952条，采编属性信息字数684万多字，信息条目57万多条，修整1∶5万地名普查成果图96幅，地名标准化处理37条，设置地名标志牌1259块，废弃地名952条，普查信息全部录入国家地名数据库。河北省确定的第二次全国地名普查试点县（市、区）基本完成普查任务。全省其余县（市、区）的第二次全国地名普查工作全面开展。三是地名文化建设取得新经验。为贯彻落实党的十七届六中全会精神，促进河北省地名文化的繁荣发展，狠抓地名文化建设，重点开展对地名文化遗产的保护工作。通过调查研究及时掌握了千年古县、千年古镇及千年古村落的数量和保护情况。加大宣传力度，指导各设区市、县（市、区）利用电视、广播、报刊等新闻媒体大力宣传保护地名文化遗产的重要意义；介绍、推广地名文化遗产保护的做法，播放17个千年古县文献纪录片；开展古老地名故事征集活动，丰富地名文化内容。2012年7月，民政部在承德市召开"全国地名文化建设工作会议"，宋恩华副省长致辞，张连忠副厅长在会上作了《加强地名文化遗产保护，传承弘扬优秀地名文化》的发言。民政部在全国推介了河北省加强地名文化建设开展地名文化遗产保护的经验。转发《民政部关于加强地名文化建设的意见》（民发〔2012〕106号）和《民政部关于印发〈全国地名文化遗产保护工作实施方案〉的通知》（民发〔2012〕117号），翻印《民政部关于发布〈地名文化遗产鉴定〉行业标准的公告》（民政部公告第251号），要求各设区市认真贯彻执行。四是《政区大典·河北卷》编纂取得新篇章。按照《民政部关于编纂出版〈中华人民共和国政区大典〉的通知》（民函〔2011〕185号）要求，2012年全省各级（包括省、市、县（市、区）、乡）全面开展了《中华人民共和国政区大典·河北卷》（以下称《政区大典·河北卷》）的编纂工作。2月21日召开了《政区大典·河北卷》编纂工作会议，对《政区大典·河北卷》编纂工作进行了全面部署。经过近一年努力，全年共完成60个县180万字的文稿审定工作。五是行政区域界线联检取得新成就。按照《民政部关于做好第二轮省级行政区域界线联合检查工作的通知》（民函〔2007〕200号）和《民政部全国勘界工作办公室关于做好2012年行政区域界线联检工作的通知》（民勘办发〔2012〕1号）部署和要求，对京冀、冀豫两条省界，省内89条县界进行了第二轮联合检查。先后与京、豫两市省召开四次会议部署和总结界线联检工作，两次协商会议确定相关联检事宜，四次到实地进行察看，即北京顺义区与河北三河市段，北京通州区与河北廊坊大学城交界处，北京门头沟区与河北涿鹿县东灵山线和河北大名县与河南南乐县段。对考察中发现的问题组织毗邻县（市、区）提出具体解决办法。8月底，对京冀线1、2号界桩进行了原位埋设，对冀豫线3号界桩提出了具体处理意见。全年共完成省界1553.36公里和县界3551公里的界线联检任务。12月3日和12月18日分别将《北京市人民政府河北省人民政府关于北京市与河北省行政区域界线联合检查工作的报告》（京政文〔2012〕65号）和《河北省人民政府河南省人民政府关于河北省与河南省行政区域界线联合检查工作情况的报告》（冀政〔2012〕96号）报国务院。六是平安边界建设取得新佳绩。根据中央、省综治委和国家民政部的统一部署，继续开展了平安边界创建活动。制定了创建活动方案和考评细则，印发各设区市，作为开展活动和年终考核依据。围绕党的十八大召开，指导各设区市、县（市、区）高度重视平安边界创建活动，认真贯彻落实《行政区域界线管理条例》，把平安边界建设作为界线管理的重点内容抓实抓好。建立联席会议制度，结合职责分工，协调平安边界创建活动成员单位，围绕平安边界创建活动，认真履职、各负其责、依法治界，共同维护边界地区和谐稳定，全省平安边界创建率100%。11个设区市全部完成了年初制定的目标任务，7条省界、89条县界均保持了和谐稳定。河北省的平安边界创建工作继续在全国名列前茅，2012年又获得民政部考核满分100分的好成绩。

（三）殡葬改革健康开展。一是完成了2010—2011年度公墓年检。对年检墓发现的各类问题已逐一登记造册，经厅领导同意，向各市下达了整改和处罚通知书，责成各市实施处罚，加强监管，遏制了非法公墓及超大墓穴等问题的蔓延，公墓逐步走上规范化建设和经营轨道。二是圆满完成清明节群众祭扫管理工作。据测算，2012年河北省清明节期间参加祭扫活动的群众近3000万人次。全省未发生因祭扫活动引发的重特大安全责任事故和大范围、长时间的交通拥堵，社会秩序良好。各殡葬服务单位准备充分，组织得力，祭扫秩序井然，绿色安葬和祭扫方式逐渐被群众接受和采纳。省厅还与新华社、河北电视台等媒体合作录制了专题节目，向社会大力宣传河北省推行绿色殡葬有关情况。三是出台《关于加快推进实施惠民殡葬政策的指导意见》。对河北省2013年1月1日以后去世的城乡低保对象、农村五保供养对象、重点优抚对象、城市"三无"对象和县以上公安机关开具允许火化证明的无名尸体，以及已建立免除辖区所有居民基本殡葬服务项目费用制度地区的辖区所有居民，免除基本丧葬费用。四是紧抓以骨灰处理多样化为重点的丧事简办活动。要求各市、县要结合本地区特点，推动树葬、花葬、草坪葬等生态墓地建设，探索骨灰处理多样化和生态墓地建设的多种途径，推进骨灰处理多样化。同时加强和规范农村红白理事会建设，充分发挥农村红白理事会在促进丧事简办中的重要作用，运用乡规民约的方式，规范丧事的办理方式，减少和节省农民的开支。

（四）收养登记稳步推进。一是指导各地认真落实《中华人民共和国收养法》，依法办理国内公民、港澳台侨公民收养登记397例。二是积极稳妥开展涉外收养登记。加大涉外送养指导力度，增加涉外送养数量，规范涉外送养材料，涉外收养工作得到中国儿童福利和收养中心的充分肯定。在6月27日的全国社会事务工作会议上，做了书面经验交流（社会事务工作亮点材料汇编）。全年有63名孤残儿童被涉外收养，为47名弃婴刊登公告，审核上报预涉外送养材料60卷，合格率达100%。河北省的涉外收养工作得到中国儿童福利和收养中心的充分肯定。社会福利和社会事务处获涉外送养工作先进单位，石家庄市社会福利院、保定市第一社会福利院、廊坊市社会福利院、邯郸市社会福利院、唐山市综合福利院、承德市社会福利院获涉外送养工作先进福利机构。

（五）婚姻登记取得新的突破。指导各地办理婚姻登记1063042例。组织开展婚姻登记等级评定工作，武安市民政局婚姻登记处被民政部评为4A级婚姻登记处，邢台市桥西区民政局等5个婚姻登记处被民政部评为3A级婚姻登记处。

（河北省民政厅　田　然　李新保
冯素贞　魏子衡）

【城市社区建设】　（一）“四有”机制落实取得新成果。自2011年5月中共河北省委办公厅、河北省人民政府办公厅《关于加强和改进城市社区居民委员会建设工作的意见》（冀办发〔2011〕20号）（以下简称《意见》）下发后，全省各地狠抓贯彻落实。截至2012年12月底，全省11个设区市全部制定下发了具有针对性和可操作性的意见或实施方案，部分县（市、区）也出台了贯彻落实意见，在重点问题上取得了新成效。一是围绕“有人干事”，大力加强社区工作者队伍建设。《意见》要求，拓宽社区工作者来源渠道，提高工作人员待遇。各地通过公开招考、择优竞争、依法选举等办法，吸引了一大批能力强、热心为群众服务的人才充实到社区，调整优化了人员结构，社区工作者队伍更加年轻化，文化程度和素质明显提升。保定市新录用189名社区干部，全市社区干部队伍平均年龄由原来的40岁降至38岁，大中专以上学历占总人数的90%，其中3名研究生走上了社区工作岗位。承德市宽城满族自治县通过大学生招聘、事业单位选调、基层协管员考录等方式，使每个社区工作人员达到10人以上。为解决社区人员待遇偏低问题，各地加大投入，社区人员待遇有了新提高。唐山市社区居委会工作人员的待遇从原来每人每月1140元提高到2180元，并逐步落实了专职从事居委会工作10年以上、退离工作岗位后生活困难的给予生活补助的政策。秦皇岛市海港区把社区居委会主任生活补贴由每月1760元提高到2068元，副主任由1650元提高到1968元，委员由1540元提高到1808元。为进一步提高社区工作者的工作能力和服务水平，更好地适应新形势下社区工作的要求，各地通过学习先进、业务培训等方式，加强对社区工作者的培训。张家口市从2012年开始，市财政对每个社区列支1.5万元经费，用于对社区工作队伍的培训，每年市级集中培训不少于10天。承德市双滦区把社区干部培训工作列入全区“万名党员干部大培训”计划，培训经费列入区财政预算，2012年共组织学习考察、经验交流、专家讲座、以会代训等形式的各类培训12次，提高了社区工作者的素质。二是围绕“有场所议事”，大力加强社区基础设施建设。《意见》要求，按照每百户20平方米的标准配置社区办公和服务用房，力争到2015年实现每个社区都有标准的办公和服务用房。一年多来，各地采取有力措施，加大社区基础设施建设力度，社区办公和服务用房面积有了大幅提升。保定市居委会办公服务用房300平方米以上的社区达到304个，占全市社区总数的72%。承德市滦平县在社区建设起步较晚的情况下，只用一年时间就完成了9个社区的办公和服务用房建设任务，面积均超过500平方米。三是围绕“有钱办事”，加大社区经费投入。《意见》要求，按规定标准落实社区基础设施建设、办公、党建、信息化、培训等各项经费。各地加大筹措力度，使社区经费实现了从无到有、从少到多、从临时到长效，基本上解决了过去社区居委会无经费办公、无经费支付水暖费、无经费维修等问题，保证了工作的正常运转。廊坊市按照市级财政30%、县级财政70%的比例将社区信息化建设、社区招聘人员工资和社区工作人员培训经费列入财政预算，2012年市级财政列支的社区招聘人员工资补贴143万元、社区信息化建设经费165万元、社区人员培训经费10万元已下拨各县（区）。承德市双滦区一年多来共投入社区资金3000多万元，用于基础设施建设、提高人员待遇、办公经费等。石家庄市裕华区区财政列支400多万元，按照《意见》规定的标准（办公经费按社区内居民人数最低每人每年不低于10元的标准，党建经费按每名党员每年50元标准）落实了社区办公经费和党建经费。从2012年起，河北省省级财政开始将社区建设经费列入财政预算，对已建成的符合标准的社区办公和服务用房，给予一次性奖励补助。按照财政列支计划，2012年度河北省安排省级财政社区建设资金2000万元，共奖补社区建设项目80个，带动市、县（市、区）投资上亿元，极大地鼓励了各地开展社区建设的积极性。四是围绕“有章理事”，大力推进规范化制度化建设。《意见》要求，进一步完善社区居民自治和民主管理制度，规范社区居委会各项日常工作制度。石家庄将城市社区居委会换届与村委会换届选举同时部署，同步进行。唐山、保定等地在部分社区探索试行了直接选举。承德等市推行了社区听证会、协调会、评议会制度。各地还注重规章制度的整合创新，统一了社区党支部、居民委员会、服务站工作中涉及到的党建、综治、社会保障、物业、志愿者等各项制度，并将重要制度统一样式、张贴上墙，进一步实现了社区管理服务的规范化、标准化。

（二）社区服务体系建设有突破。为贯彻落实国家社区服务体系建设规划（2011—2015年），省厅在认真研究、深入调研、广泛征求意见、反复论证的基础上，经省政府批准，下发了《河北省社区服务体系建设规划（2011—2015年）》，提出了“十二五”期间社区服务体系建设的发展目标：到2015年使全省社区综合服务设施达到国家规定的标准并能够满足社区居民群众的基本服务需求；社区服务队伍进一步壮大，社区管理和服务能力进一步增强；公共服务、市场化服务、志愿服务和居民互助服务实现有效衔接。社区服务发展环境优化良好，社区服务运行机制规范有序。五项重点任务：完善社区服务设施；加强社区服务人才队伍建设；发展多层次、多样化的社区服务；推进社区服务体制机制创新；统筹城乡，推进农村社区服务体系建设。三项重点工程：社区公共服务设施建设工程、社区服务人才队伍建设工程和社区服务信息化建设工程。五项保障措施：落实领导责任；加强部门配合；加大资金投入；完善扶持政策；建立督导机制。部分设区市也已制定或着手制定十二五社区服务体系建设规划。

（三）社区管理服务有创新。一是全省11个设区市社区信息综合服务平台全部建设完工，全部开通了“12349”民政公益服务热线，全天24小时为社区居民提供信息咨询、生活照料、家政服务、医疗保健等十大类百余项服务，受到了广大居民广泛赞誉。二是承德市双桥区创新社区工作模式，被民政部确定为“全国社区管理和服务创新实验区”。承德市双滦区建立了“1＋1＋4”社区帮扶联建机制和“333”党建网格化模式，在12个社区成立党委、6个社区成立党支部，启动了在职党员进社区活动，对在职党员实行报到卡、登记卡、服务记录卡和反馈卡“四卡”管理制度。打造了一批社区服务品牌，全国社区建设经验交流会议上做了典型发言。三是张家口市桥东区开展社区网格化管理，按照“地域边界明确，管辖户数适中”的原则，以小区、家属区为单位将全区9.7万户划分为514个网格。每个网格明确了社区工作人员作为责任人，3至5名单元小组长作为信息员，建立了覆盖社区内全体居民的网格服务团队，实现了联系群众无盲点和网格管理与服务融为一体的管理模式，社区服务和管理水平有了很大程度提高。

（河北省民政厅　梁爱华）

【老龄工作】 河北省是一个人口大省，也是一个老年人口大省。据统计，截至2012年底，60岁以上老年人口已达1028万。占全省总人口的14.1%。一年来，省老龄办积极应对人口老龄化，大力发展老龄服务事业和产业，充分发挥老龄办综合协调、督促检查、参谋助手作用，开拓创新，锐意进取，圆满完成了全国老龄办和省委省政府确定的各项工作任务。一是召开会议。2月16日省老龄委成员单位联络员会议，在石家庄市召开，28个省老龄委成员单位联络员参加了会议，各成员单位总结了2011年涉老工作，报告了2012年工作规划。省民政厅党组成员、省老龄办专职副主任姜文汇结合全省老龄工作做了重要讲话。会后制定下发了《二〇一二年河北省老龄委成员单位老龄工作要点》。3月22日全省老龄工作会议在省民政培训中心召开，各设区市民政局分管老龄工作的局领导、老龄办主任，各扩权县（市）老龄办主任或负责人，省老龄委有关成员单位联络员，有关省涉老社团负责人参加了会议。会议传达了2012年全国老龄工作会议精神，部分市做了典型经验发言，省民政厅党组书记、厅长、省老龄办主任古怀璞作了重要讲话。二是加强老龄工作机构建设。建立健全老龄工作机构是老龄工作指标体系中的一项重要内容。经过不懈努力，全省老龄工作机构建设取得重大进展。截至目前，全省11个设区市、172个县（市、区）已全部建立健全了老龄工作机构。三是加强高龄老人生活补贴制度建设。为加快推进社会福利制度由补缺型向适度普惠型转变，进一步完善老年人优待政策，省委省政府高度重视高龄老人生活补贴制度建设。2012年7月，经省政府批准下发了《加快建立高龄老人生活补贴制度的指导意见》，要求各县（市、区）本着“低标准、全覆盖”的原则，科学制定补助标准，在2012年底前，全部建立和实施80岁以上高龄老人生活补贴制度。截至目前，全省172个县（市、区）全部建立了100岁老人生活补贴制度，补贴标准每月100—300元不等；有115个县建立了90岁以上高龄老人生活补贴制度，补贴标准每月100—200元不等；有86个县建立了80岁以上高龄老人生活补贴制度，补贴标准每月30—90元不等。省老龄办正加强检查和督导，各市、县积极运作，采取强力措施大力推进高龄老人生活补贴制度建设。四是加强基层老年协会建设。河北省辖11个市、172个县（市、区），1907个乡镇、49698个行政村。2012年以来，为加快推进基层老年协会建设，省老龄办下发了《关于加快基层老龄协会建设的通知》，并在全省老年事业发展工作会上进行了专门部署。各市、县采取有力措施，积极推进基层老年协会建设。截至目前，全省已有1.9万个村建立了基层老年协会，覆盖率达40%以上。五是举办老龄工作干部培训班。为提高基层老龄干部素质，近年来，省老龄办连续10年举办老龄工作干部培训班，2012年还邀请了全国老龄办原副主任、中国老年大学协会常务副会长袁新立就《国外养老形势及发展概况》、全国老龄办国家应对人口老龄化战略研究秘书组副组长、中国老龄科学研究中心副主任、经济学博士党俊武就《我国人口老龄化形势及应对战略》进行了授课，还针对老有所养和老年人合法权益如何保障、健康养老等有关理论知识进行了辅导，全省11个设区市和172个县（市、区）老龄工作干部及省老龄办全体干部参加了培训。六是编制《河北省老龄事业发展“十二五”规划》。按照全国老龄办的工作部署，根据国务院《中国老龄事业发展“十二五”规划》和省委省政府要求，通过认真调查研究、科学论证，河北省老龄办认真编制了《河北省老龄事业发展“十二五”规划》，经省政府审核同意，以冀政办函〔2012〕7号文件印发。《河北省老龄事业发展“十二五”规划》明确提出了“十二五”期间河北省老龄事业发展的任务目标及保障措施，为河北老龄事业的全面发展提供了指导。七是加强老龄宣传工作。在“重阳节”期间，省老龄办组织开展了一系列老年文化体育活动。举办了全省第二届老年书画展，收集作品1000多幅，评选出优秀作品200多幅；举办了河北省老年维权法律知识竞赛；举办了河北省第二届亲情敬老歌曲大赛；拍摄播出了河北省老龄工作30年大型记录片，丰富了老年人的精神文化生活；认真办好省老龄办的一栏一报一刊一网。河北老龄电视专栏《金色夕阳》栏目播出144期，《河北老年》杂志出版54期，《老年日报·河北老龄版》出版48期，《河北老年网》发布老年信息及稿件1.06万条，点击率达上亿次。圆满完成了《河北老龄工作年鉴》的编写和报送工作。八是开展重阳节“敬老月”各项孝亲敬老活动。转发了《中组部等十三部门〈关于开展2012年“敬老月”活动的通知〉》，下发了《河北省关于“重阳节”期间全省开展慰问贫困老年人活动的通知》和《河北省关于“敬老月”活动期间省本级大项工作分工的通知》，对敬老月活动进行了周密安排部署；组织开展了各类走访慰问送温暖活动。各级老龄机构认真组织、周密安排。省民政厅古怀璞厅长、张世通副巡视员亲自带队赴邯郸、张家口、秦皇岛、石家庄慰问贫困老人和军队离退休百岁老人，秦皇岛市马宇骏副市长、邢台市刘劲松副市长、张家口市李雪荣副市长等多名领导也分别带队深入到老年人家中，对多名百岁老人和贫困老人进行走访慰问，为老年人送去慰问金和慰问品，送去党和政府对老年人的关爱之情。整个重阳节期间，全省各级共投入经费360余万元，走访慰问贫困、百岁老年人和军队离退休老干部、老党员5000余人。省老龄办还组织省老年事业促进会承办了“助老工程”募捐活动、“羔羊跪乳”行动等一系列惠老活动；组织省老年产业协会募集部分善款和物品深入敬老院、老年公寓、开展对老年人慰问关爱工作。据统计2012年的走访慰问活动是历年来慰问人数最多，投入经费最多的一年。九是开展“助老健康御险”活动。为推动“助老健康御险”活动开展，省老龄办于2月和7月，分别在唐山和邢台召开了2012年河北省“助老健康御险”活动现场经验交流会，张世通副巡视员亲自动员讲话，要求各地提高认识、加大力度，采取措施，积极推进“助老健康御险”活动开展。通过努力，2012年全省助老健康御险活动取得好成效。截至目前，全省收缴保费1510万元，入保老人达112万多人，为8067位老人理赔资金646万元。十是开展“爱心护理工程”。省老龄办制定下发了《关于进一步推进银龄行动的意见》。大力推进“爱心护理工程”和“银龄行动”的开展，为12个以爱心护理工程建设单位为主的社会养老服务机构赠送了94张护理床，受到了社会办养老服务机构的欢迎和好评。通过努力，全省有1所养老机构被评为全国“爱心护理工程示范单位”，有20所养老机构被评为全国“爱心护理工程建设单位”。十一是开展“银龄行动”。先后举办科普报告会10余场，创建第四批科普示范基地8个，收到了良好的社会效益。十二是组织评选孝亲敬老先进典型。按照全国老龄办的工作部署，认真组织全省开展了“全国孝亲敬老之星”、“中华孝亲敬老楷模”和“全国敬老模范单位”评选表彰活动。在全省范围内评选出164名“全国孝亲敬老之星”候选人，4名“中华孝亲敬老楷模”候选人和6个“全国敬老模范单位”，报全国敬老爱老助老主题教育活动组委会，经全国组委会评选，全省有1人被评为“中华孝亲敬老楷模”，2人被评为“中华孝亲敬老楷模提名奖”，165名被评为“全国孝亲敬老之星”，4个单位被评为“全国敬老模范单位”。

（河北省民政厅　赵　丽　夏晓红）

【2012年评定的烈士】 王俊旺，男，1994年2月出生，邯郸市临漳县砖寨营乡协王村人。2012年6月4日8时许，王俊旺在武安市一处建筑工地装车时，载有钢管的大货车突然滑动，并且速度越来越快。大货车正前方的厂区人来车往，还有一段煤气管道，大货车一旦冲过去，后果不堪设想。见此情景，王俊旺迅速从大货车后车厢跳下来，跑到驾驶室旁，从车窗伸进手去，一把将方向盘打偏，大货车转了一个近90度的弯，避开了前方的煤气管道，但却向着人流更多的地方冲了下去。这时，王俊旺又迅速跑到大货车驾驶室旁，想跳上去控制住车，但因脚蹬的地方太滑，没有成功。第三次，他左手打开了车门，右手急忙抓向车座，试图跃上驾驶室，但因人和车都在运动中，他抓住了坐垫，结果坐垫滑落，一脚蹬空，他来不及躲避，摔倒在坡道上，大货车从其头部、胸部碾过，大货车滑行的速度也因此慢了下来。这时，赶来的司机跳上驾驶室，紧急制动，避免了更大悲剧的发生，但大货车左后轮无情地停在了王俊旺的血肉身躯之上。王俊旺因伤势过重，抢救无效身亡，年仅18岁。2012年11月20日，省人民政府评定王俊旺为烈士。

王志岩（乳名王宏利），男，1981年5月23日出生，汉族，河北省保定市易县尉都乡东娄山村人，生前在涞水县三坡镇苟各庄村经营旅游娱乐项目。2012年7月21日，华北地区突降暴雨。22日零时30分左右，野三坡拒马河上游水位暴涨，山洪肆虐而下，席卷了沿河周边的农田、房屋和基础设施。当时，王志岩在苟各庄村租住的房子里，他见洪水来袭，不顾转移自己的亲人和家里的财产，和苟各庄几个年轻人跑去附近的旅馆，大声呼叫旅馆内熟睡的游客，并带领惊醒的游客向地势高的地方转移。当第一批游客被转移到地势较高的日月圆酒店和越秀山庄后，王志岩等人又返回游客驻地，把第二批和第三批游客共300余人，转移到安全地带。此时，马路上的水已没过了膝盖，但王志岩还是担心有未转移的游客，他又和苟各庄村民李权威趟水逐个查看旅馆，当确认所有游客都已被安全转移时，水已涨到了齐腰深，把他俩困在了马路与馨雅宾馆之间。精疲力尽的王志岩和李权威摸黑爬上离宾馆最近的一辆车顶部，李权威顺着排水管爬上了宾馆二楼，并抛下床单往上拽王志岩，由于王志岩身体较重，李权威拽不动，就在李权威回屋叫人准备施救王志岩的时候，肆虐的洪水将王志岩和他脚下的车一起卷入了激流。2012年7月27日在北京市房山区大石窝镇江营大桥下发现了王志岩的遗体。2012年11月21日，省人民政府评定王志岩为烈士。

张岐山，男，1971年出生，生前系正定县新城铺镇东平乐村村民。2011年2月28日中午，本村两个小女孩崔鑫茹和崔如意在村南水坑边玩耍时，先后掉入冰洞中。张岐山路过此处时，听到呼喊救命声，未脱身上的棉衣，奋不顾身，冲向水坑，趴在冰面进行施救。因冰面破裂，落入水中。崔鑫茹自己爬了上来，崔如意的尸体下午三点被打捞上来，张岐山的尸体晚上七点多被打捞上来，尸体出水时还保持着向上托举的姿势。2012年7月10日，省人民政府评定张岐山为烈士。

刘建学，男，满族，党员，1972年出生，生前系青龙县隔河头镇副镇长。曹达，满族，党员，1985年出生，生前系青龙县隔河头镇护林员。2011年3月8日上午9时，青龙县隔河头镇王新庄村绿豆沟突发山林大火，刘建学带领曹达等人赶到火势最猛的葛条沟西山坡扑救。由于火场风向突变，刘建学、曹达被大火席卷，曹达当场牺牲，刘建学被烧成重伤，经抢救无效于3月9日牺牲。2012年7月10日，省人民政府评定刘建学、曹达为烈士。

（河北省民政厅　李新秋）

（“民政”部分总通稿　于连军）

文化产业

【大力发展县域文化产业】 2012年，河北省文化厅认真贯彻落实中央及省委、省政府对蔚县、武强等县域特色文化产业工作的一系列重要批示精神，紧密结合非遗性生产保护工作，及时下发通知，重点安排部署，对全省县域特色文化产业实际情况进行了深入摸排，按照分类指导、重点培育、积极推介、形成产业的工作思路开展工作。一是年初专门派员赴张家口市蔚县、阳原等县对县域特色文化产业工作进行了实地调研，并召开了不同层面的座谈会、研讨会和论证会，就如何发展河北省县域特色文化产业工作进行了深入研讨和论证。二是3月初在蔚县专门召开了全省文化产业工作调度会，就年度文化产业重点工作进行了安排部署，就大力发展河北省县域文化特色产业工作进行了专题部署，并组织与会人员实地观摩了蔚县县域特色文化产业先进经验。三是根据省委宣传部领导的指示精神，于6月份组织了在蔚县召开的全省县域文化产业现场交流会，省委常委、宣传部长艾文礼，省政府副省长杨汭出席会议并做了重要讲话。会议听取了各社区市和文化产业发展特色县推进文化产业发展的经验介绍，参会人员还参观了蔚县文化产业项目，文化企业和全省县域文化产业发展成果展。四是为了配合省委宣传部开展的全省文化产业“三个十”评选活动，9月10日至12日，省文化厅组织全省文化产业管理人员在秦皇岛市召开了全省文化产业“三个十”创建活动调度推进会。会议听取了各设区市文化产业“三个十”创建活动工作进展情况汇报，分析研究了创建工作中的经验和做法，实地观摩了秦皇岛市文化产业“三个十”创建工作推荐的重点文化产业项目，并对下一步工作进行了部署，为扎实推进“三个十”创建活动奠定了基础。

【文化产业示范基地申报评选】 一是国家级文化产业示范基地申报评选。按照文化部有关要求，自年初开始，河北省积极部署了第四批国家级文化产业示范园区和第五批国家文化产业示范基地的申报评选工作。为提高河北省文化产业园区进位升级，在全省文化产业园区（基地）建设中发挥引领和示范作用，省厅对此次申报工作提出了明确要求，即：突出领先性和集聚性；突出创新能力和品牌建设；突出文化与科技融合发展；突出特色文化产业发展。通过认真组织，严格筛选，河北省承德鼎盛文化产业投资有限公司、金大陆展览装饰有限公司和河北野三坡神悦文化传播有限公司等三家企业入选国家级文化产业示范基地，此次入选企业数量为河北省历年之最，评选数量在全国各省市自治区中位列前茅，进入全国第一方阵。二是省级文化产业示范基地评选。6月底，省文化厅启动了河北省第三批文化产业示范基地评选工作，并对全省文化产业示范基地进行巡检。要求各地按照公开、公平、公正的原则，依据《河北省文化产业示范基地评选命名管理办法》的有关要求，真正把符合条件的优秀文化企业推荐上来。经过各市的积极组织，收到了70家企业的申报材料。收到材料后，文化产业处及时进行了初审，按照文化部下发的《“十二五”时期文化产业倍增计划》通知要求，提出了初审意见，经过专家组的评审推荐，筛选出39家企业进入推荐名单，进行公示。此次省文化产业示范基地的评选，将大大推动全省文化产业的发展。

【文化产业项目推介招商】 一是围绕“四会”，遴选项目。围绕2012年香港“4.18”投洽会、廊坊“5.18”贸洽会、深圳“5.18”文博会、北京文博会等大型招商推介活动，省厅及时下发通知，提出要求，对各地有实力、有活力、有竞争力的重点文化企业进行了初选，遴选出具有国内领先水平、集聚程度高、综合效益好、拥有自主知识产权、文化与科技融合度强的河北省重点文化产业项目参加了四个招商推介会。二是拓展领域，突出特色。为了做大做强河北省特色文化产业，坚定走具有河北特点的文化产业发展之路的信心，在2012年的“四大招商推介会”上，河北省特色文化产品开设专门展区，将具有河北文化特色的产品以静态展示、动态演示、现场咨询、企商洽谈、合作开发等形式重点进行推介，对本省具有浓郁地方特色的产品通过香港、深圳、廊坊、北京四个投洽平台集中推介。三是“三会”招商，效果显著。香港“4.18”投洽会现场达成意向有6个项目；廊坊“5.18”贸洽会上筛选了91个招商项目，吸引客商40多家，现场达成意向的项目有8个；深圳“5.18”文博会期间，河北省有41个项目实现签约，总签约金额681亿元人民币，占第八届深圳文博会总签约额的47.6%，位居全国各省之首。

【银企文对接】 一是积极搭建投融资服务平台。2012年以来，我们认真完善了文化产业投融资方面合作机制，在全省范围内组织了文化产业融资信息的收集和整理，及时向有投资意向的金融机构进行了推介和发布，为银企文对接搭建了服务平台。二是破解文化产业融资难瓶颈。针对文化融资难的问题，及时组织金融机构、文化企业以及专家学者，共同研究探讨了文化产业贷款担保、投资基金、企业上市等文化产业发展中的突出问题，初步探索了文化产业融资发展之策。三是与金融、保险对接，为文化企业疏通融资渠道。2012年，省厅与中国工商银行河北分行、国家开发银行河北分行、建设银行河北分行、中国保监会河北监管局等金融机构进行了多次洽谈和协商，达成了战略合作协议，建立了文化产业项目投融资平台。四是全面部署河北省文化产业引导资金申报工作。针对发展前景好、发展潜力大、回报率高的文化企业，支持鼓励其申报省文化产业引导资金，并积极进行指导解惑，帮助企业破解资金制约等问题。五是部署2012年度中央文化产业发展专项资金一般项目的申报工作。促成承德鼎盛王朝文化产业投资有限公司与张家口市汇智博创文化传媒有限公司贷款项目入选文化部部行合作的重点信贷项目；承德鼎盛文化产业投资有限公司、河北金音乐器集团有限公司和曲阳宏州大理石工艺品有限公司在保险项目上入选文化部部行合作的重点信贷项目。

【文化产业投融资人才培训】 9月24日至27日，河北省文化厅与文化部文化产业司联合在北京中央文化干部管理学院组织举办了河北省首期文化产业投融资培训班，此次培训班参训人员达50人。授课内容包括文化产业投融资政策、银行信贷、文化保险、文化出口等。邀请了文化部文化产业司有关领导、中国民生银行、中保财险、中国传媒大学等专家学者为学员们进行了授课。为了增强培训的时效性，培训班期间，安排学员实地观摩了北京石景山文化产业园、廊坊香河国华影视基地等重点文化产业项目，通过此次培训，使学员们深入了解了我国文化产业投融资政策，有效掌握了如何实现金融资本与文化产业的有效对接，提升了文化产业管理部门和文化企业的实际工作能力，为进一步推动本省文化产业健康有序发展奠定了人才基础。

【河北文化"走出去"】 2012年以来，为了使河北文化企业"走出去"，扩大河北文化产品国际市场占有率，河北省文化厅对本省文化出口企业进行了调查摸底，重点指导，实时调度，并和商务厅一起积极完成河北省文化出口企业申报工作。经过努力，当年全省有13家企业被商务部、文化部评为重点文化出口企业，是上年的4.1倍。

（河北省文化厅　马运飞）

【新闻出版·版权】 2012年，全省新闻出版系统认真贯彻党的十七届六中全会、省八次党代会和省委八届二次全会精神，贯彻落实全国新闻出版局长会议精神，紧紧围绕建设"经济强省，和谐河北"，以"建强省、促和谐、迎接党的十八大"为主线，以新闻出版各项工作进入"全国第一方阵"为目标，按照"一个好的精神状态、一个好的工作作风、一个好的工作业绩"的要求，着眼当前，谋划长远，突出重点，强力推进，在体制改革、产业发展、公共服务、行业管理等各方面工作取得了明显成效。

（一）抓调整，促发展，争当文化产业发展的主力军

坚持把发展作为第一要务，着力在打造新闻出版业增长点、调整产业结构、转变发展方式、优化发展环境上下功夫，出版产业保持了良好的发展态势。2012年，河北省新闻出版业总产出约700亿元，比上年增长16%。一是实施项目带动战略。以落实省政府与总署《关于共同推进河北新闻出版业发展的战略合作框架协议》和实施"十二五"规划为契机，建立了全省新闻出版改革发展重点项目库，积极做好了项目招商工作，切实做到了谋划一批、在建一批、投产一批、见效一批。2012年筛选出18个新闻出版改革发展重点项目，其中有5个项目进入新闻出版总署改革发展项目库。按照"保大压小、扶优扶强、推动河北省印装业实现规模化、集约化发展"的思路，积极探索建立印刷产业园区和聚集区，加快新闻出版产业园区建设步伐。成立了省印装产业园区建设工作小组，谋划了"河北·廊坊国家印装产业园区"项目，研究起草了推进河北省印刷包装产业园区的建设规划和支持政策，该项目得到了新闻出版总署的大力支持，目前总署正在审批，这一园区将成为第三个国家级印刷包装产业园区。谋划了"河北省版权交易暨新闻出版信息中心"项目，目前此项已经省发改委批准。二是加快印刷业结构调整。切实加强宏观调控，按照扩充总量、盘活存量、优化增量的思路，制定行业发展规划，强化调控措施，提高准入门槛，淘汰落后产能，更新技术设备，推广绿色生产，发展了一批规模较大、技术先进的印刷包装企业，形成了石家庄、廊坊、保定、唐山四个印刷包装业集聚区，逐步改善了河北省印刷包装企业"小、散、弱"的状况。截至目前，全省产值超亿元的印刷企业达到29家，其中3家印刷企业产值超过10亿元。加快推进实施绿色印刷，出台了《关于加快推进绿色印刷的意见》，鼓励推广节能环保技术和产品，发展环保、低碳、可持续发展的现代印装业，河北省已有6家印刷企业获得国家绿色印刷资质认证。着眼于抢占新闻出版业制高点，实施"数字化引领、结构化升级"工程，鼓励和支持印装企业运用高新技术和先进设备改造传统基础设施，推动传统印刷复制企业加快数字化改造，河北省以数字出版为代表的新兴产业，呈现了良好的发展态势。三是积极为产业发展搭建平台。创新河北省新闻出版产业发展交流形式，加快形成开放有序的市场体系。继续参与、组织文博会、图书交易博览会、专家讲坛等活动，为河北省新闻出版产业发展赢得机遇，实现借力发展。组织河北省出版发行单位参加了全国性的图书交易博览会、订货会。在第八届深圳文博会上，环京新闻出版产业园合作基础协议正式签约，拟在河北省永清县开发建设占地约10000亩的环京新闻出版产业园，集新闻出版研发、生产、会展、交易、印刷、物流等为一体，将对河北省新闻出版产业发展起到积极推动作用。河北出版传媒集团与联合出版（集团）有限公司战略合作、冀中城市文化综合体项目、PARK118新传媒产业公园3个总投资48亿元的项目成功签约。这些平台为河北省出版发行单位展示产品、扩大合作、开展交易提供了更为广阔的发展空间和优质高效的服务条件。

（二）抓改革，增活力，争当文化改革创新的排头兵

新闻出版体制改革步伐明显加快，取得了突破性进展，改革增强了新闻出版业发展的动力和活力。河北出版传媒集团调结构、上项目，经济效益大幅提高，正在努力打造"双百亿"集团。河北省新华书店集团进入全国"十强"发行集团行列，入选全国文化体制改革成功案例。河北报业集团所属的《燕赵都市报》发行量超过100万份，品牌影响力进入全国500强。河北行知文化传媒有限责任公司所属的《语文周报》发行量达310万份，比改制前增加了40万份。2012年以来，在指导已改制出版单位深化内部改革的同时，为了从根本上解决河北省报刊出版单位规模过小、布局分散、结构不合理、市场竞争力弱的突出问题，按照中央和省委的统一部署，按照整合重组一批、划转调整一批、停办退出一批和"专、精、特、新"的目标方向，积极推进非时政类报刊出版单位体制改革。在推进改革当中，成立了改革工作小组及其办公室，制定了实施方案，加强了思想动员、组织协调、政策引导和督导落

实。辑印了《关于省属经营性文化事业单位转制为企业劳动关系调整及社会保障有关政策的通知》和《关于印发〈省属经营性文化事业单位转制为企业劳动关系调整及社会保障政策意见实施细则〉的通知》，为报刊改革提供了有力的政策保障。目前已分两批完成了总署批准的53家单位改革任务，实现了省委提出的“走在全国前列”的工作目标。

（三）抓管理，保安全，巩固发展思想文化的主阵地

面对2012年“扫黄打非”工作的特殊形势，以高度的政治责任感和扎实的工作作风，下猛药、出重拳、用狠劲，切实加强对出版活动和出版物市场监管，维护了河北省出版物市场安全稳定，为党的十八大营造了良好的文化氛围。一是加强出版内容管理，把握正确的舆论导向和出版方向。充分发挥新闻出版行业优势，宣传党的主张，弘扬社会正气，通达社情民意，引导社会热点，疏导公众情绪。认真做好了出版选题策划，出版发行了一批导向正确、人民喜爱的优秀出版物，用社会主义核心价值体系引领社会思潮。进一步强化了思想政治教育，搞好政策法规培训，增强了新闻出版系统从业人员的政治意识、大局意识、责任意识和阵地意识。落实导向管理制度，坚持“谁主管谁负责”原则，严格执行了重大出版选题备案制度，加强了出版物内容质量审读工作，加大了导向管理责任追究力度，做到了导向管理责任落实到人、关口前移。二是规范行业管理，提升工作效能和服务水平。按照“为民、利民、便民、惠民”的原则，继续深化行政审批制度改革，完善了审批制度、规范了审批流程、简化了审批程序、压缩了审批时限，大力优化了政务环境。2012年以来，办理行政审核审批事项150项，办结率均为100%。将年度核验作为加强行业管理的重要手段，加大了2011年年度核验工作力度，共对7种报刊、12种内资和206家印刷企业给予缓验，对16种内资给予警告，对6种内资实施注销。开展了打击“新闻敲诈”治理有偿新闻专项行动，完善了报刊出版单位内部管理机制，坚决清退了存在不良行为的采编人员，规范了新闻采编秩序。严格印刷产品质量管理，组织开展了全省2012年“3.15”教材教辅产品和食品包装装潢印刷品质量监督检测活动，及时杜绝了不合格产品流入市场，促进了印刷质量的整体提升。三是深入开展扫黄打非斗争，维护社会稳定和文化安全。认真落实《2012年河北省“扫黄打非”行动方案》，组织开展了查封政治性出版物、整治淫秽色情和低俗信息、清查整顿光盘复制企业、整治非法医疗广告四个专项行动。积极推进机制制度建设，充实了扫黄办力量，增设9名副主任，成立了河北省“扫黄打非”重点案件领导小组，先后制定完善了河北省“扫黄打非”《台账管理制度》、《重大案件备案督办制度》、《信息工作制度》、《奖励举报“扫黄打非”案件有功人员办法》、《特约督查员工作制度》，重新设立了“扫黄打非”案件线索24小时举报电话及邮箱。认真开展督导检查，实行了处室包市工作机制，对重点地区、重点部位加大监控力度。查处了一批大案要案，并通过媒体向社会公布，形成了全社会共同参与、支持“扫黄打非”的强大声势。2012年以来，全省共收缴各类非法出版物54.2万件，查办案件52起。整治医疗广告类非法出版物专项行动受到刘延东国务委员的肯定。国家新闻出版总署党组书记、副署长，全国“扫黄打非”工作小组副组长兼办公室主任蒋建国专门致信给予充分肯定，指出：“河北省2012年“扫黄打非”工作力度加大、成效显著，在为党的十八大营造良好文化环境中作出了突出贡献，工作中形成的好经验值得全国学习。”四是着眼于建设创新型河北，加大版权保护力度。在新闻出版领域继续开展了打击侵犯知识产权和制售假冒伪劣商品专项行动，切实做好了印刷源头治理、出版物市场监管、打击网络侵权盗版、查处大案要案等工作，建立健全了打击侵权盗版长效工作机制。积极推进全省政府机关软件正版化检查整改工作，协调省财政落实正版软件采购资金442万元，于6月底前全部完成省级政府机关软件正版化检查整改工作，加快推进市县两级政府机关软件正版检查整改工作，国务院办公厅软件正版化督导检查组对河北省工作给予了充分肯定。全省企业软件正版化工作取得了积极进展，3家大型出版企业于10月底前提前实现了软件正版化。目前正在组织人员对各设区市软件正版化检查整改工作进行督导检查。认真做好作品登记工作，统一作品登记证书，规范作品登记程序，建立了有效的作品登记激励机制，广大著作权人自觉、自愿、及时进行作品登记，登记范围、登记数量、登记质量都有了新突破。

（四）抓服务，惠民生，当好文化惠民工程的推动者

坚持把让人民群众共享新闻出版业改革发展的成果作为工作的出发点和落脚点，通过实施农家书屋工程、开展全民阅读活动、保障出版产品供给，创新工作机制、完善工作举措、提升服务质量，在构建新闻出版公共服务体系方面下功夫、求突破，抓出了一些成效。一是实现了全省行政村农家书屋全覆盖。积极推进农家书屋工程建设，进一步深化了“情暖故土，书香农家”帮扶联系活动，将农家书屋工程建设列入了省基层建设年活动十项重点工作之一，联合省加强基层建设年活动领导小组办公室印发了《河北省加强基层建设年活动帮扶村农家书屋建设实施方案》，完成了5010个帮扶村农家书屋建设任务，并于8月底前完成了全省最后一批13488个新建农家书屋出版物配送工作，实现了全省49408个行政村农家书屋全覆盖。在5010个帮扶村开展了“卫星数字农家书屋”试点建设，于9月15日前完成了设备安装工作，提升数字出版物在农村地区的覆盖力，为最大限度地发挥好“农家书屋”的作用，促进全省农村地区经济社会发展，满足农村群众日益增长的精神文化需求，创造了有利条件。二是深入开展全民阅读活动。以阅读“七进”为抓手，在全国率先开展了“书香家庭”普查评选活动，全省普查评选出“书香家庭”2.4万个，在全省开展了“书香河北”创建活动，“爱读书、读好书”在河北大地渐成风尚。刘云山部长、柳斌杰署长给予充分肯定，总署向全国推广河北省经验，多家中央媒体宣传报道。5月28日，举办了中国航天科技集团公司向河北捐赠“卫星数字农家书屋”暨“书香河

北”创建活动启动仪式，柳斌杰署长和张庆黎书记、张庆伟省长等领导一起共同启动了河北省“卫星数字农家书屋”试点建设和“书香河北”创建活动。三是加强出版产品创作生产。以实施冀版精品出版工程为抓手，大力推进精品生产和品牌建设，围绕迎接党的十八大，编辑出版了一大批导向鲜明、配合党和国家及省委省政府中心工作的优秀出版物，出版了一批“两个效益”俱佳的图书。2012年共有13种图书入选中宣部、新闻出版总署优秀图书目录，《山生》荣获第十二届全国精神文明建设“五个一工程”奖。在第19届北京国际图书博览会上，与省委宣传部、河北出版集团共同举办了迎接党的十八大重点图书新书发布，展示了河北省在主题出版方面的取得的成果，受到柳斌杰署长的充分肯定。服务建设“经济强省、和谐河北”工作大局，组织省直单位、高校、科研机构等专家学者，编辑出版了《建设经济强省和谐河北系列丛书——经济强省读本、和谐河北读本、文化强省读本》，对于进一步凝聚广大党员干部对建设经济强省、和谐河北的目标共识和形成贯彻落实的强大动力，起到了积极的推动作用。谋划实施了《燕赵文库》重大出版工程，并被列入河北省“十二五”时期国民经济和社会发展规划、新闻出版总署“十二五”时期重点出版物出版规划。

（五）大力加强机关队伍建设和党风廉政建设，夯实组织基础

继续深化创先争优活动、行业对标活动、建设学习型党组织活动、“五型”机关创建活动和“三个一”主题教育实践活动，着力在加强党员干部政治理论学习，提高党性修养，锻造过硬作风上下功夫。组织开展了局党组理论学习中心组学习活动，举办了“局长讲坛”和“处长论坛”等活动，大力宣传身边的先进人物和先进事迹，有效激发了党员干部干事、创业的激情。认真落实年度培训计划，协调相关处室和单位组织了对省内报刊社社长总编、内资主要负责人、印刷企业法人培训，全年共组织各类培训6次，培训人员达3000余人（次）。组织开展了“强化职责履职尽责”主题教育活动，进一步增强了新闻出版行政部门和文化市场行政执法人员的责任感。认真落实党风廉政建设责任制和领导干部廉政准则，组织开展了民主评议，对评议结果进行了汇总和通报，提高了党员干部的廉政意识和防腐拒变能力。积极开展廉政宣传教育，加强廉政文化建设，充分利用农家书屋、全民阅读等公共文化服务设施和载体弘扬廉政文化。会同保定市纪委出版了《漫画图说——农村基层干部廉洁履行职责若干规定》一书，作为河北省农家书屋廉政建设普及性读物列入农家书屋目录。结合工作实际和行业特点，在全系统深入开展了“走转改”活动，切实转变思想作风和工作作风，提升了全系统党员干部服务大局、服务群众的能力和水平。

（河北省新闻出版局　田振国）

【文物工作概况】 2012年度，全省文物工作呈现出平稳、快速、有序的发展态势，其中在重点工作方案制定、文物保护项目实施、大遗址保护和考古、基础文物工作推进、博物馆建设和免费开放、文物安全和执法、文物保护宣传等方面表现突出。

2012年，全国文物工作会议时隔十年后再次召开，提出了建设文化遗产强国的目标；全国人大常委会执法检查组到河北省检查《文物保护法》贯彻落实情况，对河北省文物保护和执法情况给予了充分肯定。国务院印发《关于开展第一次全国可移动文物普查的通知》和《关于进一步做好旅游等开发建设活动中文物保护工作的意见》，对加强文物资源调查和文物保护利用工作提出明确要求。

认真落实省政府与国家文物局签署的《关于共同推进河北文物博物馆事业发展的合作框架协议》，积极谋划项目，加强沟通联系，争取国家文物局批复文物保护方案、规划和立项达150项，争取国家资金达5.77亿元，为实施有效保护奠定了基础。

【重点工作方案制定】 按照省政府领导的指示，组织编制了《河北省文物保护项目总体方案》、《河北省田野文物安全技术防范系统建设项目总体方案》、《泥河湾遗址群和涿鹿黄帝城保护利用方案》，经省政府常务会议审议通过，并由省政府办公厅予以印发。省政府专题研究文物保护工作，并加大支持力度，在河北省文物保护工作历史上是首次，得到了国家文物局的充分肯定。

——河北省文物保护项目总体方案，明确了“十二五”时期全省文物保护项目的基本思路、目标任务，详细阐述了项目概况、工作步骤和保障措施。

——田野文物安全技术防范系统建设项目，由省、市两级财政投入5500余万元，涉及全省9个设区市33个县（市）的42处文物保护单位。目前已完成项目方案论证和设备采购招标。

——泥河湾遗址群和涿鹿黄帝城保护利用工作，以实施东方人类探源工程和中华文明起源工程为核心内容，省政府成立了指挥机构和办事机构，省文物局会同科研机构和高等院校组建了课题组，省科技厅已完成省内立项；泥河湾研究中心和马圈沟遗址博物馆项目建议书正在抓紧编制，河北师大建立了泥河湾考古研究院，张家口市和阳原县积极推进建设项目、道路升级改造和环境绿化征地等工作。

——组织开展清东陵、清西陵管理体制调研，经省政府专题会议研究，省编办批复成立了清东陵保护区管理委员会和清西陵保护区管理委员会，提高了管理机构级别，整合资源，将文物保护与区域行政管理相统一，便于加强对景区文化遗产保护、旅游和社会事务的统一协调管理。

【文物保护项目实施】 ——承德避暑山庄及周围寺庙文化遗产保护工程进展顺利。目前共编制完成方案81项，其中68项通过国家文物局及相关部门审批，已到位国家文物保护专项资金4亿多元，累计开工63项。安远庙古建筑保护修缮工程、溥仁寺安防和消防工程等19项工程完工。报经国家文物局同意，省政府批准公布了承德避暑山庄及周围寺庙总体保护规划。

——清东陵和清西陵文物保护工程全面启动。清东陵、清西陵文物保护工程作为国家明清皇家建筑保护工程

的重要项目，已经全面启动，目前已到位国家文物保护专项资金1.3亿元。清西陵泰东陵文物保护工程开工，完成了慕东陵、泰妃园寝、行宫等维修保护工程方案的报批；清东陵完成了裕陵、惠陵、昭西陵、孝陵石桥等保护维修工程方案的报批。

——实施一批长城保护项目。积极推进省内代表性长城段落的保护工作，易县紫荆关长城一期保护工程已完工，二期工程正在实施中。山海关长城二期保护工程（老龙头至靖边楼段）、迁西青山关段长城、卢龙县桃林口关城、抚宁板厂峪义院口长城、涞源乌龙沟段长城、万全右卫城长城等设计方案已经得到国家文物局批准。

——大运河重要遗产点加固维修工程完工。经过大运河沿线各地各有关部门的共同努力，马厂炮台及军营遗址、连镇谢家坝遗址、华家口夯土坝、红庙金门闸遗址维修工程已经完成。河北省大运河保护和申遗市厅际会商小组会议审议通过了《大运河保护和申遗2012—2013年行动计划》。积极协调当地政府和相关部门做好大运河遗产点及河道的环境整治等工作。

——实施早期文物建筑保护工程。组织实施了蔚县灵岩寺、真武庙、涿州双塔、衡水庆林寺塔、灵寿幽居寺塔、曲阳修德寺塔等保护工程。涞水庆化寺塔、西岗塔、衡水宝云塔、响堂山石窟乐寺塔等保护方案已获批准。赞皇治平寺石塔、蔚县南安寺塔等保护项目已经批准立项。

——实施历史文化名城名镇名村濒危传统建筑保护工程。重点实施鸡鸣驿城内文物建筑、正定隆兴寺、蔚县西古堡等文物保护修缮项目。配合省住房和城乡建设厅制定了河北省历史文化名城名镇名村、古树名木和风景名胜资源保护工程实施方案，组织开展传统村落调查工作，整治历史文化名城名镇名村重要文物保护单位周边地带环境。

【大遗址保护和考古】 ——大遗址规划保护。燕下都遗址保护总体规划和泥河湾遗址群总体保护规划纲要已经省政府批准公布。北戴河秦行宫遗址、元中都遗址、赵邯郸故城、中山古城遗址总体保护规划已经国家文物局批复同意。实施了燕下都遗址老姆台、邺城遗址三台和元中都遗址中心大殿等保护工程。

——考古新发现。在临漳邺城遗址发现佛教造像2895件（块），成为新中国成立以来南北朝、隋唐时期重要考古发现之一，获第十二届“中国社会科学院考古学论坛—2012年中国考古新发现”；在曲阳田庄发现一座大型晚唐至五代时期古墓，墓葬规模巨大、结构复杂、全国罕见；在内丘邢窑遗址发现北朝至隋唐时期窑炉遗址11座，出土窑炉烧制工具及各类残片约20万件。

——基本建设中的文物保护。完成了保定—呼和浩特成品油管道、天津—华北石化原油管道、陕京天然气管道、京秦高速公路等基本建设工程的调查发掘。

——成功承办中国考古学会第十五次年会。结合“环渤海考古学研究”这个会议主题，全面展示了河北省近年来的考古研究与相关保护工作成果。

【基础文物工作】 ——长城认定等基础保护工作。完成河北省长城墙体、关堡、单体建筑及相关遗存等各类长城遗产认定表，通过国家文物局的全面验收。完成了《河北省明长城资源调查报告——保定市涞水、易县、阜平、唐县卷》。组织编制《河北省明长城总体保护规划》和河北省明长城资源调查资料档案。

——第三次文物普查后续工作。督促各地加强新发现文物的保护，报请当地政府公布不可移动文物名录，筛选重要新发现公布为市县级文物保护单位，编制全省不可移动文物电子分布图，完善全省文物普查数据汇总系统，更新数据库地图。整理编撰河北省第三次全国文物普查重要新发现之古建筑和近现代文物等书稿。

——文物科技保护项目。成立国家古代壁画保护技术研究中心河北工作站，开展曲阳北岳庙等古代壁画修复工作。编制完成南水北调出土陶瓷类和金属类文物保护方案以及承德县、宽城县、兴隆县等馆藏铁质文物保护修复方案。开展廊坊碑碣苑石质文物、武强木雕版、邯郸博物馆馆藏青铜器以及新乐、易县和燕下都文保所金属文物保护修复工作。

【博物馆建设和免费开放】 ——省博物馆新馆主体建筑完工，并完成内外装修，与省社会公益项目管理中心做好验收和交接工作，正在抓紧进行陈列布展。沧州和衡水等市级博物馆建设项目取得阶段性进展。

——河北省纳入中央免费开放政策补贴的博物馆由46座增加到54座，举办陈列展览570多个，免费接待观众2400多万人次，进一步完善服务设施，提高服务质量，充分发挥社会教育功能。

——按照国家文物局的要求，对全省文物系统及文物系统之外的国有可移动文物收藏单位进行了前期调研，摸清了河北省国有可移动文物收藏单位基本情况，为下一步开展国有可移动文物普查奠定了基础。

【文物安全和执法】 ——组织开展“2012文物安全隐患排查整治专项行动”。各级文物部门开展拉网式排查，对排查出的隐患限期整改，目前绝大多数安全隐患已经整改。与省公安厅联合召开“2011打击文物犯罪专项行动”电视电话总结表彰会议，省文物局安排10万元奖金，对全省公安机关10个先进集体和25名先进个人进行了奖励。

——组织开展河北省管辖海域内文化遗产联合执法行动。会同省海洋局海监总队组织秦皇岛、唐山、沧州市有关县（市、区）进行了管辖海域内文化遗产联合执法专项行动，建立了联合工作机制，增强了水下文化遗产保护意识，向社会展示了保护水下文化遗产的行动和决心。

——依法做好涉案文物鉴定和文物执法工作。配合公安部门鉴定涉案文物27件，其中珍贵文物23件；鉴定出境文物270件，拍卖艺术品1413件，举办了全省文博系统青铜器鉴定高级培训班。严格执行文物法律法规，依法查处文物行政违法案件，对相关责任单位和人员进行严肃处理。

【文物保护宣传】 ——结合实施承德避暑山庄及周围寺庙、清东陵、清西陵等重大文物保护工程，推进泥河湾遗址保护利用、大运河保护与申遗等重点项目，由新华社、人民日报、光明日报、中国文物报、河北日报等主流媒体对相关工作进行持续报道和广泛宣传，扩大了文物保护共识。

——利用国际古迹遗址日、国际博物馆日、文化遗产日，省博物馆、省民俗馆等各级文博单位举办了一系列宣传展示活动，将优秀传统文化送进学校、社区和军营，在曲阳县举行了"走进魅力曲阳，探秘千年古墓"公众考古活动，在内丘县举办了"相约和谐内丘，品读邢窑文化"活动，阳原泥河湾博物馆开馆并举办"泥河湾文化保护与发展高层论坛"。全省147处文物开放单位向公众减免费开放，使公众共享文化遗产保护成果，受到社会各界欢迎。

——文物保护工程项目的实施，促进了旅游发展，带动了相关产业，改善了当地民众的生存环境、生活状况和精神面貌，优化了发展环境和生态环境，为促进经济社会发展做出了重要贡献。

（河北省文物局　王志敏）

【档案工作】　2012年，河北省各级档案部门和广大档案工作者，紧紧围绕各级党委、政府工作大局，突出档案工作重点，以应有的文化自觉与自信，全面推进档案事业发展上档升级。

档案新馆建设再上新水平。河北省各级国家档案馆新馆建设乘"全省学迁安，新馆建起来"之势，借国家投资支持之机，开创档案馆建设的新局面，历史性地刷新着河北省档案工作的基中之基。2012年年底在肃宁、深州、威县召开的全省县级国家档案馆建设现场经验交流会议，充分总结县级档案馆建设经验、展示了成绩。各级对"现代化、多功能、公共型"档案"新"馆形成新的认识。在市级档案馆建设中，邢台市新馆即将投入使用；石家庄市设计面积为3.6万平方米的新馆，已进行招标；衡水市新馆，馆址初定，设计面积为1.08万平方米。开工建设的县级新馆，增加到16个，其中威县、肃宁、永年、赵县、南和、新河、察北、崇礼等县，都是在尚未获得国家补助的情况下提前上马；威县、张北、宣化区的新馆，规模已超过迁安；深州市创造了一年施工、一年建成、一年使用的经验。河北省新馆建设得到了国家局领导的关注和肯定。截至2012年底，全省共有12家市县级馆申报了国家等级的测评，其中，有3个晋升为国家一级，9个晋升为国家二级。丰南区以97.6的高分晋升为国家一级，领全省县馆之先。

档案文化开发利用取得重大突破。档案，价值无形，大用无疆，"用"是指全部档案和档案工作的根本目的和最高原则。继《中国长芦盐务档案精选》公开出版，省局组织的"长芦盐务档案中的民国"大型文献纪录片策划构思研讨会，标志着档案开发向着更高层次攀登；《1928—1949河北省大事记》、《1952—1968河北省省会变迁始末》等省档案"资政惠民"丛书首发式的举行，也是河北省档案出版物历史上的第一次，丛书得到了省委、省人大、省政协领导及社会各界的广泛重视和好评。省民政厅编写出版的《河北政区聚落地名由来大典》，保定市局等编写出版的《保定商会档案》等，都展示了近年来河北省档案文化开发利用成果的高水平。石家庄举办的"开国第一城——红色档案文献展"，搞得有声有色。秦皇岛市正精心组织《典读秦皇岛》，阳原县按照"依托馆藏资源，把握时代脉搏，贴近现实需要"的思路，累计投入20多万元，编著《阳原县革命老区概况》、《阳原县1937—2011年大事记》、《历史古韵—泥河湾》等，都呈现了档案文化建设突破性地向社会延展。

档案资源建设呈现新的格局。确立档案的"依法接收、据实接收、整合接收"三大原则，历时四年多的实践检验日益完善。修订的《河北省档案收集管理办法》，新增婚姻登记、破产企业、水利、林权改革、农村土地承包延包合同、卫生等门类档案，大大拓展了档案接收的范围，特别是以省政府第8号令予以发布，更给档案接收以"尚方宝剑"。省局第二次赴台征集到了1917—1949全部河北档案目录，共计12441条300万字之巨。秦皇岛市征集到来自美国、意大利、法国等国的纪念牌、徽章、挂画、奖杯等珍贵实物档案85套、城市荣誉实物档案26件、51项市非物质文化遗产；沧州市征集张之洞有关图片149张、光盘2张、资料1300余页。省局全程参与了第14届中国科协年会档案资料的归档移交工作，正在探索一种归档移交新路子。邢台市馆，一年新接档案1.37万卷；青龙县新接档案1.6万卷，馆藏总量突破18万卷；磁县一年新增档案达24084卷（件）。

档案数字化扫描明显加快。省局"河北省数字档案馆一期"（数字档案综合管理平台）项目，已获通过正式立项。唐山市馆及遵化、迁西、路南区等开展的档案在线指导服务，质量水平越来越高，并将涉及拆迁、土地、婚姻等民生档案，建立了数据库群。张家口市进一步加快了档案数字化步伐，同时新发了《张家口市电子文件归档工作规定（试行）》。秦皇岛市卢龙县，实现了婚姻、计生、林改、土地承包合同等民生档案的全部数字化处理；青龙县新接的2004—2011年全部文书档案，均提前进行了归档数字化扫描。到2012年底，开展档案数字化建设的市、县，全省已达到111个。

社会主义新农村建设档案工作纵深推进。2012年，全省新农村建设档案工作深入开展，党委、政府统一领导，档案部门牵头、各有关部门齐抓共管的工作机制逐步建立；农村基层组织和农民群众建档、管档、用档的意识明显增强，共享率大幅提升。衡水桃城区作为河北省申报国家社会主义新农村建设档案工作示范县的首个试点，实现档案规范化管理村达到135个，占全部建档村的61.9%。唐山市在基层乡（镇）村深入开展"阳光档案服务万家"活动，并将其纳入村两委班子和村级建档年度考核内容。邢台县以农村养老保险档案建设为突破口，完成了11个乡镇17万参保人员的档案整理及录入工作。保定市召开全市农村、社区档案工作现场交流会，推进了社会主义新农村档案工作。肃宁县配合农村社会管理"四个覆盖"工作，全面建立专题档案库，继续走在全省前列。与此同时，全省档案法制建设、安全保管体系建设以及干部队伍建设等，也都取得新的进展。

机关、企事业单位档案管理目标认定工作进一步推进。

河北省档案局对晋升5A/4A的机关事业、晋升5★/4★的企业单位，适时进行指导和抽检。2012年10至11月份，省商检局、省安全厅、张家口市检察院等13家通过了5A，包括石家庄新联合、大唐唐山陡河电厂在内的10家企业档案馆室申请4★、5★，全部达到目标管理升级。

“资政惠民”丛书相继公开出版。本着充分发挥档案的“资政惠民”作用，将档案文化开发纳入河北省文化强省建设整体规划的指导思想，省档案局从2007年起制定并实施了“资政惠民”丛书的编写出版计划，经过6年多努力，到2012年12月，《1928—1949河北省大事记》、《1952—1966河北省省会变迁始末》、《1949—1966历史的名词》已相继公开出版。《1928—1949河北省大事记》，作为填补空白之作，全书45.9万字，所选大事1786条，利用本馆档案和保存在台湾的档案约计5330件，刊发首次披露的照片和档案原件157件，大体涵盖了关于由直隶改河北、中共政权及武装力量与河北、民国河北省政府治河北、日伪政权祸河北、热察京津与河北以及知往大话鉴河北等六个方面的内容。《1952—1966河北省省会变迁始末》，对解开河北省会变迁之迷，提供了一个导读，全书共22.1万字，利用保存在河北省馆和全国各地馆的档案，共计800余卷，首次披露有关档案史料和照片等163件。《1949—1966历史的名词》一书，共19.8万字，所选历史名词，从“解放”（1949年）说起，共计25个历史名词。大量档案文化产品的出版问世，对建设经济强省、和谐河北具有不可替代的重大意义。

2013年2月，省档案局在石家庄召开河北省档案“资政惠民”丛书首发仪式，国家档案局、省委、省政府、省人大、省政协领导以及社会各界代表出席。首发式由省人大党组副书记、人大常委会原副主任宋长瑞同志主持，省委常委、省委宣传部部长艾文礼同志发表书面讲话，国家档案局原局长毛福民同志，省政协副主席曹素华同志、省档案局局长冯世斌同志分别作重要讲话，省社科院刘洪升研究员、石家庄日报社文艺部主任王律同志对丛书作评价发言。农家书屋代表、各级各类档案馆代表、省直有关单位代表以及社会各界代表在仪式上接受赠书。省电视台、省电台、石家庄日报等多家媒体对首发式做了报道。

（河北省档案局　孙国俊）

广播电影电视

【概况】　截至2012年底，河北省共有广播电台12座、电视台12座，广播电视台139座，均与上年相同。拥有中波发射台31座，发射机49部352千瓦，与上年相同；拥有调频发射台159座，发射机276部234.401千瓦，比上年增加5座9部4.4千瓦；拥有电视发射台252座，发射机441部498.775千瓦，分别比上年多1座1部0.1千瓦。全省共有数字微波实有站32座，微波传送线路长度1612.50公里，与上年相同。全省有线广播电视传输干线网总长16.93万公里，比上年增加1.33万公里，有线电视用户达到792.61万户，比上年增加73.01万户。数字电视整体转换工作继续取得新的进展，全省数字电视用户达到582.93万户，比上年增长27.72%。全省广播综合覆盖率达到99.33%，电视综合覆盖率达到99.26%，均与上年持平。

全省全年共开播广播节目131套、电视节目178套，全年共播出广播节目63.66万小时，比上年增加2.94万小时；播出电视节目78.14万小时，比上年增加2.61万小时。全年共制作广播节目32.76万小时，比上年增加7548小时13分，尤其是新闻资讯类广播节目制作能力明显提高，达到5.18万小时，比上年增加1.05万小时。全年制作电视节目15.23万小时，比上年增加1.29万小时。制作完成电视剧10部297集，动画电视162小时25分。全年进口电视节目78小时，与上年相同。

截至2012年底，全省广播电视系统从业人员3.59万人，拥有固定资产73.02亿元，同比增长6.6%。全年实现创收43.87亿元，同比增长9.98%。

【新闻宣传】　十八大宣传报道成规模、显特色。十八大召开前夕，紧紧围绕“建强省、促和谐、迎接十八大”主题，组织河北电台、河北电视台和长城网开设了专栏报道，为喜迎十八大、聚集十八大营造了浓厚的舆论氛围。十八大期间，河北电台、河北电视台、长城网共开设《奋进河北》、《直通十八大》、《报告深关注》等十八大报道专栏73个，推出了大型直播访谈节目《直通十八大——科学发展看河北》和特别节目《走向新征程》，做到了专题报道有创新，深度报道立意高，网络报道重互动，形成了舆论强势。同时，河北电台、河北电视台在中央台发稿51篇和48条，长城网在人民网、新华网等中央重点新闻网站发稿229篇（条），实现了天天有声音、天天有图像，发稿数量在全国省级媒体中名列前茅。会后，河北电台、河北电视台和长城网集中开展了“学习贯彻十八大，燕赵大地气象新”大型主题采访活动，开辟了《走基层，十八大精神在河北》和《学习贯彻十八大精神》等专栏、专题，集中反映了全省各地和社会各界对党的十八大的热烈反响和积极评价，集中报道了全省各地部门学习贯彻落实党的十八大精神采取的新举措、取得的新成效，持续营造了学习贯彻落实党的十八大精神的良好舆论氛围。

主题宣传报道力度大、效果好。河北电台、河北电视台和长城网扎实做好了全国“两会”和省委八届二次及三次全会、省“两会”等重要会议的宣传报道，精心组织开展了“科学发展、成就辉煌”、“加强基层建设年”、“惠在何处、惠从何来”和《“文化强省”网上系列访谈》等重大主题宣传活动及抗洪救灾、抗冰雪等应急宣传报道，并持续推出了600多名立得住、传得开、叫得响的“河北好人”，做到了导向正确、特色鲜明、效果显著。同时，积极推进全省广播电视道德类栏目建设，全省11个市级广播电视台和90%的县级广播电视台均开办了道德类栏目，构筑了全省道德建设舆论引领高地。

节目创新出亮点，活动打造有影响。河北电台在省直媒体中率先建立了专家智库；8个频率节目进行了全新改版，《河北新闻》等老品牌节目得到改造提升，同时推出了《燕赵传奇》等一批服务类、文化类新节目；成功举办《阳光热线》节目开播十周年庆祝大会，进一步扩大了品牌节目的社会影响。河北电视台重点打造河北卫视，强化节目改版和活动策划，改版后的《河北新闻联播》、《直播京津冀》、《今日资讯》等栏目的收视份额明显提升；成功制作播出了“3·15专题晚会”、大型主题晚会《2012读书盛典》和《我们在一起—河北省抗洪救灾专题晚会》；栏目《村里这点儿事》荣获2012年全国广播电视创新创优称号。

精品创作生产亮点多、影响大。成立了河北省影视企业家联谊会，助力打造河北影视产业方阵。电视剧《丑角爸爸》、《先遣连》、《营盘镇警事》和纪录片《西柏坡来电》在央视热播，创下了河北制作影视剧央视播出新纪录。电影《咱们是亲人》入选十八大献礼片，进入院线发行。电影《唐山大地震》、电视剧《为了新中国前进》、广播剧《永远的约定》和动画电影《西柏坡》4部作品荣获第十二届全国“五个一工程”奖。在第二十二届中国新闻奖评选中，河北电视台《三农最前线》栏目和《富裕的“低保户”》节目分别荣获一、二等奖，河北电台《第一民生》、《为了一个永远的约定》2部作品荣获三等奖。

对外宣传取得新突破。配合中央电台“走转改”采访团到河北省采访，完成了大型报道《倾听河北》，在全国产生了广泛影响。河北电台和河北电视台分别在中央台主要新闻节目发稿1067篇和1210条，河北电台在国际台发稿20篇。河北电视台制作播出《中国河北》节目90部集、3000多分钟，自9月开始在加拿大城市电视台播出，收视情况良好。长城网成功举办了第十届全国重点网络媒体河北行活动，在人民网、新华网、新浪、搜狐等重点网站刊发稿件4500余篇，扩大了河北的影响力。

【事业和产业】 技术改造全面推进。一是河北电台全媒体中心改造项目竣工投入使用；二是河北电视台高清制作包装网络系统通过验收并投入使用，河北卫视高清同播频道在全省有线电视网内正式播出；三是河北电视台媒资系统安装调试完毕，即将试运行；四是河北网络电视台项目技术平台搭建完成，各功能模块正在进行压力测试；五是集技术监测、节目监管和安全指挥调度于一体的监管体系建设工程顺利完成并投入使用；六是全省数字广播电视监测网二期工程圆满完成；七是河北卫视高清同播上星工程顺利建成，并通过专家组验收，具备播出能力；八是手机长城网正式上线运行；九是长城网参与联合研发的全自动视音频录播一体机获得国家专利。

重点项目建设顺利推进。一是河北电台积极筹备开办科教频率，完成了频率可行性规划、频率资源规划、频率定位级节目设置等工作；二是河北电视中心安全改造工程顺利完工；三是恢复启用了卫星电视节目资料接收录制系统，全年共收集各类音像资料约5万分钟。

公共文化服务体系建设扎实推进。一是完成了全省3486个20户以下自然村广播电视“村村通”工程；二是编制完成了《“十二五”直播卫星“户户通”发展规划》，推动广播电视由“村村通”向“户户通”延伸；三是农村公益电影放映工程扎实推进，全省放映农村电影59.52万场，实现了“一村一月放映一场公益电影”的目标任务；四是组织实施了“善行河北——万场道德主题电影展映工程”。

广播影视产业改革发展成效显著。一是河北影视集团改制后续工作基本完成，建成了河北影视集团国华影视拍摄基地和正定影视拍摄基地；二是河北长城传媒有限公司股改上市进程加快，初步确定了改造基准日和股改中介机构；三是河北广播电视报社转企改制任务完成；四是三网融合工作在全国第二阶段试点地区中走在了前列，成为首家与中国网络电视台、河北联通签署IPTV业务合作协议的省份，实现了与央视总平台、河北联通传输平台的对接，IPTV业务已上线试运营；五是重点推进了CMMB移动多媒体广播电视的商业运营，全省CMMB累计注册用户数已达50万；六是三佳电视购物频道成为全省现代服务业发展新亮点、广电产业新经济增长点，并成功入选“河北省十大文化产业项目”。

【管理】 宣传管理方面，坚持执行宣传工作例会和重点选题月策划制度，组织召开编委会、宣传例会、调度策划会，进一步提升了宣传管理工作的前瞻性、指导性和针对性；组织开展了“净化声频荧屏，规范播出秩序，迎接党的十八大”专项整治行动，共发出《督查通知》、《整改通知》86份，停播、整改违规节目、广告280个，确保了各级播出机构舆论导向正确，节目内容健康，营造了良好的视听环境。行业管理方面，全面加强广告播放监管，下发违规整改通知书117份，查处各类违规广告518项，与8家违规播出机构主要负责人进行了警示谈话，受理群众投诉360余项；加大了对石家庄市、唐山市违规广电小片网的整治力度，进一步规范了广播电视节目传输秩序，消除了安全隐患；共拆除非法卫星电视地面接收设备600余套，收缴卫星电视地面接收设施800余套，查处非法销售摊点31家；关闭了擅自从事互联网视听节目服务及传播政治有害视听节目网站141家，确保了全省播出秩序规范。技术管理方面，多次部署整顿无线调频广播发射台播出秩序，严肃查处擅自变更呼号、开办频率/频道、扩大发射功率等违法违规问题，共处理、纠正违规播出情况8次；在全省范围内组织开展了检查和清理地面数字电视业务专项整顿活动，对3家擅自开展地面数字电视业务的县级台进行了严肃处理，进一步规范了全省广播电视播出秩序。

（河北省广播电影电视局　田　旭）

体　育

【概况】 2012年，河北省体育工作在省委、省政府领导、关怀和国家体育总局指导支持下，深入贯彻落实科学

发展观，紧紧围绕经济强省、和谐河北建设大局，认真贯彻落实《全民健身条例》和《奥运争光计划（2011—2020年）》，统筹推进群众体育、竞技体育、体育产业以及体育设施等各项工作，进一步解放思想，凝心聚力，真抓实干，开拓创新，为河北体育振兴、体育强省建设迈出了新步伐，取得明显成效。

【群众体育】 2012年，河北省体育局按照广泛开展全民健身运动的总要求，认真贯彻落实《全民健身条例》，积极构建亲民、便民、利民的全民健身服务体系，推进全民健身组织建设、场地设施建设，积极组织各级各类全民健身活动开展，引导科学健身。参与健身运动人群更加广泛，活动品牌影响力更加突出。一是《全民健身条例》和《全民健身计划》落实有力。河北省体育局坚持以构建亲民、便民、利民的全民健身服务体系为主线，积极引导各级财政不断加大对全民健身事业的投入力度，强力推进“三纳入”工作向县（市、区）级延伸，着力完善健身设施、健全健身组织、加强健身指导、打造特色品牌活动、推进全民广泛参与。各市普遍着手建立全民健身工作联系会议制度，县级结合本地实际制定出台《全民健身计划》，社会各界更加重视和关心全民健身事业发展，政府主导、部门协同、全社会共同参与的全民健身工作格局逐步形成。二是群众体育组织网络更加完善。加强各级体育总会、单项体育协会、人群体育协会、行业体育协会及青少年体育俱乐部、社区体育俱乐部建设，完成河北省老年人体育协会、河北省社会体育指导员协会、河北省健身气功协会等换届工作。坚持以社区、乡镇、机关和企事业单位为重点，进一步加大城乡基层健身指导站、文体活动站、晨晚练点、各类体育俱乐部等的建设力度。重点对各级各类体育协会、体育俱乐部等进行了充实调整，初步形成了遍布城乡的全民健身组织网络。高度重视和大力发展各市县体育总会、协会、社团、俱乐部，发挥他们的自身优势；积极鼓励和推动工会、共青团、妇联等群团组织开展形式多样的体育活动，不断加强对各类社团组织和体育协会的领导、管理和服务，进一步巩固了“职工健身靠工会、老人健身靠社区、学生健身靠学校、项目爱好者健身靠专业协会和俱乐部”的良好局面，有效推动了全民健身活动的普及和开展。认真落实《河北省社会体育指导员发展规划》，社会体育指导员队伍不断壮大，组织举办了“双百”表彰活动，对全省200名优秀社会体育指导员和指导站进行了表彰，各级累计培训社会体育指导员6000名，接近6万名。三是群众体育健身活动精彩纷呈。紧紧依托元旦、中秋、国庆节和8月8日全民健身日等重大时间节点，按照“一地一品”、“一地多品”思路，积极开展培育特色品牌活动，全年累计组织各类大型特色品牌活动120余项，先后承办或参加了元旦长跑、河北省直机关第四届运动会等大型活动，评选张家口崇礼滑雪、保定空竹艺术节、秦皇岛轮滑节为省级全民健身精品活动，其他富有地方特色的品牌性群众体育活动影响逐步扩大。大力开展体育进社区、进农村、进机关、进学校、进企业、进家庭的体育“六进”活动，不断创新群众体育活动形式、内容和健身方法，支持扶助广大群众经常就近就便参加体育健身活动，切实唱响了“全民健身、全民参与、全民快乐、全民和谐”口号，营造了浓厚的群众健身氛围，全民体育健身意识、参与程度和全民群众健康水平明显提高。大力开展社会体育活动，率团参加了第十四届残疾人奥运会、全国第七届农运会大会并取得较好成绩，激发了社会各界参加体育活动的积极性，促进了河北省农民体育、学校体育、职工体育、社区体育、残疾人体育和少数民族体育等社会体育活动的蓬勃开展。四是体育惠民工程进展顺利。河北省体育局立足满足广大群众多样化、个性化健身需求，进一步加大对县级全民健身活动中心、乡镇体育健身工程、全民健身户外活动基地、城市社区体育示范工程及体育公园等重点工程的投入力度。其中，肃宁、宣化、临漳等9个县级全民健身活动中心全部建成投入使用，阜平、东光、平乡、复兴等7个县区“雪炭工程”已开工建设，各设区市11个体育公园已顺利完成招投标工作，实施了丰宁西官营乡、平泉道虎沟乡、兴隆三道河乡、崇礼高家营镇等9个乡镇体育健身工程，全省新建成300个社区体育健身场地，命名资助13个“环京津体育健身休闲圈”全民健身户外活动基地。按照省委开展加强基层建设年活动要求，在全省5010个帮扶村启动实施了加强基层建设年活动农民体育健身工程，新建改建农村健身场地5120个，安装健身器材4.2万件，新增健身场地面积123.68万平方米，763.82万农民群众受益，全省农村健身工程覆盖率达到57%，大幅改善了帮扶村群众体育健身环境。

【竞技体育】 2012年，河北省体育局以参赛伦敦奥运会和备战十二届全运会为重点，大力推进“金牌战略”和“可持续发展战略”，强化举省体制，整合社会资源，调整优化项目布局，提高科学训练水平，加强后备人才培养，参加国内外重大比赛取得较好成绩。一是参加伦敦奥运会及国内A类比赛成绩较好。河北省有11名运动员、5名教练员入选参加第30届奥运会中国代表团，获得了1枚银牌、2枚铜牌、2个第四、1个第八名的好成绩。另外河北省运动员在参加全国年度A类比赛上，完成了获得高水平比赛10枚金牌的目标任务。还承办了全国跆拳道锦标赛既奥运会选拔赛、秦皇岛世界女子拳击锦标赛等国内外高水平赛事13个，丰富了群众的体育文化生活，提升了体育的影响力。二是全力推进竞技体育发展方式转变。组成调研组赴外省学习先进经验，结合河北省实际，起草了《河北省体育局与社会力量联办运动项目管理办法》及《实施细则》，明确了联办的项目、类型及方式。起草了《河北省优秀运动队复合型训练团队管理办法》，着手建立复合型运动团队。三是全运会备战工作扎实有序推动。成立了河北省体育局备战领导小组及其办公室，出台了《河北省体育局备战全运会组织管理办法》，加强了组织训练管理工作，完成了河北省参加全运会预赛23个大项（含联办等）、26个分项的报项工作。认真开展科学训练，积极参加各类高水平赛事，切实增强训练比赛的实效性、针对性。全力推动“训科医”一体化，做到“全覆盖、保重点”，对三级跳远、自行车、马拉松等重点项目实施了一对一的重点保障。成立了科技保障专家组和运动员康复治疗组，有效提高了运动员训练与康复的质量。较好地完成了奥运会、全国年度高水平比赛及备战信息的收集整理分析工作，为备战训练提供了依据。同时，努力抓好竞赛的组织管理。下发了第十四届省运会竞赛规程总则，培训了乒乓球、羽毛球及武术套路等项目70名裁判员，进行了艺术体操、篮球等六个项目的场馆试运转、组织了旨在提高竞赛组织管理能力的比赛。四是积极推动体育后备人才的培养。积极开展创建国家高水平体育后备人才基地工作，全省有17个体育后备人才基地符合条件，已经上报国家体育总局进行审批。狠抓《河北体育后备人才培养规定》，举办全省县（区）业余训练工作现场经验交流会议，县（区）体校恢复初显成效，2012年底达到111所，同比增加了65所。对“苗子”运动员进行科学化、系统化的管理，加大跟踪力度，全年共集训520名“苗子”运动员，确定165名“苗子”运动员。常年参加业余训练人数达到2.5万人，注册2.3万人，同比增加3100人。全年共审核审批了一级运动员332名。加强体育传统项目学校建设，评选出27所优秀体育传统项目学校、76名优秀体育传统项目学校体育教师，培训了170名体育传统项目学校教师。大力开展校园足球活动，出台了《河北省校园足球布局城市认定办法》，确定邯郸、保定、张家口及唐山市为布局城市。五是运动员文化教育、运动员保障和运动队思想政治工作进一步增强。认真贯彻落实国务院办公厅《关于进一步加强运动员文化教育和运动员保障工作的指导意见》，省政府办公厅转发了省体育局等五部门《关于进一步加强运动员文化教育和运动员保障工作的实施意见》，并召开了全省运动员文化教育和运动员保障工作电视电话会议。积极推行运动员赛前进行文化课考试，在自行车、武术等三个项目试点赛前文化课考试，效果良好。加强运动员职业技能培训，先后150余人次参加综合职业素质培训和专项职业技能培训，妥善安置退役运动员104名。加强运动员思想政治工作，结合创先争优活动和基层建设年活动，在运动队中深入开展“走在前、作表率”主题实践活动。加大赛风赛季和反兴奋剂工作力度，落实赛风赛季和反兴奋剂工作责任制，全年未出现违规违纪事件。

【体育产业】 2012年，紧紧围绕建设“环京津体育健身休闲圈”平台，深化京津冀区域协作，以项目带动为抓手，以拓展体彩发行渠道、培育体育休闲市场、开拓体育产业领域为重点，努力实现体育产业发展实力、活力和竞争力的整体提升。一是发挥区位资源优势，培育壮大体育健身休闲、体育用品生产、体育运动培训等基础产业。重点发展并培育了崇礼滑雪、廊坊高尔夫、保定特色培训基地、唐山体育产业园区、承德健身基地、沧州体育场馆群、秦皇岛海滨健身等一系列重点项目，全省目前在建、拟建项目共计53个，总投资金额约500亿元。二是大力扶持大型品牌赛事活动。重点扶持有影响力、形成届次和规模的体育产业品牌赛事活动开展。主要有崇礼国际滑雪节、碧海（廊坊）2012春季钓具展销订货会、中国廊坊国际秀鸽展示暨幼鸽交流会、中国保定国际空竹艺术节、承德2012CBSA美式台球国际公开赛等，不仅丰富了当地群众的体育文化需求，同时对带动当地社会经济发展和体育相关产业的发展起到积极作用。组织开展了“环京津体育健身休闲圈”全省体育产业巡礼宣传活动，组织省内体育用品生产企业参加第30届中国（北京）国际体育用品博览会和首届中国（北京）国际服务贸易交易会和2012年中国体育旅游博览会。张家口崇礼滑雪、沧州吴桥杂技大世界、北戴河轮滑节入选2012年度中国体育旅游精品项目。三是提升体育彩票销售规模。按照河北省体育局年初确定的统一思想、做大增量、确保安全的目标要求，认真学习好山东、江苏体育彩票工作经验，结合河北实际，强化管理，创新举措，调整公益金分配方式，充分调动市县推进体育彩票发行工作的积极性，全年销量突破30.6亿元，昂首迈入30亿元时代，同比增长24%。四是体育场馆运营效益显著。以河北体育馆、全民健身活动中心为龙头健身服务和接待能力进一步提升，全年营业收入突破1500多万元，其中，体育馆和健身中心收入980万元，崇礼高原训练基地收入623万元。全省体育场馆在坚持公益的前提下，积极盘活场馆资源，经营性收入不断提高，激发了内部发展活力，优化了内部管理。五是基础设施建设力度不断加大。河北省体育局谋划了河北奥体中心、石家庄训练基地、秦皇岛夏训基地、崇礼高原训练基地等四大综合训练基地。训服中心二期工程、三期工程竣工即将投入使用，援建新疆群众文化体育活动中心工程竣工。河北体育学院高尔夫球场工程投入使用。市县体育场馆建设步伐加快，沧州市体育场、承德奥体中心和体育馆、唐山奥体中心、邢台奥体中心、邢台水上中心训练基地、邯郸体育中心和游泳中心等竣工投入使用，张家口全民健身二期工程主体完工。

【体育文化、法制、科研】 一是体育文化活动内容丰富。全省体育对外交流工作圆满完成，体育生活报发行量稳步提升，秦皇岛市奥运博物馆加紧建设，廊坊市荣高堂诞辰100周年纪念活动隆重举行。在体育文化活动方面，继续提升现有体育文化节庆品牌影响力，如保定空竹文化艺术节、狼牙山登山节、崇礼国际滑雪节、北戴河轮滑节、衡水湖国际马拉松比赛、张家口草原马拉松赛、华北油田文化体育艺术节等；此外，还积极组织开展各类体育文化赛事活动，扩大社会体育项目的影响力。如举办了纪念毛泽东同志“发展体育运动、增强人民体质”题词60周年摄影展，集中展示了60年来体育发展成果；中国唐山龙舟邀请赛暨首届唐山（南湖）龙舟体育文化节、滦南县首届北河水城文化节龙舟赛，与北京、天津联合举办了第二届京津冀龙舟邀请赛，加强了龙舟交流，提升了端午龙舟体育文化影响力；举办了保定民俗体育文化周展演活动，铁球、踢毽、空竹、陀螺、舞狮、高跷等传统体育项目得到了很好的展示，也使广大群众充分感受到民间体育的文化魅力。在体育交流活动方面，不断推动中华体育文化走向世界，增强我国体育文化软实力，提高我国体育文化影响力。组织了河北门球代表队赴日本鸟取县进行交流活动，邀请俄罗斯、韩国、朝鲜、泰国、澳大利亚等体育组织，与河北省就乒乓球、网球、拳击、足球、围棋、门球等运动项目进行国际交流和互访训练。同时还接待了以中华台北奥委会副秘书长彭剑勇为团长的女子柔道交流观摩团，以及以中国台湾体育总会理事长郑锦州为团长的体育组织情况交流考察团。

二是法制更加完善。河北省政府办公厅转发省体育局等五部门《关于进一步加强运动员文化教育和运动员保障工作的实施意见》，修订了《河北省体育局备战第十二届全运会激励方案》及《实施细则》。印发《省体育局2012年干部教育培训工作方案》,《省优秀运动队运动员聘用暂行办法实施细则》，顺利完成2011年度优秀运动员选调工作。

三是体育科研建设力度进一步加大。建立了低氧训练研究中心和运动员心理调控实验室，顺利完成国民体质监测工作报告和体质监测研究报告。新购置一批先进设备，重大课题研究、科研医疗攻关、服务能力和水平大幅提升。

四是挖掘、整理和传承优秀体育文化遗产成绩突出。(1) 第二轮《河北省志·体育志)》(1979—2005) 卷编撰工作顺利进行，共计63余万文字、图片200余幅的初稿已编纂完成。(2) 积极挖掘整理散落民间的传统武术文化，将不同派别、不同拳种进行分类，建立组织，统一管理。成立了二郎拳研究会、言轻拳研究会、大成拳研究会、陈氏太极拳研究会、杨氏太极拳研究会等，为传承优秀体育文化奠定了组织基础；通过走访形意拳、八卦掌、太极拳、鹰爪拳等拳种在河北衡水的发源地或传承地，通过与老一辈武术家进行言谈，了解和梳理各拳种的传承流派，发现和整理出大量珍贵老照片和碑刻、牌匾等实物；以非物质文化遗产梅花拳的诞生、发展、传播为线索，编辑出版了《梅花拳传奇故事集》，该书收集了近百个有关梅花拳的传说，共计26万字，并配有精美的插图及历史资料照片，是一部颇为吸引读者的通俗读物。

（河北省体育总会　成锁柱）

【河北省体育彩票管理中心】　1988年，经河北省政府批准，“河北省振兴体育奖券”出现在燕赵大地上，从此拉开了体育彩票在河北省蓬勃发展的序幕。1992年，经省体委报上级部门批准，正式成立河北省体育奖券办公室。1995年，省编办审批通过成立河北省体育彩票管理中心（以下简称：省体彩中心)，属于自收自支事业单位，是河北省发行中国体育彩票最高行政管理部门。

省体彩中心垂直管辖11个市级管理中心，销售网点达5500余个。截至2012年12月31日，河北体彩已累计发行中国体育彩票181.5亿元，筹集体彩公益金55.6亿元，增加税收4.5亿元，创造就业岗位13000多个，为河北省社会经济发展做出了积极贡献。

省体彩中心的职能是根据国家有关彩票行业管理的法律和法规，做好全省体育彩票的发行和管理负责制订全省体育彩票管理的有关规定，负责制定全省体育彩票发行计划和统一申报额度。负责组织、协调、管理全省体育彩票销售工作，负责与国内体育彩票组织的联络，开展交流与合作。根据体育彩票事业的发展需要，开展有关的经营活动；负责国家体育总局彩票管理中心和省体育局交办的其他事项。

在成立之初，全省仅销售即开型体育彩票，体育彩票走进了河北人民的生活。2000年初，电脑体育彩票在河北上市，体育彩票销售也进入了一个新的时代。发行方式的进步促进了销量的增长，由此拉开了河北体育彩票销量大幅增长的序幕。经过近20年的发展，河北省已有电脑体育彩票网点5500余个，即开型体育彩票网点2000余个，为社会创造了13000余个就业机会。目前，现行销售的体育彩票包括概率型、竞猜型和即开型彩票三大类十多种游戏。

销售网点的不断增多和彩民的日益成熟，使河北体彩在管理上也遇到了新的挑战。河北体彩在实践中前行，摸索出适合河北体彩事业发展的崭新途径。提出了体育彩票工作重点向营销转移，销售工作重点向网点转移的工作思路，并引进先进的ISO9001管理体系，提高管理质量，提升了管理者和营销者的素质，保证了河北体育彩票市场健康稳定的运行。

随着销售区域的不断扩大和彩票销量快速提高，河北体彩由建立之初的体育奖券办公室扩大为下辖11个市级管理中心，工作人员220多人的较大规模的管理团队。

2012年，在省体育局的高度重视和大力支持下，省体彩中心推动实施体彩工作“一把手”工程，着力打造省、市、县三级管理体制和“三级加一员”的管理模式，从维护体育事业发展“生命线”的高度，将体育彩票工作纳入到各级体育主管部门“一把手”工程，切实加大对体育彩票工作的重视程度和支持力度，为河北省体彩事业提供良好的发展环境。

2013年，中心在认真贯彻落实“一把手”工程的同时，将紧密围绕“理顺体制、优化机制、提升素质”的工作目标，通过制定科学的激励机制，在安全运行的基础上，全面提高销售业绩和基础管理水平。

体育彩票事业被称作“体育事业的生命线”，它为国家及各地方的体育事业提供保障，并为推动体育发展和全民健身事业做出了巨大的贡献。

创建和谐社会，营造温馨社区是体育彩票的神圣使命。截至目前，全省已建成6个国家级全民健身中心，4400余条全民健身路径，300余处全民健身工程。仅2011—2012年，体彩投入公益金1005万元，为全省350个社区配备健身器材3465件，2013年计划投入公益金700万元，为河北省300个社区配备建设器材2100件。“百县千乡万村”农民体育健身工程建设是体育彩票利民惠众的集中展示项目，目前已投资2.5亿元在2.5万个以上村建成农民体育健身工程，达到现有村数的50%以上。

另外，河北正定国家乒乓球训练基地、石家庄市蟠龙湖河北省水上项目训练基地、张家口崇礼县的高原训练基地暨长城岭滑雪场整个训练基地投资1.3亿元，其中近亿元资金来自体彩公益金，为国家队和省队的亚高原训练提供了条件。十八年来，河北体彩组织了十多届铁人三项赛，推动“铁人三项”运动在我国的普及和发展。每年的中国体育彩票杯河北省元旦长跑活动仅在省会石家庄就会吸引数万人参加，体育彩票倡导的“新年跑出新精彩”已成为参与长跑活动的广大市民的时尚理念。体彩公益金还用于补充全国社会保障基金、补助地方城市、补助地方农村医疗救助基金、红十字会事业、残疾人事业等。如今，体育彩票事业的活动和影响早已超越体育的范畴，成为社会、经济、文化生活的重要组成部分，为社会公益事业做出突出的贡献。

此外，河北体彩和知名媒体合作，向全省近百所贫困中、小学捐赠体育器材，让贫困地区学生的课余充满阳光和生机；自2007年，河北体彩出资30万元，资助河北体育学院200多名贫困大学生，温暖着国家未来的栋梁；2008年，四川大地震举国震惊，河北体彩第一时间汇集115万元的捐款和赈灾物送往灾区，同年，河北体彩携手河北省文化厅开展了5000场电影下乡活动，丰富了全省广大农民的业余文化生活。

省体彩中心先后获得：省体育局“省体育系统先进单位”、石家庄地税局“纳税先进单位”、省直工委“先进职工之家”、“先进职工小家”和“职代会达标单位”；国家中心“销售贡献奖”、“宣传工作突出单位”、“公益宣传优秀奖”、“网点管理优秀奖”等各种奖励70多项。

（河北省体育彩票管理中心　张文荟）

区域经济篇
REGIONAL ECONOMY
河北经济年鉴
2013

石家庄市

2012年以来，面对错综复杂的国际国内环境变化，在市委、市政府的坚强领导下，石家庄市紧紧围绕“转型升级、跨越赶超，建设幸福石家庄”的奋斗目标，大力实施中东西区域协调发展战略，狠抓各项工作落实，全力以赴上项目、稳增长、调结构、惠民生，全市经济运行稳中有进。

一、经济发展和居民收入平稳增长

（一）经济运行缓中趋稳、企稳回升。2012年，全市经济运行呈现“高开低走，企稳回升”的运行态势，全年完成生产总值4500.2亿元，同比增长10.4%。第一、二、三产业分别完成增加值452.2亿元、2240.7亿元和1807.3亿元，同比分别增长3.6%、12.0%和10.0%。从分季累计同比增速看，一季度平稳开局，同比增长10.1%；上半年略有回升，同比增长10.3%；前三季度有所回调，同比增长9.7%；进入四季度，随着稳增长政策效应的逐步显现，呈现企稳回升向好的运行态势。总体看，全年全市经济增速基本保持在10%上下，处于相对稳定增长区间。

（二）居民收入稳步增长。经济的稳定发展带来居民收入的稳步增长。2012年，全市城市居民人均可支配收入23038元，同比增长12.2%；农民人均纯收入8993元，同比增长15.0%。农民人均纯收入增速高于城市居民人均可支配收入2.8个百分点。城乡居民收入比继2011年缩小为2.63∶1后，2012年继续缩小至2.56∶1。

二、经济发展的协调性增强

（一）从产业支撑看，三次产业协调发展。农业平稳发展。2012年，全市农村经济呈现平稳发展的好局面，全年农林牧渔业总产值完成787.5亿元，同比增长3.3%。其中，农业产值完成430.0亿元，同比增长3.7%；牧业产值完成315.3亿元，同比增长2.5%。全市农林牧渔业增加值完成452.2亿元，同比增长3.6%。夏粮喜获丰收，实现粮食总产258.4万吨，同比增长2.1%。蔬菜生产保持稳定，蔬菜播种面积237.56万亩，同比增长3.2%；实现总产1255.36万吨，同比增长2.7%。畜牧业生产平稳发展，肉类总产77.28万吨，同比增长1.4%；禽蛋产量106.41万吨，同比增长0.1%；牛奶产量120.55万吨，同比增长1.5%。

工业经济企稳回升。2012年，全市规模以上工业总体运行平稳，完成增加值1800.2亿元，同比增长13.5%。其中，规模以上轻工业完成增加值886.2亿元，同比增长18.2%，高于全市平均水平4.7个百分点；规模以上重工业完成增加值913.9亿元，同比增长9.4%，低于全市平均水平4.1个百分点。轻工业增速快于重工业增速8.8个百分点，轻、重工业比为49.2∶50.8。全市钢铁工业、装备制造业、石化工业、医药工业、建材工业、食品工业和纺织服装业等七大主导产业累计完成增加值1564.0亿元，同比增长13.6%，高于全市平均水平0.1个百分点。

第三产业平稳发展。2012年，第三产业完成增加值1807.3亿元，同比增长10.0%。其中，交通运输仓储及邮政业、批发和零售业等传统服务行业发展平稳，占第三产业增加值的比重分别为21.8%和21.7%，对第三产业增加值增长的贡献率分别为21.4%和25.1%，是第三产业发展的主要动力。金融业、住宿和餐饮业等服务行业增长较快，同比分别增长13.0%和11.7%，高于全市第三产业平均增速3.0和1.7个百分点，对第三产业增长的拉动作用明显。

（二）从需求支撑看，投资消费协调拉动。投资平稳较快增长。2012年，全市以项目建设促转型，以项目建设稳增长，固定资产投资实现平稳较快增长。全年完成固定资产投资3673.3亿元，同比增长21.4%。其中，第一产业完成投资78.8亿元，同比增长36.5%；第二产业完成投资1392.3亿元，同比增长28.8%；第三产业完成投资2202.3亿元，同比增长16.7%。

消费品市场总体平稳。2012年，全市消费品市场整体保持平稳增长态势，全年实现社会消费品零售总额1915.8亿元，同比增长15.2%。其中限额以上批发零售业零售额实现611.2亿元，同比增长19.5%。按经营地统计，城镇市场实现零售额1502.9亿元，同比增长15.5%，乡村市场实现零售额412.9亿元，同比增长14.3%，城镇快于乡村1.2个百分点。

三、调结构转方式成效显现

（一）工业结构调整不断深化。装备制造业增速快。2012年，全市装备制造业完成增加值265.0亿元，同比增长17.1%，高于全市规模以上工业增速3.6个百分点。高耗能行业增速慢。六大高耗能行业完成增加值624.5亿元，同比增长8.7%，低于全市规模以上工业增速4.8个百分点。

（二）投资结构进一步优化。亿元以上项目拉动作用显著。2012年，全市亿元以上建设项目708个，同比增长24.4%，完成投资1520.8亿元，同比增长34.0%，高于全市固定资产投资增速12.6个百分点。工业技改投资持续较快增长。2012年，全市完成技改投资953.1亿元，占工业投资的比重为68.5%，同比增长50.6%，高于全市工业投资增速20.1个百分点。

四、经济运行质量继续提高

（一）财政收入稳步增长。2012年，全市全部财政收入完成573.4亿元，同比增长17.3%。其中，公共财政预算收入完成272.3亿元，同比增长23.1%，占全部财政收入比重为47.5%，同比提高2.3个百分点。全部财政收入占GDP比重为12.7%，同比提高0.7个百分点。

（二）企业效益回升、整体盈利能力较强。2012年，全市规模以上工业利润增速在上半年回落至年内最低点11.1%后，逐步回升。全年实现利润562.7亿元，同比增长11.9%，保持了稳步提高的态势。规模以上工业主营业务收入利润率达7.3%，同比提高0.3个百分点。

五、通货膨胀得到有效抑制

2012年，市区居民消费价格总水平同比上涨2.8%，涨幅比2011年回落2.9个百分点，有效控制在调控目标之内。从分月同比指数看，市区居民消费价格总水平年初延续2011年走势，高位开启后逐步回落，期间虽有小幅反弹，但下行趋势未变。10月份，同比涨幅创下2009年11月后新低，仅为1.5%；11、12月份受极寒天气影响，鲜菜价格大幅上涨，带动消费价格总水平反弹，同比分别上涨2.2%、3.5%。

（石家庄市统计局　赵　洁）

承 德 市

2012年，面对复杂严峻的经济形势，承德市紧紧围绕建设国际旅游城市总目标，认真贯彻落实"323"经济发展战略，突出主题主线，坚持"稳中求进、好中求快"总基调，迎难而上，真抓实干，全市呈现经济保持平稳较快增长，结构调整稳步推进，各项事业取得显著成就，社会面貌发生重大变化，民生继续改善的良好态势。

一、综合

经济总量稳步增长。2012年承德市经济总量达到1181.9亿元，比上年增长10.5%，高于全国和全省平均水平2.7个和0.9个百分点。其中第一产业增加值185.2亿元，增长4.6%，第二产业增加值625.4亿元，增长13.1%，第三产业增加值3701.4亿元，增长9.4%，三次产业结构比重为15.7：52.9：31.4。

市场价格平稳回落。居民消费品价格累计上涨2.1%，比年初回落2.7个百分点。其中，城市和农村分别上涨1.9%和2.1%，非食品价格上涨1.5%，消费品价格上涨2.8%，服务项目价格上涨0.2%。

就业形势稳定。全市城镇新增就业人员4.5万人，下岗失业人员再就业2.4万人，其中，困难人员就业9704人，培训农村劳动力5.8万人，转移就业8万人。城镇登记失业率3.29%，控制在4.5%以内。

二、农业

农业生产形势稳定。全市粮食产量135.19万吨，下降3.8%，粮食平均亩产291公斤。油料产量1.21万吨，下降6%，稻谷13.51万吨，下降1.5%，豆类2.8万吨，下降11.3%，薯类25.55万吨，增长18.6%，蔬菜总产量348.8万吨，增长9.3%，其中食用菌产量41.0万吨，增长30.6%，干鲜果品产量105.8万吨，比上年增长15.8%，全年肉类总产量42.65万吨，比上年增长3%，水产品总产量达3.6万吨，增长2.8%。

生产条件不断改善。年末有农业机械总动力349.0万千瓦，比上年增长5.9%。实际机耕面积达20.3万公顷；当年机械播种面积17.6万公顷，占农作物总播种面积的46.4%；机械收获面积6.0万公顷，占农作物总播种面积的15.8%。全市农业产业化经营率达64.4%，同比提高2.4个百分点。

三、工业和建筑业

工业生产企稳回升。工业生产总体保持较快增长，全市实现工业增加值553.8亿元，比上年增长13.1%。434家规模以上工业企业完成工业增加值484亿元，增长13.8%，高于全国平均水平3.8个百分点，高于全省平均水平0.4个百分点。主要产品中，铁矿石产量2.6亿吨，比上年增长25.7%，铁精粉产量6463.6万吨，增长31.4%，钢材产量979.4万吨，下降0.3%，发电量85.2亿千瓦时，增长6.9%，中成药3699吨，增长7.2%，白酒40696千升，增长0.5%。

企业效益平稳增长。规模以上工业企业实现主营业务收入1629.5亿元，增长6.1%。实现利税188.5亿元，下降2.3%，其中利润106.7亿元，下降9%，较年初收窄32.9个百分点，税金81.8亿元，增长8.1%。规上工业企业户均利润2459万元，全年利润过亿元企业31家。亏损企业个数125家，亏损额9.3亿元。

建筑业生产稳步增长。全市实现建筑业增加值71.6亿元，比上年增长12.5%。有工作量的建筑企业共176家，房屋建筑施工面积977万平方米，下降4.8%；房屋建筑竣工面积433万平方米，下降7.1%。

四、固定资产投资

投资结构优化。全市全社会固定资产投资全年完成1022.1亿元，比上年增长23.2%。高新技术产业完成投资91.8亿元，同比增长138.3%，占工业投资的比重为20.3%，比上年提高了10.7个百分点；服务业完成投资357.5亿元，增长71%。完成民间投资603.7亿元，增长31.1%，比固定资产投资增速快6.1个百分点，占固定资产投资的比重为60.6%。三次产业的投资比重由2011年的5.4：50.3：44.3调整为2012年的6：46：48。

项目建设稳步推进。全市固定资产投资施工项目1331个。本年新开工项目931个，下降20.4%，占施工项目的69.9%。亿元以上项目299个，比上年增加86个，共完成投资561.2亿元，占全社会投资的54.9%。双峰寺水库开工建设，总投资5.6亿元的滦河、武烈河流域治理项目列入国家规划，丰宁抽水蓄能电站通过核准，进场道路开工建设，大唐国际2×100万千瓦火电项目正式获准上报国家发改委。

五、国内贸易

消费品市场稳步增长。全市实现社会消费品零售总额349.7亿元，比上年增长15.1%。从行业看，批发业实现销售额366.3亿元，增长13.5%；零售业实现销售额326.7亿元，增长20.1%；住宿业实现营业额10.6亿元，增长16.7%；餐饮业实现营业额48.7亿元，增长18.7%。

各类商品零售额增加。限额以上企业实现商品零售额85亿元，比上年增长18.5%。其中，体育娱乐用品类增

长69.4%，化妆品类增长28.2%，粮油、食品饮料烟酒类增长27.4%，服装鞋帽针纺织品类增长27.3%，日用品类增长25.4%，汽车类增长，23%，通讯器材类增长18.2%，金银珠宝类增长16.2%，石油制品类增长11.6%。

六、对外经济和旅游

利用外资成倍增长。全年实际利用外资13043万美元，同比增长129%。其中外商直接投资12020万美元，增长129.6%。年末实有三资企业104家。全年新批三资企业1家，新批外商投资项目15个，合同总金额19860万美元，下降77.4%，其中合同外资额20965万美元，增长130.9%。

进、出口下降。受国际市场疲软影响，全年进出口总值15241.5万美元，比上年下降19%。其中，进口总值1184.7万美元，下降54.6%；出口总值14057万美元，下降13.3%。

旅游业高速增长。全市共接待境内外游客2010万人次，比上年增长18.3%；其中，境内游客1976.1万人次，境外游客33.9万人次，分别增长18.5%、8.8%。全年实现旅游总收入162亿元，增长28.61%，其中，接待境外游客收入12194万美元，增长10.1%。

七、交通运输和邮政、通讯

交通建设步伐加快。全市境内公路里程达到19369.2公里，比上年增加341.7公里；全市高速公路通车里程达到376.4公里，干线公路通车里程达到2482.96公里；全年公路货运量7475万吨，比上年增长16.9%，公路货运周转量163.68亿吨公里，增长17.39%；公路客运量5050万人，增长5.1%，公路客运周转量27.42亿人公里，增长16.5%；全市最后52个行政村通村工程和275个帮扶村主街道硬化任务圆满完成。

邮政、通讯能力提高。全年完成邮政业务总量14277.99万元，同比下降5.33%；电信业务总量23.28亿元，增长9.5%。本地固定电话用户37.15万户，下降1.6%。年末全市移动电话用户288.99万户，增长9.8%。国际互联网接入用户34.68万户，增长28.4%。

八、财政和金融

财政收入创历史最高水平。2012年，全市财政收入175.亿元，比上年增长14.4%，增幅比全国高1.6个百分点。其中地方一般预算收入82.5亿元，增长16.1%，增幅比上年降低13.6个百分点。财政各项支出稳定增长，地方一般预算支出224.7亿元，增长20.3%，其中，科学技术、社会保障和就业、医疗卫生、教育支出分别增长9.2%、5.7%、7.4%、50.1%。

存贷款规模继续扩大。年末全市全部金融机构人民币各项存款余额达1359.1亿元，同比增长13.9%。各项贷款余额达971.2亿元，增长13.87%。

九、科学技术和教育

科技事业扎实推进。全年共组织实施国家、省级科技计划项目44项，争取各类项目资金3240万元，分别是上一年度的2.4倍和1.9倍。其中11个项目列入国家创新基金项目；高新技术产业开发区升级为国家级高新技术产业开发区，成为全省5家国家级高新技术产业开发区之一。2012年全市共申请专利387项，其中发明专利132项，共授权专利287项，其中发明专利45项。省级农业科技园区达到6个。

教育事业平稳发展。2012学年，全市共有普通高等学校4所，中等职业教育学校33所，普通中学122所，小学574所，幼儿园946所。中等职业教育学校共招生1.5万人，在校生人数4.7万人，毕业生1.6万人；普通中学共招生5.53万人，在校生人数16.57万人，毕业生6.06万人；小学共招生4.77万人，在校生24.96万人，毕业生3.46万人；幼儿园在园儿童10.69万人，比上年增长0.3%。

十、文化和卫生

文化事业发展较快。年末全市有艺术表演团体8个，艺术表演场所5个，文化馆10个，文化站215个，图书馆11个，剧场、影剧院5个。中短波广播发射台和转播台5座，发射功率34千瓦，广播人口覆盖率94.14%；电视发射台和转播台15座，发射功率23.03千瓦，电视覆盖率96.52%；有线电视用户数达53.96万户，有线电视入户率41.68%。

卫生事业不断加强。全市农民医疗保障水平不断提高，城镇医疗保险参保人数931192人，增长6.2%，新型农村合作医疗参合农民257.47万人，参合率达到95.54%，人均筹资水平达290元；孕产妇死亡率降至7.34/10万，婴儿和5岁以下儿童死亡率分别降至3.5‰和4.31‰；改扩建乡镇卫生院35所，新建标准化村卫生室2033个，乡镇卫生院全部达到省级标准，城市社区卫生服务中心覆盖率达到100%。

十一、人民生活和社会保障

居民生活不断改善。全市城镇居民家庭人均可支配收入16832元，比上年增长11.9%。其中，城市居民家庭人均可支配收入18706元，增长12.4%。农村居民人均纯收入5546元，比上年增加612元，增长12.4%。

社会保障能力提高。年末全市有25.03万职工参加了失业保险，参加基本医疗保险人数达93.12万人，同比增长4.2%。有170万人参加了城乡居民养老保险，实现八县三区和开发区全覆盖，参保率98%，为37.7万名60周岁以上城乡居民发放基础养老金2.38亿元，发放率100%。社会救济总人数达59.52万人，比上年增加5.02万人。城镇居民最低生活保障人数7.94万人；农村居民最低生活保障人数21.12万人。

十二、城市建设和环境保护

城市基础设施建设进一步加强。全年实施城建项目253个，完成投资174.5亿元，其中市中心区94个，完成投资82.2亿元，实施60余处重点区域美化绿化工程。新增和更新公交车110辆；中心区供热普及率达到75%，供热面积达到1060万平方米，同比增加60万平方米；煤制天然气入市管网完成34公里，市区燃气普及率达到99.85%；11座生活污水处理厂和生活垃圾无害化处理场全部投入运行；市区污水处理率达 96.58%；人均公园绿地面积达 24 平方米，建成区绿化覆盖率达 39.95%。

环境质量明显改善。市区环境空气质量达到国家二级标准，全年二级和好于二级的天数达到 350 天，比上年增加了 1 天；市区环境空气质量一级天数达到 188 天，比上年增加了 6 天，双双创历史新高。全市 7 条河流 26 个国省控监测断面Ⅰ－Ⅲ类水质比例达到 56%。城市集中式饮用水水源地水质达标率保持 100%。

（承德市统计局　王　剑）

张家口市

2012 年，全市人民紧紧围绕“推进科学发展，致力跨越赶超，实现绿色崛起，打造强市名城”工作主题，着力调整经济结构，推进新型工业化、新型城镇化和农业现代化发展，同心协力，开拓奋进，扎实推进各项工作，全市国民经济保持平稳较快增长，各项社会事业全面健康发展。

一、宏观经济整体向好

国民经济保持平稳较快增长。2012 年，全市实现生产总值 1233.55 亿元，同比增长 10.0%。其中第一产业实现增加值 205.78 亿元，同比增长 4.6%；第二产业实现增加值 529.04 亿元，同比增长 11.9%；第三产业实现增加值 498.73 亿元，同比增长 9.9%。人均生产总值达 28142 元。

财政收入快速增长。2012 年，全市全部财政收入完成 214.15 亿元，同比增长 19.4%，其中公共财政预算收入完成 106.56 亿元，同比增长 28.4%。

金融市场运行平稳。2012 年，全市全部金融机构各项存款余额 1673.87 亿元，比年初增长 14.7%。其中，单位存款 521.44 亿元，比年初增长 12.5%，个人存款 1127.87 亿元，比年初增长 16.7%；各项贷款余额 1192.90 亿元，比年初增长 12.2%。其中，短期贷款 421.98 亿元，比年初增长 20.1%，中长期贷款 745.85 亿元，比年初增长 7.6%。

市场价格涨幅回落。2012 年，全市城市居民消费价格指数为 102.4，同比增长 2.4%。涉及调查的八大类商品中仅交通和通信类下降 0.8%，其余七大类上涨：食品类上涨 2.9%、烟酒类上涨 0.5%、衣着类上涨 0.7%、家庭设备用品及维修服务类上涨 1.3%、医疗保健和个人用品类上涨 5.5%、娱乐教育文化用品及服务类上涨 3.4%；居住类上涨 2.6%。

二、农业生产平稳发展

2012 年，全市粮食播种面积 47.53 万公顷，同比下降 0.8%，粮食总产量达 154.73 万吨，同比增长 321 吨，粮食单产 3255 公斤/公顷，同比增长 0.8%。全年蔬菜播种面积 9.93 万公顷，同比增长 11%，蔬菜总产量达 638.8 万吨，同比增长 10.8%，蔬菜单产 64336 公斤/公顷，同比下降了 0.2%。园林水果总产量达到 61.4 万吨，比上年增长 8.3%。

2012 年，全市畜牧业生产呈现稳中微增的发展态势。全市生猪出栏 254.85 万头，牛出栏 32.49 万头，羊出栏 312.05 万只，家禽出栏 3127.73 万只，同比分别增长 1.5%、0.1%、0.8%和 4.0%。牛奶总产量 124.33 万吨，同比增长 1.5%。禽蛋总产量为 20.50 万吨，同比增长 0.1%。

三、工业生产状况良好

2012 年，全市规模以上工业企业 431 家，全年实现工业增加值 397.30 亿元，同比增长 13.3%，其中，国有及国有控股企业增长 9.4%，集体企业增长 16.2%，私人控股企业增长 23.9%，港澳台商控股企业增长 18.5%；轻工业增长 18.2%，重工业增长 11.9%。分产业看，矿产品及精深加工产业累计完成工业增加值 186.21 亿元，同比增长 16.6%；食品加工产业完成工业增加值 87.81 亿元，同比增长 16.1%；装备制造产业完成工业增加值 42.22 亿元，同比增长 7.7%；新型能源产业完成工业增加值 63.06 亿元，同比增长 5.2%。

2012 年，全市规模以上工业累计实现主营业务收入 1074.46 亿元，同比增长 4.5%；累计实现利税 149.09 亿元，同比增长 8.2%，其中实现利润 66.67 亿元，同比增长 3.0%。

四、固定资产投资势头强劲

2012 年，全市全社会固定资产投资超千亿元，达到 1184.44 亿元，同比增长 20.0%。其中城乡建设项目投资完成 953.96 亿元，同比增长 25.8%；房地产开发投资 209.12 亿元，同比增长 0.3%。农村农户完成投资 21.36 亿元，同比增长 5.2%。全市亿元以上施工项目 325 个，同比增加 29 个，完成投资 669.08 亿元，同比增长 19.6%。其中亿元以上新开工项目 130 个，同比增加 14 个，完成投资 284.45 亿元，同比增长 9.9%。

五、国内贸易繁荣稳定

2012 年，全市实现社会消费品零售总额 435.10 亿元，同比增长 15.5%。其中，城镇零售额实现 338.14 亿元，同比增长 14.8%；乡村零售额实现 96.95 亿元，同比增长 17.8%。分行业看，批发业实现零售额 70.56 亿元，同比增长 39.8%；零售业实现零售额 300.85 亿元，同比增长 14.1%；住宿业实现零售额 4.09 亿元，同比增长 15.2%；餐饮业实现零售额 3.93 亿元，同比增长 23.2%。

六、对外经济快速增长

2012 年，全市实际利用外资 24960 万美元，同比增长 33.6%，超省下达目标任务 5460 万美元，超市目标任务 460 万美元。其中外商直接投资 24621 万美元，同比增长 80.0%。2012 年，新批外商投资项目 5 个，比上年下降 50%。合同外资额达到 12282 万美元，同比下降 70.4%。当年新注册外商投资企业 4 个，注册资本 16225 万美元，同比下降 52.0%，投资总额达 30893 万美元，

同比下降38.5%。

2012年，实现进出口总额38363万美元，比上年增长22.8%。其中出口额实现31770万美元，同比增长27.1%。

七、社会事业全面发展

科技事业进一步发展。2012年，全市获国家科技进步二等奖1项，获省科技进步二等奖1项，省科技进步三等奖8项，获省山区创业三等奖3项。市级科技奖励授奖143项，其中科学技术突出贡献奖1项，一等奖27项。省政府正式批准建立西山、东山2家省级高新技术产业开发区，使张家口市成为全省首个同时拥有2个省级高新区的地区。园区拥有和应用各类高新技术89项，专利17项。

教育事业稳步发展。2012年，全市义务教育阶段巩固率达到96%，被中国教育协会、中国教育发展促进会评为"中国教育改革创新示范城市"。职业教育发展势头强劲，全市职普教招生比例51∶49，在校生比例48∶52，均超全国平均水平。特殊教育全国领先，全市盲、聋、智障三类残疾儿童入学率达到91%，2012年参加高考的6名视障学生全部升入本科院校。

文化事业更加繁荣。2012年，全市有17个县区建成了数字影院，15个县区拥有县级图书馆、文化馆，209个乡镇全部建成了乡镇文化站，新建成农家书屋1539个。2012年，"农村电影放映工程"，共放映公益电影50268场，受益群众达860万人次。共开展"四送两进"公益巡演活动1087场、组织广场文化活动212场、图书馆公共讲座44场、文化志愿活动34场、精品演出10场、大型公益性展览16个。市演艺集团新创排的口梆子大戏《少年董存瑞》和《雷锋》被省委宣传部、省文化厅等5个部门确定为迎接党的十八大重点剧目。

卫生事业稳步发展。2012年，全市共有医疗卫生机构5612个，其中医院68个，乡镇卫生院210个，社区卫生服务中心（站）52个，妇幼保健院（所、站）18个，卫生监督所（中心）21个。卫生技术人员16417人，其中执业医师及执业助理医师6665人，注册护士5115人。医疗卫生机构床位17838张，其中医院12008张，乡镇卫生院4256张。

体育事业取得良好成绩。2012年，成功举办了2012年中国·张家口马拉松比赛，承办了捷安特自行车拉力赛。全年共参加省级比赛37项（次），夺得金牌18枚，银牌16枚，铜牌18枚，是全市近年来年度参赛成绩最好的一年。张家口市籍运动员侯玉琢在2012年伦敦奥运会上，夺得女子跆拳道57公斤级比赛亚军，创张家口市籍运动员在奥运会上的最好成绩，也是全市建国以来取得国际赛事奖牌的第一人。

八、人民生活和社会保障

2012年全市户籍总人口468.41万人，其中农业人口311.51万人，非农业人口156.44万人；男性人口241.41万人，女性人口227.0万人。全年出生人口5.05万人，人口出生率10.78‰，死亡人口2.98万人，死亡率6.38‰，人口自然增长率4.4‰。2012年末全市常住人口为439.38万人。

城乡居民收入稳步提高。2012年，全市城镇居民人均可支配收入18441元，同比增长12.4%，其中工资性收入10072元，同比增长14.0%。城镇居民人均消费性支出11498元，同比增长5.9%。农民人均纯收入5564元，比上年增长14.6%。其中：工资性收入、家庭经营现金收入分别达到2301元和2503元。城镇居民恩格尔系数为35.6%。城乡居民住房条件逐步改善。城市居民人均住房建筑面积26.75平方米；农民人均住房面积为22.5平方米，比上年增加0.4平方米。

社会保障体系日益完善。2012年，全市基本养老保险参保人数74.2万人，同比增长4.3%；基本医疗保险参保人数116万人，同比增长1.6%；参加失业保险的人数达38.5万人。年末城市居民享受最低生活保障7.13万户，12.78万人，农村居民享受最低生活保障31.66万户，41.01万人。

（张家口市统计局　张占兵）

秦皇岛市

2012年，面对复杂严峻的宏观经济形势，全市上下牢牢把握"稳中求进"的工作总基调，攻艰克难，努力破解各种要素制约，统筹推进稳增长、控物价、调结构、抓创新、惠民生等各项工作，经济社会呈现协调发展态势，为"十二五"规划目标的顺利完成和全面建成小康社会奠定了坚实的基础。

一、综合

全市总体经济实现平稳增长。全市实现生产总值1139.37亿元，比上年增长9.1%。分产业看，第一产业实现增加值152.41亿元，增长3.0%；第二产业实现增加值447.68亿元，增长11.3%，；第三产业实现增加值539.27亿元，增长9.3%。三次产业之比为13.0∶39.3∶47.7。按常住人口计算人均地区生产总值37797元，增长8.6%，按现行汇率计算折合5988美元。

财政收支实现持续增长。全年完成全部财政收入194.94亿元，比上年增长15.6%。其中公共财政预算收入108.66亿元，增长25.4%。全部财政支出284.24亿元，增长17.7%；公共财政预算支出199.97亿元，增长18.6%。在公共财政预算支出中，用于教育、节能环保、医疗卫生和文化体育传媒等方面的支出增长较快，增速分别达到36.6%、2.4倍、35.4%和36.5%，远远高于财政支出的平均增速。

居民消费价格涨势平稳。2012年全市居民消费价格涨势较为平稳，涨幅为3.1%，较上年回落3.5个百分点。其中，城市上涨3.2%，农村上涨2.0%。食品类价格涨幅最大，上涨6.3%，拉动价格总水平上涨2.13个百分点，是带动CPI总水平上升的首要因素。工业生产者出厂价格持续下滑，总指数为95.4%，比上年下降4.6%，其中生产资料价格下降5.1%，生活资料价格下降2.8%。黑色金属类产品出厂价格领跌，黑色金属矿采选业和黑色金属冶炼及压延加工业出厂价格共拉动PPI下降4.4个百分点。住宅销售价格小幅上涨，12月份新建商品住宅销售价格上涨0.9%，环比上涨0.4%；二手住宅销售价格同比持平，环比上涨0.2%。

二、农林牧渔业

农村经济总体保持增长。全年实现农林牧渔业总产值273.95亿元，比上年增长3.0%。受水灾和风雹灾等自然灾害影响，全市粮食、油料等农产品减产。2012年全市粮食作物播种面积14.81万公顷，比上年增长0.2%；总产量80.92万吨，减少9.3%。蔬菜播种面积4.72万公顷，增长4.5%；总产量302.44万吨，增长5.3%。畜牧业生产略有增长，全年肉类总产量33.37万吨，增长1.9%，其中猪肉、牛肉、羊肉产量增幅分别为1.5%、0.3%、0.1%。渔业生产大幅度增长，渔业总产量达到27.44万吨，增长31.5%。

三、工业和建筑业

工业生产缓中趋稳。全年规模以上工业实现增加值352.81亿元，比上年增长13.0%。工业产业结构发生新变化。一是打破多年来“轻慢重快”格局，轻工业增速超过重工业，全年实现轻工业增加值53.69亿元，比上年增长15.9%；实现重工业增加值299.12亿元，增长12.5%。二是六大高耗能行业对全市工业的贡献率逐季下降，由一季度的66.4%降至40.8%，而在装备制造业的带动下非高耗能行业的贡献率大幅提高。食品加工、玻璃制造、金属冶炼及压延、装备制造四大支柱行业完成增加值257.1亿元，比上年增长14.1%，对工业经济增长的贡献率达到78.6%。规模以上工业企业效益有待提高。全市规模以上工业实现主营业务收入1541.05亿元，比上年增长7.3%；实现利润10.13亿元，下降77.7%；实现税金39.42亿元，增长11.6%；亏损企业亏损额39.40亿元，增长98.6%；亏损面由上年的20.3%上升到34.0%。

建筑业发展较为平缓。全市资质内建筑企业完成建筑业总产值196.72亿元，比上年下降2.2%。年末全市拥有建筑队伍人数4.99万人，比上年增长1.2%，全年建筑业企业房屋建筑施工面积1626.70万平方米，比上年增长13.2%，其中，本年新开工面积524.66万平方米，下降7.8%；房屋建筑竣工面积451.42万平方米，增长16.0%。

四、交通运输、邮电和旅游业

2012年底全市公路通车总里程达到8774公里，高速公路通车里程达到269公里，实现“县县通高速”。全市公路货运稳步增长，公路货运量4933万吨，比上年增长8.8%；公路客运持续下滑，公路客运量2110万人，下降8.6%。港口货物吞吐量回落明显，全市港口货物吞吐量完成2.71亿吨，比上年下降5.8%。其中：出口量为2.50亿吨，下降5.9%。集装箱吞吐量为34.39万箱，下降20%。全年完成旅客吞吐量15.54万人次，比上年下降18.8%；完成货邮吞吐量606吨，增长73.6%。

电信邮政业实现平稳增长。全年实现电信业务收入25.41亿元，比上年增长7.5%；邮政业务收入2.75亿元，增长12.4%。全年发送函件1108.8万件，比上年增长1倍。发送报刊累计达4885万份，增长21.1%。年末固定电话拥有量72.32万部，比上年下降2.3%；移动电话拥有量314万部，下降2.1%。互联网宽带用户达52.25万户，增长5.4%。

在“旅游立市”战略的带动下，旅游业实现了较快增长，旅游经济指标再创新高。全年接待国内外游客2341.67万人次，比上年增长10.1%；实现旅游总收入202.35亿元，增长17.1%；其中接待海外游客28.64万人次，增长8.3%；实现旅游外汇收入16944.27万美元，增长12.8%。全力推进旅游业标准化建设，旅游基础设施不断完善。截至年末，全市共有旅游景区（点）47家，其中国家5A级景区1家（3处），4A级景区15家。旅游星级饭店58家，其中五星级饭店3家，四星级13家。

五、固定资产投资

固定资产投资实现较快增长。全市全社会固定资产投资累计完成739.30亿元，比上年增长20.3%，增速高出全省平均水平0.3个百分点。其中城乡建设项目投资完成510.42亿元，增长17.7%；房地产投资213.32亿元，增长29.7%；农村农户投资15.57亿元，下降6.5%。固定资产投资的产业流向发生明显变化，完成一产投资32.92亿元，增长94.4%，占全社会投资比重为4.5%，比上年提高1.8个百分点；二产完成投资214.32亿元，增长24.1%，占全社会投资的比重为29.0%，比上年提高0.9个百分点；三产完成投资476.49亿元，增长16.7%，占全社会投资的比重为64.5%，比上年下降1.9个百分点。大项目投资拉动明显，全市在建亿元以上项目200个，累计完成投资301.05亿元，占全社会投资的比重达40.7%。

六、国内贸易

消费品市场呈现发展放缓、增速小幅回落态势。全市社会消费品零售额完成453.81亿元，比上年增长15.0%，增幅较上年回落2.8个百分点。从地域看，城镇快于乡村，城镇实现社会消费品零售总额379.69亿元，增长15.6%；乡村市场实现社会消费品零售总额74.12亿元，增长12.2%。2012年以来限额以上社会消费品零售额走势偏弱，一直维持在个位数的低增长，全年增速仅为2.9%，比上年下降14.9个百分点，拉低了社会消费品零售总额的整体增速。汽车类、石油及制品类、服装鞋帽类、粮油食品饮料烟酒类、家用电器和音响器材类五大主导行业全年累计实现零售额102.07亿元，占限上批零企业零售额总量的80%。受政策效应和市场需求因素影响，五大主导行业零售额增速下滑，带动作用下降，严重影响了消费品零售额的增长。

七、对外经济

对外贸易实现平稳发展，2012年全市完成进出口总值44.12亿美元，比上年增长1.5%，其中出口完成24.88亿美元，增长12.0%；进口完成19.24亿美元，下降9.5%。出口产品结构进一步优化，钢铁、煤炭等“两高一资”产品比重逐步下降，机电、高新技术产品比重上升。全市机电、高新技术产品完成出口总额10.02亿美元，占比高达40.2%，创历史最好水平。

外资到位情况良好。实际利用外资达到6.28亿美元，且全部为直接投资，实际利用外资比上年增长4.3%，外商直接投资增长4.8%，创改革开放以来最好水平。

八、金融、保险

金融市场运行稳健。年末，全市金融机构本外币各项存款余额1926.50亿元，比年初增加239.72亿元，新增量比上年增长48.9%，其中储蓄存款余额1155.95亿元，比年初增加158.38亿元；单位存款余额728.41亿元，比年初增加65.24亿元。贷款规模进一步扩大，金融机构本外币各项贷款余额1245.08亿元，比年初增加163.02亿元，新增量比上年增长10.3%。其中短期贷款余额508.95亿元，比年初增加109.84亿元；中长期贷款余额713.94亿元，比年初增加53.69亿元。

保险业健康发展。全年实现各类保费收入42.81亿元，比上年增长7.3%。支付各项赔款15.53亿元，增长26.5%。

九、科技和教育

科技事业取得新进展。不断加强科技项目建设，全年组织实施科技计划项目762项，其中列入国家科技计划项目23个。加强知识产权战略实施，全市专利申请量达到2419件，比上年增长54.9%。授权专利1203件，增长18.9%。加快高新技术企业培育，截至年末全市高新技术企业达到66家。加强科技创新平台建设，年末全市工程技术研究中心和重点实验室达到62家，省级以上企业技术中心24家。

教育事业健康发展。学前教育取得突破。年末全市共有各类幼儿园214所，在园幼儿7.06万人。义务教育均衡推进。年末全市共有普通初中134所，在校生8.12万人；小学444所，在校生18.26万人；特殊教育学校5所，在校生491人。高中教育优质发展。年末全市共有普通高中31所，在校生4.78万人。全市高中阶段毛入学率为87.5%。大力促进职业教育发展，年末共有中等职业学校31所，招生数达1.11万人，在校生达到3.40万人，占高中阶段在校生总数41.5%。高等教育规模不断扩大，年末全市共有普通高等院校13所，招生数达4.89万人，在校生15.56万人。

十、文化、卫生和体育

文化事业繁荣发展。推进公共文化设施网络建设。启动了以市博物馆、美术馆、大剧院为主体的市文化艺术中心建设。市玻璃博物馆正式开馆并免费对外开放。截至年末全市文化系统拥有各种艺术表演团体14个，群众艺术馆、文化馆8个，文化站104个，公共图书馆6个。县级以上广播电台5座，对国内广播节目9套，广播人口综合覆盖率88%。县级以上电视台5座，电视转播台5座，电视人口综合覆盖率94%。有线电视用户85.17万户，其中有线数字电视终端56.20万户，模拟用户21.57万户。

卫生医疗基础设施进一步改善，服务体系进一步完善。全市共有医疗卫生机构3542个（含村卫生室），其中医院66个，社区卫生服务中心（站）88个，乡镇卫生院74个。年末卫生机构拥有床位15642张，拥有卫生技术人员16399人，其中执业（执业助理）医师7200人，注册护士6348人。新型农村合作医疗保障制度进一步巩固完善。全市参合农民达到188.72万人，参合率为96.27%。

体育事业蓬勃发展。紧紧围绕“创建体育名城”主线战略，成功举办了一系列国际国内体育赛事。2012年，全市承办了女拳世锦赛暨伦敦奥运会资格赛，承办了四国青年足球邀请赛。全面提升竞技体育水平，全市运动员在省级以上各项赛事中获得奖牌158枚，比上年增加25枚。其中金牌51枚，银牌43枚，铜牌64枚。全年共发展等级运动员202人，等级裁判员82人。

十一、人口、人民生活和社会保障

年末全市常住人口302.16万人，较上年末增加1.54万人。人口出生率为10.97‰，死亡率为6.56‰，人口自然增长率为4.41‰，比上年下降0.05个千分点。

城乡居民收支较快增长。全市城镇居民人均可支配收入22098元，比上年增长13.1%。工资性收入仍是城镇居民收入的主要来源，拉动可支配收入上涨了6.7个百分点。全市城镇居民人均消费支出12691元，比上年增长8.5%。城镇居民恩格尔系数达35.7%，比上年下降1.9个百分点。全市农民人均纯收入8315元，比上年增长12.9%。其中，工资性收入快速增长，增幅为29.6%，成为拉动农民人均纯收入大幅增长的主要因素。农民人均生活消费支出6110元，比上年增长8.3%。农村居民恩格尔系数32.6%，比上年下降0.8个百分点。

城乡居民住房条件继续改善，年末城镇居民人均住房建筑面积30.45平方米，比上年增长1.8%；农村居民人均住房面积33.19平方米，增长0.5%。城乡居民家庭耐用消费品拥有量继续增加。

社会保障能力不断提高。年末全市城镇新增就业5.04万人，其中，下岗失业人员再就业2.22万人，就业困难人员就业0.81万人，均比上年有不同程度增长。城镇登记失业率3.71%，控制在预定目标之内。社会保障体系建设不断完善，截至年末，全年企业职工基本养老保险参保人数达55.29万人，机关事业养老保险参保人数12.21万人，城镇职工基本医疗保险参保人数56.91万人，工伤保险参保人数36.87万人，生育保险参保人数39.62万人，失业保险参保人数31.09万人，分别比上年增加6.75万人、0.55万人、1.10万人、3.15万人、1.58万人和0.38万人。城乡居民养老保险参保人数达126.03万人，有33.39万参保居民享受了养老保险待遇。全市城镇居民医疗保险参保人数35.62万人，参保率达96%。

社会福利救助体系逐步完善。全年共支出低保金32115万元，保障城乡低保对象16.48万人，其中城镇低保4.77万人，农村低保11.71万人。大力推进公办养老机构建设。全年新建农村幸福院505个，年末累计建成969个，床位数8000余张，覆盖全市行政村总数的43%。全市社会办养老机构（老年公寓）19所，总入住人数1800人。全力开展救灾救济工作和灾后重建工作。共筹措救灾资金8241万元，保证了转移灾民得到及时救助。福彩、慈善社会责任进一步彰显。全年慈善协会共收到各项捐款1134万元，支出907万元。全市福彩销售额43187万元，比上年增长13.0%。募集公益金4000万元，与上年基本持平。

不断探索新形势下的住房保障体系建设。2012年全市开工建设保障性住房项目34个，10616套；竣工项目26个，10968套；配租配售项目41个、13737套。更多中低收入家庭享受到经济社会发展成果，全市14993户低收入家庭全部纳入廉租住房保障范围。

十二、环境保护、安全生产

积极开展各项环境治理工程。城市环境空气质量保持较高水平，2012年全市城市环境空气质量一、二级天数352天，连续10年保持优良天数350天以上。环境基础设施建设不断增强，全市污水集中处理实现县区全覆盖，城市生活垃圾无害化处理率达到100%。

安全生产形势持续好转。全年共发生各类伤亡事故262起，较上年减少181起，下降40.9%；事故中死亡人数为100人，较上年下降34.2%；受伤人数119人，下降4.8%；直接经济损失264万元，下降79.9%。

（秦皇岛市统计局　沈肖楠）

唐　山　市

2012年，面对严峻复杂的国内外经济形势，全市人民在市委、市政府的坚强领导下，全面贯彻落实科学发展观和党的十八大精神，紧紧围绕走在全省前面、当好“领头羊”的奋斗目标，加快转变经济发展方式，扎实推进稳增长、调结构、促改革、惠民生、优环境各项工作，全市经济实现平稳较快发展，社会各项事业全面进步，民生质量持续改善。

一、综合

2012年，全市实现生产总值5861.64亿元，比上年增长10.4%。其中，第一产业增加值528.56亿元，增长4.2%；第二产业增加值3473.79亿元，增长11.9%；第三产业增加值1859.29亿元，增长9.5%。按常住人口计算，全市人均生产总值76643元（按年平均汇率折合12142美元），比上年增长9.8%。第一产业增加值占地区生产总值的比重为9.0%，比上年提高0.1个百分点；第二产业增加值比重为59.3%，比上年下降0.8个百分点；第三产业增加值比重为31.7%，比上年提高0.7个百分点。

居民消费价格总水平比上年上涨2.1%；商品零售价格上涨2.4%；农业生产资料价格上涨6.1%；工业生产者出厂价格下降10.4%。

二、农业

全年粮食播种面积49.1万公顷，粮食总产量311.4万吨，下降2.0%，粮食亩产423.2公斤，下降2.3%。棉花总产量2.8万吨，下降10.3%；油料总产量28.1万吨，下降1.0%；蔬菜总产量1396.3万吨，其中设施蔬菜468.5万吨，增长4.5%。森林覆盖率31.75%。全年干鲜果产量243.9万吨（含果用瓜），增长1.8%，其中板栗产量7.06万吨，增长11.3%。全年肉类总产量71.4万吨，比上年增长2.0%，其中，猪肉产量48.0万吨，增长1.5%；禽蛋产量33.8万吨，增长0.1%；牛奶产量178.6万吨，增长1.5%；水产品产量52.1万吨，增长4.1%。农业产业化经营率66.4%，比上年提高1.8个百分点。

三、工业和建筑业

全年全部工业增加值3243.82亿元，比上年增长12.0%，其中：规模以上工业增加值2944.81亿元，增长13.1%。五大主导行业增加值2079.93亿元，比上年增长9.3%，其中，钢铁业增加值993.97亿元，增长8.8%；装备制造业增加值348.72亿元，增长19.7%，装备制造业增加值占规模以上工业的比重为11.8%，比上年提高1.9个百分点；能源业增加值450.47亿元，增长3.0%；化工业增加值157.28亿元，增长8.4%；建材业增加值129.49亿元，增长2.1%。年末规模以上工业企业1311家，比上年末增加23家。

全年规模以上工业企业产品销售率98.7%，比上年提高0.8个百分点；经济效益综合指数352.4%，比上年下降9.6个百分点。全年规模以上工业实现利税956.93亿元，实现利润589.16亿元，分别比上年增长7.7%和1.7%。

四、固定资产投资

全年全社会固定资产投资3066.34亿元，比上年增长20.5%。其中，固定资产投资（不含农户）3017.17亿元，增长21.1%；农户投资49.17亿元，下降7.5%。在固定资产投资中，第一产业投资80.97亿元，增长76.4%。第二产业投资1373.04亿元，增长31.7%，其中，钢铁行业投资272.55亿元，增长39.2%，装备制造业投资417.26亿元，增长41.9%；工业技术改造投资909.24亿元，增长46.5%，占工业投资的65.9%，比重比上年提高6.1个百分点。第三产业投资1563.16亿元，增长11.4%。民间投资1960.84亿元，增长40.7%。

年末固定资产投资在建施工项目2837个，计划总投资184.15亿元，其中总投资亿元以上项目760个，比上年增加110个，完成投资1858.81亿元，增长24.9%。本年新开工项目1773个，其中计划总投资亿元以上项目337个。

五、国内贸易

全年社会消费品零售总额1535.02亿元，比上年增长15.0%。按消费形态统计，批发业零售额217.30亿元，增长20.6%；零售业零售额1148.05亿元，增长13.8%；住宿业零售额12.61亿元，增长13.9%；餐饮业零售额157.06亿元，增长16.8%。按经营地统计，城镇消费品零售额1245.37亿元，增长15.5%；乡村消费品零售额289.65亿元，增长15.0%。

六、对外经济

全年进出口总额104.82亿美元，比上年下降3.5%。其中，进口额61.64亿美元，下降11.6%；出口额43.18亿美元，增长11.2%。在出口额中，钢材产品出口21.58亿美元，增长15.4%；机电产品出口5.94亿美元，增长18.4%；装备制造业产品出口4.35亿美元，增长27.9%；陶瓷产品出口4.24亿美元，增长4.0%；农产品出口0.95亿美元，下降26.5%。

全年实际利用外资12.30亿美元，比上年增长12.1%，其中外商直接投资12.14亿美元，增长12.3%。在外商直接投资中，黑色金属冶炼及压延加工业和非金属矿物制品业分别占30.6%和25.5%。全年批准外商投资合同21项，合同总金额7.34亿美元，下降54.8%，其中，合同外资额3.43亿美元，下降50.8%。年末实有三资企业333家，已投产企业245家。

七、交通和邮电

年末全市公路通车里程14533公里，比上年末增长2.6%。其中，高速公路通车里程547公里。全年公路货物运输总量3.76亿吨，比上年增长14.0%；货物运输周转量848.05亿吨公里，增长14.0%。公路旅客运输总量1.38亿人次，增长6.4%；旅客运输周转量56.94亿人公里，增长14.2%。年末全市汽车保有量113.85万辆，比上年末增长17.7%，其中个人汽车保有量101.56万辆，增长19.1%，其中，私人轿车79.99万辆，增长21.4%。全年唐山港货物吞吐量3.65亿吨，增长16.8%。其中，曹妃甸港区吞吐量1.95亿吨，增长11.1%；京唐港区吞吐量1.70亿吨，增长24.1%。在港口货物吞吐量中，钢铁增长14.0%，煤炭增长8.3%，铁矿石增长26.2%，集装箱增长33.2%。三女河机场已累计开通航线10条，全年旅客吞吐量16.69万人次，货邮行吞吐量1677吨，保障飞行1809架次。

全年邮电业务总收入65.86亿元，比上年增长10.4%。其中，邮政业务收入5.57亿元，增长8.7%；电信业务收入60.29亿元，增长10.6%。年末全市邮政局（所）164处，其中农村邮政局（所）102处。年末固定电话用户143.80万户，比上年末减少29.55万户；移动电话用户847.81万户，增长3.80万户，其中，3G用户145.58万户，增加56.12万户。互联网宽带接入用户123.29万户，增加12.95万户。

八、财政、金融和保险

全年全部财政收入622.57亿元，比上年增长12.1%。其中，公共财政预算收入301.09亿元，增长17.8%，占全部财政收入的48.4%，比上年提高2.4个百分点。公共财政预算支出490.31亿元，增长11.0%。

年末金融机构本外币各项贷款余额3589.30亿元，其中，人民币各项贷款余额3527.21亿元。年末全市金融机构本外币各项存款余额5464.03亿元，其中，人民币各项存款余额5437.46亿元。城乡居民人民币储蓄存款余额3265.88亿元。

年末保险公司市级机构42家。全年保费收入127.79亿元，比上年增长1.0%；全年各类保险赔款给付支出44.05亿元，增长16.7%；人身险业务赔款给付19.17亿元，增长2.8%。

九、人民生活和社会保障

全年农村居民人均纯收入10698元，比上年增长13.1%，其中，工资性收入增长23.4%，经营性收入下降7.3%。人均生活消费支出8316元，增长15.5%。农村居民恩格尔系数34.4%，比上年回落2.1个百分点。农村居民人均住房面积34.5平方米。全年城镇居民人均可支配收入24358元，比上年增长11.8%。人均生活消费支出15605元，增长7.7%。城市居民恩格尔系数33.9%，比上年回落0.8个百分点。城镇居民人均住房建筑面积25.6平方米。

年末全市参加城镇基本养老保险人数185.81万人，参加城镇基本医疗保险人数225.20万人，参加失业保险人数79.38万人。参加工伤保险人数101.98万人，参加生育保险人数129.12万人。全市享受城市最低生活保障居民4.39万人，享受农村最低生活保障农民14.06万人。城市低保标准由每人每月363元提高到410元，农村低保标准由每人每年1900元提高到2300元。

十、科技、教育、文化和卫生

全年高新技术企业95家，拥有各类研发机构243家，全年申请专利2955件，专利授权量1799件，分别比上年增长25.4%和18.2%。

年末全市拥有各级各类学校2425所，在校生133.33万人，教职工9.73万人，其中专任教师7.77万人。普通高等学校8所，本年新招生3.44万人，其中研究生招生752人，在校研究生2121人。中等职业学校在校生13.40万人，普通中学在校生33.41万人，小学在校生48.19万人。

年末全市拥有各类专业艺术表演团体35个，影剧院21个，文化馆、群艺馆15个，博物馆、纪念馆20个，公共图书馆13个，总藏书218万册。全市广播电视台11座，其中，县（市）、区广播电视台10座。有线广播电视用户126万户，入户率54.9%。全年公开出版报纸、期刊19种。

年末全市拥有各类卫生机构1834个，其中医院157个，乡镇卫生院179个，疾病预防控制机构17个，卫生监督所14个，妇幼保健机构15个，诊所（卫生所、医务室）1318个，社区卫生机构125个。全市卫生机构床位3.67万张，其中医院2.82万张，乡镇卫生院0.56万张。卫生技术人员3.96万人，其中执业医师和执业（助理）

医师1.64万人，注册护士1.62万人。

十一、城镇建设和环境保护

全年城市人均城市道路面积15.4平方米，集中供热面积8222万平方米，集中供热普及率82%。城市燃气普及率达到100%。城市日供水能力达到130万立方米，自来水普及率保持100%。年末主城区运营公交车辆1800台；运营线路131条，新增1条；万人拥有公交车辆15标台。

年末城市人均公园绿地面积14.99平方米；建成区绿化覆盖率40.62%，建成区绿地率38.62%。城市污水集中处理率达到94.81%，出水水质均达到国家一级B排放标准，出水水质合格率为100%，在全省率先建成了日处理能力达400吨的污泥无害化处置场。城市生活垃圾处理率保持100%。

（唐山市统计局　郝　明）

廊　坊　市

2012年，全市人民面对国内外复杂的形势，牢牢把握“创新破难、遇艰愈奋、好中求快、稳中求进”的工作方针，实施精良管理，追求高端发展，审慎应对、砥砺奋进，全市国民经济稳定增长，各项社会事业全面进步，为全面建成小康社会奠定了坚实的基础。

一、综合

国民经济稳定增长。2012年全市地区生产总值实现1794.3亿元，增长9.7%。其中，第一产业增加值198.4亿元，增长3.0%；第二产业增加值968.6亿元，增长11.4%；第三产业增加值627.3亿元，增长9.0%。全市三次产业结构由上年的10.8∶54.6∶34.6调整为11.0∶54.0∶35.0。财政收入占GDP比重达17.1%，同比提高1.5个百分点。市场物价稳中有落。全市居民消费价格指数上涨2.8%，涨幅与上年相比回落2.6个百分点。其中，食品价格上涨5.3%，同比回落7.2个百分点；商品零售价格指数上涨2.7%，同比回落2.5个百分点；农业生产资料价格指数上涨5.1%，同比回落3.3个百分点；工业生产者出厂价格指数下降5.0%，同比回落9.1个百分点。

就业再就业工作进一步加强。年末全市从业人员256.5万人，增长2.9%。下岗失业再就业人数7352人。年末城镇登记失业率继续控制在2.0%以内，连续八年保持全省最低。

二、农业

农业生产相对稳定。全年粮食播种面积469.9万亩，下降1.5%；总产量184.7万吨，下降4.6%。其中，夏粮产量51.0万吨，下降1.9%；秋粮产量133.7万吨，下降5.6%。棉花播种面积63.0万亩，下降3.7%；总产量4.6万吨，下降8.7%。油料播种面积21.4万亩，下降7.7%；总产量3.6万吨，下降1.6%。蔬菜播种面积163.6万亩，增长3.8%；总产量674.6万吨，增长3.7%。畜牧业生产稳定，肉类、牛奶总产量分别达35.1万吨和23.5万吨，分别增长1.8%和1.5%；禽蛋产量18.6万吨，下降0.1%。渔业生产平稳发展，全年水产品产量3.5万吨，增长0.7%。农业结构调整继续优化，畜牧、蔬菜、林果花木三大主导产业实现产值占农林牧渔业总产值的比重达81.6%，比上年提高3.4个百分点。

农业机械化程度相对稳定。农用机械总动力683.9万千瓦，增长0.9%。机耕面积471.8万亩，增长2.5%；机械播种面积533.9万亩，增长0.3%；机械收获面积312.7万亩，增长15.5%；农村用电量77.7亿千瓦小时，增长9.5%。

三、工业和建筑业

工业生产稳定发展。全部工业实现增加值824.8亿元，增长11.5%，其中规模以上工业增长14.1%。在规模以上工业中，国有工业增长11.4%，集体工业增长20.9%，股份制工业增长15.2%，外商及港澳台商投资工业增长7.8%；轻工业增长15.3%，重工业增长13.7%。

工业经济效益稳定。全市规模以上工业实现利税207.5亿元，增长11.7%，其中利润总额136.6亿元，增长4.8%。

建筑业发展平稳。全市建筑业实现增加值143.9亿元，增长10.6%。具有资质等级的建筑企业实现产值691.8亿元，增长46.3%。房屋建筑施工面积3047.2万平方米，下降16.4%，竣工面积1078.6万平方米，增长17.8%。

四、固定资产投资

固定资产投资增长较快。全社会固定资产投资完成1314.1亿元，增长20.7%。其中，固定资产投资（不含农户）1282.1亿元，增长21.4%；农户投资32.0亿元，下降1.1%。在固定资产投资中，第一产业完成投资8.4亿元，下降23.9%；第二产业完成投资674.8亿元，增长33.4%，其中，工业投资647.5亿元，增长29.5%；第三产业完成投资599.0亿元，增长11.0%。工业完成技改投资384.1亿元，增长40.6%。占全市工业投资的59.3%，比上年提高4.7个百分点。

全年新开工项目694个，其中亿元以上新开工项目257个，同比增加118个，增长84.9%。

全年房地产开发投资完成243.1亿元，下降17.4%。

五、国内贸易

消费需求平稳增长。全年实现社会消费品零售总额568.1亿元，增长15.2%。其中，城镇和乡村分别实现零售额362.1亿元和206.0亿元，分别增长15.6%和14.5%。其中，限额以上企业（单位）消费品零售额143.5亿元，增长10.0%，占社会消费品零售总额比重达25.5%，比上年提高2.2个百分点。

六、对外经济

利用外资情况良好。全市实际利用外资62018万美元，增长6.9%，其中，外商直接投资52809万美元，下降8.2%。在外商直接投资中，第一、二、三产业投资分别为3670美元、34827万美元和14312万美元。

年内新批准外资项目23个，合同总金额130790万美元，增长53.9%，其中，合同外资额49257万美元，增长22.2%；年内新注册三资企业22家，注册资本41997万美元，增长79.4%，其中，外方注册资本19408万美元，增长4.9%。年末实有三资企业541家。

外贸进出口形势不佳。受全球经济复苏乏力的影响，全市外贸进出口总额50.3亿美元，下降5.0%。其中，进口总额21.4亿美元，下降17.0%；出口完成28.8亿美元，增长6.3%。

七、交通、邮电和旅游

交通运输业稳步发展。全年公路货物运输总量10891万吨，增长19.0%；货物运输周转量185.2亿吨公里，增长11.0%。旅客运输总量3456万人，下降24.0%；旅客运输周转量31.8亿人公里，增长1.4%。至2012年底，全市公路通车里程达到9492.9公里，增长2.1%。全市现有桥梁2029座15.74万米。

邮电通讯业进一步发展。全年完成邮电业务收入43.5亿元，增长8.0%。其中，邮政业务收入3.3亿元，增长10.0%。年末固定电话用户86.9万户；移动电话用户427.8万户。

旅游业发展势头良好。全市以打造“环首都绿色经济圈休闲度假基地”为目标，着力改善旅游生态环境和发展环境。全年共接待国内外游客1221.8万人次，增长20.9%，实现旅游收入99.1亿元，增长23.0%。其中，接待国内旅游者1210.1万人次，增长21.0%，创收97.1亿元，增长24.0%；接待国际旅游者11.7万人次，增长10.7%，创汇3206.0万美元，下降9.9%。

八、财政和金融

财政收支快速增长。全市实现财政收入306.6亿元，增长22.0%。其中，公共财政预算收入172.1亿元，增长22.7%。公共财政预算支出268.4亿元，增长17.8%。

金融形势保持平稳。年末全市金融机构本外币各项存款余额2712.4亿元，比年初增加426.8亿元，同比多增137.6亿元。其中，城乡居民储蓄存款余额1586.1亿元，比年初增加227.3亿元，同比多增36.9亿元。各项贷款余额1875.3亿元，比年初增加306.7亿元，同比多增80.6亿元。

九、教育和科学技术

教育事业健康发展。全市高等教育学校10所，招生0.7万人，在校生1.9万人；中等职业学校30所，招生1.6万人，在校生4.4万人；普通高中31所，招生2.4万人，在校生7.1万人；高中阶段毛入学率90.5%，比上年提高1.0个百分点；初中学校144所，招生4.5万人，在校生13.6万人；普通小学794所，招生6.8万人，在校生33.2万人；全市各类幼儿园291所，在园幼儿12.0万人；特教学校7所，在校生853人。

科技事业全面发展。全市高新技术企业80家，实现高新技术产业增加值341.2亿元，增长30.3%。取得各类科技成果106项，其中达到国际领先水平2项、国际先进水平5项、国内领先水平78项、国内先进水平21项。获省级科学技术奖11项。获市级科技进步奖42项。全年专利申请量1919件，授权量1496件。签订技术合同1449项，成交总金额7.6亿元，增长11.3%。其中，技术交易额6.4亿元，增长8.3%。

十、文化、卫生和体育

文化事业继续推进。全市共有艺术表演团体11个，艺术表演场所5个，群艺馆2个，文化馆9个，公共图书馆10个，博物馆5个。有线广播电视传输干线长度达8798公里，增长15.9%。有线电视用户49.7万户，增长3.1%，广播、电视综合人口覆盖率均达到100%。

卫生事业稳步前进。年末全市共有乡以上医疗卫生机构957个，其中医院94个。年末卫生机构（包括妇幼、社区等）共有床位16244张，其中医院拥有11703张，卫生院拥有3672张。全市拥有卫生技术人员19874人，其中执业医师6743人，执业助理医师1910人。乡镇卫生院90个，乡镇卫生院卫生技术人员2780人。全年参加新型农村合作医疗人数297.9万人，增长1.0%，参合率达到95.9%，比上年提高1.2个百分点。

体育事业取得新成果。全市广泛开展群众性体育活动，进一步完善全民健身服务体系。全年370人参加了18个大项的比赛，取得25枚金牌，33枚银牌和26枚铜牌。投资215万元对全市287个帮扶村配建了健身器材，投资35万元在市区新建20个社区体育健身工程，并对19处健身工程进行了改造。全市体育人口达到146.2万人，占全市总人口的34.0%。

十一、人口、人民生活和社会保障

人口总量持续增长。2012年末，全市总人口433.2万人。全年出生人口8.3万人，出生率为19.27‰，死亡人口2.2万人，死亡率5.20‰，净增人口6.1万人，自然增长率14.07‰。

城乡居民生活水平继续提高。全市城乡居民家庭抽样调查结果显示，全市城镇居民人均可支配收入24872元，增长12.9%。人均消费支出15736元，增长11.6%。全市城镇单位从业人员年平均劳动报酬45061元，增长14.6%。其中，在岗职工年平均工资45422元，增长13.6%。农民人均纯收入10447元，增长14.8%。人均生活消费支出6764元，增长12.5%。

城乡居民生活质量不断提高。年末城镇每百户家庭拥有家用汽车35辆，增长15.7%，家用电脑81台，增长2.7%，空调器150台，增长4.6%，微波炉52台，增加3.0%，移动电话197部，增长1.1%。城镇居民人均住房使用面积30.6平方米，增加0.6平方米。农村居民每百户拥有彩电131台，增长1.8%，摩托车41辆，增加6.0%，移动电话206部，增长2.3%，电脑45台，增长11.8%。农民居住条件逐步改善，农民人均居住住房面积达到38.1平方米，增加0.4平方米。

社会保障体系进一步完善。全市机关企事业单位养老保险参保人数达62.84万人。各类企业参加基本养老保险社会统筹45.13万人，新增19.53万人。其中在岗职工37.86万人，离退休人员7.27万人；机关事业单位基本养老保险参保人数17.71万人。其中，在岗职工13.65万人，离退休人员4.06万人。企业和机关事业单位的养老保险金社会化发放率和按时足额发放率均达到100%。医疗保险参保人数达94.31万人，新增5.21万人；职工失业保险参保人数达24.77万人，新增0.07万人；城乡居民养老保险参保人数207.81万人。全市共有12.15万人享受居民最低生活保障，减少2.05万人，其中，城镇居民2.07万人，农村居民10.08万人。

十二、城市建设和环境保护

城市建设快速发展。全市建成区绿化覆盖率达46.6%，提高0.1个百分点，绿地率42.9%，提高0.3个百分点，人均公共绿地13.2平方米，增加0.1平方米。年末城市道路总长度471.7公里，新增5.7公里，道路面积884.3万平方米，新增13.3万平方米。排水管道长度达523.1公里，新增101.4公里。天然气管道总长度1060.0公里，新增101.9公里。年内新增天然气用户19953户，供热管道总长度776.5公里，新增8.2公里，城市集中供热面积达1744.5万平方米，新增91.3万平方米。现有水厂5座，日产水能力16.7万立方米，管线总长度275.1公里，新增15.4公里，5座水厂全年供水量3172.1万立方米。城市公共汽车营运线路长度559公里，营运车辆558辆。

城市环境质量持续提升。全年市区空气质量综合污染指数降至1.69，比上年降低0.03个百分点；空气质量二级以上天数达到349天，比上年增加3天。全市共划定县级自然保护区（含风景名胜区、森林公园）面积达500平方公里，覆盖率7.8%，城市知名度和影响力不断提升。

（廊坊市统计局　苏文侠）

保　定　市

2012年，面对复杂多变的国内外经济形势，“7·21”特大洪灾等严峻考验，全市上下扎实推进稳增长、调结构、攻重点、抓改革、惠民生、优环境各项工作，国民经济保持平稳较快发展，各项社会事业取得全面进步，为全面建成小康社会奠定了良好的基础。

一、综合

整体经济较快增长。保定市生产总值实现2720.9亿元，同比增长10.5%。其中，第一产业增加值378.1亿元，增长4.2%；第二产业增加值1495.9亿元，增长12.2%；第三产业增加值846.9亿元，增长10.4%。人均生产总值24054元，同比增长9.8%。三次产业由2011年的14∶54.6∶31.4调整为13.9∶55.0∶31.1，二产比重上升。民营经济实现增加值1848.4亿元，同比增长12.6%，占全市生产总值的比重达67.9%，比上年提高1.4个百分点。

物价涨幅回落。全年居民消费价格指数累计同比上涨3.5%，较上年回落2.4个百分点。工业生产者出厂价格指数累计同比下降0.5%；固定资产投资总指数累计同比上涨0.4%。

就业形势稳定。全年全市城镇新增就业9.9万人。年末城镇登记失业率为3.91%，比上年下降0.14个百分点。

二、农业

农业生产稳定发展。全年农林牧渔业总产值完成660.8亿元，同比增长4.6%。其中，农业产值398.3亿元，同比增长3.3%；林业产值10.7亿元，同比增长3.2%，实现畜牧业产值227.8亿元，同比增长7.1%。粮食总产量604.5万吨，粮食亩产437公斤。蔬菜总产量931.6万吨，增长2.1%。瓜果类总产量111.2万吨，增长1.2%。肉类总产量64.5万吨，增长1.8%。奶产量80.3万吨，增长1.5%；禽蛋产量42.1万吨，增长0.1%。

三、工业和建筑业

坚持走兴工强市核心战略，走新型工业化道路，主导产业发展壮大，工业经济升级增效。全年全部工业完成增加值1259.4亿元，同比增长12.9%。工业化率46.3%，比上年提高0.2个百分点。规模以上工业企业1627家，比上年增加148家，完成增加值1020.9亿元，同比增长14.1%。规模以上工业全年实现利润总额197.9亿元，同比增长3.1%；工业产品销售率97.6%，比上年提高0.3个百分点。规模以上工业中，汽车、新能源、纺织、食品和建材五大主导行业完成增加值550.2亿元，占规模以上工业增加值的比重达到53.9%，较上年提高3.7个百分点。其中，汽车及零部件业完成增加值217.1亿元，同比增长16.8%；纺织服装业完成增加值155.3亿元，同比增长24.5%。工业产品产量随市场变化而调整，名牌产品、市场畅销产品产量增长较快，其中规模以上工业中：汽车产量82.5万辆，增长14.6%；布产量12.98亿米，增长5.7%；乳制品44万吨，增长8.8%；变压器10360.8万千伏安，下降21.2%。

建筑业平稳发展。全年全市建筑业完成增加值236.5亿元，同比增长9.0%。全市具有资质等级的建筑业企业291个，比上年增加22家，实现总产值1055.4亿元，同比增长31.7%，年末从业人员32.9万人，同比增长17.5%。其中，特级企业2家，与上年持平，实现总产值224.1亿元，占全部建筑企业总产值的21.2%，同比增长35.3%；一级企业37家，同比增加2家，实现总产值382.7亿元，同比增长28.5%，占全部建筑企业总产值的36.3%，二级企业127家，同比增加3家，实现总产值368.0亿元，占全部建筑企业总产值的34.9%，同比增长31.4%。房屋建筑施工面积7828.1万平方米，同比增长14.3%；房屋建筑竣工面积3058.8万平方米，同比增长26.5%。

四、固定资产投资

固定资产投资稳定增长。全年全社会固定资产投资完成1987.7亿元，同比增长20.0%。其中，固定资产投资（不含农户）完成1888.5亿元，同比增长21.2%；农户投资99.2亿元，同比增长0.5%。在固定资产投资中，第一产业完成投资65.1亿元，增长63.2%；第二产业完成投资905.0亿元，增长29.6%；第三产业完成投资918.4亿元，增长12.0%。

五、房地产业

房地产开发有序发展。全年全市房地产开发企业391家，比上年减少1家，年末从业人员1.23万人，同比下降3.4%，房地产开发投资347.9亿元，同比下降1.7%，其中商品住宅投资304.9亿元，同比下降0.5%。房屋施工面积3142.3万平方米，同比下降1.2%，商品房销售面积419.6万平方米，同比下降12.2%，其中商品住宅销售面积370.5万平方米，下降16.8%。其中，一级房地产开发企业5家，同比增加1家，年末从业人员0.12万人，与上年持平，房地产开发投资11.59亿元，占房地产投资的3.3%，同比下降10.5%；二级房地产开发企业24家，同比减少5家，年末从业人员0.15万人，同比下降6.3%，房地产开发投资72.36亿元，占房地产投资的20.8%，同比增长8.6%。

六、国内贸易

消费品市场繁荣活跃。全年社会消费品零售总额实现1174.3亿元，同比增长15.3%。城镇市场零售额实现915.1亿元，同比增长16.1%；乡村市场零售额实现259.2亿元，同比增长12.7%。其中限额以上批发零售住宿餐饮企业实现零售额316.6亿元，同比增长26.4%。限额以上批发零售住宿餐饮法人企业476家，实现主营业务收入898.4亿元，同比增长28.3%，实现利润总额9.71亿元，同比增长9.5%。全市排名前5位大型零售企业实现零售额72.6亿元，同比增长21.1%，占限额以上零售额的22.9%，平均规模达到14.5亿元；全市排名前5位大型住宿餐饮业企业实现零售额2.7亿元，同比增长13.7%，占限额以上零售额的0.9%，平均规模达到0.5亿元。

在19大类商品中，有15类商品零售额增长超过20%。其中，服装、鞋帽、针纺织品类商品实现零售额43.7亿元，增长27.7%，粮油、食品、饮料、烟酒类商品实现零售额40.5亿元，增长24.3%，石油及制品类商品实现零售额39.2亿元，增31.3长%。

七、对外经济

引进外资增长，进出口下降。全年实际利用外资5.51亿美元，同比增长23.5%，其中，外商直接投资5.47亿美元。全年引进省外资金536亿元，同比增长44.8%；引进省外技术753项，同比增长6.1%；引进省外人才1.2万人，同比增长6.5%。

全年进出口总值完成60.9亿美元，同比下降17.1%。其中，出口总值47.7亿美元，同比下降11%；进口总值13.2亿美元，同比下降33.6%。

八、财政、金融和保险

财政收入较快增长。全年全部财政收入完成311.3亿元，同比增长17.1%，其中，地方公共预算收入完成159.9亿元，同比增长24.4%。地方公共预算支出383.6亿元，同比增长15.3%。

金融、保险业稳健发展。年末金融机构本外币各项存款余额3774.9亿元，比年初增长16.2%。城乡居民储蓄存款余额达2664.4亿元，比年初增长16.4%。金融机构本外币各项贷款余额1589.7亿元，比年初增长17.6%。

年末全市共有保险公司39家，其中，财产保险公司19家，人寿保险公司20家。保险业保费收入达到104.5亿元，其中，财产保费收入30.7亿元，寿险保费收入73.8亿元。支付各类赔款16.8亿元，其中，财产险赔款15.7亿元，寿险保费赔款1.1亿元。

九、教育和科技

教育事业蓬勃发展。全年研究生招生2522人，在学研究生7013人。全市普通高等学校10所，在校学生14.2万人。成人高等学校1所，在校学生2.8万人。中等职业教育学校83所，在校学生13.4万人。普通中学442所，在校学生48.8万人，小学2137所，在校学生89.1万人。学龄儿童入学率达100%，九年义务教育完成率达89.6%，高中阶段毛入学率达88.1%。特殊教育招生127人，在校生1691人。幼儿园在园幼儿32.4万人。

科技事业成绩斐然。年末共有院士工作站11家，其中，院士22人，博士专家136人。共有省级研究所3所。国家级重点实验室2个。企业技术中心49家，其中，国家级6家，省级43家。全年取得省级科技成果288项。全年申请专利4044项，授权专利2722项。年末技术合同成交额5.9亿元。有28个项目获省级科技进步奖。认定高新技术企业101家。

十、文化、卫生和体育

文化产业日益繁荣。全市拥有剧场、影剧院5个，群众艺术馆1个，群众文化馆22个；乡镇（街道）文化站315个；公共图书馆23个，总藏书量193万册。其中，市级图书馆1个，藏书量75万册。电视台1座，广播电视台22座，广播电台1座，有线数字广播电视用户66.1万户。电视综合人口覆盖率98.5%，广播综合人口覆盖率98.7%。

卫生事业健康发展。年末共有卫生机构117个，其中，妇幼保健院24个。医疗机构11609个。卫生技术人员（含乡医）4.38万人。医疗卫生机构床位3.7万张，其中，医院、卫生院3.35万张。农村有医疗点的村数占总村数的100%；社区医疗卫生覆盖率达99%。

体育事业取得新成绩。全市共有体育场馆19个，其中，市区4个。全年举办市级以上各类比赛活动9次；全民健身活动475次，参加人数108.9万人。全市国家二级裁判379人，国家二级运动员311人。各运动队参加比赛共获省级以上奖牌375枚，其中，金牌124枚，银牌133枚，铜牌118枚。

十一、交通运输、邮电和旅游业

交通、邮电和旅游业不断发展。全年货物运输总量2.2亿吨，同比增长20.0%；货物运输周转量857.3亿吨公里，同比增长19.9%。旅客运输总量1.5亿人，同比增长

4.7%；旅客运输周转量92.8亿人公里，同比增长9.3%。

全年完成邮电业务收入68亿元，同比增长10.6%。其中，邮政业务收入6.0亿元，同比增长17.5%，电信业务收入62.0亿元，同比增长9.9%。

全市共有A级名胜风景区40个，其中4A级以上景区8个。星级饭店59家。全年接待游客4491.8万人次，同比增长23.2%。国内游客创收229.7亿元，同比增长20.1%。国际游客外汇收入1.2亿美元，同比增长2.6倍。

十二、人民生活和社会保障

人民生活水平不断提高。全年城市居民人均可支配收入19048元，同比增长12.6%；城市居民人均消费支出11769元，同比增长7.1%；全年农村居民人均纯收入7696元，同比增长15.6%；农村居民人均生活消费支出4899元，同比增长7.6%。

社会保障力度加大。年末全市参加城镇职工基本养老保险人数为112.3万人，比上年末增加5.5万人。企业离退休人员月人均养老金1583元。参加城镇基本医疗保险的人数为189.2万人，比上年末增加2.6万人。参加失业保险的人数52.1万人，比上年末增加0.2万人。企业参加工伤保险的人数为51.4万人，比上年末增加11.2万人。参加生育保险的人数为59.9万人，比上年末增加2.3万人。25个县（市、区）全部开展农村新型合作医疗，新型农村合作医疗参合率达到96.5%，报销医疗费23.5亿元，2319万人次受益。年末全市领取失业保险金人数0.9万人。

全年全市有31.86万人享受居民最低生活保障，其中，农村23.56万人。农村居民得到五保救济人数达到3万人。国家抚恤、补助优抚人数达到8.87万人。年末全市各种社会福利收养性单位82所，床位达1.45万张，收养各类人员0.72万人。

十三、节能环保不断加强

节能减排深入推进。全年单位GDP能耗1.034吨标准煤/万元，比上年降低4.8%。全年单位工业增加值能耗1.127吨标准煤/万元，比上年降低7.2%。

环境质量提升。空气二级以上达标331天。城镇污水处理厂32个，城镇污水处理厂设计日处理能力112.23万吨。年末全市共有省级自然保护区5个，面积达13.63万公顷。建成区绿地率36.2%，建成区绿化覆盖率30.51%，城市人均公园绿地面积7.67平方米。

（保定市统计局　梁瑞萍）

沧　州　市

2012年，面对复杂严峻的经济形势，全市人民认真贯彻市委、市政府决策部署，坚持在调整中求发展、在逆境中求突破，坚持以科学发展观为指导，强力推进沿海强市建设，整体经济实现了稳中求快、稳中求好的发展目标。

一、整体经济稳健增长，经济运行质量进一步提升

全年全市生产总值完成2812.4亿元，同比增长10.6%，分别高于全国和全省2.8个和1个百分点。其中，第一产业增加值完成319.18亿元，增长4.2%；第二产业增加值完成1479.08亿元，增长12.9%；第三产业增加值完成1014.17亿元，增长9.2%。三次产业结构为11.3∶52.6∶36.1。

从整体经济构成看，投资仍是经济增长的主要拉动力量。投资对经济增长的贡献率61.6%、消费贡献率37.6%、净出口贡献率0.8%；投资、消费、净出口分别拉动经济增长6.5、4.0、0.1个百分点。

全年消费价格趋势上涨。全市居民消费价格累计上涨3.3%，其中，城市上涨3.4%，农村上涨3.0%。从结构看，八大类价格全部上涨，食品、烟酒及用品、衣着、家庭设备用品及维修服务、医疗保健和个人用品、交通和通信类娱乐教育文化用品及服务、居住类累计上涨6%、6.2%、2.5%、1.8%、2.9%、0.2%、0.3%和2.8%。

二、农业生产稳定增长，农业综合生产能力进一步增强

农林牧渔业总产值完成576亿元，同比增长4.2%。其中，种植业产值312亿元，增长3.3%；畜牧业产值163亿元，增长4.7%；林业产值4.2亿元，增长3.5%；渔业产值23亿元，增长0.62%。

全年粮食总产量483.66万吨，比上年下降2.15%；油料总产量9.71万吨，下降0.28%；棉花总产量12.34万吨，下降10.63%；蔬菜总产量585.76万吨，增长5.38%；肉类产量46.73万吨，增长2.5%；禽蛋产量33.54万吨，增长0.1%；水产品产量12.35万吨，增长1.2%；牛奶产量10.82万吨，下降3.2%。

三、工业和建筑业快速发展

全市规模以上工业企业实现增加值1145.2亿元，同比增长14.2%。

轻工业增长快于重工业，轻工业完成增加值148.9亿元，增长17.4%；重工业完成增加值996.3亿元，增长14.1%。轻工业比重工业快3.3个百分点；外商及港澳台投资企业完成增加值116.56亿元，增长19.2%；股份制企业完成增加值660.1亿元，增长17.7%。

石油化工、管道装备及冶金、机械制造、纺织服装、食品加工等主导行业支撑作用显著，共完成工业增加值1014亿元，占全市规模上工业的88.5%，同比增长14.4%。石油化工业完成增加值481.5亿元，增长7.3%；管道装备及冶金业完成252.0亿元，增长22.8%；机械制造业完成189.9亿元，增长20.8%；服装纺织类完成33.8亿元，增长14.2%；食品加工业完成56.8亿元，增长18.4%。各产业在规模以上工业增加值中所占比重共计达到88.5%，分别为42.0%、22.0%、16.6%、3.0%和5.0%。

在生产增长的同时，经济效益大幅提高。全市规模以上工业企业主营业务收入首次突破4000亿元大关，实现4382.41亿元，同比增长14.6%。主营业务收入超十亿元企业53家，超百亿元企业6家。完成利税总额509.7亿

元，同比增长15.2%，其中实现利润总额302.4亿元，同比增长22.2%。

建筑业保持较快发展。全市建筑业完成增加值140.7亿元，增长8.87%。资质等级以上建筑业236家，完成建筑业总产值320.99亿元，增长19.01%；房屋施工面积2274.44万平方米，增长4.9%；房屋竣工面积993.71万平方米，增长16.25%；实现利税16.5亿元，增长1.41%。

四、固定资产投资较快增长

全社会固定资产投资完成1950.1亿元，同比增长22.05%。其中，城镇投资完成1506.5亿元，增长26.24%；农村投资完成443.6亿元，增长9.71%。

在城镇投资中，第二产业投资完成993.8亿元，占65.97%，同比增长33.4%。其中，化工行业投资完成202.64亿元，同比增长45.62%。房地产投资小幅回落，全市房产开发投资完成150亿元，同比下降1.8%。

五、消费品市场繁荣稳定

全市实现社会消费品零售总额779.5亿元，同比增长15.6%。城乡市场稳定较快增长，城镇发展快于乡村。城镇实现零售额559.3亿元，同比增长16.3%；乡村实现零售额220.1亿元，同比增长13.7%，城镇快于乡村2.6个百分点。基本生活类商品继续保持较快增长。全市限额以上批发零售企业粮油、食品、饮料、烟酒类商品零售额同比增长33.6%，其中，粮油食品类增长35.4%；服装、鞋帽、针纺织品类商品零售额增长23.7%；日用品类增长45.1%。与消费升级相关的商品保持旺销。伴随着居民收入的逐步增加，个人享受型保健型商品销售非常活跃。金银珠宝类实现零售额7.4亿元，增长41%；中草药及中成药品类实现零售额2.1亿元，增长41%；书报杂志类实现零售额2.7亿元，增长31.6%；化妆品类实现零售额2.6亿元，增长34.9%。

六、外经外贸保持增长

全市直接利用外资3.5亿美元，同比增长22.5%。新批“三资”企业合同总金额13.5亿美元，同比增长158.9%；新批“三资”企业合同外资额4.9亿美元，同比增长124.2%。

外贸进出口总值23.34亿美元，同比增长8.65%。其中，出口总值20.98亿美元，同比增长11.47%；进口总值2.36亿美元，同比下降11.33%。

七、财政收支稳定增长

全部财政收入完成380.4亿元，同比增长15.8%。其中，公共财政预算收入142.6亿元，增长22.4%。全市国税收入249.29亿元，同比增长14.05%；地税收入119.42亿元，增长18.07%。全部财政收入占GDP的比重达到13.5%，比2011年提高0.9个百分点。

全市金融机构年末存款余额2689.90亿元，比年初增加389.81亿元，其中个人存款1857.42亿元，增加306.04亿元。金融机构贷款余额1264.75亿元，比年初增加176.33亿元。贷款额占存款额的47.02%，存贷差1425.15亿元。

八、社会事业全面发展

科技事业进一步发展。2012年全市取得省级以上科技成果129项，有4项科研成果获省科技进步奖；申报各项专利1260项，授权830项；新增高新技术企业24家，总数达到64家；争取国家、省科技项目资金5570万元，较上年增长30%。

教育事业稳步发展。以义务教育保障机制、中小学维修改造、标准化学校和学区建设为抓手，大力推进义务教育均衡发展，年内，新创建标准化小学78所、标准化初中10所，全市中小学标准化率达到52.9%。全市农村中小学全部实现了学区管理，基本实现了初步均衡的目标。

文化事业和文化产业加快发展。借助基层建设年活动的开展，大力推进了文化惠民工程的进度，使全市乡镇综合文化站达到140个，文化信息资源共享点4661个。市群艺馆、图书馆、博物馆实现全面免费开放。扎实推进农村电影放映惠民工程，实现了一村一月一场公益电影。市、县、乡、村四级文化网络得到恢复和加强，全市公共文化服务体系得到进一步完善。

新型农村合作医疗制度进一步完善。2012年全市共有参合农民539.73万人，较2011年提高6万多人，参合率达到95%，五保户、贫困户参合率100%，人均筹资水平达到290元（其中政府补助240元）。全年参合农民共就医1695.52万人次，补偿总费用14.81亿元。其中住院报免51.27万人次，补偿金额12.83亿元；门诊统筹报免1637.65万人次，报免金额1.28亿元。儿童先心病、白血病、宫颈癌、乳腺癌、重型精神病、终末期肾病六种重大疾病全年救治补偿1655人。在全市16个县市区全面启动新农合支付方式改革，将“总额预付”制度扩大到市级新农合定点医疗机构。

九、人民生活水平稳步提高

2012年全市总户数235.8万户，年末总人口744.36万人，比上年增加9.54万人。其中，男性381.83万人，女性362.53万人。全年出生13.45万人，死亡3.12万人。

2012年，随着“惠民生”政策的落实，以及各类补贴发放到位，城乡居民收入持续增长，生活水平稳步提高。城市居民人均可支配收入20805元，比上年增长13.2%；农民人均纯收入7514元，比上年增长14.9%。

在居民收入较快增长的同时，消费保持同步增长。城市居民人均消费支出11883元，增长6%；农村居民人均生活费支出5335.7元，增长6.8%。

（沧州市统计局　顾少华）

衡　水　市

2012年，全市人民在市委、市政府的正确领导下，深入贯彻落实科学发展观，牢牢把握主题主线，紧紧围绕加快发展、富民强市这一中心任务，锐意进取，攻坚克难，扎实推进各项工作，全市经济保持平稳较快发展，各项社会事业取得新的进步，为全面建成小康社会奠定了基础。

一、总体情况

2012年全市生产总值实现1011.0亿元，比上年增长10.4%。其中，第一产业增加值189.0亿元，增长3.7%；第二产业增加值522.9亿元，增长12.7%；第三产业增加值299.1亿元，增长10.5%。第一产业增加值占全市生产总值的比重为18.7%，第二产业增加值比重为51.7%，第三产业增加值比重为29.6%。

全年居民消费价格比上年上涨2.5%，其中食品价格上涨3.5%。固定资产投资价格上涨0.3%。工业生产者出厂价格下降1.0%，其中生活资料价格上涨6.3%，生产资料价格下降2.3%。

年末全市城镇登记失业率为3.41%，比上年下降0.08个百分点。

全年民营经济实现增加值700.7亿元，比上年增长12.2%；占全市生产总值的比重为69.3%。民营经济实缴税金83.0亿元，占全部财政收入的比重为82.4%。

二、农业

全年粮食播种面积59.5万公顷，比上年下降0.1%；总产量378.9万吨，增长0.1%。其中：夏粮183.3万吨，增长2.3%；秋粮195.6万吨，下降2.0%。

棉花播种面积196.5万亩，比上年下降2.5%；总产量15.1万吨，下降7.4%。油料播种面积44.6万亩，增长2.3%；总产量11.1万吨，增长4.5%。

蔬菜播种面积126.4万亩，比上年增长1.7%；总产量438.1万吨，增长3.0%。瓜果播种面积19.5万亩，增长2.5%；总产量77.0万吨，增长6.1%。园林水果总产量144.3万吨，增长13.5%。

肉类总产量38.5万吨，比上年增长2.0%；禽蛋产量29.4万吨，增长0.1%；牛奶产量9.6万吨，增长13.3%。

畜牧业产值占农林牧渔业总产值的比重为33.5%，与上年持平。农业产业化经营率达到58.9%，提高5.5个百分点。

三、工业和建筑业

全年规模以上工业实现增加值357.6亿元，比上年增长14.6%。分轻重工业看：轻工业实现增加值95.5亿元，增长20.9%；重工业实现增加值262.1亿元，增长12.6%。

在规模以上工业中，装备制造、食品、石化这三大主导产业实现增加值228.6亿元，比上年增长14.5%。

规模以上工业主营业务收入1273.7亿元，比上年增长13.3%；实现利税112.7亿元，增长20.0%；实现利润80.0亿元，增长22.5%。

全市具有资质等级的总承包和专业承包建筑业企业124家，实现产值104.8亿元，比上年增长27.1%。

四、固定资产投资

全年全社会固定资产投资完成677.6亿元，比上年增长20.6%。其中：固定资产投资（不含农户，下同）639.9亿元，增长23.1%；农户投资37.6亿元，下降10.6%。

在固定资产投资中，城乡建设项目投资535.6亿元，比上年增长32.8%；房地产投资104.3亿元，下降10.7%；亿元以上项目投资396.0亿元，增长106.8%。分产业看：第一产业投资11.5亿元，增长156.7%；第二产业投资436.0亿元，增长30.3%；第三产业投资192.4亿元，增长6.4%。

工业技术改造投资278.4亿元，比上年增长35.9%。

全年施工项目640个，其中新开工项目349个。亿元以上项目259个，比上年增加65个。

五、国内贸易

全年社会消费品零售总额427.3亿元，比上年增长15.7%。按销售单位所在地统计，城镇消费品零售额302.4亿元，增长14.5%；乡村消费品零售额124.9亿元，增长18.6%。

在限额以上批发和零售企业（单位）商品零售额中，粮油食品饮料烟酒类增长40.8%，服装鞋帽针纺织品类增长32.3%，家用电器和音像器材类增长11.4%，金银珠宝类增长21.4%，石油及制品类增长10.1%，汽车类增长33.0%。

六、对外经济

全年进出口总值32.4亿美元，比上年增长11.9%。其中：出口27.1亿美元，增长10.9%；进口5.3亿美元，增长17.0%。

从主导产业出口情况看：皮毛出口11.4亿美元，比上年增长18.1%；丝网出口4.3亿美元，下降13.2%；化工行业出口3.8亿美元，下降7.4%；纺织品及服装出口3.6亿美元，增长48.0%；机械制造出口1.7亿美元，增长8.7%。

全年实际利用外资18344万美元，比上年增长7.9%；其中外商直接投资17992万美元，增长22.2%。在外商直接投资中，来自亚洲7716万美元，来自欧洲9103万美元，来自北美洲83万美元。

全年新批“三资”企业合同项目4个，新批“三资”企业合同总金额13332万美元。

七、交通和旅游

全年公路货物运输量5023万吨，比上年增长12.5%，货物运输周转量256.8亿吨公里，增长16.8%；公路旅客运输量3143万人，增长13.1%，旅客运输周转量21.5亿人公里，增长6.3%。年末民用汽车保有量40.4万辆（含三轮汽车和低速货车），其中载客汽车28.1万辆，小型及微型载客汽车27.6万辆。

全年接待海内外游客585.0万人次，比上年增长27.8%；实现旅游总收入33.4亿元，增长37.0%。其中：接待入境游客（含港、澳、台）1.12万人次，增长4.1%，实现旅游外汇收入363.5万美元，增长14.1%；接待国内游客583.9万人次，增长27.8%，实现旅游收入33.2亿元，增长37.2%。

八、财政、金融和保险业

全年全部财政收入100.76亿元，比上年增长30.2%，其中公共财政预算收入50.73亿元，增长36.2%。公共财政预算支出157.52亿元，增长15.6%，其中教育支出增长30.8%，科技支出增长4.1%，文化体育与传媒支出增长27.3%，社会保障和就业支出增长11.1%。

年末金融机构各项存款余额1571.1亿元，比年初增加242.2亿元，其中个人存款余额1165.0亿元，增加176.8亿元。各项贷款余额706.1亿元，增加132.1亿元。金融机构人民币存量存贷比为44.95%，提高1.75个百分点。

年末全市共有保险公司28家，比上年增加4家。其中财产险11家，增加1家；人寿险17家，增加3家。实现保费收入31.0亿元，其中财产险保费收入9.3亿元，人寿险保费收入21.7亿元。累计上缴税金1.9亿元（不含代收车船税），各项赔款和给付10.8亿元，赔付率34.8%。

九、科学技术和教育

全年共取得省级科技成果18项，市级科技成果59项；获省级科技进步奖励1项，市级科技进步奖励70项。全年共认定、登记技术合同8份（含涉外合同1份），技术合同成交额302万元。

全市拥有中等职业教育学校46所、普通中学186所、小学914所、幼儿园669所，分别拥有专任教师3129人、17870人、18800人和3813人，在校学生分别达到4.3万、22.5万、32.3万和7.7万名。在各类教育机构中，民办教育机构数量达到246所，拥有教师4863人，在校学生13.4万名。

十、文化、体育和卫生

全市共有艺术表演团体7个，文化馆12个，公共图书馆12个，博物馆5个，广播电台10座，电视台11座。国家级文物保护单位7处，省级文物保护单位29处，市级文物保护单位17处。

成功举办2012衡水湖国际马拉松比赛，吸引了来自肯尼亚、埃塞俄比亚、英国、美国等26个国家和地区的选手参赛。

年末全市医疗卫生机构11352个，其中医院194个，乡镇卫生院228个，社区卫生服务中心（站）58个，妇幼保健院（所、站）24个，卫生监督所（中心）22个，疾病预防控制中心24个。卫生技术人员15959人，其中执业医师及执业助理医师7844人，注册护士4034人。医疗卫生机构实有床位13908张，其中医院9760张，乡镇卫生院3492张。

十一、人口、人民生活和社会保障

年末全市总人口442.4万人，其中非农业人口102.2万人。全年出生人口6.9万人，出生人口男女性别比为113 ：100；死亡人口4.7万人。

全年城镇居民人均可支配收入18504元，比上年增长12.1%；人均生活消费支出11928元，增长11.4%。城市居民恩格尔系数为32.0%。人均住房建筑面积为30.8平方米。年末平均每百户城市居民家庭拥有家用汽车19辆、彩电115台、冰箱95台、洗衣机102台、空调器111台、微波炉35台、移动电话193部、家用计算机66台、健身器材3套，互联网接入用户54户。

全年农民人均纯收入6167元，比上年增长15.2%；人均生活消费支出4656元，增长10.5%。农村居民恩格尔系数为37.0%。人均拥有住房面积为30.0平方米。年末平均每百户农村居民家庭拥有生活用汽车11辆、彩电114台、电冰箱75台、洗衣机95台、空调37台、摩托车69辆、移动电话164部、家用计算机22台，互联网接入用户18户。

年末城镇参加基本养老保险人数为43.7人，比上年末增加2.9万人。其中参保职工32.1万人，参保离退休人员11.6万人。

参加城镇基本医疗保险人数为63.1万人，增加3.6万人。其中参加城镇职工基本医疗保险33.3万人，参加城镇居民基本医疗保险29.8万人。参加城镇基本医疗保险的农民工4.0万人。

参加失业保险的人数为18.3万人。参加工伤保险的人数23.4万人，其中参加工伤保险农民工8.1万人。参加生育保险的人数20.8万人。

十二、节能和环境保护

全年万元生产总值能耗比上年下降3.82%，比目标任务多下降0.39个百分点。万元生产总值电耗比上年下降2.85%，规模以上工业万元增加值能耗比上年下降8.97%。

全年城市环境空气质量二级及好于二级天数为344天，比上年年增加3天，其中一级天数达到137天，增加42天，城市空气质量达到了二级标准，空气污染指数由1.75下降为1.66。全市拥有污水处理厂14个，设计日污水处理能力35.1万立方米。

（衡水市统计局　陈学忠）

邢　台　市

2012年，在市委、市政府的正确领导下，全市上下认真贯彻科学发展观和全省“两个着力”要求，深入实施“还邢台青山绿水，走生态发展之路”发展战略，紧紧把握稳中求进工作总基调，把稳增长放在更加重要的位置，强化调控，狠抓落实，有效应对复杂多变的国内外经济形势和经济增长趋缓的不利局面，整体经济运行实现稳中有进，各项民生和社会事业取得新进展，为全面建成小康社会奠定了良好的基础。

一、整体经济平稳增长，物价涨幅基本稳定

2012年全市生产总值1532.06亿元，按可比价格计算，比上年增长9.5%。其中，第一产业增加值240.35

亿元，增长4.0%；第二产业增加值829.61亿元，增长11.1%；第三产业增加值462.10亿元，增长9.2%。人均生产总值21361元，增长8.9%。三次产业结构比例为15.7：54.1：30.2。三次产业对经济增长的贡献率依次为6.2%、66.0%和27.8%，分别拉动经济增长0.6、6.3和2.6个百分点。

全市居民消费价格总指数比上年上涨2.7%。其中，城市上涨2.9%；农村上涨2.5%。八大类商品及服务项目价格呈现“七涨一降”态势。其中食品类价格上涨最多，影响居民消费价格总水平上涨1.4个百分点。工业生产者出厂价格指数下降5.7%。其中，轻工业和重工业价格分别下降4.9%和5.9%；生产资料价格下降6.8%，生活资料价格上涨1.1%。

二、粮食生产再获丰收，农业生产条件逐步优化

由于富农、惠农和强农政策的有效实施，调动了农民种粮积极性，农业生产形势乐观。粮食播种面积1077.1万亩；亩产420.8公斤，比上年增加0.6公斤，增长0.2%；总产量453.2万吨，增加0.5万吨，增长0.1%，实现“九连增”。油料播种面积68.1万亩，增加7.1万亩，增长11.7%；油料产量14.2万吨，增长17.3%。蔬菜播种面积96.0万亩，增长5.5%；总产量342.8万吨，增长6.1%。肉类总产量32.0万吨，增长2.2%；牛奶产量26.9万吨，增长1.5%；蛋类总产量45.9万吨，增长0.1%。水产品产量6643吨，增长35.0%。

农林牧渔业总产值419.54亿元，比上年增长4.0%。畜牧、蔬菜、果品三大优势产业产值占农林牧渔业总产值的比重50.8%，比上年提高1.4个百分点。农业产业化经营率61.9%，比上年提高1.0个百分点。农田有效灌溉面积达47.0万公顷；农业机械总动力954.9万千瓦，增长2.3%；农村用电量32.2亿千瓦时，增长8.1%；年末机井数达12万眼，增长4.8%。

三、工业经济平稳回升，建筑业较快发展

全部工业增加值761.87亿元，比上年增长11.2%。其中，规模以上工业增加值573.66亿元，增长13.1%。股份制和其他经济类型企业分别增长16.9%和16.1%。轻工业和重工业分别增长19.8%和11.4%。规模以上工业实现利税总额214.47亿元，下降1.8%。其中，利润总额134.44亿元，下降7.1%，利润增速虽全年都是负增长，但降幅逐月收窄，到年底降幅达到最低点。

全社会建筑业总产值和增加值分别为137.69亿元和67.74亿元，分别比上年增长31.2%和10.3%。资质等级以上建筑业企业房屋建筑施工面积1104.57万平方米，增长21.3%；房屋竣工面积529.36万平方米，增长27.6%。

四、固定资产投资稳定增长，聚集区投资增势明显

全社会固定资产投资完成1257.8亿元，比上年增长20.0%。其中固定资产投资完成1186.47亿元，增长21.2%。分三次产业看，第一产业投资31.12亿元，增长35.3%；第二产业投资795.04亿元，增长21.8%；第三产业投资360.31亿元，增长19.0%。亿元以上施工项目和新开工项目分别为451个和252个，分别比上年增加128个和113个。

首批6个省级工业聚集区在建施工项目153个，完成投资182.9亿元，占全市城乡建设项目投资的比重为16.7%，比上年增长29.9%，快于全市固定资产投资增速8.7个百分点。其中，隆尧县东方食品城园区和旭阳（邢台）工业聚集区的投资额增长较快，分别增长115.9%和91.0%。

五、消费品市场繁荣活跃，利用外资和出口喜忧参半

社会消费品零售总额实现624.05亿元，比上年增长15.1%。其中，城镇零售额475.24亿元，增长15.2%；乡村零售额148.81亿元，增长14.9%。限额以上企业（单位）消费品零售额114.62亿元，增长20.2%。亿元以上市场稳步有序发展。全市亿元以上商品市场达14个，实现市场成交额170.3亿元，增长13.0%。其中，专业市场13个，实现成交额167.7亿元，增长39.1%。

实际利用外资4.03亿美元，比上年增长11.3%。其中，外商直接投资3.56亿美元，下降1.7%。全年新批外商投资企业合同总金额7.69亿美元，增长4.4%；新注册外商投资企业注册资本1.88亿美元，增长9.4%。引进国内市外资金370.8亿元，增长58.0%。进出口总值17.52亿美元，下降19.6%。其中，出口总值10.70亿美元，下降7.8%。进出口差额3.88亿美元，比上年增加2.48亿美元。

六、财政收支稳定增长，金融保险较快发展

全部财政收入170.86亿元，比上年增长12.8%。全部财政收入占GDP的比重为11.2%，比上年提高0.6个百分点。其中，公共财政预算收入85.61亿元，增长21.3%。公共财政预算支出244.35亿元，增长13.9%。

金融机构人民币各项存款余额2053.8亿元，比上年增长12.6%。其中，储蓄存款余额1454.7亿元，增长15.5%。金融机构人民币各项贷款余额1164.0亿元，增长22.9%。金融机构存贷比为56.7%，比上年提高4.8个百分点。

保费收入42.17亿元，比上年增长0.9%。其中，财产险保费收入14.56亿元，增长12.2%；寿险保费收入27.61亿元，下降4.2%；健康和意外伤害险保费收入1.0亿元，增长11.1%。各项赔款和给付11.98亿元，比上年增长29.2%，其中，财产险赔款和寿险赔付分别为7.23亿元和4.75亿元，分别增长26.4%和33.5%。

七、交通、邮电和旅游业快速协调发展

货物周转量486.6亿吨公里，比上年增长17.4%；旅客周转量58.8亿人公里，增长15.6%。全市公路通车里程15639公里，增长10.9%。其中，高速公路360公里。

邮电业务总量42.4亿元，比上年增长15.2%。其中，邮政业务量3.2亿元，增长85.1%；电信业务量39.2亿元，增长11.7%。年末局用电话交换机总容量达到698.4万门，比上年末减少169.3万门；固定电话用户93.4万户，减少1.1万户。其中，市辖区用户15.2万户，减少3.3万户；乡村电话用户42.2万户，增加4.1万户。固定及移动电话用户总数497.5万户，增加26.5万户，增长5.6%。

接待国内旅游人数1054万人次，比上年增长23.4%；创收金额66.4亿元，增长29.1%。国际旅游接待人数2.3万人次，增长14.4%；创汇金额754.5万美元，增长12.9%。

八、教育科技加快发展，文卫事业繁荣稳定

全市普通高等学校4所，招生人数1.5万人，在校学生数4.95万人；普通中学275所，在校生数34.58万人；小学1384所，在校生数62.44万人。学龄儿童入学率达100%，九年义务教育完成率达98.8%。幼儿园在园幼儿数19.69万人。全年取得科技成果184项。专利申请受理量1273项，比上年增长26.8%；专利申请授权量976项，增长84.2%。其中，发明61项，增长10.9%。

全市共有艺术表演团体11个，文化馆20个，公共图书馆20个，广播电视台19座。全市共有卫生机构9274个，其中，医院、卫生院297个；卫生技术人员26452人，其中，医生12905人，护师、护士7088人；卫生机构床位24637张，其中，医院、卫生院23616张。拥有卫生防疫、防治机构20个，卫生技术人员420人；乡镇卫生院173个，床位6080张，卫生技术人员4428人，乡村医生和卫生员9322人。

九、城乡居民生活持续改善，社会保障水平稳步增强

城镇居民人均可支配收入18639元，比上年增长12.3%。农民人均纯收入6601元，增长13.5%。城镇居民人均消费支出12090元，增长10.1%；农民人均生活消费支出4258元，增长7.3%。城镇居民现住房人均建筑面积33.8平方米，下降0.4平方米；农民人均居住面积34.2平方米，增加0.2平方米。

参加基本医疗保险人数164.3万人，比上年增加16.2万人。城镇参加基本养老保险人数56.1万人，其中，参保职工达39.7万人，参保离退休人员达16.4万人。企业养老金社会化发放率达到100%。全市享受居民最低生活保障30.9万人，增加1.2万人。全市各类收养性社会福利单位床位达2.3万张，增加0.7万张；收养各类人员1.7万人，增加0.9万人。城镇建立社区服务设施达171个。其中，综合性社区指导和服务中心9个。

十、环保工作进展积极，安全生产形势稳定

全年市区空气质量达到和好于二级天数340天。其中，一级天数达到96天，比上年增加17天，空气质量稳定达到国家《环境空气质量标准》（GB3095—1996）二级标准。城市集中饮用水源地水质达标率稳定保持100%。朱庄水库水质达到国家《地表水环境质量标准》（GB3838—2002）Ⅱ类标准；滏阳河、滏阳新河、滏东排河三个出市河流断面COD浓度年均值分别下降0.6%、19.2%和32.6%。

各类安全生产事故587起，比上年减少39起，下降6.2%；死亡人数184人，减少14人。其中工矿商贸企业事故死亡人数11人。全年共发生道路交通事故224起，下降1.8%；造成175人死亡，下降4.4%；受伤人数155人，下降12.9%；经济损失69.1万元，增长55.3%。火灾事故358起，下降7.0%；经济损失434.0万元，下降46.1%。

（邢台市统计局　田爱军）

邯　郸　市

2012年，是党的十八大召开的重要之年，也是国内外经济形势复杂多变的一年。全市人民在市委、市政府的坚强领导下，坚持以科学发展为主题，以加快转变经济发展方式为主线，按照稳中求进的工作总基调，认真贯彻落实各项宏观调控政策，有效应对了经济增长趋缓的不利局面，整体经济运行实现稳中有进，各项民生和社会事业取得新进展，为全面建成小康社会奠定了良好的基础。

一、综合

2012年，全年全市生产总值3024.3亿元，比上年增长10.5%。其中：第一产业增加值383.9亿元，增长4.2%；第二产业增加值1620.8亿元，增长12.3%；第三产业增加值1019.6亿元，增长9.7%。三次产业结构优化为12.7：53.6：33.7。

全市居民消费价格总指数（CPI）全年呈逐月回落态势，全年上涨2.7%，其中：城市上涨2.8%，农村上涨2.0%。居民消费的八大类商品（服务）呈“六升两降”态势。其中：食品、居住、衣着、家庭设备及维修服务、医疗保健和个人用品、烟酒类价格分别上涨4.3%、2.7%、3.9%、4.0%、1.6%和4.3%；交通和通信、娱乐教育文化用品及服务类分别下降1.0%和0.2%。影响CPI上涨的主要因素有：食品价格是主要推手，拉动总指数上涨1.38个百分点；居住类拉动总指数上涨0.5个百分点；衣着类拉动总指数上升0.41个百分点。

全市城镇新增就业12.3万人，其中，下岗失业人员再就业3.9万人，转移农村劳动力8.4万人；城镇登记失业率4.0%，在省控指标4.5%之内；社保体系日益完善，城乡居民养老保险制度实现全覆盖。

二、农业

全市加大人、财、物的投入力度，粮食生产再获丰收，“吨粮市”建设全面完成。全年粮食播种面积达到1162.5万亩，亩产481.6公斤，增加31.6公斤，增长7.0%；总产560.1万吨，增加31.8万吨，增长6.0%，粮食生产实现“九连增”，单产、总产增幅均居全省第1位，成功跨入全国百亿斤粮食大市行列。蔬菜保持“三增长”。全市蔬菜播种面积达14.5万公顷，增加0.4万公顷，增长3.3%；单产4070.7公斤/亩，增长0.5%；总产838.0万吨，增长3.8%。畜牧业生产稳定增长。全市肉、蛋、奶产量分别达69.3万吨、104.0万吨和23.8万吨，分别增长2.3%、0.1%和2.1%。

三、工业

全市完成工业增加值1473.5亿元，比上年增长12.5%。其中：规模以上工业增加值1333.4亿元，增长14.1%。在规模以上工业中：轻工业实现增加值227.4亿元，增长22.2%，增速高于重工业9.5个百分点，高于全市平均水平8.1个百分点。装备制造业112.7亿元，增长22.7%，纺织业46.6亿元，增长16.4%，食品制造业27.1亿元，增长30.4%，分别高于全市平均水平8.6个、2.3个和16.3个百分点。六大高耗能行业972.5亿元，增长11.0%，占全市规上工业增加值的比重为72.9%，分别比2010年和2011年下降6.9个和3.1个百分点。2012年，全市规模以上工业实现利润167.6亿元，下降8.7%。

四、固定资产投资

全市积极落实国家各项宏观调控政策和措施，进一步加大投资力度，全市固定资产投资呈现出平稳较快增长的发展态势。全年全社会固定资产投资完成2383.6亿元，比上年增长20.1%。在全社会固定资产投资中，第一产业投资130.9亿元，增长11.7%；第二产业投资1182.8亿元，增长23.7%，其中：工业投资完成1175.3亿元，增长24.4%，工业技改投资736.0亿元，增长24.5%，占全市工业投资比重为62.6%；第三产业投资1069.9亿元，增长17.3%。亿元以上新开工项目300个，完成投资547.3亿元，比上年增长65.0%，占全市固定资产投资比重23.9%。

五、国内贸易

全市实现社会消费品零售总额973.7亿元，比上年增长15.2%。其中：城镇市场实现零售额749.8亿元，增长15.0%，占全市社会消费品零售总额的77.0%；乡村市场实现零售额223.9亿元，增长16.0%，乡村市场增速快于城镇市场1.0个百分点。从行业看，批发业、零售业、住宿业、餐饮业四大行业销售额增速逐步回升。批发业142亿元，增长22.9%；零售业710.1亿元，增长14.9%；住宿业15.8亿元，增长21.3%；餐饮业95.3亿元，增长10.0%。消费热点引领市场，消费升级类商品保持良好发展态势。从限额以上批发和零售业商品零售额的增速看，增长较快的有电子出版物及音像制品增长175.6%，中草药及中成药类增长62.8%，金银珠宝类增长40.3%，家具类增长37.4%。

六、城市建设与管理

2012年，全市完成城镇建设投资1519.5亿元，完成年度计划的101.3%，970项城建重点项目全部开工建设。其中：市政基础设施投资共完成166.26亿元，完成年度计划102.6%，超额完成省下达任务。进一步加快推进东部新城集中供热管网及配套设施和邯郸东郊热电厂建设，三座污水处理厂和市中变电站等项目开工建设；大力推进城市路网升级改造工作，总投资16亿元的四座立交桥项目全部竣工并投入使用，总投资10.6亿元的“三路一场”基本完工，完成19座桥梁的维修改造，改造提升12条支路小街巷；生态水系建设有序推进，总投资54亿元的南湖中心景区、黄粱梦滞洪区扩容和支漳河、滏阳河治理等项目正在紧张施工，“五河”、“四湖”、“一淀”城市生态水系初见端倪，为建设“北方江南水城”奠定坚实基础。获得各种荣誉称号，在省住房保障工作优秀城市、省级人居环境进步奖、省人居环境范例奖、国家园林县城、十佳绿色小区、十佳公共建筑、十佳景观大道、十佳公园等多个奖项中该市均榜上有名。

居住条件大幅改善。主城区回迁房建设全力推进，已开工回迁房项目80个、开工面积480.1万平方米、4.5万套，分别占应建回迁房面积、套数的81%和79%；保障性住房已开工建设2.2万套，占责任目标的124.2%，竣工6359套；棚户区改造已开工建设3.6万套，占责任目标的110.2%，竣工1.03万套。

七、冀南新区与经济开发区

冀南新区于2012年10月正式挂牌，致力于打造冀南地区新的增长极，全国重要的先进制造业基地，四省交界区域现代物流枢纽，中原经济区与环渤海等经济区域合作交流的北部门户，产业与生态融合示范区。2012年实现生产总值262.7亿元，比上年增长13.5%。全部财政收入32.7亿元，增长6.6%；公共财政预算收入19.0亿元，增长37.4%。固定资产投资244.2亿元，增长35.2%。规模以上工业完成增加值90.1亿元，增长27.1%；实现利税24.6亿元，增长22.6%；实现利润14.3亿元，增长15.2%。社会消费品零售总额93.3亿元，增长16.8%。实际利用外资1.6亿美元。实现农民人均纯收入9522元，增长14.4%。

邯郸经济开发区生产总值53.5亿元，比上年增长13.6%。全部财政收入实现9.5亿元，增长22.2%；其中地方一般预算收入4.8亿元，增长18.9%。规模以上工业增加值26.95亿元，增长20.5%；实现利润3.3亿元，增长30.6%；实现利税4.3亿元，增长14.9%。全社会固定资产投资完成59.6亿元，增长19.2%。社会消费品零售总额33.3亿元，增长27.2%。实际利用外资5996万美元，增长48%。出口总值7922万美元，增长7.9%。农民人均纯收入8383元，增长10.5%。

八、社会事业

（一）教育：2012年，全市小学招生18.48万人，初中招生12.55万人，高中招生4.79万人。现有幼儿园1689所，在园幼儿30.74万人，专任教师11331人；小学2058所，在校学生98.39万人，专任教师44432人；普通中学395所，在校学生47.6万人，专任教师35631人；高等院校在校生8.44万人，专任教师3326人。小学适龄儿童入学率达到99.99%，万人平均在校生为990人；初中适龄人口入学率达到99.97%，万人平均在校生329人；万人平均普通高中在校生达到150人；中职学校万人平均在校生130人；高等院校万人平均在校生85人。

2012年高考，全市参考人数比上年减少4918人的情况下，本科总上线人数达到30257人，增加52人，本科总上线率为63.6%，比2009年、2010年和2011年分别提高19.8个、5.2个和6.15个百分点。本科各批次上线率均有提高。其中，本科一批上线率为13.0%，分别提高3.7个、1个和0.4个百分点；本科二批上线率为13.2%，分别提高3.4个、1.4个和1个百分点；本科三批上线率为37.4%，分别提高12.8个、2.8个和4.7个百分点。在连续8年攀升的基础上，又有新提高。

科学技术：2012年，全市共取得各类科技成果195项，其中：达到国内领先水平的153项、国际先进水平的26项。获得2012年度省科技进步奖一等奖2项、二等奖3项、三等奖12项；市科技进步一等奖16项、二等奖24项、三等奖40项。新通过国家认定高新技术企业13家，自主创新型试点企业国家级2家，省级7家。专利申请受理量2118项，专利申请授权量1162项。

卫生：年末，全市共有卫生机构8604个，其中：医院169个、乡镇卫生院214个；医疗卫生机构共有床位42691张，其中：医院24577张、卫生院15910张；全市卫生技术人员达到32702人，其中：执业医师10801人、注册护士10265人。新建改建卫生院35个、社区和村卫生室550个，新农合参合率达97.8%。

体育：全市经常参加体育锻炼的人口达到393.2万人，约占全市人口总数的39.6%。全年先后组织900余名运动员参加了河北省级以上比赛，共获得金牌63枚、银牌62枚和铜牌72枚。全市拥有体育场4个，室外游泳场10个，运动场30个。

九、资源、环境与节能减排

资源：全市继续严格土地管理，加大闲置土地的收回力度，土地供应在得到控制的前提下，满足了经济社会发展的需要。全年土地供应总量1437.96公顷，其中：公用设施用地46.83公顷，占全年供地总量的3.26%；普通商品房用地262.21公顷，占全年供地总量的18.23%。

环境质量：环境质量明显提升。主要污染物排放总量持续下降，污染减排指标达到省控制要求，环境质量有了新的改善。主城区空气质量二级以上天数达到329天，比上年增加2天，其中：一级天数100天，比上年增加5天；主要河流水环境质量进一步好转，岳城水库和羊角铺水源地稳定达到饮用水质标准。

节能减排取得积极进展。加强重点部位、重点领域、重点行业监管，综合运用结构、工程、管理等措施，推进循环发展、清洁生产，形成节能减排长效机制，确保新"双三十"早达标、老"双三十"不反弹。2012年，全市淘汰落后生铁产能85万吨、水泥396万吨，单位生产总值能耗下降7.37%，完成年初目标的189.5%。氮氧化物削减量均达到全省平均水平。

十、城乡收入和社会保障

城乡居民收入稳定增加，生活质量进一步提高。城镇居民人均可支配收入达到21740元，比上年增长12.5%。城镇居民人均住房建筑面积28.7平方米。农民人均纯收入8447元，增长14.7%。农村居民人均住房面积37.9平方米。城镇居民和农村居民恩格尔系数分别为40%、37.6%，居民消费支出较多用于提高生活水平和质量。

社会保障：年末全市参加基本养老、失业、工伤保险的人数分别为106.46万人、66.28万人和72.77万人，分别比上年末增加1.9万人、0.15万人和6.0万人。全市享受城市最低生活保障的居民为13.2万人，享受农村最低生活保障的农民26.9万人。

（邯郸市统计局　李振华）

县（市、区）域经济专辑

鹿　泉　市

鹿泉市位于河北省石家庄市西部，西倚太行山，东、南、北三面呈月牙型环绕省会主城区，面积603平方公里，山区、丘陵、平原各占三分之一，辖9镇、3乡和2个省级开发区，208个行政村，户籍人口39万，区域居住人口近50万，是省会中部片区组团城市之一，省市定位是"省会西花园"。近年来，鹿泉市围绕建设"休闲新区、经济强市、幸福鹿泉"的奋斗目标，全力加快转变发展方式，着力改善"两个环境"，持续加大民生投入，开创科学发展新局面。

历史文化源远流长。有文字记载的历史达4000多年，战国时称石邑，隋设立鹿泉县，唐改称获鹿县，金、元时称镇宁州，明清恢复获鹿县建制。1994年5月经国务院批准，撤销获鹿县，设立鹿泉市。境内现存土门关、十方院、铁行会馆等文物古迹29处。

整体经济趋稳向好。2012年，全市生产总值完成290亿元，同比增长5.8%；三次产业占比达到7.2∶59.2∶33.6；财政收入完成20.8亿元，公共财政预算收入完成10.9亿元，分别增长21.3%和16.7%；农民人均纯收入、城镇居民人均可支配收入分别达到1.13万元、2.16万元，分别增长12%、11.1%。

产业结构加速升级。牢固树立"抓项目就是抓发展"的理念，先后引进建设了长城影视、河北融投、光谷一期、康师傅饮品、中友机电等一批重大优质项目，逐步形成了以休闲服务和电子信息、轻工食品、装备制造、新型建材为主的"1+4"特色产业新格局，2012年主导产业提供税收占比达到66.5%，基本实现了资源型经济向多元化新型经济转变。

生态环境日趋优化。坚持环境带动全局战略，着力加强生态环境建设。实施了西柏坡高速、西山等绿化工程，森林覆盖率达到36.46%。拆除了55家企业的80台3米以下水泥磨机、801座料仓，关停了全部13家采石企业，淘汰水泥落后产能1085万吨、采石510万方，削减粉尘1200吨，被评为河北省环境保护目标管理优秀市。

城乡面貌焕然一新。实施了总投资7.9亿元的20项重点城建交通工程。市政广场、高温水入城一期、太平河景观提升、会馆路综合市场等竣工投用，建成区污水处理率达到95.3%，集中供热率提高到89.7%，绿化覆盖率达到42.5%，连续三次荣获河北省“宜居城市金奖”。获平路、衡井线、装院路、石环北斗路连接线等通车，公路密度达到1.44公里/平方公里。完成了石铜路、307国道等6条干线治理，市乡村投入1.5亿元用于农村环境整治，90%以上的村达到街道整洁、村容靓丽的标准。

社会事业全面进步。认真落实民生财政增长机制，重点实施智有所强、老有所养、病有所医、弱有所助、住有所居、居有所安“六有幸福工程”，2012年用于民生领域的财政资金达到5.7亿元，基本实现了城乡养老、医保、低保、健康档案、优质教育以及乡村文化站（室）、标准化卫生室等惠民政策的全覆盖。顺利通过国家级义务教育发展基本均衡市验收，成为全国唯一的慢性非传染性疾病防控和卫生应急“双示范市”。

灵寿县

灵寿县位于河北省石家庄市西北。全县总面积1066.2平方公里，辖6镇9乡，279个行政村，772个自然庄，总人口33.3万人。2012全年地区生产总值完成78.7亿元，同比增长9%。全部财政收入完成3.53亿元，同比增长6.11%；其中，公共财政预算收入实现2亿元，同比增长26.7%。固定资产投资完成66.1亿元，同比增长23.5%。规模以上工业增加值完成42.8亿元，同比增长12.1%。规模以上工业利税完成20.1亿元，同比增长16.2%。社会消费品零售总额完成28.7亿元，同比增长16.5%；城镇居民人均可支配收入达到1.90万元，同比增长12%；农民人均纯收入达到3804元，同比增长10.1%。

三产情况：2012年，第一产业增加值达到14亿元，同比增长4%；第二产业增加值达到45.3亿元，同比增长10.8%；第三产业增加值达到19.4亿元，同比增长8.5%。

一、项目建设。成功举办了2012’魅力灵寿（石家庄）推介会等一系列招商活动，签约项目26个，总金额88亿元。其中，引进央企项目2个，总投资20亿元。全年引进外资1224万美元，完成年度计划的111%。对总投资490.8亿元的115个重点项目及时跟进，定期调度，全年完成投资44.5亿元，占计划投资的100.9%。其中，22个项目已经竣工投产，31个项目正在加紧建设，17个项目已完成前期准备，24个项目正在做前期工作，21个项目正在积极洽谈。2012年，有6个项目列入省、市重点，在西部五县排名第一。

二、工业经济。对总占地18.86平方公里的经济开发区基础设施进行了提档升级，2012年10月被省政府批准为“省级经济开发区”，目前已有32家企业入驻。制定出台了《关于促进工业企业发展的实施意见》，对重点企业挂牌保护，实行县领导分包。积极引导正元化肥、中山水泥等企业进行技改，全年新上技改项目128个，其中6个技改项目列入省、市项目库。全县第二产业增加值达到45.3亿元，同比增长10.8%。

三、农业经济。千方百计稳定种粮面积，提高粮食单产，粮食产量实现9连增。整合农口资金对核桃、食用菌、畜牧养殖等特色产业进行了重点扶持。核桃产业被省财政厅列入整合资金支持项目，冀乐食用菌种植基地扩建项目被列入全国2012年农业综合开发新型合作示范项目，种猪和奶牛养殖示范场标准化达到了全国一流标准。成立了河北省首家县级农民专业合作社联合社，各类农民专业合作经济组织达到621个，辐射带动农户4万余户。全县第一产业增加值达到14亿元，同比增长4%。

四、三产服务业。对五岳寨、水泉溪、秋山等3个国家4A级旅游景区基础设施进行了提档升级。投资21亿元的漫山生态旅游休闲项目已完成前期各项工作，并于3月21日正式开工建设。实施了“畅通主动脉、美化旅游路、满意灵寿游”旅游环境综合整治行动，进一步提升美化了县内旅游通道。全力推进家电下乡和“万村千乡市场工程”，全县农村超市达到198家，乡镇覆盖率100%，村级覆盖率71%。飞达物流园、中山宾馆升级改造、燕都大厦、岔头山区农副产品交易市场等一大批商贸项目正在稳步推进。全县第三产业增加值达到19.4亿元，同比增长8.5%。

五、城乡建设。积极创建省级园林城市，实施了县城环路绿化提升工程，县城绿化覆盖率达到40.95%。开展了城区环境综合整治行动，环境卫生、经营秩序和交通状况得到明显改善。实施了县城基础设施提升、松阳河胡庄段污水管网铺设以及市政设施维护工程。完成了街心广场升级、城区街道修补工程，创建了西环路、北环路两条县城卫生管理示范街道。实施了农村环境综合整治，完成了环县城、环景点周边和沿主要交通干线、高速两侧村庄的“四清四化”任务，净化了村庄环境。投资3.97亿元的太行山前土地整治项目顺利启动。投资1.1亿元，实施了病险小水库除险加固、河道治理及一系列农田水利配套设施建设。争取上级奖补资金1310万元，在136个行政村进实行了“一事一议”财政奖补项目建设。抓住列入省2012年度村级公共服务运行维护机制建设试点的机遇，争取360万元，对90个行政村基础设施进行了维护升级，群众生产生活条件明显改善。完成了宝平公路山门口大桥，正南路慈峪、谭庄、北庄小桥和牛庄中桥改建，正南路（南营至平山界段）中修，南索公路和木北公路（同下至三圣院段）改建工程。二是启动实施了正南路（慈峪至岔头段）升级改造和京卢公路改建工程，目前一期工程均已完工。

六、社会事业。承诺的涉及教育卫生、民生保障、道路交通等方面的20件为民实事全部完成。城乡居民储蓄存款达到62.1亿元，同比增长13.7%。投入2.36亿元，有力保障了教育经费、校舍安全、中小学寄宿补贴和困难生补助等资金需求。强力推进山区教育扶贫工程，投资1.2亿元的寄宿制初中已开工建设，5所山区小学改造提升工程已完成。深化医药卫生体制改革，初步建立起国家基本药物制度，乡镇卫生院、村卫生室全部实行了基本药物零差价销售。完成了225所卫生室标准化建设。完成了民政事业服务中心、70所农村“互助幸福院”和262套廉租房建设；对1200户农村危房实施改造，有效改善了城乡低收入群体的居住条件。提高了新型农村合作医疗保险、城镇居民基本医疗保险财政补助标准和城乡低保标准，使广大人民群众得到了更多实惠。新增城镇就业2328人，下岗失业人员再就业575人。投资766万元，对15个乡镇财政所进行了新改建，财政服务水平进一步提升。

七、安全稳定。严格落实安全生产责任制，在全县范围内相继开展了安全生产联合执法、“打非治违”等专项行动，实施了矿山网格化管理，私挖滥采行为得到有效遏制。深入开展了一系列食品药品安全专项整治行动，确保了群众饮食用药安全。全面推行“四个覆盖”，实行县级领导大接访工作机制，深入开展矛盾纠纷大排查，一大批社会矛盾得到有效化解。始终保持对刑事犯罪的高压态势，有力打击了各类刑事犯罪，维护了社会和谐稳定。

平 山 县

平山县地处河北省西部，太行山东麓，距省会石家庄市30公里，东与鹿泉市接壤，南与井陉县相连，西与山西省五台县、盂县为邻，北与灵寿县交界。全县辖23个乡镇、717个行政村、1399个自然庄，总人口49万，总面积2648平方公里，素有“八山一水一分田”之称，是全国著名的革命老区、国家扶贫开发工作重点县、河北省首批扩权县。

平山县物产和旅游资源丰富。现已探明矿产资源有51种，储量60亿立方米、120亿吨。国家级文物保护单位2处、省级6处、县级300多处。境内有大中小型水库67座，耕地面积46万亩，全县森林覆盖率51.11%，是全国绿色食品生产基地县，河北省唯一的绿色食品标准化生产基地县。境内有景区、景点22处，其中国家4A级旅游景区10处，是河北省4A级旅游景区数量最多的县。

2012年，全县生产总值完成205.2亿元，同比增长4.1%；固定资产投资完成125.4亿元，同比增长23.3%；全部财政收入完成18.36亿元，其中地方一般预算收入完成9.56亿元，同比增长15.2%。全县三次产业结构比例为8.8：69：22.2，产业结构调整取得新成效。全社会消费品零售总额完成38.7亿元，同比增长16.9%。城镇居民人均可支配收入达到1.97万元，同比增长12.1%。农民人均纯收入达到4714元，同比增长13.1%。

社会事业全面发展。教育方面，西柏坡二中开工建设，柏坡东路小学、温塘小学等11所小学新建改建和3所标准化学校建设工程顺利完工，山区教育扶贫工程走在全市前列。卫生方面，投资1.8亿元的县医院新建项目主体完工；投资3600万元，完成634个标准化村卫生室新建改造工作。新农合参合率达到99.03%，统筹基金使用率达到102.6%，共支付群众医疗费1.24亿元。文化科技方面，全县免费开展送戏、送文化、送节目下乡260场次，送电影下乡8600场次，送图书下乡9万多册。创作了党的十八大献礼剧目河北梆子现代戏《白毛女》，荣获河北省第九届戏剧节一等奖，并在北京人民大会堂成功演出。有线网络数字电视整体转换完成1万多户；新建两河、三汲等5个乡村科技传播站。社会保障方面，全年城镇新增就业3988人，转移农村劳动力1.55万人；城乡居民养老保险参保率达到94%；总投资4600万元的老干部活动中心完成主体工程；配套建设保障房510套。人民武装和拥军优属工作扎实开展，平山县荣获全国双拥模范县三连冠。城镇低保、农村五保供养覆盖范围和保障水平全市领先；建成51所村级中心互助幸福院。商贸流通方面，建成福美佳、柏东广场、西柏坡家具建材广场等一批大型商场，引进了北人集团、国美电器、惠友超市等商业龙头，新增商业面积18万平方米。扶贫移民方面，投入资金1400多万元，扶持51个贫困村发展特色产业项目；引进对口帮扶资金600万元，落实社会帮扶项目106个；争取移民资金3000万元，帮助移民村完成100多个基础设施项目和20个特色产业项目。

特色产业不断壮大。工业方面，年内共实施企业技改扩能项目12项，总投资20.4亿元。全县规模以上工业企业完成增加值128.7亿元，同比增长2.5%。敬业钢结构、矿渣微粉，正元化肥二甲醚、双氧水，九源塑业PVC手套生产线等项目建成投产；冀华铝业管材、博欧机械零件、炳岩特钢生产线等项目开工建设。农业方面，粮食总产量20.67万吨，核桃栽植面积达到35.9万亩，产量1万多吨，培育核桃专业村36个，核桃加工企业10多家，成立核桃协会15家，初步形成了集生产、加工、销售为一体的产业链条。食用菌、中华寿桃、有机蔬菜等特色产业规模不断扩大。旅游方面，完成总投资30多亿元的旅游景区及服务设施项目，新增4A级景区2家，总数达到11家。全年接待游客900万人次，旅游总收入60亿元。平山县荣膺“中国最具活力的老区生态旅游示范县”、“2012中国县域旅游之星30强”称号。

正 定 县

正定是国家历史文化名城、国家可持续发展示范区、石家庄历史文化的根基。现辖9个乡镇，1个街道办事处，174个行政村，面积468平方公里，人口47.8万。2012年，全县地区生产总值完成225亿元，增长9%；全部财政收入完成13.09亿元，其中公共财政预算收入完成8.1亿元，分别增长28.5%和30%，高于全市平均水平11.3和6.9个百分点；固定资产投资完成152.4亿元，增长24.3%，高于全市平均水平4.3个百分点；社会消费品零售总额完成83亿元，增长15%；全县金融机构存款余额250.3亿元，增长13.4%；城镇居民人均可支配收入、农民人均纯收入分别达到2.11万元和1.10万元，分别增长13%和16%。先后荣获"全国粮食生产先进县""中国书法之乡""全国农村集体'三资'管理示范县"等荣誉称号，连续七年荣获"全国最具投资潜力中小城市百强"。

正定历史悠久。古称常山、真定、恒山、中山、东垣等，公元前770年建鲜虞国，公元前221年始设县治，公元前196年改名真定，清雍正年间为避皇帝讳始称"正定"，沿用至今。自晋代至清末的1500多年间，正定一直是郡、州、路、府治所，是当时中国北方政治、经济、文化交流中心和兵家必争之地，历史上曾与保定、北京并称"北方三雄镇"，至今南城门上仍嵌有"三关雄镇"的匾额。

文物古迹众多。悠久的历史为正定留下了众多的文物古迹，素有"三山不见，九桥不流"、"九楼四塔八大寺，二十四座金牌坊"的美誉。（三山：恒山、常山、中山三个名称都有山字而不是山，故有"三山不见"之说；"九桥不流"之说是在隆兴寺天王殿前、府文庙栽门前、县文庙前院各建有一座三路单孔石桥，桥下各有一小池，雨后有些积水，天旱则干涸，故有此称；"九楼"指的是原城四门楼、四角楼、阳和楼；"四塔"为高耸入云的凌霄塔，造型奇特的华塔，端庄秀丽的须弥塔及佛教临济宗的发祥地的澄灵塔；"八大寺"指的是隆兴寺、广惠寺、临济寺、开元寺、天宁寺、前寺、后寺、崇因寺；"二十四座金牌坊"是过去正定拥有大大小小二十四座牌坊，像较大的许家牌坊、梁家牌坊、常山古郡圣德通天、德配天地、木铎万世等）被有关专家誉为"古建艺术宝库"、"佛教文化博物馆"、"大佛之城"，著名学者余秋雨惊叹正定具有"千古之美"，原国家主席江泽民、原国务院副总理钱其琛都曾亲笔题词。现存隋、唐以来建筑38处，国保8处（隆兴寺、开元寺、广惠寺华塔、临济寺澄灵塔、天宁寺凌霄塔、县文庙、府文庙、唐代风动碑）、省保6处（正定古城墙、西洋村仰韶文化遗址、小客龙山文化遗址、新城铺商代遗址、梁氏宗祠、王氏墓地）、县保26处，为国内县级城市罕见，国保级文物在全国县级行政区中位居第二。馆藏文物7672余件，国家一、二级文物264件。宋太祖赵匡胤敕建的隆兴寺被梁思成先生称为"京外名刹之首"，寺内铜铸千手千眼观音堪称世界之最，摩尼殿是世界古建筑孤例，龙藏寺碑被誉为"隋碑第一"，倒座观音被鲁迅先生惊叹为"东方美神"；临济寺作为佛教临济宗的发祥地，是研究中国佛教史和中日文化交流史的历史见证；开元寺钟楼是我国现存的唯一唐代钟楼。此外，天宁寺凌霄塔、开元寺须弥塔、临济寺澄灵塔、广惠寺多宝塔等造型奇特，建筑精美，具有极高的建筑学、美学价值。

文化积淀深厚。历史上，正定人杰地灵，名人辈出，被毛泽东盛赞为南下干部第一人的"南越王"赵佗、"常胜将军"赵子龙、"一代文豪"范仲淹、"太子太保"梁梦龙、"四部尚书，保和殿大学士"梁清标、"北洋三杰"王士珍、"元杂剧名家"白朴、尚仲贤等均籍正定。据史志记载，仅明清两代正定文武进士就达118名，见于史料的文人达170多人。作为历代北方文化中心，造就了古城正定的璀璨文化，孕育了正定深厚的文化底蕴。白居易、欧阳修、文天祥等历代文人雅士都在正定留下光辉诗篇和剧作。正定曾是元杂剧鼎盛时期的中心之一，历史上保留了大量诗、词、歌、赋，享有"元曲四大家之一"美誉的白朴更是其中的杰出代表，他的《墙头马上》成为元曲中的标志性作品。正定佛教文化传承不衰，历代高僧大德辈出，涌现出慧净、义玄、智贤等一代佛学宗师，特别是临济寺作为临济祖庭，在佛教界和海内外地位之高，影响之大，世所罕见，是中华文化兴盛时期的"佛教重镇"。

区位优势明显。作为省会北大门，正定有着得天独厚的区位优势，自古就有"燕南古郡，京师屏障"之称，北距北京258公里，距天津新港350公里，境内京广铁路、京石客运专线、京珠高速、张石高速、107国道纵贯南北，座落县境内的石家庄机场已开通40多条国内外航线。

发展潜力巨大。当前，随着省会北跨战略实施和正定新区、空港工业园及机场改扩建等省、市重大项目的大规模建设，正定已成为省会主城区的重要组成部分，与省会联系更加密切，在省市发展中的地位愈加重要。特别是京石高铁运行后，正定县与首都将形成45分钟经济圈，京津冀一体化辐射将带动正定县步入大跨越时代，发展前景十分广阔。

承德市双桥区

2012年，承德市双桥区坚持以科学发展观统领全局，紧紧围绕建设国际旅游城市核心区的总体目标，按照"一体两翼三个隆起带"的发展战略，积极应对复杂局势，克难攻坚，以项目建设为抓手，着力调整经济结构，转变发展方式，保障和改善民生，实现经济社会稳步发展。

综合经济实力稳步增长。全年地区生产总值完成132.5亿元，增长4.2%；全部财政收入完成16.5亿元，增长13.5%，其中地方一般预算收入完成4.56亿元，增长16.7%；全社会固定资产投资完成90.1亿元，增长20.1%；社会消费品零售总额完成86.4亿元，增长14.7%；城镇居民人均可支配收入和农民人均纯收入达到1.82万元和6827元，分别增长10.9%和11%。

项目推进力度不断加大。深入实施重点项目攻坚年行动，切实落实领导分包责任制，提高服务意识，提升项目推进水平。全年开工千万元以上项目86个，总投资83亿元，其中新开工项目16个。庞大汽车文化产业园等9个产业类项目完成投资13.1亿元，金龙皇家广场、嘉和广场主体完工，碧峰门民俗文化街实现开街；盛世山庄、袁家庄总部会议基地等9个项目前期工作扎实推进；牧禾生态农庄、绿雅生态农庄等农业项目完成投资2600万元，沟域发展规划得到全面实施；签约亿元以上项目8个，协议利用市外资金152亿元。

重点区域建设有序展开。城市发展空间进一步拓展，北区建设累计投资18.14亿元，五村回迁房开工62.9万平方米，其中 21.4 万平方米基本竣工，33.9 万平方米完成主体；投资 1 亿元启动了槌峰路等 3 条道路建设，完成了 5 条路段绿化工程；投入资金 3.3 亿元完成征地 1710 亩，喇嘛寺地块实现土地出让。北部新城建设正式启动，01 控制单元路管网 BT 工程顺利开工，拉开基础建设帷幕；内陆港产业聚集区完成土地收储；全面落实空港城优惠政策，国和汽车城等 6 个项目顺利签约。

城市建管水平不断提升。根据市委市政府的工作部署，超额完成各项城建任务，基础设施不断完善，管理水平不断提高，市容市貌得到有效改善。投资 5300 万元，按年初计划实施街巷整修工程，两年时间完成了百条街巷五年治理任务；投资 600 万元的老城区路灯远程监控系统投入使用，新增路灯 596 套，实现了城区亮化无盲区；投资 2405 万元，完成 19 座公厕升级、5 个停车场等公共设施建设。开展市容环境综合整治活动，清理占道经营、流动商贩等 1.3 万人次，清理街巷 139 条、绿地 15 万平米，市容环境得到有效改善。制定了老旧小区物业管理实施方案，采取社区代管、业主委员会自管等模式，扎实推进老旧小区物业改造试点。

民生工程扎实开展。民生投入力度不断加大，回迁房建设全面展开，保障性安居工程、社保体系建设等工作稳步推进，就业、教育教学等工作不断进步。城中村改造和公路拆迁回迁房建设全力推进，2012 年施工的 6 个地块完成投资 27.1 亿元，实现回迁 479 户；其余 10 个地块前期手续基本办理完毕，部分地块已启动回迁房建设；投资 2.5 亿元，建设各类保障性住房 2304 套，累计发放住房补贴款 489 万元；城镇新增就业 2912 人，失业人员实现再就业 410 人，培训城乡劳动力 2452 人；投资 1798 万元，完成 9 所学校校舍加固；城乡居民社会养老保险和机关事业养老保险覆盖人数达 2.64 万人；企业养老保险新增扩面 1252 人；城乡低保人数扩至 1.5 万人，支出低保金及各类补贴 5558.8 万元，实现了动态管理下的应保尽保；新农合参合率达 99%，人均筹资水平达到 290 元，基层医疗卫生机构全面实行药品零差率销售，社区卫生街道覆盖率达到了 100%，为 2.15 万名 65 岁以上老人实施了免费体检；投入 2000 万元，新增达标社区 6 个，健全完善“8910”模式，落实党建、物业等四项机制，全面提升社区服务水平。

两个环境明显改善。以营造“风清气正、开放文明”的发展环境为目标，优化政务服务，加强干部作风建设，成立了行政审批中心，对全区 1362 项行政权力进行再清理、再消减，取消权力 45 项，消减审批环节 315 个；深入开展对不作为、乱作为、吃拿卡要、效率低下等现象的集中整治，积极组织开展超编进人清理、中介机构和行业协会治理、整顿施工环境、规范行政执法等专项行动，行政效能显著提升，发展环境进一步优化。以创建“天蓝水净、地绿山青”的生态环境为目标，实施了节能减排、水环境治理、城乡绿化等一系列工程，投资 2200 万元，绿化面积 2.3 万亩，森林覆盖率达到 41.96%；市区空气质量二级以上天数达到 350 天，生态环境得到有效改善。

平 泉 县

平泉县位于河北省承德市东部，冀、辽、蒙三省交界区，素有“京冀门楣、通衢辽蒙”之称，全县总面积 3296 平方公里，辖 10 镇 9 乡 1 个街道办事处、260 个行政村 11 个社区，总人口 48 万。是国家扶贫开发工作重点县、可持续发展示范区，是省少数民族县、统筹城乡发展试点县和重点培育的中等城市。平泉地理位置优越，承朝高速、锦承铁路、遵小铁路、101 国道、平双公路、平铁公路“六线”汇聚，四通八达，是内蒙东部的出海通道，连接东北与华北的交通要道。平泉文化积淀深厚，是契丹民族的发祥地，有大长公主墓、窦景庸墓等古墓群 160 多处，“契丹始祖传说”被列入国家非物质文化遗产名录，享有“契丹祖源·圣地平泉”之美誉。平泉自然资源丰富，已探明矿产资源 40 多种，开发利用 20 多种。全县森林覆盖率达 56%，是中国七大河流之一辽河的发源地，是华北地区最绿的县份之一。

2012 年，平泉县面对复杂严峻的经济形势，全县上下紧紧围绕区域中心城市建设核心目标，着力稳增长、调结构、统城乡、增活力、惠民生，凝心聚力、砥砺奋进、攻坚克难，进一步巩固了经济平稳较快发展、社会和谐稳定的良好局面。

一、坚持把稳增长放在突出位置，扩开放、上项目、壮总量，县域经济持续健康发展

综合实力不断增强。预计实现地区生产总值 120 亿元、同比增长 16.5%；全部财政收入 17 亿元、增长 18.2%，其中公共财政收入 7.15 亿元，增速高于财政收入增速 3.2 个百分点。完成固定资产投资 120 亿元、增长 24.4%；社会消费品零售总额 38.1 亿元、增长 16%；城镇居民人均可支配收入 1.63 万元、农民人均纯收入 6300 元，同步增长 11%。居民储蓄余额 91.5 亿元，增速高于 GDP 增速 4.7 个百分点。

开放引资成效显著。累计谋划千万元以上项目 1333 个，其中百亿元以上 8 个。争取民族县现场办公承诺支持项目 299 个、资金 33.9 亿元。成功签约油画创意产业园等千万元以上经济合作项目 96 个、总投资 260 亿元，其中亿元以上 33 个。引进县外资金 53.6 亿元、增长 27%，其中社会性资金 41 亿元、增长 31.8%。

重点建设成果丰硕。累计实施北方食用菌交易市场等千万元以上项目 209 个、完成投资 88.2 亿元，其中亿元以上 53 个、完成投资 56.2 亿元。汽车产业园等 6 个项目列入省重点，远奥飞机组装制造等 14 个项目列入市重点，规模与数量稳居全市首位。

二、坚持把调结构作为中心任务，抓特色、建园区、强支撑，发展方式加速转变

工业加快转型升级。累计实施舒适园林工具等千万元以上生产性项目 107 个，完成投资 35.1 亿元。金盛绿色建材等 50 个项目试产投产。实现规模工业增加值 41 亿

元、增长22.8%。传统产业升级步伐加快，鸿泰鑫汽车线束等28个技改扩能项目完成投资12.7亿元，山庄、泉力分别跻身省企百强和民企百强。新兴产业培育初见成效，青山锂电池等25个新兴产业项目完成投资12.8亿元，远奥首架飞机亮相珠海航展，希翼风光互补路灯成为一道靓丽的城市风景。工业聚集区新入驻企业9家、总数达91家，主营业务收入90亿元、增长20.8%。

农业特色愈加凸显。新建各类设施园区1.3万亩。食用菌品种和层级结构调整取得突破性进展，总量达3.4亿袋，产值稳居全国县级第一，被列为中国绿色食用菌十强县。新增设施园艺5885亩、新造林7万亩、新增养殖大户218户。四大主导产业提供农民人均纯收入4420元。完成大田作物结构调整6.2万亩，被评为全国粮食生产先进县。重点项目“1860”计划稳步推进，累计实施润隆工厂化生产双孢菇等亿元以上项目18个，完成投资8.05亿元。市级以上龙头企业和专业合作社分别达56家、480家，均居全省县级首位。

文化产业实力增强。乐舞《契丹传说留人间》编排演出，展示平泉元素电影《我是你是我》、《州官传奇》拍摄完成。四大文化产业园加快建设，辽河源旅游路建成通车，“飞瀑迎宾”二期、“九龙蟠杨”保护工程稳步推进；“中华菌文化网”试运行，中国食用菌协会文化专业委员会主任委员单位落户平泉；活性炭科技创意城、炭宝来养生保健品研发项目确定选址，华净活性炭产业园竣工投用，展馆对外开放；酒文化博物馆、文化广场即将开工，园区路网加快建设。休闲旅游蓬勃发展，新开发精品线路2条。被命名为省“文化产业十强县”。

商贸物流加快拓展。平泉经济开发区晋升为省级经济开发区，《物流产业聚集区总体发展规划》获省批复。华北物流中心、汽车产业园、万城新天地商城、再生资源回收利用基地加快建设，玉宇明珠特色商业街、家乐家双桥二店、亮达国际酒店完成主体，客官国际、泽州酒店通过四星级评定。“8890”家政网络服务中心开通运行，“家电下乡”保持全市首位。

三、坚持把统筹城乡协调发展作为主攻方向，做城市、建新村、夯基础，城乡一体化步伐持续加快

中心城市加快建设。累计完成城建投资41亿元，建成区面积扩大到17平方公里，城镇化率46%。高铁周边等9个重点规划编制完成，北城路网等26个基础设施项目加快推进，建设大厦竣工入驻，交通运输调度指挥中心开工建设，府前街绿化等30个园林工程有效实施，山水新城等10个房地产项目完成139万平方米。数字化、网格化管理持续深化，环卫一体化全面推行，城市社区实现“四有一创”，城市管理代表承德接受全省观摩，顺利通过省级卫生县城复检。

城乡统筹协调发展。在全省率先启动中心村建设，合并48个行政村为17个农村社区，整合涉农项目资金2.8亿元，支持党坝社区等16个中心村建设。椊椤树社区等12个村（社区）被列为省级“幸福乡村”示范点，双峰社区等5个村（社区）被确定为省级新民居示范村。郭杖子完成撤乡建镇，成功争列省级环境优美城镇；卧龙镇跻身国家级生态乡镇。农村环境综合整治稳步推进，乡村容貌逐步改观。

基础设施日益完善。节水型社会建设取得新成效，鸽子洞水库列入国家级扶贫规划、移民路工程稳步推进，洼子店至八家段瀑河治理工程竣工，除险加固小（Ⅱ）型水库3座，新增高效节水灌溉面积2万亩。智能化电网建设迈出新步伐，台头山35千伏输变电工程和3条35千伏线路完工投运，在全市率先启动35千伏变电站数字化改造，新改造农网线路140公里。区域交通枢纽建设增创新优势，兴榆线升级为省级公路，101绕城路获省批复，平青乐线中修、大七线、七崖线竣工通车，客运北站完成主体。京沈客专前期准备就绪，遵小铁路完成线下工程。数字平泉建设实现新突破，新建各类基站、直放站47个，新完成104个自然村广播电视村村通工程，有线广播实现中心村全覆盖。

四、坚持把增活力作为重要保障，重创新、优生态、聚要素，可持续发展能力不断增强

改革开放不断深入。行政管理体制、医药卫生体制和林权制度、户籍制度改革积极推进，公立医院改革试点创树经验，政务服务中心竣工入驻，公共资源交易中心建成运行，被列为省级审批服务标准化建设试点。新增外贸登记企业3家、境外投资企业1家，外贸出口额达3810万美元、增长20.5%，实际利用外资2743万美元、居全市首位。

科技创新步伐加快。全国食用菌产业技术交流会成功承办，韩国裕罗汽车线束研发基地落户平泉，林业研究中心建成入驻，国家食用菌产业技术研发中心加快建设。成立企业和行业研发中心2家、农业科技示范园区4个，培育科技型龙头企业、高新技术企业各2家，列入国省科技项目计划11项，被列为省科技管理工作先进县。

市场主体活力增强。全民创业、“二次创业”深入开展，每千人拥有企业个数2.53个、工商户数47.46个，被评为省民营经济发展先进县。通过土地置换、工矿废弃地整治和山地开发利用，争取用地指标3018亩。成功引进华安富、河北融投等投资公司，金融机构贷款余额63.5亿元、增量存贷比78.2%，县中小企业担保公司被确定为省中小企业公共服务示范平台。

生态环境持续改善。康泰热力烟气脱硫等6项减排工程深入推进，万元GDP能耗下降4.2%，化学需氧量、二氧化硫、氨氮和氮氧化物排放量，分别削减3.9%、4.5%、2.0%、1.5%，被评为省环境保护目标管理优秀县。同汇生物可降解制品等18个循环经济项目加快推进，成功争列新一轮省级循环经济示范县。京津风沙源治理等生态工程深入实施，治理水土流失面积30平方公里，被列为全国森林资源可持续经营管理试点县。

五、坚持把惠民生作为根本目的，增投入、保民利、促和谐，各项事业全面进步

社会保障日益完善。36件惠民便民实事有序推进，民生方面财政支出13亿元、占全县公共财政支出的

69%。县国家职业技能鉴定所成功获批，城镇新增就业4235人。城区规划范围内失地农民纳入城镇居民养老保险，各类社会保险新增扩面1.3万人。新建祥泰家园、城北回迁房、林业棚户区改造等保障性住房1360套，改造农村危房1500户。筹集各类救助保障资金5900万元，救助特殊困难群众3.7万人。新一轮扶贫攻坚规划有效实施，1.3万人稳定脱贫。

社会事业加快发展。教育事业优先发展。农村学校营养餐改善计划有效实施，“教育治理整顿年”活动深入开展，被评为省教育督导先进县。职教中心通过国家级重点校复检、蒙中通过省级示范性高中验收。医疗卫生体系日益完善。药品集中采购和零差率销售全市领先，顺利通过全国农村中医药先进县复审，被评为省乡村卫生服务一体化管理示范县。文体事业全面进步。《平泉报》创刊发行，河北省书法之乡成功创建。第三届全民运动会成功举办，被评为省全民健身运动先进县。计生工作有效开展。人口出生率10‰、自然增长率4.75‰，被评为省计划生育综合改革先进县。民族事业加快发展。省政府民族县现场办公成功举办，荣获省为少数民族和民族地区送科技活动先进县。审计统计、质监工商、供销物价、档案史志、外事侨务等各项事业均取得新成绩。

社会管理不断创新。农村社会管理“两强化、五提升”模式创新建立，肃宁“四个覆盖”经验全面推广。“十八大”安保取得决定性胜利，被评为全国信访系统先进集体。“应急处突维稳大队”组建成立，“夏季严打”成效显著，被评为省级“平安县”。公路治超、“打非治违”专项行动取得实效，安全生产形势总体平稳。药品安全县创建通过省级评估，被列为国家级出口食品农产品质量安全示范区。

隆 化 县

隆化县地处河北省承德市中部，是国务院确定的国家扶贫重点县和河北省政府确定的民族县。下辖25个乡镇（辖362个行政村）、1个街道（辖5个社区），总人口43.89万人，其中满、蒙、回等少数民族人口25.7万人。

全县国土总面积5475平方公里，其中耕地面积86.48万亩、林地面积437.6万亩，森林覆盖率58%，林木蓄积量605.8万立方米。境内矿产资源丰富，已探明地热温泉5处，探明铁、锌、铅、钛、铜、钼、萤石等矿产资源40余种。境内有滦河、驿玛吐河、伊逊河、鹦鹉河、茅沟河五条主要河流，常年地表水流量9.4亿立方米，可开采地下水4亿立方米。境内有国家级自然保护区1处、国家AAAA级旅游景区1处、国防教育基地1处。

2012年，隆化县委、县政府面对外部环境复杂多变、矛盾困难较多的形势下，带领全县人民以邓小平理论和“三个代表”重要思想为指导，深入贯彻落实科学发展观，认真执行省委、省政府的各项决策举措，牢牢把握稳中求进、稳中求好、好中求快工作主基调，加快转变经济发展方式，扎实做好稳增长、调结构、惠民生、促和谐的各项工作，大力加强经济、社会、文化建设，全县经济社会发展呈现出稳中有进的良好态势。

2012年，全县完成地区生产总值98.2亿元，同比增长11.5%，其中第一产业增加值24亿元，同比增长3.9%，第二产业增加值50亿元，同比增长16.1%，其中工业增加值43.1亿元，同比增长16.2%，第三产业增加值24.2亿元，同比增长10.3%。完成全部财政收入12亿元，同比增长20%，其中县级收入4.94亿元。全社会固定资产投资85.7亿元，同比增长29.6%；社会消费品零售总额26.7亿元，同比增长15.2%；城镇居民人均可支配收入1.60万元，同比增长10.2%；农民人均纯收入4552元，同比增长10.2%。

一、工业经济在加快调整中实现逆势攀升。牢固树立工业立县、工业强县思想，把工业经济发展作为县域经济发展的坚固基石。抓调度、保生产，抓技改、增活力，抓整合、促集约，在结构调整中促进发展，在加快发展中优化结构，矿产品开采加工、装备制造、农副产品加工三大主导产业实现稳步发展，工业经济在宏观形势异常艰难的情况下实现稳步提升。49家规模以上企业完成总产值92.8亿元，增加值36.7亿元，上缴税金6亿元，同比分别增长16.5%、17%和10.4%。矿产品开采加工方面，强化资源节约综合利用，加强矿产资源整合，投入资金31.9亿元，实施了10个技改项目并建成投产，磷、钛、铁资源综合开发向纵深拓展，铅、锌等多金属和萤石、花岗岩等非金属及地热资源勘查开发力度进一步加大。装备制造方面，以风电装备、阀门等生产企业为依托，引导企业不断加大科研投入，扩大生产规模，电动助力车、铸铁型材等产业集群初具规模。农副产品加工方面，通过引进技术、扩大规模，强化质量管理，产品市场进一步拓宽，2家企业成功入驻县工业园区，实现扩模生产。工业经济结构逐步优化，支撑能力和发展后劲日益增强。2012年，全县新增民营企业50家，个体户1300个，民营经济实现营业收入220亿元，完成增加值60亿元，上缴税金11亿元，民营经济已成为县域经济发展的主力军。

二、农业经济在结构优化中健康发展。围绕农业增效、农民增收，不断加大支农扶农力度，加快发展优势特色产业，积极推进农业产业化经营，三农工作得到扎实有效开展，被确定为全国蔬菜生产重点县、省级标准化肉牛示范区和省级粮食生产大县。加大结构调整力度，推动种养殖基地上规模、上水平，“肉牛、蔬菜、杏果、水稻”四大主导产业规模得到进一步巩固，中药材、草莓、食用菌等特色产业呈现加速发展态势。2012年，农林牧渔实现产值41.6亿元，同比增长4.2%，粮食总产量达32万吨，实现四连增。肉牛饲养量达44.88万头，其中存栏27万头，蔬菜种植面积达到17.2万亩，总产量逾43万吨，杏果基地面积超102万亩，果品产量达3万吨，水稻播种面积稳定在23万亩，其中绿色食品水稻16.3万亩。中药材种植面积6万亩，成功争列省级中草药种植基地县。食用菌发展到1600万棒，草莓和蓝莓种植分别达到

400亩、200亩，实现了快速起步。全县市级以上产业化龙头企业38家，比2011年新增10家，其中省级重点龙头企业4家。全县拥有各类农民专业合作社261家，完成工商注册220家，其中省级示范社3家、市级示范社14家。产业化经营率达到63.7%，农业产业化发展水平显著提升。

三、第三产业在蓬勃发展中拓展提升。借势森林、温泉等养生资源，加快融入承德国际旅游城市和环京津休闲旅游产业带，投入旅游开发资金4亿元，4个投资过亿元旅游项目加快推进，枫水湾森林温泉城正式运营，曼陀罗世界山庄和靠山店休闲农庄成功入选“河北省首批四星级农家乡村酒店”，七家一茅荆坝森林温泉旅游区纳入承德市五大精品旅游板块之一，全年接待游客75万人次，实现旅游收入3亿元，同比分别增长22%和108%。围绕产业融合，加快文旅联动，拓展提升现代服务业。“中国书法之乡”正式授牌，“八大怪”、“隆化中幡”收入第四批省级非物质文化遗产名录。商贸物流业活力增强，新增商品零售经营面积3万平方米，乡村连锁超市和农家店总数达到330家。2012年实现外贸出口额471万美元，比上年增加151万美元，增长147%。金融业服务县域经济发展的能力不断增强，各项存款余额78.06亿元，贷款余额52.2亿元，存贷比达到66.9%。餐饮、建筑、家政等服务业呈现快速繁荣发展。

四、项目开放在成果扩大中彰显成效。立足产业基础和资源、区位优势，大力营造全县上下齐招商、共创业的浓厚氛围，努力扩大开放成果，进一步深化项目带动战略，不断夯实县域发展后劲。全年实施千万元以上项目161个，完成投资70亿元，同比分别增长17.5%和7%，其中十亿元以上项目12个，列入省重点项目2个，列入市重点项目10个。投资80亿元的云天化磷化工项目开工建设，钛通10万吨高钛渣扩能项目具备生产能力。全年引进县外资金37.8亿元，经济联合项目98个，技术项目39个，分别占年计划的145%、146%和150%，连续两年获评承德市项目工作和开放工作先进县，累计签约云天化磷化工、阀门工业园、县城商贸综合体等项目56个，总投资达370亿元，成为隆化县历年来签约项目数量最多、投资最大、结构最优的一年。

五、承载环境在逐步改善中优势初展。硬件上，以工业园区建设为重点，加大投入力度，强化基础配套设施，健全载体功能，工业园区内水、电、路、讯等生产和生活设施进一步完善，解除了入园企业后顾之忧；隆化苔山轻化工业园区于12年10月29日晋升为省级经济开发区，隆化县多金属工业业园和农业科技示范园规划初稿编制完成进入评审阶段，隆化韩麻营钛产业聚集区申报省级循环经济区工作取得显著进展，产业集聚格局梯次推进，全年新入园企业11家，总数达到61家，实现产值82亿元，上缴税金5.4亿元。软件上，以两个环境建设为着手，抓发展环境增强服务能力，清理审批事项，减化办事程序，缩短流程时限，最大限度保障重点项目落地、开工、建设和发展；抓生态环境增强可持续发展力，完成京津风沙源治理7万亩，人工造林4万亩，深入实施农村环境综合整治，县城垃圾无害化处理厂及渗滤液工程竣工投用，万元GDP能耗下降4.2%，圆满完成了省、市下达的节能减排年度目标任务。

县委书记：刘振洲

县人大主任：陈亚媛

县　　长：陆文龙

县政协主席：韩　彪

丰宁满族自治县

丰宁满族自治县位于河北省北部、承德市西部，南邻北京，北靠内蒙古。2012年，全县上下坚持以科学发展观为指导，以发展县域经济为己任，以改善民生为根本，戮力同心，真抓实干，经济和社会发展取得了明显成效。

——经济发展取得了新业绩。全年完成生产总值78.9亿元，增长13%；全社会固定资产投资105.3亿元，增长24.5%；城镇居民人均可支配收入1.33万元，增长12%；农民人均纯收入4021元，增长15.9%；财政收入10.01亿元，增长23.8%，首次突破10亿元大关，增速居全市第一位。具体表现在三个方面：一是农业农村工作成效明显。奶业创出了“金融机构＋龙头企业＋合作社＋农户”的发展新模式，全县新增奶牛8000头，存栏达到4.2万头；蔬菜产业走出了土地流转促动蔬菜产业发展的新路子，全年新增蔬菜面积5.8万亩；贫困村土地增减挂钩与生态移民搬迁有机结合，云雾山经验在全省推广；实施了平安高科菊粉深加工、益康源食品生物工程、广岳食品深加工等一批产业化龙头项目，京北缘天然农牧有限公司晋升为国家级龙头企业。全县市级以上龙头企业达到44家，其中省级以上龙头企业6家；全年完成生态造林25万亩，水土保持治理面积230平方公里。全面完成省、市下达的节能减排目标任务。二是工业主导地位持续加强。坚持以整顿促整合、以技改扩规模，科学确定了6家整合主体，全县以铁矿为重点的矿产资源整合工作扎实推进。燕山银业、保利隆盛、宏达、三赢磷钛等一批技改扩能项目，保利铂钯铁综合开发、天宝硅酸盐水泥粉磨站、炫靓新型建材、骆驼沟风电场等一批重点项目顺利实施，全年实现规模以上工业增加值23亿元，同比增长24.3%。三是以休闲旅游为主导的现代服务业蓬勃发展。京北第一草原嘉年华基地一期、中视丰宁电视艺术中心等一批旅游项目加快推进；开展了以马术、民族演艺、赛车等为主要内容的嘉年华系列推介活动；组建了京北第一草原旅游管理处，管理和服务水平不断提升。全年接待游客75万人次，实现社会综合收入3.5亿元。全年实现全社会消费品零售总额26.7亿元，同比增长16.7%。承德银行、中国银行在丰宁县设立分支机构，县内金融机构新增贷款9.24亿元，争取外埠银行贷款3.2亿元，均创历史新高。县财政直接注入农业政策性金融担保中心7000万元，放大5倍争取3.5亿元贷款，有力地支持了富民产业的发展。

——为未来发展奠定了新基础。一是奠定了发展的规划基础。扶贫攻坚方面，完成县、乡、村各项扶贫规划190多个；旅游方面，总体规划加快编制，京北第一草原区域旅游总体规划、喇嘛山旅游区规划编制完成；城建方面，县域总体规划、控制性详规修订完毕，交通、消防、供热、防洪、供气、污水处理、给排水等专项规划全部编制完成，新城区管网工程完成规划设计方案。县域整体发展，初步形成了完备的规划指导体系，使丰宁未来的发展更具科学性。二是奠定了良好的财源基础。围绕构建“5＋2”产业体系，开工千万元以上重点项目59个，特别是一批重大财源型立县项目取得历史性突破。历时17年推动、总投资170亿元、装机容量360万千瓦的世界最大抽水蓄能电站项目通过国务院常务会议核准，项目建设进入开工前最后准备期；总投资160亿元的大唐国际总装机400万千瓦火电项目，一期装机200万千瓦上报国家能源局申请开展前期工作；天桥冀北煤炭物流园加快建设；宁丰电气设备制造项目开工建设。三是奠定了产业发展的平台基础。河北丰宁经济开发区、承德凤山新兴产业示范区被批准为省级园区。河北丰宁经济开发区收储、预收储土地5000多亩，核心区“七通一平”基础设施基本完成。承德凤山新兴产业示范区纳入全市“3＋1”新兴产业发展战略，规划控制面积117平方公里，基础设施建设工作已经展开。两个省级园区的建设，为丰宁产业发展提供了载体，搭建了平台。四是奠定了良好的城乡设施基础。县城5平方公里新区全面启动，城市发展框架整体拉开，老城区污水处理、垃圾渗滤液处理、集中供热二期等功能项目建成投用；投入资金7000多万元，对县城进行了绿化、亮化、美化；投资2600多万元，实施了集数字城管、天网工程、应急处突等为一体的智慧丰宁工程；建制镇和重点乡面貌实现较大改观，幸福乡村建设扎实推进。张唐铁路、虎蓝铁路进展顺利；111线南大梁隧道工程加快建设；张承高速丰宁段、御大公路加紧拆迁占；全年共争取县乡公路223公里列入省改造升级计划；赤城界至县城、县城至滦平界等5条段178公里二级路改造列入省交通“十二五”规划；完成了112线南关至老爷庙、南三营至洪汤寺、南杨线、凤多线鹫岭沟隧道、白塔大桥等工程项目；投资3436万元，完成了18个行政村128.4公里通村路工程，真正实现全县“村村通”。

——改革开放取得了新成效。行政审批制度改革不断深化；林权制度改革全部完成；农村集体土地确权登记发证工作完成外业调查；政府招待所、美丰公司、医药公司等改制遗留问题得到有效解决；县社8家直属企业破产改制工作取得突破性进展。成功与8家央企、12家京企、5家津企及2所驻京高校建立联系，共签署经济合作项目90项，技术项目44项。深化与义乌市的合作关系，在市场销售、实业投资等11个方面达成合作意向。省政府民族县现场办公取得显著成效，争取支持项目298个、资金和贷款41.8亿元，是截至目前省政府到自治县现场办公支持资金最多的一次。积极参加香港投洽会、廊坊经洽会等招商活动，共推介重点项目24个。全年引进县外资金35.8亿元。实际利用外资实现零的突破。

围场满族蒙古族自治县

围场满族蒙古族自治县位于河北省承德市北端。2012年，全县实现地区生产总值79.46亿元，同比增长11.5％，其中第一产业实现增加值31.77亿元，同比增长8.4％；第二产业实现增加值23.27亿元，同比增长15.4％；第三产业实现增加值24.41亿元，同比增长12.2％。三次产业结构为40.0∶29.3∶30.7。人均GDP实现18722元（按常住人口计算），绝对量比上年增加1744元。财政收入占GDP的比重为6.4％。

一、现代生态农业加快发展。坚持保增长与促转型紧密结合。全力推进产业结构优化升级；以园区建设为引擎，马铃薯、蔬菜、中草药等特色产业发展势头强劲，基地规模不断壮大，产业化经营水平持续提升。全年实现农林牧渔业总产值52.54亿元，同比增长8.0％，其中农业产值26.97亿元，林业产值5.96亿元，牧业产值18.82亿元，渔业产值2768万元。一是种植业、养殖业持续壮强。全县马铃薯播种面积61.1万亩，总产量（折粮）201358吨；蔬菜播种面积25万亩，总产量84.14万吨；牛饲养量33.86万头，其中出栏13.1万头，存栏20.76万头，牛产业实现产值8.55亿元。二是林果业平稳发展。全年荒山荒（沙）地造林面积13.66万亩，其中人工造林9.16万亩；年末实有封山育林面积100.38万亩；森林覆盖率56.7％；果园面积10.99万亩，水果总产量17.8万吨，果产业实现产值2200万元。三是产业化经营水平不断提高。重点开工建设了富龙全粉加工、保承中草药提取等总投资58.2亿元的农业产业化项目19个；木兰皇家现代农业综合示范区加快建设，入驻企业达到5家；新增龙头企业16家（不含中介服务组织及专业市场），全县市级以上农业产业化龙头企业总数达到37家；农业产业化总量32.80亿元，同比增长13.2％，农业产业化经营率达到55.1％，比上年提高0.9个百分点。

二、工业经济加快发展。全县全部工业实现总产值50.97亿元，实现增加值18亿元。其中规模以上工业企业实现总产值24.30亿元，实现增加值10.5亿元。全县规模以上工业企业实现产品销售产值23.76亿元，产销率为97.77％，实现利税6.99亿元。一是风电产业加快发展，水电、光电开发积极推进。累计投资100多亿元，华能风电御道口牧场风电二期、龙源围场五乡梁15万千瓦风电场、华御风光一体化建设等项目相继开工建设，全县风电新增装机15.8万千瓦，总装机达到158.6万千瓦，风电产业新增并网发电量33.1万千瓦，累计达到133.4万千瓦，实现产值15亿元，上缴税金5600多万元。二是工业园区初具规模，骨干企业支撑能力显著增强。新增入园企业6家，总数达到42家；全县规模以上企业实现增加值10.5亿元，全部工业实现税金1.5亿元，分别增长

15%和11.1%。

三、休闲旅游业健康发展。牢固树立休闲旅游产业是第一主导产业的思想，优先发展、重点发展、加快发展。全年累计接待游客110万人次，实现旅游收入6.6亿元。被中国旅游协会评为“旅游最佳目的地”。一是加大投资力度，加强项目开发和谋划。全年投入近100亿元，实施了道路交通、景区开发、高端休闲、设施配套四大类20余个旅游项目的基础设施建设。通过内引外联，投资23亿元的大峡谷自然生态公园项目落户围场；投资1亿元建成了天津四联自驾车营地、御盛捷坝上行宫等7个精品休闲文化景点和高档度假村项目。二是营造多彩乡村，丰富产业内容。全县已开业农家游户数达到273户，累计接待游客52.3万人次，实现收入2068万元。

四、商贸物流业日趋活跃。以健全城乡流通网络、改善城乡市场条件、培育居民消费为重点，加快构建现代商贸物流体系。全年实现社会消费品零售总额29.23亿元，同比增长16.7%，其中城镇社会消费品零售额18.52亿元，同比增长19.2%；乡村社会消费品零售额10.71亿元，同比增长12.7%。从行业看，批发零售业零售额26.30亿元，同比增长17.4%；住宿餐饮业零售额2.93亿元，同比增长10.7%。从规模看，限额以上企业实现消费品零售额5.07亿元，同比增长50.5%；限额以下单位实现24.16亿元，同比增长11.5%。

五、开放项目成效显著。将开放项目作为增活力、蓄动力、强支撑的重工业要抓手，真正转变等项目、靠项目、要项目的思想，进一步完善招商机制、创新招商方式，拓展招商领域，得高开放实效。积极参加河北（香港）投洽会、廊坊投洽会、厦门投洽会等大型招商活动，全面加强项目对接和产业合作。全年共开工建设重点项目123个，同比增长63.8%；签约对方投资100万元以上项目64个，同比增长10.3%；引进市外资金23.7亿元，同比增长17.3%；实际利用外资1860万美元，完成市下达任务的109%。

六、城乡面貌日益改观。不断加大基础设施投入力度，全力改善城乡面貌。一是交通瓶颈制约有效缓解。承围高速路基建设全面完成，御大公路征拆启动，围御高速获省批复。年内共投资1.89亿元，完成“村村通”公路357.1公里，312个行政村全部实现村村通水泥路或油路。二是电力保障能力不断增强。共投入资金1.9亿元，建设110千伏输变电站1座、35千伏输变电站6座，对坝上“两场”电网实施升级改造；总投资7.5亿元的承德北500千伏输变电工程开工建设。三是水利基础设施建设步伐加快。年内新增节水灌溉5.9万亩，解决了6.82万人饮水安全问题。四是县城建设加快推进。共投资16.5亿元，实施了木兰中路改造、33条街巷硬化、哨鹿小区和林管局危房改造等一批重点城建项目，城镇化率达到29.2%，增长2.2个百分点。五是农村面貌持续改观。全力抓好扶贫攻坚，年内1.1万贫困人口实现稳定脱贫，建成幸福新村16个；生态建设和保护统筹推进，完成造林12.4万亩，小流域综合治理8平方公里。

御道口牧场

河北省国营御道口牧场位于承德市最北端。2012年，御道口牧场党政坚持以科学发展观为指导，全面落实市委、市政府各项决策部署，团结带领全场职工群众，紧紧围绕打造环京津休闲旅游产业带最佳目的地这一目标，持续壮强“林、牧、游、电”四大主导产业。全场经济实现平稳较快增长，整体经济实力持续增强，各项社会事业同步推进。

完成全场生产总值1.23亿元，增长21.6%；完成固定资产投资1.59亿元，−50.31%；实现利税4468万元，增长22.35%，农民人均纯收入达到6055元，增长26.1%；城镇居民人均可支配收入达到1.43万元，增长20.3%。

一、生态建设成绩显著，生态环境建设再上新台阶。河北省御道口国有林场正式被纳入全省国有林场序列。全年营林生产实现经营收入892万元；完成2012年京津风沙源治理工程造林0.5万亩、2011年度巩固退耕还林特色产业基地云杉容器苗造林0.5万亩、建设苗圃300亩。完成了2010年度巩固退耕还林成果补植补造和后续产业项目设计申报审批工作。完成了与塞罕坝机械林场的确界工作。建立健全了护林员考核管理机制。开展森林病虫害监测防治工作，全年无重大疫情发生。

二、结构调整加快推进，农业产业化迈出新步伐。一是以典型示范、园区建设和大户带动为主线，进一步拓宽种植业思路，发展特色种植产业。试验种植中药材100亩、谷草100亩。马铃薯产业示范园区面积扩大到5000亩，马铃薯平均亩产达到2000公斤，优质种薯应用率达到78%，经济效益和示范效应明显。积极推进土地规模经营，全年实施土地流转1500亩。全年新建肉牛规模养殖小区5处，全场牲畜年末存栏2.95万头匹（只）。全年未发生重大疫情。二是强农惠农政策全面落实。争取生态功能区政策，落实补助资金。争取国家各项强农惠农政策，落实补贴资金。三是严格落实禁牧政策。共清理场外牲畜近万头匹（只）。

三、休闲旅游产业快速壮强，景区建设取得新跨越。在全球经济持续低迷、客源相对不足的情况下，继续保持较好态势，全年景区共接待游客42.8万人次，实现旅游直接收入1158万元，实现社会性收入近1.5亿元，景区荣获2012年亚洲金旅奖和“十佳游客满意度风景名胜区”等荣誉称号。一是旅游宣传取得实效，景区知名度进一步提升。参加了全国旅交会、第十二届承德国际旅游节和山东等地大篷车旅游宣传，推出了坝上景区走进北京社区和首都百家媒体走进木兰围场等旅游促销活动；印制各种宣传图册5000余份，拍摄了景区风光宣传CD盘，在报纸、杂志上制作景区专版，加大景区外宣力度。二是强化旅游行业管理，规范旅游市场秩序。制定并实施“整顿和规范旅游市场秩序工作实施方案”，建立健全了马匹出租、草地摩托及漂流滑沙管理制度，实施了旅游行业准入许可制，成立了旅游督察队，增设检票处。不断提高旅游从业人员的业务水平。积极开展“着力改善两个环境”建设活动，景区旅游环境进一步优化。全年投诉案件明显下降，无旅游安全事故发生。三是景区基础设施明显改善。硬化了通往景点的道路，改造更新了景区标识牌和游览图；实施了太阳湖景区包装工程；完成了月亮湖和桃山湖景区的规划设计、工程造价和招投标工作；冀运旅游服务公司环桃山湖、大峡谷、太阳湖环保车项目正式投入运营。四是项目建设成绩显著。完成了木兰围场皇家体育休闲基地会所建设；争取建设用地指标150亩，木兰国际体育训练基地、首农集团科技研发中心等一批高端项目开始项目规划设计；拥有四星级标准的御道口大酒店和枫林苑大酒店先后竣工并投入使用；商业一条街主体工程完工；文化中心广场开工建设；地热开发项目进展顺利，深度为1302.5米的地热井已经竣工，出口水温达到32℃；完成了如意河、小滦河景观带和滨河公园的设计工作。

四、清洁能源强力推进，产业效益彰显新成就。支持华润、华能和河北建投的后续工程建设，年内装机总容量达到643MW，总装机达到453台，并全部实现并网发电。总投资7.5亿元的承德御道口500KV输变电工程开工建设。华能与厦门三铁风光一体发电项目已进入编制项目可研和论证阶段。加大风电占地植被恢复力度。成功将奥德煤气分输站争取到本场，当年投资2884万元完成主体工程。委托省林勘院编制完成了河北省御道口自然保护区湿地保护工程建设规划和项目可行性研究报告。

五、城镇基础设施日趋完善，城乡统筹呈现新面貌。2012年实施城建项目20个，完成投资1.03亿元，其中总场部小城镇建设项目15个，完成投资1512万元。规划体系进一步健全，以高标准编制完成了总场部城镇建设控制性详细规划，形成覆盖整个场部城区的规划框架体系。场部城镇建设步伐加快；完成了全场农网改造工程，35KV变电站竣工投入使用，彻底结束了三场办电的历史，纳入了地方电力系统统一管理；完成了29.1公里的总场—神仙洞和八队—罗圈—月亮湖旅游环线路基工程、大峡谷—太阳湖6.1公里的混凝土道路工程和御塞路北1.1公里的道路路基拓宽工程。组建了城管监察队。

六、改善民生尽心竭力，和谐稳定开创新局面。深化企业内部改革，完成了分场的组建，健全了总场—分场—生产队三级管理体制。编制完成了“御道口牧场十二五区域发展与扶贫攻坚实施规划”。实施人才强场战略，引进优秀人才94名。深入实施民心工程，全年安置下岗职工及场内职工子女就业81名；解决了100余户农村人口最低生活保障问题，全年发放低保金近60万元；工伤保险参保407人；实施垦区棚户区改造工程，解决480户职工群众住房困难。统筹发展社会事业，教育惠民政策全面落实，教学质量稳步提升，医疗卫生体系建设进一步加强。新农合参保人数达到1107人。积极争取国家对困难企业扶持政策，减免职工医疗保险费用142万元，救助困难职工206人次，争取农业生产救灾资金40万元。建立了全场人口网络信息系统，落实计生奖励优惠政策，开展关爱健康行动，对全场工作人员和育龄妇女进行健康检查。做好儿童疫苗接种工作。着力建设平安景区，安全生产形势总体平稳，全年无大的森林草原火警火灾发生。打赢森林草原防火硬仗。深入开展严打整治专项行动，加强社会管理创新，圆满完成“十八大”安保维稳任务。

张家口市桥西区

2012年，张家口市桥西区以科学发展观为统领，自我加压、主动作为、砥砺奋进、开拓创新，较好完成了区十五届人大一次会议确定的各项目标任务，各项工作取得了十分显著的成效。

一、着力推动经济，发展综合实力不断增强。11项主要经济指标圆满完成目标任务，其中6项指标超额完成任务。全区生产总值完成61.1亿元，同比增长12%；全社会固定资产投资完成48.1亿元，同比增长20.8%；全部财政收入完成6.8亿元，同比增长12.03%；地方一般预算收入完成1.9亿元，同比增长29.38%；城镇居民人均可支配收入、农民人均纯收入分别达到1.84万元和6844元，同比增长14%和17.6%，总量分别位于全市第二位和第四位。化学需氧量、二氧化硫分别削减97吨和217吨，2012年张家口市桥西区被省政府评为环保工作目标管理优秀县区。

二、加快发展主导产业，支撑作用日益凸显。工业、商贸业、旅游业实现增加值占全区生产总值比重达到38.4%，较上年提高1.8个百分点。工业基础不断夯实，全年实施各类工业技改项目32项，完成工业固定资产投资6.1亿元，同比增长70.6%；新增规模以上工业企业1家，全区规上企业达到11家；新兴产业园规划面积扩大到11.6平方公里，完成总体规划设计和专家评审。商贸发展势头强劲，11个大型商贸项目推进顺利，当年完成投资10亿元，同比增长63%，其中明德南地下商城以及尚峰广场引进的永辉超市、天元名品商业城实现开业运营，总建筑面积38万平方米的世贸中心综合商业体项目进入房屋征收阶段。文化旅游产业稳步推进，总建筑面积5.2万平方米的大境门步行街实现竣工，投资200万元对张家口堡景区沿街门店进行了规范整治，被评为国家3A级景区；赐儿山景区二期工程完成70%的建设任务；出版发行了《品评张库大道》历史文化丛书，成功举办了“张家口旅游走进北京百家社区”等活动。

三、强力推进项目建设，发展后劲持续增强。全年共谋划实施重点项目70项，总投资达到417亿元，亿元以上项目达到68项。46项续建和新建项目全部实现开工，完成投资50.2亿元，完成年计划的101%。3个市级重点项目推进顺利，实现投资15亿元，完成年计划的200%。招商引资成果显著，成功引进中石油张家口分公司、张家口通泰集团两家企业总部。

四、积极推进城市建设，承载功能显著提升。着力提升建设品位，聘请国内顶级设计单位对15个新上和续建项目重新进行了规划设计；全年实施的25个旧城改造项目全部开工，完成投资30亿元；对21个未开发地块进行了高标准谋划包装，白麓花园等9个项目成功实现签约。持续完善基础设施，完成总里程6.2公里的青西路、坝岗西街、五马瓦路3条道路建设工程；对长青路等4条主要道路实施了大力度市容景观整治；对13条小街巷实施了新建和整修工程；集中供热二期工程实现开工并完成地基处理。加快推进社区建设，完成教场坡等5个社区办公用房达标工程，全区达标社区达到90%以上，精品社区达到12个，南新村社区成为全市唯一荣获“全国先进基层党组织”称号的社区。创新推进城市管理，积极推进环卫体制改革，“一把扫帚扫到底”的卫生保洁全覆盖经验模式在全市推广，全区街巷卫生状况、保洁度明显改善。

五、大力实施农村改造，农业农村工作成效明显。狠抓环境整治，投资700余万元，在全区20个村开展了“四清四化”工作，并打造了6个样板村。加速农村改造，实施了石匠窑等村新民居建设和回迁楼建设工程。投资1000余万元修建了40公里的森林防火通道，极大方便了石匠窑等8个村、2万农民出行和农产品运输。投资210万元完成南天门等5个村人畜饮水配套工程，花豹崖水库除险加固工程顺利实施。力促农民增收，全年新增蔬菜、花卉大棚50亩；新建了总占地50亩的古道珍禽生态园，养殖孔雀等珍禽3000余只，年收入160万元以上；全年转移输出劳动力1000余人，劳务经济收入达到1800余万元。

六、切实抓好民生保障，群众得到更多实惠。全年财政用于民生领域的支出达到4.2亿元，占全部财政支出的80.2%。就业工作有序开展，城镇新增就业8755人，下岗失业人员实现再就业2200人。住房保障持续加强，628套保障性住房续建工程全部竣工，970套新建工程实现开工。社会保障更加有力，城乡居民养老保险、新农合参保率分别达到98%和96%，城市低保月均保障标准提高到350元，农村低保年均保障标准提高到1900元。办学条件明显改善，第十九中学新校区建成使用，蒙古营小学扩建工程竣工，南菜园小学改扩建工程实现开工，对永丰堡小学等4所农村学校危旧校舍实施了改造和新建。中考成绩连续21年保持全市领先。医疗服务更加便利，完成11个农村卫生室标准化建设提升工程，桥西医院新建工程竣工运营，南营坊等3所社区卫生服务中心被评为国家级基层医疗服务示范机构。文化事业全面发展，4个街道办事处建立了综合文化站，16个社区分别建立了文化站和图书室。为老服务成效明显，桥西区老干部工作经验，被14家国家和省市新闻媒体集中宣传报道。创新开展社会救助，创建了“爱之源”公益互助会，惠及困难群众5300余人，该组织被评为首届“善行河北、情暖张垣”模范集体，“爱之源”品牌被评为“博德风电”杯全市“十大新闻人物”称号。

七、全力创建平安桥西，信访维稳成果突出。矛盾化解成效显著，全年共排查各类重点信访案件292件，化解271件，消除矛盾隐患人数8千余人，实现了十八大安保真正意义上的“零指标”，桥西区被评为省市十八大安保先进集体。

八、高度重视环境建设，“两个环境”持续改善。狠抓政府系统廉政建设和作风改善，“一岗双责”责任制得到有效落实，大力推进“简放提优”、“一窗全能”等一系列惠民为企措施。认真落实重大事项决策咨询听证制度，自觉接受人大法律监督、工作监督和政协的民主监督，全年办结人大代表建议和政协提案159件，满意率达到100%。圆满完成万株大苗进城、生态涵养区治理等8项生态绿化工程。顺利完成恒峰热力公司燃煤锅炉脱硫改造等重点减排工程，环境质量持续改善。

宣化县

宣化县位于河北省张家口市东南。2012年，全县上下紧紧围绕“打造新兴产业隆起带、建设强市名城核心区”发展定位，团结一致，砥砺奋进，攻坚克难，全县呈现出经济平稳发展、社会和谐稳定、群众安居乐业的良好态势。2012年，全县地区生产总值完成73亿元，同比增长13.1%；财政收入完成7.3亿元，增长19.8%，其中地方一般预算收入完成3.2亿元，增长35.4%；全社会固定资产投资完成68.5亿元，增长40.7%；城镇居民人均可支配收入达到1.59万元，增长13.2%；农民人均纯收入达到6316元，增长13.8%。

一、园区平台更加完善。把园区作为推动县域发展的最强优势、最大特色来培育，年度完成投资1.9亿元，完善东山、望山、南山等园区基础建设，推进环境整治等工程，园区承载能力大幅提升。通过科学运作、积极申报，东山园区成功晋级省级高新技术产业开发区，望山园区成功获批省级循环经济示范园区和工业经济综合利用示范基地，宣化县成为全市唯一拥有两家省级园区的县区。目前，各大园区已累计入驻项目40多项，总投资达705亿元，带动高新技术、新型化工、现代物流、新能源、生物医药五大新兴产业加速发展、迅速崛起。省政府张庆伟省长等19位省部级领导和上万人次客商先后到园区调研指导、投资考察，园区已成为全县优化产业结构、加速转型升级、扩大对外开放、提升发展形象的新航标。

二、项目优势持续巩固。全县在建、前期项目292项，总投资952亿元，其中亿元以上项目70项，总投资876亿元，列入省市重点项目6项，总投资427亿元，均创历史新高。累计争取和实施中央及省级投资项目37项，争取预算内资金1.32亿元，分别位居张家口市第一名、第三名。盛华氯碱基地一期、中油天然气末站等73个项目达产见效，发展潜力显著增强。以项目为媒，宣化县先后与中石油等10家世界500强企业，庞大集团等10家中国500强企业，河北建投等18家上市公司，中国化工集团等7家央企，赛诺非圣大药业等4家合资企业，建立了良好的合作关系，开放水平明显提升，发展活力进一步激发。

三、现代农业加速崛起。以工业化理念推动农业发展，实现由农业大县向农业强县的迅速转变。大力实施龙头引领，发展农业产业化项目29个，总投资达81.6亿元，特别是成功引进总投资37.5亿元的正邦、华信、帝达、晟佳、金农五个重点项目，带动市级龙头企业达到19家，其中省级1家，全县农业产业化水平达到64%。大力推进标准化生产，发展各类种植基地30多个，其中标准化基地8个，带动无公害蔬菜面积达到4万亩，设施蔬菜达到1.17万亩，位居全市第二；培育生猪、奶牛规模养殖小区39家，其中标准化小区达到18家，带动奶牛、生猪饲养量分别达到3.97万头、76万头；先后被评为全国生猪养殖大县、生猪调出大县、生猪标准化示范县。毫不松懈地抓好粮食生产，确保粮食安全，2012年粮食总产达到21.23万吨，实现了“九连增”；先后被评为全国玉米高产创建示范县、保护性耕作示范县、粮食生产大县，河北省粮食生产大县、粮食生产先进县、粮食综合生产能力提高较快县。

四、城乡建设协调发展。把推进城镇化作为加快科学发展、实现绿色崛起的重要抓手，集中力量推进两大新城建设。沙岭子新城，现已完成总体规划编制，投资7.6亿元的景观大道征地、拆迁等前期工作全面展开，总投资8200多万元的集中供水、污水处理等基础项目有序推进，新城基础框架全面拉开。洋河南新城，投资9300万元的经七街改造工程扎实推进，投资13亿元的湖岸小镇、中宣嘉城等商住项目部分建成，投资3.8亿元的供水、供热、供气等基础设施项目签约落地，精品小城镇建设初见成效。投资1.7亿元，实施了5个新民居、10个幸福乡村示范村建设，累计新改建住宅1752套，硬化村内道路20多千米，建设农家书屋、文化辅导基地300余个；投资4400万元推进“四清四化”工程，对主要干道沿线的48个村进行了重点治理，促进了城乡面貌的明显改观。

五、民生保障全面加强。把不断加强和改善民生，作为一切工作的出发点和着眼点，以“十项为民工程”为抓手，民生工作水平全面提升。着力加强社会保障。新农保参保率达98%，同比提高一个百分点，连续两年排名全市第一，被国务院授予“全国新型农村和城镇居民社会养老保险工作先进单位”；新农合参合人数达21.17万人，参合率达95.6%，实现了13个乡镇全覆盖；医保成功实现市级统筹，群众就医报销更加便捷；及时兑现企事业单位退休职工独生子女一次性奖励资金，计生惠民政策得到有效落实。全面推进社会事业。投资2亿元完成校安工程建设任务，实施了县第一实验小学、沙岭子小学新建等一批重点工程，办学条件进一步改善。投资7300万元完成县医院和299个村办卫生室新改建工程，医疗服务水平进一步提升。投资8000万元完成道路建设工程5项，完成县公交公司组建，并成功开通城乡公交客运班线。投资1080万元完成人饮安全工程40处，解决了全县35个村、2.3万人的饮水安全问题。积极救助困难群众。发放救灾救济、医疗救助资金720万元，使受灾群众和因病致贫群体得到及时救助；顺利实施城乡低保提标工程，全年发放低保资金4600多万元，有效保障了弱势群体的基本生活；争取扶贫专项资金1039万元，整合社会各界资金1.1亿元，编制和实施扶贫项目53个，其中第一批22个项目已全部建成，产业扶贫取得初步成效。

张　北　县

张北县位于河北省张家口市北部。2012年，全县地区生产总值完成68.6亿元，同比增长10.5%；全部财政收入完成8.22亿元，同比增长16.9%；全社会固定资产投资完成120.1亿元，同比增长1.0%；规上工业企业增加值完成22.1亿元，同比增长16.1%；城镇居民人均可支配收入和农民人均纯收入分别达到15642元和4814元，同比分别增长13.2%和15.6%。

项目建设快速推进。全年实施1000万元以上项目160个，总投资663.5亿元，完成投资137亿元，完成年计划的154.1%；有27个项目列入省、市重点项目，列入个数、完成投资数均位居张家口市第一。新签约云计算、泰丰有机肉牛养殖基地等项目23个，协议引资275.9亿元；实际到位国内市外资金51.2亿元，居张家口市第一；实际利用外资5370万美元，居张家口市第二。大力优化发展环境，在全省县级率先建设了统一规范的公共资源交易平台，项目审批程序由415项减少到187项，具有审批权的行政服务部门全部进驻行政审批中心，营造了“风清气正、开放文明”的发展环境，被评为“全国最具投资潜力县”，全县经济社会发展活力进一步增强。

主导产业迅猛发展。以“绿色、低碳”为取向，培强绿色产业，强化绿色支撑，产业竞争优势明显增强，先后被评为“中国低碳经济示范县”、“省级循环经济示范县”。坚持“开发、利用、推广、示范一体化发展”思路，推进新能源开发，新开工风电项目2个，全县风电装机近169万千瓦，并网162万千瓦，太阳能装机4万千瓦，三项指标均居全省县级首位，初步形成了集风、光、储、输和相关设备制造、运输安装、运营维护、科研检测、观光旅游、科普培训为一体的新能源产业链，被评为“新能源综合利用示范县”。以培强龙头企业为核心，推进有机食品加工业扩模提质。全县甜菜、乳品、蔬菜、马铃薯、燕麦、亚麻等特色优势农牧产业全都有了龙头企业，形成了“龙头+基地+农户”的生产经营模式，伊利液态奶、博天糖业搬迁扩模等重大项目已竣工投产，市级以上龙头企业达到28家，产业规模和效益得到进一步提升。坚持把生态优势与深厚的文化底蕴相融合，推进旅游服务业上档升级，投资7亿元重点实施了巴伐利亚滑雪小镇等项目，基础设施更加完善；以节为媒，成功举办了张北草原马拉松、热气球锦标赛、冰雪旅游节等10多项重大节庆活动，特别是第四届张北草原音乐节，被媒体誉为“中国最环保、最绿色、最原生态的大型户外音乐节”，叫响了“天南有海南，地北有张北”旅游品牌，被评为“中国十佳文化旅游明星县”，全年接待国内外游客291万人次，旅游总收入18.49亿元。

城建水平持续提升。围绕“一带、两区、三街、多节点”的城市建设格局，规划了北部新区，开工建设了10个单位服务中心，投资61.2亿元实施了城区道路、商住小区、集中供热供气等60多项市政基础设施工程，新增城区道路3.7公里、商住面积92万平方米、集中供热面积100万平方米、燃气入户4700户，城市基础服务功能进一步完善。对永春街实施了“退政还商”，并投资32.47亿元重点实施了庞大汽贸、富达广场等11个市场物流项目，市场交易额预计达20亿元，进一步繁荣了城市经济；坚持“产城融合、产城一体”，加速推进县城园区扩容升级，已入驻项目22个，全部达产后将实现产值110多亿元，城市的承载力得到进一步提升。

农业农村基础日益巩固。在集约上下功夫，在高效上找出路，推动农业转型增效。高标准打造了总面积6.75万亩的“五大高效节水示范园区”，全县节水灌溉面积达到29.4万亩，实现节水840万立方，惠及19万农民增收1.1亿元，实现了“国家节水、农民获利”可持续发展，成为全国高效节水示范县，发展经验得到回良玉副总理批示，并在全国推广。设施农业取得重大突破，新增冬暖式大棚740个，春秋大棚4705个，食用菌大棚3.5万平米，建成市级以上设施蔬菜标准园9个，总投资3.1亿元、占地5500亩的佳圣现代农业科技示范区，已具备开园条件。结合省委“幸福乡村计划”和市委“四清四化”活动，完成乡村垃圾清理、道路硬化、地下管网铺设等民心工程，村容村貌和基础设施得到了明显改善。整合投入资金20.5亿元，强力推进扶贫工程，全县近2万人实现稳定脱贫。

生态环境更加优化。深入推进“生态立县”战略，实施京津风沙源治理及退耕还林荒山匹配等重点林业工程4.4万亩，完成巩固退耕还林后续产业补植补造工程3万亩，森林覆盖率达到26.1%，工程区草场植被覆盖度达到75%以上，城区新增绿地面积5.65万平方米，绿化覆盖率达到47.3%，人均公共绿地面积29.8平方米。通过企业技改脱硫工程，减少废气排放545吨，城区二级以上天数达到344天，其中一级天数194天，生态环境得到进一步改善。

群众得到更多实惠。投资15.5亿元，实施教育、医疗、卫生、基础设施等20多项民生工程，与群众密切相关的上学难、就医难等问题得到有效缓解；进一步完善了基本养老、医疗、社会救助、城乡低保等保障体系，新农合、城乡居民社会养老保险、城镇职工医疗保险、城镇居民医疗保险参合率分别达到96.67%、97.2%、94%、80.5%。

沽 源 县

沽源县位于华北平原向内蒙古高原过渡的隆起带上，特殊的地理位置、四季分明的气候条件造就了“中国欧洲”、“塞外明珠”之美誉。沽源县被列入环首都经济圈，是环首都扶贫攻坚示范县。2012年，地区生产总值完成31.1亿元，同比增长12.6%，增幅位居全市第二；全部财政收入完成2.3亿元，同比增长26.4%，增幅位居全市第二；规模以上工业增加值完成5.5亿元，同比增长39.1%，增幅位居全市第一；全社会固定资产投资完成45.2亿元，同比增长22.7%；城镇居民可支配收入、农民人均纯收入分别达到1.45万元和4500元，同比分别增长12.9%和15%，增幅均高于全市平均水平。金融机构各项存款、贷款余额分别为32.4亿元和12.8亿元，同比分别增长20.9%和10.7%。

扩大投资，壮大规模，工业经济稳步提升。开展了“项目落实年”活动，总投资20亿元的西北机械贸易基地、燕麦精深加工等26个项目签约落地。坝缘、盘道沟等25万千瓦风电项目并网发电，协和白土窑、中广核黄盖淖等40万千瓦风电项目开工建设，风电装机总量达到88万千瓦，并网发电78万千瓦。榆树沟120万吨煤田项目获得国家发改委核准，460铀钼矿、富安铅锌矿、二道渠萤石矿完成了技改扩能，金盛矿业实现当年开工当年投产。农业产业化重点项目发展到17个，总投资达11.2亿元。县工业园区成功获批省级经济开发区，入园企业达到10家。

重点先行，合力攻坚，扶贫开发强势推进。根据“三带四区”的区域规划、“三年攻坚”的战略步骤，培强壮大蔬菜、马铃薯、食用菌、特色养殖等产业。蔬菜、马铃薯、食用菌种植面积分别达到24.3万亩、25.5万亩和10万平米。建成了坝上畜禽、华丰等生猪养殖基地，带动生猪养殖达到10万头。新建奶牛、肉牛等各类规模养殖场26家，总量达到165家。土地流转、节水灌溉面积分别达到38万亩、21.4万亩，农民专业合作社发展到260家。启动了5个中心村和3个旅游新村建设工程，投资2400万元基本完成了小厂中心镇建设。投资1.15亿元，开展了“四清四化”整治工作，农村生产生活条件得到初步改善。整合各类资金10.28亿元，为扶贫攻坚强势推进提供了根本保障。

挖掘优势，创新开发，生态旅游取得重大突破。投资2200万元实施了滦河源景区精品工程，打造了沽源县生态旅游的一张新名片。投资6400万元实施了五花草甸、沽水福源等景区的提档升级工程。草原湖假日酒店成功获批省4星级乡村酒店，100家农家旅社实现了扩模提质。总投资5.2亿元的冰山梁旅游项目成功签约，投资150万元的蒙元文化博物馆正式开馆。启动了游客服务中心建设工程，加强了旅游联合执法，旅游管理服务水平得到全面提升。2012年，接待游客86万人次，实现综合收入7亿元，有力地拉动了第三产业的快速发展。

完善设施，精细管理，城镇建设迈上新台阶。投资1.66亿元，实施了半虎线改造、滦河源景区道路改建等7条道路建设工程，路网结构进一步优化。投资1.5亿元，完成了3条街道新建和40条小街巷硬化工程，实施了人民公园、东绿地广场改造工程，新增集中供热面积23万平米、集中供气4000户，县城基础设施更加完善。投资4.8亿元，实施了欧景缘三期、御水花园二期等41万平

米房地产开发工程，县城承载能力和集聚功能持续增强。新增绿化面积8.3万平米、道路亮化12.3公里。县城建设水平进一步提升。

抓住关键，突破瓶颈，“两个环境”明显改善。扎实推进京津风沙源治理、21世纪首水等生态建设工程，完成新造林4.3万亩，补植补造14.5万亩，通道和村庄绿化3610亩，全县森林覆盖率净增1.07个百分点，生态环境得到进一步改善。精减了行政审批事项、优化了审批程序、成立了公共资源交易中心，14个乡镇全部组建了便民服务中心，政务环境持续优化。

开源节流，综合施策，财政实力持续增强。扎实推进财政体制改革、国库集中支付、政府集中采购、财政投资评审等工作，启动实施了公务卡制度，财政资金监管进一步强化。全县一般预算支出10.8亿元，同比增长21.3%，其中用于农业农村、教育医疗、社会保障等民生领域的资金占到65%。争取张家口商业银行在沽源县设立了分支机构，有效地缓解了信贷需求压力，金融服务功能得到增强。

加大投入，统筹推进，民生事业全面发展。总投资1.4亿元的一中新建工程快速推进，投资5340万元实施了2.6万平米的薄弱学校改造、教师周转宿舍和幼儿园新建改建工程，完成了中医院、卫生监督所新建搬迁工程，建成184个村卫生室，城乡教育医疗水平不断提高。实施了7条街道便道砖更新和公厕改造工程，新建保障性住房120套，改造棚户区390户，城乡人居环境有效改善。全面启动了城乡居民社会养老保险，实现了养老保险制度全覆盖。新建农村互助幸福院46所，为90周岁以上老人发放了高龄补贴，养老保障体系更加完善。将破产集体企业和困难企业退休人员全部纳入医疗保险范围，实现了医疗保险全覆盖。提高了大额医保支付限额和新农合补助标准，医疗保障能力显著增强。投入了5400万元的救灾款物，发放城乡低保补助金4720万元，救灾救济工作成效明显，确保了受灾群众、弱势群体有衣穿、有饭吃。安排公益性岗位320个，实现农村劳动力转移8300人。建成了文化馆、图书馆，完成了农家书屋图书配送和1000户农网数字电视整转工作，文化事业稳步推进。整合财力3000万元，完成了群众期盼多年的17.2公里小云线建设工程。争取上级支持，基本完成了11万变电站建设工程，困扰多年的用电难问题有望得到解决。

尚 义 县

尚义县位于河北省张家口市西北部，辖7镇7乡，172个行政村，622个自然村，6个居委会。总面积2600.98平方公里，其中耕地面积6.57万公顷，总人口19.44万人，属国家级扶贫开发工作重点县。2012年地区生产总值完成28.8亿元，同比增长11.6%；全社会固定资产投资完成38.2亿元，增长6%；全部财政收入完成1.93亿元，增长16.3%，其中公共财政预算收入9800万元，增长10%；社会消费品零售总额实现8.3亿元，增长15%；城镇居民人均可支配收入1.45万元，增长12.3%；农民人均纯收入4484元，增长15.7%。

主导产业培强壮大。以打造新型能源示范基地为目标，全面提升风电产业发展质量和水平，全年实现产值12.7亿元，占规模以上工业总产值的76.9%，实现税收6872万元，占全部财政收入的35.6%。按照节约高效、高质高端农业发展思路，建成高效节水蔬菜双万亩园区1处，两千亩以上园区5处，千亩以上示范基地8处，高效节水蔬菜发展到13万亩，蔬菜总产量63.6万吨，实现销售收入6.6亿元；大力推广旱作高效农业，发展张杂谷3.3万亩，优质马铃薯12.3万亩，粮食生产创近年来最好水平；坚持规模化经营、标准化生产，各类养殖园区发展到74个，养殖专业村112个，促进了畜牧生产方式转变和效益提升。立足区位和资源优势，投资9760万元，实施了西环路服务区、商贸城等建设项目，商贸流通网络日趋完善，现代服务业正在兴起，成为县域经济发展的新亮点。

城乡面貌明显改观。立足打造农牧山水文化城市品牌，投资4.3亿元，实施了10个方面22项城建工程。投资2.2亿元，实施了秀水新区、滨河南区等开发建设工程，完成了水务局北部、鑫隆公寓南部等5项拆迁改造工程，新增商住小区8个，建筑面积17.5万平方米；投资5200万元，实施了集中供热、再生水回用等工程，城市空间不断拓展，承载功能进一步增强。投资1020万元，实施了大苗进城以及美化、亮化等工程，新植旱柳、云杉3100株，灌木1.7万丛，新增草坪、花卉3万平方米，路灯105盏；投资1330万元，完成了东沙河综合治理工程，人居环境明显改善，山水文化特色进一步彰显。立足于城乡统筹发展，投资1080万元，实施了大青沟街道升级改造、小蒜沟宾馆建设等工程；投资1520万元，完成了3个省级新民居示范村和4个幸福乡村创建工程；投资2135万元，全面开展了“四清四化”活动，城乡面貌焕然一新，全市统一考核评比位居前列。

发展活力持续增强。坚持改革创新，全面深化京张农业合作，京张协作膜下滴灌蔬菜发展到2.22万亩，在京建立农超对接直销点10家，供京蔬菜产销协作网络初步形成；加快推进煤炭企业整合重组，组建了冀中能源张矿集团尚义矿业有限公司，实现了煤炭企业集团化发展；进一步创新融资体制，引进和成立了商业银行及2家小额贷款公司，为“三农”和企业提供小额贷款7115万元。坚持对外开放，积极参加各类重大招商活动，签约了小蒜沟综合物流园区等一批重点项目；全年开工建设项目37项，完成投资44.8亿元；引进县外资金26.3亿元，实际利用外资1232万美元；实施政府投资项目44项，总投资3.2亿元，其中新争取国家投资项目22项，总投资1.3亿元。全面落实全民创业各项政策，民营企业发展到374家，个体工商户3691户，实现税收9446万元，增长12.3%。

扶贫开发扎实开展。以发展普惠式富民产业为目标，全年投资1.4亿元，实施了节水蔬菜、设施大棚、舍饲养殖、农产品加工等项目，新增膜下滴灌3.1万亩，喷灌1.9万亩，建设各类蔬菜棚室1300个，圈舍6.5万平方米，建成特色养殖小区13个，打造种养亮点村26个；围绕优势农产品，农业合作组织发展到168家，龙头企业22家，延伸了产业链条，拓宽了农民增收渠道。以改善基础设施为重点，投资4410万元，整修村级道路37公里，改造低压线路34公里，修复饮水工程15处，改造危房520户，全县49个扶贫开发重点村的生产生活条件得到较大改善。坚持扶贫与扶智相结合，完成订单、创业培训1.9万人次；积极引导和扶持贫困农民拓宽创业渠道，发展庭院经济、加工服务等产业，自我发展能力不断增强。全县14个扶贫开发重点村脱贫出列，2.95万贫困人口实现稳定脱贫。

环境建设加快推进。坚持把改善“两个环境”作为推动发展的首要任务，努力在改善生态环境中打造发展新优势，在优化发展环境中提升核心竞争力。立足于生态环境改善，争取投资2080万元，实施了京津风沙源治理、巩固退耕还林成果等工程，完成造林9.9万亩，通道绿化16.8公里；投资3460万元，实施了鸳鸯河河道治理、山洪地质灾害防治等工程；加大生态资源保护力度，严格落实禁牧、防火政策，绿色崛起的生态优势更加彰显。坚持标本兼治，突出重点，节能减排工作取得明显成效。加速改善基础设施条件，投资1.67亿元，实施了大尚线升级改造、小韭线重新罩面等工程；投资1.1亿元，实施了勿乱沟110千伏变电站新建等工程；投资2758万元，完成了“天网覆盖”和通讯基站建设工程；投资4000万元，实施了工业园区、行政审批综合办公楼建设等工程。继续优化服务环境，全年削减行政审批项目6项，完成审批服务事项1467件，按时办结率达到100%。

社会建设全面加强。认真落实各项惠民政策，建立健全社会保障体系，困难群众和弱势群体的实际问题得到有效解决。全年投入资金5933万元，完成了太小教学楼新建、职教中心搬迁等6项工程，改扩建农村幼儿园6所；积极推进“营养改善”试点工作，惠及中小学生1.01万人。扎实推进新型农村合作医疗制度，参合率达到95.08%。全面落实人口和计划生育政策，符合政策生育率达到92.9%。加大就业帮扶力度，发放小额担保贴息贷款810万元，扶持自主创业366人，带动就业732人，全年城镇新增就业1892人，再就业474人。全面启动城乡居民养老保险试点工作，全年发放低保资金4034.6万元，养老、医疗等社保资金1.2亿元、农村救灾款物925万元。深入开展安全生产专项整治活动，积极化解社会矛盾和信访积案，有效处置各类应急突发事件，形成了社会和谐稳定、人民安居乐业的良好局面。

蔚　县

蔚县位于河北省张家口市西南。2012年，蔚县县委、县政府团结带领全县广大干部群众，紧紧围绕“文化立县、旅游活县、工业强县、特色兴县、生态安全”五大战略，在奋进中转型、在转型中提升，力促全县经济社会继续保持平稳健康发展的良好态势。全县生产总值、财政总收入、地方公共财政预算收入、规模以上工业增加值、全社会固定资产投资、城镇居民人均可支配收入、农民人均纯收入分别完成94亿元、9.3亿元、4.65亿元、34.3亿元、56.9亿元、1.69万元、4809元，分别同比增长12%、27.3%、37.8%、17.2%、47.7%、13.4%、17.3%，分别是2007年的2.1倍、2.5倍、3.1倍、3.4倍、3.2倍、1.8倍、1.9倍。2012年，全县财政总收入、农民人均纯收入、全社会固定资产投资、社会消费品零售总额四项指标增速均排全市第1位。

经济转型扎实推进。能源产业发展强劲。整合煤矿技改投入14.6亿元，12家煤矿实施技改、6家煤矿试生产，原煤产量达到1316万吨。大唐蔚县电厂取得国家能源局同意开展前期工作的复函，各项前期工作顺利推进。风电呈集群发展态势，40万KW并网发电，10万KW开工建设，15万KW前期进展顺利。文化旅游实现跨越。主打剪纸、民俗、古建、生态四张牌，投资1.5亿元，重点实施了蔚州古城、暖泉古镇保护开发、博物馆群建设等一批文化旅游开发项目。成功举办了五省市村（镇）长论坛、省文化产业经验交流会、剪纸艺术节等一系列盛会。西古堡等五个古村堡入选全国首批中国传统村落名录，蔚县入选省文化产业十强县。蔚县文化引领经济转型模式，受到中央、省、市领导的肯定。2012年全县接待游客160万人次，创造旅游总收入近8亿元，均同比增长60%。现代物流快速发展。鑫宇物流二期建成运营，以煤炭为主的物流业实现主营业务收入90多亿元。城镇建设步伐加快。重点实施了57项工程，完成投资35.3亿元，是上年的1.6倍，全县城镇化率达到40%。

扶贫攻坚取得突破。抢抓列入环首都扶贫攻坚示范区重大历史机遇，整合资金10.8亿元，60个贫困村1.6万户3.5万人脱贫，人均增收1000元。积极推进现代农业示范带建设，以北京二商蔚县金健力牧业为龙头，蛋鸡养殖规模发展到300万只；以开滦集团工农联建为龙头，设施蔬菜大棚发展到9457个，设施蔬菜种植发展到1万亩，是历年总和的10倍。以萝川贡米公司为龙头，杂粮面积发展到40万亩。烟叶生产稳步发展，实现税金1300万元；杏扁产业喜获丰收，是10年来形势最好的一年。2012年全县农林牧渔业总产值达到25.6亿元。省市重点龙头企业新增6家，农民专业合作社新增122家。获得食品安全认证、省著名商标、优质产品的农产品达到25个。

两个环境明显改善。发展环境进一步优化，公共资源交易中心建成运行，政务服务中心职能得到强化，全年受理审办事项9392件。自觉接受人大、政协和群众监督，办理人大代表建议和政协委员提案92件。生态建设明显加强，累计投资6亿元，实施了生态移民、京津风沙源治理、巩固退耕还林成果等20余项生态工程，该县生态移民工作经验在全国巩固退耕还林成果专项规划部际联席会议上推广交流。深入开展“四清四化”，重点整治了168

个村，打造了35个样板村，生态廊道绿化36.6公里、绿化村庄60个、绿化面积8000多亩，全县森林覆盖率提高到31.4%。招商引资成效显著。全年引进市外资金37.1亿元，同比增长53.4%。民营经济增加值达到49.7亿元，同比增长19.6%。

民生事业继续改善。累计投入民生资金13.4亿元，占全部财政支出的79%。实施了校安工程、农村危房改造、保障性住房、就业再就业、社会保障等一批民生工程。685套保障性住房全部完工，5个省级新民居、10个幸福乡村示范村扎实推进，受益群众6419户；273个村5000多户危房改造工程全部竣工，受益群众1.25万人。城乡居民医疗保险、新型农村社会养老保险等实现全覆盖，乡镇卫生院全部实行药品零差率销售；投资3030万元，新建505所标准化村卫生室。教育质量明显提升，本科升学率较2011年提高23个百分点；基础设施建设取得历史性突破，投资2.15亿元，实施了涉及44所学校的97项校安工程，35所学校4万平米D级危房全部停用改造，新建校舍12万平方米，近5万名学生搬入新校舍。解决了5.26万人的安全饮水问题。成功应对了百年不遇的“11·3”特大暴雪灾害。信访形势明显好转，社会综治成效明显，圆满完成十八大安保任务。

万全县

万全县位于河北省张家口市西南。2012年，万全县政府在市委、市政府和县委的正确领导下，坚持以科学发展观统领全局，围绕“建设张家口新区、实现万张同城化”总体目标，积极抢抓机遇，主动应对挑战，凝心聚力，开拓进取，开创了科学发展、跨越赶超新局面。

经济结构不断优化，综合实力大幅提升。2012年全县地区生产总值完成49.6亿元，同比增长10%。其中，第一产业完成增加值12.5亿元，同比增长4.7%；第二产业完成增加值18.6亿元，同比增长14%；第三产业完成增加值18.5亿元，同比增长9.2%。全部财政收入完成5.33亿元，同比增长18.2%。其中，地方一般预算收入完成2.72亿元，同比增长24%。全社会固定资产投资完成58.1亿元，同比增长24.1%。城镇居民人均可支配收入达到1.65万元，同比增长12.4%。农民人均纯收入达到4922元，同比增长12.9%。

项目建设扎实推进，发展后劲显著增强。全县共实施千万元以上项目116个，总投资479.8亿元；列入省市重点项目8个，总投资139.8亿元。探机、金鼎汽配城、张家口煤炭物流中心等一批重点项目开始征地，并部分开工建设。市产业集聚区完成投资1.4亿多元，实施了平山整地、管线铺设等建设工程，服务功能更加完善。全年共实施项目40个，总投资285亿元，中粮、国机、河钢、冀中能源4个世界500强企业，中煤、三一重工2个全国500强企业落户园区，市产业集聚区被省政府命名为省级高新技术产业开发区和省级新型工业化产业示范基地，对外形象大幅提升，知名度明显扩大。县经济开发区完成投资2亿元，实施了“十通一平”基础设施建设，起步区内路网框架和配套设施基本形成。全年共签约项目20个，总投资25亿元。

产业结构加快调整，发展质量稳步提高。以装备制造、新型煤炭物流、农产品加工、文化旅游为主的主导产业取得积极进展，产业规模不断壮大。装备制造业，全县发展机械装备制造企业360多家，初步形成煤矿机械、探矿机械等八大系列。“长宇”牌商标被认定为中国驰名商标，实现了全县国家级商标“零”的突破。新型煤炭物流业，全力推进旧堡、孔家庄、郭磊庄、王玉庄“四大煤台”全封闭、环保式建设，大力实施煤炭市场清理整治，关闭取缔非法煤炭经销企业45家。全年实现税收7725万元，同比增长26.2%。农产品加工业，全县发展起省级重点龙头企业3家、市级31家，农民专业合作社153家。“金慧德”牌商标被认定为省著名商标，全县被认定为国家级出口鲜食玉米质量安全示范区。文化旅游业，万全右卫城《文物保护总体规划》顺利通过国家文物局评审，正式列入国家文物保护范畴。万全镇被省政府确定为第三批省级历史文化名镇，为推进卫城保护、加快旅游开发奠定了坚实基础。

扶贫攻坚成效显著，三农基础更加完善。以扶贫攻坚为抓手，大力推进设施畜禽养殖、设施蔬菜种植等五大产业，基础设施不断完善，农民生产生活条件得到有效改善。一年来，共整合各类资金、撬动银行贷款2.4亿元，建成设施畜禽养殖小区70处、蔬菜棚室3095个，发展鲜食玉米种植基地5.3万亩、高效旱作农业5万亩；发展各类企业699家，围绕产业培训农民2.8万人次，转移劳动力8000多人。投资1.9亿元，实施了农村危房改造、公路建设等11项基础设施建设工程。大力实施了“四清四化”活动，创造出“老龙湾群众自治管理模式”、“张贵屯网格化管理模式”等多种农村社会管理模式。

城镇建设力度加大，县城面貌明显改观。运用BT招商模式，实施完成了总投资2.4亿元的城西河综合治理和人民公园工程建设，打造了一道靓丽的景观，并以人民公园为主体，建成了大型公园，填补了县内没有综合型公园的空白。全力推进璐铭酒店建设，实施了永安东街贯通等路桥建设工程。大力实施城区道路绿化，栽植各类乔灌木3万余株、应季花卉10万余株（丛），城区绿化覆盖率、绿地率分别达到36.2%和31.4%，为通过省级园林县城验收奠定了坚实基础。

社会事业全面进步，民生保障不断加强。投资5158万元，实施了孔家庄小学教学楼、第二初级中学教学楼等工程建设，完成了职教中心搬迁，办学条件得到有效改善。投资7000万元，实施了县医院综合楼、卫生监督所业务综合楼及农村卫生信息化培训中心建设，新建、改建村卫生室51个。大力推进医药卫生体制改革和养老服务体系建设，全县城乡居民社会养老保险参保率达到95%，新型农村合作医疗参合率达到96.2%，城镇基本医疗保险覆盖面达到3.16万人，2.74万名城乡困难群众享受到最低生活保障；全县养老服务机构达到7所，农村五保集中供养率达到24%。完成保障性住房1194套，进一步缓解了困难群众的住房问题。筹措资金近2000万元，彻底解决了公教人员旧欠工资问题。特别是张家口市产业集聚区委托万全县代管以后，全县被省人社厅列为先行开展被征地农民参加养老保险试点县，制定出台了《万全县被征地农民养老保险暂行办法》等3个专件，鼓励引导3400名被征地农民参加了企业养老保险，1400多名被征地农民直接享受到退休职工待遇，最大限度地保护了被征地农民的利益。

县委书记：赵满柱

县人大主任：王成宝

县　　长：杜　平

县政协主席：张振昌

怀　来　县

怀来县位于张家口市东南，东临北京，西接晋蒙。2012年，怀来县坚持以科学发展观为统领，以"发展、民生、稳定"为工作主题，围绕"发挥优势，突出特色，建设京畿科学发展强县"的总要求，加快产业结构调整，力促发展方式转变，经济社会发展呈现出速度加快、结构优化、效益提升、后劲增强、民生改善的良好态势，较好的完成了年初确定的各项目标任务。

综合实力稳步攀升。2012年，全县地区生产总值完成112.3亿元，同比增长10.8%；全部财政收入完成15.5亿元，增长16.5%，其中，公共财政预算收入完成9.2亿元，增长36.3%；全社会固定资产投资完成73.9亿元，增长33.3%；城镇居民人均可支配收入达到1.82万元，增长12.4%，农民人均纯收入达到8986元，增长14.1%。

三农工作扎实开展。葡萄种植面积新增2万亩，全县达到27万亩；实施了总投资1.9亿元的长城桑干酒庄提质增量工程，新增高档葡萄酒产量2000吨；瑞云等4家葡萄酒庄入选全国13家魅力酒庄。双大公司屠宰厂完成扩建，年屠宰能力提升到3000万只；建成标准化鸡舍472栋，年饲养量达1900万只。建成了石片黄杏等15个观光采摘园，新建苹果、海棠等优质果品基地5800多亩，年产各类果品9万吨。建成绿色有机蔬菜标准园10个，各类蔬菜大棚达到1208座。华宇公司以张杂谷为主的杂粮产品打入北京物美、华联等大型超市，实现农超对接新突破。全县农业农村合作社达到238家，带动全县6万多农户增收致富。实施了小型农田水利重点县建设、官厅水库塌岸治理、农村安全饮水工程等农业基础设施工程，农村生产生活条件进一步改善。

工业发展提速增效。深入推进"巨人、小巨人、星火"三大工程，长城葡萄酒、京西建设集团等5家企业入围全市百强企业，规模以上工业企业增加到27家，工业总产值完成42.6亿元，工业增加值完成13.1亿元，分别增长15.1%和12.4%。投入300万元技改扶持资金，支持了长飞优创等41项技改项目。维克特矿山机械、天元特种玻璃等10家企业被认定为县级企业研发中心。沙城经济开发区实施了创业中心、污水厂等36个基础设施建设项目，承载能力进一步增强。

第三产业蓬勃发展。实施了国新大酒店、亿豪国际度假庄园等重点旅游项目13个；成功举办了鸡鸣驿邮驿文化节等15次旅游节庆活动；成立了怀来山水文化旅游有限公司，中国北方战争题材影视基地已具雏形。全年共接待游客300万人次，收入达10亿元。土木煤炭市场实现销售收入53.3亿元，进入全省物流前五强；金泉时尚广场等一批城市商贸设施建成投用；继续落实"万村千乡"市场工程，推动了农村市场建设，全县社会消费品零售总额达36.6亿元。成立了金瑞通、京西等3家小额贷款公司，为企业融资2.2亿元，民营经济信用担保商会为企业筹资近3亿元。

项目建设突飞猛进。实施了县级以上重点项目138项，完成投资56.5亿元。其中，列入省市重点项目21项，完成投资22.6亿元。华美光电子二期、长城桑干酒庄扩建等一批项目竣工投产；力科维德液压设备、欧洛普过滤器等一批项目快速推进；引进北京科力恒久等总部经济10家。举办和参加了500强企业下县市大型活动发布会、香港投洽会、廊坊国际经贸洽谈会等招商引资活动，引进了万悦广场、低碳大厦、清畅电力等25个项目，共引进县外资金37亿元，实际利用外资1541万美元。

城市面貌大为改观。共实施城建重点项目32项，完成投资20.5亿元。推进康祁公路东西山隧道、跨铁路立交桥、北环路东段拓宽改造等城乡道路工程，县城滨河东路、广场北路、环城路等道路实现通车。原县医院、原汽车站等区域旧城改造共完成拆迁面积21.4万平方米。新建和续建各类保障性住房5455套。实施了北山生态公园、文化公园升级改造等一批城市绿化美化工程，对华祥路、建设南路等20条主次干道进行了绿化，城区新增绿化面积76万平方米，绿化覆盖率达到42%。实施了京津风沙源治理、京冀水源保护林、生态防护林等6项生态工程，完成造林面积8.2万亩，森林覆盖率达到35%。投资近5亿元，实施了一批城乡环境整治和绿化工程，特别是对宝平线、康祁线、鸡鸣驿区域进行了重点整治。荣获2012年度河北省人居环境进步奖。

民计民生持续改善。实施了总投资2.8亿元的校安工程，落实义务教育保障经费1621万元。新县医院、精神病专科医院、存瑞中心卫生院综合楼建成投用，新建和改建了256个标准化村卫生室，公共卫生服务覆盖全县。累计发放优抚安置、社会救助、扶贫救灾等各类资金6150万元，企业职工养老保险、城镇居民医疗保险、城乡居民养老保险等社会保险覆盖面进一步扩大，新型农村社会养老保险实现全覆盖。建成农村幸福院、老年协会等服务机构173个，新增就业岗位3518个。扎实推进"天网工程"建设，严厉打击各类违法犯罪行为，预防和处置突发事件的能力不断提升。

崇 礼 县

崇礼县位于河北省西北部，属内蒙古高原与华北平原过度地带，总面积2334平方公里。境内气候冷凉、土质肥沃、水源清洁，是发展错季蔬菜的天然基地。矿产资源储量丰富，有金、银、铜、铁等8大类36种；其中，黄金远景储量140吨，磁铁1.2亿吨，褐煤1.3亿吨，玄武岩10亿立方米。风能储量优厚，达到110万千瓦。生态优越，森林覆盖率达43.1%，是河北省天然次生林面积最大的县份，夏季平均气温19℃，空气中负氧离子浓度达到1万个/立方厘米，是城市的10倍，是休闲避暑的理想胜地。冬季年均降雪量60多厘米，累计积雪量达1米左右，存雪期长达150多天，雪质参数均符合滑雪标准，平均气温零下12℃，平均风速2级，山地坡度多在5度—35度，被誉为“华北地区最理想的滑雪地域”。

2012年，县委、县政府坚持以科学发展观为统领，按照“强势推进，狠抓落实”工作总要求，奋发进取，创新突破，全力做好稳增长、调结构、保稳定、惠民生、促和谐各项工作，较好完成了县十五届人大一次会议确定的各项目标任务，全县经济社会继续保持了平稳较快发展的良好势头。2012年，县地区生产总值完成33.7亿元，同比增长12%。全部财政收入完成6.18亿元，同比增长23.4%；其中地方公共财政预算收入完成3.04亿元，同比增长6.6%；全社会固定资产投资完成47.4亿元，同比增长33.6%，城镇居民人均可支配收入达到1.62万元，同比增长13.3%；农民人均纯收入达到5145元，同比增长14.8%。

项目建设实现新突破。全县实施千万元以上重点项目113个，总投资310.8亿元，完成投资48.3亿元，同比增长17.2%。列入省市重点项目6个。争取政策性资金1.8亿元。在全市招商月活动中，成功签约百龙新雪国旅游度假区、中国·崇礼国际会议中心和崇礼四季风情度假区项目。总投资250亿元的崇礼太舞四季文化旅游度假区和翠云山国际旅游度假区项目开工建设。

特色产业形成新格局。第三产业增加值完成7.6亿元，同比增长13.5%。2012年，全县共接待游客125万人次，实现旅游综合收入8.37亿元，同比分别增长27.7%和33.6%。成功举办了第十二届中国·崇礼国际滑雪节和冬夏两届中国城市发展论坛。在2012年中国旅游产业发展年会上崇礼县被评为“中国县域旅游之星”十强，“崇礼滑雪”被评为2012年中国体育旅游精品项目和张家口最有影响力旅游产业品牌。第二产业增加值完成19.2亿元，同比增长13.7%。黄金、铁精粉产量分别达到2.5吨和97万吨，两项入库财政收入3.97亿元，占全部财政收入的64.2%。风电累计并网发电30万千瓦。第一产业增加值完成6.9亿元，同比增长5.7%。全县新增设施蔬菜6235亩，累计达到2.95万亩，被评为全国蔬菜产业重点县。

城市面貌呈现新气象。致力打造精品旅游城市，重点实施了旅游文化新区、行政服务区、市政基础、住房保障、景观建设五大工程。省级园林县城创建完成秀水湾、迎宾园、北国风光、黑山湾四大公园基础工程。旅游文化新区累计完成投资21.4亿元，完成建筑面积56万平米，日韩风情街、酒吧文化城、旅游服务中心等一批项目投入使用，欧式风情小镇进一步彰显。行政服务区开工率达到68.8%。市政工程扎实推进，集中供热新建换热站13个，新增供热面积103万平米，累计达到198万平米，县城集中供热实现全覆盖；完成县城4条街道改造和3条供水管网铺设。住房保障步伐加快，续建424套保障房交付使用，新建496套完成部分主体。城市管理逐步规范，完成长青路、裕兴路、旅游文化新区楼体亮化，雪都夜景特色进一步凸显；建成城市数字化管理指挥中心，城市管理逐步向精细化、标准化、数字化方向迈进。

社会事业开创新局面。2012年全县财政用于民生支出6.2亿元，占公共财政预算支出的71.9%。完成校安工程1.1万平米，县第二幼儿园完成装修。新建县医院主体完工，村卫生室全部实现药品零差率销售，在全省率先建成卫生协管平台。社会保障力度加大，新农合参合率和新农保参保率分别达到95.7%和97%；城乡低保平衡发展；城镇居民和职工医保参保率分别达到95%和96%。就业再就业成效显著，城镇登记失业率控制在4.4%以内。计生工作常抓不懈，被评为省、市计生工作先进县。国土资源工作扎实有效，被评为全国国土资源节约集约模范县。

张家口市塞北管理区

张家口市塞北管理区前身为省属九大农垦企业之一的河北省国营沽源牧场。2003年6月经省委、省政府批准，改制为张家口市塞北管理区（同时挂张家口市高效畜牧业示范区的牌子）。管理区下辖4个管理处、12个居委会、24个自然村。总面积267平方千米，耕地面积8056.37公顷。总人口2.4万人，人口自然增长率为10‰。2012年，全区完成地区生产总值13.89亿元，同比增长11.7%；其中第一产业增加值完成2.81亿元，同比增长4.6%；第二产业增加值完成10.39亿元，同比增长14.1%；第三产业增加值完成6909万元，同比增长11%。单位生产总值能源消耗同比下降3.95%。规模以上工业增加值为9.6亿元，同比增长14.9%；实现财政收入1.41亿元，同比增长16.5%，地方一般预算收入实现7680万元，同比增长38.2%，高于全市平平9.8个百分点。全社会固定资产投资完成15.4亿元，同比增长27%。社会消费品零售总额完成4019万元，同比增长14.9%。农民人均纯收入6857元，同比增长14.2%。城镇居民人均可支配收入1.51万元，同比增长12.4%。在岗职工年平均工资2.51万元，同比增长16.9%。

工业经济运行良好。2012年全区实现工业总产值

33.77亿元，同比增长25.6%；工业增加值9.6亿元，同比增长14.9%，高于全市1.6个百分点；工业固定资产投资完成10.9亿元，同比增长15.9%；其中工业技术改造投资7.7亿元，同比增长57.1%；新增规模以上入统企业1家；销售收入超亿元企业3个；规模以上万元工业增加值能耗同比下降4.2%。

农业产业稳步发展。2012年全年实现农业总产值5.97亿元，可比价增速5%，其中畜牧业预计完成4.18亿元，占农业总产值的70%。粮食总产量达到1.32万吨，奶牛存栏5万头，年产鲜奶达到17.6万吨。新增节水种植面积4200亩，达到7.6万亩。总投资179.6万元，建成了水资源管理信息化平台，实现了水资源信息的自动化采集、传输。

结构调整步伐加快。围绕“三大产业”实施了榆树沟煤矿、西山风电场、塞北诺干牧业等14项重点项目，其中列入省重点3项。2012年投资13.78亿元，实施了榆树沟煤矿、弘基马铃薯组培、蒙牛诺干牧业等一批优化产业结构的重点项目竣工达产，确保了蒙牛塞北乳业、现代牧业等龙头企业平稳运营，这些项目的运营为调整产业结构、培育新的经济增长点，增强产业核心竞争力提供了强有力的保障。

城镇建设日新月异。2012年实施了重点城建工程9项，累计完成投资2.15亿元。建成了总建筑面积3.6万平米的环境监测中心、海园小区二期等城建工程；实施了集中供水、供热、供气管道延伸、环城框架路美化亮化绿化等一批便民利民的基础设施建设工程。

社会事业成效显著。认真实施了年初确定的12项民生工程。投资8600万元，实施了6.5公里通村路硬化、饮水安全工程后续管理、广播电视全覆盖、保障性住房建设等12项民生工程；完善了行政服务中心、联合接访中心，为群众畅通诉求、解决难题、化解矛盾搭建了便利平台。新增就业650人，实现农民转移就业500人。新建通村路6.5公里。广播电视实现了全覆盖。新建续建保障性住房372套，超额完成了市政府下达的建设任务。城镇和农村养老保险、医疗保险实现应保尽保。

昌黎县

秦皇岛市昌黎县位于河北省东北部，始建于公元923年，取“黎庶昌盛”之意定名。全县辖16个乡镇，1个城郊区，446个行政村，人口55万，总面积1212平方公里。是久负盛名的花果之乡、鱼米之乡、文化之乡、旅游之乡、干红葡萄酒之乡。1988年被国务院确定为首批沿海对外开放县，2005年成为全省首批扩权县。

名胜古迹和人文景观众多。昌黎县北枕碣石，东临渤海，西南挟滦河，自然禀赋优越，山、海、滩、林等兼具。千古神岳碣石山上曾有九代帝王登临，曹操在此留下了“东临碣石、以观沧海”的千古名篇。五峰山韩文公祠是中国共产党创始人之一李大钊曾长期从事革命活动的地方，《我的马克思主义观》《再论问题与主义》等革命论著创作于此。有“十里葡萄长廊”之称的昌黎葡萄沟，与新疆“吐鲁番”齐名。山中水岩寺为冀东地区知名的佛教场所；东临渤海，海岸线全长64.9公里，有“东方夏威夷”之称的黄金海岸是中国最美八大海岸之一，翡翠岛海洋大漠风光，国内独有，世界罕见；西南挟滦河，全长70公里；南衔中国沿海最大的潟湖——七里海；中部是山、海、河夹成的700平方公里的沃野平川。

投资环境优越。昌黎区位得天独厚，紧连华北与东北经济走廊。西距首都北京270公里，距沈阳410公里，南距京唐港45公里。京哈铁路、205国道贯穿全境，京沈高速、沿海高速、津秦客运专线，使昌黎融入以天津滨海新区、唐山曹妃甸港为核心的1小时经济圈。北戴河机场落户昌黎，已经开工。全县拥有3个省级和1个市级园区。文化底蕴深厚。昌黎是唐宋八大家之一韩愈的故里，是全国文化先进县、全国教育强县和全国科技工作先进县。还是全国民间艺术之乡、全国民歌之乡和吹歌之乡。昌黎地秧歌已被列入首批国家非物质文化遗产名录。干红酒产业独具魅力。是中国第一瓶干红酒诞生地，拥有全国最大优质酿酒葡萄基地5万亩，已培育出华夏长城、茅台、地王等一批知名干红酒品牌。沿北部山体正在规划10平方公里的“碣阳酒乡”项目，打造中国高档红酒休闲、观光、旅游、度假、体验中心。昌黎被国家有关部门命名为“中国干红葡萄酒之乡”、“中国酿酒葡萄之乡”和“中国干红葡萄酒城”。昌黎是沿海渔业大县，浅海滩涂养殖面积近50万亩，高档海产品扇贝21万吨，占全省养殖总量的50%；海参1300吨，占全省养殖总量的90%；河豚鱼500吨，占全国养殖总量的15%；牙鲆鱼和菱鲆鱼1000吨，占河北省产量的50%。昌黎是河北省畜牧业发展重点县。以狐、貂、貉为主要品种的珍稀动物养殖，全县饲养量已突破1500万只，占全国十分之一，每年可为农民提供3.5亿元纯收入，人均达到730元。昌黎是食品加工强县。粉丝出口占韩国市场80%份额，甜玉米种植面积5万亩，甜玉米罐头占国内市场份额近60%，膨化食品占国内市场近20%。缝纫机零件加工业特色明显。全县拥有缝纫机零件加工企业121家，弯针产品占国内市场份额的90%、国际市场份额的60%，并远销日本、东南亚、台湾等国家和地区。

综合实力大幅跃升。2012年，全县地区生产总值完成175亿元，比上年增长12%；实现财政总收入13.36亿元，比上年增长23.6%，其中公共财政预算收入完成6.9亿元，比上年增长37.5%；全社会固定资产投资完成87.1亿元，比上年增长18.3%；全县规模以上工业增加值完成52.5亿元，比上年增长17.1%；城镇居民人均可支配收入达到1.9万元，农民人均纯收入达到9445元，分别比上年增长13.8%和12%。主要指标增幅全市领先，其中GDP、规模以上工业增加值和公共财政预算收入三项指标增幅在全省扩权县、沿海县中排名前列。

项目建设成效明显。2012年实施亿元以上项目45个，完成投资81亿元，数量和投资额居全市前列。引进内资25.1亿元，实际利用外资4018万美元，均超额完成市定目标任务。与中粮集团、河北建投等央企国企合作不断深入，大滩风力发电、华夏七期扩建、茅台精品酒庄等一批重点项目开工建设。全力争取重大基础设施项目，50万伏和22万伏输变电、沿海高速机场支线等工程启动实施。新上项目全部向园区集中，县工业园区整体开发累计投入资金12亿元，路网框架基本形成，开工项目12个。空港产业聚集区规划已经市规委会通过。秦西工业区昌黎园110万吨大焦化、天成化工结构调整项目有序推进。干红葡萄酒产业聚集区昌黎园已启动规划设计，天士力、茅台等四大精品酒庄项目正在加快推进。

城市形象显著提升。编制完成县域城乡总体规划，启动城市道路、城区环卫等专项规划编制工作，全县地形图测绘工作圆满完成。谋划实施重点城建项目35个，完成投资20亿元。总投资8100万元的碣阳大街东延项目完成辅路基础和地下管网铺设，总投资1.5亿元的市民中心项目开工建设，总投资50亿元的“北戴河？宽悦城”项目签约。财神庙、建材城等6个老旧片区的征迁工作基本完成。启动实施东山公园改扩建、主次干道绿化和街头雕塑等36项景观绿化工程。取缔城区38台小锅炉，两个热源厂项目投入运营，集中供热面积达230万平方米，城区二级以上天数达到349天。数字化城管监控指挥系统投入试运行，城市容貌专项整治和打击违法占地违法开采矿产资源专项行动成效明显。

新农村建设扎实推进。积极稳定粮食播种面积和肉蛋奶产量，全县建成设施蔬菜“百亩方”10个、高标准皮毛动物良种繁育基地2个，皮毛动物养殖总量达到1100余万只，浅海滩涂养殖开发总面积达到77万亩。成功举办了中国昌黎第十三届国际葡萄酒节、首届（2012）中国皮毛采购暨裘皮服装艺术节、2012年中国昌黎第四届藏獒精品展和河北省（昌黎）第六届皮毛特养产品交易大会。各项强农惠农富农政策全面落实，建设高标准粮田1.9万亩、高产示范田3万亩，启动8个片区的新民居建设和13个村的幸福乡村计划，创建文明生态村28个，高标准建成基层建设年帮扶村28个。成功抗击50年一遇的特大洪涝灾害，积极组织开展生产自救、恢复农业生产工作。安排1200万元专项资金，全面启动农田水利基本建设工程。全县实现农林牧渔业总产值98.9亿元，农业产业化率达到62%。

旅游商贸繁荣发展。着力打造旅游新亮点，汤泉首岭、盛泰建国五星级酒店等项目投入运营。投资3.8亿元，大力实施景区景点升级改造、乡村休闲旅游绿道和黄金海岸街景整治工程，旅游综合实力明显增强。葡萄沟景区环路建设、碣石山景区提升项目等13项旅游立市百项工程全部完成。2012年，全县各景区景点接待游客人数达312.9万人次，实现门票收入5083.8万元，旅游社会总收入13.2亿元，均创历史新高。投资5259.5万元，培育了昌黎皮毛交易市场、新集蔬菜批发市场等5个年交易额均超5亿元的大型市场。兴龙广缘、鹏湖商贸等大型超市相继开业，民生广场、香港广场、富临广场等大型商业广场正式运营，实现社会消费品零售总额46亿元，比上年增长17%。

生态环境不断改善。节能减排工作深入开展，北戴河及相邻地区近岸海域环境综合整治工作取得明显成效，规范整治涉水企业、作坊184家，完成市下达的59家企业关停任务。投资1.2亿元，高标准完成贾河清淤、农业面源污染治理等4项重点工程。安龙工业区污水处理厂正式运营，贾河、饮马河水质明显好转。加强水资源保护，开展“打击非法取水行为”集中执法整治行动，实施了引滦灌渠节水改造工程。持续实施水土保持生态治理工程，治理风沙区5平方公里。开展河流沟渠垃圾清理工作，全县河流生态环境得到改善。强力整治石矿企业，北部山区生态环境得到保护和修复。大力实施造林绿化，栽植沿海防护林1万亩，封山育林3万亩。探索推进城区保洁作业市场化运作模式，实施全天候保洁和垃圾清运，城乡环境面貌有效改善。

民生事业协调发展。2012年各项民生事业投入达10.9亿元，保障性安居工程、人饮工程等民心工程全部完成。全县新增就业6832人，农村劳动力转移就业8095人。发放社会救助、救灾救济和优抚资金8355万元。养老保险、基本医疗保险覆盖面进一步扩大。校安工程和标准化学校建设工程有效推进，新建、改扩建校舍面积2.5万平方米，完成三小搬迁，学前三年行动计划稳步实施，普高工作在全市四县中率先通过省评估验收。建成村标准化卫生室44个，新建县人民医院竣工交付。积极推进“两馆一站一室”建设，新建高标准综合文化站13个、文化活动室338个、农家书屋44个。稳定低生育水平，强化出生人口性别比专项治理，人口自然增长率为4.37‰。全力化解信访案件，确保了暑期和十八大期间的信访稳定。强化安全生产和食品安全监管，深入开展“打非治违”专项行动，干红酒、粉丝等食品行业在整治工作中得到提升。加强社会治安综合治理，启动实施“天罗地网”工程。完成了第二轮修志，启动了年鉴编纂工作。

唐山市路南区

2012年，唐山市路南区按照“谋全局、固基础、抓项目、强管理、保民生、促稳定”的总要求，大力发展实体经济，调整经济结构，全区经济平稳运行。初步测算，2012年实现地区生产总值85.29亿元，按可比价格计算，比上年增长12.2%，增速高于全市平均水平1.8个百分点。其中，第一产业完成增加值0.72亿元，同比增长0.2%；第二产业完成增加值13.88亿元，同比增长15.9%；第三产业完成增加值70.69亿元，同比增长11.5%。三次产业比为0.8：16.3：82.9。

一、农业生产保持平稳。2012年，全区大力发展城郊特色农业。全年粮食总产量达到3348吨，比上年多产10吨，其中小麦271吨，与上年持平；玉米2009吨，比上年多产111吨；蔬菜产量17366吨，比上年多产59吨。

猪出栏1.2万头，家禽10万只，禽蛋产量920吨，牛奶产量419吨。

二、工业生产平稳增长。2012年，全区规模以上工业企业实现工业总产值25.38亿元，同比增长21%。实现规模以上工业增加值6.68亿元，同比增长15.1%，增速高于全市2个百分点，产销率达到91.6%，同比下降1.7个百分点。实现利税总额8242万元，同比增长28.4%。在入统的22家规模以上工业企业中，产值超亿元的企业有7家，其中，年产值在2亿元以上的企业有鸿达汽车改装有限公司、三川机械制造有限公司、华新电缆、华达总公司，分别完成产值5.95亿元、3.93亿元、2.76亿元和2.34亿元。

三、投资再创新高。2012年，完成固定资产投资163.22亿元，同比增长26.5%，增速高于全市5.4个百分点，完成年度计划157亿元的104%。在固定资产投资中，第二产业完成投资2亿元，全部为工业投资。其中，工业技改投资完成1亿元，增长37.2%，占工业投资的50%。第三产业完成投资161.22亿元，同比增长27.1%，其中房地产开发投资完成98.31亿元，占第三产业投资的61%，比上年度下降5.6个百分点。2012年，新开工项目17个（包括房地产新开工项目个数），完成投资21.31亿元，占全部投资的13.1%。

四、消费品市场繁荣活跃。2012年，社会消费品零售总额85.94亿元，同比增长17%，增速高于全市1.6个百分点。完成年度计划85.94亿元的100%。其中批发业零售额2.04亿元，同比增长21.4%；零售业零售额81.05亿元，同比增长16%；住宿业营业额1.1亿元，同比增长57.6%；餐饮业营业额1.75亿元，同比增长31.1%。

全区36个市场实现市场成交额289.8亿元，同比增长13.2%，完成年度计划282亿元的102.8%。其中5个亿元以上市场，小山服装批发大厦、荷花坑市场、南新道水产市场、吉祥旧机动车市场、吉祥实业集团分别实现市场成交额29.7亿元、16.6亿元、16亿元、8.9亿元、8.2亿元，亿元市场成交额占全区市场成交额的27.4%。

五、财政实力不断增强。2012年，全区完成全部财政收入46.03亿元，同比增长7%，增速低于全市5.1个百分点。占年度预算49.91亿元的92.2%。其中公共财政预算收入8.63亿元，同比增长32.7%，增速高于全市14.9个百分点。占年度预算7.67亿元的112.5%。公共预算财政收入占全部财政收入的比重为18.7%，比上年度提高3.6个百分点。全区税收收入完成43.99亿元，同比增长5.6%。其中国税收入21.2亿元，地税收入22.79亿元。

六、对外经济又上新台阶。2012年，路南区加大招商引资力度。全年实际利用外资4088万美元，同比增长24.2%，增速高于全市12.1个百分点。全年进出口总额2.99亿美元，同比增长10.9%。其中出口总额完成2.47亿美元，同比增长22.7%，增速高于全市11.5个百分点。完成年度计划的108.6%。其中中陶实业、泽榕国际贸易、宇通公司分别实现出口额6502万美元、4083万美元、2181万美元。

七、居民收入较快增长。2012年，城镇居民人均可支配收入2.44万元，同比增长11.8%，人均消费支出1.56万元，同比增长7.7%。农民人均纯收入1.06万元，同比增长13.3%。人均生活消费支出8806元，同比增长3.5%。

迁 安 市

迁安市位于河北省东北部，是一座集历史之韵、文化之魂、山水之秀、文明之风和现代之气于一体的现代化中等城市，有“古韵迁安、绿都水城”的美誉。地处环渤海经济圈和环京津城市带的重要节点，1996年撤县设市，面积1208平方公里，人口73.6万，共辖19个镇乡、1个城区街道办事处。先后荣获了国家卫生城市、国家园林城市、国家级生态示范区、国家可持续发展实验区、“绿动·2011中国经济十大领军城市”、中国宜居城市等荣誉称号，并跻身第三批国家综合改革试点城市。2012年在中国中小城市综合实力百强评比中列第22位，在中国县域经济基本竞争力百强评比中列第24位。2012年，迁安综合实力进一步增强，全市实现地区生产总值900.9亿元，同比增长14.4%；累计完成全社会固定资产投资379.5亿元，同比增长30.2%；累计完成全部财政收入91亿元，同比增长16.4%，完成公共预算财政收入39亿元，同比增长26.7%；城镇居民人均可支配收入和农民人均纯收入分别达到2.44万元、1.45万元，同比分别增长12%和13.9%。

——历史悠久，文化底蕴深厚。市内历史文化景观众多，年代跨度较大，其中历史景观包括反映早期人类文明的石器时代遗址爪村遗址（旧石器时代晚期）及安新庄遗址（新石器时代）；反映中国边关文化的长城遗址；以及反映中华民族融合历程的建昌营清真古寺。从大量史料、出土文物及当地传说可以考证，迁安为华夏黄帝文化发源地。文化的源远流长赋予了迁安众多的典故传说，历史上有名的女娲补天、轩辕擂鼓、大禹治水、夷齐让国、老马识途、棒打龙头、唐王征东等典故耳熟能详。

——交通便利，区位优势明显。迁安地理位置优越，交通四通八达，是京东门户，是辐射三北的物流枢纽。迁安地处“京津唐秦承”都市圈的中心位置，西距北京200公里、天津160公里，东距秦皇岛75公里，北距承德126公里，南距京唐港80公里，距曹妃甸120公里，是河北省贯彻“东出西联”、“两环带动”经济发展战略的一线地区。境内京沈高速、102国道纵横沟通，京秦、大秦、卑水、迁曹等铁路连接成网，津秦高速铁路在迁安设有客运站，通车以后，1小时可达北京、半小时可达天津，铁路、公路运输可直达秦皇岛港、曹妃甸港、京唐港、天津港，形成了辐射晋、冀、辽、蒙的“三小时经济圈”和通达京津大中城市的“1小时通勤圈”。

——经济繁荣，现代产业体系建设步伐不断加快。“四五”转型攻坚计划的坚定实施，使得迁安现代产业体系建设步伐不断加快，精品钢铁业链条延伸、提档升级；

装备制造业高端起步、迅速崛起；现代物流业龙头带动、集群跟进；战略性新兴产业和传统优势产业快速发展。近几年，首钢集团、浙江物产、天津物产、芬兰斯道拉恩索公司、河北钢铁集团等世界500强企业和徐州重工、柳州重工、葵花药业、红星美凯龙等中国百强和行业领军企业纷纷入驻迁安。迁安已成为代表世界先进水平的全国最大硅钢生产基地，亚洲最大的线材生产基地，亚洲第二条、中国第一条八色印铁生产线已经投产。迁安还是全国最大的重型矿车、彩印包装和手工地毯生产基地。迁安始终坚持以经济建设为中心，科学应对严峻复杂形势，全力推动经济平稳较快发展，被评为中国经济转型示范城市。迁安加快构建“3+5”产业格局，着力增强转型发展支撑。围绕打造“精品钢铁、装备制造、现代物流三大超千亿产业集群和包装建材、煤化工、食品医药、文化旅游、电子信息五大超百亿产业板块”的目标，进一步加速产业升级、结构调优步伐，培育产业集群。

——风景宜人，旅游资源丰富。迁安市地处燕山南麓，北部与西部地形呈脊背状，中部为滦河河谷平原，内部环境差异非常明显，植被丰茂，风光秀美，有林地面积66.8万亩，林木覆盖率达40%。城市规划区内滦河、三里河穿城而过，龙山、佛山、黄台山三山拱卫，拥有6个超千亩城市公园，实现了300米见绿，500米入园，形成了“一城山色半城湖”的山水园林景观。荣获“中国宜居城市”称号，黄台湖景区被评为“国家级重点水利风景区”，三里河生态走廊获“全国人居环境范例奖”和“世界景观奖”。目前，迁安境内已建有国家AAAA级景区一个（山叶口景区），AAA级景区两个（白羊峪长城旅游区、红峪山庄旅游区），世界文化遗产——长城在迁安境内蜿蜒45公里，其中唯一一段1.5公里长的大理石长城，堪称长城绝景；国家AA级景区5个（灵山旅游区、山叶口旅游区、徐流口旅游区、尚庄成山旅游区、卧龙山庄旅游区）；全国工业旅游示范点两个（贯头山酒工业园区、弘业地毯集团）；河北省乡村旅游示范点一个；全国特色景观旅游名村一个。

——基础设施日益完善，城市建设日新月异。按照建设区域性中心城市的定位，依托城市规划区两河环绕、三山拱卫的自然禀赋，沿河布局、跨河发展，启动15平方公里的现代化标志区、49.6平方公里的滦河生态休闲区、12平方公里的右岸新城三大城市板块建设。城市品位、特色的彰显和聚集以及辐射、带动能力的不断增强，为现代服务业发展搭建了良好平台，消费购物、游客集散、金融服务、教育培训、文化体育、休闲养生六大区域性功能中心初现雏形。城市建成区面积已经达到35平方公里，城乡规划体系更加完备，城市魅力明显提升。

滦　县

滦县史称滦州，位于河北省唐山市东部，总面积1028平方公里，辖12个镇、2个街道办事处，504个行政村、26个居委会，人口55万。2012年，完成地区生产总值360.9亿元，比上年增长15.7%，其中三次产业增加值分别为35.9亿元、220.2亿元、104.8亿元，分别增长4.8%、20.2%和10.1%；完成全部财政收入29亿元，其中公共财政预算收入12.28亿元，分别增长25.5%和32.8%；完成全社会固定资产投资190.7亿元，增长28.3%；城镇居民人均可支配收入达到24132元，农民人均纯收入达到10297元，分别增长12.3%和13.8%；全年实施重点建设项目117个，完成投资179亿元。

一、产业结构调整。一产方面。坚持工业反哺农业，注重引导工商资本支持农业发展，加快农业产业化步伐，推进农业现代化进程，全县农业产业化龙头企业累计达到70家，全年实现农业产业化经营总额65亿元，产业化经营率达到72%。成功引进实施伊利集团年产45万吨高端乳制品生产基地项目，建成后将成为世界最大的单体液态奶工厂。实施了首农集团万头养牛基地和农业循环产业园项目，5家规模奶牛养殖厂被评为“河北省畜牧业百强优秀企业”。5000亩现代农业示范区和各镇500亩农业生态园建设初具规模。“郎红棚业”、“响水桥”分别荣获河北省著名商标和唐山市知名商标。二产方面。实施工业强县战略。矿山开采、钢铁冶金、水泥建材“三大”传统产业实现规模以上产值410.4亿元，“四大”工业园区（滦县经济开发区、工业聚集区、装备制造产业园区、榛杨工业区）实现规模以上产值333.5亿元，分别占全县规模以上工业总产值的76.2%和61.9%；20家纳税超千万元工业企业实现税收20.5亿元，占全县税收的76.2%。滦州重型工程机械、冀东专用车三期等项目均完成年度投资计划。金地生物质能源装备制造项目成功列入科技创新国家示范项目和战略性新兴产业高端技术项目。建立中北大学博士生产学研基地和中国科学院生物质气化排放控制中试基地，实现了滦县企业与国家高级科研院所合作的新突破。完成工业技改和产业延伸项目投资80.8亿元，单位生产总值和单位工业增加值能耗分别下降3.93%和7.6%，化学需氧量、氨氮、二氧化硫和氮氧化合物排放量分别削减2.9%、4.1%、8.6%和3.3%。三产方面。旅游业、商贸业齐头并进、上档升级。滦州古城全年完成投资20亿元，“八大”主题商街（韩国风情街、婚俗文化街、小吃街、民俗街、庙会街、缅玉街、大型餐饮街、休闲养生街）开街，被评为省级风景名胜区；青龙山景区被评为国家AAAA级景区；全年各景区景点接待游客突破600万人次，滦县荣获“中国最佳旅游服务示范县”称号。按照五星级标准建设的滦州国际大酒店已经建成，庞大集团汽车产业园项目扎实推进，滦县物流产业聚集区获批省级物流园区。全年实现社会消费品零售总额96.4亿元，增长15.4%。

二、城乡统筹发展。城市建设。《中等城市发展战略规划》和城市绿道、市政基础设施等专项规划编制工作取得阶段性结果。实施总投资256.4亿元的重点城市建设项目51个，城中村平改和旧小区改造项目进展顺利，城区立面改造、景观路建设工程基本完工，胜富集团、皓盛集团等总部基地建设快速推进，城市公交成功启动并投入运营，顺利通过“国家卫生县城”复审。新农村建设。全年投入农村建设资金5.3亿元，创建省级幸福乡村计划示范村14个、新民居建设示范村7个，完成村街道路全部硬化村100个、“户户通”工程村60个，新建、改建农村公路7条、20公里。改造基本农田2万亩，新增灌溉面积6000亩、节水灌溉面积1.25万亩。新增造林面积3.9万亩，全县森林覆盖率达到21%。全年向非农产业转移农村劳动力3万人次，完成农村土地流转9.6万亩，全县注册农民专业合作社累计达到200家。

三、改革开放。财政综合预算、综合治税及零散税收等机制体制稳步实行；医药卫生体制改革步伐稳健。举办深圳、杭州、福州“滦县投资项目说明会暨文化旅游产业重点推介会”、“走进滦县·携手发展”招洽会等活动，累计签约项目30个；全年实际利用外资4535万美元，引进市外资金84亿元，实现出口创汇2798万美元；成功举办第二届中国滦河文化节，被授予“中国皮影艺术之乡”称号，成立“中国皮影艺术研究基地”，建成中国滦州皮影博物馆。

四、民生社会事业。实施了投资27.39亿元的10件21项政府实事工程。总投资5300万元的龙山初级学校投入使用，原唐山市商业学校、唐山市粮食学校改建工作扎实推进，高标准通过省政府教育督导评估验收。建成集体产权村卫生室439个，县中医院迁建工程顺利实施。深入开展“人口和计划生育改革推进年”活动，被评为省级“人口和计划生育综合改革示范单位”。投入4.5亿元健全社会保障体系，城乡居民社会养老保险、新农合和城镇居民医疗保险参保率分别达到96%、99.26%和98%；660套保障性住房主体完工；城镇月低保标准分别提高47元和400元；新增就业岗位5700个，2480人实现再就业。建成镇文化站12个，农家书屋实现全覆盖，滦县被命名为“中国县域科学发展先进文化示范单位”。建成全国首家大队级消防GIS指挥系统。积极开展食品药品安全专项整治行动，被评为首批“国家餐饮服务食品安全示范县”。

廊坊市广阳区

广阳区位于廊坊市区北部，地理坐标中心为北纬39°36′，东经116°46′。辖区包括三镇（万庄镇、南尖塔镇、九州镇）一乡（北旺乡）五个城市街道办事处（新开路办事处、解放道办事处、爱民东道办事处、银河北路办事处、新源道办事处）和一个乡级办事处（白家务乡办事处），境内有151个行政村。总面积361.89平方公里，耕地面积14467公顷。2012年，辖区总人口40.3万人，人口自然增长率为7.22‰；2012年完成地区生产总值145.1亿元，同比增长11.2%。其中，实现第一产业增加值10.2亿元，同比增长1.0%。第二产业增加值53.7亿元，同比增长10.2%。第三产业增加值81.2亿元，同比增长12.6%。规模以上工业增加值23.6亿元，同比增长4.7%；民营经济增加84.4亿元，同比增长8.5%；实现财政总收入38.9亿元，同比增长19.9%。财政地方性支出9.26亿元。完成全社会固定资产投资108.4亿元，社会消费品零售总额104.5亿元，同比增长15.9%；城镇居民人均可支配收入和农民人均纯收入分别达到27255元、10074元，同比分别增长13.4%、14.9%。

民生项目。2012年，全区民生总支出达6.5亿元，占公共财政预算支出的70.2%，较上年提高了7.3个百分点。更加关怀老人。投资1960万元建成居家养老区、街、居各类中心、站点71个，建立农村养老互助幸福院32个，新建了高标准老年公寓一座。更加关爱孩子。投资1.2亿元，新建了第十八、第二十三和第二十五等3所小学，改扩建了三中、六中、六小、八小等9所学校，加固了十三小、艾各庄小学等8所学校校舍，面向全国公开、公平、公正地招聘了53名优秀教师。更加关注弱势群体。在全市率先成立了广阳爱心慈善协会和教育发展协会，成功探索出了一条“政府倡导、社会参与”的扶弱济困新路径。稳步提高低保待遇水平，发放各类救济补贴资金2343万元。全代缴了1729名残疾人医疗、养老保险，实施了贫困残疾家庭无障碍改造和残疾人康复两大工程，资助了562名贫困学生就学。农村更加秀美。投资1000余万元，大力实施农村环境卫生整治工程，完成农村雨污分流试点村2个，探索建立了农村环境治理的长效机制。建成5个乡镇水厂主体，改造完成农村公路20公里、农村危房60户，新建农村沼气池300个、集体产权村卫生室58个，万庄农资配送中心投入使用。城区更加宜居。投资2000余万元，完成了利民、红星等5个旧小区改造整修工程。累计建成精品特色社区35个，成立社区志愿者服务队350余支，成功举办了首届社区文化艺术节。区妇幼保健院荣获全省独家“全国百强区县级妇幼保健院”，建成了爱民东道、解放道2个社区卫生服务中心。蔬源蔬菜批发市场、新春明市场、阿木旺菜市场等5个便民市场和运通家园、城市旺点、金泰小区等7个蔬菜直供社区便民店建成运营。

三产项目。全年三次产业分别实现增加值10.2亿元、53.7亿元和81.2亿元，同比分别增长1%、10.2%和12.6%，以三产服务业为主体的具有广阳特色的产业体系加速形成。第三产业蓬勃发展。全区实施三产项目98个，总投资达411.5亿元，分别占项目总个数和总投资的70.5%和92%。浙商广场、丽都鑫潮家居生活广场、凯创大厦、新福家生活城等新一批商务商贸楼宇拔地而起，新世界商务中心、万向城等城市综合体加快建设，廊坊市蔬菜批发市场、东外环汽配市场开业运营。城中村、旧城改造稳步推进，周各庄成功回迁，李桑园一期、天泰人和一期、永丰道文丰路平房区等5个旧改项目建成完工，董家村、小廊坊、王寨等8个项目加快推进。

民营经济。2012年，全区个体和民营企业达到2.2万家，上缴税金27.1亿元，占财政总收入的69.7%。高新技术企业达到12家，16项科技产品填补了国内空白。

全区专利申请量与授权量连年位居全市第一，成功申列为全市独家省级知识产权战略试点区，获批创新基金项目9个。

园区建设。举全区之力打造新兴产业聚集的精品园区，初步形成了“东区、西城”的发展格局。广阳产业聚集区基础设施进一步完善，比较优势不断提升，依托中石油维检修中心引入了年供2亿立方米的燃气资源，共运作项目20个，总投资达到61.9亿元。其中，建筑板材生产基地建成并试投产，威航物流中心、热力站等5个项目正在加速建设，中邮速递物流中心、管道特种设备产业基地、农标普瑞纳饲料等14个项目即将开工。万庄新城初步完成了京沪高铁路北41平方公里的战略规划，以全国一流的高端规划明确了功能定位、产业发展和设施布局；总投资500亿元的国寿生态健康城和石油总部基地两大项目加快推进，为广阳经济腾飞打造了强劲引擎。

环境品牌。招商、政务、社会和生态四大环境持续改善，环境品牌的比较优势加速形成。投入700余万元加大招商和项目工作奖励力度，相继实施了政银企对接、民营企业和招商引资座谈会等一系列优化服务、安商利企的有力措施，直接促成贷款21.7亿元，全区实际利用外资2045万美元，完成了年度任务的170%。以打造全市最为优质的服务品牌为目标，广阳行政服务中心软硬件建设不断完善、全面运行。成立了区政府法制办公室和区法制咨询暨行政复议委员会，下大力度从制度和行为两个层面提升了行政执法水平，法治政府建设走在了全市前列。

霸　州　市

霸州市位于河北省廊坊市中部，东与天津市接壤。2012年，霸州市认真践行科学发展观，脚踏实地，攻坚克难，全市经济和社会各项事业蓬勃发展。全市GDP完成318.4亿元，增长10.9%；财政总收入完成33.7亿元，增长16.1%；地方公共财政预算收入完成16.8亿元，增长27.4%；全社会固定资产投资完成171.6亿元，增长21.2%；城镇居民人均可支配收入和农民人均纯收入分别达到2.82万元和1.11万元，分别增长12.8%和15.3%。

一、坚持稳中求进，抓园区、上项目，发展后劲不断增强。编制完成了《霸州市新兴产业园区产业发展规划》；开发区启动了投资近亿元的基础设施建设工程；津港工业园完成与天津通讯网络对接，实现“一区双网”；金属玻璃家具产业园完成“全国知名品牌示范区”创建申报，“中国金属玻璃家具出口基地”揭牌。推进土地资源保护性开发，顺利通过国家国土资源节约集约模范县验收，破解发展瓶颈，推动项目工作。全年共谋划运作亿元以上项目212个，其中在建及完工亿元以上项目104个，累计完成投资280.9亿元；争列省重点项目6项，开工率100%，均按投资计划完成建设进度。实际利用外资2542万美元。中铁国际现代物流港、胜威易拉罐、吉利集团产业基地等项目开工建设，朝日化工、LNG、达利食品等项目即将投入生产。高新技术、装备制造和现代服务业项目数量占比提高14.5%。

二、坚持做好结构调整，经济素质持续提升。一产水平大幅提高。谋划运作高效都市农业项目33个，总投资超50亿元。新增农民专业合作社39家，新增省级重点农业产业化龙头企业2个，农业产业化经营率达67%。荣获“全国农业标准化示范县”称号。二产素质明显增强。新增列统工业企业18家，总数达到177个，增加值完成166.3亿元，排名廊坊第一。出口总额完成6.8亿美元，位居全省扩权县第一。申报省级以上技改资金1451万元，增速居廊坊第一。申报专利313项、授权239项，均居廊坊第一。实施了42个节能技改项目，万元GDP能耗同比下降4.25%。路德精细化工公司、华威发动机技术公司被评为国家级高新技术企业，实现零突破。前钢、新利、京华、富沃德、胜宝入围河北制造业百强。获批省名牌产品10件，新增注册商标300件，其中驰名商标1件、著名商标5件、知名商标12件。三产发展势头强劲。增加值完成83.1亿元。文化旅游业强势起步。《胜芳国际物流园区2012—2020年发展规划》通过省发改委批复，利华燃气储运公司入围“2012年度中国能源物流最佳企业”。建设胜芳金融街，启动金融超市，开展银行业走基层活动。全市贷款余额达234.8亿元，净增79.4亿元，比上年增长51.1%，增速居廊坊第一；存贷比首次突破70%，达到76.3%；金融行业纳税1.9亿元，成为新的经济增长点。

三、坚持集约环保、绿色低碳的城镇化理念，人居环境显著改善。完善城乡功能，编制完成《霸州市城乡总体规划》并获省政府批复，完成100余项各类规划，进一步健全了城乡规划体系；完成生态公园一期、牤牛河历史文化公园、廊大路景观改造等30项重点工程；建成了106国道——大广高速引线互通立交桥，西环路升级改造工程进展顺利；启动实施市区5条主要道路景观改造，累计拆违拆临近万平米；数字城管信息平台成功联网“平安霸州”监控系统。把生态保护有机融入城乡建设，建立了排污企业“十户联保”管控机制，超额完成四项污染减排指标，市区空气质量达到国家二级以上天数增至343天，污水日处理能力排名省县级前列，彻底治理清北干渠、六号渠存量污染，建成并运行2个城乡一体化垃圾处理试点，荣获“河北省环境保护模范城市”称号；11个省“幸福乡村计划”示范点和59个省级新民居示范村建设进展顺利，霸州市荣获“河北省社会主义新农村建设先进市”称号，胜芳镇、南孟镇荣获“省级环境优美城镇”称号，胜芳镇及红光街分别被命名为“河北省文明乡镇”和“河北省文明村”。环城绿网和牤牛河休闲慢行系统建设取得阶段性成果，市区绿地率和绿化覆盖率分别达37.9%和42.9%，荣获“中国宜居宜业典范市”称号。

四、坚持文化生态、品质城市、高端产业协同推进，区域影响力和竞争力空前提高。编印了《霸州历史文化之旅系列丛书》。发掘、保护文化遗产，有4项被列入国家非物质文化遗产名录、11项被列入省级非物质文化遗产名录，3项被列入省级物质文化遗产名录。信安镇被省政府命名为省级历史文化名镇。承办中国乒超联赛5场。成功举办第四届文化艺术节，荣高棠纪念馆开馆，引进了中国门球研发交流中心、全国汽车（摩托车）场地越野赛、聂卫平·霸州海润围棋俱乐部，国家级文化平台达20余个。华夏民间收藏馆被中宣部授予“全国文化体制改革工作先进单位”称号，霸州成为唯一在全国文化体制改革工作表彰大会上作典型发言的县级市。以名人效应为先导，以体育文化为核心，以新兴产业园区为承载，以品牌体育活动为龙头，以实体汽车产业项目为抓手，融体育文化博览、精品体育赛事和递延工业生产于一体的新型产业链加速形成。成功举办首届中国·霸州文化旅游产品交易会、霸州文化旅游业发展论坛等系列活动。今朝建工集团公司和鸿兴捷图照明设备公司成为省级文化产业示范基地，贝司克斯乐器公司成为国家文化出口重点企业。霸州市荣获省首批文化产业“十强”县、“2012亚洲金旅奖·十大文化特色旅游名市”称号。

五、坚持问政于民、民生为先，人民群众享受到更多发展成果。倾力实施“十大民心工程”，以创业促就业，全市城镇新增就业1.4万人，农村劳动力向非农产业转移1.9万人次，城镇登记失业率控制在0.1%以内，农民非农就业率达到90%以上。无差别就业扩面实现全覆盖。完成354户农村危房改造，改善旧小区2万余平米，405套保障房交付使用。建成6座农村水厂。15个D级危房校舍新建项目全部完成，投资2亿元近10万平米新校舍投入使用，C级和无抗震设防校舍安全工程完成85%。启动3座危桥改造。战胜了30年一遇的沥涝灾害。改建重点公路31.6公里，完成全市39个帮扶村街39.2公里主街道硬化工程；整合开通公交线路2条，成为全国首个开通清洁能源环保公交车的县级市。市一院二病区开工建设，市二院建设全面启动。农村卫生室实现村街全覆盖。7项电网提升工程基本完工。加强食品药品安全管理，加强安全生产管理，确保群众生命财产安全。城乡居民社会养老保险参保率达96%，新农合参合率达99%，最高支付限额提至7万元；为163例白内障患者免费实施复明手术，完成“万名贫困聋人复听工程”。推进社会治安防控体系建设，开展“打非治违”和矛盾纠纷隐患排查清理“大会战”，圆满完成十八大安保任务，保持了和谐稳定大局。荣获“国家级平安畅通县”和“全国法治城市创建活动先进单位”称号。人口计生、优抚安置、国防双拥、防灾减灾、民族宗教、妇女儿童、法制、统计、档案、老龄、残疾人等各项事业均取得新进展。

六、坚持推进“五型”政府建设，提升决策力、强化执行力、打造公信力，施政能力进一步加强。以十大体系建设为抓手，公共财政支出向重大基础设施和百姓民生倾斜，民生支出占公共财政支出比重增至76%，加快构建覆盖全民的公共服务体系。建立公共资源交易中心，以试点单位为突破口，逐步推行部门绩效管理；以“窗口”单位为重点，实行首问负责，限时办结，着力整治不作为、慢作为、乱作为；以精简办事程序为抓手，行政审批事项削减到141项。认真落实党风廉政建设责任制，进一步规范行政执法行为，做到行政权力运行到哪里，监督就落实到哪里，财政资金运用到哪里，审计就跟进到哪里。完善政企对接机制，办好银企对接，完善政策服务体系，全力提升投资环境。成立市法制专家咨询委员会，自觉接受人大法律监督、政协民主监督和社会舆论监督，全年办理人大、政协各类建议、提案160件，按时办复率达100%。

三 河 市

三河市位于河北省廊坊市北部，西北和北部与北京市接壤，东部与天津市毗邻。2012年，三河市围绕“建设繁荣幸福新三河”的奋斗目标，遵循“稳中求进、走在前列”的工作方针，着力稳增长、调结构、优环境、惠民生、促和谐，圆满完成了全年工作任务。

综合实力在应对挑战中再上台阶。2012年全市地区生产总值完成425.1亿元，增长10.1%。全部财政收入完成69.5亿元，增长22.2%；地方公共财政预算收入完成43.2亿元，增长20.8%，继续位居全省县级榜首。规模以上工业增加值完成155.6亿元，增长16.7%；上缴税金23亿元，增长40.1%，对经济增长的贡献率达到39.1%。全社会固定资产投资完成315.1亿元，增长23%。实际利用外资1.85亿美元，增长75.8%。城镇居民人均可支配收入达到2.9万元，增长12.6%；农民人均纯收入达到1.2万元，增长13%。蒙银村镇银行、河北银行燕郊支行、兴业银行三河支行正式落户，全市金融机构存贷比连续5年超过100%，有力地支撑了经济社会发展。

产业结构在不断调整中日趋优化。高新技术产业快速发展，占规模以上工业总产值的比重达到13%，10家企业获批国家级高新技术企业，创中国驰名商标1枚（同飞制冷T及图）、省著名商标4枚（燕潮酩、桂宇星及拼音、一片绿及图、鹏罄及图），燕郊创业大厦成功孵化高科技项目83个。现代服务业蓬勃兴起，占三产的比重达到17%（除房地产），燕郊空港物流产业基地、东方国际创业园、胜记仓燕郊物流城等项目进展顺利。现代农业加快发展，新增设施蔬菜面积3000亩、绿色食品和无公害农产品认证13个、农业合作组织29个、廊坊市级以上龙头企业4家，农业产业化经营率达到72.4%。

园区承载力在功能完善中得到提升。燕郊高新区投资15亿元，启动实施了15条道路、2座水厂、2座污水处理厂以及给水、排水、天然气、通讯等建设工程，配套设施逐步完备。农业科技园区完成了日光温室改造等工程，顺利通过国家级园区评估验收考核。工业新区路网进一步完善，灌渠整治工程即将竣工，绿化美化效果初显。经济开发区推进了矿山企业规范化建厂、清洁化生产，盗挖盗采行为得到有效遏制，实施了环境整治及绿化工程，完成了进山路维护。新兴产业园区建设开始启动。

项目建设在强力保障中稳步推进。全年竣工及在建亿

元以上项目94个，其中高科技项目21个、现代服务业项目32个。世原汽车三期、鑫乐汇城市综合体一期等46个项目竣工；光环云谷计算中心、明德数字教育出版等48个在建项目进展顺利；中华齐心台湾少数民族创业园、奥特莱斯旗舰产业园等项目达成合作意向。华隆工业园、燕郊精工园等6个“区中园”共引进项目84个，促进了同类项目集聚。参加各类经贸洽谈活动签约项目16个，投资规模近300亿元。通过采取申列省重点项目等多种方式，争取建设用地指标2927亩，新增建设用地规划指标8300亩。三河通航机场项目取得重大进展，正式获得省政府批准。

城市环境在建管并重中不断改善。投资20多亿元，实施了80余项市政重点工程，提升了城市形象，顺利通过省级卫生城市复查，获批省级环境保护模范城市称号。编制了城乡总体规划、燕郊南部健康城战略性发展规划等一批规划。对接北京标准，实施了102国道综合提升改造和燕灵路大修工程。对热力一厂、二厂进行了升级改造，更新了部分管网，新建了一批交换站。启动了滨河森林公园建设、市区东出口改造、102国道燕郊段建筑外立面改造等工程。推进了燕郊植物园三期建设。新上了一批环卫设施。开展了声势浩大的治超治限和打击抢栽抢建专项行动，车辆超限超载和违法占地现象得到根本遏制，发展环境得到明显改善。节能减排成效显著，主要污染物排放指标超额完成任务。

人民生活在持续改善中更加普惠。“十有民生行动计划”实施以来，取得显著成效，受到领导关注、基层欢迎、群众拥护。农村中小学校改造步伐加快，90%以上学校的硬件水平达到省级一类配备标准，“教育百人培养计划”启动实施，高考连续17年夺冠廊坊，被省政府授予“基本普及高中阶段教育先进市”，成为“全国教育综合改革实验区”，市职教中心成功申报国家中等职业教育改革发展示范学校。积极推进“万人大培训计划”，全面落实就业扶持政策，企业养老保险、工伤保险、职工医疗保险进一步提标扩面。实施了市医院综合门诊楼、120调度指挥中心等工程，建成高标准村卫生室259所，启动了国家级慢性病综合防控示范区建设，第二批大学生村医招聘完成。城乡居民养老保险金按时足额发放，调整了离退休人员养老保险金待遇、分散供养五保对象生活补助标准。农村、城镇低保标准月人均增加100元和50元，保持全省领先；提高了慢性肾病透析费用减免额度；对考入高等院校孤儿，在全省率先实现全额资助学费；完成了460户农村困难家庭、重点优抚对象、贫困残疾人危房改造。文化信息资源共享工程实现“村村通”，7所中小学校操场提升改造后向社会开放，在廊坊六运会上获得团体总分、金牌总数“双第一”。新建、改造农村道路99条、166公里，完成马皇线等县乡道路改造。全面落实村级公共服务和社会管理专项补助资金，支持和引导村级组织为群众兴办了一批实事。大力开展“整洁城乡”活动，198个村街实现垃圾集中处理，国省干道等公共区域实现市场化保洁作业，制定了《农村环境卫生管理暂行办法》，初步建立长效管理机制。10个“十有民生”精品村、50个示范村建设进展顺利。高标准兴建新集水厂一期工程，首批9个村街实现集中供水。保障性住房建设、廉租住房租赁补贴发放等工作扎实推进。通过增上监控设施、开展严打专项整治行动，刑事和治安案件实现双下降；安全生产和食品药品安全全年无较大事故发生。

固　安　县

固安县隶属河北省廊坊市。古有“天子脚下”之称，今有“京南第一县”美誉。2012年，全县地区生产总值完成92.7亿元，同比增长12.1%；财政收入完成19.38亿元，同比增长45.9%，其中，公共财政预算收入完成12.07亿元，同比增长38.6%；全社会固定资产投资完成92.6亿元，同比增长22.1%；规模以上工业增加值完成19.7亿元，同比增长17%；社会消费品零售总额完成32亿元，同比增长14.1%；城镇居民人均可支配收入达到2.25万元，同比增长13%；农民人均纯收入达到9204元，同比增长14.3%。全县经济总量快速增长，质量效益同步提升。

项目建设成果丰硕。深入开展“大项目招商引资攻坚年”，签约亿元以上项目135个，总投资803亿元。投资超百亿的航天科技产业园项目落户固安，重大项目引进实现历史性突破。全年实施建设亿元以上项目102个，总投资568亿元，同比增长114%。争列省重点项目12个，连续六年位居全市前列。坚持在项目引进和建设中调结构、促转型，产业结构进一步优化，三次产业比调整到18：38：44。更加注重改善金融环境、健全金融体系，中国银行、廊坊银行正式入驻，组织政银企恳谈对接，协议贷款68亿元，金融机构对县域经济的支撑作用进一步增强。

园区平台有效夯实。坚持高起点规划、高标准建设，着力构建“三城六园”发展格局。固安工业区成功举办建区十年系列经贸文化活动，总投资44.2亿元，完善了园区市政、景观风貌等13项规划，建成园区道路13.6公里，完成中央公园等景观建设114.5万平方米，固安规划馆、创业大厦、福朋酒店等重点工程竣工使用。全年签约项目41个，新开工项目20个，投产项目12个，一座充满现代气息的“产业新城”初具形象和规模。新兴产业示范区总规、控规等规划加快编制；投资3.7亿元，完成了科技大道、规划一路等5条园区道路及配套设施建设，起步区承载功能进一步增强；新签约项目35个，总投资202亿元，航天振邦二期、华夏聚龙、燕山义红等项目竣工投产。温泉园区建设加快推进，总投资3.1亿元的大广高速牛驼连接线、农业观光路竣工通车；省建投农业科技园、国宾温泉会所快速建设，华夏极品酒店等项目正式开工。空港产业园区概念性规划、起步区总体规划编制完成，与多家航空物流公司进行了洽谈，与世界最大的空港物流企业——美国安博集团达成初步合作意向。大清河经济开发区正式获批省级园区，主干路网、燃气管网等基础设施全面启动，采取“区中园”模式，与中关村管委会开展了深层次合作。现代农业园区总体规划编制完成，新奥高科技阳光农业园、首农集团蔬菜基地、绿华浓玉米生产基地等项目正在谋划建设。

城市建设快速推进。投资938万元，对城乡总规、城市控规、绿地系统等相关规划进行了编制、修订，城乡规划体系日臻完善。实施了总投资68.9亿元的53项城建重点工程，全年新建、改造城区道路49.3公里，新中街西延、工兴路西延、大广高速城区连接线南延等城市道路建成通车；旧城区片区改造、引清干渠水系整治扎实推进，育才路外立面改造基本完成，市民活动中心主体竣工，永定路夜景亮化初见成效；实施了廊涿公路东出口、城区西出口等13项城市节点绿化提升工程，城区绿化覆盖率达到43.9%，人均公园绿地面积达到11平方米，固安县被正式命名为“省级园林县城”。坚持建管并重，不断加大对市容市貌的整治力度，数字化城管平台投入运营，城区环卫保洁全部实现市场化运作，城市管理精细化水平进一步提高。

“三农”发展持续加快。总投资1.1亿元的国家级农业综合开发示范区建设快速推进，年内建成高标准农田2.4万亩，新建农用桥闸涵3座，新增省级龙头企业1家、市级专业合作组织5家，千亩以上蔬菜标准园达到13个，日进京蔬菜供应能力达到200吨，农业基础设施不断加强，龙头企业带动作用日益突显，规模化种养持续扩大，农业产业化水平逐步提高。投资1.4亿元，对廊涿公路、固东公路进行了大修改造，硬化村街道路21万平方米，对农村电力设施进行了升级，建成2座压缩式垃圾中转站，启动了日处理150吨的农村垃圾填埋场建设，同时，以国省干道、县级公路两侧为重点，扎实开展环境综合整治，村容村貌逐步改观，农村生产生活条件明显改善，固安县被评为“河北省推进社会主义新农村建设先进县”。严格落实各项支农惠农政策，发放各类补贴8000余万元；积极推进全民创业，全县新增民营经济单位1259家，农村劳动力向二、三产业转移8400余人，农民人均纯收入持续增加，全年增幅高于城镇居民人均可支配收入1.3个百分点。

民生保障提质扩面。扎实推进住房保障、饮水安全、教育提升、卫生强基等9方面35件民生实事。投资2.54亿元，建设各类保障性住房1154套，改善旧小区面积3万平方米，完成了396户低保对象、农村贫困户危房帮建工作。总投资5140万元的城区水厂正式竣工，城乡水厂并网工程全部完成，圆满实现了城乡供水一体化目标，获得河北省“农村饮水先进县”称号。总投资3.7亿元的新一中投入使用，总投资2亿元的校安工程基本完成，标准化学校建设快速推进，师资队伍建设不断增强，教育水平不断提高。总投资5300万元的新中医院正式运营，投资2400万元，完成了县急救中心、4所标准化乡镇卫生院、280所集体产权村卫生室建设，城乡基本医疗卫生体系初步建立。城乡居民社会养老保险参保率达到96.5%，五保对象集中供养率达到80.4%，在全省范围内，率先实现了低保对象医疗救助“一站式”即时结算服务全覆盖，率先开通了民情信息网，社会保障能力有效提升。全方位、多层次拓展就业渠道，深入实施“百万农民大培训”，全年培训农民2.8万人次，农民就业技能显著增强，城镇登记失业率为1.8%，低于全市控制目标0.7个百分点。总投资1.2亿元的固安大剧院正式启用，累计建成农家书屋419个、乡镇综合文化站9个，无线数字微波电视网实现全覆盖。同时，劳动维权、弱势群体帮扶等各项工作有力推进，民生保障体系不断完善，城乡居民收入水平、生活质量逐年提高。

社会事业稳步发展。成功申报各类科技项目9项，建成企业技术研发中心2家；争创省著名商标5个；焦氏脸谱、邢氏纸雕被列入省级非遗保护名录，屈家营音乐会堂、八卦掌展示馆被评为河北省首批非遗传承示范基地；南水北调征迁工作顺利完成；绿化造林3.3万亩，全县森林覆盖率达到29%；节能减排目标圆满完成，环境保护工作有效加强；投资8890万元，对县看守所、拘留所进行了迁址新建，在城乡重要节点安装视频监控设备3600余套，科技防控水平全面提高，人民群众安全感进一步增强。不断加大安全生产隐患排查力度，强化食品药品安全监管，保持了重大事故“零发生”，圆满完成了全国“两会”、“十八大”期间的维稳安保任务。此外，审计、物价、计生、气象、统计、地方志、民族宗教、妇女儿童、人民武装、拥军优属、支油支铁、外事侨务等工作得到进一步提升。

自身建设全面加强。积极转变政府职能，深入推进依法行政和效能建设，严格执行项目考核、重大决策专家论证、财政投资评审验收等制度，公共资源交易中心投入使用，启动了市民服务中心建设。深入推进行政权力公开透明运行，严格规范执法程序和行为，强化审计监督和行风评议，强化惩防体系建设，认真落实党风廉政建设责任制，有力维护了高效廉洁、勤政务实的政府形象。主动接受县人大、县政协和社会各界监督，全年承办人大代表建议和政协提案151件，办复率、满意率均达到100%。

永清县

永清县位于河北省廊坊市中部。2012年，永清县坚持以科学发展观为统揽，坚定“先进产业聚集地、生态宜居幸福城”奋斗目标不动摇，突出主题主线，狠抓“五大建设”，稳增长，保稳定，惠民生，全县经济社会实现健康快速发展，先后荣获了省级园林县城、河北省人居环境进步奖、中国温泉之乡、国家第四批小型农田水利建设重点县、国家级计划生育优质服务先进县等诸多荣誉。

综合实力迈上新台阶。全县GDP完成76.4亿元，同比增长6.8%；财政收入完成9.47亿元，同比增长18.1%，其中地方一般预算收入完成5.11亿元，同比增长30%；固定资产投资完成75.9亿元，同比增长15.4%；社会消费品零售总额完成29.1亿元，同比增长

12.8%；城乡居民年人均收入达到2.28万元、9035元，分别增长13.2%、15.5%。纳税超百万元企业达到74家、超千万企业达到14家。

项目建设再获新突破。全年签约千万元以上项目151个，计划总投资986.2亿元，其中亿元以上项目53个，投产及在建项目88个。特别是成功签约了环京新闻出版产业园、视窗高铝玻璃、新奥高科技阳光示范园、德基机械总部基地、蓝宝石衬底基片等一批投资规模大、科技含量高、带动能力强的高端项目。建成了首个央企中轻造纸装备项目，农产品物流园、盛泰物流等三产物流项目快速推进，全县项目建设呈现出引建并进的良好态势。

园区发展步入新阶段。积极探索“一区多园”发展模式，制定出台了《园区提升战略指导意见》，加大基础设施和配套功能的完善，园区承载力进一步提升。工业园区，完成投资1.1亿元，建成了综合服务楼、规划馆、污水处理厂，正在着手规划南玻产业园、中轻产业园。编制了北扩新区规划，11.23平方公里安全区获水利部批准。台湾工业新城，首创了项目代办服务中心，综合行政服务中心投入使用，建成恒山路迎宾景观大道、供电、银行等配套设施，宜居宜业工业新城加速形成。在精品园区带动下，廊坊现代服务产业园区、永清铁海物流聚集区、后奕医药产业外包园等特色产业功能区也实现了同步良性发展。

三农工作取得新成效。在农业发展上，全年新发展市级以上龙头企业5家、农民专业合作社12家，新增设施蔬菜1万亩，创建优质果品示范园12个。恒都美业现代农业园区获批省级农业产业化重点龙头企业，“国家级农业示范园区”申报待批；刘街乡胜利村，新建了占地200余亩，集种、加、游于一体的香菊种植园。在新农村建设上，深入推进了41个省级新民居建设，16个村街启动搬迁，2180户农民喜迁新居，完成土地复垦600亩。韩村、里澜城小城镇建设快速推进。韩村真荣获“国家级发展改革试点镇”。深入开展了农村环境综合整治活动，农村整体环境全面提升。在农民增收上，严格落实各项支农惠农政策，发放涉农补贴8000余万元。大力开展“阳光培训”工程，全年转移农村劳动力10182人。成功举办了油桃节、菊花节等特色活动，累计吸引游客27.1万人次，促进了农业增效，农民增收。

县城建设掀开新篇章。投资6亿元，实施重点城建工程40余项，城区容貌、功能、特色整体提升。以规划引方向。聘请上海同济大学城市规划设计研究院，对《空间发展战略规划》、《城市总体规划》等11个规划进行修编。着眼县城长远发展，提出大外环建设，并融入到整体规划修编中。以绿化提品位。以居民聚集点、交通干道出入口为重点，新建、改建高标准游园11处、绿化景观节点4处，栽植和摆放观赏花木90万株；建成园林式单位44个、小区7个，城区人均绿化面积达到8平方米，县城绿化覆盖率达到35%。以设施强功能。新安装太阳能路灯62盏，新建免水冲公厕4处，安装自行车停放架620套。实施了4个城镇村和6个宿舍片区改造，完成了武隆路、南环路、文苑路3条城区主街道综合改造，城区面貌大幅改观，形象和品位显著提升。

环境建设得到新加强。着眼高端发展，吸引优质要素，着力改善发展环境和生态环境。交通方面。京台高速廊坊段控制性工程全面竣工，首条过境高速廊沧高速全线通车。廊沧高速西连接线建成通车，永信线、北前线完成升级改造。新建、改建农村公路22.8公里。金融方面。建行永清支行恢复建制，吉银村镇银行正式营业，中行永清支行正在着手准备建制工作。新发展小额贷款公司1家。永清县被评为“全市金融生态环境优秀县”。环保方面。高标准实施廊沧高速风景绿廊、沙荒地造林等多项工程，全年累计植树造林2.78万亩。升级改造县城区污水处理厂，关停取缔“十五小”企业105家，实施企业节能技改36项，域内空气质量继续保持优良等级。效能方面。深入推进效能建设，广泛开展了“四倡导四不让”、“六查六促”活动。成立了项目服务中心，实行项目审批代办制，办事效率明显提高。

民生福祉有了新提升。年初确定十八件“惠民实事工程”全部兑现，城乡居民共享发展成果。就学：投入8000万元，启动实施了51所中小学校舍安全工程，新建标准化幼儿园4所。医疗：深入推进医药卫生体制改革，完成了301所标准化村卫生室建设。住房：保障性住房温馨佳苑二期竣工，建成保障性住房1098套，三期开工550套。饮水：新建、续建农村集中供水水厂6座，集中供水能力实现全覆盖。养老：发放养老金3166.2万元，投资3900万元的“四院合一”民政事业服务中心主体竣工，78个村街互助幸福院建成使用。文体惠民：县全民健身中心主体建成，“贾广健艺术馆”正式开馆，新建农家书屋100个，市六运会斩获金牌10枚，创历史最好成绩。

和谐局面得到新巩固。广泛开展“感动永清”道德模范评选表彰活动，理性、平和、包容的社会心态进一步培育。深化开展治安综合治理，全县刑事、治安案件发案率稳步下降。高度重视并大力做好安全生产、食品药品安全工作，排查整改各类隐患1935处，成立了县食品安全委员会及办公室，全县未发生影响稳定的重大事故。沉着应对“7·21”特大暴雨，实现了无人员伤亡、无责任事故、无重大财产损失。全力做好十八大安保，妥善化解了一批信访案件，取得了十八大安保省委“四个零”和市委“双零”的好成绩。

大城县

大城县位于河北省廊坊市最南部，东与天津市接壤。2012年，在廊坊市委、市政府和县委的坚强领导下，大城县政府坚持以科学发展观为统揽，紧紧围绕“赶超周边、富民强县”目标任务，以实施总投资26亿元以上的80项重点工程、民心工程为突破口，努力调结构、优环境、筑平台、惠民生，全县经济快速发展，社会和谐稳定。

一、千方百计保增长，经济总量和质量实现双提升。

全县地区生产总值完成93.3亿元，同比增长9.1%；财政收入完成7.6亿元，同比增长21.5%；地方公共财政预算收入完成3.9亿元，同比增长30.6%；纳税超百万元企业达到104家，超千万元企业达到9家；规模以上工业增加值完成22.7亿元，同比增长15.8%；固定资产投资完成84亿元，同比增长20.1%；城镇居民人均可支配收入完成2.40万元，农民人均纯收入完成8994元，同比分别增长12.2%和15.7%；城乡居民储蓄存款余额达到117.5亿元，全县人均存款2.5万元，人民群众生活水平逐年提高。

二、大力发展民营经济，县域特色产业享誉全国。实施品牌带动、财政奖励、贷款贴息等6项帮扶工程，扶持传统产业做大做强。培育发展中国驰名商标2个，省著名商标21个，省名牌、优质产品6个，河北华美、廊坊乐万家等9家企业参与13项国标制定修订。大城特色产业在全国的知名度和影响力明显提升，中国绿色保温建材之都、国家保温建材特色产业基地名片更加响亮，牢牢掌控全国市场话语权；中国京作古典家具之乡落户大城，大城在全国三大古典家具生产集群中的声誉再次得到提升，北方古典家具市场的霸主地位更加巩固；化工、汽摩配件、食品三大产业稳步提升，全县民营经济税收占总税收的92%。

三、加快招商引资步伐，项目建设创历史纪录。百亿元项目成功签约，全年建设亿元以上项目44个，同比增加13个。中嵘开泰煤和煤层气综合开发、天津翔达红木文化产业城、四川威龙地热综合开发、四川中能甲烷资源开发4个百亿元以上项目成功签约。煤田开发全面提速，世界500强开滦集团注资2.4亿元，挂牌组建大城能源投资公司。煤炭产业战略规划加快编制，矿区总体规划设计全面启动，投资4亿元的详查精查全面完成，大城煤田开发进入实质性阶段。

四、全力搭建招商平台，园区建设取得喜人成果。现代制造业工业园建设取得重大进展。管理机构全面健全，村街划转工作圆满完成，10个科室机构顺利组建，园区运转更加顺畅。承载能力日益增强，起步区实现“九通一平”，园区路网、水厂和污水处理厂建设加快推进，总投资5000万元的公租房主体竣工。项目建设高端起步，新签约亿元以上项目4个，其中百亿元以上项目3个。浦新钢板、翔达优质岩棉等一批10亿元以上项目相继开工建设。综合排名快速提升，在全省107个省级开发区综合评价中，大城工业园区排名由47位跃升至25位，上升幅度全省第一，园区知名度和对外影响力不断提升。

五、坚持建管并举，县城面貌发生深刻变化。城市建设大手笔。总投资8亿多元的恒基五星酒店、明珠超市等重点工程加快推进；总投资1.5亿元的滨河带状公园人民广场、同庆广场陆续开放；投资4369万元的生活垃圾处理场一期工程建成试运行；投资3800万元的县医院病房楼主体竣工；城区新增住宅30万平方米，隆盛花园、怡景嘉园等8个住宅小区竣工入住；旧城改造进展快。总投资32亿元，启动实施了15个旧城改造项目。城市管理标准高。投资473万元，启动数字化城管新模式，城市管理向精细化迈进；投资260多万元，扩大城区环卫保洁范围，县城环境水平进一步提升。

六、强力破解瓶颈制约，“两个环境”建设深入推进。生态环境持续改善。大力开展“环保风暴”整治行动，取缔小电镀、小造纸等污染企业126家，停产整顿213家。在全市率先推进税电比综合控电节能举措，万元GDP能耗下降4.9%，“双三十”年度节能减排目标顺利实现；高标准推进廊沧高速生态景观带建设，种植薄皮核桃15万株。全年造林3.2万亩，全县森林覆盖率达到29.7%，大城被授予全国造林绿化先进县。镇村面貌焕然一新。投资300多万元，深入推进城乡环境综合整治攻坚战，清运垃圾4000余吨，规范广告牌匾7000多平米。投资5169万元，帮扶42个村街完成街道硬化、垃圾处理等453项工程。基础设施日趋完善。投资9600多万元，实施娘娘庄变电站、贾村变电站等6项电力工程建设；投资9300多万元，实施宽带扩容、基站建设等14项通讯改造，全县电力、通讯保障能力明显提升。投资1.7亿元，实施津保南线、廊泊路大修等9项工程，特别是津保南线改造工程，一举破解了大城东西方向通行不畅的难题。发展软环境不断优化。“效能大城”建设成效显著，行政服务中心办事效率和服务质量全面提升，工业项目实现并联审批；连续四年成功举办政银企对接会，不良贷款率两年连降5个百分点。

七、坚持城乡统筹发展，三农工作取得明显成效。农业基础逐步夯实。投资7400多万元，完成小农水、引黄入廊等22项基础工程建设；南水北调大城段整体可研报告编制完成，水厂和调蓄水库完成选址。全年粮食总产32万吨，荣获全省粮食生产先进县称号。特色农业快速发展。设施蔬菜、林下种植等特色农业面积达到2.9万亩，建成规模化养殖场6个，新增国家级示范社1家、市级示范社5家。大城金丝小枣地理标志商标近期有望获国家工商总局批复，将填补全市空白。小阜村芦笋种植区成为全省首批科技特派员创新创业基地。惠农政策全面落实。发放粮食直补、家电下乡等各类惠农资金8200多万元，争取村街“一事一议”奖补1548万元，农民增收步伐明显加快。“幸福乡村计划”稳步推进。流标、东阜等7个省级幸福乡村建设全面展开。投资1.6亿元的野固献新民居顺利竣工，870户村民喜迁新居。

八、积极改善民生，发展成果惠泽千家万户。全年民生领域支出10.6亿元，达到财政预算总支出的70%。城乡居民社会养老保险顺利启动，5.4万名60周岁以上老人按月足额领取国家养老金。在确保年初775套保障性住房全部开工的基础上，又多方筹集各类保障房395套，发放住房租赁补贴118万元，销售经适房、配租廉租房503套。投资1200多万元，改造农村困难群众危房502户，开工率、竣工率均居全省前列。投资140万元，改造农厕1700座。投资6655万元，新建5座集中供水厂，解决123个村街、12万人的饮水安全问题。免费培训劳动者1.2万人，小额贷款贴息150万元，直接带动就业3000

多人。城乡低保应保尽保，新农合、新城合不断提标扩面，全年报免9391.7万元，受益群众达到171.9万人次。

九、加快推进各项事业，社会发展更加和谐稳定。公共服务能力显著增强。教育质量稳步提高，顺利通过省政府教育工作督导评估等5项验收，高考成绩连续19年全市领先。总投资2.2亿元的52所校安工程顺利启动。基层医药卫生体制改革成绩突出，筹资2400多万元，在394个村街建设标准化卫生室，群众就医环境明显提升。基本药物零差率、卫生院绩效工资、财务“收支两条线”三项改革全市领先，综合医改工作被评为全省优秀。计生工作深入开展，出生人口性别比治理成效明显，控制指标达到正常值范围。在全省首创“随女迁居”工程，33户农村独女户实现随女迁居。文化惠民力度加大，完成42个村街农村书屋和体育健身工程建设。社会管理能力明显提高。投资4100万元，实施了“天网”覆盖、移动警务车购置、巡特警防暴大队扩建、警务楼建设等一系列举措。开展严打专项斗争，抓捕各类犯罪嫌疑人618名，摧毁犯罪团伙38个。深入排查各类矛盾和安全隐患，防止了食品药品、企业安全生产事故及重大稳定事件发生。民主法制建设深入推进。依法行政全面加强，民主决策、科学决策广泛推广，人大代表建议、政协委员提案办结率达到100%。建成公共资源交易中心，清理规范各类行政许可、监管事项171项，行政效能大幅提升。

大厂回族自治县

大厂回族自治县位于河北省廊坊市北部。全县辖3个镇（大厂镇、夏垫镇、祁各庄镇）、2个乡（邵府乡、陈府乡）、1个街道办事处（城区街道办事处），有105个行政村，总面积176平方公里。2012年，全县耕地面积9565公顷，年末总人口12.36万人，其中回族人口2.6万人。全县地区生产总值完成68.3亿元，同比增长10.4%；固定资产投资74.4亿元，增长23.5%；财政收入突破10亿元，增长28.5%，公共财政预算收入5.6亿元，增长34.6%；规模以上工业增加值24.1亿元，增长15.5%；城镇居民人均可支配收入2.7万元，增长13.6%；农村居民人均纯收入1.12万元，增长16.8%；金融机构存贷款余额分别增加8.2亿元和10.3亿元，存贷比高达95.5%。

2012年，大厂回族自治县荣获“全国生态建设突出贡献奖”、“全国民族团结进步创建活动示范县”、“国家发改委优秀农村经济信息监测点”、“全国供销系统先进集体”、“全国人力资源社会保障系统先进集体”、“河北省文明县城”、“河北省就业先进集体”、“河北省平安示范县”、“全省教育督导先进集体”、“廊坊市人口和计生工作综合先进奖”等市级以上表彰60余项。

一、调结构促转型，三次产业协调发展。落实支农惠农政策，加强农田水利建设，推进中低产田改造，鼓励种养殖业发展，粮食总产实现“9连增”。农业园区被评为省级农业科技园区（试点），双江蔬菜园、清雅农业园等一批新型农业项目入园建设；加强企业转型服务，加快传统产业改造升级，加速新型工业聚集，新兴工业占比达到52%，规模以上工业企业发展到43家。落实节能降耗措施，全面完成节能减排任务；商贸流通稳定增长，实现社会消费品零售总额13.1亿元，同比增长13%。文化旅游快速发展，启动大厂书画院、美丽乡村旅游环线等项目建设，新增农家乐、生态农场20家。地产开发贡献加大，新开工规模房地产项目8个，利税近3亿元，有力带动了相关产业发展。

二、筑平台引项目。2012年，中国·廊坊国际经济贸易洽谈会期间，大厂县三个高端项目分别在省会、市会上成功签约。其中，味全系列食品生产项目在“省会”签约。总投资2亿美元的味全系列食品生产项目由台湾顶新国际味全食品有限公司投资兴建。项目建成后，正常年产果汁饮料、蛋白饮料、咖啡饮料等700万吨；“三色源活性蛋白酶制剂”总部研发及生产基地项目和长春英利德国威曼汽车部件有限公司汽车零部件生产项目在“市会”签约。总投资6亿元的“三色源活性蛋白酶制剂”总部研发及生产基地项目由北京新纪元三色生态科技有限公司投资兴建，项目建成达产后可实现销售收入30亿元，吸纳就业350人。国内最大的长玻璃纤维热塑零件供应商——长春英利德国威曼汽车部件有限公司投资5.2亿元兴建的汽车零部件生产项目，主要为北京奔驰配套车身金属冲压，项目建成达产后可实现销售收入6亿元，吸纳就业200人。全年争列省重点项目4个，争取用地指标2400亩，实施千万元以上项目126个，完成投资202亿元，同比增长31.2%，其中亿元以上项目83个，完成投资182亿元，增长36.4%。

三、建城市兴农村，城镇化进程加快推进。编制城市总体规划，完善县城、夏垫、潮白新城总体规划和控制性详规。完成102国道、大香线等主干道路改造，启动北宁街、华安路北延等城区路网工程，修建农村公路20公里。建成第二水厂，实施供热改造工程，城镇集中供热率达到90%以上；完成大安街综合治理工程，旧城改造新建居民楼进场施工，旧小区改善、农村危房改造顺利完工，潮白馨居、和园小区、邵府社区等新民居加快建设。推进“两河”综合治理和城乡造林绿化工作，实施大香线景观绿化和县城绿化提升工程，完成造林面积1万亩。荣获全国生态建设突出贡献奖、省级人居环境奖；加强城乡管理制度化建设，推进“天网覆盖”工程，推广农村平安互助网建设，探索实施数字智能化城管。投资800万元为各村购置垃圾处理设备，探索建立农村生活垃圾集中转运机制。

四、惠民生筑和谐，社会事业全面进步。全年用于民生事业投入达13.7亿元。拨款870万元，全力保障城乡居民养老保险并轨运行，基础养老金由每人每月80元提高到100元。失地农民养老金由每月280元调整为310元，全年累计为4795人发放失地农民养老保险金1610万元。为4183人发放失地农民生活补贴1128万元。为744名城镇居民发放最低生活保障金253万元，为3190名农村居民发放最低生活保障金494万元；全年教育投入2.08亿元，稳步提高义务教育阶段学校经费保障水平，认真落实国家助学金政策，启动新城小、八百户小学校舍建设，加快县第五中学、陈府小学等学校建设并投入使用；累计投入医药卫生体制改革资金1.56亿元，年均递增率48.66%，全县医疗保险覆盖人口达到11.5万人，占全县总人口的95%以上。全年拨付县人民医院迁建工程资金6781万元，确保了县人民医院的顺利搬迁。投资560万元，对85个村卫生室进行标准化建设；拨付廉租住房工程款500万元，经济适用住房工程资金1000万元，同时为1179户城镇低收入家庭发放住房补贴247万元；全年发放各类惠民补贴2137万元。其中：发放粮食直补和农资综合直补资金1010万元，发放小麦、玉米、棉花良种补贴176.6万元，发放成品油价格改革补贴426.8万元，减轻了220辆出租车和20辆农村客运车的运行费用负担。发放农机具购置补贴248万元，补贴农机具167台(套)。发放家电下乡补贴资金76万元，补贴各类家电2506台；全年实施农村公益事业“一事一议”财政奖补项目42个，争取省市奖补资金571万元，完成街道硬化22000米，道路两侧排水1800米，安装路灯340盏，修建垃圾池及公厕6个，村民娱乐中心4个，有效提升了农村公益设施建设水平。

县委书记：孙宝水

人大主任：李守山

县　　长：吴文凯

政协主席：卢振闪

保定市北市区

北市区位于保定市区东北部，北与徐水县毗邻，南与南市区以一亩泉河（护城河）、西大街、东大街为界，西与新市区以京广铁路、瑞祥大街为界，东与清苑县接壤。辖3乡、5街道、59个村、54个社区和1个省级开发区——保定工业园区。辖区总面积81平方公里，耕地面积4.8万亩，总人口33万，其中城市人口27.4万，农村人口5.6万。

2012年，在市委、市政府的坚强领导下，北市区委、区政府团结带领全区各级各部门和广大干部群众，心无旁骛干事业、一心一意谋发展，全力打造“经济强区、魅力新区”，各项工作取得了显著成绩。

区域经济快速发展，综合实力跨越提升。2012年，全区生产总值完成94.9亿元，同比增长12%。固定资产投资完成121.2亿元，同比增长28.4%。规模以上工业增加值完成10.5亿元，同比增长22.7%。全部财政收入完成24.2亿元，同比增长21%。公共财政预算收入完成5.7亿元，同比增长81.2%。社会消费品零售总额完成44.7亿元，同比增长14.5%。农民人均纯收入达到1.29万元，同比增长16.2%。实际利用外资完成2608万美元。

园区发展日臻完善，项目建设突飞猛进。位于七一路高速引线两侧的“河北保定工业园区”（以下简称“园区”），其规划面积13000多亩。园区建设集中体现了“项目集中、产业集聚、土地集约、环境和谐”的总体思路，建设规模逐年扩大。2012年高标准编制了园区二期、三期的控制性详规，启动了凤栖路、天宁路等园区路网建设，“一横三纵”的路网基本形成。园区是项目建设的平台，2012年共列入省重点项目3个、市重点项目6个、区重点项目26个，年内共完成投资39.2亿元。中移动枢纽楼、华夏麒麟科技示范城、立中车轮国家级研发中心等项目成功签约落户，慕湖恒源、瑞科物探等4个项目开工建设。鑫丰建材、支点塑胶等14个项目续建顺利。华劲服饰、龙田医药等4个项目竣工投产。中华老字号、印刷产业园等项目得到积极推进。截至2012年底，园区共有立中集团、长天药业等企业88家，完成地区生产总值42.76亿元，工业增加值31.65亿元；财政收入6.10亿元；固定资产投资完成39.86亿元，实现主营业务收入148.72亿元，实现出口交货值2.02亿美元，经济支撑作用明显增强。

注重工业提质增效，企业创新能力不断增强。加快创新平台建设，2012年建立了河北省兽用生物制品工程技术研究中心、保定市口服固体制剂分析工程技术研究中心、保定市特种气体工程技术研究中心和瑞普生物药业院士工作站，全区工程技术研究中心总数达到5个。组织实施技术创新工程，在保定市率先设立1500万元工业技改专项资金和500万元中小企业发展专项资金，制定了相应管理办法。保定普天奥电子科技、九安门业、金能换热、通达泵业等7家企业、8个项目完成工业技术改造，企业自主创新能力明显提升。

特色种养业加快建设，产业化水平不断提升。发展城郊型农业，出台了《加快蔬菜产业发展的意见》和《设施蔬菜贷款贴息奖励办法》，加快了付村、东良、南常保、杨指挥营四大蔬菜片区的建设，优质蔬菜播种面积达1.3万亩，产量5.7万吨。打造农业产业示范新亮点，投资2300万元，完成了农业生态示范园主体建设，移植树木2000余株，建成2个高档大棚和14个设施蔬菜大棚，引进了草莓、菌类等新品种；完成了鑫博生猪标准化养殖场建设，全区生猪标准化养殖场达到5家；启动了头台阳光牧场标准化建设，全区标准化牧场达到3家。

科技实力资源雄厚，教育事业蒸蒸日上。辖区院校集中，有河北大学、华北电力大学等一批高等院校，十三中、河北小学等31所中小学校，中考成绩连续多年居保定市三区之首。被科技部评为“科技进步先进区”，连续多年被市政府评为全市“教育工作先进区”，历来是保定文教大区。2012年，筹资6400万元，加强区属学校基础设施改善和信息技术教育设施配备，全面提升了现代化教学水平，被省政府评为“教育综合工作先进区”。此外，被誉为近代军官摇篮的保定军校、抗战前与南开齐名的百年名校育德中学，也坐落在该区。

城区建设如火如荼，辖区形象日新月异。北市区是保定市北移东扩、拓宽发展空间的重要区域，是融入京津都

市圈，接受京津冀辐射的桥头堡和承接区。2012年，该区围绕北部居住与服务业、中部文化与居住、文化科教、东部市场与物流、高铁商务与综合服务、南部传统商业与居住六大组团，重点实施“北进东拓、西优南联”（北进：产业及居住发展空间向北推进；东拓：商务商贸等综合服务业向东拓展；西优：优化西部城市空间结构和用地布局；南联：联合南市区提升城市功能，促进旧城复兴）战略，极大地拓展了城区发展空间。在市区东部建设的东湖片区、高铁片区正在稳步推进，“未来石”城市综合体加快建设，一批地标性建筑正在加速崛起。

社会管理成效显著，人居环境持续改善。该区是民政部命名的“全国和谐社区建设示范城区”，首批国家级“社区卫生服务示范区”。2012年，被民政部命名为“全国农村社区建设实验全覆盖示范单位”。54个社区中有49个达到了“精品社区”建设标准，先后获得国家荣誉16项、省级荣誉51项，社区工作持续在全市领先、全省领跑。2012年投入320万元，建成了天马、迎宾、鑫和、盛和高标准和谐社区，完成了金昌西、西关大街等8个社区上档升级，一批以“自然、健康、国际化”为标志的生态型社区相继建成，北部新城宜居区已成为保定市宜居的首选之地。

定 州 市

定州市位于河北省保定市南。2012年，定州市紧紧围绕建设区域中心城市，强力推动经济社会快速发展。

经济实力稳步提升。完成生产总值239.6亿元，增长12.5%；财政收入24.2亿元，地方公共财政预算收入13.3亿元，分别增长20%和36.6%；规模以上工业增加值67.2亿元，增长20.6%；社会消费品零售总额100.8亿元，增长16.1%；固定资产投资149.5亿元，增长30.3%；实际利用外资9379万美元，引进省外资金43亿元，分别增长478%和34.8%；城镇居民人均可支配收入达到1.36万元，农民人均纯收入8622元，分别增长13.1%和16%。各项指标增速大幅高于全省和保定市平均水平。

项目建设实现突破。实施重点项目42个，总投资397.9亿元，超计划完成年度投资40.7亿元。唐河循环经济产业园区4条主干道通车，统一供水工程全面展开，两座变电站和唐河整治一期工程竣工，建成区实现“七通一平”，面积达到9.77平方公里。配套新区9家企业投产、25家在建，园区入园企业达到81家，完成主营业务收入262.9亿元，增长20.7%。沙河经济开发区入驻企业68家，完成申报省级开发区资料准备工作。与23家央企和省外企业签订合作协议，签约生产性重大项目10个，总投资397亿元。争取上级资金5.25亿元，增长43%。

“三农”工作取得成效。推进超千亿斤粮食生产能力、高产示范田等项目建设，再次被评为全国粮食生产先进县。首农循环农业示范区基础设施及奶牛场全面开工，富元现代农业科技园设施蔬菜基地投产、醋厂投建，新扩建怀德、廉台等4个高标准蔬菜产业园，改造12个标准化规模养殖场，新增高档花木1.2万亩，认证无公害生产企业5家、产品18种，菜、肉、蛋、奶总产持续增长，农业产业化经营率达到69%，被命名为国家现代农业示范区、全国蔬菜产业重点县、河北省苗木花卉核心产区。加强农田基本建设，发展节水灌溉6.5万亩，炸窑复耕100余亩，整治土地5.2万亩，太行山前土地整治示范区建设得到国土资源部充分肯定。

产业升级步伐加快。主导产业快速扩张，新长安之星上市，长客轻型车、伊利冷饮基地、四方畜牧设备二期等项目投建，旭阳三期完成征地，10万吨合成氨项目竣工。传统产业不断升级，双天基地新建项目8个，双天创业服务楼和朝晖新区办公楼竣工，万通医药产业园、体品产业园完成征地等前期工作。新增规模以上工业企业10家、民营企业50家，完成5家企业破产终结，安置职工2500人。第三产业持续活跃，新增限额以上贸易企业6家，成立2家融资性担保公司，实施7个市场改扩建项目，组建农民专业协会4家、农合联分会25家，万村千乡、家电下乡、军粮特供等工程居全省先进。

城镇容貌显著改观。区域中心城市建设列入上级规划，李亲顾镇被确定为全国改革发展试点镇，定州东站站房及站前广场一期工程投用，定州中学新校区开工建设，市民中心获省政府批复并启动实施，城东、城北两个新区开发建设拉开帷幕。城市候机楼运营，京港澳高速拓宽工程启动，清风北街拓宽改造、京石高铁进站路及公交车、京广铁路北框构桥等工程通车，南框构桥主体工程及西引线竣工，自来佛街北延启动征迁。完成旧城拆迁改造20万平方米，新增天然气管线10公里，公厕改造等市政建设扎实推进。《城市景观风貌专项规划》获住建部三等奖，建成数字化城市管理平台，城乡环境整治和清理违法建设两项攻坚行动取得阶段性成效。

生态环境得到改善。对市区3条主街道和4座地道桥进行绿化改造，新建3个绿地游园，全市森林覆盖率提高1.05个百分点，大辛庄镇被命名为全省文明镇。李亲顾污水处理厂、污泥无害化处理厂开工建设，固废卫生填埋场通过住建部验收，周村垃圾中转站投入运营，城乡垃圾一体化扎实推进。36个重点减排项目顺利实施，对42家企业污染源实行在线视频监测，取缔13家“两高一资”企业，拆除12台燃煤锅炉，环保执法模式及秸秆禁烧工作得到省充分肯定并推广，《中国环境报》等多家媒体进行了报导。节能减排超额完成任务目标，城市环境定量考核获全省第二名。

民生质量再上台阶。投入14.1亿元用于保障改善民生，5118套保障性住房开工，廉租住房补贴按时发放，为4366户发放公积金贷款4.9亿元。34个新民居和8个“幸福乡村”示范村加快建设，改造农村危房300户、残疾人危房50户。改建乡村道路118公里、危桥2座。建成5个农村水厂，无偿打井300眼，解决了13万人饮水不安全问题。建成大型沼气池1座、户用沼气池400个、沼气服务网点10个。完成186台农电台区、206台变压器增容改造和10个电气化村建设。东亭民政事业服务中心、儿童福利院投用，为720例白内障患者免费实施了手术。城乡居民社会养老保险制度启动并达标，新增就业、职业培训、五险扩面、城乡低保等超额完成任务，劳动监察工作受到全国表彰。

社会事业亮点纷呈。实施84所中小学校舍安全工程和21所幼儿园建设，高考成绩实现"七连增"，本一、本二上线分别增长3.8%、6.5%。推进科技创新，5项成果获保定市科技进步奖，5个省重点技改项目加快实施。深化医改工作，人民医院南院区住院楼启用，全面完成484所集体产权村卫生室标准化建设，城镇居民医保、新农合参合率分别达到100%和96.2%，建立居民健康档案88.2万份。成功举办首届社区文化艺术节、央视《2012春耕行动》公益演出、纪念张寒晖诞辰110周年、12家省级卫视"幸福大联盟"电视直播等活动，电影《张寒晖》开机，完成央视《国宝档案》拍摄录制工作，定州续志通过国家级专家评审并获得好评。荣获全国阳光计生行动示范单位、河北省流动人口计生"双居"工程示范单位等称号。统计专项工作荣获全国、全省先进，各项事业都取得新的成绩，安全稳定的社会政治局面持续巩固。

安 国 市

安国市位于河北省保定市南端。2012年，安国市坚持以"图强进位、跨越发展、重返省三十强"为奋斗目标，加速构建三大经济板块（药业经济、园区经济、城市经济），全面推进"六化"进程（药都品牌化、产业规模化、城市精品化、农业现代化、文化产业化、社会管理服务民本化），全力打造"石、保、衡金三角区域中等城市"，聚力建设安国中药都，全市经济社会发展呈现良好态势。

经济发展再上新台阶。2012年，全市地方生产总值完成92.7亿元，同比增长12.9%；全部财政收入完成5.78亿元，增长22.8%；公共财政预算收入完成3.02亿元，增长20.1%；规模以上工业增加值完成40.7亿元，增长21.9%；全社会固定资产投资完成87.85亿元，增长30.4%；社会消费品零售总额完成49.9亿元，增长15.5%。城镇居民人均可支配收入达到1.7万元，农民人均纯收入达到0.97万元，分别增长12%和20.3%，各项主要经济指标均圆满完成。

中药产业实现新突破。建设安国中药都的重大战略得以确立。2012年，张庆黎书记、张庆伟省长等多位省领导分别来安国市调研，12月6日，省长办公会议对安国药业进行了专题研究并将安国中药都作为中医药强省战略龙头来打造。按照上级要求，安国市成立了中药都建设指挥部，确定了八条工作战线，明确了25项重点工作，细化为111项具体任务。工作亮点不断涌现。安国市积极与国家部委、省市厅局积极对接洽谈，一些扶持政策和资金已经到位。同时，研究制定了中药都仓储物流商贸区、健康养生文化区等一系列优惠政策。被商务部批准为国家级中药和保健品外贸转型升级示范基地。商务部国家级中药材流通质量追溯体系试点项目落户安国市。与上级商检部门已签署协议，在安国市设立商检出口分支机构。中药材种植进一步科学化。完成了祁紫菀、祁山药2个道地中药材组培脱毒研究，创建了9个中药材种植示范园。4项国家、省级中药科技创新项目进展顺利。2012年，安国市中药材种植面积达13.5万亩。中药市场规范发展。持续开展了中药材市场专项整治行动，制定出台了黑名单制度、奖励举报制度等6项长效监管机制。药企拉动作用增强。全市拥有GMP认证的制药和饮片加工企业35家，药都集团在安国市率先通过了国家新版GMP认证。总投资3.6亿元的同仁堂中药配方颗粒饮片项目落户安国，河北嘉富中药饮片提取、康派创业辅导基地开工建设，饮片加工集群初具规模。来自药业的GDP、财政收入、农民人均纯收入均占这三项总额的近40%。

工业经济取得新进展。中药、泵业、纺织三大支柱产业持续壮大，工业支撑作用明显增强。一是园区经济快速发展。加快绿色循环工业区扩容增量，总投资2.2亿元的污水处理二期、新建变电站、供水管网改造、园区道路等工程正在进行前期谋划。目前，园区入驻企业67家，在建项目18个，全年完成投资超过20亿元。年销售收入过亿元的企业达到15家，全年实现产值60亿元。石佛泵业园区进一步壮大，入驻企业达38家，目前已成为我国北方重要的水泵生产基地。伍仁桥纺织园区实现集群化发展，入驻企业达45家。二是项目建设成效显著。扎实开展了"项目建设年"活动，2012年，投资千万元以上续建、新开工项目25项，其中列入省市重点项目6项，共完成投资16.75亿元。乐仁堂饮片二期、药都集团GMP改造等一批省市重点项目已经竣工投产。同仁堂精料加工及物流、河北嘉富中药饮片提取、一方药业配方颗粒等一批生产项目已开工建设。哈药集团、天士力集团、神威药业等知名企业已与安国市初步达成投资意向。三是龙头企业形成规模。把2012年作为"企业技改创新年"，实施"扶优扶强"战略，开展了药都集团新药开发、金木药业现代中药技改、前进无纺布新产品研发等20余项技术改造项目。新增规模以上工业企业6家，全市规模以上工业企业达74家，为安国市的经济发展注入了新的增长活力。

城市面貌发生新变化。按照"石、保、衡金三角区域中等城市"定位，不断加强城市建设和管理，城市聚集能力和承载功能得到明显提升。省级园林城市创建成功。大规模开展绿化工程建设、城市容貌综合整治等专项活动，城市生态环境显著改善，安国市成为2012年全保定市唯一被省政府正式命名的"省级园林城市"。"四个一"工程扎实推进。完成了保衡路市区段迎宾路改造，高标准规划建设了药香大路，占地300亩的药用植物公园已经开园，省供销社总投资5亿元的综合性商业物流中心已与安国市签署协议。基础设施逐步完善。城区五条道路改扩建工程即将集中开工，垃圾处理厂二期工程基本建成，城区第二

污水处理厂正在进行选址工作，天然气入市工程完成管道铺设29公里，上级下达的保障性住房已全部开工建设。编制了药王庙文化景区核心区总体规划，完成了三期拆迁，药王铜像已经落成。

农村经济实现新提升。农业基础地位进一步稳固。大力实施了省粮食生产田间工程等项目，改造中低产田8000亩，品种优质率达到90%以上，粮食生产实现“九连增”。农业产业化水平进一步提高。建成门东苗木、霍庄药材、东河栝楼、马庄奶牛等10个特色产业示范村，农民专业合作社总数达120个。保定市级以上农业产业化龙头企业达16家，农业产业化率达63%，有效地促进了农民增收。农业基础设施建设进一步加快。圆满完成了2012年度小型农田水利重点县建设任务，发展高标准节水灌溉9万亩，农业生产条件不断提高。农村生活环境进一步改善。新修改扩建农村公路71公里。解决了29个村5.7万人的饮水安全问题。卓头、霍庄、马固和北娄底4个村被列为河北省幸福乡村计划示范村。

清　苑　县

清苑县位于河北省中部，京、津、石三角腹地，两面环绕古城保定，是保定市“一城三星一淀”大框架内，按区管理的卫星城。地理坐标为北纬38°33′～38°35′，东经115°13′～115°45′。全县总面积867平方公里。县人民政府驻地北距北京市145公里，东北距天津市140公里，西南距石家庄117公里。境内交通便利，京港澳高速、保沧高速和保衡、保沧等多条省级公路以及正在施工建设的京石铁路客运专线贯穿全境，自古就有“北临三关，南通九省”之称誉。

自然环境。清苑县地处冀中平原西部，地势坦荡，西南高，东北低，缓缓倾斜。气候属于北温带半湿润半干旱大陆性季风气候区，四季分明，年均气温12.3℃，平均日照2610小时，无霜期174天，年均降水597毫米，全年西南风和东北风频率最高，年均风速2.1米/秒。境内河流系海河流域大清河水系，计有唐河、新开河、九龙河、龙泉河、清水河、金线河、府河、漕河8条，河道总长167公里，流域面积877.2平方公里。土壤主要有褐土、潮土两种，其中潮土59.32万亩，占总耕地面积的69.6%。

自然资源。全县土地总面积867平方公里，耕地面积89.3万亩，人均耕地1.4亩。土层深厚，土质松软，耕性良好。无地表水。地下水资源丰富，品质优良，地下水资源总量8270万立方米。植物资源种类繁多，分布均匀，盛产小麦、玉米、花生、红薯和各种瓜菜、苹果、梨、桃等，有蒲公英等50余种野生植物。野生动物主要有青蛙、野兔、野鸡、蜂、雀、蛇等20余种。

行政区划。全县现辖10乡8镇，1个城区办事处，266个行政村。18个乡镇分别是：清苑镇、张登镇、冉庄镇、大庄镇、臧村镇、阳城镇、魏村镇、温仁镇、白团乡、石桥乡、何桥乡、闫庄乡、望亭乡、孙村乡、东闾乡、李庄乡、北王力乡、北店乡。

人口民族。2012年末统计，全县共17.5万户，总人口65万人。境内有汉、满、蒙、回等18个民族，以汉族为主，占总人口的98%。全县人口出生率13.5‰，人口自然增长率为7.78‰。

2012年全县地区生产总值完成104.3亿元，同比增长12%。一产、二产、三产分别完成26.8亿元、50.9亿元、26.6亿元，同比分别增长3.9%、15.6%、12.2%。规模以上工业增加值完成56.9亿元，同比增长22.8%。全社会固定资产投资完成73.4亿元，同比增长32.5%。社会消费品零售总额完成45.7亿元，同比增长15.8%。城镇居民人均可支配收入同比增长12.2%；农民人均纯收入同比增长13%。财政收入突破6亿元，同比增长22.2%。年末城乡居民储蓄存款114亿元，同比增长12%；单位生产总值能源消耗下降5.69%；城市空气质量等级二级以上天数334天，超全年目标12天。

项目建设。全县新建、续建千万元以上项目21个，总投资93亿元。投资28亿元的大唐清苑热电项目顺利竣工并投产运营。中汽零一期巨威电子电器、四通合金新材料等总投资45亿元的8个项目进场开工。宇雕起重设备、通达医药等总投资34亿元的15个项目具备开工条件。投资100亿元的中国汽车零部件（保定）产业基地、投资20亿元的百威英博集团啤酒生产项目和投资65亿元的河北建设集团绿色建筑产业园项目，与县政府签订协议。

传统行业。与中国有色金属工业协会再生分会签订了战略合作协议，并列入全省循环经济示范县。完成工业企业技改投入25.9亿元，同比增长57%。立中集团被科技部命名为“中国国际科技合作基地”。对全县14家纳税大户进行了表彰。全县新增企业236家，新注册个体工商户1540户，民营经济占全县经济总量的比重达到73.1%。政银企对接活动，5家金融机构向12家企业发放贷款4.6亿元。对116家有色金属摊点和22家造纸企业进行了关停取缔，超额完成省市下达的任务目标。

农业农村工作。粮食生产实现“十连增”，总产达到49.9万吨，同比增长5.2%。全县农业无公害种植基地达到14个，省市级产业化龙头企业达到16家，各类专业合作社156家。投资3亿元的海大饲料生产及粮食收储中转基地项目与县政府签约。全县蔬菜面积发展到33万亩、林果达到3.5万亩，肉、蛋、奶产量分别达到2.8万吨、5.5万吨和8.5万吨。培树农业品牌，在国家工商总局注册了“地道战”商标，涵盖粮食、瓜果、蔬菜等15大类商品。投资3.68亿元何桥、李庄等6个乡镇41个村的土地整治项目扎实推进，预计新增耕地5800多亩；投资300万元完成小麦深松整地12.2万亩；投资1300万元的小型农田水利重点县建设，完成节水灌溉4.2万亩；投资500多万元完成8个新农村电气化建设工程；投资960万元完成四座农村危桥改造；投资5900多万元启动实施6个幸福乡村计划示范点。县农机局被省农业厅授予农机监理先进单位，并被评为全国农机监理示范窗口。投资1.25亿元新改扩建农村公路139公里，2012年是农村公路建设投资最大、里程最长、效益最明显的一年。

城镇建设。聘请中国城市规划设计研究院，对县城总规及城市风貌特色、“四口”包装进行了高标准规划设计。投资3.9亿元新修和改造县城道路7.1万平米、新建建筑41万平米、新增和改造绿地47.2万平米。投资7800万元完成县城公园建设并正式向群众开放。投资3600万元完成县医院改扩建工程并投入使用。城区集中供热工程正加紧实施，部分小区已实现集中供热。投资3600万元完成县城东部道路翻修和雨污分流工程。投资1.5亿元的电影院改造工程正扎实推进。正式启动京港澳高速清苑段改扩建工程。圆满完成白洋淀大道京石高铁前营段一期拆迁工作。

社会事业。全年民生事业支出8.3亿元，是近几年来民生投入最多的一年。年初确定的25件大事实事、10件惠民实事以及120项“三农”服务承诺全部完成。社会保障工作不断加强。发放各类社会救助、救济保障资金2600多万元。县民政局被省民政厅评为全省民政工作先进集体，民政事业服务中心被民政部命名为全国民政系统群众满意窗口和行风建设示范单位。设立200万元扶贫济困基金，对95名困难群众实施了有效救助。完成农村危旧房改造、贫困残疾人危房改造376户。投资9000万元完成了保障性住房主体工程，建成的252套廉租房首批入住241户。全面启动城乡居民社会养老保险工作，参保率达到95.5%。城镇新增就业3150人，城镇失业率控制在4.5%以内。教育事业不断加强。高考再创佳绩，本二以上上线总人数稳居全市第一平台，被评为全市教育工作先进县。县青少年校外活动中心被省校外教育领导小组命名为河北省示范性青少年校外活动中心，青少年读书活动获得全国优秀组织奖。投资650万元的县城第三小学综合楼和投资1400万元的6所中小学校新建、扩建工程全部竣工。着力打造名校、名师、名校长，对评选的30名县级名师、名校长进行了表彰奖励。面向社会公开招聘教师200名，农村教师队伍的年龄结构、专业结构得到了优化。卫生事业统筹推进。医改工作位居全市前列，全县基层医疗机构和338所村卫生室基本药物实现零差率销售，新农合参合率达到98.5%；免费为全县6万名65岁以上老年人进行了健康体检，并落实动态管理。文化事业更加繁荣。冉庄地道战遗址顺利通过4A级景区检查验收，全年接待游客近110万人次。宋祖陵被列入省文保单位，“北宋村古乐”成功入选第四批省级非物质文化遗产。档案局被省方志办评为县志编纂工作先进单位。新建乡镇文化站8个、新农村书屋150个，完成29个村体育健身器材安装，县哈哈腔剧团下乡演出247场次，并代表保定市参加了河北省第九届戏剧节，获得多个奖项。

涞 水 县

涞水县地处河北省中部偏西，太行山东麓北端，总面积1650平方公里，山丘区占84%。全县辖15个乡镇、284个行政村、588个自然村，总人口35万。涞水位于国家确定的燕山—太行山连片特困地区，是河北省确定的环首都扶贫开发攻坚示范区9个重点县之一，也是环首都绿色经济圈重点县之一，地处首都经济圈紧密圈层，比较优势日益凸显，发展潜力无限。

历史悠久，人杰地灵。公元598年建县，因拒马河贯穿全境，始称涞水，至今已有1415年的历史，素有千年古县之称。境内历史文物众多，有庆化寺花塔，清怡贤亲王墓、西岗塔等3处国家文物保护单位和摩崖石刻、千佛舍利塔等11处省级文物保护单位，涞水高洛古乐入选国家首批非物质文化遗产名录。成语“闻鸡起舞、中流击楫”的主人公祖逖，南北朝时期的大科学家祖冲之，南极科考队首任队长、长城站、中山站首任站长、科学家郭琨都是涞水的杰出代表。同时，涞水是革命老区，为平西抗日根据地腹地，冀热察挺进军司令部、冀热察区委（当时的河北省委）、平西军分区、平西专署均驻于北，聂荣臻、肖克等老一辈无产阶级革命家曾生活和战斗在这里，曹火星创作的《没有共产党就没有新中国》从这里唱响全国，红色经典歌剧《白毛女》的雏形——《白毛仙姑》从这里诞生。

区位优越，交通便捷。涞水与北京接壤110公里，距北京市中心90公里，距天津市中心170公里，距保定市中心75公里，属大北京经济圈内圈。京原、高易铁路，112、108、京赞路等国省干道贯穿县境；建成、在建和即将开工建设的张石、廊涿、张涿、京昆等四条高速、9个高速出口，使涞水成为京西南重要的高速交通枢纽，特别是京昆高速建成后，由县城到北京西六环莲石路只有60公里，真正纳入北京半小时交通圈；张涿高速通车后，从县城到野三坡只需30分钟；现开通到涞水县城和野三坡景区的北京917公交专线，实现了涞水与首都交通同城化。同时，首都第二机场（大兴、固安）选址距涞水县城只有50公里，建成后从县城经廊涿高速仅需半小时即可抵达。

资源丰富，生态良好。山区、丘陵、平原地貌兼备，已探明的矿物种类30余种，具有开采价值的18种，主要为石灰石、石材、砂石料、铁、铜、铅、锌等，多样的地理、矿产资源，蕴藏着巨大商机。涞水是生态大县，没有重大污染和破坏性建设，作为全国“三北”防护林工程重点县、河北省造林重点示范县，林地面积以每年3万亩以上的速度逐年递增，增速在河北省名列前茅，2011年被环保部授予“国家级生态示范区”荣誉称号。良好的生态环境促进了旅游业加速发展，野三坡景区拥有“世界地质公园”、“国家5A级景区”、“国家级重点风景名胜区”、“国家森林公园”、“中华生态保护示范单位”等多项桂冠。日常年份接待游客300万人次以上，门票收入6000万元以上，总收入达8亿元，旅游业已发展为涞水最富活力的主导产业。

产业亮点突出，特色鲜明。电极、玻璃器皿、古典（红木）家具是涞水最具特色的工业产业。碳电极占国内市场70%的份额，占国际市场30%的份额，是“全球最大的炭电极生产基地”，近期研发的碳/碳复合材料产品性能已达到国际先进水平。玻璃器皿产品分8大系列2000余个品种，98%以上的产品销往欧、美、日、东南亚、澳大利亚、香港等120多个国家和地区，是“华北最大玻璃器皿手工吹制基地”。古典（红木）家具已有300年的历史，主要生产仿明清古典家具，产品除国内销售外，主要销往日本、新加坡、加拿大、美国等国家和地区，是“北方明清红木家具之乡”。

2012年，涞水县委、县政府以科学发展观为统领，紧紧围绕富民强县中心任务，以转变经济发展方式为主线，强化项目建设和扶贫攻坚两大支撑，全力推进经济社会又好又快发展，国民经济和社会发展取得新成就，全县综合实力再上新台阶。地区生产总值完成43.87亿元，增长12.5%；全部财政收入完成3.81亿元，增长26.9%，其中地方公共财政预算收入完成2.51亿元，增长25.8%；固定资产投资完成59.6亿元，增长32.1%；规模以上工业增加值完成5亿元，增长23.2%；城镇居民人均可支配收入1.43万元，增长13.1%；农民人均纯收入5077元，增长20.2%。

结构调整扎实推进，产业升级迈出新步伐。坚持以项目建设为核心，调整优化产业结构，三次产业比达到23.5：24.7：51.8。全力扶持企业做大做强，新增规模以上工业企业5家。高性能碳/碳复合材料、太阳能热水器等一批新兴产业项目建成投产。坚定不移地深化与北京的对接融合，瞄准央企和国内500强，先后与航天科工集团、中国电科院等一批大企业、大集团建立了合作关系，签约、在谈重大项目9个，总投资144.5亿元。深入开展项目建设百日攻坚活动，实施重点项目20个，完成投资22.34亿元，占年度投资计划的146.7%。经济开发区建设全面加快，东区控制性详规和化工版块安评编制完成，南区纬二路、纬三路雨污水管网及道路工程竣工；新兴产业示范区产业发展规划编制完成，预征建设用地420亩。“7.21”洪灾之前，三坡景区发展态势强劲，接待游客139万人次，实现门票收入3705万元，旅游总收入4.43亿元，与2011年同期相比均有较快增长。成功举办了“野三坡华谊兄弟音乐嘉年华”活动，神悦文化传播有限公司被评为国家文化产业示范基地，三坡景区知名度、美誉度进一步提升。天鹅湖欧式风情小镇、一渡新新温泉小镇、祖冲之文化森林公园等重点旅游休闲度假项目顺利推进，新的旅游版块逐步形成。粮食连续九年丰收，总产量达19.3万吨，增长9.7%。设施蔬菜、林果、畜牧等特色主导产业快速发展，总产值达18.7亿元。

全面推进整体突破，扶贫攻坚成果丰硕。以全省环首都扶贫攻坚示范区建设涞水会议为契机，坚持把扶贫攻坚示范区建设作为重大全局性任务，以完善提升基础设施为重点，以培育富民产业、增加农民收入为目标，全面启动，整体突破，贫困农民人均增收950元，41个村、2.6万人实现脱贫。全县共流转土地1.2万亩，建成蔬菜大棚1600多个，食用菌发展到8000万棒，栽植薄皮核桃、板栗等优质林果4.1万亩，新建各类养殖场59个，扶贫产业体系基本形成。修建乡村道路230公里，新打饮水、灌溉机井135眼，安装自来水3815户，实施农村电网改造71个村，新建或改造通讯基站68个，宽带入户1910户，贫困村生产生活条件有效改善。新建、改造标准化村卫生室207个、村幼儿园11个、农家书屋109个，开展技术培训3.2万人次，成立农民专业合作组织76个，贫困村公共服务水平明显提升。

抗洪抢险全面胜利，灾后重建进展迅速。2012年面对突如其来的“7.21”特大洪灾，在县委领导下，县政府团结带领全县人民，全力以赴，昼夜奋战，用大爱救大灾，安全撤离游客1.2万人，解救群众2000余人，紧急转移安置1.6万人，最大限度地降低了生命财产损失。全力抢修水毁基础设施，最短时间内恢复了灾区生产生活秩序，确保了受灾群众有饭吃、有衣穿、有房住、有干净水喝、有病能及时医治，夺取了抗洪抢险的全面胜利，塑造了“人民为本、生命至上，团结一心、众志成城，不畏艰险、敢于胜利”的“7.21”抗洪精神。举全县之力推进灾后恢复重建工作，取得了阶段性成果，总投资14.25亿元的1256个重建项目快速推进，竣工798个，完成投资5.06亿元。1703户水毁房屋、131公里乡村道路、111个村饮水安全工程、211个村卫生室和59所中小学、幼儿园校舍修复重建，均按既定任务和时限要求完成。百里峡景区、三坡大剧场恢复重建基本完成，野三坡景观大道（拦紫路）、百里峡景观大道（蓬紫路）、9座景观桥梁和景区配套设施重建工程进展顺利。三坡景区拒马河沿线景观提升及既有建筑改造工程全面启动、强力推进，拆除水毁及违章违规建筑3万余平米。

基础设施日益完善，城乡面貌明显改观。深入实施城镇带动战略，城乡环境面貌有了大幅提升。府前街夜景亮化及道路配套设施改造、涞阳路和冲之大街综合整治工程全部竣工。县城消防站完成选址，三坡消防站正式开工，城区水厂、天然气门站、热力站完成部分基建、管网铺设工程。旧城改造扎实推进，滨河新东城等3个片区完成建筑面积19.8万平米。数字化城管正式运营，城镇管理水平逐步提高。幸福乡村建设扎实推进，63个村达到幸福乡村建设标准；环境综合整治深入开展，“四清四化”（清垃圾、清杂物、清残垣断壁和路障、清庭院，绿化、美化、亮化、净化）和“五改”（改路、改水、改厕、改圈、改垃圾处理）活动成效明显，农村环境问题得到有效治理。张涿高速建设全线推进，京昆高速涞水段完成土地征迁，112国道南秋兰村至易县交界段扩建工程竣工通车。

发展成果惠及民众，社会环境保持和谐稳定。基本养老、基本医疗、城乡低保等保障体系进一步健全。建成“互助幸福院”142个，发放城乡低保资金2135万元，实现了动态管理下的应保尽保；新型城乡居民社会养老保险参保率达97%，养老金发放率100%；新型农村合作医疗参合率达95.3%，受益农民57.9万人次。就业再就业服务水平日益提升，城镇新增就业2400人，下岗失业人员再就业550人，农村劳动力向非农产业转移1.6万人。教育事业取得新突破。师资力量得到有效补充，学前教育进一步规范，义务教育发展更加均衡；高考再创佳绩，本科二批以上上线人数首次突破700人；实施农村义务教育阶段学生营养改善计划，1.5万余名学生吃上了免费营养餐。卫生事业得到新发展。11项基本公共卫生服务项目有序实施，均达到或超过市核任务目标；县医院门诊综合楼改扩建工程主体竣工。安全生产形势持续巩固，社会治安环境不断优化，圆满完成十八大安保等各项维稳安保任务。

阜 平 县

阜平县地处河北省保定市西部，全县东西长74.8千米，南北宽49.6千米，总面积2496平方公里。辖5镇8乡1个办事处，人口21万，共209个行政村、1131个自然村。阜平是一个全山区县，山地占总面积374万亩，山场面积达326万亩，占总面积的87%。气候属暖温带半湿润半干旱大陆性季风气候，四季分明，年平均气温为12.6℃，最热月为7月，月平均气温26.0℃，最冷月为1月，月平均气温－3.4℃。全县多年平均降水量582毫米，全年以西北风为主。全年无霜期140－190天，年平均相对湿度54%。年蒸发量2232.5毫米，年太阳辐射总量136.6千卡/平方厘米；阜平日照时数比较充足，平均年实照时数2801.3小时，日照百分率63%。

主要经济指标平稳增长。2012年全县生产总值完成27.6亿元，同比增长7.5%；全部财政收入完成20001万元，同比增长7.1%，其中地方公共财政预算收入完成16238万元，同比增长27.9%；规模以上工业增加值完成2.13亿元，同比增长25.8%，全市排名第4位；固定资产投资完成32.25亿元，同比增长32.4%，全市排名第14位；社会消费品零售总额完成12.3亿元，同比增长14.9%；居民储蓄存款余额达到44.45亿元，比年初增长11.9%；农民人均纯收入完成3262元，同比增长20.6%。

经济发展后劲明显增强。2012年阜平县共谋划实施重点项目79项，总投资173.8亿元；河北名舍、乐天凤凰、煤炭物流园等5个市重点项目完成投资7.8亿元，完成年计划投资的300.5%。炭灰铺煤矿实现与冀中能源整合重组；阜平县现代工业园区升级为市级产业园区，入驻项目20个；煤炭物流园正式运营，规模化、集约化水平明显提升。引进省外资金4.9亿元；引进省外技术14项；引进人才263名，实际利用外资3万美元；分别与国华能源投资有限公司、中电投河北易县新能源发电有限公司签署总计64.2亿元的新能源开发项目。晋察冀边区革命纪念馆、天生桥国家地质（森林）公园两个4A级景区完成升级改造，全年接待游客39.5万人次，旅游综合收入2.1亿元。第二个十万亩大枣基地、核桃基地示范县、千亩板栗基地等建设项目稳步推进，板栗基地面积达到3.5万亩130万株；新栽枣树35万株，新增核桃基地1.5万亩，新建果品基地2.7万亩，果品产量达到9.86万吨，林业总产值达5亿元；成功争取全国高效节水灌溉试点县项目；博夏醋厂、丰旭食品等果品加工企业不断壮大。甲鱼养殖达2600亩，年产3000吨，成为华北地区最大甲鱼养殖基地；肉鸡养殖达36万只，奶牛存栏1800头，生猪存栏7万头，肉羊存栏17万只，水貂22万只，畜牧水产业产值达3.9亿元。此外，在平阳镇、城南庄镇、砂窝乡、大台乡等地适度推广无公害蔬菜、有机茶、中药材等特色种植，面积达到1700亩。

城乡人居环境明显改善。阜平县着力改善“两个环境”，推进生态建设，森林覆盖率提高到36.35%；实施城市形象提升工程，开展城乡环境综合治理，完成城乡总体规划修编，县城规划面积由4.07平方公里增加到14.9平方公里，县城框架进一步拉大。县城东环路、北环路建设加速推进，保阜高速互通连接线建成投用，县城路网更加便捷。全县公路通车里程达1319公里，实现村村通水泥路（柏油路）。实施园林县城建设，大、小派山新植树3700亩55万株，小派山森林公园建设扎实推进；引进广厦集团，对沙河县城段进行综合治理，休闲运动广场建成对外开放。组建城市管理行政执法局，城市管理日益规范，城乡人居环境明显改善。

民生保障水平明显提高。阜平县10项民心工程30件惠民实事全部落实。民政事业服务中心建成并投入使用；基本养老、基本医疗、城乡低保等保障体系进一步健全。84套温民廉租住房分配入住，288套保障性住房加速建设，农村危房改造2606户，易地搬迁516户1960人。投入620万元，解决了15个村15500人的饮水安全问题。城镇新增就业人口2128人，登记失业率控制在4.5%以内。高考本二上线人数303人，再创历史新高；2012年落实全县中小学公用经费1577万元，其中，投资775.6万元为170所农村中小学1.8万名学生实施营养改善计划。医药卫生体制改革扎实推进；完成166个村卫生室标准化建设；急救中心改建项目已全部竣工，县医院病房楼改扩建项目加紧装修；新农合参合率达95.19%，为25万人次报销补偿费用4767万余元；全年共建立居民健康档案173603份，建档率84.43%，预防接种建证建卡率100%，无重大传染病暴发流行；县图书馆完成升级改造；完成11个乡镇文化站、187个农村文化书屋建设，广播电视“村村通”工程顺利实施，县城数字影院运行良好。

社会秩序保持良好态势。深入开展社会治安综合治理，认真解决群众信访问题，全面抓好森林防火工作；群众工作站、亲民爱民活动扎实开展，有效维护了和谐稳定的社会局面。深入推进“执行力亮剑行动”，行政效能得到提升。成立阜平县公路综合治理办公室，强化超限超载和公路“三乱”源头治理，矿业秩序、税费征管趋于规范。成立阜平县政府食品安全委员会和食品安全委员会办公室，分析全县食品安全形势，研究部署、统筹指导食品安全工作；持续开展安全生产、食品药品安全等专项整治行动，全面加强社会治安综合治理，圆满完成十八大安保任务，社会局面和谐稳定。

容 城 县

容城县位于河北省保定市东北部。东与雄县、白沟白洋淀温泉城接壤，北与定兴县相连，西与徐水县交界，南与安新县毗邻。总面积 314 平方公里，现有耕地面积 31.2 万亩。现辖 5 镇 3 乡，127 个行政村，总人口 26.58 万人，其中城镇人口 9.09 万人。

容城位于京、津、石三角腹地，距石家庄 160 公里，距北京、天津均为 120 公里，位于“两环”（环京津、环渤海）经济圈内。西临京广铁路和京深高速公路，津保公路和保津高速公路横贯全境，正在建设中的津保城际铁路从县城北部经过，白洋淀站设在容城境内。容城县乡村公路纵横交错，四通八达，交通十分便利。

容城自汉景帝中元三年（公元前 154 年）置县，至今历经 2000 余载，境内有属商代文化层的上坡遗址、燕国重要城邑南阳遗址、燕桓公与宋代杨延昭阅兵之地晾马台遗址。元初理学家、诗人刘因、明朝忠臣杨继盛、清初大儒孙奇逢并称“容城三贤”，更有狼牙山五壮士中的胡德林、胡福才，为容城增添了新的光彩。

党的十一届三中全会以来，容城服装业从起步到兴起、从万人裤子大军闯市场到联合办厂、再到股份制、股份合作制企业的形成，始终呈现出蓬勃发展的良好势头，逐步发展成为县域特色支柱产业。特别是近年来，容城县委、县政府审时度势，强力推进服装产业转型升级，通过品牌创建、产业招商等重大战略措施的实施，使容城服装进入了一个崭新发展阶段，成为闻名全国的“北方服装之乡”，与浙江义乌、诸暨并称全国三大衬衫基地，素有“南石狮、北容城”之誉，1999 年、2000 年、2001 年连续被中国服装协会评为“中国服装名城”，全县拥有服装企业 920 家，其中规模企业 159 家，年产值超亿元的企业 12 家，已经形成了龙头企业带动、骨干企业支撑、服装加工户遍地开花的产业格局。

2012 年，容城县按照“三三二”（利用三个资源、打造三个增长极、培育两个市场）发展战略，团结一心，奋力开拓，全县经济社会保持了持续健康快速发展。全县地区生产总值完成 53.28 亿元，同比增长 13%。全部财政收入完成 3.92 亿元，同比增长 21%；其中，地方公共财政预算收入完成 2.58 亿元，同比增长 19.4%。固定资产投资完成 35.4 亿元，同比增长 35%。城镇居民人均可支配收入完成 1.82 万元，同比增长 12%。农民人均纯收入完成 9926 元，同比增长 16.7%。

安 新 县

安新县位于河北省保定市以东。2012 年安新县委、县政府牢牢把握“稳中求进”总基调，积极应对经济下行、市场波动等不利因素，强力推进各项工作，全县经济实现平稳较快发展，地区生产总值完成 69.84 亿元、增长 12%；规模以上工业增加值完成 43.59 亿元、增长 22%；固定资产投资完成 50.2 亿元、增长 35%；农民人均纯收入完成 8734 元、增长 17%；全部财政收入完成 4.59 亿元，公共财政预算收入完成 2.26 亿元，分别增长 19.7%和 26.4%。

一、工业及园区建设方面：加强经济运行调度，新增规模以上企业 6 家，全县规模以上企业达到 71 家，工业经济企稳回升。加快产业结构调整，加大对有色金属、羽绒主导产业的规范整治力度，改造升级步伐加快。谋划技改项目 31 个，完成技改投资 6.67 亿元，技改工作实现突破。加大招商引资力度，积极参加省市组织的各类招商活动，共引进内资项目 27 个，内资 15.17 亿元。深入开展“项目园区建设年”活动，全年谋划项目 185 个，总投资 436.4 亿元，年度计划投资 45.1 亿元，完成投资 50.2 亿元，占计划的 111%。其中，市重点项目 3 个，总投资 28 亿元，年度计划投资 6 亿元，完成投资 6 亿元，占计划的 100%。港安废旧铅酸蓄电池综合利用等一批重点项目竣工投产。争取上级资金支持项目 28 个，到位资金 5804 万元。高标准完成了循环经济工业园区和鞋服羽绒工业园区总规、控规、产业发展规划的编制工作，投资 3000 万元重点实施了鞋服羽绒工业园区道路及雨污管道工程，投资 1.5 亿元完成了循环经济工业园区天然气管道工程，两个园区均被列为市级工业园区，循环经济工业园区正在进行省级环评。全面推进节能减排工作，预计全县万元生产总值综合能耗下降 4.13%，单位规模以上工业增加值能耗下降 7.5%，全年减排化学需氧量 98.83 吨、氨氮 17.95 吨、二氧化硫 253.89 吨、氮氧化物 42.13 吨，圆满完成全年任务目标。

二、旅游事业方面：坚持“六抓”工作思路，景区建设、管理水平和接待服务能力不断提升。谋划了总投资 32 亿元的白洋淀休闲旅游综合体项目，投资近千万元对旅游码头和景点进行改造升级，庆洋旅游度假中心、京汉·四季会馆等项目进展顺利，旅游基础设施逐步完善。坚持“四统一、一封闭”运行机制，深入开展旅游秩序综合整治，优化了旅游环境。省旅游局将安新白洋淀景区作为全省唯一的诚信经营景区向国家旅游局申报。全年累计接待游客 125 万人次，旅游综合效益 6.26 亿元。

三、城乡建设方面：坚持以城镇建设三年上水平为契机，城镇建设步伐明显加快。城乡规划不断完善，《安新县城市总体规划》正式由市政府批准实施，县城控制性详细规划顺利通过评审论证。完成了 21 个村的环境整治规划和建设规划编制工作，并全部通过专家评审。城乡建设不断加强，启动了湿地华城、环城水系还清一期工程、滨河景观、崇文大街、旅游路西延等一批重点工程建设，投资 600 余万元对城区污水管网进行了提升改造。投资 2702 万元完成了新徐新线大修等近 30 公里的县、乡道路建设，白洋淀大道工程正式启动，各项前期工作扎实推进。深化城市管理体制改革，成立了城市管理行政执法局，出台了《安新县城区改造开发实施办法（暂行）》，城市管理迈出新步伐，被省委、省政府授予“省级文明县城”光荣称号。

四、农业农村工作：全面落实各项惠农政策，农民收入稳步提高。全年完成播种面积65.5万亩，粮食作物连年增产。省、市级农业龙头企业新增2家，达到13家，农民专业合作社达到33家，成功获得“白洋淀（安新产区）咸鸭蛋、白洋淀（安新产区）皮蛋”等地理标志，农业产业化经营率达到67.5%。推进民生水利建设，投资1509万元解决了3万人饮水安全问题，投资1178万元完成了淀北泵站更新改造，第一次全国水利普查圆满完成。深入开展农村环境卫生综合整治活动，大力推进农村“四清四化”和“五改”工作，农村人居环境明显改善。实施幸福乡村计划，启动了7个省级幸福乡村示范点46个项目建设，已完成投资2473万元。18个省级新民居建设示范村建设进展顺利，完成投资2.4亿元，已有13个村750余户入住。

五、文教事业方面：成功组织了河北省纪念文学大师孙犁逝世十周年座谈会及文艺晚会，举办了以“勤奋坚韧、厚德包容、开放创新”为表述语的白洋淀精神新闻发布会，极大提升了安新白洋淀的知名度和美誉度，并与中国传媒大学合作，谋划编制了全县文化产业中长期发展规划。启动了淀南中学、端村小学及老河头、刘李庄、同口、安州四所高标准幼儿园建设，校安工程全面推进，办学条件不断改善。高考取得优异成绩，专科上线率99.7%。安新县顺利通过省政府教育督导评估验收。新农合参合率、补偿标准、最高支付限额大幅提升，乡镇卫生院全部取消药品加成，实行零差率销售。谋划启动了中医院搬迁工作，大王镇卫生院改建、扩建等项目竣工交付使用。深入开展计生“百日会战”和性别比治理活动，全面落实各项奖励扶助政策，计生基础工作得到夯实。加强社会养老服务体系建设，成功启动了新型农村社会养老保险工作。加强社会救助体系建设，全县用于低保、五保、优抚等救助保障资金5600多万元。加强就业指导，城镇新增就业2238人，安置下岗失业人员再就业895人。大力推进农村电气化建设，完成了8个乡镇89个村的电气化建设，顺利通过省、市验收。此外，广播电视、人武人防等各项社会事业全面进步。

县委书记：肖占乐

县人大主任：杨士俊

县　　长：杨宝昌

县政协主席：王国增

博　野　县

博野县位于河北省保定市南部。2012年，在市委、市政府和县委的正确领导下，在县人大、县政协的监督支持下，县政府团结带领全县人民，突出主题，把握主线，大力推进“项目建设提升年”、“城镇建设攻坚年”、“特色农业增效年”、“惠民工程落实年”活动，较好的完成了县十六届人大一次会议确定的任务目标，经济社会呈现出健康、快速发展的良好势头。

经济运行整体良好，综合实力进一步提高。地方生产总值完成37.82亿元，同比增长10.4%。全部财政收入完成2.58亿元，同比增长19.5%；公共财政预算收入完成1.28亿元，同比增长22.5%。规模以上工业增加值完成11.97亿元，同比增长19.1%。固定资产投资完成27亿元，同比增长32.6%。社会消费品零售总额完成15.42亿元，同比增长15.1%。城镇居民人均可支配收入和农民人均纯收入分别达到1.55万元和6991元，同比分别增长12%和20.7%。

项目园区建设稳步推进，工业化步伐进一步加快。谋划实施市、县重点项目16个，完成投资15亿元。实施百万元以上技改项目32个，总投资14.6亿元。规划建设占地8.13平方公里的经济开发区，扎实推进基础设施建设，被认定为河北省资源综合利用试点基地和省级经济开发区。支柱产业持续平稳发展，输送机带业实现税收5500万元，占全部税收的25%，博野县被评为中国（博野）输送带工业城和中国（博野）煤炭矿业输送机带城。纺织、机械制造、食品加工等传统产业不断技改升级，化工、有色金属加工两个产业逐步实现规范发展，工业化率达到36.57%。大力实施品牌战略，“京博”商标被认定为中国驰名商标，填补了博野县国家级品牌的空白。

“三农”工作成效明显，农村经济活力进一步增强。惠农政策全面落实，累计发放各类补贴资金1.04亿元。粮食生产实现“九连增”，总产突破20万吨，被认定为全省粮食生产先进县。整合项目资金6400多万元，实施了农村饮水安全、节水灌溉等工程，解决了全县35个村1.9万人的饮水安全问题，节水灌溉面积达到20万亩。积极发展设施农业，大力实施“凤还巢”工程，吸纳民间资本投资农业，先后引进东墟好滋味、白塔汇盈、北邑农业科技示范园、程委循环农业园等一批项目，新增设施蔬菜面积2000亩。加快农村土地流转，新增流转土地5900亩。农业产业化经营步伐加快，产业化率达到67%，新增省级和全国示范社各1家。扎实推进“三品一标”认证工作，新增无公害农产品及产地认证28个，东章设施蔬菜和大北河果品基地分别被农业部确认为国家级蔬菜和果品标准园创建基地。以列入省级贫困县为契机，全力推进扶贫攻坚，争取省级财政专项扶贫资金1000余万元，进一步完善了35个重点村基础设施。

城镇建设扎实推进，城乡面貌进一步改善。加快城区基础设施项目建设步伐，对博兴路进行了升级改造，南环路路基建设基本完成，花园街雨污管网铺设和道路工程完工，硬化了县城12条小街小巷，建成了全县首个商业步行街，签订了美泉宫城市综合体项目框架协议。扎实推进旧城改造，全县在建房地产项目12个，开工面积15万平方米。大力推进保障房建设，争取上级资金600多万元，建设保障性住房213套。县城集中供气项目完成供气门站选址和主要街道供气管网铺设。铺设污水管网9600米，污水处理厂达标运行。不断强化县城管理，持续开展县城容貌综合整治活动，县城“脏、乱、差”现象得到有效改观。农村公路建设稳步推进，投资1680万元建管养农村公路52公里。

社会事业协调发展，群众幸福感进一步提升。教育事业稳步推进，投资4870万元，新改扩建中小学32所，建成了青少年活动中心。西杜村等4所小学顺利通过保定市标准化学校评估验收，义务教育学校标准化率居全市先进行列。面向社会公开招聘教师144人，师资力量得到加强。卫生事业统筹推进，118个行政村建成标准化卫生室，新农合参合率达到95.87%。努力提高人口素质，稳定低生育水平，博野县被授予全省计生综合改革示范县。社会保障进一步加强，城乡居民社会养老保险工作全面启动，参保登记11.2万人，参保率达到90.8%，为3.4万名60周岁以上城乡居民发放基础养老金1119万元。对212户困难家庭发放廉租房补贴，对180户贫困农户实施了危房改造。文化事业繁荣发展，新建2个乡镇综合文化站，42个农村书屋，成立了摄影、书画、单车等协会组织，群众性文体活动更加活跃。大力实施文化扶助“金种子”工程，对首批67个行政村进行了文化设施补贴，乡村公共文化服务体系不断加强。粮食工作扎实推进，争取惠农“小粮仓”6300套发放到农户，被认定为第二批全国粮食流通监督检查示范县。深入开展安全生产、食品安全专项整治、“十八大”安保等专项行动和严打整治斗争，全年未发生较大及以上食品安全和生产安全事故，被市委、市政府授予“十八大”安保工作先进县荣誉称号。

各项改革持续深化，对外开放力度进一步加大。财政体制改革稳步推进，大力实施国库管理制度改革，扩大直接支付范围，政府投资项目管理水平进一步提高。深化行政审批制度改革，取消合并各类审批事项62项。提前半年完成基层供销社改革，被确定为全省基层供销社改革试点县。事业单位绩效工资、农村综合配套等各项改革均取得新进展，为全县发展增添了新动力。对外交流合作不断深化，经济外向度进一步提升。实际利用外资300万美元，是市核任务的2倍。实际到位省外资金3.2亿元，新增获得进出口经营权企业3家，出口额达2369万美元。

民主法制逐步完善，政府自身建设进一步加强。坚持依法行政，自觉接受人大法律监督和政协民主监督，人大代表建议和政协委员提案承办工作质量不断提高，共承办人大代表建议18件，政协委员提案44件，按时办复率均为100%。深入开展“六五”普法，保南片区普法观摩现场会在博野县召开。严格落实省委“三自六不”规定，深入推进行政权力公开透明运行，严厉查处行政不作为、乱作为，行政效能进一步提升，“两个环境”进一步优化。

审计、监察、物价、金融、保险、老龄、妇女儿童、国防动员、民兵预备役等工作均取得了新成绩。

白沟新城

2012年，在保定市委、市政府正确领导下，白沟新城坚持以“转型升级、创业创新、科学发展”为主线，以项目建设为中心，以改善“两个环境”为抓手，攻坚克难，真抓实干，实现了全区社会安定和谐，尤其在经济发展方面取得了显著成效。

2012年，地区生产总值完成61.56亿元，同比增长14.5%，增速位列全市第2名；财政收入完成2.81亿元，同比增长41%，增速位列全市第1名；固定资产投资完成88.5亿元，同比增长35.3%；规模以上工业增加值完成19.41亿元，同比增长26.8%，增速位列全市第1名；社会消费品零售总额完成46.46亿元，同比增长14.7%。各项主要经济指标在全市名列前茅。主要工作是：

一、修编规划，坚持科学发展，城市功能定位进一步明确。白沟建设现代化中等城市，必须有高站位、高水准的规划为指导。为此，白沟新城聘请上海同济等国内一流的设计院修编白沟的各项规划，将各项事业纳入到规范化、科学化发展的轨道上来。一是提升、调整总体规划。为提高总规设计水平，适应建设中等城市的发展目标要求，聘请上海同济城市设计院完成了《白沟城市总体规划修改（2012—2030）》。白沟城市总体规划的修编，进一步明确了白沟新城作为保定东部中心城市辐射带动周边的功能定位，并与周边县市的规划进行了衔接，为白沟建设中等城市指明了方向。二是编制专项规划。相继组织编制完成了《白沟镇土地利用总体规划》、《白沟新城城市风貌特色近期建设规划（2012—2015年）》、《物流产业聚集区发展总体规划》、《旅游发展规划》等8个专项规划，启动了《白沟新城土地利用总体规划》编制工作。为商贸、物流、旅游休闲产业的科学发展提供了依据、拓宽了发展空间。同时，顺利完成并正式运行了全区数字规划系统平台，完成了白沟新城数字三维立体城市展示系统制作工作，在打造数字化城市上迈出了坚实的一步。

二、狠抓项目建设，城市发展的支撑力明显增强。2012年，白沟新城重点推进了“两城一区”（华北城、旅游城、国际保税物流区）特大项目建设。和道国际（华北城）项目，总投资500亿元，规划总占地7平方公里，总建筑面积500万平米，是集产品研发、生产、交易、展示、信息交流、电子商务、仓储物流、金融结算、人才流通、休闲购物等功能于一体的超大型商贸综合体，以经营规模大型化、经营品种专业化、经营档次高端化、经营手段现代化、经营空间国际化、经营环境规范化的商品交易流通平台建设，带动市场转型升级，拉动城市建设和经济发展。华北城子项目国际箱包交易中心预计于7月份竣工，国际原辅料交易中心预计于12月份竣工；“旅游城”项目，总投资200亿元，规划建筑面积280万平方米，倾力打造规模、档次具有国际一流水准，集酒店、会议、运动、文化、饮食、娱乐、游乐、健康、商业于一体的旅游综合体。目前，该项目前期手续已完成；国际（保税）物流仓储产业园，总投资20亿元，依托天津港，将建设成为集国际贸易、港航、口岸中介、金融、商务、等功能于一体的“北方内陆港”，在带动白沟新城及其周边地区经济快速发的同时，极大地促进白沟新城省级物流产业聚集区开发建设步伐。目前，一期已投入运营，二期正积极推进。“两城一区”项目建成之后，将对白沟的商贸市场、旅游市场和物流市场整体转型升级起到极大的推动作用，全面提升白沟新城的核心竞争力和影响力，为白沟新城的现代化和国际化打下坚实的基础。

三、加大投入力度，城乡一体化建设进一步加快。围绕生态旅游城市建设目标，着力加强基础设施、绿化和新农村建设工作。一是全力推进精品街区建设。2012 年投入近 2000 万元，完成了友谊路、京白路、富民路等 6 条主干道的改造；实施了京白路 10 千伏入地改造工程、东一环自来水管网工程、京白路高速引线升级工程和温泉城湖边公园景观工程，城市功能进一步完善，承载能力进一步提升。二是加强城区园林绿化建设。打造城区“绿色景观带”，完成了城区主干道和快速路两侧绿化工程，道路累计新增绿化面积 10 万平米，植树 10.5 万株。三是新农村建设成效显著。大力实施幸福乡村计划。狠抓王庄村、来远村、小营村、许庄村等六个幸福乡村计划示范点建设，带动乡村整体建设水平。从群众最关心、要求最迫切的问题入手，深入开展农村土地整治工作，谋划确定建设项目，标准化幼儿园、村卫生室、活动中心等一批惠民工程全面开工，示范带动作用明显增强。

四、优化“两个环境”，人民群众满意度进一步提升。深入落实省委、市委关于改善“两个环境”的总体安排部署，发展环境持续优化。一是着力改善发展环境。健全行政服务大厅、简化办事程序，200 项行政审批项目，30 多个部门，66 名工作人员全部入驻大厅，实现了一站式服务。深入开展执行力亮剑行动，深化亲商重商活动，强化重点工作、重点领域监察治理，强化行政权力公开透明运行和党务公开，全区发展环境进一步改善。二是着力改善生态环境。着力解决突出环境问题，环保、工商、技监、劳动、公安等相关部门联合行动，利用近 3 个月的时间，对辖区内 3000 余家箱包加工厂（点）进行了摸排登记，建立台账，取缔关停企业 23 家，整改企业 51 家。积极推进两厂建设，两座污水处理厂投入运行，城市污水处理率达到 85%，垃圾处理厂全年完成投入 1200 万元，基建工程已基本完工。白沟新城的政务环境、生活环境、法治环境等不断优化，人民群众的安全感和满意度进一步提升，投资者的投资意愿更加坚决，为经济社会全面快速发展提供了有力的保障。

任 丘 市

任丘市位于河北省沧州市西北。2012 年，任丘市坚持以科学发展观为指导，强力推进石化兴市、工业强市战略，积极培育经济增长点，经济社会保持了平稳较快发展势头。全市生产总值完成 543.6 亿元，同比增长 7%；全社会固定资产投资完成 130 亿元，增长 20.1%；全部财政收入完成 96.5 亿元，其中地方一般预算收入完成 19.6 亿元，分别增长 9.4%和 13%；规模工业增加值完成 332.4 亿元，同比增长 7.2%；社会消费品零售总额完成 127.4 亿元，增长 15.1%；城镇居民人均可支配收入 2.11 万元，农民人均纯收入 9837 元，分别增长 12.7%和 15.1%。任丘市综合经济实力稳居河北“十强”县市前列。

千万吨炼油等重大项目建设取得新进展。围绕做好“油气”这篇大文章，按照“油头化身”的思路，千方百计对接中石油，竭尽全力搞服务，一招不让赶进度，经过不懈努力，2012 年 11 月 12 日，华北石化公司千万吨炼油项目的初步设计和全部投资计划获得中石油正式批复，进入全面开工建设阶段，成为全省推进“百家央企进河北”活动以来，第一个完成全部审批程序、正式开工的超百亿重大项目，也是中石油近年来奠基的几个千万吨炼油项目中唯一一个全面开工的项目。同时，与千万吨炼油项目配套的工程也都取得重大突破：总投资 16 亿元的原油输送管道项目已经立项核准。百万吨乙烯项目成功写入《河北沿海地区发展规划》，上升为国家战略重点支持项目，前期工作正有条不紊地展开，力争“十二五”期间完成各项前期工作，获得国家核准立项，并开工建设。聚龙淀整治改造工程已完成项目核准立项和初步设计。东西八安置小区已完成投资 6 亿元，45 栋住宅楼全部进入收尾阶段；周边城市居民安置小区已经完成规划设计、项目征地和地勘等前期工作。精细化工园区谋划项目 14 个，总投资达 80 亿元，部分项目已经竣工投产或开工建设。

工业经济运行质量明显提升。项目建设取得新进展。全市共启动投资千万元以上项目 173 个，总投资达 299.6 亿元。其中，亿元以上项目 26 个，包装上报省重点项目 17 个，全市新增规模以上企业 17 家，总数达到 223 家。围绕创建国家级开发区和循环经济示范区，进一步加大了园区的基础设施建设力度，开发区和雁翎工业园区的承载能力、产业聚集能力、综合经济实力得到快速提升。开发区被省政府确定为率先升级为国家级开发区重点培育单位。2012 年，两园区共完成工业总产值 765 亿元，主营业务收入 766 亿元，财政收入 76.9 亿元，进一步提高了对区域经济发展的贡献率。开放经济注入新活力。全市实际到位外资 4040.3 万美元，超额完成沧州下达的任务目标；泰寿村镇银行、交通银行任丘支行、河北银行揭牌运营，为各类企业发展营造了良好的金融环境。节能减排工作再创新佳绩。完成节能技改项目 15 个，淘汰落后产能项目 12 个，减排工程项目 9 个，单位 GDP 能耗同比下降 4.9%，主要污染物减排均超额完成上级下达的任务目标。

城市综合承载能力显著提高。重点城建工程顺利推进：会战道区片改造一期工程部分项目已完成主体施工；城市新区建设工程已经全面展开；集中供热工程共铺设主管网 16 公里，供热面积达到 200 万平方米；天然气入户工程累计铺设中压管线 109 公里，为 90 多个小区、7 万多户居民接通了天然气；大广高速鄚州互通改造工程已经竣工通车，南北互通及连接线、津保南线任丘段改造等基础设施工程前期工作进展顺利，城市综合承载能力得到进一步提升。编制完成了城市绿地系统规划，并通过了专家评审。立足壮大城市经济，引进新上了一批第三产业项目，服务业对经济的拉动作用明显增强，2012年全市第三产业增加值完成144.7亿元，同比增长6.4%。

统筹城乡发展开创了新局面。全市重点镇和省级新民居示范村建设交付建筑面积18.3万平方米。积极实施幸福乡村计划，新修改造农村公路10条、19.7公里，开工建设农村公路危桥和水利闸桥改造项目23个，建成新农村电气化村50个，371个行政村实现了饮水安全。加快发展现代农业，开工建设了丰丽园高效农业示范基地等一批产业化龙头项目，农业产业化经营率达到42%。任丘市被确定为全国蔬菜发展重点市。小型农田水利建设重点县、白洋淀中型灌区节水改造桥闸工程等项目已全部完成。粮食生产实现“九连增”。严格落实国家各项惠农政策，共发放各类惠农补贴资金1.2亿元。

城乡群众幸福指数普遍提高。以“学、医、住、保”为重点，实施了一批重点民生工程。中小学校舍安全工程：投资2亿多元，新开工建设中小学校舍安全工程项目26个。医疗卫生工程：积极推进医疗卫生体制改革，全面落实了基本药物零差率销售制度，新型农村合作医疗和城镇居民合作医疗保险覆盖面进一步扩大；总投资2.65亿元的市医院迁建项目已完成投资1.6亿元，主体工程已完工；累计完成乡镇卫生院新建改造项目24个，建成标准化卫生室384个，组建社区卫生服务中心（站）11个。住房保障工程：开工建设各类保障性住房2150套，分配廉租房和经济适用房5328套，部分低收入家庭实现了住有所居。社会保障工程：社会保障体系不断完善，新增城镇就业岗位3520个，城镇登记失业率控制在3.9%以内；“六险一金”覆盖面不断扩大，新型城乡居民养老保险参保人员达到30.4万人，共发放养老金6445万元；城乡低保和农村五保标准进一步提高，城镇低保由每人每月350元提高到400元，农村由每人每年2000元提高到2400元，共发放低保、五保金3434万元。

青　县

青县位于河北省沧州市北，与天津市毗邻。

一、招商引资工作实现新突破。2012年，青县坚持把招商引资和项目建设作为工作的重中之重，大力开展招商引资年活动，招商引资工作实现三大突破。一是招商平台建设实现突破。重新修订了县经济开发区发展规划，将县经济开发区定位为宜居、宜业的“工业新城·生态园区”。投资1亿多元，实施了“四路一路口”、供水系统改造等基础设施建设工程，推进了工业和生活两个污水处理厂和职工公寓等配套设施建设工程，开发区的承载力和吸引力进一步增强。2012年，开发区实现主营业务收入106亿元，完成固定资产投资29亿元，同比分别增长70%和75.5%，各项指标增速均在全市名列前茅。二是招商主体实现突破。成功引进了河北滨海汽车零部件产业园、中古红木家具文化产业园等专业招商队伍，招商能力和档次进一步提升。特别是滨海汽车园仅用半年时间引进项目13个，总投资15亿元；红木家具园投资5亿多元、占地500亩的一期工程开工建设，项目建成后，青县将成为北方最大的红木家具生产、销售基地。三是招商成效实现突破。全年共引进项目176个，总投资166亿元，其中亿元以上项目36个，是2011年的2.4倍；引进外资1700万美元，同比增长53%。有3个项目被列入省重点，10个项目被列入市重点，6个超亿元项目建成投产。

二、工业经济平稳较快发展。坚定不移的实施“工业强县”战略，大力发展工业经济，工业经济运行质量不断提高。一是主导产业的支撑能力日趋增强。石油器材、电子机箱等主导产业全年共实现产值236亿元，同比增长15%，占全县工业总产值的比重达到84.6%。红木家具产业发展迅速，青县被评为“中国红木家具之乡”。二是企业发展质量显著提升。深入推进企业技改升级，全年投资66.5亿元实施千万元以上技改项目86个，其中11个项目被确定为省重点技改项目。规上企业发展迅速，新增规上企业17家，达到97家，其中，巨龙钢管和冀丰钢铁分别被评为全省行业百强企业；融力机电在天交所成功上市，全县上市企业达到3家，个数名列全市第一。三是融资环境明显改善。青县首家小额贷款公司曙光公司开业运营，首家城市商业银行沧州银行成功落户，为企业创造了更加广阔的融资平台；大力开展银企对接活动，为中小企业累计发放贷款25亿元。

三、城市面貌更加整洁靓丽。围绕打造20万人口现代化宜居城市的长远目标，深入开展国家级“园林城”、“卫生城”和“文明城”创建活动，城市面貌进一步提升。一是规划体系初步形成。聘请上海同济规划设计院启动了城市战略性规划和城市总体规划修编工作，编制了城西新城核心区域建设规划和城市设计，勾画出了新城的宏伟蓝图。二是基础设施日趋完善。投资2000多万元完成了5条道路建设，城区主干道路总长达到60公里。实施了城区公交升级工程，城市公共交通服务能力进一步增强。完成了河东污水处理厂扩建和城西污水管网建设工程，城区污水日处理能力达到2万吨。集中供气、集中供热工作深入推进。三是人居环境不断优化。总投资1.1亿元，占地380多亩的盘古公园建成开园，结束了青县没有大型公园的历史。投资近1000万元，实施了道路绿化、广场公园升级改造、城区水系综合整治等绿化工程，新增绿地面积520多亩，绿地率提高了2.1个百分点。实施了3个区域的旧城改造工程，人居条件进一步改善。四是城市商贸更加活跃。加快推进了总投资10亿多元的皇室国际家居广场等5个商贸服务场所建设，其中百信商厦、新居然家居广场已经投入运营。同时，海澜之家、国美电器等知名商家相继落户。五是管理水平显著提高。启动了数字化城管平台建设，大力开展城市“五乱”治理专项行动，被省委、省政府评为“文明县城”，成为全市第一家同时拥有省级“卫生城”、“园林城”、“文明城”三项荣誉的县城。

四、农业农村工作亮点突出。坚持统筹城乡发展，加大了资金向农业农村的倾斜力度，农业农村工作又有新亮点，呈现出蓬勃发展的势头。一是蔬菜产业发展迅速。总投资1亿多元的5个千亩蔬菜基地加快建设，新增蔬菜温室500多座，是过去两年新增量的总和；全县蔬菜播面达到44万亩，其中设施蔬菜面积29万亩，被确定为“全国蔬菜产业重点县”。“大司马”牌被认定为“中国驰名商标”，成为全国仅有的7个新鲜蔬菜类中国驰名商标之一。二是畜禽养殖和林业发展水平提高。新增标准化养殖小区12个，达到200个，青县被评为“全国农业标准化示范县”。全县新增造林面积1万亩，林木覆盖率达到31.4%。三是农业产业化步伐加快。新增各类合作社34家，达到310家；新增市级以上农业产业化重点龙头企业13家，达到45家，“小洋人”被认定为“国家级农业产业化重点龙头企业”。四是农民生产生活环境进一步改善。实施了总投资4000多万元的农田水利建设工程，启动了总投资6亿元的104国道改线工程，新建、改造乡村道路110多公里。五是村庄环境治理深入推进。开展了“村庄环境综合治理年”活动，全县农村小公园、小广场达到260多个，村庄绿化率平均达到30%，亮化实现了全覆盖。

五、民生事业全面协调发展。坚持从解决群众最关心、最直接的问题着手，进一步加大投入，让发展成果更多地惠及全县人民，人民幸福指数进一步提高。一是医疗和养老保障水平大幅提高。新农合实际补偿比达到54.3%，高于全国平均水平近5个百分点。全年共为城乡群众补偿医药费9700多万元。将新农保缴费封顶线提至1000元，实现了城乡居民社会养老的一体化管理，全年共发放养老金4700多万元，近5万老人受益。二是就医和就学环境明显改善。加快推进了总投资3.26亿元的县医院迁建工程，投资1400多万元实施了4个县级医疗卫生机构能力建设和5个乡镇卫生院升级改造工程，县、乡、村三级医疗卫生服务能力进一步提高。总投资5700多万元，完成了10所中小学改扩建工程，教育教学条件达到全市领先水平。三是社会救助力度不断加大。共为近万名城乡群众发放低保金、优抚金、临时救助金2000多万元，安置“4050”人员415人，1080人实现了再就业。“爱心超市”正式运营，为贫困家庭筹集发放衣被、米面等生活用品，合计100余万元。四是文化体育事业更加繁荣。盘古寺复建工程和马厂炮台修缮工程顺利完工，为传承“盘古文化”和“运河文化”提供了重要的载体平台。累计建成文化信息资源共享村254个，农家书屋实现全覆盖，农民文化生活条件进一步改善。

饶阳县

饶阳县位于河北省衡水市北部。2012年，全县总面积573平方公里，耕地面积3.75万公顷，总人口29.41万人，人口自然增长率6.23‰。国民生产总值45.43亿元，同比增长10.0%，其中，农业总产值31.47亿元，同比增长2.2%；粮食总产值2.29亿公斤；规模以上工业总产值45.77亿元，同比增长27.8%。全部财政收入完成2.01亿元，同比增长32.09%，财政支出8.34亿元，同比增长18.59%。全社会固定资产投资29.98亿元，同比增长16.3%。社会商品零售总额实现23.40亿元，同比增长15.0%。职工年平均工资2.97万元，同比增长15.34%，农民人均纯收入3796元，同比增长14.1%。年末城乡居民存款余额63.3亿元，增长20.87%。

重项工作扎实推进。大力实施“项目主导、农业转型、城建突围、文化提升”四大战略，以重点工作突破，活跃带动全局。招商引资成效显著，全年新开工亿元以上项目12个，总投资105亿元，北方轻纺城、现代农业装备基地、康绿食品、新发地农产品物流园等4个超10亿元项目签约落地。农业特色更为突出，全年新增蔬菜播种面积1.64万亩，新增设施葡萄8600亩，被命名为“河北省特色产业发展示范县”和“中国设施葡萄之乡”。城乡容貌明显改观，启动建设了开发区“七纵七横”路网、东外环复堤、人和路贯通等21项城建工程，深入开展了绿化造林和城乡环境综合整治，饶阳镇和圣水村入选国家级生态镇村。文化产业集聚成效明显，北方民族乐器园、华日青铜文化园建设扎实推进，被评为“全市文化产业发展先进县”。

农业特色更为突出。坚持把农业现代化作为加快发展的基础，大力抓好特色农业发展。全县蔬菜播种面积达到38万亩，葡萄种植面积达到7.2万亩，绿色有机果蔬面积达到1.2万亩，被命名为“河北省特色农业发展示范县”和“中国设施葡萄之乡”。产业化水平不断提高，启动了占地100平方公里的现代农业示范区建设，众悦、兴地、绿科等产业化项目加快推进，向阳、五谷丰、祥湾等7家合作社被认定为国家和省级示范社。农业基础设施明显改善，投资5000多万元实施了农业综合开发、节水灌溉、路网电网改造等基础设施工程。

城乡容貌明显改观。坚持把城镇化作为加快发展的保障，统筹推进城乡发展。完成了县城、开发区总体规划调整和五公、尹村、官亭、同岳四个乡镇规划编制，规划体系逐步健全。开工建设了人和西路贯通、东出口改造、健康路商贸市场等21项城建工程，县城承载能力不断增强。大力开展了省级园林县城创建和城乡容貌整治活动，县城新增绿地6.8万平方米，全年植树造林1.56万亩。

社会事业全面发展。坚持把社会和谐、人民幸福作为一切工作的出发点和落脚点，大力压缩行政支出，集中有限财力，着力解决群众最急需、最紧迫的现实问题。2012年用于民生支出达到4.1亿元，比上年增加1.2亿元。为民承诺十件实事好事基本完成，城乡居民医疗保险、养老保险实现全覆盖，教师工资水平全面提高，困难群体生活得到有效保障，社会治安状况明显改善，社会和谐稳定，让人民群众享受到了经济发展带来的成果。

县委书记：贾超绪

县人大主任：范友邀

县　　长：支　斌

县政协主席：付占坡

县纪委书记：田智慧

沙 河 市

沙河市位于河北省南部，太行山东麓，全市总面积999平方公里，辖15个乡（镇、办），290个行政村、19个社区，总人口48万。地势西高东低，山区、丘陵、平原大体各占三分之一。2012年，全市生产总值完成204.7亿元，全社会固定资产投资完成142亿元，全部财政收入完成21.5亿元。近年来，沙河市经济社会各项事业均取得长足进步，县域经济综合实力自2004年连续多年位居全省136个县（市、区）前“三十强”之列，位居邢台市之首。

历史悠久，人文荟萃。沙河古为冀州地，春秋时属晋，战国时属赵，隋开皇16年置县，至今已有1400多年的历史，1987年撤县设市。始于汉魏时期的沙河冶铁业，到宋代在全国占有举足轻重的地位。宋璟“三绝碑”、梅花亭等被列入国家级重点文物保护单位，“藤牌阵”被列入中国第一批非物质文化遗产。在数千年的历史长河中，沙河涌现出唐代名相宋璟、元代中书左丞张文谦、明代右副都御史朱裳等历史文化名人，中国人民志愿军一级战斗英雄杨春增是战争年代沙河优秀儿女的杰出代表。深远的历史积淀、丰厚的文化熏陶，形成了沙河人民吃苦耐劳、纯朴聪慧、开拓创新、诚信友善的优良传统。

区位优越，交通便利。沙河素有“赵北之咽喉，襄南之藩蔽”之称，地处晋、冀、鲁、豫接壤地带，西依能源基地山西，东联沿海经济隆起带，北接京津及环渤海经济区，南承中原经济区，是承东启西、沟通南北的重要通道和支点。京广铁路、京广高铁、京珠高速公路、107国道四条国家级交通大动脉贯通市区；邢临、邢汾高速，329省道穿镜而过；周边有济南、太原、郑州、石家庄四个省级机场和邯郸一个市级机场，距市区5公里的邢台机场即将复航。优越的区位、便利的交通，使得沙河具有良好的产品辐射和客运物流条件。

资源丰富，能源充足。沙河矿产丰富，目前已发现的矿藏有40余种，探明储量的10余种。其中，煤储量10亿吨、铁矿石储量3.5亿吨、瓷土储量3亿吨、石英砂储量8亿吨、大理石储量5亿立方米，是全国100个重点产煤县（市）之一和全国著名的优质铁矿石、优质瓷土产地。南水北调中线工程总干渠纵贯市域南北，邢沧干渠从市区北部通过，7座大中小型水库蓄水量达5亿立方米；年供电能力达36亿千瓦时，总投资50亿元的沙河电厂一期2×600MW机组一号机组已并网发电；年供天然气能力15亿立方米，总投资15亿元的中油金鸿天然气项目已签约沙河市，建成后，全市年供气能力将达到30亿立方米。丰富的资源，富足的能源，为沙河经济发展提供了坚实支撑。

自然风光优美，城市功能完善。地貌资源丰富，自然风光秀美。其中，北武当山巍峨高耸，九龙沟潭深水澈，太行三峡沟奇谷幽，映雪湖碧波荡漾，秦王湖山水蜿蜒，保存完好的王硇古石楼群被称为“太行川寨”。全市森林覆盖率达32%，西部山区3万亩松林是太行山最绿面积最大的省级森林公园，被誉为“天然氧吧”。城市规划区面积50平方公里，建成区面积达18平方公里，市区人口13万，城市化率达到47%，先后被评为“省级园林城市”和“全国宜居宜业典范县（市）”，正在创建国家级园林城市。环境优美的沙河，既有风格鲜明的山水园林特色，又是现代气息浓郁的新型工业城市。

经济基础雄厚，综合实力显著。特色产业聚集优势明显，已经建成2家省级工业园区。其中，新型建材业，年产平板玻璃量占全国总量的20%左右，已经成为全国最大的平板玻璃生产和深加工基地，被国家工信部评为全国建材行业唯一一家“国家级新型工业化产业示范基地”；医药化工业，恒利集团生产的“康必得”抗感冒药享誉全国，炭黑区域产能位居全国第一，其龙头企业龙星化工集团在全国同行业排名第二；冶金制造业，拥有全国品质最好的球墨铸铁和北方最具发展潜力的机械通用零部件市场；农副产品加工业，饲料生产全国闻名；新能源产业，风电装备制造和非晶硅光伏产业正在迅速崛起；新材料产业基地正在加快建设。

宁 晋 县

宁晋县位于河北省中南部，辖10镇4乡、1个省级开发区和1个省级工业聚集区，346个行政村，总面积1032平方公里，总人口73万，是河北省首批扩权县之一。宁晋县历史悠久，《尚书·尧典》称杨纡，汉置瘿陶郡，唐天宝元年改称宁晋，寓“安宁晋福”之意。区位优越，交通便利，距省会石家庄60公里，距北京、天津均在单日往返里程之内。西临京广铁路、京珠高速、107国道，青银高速和308国道穿境而过。资源丰富，主要矿藏有石油、盐矿、煤矿等。

综合经济实力不断提升。先后获中国民营经济最具潜力县、中国电线电缆之乡、中国休闲服装名城、全国食品工业强县、全国商标发展百强县、全国百佳全民创业示范县、全国粮食生产先进县、全国梨产业十强县、全国可再生能源建筑示范县、全国生态示范区、全国绿化模范县、中国民间文化艺术之乡等荣誉称号。2012年，全县生产总值完成157.9亿元，同比增长10.1%。财政收入完成11.1亿元，其中地方一般预算收入5.7亿元，同比增长8.4%。全社会固定资产投资完成142.8亿元，同比增长17.7%。社会消费品零售总额53.1亿元，增长17.5%。城镇居民人均可支配收入1.67万元，农民人均纯收入8233元，同比分别增长10.3%、14%。

工业经济实力雄厚。初步形成了光伏产业、传统产业（电线电缆、纺织服装、机械制造）、新兴产业（盐化工、生物制药）“三足鼎立”的产业格局，2012年全县规模工业总产值实现305.61亿元，其中，高科技企业产值占全部工业产值的35%。晶龙集团是国家级技术创新示范企业，被列为省重点培育的十家千亿元企业之一，位列世界新能源500强、中国企业500强。宁纺集团是中国印染行业十强、国家灯芯绒开发基地。宁晋商贸十分活跃，美、日、澳等12个国家和地区的客商在宁投资，注册登记外资企业38家，具有进出口权企业63家。

农业生产基础扎实。拥有耕地100万亩，2012年粮食总产79.5万吨。粮食深加工、奶牛、食用菌三条龙型经济和优质梨特色产业健康发展。全县农业产业化经营额88亿元，经营率68%。玉锋集团是世界规模最大的VB12生产基地，健民公司是全国最大的土霉素碱生产企业，国宾公司是华北最大的食用菌生产加工企业，“宁晋鸭梨”是国家地理标志产品和河北省重点推介品牌。

城乡面貌日新月异。高标准建设了一批精品工程，自来水厂、污水处理厂、垃圾处理场、管道天然气等基础设施齐全，城区道路形成了城区大外环和“八纵九横”的路网框架。目前，县城建成区面积21.5平方公里，城镇化率47.5%。凤凰镇被评为“全国环境优美乡镇”，大陆村镇被评为“河北省文明小城镇”。小河庄、黄儿营西村被评为“河北省新民居建设优秀示范村”。

发展环境日益优化。认真贯彻省委“着力改善发展环境，着力改善生态环境”重大战略部署，集中开展了改善环境“百日整治”专项行动，探索建立了入区亿元项目联席会议制度，着力打造风清气正、开放文明、和谐稳定的发展环境和生产转型、天蓝水净、地绿景美的生态环境，用优惠政策吸引客商，用服务感动客商，用诚信留住客商。

面对新的发展机遇，县委、县政府深入贯彻落实科学发展观，以“调高标尺、对标先进，依托中原、对接京石，争做冀中南区域增长极重要的战略支点”为总体目标，进一步坚定发展信心，凝聚发展共识，真抓实干，开拓创新，为促进全县经济社会科学发展做出积极贡献。

巨 鹿 县

巨鹿县位于河北省邢台市东部，地处太行山前冲积平原，属黑龙港流域。全县总面积631平方公里，耕地64万亩，辖6镇4乡1个省级经济开发区，291个行政村，总人口39万。

历史人文。秦代为三十六郡之一，是巨鹿之战、黄巾起义的发源地，也是大唐名相魏征、杰出天文学家僧一行(张遂)、东汉农民起义领袖张角等故里。拥有22项非物质文化遗产，“西路乱弹”被列入省级非物质文化遗产。

区位交通。境内拥有邢德线、南郝线、定魏线和杨官线4条省级交通动脉，公路总里程达到1122公里，青银高速、京珠高速、京广铁路、京九铁路夹道而行，正在建设的邯黄铁路、邢衡高速横穿境内，巨鹿正成为邢台东部重要交通枢纽。

自然环境。属暖温带半干旱、半湿润大陆季风区，四季分明，气温适中，耕地土质多为沙壤，适宜于多种作物种植，林木覆盖率30%，地下水为天然弱碱水。先后被评为国家级生态示范区、中国最佳生态宜居县、全国生态文明先进县。

工业经济。搭建起了“一区两新三基”工业经济格局。“一区”，即23平方公里的省级经济开发区，基本实现“九通一平”，建有省级中小企业创业孵化园和省民营企业人才培训基地；“两新”，即新能源、新医药产业，神州巨电公司拥有3项国家专利，是国家锂电池技术标准起草委员会成员之一，投资21亿元的富华安德生物医药科技园正在建设。“三基”，即机械装备制造、纺织服装、食品加工产业，拥有企业700多家，行业年产值达125亿元，建成省名牌产品企业4家、省优质产品企业1家，拥有省著名商标7件。

特色农业。形成了中药材、小杂粮、设施蔬菜、特色养殖四大特色产业，拥有地理标志证明商标3个。以金银花、枸杞为主的中药材种植面积20余万亩，是中国道地药材产业之乡、全国中药材流通追溯系统产地试点县、省十大中药材生产示范县；杂交谷面积5万亩，是国家级小杂粮良种繁育基地；设施蔬菜面积近4万亩，南哈口瓜菜等20个农产品分别获得国家绿色食品认证和无公害农产品认证；特色养殖产业，拥有三田乳业1个国家级标准化养殖示范场、2个省级标准化养殖示范场和6个市级标准化养殖示范场，建有全省最大的肉鸡孵养加一体化基地。

城市建设。拉起了50平方公里的“一带、两区、四轴、多点”县城总体框架，县城建成区绿化覆盖率达42%，城镇化率达到36.7%，是全省城乡统筹发展试点县和省级卫生县城、省级园林县城。建有省级一流的县级医院、广电中心、城市公园，拥有全省首家县级3D影城，省市级“绿色学校”4家，城区主要街道全部实现了硬化、亮化、公交和治安监控全覆盖，县城工业用天然气实现全覆盖，“两场（厂）”完善运行，城区垃圾集中处理率达到100%。培育了一批大型购物中心、特色商业街区、专业交易市场，城区商铺3000余家，邢东商埠中心地位日益凸显。

社会民生。坚持走“民生型”发展之路，民生事业创造了“六个第一”：在全国范围内第一个实施了“政府花钱买岗位，村村设立救助员”的社会救助新机制；在全国范围内第一个创建了“两个组织”信贷扶贫模式；在全国范围内第一个创建了农村五保集中供养“村居点”模式；在全国平原缺水地区第一个实现了农村“户户通自来水”；在全省贫困县中第一个建立了农村最低生活保障机制；在全省第一个实现了村村街道硬化、农村道路联网、村村通公交目标。

广 宗 县

广宗县位于河北省邢台市东，总面积503平方千米，耕地面积3573公顷，总人口31万人。2012年实现生产总值33.9亿元，同比增长10.2%。财政收入1.4亿元，同比增长34.7%。农民人均纯收入4175元，同比增长13.3%。全社会固定资产投资完成37.2亿元，同比增长20%。

招商引资和项目建设取得新成绩，连续开展两次百日招商活动，共引进项目17个，其中超亿元项目11个，协议引资70亿元；引进外资760万美元；争取到中央、省、市资金2.2亿元。实施重点项目34个，其中，省市重点项目9个，总投资23亿元，完成投资11.9亿元。

工业水平有了新提高，入统工业增加值完成6.5亿元，占GDP的比重为19%，同比增长22%；外贸出口额6540万美元，位居全市第七；规模企业达到37家，纳税额超百万元工业企业达20家，其中，超500万元3家。

经济开发区承载力有了新提升，在完成总体规划、控制性详规及区域环评的基础上，积极打造“一区两园”新格局，被省政府批准为省级经济开发区。投资2000万元，实施了富强东路、茂盛路、友谊路南延、振兴西路等道路建设；开工建设了开发区水厂、供水管网、供气管道等配套设施。目前，建成区面积9平方公里；入驻企业88家，其中投产71家，在建17家。

城镇建设扎实推进，重点实施了55项城建工程，总投资22亿元，完成投资13.3亿元。城镇化水平达到23%，县城规划面积达到8.2平方千米。实施了公安局警务楼、汽车站、文化活动中心等一批公建项目；完成了天然气主管道铺设，锦绣盛景、现代城等小区已实施了入户工程；同时，实施了320套保障性住房和1500户农村危房改造工程。

农业结构调整有了新进展，重点实施了16个涉农项目，完成投资1.1亿元。规划实施了8个千亩和1个五百亩设施蔬菜示范方，设施大棚达到1.2万个，面积3万亩。培育发展了广春育苗基地、修饰合作社、康隆牧业等一批龙头企业；引进实施了河北绿色国技油葵加工、正大养殖等农业项目。实施了农业综合开发等重点工程，推进联村供水，建成供水站3座，解决了19个村、2.6万人的饮水安全问题；同时，开展了5个省级“幸福乡村”计划。充分利用彩票公益金等专项资金，加快50个扶贫村的整村推进、连片开发。实施了通道绿化、县城防护林和片林绿化，累计造林1.5万亩。

金融贸易健康发展，社会消费品零售总额完成12.9亿，同比增长14.9%。各项存款余额达到33.8亿元，同比增长21%；贷款余额10.2亿元，同比增长35%。

社会事业有了新发展，优先发展教育事业，投资1.1亿元，启动了实验中学、特教学校、第三小学、幼儿园等四所学校建设；实施了中小学“校安工程”15项，新改建乡镇幼儿园26所。高度关注卫生事业，启用了县医院病房楼，新建村卫生室45个；继续深化县乡村医疗改革，新农合参合率达95.8%。大力推行文化惠民，完成了7个乡镇文化站、213个农村书屋建设；积极推进52个村的有线电视“村村通”工程，接通8200多户；切实做好社会救助工作，被列为全省大病医疗救助试点县。认真做好人社工作，启动了城乡居民养老保险工作，参保率达到98.3%；实现城镇新增就业1700多人。全力抓好社会治安综合治理、安全生产、信访稳定、消防安全，食品、药品安全专项整治等工作，创造了良好的社会环境。

县委书记：刘立生

县人大主任：史志扬

县　　长：李振军

县政协主席：贺连双

平　乡　县

平乡县位于河北省邢台市中东部，总面积406平方公里，辖3镇4乡，253个行政村，总人口31.78万人，人口自然增长率6.71‰。2012年，全县生产总值完成37.1亿元，同比增长12.1%，增幅位居全市第三。全部财政收入完成3.4亿元，同比增长30.2%。全社会固定资产投资完成42.5亿元，同比增长20.6%。规模以上工业增加值完成8.2亿元，同比增长23.4%，增幅位居全市第一。民营经济增加值完成26.03亿元，同比增长13.5%。粮食总产量达到22.9万吨，同比增长3.4%。全社会消费品零售总额完成19.7亿元，同比增长15.7%，增幅位居全市第一。在岗职工年平均工资达到3.1万元，农村居民人均纯收入达到4948元，城镇居民人均可支配收入达到1.56万元。年末城乡居民存款余额达到49.8亿元，同比增长19.3%。

项目建设迈出新步伐。市级以上重点项目12个，总投资33.8亿元，年计划投资17.6亿元，完成投资18亿元。其中，銮宇乐器项目，从启动到投产仅58天，亿亚电动汽车、金正精印包装等4个新建项目，三个月内实现试生产，创造了新的“平乡速度”。特别是好孩子北方基地项目，投资10.1亿元，年产儿童用车650万辆，一期10万平方米厂房已全部完工并投入试生产。好孩子的入驻，实现了平乡县上市企业“零”的突破。金天塑胶、申海童车等项目已经投产，大鼎轧辊、新华医药物流等项目正在加快实施，即将投产。同时，大力招商引资，共有24个大项目成功落户，协议总投资198亿元。其中，总投资30亿元的凯盈新能源项目，实现了平乡县央企入驻“零”的突破。大连鸿腾数控机床、山东氟硅高分子、天津友捷表面处理、南京正联高档印刷等十几个好项目，正在加快推进。

城乡面貌呈现新变化。围绕创建省级园林县城，相继投入资金5.3亿元，实施“双环十街”“四园一圃”“五廊一道”等重点项目26个，提前一年通过省级园林县城验收。盛世公园和南湖公园一期均已建成，并向群众开放。占地1000亩的丰怡农业生态观光园，集苗木、花卉、蔬菜种植、生态观光于一体，形成了新的绿化模式。农行游园、电力游园、强久游园等48处节点游园，为群众提供了绿色休闲场所。滏阳河至南湖输水渠已完成通水，“三河四水两湖”水生态体系修复进展顺利。继续实施“一点四线六渠百村”绿化工程，全年植树300万株，增绿2.5

万亩。“日升月恒”主题雕塑是全国最大的自行车雕塑，成为平乡县标志性建筑。同时，全县上下齐动员，狠抓城乡环境卫生整治，全年共清理垃圾150余万吨，粉刷墙壁200万平方米，城乡面貌焕然一新。

基础设施建设实现新跨越。在道路建设上，累计投资1.5亿元，完成邯黄铁路连接线、南外环、振兴大街南北延等重点工程15公里。完成26个村的主街道硬化，新改建农村公路65公里。完成育才路、三合街等8条城区道路的建设改造。在园区建设上，按照“一园两区”和“双二十、双百亿”规划目标，将河古庙自行车园区和丰州工业区重新规划，整合开发，统一管理和运作。目前已完成“七通一平”，新入驻投资超亿元项目13个。滏阳化工园区和节固纸制品园区被批准为市级园区。全县园区数量达到4个，是全市最多的县之一。

“三农”工作实现新突破。投资2.36亿元，对平乡、节固两个乡的土地进行开发整治，总规模达11万亩，新增耕地面积4400亩，新打机井348眼，铺设防渗管道12.2万米，实施节水灌溉2万亩，改造中低产田4000亩。借助基层建设年活动，投资7321万元，实施了道路硬化、书屋建设、特色产业发展等“十件实事”、212项工程。投入扶贫资金1479万元，相继实施蔬菜日光大棚、高效作物等多个特色农业项目，八辛庄、左冯马等36个村、3.8万困难群众得到重点扶持，被评为全省“扶贫工作十大先进县”，是全市唯一一个县。发放粮食直补、家电下乡等惠农补贴4347万元。粮食生产实现“九连增”。飞龙祖代肉鸡育种基地、润宏益盛农贸市场等项目进展顺利。被省政府确定为农村产权改革试点县，节固乡被确定为土地承包经营权改革国家级试点乡，农村改革工作正在稳步推进。

社会事业取得新成效。教育工作方面，投资1.6亿元，建设了占地249亩的教育园区，集高中、初中、小学、学前教育、特殊教育、师资培训于一体，标准化中学主体工程已完工。投资2080万元，完成6所农村小学建设。投资1600万元，为36所中小学配置了教学设备，办学条件进一步改善。医疗卫生方面，新农合参合率达到97%，住院病人报销比例提高了5%，门诊统筹报销比例提高了10%，封顶线由8万元提高到10万元，属于全省最高水平。社会保障方面，全年发放社会养老金7964万元，低保五保资金2346万元，实现了动态下的应保尽保。保障性住房建设方面，新开工保障性住房554套，新增廉租住房租赁补贴110户，改造农村危房300户，均超额完成市任务。农村安全饮水方面，三年累计投资6000万元，建设联村供水站15处，全县211个村、22万群众喝上了放心水。人口计生方面，投资400万元，高标准改造了县级技术服务站。累计发放计生奖扶资金103万元。为2.3万育龄妇女免费做健康检查。符合政策生育率达88.23%，超额完成市下达83%的任务目标。文化建设方面，平乡县被评为河北省首届文化产业“十强县”，是邢台市唯一入选的县市。成功承办2012年河北省青少年自行车公路赛，穆孟杰被评为“全国自强模范”，代表“感动河北”报告团全省巡演，平乡知名度进一步提升。社会稳定方面，不断加大接访、下访、化访、控访力度，解决了一大批信访难题和信访积案，被省政府评为“十八大信访稳定工作先进集体”，是全市唯一一个县。

县委书记：李江山

县人大主任：刘振霖

县　　长：杨宪春

县政协主席：李建军

邯郸市邯山区

邯郸市邯山区总面积81.08平方公里，总人口35.3万人。现辖1乡1镇10个街道办事处，共59个社区，18个行政村。2012年全区生产总值完成125亿元，同比增长10%；全社会固定资产投资完成101.1亿元，同比增长20.9%；社会消费品零售总额完成60.5亿元，同比增长15.5%；城镇居民人均可支配收入、农民人均纯收入分别达到2.17万元、1.10万元，同比增长12.5%和15.3%。全部财政收入达到16.12亿元，同比增长29.9%；公共财政预算收入完成3.37亿元，同比增长39.8%；可用财力净增1.03亿元。

一、园区项目建设明显提速。陆港物流园区入驻亿元以上项目16个，投资1560万元的董中路、隐豹西街竣工通车，投资800万元完成国防光缆迁移工程；成功争取用地指标1586亩，为一批重大项目破解了用地制约瓶颈；邯郸国际陆港项目列入交通部“十二五”货运枢纽建设规划，西区起步区开工建设，东区顺利进地，拉开了内陆港建设框架；采取“手续代办、土地代征、厂房代建”的办法，切实加快了欧浦华北钢铁物流交易中心项目建设进程。扎实开展“重点项目攻坚年”活动，争列省市重点项目13个；拆迁腾地3400余亩，为一批重点项目落地创造了条件；国际陆港、美的城等78个项目开工在建，河北移动邯郸生产中心、和道国际广场等41个项目如期竣工，宏润机电物流、紫汇冷链物流等17个项目建成投用，完成投资126亿元，占年计划110%，项目总数、投资总额、速度质量均创历史最好水平。

二、城区环境面貌明显改观。赵都新城37栋住宅楼交付使用，84栋商住楼主体竣工，竣工面积216万平方米，在建面积332万平方米，和道国际广场被评为“河北省改变城市面貌十大综合体”，一个现代化新型城区初具雏形。南湖新城韩国现代海棠湾项目全面开工建设，美的城项目当年拆迁、当年开工、当年主体封顶，创出新的“邯山速度”。滏园新村1号院、泰达大厦、五仓区南辛庄等6个区片拆迁扫尾全部完成，13个旧改项目5970套回迁房正在建设。南湖公园、南水北调、支漳河治理等重点工程顺利施工，南环立交桥竣工通车，浴新大街、邯山街等17条主次干道和小街巷完成改造，新增集中供热面积52万平方米，增加天然气用户5100户，新增和改造绿地10.3万平方米，绿化覆盖率达到45.9%。深入开展环境容貌专项整治，区财政投入1100万元，用于机扫车辆购置和环境卫生综合治理，提高了环卫机械化作业水平，市容市貌、村容村貌明显改善。

三、改革开放步伐明显加快。综合医改取得积极成效，邯山区医院和2所乡镇卫生院绩效工资全部落实，解决了困扰多年的遗留问题。企业改革走在全市前列，经编厂、二色织、九塑3家企业依法破产取得突破性进展，普益纺织品就地转型进展顺利，红旗家具退城进郊完成征地。招商引资成果丰硕，成功引进韩国现代、美的集团等大企业，与中国城建、香港健坤国际等大集团签订协议，进一步积蓄了发展后劲；引进省外资金42.2亿元、省外技术项目133个、省外人才822人，分别占年计划的154.6%、229.3%和152.2%，高限完成年度任务；实际利用外资5120万美元，出口创汇2433万美元。

四、社会民生事业明显改善。区财政累计投入改善民生资金3.76亿元，年初承诺的八件民生实事全部兑现。投入1900余万元加固改造8所小学，投入670万元配置电教仪器设备，邯山区在全市第一个高标准通过省政府教育、教学、义务教育均衡发展三项督导评估，荣获“全国教育督导先进集体”。城镇居民医保扩面2.7万人，总数达到12.8万人；新农合参合率98.6%，名列全市第一；投入570万元，改扩建3个社区卫生服务中心，罗城头社区卫生服务中心被卫生部评为“全国示范社区卫生服务中心”。新增就业岗位9987个，城镇登记失业率控制在1%以内，邯山区被评为“全省就业工作先进单位”。落实“基层建设年”要求，投入1135万元，新建3个社区服务中心、6个社区服务站，提高乡办自筹人员和社区干部待遇，保障77个警务室正常运转。投入320万元，为机关事业单位自筹人员补贴养老保险。组织开展志愿者活动126场次，邯山区被民政部命名为“全国志愿服务试点区”。加强人口计生工作，继续跻身“全国计生协会百强”，荣获“全国计生基层宣传工作先进区”荣誉。率先探索建立“五位一体”新型城市居家养老服务体系，受到人社部、中国家庭服务业协会好评。由德龙文化公司创意、策划并投资拍摄的大型电视动画片《成语国探秘》，获得第26届中国电视“金鹰奖”。加强食品安全、生产安全和消防安全监管，邯山区被评为“全市安全生产先进区”。落实“五个延伸”，切实做好信访稳定工作，圆满完成党的十八大、涉日维稳、全国和省市“两会”等重要时段安保任务，全区大局和谐稳定。

五、政府自身建设明显加强。大力倡导“五个带头”、“五种意识”、“五种作风”，推行“三二一工作法”，健全定期会商、主办负责、倒逼落实等工作机制，提高了行政效能，改善了政务环境。实行政府系统半年述职、现场评分、全区通报制度，增强了工作的前瞻性、针对性和实效性。自觉接受区人大法律监督和区政协民主监督，主动向区人大常委会报告工作，向区政协通报情况，承办人大代表建议25件、政协提案60件，按时办结率、代表委员满意率均达到100%。

区委书记：陈　飞

区人大主任：曹运清

区　　长：张荷红

区政协主席：赵翠芳

邯郸市复兴区

复兴区位于河北省南部，邯郸市区西部，总面积37平方公里，全区辖1个乡、七个街道，共有15个农村社区和45个城市社区。2012年，全区耕地总面积561.71公顷，总人口25.6646万；全区生产总值完成200亿元，同比增长10%；全部财政收入完成18.1亿元，超额完成市调整任务；公共预算收入完成2.1亿元，可比增长50.6%；全社会固定资产投资完成101亿元，同比增长22.3%；社会消费品零售总额完成17.4亿元，同比增长15.5%；引进外资5101万美元，同比增长18.2%；出口创汇1291万美元，提前三个月完成全年任务；城镇登记失业率，人口自然增长率，单位GDP能耗，二氧化硫、氮氧化物、氨氮排放量，化学需氧量，均控制在市定范围内。

2012年，复兴区紧紧围绕“三个担当”（担当起人民路西延建设的历史重任，努力实现更强、更优、更美的目标；担当起邯钢工业区建设和化工区搬迁的历史重任，为邯郸经济社会又好又快发展做出贡献；担当起“森林复兴”建设的历史重任，还西部城区碧水、蓝天、绿地），紧扣现代钢城、新兴商城、生态绿城“三大目标”，实施精钢强区、三产兴区、生态靓区“三大战略”，着力构建南部工业循环发展区、中部商住服务核心区、北部行政物流新兴区“三大板块”，相继组织实施了森林复兴建设、拆迁扫尾、疑难信访化解、重点项目攻坚等大会战，一系列影响全区发展的基础性、前置性问题得以有效破解，创树了被新闻媒体赞誉的“攻坚克难的‘复兴模式’”，全区经济社会实现了全面发展。先后荣获了全国全民健身先进单位、省国土绿化突出贡献单位、省及市人口和计划生育工作先进区、市造林绿化工作先进单位、市安全生产先进单位、市法治政府建设先进单位、市社会保险工作先进单位、市体育工作优秀单位、市综合治税先进单位、市淘汰落后产能工作优秀单位、爱国卫生先进县（区）等荣誉称号。

2012年邯郸市复兴区的经济社会发展成就：

一、全区经济实现大发展。大力实施“5711”工程，全年安排总投资1000多亿元的73个项目得到快速推进，全年完成投资100亿元。聚力开展“重点项目集中攻坚”活动，一批影响项目推进的制约性问题得到解决，项目建设实现提质、提速、提效。锦绣江南、金色漫城等41个项目开工在建；卓昱钢贸大厦、万合仓储等20个项目建成竣工；化工区改造、三甲医院等12个重大项目取得突破性进展。特别是总投资规模155亿元的汽贸城等8个市级重点项目，总投资规模、平均投资规模三区第一、全市第二，年度完成投资42亿元，超计划25.4%。

二、城区面貌实现大改观。在全市率先完成三年大变样拆迁尾巴，新拆9.31万平方米，推进了总投资40亿元、总建筑面积185万平方米、涉及回迁居民1700户的8个项目快速建设。“H型”景观大道建设加速推进，人民路两侧天兆家园交付使用，卓昱钢贸大厦主体封顶，宝利花园、宝盛花语城等6个项目开工在建；前进大街两侧金泽苑、城市西景等5个项目竣工或主体完工，清水湾文化基地、邯钢百二生活区改造开工建设；联纺路两侧大唐西郡、光华苑三期建成竣工，锦玉大厦等项目加快建设。保障性住房协力推进，金泽苑、百家乐园、利民苑三个项目年内建成保障住房8000余套，占全市当年任务的80%。王郎浮雕文化墙即将竣工，沁春园改造、复兴广场升级、渣山公园立体园林建设按时完成。数字化城管综合成绩位居主城区第一。

三、第三产业实现大提速。坚持“三产提速”战略，大力开展招商引资活动，全年三产增加值完成39.6亿元，同比增长13.5%，引进三产项目282个，注册资金累计达16亿元。总部经济加速发展。河北伟光、河北贯一等20家总部企业落户复兴区，大宇现货市场、万合仓储等建成运营，金刚、明道等一批物流项目相继落户复兴。特别是规划推进了锦绣江南、原区政府周边区域、前百家改造、卓昱钢贸大厦“四大商业综合体”，总建筑面积达180万平方米，占全区房产开发面积的36%，200余家钢贸企业签约卓昱钢贸大厦。

四、区企合作实现大拓展。全力助推邯钢转型升级，总投资15亿元的蒸汽循环发电等3个项目开工建设，齿轮钢等20多个新产品研发成功，特别是行业内顶级产品“O5”板实现批量生产。牢固树立“讲政治、顾大局、重民生、保稳定”理念，按照“30字”工作思路和“主辅分离，两轮选房”的方法，顺利完成了分房任务。西大屯、庞村新村进地工作扎实推进，农业地块进地基本完成，企业拆迁准备工作全部就绪。复兴工业园建设在探索中推进，正兴磁材、丹斯克磁材一期建成投产，锌渣提纯、中海油邯郸示范站等项目取得明显进展。

五、生态环境实现大优化。强力推动“一环、两网、三大基地、四大工程”建设，投资9800万元，新植树木70.2万株，超过前三年的总和，新增绿地52.6万平方米，全区森林覆盖率、绿地率、绿化率分别净增7.5%、6.5%、8.7%。投资1500万元，有效解决了影响辖区大气质量的企业料场不规范存放、建筑工地扬尘、道路扬尘、废物堆积等146个问题。节能减排深入推进，争取上级补贴资金500余万元，分行业实施节能技改工程，淘汰、关停14家产能落后企业，万元GDP能耗、主要污染物排放等指标超额完成市定任务。在全市率先完成南水北调桥梁引道征迁安置，受到国家南水北调办表扬。

六、社会事业实现大进步。坚持财力向民生倾斜，全年民生投入达2亿多元，占全部财政支出的70%以上。实现了城乡居民养老保险制度的“全覆盖”，受惠群众2532户、5434人。率先提出并全力打造“食品安全全区”做法，受到市政府的高度评价。大力推进“精品社区创建”，首批15个社区完成改造升级。省级示范性高中完成选址，4所小学、幼儿园竣工，全省首个小学文体综合场馆——投资1000多万元的青少年活动中心全面建成，百花小学入选全国特色学校。清水湾文化基地开工建设，15个社区文化活动室高标准建成，“全区公共文化建设”被推荐为全省二十强。

邯郸市峰峰矿区

峰峰矿区位于河北省南部，是邯郸市“1+6”中心城市之一，总面积320平方公里，辖9个镇、148个农村社区、68个城市社区，总人口50.8万，其中城镇人口31.6万，是一个工农交叉、城乡交错的资源型老工矿区。

峰峰矿区历史源远流长，文化底蕴深厚。区内现有名胜古迹120多处，其中南北响堂石窟、磁州窑遗址、玉皇阁和水浴寺石窟等国家和省市重点文物保护单位25处，北齐石窟文化和磁州窑文化列入邯郸十大文化脉系。南北响堂石窟为全国首批重点文物保护单位，现有16窟，大小佛像4300多尊，刻经6万多字，雕刻精美，气势恢弘，响堂山景区被评为国家4A级旅游景区和国家级风景名胜区。磁州窑作为中国最大的民窑体系，万年窑火相传，百代历久弥新，素有“南有景德，北有彭城”之美誉，区内保存有国内规模最大、现状最为完好的古陶瓷文化遗存，“磁州窑制瓷技艺”等18项非物质文化遗产列入国家和省市保护名录，刘立忠被联合国科教文组织授予“国际民间艺术大师”称号，闫保山、任双合被评为“中国陶瓷艺术大师”称号。

峰峰自然资源丰富，发展优势突出。全区已探明具有开采价值的资源有煤、石灰石等30余种，储量极为丰富。区内行业门类齐全，现有各类工矿企业1000余家，峰峰集团、金隅太行、邯峰电厂等均在境内，河北钢铁邯钢集团、中冶科工、雨润集团等国内外500强企业在峰投资置业。近年来，全区加快经济结构调整步伐，形成了以煤化工、钢铁、陶瓷和建材四大产业为主导，机械制造、电子电器等新型产业快速发展的格局，千万吨级绿色煤化工产业基地初步建成，列入省首批“3255”循环经济示范区。

峰峰城市山水相依，商贸物流繁荣。滏阳河自西向东蜿蜒流淌，连续11年实施综合治理，建成8道橡胶坝，城区段正在建设百万平米的观光水面、滨河游园、滨河道路和亲水走廊；元宝山横亘南北绵延灵动，元宝亭、福塔、峰峰书院成为一道道靓丽风景。25处景观游园遍布城区，其中元宝山森林公园被评为省“五星级公园”、省市“十佳公园”、国家3A级旅游景区和国家级森林公园，荣获“河北省人居环境奖”。全区森林覆盖率达21%，建成区人均绿地面积达13平方米，绿地率和绿化覆盖率分别达到35%和43%，峰峰被评为省级卫生区。上海世纪华联等一批知名商贸企业落户峰峰，商贸物流、文化旅游等服务业日益繁荣。

峰峰综合实力强劲，工作成绩斐然。2012年，全区生产总值完成175.1亿元、增长10.3%，全部财政收入完成32.4亿元、增长5.8%，其他各项指标均达到历史最好水平。先后被评为“全国服务农民、服务基层文化建设先进集体”、“全国科技先进区”、“全国科普示范城区”、“全国先进文化区”、“全国绿化先进集体”、“全国质量兴市先进区”、“国家级瘦肉型猪标准化示范区”、“国家太行山星火产业带中草药产业科技示范基地”等，被确定为河北省首家“全国农村社区建设实验全覆盖示范单位”，享有“中国磁州窑之乡”、“全国武术之乡”等荣誉称号。

武　安　市

武安市位于河北省邯郸市西北，太行山东麓。2012年是武安市深化再次创业、加快发展转型的关键一年。面对复杂的发展形势和严峻挑战，在上级党委、政府和武安市委的坚强领导下，市政府团结带领全市人民，深入贯彻落实科学发展观，以“稳增长、优投入、快调转、重统筹、惠民生”为主线，紧紧围绕建设“实力武安、绿色武安、和谐武安”的任务目标，负重奋进，开拓进取，推动经济社会平稳较快发展。全市生产总值完成580.4亿元，同比增长11.4%；财政总收入65.34亿元，增长6.4%；全社会固定资产投资完成220.3亿元，增长18.8%。县域经济基本竞争力首次跨入全国“50强”。

一、深化结构调整，增创经济优势。本着“一产抓特色、二产抓提升、三产抓拓展”的思路，不断深化产业结构调整，着力构建现代产业体系。

现代农业发展迅速。在粮食生产实现“九连增”的基础上，大力推进农业向特色化、现代化发展。壮大龙型产业，投入1.8亿元对瘦肉型猪猪场进行集中改扩建，使万头猪场超过20个，被确定为国家生猪调出大县。特色林果、优质谷子和绿色蔬菜种植分别达35万亩、30万亩和6万亩。培育生态庄园，玉皇山庄、白沙清源等十大农业综合示范园区完成投资1.57亿元，集“特色种养、休闲采摘、精深加工、旅游观光”为一体的产业特色日益彰显。打造龙头企业，积极扶持农业龙头企业发展，使重点龙头企业达到29家，智寿源等4家公司被认定为“省农业产业化重点龙头企业”，仓盛兴公司被认定为“农业产业化国家级重点龙头企业”，瑞阳家禽、绿泽养殖两家公司在天津股权交易所挂牌交易。建设农基设施，投资6200多万元，实施了口上灌区节水改造、西部水土保持生态治理等工程，为发展现代农业奠定了坚实基础。武安被确定为“国家现代农业示范区”和“国家农业综合开发县（市）”。

工业调整步伐加快。以“促提升、增后劲、求低碳”为着力点，不断深化工业结构调整，力促工业上档升级。在改造提升传统产业上，新武安钢铁集团列入省钢铁产业“2310”布局规划，“3年200项”技改工程启动实施，总投资183亿元的18个升级项目加快建设，万利年产100万吨冷轧薄板等钢延项目相继建成，实施了120万吨焊接新材料、150万吨冷弯型焊管等新型项目，龙凤山高纯生铁跻身“国家级新产品”行列，填补了国内空白，新峰建成全国首家数字化水泥企业。在培育壮大新兴产业上，总投资300亿元的奥钛新能源产业园落地开建，一期的三个项目将于2013年6月底建成投产。兆宏热媒泵、诺恩水净化设备等一批装备制造项目相继建成，南赵兴五金精饰、受电弓滑板等一批新兴项目加快推进，全市新增3家国家级高新技术企业，实现了经济结构调整转型的重大突破。在推进节能减排上，全年共淘汰落后产能240万吨，总投资近7亿元的47项节能减排工程全部建成，全市单位GDP能耗和主要污染物排放均控制在规定范围之内。其中，新峰200万吨矿渣微粉等循环利用项目顺利推进，央视《焦点访谈》报道了武安市循环经济发展经验。

第三产业蓬勃发展。坚持把第三产业的发展提升作为新的经济增长点，商贸业持续繁荣，国贸中心等一批商贸骨干项目相继建成，金桥大酒店等一批商贸项目建设加快，南关商业步行街改造启动实施。积极对接雨润、红星美凯龙、天洋等全国知名商贸企业入驻武安，“万村千乡”和“家电下乡”工程扎实开展，全社会消费品零售总额达到107.4亿元，增长15.6%，城乡消费流通繁荣活跃。旅游业上档升级，实施了“大景区”管理，京娘湖、朝阳沟等重点景区完成改造投资5.5亿元，七步沟被列为“邯郸市40个重大建设项目”之一，捆绑创建国家5A级景区正式启动。物流业不断提升，生产性物流业完成投资超10亿元，积极推进工业企业主辅分离，华丰、逸驰等骨干物流项目建设加快。第三产业比重增值30%。

二、狠抓项目建设，助添发展动力。把项目建设作为调结构、转方式的重要抓手。加快项目投资，2012年全社会固定资产投资完成220.3亿元，增长18.8%，50个重点项目完成投资103.6亿元，其中实施超亿元项目46个，大唐武安发电等26个项目建成投运。加快园区开发，紧紧锁定武安工业园、青龙山、南洺河三大工业园区，高标建设项目聚集新高地，积极推进东二环、西三环等园区干道建设，加紧实施普阳、华丰、三明、元宝山等4条铁路专用线，配套建设水、管、电、讯等基础设施，园区承载能力进一步提升。努力破解瓶颈，针对占地难，创新举措，通过荒山复垦、增减挂钩、等量置换等方式，共争取各类用地指标2333亩，保障了项目有地可落；针对融资难，积极调动市内13家金融机构服务地方经济、支持企业发展的积极性，盘活存款存量，不断加大信贷投放的力度和实效，最大限度地保障了企业平稳运行。完善推进机制，对重大战略支撑项目，按照专项重点、专门班子、专设职能、专定政策、专责协调的“五专”机制强力推进，坚持一周一通报、半月一调度、一月一观摩、全程跟踪推进，三级重点项目开工率分别达100%、90%、90%。

三、坚持多措并举，提升中等城市。抢抓全省打造冀中南城市群的战略机遇，坚定不移地走新型城镇化道路，全面提升新兴中等城市和区域次中心城市建设水平。着力拉开城市框架，针对主城区体量偏小的现实，高标准编制了人口50万、面积60平方公里的城乡总体规划，以东部、西苑、洺湖三大新区为重点，大力推进城市“东接西扩南延”。坚持以道路框架的拉开带动城市框架的扩张，东部新区“六纵四横”路网基本搭建，东、南二环建成路基，西苑大街等重点道路相继启建，“三大新区”框架已具雏形。着力打造精品城市，立足于提升城市品味和形象，投资19.9亿元实施了10项重点城建工程，国贸中心建成投用，金桥大酒店、雅园国际饭店等新地标建筑拔地而起，冀南标准最高的体育中心基本建成，融景城、怡祥苑等15个精品住宅小区加紧建设，现代城市洋气十足。着力提升城市功能，立足于提升城市承载力、提高居民生活的舒适度和便利度，全面加快“绿、水、气、暖”等功能建设，新增城乡绿化面积1610亩，主城区绿地面积突破万亩，绿化覆盖率提升至52%；云宁电厂热源进市全面开建，天然气入市工程加紧建设，邯邢、邯矿两大棚户区改造步伐加快，城市综合功能进一步完善。着力统筹城乡建设，深化产城良性互动，在打造磁山、阳邑等重点小城镇的同时，积极统筹城乡协调发展，创建省和邯郸市“幸福乡村”示范点12个、省新民居示范村11个，新建新民居1060套，51个基层建设年帮扶村建设任务全部完成，农村生产生活条件得到进一步改善。

四、摆开攻坚态势，改善两大环境。紧紧扭住制约武安发展的关键因素和重要环节，立足实际，实事求是，毫不动摇地贯彻落实省、邯郸市关于着力改善发展环境、着力改善生态环境的重大决策部署，举全市之力大打了一场着力改善“两个环境”的攻坚硬仗。

在发展环境上，按照“风清气正、开放文明”的要求，运用一切行政资源，着力服务企业发展，精简行政审批，不断深化行政审批制度改革，最大限度地减少审批，对保留事项全部予以公开，全年共削减行政审批事项80项。减轻企业负担，所有行政事业性收费一律按规定下限执行，2012年四季度起对钢铁、焦化企业行政事业性收费一律按照国家、省、市标准减半征收，并建立完善了入企检查制度，除环保、安全、税务执法检查外，未经市政府批准暂停其他一切入企检查。帮扶企业发展，重点针对企业市场拓展、运输保障、治安环境、信贷融资等问题，采取有力措施，组织带领市内重点钢铁企业赴河南长垣、衡水安平进行产品对接考察，帮助企业进一步拓展了销路；建立了企业运输“绿色通道”，在重点企业设立了警务值班室，严厉打击了各种妨碍企业发展的不法行为，企业周边治安环境进一步优化。严厉追究责任，专门成立了纪律作风和涉企犯罪“两个查办组”，严查干扰破坏发展环境行为，切实开展企业环境评议，对评议不合格的坚决采取免职等果断处理措施，以优良的行政服务，让企业发展环境更为宽松。

在生态环境上，按照“天蓝气清、地绿山青”的要求，立足于工业大市、重化结构的突出市情，深入开展了重点区域大气环境整治、道路环境整治、农村环境卫生整治、城市环境整治、旅游景区及周边环境整治、矿山生态修复等六大攻坚战。关停和取缔“三小”建材企业121家，实施“蓝天工程”治理项目96个，大气环境持续好转；先行在182个村建立了环卫长效机制，集中开展了农村卫生“四清”行动，完成各类造林任务12万亩，治理水土流失25平方公里、废弃矿区500亩，城乡生态建设取得明显成效。

五、保障改善民生，维护和谐安定。把保障和改善民生作为政府一切工作的出发点和落脚点，把维护社会安全稳定作为重大政治任务，尽心竭力办好群众所急、所需、所盼的大事要事，竭尽所能维护好社会安定和谐。办好实事工程，既定的8项实事工程全部完成。63个村8.6万人用上了方便水、放心水，城乡居民基本医疗保险共为59万人（次）报销医药费用2.16亿元；实施了大野线、邑骈线等县乡道路改造，并完成51个村的主街道硬化；安泰经济适用房小区建设顺利推进，新开建保障性住房660套，完成农村危房改造478户；多渠道新增城镇就业1.3万人、下岗再就业3225人，转移农村劳动力1.85万人；发放中小学贫困生救助金1657万元，筹资116.8万元资助贫困大学生300余名；25个村1.5万人整体脱贫，全年发放低保金4265万元、救济款物400余万元。2012年全市城镇居民人均可支配收入达到2.14万元，农民人均纯收入达到9534元，分别增长11.8%和12%。特别是在“7.26”洪灾发生后，在第一时间拨放132.8万元救助款物的基础上，又投入470万元支持群众灾后重建，11月份再次拿出100万元下发救灾物资，有力保障了受灾群众正常生产生活。发展社会事业，开发新产品、新技术10项，推广工农业科技成果30项，争列为“国家知识产权强县工程实施县（市）”；校安工程和学前教育投入近4亿元，新改扩建中小学5所、公办幼儿园34所，高考成绩蝉联邯郸各县区第一，职教对口升学连续十二年在全省夺冠；公立医院改革试点开始启动，120急救指挥中心建立运行，乡村卫生服务一体化管理通过省验收；建成60个农民文艺培训基地，农家书屋实现全覆盖，群众性文体活动和精神文明创建扎实开展；强化计生管理与服务，低生育水平得以巩固。狠抓安全生产，始终绷紧安全生产这根弦，按照“基础兴安、科技强安、法制管安、机制保安”的思路，进一步修订完善了强化安全监管“25条”措施，不断强化“网格化”安全监管网络，强化隐患排查，持续不断开展钢铁危化、非煤矿山、道路交通等安全专项整治，以高压严打态势实施了打非治违“雷霆行动”，全年整改各类隐患1.7万处，安全形势持续好转。同时，扎实开展“平安创建”活动，在全市502个街村都选派了社会治安管理员，各类刑事立案同比下降12.6%，社会治安进一步好转，圆满完成了“十八大”安保任务。维护信访稳定，立足于解决问题，主动开展约访、接访、下访，严格落实信访例会、领导分包、一岗双责等信访责任制，广泛开展信访矛盾隐患大排查，使全市信访总量、越级集体访、非正常进京访实现了“三个大幅下降”，特别是在“十八大”维稳上，采取“解、打、防、控”的综合措施，集中化解了一大批信访积案、难案，全年共化解信访案件700多件，有效维护了全市信访稳定局面。

临 漳 县

临漳县位于河北省邯郸市南。2012年，在市委、市政府的坚强领导下，全县上下围绕主题、紧扣主线，持续实施工业强县、项目立县、开放兴县、民营活县四大战略，抓投资、保增长，提质量、增效益，惠民生、促和谐，各项工作都取得了新的成绩。全县生产总值完成100.4亿元，同比增长12.2%；全社会固定资产总投资完成93亿元，同比增长28%；全部财政收入完成3亿多元，同比增长23.5%，其中公共预算完成1.86亿元，同比增长21.5%；规模以上工业增加值完成16.2亿元，同比增长30.1%；农民人均纯收入完成8759元，同比增长11.4%；全社会消费品零售总额达到29.9亿元，同比增长15.3%；万元GDP能耗、化学需氧量、氨氮排放量分别下降2.97%、2.7%和3.3%，圆满完成了省、市下达目标，全县综合经济实力和群众生活水平都迈上了一个新的台阶。

一、重点项目实现新突破。全年共实施超千万元重点项目200个，争列省、市重点项目9个，累计完成投资67亿元。其中，城开防爆电气、德兴饲料、羽臻制衣等56个项目竣工投产，德森保温材料、双贝机械、正日红酒等64个项目开工建设。进一步完善园区服务功能，破解土地瓶颈制约，扎实推进了污水处理厂、综合服务中心等配套工程，新增绿化面积35万㎡，整修道路30余公里，铺设管网50余公里，配建公共租赁房504套，争取土地指标800多亩，园区承载能力和聚集效应明显提升。

二、工业经济企稳回升。深入开展“企业服务年、质量效益年”系列活动，2012年，全县新增入统企业7家，总数达到48家；谋划申报技改项目20个，争取专项资金2454万元；成立了天丰小额贷款公司，引进了中国银行、邯郸银行，筹建了名优新特产品展示中心，解决企业用工、资金运转、市场开拓等问题120多起；珠峰仪器被认定为“省级名牌产品”，永不分梨荣获“省级质量效益型先进企业”，“利康”蔬菜、“古邺”美食被评为“河北省著名商标”。

三、三农工作成效喜人。围绕四大农业基地建设，实施农田水利工程、中低产田改造等基建项目24个，累计投入资金1.8亿元，农业综合生产能力得到显著提升。粮食单产达到1109公斤、总产达到63.35万吨，领跑“吨粮县”，实现“九连增”；畜牧产业发展迅速，畜禽存栏1000万只（头）、年创产值24.5亿元，先后被授予“全国粮食生产先进县标兵、整建制高产创建示范县、食用菌产业化建设示范县和中国生猪之乡”称号。现代农业示范园区扎实推进，编制了总体规划，启动实施了金凤大街南延、汉阙城门建设，园区框架基本形成；培育发展省市产业化龙头企业29家、“一村一品”专业村213个，农业产业化经营率达到56%。

四、城镇建设提速升级。编制了《临漳县城总体规划（2012—2030）》，玄武大道、冰井大街、兴凯西路等道路管网工程竣工通车，新增改造道路10.2公里，铺设雨污管网6.5公里，县城路网布局更加合理顺畅；邺城公园景观工程基本竣工，环城水网工程实现全线贯通，主要干道绿化和玄武公园改造工程完成提档升级，新增绿化面积15万平方米；行政服务中心、文化艺术中心、公安技侦大楼、法院审判大楼、新县医院、万联商厦等设施建成启用，城市之星、天轩湖畔、金世纪广场、德天金水湾等一批安居工程正在有序推进，成功摘获“省级卫生县城、省级十佳公园、全市文明县城、全市十佳景观大道”等荣誉称号。

五、文化建设快速发展。在旅游项目上，铜雀三台遗址公园进行了改造升级，荣获2012年亚洲金旅奖“最具文化特色风景名胜区”和“最具投资价值旅游区”称号；邺城博物馆对外开放，被认定为“省级科普基地和省、市十佳建筑”；邺城遗址产业园争列为“省级十大文化产业项目”；建安文学馆正式启用，邺城千佛塔已经封顶；成功抢救发掘了2895件（块）北朝佛像，被中国社科院评为“2012年度中国考古六大新发现”。2012年，来临游客人数达到50余万人（次），年创产值8000万元。在文化惠民上，金凤文化城按期推进、临漳广播电台正式开播、8个乡镇综合文化站和220个文化大院建成投用；成功举办了“环城自行车大赛、欢乐乡村行、冬泳文化节”等活动。

六、改革开放深入推进。在改革上，临漳县棉麻烟系统、亚中发电机厂等县属企业改制有序推进，维护了职工权益，甩掉了历史包袱；医疗卫生体制改革深入实施，药品零差率销售制度较好落实，人民群众得到更多实惠；农村土地流转工作健康运行，发展种植大户150多个，流转土地9万余亩，促进了农业增效、农民增收。在开放上，先后组织承办赴会招商、团队招商、以商招商等大型活动50多次，签约招商项目28个，引进内资15亿元、利用外资2550万美元。在环境上，健全完善了行政服务中心管理体制，深入推进了行政审批制度改革，直接取消行政许可事项26项、暂停19项、合并11项，转变管理方式117项，消减率达到67.6%；充分发挥政法、纪检两把“利剑”作用，侦办干扰和破坏发展环境案件23起，刑事拘留7人，行政拘留8人，保证了项目企业的建设经营。

七、民生工程顺利实施。在道路交通上，邯临快速路项目（临漳标段）的路基、罩面和桥梁施工任务全部完成，京港澳高速公路邺城连接线项目正在紧张施工，马义线和丛峰线拓宽改造工程竣工通车。在医疗卫生上，城镇居民医保、职工医保、新农合三大医保制度健康运行，累计补偿资金1.42亿元；65岁以上老年群众和慢性病人全部建立了健康档案，进行了免费体检。在安全饮水上，投资3375万元，解决了7个乡镇、32个村6.75万人的安全饮水问题，农村安全饮水人口达到90%以上。在教育教学上，新建、扩建砖寨营乡前屯联校、香菜营乡谷子联校、县城第二幼儿园、第八幼儿园等中小学校26所，新增校舍、餐厅、图书馆、周转房面积7.5万平方米。在社会保障上，城乡居民养老保险制度顺利实施，60岁以上老人均发放了养老金，共计 7.1 万人次、2267 万元；民政优抚对象、城乡低保对象补助政策全面落实，资助困难群众 2.4 万人次、3116 万元，；504 套廉租房竣工投用。在公共服务上，民政事业服务中心项目有序推进，安养园、殡仪馆和烈士陵园项目已经竣工；城区集中供气项目正在建设，城区集中供热项目即将实施。在食品安全上，扎实开展了乳制品、地沟油、傍名牌等九项整治活动，检查食品生产、经营和餐饮摊点 3600 余家（次），保障了群众饮食安全。在环境保护上，实施了 21 个减排项目，关停了 3 家污染企业，治理了 100 多座小木炭窑，县域环境质量明显提升。安全生产、金融保险等其他各项工作也都取得了新的成绩，人民群众的幸福指数正在显著提高。

成 安 县

成安，位于河北省南部，邯郸市东南 20 公里处，境域面积 481.5 平方公里，辖 4 镇 5 乡，234 个行政村，总人口 43 万，是邯郸市“1+6”中心城市发展规划重要组团之一，是全国县委权力公开透明运行工作试点县、全国行政权力公开透明运行工作试点县，并先后荣获“中国金融生态县”、“中国楹联文化县”、“全国生态文明先进县”、“全国科技进步先进县”等多项殊荣。

历史文化底蕴深厚。始建于春秋，得名于北齐，在千年历史长河中始终承载着“成就成功，安康平安”之意流传至今。《三字经》中“大小戴，注礼记”的西汉大儒戴德、戴圣叔侄出生在成安；隋朝时，佛教大乘禅宗第二代祖师、中国佛教禅宗第一人慧可，曾在成安讲经说法，留下了二祖寺、说法台、二祖塔等圣迹佛踪。

区位优势独具特色。靠近煤炭、电力、钢铁、建材基地，配套条件良好。靠近交通枢纽，京广铁路、邯济铁路、石武高速客运专线、京港澳高速、青（岛）红（其拉甫）高速、107 国道、309 国道沿境而过，正在建设的邯大高速、邯郸环城高速与境内四条省道纵横交织，距邯郸机场仅 15 公里。发达快捷的陆上、空中立体交通网将成安与全国各地紧紧相连。

工业立县步伐坚定。坚持“工业立县、工业强县”战略不动摇，成功引进了世界 500 强中冶集团、中国 500 强天津友发、北京金隅集团等 200 余个项目，驼马汽车、广成冷弯等 140 多个项目实现竣工投产，形成了管、板、件、车、纺五大支柱产业，装备制造被评为全市唯一的“河北省中小企业示范产业集群”，园区被评为省级经济开发区、省级工业聚集区，荣获“河北省装备制造产业名县”称号。培育大企业、大集团实现突破，正大制管成功入围中国民营企业 500 强，实现了邯郸东部县争创中国民营企业 500 强的历史性突破，力争用三年时间打造中国金属管业制造基地。

农业发展充满朝气。是全国棉花生产百强县、优质棉基地县，国家粮食主产区。上世纪五、六十年代，毛泽东、周恩来、刘少奇等老一辈革命家都曾亲临成安视察棉花生产，现建有“毛泽东主席视察纪念馆”供人瞻仰。始终坚持以工业的理念抓农业，目前全县已有 30 家省市级重点农业产业化龙头企业，肉鸽产业化水平位居全省第一，肉鸡产业化水平位居全市第一，有力地带动了农业产业化发展。

发展环境宽松优越。秉承“投资到成安，一切都好办”的服务理念，全力打造内陆地区最具竞争力的投资宝地、创业福地。先后推行了党政权力公开透明运行和“通透式”办公，实行了县级领导“帮办制”、部门一把手“领办制”、项目建设“全包责任制”、“一个漏斗收费制”、入企检查“准许制”等制度，为投资商提供全方位、全天候、全过程、无缝隙式服务，全力营造亲商、安商、重商、富商的社会氛围。

2012 年，成安县在邯郸市委、市政府的正确领导下，深入贯彻落实科学发展观，紧紧围绕“建设繁荣富强、文明和谐美丽成安”的发展定位，树立“融入主城区、赶超中西部”的发展理念，强力推进由农业大县向工业强县的战略转移，工业化、城镇化、农业产业化“三化”互动、协调发展，走出了一条具有成安特色的崛起之路，经济社会实现了又好又快发展。

一、综合实力持续增强。2012 年，全县生产总值完成 120 亿元，增长 13%；全社会固定资产投资完成 99.9 亿元，增长 31.5%；全部财政收入完成 6.06 亿元，增长 32.6%，总量东部第一，增速全市第二；社会消费品零售总额完成 30.5 亿元，增长 15.4%，增速东部第一。各项经济指标均创历史新高，排名居全市前列，争当全市经济发展排头兵迈出坚实步伐。

二、项目建设增势强劲。全年实施 5000 万元以上项目 84 个，总投资 307.1 亿元，其中续建项目 36 个，新开工项目 48 个，新开工项目总量全市第一，列入省重点项目 3 个、市重点项目 9 个。招商引资成果丰硕。成功举办了“百家企业成安行”、“中国钢管产业发展战略高层研讨会”等一系列活动，中国民营企业 500 强稻花香集团、填补省内石化装备制造空白的碧海舟等一批大项目落户成安。全年引进亿元以上项目 20 个，总投资 86 亿元；实际利用外资 2870 万美元，出口创汇 1913 万美元。园区建设快速推进，商城工业区，实现了天然气、市内公交进园区；行政服务中心主体工程、220KV 变电站顺利完工。城西工业区提档升级工作扎实推进，道路修建、管网铺设、园区绿化等一期工程全部完工，园区承载能力显著增强。

三、工业质态稳步跃升。2012 年，新增入统企业 9 家，全县规模以上工业总产值完成 220 亿元，增长 37.6%；实现增加值 51.5 亿元，增长 28.3%，总量均居东部第一。工业用电量 5.9 亿度，增长 26.5%，总量东部第一。技改工程顺利推进，实施技改项目 31 个，完成投资 52 亿元。培育大企业、大集团再创突破，正大制管入围中国民营企业 500 强，东部唯一。“质量兴县、品牌兴企”战略扎实推进，“天虹”牌商标成功争创中国驰名商标，新增省著名商标 4 件。园区项目进退流转机制初步建立，促活促转企业 10 家，盘活土地 986 亩。节能减排成效显著，圆满完成市定任务。金融工作成绩突出，瑞通碳素成为在天交所上市的第三家企业，中国银行成安支行开业运营，金沅、通发、乾鸿3家小额贷款公司正式成立，全年助企融资40亿元。装备制造产业集群被评为全市唯一的“河北省中小企业示范产业集群”，荣获“河北省装备制造产业名县”称号。

四、城市功能优化升级。财政和社会投资26亿元，实施重点城建项目51个，城市规划、建设、管理水平明显提高，城镇化率达到40%，荣获“省级园林县城”、“市级文明县城”称号。规划工作，完成了城市总体规划修编和主要路段改造等景观整治规划；物流园区规划正在加快推进。市政工程，完成了东城大道等4条道路1.2万米排水管网铺设；完成了富康街等4条街道绿化带升级改造；新铺供热管道6380米，集中供热面积达到80万平方米。旧城改造，昌宏丽都二期、富康新城等工程全面开工，回迁房、廉租房顺利分配，360套限价商品房正在加紧建设。道路交通，完成了成峰路、聚良大道等道路改建和旅游景观路新建工程；第二条市内公交809路进入县城。生态工程，完成造林绿化面积1.8万亩，植树130多万株，森林覆盖率达到12.4%。城市管理，数字城管平台投入运行，覆盖面积达14平方公里；深入开展了城区和农村环境卫生综合整治，城乡环境明显改善。

五、“三农”工作稳步推进。全面落实各项强农惠农富农政策，粮食生产实现“九连增”，平均亩产1063公斤，全市第一，率先实现“超吨粮县”目标；棉花高产示范方亩产皮棉114.3公斤，全省第一，被农业部确定为“棉花高产创建示范县”；蔬菜标准园区建设发展迅速，种植面积达到12万亩，被列为“全国蔬菜产业重点县”；畜牧标准化养殖居全省前列。农业产业化水平不断提高，省市级重点龙头企业达到30家，新增6家，增量全市第一，总数全市第三，农业产业化经营率达到60%。农村基础设施逐步完善，发展高效节水灌溉面积4.5万亩，连续11年被省政府评为农田水利基本建设“海河杯”竞赛先进县；累计完成10座农村集中供水站建设，解决了195个村27万人的饮水安全问题。累计投资1.8亿元，启动了13个幸福乡村示范点建设。全县农业总产值完成46.1亿元，增长1.7%；农民人均纯收入达到8705元，增长18.7%。

六、社会事业快速发展。教育工作，高考成绩取得新突破，荣获全市高考进步奖；县职教中心被认定为省级民营企业人才培训基地；投资8424万元对36所学校实施“校安工程”建设，新增建筑面积6.2万余平方米。民政工作，连续19年荣获“省级双拥模范县”荣誉称号；新建农村互助幸福院11个，全部达到“十有”标准；全县养老机构覆盖率达到80%以上；城乡低保对象实现应保尽保。卫生工作，顺利通过国家消除疟疾试点考核评估，成为全国首批、全市唯一消除疟疾县；新农合参合率达到99.3%；县医院病房楼扩建工程动工开建，中医院综合大楼投入使用。就业和社保工作，农村劳动力向非农产业转移新增1.9万人，实现城镇新增就业7262人；城镇居民基本医疗保险参保率达到91%，城乡居民养老保险参保率达到98.8%；企事业单位保险扩面工作均超额完成全年任务。计生工作，人口出生率为12.9‰，人口自然增长率为6.44‰，均在控制目标以内；“一村一名计生帮办人”模式在全市推广。文化工作，二祖寺、匡教寺正在加紧建设；成功申报省级非物质文化遗产3项，全市第一。安全生产形势持续稳定好转，食品药品安全监管全面加强。同时，国土、广电、体育、档案、民兵预备役、残疾人事业等各项工作均取得长足进步。

涉　县

涉县位于河北省邯郸市西部。县域总面积1509平方公里。2012年末，耕地面积13859公顷；人口40.97万，人口自然增长率为11.10‰。2012年，全县生产总值完成263.24亿元，居全市第2位，增长11.2%；其中，第一、二、三产业增加值分别完成9.4亿元、184.14亿元和69.7亿元，分别增长1.2%、11.3%和12.2%。全部财政收入（不含基金）达到20.14亿元，增长0.7%；全部财政支出19.4亿元，下降3.0%。农民人均纯收入达到6667.47元，增长10%；城镇在岗职工平均工资为3.40万元，增长6%。全社会固定资产投资完成181.43亿元，增长21.7%。全县社会消费品零售总额为53.73亿元，增长15.6%。全县民营经济增加值完成123亿元，增长14.2%。年末城乡居民储蓄存款余额为72.09亿元，增长14.6%。全县二级以上天数达到323天。

一、农业发展态势良好。大力扶持发展现代农业、特色产业，农业综合效益大幅提升。全年新建核桃基地4万亩，核桃总产量达到1.65万吨、产值3.5亿元，创历史新高；中药材种植面积达到5万亩，亩均效益达到2000元～3000元，两大产业成为农民增收的重要渠道。农业产业化率连续七年居全市第一。粮食总产量达到11万吨，增长14.9%，增幅居全市第一。完成太行山绿化3万亩，封山育林6万亩。继摘掉“国家贫困县”帽子后，首次被列为“国家农业综合开发县”。

二、工业经济运行平稳。强力推进项目、园区建设，经济发展后劲显著增强。重点实施的108个项目中，天铁高线二期、清漳水泥新型建材等32个项目竣工，洁神新能源汽车产业园、博特制药、以岭药业等70个项目开工在建，累计完成投资94.8亿元，占年度计划的116%。“三区一园”加快发展，涉县经济开发区海巨纺织、亚盛皎洁二期等项目推进顺利，龙西工业聚集区建成区面积达到6.5平方公里，井店循环经济生态产业园列入全省“3255”循环经济示范区。全县规模以上工业总产值、增加值分别达到550亿元、117亿元，增长10.8%、14%。节能减排顺利完成“双三十”各项指标任务。

三、旅游商贸业势头强劲。《娲皇宫总体策划修编》、《娲皇宫修建性详细规划修编》、《清漳河文化产业园规划》等编制完成。用60天时间，建成占地1300亩、水面500亩的赤水湾一期工程，成为涉县旅游的又一新亮点。女娲文化旅游资源综合开发、清泉寺修缮复原、一二九师司令部旧址景区环道等工程进展顺利，佛趾山滑雪场二期、盘龙山景区综合开发一期工程建成投用。成功举办公祭女娲大典。全县共接待游客216万人次，旅游综合收入6.5亿元。娲皇宫风景名胜区成为国家级风景名胜区，涉县荣获"亚洲金旅奖·十大文化特色旅游名县"称号。阳光世贸进驻涉县，建龙物流、中原古镇等商贸重点项目推进顺利，区域商贸物流中心地位进一步凸显。

四、城乡面貌明显改观。将军大道、迎春大桥、将军路、赤河路、电厂街北延、309国道城西段改造、阳(邑)索(堡)公路三期、银河井隧道等工程相继建成投用，平涉线清漳河大桥、龙城路等工程推进顺利，城乡路网更加通畅。龙湖公园、崇州古八景文化公园等水系园林工程取得突破性进展。被住建部命名为"国家园林县城"。深入推进新民居和幸福乡村建设，省级新民居示范村达到65个，累计建成新民居1.1万余套；争列省级幸福乡村示范点13个，数量居全市第一。凤凰新村、龙耳村、茨村三个观摩点在全省加强基层建设年现场观摩活动中，受到省、市领导充分肯定。涉县被评为"全省新农村建设先进县"。

五、招商引资成效显著。组团参加河北省（香港）投资贸易洽谈会、廊坊"5.18"经贸洽谈会、北京项目集中签约会等活动，签约招商项目69个，开工在建58个，到位资金22亿元。博特制药、以岭药业、新能源产业基地LED、PCCP－E型管道生产线、圣美欧新型建材、北平建材微粉等一批新兴产业项目、产业延伸配套项目落户涉县。举办了中国·涉县旅游招商恳谈会，成功签约总投资达11.41亿元的11个重大旅游项目，构筑了大招商、大开放的崭新局面。在邯郸市举办了洁神新能源汽车推介展示暨体验行活动，充分展示了涉县产业结构调整和招商引资的成果。全年实际利用外资3300万美元，出口创汇1086万美元。

六、和谐局面进一步巩固。在异常困难的财税形势下，全年民生支出达到13.18亿元，占全部支出的63%，较好地解决了一批事关群众切身利益的热点难点问题。启动实施第三中学标准化学校改扩建、第三幼儿园、特殊教育学校、白芟小学和更乐幼儿园、河南店幼儿园等工程。涉县被评为全省"基本普及高中阶段教育先进县"。新体育场建成投用，成功举办涉县第五届运动会。文化事业日益繁荣，电视连续剧《刘邓和他的战友们》剧本通过审核，动画电影《红色号角》获得河北省影视艺术奔马奖，原创歌曲《女娲》获"五个一工程"奖。县医院迁建工程进展顺利，中医院医技病房楼投入使用；公立医院改革稳步推进，县医院全面实施药品零差率销售。新农合参合率达到96.1%，新农保参保率达到98.2%，城乡低保和农村"五保"实现应保尽保。深入开展财税执法大检查、综合治税等活动，确保应收尽收，维护税负公平。加强建筑市场管理，实施农民工工资保证金制度，最大限度保障农民工权益。从2012年开始县财政连续三年每年列支1000万元专门用于扶贫工作；经过积极争取，涉县1637户、5115口人列入全省易地扶贫搬迁规划，拉开了新一轮扶贫开发攻坚的序幕。筹资7000多万元，妥善安置改制企业职工1300人，保障了职工权益。城市集中供热新增面积40万平方米；解决了76个村、7.36万人的饮水安全问题；建成220个警务室，配备313名治安管理员，设置6个县际综合治理检查站，构筑了全方位的安全防控体系；西戌、西达、偏城三所中心敬老院和80所农村互助幸福院建成投用。全力抓好非煤矿山、危爆物品等重点领域的安全生产工作，强化食品药品安全监管，大力化解各类信访隐患和案件，全面加强社会治安综合治理，维护了稳定，促进了和谐。

县委书记：范保平

县人大主任：江钦所

县　　长：殷立君

县政协主席：樊爱国（1月离任）、安振海（1月任）

肥乡县

肥乡县位于河北省邯郸市东。2012年，肥乡县认真学习贯彻党的十八大精神，紧紧围绕强县建设目标，解放思想，创新实干，抢抓机遇，增创优势，牢牢把握加快发展的主动权，圆满完成了年初确定各项目标任务。全县生产总值完成73亿元，增长12.2%；全县固定资产投资完成65.6亿元，增长39.5%；规模以上工业增加值完成22.08亿元，增长23.1%；农民人均纯收入完成8560元，增长11.4%；全部财政收入突破4亿元大关，增长26.2%。

一、项目建设实现重大突破。新开工投资超亿元项目36个，谋划储备投资超10亿元项目8个，争列省、市重点项目11个。投资70亿元的邯郸东郊热电厂项目已经国家发改委核准，丛台酒业迁建、钢辰钒氮合金等一批投资超10亿元的大项目扎实推进。

二、开发区建设全面提速。新建道路4条，新增开发面积3.8平方公里；绿化、亮化和景观节点建设加快推进，污水处理厂及配套管网建设全面启动，省级经济开发区形象显著提升，承载能力明显增强。

三、工业经济发展势头良好。新增规模以上工业入统企业5家，纳税超百万元企业达到64家，规模以上工业增加值完成22.08亿元，增长23.1%。远达车辆、圣雪海羊绒、东方博特和富亚电子等4家企业列入全市百家成长型企业。

四、城乡建设迈出新步伐。建设了长7.4公里的幸福大道，成为对接邯郸市主城区的又一条大通道。新建了九鼎街南延、改造了瑞安路东段、拓宽了东城街南段等县城道路，硬化了32条城中村小街巷；推进数字化城管、公安平安城市、交警交通管理三网融合，实现了县城数字化管理全覆盖。统筹城乡发展，大力推进新农村建设，三里堤等9个村被列为省级幸福乡村示范村，被评为全省推进社会主义新农村建设先进县；全力打好农村环境综合整治攻坚战，确立了"打造精品、强化示范、规范达标、消除死角”的工作思路，创造性地实行了“六项工作制度”，环境综合整治工作卓有成效开展。

五、现代农业发展加快。粮食生产实现“九连增”，两季亩产达到1048.5公斤，实现了超吨粮县目标，被授予全省产粮大县；特色产业不断壮大，被列入国家蔬菜产业重点县，成为全省花卉生产重点县；新增省级龙头企业1家、市级龙头企业5家，农业产业化经营率达到60.5%，比上年提升了9.2个百分点；实施了太行山前平原土地整理、小型农田水利等一批农业基础设施建设项目，引黄灌区井渠双灌模式在全市推广，农业农村生产条件进一步改善；以纳入省级扶贫开发重点县为契机，打好扶贫开发攻坚战，实现了扶贫开发工作良好开局。

六、民生福祉持续改善。财政用于民生领域投入达到10.2亿元，占财政总支出的72%。教育事业加快发展，校安工程走在全市前列，被授予省普及高中阶段教育工作先进县；卫生事业不断进步，医改工作深入推进，县医院综合门诊楼建成启用，妇幼保健所按期竣工；文化工作扎实开展，建成村级文化活动场所120个，天台山镇被命名为省第三批“历史文化名镇”；社会保障体系不断完善，城乡低保标准和社会救助水平不断提高，社会保险覆盖面稳步扩大，城乡居民社会养老保险参保率达到93.5%；农村互助幸福院在全国率先实现全覆盖，央视《焦点访谈》专题进行报道，全国社会养老服务体系建设工作会议重点观摩，被授予全国养老服务示范单位。

永年县

永年县位于河北省邯郸市北。2012年，永年县深入贯彻党的十八大精神，以科学发展观为指导，认真把握永年实际，做出了“大发展、富永年”二次创业的战略决策，明确了“大张旗鼓抓发展，紧锣密鼓保稳定”的工作导向，发出了“乘风破浪正当时，建功立业无尽期”的奋进号角，全县上下齐心协力，创新实干，奋勇争先，永年经济社会呈现出逆势奋进、跨步提升的强劲态势。贾庆林、张庆黎、张庆伟、郭大建、高宏志、回建等各级领导均对永年工作给予高度评价。永年县先后荣获全国科技进步示范县、全国粮食生产先进县、全国果蔬无公害十强县、全国计划生育优质服务先进县、全省文化产业十强县、全省就业创业先进县等荣誉称号。

一、综合实力大幅提升。全县生产总值达到250亿元，增长10.5%。全社会固定资产投资完成155亿元，增长20.5%。全部财政收入完成19亿元，增长15%；公共财政预算收入10.6亿元，增长25.3%。城镇居民人均可支配收入、农民人均纯收入分别达到1.97万元、9578元，增长11.8%和13.6%。各类金融机构存款、贷款余额分别达到159亿元、86亿元，增长13.9%和17.4%。

二、项目建设扎实推进。坚持把项目建设作为加快发展的强大引擎，积极创优发展环境，召开座谈会“问政于企”、宣誓会“承诺服务”、现场会“一线解难”，“三个十”战略项目高效推进，全年安排的118个重点项目全部开工，完成投资126亿元。其中，永洋汽车弹簧板、硅谷复混肥、金力电池等56个项目实现投产或部分投产。广府旅游开发、南大堡蔬菜物流园等6个项目被列入省重点，中瑞仓储物流、郸豪调味品等10个项目被列入市重点，省、市重点项目数量位居全市前茅、全省前列，经济发展动力更加强劲。

三、农村经济快速发展。粮食产量实现九连增，总产达58.76万吨，亩产1061.5公斤，圆满完成“超吨粮县”目标。强力实施“超万元菜”工程，完成“三品一标”认证150个，总量居全市第一；全县蔬菜播种面积82万亩，年产鲜菜340万吨，产值42亿元。积极推进牧渔产业标准化建设，河北华裕蛋鸡示范场被农业部命名为部级示范场，永年洼被农业部确定为国家级水产种质资源保护区。全年实施农业产业化项目13个，新增省级龙头企业1家、市级龙头企业8家，市级以上龙头企业累计达到32家，数量居全市第二。幸福乡村建设卓有成效，12个省级示范村实现水、电和通讯网络全覆盖。

四、工业经济运行平稳。全年新增入统企业8家，累计达到111家，居全市第一。全县规模以上工业总产值、增加值、利润分别达到334亿元、78.3亿元和15.5亿元，增长14.6%、17.1%和2.1%，增幅居邯郸西部六县（区）前列。推进标准件产业“双向拓展”，中德紧固件等一批高端紧固件项目竣工投产，国家标准件产品质量监督检验中心入驻永年，产业档次实现新的提升。全县新增中国驰名商标2个，省著名商标6个，总量均居全市各县第一。57个节能减排项目建成投用，淘汰落后产能6家，节能减排目标全面完成。

五、城乡面貌发生巨变。以建设现代化中等城市为目标，科学规划了洺州新城、中央商务区、滨河新区，总投资22亿元的15项重点工程扎实推进。滏阳大街东延、广府旅游专线、永河线、娄冀线、中华大街桥、县城107国道、赵辛线、广府环城路等路桥建设或改造工程全面完成，新增通车里程115公里。仅用50天时间，顺利实现行政服务中心东移，行政便民中心、规划展馆等工程动工开建，拉开了县城东南区发展新框架；着眼打造靓丽滨河新区，洺河河道改造、沿河绿化、环湖大道等工程启动实施。县城新建、续建精品住宅小区10个，新增居住面积30万平方米。集中开展县城和农村环境综合整治，着力构建城乡“大城管”格局，城乡品位进一步提升。

六、广府开发突飞猛进。围绕“一年上水平、三年大变样、五年创5A，打造世界旅游目的地”的战略目标，组织千军万马集中实施广府百日攻坚、4A景区创建、景区绿化三大会战，重点推进总投资42.5亿元的“315”工程，游客服务中心、环城路拓宽改造、武家大院、仝家大院、门景楼、甘露寺、污水处理厂等完工或基本完工，中慈、太平洋、香港嘉年华等知名集团争相投资广府开发，创造了省市瞩目的“永年速度”、“广府蝶变”。一举摘得全省文化产业十强县、国家级湿地公园、国家级4A景区“三大名片”。全年接待游客突破80万人次，旅游及相关收入1.2亿元。

七、对外开放成果丰硕。中慈、中城建、中房、中青旅等中字头企业与永年签订战略性合作协议，德国科尔勃、香港万和、太平洋公司、北京红冶、上海复星等知名企业纷纷在永年投资发展，创造了大商云集、大干快上的"永年现象"。全年实际利用外资4576万美元，增长8.5%；具有自营进出口权企业105家，出口创汇7207.1万美元，增长11.6%，位居全市前列。大力发展商贸物流，新建成6万多平米的新世纪万钰商场；新增"农家店"62家，累计达到998家。全社会消费品零售总额93.3亿元，增长15.4%，位居全市第二。

八、民生实事高效落实。年初确定的总投资8.65亿元的17个方面72件民生实事全部完成。城镇新增就业岗位8943个，下岗失业人员再就业1890人，农村劳动力向非农产业转移1.52万人。城乡居民养老保险参保人数突破60万，参保率达到97.5%，受到人力资源和社会保障部领导肯定；新型农村合作医疗参合率达到96.89%以上，城镇基本医疗保险参保人数5.7万。建成保障性住房810套，375套限价房和241套廉租房分配到户；改造农村危房910户，超额完成省市下达任务。投资9710万元，饮水安全、道路硬化、安全稳定用电等基层建设年活动"十方面实事"高效完成，省、市领先。

九、社会事业亮点频现。科技、教育、文化、体育、计生等工作均取得新的成绩。永年县被列为山区经济基础开发管理县，评为全省校安工程先进县，河北硅谷化工有限公司被认定为"2012年国家火炬计划重点高新技术企业"，永年职教中心成为国家中等职业教育改革发展示范学校。永年西调艺术研究院挂牌成立，《走出大山》、《小巷总理》等作品荣获河北燕赵群星奖；残疾运动员张翠平勇夺十四届残奥会首金，并取得"两金一铜"好成绩。人口计生基层队伍职业化建设走在全省前列，全省计生队伍建设现场会在永年县召开，荣获全国阳光计生行动示范单位称号。高度重视安全生产和信访稳定工作，大力开展煤矿、非煤矿山、道路交通、学校安全等专项治理和矛盾排查、定期接访、下访活动，全年未发生一起重大责任事故或进京上访事件。严厉打击各类刑事犯罪，永年社会稳定、政治安定的局面得到进一步巩固。

河北省国家级开发区、省级开发区、省级工业园区、省级工业集聚区选登

秦皇岛经济技术开发区

2012年，秦皇岛经济技术开发区完成地区生产总值240.58亿元、增长15%；外贸出口16.09亿美元、固定资产投资108.2亿元、财政收入37.75亿元，同比分别增长25.7%、17.5%、18.1%；全区在建千万元以上项目57项，总投资611亿元，完成投资86.49亿元。全年引进项目22项。总投资69亿元的嘉隆光电产业园、10亿元的中兴通讯智慧城市服务中心和1.5亿美元的戴卡二期等一批大项目，已经办理落地手续。开发区以发展新兴产业为突破口，数据产业快速发展。中科院数据产业研发转化基地正式签约，7个高端项目同时落地。全球首个基于云计算的三维互联网技术应用孵化平台正式上线，快速制造国家工程研究中心秦皇岛示范中心开始服务，安卓科技、星通联华物联网研究院等一批项目落地。龙头企业技术实力显著增强。全区工业主营业务收入超亿元企业达到57家，占全区规上工业的95.5%。其中10亿元企业14家，50亿元企业3家。环境建设精品纷呈。实施长江道、峨眉山路综合改造，完成数谷大厦广场、展园三期环境建设，建成高端商业综合体——秦皇新天地风情街；戴河生态园正式对外开放，成为北戴河近岸海域环境综合整治样板工程，已申报河北省人居环境范例奖。除此之外，秦皇岛开发区深入开展感恩教育活动，推动教育进农村、进机关、进校园、进社区、进企业，评选十大"感恩之星"，在全社会引起强烈反响，营造了"报党恩、讲奉献、重善行"浓厚氛围。

2012年秦皇岛开发区荣获"2012最具投资价值园区"、"中国产学研合作创新示范基地"、"全国数据产业最佳基地"等多项称号，成为全省首家通过ISO9001质量管理体系认证的开发区，全区产业竞争力、发展带动力和对外影响力进一步增强。

一、经济发展。秦皇岛开发区积极优化存量，扩大增量，稳定重点企业，扶持成长型、创新型企业，主要指标均达到或超过"十二五"均衡进度，经济实现平稳较快增长。完成地区生产总值240.58亿元、增长15%；规上工业主营业务收入718.63亿元、工业增加值148.78亿元，分别增长15%和15.2%；外贸出口16.09亿美元、固定资产投资108.2亿元、财政收入37.75亿元，同比分别增长25.7%、17.5%、18.1%；实际利用外资1.88亿美元、内资99.74亿元，同比分别增长8.3%和14.6%。

二、集约发展。征地拆迁扎实有效。着眼保项目、保增长，全力推进征地拆迁，全年征地2600多亩，完成了王校庄拆迁，保证了承秦高速、光宇汽车、新投资服务中心等重点项目用地。积极争取上级支持，新区总体规划合法性问题取得重要进展，为加快新区开发创造了条件。

三、节能降耗。2012年，节能降耗工作以调能源结构、挖节能潜力为重点，强化目标考核，单位工业增加值能耗下降13.13%，万元GDP能耗下降3.69%。合同能源管理。对节能资金扶持企业采取资金使用监督、后续跟进服务等举措，对合同能源管理项目进行动态跟踪。4家被扶持企业实现节能2870吨，其中，中粤浦项公司实施的循环水泵技改项目实现节电40%；美铝合金、金海食品、中信戴卡等6项节能技改项目竣工，年节能3万吨。深挖企业节能潜力。深入走访奥格玻璃、同和热电、金海

粮油等20多家重点用能企业，为企业就生产工艺、用能现状情况提供诊断，指导企业科学用能；对山船重工、哈电重装、长城玻璃等能耗大户进行电节能专项检测，掌握企业用电效率和节电空间，出具节电报告，引导企业优化能源利用，嘉隆玻璃、旭硝子、天威秦变等7家企业进行照明系统、空压机、循环泵等改造，累计节能800多吨标煤。严把项目准入。对工业增加值能耗指标高于全区GDP能耗的拟建项目一律不予核准、备案，全年通过节能审查的固定资产投资项目69个，组织节能评估报告书专家论证会6次。落实目标责任制。审核33家企业用能总量、技改项目进展、产品单耗情况，将目标任务分解，并逐一与之签订责任状，加大日常检查力度，严格控制企业耗能总量，对超出用电用能指标的企业采取限电、惩罚性电价、拉闸停产等惩罚措施。

四、项目建设。2012年，秦皇岛开发区把项目建设摆在全局首位，加大招商引资和推进力度，一批重大项目落地和开工。全区在建千万元以上项目57项，总投资611亿元，完成投资86.49亿元。其中，当年新开工31项，完成投资37.6亿元。总投资42亿元的戴卡产业园一期、9500万元的益海嘉里蛋白项目已经投产，总投资7.5亿元的金程客车和总投资4亿元的方华机械扩建等重点项目已进行施工建设。招商引资取得新进展。全年引进项目22项。总投资69亿元的嘉隆光电产业园、10亿元的中兴通讯智慧城市服务中心和1.5亿美元的戴卡二期等一批大项目，已经办理落地手续。同时，总投资60亿元的五金机电城、10亿元的万华2.5产业园和10亿美元的安森美电子等重大项目，在洽谈之中，有的已签订合作协议。全区项目建设呈现出“在谈一批、落地一批、开工一批、投产一批”的良好局面。

五、新兴产业发展。秦皇岛开发区以发展新兴产业为突破口，大力改造传统产业，打造优势产业，产业规模化、集约化、高端化发展取得明显成效，竞争力迈上新台阶。一是数据产业快速发展。中科院数据产业研发转化基地正式签约，7个高端项目同时落地。全球首个基于云计算的三维互联网技术应用孵化平台正式上线，快速制造国家工程研究中心秦皇岛示范中心开始服务，安卓科技、星通联华物联网研究院等一批项目落地，进一步提升了开发区数据产业技术能力，巩固了作为全国数据产业倡导者、推动者和实践者的地位。同时，起步区1.4平方公里已基本具备项目摆放条件，标志性建筑“数谷”大厦以及49栋单体建筑正式建成，中科院数据产业研发基地等18个项目将陆续入驻。一个环境优美、特色鲜明、功能完善的中国“数谷”正在快速崛起。

六、高新技术产业。高新技术产业强势增长。下大力扶持科技创新，为51家企业申请扶持资金7565万元，全区申报各类专利824项，授权专利490项。创新平台建设取得重要进展，全年新增省级以上企业技术中心6个，总量达到22个，占全市的80%。新建“北方云数据中心”等公共服务平台5个，总量达到20个。2013年，全区拥有高新技术企业45家，占全市总数的62.7%。自主创新能力的增强推动了经济快速发展。2012年，高新技术产业完成工业总产值190亿元，同比增长35%；实现利税16亿元，占全区的63%。

七、产业发展。开发区汽车零部件、粮油食品加工、重大装备制造等产业发展硕果累累，龙头企业技术实力显著增强。全区工业主营业务收入超亿元企业达到57家，占全区规上工业的95.5%。其中10亿元企业14家，50亿元企业3家。中油宝世顺公司依靠技术创新抢占市场，实现产值、利税“双跃升”：全年完成产值30.87亿元，利税2.04亿元，同比分别增长了20.7%和3.7倍；宏岳塑胶公司成为“中国地暖行业领军品牌”；金海粮油、金海食品、五兴能源、山船4家企业入选“河北百强”（全市共6家）。2012年，开发区拥有中国名牌产品5个，河北省著名商标23个。戴卡公司挺进全球汽车零部件供应商100强；哈电重装生产完成世界首台AP1000三代核电汽轮机，标志着核电制造技术跻身世界一流；国内首台大直径全断面岩石掘进机在天业通联下线，成功打破国外垄断；天威保变首台高性能变压器一次试验成功，技术指标国际领先。支柱产业向高端化发展，明显提升了开发区的竞争力和影响力。

八、环境建设。开发区着力改善“两个环境”，扎实推进北戴河近岸海域环境整治，完善功能，破除瓶颈，打造平台，城市综合承载力明显增强。一是环境建设精品纷呈。实施长江道、峨眉山路综合改造，完成数谷大厦广场、展园三期环境建设，建成高端商业综合体——秦皇新天地风情街，环境品质进一步提升。戴河生态园正式对外开放，成为北戴河近岸海域环境综合整治样板工程，已申报河北省人居环境范例奖。深入整治农村环境，清理垃圾、平整道路、美化村容，农村环境面貌发生了可喜变化。全力抗汛救灾，夺取重大胜利，保护了人民生命财产安全，稳定了发展大局。二是融资工作实现突破。积极创新融资方式，千方百计筹措资金，发行债券14亿元，向国开行融资3.38亿元，用于数据产业基地建设，有效缓解了建设资金压力。三是加大对企业的扶持力度，营造良好发展环境，培植新的增长点。全年拨付2900万元资金支持“两型”企业发展。加强与国开行、市商行的合作，为中小企业争取贷款2000万元；深化与中信保的合作，建立风险保障与融资平台，帮助企业防范风险，开拓市场；与天交所合作，为中兵公司融资2160万元，为企业开辟了融资新路。在经济较为困难的条件下，这些措施有力支持了企业发展，保证了全区经济增长。

九、和谐开发区建设。开发区在可用财力十分紧张的情况下，下大力解决民生问题，提高民生水平，群众得到更多实惠。一是就业取得实效。认真落实就业扶持政策，大力发展“订单式”培训，实施职业培训、就地培训、创业培训，帮助失地农民和困难人员就业。全年新增城镇就业4216人，实现下岗再就业1020人、转移农村劳动力1009人，超额完成目标任务。二是社会保障水平不断提高。养老保险、失业保险和医疗保险的参保人数、征缴金额，全部超额完成目标任务，为提高社会保障能力奠定了坚实基础。上调退休人员社保待遇，5500多人受益。完善社会养老服务体系，建成多所幸福院和日间照料站，服务覆盖了18个村居。加大对社会特殊群体的救助，发放社会救助及优抚保障金536万元。成立志愿者助残联络站，在全区形成了助残帮困的良好氛围。三是教育事业快速发展。大力改善办学条件，启动建设新的第六小学和第三中学。投资1450万元建成第二中学科技楼和附属幼儿园。青少年活动中心扩建完成，有效满足了青少年课外活动需求。完成新区中小学接收和片区化管理，办学条件得到初步改善。积极推行“生本教育”，教育质量明显提高，高考上线率再创历史新高。四是文化建设欣欣向荣。着眼构建基本公共文化服务体系，制定出台了开发区首部文化发展专项规划，推动文化建设步入了科学化、持续化、规范化的轨道。着力改善文化条件，为社区配备活动设施，在农村建设书屋，推动公共文化服务一体化、均等化、便利化。精心举办第五届艺术节、第四届“文化月”等大型系列活动，参与群众达4万人次，掀起了文化建设新热潮。秦皇岛开发区深入开展感恩教育活动，推动教育进农村、进机关、进校园、进社区、进企业，评选十大“感恩之星”，在全社会引起强烈反响，营造了“报党恩、讲奉献、重善行”浓厚氛围。五是医疗卫生工作取得进步。推进直属医疗单位改革，医疗服务和经营管理水平持续提升。实施重大公共卫生服务，加强村卫生室建设，为居民建立标准化健康档案，建档率超过98%，超过国家规定标准。建立食品安全联席会制度，加强食品药品监管，未发生大的食品安全事故。六是安全生产形势明显好转。深入开展“打非治违”等专项活动，落实制度责任，强化基层监管，排查治理隐患，安全生产事故大幅下降，保持了总体稳定，为全区发展营造了良好环境。

十、机构设置及工管委领导。中共秦皇岛开发区工委是中共秦皇岛市委的派出机构，行政规格为副市级，内设工委办公室、组织部、宣传部、纪工委、政法委、工会联合会、机关工委、企业工委、妇女联合会、共青团工委。秦皇岛开发区工委主要领导有：工委书记郑宝亮，工委副书记胡英杰、李生、周雁（女）、徐贺、陈永富、郝凤斌、郑新（女），纪工委书记王家林。秦皇岛开发区的行政管理机构为秦皇岛开发区管理委员会，是秦皇岛市政府的派出机构，行政级别为副地级，下辖管委办、经发局、财政局、政策法制局、建设规划局、招商局等20个直属单位。秦皇岛开发区管委主要领导有：管委主任胡英杰，管委副主任郑宝亮、李生、邵宏根、李颖熹（女）、扈秋宁、郭晓城、刘洪柱、何华庆、吕爱国。

保定高新技术产业开发区

一、概况。目前，保定国家高新区技术产业开发区（以下简称“保定高新区”）初步形成了光伏发电、风力发电、新型储能、高效节能、输变电和电力自动化等六大产业体系，得到了国家科技部、发改委、商务部、工信部等部委高度评价与支持，保定新能源产业已获批准多个国家级基地称号，包括：国家新能源高技术产业基地、国家可再生能源产业化基地、国家新能源与能源设备产业基地、国家出口创新基地、国际合作基地、国家新型工业化产业示范基地、国家太阳能光伏发电集中应用示范区等。

2012年，全区规模以上工业增加值83.3亿元；固定资产投资101.7亿元，同比增长2.6%；全部财政收入30.8亿元，同比增长19%；社会消费品零售总额57.4亿，同比增长14.5%；实际利用外资2923万美元。

二、项目建设。把项目建设作为抓投入、保增长的关键举措来抓，瞄准新上大项目、好项目、高新技术项目，力促产业结构优化和经济发展方式转变。对巨力、宇能、中铁等重点项目，按照“五个一”要求（一个项目、一个领导、一套班子、一个方案、一抓到底），进一步健全了重大项目领导分包责任制，每个项目均有明确的分包领导，作为项目的第一责任人，负责全程跟踪，协调解决项目从落地建设到开工生产全过程的所有问题。推动英利与长城强强联合，启动建设长城产业园50兆瓦“金太阳”光伏屋顶并网发电项目，成为河北省最大装机“金太阳”单体工程。2012年全区投资亿元以上新开工项目21项，总投资522亿元，其中省、市重点项目11项，当年计划投资27.6亿元，实际完成50亿元，投资率达到170%。总投资183亿元的巨力光伏与索具产业链项目、总投资21亿元的宇能科技园项目、总投资15亿元的中铁电化科技园等项目相继开工建设。2012年3月28日和10月29日，两次举办中国电谷重点项目集中奠基仪式，目前已有3个省重点、4个市重点项目开工建设。

三、园区建设。立足“保重点、保发展”，着力在城乡规划、基础设施、公共服务等方面加大投入力度、加快发展步伐。总长9.3公里、占地2000亩、总投资5.86亿元的保定城建重点项目朝阳大街北延工程全线贯通，实现了电谷新区与大王店园区的南北联通。总投资1037万元的天鹅路和朝阳北大街改造工程全面竣工。城中村改造工程稳步推进：西南韩和小次韩村超计划完成拆迁任务，拆迁总量达到70%以上；花庄村详细规划顺利通过市规委会评审，目前正在制定改造方案并着手启动土地招拍挂事宜。电谷新区污水处理厂正式启动，项目前期手续正在办理，可研报告和规划设计初步完成；电谷新区供热站后期工程扎实推进，土建安装工程基本到位，新区供热投入运行。城市景观工程再上新台阶：按照“国家园林城市”验收标准，朝阳北大街、茗畅园广场、天鹅路、二环排水泵站和京昆引线景观林带等工程全面竣工，园区形象进一步提升。

四、科技创新。突出创新驱动，推进转型发展，创新平台和创业孵化体系日趋完备。国家创新型特色园区顺利获批。相继获批科技部“国家级创新型特色园区”（河北省内仅保定与石家庄高新区获批）和“新能源与智能电网创新型产业集群”，标志着保定高新区创新转型发展再上新台阶。总投资2.87亿元，占地100亩，建筑面积14万平方米的保定国家大学科技园正式开园。华电、河大、金融学院和软件职业技术学院四所院校入驻，创立了一园多校、联合创新的发展模式，成为“中国电谷”又一自主创新基地、产学研合作示范基地和战略性新兴产业培育基地。目前入驻企业73家，科技园全部投入使用后，将实现年产值20亿元。连续第六年成功举办中国电谷香港推介会，签约项目25项，总投资25.5亿美元，利用外资18亿美元，彰显了电谷品牌，受到省市主要领导高度评价；同时与香港科技园签署战略合作协议，将在技术合作、投资开发、人才培养等方面展开深度合作。光伏发电技术国家重点实验室建设进展顺利。依托英利集团建设的光伏发电技术国家重点实验室承担了科技部科技支撑项目、“973”、“863”等多项研究开发项目，投资1.3亿元建成国内最大光伏检测中心。国家级新能源检测平台建设取得重要进展。“风能仿真与检测认证技术重点实验室”正式获批得国家能源局授牌并成功运行；中科院国家光伏检测实验室正式交付使用。两个国家级检测平台将对全区新能源产业的创新发展带来积极的拉动作用。

五、投资环境。拓展融资渠道，多元融资体系初步建立。积极应对经济下行带来的财政资金压力，创新融资模式，成功发行城市建设投资债券，融资8亿元，为2013年新区规模开发、创新发展提供了资金保障；同时积极引入社会资金，建业路等3项基础设施工程采用BT模式，融资9000万元；主动争取国家政策性资金支持，通过污水处理厂等项目，申报扶植资金超过1亿元。搭银企桥，主动安排企业与金融机构开展经常性金融对接；下探服务，开展“百家企业大调研”活动，制定下发《重点企业走访会诊实施方案》，逐个解决企业发展中遇到的问题，如帮助推进英利与长城强强联合；强化调度，加强经济运行监测分析，准确把握经济走势，有针对性地济困扶强，力促经济总体运行平稳。

六、社会事业。大力发展社会事业，切实保障和改善民生。坚持以人为本，围绕公共服务、社区和新农村建设、民生保障，积极发展各项社会事业。大力推动教育事业协调发展。扎实推进学前教育三年行动计划和九年义务教育计划，旭日幼儿园改扩建项目年底竣工，保定高新区小学二期工程竣工投入使用，中学建设立项启动。? 逐条落实为民解困政策。按时足额发放低保资金，为32名城镇低保居民、223名农村低保人员发放低保资金36万元；为33户“五保”家庭发放五保资金14.5万元。进一步加强食品安全工作。大力推进放心食品工程，涌现出“油条哥”等先进典型；成立保定高新区食药监分局和食安办，通过食品安全重点工作责任立项分解和层层签订目标管理责任书，为有效保障全区稳定的食品安全形势夯实基础。积极推进和谐社区建设，高新区连续被评为保定市社区建设先进区，茗畅园社区、新世纪社区获得“全国和谐社区建设示范社区”、“低碳社区”等荣誉称号，茗畅园社区成为全国和谐社区典型。非公企业党建工作不断创新，“党群工作一体化”工作体系日益完善，成为保定市党建工作样板；企业诚信体系建设持续开展，营造出良好的保定高新区诚信发展氛围。

廊坊经济技术开发区

2012年，廊坊经济技术开发区辖区面积69.4平方公里，规划面积38平方公里，已开发土地面积26平方公里，辖20个行政村，区内总人口近17万人（其中农村人口3.9万人，在岗职工5.9万人，大学城师生4.5万人，流动人口1.7万人）。

年内实现地区生产总值276亿元，同比增长18%；完成财政收入54.4亿元，同比增长18.1%；实际利用外资2.3亿美元；引进内资49.4亿元，同比增长38.9%；完成城镇固定资产投资41亿元，同比增长14.7%。

一、云存储产业发展势头强劲。云存储产业园建设推进有力，产业支撑项目建设加快。总投资130亿元的中国联通华北基地项目已开工建设；总投资98亿元的润泽国际信息港项目一期数据中心机房已竣工装修，二期12栋单身宿舍楼已动工建设，国家软件与集成电路公共服务平台云存储服务平台正式挂牌，国家电子政务外网灾备中心项目与润泽公司签订并履行入园合作协议；总投资66亿元的云存储产业园分布式能源站项目已签署入区协议，并获批准开展前期工作；总投资80亿元的中国人保北方信息中心项目签署入区协议，正在等待财政部下达投资计划。

二、现代服务业全面提升。廊坊服务外包基地二期投资3.5亿元的总部大厦完成主体施工3.5万平方米，省服务外包示范基地和省软件协会服务外包专业委员会正式挂牌，引进3家服务外包企业入驻，入园企业总数已达到8家，购买租用研发办公场地1.2万平方米，从业人员达到1200人。投资2.42亿元的廊坊宝湾国际物流园建成运营，总投资3.3亿元的太古冷链物流项目签约落户；新引进注册5家金融投资机构和7家现代服务业公司，五星级商务艺术酒店新绎贵宾楼运营开业。

三、重大项目加快建设。新引进德国波森、新路通科技、日本群拓电子、吉祥汽车车顶、英纳法汽车天窗、萨姆纳机械等一批投资规模大、项目质量高、纳税预期好的高端项目，北京有研总院光电子材料项目已完工投产，华创天元公司利润、纳税同比分别增长10.4%和24.6%。总投资5650万美元的维特根亚太生产基地、7800万美元的好丽友食品基地、11亿元的精雕数控机床二期、5亿元的新联铁轨道交通检修基地等6个贡献大的项目即将开工建设。

四、科技创新成果丰硕。廊坊科技谷回归开发区管理，科技成果研发转化平台建设全面启动，被科技部列入国家技术转移示范机构，新引进7个先导性、新能源科研中试平台，启动建设10个科研孵化类重点项目，建设完成22万平方米综合研发基地，成功引进人类乳头瘤病毒融合蛋白疫苗针剂项目。企业技改力度加大，新奥光伏等8家企业纳入省工业企业重点技术改造项目计划，华创天元等8家企业通过省企业技术中心合格认定；新奥集团、荣盛公司荣获省民营经济银牌企业称号；新奥集团“煤基低碳能源国家重点实验室”通过科技部验收，凯博建设机械公司研发国内首台具有自主知识产权的50吨动臂式大型起重机，鑫谷光电公司研制出第一个水下LED灯，同方川崎吸收式热泵国家产业化示范项目奠基，英博电气公司与国家钢铁研究总院成功开发“大功率金属软磁电抗器产业化项目”，科技创新能力显著提升。

石家庄高新技术产业开发区

石家庄国家高新技术产业开发区（简称石家庄高新区）是1991年3月经国务院批准设立的首批国家级高新区。1995年经国务院批准，将位于市区东部的原石家庄经济技术开发区并入石家庄高新区，实行“一区两园”的管理模式。2005年6月，国家发展和改革委员会审核确定石家庄高新区政策区面积15.53平方公里，其中东区7.33平方公里，西区8.2平方公里。2009年10月15日，石家庄市委、市政府决定石家庄高新区对原裕华区宋营镇、原栾城县郄马镇实行托管，目前，东区辖一乡两镇（留村乡、宋营镇、郄马镇），行政辖区面积扩大到75平方公里。全区总人口70万人。近年来，石家庄高新区以突出生物与现代医药产业为发展方向，坚持以科学发展观为统领，集聚创新要素，搭建创新平台，加强政策引导，加快推进高新技术项目建设，积极构建现代产业体系，提高技术创新能力，经济持续健康发展。2012年，石家庄高新区实现营业收入1311亿元，同比增长31.6%；工业总产值825亿元，同比增长37%；完成固定资产投资145亿元，同比增长23%；财政收入30.14亿元，同比增长20%。

一、科技创新。2012年，新投入使用孵化器3家，在建孵化器5家，全部建成后可新增孵化场地面积100万平方米；2012年5月，石家庄市科技服务中心和方大科技园经科技部认定为国家级科技企业孵化器，并各自获得市政府500万元资金奖励；7月3日，石家庄中煤装备制造公司在深交所挂牌上市，募集资金3.4亿元，全区上市企业总数达13家；8月，高新区通过“国家知识产权试点园区”工作验收评定，正式成为了国家知识产权示范园区；经国家发改委批准，高新区中小企业集合债券于12月13日发行，发行总额1.78亿元。

全年组织筛选申报各类科技项目181项，获批国家重点新产品立项2项，国家科技型中小企业创新基金立项16项，河北省科技型中小企业创新基金立项13项，河北省科学技术研究与发展计划课题立项21项，市级科学技术研究与发展计划课题立项48项，市指导计划立项10项，共获各级财政支持3209万元。

二、招商引资。石家庄高新区招商工作不断创新招商模式，以高端医药产业园、格力电器及配套产业园、战略新兴产业和总部经济项目建设为重点，大力实施高端招商、产业链招商、海外招商、主要领导带头招商、政企联合招商，在引进立市、立区及带动全区经济结构调整和经济发展方式转变的重大项目上实现新突破。全年共引进投资亿元以上项目21个，总投资258亿元，完成任务指标的100%；利用省外市外资金67.8亿元，完成全年任务的160%，在全市位列第二名；实际利用外资9600万美元，完成任务指标的120%。在引进的项目中，投资50亿元以上的北京联东投资（集团）有限公司“联东U谷·石家庄高新区产业园”项目和深圳科聚新材料有限公司新材料生产基地项目2个；投资30亿－50亿的欣意电缆项目和北京易华录信息技术股份有限公司河北研发运营总部及智能交通产业园等项目2个；引进华药总部、冀星高速等总部类项目5个，引进华药研发中心等高端研发类项目10个。

三、高新企业。石家庄高新区注册企业总数为2992家，外资企业为110家，实际利用外资11.3亿美元。该区不断加大对高新技术企业的培育、储备和认定，高企认定工作形成了培育一批、储备一批、认定一批、复审一批的新型梯次结构，高新技术企业总数达123家，继续高居全省各地市和各国家级高新区首位。全年新认定高企18家，通过复审28家，占全省878家的14%，占全市213家的57.2%，形成了以生物医药、电子信息、装备制造、现代服务业为支柱产业的高技术产业集群。

四、园区建设。石家庄高新区按照“新区大上、老区提升，为进区企业完善配套”的思路，加大基础设施建设力度，全年共完成城建投资18亿元，实施了路网建设、管网配套、道路绿化等工程建设，为项目提供完善的基础配套。新建、续建道路12条，总长13公里；华远路、祁连街、海河道等7条道路竣工通车；新修供水管网22公里、雨污水管网15公里，新建一座提升泵站；昆仑变电站交付使用，迁改修建供电线路11公里，电力排管13公里；新建热力管网32公里及迁改铺设天然气管道12公里；实施了燕山大街、金沙江道、学苑路等3条道路绿化工程，对307国道进行了改造提升，全年新增绿化面积10万平方米；格力配套产业园1#—6#单层钢结构厂房、食堂和公寓楼项目已竣工并投入使用；欣意电缆项目建设一期工程竣工投产；赵村旧村改造10栋回迁楼交付使用；新建高标准公交候车亭50个，建设环卫工人作息用房和环保公厕10座；清理、整改露天炭火烧烤67家，清理占道市场3个，清理废品站35处。

五、社会事业。石家庄高新区加大社会事业投入，总建筑面积近5万平方米的54中二期续建工程进展顺利，2013年底可全部投用；全区共有各类中小学26所，民办中小学3所，各类幼儿园15所，基本形成公办与民办共同发展的教育格局，完成了第一小学和石炼小学的过渡搬迁工程，为277名家庭困难的优秀师生发放帮扶慰问资金共计44.8万元；长江社区卫生服务中心、海河社区卫生服务站、珠峰社区卫生服务站和富有中国元素的高标准“国医堂”建设均已完成并投入使用，宋营卫生院升级改造工程已完成并投入使用，完成消除麻疹工作，筛查、补种适龄儿童共计25740人；区文化馆现已进入内部装修阶段，图书馆主体建设已经完成，预计2013年5月投入使用；完成了82家餐饮业燃煤治理工作，并顺利通过验收；

全年共发放低保、高龄津贴、政府购买养老服务等救助资金约300万元。

唐山高新技术产业开发区

2012年，唐山高新技术产业开发区（以下简称唐山高新区）完成地区生产总值108亿元，同比增长20%；营业总收入436亿元，同比增长20.8%；固定资产投资40亿元，同比增长29.2%；财政收入24亿元，同比增长9.2%；实际利用外资6026万美元，同比增长19.5%。主要经济指标保持了20%以上的增速，财政收入占地区生产总值比重达22.2%，经济发展质量继续在河北省开发区中保持领先。

一、发展质量。2012年，唐山高新区发展质量仍保持良好态势。单位面积GDP27亿元/平方公里，同比增加19.95%；工业人均增加值49万元/人，同比增长18.70%；单位面积固定资产投入39亿元/平方公里，同比增长25.29%；单位面积财政收入6.05亿元/平方公里，同比增长10.24%；财政收入占GDP比例22.39%；，同比减少8.10%；高新技术工业企业产值占工业产值比例58.59%，同比增加2.82%；万元GDP用电量0.0466吨标准煤/万元，同比下降4.61%；万元GDP用水量4.12立方米/万元，同比下降5.08%。

二、对外开放。2012年，唐山高新区完成进出口3.41亿美元，完成全年指标的102%；完成出口创汇2.35亿美元，完成全年指标的102%。对外投资指标完成820万美元，完成全年目标任务的102.5%。

实施“走出去、请进来”战略。成功引进总投资2亿美元的考克兰清洁能源智能装备基地项目，并且成功引进世界500强企业英国汇丰银行投资1585万美元的汇丰银行唐山分行项目，该项目是汇丰银行在河北省设立的首家分行，也是唐山市首家外资银行。与中科院唐山科学发展研究院共同组织召开中韩高新技术项目对接洽谈会，会上唐山高新区与韩国大田科技园区签署战略合作协议。2012年，唐山高新区引进外资项目7个，合计总投资1.11亿美元，总投资3200万美元的日本中产大功率垂直轴风力发电机组等一批带动能力强的项目相继落户唐山高新区。总投资2333万美元的唐山爱信汽车零部件有限公司扩产，全年实际利用外资到位6026万美元，全年完成实际利用外资增长19.5%。

加强对外经贸企业的扶持。组织区内外贸企业进行唐山市进出口企业登记；开展服务外包资格认定工作，唐山高新区中联耐材电子商务有限公司等33家企业被认定为河北省首批服务外包企业。经评审，唐山高新区被认定为省级服务外包示范园区和产业基地。2012年高新区被评为“河北省服务外包工作先进单位”。河北省商务厅、财政厅拨付唐山高新区服务外包扶持资金30万元。

三、项目建设。2012年，全区入库项目150多个，项目总投资821.5亿元，其中：续建项目42个，总投资288.99亿元；新开工项目17个，总投资11.84亿元；前期项目共72个，总投资208.37亿元，其中38个项目已初步具备开工条件；谋划项目24个，总投资312.5亿元。共列入市重点建设项目5个，省重点建设项目2个，争取用地指标130亩，形成工业、服务业、城中村改造和基础设施项目共同支撑的项目建设格局。

2012年全区开工在建项目63个，项目总投资300亿元。中冶京唐（唐山）精密锻造有限公司的大型多向模锻装备、唐山国华科技有限公司的高效洁净煤装备制造基地、唐山开元机器人系统系统有限公司的焊接机器人系统和自动焊接装备等一批投资规模大、占据产业高端的重点项目主体完工或建成投产，唐山百川智能机器有限公司的车辆维修装备制造基地、唐山盾石电气有限责任公司的智能电气成套设备等19个项目已按计划开工建设；中国国电信通信枢纽、唐山开元机器人系统有限公司的特种焊接机器人及机器人焊接系统、唐山神钢焊接材料有限公司二期等15个项目办理开工前期土地规划手续。

2012年，唐山高新区软件园项目举行奠基仪式，正式开工建设。软件园占地面积50亩，总投资3亿元，建筑面积10万平方米。一期区1.9万平方米，是唐山高新区重大项目。该软件园可实现园区技术资源和公共服务资源共享，吸引更多的软件企业来投资创业，进一步提升唐山高新区软件企业的聚集度。此外，承德银行、纳米新能源等一批现代服务业和新兴产业项目相继落户唐山高新区。

四、高新技术企业及成果。高新技术企业及各类研发机构认定工作。协助唐山开元特种焊接设备有限公司、唐山拓又达科技有限公司等企业通过了河北省2012年第一批高新技术企业认定。组织唐山启奥科技有限公司、唐山赛福特精细技术陶瓷有限公司等8家企业通过了2012年的高新技术企业复审。全区高新技术企业达到35家，占全市的近50%。2012年，唐山高新区高新技术产业产值133.03亿元，同比增长22.90%，高新技术产业带动作用明显增强，高新技术产业产值占工业总产值的58.6%，集群效应日益显著。高新技术产业收入22.45亿元，同比增长22.06%。

2012年，唐山高新区有5项创新成果创全国第一：一是成功开发出目前国内最大规格的焊接变位机械——250吨米变位机。该产品结束了多年来我国大型焊接变位机械长期依赖进口的历史。二是研发出国内第一、焊缝深度可达500mm的热丝TIG焊接系统。极大地满足了我国重容、重机行业快速发展的需要。三是在国内率先研发出LNG（液化天然气）船用殷钢列板缝焊机。LNG船是国际公认的高技术、高难度、高附加值的“三高”产品，而殷钢列板缝焊机是建造LNG船最重要、最关键、最复杂的设备，国内此前一直依赖进口。由开元集团与沪东中华造船公司合作研发的殷钢列板缝焊机，打破了国外产品长期垄断的局面。四是热处理设备市场占有率居国内第一。由唐山高新区天捷机械公司生产的系列热处理设备拥有5项实用新型专利及16项软件登记证书，已广泛用于国内机械、铁路、汽车、航空航天、兵器、船舶等行业，并出口到奥地利、瑞典、美国等多个国家，产品市场占有率居国内同行业第一。五是唐山怡安生物工程有限公司成功研发出我国第一支具有自主知识产权的本土毒株动物灭活狂犬病水针疫苗。

五、主导产业。2012年，唐山高新区6大主导产业主要经济指标分别为：焊接产业产值36.66亿元，实现销售收入27.58亿元，创造利润4.19亿元；智能仪表产业产值12.67亿元，实现销售收入10.06亿元，创造利润2.15亿元；新材料产业产值16.54亿元，实现销售收入16.71亿元；生物医药产业产值8.35亿元，实现销售收入4.54亿元；节能环保产业产值9.94亿元，实现销售收入6.09亿元，创造利润5323万元；汽车零部件产业产值22.71亿元，实现销售收入12.38亿元，创造利润1627万元。2012年，唐山高新区六大主导产业产值合计106.88亿元，实现销售收入合计77.45亿元，创造利润5.39亿元。六大产业产值占全部工业比重为56.18%。

六、产业基地和名牌示范区。机器人产业基地。2012年2月，唐山高新区机器人产业基地被国家科技部认定为国家火炬特色产业基地，这是继国家火炬计划焊接产业基地之后唐山高新区获得的第2个国家级特色产业品牌。国家火炬特色产业基地的建立，可获得国家火炬计划项目立项、火炬计划重点高新技术企业认定等多方面的优先支持，在实施火炬计划的基础上，依托一批机器人产业的高新技术企业，建立起机器人产业集群，促进唐山高新区机器人特色产业发展，建成专用机器人生产基地。根据规划，唐山高新区将以唐山开诚电控设备集团有限公司、唐山开元机器人系统有限公司、唐山松下产业机器有限公司等重点企业为依托，加快推进矿用抢险探测机器人、中厚板焊接机器人、薄板通用焊接机器人等重点产品的研发制造与产业化。2012年，唐山开诚电控设备集团抢险探测机器人产业化项目取得新进展，已取得订单196台，销售额预计达2.35亿元。知名品牌创建示范区。在高端装备制造产业，唐山高新区焊接产业基地已具集群规模，规模为国内第一、亚洲第三、世界第十。2012年8月，国家质量监督检验检疫总局下发国质检质〔2012〕514号函，正式批准唐山高新区筹建“全国焊接机器人制造产业知名品牌创建示范区”。建立焊接机器人制造产业知名品牌创建示范区，将极大地推动唐山高新区焊接机器人制造产业的发展。

承德高新技术产业园区

1992年6月，承德高新区经河北省人民政府批准建立。批准规划面积6.2平方公里，分为西区、东区、南区和闫营子区。自2009年以来，相继托管了上板城整建制镇、7个行政村和冯营子镇，代管了规划面积20平方公里的唐山曹妃甸承德临港工业园。目前，辖区面积突破300平方公里，人口近11万，是全市唯一一家国家级高新技术产业开发区。建区以来，承德高新区主要经历了实施“退市进郊”战略，承接市区企业外迁集中发展阶段；到加大招商引资力度，逐步形成绿色饮料食品制造、生物医药制造、智能化仪器仪表、汽车零部件、装备制造五大产业的发展格局，促进产业聚集发展阶段；再到大力发展以健康、智能、新材料、新能源和现代服务业五大产业为导向，优化产业结构和布局、强化城市基础设施建设、健全完善体制机制、增强和完善管理职能，建设科学发展示范区，转型发展为中心工作三个重大转变。逐步形成集经济建设、城市建设与管理、社会事务管理于一身的发展与管理模式。

截至2012年底，累计注册工商企业509家，其中，工业企业214家，规模以上工业企业31家，有效期内高新技术企业6家。组织实施省级以上科技攻关项目46项，承担国家火炬计划项目4项，完成科技成果31项。

围绕城市发展“一体两翼”战略架构和“五加二”现代产业体系发展定位，确定把承德高新区建成“特色鲜明、环境一流”的国家级高新技术产业开发区，在经济发展速度、发展路径与方式上，实现“翻番、晋位、转型、跨越”。“翻番”：到“十二五”末，确保技工贸总收入、地区生产总值、工业总产值、全部财政收入、固定资产投资、实际利用外资等主要经济指标翻两番以上；“晋位”：在国家级高新区综合实力排名中位次前移，在全市“一体两翼”发展格局中走在前列，成为全市经济发展的重要增长极；“转型”：在发展方式上实现科学发展，由过去自然的发展状态向打造现代服务业和高新技术产业两大支撑转变，由单纯发展产业向发展产业与建设城市，产城良性互动转变，由传统的要素驱动向创新驱动转变；“跨越”：在发展速度上实现新的跨越，在产业层次、生态环境、管理水平等各个方面全面提升。

通过五年努力，把核心区建设成为具有国际化水平的国际会议会展中心、旅游服务中心、研发与科技孵化中心和区域性金融商业中心，形成以现代服务业为支撑，宜居、宜业、宜游的新城核心区；把上板城建设成为以新材料、新能源、绿色食品、生物制药产业为支撑，城市功能配套完善，生态环境优良的高新技术产业聚集区；把唐山曹妃甸承德临港工业园建设成为先进装备制造和物流业集聚的临港产业基地和外向型经济发展平台。

唐山海港经济开发区

2012年是唐山海港经济开发区建设国家级经济开发区的起步之年。面对复杂严峻的宏观经济形势和建设国家级经济开发区的繁重任务，开发区党工委、管委会认真贯彻中央、省市一系列决策部署，以“科学发展，对标达标，建设国家级经济开发区”为主题，深入实施港口带动和新区一体化发展两大战略，经济平稳较快发展，社会保持和谐稳定，抵御了50年一遇的风暴潮和洪涝灾害的侵袭，各项事业取得了新成绩，建设国家级经济开发区取得重要进展。

综合经济实力实现新提升。全年完成地区生产总值159亿元，同比增长22.3%；全部财政收入37.1亿元，增长30.1%；工业总产值256亿元，增长6.2%；主营业务收入1050亿元，增长83.8%；引进省外资金39.5亿元，增长12.2%；全社会固定资产投资143亿元，其中，工业固定资产投资62.1亿元，分别增长28.8%和84.3%；实际利用外资6570万美元，增长35.5%。

对外开放呈现新气象。充分发挥乐亭新区一体化的优势，整体推进对外开放。坚持共举新区一面旗，共打新区一张牌，港口到哪里组织货源，就到哪里招商；港口在哪里开通航线，就在哪里招商，拓展了招商渠道，提升了招商效果。统筹制定新区招商引资方案，在国内组织了驻华商务参赞外企代表（北京）重点招商项目发布会、银企对接会、重点招商项目（上海）推介会等一系列招商活动，先后到香港、日本、韩国、德国举办了重点项目发布会，在《人民日报》、《香港经济日报》、韩国《朝鲜日报》、日本《经济新闻报》、德国《德中汇报》等13家国际国内媒体发布重点招商项目，提升了海港开发区的知名度和影响力。全年引进世界500强企业投资的产业项目4个，国内500强企业投资的产业项目2个。鼓励区内企业积极参与国际竞争，引导进出口保税储运有限公司和唐山考伯斯开滦炭素化工有限公司开展外贸业务，进一步提高了出口创汇能力。

港口建设运营迈上新台阶。一批调整港口结构，优化港口布局的重大项目取得突破性进展，26#—27#集装箱泊位工程已具备开工条件，36#—40#煤炭泊位工程顺利通过国家发改委核准。全年完成货物吞吐量1.7亿吨，同比增长24%，矿石、煤炭、钢铁三大货种增幅分别为67%、8.4%和6%，进口矿石量全国排名第九，钢材发运量全国第三，进口焦煤量全国第一，液化产品首次突破百万吨。唐山港集团股票收益增长15.57%，居全国上市港口第一位。集装箱运输实现历史性突破，釜山外贸航线不断巩固，2012年共运营42航次，完成吞吐量5383标箱。大力拓展内贸业务，新开设黄骅、龙口、锦州等8条内贸航线，深入开发汽车、木材等新货种。全年实现集装箱吞吐量35.2万标箱，在河北三港四区中位居第一，同比增长32%，成功突破了30万标箱瓶颈期，步入了发展的快车道。

产业项目建设实现新跨越。实施“项目建设双提升计划”，把项目建设任务分解到党工委、管委会班子成员和各部门，调动了全区抓产业项目建设的积极性。全年实施5000万元以上的重点项目81个，涉及总投资807亿元，全年完成投资81.5亿元。浩森木业实木门及整体厨房等12个项目竣工投产；中储粮油脂油料加工等19个项目建设进度较快；中浩化工4万吨/年聚甲醛、15万吨/年已二酸等22个项目加快建设。全年为9个项目争取上级资金3847万元。在年度唐山市开发区系统项目观摩中，综合排名第一。深入开展“为项目建设提速、为企业发展排忧”上门服务月活动，帮助企业和项目单位解决实际问题115个，破解了项目瓶颈，保障了要素供给，进一步优化了项目建设环境。

经济运行调节取得新成效。引导工业企业技改挖潜，工业经济保持平稳运行，全年工业技改投资完成34.2亿元，同比增长56.1%；规模以上工业增加值完成42.06亿元，增长13.8%。发展壮大第三产业，物流产业聚集区管委会被省政府批准为副县级机构，港口物流产业集群发展，商贸流通日益活跃，全年实现增加值50.15亿元，增长13.4%。加快推进企业创新平台建设和品牌建设，全年申报专利35项，培育唐山市知名商标4个，“远大”和“新东升”被认定为河北省著名商标，实现了零的突破。全区单位GDP能耗同比下降4.05%，单位工业增加值能耗同比下降8.1%；全年空气二级以上天数达到335天，空气污染综合指数比上年下降9%，全面完成了年度节能减排任务。

城区面貌得到新改善。完善城区专项规划和控制性详细规划，规划体系进一步健全；港兴大街、港盛街、港滨街三水一路工程和物流产业聚集区配套基础设施顺利推进，一批路桥工程相继完工，聚集区项目具备进场条件；数字化城管系统建设基本完成，城管综合执法不断加强，车辆超限、超载等问题得到集中整治，城区管理水平进一步提升；全年新增绿化面积10万平方米，绿化覆盖率达到40.2%，超过国家园林县城标准。

社会事业发展迈出新步伐。第二中学、幼儿园扩建工程建成投入使用，体育场、体育馆和科技楼主体完工，教育设施和教学质量同步提升，中高考再创佳绩；加强医疗卫生体系建设，深入开展“树名医、创名科、建名院”活动，医院硬件设施和服务水平持续改善；进一步完善社保救助体系，提高了居民最低生活保障金标准，开通了唐山医疗保险系统，实现唐山市职工医保、乐亭县职工医保、乐亭县新农合医保全覆盖；启动大苗庄村拆迁安置房建设，整体拆迁评估补偿工作进展顺利；组织第三届群众文化艺术节，举办系列群众性文体活动，丰富了居民业余文化生活。

高碑店经济开发区

2012年，高碑店经济开发区认真贯彻落实科学发展观，紧紧围绕加快发展、跨越赶超、建设一流省级开发区目标，充分发扬“主动、自信、精细、效率”的园区精神，开拓进取、狠抓落实，全区经济发展再上新台阶。全年完成主营业务收入237.27亿元，同比增长21.2%；工业总产值232.8亿元，同比增长19.7%；地区生产总值120.03亿元，同比增长23.5%；引进省外资金10.76亿元，同比增长29.4%；实现财政收入10.04亿元，同比增长6.2%；完成税收9.2亿元，同比增长0.2%；完成固定资产投资64.64亿元，同比增长21.9%；进出口总额9931.84万美元；实际到位外资150万美元。

一、以主导产业为龙头，引领发展方向。高碑店经济开发区紧紧扭住“发展第一要务”不放松，坚持正确的产业导向，用科学的《产业规划》规范园区发展，促进产业集中、用地集约、资源集聚，全力构建主导产业枢纽驱动、支柱产业节点支撑、关联产业网络覆盖的产业发展大格局，不断推动传统产业高端化、高新技术产业产业化、新兴产业规模化。依托科技创新积极推进汽车制造、食品饮品加工、机械制造等传统产业改造提升，大力发展新型节能门窗、新能源等节能环保产业，积极培育服务外包、汽贸汽配、商务会展、仓储物流等现代服务业。2012年，开发区五大产业继续快速发展，全区规模以上工业完成总产值126.4亿元，同比增长16.8%；汽车制造、机械制造、食品饮品等传统主导产业完成产值92.8亿元，同比增长7.9%；新能源和节能门窗两大新兴产业完成产值39.3亿元，同比增长72.6%。

二、以招商引资为先导，积蓄发展后劲。一是组织参加香港投洽会、廊坊经贸洽谈会、中日建筑文化国际合作交流会、厦门投洽会、中欧经贸合作与可持续城镇化发展论坛、北京市长学院政企交流会等活动，接触客商千余人次，洽谈项目数十个，并与多家国内外知名企业建立了联系。二是成功举办了第六届中国节能炉具博览会和首届中国(高碑店)国际门窗节。在国际门窗节期间，签约了总投资15.25亿欧元的4个外资项目，截至目前，已有387家国内外知名企业入驻国际门窗城。三是建立完善招商项目库，实行项目跟踪制，储备招商项目43个，其中在谈项目14个，取得实质性进展项目8个，其中德国工业园项目、英国哈利伍德葡萄酒项目、北京泛英石油钻机泥浆泵项目、日本雪国舞茸食用菌种植及深加工项目、美国MESTEC公司环保设备项目、华电高科环保技术项目等已陆续签约或正在进行签约准备，进一步夯实了园区发展后劲。

三、以项目建设为抓手，夯实发展基础。为了保证项目建设质量和进度，开发区强化“面对面、点对点”驻企联络员制度，对企业开展帮办、领办、代办等“保姆式”服务，千方百计协调解决企业运营和项目建设中遇到的困难和问题，努力实现企业经营和项目建设的“零干扰、零障碍”。

2012年，共谋划实施项目40个，其中区内在建项目24个（省重点项目13个，保定市重点项目3个），总投资159.9亿元，包括续建项目8个，新建项目16个；新备案项目2个，核准外资增资项目1个。目前，光为绿色新能源有限公司年产300兆瓦多晶硅太阳能电池及组件项目、奥润顺达新型节能门窗生产线和新型节能门窗木索生产及实验检测项目、杉浩建设开发集团有限公司高碑店市出口箱包生产基地项目、中航工业成都发动机集团有限公司与新凯汽车集团有限公司年产20万台汽油发动机项目等一批超亿元项目陆续竣工或投产，其他各项目也在加紧建设中。

四、以优化环境为重点，做好发展保障。一是加大基础设施的投入力度，重点实施路网配套及绿化美化工程，提高园区的承载能力。全年累计投入基础设施建设资金5.6亿元。完成道路建设7.3公里，建设桥涵2座，铺设雨污管道5.2公里；完成道路两侧绿化6.6万平方米，安装路灯341套，亮化道路5.5公里；新建110KV变电站1座铺设通讯光缆13公里，铺设天燃气管道3.6万米；第二水厂、第二污水处理厂规划选址已完成。二是推进生态环境优化，在项目的引进和建设过程中严把生态关，不以发展而牺牲环境，对项目的前期进行严格环评审查，坚决杜绝两高一低项目入园。对区内生产企业的能耗和排污实行严密监测，加强内部降耗和污染治理，确保园区生态环境的常态化管理。三是着力优化服务环境，简化办事程序，提高办事效率，实行领办、代办一条龙式全程服务，使项目加快建设，企业安心生产，为投资商创造良好的发展环境，将开发区建设成为生态环境优美、经济发展繁荣的魅力新区。四是加强园区管理，实行网格化管理制度，推进警民、警企共建点，强化社会治安，整治不稳定因素，维护公平正义，创建和谐园区。五是加强企业安全管控，积极开展安全宣传，定期组织安全排查，完善安全生产监控检测网络，确保企业安全文明生产。六是做好生产生活设施维护，对水、电、暖、讯等管网进行定期检测维护，提高服务标准，为区内企业和群众创造和谐的生产生活环境。

霸州经济开发区

2012年，霸州经济开发区按照霸州市委、市政府的总体部署和工作要求，以大力推进重点项目建设为主线，全力落实好第四届霸州市文化艺术节涉项任务，系统全面的加强了社会建设和管理，通过抓项目、保民生、促稳定，圆满完成了年初确定的各项工作任务和目标，经济社会发展迈上了新台阶。

一、主要经济指标实现稳步增长。2012年全区经济运行平稳，全年完成财政收入12.4亿元，同比增长29.9%；完成固定资产投资97亿元，同比增长1.5%；实际利用外资2542万美元，同比增长35.2%；实际利用内资98.3亿元，同比增长15.1%；工业总产值193亿元，同比增长23%；出口额1.71亿美元，同比增长13.8%；国内生产总值107亿元，同比增长14.8%。

二、牢牢把握第四届霸州文化艺术节发展契机，文化旅游产业实现快速发展。为全面落实好第四届艺术节涉项任务，确保全区集体签约、集体开工、在建及开业四类20多家项目的顺利推进，确保全区涉项任务按期、保质保量完成，2012年，开发区全体人员共同努力，通过明确目标，加强督导，强化服务，圆满完成了艺术节各项任务。第四届霸州文化艺术节期间，区内多家温泉酒店项目均得到大幅推进。胜兴国际温泉酒店、檀香道国医养生馆、黎昌泊爵山假日酒店和金亨会馆等四家酒店实现集体开业，其业务覆盖温泉养生、中医护理、个性化健康管理、金融服务、时尚休闲等多个方面，四个项目全部建成后投资总额将达到15.1亿，为提升全市旅游产业的吸引力和感召力、推进霸州文化产业健康快速发展起到重要的作用。同时，体育运动生态休闲俱乐部、华气总部大厦、老爷车博物馆等一批向文化旅游产业链高端发展的重点项

目也在艺术节期间得到成功运作，为全区文化旅游产业的后续发展打下坚实基础。

三、重大项目建设落地有声，新兴高端产业提速发展。以园区建设为载体，以项目建设为抓手，同步推动经济增长和产业转型升级。2012年全区共运作项目41个，其中完工项目12个，续建项目7个，新开工项目6个，计划开工项目9个，谋划项目7个。重大项目建设得到快速推进。达利集团北方产业基地项目5月份正式开工建设，已累计完成投资6.5亿元，主要生产车间、物流仓库以及办公楼和宿舍楼已全面竣工。总投资60亿元的吉利集团霸州产业基地项目顺利开工建设，部分主体工程建设已完工，试赛车场一期工程即将动工。总投资300亿元的中国青旅集团霸州国际老年温泉健康城项目已成功被列入2012年省重点建设项目，一期200亩地上物已清理完毕，平面设计和施工设计即将完成，一期14.6万平米养老社区和商业配套建设年初将开工建设。电子信息、汽车制造等科技型产业蓬勃发展。由霸州市新源照明电子有限公司投资兴建的新建年产1.9亿只LED发光二极管和200万盏LED灯具项目、由霸州市泰华电子科技有限公司投资兴建的LED电子显示屏封装建设项目、由霸州市华凯电器配件厂投资兴建的牧场信息化管理系统设备生产项目等一批技术新颖、产品附加值高的电子信息产业项目已经竣工投产。2012年，投资90亿元的霸州“申沃一京龙”清洁能源汽车产业园项目顺利签约，该项目一期投资30亿元，用于打造北方LNG清洁能源客车生产基地，为全区制造业发展奠定了基础。现代制造业向高端化挺近。由河北恒源实业集团投资兴建的年产12万吨高档生活用纸项目已经建设完成，由霸州市凯洪圣机械制造有限公司投资兴建的新型低温储罐生产项目、由霸州市仟舜永合工贸有限公司投资兴建的年产500万套五金机械设备配件项目、由廊坊隆冀达金属零部件有限公司投资兴建的年产500万套新型节能采暖炉设备等项目顺利入场建设，新材料，新技术的引入使霸州开发区现代制造业不断向高端化迈进。省重点项目申报为重点项目建设提供了有力保障。通过积极运作，2012年全区共申报省重点建设项目17个，其中新报项目13个，转接项目4个，为该区争取到更多的土地指标，使部分项目建设得到快速推进。

四、全方位、高水准推进城市化建设，精品园区建设成效凸显。基础设施及配套设施建设步伐加快，投资环境得到大幅提升。2012年，新区基础设施和环境建设得到进一步完善。在时间紧，任务重的条件下，该区争时间、提效率、抢工程，如期完成了泰山路道路、便道及绿化提升工程，确保了艺术节的顺利召开。燕山路道路、排水及裕华西道绿化工程的实施，使开发区新区路网体系得到进一步完善，整体投资环境得到明显提升，对开发区城市建设和项目承载力起到了有力推动。在老区道路改造上，翠竹道道路及便道、排水、绿化工程，科苑街、兴苑街亮化工程全部完工，进一步方便了区内居民和企业的出行。2012年全区累计完成道路面积4.68万平方米，绿化面积15.34万平方米，便道面积2.84万平方米，排水管道3180米，灯杆160棵，各项工程累计投入4496.70万元，使新老区整体环境得到明显提升。

教育设施建设整体提升，教育环境得到明显改善。为提升区内教育设施建设水平，改善教学条件，开发区小学教学楼及配套设施建设和幼儿园扩建两项工程先后启动建设，其中开发区小学教学楼及其附属设施建设工程总投资752万元，教学楼建筑面积4071.65平方米，操场4275平方米，硬化面积5000平方米，绿化面积2400平方米，现各项工程全面完工并投入使用；开发区幼儿园楼总投资338万元，建筑面积1649.84平方米，室外活动场面积1262平方米，目前主体工程已经完工，即将投入使用。

朝阳社区、何庄社区和北燕家务社区旧城改造项目稳步推进。其中，朝阳社区旧城改造一期工程共涉及535户，完成拆迁面积10.3万平方米，置换出土地300余亩，其中205亩土地已完成土地招牌挂和规划审批，95亩土地正在办理土地招拍挂手续，10万平方米回迁楼建设工程已启动；何庄社区大何庄旧城改造一期工程目前拆迁工作已完成91户，完成拆迁面积23722平方米，2013年将全面开工建设；市一中、三中北侧旧城改造项目已完成地上物清点，地上物清理补偿工作正在稳步进行，全区城市化建设取得快速推进。

唐山南堡经济开发区

南堡经济开发区成立于1991年，1995年被省政府批准为省级经济开发区，现隶属于唐山曹妃甸区，总面积381.41平方公里，城区规划面积26平方公里，辖一个乡镇十个行政村，一个街道办事处三个居委会，总人口5.6万。南堡经济开发区位于环渤海经济圈中心地带，西邻天津滨海新区，背靠唐山市主城区，面向曹妃甸大港，汉南铁路、张唐铁路以及谋划的蒙曹铁路、唐曹铁路贯穿全境，沿海高速、唐曹高速交汇贯通，是津唐曹半小时经济圈的核心区域，是环渤海地区最具发展潜力的开发区之一。近二十多年的开发建设，南堡开发区逐步形成了以南堡盐场和三友集团为主体的海洋化工循环产业体系，盐、纯碱、烧碱、化纤等盐化工产品在全国享有盛誉，钛、硅等新兴材料产业蓬勃发展。区内道路交通、水电气暖、生活服务等配套设施日益完善，医院、学校、幼儿园、文化、体育等社会服务设施日益健全，一座现代化滨海化工城已具雏形。

2012年，南堡经济开发区坚持以科学发展为主题，以转方式、调结构、快发展为主线，以打造经济强区、活力南堡、幸福家园为目标，深入实施“投资拉动、项目带动、创新驱动”三大战略，着力构建“两区一中心”发展格局，合力启动经济总量倍增、东区全面开发、重点项目建设、基础设施建设、民生改善、统筹城乡发展、优化发展环境七项攻坚行动，保持了经济平稳较快发展，社会大局和谐稳定，各项事业取得了新成绩。全年完成地区生产总值77.5亿元，实现全部财政收入11.85亿元，实现全社会固定资产投资44.9亿元，实际利用外资900万美元，完成进出口总额4.9亿美元。

项目建设在调优结构中实现新突破。围绕项目落地开工和投产达效，深化“一个项目、一位领导、一套班子”的工作机制，着力解决项目引进和落地开工涉及的规划、用地、核准、安环评、通路、通水、通电等关键问题，有效促进了项目按计划顺利推进。全年实施各类项目126项，总投资486亿元，年内完成投资44亿元。特别是重点产业项目建设取得了积极进展，其中，总投资43.4亿元的粘胶短纤维、三友氯碱扩建、浓海水综合利用等8个续建项目建成完工；总投资23.8亿元的大型铁路配件、系列水处理剂、气相二氧化硅等19个项目年内开工建设并如期推进。

招商引资在优化发展环境中取得新成绩。深入开展“打造优良环境，助力南堡发展”寻计问策活动，制定出台了《关于鼓励招商引资、支持项目建设的若干规定》、《关于推行全员招商的意见》等政策规定，优化了项目入区、审批、建设等关键流程，认真落实首问负责制和限时办结制，为项目引进和建设提供“全程代办”和“保姆式服务”。年内组织开展小团组招商活动20余次，在深圳成功举办了投资环境暨重点项目推介会，重点推进和洽谈项目44个，总投资超过300亿元，引进市外资金20.87亿元，全区项目库常年储备保持在100个以上。

城市建设在精细化管理中得到新提升。建立完善重点城建项目台账，明确责任部门、责任领导，落实到具体责任人，做到定责任、定人员、定进度，包任务、包质量、包达标，形成“纵向到底、横向到边、全覆盖、无缝隙”的责任体系，全年实施基础设施项目42项，总投资9.2亿元。其中，园区配套路、城区路网逐步完善，新增道路里程5公里，硬化便道17.6万平方米；围绕打造希望路和发展道两条精品街，实施绿化、美化、亮化工程，城区主干道路绿化面积7万平方米；扎实推进净水厂新建、污水厂扩建、垃圾中转站、供配电、供水联网等重大基础设施工程建设，且部分工程完工投入使用；强化城市精细化管理，加大市政设施维护和城市管理综合执法力度，完成了综合集贸市场搬迁。

城乡事业在保障民生中取得新成效。社会保障能力加快提升，城乡医保参保率达到100%，城乡养老保险实现全覆盖，五保集中供养率88.6%；扎实开展“健康南堡、幸福人民”行动，为全区45岁以上居民免费体检并建立健康档案。重点民生工程持续推进，九年一贯制学校、南堡医院改造项目前期工作积极准备，完成了60套保障性安居工程，实施既有建筑节能改造4400平方米。大力支持农村建设发展，全年投资3600余万元，硬化村庄街道1.1万延长米，新建标准化村卫生室9个、村民活动中心3个，实施水稻增产工程3000亩，新建一个80亩畜牧养殖园区。扎实推进文化生活繁荣发展，成立了书画协会、乒乓球协会，鼓励支持秧歌队、书画社等群众性文体组织发展，开展书画摄影展、喜迎十八大文艺演出、春节文化下乡等系列活动，群众文化生活不断丰富。

和谐社会在保障发展中开创新局面。严格落实企业分包责任制和监督员派驻联系制度，开展应急演练、安全生产大检查等活动，全年未发生重特大安全生产事故；持续开展食品药品安全、校园及周边环境安全、文化娱乐市场安全、消防安全等综合整治行动，保持了全区社会安全稳定态势。重点推进环保监测站、企业排污口在线监测系统建设，制定实施部分企业限排和报排制度，严厉打击偷排偷放等环境违法行为，年内削减COD240吨、氨氮22吨、二氧化硫900吨、氮氧化物160吨。认真抓好信访稳定和社会治安综合治理，下大力妥善解决了一批信访积案，取得了“处理一案、稳定一片”的积极效果；认真抓好社会治安综合治理，严厉打击涉黑涉毒涉黄等违法犯罪行为，保持了严打的高压态势。

芦台经济开发区

河北唐山芦台经济开发区是经河北省政府2003年7月批准，由河北省芦台农场整体改建挂牌而成。辖区总面积133.4平方公里，12万亩耕地，4万人口。开发区投资环境优越、交通便利，中心区东距曹妃甸工业区不足50公里，南距天津滨海新区20公里，西距国务院批准的国家级天津古海岸与湿地自然保护区———七里海12公里，距天津机场、港口四十五公里，京哈线芦台火车站10公里，205国道穿境而过；承塘高速公路、112快速路从开发区中心穿越，构成了“半小时上天入海，一小时进京下卫”的便捷交通优势。

2012年，芦台经济开发区以科学发展为主题，以加快转变经济发展方式为主线，以迎接十八大、宣传十八大、贯彻十八大为动力，朝着建设“低碳、生态、智慧、宜居”第四代产业新城和实现十二五“8766”奋斗目标，锐意进取，攻坚克难，经济社会实现平稳较快发展，各项指标保持了高增长态势。全区地区生产总值完成28.51亿元，同比增长13.6%；完成全部财政收入1.64亿元，公共财政预算收入8234万元，分别同比增长19%和29.5%；规模以上工业总产值完成65亿元，同比增长23%；全社会固定资产投资实际完成7.01亿元，其中城镇固定资产投资6.66亿元，分别增长39%和45.4%。

——经济结构转型迈出新步伐。基地发展平台更加集群化。继获批国家级采暖散热器科技产业化基地之后，与国家自行车协会共建的国家级自行车零部件产业基地正式通过了考核验收。重点项目建设更趋规模化。年内续建及新开工重点项目39项，总投资83.3亿元。引领原材料革命的碳纤维自行车、具有广阔市场前景的嘉美源家具竣工投产；海兴石油接箍、金湾特碳等静压石墨生产线、中宏维林钢结构等一大批项目投产达效；泽奥家具、华隆电网、中升风光互补路灯等一批具有高附加值的优质项目实现加速建设，并在全市重点项目观摩中位列榜首。核心品牌更具竞争力。大通散热器第四次荣获行业十大品牌殊荣，翔宇靠背活动式座椅获国家专利局三项专利，全区已拥有1个全国驰名商标，15个省著名商标，8个市知名商标，14项省名牌和优质产品，4家省级科技型、创新型企业；全区自主创新专利达到114项，在全省第一次命名的30家质量效益型企业中该区大通、翔宇两家公司榜上有名。

——农业农村工作取得新突破。新农村建设深入推进。投资1698万元的省级新民居示范村桐城村改造提升达标验收，村级集体财富积累机制不断完善，农村产权制度改革全面深化。以农村“四清四化”和“五改”为重点，环城镇周边和沿国道、沿高速两侧等区域的环境综合整治成效显著。农业龙头企业示范引领。农业总公司土地经营改革深入实施，成功引进亚洲第一、国内最大的北粮农业现代化循环蛋鸡产业示范基地，此外，美禾农业产业园、亿龙生态农业观光园等一批农业龙头企业同步建设，成为农业产业化发展新引擎。

——改革开放取得新进展。放手发展民营经济。以开展“四帮”活动为切入点，民营企业二次创业再掀高潮。共实施传统产业资本战略性转移项目7项，总投资超过8亿元；民营经济上缴税金占全部财政收入的比重达到77.2%，涌现出金亨通、亨利、来源等一批纳税大户，民营企业主要指标在全市各县区排名靠前。环境保护步入良性循环轨道。自行车工业园区和规模化畜禽养殖厂建设作为发展循环经济的重要载体，集中度和集约化水平显著提高。年内实际单位GDP能耗降低率达到3.5%，单位工业增加值能耗降低率达到7.2%。区域合作的深度和广度进一步拓展。全区谋划项目多达36项，总投资超460亿元。实现出口创汇1.02亿美元，再创历史最高水平。走出去援建非洲成果显著，第十期赴贝宁农业专家组获得贝宁国家荣誉勋章，乌干达、坦桑尼亚设立的贸易加工实体经济，展示了芦台形象，提升了国际知名度和影响力。

——改善民生取得新成效。危旧房改造一期工程圆满完成，征收房屋377户，拆除建筑面积2.90万平方米，一期工程安置楼主体完工90%。天通美域商住小区工程收尾；澳林新城开发项目全面建设。总投资3.4亿元、总里程19.7公里的19条一、二期园区市政道路工程竣工通车，东部园区“六横五纵”和西部园区“三横四纵”的路网框架四通八达。天津滨海天然气入园、入企、入户加速实施。东、西两个园区的调压站建设工程同步动工。供电设施改造进一步提速。东部园区35千伏变电站增容技改全力建设，35千伏供电线路升级改造圆满完成。水利设施建设日臻完善。年初确定的为民10件实事全部提前完成。连续8年提高企业退休人员基本养老金，企业退休人员基本养老金总体待遇水平翻了一番。城镇、农村低保标准进一步提高，城乡居民社会养老全覆盖。医疗保险纳入市级统筹，增加市级五所医院为定点医院。村级卫生室建设全市率先完成，村医选任，镇卫生院、村卫生室设备配置全部到位，新农合大病统筹规范运行。“健康芦台、幸福人民”活动向纵深推进，全区医改资金投入多达1545万元，为历史之最。海北九年一贯制学校土地审批、规划设计工作全面启动，原农村民办代课教师教龄补助有条不紊推进，四年一度的省政府教育工作督导评估顺利通过。

涞源经济开发区

涞源经济开发区位于河北省保定市涞源县城东部，紧邻建设中的涞源新区，距张石高速路口1.5公里、涞源火车站1.7公里，开发区内主干路南连108国道、北接207国道，区内建有自备铁路和站台。2012年6月，在廊坊固安省级开发区申报通过专家组评审，2012年7月，经河北省人民政府批准为省级经济开发区。总规划面积15.5平方公里，其中，批准的省级开发区面积11.1平方公里，并规划了4.4平方公里的配套安置区。

涞源经济开发区起步于2001年，以奥宇钢铁公司入驻为标志，聚集了30多家中、小型选矿企业，形成了以选矿、粗钢生产为主导的产业集群，奠定了涞源经济开发区的产业基础。

2009年3月3日，河北省政府召开专题会议，并形成第49号专题会议纪要，决定由河北钢铁集团进驻涞源，统筹推动涞钢涞铜破产改制、矿产资源整合、冶金工业园区建设（简称“三项工作”）。同年3月12日，保定市在涞源县召开“三项工作”动员大会，对“三项工作”进行全面动员部署，市四大班子主要领导出席大会。同年4月8日，县委召开常委会，决定成立涞源河北冶金工业园区管委会临时工作机构，作为县委、县政府的全权派出机构，专职负责推动“三项工作”。同年6月18日，举行“涞源河北冶金工业园区管委会”、“河北钢铁集团涞源有色金属有限公司”省政府分管领导、保定市四大班子主要领导出席仪式。保定市“十二五”规划提出：“鼓励支持涞源依托经济开发区和矿产资源、生态旅游资源，向河北经济强县和现代化中等城市迈进”，保定市委十届三次全会提出“发挥涞源经济开发区和矿产资源、交通区位优势，努力把涞源建成保定西部具有表率和示范作用的中等城市”。涞源经济开发区建设，在省、市党委、政府的高度关注下，举全县之力加快推进。

依托优势科学规划。涞源地处两省（河北、山西）、三市（保定、张家口、大同）交界地带，是连接晋冀陕蒙的交通枢纽，区位优势明显。资源秉赋独特，现已探明的矿产资源有43种，其中，铜储量居华北第一，钼居全国斑岩类钼矿第四，铅锌储量居全省第一，且有丰富的风能、太阳能资源，并发现有优质地热温泉资源。华北地区唯一常年不断流的拒马河从涞源发源，水资源丰沛。涞源县充分发挥自身优势，科学研判形势，大力实施“一产抓特色、二产抓提升、三产抓拓展”的发展战略，构筑“六业四园”产业格局，涞源经济开发区确定为工业产业转型升级载体，县域经济发展动力引擎，工业化和城市化建设的产业支撑。根据涞源资源分布特点，涞源经济开发区规划为“一区三园”，即：经济开发区，独山城铁矿工业园、大湾钼矿工业园、木吉村铜矿工业园。核心区（经济开发区）产业布局按照“区中园”的模式规划为，生态化钢冶炼基地、有色金属深加工基地、矿冶设备修筑造基地、商贸物流中心、高新技术产业孵化园、中小企业创业园、现代科技农业示范园。全力打造以钢铁及有色金属冶炼为主导，以现代装备制造、新型建材、现代农业、现代物流和清洁能源生产为支柱的多元化产业集群体系。

基础设施日臻完善。2011年6月1日，县政府与全国建筑领域特级资质企业河北建设集团签订框架协议，以BT模式投资开发建设础设施。县政府与河北建设集团合资，成立注册资本1亿元的涞源中诚建设发展有限公司，组建了开发区建设发展的投融资平台。2011年11月11日，涞源中诚建设发展有限公司正式挂牌运行，总投资16亿元的基础设施建设全面铺开。批准的11.1平方公里的省级开发区面积，经国土部门批准，已全部调整为可建设用地，发展空间十分广阔。开发区内路、水、电、讯、有线电视、燃气、给排水等市政配套设施已经完备，达到了项目入区所需条件。

项目建设大规模推进。涞源县全面落实省级开发区各项优惠政策，并结合自身特点，发挥政策比较优势，推行“零章制”“一站式”“保姆式”“无盲区”优质、高效、快捷服务，大力开展招商引资。“有中生新”，原有项目改造升级，奥宇钢铁公司，总投资6200万元的电机系统变频调速节能改造、烧结机烟气脱硫、高炉煤气余压能量回收项目完成改造并投产。“无中生有”，在建项目加快推进，河北建投集团投资2100万元的光伏发电项目并网发电，是河北省第一座并网发电的光伏电站；河北建投集团总投资1.4亿元的风能发电项目，完成一期工程，已并网发电；河北建投集团天然气工程完成投资2000万元，县城20%的住宅小区已实现燃气入户。多渠道挖潜招商，总投资110亿元的奥宇200万吨特钢、总投资53亿元的河北钢铁集团铜钼冶炼项目、总投资4.5亿元的北京中宝通国际投资公司新型建设项目、总投资3.5亿元的保定标正精密铸造、总投资3亿元的山东衡基环保科技有限公司尾矿提炼加工项目、总投资2亿元的河南信阳大业公司冶金辅料项目、一期投资1.5亿元的北京双彩集团食品加工项目、总投资1亿元的美国MDC公司金属合金爆破焊接项目、总投资1亿元的森华石材公司高端石材加工项目等均已达成入区意向。中航科技集团、河北钢铁集团、河北建投集团、江苏雨润集团、三一重工集团、河北德龙集团、河北奥威集团等一大批战略合作伙伴入驻开发区并启动项目建设。涞源经济开发区已进入项目集中规模化建设，全面发力的关键阶段，正在成为保定市西部地区产业聚集发展的龙头，河北省经济发展新的增长极。

2012年，涞源经济开发区全年实现地区生产总值7.33亿元，主营业务收入38.51亿元，工业增加值7.2亿元，财政收入2.71亿元，完成固定资产投资2.83亿元。

河北无极经济开发区

2012年，河北无极经济开发区紧紧围绕“建设与招商同行，管理与发展并重，效益与环保同步”总体原则，不断加大园区开发建设力度，不断创新招商引资机制，不断提高管理服务水平，开发区的凝聚力和吸引力得到进一步提升，为项目落户开发区创造了条件、奠定了基础。2012年，开发区地区生产总值完成29.3亿元，工业总产值完成25亿元，固定资产投资完成13.94亿元，财政收入完成2.61亿元。

一、基础设施建设一步完善。基础设施建设是开发区持续、健康发展的基础和前提。2012年，开发区千方百计筹措资金，加大投入，对区道路、管网、水、电、热等基础设施进行了进一步建设和完善。投资900多万元建设水厂一座；投资7000万元，建设完成了总长度7千米的开发区4条主干道；总投资2.35亿元，占地120亩的南区热电厂进入施工建设阶段。基础设施的日趋完善，为项目落户创造了条件，奠定了基础。

二、招商引资力度进一步增强。招商引资是开发区各项工作的重中之重。2012年，按照全县招商引资动员大会确定的工作目标，开发区立足自身实际，紧紧围绕皮革、化工、装备制造三大产业，积极与一些国内、国际知名企业进行接触、谋求合作。全年共与上海汉唐集团、卡森国际控股集团、上海申沃客车有限公司、霸州市京龙车辆有限责任公司和河北学旺太阳能有限公司等，就国际皮革城项目、清洁和新能源动力车项目、太阳能光热发电项目、卡森现代皮革产业国项目等进行了洽谈，总投资额达到了123.8亿元。其中，总投资30亿元、占地1000亩的中国无极·上海国际皮革城项目，已与上海汉唐集团正式签约；投资71亿，占地1850亩的太阳能光热装备制造循环经济示范园项目，已与河北学旺太阳能设备有限公司正式签约；占地500亩，总投资22.8亿元的中国无极—卡森现代皮革产业园项目，已于卡森国际控股集团正式签约。

三、项目建设进展顺利。项目的建设速度直接影响着开发区的发展速度。因此，开发区从项目签约、开工到投产采取专人负责，全程监控，确保了项目建设的顺利进行。一是对已签约项目采取一站式、保姆式服务，全力帮助企业办理占地、证照等各项前期手续，确保项目尽早开工。2012年，开发区新开工工业项目7个，总投资45亿元，分别为：总投资25亿元、占地600亩的河北潘成机械制造有限公司装备制造园项目；总投资3.96亿元、占地200亩的石家庄润泰纺织印染有限公司搬迁改造及产业升级建设项目；总投资1.14亿元、占地35亩的河北金达特种涂料有限公司特种涂料项目；总投资2.2亿元的河北齐盛皮革有限公司升级改造项目；总投资5亿元、占地165亩的无极县金马皮革有限公司皮革加工升级改造项目；总投资4.8亿元、占地165亩的石家庄市福瑞得皮革有限公司皮革加工升级改造项目；总投资3.2亿元、占地115亩的石家庄军成皮革有限公司皮革加工升级改造项目。二是对总投资11.64亿元的石家庄康贺威药业有限公司异地建厂项目、石家庄金太行重工机械有限公司塔式起重机及施工升降机项目、石家庄智隆化工有限公司碳青霉烯类抗生素侧链项目等12个续建项目，采取周调度制度，及时掌握项目进展，及时解决项目建设过程中遇到的困难和问题，确保项目如期投产。三是对已符合投产条件的项目，采取督促与协调相结合的办法，督促企业尽快按照环保、安监等部门的要求进行整改完善，力争尽早达到投产条件。同时，积极协调环保、安监等相关部门对企业的投产申请及时审核、验收，确保项目如期投产达效。四是投资1亿元的无极皮革研究院分院项目开始动工，建成后，无极皮革无论从质量到技术将有一个由量到质地变化。

承德临港工业园

2012年，承德临港工业园，以科学发展观统领全局，紧抓“建设沿海经济强省，打造曹妃甸第一增长极”的难得发展机遇，按照统一规划，分步开发，滚动发展的建设思路，着力突破“异地开发建设”的制约困境，在高新区各级、各部门的大力支持下，扎实、稳妥推进园区各项工作。园区合作开发机制进一步理顺，土地开发，招商引资，项目建设，园区规划，园区综合环境影响评价等工作均取得一定进展。

一、2012年主要工作开展情况

一是确立“互信、合作、效率、共赢”的园区合作开发管理机制。2012年，随着省冀东北工业聚集区开发建设领导小组办公室和省沿海开发建设领导小组办公室进驻曹妃甸，承德临港工业园这种“飞地”发展模式进一步得到重视和肯定，管理和政策诉求渠道得到进一步理顺，与唐山和省有关部门加深沟通的渠道进一步拓宽和畅通。该区与省冀东北工业聚集区开发建设领导小组办公室和省沿海开发建设领导小组办公室分别建立了十分密切的工作联系。与唐山市、曹妃甸区相关部门建立了扎实、互信的合作关系。进一步理顺园区启动、开发建设过程中的合作协调机制，提高了工作效率。二是切实增强服务意识，提高服务能力，提升服务水平，总体实现两个项目正式开工建设。临港工业园十分注重服务环境的质量，牢固树立“服务是第一投资环境”的理念，全力以赴打造项目落户“绿色通道”，真正为客商提供全方位、全过程、高效率的服务。按照项目属地报批和属地管理的要求，入驻临港工业园的项目要在曹妃甸区注册、申报、审批和管理，园区负责帮办和协调管理。该区派专人帮助入园项目咨询、跑注册、跑审批，协调各相关部门加快项目进展。目前已有两个项目正式破土动工，其中路神专用汽车制造项目综合楼封顶，综合车间启动建设。该项目总投资10.78亿元，总占地630亩，年产15000台专用车。另外，煤炭及矿石检验研发中心项目已完成厂区地基施工和土地整理工作，项目已正式进驻开始建设。三是园区土地开发工作取得一定进展。截至目前，园区（包括已入园开工项目）已总体完成土地整理750亩，基本保证已入园项目的建设需求，在完成2平方公里征地的基础上，启动其他待入园项目的土方回填整理工作。四是启动园区基础设施建设。按照规划要求，着手实施起步区部分道路路基施工，目前，入园项目已完成厂区内部分道路路基施工。加大力度协调与曹妃甸区的水、电、路、讯等基础设施的接口衔接问题，已完成园区东西主干路的开口衔接工作。五是争取园区土地指标工作取得一定进展。2012年，通过协调各方面，与各有关部门进行沟通，该区共争取到50亩建设用地指标。截至目前，承德临港工业园共争取到430亩建设用地指标。进一步推动土地开发工作，目前，路神专用汽车项目的380亩建设用地已履行完土地使用手续。六是园区总体规划已经完成曹妃甸区（原唐海县）初审。承德临港工业园的总体规划结合承德出海加工基地的功能定位，同时符合曹妃甸循环经济示范区的发展需求，聘请知名规划设计院进行设计，目前，已完成曹妃甸区（原唐海县）的初审，正在协调有关部门上报唐山市规划委员会等有关部门进行论证审批。七是园区总体环境影响评价完成审批。承德临港工业园聘请河北师大环境科学研究所进行园区环境影响评价的总体调查编制，通过大量问卷调查，召开座谈会，实地入户走访，采集整理大气、水样等技术参数和数据。目前，已全部完成环评的论证审批。

二、招商、项目工作情况。

1. 超前谋划，本着“园区开发与招商推介同步”的原则，着力做好园区招商工作。招商引资是临港工业园发展的主旋律，更是重点工作中的重点，该区坚持把招商引资作为临港工业园实现快速启动开发建设的主抓手。一是解放思想促招商。临港工业园刚刚起步，面临基础弱、底子薄的困境，在体制机制方面需要进一步理顺，发展可谓困难重重。面对这些情况和困难，临港工业园从领导到普通工作人员迎难而上，认清形势，坚定信心，理清招商思路，制定符合曹妃甸区域发展特色和承德出海口加工基地定位的招商策略，通过各种关系和渠道联系各界客商到曹妃甸考察洽谈。加深各界对曹妃甸承德临港工业园的认识和了解。二是集中精力抓招商。临港工业园主要领导亲自抓招商，亲自接待、亲自陪同考察洽谈，亲自协调解决项目推进中的难题，亲自参加各种投洽会。招商工作人员认真组织实施招商方案，抢抓一切能够宣传、推介承德高新区和临港工业园的机会，有组织、经常性、高效率的开展各类主题鲜明、展现园区优势的招商推介活动，不断增强园区投资吸引力。三是主动出击，注重实效，着力开展招商项目工作。以“项目入园与项目建设和园区开发同步进行”的项目建设原则，全力做好项目的包装、发布、联系、洽谈、跟踪、签约落地、服务、建设等工作。该区依托曹妃甸区域产业配套条件积极包装一批操作性强、成功率高的项目，利用各种渠道和机会对外进行推介招商。

2. 加大宣传力度，拓宽招商渠道，谋求更多项目到曹妃甸承德临港工业园考察洽谈。2012年，该区先后接待二十多批次客商到临港工业园（曹妃甸）进行商务、项目投资考察。云南云天化集团投资团队就综合化工项目到曹妃甸进行考察洽谈；韩国大宇集团（中国）有限公司对承德临港工业园进行考察；山东道恩集团结合承德矿产资源特点和承德临港工业园作为承德出海口的功能定位，谋划在曹妃甸建立年产20万吨二氧化钛项目，项目方多次到承德临港工业园进行考察洽谈；陕西东岭集团就建材出口加工物流基地项目到承德临港工业园进行考察洽谈。另外，韩国浦项建设集团管理团队先后两次到曹妃甸进行商务投资考察洽谈，初步达成整体合作开发意向。浙江高瑞投资有限公司是国内知名企业，资金实力雄厚，具有丰富的特色产业园区开发操作管理经验。该公司高层多次到承德临港工业园进行认真细致考察，与该公司就整体合作开发事宜（综合物流产业）进行多次深入细致的会议研究，在北京与该公司签订了合作备忘录和合作意向书。

曹妃甸化学工业园区

曹妃甸工业区是国家批准的首批国家循环经济示范区之一。位于环渤海经济圈的核心位置、河北沿海经济隆起带的中心区域；距北京220公里，距天津120公里，交通便利。

曹妃甸化学工业园区位于曹妃甸工业区东南部，北临三号港池，西邻首钢，东、南濒海，规划面积32平方公里，东部发展备用地68平方公里。园区南部集中建设大型炼化一体化项目，向北依次布局基础原料项目、综合化学品项目和化工新材料项目，形成自南向北，装置由重而轻、原料递次供应格局；园区北部集中布置化学品码头、仓储、物流、贸易等项目。

一、发展愿景：着力打造世界一流化工基地。园区开发建设遵循“一体化”理念，通过对区内产品项目、公用辅助、物流传输、环境保护和管理服务的整合，致力于为入区投资者提供最佳的投资环境。园区产业规划定位集中概括为“一个主体、两大特色、三类支撑”，即以石油化工为主体，构建大型化学工业基础；以外向型一体化为产业特色，化工新材料和特种化学品为产品特色；以碳一化工、盐化工及化学品物流为支撑，形成多种产业类型相融合的一体化产业网络。全力打造以千万吨级炼油项目为龙头的大型临港化学工业基地、环渤海油气储运中心和中国北方化工品贸易集散中心。

二、园区独具六大发展优势。化学工业园区的开发建设具备得天独厚的优势。一是交通便捷：曹妃甸港区与韩国仁川港、日本长崎港、神户港联络的海运航线十分顺畅。曹妃甸后方交通网络发达，已经形成对接环京津、环渤海、面向三北，连通全国的路网体系，公路通道包括：唐承、京沈、城区环城高速、唐津、唐港、沿海高速、唐曹高速等，铁路通道包括：大秦、京秦、迁曹铁路，以及正在建设的张唐铁路，将构成曹妃甸通往中国西北地区的重要通道。另外，曹妃甸到唐山三女河机场80多公里，全程高速相通，因此航空条件也十分便利。二是港口条件优良：曹妃甸是渤海沿岸唯一不需开挖航道和港池即可建设30万吨级大型泊位的天然港址，已建成2—30万吨级泊位共计47个，形成2.5亿吨港口吞吐能力，可建设5—10万吨级液体化学品码头的岸线长达11km，已建成5万吨级液体化工码头泊位2个。三是土地资源丰富：土地全部由填海造地所成，附近没有居民区，不涉及居民拆迁，环境容量大，为临港化工产业提供了充足的用地。四是资源禀赋良好：曹妃甸拥有丰富的原盐、石油、天然气资源，发展化工产业所依赖的资源组合条件完备，目前，30万吨级原油码头年接卸能力达到2000万吨；LNG码头年接卸能力设计450万吨；区域内原盐年产量达到200多万吨，曹妃甸超大型海水淡化装置排放的浓盐水可提供原盐资源。五是政策环境优越：2011年，国务院批复《河北沿海地区发展规划》，曹妃甸开发建设上升为国家战略；2012年7月，综合保税区获国务院批复，优惠政策与洋山港保税区同等；2013年1月2日，曹妃甸国家级经济技术开发区获批。曹妃甸独享省级四税“定额分享、超收全返”财政优惠政策，入区企业可以享受税收、人才、贷款等多方面的财政扶持。六是人才优势：唐山市拥有8所大学，各种专业技能学校218所，在校学生18万余人，可满足企业用工需求；唐山地区劳动力成本低廉，并且一直低于全国平均水平；京津巨大人才储备和强大的研发能力可提供强有力的人才、技术支撑。

三、园区开发建设日新月异。一是基础设施配套日益完善。为加快项目建设，推动产业聚集，园区不断加大基础设施和市政工程建设力度。修建道路21.5公里，年底前园区形成南北贯通、局部成环的路网主骨架，排涝河道、雨水、电力、供水、生活污水、生产污水、通讯等市政管网建设同步建成；污水处理厂一期1万吨/年工程、110KV变电站工程、入海排污口工程正在启动建设，计划2014年建成。

二是产业聚集成效显著。截至2013年5月底，园区共实施重点产业项目15个和贸易项目1个，总投资704.2亿元，其中：投产项目1个，总投资26.2亿元；在建项目10个，总投资约338亿元；新开工项目1个，投资20亿元；前期项目3个，总投资320亿元；贸易项目1个，注册资本1亿元，已完成工商注册并正式运营。

三是龙头项目取得突破。中石化曹妃甸千万吨级炼油项目，是由中国石油化工集团公司投资，北京燕山石化公司建设，总投资270亿元，占地3780亩，主要建设1200万吨/年炼油和100万吨/年PX装置。目前，该项目已经取得国家发改委“路条”，已进入核准阶段，未来将逐步建成世界一流的炼化基地。

四、园区未来5年的主要任务及工作重点。依托良好的港口条件及周边原油、煤、盐化工产业基础，以炼化一体化项目、新型路线制烯烃等产业为主导，积极向下游延伸配套，重点发展精细化工、化工新材料、特种化学品等高附加值、高科技含量产品，突出焦化苯、C4、C5、氢气等资源综合利用的循环经济特色。未来拟建成与周边产业配套性强、外向型特点显著、循环经济特色突出的化学产业集群，成为国内领先、世界先进的大型、综合、现代临港化工产业基地。

改革开放篇
REFORM AND OPENING
TO THE OUTSIDE WORLD
河北经济年鉴
2013

重点领域改革

【概述】 2012年是全面开启建设经济强省、和谐河北新征程的起步之年，河北省政府先后出台《河北省“十二五”重点领域改革规划》和《河北省2012年经济体制改革重点工作安排意见》，对深化改革工作进行安排部署，各级各部门切实把深化改革与稳增长、控物价、调结构、抓创新、惠民生、促和谐紧密结合起来，进一步加大工作力度，重点领域和关键环节改革取得了积极进展。

【行政体制改革】 认真衔接落实国务院第六批取消和调整行政审批事项，衔接取消行政审批项目44项、下放接收92项、合并4项。全面清理省本级非行政许可审批和行政监管事项。出台《关于着力改善发展环境深化行政审批制度改革的意见》，以投资领域和社会事业领域为重点，进一步减少和调整审批事项，放宽社会和私人资本进入限制。事业单位分类改革取得阶段性成果，清理规范工作基本完成。白沟镇行政管理体制改革试点工作稳步推进。进一步理顺以曹妃甸新区、渤海新区为重点的新区（园区）行政管理体制，省委、省政府印发唐山曹妃甸区机构编制调整及划转方案，组建15家省级经济开发区管理机构、14家省级工业聚集区管理机构和8家各类经济功能区管理机构。

【国有企业改革】 积极引入战略合作者，河北钢铁集团与包括中国五矿、中国中钢、中国中铁等央企在内的41家企业签订战略合作协议。做大做强龙头企业，河北旅游投资集团股份公司组建成立。推进国有企业改革重组，16家企业实施股权多元化改革，新组建46家公司制企业，其中27家属于股权多元化公司。完善法人治理结构，在国有独资公司探索开展董事会建设试点，基本完成省委管理企业的董事长和总经理分设工作。理顺国有资产监督管理体系，出台《河北省国资委监管企业投资监督管理办法》、《河北省省直临时机构国有资产配置使用管理办法（试行）》等。进一步完善省级国有资本经营预算制度，明确自2013年起扩大省级国有资本收益收取范围，调整省属企业国有资本收益收缴比例。

【发展民营经济和中小企业】 优化小微企业发展环境，出台《关于支持小型微型企业发展的实施意见》，提出加大信贷支持力度等五项金融财税扶持小微企业发展的具体措施。省政府与全国工商联签署《促进非公有制经济发展加速河北经济强省建设战略合作框架协议》，在重大发展战略平台建设、促进非公有制经济健康发展等方面进一步加强合作。做大做强做实担保机构，积极推进再担保体系建设，省信产投信投融资担保公司与省中小企业担保中心签订全面战略合作协议。加强政银对接，省有关部门与省工行等10家银行业金融机构签署了信贷资金总额4760亿元的支持中小微企业发展合作协议，努力缓解中小微企业融资难题。中小企业融资方式实现新突破，中信银行石家庄分行发行河北省首只中小企业集合票据，成功募集资金2.8亿元。全省民营经济整体运行情况较好，民营经济单位总数达到249.4万个，全年实现增加值17232.8亿元，比上年增长12.3%，占全省生产总值的64.8%，共吸纳从业人员2001.6万人，占全社会二三产业从业人员的比重达70%以上。

【完善农村发展体制机制】 统筹城乡发展试点工作稳步推进。出台《关于推进户籍管理制度改革的意见》，进一步放宽城市落户条件，放宽农民户口转到城镇后继续享受农村户口相关政策的年限。《河北省流动人口服务管理规定》开始实施，为加快实现流动人口基本公共服务均等化提供了法律依据。农村产权制度改革加快推进，制定《河北省农村产权制度改革试点工作方案》，确定各市农村产权制度改革试点县（市、区）。印发《关于推进全省集体土地范围内房屋登记工作的实施意见》，选择唐山市整体、其他设区市各1—2个县（市）作为试点，探索开展集体土地房屋登记工作。玉田县获农业部批准为全国农村改革试验区，探索建立现代农村金融制度。继续推进集体林权和配套制度改革，平山县被确定为首批农民林业专业合作社典型示范县。国有林场改革试点工作稳步开展。

【土地管理制度改革】 探索建立土地节约集约利用综合评价考核制度，对各地节约集约用地实行量化考核。开展工矿废弃地复垦利用试点工作，盘活和合理调整建设用地。重启社会资本探矿权审批，《关于矿业权设置有关问题的通知》，规定自2013年2月1日起，相关事业单位和企业可依照申请在先方式，依法取得探矿权，在矿产勘查工作空白区或虽进行过矿产勘查但未获得可供进一步勘查矿产地的区域内，进行金、银、锰、铅、锌、钼等高风险矿种的勘探。完善矿产资源勘查开发管理相关政策，出台了《矿业权价款缴纳管理办法》。

【财政金融体制改革】 进一步理顺省以下财政体制，出台了《关于进一步完善省以下财政收入体制政策的通知》，对除三个新区和40个国家级扶贫开发工作重点县外的市（县、区）不再继续实施激励性体制政策。推进绩效管理改革，对省级11项专项资金项目开展重点绩效评价，实施绩效问责。金融市场主体建设取得新进展，汇丰银行在河北省设立分行，城市商业银行机构县域覆盖率达到66.18%，10家县级农村信用社获批筹建商业银行，新开业7家村镇银行。大力发展资本市场，全省新增境内外多层次市场挂牌上市企业19家，直接融资达到417.63亿元。河北沿海开发产业投资基金获国家发改委批复筹建。出台《关于建立统一规范的公共资源交易市场的意见》，明确河北省公共资源交易中心建设与管理规范，全省公共资源交易市场建设任务基本完成。

【资源性产品价格改革】 根据国家统一部署，及时调整成品油价格。深化电价改革，出台并实施《河北省居民生活用电试行阶梯电价实施方案》，对9家超能耗企业实行惩罚性电价，对11家超能耗达标企业取消惩罚性电价。推进城市供水价格调整成本公开试点，调整部分市县供水价格，进一步深化农业水价综合改革。加大主要污染物排污权有偿使用和交易改革力度，扩大试点范围，规定煤炭，石化、化工，黑色、有色金属及制造，非金属矿采选及制品制造，轻工，医药，纺织化纤等行业国批和省批建设项目，需要新增主要污染物年度许可排放量的，必须通过交易取得。研究制定了氮氧化物和氨氮排污权交易基准价试行价格，提高化学需氧量和二氧化硫排污权交有偿使用和交易基准价格。

【医药卫生体制改革】 巩固扩大基本医保覆盖面，城镇职工基本医疗保险和城镇居民基本医疗保险参保人数分别达到894.17万人和721.34万人，参合率为96.16%；新型农村合作医疗参合人数为5037万人，参合率为96.24%。提高筹资标准，新农合和城镇居民医保政府补助标准提高到每人每年240元。在全省范围内广泛开展按人头、按病种、按床日、总额预付等医保支付方式改革。基本药物制度和基层医疗卫生机构运行新机制逐步完善。统筹推进县级公立医院综合改革试点。

【完善社会保障体系】 社会保险覆盖面持续扩大。着力解决社会保险法实施前企业职工补缴基本养老保险费等问题，制定相关政策措施。城乡居民养老保险试点新增66个县（市、区），新型农村社会养老保险和城镇居民社会养老保险制度合并实施，社会养老保险实现制度全覆盖。新的工伤保险实施办法正式实行，工伤保险基金实行全省统筹。规范失业基金使用管理，出台《河北省失业保险调剂金管理使用办法》。各统筹区生育医疗费用实现直接结算。稳步提高社会保险待遇，企业退休退职人员基本养老金达到1745元/月，增幅11.9%，高于全国平均水平；调整企业退休人员丧葬补助费和遗属抚恤金标准，企业离休人员一次性抚恤金与机关事业单位人员拉平。以户籍状况、家庭收入和家庭财产为基本认定条件进一步完善最低生活保障认定标准体系，出台家庭收入和家庭财产核算与评估办法，建立家庭人口、收入和财产定期报告制度，城镇和农村低保保障率分别达到3.3%和5.3%。加大保障性住房建设力度，率先在全省范围内实行了保障性安居工程施工承包企业预选名录制度，超额完成保障性安居工程建设责任目标。

【文化教育等领域改革】 加快文化体制改革步伐，省委出台了贯彻落实《中共中央关于深化文化体制改革推动社会主义文化大发展大繁荣若干重大问题的决定》的实施意见。启动第二批非时政类报刊出版单位体制改革工作。以开展“送教下乡”、推进“新农村建设双带头人培养工程”为抓手，大力推动农村职业教育办学模式改革。落实“学前教育三年行动计划”，完善以政府和集体办园为主、以公办教师为主、以政府和集体投入为主的幼儿教育发展模式，进一步提高学前教育普及程度。研究制定学前教育资助和研究生国家奖学金资助政策，全省建立起了从学前教育到研究生教育的完整的教育资助体系，全年共安排各级各类资助资金27.7亿元，资助家庭经济困难学生142.3万人。

（河北省发改委体改处　田芙菁）

对 外 开 放

【对外贸易】 据海关统计，2012年，河北省外贸进出口完成505.5亿美元，同比下降5.7%。其中，出口296.0亿美元，增长3.6%；进口209.4亿美元，下降16.3%。贸易顺差86.6亿美元，扩大1.4倍。与全国相比，进出口、出口、进口增幅分别低于全国11.9、4.3和20.6个百分点。

1. 民营企业进出口、出口、进口占比明显提高。2012年，河北省民营企业进出口222.3亿美元，增长7.8%。其中，出口152.8亿美元，增长12.6%；进口69.5亿美元，下降1.6%。进出口、出口、进口增幅高于全省13.5、9.0和14.7个百分点，占比为44.0%、51.6%和33.2%，分别提高5.5、4.1和5.0个百分点。

2. 主体队伍壮大，出口零突破企业1368家。2012年，全省有出口实绩的企业7883家，较上年增加272家。其中，出口额超亿美元的企业37家，增加5家，累计出口86.6亿美元，占全省出口总额的29.3%；出口超五千万美元的企业85家，增加8家，累计出口120.5亿美元，占全省出口总额的40.7%；出口超千万美元的企业481家，增加27家，累计出口97.5亿美元，占全省出口总额的66.7%；实现出口零突破企业1368家，累计出口13.9亿美元，占全省出口总额的4.7%，拉动全省出口增幅4.9个百分点。

3. 出口基地建设步伐加快。唐山装备制造、邢台新能源进入国家科技兴贸创新基地行列，安平丝网、清河羊绒、高阳毛巾、安国中药等4个出口基地被批准为国家外贸转型升级专业型示范基地，安平丝网和霸州金属玻璃家具出口基地成为河北省与国家进出口商会共建基地。各类国家级基地达12个，省级基地达11个。各类基地出口占全省出口比重达到30%。支持建设124个外贸公共服务平台，组织企业参加广交会等国际知名展会和河北百家企业网络营销国际行、“中国制造”海外系列宣传等活动，邀请境外贸易商对接洽谈。针对欧美对河北光伏、陶瓷产品发起的“双反”等贸易救济措施调查，加强跟踪服务和政策指导，最大限度维护企业合法权益。

4. 机电产品进出口有喜有忧。2012年，全省机电产品进出口完成127.52亿美元，同比下降5.83%，低于全国机电产品进出口增幅（6.7%）12.53个百分点，低于全省外贸进出口增幅（−5.7%）0.13个百分点。其中，出口完成99.30亿美元，同比下降0.5%，低于全国机电产品出口增幅（8.7%）9.2个百分点，低于全省外贸出口增幅（3.6%）4.1个百分点，占全省外贸出口的比重为33.54%；进口完成28.22亿美元，同比下降20.90%，低于全国机电产品进口增幅（3.8%）24.7个百分点，低于全省外贸进口增幅（−16.3%）4.6个百分点，占全省外贸进口的比重为13.47%。

5. 新兴市场机电产品出口增长较快。河北省机电产品出口的主要市场集中在北美、欧盟、日韩等发达国家。美国是河北省机电产品第一大出口市场。全省机电产品对美国出口19.73亿美元，同比增长15.89%，占全省机电产品出口总额的19.87%。新兴市场出口增长较快，对印度尼西亚、印度和俄罗斯等新兴市场出口保持较快增长，出口增速分别为52.38%、51.33%和13.66%。

6. 河北组织参加“高交会”圆满成功。2012年11月16日至21日，第十四届中国国际高新技术成果交易会在深圳成功举办，会议以“科技引领河北，创新驱动发展”为主题，以推动产业招商为主线，以专题对接、高端会议和贸易展览为载体，突出出口创新基地和高新园区。河北代表团充分利用大会客户资源、信息资源和对接平台，多渠道、多方式加强与国内外客商对接合作。共签订投资贸易项目58个，协议引进外资1264万美元，协议引进国内资金44.9亿元，贸易成交额1704万美元。

7. 高新技术产品进出口全年呈低迷态势。2012年，全省高新技术产品进出口42.09亿美元，同比下降22.8%，其中，出口30.90亿美元，同比下降18.9%，占全省外贸出口总额的10.4%；进口11.20亿美元，同比下降33%，占全省外贸进口总额的5.4%。除3月增长8%，5月增长14.1%，2月下降0.7%外，其余9个月同比降幅均在两位数以上，最高当月降幅为10月份，下降49.3%。累计出口除5月和6月同比下降7.6%和8.4%外，其余10个月降幅均在两位数以上。进口除10月和11月当月同比增长外，其余10个月均为下降，全年12个月累计降幅均在30%以上。

8. 出口超千万美元高新技术企业达28家。2012年，全省出口超百万美元企业129家，同比增加7家；出口超千万美元企业达28家，比上年同期增加3家；出口超亿美元企业5家，比上年同期减少1家。出口超千万美元的高新技术产品企业出口总额为25.4亿美元，占全省出口总额的比重达到82.3%。出口超千万美元企业中增幅较大的有长城汽车股份有限公司、宏启胜精密电子（秦皇岛）有限公司、石家庄欧意药业有限公司、埃意（廊坊）电子工程有限公司、廊坊安科光电有限公司、石家庄杰克化工有限公司和中国石油集团东方地球物理勘探有限公司等。

9. 新兴市场高新技术产品进出口增长强劲。2012年，全省高新技术产品对欧洲、拉丁美洲和大洋洲出口同比下降，但对亚洲、北美洲、非洲出口同比分别增长23.8%、15.3%和23.5%。其中，对新兴市场阿根廷、巴西、香港和印度出口异军突起，新增出口2.2亿美元，同比分别增长1189.7%、46.77%、67.24%和31.06%，成为全省高新技术产品出口新的增长点。从北美洲、拉丁美洲、大洋洲进口同比分别增长33.5%、3940%和544.3%。

10. 积极应对贸易摩擦。2012年，全省积极应对国际贸易摩擦。全省遭遇国外贸易救济措施调查23起，同比增加5起，增长27.8%。其中反倾销调查12起，反补贴调查2起，反倾销反补贴合并调查5起，反规避调查4起，保障措施和特别保障措施调查各1起，涉及机电、轻工、化工、纺织和钢铁等行业的198家企业，涉案企业数量同比下降40.5%，涉案金额13477万美元，同比下降40.1%。

11. 做好WTO公共服务。建立了重大国际贸易摩擦预警信息发布制度，发布预警信息20余篇。利用WTO事务咨询网，为相关部门和商务企业提供公共服务品，共发布各类信息550多条（篇）。

【利用外资】 2012年，全省实际利用外资60.3亿美元，同比增长14.7%。受国内外经济形势影响，全省实际利用外资走势上半年呈现“W”走势，下半年冲高回落后增幅趋稳，总体呈现振荡式增长态势。2月份累计增幅下降22.3%，为全年低点；7、8两月累计增幅均为37.6%，为全年高点；9、10、11月份累计增幅趋于平稳，分别为18.3%、16.9%、17.4%；12月份累计增幅回落略有加速，全年增长14.7%。

1. 新批合同外资降幅波动式收窄。2012年，全省新批合同外资一直保持了下降态势，年初探底后，从3月至10月的8个月期间，降幅始终保持在30%左右，最后两月降幅快速收窄，12月份收窄到8%。全省新批外商投资企业196家，同比增长0.5%，与上年基本持平；合同外资38.8亿美元，同比下降8%，落后于实际利用外资增幅22.7个百分点，合同外资储备显现不足。

2. 启动实施“百家外企进河北”活动。省政府办公厅转发《百家外企进河北总体方案》，筛选利用外资超3000万美元以上项目，实行“一个客商、一名领导、一个团队、一跟到底”的“四个一”推进机制，重点跟踪服务。

3. 积极推进一批重点利用外资项目。2012年，新批及增资合同外资1000万美元以上项目60个，合同外资16亿美元，占全省合同外资的71.7%。

【开发区（园区）工作】 2012年，曹妃甸国家级经济技术开发区获批设立。这是近年来首个经国务院批准以新设方式设立的国家级开发区。至此，全省已拥有国家级经济技术开发区5家，国家级高新技术开发区5家。

2012年，全省省级以上开发区（园区）实现工业总产值20180亿元，同比增长30.9%；工业增加值5765.9亿元，同比增长38.3%；财政收入977.25亿元，同比增长34.3%；外贸进出口264亿美元，同比增长6.1%，其中出口166.55亿美元，同比增长12.3%；实际利用外资27.1亿美元，同比增长21.7%；引进省外资金2324.7亿元，同比增长9%；固定资产投资5658.1亿元，同比增长39.1%。

【经贸合作】 1. 香港投洽会成效显著。投洽会突出“沿海大省新战略·京畿重地新商机”的主题，先后举办了3场整体宣传推介活动、6场专题产业招商活动和37场专场项目对接活动，发布省级重点招商项目300个，参会嘉宾、客商达1500人，共签订合作项目协议74个，总投资108.8亿美元，协议外资61.5亿美元。

2. 廊坊“5·18”经洽会盛况空前。经洽会以区域“融合对接、共享商机”为主题，搭建“立足环渤海、突出京津冀、面向海内外”的经贸合作平台，到会客商达2000余人。经洽会举行了2项整体重大活动、2个高端会议、3场重点产业推介活动、6场专题对接活动、3场设区市专场洽谈活动和4项贸易展览活动，发布省级重点内外资项目200个，签约重点合作项目39个，其中外资项目16个，总投资22.4亿美元，协议利用外资12.8亿美元；内资项目23个，总投资466亿元，协议引进省外资金409.1亿元。贸易展览成交活跃。达成合资合作意向项目总投资285亿元，达成贸易协议、意向348项，总金额6.2亿元。

3. 参加厦门“9·8”投洽会成果丰硕。河北省作为本届投洽会的主宾省，举办了1500人规模的大会欢迎酒会暨河北主宾省专场推介会，精彩上演了“魅力河北欢聚‘9·8’金桥之夜文艺晚会”，搭建了位于会展中心一号馆最佳位置的河北展馆。以“河北新战略、投资新商机”为主题，共举办了32场推介洽谈活动，11个设区市以及曹妃甸区、渤海新区和14家省级以上开发区参加了主宾省展览，70多家省级以上开发区和近200家企业参会进行对接洽谈，重点推介了曹妃甸区和渤海新区两大增长极。全省共发布招商项目1526项，其中拟利用外资1亿美元以上项目60个。签订协议外资1000万美元以上项目15个，总投资15.7亿美元，协议外资10.2亿美元。

4. 高层赴美贸易投资促进活动圆满成功。2月12日至19日，以张庆伟省长为团长的河北省经贸代表团访问美国艾奥瓦州，发布了100个对美重大产业合作项目，签约投资贸易项目17个，签署进出口贸易合同金额36.4亿美元，美国客商投资协议金额3.6亿美元，对美投资协议金额60.4亿美元。

5. 河北省经贸合作代表团出访拉脱维亚、爱沙尼亚、俄罗斯。6月27日至7月8日，河北省经贸合作代表团出访拉脱维亚、爱沙尼亚、俄罗斯，主要涉及食品加工、化工产品、橡胶、纸制品、医疗器械、石油物探机械、塑料机械、建设工程等13家企业的代表。组织了河北省对外经贸合作恳谈会，达成了若干成交意向。其中，河北唐山弘仁实业集团有限公司、河北衡水景美化学工业有限公司、承德格林食品有限公司与外方协议成交额分别为600万美元、500万美元、300万美元。河北冀东建设工程有限公司拟境外投资2000万美元，与拉脱维亚合作开发矿产资源。

6. 河北省组织参加第九届中国—东盟博览会成果丰硕。9月21日—25日，第九届中国—东盟博览会在广西南宁举办。全省50余家企业、160余人参展参会。共签订贸易协议13项，贸易成交额2300万美元，签约外资合作项目总投资额3亿美元，国内合作投资额900万元。

【服务贸易】 2012年，全省服务贸易进出口总额为45.45亿美元，较2011年增长36.97%。其中，服务贸易出口额为18.18亿美元，同比增长55.87%；服务贸易进口额为27.27亿美元，同比增长26.72%。

【技术引进】 2012年，全省共办理登记技术引进合同146份，其中新合同登记62份，合同变更84份，合同总金额2.25亿美元；登记新合同金额1.42亿美元，同比增长6.24%，变更合同金额0.82亿美元，同比增长6.63%。

【服务外包】 加大政策扶持力度，对企业用工、资质认证和人才培训给予资金支持。搭建省级公共服务平台，推进项目对接、技术服务和人才保障。夯实服务外包载体，认定了8个示范园区、20个产业基地、20个人才培训基地和610家骨干企业，组建了首个服务外包学院。开拓服务外包市场，组织企业参加首届京交会、第十届大连软交会、杭州服务外包交易会和香港服务贸易大会，达成多项合作协议。

【对外经济技术合作】 1. 外援项目进展顺利。2012年，河北省积极向商务部和援助方联系沟通，申报联合国儿童基金会无偿援助河北省贫困地区儿童综合发展、日本政府无偿援助粮食增产项目回收资金使用等国际无偿援助项目。同时，加强对已实施项目的监管，各项目顺利实施，资金100%落实到位。

2. 对外投资首破10亿美元。2012年，全省对外投资在连年大幅增长的基础上，保持快速发展势头。全年共核准境外投资企业66家，对外投资总额12.39亿美元，同比增长11.56%；中方对外投资额10.52亿美元，同比增长15.76%。中方对外投资额首次突破10亿美元大关，创历史新高。

3. 对外承包工程强势增长。2012年，全省对外承包工程继续保持强势增长势头，新签合同额37.38亿美元，同比增长13.89%；完成营业额28.51亿美元，同比增长17.02%；派出人员10790人次，同比增长63.50%；年末在外人数7575人，同比增长37.65%。

4. 对外劳务合作健康快速发展。2012年，全省外派各类劳务人员11502人，同比增长60.06%。其中，对外承包工程项下10790人，同比增长63.50%；对外劳务合作项下712人，同比增长13.20%。期末在外劳务人员（含对外承包工程项下）9773人，同比增长9.39%。对外劳务合作项下劳务人员实际收入总额3839万美元，同比增长168.46%。

5. 推动实施“双十双百双千‘走出去’计划”。省商务厅确定并重点培育开滦加拿大煤矿、河钢加拿大铁矿、文丰实业智利铁矿等10个境外资源开发基地和博深工具泰国项目、冀东发展南非项目、金环钢构美国项目等10个境外生产制造基地。对“双百”扶持企业和对外投资合作重点项目，专项对接，积极推介。收集千条境外经济合作信息向企业发布、培训千名进军海外业务骨干和外派劳务人员。

6. 指导企业开拓海外市场。省商务厅完成了近30万字的《“走出去”金钥匙——河北省对外投资合作指南》编纂工作，重点介绍河北省情、对外投资合作政策规定和50个重点国家（地区）的国情、重点产业、商务成本、主要政策等，进一步明确了海外投资合作重点区域和促进

措施。

7. 强化“走出去”风险保障与安全防范机制。针对复杂多变的国际经济与安全形势，省商务厅与中国出口信用保险河北分公司联合印发《关于通过利用项目类出口信用保险强化“走出去”风险防范机制的通知》、《关于进一步发挥出口信用保险政策作用推动企业“走出去”的通知》等文件，建立起覆盖全省的信保协调促进机制和工作联系制度，特别是为企业重大项目和高风险国家项目提供收汇保障、风险管理和融资便利服务，化解“走出去”风险，缓解企业融资难题，稳步推进海外业务。

（河北省商务厅　刘　璐）

石家庄海关

【概述】 2012年，石家庄海关在海关总署和河北省委、省政府的正确领导下，认真学习贯彻党的十八大精神，深入落实科学发展观，自觉践行“四好”总体要求，牢牢把握稳中求进总基调，扎实有效地推进了把国门、做服务、防风险、带队伍等各项工作，关区建设呈现出平稳上升的态势，巩固和发展了风正、人和、事业兴的良好局面。2012年，关区税收入库400.9亿元，增长4.41%；监管货运量2.3亿吨，增长28.7%；进出口总值428.3亿美元，增长4.4%；报关单7.4万份；监管运输工具8932辆（艘）；监管集装箱10.1万箱次；进出境人员29.1万人次；加工贸易合同备案2512份，备案金额16.19亿美元；立案走私违规案件178起，案值7.1亿元，结案走私违规案件177起，案值7.2亿元，罚没入库207.5万元。

【促进外贸稳定增长】 研究制定了《石家庄海关促进河北外贸稳定增长的措施》，从落实国家各项税收优惠政策、加快海关事项办理速度、加大对进出口企业帮扶力度、全力提供辅助决策服务等方面制定了十项具体措施，切实做到政策解难、手续解繁、营造环境，最大限度地为企业提供通关便利，降低通关成本，支持河北企业“走出去”，促进河北外贸稳定增长。由关领导带队，对20多家具有典型意义的科研单位和进出口企业进行了深入调研，全面了解进出口情况以及遇到的困难，充分发挥海关职能优势，提出具体建议，帮助解决实际困难，引导用足用好国家政策。召开海关便捷通关措施宣讲会，向企业讲解企业分类管理及相关便捷通关措施，支持企业积极应对严峻的外贸形势，渡难关、求生存、谋发展。

【促进加工贸易转型升级】 积极推进曹妃甸、石家庄、黄骅综合保税区的申请设立工作，参与综合保税区的规划、论证、申报和建设，曹妃甸综合保税区已于2012年7月23日获国务院批准正式设立。积极参与秦皇岛、廊坊出口加工区招商引资，引导企业充分运用保税物流方式，从事仓储、配送、运输、流通加工等相关业务，有效促进了保税仓储业务的迅速发展，两个出口加工区进出口总值8149.52万美元。推广加工贸易电子联网监管，扩大联网监管的覆盖面，使企业的加工贸易业务办理和操作更为便捷。推行加工贸易内销便利化，简化内销手续，积极推广内销货物“集中申报”。

【助推企业提升综合竞争力】 积极落实国家重大技术设备、关键零部件和能源原材料的进口减免税优惠政策，对于河北鼓励项目、技术改造和科教文卫等经济社会发展的重点项目，提前介入，参与可行性研究论证，加快项目审批速度，帮助地方政府和企业用足用好税收优惠政策。办理《进出口货物征免税证明》1569份，审批减免税货值11.20亿美元，审批减免税款9.51亿元。加强海关统计预警监测和调研分析。密切关注国际经济形势和河北省外贸进出口动态，对重点国家和地区、重点产业和商品进行专项分析，从数据中总结苗头性、规律性和倾向性问题，为决策提供参考。按月向政府部门报送《海关统计专报》和《农产品监测月报》，全年共撰写统计监测预警报告102篇次。

【营造良好通关环境】 拓展区域通关业务，已与北京、天津、上海、青岛、大连、南京等7个口岸海关和8个内陆海关签订了区域通关协议，畅通通关渠道；拓宽企业受惠面，从原来仅适用于A类以上企业，扩大到一年内无走私违规记录、资信良好的B类生产型出口企业。综合运用7×24小时预约通关、网上支付、预审价、预归类、原产地预确定、提前报关、提前确认舱单、留样化验、担保验放等通关便利措施，为企业创造方便、快捷的通关环境。开展了税费电子支付工作，合作银行6家，适用企业1283家。推广河北电子口岸便捷企业通关、物流商务等应用项目，支持配合电子口岸平台建设，打造“大通关”的平台。取消收取进出口货物纸质报关单证明联（进口付汇用、出口收汇用）和出口报关单退税联打印费、报关单条码费和海关监管手续费，降低企业通关成本。发挥“12360”海关服务热线作用，加强咨询服务，完善通关应急机制。

【提升综合监管效能】 规范管理监管场所，严密监管场所、舱单、运输工具、货物和物品的监管，扩大了监管场所卡口联网范围，开展了散杂版卡口系统试点工作，关区共有监管场所33家，验收合格率100%。加强了保税监管，建立加工贸易企业专管员制度，对有内销意向的企业提前介入向企业提供业务咨询。加强了后续监管，稽查企业154家，稽查有效率40%，稽查补税入库7272万元。

【加强业务管控】 以“三控（风险防控、职能监控、现场自控）、一化（业务量化指标管理）、一重（重点商品、重点企业、重点区域重点治理）”为手段，有效管控关区执法。开展了风险研判，合理设定风险参数，业务风险布控有效率、实体性有效率都得到提升。各职能部门以日常监控、业务质疑、月度分析等形式，对业务现场进行风险提示和指导。风险管理部门对职能部门自办业务和职能监控情况进行复核，实现对关区业务监控的全覆盖。各业务现场通过内控自查和互查，对纸质作业单证进行了100%的复核，内控检查的手段进一步拓展。实行业务量化管理，科学合理设定了34项业务量化指标，定期公布指标结果、开展分析评估和综合治理。对重点企业、重点商品、重点区域开展重点治理，规范重点口岸、重点渠道的进出口秩序。关区业务运行质量和效率保持平稳，海关总署执法评估考核结果处于深绿区域。

【保持打击走私高压态势】 举全关之力“决不让河北口岸成为走私突破口和新据点”，紧紧围绕“四个领域、八个重点”，以打击正在进行时走私违法活动为重点，深入开展“三项专项治理和两项专项查控”行动，坚持“露头就打、抓小抓早、猛力打击”，集中力量查处货运渠道价格瞒骗走私、旅检渠道“水客”走私、海上成品油及冻品走私，严防枪支弹药、毒品、废物以及反宣品经关区各口岸渗透入境，严厉打击骗取出口退税等违法行为，航线走私和“客带货”行为得到有效治理，旅检现场执法环境得以净化，为切实维护国家政治经济文化安全、维护社会和谐稳定和净化通关秩序作出积极贡献。强化了反走私综合治理，与公检法等部门，建立了“国门之盾”行动联席会议制度，创造了良好的执法合作环境。

【全面加强准军事化纪律部队建设】 坚持“政治坚强、业务过硬、值得信赖”的要求，严管厚爱，提升素质，不断提升干部队伍的凝聚力、战斗力，保持了关区队伍和谐向上、积极进取的良好风貌。关党组坚持重心下移，到基层海关集体调研。各级领导干部以身作则，团结带领全体关警员扎实工作、积极进取。扎实开展“明明白白做事，清清白做人”的“两白人”活动。以课题研究为主要载体，研究和解决关区在业务、队伍、廉政、党建中的热点、难点问题，使每位关警员做到政治上清醒坚定、业务上娴熟精通、工作上履职尽责、作风上廉洁勤政，以明白保清白，以清白促明白。引导关员积极实践“爱国、厚德、增信、创新、奉献”精神，扎实开展海关文化建设，树立和弘扬干事创业的良好导向，培养严明的作风纪律，努力把关区建设成为和谐、稳定、平安的海关。石家庄海关被河北省委、省政府授予“省级文明单位”荣誉称号。

（石家庄海关　王　永）

出入境检验检疫

【综述】 2012年，河北出入境检验检疫局在国家质检总局和河北省委、省政府的正确领导下，围绕“抓质量、保安全、促发展、强质检”“十二字”方针，结合省情、局情，针对性地提出了“一年求突破，两年上台阶，三年大变样，四年新跨越”的“四步走”跨越发展战略目标。全局系统对标东南沿海强局，解放思想，真抓实干，攻坚克难，锐意进取，全年工作在七个方面实现了“新突破”，河北检验检疫事业呈现出生机勃勃的大好局面。

2012年，河北出入境检验检疫系统共检验检疫出入境货物18.94万批、货值463.74亿美元，同比批次增加12.03%、货值增加15.12%。其中：检验检疫出口货物17.02万批、货值118.29亿美元；检验检疫进口货物1.91万批、货值345.45亿美元（同比批次增加11%、货值增加15.93%）。共检出进出口不合格货物2669批、货值85.45亿美元，不合格检出率在全国35个直属局排名第一。在全省4个海港口岸和2个空港口岸，出入境人员查验26.13万人次，健康检查2.44万人次，预防接种3.36万人次，艾滋病监测2.36万人次，发现病例1.20万例。隔离检疫进境活禽16.93万羽，进境活牛2.34万头，进境种猪1034头，检出病牛8批39头、病猪1批6头，及时扑杀并做无害化处理。截获植物疫情65批，计16种类、191种次。对5987艘进出境船舶、1274架次国际航班飞机、2.92万个进出境标箱进行了口岸卫生检疫，对来自疫区的9070个进境标箱进行了卫生除害处理。

【解放思想创新理念】 一是绘就蓝图。新一届局党组重新修订了“十二五”后四年发展规划，提出全面对标东南沿海强局，实施“一年求突破，两年上台阶，三年大变样，四年新跨越”“四步走”发展战略，力争经过四年的不懈努力，跻身沿海强局之列，并把2012年作为“四步走”战略的“突破之年”和做大做强的“起步之年”，以“解放思想、力求突破”为主线，围绕“七个方面的突破”，实现科学发展；二是解放思想。通过深入调研摸底，省局对标东南沿海强局在思想上查找出了“五方面差距”，开展了为期三个月的解放思想大讨论活动。广大干部职工紧紧围绕“学强局、找差距、求突破、谋发展”主题，掀起了思想解放大讨论的热潮。整个活动组织严密，推进扎实，开展有序，触动了观念，活跃了思想，激发了民智，增强了信心，取得了“磨刀不误砍柴工”的显著成效；三是大事引领。局党组采取了抓大事引领小事、抓重点带一般、重点论和两点论相统一的工作方法，确定了2012年集中精力抓好“争取机构设置与升格，落实干部配备；启动综合实验用房建设项目；促进企事业做大做强；创新服务举措，喊响CIQ品牌；加强国检文化建设”等五件大事实事，盘活了全局。

【提高质量管理水平】 一是扎实开展了《纲要》和《2012年行动计划》的宣贯活动。在门户网站开辟了“质量发展纲要”专栏，集中开展了“《纲要》宣传月”、“质量月”等活动，组织“企业大讲堂”、“《纲要》进企业”等宣贯讲座70余场次，印发宣讲提纲1.6万多份，把《纲要》宣贯到了企业一线；二是加强了业务规范化建设。主动整改“一审双查”中出现的问题，印发《检验检疫业务分工有关问题的通知》，进一步明确了业务分工，强化了归口管理。制定了以风险管理为中心环节的业务质量控制体系7个规范性文件，完善了法制管理体系6个执法工作文件；三是质量分析水平进一步提高。坚持每季度开展进出口商品质量状况分析报告，2011年度进出口商品质量状况分析报告得到了张庆伟省长和原主管副省长聂辰席的充分肯定；四是对标提质量。组织开展了“千家企业质量管理达标帮促活动”、“重点产品出口企业对标”、“检企对接、服务央企进河北”等活动；五是加强诚信体系建

设。召开了全省诚信管理系统研讨会，自主研发的《进出口企业质量档案系统》顺利通过了鉴定。在四家重点出口企业试行了首席“质量官”制度，成效明显。

【提升安全监管能力】 始终坚持“严格执法把关就是检验检疫最好的服务”的工作理念，不断提升安全监管能力。一是深入开展了质量安全风险排查整治和道德领域突出问题专项教育治理活动，取得了阶段性成效。共出动执法检查7500余人次，排查各类生产企业3011家，种养殖备案基地80余家，取消卫生注册资格企业2家，排查问题及隐患537个，提出整改措施及建议468项；二是严格风险管理。把排查整治的切入点放在风险管理上，对进出口食品安全领域“潜规则”进行排查。组织了食品安全宣传周“千家食品企业质量安全共承诺”签字活动，开展了出口非洲假冒伪劣和侵犯知识产权商品专项治理行动等；三是加快口岸核心能力建设。加大了口岸针对性防控，有效提高了疫情疫病截获率和有害物质检出率。有效应对了衡水进境种猪应急事件。河北局检验检疫货值连续多年居全国系统第十位，货值不合格检出率连续多年居全国系统第一位。

【服务“经济强省、和谐河北”建设】 2012年以来，省局服务发展的好做法先后有12次得到省以上领导的肯定批示。围绕河北和国家战略部署，积极跟进，出台了《检验检疫服务“经济强省、和谐河北”建设的若干举措》，得到了省委、省政府领导的充分肯定。原河北省委书记张庆黎批示：“河北出入检验检疫局的工作积极主动，措施得力。”张庆伟省长给予了充分肯定，原副省长聂辰席批示：“河北检验检疫局为促进外向型经济发展采取了25项举措，必将为推动对外开放发挥重要作用。”在推进贸易便利化上，先后与广西局就促进河北果蔬输东盟国家、与珠海局就促进河北优质农产品供应澳门签署了合作备忘录，建立了北方产区与南部口岸更加便捷、更加安全、更加高效的检验检疫通道。2012年新增60家出口企业、179种出口产品在天津口岸实现直通放行，直通放行的企业总计达到258家，393种产品，成为在天津口岸直通放行最多的直属局。出台了《河北检验检疫局促进外贸稳定增长实施方案》，张庆伟省长批示：“很有针对性，希望检验检疫局进一步细化措施，抓好落实。”1—9月，减免出口农产品检验检疫费752.67万元；广泛宣传第四季度免收费政策并强力执行，免收出入境检验检疫费3391.75万元，惠及多批次、多家企业；签发原产地证书帮助企业减免关税2.48亿美元。

【检验检疫企事业发展】 制定出台了《关于促进企事业单位做大做强服务外向型经济又好又快发展实施方案（试行）》，成立了企事业发展领导小组，设立了目标激励，科学奖惩等机制，确定全省系统企事业收入年均增长19%以上，力争“十二五”末总量翻一番，并分类制定了各企事业的发展目标，建立了全省系统“抱团发展”的一盘棋合作机制，充分形成了合力，调动了发展的积极性。截至目前，企事业发展的年度目标已基本完成。积极搭建了发展平台，成立了“河北省检验检疫科学研究院”，并在全系统各分支机构都设立了“检科院分院或技术中心分中心”；成为了“河北省大型科学仪器资源共享服务联盟”理事长单位；在总局主管部门指导下，牵头组建了“国家煤炭检测联盟”，加入了“国家陶瓷检测联盟”。通过“检企共建”、“检地共建”模式加快企事业平台发展，积极拓展多方位、多领域合作，不断使发展平台多元化、资源投入多元化、有效收入多元化。

【内部基础建设】 一是大力推进科技强检，出台了《科技发展十二五规划》，提出了“抓好10大重点科技专项突破、建设5大科技创新工程、推动5项重大科技行动”的攻关目标。一年来，新增科技项目261项，同比增加139.4%，2项标准填补了国境卫生检疫行业空白，新增2个国家重点检测实验室，裘皮检测中心等一大批区域特色实验室相继开建。加强了区域科技合作，与吉、浙、甬检验检疫局签署了《“科技质检”建设合作协议备忘录》，出台了《打造唐山国检科技发展新高地意见》，使河北局的科技实力达到了1+1+1>3的作用。二是大力推进了人才兴检。深化人事制度改革，创新干部教育培养机制，在选人用人上注重德才兼备，实行任人唯贤，大力选拔善于推动发展、实绩突出、群众公认的优秀干部。一年来，共提任干部、调整干部301名，进一步优化了干部梯队，激发了干部队伍的工作热情。秦皇岛局技术中心主任曹彦忠成为全国质检系统和河北省推荐参加中国科协“十佳全国优秀科技工作者”的唯一人选。三是理顺内部架构。配合河北全力打造两大增长极的部署，在总局的大力支持下，设立了石家庄办事处，高配了唐山局，黄骅办升格为黄骅港局，清河办纳入属地管理，使河北局的机构设置更趋合理。利用设立石家庄局和迁建省局综合实验用房的机遇，千方百计争取地方政府的支持。河北省政府批准了支持河北局4000万元建设资金，并核定52亩用地指标。市政府也已正式下文批复，给予河北局补助建设资金4000万元，在正定新区无偿划拨建设用地52亩，按照市政府统一政策标准提供职工住宅350套，同时给予临时办公场所租赁费用600万元。

【建设和谐检验检疫事业】 河北局党组坚持两手抓、两手硬，推动了河北检验检疫事业的和谐发展。一是党建工作扎实深入。认真总结创先争优活动，建立了创先争优常态化长效化机制，3名同志受到省委和质检总局的表彰，1个单位被命名为“河北省为民服务创先争优群众满意窗口”和“全国口岸卫生检疫为民服务示范岗”；保持党的纯洁性，开展了“六个一”纪律教育活动；在基层组织建设年活动中，倾力帮扶沧州泊头市营子乡小徘徊村，总局支树平局长专门对其典型事迹做出批示；二是全面加强了国检文化建设，成立了“河北检验检疫国检文化促进会”，启动了“国检文化建设四年提升规划”，凝炼了以“崇检、尚行、图强、向善”为核心内容的河北国检文化精神，初步形成了具有燕赵文化底蕴的河北检验检疫文化体系；三是文明创建结硕果。河北国际旅游保健中心和衡水局被命名为“2010—2011年度省级文明单位”；省局机关和中检集团河北公司被命名为省直文明单位；通关业务处被命名为省直文明处室；新增2个“省级青年文明号”，取得了自建局以来的最好成绩。

（河北出入境检验检疫局　杨朝晖）

外事、侨务及港澳事务

【概况】　2012年，河北省外事港澳侨务工作在省委、省政府的正确领导下，坚持以邓小平理论和“三个代表”重要思想为指导，深入贯彻科学发展观，努力为国家总体外交服务，为本省经济社会发展服务，积极进取，扎实工作，各项工作取得了新成绩，为建设经济强省、和谐河北做出了新贡献。

配合国家外交工作取得新成绩。2月，张庆伟省长率团访问美国，分别与艾奥瓦州政界、教育界、企业届和友好委员会进行广泛深入交流，为习近平同志在艾奥瓦州成功访问营造了浓厚的民间友好氛围，凸显了地方外事服务国家外交的基础作用。6月，美国艾奥瓦州州长及友好人士代表团访问河北省，省委书记张庆黎、省长张庆伟分别会见了代表团。安排代表团在正定考察了农村、农业、农户，在石家庄外国语学校与中学生进行了英语互动，取得了良好效果。代表团认为“东道主的热情好客令人感动。全程安排周密，内容丰富多彩”。外交部、全国对外友协对河北接待工作给予高度评价，接待工作被全国对外友协列为“创新奖”的第一名。

友好城市间实质性交流取得新进展。目前河北省与23个国家的62个地方政府缔结了友好城市关系。友好城市交往中坚持了以政府交往促经济，以友好交流带合作，友城间交往取得了明显成绩。8月，荷兰南荷兰省长率团来访，两省签署了《2012－2015年合作备忘录》，深化了在水利、环保、农业、教育、港口及沿海地区发展等领域的合作。5月和6月，日本鸟取县副知事藤井喜臣和副省长聂辰席率团互访，双方商谈了加强两省县在经贸、教育、动漫、旅游方面的合作。各设区市友好城市间也着力推动了一批实质性合作项目。

推动对外经济技术合作取得新进展。紧紧围绕招商引资，通过“请进来、走出去”，着力引进高端大客户、战略合作者和高新技术持有者，不断提升合作层次和水平。安排省领导会见重要客商，推进了一批重要对外合作项目。

冀港、冀澳合作又有新提高。充分利用香港、澳门在金融、贸易、旅游和信息等方面的优势，积极推动河北省与香港、澳门的交流合作。4月河北（香港）投洽会期间，省委书记张庆黎会见了全国政协副主席董建华、澳门特区行政长官崔世安、以及中央驻香港、澳门联络办、外交部驻香港特派员公署主要负责人。在香港举办了投资环境说明会暨项目签约仪式，在澳门举办了投资环境说明会暨旅游招商洽谈会，取得了一批合作成果。

与海外华侨华人的交流合作取得新成果。面向海外几千万华侨华人开展联络，引智引资。先后接待了澳大利亚河北同乡会、北欧河北同乡联谊会、加拿大河北商会、新西兰中国团体联欢会、欧洲侨领团等团组，洽谈推进了合作项目。

因公出访管理工作又上新水平。2012年，全省因公出国赴港澳团组1381批4969人次。进一步完善了管理制度，规范了审核审批工作。市厅级干部出访坚持执行省直八部门会审制度，县处级及其以下人员出访坚持开展互检互查，保证了因公出国前有硬任务、出国中有高效率、出国后有真成果。

涉外涉港澳涉侨管理工作又上新台阶。及时处置我“走出去”企业和人员在境外遇到的突发事件，切实维护其安全和权益。认真贯彻执行《外国常驻新闻机构和外国记者采访条例》，管理和服务取得了良好效果。针对在河北省发生的27起涉外案（事）件，依据法律法规，积极稳妥处理，维护了河北省对外开放的正常秩序。切实维护海外侨胞、港澳同胞和归侨侨眷的合法权益，全年共受理信访来访3800多件（人次），积极协调解决反映问题，做到了件件有回音，事事有结果。

【张庆伟省长访问美国】　应美国艾奥瓦州的邀请，省委副书记、省长张庆伟率河北省代表团，于2月12日至19日访问美国。出访期间，张庆伟省长参加了习近平副主席在美国的部分访问活动。河北省代表团与艾奥瓦州政府、教育界、友好协会和美国企业界人士进行了广泛深入的交流，增进了相互间了解和友谊，推进了一批对美贸易和投资合作项目，出访各项活动取得圆满成功，凸显了地方对外交往服务国家外交的基础作用。在艾奥瓦州，张庆伟省长参加了习近平副主席与27年前结识的老朋友会见、与艾奥瓦州州长特里·布兰斯塔德的会见活动，参加了中美农业高层研讨会和考察金伯利农场等活动。河北省代表团与特里·布兰斯塔德州长举行了两省州工作会谈，举办了“河北省新战略投资新商机说明会暨签约仪式”，出席了大得梅因商会举办的省州商业界人士见面会，考察参观了建明制药公司、先锋种子公司、山谷高中、瑞克大学。张庆伟省长分别会见了4家与河北省在谈合作项目的美国公司总裁。在洛杉矶，张庆伟省长参加了习近平副主席出席的中美经贸合作论坛和中国省领导与美国州长见面会等活动。张庆伟省长会见了与河北省在谈合作的2家美国公司的总裁，出席了有关友好交流和商务洽谈活动。河北省代表团访美期间，共签约投资贸易项目17个，签署进出口贸易合同金额36.4亿美元，美国客商投资协议金额3.6亿美元，对美投资协议金额60.4亿美元。

【付志方主席访问瑞典芬兰】　应瑞典沃尔沃汽车公司和芬兰东芬兰地区管理署的邀请，省政协主席付志方率河北省代表团一行6人，于10月2日至11日访问了瑞典、芬兰。在瑞典，访问了沃尔沃汽车公司，与执行董事会主管副总裁简·格兰德等就引进先进技术车型、配套项目布局张家口、加快整车项目进展进行了会谈，通过深入洽谈，张家口市政府与沃尔沃汽车（中国）投资有限公司签署了《沃尔沃汽车（中国）张家口发动机项目深化合作意向

书》；会见了哥德堡市议长莲娜·马尔姆，就张家口市与哥德堡市开展交流合作进行了会谈；访问了ABB集团公司，与总裁兼首席执行官约翰·索德勒姆等就河北钢铁集团有限公司在炼钢电磁搅拌自动控制及轧钢生产线自动控制的项目合作进行了会谈。在芬兰，访问了河北省友好交流省区——芬兰东芬兰地区管理署，就推动两省区在环保技术、教育科研等领域的交流合作以及推动两省区发展友好省区关系，与管理署专员艾丽·阿托宁举行了工作会谈；访问了米凯利大学联盟、阿尔托大学商学院中小企业中心、拉彭兰塔理工大学能源技术学院，与有关负责人进行了会谈。访问了芬兰斯道拉恩索集团，与集团高级副总裁包贺乐、山波就推动河北正元包装集团有限公司与芬兰斯道拉恩索集团合资建设特种文化用纸基地项目、引进斯道拉恩索集团成熟的超级特种精制礼品纸生产技术进行了洽谈。

【聂辰席副省长访问韩国日本】 6月4日至13日，省委常委、副省长聂辰席率河北省代表团，赴韩国、日本访问。代表团在外举办了4场专题推介会，签署合作项目协议17项，推动在谈合作项目8项，拜访了有关协会和我驻韩、日使领馆，取得了较好成效。在韩国，成功举办了丽水世博会河北活动周，河北省是全国11个参与丽水世博会沿海省区市中第一个举办“活动周”的省份，受到韩国丽水世博会组委会、中国馆组委会和各参展国馆及有关省市的高度关注。期间举办了河北活动周媒体见面会，韩国朝鲜日报、东亚日报、KBS电视台、MBC电视台、KBC电视台、中国中央电视台等中外媒体参加。举办了由河北省政府和韩国贸易协会共同主办的河北沿海发展规划推介会、由河北省政府和韩国韩中文化协会主办的河北省旅游推介会。与韩国蔚山市签署《旅游交流与合作备忘录》、与韩国忠清北道签署《旅游合作协约书》。在日本，出席了纪念河北省与日本鸟取县缔结友好关系26周年招待会，双方确认在农产品冷藏保鲜、动漫产业、旅游、环保技术应用等方面加强交流合作。

【外国驻华女大使和大使夫人访问河北】 按照外交部安排，4月9日至10日，外国驻华女大使和大使夫人代表团访问了河北省石家庄、保定市。4月9日下午，代表团在平山县举办了西柏坡残疾人康复站剪彩仪式。西柏坡残疾人康复站位于温塘圣地康复医院，是由外交部和中国残疾人福利基金会2010年9月共同主办，近70家驻华使馆和国际组织积极参与的国际义卖活动，筹集善款60万元，经国家残基会委托河北省残疾人福利基金会，在河北省平山县建立的一所残疾人康复站。聂辰席副省长、外交部乐爱妹参赞、中国残疾人福利基金会邢建绪副理事长、委内瑞拉驻华大使冈萨雷斯、石家庄市副市长程凯为康复站正式启用剪彩。代表团还参观了西柏坡纪念馆和中共中央旧址。晚上聂辰席副省长会见了外交部部长杨洁篪夫人乐爱妹参赞等外交部司局级领导，并宴请了代表团全体成员。4月10日，代表团参观了正定隆兴寺和保定直隶总督府。通过代表团对石家庄平山县、正定县和保定市的考察访问，进一步增进了驻华使节对河北省经济、社会发展的了解，进一步加强了各国驻华使馆与河北省在经贸、文化等方面的交流合作。外交部充分肯定了河北省的接待工作。乐爱妹参赞亲自写来感谢信，信中说：此次活动出席人员规格高，活动内容多，准备和协调难度大。河北省外办为保证活动成功举行，予以全力配合，精心组织安排，接待热情周到，既有高度，又注重细节，使我们确有宾至如归之感。外办的努力，有力地支持了中国的外交工作和残疾人康复事业的发展。

【日本鸟取县副知事藤井喜臣访问河北】 5月14日，日本鸟取县副知事藤井喜臣率团访问河北省石家庄。藤井喜臣一行来访的主要目的是，与省外办、省旅游局、省民航办、石家庄市动漫协会等有关部门具体协商两省县在旅游、文化、经贸等领域加强互利合作、推动相互交流事宜。杨汭副省长在石家庄会见藤井喜臣副知事一行。孟祥伟副秘书长，省外办、省发改委、省商务厅、省文化厅、省旅游局、省民航办及石家庄市政府、石家庄市动漫协会有关领导出席。双方就河北省与鸟取县如何进一步加强交流与合作进行了深入探讨，达成以下共识：一是两省县应进一步保持高层互访，加强各个层面交流的力度，加强各界人员的往来。二是加强双方文化产业交流，推动务实合作。双方支持动漫企业积极参加双方举办的动漫相关大会及博览会等活动。实地考察河北省的动漫业发展水平，共谋合作良机。三是双方进一步加强推介宣传，增强双方旅游合作。有效增加两地互访客源，共同开发有吸引力、有竞争力的旅游产品，不断培育新的旅游热点，激发两地人民的旅游热情，推动双方旅游合作务实发展。

【美国艾奥瓦州州长及友好人士代表团访问河北】 6月4日至5日，美国艾奥瓦州州长特里·布兰斯塔德及友好人士代表团访问河北。6月4日晚，张庆黎书记在河北翠屏山迎宾馆亲切会见并设宴款待了美国艾奥瓦州友好代表团。6月4日中午，张庆伟省长在正定国豪大酒店热情会见了美国艾奥瓦州友好代表团并陪同了午餐。杨汭副省长全程陪同了美国艾奥瓦州友好代表团在河北省的访问活动。美国艾奥瓦州友好代表团在河北期间，到正定县西平乐乡大寨村，参观考察了村民活动中心，分组访问了农户，参观考察了村卫生所和小麦高产示范田。还访问了石家庄外国语学校，与曾经参加过与艾奥瓦州友好学校交流的39名学生（7名学生2011年2月9日访问艾奥瓦州时受到布兰斯塔德州长在办公室接见）用英语直接进行了互动交流活动。在河北的访问参观给代表团留下了深刻印象。布兰斯塔德州长说，“我曾于1984年和1991年两度访华，与那时相比，中国农村真是发生了翻天覆地的变化。”“我非常高兴能有机会深入了解河北，能有机会见到老朋友。”波拉·德沃切克女士说，“东道主的热情好客令人感动，全程安排周密，内容丰富多彩。”外交部、全国对外友协对河北省的接待工作给予了充分肯定，认为“河北省的各项安排周密得体，实现了‘突出友好、加深友谊、推动合作’的预期目标。河北是美国艾奥瓦州友好代表团访华的最后一站，也是最精彩的一站。”河北省接待工作被全国对外友协列为“创新奖”第一名。

【荷兰南荷兰省省长率团访问河北】 8月27日至28日，荷兰南荷兰省省长杨·弗兰森率代表团访问了河北省。河北省对南荷兰省代表团来访非常重视，张庆黎书记、张庆伟省长专门作出批示，提出明确要求。省委常委、副省长聂辰席带领24个部门和单位主要负责同志与南荷兰省代表团进行了工作会谈，认真总结了两省交往19年特别是结好5周年来交流合作成果，详细介绍了双方经济社会发展情况及面临的新形势、新机遇以及下一步合作方向和重点。双方共同签署了《河北省—荷兰南荷兰省2012至2015年合作备忘录》，确定今后3年双方将在水利、环保、农业、教育、城市建设、港口及沿海地区发展、投资贸易等7个重点领域进行合作。河北省有关方面分别与南荷兰省代表团就推进双方农业、教育和水利环保等方面合作进行了3场专题洽谈，达成了一批合作意向。农业合作方面，将在智能温室管理、水肥药循环系统、生物防治等方面开展合作。教育合作方面，确定建立两省省级教育行政部门的沟通协调机制、高校校际交流机制和一批友好学校关系；将在园艺学、计算机、商业管理、医疗保健、机械、信息、电气等专业开展合作办学；在食品安全创新研究、应用型和创新型人才教育培训等方面开展合作。水利、环保合作方面，双方就流域管理、沿海土地开发利用与生态治理、地下水、空气质量控制等进行了深入探讨，河北省拟引进荷兰非点源自动化监测系统以及荷兰PM2.5监测系统。河北省有关部门、农业园区（合作社）和企业，与南荷兰省代表团开展了点对点的洽谈，推动一批项目达成了合作意向。两省水利、环保部门就推动实施水利合作项目（第三期）、环境管理项目（第三期）达成了共识，拟出版《河北省与南荷兰省水利合作回顾与展望》，2013年上半年续签水利、环保两个合作备忘录。推进了保定英利集团与荷兰能源研究中心合作研制新一代光伏材料、合作建立研发中心事项。商定引进荷兰温室控制设备、节能灌溉和水肥一体化技术，引进荷兰新型蔬菜种子种苗，引进荷兰智能温室自动化系统。在河北省肃宁合作建设无公害蔬菜示范园、在秦皇岛规划建设滨海生态社区、休闲旅游度假区。河北港口集团与南荷兰省政府签署了《友好合作备忘录》，将进一步加强港口规划建设、航道疏浚技术等方面交流合作。

【香港特区政府“高层首长级公务员专设国家事务研修班”访问河北】 4月26日、9月20日、11月1日，按照国务院港澳事务办公室安排，在国家行政学院学习的香港特区政府“高层首长级公务员专设国家事务研修班”三批共53人分别访问了廊坊、保定市。“高层首长级”公务员在特区政府内属较高级别官员，包括香港特区政府部门的常设秘书长、署长和局长等。来河北省参观考察的主要目的是了解廊坊、保定市近年在经济、社会等方面的发展成就。在廊坊市，聂瑞平市长会见了研修班一行，并介绍了廊坊市基本情况和近年经济社会发展取得的成就。研修班实地参观了规划展示馆、金丰农业科技园和特教学校，分组深入到管道局九区住户家中，与居民进行了座谈。在保定市，周省时副市长介绍了保定市基本情况和近年经济社会发展取得的成就。研修班实地参观了城市规划馆、长城汽车股份有限公司、顺平福利院，并深入到警盾家园社区住户家中，与居民进行了座谈，还与省公安厅进行了工作交流。通过对廊坊、保定市的参观考察，使研修班学员加深了对内地经济建设和社会发展的了解，也密切了与河北省有关部门及市工作交流联系，取得了良好效果。国务院港澳事务办公室对河北省接待工作表示非常感谢和高度肯定。

【河北省对外友协第一届理事会召开】 9月20日，河北省人民对外友好协会第一届理事会会议在石家庄召开，中国人民对外友好协会党组书记、会长李小林，省委常委、副省长聂辰席出席会议。会议召开前，省委书记张庆黎、省长张庆伟会见李小林会长。李小林会长代表全国友协对河北友协第一届理事会会议召开表示祝贺，对河北省民间对外交往工作给予充分肯定并强调：河北友协理事会成立后，要认真贯彻中央关于友协工作的有关要求，充分发挥民间外交优势，配合国家搞好总体外交；坚持以人为本，广泛开展民间对外交往；积极拓展友城交往，服务地方经济社会发展。聂辰席副省长代表省委、省政府对全国友协和李小林会长对河北友协工作的关心和支持表示感谢。希望省友协理事会成立后，认真贯彻落实全国友协和省委、省政府要求，坚持围绕中心、服务大局，广泛开展同世界各国的友好合作与交流，为推动河北深化扩大对外开放，加快经济强省、和谐河北建设作出新的更大贡献。要充分发挥民间对外交往领域宽、渠道多、形式灵活等优势，广交新朋友、深交老朋友，大力组织开展民间对外交往，引领推动河北与世界在经济、科技、文化、教育、卫生等方面全方位开展交流合作。根据河北省经济社会发展战略，加快友城结好步伐，不断提高友城交往的质量和水平。借鉴国外城市先进发展理念，提高本省城市建设管理水平。吸收国外城镇化建设成功经验，提升本省城镇化建设和新农村建设的层次和水平。广泛宣传河北的新战略、新机遇、新优势，大力推介河北省着力改善发展环境、着力改善生态环境的新举措。围绕调结构、转方式，打造两大增长极，在节能减排、产业优化升级、发展战略性新兴产业等方面牵线搭桥，有的放矢地引进国外资金、管理、技术及人才，推动河北省企业“走出去”，在更大范围、更广领域、更高层次参与国际交流合作。

【电子护照项目在河北省正式实施】 根据外交部统一部署，在省委、省政府领导的高度重视下，河北省因公电子护照项目于7月18日正式启动签发。7月18日，河北省因公电子护照签发启动仪式举行，外交部领导、省编办、省财政厅、各设区市外办、省直有关部门代表以及省外办领导、机关处室代表等参加启动仪式。外交部领事司廖晓颖副处长致辞并向省外办授予河北省因公电子护照签发密匙。杨全社主任宣布河北省因公电子护照正式启动并向第一批申请电子护照的团组颁发了护照。电子护照项目科学合理，实现了全省所有审核审批单位、省直多数部门、省属企事业单位和大中专院校及扩权县等200多家单位的联网，上述单位可以网上申报出访任务、上传申办电子护照信息、填写申办签证资料，查询各个环节的审批和办理情

况，下载已批准的出国任务批件和本单位人员出访历史记录及持照情况。外交部廖晓颖副处长等还检查了河北省外办因公护照颁发、收缴管理和档案管理等工作，对河北省外办的电子护照项目实施和护照颁发管理工作给予了充分肯定，称赞“河北省电子护照项目在16个已启动的省份中，组织最严密、实施得最好，具有典型示范作用。”

【省政府下发《关于贯彻落实国家侨务工作发展纲要的实施意见》】 为认真贯彻落实《国家侨务工作发展纲要(2011—2015年)》(以下简称《纲要》)，按照省政府领导批示，省侨办起草了省政府《关于贯彻落实国家侨务工作发展纲要的实施意见》（代拟稿)。省侨办深入学习领会《纲要》，广泛开展调查研究，在起草省政府《关于贯彻落实国家侨务工作发展纲要的实施意见》(代拟稿）过程中，走访了部分困难归侨侨眷、侨资企业，召开了省直部门座谈会、设区市侨办座谈会，参考了其他省份《实施意见》的制定情况，进行了多次修改和完善。代拟稿形成后，分别征求了省人大民侨外工委等15个省有关部门的意见，并对相关意见进行了积极采纳。《关于贯彻落实国家侨务工作发展纲要的实施意见》(代拟稿）经9月27日省政府第110次常务会议讨论通过并下发执行。省政府《关于贯彻落实国家侨务工作发展纲要的实施意见》，重申了坚持国家侨务工作的基本方针和基本原则，提出了贯彻落实国务院《纲要》的五项主要任务，对扎实推动河北省侨务工作的科学发展将起到积极促进作用。

【华侨·华人·港澳同胞】 河北省籍华侨、华人、港澳同胞40余万人。其中，新华侨华人5万余人，分布在5大洲的78个国家和地区，主要居住在亚洲、美洲、欧洲，以东南亚、日本、蒙古、法国、美国、加拿大最为集中。其特点：一是热爱家乡。中共十一届三中全会以后，他们积极回乡投资兴业，不少人为家乡建设做出了贡献。二是文化素质较高，重视实业。科技界的有：已故世界著名的美籍生物学家牛满江，美籍世界知名植物遗传学家梁学礼、美籍农业专家耿旭、法国科学院研究导师宋守信、原香港大学校长王赓武、美籍生物遗传学家翟振纲。实业界的有：欧洲共同体经济顾问、法籍华人钱法仁，美国旧金山工业电子国际分行董事长刘融淳，香港义生实业有限公司董事长沈炳枢等。政界的有：美国蒙特利尔公园市市长陈李婉若、世界祖国统一促进会主席张曼新等。三是有强烈的认同感、归属感，建有河北省籍人士或与邻省籍人士联合的同乡会等社团，如法国巴黎河北同乡会，英国河北同乡会，香港冀鲁旅港同乡会，日本留日华侨河北省同乡联合会，大阪中华北邦公所，新加坡华北同乡会，加拿大河北协会，美国大华府地区河北同乡会，纽约河北同乡会等。

河北省华侨早年出国定居，主要有3种情况：一是由于生活所迫，张家口地区的人移居蒙古。二是众多的杂技艺人出国卖艺，在国外定居。三是赴法勤工俭学，20世纪初中国赴法勤工俭学的创始人是高阳县的李石曾。

全省共有归国华侨、侨眷、港澳同胞眷属40余万人，其中归国华侨3892人。河北省华侨回国定居起始于1910年，当时主要是输出南非的契约华工。第一次世界大战后又有赴法、赴俄的契约华工陆续回国。新中国成立后，大批爱国华侨青年回国参加社会主义建设，50年代形成了华侨归国的高潮。1983年至1984年，河北省又安置了旅蒙华侨近2000人，截至1984年全省共有归侨4387人。近年来由于部分归侨出国或调外省工作等原因，河北省归侨人数目前为3892人，主要来自东南亚各国、蒙古、日本、朝鲜等23个国家和地区。全省有阳原、高阳、吴桥3个侨乡县。

中共十一届三中全会以后，各项侨务政策得到落实，充分调动了广大归侨、侨眷、港澳同胞眷属的积极性。河北省充分信任、大胆使用归侨、侨眷干部，并切实保障归侨、侨眷参政议政的权利。截至目前，全省累计提拔到县级以上领导岗位的有600多人。河北省还注意鼓励先进、树立典型。近年来，全省归侨、侨眷有2800多人被评为各级劳模和先进工作者，有45人被评为全国归侨侨眷先进个人，15个单位被评为全国侨务工作“先进集体”，16名同志被评为“先进个人”，5家企业获得“全国百家明星侨资企业”荣誉称号，3名专业人士获得“百名华侨华人专业人士杰出创业奖”。其中，2004年底，人事部、国务院侨务办公室共同授予河北省人民政府侨务办公室侨政处“全国侨办系统先进集体”荣誉称号；国务院侨务办公室授予河北省3个单位“全国侨办系统先进单位”荣誉称号，3名同志“全国侨办系统先进个人”荣誉称号。2006年，国务院侨务办公室授予河北省2个单位“全国社区侨务工作先进单位”荣誉称号，1名同志“全国侨法宣传先进个人”荣誉称号，2名同志“全国社区侨务工作先进个人”荣誉称号。2009年，人力资源和社会保障部、国务院侨务办公室授予唐山市侨办“全国侨办系统先进集体”荣誉称号。国务院侨务办公室授予河北省3个单位“全国侨办系统先进单位”荣誉称号，4名同志“全国侨办系统先进个人”荣誉称号，23名同志“全国归侨侨眷先进个人”荣誉称号，4家企业“2006－2008年度全国百家明星侨资企业”荣誉称号，2名专业人士“第二届百名华侨华人专业人士杰出创业奖”荣誉称号。

全省归侨、侨眷知识分子中，有380多人获省部级以上科技进步奖、科技成果奖和科技发明奖，60余人被授予有突出贡献的中青年专家和省管专家。近年来，全省就归侨侨眷退休金、招生、招工、房改、工资改革、扶贫救济、养老、医疗改革等，先后制定了12项操作性较强的配套政策，使维护归侨侨眷权益既有法可依，又有章可循。还从实际出发，采取了积极有效的措施努力推进侨务扶贫工作，积极筹集资金，争取贷款，加大对侨务扶贫的投入。为扩大就业门路，积极引导兴办侨属企业，各地为此先后出台了优惠政策，予以重点扶持和保护，侨务扶贫工作得到了国务院侨办的肯定，在2001年全国侨务扶贫工作会议和2003年全国归侨侨眷下岗职工再就业暨发展归侨侨眷非公有制经济会议上，分别介绍了河北省的经验。2005年国务院侨办国内司先后3次到河北调研，充分肯定河北的侨务扶贫和再就业工作。2008年，国务院侨办领导对河北省帮助困难归侨侨眷选准效益好的项目、修订本省《归侨侨眷权益保护法》实施办法和推进“侨爱工程—万侨助万村”活动等工作，给予充分肯定。河北省各级侨务部门妥善处理侨界信访诉求，积极为华侨华人和归侨侨眷排忧解难。在2012年全国侨办主任会议上国务院侨办表扬了河北省的做法。在发展外向型经济中，不少归侨侨眷发挥自身的“海外关系”优势，为河北省引进人才、资金、技术和设备牵线搭桥，做出了贡献。

（河北省外办　张博光）

区域经济合作

【概况】　2012年，河北省的对内开放工作坚持以党的十八大精神，省委八次党代会精神为指导，紧紧围绕落实“十二五”规划及中央和省委的经济工作部署，结合工作职能，明确目标任务，突出工作重点，坚持改革创新，年度工作取得可喜成绩。成功举办“百家院所校走进河北合作恳谈会”大型活动，成为全省工作的一大亮点；全年引进省外资金5076.31亿元，同比增长34.88%。

【举办“百家院所校走进河北合作恳谈会”】　6月17—18日，省委、省政府在石家庄成功举办了“百家院所校走进河北合作恳谈会”，这是继“百家央企走进河北战略合作恳谈会”后河北省的又一重要活动，对推进全省企业、高等院校、科研院所与省外科研院所、高等院校的科技合作，提升河北省的整体科技水平，促进产业结构调整和发展方式的转变起到了重要的作用。按照省领导的指示精神和统一部署，从筹备工作方案的起草到成果的统计，从签约项目的筛选落实到“一对一”方案的制定，从与省直相关部门、各设区市的协调沟通到会务工作的配合，从会议材料的起草到省政府及省发改委八个拟签协议的呈报审批，从相关信息的收集到总结报告的撰写，做了大量的卓有成效的工作，会前会上共签订了208项合作协议（合同），达成101项合作意向。由于准备充分、组织周密，此项活动取得丰硕成果，不仅成为全省年度工作的一大亮点，也对今后全省经济社会健康发展将会产生深远影响，得到了省委、省政府主要领导的高度评价和充分肯定。

恳谈会后，狠抓了会议成果的落实和扩大工作。为抓好会议成果的落实，及时对各设区市、省有关部门和省内高校、企业在恳谈会上签约的各类协议（合同）进行了责任分解，多次调度和督促落实，并将落实情况及时向省政府上报。截至年底，会议所签协议和项目执行顺利，在会上和会前签订的208项合作协议（合同）中，有64个框架类合作协议，其中有48个协议进入实施阶段，有16个协议正在对接具体条款的实施事宜；在144个科技类合作项目中，136个项目已进入实施阶段，已进入中试和产业化阶段的有66项。

【区域经济合作】　1.积极推进与京津合作。一是在省领导出访京津之前，积极与京津对口部门就深化双边合作的一些重大问题多次进行衔接，对省委、省政府主要领导4月份赴京津学习考察期间，与北京提出的9条合作意见、与天津提出的11条合作意见逐条提前进行了协商沟通，积极参与省领导出访活动协调及各项安排。二是全力抓好与京津合作项目的推动工作。为落实高层会谈精神，河北省与京津两市对口部门保持密切联系，就落实会谈内容和深化双方合作多次进行商讨。9月初，发改委分管领导带队赴北京市与北京对口支援合作办领导进行了进一步的沟通，双方就签署新一轮合作协议进行了协商。10月下旬，经请示省政府主要领导同意，组织20多个省直部门和5个设区市政府与北京市所有对口部门召开了京冀合作部门座谈会，就《北京市—河北省2013年—2015年合作框架协议》涉及内容进行全面沟通对接。目前，绝大多数合作条款已达成一致。这次对接活动丰富了双方的合作内容，使京冀双方部分重点领域合作取得了突破，进一步深化了双边合作关系，为两省市主要领导签署双方合作协议奠定了良好基础。三是对各级各部门积极加强督导调度。2012年以来，省发改委多次下发通知调度与京津的合作事宜，将京津合作落实进度情况逐条分解到各相关部门并列入省政府督察的重要内容，有效推动了各个事项的落实。

2.精心做好“5.18”内资项目发布和签约组织工作。一是经层层筛选，共组织筛选出100项内资重点招商发布项目在会上进行发布。项目以突出河北省产业结构调整为重点，主要涉及装备制造、电子信息、生物医药、物流、旅游、基础设施、化工建材、轻工纺织及农业产业化等领域项目。二是认真组织内资项目签约仪式。会上共签订内资合作项目23个，总投资466亿元人民币，拟引进省外资金409.1亿元人民币。由于2012年的“5.18”经贸洽谈活动是在国内经济形势十分严峻的形势下召开的，能够签约引进域外资金数量好于往年，取得丰硕成果，受到省领导好评。

3.扩大了与东部沿海地区、西部资源地区的合作。一是积极参与筹备省委书记张庆黎率河北省党政代表团赴广东省学习考察的各项工作，河北党政代表团在粤期间，深入学习广东推动科学发展、促进社会和谐的宝贵经验，共商河北与广东进一步深化合作、共同发展大计，推动了河北省与广东省的合作。二是组织了省领导率团参加的“西博会”、“西洽会”等重要经贸活动。与西部地区合作势头良好，2012年，河北省共有287个项目落户内蒙古自治区，年度投资额达249亿元。

【对口支援】　1.援藏工作。一是足额筹集援藏资金。制订了省市县三级共同筹集方案，建立了援藏资金专户。二是印发实施援藏规划。河北省会同阿里地区共同编制的《河北省对口支援西藏经济社会发展规划（2011—2015年）》，报国家发改委主持的国务院部际联席会议审查通过和省政府批准，已印发组织实施。三是项目建设成效显著。2012年度1.08亿元的建农牧区基础设施、市政设施、社会事业及产业发展等16个民生项目，全部完成投资计划。四是其他援藏工作办理妥善。按照西藏自治区党委恳请河北省帮助安置西藏高校毕业生来河北省就业和对患先天性心脏病儿童开展救治致函请求和省领导批示精神，安置西藏高校毕业生来河北省就业事宜正在稳步推进；第一批17名具有手术指征的先心病西藏儿童，已在省儿童医院、省一大医院进行了免费救治。

2. 援疆工作。一是资金筹集。按照省委、省政府省市县三级筹集资金的要求，省财政共筹集援助资金17.51亿元，建立了资金专户。截至目前，已拨付资金13.23亿元，占援疆资金总额的75.6%。二是援疆项目建设进展快。按照河北省援疆综合规划（2011－2015年）和年度投资计划安排，为巴州、农二师建设了50个（类）项目，其中河北省负责建设的16个“交钥匙”项目（巴州15个，农二师1个），已有和静县河北新村、若羌县河北“双语”幼儿园等15个项目陆续交付受援方使用。2011年安排的20个普惠制补助类安居富民和保障性住房项目，到2012年10月份已顺利完工；2012年新安排10个“两居”（安居富民、定居兴牧）工程项目，补助资金1.8亿元已一次性拨付；基层组织阵地建设项目，投资计划已下达，补助资金7827万元（其中巴州6260万元）已经全部拨付到位。三是大力开展产业援疆。2012年，采取邀请新疆巴州农二师参加5.18中国（廊坊）经贸洽谈会，石家庄（正定）国际小商品博览会等方式，双方签约了一批合作项目。四是切实搞好人才智力援疆工作。按四部委两年分三批要求，共培训新疆高校毕业生1530名。全面启动了巴州、农二师3264名（其中巴州2763名）基层干部来河北轮训工作，五是继续开展为受援地办实事。围绕受援地急需河北省为巴州、农二师办理了第三批“10件实事”，惠及规划编制、高校扩招、就业培训、良种选育、专家支医支教支农等领域。六是积极营造良好援助氛围。在中央政法委机关刊物《长安》杂志社河北省援疆专版上重点宣传介绍了最美援疆女医生余文丽同志先进事迹。协助新疆新闻单位对河北省援疆企业、单位和个人等进行采访，充分利用简报这一宣传交流平台，总结交流河北省援疆工作新做法、新成效。

3. 支援丰都县工作。2012年，认真贯彻落实《全国对口支援三峡库区移民工作五年（2008－2012）规划纲要》和国务院三峡办下达河北省年度目标任务，积极协调落实援助资金800万元，在与丰都县考察协商的基础上，确定建设丰都县高家镇村级公共服务中心等8个项目。及时将国务院明确的对口支援领导体制不变、结对关系不变、支援政策不变等“三不变”原则和编制《三峡后续工作规划》等会议精神向各设区市进行传达贯彻。

（河北省发改委经合处　孙志安）

物　流　业

【概况】　2012年，抓住经济结构调整机遇，河北省物流业发展呈现平稳向好趋势。物流业增加值完成2253亿元，同比增长11%；物流总额74685亿元，同比增长11.6%；物流总费用5253亿元，同比增长10.1%；全社会货运量24.3亿吨，同比增长14.4%；全社会货运周转量108445亿吨公里，同比增长10%；港口货物吞量7.6亿吨，同比增长6.9%；社会物流总费用占GDP的比率为19.8%，同比下降0.1个百分点。2012年物流业发展有以下亮点：

一、推进聚集发展取得新成绩。一是初显聚集态势。省级物流产业聚集区的谋划和推进，得到国家发展改革委肯定和推广。19个省级物流产业聚集区通过省级评审，建立推进机构，开始基础设施建设，一批大型物流企业入驻运营，香港胜记仓、浙江传化、浙江物产、深圳宝湾、江苏雨润等一批大型物流项目相继落户开工建设。成立了省级物流产业聚集区专业委员会，联合物流报社和省现代物流协会开辟《现代物流报》“河北物流”专栏。经省政府批准，新增5个省级物流产业聚集区。二是空港物流园谋划已破题。廊坊市已拿出一定规模的土地作为起步区，由廊坊市和河北建投交通公司联合组成公司先行开发，征地拆迁补贴资金由企业先行垫付。省建投积极与廊坊市新机场建设办公室进行对接，目前已着手研究合作开发事宜，待新机场正式立项后付诸实施。

二、建设大宗商品交易平台取得新成绩。一是钢铁、煤炭两大宗商品交易平台已开通试运行。河北钢铁交易中心于2012年10月上线，到当年底，已吸纳会员160家，超级钢铁市场联盟成员30家，日均交易量节节攀升，突破了4000吨，交易品种全，覆盖了棒线、热轧卷板、冷轧板、管材等。二是调整战略促升级。秦皇岛煤炭交易中心于7月上线试运行，10月15日，主管副省长就全省煤炭交易中心建设思路由原定河北港口、开滦集团和冀中能源三家各自承建调整为以秦皇岛煤炭交易中心为基础，河北港口、开滦集团和冀中能源合资共同出资改造升级，目前股份合作方案正征求各参股企业意见，待报省政府批准。三是电子商务平台发展迅速。目前，河北省电子商务网站已达1000多家，从事电子商务服务的企业有250多家，开展电子商务的相关企业已达6万多家。

三、推进行业物流发展取得新成绩。一是港口物流。依托国内较长的海岸线、机场资源等优势，开滦集团、冀中能源、河北钢铁、河北港口、河北机场等企业加大对海港、空港、陆港物流园区项目投资力度，积极拓展港口物流业务。开滦集团承建的曹妃甸国家级数字化煤炭储配基地、唐山湾炼焦煤储配基地进展顺利，河北钢铁集团承建的曹妃甸物流园区、黄骅港物流园区开工建设，冀中能源航空投资集团承建的石家庄航空城、石家庄机场扩建取得阶段性成果，河北港口承建的邯郸内陆港建设有序推进，河北机场开通了俄罗斯、爱沙尼亚、哈萨克斯坦、乌克兰、立陶宛、香港，韩国等国家和地区的国际物流货运航线，航空货运吞吐量同比增长20%以上。二是集装箱物流。省政府印发实施了促进集装箱物流发展的实施意见，形成了集装箱生成机制和鼓励通行的政策保障机制。三是国际物流。年内，大力支持外贸出口基地有计划组建了一批有特色的国际货代企业。四是煤炭物流。冀中能源、开滦集团在煤炭物流低迷的前提下，已完成年初确定的目标任务。五是钢铁物流。河北钢铁集团国际物流公司注册成立了“唐山曹妃甸钢铁物流有限公司”和“沧州黄骅港钢铁物流有限公司”，预计全年物流收入258亿元。开滦集团前11个月完成铁矿石、钢材贸易营业收入264亿元。六是粮食物流。《河北省粮食现代物流发展规划纲要》有序推进，粮运“四散化”技术强力推广，粮食储备基础设施建设得到加强。七是交通物流。ETC系统推广得到发展，收费降至95%，全省新增用户20%以上，省政府正转发省交通运输厅制定的促进运输物流发展的实施意见。八是商贸物流。以奖代补方式对承德宽广超市、沧州好日子等10个商贸物流配送中心建设予以资金支持。农超对接取得新进展，全省59家连锁经营企业开展农超对接，对接的农民专业合作社达1062个，超市生鲜农产品经营面积达26.6万平方米。“万村千乡市场工程”深入开展，全年共建设和改造农家店2070个，物流配送中心44个，乡镇商贸中心15个。九是快递物流。快递服务倍增计划加快推进，全省快递物流量同比增长50%以上。正谋划国内前5大龙头快递企业入驻省级物流产业聚集区。十是农产品物流。加大农产品批发市场和农贸市场政府投入力度，加快推进产品批发市场、农贸（菜）市场等项目建设。十一是医药物流。石药医药物流中心成立，已建成4家配送中心。华药与武汉九州通医药集团合资合作，将建成华北地区领先的现代医药物流中心。80%的专业化医药物流企业和大型药品流通企业已建立信息平台。国内最大的专业化医药物流企业杭州邦达物流入驻落户石家庄。

四、促进企业发展和项目建设取得新成绩。一是第三方物流企业迅速成长。2012年，全省第三方物流业达4700多家，规模以上的企业达117家。二是有了一批物流品牌。发布了全省物流园区标准，推出了一批省级物流服务品牌。全年新增5家企业通过了国家A级标准，到目前，河北省已有35家达到国家A级物流企业标准。三是重点项目建设进展加快。河北省贯彻落实国家物流业调整和振兴规划实施意见附列的100个项目全部建成投产。紧密跟踪《全国物流园区发展规划》起草修改工作，河北省省级物流产业聚集区谋划和推进得到国家肯定并向全国推广，成为国家物流园区规划起草的重要参考。四是中央投资落到实处。全省有40个物流项目得到国家投资补助和贴息6500万元，获得国家“万村千乡市场工程”专项资金6072万元。五是物流合资合作取得实质性进展。香港胜记仓、浙江传化、浙江物产、深圳宝湾、江苏雨润等一批大项目入驻河北省，均已开工建设。

五、抓好各类试点取得新成绩。一是沧州渤海新区物流发展和改革试验区期待破冰。目前已起草好了方案，待省各有关部门研究讨论。二是国家试点取得初步成效。有10对企业纳入国家物流业与制造业联动试点。向国家申请了15家税收试点，有1家列为国家税收改革试点。有1家企业纳入大型运输车辆甩挂部级试点。三是省级试点效果好。10家省级物流信息化试点继续推进，拉动物流需求成效显著。中储等物流标准化试点取得经验，填补了省级标准试行空白。

六、促进发展环境建设取得新成绩。一是项目用地保障。纳入省重点项目年度计划的项目有10个，2012年获得项目用地超过1000亩。二是财税支持到位。设立了省级现代物流专项资金，规模1个亿，支持了65个项目建设。三是银企对接效果显。利用银企网络对接平台定期发布全省企业融资项目名单，组织银企对接及银团贷款协调会。邀请中国进出口银行总行和北京分行与河北省30余家重点企业举办了融资对接会和座谈会。到2012年9月，物流业贷款余额2994亿元，比年初增加254亿元。四是专项规划落实力度加大。努力促进纳入各专项规划的项目建设，逐季调度各类规划落实情况。五是物流基础工作得到加强。围绕物流发展中的薄弱环节和体制障碍，在物流项目、管理、专业物流等方面进行了一些调研和研究，在标准化建设、物流专业知识、物流企业运作等方面实施了一批人才培训计划。对物流产业进行季度统计和分析，及时提出产业预警和发展导向。六是物流技术创新得到加强。强化一体化电子商务技术攻关和物流技术集成创新，积极开展无线射频识别、大宗物品电子商务服务平台、物流智能配送管理系统等关键技术研究，大大提升全省物流科技支撑水平。

（河北省发改委　袁有丰）

证　券　业

【概况】　2012年，河北证监局以科学发展为主题，以促进经济发展方式转变为主线，以解决河北经济社会发展与资本市场发展“一大一小”的主要矛盾为抓手，切实履行监管职责与服务义务，积极推动资本市场健康稳定发展。截至2012年底，河北共有48家在境内上市的公司（年内新增上市公司1家），其中主板上市公司33家（沪市18家、深市15家），中小板上市公司10家，创业板上市公司5家；有49只股票在沪深两市进行挂牌交易，其中A股47只，B股2只。河北有1家证券公司，3家证券分公司（年内新增证券分公司1家），164家证券营业部（其中外埠证券营业部71家），1家证券投资咨询公司。河北有1家期货公司，年内新增1家期货营业部，期货营业部32家，其中外埠期货营业部26家。资本市场在实现“经济强省、和谐河北”中发挥着越来越重要的作用。

一、强化服务意识，强力提升资本市场服务国民经济发展的功能

一是深挖后备资源，强化培训辅导，加快多层次资本市场建设。开展拟上市后备企业培育和调研工作，走访重点拟上市企业，举办上市后备资源企业培训会、拟上市公司规范发展培训会，积极推进河北多层次资本市场建设。截至2012底，河北省已报备辅导拟上市企业达26家，为历年来之最。河北省上市资源储备日益丰富，上市公司梯

队建设日趋完善。

二是拓宽融资渠道，提高直接融资比重，有效服务实体经济。在市场持续低迷的情况下，河北省上市公司直接融资保持了连续五年稳定增长。2012年，河北沪深两市上市公司融资额达164.26亿元，创历史第二高峰，占全国境内上市公司直接融资额5，599.51亿元的2.93%。其中7家境内上市公司通过沪深两市进行股权融资，融资额为91.46亿元（IPO融资3.7亿元、定向增发融资87.76亿元），占全国股权融资的2.92%；4家境内上市公司通过沪深两市发行公司债券，融资额72.8亿元，占全国公司债券融资的1.77%。

三是推进并购重组，强化风险防范，不断发挥资本市场优化资源配置功能。积极推动优质公司利用重组提高质量，密切跟进河北钢铁重组后续工作，督促公司履行资产注入承诺；积极支持同方国芯发行股份收购深圳国微电子股份有限公司；持续关注威远生化、建投能源及时修改重组方案。推动绩差公司利用重组化解风险。目前，渤海物流重大资产重组已经完成，宝石电子、ST南江B已进入实质性重组阶段。

四是搭建沟通平台，提升服务能力，发挥期货市场功能。2012年河北省证监局会同省有关部门和期货交易所召开省属国有企业套期保值业务培训班，举办上市公司和拟上市企业套期保值培训会，组织本省期货机构开展了针对小微企业和农业产业客户的宣传教育活动，进一步深化利用期货工具规避风险的意识，有效地提升期货机构服务实体经济的能力。

二、强化责任意识，大力促进市场主体规范发展

（一）深化公司治理监管，提高上市公司质量。

积极防范上市公司退市风险。深入风险排查，一司一策制定监管方案。推动召开省长办公会议专题研究防范化解上市公司退市风险问题，积极协调地方政府加快风险化解措施落实进程，切实做到了风险清晰、防控及时、处置有效。全面提高公司治理水平。着力推动河北省上市公司实施企业内控基本规范，着力推动河北省上市公司开展“解决同业竞争，减少关联交易”，着力推动上市公司及其关联方切实履行承诺，不断提高河北省上市公司规范运作水平。同时，坚持“关口”前移，全面开展并完成了12家拟上市公司的治理专项活动，把好资本市场入门关。深入开展信息审核及现场检查。从信息审核着眼，以现场检查入手不断加强上市公司监管。2012年，省局审核定期报告254份，临时公告2，804份；实施现场检查34家次，其中年报专项现场检查7次，其他专项检查20次。通过信息披露审核和现场检查，切实做到了“说得清，管得住”，有效地促进了上市公司质量的提升。

（二）加强合规监管，推动证券机构创新发展。

一方面强化合规监管，切实维护河北省市场环境。全面开展信息安全检查，完成对营业部的合规检查，对9家基金代销机构进行了现场检查，开展了实施证券经纪人营销的营业部的现场核查，并会同河北省证券业协会完成2012年度佣金报备工作。另一方面推动创新发展，谋求更大发展空间。支持财达证券公司取得融资融券、证券承销、资产管理业务资格，指导公司设计完成拥有自主知识产权的B股转H股的系统改造方案；协调公司顺利换领经纪业务许可证。积极鼓励证券机构开展现金管理、报价回购、约定购回等多种业务创新，改变过去单纯依赖经纪业务通道服务的经营方式，不断提升机构核心竞争力。

（三）加强日常监管，夯实期货市场发展基础。

一是强化居间人管理，坚决维护河北省市场秩序。持续开展居间人公示工作，实施“黑名单”制度，继续完善河北省期货从业人员及营销人员（含居间人）诚信数据库。二是加强高管人员准入监管，严格任前考查，严格执行第三方查证制度，有效杜绝了高管人员学历、履历造假问题。三是强化日常监管，督促恒银期货开展账户规范清理，强化对期货营业部、IB营业部现场检查，不断提升规范运作水平。

三、强化大局意识，全力维护资本市场正常秩序

（一）扎实做好维稳工作，保障河北省资本市场安全运行。

在党的十八大召开之前及期间，河北证监局加大维稳工作力度，组织全省证券期货机构签订维稳责任状，在石家庄、保定、唐山、邯郸等地专门部署，责成各机构认真做好风险排查与应急演练，督促实施机构每日“零报告”，有重点地开展维稳现场检查。针对河北汛情较重的情况，为确保当地证券期货机构正常运行，省局积极关注各地雨情水情，第一时间赴保定易县、石家庄鹿泉等地营业部现场查看防汛抗灾情况，确保证券市场正常运行。

（二）加强内幕信息管理监管，有效防控内幕交易。

一是加强培训。将公司组织开展信息披露相关法律法规内部学习培训纳入日常监管范围，并多次召开防范与打击内幕交易的专题培训，向上市公司发放内幕交易等违法违规典型警示案例，不断提高公司合规信息披露意识。二是加强宣传，组织内幕交易警示教育展，受教育人数累计达3000多人次，使社会各界加深对法律法规的理解，形成防控内幕交易共识。三是加强监管。实时关注河北省公司股价异动情况，针对性涉及媒体质疑、信访举报、并购重组的上市公司，着重对内幕信息管理情况进行了现场检查。四是加强惩戒。采取通报批评、开展非正式调查等形式，督促公司加强内幕信息管理，严防内幕交易发生。河北省上市公司防控内幕交易工作从过去打击内幕交易逐步向治理内幕信息源头转变，取得了事半功倍的良好效果。

（三）从早从严，坚决打击证券期货违法违规行为。

2012年，河北证监局调查案件3件，非正式调查案件2件，严厉打击石家庄富云投资管理有限公司涉嫌从事非法证券活动，并积极开展“12.4”法制宣传日活动，认真组织两个司法文件交流学习活动，扎实落实普法工作的各项要求。

（四）明晰权责，认真开展清理整顿各类交易场所专项工作。

按照中国证监会的统一部署和要求，省局按省政府要求，参与了清理整顿现场检查，年内清理整顿工作取得联

络会议的验收通过。

（五）完善手段，有效开展河北省资本市场舆情监测。

2012年，河北证监局加强证券投资咨询的监管，指导财达证券公司建立了“河北资本市场信息监测平台”。年内对23家纸质媒体、12家网络媒体、7家电台和5家电视台进行了监测，实现了对省内主要报刊、广播、电视及网络媒体刊登、发布的证券类信息进行监测分析，有效防止和打击了非法证券咨询活动。

四、强化宗旨意识，竭力保护投资者合法权益

一是切实加强上市公司现金分红监管。多措并举，确保上市公司现金分红制度有效落实。2012年，河北省26家上市公司实施现金分红，家数占比达到57%。现金分红总额共计40.84亿元，占同期归属于上市公司股东净利润总额的21.57%。二是督促上市公司认真开展投资者保护。组织河北省上市公司召开2011年度业绩网上集体说明会，组织投资者实地走访常山药业、以岭药业、新兴铸管等上市公司，协调河北省上市公司、券商及投资者座谈，督导河北省各上市公司建立投资者关系管理长效机制。三是组织机构积极开展宣传工作。2012年，河北证监局组织河北证券期货经营机构围绕“积极回报投资者”主题，开展广泛宣传活动，在媒体上发表文章14篇、研发教育产品200余份、组织媒体专访1次、印制发放宣传手册3万余册，对2万余名投资者提供了多种形式的服务，有效引导投资者逐步树立“长期投资、价值投资、理性投资”的投资理念。

（河北证监局　崔　征）

统计资料篇

STATISTICAL DATA

河北经济年鉴

2013

统 计 资 料 使 用 说 明

一、统计资料内容说明

1.《河北经济年鉴—2013》的统计资料篇全面反映河北省经济和社会发展情况。收录了全省2012年及历史重要年份经济和社会各方面大量的统计数据，以及各市、县2012年经济和社会发展的主要统计数据。本篇内容分为21部分，即：综合，人口、就业人员及工资，固定资产投资，能源，财政，物价，人民生活，农村经济，工业，建筑业，运输、邮电，国内贸易，对外经济、旅游，金融、保险，教育，科技、专利，文化、体育、卫生，民政、司法、其他，城市概况，各市概况，各县概况。

2. 本年鉴统计资料所使用的度量衡单位均采用国际统一标准计量单位。

3. 本年鉴资料大部分来自年度统计报表，部分来自抽样调查。

4. “城市概况”中各市数据为市区数，不含所辖县。

5. “各市概况”中有些指标是由各市统计部门计算的，在方法上与全省有不一致的地方，故分市之和不等于全省，这些指标是：地区生产总值、农业总产值、农业中间消耗和农业增加值等。

6. 本年鉴部分数据合计数或相对数由于单位取舍不同而产生的计算误差均未作机械调整。

7. 由于各种原因，本《年鉴》对以前发表的统计资料进行了核实，相应调整了部分数据。读者在使用历史资料时，如数据有出入，请以本年鉴数据为准。

二、符号说明

1. “…”，表示数据不足本表最小单位数；

2. “空格”，表示该项统计指标数据不详或无该项统计指标数据；

3. “#”，表示其中的主要项；

4. “①”，表示本表下有注解。

行政区划基本情况（2012年底）
Basic Statistics of Administrative Divisions (End of 2012)

单位：个 (unit)

市	City	县级区划数 Number of Regions at County Level	市辖区 Districts under the Jurisdiction of Cities	县级市 Cities at County Level	县 County	乡镇级区划数 Number of Regions at Townships Level	街道办事处 Street Communities	乡 Townships	镇 Towns
全　省	**Total**	**172**	**37**	**22**	**113**	**2234**	**274**	**940**	**1019**
石家庄市	Shijiazhuang	23	6	5	12	274	54	96	124
承 德 市	Chengde	11	3		8	216	11	123	82
张家口市	Zhangjiakou	17	4		13	233	23	113	96
秦皇岛市	Qinhuangdao	7	3		4	97	22	28	47
唐 山 市	Tangshan	14	7	2	5	223	46	47	130
廊 坊 市	Langfan	10	2	2	6	105	15	26	64
保 定 市	Baoding	25	3	4	18	340	28	170	142
沧 州 市	Cangzhou	16	2	4	10	190	20	87	83
衡 水 市	Hengshui	11	1	2	8	118	4	49	65
邢 台 市	Xingtai	19	2	2	15	196	23	83	90
邯 郸 市	Handan	19	4	1	14	242	28	118	96

自然状况和资源
Natural Condition and Resources

项　目	Item	2005	2010	2011	2012
自然状况	**Natural Condition**				
地表总面积(平方公里)	Total Land Area (sq.km)	187693	187693	187693	187693
地表总面积构成(%)	Percentage to Total Area (%)				
山　地	Mountains	37.40	37.40	37.40	37.40
坝上高原	Plateaus	12.97	12.97	12.97	12.97
丘　陵	Hills	4.83	4.83	4.83	4.83
平　原	Plains	30.49	30.49	30.49	30.49
盆　地	Basins	12.10	12.10	12.10	12.10
湖泊洼淀	Lakes and Depression	2.21	2.21	2.21	2.21
大陆海岸线长度(公里)	Mainland Shore (km)	487	487	487	487
土地资源	**Land Resources**				
耕地面积(千公顷)	Area of Cultivated Land (1000 hectares)	5988.9			
#水田面积	Paddy Field	103.9			
草原面积(千公顷)	Area of Grassland (1000 hectares)	4649	3692.85	3692.85	3692.85
#已利用面积	Utilizable Area	3235	2252.16	2252.16	2252.16
气候(主要城市)	**Climate (Major Cities)**				
年降水总量(毫米)	Annual Total Precipitation (millimeters)	345.9-767.5	416.9-620.3	254.5～704.1	388.8-600.4
年平均气温(摄氏度)	Annual Average Temperature (°C)	7.8-14.7	7.4-14.3	8.8～14.3	8.9-14.3
森林资源	**Forest Resources**				
森林面积(千公顷)	Forest Area (1000 hectares)	4724.9	4875.3	4875.3	4875.3
林木蓄积量(万立方米)	Stock Volume of the Forest (10000 cu.m)	10226	12145	12145	12145
森林覆盖率(%)	Forest-coverage Rate (%)	23.25	26.00	26.00	26.00
水利资源	**Water Resources**				
水能资源可开发量(万千瓦)	Developable Resources (10000 kw)	156	120.6	120.6	120.6
内陆水域养殖面积(公顷)	Cultivated Water Area (hectare)	74662	74955	75834	77390
海水养殖面积(公顷)	Cultivated Area (hectare)	90404	123810	134264	134682

各市、县(市、区)名称（2012年）
Name of Administrative Area (2012)

市 City	所辖县(市、区)名称 Name of County or City, Districts under Administrative							
石家庄市 Shijiazhuang	长安区 Chang'an	桥东区 Qiaodong	桥西区 Qiaoxi	新华区 Xinhua	裕华区 Yuhua	井陉矿区 Jingxingkuangqu		辛集市 Xinji
	藁城市 Gaocheng	晋州市 Jinzhou	新乐市 Xinle	鹿泉市 Luquan	深泽县 Shenze	无极县 Wuji	赵县 Zhaoxian	灵寿县 Lingshou
	高邑县 Gaoyi	元氏县 Yuanshi	赞皇县 Zanhuang	平山县 Pingshan	井陉县 Jingxing	行唐县 Xingtang	栾城县 Luancheng	正定县 Zhengding
承德市 Chengde	双桥区 Shuangqiao	双滦区 Shuangluan	鹰手营子矿区 Yingshouyingzi		承德县 Chengde	兴隆县 Xinglong	平泉县 Pingquan	滦平县 Luanping
	隆化县 Longhua	丰宁满族自治县 Fengning		宽城满族自治县 Kuancheng		围场满族蒙古族自治县 Weichang		
张家口市 Zhangjiakou	桥东区 Qiaodong	桥西区 Qiaoxi	宣化区 Xuanhua	下花园区 Xiahuayuan	宣化县 Xuanhua	张北县 Zhangbei	康保县 Kangbao	沽源县 Guyuan
	尚义县 Shangyi	蔚县 Yuxian	阳原县 Yangyuan	怀安县 Huai'an	万全县 Wanquan	怀来县 Huailai	涿鹿县 Zhuolu	赤城县 Chicheng
	崇礼县 Chongli							
秦皇岛市 Qinhuangdao	海港区 Haigang	山海关区 Shanhaiguan	北戴河区 Beidaihe	青龙满族自治县 Qinglong		昌黎县 Changli	抚宁县 Funing	卢龙县 Lulong
唐山市 Tangshan	路南区 Lunan	路北区 Lubei	古冶区 Guye	开平区 Kaiping	丰润区 Fengrun	丰南区 Fengnan	曹妃甸区 Caofeidian	遵化市 Zunhua
	滦县 Luanxian	迁安市 Qian'an	滦南县 Luannan	乐亭县 Leting	迁西县 Qianxi	玉田县 Yutian		
廊坊市 Langfang	安次区 Anci	广阳区 Guangyang	霸州市 Bazhou	三河市 Sanhe	固安县 Gu'an	永清县 Yongqing	香河县 Xianghe	大城县 Dacheng
	文安县 Wen'an	大厂回族自治县 Dachang						
保定市 Baoding	新市区 Xinshi	北市区 Beishi	南市区 Nanshi	涿州市 Zhuozhou	定州市 Dingzhou	安国市 Anguo	高碑店市 Gaobeidian	满城县 Mancheng
	清苑县 Qingyuan	涞水县 Laishui	阜平县 Fuping	徐水县 Xushui	定兴县 Dingxing	唐县 Tangxian	高阳县 Gaoyang	容城县 Rongcheng
	涞源县 Laiyuan	望都县 Wangdu	安新县 Anxin	易县 Yixian	曲阳县 Quyang	蠡县 Lixian	顺平县 Shunping	博野县 Boye
	雄县 Xiongxian							
沧州市 Cangzhou	新华区 Xinhua	运河区 Yunhe	泊头市 Botou	任丘市 Renqiu	黄骅市 Huanghua	河间市 Hejian	沧县 Cangxian	青县 Qingxian
	东光县 Dongguang	海兴县 Haixing	盐山县 Yanshan	肃宁县 Suning	南皮县 Nanpi	吴桥县 Wuqiao	献县 Xianxian	
	孟村回族自治县 Mengcun							
衡水市 Hengshui	桃城区 Taocheng	冀州市 Jizhou	深州市 Shenzhou	枣强县 Zaoqiang	武邑县 Wuyi	武强县 Wuqiang	饶阳县 Raoyang	安平县 Anping
	故城县 Gucheng	景县 Jingxian	阜城县 Fucheng					
邢台市 Xingtai	桥东区 Qiaodong	桥西区 Qiaoxi	沙河市 Shahe	南宫市 Nangong	邢台县 Xingtai	临城县 Lincheng	内丘县 Neiqiu	柏乡县 Baixiang
	隆尧县 Longyao	任县 Renxian	南和县 Nanhe	宁晋县 Ningjin	巨鹿县 Julu	新河县 Xinhe	广宗县 Guangzong	平乡县 Pingxiang
	威县 Weixian	清河县 Qinghe	临西县 Linxi					
邯郸市 Handan	邯山区 Hanshan	丛台区 Congtai	复兴区 Fuxing	峰峰矿区 Fengfeng	武安市 Wu'an	邯郸县 Handan	临漳县 Linzhang	成安县 Cheng'an
	大名县 Daming	涉县 Shexian	磁县 Cixian	肥乡县 Feixiang	永年县 Yongnian	邱县 Qiuxian	鸡泽县 Jize	广平县 Guangping
	馆陶县 Guantao	魏县 Weixian	曲周县 Quzhou					

国民经济和社会发展总量与速度指标

指　　标	Item	总量指标		
		1990	2000	2005
人　口	**Population**			
年底总人口(万人)	Population at Year-end (10000 persons)	6159	6674	6851
男性人口	Male	3147	3397	3441
女性人口	Female	3012	3277	3410
城镇人口	Urban		1741	2582
乡村人口	Rural		4933	4269
就业及工资	**Employment and Wages**			
就业人员数(万人)	Employment (10000 persons)	2955.47	3385.71	3568.97
#职工人数	Staff and Workers	652.71	621.95	557.83
城镇登记失业人员数(万人)	Registration Unemployment in Urban Areas (10000 persons)	7.67	17.40	27.82
城镇登记失业率(%)	Registration Unemployment Rate in Urban Areas(%)	1.1	2.8	3.93
在岗职工工资总额(亿元)	Total Wages (100 million yuan)	129.32	427.18	716.07
职工平均工资(元/人)	Average Wage of Staff and Workers (yuan/person)	2019	7781	14707
国民核算	**National Accounting**			
地区生产总值(亿元)	Gross Domestic Product (100 million yuan)	896.33	5043.96	10012.11
第一产业	Primary Industry	227.89	824.55	1400.00
第二产业	Secondary Industry	387.52	2514.96	5271.57
第三产业	Tertiary Industry	280.92	1704.45	3340.54
固定资产投资	**Investment in Fixed Assets**			
全社会固定资产投资总额(亿元)	Total Investment in Fixed Assets (100 million yuan)	177.21	1847.23	4210.25
全社会施工房屋建筑面积(万平方米)	Floor Space of Buildings under Construction (10000 sq.m)	4662.40	13473.63	18061.61
全社会竣工房屋建筑面积(万平方米)	Floor Space of Buildings Completed (10000 sq.m)	3924.42	10512.58	11283.61
财　政	**Government Finance**			
地方财政收入(亿元)	Local Governments Revenue (100 million yuan)		248.76	515.70
财政支出(亿元)	Local Governments Expenditures (100 million yuan)	87.28	415.54	979.16
物价总指数(以上年价格为100)	**Price Indices (preceding year=100)**			
商品零售价格指数	Retail Price Index	99.9	99.1	101.1
能源生产与消费(万吨标准煤)	**Production and Consumption of Energy (10000 tons of SCE)**			
能源生产总量	Total Energy Production	5313.08	5639.26	7089.90
能源消费总量	Total Energy Consumption	6124.22	11195.71	19835.99
人民生活	**People's Livelihood**			
家庭总户数(万户)	Number of Family Households (10000 households)	1584	1840	2046
城镇平均每户家庭人口(人)	Average Household Size in Urban Areas (person)	3.37	3.06	2.91
农村平均每户家庭人口(人)	Average Household Size in Rural Areas (person)	4.52	4.11	3.92
城镇人均住房建筑面积(平方米)	Per Capita Net Floor Space of Rural Residents (sq.m)	9.18	15.42	21.53
农村人均居住面积(平方米)	Per Capita Net Floor Space of Rural Residents (sq.m)	17.34	22.87	28.35
城镇居民人均可支配收入(元)	Per Capita Annual Disposable Income of Urban Households (yuan)	1397.4	5661.16	9107.09
农村居民人均纯收入(元)	Per Capita Net Income of Rural Residents (yuan)	621.67	2478.86	3481.64
城乡储蓄存款余额(亿元)	Outstanding Amount of Saving Deposits in Urban and Rural (100 million yuan)	504.59	3957.06	7084.03
结婚数(对)	Register Number of Marriages (couple)	447334	475291	537796
离婚数(对)	Number of Divorces (couple)	10010	17084	50280

Principal Aggregate Indicators on National Economic and Social Development and Growth Rates

Aggregate Data			速度指标 Indices and Growth Rates (%)									
			指数 Index（2012为以下各年）(2012 as Percentage of the Following Years)					平均增长速度 Average Annual Growth Rate				
2010	2011	2012	1990	2000	2005	2010	2011	1979-2012	1991-1995	1996-2000	2001-2005	2006-2012
7194	7241	7288	118.3	109.2	106.4	101.3	100.6	1.0	0.9	0.7	0.5	0.9
3647	3743	3694	117.4	108.7	107.4	101.3	98.7	1.0	0.7	0.8	0.3	1.0
3547	3498	3593	119.3	109.6	105.4	101.3	102.7	1.1	1.0	0.7	0.8	0.8
3201	3302	3411		195.9	132.1	106.6	103.3				8.2	4.1
3993	3939	3877		78.6	90.8	97.1	98.4				-2.8	-1.4
3865.14	3962.42	4085.74	138.2	120.7	114.5	105.7	103.1	1.9	1.9	0.8	1.1	2.0
518.89	537.85	619.95	95.0	99.7	111.1	119.5	115.3	1.0	1.4	-2.3	-2.2	1.5
35.14	35.99	36.83	480.2	211.7	132.4	104.8	102.3	0.4	17.9	-0.1	9.8	4.1
3.86	3.75	3.69	335.5	131.8	93.9	95.6	98.4	-1.7	17.8	2.3	7.0	-0.9
1548.58	1836.95	2312.80	1788.4	541.4	323.0	149.3	120.7		21.0	4.9	10.9	18.2
32306	36166	39542	1958.5	508.2	268.9	122.4	109.9		19.1	10.0	13.6	15.2
20394.26	24515.76	26575.01	2964.9	526.9	265.4	130.3	109.6	10.7	14.6	11.0	11.2	11.3
2562.81	2905.73	3186.66	1398.3	386.5	227.6	124.3	104.0	5.1	5.2	5.3	5.9	4.1
10707.68	13126.86	14003.57	3613.6	556.8	265.6	130.8	111.5	11.9	17.4	12.9	12.6	12.6
7123.77	8483.17	9384.78	3340.7	550.6	280.9	131.7	108.6	12.6	17.4	11.1	11.4	11.9
15083.35	16389.33	19661.28	11094.9	1064.4	467.0	130.4	120.0	20.1	40.7	18.1	14.1	26.7
48769.16	57110.61	67400.10	1445.6	500.2	373.2	138.2	118.0	12.4	16.2	6.4	6.0	20.7
15945.18	17572.50	17687.46	450.7	168.3	156.8	110.9	100.7	10.4	14.6	6.3	1.4	6.6
1331.85	1737.77	2084.28		837.9	404.2	156.5	119.9			15.7	15.7	22.1
2820.24	3537.39	4079.44	4674.0	981.7	416.6	144.6	115.3	15.3	17.0	16.8	18.7	22.6
103.1	105.0	102.2	220.4	127.8	123.5	107.3	102.2	4.4	10.9	0.5	0.7	3.6
8129.05	8718.40	10090.13	189.9	178.9	142.3	124.1	115.7		4.5	-3.2	4.7	5.2
27531.11	29498.29	30250.21	493.9	270.2	152.5	109.9	102.5		7.7	4.7	12.1	6.2
2040	2113	2170	137.0	117.9	106.1	106.4	102.7				2.1	0.8
2.85	2.84	2.80	83.1	91.5	96.2	98.2	98.6				-1.0	-0.5
3.70	3.66	3.62	80.0	88.0	92.3	97.7	98.7	-1.2	-1.2	-0.7	-0.9	-1.1
30.52	32.21	32.50	354.0	210.8	151.0	106.5	100.9	5.3			6.9	6.1
32.23	34.11	35.01	201.9	153.1	123.5	108.6	102.6	4.1	4.4	1.2	4.4	3.1
16263.43	18292.23	20543.44	1470.1	362.9	225.6	126.3	112.3	13.5	23.4	7.2	10.0	14.0
5957.98	7119.69	8081.40	1300.0	326.0	232.1	135.6	113.5	13.3	21.8	8.2	7.0	12.8
15678.43	17824.33	20872.37	4136.5	527.5	294.6	133.1	117.1	24.8	29.1	16.9	12.4	16.7
750291	777160	745336	166.6	156.8	138.6	99.3	95.9		-0.6	1.8	2.5	4.8
98792	109600	118613	1184.9	694.3	235.9	120.1	108.2		2.2	8.9	24.1	13.0

国民经济和社会发展总量与速度指标（续一）

指　　标	Item	总量指标		
		1990	2000	2005
农　业	**Agriculture**			
年末常用耕地面积(千公顷)	Cultivated Land (1000 hectares)	6556.0	6466.0	5988.93
乡村从业人员(万人)	Employed Persons of Agriculture, Forestry, Animal Husbandry and Fishery (10000 persons)	2360.5	2707.1	2805.94
农林牧渔业总产值(亿元)	Gross Output Value of Agriculture, Forestry, Animal Husbandry and Fishery (100 million yuan)	357.63	1544.65	2600.83
主要农产品产量（万吨）	Output of Major Farm Products (10000 tons)			
粮　食	Grain	2276.9	2551.1	2598.58
棉　花	Cotton	57.08	30.01	57.72
油　料	Oil-bearing Crops	74.89	146.97	152.73
蔬　菜	Vegetables	1157	4454.0	6467.6
园林水果	Garden Fruit	175.47	677.31	918.48
肉　类	Meat	130.06	342.36	395.6
水产品	Aquatic Products	21.86	80.95	98.95
工　业	**Industry**			
利润总额(亿元)	Total Profits (100 million yuan)	11.03	184.94	690.38
主要工业产品产量	Output of Major Industrial Products			
纱(万吨)	Yarn (10000 tons)	33.55	43.70	68.59
布(亿米)	Cloth(100 million m)	12.69	15.60	23.37
化学纤维(万吨)	Chemical Fiber (10000 tons)	2.59	10.24	22.67
机制纸及纸板(万吨)	Machine-made Paper and Paperboards (10000 tons)	88.75	216.34	315.82
原　煤(万吨)	Coal (10000 tons)	6242.97	5781.21	7956.40
原　油(万吨)	Crude Oil (10000 tons)	570.52	518.26	562.45
发电量(亿千瓦小时)	Electricity (100 million kwh)	368.97	844.42	1338.63
粗　钢(万吨)	Crude Steel (10000 tons)	383.69	1230.10	7386.40
钢　材(万吨)	Rolled Steel (10000 tons)	281.27	1306.52	6465.10
生　铁(万吨)	Pig Iron (10000 tons)	521.25	1709.23	6765.60
水　泥(万吨)	Cement (10000 tons)	1310.13	4694.59	8850.04
平板玻璃(万重量箱)	Plate Glass (10000 weight cases)	1078.95	2083.30	4964.25
农用化肥(折纯量)(万吨)	Chemical Fertilizer (10000 tons)	128.51	195.23	208.87
建筑业	**Construction**			
建筑业企业从业人员(万人)	Number of Employed Persons (10000 persons)	59.3	87.6	108.4
建筑业总产值(亿元)	Gross Output Value (100 million yuan)	73.39	492.10	1285.29
施工房屋面积(万平方米)	Floor Space of Buildings under Construction (10000 sq.m)	5195.52	6260.10	11261.39
竣工房屋面积(万平方米)	Floor Space of Buildings Completed (10000 million sq.m)	4324.61	3481.42	5744.23
交通运输邮电	**Transportation, Postal and Telecommunication Services**			
全社会客运量(万人)	Total Passenger Traffic	25745	65255	80918
全社会货运量(万吨)	Total Freight Traffic	58203	76808	91331
港口货物吞吐量(万吨)	Volume of Freight Handled at Major Coastal Ports (10000 tons)	6945	10771	27341
邮电业务总量(亿元)	Business Volume of Postal and Telecommunication Services (100 million yuan)	5.56	191.04	528.47

注：1.工业1998年及以后年份为规模以上口径，1997年及以前年份为乡及乡以上独立核算工业。发电量2007年及以后年份为全社会口径。

2.2002年及以后年份建筑业统计范围为具有资质等级的建筑业企业。

Principal Aggregate Indicators on National Economic and Social Development and Growth Rates

Aggregate Data			速度指标 Indices and Growth Rates (%)									
2010	2011	2012	指数 Index (2012为以下各年) (2012 as Percentage of the Following Years)					平均增长速度 Average Annual Growth Rate				
			1990	2000	2005	2010	2011	1979-2012	1991-1995	1996-2000	2001-2005	2006-2012
									-0.1	-0.2	-1.5	
2976.55	3003.8	3023.4	128.1	111.7	107.7	101.6	100.7	1.9	1.7	1.0	0.7	1.1
4309.42	4895.87	5340.11	368.6	177.7	133.0	108.1	104.1	6.0	8.1	7.0	6.0	4.2
2975.90	3172.60	3246.6	142.6	127.3	124.9	109.1	102.3	4.0	3.8	-1.4	0.4	2.8
56.95	65.34	56.4	98.8	187.9	97.7	99.0	86.3	12.2	-8.3	-4.1	14.0	-0.3
140.29	141.78	142.8	190.7	97.2	93.5	101.8	100.7	9.0	8.0	6.0	0.8	-1.0
7073.57	7384.3	7695.1	665.1	172.8	119.0	108.8	104.2	2.3	13.2	15.6	7.7	2.5
1111.73	1205.07	1286.0	732.9	189.9	140.0	115.7	106.7	8.5	19.7	9.4	6.3	4.9
416.74	418.2	442.9	340.5	129.4	112.0	106.3	105.9		19.0	2.0	2.9	1.6
106.33	106.7	116.3	532.0	143.7	117.5	109.4	109.0	6.4	12.6	15.4	4.1	2.3
2141.47	2639.01	2559.47	23204.6	1383.9	370.7	119.5	97.0	14.3	49.4	17.6	30.1	20.6
123.91	147.57	167.08	498.0	382.3	243.6	134.8	113.2	6.6	3.0	2.3	9.4	13.6
54.82	60.85	65.67	517.5	421.0	281.0	119.8	107.9	6.2	6.9	-2.5	8.4	15.9
23.42	25.24	35.84	1383.8	350.0	158.1	153.0	142.0	10.9	20.6	9.2	17.2	6.8
420.52	534.21	565.26	636.9	261.3	179.0	134.4	105.8	9.5	21.7	-1.8	7.9	8.7
10199.27	10584.57	11771.56	188.6	203.6	148.0	115.4	111.2	2.1	5.4	-6.5	6.6	5.8
599.04	586.11	584.02	102.4	112.7	103.8	97.5	99.6	-3.1	-2.0		1.6	0.5
1992.57	2298.08	2370.86	642.6	280.8	177.1	119.0	103.2	7.7	10.5	6.8	9.7	8.5
14458.79	16452.25	18048.38	4703.9	1467.2	244.3	124.8	109.7	15.2	15.6	9.2	43.1	13.6
16757.23	19258.43	20995.20	7464.4	1607.0	324.7	125.3	109.0	17.2	22.3	11.1	37.7	18.3
13705.39	15443.09	16350.23	3136.7	956.6	241.7	119.3	105.9	13.5	18.4	7.1	31.7	13.4
12594.30	14093.34	12809.79	977.7	272.9	144.7	101.7	90.9	10.3	19.2	8.3	13.5	5.4
12033.83	13617.83	11382.75	1055.0	546.4	229.3	94.6	83.6	11.0	8.6	-4.2	19.0	12.6
178.19	175.41	186.59	145.2	95.6	89.3	104.7	106.4	2.5	3.9	4.6	1.4	-1.6
128.7	120.5	134.9	227.4	154.0	124.4	104.8	112.0		5.2	2.8	4.4	3.2
3232.53	3972.66	4865.10	6629.1	988.6	378.5	150.5	122.5		28.9	13.5	21.2	20.9
23471.48	30832.74	35270.40	678.9	563.4	313.2	150.3	114.4		17.4	-11.5	12.5	17.7
9100.87	10641.80	12419.90	287.2	356.7	216.2	136.5	116.7		16.2	-17.6	10.5	11.6
90847	99688	105336	409.2	161.4	130.2	115.9	105.7	7.3	7.4	12.2	4.4	3.8
177308	212330	242886	417.3	316.2	265.9	137.0	114.4	6.7	5.0	0.7	3.5	15.0
60343	71300	76234	1097.7	707.8	278.8	126.3	106.9	11.0	4.8	4.1	20.5	15.8
474.60	537.56	572.69	10292.2	299.8	108.4	120.7	106.5	22.5	45.3	39.6	22.6	1.2

a) Before 1998, the scope of "industry" covered all independent accounting industrial units, which are owned by township or superior governments. Since 1998, the scope of "industry" has been changed. And now it covers all independent accounting industrial units with sales revenues over 5 Million Yuan. However, the data of power generation for 2007-2009 cover all kinds of industrial units.

b) Data since 2002 included all general construction contractors and professional contractors which possess qualification grades.

国民经济和社会发展总量与速度指标（续二）

指　　标	Item	总量指标		
		1990	2000	2005
旅客周转量(亿人公里)	Passenger Traffic (100 million passenger-km)	358.09	782.87	989.77
铁　路	Railways	249.44	377.24	504.44
公　路	Highways	108.44	405.63	485.33
函　件(万件)	Number of Letters Delivered (10000 pieces)	23716	26302	25742
社会消费品零售总额(亿元)	**Total Retail Sales of Consumer Goods (100 million yuan)**	**308.0**	**1613.9**	**2969.5**
外贸、实际利用外资和旅游	**Foreign Trade, Utilization of Foreign Capital and International Tourism**			
海关进出口总额(亿美元)	Total Value of Exports and Imports (USD 100 million)	22.68	52.35	160.71
出口总额	Exports	19.01	37.07	109.27
进口总额	Imports	3.67	15.28	51.44
实际利用外资额(万美元)	Total Amount of Foreign Direct Investments (USD 10000)	4447	139378	227890
#外商直接投资	Foreign Direct Investments	3935	102376	191256
外国人旅游人数(人)	Number of Tourists (Overnight Visitors) (person)	32695	345494	573890
旅游外汇收入额(万美元)	Foreign Exchange Earnings from International Tourism (USD 10000)	511	13035	20917
金融、保险	**Banking and Insurance**			
金融机构存款余额(亿元)	Deposits of National Banking System (100 million yuan)	753.62	5543.49	10764.93
金融机构贷款余额(亿元)	Loans of National Banking System (100 million yuan)	823.66	4632.96	6415.23
保费收入(万元)	Premium (10000 yuan)	82439	566000	2173100
保险金额(亿元)	Amount Insured (100 million yuan)		6625	25152
赔款额(万元)	Settled Claim (10000 yuan)		165700	404300
教育、文化	**Education and Culture**			
财政用于教育支出(亿元)	Government Expenditures on Education (100 million yuan)	15.12	73.65	170.54
在校学生数(万人)	Students Enrollment (10000 persons)			
#普通高等学校	Institutions of Higher Education	7.60	24.38	73.86
普通中学	Secondary Schools	207.61	481.75	509.54
普通小学	Primary Schools	705.48	813.73	500.36
报纸出版数量(亿份)	Number of Newspapers Published (100 million copies)	5.29	9.00	21.6
杂志出版数量(亿册)	Number of Magazines Published (100 million copies)	0.22	0.52	0.43
图书出版数量(亿册)	Number of Books Published (100 million copies)	2.44	3.10	1.88
科　技	**Science and Technology**			
研究与发展经费支出(亿元)	Expenditures on Research and Development (100 million yuan)	2.56	26.27	59.32
技术市场成交额(亿元)	Volume of Transaction in Technical Markets (10000 yuan)		9.41	10.38
卫　生	**Health Care**			
卫生机构病床数(万张)	Number of Beds in Health Institutions (10000 units)	14.60	16.89	16.23
专业卫生技术人员(万人)	Medical Technical Personnel (10000 persons)	18.05	20.12	19.11
#医　生	Doctors	8.60	9.17	8.41

注：1. 2001年至2009年邮电业务量采用2000年不变价计算，2010年及以后采用2010年不变价计算。
2. 2009年客运量、货运量、旅客周转量和货运周转量指标依据新的统计方法和口径进行了调整。

Principal Aggregate Indicators on National Economic and Social Development and Growth Rates

Aggregate Data			速度指标 Indices and Growth Rates (%)									
			指数 Index（2012为以下各年）(2012 as Percentage of the Following Years)					平均增长速度 Average Annual Growth Rate				
2010	2011	2012	1990	2000	2005	2010	2011	1979-2012	1991-1995	1996-2000	2001-2005	2006-2012
1172.9	1306.6	1369.2	382.4	174.9	138.3	116.7	104.8	7.0	6.6	9.6	4.8	4.7
730.6	784.5	791.0	317.1	209.7	156.8	108.3	100.8	6.0	2.9	5.6	6.0	6.6
442.2	522.1	578.2	533.2	142.5	119.1	130.7	110.7	9.4	13.7	5.1	3.7	2.5
25355	24432	29263	123.4	111.3	113.7	115.4	119.8	1.8	5.8	-3.5	-0.4	1.8
6821.8	**8035.5**	**9254.0**	**3004.5**	**573.4**	**311.6**	**135.7**	**115.2**	**15.5**	**22.6**	**13.6**	**13.0**	**17.6**
419.31	535.99	505.48	2228.7	965.6	314.5	120.5	94.3	16.3	11.6	5.9	25.2	17.8
225.70	285.84	296.04	1557.3	798.6	270.9	131.2	103.6	14.7	8.6	5.3	24.1	15.3
193.61	250.15	209.44	5706.8	1370.7	407.2	108.2	83.7	22.3	23.7	7.5	27.4	22.2
436597	526016	603168	13563.5	432.8	264.7	138.2	114.7		89.5	5.1	10.3	14.9
383074	468095	580486	14751.9	567.0	303.5	151.5	124.0		81.8	5.6	13.3	17.2
853110	982681	1293201	3955.3	374.3	225.3	151.6	131.6		33.0	20.5	10.7	12.3
35071	44765	54494	10664.2	418.1	260.5	155.4	121.7		52.4	25.4	9.9	14.7
26099.00	29563.77	34257.16	4545.7	618.0	318.2	131.3	115.9	19.6	25.1	17.4	14.2	18.0
15755.74	18143.99	21317.96	2588.2	460.1	332.3	135.3	117.5	17.4	20.1	13.2	6.7	18.7
7464000	7328900	7661800	9293.9	1353.7	352.6	102.7	104.5			24.7	30.9	19.7
71933	78738	104297		1574.3	414.7	145.0	132.5			19.9	30.6	22.5
1453800	1834700	2339000		1411.6	578.5	160.9	127.5			9.7	19.5	28.5
514.30	652.11	865.54	5723.0	1175.2	507.5	168.3	132.7				18.3	26.1
110.51	114.93	116.88	1537.9	479.4	158.2	105.8	101.7	11.5	10.7	14.1	24.8	6.8
348.76	338.35	335.06	161.4	69.6	65.8	96.1	99.0	-0.4	8.4	9.2	1.1	-5.8
511.59	541.09	562.22	79.7	69.1	112.4	109.9	103.9	-0.8	3.8	-0.9	-9.3	1.7
14.71	14.48	15.04	284.3	167.1	69.6	102.2	103.9	7.0	5.8	5.1	16.6	-5.0
0.50	0.53	0.54	245.5	103.8	125.7	108.0	101.9	5.4	11.6	6.5	-8.6	3.3
1.68	1.67	1.97	80.7	63.5	105.0	117.3	118.0	0.2	6.2	-1.2	-9.3	0.7
155.45	201.30	245.80	9601.6	935.7	414.4	158.1	122.1				17.7	22.5
19.30	26.69	37.85		402.2	364.6	196.1	141.8				2.0	20.3
24.93	26.69	28.47	195.0	168.6	175.4	114.2	106.7	3.5	1.7	1.2	-0.8	8.4
28.03	28.95	31.51	174.5	156.6	164.9	112.4	108.8	3.2	2.3	-0.02	-1.0	7.4
12.28	12.52	14.31	166.3	156.0	170.1	116.5	114.3	2.9	1.6	-0.3	-1.7	7.9

a) The business volume of postal and telecommunication services which is at 2000 constant prices between 2001 and 2009. That was calculated at 2010 constant prices since 2010.

b) Volume of passenger transportation, volume of freights, volume of passenger turnover and volume of freight turnover of 2009, have been adjusted according to new computing methods and statistical approach.

国民经济和社会发展结构指标

Structural Indicators on National Economic and Social Development

指　　标	Item	2000	2005	2010	2011	2012
人口与就业	**Population and Employment**					
人　口	**Population**					
性别结构	Sexual Composition					
男	Male	50.9	50.2	50.7	51.7	50.7
女	Female	49.1	49.8	49.3	48.3	49.3
就　业	**Employment**					
产业结构	Industrial Composition					
第一产业	Primary Industry	50.1	43.8	37.9	36.3	34.9
第二产业	Secondary Industry	26.1	29.2	32.4	33.3	34.3
第三产业	Tertiary Industry	23.8	26.9	29.8	30.4	30.8
宏观经济	**Macro Economy**					
国民核算	**National Accounting**					
地区生产总值产业结构	Industrial Composition					
第一产业	Primary Industry	16.3	14.9	12.6	11.9	12.0
第二产业	Secondary Industry	49.9	51.8	52.5	53.5	52.7
第三产业	Tertiary Industry	33.8	33.3	34.9	34.6	35.3
地区生产总值支出结构	Composition of Expenditure					
最终消费	Final Consumption	44.4	42.7	40.8	39.3	41.7
居民消费	Household Consumption	33.4	29.2	28.1	28.1	29.4
政府消费	Government Consumption	11.1	13.6	12.7	11.2	12.3
资本形成总额	Gross Capital Formation	44.5	45.8	54.1	56.7	57.4
固定资本形成总额	Gross Fixed Capital Formation	36.6	42.0	52.9	55.9	56.8
存货增加	Change in Inventories	7.9	3.9	1.2	0.8	0.6
货物和服务净出口	Net Outflow of Goods and Services	11.0	11.4	5.1	4.0	0.9
财　政	**Government Finance**					
地方财政支出结构	Composition of Local Government Revenue					
#教　育	Capital Construction	17.72	17.42	18.22	18.43	21.20
利用外资	**Utilization of Foreign Capital**					
实际利用外资结构	Composition of Foreign Capital Actually Utilized					
对外借款	Loans from Abroad	20.7	7.81	1.67	0.91	0.90
外商直接投资	Foreign Direct Investment	76.4	83.92	87.74	88.99	96.24
外商其他投资	Other Foreign Investment	2.9	8.27	10.60	10.10	2.86
能　源	Energy					
能源生产总量结构	Composition of Total Energy Production					
原煤	Coal	85.46	87.05	84.89	84.87	85.33
原油	Crude Oil	13.13	11.33	10.53	9.60	8.27
天然气	Natural Gas	1.11	1.29	2.07	1.86	1.72
一次电力	Primary Electricity	0.30	0.33	2.50	3.66	4.68
能源消费总量结构	Composition of Total Energy Consumption					
原煤	Coal	90.94	91.82	90.45	89.61	88.80
石油	Crude Oil	8.17	7.45	7.37	7.73	7.70
天然气	Natural Gas	0.84	0.61	1.44	1.58	1.94
一次电力	Primary Electricity	0.05	0.12	0.74	1.08	1.56

国民经济和社会发展结构指标（续）

Structural Indicators on National Economic and Social Development

指标	Item	2000	2005	2010	2011	2012
产业	**Industry**					
农业	**Agriculture**					
农林牧渔业产值结构	Composition of Gross Output Value of Agriculture					
农业	Farming	54.82	48.4	57.3	56.7	58.0
林业	Forestry	1.64	1.5	1.2	1.2	1.5
牧业	Animal Husbandry	39.73	43.2	33.5	34.2	32.7
渔业	Fishery	3.81	3.1	3.3	3.3	3.3
农林牧渔服务业	Service for Farming, Forestry, Animal Husbandry and Fishery		3.8	4.7	4.6	4.5
工业	**Industry**					
工业企业资产结构	Composition of Capital of Industrial Enterprises					
大型企业	Large Enterprises	46.8	47.91	53.83	59.92	67.84
中型企业	Medium-sized Enterprises		31.4	24.51	19.11	23.07
小型企业	Small Enterprises		21.8	21.66	20.30	9.05
运输业	**Transportation**					
货运量结构	Composition of Freight Traffic					
铁路	Railways	16.33	20.86	21.41	19.63	17.88
公路	Highways	81.14	75.17	76.67	78.50	80.50
水运	Waterways	0.74	2.78	1.21	1.26	1.07
民用航空	Civil Aviation	…	…	…	…	…
管道	Pipelines	1.78	1.19	0.71	0.61	0.55
对外经济贸易和国际旅游	**Imports and Exports of Goods, International Tourism**					
出口商品结构	Composition of Exports					
初级产品	Primary Goods	30.2	17.7	8.1	8.4	7.1
工业制成品	Manufactured Goods	69.8	82.3	91.9	91.6	91.8
进口商品结构	Composition of Imports					
初级产品	Primary Goods	36.3	57.3	69.3	74.7	70.3
工业制成品	Manufactured Goods	63.7	42.7	30.7	25.3	23.8
来华旅游人数结构	Composition of Tourists Visiting China					
外国人	Foreigners	86.27	91.6	87.3	86.1	82.5
港澳台同胞	Hong Kong, Macao and Taiwan Compatriots	13.73	8.4	12.7	13.9	17.5
教育、科技	**Education, Science and Technology**					
教育	**Education**					
在校学生结构	Composition of Student Enrollment in Regular Schools					
大学生	College and University Students	1.75	6.33	10.82	11.60	11.52
中学生	Secondary School Students	39.75	50.76	39.08	34.01	33.04
小学生	Primary School Students	58.50	42.91	50.10	54.39	55.44
科技	**Science and Technology**					
R&D经费内部支出	Intramural Expenditure on R&D					
#基础研究	Basic Research		3.88	3.40	3.13	2.65
应用研究	Applied Research		25.18	14.85	12.81	13.15
试验发展	Experimental Development		67.65	81.75	84.06	84.20
生活	**People's Living Conditions**					
城镇居民消费结构	Consumption Composition of Urban Residents					
食品类	Food	34.91	34.57	32.3	33.83	33.61
衣着类	Clothing	12.29	11.75	11.88	12.28	12.31
用品及其他	Articles for Daily Use and Others	43.22	42.30	42.79	42.07	42.10
居住	Residence	9.58	11.37	13.03	11.82	11.99
农村居民消费结构	Consumption Composition of Rural Residents					
食品类	Food	39.50	41.02	35.1	33.53	33.87
衣着类	Clothing	7.68	7.18	6.5	7.09	7.39
用品及其他	Articles for Daily Use and Others	29.23	33.40	36.5	36.24	37.53
居住	Residence	23.59	18.42	21.8	23.14	21.20

法人单位数

Number of Institutional Units

单位：个 (unit)

行　业	Sector	2005	2008	2009	2010	2011	2012
全省总计	**Total**	**227105**	**285586**	**323869**	**345822**	**366156**	**377971**
按三次产业分	**Grouped by Three Strata of Industry**						
第一产业	Primary Industry	1766	7017	9116	11797	14343	16844
第二产业	Secondary Industry	76074	76074	103134	107121	110412	112686
第三产业	Tertiary Industry	149265	149265	211619	226904	241401	248441
按行业分	**Grouped by sector**						
农、林、牧、渔业	Agriculture, Forestry, Animal Husbandry and Fishery	1766	7017	9116	11797	14343	16844
采矿业	Mining	7061	7794	8415	8616	8381	8162
制造业	Manufacturing	64459	78240	86824	89208	90911	92658
电力、燃气及水的生产和供应业	Production and Distribution of Electricity, Gas and Water	691	977	1205	1343	1471	1545
建筑业	Construction	3863	5163	6690	7954	9649	10321
交通运输、仓储和邮政业	Traffic, Transport, Storage and Post	2799	4967	5950	6529	7385	7554
信息传输、计算机服务和软件业	Information Transmission, Computer Services and Software	1660	3993	4692	4876	4772	4786
批发和零售业	Wholesale and Retail Trades	29354	46879	63166	72731	82940	88357
住宿和餐饮业	Hotels and Catering Services	3047	3947	4216	4184	4137	4155
金融业	Financial Intermediation	1344	880	1425	1671	2300	2488
房地产业	Real Estate	3207	5523	7073	9084	10697	11139
租赁和商务服务业	Leasing and Business Services	4753	7816	9756	11440	13791	14827
科学研究、技术服务和地质勘查业	Scientific Research, Technical Service and Geologic Prospecting	2860	4140	4971	5434	5975	6265
水利、环境和公共设施管理业	Management of Water Conservancy, Environment and Public Facilities	1058	1514	1758	1877	2055	2216
居民服务和其他服务业	Services to Households and Other Services	1606	2814	3766	4335	4851	4931
教　育	Education	17620	18885	19029	19005	18223	17844
卫生、社会保障和社会福利业	Health, Social Security and Social Welfare	6770	7105	7226	7170	6664	6528
文化、体育和娱乐业	Culture, Sports and Entertainment	1670	1982	2184	2272	2354	2426
公共管理和社会组织	Public Management and Social Organization	71517	75950	76407	76296	75257	74925

城市经济和社会发展主要指标
Main Indicators of National Economic and Social Development of Cities

指　标	Item	2010	2011	2012
年末总人口(万人)	Total Population of Year-end (10000 persons)		1384.5	1422.8
就业人员(万人)	Employed Persons (10000 persons)	682.4	698.0	718.8
#城镇就业人员	Employed Persons of Urban Areas	445.8	457.8	475.9
全省生产总值(亿元)	Gross Domestic Product (100 million yuan)	6842.3	8217.6	8790.2
第一产业	Primary Industry	183.5	206.7	241.1
第二产业	Secondary Industry	3519.7	4277.1	4409.7
第三产业	Tertiary Industry	3139.1	3733.7	4139.5
全部财政收入(亿元)	Total Government Revenue (100 million yuan)	1157.3	1446.6	1693.3
#地方一般预算收入	Local Government Budgetary Revenue	541.7	716.1	862.5
财政支出(亿元)	Government Expenditure	893.8	1137.5	1330.6
金融机构年末存款余额(亿元)	Deposits Balances of Financial Institutions of Year-end (100 million yuan)	13791.5	15357.9	17506.4
金融机构年末贷款余额(亿元)	Loans Balances of Financial Institutions of Year-end (100 million yuan)	8897.8	10106.8	11401.4
全社会固定资产投资(亿元)	Total Investment in Fixed Assets	5432.7		6204.9
社会消费品零售总额(亿元)	Total Retail Sales of Consumer Goods (100 million yuan)	2417.6	2878.4	3335.0
实际利用外资(万美元)	Total Amount of Foreign Direct Investments (USD 10000)	271893	297097	289349
有线电视总用户数(万户)	Number of Users of Cable TV (10000 households)	287.3	262.9	364.4
普通中学在校学生数(万人)	Total Enrollment of Regular Secondary Schools (10000 persons)	76.3	77.8	78.6
医生数(人)	Number of Doctors (person)	50236	52792	53223

注：城市指设区市市区。
a) The term "city" here means "Shiqu", which refers to the central urban area of a prefecture-level city, other than small cities and towns of counties or county-level cities.

民营经济主要指标
Indicators of Private Economies

指　标	Item	2008	2009	2010	2011	2012
增加值(亿元)	Value-added (100 Million Yuan)	8799.8	9450.0	11579.8	15469.4	17232.8
增加值占全省生产总值比重(%)	Percentage of Value-added to the Provincial Total Output Value (%)	55.0	55.5	57.3	63.1	64.8
营业(业务)收入(亿元)	Revenue (100 Million Yuan)	35727.9	41443.6	50364.4	74090.0	84951.0
利润总额(亿元)	Pretax Profit (100 Million Yuan)	4246.2	4551.6	5308.3	6939.2	6989.7
劳动者报酬(亿元)	Payment to Employees	1324.6	1719.9	1888.0	3870.6	4134.5
从业人员(万人)	Employment (10000 Person)	1327.7	1424.5	1509.4	1879.9	2004.3
出口创汇(万美元)	Export (10000 US Dollar)	1458002	1039448	1590093	2383257	2481460
出口创汇占全省出口总值比重(%)	Ratio of Export of Private Economies to Total Export (%)	60.7	66.2	70.4	83.4	83.8
实缴税金(亿元)	Tax Paid (100 Million Yuan)	997.9	1011.5	1279.3	1978.3	2342.5
国　税	National Tax	687.8	657.4	783.4	1037.5	1105.0
地　税	Local Tax	310.1	354.1	495.9	940.8	1237.5
实缴税金占全部财政收入比重(%)	Ratio of Tax Paid by Private Economy to Provincial Fiscal Revenue (%)	54.8	50.1	53.1	65.5	67.3

注：1. 2011年前的从业人员、劳动者报酬不包含混合经济中的民营部分。2. 自2011年起，民营统计口径由非公有调整为非国有。
a) Before 2011, number of employed perosons and labor rewards did not cover private sector of mix-economies.
b) From 2011 onwards, private statistic scale has been adjusted from non-public to non-State-owned.

人均主要工农业产品产量

Per Capita Output of Major Industrial and Major Agricultural

年份 Year	粮食(千克) Grain (kg)	棉花(千克) Cotton (kg)	油料(千克) Oil-bearing Crops (kg)	鲜果(千克) Fruits (kg)	猪牛羊肉(千克) Pork, Beef and Mutton (kg)	水产品(千克) Aquatic Products (kg)	蔬菜(千克) Vegetables (kg)	纱(千克) Yarn (kg)
1978	335.72	2.32	4.87	15.81	8.29	2.76	109.53	3.80
1980	396.42	4.81	8.79	15.60	13.45	1.90	103.50	4.00
1985	356.43	11.39	15.75	29.03	14.84	2.31	166.94	4.22
1990	378.23	9.48	12.44	29.15	20.13	3.64	192.19	5.57
2000	383.97	4.52	22.13	101.94	52.47	12.18	670.38	6.58
2001	372.66	6.27	23.00	100.17	53.33	12.70	731.71	6.88
2002	362.63	5.98	22.52	111.44	55.98	12.96	815.43	7.19
2003	353.64	7.73	24.16	188.20	59.50	12.78	874.32	7.30
2004	365.30	9.80	22.73	198.31	63.50	13.67	911.41	7.35
2005	380.48	8.45	22.36	204.67	67.75	14.49	946.94	10.04
2006	404.49	10.19	19.46	207.85	47.06	12.68	918.55	12.57
2007	410.60	10.47	19.95	215.52	44.45	13.10	930.66	13.43
2008	417.15	10.58	21.91	220.05	47.24	13.87	959.61	13.73
2009	415.05	8.62	20.43	225.14	48.04	14.32	961.56	14.99
2010	418.32	8.01	19.72	226.65	46.75	14.95	994.32	17.42
2011	439.85	9.06	19.66	238.21	45.65	14.79	1023.75	20.45
2012	446.94	7.77	19.66	249.84	47.22	16.01	1059.31	23.00

年份 Year	布(米) Cloth (m)	原煤(吨) Coal (ton)	原油(吨) Crude Oil (ton)	发电量(千瓦小时) Electricity (kwh)	粗钢(千克) Crude Steel (kg)	钢材(千克) Rolled Steel (kg)	生铁(千克) Pig Iron (kg)	水泥(千克) Cement (kg)
1978	16.33	1.14	0.34	335.50	28.94	18.73	44.26	92.18
1980	17.52	1.04	0.31	370.93	37.07	24.12	48.98	107.05
1985	18.07	1.09	0.19	474.76	45.15	34.70	51.52	170.84
1990	21.08	1.04	0.09	612.91	63.74	46.72	86.59	217.63
1995	27.62	1.26	0.08	946.93	123.71	120.25	189.41	492.00
2000	23.48	0.87	0.08	1270.95	185.51	196.65	257.26	706.60
2001	25.04	0.88	0.08	1383.38	294.57	279.82	325.59	729.53
2002	23.75	0.91	0.07	1509.99	395.96	373.68	434.87	858.90
2003	24.13	0.98	0.08	1611.67	597.60	539.50	602.89	979.18
2004	26.84	1.05	0.08	1849.09	830.96	691.97	778.25	1152.67
2005	34.22	1.16	0.08	1959.93	1081.46	946.57	990.57	1295.76
2006	41.06	1.16	0.09	2125.25	1323.19	1231.67	1200.11	1233.93
2007	37.89	1.21	0.10	2371.01	1542.01	1508.66	1509.91	1347.85
2008	51.41	1.14	0.09	2387.10	1663.71	1661.18	1630.16	1285.24
2009	54.31	1.21	0.09	2484.30	1930.50	2158.50	1866.10	1513.40
2010	77.06	1.43	0.08	2800.91	2032.44	2355.53	1926.54	1770.35
2011	84.31	1.46	0.08	3184.24	2279.63	2668.46	2139.80	1952.78
2012	90.40	1.62	0.08	3263.73	2484.55	2890.21	2250.78	1763.40

地区生产总值

Gross Domestic Product

单位：亿元 (100 million yuan)

年份 Year	地区收入总值 Gross National Income	地区生产总值 Gross Domestic Product	第一产业 Primary Industry	第二产业 Secondary Industry	工业 Industry	建筑业 Construction	第三产业 Tertiary Industry	人均地区生产总值（元） Per Capita GDP (yuan)
1978	183.06	183.06	52.20	92.38	83.19	9.19	38.48	364
1979	203.22	203.22	61.11	101.76	89.69	12.07	40.35	400
1980	219.24	219.24	68.09	105.88	94.08	11.80	45.27	427
1981	222.54	222.54	71.03	103.15	92.34	10.81	48.36	427
1982	251.45	251.45	85.59	107.83	95.33	12.50	58.03	474
1983	283.21	283.21	102.10	114.89	101.95	12.94	66.22	526
1984	332.22	332.22	111.46	145.84	129.83	16.01	74.92	609
1985	396.75	396.75	120.34	184.26	164.27	19.99	92.15	719
1986	436.65	436.65	123.45	207.28	185.48	21.80	105.92	782
1987	521.98	521.92	137.66	255.97	231.43	24.54	128.29	921
1988	701.40	701.33	162.31	323.40	289.22	34.18	215.62	1219
1989	822.89	822.83	196.35	374.92	338.79	36.13	251.56	1409
1990	896.41	896.33	227.89	387.52	354.26	33.26	280.92	1465
1991	1073.09	1072.07	236.89	459.91	417.17	42.74	375.27	1727
1992	1279.55	1278.50	257.08	573.15	517.75	55.40	448.27	2040
1993	1694.78	1690.84	301.68	847.92	758.10	89.82	541.24	2682
1994	2192.67	2187.49	451.91	1053.12	926.36	126.76	682.46	3439
1995	2853.02	2849.52	631.34	1322.77	1150.49	172.28	895.41	4444
1996	3468.24	3452.97	700.94	1664.61	1463.18	201.43	1087.42	5345
1997	3970.06	3953.78	761.76	1934.38	1701.42	232.96	1257.64	6079
1998	4271.79	4256.01	790.60	2084.33	1822.05	262.28	1381.08	6501
1999	4530.95	4514.19	805.97	2188.59	1895.21	293.38	1519.63	6849
2000	5062.69	5043.96	824.55	2514.96	2201.73	313.23	1704.45	7592
2001	5536.14	5516.76	913.82	2696.63	2378.04	318.59	1906.31	8251
2002	6039.42	6018.28	956.84	2911.69	2580.90	330.80	2149.75	8960
2003	6944.21	6921.29	1064.05	3417.56	3009.92	407.64	2439.68	10251
2004	8504.50	8477.63	1333.57	4301.73	3812.31	489.42	2842.33	12487
2005	10043.42	10012.11	1400.00	5271.57	4704.28	567.29	3340.54	14659
2006	11504.39	11467.60	1461.81	6110.43	5485.96	624.47	3895.36	16682
2007	13650.36	13607.32	1804.72	7201.88	6515.32	686.56	4600.72	19662
2008	16059.82	16011.97	2034.59	8701.34	7891.54	809.80	5276.04	22986
2009	17285.60	17235.48	2207.34	8959.83	7983.86	975.97	6068.31	24581
2010	20449.12	20394.26	2562.81	10707.68	9554.03	1153.65	7123.77	28668
2011	24585.91	24515.76	2905.73	13126.86	11770.38	1356.48	8483.17	33969
2012	26647.64	26575.01	3186.66	14003.57	12511.60	1491.97	9384.78	36584

注：1. 本表按当年价格计算。2. 2005—2008年数据依据第二次经济普查结果进行了修订。 3. 2005年及以后执行2002年国民经济行业分类(新行业分类)。(以下各表同)

a) Data in this table are calculated at current prices.

b) Data in 2005-2008 were adjusted correspondingly in accordance with the result of the second economic census.

c) Since 2005, this table uses the new industrial Classification of National Economy (GB/T4754-2002), same as following tables.

地区生产总值构成
Composition of Gross Domestic Product

单位：% (%)

年份 Year	地区生产总值 Gross Domestic Product	第一产业 Primary Industry	第二产业 Secondary Industry	工业 Industry	建筑业 Construction	第三产业 Tertiary Industry
1978	100.0	28.52	50.46	45.44	5.02	21.02
1979	100.0	30.07	50.07	44.13	5.94	19.86
1980	100.0	31.06	48.29	42.91	5.38	20.65
1981	100.0	31.92	46.35	41.49	4.86	21.73
1982	100.0	34.04	42.88	37.91	4.97	23.08
1983	100.0	36.05	40.57	36.00	4.57	23.38
1984	100.0	33.55	43.90	39.08	4.82	22.55
1985	100.0	30.33	46.44	41.40	5.04	23.23
1986	100.0	28.27	47.47	42.48	4.99	24.26
1987	100.0	26.38	49.04	44.34	4.70	24.58
1988	100.0	23.14	46.11	41.24	4.87	30.75
1989	100.0	23.85	45.56	41.17	4.39	30.57
1990	100.0	25.43	43.23	39.52	3.71	31.34
1991	100.0	22.10	42.90	38.91	3.99	35.00
1992	100.0	20.11	44.83	40.50	4.33	35.06
1993	100.0	17.84	50.15	44.84	5.31	32.01
1994	100.0	20.66	48.14	42.35	5.79	31.20
1995	100.0	22.16	46.42	40.37	6.05	31.42
1996	100.0	20.30	48.21	42.37	5.84	31.49
1997	100.0	19.27	48.92	43.03	5.89	31.81
1998	100.0	18.58	48.97	42.81	6.16	32.45
1999	100.0	17.86	48.48	41.98	6.50	33.66
2000	100.0	16.35	49.86	43.65	6.21	33.79
2001	100.0	16.56	48.88	43.11	5.77	34.56
2002	100.0	15.90	48.38	42.88	5.50	35.72
2003	100.0	15.37	49.38	43.49	5.89	35.25
2004	100.0	15.73	50.74	44.97	5.77	33.53
2005	100.0	13.98	52.66	46.99	5.67	33.36
2006	100.0	12.75	53.28	47.84	5.44	33.97
2007	100.0	13.26	52.93	47.88	5.05	33.81
2008	100.0	12.71	54.34	49.29	5.05	32.95
2009	100.0	12.81	51.98	46.32	5.66	35.21
2010	100.0	12.57	52.50	46.85	5.65	34.93
2011	100.0	11.85	53.54	48.01	5.53	34.61
2012	100.0	11.99	52.69	47.08	5.61	35.32

地区生产总值指数（上年=100）

Indices of Gross Domestic Product (Preceding year =100)

单位：%　　(%)

年份 Year	地区收入总值 Gross National Income	地区生产总值 Gross Domestic Product	第一产业 Primary Industry	第二产业 Secondary Industry	工业 Industry	建筑业 Construction	第三产业 Tertiary Industry	人均地区生产总值 Per Capita GDP
1978	114.5	114.5	110.4	118.0	118.9	111.2	112.0	112.9
1979	106.2	106.2	104.2	107.8	105.2	131.3	104.9	105.1
1980	103.2	103.2	97.4	102.4	103.0	97.7	112.5	102.1
1981	101.0	101.0	105.3	96.5	98.1	84.1	105.0	99.5
1982	111.8	111.8	119.5	103.2	102.8	106.7	118.7	109.7
1983	111.5	111.5	118.7	105.3	105.7	101.0	112.2	109.7
1984	114.4	114.4	108.0	122.8	123.2	119.3	110.0	113.0
1985	112.5	112.5	102.2	118.2	118.0	120.3	117.5	111.3
1986	105.1	105.1	97.4	108.0	108.7	101.9	109.8	103.8
1987	111.6	111.6	101.6	114.9	116.4	100.2	117.3	110.0
1988	113.5	113.5	101.1	116.9	116.7	119.4	120.1	111.9
1989	106.0	106.1	103.7	105.4	106.8	88.2	109.7	104.5
1990	105.8	105.8	105.7	104.0	104.6	95.7	109.0	100.9
1991	111.1	111.0	102.5	110.0	109.3	117.0	120.8	109.4
1992	115.6	115.6	99.4	120.7	122.1	106.9	121.4	114.6
1993	117.8	117.7	104.4	124.6	124.3	128.4	116.6	117.0
1994	114.9	114.9	111.8	116.9	116.2	124.3	113.7	113.9
1995	113.8	113.9	108.6	115.4	115.0	119.5	114.6	113.0
1996	114.2	113.5	105.5	116.6	116.9	113.4	113.0	112.7
1997	112.5	112.5	105.4	114.9	115.1	112.2	112.5	111.7
1998	110.7	110.7	106.2	112.2	112.1	113.3	110.6	110.0
1999	109.1	109.1	104.3	110.6	110.5	111.7	109.0	108.4
2000	109.5	109.5	105.1	110.1	110.8	103.3	110.4	108.7
2001	108.7	108.7	105.3	108.3	108.9	104.0	111.0	108.2
2002	109.6	109.6	105.4	110.6	111.0	107.1	110.2	108.9
2003	111.6	111.6	106.1	114.3	113.9	117.2	110.0	111.0
2004	112.9	112.9	106.7	114.8	115.1	112.7	112.6	112.3
2005	113.4	113.4	106.2	115.4	115.7	113.5	113.2	112.7
2006	113.4	113.4	105.0	115.1	116.0	108.3	114.3	112.6
2007	112.8	112.8	104.0	114.1	115.2	104.3	114.1	112.0
2008	110.1	110.1	104.9	110.5	111.2	103.6	111.1	109.3
2009	110.0	110.0	103.3	110.5	109.6	120.5	111.4	109.3
2010	112.2	112.2	103.5	113.4	113.5	112.4	113.1	110.6
2011	111.3	111.3	104.2	113.4	114.1	108.0	110.5	109.7
2012	109.6	109.6	104.0	111.5	111.8	108.8	108.6	108.9

地区生产总值指数（1978年=100）
Indices of Gross Domestic Product (1978=100)

单位：% (%)

年份 Year	地区收入总值 Gross National Income	地区生产总值 Gross Domestic Product	第一产业 Primary Industry	第二产业 Secondary Industry	工业 Industry	建筑业 Construction	第三产业 Tertiary Industry	人均地区生产总值 Per Capita GDP
1978	100.0	100.0	100.0	100.0	100.0	100.0	100.0	100.0
1979	106.2	106.2	104.2	107.8	105.2	131.3	104.9	105.1
1980	109.6	109.6	101.5	110.4	108.4	128.3	118.0	107.3
1981	110.7	110.7	106.9	106.5	106.3	107.9	123.9	106.8
1982	123.8	123.8	127.7	110.0	109.3	115.1	147.1	117.1
1983	138.0	138.0	151.6	115.8	115.6	116.3	165.0	128.5
1984	157.9	157.9	163.7	142.2	142.4	138.7	181.4	145.2
1985	177.6	177.6	167.4	168.1	168.0	166.9	213.2	161.6
1986	186.6	186.6	163.1	181.6	182.6	170.1	234.2	167.7
1987	208.3	208.3	165.7	208.7	212.6	170.4	274.6	184.5
1988	236.4	236.4	167.5	244.0	248.1	203.4	329.8	206.5
1989	250.6	250.8	173.6	257.1	265.0	179.5	361.7	215.8
1990	265.1	265.4	183.6	267.4	277.3	171.8	394.3	217.7
1991	294.6	294.6	188.2	294.2	303.1	201.0	476.4	238.2
1992	340.5	340.5	187.0	355.0	370.0	214.9	578.5	272.9
1993	401.1	400.8	195.3	442.4	459.9	275.9	674.6	319.3
1994	460.9	460.5	218.3	517.2	534.5	342.9	766.7	363.7
1995	524.5	524.5	237.1	596.8	614.6	409.8	879.0	411.0
1996	599.0	595.4	250.1	695.9	718.5	464.7	993.3	463.2
1997	673.9	669.8	263.6	799.5	827.0	521.4	1117.4	517.4
1998	746.0	741.4	280.0	897.1	927.1	590.7	1235.9	569.1
1999	813.9	808.9	292.0	992.2	1024.4	659.8	1347.1	617.0
2000	891.2	885.8	306.9	1092.4	1135.0	681.6	1487.2	670.6
2001	968.7	962.8	323.2	1183.1	1236.1	708.9	1650.8	725.6
2002	1061.7	1055.3	340.6	1308.2	1372.5	759.0	1819.9	790.2
2003	1184.9	1177.7	361.5	1495.4	1563.9	889.4	2002.2	877.1
2004	1337.7	1329.6	385.7	1716.7	1800.1	1002.4	2254.3	985.0
2005	1516.9	1507.8	409.7	1981.2	2081.9	1137.7	2550.8	1110.1
2006	1720.2	1709.8	430.1	2280.4	2414.8	1232.7	2915.5	1250.4
2007	1940.4	1928.7	447.4	2601.9	2781.8	1285.7	3326.6	1400.5
2008	2136.4	2123.4	469.3	2875.1	3093.4	1332.0	3695.9	1530.7
2009	2350.0	2335.8	484.8	3177.0	3390.3	1605.1	4117.2	1673.1
2010	2636.7	2620.8	501.7	3602.8	3848.0	1804.1	4656.6	1850.4
2011	2934.7	2916.9	522.8	4085.5	4390.6	1948.4	5145.5	2029.9
2012	3216.4	3196.9	543.7	4555.3	4908.7	2119.9	5588.0	2210.6

支出法计算的地区生产总值

Gross Domestic Product by Expenditure Approach

年份 Year	地区生产总值(亿元) Gross Regional Product by Expenditure Approach (100 million yuan)	最终消费 Final Consumption Expenditures	资本形成总额 Gross Capital Formation	货物和服务净流出 Net Outflow of Goods and Services	最终消费率(消费率)(%) Final Consumption Rate (%)	资本形成率(投资率)(%) Capital Formation Rate (%)
1978	183.06	93.28	64.26	25.52	51.0	35.1
1979	203.22	104.43	68.95	29.84	51.4	33.9
1980	219.24	114.68	63.84	40.72	52.3	29.1
1981	222.54	129.06	50.73	42.75	58.0	22.8
1982	251.45	140.19	73.96	37.30	55.8	29.4
1983	283.21	156.34	90.10	36.77	55.2	31.8
1984	332.22	186.56	114.66	31.00	56.2	34.5
1985	396.75	229.73	156.90	10.12	57.9	39.5
1986	436.65	262.33	162.79	11.53	60.1	37.3
1987	521.92	318.27	176.58	27.07	61.0	33.8
1988	701.33	434.25	242.39	24.69	61.9	34.6
1989	822.83	480.95	295.30	46.58	58.5	35.9
1990	896.33	518.86	334.66	42.81	57.9	37.3
1991	1072.07	634.73	384.84	52.50	59.2	35.9
1992	1278.50	712.19	475.18	91.13	55.7	37.2
1993	1690.84	870.45	679.12	141.27	51.5	40.2
1994	2187.49	1059.29	884.46	243.74	48.4	40.4
1995	2849.52	1348.75	1226.07	274.70	47.3	43.0
1996	3452.97	1553.79	1547.80	351.38	45.0	44.8
1997	3953.78	1740.18	1838.54	375.06	44.0	46.5
1998	4256.01	1848.19	2030.17	377.65	43.4	47.7
1999	4514.19	1978.25	2152.02	383.92	43.8	47.7
2000	5043.96	2240.68	2246.67	556.61	44.4	44.5
2001	5516.76	2490.38	2325.61	700.77	45.1	42.2
2002	6018.28	2838.41	2429.90	749.97	47.2	40.4
2003	6921.29	3029.25	2860.73	1031.31	43.8	41.3
2004	8477.63	3677.23	3659.84	1140.56	43.4	43.2
2005	10012.11	4273.61	4727.66	1010.84	42.7	47.2
2006	11467.60	4966.60	5482.96	1018.04	43.3	47.8
2007	13607.32	5871.11	6710.87	1025.34	43.1	49.3
2008	16011.97	6695.14	8277.67	1039.16	41.8	51.7
2009	17235.48	7220.83	9264.77	749.88	41.9	53.8
2010	20394.26	8326.02	11037.38	1030.86	40.8	54.1
2011	24515.76	9633.82	13890.37	991.57	39.3	56.7
2012	26575.01	11081.10	15244.63	249.28	41.7	57.4

三次产业贡献率

Share of the Contributions of the Three Strata of Industry to the Increase of the GDP

单位：% (%)

年 份 Year	地区生产总值 Gross Domestic Product	第一产业 Primary Industry	第二产业 Secondary Industry	#工 业 Industry	第三产业 Tertiary Industry
1990	100.0	22.9	34.1	36.5	43.0
1991	100.0	6.2	40.8	34.7	53.0
1992	100.0	-1.0	59.1	57.2	41.9
1993	100.0	5.3	64.6	58.6	30.1
1994	100.0	15.1	55.8	49.0	29.1
1995	100.0	11.5	55.5	49.2	33.0
1996	100.0	7.2	62.3	57.6	30.5
1997	100.0	6.0	62.4	57.7	31.6
1998	100.0	7.6	61.0	55.2	31.4
1999	100.0	5.4	63.3	57.1	31.3
2000	100.0	6.1	59.1	57.4	34.8
2001	100.0	8.4	48.1	45.2	43.5
2002	100.0	6.6	55.8	51.3	37.6
2003	100.0	6.6	62.9	54.2	30.5
2004	100.0	6.5	59.7	53.6	33.8
2005	100.0	6.6	60.2	54.0	33.2
2006	100.0	4.3	59.5	55.9	36.2
2007	100.0	3.9	58.7	56.9	37.4
2008	100.0	5.7	56.2	54.5	38.1
2009	100.0	3.8	57.1	47.4	39.1
2010	100.0	3.1	59.7	54.5	37.2
2011	100.0	4.6	62.7	58.7	32.7
2012	100.0	4.9	64.0	59.0	31.1

注：1. 本表按不变价格计算。 2. 三次产业贡献率指各产业增加值增量与GDP增量之比。

a) Data in this table are calculated at constant prices.

b) Share of the contributions of the three strata of industry to the increase of the GDP refers to the proportion of the increment of the value-added of each industry to the increment of GDP.

三次产业对生产总值增长的拉动

Contribution of the Three Strata of Industry to GDP Growth

单位：百分点 (percentage points)

年 份 Year	地区生产总值 Gross Domestic Product	第一产业 Primary Industry	第二产业 Secondary Industry	#工 业 Industry	第三产业 Tertiary Industry
1990	5.8	1.3	2.0	2.1	2.5
1991	11.0	0.7	4.5	3.8	5.8
1992	15.6	-0.1	9.2	8.9	6.5
1993	17.7	1.0	11.4	10.4	5.3
1994	14.9	2.3	8.3	7.3	4.3
1995	13.9	1.6	7.7	6.8	4.6
1996	13.5	1.0	8.4	7.8	4.1
1997	12.5	0.8	7.8	7.2	3.9
1998	10.7	0.8	6.5	5.9	3.4
1999	9.1	0.5	5.8	5.2	2.8
2000	9.5	0.6	5.6	5.4	3.3
2001	8.7	0.7	4.2	3.9	3.8
2002	9.6	0.6	5.4	4.9	3.6
2003	11.6	0.8	7.3	6.3	3.5
2004	12.9	0.8	7.7	6.9	4.4
2005	13.4	0.8	8.1	7.3	4.5
2006	13.4	0.6	8.0	7.5	4.9
2007	12.8	0.5	7.5	7.3	4.8
2008	10.1	0.6	5.7	5.5	3.8
2009	10.0	0.4	5.7	4.7	3.9
2010	12.2	0.4	7.3	6.6	4.5
2011	11.3	0.5	7.1	6.6	3.7
2012	9.6	0.5	6.1	5.7	3.0

注：1. 本表按不变价计算。 2. 三次产业拉动指GDP增长速度与各产业贡献率之乘积。

a) Data in this table are calculated at constant prices.

b) Contribution of the three strata of industry to GDP growth refers to the growth rate of GDP multiplied by the contribution share of every industry.

资金流量表(收入分配)(2011年)

单位：亿元

机构部门	Sectors	非金融企业部门 Non-financial Corporations		金融机构部门 Financial Institutions		政府 General
交易项目	Items	使用 Uses	来源 Sources	使用 Uses	来源 Sources	使用 Uses
净出口	Net Exports					
增加值	Value Added		15684.39		746.01	
劳动者报酬	Compensation of Laborers	5389.62		255.29		1260.08
工资及工资性收入	Wages and Salaries	4349.85		206.03		1260.08
单位社会保险付款	Employers' Social Contributions	1039.77		49.26		
生产税净额	Taxes on Production, Net	2666.87		88.02		16.73
生产税	Taxes on Products	2709.07		88.02		16.73
生产补贴	Subsidies on Production		42.20			42.20
财产收入	Income from Properties	928.64	221.34	1758.85	2278.77	
利　息	Interest	886.11	188.67	1758.48	2273.37	
红　利	Distributed Income of Corporations	42.53	32.56		5.40	
土地租金	Rent on Land Use					
其　他	Others		0.11	0.37		
初次分配总收入	Total Income from Primary Distribution		6920.60		922.62	
经常转移	Current Transfer	475.89	69.14	222.24	3.09	1253.43
收入税	Taxes on Income	449.92		38.77		
社会保险缴款	Social insurance contributions					
社会保险福利	Social insurance benefits					868.69
社会补助	Allowances					307.37
其他经常转移	Other current transfers	25.97	69.14	183.47	3.09	77.37
可支配总收入	Total Disposable Income		6513.85		703.47	
最终消费	Final Consumption Expenditure					2741.16
居民消费	Household Consumption					
政府消费	Government Consumption					2741.16
总储蓄	Savings		6513.85		703.47	
资本转移	Capital Transfers		23.19			193.45
投资性补助	Investment Allowances		23.19			193.45
其　他	Other					
资本形成总额	Gross Capital Formation	10342.87		16.97		1465.21
固定资本形成总额	Gross Fixed Capital Formation	10119.97		16.97		1453.96
存货增加	Changes in Inventories	222.90				11.25
其他非金融资产获得减处置	Acquisitions Less Disposals of Other Non-financial Assets					
净金融投资	Net Financial Investment	-3805.83		686.50		499.33

Funds Flow of Funds Table (2011)

(100 million yuan)

部门 Governments	住户部门 Households		省内部门合计 Regional Sum		国内省外 Outside Province		国 外 The Rest of the World	
来 源 Sources	使 用 Uses	来 源 Sources	使 用 Uses	来 源 Sources	使 用 Uses	来 源 Sources	使 用 Uses	来 源 Sources
						-747.87		-243.70
1450.51		6634.85		24515.76				
	5591.99	12496.98	12496.98	12496.98				
	5591.99	11407.95	11407.95	11407.95				
		1089.03	1089.03	1089.03				
2202.25	179.52		2951.14	2202.25	145.37	894.26		
2244.45	179.52		2993.34	2244.45	145.37	894.26		
			42.20	42.20				
78.64	147.26	318.68	2834.75	2897.43	95.99	33.31		
77.52	147.26	304.46	2791.85	2844.02	54.75	2.58		
1.12		13.96	42.53	53.04	41.24	30.73		
		0.26	0.37	0.37				
2454.59		13531.74		23829.55				
3527.73	1241.45	1395.84	3193.01	4995.80	1797.09	33.18	75.68	36.80
632.17	143.48		632.17	632.17				
1089.03	1089.03		1089.03	1089.03				
		868.69	868.69	868.69				
	1.17	308.54	308.54	308.54				
1806.53	7.77	218.61	294.58	2097.37	1797.09	33.18	75.68	36.80
4728.89		13686.13		25632.34				
	6892.66		9633.82					
	6892.66		6892.66					
			2741.16					
1987.73		6793.47		15998.52		-1825.57		-282.58
170.26			193.45	193.45				
170.26			193.45	193.45				
	2065.34		13890.39					
	2097.87		13688.77					
	-32.53		201.62					
	4728.13		2108.13		-1825.57		-282.58	

资产负债（2011年12月31日）

单位：亿元

机构部门 交易项目	Sectors Items	非金融企业部门 Non-financial Corporations		金融机构部门 Financial Institutions		政府 General
		使用 Uses	来源 Sources	使用 Uses	来源 Sources	使用 Uses
非金融资产	**Non-financial Assets**	**33178.25**		**3676.96**		**3859.74**
固定资产	Fixed Assets	26326.97		285.09		3803.15
#在建工程	Constructing Project	2577.47		35.35		15.96
存　货	Inventory	5660.09		3.39		42.27
#产成品和商品库存	Products and Inventory	1332.05				
其他非金融资产	Other Non-financial Assets	1191.19		3388.47		14.32
#无形资产	Intangible Assets	1064.30		112.87		
金融资产与负债	**Financial Assets and Liabilities**	**20390.72**	**28026.92**	**33047.42**	**38932.39**	**5764.72**
国内金融资产与负债	Domestic Financial Assets and Liabilities	20390.72	27630.30	33047.42	38924.88	5764.72
通　货	Current in Circulation	712.35		547.12		8.50
存　款	Savings Deposits	8072.32			29749.53	3728.89
长　期	Long Period Savings Deposits					
短　期	Short Period Savings Deposits					
贷　款	Loans		13115.75	18460.60		
长　期	Long-term Loans					
短　期	Short-term Loans					
股票及其他股权	Stocks and Other Stock Rights	1876.77	3376.15	1490.84		98.22
证　券(不含股票)	Securities (Not Including Stocks)	122.09	54.83	58.20	159.47	0.03
保险准备金	Insurance Reserve Funds	336.52			1959.06	
其　他	Other	9270.66	11083.57	12490.66	7056.82	1929.09
国外金融资产与负债	Foreign Financial Assets and Liabilities		396.62		7.51	
直接投资	Foreign Direct Investment		315.48			
证券投资	Securities					
其他投资	Miscellaneous		81.14		7.51	
资产负债差额	**Balance Between Assets and Liabilities**		**25542.05**		**-2208.01**	
资产、负债与差额总计	**The Sum Total of Assets, Liabilities and Balance**	**53568.97**	**53568.97**	**36724.38**	**36724.38**	**9624.46**

注：本表包括公路、市政设施、水利设施。

Assets and Liabilities (December, 31, 2011)

(100 million yuan)

部门	住户部门		省内部门合计		国内省外		国 外		总 计	
Governments	House-holds		Regional Sum		Outside Province		The Rest of the World		Total	
来 源 Sources	使 用 Uses	来 源 Sources	使 用 Uses	来 源 Sources	使 用 Uses	来 源 Sources	使 用 Uses	来 源 Sources	使 用 Uses	来 源 Sources
	27764.84		**68479.79**						**68479.79**	
	26051.62		56466.83						56466.83	
			2628.78						2628.78	
	1541.53		7247.29						7247.29	
			1332.05						1332.05	
	171.69		4765.68						4765.68	
			1177.17						1177.17	
	24989.09	**4750.05**	**84191.96**	**75281.01**		**9306.77**	**421.00**		**84612.96**	**84612.96**
	24989.09	4750.05	84191.96	74860.01		9306.77			84191.96	84191.96
	902.48		2170.46			2170.46			2170.46	2170.46
	17948.32		29749.53	29749.53					29749.53	29749.53
795.46		3902.00	18460.60	17813.21		622.22		25.17	18460.60	18460.60
	1073.13		4538.96	3376.15		1162.81			4538.96	4538.96
	1716.96		1897.28	214.30		1682.98			1897.28	1897.28
904.95	2527.49		2864.01	2864.01					2864.01	2864.01
1854.37	820.71	848.05	24511.12	20842.81		3668.31			24511.12	24511.12
16.87				421.00			421.00		421.00	421.00
				315.48			315.48		315.48	315.48
16.87				105.52			105.52		105.52	105.52
6052.81		**48003.88**		**77390.74**		**-9306.77**		**421.00**		**68479.80**
9624.46	**52753.93**	**52753.93**	**152671.75**	**152671.75**			**421.00**	**421.00**	**153092.75**	**153092.75**

a)Data contained of the highways, municipal infra-structure and water conservancy facilities.

居民消费水平
Household Consumption

年 份 Year	全省居民 (元) All Households (yuan)	农村居民 Rural Households	城镇居民 Urban Households	城乡消费水平对比(农村居民=100) Urban/Rural Consumption Ratio (Urban Households =100)	指数(上年=100) Index (Preceding Year=100) 全省居民 All Households	农村居民 Rural Households	城镇居民 Urban Households	指数(1978年=100) Index (1978=100) 全省居民 All Households	农村居民 Rural Households	城镇居民 Urban Households
1978	165	137	402	293.4	103.7	104.9	90.9	100.0	100.0	100.0
1979	183	153	423	276.5	99.4	106.3	93.4	99.4	106.3	93.4
1980	199	164	460	280.5	119.9	120.6	119.5	119.2	128.2	111.6
1981	223	187	481	257.2	111.1	113.4	103.7	132.4	145.4	115.7
1982	236	198	507	256.1	104.5	104.8	104.0	138.4	152.4	120.4
1983	258	221	513	232.1	110.8	112.8	100.6	153.3	171.9	121.1
1984	301	261	569	218.0	116.8	118.2	111.0	179.1	203.1	134.4
1985	366	319	672	210.7	117.1	118.1	112.8	209.7	239.9	151.6
1986	413	356	773	217.1	104.8	104.6	104.8	219.8	250.9	158.9
1987	494	423	917	216.8	105.2	105.3	104.3	231.2	264.2	165.7
1988	664	557	1300	233.4	112.9	110.4	118.3	261.0	291.7	196.1
1989	722	583	1557	267.1	94.7	93.3	98.9	247.2	272.2	193.9
1990	783	605	1592	263.1	103.9	102.6	107.0	256.8	279.2	207.5
1991	847	675	1839	272.4	107.0	105.6	108.5	274.8	294.9	225.1
1992	950	729	2182	299.3	108.6	107.0	109.6	298.4	315.5	246.7
1993	1089	831	2496	300.4	111.9	110.2	114.3	333.9	347.7	282.0
1994	1320	1001	3009	300.6	109.5	107.8	110.8	365.7	374.8	312.5
1995	1686	1306	3397	260.2	110.6	110.0	106.8	404.4	412.3	333.7
1996	1925	1554	3499	225.2	106.8	110.7	104.9	431.9	456.4	350.1
1997	2151	1711	3765	220.1	108.8	105.2	104.5	469.9	480.2	365.8
1998	2207	1731	3833	221.5	102.2	101.9	101.2	480.3	489.3	370.2
1999	2327	1803	3950	219.0	112.7	108.8	100.4	541.3	532.3	371.7
2000	2533	1848	4523	244.8	106.6	109.0	100.8	577.0	580.3	374.7
2001	2749	1912	4991	261.0	107.4	103.2	108.3	619.7	598.8	405.8
2002	3081	1987	5776	290.7	107.9	102.2	109.5	668.6	612.0	444.3
2003	3271	2042	6063	297.0	106.7	105.4	104.0	713.4	645.1	462.1
2004	3758	2167	7096	327.5	111.9	104.9	113.5	798.3	676.7	524.4
2005	4270	2426	7851	323.6	110.2	109.8	106.8	879.7	743.0	560.1
2006	4924	2714	8971	330.6	113.5	111.1	111.9	998.5	825.5	626.7
2007	5667	3067	10031	327.1	111.6	108.3	109.2	1114.3	894.0	684.4
2008	6498	3515	10835	308.3	111.0	110.3	104.9	1236.9	986.1	717.9
2009	7193	3606	12195	338.2	110.7	103.7	112.0	1369.2	1022.6	804.0
2010	8057	3867	13619	352.2	110.6	105.3	110.4	1514.3	1076.8	887.8
2011	9551	4893	15331	313.3	118.5	126.5	112.6	1795.1	1362.5	999.4
2012	10749	5766	16554	287.1	112.6	117.8	108.0	2020.4	1605.7	1079.1

人口基本情况

Basic Statistics of Population

指　　标	Indicator	2000	2005	2010	2011	2012
年末总人口(万人)	**Total Population of Year-end (10000 persons)**	**6674**	**6851**	**7194**	**7240.51**	**7287.51**
按城乡分	**by Residence**					
城镇人口	Urban Population	1741	2582	3201	3301.67	3410.55
乡村人口	Rural Population	4933	4269	3993	3938.84	3876.96
按性别分	**by Sex**					
男性人口	Male Population	3397	3441	3647	3742.62	3693.75
女性人口	Female Population	3277	3410	3546	3497.89	3593.76
出生率(‰)	Birth Rate (‰)	11.30	12.84	13.22	13.02	12.88
死亡率(‰)	Death Rate (‰)	6.21	6.75	6.41	6.52	6.41
自然增长率(‰)	Natural Growth Rate (‰)	5.09	6.09	6.81	6.5	6.47
人口密度(人/平方公里)	Density of Population (Person/sq.km)		365	384	386	388
家庭户数(万户)	Households (10000 units)		2046.4	2039.5	2171.4	2170.26
各年龄段人口比例(%)	**Population by Age Group (%)**					
0—14岁	0-14	22.8	17.7	16.83	17.82	17.46
15—64岁	15-64	70.3	74.1	74.93	73.51	73.86
65岁以上	65 and Over	6.9	8.2	8.24	8.67	8.68
文化程度人口比重(%)	**Population by Education Attainments (%)**					
未上学人口	Uneducational Population	8.7	6.9	3.26	4.25	3.67
小学文化程度人口	Primary School	35.7	30.1	26.79	26.84	26.09
初中文化程度人口	Junior Secondary Schools	41.3	46.3	48.23	49.15	49.97
高中文化程度人口	Senior Secondary Schools	11.3	12.0	13.80	14.44	14.84
大专以上文化程度人口	College and Higher Level	2.9	4.7	7.93	5.33	5.43

注：未上学人口2005年以前为不识字或识字很少的人口。

a) Before the year of 2005, the number of unschooled people referred to those who were lack of literacy.

总人口及人口自然变动

Total Population and Natural Changes of Population

年　份 Year	总人口（万人） Total Population (10000 persons)	#男 Male	出生率（‰） Birth Rate (‰)	死亡率（‰） Death Rate (‰)	自然增长率（‰） Natural Growth Rate (‰)
1978	5057	2595	20.88	6.49	14.39
1979	5105	2620	19.86	6.36	13.50
1980	5168	2651	20.47	6.46	14.01
1981	5256	2692	23.99	6.05	17.94
1982	5356	2742	19.35	5.94	13.41
1983	5420	2777	17.91	6.60	11.31
1984	5487	2815	16.73	5.41	11.32
1985	5548	2852	17.10	5.30	11.80
1986	5627	2893	20.42	6.12	14.30
1987	5710	2936	22.50	6.00	16.50
1988	5795	2978	20.35	5.50	14.85
1989	5881	3021	20.19	5.44	14.75
1990	6159	3147	20.46	6.82	13.64
1991	6220	3167	16.61	6.75	9.86
1992	6275	3212	15.33	6.43	8.90
1993	6334	3227	15.43	6.11	9.32
1994	6388	3264	14.93	6.50	8.43
1995	6437	3266	13.93	6.32	7.61
1996	6484	3309	13.85	6.55	7.30
1997	6525	3327	13.11	6.82	6.29
1998	6569	3343	13.01	6.18	6.83
1999	6614	3357	12.99	6.26	6.73
2000	6674	3397	11.30	6.21	5.09
2001	6699	3384	11.16	6.18	4.98
2002	6735	3420	11.53	6.25	5.28
2003	6769	3454	11.43	6.27	5.16
2004	6809	3480	11.98	6.19	5.79
2005	6851	3441	12.84	6.75	6.09
2006	6898	3486	12.82	6.59	6.23
2007	6943	3529	13.33	6.78	6.55
2008	6989	3562	13.04	6.49	6.55
2009	7034	3582	12.93	6.43	6.50
2010	7194	3647	13.22	6.41	6.81
2011	7241	3743	13.02	6.52	6.50
2012	7288	3694	12.88	6.41	6.47

六次人口普查基本情况

Basic Statistics on Population Census in 1953，1964，1982, 1990, 2000 and 2010

项　目	Item	第一次人口普查 The First (1953.7.1)	第二次人口普查 The Second (1964.7.1)	第三次人口普查 The Third (1982.7.1)	第四次人口普查 The Fourth (1990.7.1)	第五次人口普查 The Fifth (2000.11.1)	第六次人口普查 The Sixth (2010.11.1)
总人口(万人)	**Total Population(10000 Persons)**	**3563.46**	**4568.77**	**5300.55**	**6108.28**	**6668.44**	**7185.42**
男	Male	1794.83	2338.17	2712.56	3121.01	3393.63	3643.03
女	Female	1768.63	2230.60	2587.99	2987.27	3274.81	3542.39
总户数(万户)	**Total Household (10000 households)**	**820.12**	**1017.15**	**1237.70**	**1536.61**	**1830.27**	**2081.35**
家庭户	Household			1231.72	1530.21	1793.50	2039.51
平均家庭户规模	Average Household Size	4.39	4.49	4.14	3.89	3.59	3.36
民　族	**Nationalities**						
民族个数(个)	The Number of Nationalities	11	30	41	55	56	56
汉族人口(万人)	Total Population of Han Nationality (10000 persons)	3527.83	4494.98	5215.14	5867.37	6378.16	6886.13
各少数民族人口(万人)	Total Population of Minority Nationalities (10000 persons)	35.63	73.75	85.34	240.91	290.28	299.29
市镇总人口(万人)	**Total Population of City and Town (10000 persons)**	**419.53**	**644.79**	**725.89**	**1173.39**	**1756.01**	**3157.53**
各种文化程度人口(万人)	**Population by Education (10000 persons)**						
大　学	University and Above		18.08	23.43	58.25	178.11	524.25
高　中	Senior Secondary Schools		56.87	399.86	455.47	716.36	913.17
初　中	Junior Secondary Schools		234.91	1020.08	1509.42	2609.93	3190.3
小　学	Primary Schools		1400.54	1930.58	2249.16	2213.51	1771.97
文盲、半文盲(15周岁及以上)	**Illiterate or Semiliterate Persons (Age 15 and Over)**			**1193.54**	**1023.52**	**513.81**	**187.74**
在业人口(万人)	**Economically Active Population (10000 persons)**			**2759.90**	**3410.11**	**3836.27**	**4089.22**
不在业人口(万人)	**Economically Inactive Population (10000 persons)**			**908.76**	**924.47**	**1313.09**	**1810.22**

注：在业人口、不在业人口六普为16周岁及以上,其他为15周岁及以上。

a) In the 6th population census, economically active population and economically inactive population exclude population below 16 years old. evertheless, in the previous censuses, they do not include population below 15 years old.

分行业全社会就业人员（2012年底）

Number of Employed Persons by Sector (End of 2012)

单位：万人 (10000 persons)

项目	Item	就业人员 Employed Persons	城镇 就业人员 Employed Persons of Urban Areas	单位 就业人员 Urban Units	私营个体 就业人员 Private and Individuals	灵活就业及其他 就业人员 Others	乡村 就业人员 Employed Persons of Rural Areas
全省总计	**Total**	**4085.74**	**1221.57**	**619.95**	**409.60**	**192.02**	**2864.17**
农、林、牧、渔业	Agriculture, Forestry, Animal Husbandry and Fishery	1426.27	11.62	5.52	3.70	2.40	1414.65
采矿业	Mining	97.10	43.42	28.80	11.66	2.96	53.68
制造业	Manufacturing	825.02	290.62	145.38	129.64	15.60	534.40
电力、热力、燃气及水生产和供应业	Production and Distribution of Electricity, Thermal, Gas and Water	38.13	24.24	21.25	1.18	1.81	13.89
建筑业	Construction	440.54	131.71	81.40	29.18	21.13	308.83
批发和零售业	Wholesale and Retail Trades	338.59	156.20	26.33	105.26	24.61	182.39
交通运输、仓储和邮政	Traffic, Transport, Storage and Post	189.30	56.16	24.30	20.83	11.03	133.14
住宿和餐饮业	Hotels and Catering Services	159.98	101.29	6.78	69.85	24.66	58.69
信息传输、软件和信息技术服务业	Information Transmission, Software and Information Technology Services	19.80	11.47	6.50	2.46	2.51	8.33
金融业	Financial Intermediation	30.45	24.65	24.65			5.80
房地产业	Real Estate	13.78	11.77	6.84	1.24	3.69	2.01
租赁和商务服务业	Leasing and Business Services	39.08	23.04	5.16	4.92	12.96	16.04
科学研究和技术服务业	Scientific Research and Technical Service	14.76	13.00	12.53		0.47	1.76
水利、环境和公共设施管理业	Management of Water Conservancy, Environment and Public Facilities	18.65	14.95	11.25		3.70	3.70
居民服务、修理和其他服务业	Services to Households, Repair and Other Services	133.36	71.89	2.16	28.62	41.11	61.47
教育	Education	124.60	102.07	89.85		12.22	22.53
卫生和社会工作	Health and Social Work	56.28	40.42	32.23		8.19	15.86
文化、体育和娱乐业	Culture, Sports and Entertainment	18.58	9.26	5.23	1.06	2.97	9.32
公共管理、社会保障和社会组织	Public Management, Social Security and Social Organization	101.47	83.79	83.79			17.68

注：本表就业人员不包括离开本单位仍保留劳动关系的职工。

a) The employed persons exclude those staff and workers who still keep their relation with their units, but have left their working post at there.

按三次产业分的就业人员及构成（年底数）

Number of Employed Persons by Type of Industry and Composition (End of Year)

年份 Year	就业人员(万人) Employed Persons (10000 persons)	第一产业 Primary Industry	第二产业 Secondary Industry	第三产业 Tertiary Industry	构成(以就业人员为100) Composition in Percentage (Total Employed Persons=100) 第一产业 Primary Industry	第二产业 Secondary Industry	第三产业 Tertiary Industry
1978	2109.39	1621.61	292.83	194.95	76.88	13.88	9.24
1980	2182.80	1637.42	321.01	224.37	75.01	14.71	10.28
1985	2555.43	1603.36	557.49	394.58	62.74	21.82	15.44
1986	2626.41	1602.21	607.42	416.78	61.00	23.13	15.87
1987	2725.75	1615.62	653.23	456.90	59.27	23.97	16.76
1988	2808.33	1659.62	690.33	458.38	59.10	24.58	16.32
1989	2857.92	1739.11	674.31	444.50	60.85	23.60	15.55
1990	2955.47	1820.51	680.14	454.82	61.60	23.01	15.39
1991	3040.30	1905.27	690.04	444.99	62.67	22.70	14.63
1992	3106.28	1874.64	722.61	509.03	60.35	23.26	16.39
1993	3171.37	1857.14	778.68	535.55	58.56	24.55	16.89
1994	3210.37	1780.48	832.60	597.29	55.46	25.93	18.61
1995	3252.01	1729.29	879.08	643.64	53.18	27.03	19.79
1996	3300.16	1635.17	942.08	722.91	49.55	28.55	21.90
1997	3324.23	1634.03	940.24	749.96	49.16	28.28	22.56
1998	3367.18	1650.22	932.60	784.36	49.01	27.70	23.29
1999	3322.30	1653.25	879.69	789.36	49.76	26.48	23.76
2000	3385.71	1678.12	886.99	820.60	49.56	26.20	24.24
2001	3409.16	1676.34	899.68	833.14	49.17	26.39	24.44
2002	3435.00	1662.59	929.12	843.29	48.40	27.05	24.55
2003	3470.23	1672.26	942.84	855.13	48.19	27.17	24.64
2004	3516.71	1612.85	992.74	911.12	45.86	28.23	25.91
2005	3568.97	1564.72	1043.56	960.69	43.84	29.24	26.92
2006	3609.99	1524.89	1082.66	1002.44	42.24	29.99	27.77
2007	3664.97	1481.52	1134.51	1048.94	40.42	30.96	28.62
2008	3725.66	1481.37	1170.06	1074.23	39.76	31.41	28.83
2009	3792.49	1479.22	1203.36	1109.91	39.00	31.73	29.27
2010	3865.14	1464.21	1250.85	1150.08	37.88	32.36	29.76
2011	3962.42	1439.63	1319.83	1202.96	36.33	33.31	30.36
2012	4085.74	1426.27	1400.79	1258.68	34.91	34.28	30.81

注：1999年起资料不包括离开本单位仍保留劳动关系职工人数。

a) Since 1999, the date exclude those staff and workers who still keep their relation with their units, but have left their working post at there.

城镇非私营单位职工人数（年底数）
Number of Staff and Workers in Urban Non Private Units (End of Year)

单位：万人 (10000 persons)

年份 Year	职工人数 Number of Staff and Workers	#国有经济 State-Owned	#城镇集体经济 Urban Collective-Owned	女职工人数 Female	#国有经济 State-Owned	#城镇集体经济 Urban Collective-Owned
1952	60.39	57.85	2.54		6.68	
1957	135.13	104.47	30.66		14.45	
1962	149.50	132.88	16.62		24.78	
1965	161.64	139.95	21.69		26.86	
1970	219.48	185.82	33.66	53.83	41.11	12.72
1975	344.99	289.52	55.47	85.54	63.36	22.18
1978	445.10	369.83	75.27	122.55	94.78	27.77
1980	476.83	394.27	82.56	146.84	109.95	36.89
1985	555.15	424.26	130.16	177.64	123.99	53.32
1990	652.71	497.19	151.61	223.90	158.66	63.61
1991	673.75	512.60	155.50	231.10	164.24	64.20
1992	688.45	527.79	154.71	236.95	171.79	62.35
1993	703.72	538.67	151.41	246.63	179.95	60.47
1994	699.25	533.24	141.41	249.44	181.87	57.32
1995	698.02	535.14	132.79	252.84	185.42	54.43
1996	696.16	538.42	126.78	255.56	190.91	51.02
1997	676.74	531.51	112.13	252.52	191.88	45.98
1998	657.00	502.35	93.57	221.41	168.77	30.94
1999	639.62	488.88	84.27	220.62	168.49	27.38
2000	621.95	474.88	75.52	212.13	162.79	23.28
2001	603.86	459.13	69.53	205.47	159.35	20.56
2002	589.14	441.13	62.29	196.89	150.35	17.61
2003	576.57	427.40	57.41	193.58	147.08	15.85
2004	562.67	409.48	52.81	191.15	142.72	14.44
2005	557.83	390.46	48.90	191.86	139.26	13.59
2006	554.56	381.36	46.28	193.98	139.00	13.25
2007	544.43	370.82	41.50	193.10	137.69	11.94
2008	520.01	352.18	35.02	191.41	133.75	10.11
2009	514.42	341.08	32.83	190.94	132.63	9.64
2010	518.89	334.84	30.79	195.70	132.65	9.31
2011	537.85	317.71	26.59	206.32	133.16	8.54
2012	619.95	332.41	21.14	223.39	138.31	7.38

注：1.1998年女职工人数为在岗女职工人数,1999年起为女性单位就业人数。2.2012年为就业人员。

a) The data in 1998 are on-post staff and workers figures, since 1999 are persons employed in various units. b) The data in 2012 are persons employed

分登记注册类型和行业城镇非私营单位就业人数（2012年底）
Number of Staff and Workers in Urban Non Private Units by Registration Status and Sector (End of 2012)

单位：万人 (10000 persons)

行业	Sector	合计 Total	国有经济 State-Owned	城镇集体经济 Urban Collective-Owned	其他经济类型 Others
全省总计	**Total**	**619.95**	**332.41**	**21.14**	**266.40**
按企、事业和机关分组	**Grouped by Enterprises, Institutions and Agencies**				
企业	Enterprises	385.99	102.86	17.92	265.21
事业	Institutions	162.75	158.99	3.17	0.59
机关	Agencies & Organizations	70.48	70.39	0.05	0.04
民间非盈利组织	Non profit organization	0.30	0.04		0.26
其他	Others	0.43	0.13		0.30
按国民经济行业分组	**Grouped by Sector**				
农、林、牧、渔业	Agriculture, Forestry, Animal Husbandry and Fishery	5.53	5.24	0.13	0.16
采矿业	Mining	28.80	12.77	0.48	15.55
制造业	Manufacturing	145.37	18.66	5.01	121.70
电力、热力、燃气及水生产和供应业	Production and Distribution of Electricity, Thermal, Gas and Water	21.25	16.08	0.04	5.13
建筑业	Construction	81.40	11.75	4.76	64.89
批发和零售业	Wholesale and Retail Trades	26.33	7.73	2.56	16.04
交通运输、仓储和邮政业	Traffic, Transport, Storage and Post	24.30	17.70	0.47	6.13
住宿和餐饮业	Hotels and Catering Services	6.78	2.87	0.3	3.61
信息传输、软件和信息技术服务业	Information Transmission, Software and Information Technology Services	6.50	2.42	0.04	4.04
金融业	Financial Intermediation	24.65	3.85	2.54	18.26
房地产业	Real Estate	6.84	1.42	0.11	5.31
租赁和商务服务业	Leasing and Business Services	5.16	2.57	1.29	1.30
科学研究和技术服务业	Scientific Research and Technical Service	12.53	10.57	0.07	1.89
水利、环境和公共设施管理业	Management of Water Conservancy, Environment and Public Facilities	11.25	10.12	0.19	0.94
居民服务、修理和其他服务业	Services to Households, Repair and Other Services	2.16	1.67	0.23	0.26
教育	Education	89.85	88.78	0.39	0.68
卫生和社会工作	Health and Social Work	32.23	29.66	2.22	0.35
文化、体育和娱乐业	Culture, Sports and Entertainment	5.23	4.92	0.16	0.15
公共管理、社会保障和社会组织	Public Management, Social Security and Social Organization	83.79	83.63	0.15	0.01

分登记注册类型和行业城镇非私营单位在岗职工人数（2012年底）
Number of Staff and Workers on-post in Urban Non Private Units by Registration Status and Sector (End of 2012)

单位：万人 (10000 persons)

行业	Sector	合计 Total	国有经济 State-Owned	城镇集体经济 Urban Collective-Owned	其他经济类型 Others
全省总计	**Total**	**584.05**	**317.35**	**19.69**	**247.01**
按企、事业和机关分组	**Grouped by Enterprises, Institutions and Agencies**				
企业	Enterprises	360.02	97.53	16.61	245.88
事业	Institutions	155.33	151.74	3.03	0.56
机关	Agencies & Organizations	68.00	67.92	0.05	0.03
民间非盈利组织	Non profit organization	0.28	0.04		0.24
其他	Others	0.42	0.12		0.30
按国民经济行业分组	**Grouped by Sector**				
农、林、牧、渔业	Agriculture, Forestry, Animal Husbandry and Fishery	5.45	5.17	0.12	0.16
采矿业	Mining	28.15	12.25	0.47	15.43
制造业	Manufacturing	143.55	18.33	4.95	120.27
电力、热力、燃气及水生产和供应业	Production and Distribution of Electricity, Thermal, Gas and Water	18.79	13.84	0.03	4.92
建筑业	Construction	69.06	11.00	3.71	54.35
批发和零售业	Wholesale and Retail Trades	25.43	7.55	2.46	15.42
交通运输、仓储和邮政业	Traffic, Transport, Storage and Post	23.58	17.07	0.45	6.06
住宿和餐饮业	Hotels and Catering Services	6.60	2.76	0.30	3.54
信息传输、软件和信息技术服务业	Information Transmission, Software and Information Technology Services	6.31	2.32	0.04	3.95
金融业	Financial Intermediation	18.86	3.8	2.51	12.55
房地产业	Real Estate	6.50	1.38	0.11	5.01
租赁和商务服务业	Leasing and Business Services	4.91	2.35	1.28	1.28
科学研究和技术服务业	Scientific Research and Technical Service	12.22	10.40	0.06	1.76
水利、环境和公共设施管理业	Management of Water Conservancy, Environment and Public Facilities	9.90	8.79	0.19	0.92
居民服务、修理和其他服务业	Services to Households, Repair and Other Services	2.03	1.56	0.23	0.24
教育	Education	86.28	85.25	0.38	0.65
卫生和社会工作	Health and Social Work	30.56	28.12	2.1	0.34
文化、体育和娱乐业	Culture, Sports and Entertainment	5.07	4.77	0.15	0.15
公共管理、社会保障和社会组织	Public Management, Social Security and Social Organization	80.8	80.64	0.15	0.01

注：从2012年起，在岗职工人数含劳务派遣人员。

a) Since 2012 staff and workers on-post include the labor dispatch personnel.

分登记注册类型和行业城镇非私营单位女性就业人数（2012年底）
Number of Female Employed Persons in Urban Non Private UnitsStatus by Registration and Sector (End of 2012)

单位：万人 (10000 persons)

行业	Sector	女性 就业人数 Number of Female Employed Persons	国有经济 State-Owned	城镇集体经济 Urban Collective-Owned	其他经济类型 Others
全省总计	**Total**	**223.39**	**138.31**	**7.38**	**77.70**
按企、事业和机关分组	**Grouped by Enterprises, Institutions and Agencies**				
企业	Enterprises	114.22	31.30	5.72	77.20
事业	Institutions	88.23	86.29	1.65	0.29
机关	Agencies & Organizations	20.67	20.65	0.01	0.01
民间非营利组织	Non profit organization	0.17	0.02		0.15
其他	Others	0.10	0.05		0.05
按国民经济行业分组	**Grouped by Sector**				
农、林、牧、渔业	Agriculture, Forestry, Animal Husbandry and Fishery	2.02	1.93	0.03	0.06
采矿业	Mining	4.80	1.96	0.22	2.62
制造业	Manufacturing	47.15	5.72	2.01	39.42
电力、热力、燃气及水生产和供应业	Production and Distribution of Electricity, Thermal, Gas and Water	5.87	4.38	0.01	1.48
建筑业	Construction	8.97	2.12	0.52	6.33
批发和零售业	Wholesale and Retail Trades	13.24	3.84	1.06	8.34
交通运输、仓储和邮政业	Traffic, Transport, Storage and Post	6.37	4.65	0.11	1.61
住宿和餐饮业	Hotels and Catering Services	3.88	1.58	0.19	2.11
信息传输、软件和信息技术服务业	Information Transmission, Software and Information Technology Services	2.98	1.03	0.02	1.93
金融业	Financial Intermediation	12.77	1.63	1.09	10.05
房地产业	Real Estate	2.37	0.52	0.04	1.81
租赁和商务服务业	Leasing and Business Services	1.25	0.59	0.28	0.38
科学研究和技术服务业	Scientific Research and Technical Service	4.49	4.11	0.02	0.36
水利、环境和公共设施管理业	Management of Water Conservancy, Environment and Public Facilities	4.71	4.21	0.07	0.43
居民服务、修理和其他服务业	Services to Households, Repair and Other Services	0.88	0.69	0.09	0.10
教育	Education	54.08	53.45	0.27	0.36
卫生和社会工作	Health and Social Work	19.89	18.42	1.23	0.24
文化、体育和娱乐业	Culture, Sports and Entertainment	2.30	2.16	0.07	0.07
公共管理、社会保障和社会组织	Public Management, Social Security and Social Organization	25.37	25.32	0.05	

城镇非私营单位就业人员工资总额（2012年）
Total Wages Bill of Urban Units Employed Persons in Urban Non Private Units (2012)

单位：万元 (10000 yuan)

行　业	Sector	就业人员 工资总额 Total wages Bill of Employed Persons	在岗职工 工资总额 Total Wages Bill of Staff and Workers	#国有经济 State-owned Units	#城镇集体经济 Urban Collective-owned Units	其他就业人员工资总额 Units of Others Types of Ownership
全省总计	**Total**	**23983034**	**23127983**	**12660165**	**580045**	**855051**
按企、事业和机关分	**Grouped by Enterprises, Institutions and Agencies**					
企　业	Enterprises	15665857	14972063	4628524	492736	693794
事　业	Institutions	5903943	5777484	5674516	85778	126459
机　关	Agencies & Organizations	2384787	2350720	2348178	1531	34067
民间非营利组织	Non profit organization	10044	9693	2898		351
其　他	Others	18403	18023	6049		380
按国民经济行业分	**Grouped by Sector**					
农、林、牧、渔业	Agriculture, Forestry, Animal Husbandry and Fishery	75867	74200	67626	2901	1667
采矿业	Mining	1798220	1769463	720943	16205	28757
制造业	Manufacturing	5351519	5281185	770030	126665	70334
电力、热力、燃气及水生产和供应业	Production and Distribution of Electricity, Thermal, Gas and Water	1234991	1187367	835358	935	47624
建筑业	Construction	2627997	2274345	413738	109842	353652
批发和零售业	Wholesale and Retail Trades	734004	718234	264469	39621	15770
交通运输、仓储和邮政业	Traffic, Transport, Storage and Post	1106651	1083335	761152	9240	23316
住宿和餐饮业	Hotels and Catering Services	174222	170086	74042	7052	4136
信息传输、软件和信息技术服务业	Information Transmission, Software and Information Technology Services	328542	324987	124290	1131	3555
金融业	Financial Intermediation	1468556	1346369	272941	148487	122187
房地产业	Real Estate	239178	230767	48375	4170	8411
租赁和商务服务业	Leasing and Business Services	139207	134691	67984	25331	4516
科学研究和技术服务业	Scientific Research and Technical Service	697123	688761	536390	1698	8362
水利、环境和公共设施管理业	Management of Water Conservancy, Environment and Public Facilities	294998	276185	259372	3778	18813
居民服务、修理和其他服务业	Services to Households, Repair and Other Services	89881	86119	74653	4762	3762
教　育	Education	3460095	3396171	3364351	11320	63924
卫生和社会工作	Health and Social Work	1193356	1162690	1092500	59592	30666
文化、体育和娱乐业	Culture, Sports and Entertainment	175464	172115	165215	3357	3349
公共管理、社会保障和社会组织	Public Management, Social Security and Social Organization	2793163	2750913	2746736	3958	42250

注：从2012年起在岗职工工资总额含劳务派遣人员工资总额。

a) Since 2012 total wages bill of staff and workers on-post include the labor dispatch personnel.

城镇非私营单位职工工资总额和指数

Total Wages of Staff and Workers and Related Indices in Urban Non Private Units

年 份 Year	工资总额 (万元) Total Wages (10000 yuan)	#国有经济单位 State-Owned	#城镇集体经济单位 Urban Collective-Owned	指数 (上年＝100) Indices (preceding year=100)	#国有经济单位 State-Owned	#城镇集体经济单位 Urban Collective-Owned
1952	24245	23393	852			
1957	75864	61966	13898			
1962	97735	89214	8521			
1965	99235	88722	10513	102.31	101.41	110.55
1970	118670	103934	14736	109.64	108.87	115.40
1975	189208	163144	26064	109.99	110.64	106.08
1978	256463	219056	37407	114.39	113.15	122.28
1980	340513	292414	48099	118.81	118.69	119.51
1985	580441	466525	113244	121.86	121.73	122.36
1986	716788	579844	135878	123.49	124.29	119.99
1987	825146	667635	156254	115.12	115.14	115.00
1988	1035447	841302	190789	125.49	126.01	122.10
1989	1147097	937626	204030	110.78	111.45	106.94
1990	1293229	1064042	221831	112.74	113.48	108.72
1991	1422357	1163790	246622	109.98	109.37	111.18
1992	1684325	1393304	276422	118.42	119.72	112.08
1993	2108195	1739368	323734	125.17	124.84	117.12
1994	2895850	2391572	387584	137.36	137.50	119.72
1995	3360002	2767436	441368	116.03	115.72	113.88
1996	3652207	3020439	464211	108.70	109.14	105.18
1997	3859772	3218123	440888	105.68	106.54	94.98
1998	3755910	3036502	349331	99.75	96.68	81.46
1999	3979361	3227728	332995	105.95	106.30	95.32
2000	4271797	3459724	318530	107.35	107.19	95.66
2001	4580897	3709329	313935	107.24	107.21	98.56
2002	5040301	4039839	296030	110.03	108.91	94.30
2003	5481960	4343902	292264	108.76	107.53	98.73
2004	6255065	4842573	311543	114.10	111.48	106.60
2005	7160660	5260503	341572	114.48	108.63	109.66
2006	8095785	5819518	369771	113.06	110.63	108.26
2007	9732071	6997885	407554	120.21	120.25	110.22
2008	11744961	8322196	422304	120.68	118.92	103.62
2009	13379216	9284802	479223	113.91	111.57	113.48
2010	15485836	10235669	551224	115.75	110.24	115.02
2011	18369456	11077774	542680	118.62	108.23	98.45
2012	23983034	12954720	613616	121.42	112.36	101.09

注：1.1998年至2011年职工工资总额为在岗职工工资总额，2012年起为就业人员工资总额，指数按可比口径计算。

a) Data on total wage bill from 1998 to 2011 refer to wages of fully employed staff and workers, Since 2012 refer employed persons, and the indices since 1998 was calculated on the basis of constant coverage.

城镇非私营单位职工平均工资及指数
Average Wage of Staff and Workers and Related Indices in Urban Non Private Units

年份 Year	平均货币工资(元) Average Wage (yuan)				实际工资指数(上年=100) Indices of Real Wage (preceding year=100)			
	全部职工 Total Staff and Workers	国有经济 State-owned	城镇集体经济 Urban Collective-owned	其他经济类型 Others	全部职工 Total Staff and Workers	国有经济 State-owned	城镇集体经济 Urban Collective-owned	其他经济类型 Others
1952	435	438	364					
1957	566	598	457		103.0	102.9	102.9	
1962	577	593	453		107.5	107.9	107.7	
1965	627	647	495		102.3	102.5	102.6	
1970	568	590	451		99.4	99.6	99.6	
1975	564	579	484		99.5	99.7	98.6	
1978	592	608	512		105.5	105.9	104.5	
1980	726	753	592		107.2	107.2	106.8	
1985	1075	1128	901	949	107.5	107.3	108.2	106.7
1986	1268	1338	1035	1180	111.3	111.9	108.4	117.3
1987	1394	1471	1139	1308	101.6	101.6	101.7	102.4
1988	1688	1788	1351	1910	102.4	102.7	100.3	123.4
1989	1821	1940	1421	1870	93.1	93.6	90.8	84.5
1990	2019	2166	1522	2002	109.6	110.3	105.8	105.8
1991	2156	2314	1629	2210	100.2	100.2	100.4	103.6
1992	2485	2685	1806	2537	106.2	106.9	102.2	105.8
1993	3035	3272	2157	3460	105.7	105.5	103.4	118.1
1994	4185	4531	2762	4896	106.0	106.4	98.8	110.5
1995	4839	5208	3303	5158	99.6	99.0	103.0	90.7
1996	5286	5653	3658	5625	101.5	100.9	102.9	101.4
1997	5692	6066	3843	6118	103.8	103.4	101.3	104.9
1998	5820	6169	3746	6190	103.6	103.0	98.8	102.5
1999	7022	7354	4836	7107	112.9	113.0	112.4	116.3
2000	7781	8146	5187	7846	110.3	110.2	106.7	109.9
2001	8730	9139	5746	8678	111.8	111.7	110.3	110.2
2002	10032	10578	6343	9537	116.5	117.4	112.0	111.5
2003	11189	11783	6919	10701	109.0	108.9	106.6	109.7
2004	12925	13576	7916	12527	111.4	111.1	110.3	112.9
2005	14707	15291	9041	14835	112.2	111.1	112.6	116.8
2006	16590	17152	10337	16882	110.9	110.3	112.4	111.9
2007	19911	20900	12443	19195	115.1	116.8	115.4	109.0
2008	24756	25730	15293	24320	118.2	117.0	116.8	120.4
2009	28383	29459	18467	27754	116.1	115.9	122.3	115.5
2010	32306	32830	22220	32916	110.7	108.4	117.0	115.4
2011	36166	36782	25196	36440	106.3	106.4	107.7	105.1
2012	38658	39177	28597	38822	106.6	106.3	112.3	106.3

注：1.1994年实际工资指数是按可比口径计算的。2.2012年为全部就业人员平均工资，指数是按可比口径计算的。
a) Indices of Real Wage was calculated on the basis of constant coverage in 1994. b) Data in total wage bill since 2012 refer employed persons and the indices was calculated on the basis of constant coverage.

分行业城镇私营单位就业人员平均工资
Average Wage of Employed Persons in Urban Private Units by Sector

单位：元　　　　(yuan)

行　业	Sector	2011	2012
全省总计	**Total**	**21729**	**25158**
农、林、牧、渔业	Agriculture, Forestry, Animal Husbandry and Fishery	20351	22213
采矿业	Mining	23898	25338
制造业	Manufacturing	22159	25677
电力、热力、燃气及水生产和供应业	Production and Distribution of Electricity, Thermal, Gas and Water	22424	24391
建筑业	Construction	22670	26586
批发和零售业	Wholesale and Retail Trades	19731	23034
交通运输、仓储和邮政业	Traffic, Transport, Storage and Post	26010	28904
住宿和餐饮业	Hotels and Catering Services	18856	23100
信息传输、软件和信息技术服务业	Information Transmission, Software and Information Technology Services	18638	25719
金融业	Financial Intermediation	21833	25611
房地产业	Real Estate	21833	25891
租赁和商务服务业	Leasing and Business Services	20673	23894
科学研究和技术服务业	Scientific Research and Technical Service	22348	28733
水利、环境和公共设施管理业	Management of Water Conservancy, Environment and Public Facilities	18668	21438
居民服务、修理和其他服务业	Services to Households, Repair and Other Services	20621	21601
教　育	Education	20867	22185
卫生和社会工作	Health and Social Work	20810	25230
文化、体育和娱乐业	Culture, Sports and Entertainment	18438	21939
公共管理、社会保障和社会组织	Public Management, Social Security and Social Organization	18736	26803

分细行业城镇非私营单位就业人员平均工资（2012年）
Average Wage of Staff and Workers in Urban Non Private Units by Sector in Detail (2012)

单位：元 (yuan)

项目	Item	就业人员平均工资 Average Wage of Staff and Workers	国有单位 State-owned Units	城镇集体 Urban Collective-owned Units	其他单位 Units of Other Types of Ownership
全省总计	**Total**	**38658**	**39177**	**28597**	**38822**
按企业、事业、机关分	**Grouped by Enterprises, Institutions and Agencies**				
企业	Enterprises	40402	46549	28630	38850
事业	Institutions	36492	36676	28374	30261
机关	Agencies & Organizations	34000	34003	30775	32275
民间非营利组织	Non profit organization	34163	77684		27819
其他	Others	43631	50948		40507
按国民经济行业分	**Grouped by Sector**				
农、林、牧、渔业	**Agriculture, Forestry, Animal Husbandry and Fishery**	**13669**	**13182**	**22681**	**21852**
农业	Farming	8368	8206	28600	21644
林业	Forestry	25195	25518	21684	12591
畜牧业	Animal Husbandry	20328	19514	19846	22205
渔业	Fishery	13549	10895	39154	20333
农、林、牧、渔、服务业	Services in Support of Agriculture	27967	28653	22329	32000
采矿业	**Mining**	**62061**	**59345**	**34264**	**65041**
煤炭开采和洗选业	Mining and Washing of Coal	64759	58097	33662	68809
石油和天然气开采业	Extraction of Petroleum and Natural Gas	78624	80481		74361
黑色金属矿采选业	Mining of Ferrous Metal Ores	47674	52700	33685	42402
有色金属矿采选业	Mining of Non-ferrous Metal Ores	38425	37800	30954	38649
非金属矿采选业	Mining and Processing of Nonmetal Ores	30799	32109	41709	23514
开采辅助活动	Support Activities for Mining	61199	61199		
其他采矿业	Mining of Others				
制造业	**Manufacturing**	**36613**	**41591**	**25469**	**36305**
农副食品加工业	Processing of Food from Agricultural Products	28270	23276	15387	28541
食品制造业	Manufacture of Foods	39108	17389	16152	40028
酒、饮料和精制茶制造业	Manufacture of Wine, Soft Drinks and Refined Tea	28762	28749	18408	28941
烟草制品业	Manufacture of Tobacco	101567	102353	73308	
纺织业	Manufacture of Textile	22203	24726	18012	21850
纺织服装、服饰业	Manufacture of Textile, Apparel	23449	27538	22606	21372
皮革、毛皮、羽毛及其制品和制鞋业	Manufacture of Leather, Fur, Feather and Its Products and Footware	33769	40525	19479	31170
木材加工和木、竹、藤、棕、草制品业	Processing of Timbers, Manufacture of Wood, Bamboo, Rattan, Palm, and Straw Products	29110		17674	29813
家具制造业	Manufacture of Furniture	25883	36177	17599	28116
造纸和纸制品业	Manufacture of Paper and Paper Products	39334	61155	29458	26109
印刷和记录媒介复制业	Printing, Reproduction of Recording Media	33596	37746	27620	31289
文教、工美、体育和娱乐用品制造业	Manufacture of Articles for Culture, Arts and Crafts, Education, Sport Activities and Entertainment Goods	28130		26940	28191
石油加工、炼焦和核燃料加工业	Processing of Petroleum, Coking, Processing of Nuclear Fuel	45722	50611		45428
化学原料和化学制品制造业	Manufacture of Chemical Raw Material and Chemical Products	33914	34861	22654	34087
医药制造业	Manufacture of Medicines	32090	40963	15929	27626
化学纤维制造业	Manufacture of Chemical Fiber	22074	23348		13257
橡胶和塑料制品业	Manufacture of Rubber and Plastic	29015	24205	18791	29823
非金属矿物制品业	Manufacture of Nonmetallic Mineral Products	29440	30528	20454	29796
黑色金属冶炼和压延加工业	Manufacture and Processing of Ferrous Metals	47241	59672	30407	46140
有色金属冶炼和压延加工业	Manufacture & Processing of Non-ferrous Metals	32672	30408	26679	33454

分细行业城镇非私营单位就业人员平均工资（2012年）(续一)

Average Wage of Staff and Workers in Urban Non Private Units by Sector in Detail (2012)

单位：元 (yuan)

项　　目	Item	就业人员平均工资 Average Wage of Staff and Workers	国有单位 State-owned Units	城镇集体 Urban Collective-owned Units	其他单位 Units of Other Types of Ownership
金属制品业	Manufacture of Metal Products	33157	30974	28243	33717
通用设备制造业	Manufacture of General Purpose Machinery	30439	30241	22739	31098
专用设备制造业	Manufacture of Special Purpose Machinery	41008	48642	27639	40186
汽车制造业	Manufacture of Automotive	39437	20939	23053	40113
铁路、船舶、航空航天和其他运输设备制造业	Manufacture of Railroad, Marine, Aerospace and Other Transportation Equipment	44661	41231	26453	47289
电气机械和器材制造业	Manufacture of Electrical Machinery and Equipment	35889	26601	36187	36192
计算机、通信和其他电子设备制造	Manufacture of Computer, Communications and Other Electronic Equipment	37164	48094	11500	36626
仪器仪表制造业	Manufacture of Measuring Instrument	36825	44525	23165	36769
其他制造业	Manufacture of Others	29388	22534	9750	31130
废弃资源综合利用业	Recycling and Disposal of Waste	49465	35762		51807
金属制品、机械和设备修理业	Metal Products, Machinery and Equipment Repair	36535	37739	24945	38419
电力、热力、燃气及水生产和供应业	**Production and Distribution of Electricity, Thermal, Gas and Water**	**58708**	**55120**	**27786**	**70260**
电力、热力生产和供应业	Production and Supply of Electric Power and Heat Power	64075	60340	33912	76099
燃气生产和供应业	Production and Distribution of Gas	45599	39833	23167	53584
水的生产和供应业	Production and Distribution of Water	31826	30773	18107	37561
建　筑　业	**Construction**	**31241**	**36136**	**26749**	**30713**
房屋建筑业	Construction of Building	30169	33536	26246	30254
土木工程建筑业	Construction of Civil Engineering	34794	38030	27792	32838
建筑安装业	Architectural Installation	32381	31768	33552	32438
建筑装饰和其他建筑业	Architectural Decoration and Other Construction	31772	36974	27273	30341
批发和零售业	**Wholesale and Retail Trades**	**28151**	**34496**	**15997**	**26992**
批发业	Wholesale Trade	32745	39815	17662	30931
零售业	Retail Trade	24001	27730	14476	23992
交通运输、仓储和邮政业	**Traffic, Transport, Storage and Post**	**45696**	**44584**	**20061**	**50786**
铁路运输业	Transport Via Railway	63697	64637	37746	51725
道路运输业	Transport Via Road	30769	33027	16323	25810
水上运输业	Water Transport	78158	65320		79326
航空运输业	Air Transport	102198	102853		34353
管道运输业	Transport Via Pipeline	109166	99424		110158
装卸搬运和运输代理业	Handling and Transportation Agency	26724	29141	23504	26837
仓　储　业	Storage	29179	31281	6020	22306
邮　政　业	Post	38177	38195		28423
住宿和餐饮业	**Hotels and Catering Services**	**25645**	**26260**	**22980**	**25378**
住宿业	Hotels	26469	26790	23221	26398
餐饮业	Catering Services	23276	22634	22551	23526
信息传输、软件和信息技术服务业	**Information Transmission, Software and Information Technology Services**	**50628**	**51880**	**28072**	**50099**
电信、广播电视和卫星传输服务	Telecommunications, Rradio and Television and Satellite Transmission ServicesServices	52141	53181	31425	51687
互联网和相关服务	Computer Services	31517	32893		27958
软件和信息技术服务业	Software and Information Technology Services	25528	27521	15529	25685
金融业	**Financial Intermediation**	**60304**	**71976**	**58200**	**58121**
货币金融服务	Monetary and Financial Services	76333	72146	58181	82698
资本市场服务	Capital Market Services	80449	94890		56800

分细行业城镇非私营单位就业人员平均工资（2012年)(续二)
Average Wage of Staff and Workers in Urban Non Private Units by Sector in Detail (2012)

单位：元 (yuan)

项　　目	Item	就业人员平均工资 Average Wage of Staff and Workers	国有单位 State-owned Units	城镇集体 Urban Collective-owned Units	其他单位 Units of Other Types of Ownership
保险业	Insurance	30634	45805	47526	30235
其他金融业	Other Financial Activities	68970	67655	64627	71740
房地产业	**Real Estate**	**35670**	**34833**	**39379**	**35821**
房地产开发经营	Development and Management of Real Estate	37240	37551	13734	37403
物业管理	Estate Mnagement	32080	36533	56961	24433
房地产中介服务	Real Estate Agency Services	26110	25635		28592
租赁和商务服务业	**Leasing and Business Services**	**26686**	**27615**	**19724**	**31697**
租赁业	Leasing	38139	19109	51161	36038
商务服务业	Business Services	26267	27633	18934	31150
科学研究和技术服务业	**Scientific Research and Technical Service**	**58892**	**53151**	**26403**	**96597**
研究和试验发展	Research and Experimental Development	59335	59734	6000	42660
专业技术服务	Professional Technical Services	59843	52572	27906	98360
科技推广和应用服务业	Services of Science and Technology Promotion and Application	37683	36837	22154	69296
水利、环境和公共设施管理业	**Management of Water Conservancy, Environment and Public Facilities**	**27314**	**27564**	**19734**	**25321**
水利管理业	Management of Water Conservancy	30961	31123	21056	34651
生态保护和环境治理业	Ecological Protection and Environmental Management	33804	34950		22525
公共设施管理业	Management of Public Facilities	25779	25969	19199	24673
居民服务、修理和其他服务业	**Services to Households, Repair and Other Services**	**41946**	**47225**	**20910**	**26958**
居民服务业	Services to Households	30299	31004	32929	25973
机动车、电子产品和日用产品修理业	Motor vehicles, electronics and household goods repair	23401	21098	18786	28840
其他服务业	Other Services	50159	55256	21030	24953
教　　育	**Education**	**38701**	**38798**	**29355**	**31424**
#初等教育	Junior Education	36234	36283	29123	29585
中等教育	Secondary Education	38804	38835	32230	37182
高等教育	Senior Education	50321	51102		25907
卫生和社会工作	**Health and Social Work Welfare**	**37427**	**38163**	**28563**	**31365**
卫　生	Health	37592	38356	28624	31326
社会工作	Social Work	31706	31883	16705	36500
文化、体育和娱乐业	**Culture, Sports and Entertainment**	**33453**	**34037**	**23444**	**24179**
新闻和出版业	Journalism and Publishing Activities	42195	42230	37300	
广播、电视、电影和影视录音制作业	Broadcasting, Televisions, Movies and Video Recording Production	31547	31759	7718	23169
文化艺术业	Cultural and Art Activities	32811	33644	23483	15850
体　育	Sports Activities	28587	29910	24455	24483
娱乐业	Entertainment	21244	20810	14071	26032
公共管理、社会保障和社会组织	**Public Management, Social Security and Social Organization**	**33498**	**33512**	**25711**	**43157**
中国共产党机关	Organs of Communist Party of China	36230	36230		
国家机构	Government Agencies	33284	33297	25890	
人民政协和民主党派	People's Political Consultative Conference and Democratic Parties	42140	42140		
社会保障业	Social Security	32668	32668		
群众团体、社会团体和其他成员组织	Non-Governmental Organizations, Social Organizations and Religion Organizations	37155	37305	24066	43157

全社会固定资产投资
Total Investment in Fixed Assets

指　　标	Item	2000	2005	2010	2011	2012
投资总额(亿元)	**Total Investment (100 million yuan)**	**1847.23**	**4210.25**	**15083.35**	**16389.33**	**19661.28**
按经济类型分	**Grouped by Ownership**					
国有经济	State-Owned Units	827.66	1215.51	3759.75	3177.50	3279.01
集体经济	Collective-Owned Units	507.68	786.87	1147.16	1006.82	1228.78
私营个体经济	Private and Self-employed Individual	310.58	712.71	4931.15	5608.43	7318.27
联营经济	Joint	9.34	22.65	23.45	32.94	29.14
股份制经济	Share-holding	89.21	1096.92	4395.18	5549.55	6439.05
港澳台商投资经济	Funds from Hong Kong,Macao and Taiwan	20.01	161.20	137.62	149.69	208.00
外商投资经济	Foreign Investment	38.97	106.89	254.71	309.98	323.86
其他经济	Others	5.90	107.51	434.33	554.40	835.18
按资金来源分	**Grouped by Sources of Funds**					
国家预算内投资	State Budget	65.34	102.72	373.47	379.98	472.93
国内贷款	Domestic Loans	321.19	569.35	2161.54	1655.76	1207.39
利用外资	Foreign Investment	36.79	84.73	87.79	111.58	98.68
自筹投资	Self-raising Funds	1185.43	3024.11	12331.82	14131.97	16658.12
其他投资	Others	238.48	449.86	1595.35	1767.75	1668.87
按构成分	**Grouped by Use of Funds**					
建筑安装工程	Construction and Installation	1145.57	2442.38	9581.66	10528.73	12885.97
设备工器具购置	Purchase of Equipment and Instruments	487.35	1280.11	3427.43	3853.52	4649.67
其他费用	Others	214.31	487.76	2074.27	2007.07	2125.65
按三次产业分	**Grouped by Three Strata of Industry**					
第一产业	Primary Industry	88.96	224.25	559.63	590.36	704.75
第二产业	Secondary Industry	784.34	1971.88	6630.57	7462.52	9354.40
第三产业	Tertiary Industry	973.93	2014.11	7893.16	8336.44	9602.13
房屋建筑面积(万平方米)	**Floor Space of Building (10000 sq.m)**					
施工面积	Floor Space under Construction	13473.63	18061.61	48769.16	57110.61	67400.10
竣工面积	Floor Space Completed	10512.58	11283.61	15945.18	17572.50	17687.46
#住　宅	Residential Building	6842.97	6424.85	9156.42	10093.89	9609.03

注：1．2003年及以后资金来源分组为财务拨款数。2．2011年投资统计起点从总投资50万元提高到500万元，下表同。3．2012年三次产业划分按新的产业标准，下表同。

a) The data for 2003 and the later years, which are grouped by source of funds, refer to financial appropriation.

b) Data before 2011 exclude projects less than 500 thousand yuan.In contrast, data for 2011 include only projects over 5 million yuan.

c) Data for 2012 three industry classification according to the new industry standard, Same as following tables.

按经济类型分全社会固定资产投资（2012年）
Total Investment in Fixed Assets by Ownership (2012)

指　　标	Item	总计 Total	国有经济 State-owned	集体经济 Collective-owned	私营个体 Private and Self-employed Individual	#农户 Agricultural Households
投资总额（亿元）	**Total Investment (100 million yuan)**	**19661.28**	**3279.01**	**1228.78**	**7318.27**	**556.65**
按隶属关系分	**by Administrative**					
中　央	Center	849.78	612.93	4.76		
地　方	Local	18811.51	2666.08	1224.02	7318.27	556.65
按构成分	**by Use of Funds**					
建筑安装工程	Construction and Installation	12885.97	2457.85	992.75	4473.86	401.74
设备工器具购置	Purchase of Equipment and Instruments	4649.67	542.53	107.19	2007.05	73.29
其他费用	Others	2125.65	278.62	128.84	837.36	81.63
按三次产业分	**by Three Strata of Industry**					
第一产业	Primary Industry	704.75	48.40	62.25	401.78	133.66
第二产业	Primary Industry	9354.40	793.91	165.81	4216.58	4.69
第三产业	Primary Industry	9602.13	2436.70	1000.71	2699.91	418.30
房屋建筑面积（万平方米）	**Floor Space of Building (10000 sq.m)**					
施工面积	Floor Space under Construction	**67400.10**	**4344.26**	**5603.97**	**27156.88**	**4954.45**
竣工面积	Floor Space Completed	17687.46	1065.37	1612.75	9398.36	4547.27
#住　宅	Residential Building	9609.03	178.53	764.68	6101.84	4458.15

指　　标	Item	联营经济 Joint Ownership Units	股份制经济 Share Holding Units	港澳台商投资经济 Units with Funds from Hong Kong Macao and Taiwan	外　商投资经济 Foreign Funds Units	其他经济 Others
投资总额（亿元）	**Total Investment (100 million yuan)**	**29.14**	**6439.05**	**192.84**	**339.02**	**835.18**
按隶属关系分	**by Administrative**					
中　央	Center	8.32	222.01	0.48	1.29	
地　方	Local	20.82	6217.04	192.36	337.73	835.18
按构成分	**by Use of Funds**					
建筑安装工程	Construction and Installation	14.07	4138.52	114.13	207.48	487.32
设备工器具购置	Purchase of Equipment and Instruments	14.78	1581.00	45.86	105.79	245.47
其他费用	Others	0.29	719.54	32.86	25.75	102.39
按三次产业分	**by Three Strata of Industry**					
第一产业	Primary Industry	0.33	103.23	2.36	6.29	80.10
第二产业	Primary Industry	26.24	3422.37	119.65	175.16	434.67
第三产业	Primary Industry	2.56	2913.45	70.82	157.57	320.41
房屋建筑面积（万平方米）	**Floor Space of Building (10000 sq.m)**					
施工面积	Floor Space under Construction	80.22	24463.09	464.47	480.07	4807.14
竣工面积	Floor Space Completed	0.50	4955.70	62.45	96.37	495.96
#住　宅	Residential Building		2391.93	16.15	62.77	93.13

分行业全社会固定资产投资（2012年）
Total Investment in Fixed Assets by Sector (2012)

单位：万元 (10000 yuan)

Item		全社会投资总额 Total Investment	固定资产投资 Investment in Fixed Assets	农户 Agricultural Households
全省总计	**Total**	**196612832**	**191046297**	**5566535**
农、林、牧、渔业	Agriculture, Forestry, Animal Husbandry and Fishery	8044010	6518439	1525571
采矿业	Mining	6205297	6205297	
制造业	Manufacturing	80088876	80041930	46946
电力、热力、燃气及水生产和供应业	Production and Distribution of Electricity, Thermal, Gas and Water	7133731	7133731	
建筑业	Construction	442361	442361	
批发和零售业	Wholesale and Retail Trades	6582986	6582986	
交通运输、仓储和邮政业	Traffic, Transport, Storage and Post	15432510	15226742	205768
住宿和餐饮业	Hotels and Catering Services	2146556	2146556	
信息传输、软件和信息技术服务业	Information Transmission, Software and Information Technology Services	887999	887999	
金融业	Financial Intermediation	243822	243822	
房地产业	Real Estate	46565244	42913510	3651734
租赁和商务服务业	Leasing and Business Services	2108456	2108456	
科学研究和技术服务业	Scientific Research and Technical Service	1104358	1104358	
水利、环境和公共设施管理业	Management of Water Conservancy, Environment and Public Facilities	12002054	12002054	
居民服务、修理和其他服务业	Services to Households, Repair and Other Services	712650	576134	136516
教　育	Education	2088823	2088823	
卫生和社会工作	Health and Social Work	1118030	1118030	
文化、体育和娱乐业	Culture, Sports and Entertainment	2138004	2138004	
公共管理、社会保障和社会组织	Public Management, Social Security and Social Organization	1567065	1567065	

固定资产投资主要指标
Major Indicators of Investment in Fixed Assets

单位：万元 (10000 yuan)

指　　标	Item	2011	2012
投资总额	**Total Investment**	**157802568**	**191046297**
#住宅	Residential Buildings	27683765	27084083
按控股情况分	**Grouped by Share-holding**		
国有控股	State Holdings	39048917	40198101
集体控股	Collective Holdings	11607532	13868888
私人控股	Private Holdings	93895291	118531438
港澳台控股	Hong Kong, Macao and Taiwan Holdings	1033822	1075174
外商控股	Foreign Holdings	2410796	2603938
其他	Others	9806210	14768758
按隶属关系分	**by Jurisdiction of Management**		
中央	Central Investment	7434946	8497776
地方	Local Investment	150367622	182548521
按构成分	**Grouped by Use of Funds**		
建筑工程	Construction	89638946	109242583
安装工程	Installation	11401032	15599764
设备工器具购置	Purchase of Equipment and Instruments	37322456	45763813
其他费用	Others	19440134	20440137
按建设性质分	**Grouped by Type of Construction**		
新建	New Construction	71585176	85789345
扩建	Expansion	28817263	36179962
改建和技术改造	Reconstruction and Technical Transformation	20351173	28560552
单纯建造生活设施	Simple Transformation of Living Facilities	556365	545608
迁建	Relocation	4408300	6850312
恢复	Recovery	351968	267454
单纯购置	Purchase	1186426	1987850
按产业分	**Grouped by Three Strata of Industry**		
第一产业	Primary Industry	3675480	5710930
第二产业	Secondary Industry	74572819	93497076
第三产业	Tertiary Industry	79554269	91838291
按经济类型分	**Grouped by Ownership**		
国有经济	State-Owned Units	31775044	32790087
集体经济	Collective-Owned Units	10068222	12287788
私营个体	Private and Self-employed Individual	49993599	67616171
联营经济	Joint	329429	291364
股份制经济	Share-holding	55495549	64390487

注：本表三次产业划分按新的产业标准，下表同。
a) Data in this table three industry classification according to the new industry standard, Same as following tables.

固定资产投资主要指标(续)
Major Indicators of Investment in Fixed Assets

单位：万元 (10000 yuan)

指　　标	Item	2011	2012
港澳台投资	Funds from Hong Kong, Macao and Taiwan	1496939	2079966
外商投资	Foreign Investment	3099757	3238593
其他	Others	5544029	8351841
按登记注册类型分	**Grouped by Registration Status**		
内资	Domestic	152990082	185396412
国有	State-owned	28739875	30187714
集体	Collective-owned	9322574	10883088
股份合作	Cooperative	685440	1308169
联营企业	Joint	536379	536288
有限责任公司	Limited Liability	48020754	54519143
股份有限公司	Share-holding	10363222	12325324
私营	Private	49777809	67284845
其他	Others	5544029	8351841
港澳台商投资	Funds from Hong Kong, Macao and Taiwan	1496939	1928402
外商投资	Foreign Funded	3099757	3390157
个体经营	Individuals Economy	215790	331326
按资金来源分	**Grouped by Sources of Funds**		
本年资金来源合计	Subtotal of Sources of Funds This Year	174379853	195493384
国家预算内资金	State Budget	3799846	4729290
国内贷款	Domestic Loans	16429822	12049953
债券	Bonds	360185	112564
利用外资	Foreign Investment	1115811	986813
自筹资金	Self-raising Funds	135476983	161066422
其他资金	Others	17197206	16548342
新增固定资产	**Newly Increased Fixed Assets**	**102485885**	**126177840**
房屋建筑面积(万平方米)	**Floor Space of Building (10000 sq.m)**		
施工面积	Floor Space under Construction	51055.36	62445.65
#住宅	Residential Buildings	25957.40	26486.05
竣工面积	Floor Space Completed	12392.68	13140.19
#住宅	Residential Buildings	5453.75	5150.88
房屋竣工价值(万元)	**Value of Buildings Completed (10000 yuan)**	**24679647**	**25647079**
#住宅	Residential Buildings	12303365	11096647
施工项目个数(个)	**Number of Projects under Construction**	**23978**	**21851**
#本年新开工	Started This Year	16861	14242
本年投产项目个数(个)	**Number of Projects under Construction This Year (unit)**	**16020**	**14637**

分行业固定资产投资
Investment in Fixed Assets by Sector

单位：万元 (10000 yuan)

指标	Item	2011	2012
全省总计	**Total**	**157802568**	**191046297**
农、林、牧、渔业	**Agriculture, Forestry, Animal Husbandry and Fishery**	**4265008**	**6518439**
农业	Farming	1364593	2289884
林业	Forestry	428181	454714
畜牧业	Animal Husbandry	1782591	2741637
渔业	Fishery	100115	224695
农、林、牧、渔服务业	Services in Support of Agriculture	589528	807509
采矿业	**Mining**	**5743570**	**6205297**
煤炭开采和洗选业	Mining and Washing of Coal	1315889	1642036
石油和天然气开采业	Extraction of Petroleum and Natural Gas	365639	268141
黑色金属矿采选业	Mining of Ferrous Metal Ores	3027712	3006993
有色金属矿采选业	Mining of Non-ferrous Metal Ores	294443	371014
非金属矿采选业	Mining and Processing of Nonmetal Ores	722926	768991
开采辅助活动	Support Activities for Mining	7300	140704
其他采矿业	Mining of Others	9661	7418
制造业	**Manufacturing**	**61126577**	**80041930**
农副食品加工业	Processing of Food from Agricultural Products	2929721	4014528
食品制造业	Manufacture of Foods	1177844	1855789
酒、饮料和精制茶制造业	Manufacture of Wine, Soft Drinks and Refined Tea	913965	1202849
烟草制品业	Manufacture of Tobacco	24370	26911
纺织业	Manufacture of Textile	2903158	3393886
纺织服装、服饰业	Manufacture of Textile, Apparel	760962	1115730
皮革、毛皮、羽毛及其制品和制鞋业	Manufacture of Leather, Fur, Feather and Its Products and Footware	951490	1404644
木材加工和木、竹、藤、棕、草制品业	Processing of Timbers, Manufacture of Wood, Bamboo, Rattan, Palm, and Straw Products	771394	972105
家具制造业	Manufacture of Furniture	800387	1044408
造纸和纸制品业	Manufacture of Paper and Paper Products	745232	1206889
印刷和记录媒介复制业	Printing, Reproduction of Recording Media	494969	673956
文教、工美、体育和娱乐用品制造业	Manufacture of Articles for Culture, Arts and Crafts, Education, Sport Activities and Entertainment Goods	413045	859115
石油加工、炼焦和核燃料加工业	Processing of Petroleum, Coking, Processing of Nuclear Fuel	1371099	2131522
化学原料和化学制品制造业	Manufacture of Chemical Raw Material and Chemical Products	4377420	5722434
医药制造业	Manufacture of Medicines	1588815	1819458
化学纤维制造业	Manufacture of Chemical Fiber	375173	570126
橡胶和塑料制品业	Manufacture of Rubber and Plastic	2979816	4057291
非金属矿物制品业	Manufacture of Nonmetallic Mineral Products	7123463	8090827
黑色金属冶炼和压延加工业	Manufacture and Processing of Ferrous Metals	5714304	6509281
有色金属冶炼和压延加工业	Manufacture & Processing of Non-ferrous Metals	727211	987706
金属制品业	Manufacture of Metal Products	5568602	5528798
通用设备制造业	Manufacture of General Purpose Machinery	4261405	6470951
专用设备制造业	Manufacture of Special Purpose Machinery	3837560	6559283

分行业固定资产投资(续一)

Investment in Fixed Assets by Sector

单位：万元 (10000 yuan)

指　标	Item	2011	2012
汽车制造业	Manufacture of Automotive	2705345	4013315
铁路、船舶、航空航天和其他运输设备制造业	Manufacture of Railroad, Marine, Aerospace and Other Transportation Equipment	1370356	1652209
电气机械和器材制造业	Manufacture of Electrical Machinery and Equipment	4698322	5379644
计算机、通信和其他电子设备制造	Manufacture of Computer, Communications and Other Electronic Equipment	882739	1275578
仪器仪表制造业	Manufacture of Measuring Instrument	157046	415594
其他制造业	Manufacture of Others	208532	367818
废弃资源综合利用业	Recycling and Disposal of Waste	292832	533746
金属制品、机械和设备修理业	Metal Products, Machinery and Equipment Repair		185539
电力、热力、燃气及水生产和供应业	**Production and Distribution of Electricity, Thermal, Gas and Water**	**7167106**	**7133731**
电力、热力生产和供应业	Production and Supply of Electric Power and Heat Power	5975569	5579028
燃气生产和供应业	Production and Distribution of Gas	563618	872950
水的生产和供应业	Production and Distribution of Water	627919	681753
建　筑　业	**Construction**	**542866**	**442361**
房屋建筑业	Construction of Building	254755	92909
土木工程建筑业	Construction of Civil Engineering	198703	229350
建筑安装业	Architectural Installation	26665	23678
建筑装饰和其他建筑业	Architectural Decoration and Other Construction	62743	96424
批发和零售业	**Wholesale and Retail Trades**	**4360909**	**6582986**
批发业	Wholesale Trade	2320692	3312500
零售业	Retail Trade	2040217	3270486
交通运输、仓储和邮政业	**Traffic, Transport, Storage and Post**	**13991075**	**15226742**
铁路运输业	Transport Via Railway	1333746	1122855
道路运输业	Transport Via Road	8182893	7632626
水上运输业	Water Transport	1358554	2227850
航空运输业	Air Transport	219580	251258
管道运输业	Transport Via Pipeline	76501	94276
装卸搬运和运输代理业	Handling and Transportation Agency	427280	504177
仓　储　业	Storage	2362870	3369476
邮　政　业	Post	29651	24224
住宿和餐饮业	**Hotels and Catering Services**	**1304140**	**2146556**
住宿业	Hotels	1063382	1679607
餐饮业	Catering Services	240758	466949
信息传输、软件和信息技术服务业	**Information Transmission, Software and Information Technology Services**	**786215**	**887999**
电信、广播电视和卫星传输服务	Telecommunications, Rradio and Television and Satellite Transmission ServicesServices	721683	618230
互联网和相关服务	Computer Services	13933	53901
软件和信息技术服务业	Software and Information Technology Services	50599	215868
金融业	**Financial Intermediation**	**191921**	**243822**
货币金融服务	Monetary and Financial Services	179039	196968

分行业固定资产投资(续二)
Investment in Fixed Assets by Sector

单位：万元 (10000 yuan)

指　　标	Item	2011	2012
资本市场服务	Capital Market Services	2000	1790
保险业	Insurance	4130	35734
其他金融业	Other Financial Activities	6752	9330
房地产业	**Real Estate**	**40583368**	**42913510**
房地产业	Real Estate	40583368	42913510
租赁和商务服务业	**Leasing and Business Services**	**833501**	**2108456**
租赁业	Leasing	13808	17764
商务服务业	Business Services	819693	2090692
科学研究和技术服务业	**Scientific Research and Technical Service**	**728476**	**1104358**
研究和试验发展	**Research and Experimental Development**	**265028**	**379795**
专业技术服务业	**Professional Technical Services**	**302188**	**510026**
科技推广和应用服务业	Services of Science and Technology Promotion and Application	161260	214537
水利、环境和公共设施管理业	**Management of Water Conservancy, Environment and Public Facilities**	**10540320**	**12002054**
水利管理业	Management of Water Conservancy	856332	1716795
生态保护和环境治理业	Ecological Protection and Environmental Management	840305	562601
公共设施管理业	Management of Public Facilities	8843683	9722658
居民服务、修理和其他服务业	**Services to Households, Repair and Other Services**	**544268**	**576134**
居民服务业	Services to Households	345791	154331
机动车、电子产品和日用产品修理业	Motor Vehicles, Electronics and Household Goods Repair	170393	253100
其他服务业	Other Services	28084	168703
教　　育	**Education**	**1423423**	**2088823**
卫生和社会工作	**Health and Social Work Welfare**	**888081**	**1118030**
卫　生	Health	753691	861466
社会工作	Social Work	134390	256564
文化、体育和娱乐业	**Culture, Sports and Entertainment**	**1548679**	**2138004**
新闻和出版业	Journalism and Publishing Activities	45381	12200
广播、电视、电影和影视录音制作业	Broadcasting, Televisions, Movies and Video Recording Production	46573	68468
文化艺术业	Cultural and Art Activities	717380	995547
体　育	Sports Activities	406190	403267
娱乐业	Entertainment	333155	658522
公共管理、社会保障和社会组织	**Public Management, Social Security and Social Organization**	**1233065**	**1567065**
中国共产党机关	Organs of Communist Party of China	9782	8974
国家机构	Government Agencies	799714	957719
人民政协和民主党派	People's Political Consultative Conference and Democratic Parties		7600
社会保障业	Social Security	18616	68423
群众团体、社会团体和其他成员组织	Non-Governmental Organizations, Social Organizations and Religion Organizations	41234	133945
基层群众自治组织	Grass Roots Self-governing Organizations	363719	390404

建设项目固定资产投资
Investment in Capital Construction Projects

指　　标	Item	2005	2010	2011	2012
投资总额(万元)	**Total Investment (10000 yuan)**	**29162424**	**106577218**	**127256671**	**160181083**
#住 宅	Residential Building	1663112	3873234	4858107	3912832
按隶属关系分	**Grouped by Administrative**				
中　央	Center	2887335	6640686	7105068	8294594
地　方	Local	26275089	99936532	120151603	151886489
按登记注册类型分	**Grouped by Registration Status**				
内　资	Domestic Funds	26716506	103000354	123127717	155524764
国　有	State-Owned Units	11587793	34314490	28413756	29896957
集　体	Collective-Owned Units	1561956	7023016	9315913	10863393
股份合作	Share-holding	304639	573538	633834	1000670
联　营	Joint	353189	464811	536379	536288
有限责任公司	Limited Liability Corporations	6397604	24391887	32886707	39715474
股份有限公司	Share-Holding Corporations Ltd	2877198	7431767	8828692	10681261
私　营	Private	2573060	25931178	37690528	54794685
其　他	Others	1061067	2869667	4821908	8036036
港、澳、台商投资企业	Funds from Hong Kong, Macao and Taiwan	1408006	1176032	1293588	1507401
外商投资	Foreign Funded Economic	968896	2096145	2619576	2817592
个体经营	Individuals Economy	69016	304687	215790	331326
按项目规模分	**Grouped by Size of Construction**				
亿元及以上项目投资	100 Million Yuan and Above	15680028	67964939	77182118	106340268
亿元以下项目投资	Below 100 Million Yuan	13482396	38612279	50074553	53840815
按主要行业分	**Grouped by Major Sector**				
能源工业	Energy	4172805	8824555	9604391	10493677
交通运输	Transport	3424134	12335402	11558301	11833042
教　育	Education	943136	1440222	1432977	2088823
科学研究	Scientific Research	289895	178202	262970	379795
按资金来源分	**Grouped by Sources of Funds**				
国家预算内资金	State Budget	793625	3645328	3799846	4729290
国内贷款	Domestic Loans	3962294	18106874	13534305	9094300
债　券	Bonds	21182	277716	360185	112564
利用外资	Foreign Investment	748327	698683	970633	877506
自筹资金	Self-raising Funds	21557079	87741740	115190050	139111658
其他资金	Others	2069081	5037911	5532997	4438181
本年新增固定资产(万元)	**Newly Increased Fixed Assets (10000 yuan)**	**18048126**	**69975813**	**84951401**	**112326606**
固定资产交付使用率(%)	**Rate of Prefects of Fixed Assets Completed Put into Operation (%)**	**61.9**	**65.7**	**66.8**	**70.1**
房屋建筑面积(万平方米)	**Floor Space of Building (10000 sq.m)**				
施工面积	Floor Space under Construction	6434.17	18843.15	24384.55	34867.82
#住 宅	Residential Building	1946.22	3300.93	4637.23	4590.09
竣工面积	Floor Space Completed	2989.18	5579.50	7212.17	8245.63
#住 宅	Residential Building	840.44	999.16	1180.06	1172.78
竣工房屋价值(万元)	Value of building Completed (10000 yuan)	2941091	8908280	11858800	14322219
#住 宅	Residential Building	751139	1702311	1936013	2245983

注：2011年以前建设项目投资为城镇建设项目，2011年起为城镇建设项目和农村非农户建设项目投资，下表同。

a) Data prior to 2011 include investment in capital construction projects in urban areas only. Nevertheless, data for 2011 include in investment in capital construction projects in both rural areas and urban areas.

建设项目分行业固定资产投资（2012年）

单位：万元

行　　业	Item	投资总额 Total
全省总计	**Total**	**160181083**
农、林、牧、渔业	**Agriculture, Forestry, Animal Husbandry and Fishery**	**6518439**
农　　业	Farming	2289884
林　　业	Forestry	454714
畜 牧 业	Animal Husbandry	2741637
渔　　业	Fishery	224695
农、林、牧、渔服务业	Services in Support of Agriculture	807509
采 矿 业	**Mining**	**6205297**
煤炭开采和洗选业	Mining and Washing of Coal	1642036
石油和天然气开采业	Extraction of Petroleum and Natural Gas	268141
黑色金属矿采选业	Mining of Ferrous Metal Ores	3006993
有色金属矿采选业	Mining of Non-ferrous Metal Ores	371014
非金属矿采选业	Mining and Processing of Nonmetal Ores	768991
开采辅助活动	Support Activities for Mining	140704
其他采矿业	Mining of Others	7418
制 造 业	**Manufacturing**	**80041930**
农副食品加工业	Processing of Food from Agricultural Products	4014528
食品制造业	Manufacture of Foods	1855789
酒、饮料和精制茶制造业	Manufacture of Wine, Soft Drinks and Refined Tea	1202849
烟草制品业	Manufacture of Tobacco	26911
纺织业	Manufacture of Textile	3393886
纺织服装、服饰业	Manufacture of Textile, Apparel	1115730
皮革、毛皮、羽毛及其制品和制鞋业	Manufacture of Leather, Fur, Feather and Its Products and Footware and Its Products and Footware	1404644
木材加工和木、竹、藤、棕、草制品业	Processing of Timbers, Manufacture of Wood, Bamboo, Rattan, Palm, and Straw Products	972105
家具制造业	Manufacture of Furniture	1044408
造纸和纸制品业	Manufacture of Paper and Paper Products	1206889
印刷和记录媒介复制业	Printing, Reproduction of Recording Media	673956
文教、工美、体育和娱乐用品制造业	Manufacture of Articles for Culture, Arts and Crafts, Education, Sport Activities and Entertainment Goods	859115
石油加工、炼焦和核燃料加工业	Processing of Petroleum, Coking, Processing of Nuclear Fuel	2131522
化学原料和化学制品制造业	Manufacture of Chemical Raw Material and Chemical Products	5722434
医药制造业	Manufacture of Medicines	1819458
化学纤维制造业	Manufacture of Chemical Fiber	570126
橡胶和塑料制品业	Manufacture of Rubber and Plastic	4057291
非金属矿物制品业	Manufacture of Nonmetallic Mineral Products	8090827
黑色金属冶炼和压延加工业	Manufacture and Processing of Ferrous Metals	6509281
有色金属冶炼和压延加工业	Manufacture & Processing of Non-ferrous Metals	987706
金属制品业	Manufacture of Metal Products	5528798
通用设备制造业	Manufacture of General Purpose Machinery	6470951

Investment in Capital Construction Projects by Sector (2012)

(10000 yuan)

按建设性质分 by Type of Construction			按构成分 by Composition of Funds		
#新 建 New Construction	#扩 建 Expansion	#改建和技术改造 Reconstruction	#建筑工程 Construction	#安装工程 Installation	#设备工器具购置 Purchase of Equipment and Instruments
85789345	**36179962**	**28560552**	**87216702**	**12610285**	**45177525**
4837414	**1251745**	**401703**	**3584398**	**496806**	**1370035**
1797797	379462	112375	1302457	181654	430987
374020	20772	59922	190685	6294	77477
1970352	657516	111739	1502941	230406	628498
158303	61372	5020	144148	16504	49204
536942	132623	112647	444167	61948	183869
1536494	**1896659**	**2472105**	**2827377**	**659525**	**2053330**
542346	260279	695601	728148	134773	540911
14667	253474		233685	4484	17092
497380	1001823	1356157	1323967	365976	1037628
77878	162177	129359	157349	41373	138241
285417	202406	281168	291269	82423	302485
114573	16500	6635	90484	29907	12619
4233		3185	2475	589	4354
29281559	**24492058**	**19268515**	**34622069**	**6764322**	**32294106**
1664831	1180232	952352	1972004	337548	1367465
633400	508171	618403	732506	152483	792392
291868	414283	220268	542086	106579	398393
18205		3000	20715	13	6183
1004276	1167016	940678	1290872	261447	1538036
498677	384538	121037	592008	82761	356996
499585	603276	164377	769223	144523	354148
427948	276391	247076	411370	99694	375079
298374	209480	498670	522463	54561	399332
393195	457604	323516	466631	64333	590672
185851	294138	134433	318873	33785	267719
313881	241691	218049	379193	45836	344983
776111	724904	621253	1049100	147261	756270
2143545	1427595	1897073	2250755	600082	2427853
815935	301035	522421	773938	157274	740645
126338	118671	304921	153151	134887	242493
1465165	1617005	685469	1564968	298941	1867379
2827725	1860470	2755635	3252296	698665	3496785
1628395	2123404	1974063	2301920	524785	3186946
392729	378426	145630	443423	69964	358464
1883027	1962857	1193119	2573004	557096	2116015
2697434	1973294	1249379	2655069	434522	2868460

建设项目分行业固定资产投资（2012年)(续一)

单位：万元

行　　业	Item	投资总额 Total
专用设备制造业	Manufacture of Special Purpose Machinery	6559283
汽车制造业	Manufacture of Automotive	4013315
铁路、船舶、航空航天和其他运输设备制造业	Manufacture of Railroad, Marine, Aerospace and Other Transportation Equipment	1652209
电气机械和器材制造业	Manufacture of Electrical Machinery and Equipment	5379644
计算机、通信和其他电子设备制造	Manufacture of Computer, Communications and Other Electronic Equipment	1275578
仪器仪表制造业	Manufacture of Measuring Instrument	415594
其他制造业	Manufacture of Others	367818
废弃资源综合利用业	Recycling and Disposal of Waste	533746
金属制品、机械和设备修理业	Metal Products, Machinery and Equipment Repair	185539
电力、热力、燃气及水生产和供应业	**Production and Distribution of Electricity, Thermal, Gas and Water**	**7133731**
电力、热力生产和供应业	Production and Supply of Electric Power and Heat Power	5579028
燃气生产和供应业	Production and Distribution of Gas	872950
水的生产和供应业	Production and Distribution of Water	681753
建　筑　业	**Construction**	**442361**
房屋建筑业	Construction of Building	92909
土木工程建筑业	Construction of Civil Engineering	229350
建筑安装业	Architectural Installation	23678
建筑装饰和其他建筑业	Architectural Decoration and Other Construction	96424
批发和零售业	**Wholesale and Retail Trades**	**6582986**
批发业	Wholesale Trade	3312500
零售业	Retail Trade	3270486
交通运输、仓储和邮政业	**Traffic, Transport, Storage and Post**	**15226742**
铁路运输业	Transport Via Railway	1122855
道路运输业	Transport Via Road	7632626
水上运输业	Water Transport	2227850
航空运输业	Air Transport	251258
管道运输业	Transport Via Pipeline	94276
装卸搬运和运输代理业	Handling and Transportation Agency	504177
仓　储　业	Storage	3369476
邮　政　业	Post	24224
住宿和餐饮业	**Hotels and Catering Services**	**2146556**
住宿业	Hotels	1679607
餐饮业	Catering Services	466949
信息传输、软件和信息技术服务业	**Information Transmission, Software and Information Technology Services**	**887999**
电信、广播电视和卫星传输服务	Telecommunications, Rradio and Television and Satellite Transmission ServicesServices	618230
互联网和相关服务	Computer Services	53901
软件和信息技术服务业	Software and Information Technology Services	215868

Investment in Capital Construction Projects by Sector (2012)

(10000 yuan)

按建设性质分 by Type of Construction			按构成分 by Composition of Funds		
#新建 New Construction	#扩建 Expansion	#改建和技术改造 Reconstruction	#建筑工程 Construction	#安装工程 Installation	#设备工器具购置 Purchase of Equipment and Instruments
2604621	1809351	1435452	3215382	615580	2336592
1251261	1192019	471148	1682827	310216	1617878
704728	365037	426142	773435	144372	647873
2469309	2015618	645938	2527345	479681	1881449
368469	634878	210393	584306	122647	492637
162201	88297	146830	313238	25858	62301
223336	70643	61333	153466	14521	129522
404562	43705	59404	238704	34997	205682
106577	48029	21053	97798	9410	67464
2876494	**2565310**	**1640765**	**1942205**	**1199026**	**3414159**
1883507	2451733	1203909	1244102	963755	2915355
703516	63803	105631	347928	148538	284354
289471	49774	331225	350175	86733	214450
359033	**23993**	**57675**	**374670**	**30474**	**19762**
82565	9484	860	81842	3700	987
161921	12509	54840	208779	5136	11595
21048	2000		4580	15638	1180
93499		1975	79469	6000	6000
5050226	**814126**	**515567**	**4450334**	**484561**	**883175**
2503798	439638	180249	2170785	230713	532216
2546428	374488	335318	2279549	253848	350959
12052240	**1322395**	**1381643**	**11741784**	**437226**	**1697601**
1064279	10674	46602	1061028	1190	8965
5651700	815473	1024823	6778496	83621	198511
2013439	16261	29188	1444382	59491	539937
54658	9000	87980	98778		152480
52950	14274		58129	5980	27067
372252	55325	51600	349051	23621	73597
2840087	401388	120101	1929296	262623	696669
2875		21349	22624	700	375
1701085	**317104**	**124372**	**1474257**	**210379**	**210567**
1386861	209445	79881	1180076	173657	155014
314224	107659	44491	294181	36722	55553
684957	**151636**	**29484**	**313375**	**163759**	**385354**
584418	2913	8977	129288	153938	329197
23237	30664		17648	1087	30977
77302	118059	20507	166439	8734	25180

建设项目分行业固定资产投资（2012年）(续二)

单位：万元

行 业	Item	投资总额 Total
金融业	**Financial Intermediation**	**243822**
货币金融服务	Monetary and Financial Services	196968
资本市场服务	Capital Market Services	1790
保险业	Insurance	35734
其他金融业	Other Financial Activities	9330
房地产业	**Real Estate**	**12048296**
房地产业	Real Estate	12048296
租赁和商务服务业	**Leasing and Business Services**	**2108456**
租赁业	Leasing	17764
商务服务业	Business Services	2090692
科学研究和技术服务业	**Scientific Research and Technical Service**	**1104358**
研究和试验发展	Research and Experimental Development	379795
专业技术服务业	Professional Technical Services	510026
科技推广和应用服务业	Services of Science and Technology Promotion and Application	214537
水利、环境和公共设施管理业	**Management of Water Conservancy, Environment and Public Facilities**	**12002054**
水利管理业	Management of Water Conservancy	1716795
生态保护和环境治理业	Ecological Protection and Environmental Management	562601
公共设施管理业	Management of Public Facilities	9722658
居民服务、修理和其他服务业	**Services to Households, Repair and Other Services**	**576134**
居民服务业	Services to Households	154331
机动车、电子产品 和日用产品修理业	Motor Vehicles, Electronics and Household Goods Repair	253100
其他服务业	Other Services	168703
教 育	**Education**	**2088823**
卫生和社会工作	**Health and Social Work**	**1118030**
卫 生	Health	861466
社会工作	Social Work	256564
文化、体育和娱乐业	**Culture, Sports and Entertainment**	**2138004**
新闻和出版业	Journalism and Publishing Activities	12200
广播、电视、电影和影视录音制作业	Broadcasting, Televisions, Movies and Video Recording Production	68468
文化艺术业	Cultural and Art Activities	995547
体 育	Sports Activities	403267
娱乐业	Entertainment	658522
公共管理、社会保障和社会组织	**Public Management, Social Security and Social Organization**	**1567065**
中国共产党机关	Organs of Communist Party of China	8974
国家机构	Government Agencies	957719
人民政协和民主党派	People's Political Consultative Conference and Democratic Parties	7600
社会保障业	Social Security	68423
群众团体、社会团体和其他成员组织	Non-Governmental Organizations, Social Organizations and Religion Organizations	133945
基层群众自治组织	Grass Roots Self-governing Organizations	390404

Investment in Capital Construction Projects by Sector (2012)

(10000 yuan)

按建设性质分 by Type of Construction			按构成分 by Composition of Funds		
#新建 New Construction	#扩建 Expansion	#改建和技术改造 Reconstruction	#建筑工程 Construction	#安装工程 Installation	#设备工器具购置 Purchase of Equipment and Instruments
121668	**17649**	**8248**	**92831**	**17996**	**102691**
110238	16059	8248	84877	16796	68257
200	1590		1790		
1900			1900		33834
9330			4264	1200	600
10315870	**712203**	**600025**	**9925783**	**534984**	**513944**
10315870	712203	600025	9925783	534984	513944
1823752	**173846**	**28693**	**1308263**	**101360**	**287906**
6654	5150	5960	10020	1512	2732
1817098	168696	22733	1298243	99848	285174
933779	**36995**	**56570**	**672306**	**89167**	**229794**
329949	2800	8409	244599	14928	65976
454405	23630	10601	324461	28624	114218
149425	10565	37560	103246	45615	49600
9013324	**1410262**	**1367440**	**8556435**	**869932**	**916786**
1089404	415976	132792	977943	88822	121624
324704	26090	139539	311124	75503	145310
7599216	968196	1095109	7267368	705607	649852
383569	**79366**	**69293**	**282800**	**74402**	**95383**
84038	13895	24012	123568	8728	6339
176558	20747	44275	110104	48435	64018
122973	44724	1006	49128	17239	25026
1240598	**521916**	**154333**	**1547597**	**161202**	**230238**
568466	**173249**	**99775**	**804384**	**61148**	**172534**
339181	158319	87426	587775	58085	171118
229285	14930	12349	216609	3063	1416
1824169	**110852**	**153660**	**1560197**	**134347**	**184904**
9200	100	2900	12200		
42937	268	16687	26468	5916	25455
813056	41350	117765	804435	35752	66826
367526	34237	1504	279088	20637	23301
591450	34897	14804	438006	72042	69322
1184648	**108598**	**130686**	**1135637**	**119669**	**115256**
8949	25		6164	80	100
678971	55712	115621	691162	67767	85818
7600			1150	100	200
63473	3150	1800	55083	8340	2500
127125	5820		77983	1271	11955
298530	43891	13265	304095	42111	14683

建设项目新增主要产品生产能力（2012年）
Newly Increased Production Capacity through Capital Construction Projects (2012)

能力(效益)名称	Item	新增生产能力 Ewly Increased Production Capacity
原煤开采（万吨/年）	Coal Mining (10000 tons/year)	16
洗煤（万吨/年）	Coal Washing (10000 tons/year)	3202
焦炭（万吨/年）	Hard Coke (10000 tons/year)	974
天然原油开采（万吨/年）	Crude Oil (10000 tons/year)	165
石油加工：裂化设备能力（处理万吨/年）	Petroleum Processing：Cracking (10000 tons/year)	28
焦化设备能力（万吨/年）	Coking (10000 tons/year)	22
润滑油(综合能力)(万吨/年)	Lubricating Oil (10000 tons/year)	2.3
铁矿开采(原矿)（万吨/年）	Crude Iron Ore Mining (10000 tons/year)	9828.2
铁矿选矿处理原矿量（万吨/年）	Iron Ore Processing (10000 tons/year)	1350
铁矿石成品矿（万吨/年）	Refined Iron Ore (10000 tons/year)	1260.7
生铁（万吨/年）	Pig Iron (10000 tons/year)	160
粗钢（万吨/年）	Crude Steel (10000 tons/year)	6
铁合金（万吨/年）	Iron Alloy (10000tons/year)	9.5
钢材（万吨/年）	Steel Products (10000 tons/year)	5125.8
铜选矿：处理原矿（万吨/年）	Copper Ore Dressing：Raw Ore Processing (10000tons/year)	130
铜冶炼（吨/年）	Copper Smelting (ton/year)	300000
#电解铜（吨/年）	Electrolytic Copper (ton/year)	60000
铝加工（吨/年）	Aluminum Processing (tons/year)	107006
铜加工材（吨/年）	The Material Pocessed By Copper (ton/year)	28000
水力发电（万千瓦）	Hydraulic Power (10000 kw)	0.52
火力发电（万千瓦）	Thermal Power (10000 kw)	250.4
风力发电（万千瓦）	Wind Power (10000 kw)	4160.4
太阳能发电（万千瓦）	Solar Power (10000kw)	13
其他发电（万千瓦）	Other Power Generation (10000 kw)	55.45
输电线路长度(110KV及以上)（公里）	Power Transmission Line (110KV and Above, Kilometer)	2421.7
水泥（万吨/年）	Cement (10000 tons/year)	2060.5
平板玻璃（万重量箱/年）	Plate Glass (10000 weight cases/year)	3465.8
石墨及炭素制品（吨/年）	Graphite and Carbon Product (ton/year)	46910
氮肥（吨/年）	Nitrogen Fertilizers (ton/year)	344600
磷肥（吨/年）	Phosphate Fertilizers (ton/year)	99212
钾肥（吨/年）	Potash Fertilizer(ton/year)	1500
化学农药原药（吨/年）	Agricultural Chemicals (Technical Grade, ton/year)	8350
精甲醇（吨/年）	Refined Carbinol (ton/year)	38000
塑料树脂及共聚物（吨/年）	Plastic Resin and Polymer (ton/year)	114450
合成橡胶（吨/年）	Synthetic Rubber (ton/year)	13250
轮胎外胎（万条/年）	Cover Tyre (10000/year)	2

建设项目新增主要产品生产能力（2012年）(续)

Newly Increased Production Capacity through Capital Construction Projects (2012)

能力(效益)名称	Item	新增生产能力 Ewly Increased Production Capacity
轿车制造（辆/年）	Car Manufacturing (unit/year)	4000
其他汽车制造（辆/年）	Other Automobile Manufacturing (unit/year)	11000
化学纤维（吨/年）	Chemical Fiber (ton/year)	37800
#合成纤维（吨/年）	Synthetic Fiber (ton/year)	1000
棉纺锭（锭）	Cotton Textile Spindle (unit)	1207200
啤酒（万吨/年）	Beer (10000 tons/year)	29.8
白酒（万吨/年）	Chinese Liquor (10000 tons/year)	0.89
其他酒（万吨/年）	Other Alcohol (10000 tons/year)	1
机制纸浆（万吨/年）	Machanism of Pulp (10000 tons/year)	6
房间空气调节器（万台/年）	Room Air Conditioners (10000 units/year)	17.2
新建铁路里程（公里）	Length of Newly-built Railway (km)	10
新建公路（公里）	Newly- Built Highway (km)	1947.45
#高速公路（公里）	Expressway	316.9
一级公路（公里）	First-class Highway	114.72
二级公路（公里）	Second-class Highway	463.38
改建公路（公里）	Rebuilt Highway (km)	1338.48
#一级公路（公里）	First-class Highway	66.2
二级公路（公里）	Second-class Highway	433.1
新建独立公路桥梁（延长米）	Length of Newly-built Independent Highway Bridge (m)	2597.6
新建独立公路桥梁（座）	Amount of Newly-built Independent Highway Bridge (unit)	21
新建独立公路隧道（延长米）	Length of Newly-built Independent Highway Tunnel (m)	5699
新建独立公路隧道（处）	Amount of Newly-built Independent Highway Tunnel (unit)	2
新(扩)建港口码头（年吞吐量：万吨）	Newly-built or Extended Ports (Annual Handing Capacity，10000 tons/year)	3300
新(扩)建港口码头（年吞吐量：标准集装箱）	Newly-built or Extended Ports (Annual Handing Capacity, standard container/year)	2
新(扩)建港口码头（泊位：个）	Newly-built or Extended Ports (Berths，unit)	4
新(扩)建公路客、货运站（个）	Newly-built or Extended Passenger Station and Freight Station for Highway (unit)	12
新(扩)建公路客、货运站（平方米）	Newly-built or Extended Passenger Station and Freight Station for Highway (m^2)	67646
民航机场跑道（条）	The Civil Aviation Airport Runway (unit)	1
民航机场跑道（米）	The Civil Aviation Airport Runway (m)	600
候机楼（座）	Terminal Building (unit)	1
候机楼（平方米）	Terminal Building (m^2)	9990
城市自来水供水能力（万吨/日）	Tap Water Supply Capacity (10000 tons/day)	31
城市污水处理能力（万吨/日）	Sewage Treatment Capacity of Urban Areas (10000 tons/day)	28.1

分行业建设项目施工、投产个数和新增固定资产（2012年）

行　　业	Item	施工项目个　数（个）Number of Projects under Construction (unit)
全省总计	**Total**	**21851**
农、林、牧、渔业	**Agriculture, Forestry, Animal Husbandry and Fishery**	**1923**
农　业	Farming	637
林　业	Forestry	154
畜 牧 业	Animal Husbandry	804
渔　业	Fishery	56
农、林、牧、渔服务业	Services in Support of Agriculture	272
采 矿 业	**Mining**	**1003**
煤炭开采和洗选业	Mining and Washing of Coal	187
石油和天然气开采业	Extraction of Petroleum and Natural Gas	5
黑色金属矿采选业	Mining of Ferrous Metal Ores	548
有色金属矿采选业	Mining of Non-ferrous Metal Ores	51
非金属矿采选业	Mining and Processing of Nonmetal Ores	194
开采辅助活动	Support Activities for Mining	14
其他采矿业	Mining of Others	4
制 造 业	**Manufacturing**	**10584**
农副食品加工业	Processing of Food from Agricultural Products	615
食品制造业	Manufacture of Foods	340
酒、饮料和精制茶制造业	Manufacture of Wine, Soft Drinks and Refined Tea	185
烟草制品业	Manufacture of Tobacco	3
纺织业	Manufacture of Textile	612
纺织服装、服饰业	Manufacture of Textile, Apparel	214
皮革、毛皮、羽毛及其制品和制鞋业	Manufacture of Leather, Fur, Feather and Its Products and Footware and Its Products and Footware	235
木材加工和木、竹、藤、棕、草制品业	Processing of Timbers, Manufacture of Wood, Bamboo, Rattan, Palm, and Straw Products	153
家具制造业	Manufacture of Furniture	160
造纸和纸制品业	Manufacture of Paper and Paper Products	187
印刷和记录媒介复制业	Printing, Reproduction of Recording Media	100
文教、工美、体育和娱乐用品制造业	Manufacture of Articles for Culture, Arts and Crafts, Education, Sport Activities and Entertainment Goods	104
石油加工、炼焦和核燃料加工业	Processing of Petroleum, Coking, Processing of Nuclear Fuel	115
化学原料和化学制品制造业	Manufacture of Chemical Raw Material and Chemical Products	769
医药制造业	Manufacture of Medicines	203
化学纤维制造业	Manufacture of Chemical Fiber	56
橡胶和塑料制品业	Manufacture of Rubber and Plastic	619
非金属矿物制品业	Manufacture of Nonmetallic Mineral Products	1261
黑色金属冶炼和压延加工业	Manufacture and Processing of Ferrous Metals	491
有色金属冶炼和压延加工业	Manufacture & Processing of Non-ferrous Metals	139
金属制品业	Manufacture of Metal Products	894
通用设备制造业	Manufacture of General Purpose Machinery	948

Number of Capital Construction Projects under Construction and Put into Use and Newly Increased Fixed Assets by Sector (2012)

本年投产项目个数(个) Completed Projects (unit)	建设项目投产率(%) Rate of Construction Projects Completed and Put into Use (%)	本年完成投资(万元) Investment Completed This year (10000 yuan)	本年新增固定资产(万元) Newly Increased Fixed Assets (10000 yuan)	固定资产交付使用率(%) Rate of Projects of Fixed Assets Completed and Put into Use (%)
14637	**66.99**	**160181083**	**112326606**	**70.12**
1426	**74.15**	**6518439**	**5311586**	**81.49**
446	70.02	2289884	1722716	75.23
129	83.77	454714	449284	98.81
596	74.13	2741637	2251891	82.14
41	73.21	224695	175835	78.25
214	78.68	807509	711860	88.16
785	**78.27**	**6205297**	**5236096**	**84.38**
142	75.94	1642036	1284455	78.22
4	80.00	268141	238141	88.81
437	79.74	3006993	2799430	93.10
36	70.59	371014	246451	66.43
157	80.93	768991	623821	81.12
7	50.00	140704	40065	28.47
2	50.00	7418	3733	50.32
7155	**67.60**	**80041930**	**57065906**	**71.30**
378	61.46	4014528	2760759	68.77
239	70.29	1855789	1251398	67.43
104	56.22	1202849	813995	67.67
2	66.67	26911	3505	13.02
463	75.65	3393886	2969505	87.50
143	66.82	1115730	890395	79.80
150	63.83	1404644	829205	59.03
105	68.63	972105	569639	58.60
120	75.00	1044408	921823	88.26
128	68.45	1206889	964315	79.90
77	77.00	673956	540425	80.19
65	62.50	859115	369096	42.96
54	46.96	2131522	1174212	55.09
524	68.14	5722434	4126955	72.12
117	57.64	1819458	1059956	58.26
43	76.79	570126	462332	81.09
438	70.76	4057291	2704094	66.65
936	74.23	8090827	6652009	82.22
346	70.47	6509281	3884285	59.67
100	71.94	987706	1008607	102.12
603	67.45	5528798	4339807	78.49
651	68.67	6470951	4867658	75.22

分行业建设项目施工、投产个数和新增固定资产（2012年）(续一)

行业	Item	施工项目个数（个）Number of Projects under Construction (unit)
专用设备制造业	Manufacture of Special Purpose Machinery	778
汽车制造业	Manufacture of Automotive	360
铁路、船舶、航空航天和其他运输设备制造业	Manufacture of Railroad, Marine, Aerospace and Other Transportation Equipment	160
电气机械和器材制造业	Manufacture of Electrical Machinery and Equipment	564
计算机、通信和其他电子设备制造	Manufacture of Computer, Communications and Other Electronic Equipment	151
仪器仪表制造业	Manufacture of Measuring Instrument	55
其他制造业	Manufacture of Others	48
废弃资源综合利用业	Recycling and Disposal of Waste	51
金属制品、机械和设备修理业	Metal Products, Machinery and Equipment Repair	14
电力、热力、燃气及水生产和供应业	**Production and Distribution of Electricity, Thermal, Gas and Water**	**660**
电力、热力生产和供应业	Production and Supply of Electric Power and Heat Power	340
燃气生产和供应业	Production and Distribution of Gas	131
水的生产和供应业	Production and Distribution of Water	189
建筑业	**Construction**	**94**
房屋建筑业	Construction of Building	28
土木工程建筑业	Construction of Civil Engineering	43
建筑安装业	Architectural Installation	9
建筑装饰和其他建筑业	Architectural Decoration and Other Construction	14
批发和零售业	**Wholesale and Retail Trades**	**865**
批发业	Wholesale Trade	393
零售业	Retail Trade	472
交通运输、仓储和邮政业	**Traffic, Transport, Storage and Post**	**1176**
铁路运输业	Transport Via Railway	17
道路运输业	Transport Via Road	766
水上运输业	Water Transport	50
航空运输业	Air Transport	5
管道运输业	Transport Via Pipeline	11
装卸搬运和运输代理业	Handling and Transportation Agency	38
仓储业	Storage	284
邮政业	Post	5
住宿和餐饮业	**Hotels and Catering Services**	**310**
住宿业	Hotels	213
餐饮业	Catering Services	97
信息传输、软件和信息技术服务业	**Information Transmission, Software and Information Technology Services**	**48**
电信、广播电视和卫星传输服务	Telecommunications, Rradio and Television and Satellite Transmission ServicesServices	21
互联网和相关服务	Computer Services	6
软件和信息技术服务业	Software and Information Technology Services	21

Number of Capital Construction Projects under Construction and Put into Use and Newly Increased Fixed Assets by Sector (2012)

本年投产项目个数（个）Completed Projects (unit)	建设项目投产率（%）Rate of Construction Projects Completed and Put into Use (%)	本年完成投资（万元）Investment Completed This year (10000 yuan)	本年新增固定资产（万元）Newly Increased Fixed Assets (10000 yuan)	固定资产交付使用率（%）Rate of Projects of Fixed Assets Completed and Put into Use (%)
481	61.83	6559283	4652951	70.94
218	60.56	4013315	2419460	60.29
92	57.50	1652209	1345989	81.47
379	67.20	5379644	3601722	66.95
102	67.55	1275578	997995	78.24
27	49.09	415594	191697	46.13
36	75.00	367818	246884	67.12
29	56.86	533746	336258	63.00
5	35.71	185539	108975	58.73
416	**63.03**	**7133731**	**4670123**	**65.47**
213	62.65	5579028	3401718	60.97
74	56.49	872950	581542	66.62
129	68.25	681753	686863	100.75
70	**74.47**	**442361**	**331324**	**74.90**
22	78.57	92909	72715	78.26
34	79.07	229350	208663	90.98
8	88.89	23678	25478	107.60
6	42.86	96424	24468	25.38
558	**64.51**	**6582986**	**4303306**	**65.37**
241	61.32	3312500	1937986	58.51
317	67.16	3270486	2365320	72.32
733	**62.33**	**15226742**	**9640535**	**63.31**
6	35.29	1122855	130660	11.64
527	68.80	7632626	5911149	77.45
21	42.00	2227850	1058124	47.50
2	40.00	251258	126058	50.17
10	90.91	94276	59294	62.89
18	47.37	504177	233872	46.39
145	51.06	3369476	2109403	62.60
4	80.00	24224	11975	49.43
182	**58.71**	**2146556**	**1415494**	**65.94**
113	53.05	1679607	1097440	65.34
69	71.13	466949	318054	68.11
25	**52.08**	**887999**	**363743**	**40.96**
12	57.14	618230	273788	44.29
3	50.00	53901	17054	31.64
10	47.62	215868	72901	33.77

分行业建设项目施工、投产个数和新增固定资产（2012年）(续二)

行　业	Item	施工项目个数(个) Number of Projects under Construction (unit)
金融业	**Financial Intermediation**	**25**
货币金融服务	Monetary and Financial Services	19
资本市场服务	Capital Market Services	2
保险业	Insurance	1
其他金融业	Other Financial Activities	3
房地产业	**Real Estate**	**1436**
房地产业	Real Estate	1436
租赁和商务服务业	**Leasing and Business Services**	**153**
租赁业	Leasing	7
商务服务业	Business Services	146
科学研究和技术服务业	**Scientific Research and Technical Service**	**110**
研究和试验发展	Research and Experimental Development	24
专业技术服务业	Professional Technical Services	62
科技推广和应用服务业	Services of Science and Technology Promotion and Application	24
水利、环境和公共设施管理业	**Management of Water Conservancy, Environment and Public Facilities**	**1760**
水利管理业	Management of Water Conservancy	287
生态保护和环境治理业	Ecological Protection and Environmental Management	78
公共设施管理业	Management of Public Facilities	1395
居民服务、修理和其他服务业	**Services to Households, Repair and Other Services**	**115**
居民服务业	Services to Households	58
机动车、电子产品 和日用产品修理业	Motor Vehicles, Electronics and Household Goods Repair	35
其他服务业	Other Services	22
教　育	**Education**	**608**
卫生和社会工作	**Health and Social Work**	**295**
卫　生	Health	246
社会工作	Social Work	49
文化、体育和娱乐业	**Culture, Sports and Entertainment**	**285**
新闻和出版业	Journalism and Publishing Activities	3
广播、电视、电影和影视录音制作业	Broadcasting, Televisions, Movies and Video Recording Production	20
文化艺术业	Cultural and Art Activities	137
体　育	Sports Activities	51
娱乐业	Entertainment	74
公共管理、社会保障和社会组织	**Public Management, Social Security and Social Organization**	**401**
中国共产党机关	Organs of Communist Party of China	7
国家机构	Government Agencies	236
人民政协和民主党派	People's Political Consultative Conference and Democratic Parties	2
社会保障业	Social Security	13
群众团体、社会团体和其他成员组织	Non-Governmental Organizations, Social Organizations and Religion Organizations	22
基层群众自治组织	Grass Roots Self-governing Organizations	121

Number of Capital Construction Projects under Construction and Put into Use and Newly Increased Fixed Assets by Sector (2012)

本年投产项目个数(个) Completed Projects (unit)	建设项目投产率(%) Rate of Construction Projects Completed and Put into Use (%)	本年完成投资(万元) Investment Completed This year (10000 yuan)	本年新增固定资产(万元) Newly Increased Fixed Assets (10000 yuan)	固定资产交付使用率(%) Rate of Projects of Fixed Assets Completed and Put into Use (%)
15	**60.00**	**243822**	**135761**	**55.68**
13	68.42	196968	129056	65.52
1	50.00	1790	1800	100.56
1	100.00	35734	4905	13.73
		9330		
896	**62.40**	**12048296**	**9257988**	**76.84**
896	62.40	12048296	9257988	76.84
80	**52.29**	**2108456**	**1370934**	**65.02**
6	85.71	17764	21144	119.03
74	50.68	2090692	1349790	64.56
61	**55.45**	**1104358**	**1136456**	**102.91**
11	45.83	379795	424800	111.85
36	58.06	510026	552974	108.42
14	58.33	214537	158682	73.96
1141	**64.83**	**12002054**	**6816338**	**56.79**
192	66.90	1716795	777572	45.29
57	73.08	562601	382211	67.94
892	63.94	9722658	5656555	58.18
80	**69.57**	**576134**	**312742**	**54.28**
44	75.86	154331	127449	82.58
23	65.71	253100	139160	54.98
13	59.09	168703	46133	27.35
387	**63.65**	**2088823**	**1605801**	**76.88**
188	**63.73**	**1118030**	**835933**	**74.77**
158	64.23	861466	735597	85.39
30	61.22	256564	100336	39.11
147	**51.58**	**2138004**	**1249356**	**58.44**
1	33.33	12200	31000	254.10
14	70.00	68468	52703	76.97
77	56.20	995547	692721	69.58
25	49.02	403267	202353	50.18
30	40.54	658522	270579	41.09
292	**72.82**	**1567065**	**1267184**	**80.86**
5	71.43	8974	6063	67.56
168	71.19	957719	802764	83.82
		7600		
12	92.31	68423	72223	105.55
11	50.00	133945	72156	53.87
96	79.34	390404	313978	80.42

国有单位固定资产投资
Investment in Fixed Assets of State-owned Units

年 份 Year	投资总额 (亿元) Total Investment (100 million yuan)	建设项目投资 Investment in Construction	#国家预算内投资 State Budgetary Appropriation	房地产开发 Real Estate Development
1978	36.69	36.69	23.69	
1980	36.17	36.17	18.57	
1985	62.64	62.64	15.10	
1986	76.28	76.28	18.02	
1987	86.36	86.36	18.43	
1988	111.35	111.35	17.10	
1989	101.25	101.25	14.89	
1990	110.98	107.10	12.24	3.88
1991	127.97	122.50	11.81	5.47
1992	200.39	189.07	12.78	11.32
1993	295.29	275.86	15.60	19.43
1994	336.16	312.78	12.61	23.38
1995	415.61	390.19	14.59	25.42
1996	506.07	481.50	15.24	24.57
1997	640.71	613.80	17.70	26.91
1998	725.85	690.17	23.02	35.68
1999	823.18	779.26	34.31	43.93
2000	827.66	783.90	32.04	43.76
2001	773.63	720.13	50.87	53.49
2002	720.51	672.66	26.09	47.85
2003	829.12	788.81	35.45	40.31
2004	1020.93	998.21	57.44	22.72
2005	1174.13	1158.78	77.54	15.35
2006	1396.12	1378.50	105.65	17.62
2007	1570.30	1551.49	101.68	18.81
2008	1729.24	1697.79	173.36	31.45
2009	2933.03	2888.36	367.92	44.67
2010	3759.75	3702.29	341.38	57.46
2011	3177.50	3126.00	339.59	51.50
2012	3279.01	3228.42	418.41	50.59

注：国有建设项目2004年及以前包括国有基本建设项目、国有更新改造项目和国有其他固定资产投资项目。2005年及以后为城镇国有建设项目。国家预算内投资2004年及以前为国有基本建设项目。

a) In 2004 and earlier, the construction projects invested by the state-owned units, can be classified as fundamental construction projects, projects of replacement and technical transformation,and projects of other fixed asset investment. In 2005,the construction projects invested by the state-owned units onot include the projects in the rural areas. The projects invested by the state budgetary appropriation in 2004 and earlier, refer to the fundamental construction projects invested by the state-owned units.

农村个人固定资产投资和建房

Individual Investment in Fixed Assets and Building Construction in Rural Areas

年 份 Year	投资总额 (万元) Total Investment (10000 yuan)	竣工房屋投资 (万元) Investment in Buildings Completed (10000 yuan)	#住 宅 Residential Building	竣工房屋建筑面积 (万平方米) Floor Space of Building Completed (10000 sq.m)	#住 宅 Residential Building	竣工房屋造价 (元/平方米) Cost of Building Completed (yuan/sq.m)	#住 宅 Residential Building
1985	298000	195642	182533	4501	4180	44	44
1986	359822	260767	245397	5210	4920	50	50
1987	398281	291036	273402	4814	4519	61	61
1988	499057	369514	319109	4556	3962	81	81
1989	541861	409349	349993	4172	3569	98	98
1990	429344	300279	294392	2657	2605	113	113
1991	766958	582594	550727	5206	4996	112	110
1992	546134	401504	375097	3599	3493	112	107
1993	630000	475398	428400	3087	2898	154	148
1994	939969	569168	438813	2357	1915	190	182
1995	1327776	763276	633945	2742	2301	278	275
1996	1435517	803518	650362	2690	1959	299	332
1997	1905761	1101954	929314	3210	2716	343	342
1998	1924263	1358974	1358974	3475	3475	391	391
1999	1756132	1418346	1163256	3887	3613	365	322
2000	1916841	1613181	1178865	4370	4044	369	292
2001	2086309	1321156	1370608	3978	3892	332	352
2002	2050000	1174363	1110486	3693	3402	318	326
2003	1994491	1203077	1100113	3660	3348	329	329
2004	2166460	1187529	1092411	3424	3146	347	347
2005	2374485	1250815	1197039	3879	3588	322	334
2006	2935796	1697233	1607621	3945	3700	430	434
2007	3219779	2222333	2039699	4385	3990	507	511
2008	3956398	2223572	2106120	4014	3683	554	572
2009	3934497	2627023	2404306	4450	4134	590	582
2010	4608235	3244877	3002363	4815	4703	674	638
2011	6090686	3538588	3237756	5180	4640	683	698
2012	5566535	3846906	3474366	4547	4458	846	779

总投资10亿元以上建设项目主要经济指标（2012年）
Major Economic Indicators of Investment Over One Thousand Million under Construction (2012)

单位：万元 (10000 yuan)

建设单位及建设项目 Unit Names	计划总投资 Total Investment Planed	累计完成投资 Accumulative Investment Actually Completed	#本年完成 This Year	累计新增固定资产 Accumulative Newly Increased Fixed Assets
石家庄中冶基础设施投资有限公司太行大街城市快速路系统工程	333023	237187	77569	
石家庄市长安区长丰街道办事处南翟营村村民回迁楼	153900	60478	60478	
石家庄米氏家具有限公司北方国际家居	559554	122589	115640	
石家庄庞大汽车有限公司石家庄庞大汽车贸易园	191823	179051	150130	
北京铁路局石家庄货运迁建工程建设指挥部石家庄货运系统迁建工程	408808	381100	1100	
河北省石家庄监狱石家庄监狱住宅楼	120000	87000	19000	
石家庄市桥东区柳辛庄社区居民委员会荣昌西花园	180000	178950	51000	
石家庄市桥东区庄窠社区居民委员会庄西商业区	146000	119000	119000	
石家庄市桥东区柳林铺联合社区居民委员会中小企业创意创业基地(总部)	103400	19900	19900	
石家庄市桥东区陈章社区居委会陈章城中村改造	127500	124568	39600	
石家庄市城市建设投资控股集团有限公司石家庄新胜利大街地下空间利用工程	192972	88600	71600	
石家庄市城市建设投资控股集团有限公司石家庄新客站广场及道路配套工程	398600	170300	121000	
石家庄市轨道交通有限责任公司石家庄城市轨道交通预留工程	194405	2000	2000	
石家庄正定新区建设与房管中心石家庄正定新区北京南大街	139400	39700	39700	
石家庄市仓安实业总公司翰林观天下	203293	122200	31000	
河北省老年事业促进会河北老年事业服务中心	125000	59750	59750	39850
石家庄新华区驰耘国际商贸有限公司新华世贸中心	2000000	51700	51700	
石家庄市新华区赵陵铺镇赵一街村民委员会赵一街旧村改造	240000	328800	94200	30100
石家庄市新华区赵陵铺镇赵二街村村民委员会旧村改造	160000	215700	57400	19300
河北航空集团投资有限公司河北航空基地项目	1200000	142900	38600	
石家庄市新华区赵陵铺镇党家庄村村发委员会旧村改造	200000	258100	63500	214500
石家庄市永生集团股份有限公司西三庄城中村改造	308144	326215	56415	326215
石家庄市华东实业总公司东三庄城中村改造	150000	72579	36750	
石家庄市交通运输局西柏坡高速公路二环路至绕城高速(霍寨)段项目	199800	200000	51200	200000
石家庄市新华区杜北乡上京村村民委员会文化艺术品交易市场	110000	143250	47750	29250
冀中能源井陉矿业集团有限公司焦炉煤气综合利用	205400	26219	26219	
井陉矿务局采煤沉陷综合治理	110939	116145	17572	17572
河北民海化工有限公司年产环已酮20万吨	150611	39426	39426	
河北协诚生物科技有限公司小品种氨基酸产品	160000	42112	42112	
裕兴街道东王社区居民委员会东王旧村改造回迁区	107000	82100	82100	82100
石家庄市裕华区裕强街道位同社区居委会位同旧村改造回迁二期	180000	75200	75200	
河北师范大学新校区	268773	208651	35000	
石家庄市华明实业公司塔冢城中村改造	850000	139000	10000	
河北科技大学新校区建设	207067	137000	24000	
石家庄栗威科技有限公司南栗城中村改造	163500	113000	53000	
石家庄栗威科技有限公司河北栗源农产品物流交易中心	118390	64101	15000	
石家庄北方药博园管委会建北方药博园	1384100	44240	20000	
河北怀特集团股份有限公司怀特商业综合体	112000	99540	71420	
河北怀特集团股份有限公司怀特二期	510000	296295	281260	
石家庄市裕华区裕东街道办事处二十里铺社区二十里铺城中村改造	260000	260000	1000	260000
金明基业集团股份有限公司石家庄金明基业农副产品交易市场	130000	67000	48000	
石家庄市裕华区裕东街道办事处大马社区大马旧村改造二期	307912	307912	11048	307912
石家庄市环城水系综合整治开发有限公司石家庄环城水系	1226030	368043	5000	
河北乾昊贸易集团有限责任公司煤炭超市	200000	143839	85282	86282
石家庄隐凤山旅游开发有限公司河北隐凤山冰雪世界项目	118000	41129	41129	
正定县市场建设管理办公室正定国际小商品市场扩建三期	173900	184400	23800	23800
石家庄常山纺织股份有限公司高档绿色环保服装面料	112775	55000	49000	
石家庄市园林局河北省园林博览园	117035	108000	23000	
正定县市场建设管理办公室正定国际小商品市场扩建二期	132675	122275	15000	15000
石家庄市体育局省会体育中心	214000	15834	13431	

总投资10亿元以上建设项目主要经济指标（2012年)(续一)

Major Economic Indicators of Investment Over One Thousand Million under Construction (2012)

单位：万元 (10000 yuan)

建设单位及建设项目 Unit Names	计划总投资 Total Investment Planed	累计完成投资 Accumulative Investment Actually Completed	#本年完成 This Year	累计新增固定资产 Accumulative Newly Increased Fixed Assets
河北宝申市政工程有限公司石家庄滹沱新区起步区综合管沟	125589	123500	123500	
河北机场管理集团有限公司石家庄正定国际机场改扩建工程项目	448600	106980	87980	
石家庄飞机工业有限责任公司石家庄航空产业制造基地	230300	175300	39800	
石家庄市华明宾馆石家庄市华明物流仓储中心	130000	68906	48906	
石家庄怀特随园胜境生态园有限公司石家庄栾城县现代都市农业园	137500	68910	68910	
河北顺邦百营物流有限公司百营物流中心	100216	99940	10800	
石家庄煤矿机械有限责任公司矿山机械研发制造中心	161816	71727	31278	12740
石家庄安瑞科气体机械有限公司能源气体关键装备制造项目	150000	149000	87036	
石家庄市物资回收总公司石家庄市再生资源科技工业示范基地	210000	25500	25500	
南车石家庄车辆有限公司南车石家庄轨道运输装备和工程机械产业园	583730	1000	1000	
河北润丰物流有限公司石家庄城市商品配送中心	158000	67000	67000	
精英教育集团河北传媒学院河北传媒学院新校区二期建设项目	141869	37200	37200	
河北九都物流有限公司行唐县九都物流商贸物流园	162000	42000	21000	
行唐县倡行煤炭物流交易中心年购销3000万吨煤炭物流交易中心项目	135001	84400	55000	
河北团山红农业开发有限公司河北团山红生态农业产业园	223300	3000	3000	3000
河北食品添加剂有限公司年产1600吨天然色素	108000	35090	31965	12900
石家庄鹏海制药有限公司分公司石家庄鹏海制药有限公司整体搬迁	120000	98419	46174	14410
石家庄华牧种鸡场中国华牧海兰蛋鸡良繁基地建设	156000	50739	10972	
灵寿县供销社石家庄小商品加工制造项目	330000	102900	65616	65616
河北居美投资有限公司石家庄漫山生态休闲服务区	158291	41130	24630	24630
石家庄鸿骏塑料制造有限公司新建PVC、PE手套项目	153000	15620	15620	
石家庄龙泽制药有限公司年产1660吨抗病毒系列药物产业化	100000	17120	5680	
河北华运鸿业化工有限公司年产90万吨石油钻井用泥浆助剂生产基地	201000	5500	5500	
河北润玉陶瓷制品有限公司高端陶瓷新材料系列产品建设项目	158000	7200	7200	
石家庄市福瑞德皮革工业园区厂房仓库办公楼研发中心	325500	27650	27650	
石家庄鑫农机械有限公司中国农业大学—畜牧机械研发生产项目	116500	29500	29500	
河北潘成机械设备制造有限公司年产18000吨石化设备专用内件	242500	13405	13405	
石家庄中冀正元化工有限公司合成氨循环化工示范项目扩建	103759	6007	3900	
石家庄航程门业有限公司厂房扩建	105000	49898	18850	
平山县交通局西柏坡高速路	370000	370000	15000	15000
平山县交通运输局西柏坡高速公路北沟至西柏坡段	131300	38800	38800	38800
河北汇宏房地产开发有限公司西柏坡行政旅游服务中心	120500	80312	80312	80312
西柏坡干部学院工程建设指挥部西柏坡干部学院	120000	120000	39000	39000
平山县葫芦峪农业科技开发有限公司10万亩核桃基地	151800	3000	3000	3000
河北万营投资有限公司西柏坡国际旅游艺术村	200000	6300	6300	6300
石家庄市明德投资有限公司河北平山康庄太阳能发电厂	472188	31100	15050	15050
河北天山蟠龙湖旅游开发有限公司天山龙湖世界	1083726	238700	92500	
天山房地产开发有限公司石家庄南部商务文体中心	612008	127000	60000	
石家庄京赞汽车服务有限公司石家庄南部重型汽车服务中心	101500	67060	60060	
河北山田房地产开发有限公司中国元氏历史文化城	576600	27974	22974	
河北新宇宙电动车有限公司年产3万辆电动汽车项目	106000	58140	25000	
河北天山实业集团有限公司农机及煤机配套件制造项目	109000	15000	15000	
河北耐力压缩机有限公司1000台离心式空气压缩机项目	131800	23611	19916	
河北旺业商贸有限公司400万吨/年数控钢材料加工项目(一期)	208700	24615	24615	
河北嘉华建材有限公司元氏金沙湾夕阳红产业生态区	290539	34009	34009	
赵县交通运输局赵县畅运物流园	108315	40700	25100	
河北金怡化纤有限公司利用废旧塑料生产涤纶纤维	120000	105735	51046	
河北兴柏生物科技有限公司年产2400吨生物炼制产品项目	113183	100406	37506	
河北宏润精细化工有限公司生物基农兽药中间体	117103	77717	36317	
石家庄国融安能分布能源石家庄循环化工基地周边工业余热热泵工程	128356	40846	37776	
河北广汇投资有限公司汽车金融产业园项目	116000	39008	39008	

总投资10亿元以上建设项目主要经济指标（2012年）(续二)

Major Economic Indicators of Investment Over One Thousand Million under Construction (2012)

单位：万元　　(10000 yuan)

建设单位及建设项目 Unit Names	计划总投资 Total Investment Planed	累计完成投资 Accumulative Investment Actually Completed	#本年完成 This Year	累计新增固定资产 Accumulative Newly Increased Fixed Assets
一山实业集团有限公司东方曼哈顿城市广场	124000	103153	11020	
高新区建设局市政设施项目	243871	243871	47021	243871
石家庄以岭药业股份有限公司现代特色中药产业化项目	160000	96803	24340	
石家庄以岭药业股份有限公司专利中药生产基地建设项目	112200	38790	38790	
石家庄高新建设投资有限公司高新区32号地块居住小区一期工程	131644	121214	33214	
石家庄旭新光电科技有限公司TFT—LCD玻璃基板项目	270000	169000	18000	
石家庄市裕华区宋营镇南辛庄村民委员会南辛庄城中村改造项目	120000	120000	72000	120000
石家庄格力电器有限公司家用空调南厂区建设项目	185000	185000	137146	185000
石家庄格力电器有限公司家用空调北厂区建设项目	176000	176000	144145	176000
河北欣意电缆有限公司稀土高铁铝合金电力电缆及特种电缆生产项目	254042	149802	149802	
辛集市澳森温泉度假有限公司、澳森温泉度假项目	168800	29163	18964	
河北辛集化工集团有限责任公司整体搬迁技改	1050000	89947	89947	
中国石油化工股份有限公司石炼化份公司石炼化质量升级改造工程	530000	379945	257630	
河北威力制冷设备有限公司基础零部件、汽车配件、钢结构件	106000	106000	53200	53200
河北御谷杂粮有限公司中国杂粮城	261225	24500	24500	
藁城市岗上镇人民政府新民居	100000	82100	82100	82100
河北威远生物化工石家庄基地整体搬迁升级工程	123400	118050	44000	
石家庄盈鼎气体有限公司公用气体岛项目	188714	119000	119000	
河北宏恩唯圣食品贸易有限公司食品加工	101000	28800	28800	
华北制药股份有限公司华北制药新制剂	162100	162100	14100	14100
华北制药河北华民药业有限责任公司年产3000吨7—ACA改扩建	111400	111400	54900	54900
河北志诚物流有限公司河北志诚物流中心项目	131453	54402	29439	
河北雪洋纺织有限公司年产3万吨高档纱及800万米高档面料	110000	27650	27650	
晋州拓新孵化发展有限公司海外留学人员晋州市创业园项目	206500	12920	12920	
晋州市东胜科技有限公司年产2万吨烟酰胺项目	107000	20850	20850	20850
石家庄经济学院华信学院石家庄经济学院华信学院新校区建设项目	133650	35000	23500	
河北氏氏美卫生用品有限责任公司新乐氏氏美卫生用品生产项目	112000	26000	26000	26000
河北博广炉窑设备制造有限公司年产500台/套工业炉窑设备项目	225000	6000	6000	1600
河北远大中正生物科技有限公司年产150000吨一水硫酸锌及综合利用项目	350000	33000	33000	33000
河北锦泰达化工有限公司甲醇下游系列产品项目	113025	31000	31000	
河北金柳化纤有限公司200000吨/年涤纶瓶片废料纺短纤	108000	103100	51700	51700
浙江城建建设集团鹿泉旅游服务中心	179100	16100	16100	
河北华电石家庄鹿华热电有限公司石家庄鹿华热电一期工程	314000	297500	52124	
石家庄雨润农产品全球采购有限公司雨润农产品全球采购中心项目	1020900	1164	1164	
河北中友机电装备制造工业园艾默生网络能源及现代化农业装备项目	318000	14200	14200	
唐山曹妃甸国际生态城投资有限公司央企生活服务基地	530000	79500	14900	
唐山曹妃甸国际生态城市政建设有限公司城市桥梁工程	700000	408200	60400	5000
唐山曹妃甸科教城开发建设唐山工业技术职业学院曹妃甸新校园建设工程	110000	109400	5400	
唐山曹妃甸国际生态城市政建设有限公司城市内河水系工程	320000	315100	59200	
曹妃甸开发建设有限公司北区路网二期工程	142700	145500	20700	2000
唐山市公路管理局G205线丰南至古冶改建工程	237181	230835	37205	30000
唐山市陡河青龙河管委会市区水系综合治理工程	300000	300000	12699	65000
中国石油冀东油田公司冀东油田勘探开发工程	283648	244474	244474	214474
唐山市佳源贸易有限公司新建北方国际钢铁交易中心及配套物流中心	101978	63000	35000	
唐山市南湖生态城开发建设投资有限责任公司西北片回迁安置小区	1060000	817651	503051	
瑞和置业(唐山)有限公司唐山凤凰新城酒店项目	101400	31516	31516	
唐山市工人医院凤凰新城唐山工人医院	263130	557	557	
唐山市古冶区民生投资公司唐山市古冶区金山三期震后危旧平房改造	106992	40824	40824	40824
唐山市开平区税务庄街道办事处廉租房住宅、经济适用住宅、危改还迁住宅	210000	235000	65000	65000
住友建基(唐山)有限公司工厂二期工程项目	163200	149419	127668	127668
唐山洲盛商品博览城有限公司唐山洲盛商品博览城有限公司新建工程(一期)	279729	50011	50011	24876

总投资10亿元以上建设项目主要经济指标（2012年）(续三)

Major Economic Indicators of Investment Over One Thousand Million under Construction (2012)

单位：万元　　(10000 yuan)

建设单位及建设项目 Unit Names	计划总投资 Total Investment Planed	累计完成投资 Accumulative Investment Actually Completed	#本年完成 This Year	累计新增固定资产 Accumulative Newly Increased Fixed Assets
唐山市朋鼎停车设备制造公司机械式立体停车库	115000	27000	27000	
唐山正元管业有限公司新建镀锌钢型复合管项目	105000	122100	76600	76600
唐山北方瓷都陶瓷集团有限责任公司建设高档卫生陶瓷项目	281499	244000	101200	
唐山荣盛房地产开发有限公司五星级酒店项目	110000	30000	23000	
唐山市丰南区住房和城乡建设局青少年科技体验中心项目	150866	52800	52000	
唐山市丰南区住房和城乡建设局唐山市丰南区港岛中心商业综合体项目	130000	28000	16000	
广东物资(唐山)现代物流有限公司建设北方区域性高级物流项目	316000	34000	34000	
唐山万力房地产开发有限公司建设唐山万力商业广场	210000	53000	53000	
唐山市丰润区韩城镇于林庄村村民委员会韩城镇于林庄村平改楼工程(B 区)	110000	90000	12000	12000
唐山冠亚新材料有限公司新建园林工具和五金制品生产项目	205278	14000	14000	14000
唐山立信汽车微型变速器有限公司立信汽车微型变速器生产线项目	128000	43000	13000	13000
唐山裕航铸造有限公司年产20万吨大型精密铸件工程项目	119350	3000	3000	3000
唐山大陆实业开发有限责任公司新农村开发建设乡居假日项目	300000	98916	22631	22631
河北大唐国际丰润热电工程扩建处河北唐山新区热电厂“上大压小”工程	257600	284102	34699	34699
唐山轨道客车有限责任公司高速动车组维修基地项目建设	115000	65583	20583	20583
唐山轨道客车有限公司高速动车组试验线及制造能力提升技术改造项目	139000	61087	61087	61087
唐山滦州古镇置业有限公司滦州古城文化旅游整体开发建设项目	500000	328120	158120	
唐山冀东专用车有限公司年产50万台高性能液压件项目	137723	126590	81000	
国彭植物油年产10万吨高品质精炼植物油生产线及建设储藏库、10万亩无公害花生种植基地项目	105000	103150	103150	
唐山榕威管业有限公司年产180万吨焊管项目	150707	101000	61000	
唐山东海钢铁集团有限公司技术改造提升工程	193267	100000	100000	
唐山佳鑫机械配件有限公司年产30万吨机械配件生产线	123801	76900	26000	
唐钢滦县司家营铁矿有限责任公司铁矿开发二期及南区采选工程	1200000	1294300	116000	116000
滦县新绿洲生态农业有限公司循环经济产业园项目	113000	50200	44000	
唐山东海钢铁集团有限公司新建大型装备制造项目	133030	76600	76600	
滦县力恒新能源有限公司新型高效太阳能应用系统制造项目	129715	69100	69100	
唐山滦州重工机械制造公司先进机械及水泥成套设备制造项目	620000	106800	106800	
唐钢美锦煤化工有限公司环保搬迁项目	222253	96580	96580	
滦南县交通局滦南县交通局滦海公路工程	180480	125033	20900	
咀东经济开发区再生资源处理基地和物流配送中心	204801	18200	18200	
唐山凯源实业有限公司镍铁合金生产一期项目	298137	29000	29000	18000
唐山湾国际旅游岛开发建设指挥部办公室祥云岛及大清河周边清淤	168100	147630	16000	
唐山湾三岛旅游开发佛文化主题公园佛文化主题公园项目	150000	108700	76500	40500
唐山湾三岛旅游区旅游开发建设有限公司岸线修复项目	160000	131500	84500	65000
唐山乐亭浩淼供水有限公司三期供水终端供水项目	125251	91760	91760	70000
唐山湾国际旅游岛开发建设指挥部菩提岛、月岛及周边内海清淤	136800	136470	19500	13000
唐山湾国际旅游岛开发建设指挥部旅游专用线	100000	87000	31000	22000
唐山旭阳化工有限公司10万吨/年环氧氯丙烷项目	123212	26804	26804	26804
唐山滨海公路有限公司滨海公路改建工程项目	323200	176708	119515	119515
旅游开发建设有限公司唐山湾国际旅游岛核心区水系	103948	61500	61500	
旅游开发建设有限公司唐山湾三岛渔业休闲游艇俱乐部项目	200000	59500	59500	
河北太合康辉旅游投资公司滦河谷生态旅游区	300000	4500	4500	
迁西县交通局京秦高速公路迁西支线	242400	259000	10000	
唐山金信新能源有限公司年产500KV太阳能光伏产业垂直一体化产品项目	180745	18330	18330	
唐山翰弘房地产开发有限公司鸦鸿桥商贸物流项目	150000	127500	127500	150000
唐山玉田碧花园房地产开发有限公司翠屏湖碧花园生态旅游度假项目	100000	55200	25000	4200
玉田县京玉体育休闲旅游度假有限公司京东玉龙湾体育休闲产业园新建项目	150313	67800	53000	50800
玉田县昌泰纸业年产40万吨低克重高强度瓦楞纸和40万吨石膏板护面纸新建工程	256231	210446	112884	106643
玉田交通建设开发公司唐山市玉滨公路工程	157136	23540	23540	
唐山市玉田县唐山中再生资源开发有限公司唐山再生资源科技园新建项目	100000	120000	75700	75700

总投资10亿元以上建设项目主要经济指标（2012年）(续四)

Major Economic Indicators of Investment Over One Thousand Million under Construction (2012)

单位：万元 (10000 yuan)

建设单位及建设项目 Unit Names	计划总投资 Total Investment Planed	累计完成投资 Accumulative Investment Actually Completed	#本年完成 This Year	累计新增固定资产 Accumulative Newly Increased Fixed Assets
唐山东方世纪物流有限公司唐山曹妃甸综合物流中心新建	106720	36055	16015	
海天新能源有限公司新建海天新能源有限公司	100000	83605	41550	
曹妃甸承德临港工业园管委会德临港工业园5平方公里基础设施建设项目	102968	12300	12300	
唐海京港房地产开发有限公司渤海明珠汽车城建设项目	119000	71964	12200	
唐山文丰启源管业有限公司年产50万吨ERW直缝焊管生产线建设	168745	82290	41958	
唐山文丰山川轮毂有限公司年产50万片车轮轮毂生产线建设	174658	186777	18213	18213
唐山港集团股份有限公司京唐港区20号-22号通用杂货泊位工程	119936	118886	1000	98012
唐山中浩化工有限公司6万吨/年聚甲醛工程	191809	191545	69700	
中央储备粮唐山直属库脂油料加工仓储	122996	122451	31100	
京唐港首钢码头有限公司京唐港首钢码头一期工程	361959	372251	10851	372251
唐山中浩化工有限公司15万吨/已二酸	292624	253626	130130	
唐山湾炼焦煤储配有限公司唐山海港开发区煤化工产业物流配送中心	184261	139497	86300	
唐山海港城市发展公司开发区西区基础设施	247000	114100	79750	
唐山佳和物流有限公司唐山海港开发区佳和商贸物流基地	128000	50250	50250	
唐山长久物流有限公司长久汽车物流产业园(华北基地)	197749	26000	26000	
唐山三友集团有限公司16万吨/年差别化粘胶短纤维项目	118900	142621	99621	118900
首钢京唐钢铁联合有限责任公司首钢京唐公司钢铁厂	6572800	6143420	320281	
蓝海曹妃甸有限公司曹妃甸工业区东南区建设基地工程	131572	131572	13582	13582
唐山重型装备集团有限责任公司重大冶金矿山装备制造基地一期建设项目	149890	118414	46000	
华海风能发展有限公司冀东水泥曹妃甸风力发电设备制造项目	215100	147121	55601	
唐山文丰广易钢结构制造有限公司曹妃甸文丰广易钢材深加工项目	164687	163288	40000	40000
蓝海曹妃甸有限公司曹妃甸工业区港池岛西部造地工程	157152	157052	42906	42906
唐山曹妃甸实业港务有限公司唐山港曹妃甸港区矿石码头二期工程项目	310180	286000	16000	16000
国投曹妃甸港口有限公司唐山港曹妃甸港区煤码头续建工程	444035	415970	72452	
唐山曹妃甸中视中科光电技术有限公司曹妃甸激光显示核心产业基地	330792	84300	50500	
唐山盾石机械制造有限责任公司盾石机械制造建设项目	110250	107734	9500	
唐山曹妃甸煤炭港务有限公司唐山港曹妃甸港区煤码头二期工程	542890	379500	149425	
中恒科技(唐山)曹妃甸有限公司太阳能电池项目	319889	212239	164700	
唐山盾石机械制造有限责任公司曹妃甸分公司重型机械热加工中心建设项目	151100	126000	102000	
唐山新惠铁精粉加工有限公司2×250万吨/年球团工程	135552	110100	64620	
唐山曹妃甸动力煤储配有限公司曹妃甸数字化煤炭储配基地	135291	92310	56406	
中国石油唐山液化天然气项目经理部唐山液化天然气项目	548781	368851	140026	
唐山曹妃甸港口有限公司唐山港曹妃甸港区一港池疏浚土方造陆工程	151600	97236	60236	
唐山德龙重工船务工程有限公司修船项目	250153	226370	53000	
河北龙成煤综合利用有限公司1000万吨煤清洁高效综合利用项目	720000	210230	210230	
华能曹妃甸港口有限公司华能唐山港曹妃甸港区煤码头工程项目	535100	94000	94000	
唐山曹妃甸文丰码头有限公司唐山港曹妃甸港区文丰通用杂货泊位工程	119345	101170	101170	
唐山曹妃甸港口有限公司唐山港曹妃甸港区通用散货泊位二期工程	139229	78263	78263	
曹妃甸基础设施建设投资公司曹妃甸滦曹高速连接线工程	124106	12300	12300	
唐山曹妃甸矿石码头有限公司曹妃甸港区矿石码头三期工程	407900	308300	308300	
国泰纸业(唐山曹妃甸)有限公司年产170万吨包装纸板和特种纸板工程	1000000	33500	33500	
唐山金道器石实业有限公司350 万吨甲醇制芳烃项目一期工程	129534	50000	50000	
唐山曹妃甸港口有限公司唐山港曹妃甸港区液体化工码头工程	135191	87803	87803	
唐山志威科技有限公司高合金材料项目	169300	24556	18586	
遵化市金圆环保抗震建材有限公司抗震建材项目	120000	23400	14400	
明月山庄旅游开发有限公司明月山庄国际度假中心	111841	8500	8500	
唐山松港科技有限公司选煤重介质及装备制造	143757	20000	20000	
唐山国华科技矿山装备公司建设煤炭装备制造	132014	20000	20000	
遵化市郝兴不锈钢有限公司不锈钢复合管及复合板项目	150000	75800	75800	
二十二冶装配式住宅产业公司200万立方米装配式住宅基地	250000	88350	88350	
遵化市冀东盛方机械制造公司重型矿山装备制造项目	110746	16200	16200	

总投资10亿元以上建设项目主要经济指标（2012年）(续五)

Major Economic Indicators of Investment Over One Thousand Million under Construction (2012)

单位：万元 (10000 yuan)

建设单位及建设项目 Unit Names	计划总投资 Total Investment Planed	累计完成投资 Accumulative Investment Actually Completed	#本年完成 This Year	累计新增固定资产 Accumulative Newly Increased Fixed Assets
河北华宇民爆器材公司综合服务区建设项目	111500	13600	13600	
遵化市华东机电设备有限公司矿山机械配件交易中心项目	103588	20100	20100	
唐山港陆钢铁有限公司产品转型年产200万吨不锈钢技改项目	224587	73370	73370	
遵化市长城畜牧机械有限公司2万套自动化畜牧机械建设项目	106000	59330	59330	
唐山尚禾源农业开发有限公司尚禾源文化与生态旅游项目	130000	27000	27000	
遵化市中环固体废弃物综合利用有限公司新型建材基地	102478	34000	17000	
遵化市清东陵旅游开发公司京东御泉旅游度假休闲区项目	224374	6125	6125	
唐山龙门湖旅游开发有限公司建清.文化产业园	217812	4000	4000	
唐山新东湖开发有限公司建设遵化葫芦峪纪念性公园	139052	8200	8200	
北京中上科技开发有限公司京东皇家文化旅游创意体验基地	1420400	8350	8350	
遵化市老兵尼特饮食有限公司金凤湖生态农业旅游开发	132000	8000	6000	
迁安市瑞腾投资有限公司滦河迁安市段河道综合治理工程	1212982	270800	270800	
迁安市交通运输局迁安市东西区第三通道工程	101200	26000	26000	
迁安市中医医院迁安市中医医院迁建	111004	14282	14282	
迁安市交通运输局京秦高速迁安支线京秦高速至迁安段工程	266300	174800	174800	
河北钢铁集团九江线材有限公司迁安市奥体中心项目	110000	104000	64100	
迁安市万嘉市场建设发展公司万嘉综合商贸物流园	185361	33153	33153	
中都(迁安)糖业有限公司100万吨薯类淀粉果糖20万吨变性淀粉项目	149400	31600	31600	
河北燕安盛世牧业有限公司肉鸡产业化项目	119000	25100	25100	
燕山钢铁有限公司240万吨焦化项目	120000	38150	14300	
唐山祥燕管材有限责任公司高端精品钢深加工	106308	80000	23600	
河北钢铁集团燕山钢铁公司新区2×2560m3高炉工程	190944	160990	160990	
河北钢铁集团燕山钢铁公司1780mm热轧带钢工程	262788	54100	54100	
迁安市燕山钢铁有限公司100万吨钢材及配套工程	200000	224480	53640	53640
迁安市长城绿宝有限公司白羊峪现代休闲农业示范园	126000	17473	17473	
河北省首钢迁安钢铁有限公司首钢迁钢公司冷轧项目	1400000	452532	452532	
迁安轧一钢铁集团有限公司1780宽带及附属工程	600000	250105	31000	
迁安市马兰庄镇人民政府马兰庄镇新镇区项目	107050	69000	69000	
浙江物产(迁安)物流公司浙江物产北方供应链物流基地项目	300042	61239	61239	
九江线材有限公司年产2×110万吨H型钢生产线产业升级改造	254717	202531	171185	
九江线材有限公司预应力钢丝、钢绞线项目	116215	135942	101542	135942
迁安市思文科德薄板科技有限公司(原名沪久管业有限公司)年产60万吨精品冷轧带	175546	45391	44338	
迁安市思文科德金属包装公司金属包装生产线项目	118304	27847	27847	
秦皇岛市六合建设开发项目管理有限公司大小汤河、大小马坊河综合治理工程	167890	101838	39969	
秦皇岛市西龙道路建设发展有限公司秦皇岛市西部快速路工程	144357	109619	44778	
秦皇岛市支援承秦高速公路建设指挥部承秦高速秦皇岛段	1020000	1020000	246300	1020000
秦皇岛市人民防空办公室金三角地下人防工程项目	100000	85000	39000	
秦皇岛嘉恒投资管理有限公司秦皇岛嘉恒物流中心	150000	36569	32319	
正大食品(秦皇岛)有限公司综合食品加工项目	170000	10637	10637	
中铁山桥集团有限公司大跨境桥梁钢结构及重型工程机械制造基地建设项目	230000	110142	51027	
山海关船舶重工有限责任公司山海关船舶重工公司修船扩建项目	256646	190764	39986	
秦皇岛市青龙大巫岚德龙铸业开发有限公司大巫岚循环经济工业园综合项目二期	150000	164600	27600	27000
秦皇岛市市政建设办公室秦抚快速路工程	277270	84325	10880	
秦皇岛骊骅粮油有限公司粮食综合加工及物流项目	105793	15000	15000	
秦皇岛南戴河顺驰房地产开发有限公司南戴河国际森林体育俱乐部	389600	99401	31701	
秦皇岛立顺源投资管理有限公司葡萄岛旅游综合项目	293355	50852	11740	
抚宁县人民政府南戴河村委会南戴河村拆迁改造	200000	90228	54008	
秦皇岛宏阳机械制造有限公司福思特太阳能养护生产线项目	132565	4000	4000	
抚宁光辉文化休闲养老中心抚宁光辉文化休闲养老基地	149600	18000	18000	
秦皇岛抚宁县杜庄德大房地产开发有限公司新建金舍如意山水温泉小镇	485600	72230	47730	

总投资10亿元以上建设项目主要经济指标（2012年）(续六)

Major Economic Indicators of Investment Over One Thousand Million under Construction (2012)

单位：万元 (10000 yuan)

建设单位及建设项目 Unit Names	计划总投资 Total Investment Planed	累计完成投资 Accumulative Investment Actually Completed	#本年完成 This Year	累计新增固定资产 Accumulative Newly Increased Fixed Assets
秦皇岛栖云山国际旅游度假有限公司秦皇岛栖云山旅游公司国际旅游度假区项目	810000	169709	88420	
宏启胜精密电子(秦皇岛)有限公司宏启胜精密电子(秦皇岛)有限公司PCB项目	202079	284005	72192	
秦皇岛润海房地产开发有限公司北戴河国际旅游度假中心一期	498000	27605	27605	
邯郸市城投公司文化艺术中心文化艺术中心	119956	119940	11200	
丛台区苏曹乡南苏曹社区居民委员会阳光三龙商业广场	158531	33000	33000	
现代(邯郸)物流港开发公司现代(邯郸)国际汽贸城会展中心	341996	134148	114824	
复兴区彭家寨乡西小屯社区复兴区西小屯社区整体搬迁	111110	117390	117390	117390
邯郸鑫路捷物流有限公司铁路物流仓储中心	254190	79400	79400	
邯郸市峰峰鑫楠贸易有限公司30万吨/年煤焦油深加工项目	101958	31500	31500	
邯郸美的制冷设备有限公司美的集团邯郸年产350万套空调	200000	79500	4500	
邯郸青苹果新能源电力公司太阳能级硅材料制造项目	257150	38550	15400	
时代(邯郸)装备机械物流城有限公司时代国际装备机械物流中心	126000	43759	18227	
邯郸市世纪开发建设有限公司邯郸经济开发区东区基础设施配套工程项目	360020	10728	10728	
华北重型装备制造有限公司重型矿山采掘成套装备制造及大型铸锻件生产基地	300000	56008	37950	
新兴铸管股份有限公司30万吨高端无缝钢管项目	540000	143020	109420	
河北西姆莱斯管业有限公司年产60万吨油井管及高压锅炉管项目	155018	87300	87300	
邯郸县代召乡路神公司路神专用车生产线建设路神专用车生产线建设	200000	221151	63000	209551
邯郸市文杰商贸有限公司现代家居物流项目	105000	105700	100600	105700
华捷科技有限公司高科技军民两用传感器项目一期	185000	47999	47999	
邯郸市奥德装饰工程有限公司建设高科技玻璃研发基地项目	354735	54999	54999	
邯郸新兴国际商贸物流城新兴国际商贸物流城建设项目	226000	233094	43500	43500
河北正日食品有限公司食品加工基地项目	101855	84200	72700	
河北永不分梨酒业有限公司北方酒都文化产业基地	200000	38950	38950	
天津鼎晟晖投资发展有限公司临漳县鬼谷子文化产业园建设项目	195000	23300	23300	
邯郸市邯钢附属企业公司钢材后延加工临漳产业园项目	109598	116100	35200	116100
河北绿尔化纤有限公司再生聚酯差别化短纤维及高档塞络紧密纺织线项目	112295	111600	60300	
邯郸科汇重工机械制造公司数控机械设备制造项目	101721	52758	52758	
河北思达实业集团有限公司新建旅居车厢体及全地形车建设项目	136000	83871	25000	32000
成安县友发钢管有限公司年产250万吨高频焊管	118133	77850	40900	38000
河北再戈再生资源开发有限公司新建再生资源回收利用科研生产基地	459446	76500	31000	35000
邯郸市昌盛冷轧有限公司年产200万吨高频焊管年产200万吨高频焊管	108000	80600	47000	
河北驼马专用车股份有限公司年产40000辆场地用车出口生产基地	116000	66050	50100	45000
中国华冶科工集团有限公司大型构件及专用设备制造基地	151823	25600	25600	
邯郸市国华纺织科技有限公司钢制玻陶复合管道及节能环保设备生产线项目	110000	20300	20300	
成安县宗教局中国禅都二祖禅文化生态园中国禅都二祖禅文化生态园	161100	8100	5600	
河北新桥种植科技有限公司涉县万亩绿色农产品深加工基地项目	110668	30520	23170	
涉县旅游开发有限公司女娲文化旅游资源开发项目	235800	33000	33000	
涉县井店镇建龙物资有限公司物流项目物流项目	152460	28842	25000	
河北洁神新能源科技有限公司锂电池项目	151219	74019	54009	
磁县兴民合作社中国彩椒及无公害果蔬基地项目	110000	15500	9000	
磁县景明塑料再生城开发公司塑料循环产业基地项目	151334	23000	23000	
磁县众诚公司磁州窑文化创意产业园众诚公司磁州窑文化创意产业园	110020	69000	56000	
河北智生环保科技有限公司光固化水性新材料系列产品生产基地项目	156330	18000	18000	
邯铁物流公司邯铁钢材物流基地项目邯铁物流公司钢材物流基地项目	238418	15000	7000	
邯郸市鑫盛能源科技有限公司高温煤焦油馏份加氢改质精制项目	118000	6000	6000	
裕泰公司10*104Nm3/h焦炉煤气制天燃气项目	123720	54000	45000	
邯郸市农业生产资料总公司冀南农资物流配送中心扩建项目	102000	24648	23822	
邯郸市治富植物制剂年产5万吨物植农药、2万吨药肥和6万吨纯有机肥	123395	49420	12710	
汽贸集团股份有限公司邯郸第二分公司肥乡汽车销售装配服务项目	110000	90480	23960	
河北益诚靓家居家具制造有限公司现代集成家具生产基地项目	105050	19050	17700	

总投资10亿元以上建设项目主要经济指标（2012年）(续七)

Major Economic Indicators of Investment Over One Thousand Million under Construction (2012)

单位：万元 (10000 yuan)

建设单位及建设项目 Unit Names	计划总投资 Total Investment Planed	累计完成投资 Accumulative Investment Actually Completed	#本年完成 This Year	累计新增固定资产 Accumulative Newly Increased Fixed Assets
邯郸市爱华机械电子有限责任公司爱华公司搬迁升级改造项目	100220	8500	8500	
邯郸四达电机股份有限公司电机工业园区建设项目	150500	5400	5400	
邯郸市从台酒业股份有限公司退城进郊异地搬迁及酒包装灌装基地项目	128496	40895	24000	
河北钢辰冶金材料有限公司年产10000吨钒氮合金工程项目	101690	22266	19431	
河北郸豪调味品酿造有限公司年产20万吨调味品建设项目	115000	51000	47020	
永年县城南冶金配件公司建设年产18万吨冶金矿山机械配件项目	117312	117312	78922	78922
河北省旗盛房地产开发公司永年县世纪城—苗庄新民居	160000	40528	40528	
永年县广府管委会广府古城保护整治与旅游开发项目	550000	89900	71900	
宝慧管业有限公司年产150万吨高频焊管生产项目	106000	78400	75200	
鸡泽县助航农业生态旅游中心农业生态旅游中心	115580	16480	16480	
河北省广平县力尔型材有限公司年产30万吨交通运输领域工业铝型材	222300	126550	69000	
河北香道食品有限公司年产20万吨原浆粉条、方便粉条项目	100483	100500	71600	71600
河北金环瑞吉德科技有限公司装备制造研发生产项目	233150	18000	18000	18000
邯郸市颐民宝有限公司建设生物质热裂解发电用新燃料项目	115000	22300	22300	17300
馆陶县金瓯汽车贸易有限公司金瓯汽贸城	128000	51866	25366	25366
河北新正源纺织有限公司河北新正源环保纺织生产项目	125369	28648	17564	17564
魏县天龙建筑建材批发市场服务中心魏州建材物流交易中心项目	121646	17165	16065	16065
河北环嘉静脉产业园管理有限公司河北环嘉静脉产业基地项目	239350	34566	31110	31110
邯郸鸿力轴承有限公司新建年产2331万套精密轴承生产基地	139754	53209	53209	
曲周县北农大禽业有限公司(节能型蛋鸡华北高技术产业基地)新建	100000	44100	35700	
邯郸市交通局邯大高速公路邯郸市交通局邯大高速公路建设.	802308	464200	284200	
邯郸市交通局三路一场邯郸市交通局三路一场项目	108908	108908	38908	108908
邯矿集团文水循环产业链邯矿文水循环产业链	614159	267705	37334	267705
冀中能源邯矿集团棚户区改造冀中能源邯矿集团棚户区改选项目	153472	63500	31822	
峰峰集团锡盟能源化工开发办事处锡盟煤电化一体化项目	459979	141045	20209	
峰煤焦化公司160万吨焦炉及20万吨煤气制甲醇峰煤焦化公司煤化工二期	274466	300204	46557	10648
冀中能源峰峰集团磁西一号矿筹建处冀中能源峰峰集团磁西一号矿	257102	53114	17997	5334
冀中能源峰峰集团棚户区改造办公室冀中能源峰峰集团棚户区改造	304919	211536	87464	3700
邯郸钢铁集团有限责任公司铁前环保治理与物流优工程	238835	140782	140782	
河北新武安钢铁集团文安钢铁有限公司年产60万吨冷轧电工板及配套项目	126902	10390	10200	
武安市明星天然气有限公司管道天然气利用工程项目	127646	19300	19300	
河北诺恩水净化设备有限公司水处理、液体分离膜过滤设备生产建设项目	100000	49535	31653	
武安新捷能源科技开发公司LNG、CNG车辆改装流水线；LNG CNG分装站及加注气站；LNG CCNG新能源技术应用咨询	100000	48428	48428	
南赵兴金属制品有限公司五金精饰研发生产基地项目	111650	35535	35535	
河北逸驰物流有限公司现代综合物流园项目	112386	103564	103564	
武安市南洺河铁矿有限公司基建工程及配套工程	200000	184800	24800	
河北新武安钢铁集团河北万利新材料科技有限公司150万吨冷轧薄板工程	350000	43100	43100	
河北金煤物流有限公司河北金煤物流有限公司煤炭物流园区工程项目	142528	59000	59000	
大唐武安发电有限公司煤矸石电厂新建工程	321357	286586	72872	3711
河北普阳钢铁有限公司固废综合利用可循环处理工程	125560	118860	78360	
河北普阳钢铁有限公司钢铁运输系统技术改造工程	121265	50150	50150	
武安市宝烨年产90万吨捣固焦炉项目武安宝烨年产90万吨捣固焦炉项目	125766	125766	8466	125766
河北新金钢铁有限公司循环经济产业园区项目	102278	38700	38700	
五矿邯邢矿业有限公司工矿棚户区改造项目	125278	47100	47100	
武安市七步沟风景区旅游开发有限公司七步沟旅游开发工程项目	121245	52950	18750	
武安市奥科达制管有限公司年产150万吨焊管工程一期年产70万吨焊管项目	132216	48960	48960	
武安市永诚铸业有限责任公司年产120万吨优质焊接新材料工程项目	121860	49000	49000	
邢台市七里河新区管委会七里河综合治理	729000	587591	133642	
邢台市交通运输局邢衡高速公路邢台段建设	1123078	454500	260000	

总投资10亿元以上建设项目主要经济指标（2012年）(续八)

Major Economic Indicators of Investment Over One Thousand Million under Construction (2012)

单位：万元 (10000 yuan)

建设单位及建设项目 Unit Names	计划总投资 Total Investment Planed	累计完成投资 Accumulative Investment Actually Completed	#本年完成 This Year	累计新增固定资产 Accumulative Newly Increased Fixed Assets
河北开元城市建设投资公司邢台市汽车城	184303	45966	45966	
河北丰基投资有限公司邢台红星美凯龙商务综合体	123164	34500	34500	
河北庆丰光能科技股份有限公司新建年产300兆瓦非晶硅薄膜太阳能电池项目	170688	116158	10062	
河北吉杰太阳能科技有限公司新能源、新材料高科技产业化项目	106800	52000	52000	
新兴际华河北资源开发公司新能源、新材料及新型智能化装备产业化项目	620000	11000	11000	
邢台诚嘉高纤科技有限公司年产32万吨差别化彩色环保纤维项目	150000	11000	11000	
邢台邢业通物流有限公司冷链物流	110727	67184	38114	
邢台钢铁线材精制公司新建单晶硅切割钢丝及高速铁路冷成型件生产	153028	153028	153028	153028
河北金后盾汽车公司汽车零配件及方舱项目	225000	127230	39630	112520
邢台恒亿再生资源回收公司邢台恒亿资源循环科技项目	115000	30500	30500	
武汉体育学院武汉体育学院邢台分院	140000	32400	32400	
河北泰行旅游投资有限公司邢台太行山旅游度假区	238000	6500	6500	
临城县兴达农业开发有限公司河北临城国际农产品产业园工程项目	204979	9000	9000	
河北君俐医药化工有限公司年产10000吨对羟基苯海因项目	106000	21400	21400	
河北旺族饲料有限公司种猪繁育、饲料深加工及生猪屠宰深加工	118000	70840	52100	
河北豹子口旅游开发有限公司新建神英王生态旅游度假景区	145159	36100	36100	
内丘县寒山旅游开发有限公司新建寒山旅游区旅游项目	100606	14300	14300	
邢台恒源化工集团有限公司新建氟化工产业链项目	150000	16700	16700	
邢台圣皓生物科技有限公司年产1500吨肌醇生产线项目	218000	33715	33715	
五得利集团柏乡面粉有限公司面粉及食品深加工项目	104536	20150	20150	
河北奎山集团塑编制品有限公司废旧塑料综合利用项目	100194	32000	32000	
今麦郎有限公司今麦郎产业升级项目	160000	159700	94200	
铭恒数控机械设备有限公司年产21000台高精密数控设备项目	204000	17000	17000	
河北雷泰铝业有限公司年产15万吨高精度铝板带箔项目	101900	24200	24200	
河北好望角物流发展公司华北农产品物流园	120000	9615	9615	
邢台路桥千山桥梁构件有限责任公司年产255万平方便捷桥项目	100000	24500	24500	20400
邢台柏晶科技开发有限公司低碳循环液化气深加工项目	205266	7820	7820	
河北采信化工有限公司新建年产30万吨烧碱	107312	3260	3260	
河北超威电源有限公司年产3000万只储电池	210000	11000	11000	
河北英贤金属材料有限公司年产120万吨新型节能高耐蚀复合板项目	108500	7700	7700	
河北奥丰铜业有限公司年产4万吨高精密铜管及2万吨无氧铜杆项目	105052	15000	15000	5000
邢台冷弯钢材有限公司设计年加工钢材163万吨铝材、铜材年加工能力2万吨	170000	50419	34019	34019
邢台市隆福泰纺织有限公司年产2万吨紧密纺及1800万米高档服装面料	108000	23900	23900	23900
邢台市振宗机械制造有限公司新建年产10万吨耐磨合金铸件	106000	34000	34000	34000
邢台新康弘医药有限公司现代医药物流配送项目	101300	11000	11000	
好孩子集团平乡有限公司年产各类儿童用车800万台新建项目	211000	47000	47000	47000
河北大鼎冶金机械有限公司年生产修复8万吨机械轧辊生产线项目	102000	19100	19100	19100
平乡县华洋塑胶厂年产20万吨塑料改性材料生产线	102000	10500	10500	10500
河北金日化工有限公司年产8万吨PI工艺醇醚项目	101500	12000	12000	
河北梅宗文化传播有限公司中国梅花拳文化产业园项目	102000	12478	12478	12478
河北康喜电子科技有限公司年产200万台高端液晶显示产品生产线	178000	10750	10750	
河北宏博牧业年孵化、饲养及屠宰肉鸡6000万只、饲养种鸡56.45万套	121060	9264	9264	
中航上大金属再生金属科技有限公司年产33万吨高温合金钛合金再生有色金属	327319	40480	39980	
河北宝驰车业有限公司年产10万辆新能源观光汽车项目	132609	7000	7000	
河北中销农产品市场投资南宫市中国供销农产品批发市场暨冀南商贸物流城	108355	26184	26184	
南宫市宝石房地产开发公司金南宫国际商贸广场建设项目	258433	8000	8000	
河北迎新玻璃集团有限公司320MW薄膜太阳能电池及基片玻璃生产线	467798	44148	19483	
龙星化工股份有限公司年产210kt高分散白炭黑生产	112484	37000	34422	
河北大光明实业集团嘉晶玻璃光伏玻璃及高科技Low-E节能玻璃深加工	193346	19968	19968	
沙玻玻璃集团有限公司年产4000万平方米工艺玻璃产业园	218098	75719	75719	
沙河市长城玻璃有限公司4x700t/d超白及在线Low-E镀膜浮法玻璃生产	131580	130530	65	

总投资10亿元以上建设项目主要经济指标（2012年）(续九)

Major Economic Indicators of Investment Over One Thousand Million under Construction (2012)

单位：万元 (10000 yuan)

建设单位及建设项目 Unit Names	计划总投资 Total Investment Planed	累计完成投资 Accumulative Investment Actually Completed	#本年完成 This Year	累计新增固定资产 Accumulative Newly Increased Fixed Assets
万隆陶瓷有限公司建筑陶瓷生产线	100000	100073	1102	1102
河北驰润特种玻璃有限公司离线Low–E镀膜玻璃深加工玻璃生产线	101133	73848	69163	
河北广进风能科技有限公司10万吨大功率风能设备配件	150000	117572	53722	
河北建投沙河发电有限责任公司河北建投沙河电厂2x600MW级空冷机组工程	474161	424733	97252	12
河北金泰成建材股份有限公司年产300万吨矿渣微粉生产线	110775	74510	51540	
沙河市津海特钢有限公司年产120万吨石油管项目	146990	12157	12157	
河北焱鑫煤炭运销有限公司河北焱鑫煤炭物流中心	107500	33393	33393	
邢台华远冷轧不锈钢有限公司不锈钢板材联合深加工项目	135762	30340	30340	
邯郸钢铁集团沙河市中关矿业有限公司中关铁矿建设项目前期(帷幕注浆)	112406	112402	14428	
保定市交通局张石高速公路保定段	1901217	1914248	334216	426660
保定市交通局张涿高速保定段	870705	521898	4229	
保定市天鹅股份有限公司年产3万吨溶剂法纤维素纤维项目	138405	68000	28000	
保定市新市区富昌乡大祝泽村富昌乡大祝泽村新民居	170000	39500	39500	
保定市新市区富昌乡富昌屯村新民居建设	180000	168200	55000	
保定市北市区中华路街道北关社区村民委员会北关村城中村改造项目	280000	72600	72600	
河北荣毅通信有限公司半导体照明产业化项目	120000	40000	9000	
保定隆信房地产开发有限公司新建万和中心项目	220000	95258	72258	
保定市天香投资担保新建年产72万吨“中华老字号”传统食品产业基地项目	189686	15000	15000	
河北新华第一印刷有限责任公司新建河北数字印刷产业园项目	200162	10000	10000	
保定市南市区裕华路办事处府河市场拆迁	670000	670000	55000	55000
长城汽车股份有限公司长城汽车研发中心	125993	122393	51483	51483
长城汽车股份有限公司长城汽车股份有限公司新技术中心建设项目	200000	134100	53000	
长城汽车股份有限公司扩大事业二、三部生产能力技术改造项目	113436	113436	11436	11436
长城汽车股份有限公司长城汽车股份有限公司扩大生产能力技术改造项目	170645	170645	170645	
保定天望房地产开发有限公司满城县大留村新民居	200000	20700	12200	
河北义厚成日用品有限公司年产10万吨生活用纸生产基地项目	158691	22500	22500	
保定市满城秀兰山庄秀兰山庄项目	152000	18780	18780	
大唐清苑热电有限公司大唐清苑热电有限公司大唐清苑热电工程	280663	291879	116990	291879
涞水县隆德轩红木家具有限公司涞水县古典家具生产项目	122861	115650	53100	44200
河北翔海房地产开发有限公司兴华商务园	125201	125201	32143	125201
保定北雄房地产开发有限公司滨河商务区项目	123520	33880	14600	
涞水中诚房地产开发有限责任公司涞水垒子水库旅游综合开发项目	523200	33310	12210	
涞水冀东水泥日产4000吨新型干法水泥生产线(配套9MW纯低温余热电站)工程	105647	103128	7200	
航天三院涞水科技研发基地818工程	300000	300000	15810	300000
河北顺天电极有限公司京南物流园区项目	119367	13500	9800	
河北翔海房地产开发有限公司拒马河旅游开发项目	188500	31130	20200	
涞水华梓农业技术开发有限公司祖冲之文化森林公园项目	302000	34800	31200	
涞水聚亨旅游投资有限责任公司涞水龙湾绿色农业观光园	211136	38900	38900	
河北烁方琦房地产开发有限公司阜平县沙河治理商贸旅游综合开发项目	300000	13160	13160	
保定翔瑞旅游投资有限公司乐天凤凰温塘寺度假中心建设项目	137671	25013	25013	
保定东方造纸有限公司年产30万吨高强瓦楞芯纸和10万吨高档双胶纸扩建项目	172196	70700	28700	
长城汽车股份有限公司年产50万套汽车冲压件项目	125272	17000	17000	
中国中纺集团公司保定中纺依棉精品纺织服装	103708	50000	8000	
长城汽车股份有限公司年产50万套汽车车桥项目	148802	78000	54500	
长城汽车股份有限公司发动机曲轴加工生产线项目	115116	71600	47500	
长城汽车股份有限公司汽车发动机缸体缸盖加工生产线项目	172685	77500	55500	
长城汽车股份有限公司年产50万套汽车橡胶件项目	111041	88500	45500	
长城汽车股份有限公司整车提质扩能(10万辆)项目	168412	107000	107000	
保定巨腾房地产开发有限公司石龙山生态旅游度假村项目	179558	18000	18000	
河北贯鸿房地产开发有限公司新建定兴古城文化产业园项目	101000	37266	37266	37266

总投资10亿元以上建设项目主要经济指标（2012年）(续十)

Major Economic Indicators of Investment Over One Thousand Million under Construction (2012)

单位：万元　　(10000 yuan)

建设单位及建设项目 Unit Names	计划总投资 Total Investment Planed	累计完成投资 Accumulative Investment Actually Completed	#本年完成 This Year	累计新增固定资产 Accumulative Newly Increased Fixed Assets
河北康城建设集团有限公司河北实甫文化创意产业示范园项目	605490	7196	7196	7196
唐县润恒粮油贸易有限公司粮食仓储物流	226000	18858	18858	
唐县旅游文物办公室青虚山旅游区开发	107500	10728	10728	
河北蓝瑞照明科技有限公司LED照明及荧光节能灯具项目	106000	6100	6100	
保定浩润房地产开发有限公司容城–白洋淀旅游商贸区项目	281186	5000	5000	
保定来福汽车照明有限公司汽车灯具组件项目	101512	79500	77500	
涞源县水务局涞源县滨湖新区旅游综合开发项目	520000	154500	78500	
保定通源旅游开发有限公司天源国际酒店及国际会展中心	105000	28500	28500	
涞源县白石山旅游开发有限公司大白石山旅游开发项目	526000	115600	79100	
河北钢铁集团涞源有限公司独山城铁矿采选工程	184424	2000	2000	
保定先锋农用机械有限公司电动车、轻卡整车制造及CKD整车散件出口项目	160000	41300	29300	
保定定方铁路机车车辆配件制造有限公司年产20000套铁路货车摇枕、侧架	111228	39014	39014	
保定市民生房地产开发有限公司安新县湿地华城温泉旅游度假中心建设项目	166921	117400	87300	
安新县华鸿鞋业有限公司年产1.2亿双胶粘鞋	134288	76321	67320	
安新县金谷仓粮油购销有限公司50万吨粮食储备库建设	100000	11000	11000	
河北易水砚有限公司中华砚文化博览城项目	150000	76240	68277	
北京中庚投资有限公司北京中庚投资有限公司易州旅游文化中心建设项目	213960	8632	8632	
水利局北易水综合治理暨滨河新区开发项目	190000	155992	65072	
易县狼牙山风景区管理处狼牙山旅游综合开发项目	120000	106036	73476	
易县狼牙山中凯大酒店集团有限公司狼牙山红色文化产业景区建设项目	140000	9875	9875	
保定太行和益水泥有限公司活性石灰生产线建设项目	105000	67829	67599	
易县三利生态旅游开发有限公司易水新村新民居建设项目	268973	48966	48816	
易县三利生态旅游开发有限公司易县易水湖长寿老年康体中心项目	112800	49074	28814	
大同市益同房地产曲阳县国家级雕刻文化产业试验园区实训基地项目	123500	4980	4980	
保定凌蔚光电科技有限公司年产300兆瓦电池片及组件生产项目	120000	68300	28900	
蠡县祥润纺织有限公司纺织和PU合成革、半PU合成革联合生产项目	221565	16600	16600	
保定英利有限公司多晶硅太阳能电池产业链项目	387800	128900	43600	
保定永鑫肠衣有限公司中国国际肠衣交易中心	101312	101312	4728	101312
保定市东升卫生用品有限公司年产16万吨生活用纸项目	120000	53900	35900	
河北威利欧防腐保温工程有限公司高密度聚乙烯外护聚氨酯直埋保温管项目	100000	53215	53215	
顺平县恒瑞工业园区开发有限公司年产300MW多晶硅太阳能电池项目	290500	123030	107130	
保定苏博汽车零部件制造有限公司年产3亿套汽车零部件项目	101333	59910	59910	
保定宝丰硝化棉有限公司保定宝丰硝化棉有限公司技改创新项目	108000	41300	39900	
雄县双盛混凝土有限公司河北雄县温泉应用示范项目	103000	57500	32500	32500
雄县北方电脑商标织造有限公司世纪温泉旅游小镇项目	136380	24100	24100	24100
雄县娜雪箱包有限责任公司年产18万吨高分子复合材料	127071	50000	50000	50000
中国乐凯胶片集团公司乐凯集团新材料产业园项目	120000	115200	65000	
惠阳航空螺旋桨有限责任公司惠阳科技工业园建设项目	161257	123920	107587	
巨力新能源年产300MW垂直一体化多晶硅太阳能光伏产品项目(一期)	236000	12100	12100	
宇能电气有限公司宇能智能弃电机产业园项目	206466	197700	197700	
保定市民生房地产开发有限公司保定朝阳养老健康产业城项目	550000	14300	14300	
隆基泰和实业有限公司国际运动休闲健康港	130000	74450	18650	
隆基泰和实业有限公司北方商贸城	140098	146155	17900	146155
保定百利源城市建设投资有限公司白沟仁合庄等九个村街新民居联建项目	145000	112452	51402	
河北泰阁新型建材销售有限公司白沟泰阁新型建材城	119705	56150	18550	
和道房地产开发有限公司白沟国际原辅料交易中心	121200	57500	57500	
保定白沟箱包城投资有限公司白沟国际箱包交易中心	153100	68300	68300	
中国石油集团东方地球物理勘探有限责任公司基本建设及设备购置	173000	177000	112803	177000
保定国农温氏种猪育种涿州市年出栏10万头种猪及猪新品种培育基地建设项目	100000	41000	41000	
中石油东方地球物理勘探东方地球物理科技园区高性能计算中心一期	136800	83500	40000	

总投资10亿元以上建设项目主要经济指标（2012年）(续十一)

Major Economic Indicators of Investment Over One Thousand Million under Construction (2012)

单位：万元 (10000 yuan)

建设单位及建设项目 Unit Names	计划总投资 Total Investment Planed	累计完成投资 Accumulative Investment Actually Completed	#本年完成 This Year	累计新增固定资产 Accumulative Newly Increased Fixed Assets
定州市西城区杨庄子社区居委会杨庄子社区新民居建设项目	130000	81949	77249	
河北燕赵市场建设有限公司河北省建材市场扩建	115000	114050	3050	
定州市双天工业园区管理委员会定州双天园区基础设施建设项目	100000	89950	70950	
河北首农现代农业科技有限公司现代循环农业科技示范园区	150000	37300	29300	
定州市庞村镇西坂村村委会西坂村新民居建设	114000	46700	35500	
定州市京石铁路客运专线定州市京石高铁站前广场及绕城环路建设项目	220000	40000	40000	
华都国际建设集团安国房地产开发有限公司安国药王庙周边文化景区项目	300000	83735	43510	
北京同仁堂股份有限公司年产1.3万吨中药饮片及物流项目	121000	19850	19850	
安国市嘉富药业发展有限公司年产30万吨中药饮片及提取	165324	22200	22200	
隆基泰和实业有限公司国际靓丽绿色家居建材城	120406	62620	37090	
河北奥润顺达窗业有限公司年产260万平方米新型节能门窗项目	115648	117076	6607	113916
光为绿色新能源股份有限公司年产300MW多晶硅太阳能电池及组件项目	290113	83049	77712	
北京杉浩建设开发集团有限公司高碑店市出口箱包生产基地项目	127235	37700	37700	
高碑店市寰烁电子科技有限公司年产10万套寰烁便携式多媒体项目	101443	8400	8400	4000
河北新发地农副产品有限公司蔬菜水果批发市场项目	120866	17350	17350	
高碑店市金宇电磁线有限公司年产5000万台(套)电磁绕组器件项目	110000	89870	48920	26220
高碑店市铁岩钢板桩有限公司年产56000吨钢板桩项目	110000	33308	33308	
河北奥润顺达窗业有限公司新型节能门窗木索生产及实验检测项目	191238	60830	60830	
河北远思拓箱包贸易有限公司国际箱包城项目	120000	18523	8200	
高碑店市大平商贸有限公司服装、箱包辅料生产项目	129000	2800	2800	
河北汇佳房地产开发有限公司高碑店市文化体育广场项目	165133	26800	24200	
河北永昌房地产张家口维多利亚广场分公司桥东区永昌维多利亚广场建设项目	300000	144062	66955	
张家口市下花园区洋河河道管理中心下花园洋河河谷综合治理开发工程	105357	30956	10656	
庞大汽贸集团股份有限公司宣化县庞大汽贸集团有限公司西北部基地项目	180000	98858	60750	
河北凯威制药有限责任公司宣化县凯威制药有限公司GMD异地改造扩建项目	102000	75600	55600	
河北盛华化工有限公司桥东区河北盛华化工有限公司40万吨/年烧碱等项目	355565	208285	83185	178000
张家口北天一色旅游公司张北草沿天路旅游开发项目	181830	68300	68300	
张北县国家风光储输示范工程大河光伏储能电站	230565	265375	135920	68000
张北华田投资有限公司张北华田投资公司仙那都国际生态度假村	100818	100818	60606	8600
河北乾信牧业股份有限公司肉鸡农业产业一体化项目	100000	89032	89032	
中广核风力发电有限公司中广核张家口沽源黄盖淖风电场200MW工程	156489	55101	55101	
龙源风力发电有限公司龙源张家口尚义麒麟山风电场(增列)15万kW项目	119984	73030	73030	
蔚县暖泉旅游开发有限公司暖泉古镇文化产业园区项目	126909	35043	35043	
蔚县蔚州矿业有限责任公司北阳庄矿井筹建处蔚州矿业北阳庄矿井筹建	148992	147317	14700	
阳原县苏原煤炭经销有限责任公司阳原县苏原煤站迁建万吨装车线	112000	60550	60550	
凯盛汽车发动机制造(张家口)凯盛发动机缸体、缸盖、曲轴零部件项目	126954	119161	119161	
张家口煤矿机械有限公司责任公司万全西山煤机装备产业园建设项目	236224	198104	91129	91129
三一张家口风电技术万全西山三一风电技术公司风电叶片生产车间建设	800000	180793	154903	154903
河北宣工机械万全西山宣工挖掘机、装载机、起重机制造项目	161150	52247	35572	35572
张家口中地装备探机公司国机集团张家口地质装备产业园	155000	3000	3000	3000
怀来县均利恺元置业有限公司怀来县京北国际葡萄酒及葡萄酒文化城	180000	11673	2970	
怀来县鼎兴投资开发有限公司怀来新兴产业示范区零距离对接北京路网建设	131075	52267	28967	
永恒旅游景区开发有限公司河北怀来陈家堡综合旅游开发项目	403410	21469	21469	
西部发展控股有限公司涿鹿县"一河两城"项目	1798400	67880	67880	67880
涿鹿新源光伏科技有限公司涿鹿新源公司800MW太阳能组件项目	115000	130677	78677	78677
涿鹿科技园孵化器有限公司涿鹿科技成果孵化园项目	250000	28688	8688	8688
河北科普斯特陶瓷科技有限公司科普斯特精密度陶瓷项目	120000	64074	64074	64074
仙源（涿鹿）食品有限公司食品标准化生产基地	100000	66802	66802	66802
涿鹿县博达建设开发投资有限责任公司涿鹿博达公司高层次人才创业园项目	2000000	58846	33846	33846
河北黄羊山旅游开发有限公司涿鹿县黄羊山旅游开发	150000	35029	16927	16927
涿鹿安泰煤业有限责任公司涿鹿安泰煤业公司煤矿整合技改项目	100000	114323	44231	44231

总投资10亿元以上建设项目主要经济指标（2012年）(续十二)

Major Economic Indicators of Investment Over One Thousand Million under Construction (2012)

单位：万元　　(10000 yuan)

建设单位及建设项目 Unit Names	计划总投资 Total Investment Planed	累计完成投资 Accumulative Investment Actually Completed	#本年完成 This Year	累计新增固定资产 Accumulative Newly Increased Fixed Assets
达华工程管理(集团)有限公司黄帝泉国际养老基地	180000	18144	18144	18144
赤城飞行小镇旅游开发有限公司赤城飞行小镇开发项目	100000	3800	3800	
三道沟旅游胜地有限公司崇礼县密苑生态旅游度假区建设项目	172652	84700	32880	
崇礼山水旅游房地产有限公司崇礼翠云山国际旅游度假区项目	500825	13000	13000	
崇礼四通房地产开发有限公司新建英格堡度假庄园项目(一期)工程	120000	3300	3300	
张家口市建设集团有限公司张家口市区崇礼县补水工程	123389	106000	98500	
张家口市交通局张石高速三期三号地至张北段工程	227386	272076	47878	228076
张家口市交通局张市北环高速公路及高速公路连接线	466236	444859	115000	
张家口市交通局张市洋河综合治理工程	398463	429908	39000	39000
张家口市交通局张市宣左一级收费公路	419373	213293	84644	
张家口市交通局二连浩特至秦皇岛高速公路康保至沽源段	648700	117605	117605	
张家口市交通局张涿高速单家堡至保定界	899350	874815	192625	
张家口市交通局京新高速公路二期土木至胶泥湾	580778	644908	66000	66000
沽源金牛能源有限责任公司沽源金牛能源有限责任公司榆树沟煤矿	131000	35000	35000	
张家口利德信投资管理有限公司张家口塞北郁金香.莱登小镇项目	151000	37000	37000	
承德市交通局承秦高速路	902675	978951	178951	178951
承德市交通局承赤高速公路	1581659	610893	601588	
承德市新建滨河新城起步区防洪及水环境工程	220000	158659	72337	
承德市尚亚葡萄产业有限公司承德尚亚休闲文化产业园建设工程	110767	1325	1325	
承德智乔体育休闲投资有限公司承德旅游休闲体育产业园工程	500150	745	745	
承德市双滦区住房和城乡建设局滨水避暑新城基础设施建设项目	500000	170807	110807	170807
中国国电集团国电滦河发电厂“上大压小”热电联产扩建项目	150141	151000	50000	151000
承德市昌升房地产开发有限责任公司承德昌升机械物流	120000	92000	71000	
河北晨阳房地产开发有限公司河北晨阳国际汽配城	107600	15000	15000	
承德鼎盛文化产业投资有限公司鼎盛文化产业园区	120000	120514	32200	120514
承德市双滦区海建房地产开发有限公司皇家奥林匹亚体育文化休闲产业园	1033325	76060	66060	
河北北汽福田部件年产10万吨发动机缸体、缸盖(铸造中心)建设项目	199500	123435	120447	
承德避暑文化产业园区有限公司承德避暑文化产业园区	150000	39320	1000	
大鼎世纪地产投资(北京)股份有限公司承德板城文化休闲产业开发	1001599	3930	3930	
承德三融畜禽有限公司承德三融畜牧发展有限公司肉鸡产品综合开发项目	210000	14998	14998	
河北宜照投资有限公司京华艺术家基地.上庄建设项目	101928	21506	21506	
河北兴安民用爆破器材有限公司河北兴安配套20万吨硝酸铵生产线项目	101703	31726	31726	
河北铸合集团兴隆县矿业有限公司年产300万吨长石粉项目	150000	96480	54930	
兴隆县江南建设有限公司华盛顿．印象城宜居生活花园	344400	34100	34100	
兴隆县江南建设有限公司华盛顿．印象城企业总部基地建设项目	289000	40100	40100	
兴隆县北大青鸟无线互联投资有限公司兴隆县3G产业研发中心项目	183361	105368	23500	
兴隆县江南建设有限公司华盛顿．印象城休闲旅游度假区	367100	37800	37800	
兴隆县彬兴和旅游投资有限公司兴隆国际休闲体育公园社区项目	301270	49960	34800	
河北韩氏食品有限公司兴隆县“韩氏庄园”旅游度假生态食品加工园区	103711	9700	9700	
中金丰利酒业有限公司御隆山庄生态旅游区项目(山楂干红酒庄迁建)	110000	53700	36100	
承德栗源食品有限公司10万吨京东板栗贮藏与生产深加工综合项目	138284	35900	35900	
兴隆县江南投资开发有限公司将军国际健康城一期工程	360000	286100	150100	
河北西部春天旅游开发有限公司清水河湾房车小镇(休闲度假区)项目	212260	13100	13100	
平泉县建设局平泉县北城新区综合开发项目	180000	180000	53189	53189
平泉县辽河源旅游开发有限公司辽河源契丹文化产业园	122424	8524	5000	
河北席奥飞机制造有限公司轻型飞机培训基地	150000	111980	98980	
承德华北物流有限公司承德华北物流中心家俱生产园区项目	180000	25652	25652	
平泉县塔泉化肥有限公司100000吨/年复合玻璃钢制品	110000	20000	20000	
承德华北物流有限公司承德华北物流中心三期工程	120000	11000	11000	
承德润隆食品有限公司双孢菇产业化生产基地建设项目	120000	7980	7980	

总投资10亿元以上建设项目主要经济指标（2012年）(续十三)

Major Economic Indicators of Investment Over One Thousand Million under Construction (2012)

单位：万元 (10000 yuan)

建设单位及建设项目 Unit Names	计划总投资 Total Investment Planed	累计完成投资 Accumulative Investment Actually Completed	#本年完成 This Year	累计新增固定资产 Accumulative Newly Increased Fixed Assets
滦平恒达投资发展有限公司滦平滦阳溪谷滑雪度假村	148500	78483	30283	78483
河北诚德电动车制造有限公司电动车制造有限公司建设	118000	41800	41300	
隆化县丽水环保尾矿沙综合治理隆化县丽水环保工程有限公司	580000	154285	83680	
承德金松物流有限公司承德金松鸿利物流有限公司物流项目	112360	32700	32700	
承德御泉旅游开发有限公司七家温泉行宫	103000	27000	27000	
京北缘天然农牧有限责任公司奶牛标准化牧场建设项目	186000	34122	34122	
大唐国际开发有限公司蓝丰地方铁路项目	257394	226400	8900	
丰宁县地方铁路筹建处虎丰地方铁路二期项目	152667	102500	3400	
丰宁县平丰煤炭销售有限公司天桥煤炭物流园	150000	42000	30000	
河北大唐国际丰宁风电有限责任公司万胜永风电场	142309	142309	111651	142309
遵小地方铁路有限责任公司修铁路	100000	100000	8300	100000
宽城华宇房地产开发有限公司新建宽城东城区商贸物流城	113265	113265	102265	113265
承德富强工贸有限公司光伏玻璃生产项目	115320	73186	60286	73186
新天绿色能源围场有限公司河北围场御道口如意河风电场(200兆瓦)工程	176442	51050	51050	
河北龙源风力发电有限公司围场五乡梁风电项目	145057	145057	145057	145057
华能承德风电围场御道口牧场西北部20万千瓦风电场二期工程	178199	113163	113163	111
承德高新区新东开发中心上板城基础设施建设	150000	137883	31000	
沧州渤海港务有限公司黄骅港综合港区防波堤工程	267535	247095	50324	
沧州渤海港务有限公司黄骅港综合港区5万吨级航道工程	284325	275855	42738	
沧州渤海港务有限公司黄骅港综合港区通用散杂货码头工程	128445	109481	35800	
沧州渤海港务有限公司黄骅港综合港区多用途码头工程	338410	276514	115001	
河北渤海投资有限公司综合港区后方区域吹填造陆工程	222158	193234	18913	
沧州渤海港务有限公司黄骅港综合港区10万吨级航道工程	124473	87015	49000	
神华黄骅港务有限责任公司黄骅港三期工程	439211	429223	190918	
河北三和重工装备制造公司石油钻采专用设备及特种钢管	200000	120915	74700	
河北富越化工科技有限公司20万吨/年焦炉气制甲醇项目	150770	150770	94013	150770
沧州渤海新区城市规划建设局渤海新区四线生态改造工程	137449	121000	21000	
沧州旭阳化学有限公司20万吨/年己内酰胺	468000	170360	111860	
沧州港务有限公司黄骅港综合港区、散货港区20万吨级航道防波堤延伸工程	147437	124858	109219	
河北泰恒特钢有限公司年产40万吨铬铁合金项目	108649	71558	43300	
沧州中铁装备制造材料有限公司原料场工程	160234	160234	133096	160234
欧亚管业有限公司海洋输油输气柔性管道项目	107500	75000	75000	
神华黄骅港务有限责任公司黄骅港四期工程	556111	71607	71607	
河北鑫海化工有限公司劣质油加工扩建工程一期150万吨/年重交沥青项目	141682	141682	141682	141682
河北工大化工机械有限公司新型煤化工成套装备制造项目	150000	90000	90000	
中钢集团滨海实业有限公司年产8万吨镍铁项目	128311	152620	421	152620
达利普特型装备制造有限公司沧州渤海新区特型铸锻项目	106000	107670	7961	6000
沧州渤海港务有限公司黄骅港综合港区通用散货码头起步工程	183557	155900	47800	
沧州市南大港聚朋湿地旅游开发有限公司南大港湿地生态旅游开发项目	236200	214625	119055	
河北大港石化有限公司二期50万吨重整项目	129000	150585	51508	51508
沧州渤海新区城建投资公司黄骅新城起步区综合服务区A区、B区基础设施项目	135400	135400	66400	135400
新启元股份有限公司30万吨/年蒽油加氢项目	194524	184600	184600	
沧州大化股份有限公司扩建年产10万吨甲苯二异氰硝酸	197043	197043	82971	197043
河北金牛化工股份有限公司续建40万吨/年PVC树脂及配套工程	194400	191260	77760	
沧州正元化肥有限公司年产60万吨合成氨配套80万吨尿素项目	379891	279822	241322	
河北长丰钢管制造集团有限公司风力发电设备生产项目	132000	132000	22500	22500
沧州市鑫宜达钢管集团X100高钢级埋弧焊螺旋钢管及UOE直缝焊管	108520	71785	23535	
河北亚美佳机电设备有限公司汽车配件系统装置加工生产线项目	102000	57942	32227	
沧州威达聚氨酯高科股份有限公司聚氨酯原料及塑料制品项目	120827	36547	28147	
渤海重工管道有限公司年产10万吨大口径高压合金管项目	150000	34700	34700	

总投资10亿元以上建设项目主要经济指标（2012年）(续十四)

Major Economic Indicators of Investment Over One Thousand Million under Construction (2012)

单位：万元 (10000 yuan)

建设单位及建设项目 Unit Names	计划总投资 Total Investment Planed	累计完成投资 Accumulative Investment Actually Completed	#本年完成 This Year	累计新增固定资产 Accumulative Newly Increased Fixed Assets
小洋人生物乳业集团有限公司小洋人工业城建设项目	140000	72550	20550	
河北广成电气化器材有限公司电气化铁路配套装备制造项目	106705	30410	19750	
宝瑞通管业有限公司焊接钢管制造及钢管防腐加工项目	105888	20150	20150	
河北百力包装有限公司PVA高阻隔抗氧化复合薄膜产业化项目	150000	75520	20070	
銘润投资有限公司盐山体育装备制造示范园	120000	84250	70000	
凯瑞重工有限公司矿山机械制造	100000	69900	63900	
河北日新易拉罐有限公司年产20亿只包装罐项目	107000	15930	15830	
献县泉宫酒店管理有限公司沁心温泉城项目	103500	8995	8890	
献县茂源地热开发有限公司献县城区地热供暖项目	100500	13830	13730	
河北神舟钢管制造有限公司年产17万吨石油专用焊管项目	120000	69690	53000	
河北志航钢管制造有限公司API F-F-X711高钢级高频直缝焊钢管生产	115000	115000	103160	115000
河北沧州东塑集团股份有限公司东塑集团新能源材料薄膜	168052	86198	58198	
沧州河工科技园建设投资有限公司河北工业大学科技园	220000	82050	57050	
北京中置华业投资有限公司沧州高科技低碳环保产业园	180000	17925	4925	
沧州庞大实业有限公司沧州庞大汽车文化广场	200000	41340	41340	
河北恒盛泵业股份有限公司年产4000台舰船专用泵项目	106000	4510	4510	
河北安吉宏业机械股份有限公司年产50万台汽车燃油加热器项目	105000	39030	29830	
河北建投任丘热电有限责任公司热电2x350MW超临界供热机组建设工程	320000	281240	24900	
华北石油管理局创业家园A区集资房建设项目	122700	91251	66251	
任丘市建设投资有限公司会战道区片改造一期工程	118000	102000	90000	
任丘市永基光电太阳能有限公司年产600MW铜铟镓硒薄膜太阳能模块一期	200000	109680	61780	
黄骅市交通局渤海新区黄骅新城道路起步工程	261700	261700	10000	10000
北京汽车制造厂有限公司黄骅公司车身部件生产项目	231762	61012	61012	
河北伦特石油化工有限公司炼化产品升级及配套工程	353497	131055	66563	
河北鑫海化工有限公司重交沥青	149386	149386	84362	84362
河北长海物流集团有限公司仓储运输物流项目	320000	52130	52130	
黄骅羊二庄临港产业聚集区投资建设有限公司煤炭物流	500000	19000	19000	
河间市住房和城乡建设局河间市南海公园项目	106000	17300	17300	
河间市教育局河间教育园区	100000	25600	25600	
凯瑞化工股份有限公司年产3万吨树脂催化剂	110371	59900	46800	
河间市中糠化工有限公司年产2万吨糠醛和5万吨糠醇项目	106245	3836	3836	
廊坊市阳明通信技术有限公司数字微波通信设备研发及扩大再生产项目	138532	1455	1455	
河北泉恩高科技管业有限公司年产25万吨大口径新型环保管材项目	128207	2727	2727	
廊坊市中安科技有限公司碳纤维研发生产中心项目	284556	13025	13025	
廊坊市新商博国贸城投资有限公司新商博国贸城项目	1051196	20600	19600	19600
廊坊中建机械有限公司中建二局廊坊产业基地项目	206692	64000	43800	
京台高速公路廊坊建设管理处北京至台北高速公路廊坊段	503000	163000	163000	
廊坊市交通局廊沧高速公路廊坊段	717398	717398	126573	717398
廊坊市城市建设投资有限公司周各庄拆迁项目	275653	275653	80097	275653
廊坊市金丰农科园有限公司中国(廊坊)国际发展观光博览园项目	720433	155000	155000	
中国石油中国石油管道压缩机组维检修中心工程项目	152596	146449	141500	
固安东方信联信息网络技术有限公司年产30万件通讯设备项目	102980	83000	73000	
固安县固安镇人民政府东关村改造项目	100000	9900	5500	
固安浙温服装园区建设发展有限公司京南服装工业基地	1550000	2350	2350	
河北可心农业开发有限公司河北建投农业科技产业园项目	137307	2000	2000	
中国造纸装备有限公司河北分公司造纸装备自主化集成(永清)基地建设项目	187052	49800	41800	
廊坊万力投资有限公司永达文化创意产业基地建设项目	112708	42237	42237	
廊坊海泽田农业开发有限公司农产品交易中心项目	104987	9103	9103	
河北新铁惠昌物流有限责任公司新陆港现代物流项目	600255	35000	35000	
香河锦绣香江开发有限公司香江全球家居CBD暨总部集群A区项目	275405	117763	117763	
香河爱晚建设有限公司新建香河国家养老示范基地A区爱晚中心项目	175224	50	50	

总投资10亿元以上建设项目主要经济指标（2012年）(续十五)

Major Economic Indicators of Investment Over One Thousand Million under Construction (2012)

单位：万元　　(10000 yuan)

建设单位及建设项目 Unit Names	计划总投资 Total Investment Planed	累计完成投资 Accumulative Investment Actually Completed	#本年完成 This Year	累计新增固定资产 Accumulative Newly Increased Fixed Assets
香河中商农产品交易中心新建中国(香河)国际农产品交易中心一期工程项目	312853	184000	108000	
香河中商农产品交易中心(香河)国际农产品交易中心B区(国际花卉中心)建设项目	208570	95000	50000	
香河中商农产品交易中心新建中国(香河)国际农产品交易中心C区(国际清真食品中心)项目	105000	50000	20000	
上海绿地集团香河投资开发有限公司新建华北国际食品博览交易中心项目	190492	68000	47000	
河北浦新钢板有限公司年产50万吨彩涂板项目	106790	60700	60700	
廊坊恺信外加剂有限公司年产25万吨混凝土外加剂项目	106139	61900	61900	
文安县新鸿星机械制造有限公司年产100万吨多管导管及配件	159620	18788	18788	
文安县新钢钢铁利用废钢渣铁渣年产120万立方米空心砖及80万立方米实心砖	143683	80905	76432	
廊坊康鑫电子配件有限公司年产1000套地铁、高铁厢体精密配件	109207	84160	69860	
文安县天华密度板有限公司年产50万连续平压高密度板	128890	58890	58890	
河北日上建材制造有限公司节能环保室内门、防火防盗功能门产业基地	161501	18000	18000	
文安县天运商贸有限公司年储运300万吨矿产品物流中心	109000	100	100	
文安县富华包装制品聚丙烯复合纸、复合印刷纸板及高档彩色纸箱纸盒生产	116783	9839	9839	
大厂县鼎鸿投资开发有限公司县新农村建设道路基础设施二期工程	115325	81728	43613	
河北安美医疗设备制造公司年产10万台医学康复工程专用设备	166456	2118	2118	
大厂县工业园区建设投资公司年产8套炼钢转炉等成套设备	168400	20947	20947	
霸州市新冠金属制品有限公司年产100万吨无缝钢管项目	100000	100000	23000	100000
华北石油管理局苏桥储气库群工程	636732	63300	63300	
河北铭泰投资有限公司新建汽车综合试车场	179907	37500	37500	
河北华气天然气有限公司霸州康仙庄LNG项目	120516	120516	58516	120516
河北京通物流开发有限公司胜芳国际物流中心	134053	114000	43000	
廊坊富沃德物流有限公司河北胜芳钢铁物流中心项目	150036	500	500	
霸州市胜芳万路建材有限公司年产100万吨镀锌板带项目	175386	89000	70000	
霸州市友邦家具有限公司年产18万套中高档家具	135033	5000	5000	
霸州海润俱乐部霸州海润俱乐部项目	105535	68500	68500	
河北达利食品有限公司霸州生产基地项目	200000	9478	9478	
三河市交通局密涿支线102高速公路	225000	206702	18020	
三河市燕郊空港物流有限公司中航集团物流中心项目	179939	179939	56919	6100
百世金谷实业有限公司商贸物流项目	450001	76577	76577	
河北兴远有色金属材料有限公司年产1万吨钛材项目	110000	71000	19500	
三河市天洋投资有限公司航天科技会展中心项目	154180	33000	33000	
汉能新能源研发中心有限公司汉能全球研发中心项目	977000	110200	110200	
三河市天洋投资有限公司航天博览园	146300	32500	32500	
三河市天洋投资有限公司创意产业基地	141679	26000	26000	
三河市天洋投资有限公司太空体验基地项目	162426	32500	32500	
三河市天洋投资有限公司航天国际交流中心	182000	32000	32000	
河北三河燕达实业集团有限公司现代装备制造核心技术研发服务基地	221840	146040	110100	
人民大会堂管理局三河综合服务基地	115000	110604	68450	

总投资10亿元以上建设项目主要经济指标（2012年）(续十六)

Major Economic Indicators of Investment Over One Thousand Million under Construction (2012)

单位：万元 (10000 yuan)

建设单位及建设项目 Unit Names	计划总投资 Total Investment Planed	累计完成投资 Accumulative Investment Actually Completed	#本年完成 This Year	累计新增固定资产 Accumulative Newly Increased Fixed Assets
成功(中国)大广场有限公司成功中国大广场休闲娱乐中心	278177	78802	43186	
璞然明德生态科技有限公司生态集成建筑产业化基地项目	129168	13426	13426	
衡水格林铸鑫科技有限公司年产8万吨铸件精加工项目	105030	105030	29410	29410
衡水格林农业开发有限公司格林休闲观光农业园(格林小镇)	498450	35000	35000	
格林铸鑫科技有限责任公司格林铸造园搬迁改造项目	160891	50000	50000	
衡水京华制管有限公司120万吨焊管搬迁技术改造项目	150707	150707	107946	107946
丰泽工程橡胶科技开发股份有限公司年产300万米橡胶止水带、8万吨桥梁支座、6(	101360	13010	13000	
衡水英利新能源有限公司新建年产1吉瓦多晶硅太阳能电池项目	485776	90329	62529	
河北科力空调工程有限公司冷冻机及配套产品项目	100000	52266	26266	26266
衡水益通金属制品有限公司波形钢板桥涵项目	123440	14397	14397	
衡水市都圣化工橡胶有限公司衡水橡胶材料、食品商贸物流园项目	220503	507	507	
武强县人民政府农业开发办公室北大洼十万亩生态示范基地	112860	16367	4890	
武强嘉华乐器有限公司德国GEWA乐器武强基地项目	156000	6040	6040	
河北科佳橡胶制品有限公司武强县机械制造产业基地	122936	2000	2000	
武强国际乐器文化产业基地武强国际乐器文化产业基地新建	202000	31687	26067	
衡水华都食品有限公司武强华都肉鸡产业一体化项目	150340	10906	8180	
河北省必美宜纺织有限公司年产6万吨无捻复合纱线项目	160000	17700	7000	
河北康绿食品有限责任公司年加工90000吨绿色果蔬项目	133405	10045	10045	
饶阳县马屯丝网基地年产75万吨中、低碳钢丝网建设	130010	65476	28000	28000
安平振兴金源丝网集团有限公司河北安平丝网研发制造中心建设项目	106382	26252	15450	
安平县佳华五金丝网有限公司年产36万吨HDPE经编阻沙网项目	108200	9000	9000	
安平县聚成国际物流有限公司聚成国际物流园区(一期)建设项目	223458	24400	23700	
河北泰德钢筋加工有限公司年产20万吨高性能建筑用钢筋制品及配送项目	111237	7230	7230	
河北安宝万五金制品有限公司年产800万平方米精密不锈钢网系列产品项目	218566	15200	15200	
河北灿达金属制品年产350万平方米精密不锈钢网及2.2万吨镁合金网系列产品	111200	13210	13210	
河北圣鹏投资有限公司华北建材物流园	120000	48627	40960	
故城县同江新城房地产开发有限公司营东新区产业园-中国北方国际裘皮城	160000	67710	58640	
河北兴弘嘉纺织服装有限公司品牌服装出口加工基地	100000	71335	53135	
景县泽邦科技塑胶有限公司自浮式疏浚、输油胶管系列产品	201130	125200	125200	
河北远大新特橡塑有限公司节水灌溉用塑料管	201105	139270	139270	
河北海伟交通设施集团有限公司年产60万吨电工聚丙烯	480000	471452	35850	
河北科冠通达液压制造公司液压油缸及矿山输送机械	102000	98700	98700	
山东中矿橡塑矿机有限公司渣浆泵、疏浚管道等矿山机械生产	100378	86400	86400	
河北达伦生物制药有限公司栝蒌功能性成分开发研究生产	111280	5000	5000	
河北盛鼎保温材料有限公司年产25万吨岩棉制品生产基地	284699	11000	11000	
阜城县千顷洼森林公园开发有限公司阜城县千顷洼森林公园建设	157753	17100	12600	
河北优尼克金属科技有限公司年产30万吨汽车关键铸件项目	251229	43212	43212	
圣春冀暖散热器有限公司新建太阳能新能源一体化集成项目	164500	3000	3000	
河北亿联置业有限公司亿联温州商城	120000	26000	26000	
衡水光达钢材贸易有限公司年产800万套汽车配件	100000	24000	24000	
衡水国茂能源科技有限公司13Cr、超级13Cr不锈钢高端石油专用管生产	110000	26700	26700	
河北丹阳房地产衡水分公司滨湖新区赵杜村旧城改造暨滨湖国际产业广场项目	280000	9900	9900	
衡水成博房地产开发有限公司衡水市牧马生态庄园项目	130000	34700	25400	
蒙冀铁路有限责任公司新建张家口至唐山铁路	3692900	1290000	670000	
邯黄铁路有限责任公司新建邯郸(邢台)至黄骅港铁路项目	1649500	973000	308000	2280
河北水务集团河北省廊坊市应急供水工程廊涿干渠工程	176336	163848	153848	
河北省高速公路管理局(集团)邢汾高速公路邢台至冀晋界段	924461	706757	400000	
河北省高速公路管理局石安扩建筹建处河石家庄至磁县(冀豫界)公路改扩建	1776333	199400	199400	
冀北电力有限公司河北北部送变电	1902631	1617397	607216	
河北省移动通信有限公司移动通信工程	637200	434402	434402	
河北省电力公司河北省南网送变电	3132748	3132748	667797	102025

房地产开发企业主要指标
Main Indicators of Real Estate Development

指 标	Item	2005	2010	2011	2012
企业个数(个)	**Number of Enterprises (unit)**	**1169**	**2997**	**3226**	**3178**
内 资	Domestic Funded	1111	2933	3159	3115
港澳台投资	Enterprises with Funds from Hong Kong, Macao and Taiwan	37	34	39	37
外商投资	Foreign Funded	21	30	28	26
年末从业人员数(人)	**Employed Persons at the Year-end (person)**	**39573**	**75245**	**90535**	**97887**
内 资	Domestic Funded	36950	72592	88488	94850
港澳台投资	Enterprises with Funds from Hong Kong, Macao and Taiwan	1913	968	1148	1301
外商投资	Foreign Funded	710	1685	899	1736
土地开发及购置(万平方米)	**Land Development and Purchase (10000 sq.m)**				
本年土地开发面积	Land Space Developed This Year	523.01			
本年土地购置面积	Land Space Purchased This Year	968.57	3024.15	2799.59	1761.00
本年完成投资额(万元)	**Investment Completed This Year (10000 yuan)**	**3915256**	**22649354**	**30545897**	**30865214**
商品住宅	Residential Buildings	2920522	17857596	22825658	23171251
#经济适用房	Economically Affordable Housing	367261	273753		
办公楼	Office Buildings	97133	512738	865631	1146671
商业营业用房	Houses for Business Use	472660	2760060	4355168	4075683
其他	Others	424941	1518960	2499440	2471609
资金来源小计(万元)	**Sources of Funds (10000 yuan)**	**4131320**	**27108920**	**34991837**	**37129885**
国内贷款	Domestic Loans	682504	2888903	2895517	2955653
利用外资	Foreign Investment	34424	29980	145178	109307
自筹资金	Self-raising Fund	1776377	14625782	20286933	21954764
其他资金来源	Others	1638015	9564255	11664209	12110161
房屋建筑面积(万平方米)	**Floor Space of Buildings (10000 sq.m)**				
施工房屋面积	Floor Space under Construction	3820.96	20700.03	26670.81	27577.83
#新开工面积	Floor Space Started This Year	1970.80	9629.16	11182.80	7641.80
竣工房屋面积	Floor Space Completed	1129.92	3614.66	5180.51	4894.56
#住 宅	Residential Buildings	1021.79	3130.09	4273.69	3978.10
#经济适用房	Economically Affordable Housing	132.07	64.55		
商品房屋销售面积(万平方米)	**Floor Space of Commercialized Buildings Sold (10000 sq.m)**	**1408.74**	**4662.10**	**5888.33**	**5144.92**
#住 宅	Residential Buildings	1322.32	4325.12	5293.18	4622.46
#经济适用房	Economically Affordable Housing	155.81	76.92		
商品房屋销售价格(元/平方米)	**Selling Price of Commercialized Buildings (yuan/sq.m)**	**1862**	**3539**	**3983**	**4478**
#住 宅	Residential Buildings	1777	3442	3767	4142
#经济适用房	Economically Affordable Housing	1493	2323		
主要财务指标(万元)	**Major Financial Indicators (10000 yuan)**				
实收资本	Total Capital Held	1881471	5907814	8834160	10281123
资产总计	Total Assets	9317561	48112569	72813140	90074353
资产负债率(%)	Ratio of Liabilities to Assets (%)	69.52	82.0	81.2	82.6
经营总收入	Total Revenue	2607415	12026554	12388046	16951866
主营业务税金及附加	Tax and Extra Charges	147751	924133	978886	1391572
利润总额	Total Profits	84997	1017819	850145	1225255

注：2005、2009、2010年为年平均从业人员数。

a) The number of employed persons refers to the annual average number in 2005 and 2010.

房地产开发企业基本情况（2012年）

项 目	Item	企业个数（个）Number of Enterprises (unit)	年平均从业人员（人）Average Number of Employed Persons (person)	资产总计（万元）Total Assets (10000 yuan)
全 省 总 计	**Total**	**3178**	**97887**	**90074353**
按登记注册类型分	**Grouped by Registered Categories**			
内资企业	Domestic Funded Enterprises	**3115**	94850	87648400
国 有	State-owned Enterprises	**38**	1496	1350259
集 体	Collective-owned Enterprises	**4**	311	202475
股份合作	Cooperative Enterprises	**16**	361	308991
联营企业	Joint Ownership Enterprises		32	37413
有限责任公司	Limited Liability Corporations	**1451**	43190	43977014
国有独资公司	State Sole Funded Corporations	**12**	304	519299
其他有限责任公司	Other Limited Liability Corporations	**1439**	42886	43457715
股份有限公司	Share-holding Corporations Ltd.	**160**	5772	6164925
私 营	Private Enterprises	**1401**	42104	33742117
其他内资企业	Other Enterprises	**45**	1584	1865207
港澳台商投资	Enterprises with Funds from Hong Kong, Macao and Taiwan	**37**	1301	1026730
合资经营	Joint-venture Enterprises	**22**	775	548580
合作经营	Cooperative Enterprises			
独资经营	Enterprises with Sole Fund	**15**	526	478149
股份有限	Share-holding Corporations Ltd.			
外商投资经济	Foreign Funded Enterprises	**26**	1736	1399223
合资经营	Joint-venture Enterprises	**10**	400	229738
合作经营	Cooperation Enterprises	**2**	25	81716
外资企业	Enterprises with Sole Fund	**14**	1311	1087770
股份有限	Share-holding Corporations Ltd.			
按隶属关系分	**Grouped by Administrative Relationship**			
中 央	Central Government	**12**	643	1039685
省	Province	**19**	874	1097012
市	Prefecture	**285**	9238	9174956
县	County	**314**	8386	7364806
其 他	Other	**2548**	78746	71397894
按资质等级分	**Grouped by Qualification Grade**			
一 级	First Grade	**35**	7877	9748976
二 级	Second Grade	**235**	13547	16365725
三 级	Third Grade	**580**	19146	18415799
四 级	Forth Grade	**1210**	29326	21751240
暂 定	Provisional	**1008**	25554	20802386
其 他	Other	**110**	2437	2990228
按营业状况分	**Grouped by Business Condition**			
营 业	Business	**2920**	95100	88653669
其 他	Other	**258**	2787	1420685

Basic Condition of Enterprises for Real Estate Development (2012)

净资产（所有者权益）（万元） Total Owners Equities (10000 yuan)	主营业务收入（万元） Revenue from Principal Business (10000 yuan)	土地转让收入 Land Transferred	商品房屋销售收入 Commercial Houses Sold	房屋出租收入 Houses Leased	其他收入 Others	主营业务税金及附加（万元） Taxes and Other Charges on Principal Business (10000 yuan)	利润总额（万元） Total Profits (10000 yuan)
15534913	**16876998**	**27961**	**16515497**	**98347**	**235193**	**1391572**	**1225255**
14875071	16617398	22943	16273882	90771	229803	1369337	1227101
340743	182091	800	175545	5638	108	15284	7932
2057	149140		149140			9458	1594
40786	19540		18792	277	470	1816	-8412
4319	6601		6343	258		468	994
7102316	7991147	11272	7786113	52604	141158	652969	464961
39436	80290		80267		23	4030	3418
7062879	7910857	11272	7705846	52604	141135	648940	461543
1217482	1566966	170	1547793	1128	17875	111025	356590
5915735	6321885	10699	6218080	29619	63487	541911	356245
251633	380029	1	372076	1248	6704	36406	47198
322498	155921	5018	148262	957	1684	12943	5672
137121	65770	5018	58269	927	1557	7124	-6918
185377	90151		89993	30	128	5819	12590
337344	103679		93353	6619	3707	9292	-7518
297	3810		6	98	3707	523	-3812
-823	6345			6345		355	-1999
337870	93524		93347	176		8414	-1706
141341	336365		333713	2652		24406	70144
210025	299797	4	299416	80	297	23617	10741
1484525	1483063	3570	1459260	10295	9939	107979	88932
1142055	2061432	4599	1981665	3324	71845	150762	190995
12556967	12696341	19788	12441444	81997	153113	1084809	864444
1480376	1837329		1832983	2802	1545	181525	199284
3117312	3288702	10	3236876	24501	27315	258366	419343
3211805	3402394	3077	3262045	25917	111355	278145	261224
3932973	4534262	14744	4428968	18797	71753	359699	292268
3450220	3357122	8039	3301743	24298	23042	273066	27960
342227	457188	2091	452882	2032	183	40772	25178
15260425	16664299	27961	16320581	98239	217518	1372404	1222572
274488	212699		194916	108	17675	19169	2684

房地产开发企业建设总规模、完成投资及新增固定资产（2012年）

单位：万元

项　目	Item	计划总投资 Total Investment Planed	累计完成投资 Accumulated Investment Completed	本年完成投资 Investment Completed This Year
全　省　总　计	**Total**	**126912586**	**77485858**	**30865214**
按登记注册类型分	**Grouped by Registered Categories**			
内资企业	Domestic Funded Enterprises	121914048	75156081	29871648
国　有	State-owned Enterprises	1316564	789925	290757
集　体	Collective-owned Enterprises	56000	43450	19695
股份合作	Cooperative Enterprises	711266	394029	307499
联营企业	Joint Ownership Enterprises			
有限责任公司	Limited Liability Corporations	64443216	37948298	14803669
国有独资公司	State Sole Funded Corporations	987886	616764	215158
其他有限责任公司	Other Limited Liability Corporations	63455330	37331534	14588511
股份有限公司	Share-holding Corporations Ltd.	5209319	3557722	1644063
私　营	Private Enterprises	48638041	31105834	12490160
其他内资企业	Other Enterprises	1539642	1316823	315805
港澳台商投资	Enterprises with Funds from Hong Kong, Macao and Taiwan	1874627	933611	421001
合资经营	Joint-venture Enterprises	612103	516181	209728
合作经营	Cooperative Enterprises			
独资经营	Enterprises with Sole Fund	1262524	417430	211273
股份有限	Share-holding Corporations Ltd.			
其他	Other			
外商投资经济	Foreign Funded Enterprises	3123911	1396166	572565
合资经营	Joint-venture Enterprises	132647	81599	48389
合作经营	Cooperation Enterprises			
外资企业	Enterprises with Sole Fund	2991264	1314567	524176
股份有限	Share-holding Corporations Ltd.			
其他	Other			
按隶属关系分	**Grouped by Administrative Relationship**			
中　央	Central Government	1181966	931174	203182
省	Province	2740755	1406187	557485
市	Prefecture	11006240	6618078	2945728
县	County	10172885	6489321	2553333
其　他	Other	101810740	62041098	24605486
按资质等级分	**Grouped by Qualification Grade**			
一　级	First Grade	7276104	4647952	1298631
二　级	Second Grade	16424663	12079781	4463163
三　级	Third Grade	20496348	13910606	4948129
四　级	Forth Grade	26294283	17002773	6439259
暂　定	Provisional	50593718	26946990	12537268
其　他	Other	5827470	2897756	1178764
按营业状况分	**Grouped by Business Condition**			
营　业	Business	126283960	77192639	30700087
其　他	Other	628626	293219	165127

Total Size of Construction, Actually Completed Investment and Newly Increased Fixed Assets for Real Estate Development (2012)

(10000 yuan)

配套工程投资	按用途分 by Use						本年新增
	住 宅			办公楼	商业营业用 房	其 他	固定资产
		#90平方米以下	#别 墅、高档公寓				
Investment in Commercial Buildings	Residential Buildings	Under 90 sq.m	Villas, High-grade Apartments	Office Buildings	Houses for Business Use	Others	Newly Increased Fixed Assets
355234	**23171251**	**8594172**	**561855**	**1146671**	**4075683**	**2471609**	**13851234**
355232	22574663	8471469	554709	1143941	3749176	2403868	13526618
1812	247344	101232		100	24816	18497	176544
	19695	13395	400				
16000	269496	87760		5500	14081	18422	211385
172949	11180795	4083843	315208	578087	1728918	1315869	6857412
	188948	92760		325	4592	21293	253741
172949	10991847	3991083	315208	577762	1724326	1294576	6603671
10746	1405872	663286	47557	44024	109109	85058	891861
153295	9226279	3411472	187444	490850	1828980	944051	5158731
430	225182	110481	4100	25380	43272	21971	230685
	309384	96653	7146	2715	55481	53421	99526
	144712	39149	7146	2550	36604	25862	32744
	164672	57504		165	18877	27559	66782
	287204	57504		15	271026	14320	225090
	44619	5370			3400	370	
	242585	20680		15	267626	13950	225090
143	165493	32138		546	10480	26663	293086
10000	417744	190193	2600		127635	12106	287365
17103	2210720	704974	78064	99171	328172	307665	900124
52915	2113553	864142	9937	70431	207526	161823	1627169
275073	18263741	6802725	471254	976523	3401870	1963352	10743490
30706	929812	343090		25897	195365	147557	642851
54355	3193533	1241375	33273	155861	722893	390876	2329288
59729	3759360	1677797	116550	158162	669824	360783	2614888
76025	4913536	1781769	132837	284482	731430	509811	3642791
130547	9448353	3061752	279195	506472	1677725	904718	3922667
3872	926657	488389		15797	78446	157864	698749
354654	23075801	8543153	561855	1126554	4062324	2435408	13838849
580	95450	51019		20117	13359	36201	12385

房地产开发企业的土地开发、购置及资金来源（2012年）

项　　目	Item	土地购置费用（万元）Total Value of Land Purchased (10000 yuan)	待开发的土地面积（平方米）Land Space Pending Development (sq.m)
全省总计	**Total**	**3326008**	**7732378**
按登记注册类型分	**Grouped by Registered Categories**		
内资企业	Domestic Funded Enterprises	3167678	7566544
国　有	State-owned Enterprises	18556	
集　体	Collective-owned Enterprises		
股份合作	Cooperative Enterprises	127803	
联营企业	Joint Ownership Enterprises		
有限责任公司	Limited Liability Corporations	1463449	4249785
国有独资公司	State Sole Funded Corporations	6292	
其他有限责任公司	Other Limited Liability Corporations	1457157	4249785
股份有限公司	Share-holding Corporations Ltd.	132767	71739
私　营	Private Enterprises	1422113	3231670
其他内资企业	Other Enterprises	2990	13350
港澳台商投资	Enterprises with Funds from Hong Kong, Macao and Taiwan	62975	60455
合资经营	Joint-venture Enterprises		17124
合作经营	Cooperative Enterprises		
独资经营	Enterprises with Sole Fund	62975	43331
股份有限	Share-holding Corporations Ltd.		
外商投资经济	Foreign Funded Enterprises	95355	105379
合资经营	Joint-venture Enterprises	819	
合作经营	Cooperation Enterprises		
外　资	Enterprises with Sole Fund	94536	105379
股份有限	Share-holding Corporations Ltd.		
按隶属关系分	**Grouped by Administrative Relationship**		
中　央	Central Government	8325	
省	Province	15000	
市	Prefecture	333992	180451
县	County	222094	766746
其　他	Other	2746597	6785181
按资质等级分	**Grouped by Qualification Grade**		
一　级	First Grade	124735	53003
二　级	Second Grade	505599	272034
三　级	Third Grade	484583	885332
四　级	Forth Grade	534588	1545206
暂　定	Provisional	1567365	4760183
其　他	Other	109138	216620
按营业状况分	**Grouped by Business Condition**		
营　业	Business	3304949	7638211
其　他	Other	21059	94167

Land Development, Purchase and Source of Funds of Enterprises for Real Estate Development (2012)

本年购置土地面积（平方米）Land Space Purchased This Year (sq.m)	本年资金来源小计（万元）Total Funds This Year (10000 yuan)	国内贷款 Domestic Loans	#银行贷款 Bank loan	利用外资 Foreign Investment	#外商直接投资 Foreign Direct Investment	自筹资金 Self-raising Funds	其他资金来源 Others
17609888	**37129885**	**2955653**	**2498805**	**109307**	**109307**	**21954764**	**12110161**
17141822	36227699	2819880	2373032			21590641	11817178
89521	535481	8819	8819			296444	230218
	46450					46450	
118487	303406	117000	117000			144906	41500
9119412	17513896	1476074	1190614			10469061	5568761
62287	175366	19294	19294			91840	64232
9057125	17338530	1456780	1171320			10377221	5504529
924055	1682136	43950	43000			1197716	440470
6811828	15699542	1114195	964937			9330977	5254370
78519	446788	59842	48662			105087	281859
204843	469424	56373	56373	95985	95985	90050	227016
59909	235942	42573	42573	19600	19600	65396	108373
144934	233482	13800	13800	76385	76385	24654	118643
263223	432762	79400	69400	13322	13322	274073	65967
	69870	20000	10000			40400	9470
263223	362892	59400	59400	13322	13322	233673	56497
90903	282355	47750	47750			80113	154492
	496009	57000	49000			319917	119092
1887891	3295288	284170	217170			1937690	1073428
1647373	3008396	380237	280799			1684033	944126
13983721	30047837	2186496	1904086	109307	109307	17933011	9819023
1007573	2049968	283935	177935			557715	1208318
1336365	4649158	674538	596688			2136154	1838466
2205572	6431691	564272	554799	562	562	3807031	2059826
4525808	8145045	555948	450987			4172155	3416942
8197546	14527420	837216	679022	108745	108745	10388185	3193274
337024	1326603	39744	39374			893524	393335
17391870	36967659	2895303	2438455	109307	109307	21870232	12092817
218018	162226	60350	60350			84532	17344

房地产开发建设房屋建筑面积、造价和商品房屋销售情况（2012年）

项　　目	Item	施工房屋面积（万平方米）Floor Space of Buildings under Construction (10000 sq.m)	竣工房屋面积（万平方米）Floor Space of Buildings Completed (10000 sq.m)	#住宅 Residential Buildings	房屋面积竣工率（%）Rate of Floor Space of Buildings Completed (%)
全省总计	**Total**	**27577.83**	**4894.56**	**3978.10**	**17.7**
按登记注册类型分	**Grouped by Registered Categories**				
内资企业	Domestic Funded Enterprises	27009.34	4810.69	3899.17	17.8
国　有	State-owned Enterprises	389.03	55.72	50.64	14.3
集　体	Collective-owned Enterprises	10.44			
股份合作	Cooperative Enterprises	133.34	28.25	26.81	21.2
联营企业	Joint Ownership Enterprises				
有限责任公司	Limited Liability Corporations	13355.15	2483.67	1970.14	18.6
国有独资公司	State Sole Funded Corporations	170.98	49.89	28.86	29.2
其他有限责任公司	Other Limited Liability Corporations	13184.18	2433.78	1941.27	18.5
股份有限公司	Share-holding Corporations Ltd.	1206.52	351.69	305.47	29.1
私　营	Private Enterprises	11622.30	1841.25	1526.97	15.8
其他内资企业	Other Enterprises	292.55	50.10	19.14	17.1
港澳台商投资	Enterprises with Funds from Hong Kong, Macao and Taiwan	298.54	21.10	16.15	7.1
合资经营	Joint-venture Enterprises	164.36	7.88	7.37	4.8
合作经营	Cooperative Enterprises				
独资经营	Enterprises with Sole Fund	134.18	13.23	8.79	9.9
股份有限	Share-holding Corporations Ltd.				
外商投资经济	Foreign Funded Enterprises	269.95	62.77	62.77	23.3
合资经营	Joint-venture Enterprises	44.60			
合作经营	Cooperation Enterprises				
外　资	Enterprises with Sole Fund	225.35	62.77	62.77	27.9
股份有限	Share-holding Corporations Ltd.				
按隶属关系分	**Grouped by Administrative Relationship**				
中　央	Central Government	239.04	68.45	44.28	28.6
省	Province	301.73	65.28	59.03	21.6
市	Prefecture	2429.21	299.54	256.03	12.3
县	County	2727.07	713.95	599.64	26.2
其　他	Other	21880.79	3747.35	3019.12	17.1
按资质等级分	**Grouped by Qualification Grade**				
一　级	First Grade	1401.24	245.49	198.39	17.5
二　级	Second Grade	3743.86	810.32	692.85	21.6
三　级	Third Grade	5574.30	1100.17	887.61	19.7
四　级	Forth Grade	6746.23	1294.11	1088.33	19.2
暂　定	Provisional	9133.5	1222.9	939.1496	13.4
其　他	Other	978.68	221.56	171.77	22.6
按营业状况分	**Grouped by Business Condition**				
营　业	Business	27445.74	4885.56	3971.51	17.8
其　他	Other	132.09	9.00	6.58	6.8

Floor Space of Building and Their Cost, Selling of Commercial Houses in Real Estate Development (2012)

竣工房屋价值（万元）Value of Buildings Completed (10000 yuan)	竣工房屋造价（元/平方米）Cost of Buildings Completed (yuan/sq.m)	商品房销售面积（万平方米）Floor Space of Commercialized Buildings Sold (10000 sq.m)	#住宅 Residential Buildings	商品房销售额（万元）Total Sale of Commercialized Buildings (10000 yuan)	#住宅 Residential Buildings	商品房平均售价（元/平方米）Average Selling Price of Commercialized Buildings (yuan/sq.m)	#住宅 Residential Buildings
11324860	**2314**	**5144.92**	**4622.46**	**23039044**	**19146060**	**4478**	**4142**
11024626	2292	5075.42	4559.72	22541662	18695151	4441	4100
155613	2793	59.22	55.23	216952	199462	3663	3611
59310	2099	23.61	19.61	99012	73312	4193	3738
5748489	2315	2488.57	2215.31	11473600	9041467	4611	4081
226591	4542	1.91	1.78	16835	13297	8798	7475
5521898	2269	2486.66	2213.54	11456765	9028170	4607	4079
695122	1977	288.10	271.66	1297269	1212730	4503	4464
4179261	2270	2132.32	1933.81	8873089	7831164	4161	4050
186831	3729	83.59	64.09	581740	337016	6960	5258
87394	4141	45.77	42.04	364827	344877	7971	8203
20612	2617	23.95	21.60	195985	186892	8184	8652
66782	5049	21.82	20.44	168842	157985	7738	7728
212840	3391	23.73	20.70	132555	106032	5585	5122
		2.53	1.11	16115	7194	6370	6481
212840	3391	21.20	19.59	116440	98838	5492	5045
284090	4150	23.91	21.24	123893	112171	5182	1869
202713	3105	34.16	33.55	158400	154847	4637	3224
605858	2023	281.32	257.95	1249103	1111444	4440	23810
1473218	2063	662.69	600.75	2690159	2287541	4059	57904
8758981	2337	4142.84	3708.97	18817489	15480057	4542	358152
569524	2320	252.06	222.86	1367486	1176794	5425	5425
2037536	2514	669.42	590.02	3238022	2754019	4837	4837
2195475	1996	975.56	878.92	4261655	3657171	4368	4368
2981588	2304	1304.31	1190.61	4907525	4254874	3763	3763
2907621	2378	1808.98	1618.98	8653242	6747652	4784	4168
633116	2858	134.60	121.07	611114	555550	4540	4540
11312530	2316	5133.50	4611.07	22989218	19096355	4478	4478
12330	1370	11.42	11.42	49826	49705	5303	5303

按用途和销售方式分的商品房屋销售面积及平均销售价格（2012年）

项　　目	Item	商品房销售面积（平方米）Floor Space of Commercialized Buildings Sold (sq.m)	销售用途 住宅 Residential Buildings	#90平方米以下 90 sq.m below
全 省 总 计	**Total**	**51449160**	**46224637**	**15156929**
按登记注册类型分	**Grouped by Registered Categories**			
内资企业	Domestic Funded Enterprises	50754153	45597175	14972034
国　　有	State-owned Enterprises	592236	552308	252399
集　　体	Collective-owned Enterprises			
股份合作	Cooperative Enterprises	236115	196115	102119
联营企业	Joint Ownership Enterprises			
有限责任公司	Limited Liability Corporations	24885699	22153146	6423755
国有独资公司	State Sole Funded Corporations	19136	17789	457
其他有限责任公司	Other Limited Liability Corporations	24866563	22135357	6423298
股份有限公司	Share-holding Corporations Ltd.	2881023	2716611	1304440
私　　营	Private Enterprises	21323220	19338060	6770243
其他内资企业	Other Enterprises	835860	640935	119078
港澳台商投资	Enterprises with Funds from Hong Kong, Macao and Taiwan	457677	420437	76277
合资经营	Joint-venture Enterprises	239474	216012	26701
合作经营	Cooperative Enterprises			
独资经营	Enterprises with Sole Fund	218203	204425	49576
股份有限	Share-holding Corporations Ltd.			
外商投资经济	Foreign Funded Enterprises	237330	207025	108618
合资经营	Joint-venture Enterprises	25300	11100	3400
合作经营	Cooperation Enterprises			
外　　资	Enterprises with Sole Fund	212030	195925	105218
股份有限	Share-holding Corporations Ltd.			
按隶属关系分	**Grouped by Administrative Relationship**			
中　　央	Central Government	239063	212443	18067
省	Province	341622	335480	143409
市	Prefecture	2813217	2579501	523861
县	County	6626886	6007543	2190853
其　　他	Other	41428372	37089670	12280739
按资质等级分	**Grouped by Qualification Grade**			
一　级	First Grade	2520616	2228589	852542
二　级	Second Grade	6694191	5900249	1839782
三　级	Third Grade	9755559	8789201	3591955
四　级	Forth Grade	13043068	11906090	3448322
暂　定	Provisional	18089751	16189782	4994381
其　他	Other	1345975	1210726	429947
按营业状况分	**Grouped by Business Condition**			
营　业	Business	51335008	46110745	15141895
其　他	Other	114152	113892	15034

Floor Space of Buildings Actually Sold and Average Selling Price by Use and Sale Method (2012)

by Use				销售方式 by Sale Method		商品房平均销售价格（元/平方米）Average Selling Price of Houses (yuan/sq.m)		
#别墅、高档公寓 Villas, High-grade Apartments	办公楼 Office Buildings	商业营业用房 Houses for Business Use	其他 Other	现房 Completed Buildings	期房 Buildings Completed in Future		现房 Completed Buildings	期房 Buildings Completed in Future
1140835	**747798**	**3167009**	**1309716**	**10236284**	**41212876**	**4478**	**4931**	**4365**
1126552	725980	3130495	1300503	10109378	40644775	4441	4909	4325
	5938	18870	15120	88943	503293	3663	2806	3815
		25000	15000	10000	226115	4193	4000	4202
428250	421556	1728159	582838	5419061	19466638	4611	5399	4391
		1347			19136	8798		8798
428250	421556	1726812	582838	5419061	19447502	4607	5399	4387
77	1200	111037	52175	1186993	1694030	4503	5752	3627
698225	176699	1173091	635370	3338236	17984984	4161	3596	4266
	120587	74338		66145	769715	6960	18882	5935
14283	21818	6209	9213	39414	418263	7971	9823	7797
9721	21818	1644		3421	236053	8184	11181	8141
4562		4565	9213	35993	182210	7738	9694	7351
		30305		87492	149838	5585	5282	5762
		14200			25300	6370		6370
		16105		87492	124538	5492	5282	5639
		5517	21103	98960	140103	5182	4103	5945
13990		6142		27990	313632	4637	7331	4396
89092	73283	104489	55944	354856	2458361	4440	4098	4490
31600	171298	373068	74977	1743930	4882956	4059	5235	3639
1006153	503217	2677793	1157692	8010548	33417824	4542	4904	4456
		136047	155980	337774	2182842	5425	3267	5759
29130	137734	395339	260869	1852393	4841798	4837	4187	5086
55739	112932	622961	230465	2544600	7210959	4368	4421	4350
217583	249201	653467	234310	2130161	10912907	3763	3199	3873
838383	247931	1248805	403233	3058790	15030961	4784	7285	4274
		110390	24859	312566	1033409	4540	4059	4686
1140835	747798	3166749	1309716	10162968	41172040	4478	4939	4365
		260		73316	40836	5303	4295	4906

一次能源生产总量和构成
Primary Energy Production and Composition

年 份 Year	能源生产总量（万吨标准煤） Primary Energy Production (10000 tons of SCE)	占能源生产总量的比重（%） As Percentage of Total Energy Production (%)			
		原 煤 Raw Coal	原 油 Crude Oil	天然气 Natural Gas	一次电力 Primary Electricity
1981	5502.86	67.90	32.00		0.10
1982	5463.31	69.94	29.57	0.36	0.13
1983	5506.73	72.93	26.48	0.31	0.28
1984	5510.29	72.94	26.47	0.39	0.20
1985	5292.72	71.51	27.85	0.51	
1986	5889.07	74.79	24.28	0.61	0.32
1987	5716.06	79.30	19.88	0.55	0.27
1988	5501.38	82.70	16.37	0.54	0.39
1989	5354.45	83.56	15.42	0.56	0.46
1990	5313.08	83.43	15.34	0.74	0.49
1991	5199.85	84.03	14.77	0.74	0.46
1992	5257.18	84.68	14.11	0.82	0.39
1993	5348.20	85.16	13.43	0.72	0.69
1994	5699.77	86.25	12.78	0.71	0.26
1995	6619.56	87.41	11.16	0.64	0.79
1996	6690.35	87.21	11.19	0.66	0.94
1997	6470.60	86.97	11.68	0.70	0.65
1998	5868.17	85.65	13.07	0.77	0.51
1999	5763.48	85.42	13.17	0.88	0.53
2000	5639.26	85.46	13.13	1.11	0.30
2001	5656.12	85.70	12.96	1.12	0.22
2002	5854.03	86.27	12.28	1.23	0.22
2003	5998.00	86.38	12.15	1.28	0.19
2004	7413.94	87.80	10.79	1.19	0.22
2005	7089.90	87.05	11.33	1.29	0.33
2006	6956.72	85.90	12.54	1.25	0.31
2007	7246.47	85.39	13.01	1.31	0.29
2008	6755.66	84.40	13.60	1.72	0.28
2009	6879.85	85.19	12.44	2.11	0.26
2010	8129.05	84.89	10.53	2.07	2.50
2011	8718.40	84.87	9.60	1.86	3.66
2012	10090.13	85.33	8.27	1.72	4.68

能源消费总量及构成
Primary Energy Consumption and its Composition

年 份 Year	能源消费总量（万吨标准煤） Total Energy Consumption (10000 tons of SCE)	占能源消费总量的比重（%） As Percentage of Primary Energy Production (%)			
		煤 炭 Coal	石 油 Petroleum	天然气 Natural Gas	一次电力 Primary Electricity
1980	3120.50	85.00	12.90	1.90	0.20
1981	3627.80	90.10	8.20	1.60	0.10
1982	3929.05	87.79	10.24	1.78	0.19
1983	4185.78	89.25	9.19	1.19	0.37
1984	4475.00	86.98	11.51	1.27	0.24
1985	4548.85	89.91	8.36	1.58	0.15
1986	5079.52	89.58	8.46	1.59	0.37
1987	5516.81	90.26	8.12	1.34	0.28
1988	5962.40	90.55	7.90	1.19	0.36
1989	6169.26	90.77	7.74	1.09	0.40
1990	6124.22	90.34	7.91	1.32	0.43
1991	6471.93	90.63	7.67	1.33	0.37
1992	6866.29	90.59	7.77	1.34	0.30
1993	7861.92	90.12	8.44	0.96	0.48
1994	8168.62	90.43	8.31	1.08	0.18
1995	8892.41	90.33	8.54	0.94	0.19
1996	8938.47	90.55	8.25	0.99	0.21
1997	9033.01	90.33	8.66	0.87	0.14
1998	9151.12	89.68	9.33	0.88	0.11
1999	9379.27	90.01	9.00	0.88	0.11
2000	11195.71	90.94	8.17	0.84	0.05
2001	12114.29	91.84	7.42	0.70	0.04
2002	13404.53	91.12	8.15	0.70	0.03
2003	15297.89	92.78	6.49	0.66	0.07
2004	17347.79	91.14	8.01	0.75	0.10
2005	19835.99	91.82	7.45	0.61	0.12
2006	21794.09	91.59	7.64	0.67	0.10
2007	23585.13	92.36	6.87	0.68	0.09
2008	24321.87	92.31	6.67	0.94	0.08
2009	25418.79	92.51	6.21	1.21	0.07
2010	27531.11	90.45	7.37	1.44	0.74
2011	29498.29	89.61	7.73	1.58	1.08
2012	30250.21	88.80	7.70	1.94	1.56

综合能源平衡表
Overall Energy Balance Sheet

单位：万吨标准煤 (10000 tons of SCE)

项目	Item	2005	2010	2011	2012
可供消费的能源总量	**Total Energy Available for Consumption**	**19836**	**26035.62**	**29498.35**	**30250.19**
一次能源生产量	Primary Energy Output	7090	8129.05	8718.40	10090.13
回收能	Recovery of Energy	819	1495.54	1445.70	1702.20
进口量	Imports	459	970.32	1860.05	3801.35
出口量	Exports (-)	57	62.65	93.61	465.24
年初年末库存差额	Stock Changes in the Year	-81	-133.04	-355.68	73.64
能源消费总量	**Total Energy Consumption**	**19836**	**26035.57**	**29498.29**	**30250.21**
在总量中	**Consumption by Usage**				
农、林、牧、渔、水利业	Farming,Forestry,Animal Husbandry, Fishery Conservancy	532	686.82	703.93	707.46
工业	Industry	15852	20682.25	23683.25	24086.65
建筑业	Construction	203	320.72	384.62	396.99
交通运输、仓储和邮政业	Transport, Storage and Post	710	975.45	1076.60	1118.65
批发、零售业和住宿、餐饮业	Wholesale, Retail Trade and Hotel,Restaurants	205	325.39	364.79	419.54
其他	Others	465	742.45	785.63	846.24
生活消费	Residential Consumption	1870	2302.56	2499.49	2674.61
在总量中	**Consumption by Usage**				
终端消费	Final Consumption	18536	25381.36	29088.99	29733.16
#工业	Industry	14554	20029.45	23275.37	23588.60
加工转换损失量	Losses in Processing and	896	41.80	40.77	-125.36
#炼焦	Coking	283	424.67	448.16	472.34
炼油	Petroleum Refining	30	90.64	57.79	74.51
损失量	Other Losses	403	612.42	368.53	642.42
平衡差额	**Balance**		**0.05**	**0.06**	**-0.02**

能源加工转换效率
Efficiency of Energy Transformation

单位：% (%)

年份 Year	总效率 Total Efficiency	火力发电 Thermal Power	供热 Heating Supply	洗煤 Coal Washing	炼焦 Coking	炼油 Petroleum Refineries	制气 Gas Works	加工型煤 Briquettes
2005	66.31	32.36	65.94	81.87	90.98	97.82	54.16	97.98
2006	67.01	33.21	66.40	80.86	89.03	95.36	73.37	98.01
2007	69.73	33.89	64.85	83.21	93.16	99.78	60.51	97.01
2008	71.91	34.95	60.48	85.93	94.44	96.84	65.77	97.80
2009	73.01	35.76	57.05	87.07	92.94	96.90	50.98	98.10
2010	74.27	36.08	61.40	91.77	93.07	95.50	41.18	98.20
2011	75.92	36.96	69.68	91.38	93.89	97.44	49.35	99.07
2012	77.13	37.49	69.82	92.76	93.90	96.70	51.57	97.27

规模以上工业企业分行业能源消耗情况（2012年）

Consumption of Main Energy Sources in above Designated Size Industrial Enterprises by Industrial Sector (2012)

企业数：个　指标值：万吨标准煤　(unit,10000 tons of SCE)

行　业	Item	企业数 Number of Enterprises	指标值 Index
规模以上工业综合能源消费量	**Consumption of Energy Sources in above Designated Size Industrial Enterprises**	**11548**	**20457.52**
六大高耗能行业能耗	**Energy Consumption of the top-6 Energy-consuming Industries**	**3009**	**18568.85**
煤炭开采和洗选业	Mining and Washing of Coal	149	943.96
石油加工、炼焦及核燃料加工业	Processing of Petroleum, Coking, Processing of Nucleus Fuel	122	811.10
化学原料及化学制品制造业	Manufacture of Raw Chemical Material and Chemical Products	782	1119.84
非金属矿物制品业	Manufacture of Non-metallic Mineral Products	972	1190.42
黑色金属冶炼及压延加工业	Smelting and Pressing of Ferrous Metals	714	10424.23
电力、热力的生产和供应业	Production and Distribution of Electric Power and Heat Power	270	4079.31
其他行业能耗	**Energy Sources Consumption of Other Industrial Sectors**	**8539**	**1888.67**
石油和天然气开采业	Extraction of Petroleum and Natural Gas	2	53.76
黑色金属矿采选业	Mining of Ferrous Metal Ores	743	278.38
有色金属矿采选业	Mining of Non-ferrous Metal Ores	28	5.59
非金属矿采选业	Mining and Processing of Nonmetal Ores	77	18.02
其他采矿业	Mining of Others		
农副食品加工业	Processing of Food from Agricultural Products	616	221.39
食品制造业	Manufacture of Foods	233	74.55
酒、饮料和精制茶制造业	Manufacture of Wine, Soft Drinks and Refined Tea	141	47.07
烟草制品业	Manufacture of Tobacco	3	2.82
纺织业	Manufacture of Textile	701	133.14
纺织服装、服饰业	Manufacture of Textile, Apparel	218	12.47
皮革、毛皮、羽毛及其制品和制鞋业	Manufacture of Leather, Fur, Feather and Its Products and Footware	443	40.57
木材加工和木、竹、藤、棕、草制品业	Processing of Timbers, Manufacture of Wood, Bamboo, Rattan, Palm, and Straw Products	101	43.16
家具制造业	Manufacture of Furniture	118	14.24
造纸和纸制品业	Manufacture of Paper and Paper Products	265	125.52
印刷和记录媒介复制业	Printing, Reproduction of Recording Media	96	9.19
文教、工美、体育和娱乐用品制造业	Manufacture of Articles for Culture, Arts and Crafts, Education, Sport Activities and Entertainment Goods	116	7.18
医药制造业	Manufacture of Medicines	190	113.00
化学纤维制造业	Manufacture of Chemical Fiber	39	26.22
橡胶和塑料制品业	Manufacture of Rubber and Plastic	633	96.51
有色金属冶炼和压延加工业	Manufacture & Processing of Non-ferrous Metals	182	36.23
金属制品业	Manufacture of Metal Products	957	166.05
通用设备制造业	Manufacture of General Purpose Machinery	668	77.71
专用设备制造业	Manufacture of Special Purpose Machinery	550	74.72
汽车制造业	Manufacture of Automotive	372	69.32
铁路、船舶、航空航天和其他运输设备制造业	Manufacture of Railroad, Marine, Aerospace and Other Transportation Equipment	120	24.25
电气机械和器材制造业	Manufacture of Electrical Machinery and Equipment	590	66.33
计算机、通信和其他电子设备制造	Manufacture of Computer, Communications and Other Electronic Equipn	112	17.86
仪器仪表制造业	Manufacture of Measuring Instrument	58	1.73
其他制造业	Manufacture of Others	35	1.23
废弃资源综合利用业	ecycling and Disposal of Waste	43	7.81
金属制品、机械和设备修理业		20	15.16
燃气生产和供应业	Production and Distribution of Gas	40	2.07
水的生产和供应业	Production and Distribution of Water	29	5.42

注：企业数不含停产企业。
a)The number of enterprises do not include the number of cut-off enterprises.

分行业规模以上工业企业水消费(取水总量)(2012年)
Computation of Water in above Designated Size Industrial Enterprises by Sector (2012)

企业数：个　指标值：万立方米　(unit, 10000 m³)

行　业	Sector	企业数 Number of Enterprises	指标值 Index
全部工业企业	**Total**	**11255**	**223896.30**
轻工业	Light Industry	3719	25860.46
重工业	Heavy Industry	7536	198035.84
按工业行业分	**Grouped by Sector**		
采　矿　业	**Mining**	**984**	**71481.89**
煤炭开采和洗选业	Mining and Washing of Coal	149	8562.82
石油和天然气开采业	Extraction of Petroleum and Natural Gas	2	2612.85
黑色金属矿采选业	Mining of Ferrous Metal Ores	728	24448.37
有色金属矿采选业	Mining of Non-ferrous Metal Ores	30	251.59
非金属矿采选业	Mining and Processing of Nonmetal Ores	75	35606.26
其他采矿业	Mining of Others		
制　造　业	**Manufacturing**	**9985**	**120022.02**
农副食品加工业	Processing of Food from Agricultural Products	602	2624.01
食品制造业	Manufacture of Foods	233	1800.64
酒、饮料和精制茶制造业	Manufacture of Wine, Soft Drinks and Refined Tea	141	2105.10
烟草制品业	Manufacture of Tobacco	3	83.71
纺织业	Manufacture of Textile	694	3351.47
纺织服装、服饰业	Manufacture of Textile, Apparel	216	312.16
皮革、毛皮、羽毛及其制品和制鞋业	Manufacture of Leather, Fur, Feather and Its Products and Footware	443	2751.43
木材加工和木、竹、藤、棕、草制品业	Processing of Timbers, Manufacture of Wood, Bamboo, Rattan, Palm, and Straw Products	100	117.96
家具制造业	Manufacture of Furniture	118	121.08
造纸和纸制品业	Manufacture of Paper and Paper Products	264	4340.61
印刷和记录媒介复制业	Printing, Reproduction of Recording Media	91	163.65
文教、工美、体育和娱乐用品制造业	Manufacture of Articles for Culture, Arts and Crafts, Education, Sport Activities and Entertainment Goods	113	76.17
石油加工、炼焦和核燃料加工业	Processing of Petroleum, Coking, Processing of Nuclear Fuel	121	6118.88
化学原料和化学制品制造业	Manufacture of Chemical Raw Material and Chemical Products	769	12103.44
医药制造业	Manufacture of Medicines	189	4187.45
化学纤维制造业	Manufacture of Chemical Fiber	37	1451.60
橡胶和塑料制品业	Manufacture of Rubber and Plastic	621	773.03
非金属矿物制品业	Manufacture of Nonmetallic Mineral Products	946	5725.86
黑色金属冶炼和压延加工业	Manufacture and Processing of Ferrous Metals	707	62029.11
有色金属冶炼和压延加工业	Manufacture & Processing of Non-ferrous Metals	181	802.02
金属制品业	Manufacture of Metal Products	922	1691.55
通用设备制造业	Manufacture of General Purpose Machinery	633	811.61
专用设备制造业	Manufacture of Special Purpose Machinery	533	2388.78
汽车制造业	Manufacture of Automotive	361	911.89
铁路、船舶、航空航天和其他运输设备制造业	Manufacture of Railroad, Marine, Aerospace and Other Transportation Equipment	116	630.08
电气机械和器材制造业	Manufacture of Electrical Machinery and Equipment	573	1501.54
计算机、通信和其他电子设备制造	Manufacture of Computer, Communications and Other Electronic Equipment	112	783.22
仪器仪表制造业	Manufacture of Measuring Instrument	56	35.12
其他制造业	Manufacture of Others	33	16.46
废弃资源综合利用业	Recycling and Disposal of Waste	42	36.52
金属制品、机械和设备修理业		15	175.87
电力、热力、燃气及水生产和供应业	**Production and Distribution of Electricity, Thermal, Gas and Water**	**286**	**32392.39**
电力、热力生产和供应业	Production and Supply of Electric Power and Heat Power	248	32354.08
燃气生产和供应业	Production and Distribution of Gas	38	38.31
水的生产和供应业	Production and Distribution of Water		

注：1. 企业数不含停产企业。 2. 不包括水的生产和供应业行业。
a) The number of enterprises do not include the number of cut-off enterprises. b) The date exclude production and distribution of water.

主要耗能工业企业单位产品能源消耗情况
Energy Consumption per Unit of Product in Main Enterprises that Consume much Energy

指 标 Item	2008	2009	2010	2011	2012
吨原煤综合能耗(千克标准煤/吨) Overall Energy Consumption per ton of Machining Coal (kg SCE/ton)	8.58	8.05	7.83	7.00	6.82
吨原煤生产耗电(千瓦时/吨) Electric Power Consumption per ton of Machining Coal (kwh/ton)	29.02	28.43	27.32	26.84	26.72
选煤电力单耗(千瓦时/吨) Electric Power Consumption per ton of Milling run Coal (kwh/ton)	8.42	7.60	7.28	6.38	6.05
铁矿采矿工序单位能耗(千克标准煤/吨) Energy Consumption per Unit of Mining of Iron ore (kg SCE/ton)	1.78	3.04	3.42	3.13	2.57
铁矿选矿工序单位能耗(千克标准煤/吨) Energy Consumption per Unit of Milling run Iron ore (kg SCE/ton)	5.29	4.23	3.84	3.20	3.32
每吨纱(线)混合数综合能耗(千克标准煤/吨) Overall Energy Consumption per ton of Mixed Yarn (Cotton)(kg SCE/ton)	476.24	339.71	349.69	291.94	253.68
每吨纱(线)混合数生产用电量(千瓦时/吨) Electric Power Consumption per ton of Gauze and Line (kwh/ton)	1745.07	2686.04	3103.19	2298.77	1803.63
每百米布混合数生产用电量(千瓦时/百米) Overall Energy Consumption per 100m of mixed Cloth (kwh/100m)	21.18	51.90	64.84		49.22
万米布混合数综合能耗(千克标准煤/万米) Overall Energy Consumption per 10km of mixed Cloth (kg SCE/10km)	1155.82	1553.95	1519.90	1028.00	1181.51
万米印染布综合能耗(千克标准煤/万米) Overall Energy Consumption per 10km of Printing and Dyeing (kg SCE/10km)	3949.09	2239.20	5518.89	5099.14	2664.31
机制纸及纸板耗电(千瓦时/吨) Electric Power Consumption per ton of Machine made Paper and Paperboard (kwh/ton)	680.07	647.60	589.52	555.24	534.21
机制纸及纸板综合能耗(千克标准煤/吨) Overall Energy Consumption of Machine made Paper and Paperboard (kg SCE/ton)	410.50	421.33	295.70	262.42	227.21
炼焦工序单位能耗(千克标准煤/吨) Energy Consumption per Unit of Coking plant (kg SCE/ton)	163.74	151.54	138.42	133.12	130.02
单位油气产量综合能耗(千克标准煤/吨) Overall Energy Consumption per unit of Oil and Gas Output (kg SCE/ton)	132.02	94.79	85.77	89.97	78.06
单位油气产量耗电(千瓦时/吨) Electric Power Consumption per unit of Oil and Gas Output (kwh/ton)	166.38	151.24	150.24	142.24	141.98
原油(原料油)加工单位耗电(千瓦时/吨) Electric Power Consumption per ton of Machining Base oil (kwh/ton)	61.30	59.98	56.74	54.88	62.44
原油(原料油)加工单位综合能耗(千克标准油/吨) Overall Energy Consumption of Machining Base oil (kg toe/ton)	72.69	66.14	64.38	63.98	52.89
单位烧碱生产综合能耗(离子膜法30%)(千克标准煤/吨) Overall Energy Consumption per Unit of Manufacturing Caustic Soda (Ion Film 30%) (kg SCE/ton)	361.53	328.46	325.04	326.38	318.54
单位烧碱生产耗交流电(离子膜法30%)(千瓦时/吨) Electric Power Consumption per ton of Manufacturing Caustic Soda (Ion Film 30%)(kwh/ton)	2188.72	2337.83	2360.67	2336.96	2308.04
单位烧碱生产综合能耗(隔膜法30%)(千克标准煤/吨) Overall Energy Consumption per Unit of Manufacturing Caustic Soda (Partition Film 30%) (kg SCE/ton)	764.50	693.01	683.15	745.39	

注：本表统计范围为年综合能源消费量1万吨标准煤及以上的工业企业。

a) The statistical objects of the sheet are the industrial enterprises each with an annual overall energy consumption of no less than 10000 t SCE.

主要耗能工业企业单位产品能源消耗情况（续一）
Energy Consumption per Unit of Product in Main Enterprises that Consume much Energy

指　　标　　Item	2008	2009	2010	2011	2012
单位烧碱生产耗交流电(隔膜法30%)(千瓦时/吨) Electric Power Consumption per ton of Manufacturing Caustic Soda (Partition Film 30%)(kwh/ton)	2384.76	2389.64	2464.73	2429.65	
单位烧碱生产综合能耗(离子膜法45%)(千克标准煤/吨) Overall Energy Consumption per Unit of Manufacturing Caustic Soda (Ion Film 45%) (kg SCE/ton)	460.29	394.80	420.12	405.60	418.08
单位烧碱生产耗交流电(离子膜法45%)(千瓦时/吨) Electric Power Consumption per ton of Manufacturing Caustic Soda (Ion Film 45%)(kwh/ton)	2254.26	2130.93	2325.93	2389.64	2345.04
单位烧碱生产耗交流电(隔膜法96%)(千瓦时/吨) Electric Power Consumption per ton of Manufacturing Caustic Soda (Partition Film 96%) (kwh/ton)	248.31	238.27	265.90		
氨碱法单位纯碱生产综合能耗(千克标准煤/吨)) Overall Energy Consumption per Unit of Sodium carbonate in Ammonia soda Process (kg SCE/ton)	397.42	389.57	387.63	385.39	383.39
氨碱法单位纯碱生产耗电(千瓦时/吨) Electric Power Consumption per Unit of Sodium carbonate in Ammonia soda Process (kwh/ton)	59.96	56.48	57.73	58.08	70.47
单位合成氨生产综合能耗(千克标准煤/吨) Overall Energy Consumption per Unit of Manufacturing Compound ammonia (kg SCE/ton)	1425.21	1345.92	1316.94	1328.33	1289.75
每吨合成氨消耗天然气(立方米/吨) Natural Gas Consumption per ton of Manufacturing Compound ammonia (m^3/ton)	1000.05	993.96	987.77	995.99	989.48
每吨合成氨耗电(千瓦时/吨) Electric Power Consumption per ton of Manufacturing Compound ammonia (kwh/ton)	1410.41	1437.27	1366.38	1227.61	1242.73
每吨合成氨耗标准原料煤(7000千卡发热)(千克/吨) Standard Raw Coal Consumption per ton of Manufacturing Compound ammonia (kg/ton)	1148.74	1068.83	1046.40	1055.48	1037.48
每吨合成氨耗标准燃料煤(7000千卡发热)(千克/吨) Standard Fuel Coal Consumption per ton of Manufacturing Compound ammonia (kg/ton)	170.81	145.45	121.12	118.34	102.00
每吨粘胶纤维综合能耗(短纤)(千克标准煤/吨) Overall Energy Consumption per ton of Pectic-fibre (short fibre)(kg SCE/ton)	901.53	1088.59	1061.76	1068.38	1072.22
每吨粘胶纤维用电量(短纤)(千瓦时/吨) Electric Power Consumption per ton of Pectic-fibre (short fibre)(kwh/ton)	1136.94	1110.17	1074.97	1084.07	1061.54
每吨粘胶纤维综合能耗(长丝)(千克标准煤/吨) Overall Energy Consumption per ton of Pectic-fibre (long silk)(kg SCE/ton)	5394.30	4956.13	4687.38	4880.78	4565.75
每吨粘胶纤维用电量(长丝)(千瓦时/吨) Electric Power Consumption per ton of Pectic-fibre (long silk)(kwh/ton)	8441.21	7799.29	7799.89	7578.49	7534.35
每吨水泥熟料综合能耗(千克标准煤/吨) Energy Consumption per ton of Cement Ripe-material (kg SCE/ton)	134.82	125.85	112.14	109.41	108.68
每吨水泥熟料烧成标准煤耗(千克标准煤/吨) SCE Consumption per ton of Cement Ripe-material (kg SCE/ton)	125.32	115.77	109.83	107.03	106.56
每吨水泥熟料综合电耗(千瓦时/吨) Overall Electric Power Consumption per ton of Cement Ripe-material (kwh/ton)	75.56	75.30	78.86	67.77	64.13
每吨水泥综合能耗(千克标准煤/吨) Fully Energy Consumption for Cement (kg SCE/ton)	88.14	76.84	70.40	69.72	76.54

主要耗能工业企业单位产品能源消耗情况（续二）
Energy Consumption per Unit of Product in Main Enterprises that Consume much Energy

指标 Item	2008	2009	2010	2011	2012
吨水泥标准煤耗(千克/吨) SCE Consumption per ton of Cement (kg/ton)	81.00	78.58	79.53	76.84	74.58
每吨水泥综合电耗(千瓦时/吨) Overall Electric Power Consumption per ton of Cement (kwh/ton)	84.69	79.79	78.86	77.92	81.24
每重量箱平板玻璃综合能耗(千克标准煤/重量箱) Energy Consumption per weight case of Plate Glass (kg SCE/weight case)	17.04	15.25	14.79	14.27	13.75
每重量箱平板玻璃耗电(千瓦时/重量箱) Electric Power Consumption per ton of Plate Glass (kwh/weight case)	7.75	7.53	6.79	5.39	5.00
每重量箱平板玻璃耗燃油(千克/重量箱) Fuel Oil Consumption per ton of Plate Glass (kg/weight case)	11.10	9.88	6.93	3.60	6.92
吨钢综合能耗(千克标准煤/吨) Energy Consumption per ton of Steel (kg SCE/ton)	604.58	565.43	562.49	571.81	571.55
吨钢耗电(千瓦时/吨) Electric Power Consumption per ton of Steel (kwh/ton)	388.63	391.58	405.07	419.67	418.45
炼铁工序单位能耗(千克标准煤/吨) Energy Consumption per Unit of Ferrosilicon Processes (kg SCE/ton)	434.67	407.37	403.48	397.50	397.76
铁矿烧结工序单位能耗(千克标准煤/吨) Energy Consumption per Unit of Iron Ore Sintering Processes (kg SCE/ton)	53.53	50.50	48.89	46.48	47.48
转炉炼钢工序单位能耗(千克标准煤/吨) Energy Consumption per Unit of Converter Steelmaking Processes (kg SCE/ton)	9.69	5.24	2.36		
电炉炼钢工序单位能耗(千克标准煤/吨) Energy Consumption per Unit of EAF Steelmaking Processes (kg SCE/ton)	89.80	151.28	125.42	125.99	139.38
电炉炼钢综合电力消耗(千瓦时/吨) Electric Power Consumption per ton of EAF Steelmaking (kwh/ton)	423.20	583.98	505.61	430.65	410.15
轧钢工序单位能耗(千克标准煤/吨) Energy Consumption per Unit of Steel Rolling Processes (kg SCE/ton)	60.17	54.90	52.31	51.96	51.17
轧钢工序电力消耗(千瓦时/吨) Electric Power Consumption per ton of Steel rolling (kwh/ton)	78.32	77.38	78.87	80.78	81.58
吨钢耗新水(吨/吨) Fresh Water Consumption per ton of Steel (ton/ton)	3.15	3.00	3.04	2.97	2.96
单位粗铜综合能耗(千克标准煤/吨) Energy Consumption per Unit of Crude Copper (kg SCE/ton)	719.08	592.96	697.06	682.82	669.17
吨铝加工材消耗电量(千瓦时/吨) Electric Power Consumption per ton of Machining Aluminum (kwh/ton)	1692.03	1915.76	1534.36	1515.62	1550.32
吨铝加工材消耗能源量(千克标准煤/吨) Energy Consumption per ton of Machining Aluminum (kg SCE/ton)	428.59	470.34	433.04	416.42	420.89
火力发电标准煤耗(克标准煤/千瓦时) SEC Consumption of Firepower Generate Electricity (g SCE/kwh)	326.50	318.87	314.48	310.89	308.97
火力发电供电标准煤耗(克标准煤/千瓦时) Power-supply SEC Consumption of Firepower Generate Electricity (g SCE/kwh)	351.77	341.05	337.40	332.93	330.38
发电厂用电率(%) Electro-rate of Power plant (%)	6.74	6.75	6.79	6.44	6.35

财政收支总额及增长速度

Government Revenue and Expenditure and Growth Rates

单位：亿元 (100 million yuan)

年份 Year	财政总收入 Total Government Revenue	#地方一般预算收入 Local Government Budgetary Revenue	财政支出 Government Expenditure	比上年增长(%) Growth Rate over preceding year (%) 财政总收入 Total Government Revenue	#地方一般预算收入 Local Government Budgetary Revenue	财政支出 Government Expenditure
1978	45.10		32.44	38.0		2.9
1979	42.87		34.22	4.9		5.5
1980	35.02		28.36	-18.3		-17.1
1981	34.10		23.29	-2.6		-17.9
1982	31.78		25.94	-6.8		11.4
1983	36.39		28.27	14.5		9.0
1984	39.11		35.86	7.5		26.9
1985	45.15		41.66	15.4		16.2
1986	51.17		53.82	13.3		29.2
1987	57.62		53.33	12.3		-0.9
1988	64.78		67.52	12.4		26.6
1989	76.12		72.30	17.5		7.1
1990	81.15		87.29	6.6		20.7
1991	90.66		91.14	11.7		4.4
1992	101.17		101.19	11.6		11.0
1993	144.21		142.26	42.5		40.6
1994	182.16	95.22	160.84	26.3		13.1
1995	214.12	119.95	191.18	17.5	26.0	18.9
1996	258.57	151.78	231.90	20.8	26.5	21.3
1997	297.34	176.07	270.46	15.0	16.0	16.6
1998	341.86	206.76	301.55	14.9	17.4	11.5
1999	367.20	223.28	350.80	7.4	8.0	16.3
2000	397.60	248.76	415.54	8.3	11.4	18.5
2001	448.40	283.50	514.18	12.8	14.0	23.7
2002	544.86	302.31	576.59	12.6	6.6	12.1
2003	634.94	335.83	646.74	16.6	11.1	12.2
2004	778.33	407.83	785.56	22.6	21.4	21.5
2005	1035.20	515.70	979.16	33.0	26.5	24.6
2006	1223.46	620.53	1180.36	18.2	20.3	20.5
2007	1528.92	789.12	1506.65	25.0	27.2	27.6
2008	1824.00	947.59	1881.67	19.3	20.1	24.9
2009	2020.77	1067.12	2347.59	10.8	12.6	24.8
2010	2409.00	1331.85	2820.24	19.3	24.8	20.1
2011	3017.59	1737.77	3537.39	25.3	30.5	25.4
2012	3479.26	2084.28	4079.44	15.3	19.9	15.3

各时期地方财政收支及指数

Local Revenue and Expenditures and Indices by Period

时　期 (年份)	Period (Year)	地方财政收入 (万元) Local Revenue (10000 yuan)	地方财政支出 (万元) Local Expenditure (10000 yuan)	平均增长(%) Average Annual Growth Rate (%)	
				地方财政收入 Local Revenue	地方财政支出 Local Expenditure
"一五"时期	The "First five-year Plan" Period	311571	207744	8.56	22.00
"二五"时期	The "Second five-year Plan" Period	839252	640968	9.96	2.98
1963－1965	1963-1965	313804	306963	4.78	17.98
"三五"时期	The "Third five-year Plan" Period	715957	475430	10.67	4.68
"四五"时期	The "Fourth five-year Plan" Period	1302940	891644	8.13	11.51
"五五"时期	The "Fifth five-year Plan" Period	1840251	1539005	2.89	6.28
"六五"时期	The "Sixth five-year Plan" Period	1865313	1550232	5.21	7.99
"七五"时期	The "Seventh five-year Plan" Period	3304361	3392465	12.44	15.94
"八五"时期	The "Eighth five-year Plan" Period	5512131	6881072	8.13	16.98
"九五"时期	The "Nine five-year Plan" Period	10066483	15702429	15.71	16.80
"十五"时期	The "Tenth five-year Plan" Period	18451644	35022310	15.70	18.70
"十一五"时期	The "Eleventh five-year Plan" Period	47562174	97365101	20.90	23.55
"十二五"时期	The "Twelfth five-year Plan" Period	38220489	76168286	25.08	20.26
1979－2012	1979－2012	125765563	236642727	11.53	15.13
1991－2012	1991－2012	119812921	231124198	15.36	19.10
2001－2012	2001－2012	104234307	208555697	18.72	21.40

预算外资金收入与支出

Extra-budgetary Revenue and Expenditures

单位：亿元　　(100 million yuan)

年　份 Year	预算收入 Budget Revenue	预算外收入 Off-budget Revenue	地方财政预算外资金 Extra-budgetary Funds of Local Finance	行政事业单位预算外资金 Extra-budgetary Funds of Administrative Institutions	其　他预算外资金 Other Extra-budgetary Funds	预算外收入相当于预算收　入(%) Ratio of the Off-budget Revenue to the Budget Revenue	预算外支出 Expenditure out of Budget
1980	35.02	18.93	2.74	4.74	11.45	54.05	19.15
1985	45.15	39.86	2.45	9.59	27.81	88.28	36.46
1990	81.15	80.01	3.43	26.91	49.67	98.60	80.79
1995	119.95	92.29	13.06	79.24		76.94	89.97
1996	151.78	158.05	13.69	88.40	55.96	104.13	152.11
1997	176.07	138.13	4.31	72.22	61.60	78.45	133.33
1998	206.76	104.65		85.99	18.66	50.61	97.67
1999	223.28	113.98		80.49	33.49	51.05	107.21
2000	248.76	117.53		78.47	39.06	47.25	110.00
2001	283.50	140.79		106.43	34.36	49.66	129.75
2002	302.31	126.01		114.10	11.91	41.68	119.86
2003	335.83	147.33		136.3	11.03	43.87	147.33
2004	407.83	178.52		159.40	19.12	43.77	161.03
2005	515.70	206.80		181.16	25.56	40.10	191.88
2006	620.53	223.40		205.45	17.95	36.00	215.80
2007	789.12	247.85		219.70	28.15	31.41	208.14
2008	947.59	268.34		240.39	27.95	28.32	256.50
2009	1067.12	267.04		243.66	23.38	25.02	276.98
2010	1331.85	158.80		134.99	23.81	11.92	163.02
2011	1737.77	107.44		94.06	13.38	6.18	102.01
2012	2084.28	100.62		90.75	9.87	4.83	75.87

注：2004年预算外收入为预算外财政专户资金收入。

a) The off-budget revenue of 2004 refer to the revenue of the special account for extra-budgetary funds.

分项目地方财政收支
Local Revenue and Expenditures by Item

单位：亿元 (100 million yuan)

项　　目	Item	2010 金额 Amount	2010 比重(%) Percentage	2011 金额 Amount	2011 比重(%) Percentage	2012 金额 Amount	2012 比重(%) Percentage
地方财政总收入	**Local Revenue**	**1331.85**	**100.00**	**1737.77**	**100.00**	**2084.28**	**100.00**
税收收入	Tax Revenue	1074.04	80.64	1348.51	77.60	1560.59	74.87
增值税	Value-added Tax	203.84	15.31	229.85	13.23	250.30	12.01
营业税	Operation Tax	362.65	27.23	457.27	26.31	533.45	25.59
企业所得税	Enterprises' Income Tax	145.93	10.96	199.08	11.46	226.20	10.85
个人所得税	Individual Income Tax	47.05	3.53	57.39	3.30	50.19	2.41
城建税	Tax on City Construction	64.30	4.83	87.84	5.05	97.59	4.68
资源税	Tax on Natural Resources	25.77	1.93	32.77	1.89	54.26	2.60
房产税	Tax on Real Estates	21.27	1.60	28.23	1.62	35.67	1.71
城镇土地使用税	Tax on the Use of Urban Land	34.49	2.59	45.55	2.62	58.12	2.79
耕地占用税	Tax on the Occupancy of Cultivated Land	21.44	1.61	25.57	1.47	48.25	2.31
契　税	Contract Tax	79.65	5.98	84.78	4.88	88.11	4.23
其他税收收入	Other Tax	67.65	5.07	100.18	5.77	118.45	5.69
非税收入	Non-tax Revenue	257.81	19.36	389.26	22.40	523.69	25.13
行政事业性收费收入	Income from Administrative Fees	66.09	4.96	118.25	6.80	162.05	7.77
地方财政总支出	**Total Expenditure Of Local Finance**	**2820.24**	**100.00**	**3537.39**	**100.00**	**4079.44**	**100.00**
一般公共服务	General Public Services	358.13	12.70	414.93	11.73	481.97	11.81
国　防	National Defenses	7.08	0.25	11.55	0.33	10.48	0.26
公共安全	Public Security	176.08	6.24	200.98	5.68	227.17	5.57
教　育	Education	514.30	18.24	652.11	18.43	865.54	21.22
科学技术	Science and Technology	29.65	1.05	33.22	0.94	44.74	1.10
文化体育与传媒	Culture, Sports and Communications	37.09	1.32	50.45	1.43	59.29	1.45
社会保障和就业	Social Security and Employment	358.78	12.72	426.23	12.05	470.21	11.53
医疗卫生	Medical Treatment and Health	235.48	8.35	302.75	8.56	323.17	7.92
环境保护	Environment Protection	115.16	4.08	105.48	2.98	127.93	3.14
城乡社区事务	Affairs of Urban and Rural Communities	178.75	6.34	239.37	6.77	283.51	6.95
农林水事务	Affairs of Agriculture, Forestry and Water Resources	312.66	11.09	366.10	10.35	443.62	10.87
交通运输	Transport	155.72	5.52	261.36	7.39	287.04	7.04
其他支出	Other Expenditures	341.36	12.10	472.86	13.36	454.77	11.14

注：2011年“环境保护”口径调整为“节能环保”。

a) The statistic scale of "Environmental Protection" had been changed to "Energy Saving" in year 2011.

各种价格指数（上年=100）
General Price Indices (Preceding Year=100)

年份 Year	居民消费价格指数 Consumer Price Index	城市居民消费价格指数 Urban Areas	农村居民消费价格指数 Rural Areas	商品零售价格指数 Retail Price Index	工业品出厂价格指数 Ex-factory Price Indices of Industrial Products	原材料、燃料、动力购进价格指数 Purchasing Price Indices of Raw Material, Fuel and Power	固定资产投资价格指数 Investment in Fixed Assets Price Index
1978		100.2		99.8			
1979		101.7		101.4			
1980		107.2		105.3			
1981		103.2		102.1			
1982		100.9		101.5			
1983		102.0		101.4			
1984	102.5	103.1	102.1	103.4			
1985	106.8	108.9	105.7	106.8			
1986	105.7	106.0	105.4	105.2			
1987	107.8	108.2	107.4	108.3			
1988	118.0	118.3	117.8	118.1			
1989	118.7	115.9	122.2	118.4			
1990	100.6	101.2	99.9	99.9			
1991	103.4	106.6	101.6	102.8			106.8
1992	106.1	108.5	103.9	105.2	108.6	111.4	129.3
1993	113.8	115.5	111.9	110.5	129.1	134.9	124.8
1994	122.6	124.9	120.0	121.4	119.2	119.9	110.0
1995	115.2	116.1	114.8	115.8	111.4	110.9	106.9
1996	107.1	107.6	106.8	106.2	102.9	106.3	103.9
1997	103.5	103.7	103.4	102.1	98.8	102.1	101.5
1998	98.4	98.7	98.1	97.7	94.4	96.2	97.8
1999	98.1	98.7	97.6	97.8	95.9	95.4	99.4
2000	99.7	100.5	99.1	99.1	105.3	103.3	101.1
2001	100.5	100.4	100.6	99.8	99.8	101.0	99.9
2002	99.0	98.6	99.5	99.2	99.4	97.2	99.5
2003	102.2	102.3	102.0	100.2	107.1	109.4	102.3
2004	104.3	103.7	104.8	103.2	111.6	118.4	107.0
2005	101.8	101.4	102.2	101.1	104.4	107.0	101.9
2006	101.7	101.7	101.7	101.5	100.8	105.0	101.7
2007	104.7	104.3	105.1	104.1	106.9	107.8	103.8
2008	106.2	105.2	108.1	106.7	116.7	115.9	109.6
2009	99.3	98.8	100.3	99.0	89.1	93.5	96.5
2010	103.1	102.8	103.6	103.1	109.0	110.9	103.7
2011	105.7	105.3	106.5	105.0	107.7	110.9	105.5
2012	102.6	102.7	102.5	102.2	94.7	96.2	100.3

各种价格定基指数
Fixed-base Price Indices

年 份 Year	居民消费价格指数 Consumer Price Index (1983=100)	城市居民消费价格指数 Urban Areas (1978=100)	农村居民消费价格指数 Rural Areas (1983=100)	商品零售价格指数 Retail Price Index (1978=100)	工业品出厂价格指数 Ex-factory Price Indices of Industrial Products (1991=100)	原材料、燃料、动力购进价格指数 Purchasing Price Indices of Raw Material, Fuel and Power (1991=100)	固定资产投资价格指数 Investment in Fixed Assets Price Index (1990=100)
1979		101.7		101.4			
1980		109.0		106.8			
1981		112.5		109.0			
1982		113.5		110.6			
1983		115.8		112.1			
1984	102.5	119.4	102.1	115.9			
1985	109.5	130.0	107.9	123.8			
1986	115.7	137.8	113.7	130.2			
1987	124.7	149.1	122.1	141.0			
1988	147.1	176.4	143.8	166.5			
1989	174.6	204.4	175.7	197.1			
1990	175.6	206.9	175.5	196.9			
1991	181.6	220.6	178.3	202.4			106.8
1992	192.7	239.4	185.3	212.9	108.6	111.4	138.0
1993	219.3	276.5	207.4	235.3	140.3	150.3	172.2
1994	268.9	345.3	248.9	285.7	167.1	180.3	189.5
1995	309.8	400.9	285.7	330.8	186.2	200.0	202.5
1996	331.8	431.4	305.1	351.3	191.6	212.6	210.4
1997	343.4	447.4	315.5	358.7	189.3	217.1	213.5
1998	337.9	441.6	309.5	350.4	178.8	208.8	208.8
1999	331.5	435.9	302.1	342.7	171.5	199.1	207.6
2000	330.5	438.1	299.4	339.6	180.5	205.6	209.9
2001	332.2	439.9	301.2	338.9	180.3	207.7	209.6
2002	328.9	433.7	299.7	336.2	179.2	202.0	208.6
2003	336.1	443.7	305.7	336.9	192.0	221.0	213.4
2004	350.6	460.1	320.4	347.7	214.1	261.6	228.3
2005	356.9	466.5	327.4	351.5	223.5	280.0	232.7
2006	363.0	474.4	333.0	356.8	225.3	293.9	236.6
2007	380.0	495.0	349.9	371.3	240.9	316.7	245.6
2008	403.5	520.7	378.4	396.3	281.0	367.1	269.2
2009	400.8	514.6	379.7	392.3	250.3	343.2	259.8
2010	413.1	529.1	393.4	404.5	272.8	380.6	269.4
2011	436.7	557.2	418.9	424.7	293.8	422.1	284.2
2012	448.1	572.2	429.4	434.0	278.2	406.1	285.1

居民消费价格分类指数（2012年)(上年=100)

Consumer Price Indices by Category (2012) (Preceding Year=100)

项目	Item	全省 Provincial Indices	城市 Urban Indices	农村 Rural Indices
居民消费价格指数	**Consumer Price Index**	**102.6**	**102.7**	**102.5**
食品	**Food**	**103.8**	**104.4**	**102.5**
粮食	Grain	102.9	102.5	103.6
淀粉及制品	Starches and Its Products	103.4	104.0	102.5
干豆类及豆制品	Beans and Bean Products	99.2	99.0	99.6
油脂	Oil or Fat	106.3	106.0	106.8
肉禽及其制品	Meat, Poultry and Processed Products	101.1	103.0	97.5
蛋	Eggs	96.4	96.8	96.0
水产品	Aquatic Products	104.8	104.2	106.3
菜	Vegetables	114.9	115.4	113.8
调味品	Flavoring	105.4	106.2	103.9
糖	Carbohydrate	105.9	106.1	105.5
茶及饮料	Tea and Beverages	104.6	104.1	105.6
干鲜瓜果	Dried and Fresh Melons and Fruits	97.1	97.0	97.4
糕点饼干面包	Cake, Biscuit and Bread	104.6	105.1	103.4
液体乳及乳制品	Milk and Its Products	102.4	102.3	102.6
在外用膳食品	Dining Out	105.7	106.4	104.2
其他食品	Other Foods and Manufacturing Services	102.7	101.7	103.8
烟酒	**Tobacco, Liquor and Articles**	**104.7**	**105.3**	**103.7**
烟草	Tobacco	101.0	100.1	102.3
酒	Liquor	108.0	109.8	105.1
衣着	**Clothing**	**104.7**	**103.6**	**107.6**
服装	Garments	104.9	103.6	108.4
衣着材料	Clothing Material	103.0	102.8	103.4
鞋袜帽	Footgear and Hats	103.9	103.2	105.9
衣着加工服务费	Clothing Manufacturing Service	115.7	117.9	106.5
家庭设备用品及维修服务	**Household Facilities, Articles and Services**	**102.8**	**102.9**	**102.6**
耐用消费品	Durable Consumer Goods	101.6	101.9	101.3
室内装饰品	Interior Decorations	102.2	101.9	102.7
床上用品	Bed Articles	102.7	102.6	102.8
家庭日用杂品	Daily Use Household Articles	104.4	104.1	104.8
家庭服务及加工维修服务	Household Services and Maintenance and Renovation	106.8	107.3	105.8
医疗保健和个人用品	**Health Care and Personal Articles**	**102.4**	**102.5**	**102.2**
医疗保健	Health Care	101.7	101.8	101.4
个人用品及服务	Personal Articles and Services	104.3	104.4	104.0
交通和通信	**Transportation and Communication**	**100.3**	**100.0**	**100.8**
交通	Transportation	102.0	101.7	102.4
通信	Communication	98.3	98.3	98.5
娱乐教育文化用品及服务	**Recreation, Education and Culture Articles**	**100.6**	**100.6**	**100.6**
文娱用耐用消费品及服务	Durable Consumer Goods for Cultural and Recreational Use and Services	94.2	94.0	94.7
教育	Education	101.7	101.8	101.6
文化娱乐类	Cultural and Recreational Articles	101.1	101.0	101.3
旅游	Touring and Outing	102.1	101.8	105.0
居住	**Residence**	**101.7**	**101.4**	**102.3**
建房及装修材料	Building Decoration Materials	100.9	100.7	101.2
住房租金	Housing rents	102.5	102.8	101.7
自有住房	Private Housing	101.4	100.9	102.5
水、电、燃料	Water, Electricity and Fuels	102.8	103.0	102.6

商品零售价格分类指数（2012年)(上年=100)
Retail Price Indices by Category of Commodities (2012) (Preceding Year=100)

项　　目	Item	全　省 Provincial Indices	城　市 Urban Indices	农　村 Rural Indices
商品零售价格指数	**Retail Price Index**	**102.2**	**102.1**	**102.3**
食　品	Food	104.0	104.4	102.7
饮料、烟酒	Beverages, Tobacco and Liquor	104.6	105.0	103.8
服装、鞋帽	Garments, Shoes and Hats	104.0	103.2	106.9
纺织品	Textiles	103.1	103.0	103.5
家用电器及音像器材	Household Appliances, Music and Video Equipment	98.0	98.1	97.7
文化办公用品	Cultural and Office Appliances	98.4	98.2	99.1
日用品	Articles for Daily Use	103.4	103.2	104.1
体育娱乐用品	Sports and Recreation Articles	102.0	102.3	100.9
交通、通信用品	Transportation and Communication Appliances	97.3	97.0	98.3
家　具	Furniture	101.9	101.9	101.9
化妆品	Cosmetics	103.3	103.4	103.0
金银珠宝	Gold, Silver and Jewelry	101.5	101.6	101.2
中西药品及医疗保健用品	Traditional Chinese and Western Medicines and Health Care Articles	102.5	102.5	102.6
书报杂志及电子出版物	Books, Newspapers, Magazines and Electronic Publications	100.9	101.1	100.2
燃　料	Fuels	101.0	100.3	103.4
建筑材料及五金电料	Building Materials and Hardware	100.8	100.6	101.2

居民消费和商品零售价格指数（2012年）
Consumer Price Indices and Retail Price Indices of Commodities (2012)

项　　目 Item	居民消费价格指数 Consumer Price Index			商品零售价格指数 Retail Price Index			农业生产资料价格指数 Price Indices of Agricultural Means of Production Index
	全　省 Provincial Indices	城　市 Urban Indices	农　村 Rural Indices	全　省 Provincial Indices	城　市 Urban Indices	农　村 Rural Indices	
1950=100		629.1		494.9	508.3	493.9	565.1
1957=100		515.8		401.0	414.5	406.2	485.4
1965=100		581.1		423.4	476.4	401.3	544.9
1970=100		580.0		427.1	473.6	407.9	575.3
1978=100		572.2		434.1	466.9	421.5	651.2
1980=100		524.4		407.1	427.3	402.2	646.7
1985=100	409.4	439.8	398.0	350.7	358.8	352.8	552.3
1990=100	254.6	276.5	244.4	220.4	227.9	219.3	338.3
1995=100	144.6	142.6	150.1	131.3	125.8	137.1	208.4
2000=100	135.6	130.6	143.3	127.8	122.1	134.4	188.5
2005=100	125.6	122.6	131.1	123.4	120.3	127.4	164.8
2010=100	108.4	108.1	109.2	107.3	106.9	108.4	121.8

农业生产资料价格分类指数（上年=100）
Price Indices of Agricultural Means of Production by Category (Preceding Year=100)

项　　目	Item	2000	2005	2010	2011	2012
农业生产资料价格指数	**Price Indices of Agricultural Means of Production Index**	**101.5**	**106.8**	**104.4**	**112.6**	**108.2**
农用手工工具	Farm Hand tools	98.8	100.5	105.0	105.1	105.4
饲　料	Forage	96.2	99.2	108.2	108.4	106.5
产品畜	Production Livestock	113.5	106.2	105.0	153.6	110.9
半机械化农具	Labour Livestock	99.1	99.9	99.9	108.2	107.3
机械化农具	Semi-mechanized Farm Tools	97.7	101.3	101.8	111.1	106.7
化学肥料	Mechanized Farm Machinery	95.0	112.0	100.2	111.8	108.5
农药及农药械	Chemical Fertilizer	97.7	101.2	97.6	105.0	107.3
农用机油	Pesticide and Its Appliances	120.3	116.6	115.2	113.4	106.2
其他农业生产资料	Oil for Farm Machinery	97.8	108.6	108.0	113.0	111.1
农业生产服务	Other Means of Agricultural Production			103.1	107.4	110.0

工业品出厂价格分类指数（上年=100）
Ex-factory Price Indices of Industrial Products (Preceding Year=100)

项　　目	Item	2000	2005	2010	2011	2012
全部工业品	**Total Industry Products**	**105.27**	**104.39**	**109.03**	**107.67**	**94.70**
轻工业	Light Industry	99.17	100.66	104.69	107.59	99.95
以农产品为原料	Agricultural Products as Raw Materials	100.44	99.8	106.77	109.09	100.60
以非农产品为原料	Non-agricultural Products as Raw Materials	95.27	101.62	102.40	102.00	97.43
重工业	Heavy Industry	107.92	107.13	110.90	107.69	93.54
采　掘	Mining and Quarrying Industry	135.25	122.89	123.56	115.97	90.25
原　料	Raw Materials Industry	106.76	106.15	111.28	108.42	95.68
加　工	Processing Industry	98.53	102.96	107.88	106.14	92.46
生产资料	Means of Production	106.98	105.15	109.82	108.09	93.76
采　掘	Mining and Quarrying Industry	132.56	122.85	120.15	115.97	90.25
原　料	Raw Materials Industry	105.95	105.22	111.55	108.76	95.97
加　工	Processing Industry	99.20	102.01	106.67	106.75	92.76
生活资料	Consumer Goods	98.44	100.63	104.16	105.15	100.56
食　品	Food	95.96	100.35	106.08	108.28	101.28
衣　着	Clothing	101.82	100.48	101.61	103.79	103.03
一般日用品	Articles for Daily Use	97.49	102.01	100.74	101.20	97.63
耐用消费品	Durable Consumer Goods	98.75	100.98	103.21	102.12	100.81

主要原材料、燃料、动力购进价格指数（上年=100）
Purchasing Price Indices of Major Raw Material, Fuel and Motive (Preceding Year=100)

项　　目	Item	2000	2005	2010	2011	2012
全部原材料	**Total Raw Materials**	**103.31**	**107.02**	**110.85**	**110.92**	**96.20**
燃料、动力类	Fuel and Power	107.50	115.70	113.46	113.03	98.42
黑色金属材料类	Ferrous Metals	100.10	107.27	111.08	110.16	91.24
#钢　材	Steel Products	102.78	104.89	103.55	105.22	94.17
其　他	Others	99.46	110.61	119.09	112.12	90.15
有色金属材料和电线类	Nonferrous Metals	115.59	111.26	120.24	110.12	91.93
化工原料类	Raw Chemical Materials	104.56	106.76	113.19	110.34	97.59
木材及纸浆类	Timber and Paper Pulp	102.57	103.35	105.57	104.43	97.03
建筑材料及非金属矿类	Building Materials and Nonmetal Ores	111.17	104.03	100.29	105.34	98.80
其他工业原料及半成品类	Other Industrial Raw Materials and Semi-finished Products	94.65	105.83	107.73	107.73	97.77
农副产品类	Agricultural Products	94.79	98.90	111.89	119.52	98.74
纺织原料类	Textile Materials	109.95	97.19	109.99	111.76	94.58

固定资产投资价格指数（上年=100）
Price Indices of Investment in Fixed Assets (Preceding Year=100)

年份 Year	固定资产投资 Investment in Fixed Assets	建筑安装工程 Construction and Installation	设备、工器具购置 Purchase of Equipment, Tools and Instruments	其他费用 Others
1991	106.8	104.1	110.5	107.2
1992	129.3	131.2	122.0	148.3
1993	124.8	133.0	121.0	86.0
1994	110.0	108.1	110.1	123.2
1995	106.9	106.0	106.2	115.1
1996	103.9	106.0	100.0	101.9
1997	101.5	105.0	95.0	101.2
1998	97.8	99.4	94.4	98.5
1999	99.4	100.0	96.4	104.3
2000	101.1	102.3	98.4	100.9
2001	99.9	100.6	97.9	100.4
2002	99.5	100.0	98.0	100.3
2003	102.3	104.2	98.5	101.4
2004	107.0	109.6	103.6	102.1
2005	101.9	101.8	101.9	102.0
2006	101.7	101.6	101.6	102.0
2007	103.8	105.4	100.7	102.4
2008	109.6	113.9	101.6	105.8
2009	96.5	94.7	97.4	102.3
2010	103.7	105.0	101.2	102.8
2011	105.5	107.9	101.6	101.9
2012	100.3	100.6	99.2	100.7

农产品生产价格指数（上年=100）
Production Price Indices of Farm Produces (Preceding Year=100)

指 标	Item	2005	2008	2009	2010	2011	2012
农产品生产价格指数	**General Price Index of Farm Products**	**102.45**	**108.98**	**99.70**	**115.13**	**110.86**	**100.66**
农业产品	**Planting Products**	**103.85**	**104.97**	**102.40**	**124.07**	**105.98**	**103.14**
谷 物(原粮)	Cereal	98.03	103.48	102.02	114.22	107.66	103.91
小 麦	Wheat	100.25	105.58	111.34	109.67	102.72	101.63
稻 谷	Rice	107.02	105.21	107.20	116.72	110.02	105.74
玉 米	Corn	95.90	105.97	95.00	117.35	111.02	105.42
薯 类	Tubers	111.47	86.83	97.96	136.55	81.17	89.98
豆 类	Beans	92.69	130.40	89.49	106.60	102.61	99.68
大 豆	Beans	96.60	130.40	89.49	106.02	104.32	99.84
油 料	Oil-bearing Crops	98.75	105.47	86.20	120.66	109.76	106.60
棉 花(籽棉)	Cotton (Unginned Cotton)	104.86	98.63	91.67	150.97	100.63	94.92
蔬 菜	Fresh Vegetables	106.03	99.54	115.61	116.73	107.85	106.55
水 果	Fruits	113.25	113.72	109.45	122.69	105.97	105.08
瓜果类	Melon and Fruit	113.51	95.89	132.45	90.64	105.57	136.51
其他水果	Other Fruits	114.41	116.59	113.34	118.97	103.69	99.83
林业产品	**Forestry Products**	**100.58**	**88.96**	**104.30**	**108.05**	**106.96**	**106.83**
牧 业(畜产品)	**Animal Husbandry (Livestock Products)**	**100.40**	**115.45**	**95.79**	**103.63**	**116.50**	**97.35**
牛	Cattle and Buffaloes	100.24	116.73	99.59	102.61	112.08	120.45
羊	Sheep and Goats	100.17	117.66	102.15	105.45	116.63	113.51
奶 类	Milk	100.10	117.93	88.71	117.90	103.92	101.49
毛绒类	Fur and Down	94.53	89.63	114.74	118.23	112.05	99.87
猪的饲养	Pig Feeding	98.50	121.32	85.21	99.47	129.49	96.95
肉 禽(毛重)	Poultry for Eating (gross weight)	103.92	105.54	100.28	104.88	105.27	96.53
禽 蛋	Poultry Eggs	103.08	104.05	102.69	109.22	107.70	90.72
渔 业	**Fishery**	**107.08**	**102.36**	**103.77**	**125.07**	**111.62**	**104.87**
海水水产品	Seawater Aquatic Products	110.55	94.55	108.62	141.79	107.34	
内陆水域水产品	Inland Waterways Aquatic Products	100.28	117.64	94.29	109.44	117.51	104.87

城乡居民家庭人均收入及恩格尔系数
Per Capita Annual Income and Engle Coefficient of Urban and Rural Households

年份 Year	农村居民家庭人均纯收入 Per Capital Annual Net Income of Rural Households		城镇居民家庭人均可支配收入 Per Capital Annual Disposable Income of Rural Households		农村居民家庭恩格尔系数(%) Engle Coefficient of Rural Households (%)	城镇居民家庭恩格尔系数(%) Engle Coefficient of Urban Households (%)
	绝对值(元) Value (yuan)	指数(1978年=100) Index (1978=100)	绝对值(元) Value (yuan)	指数(1978年=100) Index (1978=100)		
1978	114.06	100.0	276.24	100.0		
1979	136.11	119.3	313.20	113.4		
1980	175.77	154.1	400.56	145.0	56.06	60.08
1981	204.41	179.2	402.48	145.7	52.19	53.34
1982	238.70	209.3	432.84	156.7	54.29	56.28
1983	298.07	261.3	448.68	162.4	53.52	56.93
1984	345.00	302.5	519.24	188.0	52.24	55.36
1985	385.23	337.7	630.72	228.3	50.03	49.96
1986	407.61	357.4	766.44	277.5	48.51	50.24
1987	444.40	389.6	855.00	309.5	48.44	51.67
1988	546.62	479.2	1080.48	391.1	46.95	46.50
1989	589.40	516.7	1256.88	455.0	48.12	52.00
1990	621.67	545.0	1397.35	505.8	49.05	51.16
1991	657.38	576.3	1489.32	539.1	47.94	51.34
1992	682.48	598.4	1763.40	638.4	52.47	49.51
1993	803.80	704.7	2201.04	796.8	58.39	46.31
1994	1107.25	970.8	3007.68	1088.8	56.69	47.29
1995	1668.73	1463.0	3674.16	1330.1	56.81	46.22
1996	2054.95	1801.6	4429.66	1476.0	52.18	44.78
1997	2286.01	2004.2	4958.67	1652.3	50.28	41.95
1998	2405.32	2108.8	5084.64	1694.3	47.51	40.02
1999	2441.50	2140.5	5365.03	1787.7	43.68	37.70
2000	2478.86	2073.3	5661.16	1886.4	39.50	34.39
2001	2603.60	2282.7	5984.82	1994.3	39.72	35.35
2002	2685.16	2354.2	6678.73	2225.5	38.92	35.42
2003	2853.29	2501.6	7239.12	2412.2	39.94	35.16
2004	3171.06	2780.2	7951.31	2649.4	42.51	36.82
2005	3481.64	3052.5	9107.09	2734.6	41.02	34.56
2006	3801.82	3333.2	10304.56	3092.8	36.69	33.94
2007	4293.43	3764.2	11690.47	3895.4	36.81	33.88
2008	4795.46	4204.3	13441.09	4478.7	38.17	34.73
2009	5149.67	4514.9	14718.25	4904.2	35.69	33.59
2010	5957.98	5223.5	16263.43	5419.1	35.15	32.32
2011	7119.69	6242.1	18292.23	6095.1	33.53	33.80
2012	8081.40	7085.2	20543.44	6845.2	33.87	33.60

注:1996年以前城镇居民家庭为生活费收入，以后为可支配收入，指数为可比。

a) Figures before 1996 on urban households refer to per capita income available for living, while figures since 1996 refer to per capital annual disposable income. Index is comparable.

人民物质文化生活提高情况

项　　目	Item	2000	2001
收入与支出(元)	**Income and Expenditure (yuan)**		
职工平均工资	Annual Average Wages of Staff and Workers	7043	7864
城镇居民家庭人均可支配收入(抽样调查)	Per Capita Annual Disposable Income of Urban Households	5661.2	5984.8
城镇居民人均消费支出	Per Capita Annual Living Expenditure of Urban Households	4348.5	4479.8
农民人均纯收入(抽样调查)	Annual Per Capita Net Income of Rural Residents	2478.9	2603.6
农民人均生活费支出	Per Capita Annual Living Expenditure of Rural Households	1365.2	1429.8
居住条件(平方米)	**Residence Condition (sq.m)**		
城镇居民人均现住房总建筑面积	Per Capita Floor Space of Houses in Urban Areas	15.42	15.75
农村居民平均每人居住面积	Per Capita Floor Space of Houses in Rural Areas	22.87	24.08
储　　蓄	**Savings**		
城乡居民储蓄存款年底余额(亿元)	Balance of Savings Deposit of Rural and Urban Residents (year-end) (100 million yuan)	3957.06	4364.18
人均储蓄存款年底余额(元)	Per Capita Balance of Saving Deposit (yuan)	5955.8	6526.9
文　　化(台)	**Culture (unit)**		
城镇居民每百户拥有彩色电视机	Number of Color TV Sets Per 100 Households in Urban Areas	112	116
农村居民每百户拥有彩色电视机	Number of Color TV Sets Per 100 Households in Rural Areas	65	72
城镇居民每百户拥有电冰箱	Number of Refrigerator Sets Per 100 Households in Urban Areas	84	86
农村居民每百户拥有电冰箱	Number of Refrigerator Sets Per 100 Households in Rural Areas	22	24
教　　育	**Education**		
学龄儿童入学率(%)	Enrollment Ratio of School-Age Children (%)	99.9	99.5
每万人口拥有当年大学生毕业生数(人)	Number of University Students per 10000 persons (person)	6.2	6.9
卫　　生	**Public Health**		
每万人口拥有病床(张)	Number of Hospital Beds per 10000 Persons (unit)	25.4	25.8
每万人口拥有医生(人)	Number of Doctors per 10000 Persons (person)	13.8	14.1
就　　业(抽样调查)(人)	**Employment (person)**		
城镇每一就业者负担人数(含本人)	Number of Dependents per Urban Employee (including the laborer himself or herself)	1.83	1.86
农村每一劳动力负担人数	Number of Dependents per Rural Employee	1.50	1.49

Improvement in People's Material and Cultural Life

2002	2003	2004	2005	2006	2007	2008	2009	2010	2011	2012
8959	11189	12925	14707	16590	19911	24756	28383	32306	36166	39542
6678.7	7239.1	7951.3	9107.1	10304.6	11690.5	13441.1	14718.3	16263.4	18292.2	20543.4
5068.4	5439.7	5819.2	6699.7	7343.5	8235.0	9086.7	9678.8	10318.3	11609.3	12531.1
2685.2	2853.3	3171.1	3481.6	3801.8	4293.4	4795.5	5149.7	5958.0	7119.7	8081.4
1476.4	1600.1	1834.9	2165.7	2495.3	2786.8	3125.6	3349.7	3844.9	4711.2	5364.1
18.74	18.91	19.33	21.53	21.81	30.45	29.51	29.95	30.52	32.21	32.51
24.90	25.55	26.08	28.35	29.13	30.11	30.71	31.94	32.23	34.11	35.01
4811.30	5457.00	6207.48	7084.03	8014.16	8922.41	11435.60	13551.06	15678.43	17824.33	20872.37
7162.9	8082.0	9143.5	10372.3	11657.8	12892.7	16416.3	19327.0	22038.8	24696.0	28733.0
121	122	127	124	127	126	118	118	118	116	116
77	80	84	102	106	110	114	116	117	122	122
91	92	95	92	94	101	96	97	98	98	98
25	27	28	31	33	36	38	41	50	79	83
99.5	99.4	98.4	99.7	99.4	99.4	99.7	99.7	99.8	99.8	99.8
9.3	15.9	21.1	25.0	30.2	34.8	38.2	38.8	42.5	43.1	43.3
25.5	23.5	23.3	23.8	25.2	28.2	30.7	33.1	34.7	37.4	39.1
12.4	12.3	12.4	12.3	12.7	15.6	15.7	16.3	17.1	17.3	19.6
1.97	1.95	1.93	1.94	1.91	1.85	2.02	2.02	2.05	2.04	2.05
1.47	1.43	1.41	1.40	1.38	1.36	1.36	1.34	1.34	1.35	1.35

城镇居民家庭基本情况
Basic Indicators of Urban Households

项　　目	Item	2005	2010	2011	2012
调查户数(户)	**Number of Households Surveyed (household)**	**2380**	**2520**	**2620**	**2620**
平均每户家庭人口数(人)	Average Household Size (person)	2.91	2.85	2.84	2.80
平均每户就业人口数(人)	Average Number of Employed Persons per Household (person)	1.50	1.39	1.39	1.36
平均每户就业面(%)	Percentage of Employment per Household (%)	51.5	48.77	48.94	48.75
平均每一就业者负担人数(含就业者本人)(人)	Number of Persons Supported by Each Employee (including the employee himself or herself) (person)	1.94	2.05	2.04	2.05
平均每人全部年收入(元)	**Per Capita Annual Income (yuan)**	**9616.80**	**17334.42**	**19591.91**	**21899.42**
#可支配收入	Disposable Income	9107.09	16263.43	18292.23	20543.44
平均每人总支出(元)	**Per Capita Annual Expenditures (yuan)**	**8461.56**	**13332.20**	**15215.52**	**16117.15**
#服务性消费支出	Consumption Expenditure of Service	1550.04	2300.80	2637.82	2724.79
平均每人消费性支出(元)	**Per Capita Annual Living Expenditures for Consumption (yuan)**	**6699.67**	**10318.32**	**11609.29**	**12531.12**
食　品	Food	2315.76	3335.23	3927.26	4211.16
#粮　食	Grain	219.04	326.16	380.71	391.57
油脂类	Oil and Fats	109.28	119.09	137.60	148.51
肉禽蛋水产品	Meat, Poultry and Related Products	492.20	823.57	996.68	1068.84
在外用餐	Dining Out	330.62	549.54	687.47	710.96
衣　着	Clothing	787.33	1225.94	1425.99	1541.99
#服　装	Garments	551.98	872.62	1020.03	1081.25
家庭设备用品及服务	Household Facilities, Articles and Service	414.49	693.56	809.85	876.10
医疗保健	Medicine and Medical Service	642.71	923.83	955.95	1047.28
交通和通信	Transport, Post and Communication Services	772.34	1398.35	1526.60	1723.75
教育文化娱乐服务	Education, Cultural and Recreation Services	795.43	1001.01	1203.99	1203.80
居　住	Residence	762.08	1344.47	1372.25	1502.41
其他商品及服务	Miscellaneous Commodities Services	209.51	395.93	387.40	424.63

按收入等级划分的城镇居民家庭基本情况（2012年）
Basic Indicators of Urban Households by Level of Income (2012)

项　目	Item	城镇居民家庭 Urban Residents	最低收入户 Lowest Income Households	#困难户 Poor Households	低收入户 Low Income Households	中等偏下户 Lower Middle Income Households
调查户数(户)	Number of Households Surveyed (household)	2620	263	132	262	523
调查户比重(%)	Proportion (%)		10.00	5.00	10.00	20.00
平均每户家庭人口(人)	Average Household Size (person)	2.79	3.26	3.20	3.35	3.08
平均每户就业人口(人)	Average Number of Employed Persons per Household (person)	1.36	1.27	1.22	1.43	1.57
平均每户就业面(%)	Percentage of Employment per Household (%)	2.05	2.57	2.62	2.34	1.96
平均每一就业者负担人数(包括就业者本人)(人)	Number of Persons Supported by Each Employee (including the employee himself or herself) (person)	48.75	38.96	38.13	42.69	50.97
人均家庭总收入(元)	Per Capita Annual Income (yuan)	21899.42	8434.75	7115.75	12085.90	15921.19
平均每人可支配收入(元)	Per Capita Disposable Income (yuan)	20543.44	7720.62	6417.20	11324.79	14871.69
平均每人消费性支出(元)	Per Capita Annual Living Expenditures for Consumption (yuan)	12531.12	6522.07	5852.52	7921.10	9859.65

项　目	Item	中等收入户 Middle Income Households	中等偏上户 Upper Middle Income Households	高收入户 High Income Households	最高收入户 Highest Income Households	#更高收入户 Higher Income Household
调查户数(户)	Number of Households Surveyed (household)	525	523	262	262	131
调查户比重(%)	Proportion (%)	20.00	20.00	10.00	10.00	5.00
平均每户家庭人口(人)	Average Household Size (person)	2.69	2.50	2.44	2.36	2.31
平均每户就业人口(人)	Average Number of Employed Persons per Household (person)	1.37	1.14	1.29	1.42	1.51
平均每户就业面(%)	Percentage of Employment per Household (%)	1.96	2.19	1.89	1.66	1.53
平均每一就业者负担人数(包括就业者本人)(人)	Number of Persons Supported by Each Employee (including the employee himself or herself) (person)	50.93	45.60	52.87	60.17	65.37
平均每人全部年收入(元)	Per Capita Annual Income (yuan)	20768.18	26225.24	33331.66	48982.95	58236.87
平均每人可支配收入(元)	Per Capita Disposable Income (yuan)	19380.94	24623.24	31358.22	46435.04	55572.33
平均每人消费性支出(元)	Per Capita Annual Living Expenditures for Consumption (yuan)	12199.77	15091.88	16483.93	24498.52	27937.44

城镇居民家庭人均全年现金收支
Per Capita Cash Income and Cash Expenditure in Urban Households

单位：元 (yuan)

指　　标	Item	2005	2010	2011	2012
总　收　入	**Total Revenue**	**9616.80**	**17334.42**	**19591.91**	**21899.42**
#可支配收入	Disposable Income	9107.09	16263.43	18292.23	20543.44
工薪收入	Income from Wages and Salaries	6346.53	10566.30	11686.60	13154.52
工资及补贴收入	Income from Wages and Subsidies	6157.99	10431.20	11544.20	12975.90
其他劳动收入	Others	188.54	135.10	142.41	178.62
经营净收入	Income from Household Operations	643.84	1043.72	1836.45	2257.48
财产性收入	Income from Properties	117.46	323.97	318.43	338.47
转移性收入	Income from Transfers	2508.96	5400.43	5750.43	6148.95
#养老金或离退休金	Pension	2188.22	4886.67	4944.46	5525.30
出售财物收入	**Income from Selling of Properties**	**91.26**	**215.87**	**201.96**	**149.50**
借贷收入	**Income from Borrowings**	**2628.91**	**3458.02**	**3684.46**	**3394.52**
总支出	**Total Expenditure**	**8461.56**	**13332.20**	**15215.52**	**16117.15**
消费支出	Consumption Expenditure	6699.67	10318.32	11609.29	12531.12
#服务性消费支出	Expenditure on Consumption of Services	1550.04	2300.80	2637.82	2724.79
购房与建房支出	Expenditure of Buying and Building House	409.85	781.25	683.34	375.16
转移性支出	Expenditure for Transfer	911.81	1243.10	1718.23	1951.00
财产性支出	Expenditure for Property	9.82	31.33	32.86	29.58
社会保障支出	Expenditure of Social Protection	430.41	958.20	1171.79	1230.30
借贷支出	**Expenditure on Loan**	**3374.32**	**6410.62**	**6302.56**	**6963.76**

城镇居民家庭平均每百户年底耐用消费品拥有量
Number of Major Durable Consumer Goods Owned Per 100 Urban Households at the Year-end

项　目	Item	2000	2005	2006	2007	2008	2009	2010	2011	2012
洗衣机(台)	Washing Machine (unit)	93	95.52	97.91	98.73	97.05	97.32	97.66	96.55	96.83
电冰箱(个)	Refrigerator (unit)	84	92.07	93.60	101.19	96.26	97.22	98.28	97.71	97.59
微波炉(个)	Oven (unit)	10	40.27	44.22	46.78	47.17	48.61	50.13	53.63	53.40
家用电脑(个)	Computer (unit)	7	37.63	42.68	49.68	55.27	57.30	61.32	74.74	75.53
彩色电视机(台)	Color TV Set (unit)	112	124.34	126.73	126.32	117.77	118.00	117.97	116.30	115.96
照相机(架)	Camera (unit)	38	46.47	48.54	45.32	36.79	37.69	39.28	37.04	36.96
空调器(台)	Air Conditioner (unit)	33	81.43	86.72	87.64	82.41	84.51	90.39	103.17	104.16
摩托车(辆)	Motorcycle (unit)	37	31.56	31.96	36.55	29.23	29.75	28.85	20.48	19.22
移动电话(部)	Mobile Telephone (set)	14.14	124.53	136.53	154.31	160.95	164.43	173.70	197.30	195.91
普通电话(部)	Telephone (set)		92.85	92.05	88.03	75.91	75.79	75.80	63.60	60.07
家用汽车(辆)	Automobile (unit)	0.94	3.94	4.50	5.93	9.07	10.13	12.46	23.32	25.58

城镇居民家庭平均每人全年购买的主要商品数量
Per Capita Purchases of Major Commodities in Urban Households

项　目	Item	2005	2006	2007	2008	2009	2010	2011	2012
粮　食(千克)	Grain (kg)	80.40	78.86	51.21	60.76	57.27	51.21	89.80	89.22
鲜　菜(千克)	Fresh vegetable (kg)	133.91	133.68	130.82	135.94	128.72	119.21	112.42	109.00
食用植物油(千克)	Edible vegetables Oil (kg)	10.62	10.38	9.71	11.20	10.07	8.02	8.21	8.31
猪　肉(千克)	Pork (kg)	13.86	14.01	12.48	12.70	13.47	13.49	13.48	14.61
牛羊肉(千克)	Beef and Mutton (kg)	5.01	4.93	4.41	4.21	4.68	4.57	4.51	3.88
家　禽(千克)	Poultry (kg)	4.81	4.24	3.19	3.81	3.66	3.23	6.18	3.88
鲜　蛋(千克)	Fresh Eggs (kg)	15.56	15.53	14.99	14.77	14.88	12.69	13.14	14.07
鱼　虾(千克)	Fish and Shrimp (kg)	7.57	7.99	8.44	7.74	8.23	6.94	6.57	6.64
酒(千克)	Liquor (kg)	12.69	12.70	12.29	12.82	13.47	8.29	8.19	8.21
鲜瓜果及制品(千克)	Fresh Melons, Fruits and Related Products (kg)	63.37	67.07	65.47	56.33	55.79	51.45	51.62	56.57
糕　点(千克)	Cake (kg)	4.55	4.79	5.68	5.27	5.56	5.72	5.77	6.23
鲜乳品(千克)	Fresh Milk (kg)	23.80	24.38	22.29	19.74	17.91	14.99	15.46	16.60

按收入等级分城镇居民家庭平均每人全年购买主要商品数量（2012年）

项　目	Item	总平均 Average	最　低 收入户 Lowest Income Households (first decile)	#困难户 Poor Households (first five Percent)
粮　食(千克)	Grain (kg)	89.22	82.56	86.39
食用植物油(千克)	Edible vegetables Oil (kg)	8.31	6.57	6.77
猪　肉(千克)	Pork (kg)	14.61	10.35	10.33
牛　肉(千克)	Beef (kg)	2.19	1.11	0.86
羊　肉(千克)	Mutton (kg)	1.69	1.10	0.85
家　禽(千克)	Poultry (kg)	3.88	2.21	1.71
鲜　蛋(千克)	Fresh Eggs (kg)	14.07	11.84	11.60
鱼(千克)	Fish (kg)	5.46	2.99	2.94
虾(千克)	Shrimp (kg)	1.18	0.41	0.42
鲜　菜(千克)	Fresh vegetable (kg)	109.00	87.14	86.54
白　酒(千克)	Liquor (kg)	2.27	1.32	1.33
果　酒(千克)	Fruit Wine (kg)	0.21	0.02	0.01
啤　酒(千克)	Beer (kg)	5.73	4.53	4.99
茶　叶(千克)	Tea (kg)	0.17	0.12	0.10
鲜　果(千克)	Fresh Fruits(kg)	40.42	26.88	26.61
鲜　瓜(千克)	Fresh Melons (kg)	16.15	11.01	11.81
糕　点(千克)	Cake (kg)	6.23	4.32	4.03
鲜乳品(千克)	Fresh Milk (kg)	16.60	10.31	9.87
奶　粉(千克)	Milk Power (kg)	0.34	0.23	0.26
酸　奶(千克)	Yogurt (kg)	4.11	2.51	1.75
鞋　类(双)	Shoes (pair)	3.18	2.48	2.20

Per Capita Annual Purchases of Major Commodities of Urban Households by Level of Income (2012)

低收入户 Low Income Households (second decile)	中等偏下户 Lower Middle Income Households (second quintile)	中等收入户 Middle Income Households (third quintile)	中等偏上户 Upper Middle Income Households (fourth quintile)	高收入户 High Income Households (ninth decile)	最高收入户 Highest Income Households (tenth decile)	#更高收入户 Higher Income Household
75.53	81.19	91.72	103.55	94.24	97.47	100.60
6.72	7.85	9.18	9.50	7.98	9.97	11.01
11.76	13.23	15.32	17.01	17.13	18.52	19.88
1.23	1.67	2.88	2.86	2.89	2.76	2.79
1.24	1.42	1.98	2.15	1.61	2.27	2.44
2.47	3.09	4.86	5.01	4.50	5.03	5.23
12.36	13.24	14.51	15.92	14.75	16.00	16.50
3.66	5.13	5.87	6.72	6.47	7.45	7.55
0.71	0.94	1.29	1.54	1.60	2.06	1.98
88.48	97.87	113.51	129.07	125.72	126.01	122.43
1.75	2.05	2.36	2.50	2.05	4.26	4.52
0.07	0.07	0.09	0.73	0.21	0.15	0.16
5.03	5.00	5.51	6.52	6.58	8.06	8.98
0.11	0.16	0.14	0.21	0.25	0.25	0.23
31.68	36.11	41.14	48.80	48.52	53.72	54.02
13.62	13.75	15.95	19.82	20.32	20.86	21.17
4.46	5.42	6.86	7.30	7.63	8.24	8.03
13.20	12.92	18.43	20.18	23.44	20.53	19.90
0.28	0.46	0.29	0.34	0.49	0.21	0.21
2.71	3.52	4.46	5.04	5.12	5.90	5.76
2.58	2.89	3.70	3.36	3.42	4.00	4.20

按收入等级分城镇居民家庭平均每百户年底耐用消费品拥有量（2012年）

项　目	Item	总平均 Average	最低收入户 Lowest Income Households (first decile)	#困难户 Poor Households (first five Percent)
摩托车(辆)	Motorcycle (unit)	19.22	20.54	17.73
助力车(辆)	Hand Car (unit)	49.95	52.86	51.32
家用汽车(辆)	Automobile (unit)	25.58	10.55	6.89
洗衣机(台)	Washing Machine (unit)	96.83	86.18	82.16
电冰箱(台)	Refrigerator (unit)	97.59	83.94	80.00
彩色电视机(台)	Color TV Set (set)	115.96	109.77	107.52
家用电脑(台)	Computer (set)	75.53	54.96	43.78
组合音响(套)	Hi-Fi Stereo Component System (set)	17.08	10.96	7.43
摄像机(架)	Pickup Camera (set)	8.75	3.77	1.11
照相机(架)	Camera (set)	36.96	15.52	7.31
钢琴(架)	Piano (set)	1.54	0.95	0.33
其他中高档乐器(件)	Medium and High-Grade Musical Instrument (unit)	1.89	0.28	0.54
微波炉(台)	Microwave Oven (unit)	53.40	28.43	17.87
空调器(台)	Air Conditioner (unit)	104.16	53.70	41.15
淋浴热水器(台)	Shower (unit)	88.24	74.64	67.47
消毒碗柜(台)	Antiseptic Cupboard (unit)	3.15	0.93	
洗碗机(台)	Dish Washing Machine (unit)	0.77	0.24	0.46
健身器材(套)	Health Equipment (unit)	2.85	0.87	1.36
普通电话(部)	Telephone (unit)	60.07	44.81	40.21
移动电话(部)	Mobile Telephone (unit)	195.91	173.80	158.32

Number of Durable Consumer Goods Owned Per 100 Urban Households at Year-end by Level of Income (2012)

低收入户 Low Income Households (second decile)	中等偏下户 Lower Middle Income Households (second quintile)	中等收入户 Middle Income Households (third quintile)	中等偏上户 Upper Middle Income Households (fourth quintile)	高收入户 High Income Households (ninth decile)	最高收入户 Highest Income Households (tenth decile)	#更高收入户 Higher Income Household
22.25	25.73	16.76	15.89	16.88	15.71	16.02
55.87	53.46	53.10	49.69	42.83	36.99	38.05
19.80	23.65	20.61	27.27	38.73	41.11	50.37
97.59	96.82	96.70	98.54	99.50	100.27	99.09
96.39	95.56	98.50	100.69	101.76	103.58	102.83
113.00	114.42	111.15	116.38	122.46	128.58	132.32
69.05	75.29	76.40	73.37	88.71	90.56	99.14
10.76	17.09	15.00	21.11	21.32	20.60	25.87
3.42	5.68	5.08	12.71	15.92	16.16	19.36
18.48	32.86	33.50	45.05	50.36	59.49	60.39
0.80	0.21	3.35	2.01	1.45	1.37	1.22
1.61	1.01	2.41	2.10	2.66	3.20	4.16
42.86	47.11	52.87	58.44	69.48	73.83	73.21
88.11	96.82	102.03	115.12	125.13	141.91	150.02
74.70	86.09	91.11	94.66	92.53	96.22	97.60
1.03	3.18	2.07	4.46	6.19	3.58	3.76
0.79	0.51	0.13	1.09	1.36	1.68	1.84
2.00	1.15	2.27	3.77	2.46	8.37	8.30
52.97	63.84	55.17	65.12	63.49	69.29	68.81
201.44	202.46	197.33	187.06	205.66	203.07	209.14

农民家庭基本情况
Basic Indicators of Rural Households

项目	Item	2000	2005	2010	2011	2012
调查户数(户)	**Number of Households Surveyed (household)**	**4200**	**4200**	**4200**	**4200**	**4200**
调查户人口(人)	**Number of Residents Surveyed (person)**					
常住人口	Number of Usual Residents in the Households Surveyed	17267	16465	15554	15392	15189
平均每户常住人口	Average Number of Permanent Residents per Household	4.11	3.92	3.70	3.66	3.62
平均每户整、半劳动力	Average Number of Full/Semi Laborer Force per Household	2.74	2.81	2.76	2.72	2.67
平均每个劳动力负担人口	Average Number of Dependents per Laborer Force	1.50	1.40	1.34	1.35	1.35
平均每人全年收入(元)	**Per Capita Annual Income (yuan)**					
总收入	Total Income	3307.55	4985.96	8293.86	10046.91	11189.40
纯收入	Net Income	2478.86	3481.64	5957.98	7119.69	8081.39
现金收入	Cash Income	2607.23	4317.68	7248.56	8958.05	10226.33
按人均纯收入水平分组的户数构成(%)	**Percentage of Households Grouped by Per Capita Annual Net Income(%)**					
500元以下	Less Than 500 yuan	3.17	0.90	1.12	1.48	2.26
500－1000元	500-1000 yuan	8.02	3.48	1.29	0.71	0.64
1000－1500元	1000-1500 yuan	13.36	7.98	2.33	1.50	1.40
1500－2000元	1500-2000 yuan	15.31	10.88	4.10	2.52	2.14
2000－2500元	2000-2500 yuan	17.60	12.93	5.45	3.19	3.48
2500－3000元	2500-3000 yuan	12.81	13.29	6.55	3.71	3.33
3000元以上	3000 yuan and over	29.74	50.54	79.17	86.88	86.74
调查户居住情况(平方米／百人)	**Housing Condition (sq.m/100 persons)**					
年末住房面积	Per Capita Floor Space of Houses at the End of Year	2287.28	2835.30	3223.40	3411.50	3500.59
＃钢筋混凝土结构面积	Reinforced Concrete Structure	297.90	611.14	752.71	966.10	972.17
砖木结构面积	Brick and Wood Structure	1835.00	2109.87	2356.58	2295.93	2380.21
年末住房价值(元／百人)	Value of Houses at the End of Year (yuan/100 persons)	529279.85	835221.47	1104780.07	2334762.08	2426163.77
年内新建(购)住房面积	Floor Space of Houses Newly Built (buy) within the Year	94.37	74.30	41.73	106.46	85.41
＃钢筋混凝土结构面积	Reinforced Concrete Structure	43.17	38.40	23.49	57.93	57.01
砖木结构面积	Brick and Wood Structure	49.73	35.90	17.34	45.41	28.40
新建楼房面积	Floor Space of Houses Newly Built	22.49	13.26	13.48	28.65	28.44
新建(购)住房价值(元／百人)	Value of Houses Newly Built (yuan/100 persons)	32516.69	30869.91	31202.91	92581.02	76274.87

农民家庭平均每人纯收入
Per Capita Net Income of Rural Households

单位：元 (yuan)

指　　标	Item	2000	2005	2010	2011	2012
平均每人纯收入	**Per Capita Annual Net Income**	**2478.86**	**3481.64**	**5957.98**	**7119.69**	**8081.39**
工资性收入	Income from Wages and Salaries	949.25	1293.50	2653.42	3423.95	4005.28
家庭经营纯收入	Income from Household Operations	1417.99	1988.58	2729.80	3006.20	3254.57
按产业划分	Grouped by Industry					
第一产业	Primary Industry	914.45	1455.91	2052.76	2227.65	2320.54
第二产业	Secondary Industry	113.26	154.89	213.65	223.95	256.81
第三产业	Tertiary Industry	390.28	377.77	463.38	554.60	677.21
转移性、财产性收入	Income from Transfers and Properties	111.62	199.56	574.76	689.54	821.54

农民家庭平均每人生活消费支出
Per Capita Living Expenditures of Rural Households

单位：元 (yuan)

项　　目	Item	2000	2005	2010	2011	2012
平均每人生活消费支出	**Average Number of Consumption Expenditure**	**1365.23**	**2165.72**	**3844.92**	**4711.16**	**5364.14**
食　品	Food	539.33	888.37	1351.41	1579.65	1817.00
#主　食	Staple Food	203.77	281.22	372.71	310.34	326.72
在外饮食	Dining Out	30.26	92.04	150.67	199.44	216.64
衣　着	Clothing	104.84	155.52	250.92	334.10	396.58
居　住	Residence	322.04	398.90	839.66	1090.29	1137.31
家庭设备、用品服务	Household Facilities, Articles and Services	65.41	101.49	218.90	316.90	349.90
医疗保健	Health Care and Medical Services	78.28	221.96	464.80	434.67	543.75
交通和通讯	Transport and Communications	84.55	225.79	296.11	520.18	604.33
文化教育娱乐用品及服务	Education, Cultural and Recreation and Services	130.71	134.77	344.25	315.41	358.49
其他商品和服务	Miscellaneous Goods and Services	40.07	38.92	78.87	119.95	156.77

农民家庭平均每百户耐用消费品年底拥有量
Number of Durable Consumer Goods Owned Per 100 Rural Households at the Year-end

品 名	Item	2005	2008	2009	2010	2011	2012
洗衣机(台)	Washing Machine (unit)	74.17	82.43	84.17	86.33	91.67	93.60
电冰箱(台)	Refrigerator (unit)	30.64	37.83	41.45	50.45	78.74	82.93
空调器(台)	Air Conditioner (unit)	4.48	6.98	8.50	13.12	36.86	41.62
抽油烟机(台)	Range Hoods (unit)	3.81	5.67	7.07	8.05	13.00	14.67
自行车(辆)	Bicycle (unit)	174.38	184.83	185.38	183.90	165.71	167.71
摩托车(辆)	Motorcycle (unit)	58.17	62.79	62.67	61.43	57.36	61.19
电话机(部)	Telephone (unit)	76.74	72.31	66.07	61.45	44.95	45.05
移动电话机(部)	Mobile Telephone (unit)	37.10	71.69	91.19	115.36	193.17	201.07
黑白电视机(台)	Blank and White TV Set (unit)	14.60	7.29	5.45	4.88	0.79	0.69
彩色电视机(台)	Color TV Set (set)	102.14	114.29	115.52	116.55	121.88	121.76
照相机(架)	Camera (set)	3.50	3.79	3.86	4.24	3.57	4.05
家用计算机(台)	Computer (set)	1.21	4.07	6.05	9.69	25.57	30.40

农民家庭平均每人主要消费品消费量
Per Capita Consumption of Major Consumer Goods in Rural Households

单位：千克 (kg)

品 名	Item	2005	2008	2009	2010	2011	2012
粮食(原粮)	Grain (Unprocessed)	200.84	186.54	180.91	181.69	167.36	158.00
#小 麦	Wheat	139.80	127.74	123.71	122.09	110.58	106.11
稻 谷	Rice	17.47	20.66	19.25	21.10	21.50	21.12
豆类及豆制品	Soybeans and Processed Products	4.25	3.45	3.69	3.59	1.86	1.83
#大 豆	Soybeans	1.97	1.34	1.30	1.18	0.84	0.73
蔬 菜	Vegetables	57.70	59.75	53.66	55.38	78.74	71.80
食 油	Edible Oil	6.75	7.72	7.80	8.33	8.49	8.84
#植物油	Vegetable Oil	6.28	7.43	7.52	8.12	8.30	8.64
肉禽及制品	Meats, Poultry and Related Products	10.54	9.34	10.15	10.95	14.69	15.67
#猪 肉	Pork	7.15	5.54	6.52	7.12	8.53	9.27
牛 肉	Beef	0.47	0.31	0.31	0.34	0.46	0.40
羊 肉	Mutton	0.37	0.32	0.38	0.38	0.48	0.51
家 禽	Poultry	0.75	1.05	0.89	1.02	1.36	1.28
蛋及制品	Eggs and Processed Products	6.27	7.60	7.22	7.26	8.97	10.42
水产品	Aquatic Products	2.48	2.62	2.61	2.52	3.32	3.31
食 糖	Sugar	0.77	0.78	0.72	0.66	0.97	1.06
酒	Liquor	9.16	9.22	8.86	8.84	11.78	12.05
水果及制品	Fruits and Processed Products	12.42	13.30	12.61	12.41	19.82	23.15
坚果及制品	Nuts and Processed Products	1.11	1.00	1.09	1.11	2.17	2.76

农村基层组织和农业基本情况

Basic Conditions of Rural Grassroots Units and Agriculture

指　　标	Item	2000	2005	2010	2011	2012
乡镇数(个)	Number of Township and Town Governments (unit)	1973	1962	1960	1959	1959
#镇个数	Number of Town Governments	900	944	1007	1013	1019
村民委员会(个)	Number of Villagers' Committees (unit)	49951	49678	48953	48817	48728
乡村总户数(万户)	Number of Rural Households (10000 units)	1422.6	1448.55	1525.6	1536.9	1551.2
乡村人口数(万人)	Population of Rural (10000 persons)	5382.4	5422.28	5570.2	5599.6	5628.4
乡村从业人员(万人)	Number of Rural Laborers (10000 persons)	2707.1	2805.94	2976.5	3003.8	3023.4
#男	Male	1447.7	1504.12	1602.5	1621.1	1632.4
按行业分乡村从业人员	Number of Rural Laborers by Sector					
农、林、牧、渔业	Agriculture, Forestry, Animal Husbandry & Fishery	1665.4	1552.75	1458.3	1433.2	1419.9
工　业	Industry	388.4	518.86	640.1	658.0	671.0
建筑业	Construction	202.5	275.22	342.1	352.3	359.8
交通运输、仓储和邮电通信业	Transport, Storage, Postal and Telecommunication Services	92.1	114.71	132.4	137.9	140.1
批发和零售业、住宿和餐饮业	Wholesale, Retail Trades and Catering Services	135.3	202.87	242.1	252.0	256.6
金融业	Banking and Insurance	5.5	5.60	5.3	5.7	5.8
其他非农行业	Other Non-agricultural Industries	217.9	135.93	156.2	164.7	170.2
农用化肥施用量(折纯量)(万吨)	Consumption of Chemical Fertilizers (10000 tons)	270.62	303.39	322.86	326.28	3293.30
农村用电量(亿千瓦小时)	Electricity Consumed in Rural Areas (100 millions kwh)	180.45	337.05	511.81	559.22	593.90
农业机械总动力(万千瓦)	Total Agricultural Machinery Power (10000 kw)	7000.39	8487.21	10151.30	10349.19	10553.80
主要农作物播种面积(千公顷)	Total Sown Area (1000 hectares)					
#粮　食	Grain Crops	6918.70	6240.20	6282.20	6286.11	6302.37
棉　花	Cotton	307.40	573.50	581.56	632.54	578.25
油　料	Oil-bearing Crops	686.40	559.00	464.37	453.13	454.04
主要农作物产量(万吨)	Yield of Major Farm Crops (10000 tons)					
#粮　食	Grain Crops	2551.1	2598.58	2975.90	3172.60	3246.60
棉　花	Cotton	30.01	57.72	56.95	65.34	56.44
油　料	Oil-bearing Crops	146.97	152.73	140.29	141.78	142.83
农业产业化经营率(%)	Rate of Industrialization of Agriculture (%)	36.1	49.4	58.6	60.0	61.5
农村基础设施(个)	Social Basic Facilities in Rural Areas (unit)					
自来水受益村	Villages with Access to Tap Water	37613	40404	42395	42748	43265
通汽车村	Villages with Motor Vehicle Communication	46610	48846	48704	48593	48552
通电话村	Villages with Telephone Communication	47822	49321	48927	48792	48711

农、林、牧、渔业总产值及构成

Gross Output Value and Composition of Farming, Forestry, Animal Husbandry and Fishery

年份 Year	农林牧渔业 Farming, Forestry, Animal Husbandry and Fishery	农业 Farming	林业 Forestry	牧业 Animal Husbandry	渔业 Fishery	农林牧渔服务业 Service for Farming, Forestry, Animal Husbandry and Fishery
绝对数(亿元) Gross Output Value (100 million yuan)						
1980	97.79	79.86	3.10	14.00	0.83	
1985	167.33	128.65	6.15	31.16	1.37	
1990	357.63	254.77	9.58	83.38	9.90	
1995	1147.83	753.52	23.50	344.18	26.63	
2000	1544.65	846.72	25.37	613.68	58.88	
2001	1680.33	899.38	34.02	685.77	61.16	
2002	1728.85	918.62	37.49	706.82	65.92	
2003	1877.37	958.30	41.27	721.31	57.72	98.78
2004	2285.56	1135.75	40.02	924.78	72.08	112.93
2005	2379.17	1258.00	40.13	879.38	79.44	122.21
2006	2466.37	1380.45	45.85	832.32	72.75	135.00
2007	3075.77	1639.07	52.37	1146.99	85.14	152.20
2008	3505.23	1760.75	55.89	1410.82	102.77	175.00
2009	3640.93	1958.79	39.69	1350.10	108.38	183.99
2010	4309.42	2470.11	51.26	1443.76	142.47	201.83
2011	4895.88	2775.27	58.78	1674.04	163.58	224.21
2012	5340.11	3095.29	77.88	1747.66	177.74	241.54
构成(农业总产值=100) Composition (Gross Output Value=100)						
1980	100	81.66	3.17	14.32	0.85	
1985	100	76.88	3.68	18.62	0.82	
1990	100	71.24	2.68	23.31	2.77	
1995	100	65.65	2.05	29.98	2.32	
2000	100	54.82	1.64	39.73	3.81	
2001	100	53.53	2.02	40.81	3.64	
2002	100	53.14	2.17	40.88	3.81	
2003	100	51.05	2.20	38.42	3.07	5.26
2004	100	49.69	1.75	40.46	3.16	4.94
2005	100	52.87	1.69	36.96	3.34	5.14
2006	100	55.97	1.86	33.75	2.95	5.47
2007	100	53.29	1.70	37.29	2.77	4.95
2008	100	50.23	1.60	40.25	2.93	4.99
2009	100	53.80	1.09	37.08	2.98	5.05
2010	100	57.32	1.19	33.50	3.31	4.68
2011	100	56.69	1.20	34.19	3.34	4.58
2012	100	57.96	1.46	32.73	3.33	4.52

注：本表按当年价格计算，2002年及以后年份执行新国民经济行业分类标准总产值包括农林牧渔服务业产值。2002年到2005年为第二次农业普查修正后数据(以下各表同)。

a) Data in value terms in this table are calculated at current prices. The new classification for national standard of industry classification has been implemented since 2002 and the gross output value includes the services in support of agriculture, forestry, animal husbandry and fishery. Same as following tables.

农、林、牧、渔业总产值指数（上年＝100）
Indices of Farming, Forestry, Animal Husbandry and Fishery (Preceding Year=100)

年 份 Year	农林牧渔业 Farming, Forestry, Animal Husbandry and Fishery	农 业 Farming	林 业 Forestry	牧 业 Animal Husbandry	渔 业 Fishery	农林牧渔服务业 Service for Farming, Forestry, Animal Husbandry and Fishery
1978	122.1	125.0	113.1	97.2	101.5	
1980	93.8	92.1	96.2	104.0	100.9	
1985	103.3	98.6	104.6	131.1	126.2	
1986	98.5	97.0	91.7	106.0	123.2	
1987	104.5	104.3	103.3	105.3	116.9	
1988	107.8	105.6	104.8	117.6	115.4	
1989	103.1	102.5	98.8	105.5	109.4	
1990	105.4	104.4	107.3	107.1	143.7	
1991	103.6	102.1	104.3	106.6	111.4	
1992	100.9	95.1	103.8	110.3	140.7	
1993	108.7	109.3	95.2	119.5	57.8	
1994	116.2	113.1	105.4	123.6	120.3	
1995	111.9	110.5	105.4	114.0	124.3	
1996	109.4	104.0	103.0	119.1	123.2	
1997	107.5	105.0	105.2	110.6	120.1	
1998	107.8	107.4	102.1	108.6	110.2	
1999	104.8	102.2	102.9	108.6	110.4	
2000	105.7	105.4	98.4	106.2	108.7	
2001	105.3	105.2	122.1	104.7	104.3	
2002	105.0	104.0	110.9	106.4	103.3	
2003	106.3	105.6	111.7	107.1	99.4	110.5
2004	106.7	106.8	93.8	106.6	107.8	109.6
2005	106.5	106.0	96.9	107.7	104.1	107.5
2006	105.5	106.0	96.7	104.9	102.0	108.8
2007	103.9	104.2	109.6	102.1	105.1	108.4
2008	105.1	103.7	108.6	106.6	106.9	107.8
2009	103.2	103.3	111.8	102.3	104.4	106.2
2010	103.5	103.8	101.8	102.4	105.8	106.5
2011	103.9	105.5	103.6	101.1	101.8	105.0
2012	104.1	103.6	105.5	104.7	104.1	105.0

注：本表按可比价格计算。

a) Data in value terms in this table are calculated at constant prices.

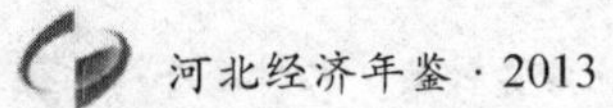

农、林、牧、渔业分项产值

Gross Output Value of Farming, Forestry, Animal Husbandry and Fishery by Branch

指　　标	Item	绝对数(亿元) Gross Output Value (100 million yuan)		构　成(%) Composition (%)	
		2011	2012	2011	2012
农、林、牧、渔业总产值	**Gross Output Value**	**4895.88**	**5340.11**	**100.00**	**100.00**
农业产值	**Output Value of Farming**	**2775.27**	**3095.29**	**56.69**	**57.96**
谷物及其他作物	Cereal and Other Crops	1049.78	1059.06	21.44	19.83
谷　物	Cereal	624.63	656.48	12.76	12.29
薯　类	Tubers	72.89	83.54	1.49	1.56
油　料	Oil-bearing Crops	97.58	100.84	1.99	1.89
豆　类	Beans	15.75	14.33	0.32	0.27
棉　花	Cotton	173.88	130.04	3.55	2.44
麻　类	Fiber Crops	0.03	0.03		0.00
糖　类	Sugar Crops	1.58	2.26	0.03	0.04
烟　草	Tobacco	0.53	0.58	0.01	0.01
其他农作物	Other Crops	62.92	70.96	1.29	1.33
蔬菜、食用菌及花卉盆景园艺	Vegetables, Edible Fungus and Flowers Bonsai Gardening	1232.63	1469.36	25.18	27.52
#蔬　菜	Vegetables	1126.67	1333.87	23.01	24.98
水果、坚果、饮料和香料作物	Fruits, Nuts, Beverages and Spice Crops	463.28	531.22	9.46	9.95
#水　果	Fruits	411.32	457.61	8.40	8.57
坚　果	Nuts	48.51	70.53	0.99	1.32
中药材	Chinese Herbal Medicines	29.57	35.64	0.60	0.67
林业产值	**Output Value of Forestry**	**58.78**	**77.88**	**1.20**	**1.46**
林木的培育和种植	Cultivation and Planting of Trees	43.52	65.20	0.89	1.22
育种育苗	Breeding Nursery	5.30	13.49	0.11	0.25
造　林	Afforestation	13.89	23.99	0.28	0.45
抚育和管理	Tending Management	24.33	27.72	0.50	0.52
木材采运	Logging and Transport of Bamboo	4.28	4.58	0.09	0.09
林产品	Forestry Products	10.98	8.10	0.22	0.15
牧业产值	**Output Value of Animal Husbandry**	**1674.04**	**1747.66**	**34.19**	**32.73**
牲畜饲养	Stock Breading	536.72	604.92	10.96	11.33
牛的饲养	Cattle	202.41	238.21	4.13	4.46
羊的饲养	Sheep	166.11	189.88	3.39	3.56
其他牲畜饲养	Others	6.64	7.54	0.14	0.14
奶产品	Milk Products	155.76	163.58	3.18	3.06
毛绒产品	Feather and Cashmere Products	5.81	5.71	0.12	0.11
猪的饲养	Pigs Breeding	550.09	560.46	11.24	10.50
家禽饲养	Poultry Breeding	468.36	454.70	9.57	8.51
肉　禽	Poultry for Meat	115.43	135.13	2.36	2.53
禽　蛋	Egg	352.93	319.57	7.21	5.98
猎狩和捕捉动物	Animal Hunting and Trapping	0.03	0.03		0.00
其他畜牧业	Other Animal Husbandry	118.84	127.56	2.43	2.39
渔业产值	**Output Value of Fishery**	**163.58**	**177.74**	**3.34**	**3.33**
海水产品	Seawater Aquatic Products	97.77	110.00	2.00	2.06
淡水产品	Aquatic Products from Inland Waterways	65.80	67.74	1.34	1.27
农林牧渔服务业产值	**Output Value of Service to Farming, Forestry, Animal Husbandry and Fishery**	**224.21**	**241.54**	**4.58**	**4.52**

农、林、牧、渔业增加值

Value-added of Farming, Forestry, Animal Husbandry and Fishery

单位：万元 (10000 yuan)

指　标	Item	2000	2005	2010	2011	2012
农林牧渔业总产值	**Gross Output Value**	**15446531**	**23791712**	**43094214**	**48958751**	**53401106**
农　业	Farming	8467174	12580005	24701102	27752674	30952857
林　业	Forestry	253726	401325	512574	587770	778810
牧　业	Animal Husbandry	6136781	8793826	14437566	16740403	17476626
渔　业	Fishery	588850	794421	1424679	1635781	1777373
农林牧渔服务业	Service to Farming, Forestry, Animal Husbandry and Fishery		1222135	2018294	2242123	2415440
中间消耗	**Intermediate Exertion**	**7201056**	**9791712**	**17466072**	**19901385**	**21534491**
农　业	Farming	3594715	4094906	7996487	8984594	10020614
林　业	Forestry	93877	104642	145725	167074	221416
牧　业	Animal Husbandry	3245124	4576459	7620147	8835307	9223873
渔　业	Fishery	267340	341283	582551	668911	726811
农林牧渔服务业	Service to Farming, Forestry, Animal Husbandry and Fishery		674422	1121162	1245499	1341777
农林牧渔业增加值	**Added Value**	**8245475**	**14000000**	**25628142**	**29057366**	**31866615**
农　业	Farming	4872459	8485099	16704615	18768080	20932243
林　业	Forestry	159849	296683	366849	420696	557394
牧　业	Animal Husbandry	2891657	4217367	6817418	7905096	8252753
渔　业	Fishery	321510	453138	842128	966870	1050562
农林牧渔服务业	Service to Farming, Forestry, Animal Husbandry and Fishery		547713	897132	996624	1073663

农、林、牧、渔业商品率

Commodity Rate of Farming, Forestry, Animal Husbandry and Fishery

单位：% (%)

年　份 Year	农林牧渔业商品率 Farming, Forestry, Animal Husbandry and Fishery	农　业 Farming	林　业 Forestry	牧　业 Animal Husbandry	渔　业 Fishery
1986	54.50	50.32	38.14	70.45	95.45
1990	55.84	50.18	29.75	71.92	91.31
1995	62.21	55.34	43.66	76.15	93.02
2000	70.20	62.72	45.97	79.77	88.40
2001	71.64	64.87	51.59	79.81	90.76
2002	73.00	66.98	49.25	80.39	91.17
2003	74.52	67.23	45.59	83.40	90.19
2004	75.64	66.84	51.86	85.29	88.56
2005	77.33	68.54	59.46	86.80	91.45
2006	77.94	71.95	65.19	87.32	92.34
2007	79.08	72.42	68.59	88.11	92.06
2008	78.24	71.61	65.54	86.16	90.17
2009	79.97	74.91	27.20	87.74	93.72
2010	80.45	76.16	24.90	88.35	94.90
2011	81.09	76.58	29.11	89.27	92.52
2012	81.61	78.19	27.58	89.60	86.46

主要农作物总播种面积
Total Sown Areas of Major Farm Crops

单位：千公顷 (1000 hectares)

年　份 Year	农作物总播种面积 Total Sown Area	#粮食作物播种面积 Sown Area of Grain Crops	#夏　收 Summer Harvest Grain	#经济作物播种面积 Economic Crops	#棉　花 Cotton	#油　料 Oil-bearing Crops
1978	9370.9	7949.4	2979.2	959.1	576.6	300.2
1980	9013.9	7487.2	2703.8	1073.9	548.7	461.0
1985	8656.5	6492.7	2367.5	1677.5	850.3	749.8
1990	8786.7	6827.8	2515.0	1502.1	910.9	543.5
1991	8814.8	6798.0	2535.0	1564.5	955.2	559.1
1992	8570.5	6625.9	2550.1	1481.4	882.1	549.4
1993	8676.7	7040.5	2530.4	1129.6	520.0	556.3
1994	8649.3	6801.7	2466.5	1327.2	685.3	590.2
1995	8720.1	6829.5	2515.3	1349.3	700.5	604.5
1996	8872.1	7137.3	2610.4	1071.6	427.5	601.1
1997	8856.9	7099.4	2745.3	1033.3	377.1	602.7
1998	9097.7	7305.7	2793.8	990.2	315.7	632.4
1999	9055.2	7236.1	2765.8	932.3	266.6	635.2
2000	9024.4	6918.7	2716.6	1033.9	307.4	686.4
2001	8990.8	6628.9	2629.6	1091.0	418.5	631.7
2002	8935.1	6484.4	2493.2	1099.5	407.4	642.0
2003	8638.5	5944.0	2232.9	1266.7	581.4	634.0
2004	8695.4	6003.4	2200.5	1303.2	669.1	583.6
2005	8785.5	6240.2	2415.4	1180.3	573.5	559.0
2006	8713.9	6271.7	2535.6	1177.9	664.1	485.9
2007	8652.7	6168.2	2443.1	1207.5	680.0	498.3
2008	8713.2	6158.1	2447.2	1245.8	690.0	516.9
2009	8682.5	6216.5	2424.2	1159.7	620.0	496.6
2010	8718.4	6282.2	2455.2	1091.6	581.6	464.4
2011	8773.7	6286.1	2431.6	1135.1	632.5	453.1
2012	8786.5	6302.4	2444.7	1089.8	578.3	454.0

粮食、棉花、油料单位面积产量

Output of Grain, Cotton and Oil-bearing Per Hectare

单位：千克 / 公顷 (kg/ha)

年 份 Year	粮 食 Grain	#小 麦 Wheat	#稻 谷 Rice	#玉 米 Corn	棉 花 Cotton	油 料 Oil-bearing	#花 生 Peanuts
1978	2123.0	2211.6	4927.6	2310.1	203.3	816.0	1305.0
1980	2033.5	1430.2	5722.5	2833.2	450.5	979.2	1508.8
1985	3028.9	3164.8	6112.9	3880.5	739.3	1159.2	1749.6
1990	3334.7	3698.4	6201.2	4063.1	626.6	1377.9	1951.5
1991	3337.3	3562.1	5927.6	4407.8	664.0	1303.3	2014.0
1992	3298.6	3611.2	6396.0	4199.0	346.9	1207.0	1645.0
1993	3380.7	3571.9	6833.9	4533.8	370.0	1447.5	2110.4
1994	3710.1	3753.2	7498.9	5063.9	569.1	1808.9	2483.9
1995	4010.6	4240.1	7018.9	5165.9	528.8	1817.3	2547.6
1996	3908.0	4396.0	6500.9	4627.7	604.0	2007.0	2686.0
1997	3869.0	4891.1	6590.9	4161.3	660.0	1957.0	2672.0
1998	3993.0	4535.6	6476.9	4599.8	856.0	2195.0	2787.0
1999	3795.3	4690.7	6016.5	4084.5	835.0	2038.9	2740.5
2000	3687.2	4509.3	4573.1	4012.4	976.4	2141.1	2861.6
2001	3759.0	4351.8	5020.7	4165.5	1001.9	2434.8	2917.6
2002	3756.4	4488.6	5018.9	4015.5	986.5	2356.1	2927.3
2003	4017.2	4646.4	5432.7	4313.6	897.9	2572.6	3026.4
2004	4131.1	4872.6	5659.0	4400.4	994.4	2644.2	3071.2
2005	4164.2	4839.1	5881.8	4458.9	1006.5	2732.0	3198.1
2006	4433.6	4750.3	5770.3	4817.4	1054.4	2753.3	3227.4
2007	4606.8	4948.3	6810.2	4966.8	1065.7	2771.3	3338.0
2008	4718.8	5057.4	6814.7	5076.2	1068.6	2952.3	3417.4
2009	4681.4	5136.2	6750.9	4966.1	975.2	2885.0	3438.0
2010	4737.0	5084.5	6805.1	5014.7	979.3	3021.1	3517.4
2011	5047.0	5325.9	7248.9	5401.1	1033.0	3128.8	3578.9
2012	5151.4	5550.9	5798.4	5410.0	976.1	3145.7	3580.5

主要农作物分品种播种面积和产量

Yield and Sown Area of Major Farm Crops by Assortment

项　　目	Item	播种面积(千公顷) Sown Area (1000 hectares)		总产量(万吨) Total Output (10000 tons)		每公顷产量(千克) Output Per Hectare (kg)	
		2011	2012	2011	2012	2011	2012
农作物总播种面积	**Total Sown Area**	**8773.69**	**8786.51**				
粮食作物	**Grain Crops**	**6286.11**	**6302.37**	**3172.6**	**3246.60**	**5047**	**5151**
谷　物	Cereal	5836.19	5863.36	3032.3	3102.7	5196	5292
稻　谷	Rice	83.02	85.92	60.2	49.82	7249	5798
小　麦	Wheat	2396.05	2409.97	1276.1	1337.74	5326	5551
玉　米	Corn	3035.78	3049.14	1639.6	1649.51	5401	5410
谷　子	Millet	164.46	151.75	43.5	40.67	2644	2680
高　粱	Sorghum	14.21	13.95	5.0	3.83	3547	2746
豆　类	Beans	179.34	171.75	35.7	32.45	1993	1889
#大　豆	Soybean	136.09	127.60	29.5	25.93	2169	2032
薯　类	Tubers	270.58	267.26	104.6	111.45	3865	4170
油　料	**Oil-bearing**	**453.13**	**454.04**	**141.8**	**142.83**	**3129**	**3146**
#花　生	Peanut	360.21	354.53	128.9	126.94	3579	3581
油菜籽	Rapeseeds	21.03	18.98	3.0	2.97	1436	1564
芝　麻	Sesame	7.40	6.79	1.0	0.91	1403	1338
胡麻籽	Benne	35.44	37.09	2.9	3.08	805	832
葵花籽	Sunflower	26.88	34.56	5.3	8.32	1986	2407
棉　花	**Cotton**	**632.54**	**578.25**	**65.3**	**56.44**	**1033**	**976**
麻　类	Fiber Crops	0.33	**0.35**	0.1	**0.08**	2202	**2241**
#黄红麻	Jute and Ambary Hemp	0.31	0.33	0.1	0.07	2234	2236
大　麻	Hemp	0.02	0.02			1800	2333
甜　菜	Beetroots	12.49	**14.18**	46.5	**59.43**	37246	**41911**
烟　叶	Tobacco	2.91	**3.18**	0.7	**0.70**	2339	**2211**
#烤　烟	Flue-cured Tobacco	2.29	2.64	0.4	0.46	1815	1725
药　材	Medicinal Materials	33.69	**39.77**				
蔬　菜	Vegetables	1157.86	**1203.00**	7384.3	**7695.13**	63775	**63966**
瓜果类	Melons	105.22	**106.74**	514.1	**528.86**	48857	**49547**
其他农作物	**Other Crops**	**89.40**	**84.64**				
#青饲料	Green Feed	63.15	60.01				

主要农产品产量

Yield of Major Farm Crops

年份 Year	粮食 (万吨) Grain (10000 tons)	谷物 Cereal	#小麦 Wheat	#稻谷 Rice	#玉米 Corn	豆类 Beans	#大豆 Soybean	薯类 Tubers	棉花 (万吨) Cotton (10000 tons)
1978	1687.9		631.4	54.3	516.6		32.3	163.8	11.71
1980	1522.5		378.8	83.1	663.2		29.7	125.2	24.72
1985	1966.6		744.3	78.0	678.9		38.5	144.5	62.86
1990	2276.9		927.7	91.6	829.2		53.5	138.6	57.08
1995	2739.0	2507.0	1060.3	90.3	1183.4	94.3	78.6	137.7	37.05
1996	2789.5	2557.1	1139.1	92.2	1168.4	89.9	73.6	142.5	25.84
1997	2746.7	2554.1	1330.7	102.4	1009.5	68.0	58.2	124.6	24.87
1998	2917.5	2680.3	1253.6	99.2	1187.2	95.0	76.0	142.2	27.02
1999	2746.3	2552.1	1280.5	93.1	1088.0	68.6	56.7	125.6	22.26
2000	2551.1	2355.6	1208.0	65.8	994.5	74.5	62.9	121.0	30.01
2001	2491.8	2309.0	1122.7	47.2	1059.5	67.1	56.3	115.7	41.93
2002	2435.8	2256.2	1099.5	55.7	1035.0	60.6	49.4	119.0	40.19
2003	2387.8	2205.9	1018.8	41.1	1073.6	60.6	46.4	121.3	52.20
2004	2480.1	2319.4	1053.2	47.3	1157.6	57.6	44.3	103.1	66.54
2005	2598.6	2452.9	1150.3	51.6	1193.8	51.2	42.4	94.5	57.72
2006	2780.6	2640.2	1189.7	51.2	1348.8	46.9	39.5	93.5	70.02
2007	2841.6	2716.0	1193.7	57.6	1421.8	42.8	36.4	82.8	72.47
2008	2905.8	2758.5	1221.9	55.6	1442.2	45.9	38.1	101.4	73.73
2009	2910.2	2801.8	1229.8	57.5	1465.2	34.9	28.5	73.4	60.46
2010	2975.9	2844.3	1230.6	54.2	1508.7	33.5	27.7	98.1	56.95
2011	3172.6	3032.3	1276.1	60.2	1639.6	35.7	29.5	104.6	65.34
2012	3246.6	3102.7	1337.7	49.8	1649.5	32.5	25.9	111.50	56.44

年份 Year	油料 (万吨) Oil-bearing Crops (10000 tons)	#花生 Peanut	#芝麻 Sesame	烟叶 (吨) Tobacco (ton)	#烤烟 Flue-cured Tobacco	麻类 (吨) Fiber Crops (ton)	#黄红麻 Jute and Ambary Hemp	#大麻 (线) Hemp
1978	24.50	17.37	1.26	10940	6385	16615	9130	4840
1980	45.14	35.77	3.23	5900	1540	17785	9720	5315
1985	86.92	58.01	5.14	20135	5440	59890	52305	3045
1990	74.89	57.81	2.74	22090	11596	20148	18158	750
1995	109.86	94.68	2.47	9427	6513	13996	13095	388
1996	120.65	100.48	2.22	16334	9661	11575	10805	339
1997	117.98	106.79	1.62	18872	13965	14294	12966	230
1998	138.82	118.53	2.23	12488	8302	14257	13313	344
1999	129.51	117.98	1.85	12082	7839	9042	8535	220
2000	146.97	132.59	2.03	12429	7360	7951	7436	157
2001	153.81	144.27	1.99	9356	4062	7231	6897	180
2002	151.26	140.45	1.64	11083	5252	10271	10060	96
2003	163.10	148.14	1.64	10693	4378	6214	5801	72
2004	154.32	137.85	1.50	10952	5135	4329	778	3534
2005	152.73	140.33	1.46	9759	4928	7262	767	28
2006	133.78	121.87	1.32	4984	2286	7328	810	41
2007	138.09	130.68	1.12	4226	2271	3962	717	171
2008	152.59	140.07	1.08	6114	3562	710	617	67
2009	143.27	133.99	1.01	6650	4082	745	699	37
2010	140.29	129.23	1.05	6505	3201	677	648	24
2011	141.78	128.92	1.04	6812	4159	729	688	36
2012	142.83	126.94	0.91	7019	4550	780	738	35

平均每人主要农产品产量（按平均人口计算）
Per Capita of Major Agricultural Products (Calculated by Average Population)

单位：千克 (kg)

年份 Year	粮食 Grain	棉花 Cotton	油料 Oil-bearing Crops	园林水果 Garden Fruit	生猪存栏（头） Stocked Pigs (head)	猪牛羊肉 Pork, Beef and Mutton	水产品 Aquatic Products
1978	335.72	2.32	4.87	15.81	0.25	8.29	2.76
1980	296.42	4.81	8.79	15.60	0.25	13.45	1.90
1985	356.43	11.39	15.75	29.03	0.26	14.84	2.31
1990	378.23	9.48	12.44	29.15	0.25	20.13	3.64
1995	427.17	5.78	17.13	67.37	0.32	40.36	6.18
2000	383.97	4.52	22.12	101.94	0.29	40.64	12.18
2001	372.65	6.27	23.00	100.17	0.28	40.33	12.70
2002	362.63	5.98	22.52	111.44	0.28	41.26	12.96
2003	353.64	7.73	24.16	118.03	0.29	42.25	12.78
2004	365.30	9.80	22.73	129.17	0.29	44.00	13.67
2005	380.48	8.45	22.36	134.48	0.29	46.00	14.49
2006	404.49	10.19	19.46	140.89	0.26	47.06	12.68
2007	410.60	10.47	19.95	146.78	0.27	44.45	13.10
2008	417.15	10.58	21.91	151.32	0.29	47.24	13.87
2009	415.05	8.62	20.43	157.46	0.28	48.04	14.32
2010	418.32	8.01	19.72	156.27	0.26	46.75	14.95
2011	439.85	9.06	19.66	167.07	0.26	45.65	14.79
2012	446.94	7.77	19.66	177.04	0.25	47.22	16.01

主要农业机械和农产品加工机械拥有量（年底数）
Ownership of Agricultural Machinery and Machinery for Procession Farm Products (End of Year)

指标	Item	2000	2005	2010	2011	2012
农业机械总动力(万千瓦)	Total Power of Agricultural Machinery (10000 kw)	7000.4	8487.2	10151.3	10349.2	10553.8
大中型拖拉机(万台)	Large and Medium Agricultural Tractors (10000 units)	6.4	10.1	17.3	19.8	21.4
小型拖拉机(万台)	Mini-Tractors (10000 units)	129.8	144.7	150.5	149.1	146.3
大中型拖拉机配套农具(万台)	Number of Large and Medium Tractor Towing Farm Machinery (10000 units)	10.8	18.4	34.5	38.0	41
小型拖拉机配套农具(万台)	Number of Mini-Tractor Towing Farm Machinery (10000 units)	156.7	191.6	201.0	199.4	195.5
排灌用电动机(万台)	Electrical Engines (10000 units)	131.2	139.5	148.2	148.8	149.9
排灌用柴油机(万台)	Diesel Engines (10000 units)	138.2	125.8	113.2	109.4	105.3
农用水泵(万台)	Agricultural Pump (10000 units)	163.7	165.9	172.1	172.2	172.1
节水灌溉机械(万套)	Water-saving Irrigated Machinery (10000 units)	3.1	3.5	4.4	4.5	4.9
联合收割机(万台)	Combine Harvesters (10000 units)	4.2	5.6	7.9	8.6	10.1
割晒机(万台)	Swathers (10000 units)		0.1	4.0	3.5	3.4
机动脱粒机(万台)	Motorised Threshing Machines (10000 units)	46.7	28.5	21.8	20.7	21.2
农用运输汽车(万辆)	Agricultural Vehicles (10000 units)	160.4	252.2	268.2	268.5	269.8

农业机械化、能源、化肥、水利
Mechanization, Energy Resources, Chemical Fertilizer and Water Conservancy of Agriculture

指　　标	Item	2000	2005	2010	2011	2012
农业机械化情况(千公顷)	**Agriculture Mechanization (1000 hectares)**					
当年实际机械耕地面积	Area Cultivated by Machine This Year	5072.60	4745.47	5317.10	5332.02	5401.96
当年机械播种面积	Area Sown by Machine This Year	4550.57	5282.47	6274.51	6451.91	6592.46
当年机械收获面积	Mechanical Harvest Area This Year	2688.00	2480.45	3428.52	3715.28	4209.83
农业能源情况	**Agriculture Energy**					
农村用电量(亿千瓦小时)	Electricity Consumed in Rural Area (100 million kwh)	180.45	337.05	511.81	559.22	593.94
乡、村及村以下办水电站(个)	Hydropower Station in Rural Areas (unit)	105	116	135	239	242
装机容量(万千瓦)	Generating Capacity (10000 kw)	1.90	3.68	6.32	37.94	38.17
农用化肥施用量	**Consumption of Chemical Fertilizers**					
折纯量(万吨)	by 100% Effective Component (10000 tons)	270.62	303.39	322.86	326.28	329.33
农药使用量(万吨)	**Consumption of Agricultural Pesticide (10000 tons)**	**7.28**	**8.08**	**8.46**	**8.30**	**8.48**
农田水利情况	**Farm Water Conservancy Condition**					
有效灌溉面积(千公顷)	Effective Irrigated Areas (1000 hectares)	4482.32	4547.75	4520.87	4596.61	4603.08
年末实有机井数量(万眼)	Motor-pumped Well at the Year-end (10000 units)	88.03	93.72	96.45	98.37	101.15

农民家庭平均每户生产性固定资产原值（年底数）
Original Value of Productive Fixed Assets Per Rural Households (End of Year)

单位：元　　　　(yuan)

项　　目	Item	2000	2005	2010	2011	2012
平均每户生产性固定资产原值	**Original Value of Productive Fixed Assets**	**6328.32**	**9335.54**	**11455.36**	**17437.51**	**17904.83**
农　业	Agriculture	4132.77	4646.31	5683.50	7330.64	7640.99
工　业	Industry	586.06	1085.80	1380.70	2095.97	2139.35
建筑业	Construction	31.57	38.33	158.33	459.29	460.80
交通运输业	Transport, Post and Telecommunication Services	1101.14	1356.43	1585.74	2826.53	2837.32
批发零售贸易及餐饮业	Wholesale and Retail Trade and Catering Services	309.91	528.02	828.55	1988.74	1796.29
社会服务业	Social Services	104.06	123.43	206.44	539.55	533.09
文教卫生事业	Education, Culture and Health Care	10.00	71.55	105.40	210.10	192.55
其　他	Others	52.80	19.21	71.16		

农民家庭平均每百户生产性固定资产数量（年底数）
Number of Productive Fixed Assets Per 100 Rural Households (End of Year)

项　　目	Item	2000	2005	2010	2011	2012
汽　车(辆)	Motor Vehicles (set)	2.33	3.32	3.82	6.68	6.49
大中型拖拉机(台)	Large and Medium Tractors (set)	2.03	2.48	2.92	4.40	4.74
小型及手扶拖拉机(台)	Mini and Walking Tractors (set)	34.49	36.43	32.13	28.32	29.43
机动脱粒机(台)	Motorized Threshing Machines (set)	6.30	2.17	2.73	2.71	2.77
胶轮大车(辆)	Carts with Rubber Tyres (set)	12.34	7.15	6.44	2.90	2.79
农用水泵(台)	Pumps (unit)	25.91	22.99	28.21	21.26	22.40

林业及干鲜果生产
Forestry，Yield of Dry Fruit and Fruit

指　　标	Item	2000	2005	2010	2011	2012
林业生产	**Forestry Production**					
当年造林面积(千公顷)	New Forestry Area This Year (1000 hectares)	305.00	304.77	283.89	286.42	312.36
#用材林	Timber Forest	72 .22	51.16	18.95	24.79	209.01
经济林	Economic Forest	50.16	19.90	14.78	21.44	20.00
防护林	Shelter Forest	179.67	232.27	249.14	240.16	83.35
当年零星(四旁)植树(万株)	Planting Trees Piecemeal (10000 trees)	12748	12496	10037	10357	10261
村及村以下林木采伐量(万立方米)	Fall of Bamboo and Tree in Rural Areas (10000 cu.m)	66.37	48.25	44.20	45.24	44.66
干鲜果生产(吨)	**Yield of Dry Fruit and Fruit (ton)**					
坚　果	Dry Fruit	71900	164307	282387	336181	400706
#核　桃	Walnuts	30102	47032	74392	96891	126636
板　栗	Chestnut	34620	107079	174640	208241	243925
园林水果	Fruit	6791425	9184789	11117252	12050753	12860377
#苹　果	Apples	1806155	2202273	2724614	2926425	3114632
梨	Pears	2551647	3246220	3758287	4068629	4450544
花椒产量(吨)	**Chinese Prickly Ash Output (ton)**	**7743**	**11936**	**12271**	**11513**	**11045**

大牲畜头数
Number of Large Livestock

单位：万头 (10000 heads)

年份 Year	大牲畜年末数 Large Animals (year-end)	牛 Cattle and Buffaloes	马 Horses	驴 Donkeys	骡 Mules
1978	354.70	134.60	79.81	83.07	56.95
1980	341.05	120.71	78.02	78.26	63.88
1985	446.50	155.10	71.95	142.57	76.88
1990	525.22	207.90	56.95	176.71	83.66
1995	870.88	579.34	48.68	167.69	75.17
2000	774.24	516.73	45.04	149.14	63.33
2001	730.17	487.72	43.31	138.92	60.22
2002	702.92	476.64	40.64	130.04	55.60
2003	685.06	477.87	36.83	121.05	49.31
2004	721.81	528.39	35.53	112.56	45.33
2005	762.63	584.92	33.13	104.11	40.47
2006	613.00	458.93	28.99	90.16	34.92
2007	610.49	474.99	24.92	80.72	29.86
2008	569.75	449.01	22.70	70.65	27.39
2009	536.66	429.11	20.30	62.89	24.36
2010	503.87	404.20	18.85	57.73	23.09
2011	495.72	400.31	18.20	55.80	21.41
2012	498.15	403.10	18.44	55.49	21.12

注：1980年前大牲畜总数中含骆驼。

a) Number of large livestock included camels before 1980.

肉类总产量、牛奶产量及猪、羊头数
Output of Meat，Milk and Number of Hogs，Sheep and Goats

年份 Year	猪牛羊肉产量（万吨） Output of Pork, Beef and Mutton (10000 tons)	年末出栏肉猪（万头） Slaughtered Fattened Hogs (year-end) (10000 heads)	生猪存栏头数（万头） Number of Hogs at Year-end (10000 heads)	羊存栏只数（万只） Number of Sheep and Goats (10000 units)	山羊 Goats	绵羊 Sheep	牛奶产量（万吨） Output of Cow Milk (10000 tons)
1978	41.7	570.5	1245.7	600.7	346.1	254.6	1.82
1980	69.1	716.9	1293.4	814.9	461.4	353.5	2.65
1985	81.9	1018.5	1421.4	721.1	372.8	348.3	7.32
1990	121.2	1395.5	1494.2	1074.5	562.6	511.9	11.18
1995	258.8	2409.6	2052.8	1565.7	803.4	762.3	32.55
2000	270.0	2675.2	1959.6	1676.6	801.8	874.8	84.20
2001	269.7	2699.4	1904.2	1639.5	751.3	888.2	107.38
2002	277.1	2757.1	1909.9	1572.5	672.9	899.6	136.89
2003	285.3	2853.0	1926.2	1594.3	664.5	929.8	197.90
2004	298.7	2991.0	1964.3	1664.5	673.7	990.9	266.46
2005	314.2	3145.0	1977.5	1679.1	678.3	1000.8	340.35
2006	323.5	3246.7	1812.8	1552.6	771.5	781.1	407.62
2007	307.6	2964.2	1907.1	1583.7	785.5	798.2	489.44
2008	329.1	3230.8	2015.2	1617.0	750.9	866.1	504.51
2009	336.8	3332.9	1968.0	1565.1	551.4	1013.7	451.54
2010	332.6	3222.9	1846.0	1408.6	462.2	946.4	439.76
2011	329.5	3235.8	1885.2	1457.2	467.5	989.7	458.90
2012	343.0	3396.7	1847.5	1413.5	450.5	963.0	470.37

水产品产量
Output of Aquatic Products

单位：吨 (ton)

年份 Year	水产品总产量 Total Aquatic Products	海水产品 Seawater Aquatic Products	#鱼类 Fish	#虾蟹类 Carapace	淡水水域水产品 Freshwater Aquatic Products	#鱼类 Fish	#虾蟹类 Carapace
1978	139017	128043	43988	63856	10974	10232	214
1980	97610	86479	41902	38144	11131	9811	643
1985	127495	104529	58578	39276	22966	21464	1489
1990	218553	164880	61762	71295	53673	50912	2722
1995	396070	210215	73868	62853	185855	178218	6330
2000	809496	482032	187945	80707	327464	306535	15084
2001	848887	514411	185570	92362	334476	312911	15942
2002	870571	518440	181557	91831	352131	315759	19720
2003	862715	489702	177773	90483	373013	340328	25936
2004	928218	541332	190417	94519	386886	351315	26843
2005	989461	571808	191613	95057	417653	386333	23696
2006	871418	499047	155456	77803	372371	342458	22504
2007	906437	524303	160388	75141	382134	353175	22909
2008	966400	549250	164631	80317	417150	385537	25009
2009	1004100	553884	151520	78503	450216	415983	26465
2010	1063300	582600	151653	78882	480700	443331	27725
2011	1067131	563281	145094	71757	503850	464896	28464
2012	1163172	634631	141882	81978	528541	484141	33498

受灾情况
Natural Disaster

指标	Item	2000	2005	2010	2011	2012
受灾面积（千公顷）	**Areas Covered (1000 hectares)**	**3560.28**	**1721.80**	**1668.17**	**811.37**	**1107.56**
#成灾	Areas Affected	2541.30	976.02	1058.29	479.82	758.57
旱灾	Drought	2974.70	934.15	844.65	497.27	338.99
#成灾	Areas Affected	2210.54	596.17	640.47	319.80	236.92
水灾	Flood	114.16	108.80	127.12	95.77	456.03
#成灾	Areas Affected	62.78	65.28	58.05	53.48	310.51
风雹灾	Wind Hail	256.15	347.47	149.83	119.93	96.80
#成灾	Areas Affected	166.12	188.14	86.92	65.18	66.66
霜灾	Frost	1.74	18.29	252.98	19.14	153.14
#成灾	Areas Affected	0.37	8.75	146.53	14.92	115.83
病虫灾	Diseases and Insect	203.40	247.75	118.80	48.09	46.85
#成灾	Areas Affected	92.89	93.55	35.32	18.00	21.87
其他灾	Others	10.13	65.36	174.79	31.16	15.74
#成灾	Areas Affected	8.60	24.14	91.00	8.44	6.79

农垦系统国营农牧场基本情况
Basic Statistics on State Farms and Pasturelands of Land Reclamation Departments

指　　标	Item	2000	2005	2010	2011	2012
农场数(个)	**Number of Farms (unit)**	**30**	**30**	**32**	**33**	**33**
农场人口及职工(人)	**Population, Staff and Workers (person)**					
总人口	Total Population	290157	397033	422544	439726	443222
职工人数	Number of Staff and Workers	94660	85212	71138	68564	64680
土地总面积(公顷)	**Total Land Area (hectare)**	**35720**	**352607**	**354669**	**373572**	**374058**
#耕地面积	Cultivated Area	90380	80297	89095	92472	92820.2
牧草地面积	Area of Grassland	99080	70062	77909	91469	91751
#已利用面积	Utilized Area	84730	52126	51891	58591	58591
林地面积	Forest Area	38330	89785	83774	84531	84826
水面面积	Water Area	47680	48663	36939	36503	37967
#养殖面积	Cultivated Area	10010	15156	13042	12423	12469
茶果桑园面积	Area of Tea, Mulberry and Orchards Plantations	2880	2913	1964	1914	2035.8
农作物总播种面积(公顷)	**Sown Area of Farm Crops (hectare)**	**94840**	**87903**	**99098**	**100443**	**97123**
#粮　食	Grain	68540	59393	64341	64468	63796
#谷　物	Cereal	61350	54083	59771	57475	58103
#小　麦	Wheat	19710	15975	17504	16576	16810
稻　谷	Rice	27010	17962	18145	19805	21050
经济作物	Economic Crops					
#棉　花	Cotton	3390	21454	19881	22141	17762
油　料	Oil-bearing Crops	12380	920	2015	2119	1670
主要农产品产量(吨)	**Yield of Major Farm Crops (ton)**					
#粮　食	Grain	240341	339161	415799	420485	402931
#谷　物	Cereal	232711	324412	389171	381926	375700
#小　麦	Wheat	50070	54400	75643	74256	73818
稻　谷	Rice	141569	174670	179027	192513	199981
经济作物	Economic Crops					
#棉　花	Cotton	4121	25133	32481	27029	20487
油　料	Oil-bearing Crops	3466	983	2626	2430	2039
鲜　果	Fruit	17295	21762	16037	13511	20949
林业生产	**Forestry Production**					
当年造林面积(公顷)	New Forestry Area This Year (hectare)	5417	8011	3110	2579	2808
林木采伐量(立方米)	Fall of Forest (cu.m)	2420	2758	3636	339	9256
畜牧业、渔业生产	**Production of Animal Husbandry and Fishery**					
年末大牲畜存栏(头)	Number of Large Animals (year-end) (head)	36500	82832	137400	149400	149600
年末猪存栏(头)	Number of Hogs (head)	90100	199849	273700	290400	288000
年末羊存栏(只)	Number of Sheep and Goats (unit)	51700	102147	54000	66100	70300
#山　羊	Goats	14600	8373	4300	5600	2600
畜产品产量(吨)	Output of Livestock Products (ton)					
肉类总产量	Pork, Beef and Mutton	21210	42800	56021	59520	62364
牛奶产量	Milk	68104	208148	473614	482233	467969
禽蛋产量	Poultry Eggs	6817	7801	10027	9635	10478
水产品产量(吨)	Output of Aquatic Products (ton)	48207	68933	78115	77183	104735
#养　殖	Artificially Cultured	39057	61000	71562	70687	80057

按行业分规模以上工业企业主要指标（2012年）

单位：亿元

行业	Sector	企业单位数（个）Number of Enterprises (unit)
全省总计	**Total**	**12360**
煤炭开采和洗选业	Mining and Washing of Coal	160
石油和天然气开采业	Extraction of Petroleum and Natural Gas	2
黑色金属矿采选业	Mining of Ferrous Metal Ores	757
有色金属矿采选业	Mining of Non-ferrous Metal Ores	25
非金属矿采选业	Mining and Processing of Nonmetal Ores	70
其他采矿业	Mining of Others	
农副食品加工业	Processing of Food from Agricultural Products	640
食品制造业	Manufacture of Foods	249
酒、饮料和精制茶制造业	Manufacture of Wine, Soft Drinks and Refined Tea	150
烟草制品业	Manufacture of Tobacco	3
纺织业	Manufacture of Textile	736
纺织服装、服饰业	Manufacture of Textile, Apparel	230
皮革、毛皮、羽毛及其制品和制鞋业	Manufacture of Leather, Fur, Feather and Its Products and Footware	465
木材加工和木、竹、藤、棕、草制品业	Processing of Timbers, Manufacture of Wood, Bamboo, Rattan, Palm, and Straw Products	110
家具制造业	Manufacture of Furniture	119
造纸和纸制品业	Manufacture of Paper and Paper Products	258
印刷和记录媒介复制业	Printing, Reproduction of Recording Media	120
文教、工美、体育和娱乐用品制造业	Manufacture of Articles for Culture, Arts and Crafts, Education, Sport Activities and Entertainment Goods	175
石油加工、炼焦和核燃料加工业	Processing of Petroleum, Coking, Processing of Nuclear Fuel	140
化学原料和化学制品制造业	Manufacture of Chemical Raw Material and Chemical Products	842
医药制造业	Manufacture of Medicines	197
化学纤维制造业	Manufacture of Chemical Fiber	49
橡胶和塑料制品业	Manufacture of Rubber and Plastic	676
非金属矿物制品业	Manufacture of Nonmetallic Mineral Products	1045
黑色金属冶炼和压延加工业	Manufacture and Processing of Ferrous Metals	729
有色金属冶炼和压延加工业	Manufacture & Processing of Non-ferrous Metals	195
金属制品业	Manufacture of Metal Products	1022
通用设备制造业	Manufacture of General Purpose Machinery	737
专用设备制造业	Manufacture of Special Purpose Machinery	621
汽车制造业	Manufacture of Automotive	402
铁路、船舶、航空航天和其他运输设备制造业	Manufacture of Railroad, Marine, Aerospace and Other Transportation Equipment	129
电气机械和器材制造业	Manufacture of Electrical Machinery and Equipment	644
计算机、通信和其他电子设备制造	Manufacture of Computer, Communications and Other Electronic Equipment	136
仪器仪表制造业	Manufacture of Measuring Instrument	64
其他制造业	Manufacture of Others	37
废弃资源综合利用业	Recycling and Disposal of Waste	46
金属制品、机械和设备修理业	Metal Products, Machinery and Equipment Repair	17
电力、热力生产和供应业	Production and Supply of Electric Power and Heat Power	282
燃气生产和供应业	Production and Distribution of Gas	49
水的生产和供应业	Production and Distribution of Water	32

Main Indicators of Industrial Enterprises above Designated Size by Industrial Sector (2012)

工业总产值(当年价) Gross Industrial Output Value	实收资本 Total Capital Hold	流动资产 合计 Total Working Capitals	#存货 Inventory	#产成品 Finished Products	固定资产 合计 Fixed Assets	固定资产 原价 Original Value of Fixed Assets
43048.7	**6057.8**	**13723.3**	**3524.1**	**1231.0**	**15564.0**	**21255.9**
1490.2	250.6	891.9	112.1	46.0	665.4	824.7
300.3	225.0	93.8	7.4	3.0	518.5	977.1
2522.8	417.6	761.4	116.4	73.8	575.5	713.3
55.5	9.4	10.7	3.6	1.5	29.1	28.4
95.6	12.2	29.5	5.8	4.1	33.0	45.5
1904.4	131.0	444.7	138.1	70.2	306.8	381.6
697.0	91.1	158.2	38.0	17.4	150.7	194.7
386.1	90.7	175.5	70.5	24.1	119.2	168.4
165.4	4.2	63.6	44.2	2.3	29.8	52.7
1439.3	121.0	247.9	95.8	47.1	286.5	350.2
373.3	34.0	78.7	23.7	12.4	61.2	80.0
966.3	29.3	92.2	31.0	14.0	99.0	106.8
184.4	19.8	34.7	12.5	5.1	52.9	65.7
188.4	20.2	34.0	10.4	4.5	70.5	97.2
522.5	60.6	89.9	27.2	15.1	109.6	143.0
204.3	30.8	44.5	12.8	5.8	61.8	95.0
185.5	19.5	31.7	12.8	6.2	39.1	52.8
2320.0	163.6	524.9	172.9	48.4	468.4	682.2
2065.4	334.7	692.9	144.8	60.1	608.2	831.1
629.6	115.0	422.4	70.8	35.3	238.9	293.7
80.1	16.3	28.1	9.2	4.4	19.6	31.4
1006.6	136.4	262.5	57.5	28.2	205.1	294.8
1791.2	391.5	686.6	168.7	73.7	917.5	1166.5
11811.3	1334.4	3647.0	1182.5	259.0	4449.3	6249.5
549.5	94.4	154.0	43.0	12.8	104.3	153.6
2059.9	218.0	502.3	137.7	69.3	770.7	925.3
1087.6	141.7	389.3	117.9	46.0	257.1	319.2
1181.4	199.7	554.6	156.4	65.8	400.2	483.3
1463.1	144.8	706.4	111.4	51.9	313.6	424.3
404.8	68.5	252.4	119.9	22.1	128.5	128.8
1508.7	322.2	777.7	162.8	80.6	553.2	554.0
356.3	91.5	151.5	28.1	8.5	151.6	207.3
71.4	18.1	52.9	11.0	3.3	13.0	18.3
33.1	5.6	10.9	2.8	0.9	17.9	21.5
76.0	9.8	13.4	3.2	1.7	9.0	11.1
30.4	4.7	25.4	9.1	0.4	9.0	13.3
2732.5	591.7	498.3	46.2	5.0	2595.3	3897.6
78.2	43.0	57.2	2.9	0.7	57.1	71.4
30.2	45.1	29.6	2.7	0.2	67.7	100.6

按行业分规模以上工业企业主要指标（2012年)(续)

单位：亿元

行　业	Sector	累计折旧 Accumulated Depreciation
全省总计	**Total**	**7527.6**
煤炭开采和洗选业	Mining and Washing of Coal	376.8
石油和天然气开采业	Extraction of Petroleum and Natural Gas	478.0
黑色金属矿采选业	Mining of Ferrous Metal Ores	202.9
有色金属矿采选业	Mining of Non-ferrous Metal Ores	7.6
非金属矿采选业	Mining and Processing of Nonmetal Ores	15.0
其他采矿业	Mining of Others	
农副食品加工业	Processing of Food from Agricultural Products	103.4
食品制造业	Manufacture of Foods	53.5
酒、饮料和精制茶制造业	Manufacture of Wine, Soft Drinks and Refined Tea	60.4
烟草制品业	Manufacture of Tobacco	24.1
纺织业	Manufacture of Textile	94.8
纺织服装、服饰业	Manufacture of Textile, Apparel	27.4
皮革、毛皮、羽毛及其制品和制鞋业	Manufacture of Leather, Fur, Feather and Its Products and Footware	20.8
木材加工和木、竹、藤、棕、草制品业	Processing of Timbers, Manufacture of Wood, Bamboo, Rattan, Palm, and Straw Products	16.5
家具制造业	Manufacture of Furniture	35.4
造纸和纸制品业	Manufacture of Paper and Paper Products	45.8
印刷和记录媒介复制业	Printing, Reproduction of Recording Media	36.4
文教、工美、体育和娱乐用品制造业	Manufacture of Articles for Culture, Arts and Crafts, Education, Sport Activities and Entertainment Goods	15.1
石油加工、炼焦和核燃料加工业	Processing of Petroleum, Coking, Processing of Nuclear Fuel	270.1
化学原料和化学制品制造业	Manufacture of Chemical Raw Material and Chemical Products	277.4
医药制造业	Manufacture of Medicines	114.7
化学纤维制造业	Manufacture of Chemical Fiber	14.9
橡胶和塑料制品业	Manufacture of Rubber and Plastic	100.1
非金属矿物制品业	Manufacture of Nonmetallic Mineral Products	319.0
黑色金属冶炼和压延加工业	Manufacture and Processing of Ferrous Metals	2293.2
有色金属冶炼和压延加工业	Manufacture & Processing of Non-ferrous Metals	51.1
金属制品业	Manufacture of Metal Products	181.7
通用设备制造业	Manufacture of General Purpose Machinery	90.7
专用设备制造业	Manufacture of Special Purpose Machinery	117.9
汽车制造业	Manufacture of Automotive	140.6
铁路、船舶、航空航天和其他运输设备制造业	Manufacture of Railroad, Marine, Aerospace and Other Transportation Equipment	36.1
电气机械和器材制造业	Manufacture of Electrical Machinery and Equipment	145.5
计算机、通信和其他电子设备制造	Manufacture of Computer, Communications and Other Electronic Equipment	67.7
仪器仪表制造业	Manufacture of Measuring Instrument	6.2
其他制造业	Manufacture of Others	4.4
废弃资源综合利用业	Recycling and Disposal of Waste	2.6
金属制品、机械和设备修理业	Metal Products, Machinery and Equipment Repair	7.3
电力、热力生产和供应业	Production and Supply of Electric Power and Heat Power	1613.4
燃气生产和供应业	Production and Distribution of Gas	20.3
水的生产和供应业	Production and Distribution of Water	38.7

Main Indicators of Industrial Enterprises above Designated Size by Industrial Sector (2012)

(100 million yuan)

资产总计 Total Assets	流动负债合计 Total Working Liabilities	非流动负债合计 Total Non Working Liabilities	所有者权益合计 Total Owners' Equities	主营业务收入 Revenue from Principal Business	主营业务成本 Cost of Principal Business	主营业务税金及附加 Taxes and Other Charges on Principal Business	利润总额 Total Profits	本年应交增值税 Value-added Tax Payable
33567.2	**15272.5**	**3868.1**	**13508.9**	**43643.8**	**37797.0**	**413.2**	**2559.5**	**1165.9**
1800.4	882.3	324.9	587.3	2702.8	2445.0	14.1	70.2	80.9
672.2	52.9	196.7	422.7	299.3	122.3	15.6	114.9	29.5
1622.6	777.9	70.1	729.8	2451.1	1788.6	39.2	493.8	170.1
42.8	17.0	6.0	17.9	48.2	36.1	0.5	8.0	3.3
72.3	20.4	1.6	34.4	94.8	77.4	0.9	10.2	4.3
821.6	358.9	76.8	344.6	1929.5	1719.3	4.2	95.1	29.1
358.8	130.9	12.3	205.5	723.8	590.4	2.4	57.0	18.8
344.9	175.1	15.6	141.8	373.0	269.6	19.9	41.6	16.9
95.3	25.8	0.3	69.3	155.8	52.1	73.9	17.4	17.9
570.6	211.9	36.7	298.0	1440.5	1263.7	6.3	104.8	31.4
148.4	70.5	4.8	67.7	366.1	322.1	1.4	24.0	6.7
264.9	73.9	3.3	178.2	949.1	778.0	4.2	92.7	16.6
98.0	31.3	6.7	53.4	188.8	162.7	0.7	13.9	3.5
110.1	25.1	6.2	64.7	183.1	162.8	0.6	11.4	3.0
225.6	76.4	17.5	124.3	510.0	441.8	1.8	39.0	16.8
119.6	35.2	10.7	69.7	203.2	169.7	0.9	20.0	6.3
78.6	23.3	6.9	45.8	176.5	149.9	0.8	15.8	4.1
1031.2	739.9	54.9	209.9	2298.2	2087.4	123.4	11.5	57.2
1557.2	689.7	177.3	654.8	2008.4	1723.2	6.8	142.9	38.6
741.8	281.3	79.9	342.0	744.8	597.3	3.3	49.3	21.5
62.9	21.7	8.5	28.3	79.9	70.4	0.4	4.2	1.2
512.1	198.5	19.0	275.1	970.5	832.0	4.4	80.8	22.4
1827.6	780.0	265.3	746.6	1720.6	1464.0	9.8	105.7	52.2
9856.6	5271.4	993.6	3303.5	11523.2	10544.2	19.0	223.3	215.4
305.3	157.7	21.5	111.6	535.3	446.0	1.2	26.7	10.3
1354.2	482.5	29.5	803.2	2025.9	1739.6	5.4	123.4	39.1
710.0	316.6	41.2	334.7	1061.0	887.6	4.8	96.8	27.1
1041.3	431.4	29.2	567.5	1161.4	955.3	5.6	104.1	33.1
1141.7	530.1	91.4	498.5	1479.5	1227.6	20.3	152.1	41.6
444.2	239.3	55.2	148.1	403.0	343.4	2.3	28.3	14.9
1480.2	654.8	228.9	569.8	1461.2	1247.7	6.2	52.6	26.2
330.1	156.3	24.5	145.8	335.8	289.3	1.5	15.8	6.7
73.6	27.3	0.5	45.0	70.2	54.0	0.5	9.1	2.9
30.1	9.4	0.2	19.9	34.1	29.0	0.3	3.0	0.7
28.8	11.7	0.6	15.9	74.0	64.9	0.6	5.5	2.3
37.6	25.1	3.1	9.4	30.0	25.7	0.1	1.0	0.8
3288.4	1133.9	920.0	1112.2	2717.6	2526.6	9.2	83.1	89.4
157.2	92.7	5.5	57.9	84.3	68.9	0.6	10.3	1.7
108.6	32.6	21.1	54.4	29.0	21.3	0.3	0.4	1.3

按行业分国有及国有控股工业企业主要指标（2012年）

单位：亿元

行　业	Sector	企业单位数（个）Number of Enterprises (unit)
全省总计	**Total**	**709**
煤炭开采和洗选业	Mining and Washing of Coal	21
石油和天然气开采业	Extraction of Petroleum and Natural Gas	2
黑色金属矿采选业	Mining of Ferrous Metal Ores	**27**
有色金属矿采选业	Mining of Non-ferrous Metal Ores	5
非金属矿采选业	Mining and Processing of Nonmetal Ores	7
其他采矿业	Mining of Others	
农副食品加工业	Processing of Food from Agricultural Products	17
食品制造业	Manufacture of Foods	3
酒、饮料和精制茶制造业	Manufacture of Wine, Soft Drinks and Refined Tea	8
烟草制品业	Manufacture of Tobacco	3
纺织业	Manufacture of Textile	10
纺织服装、服饰业	Manufacture of Textile, Apparel	7
皮革、毛皮、羽毛及其制品和制鞋业	Manufacture of Leather, Fur, Feather and Its Products and Footware	2
木材加工和木、竹、藤、棕、草制品业	Processing of Timbers, Manufacture of Wood, Bamboo, Rattan, Palm, and Straw Products	1
家具制造业	Manufacture of Furniture	2
造纸和纸制品业	Manufacture of Paper and Paper Products	2
印刷和记录媒介复制业	Printing, Reproduction of Recording Media	12
文教、工美、体育和娱乐用品制造业	Manufacture of Articles for Culture, Arts and Crafts, Education, Sport Activities and Entertainment Goods	1
石油加工、炼焦和核燃料加工业	Processing of Petroleum, Coking, Processing of Nuclear Fuel	11
化学原料和化学制品制造业	Manufacture of Chemical Raw Material and Chemical Products	33
医药制造业	Manufacture of Medicines	9
化学纤维制造业	Manufacture of Chemical Fiber	3
橡胶和塑料制品业	Manufacture of Rubber and Plastic	7
非金属矿物制品业	Manufacture of Nonmetallic Mineral Products	56
黑色金属冶炼和压延加工业	Manufacture and Processing of Ferrous Metals	24
有色金属冶炼和压延加工业	Manufacture & Processing of Non-ferrous Metals	14
金属制品业	Manufacture of Metal Products	16
通用设备制造业	Manufacture of General Purpose Machinery	26
专用设备制造业	Manufacture of Special Purpose Machinery	41
汽车制造业	Manufacture of Automotive	16
铁路、船舶、航空航天和其他运输设备制造业	Manufacture of Railroad, Marine, Aerospace and Other Transportation Equipment	8
电气机械和器材制造业	Manufacture of Electrical Machinery and Equipment	24
计算机、通信和其他电子设备制造	Manufacture of Computer, Communications and Other Electronic Equipment	13
仪器仪表制造业	Manufacture of Measuring Instrument	7
其他制造业	Manufacture of Others	
废弃资源综合利用业	Recycling and Disposal of Waste	3
金属制品、机械和设备修理业	Metal Products, Machinery and Equipment Repair	3
电力、热力生产和供应业	Production and Supply of Electric Power and Heat Power	227
燃气生产和供应业	Production and Distribution of Gas	16
水的生产和供应业	Production and Distribution of Water	22

Main Indicators of State-owned and State-holding Industrial Enterprises by Industrial Sector (2012)

(100 million yuan)

工业总产值（当年价） Gross Industrial Output Value	实收资本 Total Capital Hold	流动资产合计 Total Working Capitals	#存货 Inventory	#产成品 Finished Products	固定资产合计 Fixed Assets	固定资产原价 Original Value of Fixed Assets
10830.20	**2654.41**	**4831.72**	**1364.58**	**366.19**	**7290.90**	**10046.51**
1138.70	232.98	789.39	93.27	36.68	640.64	787.75
300.30	224.95	93.81	7.37	3.05	518.53	977.11
179.32	99.78	168.12	19.54	9.36	118.25	159.83
3.58	4.01	2.81	1.33	0.61	11.09	4.67
9.93	2.60	16.50	2.34	1.78	8.95	12.81
37.87	3.47	9.05	4.17	2.09	10.91	13.09
3.54	2.40	1.64	0.20	0.12	3.48	3.95
32.83	8.70	19.45	13.99	7.49	11.46	14.80
165.40	4.16	63.62	44.23	2.31	29.81	52.66
41.59	10.61	39.45	15.15	10.43	33.92	35.91
24.45	3.55	19.77	4.90	2.91	9.34	8.33
7.80	0.57	4.93	2.54	1.50	2.01	2.51
3.45	1.00	0.69	0.38	0.18	4.47	4.79
8.09	0.70	1.31	0.73	0.49	8.99	9.32
20.27	9.01	8.41	4.19	1.25	4.76	16.47
24.51	10.33	12.34	5.71	2.52	18.39	34.71
0.98	0.58	1.50	0.70	0.28	0.15	0.73
1135.49	95.34	166.64	90.45	19.27	192.61	288.64
283.41	125.52	191.73	31.87	10.03	201.86	285.50
133.33	15.96	131.86	19.10	10.16	86.51	90.11
13.91	8.45	15.65	5.38	2.41	5.70	17.42
23.62	7.32	14.52	4.57	1.75	7.19	12.96
295.35	92.49	184.95	42.50	13.53	353.63	453.27
3035.58	805.04	1398.01	557.34	102.89	1977.78	2409.37
166.44	24.99	44.80	11.98	1.31	23.83	40.07
97.89	24.34	64.43	25.60	16.55	25.77	38.76
51.38	17.48	57.17	20.77	7.49	27.62	31.09
152.82	61.61	148.08	48.03	20.52	66.75	75.28
226.54	29.72	170.52	44.64	23.19	72.20	97.77
193.86	49.31	202.92	106.31	15.06	87.33	78.08
226.78	77.65	263.22	74.33	33.67	191.54	147.51
56.87	13.39	25.61	5.77	0.99	27.47	36.21
11.44	4.28	9.13	2.59	0.34	1.26	3.02
1.70	0.95	0.42	0.08	0.05	1.66	2.23
23.54	3.32	23.72	8.79	0.24	7.86	10.64
2639.80	518.95	426.06	40.22	3.52	2407.75	3660.74
31.42	18.37	15.76	1.01	0.14	27.11	36.46
26.45	40.54	23.76	2.49	0.04	62.32	91.93

按行业分国有及国有控股工业企业主要指标（2012年）(续)

单位：亿元

行业	Sector	累计折旧 Accumulated Depreciation
全省总计	**Total**	**3819.22**
煤炭开采和洗选业	Mining and Washing of Coal	363.34
石油和天然气开采业	Extraction of Petroleum and Natural Gas	478.02
黑色金属矿采选业	Mining of Ferrous Metal Ores	45.99
有色金属矿采选业	Mining of Non-ferrous Metal Ores	0.77
非金属矿采选业	Mining and Processing of Nonmetal Ores	4.78
其他采矿业	Mining of Others	
农副食品加工业	Processing of Food from Agricultural Products	2.94
食品制造业	Manufacture of Foods	0.52
酒、饮料和精制茶制造业	Manufacture of Wine, Soft Drinks and Refined Tea	4.26
烟草制品业	Manufacture of Tobacco	24.09
纺织业	Manufacture of Textile	12.34
纺织服装、服饰业	Manufacture of Textile, Apparel	3.57
皮革、毛皮、羽毛及其制品和制鞋业	Manufacture of Leather, Fur, Feather and Its Products and Footware	1.35
木材加工和木、竹、藤、棕、草制品业	Processing of Timbers, Manufacture of Wood, Bamboo, Rattan, Palm, and Straw Products	0.32
家具制造业	Manufacture of Furniture	4.32
造纸和纸制品业	Manufacture of Paper and Paper Products	11.71
印刷和记录媒介复制业	Printing, Reproduction of Recording Media	17.99
文教、工美、体育和娱乐用品制造业	Manufacture of Articles for Culture, Arts and Crafts, Education, Sport Activities and Entertainment Goods	0.59
石油加工、炼焦和核燃料加工业	Processing of Petroleum, Coking, Processing of Nuclear Fuel	122.10
化学原料和化学制品制造业	Manufacture of Chemical Raw Material and Chemical Products	103.80
医药制造业	Manufacture of Medicines	37.31
化学纤维制造业	Manufacture of Chemical Fiber	11.86
橡胶和塑料制品业	Manufacture of Rubber and Plastic	5.93
非金属矿物制品业	Manufacture of Nonmetallic Mineral Products	105.00
黑色金属冶炼和压延加工业	Manufacture and Processing of Ferrous Metals	676.62
有色金属冶炼和压延加工业	Manufacture & Processing of Non-ferrous Metals	19.08
金属制品业	Manufacture of Metal Products	13.49
通用设备制造业	Manufacture of General Purpose Machinery	10.13
专用设备制造业	Manufacture of Special Purpose Machinery	28.50
汽车制造业	Manufacture of Automotive	38.03
铁路、船舶、航空航天和其他运输设备制造业	Manufacture of Railroad, Marine, Aerospace and Other Transportation Equipment	22.38
电气机械和器材制造业	Manufacture of Electrical Machinery and Equipment	36.03
计算机、通信和其他电子设备制造	Manufacture of Computer, Communications and Other Electronic Equipment	11.47
仪器仪表制造业	Manufacture of Measuring Instrument	1.76
其他制造业	Manufacture of Others	
废弃资源综合利用业	Recycling and Disposal of Waste	0.58
金属制品、机械和设备修理业	Metal Products, Machinery and Equipment Repair	5.82
电力、热力生产和供应业	Production and Supply of Electric Power and Heat Power	1546.43
燃气生产和供应业	Production and Distribution of Gas	10.73
水的生产和供应业	Production and Distribution of Water	35.28

Main Indicators of State-owned and State-holding Industrial Enterprises by Industrial Sector (2012)

(100 million yuan)

资产总计 Total Assets	流动负债合计 Total Working Liabilities	非流动负债合计 Total Non Working Liabilities	所有者权益合计 Total Owners' Equities	主营业务收入 Revenue from Principal Business	主营业务成本 Cost of Principal Business	主营业务税金及附加 Taxes and Other Charges on Principal Business	利润总额 Total Profits	本年应交增值税 Value-added Tax Payable
14638.22	**6520.28**	**2767.61**	**5173.78**	**11919.52**	**10494.47**	**251.84**	**340.83**	**410.78**
1663.08	799.92	322.02	539.32	2345.84	2128.46	13.20	53.55	73.24
672.20	52.88	196.66	422.66	299.25	122.29	15.62	114.88	29.52
444.78	198.54	45.31	200.11	185.29	124.66	2.76	27.09	16.41
14.19	3.82	5.59	4.67	1.97	1.41	0.04	0.28	0.11
26.22	8.22	0.79	5.97	9.21	6.59	0.46	1.00	1.01
20.96	12.46	3.26	5.17	40.46	37.11	0.15	1.31	1.17
5.41	3.92	0.02	1.47	3.34	3.16		-0.24	0.01
34.48	20.53	1.81	11.41	30.76	20.63	2.55	0.94	2.10
95.33	25.75	0.31	69.27	155.83	52.10	73.94	17.37	17.88
77.52	38.75	10.08	28.65	69.54	66.18	0.21	-0.63	1.21
31.74	19.59	2.32	9.79	24.45	20.74	0.04	1.73	0.18
7.63	2.70	1.37	3.55	11.63	10.48		0.49	0.01
5.28	5.11		0.17	3.43	2.75		0.15	0.21
10.30	1.17	0.36	8.77	12.11	10.91	0.03	0.71	0.48
21.24	2.66		18.56	20.59	14.42	0.15	3.75	1.21
33.43	8.30	0.60	24.53	24.64	16.87	0.16	3.70	1.18
1.94	1.26	0.01	0.68	0.99	0.76	0.01	0.04	0.03
364.56	247.83	22.64	94.08	1097.63	969.12	121.57	-17.53	38.59
533.91	207.74	110.94	213.72	260.94	224.56	0.88	11.46	4.14
230.08	81.06	40.60	73.78	222.63	198.25	0.43	1.12	1.78
33.02	10.30	6.88	15.82	14.90	14.00	0.02	0.06	0.13
23.14	12.38		10.53	26.70	20.05	0.10	3.10	0.83
645.94	251.19	166.77	225.29	259.31	203.30	1.39	11.27	12.25
4716.73	2447.86	693.65	1575.22	2886.99	2697.52	4.45	9.97	80.02
92.48	63.42	0.84	28.22	158.64	119.90	0.19	8.64	3.07
97.76	60.64	2.55	31.62	89.54	74.45	0.24	6.79	1.84
94.16	55.86	10.89	26.24	50.32	40.46	0.22	2.33	1.43
246.33	137.68	9.81	98.81	161.45	134.24	0.63	5.67	4.86
280.64	150.72	49.02	80.28	275.31	232.72	1.25	11.13	10.07
340.02	193.96	52.15	93.78	194.64	163.98	1.18	10.58	10.09
521.96	244.98	146.98	122.02	203.97	182.18	0.70	-29.78	5.53
55.10	32.95	3.10	17.21	51.74	44.58	0.17	4.21	1.12
13.09	7.68		5.41	11.31	10.04	0.04	0.32	0.33
2.08	0.69		1.39	1.82	1.56	0.01	0.02	0.11
34.40	23.67	3.08	7.65	23.23	19.75	0.03	0.79	0.23
3004.36	1035.34	833.68	1027.88	2633.87	2459.04	8.68	73.20	86.21
47.62	21.66	4.29	21.67	30.54	26.71	0.11	1.72	1.00
95.11	27.08	19.24	48.43	24.75	18.52	0.22	-0.35	1.19

按行业分私营工业企业主要指标（2012年）

单位：亿元

行业	Sector	企业单位数（个） Number of Enterprises (unit)
全省总计	**Total**	**7949**
煤炭开采和洗选业	Mining and Washing of Coal	107
石油和天然气开采业	Extraction of Petroleum and Natural Gas	
黑色金属矿采选业	Mining of Ferrous Metal Ores	609
有色金属矿采选业	Mining of Non-ferrous Metal Ores	12
非金属矿采选业	Mining and Processing of Nonmetal Ores	51
其他采矿业	Mining of Others	
农副食品加工业	Processing of Food from Agricultural Products	390
食品制造业	Manufacture of Foods	152
酒、饮料和精制茶制造业	Manufacture of Wine, Soft Drinks and Refined Tea	73
烟草制品业	Manufacture of Tobacco	
纺织业	Manufacture of Textile	545
纺织服装、服饰业	Manufacture of Textile, Apparel	157
皮革、毛皮、羽毛及其制品和制鞋业	Manufacture of Leather, Fur, Feather and Its Products and Footware	383
木材加工和木、竹、藤、棕、草制品业	Processing of Timbers, Manufacture of Wood, Bamboo, Rattan, Palm, and Straw Products	82
家具制造业	Manufacture of Furniture	81
造纸和纸制品业	Manufacture of Paper and Paper Products	183
印刷和记录媒介复制业	Printing, Reproduction of Recording Media	72
文教、工美、体育和娱乐用品制造业	Manufacture of Articles for Culture, Arts and Crafts, Education, Sport Activities and Entertainment Goods	124
石油加工、炼焦和核燃料加工业	Processing of Petroleum, Coking, Processing of Nuclear Fuel	81
化学原料和化学制品制造业	Manufacture of Chemical Raw Material and Chemical Products	509
医药制造业	Manufacture of Medicines	92
化学纤维制造业	Manufacture of Chemical Fiber	36
橡胶和塑料制品业	Manufacture of Rubber and Plastic	497
非金属矿物制品业	Manufacture of Nonmetallic Mineral Products	635
黑色金属冶炼和压延加工业	Manufacture and Processing of Ferrous Metals	492
有色金属冶炼和压延加工业	Manufacture & Processing of Non-ferrous Metals	134
金属制品业	Manufacture of Metal Products	698
通用设备制造业	Manufacture of General Purpose Machinery	444
专用设备制造业	Manufacture of Special Purpose Machinery	355
汽车制造业	Manufacture of Automotive	253
铁路、船舶、航空航天和其他运输设备制造业	Manufacture of Railroad, Marine, Aerospace and Other Transportation Equipment	79
电气机械和器材制造业	Manufacture of Electrical Machinery and Equipment	427
计算机、通信和其他电子设备制造	Manufacture of Computer, Communications and Other Electronic Equipment	66
仪器仪表制造业	Manufacture of Measuring Instrument	32
其他制造业	Manufacture of Others	25
废弃资源综合利用业	Recycling and Disposal of Waste	31
金属制品、机械和设备修理业	Metal Products, Machinery and Equipment Repair	7
电力、热力生产和供应业	Production and Supply of Electric Power and Heat Power	17
燃气生产和供应业	Production and Distribution of Gas	13
水的生产和供应业	Production and Distribution of Water	5

Main Indicators of Private Enterprises by Industrial Sector (2012)

(100 million yuan)

工业总产值(当年价) Gross Industrial Output Value	实收资本 Total Capital Hold	流动资产 合计 Total Working Capitals	#存货 Inventory	#产成品 Finished Products	固定资产 合计 Fixed Assets	固定资产 原价 Original Value of Fixed Assets
18279.64	**1717.67**	**3810.57**	**919.16**	**421.21**	**4323.12**	**5520.29**
253.92	12.26	63.29	14.52	6.94	18.32	24.72
1847.95	286.29	450.08	77.20	51.83	384.90	462.05
35.17	3.73	4.42	1.30	0.49	9.93	14.04
74.03	7.52	7.80	1.40	0.83	18.37	25.61
881.01	59.59	111.71	43.67	23.85	140.53	170.61
371.69	43.10	76.79	17.53	8.35	71.29	84.40
110.72	20.41	33.45	9.97	3.93	30.56	37.65
1015.04	73.79	116.60	42.45	21.46	186.34	224.76
237.06	22.16	34.36	9.25	4.26	34.57	45.55
827.90	20.72	57.11	14.37	7.85	73.95	78.56
147.17	11.30	21.85	6.80	2.57	29.71	37.54
117.72	12.33	12.86	3.88	1.73	32.80	46.67
318.56	18.32	41.35	12.03	7.07	55.15	64.02
130.36	12.68	18.78	4.20	1.93	23.04	33.64
131.63	14.18	18.55	7.47	3.56	30.66	40.39
545.80	38.50	183.84	45.59	19.34	114.26	163.13
926.65	79.36	171.63	36.42	19.00	143.18	179.49
163.31	21.39	53.57	9.13	6.59	35.17	39.00
59.04	5.49	9.47	2.87	1.76	11.65	11.94
720.05	82.22	133.86	27.72	14.33	139.55	194.38
946.64	146.10	227.75	53.73	26.71	290.98	373.54
4272.28	277.52	1030.87	256.69	76.43	1254.55	1722.24
250.02	20.68	56.75	17.51	6.80	26.56	33.04
1274.30	123.26	246.21	58.87	28.18	590.44	690.86
537.00	56.91	99.27	27.50	13.34	109.15	135.06
602.99	66.17	160.42	39.94	19.32	162.59	194.72
389.74	27.05	83.79	21.50	11.20	68.44	87.99
121.83	10.05	26.87	6.63	3.61	26.33	32.11
733.42	97.06	157.62	34.97	22.56	117.85	159.84
116.92	17.95	45.63	7.77	2.14	32.88	48.08
29.37	5.12	16.34	2.07	1.06	5.64	7.13
22.35	1.96	3.33	0.73	0.27	8.67	10.40
39.09	5.44	5.66	1.07	0.54	3.78	4.40
3.17	0.22	0.66	0.04		0.19	0.32
16.03	13.58	14.43	1.87	0.92	34.72	35.16
8.17	2.26	10.25	0.33	0.32	4.80	4.68
1.56	1.00	3.36	0.15	0.15	1.65	2.57

按行业分私营工业企业主要指标（2012年）(续)

单位：亿元

行　业	Sector	累计折旧 Accumulated Depreciation
全省总计	**Total**	**1560.35**
煤炭开采和洗选业	Mining and Washing of Coal	7.16
石油和天然气开采业	Extraction of Petroleum and Natural Gas	
黑色金属矿采选业	Mining of Ferrous Metal Ores	130.95
有色金属矿采选业	Mining of Non-ferrous Metal Ores	4.48
非金属矿采选业	Mining and Processing of Nonmetal Ores	7.86
其他采矿业	Mining of Others	
农副食品加工业	Processing of Food from Agricultural Products	42.38
食品制造业	Manufacture of Foods	18.87
酒、饮料和精制茶制造业	Manufacture of Wine, Soft Drinks and Refined Tea	9.93
烟草制品业	Manufacture of Tobacco	
纺织业	Manufacture of Textile	53.34
纺织服装、服饰业	Manufacture of Textile, Apparel	13.10
皮革、毛皮、羽毛及其制品和制鞋业	Manufacture of Leather, Fur, Feather and Its Products and Footware	12.90
木材加工和木、竹、藤、棕、草制品业	Processing of Timbers, Manufacture of Wood, Bamboo, Rattan, Palm, and Straw Products	9.85
家具制造业	Manufacture of Furniture	15.73
造纸和纸制品业	Manufacture of Paper and Paper Products	16.86
印刷和记录媒介复制业	Printing, Reproduction of Recording Media	11.76
文教、工美、体育和娱乐用品制造业	Manufacture of Articles for Culture, Arts and Crafts, Education, Sport Activities and Entertainment Goods	10.63
石油加工、炼焦和核燃料加工业	Processing of Petroleum, Coking, Processing of Nuclear Fuel	59.38
化学原料和化学制品制造业	Manufacture of Chemical Raw Material and Chemical Products	51.21
医药制造业	Manufacture of Medicines	10.27
化学纤维制造业	Manufacture of Chemical Fiber	2.73
橡胶和塑料制品业	Manufacture of Rubber and Plastic	61.03
非金属矿物制品业	Manufacture of Nonmetallic Mineral Products	104.19
黑色金属冶炼和压延加工业	Manufacture and Processing of Ferrous Metals	597.21
有色金属冶炼和压延加工业	Manufacture & Processing of Non-ferrous Metals	7.99
金属制品业	Manufacture of Metal Products	113.15
通用设备制造业	Manufacture of General Purpose Machinery	34.73
专用设备制造业	Manufacture of Special Purpose Machinery	39.79
汽车制造业	Manufacture of Automotive	22.92
铁路、船舶、航空航天和其他运输设备制造业	Manufacture of Railroad, Marine, Aerospace and Other Transportation Equipment	8.45
电气机械和器材制造业	Manufacture of Electrical Machinery and Equipment	49.97
计算机、通信和其他电子设备制造	Manufacture of Computer, Communications and Other Electronic Equipment	21.53
仪器仪表制造业	Manufacture of Measuring Instrument	1.68
其他制造业	Manufacture of Others	2.25
废弃资源综合利用业	Recycling and Disposal of Waste	0.94
金属制品、机械和设备修理业	Metal Products, Machinery and Equipment Repair	0.14
电力、热力生产和供应业	Production and Supply of Electric Power and Heat Power	3.06
燃气生产和供应业	Production and Distribution of Gas	0.96
水的生产和供应业	Production and Distribution of Water	0.99

Main Indicators of Private Enterprises by Industrial Sector (2012)

(100 million yuan)

资产总计 Total Assets	流动负债合计 Total Working Liabilities	非流动负债合计 Total Non Working Liabilities	所有者权益合计 Total Owners' Equities	主营业务收入 Revenue from Principal Business	主营业务成本 Cost of Principal Business	主营业务税金及附加 Taxes and Other Charges on Principal Business	利润总额 Total Profits	本年应交增值税 Value-added Tax Payable
8897.32	**3964.18**	**302.67**	**4270.28**	**17907.51**	**15392.88**	**88.31**	**1423.01**	**439.48**
89.12	48.25	2.81	34.66	253.47	228.37	0.62	12.23	5.49
935.89	451.44	21.17	428.21	1796.39	1316.31	28.23	383.04	126.47
15.04	6.24	0.29	8.35	31.43	24.60	0.23	4.89	2.01
34.11	6.38	0.60	22.47	74.32	61.29	0.33	9.01	2.58
276.05	72.47	10.19	163.35	877.36	785.34	2.77	54.16	13.63
178.89	60.64	4.60	107.74	361.66	310.60	1.14	30.05	7.73
78.37	29.30	6.53	38.53	115.84	94.00	3.05	9.88	3.36
318.20	101.26	12.27	190.41	995.75	867.64	4.88	76.54	21.25
72.20	28.76	1.43	37.36	227.33	199.44	0.97	15.63	4.54
197.28	50.67	0.56	138.05	813.31	664.02	3.51	82.38	13.84
58.30	16.37	2.21	36.39	147.74	128.15	0.52	11.29	2.44
48.91	12.74	3.62	27.06	115.90	102.79	0.37	7.74	1.76
106.52	32.11	7.27	61.85	308.56	273.65	1.22	22.14	9.48
48.25	15.18	1.46	27.84	128.51	110.41	0.46	12.29	3.11
53.66	12.35	5.64	33.83	124.71	107.05	0.62	11.94	3.24
311.81	249.61	7.08	32.16	628.37	595.29	0.85	5.87	7.86
358.30	150.89	15.18	173.55	909.85	779.86	3.14	75.85	16.25
96.12	22.06	2.24	70.50	155.41	122.69	0.77	15.46	4.96
24.14	8.71	0.57	10.56	58.39	51.03	0.30	3.77	1.00
296.79	98.21	14.36	173.59	686.29	595.27	2.91	59.28	15.71
562.17	241.52	30.51	273.38	926.05	800.35	5.91	70.89	23.45
2434.23	1463.10	81.66	799.24	4103.39	3714.17	7.85	109.81	62.21
92.78	42.91	1.73	42.05	245.52	213.54	0.77	14.11	5.21
880.47	249.67	12.28	602.48	1264.05	1097.01	3.63	81.10	26.96
232.98	80.96	6.78	134.89	526.30	446.71	2.55	46.51	10.48
345.70	116.32	6.45	215.49	594.33	491.09	2.97	62.09	15.89
176.51	72.87	14.60	83.82	373.20	320.60	2.18	33.42	8.02
62.76	23.83	1.36	36.78	118.81	102.20	0.66	10.85	2.52
303.26	114.97	6.69	168.82	711.37	599.11	3.40	64.51	11.58
84.35	27.36	10.68	45.38	113.48	90.09	0.69	14.22	3.07
23.70	9.24	0.24	13.86	28.40	21.91	0.19	3.97	1.13
12.21	3.12		8.55	21.83	18.63	0.17	2.40	0.37
11.35	3.76	0.03	7.20	38.49	33.68	0.32	3.02	1.02
0.86	0.51		0.31	3.20	2.71	0.04	0.08	0.36
54.54	26.20	9.49	15.48	11.25	8.39	0.03	1.33	0.21
16.34	10.84	0.08	4.39	15.19	13.64	0.05	0.87	0.26
5.18	3.36	0.02	1.73	2.05	1.24	0.04	0.37	0.03

按行业分大中型工业企业主要指标（2012年）

单位：亿元

行业	Sector	企业单位数（个）Number of Enterprises (unit)
全省总计	**Total**	**2184**
煤炭开采和洗选业	Mining and Washing of Coal	30
石油和天然气开采业	Extraction of Petroleum and Natural Gas	2
黑色金属矿采选业	Mining of Ferrous Metal Ores	123
有色金属矿采选业	Mining of Non-ferrous Metal Ores	4
非金属矿采选业	Mining and Processing of Nonmetal Ores	8
其他采矿业	Mining of Others	
农副食品加工业	Processing of Food from Agricultural Products	87
食品制造业	Manufacture of Foods	55
酒、饮料和精制茶制造业	Manufacture of Wine, Soft Drinks and Refined Tea	34
烟草制品业	Manufacture of Tobacco	3
纺织业	Manufacture of Textile	152
纺织服装、服饰业	Manufacture of Textile, Apparel	61
皮革、毛皮、羽毛及其制品和制鞋业	Manufacture of Leather, Fur, Feather and Its Products and Footware	132
木材加工和木、竹、藤、棕、草制品业	Processing of Timbers, Manufacture of Wood, Bamboo, Rattan, Palm, and Straw Products	12
家具制造业	Manufacture of Furniture	19
造纸和纸制品业	Manufacture of Paper and Paper Products	32
印刷和记录媒介复制业	Printing, Reproduction of Recording Media	15
文教、工美、体育和娱乐用品制造业	Manufacture of Articles for Culture, Arts and Crafts, Education, Sport Activities and Entertainment Goods	22
石油加工、炼焦和核燃料加工业	Processing of Petroleum, Coking, Processing of Nuclear Fuel	69
化学原料和化学制品制造业	Manufacture of Chemical Raw Material and Chemical Products	115
医药制造业	Manufacture of Medicines	35
化学纤维制造业	Manufacture of Chemical Fiber	8
橡胶和塑料制品业	Manufacture of Rubber and Plastic	55
非金属矿物制品业	Manufacture of Nonmetallic Mineral Products	174
黑色金属冶炼和压延加工业	Manufacture and Processing of Ferrous Metals	210
有色金属冶炼和压延加工业	Manufacture & Processing of Non-ferrous Metals	22
金属制品业	Manufacture of Metal Products	109
通用设备制造业	Manufacture of General Purpose Machinery	89
专用设备制造业	Manufacture of Special Purpose Machinery	99
汽车制造业	Manufacture of Automotive	83
铁路、船舶、航空航天和其他运输设备制造业	Manufacture of Railroad, Marine, Aerospace and Other Transportation Equipment	18
电气机械和器材制造业	Manufacture of Electrical Machinery and Equipment	68
计算机、通信和其他电子设备制造	Manufacture of Computer, Communications and Other Electronic Equipment	34
仪器仪表制造业	Manufacture of Measuring Instrument	11
其他制造业	Manufacture of Others	9
废弃资源综合利用业	Recycling and Disposal of Waste	
金属制品、机械和设备修理业	Metal Products, Machinery and Equipment Repair	10
电力、热力生产和供应业	Production and Supply of Electric Power and Heat Power	150
燃气生产和供应业	Production and Distribution of Gas	10
水的生产和供应业	Production and Distribution of Water	15

Major Indicators of Large and Medium-sized Industrial Enterprises by Sector (2012)

(100 million yuan)

工业总产值(当年价) Gross Industrial Output Value	实收资本 Total Capital Hold	流动资产 合计 Total Working Capitals	#存货 Inventory	#产成品 Finished Products	固定资产 合计 Fixed Assets	固定资产 原价 Original Value of Fixed Assets
28085.58	**4130.30**	**10436.26**	**2715.65**	**837.17**	**12045.75**	**16914.81**
1190.32	236.54	798.17	93.92	36.55	649.64	800.55
300.30	224.95	93.81	7.37	3.05	518.53	977.11
1238.19	216.35	487.74	58.77	35.43	393.31	489.49
38.40	2.77	3.27	1.06	0.42	12.15	17.28
44.45	2.66	18.86	3.58	2.70	22.10	31.15
878.37	51.45	306.84	78.72	41.60	156.68	199.28
420.28	58.46	106.71	23.51	11.02	89.50	120.72
226.29	55.13	102.80	44.60	14.13	65.74	98.53
165.40	4.16	63.62	44.23	2.31	29.81	52.66
591.21	55.79	148.74	63.81	30.20	144.75	181.96
149.11	11.70	51.04	14.62	7.14	29.69	37.75
612.53	12.51	48.62	14.89	6.16	55.98	56.79
38.46	5.92	7.50	3.90	1.35	18.74	26.28
79.85	8.49	18.28	5.45	2.22	40.41	58.91
191.47	37.24	43.70	14.90	7.46	49.36	73.20
55.28	13.94	19.68	7.66	3.48	24.39	44.16
64.97	8.16	10.57	3.57	1.53	15.28	24.16
2061.67	149.57	456.07	154.63	39.97	439.73	648.53
988.42	222.40	496.13	92.57	33.25	410.43	586.46
403.96	83.64	365.76	60.02	30.62	197.47	239.87
33.95	10.02	18.22	6.39	3.16	10.83	21.66
265.01	34.26	103.03	22.76	11.45	64.81	104.65
827.34	222.58	452.28	116.64	47.95	655.78	839.96
10356.17	1231.94	3356.10	1112.82	223.31	4235.71	5958.24
228.26	63.95	81.80	23.41	5.42	70.52	112.28
882.80	68.33	228.29	69.40	36.80	381.80	467.05
351.59	52.07	223.09	72.21	26.55	116.98	140.71
558.91	112.59	349.41	99.10	40.29	291.54	342.68
1114.66	107.41	621.95	90.81	42.27	235.53	322.80
230.16	53.61	219.85	111.69	18.16	95.84	87.56
648.10	185.98	583.24	122.08	59.89	401.66	360.53
236.03	69.10	122.55	21.98	6.38	125.67	173.99
27.88	10.09	29.82	6.81	1.54	5.39	8.33
14.75	2.56	5.54	1.37	0.53	8.90	10.51
27.12	3.77	24.22	8.84	0.24	8.48	12.48
2486.69	367.42	320.72	33.55	2.50	1883.73	3059.10
35.12	35.33	28.54	1.87	0.14	35.64	45.29
22.11	37.45	19.66	2.11	0.04	53.25	82.13

按行业分大中型工业企业主要指标（2012年）(续)

单位：亿元

行　业	Sector	累计折旧 Accumulated Depreciation
全省总计	**Total**	**6447.55**
煤炭开采和洗选业	Mining and Washing of Coal	367.53
石油和天然气开采业	Extraction of Petroleum and Natural Gas	478.02
黑色金属矿采选业	Mining of Ferrous Metal Ores	141.41
有色金属矿采选业	Mining of Non-ferrous Metal Ores	5.38
非金属矿采选业	Mining and Processing of Nonmetal Ores	10.50
其他采矿业	Mining of Others	
农副食品加工业	Processing of Food from Agricultural Products	56.82
食品制造业	Manufacture of Foods	34.94
酒、饮料和精制茶制造业	Manufacture of Wine, Soft Drinks and Refined Tea	40.28
烟草制品业	Manufacture of Tobacco	24.09
纺织业	Manufacture of Textile	58.34
纺织服装、服饰业	Manufacture of Textile, Apparel	15.04
皮革、毛皮、羽毛及其制品和制鞋业	Manufacture of Leather, Fur, Feather and Its Products and Footware	10.59
木材加工和木、竹、藤、棕、草制品业	Processing of Timbers, Manufacture of Wood, Bamboo, Rattan, Palm, and Straw Products	8.56
家具制造业	Manufacture of Furniture	25.28
造纸和纸制品业	Manufacture of Paper and Paper Products	29.36
印刷和记录媒介复制业	Printing, Reproduction of Recording Media	22.17
文教、工美、体育和娱乐用品制造业	Manufacture of Articles for Culture, Arts and Crafts, Education, Sport Activities and Entertainment Goods	9.34
石油加工、炼焦和核燃料加工业	Processing of Petroleum, Coking, Processing of Nuclear Fuel	260.42
化学原料和化学制品制造业	Manufacture of Chemical Raw Material and Chemical Products	211.77
医药制造业	Manufacture of Medicines	97.43
化学纤维制造业	Manufacture of Chemical Fiber	13.02
橡胶和塑料制品业	Manufacture of Rubber and Plastic	43.35
非金属矿物制品业	Manufacture of Nonmetallic Mineral Products	231.87
黑色金属冶炼和压延加工业	Manufacture and Processing of Ferrous Metals	2198.61
有色金属冶炼和压延加工业	Manufacture & Processing of Non-ferrous Metals	41.06
金属制品业	Manufacture of Metal Products	96.78
通用设备制造业	Manufacture of General Purpose Machinery	41.18
专用设备制造业	Manufacture of Special Purpose Machinery	77.13
汽车制造业	Manufacture of Automotive	113.48
铁路、船舶、航空航天和其他运输设备制造业	Manufacture of Railroad, Marine, Aerospace and Other Transportation Equipment	25.67
电气机械和器材制造业	Manufacture of Electrical Machinery and Equipment	91.89
计算机、通信和其他电子设备制造	Manufacture of Computer, Communications and Other Electronic Equipment	57.32
仪器仪表制造业	Manufacture of Measuring Instrument	3.40
其他制造业	Manufacture of Others	2.38
废弃资源综合利用业	Recycling and Disposal of Waste	
金属制品、机械和设备修理业	Metal Products, Machinery and Equipment Repair	7.04
电力、热力生产和供应业	Production and Supply of Electric Power and Heat Power	1449.63
燃气生产和供应业	Production and Distribution of Gas	13.14
水的生产和供应业	Production and Distribution of Water	33.33

Major Indicators of Large and Medium-sized Industrial Enterprises by Sector (2012)

(100 million yuan)

资产总计 Total Assets	流动负债合计 Total Working Liabilities	非流动负债合计 Total Non Working Liabilities	所有者权益合计 Total Owners' Equities	主营业务收入 Revenue from Principal Business	主营业务成本 Cost of Principal Business	主营业务税金及附加 Taxes and Other Charges on Principal Business	利润总额 Total Profits	本年应交增值税 Value-added Tax Payable
26017.06	**12371.51**	**3193.63**	**9863.24**	**28859.28**	**25107.65**	**334.93**	**1397.84**	**830.21**
1682.25	802.83	322.06	555.07	2397.71	2173.75	13.32	57.98	74.34
672.20	52.88	196.66	422.66	299.25	122.29	15.62	114.88	29.52
1103.71	517.11	57.68	507.04	1226.67	849.31	22.97	280.60	103.71
16.30	7.73	0.12	8.45	33.88	24.04	0.33	7.02	2.71
43.45	10.50	0.88	18.37	44.40	36.01	0.54	5.67	2.83
499.03	256.44	52.60	168.14	901.10	809.75	0.91	30.38	11.22
229.96	88.38	6.61	129.51	454.97	368.42	1.33	34.21	12.66
204.84	111.86	7.38	76.80	212.59	143.46	14.36	27.64	12.05
95.33	25.75	0.31	69.27	155.83	52.10	73.94	17.37	17.88
309.15	131.90	28.08	139.17	601.26	530.31	2.29	36.68	14.26
86.02	50.54	2.88	31.04	150.53	134.56	0.44	8.88	3.27
172.15	46.00	1.93	123.05	603.96	476.85	1.46	67.32	11.59
27.33	10.75	3.65	10.10	41.32	36.45	0.12	2.03	1.19
61.09	12.49	2.67	37.63	83.73	74.70	0.19	4.77	1.49
109.39	34.14	10.52	61.85	187.81	159.91	0.74	14.72	8.57
50.78	14.40	1.04	33.77	56.30	43.98	0.27	6.11	1.80
28.55	8.71	0.83	18.47	62.87	52.28	0.36	6.23	1.75
925.67	687.07	47.40	182.03	1939.42	1741.70	120.74	7.88	53.22
1117.37	513.30	154.72	436.12	953.22	812.14	2.58	65.63	16.87
632.64	240.22	76.23	280.21	525.18	421.05	2.18	28.55	15.58
40.88	13.00	7.18	18.69	34.76	30.87	0.13	0.61	0.39
187.46	84.95	7.98	89.49	263.99	222.64	1.27	21.28	6.79
1282.93	545.94	242.53	477.68	765.27	645.45	3.68	28.73	29.43
9318.60	4997.21	977.80	3094.61	10081.12	9250.27	16.73	169.16	197.96
174.67	84.08	20.36	61.87	223.09	172.70	0.51	12.21	5.23
645.60	263.55	15.60	348.42	859.34	718.90	1.64	58.44	19.98
367.61	188.86	33.56	140.94	337.51	270.90	1.65	34.78	11.06
697.20	274.78	22.71	397.67	544.66	435.04	2.76	51.69	18.28
959.45	467.54	77.12	400.57	1137.95	928.97	18.87	127.06	34.34
368.13	211.85	52.27	103.86	230.25	193.01	1.33	14.07	10.85
1096.91	523.44	218.21	342.68	620.05	543.94	1.63	-22.96	10.80
269.98	140.83	22.44	104.24	220.06	192.82	0.95	5.72	4.58
40.90	13.45	0.31	27.02	27.53	20.07	0.22	4.60	1.42
14.81	5.49	0.20	9.04	15.55	12.80	0.12	1.71	0.34
35.77	24.13	3.10	8.51	26.82	22.86	0.09	0.85	0.60
2285.64	848.72	497.61	847.11	2484.18	2339.92	8.22	60.93	79.82
81.72	36.42	3.90	41.40	34.61	28.07	0.23	4.98	0.75
81.58	24.28	16.52	40.72	20.55	15.36	0.20	-0.57	1.08

规模以上工业企业主要经济指标（2012年）
Main Indicators of Industrial Enterprises above Designated Size (2012)

单位：亿元 (100 million yuan)

项　目	Item	企业单位数（个）Number of Enterprises (unit)	工业总产值（当年价格）Gross Industrial Output Value (current prices)	资产总计 Total Assets	主营业务收入 Revenue from Principal Business	利润总额 Total Profits
全省总计	**Total**	**12360**	**43048.65**	**33567.18**	**43643.84**	**2559.47**
按轻重工业分	**by Light & Heavy Industries**					
轻工业	Light Industry	4035	8799.79	4660.44	8858.92	643.59
重工业	Heavy Industry	8325	34248.86	28906.73	34784.92	1915.88
按企业规模分	**by Size of Enterprises**					
大型企业	Large Enterprises	427	18799.12	19259.50	19821.95	697.55
中型企业	Medium-sized Enterprises	1757	9286.46	6757.56	9037.34	700.30
小型企业	Small Enterprises	9816	14791.24	7276.25	14620.70	1152.58
微型企业	Micro enterprises	360	171.84	273.87	163.86	9.04
按登记注册类型分	**by Status of Registration**					
内资企业	Domestic Funded	11449	37504.01	28567.81	38055.76	2333.54
国有企业	State-owned Enterprises	316	3623.31	3976.33	3870.73	35.42
中央企业	Central Enterprises	77	1868.96	1875.72	1854.50	35.59
地方企业	Local Enterprises	239	1754.35	2100.62	2016.24	-0.18
集体企业	Collective-owned Enterprises	194	665.01	197.33	672.90	67.76
股份合作企业	Cooperative Enterprises	28	49.37	30.16	48.72	3.53
联营企业	Joint Ownership Enterprises	18	63.13	43.66	63.45	7.63
国有联营企业	State Joint Ownership Enterprises	6	18.53	18.57	19.08	2.89
集体联营企业	Collective Joint Ownership Enterprises	4	13.82	8.58	13.00	0.99
国有与集体联营	Joint State-collective Enterprises	4	14.79	6.42	13.92	0.82
其他联营企业	Other Joint Ownership Enterprises	4	15.99	10.09	17.45	2.93
有限责任公司	Limited Liability Corporations	2535	11360.48	11587.62	12125.35	502.43
国有独资公司	State Sole funded Corporations	55	715.53	1192.99	718.45	1.55
其他有限责任公司	Other Limited Liability Corporations	2480	10644.95	10394.64	11406.90	500.88
股份有限责任公司	Share-holding Corporations Limited	334	3218.43	3730.97	3144.21	270.37
私营企业	Private Enterprises	7949	18279.64	8897.32	17907.51	1423.01
私营独资企业	Private-funded Enterprises	1383	3030.89	996.24	3000.29	404.46
私营合伙企业	Private Partnership Enterprises	361	802.23	239.02	765.55	60.52
私营有限责任公司	Private Limited Liability Corporations	5802	12766.07	6805.20	12599.16	861.77
私营股份有限公司	Private Share-holding Corporations Ltd.	403	1680.45	856.87	1542.50	96.26
其他企业	Other Enterprises	75	244.63	104.41	222.90	23.41
港澳台商投资企业	Enterprises with Funds from Hong Kong, Macao and Taiwan	271	2203.47	2097.05	2244.46	93.94
合资经营企业	Joint-ventures Enterprises	165	1175.60	1024.46	1135.32	68.90
合作经营企业	Cooperative Enterprises	12	154.23	234.50	152.39	7.44
港澳台商独资企业	Enterprises with Sole Investment	86	861.50	817.79	944.84	17.15
港澳台商投资股份有限公司	Share-holding Corporations Ltd.	6	5.19	13.71	5.01	-0.29
其他港澳台投资	Other Enterprises	2	6.96	6.59	6.91	0.74
外商投资企业	Foreign Funded Enterprises	640	3341.17	2902.31	3343.62	131.99
中外合资经营企业	Joint-venture Enterprises	353	1749.91	1567.19	1749.60	79.03
中外合作经营企业	Cooperation Enterprises	15	38.68	27.36	37.65	2.80
外资企业	Enterprises with Sole Funds	260	955.80	1001.11	966.22	41.34
股份有限公司	Share-holding Corporations Ltd.	10	487.53	273.16	480.92	9.34
其他外商投资	Other Enterprises	2	109.24	33.48	109.22	-0.52

按行业分规模以上工业企业主要经济效益指标（2012年）
Main Indicators on Economic Benefit of Industrial Enterprises above Designated Size by Industrial Sector (2012)

行业	Sector	总资产贡献率(%) Ratio of Total Assets to Industrial Output Value (%)	资产负债率(%) Assets-Liability Ratio (%)	流动资产周转次数(次) Number of Times of Annual of Turnover Working Capitals (times)	工业成本费用利润率(%) Ratio of Profits to Industrial Cost (%)	产品销售率(%) Proportion of Products Sold (%)
全省总计	**Total**	**13.83**	**59.40**	**3.27**	**6.19**	**97.79**
煤炭开采和洗选业	Mining and Washing of Coal	10.99	67.34	3.22	2.52	98.40
石油和天然气开采业	Extraction of Petroleum and Natural Gas	24.73	37.12	3.35	64.53	99.42
黑色金属矿采选业	Mining of Ferrous Metal Ores	45.39	54.38	3.26	25.52	96.46
有色金属矿采选业	Mining of Non-ferrous Metal Ores	28.56	57.84	4.52	19.91	90.50
非金属矿采选业	Mining and Processing of Nonmetal Ores	21.64	49.89	3.23	12.11	99.10
其他采矿业	Mining of Others					
农副食品加工业	Processing of Food from Agricultural Products	17.01	56.94	4.35	5.26	98.91
食品制造业	Manufacture of Foods	22.65	41.88	4.69	8.38	97.46
酒、饮料和精制茶制造业	Manufacture of Wine, Soft Drinks and Refined Tea	23.88	58.40	2.14	13.27	96.98
烟草制品业	Manufacture of Tobacco	114.54	27.34	3.01	17.39	99.57
纺织业	Manufacture of Textile	26.49	46.49	5.84	7.91	97.25
纺织服装、服饰业	Manufacture of Textile, Apparel	22.47	53.27	4.66	7.04	94.75
皮革、毛皮、羽毛及其制品和制鞋业	Manufacture of Leather, Fur, Feather and Its Products and Footware	47.12	32.24	10.32	10.90	97.62
木材加工和木、竹、藤、棕、草制品业	Processing of Timbers, Manufacture of Wood, Bamboo, Rattan, Palm, and Straw Products	20.37	44.13	5.45	7.94	98.58
家具制造业	Manufacture of Furniture	14.21	40.72	5.41	6.63	98.45
造纸和纸制品业	Manufacture of Paper and Paper Products	26.85	43.77	5.69	8.39	98.10
印刷和记录媒介复制业	Printing, Reproduction of Recording Media	23.63	41.33	4.61	10.92	99.30
文教、工美、体育和娱乐用品制造业	Manufacture of Articles for Culture, Arts and Crafts, Education, Sport Activities and Entertainment Goods	27.28	41.46	5.58	9.94	97.69
石油加工、炼焦和核燃料加工业	Processing of Petroleum, Coking, Processing of Nuclear Fuel	20.72	79.51	4.45	0.53	98.15
化学原料和化学制品制造业	Manufacture of Chemical Raw Material and Chemical Products	13.72	57.49	2.95	7.53	97.44
医药制造业	Manufacture of Medicines	10.83	53.66	1.78	6.91	93.71
化学纤维制造业	Manufacture of Chemical Fiber	9.56	50.51	2.87	5.51	98.45
橡胶和塑料制品业	Manufacture of Rubber and Plastic	22.39	45.54	3.71	9.14	98.70
非金属矿物制品业	Manufacture of Nonmetallic Mineral Products	10.98	58.83	2.53	6.52	97.51
黑色金属冶炼和压延加工业	Manufacture and Processing of Ferrous Metals	6.07	66.26	3.35	1.93	97.91
有色金属冶炼和压延加工业	Manufacture & Processing of Non-ferrous Metals	14.15	63.20	3.53	5.64	98.74
金属制品业	Manufacture of Metal Products	13.24	40.09	4.06	6.69	97.45
通用设备制造业	Manufacture of General Purpose Machinery	19.10	51.95	2.75	9.99	96.69
专用设备制造业	Manufacture of Special Purpose Machinery	14.61	45.31	2.12	9.82	96.50
汽车制造业	Manufacture of Automotive	19.21	56.22	2.15	11.20	99.36
铁路、船舶、航空航天和其他运输设备制造业	Manufacture of Railroad, Marine, Aerospace and Other Transportation Equipment	11.11	66.60	1.62	7.47	98.96
电气机械和器材制造业	Manufacture of Electrical Machinery and Equipment	7.72	61.14	1.91	3.77	95.98
计算机、通信和其他电子设备制造	Manufacture of Computer, Communications and Other Electronic Equipment	7.98	55.35	2.27	4.89	95.55
仪器仪表制造业	Manufacture of Measuring Instrument	17.36	38.54	1.34	14.74	99.24
其他制造业	Manufacture of Others	13.81	33.61	3.16	9.74	99.97
废弃资源综合利用业	Recycling and Disposal of Waste	31.06	44.73	5.52	8.12	99.56
金属制品、机械和设备修理业	Metal Products, Machinery and Equipment Repair	5.28	75.05	1.21	3.27	99.87
电力、热力生产和供应业	Production and Supply of Electric Power and Heat Power	7.76	66.03	5.51	3.11	99.89
燃气生产和供应业	Production and Distribution of Gas	8.27	63.17	1.55	12.75	96.00
水的生产和供应业	Production and Distribution of Water	2.86	49.87	1.09	1.14	98.76

按行业分国有及国有控股工业企业主要经济效益指标（2012年）
Main Indicators on Economic Benefit of State-owned and State-holding Industrial Enterprises by Industrial Sector (2012)

行业	Sector	总资产贡献率(%) Ratio of Total Assets to Industrial Output Value (%)	资产负债率(%) Assets-Liability Ratio (%)	流动资产周转次数(次) Number of Times of Annual of Turnover Working Capitals (times)	工业成本费用利润率(%) Ratio of Profits to Industrial Cost (%)	产品销售率(%) Proportion of Products Sold (%)
全省总计	**Total**	**8.51**	**64.60**	**2.62**	**2.82**	**98.75**
煤炭开采和洗选业	Mining and Washing of Coal	10.18	67.55	3.19	2.19	98.35
石油和天然气开采业	Extraction of Petroleum and Natural Gas	24.73	37.12	3.35	64.53	99.42
黑色金属矿采选业	Mining of Ferrous Metal Ores	12.61	55.01	1.12	16.98	97.19
有色金属矿采选业	Mining of Non-ferrous Metal Ores	3.09	66.38	0.70	16.33	77.28
非金属矿采选业	Mining and Processing of Nonmetal Ores	9.52	77.24	0.57	10.29	92.37
其他采矿业	Mining of Others					
农副食品加工业	Processing of Food from Agricultural Products	14.79	75.37	4.49	3.36	96.91
食品制造业	Manufacture of Foods	-3.24	72.87	2.32	-5.85	97.62
酒、饮料和精制茶制造业	Manufacture of Wine, Soft Drinks and Refined Tea	17.33	66.91	1.58	3.45	96.71
烟草制品业	Manufacture of Tobacco	114.54	27.34	3.01	17.39	99.57
纺织业	Manufacture of Textile	3.07	63.05	1.78	-0.88	100.27
纺织服装、服饰业	Manufacture of Textile, Apparel	5.86	69.03	1.25	7.47	99.27
皮革、毛皮、羽毛及其制品和制鞋业	Manufacture of Leather, Fur, Feather and Its Products and Footware	7.28	53.41	2.37	4.42	99.48
木材加工和木、竹、藤、棕、草制品业	Processing of Timbers, Manufacture of Wood, Bamboo, Rattan, Palm, and Straw Products	14.56	96.76	4.98	4.51	97.74
家具制造业	Manufacture of Furniture	12.11	14.85	9.27	6.21	100.43
造纸和纸制品业	Manufacture of Paper and Paper Products	23.90	12.50	2.47	21.42	102.81
印刷和记录媒介复制业	Printing, Reproduction of Recording Media	15.13	26.62	2.06	17.02	98.81
文教、工美、体育和娱乐用品制造业	Manufacture of Articles for Culture, Arts and Crafts, Education, Sport Activities and Entertainment Goods	3.79	65.17	0.67	3.73	100.83
石油加工、炼焦和核燃料加工业	Processing of Petroleum, Coking, Processing of Nuclear Fuel	41.24	74.19	6.60	-1.76	98.53
化学原料和化学制品制造业	Manufacture of Chemical Raw Material and Chemical Products	4.75	59.97	1.42	4.25	98.08
医药制造业	Manufacture of Medicines	2.30	67.93	1.71	0.49	91.72
化学纤维制造业	Manufacture of Chemical Fiber	1.07	52.10	0.99	0.36	95.69
橡胶和塑料制品业	Manufacture of Rubber and Plastic	19.13	54.51	1.84	13.29	111.06
非金属矿物制品业	Manufacture of Nonmetallic Mineral Products	6.22	65.12	1.41	4.36	97.50
黑色金属冶炼和压延加工业	Manufacture and Processing of Ferrous Metals	3.39	66.60	2.38	0.30	99.36
有色金属冶炼和压延加工业	Manufacture & Processing of Non-ferrous Metals	14.28	69.48	3.65	6.74	97.52
金属制品业	Manufacture of Metal Products	10.17	64.82	1.42	8.07	89.88
通用设备制造业	Manufacture of General Purpose Machinery	4.95	72.06	0.90	4.71	97.52
专用设备制造业	Manufacture of Special Purpose Machinery	5.46	59.89	1.13	3.51	93.62
汽车制造业	Manufacture of Automotive	8.98	71.40	1.64	4.14	98.80
铁路、船舶、航空航天和其他运输设备制造业	Manufacture of Railroad, Marine, Aerospace and Other Transportation Equipment	7.25	72.42	0.98	5.65	100.01
电气机械和器材制造业	Manufacture of Electrical Machinery and Equipment	-1.68	76.62	0.81	-12.86	94.89
计算机、通信和其他电子设备制造	Manufacture of Computer, Communications and Other Electronic Equipment	10.60	66.88	2.05	8.75	95.14
仪器仪表制造业	Manufacture of Measuring Instrument	6.10	58.68	1.26	2.83	98.61
其他制造业	Manufacture of Others					
废弃资源综合利用业	Recycling and Disposal of Waste	7.08	33.17	4.55	1.09	110.15
金属制品、机械和设备修理业	Metal Products, Machinery and Equipment Repair	3.26	77.76	1.01	3.41	102.96
电力、热力生产和供应业	Production and Supply of Electric Power and Heat Power	7.83	65.66	6.24	2.83	99.90
燃气生产和供应业	Production and Distribution of Gas	6.57	54.50	2.19	5.17	90.18
水的生产和供应业	Production and Distribution of Water	2.06	49.01	1.18	-1.23	99.37

按行业分私营工业企业主要经济效益指标（2012年）
Main Indicators on Economic Benefit of Private Industrial Enterprises by Industrial Sector (2012)

行业	Sector	总资产贡献率(%) Ratio of Total Assets to Industrial Output Value (%)	资产负债率(%) Assets-Liability Ratio (%)	流动资产周转次数(次) Number of Times of Annual of Turnover Working Capitals (times)	工业成本费用利润率(%) Ratio of Profits to Industrial Cost (%)	产品销售率(%) Proportion of Products Sold (%)
全省总计	**Total**	**23.40**	**51.27**	**4.75**	**8.74**	**97.42**
煤炭开采和洗选业	Mining and Washing of Coal	22.73	60.77	4.01	5.14	98.47
石油和天然气开采业	Extraction of Petroleum and Natural Gas					
黑色金属矿采选业	Mining of Ferrous Metal Ores	59.57	53.59	4.04	27.34	96.71
有色金属矿采选业	Mining of Non-ferrous Metal Ores	48.75	44.50	7.20	18.43	92.09
非金属矿采选业	Mining and Processing of Nonmetal Ores	35.33	28.88	9.53	14.08	100.12
其他采矿业	Mining of Others					
农副食品加工业	Processing of Food from Agricultural Products	27.04	39.62	7.87	6.61	98.43
食品制造业	Manufacture of Foods	22.80	38.39	4.79	8.93	97.17
酒、饮料和精制茶制造业	Manufacture of Wine, Soft Drinks and Refined Tea	21.88	49.49	3.48	9.61	98.00
烟草制品业	Manufacture of Tobacco					
纺织业	Manufacture of Textile	33.60	38.01	8.56	8.48	97.66
纺织服装、服饰业	Manufacture of Textile, Apparel	30.39	46.65	6.62	7.44	94.27
皮革、毛皮、羽毛及其制品和制鞋业	Manufacture of Leather, Fur, Feather and Its Products and Footware	55.82	29.48	14.24	11.37	98.08
木材加工和木、竹、藤、棕、草制品业	Processing of Timbers, Manufacture of Wood, Bamboo, Rattan, Palm, and Straw Products	25.95	36.84	6.77	8.30	98.61
家具制造业	Manufacture of Furniture	20.95	44.26	9.05	7.14	98.32
造纸和纸制品业	Manufacture of Paper and Paper Products	32.28	40.48	7.49	7.77	97.72
印刷和记录媒介复制业	Printing, Reproduction of Recording Media	34.06	41.55	6.87	10.60	99.61
文教、工美、体育和娱乐用品制造业	Manufacture of Articles for Culture, Arts and Crafts, Education, Sport Activities and Entertainment Goods	30.16	36.46	6.73	10.67	98.24
石油加工、炼焦和核燃料加工业	Processing of Petroleum, Coking, Processing of Nuclear Fuel	6.85	89.24	3.47	0.93	97.31
化学原料和化学制品制造业	Manufacture of Chemical Raw Material and Chemical Products	28.24	50.64	5.34	9.14	97.29
医药制造业	Manufacture of Medicines	22.34	26.45	2.90	11.09	94.85
化学纤维制造业	Manufacture of Chemical Fiber	22.24	44.67	6.17	7.16	99.40
橡胶和塑料制品业	Manufacture of Rubber and Plastic	27.49	40.53	5.14	9.52	98.73
非金属矿物制品业	Manufacture of Nonmetallic Mineral Products	19.23	50.70	4.08	8.34	97.71
黑色金属冶炼和压延加工业	Manufacture and Processing of Ferrous Metals	8.89	66.83	4.08	2.81	96.83
有色金属冶炼和压延加工业	Manufacture & Processing of Non-ferrous Metals	23.29	53.86	4.33	6.41	99.44
金属制品业	Manufacture of Metal Products	13.34	31.18	5.15	7.02	98.30
通用设备制造业	Manufacture of General Purpose Machinery	26.66	40.08	5.33	9.73	97.75
专用设备制造业	Manufacture of Special Purpose Machinery	24.43	37.34	3.72	11.77	97.26
汽车制造业	Manufacture of Automotive	25.84	52.08	4.48	9.84	98.40
铁路、船舶、航空航天和其他运输设备制造业	Manufacture of Railroad, Marine, Aerospace and Other Transportation Equipment	23.52	41.18	4.50	9.94	96.64
电气机械和器材制造业	Manufacture of Electrical Machinery and Equipment	27.39	42.94	4.52	10.13	96.30
计算机、通信和其他电子设备制造	Manufacture of Computer, Communications and Other Electronic Equipment	21.94	45.56	2.54	13.98	96.66
仪器仪表制造业	Manufacture of Measuring Instrument	22.71	41.35	1.77	16.00	98.06
其他制造业	Manufacture of Others	24.40	29.63	6.55	12.44	96.95
废弃资源综合利用业	Recycling and Disposal of Waste	39.57	36.18	6.80	8.57	99.30
金属制品、机械和设备修理业	Metal Products, Machinery and Equipment Repair	55.12	63.64	4.87	2.54	80.44
电力、热力生产和供应业	Production and Supply of Electric Power and Heat Power	5.03	71.06	0.78	12.56	97.85
燃气生产和供应业	Production and Distribution of Gas	7.45	73.16	1.50	6.10	100.80
水的生产和供应业	Production and Distribution of Water	9.26	66.60	0.61	23.36	86.63

按行业分大中型工业企业主要经济效益指标（2012年）
Main Indicators on Economic Benefit of Large and Medium-sized Industrial Enterprises by Industrial Sector (2012)

行业	Sector	总资产贡献率(%) Ratio of Total Assets to Industrial Output Value (%)	资产负债率(%) Assets-Liability Ratio (%)	流动资产周转次数(次) Number of Times of Annual of Turnover Working Capitals (times)	工业成本费用利润率(%) Ratio of Profits to Industrial Cost (%)	产品销售率(%) Proportion of Products Sold (%)
全省总计	**Total**	**11.35**	**61.90**	**2.88**	**5.02**	**97.85**
轻工业	Light Industry	19.22	53.87	19.22	7.43	97.13
重工业	Heavy Industry	10.34	62.93	10.34	4.60	97.98
按行业分	**Grouped by Sector**					
煤炭开采和洗选业	Mining and Washing of Coal	10.41	66.99	3.22	2.32	98.32
石油和天然气开采业	Extraction of Petroleum and Natural Gas	24.73	37.12	3.35	64.53	99.42
黑色金属矿采选业	Mining of Ferrous Metal Ores	39.11	53.56	2.57	29.76	97.61
有色金属矿采选业	Mining of Non-ferrous Metal Ores	63.96	48.18	10.47	26.14	91.54
非金属矿采选业	Mining and Processing of Nonmetal Ores	20.96	54.24	2.37	14.16	100.33
其他采矿业	Mining of Others					
农副食品加工业	Processing of Food from Agricultural Products	9.74	65.19	2.95	3.58	99.78
食品制造业	Manufacture of Foods	21.64	43.30	4.40	7.84	98.64
酒、饮料和精制茶制造业	Manufacture of Wine, Soft Drinks and Refined Tea	26.96	62.36	2.08	16.00	96.64
烟草制品业	Manufacture of Tobacco	114.54	27.34	3.01	17.39	99.57
纺织业	Manufacture of Textile	19.05	54.60	4.07	6.54	96.81
纺织服装、服饰业	Manufacture of Textile, Apparel	15.38	63.51	2.96	6.24	95.57
皮革、毛皮、羽毛及其制品和制鞋业	Manufacture of Leather, Fur, Feather and Its Products and Footware	52.34	28.24	12.42	12.58	97.56
木材加工和木、竹、藤、棕、草制品业	Processing of Timbers, Manufacture of Wood, Bamboo, Rattan, Palm, and Straw Products	15.39	59.70	5.52	5.17	99.29
家具制造业	Manufacture of Furniture	11.00	38.32	4.59	6.04	99.01
造纸和纸制品业	Manufacture of Paper and Paper Products	23.44	43.07	4.31	8.66	98.80
印刷和记录媒介复制业	Printing, Reproduction of Recording Media	16.58	33.50	2.93	11.89	99.45
文教、工美、体育和娱乐用品制造业	Manufacture of Articles for Culture, Arts and Crafts, Education, Sport Activities and Entertainment Goods	30.28	34.99	5.96	11.05	96.84
石油加工、炼焦和核燃料加工业	Processing of Petroleum, Coking, Processing of Nuclear Fuel	21.79	80.20	4.32	0.43	98.07
化学原料和化学制品制造业	Manufacture of Chemical Raw Material and Chemical Products	9.25	60.76	1.98	7.10	98.27
医药制造业	Manufacture of Medicines	8.13	55.53	1.46	5.56	91.46
化学纤维制造业	Manufacture of Chemical Fiber	3.43	50.31	1.94	1.79	98.15
橡胶和塑料制品业	Manufacture of Rubber and Plastic	17.34	52.25	2.58	8.76	99.02
非金属矿物制品业	Manufacture of Nonmetallic Mineral Products	6.86	62.60	1.72	3.84	96.95
黑色金属冶炼和压延加工业	Manufacture and Processing of Ferrous Metals	5.53	66.63	3.21	1.65	97.83
有色金属冶炼和压延加工业	Manufacture & Processing of Non-ferrous Metals	12.24	64.58	2.79	6.46	98.04
金属制品业	Manufacture of Metal Products	13.27	45.40	3.80	7.65	96.80
通用设备制造业	Manufacture of General Purpose Machinery	13.90	61.58	1.54	11.24	94.55
专用设备制造业	Manufacture of Special Purpose Machinery	11.26	42.88	1.60	10.26	95.09
汽车制造业	Manufacture of Automotive	19.16	58.14	1.89	12.19	99.80
铁路、船舶、航空航天和其他运输设备制造业	Manufacture of Railroad, Marine, Aerospace and Other Transportation Equipment	8.03	71.78	1.07	6.39	98.71
电气机械和器材制造业	Manufacture of Electrical Machinery and Equipment	1.27	68.66	1.09	-3.62	93.29
计算机、通信和其他电子设备制造	Manufacture of Computer, Communications and Other Electronic Equipment	4.85	60.86	1.85	2.65	94.79
仪器仪表制造业	Manufacture of Measuring Instrument	15.55	33.85	0.95	19.32	100.72
其他制造业	Manufacture of Others	15.48	38.94	2.88	12.21	102.24
废弃资源综合利用业	Recycling and Disposal of Waste					
金属制品、机械和设备修理业	Metal Products, Machinery and Equipment Repair	4.49	76.21	1.13	3.20	99.89
电力、热力生产和供应业	Production and Supply of Electric Power and Heat Power	8.50	62.99	7.81	2.49	99.94
燃气生产和供应业	Production and Distribution of Gas	7.48	49.33	1.33	14.00	91.09
水的生产和供应业	Production and Distribution of Water	1.75	50.00	1.20	-2.35	99.54

主要工业产品产量
Output of Major Industrial Products

产品名称	Item	2000	2005	2010	2011	2012
化学纤维(万吨)	Chemical Fiber (10000 tons)	10.26	22.67	23.42	25.24	35.84
#合成纤维(万吨)	Synthetic Fiber (10000 tons)	6.15	8.94	1.50	3.13	3.70
纱(万吨)	Yarn (10000 tons)	43.70	68.59	123.91	147.57	167.08
布(亿米)	Cloth (100 million m)	15.60	23.37	54.82	60.85	65.67
呢 绒(万米)	Woolen Piece Goods (10000 m)	662.86	133.30	507.20	287.80	221.90
毛 线(吨)	Knitting Wool (ton)	105574.00	95151.30	66752.73	73240.95	83461.01
机制纸及纸板(万吨)	Machine-made Paper and Paperboard (10000 tons)	216.34	315.82	420.52	534.21	565.26
皮 鞋(万双)	Shoes (10000 pairs)	309.59	107.35	584.09	561.90	850.00
塑料制品(万吨)	Plastic Articles (10000 tons)	42.33	140.75	221.92	204.16	245.46
灯 泡(万只)	Light Bulbs (10000 units)	8397.36	25462.24	12391.00	15383.50	19948.80
原 盐(万吨)	Salt (10000 tons)	432.62	419.07	418.97	377.68	354.93
食用植物油(万吨)	Edible Vegetable Oil (10000 tons)	29.88	78.87	130.25	146.18	147.19
糖(万吨)	Sugar (10000 tons)	1.28	3.87	2.75	4.94	2.84
饮料酒(混合量)(万千升)	Alcoholic Beverages (10000 kiloliter)	160.39	163.68	170.60	197.20	197.20
#白 酒	Liquor	26.40	10.17	26.14	27.39	29.08
啤 酒	Beer	130.60	142.96	134.44	160.26	157.40
罐 头(万吨)	Canned Food (10000 tons)	16.40	29.46	26.22	28.13	41.34
卷 烟(亿支)	Cigarettes (100 million pieces)	107.97	600	775.00	807.50	827.50
钢(万吨)	Steel (10000 tons)	1230.10	7386.40	14458.79	16452.24	18048.38
生 铁(万吨)	Pig Iron (10000 tons)	1709.23	6765.61	13705.39	15443.09	16350.23
铁合金(万吨)	Iron Alloy (10000 tons)	8.78	7.47	17.48	33.62	24.46
成品钢材(万吨)	Rolled Steel (10000 tons)	1306.62	6465.10	16757.23	19258.43	20995.20
发电量(亿千瓦小时)	Electricity (100 million kwh)	844.42	1338.63	1992.57	2298.08	2370.86
#水 电(亿千瓦小时)	Hydropower (100 million kwh)	4.70	5.61	5.00	4.38	3.27

注：1. 1998年开始工业产品产量统计范围为全部国有及年产品销售收入500万元以上的非国有工业企业。

2. 饮料酒2004年以前为万吨，卷烟2003年及以前为万箱。

a) Since 1998, the coverage of industrial products statistics is all state-owned industrial enterprises and non-state enterprises each with main business revenue over five million yuan.

b) Unit of alcoholic beverages was 10000 kiloliter before 2004, unit of cigarettes was 10000 boxes before 2003.

主要工业产品产量（续）
Output of Major Industrial Products

产品名称	Item	2000	2005	2010	2011	2012
原　煤(万吨)	Coal (10000 tons)	5781.21	7956.40	10199.27	10584.57	11771.56
原　油(万吨)	Crude Oil (10000 tons)	518.26	562.45	599.04	586.11	584.02
天然气(亿立方米)	Natural Gas (100 million cu.m)	5.14	6.90	12.68	12.22	13.36
铁矿石(原矿量)(万吨)	Ironstone in Original Iron Ores (10000 tons)	5889.44	15227.10	44618.84	59470.90	52356.95
焦炭(折标)(万吨)	Coke (10000 tons)	792.47	2485.34	4988.09	6079.37	6677.74
硫酸(折100%)(万吨)	Sulfuric Acid (10000 tons)	96.83	97.49	71.86	84.40	141.25
烧碱(氢氧化钠)(万吨)	Caustic Soda (10000 tons)	32.48	56.56	70.96	82.52	88.80
纯碱(无水碳酸钠)(万吨)	Soda Ash (10000 tons)	99.84	177.37	230.40	254.10	259.96
合成氨(万吨)	Synthetic Ammonia (10000 tons)	252.27	339.52	296.06	286.45	305.14
农用化肥(折纯量)(万吨)	Chemical Fertilizer (10000 tons)	195.23	208.87	178.19	175.41	186.59
化学农药(原药)(吨)	Chemical Pesticide (ton)	55733.00	35063.10	35904.68	27293.27	31927.40
纯　苯(吨)	Benzene (ton)	38962	64259	192052.00	346509.24	357061.55
油　漆(万吨)	Paint (10000 tons)	6.06	10.41	34.82		45.48
合成橡胶(吨)	Synthetic Rubber (ton)	8489.00	8518.00	17294.51	27927.33	36687.67
轮胎外胎(万条)	Tires (10000 units)	121.37	112.48	33.92	58.15	54.17
合成洗涤剂(万吨)	Synthetic Detergents (10000 tons)	1.83	12.89		10.78	11.98
化学药品(原药)(万吨)	Chemical Medicines (10000 tons)	10.17	39.20	45.31	69.88	59.39
中成药(吨)	Traditional Chinese Patent Medicine (ton)	20077.00	33333.71	41776.03	42404.26	48649.35
工业锅炉(蒸发量吨)	Industrial Boilers (evaporation ton)	4418.00	11546.00	9516.25	12837.24	12287.93
变压器(万千伏安)	Transformers (10000 KVA pm)	2394.54	5971.52	15745.42	15131.31	12346.70
泵(万台)	Pumps (10000 units)	14.40	18.33	43.76	83.33	68.17
金属切削机床(台)	Metal-cutting Machine (unit)	555	1717	1596.00	1306.00	1751.00
汽　车(辆)	Motor Vehicle (unit)	13989	193941	710372.00	721116.00	825462.00
改装汽车(辆)	Modified Cars (unit)	31070	46911	80344.00	61845.00	81327.00
摩托车(辆)	Motorcycle (unit)	273231	377251	480038.00	556502.00	727241.00
水　泥(万吨)	Cement (10000 tons)	4694.59	8850.04	12594.30	14093.34	12809.79
平板玻璃(万重量箱)	Plate Glass (1000 weight cases)	2083.30	4964.25	12033.83	13617.83	11382.75
卫生陶瓷(万件)	Ceramic Sanitary Ware (10000 pieces)	105715.00	1492.34	2208.86	2435.69	2638.80
砖(亿块)	Brick (100 million)	115.26	104.99	159.94	153.18	82.61

注：卫生陶瓷2000年计量单位为吨。

a) Unit of ceramic sanitary in 2000 was ton.

建筑业主要经济指标

Major Economic Indictors on Construction Enterprises

指　　标	Item	2000	2005	2010	2011	2012
建筑业总产值(亿元)	Gross Output Value of Construction (100 million yuan)	492.10	1285.29	3232.53	3972.66	4865.09
竣工产值(亿元)	Value of Building Completed (100 million yuan)	357.67	755.01	1714.58	2090.57	2552.71
产值竣工率(%)	Rate of Value of Building Completed (%)	72.70	58.74	53.04	52.62	52.47
按总产值计算的劳动生产率(元/人)	Overall Labor Productivity in Terms of Total Output Value (yuan/person)	51217	108148	236031	260831	407013
房屋建筑竣工面积(万平方米)	Floor Space of Buildings Completed (10000 sq.m)	3481.42	5744.23	9100.87	10641.80	12419.87
#住　宅	Residential Houses	2260.98	3693.9	6247.72	7445.93	8838.57
房屋面积竣工率(%)	Rate of Floor Space of Buildings Completed (%)	55.6	51.01	38.77	34.51	35.21
人均竣工面积(平方米/人)	Individual Floor Space of Buildings Completed (sq.m/person)	36.0	48.33	66.45	69.87	92.09
年末固定资产原价(亿元)	Fixed Assets Ender of year (original value) (100 million yuan)	185.15	315.30	463.38	520.11	620.34
年末固定资产净值(亿元)	Fixed Assets Ender of year (net value) (100 million yuan)	125.09	211.54	303.18	330.28	398.07
利润总额（亿元)	Total Profits (100 million yuan)	6.74	29.41	104.81	126.89	146.74
人均利润(元/人)	Individual Profit (yuan/person)	701	2475	8145	10530	10880
年末自有机械设备(万千瓦)	Total Power of Machinery and Equipment Owned Ender of year (10000 kw)	603.88	716.67	1034.50	1198.86	1471.40
年末自有机械设备净值(亿元)	Net Value of Machinery and Equipment Owned Ender of year (100 million yuan)	57.16	97.59	181.33	187.86	187.34
技术装备率(元/人)	Value of Machines per Laborer (yuan/person)	6525	8212	14092	15590	15672
动力装备率(千瓦/人)	Power of Machines per Laborer (kw/person)	7.00	6.00	8.04	9.95	12.31
资金利润率(%)	Ratio of Capital (%)	1.41	3.31	5.12	5.34	4.97

按登记类型分建筑业企业主要经济指标（2012年）

指标	Item	合计 Total Enterprises	内资企业 Domestic Funded	#国有经济 State-owned
企业单位数(个)	Number of Construction Enterprises (unit)	2499	2492	158
从业人员(人)	Number of Employed Persons (person)	1348669	1347634	108442
自有施工机械设备年末总台数(万台)	Total Number of Machinery and Equipment Owned (10000 set)	54.62	54.61	5.8
自有施工机械设备年末净值(亿元)	Net Value of Machinery and Equipment Owned (100 million yuan)	187.34	187.33	27.21
自有机械设备年末总功率(万千瓦)	Total Power of Machinery and Equipment Owned (10000 kw)	1471.4	1471.37	202.16
建筑业总产值(亿元)	Gross Output Value of Construction (100 million yuan)	4865.09	4859.74	946.23
建筑工程	Construction Engineering	4101.53	4098.39	799.74
安装工程	Construction and Installation	461.46	459.79	117.93
其他产值	Others	302.09	301.57	28.57
应付职工薪酬(亿元)	Wages Payable (100 million yuan)	379.09	378.77	51.31
应付福利费(亿元)	Welfare Expenses Payable (100 million yuan)			
主营业务税金及附加(亿元)	Taxes and Other Charges on Principal Business (100 million yuan)	140.73	140.55	25.25
管理费用中的税金(亿元)	Taxes in Management Expenses (100 million yuan)	5.10	5.10	0.78
营业利润(亿元)	Profits of Business (100 million yuan)	145.87	145.54	10.07
房屋建筑施工面积(万平方米)	Floor Space of Buildings under Construction (10000 sq.m)	35270.45	35270.45	3550.29
房屋建筑竣工面积(万平方米)	Floor Space of Buildings Completed (10000 sq.m)	12419.87	12419.87	946.40
资产合计(亿元)	Total Assets (100 million yuan)	3280.93	3276.45	656.63
流动资产合计(亿元)	Total Circulating Funds (100 million yuan)	2555.81	2551.69	542.37
固定资产原价(亿元)	Original Value of Fixed Assets (100 million yuan)	620.34	619.85	112.56
流动负债合计(亿元)	Total Current Liabilities (100 million yuan)	1954.38	1951.74	489.69
非流动负债合计(亿元)	Total Non Working Liabilities (100 million yuan)	125.19	125.17	34.95
所有者权益(亿元)	Creditors' Equity (100 million yuan)	1097.66	1095.84	123.40
#实收资本(亿元)	Capitals Hold (100 million yuan)	650.09	649.18	88.61
利润总额(亿元)	Total Profits (100 million yuan)	146.74	146.39	10.28
利税总额(亿元)	Total Tax (100 million yuan)	292.57	292.03	36.32
劳动生产率(元/人)(按总产值计算)	Overall Labor Productivity (yuan/person) (In Terms of Gross Output Value)	407013	406818	925656
技术装备率(元/人)	Value of Machines per Laborer (yuan/person)	15672	13901	25089
动力装备率(千瓦/人)	Power of Machines per Laborer (yuan/person)	12.31	10.92	18.64
房屋建筑面积竣工率(%)	Rate of Floor Space of Buildings Completed (%)	35.21	35.21	26.66
产值利润率(%)	Ratio of Profit to Gross Output Value (%)	3.02	3.01	1.09
产值利税率(%)	Ratio of Pre-tax Profit to Gross Output Value (%)	6.01	6.01	3.84

Main Economic Indicators on Construction Enterprises by Registration Status (2012)

#集体经济 Collective-owned	港澳台商投资企业 Funded from Hongkong, Macao and Taiwan	外商投资企业 Foreign Funded	房屋建筑 Building Construction	土木工程建筑 Civil Engineering	建筑安装业 Installation	建筑装饰和其他建筑业 Building Decoration and Others
108	5	2	1330	454	294	421
47332	690	345	1037796	206493	68129	36251
1.53			43.25	7.68	2.51	1.18
3.86			103.71	70.96	7.98	4.69
21.17			981.65	417.81	44.41	27.53
136.20	3.64	1.71	3356.23	1131.13	269.09	108.64
122.56	3.15		3021.55	914.76	109.14	56.08
9.24	0.13	1.55	165.26	148.67	134.27	13.27
4.40	0.36	0.16	169.42	67.71	25.68	39.29
13.09	0.23	0.09	277.78	70.70	19.74	10.87
3.49	0.10	0.09	97.93	32.16	7.33	3.31
0.18	0.01	0.00	2.75	1.57	0.54	0.24
4.70	0.14	0.20	96.21	32.60	11.74	5.32
1154.71			33574.89	601.03	1089.54	4.99
530.77			11865.55	132.82	420.07	1.43
51.50	2.06	2.42	1765.52	1165.10	246.67	103.64
35.53	1.76	2.36	1384.42	890.52	201.32	79.55
13.81	0.42	0.06	295.18	270.79	34.48	19.89
26.41	1.33	1.30	1014.76	730.85	158.83	49.93
0.31		0.02	67.07	50.44	6.12	1.56
22.31	0.73	1.10	622.18	347.34	80.53	47.61
13.73	0.39	0.52	350.54	213.04	51.97	34.54
4.03	0.15	0.20	95.90	33.48	12.02	5.34
7.71	0.26	0.28	196.59	67.21	19.88	8.89
313281	813669	580176	368510	589829	438399	345937
8157	181	1496	9993	34364	11718	12927
4.47	0.40	0.05	9.46	20.23	6.52	7.60
45.97			35.34	22.10	38.56	28.70
2.96	4.15	11.48	2.86	2.96	4.47	4.92
5.66	7.13	16.56	5.86	5.94	7.39	8.18

建筑业企业技术装备情况
Number and Power of Machinery and Equipment Owned by Construction Enterprises

年份 Year	自有机械设备年末总台数（台） Number of Machinery and Equipment Owned (unit)	自有机械设备年末总功率（万千瓦） Total Power of Machinery and Equipment Owned (10000 kw)	#施工机械功率 Power of Construction Machines	自有机械设备年末净值（万元） Net Value of Machinery and Equipment Owned (10000 yuan)	技术装备率（元/人） Value of Machines per Laborer (yuan/person)	动力装备率（千瓦/人） Power of Machines per Laborer (kw/person)
1991	109405	226.15	147.81	133116	3362	5.71
1992	94837	212.56	144.15	138588	3398	5.21
1993	188111	330.00	220.00	169752	2637	5.13
1994	196886	412.22	251.00	247707	2926	4.90
1995	213972	331.78	248.29	2851719	3741	4.35
1996	326300	471.49	368.98	399500	3884	4.58
1997	291800	483.63	399.64	490300	4995	4.93
1998	309600	482.76	389.03	448200	5166	5.56
1999	363100	519.76	425.95	497700	5775	6.03
2000	380673	603.88	457.22	5715649	6525	7.00
2001	432840	663.66	520.42	6955482	7342	7.00
2002	449741	604.35	509.69	1030110	10331	6.10
2003	443997	575.41	416.01	1046003	10573	5.80
2004	508692	1251.48		989386	8697	11.00
2005	435734	716.67		975913	8212	6.00
2006	516915	723.70		1065747	9936	6.75
2007	498629	697.98		1071893	10004	6.51
2008	465252	777.43		1290411	11142	6.70
2009	475386	843.66		1384173	11711	7.14
2010	967008	1034.50		1813278	14092	8.04
2011	551462	1198.60		1878605	15590	9.95
2012	546209	1471.40		1873380	15672	12.31

按承包类型分的建筑业企业主要指标

Main Economic Indicators on Construction Enterprise by General Contractors

指　　标	Item	2005	2010	2011	2012
总承包企业	**General Contractor**				
企业个数(个)	Number of Construction Enterprises (unit)	1338	1541	1543	1697
从业人员(人)	Number of Employed Persons (person)	1053286	1174581	1105439	1246013
建筑业总产值(万元)	Gross Output Value of Construction (10000 yuan)	11518883	29845785	37180339	45633359
特　　级		1178708	4380837.0	6253575.7	8496958.2
一　　级	First Grade	5256800	14367668.7	17270655.5	20487071.9
二　　级	Second Grade	3195002	7082044.3	9251808.6	11520462.9
三级及以下	Third Grade and below	1888373	4015234.7	4404298.8	5128865.5
利润总额(万元)	Total Profits (10000 yuan)	239490	901000.6	1122339.7	1311987.7
利税总额(万元)	Total Pre-Tax Profits (10000 yuan)	592672	1891199.0	2310100.4	2670867.6
专业承包企业	**Specialized Contractor**				
企业个数(个)	Number of Construction Enterprises (unit)	756	748	747	802
从业人员(人)	Number of Employed Persons (person)	132664	112191	99527	102656
建筑业总产值(万元)	Gross Output Value of Construction (10000 yuan)	1334048	2479510.8	2546281.5	3017548.4
一　　级	First Grade	489944	1024942.2	971981.0	1184319.1
二　　级	Second Grade	544565	805292.2	883017.2	944726.9
三级及以下	Third Grade and below	299539	649276.4	691283.3	888502.4
利润总额(万元)	Total Profits (10000 yuan)	54656	147090.1	146537.1	155395.2
利税总额(万元)	Total Pre-tax Profits	94566	227729.7	240593.8	254880.5

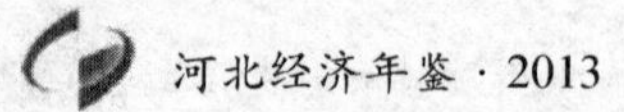

运输线路长度
Length of Transportation Routes

单位：公里 (km)

年份 Year	公路通车里程 Total Length of Highways	#高速公路 Expressway	内河通航里程 Length of Navigable Inland Waterways	地方铁路里程 Length of National Railways	中央铁路营业里程 Length of Local Railways
1978	40260		177	562.7	2012.5
1980	39883		29	572.8	2087.7
1985	40698			721.6	2481.1
1990	43640	7	75	691.5	2815.3
1995	51630	229	75	770.0	3076.3
1996	54146	278	75	665.8	3450.6
1997	56009	494	75	665.8	3464.0
1998	57263	607	75	632.1	3473.0
1999	58162	1009	75	585.5	3467.0
2000	59152	1480	75	554.8	3474.2
2001	62615	1563	75	613.8	3476.4
2002	63079	1591	75	1004.7	3508.1
2003	65391	1681	75	1200.7	3508.1
2004	70198	1706	75	1218.7	3521.6
2005	75894	2135	286	1207.0	3675.9
2006	143778	2329	286	1489.1	3594.9
2007	147265	2853	286	1522.7	3675.1
2008	149504	3234	286	1605.4	3670.0
2009	152135	3303	286	2152.8	3670.0
2010	154344	4307	286	2124.1	3704.0
2011	156965	4756	286	2172.4	3707.5
2012	163045	5069	286	2174.8	3711.5

交通运输工具拥有量
Number of Transportation Tools

指标	Item	2011			2012		
		合计 Total	#个人 Private	占合计% As Percentage of Total	合计 Total	#个人 Private	占合计% As Percentage of Total
汽车(辆)	Vehicles (unit)	8325189	5771177	69.3	9576031	6943467	72.5
载客汽车	Passenger Vehicles	4634062	4161933	89.8	5681290	5166829	90.9
#轿车	Saloon Cars	2903120	2665270	91.8	3678764	3413533	92.8
载货汽车	Trucks	1371528	922848	67.3	1534193	1050289	68.5
#普通载货	Ordinary Trucks	772414	586699	76.0	858616	664704	77.4
其他汽车	Others	2319599	686396	29.6	2360548	726349	30.8
摩托车(辆)	Motorcycle (unit)	3911470	3521097	90.0	4012452	3625229	90.3
拖拉机(辆)	Tractors (unit)	1688925			1676431		
挂车(辆)	Combination Vehicle (unit)	289767	120501	41.6	322797	135532	42.0
运输船舶	Transport Vessels						
货船(艘)	Freighter (unit)	144	87	60.4	142	83	58.5
净载重量(吨位)	Deadweight Cargo Tonnage (ton)	3451286	639799	18.5	3612364	571489	15.8
拖船(艘)	Tow-boat (unit)						
功率(千瓦)	Drawing Power (kw)						
货运驳船(艘)	Barges (unit)	3	3	100.0	3	3	100.0
净载重量(吨位)	Dead Weight Tonnage (unit)	3980	3980	100.0	3980	3980	100.0
地方铁路	Local Railways						
机车(台)	Railway Locomotives (unit)	197			204		
货车(辆)	Freight Cars (unit)	1909			1979		
客车(辆)	Passenger Coaches (unit)	14			14		

民用车辆拥有量(2012年)
Possession of Civil Motor Vehicles (2012)

单位：辆　(unit)

指　标	Item	总　计 Total	营　运 Working	进　口 Import	#个　人 Private
全省总计	Total	15589177	2149508	148275	10704807
汽　车	Civil Vehicles	9576031	1744160	144652	6943467
载客汽车	Passenger Vehicles	5681290	142012	141466	5166829
#大型	Large Scale	50722	35374	465	7316
中型	Medium Scale	41411	16851	792	18584
小型	Small Scale	5101656	86314	136766	4674400
#轿车	Cars	3678764	79105	56384	3413533
载货汽车	Trucks	1534193	1153681	1520	1050289
#重型	Heavy Scale	538480	522496	725	266094
中型	Medium Scale	112904	105386	30	76892
轻型	Light Scale	873869	522545	765	699658
#普通载货	Ordinary Trucks	858616	557974	893	664704
其他汽车	Other Vehicles	2360548	448467	1666	726349
#三轮汽车	Tricycle Motors	1486540	307414	6	537026
低速汽车	Low speed Vehicles	804366	123144	42	166019
电　车	Tram	3	2		3
摩托车	Motor	4012452	85720	3594	3625229
普通	Ordinary Motor	3949051	85691	3566	3568661
轻便	Light Motor	63401	29	28	56568
挂　车	Freight Trailers	322797	319461	27	135532
其他类型车	Other Motor Vehicles	1463	165	2	576
拖拉机	Low speed Vehicles	1676431			

私人车辆拥有量
Possession of Private Vehicles

单位：辆　(unit)

指　标	Item	2005	2006	2007	2008	2009	2010	2011	2012
全省总计	**Total**	**5898180**	**6308576**	**6733758**	**7093234**	**7770865**	**8495946**	**9413468**	**10704807**
#民用汽车	Civil Vehicles	1988958	2212061	2605667	2999503	3790290	4705498	5771177	6943467
载客汽车	Passenger Vehicles	969982	1237945	1561678	1880297	2481122	3232692	4161933	5166829
#大型	Large Scale	5246	5278	5647	6124	6741	6904	7099	7316
轿车	Cars	446339	625054	858781	1087366	1493098	1995311	2665270	3413533
载货汽车	Ordinary Trucks	344505	374429	416468	463609	626695	790801	922848	1050289
#重型	Large Scale	77093	83948	92780	100608	160385	205632	241840	266094
其他汽车	Others	674471	599687	627521	655597	682473	682005	686396	726349
摩托车	Motors	3866923	4052978	4075551	4030290	3903538	3687360	3521097	3625229
挂车	Freight Trailers	41029	43003	51982	62107	76375	102404	120501	135532

全社会客运量

Passenger Traffic

单位：万人 (10000 persons)

年份 Year	总计 Total	铁路 Railways	#地方铁路 Local Railways	公路 Highways	水运 Waterways	民航 Civil Aviation
1990	25745	5034	45	20525	183	4.0
1995	36714	4655		32038		21.0
2000	65255	4902		60341		12.0
2001	72229	4841		67377		10.7
2002	76094	5004		71081		9.1
2003	65219	4441		60767		10.7
2004	77784	5270		72500		13.8
2005	80918	5492		75402		23.8
2006	83988	6024		77931		33.3
2007	88935	6238		82648		48.8
2008	94622	6816		87746		59.4
2009	77773	7194		70579		76.7
2010	90847	7558		83289		156.8
2011	99688	7601		91857		229.6
2012	105336	7846		97218		272.0

注：2009年客运量依据新的统计方法和口径进行了调整(下表同)。

a) Volume of passenger transportation of 2009 have been adjusted according to new computing methods and statistical approach. The same applies to the tables following.

全社会旅客周转量

Passenger-Kilometers

单位：亿人公里 (100 million passenger-km)

年份 Year	总计 Total	铁路 Railways	#地方铁路 Local Railways	公路 Highways	水运 Waterways	民航 Civil Aviation
1990	358.09	249.44	0.12	108.44	0.20	
1995	493.92	287.72		206.20		
2000	782.87	377.24		405.63		
2001	849.33	402.56		445.35		1.42
2002	897.84	415.26		482.58		
2003	780.46	383.76		396.69		
2004	945.40	479.07		466.33		
2005	989.77	504.44		485.33		
2006	1068.57	552.45		516.12		
2007	1165.28	595.48		569.80		
2008	1236.65	639.17		597.47		
2009	1043.30	672.40		370.90		
2010	1172.86	730.61		442.25		
2011	1306.58	784.50		522.08		
2012	1369.20	791.03		578.17		

全社会货运量
Freight Traffic

单位：万吨 (10000 tons)

年　份 Year	总　计 Total	铁　路 Railways	#地方铁路 Local Railways	公　路 Highways	水　运 Waterways	民　航 Civil Aviation	管　道 Petroleum and Gas Pipelines	港口货物吞吐量 Volume of Freight Handled in Coastal Ports
1990	58203	11501	597	44258	363	0.10	2080	6960
1995	74214	12106	879	59860	404	…	1844	8815
2000	76808	12546	1314	62321	571	3.09	1366	10771
2001	80835	14954	2293	63696	945	3.80	1236	12558
2002	84315	15368	2915	66655	1105	2.62	1184	14432
2003	80551	16646	3815	61570	1172	2.48	1161	18002
2004	87265	18216	4504	66227	1700	1.81	1120	22515
2005	91330	19051	5690	68652	2539	1.45	1087	27341
2006	96784	19646	6214	73263	2778	0.88	1096	33805
2007	104188	20920	7498	79822	2162	0.77	1283	39962
2008	111383	23808	10446	84486	1762	0.98	1326	44065
2009	136804	28308	14190	106530	1008	1.16	958	50874
2010	177308	37964	21482	135938	2149	1.68	1258	60344
2011	212330	41671	23600	166680	2672	2.11	1305	71300
2012	242886	43429	24837	195530	2590	2.40	1335	76234

注：2009年货运量依据新的统计方法和口径进行了调整(下表同)。

a) Volume of volume of freights of 2009 have been adjusted according to new computing methods and statistical approach. The same applies to the tables following.

全社会货物周转量
Freight Ton-kilometers

单位：亿吨公里 (100 million ton-km)

年　份 Year	总　计 Total	铁　路 Railways	#地方铁路 Local Railways	公　路 Highways	水　运 Waterways	管　道 Petroleum and Gas Pipelines
1990	1546.47	1256.80	1.89	215.42	48.53	25.72
1995	2029.48	1534.74	3.45	397.36	67.88	29.50
2000	2325.85	1474.77	5.34	555.42	267.97	27.69
2001	2760.82	1613.04	7.92	608.01	512.70	27.07
2002	2862.79	1658.24	9.98	632.40	543.34	28.82
2003	3023.79	1787.73	11.75	591.60	612.19	32.28
2004	3796.05	1955.54	16.19	658.59	1150.00	31.93
2005	4750.64	2120.98	20.24	691.45	1908.07	30.14
2006	5157.40	2331.11	20.70	748.86	2051.41	26.02
2007	5507.02	2581.86	32.78	843.23	2057.28	24.64
2008	5209.01	2738.05	62.37	890.96	1554.62	25.38
2009	5981.61	2743.10	92.86	2998.49	216.82	23.21
2010	7673.09	3208.70	176.54	4011.23	432.11	21.05
2011	9840.50	4104.69	202.48	5219.28	495.04	21.49
2012	10844.84	4180.88	213.35	6133.47	509.60	20.89

沿海港口基本情况（2012年）
Basic Indicators of Coastal Ports (2012)

港口名称	Name	合计 Total			#生产用 For Productive Use			设计吞吐能力（万吨） Design the Handling Capacity (10000 tons)
		码头长度（米） Length of Quay Line (m)	泊位个数（个） Number of Berths (unit)	#万吨级 10000 Ton Class	码头长度（米） Length of Quay Line (m)	泊位个数（个） Number of Berths (unit)	#万吨级 10000 Ton Class	
总　计	**Total**	36485	173	121	34349	140	121	68036
秦皇岛港	Qinhuangdao	13469	72	42	12151	52	42	22641
黄骅港	Huanghua	6077	36	19	5570	25	19	10060
唐山港	Tangshan	16939	65	60	16628	63	60	35335
#京唐港	Jingtang	7756	34	29	7445	32	29	10975
曹妃甸港	Caofeidian	9183	31	31	9183	31	31	24360

沿海主要港口货物吞吐量（2012年）
Volume of Freight Handled in Major Coastal Ports by Type of Freight (2012)

单位：吨　　(ton)

货物种类	Type of Freight	合计 Total	#外贸 Foreign Trade	出港量 Out-put	#外贸 Foreign Trade	进港量 In-put	#外贸 Foreign Trade
总　计	**Total**	**762340867**	210844604	**531487574**	**9742239**	**230853293**	**201102365**
煤炭及制品	Coal	487206388	25635091	461301612	3879938	25904776	21755153
石油、天然气及制品	Crude Petroleum Oil and Natural Gas	24060656	13537645	6538618	416720	17522038	13120925
#原油	Crude oil	21442624	12904289	5862789	37139	15579835	12867150
金属矿石	Metal Ores	176094709	161454516	648927	11052	175445782	161443464
钢　铁	Steel and Iron	39054132	2415182	38627951	2202720	426181	212462
矿建材料	Mineral Building Materials	10759805	348218	9102002	348218	1657803	
水　泥	Cement	1238075	4570	1045998	4050	192077	520
木　材	Timber	110708	95182	176		110532	95182
非金属矿石	Nonmetal Ores	2450963	962443	130099		2320864	962443
化肥农药	Chemical Fertilizers and Pesticides	1318807	1313799	1155801	1150793	163006	163006
盐	Salt	1211021	1161010	38127	12012	1172894	1148998
粮　食	Grain	3193958	1664260	1331844	12718	1862114	1651542
机械、设备、电器	Machinery, Equipment, Electric Appliance	169634	74512	161140	74512	8494	
化工原料及制品	Industrial Chemicals and Product	764997	186144	516118	81203	248879	104941
有色金属	Non-ferrous Metal	2507	2507			2507	2507
轻工、医药产品	Light industry, Medicine Product						
农林牧渔业产品	Agriculture, Forestry, Animal Husbandry, and Fishery Product	264419	188988	130985	104015	133434	84973
其　他	Others	14440088	1800537	10758176	1444288	3681912	356249

注：主要港口包括秦皇岛港、黄骅港和唐山港。

a) Major coastal ports include Qinhuangdao, Huanghua and Tangshan.

邮电通信网（年底数）
Telecommunications Facilities (End of Year)

年 份 Year	邮政局、所（处） Number of Postal and Offices (unit)	#设在农村的 Located in the Countryside	邮路总长度（万公里） Length of Postal Routes (10000 km)	长话电路（路） Long-distance Telephone Electric Circuit (unit)
1978	1802	1511	16.5	1350
1980	1752	1434	17.0	4539
1985	2928	2588	2.6	2304
1990	2443	1078	2.8	5177
1995	2538	1869	3.5	33090
2000	2018	1390	4.1	122560
2001	2013	1371	4.1	187292
2002	1978	1312	4.5	796340
2003	1952	1272	5.3	20173
2004	1955	1258	5.4	22531
2005	1957	1242	4.7	27306
2006	1986	1244	4.6	21425
2007	1851	1110	4.9	30719
2008	1876	1091	5.5	90847
2009	1742	1098	6.4	118913
2010	2054	1030	5.1	323765
2011	2114	1001	5.2	276250
2012	1616	1024	5.2	322492

注：1．邮路总长度1982年及以前是邮路及农村投递线路总长度之和。
　　2．2003年及以后长话电路计量单位为2M。

a) Length of postal routes before 1983 included the length of postal routes and rural delivery routes.
b) In 2003 and later long-distance telephone electric circuit measuring unit was 2M.

邮电业务量
Post and Telecommunications Services

Year	邮电业务总量（万元） Output of Post and Telecommunication Services (10000 yuan)	函 件（万件） Number of Letters (10000 pcs)	报纸期发数（万份） Issue of Newspapers (10000 copies)	城市固定电话用户(万户) Number of Urban Fixed Telephone Subscribers (10000 subscriber)	农村固定电话用户(万户) Rural Fixed Telephone Subscribers (10000 subscriber)
1978	5904	15417	267	6.0	2.1
1980	6420	15961	304	6.2	2.0
1985	12618	21639	580	9.9	6.4
1990	55643	23716	473	19.8	3.8
1995	360930	31471	504	151.3	38.0
2000	1910400	26302	522	391.7	275.5
2001	1670100	31698	422	486.1	419.2
2002	2198441	36078	508	558.4	546.0
2003	2931845	20056	484	731.5	607.5
2004	4307925	32623	451	906.2	671.8
2005	5284674	25742	378	947.0	680.9
2006	6415679	22444	340	1005.2	652.0
2007	8523147	20641	321	994.3	594.8
2008	10695686	26702	317	929.1	528.4
2009	11906547	26960	185	870.1	473.8
2010	14206800	25355	509	811.8	439.5
2011	5375587	24432	617	814.2	428.6
2012	5726889	29263	632	850.8	356.9

注：2011年邮电业务总量为2010年不变价，2010年邮电业务总量为2000年不变价，按2010年不变价计算，2010年业务总量为4746454万元。

a) Output of post and telecommunication services of 2011 is in constant 2010 price, while output of 2010 is in constant 2000 price. In constant 2010 price, Output of 2010 would be 4746454 RMB Yuan.

限额以上批发业企业基本情况（2012年）

Basic Conditions of Enterprises above Designated Size in Wholesale Trade by Types of Registration and Sector (2012)

项　　目	Item	法人企业（个）Number of Corporation Enterprises (unit)	年末从业人员（人）Engaged Persons at Year-end (person)	年末零售营业面积（万平方米）Operational Area of Retail Sale Trade at Year-end (10000 sq.m)
全省总计	**Total of Wholesale and Retail Sale Trade**	**1327**	**124282**	**2334.2**
按国民经济行业分	**by Sector**			
农、林、牧产品批发	Wholesale of Agriculture, Forestry, Animal Husbandry Product	87	4284	93.5
食品、饮料及烟草制品批发	Wholesale of Food, Beverages and Tobaccos	115	18013	43.3
米、面制品及食用油批发	Wholesale of Rice, Flour and Edible Oil	18	1427	5.6
纺织、服装及家庭用品批发	Wholesale of Textiles, Garments and Household Goods	37	2817	9.4
服装批发	Wholesale of Garments	6	666	0.2
文化、体育用品及器材批发	Wholesale of Culture, Sports Appliances and Equipment	3	556	0.0
医药及医疗器材批发	Wholesale of Medicines and Medical Appliances	129	12227	19.7
矿产品、建材及化工产品批发	Wholesale of Mineral Products, Building Materials and Chemical Products	771	48872	1948.3
煤炭及制品批发	Wholesale of Coal and Related Products	255	13168	473.9
石油及制品批发	Wholesale of Coal and Related Products	108	23411	1419.4
金属及金属矿批发	Wholesale of Metal Materials	269	6909	37.7
建材批发	Wholesale of Building Materials	31	1460	4.8
化肥批发	Wholesale of Chemical Fertilizer	41	1621	8.5
机械设备、五金交电及电子产品批发	Wholesale of Machinery, Hardware Products and Electronic Equipment	163	36607	216.6
汽车批发	Wholesale of Automotive	70	31682	191.8
汽车零配件批发	Wholesale of Auto Parts	10	1361	7.0
五金产品批发	Wholesale of Hardware	15	646	0.5
计算机、软件及辅助设备批发	Wholesale of Computer, Software and Assistant Appliances	3	167	0.3
贸易经济与代理	Trade Broker and Agency	4	157	0.0
其他批发业	Wholesale of Others	18	749	3.4
按登记注册类型分	**by Types of Registration**			
内资企业	Domestic Funded Enterprises	1320	123877	2330.3
国有企业	State-owned Enterprises	86	20576	577.0
集体企业	Collective-owned Enterprises	30	1912	5.3
股份合作企业	Cooperative Enterprises	8	853	0.8
联营企业	Joint Ownership Enterprises	2	51	0.5
国有联营企业	State Joint Ownership Enterprises	2	51	0.5
有限责任公司	Limited Liability Corporations	487	29833	203.6
国有独资公司	State Sole Funded Corporations	19	1092	32.3
其他有限责任公司	Other Limited Liability Corporations	468	28741	171.3
股份有限公司	Share-holding Corporations Ltd.	70	43915	386.9
私营企业	Private Enterprises	602	25193	1149.2
私营独资企业	Private-funded Enterprises	59	1448	12.9
私营合伙企业	Private Partnership Enterprises	13	385	981.8
私营有限责任公司	Private Limited Liability Corporations	502	22615	148.7
私营股份有限公司	Private Share-holding Corporations Ltd.	28	745	5.7
其他企业	Other Enterprises	35	1544	7.1
港、澳、台商投资企业	Enterprises with Funds from Hong Kong, Macao and Taiwan	2	251	3.5
合资经营企业(港或澳、台资)	Joint ventures (Hong Kong, Macao and Taiwan-funded)	1	236	0.1
港、澳、台商独资经营企业	Enterprises with Sole Fund	1	15	3.3
外商投资企业	Foreign Funded Enterprises	5	154	0.4
外资企业	Enterprises with Sole Fund	4	131	0.4

限额以上零售业企业基本情况（2012年）
Basic Conditions of Enterprises above Designated Size in Retail Trade by Types of Registration and Sector (2012)

项目	Item	法人企业（个）Number of Corporation Enterprises (unit)	年末从业人员（人）Engaged Persons at Year-end (person)	年末零售营业面积（万平方米）Operational Area of Retail Sale Trade at Year-end (10000 sq.m)
全省总计	**Total**	**1888**	**214019**	**911.6**
按国民经济行业分	**by Sector**			
综合零售	Integrated Retail	452	129649	524.1
百货零售	Retail of General Merchandise	276	89884	387.3
超级市场零售	Retail of Supermarkets	158	37839	133.0
食品、饮料及烟草制品专门零售	Retail of Food, Beverages and Tobaccos	60	1664	4.4
纺织、服装及日用品专门零售	Special Retail of Textiles, Garments and Daily Consumer Articles	80	9856	63.8
服装零售	Retail of Garments	51	7963	54.5
文化、体育用品及器材专门零售	Retail of Culture, Sports Appliances and Equipments	36	5219	11.9
图书、报刊零售	Retail of Books and Newspapers	12	4268	8.5
医药及医疗器材专门零售	Retail of Medicines and Medical Appliances	66	8530	11.9
药品零售	Retail of Medicines	65	8410	11.8
汽车、摩托车、燃料及零配件专门零售	Retail of Motor Vehicles, Motorcycles, Fuel and Parts	718	37608	184.2
汽车零售	Retail of Motor Vehicles	556	33128	154.4
机动车燃料零售	Retail of Fuel of Motor Vehicles	130	3801	25.1
家用电器及电子产品专门零售	Special Retail of Household Electric Appliances and Electronic Products	379	16982	59.8
家用视听设备零售	Retail of Home Audio-visual Equipments	189	8033	26.8
日用家电设备零售	Retail of Household appliances	118	4692	24.5
计算机、软件及辅助设备零售	Retail of Computer, Software and Assistant Appliances	50	1311	1.4
通信设备零售	Retail of Communication Equipments	18	2896	7.0
五金、家具及室内装修材料专门零售	Special Retail of Hardware, Furniture and Decoration Materials	68	2890	41.2
货摊、无店铺及其他零售业	Stall, Non-shop and Other Retails	**29**	**1621**	**10.3**
按登记注册类型分	**by Status of Registration**			
内资企业	Domestic Funded Enterprises	1875	208761	890.5
国有企业	State-owned Enterprises	63	8123	30.1
集体企业	Collective-owned Enterprises	88	5022	34.2
股份合作企业	Cooperative Enterprises	24	5370	13.3
有限责任公司	Limited Liability Corporations	667	83982	387.3
国有独资公司	State Sole Funded Corporations	7	2578	12.5
其他有限责任公司	Other Limited Liability Corporations	660	81404	374.8
股份有限公司	Share-holding Corporations Ltd.	91	22066	120.8
私营企业	Private Enterprises	869	76773	274.4
私营独资企业	Private-funded Enterprises	177	6117	28.9
私营合伙企业	Private Partnership Enterprises	28	933	4.3
私营有限责任公司	Private Limited Liability Corporations	619	63674	211.3
私营股份有限公司	Private Share-holding Corporations Ltd.	45	6049	29.9
其他企业	Other Enterprises	71	7119	28.4
港、澳、台商投资企业	Enterprises with Funds from Hong Kong, Macao and Taiwan	2	292	0.7
港、澳、台商独资经营企业	Enterprises with Sole Fund	1	220	0.7
外商投资企业	Foreign Funded Enterprises	11	4966	20.4
中外合资经营企业	Joint-venture Enterprises	3	2357	12.8
外资企业	Enterprises with Sole Fund	6	2056	4.8
外商投资股份有限公司	Share-holding Corporations Ltd.	2	553	2.8

限额以上批发企业商品购进、销售和库存额（2012年）
Total Purchases, Sales and Stock of Enterprises above Designated Size of Wholesale Trade by Status of Registration and Sector (2012)

单位：万元 (10000 yuan)

项目	Item	商品购进总额 Total Purchases Value	#进口额 Imports	商品销售总额 Total Sales Value	#批发额 Exports	年末商品库存总额 Stock (year-end)
全省总计	**Total**	**66902605**	**896018**	**72234459**	**66550359**	**3024307**
按国民经济行业分	**by Sector**					
农、林、牧产品批发	Wholesale of Agriculture, Forestry, Animal Husbandry Products	2737060	27778	2722928	2710578	231179
食品、饮料及烟草制品批发	Wholesale of Food, Beverages and Tobaccos	4727317	6776	6043153	5901194	286405
#米、面制品及食用油批发	Wholesale of Rice, Flour and Edible Oil	404933		397309	397186	31335
烟草制品批发	Wholesale of Tobaccos	336119		4446095	4445839	155455
纺织、服装及家庭用品批发	Wholesale of Textiles, Garments and Household	806324	9105	821114	783050	119844
服装批发	Goods Wholesale of Garments	97255	2647	97486	89008	1531
文化、体育用品及器材批发	Wholesale of Culture, Sports Appliances and Equipment	405818		366312	366019	62844
医药及医疗器材批发	Wholesale of Medicines and Medical Appliances	4064364	30133	4374073	3627476	289833
矿产品、建材及化工产品批发	Wholesale of Mineral Products, Building Materials and Chemical Products	47115388	791718	50560281	46253942	1530842
#煤炭及制品批发	Wholesale of Coal and Related Products	21253925	193247	21795247	21616261	535788
石油及制品批发	Wholesale of Coal and Related Products	9461047	135616	12106592	8176968	420560
金属及金属矿批发	Wholesale of Metal Materials	13410908	342291	13624428	13456208	334809
建材批发	Wholesale of Building Materials	591980		625151	614163	24288
化肥批发	Wholesale of Chemical Fertilizer	1105901		1022587	1011079	169423
机械设备、五金交电及电子产品批发	Wholesale of Machinery, Hardware Products and Electronic Equipment	6916000	29343	7168020	6730052	496248
#汽车批发	Wholesale of Automotive	5802763		5995487.6	5633487	284051
汽车零配件批发	Wholesale of Auto Parts	369174		389478	386639	78306
五金产品批发	Wholesale of Hardware	147564		157032	148295	5398
计算机、软件及辅助设备	Wholesale of Computer, Software and Assistant Appliances	55320		54549	53100	2456
贸易经济与代理	Trade Broker and Agency	18847	1165	57758	57758	57
其他批发业	Wholesale of Others	111486		120820	120289	7055
按登记注册类型分	**by Types of Registration**					
内资企业	Domestic Funded Enterprises	66325395	889273	71656383	65977645	3011957
国有企业	State-owned Enterprises	21349820	49208	24177985	22984825	554512
集体企业	Collective-owned Enterprises	429031		444211	376911	13945
股份合作企业	Cooperative Enterprises	213359		212456	208384	6325
联营企业	Joint Ownership Enterprises	35528		37612	34908	162
国有联营企业	State Joint Ownership Enterprises	35528		37612	34908	162
有限责任公司	Limited Liability Corporations	20987385	563229	21697619	20640423	1108602
国有独资公司	State Sole Funded Corporations	1578494		1582080	1480155	69130
其他有限责任公司	Other Limited Liability Corporations	19408891	563229	20115540	19160269	1039472
股份有限公司	Share-holding Corporations Ltd.	7363624	139115	8192103	5302447	350587
私营企业	Private Enterprises	15089023	128214	15992976	15558640	947741
私营独资企业	Private-funded Enterprises	448825		454600	441978	19847
私营合伙企业	Private Partnership Enterprises	140582		141300	139037	6113
私营有限责任公司	Private Limited Liability Corporations	14139054	126869	15011848	14604956	909564
私营股份有限公司	Private Share-holding Corporations Ltd.	360563	1345	385228	372670	12218
其他企业	Other Enterprises	857626	9507	901419	871107	30084
港、澳、台商投资企业	Enterprises with Funds from Hong Kong, Macao and Taiwan	15945		19335	13971	452
合资经营企业（港或澳、台资）	Joint ventures (Hong Kong, Macao and Taiwan-funded)	7057		9015	3652	219
港、澳、台商独资经营企业	Enterprises with Sole Fund	8888		10319	10319	233
外商投资企业	Foreign Funded Enterprises	561265	6746	558742	558742	11897
外资企业	Enterprises with Sole Fund	552422	6746	546424	546424	11487

限额以上零售业企业商品购进、销售和库存额（2012年）

Total Purchases, Sales and Stock of Enterprises above Designated Size of Retail Trade by Status of Registration and Sector (2012)

单位：万元 (10000 yuan)

项目	Item	商品购进 总额 Total Purchases Value	#进口额 Imports	商品销售 总额 Total Sales Value	#批发额 Exports	年末商品库存总额 Stock (year-end)
全省总计	**Total**	**18005677**	**158956**	**19226429**	**1168356**	**2016059**
按国民经济行业分	**by Sector**					
综合零售	Integrated Retail	7524564	246	8378008	587092	717039
#百货零售	Retail of General Merchandise	5929508		6699139	540466	423350
超级市场零售	Retail of Supermarkets	1450201	246	1531347	14185	284017
食品、饮料及烟草制品专门零售	Retail of Food, Beverages and Tobaccos	86673		90110	22174	16500
纺织、服装及日用品专门零售	Special Retail of Textiles, Garments and Daily Consumer Articles	527795		592234	56527	64881
#服装零售	Retail of Garments	401911		462658	10268	46634
文化、体育用品及器材专门零售	Retail of Culture, Sports Appliances and Equipments	289452		276076	12500	55287
#图书、报刊零售	Retail of Books and Newspapers	231973		213568	8977	36656
医药及医疗器材专门零售	Retail of Medicines and Medical Appliances	286932	83	332300	51577	53206
#药品零售	Retail of Medicines	281494	83	326424	51577	52519
汽车、摩托车、燃料及零配件专门零售	Retail of Motor Vehicles, Motorcycles, Fuel and Parts	7803583	156385	7981380	285813	922895
#汽车零售	Retail of Motor Vehicles	7163371	156385	7282962	222609	869537
机动车燃料零售	Retail of Fuel of Motor Vehicles	586376		638460	53822	46219
家用电器及电子产品专门零售	Special Retail of Household Electric Appliances and Electronic Products	1220835	2242	1271335	98284	160644
#家用视听设备零售	Retail of Home Audio-visual Equipments	508713	1255	551286	21630	86404
日用家电设备零售	Retail of Household appliances	416789	988	418148	22064	52866
计算机、软件及辅助设备零售	Retail of Computer, Software and Assistant Appliances	66565		68491	5418	7707
通信设备零售	Retail of Communication Equipments	225552		229985	47931	13181
五金、家具及室内装修材料专门零售	Special Retail of Hardware, Furniture and Decoration Materials	161923		190942	20638	16289
货摊、无店铺及其他零售	Stall, Non-shop and Other Retails	103921		114043	33752	9317
按登记注册类型分	**by Types of Registration**					
内资企业	Domestic Funded Enterprises	17761676	130593	18929596	1168356	1992510
国有企业	State-owned Enterprises	467414		600006	18566	49176
集体企业	Collective-owned Enterprises	617105		633079	41214	27530
股份合作企业	Cooperative Enterprises	260267		264392	956	48652
有限责任公司	Limited Liability Corporations	7352049	97778	8031661	438069	896739
国有独资公司	State Sole Funded Corporations	160247		155143	82	22115
其他有限责任公司	Other Limited Liability Corporations	7191802	97778	7876518	437986	874625
股份有限公司	Share-holding Corporations Ltd.	3463391		3580224	406868	226416
私营企业	Private Enterprises	5214648	32815	5370610	201964	691465
私营独资企业	Private-funded Enterprises	434000	570	455989	19868	46621
私营合伙企业	Private Partnership Enterprises	92979		97661	3068	6237
私营有限责任公司	Private Limited Liability Corporations	4364975	21097	4495966	173479	589984
私营股份有限公司	Private Share-holding Corporations Ltd.	322694	11148	320995	5549	48624
其他企业	Other Enterprises	357880		400626	60720	46823
港、澳、台商投资企业	Enterprises with Funds from Hong Kong, Macao and Taiwan	19202		17611		1592
港、澳、台商独资经营企业	Enterprises with Sole Fund	8581		7368		1213
外商投资企业	Foreign Funded Enterprises	224799	28363	279222		21958
中外合资经营企业	Joint-venture Enterprises	75388		88408		8864
外资企业	Enterprises with Sole Fund	111843	28363	145828		13063
外商投资股份有限公司	Share-holding Corporations Ltd.	37568		44986		31

限额以上批发零售贸易业商品分类销售额（2012年）
Total Sales of Enterprises above Designated Size in Wholesale and Retail Sale Trade by Category (2012)

单位：万元 (10000 yuan)

类别	Category	销售额 Total Sales Value	批发 Wholesale Value	零售 Retail Value
合计	**Total**	**93276907.1**	**69321994.9**	**23954912.2**
粮油、食品、饮料、烟酒类	Food, Beverages, Tobacco and Liquor	9803761.9	6949599.7	2854162.2
#粮油、食品类	Grain , Oil and Food	3977501.6	1979705.6	1997796.0
#粮油类	Grain and Oil	1907631.9	1411328.8	496303.1
肉禽蛋类	Meat, Poultry and Eggs	339206.0	40869.4	298336.6
水产品类	Aquatic Products	62179.0	264.7	61914.3
蔬菜类	Vegetables	180489.3	59541.2	120948.1
干鲜果品类	Dried and Fresh Melons an Fruits	202371.1	73861.0	128510.1
饮料类	Beverages	378957.7	25266.6	353691.1
烟酒类	Tobacco and Liquor	5447302.6	4944627.5	502675.1
服装鞋帽、针、纺织品	Clothing, Shoes, Hats and Textiles	3498092.3	296176.5	3201915.8
#服装类	Clothing	2222504.0	176884.5	2045619.5
鞋帽类	Shoes and Hats	714677.5	25634.8	689042.7
针、纺织品类	Knitwear and Textiles	560910.8	93657.2	467253.6
化妆品类	Cosmetics	441131.2	49513.5	391617.7
金银珠宝类	Gold, Silver and Jewellery	652590.7	3300.0	649290.7
日用品类	Articles for Daily Use	942307.7	169418.1	772889.6
#洗涤用品类	Washing Articles	274826.3	29540.7	245285.6
儿童玩具类	Children Toys	78179.6	225.3	77954.3
五金、电料类	Hardware and Electrical Materials	342621.7	232533.3	110088.4
体育、娱乐用品类	Sports and Recreation Articles	101624.4	1821.7	99802.7
书报杂志类	Newspapers and Magazines	508561.2	279187.1	229374.1
电子出版物及音像制品	E-journals and Video Products	28539.9	709.0	27830.9
家用电器和音像器材类	Household Appliances and Video Appliances	2679275.9	527672.6	2151603.3
中西药品类	Traditional Chinese and Western Medicines	4396295.4	3239802.9	1156492.5
#西　药	Western Medicines	3412207.3	2548881.3	863326.0
中草药及中成药	Traditional Chinese Medicines	633194.6	417802.8	215391.8
文化办公用品类	Cultural and Offices Appliances	208363.2	12747.1	195616.1
家俱类	Furniture	218477.1	18852.4	199624.7
通讯器材类	Communication Appliances	390930.0	65948.4	324981.6
煤炭及制品类	Coal and Related Products	21395723.7	21240685.8	155037.9
木材及制品类	Wood and Wooden Products	31564.8	31564.8	
石油及制品类	Petroleum and Related Products	12216092.2	8457430.0	3758662.2
化工材料及制品类	Chemical Materials and Related Products	2525082.2	2525082.2	
#化肥类	Fertilizers	1086792.9	1086792.9	
金属材料类	Metal Materials	16271674.4	16271674.4	
建筑及装潢材料类	Building and Decoration Materials	275264.6	227902.2	47362.4
机电产品及设备类	Mechanical and Electrical Products	827157.3	747360.8	79796.5
#农机类	Agricultural Machineries	91764.6	91764.6	
汽车类	Automobiles	13757919.5	6284071.7	7473847.8
种子饲料类	Seeds and Feedstuff	63084.4	63084.4	
棉麻类	Cotton, Hemp	787681.6	787681.6	
其他类	Others	913089.8	838174.7	74915.1

亿元以上商品交易市场摊位分类情况
Classification of Commodity Transaction Markets of Turnover above 100 Million Yuan

项目	Item	摊位数（个） Number of Booths (unit)		成交额（万元） Turnover (10000 yuan)	
		2011	2012	2011	2012
总计	**Total**	**306369**	**312614**	**44305944**	**47739831**
粮油、食品、饮料、烟酒类	Grain and Oil, Food,Beverages, Tobacco and Liquor	136111	135574	11386797	11866125
粮油、食品类	Grain and Oil, Food	127346	127287	10641766	11059904
#粮油类	Grain and Oil	7739	7595	1165964	1185141
肉禽蛋类	Meat, Poultry and Eggs	7704	7347	1116226	1253240
水产品类	Aquatic Products	4610	5237	483938	495873
蔬菜类	Vegetables	86271	84158	5445557	5582635
干鲜果品类	Dried and Fresh Melons and Fruits	19923	21124	2252832	2363069
饮料类	Beverages	3877	3693	263030	300835
烟酒类	Tobacco and Liquor	4888	4594	482001	505386
服装鞋帽、针、纺织品	Clothing, Shoes, Hats and Textiles	51640	53459	7932839	8602776
服装类	Clothing,	32725	35168	4840024	5472197
鞋帽类	Shoes and Hats	7649	7375	1027271	993495
针、纺织品类	Knitwear and Textiles	11266	10916	2065544	2137084
化妆品类	Cosmetics	1972	1735	304185	326145
金银珠宝类	Gold, Silver and Jewellery	790	802	29088	53918
日用品类	Articles for Daily Use	16574	16379	2913444	3074193
#洗涤用品类	Washing Articles	5341	5412	1377723	1401519
儿童玩具类	Children Toys	9342	9203	1297294	1360671
五金、电料类	Hardware and Electrical Materials	4275	5952	1122579	1501840
体育、娱乐用品类	Sports and Recreation Articles	1286	1287	361376	386099
书报杂志类	Newspapers and Magazines	276	295	54116	53596
电子出版物及音像制品	E-journals and Video Products	1462	2214	1031172	1235864
家用电器和音像器材类	Household Appliances and Video Appliances	492	496	67128	71938
中西药品类	Traditional Chinese and Westem Medicines	6593	6580	1065359	1313480
#西　药	Westem Medicines	123	114	13107	11352
中草药及中成药	Traditional Chinese Medicines	6466	6464	1052236	1302128
文化办公用品类	Cultural and Offices Appliances	2329	2578	447151	492635
家俱类	Furniture	8473	11503	2920392	3157026
通讯器材类	Communication Appliances	944	1009	134757	151222
煤炭及制品类	Coal and Related Products	349	280	771509	708322
木材及制品类	Wood and Wooden Products	966	895	145389	176195
石油及制品类	Petroleum and Related Products	29	30	6813	8609
化工材料及制品类	Chemical Materials and Related Products	8607	9831	1683253	1927624
#化肥类	Fertilizers	314	356	119657	138881
金属材料类	Metal Materials	13723	15238	3318113	3840240
建筑及装潢材料类	Building and Decoration Materials	6639	6883	1117994	1165766
机电产品及设备类	Mechanical and Electrical Products	5810	4238	1227899	1018158
#农机类	Agricultural Machineries	2039	1838	800905	796421
汽车类	Automobiles	3857	4739	1181741	1530949
种子饲料类	Seeds and Feedstuff	2571	2578	102835	104276
棉麻类	Cotton, Hemp	41	38	2290	2405
其他类	Others	30560	28001	4977725	4970430

限额以上批发业企业主要财务指标（2012年）

单位：万元

项　目	Item	资产总计 Total Assets
全省总计	**Total**	**30445351.7**
按国民经济行业分	**by Sector**	
农、林、牧产品批发	Wholesale of Agriculture, Forestry, Animal Husbandry Products	1022663.6
食品、饮料及烟草制品批发	Wholesale of Food, Beverages and Tobaccos	1926426.1
#米、面制品及食用油批发	Wholesale of Rice, Flour and Edible Oil	74013.2
烟草制品批发	Wholesale of Tobaccos	1384651.1
纺织、服装及家庭用品批发	Wholesale of Textiles, Garments and Household Goods	411763.4
#服装批发	Wholesale of Garments	43976.2
文化、体育用品及器材批发	Wholesale of Culture, Sports Appliances and Equipments	385943.5
医药及医疗器材批发	Wholesale of Medicines and Medical Appliances	1464978.3
矿产品、建材及化工产品批发	Wholesale of Mineral Products, Building Materials and Chemical Products	18874696.4
#煤炭及制品批发	Wholesale of Coal and Related Products	7593933.1
石油及制品批发	Wholesale of Coal and Related Products	4749983.9
金属及金属矿批发	Wholesale of Metal Materials	5421937.5
建材批发	Wholesale of Building Materials	201443.4
化肥批发	Wholesale of Chemical Fertilizer	386252.2
机械设备、五金交电及电子产品批发	Wholesale of Machinery, Hardware Products and Electronic Equipment	6261025.9
汽车批发	Wholesale of Automotive	5554349.9
汽车零配件批发	Wholesale of Auto Parts	254552.6
五金产品批发	Wholesale of Hardware	101541.4
计算机、软件及辅助设备批发	Wholesale of Computer, Software and Assistant Appliances	4127.2
贸易经纪与代理	Trade Broker and Agency	13926.3
其他批发	Other Wholesale not Classified Elsewhere	83928.2
按登记注册类型分	**by Types of Registration**	
内资企业	Domestic Funded Enterprises	30274501.3
国有企业	State-owned Enterprises	7536996.6
集体企业	Collective-owned Enterprises	126889.1
股份合作企业	Cooperative Enterprises	46003.8
联营企业	Joint Ownership Enterprises	9072.2
国有联营企业	State Joint Ownership Enterprises	9072.2
有限责任公司	Limited Liability Corporations	7081362.0
国有独资公司	State Sole Funded Corporations	431610.5
其他有限责任公司	Other Limited Liability Corporations	6649751.5
股份有限公司	Share-holding Corporations Ltd.	7608093.2
私营企业	Private Enterprises	7587563.1
私营独资企业	Private-funded Enterprises	319713.6
私营合伙企业	Private Partnership Enterprises	42902.5
私营有限责任公司	Private Limited Liability Corporations	7039464.9
私营股份有限公司	Private Share-holding Corporations Ltd.	185482.1
其他企业	Other Enterprises	278521.3
港、澳、台商投资企业	Enterprises with Funds from Hong Kong, Macao and Taiwan	15886.3
合资经营企业(港或澳、台资)	Joint ventures (Hong Kong, Macao and Taiwan-funded)	1433.3
港、澳、台商独资经营企业	Enterprises with Sole Fund	14453.0
外商投资企业	Foreign Funded Enterprises	154964.1
外资企业	Enterprises with Sole Fund	154210.2

Main Financial Indicators of Enterprises above Designated Size in Wholesale Trade (2012)

(10000 yuan)

负债合计 Total Liabilities	所有者权益合计 Total Owners Equities	主营业务收入 Revenue from Principal Business	主营业务成本 Cost of Principal Business	主营业务税金及附加 Taxes and Other Charges on Principal Business	销售费用 Sales Expenses	管理费用 Management Expenses	营业利润 Business Profits	利润总额 Total Profits
21681155.0	**8764196.7**	**66855190.6**	**62731264.5**	**318868.2**	**1163519.3**	**655179.6**	**856788.8**	**724318.2**
804170.7	218492.9	2616329.6	2528077.4	666.5	39922.0	26430.5	-647.0	20754.0
591204.4	1335221.7	5100652.3	3916005.8	241004.3	200068.6	240278.9	519594.3	487568.2
58012.6	16000.6	173900.8	166724.4	144.5	4684.3	2281.3	-789.3	655.4
189655.5	1194995.6	3840022.5	2906908.1	230862.8	62208.6	199219.8	459634.8	461452.1
357671.7	54091.7	788363.6	725701.7	3270.9	25464.1	11514.0	19521.1	2317.6
32345.1	11631.1	107248.2	99987.1	47.3	4355.5	2229.8	208.8	895.0
206824.8	179118.7	251791.6	235447.4	165.3	5027.5	10293.9	4151.0	4241.2
1312880.2	152098.1	3971939.3	3823104.3	3449.2	46757.5	39701.2	18712.9	19280.3
13409359.0	5465337.4	47107354.5	44858488.3	57930.7	660375.2	248346.1	305429.5	175169.3
5221275.5	2372657.6	21024802.1	20416745.9	10056.6	238647.9	88012.0	34755.0	-8158.0
2931184.9	1818799.0	10874537.2	10319025.1	25170.9	294075.9	70406.3	143838.0	144686.9
4450274.0	971663.5	12394263.3	11479687.2	8202.7	83919.2	57253.0	59446.3	44209.1
124163.3	77280.1	598130.4	567441.2	916.7	14379.4	7080.6	2043.4	-16320.1
314775.3	71476.9	1011397.8	925277.9	12345.3	6091.0	6078.7	60231.0	5702.2
4911022.4	1350003.5	6859414.5	6495785.0	12271.1	178755.4	74093.5	-11003.5	13365.1
4527123.6	1027226.3	5768466.4	5516777.3	9766.3	143701.3	44924.0	-53506.5	-31839.8
27989.6	226563.0	333261.5	280896.3	1444.5	5355.1	6270.5	39249.5	39257.8
79366.4	22175.0	153439.8	137701.5	268.5	6685.5	6940.0	2139.7	4487.9
2265.1	1862.1	50547.7	49443.8	7.8	646.7	464.5	-157.4	194.9
12987.0	939.3	58435.7	54087.9	7.5	3497.2	644.9	33.6	41.4
75034.8	8893.4	100909.5	94566.7	102.7	3651.8	3876.6	996.9	1581.1
21543427.6	8731073.7	66531544.5	62419859.7	318576.3	1157823.8	650716.8	857057.3	724074.4
4229254.5	3307742.1	22304512.8	21032370.0	237376.9	196970.2	264903.6	510432.7	524187.4
87367.8	39521.3	406488.8	319657.1	9084.8	6657.4	10355.7	57624.2	2939.0
22655.1	23348.7	206995.4	141028.1	10692.8	1351.7	2367.1	51492.8	345.3
6301.9	2770.3	34168.2	32127.3	6.6	1404.1	420.1	214.7	213.0
6301.9	2770.3	34168.2	32127.3	6.6	1404.1	420.1	214.7	213.0
5730900.8	1350461.2	20412320.8	18961242.1	21717.6	410389.4	145843.2	73110.2	103498.8
351042.0	80568.5	1522899.2	824344.3	423.7	7848.0	10177.7	-1212.4	4454.6
5379858.8	1269892.7	18889421.6	18136897.8	21293.9	402541.4	135665.5	74322.6	99044.2
5374481.5	2233611.7	7267162.4	6746506.0	9532.4	286839.8	93168.9	15883.6	33825.3
5868859.8	1718703.3	14996848.9	14307758.3	29934.0	239961.5	128159.0	147343.0	57758.9
267528.2	52185.4	406732.9	394777.4	673.2	3340.5	4763.2	906.2	34.7
27339.6	15562.9	134567.6	131908.9	32.3	1097.8	1040.2	-150.2	217.3
5441082.4	1598382.5	14156921.2	13515251.8	27202.6	233209.0	117150.1	126058.2	59017.0
132909.6	52572.5	298627.2	265820.2	2025.9	2314.2	5205.5	20528.8	-1510.1
223606.2	54915.1	903047.2	879170.8	231.2	14249.7	5499.2	956.1	1306.7
4600.3	11286.0	18147.4	14486.5	61.9	2024.2	1248.9	158.9	411.9
1370.2	63.1	9015.3	6621.1	43.6	1417.9	1009.8	-86.5	90.0
3230.1	11222.9	9132.1	7865.4	18.3	606.3	239.1	245.4	321.9
133127.1	21837.0	305498.7	296918.3	230.0	3671.3	3213.9	-427.4	-168.1
132423.2	21787.0	293247.1	287313.6	181.5	2696.3	3186.6	-1969.4	-1873.9

限额以上零售业企业主要财务指标（2012年）

单位：万元

项　　目	Item	资产总计 Total Assets
全省总计	**Total**	**8851921.9**
按国民经济行业分	**by Sector**	
综合零售	Integrated Retail	3961572.8
百货零售	Retail of General Merchandise	2991416.6
超级市场零售	Retail of Supermarkets	913066.6
食品、饮料及烟草制品专门零售	Retail of Food, Beverages and Tobaccos	
纺织、服装及日用品专门零售	Special Retail of Textiles, Garments and Daily Consumer Articles	301942.7
服装零售	Retail of Garments	262366.0
文化、体育用品及器材专门零售	Retail of Culture, Sports Appliances and Equipments	300279.4
图书、报刊零售		253542.0
医药及医疗器材专门零售	Retail of Medicines and Medical Appliances	194269.6
药品零售	Retail of Medicines	191580.6
汽车、摩托车、燃料及零配件专门零售	Retail of Motor Vehicles, Motorcycles, Fuel and Parts	3317109.7
汽车零售	Retail of Motor Vehicles	3064512.0
机动车燃料零售	Retail of Fuel of Motor Vehicles	217237.6
家用电器及电子产品专门零售	Special Retail of Household Electric Appliances and Electronic Products	528265.9
家用视听设备零售	Retail of Home Audio-visual Equipments	299659.8
日用家电设备零售	Retail of Household appliances	145089.0
计算机、软件及辅助设备零售	Retail of Computer, Software and Assistant Appliances	20241.3
通信设备零售	Retail of Communication Equipments	62097.6
五金、家具及室内装修材料专门零售	Special Retail of Hardware, Furniture and Decoration Materials	117961.2
五金零售	Retail of Hardware	41298.1
货摊、无店铺及其他零售业	Stall, Non-shop and Other Retails	60060.7
按登记注册类型分	**by Types of Registration**	
内资企业	Domestic Funded Enterprises	8718651.4
国有企业	State-owned Enterprises	395723.4
集体企业	Collective-owned Enterprises	125880.3
股份合作企业	Cooperative Enterprises	183825.6
有限责任公司	Limited Liability Corporations	3733139.0
国有独资公司	State Sole Funded Corporations	107392.6
其他有限责任公司	Other Limited Liability Corporations	3625746.4
股份有限公司	Share-holding Corporations Ltd.	1392329.5
私营企业	Private Enterprises	2662665.6
私营独资企业	Private-funded Enterprises	215486.9
私营合伙企业	Private Partnership Enterprises	23538.6
私营有限责任公司	Private Limited Liability Corporations	2263683.5
私营股份有限公司	Private Share-holding Corporations Ltd.	159956.6
其他企业	Other Enterprises	209938.7
港、澳、台商投资企业	Enterprises with Funds from Hong Kong, Macao and Taiwan	27639.6
港、澳、台商独资经营企业	Enterprises with Sole Fund	27203.8
外商投资企业	Foreign Funded Enterprises	105630.9
中外合资经营企业	Joint-venture Enterprises	42567.7
外资企业	Enterprises with Sole Fund	45090.6
外商投资股份有限公司	Share-holding Corporations Ltd.	17972.6

Main Financial Indicators of Enterprises above Designated Size in Retail Sales Trade (2012)

(10000 yuan)

负债合计 Total Liabilities	所有者权益合计 Total Owners Equities	主营业务收入 Revenue from Principal Business	主营业务成本 Cost of Principal Business	主营业务税金及附加 Taxes and Other Charges on Principal Business	销售费用 Sales Expenses	管理费用 Management Expenses	营业利润 Business Profits	利润总额 Total Profits
6901694.5	**1950227.4**	**16412525.6**	**14810901.9**	**79718.3**	**861739.7**	**572692.2**	**213749.9**	**166867.9**
3250018.0	711554.8	6108574.6	5336162.7	55751.8	446121.4	301538.8	110479.4	80826.2
2374461.5	616955.1	4579608.3	3995202.9	50116.5	285842.3	231626.8	122603.1	100203.8
831471.5	81595.1	1410862.4	1234550.7	5524.6	156383.6	65432.2	-19475.3	-21965.9
240779.0	61163.7	532544.4	400664.7	4498.9	85145.4	27810.5	18761.1	7740.9
213602.7	48763.3	410212.3	291446.7	4286.3	77770.0	24629.9	16585.3	5688.8
157768.3	142511.1	231272.9	176446.9	867.4	13898.8	34024.5	9406.3	15212.8
128569.2	124972.8	176397.9	129901.9	290.5	10925.9	30162.1	8631.9	14719.6
153993.2	40276.4	303508.7	257443.7	804.8	20803.6	19075.2	3312.2	2493.3
151814.2	39766.4	297635.0	251936.4	799.2	20565.5	18983.5	3311.1	2479.2
2550596.7	766513.0	7620939.3	7195455.7	11107.0	204427.1	137884.8	46077.3	42320.4
2368672.9	695839.1	6952599.3	6571355.0	10175.4	179855.1	126249.9	39366.8	36513.9
161737.3	55500.3	609951.3	571590.3	726.3	22258.1	10379.4	6347.5	5521.8
385353.7	142912.2	1267214.0	1140108.7	3895.1	74505.1	33467.2	15584.1	7009.7
238703.3	60956.5	526012.0	466009.0	1623.3	32043.7	13586.5	11818.1	3662.0
95537.6	49551.4	453223.7	410603.7	1301.8	28786.0	11966.3	60.9	206.9
10928.6	9312.7	66646.0	59503.7	142.2	2506.1	2195.7	1897.0	1145.3
39631.4	22466.2	218150.5	201051.1	811.8	11029.0	5685.4	1772.2	1980.0
80720.9	37240.3	160684.2	137643.2	1712.7	6164.3	10546.5	8970.2	8147.9
31080.2	10217.9	58327.9	50980.4	477.1	1079.3	3566.6	2301.1	2227.5
37367.5	22693.2	104677.2	95756.6	405.0	5829.8	4248.7	-376.4	402.3
6751327.8	1967323.6	16170551.9	14601190.6	78987.8	816363.7	561330.9	226926.4	179690.0
319552.8	76170.6	542690.2	455451.6	4887.8	22333.1	31860.5	36735.4	7333.1
93899.4	31980.9	565908.6	499657.8	3126.4	22932.1	17099.6	14439.8	7656.8
139581.3	44244.3	260224.0	232060.3	1209.7	15109.0	7798.9	2069.0	2535.7
2827554.5	905584.5	7006680.7	6315529.4	33782.8	409139.4	264064.2	50289.8	71938.6
112288.8	-4896.2	145133.8	124321.3	443.1	20014.1	10203.4	-3381.5	-1643.3
2715265.7	910480.7	6861546.9	6191208.1	33339.7	389125.3	253860.8	53671.3	73581.9
1166942.7	225386.8	2402502.2	2201509.2	11109.6	90929.5	86253.6	60373.4	59893.0
2012219.4	650446.2	5003480.7	4542719.2	23574.9	233626.5	140174.3	65152.9	31949.6
139482.1	76004.8	422636.2	368182.6	4070.0	20026.6	13722.4	16006.1	5105.0
15656.2	7882.4	87086.2	81688.6	196.6	2629.3	1614.4	668.9	617.9
1739705.4	523978.1	4165414.3	3787919.1	16543.2	197980.0	116498.1	48060.7	24962.0
117375.7	42580.9	328344.0	304928.9	2765.1	12990.6	8339.4	417.2	1264.7
179018.6	30920.1	361432.7	329805.2	1205.0	20525.1	12624.6	-2223.3	-2183.9
32560.3	-4920.7	14799.0	13250.1	30.5	3822.0		-2311.9	-1290.8
32584.1	-5380.3	6297.1	6099.4		2960.4		-2771.0	-1750.4
117806.4	-12175.5	227174.7	196461.2	700.0	41554.0	11361.3	-10864.6	-11531.3
66348.0	-23780.3	76928.2	67976.2	134.6	17161.7	5851.2	-12574.8	-13455.8
37901.6	7189.0	108288.5	93573.9	405.2	20071.6	3593.2	988.9	1024.8
13556.8	4415.8	41958.0	34911.1	160.2	4320.7	1916.9	721.3	899.7

限额以上住宿业企业主要指标（2012年）

项　目	Item	法人企业（个）Number of Corporation Enterprises (unit)	年末从业人员（人）Engaged Persons at Year-end (person)	客房间数（间）Number of Hotel Rooms (room)
全省总计	**Total**	**486**	**68013**	**62947**
按国民经济行业分	**by Sector**			
旅游饭店	Tourist Hotels	332	49912	46450
一般旅馆	General Hotels	138	14377	14497
其他住宿业	Other Accommodation Services	16	3724	2000
按登记注册类型分	**by Types of Registration**			
内资企业	Domestic Funded Enterprises	475	65626	61220
国有企业	State-owned Enterprises	145	21445	19974
集体企业	Collective-owned Enterprises	18	1668	1543
股份合作企业	Cooperative Enterprises	5	943	731
联营企业	Joint Ownership Enterprises	2	322	226
国有联营企业	State Joint Ownership Enterprises	2	322	226
有限责任公司	Limited Liability Corporations	148	21967	21641
国有独资公司	State Sole Funded Corporations			
其他有限责任公司	Other Limited Liability Corporations	148	21967	21641
股份有限公司	Share-holding Corporations Ltd.	17	2606	1768
私营企业	Private Enterprises	122	15131	13636
私营独资企业	Private-funded Enterprises	39	4309	3598
私营合伙企业	Private Partnership Enterprises	1	124	92
私营有限责任公司	Private Limited Liability Corporations	72	9266	8894
私营股份有限公司	Private Share-holding Corporations Ltd.	10	1432	1052
其他企业	Other Enterprises	18	1544	1701
港澳台商投资企业	Enterprises with Funds from Hong Kong, Macao and Taiwan	5	1046	509
与港澳台商合资经营企业	Joint-venture Enterprises	3	574	141
与港澳台商合作经营企业	Cooperative Enterprises	1	174	154
港澳台商独资企业	Enterprises with Sole Fund	1	298	214
外商投资企业	Foreign Funded Enterprises	6	1341	1218
中外合资经营企业	Joint-venture Enterprises	4	1142	712
外资企业	Enterprises with Sole Fund	2	199	506

Main Indicators of Enterprises above Designated Size of Hotels (2012)

床位数 (个) Number of Beds (unit)	餐位数 (位) Number of Dining-seats (unit)	年末餐饮营业面积 (万平方米) Operational Area of Catering Services at Year-end (10000 sq.m)	营业额 (万元) Business Revenue (10000 yuan)	客房收入 From Hotel Rooms	餐费收入 From Meals	商品销售收入 From Commodities	其他收入 Others
111729	**253354**	**147.9**	**840584.5**	**319992.7**	**431243.9**	**16519.3**	**72828.6**
82423	179367	107.3	627606.9	237737.4	324904.4	9730.5	55234.6
25872	65969	37.0	174905.4	67197.3	90535.8	4770.1	12402.2
3434	8018	3.7	38072.2	15058.0	15803.7	2018.7	5191.8
108975	248787	143.9	816207.0	310639.7	422495.6	14593.3	68478.4
37634	88683	39.9	265401.7	91205.8	144454.2	6094.0	23647.7
3018	9127	4.3	23000.7	10143.7	11398.5	861.9	596.6
1247	2680	1.4	11495.2	4515.1	4892.8		2087.3
395	910	0.3	2892.2	695.5	1898.9	4.9	292.9
395	910	0.3	2892.2	695.5	1898.9	4.9	292.9
36457	77678	47.9	285591.4	118018.3	141347.0	3872.1	22354.0
36457	77678	47.9	285591.4	118018.3	141347.0	3872.1	22354.0
3156	4921	4.8	27263.3	9242.9	12334.4	484.1	5201.9
24104	56504	39.3	179897.3	67596.8	96168.8	2192.1	13939.6
6223	18681	13.6	57543.5	20699.0	31897.4	951.1	3996.0
186	723	0.9	1072.2	428.8	643.4		
15795	30438	21.6	94552.7	38820.5	46034.0	979.1	8719.1
1900	6662	3.3	26728.9	7648.5	17594.0	261.9	1224.5
2964	8284	6.0	20665.2	9221.6	10001.0	1084.2	358.4
835	2030	1.1	11768.9	3035.6	4460.0	1902.7	2370.6
261	510	0.4	6978.5	1095.3	2074.6	1853.9	1954.7
295	670	0.2	1567.6	670.0	879.1		18.5
279	850	0.6	3222.8	1270.3	1506.3	48.8	397.4
1919	2537	2.9	12608.6	6317.4	4288.3	23.3	1979.6
1092	2186	2.2	11246.3	5187.3	4111.3	1.5	1946.2
827	351	0.7	1362.3	1130.1	177.0	21.8	33.4

限额以上餐饮业企业主要指标（2012年）

项　目	Item	法人企业（个）Number of Corporation Enterprises (unit)	年　末从业人员（人）Engaged Persons at Year-end (person)	客房间数（间）Number of Hotel Rooms (room)
全省总计	**Total**	**451**	**45845**	**11944**
按国民经济行业分	**by Sector**			
正餐服务	Restaurant	443	44960	11938
快餐服务	Fast Food	5	436	6
饮料及冷饮服务	Beverages and Cold Drinks	1	40	
其他餐饮业	Others	2	409	
按登记注册类型分	**by Types of Registration**			
内资企业	Domestic Funded Enterprises	446	45241	11741
国有企业	State-owned Enterprises	26	2408	1238
集体企业	Collective-owned Enterprises	7	564	344
股份合作企业	Cooperative Enterprises	4	246	
联营企业	Joint Ownership Enterprises	1	60	
其他联营企业	State Joint Ownership Enterprises	1	60	
有限责任公司	Collective Joint Ownership Enterprises	133	11775	2952
其他有限责任公司	Joint State-collective Enterprises	133	11775	2952
股份有限公司	Other Joint Ownership Enterprises	14	2238	591
私营企业	Limited Liability Corporations	232	25800	6106
私营独资企业	State Sole Funded Corporations	79	9082	1935
私营合伙企业	Other Limited Liability Corporations	10	960	141
私营有限责任公司	Share-holding Corporations Ltd.	125	13491	3448
私营股份有限公司	Private Enterprises	18	2267	582
其他企业	Private-funded Enterprises	29	2150	510
港澳台商投资企业	Private Partnership Enterprises	3	302	8
与港澳台商合资经营企业	Private Limited Liability Corporations			
与港澳台商合作经营企业	Private Share-holding Corporations Ltd.			
港澳台商独资企业	Other Enterprises	2	210	8
外商投资企业	Enterprises with Funds from Hong Kong, Macao and Taiwan	2	302	195
中外合资经营企业	Joint-venture Enterprises	1	100	

Main Indicators of Enterprises above Designated Size of Catering Services (2012)

床位数 (个) Number of Beds (unit)	餐位数 (位) Number of Dining-seats (unit)	年末餐饮营业面积 (万平方米) Operational Area of Catering Services at Year-end (10000 sq.m)	营业额 (万元) Business Revenue (10000 yuan)	客房收入 From Hotel Rooms	餐费收入 From Meals	商品销售收入 From Commodities	其他收入 Others
21322	**210128**	**113.8**	**543969.6**	**67312.2**	**453778.7**	**13890.6**	**8988.1**
21304	208540	113.3	538825.3	67301.0	449447.6	13298.1	8778.6
18	1326	0.3	2777.0	11.2	2188.5	575.3	2.0
	52	0.1	416.7		416.7		
	210	0.0	1950.6		1725.9	17.2	207.5
20936	208334	112.4	536760.5	65918.4	447964.2	13889.8	8988.1
2275	10316	5.2	32128.3	4024.0	24547.4	2097.4	1459.5
637	2210	1.6	5705.8	1320.2	4015.2	298.6	71.8
	1340	0.7	2618.9		2529.7	89.2	
	300	0.5	433.4		433.4		
	300	0.5	433.4		433.4		
5543	54671	32.0	125535.6	12146.7	106762.1	4285.0	2341.8
5543	54671	32.0	125535.6	12146.7	106762.1	4285.0	2341.8
847	9496	4.6	25960.6	3335.9	22440.3	184.4	
10748	121068	62.2	324017.0	43397.6	269332.5	6613.5	4673.4
3468	47079	18.9	126934.1	20883.5	100632.9	4213.1	1204.6
332	4020	1.9	12219.5	369.0	11606.0	37.0	207.5
5949	60420	35.4	156215.5	18963.7	132318.5	2212.6	2720.7
999	9549	6.1	28647.9	3181.4	24775.1	150.8	540.6
886	8933	5.6	20360.9	1694.0	17903.6	321.7	441.6
16	1036	0.6	4917.7	506.4	4411.3		
16	836	0.5	3407.1	506.4	2900.7		
370	758	0.8	2291.4	887.4	1403.2	0.8	
	358	0.1	883.1		883.1		

限额以上住宿业企业主要财务指标（2012年）

单位：万元

项　目	Item	资产总计 Total Assets	负债合计 Total Liabilities
全省总计	**Total**	**2522152.8**	**1882102.4**
按住宿行业小类分	**by Accommodation Industry Subcategories**		
旅游饭店	Tourist Hotels	1960477.9	1498290.5
一般旅馆	General Hotels	440397.4	270636.5
其他住宿服务	Other Accommodation Services	121277.5	113175.4
按登记注册类型分	**by Types of Registration**		
内资企业	Domestic Funded Enterprises	2409677.0	1718393.8
国有企业	State-owned Enterprises	706062.8	525860.5
集体企业	Collective-owned Enterprises	35534.4	20752.8
股份合作企业	Cooperative Enterprises	31175.9	25427.6
联营企业	Joint Ownership Enterprises	10138.9	6348.2
国有联营企业	State Joint Ownership Enterprises	10138.9	6348.2
有限责任公司	Limited Liability Corporations	990934.3	659698.3
国有独资公司	State Sole Funded Corporations		
其他有限责任公司	Other Limited Liability Corporations	990934.3	659698.3
股份有限公司	Share-holding Corporations Ltd.	144710.2	101212.4
私营企业	Private Enterprises	432429.7	339611.4
私营独资企业	Private-funded Enterprises	120057.3	94319.7
私营合伙企业	Private Partnership Enterprises	2101.0	392.9
私营有限责任公司	Private Limited Liability Corporations	280365.8	228098.5
私营股份有限公司	Private Share-holding Corporations Ltd.	29905.6	16800.3
其他企业	Other Enterprises	58690.8	39482.6
港澳台商投资企业	Enterprises with Funds from Hong Kong, Macao and Taiwan	44881.4	88698.0
与港澳台商合资经营企业	Joint-venture Enterprises	21634.6	21455.0
与港澳台商合作经营企业	Cooperative Enterprises	3474.0	3702.6
港澳台商独资企业	Enterprises with Sole Fund	19772.8	63540.4
外商投资企业	Foreign Funded Enterprises	67594.4	75010.6
中外合资经营企业	Joint-venture Enterprises	64968.8	69972.4
外资企业	Enterprises with Sole Fund	2625.6	5038.2

Main Financial Indicators of Enterprises above Designated Size of Hotels (2012)

(10000 yuan)

所有者权益合计 Total Owners Equities	主营业务收入 Revenue from Principal Business	主营业务成本 Cost of Principal Business	主营业务税金及附加 Taxes and Other Charges on Principal Business	销售费用 Sales Expenses	管理费用 Management Expenses	营业利润 Business Profits	利润总额 Total Profits
640050.4	**827726.0**	**351922.5**	**46184.1**	**260918.0**	**229380.9**	**-100551.7**	**-84300.5**
462187.4	616801.3	244644.1	34208.6	212032.4	180914.6	-89585.6	-85091.7
169760.9	172950.2	92792.0	9852.5	41900.3	32546.4	-7122.2	4629.9
8102.1	37974.5	14486.4	2123.0	6985.3	15919.9	-3843.9	-3838.7
691283.2	803330.8	343780.7	44804.2	256050.3	213572.8	-93944.1	-77476.6
180202.3	263640.1	123790.9	14465.6	81049.6	70852.6	-35488.4	-31525.9
14781.6	22630.0	10923.5	1237.5	6604.5	4171.1	-385.4	-444.3
5748.3	11746.1	5526.1	653.4	2647.6	2129.4	235.8	321.5
3790.7	2892.2	2768.1	162.1	65.0	917.9	-1035.6	-1057.6
3790.7	2892.2	2768.1	162.1	65.0	917.9	-1035.6	-1057.6
331236.0	284442.6	109861.1	15951.4	92220.9	86450.9	-31808.2	-21215.2
331236.0	284442.6	109861.1	15951.4	92220.9	86450.9	-31808.2	-21215.2
43497.8	27168.9	8226.9	1610.9	10737.7	8182.6	-5290.5	-4753.8
92818.3	176302.2	76308.3	10044.0	58246.5	37438.2	-17495.0	-17924.8
25737.6	55825.2	23375.5	3099.8	14855.9	12657.3	-1911.6	-3031.1
1708.1	1072.2	707.3	58.8		322.5	-16.7	
52267.3	92676.0	37365.0	5072.0	38237.6	21111.9	-15999.7	-15467.6
13105.3	26728.8	14860.5	1813.4	5153.0	3346.5	433.0	573.9
19208.2	14508.7	6375.8	679.3	4478.5	3430.1	-2676.8	-876.5
-43816.6	11768.6	4672.3	667.5	2606.6	4950.9	-1825.7	-2183.9
179.6	6978.5	2646.3	406.4	1920.1	1727.1	-420.5	-420.6
-228.6	1567.3	444.7	93.5	580.5	442.3	4.0	10.9
-43767.6	3222.8	1581.3	167.6	106.0	2781.5	-1409.2	-1774.2
-7416.2	12626.6	3469.5	712.4	2261.1	10857.2	-4781.9	-4640.0
-5003.6	11264.5	3115.2	641.6	1543.3	10141.9	-4284.6	-4297.1
-2412.6	1362.1	354.3	70.8	717.8	715.3	-497.3	-342.9

限额以上餐饮业企业主要财务指标（2012年）

单位：万元

项　目	Item	资产总计 Total Assets	负债合计 Total Liabilities
全省总计	**Total**	**640534.6**	**436766.4**
按餐饮行业小类分	**by Sector**		
正餐服务	Restaurant	635006.4	433823.8
快餐服务	Fast Food	3407.3	2889.6
饮料及冷饮服务	Beverages and Cold Drinks	35.6	25.6
其他餐饮服务	Others	2085.3	27.4
按登记注册类型分	**by Types of Registration**		
内资企业	Domestic Funded Enterprises	633858.3	434760.2
国有企业	State-owned Enterprises	42128.3	39144.6
集体企业	Collective-owned Enterprises	4507.1	2382.3
股份合作企业	Cooperative Enterprises	1058.8	635.1
联营企业	Joint Ownership Enterprises	115.8	113.4
其他联营企业	Other Joint Ownership Enterprises	115.8	113.4
有限责任公司	Limited Liability Corporations	140012.1	85487.8
其他有限责任公司	Other Limited Liability Corporations	140012.1	85487.8
股份有限公司	Share-holding Corporations Ltd.	37001.0	29275.4
私营企业	Private Enterprises	381290.7	257856.4
私营独资企业	Private-funded Enterprises	123701.5	79812.9
私营合伙企业	Private Partnership Enterprises	8257.7	3579.3
私营有限责任公司	Private Limited Liability Corporations	215133.6	148326.7
私营股份有限公司	Private Share-holding Corporations Ltd.	34197.9	26137.5
其他企业	Other Enterprises	27744.5	19865.2
港、澳、台商投资企业	Enterprises with Funds from Hong Kong, Macao and Taiwan	2921.9	782.6
合资经营企业(港或澳、台资)	Joint ventures (Hong Kong, Macao and Taiwan-funded)		
港、澳、台商独资经营企业	Enterprises with Sole Fund	2045.6	378.7
港、澳、台商投资股份有限公司	Hong Kong, Macao and Taiwan Investment Co., Ltd.	876.3	403.9
外商投资企业	Foreign Funded Enterprises	3754.4	1223.6
中外合资经营企业	Joint-venture Enterprises	270.4	53.3

Main Financial Indicators of Enterprises above Designated Size of Catering Services (2012)

(10000 yuan)

所有者权益合计 Total Owners Equities	主营业务收入 Revenue from Principal Business	主营业务成本 Cost of Principal Business	主营业务税金及附加 Taxes and Other Charges on Principal Business	销售费用 Sales Expenses	管理费用 Management Expenses	营业利润 Business Profits	利润总额 Total Profits
204549.3	**532643.0**	**287083.0**	**28693.6**	**149054.9**	**60166.0**	**-2004.5**	**-4955.8**
201963.7	527480.6	285148.2	28417.0	146944.8	59775.1	-1976.4	-4939.0
517.7	2749.1	1030.1	110.9	1061.3	174.6	-84.0	-74.7
10.0	416.7	199.9	18.9	45.5	121.4	30.9	30.9
2057.9	1996.6	704.8	146.8	1003.3	94.9	25.0	27.0
199879.2	525433.9	283989.4	28269.7	146925.4	59336.3	-2721.4	-5658.0
2983.7	30876.9	16656.5	1610.5	9892.6	2921.0	-1464.7	-645.4
2124.8	5528.4	1969.1	267.2	1291.9	1405.5	1027.2	-90.6
423.7	2632.1	1372.7	153.9	891.9	88.0	121.1	87.6
2.4	433.4	231.1	24.3	138.4	25.7	13.3	5.7
2.4	433.4	231.1	24.3	138.4	25.7	13.3	5.7
54524.3	122887.5	69298.8	6911.1	35578.0	12509.5	-3537.2	-3723.3
54524.3	122887.5	69298.8	6911.1	35578.0	12509.5	-3537.2	-3723.3
7725.6	25591.5	12039.7	1331.7	10250.3	2485.9	-943.6	-928.2
124215.4	317902.2	172859.4	16780.2	83219.4	36021.3	2973.8	596.7
43888.6	123161.9	70049.1	6118.0	34641.8	7982.9	2884.1	1444.8
4678.4	12261.7	6068.8	632.7	4103.8	855.5	477.5	468.9
67588.0	154025.9	82540.4	8416.1	37551.2	23185.6	-658.9	-1348.8
8060.4	28452.7	14201.1	1613.4	6922.6	3997.3	271.1	31.8
7879.3	19581.9	9562.1	1190.8	5662.9	3879.4	-911.3	-960.5
2139.3	4917.7	2377.0	277.0	1153.0	478.2	621.3	620.1
1666.9	3407.1	1656.4	192.3	746.8	322.1	479.8	481.2
472.4	1510.6	720.6	84.7	406.2	156.1	141.5	138.9
2530.8	2291.4	716.6	146.9	976.5	351.5	95.6	82.1
217.1	883.1	413.3	49.5	358.6	25.5	36.2	34.6

商品销售总额前10名的批发企业
(2012年，按国民经济行业中类分别排序)
The Top 10 Wholesale Enterprises of Total Sale Value (2012)

单位：千元 (1000 yuan)

企业名称	Name of Enterprises	位次 Position	商品销售总额 Total Sales Value
农、林、牧产品批发业	**Wholesales of Agricultural and Livestock Products**		
保定银祥棉业有限公司	Baoding Yinxiang Cotton Co., Ltd.	1	2792183
中棉集团廊坊储运有限公司	China National Cotton Group Langfang Storage and Transportation Co., Ltd	2	1913180
衡水前么头国储粮库有限责任公司	Hengshui Qianmotou National Grain Storage Co. Ltd.	3	1753855
河北星宇纺织原料有限公司	Hebei Xingyu Textile Materials Co., Ltd.	4	1456912
中棉集团河北棉花有限公司	China National Cotton Group Hebei Cotton Co., Ltd	5	1295929
肃宁县三星皮草有限公司	Suning Sanxing Fur & leather Co., Ltd.	6	1180651
肃宁县东星皮草有限公司	Suning Dongxing Fur & leather Co., Ltd.	7	1170590
肃宁县天岳皮草贸易有限公司	Suning Tianyue Fur & leather Co., Ltd.	8	1090719
河北柏乡国家粮食储备库	Hebei Baixiang National Grain Storage	9	1013172
衡水和平国储粮库有限责任公司	Hengshui Heping National Grain Storage Co. Ltd.	10	988517
食品、饮料及烟草制品批发业	**Wholesales of Foods, Beverages and Tobacco Products**		
河北省烟草公司石家庄市公司	Shijiazhuang Company of Hebei Tobacco Corporation	1	6967266
河北省烟草公司保定市公司	Baoding Company of Hebei Tobacco Corporation	2	6453935
河北省烟草公司唐山市公司	Tangshan Company of Hebei Tobacco Corporation	3	5515287
河北省烟草公司邯郸市公司	Handan Company of Hebei Tobacco Corporation	4	4829960
河北省烟草公司沧州市公司	Cangzhou Company of Hebei Tobacco Corporation	5	4113217
河北省烟草公司邢台市公司	Xingtai Company of Hebei Tobacco Corporation	6	3336175
河北省烟草公司廊坊市公司	Langfang Company of Hebei Tobacco Corporation	7	3049115
河北省烟草公司张家口市公司	Zhangjiakou Company of Hebei Tobacco Corporation	8	2868689
河北益海利丰粮油有限公司	Hebei Yihailifeng Co., Ltd. of oilseeds and grains	9	2666190
河北省烟草公司承德市公司	Chengde Company of Hebei Tobacco Corporation	10	2410249
纺织、服装及家庭用品批发业	**Wholesales of Textile, Clothing and Commodities**		
河北格力电器营销有限公司	Hebei Gree Electrical Appliance Marketing Co., Ltd.	1	1561258
保定市天鹏进出口集团有限公司	Baoding Tianpeng Import and Export Group Co. Ltd.	2	721222
廊坊盛泰电器有限公司	Langfang Shengtai Electrical Applicance Co., Ltd.	3	560449
唐山海永商贸有限公司	Tangshang Haiyong Trading Company	4	507472
石家庄中山日化有限责任公司	Shijiazhuang Zhongshan Cosmetics Co. Ltd.	5	483113
河北纺联物资供销有限公司	Hebei Fanglian Material Supply and Marketing Co., Ltd.	6	462961
魏县供销社烟花爆竹专营批发中心	Monopolized Wholesale Center of Fireworks of Supply and Marketing Cooperative, Wei County	7	453559
河北格兰仕空调销售有限公司	Hebei Galanz Air Conditioner Sales Company	8	426582
沧州美的制冷产品销售有限公司	Canzhou Midea Refregeration Equipments Sales Company	9	395753
保定市东大日化有限公司	Baoding Dongda Cosmetics Co. Ltd.	10	383481
文化、体育用品及器材批发业	**Wholesales of Culture and Sporting Products & Appliances**		
河北省新华书店有限责任公司	Hebei Xinhua Bookstore	1	2641100
河北文通国际贸易有限公司	Hebei Wengtong International Trade Co. Ltd.	2	813105
河北九鼎金业有限公司	Hebei Jiuding Jinye Co., Ltd.	3	208913
医药及医疗器材批发业	**Wholesales of Medicines and Medical Appliances**		
国药乐仁堂医药有限公司	Lerentang Medicine Corp., Ltd.	1	12288842
华北制药集团国际贸易有限公司	International Trade Co. Ltd. of North China Pharmaceutical Corporation	2	3690418
河北东盛英华医药有限公司	Hebei Dongsheng Yinghua Medicine Co., Ltd.	3	1979543
保定市保北医药药材有限责任公司	Baoding Baobei Medicine and Medical Materials Co., Ltd.	4	1701081
河北爱普医药药材有限公司	Hebei Aipu Medicine and Medical Materials Co., Ltd.	5	1323716
保定通达医药药材经营有限责任公司	Baoding Tongda Medicine and Medical Materials Co., Ltd.	6	1010405
河北国泰医药有限公司	Hebei Guotai Medicine Co., Ltd.	7	955497
河北同汇医药有限公司	Hebei Tonghui Medicine Co., Ltd.	8	848569
华润廊坊医药有限公司	Huarun Langfang Medicine Co., Ltd.	9	828915
沧州天元医药有限公司	Cangzhou Tianyuan Medicine Co., Ltd.	10	788590

商品销售总额前10名的批发企业
(2012年，按国民经济行业中类分别排序)(续)
The Top 10 Wholesale Enterprises of Total Sale Value (2012)

单位：千元 (1000 yuan)

企业名称	Name of Enterprises	位次 Position	商品销售总额 Total Sales Value
矿产品、建材及化工产品批发业	**Wholesales of Mineral Products, Building Materials and Chemical Products**		
开滦集团国际物流有限责任公司	International Logistics Co., Ltd. of Kailuan Group	1	53873653
冀中能源集团国际物流有限公司	International Logistics Co., Ltd. of Jizhong Energy Group	2	31427939
河北冀物金属回收有限公司	Hebei Jiwu Metal Recycling Co., Ltd.	3	26660672
冀中能源峰峰集团邯郸百维进出口贸易有限公司	Handan Baiwei International Trade Co. Ltd. Of Fengfeng Group, Jizhong Energy Group Co. Ltd.	4	20194125
河北物产金属材料有限公司	Metal-material Co. Ltd. of Hebei Wuchan Corporation Group	5	19538132
中石化河北唐山石油分公司	Tangshan Petrol Company of China Petrochemical (Group) Corporation	6	10610940
中石化河北石家庄石油分公司	Shijiazhuang Petrol Company of China Petrochemical(Group) Corporation	7	10202026
河北省唐山市滦通商贸有限公司	Hebei Tangshan Luantong Trading Co., Ltd.	8	9552394
秦皇岛东奥燃料销售有限公司	Qinhuangdao Dongao Fuel Sales Co., Ltd.	9	9378384
迁安市九江煤炭储运有限公司	Qianan Jiujiang Coal Storage and Transportation Co., Ltd.	10	8640545
机械设备、五金产品及电子产品批发业	**Wholesales of Machinery, Hardware and Electronic Equipment**		
保定长城汽车销售有限公司	Baoding Greatwall Auto Sales Co. Ltd.	1	33466842
庞大汽贸集团股份有限公司	Pangda Auto Sales Corp., Ltd.	2	14621709
承德晨阳汽配城有限公司	Chengde Chenyang Auto Components Trading Center Co., Ltd.	3	3197874
唐山市冀东物贸集团有限责任公司	Tangshan Jidong Materials Trade Corp., Ltd.	4	2395767
庞大汽贸集团股份有限公司张家口分公司	Pangda Auto Sales Corp., Ltd. Zhangjiakou Company	5	1066062
河北长安商用汽车销售有限公司	Hebei Changan Commercial Vehicle Sales Company	6	890000
河北明迈特贸易有限公司	Hebei Mingmaite Trading Company	7	871877
张家口庞大解放汽车销售服务有限公司	Zhangjiakou Panda Sales and Services Co., Ltd. Of Jiefang Auto	8	865008
庞大汽贸青龙车业销售服务有限公司	Qinglong co., Ltd of Auto Sales and Service, Pangda Auto Sales Corp., Ltd.	9	704645
河北机械进出口有限公司	Hebei Machinery Import and Export Co., Ltd.	10	498989
贸易经纪与代理	**Trade Broker and Agency**		
沧州市新世纪对外贸易有限公司	Cangzhou New Century Foreign Trade Co., Ltd.	1	363813
廊坊圣奥国际贸易有限公司	Langfang Shengao International Trading Co., Ltd.	2	101226
万鸿进出口(廊坊)有限公司	Wanhong Import and Export (Langfang) Co., Ltd.	3	68776
邢台进出口贸易有限公司	Xingtai Import and Export Co., Ltd.	4	43768
其他批发业	**Other Wholesales**		
唐山冀东金地汽车用品销售有限公司	Tangshan Jidong Jindi Co., Ltd. Of Auto Decoration	1	378102
河北省卫防生物制品供应中心	Hebei Weifang Supply Center of Biological Products	2	215916
石家庄市物资回收总公司	Shijiazhuang General Company for Material Recycle	3	183980
唐山市强海贸易有限公司	Tangshan Qianghai Trading Co. Ltd.	4	92688
抚宁县世鑫商贸有限公司	Funing Shixin Trading Co., Ltd.	5	42855
邯郸市汇力物资有限公司	Handan HuiLi Materials Co. Ltd.	6	36766
涉县中远废旧物资回收有限公司	Shexian Zhongyuan Recyclable-material Purchasing Co. Ltd.	7	35800
安平县隆昌金属制品有限公司	Anping Longchang Metal Products Co., Ltd.	8	31315
邢台宁硕塑料化工经销有限公司	Xingtai Ningshuo Plastics Products Co, Ltd.	9	30454
南皮县洪立物资回收有限责任公司	Nanpi Hongli Recyclable-material Purchasing Co. Ltd.	10	26898

商品销售总额前10名的零售企业
(2012年，按国民经济行业中类分别排序)
The Top 10 Retail Enterprises of Total Sale Value (2012)

单位：千元 (1000 yuan)

企业名称	Name of Enterprises	位次 Position	商品销售总额 Total Sales Value
综合零售业	**Integrated Retails**		
北国商城股份有限公司	Beiguo Department Store Co., Ltd.	1	19902541
唐山百货大楼集团有限责任公司	Tangshan Department Store Corp., Ltd.	2	8263658
河北保百集团有限公司	Hebei Baoding Department Store Corp., Ltd.	3	3108039
石家庄人民商场股份有限公司	Shijiazhuang Renmin Department Store Co., Ltd.	4	3009101
秦皇岛渤海物流控股股份有限公司	Qinhuangdao Bohai Logistics Holding Company Ltd.	5	1648842
廊坊市明珠商业企业集团有限公司	Langfang Mingzhu Department Store	6	1498752
沧州市华北商厦有限公司	Cangzhou Huabei Department Store Co., Ltd.	7	1085154
石家庄东方城市广场有限公司	Shijiazhuang Dongfang City Plaza Co., Ltd.	8	1067151
保定北国商城有限责任公司	Beiguo Department Store (Baoding) Co., Ltd.	9	1059866
河北保定时代商厦有限公司	Baoding Shidai Department Store Co., Ltd	10	1022701
食品、饮料及烟草制品专门零售业	**Retails of Food, Beverage and Tobacco Product**		
唐山龙悦酒业饮品有限公司	Tangshan Longyue Wine and Beverage Co., Ltd.	1	130306
天津可口可乐饮料有限公司沧州营业所	Cangzhou Branch of Coca-Cola Beverage Co., Ltd.	2	102431
定兴县惠达食品饮料有限公司	Dingxing Huida Food-and-Beverage Co., Ltd.	3	68720
邯郸市美食林商贸有限公司	Handan Meishilin Trading Co., Ltd	4	68092
磁县副食品公司	Cixian Non-staple Food Company	5	59942
隆尧县永安商贸有限公司	Longyao Yongan Trading Co., Ltd.	6	36083
张家口宣化宏昇糖烟酒食品有限公司	Zhangjiakou Xuanhua Hongsheng Co., Ltd. of Sugar, Tobacco, Alcohol and Food	7	29625
定州市中天商贸有限责任公司	Dingzhou Zhongtian Trading Co., Ltd.	8	23097
石家庄市米莎贝尔饮食食品有限公司	Shijiazhuang Misabel Food-and-beverage Co., Ltd.	9	22951
秦皇岛市北戴河暑期供应站	Shijiazhuang Misabel Food-and-beverage Co., Ltd.	10	21361
纺织、服装及日用品专门零售业	**Retails of Textiles, Clothing and Commodities**		
邯郸新世纪商业广场股份有限公司	Handan New Century Commercial Plaza Co., Ltd.	1	1349372
河北鸿舟实业集团有限公司	Hebei Hongzhou Industrial Group Co., Ltd.	2	599929
河北久诚工贸有限公司	Hebei Jiucheng Industrial and Commercial Company Ltd.	3	345721
河北东之杰运动产业发展有限公司	Hebei Dongzhijie Athletic Products Co., Ltd.	4	339946
徐水县双隆商贸有限公司	Xushui Shuanglong Trading Co., Ltd.	5	251391
魏县商务局商业贸易公司	Trading Company of Weixian Trading Bureau	6	198277
廊坊市新朝阳购物中心有限公司	Langfang Xinchaoyang Shopping Center Co., Ltd.	7	195238
廊坊华彩万达百货有限公司	Langfang Huacai Wanda Department Co., Ltd.	8	164790
唐山银泰百货有限公司	Tangshan Yintai Department Co., Ltd.	9	163253
涉县汇客隆超市	Shexian Huikelong Super Market	10	163049
文化、体育用品及器材专门零售业	**Retails of Culture and Sporting Products and Appliance**		
石家庄市新华书店有限责任公司	Shijiazhuang Xinhua Bookstore Co. Ltd.	1	375045
邯郸市新华书店有限责任公司	Handan Xinhua Bookstore Co., Ltd.	2	277185
沧州市新华书店有限责任公司	Cangzhou Xinhua Bookstore Co., Ltd.	3	266284
唐山市新华书店有限责任公司	Tangshan Wuzhou Jewelry Co., Ltd.	4	261722
邢台市新华书店有限责任公司	Tangshan Wuzhou Jewelry Co., Ltd.	5	210141
张家口市新华书店有限责任公司	Zhangjiakou Xinhua Bookstore Co., Ltd.	6	152866
廊坊市新华书店有限责任公司	Langfang Xinhua Bookstore Co., Ltd.	7	147303
衡水市新华书店有限责任公司	Hengshui Xinhua Bookstore Co., Ltd.	8	140894
秦皇岛市新华书店有限责任公司	Qinhuangdao Xinhua Bookstore Co., Ltd.	9	116888
承德市新华书店有限责任公司	Chengde Xinhua Bookstore Co., Ltd.	10	106739
医药及医疗器材专门零售	**Retails of Medicines and Medical Appliances**		
石家庄新兴药房连锁有限公司	Shijiazhuang Xinxing Medicine Chain Store Co. Ltd	1	309428
河北神威大药房连锁有限公司	Hebei Shenwei Medicine Chain Store Co., Ltd.	2	224352
河北省唐山药材采购供应站	Hebei Tangshan Medical Materials Purchasing and Supply Station	3	211837
河北华安生物药业有限公司	Hebei Hua'an Bio-pharmaceutical Co., Ltd.	4	207833
河北华佗药房医药连锁有限公司	Zhangjiakou Huatuo Medicine Chain Store Co., Ltd.	5	178285

商品销售总额前10名的零售企业
(2012年，按国民经济行业中类分别排序)(续)
The Top 10 Retail Enterprises of Total Sale Value (2012)

单位：千元　　　　(1000 yuan)

企 业 名 称	Name of Enterprises	位 次 Position	商品销售总额 Total Sales Value
唐山市唐人医药商场有限公司	Tangshan Tangren Medicine Store Co., Ltd.	6	160248
秦皇岛唐人医药连锁有限责任公司	Tangshan Tangren Medicine Chain Store Co., Ltd.	7	144419
衡水市仁和医药有限公司	Hengshui Renhe Medicine Co. Ltd.	8	125543
秦皇岛民乐医药贸易有限公司	Qinhuangdao Minle Medicine Trade Co., Ltd.	9	121289
廊坊市一笑堂医药零售连锁有限公司	Langfang Yixiaotang Medicine Chain Store Co., Ltd.	10	101460
汽车、摩托车、燃料及零配件专门零售业	**Retails of Automobiles, Motorcycles, Fuel and Motor Vehicle Parts**		
中石油邢台销售分公司	Xingtai Sales Company of Petro China Company Limited	1	2050673
河北联拓汽车贸易有限公司	Hebei Liantuo Auto Sales Co., Ltd.	2	1119416
河北众诚汽车贸易有限公司	Hebei Zhongcheng Auto Sales Co., Ltd.	3	886429
河北联润美迪汽车贸易有限公司	Hebei Lianrun Meidi Auto Sales Co., Ltd.	4	849877
石家庄宝翔行汽车销售服务有限公司	Shijiazhuang Baoxiang Auto Sales and Service Co., Ltd.	5	816296
廊坊壳牌石油有限公司	Langfang Shell Petrochemical Co., Ltd.	6	779985
石家庄申联汽车销售服务有限公司	Shijiazhuang Shenlian Auto Sales and Service Co., Ltd.	7	740722
河北冀中合力汽车销售维修有限公司	Shijianzhuang Jizhong Heli Auto Sales and Service Co., Ltd.	8	720801
唐山市冀东乐业汽车销售服务有限公司	Tangshan Jidong Leye Auto Sales and Services Co., Ltd.	9	679514
唐山光辉汽车销售服务有限公司	Tangshan Guanghui Auto Sales and Service Co., Ltd.	10	625621
家用电器及电子产品专门零售业	**Retails of Household Electrical Appliances**		
廊坊市至诚苏宁电器有限公司	Langfang Zhicheng Suning Electrical Appliance Co., Ltd.	1	545270
河北国美电器有限公司	Hebei Gome Electrical Appliance Co., Ltd.	2	530230
石家庄苏宁电器有限公司	Shijiazhuang Suning Electrical Appliance Co., Ltd.	3	473850
秦皇岛天洋电器有限公司	Qinhuangdao Tianyang Electrical Appliance Co., Ltd.	4	458812
恒信移动商务股份有限公司	Hebei Hengxin Mobile Trade Co., Ltd.	5	421570
保定市亚太通讯器材有限公司	Baoding Yatai Telecommunication Equipments Co., Ltd.	6	395514
河北乐语通讯器材销售有限公司	Hebei Leyu Telecommunication Equipments Co., Ltd.	7	363680
张家口中美电器有限公司	Zhangjiakou Zhongmei Electrical Appliance Co., Ltd.	8	309447
河北永通电子科技有限公司	Hebei Yongtong Electronic Technology Co., Ltd.	9	303118
唐山唐宁苏宁电器有限公司	Tangshan Tangning-Suning Electrical Appliance Co., Ltd.	10	297553
五金、家具及室内装饰材料专门零售业	**Retails of Hardwares, Furniture and Decoration Materials**		
唐山北方瓷都实业有限公司	Beifang Cidu Industrial Co., Ltd. Tangshan	1	180029
唐山市路南常记商场	Changji Department Store, Lunan District, Tangshan	2	125178
衡水市东明村陶瓷建材企业管理有限责任公司	Dongming Village Tao Ci and Building Enterprise Management Limited Liability Company	3	123500
曲周县金梧桐商贸有限公司	Quzhou Jinwutong Trading Co., Ltd.	4	107480
沙河市供销社兴农有限公司	Xingnong Co., Ltd. of Shahe Supply and Marketing Cooperative	5	94728
武邑衡甘达家居建材会展中心有限公司	Wuyi Ganda Furniture and Building Materials Exhibition Center Co., Ltd.	6	85100
磁县宝森家具有限公司	Cixian Baosen Furniture Co., Ltd.	7	81038
磁县玉山家具有限公司	Cixian Yushan Furniture Co., Ltd.	8	76556
唐山市路南区万博源陶瓷城	Wanboyuan Tao Ci cheng, Lunan District, Tangshan	9	56452
磁县兴家家具有限公司	Cixian Xingjia Furniture Co., Ltd.	10	51583
货摊、无店铺及其他零售业	**Stall, Non-shop-front Retails and others**		
任丘市华源石油化工产品有限公司	Renqiu Huayuan Petroleum and Chemical Products Co., Ltd.	1	247716
石家庄市液化气总公司	Shijiazhuang Controlling Corporation for Liquefied Petroleum Gas	2	241198
恒信移动商务股份有限公司保定分公司	Baoding Branch Company of Hengxin Mobile Trade Co., Ltd.	3	68402
吴桥县利信煤炭销售有限公司	Wuqiao Lixin Coal Trading Co., Ltd.	4	59661
迁安市民用爆破器材专营公司	Qian'an Monopoly Company of Civil-use Blasting Gears	5	56877
遵化市神华煤炭经销处	Zunhua Shenhua Coal Trading Agency	6	51063
河北福盛泉酒业有限公司	Hebei Fushengquan Alcohol Co., Ltd.	7	49844
唐山市燕山石油液化气有限公司	Tangshan Yanshan Liquefied Petroleum Gas Co., Ltd.	8	41998
秦皇岛市煤气总公司山海关液化气公司	Shanhaiguan Liquefied Petroleum Gas Company of Qinhuangdao Gas Controlling Corporation	9	37055
迁安华通燃气有限公司	Qian'an Huatong Gas Company Limited	10	33180

营业收入前50名的餐饮企业（2012年）
The Top 50 Catering Enterprises of Business Revenue (2012)

单位：千元 (1000 yuan)

企业名称	Name of Enterprises	位次 Position	营业收入 Business Revenue
唐山凤凰园美食城	Tangshan Fenghuangyuan Restaurant	1	179071
三河市燕龙绿色生态园有限公司	Sanhe Yanlong Lvse Shengtaiyuan Food and Beverage Co., Ltd.	2	109349
石家庄市湘君府餐饮有限公司	Shijiazhuang Xiangjunfu Food and Beverage Co., Ltd.	3	83115
石家庄市海星餐饮有限公司	Shijiazhuang Haixing Food and Beverage Co., Ltd.	4	82807
迁安锦江饭店	Qianan Jinjiang Hotel	5	74568
秦皇岛浪漫湾海度假村有限公司	Qinhuangdao Romantic Gulf Resort Co.， Ltd.,	6	74257
唐山南湖大酒店有限责任公司	Tangshan NanHu Grand Hotel Co., Ltd.	7	73916
唐山鸿宴饭庄	Tangshan Hongyan Restaurant	8	68050
保定市金泰花园酒店	Baoding Jintai Garden Hotel	9	67586
保定唐人美食山	Baoding Jintai Garden Hotel	10	61867
枣强县兴业大酒店	Zaoqiang Xingye Grand Hotel	11	61408
唐山大陆海鲜餐饮有限公司	Tangshan Dalu Sea-food Restaurant Co., Ltd.	12	61342
河北玉兰香保定会馆饮食有限公司	Yulanxiang Baoding Huiguan Co., Ltd. For Food and Beverage,	13	60320
唐山明星饭店	Tangshan Mingxing Hotel	14	56683
武安市三和餐饮有限公司	Wu'an Sanhe Food and Beverage Co., Ltd.	15	54098
石家庄福瑞德餐饮有限责任公司	Shijiazhuang Furuide Food and Beverage Co., Ltd.	16	52676
河北丛台电子股份有限公司邯郸丛台大酒店	Handan Congtai Grand Hotel，Hebei Congtai Electronic Co., Ltd.	17	50795
石家庄市燕风楼烤鸭店	Shijiazhuang Yanfenglou Roasted-Duck Restaurant	18	49421
武安市顺峰酒楼	Wu'an Shunfeng Restaurant	19	48051
承德市乾隆餐饮有限公司	Chengde Qianlong Food and Beverage Co., Ltd.	20	47733
河北浪淘沙餐饮有限公司	Hebei Langfang Langtaosha Food and Beverage Co., Ltd.	21	45399
永年县白云餐饮服务有限公司	Baiyun Food and Beverage Service Co., Ltd., Yongnian	22	43805
唐山金盛万豪商务酒店有限公司	Tangshan Jinsheng Wanhao Business Hotel Co., Ltd.	23	42945
唐山市路北长城大酒店	Tangshan Lubei Great-wall Hotel	24	42150
河北玉兰香保定会馆饮食有限公司保定秀兰店	Baoding Xiulan Restaurant of Yulanxiang Food and Beverage Co., Ltd.	25	42070
秦皇岛丰圣企业有限公司	Qinhuangdao Fengsheng Co., Ltd.	26	40578
保定市金筷子餐饮有限公司	Baoding Gold-chopsticks food and Beverage Co., Ltd., Baoding	27	38050
唐山圣典餐饮有限公司	Tangshan Shengdian Food and Beverage Co., Ltd.	28	34798
保定市玉兰香直隶会馆餐饮有限公司	Yulanxiang Zhili Huiguan Co., Ltd. for Food and Beverage, Baoding	29	34761
秦皇岛海天一色餐饮有限公司	Qinhuangdao Haitianyise Food and Beverage Co., Ltd.	30	33849
唐山市丰南区新宾馆有限公司	Fengnan District new hotels Co., Ltd.，Tangshan	31	33426
唐山俏江南餐饮管理有限公司	Qiaojiangnan Management Co., Ltd. for Food and Beverage,Tangshan	32	33146
秦皇岛海亿投资有限公司	Qinhuangdao Haiyi Investment Co., Ltd.	33	33072
石家庄市锦绣金山人家酒店有限公司	Jinxiujinshan people Hotel Co., Ltd.，Shijiazhang	34	32897
张家口市恒通酒店管理有限责任公司	Zhangjiakou Hengtong Hotel Management Co., Ltd.	35	32026
廊坊市海中金餐饮服务有限公司	Haizhongjin Food and Beverage Service Co., Ltd., Langfang	36	31850
河北思特利贸易有限公司	Hebei Silite Trading Co., Ltd.	37	31619
保定市老城根餐饮发展有限公司	Baoding Laochenggen Food and Beverage Co., Ltd.	38	29236
秦皇岛一勺之多美食会馆有限公司	Yishaozhiduo Food Association Co., Ltd.，Qinhuangdao	39	28971
邢台市海艺温泉假日酒店有限责任公司	Xingtai Haiyi Hot Spring Holiday Hotel Co., Ltd.	40	28291
沧州市全聚德烤鸭店有限公司	Quanjude Roasted Duck Restaurant Co.， Ltd., Cangzhou	41	26262
石家庄市祥悦新上海国际饭店有限公司	Xiangyue Xinshanghai International Hotel Co., Ltd., Shijiazhuang	42	25648
沧州市天厨饮食有限公司	Cangzhou Tianchu Food and Beverage Co., Ltd.	43	25579
三河市琨博大酒店	Sanhe Kunbo Grand Hotel	44	25499
邢台市唐潮壹品餐饮有限公司	Tangchao Yipin Food and Beverage Co., Ltd., Xingtai	45	25477
石家庄市桥西区光明渔港	Guangming Yugang Restaurant, Qiaoxi District, Shijiazhuang	46	25195
张家口市宏昊餐饮娱乐有限公司	Zhangjiakou Honghao Grand Hotel Co., Ltd.	47	24598
承德市特别特餐饮有限责任公司	Chengde Tebiete Food and Beverage Co., Ltd.	48	24173
唐山锦绣香江商务酒店	Jinxiu Xiangjiang Business Hotel，Tangshan	49	23860
高阳县康恩美食服务有限公司	Gaoyang Kangen Food Service Co., Ltd.	50	22759

营业收入前50名的住宿企业（2012年）
The Top 50 Hotels of Business Revenue (2012)

单位：千元 (1000 yuan)

企 业 名 称	Name of Enterprises	位 次 Position	营业收入 Business Revenue
河北世纪大饭店有限公司	Hebei Century Grand Hotel Co., Ltd.	1	187010
新奥集团艾力枫社酒店有限公司	Golden Elephant Hotel Co., Ltd. Of XinAo Gas Holdings Limited	2	153110
河北宾馆有限公司	Hebei-binguan Hotel Co., Ltd.	3	151792
河北太行国宾馆	Taihang State Guest House Hotel	4	143979
秦皇岛秦皇国际大酒店有限公司	Qinhuangdao International Grand Hotel	5	125005
兴华财富集团武安财富国际酒店有限公司	Wu'an Caifu International Co., Ltd.，Xinghua Fortune Group	6	122088
石家庄世贸广场酒店有限公司	World Trade Plaza Hotel, Shijiazhuang	7	121953
河北白鹿温泉旅游度假股份有限公司	Hebei Bailu Hot-pot Tourism Co., Ltd.	8	110428
福成国际大酒店有限公司	Fucheng International Grand Hotel Co., Ltd.	9	102365
廊坊国际饭店	International Hotel, Langfang	10	93926
保定源盛融通发展有限公司电谷酒店分公司	Diangu Hotel Company of Yuansheng Rongtong Development Co., Ltd., Baoding	11	87654
邯郸市星际美高酒店有限公司	Handan Star Metro Hotel Co., Ltd.	12	86625
石家庄国宾大酒店有限公司	Guobin Grand Hotel Co., Ltd., Shijiazhuang	13	80368
邯郸市招商大酒店有限公司	Handan Merchants Hotel Co., Ltd.	14	74421
石家庄美丽华大酒店有限公司	Shijiazhuang Meilihua Grand Hotel Co., Ltd.	15	69713
河北燕山大酒店有限责任公司	Hebei Yanshan Grand Hotel Co., Ltd.	16	68936
保定国际俱乐部有限公司	Baoding International Club Co., Ltd.	17	68448
河北金圆大厦有限公司	Hebei Jinyuan Grand Hotel Co., Ltd.	18	64418
保定星光国际商务酒店有限公司	Xingguang International Business Hotel Co., Ltd., Baoding	19	64285
沧州金狮国际酒店有限责任公司	Gold Lion International Hotel Co., Ltd., Cangzhou	20	64179
河北中国大酒店	Hebei China Hotel	21	59483
石家庄市燕春饭店管理有限公司	Yanchun Hotel Management Co., Ltd., Shijiazhuang	22	58987
张家口市蓝鲸大厦餐饮娱乐有限公司	Zhangjiakou Lanjing Grand Hotel Co., Ltd.	23	58442
沧州市人民政府招待处	Guest house of Cangzhou Government	24	57912
沧州阿尔卡迪亚国际酒店有限公司	Cangzhou Arcadia International Hotel	25	57365
唐山宾馆	Tangshan Hotel	26	56589
唐山国际饭店有限公司	International Hotel Co., Ltd., Tangshan	27	55979
邯郸金都饭店有限公司	Handan Jindu Hotel Co., Ltd.	28	55828
石家庄亚太大酒店	Shijiazhuang Yatai Grand Hotel	29	55100
河北汇源大酒店	Hebei Huiyuan Grand Hotel	30	52136
河北汇宾大酒店	Hebei Huibin Grand Hotel	31	50291
三河汇福餐饮有限公司	Huifu Food and Beverage Co., Ltd., Sanhe	32	50281
秦皇岛海景酒店有限公司	Qinhuangdao Haijing Holiday Hotel Co., Ltd.	33	48544
河北信达金建投资有限公司	Hebei Xindajin Construction and Investment Co., Ltd.	34	47816
邯郸赵王宾馆有限公司	Handan Zhaowang Hotel Co., Ltd.	35	47061
承德天宝假日酒店有限公司	Chengde Tianbao Holiday HotelCo., Ltd.	36	46602
河北北方大厦	Hebei North Building	37	45941
武安市蓝天宾馆	Wu'an Lantian Hotel	38	45204
保定市秀兰饭店有限公司	Baoding Xiulan Hotel Co., Ltd.	39	44612
秦皇岛市长城酒店有限公司	Qinhuangdao Great-Wall HotelCo., Ltd.	40	44334
唐山新华大酒店有限责任公司	Tangshan Xinhua Grand Hotel Co., Ltd.	41	43477
渤海国际会议中心有限公司	Bohai International Conference Center Co., Ltd.	42	43072
肃宁县华阳大酒店有限责任公司	Suning Huayang Grand Hotel Co., Ltd.	43	42836
唐山石油宾馆有限公司	Tangshan Petroleum Hotel Co., Ltd.	44	41023
河北卓正国际酒店有限公司	Hebei Zhuozheng International Hotel Co., Ltd.	45	40566
秦皇岛市羊城酒店有限责任公司	Qinhuangdao Yangcheng Hotel Co., Ltd.	46	40552
邢台万峰大酒店股份有限公司	Wanfeng Grand Hotel Co., Ltd., Xingtai	47	39943
唐山市丰润区人民政府招待所	Guest house of Tangshan Fengrun District Government	48	39080
廊坊市天都大酒店	Tiandu Grand Hotel, Langfang	49	38719
蔚县新蔚州宾馆	New Yuzhou Hotel，Yuxian County	50	37757

亿元以上商品市场成交额排序（2012年）
Transaction Value of Commodity Markets Over 100 Million Yuan (2012)

单位：万元 (10000 yuan)

市场名称	Name of Market	位次 Position	成交额 Transaction Value
白沟新城市场	Baigou new city Market	1	5305599
石家庄市新华集贸市场	Xinhua Market, Shijiazhuang	2	4590000
南三条市场	Nansantiao Market	3	3700000
河北省香河家具城	XiangHe Furniture Market	4	2450000
永年县标准件市场	Yongnian Standardized Component Market	5	1486000
肃宁县皮毛交易市场	Suning Fur & Feather Market	6	1305000
安国市东方药城交易大厅	Dongfang Herb-medicine Market, Anguo	7	1300000
高阳县庞口汽车农机配件城管理委员会	Pangkou Market of Motor and Agricultural Machinery Component Management Committee, Gaoyang	8	850000
石家庄桥西蔬菜中心批发市场有限公司	Qiaoxi Vegetable Wholesale Market Co., Ltd., Shijiazhuang	9	750000
中国大营国际皮草交易中心	Daying International Fur & Feather Trading Center	10	600000
馆陶县金凤禽蛋农贸批发市场	Jinfeng Wholesale Market of Poultry and Agricultural Products, Guantao	11	586788
安平县丝网大世界管理委员会	Administrative Committee of Wire Mesh World, Anping	12	570000
鸦鸿桥镇河西日杂市场	Hexi Grocery Market, Yahongqiao Town	13	528290
怀来县土木煤炭市场物流服务中心	Logistics Service Center of Huailai Tumu Market	14	527372
沧州崔尔庄枣业有限公司	Cuierzhuang Chinese Date Co. Ltd., Cangzhou	15	516000
河北省邯郸市冀南针纺城	Jinan Knitting Textile Market, Handan	16	510000
昌黎县佳朋皮毛交易市场	Jiapeng Fur & Leather Market, Changli	17	500000
定州市鲜活农产品批发市场	Dingzhou Wholesale Market of Agricultural Products	18	491337
高阳县纺织商贸城管理委员会	Gaoyang Textile Trading Market Management Committee	19	480000
正定县恒山板材批发市场	Hengshan Wholesale Market of Sheet Material, Zhengding County	20	448944
秦皇岛海阳农副产品批发市场	Wholesale Market of Agricultural Products, Haiyang, Qinhuangdao	21	410000
中国香河国际农产品交易物流中心	China International Trading Center of Agricultural Products, Xianghe	22	404899
邯郸市魏县天仙果菜批发市场	Tianxian Wholesale Market of Fruit and Vegetable, Wei County, Handan	23	400300
廊坊市钢材交易市场有限公司	Langfang Steel Market Co., Ltd.	24	400000
饶阳县瓜菜果品交易市场	Raoyang Fruit and Vegetable Market	25	394900
孟村县辛大管件市场	Xinda Pipe Fitting Market, Mengcun	26	372260
河北高邑蔬菜批发市场	Gaoyi Vegetable Wholesale Market	27	320000
晋州市新世纪商城	New-Century Market, Jinzhou	28	319040
中国自行车零件城	China Bicycle Component Market	29	312876
河间市堤口农产品批发市场	Dikou Wholesale Market of Agricultural Products, Hejian	30	306040
清河县绒毛交易市场	Qinghe Fur Market	31	302151
鸦鸿桥河西村鞋市	Hexi Shoes City, Yahongqiao Town, Yutian County	32	300500
邯郸市永年县中原农副产品批发市场	Zhongyuan Wholesale Market of Agricultural Products, Yongnian	33	300365
辛集皮革城有限公司	The city of Xinji Leather Co., Ltd.	34	300000
路南区小山服装批发市场	Xiaoshan Clothing Wholesale Market, Lunan District	35	297000
邯郸市科技城农副水产批发市场	Wholesale Market of Agricultural and Aquatic Products, Science and Technology City, Handan	36	297000
唐山和平钢铁物流有限公司	Tangshan Heping Steel Logistics Co., Ltd.	37	290000
中国轴承大世界	China Shaft Bearing Market	38	290000
乐亭县冀东果菜批发市场管理委员会	Jidong Wholesale Market of Fruits and Vegetables Management Committee, Laoting	39	284000
永年县南大堡蔬菜批发市场	Nandabao Fruit and Vegetable Market, Yongnian	40	260000
鸦鸿桥镇小商品城	Yahongqiao Small Commodity City	41	253700
魏县天龙建筑建材批发市场	Tianlong Wholesale Market of Construction Materials, Weixian	42	253000
正定国际小商品市场	Zhengding International Small Commodity Market	43	245340
邯郸市涉县商贸城	Shexian Trading Center, Handan	44	229000
唐山金玉农产品综合交易中心	Jinyu Trading Center of Agriculture Products, Tangshan	45	228943
宁晋县大陆村镇农机配件市场	Dalu Market of Agricultural Machinery Components, Ningjin	46	213587
东联汽车配件市场	Donglian Market of Auto Components	47	210880
河北衡水橡胶城	Hengshui Rubber Market, Hebei	48	210000
张家口市宣化盛发蔬菜副食市场	Xuanhua Agricultural Product Market, Zhangjiakou	49	194272
青县盘古市场管理处	Administration of Pangu Market, Qing County	50	190100
保定市工农路批发市场	Gongnong-road Wholesale Market, Baoding	51	180000
怀来县京西果菜批发市场有限责任公司	Jingxi Wholesale Market of Fruits and Vegetables, Huailai	52	170000
路南区荷花坑市场	Hehuakeng Market, Lunan District	53	166260
长安装饰材料和平路市场	Heping-Road Branch of Changan Decorative Material Market, Shijiazhuang	54	165900
邯郸市陶山市场	Taoshan Market, Handan	55	163638

亿元以上商品市场成交额排序（2012年)(续一)

Transaction Value of Commodity Markets Over 100 Million Yuan (2012)

单位：万元 (10000 yuan)

市场名称	Name of Market	位 次 Position	成交额 Transaction Value
承德市裕华路市场	Yuhua-Road Market, Chengde	56	160115
石家庄时代汽车广场	Shidai Auto Plaza，Shijiazhuang	57	160000
路南区南新道水产批发市场	Nanxindao Wholesale Market of Aquatic Products, Lunan District	58	160000
河间市米各庄汽配城	MigeZhuang Auto Component Market, Hejian	59	158700
昌黎县新集农副产品批发	Xinji Market of Agricultural Products, Changli	60	153600
邯郸市启信商城	Qixin Market, Handan	61	150000
清河县羊绒制品市场	Qinghe Pashm Trading Center	62	150000
文安县小王东机床市场	Xiaowangdong Market of Machine Tools，Wenan	63	150000
石家庄丰农农副产品开发	Fengnong Market of Agricultural Products, Shijiazhuang	64	149635
秦皇岛农副产品批发市场	Qinhuangdao Wholesale Market of Agricultural Products	65	146697
辛集市商业城制衣工业区市场	Market of Clothing Manufacturing Zone, Shangyecheng, Xinji	66	142566
景县橡塑制品专业市场	Rubber and Plastic Product Market, Jingxian County	67	133179
永清县大辛阁瓜果蔬菜批发市场	Daxinge Market of Fruits and Vegetables, Yongqing	68	129000
运河区沧州市四合菜市场有限公司	Sihe Vegetable Market Co., Ltd., Yunhe District, Cangzhou	69	128984
威县冀南瓜菜蔬菜批发市场	Shidai Motor Plaza, Weixian County	70	125000
保定天惠副食果品有限公司果品批发	Wholesale Market of Fruits, Tianhui Agricultural Products Co., Ltd., Baoding	71	125000
定州市中山市场	Zhongshan Market, Dingzhou	72	121740
藁城市稚翔禽蛋市场	Zhixiang Poultry Product Market, Gaocheng	73	121423
正定三才家具市场	Sancai Furniture Market, Zhengding	74	120084
石家庄华北五金机电城	North-China Market of Hardwares and Mechanical & Electrical Products，Shijiazhuang	75	120000
藁城市惠农粮食贸易有限公司	Huinong Grain Co., Ltd., Gaocheng	76	114358
衡水市东明村农产品企业管理有限责任公司	Dongmingcun Agricultural Enterprise Management Co. Ltd., Hengshui	77	114300
平泉县榆村林子蔬菜果品批发市场有限公司	Yushulinzi Fruit and Vegetable Wholesale Market Co., Ltd., Pingquan	78	110500
兴隆县佟家沟农副产品批发市场服务有限公司	Tongjiagou Wholesale Market Co., Ltd of Agricultural Products ., Xinglong	79	110000
遵化市鑫海钢材市场	Xinhai Market of Steel Products, Zunhua	80	108000
霸州宾鹏钢木家具城	Binpeng Market Of Steel-and-Wood Structured Furniture, Bazhou	81	108000
霸州市益津市场	Yijin Market, Bazhou	82	107008
晋州市农副产品批发市场	Jinzhou Wholesale Market of Agricultural Products	83	103120
邢台市荣昌果品商贸总汇	Rongchang Fruit Market, Xingtai	84	103000
藁城市益农达蔬菜有限公司	Yinongda Vegetable Market, Gaocheng	85	102436
留史皮毛市场	Liushi Fur and Leather Market	86	101229
河北东明国际家具博览有限公司	Hebei Dongming International Furniture Exhibition Center Co., Ltd.	87	100000
沧州市王御史五金汽配城	Wangyushi Market of Auto Components and Hardwares	88	100000
沧州市冀沧果品蔬菜市场有限公司	Jicang Fruit and Vegetable Market Co., Ltd., Cangzhou	89	100000
河北汽贸中心	Hebei Auto Trading Center	90	98670
张家口市张北县华北牲畜交易市场	North-China Live-stock Market, Zhangbei, Zhangjiakou	91	94000
邯郸市磁县新市场	New Market, Cixian County, Handan	92	92665
唐山市吉祥旧机动车交易市场	Jixiang Second-hand Auto Market,Tangshan	93	89287
魏县当歌酒类专业批发市场	Dangge Wine Wholesale Market, Weixian County	94	86700
晋州市古城禽蛋市场	Gucheng Poultry Product Market, Jinzhou	95	85582
长安装饰材料北宋路市场	Beisong-Road Branch of Changan Decorative Material Market, Shijiazhuang	96	84670
鼎坚五金机电市场	Dingjian Market of Hardwares and Mechanical & Electrical Products	97	83200
深州市贸易城	Shenzhou Maoyicheng Market	98	82440
路南区吉祥实业集团公司	Jixiang Industrial Corp., Ltd., Lunan, Tangshan	99	82196
徐水县白塔铺蔬菜批发市场	Baitapu Whole Sale Market of vegetables, Xushui	100	81210
康保县杂粮市场	Coarse Cereals Market, Kangbao	101	80784
武安市建材市场	Wu'an Market of Building Materials	102	80373
冀州市辣椒专业市场	Jizhou Capsicum Market	103	80100
晋州市东寺果品市场	Dongsi Fruit Market, Jinzhou	104	79750
遵化市燕山果菜批发市场有限公司	Yanshan Fruit and Vegetable Wholesale Market Co., Ltd., Zunhua	105	79000
邯郸市大名县南李庄花生市场	Nanlizhuang Peanut Market, Daming, Handan	106	76000

亿元以上商品市场成交额排序（2012年）(续二)

Transaction Value of Commodity Markets Over 100 Million Yuan (2012)

单位：万元 (10000 yuan)

市场名称	Name of Market	位次 Position	成交额 Transaction Value
武安市杜庄农副产品批发市场	Duzhuang Market of Agricultural Products, Wuan	107	72733
海兴县辛集镇鱼子鱼粉市场	Xinji Market of Roe and Fish Powder, Haixing	108	72500
秦皇岛旧机动车交易市场	Qinhuangdao Second-hand Auto Market	109	72322
万全县逯家湾煤炭市场	Lujiawan Coal Market, Wanquan	110	72000
迁安市市场建设服务中心	Qianan Market Service Center	111	71100
承德燕塞商贸有限责任公司	Yansai Trading Co., Ltd., Chengde	112	70473
沧州聚鑫钢材交易市场	Juxin Steel Product Market, Cangzhou	113	70000
邯郸市魏县天民粮油批发交易市场	Tianmin Grain Wholesale Market, Weixian County, Handan	114	66360
涿州市新发地农产品市场有限公司	Xinfadi Agricultural Product Market Co. Ltd., Zhuozhou	115	65053
唐山市丰南区通达商贸城有限公司	Tongda Shangmaocheng Trading Center Col, Ltd., Fengnan, Tangshan	116	62908
红星美凯龙世博家居广场	Red Star Macalline International Plaza of Furniture and Building Materials, Shijiazhuang	117	62730
张家口市蔬菜水产市场	Zhangjiakou Market of Vegetables and Aquatic Products	118	62300
佳农市场	Jianong Market	119	62216
万全县马连堡煤炭市场	Malianbao Coal Market, Wanquan	120	61000
沧州富华鞋城有限公司	Fuhua Shoes Trading Center Co.，Ltd., Cangzhou	121	60000
沧州国富市场服务有限公司	Guofu Market Service Co., Ltd., Cangzhou	122	60000
新乐市花生米市场	Xinle Peanut Market	123	57982
鸡泽县辣椒工贸城	Jize Processing and Trading Center of Capsicum	124	56000
任丘市张刘庄铝型材市场	Zhangliuzhuang Aluminum Product Market， Renqiu	125	55620
邯郸市涉县清漳批发市场	Qingzhang Wholesale Market, Shexian County, Handan	126	55550
河北鑫顺石材石雕艺术交易市场有限公司	Xinshun Market Co., Ltd. of Rough Stone and Carved Stone, Hebei	127	55093
承德市蔬菜果品批发市场	Chengde Wholesale Market of Fruits and Vegetables	128	54680
承德万泉花市场服务有限公司	Wanquan Flower Market Service Co., Ltd., Chengde	129	53200
平乡县滏兴蔬菜交易有限公司	Fuxing Vegetable Trading Center Co., Ltd. , Pingxiang	130	52182
定州市高篷布匹批发市场	Gaopeng Cloth Wholesale Market, Dingzhou	131	51987
石家庄市白佛钢材交易中心	Baifo Steel Product Trading Center	132	51396
邯郸市磁州商都	Cizhou Shangdu Trading Center, Handan	133	48938
平泉县六河源牲畜交易市场	Liuheyuan Live-stock Market, Pingquan	134	48600
定州市地道桥市场	Didaoqiao Market, Dingzhou	135	48381
文安县芦阜庄钢材市场	Lufuzhuang Market of Steel Products, Wenan	136	48000
吴桥县荣昌市场	Rongchang Market, Wuqiao	137	47143
顺平县城北市场	Chengbei Market, Shunping	138	46931
正定县西关蔬菜市场	Xiguan Vegetable Wholesale Market, Zhengding	139	46622
沧州市富园菜市场	Fuyuan Vegetable Market, Cangzhou	140	45000
曲周县城北蔬菜市场	Chengbei Vegetable Market, Quzhou	141	43044
肃宁县市场服务中心	Suning Market Service Center	142	42215
泊头市红旗综合批发市场	Hongqi-road Comprehensive Wholesale Market, Botou	143	41737
海龙电子城	Hailong Trading Center of Electronic Products	144	41279
邢台市蔬菜公司顺兴综合商场	Shunxing Store of Xingtai Vegetable Co., Ltd.	145	40865
新乐市集贸市场	Xinle Fair Market	146	40800
曹妃甸区农副产品市场	Caofeidian District Market of Agricultural Products	147	40376
和平路建材广场	Heping-Road Plaza of Building Materials	148	39887
沧县兴济蔬菜批发市场	Xinji Vegetable Whole Sale Market, Cangxian County	149	39450
大城县东阜市场	Dongfu Market, Dacheng	150	38536
康保县蔬菜批发市场	Kangbao Vegetable Wholesale Market	151	38500
盐山县兴隆果菜批发市场	Xinglong Wholesale Market of Fruits and Vegetables， Yanshan	152	37650
秦皇岛市供销合作社贸易服务公司果菜批发市场分公司	Fruit and Vegetable Wholesale Market of Trading and Service Co. Ltd. of Qinhuangdao Supply and Marketing Cooperative	153	37200
黄骅市海鲜城中期贸易市场有限公司	Huanghua seafood city stage trade market Co. Ltd.	154	37200
容城县容丰瓜果蔬菜批发市场	Rongfeng Wholesale Market of Fruits and Vegetables, Rongcheng	155	36000
石家庄红星美凯龙	Red Star Macalline International Plaza of Furniture and Building Materials, Shijiazhuang	156	35000
沧州市恒顺旧车市场服务有限公司	Hengshun Second-hand Car Market Service Co., Ltd., Cangzhou	157	35000
任丘市废旧钢铁市场	Renqiu Market of Scrapped and Second-hand Steel Products	158	34480
任丘市西环建材市场	Renqiu Xihuan Market of Building Materials	159	34460
北戴河石塘路市场	Shitang-road Market, Beidaihe	160	34054

亿元以上商品市场成交额排序（2012年）(续三)
Transaction Value of Commodity Markets Over 100 Million Yuan (2012)

单位：万元 (10000 yuan)

市场名称	Name of Market	位次 Position	成交额 Transaction Value
张家口市宣化区煤炭市场	Coal Market, Xuanhua District, Zhangjiakou	161	34000
河北瑞邦房地产开发公司燕山商城分公司	Yanshan Shangcheng Branch Company of Hebei Ruibang Real Estate Co., Ltd.	162	33830
容城县城子瓜果蔬菜批发市场	Chengzi Wholesale Market of Fruits and Vegetables, Rongcheng	163	33062
赵县梨乡商城	Lixiang Trading Center, Zhaoxian County	164	32902
井陉县中心市场	Jingxing Central Market	165	32550
邢台市第一农业生产资料总公司批发市场	Wholesale Market of Xingtai First General Company of Agricultural Capital Goods	166	32520
由由水鲜城	Youyou Trading Center of Aquatic Products	167	32336
沧州车站工业品批发市场	Chezhan Industrial Product Market, Cangzhou	168	32000
赵县集贸市场	Zhaoxian Market of Agricultural Products	169	31899
正定常山市场	Changshan Market, Zhengding	170	31770
任丘市华油东风市场	Huayou Dongfeng Market, Renqiu	171	31390
乐亭县冀东皮毛交易市场	Jidong Fur and Leather Market, Laoting	172	31200
阜城县衡德瓜菜批市场	Hengde Wholesale Market of Fruits and Vegetables, Fucheng	173	31200
廊坊市兴安市场	Xingan Market, Langfang	174	29005
固安县方城农副产品批发市场	Fangcheng Wholesale Market of Agricultural Products, Gu'an	175	28990
武安市工矿机电设备市场	Wu'an Market of Industrial and Mineral Machinery	176	28136
河北石材市场	Hebei Rough Stone Market	177	27355
魏县飞天干菜食品市场	Feitian Market of Dried Vegetables and Foods, Weixian County	178	27276
辛集市河北一集商品市场	Hebei's First Fair Market, Xinji	179	26827
长安装饰材料跃进路市场	Yuejin-road Branch of Changan Decorative Material Market	180	26730
秦皇岛市华运建筑装饰材料城	Huayun Market for Building and Decorative Materials, Qinhuangdao	181	26700
定兴县一市场	The First Market, Dingxing	182	26390
泊头市刘庄蔬菜批发市场	Liuzhuang Vegetable Wholesale Market, Botou	183	26003
宁晋县绿源果品批发市场有限公司	Lvyuan Fruit and Vegetable Wholesale Market Co. Ltd, Ningjin	184	26000
肃宁县张大蔬菜批发市场	Zhangda Wholesale Market, Suning	185	25860
正定县梅山商城	Meishan Shangcheng Market, Zhengding	186	25810
沧州市天河副食有限公司	Tianhe Non-staple Food Co., Ltd., Cangzhou	187	25000
北市区市场建设服务中心建华路市场	Jianhua-road Market of Beishiqu Market Developing and Service Center	188	24770
承德市商城	Chengde Shangcheng Trading Center	189	24210
任丘市西环蔬菜水果市场	Xihuan Market of Fruits and Vegetables, Renqiu	190	24100
固安县京南刘园农副产品批发市场	Jingnan Liuyuan Market of Fruits and Vegetables, Gu'an	191	24000
平山县古月集贸市场	Guyue Market of Agricultural Products, Pingshan	192	23837
大红门石材市场	Dahongmen Rough Stone Market	193	23779
昌黎县碣石山市场	Jieshishan Market, Changli	194	23690
银白佛蔬菜批发市场	Yinbaifo Wholesale market of Vegetables	195	23340
武安市钢材市场	Wu'an Steel Product Market	196	23081
任丘市裕华市场	Yuhua Market, Renqiu	197	22600
抚宁县关内第一集	Guannei Diyiji Market, Funing	198	22134
张北县康源蔬菜交易市场	Kangyuan Vegetable Market, Zhangbei	199	22000
新乐市承安集贸市场	Chengan Market of Agricultural Products, Xinle	200	21607
行唐县龙洲商城	Longzhou Trading Center， Xingtang	201	21181
邢台市中北商城有限公司	Zhongbei Shangcheng Co., Ltd., Xingtai	202	20842
冀州市迎宾市场	Yingbin Market, Jizhou	203	20590
沽源县闪电河蔬菜交易市场	Shandianhe Vegetable Market, Guyuan	204	20500
大城县平舒市场	Pingshu Market， Dacheng	205	20387
枣强县玻璃钢城原辅材料市场	Material Market of Fiberglass Epoxy City, Zaoqiang	206	20347
霸州胜芳镇星光商城	Xingguang Trading Center, Shengfang Town, Bazhou	207	20180
沧州市新华区道东菜市场	Daodong Vegetable Market, Xinhua District, Cangzhou	208	20100
张北县坝上蔬菜产业有限公司	Bashang Vegetable Industrial Co., Ltd., Zhangbei	209	20028
宁晋县华鑫建材市场有限公司	Huaxin Construction Material Market Co., Ltd., Ningjin	210	20000
徐水县钢铁市场	Xushui Iron and Steel Market	211	20000
沧州旧货贸易有限公司旧货交易市场	Second-hand Goods Market, Cangzhou Second-hand Goods Trading Co., Ltd	212	20000
运河区沧州市富强市场服务有限公司	Fuqiang Market Service Co., Ltd., Yunhe District, Cangzhou	213	19475
沽源县高山堡乡大西洼蔬菜交易市场	Daxiwa Vegetable Market, Gaoshanbao, Guyuan	214	19300

亿元以上商品市场成交额排序（2012年）(续四)

Transaction Value of Commodity Markets Over 100 Million Yuan (2012)

单位：万元 (10000 yuan)

市场名称	Name of Market	位次 Position	成交额 Transaction Value
青县天华蔬菜种植专业合作社	Tianhua Vegetable Cooperative, Qingxian County	215	19200
迁西县紫玉街市场	Ziyu-Street Market, Qianxi	216	18742
鸡泽县综合商贸城	Jize Trade City	217	18240
正定县恒州肉食批发市场	Hengzhou Meat Wholesale Market, Zhengding	218	18022
石家庄怀特装饰材料市场	Huaite Market of Decorative Materials, Shijiazhuang	219	18000
石家庄居然之家家居有限公司	Juranzhijia home furnishing Co., Ltd.， Shijiazhuang	220	17382
饶阳县果品蔬菜市场	Raoyang Fruit and Vegetable Market	221	17230
城关市场	Chengguan Market	222	17160
天桥市场	Tianqiao Market	223	16991
深州果品专业市场	Shenzhou Fruit Market	224	16590
新乐市三轮车市场	Xinle Motorized Tricycle Market	225	16529
张家口北华果蔬市场	Beihua Fruit and Vegetable Market, Zhangjiakou	226	16416
河间市故仙乡大葱市场	Welsh onion Market，Guxian，Hejian	227	16000
邯郸市冀粤建材市场	Jiyue Construction Material Market, Handan	228	15900
银白佛建华不锈钢市场	Yinbaifo Jianhua Stainless Steel Market	229	15880
定兴县北河镇市场	Beihe Market, Dingxing	230	15776
运河区沧州宝丰商城有限责任公司	Baofeng Trading Center Co., Ltd., Yunhe District, Cangzhou	231	15660
围场满蒙自治县棋盘山大牲畜交易市场	Qipanshan Market Large Live-stock, Weichang	232	15500
马坊市场	Mafang Market	233	15441
曲周县东焦营无公害蔬菜批发市场	Dongjiaoying Pollution-free Vegetable Wholesale Market, Quzhou	234	14996
平泉县台头山乡打鹿沟蔬菜批发市场	Dalugou Vegetable Wholesale Market, Taitoushan, Pingquan	235	14900
邯郸市峰峰矿区蔬菜副食品批发交易市场	Agricultural Product Wholesale Market, Fengfeng Mining Area, Handan	236	14800
保定市民天农业生产资料有限公司利民科技市场	Limin Technology Market of Mintian Agricultural Capital Goods Co., Ltd., Baoding	237	14000
冀北粮油批发市场	Jibei Grain Wholesale Market, Zhangjiakou	238	14000
阜城县古城灯具批发市场	Gucheng Lamp and Lantern Market, Fucheng	239	13960
张家口市纬一路万博大市场	Wanbo Market, Weiyi-road, Zhangjiakou	240	13940
任县农产品市场	Agricultural Product Market, Renxian County	241	13920
兴隆县市场服务中心	Xinglong Market Service Center	242	13795
乐亭县富强街农贸市场	Fuqiang-street Marketof Agricultural Products, Laoting	243	13310
廊坊市安次区隆福市场	Longfu Market, Anci District	244	13220
定兴县北庄头蔬菜批发市场	Beizhuangtou Fruit Wholesale Market, Dingxing	245	13110
秦皇岛北方机动车配件交易城	Beifang Auto Component Market, Qinhuangdao	246	13100
邯郸市磁县粮油食品市场	Grain Market, Cixian County, Handan	247	12880
遵化市贸易城综合市场	Zunhua Maoyicheng Comprehensive Market	248	12500
平山县宅北乡会口山货市场	Huikou Mountain Product Market, Zhaibei, Pingshan	249	12439
玉田县二郎庙市场	Erlangmiao Market, Yutian	250	12024
邯山区中原副食城	Zhongyuan Non-staple Food Market, Hanshan District	251	12000
邯郸市乾政农贸市场	Qianzheng Market of Agricultural Products, Handan	252	11861
围场满蒙自治县二道河子胡萝卜市场	Erdaohezi Carrot Market, Weichang	253	11800
平山县下槐镇西柏坡山珍山货市场	Xibaipo Mountain Product Market, Xiahuai Town, Pingshan	254	11656
顺平县市场中心废旧塑料交易市场	Shunping Market Center Second-hand Plastics Products market	255	11500
张家口市忠利源农产品交易市场	Zhongliyuan Market of Agricultural Product, Zhangjiakou	256	11500
平山县中山文化商贸广场	Zhongshan Culrure Trading Plaza, Pingshan	257	11044
平山县苏家庄核桃交易市场	Sujiazhuang Walnut Market, Pingshan	258	11010
廊坊北方农贸批发市场	Beifang Wholesale Market of Agricultural Products, Langfang	259	11000
沧州市维明路菜市场	Weiming-Road Vegetable Market, Cangzhou	260	10800
围场县兴源农产品交易综合服务中心	Xingyuan Composite Service Center for Agricultural Product Trade, Weichang	261	10760
宣化县沙岭子大市场	Shalingzi Market, Xuanhua County	262	10679
石家庄跃进路手机广场	Yuejin-road Mobile Phone Plaza	263	10320
衡水市商贸中心物业管理处	Administrative Agency of Hengshui Trading Center	264	10301
围场满蒙自治县腰栈时差蔬菜市场	Yaozhan Time-Different Vegetable Market, Weichang	265	10170
河间市卧佛堂汽车配件专业市场	Wofotang Auto Component Market, Hejian	266	10090
宣化县容源蔬菜有限公司	Rongyuan Vegetable Co., Ltd., Xuanhua County	267	10053
阜城县崔庙镇粮保器材批发市场	Cuimiao Wholesale Market of Grain Reservation Equipments, Fucheng	268	8600

海关进出口贸易总额
Total Value of Imports and Exports by Customs

单位：万美元　　(USD 10000)

年　份 Year	进出口贸易总额 Total Value of Imports and Exports	出口总额 Total Exports	进口总额 Total Imports	进出口差额(+、−) Balance
1990	226785	190069	36716	153353
1995	392804	286635	106169	180466
2000	523460	370685	152775	217910
2001	573775	395613	178163	217450
2002	666565	459402	207163	252239
2003	897892	592863	305029	287834
2004	1352624	934031	418593	515438
2005	1607132	1092685	514447	578238
2006	1852616	1283469	569147	714322
2007	2553848	1701651	852197	849454
2008	3841850	2402981	1438870	964111
2009	2961131	1569129	1392002	177127
2010	4193116	2257003	1936113	320890
2011	5359910	2858386	2501524	356862
2012	5054790	2960384	2094405	865979

石家庄海关按贸易方式分进出口商品总额
Total Value of Imports and Exports through Shijiazhuang Customs by Customs Regime

单位：万美元　　(USD 10000)

年　份 Year	一般贸易 Ordinary Trade		加工贸易 Processing Trade		其他贸易 Others	
	出　口 Exports	进　口 Imports	出　口 Exports	进　口 Imports	出　口 Exports	进　口 Imports
2000	301994	103967	67990	31558	3	136
2001	334620	127234	59057	29080	7	100
2002	386892	152537	67331	38453	98	121
2003	49860	23057	8796	5116	1	17
2004	814664	310919	112621	63899		225
2005	934921	403849	145311	75709	8	182
2006	1087143	453300	174552	80613	58	239
2007	1439235	686524	233864	123066	193	436
2008	2007767	1187130	340108	153103	167	734
2009	1232708	1228780	285241	115779	125	953
2010	1799712	1719740	409743	177965	743	1199
2011	2389590	2204243	419651	202084	782	1611
2012	2490598	1831041	414373	184802	851	2204

石家庄海关按国别(地区)分的进出口商品总额

Import and Export Value through Shijiazhuang Customs by Country and Region

单位：万美元 (USD 10000)

国别(地区)	Country (Region)	2011			2012		
		进出口 Total Imports and Exports	出口 Exports	进口 Imports	进出口 Total Imports and Exports	出口 Exports	进口 Imports
合　计	**Total**	**5359910**	**2858386**	**2501524**	**5054790**	**2960384**	**2094405**
亚　洲	**Asia**	**1743435**	**1145993**	**597442**	**1684724**	**1259901**	**424823**
阿富汗	Afghanistan	755	729	26	3052	2894	159
巴林	Bahrain	6989	5181	1808	6979	5447	1532
孟加拉国	Bangladesh	13788	12219	1569	13929	12570	1358
不丹	Bhutan	3	3		3	3	
文莱	Brunei	1007	692	315	844	844	
缅甸	Myanmar	20280	20157	123	31981	31939	42
柬埔寨	Cambodia	2796	2784	12	3305	3259	46
塞浦路斯	Cyprus	1341	1323	18	1398	1391	7
朝鲜	Korea DPR	8725	2555	6170	12625	2220	10405
香港	Hong Kong,China	45246	41226	4020	53006	49674	3332
印度	India	308515	126018	182497	203497	122433	81065
印度尼西亚	Indonesia	92273	46948	45325	103508	67209	36299
伊朗	Iran	41081	32675	8406	29301	24030	5271
伊拉克	Iraq	18004	17989	15	23017	23001	16
以色列	Israel	23126	21787	1339	21830	21379	451
日本	Japan	241490	139619	101871	224374	151406	72968
约旦	Jordan	4490	4490		7537	7514	23
科威特	Kuwait	9043	8367	676	8966	8878	88
老挝	Laos	154	152	3	372	366	6
黎巴嫩	Lebanon	2451	2430	21	2439	2396	43
澳门	Macao,China	262	262		182	182	
马来西亚	Malaysia	63132	41022	22110	62132	49885	12248
马尔代夫	Maldives	94	94		130	130	
蒙古	Mongolia	6577	4758	1818	11504	7716	3789
尼泊尔	Nepal	296	296		669	669	
阿曼	Oman	5402	3568	1835	5214	4882	333
巴基斯坦	Pakistan	22523	19538	2984	29753	27688	2065
巴勒斯坦	Palestine	85	25	59	43	43	
菲律宾	Philippines	41549	29293	12256	49013	42004	7009
卡塔尔	Qatar	8740	4399	4341	5459	4478	980
沙特阿拉伯	Saudi Arabia	48761	45790	2971	51106	49373	1733
新加坡	Singapore	33340	26658	6682	41090	34134	6956
韩国	Korea Rep.	329350	229404	99946	305407	222180	83228
斯里兰卡	Sri Lanka	5487	5319	168	6345	5936	408
叙利亚	Syrian	11131	11130	1	2033	2033	
泰国	Thailand	41708	35050	6658	56546	45690	10856
土耳其	Turkey	39136	34303	4834	35625	32054	3571
阿联酋	United Arab Emirates	65975	57542	8433	65472	57340	8132
也门	Republic of Yemen	3769	3681	88	4508	4496	12
越南	Vietnam	43576	42393	1183	57336	55072	2264
中国	China	18767		18767	22874		22874
台澎金马关税区	Taiwan, China	89339	43809	45530	94683	51108	43574
东帝汶	East Timor	78	78		406	406	
哈萨克斯坦	Kazakhstan	9538	7133	2406	10700	9321	1379

石家庄海关按国别(地区)分的进出口商品总额（续一）
Import and Export Value through Shijiazhuang Customs by Country and Region

单位：万美元 (USD 10000)

国别(地区)	Country (Region)	2011			2012		
		进出口 Total Imports and Exports	出口 Exports	进口 Imports	进出口 Total Imports and Exports	出口 Exports	进口 Imports
吉尔吉斯	Kirghizia	5345	5345		6523	6523	
塔吉克斯坦	Tadzhikistan	2225	2225		1488	1484	4
土库曼斯坦	Turkmenistan	2369	2357	12	722	620	102
乌兹别克斯坦	Uzbekistan	3324	3178	146	5800	5601	199
亚洲其他国家(地区)	Others Countries						
非　洲	**Africa**	**254891**	**167281**	**87611**	**284373**	**183795**	**100578**
阿尔及利亚	Algeria	15083	15042	42	16759	16600	159
安哥拉	Angola	7157	7157		7556	7529	26
贝宁	Benin	4739	4356	383	5208	4762	446
博茨瓦那	Botswana	263	263		233	233	
布隆迪	Burundi	68	68		131	131	
喀麦隆	Cameroon	3995	3536	460	3426	3024	402
加那利群岛	Canary Is.	16	16		5	5	
佛得角	Cape Verde	115	115		81	81	
中非共和国	Central Africa	5	5		7	7	
乍得	Chad	1266	1266		1461	1394	67
科摩罗	Comoros	27	27		82	82	
刚果	Congo (B)	473	473		735	710	25
吉布提	Djibouti	1507	1507		3523	3506	17
埃及	Egypt	11952	11024	927	13188	12510	678
赤道几内亚	Eq. Guinea	254	254		207	207	
埃塞俄比亚	Ethiopia	3660	3079	580	4900	4058	842
加蓬	Gabon	938	938		1996	1724	271
冈比亚	Gambia	758	758		579	579	
加纳	Ghana	10014	9961	53	12597	11889	708
几内亚	Guinea	987	986	1	745	744	1
几内亚(比绍)	Guinea Bissau	46	46		28	28	
科特迪瓦	Cote d'Lvoire	2184	2184		3831	3562	269
肯尼亚	Kenya	8279	8263	16	8249	8241	9
利比里亚	Liberia	1199	654	546	2840	997	1842
利比亚	Libyan	2451	1842	610	5732	5732	
马达加斯加	Madagascar	2506	2267	239	3276	3276	
马拉维	Malawi	251	251		455	455	
马里	Mali	3219	554	2665	2897	1176	1721
毛里塔尼亚	Mauritania	9121	1184	7937	6081	550	5531
毛里求斯	Mauritius	2096	2095	1	1510	1509	1
摩洛哥	Morocco	5106	4927	179	4394	4358	36
莫桑比克	Mozambique	1578	1389	189	3301	2627	674
纳米比亚	Namibia	268	268		398	398	
尼日尔	Niger	1277	1277		686	686	
尼日利亚	Nigeria	25876	25862	15	24526	24439	87
留尼汪	Reunion	294	294		383	380	3
卢旺达	Rwanda	304	304		441	441	
圣多美和普林西比	Sao Tome & Principe	14	14		23	23	
塞内加尔	Senegal	2750	2750		2283	2171	112
塞舌尔	Seychelles	95	95		149	149	
塞拉利昂	Sierra Leone	894	561	333	16291	529	15762

石家庄海关按国别(地区)分的进出口商品总额(续二)

Import and Export Value through Shijiazhuang Customs by Country and Region

单位：万美元 (USD 10000)

国别(地区)	Country (Region)	2011 进出口 Total Imports and Exports	2011 出口 Exports	2011 进口 Imports	2012 进出口 Total Imports and Exports	2012 出口 Exports	2012 进口 Imports
索马里	Somalia	145	80	66	156	152	5
南非	S. Africa	97422	28029	69393	98212	28990	69222
苏丹	Sudan	5416	4823	593	7236	6963	273
坦桑尼亚	Tanzania	5307	5070	237	5423	5023	400
多哥	Togo	1659	1655	5	1910	1727	183
突尼斯	Tunisia	3505	2606	898	2600	2581	19
乌干达	Uganda	1448	1250	198	1463	1440	23
布基纳法索	Burkina Faso	1143	547	597	686	530	156
民主刚果	Congo(J)	3915	3909	7	2841	2841	
赞比亚	Zambia	710	282	428	854	442	412
津巴布韦	Zimbabwe	911	895	16	1428	1234	194
莱索托	Lesotho	12	12		18	16	2
梅利利亚	Melilla	5	5		10	10	
斯威士兰	Swaziland	105	105		145	145	
厄立特里亚	Eritrea	74	74		150	150	
马约特岛	Mayo Is.	30	30		38	38	
非洲其他国家(地区)	Other Countries				3	3	
欧　洲	**Europe**	**1232822**	**907303**	**325519**	**1057071**	**797063**	**260009**
比利时	Belgium	61348	54166	7182	47958	41341	6618
丹麦	Denmark	13259	8210	5049	15357	7148	8209
英国	United Kingdom	78892	66594	12298	64143	53711	10432
德国	Germany	315011	169002	146009	205444	120856	84588
法国	France	53341	39901	13440	45356	30160	15195
爱尔兰	Ireland	3411	2665	746	2788	2193	595
意大利	Italy	129943	105319	24624	88095	63915	24180
卢森堡	Luxembourg	1791	243	1548	2370	692	1678
荷兰	Netherlands	84022	73012	11011	83911	75466	8446
希腊	Greece	4909	4474	435	4693	4358	335
葡萄牙	Portugal	5470	5029	441	4405	3612	792
西班牙	Spain	55142	43904	11238	41659	30050	11609
阿尔巴尼亚	Albania	848	798	50	1237	1104	133
安道尔	Andorra						
奥地利	Austria	7710	1578	6131	6119	1498	4621
保加利亚	Bulgaria	3871	3104	767	2753	2466	286
芬兰	Finland	14129	9946	4183	15587	9888	5699
直布罗陀	Gibraltar	2	2		3	3	
匈牙利	Hungary	18136	17337	799	8363	7704	659
冰岛	Iceland	95	95		112	112	
列支敦士登	Liechtenstein	30	30	1	17	17	
马耳他	Malta	491	360	131	968	896	72
摩纳哥	Monaco	48	48		253	252	1
挪威	Norway	3291	2869	422	5856	3613	2244
波兰	Poland	18167	17580	587	17389	16068	1321
罗马尼亚	Romania	11568	9835	1732	8311	5198	3113
圣马力诺	Sanmarino	…	…				
瑞典	Sweden	14340	9491	4848	18724	8533	10191

石家庄海关按国别(地区)分的进出口商品总额（续三）

Import and Export Value through Shijiazhuang Customs by Country and Region

单位：万美元 (USD 10000)

国别(地区)	Country (Region)	2011			2012		
		进出口 Total Imports and Exports	出口 Exports	进口 Imports	进出口 Total Imports and Exports	出口 Exports	进口 Imports
瑞士	Switzerland	23623	1955	21669	7099	1753	5346
爱沙尼亚	Estonia	1880	1637	243	1430	1394	36
拉脱维亚	Latvia Armenia	1938	1885	54	2529	2502	27
立陶宛	Lithuania	2607	2604	2	2810	2809	2
格鲁吉亚	Georgia	2104	2104		2193	2193	
亚美尼亚	Armenia	149	149		221	221	
阿塞拜疆	Azerbaijan	1522	1522		1527	1527	
白俄罗斯	Belorussia	842	689	153	1021	982	39
摩尔多瓦	Moldavia	157	151	5	188	188	
俄罗斯联邦	Russia	242227	210213	32014	283506	248761	34746
乌克兰	Ukraine	36175	21062	15114	46454	30737	15717
塞尔维亚和黑山	Serbia and Montenegro						
斯洛文尼亚	Slovenia	6352	6137	214	3520	3135	385
克罗地亚	Croatia	2751	2740	11	2600	2574	25
捷克共和国	Czech	9130	7224	1905	7051	5318	1733
斯洛伐克	Slovakia	1506	1043	463	1960	1171	789
马其顿	Macedonia	25	25	…	43	29	14
波斯尼亚-黑塞哥维那	Bosnia&Hercegovina	61	61	…	226	98	129
法罗群岛	Faroe Lslands						
塞尔维亚	Serbie	395	395		636	636	
黑山	Montenegro	113	113		189	183	6
拉丁美洲	**Latin America**	**773732**	**187568**	**586164**	**613835**	**224135**	**389700**
安提瓜和巴布达	Antigua & Barbuda	15	14	1	4	4	
阿根廷	Argentina	8204	7201	1003	19317	10979	8338
阿鲁巴岛	Aruba	103	103		23	23	
巴哈马	Bahamas	13	12	2	22	19	3
巴巴多斯	Barbados	128	128		110	110	
伯利兹	Belize	132	132		128	128	
玻利维亚	Bolivia	986	905	81	1607	1596	11
博内尔	Bonner	…	…				
巴西	Brazil	582501	53299	529203	412224	60371	351854
开曼群岛	Cayman Islands	3	3		2	2	
智利	Chile	54225	27819	26406	52339	35748	16592
哥伦比亚	Colombia	13208	10290	2918	13008	12775	233
多米尼亚共和国	Dominica	69	69	…	112	106	6
哥斯达黎加	Costa Rica	1518	1511	8	2040	1960	80
古巴	Cuba	851	851		1395	1395	
库腊索岛	Curacao	41	41		13	13	
多米尼加共和国	Dominica Rep.	2214	2214		2683	2656	26
厄瓜多尔	Ecuador	6297	6236	60	10930	10639	290
法属圭亚那	French Guyana	22	22		23	23	
格林纳达	Grenada	8	8		7	7	
瓜德罗普	Guadaloupe	121	121		105	105	
危地马拉	Guatemala	2018	1995	23	3042	3025	17
圭亚那	Guyana	661	661		469	469	
海地	Haiti	1674	1674		1344	1334	11

石家庄海关按国别(地区)分的进出口商品总额（续四）

Import and Export Value through Shijiazhuang Customs by Country and Region

单位：万美元 (USD 10000)

国别(地区)	Country (Region)	2011 进出口 Total Imports and Exports	2011 出口 Exports	2011 进口 Imports	2012 进出口 Total Imports and Exports	2012 出口 Exports	2012 进口 Imports
洪都拉斯	Honduras	1552	742	810	4010	1850	2160
牙买加	Jamaica	853	849	4	1173	1164	9
马提尼克	Martinique	23	23		21	21	
墨西哥	Mexico	31006	29990	1016	30165	26647	3517
尼加拉瓜	Nicaragua	2664	2662	2	2506	2472	35
巴拿马	Panama	6275	6271	4	6404	6262	142
巴拉圭	Paraguay	1413	1395	18	1414	1414	
秘鲁	Peru	17812	12892	4920	21693	21261	432
波多黎各	PuertoRico	7237	4602	2635	1611	1256	355
圣卢西亚	Saint Lucia	22	22		39	38	2
圣马丁岛	Saint Martin Is.	5	5		5	5	
圣文森特和格林纳丁斯	Saint Vincent & Grenadines	224	223	…	23	23	
萨尔瓦多	EL Salvador	769	769		769	769	
苏里南	Suriname	650	650		575	575	
特立尼达和多巴哥	Trinidad & Tobago	2018	1724	295	1700	1689	10
特克斯和凯科斯群岛	Tueks and Caicos Is.				2	2	
乌拉圭	Uruguay	3303	3054	249	3199	2701	498
委内瑞拉	Venezuela	22706	6198	16508	17417	12338	5079
英属维尔京群岛	Br.VirginIS.	23	23		16	16	
圣其茨-尼维斯	St.Kitts-Nevis	3	3		3	3	
荷属安地列斯群岛	Netherlands Antilles	163	163		145	145	
北美洲	**North America**	**592526**	**390698**	**201828**	**682580**	**437638**	**244943**
加拿大	Canada	75305	43671	31634	119613	49142	70471
美国	United States	517216	347024	170192	562963	388492	174472
格陵兰	Greenland	2		2			
百慕大	Bermuda	3	3		4	4	
大洋洲	**Oceanic & Pacific**	**762503**	**59544**	**702959**	**732195**	**57853**	**674342**
澳大利亚	Australia	747784	49755	698029	715815	47665	668150
库克群岛	Cook Islands	9	9		16	16	
斐济	Fiji	460	460		701	701	
新喀里多尼亚	New Caledonia	765	765		551	551	
瓦努阿图	Vanuatu	28	28		56	56	
新西兰	New Zealand	10691	6196	4496	12613	6843	5770
诺福克岛	Norfolk Island	19	19				
巴布亚新几内亚	Papua New Guinea	1901	1467	434	1762	1353	409
社会群岛	Society Islands	9	9		22	22	
所罗门群岛	Solomon Is.	465	465		454	441	13
汤加	Tonga	24	24		22	22	
萨摩亚	Samoa	130	130		66	66	
基里巴斯	Kiribati	12	12		11	11	
图瓦卢	Tuvalu	37	37				
密克罗尼西亚联邦	Micronesia FS	4	4		3	3	
马绍尔群岛	Marshall Is.	86	86		25	25	
法属波利尼西亚	French Polynesia	67	67		70	70	
瓦利斯和浮图纳	Wallis and Budo Satisfied	10	10		3	3	
大洋洲其他国家(地区)	Other Countries	1	1		4	4	
国别(地区)不详的	**Country (region) of unknown**		**1**		**12**		**12**

利用外资概况
Utilization of Foreign Capital

项目单位：个 金额单位：万美元 (unit, USD 10000)

年 份 Year	总 计 Total		对外借款 Foreign Loans		外商直接投资 Foreign Direct Investment		外商其他投资 Other Foreign Investment	
	项 目 Number of Projects	金 额 Value	项 目 Number of Projects	金 额 Value	项 目 Number of Projects	金 额 Value	项 目 Number of Projects	金 额 Value
合同利用外资额 Total Amount of Contracted Foreign Investment								
1985	53	4804	1	175	39	4093	13	536
1990	110	8877			110	8593		284
1995	1220	188794	16	19445	1204	168656		693
1996	923	210368	17	30777	906	179216		375
1997	742	172670	11	20175	731	142088		10407
1998	652	128467	9	12004	643	111611		4852
1999	530	113879	6	21645	524	91057		1177
2000	510	94822	9	19624	501	72445		2753
2001	507	107759	4	3332	503	99763		4664
2002	482	136259	8	3540	474	127929		4790
2003	586	251313	13	27703	573	196502		27108
2004	603	244047	9	2614	594	214731		26702
2005	581	272736	4	742	577	253154		18840
2006	447	177048	1	495	446	150625		25928
2007	369	357085			369	311892		45193
2008	252	300118	4	495	248	288913		10710
2009	215	266027			215	260727		5300
2010	248	376971	2	1417	246	329314		46240
2011	199	477064	4	1555	195	422376		53133
2012	197	415637	1	10000	196	388396		17241
实际利用外资额 Total Amount of Contracted Investment Actually Utilized								
1985		1423		597		393		433
1990		4447				3935		512
1995		108620		29924		78061		635
1996		160062		36035		123652		375
1997		213649		53622		149620		10407
1998		210348		41603		163893		4852
1999		193747		48292		144278		1177
2000		139378		34249		102376		2753
2001		93521		13196		75661		4664
2002		104793		17558		82445		4790
2003		155800		17125		111567		27108
2004		197856		8813		162341		26702
2005		227890		17794		191256		18840
2006		238274		10912		201434		25928
2007		300722		13908		241621		45193
2008		363395		10817		341868		10710
2009		369316		4192		359824		5300
2010		436597		7283		383074		46240
2011		526016		4788		468095		53133
2012		603168		5441		580486		17241

注：1990年以前年度数据为部门数，仅供参考使用。

a) The data for 1990 and before are from the ministries other than Hebei Bureau of Statistics. They are listed here as comparable data.

外商直接投资情况（2012年）

单位：万美元

项目	Item	新批合同 New Contract Signed		
		项目个数(个) Number of Projects (unit)	项目总投资 Total Investment	合同外资额 Contracted Value
合计	**Total**	**196**	**907019**	**388396**
按投资方式分组	**Grouped by Investment by Type**			
港、澳、台投资经济	Enterprises with Funds from Hong Kong, Macao and Taiwan	116	597816	256028
港澳台合资经营企业	Joint-venture from Hong Kong, Macao and Taiwan	28	189631	53611
港澳台合作经营企业	Cooperation Enterprises from Hong Kong, Macao and Taiwan	2	11578	2770
港澳台独资经营企业	Enterprises with Sole Fund from Hong Kong, Macao and Taiwan	83	343746	182082
港澳台投资股份公司	Share-holding Corporations Ltd from Hong Kong, Macao and Taiwan	2	37036	13520
外商投资经济	Foreign Funded Enterprises	80	309203	132368
中外合资经营企业	Joint-venture Enterprises	32	158583	45160
中外合作经营企业	Cooperation Enterprises	2	5011	2893
外资企业	Enterprises with Sole Fund	46	144978	83842
外商投资股份公司	Share-holding Corporations Ltd		631	473
按产业分组	**Grouped by Industry**			
第一产业	Primary Industry	9	17414	12702
第二产业	Secondary Industry	134	678095	261126
第三产业	Tertiary Industry	53	211510	114568
按国民经济行业分组	**Grouped by Sector**			
农、林、牧、渔业	Agriculture, Forestry, Animal Husbandry and Fishery	9	17414	12702
采矿业	Mining		5252	5242
制造业	Manufacturing	130	607978	219352
电力、燃气及水的生产和供应业	Production and Distribution of Electricity, Gas and Water	4	64865	36532
建筑业	Construction			
批发和零售业	Wholesale and Retail Trades	17	27333	14997
交通运输、仓储和邮政业	Traffic, Transport, Storage and Post	6	41351	19465
住宿和餐饮业	Hotels and Catering Services	2	2710	2707
信息传输、计算机服务和软件业	Information Transmission, Computer Services and Software	4	7446	4132
金融业	Financial Intermediation	1		
房地产业	Real Estate	3	56488	38109
租赁和商务服务业	Leasing and Business Services	7	9363	4963
科学研究、技术服务和地质勘查业	Scientific Research, Technical Service and Geologic Prospecting	4	3843	2321
水利、环境和公共设施管理业	Management of Water Conservancy, Environment and Public Facilities	4	15977	4940
居民服务和其他服务业	Services to Households and Other Services	2	4725	3177
教育	Education			
卫生、社会保障和社会福利业	Health, Social Security and Social Welfare			
文化、体育和娱乐业	Culture, Sports and Entertainment	3	42274	19757

Statistics on Foreign Direct Investment (2012)

(USD 10000)

外商直接投资 Foreign Direct Investment	新注册三资企业 Newly Registered Enterprises with Hongkong,Macao, Taiwan and Foreign Funds				期末实有三资企业(个) Number of Registered Enterprises in the Year-end (unit)			
	注册户数(户) Number of Registered Enterprises(unit)	投资总额 Total Investment	注册资本 Registered Capital	外商注册资本 Capital Invested by Foreign Partner	合计 Total	开工在建 Under Construction	投产企业 Enterprises that have come into Operation	#当年 The Present Year
580486	**168**	**500597**	**359247**	**258276**	**3504**	**276**	**1959**	**36**
371521	99	407858	258150	184063	1438	124	678	22
117635	25	198562	87075	35157	765	57	430	13
25696	2	11578	4270	2770	84	5	32	
186008	72	197718	165905	145236	584	62	211	9
42182			900	900	5		5	
208965	69	92739	101097	74213	2066	152	1281	14
65101	26	27940	47560	22396	1067	67	689	9
2857	2	78	2917	2893	98	6	55	
139123	41	64721	49989	48451	899	79	536	5
1884			631	473	2		1	
23591	9	13816	8798	7468	100	15	31	3
463369	114	343857	253108	166851	2822	187	1683	28
93526	45	142924	97341	83957	582	74	245	5
23591	9	13816	8798	7468	100	15	31	3
17508			1236	1236	32	6	13	
422535	112	339149	227681	153261	2673	174	1598	26
23326	2	4708	24191	12354	80	5	59	1
					37	2	13	1
18355	14	9595	19118	14679	106	9	54	3
11349	6	21342	12526	11672	75	5	42	
4697	2	2401	2706	2706	60	9	22	2
307	3	9033	3033	783	24	3	10	
2500					11	2	3	
22183	3	16757	33183	31103	144	20	61	
5065	5	9205	4719	2805	58	6	23	
1325	3	3363	2163	1930	28	6	8	
11283	4	15977	6553	4940	20	3	4	
1615	2	4677	3177	3177	22	1	7	
					5	3	1	
					2			
14847	3	50574	10163	10162	27	7	10	

外商直接投资情况（2012年）(续)

单位：万美元

项　目	Item	新批合同 New Contract Signed 项目个数(个) Number of Projects (unit)	项目总投资 Total Investment	合同外资额 Contracted Value	外商直接投资 Foreign Direct Investment
按投资国别、地区分组	**Grouped by Country and Region**				
亚　洲	**Asia**	**151**	**678324**	**302689**	**443435**
#香　港	Hong Kong China	106	563421	238629	364757
澳　门	Macao China				
台　湾	Taiwan China	10	34395	17399	6764
印度尼西亚	Indonesia		2710	1355	1005
日　本	Japan	10	25992	14879	28870
马来西亚	Malaysia				500
菲律宾	Philippines		460	460	
新加坡	Singapore	6	29312	16086	28439
韩　国	Republic of Korea	13	14231	8579	10111
泰　国	Thailand	2	6736	4728	1500
#东南亚联盟	Association of Southeast Asian Nations	8	39218	22629	31444
非　洲	**Africa**	**1**	**2790**	**1340**	**1915**
欧　洲	**Europe**	**24**	**63129**	**19466**	**37032**
#比利时	Belgium	1	11044	3708	
丹　麦	Denmark				1852
英　国	United Kingdom	4	32682	4444	11457
德　国	Germany	8	2531	1881	4268
法　国	France	2	6202	3860	9035
爱尔兰	Ireland				
意大利	Italy	2	2994	1132	75
卢森堡	Luxembourg		2400	400	1250
荷　兰	Netherlands	4	3275	1567	5185
希　腊	Greece	1	2	2	
葡萄牙	Portugal				
西班牙	Spain	1	22	9	17
芬　兰	Finland				
瑞　士	Switzerland				351
#欧　盟(27国)	European Union (27 Coumtries)	23	61592	17952	35159
拉丁美洲	**Latin America**	**6**	**74068**	**35553**	**49512**
#开曼群岛	Cayman Islands	1	13012	7421	16505
英属维尔京群岛	Virgin Islands	4	60796	27872	33007
北美洲	**North America**	**12**	**91701**	**29226**	**32076**
#加拿大	Canada	2	-112	121	75
美　国	United States	10	76277	25358	25777
大洋洲	**Oceanic**	**2**	**-2993**	**122**	**15810**
#澳大利亚	Australia	2	1722	1135	2971
新西兰	New Zealand				

Statistics on Foreign Direct Investment (2012)

(USD 10000)

新注册三资企业 Newly Registered Enterprises with Hongkong, Macao, Taiwan and Foreign Funds				期末实有三资企业(个) Number of Registered Enterprises in the Year-end (unit)			
注册户数(户) Number of Registered Enterprises(unit)	投资总额 Total Investment	注册资本 Registered Capital	外商注册资本 Capital Invested by Foreign Partner	合 计 Total	开工在建 Under Construction	投产企业 Enterprises that have come into Operation	#当 年 The Present Year
131	**436851**	**289991**	**208177**	**2338**	**172**	**1239**	**26**
89	380337	244005	172096	1229	107	569	20
				7	1	3	
10	27521	14145	11967	202	16	106	2
				11		7	
10	4736	12334	8356	320	19	201	3
		400	400	23	2	15	
				10		8	
6	10813	6985	4371	120	8	84	1
11	6080	6329	5688	345	15	209	
2	6736	4728	4728	12	1	3	
8	17549	12113	9499	183	12	122	1
1	**2200**	**2090**	**1340**	**21**	**1**	**15**	
20	**16468**	**11982**	**11145**	**377**	**34**	**231**	**5**
1	11044	3708	3708	7	1	5	
				10	1	7	
3	697	1433	1156	63	6	36	2
7	1331	2230	1680	76	6	51	1
2	9	909	909	33	5	14	
2	90	87	32	30	1	18	
				2	1		
4	3275	1669	1568	24	2	13	
1	22	16	9	21	3	13	
				6	1	4	1
20	16468	10492	9655	322	27	201	3
4	**15704**	**32780**	**22590**	**216**	**21**	**147**	**1**
1	8550	6158	4021	25	5	11	
3	7154	26622	18569	179	15	129	1
10	**28848**	**24118**	**15516**	**436**	**36**	**252**	**3**
2	659	25	211	82	10	48	
8	28189	16066	14061	345	26	200	3
2	**526**	**-1714**	**-492**	**108**	**11**	**70**	**1**
2	526	521	521	73	4	45	1
				9	1	6	

对外承包工程
Contracted Projects with Foreign Countries and Territories

年 份 Year	签订合同的国家(地区)(个) Number of Coutries Made Contracts with China for Projects and Labor (unit)	合同份数(份) Number of Contracts (unit)	合同金额(万美元) Contracted Value (10000 USD)	派出人次(人次) Number of Labor Send abroad (person-times)	完成营业额(万美元) Value of Business Fulfilled (10000 USD)
1985	4	4	321		466
1990	9	9	327	121	584
1995	7	16	2127	428	1798
2000	13	50	9440	1170	4624
2001	16	26	5265	662	2412
2002	22	38	21329	2998	12022
2003	25	40	31669	1509	17940
2004	25	69	48200	1484	23095
2005	35	91	107533	1832	54139
2006	29	84	171035	3176	78583
2007	41	119	172954	7241	123912
2008	37	73	393774	5271	155593
2009	47	186	266678	8097	287157
2010	50	190	294596	7033	285351
2011	51	214	328203	6599	243461
2012	45	160	373834	10790	285086

对外投资和劳务合作
Outward Foreign Direct Investment and Labor Services

单位：万美元 (USD 10000)

项 目	Item	2011	2012
对外投资	**Outward Foreign Direct Investment**		
新核准家数	Enterprise Approved to Invest Abroad	83	66
对外投资总额	Total Value of the Outward-FDI by the Enterprises	111020.41	123857.08
中方对外投资额	FDI by Domestic Chinese Investors	90851.51	105170.85
对外劳务合作	**Labor Services**		
新签合同工资总额	Gross Payroll in Newly Signed Contracts	4663	4034
实际收入总额	Realized Payroll	1428	3839
派出人数	Workers Sent Abroad for the Year	587	712
期末在外人数	Workers Abroad at the Year-end	3429	2198

旅游事业发展情况
Development of International Tourism

人数单位：人 金额单位：万美元 (person, USD 10000)

指 标	Item	2000	2005	2010	2011	2012
海外旅游人数总计	**Number of International Tourisrs Received**	**400464**	**626484**	**977447**	**1141439**	**1293201**
外国人	Foreigners	345494	573890	853110	982681	1067125
港澳和台湾同胞	Compatriots fyom Hong Kong,Macao,Taiwan	54970	52594	124337	158758	226076
按国别和地区分	**Grouped by Country and Region**					
亚 洲	**Asia**	**199170**	**299196**	**375299**	**420347**	**448821**
#日 本	Japan	48613	84874	100415	95555	93106
韩 国	Republic of Korea	25220	81216	97439	99578	106710
蒙 古	Mongolia	4805	4130	13709	16986	23296
印度尼西亚	Indonesia	8004	7552	17469	19314	24102
马来西亚	Malaysia		59506	43712	54113	56082
菲律宾	Philippines	7039	5831	12489	16514	15912
新加坡	Singapoye	23686	34688	38493	47905	55440
泰 国	Thailand	7650	6911	16395	17452	18877
印 度	India	3022	3658	12108	15290	15827
越 南	Vietnam				2828	2607
缅 甸	Myanmar				2153	2217
朝 鲜	Korea,D.P.Rep				3084	3349
巴基斯坦	Pakistan				3743	8207
其 他	Others		10830	23070	25832	23089
美 洲	**North America**	**26131**	**46713**	**99468**	**114378**	**121695**
#美 国	United States	17309	27164	55980	65948	70789
加拿大	Canada	5510	13163	28758	31351	36353
其 他	Others		6386	14730	17079	14553
欧 洲	**Europe**	**102396**	**200693**	**313047**	**375401**	**422235**
#英 国	United Kingdom	18007	43615	52606	62577	73425
法 国	France	11392	34070	46000	57752	66491
德 国	Germany	11123	26020	42882	57025	67176
意大利	Italy	12531	10207	27099	36402	38867
瑞 士	Switzerland	3390	3866	12363	14184	19026
瑞 典	Sweden	2897	5116	9339	11611	15636
荷 兰	Netherlands	11012	3044			
俄罗斯	Russia	22801	56231	84704	87807	90692
西班牙	Spain	1476	3615	12592	13277	13560
其 他	Others		14909	25462	34766	37362
大洋洲	**Oceanic**	**15659**	**20378**	**38293**	**46130**	**45194**
#澳大利亚	Australia	8042	10782	20442	27726	27324
新西兰	New Zealand	2989	5022	9942	10761	11174
其 他	Others		4574	7909	7643	6696
其他(含非洲)	**Others(including Africa)**	**57108**	**6910**	**27003**	**26425**	**29180**
旅游外汇收入总额	**Income of International Tourisrs Received**	**13035**	**20917**	**35071**	**44765**	**54493.83**

金融机构年末存贷款

Deposits and Loans Balances of Financial Institutions at Year-end

单位：亿元 (100 million yuan)

年 份 Year	各项存款 Deposits Balances	#单位存款 Deposits of Organizations	#储蓄存款 Saving Deposits	#财政性存款 Treasury Deposits	各项贷款 Loans Balances	#中长期贷款 Medium- and Long-term Loans	农村信用社贷款 Deposits of Rural Loan Society
1978	77.23	16.35			91.51		2.91
1980	100.91	23.65			114.13		3.84
1985	195.64	69.99			219.36	22.26	27.45
1990	554.15	135.20			631.31	76.59	136.42
1995	1694.65	465.34			1578.21	262.85	385.25
1996	2159.37	612.33			1894.66	295.75	488.05
1997	2591.11	780.30			2372.15	337.00	541.86
1998	3030.11	822.06			2795.20	444.56	617.14
1999	3306.12	818.40			3038.32	539.79	738.77
2000	3780.74	1020.15			2933.19	784.92	895.71
2001	4053.75	983.52			3098.89	1019.51	996.75
2002	4543.39	993.92			3488.18	1207.92	1077.09
2003	5273.35	1138.11			3854.72	1442.65	1207.89
2004	9249.94	2083.56			6152.24	1949.57	1353.50
2005	10764.93	2360.31			6415.23	2474.74	1362.36
2006	12551.62	2825.42			7411.88	3033.10	1623.99
2007	14355.59	3532.72			8397.82	3883.28	1893.13
2008	17709.02	4049.73			9453.30	4684.42	2084.29
2009	22361.37	6003.08			13123.80	7143.58	2541.76
2010	26099.00	6508.21			15755.74	9073.08	3033.53
2011	29563.77	10841.38	17824.33	448.24	18143.99	10505.32	3535.19
2012	34257.16	12359.28	20723.61	498.17	21317.96	11453.51	3972.28

注：1．2003年及以前年份为银行存贷款，2004年及以后年份为全部金融机构数据。2．中长期贷款1993年及以前年份为固定资产贷款。3．单位存款2010年及以前年份为企业存款。

(a) Financial institutes refer to banks only prior to 2003.

(b) Prior to 1993, Medium-and-Long-term loans equal fixed asset loans.

(c) Prior to 2010, deposits of organizations refer to deposit from enterprises.

城乡居民储蓄存款年末余额

Outstanding Amount of Saving Deposits in Urban and Rural Areas

单位：亿元 (100 million yuan)

年 份 Year	城乡居民储蓄存款年末余额 Outstanding Amount of Saving Deposit	定期储蓄 Fixed Deposits	活期储蓄 Current Deposits
1996	2288.77	1943.06	345.70
1997	2712.98	2284.55	428.43
1998	3207.62	2693.00	514.62
1999	3681.89	3022.04	659.84
2000	3957.07	3152.36	804.71
2001	4364.18	3419.48	944.70
2002	4811.30	3680.17	1131.13
2003	5457.00	4064.09	1392.91
2004	6207.48	4517.25	1690.23
2005	7084.03	5096.75	1987.28
2006	8014.16	5606.72	2407.44
2007	8922.41	6094.72	2827.69
2008	11435.60	7974.18	3461.42
2009	13551.06	9138.95	4412.11
2010	15678.43	10127.45	5550.99
2011	17948.32	11834.30	6114.03
2012	20872.37	14143.67	6728.70

注：本表为全部金融机构数。
a) Data in this table are statement of financial institutions.

保险业务经济技术指标

Economic and Technical Indicators of Insurance Business

年 份 Year	保险业务收入（万元） Premium (10000 yuan)	保险金额（亿元） Amount Insured (100 million yuan)	已决赔款（万元） Claim and Payment (10000 yuan)
1993	121274	2163	73260
1994	159981	2660	97910
1995	187354	2678	104327
1996	216803	3633	117235
1997	373377	5376	124631
1998	403400	5858	123200
1999	436000	5215	164900
2000	565800	6625	165700
2001	764100	7376	268500
2002	1126300	12094	267900
2003	1671000	10804	283300
2004	2054031	14450	367911
2005	2173133	25152	404183
2006	2533740	30088	523107
2007	3322513	36473	1024014
2008	4805928	55400	1476827
2009	6010900	63244	1429800
2010	7464000	71933	1453800
2011	7328900	78738	1834700
2012	7661782	104297	2239037

各级各类学校数

Number of Schools by Level and Type of School

单位：所 (unit)

年 份 Year	普通高等学校 Regular Institutions of Higher Education	普通中学 Regular Secondary Schools	高 中 Senior Secondary Schools	初 中 Junior Secondary Schools	职业中学 Vocational Secondary Schools	普通小学 Primary Schools
1990	50	5403	181	4745	362	48568
1991	50	5321	199	4687	313	48414
1992	48	5314	206	4712	323	48189
1993	54	5260	212	4680	318	47975
1994	52	5294	257	4723	358	47623
1995	47	5256	250	4695	359	47133
1996	45	5175	273	4598	392	465.3
1997	46	5076	301	4465	436	46243
1998	46	4984	325	4338	474	45343
1999	48	4949	358	4272	494	39770
2000	47	4910	380	4194	463	36465
2001	63	5098	377	4024	362	31529
2002	75	5053	390	3908	369	28433
2003	83	5024	394	3863	361	25700
2004	87	4917	814	4103	313	22953
2005	86	4734	1136	4320	288	20883
2006	88	4464	801	3343	290	19162
2007	88	4164	761	3755	291	17340
2008	87	3885	713	3484	292	16205
2009	109	3548	661	3177	267	14447
2010	110	3264	615	2649	267	13563
2011	112	3132	598	2534	235	13274
2012	113	3000	565	2435	216	12898

注：1. 2004年以前年份的职业中学包括职业高中与职业初中，2005年后为职业高中(以下各表同) <旧标准>。
2. 2007年教育年报中“职业初中”再次出现数据,职业中学包括职业高中和职业初中(以下各表同) <新标准>。
3. 普通高等学校指的是普通本专科,即小口径。

a) Vocational middle schools before 2004 covered vocational senior middle schools and vocational junior middle schools, and those after 2005 are vocational senior middle schools. (the below sheets are the same) (old standards).

b) In Year-2007 Education Report, data of "vocational junior middle schools" turned up again, and vocational middle schools covered vocational senior middle schools and vocational junior middle schools. (the below sheets are the same) (new standards).

c) Ordinary institutions of higher learning refer to ordinary universities/colle -ges and junior colleges, namely small statistical caliber.

各级各类学校专任教师数

Number of Full-time Teachers by Level and Type of School

年 份 Year	普通高等学校（人） Regular Institutions of Higher Education (person)	普通中学（万人） Regular Secondary Schools (10000 persons)	高 中 Senior Secondary Schools	初 中 Junior Secondary Schools	职业中学（人） Vocational Secondary Schools (person)	普通小学（万人） Primary Schools (10000 persons)
1990	13585	15.59	2.55	13.04	11312	26.99
1995	14808	17.95	2.59	15.37	16621	27.01
2000	19414	25.37	4.37	21.00	23782	32.95
2001	23707	26.92	4.82	22.10	21824	33.28
2002	28091	27.73	5.35	22.37	21110	33.22
2003	34542	28.59	6.13	22.46	19990	32.92
2004	39235	29.01	6.75	22.25	19782	32.48
2005	46538	29.00	7.34	21.66	19223	32.01
2006	47428	28.71	7.82	20.89	20788	31.53
2007	52809	28.26	8.12	20.14	21973	31.60
2008	55125	27.43	8.07	19.36	22064	31.67
2009	58394	26.79	8.18	18.62	22846	32.12
2010	60769	26.07	8.30	17.77	23750	31.90
2011	62715	25.59	8.34	17.25	25458	31.65
2012	65043	25.07	8.29	16.78	45704	31.70

各级各类学校招生数

Number of New Students Enrollment by Level and Type of School

年 份 Year	普通高等学校（人） Regular Institutions of Higher Education (person)	普通中学（万人） Regular Secondary Schools (10000 persons)	高 中 Senior Secondary Schools	初 中 Junior Secondary Schools	职业中学（人） Vocational Secondary Schools (person)	普通小学（万人） Primary Schools (10000 persons)
1990	23803	75.78	10.81	64.97	51512	125.33
1995	43027	120.64	14.66	105.98	95099	162.60
2000	106447	177.22	26.22	151.00	134336	107.05
2001	148260	181.02	31.20	149.82	137325	93.34
2002	170792	185.65	37.96	147.69	135341	78.96
2003	192135	187.90	44.93	142.97	144724	72.74
2004	238597	172.40	46.40	126.00	128854	71.50
2005	256873	164.67	49.47	115.20	181050	72.00
2006	297058	157.19	49.70	107.49	207170	80.07
2007	303294	138.61	93.37	45.25	202145	88.52
2008	339527	124.93	44.85	80.08	175406	91.44
2009	332278	118.08	44.72	73.36	201940	87.58
2010	346478	114.18	42.02	72.16	171300	95.60
2011	350466	112.50	39.78	72.72	180921	103.85
2012	342300	116.18	38.41	77.77	123200	106.29

各级各类学校在校学生数

Number of Students Enrollment by Level and Type of School

年 份 Year	普通高等学校（人） Regular Institutions of Higher Education (person)	普通中学（万人） Regular Secondary Schools (10000 persons)	高 中 Senior Secondary Schools	初 中 Junior Secondary Schools	职业中学（人） Vocational Secondary Schools (person)	普通小学（万人） Primary Schools (10000 persons)
1990	76018	207.61	31.24	176.37	126727	705.48
1995	126290	310.24	35.58	274.66	242698	851.31
2000	243847	481.75	70.04	411.71	416143	813.73
2001	350518	501.76	80.39	421.37	353652	747.65
2002	472966	528.05	94.80	433.25	342748	674.55
2003	553255	543.72	114.23	429.49	349822	606.58
2004	697440	532.92	129.39	403.53	337000	547.00
2005	789792	509.54	139.11	370.43	391232	500.36
2006	827127	480.63	143.81	336.83	471121	470.25
2007	902165	447.10	140.86	306.24	515629	465.44
2008	1000033	409.30	135.12	274.18	505295	475.66
2009	1030262	372.73	130.87	241.86	519262	488.65
2010	1105000	348.76	127.51	221.25	504000	511.59
2011	1153941	338.35	123.32	215.03	533603	541.09
2012	1168800	335.06	117.69	217.37	393300	562.22

各级各类学校毕业生数

Number of Graduates by Level and Type of School

年 份 Year	普通高等学校（人） Regular Institutions of Higher Education (person)	普通中学（万人） Regular Secondary Schools (10000 persons)	高 中 Senior Secondary Schools	初 中 Junior Secondary Schools	职业中学（人） Vocational Secondary Schools (person)	普通小学（万人） Primary Schools (10000 persons)
1990	22762	65.70	10.54	55.16	39780	82.56
1995	36388	75.35	66.50	8.84	57460	119.22
2000	41255	131.42	18.16	113.42	151104	154.93
2001	15871	137.08	21.28	115.80	147822	153.78
2002	62910	147.54	23.48	124.06	123220	152.69
2003	107562	163.10	26.49	136.61	100617	145.92
2004	143148	173.06	31.87	141.19	100150	128.09
2005	183213	178.03	39.63	138.40	91352	117.46
2006	207566	178.09	45.06	133.03	114058	108.58
2007	228193	162.54	47.22	115.32	134110	93.54
2008	271335	153.50	48.23	105.27	156842	80.20
2009	272247	145.97	46.90	99.07	171653	73.39
2010	297100	130.35	42.66	87.69	161616	72.18
2011	311141	118.04	42.79	75.25	177719	73.28
2012	315800	112.68	42.37	70.31	161400	79.61

分学科研究生情况（2012年）
Number of Postgraduate Students by Field of Study (2012)

单位：人 (person)

项目	Item	招生数 New Enrollment	博士 Doctor's Degree	硕士 Master's Degree	在校学生数 Total Enrollment	博士 Doctor's Degree	硕士 Master's Degree	毕业生数 Graduates	博士 Doctor's Degree	硕士 Master's Degree
分学科研究生数（总计）	**Total**	**12318**	**537**	**11781**	**35914**	**2192**	**33722**	**10441**	**401**	**10040**
哲学	Philosophy	78	4	74	252	12	240	100	3	97
经济学	Economics	463	8	455	1245	27	1218	360	5	355
法学	Law	651	13	638	1906	48	1858	692	14	678
教育学	Education	592	8	584	1751	27	1724	406	9	397
文学	Literature	608	20	588	1810	60	1750	568	13	555
历史学	History	136	15	121	394	53	341	180	13	167
理学	Science	906	63	843	2896	209	2687	1001	52	949
工学	Engineering	4532	210	4322	12986	996	11990	3498	141	3357
农学	Agriculture	460	31	429	1201	143	1058	375	19	356
医学	Medicine	1790	95	1695	5465	327	5138	1690	80	1610
军事学	Military	70		70	232		232	77		77
管理学	Management	1711	70	1641	4763	290	4473	1279	52	1227
艺术学	Art	321		321	1013		1013	215		215
分学科研究生数（普通高校）	**Regular Colleges**	**12282**	**537**	**11745**	**35815**	**2192**	**33623**	**10410**	**401**	**10009**
哲学	Philosophy	78	4	74	252	12	240	100	3	97
经济学	Economics	463	8	455	1245	27	1218	360	5	355
法学	Law	651	13	638	1906	48	1858	692	14	678
教育学	Education	592	8	584	1751	27	1724	406	9	397
文学	Literature	608	20	588	1810	60	1750	568	13	555
历史学	History	136	15	121	394	53	341	180	13	167
理学	Science	906	63	843	2896	209	2687	1001	52	949
工学	Engineering	4496	210	4286	12887	996	11891	3467	141	3326
农学	Agriculture	460	31	429	1201	143	1058	375	19	356
医学	Medicine	1790	95	1695	5465	327	5138	1690	80	1610
军事学	Military	70		70	232		232	77		77
管理学	Management	1711	70	1641	4763	290	4473	1279	52	1227
艺术学	Art	321		321	1013		1013	215		215
分学科研究生数（科研机构）	**Research Institutions**	**36**		**36**	**99**		**99**	**31**		**31**
工学	Engineering	36		36	99		99	31		31

本、专科分学科学生数（2012年）
Number of Students in Undergraduate and Junior Colleges by Field of Study (2012)

单位：人 (person)

项目	Item	招生数 New Enrollment		在校学生数 Total Enrollment		毕业生数 Graduates	
		普通高校 Regular Institutions	成人高校 Adult Institutions	普通高校 Regular Institutions	成人高校 Adult Institutions	普通高校 Regular Institutions	成人高校 Adult Institutions
本　科	**Undergraduate**	**166719**		**622629**		**133511**	
#师范生	Teacher Training	18137		62771		15758	
按学科分	**by Field of Study**						
哲　学	Philosophy	28		125		34	
经济学	Economics	8478		32776		6880	
法　学	Law	5751		21564		5866	
教育学	Education	6528		22833		5077	
文　学	Literature	26943		94803		20275	
#外　语	Foreign Languages	7955		27905		6516	
艺　术	Art	12419		42357		7984	
历　史	History	676		2755		685	
理　学	Science	14106		51458		12217	
工　学	Engineering	57119		214657		46738	
农　学	Agriculture	3234		10665		2339	
医　学	Medicine	13627		61367		11026	
管理学	Management	30229		109626		22374	
专　科	**Junior Colleges**	**168177**	**7455**	**522153**	**24014**	**172359**	**9885**
#师范生	Teacher Training	9031	1191	24250	2901	8037	551
按学科分	**by Field of Study**						
农林牧渔类	Agriculture, Forestry, Animal Husbandry and Fishery	3692		11036		3653	1
交通运输类	Transport	4881		13680		4615	
生化与药品类	Biochemical and Pharmaceutical	3693	23	14309	109	5291	188
资源开发与测绘类	Resource Development and Mapping	2260	729	6794	2606	2089	825
材料与能源类	Materials and Energy	2055		7574		2239	
土建类	Civil Engineering	20795	512	63166	1925	15406	911
水利类	Water Conservancy	322		959		313	
制造类	Manufacturing	18480	30	59743	217	19898	146
电子信息类	Electronic Information	17088	446	55297	1571	21182	883
环保、气象与安全类	Environmental Protection, Meteorological and Safety	480	427	1811	1421	722	554
轻纺食品类	Textile and Food	1258	95	5226	294	2177	162
财经类	Financial	37831	1703	112391	5442	34900	2629
医药卫生类	Leisure and Health	20610	669	63107	1665	18994	584
旅游类	Tourism	4764	241	15147	792	5882	288
公共事业类	Public Management and Services	1385	526	4867	1948	1639	490
文化教育类	Culture and Education	17674	1365	51473	3733	20425	1310
艺术设计传媒类	Art Design Media	8550	485	28041	1631	9256	733
公安类	Public Security			14		789	
法律类	Law	2359	204	7518	660	2889	181

中等职业学校机构数（2012年）
Number of Secondary Vocational Schools (2012)

单位：个 (unit)

项目	Item	总计 Total	中央部门 Central Ministries and Agencies	地方部门 Local Depart-ments	地方部门：教育部门 Depart-ments of Education	地方部门：非教育部门 Departments of Non-Education	民办 Private
中等职业学校	**Secondary Vocational Schools**	**663**	**1**	**453**	**387**	**66**	**209**
调整后中等职业学校	**After Adjusting the Secondary** Vocational Schools	**1**		**1**	**1**		
中等技术学校	Secondary Technical School	280	1	102	45	57	177
成人中等专业学校	Adult Specialized Secondary School	166		154	146	8	12
职业高中学校	Vocational Junior Secondary School	216		196	195	1	20
其他机构（不计校数）	**Other Institutions**	**21**		**19**	**17**	**2**	**2**
附设中职班	**Attached Secondary Vocational Classes**					**8**	

注：中等职业学校未含技工学校数据(以下各表均同)。

a) Number of secondary vocational schools do not include the number of skilled-worker schools. The same applies to the tables following.

各类技工学校情况
Statistics on Technical Schools

指标	Item	2008	2009	2010	2011	2012
学校数(所)	Number of Schools (unit)	161	164	166	168	170
在校学生数(人)	Number of Students (person)	174421	169663	158592	145870	145272
教职工数(人)	Teachers and Staff (person)	12133	12597	12743	12686	13188
专任教师数(人)	Full-time Teachers (person)	10881	11196	11109	8865	9355
文化技术理论课指导教师(人)	Classroom Teachers (person)	6352	6101	6046	6310	6736
生产实习课指导教师(人)	Practical Training Teachers (person)	2571	2917	2826	2555	2619
理论实习一体化教师(人)	Classroom cum Practical Training Teachers (person)	1958	2178	2237	2387	2628

中等职业学校(机构)学生分科类情况（2012年）
Students in Secondary Vocational Schools by Field of Study (2012)

单位：人 (person)

项目	Item	招生数 New Enrollment	#应届毕业生 Current Year Graduates	#初中毕业生 Junior Secondary School Graduates	在校学生数 Total Enrollment	毕业生数 Graduates	#获得职业资格证书 With Certificate on Professional Competence
总计	**Total**	**299526**	**234614**	**209128**	**934042**	**388585**	**176417**
农林牧渔类	Agriculture, Forestry, Animal Husbandry and Fishery	89602	52678	44239	306214	118518	44830
资源环境类	Resources and Environment	1910	1846	1727	5022	1969	631
能源与新能源类	Energy and New Energy	1520	1481	1222	5481	1867	1287
土木水利类	Civil and Hydraulic	9614	8868	7605	30732	10667	6469
加工制造类	Manufacturing	41388	37535	34956	127871	54095	33401
石油化工类	Petroleum Chemical Industry	1470	1049	960	4837	2282	1213
轻纺食品类	Light Industry, Textile and Food	2325	1922	1800	12017	4168	1676
交通运输类	Communication & Transportation	19246	17667	15518	52946	21212	6547
信息技术类	Information Technologies	41259	36613	33276	121823	65616	34844
医药卫生类	Medicine and Health	20647	12495	11708	63931	29859	8401
休闲保健类	Leisure Health Class	907	814	610	2381	734	427
财经商贸类	Trade and Tourism	23517	21293	18895	68725	29234	13500
旅游服务类	Finance and Economics	6677	6259	5242	19702	7940	4600
文化艺术类	Culture and Arts	14248	12165	11207	41307	15444	7737
体育与健身	Sports and Fitness	1158	1056	889	3394	712	142
教育类	Teacher Training	21583	19534	18000	60697	16331	6972
司法服务类	Judicial Service	591	182	177	1775	858	248
公共管理与服务类	Public Affairs	1052	552	552	2715	1763	211
其他	Other	812	605	545	2472	5316	3281

普通高中学生情况和普通小学学校数（2012年）
Statistics on Regular Senior Secondary School Students and Regular Primary School(2012)

项　目	Item	普通高中 Senior Secondary School			普通小学 Primary School
		招生数（人） New Enrollment (person)	在校学生数（人） Total Enrollment (person)	毕业生数（人） Graduates (person)	学校数（所） Schools (unit)
总　计	**Total**	**384133**	**1176885**	**423748**	**12898**
教育部门	Run by Education Departments	357805	1087285	388677	12588
其他部门	Run by Other Departments				5
地方企业	Run by Local Businesses				1
民办	Run by Private Institutions	26328	89600	35071	304
城　区	**Urban Area**	**156106**	**476403**	**163667**	**1375**
教育部门	Run by Education Departments	142998	433393	148224	1324
其他部门	Run by Other Departments				2
地方企业	Run by Local Businesses				1
民办	Run by Private Institutions	13108	43010	15443	48
镇　区	**Township**	**216717**	**665578**	**247232**	**3560**
教育部门	Run by Education Departments	205519	626686	231287	3409
其他部门	Run by Other Departments				1
地方企业	Run by Local Businesses				
民办	Run by Private Institutions	11198	38892	15945	150
乡　村	**Rural Area**	**11310**	**34904**	**12849**	**7963**
教育部门	Run by Education Departments	9288	27206	9166	7855
其他部门	Run by Other Departments				2
地方企业	Run by Local Businesses				
民办	Run by Private Institutions	2022	7698	3683	106

每万人口在校学生数和中小学升学情况

Number of Students Per 10000 Population and Enrollment Rate of Secondary and Primary Schools

年份 Year	各级学校学生占全省人口(%) Percentage of Student to Total Population (%)	平均每万人口中 Per 10000 Population 大学生(人) Undergraduates (person)	中学生(人) Middle School Student (person)	小学生(人) Primary School Students (person)	小学学龄儿童入学率(%) Enrollment Rate of School-age Children (%)	小学毕业生升学率(%) Primary School Graduates Entering into Junior Secondary Schools (%)	初中毕业生升学率(%) Junior Secondary Graduates Entering into Senior Secondary Schools (%)
1980	20.8	8	650	1421	97.0	82.3	41.3
1985	15.8	10	484	1084	97.7	70.1	33.1
1990	15.8	12	394	1171	99.0	79.9	35.3
1995	19.0	20	567	1333	99.2	90.2	47.3
1996	20.2	20	636	1367	99.7	93.5	21.4
1997	21.1	21	726	1386	99.8	98.8	49.0
1998	21.4	22	755	1368	99.8	98.1	47.1
1999	15.9	27	800	1316	99.9	98.0	42.3
2000	20.8	37	832	1225	99.9	98.7	43.3
2001	20.2	52	845	1118	99.5	98.8	43.4
2002	19.5	70	875	1002	99.5	96.7	39.5
2003	18.8	82	902	896	99.4	98.0	32.9
2004	17.9	102	886	803	99.8	98.4	32.9
2005	17.1	115	864	730	99.7	98.1	39.0
2006	16.4	119	837	682	99.4	99.0	37.4
2007	16.1	130	814	670	99.5	99.8	39.2
2008	15.7	143	749	681	99.7	99.8	42.6
2009	15.5	151	702	695	99.7	99.95	45.1
2010	15.1	154	641	712	99.8	99.98	85.6
2011	15.3	153	634	747	99.8	99.97	86.2
2012	15.4	160	608	771	99.8	97.69	

注：1．大学生为普通高校在校学生数(普通本、专科)。

2．中学生包括中等专业学校、技工学校、普通中学和农、职中学。

a) College students are students in regular colleges and universities.

b) Middle school students are not only students in regular middle schools, but also those in polytechnic schools, vestibule schools, agricultural schools and specialized middle school.

各级学校生师比
Student-teacher Ratio by Level of Schools

年 份 Year	高等学校 Institutions of Higher Education		中等学校 Secondary Schools		小 学 Primary Schools	
	教师数（万人） Teachers (10000 persons)	生师比 Student-teacher Ratio	教师数（万人） Teachers (10000 persons)	生师比 Student-teacher Ratio	教师数（万人） Teachers (10000 persons)	生师比 Student-teacher Ratio
1980	0.9	4.9	20.1	16.7	27.1	27.1
1985	1.2	4.9	17.2	15.6	24.7	24.3
1990	1.4	5.6	18.6	12.8	27.0	26.1
1991	1.3	5.7	18.9	13.4	27.2	26.6
1992	1.3	6.3	19.4	14.1	26.9	27.8
1993	1.4	7.3	19.8	14.5	27.2	28.6
1994	1.5	8.2	20.6	15.5	27.2	30.0
1995	1.5	8.4	21.8	16.6	27.0	31.5
1996	1.6	8.2	23.7	17.3	27.7	32.5
1997	1.7	8.2	25.6	17.3	29.0	31.1
1998	1.7	8.7	27.3	18.1	30.3	29.6
1999	1.7	10.4	28.8	18.3	31.5	27.4
2000	1.9	12.6	29.9	18.5	33.0	24.7
2001	2.4	14.8	31.1	18.2	33.3	22.5
2002	2.8	16.8	31.8	18.5	33.2	20.3
2003	3.5	15.8	32.2	19.0	32.9	18.4
2004	3.9	18.2	31.8	19.0	32.5	16.8
2005	4.7	22.0	33.8	17.8	32.0	15.6
2006	5.1	16.9	32.8	17.6	31.5	14.9
2007	5.6	21.5	33.9	16.7	31.6	14.7
2008	5.7	22.7	33.3	16.0	31.7	15.0
2009	6.0	22.3	32.7	15.3	32.1	15.2
2010	7.72	21.2	32.09	14.9	31.90	16.0
2011	7.74	22.10	32.21	15.01	31.65	17.1

注：1．高等学校是指普通高校、成人高校、民办的其他高等教育机构。
2．中等学校包括中等专业学校、技工学校、普通中学和农、职业中学。

a) Institutions of high educations include not only regular colleges and universities, but also adult colleges and universities, non-governmental colleges and universities and other institutions of high education.

b)Secondary schools include not only regular middle schools, but also polytechnic schools, vestibule schools, agricultural schools and specialized middle schools.

科技活动基本情况
Basic Statistics on Scientific and Technological Activities

指　　标	Item	2005	2010	2011	2012
研究与试验发展(R&D)投入情况	**Statistics on R&D Input**				
R&D人员全时当量(人年)	Full-time Equivalent of R&D Personnel (man-year)	41990.2	62302.3	73024.8	78532.5
#基础研究	Basic Research	2281.2	3807.1	4445.1	4930.3
应用研究	Applied Research	8859.4	10576.6	10560.0	11964.0
试验发展	Experimental Development	30849.6	47918.5	58026.7	61639.1
R&D经费内部支出（万元）	Intramural Expenditure on R&D (10000 yuan)	593190.1	1554487.8	2013376.5	2457669.7
#基础研究	Basic Research	23025.1	52824.2	63349.7	65069.7
应用研究	Applied Research	149354.2	230884.4	257791.5	323253.4
试验发展	Experimental Development	401311.1	1270778.2	1692229.3	2069345.6
#政府资金	Government Funds		273893.4	324406.3	384941.4
企业资金	Self-raised Funds by Enterprises		1220159.6	1666238.6	2027019.3
R&D经费内部支出相当于GDP比例(%)	Proportion of Intramural Expenditure on R&D to GDP (%)	0.59	0.76	0.82	0.92
专利申请数(件)	Number of Patents Application Accepted (piece)	1912	5112	7463	10344
#发明专利	Inventions	716	1774	2579	3766
专利授权数(件)	Number of Patents Application Granted (piece)		877	1170	1466
#发明专利	Inventions		292	472	522
科技产出及成果情况	**Statistics on S&T Outputs and Results**				
发表科技论文(篇)	Scientific Papers Issued (pieces)	32164	40425	42142	43466
出版科技著作(种)	Publication on Science and Technology (kind)	1041	917	933	922

科学研究与开发机构基本情况
Basic Statistics on Scientific Research and Development Institutions

指 标	Item	2005	2010	2011	2012
机构基本情况	**Basic Statistics on Institutions**				
机构数（个）	Number of R&D Institutions (unit)	78	75	75	76
#中央属	Subordinated to Central Level	8	8	9	8
地方属	Subordinated to Local Level	70	67	66	68
研究与试验发展(R&D)投入情况	**Statistics on R&D Input**				
R&D人员(人)	R&D Personnel (person)		6551	6926	7573
R&D人员全时当量（人年）	Full-time Equivalent of R&D Personnel (man-year)	4592	6201	6423	7235
#基础研究	Basic Research	189	669	985	1040
应用研究	Applied Research	3011	4072	4055	4527
试验发展	Experimental Development	1392	1460	1383	1668
R&D经费内部支出(万元)	Intramural Expenditure on R&D (10000 yuan)	127984	212542	224911	286490
#基础研究	Basic Research	13728	24796	25443	15705
应用研究	Applied Research	100860	141414	152280	210358
试验发展	Experimental Development	13395	46331	47188	60426
#政府资金	Government Appropriation Funds	120142	175190	213270	264912
企业资金	Self-raised Funds by Enterprises	6758	51	1961	130
R&D项目(课题)情况	**Statistics on R&D Topics**				
R&D项目(课题)数(项)	Projects of R&D (item)		572	544	631
R&D项目(课题)人员全时当量(人年)	Participants (man-year)		5690	5935	6472
R&D项目(课题)经费内部支出(万元)	Intramural Expenditure (10000 yuan)		106116	124769	192727
科技产出及成果情况	**Statistics on S&T Outputs and Results**				
发表科技论文(篇)	Scientific Papers Issued (piece)	2114	1935	2761	2166
出版科技著作(种)	Publication on Science and Technology (kind)	54	35	75	91
专利申请受理数(件)	Number of Patents Applications Accepted (piece)	64	244	247	393
#发明专利	Inventions	31	151	151	206
专利申请授权数(件)	Number of Patents Applications Granted (piece)		150	158	268
#发明专利	Inventions		62	97	110

高等学校科技活动情况

Basic Statistics on Higher Education for Scientific and Technological Activities

指 标	Item	2005	2010	2011	2012
机构基本情况	**Basic Statistics on Institutions**				
机构数（个）	Number of R&D Institutions (unit)	78	162	167	176
#中央属	Subordinated to Central Level		6	6	5
地方属	Subordinated to Local Level		156	161	171
研究与试验发展(R&D)投入情况	**Statistics on R&D Input**				
R&D人员(人)	R&D Personnel (person)		16842	18621	19923
R&D人员全时当量（人年）	Full-time Equivalent of R&D Personnel (man-year)	5541	7388	7716	8285
#基础研究	Basic Research	1532	2981	3317	3736
应用研究	Applied Research	3369	4092	4121	4261
试验发展	Experimental Development	639	319	277	288
R&D经费内部支出(万元)	Intramural Expenditure on R&D (10000 yuan)	37303	74597	84408	95732
#基础研究	Basic Research	7452	27030	37039	47196
应用研究	Applied Research	21063	41076	42159	43715
试验发展	Experimental Development	2802	6486	5204	4820
#政府资金	Government Appropriation Funds		39915	43311	54749
企业资金	Self-raised Funds by Enterprises		29338	32784	31184
R&D项目(课题)情况	**Statistics on R&D Topics**				
R&D项目(课题)数(项)	Projects of R&D (item)		13301	14922	16276
R&D项目(课题)人员全时当量(人年)	Participants (man-year)		7385	7711	8282
R&D项目(课题)经费内部支出(万元)	Intramural Expenditure (10000 yuan)		54999	59339	69433
科技产出及成果情况	**Statistics on S&T Outputs and Results**				
发表科技论文(篇)	Scientific Papers Issued (piece)	25818	30426	31142	32503
出版科技著作(种)	Publication on Science and Technology (kind)	849	743	718	694
专利申请受理数(件)	Number of Patents Applications Accepted (piece)	268	937	1156	1827
#发明专利	Inventions	151	430	578	837
专利申请授权数(件)	Number of Patents Applications Granted (piece)		649	956	1157
#发明专利	Inventions		211	339	397

规模以上工业企业的科技活动基本情况

Basic Statistics on Science and Technology Activities of Industrial Enterprises above Designated Size

指　标	Item	2010	2011	2012
企业基本情况	**Statistics on Industrial Enterprises**			
有R&D活动企业数(个)	Number of Enterprises Having R&D Activities (unit)	546	656	765
有R&D活动企业所占比重(%)	Percentage of Enterprises Having R&D Activities to Total Number of Enterprises (%)	3.92	5.67	6.19
R&D活动情况	**Statistics on R&D Activities**			
R&D人员全时当量(人年)	Full-time Equivalent of R&D Personnel (man-year)	41632.2	51498.4	55979.2
R&D经费内部支出(万元)	Intramural Expenditure on R&D (10000 yuan)	1149280.1	1586188.6	1980850.3
R&D经费内部支出与主营业务收入之比 (%)	Percentage of Intramural Expenditure on R&D to Sales Revenue (%)	0.36	0.39	0.45
R&D项目数 (项)	Projects of R&D (item)	4976	6055	7574
R&D项目经费内部支出(万元)	Intramural Expenditure on R&D Projects (10000 yuan)	979938.9	1360220.8	1668430.6
企业办科技机构情况	**Statistics on Science and Technology Institutions**			
机构数(个)	Number of R&D Institutions (unit)	529	748	825
机构人员数(人)	R&D Personnel (person)	43038	53095	62070
机构经费支出(万元)	Expenditure on R&D (10000 yuan)	771782.8	858510.6	1046009.2
新产品开发及生产情况	**Statistics on New Products Development and Production**			
新产品开发项目数(个)	Number of New Products (unit)	4892	6292	7541
新产品开发经费支出(万元)	Expenditure on New Products Development (10000 yuan)	1081733.6	1496754.8	1798885.0
新产品销售收入(万元)	Sales Revenue of New Products (10000 yuan)	13857107.8	18992289.0	24576632.5
#新产品出口	Export	1480374.9	2288188.1	2926319.9
专利情况	**Statistics on Patent**			
专利申请数(件)	Patent Applications (piece)	3581	5771	7841
#发明专利	Inventions	1072	1756	2631
有效发明专利数(件)	Number of Patents In Force (piece)	1545	2601	3358
技术获取和技术改造情况	**Statistics on Technology Acquisition and Technology Reconstruction**			
引进国外技术经费支出(万元)	Expenditure for Acquisition of Foreign Technology (10000 yuan)	134132.2	81806.8	94747.0
引进技术消化吸收经费支出(万元)	Expenditure for Assimilation of Technology (10000 yuan)	190810.8	23331.9	22554.4
购买国内技术经费支出(万元)	Expenditure for Purchase of Domestic Technology (10000 yuan)	31476.4	146646.1	26052.5
技术改造经费支出(万元)	Expenditure for Technical Renovation (10000 yuan)	1714642.3	1908089.1	1704756.1

按行业分规上工业企业研究与试验发展(R&D)活动情况（2012年）

Basic Statistics on R&D Activities of Industrial Enterprises above Designated Size by Industrial Sector (2012)

行业	Sector	R&D人员全时当量（人年）Full-time Equivalent of R&D Personnel (man-year)	R&D经费（万元）Expenditure on R&D (10000 yuan)	R&D项目数（项）R&D Projects (unit)
全省总计	**Total**	**55979.2**	**1980850.3**	**7574**
煤炭开采和洗选业	Mining and Washing of Coal	2696.1	157485.1	305
石油和天然气开采业	Extraction of Petroleum and Natural Gas	1112.2	23738.7	157
黑色金属矿采选业	Mining of Ferrous Metal Ores	61.0	1315.7	25
非金属矿采选业	Mining and Processing of Nonmetal Ores	11.0	828.1	2
农副食品加工业	Processing of Food from Agricultural Products	718.1	19235.9	113
食品制造业	Manufacture of Foods	895.7	26265.9	177
酒、饮料和精制茶制造业	Manufacture of Wine, Soft Drinks and Refined Tea	580.3	14473.8	105
烟草制品业	Manufacture of Tobacco			
纺织业	Manufacture of Textile	1358.1	13746.9	86
纺织服装、服饰业	Manufacture of Textile, Apparel	780.9	12148.8	139
皮革、毛皮、羽毛及其制品和制鞋业	Manufacture of Leather, Fur, Feather and Its Products and Footware	321.9	7559.5	16
木材加工和木、竹、藤、棕、草制品业	Processing of Timbers, Manufacture of Wood, Bamboo, Rattan, Palm, and Straw Products	7.0	125.0	1
家具制造业	Manufacture of Furniture	21.0	689.9	1
造纸和纸制品业	Manufacture of Paper and Paper Products	74.1	1502.7	11
印刷和记录媒介复制业	Printing, Reproduction of Recording Media	403.6	8993.9	82
文教、工美、体育和娱乐用品制造业	Manufacture of Articles for Culture, Arts and Crafts, Education, Sport Activities and Entertainment Goods	12.9	307.7	2
石油加工、炼焦和核燃料加工业	Processing of Petroleum, Coking, Processing of Nuclear Fuel	225.9	9076.7	91
化学原料和化学制品制造业	Manufacture of Chemical Raw Material and Chemical Products	5048.9	135972.3	551
医药制造业	Manufacture of Medicines	4792.2	110181.8	1064
化学纤维制造业	Manufacture of Chemical Fiber	397.7	4380.4	39
橡胶和塑料制品业	Manufacture of Rubber and Plastic	961.3	20919.6	180
非金属矿物制品业	Manufacture of Nonmetallic Mineral Products	2470.2	58627.1	229
黑色金属冶炼和压延加工业	Manufacture and Processing of Ferrous Metals	9531.0	643507.4	987
有色金属冶炼和压延加工业	Manufacture & Processing of Non-ferrous Metals	480.2	28900.2	76
金属制品业	Manufacture of Metal Products		35034.3	185
通用设备制造业	Manufacture of General Purpose Machinery		55989.4	508
专用设备制造业	Manufacture of Special Purpose Machinery		105401.8	625
汽车制造业	Manufacture of Automotive		222932.8	651
铁路、船舶、航空航天和其他运输设备制造业	Manufacture of Railroad, Marine, Aerospace and Other Transportation Equipment		35767.5	141
电气机械和器材制造业	Manufacture of Electrical Machinery and Equipment		184361.3	670
计算机、通信和其他电子设备制造业	Manufacture of Computer, Communications and Other Electronic Equipment		20886.7	142
仪器仪表制造业	Manufacture of Measuring Instrument		8945.1	122
其他制造业	Manufacture of Others		216.2	2
金属制品、机械和设备修理业	Metal Products, Machinery and Equipment Repair		7115.1	44
电力、热力生产和供应业	Production and Supply of Electric Power and Heat Power		3740.4	34
燃气生产和供应业	Production and Distribution of Gas		476.6	11

大中型工业企业科技活动基本情况

Basic Statistics on Science and Technology Activities of Large and Medium-sized Industrial Enterprises

指　标	Item	2010	2011	2012
企业基本情况	**Statistics on Industrial Enterprises**			
有R&D活动企业数（个）	Number of Enterprises Having R&D Activities (unit)	290	361	404
有R&D活动企业所占比重(%)	Percentage of Enterprises Having R&D Activities to Total Number of Enterprises (%)	17.82	17.74	18.50
R&D活动情况	**Statistics on R&D Activities**			
R&D人员全时当量(人年)	Full-time Equivalent of R&D Personnel (man-year)	37814.5	46782.6	50226.3
R&D经费内部支出(万元)	Intramural Expenditure on R&D (10000 yuan)	1078941.2	1481235.2	1821804.1
R&D经费内部支出与主营业务收入之比(%)	Percentage of Intramural Expenditure on R&D to Sales Revenue (%)	0.52	0.55	0.63
R&D项目数(项)	Projects of R&D (item)	4346	5177	6275
R&D项目经费内部支出(万元)	Intramural Expenditure on R&D (10000 yuan)	926520.2	1278575.6	1533511.4
企业办R&D机构情况	**Statistics on R&D Institutions**			
机构数(个)	Number of R&D Institutions (unit)	365	466	496
机构人员数（人）	R&D Personnel (person)	39860	47033	54866
机构经费支出(万元)	Expenditure on R&D (10000 yuan)	737155.5	792916.6	962962.3
新产品开发及生产情况	**Statistics on New Products Development and Production**			
新产品开发项目数(个)	Number of New Products (unit)	4048	5323	6017
新产品开发经费支出(万元)	Expenditure on New Products Development (10000 yuan)	983795.8	1375037.1	1607697.7
新产品销售收入(万元)	Sales Revenue of New Products (10000 yuan)	13062232.8	17847621.6	23328505.7
#新产品出口	Export	1428054.4	2227807.0	2859223.2
专利情况	**Statistics on Patent**			
专利申请数(件)	Patent Applications (piece)	2827	4814	6610
#发明专利	Inventions	820	1373	2097
有效发明专利数(件)	Number of Patents In Force (piece)	1218	1979	2654
技术获取和技术改造情况	**Statistics on Technology Acquisition and Technology Reconstruction**			
引进国外技术经费支出(万元)	Expenditure for Acquisition of Foreign Technology (10000 yuan)	132991.6	80919.3	94024.3
引进技术消化吸收经费支出(万元)	Expenditure for Assimilation of Technology (10000 yuan)	189600.8	22834.8	21008.0
购买国内技术经费支出(万元)	Expenditure for Purchase of Domestic Technology (10000 yuan)	30970.8	146155.6	25622.7
技术改造经费支出(万元)	Expenditure for Technical Renovation (10000 yuan)	1701417.4	1885425.0	1679398.4

注：2005年企业办R&D机构为企业科技机构。

a) R&D agency supported by enterprises for 2005, refers to those R&D agencies which are attached to enterprises.

国有地方企事业单位各部门专业技术人员
Number of Scientific and Technical Personnel in Local State-owned Enterprises and Institutions

单位：人 (person)

项　　目	Item	2005	2010	2011	2012
全　省　总　计	**Total**	**1131635**	**1139161**	**1157712**	**1164205**
农、林、牧、渔业	Agriculture, Forestry, Animal Husbandry and Fishery	38189	33597	33528	36470
采矿业	Mining	22779	29550	30782	31652
制造业	Manufacturing	65311	44892	41778	42330
电力、煤气及水的生产和供应业	Production and Supply of Electricity, Gas and Water	9760	9745	8592	10986
建筑业	Construction	19534	21332	18532	17238
交通运输　、仓储和邮政业	Transport, Storage and Post	21305	26071	27584	27751
信息传输、计算机服务和软件业	Information Transmission, Computer Services and Software	737	1089	1195	933
批发和零售业	Wholesale and Retail Trades	13313	9488	7083	7695
住宿和餐饮业	Hotels and Catering Services	1029	1003	732	1469
金融业	Financial Intermediation	2536	2618	2650	2330
房地产业	Real Estate	4317	3387	3747	4087
租赁和商务服务业	Leasing and Business Services	952	1153	1001	1008
科学研究、技术服务和地质勘查业	Scientific Research, Technical Service and Geologic Environment Prospecting	14834	14870	14211	16903
水利、环境和公共设施管理业	Management of Water Conservancy, and Public Facilities	20153	27013	25114	26302
居民服务和其他服务业	Services to Households and Other Services	4630	4927	4383	4330
教　　育	Education	700685	665785	704119	692969
卫生、社会保障和社会福利业	Health, Social Security and Social Welfare	138063	173742	178197	180334
文化、体育和娱乐业	Culture, Sports and Entertainment	31489	22319	25073	25548
公共管理和社会组织	Public Management and Social Organization	22019	46571	29411	33870

省内三种专利申请受理量及授权量

Three Kinds of Patent Applications Examined and Granted

单位：件　(unit)

项　　目	Item	2000	2005	2010	2011	2012
申请量合计	**Total Applications Examined**	**3848**	**6401**	**12300**	**17595**	**23241**
发　明	Inventions	601	1273	3269	4651	6108
实用新型	Utility Models	2429	3618	7095	10423	13635
外观设计	Designs	818	1510	1936	2521	3498
在三种专利申请量中	**In the Three Types of Patent Applications Examined**					
非职务	Non-official	3080	4705	5707	6805	8233
职　务	Official	768	1696	6593	10790	15008
大专院校	Universities and Colleges	27	218	810	1208	1723
科研单位	Research Institutions	45	103	394	449	709
工矿企业	Enterprises	682	1353	5296	8964	12274
机关团体	Government Agencies and Organizations	14	22	93	169	302
授权量合计	**Three Kinds of Patents Granted**	**2812**	**3585**	**10061**	**11119**	**15315**
发　明	Inventions	221	371	954	1470	1933
实用新型	Utility Models	1917	2246	6838	7489	10795
外观设计	Designs	674	968	2269	2160	2587
在三种专利授权量中	**In the Three Types of Patent Applications Certified**					
非职务	Non-official	2137	2650	4919	4539	5294
职　务	Official	675	935	5142	6580	10021
大专院校	Universities and Colleges	27	80	586	702	995
科研单位	Research Institutions	61	56	265	279	246
工矿企业	Enterprises	568	791	4231	5521	8545
机关团体	Government Agencies and Organizations	19	8	60	78	235

文化、文物事业机构、人员数（2012年）

Number of Institution and Personnel in Culture and Cultural Relics (2012)

机构类别	Category of Institution	机构数(个) Number of Institutions (unit)	从业人数(人) Number of Employed Persons (person)
文化及相关产业合计	**Culture and Related Industry**	**13414**	**86027**
艺术业	Arts	588	16622
艺术表演团体	Arts Performance Troupes	448	14515
#话剧、儿童剧、滑稽剧团	Drama, Plays for Children and Comedy Troupes	23	870
歌舞团、轻音乐团	Song and Dance Troupe, Light Music Troupe	88	1484
文工团、文宣队、乌兰牧骑	Cultural and Performance Troupes and Ulanmuchi (equestrian art troupes)	11	174
戏曲剧团	Local Opera Troupes	141	4553
#京　剧	Beijing Opera Troupes	8	428
曲艺、杂技、木偶、皮影团	Recitation and Ballad Troupes, Acrobatics and Circus Troupes, Puppet Show Troupes and Shadow Play Troupes	25	3098
艺术表演场所	Arts Centers	138	2056
#剧场、影剧院	Cinemas, Theaters and Music Halls	96	1360
艺术创作机构	Art Creation Institutions	2	51
图书馆	Public Libraries	172	1852
群众文化服务	Mass Culture	2393	6947
群众艺术馆、文化馆	Mass Art Centers and Cultural Centers	181	2507
（省级、地市级）	(Province and City Level)	13	538
群众艺术馆、文化馆(县市级)	Mass Art Centers and Cultural Centers (County Level)	168	1969
文化站	Cultural Stations	2212	4440
#乡镇文化站	Township Cultural Stations	1979	4015
艺术教育业	Culture and Education	5	614
文化市场经营机构	Business Units Dealing in Culture Market	9566	45754
文艺科研	Art Research Institutions	12	174
文物业	Cultural Relics	249	6858
文物保护管理机构	Agencies of Historical Relics Preservation	164	4146
文物科研机构	Scientific and Research Historical Relics Agencies	4	173
其他文物机构	Other Historical Relics Agencies	3	374
博物馆	Museums	75	2152
综合性博物馆	Comprehensive Museums	31	656
历史类博物馆	History Museums	32	1302
艺术类博物馆	Arts Museums	5	100
文物商店	Cultural Relics Shops	3	13
其他文化及相关产业	Others Culture and Related Industry	429	7206

艺术表演团体演出情况（2012年）
Basic Statistics on Performance of Art Troupes (2012)

种　　类	Item	演出场次(万场) Number of Performances (10000 shows)	#到农村演出 Shows in Rural Areas	国内观众人数(万人次) Number of Spectators (10000 person-times)
全省总计	**Total**	**6.95**	**3.37**	**5733.50**
# 话剧、儿童剧、滑稽剧团	Drama, Plays for Children and Comedy Troupes	0.23	0.11	90.26
歌舞团、轻音乐团	Song and Dance Troupe, Light Music Troupes	0.98	0.42	621.91
文工团、文宣队、乌兰牧骑	Cultural and Performance Troupes and Ulanmuchi (equestrian art troupes)	0.01	…	33.00
戏曲剧团	Local Opera Troupes	0.07	0.04	50.50
#京　剧	Beijing Opera Troupes	2.25	1.73	3297.55
曲、杂、木、皮团	Recitation and Ballad Troupes, Acrobatics and Circus Troupes, Puppet Show Troupes, and Shadow Play Troupes	1.83	0.31	532.23
综合性艺术表演团体	Comprehensive Art Performance Troupes	1.30	0.69	957.32

群众艺术馆、文化馆(站)业务活动及经费收支（2012年）
Basic Statistics on Activities and Expenditures of Mass Art Centers and Cultural Centers (2012)

项　　目	Item	总　计 Total	群众艺术馆、文化馆（省、地市级） Mass Art Centers and Cultural Centers (Province and City Level)	群众艺术馆、文化馆（县市级） Mass Art Centers and Cultural Centers (County Level)	文化站 Cultural Stations
机构数(个)	Number of Units (unit)	2393	13	168	2212
举办展览(个)	Number of Exhibitions (unit)				
组织文艺活动(次)	Art Performances and Story-telling Sessions (times)	33456	946	7881	24635
举办训练班	Training Courses				
班　次(次)	Number of Classes (times)	14876	1531	3472	9873
培训人次(万人次)	Number of Persons Completing Courses (1000 person-times)	92	9	16	68
负责指导单位	Centers and Cultural Centers				
馆办文艺团体(个)	Art Performance Troupes (unit)	247	26	221	-
群众业余演出团(队)(个)	Part-time Art Groups (unit)	16886	162	2718	14006
总支出(万元)	Total Expenditures (10000 yuan)	32522	6912	11131	14478
	Maintenance Expenses				
各种设备购置费	Purchase of Instruments	1063	134	113	817

公共图书馆及博物馆、文物机构业务活动及经费收支（2012年）

Facilities, Services and Expenditures of Public Libraries, Museums and Cultural Relics Agencies (2012)

项　目	Item	总计 Total	#地(市)级图书馆 Public Libraries at City Level	#县(市)区级图书馆 Public Libraries at County Level
总藏量(万册、件)	Total Collections (10000 volumes)	1934.5	746.3	937.1
书架单层总长度(万米)	Total Length of Bookshelves (10000 m)	370069	131974	167245
图书流通情况	Circulation of Books			
总流通人次(万人次)	Total Number of Circulation (10000 person-times)	1023.4	417.7	455.4
有效借书证数(万个)	Number of Valid Library Cards (10000 units)	614488	246796	179777
为读者服务举办各种活动	Service Activities Provided for Readers			
次　数(次)	Number of Activities (times)	2341	568	1557
参加人数(万人次)	Number of Readers Involved (10000 person-times)	133.9	583.3	1596.0
总支出(万元)	Total Expenditures (10000 yuan)	187440	78969	68701
#新增藏量购置费	New Books Acquisition	23933	13912	5456
本年新购藏量(万册)	Number of Books Purchased During the Year (10000 volumes)	138.2	39.1	92.1
实际使用公用房屋建筑面积(万平方米)	Floor Space of Public Buildings in Use (10000 sq.m)	34.0	8.0	20.7
#书　库	Stack Rooms	7.8	2.1	4.5
阅览室座席(万个)	Seating Capacity of Reading Rooms (10000 seats)	27259	4456	19733

广播、电视事业发展情况

Basic Statistics on Broadcasting and Television Stations

项　目	Item	2000	2005	2010	2011	2012
职工年末人数(人)	Number of Staff and Workers (person)	21779	27367	34853	35905	37197
广播电台(座)	Number of Broadcasting Stations (set)	12	12	12	12	12
发射台及转播(中波)(座)	Number of Transmission and Relaying Stations of Medium Wave Broadcast (set)	30	30	31	31	31
发射机功率(中波)(千瓦)	Power of Transmitters of Medium Wave Broadcast (kw)	40/288	40/268	49/352	49/352	49/352
广播覆盖率(%)	Radio Coverage of Population (%)	97.9	98.63	99.32	99.33	99.33
县广播电视站(台)(座)	Number of Broadcast-Television Stations (set)	128	139	139	139	139
电视台(座)	Number of Television Stations (set)	11	12	12	12	12
电视发射台及转播台(座)	Television Transmission Stations and Relaying Stations (set)	593	362	251	251	252
发射机功率(千瓦)	Power of Television Transmitters (kw)	695/219	441/260.9	440/498.68	440/498.68	441/498.78
电视覆盖率(%)	TV Coverage of Population (%)	97.42	98.62	99.26	99.26	99.26

图书、报纸、杂志出版种类和数量（2012年）
Number of Books,Newspaper and Magazines Published (2012)

门　　类	Category	本版图书种类（种）Number of Publications (items)	总印数（万册）Printed Copies (10000 copies)	总印张（千印张）Printed Sheets (1000 sheets)
图　书	**Books Published**	**3976**	**19720**	**1342834**
马克思主义、列宁主义、毛泽东思想	Marxism-Leninism, Mao Zedong Thought	3	1	197
哲　学	Philosophy	18	4	685
社会科学总论	General Social Sciences	18	7	838
政治、法律	Politics and Law	81	223	11892
军　事	Military Affairs	2	1	133
经　济	Economics	49	20	2356
文化、科学、教育、体育	Culture, Science, Education and Sports	2627	18113	1217560
语言、文字	Languages	94	91	6594
文　学	Literature	408	561	48169
艺　术	Arts	112	77	9649
历史、地理	History and Geography	89	120	10066
自然科学总论	General Natural Sciences	75	22	2092
数理科学、化学	Mathematics and Chemistry	17	83	3753
天文学、地理科学	Astronomy and Geology	13	13	1111
医药、卫生	Medicine and Health Care	146	57	8309
农业科学	Agricultural Science	85	55	4500
工业技术	Industrial Technology	28	134	8888
交通运输	Transportation			
环境科学	Environmental Science	6	1	189
综合性图书	General Books	105	137	5853
报　纸	**Newspapers Published**	**66**	**150446**	**4391110**
省　级	Province	30	98166	2645133
地(市)级	Prefecture	35	51451	1721165
县　级	County	1	181	3616
杂　志	**Magazines Published**	**220**	**5352.89**	**243489.74**
综合类	General Magazines	9	27.13	1662.39
哲学、社会科学类	Philosophy and Social Sciences	54	2387.71	111169.89
自然科学、技术类	Natural Sciences and Technology	109	842.25	60154.71
文化、教育类	Culture and Education	34	1802.68	55336.71
文学、艺术类	Literature and Arts	14	293.12	15166.04
画　刊	Pictures	2	24.00	1360.20
少年儿童读物	Books for Children	3	796.65	13839.42

体委系统职工人数（2012年）
Number of Staff and Workers in Sports Commissions (2012)

单位：人 (person)

项　目	Item	总　计 Total	#各级体委机关 Sports Commissions at All Levels	#体育运动学校 Physical Education and Sports Schools	#业余体校 Spare-time Sports Schools	#优秀运动队 Excellent Sports Teams
全省总计	**Total**	**6150**	**1228**	**532**	**1031**	**1078**
运动员	Athletes	699				699
专职教练员	Full-time Coaches	951		132	609	158
专职文化教师	Full-time Teachers	891		280	238	
科研人员	Scientific and Technical Personnel	67		3	1	6
公务员	Orderly	805	805			
医务人员	Medical Personnel	46		5	3	14
管理人员	Administrative Personnel	1192	306	90	154	147
其他人员	Others	507	117	22	26	54

等级运动员、裁判员分项发展人数（2012年）
Number of Athletes and Referees in Grades by Type of Sports (2012)

单位：人 (person)

运动项目	Item	等级运动员 Number of Athletes in Grades	#女　性 Female	#一级运动员 First Grades	#二级运动员 Second Grades	等级裁判员 Number of Referees in Grades	#女　性 Female	#一　级 First Grades	#二　级 Second Grades
全省总计	**Total**	**2602**	**921**	**332**	**2189**	**1907**	**640**	**43**	**1842**
#田径	Track and Field	766	200	23	743	482	175	11	471
游泳	Swimming	178	67	19	159	50	23		50
举重	Weight Lifting	28	13	7	21	15	9	1	14
体操	Gymnastics	3		3		26	11		26
射击	Fire	50	14	24	26	9	2		9
国际式摔跤	International -like Wrestling	35	8	2	33	9	1		9
柔道	Judo	26	10	8	18	9	7	3	6
篮球	Basketball	240	85	30	210	425	112	2	423
排球	Volleyball	141	74	38	103	31	12	2	29
乒乓球	Ping pong	117	52	6	111	158	52	4	154
羽毛球	Badminton	22	7		22	109	30	4	105
足球	Football	203	83	35	168	90	15		90
武术	Martial Arts	102	27	14	88	84	31		84

卫生机构、床位、人员数（2012年）

机构类别		机构数（个）Institutions (unit)	床位数（张）Beds (unit)	全部职工（人）Total of Persons (person)	卫生技术人员 Medical Technical Personnel
全省总计	**Total**	**79083**	**284730**	**464928**	**315054**
医院合计	Total Number of Hospital	1248	203884	236567	194677
综合医院	General Hospital	808	151702	177745	147415
中医医院	Hospital of Chinese Medicine	175	25543	29600	24138
中西医结合医院	Hospital Combining Chinese and Western Medicine	35	4731	5495	4597
专科医院	Specialized Hospital	230	21908	23727	18527
＃口腔医院	Hospitals for Mouth Cavity	13	234	783	651
	Diseases Care	21	1846	2596	2093
眼科医院	Hospitals for Eye Care	2	115	313	280
耳鼻喉科医院	Otolaryngology Hospital	8	1059	1046	845
肿瘤医院	Tumor Hospital	7	838	866	724
精神病医院	Mental Hospitals	39	4468	2977	2159
传染病医院	Hospitals of Infections Diseases	12	3313	3165	2433
结核病医院	Tuberculosis Hospitals	2	406	304	206
骨科医院	Orthopedics Hospitals	26	2233	2817	2191
疗养院	Sanatorium	5	1405	336	198
社区卫生服务中心	Community Sanitation Service Center	256	5037	7301	6189
卫生院	Heath Center	1961	59469	55355	45776
门诊部	Clinics	164	648	2020	1801
急救中心	First-aid Center	5		508	331
采供血机构	Collecting and Supply Institutions for Blood	14		1692	961
妇幼保健院(所、站)	Maternity and Children Care Centers	185	9593	16907	13591
专科疾病防治院(所、站)	Specialized Prevention& Treatment Centers or Stations	8	795	1068	869
疾病预防控制中心(防疫站)	Center for Disease Prevention and Control	193		9121	6099
卫生监督所	Sanitation Supervision Stations	191		4914	4206
卫生监督检验(监测、检测)所(站)	Sanitary Supervision Examination (Monitor, Examination) institutions	1		28	5
医学科学研究机构	Research Institutions of Medical Science	2		71	10
医学在职培训机构	Medicine on-the-job Training Organization				
健康教育所(站、中心)	Health Education Station or Center				
其他卫生机构	Others	88		1473	663

注：卫生机构数包含村卫生室。

Number of Health Institutions, Beds and Persons Engaged (2012)

执业医师 Physician	执业助理医师 Certified Assistant Doctors	注册护士 Registered Nurses	药师(士) Pharmacists	检验师 Laboratory Technicians	其他 Others	其他技术人员 Other Technical Personnel	管理人员 Managerial Personnel	工勤人员 Logistics Workers
108875	**34184**	**101986**	**14041**	**16461**	**39507**	**19801**	**14796**	**28831**
69741	8590	80122	9367	11212	15645	11907	10375	19608
52928	5743	62419	6490	8282	11553	8508	7477	14345
9204	1695	7654	1728	1504	2353	1730	1148	2584
1693	196	1776	226	293	413	232	230	436
5916	956	8273	923	1133	1326	1437	1520	2243
328	71	148	15	20	69	59	37	36
759	55	918	123	73	165	144	156	203
117	16	76	13	15	43	8	16	9
245	49	347	47	54	103	61	53	87
198	46	300	31	60	89	43	54	45
544	164	1057	107	118	169	246	181	391
752	44	1226	152	178	81	237	116	379
54	7	102	12	15	16	10	33	55
716	131	960	100	139	145	164	251	211
65	3	84	10	9	27	22	54	62
2220	655	1965	399	426	524	327	286	499
11629	11848	6030	2548	2223	11498	3878	1654	4047
718	207	496	106	100	174			203
77	3	189	5	9	48	98	30	49
165	23	353	39	222	159	308	112	311
4893	1249	4390	613	912	1534	1218	630	1468
289	31	383	31	35	100	51	58	90
1939	530	272	88	948	2322	1096	669	1257
					4206	221	236	251
	5					3	9	11
3		2		1	4	46	5	10
247	96	54	19	13	234	359	304	147

a) Number of Health Institutions include village clinics.

医疗机构诊疗人次及入院人数（2012年）
Hospital Patients (2012)

医疗机构	Medical Institution	诊疗人次 (人次) Visits (person-time)	#门、急诊 Out-patients and Emergency Patients	入院人数 (人) Inpatients (person)	每百诊次入院人数 (人) Hospital Admissions per 100 Outpatient Times (person)	出院人数 (人) Number of People Discharged from Hospital (person)	#治愈 Recovered
全省总计	**Total**	**374404932**	**331489005**	**8706811**	**5.80**	**8768730**	**8750967**
医 院	Hospital	92632774	88920206	6551088	7.37	6547273	6530271
综合医院	General Hospital	69862437	67113610	5200096	7.75	5179674	5165313
中医医院	Hospital of Chinese Medicine	13529830	12838606	777987	6.06	792879	790905
中西医结合医院	Hospital Combining Chinese and Western Medicine	1795329	1720635	152869	8.88	155589	155377
专科医院	Specialized Hospital	7445178	7247355	420136	5.80	419131	418676
口腔医院	Hospitals for Mouth Cavity Diseases Care	512302	512211	920	0.18	938	938
眼科医院	Hospitals for Eye Care	1366256	1356320	60645	4.47	59971	59971
耳鼻喉科医院	Otolaryngology Hospital	123078	123078	2936	2.39	2920	2917
肿瘤医院	Tumor Hospital	199126	193133	23274	12.05	23063	22849
精神病医院	Mental Hospitals	493578	455959	27862	6.11	26649	26642
传染病医院	Hospitals of Infections Diseases	563471	561918	59040	10.51	58676	58574
结核病医院	Tuberculosis Hospitals	22435	22435	3853	17.17	3781	3776
骨科医院	Orthopaedics Hospitals	767403	669892	51889	7.75	55031	54995
疗养院	Sanatorium	44982	44741	3903	8.72	3950	3935
社区卫生服务中心(站)	Community Sanitation Service Center	14960579	13393728	75458	0.56	106441	106360
卫生院	Township Hospital	41104328	39388884	1560306	3.96	1599945	1599388
门诊部	Clinic	1015772	953152				
诊所.卫生所.医务室	County (District) Clinics, Sanitation Office and Medical Matter Centers Sanatorium Service Station	27437144	26498792				
急救中心(站)	First-aid Center	84563	84563				
妇幼保健院(所、站)	MCH Center	8777995	8244733	458932	5.57	453760	453657
专科疾病防治院(所、站)	Specialized Disease Prevention & Treatment Institution	160510	160510	12034	7.50	12271	12266

社会福利事业、企业单位和工作人员数
Number of Social Welfare Institutions and Enterprises and Persons Engaged

项　　目	Item	单位数(个) Number of Institutions (unit)			工作人员(人) Number of Personnel Engaged (person)		
		2010	2011	2012	2010	2011	2012
烈士纪念建筑物管理单位	Army Supply Transfer Stations	90	92	93	816	905	889
救助类单位	Salvation Institutions	29	39	72	402	402	516
#救助管理站	Collecting and Repatriating Units	27	37	70	364	364	478
流浪儿童保护中心	Aftercare Farms	2		2	38		38
殡仪馆	Funeral Parlor	154	155	155	2782	2862	2815
殡葬管理服务单位	Funeral and Burial Management Service Units	16	15	15	318	169	267
社会福利企业单位	Social Welfare Enterprises	1071	1021	924	55027	52664	49894

收养性社会福利单位基本情况（2012年）
Basic Statistics on Social Welfare Institutions (2012)

项　　目	Item	院　数（个）Number of Homes (unit)	工作人员（人）Number of Staff and Workers (person)	床　位（张）Number of Beds (unit)	年末收养人数（人）Number of Persons Housed (year-end) (person)
全省收养性单位总计	**Total**	**2317**	**17966**	**183503**	**125674**
荣誉军人康复医院	Convalescent Hospitals for Honorable Serviceman	1	212	500	116
复员军人慢性病疗养院	Sanatoriums for Ex-serviceman				
复退军人精神病院	Mental Hospitals for Ex-serviceman	1	389	880	798
光荣院	Homes for Disabled Veterans	146	1737	12706	5797
社会福利院	Social Welfare Homes	36	997	7614	5444
儿童福利院	Baby Welfare Homes	9	78	595	389
社会福利医院	Psychopathy Welfare Homes				
城市养老服务机构	Urban Elderly Welfare Homes	383	3860	33617	20480
农村养老服务机构	Rural Elderly Welfare Homes	1442	8583	116998	85928
其他福利机构	Other Adopting Units	291	1107	8931	5850

国内公证业务分类（2012年）
Domestic Notary Documents by Type (2012)

项　　目	Item	办理公证(件) Number of Notarial Documents Issued (piece)	比重(%) Percentage (%)
总　计	**Total**	**207691**	**100.00**
合同(协议)	Contracts (Agreement)	54611	26.29
继承	Inheritance	25950	12.49
单方法律行为	Unilateral Obligation	65263	31.42
现场监督	Field Supervision	5265	2.54
保全证据	Evidence Preservation	7070	3.40
公司章程	Articles of Association	192	0.09
组织资格	Organize Qualification	1596	0.77
财产权	Property Rights	166	0.08
身份	Identity	322	0.16
收养关系	Child Adoption	38	0.02
婚姻状况	Marital Status	118	0.06
亲属关系	Kinship Confirmation	3644	1.75
有无违法犯罪记录	Any Illegal and Criminal Record	131	0.06
其他有法律意义事实	Other Legal Facts	1575	0.76
证书(执照)	Certificate (License)	502	0.24
签名(印鉴)	The signature (The seal)	11963	5.76
文本相符	Confirmation of Copies and Photo-offset Copies to Originals	1716	0.83
赋予执行效力	Give Effectiveness	7123	3.43
执行证书	Perform Certificate	162	0.08
抵押登记	Mortgage Registration	1448	0.70
提存	Deposited	448	0.22
保管	Custody	2	…
其他	Others	18386	8.85

涉外公证文书分类(2012年)
Foreign-related Notary Documents by Type (2012)

项　　目	Item	办理公证(件) Number of Notarial Documents Issued (piece)	比重(%) Percentage (%)
合　计	**Total**	**73277**	**100.00**
合同(协议)	Contracts (Agreement)	140	0.19
继承	Inheritance	10	0.01
委托	Proxy	1580	2.16
声明	Declarations	1091	1.49
其他单方法律行为	Unilateral Obligation	64	0.09
公司章程	Articles of Association	321	0.44
组织资格	Organize Qualification	252	0.34
收养关系	Child Adoption	564	0.77
婚姻状况	Marital Status	4079	5.57
亲属关系	Kinship Confirmation	8353	11.40
出生	Births	8484	11.58
死亡	Deaths	152	0.21
生存、居住	Survival and Residence	1634	2.23
学历(学位)	Schooling (Degree)	9904	13.52
经历	Personal Histories	927	1.27
职务(职称)	Position (Professional Certificates)	369	0.50
身份	Identity	274	0.37
有无违法犯罪记录	Any Illegal and Criminal Record	10695	14.60
其他有法律意义事实	Other Legal Facts	4545	6.20
证书(执照)	Certificate (License)	690	0.94
签名(印鉴)	The signature (The seal)	3022	4.12
文本相符	Confirmation of Copies and Photo-offset Copies to Originals	9639	13.15
其他	Others	6488	8.85

享受救济、补助人员情况
Persons Relief Funds or Receiving Subsidies

项　　目	Item	2010	2011	2012
城镇居民最低生活保障人数(人)	Number of Persons Receiving Minimum Living Allowance in Urban Areas (person)	883475	880811	772703
城镇临时救济(户次数)	Number of Persons Receiving Temporary Relief in Urban Areas (person-time)	6949	26275	13082
农村居民最低生活保障人数(人)	Number of Persons Receiving Minimum Living Allowance in Rural Areas (person)	1912638	2084281	2079912
农村临时救济(户次数)	Number of Persons Receiving Temporary Relief in Rural Areas (person-time)	64053	65809	35175
农村传统救济人数(人)	Number of Persons Receiving Traditional Relief in Rural Areas (person)	9274	6829	7148
农村集体五保供养户(户)	Number of Persons Reveiving Livelihood Guaranteed in Five Aspects in Rural Households (household)	95530	99811	92090
农村分散五保供养户(户)	Number of Persons Reveiving Livelihood Guaranteed in Five Aspects in Rural Households (household)	149382	142039	139310

社会保险基本情况

Basic Statistics of Social Insurance

项　　目	Item	2010	2011	2012
失业保险	**Unemployment Insurance**			
年末参保人数(万人)	Contributors at Year-end (10000 persons)	493.41	498.70	501.74
全年发放失业保险金人数(万人)	Beneficiaries of Unemployment Insurance Fund (10000 persons)	9.01	8.35	7.88
全年发放失业保险金(万元)	Unemployed Relief (10000 yuan)	235100	64124.37	69401.21
城镇职工基本医疗保险	**Basic Medical Care Insurance**			
年末参保职工人数(万人)	Contributors at Year-end (10000 persons)	610.00	627.31	645.30
年末参保退休人员(万人)	Retirees (10000 persons)	238.01	248.23	261.52
工伤保险	**Work Injury Insurance**			
年末参保人数(万人)	Contributors at Year-end (10000 persons)	594.44	640.39	694.81
年末享受工伤待遇的人数(万人)	Beneficiaries at Year-end (10000 persons)	7.50	8.65	9.13
年末参加生育保险人数(万人)	**Maternity Insurance Contributors at Year-end (10000 persons)**	**561.50**	**593.1**	**634.78**
参加城镇基本养老保险人数(万人)	**Number of People Participated in Urban Basic Pension Insurance (10000 persons)**	**988.44**	**1059.80**	**1125.62**
职　工	Number of Employees	728.94	774.50	813.33
企　业(含其他)	Enterprises (including others)	602.69	645.39	680.33
离退休人员	Number of Retirees	259.50	285.31	312.29
企　业(含其他)	Enterprises (including others)	219.71	244.34	268.79
社会保险基金收支及累计结余(亿元)	**Revenue, Expenses and Balance of Social Insurance Fund (10000 yuan)**			
基金收入	**Revenue**	**776.50**	**793.49**	**1103.15**
基本养老保险	Basic Pension Insurance	568.90	561.33	793.00
失业保险	Unemployment Insurance	27.62	32.70	41.08
城镇基本医疗保险	Basic Medical Care Insurance	159.18	172.49	234.95
工伤保险	Work Injury Insurance	16.09	21.12	24.74
生育保险	Maternity Insurance	4.71	5.85	9.38
基金支出	**Expenses**	**610.90**	**620.49**	**943.41**
基本养老保险	Basic Pension Insurance	454.09	447.87	723.49
失业保险	Unemployment Insurance	23.51	16.78	15.70
城镇基本医疗保险	Basic Medical Care Insurance	117.49	133.12	175.09
工伤保险	Work Injury Insurance	13.28	19.25	23.52
生育保险	Maternity Insurance	2.53	3.47	5.61
累计结余	**Balance at Year-end**	**833.02**	**927.82**	**1180.40**
基本养老保险	Basic Pension Insurance	562.82	610.66	755.11
失业保险	Unemployment Insurance	54.75	70.64	96.03
城镇基本医疗保险	Basic Medical Care Insurance	189.92	216.74	294.48
工伤保险	Work Injury Insurance	18.77	20.64	21.87
生育保险	Maternity Insurance	6.76	9.14	12.91

婚姻登记情况

Basic Statistics on Marriage Registration

年份 Year	结婚登记对数(对) Total Number of Registered Marriages (couple)	内地居民登记结婚 Registered Marriages in the Mainland	初婚(人) First Marriages (person)	再婚(人) Re-marriages (person)	涉外登记结婚 Registered Marriages with Foreigner	离婚(对) Divorces (couple)	粗离婚率(‰) Crude Divorce Rate (‰)
1985	468351	468342	914957	21727	9	7604	0.14
1990	447334	447300	854367	40233	34	10010	0.17
1991	446848	446801	858537	35065	47	10037	0.16
1992	440035	439976	848865	31087	59	10349	0.17
1993	430412	430337	827386	33288	75	11353	0.18
1994	471868	471782	901803	41761	86	12167	0.19
1995	434418	434310	824330	44290	108	11163	0.17
1996	430740	430602	809736	51468	138	12445	0.19
1997	442655	442515	824323	60707	140	13681	0.21
1998	439580	439424	817935	60913	156	15344	0.23
1999	479783	479627	893670	65584	156	15608	0.24
2000	475291	475153	881891	68415	138	17084	0.26
2001	445606	445421	816272	74570	185	19321	0.29
2002	470692	470499	851947	89051	193	22924	0.34
2003	524260	524041	952850	95232	219	25785	0.38
2004	574838	574611	1041641	107581	227	43117	0.64
2005	537796	537521	947158	100884	275	50280	0.74
2006	554925	554615	1003450	105780	310	56926	0.83
2007	603901	603581	1093448	113714	320	60483	0.87
2008	663144	662756	1203102	122410	388	73066	1.05
2009	719961	719547	1300578	139344	414	86707	1.23
2010	750291	749885	1355779	144803	406	98792	1.39
2011	777160	776674	1370018	184302	486	109600	1.52
2012	745336	744884	1303042	187630	452	118613	1.63

注：粗离婚率计算方法：离婚对数除以当期人口平均数。此方法为国际惯用方法。

a) Method for computing the Crude Divorce Rate: number of divorced couples is divided by the average population in the current period. ' method is commonly used internationally.

各城市地区生产总值（2012年）
Gross Domestic Product (2012)

单位：亿元 (1000 million yuan)

城市	City	地区生产总值 Gross Domestic Product	第一产业 Primary Industry	第二产业 Secondary Industry	第三产业 Tertiary Industry	地区生产总值增长率(%) Growth Rate of Gross Domestic Product (%)	人均地区生产总值(元) Per Capita Gross Domestic Product (yuan)
城市合计	**Total**	**8790.23**	**241.06**	**4409.67**	**4139.50**		
石家庄市	Shijiazhuang	1573.54	8.29	407.70	1157.55	10.6	53381
承德市	Chengde	263.20	5.08	154.34	103.78	7.1	40843
张家口市	Zhangjiakou	433.06	11.05	224.39	197.62	11.0	40591
秦皇岛市	Qinhuangdao	618.42	8.96	234.00	375.46	9.5	57856
唐山市	Tangshan	2954.57	138.50	1763.07	1053.00	9.1	95679
廊坊市	Langfang	449.31	23.71	177.28	248.32	9.9	53369
保定市	Baoding	763.92	9.50	505.92	248.50	7.2	65103
沧州市	Cangzhou	582.92	6.16	299.81	276.94	11.5	96574
衡水市	Hengshui	214.88	19.46	126.03	69.39	10.8	39119
邢台市	Xingtai	276.06	4.22	162.59	109.25	4.4	30258
邯郸市	Handan	660.35	6.11	354.55	299.68	9.8	45427

各城市就业人员（2012年底）
Employed Persons (End of 2012)

单位：万人 (10000 persons)

城市	City	年末单位就业人员 Employed Persons (year-end)	第一产业 Primary Industry	第二产业 Secondary Industry	#制造业 Manufacturing	第三产业 Tertiary Industry	私营和个体就业人员 Persons Employed in Private Enterprises and Self-Employed Individuals
城市合计	**Total**	**296.13**	**1.04**	**147.70**	**80.21**	**147.39**	**101.14**
石家庄市	Shijiazhuang	55.77	0.10	21.03	11.50	34.64	17.23
承德市	Chengde	11.07	0.01	3.93	2.52	7.13	4.15
张家口市	Zhangjiakou	17.99		7.86	5.04	10.13	2.09
秦皇岛市	Qinhuangdao	24.13	0.04	10.98	7.32	13.11	8.38
唐山市	Tangshan	62.38	0.24	39.17	21.92	22.97	19.02
廊坊市	Langfang	18.88	0.03	10.20	8.09	8.65	7.67
保定市	Baoding	33.04	0.01	20.05	12.97	12.98	13.48
沧州市	Cangzhou	16.95	0.60	7.05	2.79	9.30	2.81
衡水市	Hengshui	9.98		3.56	1.74	6.42	6.49
邢台市	Xingtai	16.88	0.01	9.06	3.00	7.81	6.44
邯郸市	Handan	29.06		14.81	3.32	14.25	13.37

各城市固定资产投资及内贸、外经主要指标（2012年）

Major Indicators of Investment in Fixed Assets and Domestic Trade, Foreign Economy Trade (2012)

城市	City	固定资产投资（亿元）Total Investment in Fixed Assets (100 million yuan)	施工项目个数（个）Number of Projects under Construction (unit)	商品房屋销售面积（万平方米）Floor Space of Commercialized Building Sold (10000 sq.m)	商品房屋销售额（亿元）Total Sale of Commercialized Building (100 million yuan)	社会消费品零售总额（亿元）Total Retail Sale of Consumer Goods (100 million yuan)	限额以上批发零售贸易企业（个）Number of Enterprises above Designated Size (unit)	当年实际利用外资金额（万美元）Amount of Foreign Capital Actually Utilized (USD 10000)
城市合计	**Total**	**6169.32**	**4167**	**2456.43**	**1331.71**	**3335.02**	**1480**	**289349**
石家庄市	Shijiazhuang	1615.56	543	495.62	292.30	811.77	226	28945
承德市	Chengde	215.48	134	95.92	41.48	110.35	80	1393
张家口市	Zhangjiakou	262.91	152	266.19	113.74	193.25	90	310
秦皇岛市	Qinhuangdao	452.72	415	183.00	111.02	309.49	160	46975
唐山市	Tangshan	1736.98	1668	574.56	390.09	756.26	259	90068
廊坊市	Langfang	247.42	158	163.24	105.67	140.30	89	31171
保定市	Baoding	440.47	157	92.05	38.88	321.97	139	41278
沧州市	Cangzhou	200.71	238	196.00	80.04	117.38	133	13483
衡水市	Hengshui	143.22	86	70.69	23.93	112.66	62	5042
邢台市	Xingtai	222.41	176	81.60	30.39	152.08	108	4524
邯郸市	Handan	631.44	440	237.56	104.17	309.52	134	26160

注：固定资产投资不包含农户投资。

a) Total investment in fixed assets excludes the investment made by agricultural households.

各城市财政、金融主要经济指标（2012年）

Major Indicators of Public Finance and Banking (2012)

单位：亿元 (100 million yuan)

城市	City	地方财政一般预算收入 General Budget of Financial Revenue	财政支出 Expenditure	#一般性公共服务支出 General Public Services	年末金融机构存款余额 Deposits of Financial Institutions at year-end	#城乡居民储蓄存款余额 Residents' Saving Deposits of Financial Institutions in Urban and Rural Areas	年末金融机构贷款余额 Loans of Financial Institutions at year-end
城市合计	**Total**	**862.46**	**1330.58**	**146.05**	**17506.42**	**8718.28**	**11401.37**
石家庄市	Shijiazhuang	180.31	232.96	23.67	5294.24	2094.85	3069.19
承德市	Chengde	41.00	84.21	7.59	598.52	334.07	530.63
张家口市	Zhangjiakou	13.31	32.20	5.07	851.29	534.26	720.30
秦皇岛市	Qinhuangdao	85.55	128.36	12.01	1334.14	724.72	971.67
唐山市	Tangshan	199.50	304.49	35.32	3480.68	1896.56	2192.04
廊坊市	Langfang	64.84	95.65	10.91	1046.61	491.88	654.36
保定市	Baoding	70.13	101.32	11.99	1243.59	679.96	661.37
沧州市	Cangzhou	59.51	109.26	10.65	738.14	387.53	538.73
衡水市	Hengshui	26.57	49.93	6.07	532.41	316.03	300.62
邢台市	Xingtai	36.61	68.26	7.35	761.67	433.38	563.93
邯郸市	Handan	85.12	123.94	15.43	1625.14	825.02	1198.53

各城市规模以上工业企业主要经济指标（2012年）
Major Indicators on Economic Benefit of Industrial Enterprises Above Designated Size (2012)

单位：亿元 (100 million yuan)

城市	City	工业企业数(个) Number of Industrial Enterprises (unit)	从业人员年平均人数(万人) Annual Average Employment Personnel (10000 persons)	固定资产合计(亿元) Fixed Assets (100 million yuan)	主营业务收入 Revenue from Principal Business	本年应交增值税 Value-added Tax Payable	工业利润总额 Total Profits
城市合计	**Total**	**2263**	**132.63**	**6941.94**	**15997.10**	**402.62**	**413.25**
石家庄市	Shijiazhuang	245	16.50	640.16	1307.38	30.12	41.00
承德市	Chengde	89	4.70	370.72	520.60	11.54	12.54
张家口市	Zhangjiakou	133	7.07	342.76	572.68	21.16	26.70
秦皇岛市	Qinhuangdao	233	9.08	358.40	997.71	29.13	11.80
唐山市	Tangshan	602	45.51	2734.88	6198.71	120.15	117.92
廊坊市	Langfang	211	8.60	222.09	628.84	17.38	19.49
保定市	Baoding	194	12.03	596.16	1231.30	39.22	49.20
沧州市	Cangzhou	167	4.90	466.17	1283.92	39.89	35.75
衡水市	Hengshui	136	3.21	121.12	412.01	10.40	26.82
邢台市	Xingtai	80	6.57	250.32	580.92	27.56	34.94
邯郸市	Handan	173	14.46	839.16	2263.05	56.07	37.09

各城市文化、卫生及社会保障情况（2012年）
Conditions of Culture, Public Health, Social Security (2012)

城市	City	公共图书馆数(个) Number of Public Libraries (unit)	公共图书馆图书藏量(千册) Total Collections (1000 volumes)	医院(个) Hospitals (unit)	医院床位数(张) Number of Hospital Beds (bed)	医生数(人) Doctors (person)	注册护士数(人) Number of Registered Nurses (person)
城市合计	**Total**	**32**	**11676**	**562**	**100055**	**53223**	**53629**
石家庄市	Shijiazhuang	8	4459	90	20845	13431	12331
承德市	Chengde	3	315	32	4800	2368	2259
张家口市	Zhangjiakou	3	1032	27	6096	2949	3165
秦皇岛市	Qinhuangdao	2	767	44	6634	3634	4195
唐山市	Tangshan	5	1370	89	17041	8459	9998
廊坊市	Langfang	2	1430	44	4084	2487	1938
保定市	Baoding	1	753	41	10412	4708	5333
沧州市	Cangzhou	1	372	10	6135	3516	3963
衡水市	Hengshui	1	130	37	3726	2354	1729
邢台市	Xingtai	1	429	57	6922	3607	3387
邯郸市	Handan	5	618	91	13360	5710	5331

各城市教育事业及专业技术人员主要指标（2012年）
Conditions of Education and Scientific and Technical Personnel (2012)

城市	City	学校数（个）Number of Schools (unit)			专任教师数（人）Number of Full-time Teachers (person)			
		中等职业技术学校 Secondary Vocational Schools	普通中学 Regular Secondary Schools	小学 Primary Schools	普通高等学校 Regular Institutions of Higher Education	中等职业技术学校 Secondary Vocational Schools	普通中学 Regular Secondary Schools	小学 Primary Schools
城市合计	**Total**	**357**	**529**	**1485**	**59306**	**21440**	**57527**	**50785**
石家庄市	Shijiazhuang	113	88	224	22649	5941	10304	7988
承德市	Chengde	16	22	88	2450	828	2623	2093
张家口市	Zhangjiakou	19	42	106	2303	1075	4690	3684
秦皇岛市	Qinhuangdao	24	40	63	6258	1967	3963	3814
唐山市	Tangshan	45	116	384	5926	2850	11165	10892
廊坊市	Langfang	9	27	130	2100	360	2923	3674
保定市	Baoding	25	43	110	9427	2160	3358	3231
沧州市	Cangzhou	21	27	72	1914	863	2790	2904
衡水市	Hengshui	21	22	56	869	1465	3440	2360
邢台市	Xingtai	25	41	118	2084	1559	4665	3720
邯郸市	Handan	39	61	134	3326	2372	7606	6425

城市	City	在校学生数（万人）Number of Higher Education (10000 persons)						各类专业技术人员（万人）Scientific and Technical Personnel (10000 persons)	#中级技术职称以上人员 Above Medium Professional Certification
		普通高等学校 Regular Institutions of Higher Education	中等职业技术学校 Secondary Vocational Schools	普通中学 Regular Middle Schools	高中阶段 Senior	小学 Primary Schools	成人高等教育学校 Institutions of Higher Learning for Adults		
城市合计	**Total**	**110.65**	**45.37**	**78.57**	**75.17**	**93.89**	**29.59**	**33.33**	**18.86**
石家庄市	Shijiazhuang	38.85	14.78	14.95	21.84	17.75	8.60	4.08	2.42
承德市	Chengde	4.13	1.90	3.25	3.60	3.62	1.99	1.64	0.98
张家口市	Zhangjiakou	4.31	2.43	6.35	2.76	6.28	1.61	1.05	0.39
秦皇岛市	Qinhuangdao	15.56	2.12	4.19	2.83	5.35	2.32	2.21	1.25
唐山市	Tangshan	12.55	7.18	12.62	12.01	18.29	6.56	6.38	3.67
廊坊市	Langfang	4.50	1.22	4.33	2.62	5.77	1.36	1.61	0.83
保定市	Baoding	14.21	3.08	5.68	5.39	7.60	4.00	3.54	1.99
沧州市	Cangzhou	3.82	2.65	4.53	4.62	4.45	0.09	1.87	1.15
衡水市	Hengshui	1.62	2.28	5.00	4.70	4.65	0.08	3.65	1.33
邢台市	Xingtai	4.95	3.32	6.73	6.51	7.54	0.84	2.00	1.21
邯郸市	Handan	6.17	4.41	10.94	8.28	12.59	2.14	5.30	3.63

各城市市政公用事业（2012年）
Basic Statistics on Urban Public Utilities (2012)

城　市	City	年末实有城市道路面积（万平方米）Area of Paved Roads (year-end) (10000 sq.m)	排水管道长度（公里）Length of City Sewage Pipes (km)	供水综合生产能力（万立方米/日）Production Capacity of Tap Water Supply(10000 cu.m/day)	供水总量（万立方米）Annual Supply of Tap Water (10000 cu.m)	用水人口（万人）Number of Residents with Access to Tap Water (10000 persons)	煤气(人工、天然气)供气总量（万立方米）Volume of Gas Supply (10000 cu.m)	用煤气(人工、天然气)人口（万人）Population with Access to Gas (10000 persons)
城市合计	**Total**	**20506**	**11916**	**739.55**	**131505**	**1202**	**196437**	**815.06**
石家庄市	Shijiazhuang	4285	2182	126.73	33531	251.01	24613	235.61
承德市	Chengde	712	444	30.58	5907	54.16	3539	16.83
张家口市	Zhangjiakou	1323	666	100.30	8384	86.80	5627	75.61
秦皇岛市	Qinhuangdao	1876	1379	44.00	12920	95.39	20650	84.73
唐山市	Tangshan	3040	2279	130.00	26170	197.42	58591	15.27
廊坊市	Langfang	884	523	22.70	4833	52.20	11638	48.20
保定市	Baoding	1980	1153	98.00	9338	121.13	11243	86.87
沧州市	Cangzhou	939	532	25.00	3794	61.35	6381	38.18
衡水市	Hengshui	678	388	10.14	3327	36.04	1801	6.69
邢台市	Xingtai	1530	806	53.60	6764	89.75	27280	76.80
邯郸市	Handan	3259	1564	98.50	16537	156.25	25074	130.27

城　市	City	液化石油气供气总量（吨）Liquefied Petroleum Gas (ton)	用液化气人口(万人) Population with Access to Liquefied Petroleum Gas (10000 persons)	公共交通运营车(辆) Number of Public Vehicles under Operation (unit)	全年公共汽(电)车客运总量(万人次) Number of Passengers Carried of Bus (10000 (person-times)	年末实有出租汽车(辆) Number of Taxi at Year-end (unit)	园林绿地面积(公顷) Area of Urban Gardens and Green Areas (hectare)	建成区绿化覆盖面积（公顷）Green Covered Areas (hectare)
城市合计	**Total**	**82928**	**210.17**	**14610**	**194484**	**37233**	**55600**	**52435**
石家庄市	Shijiazhuang	32051	15.40	4197	63975	6873	8836	8868
承德市	Chengde	5150	37.25	634	13019	2459	4045	4492
张家口市	Zhangjiakou	5640	10.67	872	12795	3951	3182	3565
秦皇岛市	Qinhuangdao	4547	10.66	841	13198	3607	5162	4653
唐山市	Tangshan	9921	8.27	1795	26493	4154	9450	10033
廊坊市	Langfang	3100	3.93	558	3500	2030	4428	2963
保定市	Baoding	4357	33.31	1298	15203	3036	5102	5209
沧州市	Cangzhou	3191	23.17	566	8102	2066	1949	2263
衡水市	Hengshui	4129	29.28	363	2539	1324	1634	1791
邢台市	Xingtai	5288	12.25	1267	14295	2873	3783	2830
邯郸市	Handan	5554	25.98	2219	21365	4860	8029	5768

各市地区生产总值及指数（2012年）
Gross Domestic Product and Its Indices (2012)

市	City	地区生产总值(亿元) Gross Domestic Product (100 million yuan)	第一产业 Primary Industry	第二产业 Secondary Industry	工业 Industry	建筑业 Construction	第三产业 Tertiary Industry
全省	**Total**	**26575.01**	**3186.66**	**14003.57**	**12511.60**	**1491.97**	**9384.78**
石家庄市	Shijiazhuang	4500.21	452.18	2240.66	1993.59	247.07	1807.37
承德市	Chengde	1181.92	185.16	625.40	553.77	71.63	371.37
张家口市	Zhangjiakou	1233.55	205.78	529.04	441.85	87.20	498.73
秦皇岛市	Qinhuangdao	1139.37	152.41	447.68	376.48	71.20	539.27
唐山市	Tangshan	5861.64	528.56	3473.79	3243.82	229.97	1859.29
廊坊市	Langfang	1794.33	198.40	968.62	824.85	143.77	627.31
保定市	Baoding	2720.90	378.12	1495.91	1259.39	236.52	846.88
沧州市	Cangzhou	2812.42	319.18	1479.08	1338.35	140.72	1014.17
衡水市	Hengshui	1011.03	189.03	522.91	474.09	48.82	299.09
邢台市	Xingtai	1532.06	240.35	829.61	761.87	67.74	462.10
邯郸市	Handan	3024.29	383.90	1620.84	1473.50	147.33	1019.55

市	City	地区生产总值指数(上年＝100) Gross Domestic Product (preceding year=100)	第一产业 Primary Industry	第二产业 Secondary Industry	工业 Industry	建筑业 Construction	第三产业 Tertiary Industry
全省	**Total**	**109.6**	**104.0**	**111.5**	**111.8**	**108.8**	**108.6**
石家庄市	Shijiazhuang	110.4	103.6	112.0	112.4	109.3	110.0
承德市	Chengde	110.5	104.6	113.0	113.1	111.8	109.4
张家口市	Zhangjiakou	110.0	104.6	111.9	112.3	109.8	109.9
秦皇岛市	Qinhuangdao	109.1	103.0	111.3	112.1	106.2	108.8
唐山市	Tangshan	110.4	104.2	111.9	112.0	110.7	109.5
廊坊市	Langfang	109.7	103.0	111.4	111.5	110.6	109.0
保定市	Baoding	110.5	104.2	112.2	112.9	109.0	110.4
沧州市	Cangzhou	110.6	104.2	112.9	113.4	108.2	109.2
衡水市	Hengshui	110.4	103.7	112.7	112.7	112.0	110.5
邢台市	Xingtai	109.5	104.0	111.1	111.2	109.4	109.2
邯郸市	Handan	110.5	104.2	112.3	112.5	110.2	109.7

各市地区生产总值
Gross Domestic Product

单位：亿元　　(100 million yuan)

市	City	2005	2006	2007	2008	2009	2010	2011	2012
全　省	**Total**	**10012.11**	**11467.60**	**13607.32**	**16011.97**	**17235.48**	**20394.26**	**24515.76**	**26575.01**
石家庄市	Shijiazhuang	1670.80	1902.52	2268.84	2723.55	3001.28	3401.02	4082.68	4500.21
承德市	Chengde	353.20	427.50	569.81	743.68	760.11	888.96	1104.20	1181.92
张家口市	Zhangjiakou	425.81	501.44	592.23	746.52	800.34	966.42	1118.61	1233.55
秦皇岛市	Qinhuangdao	453.18	534.36	647.71	760.63	804.54	930.50	1070.08	1139.37
唐山市	Tangshan	2007.31	2335.53	2779.42	3537.47	3812.72	4469.16	5442.45	5861.64
廊坊市	Langfang	609.57	715.98	883.93	1061.49	1147.48	1351.10	1611.42	1794.33
保定市	Baoding	1040.57	1153.92	1336.73	1525.82	1730.00	2050.30	2449.90	2720.90
沧州市	Cangzhou	1055.51	1208.93	1386.72	1620.16	1801.23	2203.12	2585.20	2812.42
衡水市	Hengshui	510.94	524.21	536.09	603.81	652.11	781.82	929.07	1011.03
邢台市	Xingtai	671.04	776.94	890.75	970.01	1056.29	1212.09	1428.92	1532.06
邯郸市	Handan	1098.51	1354.80	1608.13	1906.36	2015.28	2361.56	2789.03	3024.29

各市支出法计算的地区生产总值（2012年）
Gross Domestic Product by Expenditure Approach (2012)

单位：亿元　　(100 million yuan)

市	City	支出法地区生产总值 Gross Regional Product by Expenditure Approach	最终消费 Final Consumption Expenditures	居民消费 Household Consumption Expenditures	政府消费 Government Consumption Expenditures	资本形成总额 Gross Capital Formation	货物和服务净流出 Net Outflow of Goods and Services
全　省	**Total**	**26575.01**	**11081.10**	**7808.39**	**3272.71**	**15244.63**	**249.28**
石家庄市	Shijiazhuang	4500.21	1763.80	1263.40	500.39	2622.23	114.18
承德市	Chengde	1181.92	460.82	306.07	154.75	819.97	-98.88
张家口市	Zhangjiakou	1233.55	506.48	374.60	131.88	710.99	16.08
秦皇岛市	Qinhuangdao	1139.37	442.58	331.53	111.05	674.66	22.13
唐山市	Tangshan	5861.64	1466.76	1169.76	297.00	2882.34	1512.54
廊坊市	Langfang	1794.33	726.69	578.55	148.14	1061.00	6.64
保定市	Baoding	2720.90	1246.29	1006.29	240.00	2045.47	-570.86
沧州市	Cangzhou	2812.42	970.29	708.29	262.00	1603.08	239.06
衡水市	Hengshui	1011.03	458.01	375.03	82.98	522.60	30.42
邢台市	Xingtai	1532.06	625.08	509.42	115.66	883.66	23.32
邯郸市	Handan	3024.29	1031.04	861.58	169.45	1906.27	86.98

各市人口数及人口自然变动（2012年）
Total Population and Natural Changes of Population (2012)

市	City	总人口（万人）Total Population (10000 persons)	#男 Male	出生率（‰）Birth Rate (‰)	死亡率（‰）Death Rate (‰)	自然增长率（‰）Natural Growth Rate (‰)
全　省	**Total**	**7287.51**	**3693.75**	**12.88**	**6.41**	**6.47**
石家庄市	Shijiazhuang	1038.60	519.78	12.54	6.36	6.18
承 德 市	Chengde	350.63	179.94	12.75	6.03	6.72
张家口市	Zhangjiakou	439.38	224.96	11.98	6.89	5.09
秦皇岛市	Qinhuangdao	302.16	153.30	10.97	6.56	4.41
唐 山 市	Tangshan	766.85	391.69	10.68	6.49	4.19
廊 坊 市	Langfang	443.93	227.37	10.87	5.90	4.97
保 定 市	Baoding	1135.14	572.87	13.27	6.33	6.94
沧 州 市	Cangzhou	724.38	370.23	13.93	6.39	7.54
衡 水 市	Hengshui	438.93	221.50	13.34	6.60	6.74
邢 台 市	Xingtai	718.86	364.85	14.17	6.50	7.67
邯 郸 市	Handan	928.64	467.26	13.97	6.11	7.86

注：全省男女人口按国家样本数据推算，各市男女人口按省样本数据推算。
a) The provincial number of male and female are estimated on the base of the sample data for the whole country. The number of male and female for the cities are estimated on the base of the sample data for Hebei Province.

各市城镇非私营单位就业人数（2012年底）
Number of Staff and Workers (End of 2012)

单位：万人 (10000 persons)

市	City	就业人数 Number of Staff and Workers	#国有经济 State-Owned	#城镇集体经济 Urban Collective-Owned	在岗职工人数 Number of Staff and Workers on-post	#国有经济 State-Owned	#城镇集体经济 Urban Collective-Owned
全　省	**Total**	**619.95**	**332.41**	**21.14**	**584.05**	**317.34**	**19.69**
石家庄市	Shijiazhuang	90.69	58.70	3.92	86.92	57.02	3.57
承 德 市	Chengde	26.40	16.52	0.83	24.94	15.90	0.82
张家口市	Zhangjiakou	39.77	23.53	2.66	37.59	22.42	2.34
秦皇岛市	Qinhuangdao	33.45	16.10	0.56	32.14	15.76	0.55
唐 山 市	Tangshan	95.63	38.04	2.62	92.11	36.71	2.58
廊 坊 市	Langfang	42.10	19.50	1.20	41.45	19.08	1.18
保 定 市	Baoding	101.01	45.06	2.06	89.88	43.23	1.73
沧 州 市	Cangzhou	52.38	30.47	1.07	49.11	28.26	1.02
衡 水 市	Hengshui	29.06	16.07	1.64	27.93	15.66	1.56
邢 台 市	Xingtai	44.93	23.06	1.64	42.80	21.79	1.61
邯 郸 市	Handan	64.53	45.36	2.94	59.18	41.51	2.73

注：在岗职工人数含劳务派遣人员。
a) The staff and workers on-post include the labor dispatch personnel.

各市城镇非私营单位就业人员工资总额（2012年）

Gross Payments to Employees in Urban Areas (2012)

单位：万元 (10000 yuan)

市	Prefecture-level City	就业人员 工资总额 Gross Payments to Employees in Urban Areas	在岗职工 工资总额 Payments to Full-time Employees	#国有经济 By State-owned econmy	#城镇集体经济 By Urban Collective-owned Economy	其他就业人员工资总额 Payments to Others Types of Employees
全省	**Total**	**23983034**	**23127983**	**12660165**	**580045**	**855051**
石家庄市	Shijiazhuang	3541695	3458698	2420745	98986	82997
承德市	Chengde	1012582	991389	607981	31516	21193
张家口市	Zhangjiakou	1417729	1359977	807189	62901	57752
秦皇岛市	Qinhuangdao	1505231	1469190	671552	16424	36041
唐山市	Tangshan	4302278	4203240	1599307	76175	99038
廊坊市	Langfang	1880518	1844049	837959	36973	36469
保定市	Baoding	3417687	3127206	1583311	50259	290481
沧州市	Cangzhou	2032840	1959814	1208762	37619	73026
衡水市	Hengshui	916709	892111	526312	44819	24598
邢台市	Xingtai	1571003	1533594	735688	48512	37409
邯郸市	Handan	2384762	2288715	1661359	75861	96047

各市城镇非私营单位在岗职工工资总额及平均工资（2012年）

Total Wages and Average Wage of Staff and Workers (on Post) (2012)

市	City	在岗职工工资总额（万元） Total Wages (10000 Yuan)	国有经济 State-Owned	城镇集体经济 Urban Collective-Owned	其他经济类型 Others	在岗职工平均工资（元） Average Wage of Staff and Workers on-post (yuan)	国有经济 State-Owned	城镇集体经济 Urban Collective-Owned	其他经济类型 Others
全省	**Total**	**23127983**	**12660165**	**580045**	**9887773**	**39542**	**40082**	**29420**	**39658**
石家庄市	Shijiazhuang	3458698	2420745	98986	938967	39669	42520	27761	35177
承德市	Chengde	991389	607981	31516	351892	37787	38080	38913	37196
张家口市	Zhangjiakou	1359977	807189	62901	489887	35615	36255	27302	35975
秦皇岛市	Qinhuangdao	1469190	671552	16424	781214	44824	42096	25555	48280
唐山市	Tangshan	4203240	1599307	76175	2527758	45838	43752	29431	48098
廊坊市	Langfang	1844049	837959	36973	969117	44886	44088	31906	46329
保定市	Baoding	3127206	1583311	50259	1493636	34912	36892	28298	33280
沧州市	Cangzhou	1959814	1208762	37619	713433	40114	42925	35293	36344
衡水市	Hengshui	892111	526312	44819	320980	32800	34339	30281	30890
邢台市	Xingtai	1533594	735688	48512	749394	36278	34183	29695	39199
邯郸市	Handan	2288715	1661359	75861	551495	38255	40269	28192	34727

注：在岗职工工资总额和平均工资均含劳务派遣人员。

a) The total wages bill and average wage of staff and workers on-post include the labor dispatch personnel.

各市城镇私营单位就业人员平均工资
Average Wage of Employed persons in Urban Private Enterprises

单位：元 (yuan)

市	City	平均工资 Average Wage					2012年比上年增长 Growth Rate over Preceding Year	
		2008	2009	2010	2011	2012	绝对值 Absolute Value	指数(%) Index
全　　省	**Total**	**13688**	**15111**	**17914**	**21729**	**25158**	**3429**	**15.78**
石家庄市	Shijiazhuang	13060	14310	17790	22200	26187	3987	17.96
承 德 市	Chengde	13204	15181	17781	21189	24120	2931	13.83
张家口市	Zhangjiakou	12243	14161	16891	21805	23325	1520	6.97
秦皇岛市	Qinhuangdao	16346	18141	19997	22893	26583	3690	16.12
唐 山 市	Tangshan	16588	18389	21077	24736	28751	4015	16.23
廊 坊 市	Langfang	16133	16980	19884	22626	25523	2897	12.80
保 定 市	Baoding	12516	13553	16461	20579	23913	3334	16.20
沧 州 市	Cangzhou	12683	13802	17430	22422	25194	2772	12.36
衡 水 市	Hengshui	11876	13384	16435	19928	22874	2946	14.78
邢 台 市	Xingtai	11422	12521	15156	18782	22440	3658	19.48
邯 郸 市	Handan	11603	12972	15513	18768	22099	3331	17.75

各市全社会固定资产投资（2012年）
Total Investment in Fixed Assets (2012)

单位：万元 (10000 yuan)

市	City	全社会投资总额 Total Investment	固定资产投资 Investment in Fixed Assets	建设项目 Construction Projects	房地产开发 Real Estate Development	农　户 Agricultural Households
全　　省	**Total**	**196612832**	**191046297**	**160181083**	**30865214**	**5566535**
石家庄市	Shijiazhuang	37286458	36733348	28401223	8332125	553110
承 德 市	Chengde	10221292	9967514	8764254	1203260	253778
张家口市	Zhangjiakou	11844392	11630791	9539587	2091204	213601
秦皇岛市	Qinhuangdao	7393027	7237352	5104161	2133191	155675
唐 山 市	Tangshan	30663354	30171685	25006513	5165172	491669
廊 坊 市	Langfang	13141360	12821172	10390467	2430705	320188
保 定 市	Baoding	19876545	18884450	15405362	3479088	992095
沧 州 市	Cangzhou	19501143	18918659	17418576	1500083	582484
衡 水 市	Hengshui	6775870	6399496	5356698	1042798	376374
邢 台 市	Xingtai	12578012	11864656	10955339	909317	713356
邯 郸 市	Handan	23835527	22921322	20343051	2578271	914205

注：1.全省农村农户投资为抽样调查数，各市为全面调查数。2.全省总计中含不分地区数，不等于各市合计,下表同。

a) The provincial data of individual investment in fixed assets in the rural area are estimator on the base of sample surveys. owever, the corresponding data for the cities are results of overall statistical surveys. b)The data by city didn't contained of others so total isn't equal to the figure of whole province,same as following tables, same as following tables.

各市按构成和建设性质分的建设项目投资（2012年）

Investment in Capital Construction Projects by Use of Funds and Type of Construction (2012)

单位：万元　　(10000 yuan)

市	City	投资总额 Total Invstment	按构成分 by Composition of Funds #建筑工程 Construction	#安装工程 Installation	#设备工器具购置 Purchase of Equipment and Instruments	按建设性质分 by Type of Construction #新建 New Construction	#扩建 Expansion	#改建和技术改造 Reconstruction
全省	**Total**	**160181083**	**87216702**	**12610285**	**45177525**	**85789345**	**36179962**	**28560552**
石家庄市	Shijiazhuang	28401223	13835301	2565457	8237231	14563565	5380790	6590253
承德市	Chengde	8764254	4922008	485421	2074663	4166847	2072373	1882934
张家口市	Zhangjiakou	9539587	4890105	831514	2790480	5116462	2127492	1772646
秦皇岛市	Qinhuangdao	5104161	3213925	532725	930372	2888824	1086280	779527
唐山市	Tangshan	25006513	14240602	1865237	6888794	14044806	5097402	4582006
廊坊市	Langfang	10390467	6702649	423396	2663860	6088412	2295101	1423954
保定市	Baoding	15405362	8652488	1091514	4122085	10008636	2813668	1255452
沧州市	Cangzhou	17418576	8859000	1677839	5992744	7638650	7406168	1890282
衡水市	Hengshui	5356698	2791369	215386	2046887	2320259	1650832	808850
邢台市	Xingtai	10955339	5340306	717390	3568041	5698719	2134689	2405473
邯郸市	Handan	20343051	12178737	1721702	4780217	11068718	2809490	5164447

各市建设项目施工、投产个数和新增固定资产（2012年）

Number of Capital Construction Projects under Construction and Put into Use and Newly Increased Fixed Assets (2012)

市	City	施工项目（个） Number of Projects under Construction (unit)	全部建成投产项目个数（个） Number of Projects Completed and Put into Use (unit)	项目建成投产率（%） Rate of Construction Projects Completed and Put into Use (%)	新增固定资产（万元） Newly Increased Fixed Assets (10000 yuan)	固定资产交付使用率（%） Rate of Projects of Fixed Assets Completed and Put into Use (%)
全省	**Total**	**21851**	**14637**	**66.99**	**112326606**	**70.12**
石家庄市	Shijiazhuang	4608	3440	74.65	20408744	71.86
承德市	Chengde	1331	858	64.46	6256046	71.38
张家口市	Zhangjiakou	1499	1019	67.98	6213330	65.13
秦皇岛市	Qinhuangdao	1006	660	65.61	4616824	90.45
唐山市	Tangshan	2837	1733	61.09	15683397	62.72
廊坊市	Langfang	1160	749	64.57	7863206	75.68
保定市	Baoding	1742	1019	58.50	10711404	69.53
沧州市	Cangzhou	2565	1828	71.27	12929411	74.23
衡水市	Hengshui	640	405	63.28	3232084	60.34
邢台市	Xingtai	1750	1095	62.57	7375091	67.32
邯郸市	Handan	2702	1831	67.76	16932764	83.24

各市建设项目施工、竣工房屋建筑面积及价值（2012）

Floor Space of Buildings under Construction, Completed and Value in Capital Construction Projects (2012)

市	City	施工面积（万平方米）Floor Space under Construction (10000 sq.m)	#住宅 Residential Building	竣工面积（万平方米）Floor Space Completed (10000 sq.m)	#住宅 Residential Building	竣工房屋价值（万元）Value of building Completed (10000 yuan)	#住宅 Residential Building
全省	**Total**	**34867.8**	**4590.1**	**8245.6**	**1172.8**	**14322219**	**2245983**
石家庄市	Shijiazhuang	5326.5	689.9	1122.2	180.9	2006641	653986
承德市	Chengde	1380.3	231.6	90.0	37.4	163816	58133
张家口市	Zhangjiakou	1209.7	106.2	45.8	24.2	64046	30666
秦皇岛市	Qinhuangdao	3543.2	144.0	283.0	54.2	564632	97247
唐山市	Tangshan	2864.0	623.2	564.4	164.7	992389	265430
廊坊市	Langfang	2849.5	77.3	558.6	51.3	1116451	81636
保定市	Baoding	5079.1	411.2	1698.0	124.7	2826933	176530
沧州市	Cangzhou	3668.5	73.4	1538.1	27.6	2527925	91037
衡水市	Hengshui	1734.9	999.1	113.0	10.4	203704	26096
邢台市	Xingtai	2749.1	270.4	734.9	103.2	1166917	146716
邯郸市	Handan	4459.5	963.8	1495.9	394.2	2686485	618506

各市能源工业投资（2012年）

Investment in Energy Industry (2012)

单位：万元 (10000 yuan)

市	City	合计 Total	煤炭开采和洗选业 Mining and Washing of Coal	石油和天然气开采业 Extraction of Petroleum and Natural Gas	石油加工、炼焦及核燃料加工业 Processing of Petroleum, Coking,	电力、燃气生产和供应业 Production and Supply of Electricity, Gas and Water
全省	**Total**	**10493677**	**1642036**	**268141**	**2131522**	**6451978**
石家庄市	Shijiazhuang	1110013	281397	4926	410125	413565
承德市	Chengde	772207	28654			743553
张家口市	Zhangjiakou	1956863	258262		3150	1695451
秦皇岛市	Qinhuangdao	96750			14398	82352
唐山市	Tangshan	1780788	256130	244474	674925	605259
廊坊市	Langfang	312346				312346
保定市	Baoding	459662	55410		40377	363875
沧州市	Cangzhou	803200		9000	604880	189320
衡水市	Hengshui	104899			15460	89439
邢台市	Xingtai	445918	52007		86945	306966
邯郸市	Handan	1376018	710176	9741	281262	374839

各市建设项目资金来源（2012年）
Source of Funds of Investment in Capital Construction Projects (2012)

单位：万元 (10000 yuan)

市	City	本年 资金来源 Total Funds This Year	国家预算内资金 State Budget	国内贷款 Domestic Loans	债券 Bond	利用外资 Foreign Investment	自筹资金 Self-raising Funds	其他资金 Others
全省	**Total**	**158363499**	**4729290**	**9094300**	**112564**	**877506**	**139111658**	**4438181**
石家庄市	Shijiazhuang	28078072	1452717	512813	3403	2791	25020858	1085490
承德市	Chengde	8267017	434197	917048	80057	8320	6777622	49773
张家口市	Zhangjiakou	9786778	233521	1041912	16807	108320	7832071	554147
秦皇岛市	Qinhuangdao	5020994	394728	176346		124772	4130151	194997
唐山市	Tangshan	22343399	358363	1534157	10091	124612	20106271	209905
廊坊市	Langfang	11155702	235194	192271		91905	10536232	100100
保定市	Baoding	15971122	229804	844464	1826	10154	14651930	232944
沧州市	Cangzhou	17183556	288923	624287	380	72660	15817034	380272
衡水市	Hengshui	5649717	175290	358285		43009	4951749	121384
邢台市	Xingtai	11155591	122113	708222		31000	9809523	484733
邯郸市	Handan	20632581	530895	954498		259963	17863983	1023242

各市分行业建设项目投资（2012年）
Investment in Capital Construction Projects by Sector (2012)

单位：万元 (10000 yuan)

市	City	投资总额 Total	农林牧渔业 Agriculture, Forestry, Animal Husbandry and Fishery	采矿业 Mining	制造业 Manufacturing	电力、热力、燃气及水生产和供应业 Production and Supply of Electricity, Thermal, Gas & Water	建筑业 Construction	批发和零售业 Wholesale and Retail Trades
全省	**Total**	**160181083**	**6518439**	**6205297**	**80041930**	**7133731**	**442361**	**6582986**
石家庄市	Shijiazhuang	28401223	787624	659482	12750331	512961		1535343
承德市	Chengde	8764254	599642	1737505	1976537	814347	40666	301755
张家口市	Zhangjiakou	9539587	920644	769250	2421837	1730193		462973
秦皇岛市	Qinhuangdao	5104161	329199	267057	1719699	113244	10553	104936
唐山市	Tangshan	25006513	907816	1257875	11760706	777552	7860	955567
廊坊市	Langfang	10390467	83621	80457	6023525	371336	272185	566237
保定市	Baoding	15405362	650594	160028	8491458	398308	400	807584
沧州市	Cangzhou	17418576	689919	95956	12872468	212615	96032	416442
衡水市	Hengshui	5356698	115097		4262896	97114		207281
邢台市	Xingtai	10955339	309936	87482	7541958	349439	1590	319267
邯郸市	Handan	20343051	1124347	1090205	10220515	481609	13075	905601

各市分行业建设项目投资（2012年）(续)

Investment in Capital Construction Projects by Sector (2012)

单位：万元　(10000 yuan)

市	City	交通运输、仓储和邮政业 Transport, Storage and Post	住宿和餐饮业 Hotels and Catering Services	信息传输、软件和信息技术服务业 Information Transmission, Software and Information Technology Services	金融业 Financial Inter-mediation	房地产业 Real Estate	租赁和商务服务业 Leasing and Business Services	科学研究和技术服务业 Scientific Research and Technical Services
全　省	**Total**	**15226742**	**2146556**	**887999**	**243822**	**12048296**	**2108456**	**1104358**
石家庄市	Shijiazhuang	1767221	524300	223609	160539	4318500	812139	300440
承德市	Chengde	1295620	135998	100	1038	440552	186727	25730
张家口市	Zhangjiakou	971614	193276	2896		398024	139166	9888
秦皇岛市	Qinhuangdao	587163	64806	2388	7335	443304	46006	42782
唐山市	Tangshan	3350066	459939	24127	9920	1664796	117455	7158
廊坊市	Langfang	813888	125149	17656	27405	427001	158243	224258
保定市	Baoding	838142	209310	1000	487	1473946	325943	348535
沧州市	Cangzhou	1134734	71468	116060	3158	518815	46178	69970
衡水市	Hengshui	151135	92587			92576	4547	20880
邢台市	Xingtai	580208	66477			830948	92633	7957
邯郸市	Handan	2159551	203246	35097	33940	1439834	179419	46760

市	City	水利、环境和公共设施管理业 Management of Water Conservancy, Environment and Public Facilities	居民服务、修理和其他服务业 Services to Households, Repair and Other Services	教育 Education	卫生和社会工作 Health and Social Work	文化、体育和娱乐业 Culture, Sports and Entertainment	公共管理、社会保障和社会组织 Public Management, Social Security and Social Organizations
全　省	**Total**	**12002054**	**576134**	**2088823**	**1118030**	**2138004**	**1567065**
石家庄市	Shijiazhuang	2041512	307350	715742	215059	255351	513720
承德市	Chengde	596489	20404	54592	46089	306573	183890
张家口市	Zhangjiakou	1026367	10880	152231	78533	162956	88859
秦皇岛市	Qinhuangdao	795294	2000	113091	119121	128472	207711
唐山市	Tangshan	2922335	68871	211882	89330	351389	61869
廊坊市	Langfang	662025	10638	128006	93284	241952	63601
保定市	Baoding	962699	415	134757	167628	295623	138505
沧州市	Cangzhou	552787	104727	160046	75278	81602	100321
衡水市	Hengshui	236589	500	44253	14526	6590	10127
邢台市	Xingtai	441444	11844	93885	84284	57038	78949
邯郸市	Handan	1590868	38505	275610	134898	250458	119513

各市房地产开发企业个数、建设总规模、完成投资及新增固定资产（2012年）

Number of Enterprise, Total Size of Construction, Actually Completed Investment and Newly Increased Fixed Assets for Real Estate Development (2012)

单位：万元 (10000 yuan)

市	City	企业个数（个） Number of Enterprises (unit)	#内资企业 Domestic Funded	计划总投资 Total Investment Planed	自开始建设累计完成投资 Accumulated Investment Completed	本年完成投资 Investment Completed This Year	#配套工程投资 Investment in Commercial Buildings	本年新增固定资产 Newly Increased Fixed Assets
全省	**Total**	**3178**	**3115**	**126912586**	**77485858**	**30865214**	**355234**	**13851234**
石家庄市	Shijiazhuang	468	448	31203101	19450182	8332125	22059	3676074
承德市	Chengde	224	221	4704540	3434862	1203260	17778	650884
张家口市	Zhangjiakou	350	346	9305101	5295676	2091204	13592	774106
秦皇岛市	Qinhuangdao	230	224	7973941	5302692	2133191	89225	467737
唐山市	Tangshan	400	390	23693029	12721750	5165172	115425	1893618
廊坊市	Langfang	276	271	12414884	7843734	2430705	14620	1963382
保定市	Baoding	391	389	12547496	8747513	3479088	26643	1732596
沧州市	Cangzhou	205	201	6867720	3673545	1500083	27149	752365
衡水市	Hengshui	180	180	3930052	2271998	1042798	15708	650350
邢台市	Xingtai	175	170	3745125	2397661	909317	8167	571968
邯郸市	Handan	279	275	10527597	6346245	2578271	4868	718154

各市房地产开发完成投资情况（2012年）

Completed Investment of Real Estate Development (2012)

单位：万元 (10000 yuan)

市	City	完成投资额 Investment Completed	按工程用途分 by Use: 住宅 Residential Buildings	#90平方米以下 90 sq.m below	#别墅、高档公寓 Villas, High-grade Apartments	办公楼 Office Buildings	商业营业用房 Houses for Business Use	其他 Other
全省	**Total**	**30865214**	**23171251**	**8594172**	**561855**	**1146671**	**4075683**	**2471609**
石家庄市	Shijiazhuang	8332125	5922728	1586626	168075	532433	1389144	487820
承德市	Chengde	1203260	850983	331799		32028	210074	110175
张家口市	Zhangjiakou	2091204	1519476	684059	44729	38734	402460	130534
秦皇岛市	Qinhuangdao	2133191	1609423	600487	47779	31563	237614	254591
唐山市	Tangshan	5165172	3742362	1585012	188113	255732	669385	497693
廊坊市	Langfang	2430705	1948098	794562	51555	40627	190500	251480
保定市	Baoding	3479088	3048822	1467907	10600	49341	237682	143243
沧州市	Cangzhou	1500083	1146956	431561	34016	32081	236893	84153
衡水市	Hengshui	1042798	868929	354027		2545	112898	58426
邢台市	Xingtai	909317	695831	221799	10000	11393	104862	97231
邯郸市	Handan	2578271	1817643	536333	6988	120194	284171	356263

各市房地产开发企业的土地开发及购置
Land Development and Purchase of Enterprises for Real Estate Development

市	City	土地购置费用(万元) Total Value of Land Purchased (10000 yuan)		待开发的土地面积(平方米) Land Space Pending Development (sq.m)		本年购置土地面积(平方米) Land Space Purchased This Year (sq.m)	
		2011	2012	2011	2012	2011	2012
全　省	**Total**	**4089845**	**3326008**	**7902040**	**7732378**	**27995870**	**17609888**
石家庄市	Shijiazhuang	742112	735942	271458	179894	4343479	2742309
承 德 市	Chengde	196151	96620	384881	180926	1387259	376286
张家口市	Zhangjiakou	303398	185142	2915555	2628801	4753385	1742369
秦皇岛市	Qinhuangdao	408213	597947	503935	1277751	4342491	3032252
唐 山 市	Tangshan	937614	667292	620531	1074971	3174406	1941070
廊 坊 市	Langfang	231414	181964	1009853	683005	1347215	1031866
保 定 市	Baoding	457708	89552	670684	345405	2857775	979257
沧 州 市	Cangzhou	235655	276107	182836	724400	2271632	2226420
衡 水 市	Hengshui	125029	99630	191098	89892	1396314	1609754
邢 台 市	Xingtai	133111	152680	379912	131895	820187	717527
邯 郸 市	Handan	319440	243132	771297	415438	1301727	1210778

各市房地产开发企业的资金来源（2012年）
Source of Funds of Enterprises for Real Estate Development (2012)

单位：万元　　(10000 yuan)

市	City	本年资金来源小计 Total Funds This Year	国内贷款 Domestic Loans	#银行贷款 Bank Loans	利用外资 Foreign Direct Investment	自筹资金 Self-raising Funds	其他资金来源 Others
全　省	**Total**	**37129885**	**2955653**	**2498805**	**109307**	**21954764**	**12110161**
石家庄市	Shijiazhuang	9973791	723391	606752		6748203	2502197
承 德 市	Chengde	1425137	225527	175549		700620	498990
张家口市	Zhangjiakou	2137686	248488	236922		938465	950733
秦皇岛市	Qinhuangdao	2394833	256126	252476		902913	1235794
唐 山 市	Tangshan	6256076	484408	416957	32360	4056122	1683186
廊 坊 市	Langfang	3618528	207667	104903	562	1519302	1890997
保 定 市	Baoding	3983149	308672	265708		2813136	861341
沧 州 市	Cangzhou	1869024	236025	176089		602213	1030786
衡 水 市	Hengshui	1262095	60910	60910		952689	248496
邢 台 市	Xingtai	994312	79114	79114		409332	505866
邯 郸 市	Handan	3215254	125325	123425	76385	2311769	701775

各市房地产开发建设房屋建筑面积和造价（2012年）
Floor Space of Building and Their Cost in Real Estate Development (2012)

市	City	施工房屋面积（平方米）Floor Space under Construction (sq.m)	竣工房屋面积（平方米）Floor Space Completed (sq.m)	#住宅 Residential Building	房屋面积竣工率（%）Rate of Floor Space of Buildings Completed (%)	竣工房屋价值（万元）Value of building Completed (10000 yuan)	竣工房屋造价（元/平方米）Cost of Buildings Completed (yuan/sq.m)	竣工房屋住宅套数（套）Number of building Completed (unit)
全　省	**Total**	**275778302**	**48945621**	**39780950**	**17.7**	**11324860**	**2314**	**381529**
石家庄市	Shijiazhuang	46771814	8709344	6816427	18.6	2448457	2811	59881
承 德 市	Chengde	15055746	3201992	2516850	21.3	623752	1948	23745
张家口市	Zhangjiakou	20769350	3865865	3301510	18.6	737120	1907	34749
秦皇岛市	Qinhuangdao	22397013	1608102	1239012	7.2	426582	2653	12361
唐 山 市	Tangshan	41099640	6138936	4520258	14.9	1553576	2531	44252
廊 坊 市	Langfang	29339434	6118583	5085517	20.9	1589402	2598	52709
保 定 市	Baoding	31422901	7533691	6649365	24.0	1638520	2175	65469
沧 州 市	Cangzhou	18267558	3115694	2423491	17.1	657520	2110	22062
衡 水 市	Hengshui	12981495	2619354	2131478	20.2	471545	1800	19546
邢 台 市	Xingtai	13248185	2811521	2506069	21.2	519935	1849	22301
邯 郸 市	Handan	24425166	3222539	2590973	13.2	658451	2043	24454

各市商品房屋销售情况（2012年）
Selling of Commercial Houses (2012)

市	City	商品房销售面积（平方米）Floor Space of Commercialized Buildings Sold (sq.m)	#住宅 Residential Buildings	商品房销售额（万元）Total Sales of Commercialized Buildings (10000 yuan)	#住宅 Residential Buildings	商品房平均售价（元/平方米）Average Selling Price of Commercialized Buildings (yuan/sq.m)	#住宅 Residential Buildings
全　省	**Total**	**51449160**	**46224637**	**23039044**	**19146060**	**4478**	**4142**
石家庄市	Shijiazhuang	7687331	6970793	3790574	3285711	4931	4714
承 德 市	Chengde	2600992	2370869	944788	814889	3632	3437
张家口市	Zhangjiakou	5964499	5287644	2150797	1652056	3606	3124
秦皇岛市	Qinhuangdao	2764488	2593570	1428304	1309901	5167	5051
唐 山 市	Tangshan	8355718	7150116	4900802	3486795	5865	4877
廊 坊 市	Langfang	7101659	6512880	4173557	3634888	5877	5581
保 定 市	Baoding	4196182	3704904	1332103	1169970	3175	3158
沧 州 市	Cangzhou	3592463	3045857	1298293	1036572	3614	3403
衡 水 市	Hengshui	2799731	2589060	742965	677158	2654	2615
邢 台 市	Xingtai	2068183	1984431	628512	588602	3039	2966
邯 郸 市	Handan	4317914	4014513	1648349	1489518	3817	3710

各市按用途分的商品房屋销售面积（2012年）
Floor Space of Buildings Actually Sold by Use (2012)

单位：平方米 (sq.m)

市	City	商品房销售面积 Floor Space of Commercialized Buildings Sold	住宅 Residential Buildings	#90平方米以下 90 sq.m below	#别墅、高档公寓 Villas, High-grade Apartments	办公楼 Office Buildings	商业营业用房 Houses for Business Use	其他 Other
全　省	**Total**	**51449160**	**46224637**	**15156929**	**1140835**	**747798**	**3167009**	**1309716**
石家庄市	Shijiazhuang	7687331	6970793	1637911	746666	174627	367222	174689
承德市	Chengde	2600992	2370869	467873	5480	38575	138607	52941
张家口市	Zhangjiakou	5964499	5287644	2685736	20376	35838	586403	54614
秦皇岛市	Qinhuangdao	2764488	2593570	791520	22615	1544	126840	42534
唐山市	Tangshan	8355718	7150116	2202613	46289	111662	650782	443158
廊坊市	Langfang	7101659	6512880	3482983	238616	124523	313358	150898
保定市	Baoding	4196182	3704904	1321105		73250	338693	79335
沧州市	Cangzhou	3592463	3045857	742372	25914	149004	294237	103365
衡水市	Hengshui	2799731	2589060	726971	10690		149186	61485
邢台市	Xingtai	2068183	1984431	441329	12256		57075	26677
邯郸市	Handan	4317914	4014513	656516	11933	38775	144606	120020

各市按用途分的商品房屋平均销售价格（2012年）
Average Selling Price of Commercial Houses by Use (2012)

单位：元/平方米 (yuan/sq.m)

市	City	商品房平均销售价格 Average Selling Price of Commercialized Buildings	住宅 Residential Buildings	#90平方米以下 90 sq.m below	#别墅、高档公寓 Villas, High-grade Apartments	办公楼 Office Buildings	商业营业用房 Houses for Business Use	其他 Other
全　省	**Total**	**4478**	**4142**	**4099**	**5388**	**6732**	**9393**	**3167**
石家庄市	Shijiazhuang	4931	4714	4430	4732	8386	7238	5303
承德市	Chengde	3632	3437	3336	6328	5020	6984	2594
张家口市	Zhangjiakou	3606	3124	3018	7896	3664	8111	1831
秦皇岛市	Qinhuangdao	5167	5051	4925	7893	6878	7975	3806
唐山市	Tangshan	5865	4877	4132	13249	10070	18359	2410
廊坊市	Langfang	5877	5581	5718	5562	7167	11764	5353
保定市	Baoding	3175	3158	3236		5081	3155	2278
沧州市	Cangzhou	3614	3403	3481	5517	4412	5845	2323
衡水市	Hengshui	2654	2615	2575	3832		3220	2891
邢台市	Xingtai	3039	2966	3160	3834		5742	2676
邯郸市	Handan	3817	3710	3302	5669	4832	7778	2302

各市按销售方式分的商品房销售面积及平均销售价格（2012年）
Floor Space of Buildings Actually Sold and Average Selling Price of Commercial Houses by Sale Method (2012)

市	City	商品房销售面积（平方米）Floor Space of Commercialized Buildings Sold (sq.m)	现房 Completed Buildings	期房 Buildings Completed in Future	商品房平均销售价格（元/平方米）Average Selling Price of Commercialized Buildings (yuan/sq.m)	现房 Completed Buildings	期房 Buildings Completed in Future
全省	**Total**	**51449160**	**10236284**	**41212876**	**4478**	**4931**	**4365**
石家庄市	Shijiazhuang	7687331	1563360	6123971	4931	4421	5061
承德市	Chengde	2600992	634089	1966903	3632	3537	3663
张家口市	Zhangjiakou	5964499	756647	5207852	3606	3302	3650
秦皇岛市	Qinhuangdao	2764488	305029	2459459	5167	4062	5304
唐山市	Tangshan	8355718	1938112	6417606	5865	7948	5236
廊坊市	Langfang	7101659	1754212	5347447	5877	6519	5666
保定市	Baoding	4196182	1285789	2910393	3175	3357	3094
沧州市	Cangzhou	3592463	180499	3411964	3614	3726	3608
衡水市	Hengshui	2799731	550118	2249613	2654	2709	2640
邢台市	Xingtai	2068183	388321	1679862	3039	2538	3155
邯郸市	Handan	4317914	880108	3437806	3817	3728	3840

各市房地产开发经营情况（2012年）
Real Estate Development and Management (2012)

单位：万元 (10000 yuan)

市	City	主营业务收入 Revenue from Principal Business	土地转让收入 Land Transferred	商品房屋销售收入 Commercial Houses Sold	房屋出租收入 Houses Leased	其他收入 Others	主营业务税金及附加 Taxes and Other Charges on Principal Business	利润总额 Total Profits
全省	**Total**	**16876998**	**279608**	**16515497**	**98347**	**235193**	**1391572**	**1225255**
石家庄市	Shijiazhuang	3088253	47639	2992703	11848	78938	240164	182447
承德市	Chengde	1033957	11201	1018128	2796	11914	80393	88013
张家口市	Zhangjiakou	1074789	49955	1064043	3145	2606	92366	-6153
秦皇岛市	Qinhuangdao	1150115		1140234	2069	7813	99051	85767
唐山市	Tangshan	2550626	50322	2504663	25582	15349	200721	183659
廊坊市	Langfang	3342486	23053	3319280	13591	7310	289100	644302
保定市	Baoding	1698841	25552	1656924	2769	36593	141000	48921
沧州市	Cangzhou	1005660	50257	991756	3006	5872	86367	-45804
衡水市	Hengshui	446843	10356	441117	2102	2588	38535	-3385
邢台市	Xingtai	533332	8789	519395	10951	2107	50535	-8258
邯郸市	Handan	952094	2484	867254	20488	64104	73341	55746

各市地方财政收入及支出（2012年）
Local Revenue and Expenditures (2012)

单位：万元 (10000 yuan)

市	City	地方财政收入 Local Revenue	#增值税 Value-added Tax	#营业税 Operation Tax	地方财政支出 Local Expenditure	#一般公共服务 General Public Services
全　省	**Total**	**20842825**	**2502965**	**5334513**	**40794366**	**806666**
石家庄市	Shijiazhuang	2722764	193640	878857	4640932	481495
承德市	Chengde	825133	79827	261312	2357968	235516
张家口市	Zhangjiakou	1065610	71223	279772	2665617	289034
秦皇岛市	Qinhuangdao	1086622	73392	325727	1999739	207871
唐山市	Tangshan	3010936	365054	790592	4903141	593947
廊坊市	Langfang	1721476	103975	589358	2680378	326247
保定市	Baoding	1599292	142920	359077	3835725	500510
沧州市	Cangzhou	1425818	160822	381891	3115744	418621
衡水市	Hengshui	507343	48215	132762	1608095	218385
邢台市	Xingtai	856120	96741	229279	2502476	283662
邯郸市	Handan	1846504	165971	357478	3795820	457779

注：全省总计数中含省本级数，故不等于各市相加。

a) The total revenues are not equal to the sum of the prefectures' revenues. This is because the former are the total of both provincial and prefectural Revenues. So do the total expenditures.

各市人民生活基本情况（2012年）
Basic Conditions of People's Livelihood (2012)

单位：元 (yuan)

市	City	城镇居民人均可支配收入 Annual per Capita Disposable Income of Urban Households	城镇居民人均消费性支出 Annual per Capita Consumption Expenditure of Urban Households	#食品支出 Consumption Expenditure of Food	农村居民人均纯收入 Annual per Capita Net Income of Rural Households	农村居民人均生活费总支出 Annual per Capita Living Expenditure of Rural Households
石家庄市	Shijiazhuang	23038.46	13378.41	4809.76	8993	5439
承德市	Chengde	18706.01	11604.50	4816.40	5546	5522
张家口市	Zhangjiakou	18440.89	11497.57	4093.99	5564	4364
秦皇岛市	Qinhuangdao	22098.44	12690.71	4651.00	8315	6110
唐山市	Tangshan	24357.67	15605.27	5290.88	10698	8316
廊坊市	Langfang	24871.90	15736.24	4541.80	10447	6764
保定市	Baoding	19047.66	11769.19	4138.65	7696	5083
沧州市	Cangzhou	20805.49	11883.27	4088.56	7514	5336
衡水市	Hengshui	18504.37	11928.07	3819.53	6167	4656
邢台市	Xingtai	18639.38	12090.37	4247.24	6601	4258
邯郸市	Handan	21739.97	12413.21	4955.31	8447	4023

各市区居民消费价格分类指数（2012年，上年＝100）
Consumer Price Indices by Category and by Cities (2012, Preceding Year=100)

市区	City	总指数 General Index	食品 Food	烟酒及用品 Tobacco, Liquor and Articles	衣着 Clothing	家庭设备用品及维修服务 Household Facilities, Articles and Services	医疗保健和个人用品 Health Care and Personal Articles	交通和通信 Transportation and Communication	娱乐教育文化用品及服务 Recreation, Education and Culture	居住 Residence
全省	**Total**	**102.6**	**103.8**	**104.7**	**104.7**	**102.8**	**102.4**	**100.3**	**100.6**	**101.7**
石家庄市	Shijiazhuang	102.8	103.4	104.0	103.6	103.2	102.4	100.3	102.1	103.1
承德市	Chengde	101.9	103.3	102.1	107.7	104.2	101.8	99.6	97.4	99.5
张家口市	Zhangjiakou	102.4	102.9	100.5	100.7	101.3	105.5	99.2	103.4	102.6
秦皇岛市	Qinhuangdao	103.2	106.8	104.5	101.0	101.8	101.7	100.7	100.6	101.8
唐山市	Tangshan	102.2	104.1	107.4	103.7	102.6	102.0	100.1	99.1	100.1
廊坊市	Langfang	103.3	106.0	108.4	106.2	105.6	103.2	99.8	99.9	100.2
保定市	Baoding	102.8	104.9	102.7	105.5	101.5	103.2	100.3	100.3	100.7
沧州市	Cangzhou	103.4	106.5	104.6	102.5	102.4	103.5	100.0	100.3	102.7
衡水市	Hengshui	102.4	103.8	102.9	103.2	103.1	100.7	99.5	101.1	102.5
邢台市	Xingtai	102.9	105.5	105.0	103.4	102.3	102.5	100.1	99.7	101.2
邯郸市	Handan	102.8	104.4	105.0	104.1	104.4	101.5	98.6	99.7	103.2

各市区商品零售价格分类指数（2012年，上年＝100）
Retail Price Indices by Category of Commodities by Cities (2012, Preceding Year=100)

市区	City	总指数 General Index	食品 Food	饮料、烟酒 Beverages, Tobacco and Liquor	服装、鞋帽 Garments, Shoes and Hats	纺织品 Textiles	家用电器及音像器材 Household Appliances, Music and Video Equipment	文化办公用品 Cultural and Office Appliances	日用品 Articles for Daily Use	体育娱乐用品 Sports and Recreation Articles
全省	**Total**	**102.2**	**104.0**	**104.6**	**104.0**	**103.1**	**98.0**	**98.4**	**103.4**	**102.0**
石家庄市	Shijiazhuang	101.9	103.4	103.8	103.5	103.3	98.9	95.5	103.7	103.3
承德市	Chengde	102.4	103.4	101.6	107.6	108.8	98.7	100.9	101.7	103.6
张家口市	Zhangjiakou	99.8	102.2	100.0	101.1	95.0	97.7	97.6	103.7	99.9
秦皇岛市	Qinhuangdao	102.7	106.4	105.3	100.9	102.0	94.7	98.0	103.4	104.9
唐山市	Tangshan	102.5	104.1	107.3	104.0	102.1	99.7	99.8	102.9	102.6
廊坊市	Langfang	103.5	106.0	104.8	106.1	106.5	97.9	98.4	104.2	105.5
保定市	Baoding	102.5	104.8	104.4	105.2	103.5	96.0	98.4	100.9	101.2
沧州市	Cangzhou	103.8	106.5	104.1	102.1	104.3	96.9	98.1	100.5	99.5
衡水市	Hengshui	101.8	103.7	103.0	103.0	102.4	99.2	97.2	101.8	103.0
邢台市	Xingtai	103.1	105.5	104.8	103.8	106.4	97.5	96.5	103.2	101.8
邯郸市	Handan	101.8	103.7	104.5	103.8	103.4	97.6	99.7	103.4	101.3

各市区商品零售价格分类指数（2012年，上年＝100）(续)
Retail Price Indices by Category of Commodities by Cities (2012, Preceding Year=100)

市区	City	交通、通信用品 Transportation and Communication Appliances	家具 Furniture	化妆品 Cosmetics	金银珠宝 Gold, Silver and Jewelry	中西药品及医疗保健用品 Traditional Chinese and Western Medicines and Health Care Articles	书报杂志及电子出版物 Books, Newspapers, Magazines and Electronic Publications	燃料 Fuels	建筑材料及五金电料 Building Materials and Hardware
全　省	**Total**	**97.3**	**101.9**	**103.3**	**101.5**	**102.5**	**100.9**	**101.0**	**100.8**
石家庄市	Shijiazhuang	98.0	100.9	102.0	97.2	103.3	100.9	101.1	98.3
承德市	Chengde	96.1	105.0	101.5	100.7	102.6	99.7	101.9	102.6
张家口市	Zhangjiakou	94.7	100.3	100.2	101.7	109.5	102.3	79.2	102.2
秦皇岛市	Qinhuangdao	97.7	101.2	104.8	100.1	103.6	101.6	99.4	100.7
唐山市	Tangshan	93.4	101.5	105.4	105.1	101.0	101.9	102.7	101.3
廊坊市	Langfang	97.4	102.7	105.8	101.6	103.6	99.6	103.0	98.5
保定市	Baoding	97.5	103.1	102.9	100.9	104.4	100.0	102.3	101.4
沧州市	Cangzhou	98.0	101.4	100.6	99.6	102.3	101.9	117.3	101.8
衡水市	Hengshui	95.5	103.2	102.6	101.2	100.8	99.6	102.3	98.4
邢台市	Xingtai	98.4	102.6	109.0	107.1	101.3	100.5	101.4	105.2
邯郸市	Handan	92.7	103.0	101.9	104.4	102.9	100.5	101.5	99.8

各市农、林、牧、渔业总产值（2012年）
Gross Output Value of Farming, Forestry, Animal Husbandry and Fishery (2012)

单位：万元　　(10000 yuan)

市	City	农林牧渔业 Farming, Forestry, Animal Husbandry and Fishery	农业 Farming	林业 Forestry	牧业 Animal Husbandry	渔业 Fishery	农林牧渔服务业 Service for Farming, Forestry, Animal Husbandry and Fishery
全　省	**Total**	**53401106**	**30952857**	**778810**	**17476626**	**1777373**	**2415440**
石家庄市	Shijiazhuang	7874961	4299282	100302	3152987	42927	279463
承德市	Cangzhou	3173011	1640010	217676	1216479	37424	61422
张家口市	Baoding	3667604	1786043	96066	1673029	14809	97657
秦皇岛市	Zhangjiakou	2739487	1157599	48186	1248404	244535	40763
唐山市	Chengde	8188379	4747318	58035	2412403	792623	178000
廊坊市	Hengshui	3624384	2222014	41599	1258423	43676	58672
保定市	Langfang	6607465	3983417	106750	2277772	78038	161488
沧州市	Xingtai	5755030	3143466	42453	1631283	230960	706868
衡水市	Handan	3606385	2202375	22852	1208141	8504	164513
邢台市	Tangshan	4195398	2613439	68939	1214733	6725	291562
邯郸市	Qinhuangdao	6729017	3773077	64387	2524070	65483	302000

各市农、林、牧、渔业中间消耗（2012年）
Intermediate Exertion of Farming, Forestry, Animal Husbandry and Fishery (2012)

单位：万元 (10000 yuan)

市	City	农林牧渔业中间消耗 Intermediate Exertion	农业 Farming	林业 Forestry	牧业 Animal Husbandry	渔业 Fishery	农林牧渔服务业 Service for Farming, Forestry, Animal Husbandry and Fishery
全省	**Total**	**21534491**	**10020614**	**221416**	**9223873**	**726811**	**1341777**
石家庄市	Shijiazhuang	3353139	1499160	20187	1670768	19296	143728
承德市	Chengde	1321434	599483	50719	626288	14970	29974
张家口市	Zhangjiakou	1609834	755102	42612	759164	7618	45338
秦皇岛市	Qinhuangdao	1215343	340031	13328	724220	109617	28147
唐山市	Tangshan	2902779	1333047	14097	1157953	317049	80633
廊坊市	Langfang	1640401	880131	17060	695331	18347	29532
保定市	Baoding	2826312	1376746	41201	1292267	36487	79611
沧州市	Cangzhou	2563266	1142051	14859	880893	115480	409983
衡水市	Hengshui	1716075	912220	7791	693127	4230	98707
邢台市	Xingtai	1791899	911332	45846	639777	3126	191818
邯郸市	Handan	2890052	1329528	30808	1334304	32332	163080

各市农、林、牧、渔业增加值（2012年）
The Added Value of Farming, Forestry, Animal Husbandry and Fishery (2012)

单位：万元 (10000 yuan)

市	City	农林牧渔业增加值 Added Value	农业 Farming	林业 Forestry	牧业 Animal Husbandry	渔业 Fishery	农林牧渔服务业 Service for Farming, Forestry, Animal Husbandry and Fishery
全省	**Total**	**31866615**	**20932243**	**557394**	**8252753**	**1050562**	**1073663**
石家庄市	Shijiazhuang	4521822	2800122	80115	1482219	23631	135735
承德市	Chengde	1851577	1040527	166957	590191	22454	31448
张家口市	Zhangjiakou	2057770	1030941	53454	913865	7191	52319
秦皇岛市	Qinhuangdao	1524144	817568	34858	524184	134918	12616
唐山市	Tangshan	5285600	3414271	43938	1254450	475574	97367
廊坊市	Langfang	1983983	1341883	24539	563092	25329	29140
保定市	Baoding	3781153	2606671	65549	985505	41551	81877
沧州市	Cangzhou	3191764	2001415	27594	750390	115480	296885
衡水市	Hengshui	1890310	1290155	15061	515014	4274	65806
邢台市	Xingtai	2403499	1702107	23093	574956	3599	99744
邯郸市	Handan	3838965	2443549	33579	1189766	33151	138920

各市农、林、牧、渔业中间消耗、增加值占总产值的比重（2012年）

Intermediate Consumption and Value-added of Farming, Forestry, Animal Husbandry and Fishery as Percentage of Gross Output Value (2012)

单位：%　　(%)

市	City	农业 Agriculture 中间消耗 Intermediate Exertion	农业 Agriculture 增加值 Added Value	林业 Forestry 中间消耗 Intermediate Exertion	林业 Forestry 增加值 Added Value	牧业 Animal Husbandry 中间消耗 Intermediate Exertion
全　省	**Total**	**32.37**	**67.63**	**28.43**	**71.57**	**52.78**
石家庄市	Shijiazhuang	34.87	65.13	20.13	79.87	52.99
承德市	Chengde	36.55	63.45	23.30	76.70	51.48
张家口市	Zhangjiakou	42.28	57.72	44.36	55.64	45.38
秦皇岛市	Qinhuangdao	29.37	70.63	27.66	72.34	58.01
唐山市	Tangshan	28.08	71.92	24.29	75.71	48.00
廊坊市	Langfang	39.61	60.39	41.01	58.99	55.25
保定市	Baoding	34.56	65.44	38.60	61.40	56.73
沧州市	Cangzhou	36.33	63.67	35.00	65.00	54.00
衡水市	Hengshui	41.42	58.58	34.09	65.91	57.37
邢台市	Xingtai	34.87	65.13	66.50	33.50	52.67
邯郸市	Handan	35.24	64.76	47.85	52.15	52.86

市	City	牧业 Animal Husbandry 增加值 Added Value	渔业 Fishery 中间消耗 Intermediate Exertion	渔业 Fishery 增加值 Added Value	农林牧渔服务业 Service to Farming, Forestry, Animal Husbandry and Fishery 中间消耗 Intermediate Exertion	农林牧渔服务业 Service to Farming, Forestry, Animal Husbandry and Fishery 增加值 Added Value
全　省	**Total**	**47.22**	**40.89**	**59.11**	**55.55**	**44.45**
石家庄市	Shijiazhuang	47.01	44.95	55.05	51.43	48.57
承德市	Chengde	48.52	40.00	60.00	48.80	51.20
张家口市	Zhangjiakou	54.62	51.44	48.56	46.43	53.57
秦皇岛市	Qinhuangdao	41.99	44.83	55.17	69.05	30.95
唐山市	Tangshan	52.00	40.00	60.00	45.30	54.70
廊坊市	Langfang	44.75	42.01	57.99	50.33	49.67
保定市	Baoding	43.27	46.76	53.24	49.30	50.70
沧州市	Cangzhou	46.00	50.00	50.00	58.00	42.00
衡水市	Hengshui	42.63	49.74	50.26	60.00	40.00
邢台市	Xingtai	47.33	46.48	53.52	65.79	34.21
邯郸市	Handan	47.14	49.37	50.63	54.00	46.00

注：本表按当年价格计算。

a) Data in value in this table are calculated at current prices.

各市农、林、牧、渔业总产值指数（2012年，上年=100）
Indices of Gross Output Value of Farming，Forestry，Animal Husbandry and Fishery (2012, Preceding Year=100)

市	City	农林牧渔业 Farming, Forestry, Animal Husbandry and Fishery	农业 Farming	林业 Forestry	牧业 Animal Husbandry	渔业 Fishery	农林牧渔服务业 Service for Farming, Forestry, Animal Husbandry and Fishery
全省	**Total**	**104.1**	**103.6**	**105.5**	**104.7**	**104.1**	**105.0**
石家庄市	Shijiazhuang	103.3	103.7	106.7	102.5	100.4	105.0
承德市	Chengde	104.4	106.6	103.3	102.1	100.2	105.0
张家口市	Zhangjiakou	104.6	108.0	99.2	102.0	102.1	103.7
秦皇岛市	Qinhuangdao	103.0	102.5	103.2	100.2	129.9	100.5
唐山市	Tangshan	104.2	103.3	121.0	104.5	107.3	105.5
廊坊市	Langfang	102.9	103.8	92.8	101.9	100.1	100.6
保定市	Baoding	104.6	103.3	103.2	107.1	96.0	105.0
沧州市	Cangzhou	104.2	103.0	103.5	104.8	100.6	109.5
衡水市	Hengshui	104.1	102.1	101.0	104.4	105.8	134.9
邢台市	Xingtai	104.1	104.1	129.2	102.9	106.2	105.5
邯郸市	Handan	104.0	105.5	88.1	101.8	105.2	108.0

注：本表按可比价格计算。
a) Data in value in this table are calculated at current prices.

各市主要农产品产量（2012年）
Yield of Major Farm Crops (2012)

市	City	粮食 (万吨) Grain (10000 tons)	谷物 Cereal	#稻谷 Rice	#小麦 Wheat	#玉米 Corn	豆类 Beans	薯类 Tubers
全省	**Total**	**3246.60**	**3102.70**	**49.82**	**1337.74**	**1649.51**	**32.45**	**111.45**
石家庄市	Shijiazhuang	532.10	521.01	0.14	258.12	260.61	2.06	9.02
承德市	Chengde	135.19	106.78	13.52		86.59	2.86	25.55
张家口市	Zhangjiakou	154.73	116.01	1.05		88.26	3.66	35.06
秦皇岛市	Qinhuangdao	80.92	64.74	5.23	3.60	52.49	2.89	13.30
唐山市	Tangshan	311.39	294.95	48.79	63.70	181.24	4.89	11.55
廊坊市	Langfang	184.73	178.87	0.01	50.66	127.65	2.97	2.89
保定市	Baoding	604.47	576.42	1.00	253.10	318.33	4.20	23.84
沧州市	Cangzhou	483.66	472.40		204.10	265.52	5.57	5.69
衡水市	Hengshui	378.91	373.76		183.31	187.98	2.34	2.81
邢台市	Xingtai	453.21	445.54		220.54	212.40	3.26	4.41
邯郸市	Handan	560.08	551.29	1.08	258.69	275.85	3.10	5.69

各市主要农产品产量（2012年）(续)

Yield of Major Farm Crops (2012)

市	City	棉花（吨）Cotton (ton)	油料（吨）Oil-bearing Crops (ton)	#芝麻 Sesame	#花生 Peanut	麻类（吨）Fiber Crops (ton)	#黄红麻 Jute and Ambary Hemp	烟叶（吨）Tobacco (ton)	#烤烟 Flue-cured Tobacco
全　省	**Total**	**564404**	**1428283**	**9079**	**1269417**	**780**	**738**	**7019**	**4550**
石家庄市	Shijiazhuang	11499	215236	777	199660			993	993
承德市	Chengde		12136	134	972	23		54	
张家口市	Zhangjiakou		54073		1505	1		3391	3374
秦皇岛市	Qinhuangdao	2519	57711	158	57306				
唐山市	Tangshan	27570	280766	238	280506	745	738	1598	
廊坊市	Langfang	46195	36319	660	33841			5	
保定市	Baoding	29954	279943	968	271180	5		950	155
沧州市	Cangzhou	123386	97055	1975	88750			28	28
衡水市	Hengshui	151251	110692	1419	96850				
邢台市	Xingtai	201215	142208	2009	108372				
邯郸市	Handan	133433	142144	741	130475	6			

注：全省粮食(包括分品种)产量系抽样调查推算数，各市为全面调查数。

a) The provincial products of grain (contained grain differentiated according to variety) are reckoned figure of sampling estigation, the civil products are figure of comprehensive investigation.

各市农业机械化、能源、化肥、水利（2012年）

Mechanization, Energy Resources, Chemical Fertilizer and Water Conservancy of Agriculture (2012)

市	City	农业机械化情况 Agriculture Mechanization			农村能源情况 Agriculture Energy			农用化肥施用量 Consumption of Chemical Fertilizer	农田水利情况 Farm Water Conservancy
		机耕面积（公顷）Area Cultivated by Machine (hectare)	机播面积（公顷）Area Sown by Machine (hectare)	机收面积（公顷）Mechanical Harvest Area (hectare)	农村用电量（万千瓦小时）Electricity Consumed in Rural Area (10000 kvh)	乡、村办水电站（个）Hydropower Station in Rural Area (unit)	乡、村办水电站发电量（万千瓦小时）Electricity (10000 kwh)	折纯量（吨）by 100% Effective Component (ton)	有效灌溉面积（公顷）Effective Irrigated Areas (hectare)
全　省	**Total**	**5401960**	**6592463**	**4209830**	**5939386**	**242**	**38.2**	**3293312**	**4603083**
石家庄市	Shijiazhuang	527888	674893	528145	784811	57	10.8	488997	502840
承德市	Chengde	202824	175986	60000	166844	29	4.7	107950	151809
张家口市	Zhangjiakou	536121	381905	205531	124127	14	1.4	102996	263835
秦皇岛市	Qinhuangdao	184014	94116	30136	233195	6	2.5	145671	123280
唐山市	Tangshan	516793	535240	248353	1423974	14	2.9	384735	490610
廊坊市	Langfang	314501	355955	208452	776588			167921	272720
保定市	Baoding	637386	877098	642641	473655	48	8.9	468763	661590
沧州市	Cangzhou	744362	1041657	660403	752283			316608	542379
衡水市	Hengshui	535228	774280	512148	288969			276909	477040
邢台市	Xingtai	592288	857848	533448	322478	11	0.9	353794	566530
邯郸市	Handan	610555	823485	580573	592462	63	6.0	478968	550450

各市主要农业机械和农产品加工机械拥有量（2012年底）

Ownership of Agricultural Machinery and Machinery for Processing Farm Products (End of 2012)

市	City	农业机械总动力（万千瓦）Total Power of Agricultural Machinery (10000 kw)	大中型拖拉机（混合台）Large and Medium Agricultural Tractors (unit)	小型拖拉机（台）Mini-Tractor (unit)	排灌用电动机（台）Electrical Engines (unit)	排灌用柴油机（台）Diesel Engines (unit)	联合收割机（台）Combine Harvester (unit)	农用运输车（辆）Agricultural Vehicles (unit)
全　省	**Total**	**10553.81**	**213733**	**1462698**	**1498780**	**1052771**	**101418**	**2698079**
石家庄市	Shijiazhuang	1983.82	30111	168905	233274	176409	21727	478103
承 德 市	Chengde	349.03	10341	40833	35064	11013	194	80512
张家口市	Zhangjiakou	305.96	9284	74764	18049	3507	685	68739
秦皇岛市	Qinhuangdao	303.59	4869	49096	47440	25928	166	104699
唐 山 市	Tangshan	1148.54	22525	150216	272801	57542	2231	273013
廊 坊 市	Langfang	683.87	13079	67090	91119	42417	5022	259131
保 定 市	Baoding	1217.34	30191	130625	155285	106184	17291	402327
沧 州 市	Cangzhou	1215.33	25844	248495	145653	286066	12224	280861
衡 水 市	Hengshui	938.99	18225	224291	104846	127756	14010	119643
邢 台 市	Xingtai	954.94	25460	217420	175303	74430	13521	192074
邯 郸 市	Handan	1452.39	23804	90963	219946	141519	14347	438977

各市大牲畜头数（2012年底）

Number of Large Livestock (End of 2012)

单位：百头 (100 units)

市	City	大牲畜 年末数 Large Animals (year-end)	牛 Cattle and Buffaloes	马 Horses	驴 Donkeys	骡 Mules
全　省	**Total**	**49815**	**40310**	**1844**	**5549**	**2112**
石家庄市	Shijiazhuang	8781	8092	139	453	97
承 德 市	Chengde	8966	7680	574	368	344
张家口市	Zhangjiakou	7911	5948	276	991	696
秦皇岛市	Qinhuangdao	2556	2226	24	266	40
唐 山 市	Tangshan	9387	8254	110	864	159
廊 坊 市	Langfang	4912	4068	110	609	125
保 定 市	Baoding	5069	4457	78	474	60
沧 州 市	Cangzhou	6364	5644	151	390	179
衡 水 市	Hengshui	4651	4134	129	330	58
邢 台 市	Xingtai	3028	2726	35	230	37
邯 郸 市	Handan	5119	4010	218	574	317

各市肉类总产量、牛奶产量及猪、羊头数（2012年）
Output of Meat， Milk and Number of Hogs，Sheep and Goats (2012)

市	City	猪牛羊肉产量（万吨）Output of Pork, Beef and Mutton (10000 tons)	年末出栏肉猪（万头）Slaughtered Fattened Hogs (year-end) (10000 heads)	生猪存栏头数（万头）Number of Hogs at Year-end (10000 heads)	羊存栏只数（万只）Number of Sheep and Goats (10000 units)	山羊 Goats	绵羊 Sheep	牛奶产量（万吨）Output of Cow Milk (10000 tons)
全　省	**Total**	**343.00**	**3396.70**	**1847.50**	**1413.50**	**450.50**	**963.00**	**470.37**
石家庄市	Shijiazhuang	56.27	585.71	349.19	123.74	42.53	81.21	120.55
承德市	Chengde	27.66	232.68	153.98	94.26	54.89	39.37	13.47
张家口市	Zhangjiakou	28.62	254.85	143.00	177.76	14.39	163.37	124.33
秦皇岛市	Qinhuangdao	25.75	251.27	139.76	110.12	48.54	61.58	9.40
唐山市	Tangshan	57.76	625.05	406.89	87.40	36.69	50.71	178.59
廊坊市	Langfang	29.08	239.56	151.84	179.56	42.14	137.42	23.26
保定市	Baoding	55.20	621.17	395.04	205.85	67.23	138.62	80.33
沧州市	Cangzhou	29.53	250.92	171.34	188.76	91.59	97.17	10.82
衡水市	Hengshui	31.02	321.65	229.04	132.53	76.84	55.69	9.61
邢台市	Xingtai	23.48	252.02	171.62	96.31	54.62	41.69	26.93
邯郸市	Handan	49.10	523.34	338.94	338.63	209.55	129.08	22.62

各市水产品产量（2012年）
Output of Aquatic Products (2012)

单位：吨　(ton)

市	City	水产品 总产量 Total Aquatic Products	海水产品 Seawater Aquatic Products	#鱼类 Fish	#虾蟹类 Carapace	淡水水域水产品 Freshwater Aquatic Products	#鱼类 Fish	#虾蟹类 Carapace
全　省	**Total**	**1163172**	**634631**	**141882**	**81978**	**528541**	**484141**	**33498**
石家庄市	Shijiazhuang	34854				34854	32492	1242
承德市	Chengde	36482				36482	36427	50
张家口市	Zhangjiakou	11970				11970	10953	1017
秦皇岛市	Qinhuangdao	274434	267999	17136	6699	6435	5958	377
唐山市	Tangshan	521448	268945	56319	49932	252503	226233	24934
廊坊市	Langfang	35246	5177	4843	331	30069	29985	15
保定市	Baoding	54945				54945	44425	2427
沧州市	Cangzhou	123473	92510	63584	25016	30963	29069	1884
衡水市	Hengshui	7839				7839	7757	82
邢台市	Xingtai	6643				6643	6539	19
邯郸市	Handan	55838				55838	54303	1451

各市规模以上工业企业个数和工业总产值（2012年）

Number and Gross Industrial Value of Industrial Enterprises above Designated Size (2012)

个数单位：个　产值单位：亿元　(unit, 100 million yuan)

市	City	全部工业 Total 企业个数 Number of Enterprises	全部工业 Total 工业总产值 Gross Industrial Output Value	内资企业 Domestic Funded Enterprises 企业个数 Number of Enterprises	内资企业 Domestic Funded Enterprises 工业总产值 Gross Industrial Output Value	#国有企业 State-owned Enterprises 企业个数 Number of Enterprises	#国有企业 State-owned Enterprises 工业总产值 Gross Industrial Output Value	#集体企业 Collective-owned Enterprises 企业个数 Number of Enterprises	#集体企业 Collective-owned Enterprises 工业总产值 Gross Industrial Output Value
全　省	**Total**	**12360**	**43048.00**	**11449**	**37504.00**	**316**	**3623.31**	**194**	**665.01**
石家庄市	Shijiazhuang	2388	7643.15	2283	7105.67	38	833.13	41	189.28
承德市	Chengde	461	1706.57	452	1686.74	15	62.84	2	1.90
张家口市	Zhangjiakou	435	1199.54	406	1093.09	25	202.36	14	12.25
秦皇岛市	Qinhuangdao	406	1500.81	317	907.87	16	119.66	7	3.00
唐山市	Tangshan	1311	9962.84	1194	8648.67	41	829.52	30	275.50
廊坊市	Langfang	1073	3168.31	888	2627.46	25	87.22	19	46.20
保定市	Baoding	1613	4113.55	1486	3619.52	49	321.84	22	51.00
沧州市	Cangzhou	1774	4506.82	1670	3926.52	27	278.30	10	13.31
衡水市	Hengshui	941	1367.78	889	1267.71	18	77.44	11	9.73
邢台市	Xingtai	986	2485.53	941	1980.12	18	140.46	18	15.06
邯郸市	Handan	972	5393.75	923	4640.64	44	670.54	20	47.78

市	City	股份制经济 Cooperative Enterprise 企业个数 Number of Enterprises	股份制经济 Cooperative Enterprise 工业总产值 Gross Industrial Output Value	中外合资、合作企业 Joint Venture, Cooperative Operation Enterprise 企业个数 Number of Enterprises	中外合资、合作企业 Joint Venture, Cooperative Operation Enterprise 工业总产值 Gross Industrial Output Value	外资企业 Foreign Funded Enterprises 企业个数 Number of Enterprises	外资企业 Foreign Funded Enterprises 工业总产值 Gross Industrial Output Value	港、澳、台投资企业 Funds from Hong Kong, Macao and Taiwan 企业个数 Number of Enterprises	港、澳、台投资企业 Funds from Hong Kong, Macao and Taiwan 工业总产值 Gross Industrial Output Value
全　省	**Total**	**9074**	**29025.43**	**368**	**1788.60**	**260**	**955.80**	**271**	**2203.47**
石家庄市	Shijiazhuang	1619	4699.57	49	129.79	15	66.61	38	299.07
承德市	Chengde	395	1526.79	6	7.56			3	12.27
张家口市	Zhangjiakou	341	853.72	13	42.26	9	44.37	6	15.46
秦皇岛市	Qinhuangdao	272	760.10	34	285.19	35	154.23	20	153.52
唐山市	Tangshan	836	6270.95	40	210.01	37	112.27	38	573.95
廊坊市	Langfang	710	2288.82	50	117.96	95	280.98	39	141.38
保定市	Baoding	1263	3004.76	68	164.28	19	101.12	40	228.63
沧州市	Cangzhou	1378	3138.58	43	353.97	27	35.76	32	169.62
衡水市	Hengshui	708	1044.31	24	35.53	9	20.30	17	42.25
邢台市	Xingtai	782	1676.18	22	24.31	6	130.67	16	241.43
邯郸市	Handan	770	3761.64	19	417.74	8	9.48	22	325.89

各市规模以上工业企业主要指标（2012年）
Main Indicators of Industrial Enterprises above Designated Size (2012)

单位：亿元 (100 million yuan)

市	City	企业单位数（个）Number of Enterprises (unit)	实收资本 Total Capital Hold	流动资产合计 Total Working Capitals	#存货 Inventory	#产成品 Finished Products
全　省	**Total**	**12360**	**6057.84**	**13723.31**	**3524.07**	**1230.98**
石家庄市	Shijiazhuang	2388	765.50	1553.46	413.71	156.50
承德市	Chengde	461	329.65	734.63	179.30	50.23
张家口市	Zhangjiakou	435	279.02	578.35	204.07	42.11
秦皇岛市	Qinhuangdao	406	343.90	868.39	260.39	106.64
唐山市	Tangshan	1311	1566.08	3385.64	885.54	236.11
廊坊市	Langfang	1073	347.16	922.90	209.04	77.50
保定市	Baoding	1613	560.40	1631.89	369.05	155.81
沧州市	Cangzhou	1774	709.18	928.55	256.14	112.28
衡水市	Hengshui	941	232.64	503.58	126.26	53.97
邢台市	Xingtai	986	342.64	896.63	171.22	68.93
邯郸市	Handan	972	581.68	1719.29	449.34	170.90

市	City	固定资产合计 Fixed Assets	固定资产原价 Original Value of Fixed Assets	累计折旧 Accumulated Depreciation	资产总计 Total Assets	流动负债合计 Total Working Liabilities
全　省	**Total**	**15563.95**	**21255.89**	**7527.64**	**33567.18**	**15272.53**
石家庄市	Shijiazhuang	2022.05	2617.25	916.51	4027.73	1578.51
承德市	Chengde	850.49	949.96	259.60	1753.02	1030.88
张家口市	Zhangjiakou	831.67	1088.35	347.12	1663.53	761.61
秦皇岛市	Qinhuangdao	596.16	849.64	323.62	1622.65	916.91
唐山市	Tangshan	4396.63	5838.21	1859.78	9174.47	4614.86
廊坊市	Langfang	947.05	1446.82	556.64	2062.83	938.49
保定市	Baoding	1179.89	1435.52	464.78	3124.13	1391.05
沧州市	Cangzhou	1947.45	2652.43	806.63	3136.38	776.58
衡水市	Hengshui	333.21	480.03	178.00	907.56	411.95
邢台市	Xingtai	715.78	1147.85	483.80	1866.69	819.09
邯郸市	Handan	1743.55	2749.82	1331.16	4228.19	2032.60

各市规模以上工业企业主要指标（2012年）(续)
Main Indicators of Industrial Enterprises above Designated Size (2012)

单位：亿元 (100 million yuan)

市	City	非流动负债合计 Total Non Working Liabilities	所有者权益合计 Total Owners' Equities	主营业务收入 Revenue from Principal Business	主营业务成本 Cost of Principal Business	主营业务税金及附加 Taxes and Other Charges on Principal Business	本年应交增值税 Value-added Tax Payable
全 省	**Total**	**3868.09**	**13508.91**	**43643.84**	**37796.97**	**413.16**	**1165.91**
石家庄市	Shijiazhuang	423.68	1890.82	7663.37	6500.72	93.78	170.64
承德市	Chengde	155.35	540.54	1643.20	1355.33	20.35	61.72
张家口市	Zhangjiakou	388.71	481.28	1088.96	865.21	45.33	40.79
秦皇岛市	Qinhuangdao	215.47	481.37	1561.38	1413.81	8.01	41.76
唐山市	Tangshan	1294.92	3146.65	10376.69	8900.33	50.72	316.38
廊坊市	Langfang	129.15	851.98	3118.65	2762.25	10.56	64.73
保定市	Baoding	388.48	1277.56	3880.41	3298.84	44.51	105.76
沧州市	Cangzhou	219.59	1889.75	4493.99	3842.53	106.53	115.61
衡水市	Hengshui	49.82	425.42	1309.20	1131.68	6.94	28.03
邢台市	Xingtai	171.92	847.43	2430.87	2165.60	8.75	71.08
邯郸市	Handan	431.00	1676.12	6077.12	5560.66	17.66	149.38

各市国有及国有控股工业企业主要指标（2012年）
Main Indicators of State-owned and State-holding Industrial Enterprises (2012)

单位：亿元 (100 million yuan)

市	City	企业单位数(个) Number of Enterprises (unit)	实收资本 Total Capital Hold	流动资产合计 Total Working Capitals	#存货 Inventory	#产成品 Finished Products	固定资产合计 Fixed Assets	固定资产原价 Original Value of Fixed Assets	累计折旧 Accumulated Depreciation
全 省	**Total**	**709**	**2654.41**	**4831.72**	**1364.58**	**366.19**	**7290.90**	**10046.51**	**3819.22**
石家庄市	Shijiazhuang	91	219.65	560.40	166.34	43.64	786.78	1112.66	477.74
承德市	Chengde	50	102.23	223.07	84.13	9.28	438.49	474.37	133.76
张家口市	Zhangjiakou	81	203.60	353.77	146.31	14.99	664.15	867.39	277.96
秦皇岛市	Qinhuangdao	46	120.69	276.38	100.43	38.39	234.00	349.47	150.93
唐山市	Tangshan	93	904.68	1512.34	396.85	77.99	2703.11	3571.21	1131.65
廊坊市	Langfang	55	52.99	64.02	16.44	3.25	159.92	266.35	109.35
保定市	Baoding	93	189.21	477.96	138.91	55.87	493.86	594.72	225.40
沧州市	Cangzhou	47	366.46	234.04	69.62	31.69	588.32	1022.64	482.29
衡水市	Hengshui	33	34.69	52.08	18.59	7.29	91.56	162.13	82.69
邢台市	Xingtai	39	90.46	220.68	16.39	5.76	202.27	374.70	189.38
邯郸市	Handan	81	369.76	856.98	210.58	78.04	928.45	1250.88	558.08

各市国有及国有控股工业企业主要指标（2012年）(续)

Main Indicators of State-owned and State-holding Industrial Enterprises (2012)

单位：亿元 (100 million yuan)

市	City	资产总计 Total Assets	流动负债合计 Total Working Liabilities	非流动负债合计 Total Non Working Liabilities	所有者权益合计 Total Owners' Equities	主营业务收入 Revenue from Principal Business	主营业务成本 Cost of Principal Business	主营业务税金及附加 Taxes and Other Charges on Principal Business	本年应交增值税 Value-added Tax Payable
全　省	**Total**	**14638.22**	**6520.28**	**2767.61**	**5173.78**	**11919.52**	**10494.47**	**251.84**	**410.78**
石家庄市	Shijiazhuang	1477.49	671.74	268.11	482.46	1405.99	1230.61	66.12	31.73
承德市	Chengde	726.95	450.62	113.17	163.18	439.54	389.50	1.53	6.92
张家口市	Zhangjiakou	1232.05	545.34	330.10	335.51	681.63	551.17	38.08	26.74
秦皇岛市	Qinhuangdao	593.58	306.91	110.11	174.42	526.64	465.95	3.81	18.95
唐山市	Tangshan	5223.47	2287.92	1030.30	1889.71	3434.93	3108.28	19.44	103.87
廊坊市	Langfang	249.98	123.18	30.63	94.92	276.56	257.84	1.09	7.59
保定市	Baoding	1121.26	481.04	252.70	376.07	824.29	702.12	13.58	29.25
沧州市	Cangzhou	909.02	222.33	183.93	444.56	1185.91	916.69	95.94	66.28
衡水市	Hengshui	156.12	65.41	26.49	63.45	173.10	154.10	2.60	5.81
邢台市	Xingtai	521.45	183.50	73.91	260.19	353.91	292.32	2.62	19.47
邯郸市	Handan	2426.85	1182.28	348.15	889.32	2617.02	2425.90	7.04	94.16

各市私营工业企业主要指标（2012年）

Main Indicators of Private Enterprises (2012)

单位：亿元 (100 million yuan)

市	City	企业单位数(个) Number of Enterprises (unit)	实收资本 Total Capital Hold	流动资产合计 Total Working Capitals	#存货 Inventory	#产成品 Finished Products	固定资产合计 Fixed Assets
全　省	**Total**	**7949**	**1717.67**	**3810.57**	**919.16**	**421.21**	**4323.12**
石家庄市	Shijiazhuang	1789	318.36	455.33	115.66	56.70	810.52
承德市	Chengde	285	172.87	332.77	59.10	26.01	272.31
张家口市	Zhangjiakou	205	29.88	98.58	25.15	15.71	70.46
秦皇岛市	Qinhuangdao	193	55.31	209.28	43.93	23.00	132.01
唐山市	Tangshan	805	383.72	883.58	223.22	78.45	928.60
廊坊市	Langfang	549	91.43	300.23	55.02	27.56	350.48
保定市	Baoding	977	117.01	297.49	89.98	43.54	195.97
沧州市	Cangzhou	1349	204.31	385.12	96.46	49.96	896.45
衡水市	Hengshui	645	124.28	256.84	53.37	25.77	143.54
邢台市	Xingtai	603	118.18	268.65	65.88	29.96	202.25
邯郸市	Handan	549	102.32	322.71	91.38	44.56	320.54

各市私营工业企业主要指标（2012年）(续)
Main Indicators of Private Enterprises (2012)

单位：亿元 (100 million yuan)

市	City	固定资产原价 Original Value of Fixed Assets	累计折旧 Accumulated Depreciation	资产总计 Total Assets	流动负债合计 Total Working Liabilities	非流动负债合计 Total Working Liabilities
全　省	**Total**	**5520.29**	**1560.35**	**8897.32**	**3964.18**	**302.67**
石家庄市	Shijiazhuang	1001.41	279.22	1429.62	458.99	63.22
承德市	Chengde	307.90	84.13	657.54	402.88	18.95
张家口市	Zhangjiakou	87.08	24.09	186.80	107.49	14.51
秦皇岛市	Qinhuangdao	160.28	43.77	369.95	236.13	27.61
唐山市	Tangshan	1184.30	339.09	1983.49	1252.60	64.26
廊坊市	Langfang	586.55	252.05	704.53	257.25	37.76
保定市	Baoding	240.43	62.20	542.43	198.02	11.07
沧州市	Cangzhou	1042.36	182.93	1392.60	357.13	7.74
衡水市	Hengshui	187.29	54.39	426.25	194.71	8.23
邢台市	Xingtai	283.77	99.09	523.60	234.52	14.42
邯郸市	Handan	438.90	139.39	680.50	264.46	34.88

市	City	所有者权益合计 Total Owners' Equities	主营业务收入 Revenue from Principal Business	主营业务成本 Cost of Principal Business	主营业务税金及附加 Taxes and Other Charges on Principal Business	本年应交增值税 Value-added Tax Payable
全　省	**Total**	**4270.28**	**17907.51**	**15392.88**	**88.31**	**439.48**
石家庄市	Shijiazhuang	856.51	4622.29	3912.93	20.38	97.99
承德市	Chengde	225.31	802.31	661.45	10.50	34.77
张家口市	Zhangjiakou	57.67	214.41	166.40	3.70	6.44
秦皇岛市	Qinhuangdao	100.28	402.13	372.72	1.95	9.35
唐山市	Tangshan	618.01	3588.93	2949.13	20.79	139.40
廊坊市	Langfang	338.23	1336.90	1208.51	3.93	20.91
保定市	Baoding	293.73	1438.46	1239.79	9.66	33.25
沧州市	Cangzhou	962.43	2321.74	2066.29	6.14	36.21
衡水市	Hengshui	211.26	721.91	629.70	2.83	12.35
邢台市	Xingtai	261.26	919.41	808.31	3.36	21.95
邯郸市	Handan	345.60	1539.01	1377.64	5.06	26.86

各市建筑业生产情况(2012年)

Productive Indicators on Construction Enterprises (2012)

市	City	建筑企业个数(个) Number of Construction Enterprises (unit)	从业人员(人) Number of Employed persons (person)	建筑企业平均人数(人) Annual Average Employed Personnel (person)	建筑业总产值(万元) Gross Output Value of Construction (10000 yuan)	房屋建筑施工面积(万平方米) Floor Space of Building and Construction (10000 sq.m)	房屋建筑竣工面积(万平方米) Floor Space of Building Completed (10000 sq.m)	#住宅 Residential Building
全　省	**Total**	**2499**	**1349804**	**1385236**	**48650907**	**35270.40**	**12419.90**	**8838.57**
石家庄市	Shijiazhuang	272	135361	118725	9212993	6046.89	1619.67	1058.56
承德市	Chengde	199	47014	59311	1670918	980.82	428.96	361.28
张家口市	Zhangjiakou	155	44013	60197	2479365	1790.43	962.26	768.15
秦皇岛市	Qinhuangdao	218	52306	52577	2052101	1654.63	454.87	360.10
唐山市	Tangshan	324	161610	173570	6087462	4641.56	1362.43	851.73
廊坊市	Langfang	218	188213	223450	6907782	4382.07	1125.90	569.18
保定市	Baoding	291	329523	303105	10554069	7828.12	3058.80	2325.60
沧州市	Cangzhou	213	124156	128718	3078270	2291.81	1035.53	773.40
衡水市	Hengshui	135	50990	53664	1007740	968.44	482.90	367.89
邢台市	Xingtai	168	59187	57508	1376891	1104.57	529.36	393.89
邯郸市	Handan	306	157431	154411	4223318	3581.11	1359.19	1008.79

各市建筑业主要财务指标 (2012年)

Major Financial Indicators on Construction Enterprises (2012)

单位：万元　　(10000 yuan)

市	City	资产合计 Total Assets	#流动资产合计 Total Working Capitals	#固定资产合计 Fixed Assets	负债合计 Total Liabilities	流动负债 Liquid Liabilities	非流动负债合计 Total Non Working Liabilities	所有者权益 Owners' Equity	#实收资本 Capitals Hold
全　省	**Total**	**32809284**	**25558106**	**4730807**	**21825307**	**19543752**	**1251933**	**10976598**	**6500932**
石家庄市	Shijiazhuang	5427884	4368199	742265	4053309	3820797	92742	1374332	953192
承德市	Chengde	1434211	1095500	256499	774617	667562	61828	659593	446867
张家口市	Zhangjiakou	1310705	1098240	146564	961549	873900	69038	349156	254471
秦皇岛市	Qinhuangdao	2637199	2073340	253666	1947684	1715564	121487	682990	462026
唐山市	Tangshan	6095990	4921721	744220	4386362	3850698	439079	1709628	954001
廊坊市	Langfang	3362927	2903345	296076	2292385	2022897	88805	1070541	541636
保定市	Baoding	5160006	3958578	753322	3490848	3191175	45492	1668597	808005
沧州市	Cangzhou	1885606	1457897	259474	1184595	1056407	45840	701012	469135
衡水市	Hengshui	632432	425248	165397	211821	177673	10552	420611	209061
邢台市	Xingtai	1724526	1024767	534252	887289	728625	143414	837237	395195
邯郸市	Handan	3137799	2231271	579071	1634848	1438455	133657	1502900	1007342

各市社会消费品零售总额及亿元以上商品交易市场基本情况（2012年）

Total Retail Sales of Consumer Goods and Commodity Markets on Sales Value Over 100 Million Yuan (2012)

单位：亿元 (100 million yuan)

市	City	社会消费品零售总额 Total Retail Sales of Consumer Goods	城镇 Urban Areas	城区 City Proper	乡村 Rural Areas	亿元以上商品交易市场 Markets on Sales Value Over 100 Million Yuan: 摊位数（个） Number of Booths (unit)	市场成交额 Transaction Value of Markets
全　省	**Total**	**9254.0**	**7101.4**	**4646.4**	**2152.6**	**312614**	**4774.0**
石家庄市	Shijiazhuang	1915.8	1502.9	1131.5	412.9	69864	1376.7
承德市	Chengde	349.7	253.6	104.8	96.1	8856	72.6
张家口市	Zhangjiakou	439.6	342.6	258.1	97.0	6393	149.3
秦皇岛市	Qinhuangdao	453.8	379.7	310.7	74.1	31086	147.2
唐山市	Tangshan	1535.0	1245.4	903.0	289.6	14509	312.9
廊坊市	Langfang	568.1	362.1	156.2	206.0	18747	398.2
保定市	Baoding	1174.3	915.1	506.8	259.2	58077	944.3
沧州市	Cangzhou	788.0	567.8	405.6	220.1	45768	420.8
衡水市	Hengshui	432.0	307.2	209.2	124.9	17144	232.4
邢台市	Xingtai	624.1	475.2	353.6	148.8	16587	170.3
邯郸市	Handan	973.7	749.8	306.8	223.9	25583	549.4

各市限额以上批发和零售业基本情况（2012年）

Basic Indicators of Enterprises above Designated Size in Wholesale and Retail Sale Trade (2012)

单位：万元 (10000 yuan)

市	City	法人企业（个） Number of Corporation Enterprises (unit)	年末从业人员（人） Engaged Persons at Year-end (person)	购进总额 Total Purchases	销售总额 Total Sales	#零售 Retail Value	年末库存总额 Total Stock to Year-end	年末零售营业面积（万平方米） Operational Area of Retail Sale Trade (10000 sq.m)
全　省	**Total**	**3215**	**338301**	**84908282.8**	**91460888.2**	**23742173.1**	**5040366.1**	**3245.9**
石家庄市	Shijiazhuang	342	53169	17953432.1	18647725.4	6111918.1	1086737.4	194.9
承德市	Chengde	179	16783	2357337.6	2618893.2	960360.7	214925.1	122.0
张家口市	Zhangjiakou	198	16209	2912166.4	3344628.0	895277.2	214852.0	134.0
秦皇岛市	Qinhuangdao	206	15792	7432022.4	7933849.4	1196085.2	399821.2	76.3
唐山市	Tangshan	424	71712	20201454.7	22388678.1	3964177.4	1043090.3	796.2
廊坊市	Langfang	187	15448	3284717.9	3558834.1	1302634.7	293441.8	74.9
保定市	Baoding	424	42881	9109840.0	9681897.8	2793526.3	544066.2	212.6
沧州市	Cangzhou	343	41285	5123428.2	5794186.2	1829577.9	486176.9	1148.0
衡水市	Hengshui	171	11719	2338312.1	2404525.6	947214.5	223127.0	162.8
邢台市	Xingtai	276	20872	3450860.8	3570554.6	1180744.6	251657.7	101.8
邯郸市	Handan	465	32431	10744710.6	11517115.8	2560656.5	282470.5	222.4

各市限额以上住宿业和餐饮业基本情况（2012年）
Basic Indicators of Hotels and Catering Services above Designated Size (2012)

市	City	法人企业（个）Number of Corporation Enterprises (unit)	从业人数（人）Engaged Persons (person)	营业额（万元）Business Revenue (10000 yuan)	#客房收入 From Hotel Rooms	#餐费收入 Revenue from Meals	#商品销售收入 Total Sales of Commodities
全　省	**Total**	**3215**	**338301**	**1384554.1**	**387304.9**	**885022.6**	**30409.9**
石家庄市	Shijiazhuang	342	53169	277093.3	73162.2	173606.5	3388.5
承德市	Chengde	179	16783	77337.3	25105.9	47561.3	51.9
张家口市	Zhangjiakou	198	16209	92202.0	24349.2	60524.8	2445.9
秦皇岛市	Qinhuangdao	206	15792	117747.0	35313.3	73904.4	1369.6
唐山市	Tangshan	424	71712	201076.7	51414.9	139133.4	2039.9
廊坊市	Langfang	187	15448	122012.4	39579.0	68312.6	3833.9
保定市	Baoding	424	42881	158024.3	40172.5	99679.8	8415.4
沧州市	Cangzhou	343	41285	79500.4	24015.3	50774.3	637.7
衡水市	Hengshui	171	11719	39533.0	13546.1	25174.2	462.7
邢台市	Xingtai	276	20872	65106.5	19295.9	41167.6	3851.5
邯郸市	Handan	465	32431	154921.2	41350.6	105183.7	3912.9

各市外商投资企业情况（2012年）
Basic Condition of foreign funded Enterprises (2012)

金额单位：万美元　企业单位：个　　(USD 10000, unit)

市	City	批准合同 合同个数 Number of Contracts	批准合同 合同总金额 Total Value of the Contracts	批准合同 合同外资额 FDI Contracted	注册 个数 Number of Enterprises with FDI	注册 注册资本 Registered Capital	注册 外方注册资本 Registered Capital from FDI	外商直接投资额 Foreign Direct Invest	到2012年底实有外商投资企业数 Actual Number of Enterprises with FDI at the End of 2009	#开工在建企业 Enterprises under construction	#投产(开业)企业 Enterprises on Operation
全　省	**Total**	**196**	**907019**	**388396**	**168**	**359247**	**258276**	**580486**	**3504**	**276**	**1959**
石家庄市	Shijiazhuang	22	126736	50128	11	20841	16594	84811	498	10	356
承德市	Chengde	1	19860	20965	1	17932	11656	12020	104	12	35
张家口市	Zhangjiakou	5	36809	12282	4	16225	12153	24621	112	21	57
秦皇岛市	Qinhuangdao	11	109573	42780	11	37795	21377	62795	360	53	178
唐山市	Tangshan	21	73353	34308	16	37447	31397	121384	333	29	245
廊坊市	Langfang	23	130790	49257	22	41997	19408	52809	541	36	283
保定市	Baoding	8	38676	7947	7	16914	7935	54749	373	17	334
沧州市	Cangzhou	24	134517	49469	22	63930	45724	35435	430	9	194
衡水市	Hengshui	4	13332	10899	4	8967	8646	17992	170	15	88
邢台市	Xingtai	12	76925	18116	10	18792	5819	35582	167	33	93
邯郸市	Handan	65	146448	92245	60	78407	77567	78288	416	41	96

各市科技、教育主要指标
Major Indicators of Science, Technology and Education

市	City	专利申请受理量(件) Applications Accepted (unit)		专利申请授权量(件) Paten Granted (unit)		普通中学在校学生数(万人) Student Enrollment Regular Secondary Schools (10000 persons)		小学在校学生数(万人) Student Enrollment Primary Schools (10000 persons)	
		2011	2012	2011	2012	2011	2012	2011	2012
全　省	**Total**	**17595**	**23241**	**11119**	**15315**	**338.35**	**335.06**	**541.09**	**562.22**
石家庄市	Shijiazhuang	3726	4962	2487	3447	49.68	47.83	70.07	71.42
承 德 市	Chengde	410	387	242	282	17.65	33.41	23.87	24.97
张家口市	Zhangjiakou	322	459	161	259	22.03	12.90	29.40	29.33
秦皇岛市	Qinhuangdao	1563	2149	1013	1199	13.00	47.60	17.67	18.26
唐 山 市	Tangshan	2353	2976	1525	1798	33.46	34.58	46.61	48.19
廊 坊 市	Langfang	1543	2086	897	1473	21.30	48.77	30.83	33.17
保 定 市	Baoding	3182	4034	1812	2714	48.47	20.84	85.37	89.10
沧 州 市	Cangzhou	1165	1611	832	1049	30.22	16.58	51.68	54.70
衡 水 市	Hengshui	995	1186	698	956	22.43	29.28	31.22	32.26
邢 台 市	Xingtai	1004	1273	530	976	34.29	20.75	61.26	62.44
邯 郸 市	Handan	1332	2118	922	1162	45.82	22.50	93.12	98.39

各市文化、卫生主要指标（2012年）
Major Indicators of Culture and Public Health (2012)

市	City	公共图书馆(个) Public Libraries (unit)	公共图书馆图书藏量(万册) Total Collections of Public Libraries (1000 volumes)	卫生机构数(个) Number of Health Institutions (unit)	卫生机构床位数(张) Beds in Health Care Institutions (unit)	卫生技术人员(人) Medical Technical Personnel (person)	#执业(助理)医师 Licensed (Assistant) Doctors
全　省	**Total**	**172**	**1934.53**	**79083**	**284730**	**315054**	**143059**
石家庄市	Shijiazhuang	26	325.46	6451	44896	54191	25448
承 德 市	Chengde	11	85.68	3787	16057	16594	7473
张家口市	Zhangjiakou	15	133.66	5611	17835	16407	6663
秦皇岛市	Qinhuangdao	6	124.74	3541	15632	16376	7188
唐 山 市	Tangshan	13	218.05	8904	36702	41166	17858
廊 坊 市	Langfang	10	190.50	5643	16244	19966	8645
保 定 市	Baoding	23	193.04	11726	37037	43752	19683
沧 州 市	Cangzhou	15	102.40	9952	26169	31363	14552
衡 水 市	Hengshui	12	53.83	5675	13908	15956	7844
邢 台 市	Xingtai	20	108.16	9274	24637	26452	12905
邯 郸 市	Handan	20	147.92	8519	35613	32831	14800

注：卫生统计不包含农村卫生室。
a) Major indicators of public healthdon't cover village clinics.

各市人才状况
Basic Condition on Talent

市	City	人才资源总量(人) Total Human Resources (person) 2010	2011	2012	人才密度指数(%) Talented Person Density Index 2010	2011	2012
全　省	**Total**	**4849155**	**5065699**	**5515999**	**10.26**	**10.79**	**11.51**
石家庄市	Shijiazhuang	822837	874724	917878	11.94	12.88	13.04
承德市	Chengde	218933	235868	275792	9.61	10.38	12.00
张家口市	Zhangjiakou	275482	288493	280096	9.93	10.44	9.98
秦皇岛市	Qinhuangdao	204463	205196	210239	10.3	10.40	10.47
唐山市	Tangshan	667952	648720	662722	13.32	13.06	13.06
廊坊市	Langfang	348624	356040	403182	11.67	11.97	13.26
保定市	Baoding	549692	580951	659233	7.49	7.97	8.86
沧州市	Cangzhou	498826	509230	534586	10.84	11.13	11.44
衡水市	Hengshui	258046	264669	278891	9.15	9.44	9.78
邢台市	Xingtai	365330	405244	468838	7.75	8.64	9.83
邯郸市	Handan	638970	696564	824542	10.89	11.91	13.89

各市婚姻登记情况(2012年)
Basic Condition on Marriage Registrations (2012)

市	City	结婚登记对数(对) Total Number of Registered Marriages (couple)	内地居民登记结婚 Registered Marriages in the Mainland	初婚(人) First Marriages (person)	再婚(人) Re-marriages (person)	涉外登记结婚 Registered Marriages with Foreigner	离婚(对) Divorces (couple)	涉外离婚 Divorces with Foreigner
全　省	**Total**	**745336**	**744884**	**1303042**	**187630**	**452**	**118613**	**47**
石家庄市	Shijiazhuang	114985	114985	204978	24992		16341	
承德市	Chengde	32239	32239	51692	12786		9063	
张家口市	Zhangjiakou	36009	36009	60904	11114		8382	
秦皇岛市	Qinhuangdao	27551	27551	45159	9943		6635	
唐山市	Tangshan	74873	74873	123353	26393		17305	
廊坊市	Langfang	46774	46774	81575	11973		7536	
保定市	Baoding	115279	115279	199627	30931		18279	
沧州市	Cangzhou	78331	78331	137537	19125		11866	
衡水市	Hengshui	36110	36110	62180	10040		5524	
邢台市	Xingtai	75282	75282	136181	14383		7675	
邯郸市	Handan	107451	107451	199262	15640		9960	

各县(市)地区生产总值（2012年）

Gross Domestic Product (2012)

单位：万元 (10000 yuan)

县（市）	County (City)	地区生产总值 Gross Domestic Product	位次 Position
迁安市	Qian'an	9009168	1
武安市	Wu'an	5804439	2
任丘市	Renqiu	5436342	3
遵化市	Zuihua	5198179	4
藁城市	Gaocheng	4753244	5
三河市	Sanhe	4251348	6
迁西县	Qianxi	3900239	7
滦　县	Luanxian	3609312	8
辛集市	Xinji	3415778	9
霸州市	Bazhou	3204402	10
玉田县	Yutian	3082993	11
滦南县	Luannan	3001769	12
鹿泉市	Luquan	2900051	13
乐亭县	Leting	2896520	14
永年县	Yongnian	2499727	15
涉　县	Shexian	2484577	16
定州市	Dingzhou	2397006	17
黄骅市	Huanghua	2340150	18
河间市	Hejian	2301312	19
磁　县	Cixian	2251479	20
正定县	Zhengding	2194772	21
涿州市	Zhuozhou	2075326	22
平山县	Pingshan	2052263	23
沙河市	Shahe	2047245	24
宽城满族自治县	Kuancheng	2043322	25
邯郸县	Handan	2039806	26
沧　县	Cangxian	2015587	27
晋州市	Jinzhou	2009307	28
赵　县	Zhaoxian	1756820	29
昌黎县	Changli	1750193	30
泊头市	Botou	1600988	31
新乐市	Xinle	1560814	32
栾城县	Luancheng	1553495	33
宁晋县	Ningjin	1540006	34
抚宁县	Funing	1491766	35
元氏县	Yuanshi	1483105	36
文安县	Wen'an	1472718	37
青　县	Qingxian	1450000	38
献　县	Xianxian	1442236	39
无极县	Wuji	1400964	40
徐水县	Xushui	1394796	41
香河县	Xianghe	1303225	42
井陉县	Jingxing	1300798	43
邢台县	Xingtai	1233983	44
滦平县	Luanping	1226026	45
平泉县	Pingquan	1222928	46

县（市）	County (City)	地区生产总值 Gross Domestic Product	位次 Position
景　县	Jingxian	1204883	47
肃宁县	Suning	1202000	48
魏　县	Weixian	1201299	49
成安县	Cheng'an	1200463	50
东光县	Dongguang	1200093	51
深州市	Shenzhou	1195555	52
大名县	Daming	1180569	53
高碑店市	Gaobeidian	1176400	54
青龙满族自治县	Qinglong	1127640	55
怀来县	Huailai	1121085	56
清河县	Qinghe	1086141	57
盐山县	Yanshan	1085000	58
承德县	Chengde	1052077	59
行唐县	Xingtang	1050820	60
清苑县	Qingyuan	1043494	61
曲周县	Quzhou	1041223	62
临漳县	Linzhang	1004269	63
隆化县	Longhua	982295	64
高阳县	Gaoyang	970573	65
卢龙县	Lulong	939686	66
固安县	Gu'an	936309	67
蔚　县	Yuxian	934813	68
大城县	Dacheng	930730	69
安国市	Anguo	926853	70
隆尧县	Longyao	897172	71
安平县	Anping	891521	72
定兴县	Dingxing	858352	73
故城县	Gucheng	843992	74
内丘县	Neiqiu	834645	75
易　县	Yixian	827526	76
兴隆县	Xinglong	824096	77
馆陶县	Guantao	821823	78
满城县	Mancheng	817504	79
围场满蒙自治县	Weichang	795786	80
冀州市	Jizhou	792848	81
丰宁满族自治县	Fengning	789116	82
灵寿县	Lingshou	787652	83
南宫市	Nangong	787599	84
蠡　县	Lixian	778511	85
枣强县	Zaoqiang	773799	86
赞皇县	Zanhuang	773585	87
鸡泽县	Jize	768677	88
深泽县	Shenze	760826	89
雄　县	Xiongxian	759635	90

县（市）	County (City)	地区生产总值 Gross Domestic Product	位次 Position
南皮县	Nanpi	755008	91
孟村回族自治县	Mengcun	743963	92
广平县	Guangping	731179	93
永清县	Yongqing	730783	94
肥乡县	Feixiang	730018	95
宣化县	Xuanhua	720312	96
涿鹿县	Zhuolu	712003	97
武邑县	Wuyi	711003	98
大厂回族自治县	Dachang	693666	99
安新县	Anxin	692231	100
张北县	Zhangbei	668306	101
赤城县	Chicheng	649502	102
高邑县	Gaoyi	630161	103
邱　县	Qiuxian	615804	104
吴桥县	Wuqiao	612229	105
唐　县	Tangxian	611521	106
涞源县	Laiyuan	609378	107
怀安县	Huai'an	576345	108
曲阳县	Quyang	574304	109
临城县	Lincheng	570503	110
阜城县	Fucheng	537742	111
容城县	Rongcheng	533007	112
阳原县	Yangyuan	509904	113
临西县	Linxi	502439	114
威　县	Weixian	490333	115
万全县	Wanquan	483063	116
望都县	Wangdu	477842	117
巨鹿县	Julu	455086	118
武强县	Wuqiang	454399	119
饶阳县	Raoyang	448937	120
涞水县	Laishui	438748	121
顺平县	Shunping	424880	122
博野县	Boye	378205	123
康保县	Kangbao	376203	124
平乡县	Pingxiang	370777	125
南和县	Nanhe	360518	126
崇礼县	Chongli	338871	127
任　县	Renxian	337783	128
广宗县	Guangzong	336904	129
沽源县	Guyuan	319634	130
海兴县	Haixing	306366	131
尚义县	Shangyi	286962	132
阜平县	Fuping	277256	133
柏乡县	Baixiang	250146	134
新河县	Xinhe	222964	135

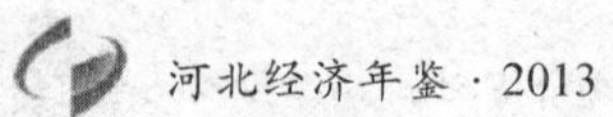

各县(市)在岗职工平均工资（2012年）

Average Wage of Staff and Workers (on Post) (2012)

单位：元 (yuan)

县（市）	County (City)	在岗职工平均工资 Average Wage of Staff and Workers	位次 Position
任丘市	Renqiu	53860	1
涿州市	Zhuozhou	48605	2
迁安市	Qian'an	46439	3
磁　县	Cixian	44123	4
霸州市	Bazhou	43863	5
武安市	Wu'an	43816	6
三河市	Sanhe	43511	7
大厂回族自治县	Dachang	42164	8
青　县	Qingxian	42021	9
蔚　县	Yuxian	40149	10
鹿泉市	Luquan	39614	11
张北县	Zhangbei	39526	12
玉田县	Yutian	39137	13
宽城满族自治县	Kuancheng	38543	14
香河县	Xianghe	38522	15
迁西县	Qianxi	37767	16
遵化市	Zuihua	37740	17
藁城市	Gaocheng	37727	18
滦　县	Luanxian	37331	19
高碑店市	Gaobeidian	36800	20
黄骅市	Huanghua	36738	21
高阳县	Gaoyang	36516	22
沧　县	Cangxian	36464	23
青龙满族自治县	Qinglong	36367	24
平山县	Pingshan	36233	25
怀来县	Huailai	36161	26
肃宁县	Suning	36052	27
孟村回族自治县	Mengcun	35888	28
乐亭县	Leting	35857	29
正定县	Zhengding	35496	30
邯郸县	Handan	35341	31
滦南县	Luannan	35054	32
沙河市	Shahe	34874	33
固安县	Gu'an	34846	34
平泉县	Pingquan	34801	35
抚宁县	Funing	34575	36
卢龙县	Lulong	33834	37
徐水县	Xushui	33783	38
涉　县	Shexian	33522	39
赤城县	Chicheng	33447	40
涞源县	Laiyuan	33370	41
南和县	Nanhe	33363	42
承德县	Chengde	33351	43
围场满蒙自治县	Weichang	33295	44
滦平县	Luanping	33277	45
南皮县	Nanpi	33270	46
兴隆县	Xinglong	33227	47
唐　县	Tangxian	33177	48
邢台县	Xingtai	33177	49
栾城县	Luancheng	33166	50
鸡泽县	Jize	33144	51
献　县	Xianxian	33024	52
永清县	Yongqing	32943	53
清苑县	Qingyuan	32657	54
清河县	Qinghe	32281	55
定州市	Dingzhou	32223	56
盐山县	Yanshan	32208	57
丰宁满族自治县	Fengning	32192	58
井陉县	Jingxing	32105	59
泊头市	Botou	32105	60
隆化县	Longhua	31957	61
涿鹿县	Zhuolu	31879	62
任　县	Renxian	31753	63
宣化县	Xuanhua	31442	64
沽源县	Guyuan	31399	65
临城县	Lincheng	31257	66
平乡县	Pingxiang	31200	67
宁晋县	Ningjin	31151	68
大城县	Dacheng	31018	69
河间市	Hejian	30916	70
易　县	Yixian	30890	71
雄　县	Xiongxian	30851	72
南宫市	Nangong	30833	73
昌黎县	Changli	30816	74
枣强县	Zaoqiang	30524	75
东光县	Dongguang	30479	76
望都县	Wangdu	30473	77
新乐市	Xinle	30460	78
故城县	Gucheng	30352	79
满城县	Mancheng	30192	80
内丘县	Neiqiu	30158	81
广平县	Guangping	29959	82
康保县	Kangbao	29799	83
文安县	Wen'an	29728	84
大名县	Daming	29675	85
饶阳县	Raoyang	29633	86
巨鹿县	Julu	29599	87
柏乡县	Baixiang	29585	88
崇礼县	Chongli	29577	89
永年县	Yongnian	29440	90
辛集市	Xinji	29387	91
尚义县	Shangyi	29373	92
博野县	Boye	29290	93
安平县	Anping	29272	94
深州市	Shenzhou	29243	95
成安县	Cheng'an	29223	96
肥乡县	Feixiang	29206	97
晋州市	Jinzhou	29170	98
阜平县	Fuping	28990	99
邱　县	Qiuxian	28878	100
冀州市	Jizhou	28685	101
新河县	Xinhe	28640	102
武强县	Wuqiang	28603	103
曲周县	Quzhou	28591	104
海兴县	Haixing	28534	105
涞水县	Laishui	28323	106
临漳县	Linzhang	28271	107
景　县	Jingxian	28245	108
无极县	Wuji	28193	109
定兴县	Dingxing	28120	110
临西县	Linxi	28007	111
灵寿县	Lingshou	27953	112
赵　县	Zhaoxian	27925	113
万全县	Wanquan	27843	114
吴桥县	Wuqiao	27821	115
武邑县	Wuyi	27776	116
隆尧县	Longyao	27716	117
安新县	Anxin	27665	118
安国市	Anguo	27376	119
元氏县	Yuanshi	27357	120
阳原县	Yangyuan	27248	121
阜城县	Fucheng	27225	122
容城县	Rongcheng	27181	123
广宗县	Guangzong	27089	124
顺平县	Shunping	26778	125
行唐县	Xingtang	26771	126
威　县	Weixian	26626	127
蠡　县	Lixian	26371	128
怀安县	Huai'an	26224	129
魏　县	Weixian	26167	130
馆陶县	Guantao	25907	131
高邑县	Gaoyi	25714	132
曲阳县	Quyang	25495	133
深泽县	Shenze	25149	134
赞皇县	Zanhuang	24210	135

各县(市)全社会固定资产投资总额（2012年）
Total Investment in Fixed Assets (2012)

单位：万元 (10000 yuan)

县（市）	County (City)	全社会固定资产投资总额 Total Investment in Fixed Assets	位次 Position
迁安市	Qian'an	3794606	1
三河市	Sanhe	2861177	2
藁城市	Gaocheng	2232545	3
武安市	Wu'an	2203098	4
鹿泉市	Luquan	2108060	5
滦　县	Luanxian	1906752	6
遵化市	Zuihua	1828928	7
涉　县	Shexian	1814309	8
霸州市	Bazhou	1775585	9
玉田县	Yutian	1731299	10
辛集市	Xinji	1726835	11
永年县	Yongnian	1671812	12
磁　县	Cixian	1642646	13
邯郸县	Handan	1641288	14
井陉县	Jingxing	1616739	15
定州市	Dingzhou	1579706	16
正定县	Zhengding	1565662	17
涿州市	Zhuozhou	1548373	18
晋州市	Jinzhou	1540043	19
黄骅市	Huanghua	1514151	20
文安县	Wen'an	1509239	21
滦南县	Luannan	1503489	22
宁晋县	Ningjin	1448009	23
迁西县	Qianxi	1420215	24
沙河市	Shahe	1412775	25
沧　县	Cangxian	1396564	26
新乐市	Xinle	1341807	27
任丘市	Renqiu	1300043	28
平山县	Pingshan	1294993	29
元氏县	Yuanshi	1282056	30
栾城县	Luancheng	1242447	31
张北县	Zhangbei	1201704	32
泊头市	Botou	1185772	33
河间市	Hejian	1174952	34
魏　县	Weixian	1163922	35
平泉县	Pingquan	1160833	36
献　县	Xianxian	1151295	37
宽城满族自治县	Kuancheng	1150563	38
肃宁县	Suning	1116638	39
大名县	Daming	1108201	40
青　县	Qingxian	1100514	41
滦平县	Luanping	1100471	42
承德县	Chengde	1072650	43
丰宁满族自治县	Fengning	1052815	44
盐山县	Yanshan	1044594	45
香河县	Xianghe	1018488	46
行唐县	Xingtang	1001322	47
成安县	Cheng'an	999319	48
乐亭县	Leting	981446	49
兴隆县	Xinglong	970418	50
安国市	Anguo	964679	51
固安县	Gu'an	945619	52
大城县	Dacheng	937626	53
景　县	Jingxian	934625	54
临漳县	Linzhang	930299	55
赵　县	Zhaoxian	918833	56
徐水县	Xushui	913571	57
曲周县	Quzhou	905667	58
清河县	Qinghe	889483	59
昌黎县	Changli	871440	60
深州市	Shenzhou	867149	61
赞皇县	Zanhuang	863155	62
隆化县	Longhua	856715	63
无极县	Wuji	818212	64
永清县	Yongqing	813977	65
易　县	Yixian	795200	66
南皮县	Nanpi	794931	67
鸡泽县	Jize	789629	68
馆陶县	Guantao	787003	69
青龙满族自治县	Qinglong	772666	70
清苑县	Qingyuan	772162	71
东光县	Dongguang	770000	72
定兴县	Dingxing	758337	73
涿鹿县	Zhuolu	757354	74
南宫市	Nangong	744617	75
怀来县	Huailai	738718	76
故城县	Gucheng	738107	77
抚宁县	Funing	727935	78
内丘县	Neiqiu	720596	79
广平县	Guangping	717505	80
高碑店市	Gaobeidian	717163	81
大厂回族自治县	Dachang	715600	82
围场满蒙自治县	Weichang	700000	83
宣化县	Xuanhua	685018	84
灵寿县	Lingshou	680579	85
肥乡县	Feixiang	658833	86
孟村回族自治县	Mengcun	648307	87
怀安县	Huai'an	648006	88
邢台县	Xingtai	647539	89
冀州市	Jizhou	641039	90
涞水县	Laishui	639247	91
吴桥县	Wuqiao	601000	92
万全县	Wanquan	581365	93
隆尧县	Longyao	575805	94
蔚　县	Yuxian	568644	95
枣强县	Zaoqiang	568056	96
安新县	Anxin	562568	97
顺平县	Shunping	556072	98
雄　县	Xiongxian	552007	99
赤城县	Chicheng	551115	100
高阳县	Gaoyang	546485	101
巨鹿县	Julu	546218	102
卢龙县	Lulong	486601	103
康保县	Kangbao	485844	104
崇礼县	Chongli	474147	105
安平县	Anping	464893	106
涞源县	Laiyuan	464157	107
深泽县	Shenze	461678	108
临西县	Linxi	456428	109
沽源县	Guyuan	452194	110
唐　县	Tangxian	451974	111
满城县	Mancheng	438105	112
高邑县	Gaoyi	435908	113
威　县	Weixian	433207	114
邱　县	Qiuxian	431364	115
平乡县	Pingxiang	425471	116
临城县	Lincheng	401397	117
南和县	Nanhe	399612	118
容城县	Rongcheng	393853	119
尚义县	Shangyi	381915	120
望都县	Wangdu	372591	121
广宗县	Guangzong	372521	122
武邑县	Wuyi	367222	123
阜平县	Fuping	348527	124
任　县	Renxian	348326	125
蠡　县	Lixian	343923	126
博野县	Boye	303633	127
饶阳县	Raoyang	299815	128
海兴县	Haixing	292167	129
阳原县	Yangyuan	290131	130
阜城县	Fucheng	282526	131
新河县	Xinhe	222977	132
柏乡县	Baixiang	213331	133
曲阳县	Quyang	176450	134
武强县	Wuqiang	168625	135

各县(市)地方公共财政预算收入（2012年）

Public Budget Revenue (2012)

单位：万元 (10000 yuan)

县（市）	County (City)	公共财政预算收入 Public Budget Revenue	位次 Position
三河市	Sanhe	432480	1
迁安市	Qian'an	390400	2
武安市	Wu'an	313608	3
任丘市	Renqiu	196335	4
霸州市	Bazhou	167891	5
磁　县	Cixian	160833	6
涿州市	Zhuozhou	154407	7
藁城市	Gaocheng	145523	8
香河县	Xianghe	145000	9
遵化市	Zuihua	144156	10
定州市	Dingzhou	133480	11
涉　县	Shexian	128759	12
滦　县	Luanxian	122767	13
固安县	Gu'an	120654	14
鹿泉市	Luquan	109058	15
永年县	Yongnian	106427	16
迁西县	Qianxi	103690	17
平山县	Pingshan	95602	18
黄骅市	Huanghua	94534	19
怀来县	Huailai	91974	20
滦南县	Luannan	89880	21
沙河市	Shahe	89003	22
辛集市	Xinji	84901	23
玉田县	Yutian	83742	24
乐亭县	Leting	81295	25
正定县	Zhengding	81026	26
河间市	Hejian	77294	27
肃宁县	Suning	74154	28
青龙满族自治县	Qinglong	73481	29
平泉县	Pingquan	71540	30
涞源县	Laiyuan	69343	31
昌黎县	Changli	69157	32
徐水县	Xushui	66367	33
宽城满族自治县	Kuancheng	65721	34
承德县	Chengde	64370	35
邯郸县	Handan	63070	36
沧　县	Cangxian	61799	37
高碑店市	Gaobeidian	61521	38
文安县	Wen'an	60247	39
栾城县	Luancheng	57985	40
滦平县	Luanping	57647	41
宁晋县	Ningjin	57437	42
泊头市	Botou	56500	43
大厂回族自治县	Dachang	56279	44
晋州市	Jinzhou	55344	45
抚宁县	Funing	54034	46
邢台县	Xingtai	53952	47
赤城县	Chicheng	52838	48
永清县	Yongqing	51130	49
隆化县	Longhua	49410	50
张北县	Zhangbei	48968	51
井陉县	Jingxing	48889	52
蔚　县	Yuxian	46482	53
青　县	Qingxian	45771	54
丰宁满族自治县	Fengning	40216	55
新乐市	Xinle	40088	56
盐山县	Yanshan	39813	57
高阳县	Gaoyang	39594	58
魏　县	Weixian	39455	59
东光县	Dongguang	39448	60
大城县	Dacheng	39387	61
献　县	Xianxian	38547	62
兴隆县	Xinglong	37822	63
元氏县	Yuanshi	37811	64
清河县	Qinghe	36062	65
南皮县	Nanpi	35889	66
卢龙县	Lulong	34413	67
冀州市	Jizhou	33777	68
涿鹿县	Zhuolu	33521	69
内丘县	Neiqiu	32473	70
景　县	Jingxian	32372	71
宣化县	Xuanhua	31701	72
成安县	Cheng'an	31578	73
崇礼县	Chongli	30386	74
安国市	Anguo	30200	75
易　县	Yixian	30167	76
雄　县	Xiongxian	30021	77
赵　县	Zhaoxian	30009	78
安平县	Anping	30009	79
无极县	Wuji	29429	80
隆尧县	Longyao	28957	81
深州市	Shenzhou	28515	82
围场满蒙自治县	Weichang	28421	83
故城县	Gucheng	27492	84
清苑县	Qingyuan	27265	85
万全县	Wanquan	27200	86
孟村回族自治县	Mengcun	25970	87
枣强县	Zaoqiang	25883	88
容城县	Rongcheng	25784	89
满城县	Mancheng	25755	90
定兴县	Dingxing	25698	91
怀安县	Huai'an	25168	92
涞水县	Laishui	25063	93
深泽县	Shenze	24421	94
肥乡县	Feixiang	24086	95
蠡　县	Lixian	24028	96
武邑县	Wuyi	23538	97
南宫市	Nangong	23276	98
吴桥县	Wuqiao	22921	99
馆陶县	Guantao	22732	100
曲阳县	Quyang	22696	101
安新县	Anxin	22587	102
阳原县	Yangyuan	22342	103
临城县	Lincheng	22093	104
曲周县	Quzhou	22077	105
南和县	Nanhe	21872	106
海兴县	Haixing	21715	107
望都县	Wangdu	20504	108
高邑县	Gaoyi	20456	109
大名县	Daming	20140	110
灵寿县	Lingshou	20025	111
任　县	Renxian	20008	112
巨鹿县	Julu	19923	113
行唐县	Xingtang	19789	114
威　县	Weixian	19590	115
平乡县	Pingxiang	19430	116
赞皇县	Zanhuang	19257	117
临西县	Linxi	18898	118
唐　县	Tangxian	18706	119
临漳县	Linzhang	18604	120
广平县	Guangping	17383	121
沽源县	Guyuan	17354	122
阜平县	Fuping	16238	123
顺平县	Shunping	15666	124
武强县	Wuqiang	13938	125
鸡泽县	Jize	13893	126
阜城县	Fucheng	13581	127
博野县	Boye	12880	128
邱　县	Qiuxian	12675	129
康保县	Kangbao	12524	130
饶阳县	Raoyang	12489	131
尚义县	Shangyi	9800	132
柏乡县	Baixiang	9003	133
新河县	Xinhe	8108	134
广宗县	Guangzong	6432	135

各县(市)农民人均纯收入（2012年）

Rural Household Per Capital Net Income (2012)

单位：元　　(yuan)

县（市）	County (City)	农民人均纯收入 Per Capital Net Income	位次 Position	县（市）	County (City)	农民人均纯收入 Per Capital Net Income	位次 Position	县（市）	County (City)	农民人均纯收入 Per Capital Net Income	位次 Position
迁安市	Qian'an	14468	1	抚宁县	Funing	8691	47	兴隆县	Xinglong	6251	92
三河市	Sanhe	11989	2	鸡泽县	Jize	8609	48	献　县	Xianxian	6059	93
香河县	Xianghe	11722	3	高碑店市	Gaobeidian	8594	49	枣强县	Zaoqiang	5939	94
藁城市	Gaocheng	11714	4	安平县	Anping	8582	50	故城县	Gucheng	5884	95
晋州市	Jinzhou	11555	5	曲周县	Quzhou	8575	51	承德县	Chengde	5608	96
鹿泉市	Luquan	11245	6	肥乡县	Feixiang	8560	52	南皮县	Nanpi	5447	97
大厂回族自治县	Dachang	11203	7	安新县	Anxin	8551	53	盐山县	Yanshan	5369	98
霸州市	Bazhou	11108	8	沙河市	Shahe	8547	54	怀安县	Huai'an	5367	99
正定县	Zhengding	10996	9	邢台县	Xingtai	8492	55	崇礼县	Chongli	5145	100
栾城县	Luancheng	10619	10	清河县	Qinghe	8436	56	青龙满族自治县	Qinglong	5108	101
涿州市	Zhuozhou	10588	11	定兴县	Dingxing	8401	57	涞水县	Laishui	5077	102
文安县	Wen'an	10511	12	定州市	Dingzhou	8385	58	平乡县	Pingxiang	4948	103
迁西县	Qianxi	10502	13	蠡　县	Lixian	8348	59	万全县	Wanquan	4922	104
乐亭县	Leting	10458	14	高邑县	Gaoyi	8346	60	滦平县	Luanping	4871	105
滦　县	Luanxian	10297	15	宁晋县	Ningjin	8233	61	张北县	Zhangbei	4814	106
玉田县	Yutian	10122	16	卢龙县	Lulong	8068	62	蔚　县	Yuxian	4809	107
遵化市	Zuihua	10087	17	井陉县	Jingxing	7968	63	威　县	Weixian	4741	108
辛集市	Xinji	10073	18	深州市	Shenzhou	7921	64	平山县	Pingshan	4714	109
新乐市	Xinle	10059	19	景　县	Jingxian	7859	65	赤城县	Chicheng	4711	110
黄骅市	Huanghua	9958	20	邱　县	Qiuxian	7750	66	新河县	Xinhe	4694	111
容城县	Rongcheng	9926	21	肃宁县	Suning	7730	67	易　县	Yixian	4643	112
任丘市	Renqiu	9837	22	泊头市	Botou	7713	68	阳原县	Yangyuan	4569	113
磁　县	Cixian	9625	23	隆尧县	Longyao	7690	69	康保县	Kangbao	4564	114
永年县	Yongnian	9578	24	广平县	Guangping	7622	70	隆化县	Longhua	4552	115
武安市	Wu'an	9534	25	冀州市	Jizhou	7602	71	临城县	Lincheng	4530	116
昌黎县	Changli	9445	26	深泽县	Shenze	7586	72	沽源县	Guyuan	4499	117
高阳县	Gaoyang	9433	27	吴桥县	Wuqiao	7387	73	巨鹿县	Julu	4492	118
邯郸县	Handan	9428	28	南和县	Nanhe	7298	74	尚义县	Shangyi	4484	119
清苑县	Qingyuan	9315	29	临西县	Linxi	7260	75	武邑县	Wuyi	4348	120
青　县	Qingxian	9288	30	馆陶县	Guantao	6908	76	广宗县	Guangzong	4166	121
安国市	Anguo	9278	31	魏　县	Weixian	6882	77	武强县	Wuqiang	4099	122
固安县	Gu'an	9204	32	东光县	Dongguang	6810	78	行唐县	Xingtang	4038	123
雄　县	Xiongxian	9101	33	柏乡县	Baixiang	6790	79	海兴县	Haixing	4030	124
无极县	Wuji	9097	34	博野县	Boye	6786	80	丰宁满族自治县	Fengning	4021	125
赵　县	Zhaoxian	9079	35	南宫市	Nangong	6753	81	阜城县	Fucheng	3988	126
永清县	Yongqing	9035	36	宽城满族自治县	Kuancheng	6716	82	围场满蒙自治县	Weichang	3887	127
大城县	Dacheng	8994	37	望都县	Wangdu	6704	83	灵寿县	Lingshou	3804	128
怀来县	Huailai	8986	38	任　县	Renxian	6674	84	饶阳县	Raoyang	3796	129
滦南县	Luannan	8920	39	涉　县	Shexian	6667	85	赞皇县	Zanhuang	3780	130
徐水县	Xushui	8899	40	涿鹿县	Zhuolu	6455	86	唐　县	Tangxian	3698	131
沧　县	Cangxian	8850	41	大名县	Daming	6423	87	曲阳县	Quyang	3308	132
元氏县	Yuanshi	8819	42	内丘县	Neiqiu	6420	88	顺平县	Shunping	3283	133
河间市	Hejian	8796	43	平泉县	Pingquan	6324	89	阜平县	Fuping	3262	134
满城县	Mancheng	8769	44	宣化县	Xuanhua	6316	90	涞源县	Laiyuan	3079	135
临漳县	Linzhang	8759	45	孟村回族自治县	Mengcun	6290	91				
成安县	Cheng'an	8705	46								

各县(市)城乡居民储蓄存款年末余额（2012年）

Saving Deposit in Urban and Rural Areas (2012)

单位：万元 (10000 yuan)

县（市）	County (City)	城乡居民储蓄存款年末余额 Saving Deposit	位次 Position
迁安市	Qian'an	3747301	1
任丘市	Renqiu	2932914	2
三河市	Sanhe	2731629	3
武安市	Wu'an	2658089	4
遵化市	Zuihua	2506184	5
定州市	Dingzhou	2062764	6
霸州市	Bazhou	2045981	7
涿州市	Zhuozhou	1996317	8
辛集市	Xinji	1993059	9
河间市	Hejian	1823264	10
高碑店市	Gaobeidian	1821998	11
玉田县	Yutian	1786709	12
正定县	Zhengding	1765025	13
香河县	Xianghe	1537799	14
藁城市	Gaocheng	1492950	15
迁西县	Qianxi	1484172	16
昌黎县	Changli	1411718	17
泊头市	Botou	1387069	18
乐亭县	Leting	1376807	19
黄骅市	Huanghua	1354722	20
抚宁县	Funing	1337435	21
沙河市	Shahe	1314597	22
文安县	Wen'an	1308659	23
晋州市	Jinzhou	1305811	24
滦　县	Luanxian	1303199	25
景　县	Jingxian	1291090	26
鹿泉市	Luquan	1288824	27
永年县	Yongnian	1227989	28
枣强县	Zaoqiang	1182285	29
大城县	Dacheng	1174717	30
滦南县	Luannan	1170374	31
宁晋县	Ningjin	1144836	32
徐水县	Xushui	1143538	33
冀州市	Jizhou	1039387	34
沧　县	Cangxian	1007741	35
固安县	Gu'an	1000034	36
蠡　县	Lixian	997174	37
蔚　县	Yuxian	981794	38
唐　县	Tangxian	973985	39
平山县	Pingshan	963966	40
无极县	Wuji	956281	41
青　县	Qingxian	948492	42
深州市	Shenzhou	944620	43
清苑县	Qingyuan	935728	44
献　县	Xianxian	922701	45
平泉县	Pingquan	908388	46
安国市	Anguo	904472	47
满城县	Mancheng	884760	48
怀来县	Huailai	881347	49
安平县	Anping	880423	50
易　县	Yixian	869217	51
邢台县	Xingtai	854949	52
肃宁县	Suning	848615	53
故城县	Gucheng	844733	54
卢龙县	Lulong	839701	55
清河县	Qinghe	836682	56
东光县	Dongguang	829558	57
井陉县	Jingxing	817042	58
高阳县	Gaoyang	808933	59
南宫市	Nangong	804873	60
宽城满族自治县	Kuancheng	803291	61
新乐市	Xinle	798884	62
青龙满族自治县	Qinglong	781601	63
定兴县	Dingxing	780120	64
栾城县	Luancheng	756934	65
赵　县	Zhaoxian	744525	66
承德县	Chengde	736654	67
磁　县	Cixian	735856	68
曲阳县	Quyang	730081	69
涉　县	Shexian	720891	70
安新县	Anxin	720011	71
行唐县	Xingtang	699885	72
元氏县	Yuanshi	697945	73
兴隆县	Xinglong	687783	74
阜城县	Fucheng	685773	75
雄　县	Xiongxian	662092	76
大名县	Daming	658862	77
隆尧县	Longyao	648188	78
深泽县	Shenze	643797	79
武邑县	Wuyi	630048	80
隆化县	Longhua	628682	81
内丘县	Neiqiu	623743	82
灵寿县	Lingshou	621350	83
宣化县	Xuanhua	612382	84
永清县	Yongqing	607557	85
涿鹿县	Zhuolu	602357	86
围场满蒙自治县	Weichang	600526	87
涞水县	Laishui	594468	88
丰宁满族自治县	Fengning	594132	89
邯郸县	Handan	589820	90
滦平县	Luanping	583010	91
南皮县	Nanpi	576549	92
魏　县	Weixian	572964	93
容城县	Rongcheng	572906	94
威　县	Weixian	562800	95
吴桥县	Wuqiao	561581	96
巨鹿县	Julu	555970	97
望都县	Wangdu	530443	98
盐山县	Yanshan	526158	99
饶阳县	Raoyang	523274	100
涞源县	Laiyuan	502731	101
大厂回族自治县	Dachang	499171	102
平乡县	Pingxiang	498006	103
赤城县	Chicheng	484579	104
临城县	Lincheng	469614	105
顺平县	Shunping	463802	106
临漳县	Linzhang	446404	107
阜平县	Fuping	444544	108
曲周县	Quzhou	438961	109
武强县	Wuqiang	425515	110
阳原县	Yangyuan	421183	111
南和县	Nanhe	416295	112
张北县	Zhangbei	409705	113
怀安县	Huai'an	400719	114
高邑县	Gaoyi	399471	115
博野县	Boye	380154	116
赞皇县	Zanhuang	379686	117
万全县	Wanquan	377428	118
临西县	Linxi	376966	119
任　县	Renxian	353416	120
孟村回族自治县	Mengcun	342484	121
新河县	Xinhe	325107	122
肥乡县	Feixiang	298066	123
成安县	Cheng'an	292311	124
海兴县	Haixing	282722	125
鸡泽县	Jize	267528	126
广平县	Guangping	255793	127
馆陶县	Guantao	247753	128
邱　县	Qiuxian	246572	129
柏乡县	Baixiang	235780	130
广宗县	Guangzong	221453	131
崇礼县	Chongli	204765	132
康保县	Kangbao	184842	133
沽源县	Guyuan	184665	134
尚义县	Shangyi	181070	135

各县(市)粮食总产量（2012年）
Output of Grain (2012)

单位：吨 (ton)

县（市）	County (City)	粮食总产量 Output of Grain	位次 Position
宁晋县	Ningjin	750400	1
大名县	Daming	742063	2
定州市	Dingzhou	727046	3
深州市	Shenzhou	646514	4
魏　县	Weixian	634203	5
临漳县	Linzhang	607456	6
景　县	Jingxian	603698	7
藁城市	Gaocheng	566457	8
辛集市	Xinji	562916	9
赵　县	Zhaoxian	561808	10
永年县	Yongnian	552582	11
隆尧县	Longyao	550925	12
河间市	Hejian	544383	13
沧　县	Cangxian	527181	14
玉田县	Yutian	526499	15
定兴县	Dingxing	519738	16
清苑县	Qingyuan	472003	17
任丘市	Renqiu	455117	18
滦南县	Luannan	450629	19
泊头市	Botou	440136	20
曲周县	Quzhou	431514	21
献　县	Xianxian	421473	22
徐水县	Xushui	407052	23
磁　县	Cixian	379987	24
晋州市	Jinzhou	371477	25
吴桥县	Wuqiao	365474	26
高碑店市	Gaobeidian	362305	27
任　县	Renxian	358415	28
无极县	Wuji	357357	29
枣强县	Zaoqiang	351858	30
肥乡县	Feixiang	351245	31
元氏县	Yuanshi	342878	32
正定县	Zhengding	334882	33
新乐市	Xinle	331195	34
故城县	Gucheng	330989	35
涿州市	Zhuozhou	324867	36
隆化县	Longhua	320573	37
临西县	Linxi	320467	38
阜城县	Fucheng	316743	39
行唐县	Xingtang	316247	40
武安市	Wu'an	315392	41
滦　县	Luanxian	312787	42
武邑县	Wuyi	307072	43
南皮县	Nanpi	303633	44
黄骅市	Huanghua	300645	45
平泉县	Pingquan	300162	46
青　县	Qingxian	296215	47

县（市）	County (City)	粮食总产量 Output of Grain	位次 Position
馆陶县	Guantao	294977	48
成安县	Cheng'an	292198	49
南和县	Nanhe	288957	50
东光县	Dongguang	288390	51
大城县	Dacheng	279976	52
文安县	Wen'an	279692	53
安国市	Anguo	279507	54
栾城县	Luancheng	275282	55
乐亭县	Leting	272966	56
盐山县	Yanshan	267063	57
肃宁县	Suning	266495	58
昌黎县	Changli	266476	59
围场满蒙自治县	Weichang	265202	60
望都县	Wangdu	262856	61
固安县	Gu'an	262074	62
遵化市	Zuihua	260347	63
邯郸县	Handan	258246	64
安平县	Anping	256821	65
蠡　县	Lixian	253072	66
雄　县	Xiongxian	252412	67
武强县	Wuqiang	252382	68
清河县	Qinghe	251394	69
三河市	Sanhe	241711	70
安新县	Anxin	241297	71
卢龙县	Lulong	236646	72
易　县	Yixian	230726	73
饶阳县	Raoyang	229212	74
平乡县	Pingxiang	228850	75
广平县	Guangping	227561	76
冀州市	Jizhou	221405	77
南宫市	Nangong	217295	78
容城县	Rongcheng	214208	79
宣化县	Xuanhua	213398	80
鹿泉市	Luquan	211464	81
霸州市	Bazhou	211462	82
唐　县	Tangxian	211439	83
柏乡县	Baixiang	210404	84
鸡泽县	Jize	208135	85
平山县	Pingshan	206651	86
深泽县	Shenze	206454	87
曲阳县	Quyang	202557	88
迁安市	Qian'an	200606	89
博野县	Boye	199779	90
涿鹿县	Zhuolu	181940	91
内丘县	Neiqiu	181816	92
承德县	Chengde	179219	93

县（市）	County (City)	粮食总产量 Output of Grain	位次 Position
巨鹿县	Julu	176640	94
满城县	Mancheng	173484	95
香河县	Xianghe	168427	96
永清县	Yongqing	168175	97
高阳县	Gaoyang	165545	98
孟村回族自治县	Mengcun	165445	99
新河县	Xinhe	164102	100
高邑县	Gaoyi	163838	101
威　县	Weixian	161014	102
灵寿县	Lingshou	147858	103
邢台县	Xingtai	145708	104
涞水县	Laishui	141366	105
沙河市	Shahe	136429	106
青龙满族自治县	Qinglong	135079	107
万全县	Wanquan	130533	108
康保县	Kangbao	129608	109
顺平县	Shunping	127447	110
抚宁县	Funing	127234	111
赞皇县	Zanhuang	127134	112
怀安县	Huai'an	126212	113
蔚　县	Yuxian	122887	114
临城县	Lincheng	116338	115
井陉县	Jingxing	112702	116
海兴县	Haixing	111202	117
沽源县	Guyuan	111138	118
涉　县	Shexian	109896	119
怀来县	Huailai	104610	120
张北县	Zhangbei	93938	121
邱　县	Qiuxian	92956	122
迁西县	Qianxi	90732	123
大厂回族自治县	Dachang	88233	124
阳原县	Yangyuan	82608	125
滦平县	Luanping	81931	126
赤城县	Chicheng	80006	127
涞源县	Laiyuan	69055	128
阜平县	Fuping	66390	129
广宗县	Guangzong	65100	130
宽城满族自治县	Kuancheng	63800	131
丰宁满族自治县	Fengning	59190	132
尚义县	Shangyi	44134	133
兴隆县	Xinglong	35341	134
崇礼县	Chongli	24134	135

各县(市)棉花总产量（2012年）

Output of Cotton (2012)

单位：吨 (ton)

县（市）	County (City)	棉花总产量 Output of Cotton	位次 Postion	县（市）	County (City)	棉花总产量 Output of Cotton	位次 Postion	县（市）	County (City)	棉花总产量 Output of Cotton	位次 Postion
威　县	Weixian	65910	1	黄骅市	Huanghua	4160	39	深泽县	Shenze	533	75
南宫市	Nangong	40253	2	武强县	Wuqiang	4110	40	雄　县	Xiongxian	512	76
邱　县	Qiuxian	34007	3	永年县	Yongnian	4097	41	固安县	Gu'an	493	77
故城县	Gucheng	28183	4	磁　县	Cixian	3960	42	定兴县	Dingxing	485	78
枣强县	Zaoqiang	26232	5	海兴县	Haixing	3915	43	满城县	Mancheng	484	79
冀州市	Jizhou	25837	6	沧　县	Cangxian	3774	44	行唐县	Xingtang	430	80
广宗县	Guangzong	24580	7	武安市	Wu'an	3415	45	藁城市	Gaocheng	405	81
东光县	Dongguang	24191	8	临漳县	Linzhang	3105	46	曲阳县	Quyang	378	82
成安县	Cheng'an	23626	9	泊头市	Botou	3094	47	柏乡县	Baixiang	367	83
景　县	Jingxian	23006	10	大名县	Daming	2763	48	望都县	Wangdu	330	84
献　县	Xianxian	18260	11	饶阳县	Raoyang	2718	49	沙河市	Shahe	324	85
肥乡县	Feixiang	17759	12	邯郸县	Handan	2641	50	临城县	Lincheng	309	86
河间市	Hejian	17671	13	魏　县	Weixian	2557	51	迁西县	Qianxi	288	87
巨鹿县	Julu	15148	14	青　县	Qingxian	2533	52	滦　县	Luanxian	279	88
文安县	Wen'an	15002	15	盐山县	Yanshan	2351	53	昌黎县	Changli	246	89
南皮县	Nanpi	14714	16	玉田县	Yutian	2288	54	无极县	Wuji	242	90
吴桥县	Wuqiao	14437	17	清苑县	Qingyuan	2264	55	正定县	Zhengding	239	91
曲周县	Quzhou	13811	18	安平县	Anping	2060	56	鹿泉市	Luquan	224	92
清河县	Qinghe	13722	19	南和县	Nanhe	2030	57	容城县	Rongcheng	212	93
武邑县	Wuyi	13271	20	博野县	Boye	1855	58	灵寿县	Lingshou	163	94
临西县	Linxi	11099	21	卢龙县	Lulong	1664	59	新乐市	Xinle	158	95
深州市	Shenzhou	10293	22	任　县	Renxian	1656	60	三河市	Sanhe	145	96
霸州市	Bazhou	9928	23	邢台县	Xingtai	1204	61	井陉县	Jingxing	121	97
任丘市	Renqiu	9788	24	定州市	Dingzhou	1114	62	迁安市	Qian'an	116	98
阜城县	Fucheng	8554	25	肃宁县	Suning	1099	63	高邑县	Gaoyi	108	99
鸡泽县	Jize	8137	26	乐亭县	Leting	1051	64	徐水县	Xushui	91	100
高阳县	Gaoyang	7456	27	唐　县	Tangxian	1047	65	顺平县	Shunping	91	101
辛集市	Xinji	7317	28	滦南县	Luannan	946	66	遵化市	Zuihua	86	102
安新县	Anxin	7317	29	内丘县	Neiqiu	891	67	赞皇县	Zanhuang	68	103
新河县	Xinhe	6902	30	安国市	Anguo	719	68	香河县	Xianghe	60	104
馆陶县	Guantao	6770	31	高碑店市	Gaobeidian	631	69	涞水县	Laishui	58	105
大城县	Dacheng	6383	32	孟村回族	Mengcun	627	70	赵　县	Zhaoxian	53	106
广平县	Guangping	6059	33	自治县				晋州市	Jinzhou	50	107
隆尧县	Longyao	5767	34	平山县	Pingshan	618	71	涉　县	Shexian	31	108
宁晋县	Ningjin	5616	35	元氏县	Yuanshi	608	72	大厂回族	Dachang	24	109
永清县	Yongqing	4625	36	抚宁县	Funing	608	73	自治县			
平乡县	Pingxiang	4550	37	易　县	Yixian	595	74	栾城县	Luancheng	18	110
蠡　县	Lixian	4229	38								

各县(市)油料总产量（2012年）
Output of Oil-bearing Crops (2012)

单位：吨 (ton)

县（市）	County (City)	油料总产量 Output of Oil-bearing	位次 Position
大名县	Daming	81529	1
定州市	Dingzhou	68213	2
滦　县	Luanxian	57440	3
滦南县	Luannan	53438	4
遵化市	Zuihua	45256	5
河间市	Hejian	37935	6
新乐市	Xinle	36835	7
辛集市	Xinji	36493	8
迁安市	Qian'an	35464	9
深州市	Shenzhou	32623	10
高碑店市	Gaobeidian	31875	11
昌黎县	Changli	27283	12
献　县	Xianxian	27197	13
行唐县	Xingtang	22535	14
清苑县	Qingyuan	20417	15
安国市	Anguo	20369	16
正定县	Zhengding	19850	17
定兴县	Dingxing	17769	18
无极县	Wuji	16627	19
广宗县	Guangzong	16596	20
馆陶县	Guantao	16248	21
赞皇县	Zanhuang	15984	22
蠡　县	Lixian	15553	23
南宫市	Nangong	15292	24
内丘县	Neiqiu	14338	25
平乡县	Pingxiang	14295	26
易　县	Yixian	14028	27
卢龙县	Lulong	13696	28
隆尧县	Longyao	13664	29
饶阳县	Raoyang	13521	30
邢台县	Xingtai	13378	31
涿州市	Zhuozhou	13374	32
抚宁县	Funing	12097	33
博野县	Boye	11638	34
巨鹿县	Julu	11200	35
景　县	Jingxian	11118	36
张北县	Zhangbei	10692	37
涞水县	Laishui	10381	38
武邑县	Wuyi	10356	39
乐亭县	Leting	10322	40
故城县	Gucheng	10211	41
永清县	Yongqing	9888	42
晋州市	Jinzhou	9655	43
藁城市	Gaocheng	9438	44
固安县	Gu'an	9381	45
平山县	Pingshan	9133	46
冀州市	Jizhou	8879	47
康保县	Kangbao	8795	48
肃宁县	Suning	8527	49
安平县	Anping	8135	50
元氏县	Yuanshi	7622	51
枣强县	Zaoqiang	7569	52
高阳县	Gaoyang	7554	53
曲阳县	Quyang	7316	54
望都县	Wangdu	6895	55
宁晋县	Ningjin	6726	56
隆化县	Longhua	6601	57
临城县	Lincheng	6555	58
深泽县	Shenze	6514	59
阳原县	Yangyuan	6457	60
迁西县	Qianxi	6205	61
井陉县	Jingxing	6140	62
威　县	Weixian	5838	63
霸州市	Bazhou	5737	64
任丘市	Renqiu	5662	65
徐水县	Xushui	5608	66
临漳县	Linzhang	5522	67
容城县	Rongcheng	5491	68
沽源县	Guyuan	5260	69
灵寿县	Lingshou	5180	70
磁　县	Cixian	5096	71
雄　县	Xiongxian	5021	72
尚义县	Shangyi	4997	73
沙河市	Shahe	4918	74
顺平县	Shunping	4790	75
永年县	Yongnian	4747	76
柏乡县	Baixiang	4728	77
高邑县	Gaoyi	4676	78
魏　县	Weixian	4611	79
成安县	Cheng'an	4575	80
广平县	Guangping	4420	81
唐　县	Tangxian	4149	82
武强县	Wuqiang	4111	83
怀安县	Huai'an	3926	84
鹿泉市	Luquan	3901	85
赵　县	Zhaoxian	3891	86
新河县	Xinhe	3537	87
黄骅市	Huanghua	3348	88
清河县	Qinghe	3298	89
曲周县	Quzhou	3262	90
玉田县	Yutian	3246	91
肥乡县	Feixiang	3246	92
南皮县	Nanpi	2820	93
满城县	Mancheng	2771	94
蔚　县	Yuxian	2763	95
宣化县	Xuanhua	2604	96
武安市	Wu'an	2588	97
邱　县	Qiuxian	2475	98
南和县	Nanhe	2473	99
青龙满族自治县	Qinglong	2097	100
涿鹿县	Zhuolu	2047	101
海兴县	Haixing	2024	102
东光县	Dongguang	2002	103
赤城县	Chicheng	1940	104
邯郸县	Handan	1911	105
围场满蒙自治县	Weichang	1866	106
丰宁满族自治县	Fengning	1799	107
孟村回族自治县	Mengcun	1724	108
沧　县	Cangxian	1666	109
万全县	Wanquan	1663	110
大城县	Dacheng	1644	111
怀来县	Huailai	1381	112
任　县	Renxian	1373	113
临西县	Linxi	1369	114
青　县	Qingxian	1300	115
盐山县	Yanshan	1299	116
阜平县	Fuping	1214	117
吴桥县	Wuqiao	1153	118
阜城县	Fucheng	1095	119
鸡泽县	Jize	1006	120
文安县	Wen'an	1005	121
崇礼县	Chongli	701	122
涉　县	Shexian	666	123
安新县	Anxin	659	124
栾城县	Luancheng	595	125
宽城满族自治县	Kuancheng	480	126
兴隆县	Xinglong	421	127
三河市	Sanhe	417	128
平泉县	Pingquan	398	129
泊头市	Botou	377	130
涞源县	Laiyuan	340	131
承德县	Chengde	321	132
滦平县	Luanping	187	133
香河县	Xianghe	159	134
大厂回族自治县	Dachang	37	135

各县(市)猪牛羊肉产量（2012年）
Output of Pork, Beef and Mutton (2012)

单位：吨 (ton)

县（市）	County (City)	猪牛羊肉产量 Output of Pork Beaf and Mutton	位次 Position
玉田县	Yutian	98360	1
滦南县	Luannan	97579	2
抚宁县	Funing	89693	3
定州市	Dingzhou	87769	4
遵化市	Zuihua	70361	5
三河市	Sanhe	68615	6
迁安市	Qian'an	68222	7
安平县	Anping	65669	8
永清县	Yongqing	64918	9
武安市	Wu'an	64496	10
大名县	Daming	60808	11
辛集市	Xinji	57973	12
隆化县	Longhua	57781	13
易　县	Yixian	57705	14
藁城市	Gaocheng	56942	15
正定县	Zhengding	56000	16
卢龙县	Lulong	53239	17
青龙满族自治县	Qinglong	52907	18
定兴县	Dingxing	52545	19
徐水县	Xushui	50469	20
深州市	Shenzhou	49029	21
昌黎县	Changli	49020	22
宣化县	Xuanhua	46964	23
滦　县	Luanxian	45814	24
围场满蒙自治县	Weichang	43082	25
永年县	Yongnian	42863	26
滦平县	Luanping	42783	27
献　县	Xianxian	41401	28
盐山县	Yanshan	41253	29
丰宁满族自治县	Fengning	40928	30
固安县	Gu'an	40675	31
新乐市	Xinle	39491	32
无极县	Wuji	38514	33
魏　县	Weixian	36813	34
赵　县	Zhaoxian	36297	35
临漳县	Linzhang	35908	36
涿鹿县	Zhuolu	35083	37
栾城县	Luancheng	34266	38
黄骅市	Huanghua	33910	39
晋州市	Jinzhou	33706	40
元氏县	Yuanshi	33485	41
宁晋县	Ningjin	33181	42
行唐县	Xingtang	32403	43
沧　县	Cangxian	31946	44
承德县	Chengde	31586	45
故城县	Gucheng	31123	46
馆陶县	Guantao	30423	47
景　县	Jingxian	30383	48
大厂回族自治县	Dachang	29965	49
蔚　县	Yuxian	29473	50
唐　县	Tangxian	29279	51
涿州市	Zhuozhou	28244	52
磁　县	Cixian	27978	53
曲周县	Quzhou	27859	54
肥乡县	Feixiang	27839	55
高碑店市	Gaobeidian	27750	56
武邑县	Wuyi	27207	57
容城县	Rongcheng	27082	58
康保县	Kangbao	26722	59
灵寿县	Lingshou	26300	60
邯郸县	Handan	25899	61
乐亭县	Leting	25141	62
成安县	Cheng'an	24996	63
大城县	Dacheng	24123	64
吴桥县	Wuqiao	23274	65
赤城县	Chicheng	23234	66
赞皇县	Zanhuang	22890	67
隆尧县	Longyao	22863	68
鹿泉市	Luquan	22482	69
内丘县	Neiqiu	21984	70
曲阳县	Quyang	21697	71
饶阳县	Raoyang	21078	72
涞水县	Laishui	20847	73
安国市	Anguo	20755	74
泊头市	Botou	20680	75
满城县	Mancheng	20039	76
井陉县	Jingxing	19860	77
怀安县	Huai'an	19806	78
宽城满族自治县	Kuancheng	19625	79
南宫市	Nangong	19483	80
深泽县	Shenze	19293	81
平泉县	Pingquan	19108	82
张北县	Zhangbei	19084	83
威　县	Weixian	18773	84
枣强县	Zaoqiang	18712	85
鸡泽县	Jize	18290	86
迁西县	Qianxi	18104	87
清苑县	Qingyuan	17884	88
平山县	Pingshan	17871	89
万全县	Wanquan	17339	90
霸州市	Bazhou	17213	91
河间市	Hejian	16393	92
阳原县	Yangyuan	15962	93
涉　县	Shexian	15882	94
兴隆县	Xinglong	15744	95
东光县	Dongguang	15423	96
青　县	Qingxian	15288	97
望都县	Wangdu	14802	98
文安县	Wen'an	14169	99
南皮县	Nanpi	13807	100
南和县	Nanhe	13436	101
怀来县	Huailai	13013	102
阜城县	Fucheng	12854	103
邱　县	Qiuxian	12717	104
邢台县	Xingtai	12366	105
任丘市	Renqiu	12239	106
广平县	Guangping	12114	107
临城县	Lincheng	12004	108
博野县	Boye	11771	109
尚义县	Shangyi	11679	110
顺平县	Shunping	11611	111
香河县	Xianghe	11596	112
广宗县	Guangzong	11574	113
临西县	Linxi	11379	114
冀州市	Jizhou	10778	115
武强县	Wuqiang	10272	116
柏乡县	Baixiang	10169	117
巨鹿县	Julu	9679	118
雄　县	Xiongxian	9546	119
肃宁县	Suning	9287	120
沽源县	Guyuan	9028	121
孟村回族自治县	Mengcun	8561	122
高邑县	Gaoyi	8320	123
沙河市	Shahe	7741	124
平乡县	Pingxiang	7713	125
阜平县	Fuping	6845	126
海兴县	Haixing	6825	127
任　县	Renxian	6729	128
涞源县	Laiyuan	6386	129
蠡　县	Lixian	5907	130
高阳县	Gaoyang	5583	131
安新县	Anxin	5358	132
新河县	Xinhe	4669	133
崇礼县	Chongli	4344	134
清河县	Qinghe	3313	135

各县(市)社会消费品零售总额（2012年）

Total Retail Sales of Consumer Goods (2012)

单位：万元 (10000 yuan)

县（市）	County (City)	社会消费品零售总额 Total Retail Sales	位次 Position
辛集市	Xinji	1830306	1
迁安市	Qian'an	1600000	2
遵化市	Zuihua	1382229	3
任丘市	Renqiu	1273996	4
藁城市	Gaocheng	1225186	5
滦南县	Luannan	1143598	6
河间市	Hejian	1089487	7
武安市	Wu'an	1073870	8
三河市	Sanhe	1020757	9
定州市	Dingzhou	1018557	10
滦　县	Luanxian	964191	11
涿州市	Zhuozhou	953240	12
乐亭县	Leting	950214	13
永年县	Yongnian	933197	14
玉田县	Yutian	902660	15
鹿泉市	Luquan	859022	16
霸州市	Bazhou	848077	17
正定县	Zhengding	833470	18
无极县	Wuji	815506	19
晋州市	Jinzhou	799025	20
赵　县	Zhaoxian	787580	21
新乐市	Xinle	732695	22
香河县	Xianghe	717034	23
沧　县	Cangxian	685555	24
迁西县	Qianxi	681319	25
黄骅市	Huanghua	681295	26
磁　县	Cixian	656644	27
泊头市	Botou	649207	28
宁晋县	Ningjin	610965	29
徐水县	Xushui	556668	30
魏　县	Weixian	548668	31
栾城县	Luancheng	543937	32
涉　县	Shexian	537277	33
清河县	Qinghe	527344	34
文安县	Wen'an	519847	35
安国市	Anguo	504590	36
沙河市	Shahe	504190	37
大名县	Daming	495756	38
深州市	Shenzhou	481685	39
景　县	Jingxian	477195	40
抚宁县	Funing	464505	41
清苑县	Qingyuan	462596	42
昌黎县	Changli	453172	43
蠡　县	Lixian	441001	44
青　县	Qingxian	431894	45
大城县	Dacheng	428059	46
行唐县	Xingtang	424308	47
曲周县	Quzhou	410254	48
高碑店市	Gaobeidian	404436	49
邯郸县	Handan	393715	50
平山县	Pingshan	391086	51
隆尧县	Longyao	375507	52
故城县	Gucheng	372295	53
满城县	Mancheng	371806	54
怀来县	Huailai	369865	55
元氏县	Yuanshi	369343	56
平泉县	Pingquan	368132	57
高阳县	Gaoyang	363601	58
安平县	Anping	361728	59
南宫市	Nangong	358175	60
雄　县	Xiongxian	334932	61
承德县	Chengde	332062	62
冀州市	Jizhou	331491	63
定兴县	Dingxing	326645	64
兴隆县	Xinglong	323898	65
安新县	Anxin	321912	66
固安县	Gu'an	320398	67
井陉县	Jingxing	315766	68
盐山县	Yanshan	312616	69
献　县	Xianxian	308359	70
成安县	Cheng'an	305427	71
易　县	Yixian	301344	72
临漳县	Linzhang	298773	73
深泽县	Shenze	295666	74
蔚　县	Yuxian	294957	75
赞皇县	Zanhuang	294656	76
围场满蒙自治县	Weichang	292292	77
永清县	Yongqing	291081	78
灵寿县	Lingshou	288869	79
巨鹿县	Julu	287548	80
容城县	Rongcheng	281098	81
滦平县	Luanping	277096	82
卢龙县	Lulong	274064	83
肃宁县	Suning	273295	84
曲阳县	Quyang	270961	85
武邑县	Wuyi	270781	86
涿鹿县	Zhuolu	269290	87
隆化县	Longhua	267451	88
丰宁满族自治县	Fengning	266621	89
宽城满族自治县	Kuancheng	266170	90
东光县	Dongguang	265103	91
威　县	Weixian	259948	92
青龙满族自治县	Qinglong	251443	93
枣强县	Zaoqiang	250418	94
内丘县	Neiqiu	250402	95
临西县	Linxi	247178	96
任　县	Renxian	240429	97
饶阳县	Raoyang	234022	98
高邑县	Gaoyi	233453	99
馆陶县	Guantao	223000	100
广平县	Guangping	216537	101
唐　县	Tangxian	216352	102
宣化县	Xuanhua	215287	103
南和县	Nanhe	213721	104
肥乡县	Feixiang	212403	105
南皮县	Nanpi	209565	106
涞水县	Laishui	205094	107
平乡县	Pingxiang	199241	108
阳原县	Yangyuan	198025	109
鸡泽县	Jize	194043	110
张北县	Zhangbei	193301	111
顺平县	Shunping	190538	112
阜城县	Fucheng	188608	113
万全县	Wanquan	178746	114
武强县	Wuqiang	178481	115
孟村回族自治县	Mengcun	178346	116
吴桥县	Wuqiao	172399	117
临城县	Lincheng	166877	118
怀安县	Huai'an	163450	119
博野县	Boye	155914	120
赤城县	Chicheng	154755	121
康保县	Kangbao	142778	122
邱　县	Qiuxian	142003	123
望都县	Wangdu	139984	124
新河县	Xinhe	134703	125
柏乡县	Baixiang	133973	126
大厂回族自治县	Dachang	132605	127
广宗县	Guangzong	128886	128
阜平县	Fuping	124502	129
涞源县	Laiyuan	116203	130
沽源县	Guyuan	112023	131
海兴县	Haixing	94837	132
尚义县	Shangyi	83957	133
崇礼县	Chongli	72159	134
邢台县	Xingtai	69470	135

各县(市)国民经济主要指标（2012年）（1–1）

县（市）	County (City)	行政区域土地面积(平方公里) Land Area (sq.km)	乡镇个数(个) Number of Regions at Townships Level (unit)	村民委员会个数(个) Number of Villagers' Committees (unit)	#自来水受益村 Number of Administrative Village Access to Tap Water	#通电话的村 Number of Administrative Village Access to Telephone in Rural Area	地区生产总值(万元) Gross Domestic Product (10000 yuan)
石家庄市	**Shijiazhuang**						
井陉县	Jingxing	1381	17	318	280	317	1300798
正定县	Zhengding	468	8	154	154	154	2194772
栾城县	Luancheng	320	7	173	173	173	1553495
行唐县	Xingtang	1025	15	330	267	330	1050820
灵寿县	Lingshou	1066	15	279	206	279	787652
高邑县	Gaoyi	222	5	107	107	107	630161
深泽县	Shenze	296	6	125	125	125	760826
赞皇县	Zanhuang	1210	11	212	135	212	773585
无极县	Wuji	524	11	213	213	213	1400964
平山县	Pingshan	2648	23	717	690	717	2052263
元氏县	Yuanshi	675	15	208	157	208	1483105
赵　县	Zhaoxian	674	11	281	281	281	1756820
辛集市	Xinji	951	15	344	344	344	3415778
藁城市	Gaocheng	836	14	239	239	239	4753244
晋州市	Jinzhou	619	10	224	224	224	2009307
新乐市	Xinle	524	11	160	160	160	1560814
鹿泉市	Luquan	603	12	208	208	208	2900051
承德市	**Chengde**						
承德县	Chengde	3648	23	378	269	378	1052077
兴隆县	Xinglong	3123	20	290	122	290	824096
平泉县	Pingquan	3294	19	260	173	260	1222928
滦平县	Luanping	2993	20	200	109	200	1226026
隆化县	Longhua	5473	25	362	228	362	982295
丰宁满族自治县	Fengning	8765	26	309	284	309	789116
宽城满族自治县	Kuancheng	1936	18	205	150	205	2043322
围场满族蒙古族自治县	Weichang	9220	37	312	245	312	795786
张家口市	**Zhangjiakou**						
宣化县	Xuanhua	2057	13	305	299	305	720312
张北县	Zhangbei	3863	18	366	189	366	668306
康保县	Kangbao	3365	15	326	161	326	376203
沽源县	Guyuan	3388	14	233	68	228	319634
尚义县	Shangyi	2601	14	172	159	167	286962
蔚　县	Yuxian	3198	22	547	357	547	934813
阳原县	Yangyuan	1849	14	301	200	301	509904
怀安县	Huai'an	1706	11	273	245	272	576345
万全县	Wanquan	1162	11	171	162	171	483063

Major Indicators of National Economy by County or City (2012)

第一产业 Primary Industry	第二产业 Secondary Industry	第三产业 Tertiary Industry	地区生产总值指数（上年=100） Indices of Gross Domestic Product (preceding year=100)	第一产业 Primary Industry	第二产业 Secondary Industry	第三产业 Tertiary Industry	年末总人口（万人） Total Population (year-end) (10000 persons)	年末总户数（户） Number of Total Households (household)
110061	656131	534606	109.1	103.5	111.7	106.9	33.0	108575
285489	1024405	884878	109.1	102.1	107.8	112.9	48.2	126414
294840	884090	374565	109.6	100.7	112.4	109.8	33.2	88997
214719	594150	241951	110.3	103.7	114.4	108.0	45.6	143116
140819	452941	193892	109.0	104.0	110.8	108.5	33.9	102290
104272	370698	155191	112.0	105.0	116.0	109.1	19.3	52958
136692	474255	149879	111.6	107.0	115.0	106.2	25.9	85967
134560	495808	143217	111.8	103.4	114.5	111.6	26.6	87398
232952	761123	406889	112.2	103.2	115.0	111.7	52.1	143655
180502	1421604	450157	104.1	103.1	102.9	108.0	49.1	159552
215048	824366	443691	110.5	102.3	113.8	109.4	43.1	99055
323912	1109242	323666	110.2	102.5	113.9	105.3	59.6	152414
448819	2199553	767406	108.9	100.5	110.8	108.6	63.1	209726
628469	3178946	945829	111.0	102.2	114.4	106.5	80.7	217538
267291	1092930	649086	112.0	107.4	114.8	109.6	54.8	154608
258943	886723	415148	110.4	101.9	114.4	107.0	50.4	134677
209756	1717572	972723	105.8	102.5	102.8	112.1	39.7	117019
213508	547994	290575	110.3	104.9	114.0	108.1	42.1	144554
160693	432720	230683	110.2	109.8	111.8	107.6	32.8	117003
340266	547821	334841	111.7	108.7	114.5	110.6	47.7	163789
200114	702082	323830	112.5	108.3	113.7	112.5	32.1	114738
240643	499942	241710	111.5	103.9	116.1	110.3	44.3	148305
192122	347781	249213	113.0	104.4	125.3	107.2	40.2	148766
150158	1429676	463488	112.5	106.9	112.5	114.2	25.2	78267
318544	232727	244515	111.5	108.4	115.4	112.2	53.6	183260
198413	275189	246710	113.1	105.0	123.4	108.8	28.5	115142
186908	314969	166429	110.3	105.3	113.3	110.5	36.5	147912
170293	100079	105831	109.8	106.0	116.4	110.0	27.9	111977
133501	94282	91851	111.3	105.1	124.2	109.7	22.4	94310
85233	119417	82312	111.6	102.1	122.0	108.1	19.4	76565
139505	395497	399811	111.6	103.3	116.2	110.3	49.8	174275
101829	116798	291277	108.6	106.6	108.8	109.2	27.9	108474
106504	177487	292354	110.8	105.2	112.9	111.0	24.7	98341
111891	185958	185214	110.0	104.7	114.0	109.2	22.9	86124

各县(市)国民经济主要指标（2012年）（1–2）

县（市）	County (City)	行政区域土地面积（平方公里）Land Area (sq.km)	乡镇个数（个）Number of Regions at Townships Level (unit)	村民委员会个数（个）Number of Villagers' Committees (unit)	#自来水受益村 Number of Administrative Village Access to Tap Water	#通电话的村 Number of Administrative Village Access to Telephone in Rural Area	地区生产总值（万元）Gross Domestic Product (10000 yuan)
怀来县	Huailai	1801	17	279	268	277	1121085
涿鹿县	Zhuolu	2802	17	373	368	373	712003
赤城县	Chicheng	5287	18	440	343	440	649502
崇礼县	Chongli	2324	10	211	207	211	338871
秦皇岛市	**Qinhuangdao**						
青龙满族自治县	Qinglong	3510	25	396	208	396	1127640
昌黎县	Changli	1212	16	418	183	418	1750193
抚宁县	Funing	1619	11	556	268	556	1491766
卢龙县	Lulong	961	12	548	112	548	939686
唐山市	**Tangshan**						
滦　县	Luanxian	1027	12	504	450	504	3609312
滦南县	Luannan	1482	16	589	589	589	3001769
乐亭县	Leting	1417	14	530	530	530	2896520
迁西县	Qianxi	1439	17	417	281	417	3900239
玉田县	Yutian	1165	20	420	420	420	3082993
遵化市	Zuihua	1509	25	622	622	622	5198179
迁安市	Qian'an	1208	17	458	414	458	9009168
廊坊市	**Langfang**						
固安县	Gu'an	697	9	419	419	419	936309
永清县	Yongqing	774	10	386	381	386	730783
香河县	Xianghe	458	9	300	300	300	1303225
大城县	Dacheng	910	10	394	394	394	930730
文安县	Wen'an	1038	13	383	383	383	1472718
大厂回族自治县	Dachang	176	5	105	105	105	693666
霸州市	Bazhou	801	12	375	375	375	3204402
三河市	Sanhe	634	10	395	395	395	4251348
保定市	**Baoding**						
满城县	Mancheng	630	11	183	183	183	817504
清苑县	Qingyuan	867	18	266	256	266	1043494
涞水县	Laishui	1658	15	284	145	284	438748
阜平县	Fuping	2495	13	209	209	209	277256
徐水县	Xushui	723	14	304	279	304	1394796
定兴县	Dingxing	714	16	274	68	274	858352
唐　县	Tangxian	1417	20	345	217	345	611521
高阳县	Gaoyang	495	9	170	170	170	970573
容城县	Rongcheng	314	8	127	127	127	533007
涞源县	Laiyuan	2448	17	285	260	285	609378

Major Indicators of National Economy by County or City (2012)

第一产业 Primary Industry	第二产业 Secondary Industry	第三产业 Tertiary Industry	地区生产总值指数 (上年=100) Indices of Gross Domestic Product (preceding year=100)	第一产业 Primary Industry	第二产业 Secondary Industry	第三产业 Tertiary Industry	年末总人口 (万人) Total Population (year-end) (10000 persons)	年末总户数 (户) Number of Total Households (household)
154075	348755	618255	110.8	104.7	111.6	111.8	35.7	137470
233926	196078	281999	107.5	105.9	106.6	109.5	35.2	146206
175958	319639	153905	112.5	104.2	118.0	109.8	29.8	124885
71916	191003	75952	111.2	102.2	113.7	113.5	12.5	51373
218925	559830	348885	111.0	106.4	112.4	112.0	55.7	178200
636621	691922	421650	112.0	112.1	115.2	106.7	56.2	224984
424287	558864	508615	105.3	104.2	105.5	106.2	49.6	185513
254457	326252	358977	112.1	101.6	128.5	105.6	42.3	151852
374683	2186110	1048519	115.7	104.8	120.2	110.1	55.7	161474
754496	1143063	1104210	110.5	105.0	114.8	108.2	57.1	168307
713622	1037805	1145093	110.2	103.0	111.9	112.6	49.3	160006
220496	2492109	1187634	111.9	106.2	114.3	107.7	38.9	112399
574663	1483130	1025200	111.4	104.3	115.0	109.7	68.4	201076
383944	2782179	2032056	111.0	104.0	112.2	110.1	74.0	229945
381716	5972803	2654649	114.4	105.7	116.3	110.8	73.6	237450
283941	382820	269548	112.6	102.4	115.2	121.3	45.0	136625
314998	289151	126634	106.4	107.5	105.3	106.9	39.5	106948
202028	674003	427194	110.4	101.4	113.2	109.5	33.1	112283
153797	590349	186584	109.1	102.0	111.0	108.6	49.8	173370
140851	973637	358230	110.1	98.0	113.6	106.8	50.6	144046
111366	386704	195596	110.4	99.5	113.8	109.3	12.4	52278
186674	2181434	836294	110.9	101.0	114.3	104.4	63.1	174133
353217	2508343	1389788	110.1	106.1	114.4	103.4	58.0	160783
170809	432519	214176	110.7	101.6	115.6	107.6	39.6	122326
267632	509810	266052	112.0	103.9	115.6	112.2	66.8	174710
103146	108112	227490	112.5	107.7	115.4	113.1	35.3	148544
66681	64089	146486	106.9	104.7	110.0	106.5	22.4	84010
252184	759658	382954	112.1	104.4	117.5	107.3	59.7	192370
259955	368579	229818	109.4	105.2	116.4	104.6	58.9	167902
154579	273846	183096	111.8	107.0	117.4	108.0	59.0	181344
89146	673875	207552	114.3	101.1	118.2	108.7	34.3	105014
98041	310742	124224	113.1	101.9	118.7	104.9	27.0	84048
37766	366559	205053	112.8	106.2	115.7	109.0	28.3	100659

各县(市)国民经济主要指标（2012年）（1–3）

县（市）	County (City)	行政区域土地面积（平方公里）Land Area (sq.km)	乡镇个数（个）Number of Regions at Townships Level (unit)	村民委员会个数（个）Number of Villagers' Committees (unit)	#自来水受益村 Number of Administrative Village Access to Tap Water	#通电话的村 Number of Administrative Village Access to Telephone in Rural Area	地区生产总值（万元）Gross Domestic Product (10000 yuan)
望都县	Wangdu	370	8	142	141	142	477842
安新县	Anxin	724	12	207	207	207	692231
易　县	Yixian	2534	27	469	297	469	827526
曲阳县	Quyang	1084	18	367	127	367	574304
蠡　县	Lixian	652	13	232	232	232	778511
顺平县	Shunping	708	10	237	205	237	424880
博野县	Boye	331	7	133	133	133	378205
雄　县	Xiongxian	524	9	223	218	223	759635
涿州市	Zhuozhou	742	11	404	251	404	2075326
定州市	Dingzhou	1274	22	485	436	485	2397006
安国市	Anguo	486	10	198	195	198	926853
高碑店市	Gaobeidian	618	9	409	232	409	1176400
沧州市	**Cangzhou**						
沧　县	Cangxian	1520	19	515	515	515	2015587
青　县	Qingxian	968	10	345	345	345	1450000
东光县	Dongguang	711	9	447	447	447	1200093
海兴县	Haixing	919	7	197	197	197	306366
盐山县	Yanshan	795	12	450	450	450	1085000
肃宁县	Suning	516	9	253	253	253	1202000
南皮县	Nanpi	790	9	312	312	312	755008
吴桥县	Wuqiao	583	10	473	473	473	612229
献　县	Xianxian	1173	18	500	500	500	1442236
孟村回族自治县	Mengcun	387	6	126	126	126	743963
泊头市	Botou	1007	12	657	657	657	1600988
任丘市	Renqiu	1012	15	413	413	413	5436342
黄骅市	Huanghua	1545	10	327	327	327	2340150
河间市	Hejian	1333	20	615	615	615	2301312
衡水市	**Hengshui**						
枣强县	Zaoqiang	905	11	553	553	553	773799
武邑县	Wuyi	832	9	545	545	545	711003
武强县	Wuqiang	443	6	238	238	238	454399
饶阳县	Raoyang	572	7	197	197	197	448937
安平县	Anping	496	8	230	230	230	891521
故城县	Gucheng	941	13	538	538	538	843992
景　县	Jingxian	1188	16	848	848	848	1204883
阜城县	Fucheng	695	10	610	610	610	537742
冀州市	Jizhou	877	10	382	382	382	792848
深州市	Shenzhou	1245	17	465	465	465	1195555

Major Indicators of National Economy by County or City (2012)

第一产业 Primary Industry	第二产业 Secondary Industry	第三产业 Tertiary Industry	地区生产总值指数 (上年=100) Indices of Gross Domestic Product (preceding year=100)	第一产业 Primary Industry	第二产业 Secondary Industry	第三产业 Tertiary Industry	年末总人口 (万人) Total Population (year-end) (10000 persons)	年末总户数 (户) Number of Total Households (household)
155129	197938	124775	111.9	108.2	116.4	108.4	27.0	79834
92037	433852	166342	111.4	99.8	118.3	102.6	44.9	142421
218046	331747	277733	112.2	105.2	119.0	108.7	57.4	192370
102104	229679	242521	111.0	101.3	114.4	111.4	62.1	186238
137211	441633	199667	111.8	102.4	116.9	108.0	53.5	145726
139687	183120	102073	111.0	106.6	115.7	108.7	31.6	103728
111581	157444	109180	110.4	101.8	115.8	111.2	27.1	79327
101615	496982	161038	112.4	101.7	118.4	101.9	38.4	120366
198966	793359	1083001	111.0	103.0	111.1	112.3	65.0	240994
659814	1217262	519930	110.5	106.4	113.2	109.3	122.1	338888
207096	450296	269461	112.9	102.0	119.3	110.2	41.3	144358
143681	722651	310068	110.7	101.6	114.1	107.1	56.6	162215
269362	926669	819556	112.0	104.2	115.7	110.0	70.0	185781
418493	600093	431414	111.3	105.9	115.9	108.1	41.9	135479
236205	444602	519286	113.0	107.7	114.8	114.1	37.3	119645
62654	134970	108742	114.0	107.4	120.0	109.6	23.7	83493
137978	735934	211088	113.3	99.1	118.1	102.1	46.5	145277
225169	490954	485877	110.1	100.8	113.4	110.4	35.1	118016
185067	290738	279203	113.2	108.8	114.0	114.9	38.5	116894
257338	103594	251297	110.3	106.0	112.5	112.4	28.7	116784
282878	735873	423485	112.8	106.5	114.5	113.3	62.3	181606
71402	454998	217563	113.5	109.9	115.0	111.4	22.1	73328
201682	837772	561534	112.0	102.3	116.3	109.0	61.2	199388
185065	3801552	1449725	107.0	102.9	107.4	106.4	85.3	325638
257919	1010481	1071750	113.0	106.6	115.8	112.1	46.5	126928
229196	984231	1087885	113.0	107.7	115.7	111.6	83.0	235067
182043	411275	180481	110.0	101.1	112.9	113.9	40.2	123721
215934	348818	146251	110.1	102.3	115.9	109.7	32.9	103035
105994	231945	116460	110.1	103.2	112.2	112.2	21.9	67280
153305	178037	117595	110.0	102.2	113.7	114.4	29.0	83877
128863	480072	282586	110.8	101.4	111.2	114.6	33.1	99318
262046	309434	272512	109.0	103.5	111.5	111.5	51.5	157990
228980	703229	272674	110.5	104.2	113.1	109.4	54.3	161664
137774	299560	100408	110.6	105.4	114.6	106.4	35.3	122757
137162	437424	218262	109.5	104.3	112.9	105.8	34.6	122563
310569	609080	275906	110.7	104.9	114.1	109.7	57.1	185289

各县(市)国民经济主要指标（2012年）（1–4）

县（市）	County (City)	行政区域土地面积（平方公里）Land Area (sq.km)	乡镇个数（个）Number of Regions at Townships Level (unit)	村民委员会个数（个）Number of Villagers' Committees (unit)	#自来水受益村 Number of Administrative Village Access to Tap Water	#通电话的村 Number of Administrative Village Access to Telephone in Rural Area	地区生产总值（万元）Gross Domestic Product (10000 yuan)
邢台市	**Xingtai**						
邢台县	Xingtai	1848	16	519	514	519	1233983
临城县	Lincheng	797	8	220	181	220	570503
内丘县	Neiqiu	788	9	309	302	309	834645
柏乡县	Baixiang	268	6	121	121	121	250146
隆尧县	Longyao	749	12	276	276	276	897172
任　县	Renxian	431	8	134	134	134	337783
南和县	Nanhe	405	8	218	218	218	360518
宁晋县	Ningjin	1032	14	346	346	346	1540006
巨鹿县	Julu	631	10	255	255	255	455086
新河县	Xinhe	366	6	169	169	169	222964
广宗县	Guangzong	504	8	213	208	213	336904
平乡县	Pingxiang	406	7	246	246	246	370777
威　县	Weixian	1012	16	522	512	522	490333
清河县	Qinghe	500	6	305	305	305	1086141
临西县	Linxi	542	9	299	299	299	502439
南宫市	Nangong	861	11	440	440	440	787599
沙河市	Shahe	859	8	242	221	241	2047245
邯郸市	**Handan**						
邯郸县	Handan	440	10	224	216	224	2039806
临漳县	Linzhang	744	14	425	425	425	1004269
成安县	Cheng'an	482	9	234	234	234	1200463
大名县	Daming	1053	20	651	444	651	1180569
涉　县	Shexian	1509	17	308	263	308	2484577
磁　县	Cixian	1015	19	358	253	358	2251479
肥乡县	Feixiang	503	9	265	265	265	730018
永年县	Yongnian	898	20	429	429	429	2499727
邱　县	Qiuxian	449	7	218	218	218	615804
鸡泽县	Jize	336	7	169	169	169	768677
广平县	Guangping	320	7	169	164	169	731179
馆陶县	Guantao	456	8	277	277	277	821823
魏　县	Weixian	864	21	541	541	541	1201299
曲周县	Quzhou	667	10	338	338	338	1041223
武安市	Wu'an	1806	22	502	391	502	5804439

Major Indicators of National Economy by County or City (2012)

			地区生产总值指数(上年=100) Indices of Gross Domestic Product (preceding year=100)				年末总人口(万人) Total Population (year-end) (10000 persons)	年末总户数(户) Number of Total Households (household)
第一产业 Primary Industry	第二产业 Secondary Industry	第三产业 Tertiary Industry		第一产业 Primary Industry	第二产业 Secondary Industry	第三产业 Tertiary Industry		
100398	936520	197065	110.7	104.5	112.5	105.6	34.0	123177
78194	393856	98453	112.6	106.3	116.4	106.4	21.3	79130
82925	534588	217132	110.4	104.4	111.2	110.5	28.0	86426
69460	121764	58922	108.6	103.8	110.2	110.8	20.0	67411
207493	365628	324051	108.5	100.2	113.3	106.7	53.2	155561
97830	128804	111149	109.8	101.0	113.4	113.8	36.0	111695
132543	113289	114686	110.0	103.9	115.3	112.0	36.2	108513
279734	868006	392266	110.1	102.8	111.4	111.6	76.1	236357
117817	203519	133750	110.0	105.2	114.3	106.6	40.5	127960
52820	100760	69384	109.6	107.5	112.9	106.6	17.4	59490
128637	127502	80765	110.2	103.2	116.6	112.0	31.6	97993
93351	150002	127424	112.1	107.9	115.5	111.2	33.7	90387
222756	146169	121408	111.0	108.0	115.6	111.3	60.7	182164
85652	615108	385381	109.0	101.5	110.8	108.2	41.3	114013
114419	204630	183390	110.2	105.3	114.3	109.3	38.0	101618
147395	384409	255795	110.0	103.3	112.3	110.1	48.0	128128
60605	1372191	614449	112.8	103.8	115.0	109.0	42.3	119123
127693	953379	958734	111.2	105.7	111.6	111.5	38.5	85614
273139	378052	353078	112.2	105.5	117.2	113.2	70.6	172862
240724	634481	325258	113.0	102.0	119.3	112.7	43.8	115087
309703	485333	385533	111.1	104.2	117.4	109.5	90.0	218550
96311	1691396	696870	111.2	103.9	111.4	111.5	41.0	148828
202956	1143815	904708	111.3	101.8	111.6	112.9	64.7	203164
207674	321530	200814	112.2	105.2	120.1	109.8	38.1	90112
763606	1076700	659421	110.5	102.4	113.7	115.2	105.3	259664
150868	264180	200756	113.2	105.0	117.0	115.3	24.7	66455
173147	382008	213522	113.4	102.4	117.1	116.4	30.4	72107
125089	387849	218241	113.1	107.4	117.5	110.4	28.9	69564
219969	407301	194553	113.3	102.6	119.2	116.5	34.6	83389
236007	402605	562687	111.1	106.5	115.3	109.5	97.6	225749
254979	519523	266721	111.1	104.0	114.8	112.4	46.9	116815
182449	3883623	1738367	111.4	106.0	111.8	110.9	80.0	235611

各县(市)国民经济主要指标(2012年)(2-1)

县　(市)	County (City)	#乡村户数 Rural Households	年末单位从业人员(人) Total Employed Persons (year-end) (person)	#第二产业 Secondary Industry	#第三产业 Tertiary Industry	乡村从业人员(人) Number of Rural Laborers (person)	#农林牧渔业 Farming, Forestry, Animal Husbandry & Fishery
石家庄市	**Shijiazhuang**						
井陉县	Jingxing	83152	27108	13315	13695	148408	62269
正定县	Zhengding	99823	30295	10266	19879	223520	69517
栾城县	Luancheng	73981	23837	12709	11081	166803	44079
行唐县	Xingtang	106749	14253	3051	10892	186938	81035
灵寿县	Lingshou	72223	15050	4918	10065	137399	81357
高邑县	Gaoyi	44212	9678	3116	6498	97067	47070
深泽县	Shenze	61727	6980	100	6880	128112	49424
赞皇县	Zanhuang	60655	15408	4327	10988	126268	48866
无极县	Wuji	116850	15118	3881	11237	248724	116344
平山县	Pingshan	116110	19111	4214	14677	235682	152831
元氏县	Yuanshi	98424	18672	4971	13559	242122	160740
赵　县	Zhaoxian	125657	14823	1075	13607	288713	102260
辛集市	Xinji	153364	29566	8935	18631	301538	97736
藁城市	Gaocheng	188256	35947	18260	16397	393153	80870
晋州市	Jinzhou	124026	19022	5328	13646	259869	91235
新乐市	Xinle	105119	18349	6003	12212	224214	51621
鹿泉市	Luquan	94450	35386	19631	15755	169732	70071
承德市	**Chengde**						
承德县	Chengde	113154	18747	5623	12742	212781	129659
兴隆县	Xinglong	83154	17651	4766	12470	153594	100091
平泉县	Pingquan	120214	25903	10149	15094	215881	112852
滦平县	Luanping	83124	14746	3591	10941	150072	68776
隆化县	Longhua	110945	17965	4387	13061	226402	142777
丰宁满族自治县	Fengning	108911	24675	10183	13727	181210	112337
宽城满族自治县	Kuancheng	64650	14703	4480	10171	107484	52321
围场满族蒙古族自治县	Weichang	129648	20858	2669	16095	239326	178912
张家口市	**Zhangjiakou**						
宣化县	Xuanhua	94844	15156	3852	11112	151107	89611
张北县	Zhangbei	99616	16726	3749	12878	179762	107036
康保县	Kangbao	85950	13243	4571	8470	133400	90355
沽源县	Guyuan	75492	8996	936	7844	132845	105858
尚义县	Shangyi	56922	11732	4679	6988	90410	58775
蔚　县	Yuxian	160048	35376	17650	17465	194412	139302
阳原县	Yangyuan	86354	13788	1678	1918	118178	71236
怀安县	Huai'an	74484	13783	4174	9579	128060	75337
万全县	Wanquan	69172	12840	3963	8877	102434	66280

Major Indicators of National Economy by County or City (2012)

城镇在岗职工人数（人）Staff and Workers in Urban Areas (person)	城镇在岗职工工资总额（万元）Total Wages Bill of and Workers (10000 yuan)	在岗职工平均工资（元）Average Wage of Staff and Workers (yuan)	全社会固定资产投资额（万元）Total Investment in Fixed Assets (10000 yuan)	公共财政预算收入（万元）Public Budget Revenue (10000 yuan)	一般预算支出（万元）Local Expenditure (10000 yuan)	农村居民人均纯收入（元）Per Capita Annual Net Income of Rural Households (yuan)	农林牧渔业总产值（万元）Gross Output Value (10000 yuan)	农林牧渔业总产值指数（上年=100）Indices of Gross Output Value (preceding year=100)
27073	86919	32105	1616739	48889	104130	7968	191839	103.61
26042	92438	35496	1565662	81026	159227	10996	588190	101.79
23742	78742	33166	1242447	57985	114520	10619	536706	100.71
14114	37785	26771	1001322	19789	120061	4038	404711	103.80
14864	41549	27953	680579	20025	111733	3804	259319	104.42
10742	27622	25714	435908	20456	73260	8346	183881	104.76
6972	17534	25149	461678	24421	79297	7586	251978	107.60
16382	39661	24210	863155	19257	102247	3780	225501	103.79
14697	41435	28193	818212	29429	102845	9097	447749	103.02
19703	71390	36233	1294993	95602	212192	4714	295808	103.19
17359	47490	27357	1282056	37811	124806	8819	394633	102.14
14775	41259	27925	918833	30009	140668	9079	549410	102.64
26997	79336	29387	1726835	84901	180846	10073	835775	100.58
35083	132359	37727	2232545	145523	244332	11714	1130035	102.40
19645	57305	29170	1540043	55344	146054	11555	494779	108.15
17286	52653	30460	1341807	40088	116061	10059	467896	102.01
34246	135662	39614	2108060	109058	179053	11245	353857	102.21
19019	63431	33351	1072650	64370	175473	5608	364924	103.27
16900	56154	33227	970418	37822	168258	6251	286299	108.62
27817	96807	34801	1160833	71540	215254	6324	532066	108.08
14600	48585	33277	1100471	57647	174949	4871	354740	108.34
20056	64093	31957	856715	49410	193728	4552	416354	104.20
23896	76925	32192	1052815	40216	208199	4021	327354	104.02
16658	64204	38543	1150563	65721	175820	6716	241796	106.28
17465	58149	33295	700000	28421	204142	3887	526030	107.94
15370	48327	31442	685018	31701	109750	6316	364809	104.81
14743	58274	39526	1201704	48968	178307	4814	316585	102.18
12071	35971	29799	485844	12524	108233	4564	326716	105.42
8107	25455	31399	452194	17354	108353	4499	244715	105.43
10633	31232	29373	381915	9800	94715	4484	162830	102.17
34528	138626	40149	568644	46482	170225	4809	255667	104.79
12608	34354	27248	290131	22342	106548	4569	180605	104.52
16296	42734	26224	648006	25168	99416	5367	171724	105.01
14293	39796	27843	581365	27200	96423	4922	180471	104.71

各县(市)国民经济主要指标（2012年）（2-2）

县（市）	County (City)	#乡村户数 Rural Households	年末单位从业人员（人） Total Employed Persons (year-end) (person)	#第二产业 Secondary Industry	#第三产业 Tertiary Industry	乡村从业人员（人） Number of Rural Laborers (person)	#农林牧渔业 Farming, Forestry, Animal Husbandry & Fishery
怀来县	Huailai	99827	21717	7897	13648	167394	103237
涿鹿县	Zhuolu	103714	22127	8996	12606	159351	116474
赤城县	Chicheng	99473	14505	3509	10516	116632	80272
崇礼县	Chongli	38449	11278	3274	7914	60693	40473
秦皇岛市	**Qinhuangdao**						
青龙满族自治县	Qinglong	139599	15582	1235	14182	281521	159409
昌黎县	Changli	169904	22562	3720	18570	268011	166147
抚宁县	Funing	132348	37987	19671	18225	222734	150457
卢龙县	Lulong	122321	16609	2425	14163	224074	151629
唐山市	**Tangshan**						
滦　县	Luanxian	149896	47367	3116	44167	283978	129528
滦南县	Luannan	154143	31338	14037	17260	287795	177935
乐亭县	Leting	141195	26809	10877	15893	262405	114851
迁西县	Qianxi	100620	44789	27359	17403	186629	80850
玉田县	Yutian	162339	35098	16831	18267	331491	87160
遵化市	Zuihua	196142	38265	11990	26004	330319	105237
迁安市	Qian'an	154365	83384	55199	28185	292862	63440
廊坊市	**Langfang**						
固安县	Gu'an	89047	19840	5760	14080	181957	142216
永清县	Yongqing	82778	18401	7190	11136	179849	114410
香河县	Xianghe	78715	24438	8645	15793	137016	54878
大城县	Dacheng	111243	21732	5305	16427	208990	110572
文安县	Wen'an	112634	19903	2467	16263	221285	79652
大厂回族自治县	Dachang	30645	15410	7321	8089	44206	16805
霸州市	Bazhou	121655	36461	13970	22491	260784	72670
三河市	Sanhe	89189	76058	44033	32025	169614	62192
保定市	**Baoding**						
满城县	Mancheng	87445	25893	13130	12763	184232	111505
清苑县	Qingyuan	150901	33931	16431	17500	344156	199861
涞水县	Laishui	90765	18181	8141	10040	181568	118886
阜平县	Fuping	55215	10354	2119	8179	86950	60404
徐水县	Xushui	146071	35939	17913	17573	297106	163130
定兴县	Dingxing	132487	36792	22484	14308	322972	164173
唐　县	Tangxian	133135	58601	43627	14953	264586	162166
高阳县	Gaoyang	75170	23060	1096	12094	173649	72370
容城县	Rongcheng	53399	14423	5898	8525	128195	46773
涞源县	Laiyuan	71799	13090	1640	11450	125198	85301

Major Indicators of National Economy by County or City (2012)

城镇在岗职工人数（人） Staff and Workers in Urban Areas (person)	城镇在岗职工工资总额（万元） Total Wages Bill of and Workers (10000 yuan)	在岗职工平均工资（元） Average Wage of Staff and Workers (yuan)	全社会固定资产投资额（万元） Total Investment in Fixed Assets (10000 yuan)	公共财政预算收入（万元） Public Budget Revenue (10000 yuan)	一般预算支出（万元） Local Expenditure (10000 yuan)	农村居民人均纯收入（元） Per Capita Annual Net Income of Rural Households (yuan)	农林牧渔业总产值（万元） Gross Output Value (10000 yuan)	农林牧渔业总产值指数（上年=100） Indices of Gross Output Value (preceding year=100)
20080	72611	36161	738718	91974	158742	8986	290463	104.68
22786	72639	31879	757354	33521	147922	6455	414654	107.29
13361	44689	33447	551115	52838	146422	4711	294540	104.16
11032	32630	29577	474147	30386	86065	5145	115194	102.05
15681	57027	36367	772666	73481	226186	5108	401835	106.62
23795	73326	30816	871440	69157	181483	9445	987024	101.02
39343	136030	34575	727935	54034	151429	8691	695029	99.58
15247	51587	33834	486601	34413	157005	8068	490118	101.20
42101	157167	37331	1906752	122767	207990	10297	613710	104.70
31745	111278	35054	1503489	89880	201926	8920	1168923	100.95
23877	85616	35857	981446	81295	227126	10458	1069603	102.69
28122	106209	37767	1420215	103690	211791	10502	325045	105.86
31990	125198	39137	1731299	83742	206447	10122	1006905	104.48
36972	139531	37740	1828928	144156	270309	10087	650445	104.07
79824	370692	46439	3794606	390400	532668	14468	600722	105.36
20047	69855	34846	945619	120654	207652	9204	568848	102.22
17697	58300	32943	813977	51130	147538	9035	661644	107.67
24979	96225	38522	1018488	145000	200978	11722	330737	100.47
20925	64906	31018	937626	39387	135444	8994	297993	102.44
19620	58326	29728	1509239	60247	168552	10511	248342	98.11
15207	64119	42164	715600	56279	102989	11203	187505	99.49
35152	154188	43863	1775585	167891	255493	11108	316974	100.86
73545	320001	43511	2861177	432480	505252	11989	627065	105.90
24682	74520	30192	438105	25755	103353	8769	296927	101.49
30506	99625	32657	772162	27265	142874	9315	468100	103.55
17650	49990	28323	639247	25063	151373	5077	186822	107.64
9596	27818	28990	348527	16238	83458	3262	111970	104.52
34968	118133	33783	913571	66367	158143	8899	455399	104.53
34863	98036	28120	758337	25698	123052	8401	461879	105.12
29563	98083	33177	451974	18706	130031	3698	273983	106.42
21485	78454	36516	546485	39594	102065	9433	152961	101.06
14376	39075	27181	393853	25784	73565	9926	173278	102.00
14970	49955	33370	464157	69343	183292	3079	74747	106.04

各县(市)国民经济主要指标（2012年）（2-3）

县　（市）	County (City)	#乡村户数 Rural Households	年末单位从业人员（人） Total Employed Persons (year-end) (person)	#第二产业 Secondary Industry	#第三产业 Tertiary Industry	乡村从业人员（人） Number of Rural Laborers (person)	#农林牧渔业 Farming, Forestry, Animal Husbandry & Fishery
望都县	Wangdu	59058	15192	7481	7711	127787	87853
安新县	Anxin	116375	14546	3135	11042	246305	134469
易　县	Yixian	141718	36154	21072	14868	260582	160749
曲阳县	Quyang	134311	29079	16004	11519	263172	163407
蠡　县	Lixian	115000	18304	2541	15453	268224	149498
顺平县	Shunping	75573	12430	2942	9488	156824	107832
博野县	Boye	50662	8868	2317	6538	148771	61614
雄　县	Xiongxian	84042	12680	3457	9214	196691	94506
涿州市	Zhuozhou	115652	118289	66077	47010	249560	148806
定州市	Dingzhou	270129	76492	46699	29793	636096	196310
安国市	Anguo	88667	15477	3012	12465	208257	100391
高碑店市	Gaobeidian	98608	39315	24440	14875	235142	135336
沧州市	**Cangzhou**						
沧　县	Cangxian	177491	25488	9885	15603	378234	81787
青　县	Qingxian	96458	20478	6327	12605	202773	58448
东光县	Dongguang	94309	18069	7357	10712	161525	67190
海兴县	Haixing	55771	13133	5102	7897	103123	63394
盐山县	Yanshan	102892	19971	7289	12682	215598	95711
肃宁县	Suning	85150	15464	3976	11474	196632	61936
南皮县	Nanpi	88503	14459	3657	10802	179790	101493
吴桥县	Wuqiao	69591	13773	3970	9803	146853	60024
献　县	Xianxian	137458	17620	2693	14927	275112	106006
孟村回族自治县	Mengcun	44364	12077	2968	9109	90037	36377
泊头市	Botou	151490	28578	10899	17670	269114	69998
任丘市	Renqiu	158592	94236	49151	44525	293276	61697
黄骅市	Huanghua	100574	33272	13332	15972	182863	36314
河间市	Hejian	186838	27648	8438	18985	409137	93751
衡水市	**Hengshui**						
枣强县	Zaoqiang	106489	17410	5148	12167	171083	90165
武邑县	Wuyi	74879	21727	12009	9718	148828	73583
武强县	Wuqiang	52560	13023	5525	7498	100899	58597
饶阳县	Raoyang	72073	13449	3901	9548	153223	54448
安平县	Anping	82275	19202	6990	11536	147715	44621
故城县	Gucheng	110548	26150	11874	14240	212384	109940
景　县	Jingxian	119370	19496	5337	14097	225579	101447
阜城县	Fucheng	101059	12401	2067	10132	175745	75878
冀州市	Jizhou	93288	20278	9098	11152	148949	69566
深州市	Shenzhou	160199	27689	12726	14886	286050	112169

Major Indicators of National Economy by County or City (2012)

城镇在岗职工人数(人) Staff and Workers in Urban Areas (person)	城镇在岗职工工资总额(万元) Total Wages Bill of and Workers (10000 yuan)	在岗职工平均工资(元) Average Wage of Staff and Workers (yuan)	全社会固定资产投资额(万元) Total Investment in Fixed Assets (10000 yuan)	公共财政预算收入(万元) Public Budget Revenue (10000 yuan)	一般预算支出(万元) Local Expenditure (10000 yuan)	农村居民人均纯收入(元) Per Capita Annual Net Income of Rural Households (yuan)	农林牧渔业总产值(万元) Gross Output Value (10000 yuan)	农林牧渔业总产值指数(上年=100) Indices of Gross Output Value (preceding year=100)
15029	45797	30473	372591	20504	75365	6704	261305	107.12
14034	38826	27665	562568	22587	101607	8551	173525	101.12
32424	100159	30890	795200	30167	163969	4643	397823	104.90
21857	55725	25495	176450	22696	130089	3308	198546	101.20
16938	44668	26371	343923	24028	127300	8348	255354	102.17
13548	36280	26778	556072	15666	83290	3283	245031	106.43
9013	26399	29290	303633	12880	65197	6786	193976	101.80
12415	38301	30851	552007	30021	83557	9101	168765	101.85
69150	336104	48605	1548373	154407	198929	10588	344860	103.21
75357	242825	32223	1579706	133480	300513	8385	1130371	106.00
18950	51877	27376	964679	30200	102089	9278	303041	101.72
44805	164884	36800	717163	61521	139412	8594	275273	101.63
24003	87524	36464	1396564	61799	147233	8850	465858	104.00
18205	76499	42021	1100514	45771	132325	9288	628753	105.63
16514	50333	30479	770000	39448	124634	6810	454732	107.52
12473	35591	28534	292167	21715	83075	4030	123616	109.61
20074	64655	32208	1044594	39813	137079	5369	266600	98.97
14171	51089	36052	1116638	74154	132033	7730	402395	100.95
13657	45437	33270	794931	35889	121868	5447	320801	109.14
13985	38907	27821	601000	22921	93948	7387	472593	108.51
17477	57716	33024	1151295	38547	144338	6059	542730	106.23
11389	40872	35888	648307	25970	85434	6290	135405	109.96
24963	80144	32105	1185772	56500	151634	7713	366696	102.20
91548	493073	53860	1300043	196335	249505	9837	353850	103.02
32735	120263	36738	1514151	94534	220858	9958	498904	106.25
25628	79230	30916	1174952	77294	199191	8796	433842	107.30
17423	53181	30524	568056	25883	120252	5939	312642	101.27
21259	59049	27776	367222	23538	100708	4348	378213	102.15
12880	36841	28603	168625	13938	81827	4099	188889	104.42
12659	37513	29633	299815	12489	83389	3796	314715	102.19
17902	52403	29272	464893	30009	103821	8582	266732	101.40
20229	61398	30352	738107	27492	126000	5884	461023	104.07
19287	54475	28245	934625	32372	133328	7859	430850	104.47
12493	34012	27225	282526	13581	88516	3988	289016	104.77
20789	59633	28685	641039	33777	134347	7602	249563	104.00
26967	78859	29243	867149	28515	136650	7921	631541	104.80

各县(市)国民经济主要指标（2012年）（2-4）

县（市）	County (City)	#乡村户数 Rural Households	年末单位从业人员（人）Total Employed Persons (year-end) (person)	#第二产业 Secondary Industry	#第三产业 Tertiary Industry	乡村从业人员（人）Number of Rural Laborers (person)	#农林牧渔业 Farming, Forestry, Animal Husbandry & Fishery
邢台市	**Xingtai**						
邢台县	Xingtai	97199	23930	13060	10614	165229	52847
临城县	Lincheng	46806	7140	1100	6040	86437	62295
内丘县	Neiqiu	61968	18809	10657	8151	119969	64014
柏乡县	Baixiang	44208	7737	2079	5658	86695	45596
隆尧县	Longyao	115720	17555	5665	11383	224357	82837
任　县	Renxian	73995	13214	4634	8580	152217	58513
南和县	Nanhe	81444	11417	4478	6899	163700	78924
宁晋县	Ningjin	167147	40714	25039	15658	338812	169134
巨鹿县	Julu	107058	12734	3379	9345	195125	117252
新河县	Xinhe	44485	6503	1433	5070	71437	41942
广宗县	Guangzong	73248	6816	747	6069	143329	64169
平乡县	Pingxiang	65994	12047	3559	8488	138487	45972
威　县	Weixian	142454	14469	3027	11145	280476	159293
清河县	Qinghe	83765	19391	6810	12581	154636	34701
临西县	Linxi	74831	11429	3016	5936	145761	65844
南宫市	Nangong	109329	20648	9505	11102	205803	102162
沙河市	Shahe	87952	28366	11570	16698	159375	69104
邯郸市	**Handan**						
邯郸县	Handan	77799	15189	1424	13705	157544	71557
临漳县	Linzhang	142350	16061	2112	13029	377002	261271
成安县	Cheng'an	85411	12725	792	11862	194006	69141
大名县	Daming	158508	21283	2831	18345	358623	282738
涉　县	Shexian	117496	37836	17351	20408	190302	61483
磁　县	Cixian	142407	29869	9160	20502	285166	77661
肥乡县	Feixiang	81668	12098	1917	10149	186067	66906
永年县	Yongnian	201775	31457	5681	25776	436785	145554
邱　县	Qiuxian	50844	10488	2204	8284	106792	60240
鸡泽县	Jize	60906	8435	642	7733	124635	30306
广平县	Guangping	54611	14261	5329	8932	136157	71664
馆陶县	Guantao	68091	16043	4277	11754	148131	79669
魏　县	Weixian	189545	19408	3676	15717	362576	266227
曲周县	Quzhou	95589	15689	3558	12006	220054	74555
武安市	Wu'an	229168	47734	17545	29789	368587	129658

Major Indicators of National Economy by County or City (2012)

城镇在岗职工人数(人) Staff and Workers in Urban Areas (person)	城镇在岗职工工资总额(万元) Total Wages Bill of and Workers (10000 yuan)	在岗职工平均工资(元) Average Wage of Staff and Workers (yuan)	全社会固定资产投资额(万元) Total Investment in Fixed Assets (10000 yuan)	公共财政预算收入(万元) Public Budget Revenue (10000 yuan)	一般预算支出(万元) Local Expenditure (10000 yuan)	农村居民人均纯收入(元) Per Capita Annual Net Income of Rural Households (yuan)	农林牧渔业总产值(万元) Gross Output Value (10000 yuan)	农林牧渔业总产值指数(上年=100) Indices of Gross Output Value (preceding year=100)
22594	74960	33177	647539	53952	127201	8492	193123	104.22
9809	30660	31257	401397	22093	86694	4530	154379	105.36
17785	53635	30158	720596	32473	85638	6420	158773	104.00
7619	22541	29585	213331	9003	60260	6790	157030	102.96
16526	45804	27716	575805	28957	106749	7690	388225	100.39
12253	38908	31753	348326	20008	94486	6674	177537	102.42
10957	36556	33363	399612	21872	91458	7298	253003	103.72
38489	119898	31151	1448009	57437	164081	8233	511007	102.02
10744	31801	29599	546218	19923	108155	4492	228025	105.10
5634	16136	28640	222977	8108	65725	4694	120929	105.20
8089	21912	27089	372521	6432	71916	4166	235607	102.65
10974	34239	31200	425471	19430	100621	4948	169261	107.97
12600	33548	26626	433207	19590	121240	4741	472396	105.91
18128	58519	32281	889483	36062	122558	8436	183489	101.57
10014	28046	28007	456428	18898	98054	7260	222706	104.31
18475	56965	30833	744617	23276	122763	6753	308091	103.28
26904	93826	34874	1412775	89003	178361	8547	129929	103.51
14295	50520	35341	1641288	63070	150923	9428	222914	105.95
14889	42092	28271	930299	18604	135902	8759	498419	105.34
9326	27253	29223	999319	31578	125448	8705	461053	101.68
17911	53151	29675	1108201	20140	180870	6423	594747	104.00
33704	112984	33522	1814309	128759	190340	6667	192018	104.32
28186	124366	44123	1642646	160833	276289	9625	363542	101.83
9938	29025	29206	658833	24086	110454	8560	456207	104.70
29665	87335	29440	1671812	106427	244043	9578	1334452	102.20
9254	26724	28878	431364	12675	82616	7750	293002	104.53
8327	27599	33144	789629	13893	84171	8609	300712	102.83
12959	38824	29959	717505	17383	88460	7622	210975	106.88
15062	39021	25907	787003	22732	108083	6908	521944	102.64
16465	43084	26167	1163922	39455	181406	6882	460462	106.56
13722	39232	28591	905667	22077	114591	8575	463715	103.50
41311	181006	43816	2203098	313608	482737	9534	340650	105.50

各县(市)国民经济主要指标（2012年）（3–1）

县（市）	County (City)	农业机械总动力（万千瓦）Total Power of Agricultural Machinery (10000 kw)	化肥使用量（折纯量）（吨）Consumption of Chemical Fertilizer (ton)	农村用电量（万千瓦时）Electricity Consumed in Rural Areas (10000 kwh)	有效灌溉面积（公顷）Irrigated Area (hectare)	总播种面积（公顷）Total Sown Area (hectare)	#粮食作物播种面积 Sown Area Area of Grain Crops
石家庄市	**Shijiazhuang**						
井陉县	Jingxing	46.4	11411	18130	12000	32165	25289
正定县	Zhengding	144.5	45011	17277	29890	55943	42324
栾城县	Luancheng	61.6	16341	14857	24680	48470	34422
行唐县	Xingtang	136.4	25079	23730	28270	59952	46078
灵寿县	Lingshou	55.6	10083	26641	18490	36287	30001
高邑县	Gaoyi	44.3	11690	12183	16110	31396	22171
深泽县	Shenze	63.7	15685	25398	19600	35153	27317
赞皇县	Zanhuang	46.5	12800	37892	11120	35257	25999
无极县	Wuji	96.8	28740	44450	35192	65240	49062
平山县	Pingshan	98.3	14456	15278	17670	46494	36312
元氏县	Yuanshi	63.2	33872	20912	27130	63040	53133
赵　县	Zhaoxian	258.4	58121	46845	48150	85843	71474
辛集市	Xinji	197.7	63600	35591	55796	102706	76843
藁城市	Gaocheng	224.8	58612	99466	54440	109282	71433
晋州市	Jinzhou	137.2	32739	230857	40740	61995	52145
新乐市	Xinle	232.5	22917	29354	27500	64926	44503
鹿泉市	Luquan	63.3	15565	44725	23760	48309	35439
承德市	**Chengde**						
承德县	Chengde	29.2	13998	13670	15207	36642	29179
兴隆县	Xinglong	26.7	8328	10984	5930	10868	9554
平泉县	Pingquan	45.5	19395	14600	21620	51060	43461
滦平县	Luanping	39.7	9499	31962	15020	27658	19678
隆化县	Longhua	49.9	16244	7497	28770	58825	43268
丰宁满族自治县	Fengning	50.8	11874	8816	26842	74670	55683
宽城满族自治县	Kuancheng	18.9	5929	60486	3880	19815	14083
围场满族蒙古族自治县	Weichang	65.5	18611	10274	28050	88162	68778
张家口市	**Zhangjiakou**						
宣化县	Xuanhua	18.1	8708	32758	27840	44274	36765
张北县	Zhangbei	36.5	7342	6400	26195	100984	49771
康保县	Kangbao	30.9	4296	2852	15810	95536	65702
沽源县	Guyuan	46.8	5581	3892	22630	82011	44550
尚义县	Shangyi	9.2	4281	1902	13230	41464	25554
蔚　县	Yuxian	32.6	10660	7287	28410	73502	59418
阳原县	Yangyuan	12.1	9592	5173	21420	49106	41173
怀安县	Huai'an	11.2	10603	10438	19110	37640	28896
万全县	Wanquan	11.6	4759	6617	19410	24212	20098

Major Indicators of National Economy by County or City (2012)

粮食产量 (吨) Output of Grain (ton)	棉花产量 (吨) Output of Cotton (ton)	油料产量 (吨) Output of Oil-bearing (ton)	猪肉产量 (吨) Output of Pork (ton)	牛肉产量 (吨) Output of Beef (ton)	羊肉产量 (吨) Output of Mutton (ton)	奶类产量 (吨) Output of Milk (ton)	水产品产量 (吨) Total Aquatic Products (ton)
112702	121	6140	10831	7072	1957	10780	600
334882	239	19850	43163	12176	661	112160	1600
275282	18	595	26214	7330	722	125794	8
316247	430	22535	20733	10856	814	288750	2000
147858	163	5180	22200	3280	820	46975	8210
163838	108	4676	7636	352	332	7788	0
206454	533	6514	16434	1440	1419	42428	111
127134	68	15984	9994	12192	704	0	1000
357357	242	16627	26375	10000	2139	95100	21
206651	618	9133	15124	1744	1003	14273	13730
342878	608	7622	22448	8784	2253	80000	1095
561808	53	3891	32744	2512	1041	38580	0
562916	7317	36493	53709	2160	2104	60300	41
566457	405	9438	45482	9216	2244	96176	50
371477	50	9655	29161	2816	1729	20475	0
331195	158	36835	35948	3264	279	91648	21
211464	224	3901	20414	1536	532	68100	6270
179219		321	23757	6448	1381	191	1134
35341		421	13030	1325	1389	1726	5500
300162		398	11497	5712	1899	745	1150
81931		187	38808	2528	1447	9537	1400
320573		6601	25806	27740	4235	4232	610
59190		1799	18382	20088	2458	82006	4850
63800		480	17288	912	1425	6055	18050
265202		1866	19837	20436	2809	29833	2518
213398		2604	34009	6114	6841	103842	480
93938		10692	8387	7973	2724	206582	250
129608		8795	13689	5866	7167	103246	86
111138		5260	3000	3844	2184	111476	2500
44134		4997	5824	3766	2089	5283	149
122887		2763	19606	4832	5035	23548	660
82608		6457	11073	1930	2959	10121	550
126212		3926	17733	633	1440	32935	315
130533		1663	13989	2114	1236	51237	4

各县(市)国民经济主要指标（2012年）（3-2）

县（市）	County (City)	农业机械总动力（万千瓦）Total Power of Agricultural Machinery (10000 kw)	化肥使用量（折纯量）（吨）Consumption of Chemical Fertilizer (ton)	农村用电量（万千瓦时）Electricity Consumed in Rural Areas (10000 kwh)	有效灌溉面积（公顷）Irrigated Area (hectare)	总播种面积（公顷）Total Sown Area (hectare)	#粮食作物播种面积 Sown Area of Grain Crops
怀来县	Huailai	26.2	13255	13850	20110	31035	25239
涿鹿县	Zhuolu	22.1	16312	12399	16560	31590	27069
赤城县	Chicheng	23.5	2887	3965	8280	39156	26604
崇礼县	Chongli	8.9	2007	2335	7620	17364	8534
秦皇岛市	**Qinhuangdao**						
青龙满族自治县	Qinglong	30.0	20024	12295	14540	33539	27988
昌黎县	Changli	90.4	52142	163539	50650	77388	52726
抚宁县	Funing	71.1	22705	27268	20330	49744	23003
卢龙县	Lulong	98.3	40170	13765	29780	43075	33842
唐山市	**Tangshan**						
滦　县	Luanxian	91.1	44642	24949	47600	71723	44976
滦南县	Luannan	131.5	41940	27739	71370	121841	68723
乐亭县	Leting	112.0	74789	12649	62550	92177	50514
迁西县	Qianxi	37.4	17060	26144	11950	18066	13635
玉田县	Yutian	118.0	49701	141909	63840	125757	87507
遵化市	Zuihua	140.4	33152	197757	38970	64440	43515
迁安市	Qian'an	204.8	15588	265807	40110	60325	35908
廊坊市	**Langfang**						
固安县	Gu'an	108.0	25148	16244	39520	79323	43716
永清县	Yongqing	108.2	21307	15576	32930	61767	27746
香河县	Xianghe	48.0	20811	17497	23320	40376	27269
大城县	Dacheng	74.9	11272	39140	31280	61283	49012
文安县	Wen'an	76.7	14421	117106	35330	63461	46171
大厂回族自治县	Dachang	27.5	4809	7316	9020	16651	13696
霸州市	Bazhou	109.9	26709	500475	39000	57432	35963
三河市	Sanhe	87.6	29301	46272	29470	53737	38006
保定市	**Baoding**						
满城县	Mancheng	50.5	12763	21429	19285	38275	27996
清苑县	Qingyuan	82.7	45991	26062	58150	98085	67230
涞水县	Laishui	27.9	8428	12796	12820	32425	26078
阜平县	Fuping	29.4	5182	3691	5240	14022	12359
徐水县	Xushui	88.4	30701	31337	39440	72771	59466
定兴县	Dingxing	58.2	36261	18983	46450	84624	69314
唐　县	Tangxian	53.1	23346	11693	18330	44405	35983
高阳县	Gaoyang	21.0	12078	24558	27500	39554	26054
容城县	Rongcheng	50.5	9528	9354	20670	34987	30322
涞源县	Laiyuan	19.2	4371	2600	6080	21696	19491

Major Indicators of National Economy by County or City (2012)

粮食产量 (吨) Output of Grain (ton)	棉花产量 (吨) Output of Cotton (ton)	油料产量 (吨) Output of Oil-bearing (ton)	猪肉产量 (吨) Output of Pork (ton)	牛肉产量 (吨) Output of Beef (ton)	羊肉产量 (吨) Output of Mutton (ton)	奶类产量 (吨) Output of Milk (ton)	水产品产量 (吨) Total Aquatic Products (ton)
104610		1381	10436	1327	1250	87281	5370
181940		2047	28525	1467	5091	111319	504
80006		1940	12462	7270	3502	9100	832
24134		701	2762	1204	378	32792	10
135079		2097	40983	5429	6495	1330	1500
266476	246	27283	31997	10285	6738	43274	97708
127234	608	12097	81732	5583	2378	20648	56120
236646	1664	13696	37241	6864	9134	24627	1875
312787	279	57440	28404	16027	1383	408791	3647
450629	946	53438	88977	7950	652	515042	85651
272966	1051	10322	20402	2738	2001	66167	158520
90732	288	6205	12584	2016	3504	20653	38830
526499	2288	3246	81735	15420	1205	22154	5341
260347	86	45256	54101	13937	2323	19500	3555
200606	116	35464	53729	13086	1407	145019	592
262074	493	9381	28743	7965	3967	20216	314
168175	4625	9888	46504	10047	8367	59380	432
168427	60	159	9087	1680	829	6871	2635
279976	6383	1644	12714	7414	3995	17686	951
279692	15002	1005	7319	2776	4074	1243	9062
88233	24	37	7904	20853	1208	0	2622
211462	9928	5737	13715	1033	2465	3262	6780
241711	145	417	39189	23981	5445	88749	10500
173484	484	2771	18739	552	748	33135	600
472003	2264	20417	16443	721	720	76374	95
141366	58	10381	16237	1875	2735	7648	427
66390	0	1214	5530	640	675	7260	6600
407052	91	5608	45163	4627	679	118991	310
519738	485	17769	46919	2506	3120	30346	350
211439	1047	4149	22496	1299	5484	14985	1652
165545	7456	7554	5106	112	365	13470	200
214208	212	5491	25739	866	477	15552	1457
69055	0	340	4337	803	1246	0	519

各县(市)国民经济主要指标（2012年）（3–3）

县　(市)	County (City)	农业机械总动力(万千瓦) Total Power of Agricultural Machinery (10000 kw)	化肥使用量(折纯量)(吨) Consumption of Chemical Fertilizer (ton)	农村用电量(万千瓦时) Electricity Consumed in Rural Areas (10000 kwh)	有效灌溉面积(公顷) Irrigated Area (hectare)	总播种面积(公顷) Total Sown Area (hectare)	#粮食作物播种面积 Sown Area of Grain Crops
望都县	Wangdu	37.4	18956	7724	22920	41305	33948
安新县	Anxin	50.4	11529	28337	25340	48599	40334
易　县	Yixian	28.6	20092	13418	23570	52568	42652
曲阳县	Quyang	52.8	12294	4780	18970	39930	34412
蠡　县	Lixian	60.5	21290	24028	43390	60495	41196
顺平县	Shunping	41.5	16360	22417	18530	31424	23362
博野县	Boye	36.7	19211	27089	21600	39120	27154
雄　县	Xiongxian	31.5	11470	65109	18940	44256	38417
涿州市	Zhuozhou	50.6	24741	47440	46200	72814	54284
定州市	Dingzhou	210.6	70932	26060	82600	160433	99302
安国市	Anguo	66.3	22376	6582	32910	57040	38394
高碑店市	Gaobeidian	38.7	16079	15317	38025	66263	51095
沧州市	**Cangzhou**						
沧　县	Cangxian	143.9	40270	82004	53840	122621	113668
青　县	Qingxian	89.2	21919	65407	34453	90194	57059
东光县	Dongguang	53.5	22845	31801	46090	64584	40647
海兴县	Haixing	37.1	9509	10309	12720	42625	34900
盐山县	Yanshan	55.4	11252	13106	31000	71532	64056
肃宁县	Suning	66.6	24581	40035	36490	54569	42106
南皮县	Nanpi	91.3	15670	21499	33040	69623	49403
吴桥县	Wuqiao	57.6	21973	11499	36700	68694	48828
献　县	Xianxian	81.9	27035	68614	53230	109403	76425
孟村回族自治县	Mengcun	31.1	9446	70143	13794	35674	34005
泊头市	Botou	130.4	30524	65295	47162	77346	72567
任丘市	Renqiu	100.9	31741	94161	49860	97889	75373
黄骅市	Huanghua	111.0	15498	58053	20950	92582	76989
河间市	Hejian	133.3	29980	100800	63480	127505	90043
衡水市	**Hengshui**						
枣强县	Zaoqiang	37.8	19827	22342	53800	81105	54645
武邑县	Wuyi	48.9	17804	16669	44200	77250	50618
武强县	Wuqiang	53.0	7720	14753	23030	49624	40815
饶阳县	Raoyang	78.7	19547	17873	34820	65076	36921
安平县	Anping	48.1	14580	27330	31590	49673	42382
故城县	Gucheng	142.9	39249	20646	41660	92947	53085
景　县	Jingxian	108.6	35359	15235	71700	119715	90225
阜城县	Fucheng	70.8	20151	19620	36380	71175	54549
冀州市	Jizhou	73.2	27640	29392	47900	73202	37134
深州市	Shenzhou	215.5	63427	49449	63520	119441	95775

Major Indicators of National Economy by County or City (2012)

粮食产量 (吨) Output of Grain (ton)	棉花产量 (吨) Output of Cotton (ton)	油料产量 (吨) Output of Oil-bearing (ton)	猪肉产量 (吨) Output of Pork (ton)	牛肉产量 (吨) Output of Beef (ton)	羊肉产量 (吨) Output of Mutton (ton)	奶类产量 (吨) Output of Milk (ton)	水产品产量 (吨) Total Aquatic Products (ton)
262856	330	6895	13138	814	850	50024	73
241297	7317	659	4668	356	334	7310	31850
230726	595	14028	40325	11956	5424	6773	5820
202557	378	7316	16771	2950	1976	50464	2900
253072	4229	15553	5216	265	426	12071	
127447	91	4790	9882	1138	591	8378	80
199779	1855	11638	10624	341	806	3447	
252412	512	5021	8412	176	958	1563	580
324867		13374	25085	886	2273	29777	1080
727046	1114	68213	73801	10285	3683	205985	127
279507	719	20369	19078	883	794	12477	
362305	631	31875	23516	2493	1741	17595	225
527181	3774	1666	17391	10832	3723	11375	255
296215	2533	1300	8502	4412	2374	42030	509
288390	24191	2002	7679	5952	1792	2925	776
111202	3915	2024	4524	1616	685	1380	6621
267063	2351	1299	24773	13730	2750		355
266495	1099	8527	7923	515	849	3650	
303633	14714	2820	6689	5945	1173		550
365474	14437	1153	12514	8560	2200	1290	144
421473	18260	27197	29131	7646	4624	13000	6022
165445	627	1724	2849	4112	1600		64
440136	3094	377	15663	2784	2233	985	677
455117	9788	5662	9407	1352	1480	6098	15200
300645	4160	3348	26114	4624	3172	6225	78236
544383	17671	37935	11436	2851	2106	276	593
351858	26232	7569	13032	3990	1690	4559	66
307072	13271	10356	14344	10046	2817	8594	178
252382	4110	4111	7715	1723	834	18587	122
229212	2718	13521	19746	568	764	18000	
256821	2060	8135	64972	251	446	4221	197
330989	28183	10211	21547	5313	4263	13422	2288
603698	23006	11118	22068	6998	1317	4586	105
316743	8554	1095	10084	1284	1486	1801	103
221405	25837	8879	7603	2183	992	2160	1989
646514	10293	32623	40651	5541	2837	6420	254

各县(市)国民经济主要指标（2012年）（3–4）

县（市）	County (City)	农业机械总动力（万千瓦）Total Power of Agricultural Machinery (10000 kw)	化肥使用量（折纯量）（吨）Consumption of Chemical Fertilizer (ton)	农村用电量（万千瓦时）Electricity Consumed in Rural Areas (10000 kwh)	有效灌溉面积（公顷）Irrigated Area (hectare)	总播种面积（公顷）Total Sown Area (hectare)	#粮食作物播种面积 Sown Area Area of Grain Crops
邢台市	**Xingtai**						
邢台县	Xingtai	30.9	13233	18361	19450	39359	30229
临城县	Lincheng	24.5	8628	5306	9910	31238	26013
内丘县	Neiqiu	25.7	8268	7817	19790	47773	34933
柏乡县	Baixiang	30.8	14070	6352	18840	32353	28053
隆尧县	Longyao	90.9	42463	47383	49500	94352	77333
任　县	Renxian	55.5	16242	29497	30190	54712	47783
南和县	Nanhe	53.6	16662	13734	28640	54039	44800
宁晋县	Ningjin	106.9	44298	34567	66910	121603	105333
巨鹿县	Julu	64.0	14598	14444	31520	61088	30867
新河县	Xinhe	33.1	6587	7667	21780	37505	29133
广宗县	Guangzong	29.1	13399	7495	23120	41553	12360
平乡县	Pingxiang	35.3	18072	20843	23120	47449	33903
威　县	Weixian	77.3	34685	10774	67520	89389	28933
清河县	Qinghe	54.2	20803	26142	33750	47148	33515
临西县	Linxi	56.5	27194	12151	33780	58682	47467
南宫市	Nangong	86.9	25444	15287	47200	87327	41600
沙河市	Shahe	56.4	11068	20276	20390	34469	30000
邯郸市	**Handan**						
邯郸县	Handan	65.5	21583	23775	19050	40601	35676
临漳县	Linzhang	109.6	48102	11340	48900	92390	77689
成安县	Cheng'an	76.6	43826	23064	35000	63147	38033
大名县	Daming	99.2	46632	17315	66070	130961	98825
涉　县	Shexian	56.3	7923	8200	5670	25798	22863
磁　县	Cixian	181.6	26714	89070	32880	71937	60020
肥乡县	Feixiang	72.1	39843	12127	38470	72178	45686
永年县	Yongnian	158.4	56048	77156	56220	129411	70722
邱　县	Qiuxian	43.4	23053	3302	27600	44090	12837
鸡泽县	Jize	34.3	19905	19605	23560	45890	28732
广平县	Guangping	38.8	16875	8185	22180	39764	30677
馆陶县	Guantao	75.6	23816	12765	28740	56374	38693
魏　县	Weixian	118.5	28353	13371	54070	95590	84929
曲周县	Quzhou	92.9	47684	25944	41540	76273	54983
武安市	Wu'an	207.2	19735	234401	37630	64960	56313

Major Indicators of National Economy by County or City (2012)

粮食产量 (吨) Output of Grain (ton)	棉花产量 (吨) Output of Cotton (ton)	油料产量 (吨) Output of Oil-bearing (ton)	猪肉产量 (吨) Output of Pork (ton)	牛肉产量 (吨) Output of Beef (ton)	羊肉产量 (吨) Output of Mutton (ton)	奶类产量 (吨) Output of Milk (ton)	水产品产量 (吨) Total Aquatic Products (ton)
145708	1204	13378	9496	1849	1021		1058
116338	309	6555	8179	2970	855		2100
181816	891	14338	20430	1350	204	155	17
210404	367	4728	9812	241	116	2551	
550925	5767	13664	19810	1936	1117	12780	
358415	1656	1373	6063	130	536		50
288957	2030	2473	12521	709	206	11800	
750400	5616	6726	29546	2923	712	147233	47
176640	15148	11200	6871	2255	553	6837	58
164102	6902	3537	2109	2222	338	8200	472
65100	24580	16596	7863	2558	1153		
228850	4550	14295	5408	1617	688	5500	230
161014	65910	5838	13190	3040	2543		260
251394	13722	3298	2534	336	443	1600	497
320467	11099	1369	5938	3604	1837	1800	150
217295	40253	15292	14252	3312	1919		337
136429	324	4918	5729	1234	778	1517	498
258246	2641	1911	22585	1374	1940	36715	432
607456	3105	5522	22945	5590	7373	11885	24
292198	23626	4575	18315	2912	3769	19982	11
742063	2763	81529	47427	7291	6090	4845	500
109896	31	666	11465	2733	1684		2527
379987	3960	5096	23507	2435	2036	22238	32750
351245	17759	3246	20694	3200	3945	20710	33
552582	4097	4747	32496	5292	5075	59660	10844
92956	34007	2475	7413	1577	3727	1066	113
208135	8137	1006	14226	1889	2175	6661	77
227561	6059	4420	10017	640	1457	2092	51
294977	6770	16248	25436	2991	1996	6137	23
634203	2557	4611	31003	1420	4390	1362	102
431514	13811	3262	19418	4847	3594	19982	5100
315392	3415	2588	61520	2528	448	3464	1450

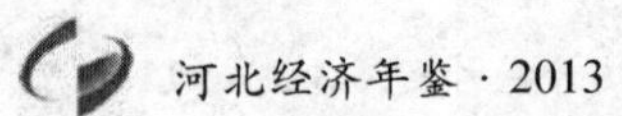

各县(市)国民经济主要指标（2012年）（4−1）

县　（市）	County (City)	规模以上工业总产值（万元）Gross Industrial Output Value (10000 yuan)	#内资企业 Domestic Funded	#港澳台商投资企业 Enterprises with Funds from Hong Kong, Macao and Taiwan	#外　商投资企业 Foreign Funded Enterprises	流动资产合计（万元）Total Circulating Funds (10000 yuan)	固定资产净值（万元）Net Value of Fixed Assets (10000 yuan)
石家庄市	**Shijiazhuang**						
井陉县	Jingxing	1909036	1888215	17137	3684	418632	677565
正定县	Zhengding	4043803	4004457	13291	26055	366038	1154438
栾城县	Luancheng	2846957	2401815	38742	406401	816602	536920
行唐县	Xingtang	1539661	1455576	84086		154194	379379
灵寿县	Lingshou	1347394	1188683	128371	30340	123791	133712
高邑县	Gaoyi	1079231	1079231			131387	188273
深泽县	Shenze	1478680	1453157		25523	68998	132834
赞皇县	Zanhuang	1564543	1298710		265833	144818	238072
无极县	Wuji	2583276	2370613	115022	97641	121070	291275
平山县	Pingshan	5565184	5431171	86639	47374	611638	1550230
元氏县	Yuanshi	2346870	2332418		14452	394436	161481
赵　县	Zhaoxian	4573914	4482747	91167		190654	625425
辛集市	Xinji	7211452	6828041	234190	149222	833403	771005
藁城市	Gaocheng	14038083	13647268	46575	344241	2117295	2177024
晋州市	Jinzhou	4004454	3970953		33500	369079	1251467
新乐市	Xinle	3150819	3143232		7587	264197	522540
鹿泉市	Luquan	5761780	5568028	5411	188342	1307305	1332779
承德市	**Chengde**						
承德县	Chengde	1339439	1339439			392582	354350
兴隆县	Xinglong	1321258	1315887	4687	684	258014	513450
平泉县	Pingquan	1287075	1245216		41859	629818	374167
滦平县	Luanping	1749711	1660772	88939		461856	451845
隆化县	Longhua	888739	888739			435692	239075
丰宁满族自治县	Fengning	653901	653901			279256	515458
宽城满族自治县	Kuancheng	4167993	4167993			1953700	1116600
围场满族蒙古族自治县	Weichang	258658	224707	29062	4889	222069	847419
张家口市	**Zhangjiakou**						
宣化县	Xuanhua	580913	580913			142743	91316
张北县	Zhangbei	429331	357848	56746	14737	464609	1284738
康保县	Kangbao	93400	93400			45610	314697
沽源县	Guyuan	75619	75619			63912	332065
尚义县	Shangyi	167609	76588	49171	41850	132167	612918
蔚　县	Yuxian	575952	574051		1901	256146	348099
阳原县	Yangyuan	90604	86567		4037	34592	19844
怀安县	Huai'an	352227	352227			78382	219981
万全县	Wanquan	348115	342325		5790	268484	141580

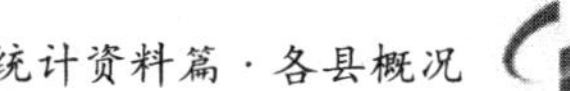

Major Indicators of National Economy by County or City (2012)

主营业务收入（万元）Revenue from Principal Business (10000 yuan)	本年应交增值税（万元）Value-added Tax Payable (10000 yuan)	利润总额（万元）Total Profits (10000 yuan)	公路里程（公里）Total Length of Highways (km)	民用汽车拥有量（辆）Possession of Civil Vehicles (unit)	固定电话年末用户（户）Number of Fixed Telephone Subscribers (year-end) (subscribers)	移动电话年末用户（户）Number of Mobile Telephone Subscribers (year-end) (subscribers)	社会消费品零售总额（万元）Total Retail Sales of Consumer Goods (10000 yuan)
1792378	45872	187121	1023	65002	39212	180000	315766
3963224	53491	274550	1117	51300	70125	354000	833470
2975631	114086	332741	545	23139	42556	250949	543937
1540528	64511	172591	1209	19800	28000	216000	424308
1438417	20822	149654	992	3468	19204	151546	288869
1036009	18885	84333	659	3210	20968	57889	233453
1425873	22926	49489	389	16700	23576	203721	295666
1636264	25680	163881	764	15589	12501	154068	294656
2502852	36544	204345	640	10648	56084	226000	815506
4283455	42125	106862	2668	33896	26134	92193	391086
2248634	45922	227057	823	32154	34629	236654	369343
4753863	107644	257862	640	19618	24832	370900	787580
7146959	154912	655254	1066	38643	83326	291366	1830306
14004210	333517	1038281	1287	29600	83669	460150	1225186
3972228	105785	427483	758	35241	60593	337895	799025
3106663	76112	297503	848	50520	40303	338139	732695
5732786	136430	588237	971	35017	57466	340021	859022
1260336	46072	129491	2498	31720	30929	271746	332062
1270440	28848	38637	2668	9466	31830	155000	323898
1186359	46793	158772	1969	6911	35739	305222	368132
1502117	118790	162422	2000	21685	28900	217000	277096
844131	28726	70832	2522	49410	35482	251500	267451
569784	36392	93280	2478	4872	25466	256124	266621
4336000	184600	313600	1387	18935	27258	165304	266170
235603	5655	72399	2720	56076	41000	337000	292292
508132	11204	27685	1094	1629	116684	188000	215287
380532	16152	50515	2619	13566	23371	159822	193301
74067	3267	3192	2478	8317	10276	81168	142778
55909	611	10263	1543	11000	12500	111200	112023
111356	4583	34956	1018	2565	13000	75500	83957
1439455	44813	24307	1858	32351	40207	57974	294957
86054	3327	8086	1178	9381	28000	138000	198025
344048	18054	50172	1474	5863	12000	130000	163450
283892	4795	13708	991	26890	19870	168876	178746

各县(市)国民经济主要指标（2012年）（4-2）

县（市）	County (City)	规模以上工业总产值（万元）Gross Industrial Output Value (10000 yuan)	#内资企业 Domestic Funded	#港澳台商投资企业 Enterprises with Funds from Hong Kong, Macao and Taiwan	#外商投资企业 Foreign Funded Enterprises	流动资产合计（万元）Total Circulating Funds (10000 yuan)	固定资产净值（万元）Net Value of Fixed Assets (10000 yuan)
怀来县	Huailai	431790	203728		228062	216688	192815
涿鹿县	Zhuolu	300052	286452		13600	231953	217871
赤城县	Chicheng	570071	570071			237244	150947
崇礼县	Chongli	341205	341205			177541	296576
秦皇岛市	**Qinhuangdao**						
青龙满族自治县	Qinglong	937844	936304	1540		464276	305660
昌黎县	Changli	1975113	1880262		94851	754074	443128
抚宁县	Funing	1815132	828824	7054	979254	725153	1011007
卢龙县	Lulong	919481	914031		5450	379785	424495
唐山市	**Tangshan**						
滦　县	Luanxian	5370909	5349405	1713	19791	1344895	2462224
滦南县	Luannan	2080591	1667964	169523	243104	702255	464476
乐亭县	Leting	2367454	1823534	219761	324159	628837	1036130
迁西县	Qianxi	6153127	2170928		3982199	1627152	1006324
玉田县	Yutian	3981646	3859869	119877	1900	682341	949995
遵化市	Zuihua	6230747	4754687	1395567	80493	1927728	1452153
迁安市	Qian'an	15896323	15465364	102899	328060	5879648	7617331
廊坊市	**Langfang**						
固安县	Gu'an	850885	621601		229284	319101	299934
永清县	Yongqing	649232	539702	95542	13988	266724	166907
香河县	Xianghe	2689700	2353191	198438	138071	243788	1348918
大城县	Dacheng	1039242	1031668		7574	111238	76063
文安县	Wen'an	3188290	3147631		40659	661886	745911
大厂回族自治县	Dachang	1263454	1044154	25273	194027	448382	204992
霸州市	Bazhou	9044515	8670217	108096	266202	2000257	2630572
三河市	Sanhe	6972897	6324023	180306	468568	2149612	1362350
保定市	**Baoding**						
满城县	Mancheng	1377673	1357778		19895	254755	207576
清苑县	Qingyuan	2179050	2173021		6029	290459	186871
涞水县	Laishui	184675	184675			102991	158893
阜平县	Fuping	83112	83112			36336	17706
徐水县	Xushui	2219511	2139549	4862	75100	976509	576432
定兴县	Dingxing	951141	804782	143679	2680	382794	292968
唐　县	Tangxian	436158	404308	28383	3467	132082	172559
高阳县	Gaoyang	2025888	1659062	293461	73365	473723	201365
容城县	Rongcheng	747392	532383	63706	151303	152986	54449
涞源县	Laiyuan	832171	821394	10777		240572	188545

Major Indicators of National Economy by County or City (2012)

主营业务收入（万元）Revenue from Principal Business (10000 yuan)	本年应交增值税（万元）Value-added Tax Payable (10000 yuan)	利润总额（万元）Total Profits (10000 yuan)	公路里程（公里）Total Length of Highways (km)	民用汽车拥有量（辆）Possession of Civil Vehicles (unit)	固定电话年末用户（户）Number of Fixed Telephone Subscribers (year-end) (subscribers)	移动电话年末用户（户）Number of Mobile Telephone Subscribers (year-end) (subscribers)	社会消费品零售总额（万元）Total Retail Sales of Consumer Goods (10000 yuan)
380068	30251	25810	1172	6820	43000	256910	369865
257270	13145	2057	1071	2328	49700	199000	269290
528599	32319	76857	1596	5067	20818	153537	154755
188034	6810	57085	1008	4720	8300	65866	72159
899479	46718	76412	2593	23377	55651	379380	251443
2102084	47827	18688	1903	78677	92373	364870	453172
1700927	22084	-69538	1987	61957	84657	447573	464505
934161	9704	8944	1596	7964	64999	270757	274064
5586165	383174	895873	1187	119500	158023	477847	964191
2106841	25057	20047	1424	43051	50010	429255	1143598
2282877	34516	12355	1512	53197	59556	344067	950214
6053450	206970	239715	1200	38509	72300	311000	681319
3886703	68089	250928	2314	61152	126288	403826	902660
6305170	419951	767571	1466	63969	140000	672000	1382229
15558637	824525	2497607	3139	177886	134616	738456	1600000
835638	20026	62078	1023	107565	71861	308559	320398
636186	13377	9816	1001	78429	55417	249723	291081
2500495	19404	124234	892	79345	88798	325875	717034
1031659	32817	87523	1075	75756	91161	353258	428059
2788601	33899	339964	1505	92987	103586	485002	519847
1223107	24871	49621	369	39787	31565	109540	132605
8839021	117610	366593	1208	138891	132529	674556	848077
7043365	211573	515975	1156	89663	156523	659349	1020757
1256959	33310	101841	736	42772	49962	352962	371806
2180465	73059	139165	1050	63686	59497	443834	462596
171217	7868	148	1260	25796	46340	194367	205094
76264	1897	1980	1769	21537	25011	145341	124502
2135632	86845	214772	1408	58015	75203	386801	556668
934554	21723	91772	802	30368	59601	347417	326645
384787	6690	8605	950	34794	53378	364781	216352
1944550	63860	159328	480	42388	55468	316353	363601
562442	4257	21004	309	23853	32045	179037	281098
796266	38998	76574	1465	16205	26524	221172	116203

各县(市)国民经济主要指标（2012年）（4–3）

县 (市)	County (City)	规模以上工业总产值 (万元) Gross Industrial Output Value (10000 yuan)	#内资企业 Domestic Funded	#港澳台商投资企业 Enterprises with Funds from Hong Kong, Macao and Taiwan	#外商投资企业 Foreign Funded Enterprises	流动资产合计 (万元) Total Circulating Funds (10000 yuan)	固定资产净值 (万元) Net Value of Fixed Assets (10000 yuan)
望都县	Wangdu	329162	324825	979	3359	79166	92403
安新县	Anxin	1944511	1876536	67975		563111	132798
易　县	Yixian	1243222	1185219	6582	51421	159196	204522
曲阳县	Quyang	281597	267772		13825	108852	116565
蠡　县	Lixian	1512777	1488606	19569	4602	225345	208866
顺平县	Shunping	500154	388365	27792	83997	239881	128739
博野县	Boye	467360	452702		14658	111782	66472
雄　县	Xiongxian	1622017	1617266		4751	229968	91365
涿州市	Zhuozhou	2190852	1806486	237571	146795	1239408	484050
定州市	Dingzhou	3372497	1918465	1410457	43575	892039	1028263
安国市	Anguo	1612353	1610009	2344		219998	405814
高碑店市	Gaobeidian	1496820	1383645		113175	696124	330644
沧州市	**Cangzhou**						
沧　县	Cangxian	2658100	2642700	8000	7400	358300	378200
青　县	Qingxian	2207300	1348300	386500	472500	830900	302500
东光县	Dongguang	887350	688142	144964	54244	307185	220551
海兴县	Haixing	141991	121855		20136	72797	86706
盐山县	Yanshan	3786000	3786000			652000	2196000
肃宁县	Suning	1381775	1312389	55619	13767	195475	147119
南皮县	Nanpi	551348	546783		4565	179248	106992
吴桥县	Wuqiao	297863	191305	100625	5933	75615	71810
献　县	Xianxian	3206822	2956463	83182	167177	326393	2949125
孟村回族自治县	Mengcun	1210500	1071300	126500	12700	392400	176800
泊头市	Botou	2366308	2333232	24503	8573	246220	242936
任丘市	Renqiu	8735559	8385529	175191	174839	1434615	3423270
黄骅市	Huanghua	2579172	2287126	171360	120686	527703	665230
河间市	Hejian	2510494	2466118	3945	40431	504885	279456
衡水市	**Hengshui**						
枣强县	Zaoqiang	913196	913196			315940	147612
武邑县	Wuyi	931062	922520		8542	406575	241808
武强县	Wuqiang	617382	518457		98925	180105	99962
饶阳县	Raoyang	465103	447411	5426	12266	95996	116858
安平县	Anping	899449	686598	40413	172438	428573	127366
故城县	Gucheng	749492	682144	8893	58455	304563	71186
景　县	Jingxian	1732164	1679538	14500	38126	450106	423472
阜城县	Fucheng	661045	654770	6274		119068	309583
冀州市	Jizhou	1087111	1081122	5989		358510	157524
深州市	Shenzhou	1349982	1301561		48421	344623	270361

Major Indicators of National Economy by County or City (2012)

主营业务收入(万元) Revenue from Principal Business (10000 yuan)	本年应交增值税(万元) Value-added Tax Payable (10000 yuan)	利润总额(万元) Total Profits (10000 yuan)	公路里程(公里) Total Length of Highways (km)	民用汽车拥有量(辆) Possession of Civil Vehicles (unit)	固定电话年末用户(户) Number of Fixed Telephone Subscribers (year-end) (subscribers)	移动电话年末用户(户) Number of Mobile Telephone Subscribers (year-end) (subscribers)	社会消费品零售总额(万元) Total Retail Sales of Consumer Goods (10000 yuan)
317433	9683	26873	567	20646	33741	189388	139984
1868168	27115	46978	552	24050	57322	342838	321912
1213961	23011	28782	1598	33508	65358	338897	301344
265900	7210	6384	1086	46711	57691	403437	270961
1475902	13685	90807	760	49981	61223	403417	441001
478375	9264	12012	820	23298	29280	202096	190538
414904	7664	23188	417	19346	25368	175619	155914
1480979	35869	126410	566	44641	58079	316373	334932
2021158	42882	192469	995	82655	123815	789882	953240
2615895	83580	228896	1822	66781	626650	813140	1018557
1587157	30335	220988	641	29374	63350	263762	504590
1481443	30206	178932	929	54275	82479	448175	404436
2628600	76600	217800	1945	42461	183698	375499	685555
2129100	20700	221000	919	27500	75020	328300	431894
1035656	14175	50492	1187	31514	48796	229456	265103
131870	6390	9496	704	9600	21940	145000	94837
378000	72000	197000	1076	7831	67260	199600	312616
1358378	11998	103614	566	12414	47931	244812	273295
537042	14427	24652	854	11279	39308	299329	209565
290629	997	7643	958	9860	59331	163281	172399
3165636	39273	275672	1494	95439	74892	363262	308359
1188700	17300	83600	549	3876	43018	94887	178346
2409627	64726	227541	1003	110000	80439	444700	649207
8644102	335567	1379515	1782	112300	217057	728000	1273996
2277213	49930	39169	1698	40602	119138	595664	681295
2521153	35725	216426	1275	88600	101284	510585	1089487
884828	22096	72326	1149	36752	71842	273553	250418
879515	19210	90179	1150	15546	39433	187372	270781
589503	4566	23507	659	9994	29491	147526	178481
461211	8789	33367	666	13366	37378	183596	234022
871661	16181	38054	742	30637	68393	292853	361728
738669	21043	27422	964	30600	72513	295519	372295
1490749	32799	112815	1544	30065	76117	309033	477195
651592	13883	62344	1156	15838	42712	193198	188608
1050931	19586	30566	1133	21518	73991	251951	331491
1353235	18144	82267	1524	25393	65877	341949	481685

各县(市)国民经济主要指标（2012年）（4–4）

县（市）	County (City)	规模以上工业总产值（万元）Gross Industrial Output Value (10000 yuan)	#内资企业 Domestic Funded	#港澳台商投资企业 Enterprises with Funds from Hong Kong, Macao and Taiwan	#外商投资企业 Foreign Funded Enterprises	流动资产合计（万元）Total Circulating Funds (10000 yuan)	固定资产净值（万元）Net Value of Fixed Assets (10000 yuan)
邢台市	**Xingtai**						
邢台县	Xingtai	3126003	436264	379604	2310135	740559	753886
临城县	Lincheng	1204533	1147281	57252		333526	294859
内丘县	Neiqiu	1915439	1295103	620337		460712	498986
柏乡县	Baixiang	211572	199765	9678	2129	58253	36888
隆尧县	Longyao	1525600	1514300	6200	5100	611400	301000
任　县	Renxian	245851	245851			80872	63902
南和县	Nanhe	345104	345104			93335	65667
宁晋县	Ningjin	3068400	3007700		60700	1446400	602100
巨鹿县	Julu	616228	598071	18157		223419	205337
新河县	Xinhe	212600	201100		11500	30600	21200
广宗县	Guangzong	275257	271514	3743		65930	79268
平乡县	Pingxiang	352907	296551	42692	13664	113162	61801
威　县	Weixian	374300	374300			108200	144000
清河县	Qinghe	1007700	967629		40071	379367	149301
临西县	Linxi	375487	373485		2002	78212	85575
南宫市	Nangong	1134843	1065350	32057	37436	330595	209454
沙河市	Shahe	3132823	3103474	20410	8939	969109	891736
邯郸市	**Handan**						
邯郸县	Handan	2344048	891612	79871	1372565	1055366	612926
临漳县	Linzhang	605086	605086			69531	101126
成安县	Cheng'an	2094988	2094988			548422	200570
大名县	Daming	1741562	1645988		95574	279349	145792
涉　县	Shexian	5517287	5517287			1063848	1080577
磁　县	Cixian	1767490	1767490			631716	228927
肥乡县	Feixiang	856324	799601	43933	12790	132856	71615
永年县	Yongnian	3299190	3206828		92362	487820	435067
邱　县	Qiuxian	882215	787258	89615	5341	127804	203406
鸡泽县	Jize	1589951	1589951			128415	288809
广平县	Guangping	1414723	1099436		315287	208769	447763
馆陶县	Guantao	1336801	1183991	152810		148291	131977
魏　县	Weixian	1144261	987446	27800	129016	238267	122981
曲周县	Quzhou	1525015	1525015			317870	537940
武安市	Wu'an	12419689	7930428	2676783	1812478	3491025	3476564

Major Indicators of National Economy by County or City (2012)

主营业务收入 (万元) Revenue from Principal Business (10000 yuan)	本年应交增值税 (万元) Value-added Tax Payable (10000 yuan)	利润总额 (万元) Total Profits (10000 yuan)	公路里程 (公里) Total Length of Highways (km)	民用汽车拥有量 (辆) Possession of Civil Vehicles (unit)	固定电话年末用户 (户) Number of Fixed Telephone Subscribers (year-end) (subscribers)	移动电话年末用户 (户) Number of Mobile Telephone Subscribers (year-end) (subscribers)	社会消费品零售总额 (万元) Total Retail Sales of Consumer Goods (10000 yuan)
3016840	57737	46312	1632	7816	40519	138415	69470
1159069	26134	61463	759	4156	25838	107000	166877
1564693	19916	7632	831	3950	47500	142100	250402
200171	3318	6473	350	16500	17332	106737	133973
1471800	25900	69900	984	13285	64836	321000	375507
235908	4035	15650	561	4638	31500	196500	240429
320885	2575	9504	537	6545	28851	182476	213721
3097500	46500	190800	1797	48071	110415	503671	610965
596805	3987	16200	1035	19367	69188	204282	287548
203700	2800	13300	486	832	29430	23900	134703
279502	5375	11472	628	3195	10820	58932	128886
342863	8461	17874	802	3486	29218	143675	199241
330400	6300	20300	1492	10500	20806	243684	259948
1046729	38915	76319	825	25527	46639	155489	527344
369458	9391	16843	817	2136	28899	158520	247178
1091178	15198	138752	899	3541	51098	132816	358175
3047640	154241	266937	1553	28850	128807	426286	504190
2249391	27590	147958	820	25553	61776	158703	393715
631436	18645	25988	1730	15100	32146	261050	298773
2063619	14870	99910	1054	20171	20151	210000	305427
1740524	28170	109825	1735	10427	69986	338179	495756
5466745	313599	234220	2027	27510	136122	280679	537277
1633329	86535	102368	1993	22208	60156	612442	656644
858216	20918	48110	1024	8032	20644	230320	212403
3149630	35981	155874	1108	85190	68200	559927	933197
910236	9457	28301	592	7077	13278	148916	142003
1669152	17320	140246	940	6138	36382	190896	194043
1446082	47316	101269	407	2400	10512	69137	216537
1301553	23287	81190	845	12100	24350	202578	223000
1093684	25154	118246	1707	19813	116385	687053	548668
1648721	61597	148715	977	7960	21213	336695	410254
12294999	202813	115413	1321	67911	135005	613200	1073870

各县(市)国民经济主要指标（2012年）（5–1）

县（市）	County (City)	城乡居民储蓄存款年末余额（万元） Outstanding Amount of Saving Deposit (10000 yuan)	学龄儿童入学率（%） Net Enrollment Rate of School-Age Children (%)	小学学校（所） Number of Regular Primary Schools (unit)	小学专任教师（人） Number of Full-time Teachers of Regular Primary Schools (person)	小学在校学生（人） Total of Regular Primary Schools (person)	普通中学学校（所） Number of Regular Secondary Schools (unit)
石家庄市	**Shijiazhuang**						
井陉县	Jingxing	817042	100	52	1851	20906	13
正定县	Zhengding	1765025	100	108	2518	33350	21
栾城县	Luancheng	756934	100	50	1629	20968	13
行唐县	Xingtang	699885	100	85	2120	42796	19
灵寿县	Lingshou	621350	100	85	1641	29833	21
高邑县	Gaoyi	399471	100	67	1055	14306	8
深泽县	Shenze	643797	100	30	1027	12249	9
赞皇县	Zanhuang	379686	100	76	1329	27309	8
无极县	Wuji	956281	100	88	2261	35205	19
平山县	Pingshan	963966	100	135	2276	32283	24
元氏县	Yuanshi	697945	100	46	2320	38466	14
赵　县	Zhaoxian	744525	100	71	2348	39466	29
辛集市	Xinji	1993059	100	98	2816	39514	33
藁城市	Gaocheng	1492950	100	107	3669	46643	30
晋州市	Jinzhou	1305811	100	159	1887	31671	22
新乐市	Xinle	798884	100	81	1667	40327	29
鹿泉市	Luquan	1288824	100	61	1631	27255	14
承德市	**Chengde**						
承德县	Chengde	736654	100	58	1396	24235	12
兴隆县	Xinglong	687783	100	70	1537	22980	15
平泉县	Pingquan	908388	100	47	2175	32276	15
滦平县	Luanping	583010	98	121	1323	21324	10
隆化县	Longhua	628682	100	68	1985	31097	13
丰宁满族自治县	Fengning	594132	100	64	1616	23942	16
宽城满族自治县	Kuancheng	803291	100	48	1407	18475	4
围场满族蒙古族自治县	Weichang	600526	100	64	1613	37994	15
张家口市	**Zhangjiakou**						
宣化县	Xuanhua	612382	99	68	915	16384	11
张北县	Zhangbei	409705	100	31	1486	20011	9
康保县	Kangbao	184842	99	21	978	11480	7
沽源县	Guyuan	184665	99	20	1032	10066	9
尚义县	Shangyi	181070	100	18	806	9595	4
蔚　县	Yuxian	981794	100	58	2285	40760	14
阳原县	Yangyuan	421183	100	67	1155	22256	20
怀安县	Huai'an	400719	99	36	1154	14127	8
万全县	Wanquan	377428	100	25	1074	14909	7

Major Indicators of National Economy by County or City (2012)

普通中学专任教师 (人) Number of Full-time Teachers of Regular Secondary Schools (person)	普通中学在校学生 (人) Total Enrollment of Regular Secondary Schools (person)	农业技术人员 (人) Number of Professional Technical Personnel in Agriculture (person)	医院、卫生院 (个) Number of Hospital and Township Hospital (unit)	医院、卫生院床位数 (床) Beds of Hospital and Township Hospital (bed)	医院、卫生院技术人员 (人) Medical Technical Personnel of Hospital and Township Hospital (person)	参加农村新型合作医疗的人数 (人) Personnel Participated in New Rural Cooperative Medical Service (person)	参加农村社会养老保险的人数 (人) Personnel Participated in Rural Pension Insurance (person)
1484	17392	203	19	1052	759	265741	140849
3776	52924	4514	29	1613	1535	341521	186806
1329	12877	91	18	1739	815	292239	139578
1350	21147	523	17	1124	1181	341069	204210
1443	16944	2020	17	823	954	267831	161579
1045	9177	453	7	478	284	147770	90097
631	10306	397	13	680	700	205710	124645
654	7273	2331	13	788	520	201325	110988
1108	11304	690	13	968	650	435498	233081
1977	21048	982	28	1273	1273	409113	244042
1890	24084	281	21	1213	1122	353896	195512
2781	35207	1126	13	1585	1258	464081	277459
2673	34035	293	29	1599	1528	489308	326423
3046	31271	877	17	1903	1563	666587	452846
1873	20456	2300	15	972	1015	436169	313607
1765	27248	5530	15	1692	1485	376311	159481
1767	18512	399	21	1256	1137	329395	208047
1059	15563	229	25	1505	1083	301955	208628
1055	11035	361	26	1329	1102	234870	172564
1277	24056	966	23	1411	839	352561	238290
1095	14960	753	24	1010	1138	250950	157104
1296	17441	849	28	1096	1104	332314	227021
1333	20769	375	29	1372	1026	312954	211100
631	8773	430	21	1198	676	192681	115362
1395	24730	621	44	1571	1105	399102	272188
677	9198	194	17	958	544	211667	172376
1379	21715	30	24	1396	871	280522	209193
563	7573	204	17	405	434	215598	118960
742	7372	342	17	542	325	178577	91584
431	6959	45	17	593	285	131520	85154
1491	18099	94	26	917	777	384973	258803
739	9110	84	16	626	501	191965	128014
2362	7099	48	13	478	431	155070	111197
539	7938	205	13	751	563	170614	125534

各县(市)国民经济主要指标（2012年）（5–2）

县（市）	County (City)	城乡居民储蓄存款年末余额（万元）Outstanding Amount of Saving Deposit (10000 yuan)	学龄儿童入学率（%）Net Enrollment Rate of School-Age Children (%)	小学学校（所）Number of Regular Primary Schools (unit)	小学专任教师（人）Number of Full-time Teachers of Regular Primary Schools (person)	小学在校学生（人）Total of Regular Primary Schools (person)	普通中学学校（所）Number of Regular Secondary Schools (unit)
怀来县	Huailai	881347	99	87	1317	22458	10
涿鹿县	Zhuolu	602357	100	108	1812	21308	10
赤城县	Chicheng	484579	100	22	1096	17936	12
崇礼县	Chongli	204765	100	22	594	7220	3
秦皇岛市	**Qinhuangdao**						
青龙满族自治县	Qinglong	781601	100	62	2281	35482	22
昌黎县	Changli	1411718	100	120	2300	32449	27
抚宁县	Funing	1337435	100	82	2185	28450	33
卢龙县	Lulong	839701	100	104	2076	25333	28
唐山市	**Tangshan**						
滦　县	Luanxian	1303199	100	104	2177	37643	32
滦南县	Luannan	1170374	100	110	2366	36472	28
乐亭县	Leting	1376807	100	104	2127	27488	30
迁西县	Qianxi	1484172	100	90	2337	31361	23
玉田县	Yutian	1786709	100	120	2687	46321	27
遵化市	Zuihua	2506184	100	108	3028	59969	36
迁安市	Qian'an	3747301	100	129	3045	49369	37
廊坊市	**Langfang**						
固安县	Gu'an	1000034	100	76	2077	26544	17
永清县	Yongqing	607557	100	93	1752	25832	17
香河县	Xianghe	1537799	100	67	1658	20536	15
大城县	Dacheng	1174717	100	74	3547	43438	33
文安县	Wen'an	1308659	100	137	2699	50859	21
大厂回族自治县	Dachang	499171	100	13	411	6401	4
霸州市	Bazhou	2045981	100	131	3329	57025	23
三河市	Sanhe	2731629	100	64	2298	43331	17
保定市	**Baoding**						
满城县	Mancheng	884760	100	95	1758	34107	16
清苑县	Qingyuan	935728	100	132	2151	47051	24
涞水县	Laishui	594468	100	55	1618	19498	16
阜平县	Fuping	444544	100	89	802	18756	17
徐水县	Xushui	1143538	100	98	1799	37920	18
定兴县	Dingxing	780120	99	108	3153	36631	12
唐　县	Tangxian	973985	100	151	2182	48071	34
高阳县	Gaoyang	808933	100	93	1441	29070	13
容城县	Rongcheng	572906	100	60	1147	18392	11
涞源县	Laiyuan	502731	100	193	1221	22930	11

Major Indicators of National Economy by County or City (2012)

普通中学专任教师(人) Number of Full-time Teachers of Regular Secondary Schools (person)	普通中学在校学生(人) Total Enrollment of Regular Secondary Schools (person)	农业技术人员(人) Number of Professional Technical Personnel in Agriculture (person)	医院、卫生院(个) Number of Hospital and Township Hospital (unit)	医院、卫生院床位数(床) Beds of Hospital and Township Hospital (bed)	医院、卫生院技术人员(人) Medical Technical Personnel of Hospital and Township Hospital (person)	参加农村新型合作医疗的人数(人) Personnel Participated in New Rural Cooperative Medical Service (person)	参加农村社会养老保险的人数(人) Personnel Participated in Rural Pension Insurance (person)
1397	17431	245	22	1214	773	257452	153184
1171	15627	2725	24	947	623	271912	184585
711	9739	111	20	768	404	231305	155752
360	3759	72	12	340	231	91109	66060
1223	10915	331	27	1546	1406	468871	301954
2008	23914	620	26	2123	2011	406509	316954
2181	20549	600	17	1340	1172	389052	284663
1940	21784	558	16	1101	790	361088	247108
3405	27612	1066	16	1680	1683	442735	316697
2779	29576	532	25	1822	1558	456794	339915
2165	22676	1018	18	1370	944	399889	306816
2487	20769	820	21	1470	1060	302463	201848
2689	28261	840	34	2461	1972	565779	398662
3052	27480	447	40	2300	2554	574833	342555
3293	35618	905	27	3294	3223	492119	310371
1389	15515	162	11	687	781	322580	198707
1331	20205	63	12	664	654	314325	205683
1438	15063	146	18	1387	1436	237579	198899
1896	23008	56	13	1190	1417	386482	283918
1446	20146	131	15	1327	833	400079	258400
549	5814	99	7	401	454	88017	60610
2335	32078	73	19	1834	2060	482274	313662
2250	32405	234	45	3801	3663	322676	216878
1042	10253	96	17	1396	1142	314168	180753
1549	14121	423	20	876	844	523015	277681
1247	16820	42	19	722	735	246803	189709
850	12369	271	15	465	473	159448	118145
1833	27812	80	17	1267	1452	467319	355935
1874	25601	1678	18	880	714	441533	266843
1858	26326	195	26	1556	1057	457920	287667
841	12867	135	16	896	926	236806	182017
819	9156	120	11	921	582	198798	147978
908	11625	400	20	727	807	206585	150629

各县(市)国民经济主要指标（2012年）（5–3）

县（市）	County (City)	城乡居民储蓄存款年末余额（万元）Outstanding Amount of Saving Deposit (10000 yuan)	学龄儿童入学率（%）Net Enrollment Rate of School-Age Children (%)	小学学校（所）Number of Regular Primary Schools (unit)	小学专任教师（人）Number of Full-time Teachers of Regular Primary Schools (person)	小学在校学生（人）Total of Regular Primary Schools (person)	普通中学学校（所）Number of Regular Secondary Schools (unit)
望都县	Wangdu	530443	100	27	1127	17330	7
安新县	Anxin	720011	100	106	2220	31429	18
易　县	Yixian	869217	100	45	2647	46536	13
曲阳县	Quyang	730081	100	139	2498	64748	30
蠡　县	Lixian	997174	100	135	2027	40314	15
顺平县	Shunping	463802	100	109	1107	23595	13
博野县	Boye	380154	100	71	1024	16467	9
雄　县	Xiongxian	662092	100	115	1619	34381	17
涿州市	Zhuozhou	1996317	100	86	1747	36350	22
定州市	Dingzhou	2062764	100	254	4307	103564	39
安国市	Anguo	904472	100	92	1912	28360	10
高碑店市	Gaobeidian	1821998	100	96	1580	33224	20
沧州市	**Cangzhou**						
沧　县	Cangxian	1007741	100	189	3598	47783	39
青　县	Qingxian	948492	100	98	1990	28622	18
东光县	Dongguang	829558	99	56	2027	24132	11
海兴县	Haixing	282722	100	83	1152	16997	9
盐山县	Yanshan	526158	90	78	1980	35471	17
肃宁县	Suning	848615	99	60	1415	24715	15
南皮县	Nanpi	576549	100	82	1985	27816	15
吴桥县	Wuqiao	561581	100	42	1505	17160	10
献　县	Xianxian	922701	100	110	3119	50325	24
孟村回族自治县	Mengcun	342484	100	53	1134	17640	6
泊头市	Botou	1387069	100	74	3098	45403	17
任丘市	Renqiu	2932914	100	155	3493	66929	56
黄骅市	Huanghua	1354722	100	95	3090	35193	28
河间市	Hejian	1823264	98	163	3702	62234	32
衡水市	**Hengshui**						
枣强县	Zaoqiang	1182285	100	84	1650	31037	13
武邑县	Wuyi	630048	100	75	1273	25647	15
武强县	Wuqiang	425515	100	22	940	14774	9
饶阳县	Raoyang	523274	100	72	1230	13735	10
安平县	Anping	880423	100	110	1943	22504	7
故城县	Gucheng	844733	100	102	2096	42723	21
景　县	Jingxian	1291090	100	94	2281	41766	27
阜城县	Fucheng	685773	100	73	1582	30005	13
冀州市	Jizhou	1039387	100	36	1257	22837	15
深州市	Shenzhou	944620	100	190	2188	31070	34

Major Indicators of National Economy by County or City (2012)

普通中学专任教师（人）Number of Full-time Teachers of Regular Secondary Schools (person)	普通中学在校学生（人）Total Enrollment of Regular Secondary Schools (person)	农业技术人员（人）Number of Professional Technical Personnel in Agriculture (person)	医院、卫生院（个）Number of Hospital and Township Hospital (unit)	医院、卫生院床位数（床）Beds of Hospital and Township Hospital (bed)	医院、卫生院技术人员（人）Medical Technical Personnel of Hospital and Township Hospital (person)	参加农村新型合作医疗的人数（人）Personnel Participated in New Rural Cooperative Medical Service (person)	参加农村社会养老保险的人数（人）Personnel Participated in Rural Pension Insurance (person)
1092	10552	103	17	723	679	212795	108272
1213	13400	182	16	717	714	353335	233138
1476	27379	215	30	1630	954	400865	317687
1987	18509	42	24	1718	1315	487100	243407
1639	18121	574	15	765	896	379049	291748
905	10627	67	12	912	671	232639	173116
903	8619	140	9	619	628	191476	112306
1113	11945	55	13	780	656	264751	198638
2238	22633	140	22	2275	2284	397907	248290
3911	60940	496	29	2115	2267	941103	571339
1340	16431	1262	13	832	882	326625	226207
1540	20162	198	26	1300	1614	357385	213408
2411	28083	418	23	1286	1079	583035	440125
1441	19271	1397	15	975	1160	324599	223250
853	10585	70	12	1089	1119	297869	215654
558	7501	155	11	494	510	166227	89568
1048	13369	240	18	1115	1010	376419	258030
1064	11502	583	14	920	865	290637	210493
1096	14361	219	14	1228	935	312640	161177
885	10966	674	14	988	743	226714	165146
1558	26334	1870	24	1438	1147	509410	353500
542	8868	267	8	459	332	163973	108473
1888	22424	460	20	984	1508	427955	270504
3807	30353	2522	48	3189	3697	543319	298753
1766	23285	831	25	2561	2444	344739	214164
2227	24181	3259	30	1569	1487	667725	491049
1655	16915	151	15	703	563	300267	216417
1503	26773	137	11	701	624	244045	170138
817	9051	72	10	502	382	167827	102328
909	7787	122	22	1046	758	241462	174629
868	9398	119	22	1019	936	250962	184261
1635	23740	281	23	1470	1262	394275	267019
1957	22812	740	23	1285	1194	417058	300216
1257	15760	130	12	649	594	274941	182487
2232	23865	193	14	965	732	293556	230296
1597	18891	227	22	1186	1125	474846	310470

各县(市)国民经济主要指标（2012年）（5–4）

县　（市）	County (City)	城乡居民储蓄存款年末余额（万元）Outstanding Amount of Saving Deposit (10000 yuan)	学龄儿童入学率(%) Net Enrollment Rate of School-Age Children (%)	小学学校（所）Number of Regular Primary Schools (unit)	小学专任教师（人）Number of Full-time Teachers of Regular Primary Schools (person)	小学在校学生（人）Total of Regular Primary Schools (person)	普通中学学校（所）Number of Regular Secondary Schools (unit)
邢台市	**Xingtai**						
邢台县	Xingtai	854949	100	63	1530	20481	9
临城县	Lincheng	469614	100	33	676	19771	10
内丘县	Neiqiu	623743	100	38	1347	23082	9
柏乡县	Baixiang	235780	100	33	1020	17026	5
隆尧县	Longyao	648188	99	135	2598	40508	12
任　县	Renxian	353416	100	72	1701	32068	12
南和县	Nanhe	416295	100	74	1281	31910	10
宁晋县	Ningjin	1144836	100	238	2863	45331	27
巨鹿县	Julu	555970	100	114	1871	27504	5
新河县	Xinhe	325107	100	67	746	10549	7
广宗县	Guangzong	221453	100	106	1338	29035	9
平乡县	Pingxiang	498006	100	73	1611	35813	16
威　县	Weixian	562800	100	122	2388	49301	24
清河县	Qinghe	836682	100	63	2058	31850	20
临西县	Linxi	376966	100	69	2199	37452	7
南宫市	Nangong	804873	100	81	2062	31857	14
沙河市	Shahe	1314597	100	105	2654	42215	28
邯郸市	**Handan**						
邯郸县	Handan	589820	100	90	2334	42183	16
临漳县	Linzhang	446404	100	125	2336	70324	28
成安县	Cheng'an	292311	100	115	1979	51993	18
大名县	Daming	658862	100	204	3518	106543	29
涉　县	Shexian	720891	100	70	1699	31677	15
磁　县	Cixian	735856	100	152	2939	60990	35
肥乡县	Feixiang	298066	100	78	1691	43697	11
永年县	Yongnian	1227989	99	315	4878	98911	36
邱　县	Qiuxian	246572	99	79	1490	30556	12
鸡泽县	Jize	267528	100	86	2041	40249	5
广平县	Guangping	255793	100	41	1434	28891	15
馆陶县	Guantao	247753	100	71	1899	48482	19
魏　县	Weixian	572964	100	248	3166	64710	39
曲周县	Quzhou	438961	100	126	2446	64080	23
武安市	Wu'an	2658089	100	124	4169	74815	34

Major Indicators of National Economy by County or City (2012)

普通中学专任教师(人) Number of Full-time Teachers of Regular Secondary Schools (person)	普通中学在校学生(人) Total Enrollment of Regular Secondary Schools (person)	农业技术人员(人) Number of Professional Technical Personnel in Agriculture (person)	医院、卫生院(个) Number of Hospital and Township Hospital (unit)	医院、卫生院床位数(床) Beds of Hospital and Township Hospital (bed)	医院、卫生院技术人员(人) Medical Technical Personnel of Hospital and Township Hospital (person)	参加农村新型合作医疗的人数(人) Personnel Participated in New Rural Cooperative Medical Service (person)	参加农村社会养老保险的人数(人) Personnel Participated in Rural Pension Insurance (person)
1585	13813	486	23	1552	1298	300304	327181
754	13314	139	10	668	642	172719	90439
783	17279	100	11	971	617	236503	132702
528	8197	112	8	392	431	160910	93210
781	13267	314	16	1149	1119	459804	312358
1117	14369	190	11	814	521	296957	181251
924	14446	645	11	588	591	300404	222199
2195	22430	246	22	1276	1176	633159	421071
1295	23904	797	15	1176	749	320688	198355
922	5210	341	9	567	420	137435	90425
442	8349	785	16	633	685	248400	155935
758	14089	268	12	971	685	261755	181908
1711	23251	2236	18	1950	1086	471055	297582
1271	13931	77	10	1150	1393	332088	199524
572	14780	2086	15	1055	597	288704	180891
1753	20862	1571	17	884	789	368840	288695
2395	30807	376	21	1115	1110	316690	213943
1417	17231	206	19	1261	902	310005	203654
1679	22994	229	16	973	694	533907	308906
1471	18644	755	17	840	945	341111	194074
2407	33713	93	27	2032	829	678308	383463
1521	20652	736	24	1543	873	327826	201827
2158	26127	290	28	1720	1257	543542	243908
987	16128	67	12	1020	640	329216	204285
3293	56014	488	27	2184	2037	790450	546761
903	10485	200	9	640	506	197217	133109
877	12212	138	9	618	519	220588	169020
762	10353	100	13	735	602	238245	131969
1397	16401	137	12	1157	994	253269	240724
2445	33657	2297	27	2075	1710	698412	451373
1674	25277	514	12	936	739	391295	265249
3338	46803	321	40	2465	2165	654170	355893

主 要 统 计 指 标 解 释

森林覆盖率 通常是指森林面积占土地总面积之比，是反映一个国家或地区森林资源和绿化水平的重要指标。国家规定在计算森林覆盖率时，森林面积还包括灌木林面积、农田林网树占地面积以及四旁树木的覆盖面积。计算公式为：

$$森林覆盖率(\%)=\frac{森林面积}{土地总面积}\times 100\%$$

本《年鉴》森林覆盖率是按有林地面积计算的。

可比价格 指计算各种总量指标所采用的扣除了价格变动因素的价格，和进行不同时期总量指标的对比。按可比价格计算总量指标有两种方法：一种是直接用产品产量乘某一年的不变价格计算；另一种是用价格指数进行伸缩。

不变价格 指以同类产品某年的平均价格作为固定价格，用于计算各年的产品价值。按不变价格计算的产品价值消除了价格变动因素，不同时期对比可以反映生产的发展速度。新中国成立后，随着工农业产品价格水平的变化，国家统计局先后五次制定了全国统一的工业产品不变价格和农业产品不变价格。从1949年到1957年使用1952年工（农）业产品不变价格，从1957年到1971年使用1957年不变价格，从1971年到1981年使用1970年不变价格，从1981年到1990年使用1980年不变价格，从1991年到2000年使用1990年不变价格，从2001年开始使用2000年不变价。

平均增长速度 我国计算平均增长速度有两种方法：一种是习惯上经常使用的"水平法"，又称几何平均法，是以间隔期最后一年的水平同基期水平对比来计算平均每年增长（或下降）速度；另一种是"累积法"，又称代数平均法或方程法，是以间隔期内各年水平的总和同基期水平对比来计算平均每年增长（或下降）速度。

在一般正常情况下，两种方法计算的平均每年增长速度比较接近；但在经济发展不平衡、出现大起大落时，两种方法计算的结果差别较大。

本《年鉴》内所列的平均增长速度，除固定资产投资用"累积法"计算外，其余均用"水平法"计算。从某年到某年平均增长速度的年份，均不包括基期年在内。如建国四十三年的平均增长速度是以1949年为基期计算的，则写为1950—1992年平均增长速度，其余类推。

各个计划时期 年鉴中各个"时期"代表的年份如下：恢复时期为1950年到1952年；第一个五年计划时期（简称一五时期）为1953年到1957年；第二个五年计划时期（简称二五时期）为1958年到1962年；第三个五年计划时期（简称三五时期）为1966年到1970年；第四个五年计划时期（简称四五时期）为1970年到1975年；第五个五年计划时期（简称五五时期）为1976年到1980年；第六个五年计划时期（简称六五时期）为1981年到1985年；第七个五年计划时期（简称七五时期）为1986年到1990年；第八个五年计划时期（简称八五时期）为1991年到1995年；第九个五年计划时期（简称九五时期）为1996年到2000年；第十个五年计划时期（简称十五时期）为2001年到2005年；第十一个五年计划时期（简称十一五时期）为2006到2010年。

企业（单位）登记注册类型 是以在工商行政管理机关登记注册的各类企业为划分对象，以工商行政管理部门对企业登记注册的类型为依据，将企业登记注册类型分为内资企业、港澳台商投资企业和外商投资企业三大类。内资企业包括国有企业、集体企业、股份合作企业、联营企业、有限责任公司、股份有限公司、私营公司和其他企业；港澳台商投资企业和外商投资企业分别包括合资经营企业、合作经营企业、独资经营企业和股份有限公司。对不在工商行政管理部门进行登记注册的行政机关、事业单位和社会团体，主要按其经费来源和管理方式进行划分。

国内生产总值（GDP） 指按市场价格计算的一个国家（或地区）所有常住单位在一定时期内生产活动的最终成果。国内生产总值有三种表现形态，即价值形态、收入形态和产品形态。从价值形态看，它是所有常住单位在一定时期内生产的全部货物和服务价值超过同期投入的全部非固定资产货物和服务价值的差额，即所有常住单位的增加值之和；从收入形态看，它是所有常住单位在一定时期内创造并分配给常住单位和非常住单位的初次收入之和；从产品形态看，它是所有常住单位在一定时期内最终使用的货物和服务价值减去货物和服务进口价值。在实际核算中，国内生产总值有三种计算方法，即生产法、收入法和支出法。三种方法分别从不同的方面反映国内生产总值及其构成。

国民总收入（GNI） 即国民生产总值，指一个国家（或地区）所有常住单位在一定时期内收入初次分配的最终结果。一国常住单位从事生产活动所创造的增加值在初次分配中主要分配给该国的常住单位，但也有一部分以生

产税及进口税（扣除生产和进口补贴）、劳动者报酬和财产收入等形式分配给非常住单位；同时，国外生产所创造的增加值也有一部分以生产税及进口税（扣除生产和进口补贴）、劳动者报酬和财产收入等形式分配给该国的常住单位，从而产生了国民总收入的概念。它等于国内生产总值加上来自国外的净要素收入。与国内生产总值不同，国民总收入是个收入概念，而国内生产总值是个生产概念。

三次产业　三产业的划分是世界上较为常用的产业结构分类，但各国的划分不尽一致。我国三次产业划分：

第一产业是指农、林、牧、渔业。

第二产业是指采矿业，制造业，电力、煤气及水的生产和供应业，建筑业。

第三产业是指除第一、二产业以外的其他行业。

劳动者报酬　指劳动者因从事生产活动所获得的全部报酬。包括劳动者获得的各种形式的工资、奖金和津贴，既包括货币形式的，也包括实物形式的，还包括劳动者所享受的公费医疗和医药卫生费、上下班交通补贴、单位支付的社会保险费、住房公积金等。对于个体经济来说，其所有者所获得的劳动报酬和经营利润不易区分，这两部分统一作为劳动者报酬处理。

生产税净额　指生产税减生产补贴后的余额。生产税指政府对生产单位从事生产、销售和经营活动以及因从事生产活动使用某些生产要素（如固定资产、土地、劳动力）所征收的各种税、附加费和规费。生产补贴与生产税相反，指政府对生产单位的单方面转移支出，因此视为负生产税，包括政策亏损补贴、价格补贴等。

固定资产折旧　指一定时期内为弥补固定资产损耗按照规定的固定资产折旧率提取的固定资产折旧，或按国民经济核算统一规定的折旧率虚拟计算的固定资产折旧。它反映了固定资产在当期生产中的转移价值。各类企业和企业化管理的事业单位的固定资产折旧是指实际计提的折旧费；不计提折旧的政府机关、非企业化管理的事业单位和居民住房的固定资产折旧是按照统一规定的折旧率和固定资产原值计算的虚拟折旧。原则上，固定资产折旧应按固定资产的重置价值计算，但是目前我国尚不具备对全社会固定资产进行重估价的基础，所以暂时只能采用上述办法。

营业盈余　指常住单位创造的增加值扣除劳动者报酬、生产税净额和固定资产折旧后的余额。它相当于企业的营业利润加上生产补贴，但要扣除从利润中开支的工资和福利等。

支出法国内生产总值　是从最终使用的角度反映一个国家（或地区）一定时期内生产活动最终成果的一种方法，包括最终消费、资本形成总额及货物和服务净出口三部分。计算公式为：

支出法国内生产总值＝最终消费＋资本形成总额＋货物和服务净出口

最终消费　指常住单位为满足物质、文化和精神生活的需要，从本国经济领土和国外购买的货物和服务的支出。它不包括非常住单位在本国经济领土内的消费支出。最终消费分为居民消费和政府消费。

居民消费　指常住住户在一定时期内对于货物和服务的全部最终消费支出。居民消费除了直接以货币形式购买的货物和服务的消费支出外，还包括以其他方式获得的货物和服务的消费支出，即所谓的虚拟消费支出。居民虚拟消费支出包括如下几种类型：单位以实物报酬及实物转移的形式提供给劳动者的货物和服务；住户生产并由本住户消费了的货物和服务，其中的服务仅指住户的自有住房服务和付酬的家庭雇员提供的家庭和个人服务；金融机构提供的金融媒介服务；保险公司提供的保险服务。

政府消费　指政府部门为全社会提供的公共服务的消费支出和免费或以较低的价格向居民住户提供的货物和服务的净支出，前者等于政府服务的产出价值减去政府单位所获得的经营收入的价值，后者等于政府部门免费或以较低价格向居民住户提供的货物和服务的市场价值减去向住户收取的价值。

资本形成总额　指常住单位在一定时期内获得减去处置的固定资产和存货的净额，包括固定资本形成总额和存货增加两部分。

固定资本形成总额　指生产者在一定时期内获得的固定资产减处置的固定资产的价值总额。固定资产是通过生产活动生产出来的，且其使用年限在一年以上、单位价值在规定标准以上的资产，不包括自然资产。可分为有形固定资本形成总额和无形固定资本形成总额。有形固定资本形成总额包括一定时期内完成的建筑工程、安装工程和设备工器具购置（减处置）价值，以及土地改良、新增役、种、奶、毛、娱乐用牲畜和新增经济林木价值。无形固定资本形成总额包括矿藏的勘探、计算机软件等获得减处置。

存货增加　指常住单位在一定时期内存货实物量变动的市场价值，即期末价值减期初价值的差额，再扣除当期由于价格变动而产生的持有收益。存货增加可以是正值，也可以是负值，正值表示存货上升，负值表示存货下降。存货包括生产单位购进的原材料、燃料和储备物资等存货，以及生产单位生产的产成品、在制品和半成品等存货。

货物和服务净出口　指货物和服务出口减货物和服务进口的差额。出口包括常住单位向非常住单位出售或无偿转让的各种货物和服务的价值；进口包括常住单位从非常住单位购买或无偿得到的各种货物和服务的价值。由于服务活动的提供与使用同时发生，一般把常住单位从非常住单位得到的服务作为进口，非常住单位从常住单位得到的服务作为出口。货物的出口和进口都按离岸价格计算。

机构单位　指有权拥有资产和承担负债，能够独立地从事经济活动并与其他实体进行交易的经济实体。

机构部门　将相同性质的机构单位归并在一起，就形成机构部门。资金流量核算将常住机构单位划分为以下四个机构部门：非金融企业部门、金融机构部门、政府部门、住户部门。与常住单位发生经济往来关系的非常住单位组成国外部门，在资金流量核算中也视同机构部门。

非金融企业与非金融企业部门 非金融企业指主要从事市场货物生产和提供非金融市场服务的常住企业，它主要包括从事上述活动的各类法人企业。所有非金融企业归并在一起，就形成非金融企业部门。

金融机构与金融机构部门 金融机构指主要从事金融媒介以及与金融媒介密切相关的辅助金融活动的常住单位，它主要包括中央银行、商业银行和政策性银行、非银行信贷机构和保险公司。所有金融机构归并在一起，就形成金融机构部门。

政府单位与政府部门 政府单位指在我国境内通过政治程序建立的、在一特定区域内对其他机构单位拥有立法、司法和行政权的法律实体及其附属单位。政府单位的主要职能是利用征税和其他方式获得的资金向社会和公众提供公共服务。通过转移支付，对社会收入和财产进行再分配。它主要包括各种行政单位和非营利性事业单位。所有政府单位归并在一起，就形成政府部门。

住户与住户部门 住户指共享同一生活设施、部分或全部收入和财产集中使用、共同消费住房、食品和其他消费品与消费服务的常住个人或个人群体。所有住户归并在一起，就形成住户部门。

非常住单位与国外部门 所有不具有常住性的机构单位都是非常住单位。将所有与我国常住单位发生交易的非常住单位归并在一起，就形成国外部门。

初次分配总收入 初次分配是生产活动形成的净成果在参与生产活动的生产要素的所有者及政府之间的分配。生产活动的净成果是增加值。生产要素包括劳动力、土地、资本。劳动力所有者因提供劳动而获得劳动报酬；土地所有者因出租土地而获得地租；资本的所有者因资本的形态不同而获得不同形式的收入：借贷资本所有者获得利息收入；股权所有者获得红利或未分配利润；政府因直接或间接介入生产过程而获得生产税或支付补贴。初次分配的结果形成各个机构部门的初次分配总收入。各部门的初次分配总收入之和就等于国民总收入，亦即国民生产总值。

经常转移 转移是一个机构单位向另一个机构单位提供货物、服务或资产，而同时并没有从后一机构单位获得任何货物、服务或资产作为回报的一种交易。经常转移包括扣除资本转移外的所有转移。其形式有收入税、社会保险付款、社会补助和其他经常转移。

可支配总收入 在初次分配总收入的基础上，通过经常转移的形式对初次分配总收入进行再次分配。再分配的结果形成各个机构部门的可支配总收入。各部门的可支配总收入之和称为国民可支配总收入。

总储蓄 指可支配总收入用于最终消费后的余额。各部门的总储蓄之和称为国民总储蓄。

资本转移 指一个部门无偿地向另一个部门支付用于非金融投资的资金，是一种不从对方获取任何对应物作为回报的交易。资本转移具有不同于经常转移的两个特征，一是转移的目的是用于投资，而不是用于消费；二是资本转移其实物形式往往涉及除存货和现金以外资产所有权的转移；其现金形式往往涉及除存货以外的资产的处置。资本转移包括投资性补助和其他资本转移。

净金融投资 它反映机构部门或经济总体资金富余或短缺的状况。从实物交易角度看，它是指总储蓄加资本转移收入减资本转移支出减非金融投资后的差额。从金融交易角度看，它是金融资产的增加额减金融负债的增加额之后的差额。

通货 指以现金形式存在于市场流通中的货币，包括本币和外币。

存款 指金融机构接受客户存入的货币款项，存款人可随时或按约定时间支取款项的信用业务。包括活期存款、定期存款、住户储蓄存款、财政存款、外汇存款和其他存款等。

贷款 指金融机构将其所吸收的资金，按一定的利率贷放给客户并约期归还的信用业务。包括短期贷款、中长期贷款、财政贷款、外汇贷款和其他贷款。

证券（不含股票） 由债券购买者承购的或因销售产品而拥有的，可在金融市场上交易并代表一定债权的书面证明。包括政府债券、金融债券、企业债券、商业票据、支付固定收入但不提供法人企业残余价值分享权的优先股等。

股票及其他股权 指股票购买者及直接投资者对其投资企业净资产所拥有的权益。股票是股份公司签发的证明股东投资并按其所持股份享有权益和承担义务的权益性证券。其他股权是机构单位以直接投资的方式用除股票、债权性证券以外的土地、房屋及建筑物、机器设备、存货、资源资产等实物资产，商标、专利权、土地使用权、特许使用权、商誉等无形资产及货币资金直接向其他单位进行的投资。通常以股权证、出资证明书、参与证或类似的单据为凭证。

保险准备金 指对人寿保险准备金和养恤基金的净权益、保险费预付款和未结索赔准备金。

结算资金 指金融机构用于结算目的汇兑在途的资金。

金融机构往来 指各金融机构之间的资金往来，包括同业存放款和同业拆借款。

准备金 指各金融机构在中央银行的存款及缴存中央银行的法定准备金。

中央银行贷款 指中央银行向各金融机构的贷款。

经常项目 包括货物、服务、收益及经常性转移。

货物进出口 指通过我国海关进出口的货物。货物的进出口值都按离岸价格估价。离岸价格可视为进口商在出口商边境领取货物时支付的购买者价格。当进口商领取该货物时，该货物已装载到进口商自己的运载工具或其他运载工具，出口商已为该货物支付了出口税或获得了出口退税。

服务进出口 指常住单位与非常住单位之间相互提供的服务。包括运输服务、旅游服务、通讯服务、建筑服务、保险服务、金融服务、计算机和信息服务、咨询服

务、广告、宣传服务、电影音像服务、专有权力使用费和特许费、其他商务服务、政府服务。

收益 指常住单位与非常住单位之间因相互提供生产要素而产生的收入，包括劳动者报酬和投资收益。其中投资收益包括直接投资、证券投资和其他投资的收益和支出，以及直接投资收益的再投资。

资本项目 包括移民转移、债务减免等资本性转移。

金融项目 包括直接投资、证券投资和其他投资。

直接投资 指外国、港澳台地区在我国和我国在外国、港澳台地区以独资、合资、合作及合作勘探开发方式进行的投资。

证券投资 指我国对外国、港澳台地区发行的股票、债券等有价证券和我国购买外国、港澳台地区发行的股票、债券等有价证券。

其他投资 指除直接投资和证券投资以外的所有对外金融资产与负债交易项目。包括外国提供给我国和我国提供给外国的贸易信贷、贷款、货币和存款以及其他资产。

储备资产增减额 指我国在黄金储备、外汇储备、在国际货币基金组织的储备头寸、特别提款权、使用基金信贷等方面本年末与上年末余额之间的差额。负号表示储备资产增加，正号表示储备资产减少。

出生率（又称粗出生率） 指在一定时期内（通常为一年）平均每千人所出生的人数的比率，一般用千分率表示。计算公式为：

$$出生率=\frac{年出生人数}{年平均人数}\times 1000‰$$

式中：出生人数指活产婴儿，即胎儿脱离母体时（不管怀孕月数），有过呼吸或其他生命现象。年平均人数指年初、年底人口数的平均数，也可用年中人口数代替。

死亡率（又称粗死亡率） 指在一定时期内（通常为一年）一定地区的死亡人数与同期平均人数（或期中人数）之比，一般用千分率表示。计算公式为：

$$死亡率=\frac{年死亡人数}{年平均人数}\times 1000‰$$

人口自然增长率 指在一定时期内（通常为一年）人口自然增加数（出生人数减死亡人数）与该时期内平均人数（或期中人数）之比，一般用千分率表示。计算公式为：

$$人口自然增长率=\frac{本年出生人数-本年死亡人数}{年平均人数}\times 1000‰=人口出生率-人口死亡率$$

总抚养比 也称总负担系数。指人口总体中非劳动年龄人口数与劳动年龄人口数之比。通常用百分比表示。说明每100名劳动年龄人口大致要负担多少名非劳动年龄人口。用于从人口角度反映人口与经济发展的基本关系。计算公式为：

$$GDR=P_{0\sim14}+P\,65+/\,P_{15\sim64}\times 100\%$$

其中：GDR为总抚养比；$P_{0\sim14}$为0～14岁少年儿童人口数；P_{65+}为65岁及65岁以上的老年人口数；$P_{15\sim64}$为15～64岁劳动年龄人口数。

老年人口抚养比 也称老年人口抚养系数。指某一人口中老年人口数与劳动年龄人口数之比。通常用百分比表示。用以表明每100名劳动年龄人口要负担多少名老年人。老年人口抚养比是从经济角度反映人口老化社会后果的指标之一。计算公式为：

$$ODR=P_{65+}/P_{15\sim64}\times 100\%$$

其中：ODR为老年人口抚养比；P_{65+}为65岁及65岁以上的老年人口数；$P_{15\sim64}$为15～64岁的劳动年龄人口数。

少年儿童抚养比 也称少年儿童抚养系数。指某一人口中少年儿童人口数与劳动年龄人口数之比。通常用百分比表示。以反映每100名劳动年龄人口要负担多少名少年儿童。计算公式为：

$$CDR=P_{0\sim14}/P_{15\sim64}\times 100\%$$

其中：CDR为少年儿童抚养比；$P_{0\sim14}$为0～14岁少年儿童人口数；$P_{15\sim64}$为15～64岁劳动年龄人口数。

就业人员 指从事一定社会劳动并取得劳动报酬或经营收入的人员，包括在岗职工、再就业的离退休人员、私营业主、个体户主、私营和个体就业人员、乡镇企业就业人员、农村就业人员、其他就业人员（包括民办教师、宗教职业者、现役军人等）。这一指标反映了一定时期内全部劳动力资源的实际利用情况，是研究我国基本国情国力的重要指标。

各单位的就业人员 指在各级国家机关、政党机关、社会团体及企业、事业单位中工作，取得工资或其他形式的劳动报酬的全部人员。包括在岗职工、再就业的离退休人员、民办教师以及在各单位中工作的外方人员和港澳台方人员、兼职人员、借用的外单位人员和第二职业者。不包括离开本单位仍保留劳动关系的职工。各单位的就业人员反映了各单位实际参加生产或工作的全部劳动力。

城镇私营和个体就业人员 城镇私营就业人员指在工商管理部门注册登记，其经营地址设在县城关镇（含县城关镇）以上的私营企业就业人员，包括私营企业投资者和雇工。城镇个体就业人员指在工商管理部门注册登记，并持有城镇户口或在城镇长期居住，经批准从事个体工商经营的就业人员，包括个体经营者和在个体工商户劳动的家庭帮工和雇工。

职工 指在国有、城镇集体、联营、股份制、外商和港、澳、台投资、其他单位及其附属机构工作，并由其支付工资的各类人员。不包括下列人员：（1）乡镇企业就业人员；（2）私营企业就业人员；（3）城镇个体劳动者；（4）离休、退休、退职人员；（5）再就业的离、退休人员；（6）民办教师；（7）在城镇单位中工作的外方及港、澳、台人员；（8）其他按有关规定不列入职工统计范围的人员。

在岗职工 指在本单位工作并由单位支付工资的人员，以及有工作岗位，但由于学习、病伤产假等原因暂未工作，仍由单位支付工资的人员。

工资总额 指各单位在一定时期内直接支付给本单位全部职工的劳动报酬总额。工资总额的计算原则应以直接支付给职工的全部劳动报酬为根据。各单位支付给职工的劳动报酬以及其他根据有关规定支付的工资，不论是计入成本的还是不计入成本的，不论是按国家规定列入计征奖金税项目的，还是未列入计征奖金税项目的，不论是以货币形式支付的还是以实物形式支付的，均包括在工资总额内。

平均工资 指企业、事业、机关单位的职工在一定时期内平均每人所得的货币工资额。它表明一定时期职工工资收入的高低程度，是反映职工工资水平的主要指标。计算公式为：

$$平均工资=\frac{报告期实际支付的全部职工工资总额}{报告期全部职工平均人数}$$

平均工资指数 指报告期职工平均工资与基期职工平均工资的比率，是反映不同时期职工货币工资水平变动情况的相对数。计算公式为：

$$平均工资指数=\frac{报告期职工平均工资}{基期职工平均工资}\times 100\%$$

平均实际工资指数 职工平均实际工资指扣除物价变动因素后的职工平均工资。职工平均实际工资指数是反映实际工资变动情况的相对数，表明职工实际工资水平提高或降低的程度。计算公式为：

平均实际工资指数

$$=\frac{报告期职工平均工资指数}{报告期城镇居民消费价格指数}\times 100\%$$

在业人口（又称就业人口） 指十五周岁及十五周岁以上人口中从事一定社会劳动并取得劳动报酬或经营收入的人口。

不在业人口 指十五周岁及十五周岁以上人口中未从事社会劳动的人口，包括在校学生、料理家务、待升学、市镇待业、离退休、退职、丧失劳动能力等非在业人口。

从业人员 指从事一定社会劳动并取得劳动报酬或经营收入的人员，包括全部职工、再就业的离退休人员、私营业主、个体户主、私营和个体从业人员、乡镇企业从业人员、农村从业人员、其他从业人员（包括民办教师、宗教职业者、现役军人等）。这一指标反映了一定时期内全部劳动力资源的实际利用情况，是研究我国基本国情国力的重要指标。

各单位的从业人员 指在各级国家机关、政党机关、社会团体及企业、事业单位中工作，取得工资和其他形式的劳动报酬的全部人员。包括在岗职工、再就业的离退休人员、民办教师以及在各单位中工作的外方人员和港澳台方人员、兼职人员、借用的外单位人员和第二职业者。不包括离开本单位仍保留劳动关系的职工。各单位的从业人员反映了各单位实际参加生产或工作的全部劳动力。

城镇私营和个体从业人员 城镇私营从业人员指在工商管理部门注册登记，其经营地址设在县城关镇（含城关镇）以上的私营企业从业人员；包括私营企业投资者和雇工。城镇个体从业人员指在工商管理部门注册登记，并持有城镇户口或在城镇长期居住，经批准从事个体工商经营的从业人员；包括个体经营者和在个体工商户劳动的家庭帮工和雇工。

城镇登记失业人员 指有非农业户口，在一定的劳动年龄内，有劳动能力，无业而要求就业，并在当地就业服务机构进行求职登记的人员。

城镇登记失业率 指城镇登记失业人数同城镇从业人数与城镇登记失业人数之和的比。计算公式为：

城镇登记失业率

$$=\frac{城镇登记失业人数}{城镇从业人数+城镇登记失业人数}\times 100\%$$

职工 指在国有经济、城镇集体经济、联营经济、股份制经济、外商和港、澳、台投资经济、其他经济单位及其附属机构工作，并由其支付工资的各类人员，不包括返聘的离退休人员、民办教师、在国有经济单位工作的外方人员和港、澳、台人员。

在岗职工 指在本单位工作并由单位支付工资的人员，以及有工作岗位，但由于学习、病伤产假等原因暂未工作，仍由单位支付工资的人员。

职工工资总额 指各单位在一定时期内直接支付给本单位全部职工的劳动报酬总额。工资总额的计算原则应以直接支付给职工的全部劳动报酬为根据。各单位支付给职工的劳动报酬以及其他根据有关规定支付的工资，不论是计入成本的还是不计入成本的，不论是按国家规定列入计征奖金税项目的还是未列入计征奖金税项目的，不论是以货币形式支付的还是以实物形式支付的，均包括在工资总额内。

职工平均工资 指企业、事业、机关单位的职工在一定时期内平均每人所得到货币工资额。它表明一定时期职工工资收入的高低程度，是反映职工工资水平的主要指标。计算公式为：

职工平均工资

$$=\frac{报告期实际支付的全部职工工资总额}{报告期全部职工平均人数}$$

职工平均实际工资 扣除物价变动因素后的职工平均工资。计算公式为：

职工平均实际工资

$$=\frac{报告期职工平均工资}{报告期城镇居民消费价格指数}$$

全社会固定资产投资 以货币形式表现的在一定时期内全社会建造和购置固定资产的工作量以及与此有关的费用的总称。该指标是反映固定资产投资规模、结构和发展速度的综合性指标，又是观察工程进度和考核投资效果的重要依据。全社会固定资产投资按登记注册类型可分为国有、集体、个体、联营、股份制、外商、港澳台商、其他等。

城镇固定资产投资 指城镇各种登记注册类型的企业、事业、行政单位及个体户进行的计划总投资（或实际需要总投资）50万元及50万元以上的建设项目投资、房地产开发投资、城镇和工矿区私人建房投资。县城及以上区域内发生的投资，县及县以上各级政府及主管部门直接领导、管理的建设项目和企业事业单位的投资均为城镇固定资产投资。

房地产开发投资 指各种登记注册类型的房地产开发公司、商品房建设公司及其他房地产开发法人单位和附属于其他法人单位实际从事房地产开发或经营活动的单位统一开发的包括统代建、拆迁还建的住宅、厂房、仓库、饭店、宾馆、度假村、写字楼、办公楼等房屋建筑物和配套的服务设施，土地开发工程（如道路、给水、排水、供电、供热、通讯、平整场地等基础设施工程）的投资；不包括单纯的土地交易活动。

城镇和工矿区私人建房投资 包括市、县城、城关镇、工矿区所辖范围内的全部私人建房，不论其房主是否系本地的常住户口均应包括。

农村投资 包括在农村区域范围内进行固定资产投资活动的企业、事业、行政单位及农村个人投资。

建设总规模 是指在报告期内所有施工项目的计划总投资。这个指标和施工项目相对应。

在建总规模 是指在报告期末所有在建项目的计划总投资。

在建净规模 是指报告期末所有在建项目建成投产尚需的投资总量。在建净规模＝在建总规模－累计完成投资。

固定资产投资的资金来源 根据固定资产投资的资金来源不同，分为国家预算内资金、国内贷款、利用外资、自筹资金和其他资金。

（1）国家预算内资金：分为财政拨款和财政安排的贷款两部分。包括中央财政的基本建设基金（分经营性基金和非经营性基金两部分）、专项支出（如煤代油专项等）、收回再贷、贴息资金，财政安排的挖潜改造和新产品试制支出、城建支出、商业部门简易建筑支出、不发达地区发展基金等资金中用于固定资产投资的资金；地方财政中由国家统筹安排的资金等。

（2）国内贷款：指报告期固定资产投资单位向银行及非银行金融机构借入的用于固定资产投资的各种国内借款，包括银行利用自有资金及吸收的存款发放的贷款、上级主管部门拨入的国内贷款、国家专项贷款（包括煤代油贷款、劳改煤矿专项贷款等）、地方财政专项资金安排的贷款、国内储备贷款、周转贷款等。

（3）利用外资：指报告期收到的用于固定资产建造和购置的国外资金（包括设备、材料、技术在内）。包括对外借款（外国政府、国际金融组织贷款、出口信贷、外国银行商业贷款、对外发行债券和股票）、外商直接投资及外商其他投资。不包括我国自有外汇资金（国家外汇、地方外汇、留成外汇、调剂外汇和中国银行自有资金发行的外汇贷款等）。计算利用外资时，需要折算成人民币，折算中所使用的外汇汇率按现汇计算，即按使用外汇时的汇率计算。

（4）自筹资金：指固定资产投资单位报告期收到的，由各地区、各部门及企、事业单位筹集用于固定资产投资的预算外资金，包括中央各部门、各级地方和企、事业单位的自筹资金。

（5）其他资金：指在报告期收到的除以上各种资金之外其他用于固定资产投资的资金，包括企业或金融机构通过发行各种债券筹集到的资金、群众集资、个人资金、无偿捐赠的资金及其他单位拨入的资金等。

固定资产投资按国民经济行业分 根据建设项目建成投产后的主要产品或主要用途及社会经济活动性质来确定国民经济行业。一般情况下，一个建设项目或一个企业、事业单位只能属于一种国民经济行业。

固定资产投资按隶属关系分 是按建设单位或企业、事业、行政单位的主管上级机关确定的。

（1）中央：是指中共中央、人大常委会和国务院各部、委、局、总公司以及直属机构直接领导的建设项目和企业、事业、行政单位。这些单位的固定资产投资计划由国务院各部门直接编制和下达，建设中所需物资、主要设备以及建设中的问题都由中央有关部门安排和解决。

（2）地方：是由省（自治区、直辖市）、地区（州、盟、省辖市）、县（旗、县级市）三级政府及业务主管部门直接领导和管理的建设项目、企业、事业、行政单位。地方项目还包括不隶属以上各级政府及主管部门的建设项目和企业、事业单位，如外商投资企业和无主管部门的企业等。

固定资产投资按建设性质分 根据整个建设项目情况来确定。建设项目的性质一般分为新建、扩建、改建和技术改造、迁建、恢复。房地产开发单位、农村投资、城镇工矿区私人建房投资不划分建设性质。

（1）新建：一般指从无到有“平地起家”开始建设的企业、事业和行政单位或建设项目。现有企业、事业、行政单位一般不属于新建。但如有的单位原有基础很小，经过建设后新增的固定资产价值超过该企、事业、行政单位原有固定资产价值（原值）三倍以上的也应作为新建。

（2）扩建：指在厂内或其他地点，为扩大原有产品的生产能力（或效益）或增加新的产品生产能力，而增建主要的生产车间（或主要工程）、分厂、独立的生产线。行政、事业单位在原单位增建业务用房（如学校增建教学用房、医院增建门诊部、病房等）也作为扩建。

现有企、事业单位为扩大原有主要产品生产能力或增加新的产品生产能力，增建一个或几个主要生产车间（或主要工程）、分厂，同时进行一些更新改造工程的，也应作为扩建。

（3）改建和技术改造：指现有企业、事业单位，对原有设施进行技术改造或更新（包括相应配套的辅助性生产、生活福利设施）的建设项目。现有企业、事业单位为适应市场变化的需要，而改变企业的主要产品种类（如军工企业转产民用品等）的建设项目，应作为改建。原有产品生产作业线由于各工序（车间）之间能力不平衡，为填平补齐充分发挥原有生产能力而增建不增加本企业主要产品设计能力的车间，也应作为改建。技术改造是指企业、事业单位在现有基础上，用先进的技术代替落后的技术，用先进的工艺和装备代替落后的工艺和装备，以改变企业落后的技术经济面貌，实现以内涵为主的扩大再生产，达到提高产品质量、促进产品更新换代、节约能源、降低消耗、扩大生产规模、全面提高社会经济效益的目的。技术改造具体包括以下内容：机器设备和工具的更新改造；生产工艺改革、节约能源和原材料的改造；厂房建筑和公共设施的改造；劳动条件和生产环境的改造等。

固定资产投资按构成分 固定资产投资活动按其工作内容和实现方式分为建筑安装工程，设备、工具、器具购置，其他费用三个部分。

（1）建筑安装工程（建筑安装工作量）：指各种房屋、建筑物的建造工程和各种设备、装置的安装工程。包括各种房屋建造工程，各种用途设备基础和各种工业窑炉的砌筑工程及金属结构工程；为施工而进行的各种准备工作和临时工程以及完工后的清理工作等；铁路、道路的铺设，矿井的开凿及石油管道的架设等；水利工程；防空地下建筑等特殊工程；列入房屋工程预算内的暖气、卫生、通风、照明、煤气等设备的价值及装设油饰工程；列入建筑工程预算内的各种管道（蒸汽、压缩空气、石油、给排水等管道）、电力、电讯电缆导线等的敷设工程；以及各种机械设备的安装工程；为测定安装工程质量，对设备进行的试运工作；房地产开发单位进行的商品房屋开发建设工程、土地开发工程。在安装工程中，不包括被安装设备本身的价值。

（2）设备、工具、器具购置：指建设单位或企、事业单位购置或自制的，达到固定资产标准的设备、工具、器具的价值。新建单位及扩建单位的新建车间，按照设计或计划要求购置或自制的全部设备、工具、器具，不论是否达到固定资产标准均计入“设备、工具、器具购置”中。

（3）其他费用：指在固定资产建造和购置过程中发生的，除上述几项内容以外的各种应分摊计入固定资产的费用。

施工项目 指报告期内进行过建筑或安装施工活动的项目。凡是报告期内施过工的建设项目，不论施工时间长短，均作为施工项目统计。施工项目个数可以反映一定时期固定资产投资的实际规模，与同期全部建成投产项目个数相比，可以从建设速度的角度反映固定资产投资的效果。根据建设项目施工活动的不同性质，施工项目又分为：本年正式施工项目、本年收尾项目和以前年度全部停缓建项目。

全部建成投产项目 工业项目指设计文件规定形成生产能力的主体工程及其相应配套的辅助设施全部建成，经负荷试运转，证明具备生产设计规定合格产品的条件，并经过验收鉴定合格或达到竣工验收标准，与生产性工程配套的生活福利设施可以满足近期正常生产的需要，正式移交生产的建设项目。非工业项目指设计文件规定的主体工程和相应的配套工程全部建成，能够发挥设计规定的全部效益，经验收鉴定合格或达到竣工验收标准，正式移交使用的建设项目。

新增生产能力（或工程效益） 指通过固定资产投资活动而增加的设计能力（或工程效益），该指标是以实物形态表现的反映固定资产投资成果的指标，也是考核投资经济效果的重要依据之一。新增生产能力（或工程效益）一般有以下几种表现形式：

（1）用产品数量表示，以工程在单位时间内（一般是一年）所能生产的产品数量（即年产量）表示。如原煤开采用万吨/年表示，化学农药用吨/年表示，拖拉机制造用台/年表示等。某些化工产品由于含量差别较大，按其设计含量计算折合量表示，如硫酸、纯碱、烧碱等。

（2）用单位时间内所能处理的原料数量表示，以工程每天（或小时）所能处理原料的数量表示。如机制糖工程日处理原料吨，食用植物油日处理原料吨，城市污水处理能力用万吨/日表示等。

（3）用新增加的主要设备的数量或容量表示，如新增棉布织机、丝织机等台数，毛纺锭等锭数，发电厂新增发电机组容量用千瓦表示等。

（4）用建筑物容积、容量、面积、长度表示，是非工业项目或工程新增效益的一种表现形式。如铁路投产里程、新建公路、水库容量、粮食仓库、学校学生席位、医院病床、有效灌溉面积等。

根据工程的特点，有时需要用两种或两种以上的复合计量单位表示新增生产能力（或工程效益），如新增内燃机生产能力同时用年产台数、千瓦数表示等。

为了规范新增生产能力（或工程效益）的名称和计算单位，国家统计局制订了《新增生产能力（或工程效益）目录及代码》。各固定资产投资单位在统计新增生产能力（或工程效益）时，必须按目录中规定的名称、计量单位和代码填报。

房屋建筑面积 指房屋建筑物勒脚以上外墙外围的水平截面面积，包括房屋建筑物的有效面积和结构面积。该指标是从实物形态上反映建设规模和建设成果的重要指标之一，也是检查工程形象进度、计算工程造价、分析投资效果、研究施工任务和建筑材料之间平衡情况的重要依据。

住宅建筑面积 指施工和竣工房屋建筑面积中供居住用的房屋建筑面积。

施工面积 指报告期内施工的全部房屋建筑面积。包括本期新开工的面积和上期开工跨入本期继续施工的房屋面积，以及上期已停建在本期恢复施工的房屋面积。本期竣工和本期施工后又停缓建的房屋，其建筑面积仍计入本期房屋施工面积中。

竣工面积 指在报告期内房屋建筑按照设计要求已经

全部完工，达到住人和使用条件，经验收鉴定合格（或达到竣工验收标准），正式移交使用单位的各栋房屋建筑面积的总和。

房屋建筑面积竣工率 指一定时期内房屋竣工面积占同期房屋施工面积的比率。是从房屋建筑施工速度的角度反映投资效果的指标。

新增固定资产 指报告期内已经完成建造和购置过程，并已交付生产或使用单位的固定资产价值。该指标是表示固定资产投资成果的价值指标，也是反映建设进度，计算固定资产投资效果的重要指标。

建设项目投产率 指一定时期内全部建成投产项目个数与同期施工项目个数的比率。该指标是从建设单位建设速度的角度反映投资效果的指标。

固定资产交付使用率 指一定时期新增固定资产与同期完成投资额的比率。该指标是反映固定资产动用速度，衡量建设过程中宏观投资效果的综合指标。由于新增固定资产是较长时期内形成的结果，而投资额则是当年完成的，因此，该指标一般适宜于反映较长时期内固定资产的动用情况。

经济适用房 指根据地方经济适用房计划安排建设的政策性住宅。经济是指房屋建筑造价和销售价格低于一般商品住宅；适用是指适合中低收入家庭购买使用。经济适用房主要是由国家统一下达投资计划，房地产公司开发，对外销售；用地一般采用行政划拨或招标投标方式，免收土地出让金；对各种经批准的收费减半征收，开发利润不超过3%；销售价格实行政府指导价。该指标可以分析房地产投资结构，反映中低收入家庭商品住宅的供求平衡情况。

财政收入 指国家财政参与社会产品分配所取得的收入，是实现国家职能的财力保证。财政收入所包括的内容几经变化，目前主要包括：营业税，地方企业所得税，利息所得税之外的个人所得税地方分享的部分，城镇土地使用税，固定资产投资方向调节税，城镇维护建设税，房产税，车船使用税，印花税，屠宰税，农牧业税，农业特产税，耕地占用税，契税，土地增值税、国有土地有偿使用收入，增值税25%部分，证券交易税（印花税）6%部分和除海洋石油资源税以外的其他资源税。

财政支出 国家财政将筹集起来的资金进行分配使用，以满足经济建设和各项事业的需要，主要包括：地方行政管理和各项事业费，地方统筹的基本建设、技术改造支出，支援农村生产支出，城市维护和建设经费，价格补贴支出等。

预算外资金收支 预算外资金指国家机关、事业单位和社会团体为履行或代行政府职能，依据国家法律、法规和具有法律效力的规章而收取、提取和安排使用的未纳入国家预算管理的各种财政性资金。其范围主要包括：法律、法规规定的行政事业性收费、政府性基金和附加收入等；国务院或省级人民政府及其财政、计划（物价）部门审批的行政事业性收费；国务院及财政部审批建立的政府性基金、附加收入等；主管部门所属单位集中上缴资金；用于乡镇政府开支的乡自筹和乡统筹资金；其他未纳入预算管理的财政性资金。社会保障基金在国家财政尚未建立社会保障预算制度以前，先按预算外资金管理制度进行管理，专款专用。财政部门在银行开设统一的专户，用于预算外资金收入和支出管理。部门和单位的预算外收入必须上缴同级财政专户，支出由同级财政按预算外资金收支计划和单位财务收支计划统筹安排，从财政专户中拨付，实行收支两条线管理。

居民消费价格指数 是反映一定时期内城乡居民所购买的生活消费品价格和服务项目价格变动趋势和程度的相对数，是对城市居民消费价格指数和农村居民消费价格指数进行综合汇总计算的结果。该指数可以观察和分析消费品的零售价格和服务价格变动对城乡居民实际生活费支出的影响程度。

城市居民消费价格指数 是反映一定时期内城市居民家庭所购买的生活消费品价格和服务项目价格变动趋势和程度的相对数。该指数可以观察和分析消费品的零售价格和服务项目价格变动对职工货币工资的影响，作为研究职工生活和确定工资政策的依据。

农村居民消费价格指数 是反映一定时期内农村居民家庭所购买的生活消费品价格和服务项目价格变动趋势和程度的相对数。该指数可以观察农村消费品的零售价格和服务项目价格变动对农村居民生活消费支出的影响，直接反映农民生活水平的实际变化情况，为分析和研究农村居民生活问题提供依据。

商品零售价格指数 是反映一定时期内城乡商品零售价格变动趋势和程度的相对数。商品零售物价的变动直接影响到城乡居民的生活支出和国家的财政收入，影响居民购买力和市场供需的平衡，影响到消费与积累的比例关系。因此，该指数可以从一个侧面对上述经济活动进行观察和分析。

农业生产资料价格指数 指反映一定时期内农业生产资料价格变动趋势和程度的相对数。农业生产资料价格指数分为小农具、饲料、幼禽家畜、半机械化农具、机械化农具、化学肥料、农药及农药械、农机用油等八大类。其编制目的是了解农业生产中物质资料投入价格的变动状况，服务于国民经济核算。1994年以前，农业生产资料价格指数仅仅是商品零售价格指数的一个类别，此后，从商品零售价格指数中分离出来，单独编制。

农产品生产价格指数 是反映一定时期内，农产品生产者出售农产品价格水平变动趋势及幅度的相对数。该指数可以客观反映农产品生产价格水平和结构变动情况，满足农业与国民经济核算需要。其中某代表品生产价格指数是通过对全部有出售该产品行为的调查单位的个体指数进行几何平均求得的，类价格指数是通过对其所属的类（或代表品）的价格指数进行加权平均求得的。季度累计价格指数的计算方法与分季指数的计算方法相同。

工业品出厂价格指数 是反映一定时期内全部工业产

品出厂价格总水平的变动趋势和程度的相对数，包括工业企业售给本企业以外所有单位的各种产品和直接售给居民用于生活消费的产品。该指数可以观察出厂价格变动对工业总产值及增加值的影响。

原材料、燃料和动力购进价格指数 是反映工业企业作为生产投入，而从物资交易市场和能源、原材料生产企业购买原材料、燃料和动力产品时，所支付的价格水平变动趋势和程度的统计指标，是扣除工业企业物质消耗成本中的价格变动影响的重要依据。

目前，我国编制的原材料、燃料和动力购进价格指数所调查的产品包括燃料动力、黑色金属、有色金属、化工、建材等九大类的900多种产品。

固定资产投资价格指数 是反映一定时期内固定资产投资品及项目的价格变动趋势和程度的相对数。固定资产投资额是由建筑安装工程投资完成额、设备工器具购置投资完成额和其他费用投资完成额三部分组成的。编制固定资产投资价格指数应首先分别编制上述三部分投资的价格指数，然后采用加权算术平均法求出固定资产投资价格总指数。

该指数可以准确地反映固定资产投资中涉及的各类投资品和取费项目价格变动趋势和变动幅度，消除按现价计算的固定资产投资指标中的价格变动因素，真实地反映固定资产投资的规模、速度、结构和效益，为国家科学地制定、检查固定资产投资计划并提高宏观调控水平，为完善国民经济核算体系提供科学的、可靠的依据。

城镇居民家庭总收入 指家庭成员得到的工薪收入、经营净收入、财产性收入、转移性收入之和，不包括出售财物收入和借贷收入。

城镇居民家庭可支配收入 指家庭成员得到可用于最终消费支出和其它非义务性支出以及储蓄的总和，即居民家庭可以用来自由支配的收入。它是家庭总收入扣除交纳的所得税、个人交纳的社会保障支出以及记账补贴后的收入。计算公式为：

可支配收入＝家庭总收入－交纳所得税－个人交纳的社会保障支出－记账补贴

城镇居民家庭消费性支出 指家庭用于日常生活的支出，包括食品、衣着、家庭设备用品及服务、医疗保健、交通和通信、娱乐教育文化服务、居住、杂项商品和服务等八大类支出。

城镇家庭服务性消费支出 指家庭用于支付社会提供的各种非商品性服务费用。

城镇居民家庭购买商品支出 指被调查的城镇居民家庭为自用或赠送亲友而购买商品的全部支出，包括从商店、工厂、饮食业、工作单位食堂、集市以及直接从农民手中购买各种商品的开支。商品支出分为以下八类：食品；衣着；家庭设备用品及服务；医疗保健、交通与通信；娱乐、教育、文化服务；居住；杂项商品和服务。

城镇家庭收入分组方法 将所有调查户依户人均可支配收入由低到高排队，按10%，10%，20%，20%，20%，10%，10%的比例依次分成：最低收入户、低收入户、中等偏下收入户、中等收入户、中等偏上收入户、高收入户、最高收入户等七组。总体中最低5%的户为困难户。

农村居民家庭总收入 指调查期内农村住户和住户成员从各种来源渠道得到的收入总和。按收入的性质划分为工资性收入、家庭经营收入、财产性收入和转移性收入。

农村居民家庭工资性收入 指农村住户成员受雇于单位或个人，靠出卖劳动而获得的收入。

家庭经营收入 指农村住户以家庭为生产经营单位进行生产筹划和管理而获得的收入。农村住户家庭经营活动按行业划分为农业、林业、牧业、渔业、工业、建筑业、交通运输业邮电业、批发和零售贸易餐饮业、社会服务业、文教卫生业和其他家庭经营。

农村居民家庭财产性收入 指金融资产或有形非生产性资产的所有者向其他机构单位提供资金或将有形非生产性资产供其支配，作为回报而从中获得的收入。

农村居民家庭转移性收入 指农村住户和住户成员无须付出任何对应物而获得的货物、服务、资金或资产所有权等，不包括无偿提供的用于固定资本形成的资金。一般情况下，是指农村住户在二次分配中的所有收入。

农村居民家庭现金收入 指农村住户和住户成员在调查期内得到以现金形态表现的收入。按来源分成工资性收入、家庭经营现金收入、财产性收入、转移性收入。

农村居民家庭纯收入 指农村住户当年从各个来源得到的总收入相应地扣除所发生的费用后的收入总和。计算方法：

纯收入＝总收入－税费支出－家庭经营费用支出－税费支出－生产性固定资产折旧－调查补贴－赠送农村外部亲友支出

纯收入主要用于再生产投入和当年生活消费支出，也可用于储蓄和各种非义务性支出。“农民人均纯收入”按人口平均的纯收入水平，反映的是一个地区或一个农户农村居民的平均收入水平。

农村居民家庭生活消费支出 指农村常住居民家庭用于日常生活的全部开支，是反映和研究农民家庭实际生活消费水平高低的重要指标。

恩格尔系数 指食物支出金额在生活消费总支出金额中所占的比例。计算公式为：

$$恩格尔系数=\frac{食品支出金额}{生活消费总支出金额}\times 100\%$$

农林牧渔业总产值 指以货币表现的农、林、牧、渔业全部产品和对农林牧渔业生产活动进行的各种支持性服务活动的价值总量，它反映一定时期内农林牧渔业生产总规模和总成果。1957年以前的农林牧渔业总产值中包括了厩肥和农民自给性手工业（如农民自制衣服、鞋、袜，自己从事粮食初步加工等）。1958年及以后，林业中增加了村及村以下竹木采伐产值；牧业中取消了厩肥产值；副业中取消了农民自给性手工业产值，增加了村及村以下办

的工业产值；渔业中增加了海洋捕捞水产品产值。1980年及以后，在副业中增加了农民家庭兼营工业商品部分的产值。从1984年起村及村以下工业产值划归工业。从1993年起取消副业，将野生动物的捕猎划入牧业、野生植物采集和农民家庭兼营商品性工业划归农业。从2003年起，执行新的国民经济行业分类标准，农林牧渔业总产值中包括了农林牧渔服务业产值。林业中增加了森林采运业产值。农业中取消了家庭兼营商品性工业产值，将野生林产品的采集划归林业。第一次农业普查以后，由于畜牧业产品年报数据与普查数据之间存在一定的差距，国家统计局农调总队对畜牧业年报数据与普查数据进行衔接，相应的畜牧业产值进行调整。

农林牧渔业总产值的计算方法通常是按农、林、牧、渔业产品及其副产品的产量分别乘以各自单位产品价格求得；少数生产周期较长，当年没有产品或产品产量不易统计的，则采用间接方法匡算其产值；然后将四业产品产值相加即为农林牧渔业总产值。

粮食产量 指全社会的产量。包括国有经济经营的、集体统一经营的和农民家庭经营的粮食产量，还包括工矿企业办的农场和其他生产单位的产量。粮食除包括稻谷、小麦、玉米、高粱、谷子及其他杂粮外，还包括薯类和豆类。其产量计算方法，豆类按去豆荚后的干豆计算；薯类（包括甘薯和马铃薯，不包括芋头和木薯）1963年以前按每4公斤鲜薯折1公斤粮食计算，从1964年开始改为按5公斤鲜薯折1公斤粮食计算。城市郊区作为蔬菜的薯类（如马铃薯等）按鲜品计算，并且不作粮食统计。其他粮食一律按脱粒后的原粮计算。

棉花产量 指全社会的产量。包括春播棉和夏播棉。产量按皮棉计算。3公斤籽棉折1公斤皮棉，不包括木棉。

油料产量 指全部油料作物的生产量。包括花生、油菜籽、芝麻、向日葵籽、（亚麻籽）和其他油料，不包括大豆、木本油料和野生油料。花生以带壳干花生计算。

水产品产量 指人工养殖的水产品和天然生长的水产品的捕捞量。包括海水的鱼类、虾蟹类、贝类和藻类以及内陆水域的鱼类、虾蟹类和贝类，不包括淡水生植物。水产品产量是通过各级水产和统计部门逐级上报取得数据。1995年及以前，贝类中牡蛎按鲜肉计算；蚶、蛤、蛏按5斤鲜品折1斤计算。1996年以后则统一按鲜品计算。

猪、牛、羊肉产量 指当年出栏并已屠宰、除去头蹄下水后带骨肉（即胴体重）的重量。

耕地面积 是指耕地总资源中专门种植农作物并经常进行耕种、能够正常收获的土地。包括当年实际耕种的熟地；弃耕、休闲不满三年，随时可以复耕的地；开荒利用三年以上的土地。在统计口径上包括南方小于1米、北方小于2米宽的沟、渠、路和田埸。不包括临时种植农作物的坡度在25度以上的陡坡地；在河套、湖畔、库区临时开发的成片或零星土地；也不包括已列为国家和省（区、市）退耕计划但临时耕种的土地。

农作物播种面积 指实际播种或移植有农作物面积。凡是实际种植有农作物的面积，不论种植在耕地上还是种植在非耕地上，均包括在农作物播种面积中。在播种季节基本结束后，因遭灾而重新改种和补种的农作物面积，也包括在内。它是反映我国耕地面积利用情况的一个重要指标。目前，农作物播种面积主要包括粮食、棉花、油料、糖料、麻类、烟叶、蔬菜和瓜类、药材和其它农作物九大类。

农用化肥施用量 指本年内实际用于农业生产的化肥数量，包括氮肥、磷肥、钾肥和复合肥。化肥施用量要求按折纯量计算数量。折纯量是指把氮肥、磷肥、钾肥分别按含氮、含五氧化二磷、含氧化钾的百分之百成份进行折算后的数量。复合肥按其所含主要成分折算。公式为：

折纯量＝实物量×某种化肥有效成份含量的百分比

农业机械总动力 指主要用于农、林、牧、渔业的各种动力机械的动力总和。包括耕作机械、排灌机械、收获机械、农用运输机械、植物保护机械、牧业机械、林业机械、渔业机械和其他农用机械内燃机按引擎马力折成瓦（特）计算、电动机按功率折成瓦（特）计算不包括专门用于乡、镇、村、组办工业、基本建设、非农业运输、科学试验和教学等非农业生产方面用的动力机械与作业机械。

乡村从业人员 指乡村人口中劳动年龄在16周岁以上实际参加生产经营活动并取得实物或货币收入的人员，包括劳动年龄内经常参加劳动的人员，也包括超过劳动年龄但经常参加劳动的人员，但不包括户口在家的在外学生、现役军人和丧失劳动能力的人，也不包括待业人员和家务劳动者。从业人员按从事主业时间最长（时间相同按收入）分为农业从业人员、工业从业人员、建筑业从业人员、交运仓储及邮电业从业人员、批零贸易及餐饮业从业人员、其它从业人员。

工业 工业 指从事自然资源的开采，对采掘品和农产品进行加工和再加工的物质生产部门。具体包括：(1)对自然资源的开采，如采矿、晒盐等（但不包括禽兽捕猎和水产捕捞）；(2)对农副产品的加工、再加工，如粮油加工、食品加工、缫丝、纺织、制革等；(3)对采掘品的加工、再加工，如炼铁、炼钢、化工生产、石油加工、机器制造、木材加工等，以及电力、自来水、煤气的生产和供应等；(4)对工业品的修理、翻新，如机器设备的修理、交通运输工具（包括小卧车）的修理等。

1984年以前农村的村及村以下办工业归属农业，1984年以后划归工业。

工业统计调查单位为独立核算法人工业企业。

独立核算法人工业企业指从事工业生产经营活动的单位。独立核算法人工业企业应同时具备以下条件：①依法成立，有自己的名称、组织机构和场所，能够承担民事责任；②独立拥有和使用资产，承担负债，有权与其他单位签订合同；③独立核算盈亏，并能够编制资产负债表。

本年鉴中涉及的企业登记注册类型：

国有及国有控股企业 指国有企业加上国有控股企业。国有企业（即原全民所有制工业或国营工业）指企业全部资产归国家所有，并按《中华人民共和国企业法人登记管理条例》规定登记注册的非公司制的经济组织。包括国有企业、国有独资公司和国有联营企业。1957年以前的公私合营和私营工业，后均改造为国营工业，1992年改为国有工业，这部分工业的资料不单独分列时，均包括在国有企业内。国有控股企业是对混合所有制经济的企业进行的“国有控股”分类。它是指这些企业的全部资产中国有资产（股份）相对其他所有者中的任何一个所有者占资（股）最多的企业。该分组反映了国有经济控股情况。

集体企业 指企业资产归集体所有，并按《中华人民共和国企业法人登记管理条例》规定登记注册的经济组织。是社会主义公有制经济的组成部分。包括城乡所有使用集体投资举办的企业，以及部分个人通过集资自愿放弃所有权并依法经工商行政管理机关认定为集体所有制的企业。

股份合作企业 指以合作制为基础，由企业职工共同出资入股，吸收一定比例的社会资产投资组建，实行自主经营，自负盈亏，共同劳动，民主管理，按劳分配与按股分红相结合的一种集体经济组织。

联营企业 指两个及两个以上相同或不同所有制性质的企业法人或事业单位法人，按自愿、平等、互利的原则，共同投资组成的经济组织。联营企业包括：

国有联营企业指国有企业与国有企业间的联营；

集体联营企业指集体企业与集体企业间的联营；

国有与集体联营企业指国有企业与集体企业间的联营。

有限责任公司 指根据《中华人民共和国公司登记管理条例》规定登记注册，由两个以上，五十个以下的股东共同出资，每个股东以其所认缴的出资额对公司承担有限责任，公司以其全部资产对其债务承担责任的经济组织。

有限责任公司包括国有独资公司以及其他有限责任公司。

股份有限公司 指根据《中华人民共和国企业法人登记管理条例》规定登记注册，其全部注册资本由等额股份构成并通过发行股票筹集资本，股东以其认购的股份对公司承担有限责任，公司以其全部资产对其债务承担责任的经济组织。

私营企业 指由自然人投资设立或由自然人控股，以雇佣劳动为基础的营利性经济组织。包括按照《公司法》、《合伙企业法》、《私营企业暂行条例》规定登记注册的私营有限责任公司、私营股份有限公司、私营合伙企业和私营独资企业。

港、澳、台商投资企业 指企业注册登记类型中的港、澳、台资合资、合作、独资经营企业和股份有限公司之和。

外商投资企业 指企业注册登记类型中的中外合资、合作经营企业、外资企业和外商投资股份有限公司之和。

“三资”企业系指港、澳、台商投资企业和外资企业的简称。

轻工业 指主要提供生活消费品和制作手工工具的工业。按其所使用的原料不同，可分为两大类：(1)以农产品为原料的轻工业，是指直接或间接以农产品为基本原料的轻工业。主要包括食品制造、饮料制造、烟草加工、纺织、缝纫、皮革和毛皮制作、造纸以及印刷等工业；(2)以非农产品为原料的轻工业，是指以工业品为原料的轻工业。主要包括文教体育用品、化学药品制造、合成纤维制造、日用化学制品、日用玻璃制品、日用金属制品、手工工具制造、医疗器械制造、文化和办公用机械制造等工业。

重工业 指为国民经济各部门提供物质技术基础的主要生产资料的工业。按其生产性质和产品用途，可以分为下列三类：(1)采掘（伐）工业，是指对自然资源的开采，包括石油开采、煤炭开采、金属矿开采、非金属矿开采等工业；(2)原材料工业，指向国民经济各部门提供基本材料、动力和燃料的工业。包括金属冶炼及加工、炼焦及焦炭、化学、化工原料、水泥、人造板以及电力、石油和煤炭加工等工业；(3)加工工业，是指对工业原材料进行再加工制造的工业。包括装备国民经济各部门的机械设备制造工业、金属结构、水泥制品等工业，以及为农业提供的生产资料如化肥、农药等工业。

根据上述划分原则，修理业中以重工业产品为修理作业对象的划为重工业，反之划为轻工业。

工业增加值 指工业企业在报告期内以货币表现的工业生产活动的最终成果。

工业增加值有两种计算方法：一是生产法，即工业总产出减去工业中间投入加上应交增值税；二是收入法，即从收入的角度出发，根据生产要素在生产过程中应得到的收入份额计算，具体构成项目有固定资产折旧、劳动者报酬、生产税净额、营业盈余，这种方法也称要素分配法。本年鉴中的工业增加值是以生产法计算的。

生产法工业增加值的计算方法为：

工业增加值＝工业总产出－工业中间投入＋应交增值税

(1)工业总产出：指工业企业在一定时期内工业生产活动的总成果。工业总产出包括：成品生产价值，对外加工费收入，自制半成品、在产品期末期初差额价值。1995年后用新规定计算的工业总产值代替。

(2)工业中间投入：指工业企业在工业生产活动中消耗的外购物质产品和对外支付的服务费用。服务费用包括支付给物质生产部门（工业、农业、批发零售贸易业、建筑业、运输邮电业）的服务费用和支付给非物质生产部门（如保险、金融、文化教育、科学研究、医疗卫生、行政管理等）的服务费用。工业中间投入的确定须遵循以下原则：必须从外部购入的，并已计入工业总产出的产品和服务价值；必须是本期投入生产，并一次性消耗掉（包括本期摊销的低值易耗品等）的产品和服务价值。

工业中间投入包括直接材料费用、制造费用中的工业中间投入、管理费用中的工业中间投入、销售费用中的工业中间投入和利息支出五部分。

资产总计 指企业拥有或控制的能以货币计量的经济资源，包括各种财产、债权和其他权利。资产按流动性分为流动资产、长期投资、固定资产、无形资产、递延资产和其他资产。该指标根据企业会计“资产负债表”中“资产总计”项目的期末数增列。

流动资产平均余额 指企业在报告期内全部流动资产的平均余额。

固定资产净值年平均余额 指固定资产净值在报告期内余额的平均数。计算公式为：

固定资产净值年平均余额

$$=\frac{1\text{至}12\text{月各月月初、月末固定资产净值之和}}{24}$$

该指标根据“资产负债表”中“固定资产原价”、“累计折旧”指标的期初、期末数计算填列。

固定资产净值 指固定资产原价减去历年已提折旧额后的净额。计算公式为：

固定资产净值＝固定资产原价－累计折旧

负债合计 指企业所承担的能以货币计量，将以资产或劳务偿付的债务，偿还形式包括货币、资产或提供劳务。负债一般按偿还期长短分为流动负债和长期负债。根据会计“资产负债表”中“负债合计”的年末数填列。

产品销售收入 指企业在报告期内生产的成品、自制半成品和工业性劳务取得的收入。

产品销售成本 指企业在报告期内销售本企业生产的成品、自制半成品和工业性劳务等的实际成本。

产品销售费用 指工业企业销售产品和提供劳务等过程中所发生的费用。该指标根据工业企业会计“利润表”中“产品销售费用”项的数值填列。

产品销售税金及附加 指企业在报告期内销售产品、提供的劳务等主要经营业务应负担的城市维护建设税、消费税、资源税和教育费附加等。

利润总额 指企业生产经营活动的最终成果，是企业在一定时期内实现的盈亏相抵后的利润总额（亏损以“－”号表示），它等于营业利润加上补贴收入加上投资收益加上营业外净收入再加上以前年度损益调整。

本年应交增值税 指企业在报告期内应交纳的增值税额。它等于本年销项税额加上出口退税加上进项税额转出数减去本年进项税额。小规模纳税企业直接按全年计税销售额乘以征收率计算取得。

从业人员平均人数 是指报告期内每天拥有的从业人员人数。其计算公式为：

$$\text{月平均人数}=\frac{\text{报告月内每天实有人数之和}}{\text{报告月日历日数}}$$

$$\text{季平均人数}=\frac{\text{季内各月平均人数之和}}{3}$$

$$\text{年平均人数}=\frac{\text{年内各月平均人数之和}}{12}$$

总资产贡献率 反映企业全部资产的获利能力，是企业经营业绩和管理水平的集中体现，是评价和考核企业盈利能力的核心指标。计算公式为：

总资产贡献率(%)

$$=\frac{\text{利润总额}+\text{税金总额}+\text{利息支出}}{\text{平均资金总额}}\times 100\%$$

公式中：税金总额为产品销售税金及附加与应交增值税之和；平均资产总额为期初期末资产之和的算术平均值。

资产负债率 该指标既反映企业经营风险的大小，也反映企业利用债权人提供的资金从事经营活动的能力。计算公式为：

$$\text{资产负债率}(\%)=\frac{\text{负债总额}}{\text{资产总额}}\times 100\%$$

资产与负债均为报告期期末数。

流动资产周转次数 指一定时期内流动资产完成的周转次数，反映投入工业企业流动资金的周转速度。计算公式为：

$$\text{流动资产周转资转}=\frac{\text{产品销售收入}}{\text{全部流动资产平均余额}}$$

公式中：全部流动资产平均余额为期初和期末的流动资产之和的算术平均值。

成本费用利润率 反映企业投入的生产成本及费用的经济效益，同时也反映企业降低成本所取得的经济效益。计算公式为：

$$\text{成本费用利润}(\%)=\frac{\text{利润总额}}{\text{成本费用总额}}\times 100\%$$

公式中：成本费用总额为产品销售成本、销售费用、管理费用、财务费用之和。

建筑业统计单位 指从事房屋、构筑物建造和设备安装活动的法人企业。建筑业法人企业应同时具备的条件是：① 依法成立，有自己的名称、组织机构和场所，能够承担民事责任；②独立拥有和使用资产，承担负债，有权与其他单位签订合同；③独立核算盈亏，能够编制资产负债表。

建筑业总产值（自行完成施工产值） 是以货币表现的建筑企业在一定时期内生产的建筑业产品和服务的总和。建筑业总产值包括建筑工程产值、安装工程产值和其他产值三部分内容。

（1）建筑工程产值：指列入建筑工程预算内的各种工程价值。

（2）安装工程产值：指设备安装工程价值，不包括被安装设备本身价值。

（3）其他产值：建筑业总产值中除建筑工程、安装工程以外的产值。包括房屋构筑物修理产值、非标准设备制造产值、总包企业向分包企业收取的管理费以及不能明确划分的施工活动所完成的产值。

建筑业增加值 指建筑业企业在报告期内以货币表现的建筑业生产经营活动的最终成果。目前建筑业增加值采用分类法（收入法）计算，即从收入的角度出发，根据生产要素在生产过程中应得到的收入份额计算。具体计算公式为：

建筑业增加值＝本年固定资产折旧＋本年应付工资＋

本年应付福利费总额＋工程结算税金及附加＋营业利润＋管理费用中的税金＋劳动失业保险费

房屋建筑施工面积 指在报告期内施工的全部房屋建筑面积，包括本期新开工的房屋面积、上期施工跨入本期继续施工的房屋面积、上期停缓建在本期恢复施工的房屋面积、本期竣工的房屋面积及本期施工后又停缓建的房屋面积。

房屋建筑竣工面积 指在报告期内房屋建筑按照设计要求全部完工，达到了住人和使用条件，经验收鉴定合格，正式移交使用单位的房屋建筑面积。

公路里程 指在一定时期内实际达到《公路工程技术标准 JTJ01－88》规定的等级公路，并经公路主管部门正式验收交付使用的公路里程数。包括大中城市的郊区公路以及通过小城镇街道部分的公路里程和桥梁、渡口的长度，不包括大中城市的街道、厂矿、林区生产用道和农业生产用道的里程。两条或多条公路共同经由同一路段，只计算一次，不得重复计算里程长度。它是反映公路建设发展规模的重要指标，也是计算运输网密度等指标的基础资料。

货（客）运量 指在一定时期内，各种运输工具实际运送货物（旅客）数量。它是反映运输业为国民经济和人民生活服务的数量指标，也是制订和检查运输生产计划、研究运输发展规模和速度的重要指标。货运按吨计算，客运按人计算。货物不论运输距离长短、货物类别，均按实际重量统计。旅客不论行程远近或票价多少，均按一人一次客运量统计；半价票、小孩票也按一人统计。

货物（旅客）周转量 指在一定时期内，由各种运输工具运送的货物（旅客）数量与其相应运输距离的乘积之总和。它是反映运输业生产总成果的重要指标，也是编制和检查运输生产计划，计算运输效率、劳动生产率以及核算运输单位成本的主要基础资料。计算货物周转量通常按发出站与到达站之间的最短距离，也就是计费距离计算。

邮电业务总量 指以价值量形式表现的邮电通信企业为社会提供各类邮电通信服务的总数量。邮电业务量按专业分类包括函件、包件、汇票、报刊发行、邮政快件、特快专递、邮政储蓄、集邮、公众电报、用户电报、传真、长途电话、出租电路、无线寻呼、移动电话、分组交换数据通信、出租代维等。计算方法为各类产品乘以相应的平均单价（不变价）之和，再加上出租电路和设备、代用户维护电话交换机和线路等的服务收入。它综合反映了一定时期邮电业务发展的总成果，是研究邮电业务量构成和发展趋势的重要指标。计算公式为：

邮电业务总量＝∑（各类邮电业务量×不变单价）＋出租代维及其他业务收入

社会消费品零售总额 指批发和零售业、餐饮业、新闻出版业、邮政业和其他服务业等，售予城乡居民用于生活消费的商品和社会集团用于公共消费的商品之总量。社会消费品零售总额包括：

1. 批发和零售业企业（单位）：

（1）售予城乡居民的各种生活消费品；

（2）售予入境旅游的外国人、华侨、港澳台同胞的各类商品；

（3）售予行政事业单位、社会团体、军队和武警等机构的商品，以及以零售方式售予各类企业的商品。具体包括：用于非生产和社会交往的办公用品，如通讯设备、计算器具和设备、电讯网络设备、文印设备、音像视听器材和设备、纸张、本册、文具及装订文印材料、家具、日用电器、针纺织品、清洁卫生用品、文体用品、奖品、纪念品、礼品等；供内部人员乘坐的交通工具和燃料；用于办公设施修缮的各类配件、材料、工具等；用于取暖和防暑降温的设备、燃料、材料及食品等；专用于教学的用品和设备；非营利医疗机构的中、西药品、中药材和医疗设备器材；非专用的劳动保护用品；不对外营业的内部食堂用的餐具、炊具、设备、清洁卫生工具和食品、燃料等；军队、武警用于其人员生活的衣着品和个人用品；其他各类非生产性设备和用品。

2. 餐饮业出售的主食、菜肴、烟酒饮料和其他商品。

3. 新闻出版业、邮政业售予城乡居民、企事业单位、军队和武警等机构的书报杂志、音像制品、邮品等。

4. 其他服务业出售的食品、烟酒饮料、服装鞋帽、日常生活用品、医药保健用品、艺术品、工艺美术品、玩具、殡葬用品以及其他消费品。

消费品市场成交额 指从事消费品交易的商品市场的全部商品成交金额。消费品市场包括农副产品市场和工业消费品市场。

进出口总额 海关进出口总额指实际进出我国国境的货物总金额。包括对外贸易实际进出口货物，来料加工装配进出口货物，国家间、联合国及国际组织无偿援助物资和赠送品，华侨、港澳台同胞和外籍华人捐赠品，租赁期满归承租人所有的租赁货物，进料加工进出口货物，边境地方贸易及边境地区小额贸易进出口货物（边民互市贸易除外），中外合资经营企业、中外合作经营企业、外资独资经营企业进口货物和公用物品，到、离岸价格在规定限额以上的进出口货样和广告品（无商业价值、无使用价值和免费提供出口的除外），从保税仓库提取在中国境内销售的进口货物，以及其他进口货物。进出口总额用以观察一个国家在对外贸易方面的总规模。我国规定出口货物按离岸价格统计，进口货物按到岸价格统计。

利用外资 指我国各级政府、部门、企业和其他经济组织通过对外借款、吸收外资直接投资以及用其他方式筹措的境外现汇、设备、技术等。

对外借款 是我国利用外资的主要部分。指通过对外正式签订借款协议、从境外筹措的资金，包括外国政府贷款、国际金融组织贷款、外国银行商业贷款、出口信贷以及对外发行债券等。1996 年及以前还包括对外发行股票。

外商直接投资 指外国企业和经营组织和个人（包括华侨、港澳台胞以及我国在境外注册的企业）按我国有关政策、法规，用现汇、实物、技术等在我国境内开办外商独资企业、与我国境内的企业和经济组织共同举办中外合资经营企业、合作经营企业或合作开发资源的投资（包括外商投资收益的再投资）以及经政府有关部门批准的项目投资总额，企业从境外借入的资金。

对外承包工程 指各对外承包公司以招标议标承包方式承揽的下列业务：(1) 承包国外工程建设项目，(2) 承包我国对外经援项目，(3) 承包我国驻外机构的工程建设项目，(4) 承包我国境内利用外资进行建设的工程项目，(5) 与外国承包公司合营或联合承包工程项目时我国公司分包部分，(6) 对外承包兼营的房屋开发业务。对外承包工程的营业额是以货币表现的本期内完成的对外承包工程的工作量，包括以前年度签订的合同和本年度新签订的合同在报告期内完成的工作量。

对外劳务合作 指已收取工资的形式向业主或承包商提供技术和劳动服务的活动。我国对外承包公司在境外开办的合营企业，中国公司同时又提供劳务的，其劳务部分也纳入劳务合作统计。劳务合作经营额按报告期内向雇主提交的结算数（包括工资、加班费和奖金等）统计。

存款 指企业、机关、团体和居民根据资金必须收回的原则，把货币资金存入银行和其他信用机构保管并取得一定利息的一种信用活动形式。根据存款对象的不同可划分为企业存款、财政存款、基本建设存款、城镇储蓄存款、农村存款等科目。它是银行信贷资金的主要来源。

贷款 指银行或其他信用机构根据资金必须归还的原则按一定利率，为企业、个人等提供资金的一种信用活动形式。我国银行贷款分为流动资金贷款、固定资产贷款、城乡个体工商户贷款以及农业贷款等科目。

城乡居民储蓄存款余额 指某一时点城乡居民存入银行及农村信用 的储蓄金额，包括城镇居民储蓄存款和农民个人储蓄存款，不包括居民的手存现金和工矿企业、部队、机关、团体等单位存款。

保险金额 指保险人承担赔偿或或者给付保险金责任的最高限额。

小学学龄儿童入学率 指调查范围内已入小学学习的学龄儿童占校内外学龄儿童总数（包括弱智儿童在内，但不包括盲聋哑儿童）的比重。计算公式为：

小学学龄儿童入学率

$$=\frac{\text{已入学的小学学龄儿童数}}{\text{校内外小学学龄儿童总数}}\times 100\%$$

工程技术人员 指在国民经济各行业中从事工程技术工作的自然科学技术专业人员，包括高级工程师、工程师、助理工程师、技术员和未评定职称的技术人员。

农业技术人员 指在国民经济各行业中从事农业技术工作的自然科学技术专业人员，包括高级农艺师、农艺师、助理农艺师、技术员和未评定职称的技术人员。

卫生技术人员 指在国民经济各行业中从事卫生医务工作的自然科学技术专业人员，包括正副主任医师、主治医师、医师、医（护 ）士和未评定职称的技术人员。

科学研究人员 指在国民经济各行业中从事科学技术活动的自然科学技术专业人员，包括正副研究员、助理研究员、研究实习员、技术员和未评定职称的技术人员。

教学人员 指在国民经济各行业中从事教学活动的专业人员，包括正副教授、讲师、助教、教师和在中学从事教学活动的人员。

等级运动员人数 指经过考试正式批准授予等级运动员称号的人数。运动员等级分为国际级运动健将、运动健将、一级运动员、二级运动员、三级运动员、少年级运动员。

等级裁判员人数 指经考试正式批准授予等级裁判员称号的人数。裁判员等级分为国际裁判、国家级裁判、一级裁判、二级裁判、三级裁判。

医院 指设有固定床位，能收容病人住院并能为病人提供医疗、护理服务的医疗机构，包括县及县以上医院、农村乡卫生院和其他医院三部分。医院按所属性质不同分为卫生部门、工业及其他部门和集体经济单位三类。县及县以上医院按业务性质不同分为综合医院和专科医院。

卫生技术人员 指卫生事业机构支付工资的全部职工中现任职务为卫生技术工作的专业人员，包括中医师、西医师、中西医结合高级医师、护师、中药师、西药师、检验师、其他技师、中医士、西医士、护士、助产士、中药剂师、西药剂师、检验士、其他技士、其他中医、护理员、中药剂员、西药剂员、检验员和其他初级卫生技术人员。

医生 指经卫生部门审查合格，从事医疗工作的专业人员。分为中医医生和西医医生。包括卫生技术人员中的中医师、西医师、中西医结合高级医师、中医士、西医士和其他中医。

社会福利事业单位 指集中收养社会孤老、残、幼的机构，包括由民政部门管理的社会福利院、儿童福利院、精神病人福利院和城镇集体举办的福利院及农村集体举办的敬老院。

社会福利事业单位收养人数 包括民政部门管理和城镇、农村集体举办的社会福利事业单位中收养的老人、少年儿童、缺乏生活自理能力的残疾人员和精神病人。

公证人员 指在国家公证机关依法办理公证事务的司法人员，包括公证员、助理公证员和在公证处工作的其他人员。

调解民间纠纷 指调解委员会依照法律规定，根据自愿原则，用说服教育的方法调解民间发生的有关民事权利和义务的争执，促成当事双方达到协议和谅解，解决纠纷。包括婚姻家庭纠纷，财产权益纠纷等，不包括法院受理调解的民事案件数。

全年供水总量 指公用自来水厂和自备水源的社会单位全年的供水总量，包括有效供给量及损失水量。

生活用水量 指居民日常生活与公共福利设施的用水量，包括居民、饮食店、旅馆、医院、理发店、浴池、洗衣店、游泳池、商店、学校、机关、部队等单位的用水量。

年底实有铺装道路长度 指除土路外，路面经过铺装宽度在3.5米以上的道路，包括高级、次高级道路和普通道路。

城市下水道总长度 指所有排水总管、干管、支管及暗渠、检查井、连接井进出水口等长度之和。

能源生产总量 指一定时期内全国（地区）一次能源生产量的总和，是观察全国（地区）能源生产水平、规模、过程构成和发展速度的总量指标。一次能源生产量包括原煤、原油、天然气、水电、核电及其他动力能（如风能、地热能等）发电量。不包括低热值燃料生产量、生物质能、太阳能等的利用和由一次能源加工转换而成的二次能源产量。

能源消费总量 指一定时期内全国（地区）各行业和居民生活消费的各种能源的核算能源消费总量指标。能源消费总量包括原煤、原油及其制品、天然气、电力。不包括低热值燃料、生物质能和太阳能等的利用。能源消费总量分为三部分，即终端能源消费量、能源加工转换损失量和损失量。

终端能源消费量 指一定时期内全国（地区）各行业和居民生活消费的各种能源在扣除了用于加工转换二次能源消费量和损失量以后的数量。

能源加工转换损失量 指一定时期内全国（地区）投入加工转换的各种能源数量之和与产出各种能源产品之和的差额。它是观察能源在加工转换过程中损失量变化的指标。

能源损失量 指一定时期内能源在输送、分配、储存过程中发生的损失和由客观原因造成的各种损失量。不包括各种气体能源放空、放散量。

$$\text{单位 GDP 能耗}=\frac{\text{能源消费总量}}{\text{GDP}}$$

$$\text{单位 GDP 电耗}=\frac{\text{全社会用电量}}{\text{GDP}}$$

$$\text{单位工业增加值能耗}=\frac{\text{工业能源消费量}}{\text{工业增加值}}$$

能源加工转换效率 指一定时期内能源经过加工转换后，产出的各种能源产品的数量与投入加工转换的各种能源数量的比率。它是观察能源加工转换装置和生产工艺先进与落后、管理水平高低等的重要指标。计算公式：

$$\text{能源加工转换效率}=\frac{\text{加工转换产出量}}{\text{加工转换投入量}}\times 100\ \%$$

大事记
EVENTS
河北经济年鉴
2013

2012 年河北省经济与社会发展大事记

一　　月

一月三日

下午，河北籍在京文化名人恳谈会在北京梅地亚中心举行。200余位在各个艺术门类中取得显著成就的河北籍和曾在河北工作过的艺术家欢聚一堂，共同为家乡经济社会又好又快发展特别是文化的繁荣发展建言献策。省委常委、宣传部长艾文礼出席恳谈会并讲话。副省长孙士彬主持恳谈会。

一月四日

今天，省十一届人大常委会第二十八次会议在石家庄举行。

今天，省委常委、常务副省长杨崇勇到石家庄铁路枢纽改造工程建设现场调研，实地察看工程建设进度。省委常委、石家庄市委书记孙瑞彬陪同调研。

一月五日

上午，政协河北省第十届委员会第五次会议在省会河北会堂开幕。省政协主席刘德旺作政协河北省第十届委员会常务委员会工作报告。省政协副主席赵文鹤主持会议。省政协领导付志方、田向利、刘永瑞、王玉梅、段惠军、孔小均、武四海、王刚、崔江水、秘书长安云昉出席会议。省领导张庆黎、张庆伟、赵勇、史鲁泽、杨崇勇、梁滨、臧胜业、聂辰席、张越、孙瑞彬、景春华等到会祝贺。出席大会并在主席台就座的有省人大常委会、省政府、省军区领导，省法院院长、省检察院检察长：张彦欣、宋长瑞、侯志奎、王增力、马兰翠、黄荣、谢计来、宋恩华、张和、龙庄伟、张杰辉、沈小平、高勇、张德利。十一届全国政协民族和宗教委员会副主任赵金铎，曾担任过省级领导职务的部分同志叶连松、杨泽江、吕传赞、柳宝全、刘作田、张士儒、何少存、吴振华、韩葆珍、张群生、王加林、杨新农、郭世昌、高喜同、冯文海、刘健生、陈秀芳、秦朝镇、王建忠、赵铁练、刘德忠、李有成应邀出席大会并在主席台就座。

下午，省委书记张庆黎，省委副书记、代省长张庆伟在石家庄会见了参加省政协十届五次会议的港澳委员和海外列席人员。省政协主席刘德旺一同会见并主持。

一月六日

上午，河北省第十一届人民代表大会第五次会议在省会河北会堂开幕。会议由大会主席团常务主席、执行主席张庆黎主持。大会主席团常务主席、执行主席宋长瑞、侯志奎、王增力、马兰翠、黄荣、谢计来、赵曙光在主席台执行主席席座。张庆伟、赵勇、刘德旺、付志方、史鲁泽、梁滨、、臧胜业、聂辰席、张越、孙瑞彬、景春华、田向利等在主席台就座。代省长张庆伟代表省政府向大会作政府工作报告。在主席台就座的还有：宋恩华、张和、孙士彬、龙庄伟、张杰辉、沈小平、刘永瑞、赵文鹤、王玉梅、段惠军、丛斌、孔小均、武四海、王刚、崔江水、高勇、张德利、李庆安、赵海滨、张圣荣、郭新元、宋兵役、杨隽。十一届全国人大代表刘振华、李祖沛、薛继连应邀在主席台就座。十一届全国政协民族和宗教委员会副主任赵金铎应邀在主席台就座。原省领导柳宝全、赵世居、吴振华、韩葆珍、张群生、王加林、杨新农、高喜同、冯文海、刘健生、在主席台就座。担任过省级领导职务的老同志叶连松、杨泽江、吕传赞、芾福成、刘作田、张士儒、何少存、陈秀芳、秦朝镇、王建忠、赵铁练、刘德忠应邀在主席台就座。

下午，省委副书记、代省长张庆伟先后来到沧州、邯郸、秦皇岛、衡水代表团，与代表们一起审议报告。他强调，要进一步解放思想，抢抓机遇，顺势而为，趋利避害，突出把握好“稳增长、控物价、调结构、抓创新、惠民生、促和谐”的工作着力点，奋力推进经济强省、和谐河北建设，迈出坚定步伐。

一月七日

上午，省委副书记、代省长张庆伟来到邢台、唐山、解放军代表团，与代表们一起审议报告。他强调，要引导全省各级各部门把工作重心转到调结构转方式、注重发展内涵上来，突出重点，突破难点，打造亮点，努力实现全省经济社会更好更快发展。

下午，省政协十届五次会议举行第二次全体会议。12位省政协委员先后登台发言，为建设经济强省、和谐河北建言献策。省政协领导刘德旺、付志方、田向利、刘永瑞、赵文鹤、王玉梅、段惠军、孔小均、武四海、王刚、崔江水，秘书长安云昉出席会议。副主席丛斌主持会议。张庆黎、张庆伟、赵勇、史鲁泽、聂辰席、张越、孙瑞彬、景春华、艾文礼、宋恩华、孙士彬、龙庄伟、张杰辉、沈小平到会听取发言。

一月八日

上午，省十一届人大五次会议在省会河北会堂举行第二次全体会议，听取省人大常委会和省法院、省检察院工作报告，表决省十一届人大五次会议选举办法草案。张庆黎、张庆伟、赵勇、刘德旺、付志方、史鲁泽、聂辰席、张越、孙瑞彬、景春华、田向利、艾文礼等在主席台就座。

一月九日

下午，政协河北省第十届委员会第五次会议在省会河北会堂闭幕。省政协主席付志方，副主席刘永瑞、赵文鹤、王玉梅、段惠军、丛斌、孔小均、武四海、王刚、崔江水，秘书长安云昉在主席台前排就座。张庆黎、张庆伟、赵勇、史鲁泽、杨崇勇、梁滨、聂辰席、张越、孙瑞彬、景春华、田向利、艾文礼等在主席台就座。在主席台就座的还有：刘德旺、张彦欣、宋长瑞、侯志奎、王增力、马兰翠、黄荣、谢计来、宋恩华、张和、孙士彬、龙庄伟、张杰辉、沈小平、高勇、张德利。十一届全国政协民族和宗教委员会副主任赵金铎，曾担任过省级领导职务的部分同志叶连松、杨泽江、李文珊、吕传赞、柳宝全、刘作田、张士儒、何少存、吴振华、韩葆珍、张群生、王加林、白润璋、杨新农、郭世昌、高喜同、冯文海、刘健生、陈秀芳、秦朝镇、王建忠、赵铁练、刘德忠、李有成、刘瑞川在主席台就座。

一月十日

上午，省十一届人大五次会议补选张庆黎为省人大常委会主任，补选张庆伟为省人民政府省长，补选宋太平为省人大常委会副主任，补选杨汭为省人民政府副省长。

下午，省十一届人大五次会议在省会河北会堂闭幕。大会主席团常务主席、执行主席、省人大常委会主任张庆黎主持会议并讲话。大会主席团常务主席、执行主席宋长瑞、侯志奎、王增力、马兰翠、黄荣、谢计来、赵曙光在主席台执行主席席就座。张庆伟、赵勇、付志方、刘德旺、史鲁泽、杨崇勇、梁滨、聂辰席、张越、孙瑞彬、景春华、田向利、艾文礼等在主席台就座。在主席台就座的还有：宋太平、宋恩华、张和、孙士彬、龙庄伟、张杰辉、沈小平、杨汭、刘永瑞、赵文鹤、王玉梅、段惠军、孔小均、武四海、王刚、崔江水、高勇、张德利、李庆安、赵海滨、张圣荣、郭新元、赵建军、郭晓东、宋兵役。十一届全国政协民族和宗教委员会副主任赵金铎应邀在主席台就座。

今天，河北省第十一届人民代表大会第五次会议主席团发布公告：河北省第十一届人民代表大会第五次会议于二〇一二年一月十日选举张庆伟为河北省人民政府省长。

今天，河北省第十一届人民代表大会第五次会议主席团发布公告：河北省第十一届人民代表大会第五次会议于二〇一二年一月十日选举杨汭为河北省人民政府副省长。

一月十一日

今天，北戴河生态示范新区、涿洲生态宜居示范基地规划方案审议会在北京召开。住建部副部长仇保兴、副省长宋恩华出席会议并讲话。

上午，副省长张杰辉在省会会见了首钢董事长朱继民一行。

一月十二日

上午，省委书记张庆黎，省委副书记、省长张庆伟在石家庄会见交通运输部部长李盛霖一行，并出席省政府、交通运输部《贯彻落实国务院〈河北沿海地区发展规划〉推进交通运输科学发展会谈纪要》签字仪式。张庆伟、李盛霖分别代表省政府、交通运输部签署《会谈纪要》。

下午，张庆伟、李盛霖、宋恩华等到石家庄南焦客运站、石家庄市公交总公司考察指导工作，并亲切看望和慰问一线工作人员。

今天，中加合作节能低碳环保示范项目竣工。副省长宋恩华出席竣工仪式并会见了加方代表团。

一月十四日

下午，省委书记张庆黎，省委副书记、省长张庆伟在石家庄会见了神华集团公司董事长张喜武，神华集团公司总经理张玉卓一行。省委常委、常务副省长杨崇勇，省委常委、秘书长景春华，省长助理、省政府秘书长尹亚力参加会见。

一月十五日

今天，中国共产党河北省第八届纪律检查委员会第二次全体会议在石家庄召开。省委书记张庆黎出席会议并讲话。在石的省委常委，省人大常委会、省政府、省政协和省法院、省检察院的领导同志出席会议。中央纪委有关部门负责同志应邀出席会议。省委常委、省纪委书记臧胜业主持会议。

一月十六日

今天，省委副书记、省长张庆伟来到丰宁满族自治县，看望和慰问了军烈属、建国前老党员和困难群众，到创先争优活动联系点丰宁满族自治县南关乡云雾山村进行调研，现场听取了新民居建设情况的汇报，考察了农家书屋，并捐赠2000多册图书。副省长杨汭，省长助理、省政府秘书长尹亚力参加看望和调研。

今天，省委常委、常务副省长杨崇勇在青龙满族自治县调研创先争优活动开展情况。

今天，省委常委、石家庄市委书记孙瑞彬，副省长孙士彬，省政协副主席孔小均到栾城县走访慰问。

上午，省委办公厅、省政府办公厅、省政协办公厅联合召开会议，安排部署省政协十届五次会议提案交办工作。省政协主席付志方，省委常委、秘书长景春华，副省长孙士彬出席会议并讲话。省政协副主席赵文鹤、段惠军，秘书长安云昉出席会议，副主席崔江水主持会议。

晚上，钻石杯2011年河北十大新闻、年度十大新闻人物评选揭晓暨颁奖典礼电视晚会在省会河北会堂举行。感动河北年度人物同时受奖。

一月十七日

今天，省委常委、常务副省长杨崇勇，省人大常委会副主任黄荣，省政协副主席武四海到秦皇岛市走访慰问。

今天，省委常委、副省长聂辰席到沧州走访慰问，并到创先争优活动联系点吴桥县调研。

今天，副省长宋恩华、省政协副主席丛斌到张家口市走访慰问。

今天，省委常委、统战部长田向利，副省长龙庄伟，省政协副主席王刚到保定市走访慰问。

今天，省委常委、宣传部长艾文礼，副省长张杰辉，省政协副主席崔江水在唐山市走访慰问。

一月十八日

1月17日至今日，中共中央政治局委员、全国人大常委会副委员长、中华全国总工会主席王兆国来河北省石家庄市送温暖并考察工作。他强调要认清形势、把握方向，坚定中国特色社会主义信念，大力倡导勤奋劳动、诚实劳动、创新劳动，团结动员广大职工为实现中央提出的“稳中求进”目标作出新贡献。全国总工会副主席王玉普，全国总工会书记处书记李滨生等参加考察。省委书记、省人大常委会主任张庆黎，省委副书记、省长张庆伟，省委副书记赵勇，省委常委、石家庄市委书记孙瑞彬，省委常委、秘书长景春华，省人大常委会副主任、省总工会主席马兰翠分别陪同考察。

上午，全国消防工作电视电话会议在省会河北会堂召开。

上午，副省长张杰辉在石家庄检查安全生产工作。他强调，各地、各部门、各企业必须对安全生产工作进行周密安排、部署，确保全省人民温暖过节、平安过节。

下午，省委书记张庆黎，省委副书记、省长张庆伟在石家庄会见了中国侨联党组书记、主席林军一行。省委常委、秘书长景春华，省委常委、统战部长田向利参加会见。

下午，省统战系统举行迎新春联欢会。省委常委、统战部长田向利，副省长、民盟省委主席龙庄伟，民进省委主委王刚，九三学社中央副主席、九三学社省委主席丛斌出席联欢会。

一月十九日

上午，副省长宋恩华专题调度春运工作。他要求，要以高度的使命感和责任感，发扬连续作战、不怕困难的优良作风，严密组织、协调联动，确保圆满完成春运任务。

下午，省长张庆伟主持召开省政府第100次常务会议。会议研究了《河北省人民政府2012年重点工作目标分解方案》，并就今年各项重点工作进行了部署。

晚上，河北省军民迎新春双拥文艺晚会在省会河北会堂举行。

今天，省政府办公厅下发《关于做好春节市场供应加强市场监管的通知》，要求各级政府及部门，进一步做好春节期间保障市场供应、扩大节日消费、加强市场监管、维护市场稳定工作，确保让人民群众过一个欢乐、祥和的春节。

一月二十日

上午，省政府举行2012年春节团拜会。省领导张庆黎、张庆伟、赵勇、付志方等同省会各界人士欢聚一堂，辞旧迎新，同贺新春，共庆佳节。省委书记、省人大常委会主任张庆黎发表讲话。省委副书记、省长张庆伟主持团拜会。

上午，省委副书记、省长张庆伟到石家庄市公安局指挥中心、石家庄火车站，检查春运和节日期间社会稳定工作，慰问在一线岗位工作的干部职工和公安干警。省委常委、石家庄市委书记孙瑞彬，副省长宋恩华，省长助理、省政府秘书长尹亚力陪同检查、慰问。

下午，河北省举行迎新春军地座谈会。省委书记、省人大常委会主任、省军区党委第一书记张庆黎出席并讲话。省委副书记、省长张庆伟主持座谈会。省委、省人大常委会、省政府、省政协领导赵勇、付志方、梁滨、臧胜业、聂辰席、孙瑞彬、景春华、田向利、艾文礼、宋长瑞、张和、孙士彬、龙庄伟、张杰辉、沈小平、杨汭、刘永瑞出席座谈会。出席座谈会的省军区、武警河北省总队、驻冀军级单位领导有：史鲁泽、张彦欣、薛爱国、薛凝冰、邹运明、张龙、李志坚、宋兵役、李喜群、李志双、杨保明、马金旗等。驻石师旅级单位军政主官也出席了座谈会。

一月二十八日

今天，农业部部长韩长赋到石家庄市、衡水市调研小麦田间管理及春耕备耕工作。省领导张庆黎、赵勇、孙瑞彬、景春华、沈小平分别陪同调研。

一月二十九日

下午，省委常委、副省长聂辰席到省贸促会研究调度河北省参与韩国2012年丽水世博会筹备工作。

一月三十日

今天，省委、省政府在唐山市召开加快推进曹妃甸新区开发建设现场办公会议。省委书记张庆黎主持下午的会议并讲话。省委副书记、省长张庆伟主持上午的会议并在下午的会议讲话。省委常委、常务副省长杨崇勇就加快推进曹妃甸新区开发建设讲了意见。省委常委、组织部长梁滨，省委常委、秘书长景春华，副省长宋恩华、张杰辉就加快曹妃甸新区开发建设讲了具体意见。

一月三十一日

今天，省委副书记、省长张庆伟就贯彻落实加快推进曹妃甸新区开发建设现场办公会议精神到唐山市调研。副省长张杰辉，省长助理、省政府秘书长尹亚力陪同调研。

上午，省文明委召开第十七次全体（扩大）会议。省委副书记、省文明委主任赵勇，省委常委、宣传部长、省文明委常务副主任艾文礼出席会议并讲话。

二　　月

二月一日

下午，省委副书记、省长张庆伟在石家庄会见了国家统计局局长马建堂一行。省委常委、常务副省长杨崇勇一同会见。

二月二日

上午，省委、省政府召开全省人才工作座谈会。省委副书记赵勇出席会议并讲话，省委常委、组织部长梁滨主持会议，副省长宋恩华出席会议。

下午，省委书记张庆黎在石家庄接见了全省老干部工作暨“双先”表彰会代表。省委常委、组织部长梁滨，省委常委、秘书长景春华，副省长宋恩华一同接见。

今天，河北省政府、内蒙古自治区政府《进一步加强交通项目合作会议纪要》签字仪式在石家庄举行，副省长宋恩华出席签字仪式。

二月三日

上午，2012年河北省高校毕业生就业市场开幕式暨河北省高校毕业生就业服务月启动仪式在省会举行。副省长宋恩华出席仪式并讲话。

二月六日

下午，全省“十二五”有线电视“村村通”电视电话会议在省会河北会堂召开。副省长杨汭出席会议并讲话。

二月七日

上午，全省开展加强基层建设年活动动员大会在省会河北会堂召开。省委书记张庆黎出席会议并讲话，省委副书记、省长张庆伟出席会议。省委副书记赵勇作动员讲话，省委常委、组织部长梁滨主持会议。

二月八日

今天，秦皇岛市北戴河及相邻地区近岸海域环境综合治理动员会在秦皇岛市召开。副省长张杰辉出席会议并讲话。

二月九日

上午，省委副书记、省长张庆伟到省农林科学院调研。副省长龙庄伟，省长助理、省政府秘书长尹亚力陪同调研。

今天，省委常委、副省长聂辰席在廊坊调度“5·18”廊坊国际经贸洽谈会筹备工作。

今天，副省长宋恩华在省会专题听取省公安厅、石家庄市公安局和清华大学交通科研所关于《石家庄市道路交通发展对策研究》的汇报。

二月十日

上午，保定市2011年度推进惩防体系建设检查暨省管干部考核汇报测评大会召开。省委副书记、省长张庆伟出席大会并讲话。

二月十二日

下午，省委书记张庆黎在石家庄会见了卫生部副部长、国家中医药管理局局长王国强一行。省委常委、秘书长景春华，副省长孙士彬、杨汭参加会见。

二月十三日

2月12日至今日，省委常委、常务副省长杨崇勇就贯彻落实省第八次党代会和全省经济工作会议精神，到沧州渤海新区调研。

今天，省委常委、常务副省长杨崇勇率代表团到天津滨海新区学习考察。考察团与天津市进行座谈，天津市委副书记、滨海新区区委书记何立峰，区长宗国英介绍了发展情况。

二月十四日

上午，全省农村工作会议在省会河北会堂召开。省委书记张庆黎出席会议并为受表彰单位代表颁奖。省委副书记赵勇出席会议并讲话。省委常委、石家庄市委书记孙瑞彬，省人大常委会副主任宋长瑞，省政府党组副书记、顾问张和，省政协主席崔江水出席会议并颁奖。省委常委、秘书长景春华宣读了省委、省政府表彰决定。副省长沈小平主持会议。

上午，副省长宋恩华主持召开正定古城抢救保护汇报座谈会。

二月十五日

上午，全省农村工作会议在石家庄闭幕。省委副书记赵勇主持闭幕会议。

今天，省委常委、副省长聂辰席在北京分别拜访了国家旅游局局长邵琪伟和国台办主任王毅，并进行了工作会谈。

二月十六日

下午，中国铝业公司“母亲健康快车”走进河北捐赠暨发车仪式在省博物馆广场举行。省委书记、省人大常委会主任张庆黎出席仪式并为执行项目县（市）代表发放车钥匙。全国政协社会和法制委员会副主任、中国妇女发展基金会理事长黄晴宜宣布发车令。省委副书记赵勇出席仪式并讲话，省委常委、秘书长景春华代表河北省接受捐赠，副省长杨汭主持仪式。

今天，省委常委、副省长聂辰席就加快特色产业电子商务发展到邢台沙河调研。

二月十九日

2月12日至今日，应美国衣阿华州的邀请，省委副书记、省长张庆伟率由省直有关厅局、部分设区市和企业负责同志组成的河北省代表团访问美国。出访期间，张庆伟参加了国家副主席习近平在美国的部分访问活动。河北省代表团与衣阿华州政府、教育界、友好协会和美国企业界人士进行了广泛深入的交流，推进了一批对美贸易和投资合作项目，进一步深化了河北省与美国的投资和贸易合作，出访各项活动取得圆满成功。

二月二十一日

上午，省委书记张庆黎，省委副书记、省长张庆伟在北京与国家发改委主任张平举行会谈。省委常委、常务副省长杨崇勇，省委常委、秘书长景春华，省长助理、省政府秘书长尹亚力参加会谈。

下午，省长张庆伟在北京钓鱼台国宾馆会见了美铝公司董事长兼首席执行官柯菲德一行。副省长张杰辉，省长助理、省政府秘书长尹亚力等一同会见。

二月二十二日

上午，省委书记张庆黎，省委副书记、省长张庆伟在北京与国土资源部部长徐绍史举行会谈。国土资源部副部长、国家测绘地理信息局局长徐德明，国土资源部副部长胡存智，国土资源部党组成员、国家土地副总督察张德霖；省委常委、秘书长景春华，副省长张杰辉，省长助理、省政府秘书长尹亚力参加会谈。

下午，省委书记张庆黎，省委副书记、省长张庆伟在北京与财政部部长谢旭人、财政部副部长王军等举行会谈。省委常委、常务副省长杨崇勇，省委常委、秘书长景春华，省长助理、省政府秘书长尹亚力参加会谈。

二月二十四日

2月23日至今日，中国共产党河北省第八届委员会第二次全体会议在石家庄举行。全会由省委常委会主持。省委书记张庆黎讲话。省委副书记、省长张庆伟传达《中共中央关于党的十八大代表选举工作的通知》。赵勇、史鲁泽、杨崇勇、臧胜业、聂辰席、张越、孙瑞彬、景春华、田向利出席会议。省委常委、省委组织部部长梁滨就河北省出席党的十八大代表候选人初步人选推荐情况和《关于召开中国共产党河北省代表会议的决议（草案）》向全会作了说明。省委常委、省委宣传部部长艾文礼就《实施意见（讨论稿）》向全会作了说明。省委委员、候补委员出席会议。

下午，河北省人口和计划生育工作会议在省会召开。省委书记张庆黎出席会议，省委副书记、省长张庆伟讲话，省委副书记赵勇主持会议。省委常委、省委秘书长景春华，省人大常委会副主任马兰翠，省政协副主席王刚，省长助理、省政府秘书长尹亚力出席会议。副省长杨汭作工作报告。

下午，省委常委、常务副省长杨崇勇就贯彻落实省第八次党代会和全省经济工作会议精神，推动河北金融更好更快发展，到省金融办调研。省长助理、省金融办主任江波参加调研。

二月二十五日

上午，省精神文明建设委员会在石家庄召开动员大会，在全省启动“善行河北”主题道德实践活动。省委常委、宣传部部长艾文礼作动员讲话。副省长杨汭主持会议。

二月二十六日

上午，省委副书记、省长张庆伟在石家庄会见了中国空间技术研究院院长杨保华一行。副省长张杰辉，省政协副主席王刚，省长助理、省政府秘书长尹亚力一同会见。

二月二十八日

上午，全省构建和谐劳动关系先进表彰暨经验交流会议在省会河北会堂召开。省委书记、省人大常委会主任张庆黎出席会议并为获得“河北省模范劳动关系和谐企业”和“河北省厂务公开民主管理先进单位”称号的单位授牌。省委副书记、省长张庆伟，全国总工会副主席、党组书记、书记处第一书记王玉普出席会议并讲话。省长副书记赵勇主持会议。省委常委、省委秘书长景春华，副省长宋恩华、张杰辉出席会议。省人大常委会副主任、省总工会主席马兰翠宣读《表彰决定》。

上午9时许，赵县河北克尔化工有限公司一号车间发生爆炸事故，共造成15人遇难、40余人受伤。事故发生后，省委、省政府高度重视，省委书记张庆黎、省长张庆伟相继作出重要批示，要求全力抢救伤员，防止次生事故，妥善处理善后事宜，彻查事故原因。

上午，省食品药品检验院正式揭牌，副省长杨汭出席揭牌仪式。

下午，省委副书记、省长张庆伟来到石家庄市人民医院，看望赵县河北克尔化工有限公司爆炸事故受伤人员。省委常委、石家庄市委书记孙瑞彬，副省长张杰辉，省长助理、省政府秘书长尹亚力陪同看望。

下午，省委常委、副省长聂辰席在石家庄会见了美国JM集团总裁王文祥一行。

下午，全省城市园林绿化暨古树名木和风景名胜资源保护工作会议在省会召开。副省长宋恩华出席会议并讲话。

今天，省政府办公厅发出《关于深刻汲取事故教训切实做好当前安全生产工作的紧急通知》，要求深刻汲取事故教训，严防各类事故发生。

二月二十九日

今天，全省扶贫开发暨环首都扶贫攻坚示范区建设工作会议在保定市涞水县召开。省委书记、省人大常委会主任张庆黎，省委副书记、省长张庆伟出席会议并讲话。省委副书记赵勇主持会议。省人大常委会副主任宋长瑞，省政协副主席崔江水，省长助理、省政府秘书长尹亚力出席会议。副省长沈小平宣读《表彰决定》。

上午，全省金融工作会议在省会召开。省委常委、常务副省长杨崇勇出席会议并讲话。省长助理、省金融办主任江波主持会议。

上午，全省安全生产紧急电视电话会议在省会河北会堂召开。会议传达了省委书记、省人大常委会主任张庆黎，省委副书记、省长张庆伟对赵县河北克尔化工有限公司爆炸事故作出的重要批示，通报了近期全省安全生产事故情况，对当前和全国“两会”期间安全生产工作进行再安排、再部署。副省长张杰辉出席会议并讲话。

今天，以国家工商行政管理总局副局长钟攸平为组长的国务院开展使用正版软件督导检查组来河北省督导检查。省使用正版软件工作领导小组组长、副省长杨汭出席汇报会。

三　　月

三月一日

上午，邢台市人民政府与中航机电系统有限公司签订重卡整车及特种车辆底盘、特种装备生产基地合作协议。签约仪式结束后，中航工业重卡整车及特种车辆底盘生产基地项目举行开工奠基仪式。省委副书记、省长张庆伟，中航工业集团党组书记、总经理林左鸣出席签约及项目奠基仪式。省委常委、常务副省长杨崇勇在项目奠基仪式上致辞。省长助理、省政府秘书长尹亚力参加签约及项目开工仪式。

下午，全省扶贫开发暨环首都扶贫攻坚示范区建设工作会议在保定市涞水县闭幕。省委副书记赵勇出席会议并讲话。省人大常委会副主任宋长瑞，省政协副主席崔江水出席会议。副省长沈小平主持会议。

今天，副省长杨汭带领省直有关部门负责同志到秦皇岛市就卫生、优育工作进行调研，并主持召开女子拳击世锦赛暨奥运选拔赛筹备工作调度会。

三月二日

下午，省委书记、省人大常委会主任张庆黎，省委副书记、省长张庆伟在北京与中国民用航空局局长李家祥就推进河北民航事业发展举行会谈。中国民用航空局副局长李军、夏兴华；省委常委、秘书长景春华，副省长宋恩华，省长助理、省政府秘书长尹亚力参加会谈。

下午，省委书记、省人大常委会主任张庆黎，省委副书记、省长张庆伟在北京与国家烟草专卖局局长、中国烟草总公司总经理姜成康举行会谈。国家烟草专卖局副局长李克明、杨培森、赵洪顺；省委常委、秘书长景春华，副省长张杰辉，省长助理、省政府秘书长尹亚力参加会谈。

下午，龙庄伟、丛斌、孔小均、王刚等全国人大代表和驻冀全国政协委员启程赴京，出席即将召开的十一届全国人大五次会议和全国政协十一届五次会议。

三月三日

上午，省委书记、省人大常委会主任张庆黎，省委副书记、省长张庆伟在北京与国家开发银行党委书记、董事长陈元，国家开发银行党委副书记、监事长姚中民等举行会谈。国家开发银行党委委员、副行长李吉平；省委常委、常务副省长杨崇勇，省委常委、秘书长景春华，省长助理、省政府秘书长尹亚力，省长助理、省金融办主任江波参加会谈。

下午，出席十一届全国人大五次会议的河北省代表团举行全体会议。省委书记、省人大常委会主任张庆黎主持会议。会议推选张庆黎为河北代表团团长，张庆伟、付志方、黄荣、沈小平、丛斌为副团长。

三月五日

下午，出席十一届全国人大五次会议的河北省代表团举行全体会议，审议温家宝总理所作的政府工作报告。中共中央政治局委员、国务委员刘延东发言，十一届全国人大常委会副委员长周铁农参加审议。省委书记、省人大常委会主任张庆黎主持并发言。省委副书记、省长张庆伟，省政协主席付志方参加审议并发言。

三月六日

上午，河北省召开纪念“三八”国标劳动妇女节大会，并对省“三八”红旗手标兵、省妇女创先争优先进典型和省城乡妇女岗位建功先进典型进行表彰。省委副书记赵勇出席会议并讲话。

三月七日

上午，出席十一届全国人大五次会议的河北代表团举行全体会议，审议温家宝总理所作的政府工作报告，审查计划报告和预算报告，并对中外新闻媒体记者开放。新华社、人民日报、中央电视台等50余家境内外媒体的近百名记者到会聆听审议、现场采访。省委书记、省人大常委会主任张庆黎主持会议，并回答记者提问。

三月八日

上午，副省长宋恩华召集省有关部门负责同志，就加快全省高速公路建设和促进港口集装箱发展进行研究调度。

下午，中共中央政治局常委李长春参加了在北京人民大会堂东大厅举行的十一届全国人大五次会议河北代表团全体会议，与代表们一同审议。中共中央政治局委员、国务委员刘延东，全国人大常委会副委员长周铁农，文化部部长蔡武，国家广电总局局长蔡赴朝，新闻出版总署署长柳斌杰，中宣部副部长申维辰，国家发改委副主任杜鹰参加审议。省委书记、省人大常委会主任张庆黎主持会议并发言。省委副书记、省长张庆伟，省政协主席付志方等参加审议。李长春对河北经济社会发展取得的成绩给予充分肯定。他强调，希望河北紧紧抓住京津冀区域经济一体化纳入国家“十二五”规划、河北沿海地区发展规划上升为国家战略等重大发展机遇，大力提高自主创新能力，大力发展优势特色产业，大力发展沿海经济，努力形成与京津地区配套发展、相互促进的经济格局，走出一条具有河北特色的科学发展、跨越发展新路。

三月九日

下午，省政府与中国科学院在京举行科技合作座谈会，并签署合作共建河北省科学院协议。副省长龙庄伟、中国科学院副院长施尔畏代表双方签署协议。省政府副主席、省科学院院长王刚等出席。

三月十日

下午，省政府与中国建设银行签订支持河北沿海地区发展战略合作协议。省委书记、省人大常委会主任张庆黎，中国建设银行党委书记、董事长王洪章出席签约仪式。

三月十一日

下午，省委、省政府与部分央企举行座谈会暨战略合作签约仪式。省委书记、省人大常委会主任张庆黎，省委副书记、省长张庆伟出席座谈会和签约仪式并致辞。省委常委、常务副省长杨崇勇主持。省委常委、秘书长景春华，省长助理、省政府秘书长尹亚力，省长助理、省金融办主任江波以及部分央企负责人参加座谈会和签约仪式。副省长宋恩华、张杰辉、沈小平代表省政府分别与中国铁建、中兴能源、中海油、中交建、中储粮负责人签订战略合作协议。

三月十三日

今天，全省深化医药卫生体制改革工作领导小组第七次会议在省会召开。省委常委、常务副省长杨崇勇出席会议并讲话，副省长杨汭主持会议。

三月十四日

今天，全省民兵预备役部队重点应急专业力量建设暨整组工作动员部署会议在省军区召开。省委常委、省军区司令员史鲁泽，省军区政委李光聚，副省长宋恩华，省军区副司令员赵海滨出席并讲话。

3月13日至今日，省委常委、副省长聂辰席带领省有关部门负责同志在唐山曹妃甸新区、海港经济开发区、唐山高新区调研。

三月十五日

上午，第十八届河北（石家庄）国际医疗器械展览会在石家庄国际博览中心开幕。省委常委、副省长聂辰席出席并宣布开幕，省政协副主席王玉梅致辞。

三月十六日

下午，省政府召开食品安全委员会第二次全体会议。省委常委、常务副省长杨崇勇主持会议并讲话，省委常委、副省长聂辰席，副省长沈小平、杨汭出席会议并讲话。

三月十七日

今天，中央企业青年企业家"河北行"活动在石家庄举行。省委副书记、省长张庆伟会见了参加活动的国务院国资委副主任姜志刚，共青团中央书记处书记、全国青联常务副主席贺军科以及中央企业青年企业家一行。省委副书记赵勇，省委常委、常务副省长杨崇勇，省委常委、副省长聂辰席，省长助理、省政府秘书长尹亚力参加会见。

三月十八日

上午，省委副书记、省长张庆伟在石家庄会见了彼得·安塞思博士率领的美国衣阿华州得梅因市中学生代表团，同代表团一起观看了"春之桥"中美学生音乐会，并亲切接见参加演出的中美学校师生。

三月二十日

下午，省委常委、副省长聂辰席到石家庄内陆港有限公司考察，并听取省发改委关于口岸工作的汇报。

三月二十一日

下午，省委书记、省人大常委会主任张庆黎，省委副书记、省长张庆伟在石家庄会见了全国人大常委会原副委员长、中国关心下一代工作委员会主任顾秀莲一行。省委常委、秘书长景春华，省人大常委会副主任侯志奎参加会见。

三月二十二日

上午，省长张庆伟主持召开省政府第102次常务会议。会议研究了《河北省人民政府关于进一步加快旅游业实现跨越式发展的若干意见》，并就下一步加快全省旅游业发展进行了安排部署；研究了《河北省钢铁产业结构调整方案》和《关于第一批违规钢铁在建项目处理意见》，并就全省钢铁产业调整进行了安排部署。会议强调，加快旅游业统筹全省大局，以实现区域旅游协调可持续发展为目标，加快构建旅游产业发展新格局。

下午，邢台市政府与新兴际华集团有限公司在石家庄签署了战略合作协议。省委书记、省人大常委会主任张庆黎，省委常委、秘书长景春华出席签约仪式。

三月二十三日

下午，省委召开议军会议，传达北京军区党委有关会议精神，听取省军区工作汇报。省委书记、省人大常委会主任、省军区党委第一书记、省国防动员委员会第一主任张庆黎主持会议并讲话。省委副书记、省长、省国防动员委员会主任张庆伟出席会议并讲话。省领导和省军区领导赵勇、付志方、史鲁泽、李光聚、杨崇勇、孙瑞彬、景春华、宋长瑞、宋恩华、赵海滨、王志国、李志强、张圣荣、李毅等出席。会前，国防大学战略研究所所长金一南就国防和军队建设的有关问题作了报告。

下午，全省党管武装工作述职电视电话会议在省军区召开。省委书记、省人大常委会主任、省军区党委第一书记、省国防动员委员会第一主任张庆黎主持会议并讲话。省领导及省军区领导张庆伟、赵勇、付志方、史鲁泽、李光聚、杨崇勇、孙瑞彬、景春华、宋长瑞、宋恩华、赵海滨、王志国、李志强、张圣荣、李毅等在主会场出席会议。

三月二十四日

上午，河北工业大学"211工程"三期验收会在河北工大报告厅举行。副省长龙庄伟出席验收会并讲话。

下午，省政府在文安县与国家电网公司举行工作会谈。

三月二十六日

上午，省林业厅在石家庄举行了挂牌仪式。副省长沈小平、国家林业局总工程师陈凤学出席并为省林业厅揭牌。

下午，在集中收听收看了国务院第五次廉政工作电视电话会议后，省政府在河北会堂召开第五次廉政工作会议。省委副书记、省长张庆伟出席会议并讲话。省委常委、常务副省长杨崇勇主持。

三月二十七日

上午，省十一届人大常委会在石家庄召开第二十九次会议。省委书记、省人大常委会主任张庆黎主持会议。

上午，全国工商联小型微型企业发展座谈会在省会举行。中央统战部副部长，全国工商联党组书记、第一副主席全哲洙出席会议并讲话，省委常委、副省长聂辰席主持会议，省委常委、统战部部长田向利出席会议。

三月二十八日

下午，省十一届人大常委会第二十九次会议在石家庄闭幕。省委书记、省人大常委会主任张庆黎主持会议并讲话。

今天，河北省第十一届人民代表大会常务委员发布公告：河北省第十一届人民代表大会常务委员会第二十九次会议决定，接受孙士彬辞去河北省人民政府副省长职务的请求。

三月二十九日

今天，全国社会养老服务体系建设工作会议在河北省邯郸市召开。省委书记、省人大常委会主任张庆黎出席会议并致辞。民政部部长李立国在会上讲话。民政部副部长窦玉沛，省委常委、秘书长景春华出席会议。民政部党组成员、全国老龄办常务副主任陈传书主持会议。副省长宋恩华代表省政府在会上作典型发言。会前，张庆黎、李立国、景春华、宋恩华等出席了晋冀鲁豫革命纪念园国家4A旅游景区揭牌仪式，并向人民英雄纪念墓擎献花篮。

上午，省长张庆伟到省气象局调研。副省长沈小平，省长助理、省政府秘书长尹亚力陪同调研。

上午，“建功‘十二五’、经济强省当先锋”劳动竞赛暨职业技能大赛动员大会在省会召开。

上午，省文化体制改革和文化产业发展工作领导小组第七次会议在省会召开。

下午，省长张庆伟主持召开省政府第103次常务会议。会议听取了关于全国春季农业生产工作会议精神和河北省贯彻落实意见的汇报，并就抓好今年春季农业生产工作进行了安排部署；研究了《河北省人民政府关于进一步加强环境保护工作的决定》，就河北省当前和今后一个时期环保工作进行安排部署。会议要求，要坚持以科学发展为主题，以转变农业发展方式为主线，把春季农业生产作为当前农业农村工作的中心任务，千方百计夺取夏粮丰收。会议强调，要按照国务院要求，充分发挥环境保护在结构调整、经济转型中的倒逼作用，坚持以人为本和环保优先，改善环境质量，防范环境风险，努力走出一条代价小、效益好、排放低、可持续的环保新道路，为建设经济强省、和谐河北打下良好的环境基础。

三月三十日

上午，副省长宋恩华与民航华北地区管理局局长刘雪松率领的工作组进行座谈，就河北民航安全管理、公务机机场建设等深入交换意见。

三月三十一日

今天，省委、省政府在沧州市召开加快推进渤海新区开发建设现场办公会议。省委书记、省人大常委会主任张庆黎出席会议并讲话。省委副书记、省长张庆伟主持上午的会议并在下午的会议上讲话。省委常委、常务副省长杨崇勇主持下午的会议并讲了意见。

四　　月

四月六日

4月5日至今日，省委书记、省人大常委会主任张庆黎，省委副书记、省长张庆伟率河北省党政代表团在北京市学习考察。中共中央政治局委员、北京市委书记刘淇，北京市委副书记、市长郭金龙，北京市人大常委会主任杜德印，北京市委副书记、市政协主席王安顺参加相关活动，并出席两省市工作交流座谈会。北京市领导吉林、李士祥、赵凤桐、鲁炜、傅政华、唐龙、刘敬民、苟仲文、洪峰、丁向阳、陈刚、陈平，市政府秘书长孙康林、市政协秘书长闫仲秋；省领导杨崇勇、张越、孙瑞彬、景春华、宋恩华、张杰辉，省长助理、省政府秘书长尹亚力，省直有关部门和各设区市主要负责同志参加了学习考察活动。

上午，美国JM集团高科技管材项目在廊坊新兴产业示范区开工奠基。海峡两岸关系协会会长陈云林、国务院侨务办公室主任李海峰、副主任任启亮、美国JM集团总裁王文祥出席开工仪式，省委副书记赵勇宣布项目开工，海峡两岸关系协会常务副会长李炳才，省委常委、副省长聂辰席致辞。

下午，省委书记、省人大常委会主任张庆黎，省委副书记、省长张庆伟在北京与中国人民解放军空军司令员许其亮、政治委员邓昌友等领导举行会谈。空军副司令员赵忠新，副参谋长王义生；省委常委、石家庄市委书记孙瑞彬，省委常委、秘书长景春华，副省长宋恩华，省长助理、省政府秘书长尹亚力参加会谈。

4月5日至今日，副省长沈小平带领省直有关部门负责同志，就春耕生产和森林草原防火工作到秦皇岛调研。

四月七日

今天，省委常委、副省长聂辰席在省会会见了台湾远东航空公司董事长张纲维一行。

四月九日

上午，承德市鹰手营子矿区梆子沟村发生森林火灾。火灾发生后，省委书记、省人大常委会主任张庆黎指示，要组织优势兵力尽快将火扑灭，确保当地群众和参战人员安全。省委副书记、省长张庆伟亲自研究部署扑火工作，要求成立现场指挥部，调集专业力量，尽快把火扑灭，确保周边设施和人员安全。副省长沈小平就扑火工作提出具体要求，并赶赴现场指挥。

上午，2011年度土地卫片执法检查工作电视电话会议在省会召开。副省长张杰辉出席会议并讲话。

下午，由外交部和中国残疾人福利基金会筹款资助建立的西柏坡残疾人康复站正式启用。

四月十日

下午，省政府在省会河北会堂召开第六次全体会议。省委副书记、省长张庆伟主持会议并讲话。他强调，要进一步加快政府改革和建设，全力以赴做好当前的各项工作，以实际行动迎接党的十八大胜利召开。

今天，卫生部副部长陈啸宏在石家庄就卫生系统开展“修医德、强医能、铸医魂”主题实践活动进行调研并召开座谈会。副省长杨汭出席座谈会并讲话。

四月十一日

上午，省委副书记、省长张庆伟到藁城市检查指导春季农业生产工作。省政府特邀咨询张和，省长助理、省政府秘书长尹亚力等陪同检查。

上午，全省就业和农民工工作电视电话会议在省会河北会堂召开。副省长宋恩华出席会议并讲话。

上午，省安全生产协会第一届会员代表大会在石家庄召开。副省长张杰辉出席会议并讲话。

下午，省委副书记、省长张庆伟在石家庄会见了上海浦东发展银行董事长吉晓辉一行。

四月十二日

上午，全省保障性安居工程工作调度会在省会召开。副省长宋恩华参加会议并讲话。湖北省黄石市相关负责人介绍了黄石市住房保障制度创新的经验。

下午，省委书记、省人大常委会主任张庆黎，省委副书记、省长张庆伟在石家庄会见了中央统战部常务副部长朱维群一行。

下午，河北省第八次环境保护大会在省会河北会堂召开。省长张庆伟出席会议并讲话。

今天，省政府特邀咨询张和考察了廊坊市引黄工程和南水北调配套工程廊涿干渠第三标段建设情况。

今天，全国食品药品监管政策法规工作会议在石家庄市召开，副省长杨汭出席会议并致辞。

四月十三日

下午，省政府召开全省纠风暨优化发展环境工作电视电话会议。省委常委、常务副省长杨崇勇出席会议并讲话。

今天，全省县级公立医院改革工作座谈会在省会召开。副省长杨汭出席会议并讲话。

四月十五日

下午，省委书记、省人大常委会主任张庆黎，省长张庆伟在石家庄与前来河北省调研工业转型升级工作的工业和信息化部部长苗圩举行会谈。

四月十七日

上午，2012年河北省（香港）投资贸易洽谈会在香港会展中心开幕。河北省举行沿海大省新战略·京畿重地新商机说明会暨项目签约仪式。省委书记、省人大常委会主任、省经贸代表团团长张庆黎出席并致辞。省委常委、副省长、省经贸代表团副团长聂辰席主持，省委常委、秘书长、省经贸代表团副团长景春华出席。中央人民政府驻香港特别行政区联络办公室副主任王志民，国家外交部驻香港特派员公署署理特派员洪小勇，香港特别行政区政府政制及内地事务局局长谭志源，香港贸易发展局总裁林天福等作为主礼嘉宾应邀出席。谭志源、林天福分别在仪式上致辞。

上午，省长张庆伟在石家庄会见了美国卡博特公司总裁蒲白春一行。副省长张杰辉，省长助理、省政府秘书长尹亚力参加会见。

上午，网络文化建设和管理经验交流会在河北省召开。天津、山东、四川等12个省(区、市)互联网信息办有关负责同志参加会议。副省长龙庄伟出席会议并致辞。

下午，河北省与华润集团战略合作座谈会在香港华润大厦举行。会上举行了深化战略合作项目签约仪式，双方签署合作项目协议。

下午，河北省向前来检查工作的全国人大常委会文物保护法执法检查组汇报贯彻文物保护法实施情况。全国人大常委会副委员长韩启德，省长张庆伟出席汇报会并讲话。省人大常委会副主任马兰翠主持汇报会。副省长杨汭汇报了河北省贯彻文物保护法实施情况。

下午，全省集中开展安全生产领域“打非治违”专项行动电视电话会议在省会河北会堂召开。副省长张杰辉出席会议并讲话。

今天，省委常委、副省长聂辰席在香港投洽会上先后出席了冀港文化产业合作项目对接会、河北省（香港）旅游招商合作洽谈会、河北省国有重点企业项目推介会暨签约仪式等活动并致辞。

四月十八日

4月17日和今日，省委书记、省人大常委会主任、省经贸代表团团长张庆黎分别出席了香港中旅（集团）有限公司董事长张学武和香港胜记仓集团董事局主席郭泰诚举行的早餐会。省委常委、副省长聂辰席，省委常委、秘书长景春华出席。

上午，全省第四次妇女儿童工作会议在省会召开。省委常委、常务副省长杨崇勇出席会议并讲话。副省长、省政府妇女儿童工作委员会主任龙庄伟出席会议并作工作报告。

上午，卡博特公司与旭阳化工公司合资建设的新炭黑生产项目在邢台正式开工。副省长张杰辉出席奠基仪式。

中午，香港贸易发展局在香港会展中心举办河北—香港经贸合作交流午宴。省委书记、省人大常委会主任张庆黎出席并致辞。省委常委、副省长聂辰席，省委常委、秘书长景春华，香港贸易发展局总裁林天福出席。

下午，省政府与招商局集团签署全面战略合作框架协议。省委书记、省人大常委会主任张庆黎，招商局集团董事长傅育宁出席签约仪式。省委常委、副省长聂辰席，招商局集团总裁李建红代表双方在协议上签字。

下午，省政府与省总工会举行第六次联席会议。省长张庆伟主持会议并讲话。省人大常委会副主任、省总工会主席马兰翠，副省长宋恩华、张杰辉，省长助理、省政府秘书长尹亚力出席会议。

下午，省长张庆伟在石家庄会见中国华录集团董事长、总经理、党委书记陈润生一行。副省长杨汭，省长助理、省政府秘书长尹亚力参加会见。

下午，省政府召开衡水工业明胶事件调度会，副省长杨汭主持会议并讲话。

今天，省委常委、副省长聂辰席出席了河北省首批驻港商务联络机构揭牌仪式。

四月十九日

上午，河北企业香港上市融资推介会暨合作备忘录签字仪式在香港交易所举行。省委书记、省人大常委会主任、省经贸代表团团长张庆黎出席并为香港交易所开市鸣锣。省委常委、副省长聂辰席出席并致辞。省委常委、秘书长景春华，香港交易所行政总裁李小加出席。

上午，省长张庆伟到石家庄炼化分公司、省电力公司进行调研，听取了石家庄循环经济化工示范基地建设情况和省电力公司的工作汇报。省委常委、石家庄市委书记孙瑞彬，副省长张杰辉，省长助理、省政府秘书长尹亚力陪同调研。

上午，河北省新型城镇化建设领导干部专题研讨班开班式在省委党校举行。副省长宋恩华出席并讲话。

下午，省委书记、省人大常委会主任张庆黎在澳门会见了中央人民政府驻澳门特别行政区联络办公室主任白志健。省委常委、副省长聂辰席，省委常委、秘书长景春华；澳门中联办副主任高燕，办公厅主任孙达，经济部部长王新东参加会见。

下午，省长张庆伟主持召开省政府第104次常务会议。会议听取了全国深化医药卫生体制改革工作会议主要精神及我省贯彻落实意见的汇报，并就下一步深入推进全省医药卫生体制改革工作进行了安排部署。会议听取了关于全国集中开展安全生产领域“打非治违”专项行动电视电话会议主要精神及我省贯彻落实意见的汇报，并就下一阶段工作进行了安排部署。会议听取了关于阜城县明胶问题查处情况和全省明胶生产企业排查情况的汇报，并就明胶及其他食品、药品质量监管工作进行了安排部署。

今天，中国民主同盟河北省第十次代表大会在省会开幕。民盟中央常务副主席张宝文致辞。省委常委、统战部部长田向利，省人大常委会副主任、省工商联主席黄荣，副省长杨汭，省政协副主席赵文鹤出席大会。副省长、民盟河北省委主委龙庄伟代表民盟河北省第九届委员会作工作报告。

四月二十日

上午，省委书记、省人大常委会主任张庆黎与澳门特别行政区行政长官崔世安举行会谈。省委常委、副省长聂辰席，省委常委、秘书长景春华，澳门特别行政区政府经济财政司司长谭伯源，澳门特别行政区行政长官办公室主任谭俊荣等出席。

上午，河北省（澳门）投资环境说明会暨旅游招商合作洽谈会在澳门威尼斯人酒店举行。省委书记、省人大常委会主任、省经贸代表团团长张庆黎出席并致辞。省委常委、副省长聂辰席主持。省委常委、秘书长景春华，中央人民政府驻澳门特别行政区联络办公室副主任高燕，国家旅游局副局长王志发，国家外交部驻澳门特别行政区特派员公署特派员胡正跃出席。澳门特别行政区政府经济财政司司长谭伯源出席并致辞。

上午，省长张庆伟到以岭药业股份有限公司、神威药业有限公司进行调研。省委常委、石家庄市委书记孙瑞彬，省政府特邀咨询孙士彬，省长助理、省政府秘书长尹亚力陪同调研。

下午，省长张庆伟会见中华全国供销合作总社党组书记、理事会主任杨传堂一行。副省长沈小平，省长助理、省政府秘书长尹亚力，中华全国供销合作总社理事会副主任赵显人，纪检组组长佟宝君，理事会副主任戴公兴，理事会常务理事于培顺，监事会主任蒋省三等参加会见。

今天，全省工业经济运行调度会在省会召开，副省长张杰辉出席会议并讲话。

四月二十三日

4月20日至今日，省委书记、省人大常委会主任张庆黎率河北省党政代表团赴广东省学习考察。中共中央政治局委员、广东省委书记汪洋，广东省委副书记、省长朱小丹，广东省人大常委会主任欧广源，广东省委副书记朱明国，广东省委常委、常务副省长肖志恒，广东省委常委、深圳市委书记王荣，广东省委常委、秘书长林木声，广东省副省长招玉芳，广东省政协副主席温兰子，广州市委书记万庆良等分别陪同考察或出席相关活动。省委副书记赵勇，省委常委、副省长聂辰席，省委常委、秘书长景春华，省人大常委会副主任宋长瑞，副省长杨汭，省政协副主席刘永瑞一同学习考察。学习考察期间，深圳市委、市政府领导会见了河北省党政代表团一行。河北省党政代表团还到深圳莲花山公园向邓小平同志塑像敬献花篮。

四月二十四日

4月23日至今日，中共中央政治局委员、国务院副总理回良玉在河北省唐山市丰润区、玉田县、丰南区考察夏粮和春耕生产。他强调，夺取夏粮丰收，实现全年粮食稳定发展目标，对于稳定经济社会发展大局至关重要。各地区、各有关部门要认真贯彻落实今年中央1号文件精神，加大对粮食和农业生产的扶持力度，抓好夏收作物田间管理，引导农民种足种好春播作物，加强技术指导和农资供应，大力推进科学抗灾减灾，确保粮食“九连丰”，力争实现“九连增”。考察期间，回良玉听取了河北省农业农村工作汇报，对前一阶段夏粮和春耕生产取得的成绩予以充分肯定。全国供销合作总社理事会主任杨传堂、国务院副秘书长丁学东、国家发改委副主任杜鹰、财政部部长助理胡静林、水利部副部长李国英、农业部副部长余欣荣、国务院研究室副主任黄守宏等参加考察。省委书记、省人大常委会主任张庆黎、省委副书记、省长张庆伟，省委常委、秘书长景春华，副省长沈小平，省长助理、省政府秘书长尹亚力陪同考察。张庆伟主持汇报会，并就本省农业农村经济和春季农业生产情况作了汇报。

上午，省委书记、省人大常委会主任张庆黎在省会河北会堂会见了全国和省“五一”劳动奖状奖章、工人先锋号、金牌工人、能工巧匠获得者等受表彰代表。省领导赵勇、梁滨、景春华、艾文礼、宋长瑞、马兰翠、张杰辉、刘永瑞参加会见。

上午，省委、省政府在省会河北会堂召开庆祝“五一”国际劳动节大会。省委副书记赵勇，省委常委、组织部部长梁滨，省委常委、宣传部部长艾文礼，省人大常委会副主任宋长瑞，省人大常委会副主任、省总工会主席马兰翠，省政协副主席刘永瑞出席大会。副省长张杰辉主持大会。

今天，省委常委、副省长聂辰席在衡水督导铬超标药用胶囊处理工作。

今天，全省加强和创新农村社会管理工作现场会在肃宁县召开。省委常委、政法委书记张越出席会议并讲话，副省长宋恩华主持会议。

今天，河北省11个设区市同时举行集中销毁侵权盗版制品及各类非法出版物活动。副省长杨汭在石家庄市博物馆参加了集中销毁活动启动仪式。

四月二十五日

上午，河北省各民主党派、无党派人士“同心”教育座谈会在西柏坡政协大礼堂旧址召开。省委书记、省人大常委会主任张庆黎出席会议并讲话。省委副书记、省长张庆伟，省委副书记赵勇，省委常委、组织部部长梁滨，省委常委、石家庄市委书记孙瑞彬，省委常委、秘书长景春华，省委常委、宣传部部长艾文礼，省人大常委会副主任宋长瑞，省政协副主席刘永瑞等出席会议。省委常委、统战部部长田向利主持会议。中央统战部副部长陈喜庆、中央统战部六局局长王永庆莅临会议指导。副省长、民盟省委主委龙庄伟，省政协副主席、民进省委主委王刚，省政协副主席、农工党省委主委段惠军，民革省委主委卢晓光，民建省委主委秦博勇，九三学社省委主委葛会波以及无党派人士代表时清霜在会上发言。

上午，省政府召开全省医改工作会议。省委常委、常务副省长杨崇勇出席会议并讲话，副省长杨汭主持会议。

下午，全省节能减排工作电视电话会议在省会河北会堂召开。省委常委、常务副省长杨崇勇出席并讲话，副省长张杰辉主持。

4月24日至今日，副省长宋恩华带领省民政厅负责同志到河间市、献县，就养老服务体系建设和退役士兵安置改革工作进行调研。

四月二十七日

今天，省委书记、省人大常委会主任张庆黎，省委副书记、省长张庆伟率河北省党政代表团到天津学习考察。中共中央政治局委员、天津市委书记张高丽，天津市委副书记、市长黄兴国，天津市人大常委会主任肖怀远，天津市政协主席邢元敏，天津市委副书记何立峰，天津市委常委、秘书长段春华，天津市人大常委会副主任李泉山，天津市副市长熊建平、任学锋，天津市政府秘书长袁桐利等分别陪同考察或出席相关活动。省委常委、常务副省长杨崇勇，省委常委、石家庄市委书记孙瑞彬，省委常委、秘书长景春华，副省长宋恩华、张杰辉，省长助理、省政府秘书长尹亚力一同学习考察。

上午，全省综合治理出生人口性别比暨全面推进免费孕前优生健康检查项目工作会议在邢台召开。副省长杨汭出席并讲话。

下午，全省铬超标药用胶囊有关问题处理和打击传销工作电视电话会议在省会召开。省委常委、副省长聂辰席出席会议并讲话。副省长杨汭主持会议并讲话。

晚上，副省长杨汭到省药监局检查工作，并主持召开铬超标药用胶囊查处工作专题会议。

四月二十八日

上午，省委书记、省人大常委会主任张庆黎，省委副书记、省长张庆伟到河北工业大学调研。

上午，中国·香河首届国际家具采购节开幕式在香河家具城举行，省委常委、副省长聂辰席宣布采购节开幕。

上午，以“园林走进生活”为主题的河北省第一届园林博览会在省园博园开幕。省委常委、石家庄市委书记孙瑞彬宣布开幕。副省长宋恩华出席开幕式并讲话。

五　月

五月二日

今天，省政府召开铬超标药用胶囊清查工作调度会，副省长杨汭主持会议并讲话。

五月三日

下午，省政府与中国航空工业集团公司签署深化通用航空产业战略合作协议，中航工业集团公司、中航通飞公司、冀中能源集团公司共同签署组建中航通用飞机华北有限责任公司股东出资协议，中航通飞公司、石家庄市政府与美国塞斯纳飞机公司共同签署合资合作框架协议。省委书记、省人大常委会主任张庆黎出席签约仪式。省委副书记、省长张庆伟，中航工业集团公司董事长、党组书记林左鸣致辞。省委常委、常务副省长杨崇勇，中航工业集团公司总经理、党组副书记谭瑞松分别代表省政府和中航工业集团签署协议。

五月四日

下午，省委常委、副省长聂辰席在省会听取了省援疆办、省前方指挥部及省直有关部门对口支援新疆巴州和兵团农二师工作情况汇报。

下午，河北省首届毕业生网络就业市场启动仪式在河北政法职业学院举行。

下午15时，张家口市宣化县洋河南镇殷庄子村发生森林火灾。省委书记、省人大常委会主任张庆黎批示：一定精心组织，全力扑救，一定确保人员安全。省长张庆伟批示：要集中力量，加强组织，保护好人员和设施安全。副省长沈小平在省防火指挥中心，听取情况汇报，分析研判火情，统筹安排调度。

五月七日

今天，省委常委、常务副省长杨崇勇在保定主持召开环首都绿色经济圈建设工作调度会议。

今天，省委常委、常务副省长杨崇勇在保定主持召开环首都地区央企合作项目调度会议。

上午，省政府召开铬超标药用胶囊有关问题处理工作情况汇报会。省委常委、副省长聂辰席，副省长杨汭出席会议并讲话。

五月八日

今天，省委、省政府在赤城县召开环首都扶贫攻坚示范区建设工作调度会。省委副书记赵勇出席会议并讲话，副省长沈小平主持会议。

五月九日

5月8日至今日，省长张庆伟就开展加强基层建设年活动和搞好扶贫开发工作到丰宁满族自治县进行调研。他强调，要坚持以科学发展为主题，以加快转变经济发展方式为主线，进一步增强紧迫感和使命感，保持实干为民的好作风，找准加快发展的好路子，以饱满的热情、优良的作风，加大扶贫开发工作的推进力度，促进丰宁经济社会实现更好更快更大发展。

今天，省委常委、副省长聂辰席主持召开廊坊经济贸易洽谈会筹备调度会议。

下午，河北省学习贯彻胡锦涛总书记在纪念共青团成立90周年大会上重要讲话座谈会在省会河北会堂召开。省委书记、省人大常委会主任张庆黎出席会议并讲话。省委副书记赵勇传达了胡锦涛总书记讲话精神。省委常委、秘书长景春华主持会议。

五月十日

今天，省残疾人培训托养中心正式落成。省委书记、省人大常委会主任张庆黎，中国残联党组书记、理事长王新宪出席揭牌仪式并共同为中心揭牌。

上午，台商产业转移创新基地开工奠基仪式在沧州经济开发区举行，海峡交流基金会董事长江丙坤出席奠基仪式并致辞，省委常委、副省长聂辰席宣布项目开工。

下午，2012河北省（天津）旅游招商合作暨旅游产品推介会在天津迎宾馆举办。省委常委、副省长聂辰席，天津市副市长任学锋出席会议并致辞。

今天，保定高新区与华北电力大学、河北大学、河北农业大学、河北金融学院、河北软件职业技术学院等高校合作建设的大学科技园正式开园。副省长龙庄伟出席开园仪式。

五月十一日

上午，河北科技大学铁扬艺术研究中心揭牌成立。省委书记、省人大常委会主任张庆黎会见了来河北省出席揭牌仪式的中国作家协会主席铁凝一行。省委副书记赵勇与铁凝一同为研究中心揭牌。

晚上，2012年秦皇岛国际拳联世界女子拳击锦标赛暨伦敦奥运会资格赛在奥林匹克体育中心体育馆开幕。省委书记、省人大常委会主任张庆黎出席开幕式并宣布开幕。国家体育总局局长刘鹏，国际拳联执委弗兰克·法切内里，国家体育总局副局长段世杰，省委常委、政法委书记张越，省委常委、秘书长景春华，副省长杨汭等出席开幕式。

5月10日至今日，副省长张杰辉就“打非治违”、违法占地整改、“双三十”节能减排工作，对承德、张家口、秦皇岛、唐山、廊坊5个设区市进行调度调研。

今天，副省长张杰辉率领省政府有关部门负责同志就中石油驻冀企业改革发展情况，到中国石油天然气管道局、中国石油天然气股份有限公司管道公司考察调研。

五月十三日

5月12日至今日，中共中央政治局委员、中央书记处书记、中宣部部长刘云山在张家口市调研。他强调，基层是事业发展的根基所在，社会主义文化的繁荣离不开基层文化的发展。深入贯彻党的十七届六中全会精神，必须注重基层基础、坚持利民惠民，突出地方特色、发挥资源优势，加快推进基层文化改革发展步伐，努力提供更多更好的文化产品和文化服务，不断丰富人民群众精神文化生活。随刘云山前来调研的有：中宣部副部长、文化部部长蔡武，中宣部副部长、国家广电总局局长蔡赴朝，人民日报社社长张研农，中宣部副部长翟卫华，新闻出版总署副署长邬书林等。省委书记、省人大常委会主任张庆黎，省委副书记、省长张庆伟陪同调研。在调研期间举行的汇报会上，张庆黎汇报了河北省经济社会发展情况。张庆伟主持汇报会。省委常委、秘书长景春华陪同调研。省委常委、宣传部部长艾文礼陪同调研并在汇报会上汇报了河北省宣传思想文化工作情况。副省长杨汭参加汇报会。

五月十四日

下午，省委书记、省人大常委会主任、省军区党委第一书记张庆黎，省委副书记、省长张庆伟在石家庄会见了前来白求恩医务士官学校调研的中国人民解放军总后勤部政委刘源上将一行。解放军总后勤部领导孙黄田、张雁灵、刘卫平、陶德平、李建参加会见并一同调研。省委常委、省军区司令员史鲁泽参加会见。省委常委、秘书长景春华，省军区政委李光聚参加会见及调研。省政府特邀咨询张和参加会见。

五月十五日

上午，省直（中直）单位第十九届离退休干部健身运动会在省体育馆举行。

下午，省长张庆伟主持召开省政府第105次常务会议。会议听取了关于2011年度依法行政考核工作情况的汇报，并就下一步深入推进依法行政工作进行安排部署。会议强调，各级各部门要进一步强化法制观念，站在依法治省、推进社会主义民主法制建设的高度，站在建设法治政府、加强反腐倡廉建设的高度，坚持围绕中心、服务大局，坚持统筹兼顾，突出重点，加快推进依法行政实现新进展，全力服务和保障经济强省、和谐河北战略目标的实现。会议还听取了关于第十三次全国民政会议主要精神及河北省贯彻落实意见的汇报，并就下一阶段全省民政工作进行了安排部署。

五月十六日

上午，省长张庆伟就古城保护开发工作到正定县进行调研。省委常委、石家庄市委书记孙瑞彬参加调研并主持座谈会。

5月12日至今日，省委常委、副省长聂辰席在新疆巴音郭楞蒙古自治州和新疆建设兵团农二师，考察对口援疆工作。

今天，省内重点高校与央企合作共建重点实验室工作调度会在省会召开。副省长龙庄伟出席调度会并讲话。

五月十七日

上午，省委常委、副省长聂辰席带领省有关部门负责同志，在廊坊国际会展中心实地检查了经洽会贸易展览布展情况。

上午，全国法院革命传统教育基地揭牌仪式在平山县王子村华北人民法院旧址举行。最高人民法院党组副书记、常务副院长沈德咏，副省长宋恩华为基地揭牌。

下午，省政府在廊坊国际饭店分别与全国工商联和财政部中国清洁发展机制基金签署了《战略合作框架协议》。

下午，省长张庆伟在廊坊国际饭店会见了美国商务精英代表团。

晚上，2012中国·廊坊国际经济贸易洽谈会在廊坊国际饭店开幕。全国政协副主席郑万通出席开幕式。省委书记、省人大常委会主任张庆黎宣布开幕。省委副书记、省长张庆伟，商务部党组成员、部长助理俞建华致辞。中央统战部副部长、全国工商联党组书记、第一副主席全哲洙，财政部副部长朱光耀，中央台办、国务院台办副主任叶克冬，国家旅游局党组成员、纪检组长刘金平，工业和信息化部总经济师周子学，中国国际贸促会副会长于平，北京市委常委、市教工委书记赵凤桐，天津市副市长任学锋，山东省副省长才利民，河南省副省长王铁，福建省人大常委会副主任张健，宁夏回族自治区人大常委会主任马秀芬应邀出席开幕式。省领导杨崇勇、聂辰席、景春华、黄荣、宋恩华、张杰辉、沈小平、杨汭、刘永瑞出席开幕式。在开幕式上，郑万通、张庆黎、张庆伟、全哲洙、俞建华共同启动开幕按钮。

今天，省委常委、常务副省长杨崇勇在廊坊主持召开沿海地区央企合作项目调度会议。

五月十八日

上午，省委书记、省人大常委会主任张庆黎在廊坊国际会展中心会见了中国石油化工集团公司董事长傅成玉等骨干央企负责人和国务院国资委原副主任、机械工业联合会会长王瑞祥一行。省委常委、秘书长景春华，副省长张杰辉，省政协副主席刘永瑞参加会见。

上午，省长张庆伟到廊坊市调研。他强调，一定要深入贯彻落实科学发展观，加快转变经济发展方式，努力增强自主创新能力，全力以赴打造一流制造企业，为建设经济强省、和谐河北作出新的更大贡献。副省长张杰辉，省长助理、省政府秘书长尹亚力陪同调研。

上午，省长张庆伟在廊坊国际会展中心会见了摩托罗拉移动技术（中国）有限公司大中华区总裁孟樸等世界500强企业代表。省委常委、副省长聂辰席，副省长杨汭，省长助理、省政府秘书长尹亚力等参加会见。

上午，第三届亚太经合组织智慧城市智能产业高端会议在廊坊举行。外交部部长助理马朝旭、世界智能城市评审团主席路易斯·扎克瑞拉出席，美国金融政策委员会董事会成员、美国科技公司创始人乔治·延森、APEC国际秘书处高官路易斯·安瑞克·弗蒂兹等发表演讲，副省长宋恩华致辞。

下午，中国·廊坊国际经济贸易洽谈会举行省重点合作项目签约仪式。省委常委、副省长聂辰席，省政协副主席刘永瑞出席签约仪式。

下午，电子信息和新能源项目专题对接会在廊坊举行。副省长张杰辉出席并致辞。

下午，中美产业合作项目专题对接会在廊坊会展中心举行。副省长杨汭出席并致辞。

今天，省沿海地区发展规划实施领导小组第一次会议在廊坊市召开。省委常委、常务副省长杨崇勇主持会议并讲话。

5月17日至今日，省委常委、副省长聂辰席分别出席了廊坊经洽会第七届中韩汽车零部件采购交易会、环首都绿色产业高端会议和旅游产业专场推介会专题招商活动并致辞。国家旅游局党组成员、纪检组长刘金平出席推介会。

今天，省委常委、副省长聂辰席在廊坊经洽会上会见了法国迪卡侬集团大中华区总裁康鹏雅一行。

今天，省政府特邀咨询孙士彬带领省有关部门负责同志到清东陵调研文物保护工作，并出席了清东陵文物保护维修工程暨景陵大碑楼修复工程启动仪式。

五月十九日

上午，2012“中国旅游日”河北主会场暨中国保定首届旅游美食节开幕式在保定电谷国际酒店会展中心广场举行，国家旅游局副局长杜江，省委常委、副省长聂辰席出席开幕式。

五月二十一日

上午，省十一届人大常委会第三十次会议在石家庄举行。省委书记、省人大常委会主任张庆黎主持会议。

下午，省长张庆伟在石家庄会见了厦门航空有限公司总经理车尚轮一行。副省长宋恩华，省长助理、省政府秘书长尹亚力一同会见。

五月二十二日

上午，省委书记、省人大常委会主任张庆黎，省委副书记、省长张庆伟在省会河北会堂会见了河北省出席全国公安系统英雄模范立功集体表彰大会的代表。省委常委、政法委书记，省公安厅厅长张越主持。省委常委、秘书长景春华，省委常委、宣传部部长艾文礼，副省长宋恩华参加会见。

上午，省十一届人大常委会第三十次会议举行第二次全体会议。

上午，省科技厅与中国农业机械化科学研究院在涞水县举行签约仪式，签署了“十二五”科技合作协议。副省长龙庄伟出席签约仪式。

下午，省十一届人大常委会第三十次会议完成各项议程，在石家庄闭幕。省委书记、省人大常委会主任张庆黎主持会议并讲话。

今天，国务院医改办调研组到石家庄就河北省村医队伍和村卫生室建设进行调研。副省长杨汭出席座谈会并讲话。

五月二十三日

下午，省长张庆伟在邯郸会见了中船重工集团党组书记、总经理李长印，中煤能源集团总经理王安，中石油天然气集团副总经理李新华等央企负责人。

下午，省委常委、副省长聂辰席主持召开韩国丽水世博会河北活动周筹备工作调度会。

五月二十四日

上午，张庆伟出席邯郸经济开发区东区央企项目集中开工仪式。省长助理、省政府秘书长尹亚力参加会见和项目开工仪式。

5月23日至今日，省长张庆伟到邯郸市就产业结构调整和冀南新区建设进行调研。他强调，邯郸市要深入贯彻落实科学发展观，坚定信心，扎实工作，率先闯出一条转方式、调结构的新路子，争当产业结构调整排头兵。调研期间，张庆伟专程到涉县八路军129师司令部旧址学习考察。省长助理、省政府秘书长尹亚力陪同调研。

今天，省城乡规划委员会第十一次全体会议在省会召开。副省长宋恩华出席会议并讲话。

下午，副省长宋恩华到石家庄机场就落实省政府决策和要求，加快重点项目建设进行调度和现场办公。

五月二十五日

上午，2012中国·保定国际空竹艺术节在保定军校广场举行开幕式。副省长杨汭宣布空竹艺术节开幕。

下午，省政府与中国工程院签署科技合作协议。省委书记、省人大常委会主任张庆黎，省长张庆伟，中国工程院院长周济出席签约仪式。

下午，副省长杨汭主持召开省直机关软件正版化工作调度会议。

5月23日至今日，全国政协文史和学习委员会副主任周国富、刘德旺，率大运河保护与申遗跟踪调研组，对河北省大运河保护与申遗工作进行考察。省领导孙士彬、赵文鹤、段惠军及省政协秘书长安云昉先后陪同调研。

今天，省政府召开省医改工作调度会。副省长杨汭出席会议并讲话。

五月二十六日

上午，河北省省直机关第四届运动会开幕式在石家庄经济学院举行。省委书记、省人大常委会主任张庆黎宣布运动会开幕。省委副书记、省长张庆伟致开幕词。省委副书记赵勇出席开幕式。开幕式结束后，张庆黎、张庆伟、赵勇等省领导参观了石家庄经济学院地球科学博物馆和钱圆金融博物馆。

今天，中国工程院院长周济带领部分中国工程院院士，就河北省产业发展情况来石家庄市考察并召开座谈会，中国工程院副院长干勇陪同考察。副省长龙庄伟陪同考察并主持座谈会。

五月二十七日

下午，第四届霸州文化艺术节在霸州体育中心广场启幕。省委常委、宣传部部长艾文礼在开幕式上致辞。省领导宋太平、杨汭、崔江水，国家体育总局副局长段世杰出席开幕式。

五月二十八日

上午，中国航天科技集团向河北捐赠"卫星数字农家书屋"暨"书香河北"创建活动启动仪式在石家庄举行。省委书记、省人大常委会主任张庆黎，省长张庆伟，新闻出版总署署长柳斌杰，国务院国资委副主任姜志刚，中国航天科技集团总经理马兴瑞共同启动创建活动。省委常委、宣传部部长艾文礼主持。副省长杨汭代表河北省接受中国航天科技集团捐赠的5010个"卫星数字农家书屋"。

上午，首届中国（北京）国际服务贸易交易会在北京国家会议中心开幕。省委常委、副省长聂辰席率河北代表团参会。

下午，省长张庆伟在石家庄会见了中国建筑工程总公司董事长易军一行，并出席了中国建筑工程总公司与石家庄市政府、河北水务集团、邢台水业集团项目合作签约仪式。

下午，副省长杨汭到河北医科大学第二医院看望在这里住院治疗的曲阳县食物中毒部分患者，并主持召开了曲阳县食物中毒患者救治工作专题会议，对下一步救治工作进行安排部署。

五月二十九日

上午，省长张庆伟主持召开省南水北调工程建设委员会第四次全体会议。省政府特邀咨询张和就做好下一阶段南水北调工程建设和引黄入冀补淀工作讲了具体意见。省长助理、省政府秘书长尹亚力出席会议。

下午，省长张庆伟到石家庄新客站就工程建设情况进行调研。省委常委、常务副省长杨崇勇，副省长宋恩华，省长助理、省政府秘书长尹亚力参加调研和汇报会。省委常委、石家庄市委书记孙瑞彬参加调研并主持汇报会。

下午，省长张庆伟在石家庄会见了中国第一重型机械集团公司董事长吴生富一行。

五月三十一日

5月30日至今日，省长张庆伟到衡水市就当前经济运行、县域经济发展、衡水湖保护开发建设等进行调研。他强调，衡水市要进一步解放思想、更新观念，树立大发展、大建设、大开放的理念，牢牢把握稳中求进工作总基调，落实稳增长、调结构的政策措施，努力促进经济实现更好更快更大发展。省长助理、省政府秘书长尹亚力参加调研。

上午，省委常委、常务副省长杨崇勇为出席河北省工商业联合会第十一次会员代表大会的代表作经济形势报告。

上午，省政府在河北会堂召开电视电话会议，对2012年普通高校招生考试工作进行动员和部署。副省长、省招生委员会主任龙庄伟出席会议并讲话。

六　　月

六月一日

上午，中国少年先锋队河北省第六次代表大会开幕式暨"六一"国际儿童节庆祝大会在河北会堂举行。省委书记、省人大常委会主任张庆黎，省委副书记、省长张庆伟，省委副书记赵勇，省委常委、组织部部长梁滨，省委常委、省纪委书记臧胜业，省委常委、副省长聂辰席，省委常委、石家庄市委书记孙瑞彬，省委常委、秘书长景春华，省委常委、统战部部长田向利，省委常委、宣传部部长艾文礼，省人大常委会副主任、省总工会主席马兰翠，省政协副主席刘永瑞等出席大会并为受表彰代表颁奖。

下午，河北省领导干部思想政治素质提升工程主题报告会在省委党校举行。省委书记、省人大常委会主任张庆黎出席报告会并讲话。省委副书记、省长张庆伟出席报告会。省委副书记、省委党校校长赵勇主持。

六月二日

下午，省长张庆伟在北京钓鱼台国宾馆会见了美国JM集团总裁王文祥一行。省长助理、省政府秘书长尹亚力参加会见。

今天，省委常委、副省长聂辰席就当前经济运行情况到石家庄进行调研督导。

六月四日

今天，省委书记张庆黎，省委副书记、省长张庆伟分别在石家庄市和正定县会见了美国艾奥瓦州州长布兰斯塔德率领的艾奥瓦州友好代表团。

上午，副省长宋恩华带领省交通运输厅负责同志，到西柏坡高速公路三期施工现场、省高管局指挥调度中心、省高速公路应急会商平台等就交通运输工作进行调研督导。

上午，2012渤海生物资源修复放流活动启动仪式在秦皇岛码头举行。

下午，省政府与国家测绘地理信息局签署合作开展地理国（省）情监测试点协议，同时举行了国家地理信息应急监测车交接仪式。

六月五日

上午，省委书记张庆黎，省委副书记、省长张庆伟在石家庄会见了中国农业银行党委书记、董事长蒋超良一行。

上午，河北省“巨人计划”首批创新创业团队和领军人才命名大会在省会河北会堂召开。省委书记张庆黎，省委副书记、省长张庆伟会见了首批创新创业团队领军人才并合影留念。省委副书记赵勇主持会见活动。

上午，2012年韩国丽水世博会河北活动周在中国馆开幕。省委常委、副省长、河北省参与丽水世博会工作领导小组组长聂辰席致辞并宣布河北活动周开幕。

上午，河北省地理信息局揭牌成立仪式在石家庄举行，副省长张杰辉，国土资源部副部长、国家测绘地理信息局局长徐德明为河北省地理信息局成立揭牌。

下午，省长张庆伟到省地震局调研，看望慰问了地震监测工作人员，听取了全省地震工作情况的汇报。

下午，河北省召开集中整治医疗广告类非法出版物专项行动电视电话会议。

6月4日到今日，省委常委、常务副省长杨崇勇就经济运行情况在唐山市和廊坊市进行调研督导。

今天，河北省与韩国蔚山广域市在韩国丽水世博会上签署《旅游交流与合作备忘录》。省委常委、副省长聂辰席，韩国蔚山广域市副市长张万锡出席签约仪式。

六月六日

上午，全省防汛抗旱暨“三夏”生产工作电视电话会议在省会河北会堂召开。省政府特邀咨询张和主持会议，副省长沈小平出席并讲话。

六月七日

上午，由省政府和韩国贸易协会主办的韩国丽水世博会河北项目推介会暨签约仪式在首尔乐天大酒店举行。韩国贸易协会、进口协会和三星、乐天等100多家韩国知名大公司负责人参加推介会。省委常委、副省长聂辰席出席并致辞。

下午，韩国丽水世博会河北省旅游推介会在韩国首尔举办并举行了韩国莫德旅行社2012年千人游河北首发团启程仪式。省委常委、副省长聂辰席，中国驻韩大使张鑫森出席推介会并致辞。

今天，全国高校毕业生就业工作经验交流现场会在石家庄召开。人力资源和社会保障部副部长信长星出席会议。副省长宋恩华致辞。

今天，省政府特邀咨询孙士彬来到河北医科大学西校区、西山校区，察看了解河北中医药学院筹建工作进展情况，主持召开现场办公会议，研究部署工作。

六月八日

6月7日至今日，国务委员兼国务院秘书长马凯到河北省铁路枢纽六线隧道施工现场和京石、石武铁路客运专线新石家庄站，视察了无砟轨道施工情况以及新石家庄站站房和工程配套建设等情况，并在石家庄市召开部分地区铁路建设工作座谈会。省委书记、省人大常委会主任张庆黎在座谈会上致辞。铁道部党组书记、部长盛光祖汇报了铁路建设情况。河北省委副书记、省长张庆伟在会上发言。国务院副秘书长肖亚庆主持会议。

上午，全省道路交通安全大整治专项行动动员电视电话会议在省会召开。副省长宋恩华出席会议并讲话。

下午，省长张庆伟在石家庄会见了中国交通建设股份有限公司董事长周纪昌。

下午，电力迎峰度夏工作会议在省会召开。

六月九日

今天，省委常委、常务副省长、省医改领导小组组长杨崇勇赴栾城县调研基层医改工作。

今天，中德被动式低能耗建筑示范项目开工奠基仪式在省会举行。副省长宋恩华会见出席奠基仪式的德国能源署总裁科勒一行。

上午，2012年中国文化遗产日河北主场“相约和谐内丘品读邢窑文化”活动在邢台内丘启帷。省政府特邀咨询孙士彬宣布活动开幕。

六月十二日

上午，省委书记、省人大常委会主任张庆黎在石家庄会见了中国民生银行董事长董文标和行长洪崎一行。

上午，省长张庆伟到石家庄市赵县调研检查“三夏”工作。他强调，各地一定要精心组织，加强指导，落实好中央和省各项强农惠农政策措施，保障农资供应，强化农技服务，做好抢收抢种和田间管理工作，毫不松懈地抓好“三夏”生产，全力以赴夺取夏粮丰产丰收。省委常委、石家庄市委书记孙瑞斌，副省长沈小平，省长助理、省政府秘书长尹亚力陪同调研检查。

下午，省长张庆伟主持召开省政府第106次常务会议。会议研究了《河北省服务业拓展计划》，并就下一步服务业的拓展进行安排部署。会议强调，河北省正处于深化改革开放，加快转变经济发展方式的攻坚时期，面对新的形势和任务，要进一步增强紧迫感和责任感，围绕建设经济强省，和谐河北的战略目标，抢抓机遇应对挑战，坚持把拓展服务业发展领域作为结构调整的战略任务，努力推进河北省现代服务业实现又好又快发展。会议还研究了《河北省人民政府办公厅关于加快培育发展高技术服务业的实施意见》，并就下一步高技术服务业发展进行安排部署。

下午，省委常委、常务副省长杨崇勇在省会中国大酒店会见了新兴际华集团董事长刘明忠一行。省长助理、省金融办主任江波参加会见。

六月十三日

6月8日至今日，省委常委、副省长聂辰席率河北省代表团访问日本，举办了唐山·曹妃甸投资环境说明会和河北复合材料招商恳谈会，拜访了日中经济协会、永旺集团等日本企业。

六月十五日

6月12日至今日，省长张庆伟分别到赵州桥、清西陵、滦州古城就文化遗产保护开发工作进行调研。省委常委、石家庄市委书记孙瑞彬，副省长沈小平，省长助理、省政府秘书长尹亚力分别陪同调研。

6月14日至今日，全省县域文化产业发展工作经验交流会在张家口市蔚县召开。省委常委、宣传部部长艾文礼出席会议并讲话，副省长杨汭主持会议。

六月十七日

上午，全国政协副主席、科技部部长万钢到保定市长城汽车股份有限公司、英利集团就发展战略性新兴产业进行调研并现场听取工作汇报。省长张庆伟、副省长宋恩华陪同调研。

六月十八日

上午，省委、省政府在省会太行国宾馆举行百家科研院所、高等院校走进河北合作恳谈会。全国政协副主席、科技部部长万钢出席17日下午举行的欢迎仪式并讲话。省委书记、省人大常委会主任张庆黎出席欢迎仪式并在恳谈会上讲话。省委副书记、省长张庆伟在欢迎仪式上致辞并主持恳谈会。省委副书记赵勇出席恳谈会。省委常委、常务副省长杨崇勇主持欢迎仪式并出席恳谈会。教育部党组成员、部长助理林蕙青在恳谈会上讲话。科技部党组成员王志学、工信部总经济师周子学以及国务院国资委、中国科学院、中国工程院的领导同志，100余家科研院所、高等院校的领导同志和专家学者；河北省领导聂辰席、孙瑞彬、景春华、宋长瑞、孙士彬、龙庄伟、张杰辉、杨汭、王刚和省长助理、省政府秘书长尹亚力等分别出席欢迎仪式或恳谈会。

上午，百家院所校走进河北合作恳谈会上，举行了科研院所、高等院校走进河北合作项目签约仪式，省政府及有关设区市、部分企业与科研院所、高等院校共签署合作协议105项。

六月十九日

今天，中共中央政治局常委、中央政法委书记周永康到学习实践科学发展观活动的联系点怀来县调研，并与基层干部群众进行了座谈。他强调，要坚持不懈地深入学习实践科学发展观，进一步提高经济发展质量、人民生活水平、社会和谐程度，争当京畿科学发展的排头兵。要认真总结运用学习实践活动积累的成功经验，按照河北省委提出的“建设经济强省、和谐河北”的目标，深入贯彻落实科学发展观，在新的起点上推动科学发展、跨越发展、和谐发展，以优异成绩迎接党的十八大胜利召开。省委书记、省人大常委会主任张庆黎，省委副书记、省长张庆伟，省委常委、政法委书记张越，省委常委、秘书长景春华以及省直有关部门和张家口市负责同志陪同调研。

今天，全省深化医药卫生体制改革工作领导小组第八次会议在省会召开。省委常委、常务副省长杨崇勇出席会议并讲话，副省长杨汭主持会议。

6月18日至今日，省委常委、副省长聂辰席在保定就香港投洽会、廊坊经洽会、韩国丽水世博会河北活动周等全省性经贸洽谈活动签约项目落地情况进行调研督导。

下午，全省工业企业技术改造现场会在省会召开。副省长张杰辉出席并讲话。

六月二十日

上午，河北省互联网宣传管理领导小组会议在石家庄召开。

上午，省委常委、常务副省长杨崇勇带领省有关部门负责同志就洨河污染治理工作到石家庄调研。

上午，河北省召开城乡居民社会养老保险制度全覆盖工作电视电话会议。副省长宋恩华出席会议并讲话。

今天，云南普洱市考察团来河北省考察、洽谈，并与省国资委举行战略合作座谈会。副省长张杰辉会见考察团一行。

六月二十一日

6月20日至今日，省长张庆伟到张家口市就发展高效农业、新能源产业、工业聚集区、旅游产业等进行调研。省长助理、省政府秘书长尹亚力陪同调研。

6月20日至今日，省委常委、副省长聂辰席带领省直有关部门，在邯郸市就推动签约项目落实进行调研督导。

六月二十三日

上午，省招生委员会召开全体会议。

今天，国务院扶贫办主任范小建到承德市滦平县就扶贫开发工作进行调研。副省长沈小平陪同调研。

六月二十五日

下午，省委书记、省人大常委会主任张庆黎，省委副书记、省长张庆伟在石家庄会见了中国电信集团公司董事长王晓初一行。省委常委、秘书长景春华，省政府特邀咨询张和参加会见。

六月二十六日

下午，省委常委、副省长聂辰席听取河北省对口支援西藏工作的情况汇报，并对下一步援藏工作作出安排部署。

今天，副省长张杰辉在张家口会见了沃尔沃汽车公司总裁兼首席执行官斯蒂芬·雅各布一行。

六月二十七日

上午，省委省政府第二届决策咨询委员会委员聘任仪式在省会河北会堂举行。省委书记、省人大常委会主任张庆黎，省委副书记、省长张庆伟，省委副书记赵勇，省委常委、秘书长、省委省政府第二届决策咨询委员会主任景春华，副省长龙庄伟出席聘任仪式。赵勇出席并讲话，景春华主持会议。

上午，纪念干部离退休制度建立30周年老同志书画作品展在石家庄美术馆开展。

上午，副省长张杰辉与沃尔沃汽车公司总裁兼首席执行官斯蒂芬·雅各布共同出席了张家口发动机工厂主体厂房上梁仪式。

六月二十八日

上午，省长张庆伟到省人民防空办公室调研。省委常委、省军区司令员史鲁泽就做好河北省人防工作讲了具体意见。副省长宋恩华主持汇报会。省长助理、省政府秘书长尹亚力参加调研和汇报会。

上午，河北省召开驻冀部队参与扶贫开发工作会议。省委常委、省军区司令员史鲁泽主持会议并讲话，省军区政委李光聚、副省长宋恩华出席会议并讲话，省军区政治部主任李芳才出席会议。

六月二十九日

上午，省委书记、省人大常委会主任张庆黎，省委副书记、省长张庆伟在省会河北会堂会见了"建强省、促和谐、迎接十八大"时代楷模报告团成员，并与大家合影留念。省委副书记赵勇，省委常委、秘书长景春华，副省长杨汭一同会见。省委常委、宣传部部长艾文礼主持会见活动。

上午，河北省庆祝中国共产党成立91周年暨创先争优活动表彰大会在省会河北会堂举行。省委书记、省人大常委会主任张庆黎，省委副书记、省长张庆伟出席大会并为受表彰代表颁奖。省委副书记赵勇讲话。省领导付志方、史鲁泽、杨崇勇、臧胜业、聂辰席、张越、孙瑞彬、田向利、艾文礼、宋长瑞等出席并颁奖。省委常委、组织部部长梁滨主持。省委常委、秘书长景春华宣读《表彰决定》。省人大常委会、省政府、省政协党员领导同志，省军区、武警河北省总队主要负责同志，省法院院长、省检察院检察长；省长助理等出席大会。

下午，第三届省工艺美术大师命名大会在省会召开。副省长张杰辉出席大会并讲话。

六月三十日

下午，省委书记、省人大常委会主任张庆黎，省委副书记、省长张庆伟在石家庄会见了中央组织部副部长，人力资源和社会保障部党组书记、部长尹蔚民一行。

七　　月

七月一日

上午，省长张庆伟到石家庄岗南水库检查防汛工作。他强调，各级各部门要提高认识、统一思想，强化政治意识、大局意识、责任意识，全力以赴做好防汛各项工作，确保人民群众的生命财产安全。

七月二日

上午，省委书记、省人大常委会主任张庆黎，省委副书记、省长张庆伟在石家庄会见了国家质量监督检验检疫总局党组书记、局长支树平一行。

上午，城乡居民社会养老保险制度全覆盖宣传活动启动暨纪念邮票发行仪式在西柏坡举行。人力资源和社会保障部部长尹蔚民出席活动并讲话，省长张庆伟，人社部副部长胡晓义，财政部副部长王保安，中国邮政集团公司总经理李国华，省委常委、石家庄市市委书记孙瑞彬，副省长宋恩华，省长助理、省政府秘书长尹亚力出席活动。

上午，交通运输部部长李盛霖到河北秦皇岛港专题调研煤炭积压问题。副省长宋恩华陪同调研。

下午，省政府召开河北省推进质量兴省工作电视电话会议。省长张庆伟，国家质量监督检验检疫总局局长支树平，省委常委、副省长聂辰席出席会议并讲话。

下午，省委常委、副省长聂辰席陪同国家质检总局局长支树平在河北出入境检验检疫局调研。

七月三日

上午，省长张庆伟主持召开省政府第107次常务会议。会议研究了《河北省2012年经济体制改革重点工作安排意见》，就河北省经济体制改革下一步的重点工作进行安排部署。会议强调，省各有关部门要高度重视，切实把改革工作列入重要议事日程，分工协作，相互支持，形成合力，增强各项改革措施的协调性，通过深化改革解决经济社会发展中的深层次矛盾和问题，让广大人民群众共享改革发展的成果。会议研究了《河北省人民政府关于加快服务外包产业发展的若干意见》，就河北省服务外包产业下一步的发展进行安排部署。

下午，全省军转安置工作电视电话会议在省会河北会堂召开。省委常委、常务副省长杨崇勇出席会议并讲话。省委常委、组织部部长梁滨主持会议。省军区政委李光聚、副省长宋恩华出席会议。

七月四日

上午，省医改专家咨询委员会在石家庄成立。副省长、省医改领导小组副组长杨汭出席会议并与专家座谈。

下午，第十四届中国科协年会河北省筹备工作动员大会在省会召开。省委副书记、第十四届中国科协年会河北省筹备工作领导小组组长赵勇出席会议并讲话。副省长龙庄伟主持会议，省政协副主席、省科协主席段惠军出席会议。

今天，省委常委、副省长聂辰席在沧州肃宁会见了国际毛皮协会首席执行官马克·欧顿。

七月五日

7月4日至今日，省长张庆伟就转方式、调结构、稳增长等工作到保定市进行调研。他强调，要紧紧抓住当前加快发展的有利时机，做好经济形势分析，加强经济运行调节，切实把稳增长摆在更加突出的位置，及时解决经济发展中面临的问题，确保经济平稳较快增长。省政府特邀咨询孙士彬参加调研。

今天，省委常委、副省长聂辰席带领省水利厅和沧州市负责同志在献县检查子牙河系防汛工作。

7月4日至今日，省政府特邀咨询张和带领省直有关部门负责同志到石家庄、邢台、邯郸就南水北调配套工程建设工作进行调研。

七月九日

7月7日至今日，省委理论学习中心组学习会议在石家庄召开。省委书记、省人大常委会主任张庆黎主持会议并讲话。省委副书记、省长张庆伟发言并讲话。省委常委，省人大常委会、省政府、省政协领导同志，省法院院长，省检察院检察长；省长助理；各设区市市委书记、市长；省直有关部门、单位及中直驻冀机构主要负责同志参加学习。

七月十日

上午，省政府与国家开发银行在石家庄举行高层联席会议暨合作备忘录签字仪式。省委书记、省人大常委会主任张庆黎，省委副书记、省长张庆伟出席签字仪式，并会见了国家开发银行党委书记、董事长陈元一行。

上午，省长张庆伟在石家庄会见了格力集团董事长董明珠一行。省委常委、石家庄市委书记孙瑞彬，省长助理、省政府秘书长尹亚力参加会见。

今天，省政府特邀咨询张和在唐山会见了以国家口岸管理办公室常务副主任赵福地为组长的曹妃甸港区口岸对外开放国家验收组一行。

上午，国务院办公厅软件正版化工作督查组组长、国务院办公厅督查室巡视员兼副主任刘斌在河北会堂听取了河北省软件正版化工作汇报。副省长杨汭出席会议并讲话。

七月十一日

下午，省委常委、副省长聂辰席在石家庄会见了沃尔玛中国公司事务副总裁傅希孟一行。

今天，省委常委、常务副省长、省医改领导小组组长杨崇勇出席全省县级公立医院综合改革试点暨深化基层医改工作推进会议并讲话。副省长杨汭主持会议。杨崇勇代表省政府与张家口、承德、秦皇岛、廊坊、保定5市签署了《2012年村卫生室标准化建设目标任务责任书》。

七月十三日

今天，全省企业文化建设现场经验交流会在邯郸市召开。省委常委、宣传部部长艾文礼出席会议并讲话，副省长张杰辉主持会议。

七月十四日

上午，上半年金融运行分析会暨货币信贷政策执行委员会第二季度例会在省会召开。省委常委、常务副省长杨崇勇出席会议并讲话。

上午，河北省中医药传承拜师大会在石家庄举行。卫生部副部长、国家中医药管理局局长王国强，省领导黄荣、孙士彬、杨汭、王玉梅等出席大会，并向路志正、颜正华、陆广莘及中国工程院院士吴以岭等中医名家，颁发“河北省中医药传承特聘导师”聘书。

七月十八日

7月12日至今日，中共中央政治局常委、全国政协主席贾庆林在省委书记、省人大常委会主任张庆黎，省委副书记、省长张庆伟，省政协主席付志方等陪同下，先后来到张家口、邯郸、衡水、沧州、石家庄等地，深入工厂企业、农村乡镇、城市社区和港口码头，与干部群众共商稳增长、惠民生大计。他强调，要牢牢把握稳中求进的工作总基调，把稳增长放在更加重要的位置，广泛凝聚各方面的智慧和力量，充分发挥环京津、沿渤海的优势，推动经济转型升级，促进区域协调发展，努力实现经济平稳较快发展和社会和谐稳定，以优异成绩迎接党的十八大胜利召开。贾庆林还专程参观了西柏坡纪念馆，深切缅怀老一辈无产阶级革命家的丰功伟绩。调研期间，他听取了省委、省政府的工作汇报，对河北经济社会发展取得的成绩给予充分肯定。

下午，省长张庆伟在石家庄会见了国家粮食局局长任正晓一行。省长助理、省政府秘书长尹亚力参加会见。

七月十九日

下午，省委书记、省人大常委会主任张庆黎，省委副书记、省长张庆伟在石家庄会见了国家电监会党组书记、主席吴新雄一行。

七月二十日

上午，省委、省政府召开全省经济形势分析会议。省委书记、省人大常委会主任张庆黎，省委副书记、省长张庆伟出席会议并讲话。省领导赵勇、付志方、梁滨、臧胜业、聂辰席、孙瑞彬、景春华、田向利、艾文礼等出席会议。省委常委、常务副省长杨崇勇主持会议。

七月二十一日

上午，由河北出版传媒集团与上海元创投资管理公司等单位共同投资建设的新传媒产业园暨广电网络产业中心奠基仪式在石家庄市高新技术产业开发区举行。

下午，省防汛抗旱指挥部召开紧急会议，要求各地要严阵以待、抓住要害、迅速反应、严明纪律，坚决打好防汛、抗洪、抢险这场硬仗。副省长沈小平出席会议并讲话。

七月二十二日

上午，副省长宋恩华召集有关部门负责同志召开会议，针对21日的强降雨给河北省部分地区造成的严重损失，研究调度救灾工作。

七月二十三日

上午，省政府与中国华录集团有限公司战略合作协议签字仪式在省会举行。省委常委、常务副省长杨崇勇，中国华录集团董事长陈润生分别代表省政府和华录集团签署协议，副省长宋恩华出席签约仪式并致辞。签约仪式结束后，华录集团向丰宁满族自治县捐赠“饮水思源”工程民生帮扶资金300万元。

下午，河北中医学院独立设置专家评估交换意见会议在省会召开。

今天，副省长宋恩华在省会太行国宾馆接见了在第十一届全国见义勇为英雄模范表彰大会上被授予“全国见义勇为英雄”称号的张青彬和被追授为“全国见义勇为模范”称号的吴文德同志亲属。

七月二十四日

上午，省十一届人大常委会第三十一次会议在石家庄召开。

今天，省委常委、副省长聂辰席到安国市就加快中药产业发展进行调研。

七月二十五日

上午，省长张庆伟到保定市涞水县察看灾情，看望慰问受灾群众，指导抗洪救灾工作。省委常委、省军区司令员史鲁泽，省委常委、秘书长景春华，副省长沈小平，省武警总队政委宋兵役，省长助理、省政府秘书长尹亚力和省直有关部门负责同志一同看望。

下午，省委副书记、省长张庆伟代表省委、省政府到省军区走访慰问，并召开座谈会。省委常委、省军区司令员史鲁泽在座谈会上作工作汇报。省军区政委李光聚主持座谈会。省领导和省军区领导杨崇勇、聂辰席、张和、孙士彬、龙庄伟、张杰辉、沈小平、杨汭、王志国、李毅、李志强、李建斌、王舜、李芳才、王延波，省长助理、省政府秘书长尹亚力，省长助理、省金融办主任江波参加座谈会。

下午，河北银行召开干部会议，宣布省委、省政府关于调整河北银行管理体制的决定，河北银行将从隶属石家庄市管理变为省属大型金融企业。省委常委、常务副省长杨崇勇出席会议并讲话，省长助理、省金融办主任江波主持会议。

下午，全省旅游业发展电视电话会议在省会召开。省委常委、副省长聂辰席出席会议并讲话。

七月二十六日

上午，向7月21日强降雨洪涝灾害灾区捐款仪式在省委、省政府机关举行。省委、省人大常委会、省政府、省政协四大班子领导和省直机关广大干部职工向灾区捐款献爱心。

上午，省政府与中国保监会签署战略合作备忘录。省长张庆伟，中国保监会主席项俊波出席签约仪式。

上午，省十一届人大常委会第三十一次会议举行第三次全体会议。

下午，省委书记、省人大常委会主任张庆黎，省委副书记、省长张庆伟在北戴河会见了中国银行董事长肖钢、行长李礼辉、监事长李军一行。

下午，河北省召开邯黄铁路建设专题会议。省委常委、常务副省长杨崇勇主持会议并讲话。

下午，省政府召开救灾工作专题调度会议，听取当前救灾工作汇报，研究下一步工作举措。副省长宋恩华出席会议并讲话。

今天，省旅游局、河北日报报业集团共同推出首届“诚义燕赵胜境河北”河北旅游代表品牌公众推选活动。省委常委、副省长聂辰席出席活动启动仪式。

七月二十七日

上午，省政府召开专题会议，研究部署“7·21”洪涝灾区灾后重建工作。省委常委、常务副省长杨崇勇出席会议并讲话。省长助理、省金融办主任江波出席会议。

上午，省委常委、常务副省长杨崇勇在省会太行国宾馆会见了中国建设银行党委副书记、行长张建国一行。省长助理、省金融办主任江波参加会见。

上午，省十一届人大常委会第三十一次会议完成各项议程，石家庄闭幕。省人大常委会党组副书记、副主任宋长瑞主持会议并讲话。

今天，副省长宋恩华赶赴“7·21”洪涝灾害严重的保定易县、涞源察看灾情，现场指导救灾安置工作。

7月24日至今日，由住房和城乡建设部副部长齐骥率领的国务院房地产市场调控督察组，先后来到石家庄市、沧州市、廊坊市，对河北省贯彻国务院房地产市场调控政策措施落实情况进行专项督查。副省长宋恩华参加了汇报会。

七月二十八日

下午，省委常委、常务副省长杨崇勇带领省直有关部门负责同志到保定灾区，就“7·21”洪涝灾区灾后重建工作进行调研。

今天，副省长宋恩华带领省民政厅、省交通运输厅主要负责同志到涞水县对救灾工作进行指导。

今天，河北省北部普遍降雨，秦皇岛大部，唐山东北部降大到暴雨。得知汛情后，副省长沈小平立即赶到省防汛指挥部，听取省水利厅、省气象局主要领导关于雨情、水情和汛情的汇报，指导预报、预警和防汛工作。要求有关市政府防范重点水库河道，及时转移群众，确保人民群众的生命财产安全。

七月二十九日

今天，省长张庆伟到“7·21”洪涝重灾区涞源县检查受灾群众安置、恢复重建等方面的工作，并召开现场办公会，就进一步做好受灾群众安置、搞好后期防汛和洪涝重灾区恢复重建工作进行研究部署。省委常委、常务副省长杨崇勇，副省长宋恩华，省长助理、省政府秘书长尹亚力就做好灾后恢复重建工作讲了具体意见。省有关部门、保定市和受灾县负责人就恢复重建作了工作汇报。

七月三十日

上午，国务院召开贯彻落实《对外劳务合作管理条例》电视电话会议。省委常委、副省长聂辰席在河北省分会场参加会议，并就贯彻落实《条例》、推动对外劳务合作快速发展作了发言。

上午，省防汛抗旱指挥部指挥长、副省长沈小平在石家庄召开紧急会议，研究落实省委主要负责同志在秦皇岛检查指导防汛抗灾工作时提出的明确要求，安排部署当前防汛工作。

下午，副省长宋恩华主持召开省“7·21”保定洪水灾后重建指挥部第一次会议，就指挥部当前工作进行了研究部署。

七月三十一日

上午，副省长沈小平主持召开协调会，对暴雨灾害防御工作进行安排部署。

下午，省委常委、副省长聂辰席在北京拜访了海关总署，与海关总署副署长邹志武及国家口岸办负责同志，就河北省口岸开放、综合保税区建设工作进行了汇报交流。

今天，省政府发出紧急通知，就加强全省尾矿库汛期安全防范工作提出要求，严防发生各种事故，确保人民生命财产安全。

八　月

八月一日

凌晨，省长张庆伟冒雨到秦皇岛市防汛抗旱指挥部检查指导省、市防汛抗灾工作。他强调，要立足防大汛、抢大险、救大灾，密切关注河北省主汛期雨情汛情变化，进一步强化部署、落实责任、细化措施，确保全省安全度汛。副省长沈小平在省防汛抗旱指挥部现场指挥。省长助理、省政府秘书长尹严力陪同检查指导。

上午，省委常委、常务副省长杨崇勇在省会太行国宾馆会见了中国光大银行行长郭友一行。省长助理、省金融办主任江波参加会见。

今天，省委常委、副省长聂辰席带领省旅游局等有关部门负责同志，到遭受洪水灾害破坏严重的涞水野三坡景区，就抗洪救灾和灾后重建工作进行调研。

今天，全省上半年工业经济形势分析会在承德召开，副省长张杰辉出席会议并讲话。

八月二日

上午，中共中央政治局委员、全国人大常委会副委员长、中华全国总工会主席王兆国在北戴河劳动人民文化宫会见了参加休养的300名劳模代表并发表重要讲话。省委书记、省人大常委会主任张庆黎，省委副书记、省长张庆伟，省委副书记赵勇，省委常委、秘书长景春华，省人大常委会副主任、省总工会主席马兰翠出席会见活动。

上午，省委常委、常务副省长杨崇勇在省会太行国宾馆会见了渤海银行党委书记、董事长刘宝凤一行。省长助理、省金融办主任江波参加会见。

上午，副省长沈小平到省防汛指挥部紧急指挥调度防汛抗洪工作。

八月三日

上午，省委宣传部、省文化厅在北京举行河北省文化产业与首都院所校对接恳谈活动暨项目签约仪式。省委常委、宣传部部长艾文礼，副省长杨汭会见与会嘉宾并出席签约仪式。

下午，省长张庆伟冒雨来到秦皇岛市防汛抗旱指挥部，与省防汛抗旱指挥部进行连线，就防汛、防台风、防风暴潮工作进行部署。副省长沈小平在省防汛抗旱指挥部进行现场调度指挥。省长助理、省政府秘书长尹亚力陪同检查指导。

今天，省委常委、常务副省长杨崇勇就贯彻全省经济形势分析会议精神、抓好稳增长工作，带领省有关部门负责同志到石家庄市调研。

八月四日

上午，省长张庆伟赶赴昌黎滦河下游，现场指挥防汛抗洪工作。省委常委、省军区司令员史鲁泽，省长助理、省政府秘书长尹亚力陪同现场指挥调度。

8月3日至今日，副省长宋恩华带领省直有关部门负责同志到保定重灾县，就做好灾后重建规划工作进行调度。

八月五日

下午，省委书记、省人大常委会主任张庆黎，省委副书记、省长张庆伟到河北出版传媒集团北戴河文化创意基地调研。省委副书记赵勇，省委常委、秘书长景春华一同调研。

今天，副省长宋恩华率领省直相关部门负责同志，到唐山、秦皇岛视察灾情，指导救灾和灾后安置工作。

八月七日

上午，省政府召开第十四届中国科协年会筹备工作汇报会。

下午，河北中医学院筹建工作调度会在省会召开。

8月6日至今日，交通运输部部长李盛霖先后到保定市、石家庄市，对灾区公路水毁和恢复重建、西柏坡高速公路建设情况进行调研。副省长宋恩华陪同调研。

八月八日

上午，副省长宋恩华主持召开“7·21”洪水灾后重建指挥部第二次会议，研究了恢复重建的支持政策。

下午，省长张庆伟在北戴河会见了住房和城乡建设部部长姜伟新一行。

今天，省委常委、副省长聂辰席带领省有关部门负责同志在曹妃甸就综合保税区建设进行调研。

今天，住房和城乡建设部部长姜伟新在北戴河新区考察。副省长宋恩华陪同考察。

八月九日

上午，全国人大常委会副委员长、全国妇联主席陈至立来到河北省妇联秦皇岛培训基地会见了西部省份基层全国三八红旗手代表，并同她们座谈。省委书记、省人大常委会主任张庆黎，省委副书记、省长张庆伟汇报了河北省经济社会发展情况。

八月十日

上午，中国科协与省政府在北京联合举行第十四届中国科协年会新闻发布会。副省长龙庄伟出席会议并介绍年会筹备情况。

下午，中国航天科技集团副总经理张建恒就“卫星数字农家书屋”设备安装使用情况到大厂回族自治县调研，副省长杨汭陪同调研。

8月9日至今日，省委常委、副省长聂辰席就贯彻落实全省旅游业发展电视电话会议精神在唐山调研。

八月十一日

上午，省委、省政府在北戴河召开省级老干部座谈会。省委书记、省人大常委会主任张庆黎主持会议并讲话。省委副书记、省长张庆伟通报了全省上半年经济工作情况和当前经济形势，介绍了下半年经济工作总体安排，对本省抗洪救灾和恢复重建情况进行了通报。省领导赵勇、梁滨、张越、景春华；部分省级老同志叶连松、杨泽江、郭志、吕传赞、赵金铎、刘德旺等出席会议。原省领导白润璋、郭世昌代表省级老同志在会上发言。

八月十二日

上午，秦皇岛经济技术开发区与深圳中兴网信科技有限公司在北戴河签署合作协议。省长张庆伟，中兴通讯股份有限公司董事长侯为贵出席签约仪式。

今天，河北医科大学第三医院2012年国家重大科技成果转化项目启动仪式在省会举行。

八月十四日

8月12日至今日，省委常委、副省长聂辰席带领省有关部门负责同志就贯彻落实全省旅游业发展电视电话会议精神在承德市调研。

今天，副省长沈小平带领省政府有关部门负责同志，到承德市兴隆县就水毁水利工程修复工作进行调研。

八月十五日

8月14日至今日，副省长宋恩华带领省有关部门负

责同志，到承德市就灾后恢复重建进行调研。

八月十六日

上午，中国网络电视台、中国联通河北省分公司、河北广电无线传媒公司在石家庄市签署交互式网络电视业务合作协议。

8月15日至今日，省委常委、副省长聂辰席就贯彻落实全省旅游业发展电视电话会议精神在张家口调研并出席有关旅游项目开工仪式。

八月十七日

上午，河北省院士联谊会第七次会员大会在北戴河召开。省委书记、省人大常委会主任张庆黎为获得“河北省院士特殊贡献奖”的院士颁奖并讲话。省委副书记、省长张庆伟宣布“河北省院士特殊贡献奖”获奖院士名单。中国工程院院长周济，科技部党组副书记、副部长王志刚，中国科学院副院长李静海出席会议并讲话。省委副书记赵勇主持会议。中国工程院原副院长沈国舫，省领导杨崇勇、景春华、宋恩华出席会议。

今天，全省公共资源交易市场建设工作推进会议召开。省委常委、常务副省长杨崇勇主持会议。省委常委、省纪委书记臧胜业，中央纪委监察部执法监察室主任宋福龙出席会议并讲话。

八月十八日

今天，首届中国（高碑店）国际门窗节暨中国国际门窗城开业庆典在高碑店市举行。

八月二十一日

上午，省委书记、省人大常委会主任张庆黎，省委副书记、省长张庆伟在省会河北会堂会见了本省参加伦敦奥运会的运动员和教练员，与大家亲切交流并合影留念。省委常委、秘书长景春华，省长助理、省政府秘书长尹亚力参加会见。副省长杨汭主持会见活动。

上午，河北省抗洪抢险救灾表彰暨灾后重建动员大会在省会河北会堂召开。省委书记、省人大常委会主任张庆黎，省委副书记、省长张庆伟出席会议并讲话。省委副书记赵勇宣读省委、省政府表彰决定。省领导付志方、梁滨、聂辰席、孙瑞彬、景春华、田向利、艾文礼、宋长瑞等出席会议。杨崇勇主持会议。

上午，省灾后重建指挥部召开第三次会议，贯彻落实全省抗洪抢险救灾表彰暨灾后重建动员大会精神，进一步研究部署灾后重建具体工作。

上午，独立设置河北中医学院论证报告研究论证会议在省会召开。

下午，省“扫黄打非”领导小组召开“扫黄打非”工作电视电话会议。

下午，全省市县政府机关软件正版化检查整改工作电视电话会议在省会召开。

八月二十二日

上午，蒙牛集团保定二期工厂和衡水新工厂正式投产。省委书记、省人大常委会主任张庆黎，省委副书记、省长张庆伟在石家庄会见了中粮集团董事长、蒙牛集团董事会主席宁高宁一行。省委副书记赵勇出席保定二期工厂投产仪式并致辞。中粮集团有限公司总裁、蒙牛集团董事长于旭波，蒙牛集团总裁孙伊萍等参加会见并出席投产仪式。

上午，省长张庆伟主持召开省政府第108次常务会议。会议听取了全国公共资源交易市场建设工作推进会议精神及本省贯彻落实意见的汇报，就本省公共资源交易市场建设工作进行安排部署。听取了关于全国保障性安居工程座谈会、保障性住房分配和运行工作会议精神及本省贯彻意见的汇报，就下一步全省保障性安居工程工作进行安排部署。

八月二十三日

下午，全省抓质量创品牌稳增长保安全座谈会在省会召开。省委常委、副省长聂辰席出席会议并讲话。

八月二十四日

8月22日至今日，副省长宋恩华带领省灾后重建指挥部办公室负责同志，到涞源县、易县就灾后重建的重点难点问题进行调研。

今天，全省电子商务工作会议在高阳县召开。省委常委、副省长聂辰席出席会议并讲话。

今天，2012年度省重点技术改造项目银企对接会在省会召开。副省长张杰辉出席会议并讲话。

八月二十九日

上午，省政府与中国气象局举行共同推进气象为河北省经济社会发展服务省部合作联席会议，河北省气象灾害防御指挥部、河北省气象灾害防御中心同时揭牌。省长张庆伟、中国气象局局长郑国光出席联席会议和揭牌仪式并讲话。副省长沈小平主持，中国气象局副局长于新文，省长助理、省政府秘书长尹亚力出席联席会议和揭牌仪式。

上午，省政府特邀咨询孙士彬到教育部就河北中医学院恢复独立设置问题进行专题汇报。

下午，省委书记、省人大常委会主任张庆黎，省委副书记、省长张庆伟在石家庄会见了中国贸促会会长、中国国际商会会长万季飞率领的中国国际商会代表团一行，并出席省政府与中国国际商会战略合作备忘录签字仪式。会见结束后，张庆伟、万季飞分别代表省政府和中国国际商会签署战略合作备忘录。

下午，河北省“7·21”洪涝重灾区恢复重建对口支援工作座谈会在保定市召开。副省长宋恩华出席会议并讲话。

八月三十日

上午，中国国际商会会员企业投资河北合作恳谈会在石家庄举行。省长张庆伟，中国贸促会会长、中国国际商会会长万季飞出席恳谈会并致辞。省委常委、副省长聂辰席主持恳谈会。恳谈会结束后，中国国际商会会员企业与河北省部分地区、企业签署合作协议。万季飞、聂辰席出席签约仪式。

上午，2012年两岸可再生能源产业合作及交流会议在保定市召开。省委常委、常务副省长杨崇勇出席会议。

上午，全省保障性安居工程工作会议在石家庄召开。副省长宋恩华出席会议并讲话。

下午，全省社会养老服务体系建设工作会议在省会召开。副省长宋恩华出席会议并讲话。

八月三十一日

今天，省委书记、省人大常委会主任张庆黎，省委副书记、省长张庆伟在石家庄会见了中国商用飞机有限责任公司党委书记、董事长金壮龙一行。

上午，第十三次河北省民政会议在省会召开。省委书记、省人大常委会主任张庆黎，民政部部长李立国，省长张庆伟，省政协主席付志方，省委常委、省军区司令员史鲁泽，省委常委、省委秘书长景春华，省人大常委会副主任宋长瑞，副省长宋恩华，省长助理、省政府秘书长尹亚力出席会议并为受表彰的先进集体和先进工作者代表颁奖。李立国、张庆伟讲话，宋恩华作民政报告。尹亚力主持会议并宣读表彰先进集体和先进工作者的决定。

上午，省委常委、副省长聂辰席陪同中国贸促会会长、中国国际商会会长万季飞就旅游产业发展情况在邯郸考察。

上午，河北省举行接收玉树灾区学生座谈会。副省长龙庄伟、青海省政协副主席李忠保等出席座谈会。

下午，省政府部门开展机关标准化管理工作观摩汇报会在省商务厅召开。省长张庆伟出席会议并讲话。省长助理、省政府秘书长尹亚力主持会议。

下午，省委副书记、省长张庆伟在石家庄会见了中国建设银行党委书记、董事长王洪章一行。

下午，副省长宋恩华主持召开灾后重建工作推进会议，对规划编制、重建项目开工、重灾县反映的问题等进行了研究部署。

九　月

九月二日

上午，省政府与中国人保集团签署战略合作协议。省长张庆伟，中国人保集团董事长吴焰出席签约仪式。

今天，第二届中国亚欧博览会开幕。省政府特邀咨询孙士彬带领河北省代表团出席开幕式。

九月三日

上午，省长张庆伟主持召开省政府第109次常务会议。会议研究了《河北省“十二五”期间深化医药卫生体制改革规划暨实施方案》，并对全省医药卫生体制改革工作进行安排部署。会议强调，要坚持以科学发展观为统领，以维护和增进全省人民健康为宗旨，坚持把基本医疗卫生制度作为公共产品向全民提供的基本理念，坚持统筹安排、突出重点、循序推进的基本路径，努力实现从打好基础向提升质量、从形成框架向制度建设、从试点探索向全面推进的转变，加快形成人民群众“病有所医”的制度保障，不断提高全体人民的健康水平，使人民群众共享改革发展的成果。会议还研究了《河北省“十二五”控制温室气体排放工作方案》，对全省控制温室气体排放工作进行安排部署。

下午，省长张庆伟在石家庄会见了华润集团有限公司董事长宋林、香港文汇报董事长、社长王树成，并出席邯郸华润燃气有限公司成立揭牌暨邯郸中华成语文化园项目签约仪式。

九月四日

上午，国务院台湾事务办公室与省政府在北京签署促进冀台交流合作备忘录。省长张庆伟，国台办主任王毅出席签约仪式。省委常委、副省长聂辰席，省长助理、省政府秘书长尹亚力，国台办副主任孙亚夫，主任助理李亚飞、龙明彪出席签约仪式。

今天，全国政协副主席、科技部部长万钢到张家口视察国家科技支撑计划重大项目、“金太阳示范工程”首个重点项目——国家风光储输示范工程。国家电网公司党组书记、总经理刘振亚，国家电网公司党组成员、副总经理栾军，副省长龙庄伟、省政协副主席赵文鹤陪同视察。

九月五日

9月4日至今日，省长张庆伟在承德市就尾矿库安全治理、“7·21”暴雨洪涝灾害灾后恢复重建、钢铁产业发展、机场建设进行调研。省长助理、省政府秘书长尹亚力陪同调研。

上午，河北省召开光伏产业银企对接会议，帮助光伏企业解决资金难题。会后，中国银行河北省分行与隆基泰和集团签署了战略合作协议。省委常委、常务副省长杨崇勇出席会议并讲话。

上午，副省长张杰辉出席在北京召开的全省国有企业领导人学习对标央企专题研究班开班仪式。

九月六日

9月3日至今日，中共中央政治局委员、中央政法委副书记王乐泉在河北省调研并听取了河北省工作情况汇报。省委书记、省人大常委会主任张庆黎，省委副书记、省长张庆伟陪同调研。

今天，第十四届中国科协年会河北省环保与金融高层论坛召开。副省长张杰辉出席论坛并致欢迎辞，中国工程院院士李文华应邀作报告，省政协原副主席、河北环保联合会会长陈慧出席论坛。

九月七日

今天，中共中央政治局委员、全国人大常委会委员长王兆国在省委书记、省人大常委会主任张庆黎，省委副书记、省长张庆伟陪同下，到平山县西柏坡学习考察。全国人大常委会副秘书长王万宾，省委常委、石家庄市委书记孙瑞彬，省委常委、秘书长景春华以及石家庄市有关负责同志陪同学习考察。

下午，第三届闽商论坛在厦门国际会议中心举行。省委常委、副省长聂辰席，福建省副省长洪捷序出席论坛并致辞。

九月八日

上午，由中国科学技术协会、河北省人民政府共同主办，主题为“科技创新与经济结构调整”的第十四届中国科协年会暨大会特邀报告会在省会河北会堂举行。中共中央政治局委员、全国人大常委会副委员长王兆国出席开幕式并讲话。全国人大常委会副委员长、中国科协主席韩启德致开幕词。中国科协常务副主席、书记处第一书记陈希主持开幕式。省委书记、省人大常委会主任张庆黎致欢迎词。省委副书记、省长张庆伟，中国工程院院长周济等分别作大会特邀报告。全国人大常委会副秘书长王万宾等出席开幕式。中国科学院院士、中国工程院院士等著名专家、学者以及来自科研、生产、教学第一线的科技工作者共2000余人参加开幕式。

上午，9·8厦门投洽会在厦门国际会展中心开幕。河北主宾省展馆也举行了开馆仪式。省委常委、副省长聂辰席，商务部副部长蒋耀平，福建省副省长倪岳峰共同启动开馆仪式。

下午，全国人大常委会副委员长、中国科协主席韩启德来到河北医科大学，与来自河北医科大学、河北师范大学、河北经贸大学、石家庄铁道大学、河北科技大学等5所河北高校的大学生面对面交流。中国科协书记处书记徐延豪，省人大常委会副主任宋长瑞，副省长龙庄伟，省政协副主席、省科协主席段惠军参加活动。

下午，由中国国际投资贸易洽谈会组委会、河北省人民政府主办的河北省沿海发展战略专场推介会在厦门国际会展中心举行。省委常委、副省长聂辰席出席推介会并致辞。

晚上，省委、省政府在省会太行国宾馆举行欢迎仪式，欢迎前来参加第十四届中国科协年会的各位嘉宾。全国人大常委会副委员长、中国科协主席韩启德，中国科协常务副主席、书记处第一书记陈希，中国铁道协会事理长孙永福，省委书记张庆黎等出席。省委副书记、省长张庆伟致辞。省委副书记赵勇主持。

九月九日

上午，河北省党政领导与院士专家座谈会在省会太行国宾馆举行。全国人大常委会副委员长、中国科协主席韩启德出席座谈会并讲话。中国科协常务副主席、书记处第一书记陈希等中国科协领导和近30位院士专家出席座谈会。省委书记、省人大常委会主任张庆黎讲话，省委副书记、省长张庆伟介绍省情，省委副书记赵勇主持座谈会。

下午，省长张庆伟在河北科技大学就科技创新工作进行调研。副省长龙庄伟，省长助理、省政府秘书长尹亚力陪同调研。

下午，中国科协“科技馆基金会合展励学金”捐赠仪式在河北科技大学举行。中国科协常务副主席、书记处第一书记陈希，省委副书记、省长张庆伟出席捐赠仪式并讲话。

下午，9·8厦门投洽会主宾省河北重点项目签约仪式在厦门国际会展中心举行，省委常委、副省长聂辰席出席签约仪式。

九月十日

上午，第十四届中国科协年会人才项目对接签约仪式在省会河北会堂举行。中国科协常务副主席、书记处第一书记陈希，省委书记、省人大常委会主任张庆黎，省委副书记、省长张庆伟出席签约仪式。省委副书记赵勇主持签约仪式。

上午，省长张庆伟在石家庄看望慰问工作在一线的教师，向全省广大教师和教育工作者致以节日的祝贺和诚挚的问候。省长助理、省政府秘书长尹亚力一同看望慰问。

下午，省长张庆伟主持召开省长办公会议，听取全省尾矿库安全整治和“打非治违”专项行动情况汇报，并对下一步相关工作进行安排部署。副省长张杰辉，省长助理、省政府秘书长尹亚力参加会议。

九月十一日

上午，省委书记、省人大常委会主任张庆黎，省委副书记、省长张庆伟在石家庄会见了交通银行党委书记、董事长胡怀邦一行。

下午，省委书记、省人大常委会主任张庆黎，省委副书记、省长张庆伟在石家庄会见了中国航天科技集团总经理马兴瑞，副总经理袁洁一行。会见前，省地理信息局与中国航天科技集团卫星应用研究院举行了签约仪式。张庆伟出席签约仪式。

今天，以人力资源和社会保障部副部长杨士秋为组长的国家公务员局检查组，在廊坊召开公务员法律法规执行情况汇报座谈会，副省长宋恩华参加汇报座谈会，并与检查组交换了意见。

九月十二日

上午，河北省与加拿大新布伦瑞克省在石家庄签署了《木结构建筑技术合作框架协议》。副省长宋恩华会见加拿大新布伦瑞克省省长大卫·奥瓦德一行并出席签约仪式。

下午，驻石部队区域集约保障社会化试点工作军地联席会议在石家庄举行。省委常委、省军区司令员史鲁泽，副省长宋恩华出席会议并讲话。省军区副司令员王志国、后勤部长王延波等出席会议。

九月十三日

上午，河北省文学艺术界联合会第九次代表大会、河北省作家协会第六次代表大会在省会河北会堂开幕。省委书记、省人大常委会主任张庆黎，中国文联党组书记、副主席赵实，中国作协党组书记、副主席李冰，省委副书记、省长张庆伟，省委副书记赵勇出席开幕式。

上午，全省农村危房改造工作电视电话会议在省会召开。副省长宋恩华出席会议并讲话。

下午，省委书记、省人大常委会主任张庆黎，省委副书记、省长张庆伟在省会河北会堂会见了从第十四届残疾人奥林匹克运动会载誉归来的河北省运动员、教练员。

晚上，“善行河北”主题道德实践活动大型综艺晚会在省会河北会堂大礼堂举行。省领导张庆黎、张庆伟等，与出席省第九次文代会、省第六次作代会的全体代表，来自全省各地的道德模范、河北好人代表一同观看了晚会。

日前，河北省在秦皇岛召开津秦客运专线调度会议。省委常委、常务副省长杨崇勇出席会议并讲话。

日前，国务院对唐山市部分行政区划作出调整，决定撤销唐海县，设立唐山市曹妃甸区。

九月十四日

上午，省政府与铁道部在石家庄市就加快推进省部合作铁路项目建设进行会谈。省委常委、常务副省长杨崇勇，省委常委、石家庄市委书记孙瑞彬，铁道部副部长卢春房出席。

九月十六日

上午，第十五届唐山中国陶瓷博览会在唐山会展中心开幕。全国人大常委会副委员长、民革中央主席周铁农，全国政协副主席阿不来提·阿不都热西提，商务部副部长王超，中国国际贸易促进委员会副会长于平，省委常委、副省长聂辰席，省人大常委会副主任王增力，省政协副主席王玉梅、孔小均出席开幕式，聂辰席在开幕式上致辞并与王超一起为唐山市“国家外贸转型升级专业型示范基地”揭牌。

九月十七日

上午，省委、省政府召开全省维护社会稳定工作电视电话会议。省委书记、省人大常委会主任张庆黎出席会议并讲话。省委副书记、省长张庆伟主持会议并就贯彻落实会议精神提出明确要求。中央信访工作督导组组长，国土资源部副部长徐德明一行莅临会议。

上午，以住房和城乡建设部副部长郭允冲为组长的国务院安委会督查组在河北会堂召开会议，听取河北省安全生产工作汇报，并与省政府交换意见。副省长杨汭出席会议并讲话。

九月十八日

河北沿海地区发展规划实施领导小组会议在沧州召开。

下午，省委书记、省人大常委会主任张庆黎，省委副书记、省长张庆伟在石家庄会见了国家烟草专卖局组书记、局长姜成康一行。

下午，河北省第四届田野文物安全技术防范系统建设项目调度会在省会召开。

九月十九日

上午，钻石品牌发展座谈会在省会太行国宾馆举行。省长张庆伟，国家烟草专卖局局长姜成康出席座谈会并讲话。

下午，省委书记、省人大常委会主任张庆黎，省委副书记、省长张庆伟在石家庄会见了中国人民对外友好协会党组书记、会长李小林一行。省委常委、副省长聂辰席参加会见。

九月二十日

9 月 14 日至今日，省长张庆伟在石家庄市就县域特色产业发展、结构调整、科技创新、品牌建设、食品药品安全等工作进行调研。省委常委、石家庄市委书记孙瑞彬参加调研。

上午，河北省人民对外友好协会第一届理事会会议在省会召开。中国人民对外友好协会党组书记、会长李小林，省委常委、副省长聂辰席出席会议。

上午，河北广电信息网络集团公司与中国移动通信集团河北有限公司在石家庄签署战略合作框架协议，共同推进三网融合进程。

下午，省邮政业市场发展和维护市场秩序领导小组会议在省会召开。

九月二十一日

今天，省长张庆伟在保定市就文化产业发展、工业经济运行等方面工作进行调研。

今天，全省幸福乡村建设暨农村环境综合整治现场观摩会在邢台市举行。省委副书记、省委省政府农村工作领导小组组长赵勇出席会议并讲话。

九月二十二日

上午，保定“7·21”抗洪救灾纪实摄影展在省博物馆开幕。

上午，省长张庆伟就开展加强基层建设年活动到丰宁满族自治县进行调研。

九月二十四日

上午，全省领导干部科技创新研修班在河北工业大学开班。

今天，民政部副部长姜力到廊坊市就养老服务体系建设和社区工作进行调研。

9 月 23 日至今日，国务院扶贫办主任范小建到保定市就燕山太行山片区规划及扶贫开发工作进行调研。

九月二十五日

9 月 23 日至今日，省长张庆伟在唐山市就转方式调结构、保持经济平稳较快发展进行调研。

下午，省委常委、常务副省长杨崇勇到加强基层建设年活动联系点青龙满族自治县隔河头镇大森店村调研。

下午，河北省召开第十四届中国科协年会成果发布暨总结表彰大会。中国科协副主席、书记处书记、第十四届中国科协年会组委会主任程东红，省委副书记赵勇出席会议并讲话。副省长龙庄伟发布年会成果。省政协副主席、省科协主席段惠军主持会议。

下午，全省安全生产电视电话会议在省会河北会堂召开。副省长张杰辉出席会议并讲话。

九月二十六日

上午，神华集团 76000 吨系列散货船项目开工仪式在秦皇岛市举行。省长张庆伟出席仪式并宣布项目开工。神华集团有限责任公司董事长张喜武，中船重工集团公司总经理李长印，中国海运（集团）总公司总经理许立荣，省长助理、省政府秘书长尹亚力出席开工仪式。开工仪式结束后，张庆伟、张喜武、李长印、许立荣、尹亚力等一同到山船重工的船坞进行考察调研。

上午，省委书记、省人大常委会主任张庆黎在石家庄会见了美的投资控股有限公司董事长何享健，美的集团董事长方洪波，美的集团董事、总裁黄健一行。省委常委、副省长聂辰席等参加会见。

九月二十七日

上午，省委书记张庆黎到“7·21”洪涝重灾区保定市涞源县，看望慰问奋战在灾后重建第一线的广大干部群众，调研指导灾后恢复重建工作。副省长宋恩华参加调研。

下午，省长张庆伟主持召开省政府第 110 次常务会议。会议研究了《河北省人民政府关于加强食品安全工作的决定》，并对全省食品安全工作进行安排部署。会议强调，要紧紧围绕党中央、国务院关于食品安全工作的重大决策部署，立足我省食品产业和监管现状，继续坚持标本兼治、综合施策的方针，大力践行科学监管、依法监管、全程监管理念，坚持统一协调与分工负责相结合、集中治理整顿与严格日常监管相结合、加强政府监管与落实企业主体责任相结合、监管执法与社会监督相结合，着力提升全省食品安全工作的科学化水平。通过3至5年的整治，使我省食品安全治理整顿工作取得明显成效，违法犯罪行为得到有效遏制，突出问题得到有效解决，食品安全工作步入科学化、制度化、规范化轨道，食品安全总体水平得到大幅度提高，为建设经济强省、和谐河北提供有力保障。会议还研究了《关于贯彻落实国家侨务工作发展纲要的实施意见》，就本省侨务工作进行安排部署。

下午，省委书记、省人大常委会主任张庆黎，省委副书记、省长张庆伟在石家庄会见了文化部副部长，国家文物局党组书记、局长励小捷一行。

九月二十八日

上午，石家庄市轨道交通开工典礼在石家庄市第二中学操场举行。省委书记、省人大常委会主任张庆黎出席仪式并宣布项目开工。省委副书记、省长张庆伟，省委常委、常务副省长杨崇勇，省委常委、秘书长景春华，副省长宋恩华，省军区副政委李志强出席仪式。省委常委、石家庄市委书记孙瑞彬出席并讲话。中国铁建集团党委书记、董事长孟凤朝，中国中铁总裁白中仁以及石家庄市市民代表在仪式上发言。石家庄市市长姜德果主持开工仪式。

上午，京港澳高速公路京石段改扩建工程开工动员大会在石家庄召开。

上午，文化部副部长、国家文物局局长励小捷一行在省政府特邀咨询孙士彬、副省长杨汭的陪同下，考察了国家级历史文化名城正定的文物保护工作。

下午，全省征兵工作电视电话会议在省会河北会堂召开。河北省今年冬季征兵工作于11月1日正式开始。省委常委、省军区司令员史鲁泽，副省长宋恩华，省军区副司令员李毅出席会议并讲话。省军区政委李光聚主持会议。省军区副政委李志强、参谋长王舜出席会议。

晚上，省政府国庆招待会、中秋茶话会在省会太行国宾馆举行。省委书记、省人大常委会主任张庆黎，省委副书记、省长张庆伟，省政协主席付志方等省委、省人大常委会、省政府、省政协领导同志，省法院院长、省检察院检察长，部分省级老同志叶连松、杨泽江、郭志、吕传赞、赵金铎、刘德旺等，省直有关部门主要负责人，省政协专委会委员出席招待会、茶话会。招待会、茶话会由省委副书记赵勇主持。

今天，保险与社会管理创新高层研讨会在保定开幕。省人大常委会党组副书记、副主任宋长瑞，中国保监会副主席周延礼，省长助理、省金融办主任江波参加开幕式。

九月二十九日

上午，2012中国·石家庄第七届国际动漫博览交易会在石家庄国际科技博览活动中心开幕。省委常委、石家庄市委书记孙瑞彬宣布开幕。省委常委、宣传部部长艾文礼，副省长杨汭出席开幕式。

上午，信建部与省政府在北京签署了《关于共建北戴河新区国家级绿色节能建筑示范区合作框架协议》。信建部副部长仇保兴、副省长宋恩华出席签约仪式，并代表双方签字。

九月三十日

今天，省委书记、省人大常委会主任张庆黎，省委副书记、省长张庆伟到京石武铁路客运专线河北段沿线站点，看望慰问坚守一线的铁路建设者，进行现场办公。铁道部党组成员、全国铁路总工会主席兼北京铁路局局长何玉华，省委常委、石家庄市委书记孙瑞彬，省委常委、秘书长景春华，省长助理、省政府秘书长尹亚力参加活动。

今天，交通运输部党组书记、部长杨传堂一行到河北省检查国庆长假小型客车免费通行工作并召开座谈会。副省长宋恩华，交通运输部党组成员、政策法规司司长何建中陪同检查。

十　月

十月一日

上午，省会庆祝中华人民共和国成立63周年升国旗仪式在民心广场举行。省委书记、省人大常委会主任张庆黎，省委副书记、省长张庆伟，省委副书记赵勇，省政协主席付志方与省会各界干部群众代表共2000余人一同参加升国旗仪式。参加升国旗仪式的领导同志还有：史鲁泽、臧胜业、景春华、田向利、艾文礼、宋长瑞、杨汭、赵文鹤、孔小均、王刚、李光聚、薛凝冰、郝玉良、李志坚、李毅、吴清丽、尹亚力。省委常委、石家庄市委书记孙瑞彬主持升国旗仪式。

十月六日

下午，保定市南市区五尧乡和宁苑小区18号楼发生爆炸，致使该楼楼体损坏严重并造成人员伤亡。爆炸案发生后，省委、省政府高度重视。省委书记、省人大常委会主任张庆黎，省委副书记、省长张庆伟立即作出批示，要求全力抢救受伤人员，做好小区及周围群众的思想工作，确保社会稳定，尽快查明原因，并制定整改措施。副省长宋恩华受张庆黎、张庆伟委托，带领有关部门负责同志赶赴爆炸现场指导处置工作，并到医院看望受伤人员。

十月九日

下午，副省长宋恩华主持召开省灾后重建指挥部第四次会议，调度下一步灾后重建工作。

十月十日

10月8日至今日，中共中央政治局常委李长春在省委书记、省人大常委会主任张庆黎，省委副书记、省长张庆伟陪同下，先后到张家口市涿鹿、蔚县、阳原、怀来等地，深入农村、企业、重要文化遗址和文物保护单位，就做好文物发掘保护利用、加强非物质文化遗产传承开发等进行调研。全国政协副主席、中国社会科学院院长陈奎元一同调研。中宣部副部长、文化部部长蔡武，人民日报社社长张研农，新华社社长李从军，中宣部副部长翟卫华，财政部副部长张少春，光明日报社总编辑何东平，中央电视台台长胡占凡等参加调研。省委常委、秘书长景春华，省委常委、宣传部部长艾文礼陪同调研。

下午，省政府召开冀中南片经济运行分析暨重点项目调度会。

十月十一日

10月10日至今日，国务委员、公安部部长孟建柱来河北省调研公安工作。省委书记、省人大常委会主任张庆黎，省委副书记、省长张庆伟陪同调研。公安部常务副部长杨焕宁，副部长李东生，政治部主任蔡安季，副部长黄明一同调研。省委常委、政法委书记、省公安厅厅长张越陪同调研并就河北省做好维护社会和谐稳定工作情况作了汇报。

上午，全国公安民警革命传统教育基地揭牌仪式在河北省平山县王子村华北人民政府公安部旧址举行。国务委员、公安部部长孟建柱为教育基地揭牌，并瞻仰华北人民政府公安部旧址。省委书记、省人大常委会主任张庆黎一同为全国公安民警革命传统教育基地揭牌。省委副书记、省长张庆伟，公安部常务副部长杨焕宁在揭牌仪式上致辞。公安部副部长李东生主持揭牌仪式。

上午，省政府特邀咨询张和带领省南水北调办等有关部门负责同志，就廊涿干渠工程建设到廊坊市进行调研。

下午，省政府召开环首都片、沿海片经济运行分析暨重点项目调度会。省委常委、常务副省长杨崇勇主持会议并讲话。

十月十二日

今天，省委常委、常务副省长杨崇勇率领省直有关部门负责同志到河北钢铁集团调研。

上午，全省领导干部廉洁从政主题演讲在河北电视台演播大厅举行。

十月十三日

10月11日至今日，中共中央政治局委员、国务委员刘延东在省委书记、省人大常委会主任张庆黎，省委副书记、省长张庆伟陪同下，深入沧州、衡水等地的学校、企业和文化单位考察调研，看望一线教师、优秀青少年学生代表、科技人员和文化工作者。教育部部长袁贵仁，科技部党组书记、副部长王志刚，国务院副秘书长江小涓，文化部副部长王仲伟等参加调研。

下午，省长张庆伟在深州市就抓好当前“秋收、秋种、秋管”工作以及县域经济发展等进行调研。

十月十六日

上午，省委、省政府召开全省着力改善发展环境、着力改善生态环境动员大会。省委书记、省人大常委会主任张庆黎，省委副书记、省长张庆伟出席会议并讲话。省委副书记赵勇主持会议。省领导付志方、史鲁泽、杨崇勇、臧胜业、张越、孙瑞彬、景春华、田向利、艾文礼、宋长瑞出席会议。

上午，河北农业大学建校110周年庆祝大会在保定召开。中共中央政治局委员、国务委员刘延东致信祝贺，全国人大常委会副委员长陈至立题词。省委常委、组织部部长梁滨，副省长龙庄伟，光明日报总编辑何东平，省政协副主席孔小均，原省领导赵金铎、张润身、柳宝全出席大会。

今天，副省长张杰辉带领省有关部门负责同志，就县域经济发展和产业集群培育等工作到邢台市隆尧县调研。

十月十七日

10月16日至今日，由全国“扫黄打非”领导小组专职副组长李长江率领的全国“扫黄打非”工作督导组来河北省检查指导工作并召开河北省深化“扫黄打非”专项行动工作情况汇报会。艾文礼作专项行动工作情况汇报。副省长杨汭主持汇报会。

下午，省长张庆伟在秦皇岛会见了前来参加中信戴卡产业园一期工程竣工典礼仪式的中信集团董事长常振明一行。

下午，省政府召开全省财政教育投入工作电视电话会议，省委常委、常务副省长杨崇勇出席会议并讲话，副省长龙庄伟主持会议。

十月十八日

上午，中信戴卡产业园一期工程竣工典礼仪式在秦皇岛市举行。

10月17日至今日，省长张庆伟在秦皇岛市就加快发展制造业、农业产业化、生态旅游等工作进行调研。副省长张杰辉，省长助理、省政府秘书长尹亚力陪同调研。

今天，中国现代农业商品博览会暨第五届唐山农产品展示交易会在唐山开幕。

今天，省政府特邀咨询孙士彬带领省直有关部门负责同志到教育部汇报河北中医学院独立设置筹备工作。

十月十九日

上午，副省长杨汭到省儿童医院、河北医科大学第一医院，看望来河北省治疗的西藏先心病患儿。

10月18日至今日，省委常委、常务副省长杨崇勇率领省直有关部门负责同志到邯郸市就冀南新区开发建设、帮助企业渡过难关进行调研并出席了邯郸冀南新区揭牌仪式。

10月18日至今日，全省林果工作会议在邢台召开。

今天，全省学校安全教育管理及应急演练工作现场观摩经验交流会在唐山召开。

十月二十日

10月19日至今日，省长张庆伟在邢台市、邯郸市就加快县域经济发展进行调研。

今天，全国残疾人岗位精英职业技能大赛在石家庄举行。副省长宋恩华、中国残联副理事长贾勇出席开幕式。

10月19日至今日，国务院南水北调办公室副主任于幼军带领国家有关方面负责同志，到河北省就南水北调中线邯石段风险项目建设进度进行督导检查，省政府特邀咨询张和陪同。

十月二十二日

今天，省委、省政府召开全省市委书记、市长和省直

部门主要负责同志会议。省委书记、省人大常委会主任张庆黎主持会议并讲话。省委副书记、省长张庆伟出席会议并讲话。省委副书记赵勇，省委常委、常务副省长杨崇勇，省委常委、政法委书记张越讲了具体意见。

下午，中国海关管理干部学院在秦皇岛挂牌成立，海关总署署长于广洲、副省长杨汭出席挂牌仪式。

十月二十三日

上午，全省科技创新大会在省会河北会堂召开。省委书记、省人大常委会主任张庆黎，省委副书记、省长张庆伟出席会议并讲话。科技部党组成员、科技日报社社长王志学莅临会议。省领导赵勇、付志方、景春华、宋长瑞、龙庄伟和省长助理、省政府秘书长尹亚力出席会议。省委常委、常务副省长杨崇勇主持会议。

十月二十四日

下午，省委书记、省人大常委会主任张庆黎，省委副书记、省长张庆伟在石家庄会见了中国海洋石油总公司党组书记、董事长王宜林一行。省委常委、常务副省长杨崇勇，省委常委、秘书长景春华，省长助理、省政府秘书长尹亚力，中国海洋石油总公司党组成员、纪检组组长张健伟参加会见。

十月二十五日

下午，省长张庆伟主持召开省政府第111次常务会议。会议研究了《河北省质量发展规划（2012—2020年）》，并对河北省质量发展工作进行安排部署。会议强调，要以科学发展为主题，以加快转变经济发展方式为主线，坚持以人为本、安全为先、诚信守法、夯实基础、创新驱动、以质取胜的工作方针，从增强全社会质量意识入手，以企业为主体，以标准化建设为基础，以推进质量兴省和名牌战略为载体，以质量监管为手段，以诚信体系、人才队伍、检验检测平台建设为保障，突出重点、综合施策，全面提高质量整体水平，促进经济社会又好又快发展。实现质量基础进一步夯实、质量总体水平显著提升、质量发展成果惠及全省人民、质量工作对经济发展的服务作用不断加强的发展目标，为建设经济强省、和谐河北，全面建成小康社会奠定坚实的质量基础。会议还研究了《河北省自主就业退役士兵一次性经济补助发放管理暂行办法》以及提高义务兵家庭优待金标准的政策。

下午，省委书记、省人大常委会主任张庆黎，省委副书记、省长张庆伟在石家庄会见了中国人寿保险（集团）公司党委书记、董事长杨明生一行。

十月二十六日

上午，中国第一重型机械集团公司与沧州中铁装备制造材料有限公司共同投资建设的高端冷轧板等项目在渤海新区奠基开工。副省长张杰辉、中国一重董事长吴生富出席奠基开工仪式。

上午，河北省举行表彰座谈会，对本省在第十二届精神文明建设“五个一工程”评选中获奖的作品和作出积极贡献的单位进行表彰奖励。会前，省委书记、省人大常委会主任张庆黎，省委副书记赵勇会见了受表彰代表，并与大家合影留念。省委常委、宣传部部长艾文礼，副省长杨汭、省政协副主席王刚参加会见或出席座谈会。

下午，省委书记、省人大常委会主任张庆黎，省委副书记、省长张庆伟在石家庄会见了中国航天科工集团党组书记、总经理许达哲一行。省委常委、常务副省长杨崇勇，省长助理、省政府秘书长尹亚力，中国航天科工集团党组成员、副总经理高红卫、曹建国参加会见。

晚上，加强冀台文化交流系列活动“冀台心连心、两岸梨园情”首场演出在省京剧院裴艳玲大戏院举行。省委书记、省人大常委会主任张庆黎，省政协主席付志方，省委常委、宣传部部长艾文礼，副省长张杰辉、杨汭与驻石家庄的台商、台胞代表一同观看。

十月二十九日

上午，河北省与央企干部双向交流挂职启动仪式暨培训会议在石家庄举行。省长张庆伟，国务院国资委副主任金阳出席启动仪式并讲话。省委常委、组织部部长梁滨主持启动仪式。副省长张杰辉，省长助理、省政府秘书长尹亚力参加启动仪式。

下午，省政府召开全省退役士兵安置改革工作电视电话会议，副省长、省退役士兵安置领导小组组长宋恩华出席会议并讲话，省军区副司令员王志国出席会议。

十月三十日

今天，省委常委、常务副省长杨崇勇到唐山市就钢铁产业结构调整进行调研。

十月三十一日

10月30日至今日，省长张庆伟在廊坊市就县域经济、文化产业发展、城市建设等进行调研。省长助理、省政府秘书长尹亚力陪同调研。

10月23日至今日，省政府特邀咨询孙士彬带领省政府有关部门负责同志就中医药产业发展到河南、安徽、江苏、四川省考察。

十　一　月

十一月一日

今天，全省加强和改进最低生活保障工作电视电话会议在省会召开。副省长宋恩华出席会议并讲话。

十一月二日

今天，我省召开地质找矿成果发布会。

十一月五日

上午，中共中央政治局常委、中央政法委书记周永康来河北省实地检查十八大安保环京“护城河”工程，看望慰问一线执勤公安民警、武警官兵和安保志愿者。中共中央政治局委员、中央政法委副书记王乐泉，国务委员、中央政法委副书记、公安部部长孟建柱，省委副书记、省长张庆伟陪同检查。

上午，河北轨道运输职业技术学院揭牌仪式在石家庄市经济技术开发区河北轨道运输职业技术学院新校区举行。

上午，河北省医药物流中心投入使用。

今天，省政府特邀咨询孙士彬带领省中药产业发展调研组就中药产业发展和产业升级工作到安国市调研。

十一月六日

上午，省政府与卫生部在北京签署关于共同促进河北卫生事业改革发展合作框架协议。省委书记、省人大常委会主任张庆黎出席签字仪式并讲话。省委副书记、省长张庆伟，卫生部部长陈竺分别代表双方签字。卫生部党组书记张茅出席并讲话。卫生部党组成员、副部长陈啸宏主持签字仪式。

上午，“7·21”灾后重建第一期项目集中竣工仪式在涞源举行。

十一月七日

上午，出席中国共产党第十八次全国代表大会的河北省代表团在北京召开全体会议。省委书记张庆黎主持会议。会议推选张庆黎为河北省代表团团长，省委副书记、省长张庆伟，省委副书记赵勇为代表团副团长，省委常委、秘书长景春华为代表团秘书长。

十一月八日至十四日

中国共产党第十八次全国代表大会在北京举行。

十一月二十一日

11月20日至今日，中国共产党河北省第八届委员会第三次全体会议在石家庄举行。会议传达学习贯彻中国共产党第十八次全国代表大会和党的十八届一中全会精神，讨论省委常委会工作报告，审议通过《中共河北省委关于认真学习宣传贯彻党的十八大精神的决议》。全委会由省委常委会主持。省委书记张庆黎代表省委常委会报告省第八次党代表大会以来的工作，并在会议闭幕会讲话。省委副书记、省长张庆伟传达中国共产党第十八次全国代表大会精神。省委副书记赵勇传达党的十八届一中全会精神。史鲁泽、杨崇勇、梁滨、臧胜业、张越、孙瑞彬、景春华、田向利、艾文礼出席会议。

十一月二十二日

上午，省长张庆伟主持召开省政府第112次常务会议。会议研究了《关于加快发展节能环保产业的实施意见》，并就本省大力发展节能环保产业工作进行部署。会议强调，要按照国务院通知要求，加快培育发展节能环保产业，促其成为新一轮经济发展的增长点和新兴支柱产业。会议研究了《河北省人民政府办公厅关于贯彻落实〈国家食品安全监管体系“十二五”规划〉的实施意见》，对全省食品安全工作进行安排部署。会议还研究了其他事项。

上午，省十一届人大常委会第三十三次会议在石家庄举行第一次全体会议。

十一月二十五日

今天，第六届河北品牌节开幕。省委常委、常务副省长杨崇勇出席开幕式并为获奖者颁奖。

十一月二十六日

11月25日至今日，省委理论学习中心组学习会议在石家庄召开。省委书记、省人大常委会主任张庆黎主持会议并讲话。省委副书记、省长张庆伟作发言。省委常委，省人大常委会、省政府、省政协党员领导同志，省法院院长、省检察院检察长，省长助理，省直有关部门、单位以及中直驻冀机构的主要负责同志参加学习会议。

上午，在省会翠屏山迎宾馆参加省委理论学习中心组学习会议的省委、省人大常委会、省政府、省政协党员领导同志，参加了“职工互助一日捐”活动。

上午，第七届中国·石家庄国际医药博览会在石家庄国际博览中心开幕。副省长杨汭、省政协副主席王刚出席开幕式。

上午，新中联航启航暨中联航河北分公司挂牌仪式在北京举行。国家民航局局长李家祥，国务院国资委副主任姜志刚，副省长宋恩华，东航集团总经理刘绍勇、党组书记马须伦出席挂牌仪式。

十一月二十七日

上午，中航通飞华北飞机工业有限公司成立揭牌仪式暨石家庄中航赛斯纳飞机公司合资经营签约仪式在石家庄举行。省委常委、常务副省长杨崇勇和中国航空工业集团公司副总经理徐占斌出席仪式，并共同为中航通飞华北飞机工业有限公司揭牌。

晚上，中国·大营第21届国际皮草交易会开幕式在衡水举行，副省长杨汭出席开幕式。

十一月二十八日

上午，省政府特邀咨询孙士彬主持召开河北中医学院筹建工作调度会议。

上午，河北省科技界代表学习贯彻党的十八大精神座谈会在石家庄举行。副省长龙庄伟出席座谈会并讲话。省政协副主席、省科协主席段惠军主持座谈会。

下午，省委书记、省人大常委会主任张庆黎，省委副书记、省长张庆伟在石家庄会见了北京军区司令员张仕波一行。省军区及驻冀部队领导史鲁泽、李光聚、薛爱国、薛凝冰，省委常委、秘书长景春华，副省长宋恩华，省长助理、省政府秘书长尹亚力参加会见。

今天，国家质检总局副局长杨刚到河北出入境检验检疫局、省质量技术监督局调研。副省长沈小平陪同调研。

十一月二十九日

上午，省长张庆伟到石家庄君乐宝乳业有限公司、河北省建筑科技研发中心调研。副省长宋恩华、沈小平，省长助理、省政府秘书长尹亚力参加调研。

上午，副省长宋恩华在石家庄会见了由民航华北地区管理局党委书记王瑞萍带队的京津冀民航运输协同发展调研组一行。

十一月三十日

上午，省长张庆伟到河北出入境检验检疫局、石家庄海关进行调研。省长助理、省政府秘书长尹亚力，省长助理、省金融办主任江波参加调研。

11月27日至今日，以国家食品药品监督管理局副局长边振甲为组长的国务院食品安全委员会第七督查组在河北省检查指导食品安全工作。督查组听取了河北省食品安全工作汇报并与省政府交换意见，省政府特邀咨询孙士彬主持会议。

下午，副省长杨汭到省疾病预防控制中心调研艾滋病防治工作，并代表省政府看望慰问一线艾滋病防治工作人员。

十　二　月

十二月一日

上午，第三届海内外高层次人才洽谈会在石家庄举办。副省长宋恩华出席开幕式并致辞。

下午，中央宣讲团党的十八大精神报告会在省会河北会堂大礼堂举行。中央宣讲团成员，国家发改委主任张平宣讲报告。省委书记、省人大常委会主任张庆黎主持报告会并讲话。省领导张庆伟、赵勇、付志方、杨崇勇、梁滨、臧胜业、张越、孙瑞彬、田向利、艾文礼，原省领导、全国政协文史和学习委员会副主任刘德旺，部分省级老同志叶连松、郭志、吕传赞等出席报告会。省人大常委会、省政府、省政协领导成员，省法院院长、省检察院检察长，副省长以上老同志；省直各单位、中直驻冀单位副厅级以上干部等聆听报告会。

十二月五日

上午，省长张庆伟主持召开座谈会，就推进河北省建设全国知名大学工作听取省属11所重点高校的意见和建议。省委常委、常务副省长杨崇勇，副省长龙庄伟，省政协副主席段惠军，省长助理、省政府秘书长尹亚力参加会议。

上午，司法部部长吴爱英、副部长郝赤勇、政治部主任张彦珍到石家庄调研。省委常委、政法委书记张越，副省长宋恩华陪同调研。

下午，省委常委、常务副省长杨崇勇会见了天津市委常委、常务副市长崔津渡一行。省长助理、省金融办主任江波参加会见。

今天，省外经贸工作调度会在省会召开。副省长杨汭出席调度会并讲话。

十二月七日

今天，省委常委、常务副省长杨崇勇到石家庄市正定新区实地考察新区建设情况。

十二月九日

今天，教育部专家组对河北中医学院设置工作进行评估考察。省政府特邀咨询孙士彬出席汇报会。

十二月十一日

上午，省社会科学界联合会第四次代表大会、省新闻工作者协会第七届理事会第一次会议在石家庄开幕。开幕式前，省委书记、省人大常委会主任张庆黎会见与会代表并同大家合影留念。省领导景春华、艾文礼、宋太平、杨汭、刘永瑞，中国记协书记处书记祝寿臣、顾勇华出席开幕式或参加会见活动。

上午，省长张庆伟到河北师范大学就重点学科建设和文物考古工作进行调研。

上午，全省联合打击制售假烟违法犯罪活动领导小组会议在省会召开。副省长张杰辉出席会议并讲话。

下午，省长张庆伟主持召开省政府第113次常务会议。会议研究了《河北省人民政府关于加快林下经济发展的意见》、《河北省人民政府关于进一步加强和改进最低生活保障工作的实施意见》，并就下一阶段做好最低生活保障工作进行了安排部署。

十二月十二日

今天，省长张庆伟到保定顺平县、望都县宣讲党的十八大精神，就发展县域经济和做好民生工作进行调研。

上午，省委常委、常务副省长杨崇勇到河北科技大学调研。

十二月十三日

今天，省长张庆伟到中国电子科技集团公司第十三所、第五十四所进行调研，并就河北省与中国电子科技集团公司深入推进战略合作召开座谈会。中国电子科技集团公司总经理熊群力一同调研并出席座谈会。副省长张杰辉参加调研并主持座谈会，中国电子科技集团公司副总经理张冬辰，省长助理、省政府秘书长尹亚力参加调研和座谈会。

今天，省委常委、常务副省长杨崇勇到河北经贸大学调研。

近日，《燕山—太行山片区区域发展与扶贫攻坚规划(2011—2020年)》获国务院正式批复，河北省张家口、承德、保定三个市的22个县纳入规划，标志着河北省环首都区域发展和扶贫攻坚上升为国家战略。

十二月十六日

晚上，新疆生产建设兵团大型文艺晚会《兵团人不会忘记》在河北会堂举行。省委常委、省纪委书记臧胜业，省委常委、宣传部部长艾文礼，副省长杨汭到场观看，并在演出前观看了新疆生产建设兵团成就及河北省对口援疆工作展览，与兵团党委常委、副政委、纪检委书记刘向松就进一步做好援疆工作进行了交流。

十二月十八日

今天，“善行河北”主题道德实践活动工作经验座谈会在石家庄举行。省委书记张庆黎在会上致辞。中宣部副部长申维辰讲话。省领导赵勇、杨汭出席会议。省委常委、宣传部部长艾文礼介绍河北省开展“善行河北”主题道德实践活动的经验做法。

今天，全省职工技术创新工作会议在省会召开。中华全国总工会党组纪检组组长、书记处书记王瑞生，省人大常委会副主任、省总工会主席马兰翠，副省长张杰辉出席会议。

十二月十九日

下午，省长张庆伟主持召开省政府第114次常务会议。会议听取了关于2012年国民经济和社会发展主要指标完成情况和2013年计划安排意见、2013年省级财政预算安排建议和省会体育中心建设有关情况的汇报。

十二月二十日

今天，省政府召开首都经济圈发展规划专家咨询会。省委常委、常务副省长杨崇勇出席会议并讲话。

十二月二十一日

上午，河北省各民主党派、工商联负责人和无党派人士代表座谈会在石家庄召开。省委书记张庆黎主持会议并讲话。省委副书记、省长张庆伟通报今年全省经济工作有关情况，介绍省委、省政府关于做好明年经济工作的考虑和初步安排。省领导付志方、杨崇勇、景春华、田向利出席会议。

上午，全省维护稳定工作领导小组召开会议。省委常委、政法委书记张越出席会议并讲话，副省长宋恩华主持会议。

上午，全省运动员文化教育和运动员保障工作电视电话会议在省会河北会堂召开。

十二月二十三日

上午，京港澳高铁沿线旅游市场推广联盟第一次会议在石家庄举行，7省（市）和31城市与会代表讨论通过了《联盟章程》，共同签署《联盟协议书》和《石家庄宣言》。国家旅游局副局长祝善忠、副省长杨汭参加会议。

十二月二十四日

下午，全省加强基层建设年活动总结大会在省会召开。省委书记张庆黎出席会议并讲话。省委副书记、省长张庆伟主持会议。省委副书记赵勇宣读省委、省政府表彰决定。省领导付志方、杨崇勇、梁滨、臧胜业、张越、孙瑞彬、景春华、田向利、艾文礼、宋长瑞、沈小平出席会议。

十二月二十六日

12月25日至今日，全省经济工作会议在省会河北会堂召开。省委书记张庆黎、省长张庆伟出席会议并讲话。省委副书记赵勇主持开幕会议。付志方、史鲁泽、梁滨、臧胜业、张越、孙瑞彬、景春华、田向利、艾文礼、宋长瑞出席会议。省委常委、常务副省长杨崇勇作总结讲话。省人大常委会、省政府、省政协领导成员，省军区、武警河北省总队主要负责人，省法院院长、省检察院检察长，省长助理等出席会议。

12月25日至今日，国务院南水北调办公室主任鄂竟平到河北省考察南水北调工程建设情况。省政府特邀咨询张和陪同考察。

十二月二十七日

上午，民政工作座谈会在廊坊召开，国务院副总理回良玉出席座谈会并讲话，副省长宋恩华参加座谈会。

下午，省委书记、省人大常委会主任张庆黎，省委副书记、省长张庆伟在石家庄会见了海关总署党组书记、署长于广洲一行。海关总署纪检组长胡玉敏，海关总署副署长吕滨、邹志武；省委常委、常务副省长杨崇勇，省长助理、省政府秘书长尹亚力，省长助理、省金融办主任江波参加会见。

下午，副省长杨汭带领省政府有关部门负责同志在石家庄检查元旦春节市场供应工作。

十二月二十八日

下午，省长张庆伟主持召开省政府第115次常务会议。会议研究了《河北省人民政府关于进一步加强道路交通安全工作的实施意见》，并就下一阶段河北省道路交通安全工作进行安排部署。会议强调，要按照《意见》要求，牢固树立以人为本、安全发展的理念，以预防重特大道路交通事故为核心，以解决影响和制约道路交通安全的基础性、源头性、根本性问题为重点，结合河北实际，全面落实道路交通安全责任，提升道路交通安全工作水平。要切实落实运输企业交通安全主体责任，严格驾驶人培训和管理，严格车辆安全管理，提高道路安全保障水平，加强农村道路安全管理，强化道路交通安全执法，加强交通安全宣传教育，强化道路交通安全工作保障。会议还研究了《河北省安全生产应急管理规定（草案）》，对河北省进一步加强安全生产应急管理作出安排部署。

（编辑部辑录）

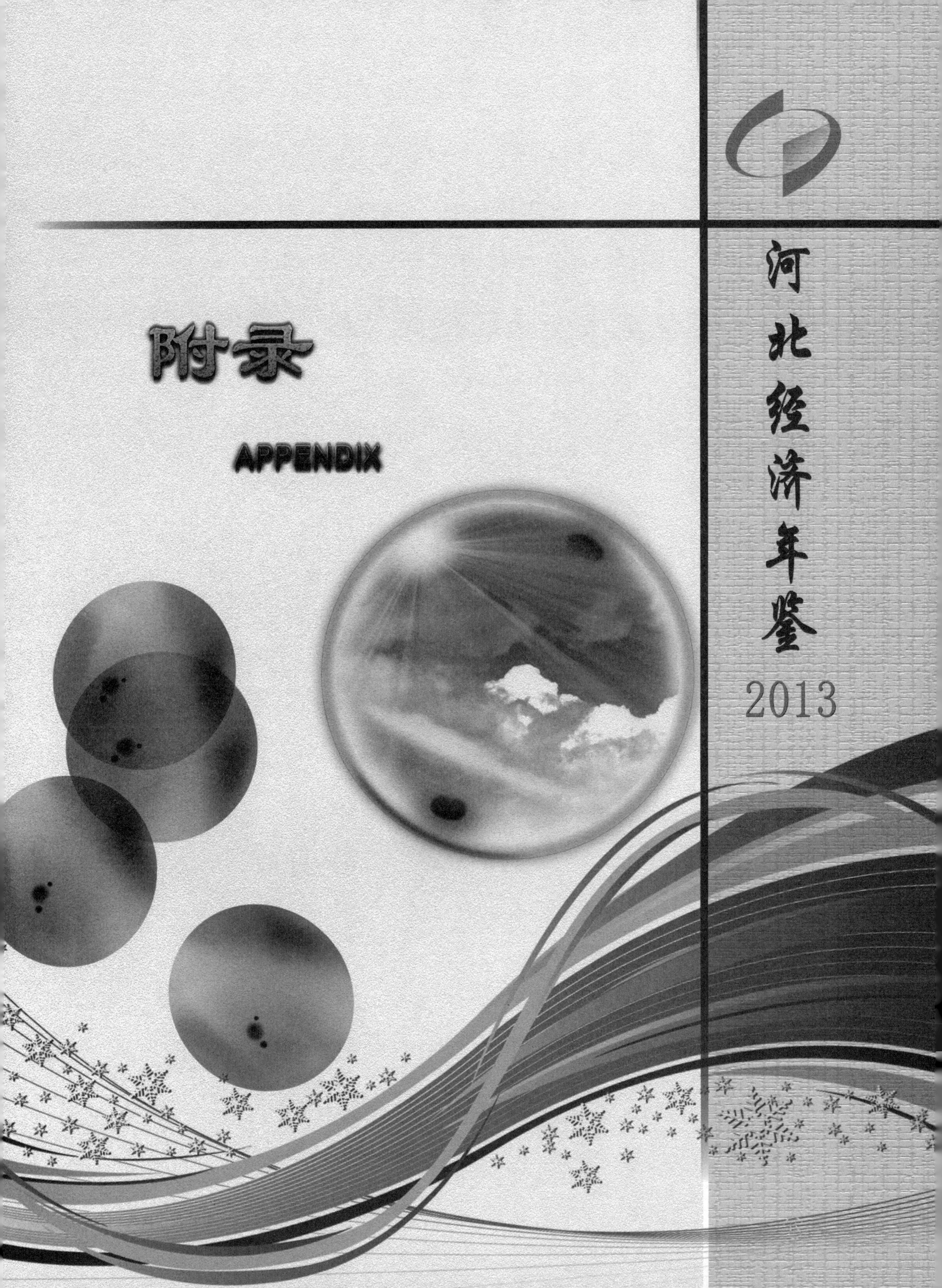

附录
APPENDIX
河北经济年鉴
2013

企 业 介 绍

（排名不分先后）

河北钢铁集团有限公司

2012年，是进入新世纪以来钢铁企业经营形势最为困难的一年，也是河北钢铁集团直面挑战，勇于担当，实现竞争力全面提升的一年。一年来，面对钢材需求增速持续下滑，同质化竞争日趋激烈，全球钢铁业步入低谷，全国钢铁业陷入整体亏损的严峻形势，集团创新推进“深化整合、精细管理、科技创新”三大任务，以降本增效为主线，广泛开展“居危思危、居危思进”大讨论，统一思想、凝聚共识，不断激发广大职工的创新活力，创新发展“邯钢经验”，大力提升成本控制能力和产品创效能力，在应对危机中迈出了转型升级、提质增效的坚实步伐。

集团2012年全年生产生铁4050万吨，粗钢4284万吨，钢材4188万吨；实现营业收入2475亿元，在新增增支减利因素117亿元的条件下，实现利税36.87亿元，其中利润2亿元。集团综合竞争实力持续增强。连续第四年跻身世界500强，位次由2009年的第375位前移至269位。

一、全面深化精细化管理，降本增效成绩显著。以开展“居危思危、居危思进”大讨论活动为契机，认真查找、深刻剖析工作中存在的主要差距和不足，创新发展“邯钢经验”，总结推广精细化管理的成功经验，积极调整工作思路、经营策略和运行模式。与上年同口径相比，集团硬碰硬挖潜增效75亿元。

深化完善对标挖潜机制。在行业25项主要技术经济指标对比中，有15项进入行业前三名，其中9项继续保持行业第一。大幅度压减库存，与年初同口径相比，减少存货资金占用24亿元。全面提高能源、资源综合利用效率，一批余能发电及除尘脱硫等节能减排项目建成投用，煤气和余热余能得到充分循环利用，自发电比例大幅度提升，主要节能环保指标达到国内领先水平。

二、完善适应市场的管理体制，“大营销”体系持续优化。加强价格统一管理，理顺业务管理关系，规范现货市场和新产品直销制度，提高周边市场和中高端市场占有率，周边市场销售量同比增长28%，区域市场占有率稳步提高。优化整合营销渠道和客户资源，加强与中高端重点用户战略合作，大力开拓重点项目和品种钢直销市场，集团板材直供直销比例提高到56.7%。

提高快速反应市场的生产保障和营销服务能力。优化生产组织，提升订单兑现率，降低非计划品率。加强生产、市场、技术、服务的高效联动，通过实行SBU机制，建立境外客服中心，设立客户经理、客户工程师等新措施，加速了营销模式转型。

三、不断拓展国际化经营，国际竞争力、影响力进一步增强。通过加强与国际一流企业在市场、资金、技术等方面的深度合作，提升质量控制水平和综合竞争力，拓展国际市场份额。集团全年签约出口合同333万吨，同比增长25.7%，累计创效3.8亿元。依托集团外贸平台，开展贸易增值创效。国贸公司进口矿贸易量达671.5万吨，贸易创效4271万元。

四、大力推进科技创新，促进了产品结构优化和品质增效。全面推动产品结构向中高端品种为主转变，品种钢对效益的贡献率大幅度提升；集团大量高品质钢材应用于港珠澳大桥等各地重大标志性建筑，打入核电站、高铁桥梁、西气东输、南水北调等国家重大项目。其中，邯钢汽车板通过了欧洲菲亚特和中国一汽、长城等公司认证，管线钢大批量中标西气东输工程；承钢高强抗震钢筋占到长材总量的61.91%，粉剂五氧化二钒生产新工艺取得重大突破，产量达到国内生产总量的85%；舞钢海洋工程用高强度钢板产品标准获得国家正式立项，锅炉与压力容器用钢获得全国特优质量奖；石钢“三高”产品比例超过57%，通过日产、沃尔沃等知名企业认证。在资金十分紧张的情况下，集团完成固定资产投资43.57亿元，实施了一批产品结构优化升级项目。

稳步提升质量保障能力和技术创新实力。集团又有12项产品荣获冶金产品实物质量“金杯奖”，7项产品获“冶金行业品质卓越产品”称号；邯钢荣获本年度“全国质量奖”，唐钢现场5S管理被选树为全国“质量标杆”；舞钢获得国家高新技术企业资格。集团获得省级以上科学技术奖75项。全年新申请或取得自主知识产权394项，目前已累计申请或取得1499项自主知识产权，其中专利992项。

五、全面加强资金集中管控，资金成本和财务风险得到有效控制。充分发挥资金统一管控优势，在资金紧张、钢协会员企业银行借款同比增长6.58%、财务费用同比上升24.38%的情况下，集团保持了现金流稳定，融资总量、财务费用同比持平，确保了资金链安全。充分利用海外融资平台，广泛开展贸易融资，内外联动，取得资金运作效益5.28亿元。集团财务公司9月揭牌开业，核心业务系统上线运行，进一步完善了集团资金管控平台，为深入挖掘内部资金效益奠定了坚实基础。

六、立足国内国外两种资源，资源保障能力不断提升。积极掌控、开发国内资源。2012 年规划的 6 个矿山项目中有 5 个全面开工，完成项目投资 33.42 亿元，集团自矿山整合以来已累计完成投资 141.6 亿元。集团已掌控 50 多亿吨的铁矿资源，数百万吨的铜、锌、钼、金等有色资源。加快矿山建设、开采步伐。全年自产铁精粉 722 万吨，同比增长 2.11%。通过提升产量、压减库存、控制外委、资源再回收，有效控制了自产矿成本。

积极开发境外资源。与加拿大阿尔德隆公司签约合作开发资源量 10 亿吨的佳美铁矿，牵头组建中方联合体收购南非 PMC 矿业公司股权，其他境外资源合作项目也在稳步实施。

七、推进多元产业发展，培育新的发展战略支撑点。积极发展壮大金融板块。集团入股河北银行，参与发起设立了河北财产保险公司。财达证券继续健全营销服务体系，新获融资融券、资产管理、证券承销三项业务资格，再次获评“A”类券商并获得“最具潜力证券公司”荣誉；财达期货评级由 D 类上升为 C 类，并获金融期货经纪业务资格。

曹妃甸和黄骅港两个综合物流园区先后开工建设；河北钢铁交易中心上线试运行，吸纳会员 160 家。

宣工西山工业园区铸造一期成功热试，南厂区改造基本完成，高驱动推土机荣获国家重点新产品证书。

八、加强思想引领和宣传发动，激发了广大职工降本增效的创造活力。充分发挥政治核心作用，努力建设创先争优的长效机制，深入开展形势任务目标教育和思想政治工作，引导全体干部职工统一思想、认清形势，增强危机感、责任感，凝聚直面挑战、攻坚克难的强大合力。

加强领导班子和干部人才队伍建设，推进全集团范围的人才交流与融合，进一步优化调整子分公司领导班子构成。完善业绩考核体系，加大考核结果与薪酬、使用挂钩力度，弘扬了“勇于担当、勇于创新、甘于实干”的良好风气。

广泛开展技术比武、劳动竞赛，成功组织第三届“河北钢铁杯”职业技能大赛，实现在省职业技能大赛上的新突破。集团又有 4 名专业技术和高技能人才入选国务院特殊津贴专家；两个创新工作室被评为全国技能大师工作室。

积极创造条件，关心职工生活，改善工作环境。总投资 13.8 亿元的工矿棚户区改造按计划推进，扶危济困、“金秋助学”等“送温暖”活动深入开展，组织“社会公德、职业道德、家庭美德”模范人物评选，进一步弘扬了先进企业文化。

唐山钢铁集团有限责任公司

2012 年，唐钢紧密结合企业发展实际，开拓创新、锐意进取，在转变生产组织模式、提升成本控制力，推进产品和市场开发、提高产品创效能力等方面，取得了令人瞩目的新成绩，唐钢综合竞争力显著增强，最具竞争力钢铁企业建设迈出坚实步伐，为引领钢铁企业转型发展树立了典范。

年内，唐钢分别荣获“全国用户满意企业”、“全国创先争优先进基层党组织”、“全国国土绿化突出贡献单位”、“中国钢铁工业清洁生产环境友好企业”、“河北省文明单位”、“河北省企业管理创新优胜企业”等多项荣誉称号。

2012 年，唐钢生产经营工作呈现了以下特点：

一、转变生产组织模式，生产经营实现安全、稳定、经济运行

2012 年，唐钢坚持以精细化管理为手段，统筹平衡各生产要素，系统优化生产工序衔接，合理调控物料供应和产成品库存，科学安排作业检修计划，强化工艺过程控制和事故责任考核，确保了唐钢生产经济、稳定、高效运行。全年产铁 1561 万吨，钢 1500 万吨，钢材 1470 万吨；实现营业收入 625 亿元，全面完成集团下达利税指标。

二、大幅提升成本控制力，挖潜增效取得历史性突破

2012 年，唐钢以铁前成本为重点，率先在铁前系统实施以“经济料”替代“精料”的生产方针，通过强有力的技术和管理支撑，实现了铁前系统成本控制力的大幅提升。钢轧系统努力通过技术创新、工艺装备改造和强化技术质量管理降低成本，也取得了显著成效。2012 年唐钢铁成本完成 2535 元/吨，达到行业领先水平。通过加强生产经营全过程成本要素的管控，使库存物资和占用资金始终保持较低水平，费用支出全面压缩。全年实现挖潜增效总额 50.6 亿元。

三、大力推进技术进步和市场开发，产品创效能力不断提高

2012 年，唐钢以“以高端用户满意为标准，全面调整品种结构，实现通用产品精品化、高端产品品牌化，以更高的产品质量、档次和规格，提升产品创效能力”为工作目标，全面提升产品创效能力，全年开发马口铁基料、酸洗汽车大梁钢、高强焊丝钢等新品种 45 个，并形成稳定生产能力。大力推进营销模式转变，积极开发市场、推进直销，积极为用户提供售前、售中和售后全程跟踪服务，使直供、高端用户数量不断增加，全年新增重点直供用户 65 家。

四、进一步强化能源、资源管理，循环经济发展保持行业领先

2012 年，唐钢通过充分发挥能源管控中心作用，积极研究能源优化管理机制，积极实施节能环保项目改造，使唐钢本部能源资源利用效率和环保水平得到不断提升，最高日发电量突破 830 万千瓦时，单月自发电比例最高达到 76.7%。2012 年，唐钢将提升中厚板公司、不锈钢公司、唐银公司三大子公司的能源利用水平作为全年能源工作的重点，通过健全管理网络，完善管理制度，明确管理责任，着力挖掘新项目发电潜力，使三个子公司的能源利用水平实现大幅提升，自发电总量 14 亿度，自发电比例达到 42%。

五、全面提高整体发展水平，三大子公司竞争力显著提升，非钢产业呈现可喜局面

2012年，唐钢以三大子公司达到新兴钢铁企业盈利水平为目标，依托集中管控平台，着力在促进三大子公司发挥自身优势、深挖内部潜力上做好工作，使三大子公司发展质量和竞争能力显著提升，全年合计挖潜增效20.5亿元，吨材增效281元。特别是唐银公司在严峻市场形势下，继续保持较高盈利水平，全年实现利润2.7亿元。2012年，非钢各单位按照唐钢非钢产业发展的总体部署，立足唐钢、面向社会，努力加快发展步伐、提升效益水平，为唐钢发展提供了有力支撑。目前，唐钢非钢产业已形成以装备制造、机械加工、工业气体生产、钢铁生产废弃物回收利用、房地产开发为主的六大产业集群，总资产80亿元，从业总人数15435人。

六、环境质量和现场管理得到巩固提升，综合管理迈上新台阶

围绕创建生态绿色钢铁企业，抓好以“三园一带”（钢铁花园、水系生态园、文化广场和防护林带）为重点的厂容治理和绿化美化工程，全年新增绿地面积10万多平方米；以实现“更加干净的工作环境、更加安全的工厂环境、更加有规则意识的职工团队、更加有效率的生产经营秩序”为目标，拓展5S管理内涵，全面推行以“工厂全面改善”为主要内容的TPM管理，不断增强职工的规则、系统和细节意识，进一步提升了唐钢基础管理水平。唐钢综合管理水平迈上新台阶，财务资金管理效果显著，设备管理水平不断提高，信息化建设积极推进，人力资源管理进一步加强。

七、着力实施国际化战略，国际交流与合作取得丰硕成果

2012年，唐钢坚定不移实施国际化发展战略，在与瑞士德高唐钢已有良好合作的基础上，进一步拓展国际贸易与技术合作，积极与国际一流钢铁企业建立常态化学习交流机制，在学习借鉴先进经营管理理念、扩大产品出口、树立国际品牌形象等方面取得丰硕成果。全年唐钢产品出口总量达156万吨，其中冷轧产品达到116万吨，均创历史新高，唐钢产品出口创效能力和国际品牌形象得到进一步提升。

八、积极建设幸福型企业，企业凝聚力、向心力进一步增强

积极培育“感恩”文化，在使职工充分感受企业关爱，增强归属感、幸福感的同时，自觉把个人命运与企业发展紧密相连，增强了企业的凝聚力和向心力。制定实施《职工基本行为规范》，提升了广大职工的行为素养和工作执行力。维护职工权益，构建和谐稳定劳动关系。在严峻的市场形势下，唐钢全力保证了职工收入稳定，并在职工就医、体检、保健和帮扶解困等方面努力做好工作，使职工的幸福感不断增强。

展望2013年，唐钢深入贯彻党的十八大精神，全面落实河北钢铁集团工作会议各项决策部署。进一步转变生产组织模式，继续保持成本在行业内的领先优势；全面调整产品结构，大幅提升产品盈利水平；全力构建直面市场的营销服务体系，实现由产品生产商向服务商的转变；建立全新考核体系，推进非钢产业发展，增强子分公司创效能力，从根本上实现公司竞争力的提升，为推动和引领河北省钢铁产业实现由大到强的新跨越做出新的贡献。

开滦集团国际物流有限责任公司

2012年，是市场形势急剧变化、公司发展极为艰难的一年，也是公司逐步发展成熟的一年。一年来，我们在经济增速放缓、煤炭市场持续低迷、企业资金紧张、融资成本增加等困难条件下，以集团公司发展战略为导向，以扭亏增盈工作为主线，研判市场，掌控资源，理顺管理流程，优化贸易结构，加快重点项目建设，提升了经济运行质量，促进了公司稳步健康发展。主要标志是：

一、经济运行保持平稳。营业收入完成449亿元，比预算增加69亿元，增幅18.16%；比2011年同期增加76.6亿元，增幅20.56%。企业利润全年完成6196万元，比预算增加696万元，增幅12.65%；比2011年同期增加2188万元，增幅54.58%。应收款项控制在实点指标内。

二、经济结构进一步优化。坚持“一专多元”发展，全年焦炭、铁粉、钢材以及铁精粉等非煤贸易收入达到115.12亿元，占总收入的26.17%，比2011年同期增长了67.08%。此外，在内部运量急剧下滑、船运市场低迷的情况下，全年铁路运量完成1357.95万吨，其中社会运量完成358.81万吨；港口过港量全年完成383.27万吨，比2011年同期增加82.1万吨，其中社会过港量完成131.33万吨，比2011年同期增加31.32万吨，增幅达31.32%。

三、可持续发展的能力得到加强。坚持提升经济运行质量与加快物流项目建设同步，曹妃甸动力煤项目桩基施工已完成总工程量的40%；唐山湾炼焦煤项目部分场地已达到储运条件。钱家营快装线已达到试运行条件；海运公司及电子商务平台等在建、可研项目按照总体规划要求得到整体推进。

四、和谐企业建设有了发展。坚持人与企业共同发展，强化安全管理，杜绝了轻伤及以上事故，实现了安全生产自然年；坚持用企业发展成果惠及员工，十件实事工程全面落实，港口区域等外阜公司工作、生活环境有了改善，员工幸福指数得到提升。

回顾一年来工作，我们有以下几点体会：

一、抢抓机遇，谋求发展，思路决定着出路。2012年，受国际金融危机蔓延的影响，煤炭市场持续低迷，库存增加、价格下滑，供大于求的局面十分突出，增大了公司实现全年目标任务的难度。面对这种情况，我们研判市场，调整思路，抓住资源市场宽松的时机，变不利因素为调整结构、掌控资源的机遇，提出了“抢抓一级市场，强化源头采购”的工作主基调，先后多次赴山西、陕西、宁夏、内蒙及广东、广西等大型煤炭产地、边境口岸，开辟

源头采购渠道，寻求新的合作空间，为确保全年目标任务乃至今后物流贸易的拓展提供了重要保证。实践让我们体会到，思路决定出路。越是在发展遇到困境和难题的时候，越要勇于突破惯性思维，研判形势，不等不靠，用发展的思路寻求方法，解决问题。

二、掌控资源，优化结构，加快“一专多元”发展是公司可持续发展的根本要求。在积极应对市场，抢抓机遇的同时，我们把调整优化贸易结构放在战略高度抓好抓实，着重在掌控资源、开发市场，加快“一专多元”发展上做足文章。进出口分公司、“两港”公司、通达物流公司、华南公司以及宁波公司等单位，在不断巩固老用户，确保贸易规模的同时，注重挖掘自身及股东双方潜力，开发源头市场，拓宽贸易渠道，先后与山西能源总公司、龙口煤炭物流中心以及天津中铝、中储发展等46个新用户建立合作关系，实现煤炭直接采购量526.53万吨，比2011年同期增幅达13%，实现新增贸易收入47.14亿元，降低了贸易成本，增加了利润空间。

在此基础上，我们积极践行“三位一体”运营模式，挖掘多元子公司在行业、区域、人才、资金以及管理等方面的综合优势，坚持“一专多元”发展，延伸贸易链条，拓展焦炭、铁精粉、铁矿石等非煤物流业务。2012年多元公司共完成贸易收入203.35亿元，创利3537.23万元，其中非煤贸易收入90.17亿元，比2011年同期增长30.85%，实现了物流贸易的新突破。铁运、港口两个分公司坚持强化对内服务与加快社会创收同步，深挖内潜，优化管理，为确保公司经济指标的完成发挥了重要作用。特别是港口分公司针对船运市场低迷的情况，及时调整工作思路，盘活有限资源，全力推行精细化管理，促进了煤炭过港量的提升。9月份装船33条，完成过港63.35万吨，创出了开滦码头通航17年来单月装船过港最高纪录。面对严峻的市场形势和发展任务，只有加强资源掌控，不断优化贸易结构，才能切实增强企业发展后劲，才能促进企业实现健康可持续发展。

三、创新管理，规范运作，不断健全完善体制机制是公司健康发展的重要保证。2012年，我们按照现代物流业发展要求，始终把体制机制创新、管理创新放在十分突出的位置。对公司机关管理和业务职能进行重新界定和细化，组建物流研究院，成立纪委监察审计部，编制各岗位说明书，明确了职能定位。在进出口公司增设市场开发部，加强了对市场形势的研判和分析预测，为公司最大限度的掌控资源，提升经营管理科学化水平提供了保证。围绕强化经营制度建设，先后建立并完善了《首季开门红考核办法》、《工资总额与经济效益挂钩考核办法》、《深入推进社会创收工作考核办法》以及《扭亏增盈专项考核办法》等各项激励和约束考评机制，将经营业绩纳入绩效考核，压力传递，构建了经济工作从事前防控、过程控制到事后考核的规范化考核评价体系，提高了经营工作管理水平。

此外，围绕管理创新，完善综合物流信息系统，开发商务智能系统功能，在11家分子公司搭建了从物料管理、国际贸易信息收集到财务资金流向、经营调度、安全动态趋向分析为一体的多功能物流信息监控管理网络平台，促进了科学高效管理。事实证明，管理体制机制以及管理手段和方法的不断创新，是适应企业发展要求，提升企业的综合管理水平的重要途径，这一点必须作为长效手段，始终不渝的深化下去。

四、降本增效，防范风险，才能最大限度的提升公司经济运行质量。2012年，我们坚持以扭亏增盈工作为主线，着力在降本增收与风险防范上下功夫。推行定员定额管理，实施岗位“兼并代”和自动化控制管理，鼓励“一岗多证、一人多职、一职多能”。目前，港口公司皮带系统岗位实现了有人巡视无人值守；铁运公司通过岗位“兼并代”，减少人员配置21人，降低人工成本约160万元，提高了劳动效率。进一步完善成本管理、分析调度和成本考核等制度，加大可控成本的管控力度，对材料费、修理费、招待费等“八项成本费用”实施绩效挂钩考核，费用总额控制，减少了支出，降低了消耗。全年“八项成本费用”支出比预算降低了784万元，比2011年同期降低了1500万元，降幅达26.67%。坚持经营风险防控与资金风险防范一起抓，落实大额资金调度管理和联签制度，建立贸易用户资质评价机制和应收、预付款项清收目标责任体系，做到源头控制，过程监管，规避了经营风险。我们认识到，降本增效、防范风险不仅是扭亏增盈工作的重要内容，而且也是企业在困境中求生存、谋发展的必然要求，更是提高经济运行质量的重要措施，必须一以贯之的抓下去。

五、精心安排，科学组织，加快物流项目建设才能为公司可持续发展提供强力支撑。按照可持续发展的总体思路，坚持在建和可研项目同步实施。

在建项目上，“两港”储配煤基地项目，全年共完成投资1.61亿元，其中曹妃甸动力煤项目完成投资4565万元，唐山湾炼焦煤项目一期工程完成投资1.16亿元。截至2012年底“两港”项目总共完成投资3.25亿元。目前，曹妃甸动力煤项目已完成土地整理，堆取料机、穹顶（网壳）等重点设备和桩基工程招标，桩基施工全面开始，已完成总工程量的40%；唐山湾炼焦煤项目已完成5、6#堆场、道路以及挡风抑尘墙、磅房等主要设施施工，达到汽运存煤条件。钱家营储装运改造项目经过艰苦施工，目前精煤快装系统已通过重载试车，并达到移交条件。海运公司项目已完成前期组建审批、备案和业务储备工作。

在可研及谋划项目方面，空港物流和电子商务平台项目已完成建设方案，为下一步项目推进奠定了基础。曹妃甸临港物流产业项目正在积极谋划。

六、坚持以人为本，加快和谐企业建设是促进公司健康可持续发展的重要保障。一年来，我们坚持人与企业共同发展，不断用企业发展成果惠及员工。实施人才强企战略，加大人才培养和引进力度，健全完善管技人员激励约束机制，增强了各级管理人员事业心、责任心和上进心，工作效率和执行力显著提升。实施文化引领工程，以发展战略为导向，扎实推进物流文化专题研究，构建物流文化

体系，以先进文化引导人、激励人，提升了企业凝聚力。实施暖心聚力工程，对港湾大酒店进行改造，港口区域员工办公生活环境得到改善，承诺的为员工办十件好事全部得到落实，提升了员工的荣誉感和归属感。强化安全生产，深入开展“制度落实年”和“打非治违”活动，完善安全管控机制和安全生产目标管理考核体系，提升了安全管理水平，实现了安全生产自然年。我们感到，越是在企业发展的关键时期，越要积极构建并保持和谐稳定的发展环境，这样才能为企业健康可持续发展提供重要保障。

冀中能源股份有限公司

冀中能源股份有限公司是冀中能源集团的核心子公司，1999年在深交所上市，股票简称为“冀中能源”，股票代码为000937。近年来，冀中能源股份公司积极落实科学发展观，优化产业结构，转变发展方式，公司规模迅速扩大，经济实力大幅提升，现已发展成为集煤炭、电力、化工、建材、物流于一体的大型现代化综合能源企业。综合实力位居中国500强企业第121位，是中国最具价值上市公司50强企业之一，连续多年入选“深证成指”、“深证100”及“巨潮100”指数。

2012年，冀中能源股份公司全面贯彻落实省第八次党代会精神，争当经济强省和谐河北排头兵，克服煤炭价格下跌和增支因素增加等双重挤压带来的冲减利润因素，实现经济总量逆势增长，完成原煤产量3642万吨，营业收入300亿元，净利润23亿元，再次位居全省上市企业首位，一举夺得“河北省政府质量奖”，成为全省首家且唯一一家荣获此项大奖的煤炭企业。公司获评“2012年度中国最具影响力企业”，成为全省唯一一家获此殊荣的企业，公司党委被评为“全国创先争优先进基层党组织”，副董事长、总经理祁泽民被评为“2012年度中国企业十大人物”。

科技创新增动力。围绕制约企业发展的重大难题，积极开展技术攻关，全年获省部级以上科技进步奖7项、国家专利1项，其中邢东矿井下排矸、章村矿薄煤综采项目分获国家能源局、中国煤炭协会科技进步二等奖。8项科技成果通过专家鉴定，均达到国际领先或先进水平。生产效率显著提高。积极推广应用先进、适用的新装备、新工艺，东庞矿分别创出6.5米高架综采月产35.2万吨、井工矿煤巷月进1050米的省内新水平。章村矿、邢东矿、邢台矿分别以月产10.5万吨、3.5万吨和8.3万吨打破了集团公司薄煤综采、充填开采纪录。科技创效优势彰显。邢台矿煤泥干燥项目变低价值煤泥为高附加值中煤销售，全年净增利润700万元。邢东矿井下排矸系统，降低原煤灰分十个百分点，缓解了主井提升压力，开创了省内煤矿井下分选的先河。绿色矿山建设成绩突出。公司获“邢台市大气污染综合整治工作模范集体”、“水生态系统保护与修复工作先进集体”等称号。

管理升级提质量。全面导入卓越绩效管理模式，对企业所有流程都进行了全面梳理再造，企业运行效率大幅提高。大力推进安全质量标准化建设，使职工“体面劳动”成为现实。公司各矿保持了安全质量标准化一级水平；水泥厂、玻纤公司达到行业一级标准，金牛化工达到了危化品企业二级标准。邢东矿、显德汪矿被授予“河北省安全文化建设示范单位”荣誉称号。遵循“科学、严谨、务实、高效”的管理理念，全面加强人力资源、财务资源、基础设施、信息资源、技术资源等基础管理，提高了企业管理的精细化、科学化水平。建立了完善的员工绩效管理和薪酬管理系统，建立各级各类人员考核量化评分标准和提高薪酬的长效激励机制。重视财务资源的管理，严格遵守国家的相关法律法规，制定了完善的财务管理制度和核算办法。推行全面预算管理，细化资金流量核算，依据公司发展战略的要求，积极筹措资金，确保公司发展战略的实施和经营活动正常运行。建立物资供应、财务NC、生产调度系统、自动化办公等9大系统，生产、管理和经营的数字化程度大幅提高。

结构调整创业绩。准确研判市场走势，抢抓市场，苦练内功，在国内煤炭市场持续低迷，煤炭价格连连下滑的情况下，实现“可利用资源效益最大化”的经营目标。一方面，深挖潜，努力优化产品结构。不断对洗选工艺系统进行升级改造，持续提高洗选加工能力、原煤入洗率和精煤产量，产品对市场的适应性不断增强。对外紧盯客户需求，及时调整营销策略，保证了即产即销，上千万吨精煤产品中，质量始终稳定控制在客户要求的范围，保持了产品售价的高位运行。另一方面严管理，严格控制各项支出。多次召开现场会，全面推广各单位挖潜增效、节支降耗的新理念、好做法，增收节支不断向以制度、职工、岗位推动主导的成本控制工作转变，初步塑造了以“岗位增值，职工增收，企业增效”为核心的精细管理文化。进一步完善全面预算管理，实现了制度建设与手段管控的有效结合。强化资金费用管理，严控非生产性投资，办公费等四项费用同比下降20%，压缩项目投资和维简费近9亿元。

唐山国丰钢铁有限公司

一、公司简介

唐山国丰钢铁有限公司成立于1993年，是由国务院国资委下属的中央骨干企业——香港中旅集团有限公司与唐山市丰南区丰南镇经济发展总公司共同出资兴办的钢铁联合企业，注册资本12.38亿元（人民币），其中港中旅集团控股51%，丰南镇占股49%。

2003年10月，为了实现集中发展，规避低水平重复建设，在区委、区政府的积极推动下，国丰以资本为纽带，完成“三丰”整合（国丰、新丰、银丰钢铁、银丰烧结），被誉为河北省钢铁企业联合重组的开山之作，2005年又整体收购了唐山群利钢铁有限公司，从此国丰步入跨越式发展快车道。

企业整合以来，国丰先后投资140多亿元实施了装备升级、结构调整和技术改造，1450mm热连轧生产线等部分工艺装备达到了国内同行业先进水平。同时，淘汰小烧结、小高炉、小转炉等落后装备，共淘汰炼铁能力200万吨，炼钢能力150万吨。2011年，国丰又投资20.6亿元启动了南区综合技改工程，涉及料场改造、环保治理、节能减排、信息化升级、生活区完善、620mm带钢线以及厂区形象提升7大系统33个项目，到年底已竣工项目17个，230平方米烧结机脱硫、转炉余热发电、烧结余热发电、50MW煤气发电以及能源管控中心等一批节能减排项目相继投入运行，二次能源综合利用效率显著提高，全年循环经济创效2.9亿元。

国丰钢铁成立以来，累计实现利税252亿元，上交税金102亿元，为当地经济社会发展做出了突出贡献。公司先后被评为“全国钢压延效益十佳企业”、“中国最诚信企业”、“河北省著名商标企业”、“河北省文明单位”，连续多年被中国农业银行河北省分行，市、区人民银行和农行评为“AAA＋级信用客户”、“最守信用贷款企业”等荣誉称号，是中国银行授信企业。

截至2012年底，公司拥有总资产280亿元、净资产94亿元，职工13500人，名列全国民营企业500强第52位、制造业500强第36位。

二、2012年发展业绩

2012年生产铁水817万吨，钢坯798万吨，热轧卷板775万吨，冷硬板17.5万吨、镀锌板4.8万吨。实现销售收入264亿元，利税9.35亿元，其中利润1.59亿元。主要业绩有：

（一）经济技术指标持续优化。四季度吨铁综合焦比、铁水成本分别完成514公斤和2209元，均创历史最好水平，在唐山市同行业中位居前列。吨钢三项费完成85元，比预算低24元，低于行业平均水平166元。通过大力开展大节约活动，各单位通过严格控制管理和制造费用，节约支出3488万元。

（二）结构调整与技术管理取得新进步。继续深化产学研合作，先后实施了1780立方米高炉专家系统、经济洁净钢平台建设、炼铁原燃料技术经济指标评价体系等25个项目；完成了家电面板开发并实现批量生产，整体质量处于行业领先水平；优化了集装箱板，SPHC罩退产品以及高强度螺纹钢生产工艺；620毫米带钢线、80吨转炉1＃铸机相继投产，并成功租赁经营丰南冷轧镀锌，为品种钢研发提供了平台和保证。累计生产品种钢24万吨，与普通产品相比，增效1250万元。共申报专利8件，其中实用新型专利6件，发明专利2件，SPHC、SPA－H钢种荣获中国冶金产品实物质量金杯奖，《弹簧扁钢工艺研究及产品开发》被唐山市列为重大科研支持项目，与东北大学合作开发的《高炉炉缸侵蚀诊断与结构安全预警》项目成果达到国际先进水平。

（三）营销渠道建设不断加强。一是创新采购模式，提高采购物资直供比例，主要原燃料采购价格均低于唐山地区主要钢铁企业。电子交易中心正式投入运行，实现了阳光采购，年内节约采购成本340万元。二是创新销售模式。带钢直销率由40％提高到51％。积极开拓国际市场，出口产品4.8万吨，创汇2844万美元，比国内销售多创效1030万元。三是创新服务模式。实行售前、售中、售后一站式服务，继续实现了产销率和货款回收率100％。

（四）企业管理水平进一步提升。四期43个项目实现财务收益7094万元。EAS、能源管控（EMS）、考勤系统、无人值守计量系统一期项目等相继投入运行，管控能力实现质的提升。优化定员543人，年节约人工成本3720万元，人均产钢量达到611吨，比行业平均水平高159吨。

（五）环境保护和循环经济建设迈上新台阶。50兆瓦煤气发电、烧结余热发电、230平方米烧结机脱硫、能源管控中心等节能环保项目建成投运，自发电率由17％提高到38％；二次扬尘得到有效治理，主要污染物实现达标排放，成为全市第一批环保达标建设示范创建单位。循环经济累计创效4.92亿元，同比增加2亿元。

河北钢铁股份有限公司承德分公司

河北钢铁股份有限公司承德分公司（简称承钢）始建于1954年，是国家“一五”时期前苏联援建的156项重点工程之一。2006年1月，承钢与河北省内国有钢铁企业唐钢、宣钢共同组建成立了唐钢集团。2008年6月，唐钢集团与邯钢集团合并成立河北钢铁集团，承钢成为河北钢铁集团的一级子公司。承钢是中国钒钛冶炼技术的发祥地，主要产品为含钒低合金钢材及钒钛产品。现有职工1.55万人，具备年产800万吨钢、36万吨钒渣、3万吨钒产品的综合生产能力，拥有2500立方米高炉三座，是迄今为止世界上最大的冶炼钒钛磁铁矿的高炉。

2012年承钢荣获“全国文明单位”“全国企业文化建设优秀单位”、中国质协“冶金行业品质卓越产品”“河北省诚信企业”“河北省企业管理创新优胜企业”“河北省信息化与工业化融合示范企业”“河北省先进基层党组织”等荣誉称号。

截至2012年底，承钢公司总资产377亿元，比上年同期增加20.28亿元；所有者权益57.83亿元。全年累计完成生铁685万吨，钢650万吨，钢材626万吨，钒渣15万吨，钒产品1.19万吨，钛精矿5.8万吨。实现营业收入235亿元，实现利税5.7亿元。

重点项目。2012年，承钢公司根据内部装备和生产情况，量力而行，重点推进节能减排、产品结构调整、工艺优化等技改项目，现有装备潜能得到进一步发挥。自主设计、自主施工、自主安装、自主调试40吨直轧项目，高效建成投产，建设周期为5个月，创造了同类型生产线建设周期最短、投资最少、达产最快的纪录。钒系统氮化钒扩产项目快速建成投产，新建三条氮化钒生产线实现零消缺，投产3天达产，创造了达产最快纪录。

降本增效与精细管理。2012年，确定了77个攻关课

题、168项攻关指标，责任到岗到人，坚持按“日分析、周通报、月考核”强力组织推进。全年同比完成降本增效11.76亿元，折增效181.05元/吨钢，可比成本降低率4.63%。

坚持以高炉为中心组织生产，实现公司生产长周期稳定。3座2500m³大高炉各项指标较上年同期明显提高，利用系数达到2.48t/m³·d，同比提高0.21t/m³·d，日均产量达5556吨；燃料消耗同比降低16.37kg/t；综合焦比同比降低16.54kg/t。炼钢工序的钢铁料消耗1056.585kg/t，同比降低3.549kg/t，石灰消耗37.48kg/t，同比降低0.16kg/t。轧钢工序的线材成材率达到98.42%，同比增加0.069%，达到国内先进水平。坚持设备点检定修制的管理模式，推进设备“四化”管理，吨钢修理费128.94元/吨，同比降低17.67元，累计增效1096.44万元。

质量管理。承钢实施“科技奠基、管理立业、精益求精、品质一流”的质量管理理念，采用钒微合金化和控轧控冷技术，进行成分优化和工艺优化，使钢筋性能稳定，强度符合标准，具有塑性好、易焊接的突出特点，具有良好的抗震性能，达到了国际同类产品先进水平，是目前国内规格和品种最全的生产企业。2012年钢材产品综合合格率达99.93%，五氧化二钒、50钒铁、80钒铁合格率100%。公司主导产品钢筋混凝土用热轧钢筋，2012年再度荣获“冶金产品实物质量金杯奖”“冶金行业品质卓越产品”荣誉称号。

科技创新。2012年全年申报专利86项，受理44项，其中发明专利13项。科研项目立项60项，完成率达95%以上。申报2项国家科技支撑计划项目、1项973计划项目和1项河北省钢铁产业技术升级项目，获政府科技支持资金824万元。河北省科技支撑项目“钒生产工艺优化及技术集成创新”及“钒钛磁铁矿钒提取技术创新及钒微合金钢研发”项目通过了省科技厅的验收。

加大新产品研发力度，成功开发了SG80、ZGD20MnVA线材；Q345BV、65Mn带钢；PSB830精轧钢筋、抗震HRB400E、HRB500E抗震钢筋、出口高硅钢筋、PSB500等品种并实现了批量生产。全年共生产品种钢225.82万吨，品种比例达36.06%。500MPa级抗震钢筋推广使用，带动了华北地区钢筋生产的产品升级，目前已经成为钢筋生产的主流，巩固了承钢产品的市场地位。按照用户需求，还研发生产了牙买加钢筋GR300、澳标钢筋300E/500E、英标钢筋B500B、460B、高硅钢筋等出口钢筋品种。

安全生产。以落实安全生产责任制为核心，以细化隐患排查治理为主线，以降低安全生产事故为目标，强力推行“零隐患、零违章、零事故”安全管理理念。通过加强过程控制和相关方管理，完善安全绩效评价体系，把安全工作做精、做细、做严、做实，全年排查出的2879项安全隐患全部得到整改，整改率100%。主要生产单位及危险化学品单位全部达到安全标准化二级标准水平，安全标准化岗达标率达到了100%。将国家冶金安全标准化和危化标准化标准转化成公司内部14项安全隐患排查标准，严格把好安全准入关，严格安全资质审核，全年共签订安全专项协议192份，组织特种作业、特种设备作业人员培训一千余人次，全员职业卫生、安全知识培训31231人次。全年未发生重伤及以上伤亡事故。

节能减排。坚持绿色发展和低碳发展，坚持把节能减排作为落实科学发展观的重要着力点，努力建设资源节约、环境友好企业。全年实现吨钢综合能耗640.85公斤标准煤，比上年降低16.45公斤标煤/吨钢，超额完成省政府下达的任务。全年自发电总量达到11.44亿度，比上年增发2.9亿度。转炉煤气回收量由上年的吨钢71.4m³提高到85.4m³；高炉煤气放散率由上年的0.6%降到0.24%。吨钢耗新水量2.9吨，达到全国同行业先进水平。推进钢渣、尾渣、氧化铁皮等含铁物料的循环利用，增加杂料在烧结矿中的配加比例，加大对含铁物料及库存杂料的消耗力度，进一步提高了资源、能源综合利用水平。全年COD（化学需氧量）排放量202.2吨，SO_2排放量16650.91吨。

企业党建及文化建设。2012年，公司按照上级党组织的安排部署，以党的十八大精神为指导，紧紧围绕集团“转型升级、提质增效，实现由大到强新跨越”目标和公司“低成本+精品+特色”三大战略为工作重心，以“居危思危、居危思进”大讨论活动为主线，大力开展了“钢城先锋”主题实践活动、党支部示范基地“双创双争”活动、党建工作最佳创意评选、加强基层组织建设推进月等活动，为在逆境中实现生产经营新突破提供了坚强的思想和组织保证。

进一步完善企业文化建设体系，汲取“红山文化”和“皇家文化”底蕴，提炼形成“燕山风骨，钒钛精魂”的承钢企业文化之魂，以“建设世界一流钒钛钢铁企业”为战略目标，完善了承钢企业文化建设理念体系、运行体系、效果体系等三大体系。企业精神文明建设被授予全国文明单位，企业文化连续四年被评为全国企业文化建设优秀单位，全国企业文化优秀（成果）奖，“五型”文化成果被评为全国企业文化科研成果一等奖。

开滦(集团)蔚州矿业有限责任公司

开滦（集团）蔚州矿业有限责任公司成立于2003年，是开滦集团、大唐国际、河北蔚州能源共同投资组建的国有股份制企业。2012年，通过外拓市场，内强管理，迎难而进，经济工作取得了逆势发展，较好地完成了集团公司下达的重点考核指标。公司先后获得中国煤炭工业信用评价AA级信用企业，河北省明星企业、诚信企业、纳税百强企业，河北省企业文化建设示范单位等荣誉称号。

一、努力构建本质安全型企业，安全形势保持了总体平稳

公司坚持“安全统领生产经营工作”理念不动摇，狠抓安全不松劲。以警示教育为主题，以“四反”为抓手，

以“五新”管理为核心，以动态达标为基础，扎实推进“五级”达标建设，深入开展“三按”施工精品作业线建设，安全质量标准化水平逐步提升，实现了矿矿有精品作业线，特别是崔家寨矿的精品作业线建设为全公司树立了标杆。公司6个煤炭生产矿井，达到了四个一级，两个二级。单侯矿和崔家寨矿双双被中国煤炭工业协会命名为安全质量标准化煤矿。2012年，公司在崔家寨矿承办了河北省省煤炭工作暨煤矿安全质量标准化建设现场会，安全质量标准化工作得到了各级领导的肯定。同时，以重大隐患防治为重点，与打非治违活动相结合，加强“一通三防”、防治水、顶板、机电运输、地面防火等重点领域排查，避免了重大事故和零星事故的发生，确保了安全形势总体平稳。

二、大力推进管理、技术创新，为企业发展注入了新动力

公司大力推进管理技术创新，四大规律研究取得阶段性进展，一通三防、防治水等重大灾害防治形成了长效机制。单侯矿综合自动化和信息化实现了井上下全覆盖，端头支护、智能泵站等新技术、新装备得到成功运用，四个老矿主扇、压风机实现了变频调速控制等等，公司全年科技公关立项项目直接创造经济效益1000余万元。

在地质条件复杂、采掘衔接紧张的条件下，通过科学安排生产组织，强化生产准备，开展安全高效矿井建设对标，加大资源挖潜，煤炭生产实现了均衡稳定发展。通过加强生产队伍建设、广泛推广岩巷机掘技术、强化矿井技术改造，公司生产效率显著提高，特别是单侯矿发挥装备优势和队伍优势，推动“两化”融化，人均产量达到千吨以上，创出了岩巷掘进月进268米的省内记录，人均效率和开掘单进效率实现了全集团第一。所属南留庄矿、郑沟湾矿在资源枯竭的情况下，不断加大边角余煤回收力度，延长了矿井服务年限，煤炭总量实现了新提升。

三、积极应对市场变化，经济工作实现逆势平稳运行

面对煤炭市场的冲击，把增加效益作为经济工作的着力点，及时调整经营思路，迅速实施了一系列扭亏增盈措施和配套考核政策。一是以市场为导向，实施“订单生产”。二是加大煤质管控力度。超前做好预测预报，合理安排采掘衔接，实现合理配采，原煤发热量达到了4000大卡以上。三是适应市场和客户需求，大力调整煤炭产品结构。兴源矿、崔家寨矿出块率分别达到28%和16%；单侯矿煤场煤炭品种达到12种，形成了多品种、多规格、高质量的煤种体系，其“五化”精细管理作法在全公司学习推广。四是广泛开展修旧利废、清仓查库活动，盘活闲置资产和废旧物资300多万元。五是加强对节能减排工程的督导，积极筹措资金保工程进度，确保了年度考核目标的完成。六是大力发展煤炭物流贸易，贸易收入达到96亿元，占企业总收入的70%以上，壮大了公司经济总量。

四、勇于担当社会责任，积极融入区域经济一体化发展格局

蔚州公司在区域经济发展中勇于担当社会责任，十分注重社会效益、生态效益、经济效益的有机统一。一是接收安置了县办国有破产煤矿人员748名，安置退伍军人累计150人，为社会稳定作出了突出贡献。二是大力推进环首都扶贫攻坚示范区建设工作。2012年，蔚州公司与南留庄镇工农联建现代设施农业产业园，占地5000亩，总投资1.6亿元，将建成河北省最大的现代设施农业示范园。现代设施农业产业园一期工程1000亩157个温室大棚于2011年10月23日全部按期完工。河北省政协付志芳主席、省委常委、组织部长梁滨、集团公司总经理裴华等省、市、集团领导先后到农业产业园考察指导，河北电视台等媒体进行了专题报道，企地共建、工农联建农业产业园的作法受到社会各界的广泛关注。在基层建设年活动中，对蔚县南留庄镇杜阳庄村等五个村进行帮扶。其中：杜阳庄村人均收入达到了4000元，提前两年实现了脱贫目标。三是延伸煤炭产业链，发展循环经济，利用开拓、风选煤矸石生产建筑用砖，年消化矿区煤矸石30万吨，节约环保费用约300万元，减少占地、租地及复垦产生的费用约300万元，年经济效益1100多万元。一期工程年产6000万标块煤矸石砖厂，于2013年3月底正式投产，可安排100多人就业，将积极带动张家口区域新型建材产业以及其他产业的发展。四是注重生态文明建设。现有陈家洼林场等1.55万亩的荒山资源。2012年，完成1000亩造林和500亩荒山绿化工程，栽植油松11万株。同时，利用闲置地发展养殖业，林场开发文化旅游产业等项目正在有序推进之中，倾力打造展示开滦文化、蔚州风情，集文化旅游、生态休养、培训观光“三位一体”的亮丽名片。

五、加快资源开发建设步伐，基地建设取得了新进展

在地质条件复杂、水患严重、“五新”管理任务重等困难条件下，公司上下全力以赴支持新井建设，按照“南翼为主、北翼为辅、东南翼接替”的思路，通过周调度例会制度、派驻工作组、加强现场盯岗等措施提供服务和指导，矿井进入收尾验收、生产准备阶段，矿井建设手续全部办理完毕。，矿井投产前需完成8个专项验收和矿井综合验收，消防、档案、水土保持3个专项验收已完成，预计2013年10月份建成投产；德胜庄项目已取得前期工作路条，采矿权正在组织向国土资源部审批和上报工作，可行性研究报告正在组织审查。地方煤矿整合工作取得新进展。兼并重组和资源整合方案通过省政府审批，向整合煤矿派入了64名管理和安全监管人员，在兼并重组的13家20处地方矿井中，蔚州地煤公司已与11家地方煤矿实际控制人签订了《兼并重组协议书》。同时，加强对技改矿井的督导检查和双停矿井的动态巡查，确保了地方煤矿依法、依规组织技改，并实现安全生产。

六、坚持强企与富民高度融合，和谐发展呈现了全新面貌

在煤炭市场环境极为不利的情况下，千方百计多创效益，将发展成果惠及员工，民生改善成效显著，广大员工安居乐业。一是广泛实施员工幸福工程，员工收入进一步增长，同比增加5%，县城东盛苑小区绿化、监控设施改造完工，720户棚户区改造任务绿源小区住宅楼全部封

顶，“两堂一舍、两热一管”服务水平显著提升，住房公积金贷款买房、金秋助学、送温暖、离退休活动中心建设等办实事工程全面得到落实。二是积极开展素质提升工程，搭建员工成长发展平台，根据“新工、新矿、新管技人员、新工艺、新技术”的“五新”特点，积极开展三星攻擂、周二科技日、三学一促等培训活动，提升了员工综合素质，增强了公司创新发展能力。三是努力打造融合文化工程，大力弘扬“争第一、做唯一”的企业精神和“忠诚、团结、尽责、执行”的履职要求，促进了全公司价值观念、道德规范和行为准则的形成，增强了干部员工对企业的认同感和归属感。崔家寨矿、单侯矿分别被中煤政研会评为全国煤炭系统第八批文明煤矿。

河北港口集团有限公司

一、逆势增长——港口主业发展快中求强，实现双突破

河北港口集团有限公司（简称河北港口集团）现有生产泊位64个，年设计通过能力3.09亿吨。2012年是河北港口集团实施战略转型的重要一年。作为我国第一个省级港口集团，世界最大能源输出和散货运输企业，面对国际经济复苏乏力，国内经济转型升级、稳步增长的复杂形势，他们抓住河北沿海发展规划上升为国家战略的重要机遇，调结构、转方式，做好港口经营、物流、投资等主要业务，吞吐量完成3.49亿吨，营业总收入首次突破百亿元大关，达到107.26亿元，实现利润总额14.16亿元。营业收入和利润总额同比分别增长60.83%和10.71%。杂货吞吐量首次实现超亿吨，黄骅港综合港区集装箱吞吐量突破10万标箱。

河北港口集团有限公司是如何顶住经济下行压力加大、周边港口竞争加剧以及特大暴雨、台风、冰雪、大雾等自然灾害和恶劣天气影响，实现逆势突围的呢？

河北港口集团董事长邢录珍说：“靠管理。我们向管理要效益，坚持外抓市场，内抓管理，以协调联动促协作，以精细管理提效率，以特色服务争客户，以市场开拓增腹地，使港口实际运行能力大幅提高”。

河北港口集团总经理李敏介绍了他们在生产管理中采取的措施：“我们一是扩大与大客户战略合作。通过开辟山煤、神华等用户专用场地，开通江苏利港电厂、上海申能两条准班轮航线，促进了船货有序衔接。二是强化对外协调联动。通过深化港口、铁路、海事联合生产调度模式，促进了矿路港航电密切协作、无缝衔接。三是着力推进精细化管理。集团领导亲自跟班作业，调研整个运输生产流程，提出在生产中采取重载交接班、提前堆垛取料、实施港前待泊、在锚地进行水尺公估等有效措施，努力压缩辅助作业时间，大幅减少船舶等靠时间，大大提高了生产效率。同时加大设备的管用养修力度，为生产提供了坚实保障。四是千方百计开拓新兴市场。2012年，我们在承德、张家口等货源腹地召开市场推介会，并在内蒙古、宁夏、山东和河北等省重要物流节点城市建立无水港和办事处，巩固战略合作关系，扩大市场影响力，延伸市场腹地”。

通过采取这一系列措施，河北港口集团货源结构发生显著变化，杂货作业量占总吞吐量比重首次达到29.6%，创历史最好水平，扭转了集团吞吐量“一煤独大”的局面。

二、异军突起——物流产业稳中求进，助推转型升级

纵观世界港口发展趋势，港口间的竞争逐步由规模化的竞争转向以物流体系、服务功能为核心的竞争。先进的生产方式和完善的产业结构以及对核心战略资源的掌控，成为衡量港口企业现代化与科学发展的标准

国家能源格局的变化，对于世界最大的煤炭输出和干散货港口、在能源运输方面具有强大优势的河北港口集团无疑提出了严峻挑战。

河北港口集团董事长邢录珍认为：“对企业来说战略的导向作用决定着未来的发展。2012年，我们坚持走科学发展、转型发展之路，研究确定了主导集团未来十年发展的战略规划，核心内容归纳起来就是‘12358’。‘1’，即坚持‘以港为基、跨区经营、开放多元、转型升级’的一条发展主线；‘2’，即着力打造资本和信息服务两个平台；‘3’，即大力发展港口经营、建设及配套服务，港口物流，其他水上运输辅助服务三大主业；‘5’，即努力构建港口经营、物流服务、地产开发、投资金融和综合服务五大板块；‘8’，即积极开展港口主业、港口物流、港口建设、港机制造、港口地产、港口服务、资源开发和资本运作八项业务。”

2012年，该集团以战略为指导，逐步优化调整集团旗下各港区业务和货类结构，充分发挥秦唐沧三地港口优势，打破“一煤独大”格局，开创三大港区各有侧重、各货类平衡发展的良好局面。在巩固秦皇岛港煤炭运输主枢纽港地位的基础上，加快发展集装箱和杂货运输业务，促使其向着立足能源服务，集杂货、油品、集装箱等综合运输为一体的现代化港口转变；在曹妃甸港区，该集团凭借矿石码头一期工程和二期工程深水大港的优势，大力发展矿石等杂货运输业务，完成吞吐量6622万吨，使其成为国内重要的矿石中转港；在黄骅港综合港区，8个作业泊位实现良好运营，并有2个多用途泊位开通集装箱航线，当年完成10.2万TEU，向着现代化综合性大港迈出了关键一步。

随着经济全球化迅猛发展，港口作为稀缺物流节点的作用日益重要。该集团总经理李敏对集团港口物流业发展有着清晰的思路。他认为做大做强港口物流业务，实现由港口装卸服务商向供应链服务商的战略升级，是推进集团转型发展的重要举措。

2012年，港口集团充分利用秦皇岛能源大港的优势，依托秦皇岛海运煤炭交易市场影响力，以煤炭物流为突破口，通过加强临港和陆港物流园区以及铁路、公路、海运等综合交通运输体系建设，搭建现代化电子交易和信息服务平台为支撑，为客户提供集成化、全程式物流服务方

案，拓展了港口综合仓储、配送、交易、加工、商贸等服务功能，成为企业新的业务。一年来，该集团通过组建物流事业部，统筹下属物流企业，研发和管理物流业务，促进了秦唐沧三港物流业务统筹发展，优势互补。通过扩大海运煤炭交易市场环渤海动力煤价格指数影响力，建设煤炭现货交易、产运需衔接、网络融资和海运煤炭运价指数四大服务平台，实现全年交易量4016万吨，交易额达到259亿元。通过开展煤炭贸易、货物代理、仓储、运输、配送、流通加工、煤炭产品定制、标准煤产品、港口物流服务等全过程煤炭供应链上的增值服务，当年就实现收入30.55亿元，初尝到煤炭物流产业链整合建设与创新发展的成果。此外，该集团还通过开发邯郸国际陆港物流园区项目、加快推进曹妃甸煤炭二期5000万吨煤炭码头施工等，为打造现代港口物流体系、促进企业转型升级奠定了坚实基础。

三、碧海蓝天——在转型发展中建设绿色港口

碧波荡漾的港池，绿荫环绕的厂区，百花争艳的道路，随处可见的喷淋装置，高耸如屏的防尘铁网……

这是河北港口集团重视和加强环保工作的一个缩影、一个代名词，它不仅向世人展示了建设绿色港口的决心和魄力，更彰显了这个企业对社会、对人民负责任的能力和水平。

2012年，河北港口集团在调结构、转方式、促发展过程中，高度重视抓好节能环保工作。他们在全集团牢固树立起"构筑绿色枢纽、共享碧海蓝天"的环保理念，在谋划港口发展过程中，注重节约使用岸线资源，保护沿海生态环境；在港口建设过程中，高度重视环境保护，严格执行国家各项环境保护要求；在工程设计、建设、验收时，把环保作为首要项目，同步进行；在港口生产过程中，坚持综合治理，确保污染物达标排放，努力改善港区生态环境，实现企业与自然环境和谐发展。在工作实践中，该集团大力推进"蓝天"、"碧水"、"绿地"和"节能减排"四大工程（蓝天工程主要是指对煤尘、矿粉的治理；碧水工程是指把渤海湾保护好，打捞漂浮物，治理机舱、船舱里面的污水，不准随便排放；绿地工程是把港口绿化、美化；节能减排工程是指依靠科技进步实现节能增加效益），不断健全环境保护管理体系，推行"一把手"负责制，强化现场环境监督管理，加大资金投入力度，依靠科技进步实现绿色生产，有效落实"冲、洗、盖、喷、堵"（"冲"是指即时冲洗码头、道路，保持港区整洁；"洗"是指建设洗车池，让进出港口的车辆洗干净车轮子再走；"盖"是指给煤垛、矿石垛进行篷布苫盖或喷洒结壳剂；"喷"是指采用洒水喷淋尘；"堵"是指在煤炭作业现场建设亚洲最大的防风网，堵住飘向城市的煤尘，做到运煤不见尘，装矿不见矿粉）等措施，促使集团三大港区环境质量获得显著提升。据了解，2012年，河北港口集团万元收入单耗仅为0.1130吨标煤/万元，同比下降11.5%；大气环境指标达到国家（地方考核）标准，一级天数同比增加12.4%；海域海水水质各项指标达到国家二类标准以上，二氧化硫和粉尘减排等指标均优于目标值，实现了"十二五"节能减排的完美开局。

唐山供电公司

唐山供电公司是隶属于冀北电力有限公司的国有大型供电企业，承担着唐山地区经济发展、人民生活用电及向冀北电网输电的任务，供电最大距离东西、南北均为150公里，供电区域面积1.35万平方公里。至2012年末，公司拥有员工8062人，其中，研究生学历167人，大学本科学历2951人，大学专科及以下学历4944人。企业固定资产原值达到171.96亿元，同比增长14.86%；年售电量695.1亿千瓦时，同比增长0.19%；10家县级公司售电量192.92亿千瓦时；城市供电可靠率达到99.98%，城市综合电压合格率99.92%；农网供电可靠率完成99.88%，农网综合供电电压合格率完成98.64%。

唐山电网共有110千伏及以上变电站254座。其中，北京超高压公司管理500千伏变电站6座，变电容量达到1320万千伏安；唐山供电公司110千伏至220千伏变电站126座，变电总容量达到2563.25万千伏安；用户110千伏至220千伏变电站122座，变电容量1270.44万千伏安。供电公司所属110千伏至220千伏线路359条段5317.6公里。充足的变电容量、合理的电源点布局、完善的网架结构，基本满足了唐山市经济社会快速发展的需求，支撑了全社会用电量0.96%的增长。

2012年，该公司以安全稳定为基础，以改革创新为动力，以标准化建设为抓手，以"三个建设"为保障，圆满完成了全年各项任务指标。该公司连续7年荣获全国安康杯竞赛优胜单位，连续25年被命名为河北省文明单位，连续27年被命名为唐山市文明单位。

一、社会用电。2012年，全社会用电量累计完成792.67亿千瓦时，同比增长0.96%。第一产业用电9.51亿千瓦时，同比增长2.40%。第二产业用电708.44亿千瓦时，同比增长0.29%。第三产业用电41.65亿千瓦时，同比增长9.43%。按行业类别分，农、林、牧、渔业用电9.51亿千瓦时，同比增长2.40%。工业用电702.23亿千瓦时，同比增长0.29%。其中：轻工业用电19.22亿千瓦时，同比增长－5.39%，重工业用电683.01亿千瓦时，同比增长0.46%。建筑业用电6.21亿千瓦时，同比增长0.34%。交通运输、仓储、邮政业用电15.37亿千瓦时，同比增长3.19%。信息传输、计算机服务和软件业用电1.75亿千瓦时，同比增长13.42%。商业、住宿和餐饮业用电10.25亿千瓦时，同比增长17.32%。金融、房地产、商务及居民服务用电5.09亿千瓦时，同比增长13.67%。公共事业及管理组织用电9.19亿千瓦时，同比增长9.28%。城乡居民生活用电33.08亿千瓦时，同比增长5.26%。其中：乡村居民生活用电19.14亿千瓦时，同比增长4.07%；城镇居民生活用电13.93亿千瓦时，同比增长6.94%。

二、安全生产。在电网规模和设备数量快速增长、电

网负荷持续高位、电网方式变化频繁、恶劣天气日益增多的情况下，安全管理实现了超前防范，隐患整治做到了关口前移，设备治理确保了水平提升，圆满完成三个安全生产“百日”长周期，该公司安全生产保持良好态势。全年对563个生产作业现场实施全过程监督，领导干部和管理人员到岗到位1411人次。梳理排查地区电网六级及以上事件436项。完成4430台变电设备预试、125条110千伏及以上线路检修预试、310组隔离开关完善化大修、9台220千伏少油断路器更换，主网停电时间平均缩短1.5个小时。强化属地化管理，清理线下树木7.6万余棵，110千伏及以上线路掉闸率同比降低20%。梳理完善26个专项预案。成功应对两次浅源性地震、“7.21”特大暴雨、台风“达维”等自然灾害，圆满完成建党91周年、党的“十八大”保电任务。

三、电网建设。唐山供电公司完成电网建设投资27.44亿元。投产项目18项，共计投产110千伏及以上变电容量307.6万千伏安、线路584.6公里。新增兴旺寨、林雀铺、罗屯、青坨营、岳野山等5座220千伏变电站和曹高新、党峪、杨柳庄、唐海西林、崔马庄、下营、龙山等7座110千伏变电站相继投产，电网网架结构日臻完善。220千伏部分新增线路长度242.2公里；110千伏部分新增线路长度342.4公里。基建工程全部荣获国家电网公司输变电优质工程称号。公司配合城区市政建设，完成48个路段200公里架空输电线路入地、负荷切改工作。完成512个帮扶村建设任务，投产工程63项。建成1个电气化县，23个电气化乡镇，350个电气化村。

四、优质服务。以开展“社企和谐兴冀”、“社区光明同行”活动为载体，主动对接地方经济、对接社会民生，全面提高优质服务水平。对接地方经济方面，主动跟踪全市重点项目，滚动修编电网规划，编制发布服务唐山市经济社会发展白皮书，充分展示了积极履行社会责任的央企形象。结合曹妃甸区经济发展需求，成立唐山曹妃甸供电公司，为打造河北第一经济增长极提供了坚强支撑。对接社会民生方面，因地制宜开展社区特色服务，13个事迹入选冀北电力有限公司《社区光明同行典型事迹选编》。扎实开展居民用电质量服务提升专项行动，拓展网上银行、手机银行、第三方POS机等自助缴费方式，建立57个银行网点、150个邮储代收点、22个邮储网点、72个24小时便利店，安装自助缴费终端50台，中心城区建成“十分钟缴费圈”。在城郊地区建立350个邮政“一卡通”代收网点，覆盖率达60%。（王新燕）

中国华电集团公司河北分公司

一、企业基本概况

中国华电集团公司河北分公司成立于2007年12月26日，是中国华电集团公司在河北省的派出机构，负责华电集团和华电国际在河北省的项目发展、市场营销、燃料管理以及对区域所属企业的责任制考核、经营管理、人力资源管理和安全生产管理工作。

华电河北分公司目前共有七个直属企业，分别是：河北华电石家庄热电有限公司、河北华电石家庄裕华热电有限公司、河北华电石家庄鹿华热电有限公司、石家庄华电供热集团有限公司、河北华电混合蓄能水电有限公司、河北华瑞能源集团有限公司、河北华电沽源（康保）风电有限公司。

截至2012年底，华电在河北控股装机容量达到219.2万千瓦，集中供热面积6700万平米，热用户约1600个，年供热量超过2600万吉焦，承担石家庄市主城区70%民用采暖负荷。

二、2012年主要指标完成情况

2012年，华电河北分公司认真贯彻落实省委、省政府和华电集团公司要求，较好地完成了各项任务，发电量、控股装机容量实现重大突破，电源结构、经济指标进一步优化。发电量完成105.48亿千瓦时，同比增长44.03%。售热量完成2623万吉焦，同比增加0.63%。实现利润2.45亿元，税金1.97亿元。

三、2012年主要工作进展情况

（一）安全生产持续向好

安全责任，重于泰山。华电河北分公司扎实推进供热安全性评价、安全生产调研与大讨论、春季安全大检查、技术监督专项治理、防止四管泄露、安全活动月、秋季安全大检查等活动，不断提高区域安全生产管理业务水平。区域无重、特大设备事故，无人为误操作事故，无人身轻伤事件，无中断安全生产天数事件，安全生产形势持续向好，圆满完成了“十八大”、两会等重大活动期间以及迎峰度夏、迎峰度汛等发电任务和供热任务。裕华公司连续11个月无“非停”，成为华电集团公司安全管理的亮点。区域干部员工队伍保持稳定，没有发生进京上访事件和群体性聚集事件。

（二）勇于承担社会责任

在居民采暖价格不到位、供热严重亏损、长期超低温极端恶劣天气等不利形势下，华电以“服务社会，温暖万家”为宗旨，坚持内部挖潜，提高设备健康水平，提升供热能力，圆满完成冬季供热任务。2012年11月30日，石家庄西郊供热有限公司锅炉故障，造成大范围、长时间停热，社会影响巨大。石家庄市市委、市政府紧急委托华电实施抢险救援。华电讲政治、顾大局，成立现场指挥部，24小时抢工，仅用10天实现向西郊供热区域240万平方米居民供暖，树立了华电认真负责、敢于承担的社会形象，得到了省市政府的高度肯定和社会各界的高度评价。

（三）环保力度不断加强

减排是企业责任，也是企业提高自身竞争力的内在需求。华电河北分公司积极落实国家对节能环保的有关要求，进一步加强环保管理，努力打造环保型企业。新投产的鹿华公司机组采用中水、脱硫、脱硝、除尘、粉煤灰全部综合利用等高效环保模式，顺利通过国家环保部竣工现场验收，取得脱硫电价和河北省首批脱硝电价。认真做好脱硫设施的调试与运行管理，确保发挥脱硫设施作用，进一步完善污染物排放在线监控系统，提高环保设施的可靠性和投运率，所有机组安装了污染物在线监测装置，同环保部门和电网公司联网，实现了环境污染事故为零、环境信访投诉事件为零的目标，为省会的节能减排、改善大气环境质量、满足城市供热需求、加快省会“三年大变样”步伐、建设经济繁荣、居住舒适的现代一流省会城市做出积极的贡献。

（四）节能降耗成绩显著

华电河北分公司积极实施重大节能项目改造工作，落实2012年的技改项目实施计划及费用计划，总结探索节能重大项目管理新模式，全年计划实施特大、重大技改项目12项，完成10项，2项已完成可研论证进入招标阶段。石热＃21机组改造后高压阀门内漏率下降81.66%，纯凝工况下汽轮机热耗下降106.88kJ/kW.h，供电煤耗降低约6g/kWh左右；裕华公司机组真空度同比升高0.05个百分点，影响供电煤耗降低约0.15克/千瓦时，磨煤机耗电率同比下降0.2个百分点；鹿华公司实施变频改造，引风机耗电率下降约0.31%，脱硫风机耗电率下降约0.18%，厂用电率下降1.1个百分点，综合供电煤耗降低10克/千瓦时。

（五）发展质量全面提升

中国华电集团在冀企业共有11家，涉及热电联产、风电、水电、集中供热、装备制造、码头货运、污水处理等多个行业。华电大力发展清洁能源，2012年相继投产康保风电一期5万千瓦、蔚州风电10万千瓦、沽源风电二期10万千瓦、三期5万千瓦。康保风电二期5万千瓦列入国家能源局“十二五”第二批风电核准计划，商都一期5万千瓦取得内蒙古自治区能源局批复“路条”，其他一批风资源品质较好的项目也正在积极推进中。曹妃甸综合能源项目集群取得重要进展，煤码头三期项目核准，20万千瓦海上风电项目列入河北省海上风电场工程规划。石热九期燃气机组项目正在积极推进当中。

河北省国和汽车投资有限公司

2012年，省国和公司坚持以科学发展观为指导，坚持以加快转变经济发展方式为主线，全年营业收入完成95.25亿元，利润总额完成2710万元，圆满完成了省国资委下达的各项指标任务。成功进入中国服务业500强，名列第221位。综合实力显著增强，社会影响力进一步扩大。

一、进一步拓展经营领域，企业发展后劲显著增强

（一）经济运行质量明显提升

2012年，我们把实现企业的科学发展作为各项工作的重中之重。积极调整结构、转变发展方式，初步形成了“一基多元”的经营格局，使经济运行质量有了明显改观。汽车物流：我们致力于向后服务市场发展，不断完善产业链。保险代理工作开始进入运营阶段，快修进社区项目已经设置多家网点；现代、奔腾、福特等品牌4S店已经顺利开业；奥迪、英菲尼迪等高端品牌及上海大众、一汽大众、通用别克等中端品牌正在积极申请。第三方物流：积极联系开发新客户，已与30余家企业建立了业务关系。并将深加工、高附加值的产品和企业作为开发的重点，深加工、高附加值产品增加约30%；煤炭物流：分别与多家大型企业建立了煤炭购销业务关系，并在秦东取得2个垛位的煤炭储备，充分利用与委所属单位的合作优势，营业额进一步提高。进出口贸易：2012年进口车市场竞争激烈，所属裕成公司实现销售收入13.78亿元，相比上年同期增长21%，销售进口汽车2464辆，相比上年同期增长31%。医药物流：目前业务网络覆盖河北省大部分地区，全年实现销售收入2.02亿元，利润305万元。

（二）集团优势逐步显现，管理水平不断提高

加强集中管控，集团优势得到有效发挥。财务管理依托信息化手段，形成了统一的会计核算体系，资金实现了“集中管理、预算控制、实时监控”。将所属公司资金头寸统筹管理，降低了财务风险，优先保障重点项目开工上马。加强内控管理，防范经营风险。重点完善了全面预算管理体系，实现了程序化、透明化、规范化；严格规范合同审批流程，从完善制度、强化落实、加强执行三方面入手，重点对担保、煤炭销售、集中采购进行了规范；三是强化资金管理，防范财务风险。加强应收账款、预付账款及其他应收款项管理，提高了资金周转率。严格执行大额资金审核批准流程，进一步降低了财务风险。管控力度得到提升。强化集团的管控力度，实现“五个”集中管控，即：财务核算统一管控、资金集中管控、物资采购集中管控、保险业务集中管控、广告费集中管控，管控水平有了明显提高。

（三）积极推进品牌结构调整，进一步优化产业结构

通过新建、收购并举，完善和优化相结合，形成优势的代理品牌结构，提升企业经营能力、竞争能力和抗风险能力。新项目建设方面，北京现代、唐山福特和一汽奔腾项目都已正式开业。同时，加快中高端品牌引进，已递交英菲尼迪、沃尔沃等高端进口车品牌及上海大众、一汽大众、通用别克、雪佛兰等中端品牌的申请材料，后续工作正在有序推进。

（四）进一步开展降本增效活动，促进企业健康发展

降本增效得到进一步落实。公司制定扭亏增盈专项考核办法，三项费用指标下调5%以上，对重点单位进行专项调度督导，逐级制定扭亏增盈工作方案，细化工作措施，全面推进了扭亏增盈工作。

加强全面成本管理。严格控制费用支出，认真执行业务招待费超支罚款的考核办法。搜集整理降本增效“金点子”133条，涉及销售市场开发、售后服务、资金管理、精细化管理等七大方面，并用之于实践。利用资金池的存量与流量优势，同国和公司合作的4家银行均已签署协定存款合同，进一步降低财务费用。

（五）着力抓好安全管理工作，营造和谐稳定发展环境

一是加强和改进安全管理，牢固树立“安全第一”的思想，强化安全责任的逐级落实。重点做好消防、交通、

工程施工的安全监管及暑期防汛工作，切实整改和消除安全隐患。二是深入开展了“百日安全生产活动”，对所属公司进行安全大检查，及时发现和处理安全隐患。三是开展了形式多样的安全培训活动，不断增强广大员工的安全意识。

二、加强党的建设，为企业实现科学发展提供坚强的政治保证

深化创先争优活动，不断提升党建科学化水平。继续坚持围绕中心、服务大局，创新理念和载体，扎实开展“创先争优，夺旗争星，我为实现100亿做贡献”、“创新管理，降本增效”、践行“三先三最”、党员“七权七责”等主题实践活动，激发创争活力。认真总结提炼创先争优的成功经验和有效做法，积极构建创先争优长效机制，促进创先争优活动常态化、长效化。加强基层党支部建设，印发《基层党支部工作实施细则》，指导党支部工作进一步科学化、制度化、规范化。

加强领导班子建设和人才队伍建设，为企业科学发展蓄势储能。充分利用党委中心组学习、基层书记上党课、中层以上管理人员培训班、专家讲座等多种形式开展培训，培训人次200余人，提升了党员领导干部的综合素质。建立健全所属单位领导班子和机关中层干部考核监督机制，召开所属单位领导班子民主生活会、机关全体干部职工大会，对30余家领导班子和机关24名中层干部进行考核测评，调整充实领导干部62人次，优化了各级班子结构。出台了一批人才管理配套制度，培训各类人才1000余人次，新进应届大专以上毕业生41人，为企业发展提供了人才支撑。

加强党风廉政建设，提高反腐倡廉水平。制定实施了“党风廉政建设责任制”、“三重一大”决策、党务公开、制度廉洁性评估等制度。围绕国和公司重大决策落实、经营关键领域、易发问题等选题立项，超前参与重要经济活动，加大监察督查工作力度。深入开展党风建设和反腐倡廉工作，推进企业权力运行监控机制建设。

坚持以人为本，推进和谐企业建设。扎实推进为职工办实事工程。完善职工收入正常稳定增长机制，优化工资分配结构；先后为近200名青年职工成功申请公共租赁保障住房，解决青年职工的后顾之忧；认真落实职代会、厂务公开等民主管理制度，切实维护职工合法权益；建立健全困难职工档案，职工安全保障健康体系，扎实开展走访慰问活动，体现组织关怀；开展形式多样的文体活动，活跃职工文化生活，增强职工的凝聚力和向心力。

公司党委分别被省委、省国资委党委评为“全省创先争优先进基层党组织”和“省国资委系统企业创先争优先进基层党组织”。

唐港铁路有限责任公司

唐港铁路有限责任公司是在原唐山滦港铁路有限责任公司的基础上，通过“增资扩股、变更登记”的方式，组建新的合资铁路公司。由太原铁路局、唐山港口实业集团公司、国投交通公司、唐山曹妃甸实业港务有限公司、大唐国际发电股份有限公司、河北建设交通有限责任公司、华润电力（唐山曹妃甸）有限公司7家企业共同出资组建。公司于2005年8月19日正式挂牌成立，注册资本23.42亿元。公司现共设运营车站11个，线路营业里程232公里，正线延展里程393.51公里。主营业务是煤炭、焦炭、钢材、矿粉等货物。

一、安全生产持续稳定。一是不断深化安全风险控制。根据路局215条安全风险控制措施，明确了公司各个系统安全风险控制项点118个，对每一个项点制定了针对性的防控措施，实现了安全生产从问题研判、责任落实、破解难题、联控联防、检查督导的全方位、全过程控制。二是强化现场检查。全年公司干部深入现场检查4120人次，发现解决安全问题3218件，签发《安全问题通知书》698张，消除了安全隐患；三是不断推进安全立项攻关活动，全年公司9个部门完成安全立项攻关62项，集中地解决了一批在安全生产、经营管理工作中的重点、难点问题。截至12月31日公司连续安全生产2007天，实现了公司连续第五个安全年。

二、运输任务再创新高。2012年，受煤炭价格下滑的影响，市场需求量变化较大，煤炭滞港较为严重，京唐港、曹妃甸港场存大幅增加，对后续煤炭到达造成较大影响。为此，公司采取了协调港口采取非常措施进行垛位扩能整合、曹西港利用二期新建场地进行倒垛堆存、京唐港租用外围场地进行汽车倒运、加强京唐港站作业组织等措施，使在港周转效率大幅提高。通过各部门的通力协作，公司全年累计完成货运量1.58亿吨，完成计划指标的105.39%。其中全年累计发送货物247.58万吨，到达货物1.38亿吨，剥岩土运量1508.6万吨。提前15天完成了年度1.5亿吨的运量目标，创唐港公司运量历史新高。

三、经营收入持续攀升。一是加强预算管理。全面做好财务核算工作，使公司领导及时准确掌握各项经济运行情况；二是加强堵漏保收工作。全年补收运费及货车延时费收入1876万元。清算2011年违流运费收入920.4万元；三是加强运费退款的管理。全年退还多收运费款2.40亿元；四是加强资金管理。合理调度资金，全年偿还贷款2.30亿元，通过提前还贷，节省利息支出411万元。加强协定存款管理，全年协定存款收益388万元；五是定期开展经济运行分析活动。每个季度组织召开经济运行分析会议，研究解决生产经营中存在的问题，实现了公司经营管理工作的规范化。2012年，完成运输收入32.18亿元，同比增33.44%；成本、费用支出19.06亿元，同比增长14.2%；完成利润13.12亿元，同比增长76.7%，公司各项经营目标均超额完成。

四、设备设施质量稳步提高。一是强化安全设备投入。科学加大设备补强，合理改善基础设备设施。2012年公司投入资金1.31亿元，对设备设施、机具进行更新补充；二是强化薄弱环节整修力度。充分利用春秋两次集中修时机，对管内的设备设施进行整修整治。完成大机捣

固203.6km延长/568km遍、放散及焊联45.012km、大机打磨255.71km/1468km遍、成段更换曲磨轨及钢轨焊联8.23公里；电务CTC/TDCS软件升级累计完成22站、工电联整累计完成21组、电源屏升级改造累计完成6站；供电接触网平推检修381.88条公里、变电所检修试验9所；隔离开关改造57处、接触网正馈线增加27.5KV避雷器98组；更换硅橡胶绝缘子1.04万串。通过强化行车设备整治，有效提升了设备质量，为运输安全提供了坚实的保障。

五、重点建设项目稳步推进。曹妃甸西站改扩建工程、东港站站改工程是路局“短、平、快”重点建设项目，工期紧、要求高。自2011年5月20日开工后，公司领导、各相关部门严格按照工程建设标准，严密组织，稳步推进。经过施工单位、监理单位及工务、电务、供电等专业人员三个多月的协同作战，投资2.18亿元的曹妃甸西站站场改扩建工程工程于8月15日圆满完工，达到了开通使用条件，有效增加了运能。

六、阶段重点任务圆满完成。一是全力做好防洪抢险工作。做到汛前准备到位、汛期控制到位、汛后复旧到位。汛前投入防洪资金185万元，完成防洪预抢工程边坡护砌5700m^3，触网支柱及电力杆防护砌筑片石630m^3，保证了在汛前形成有效抗洪能力。在防洪期间，严格落实防洪预案和气象预警制度，紧盯重点部位和关键环节。特别是2012年8月管内遭遇到了50年一遇的洪涝灾害，沿线多处发生路基滑坡、涵洞积水、设施被淹灾情，公司积极组织相关站段进行灾后复救工作，投资1135万元，修复水害处所30余处，确保了汛期运输安全。二是高标准完成冬季清偏工作。结合实际，完善施工组织预案，加强作业过程检查控制，公司各部门通力协作，分工包保，确保了冬季冻煤清偏工作有序推进。

2012年公司干部职工真抓实干，合力攻坚，各项工作成绩斐然。公司被授予2012年度全国“安康杯”竞赛优胜单位、全国厂务公开民主管理先进单位、振兴唐山先进单位、海港开发区目标管理先进单位等荣誉称号。实现了铁路科学发展和服务地方经济的双赢目标。

冀中能源邢矿集团

冀中能源邢台矿业集团有限责任公司（以下简称：冀中能源邢矿集团）是冀中能源集团的子公司，其前身为邢台矿务局，最早成立于1973年6月，是原煤炭工业部直属的94家国有大型煤炭企业之一。截至2012年底，公司总资产60.14亿元，净资产27.61亿元，在册职工3554人，下辖8个全资子公司、6个控股子公司、11个分公司、9个参股公司，产业涉及煤炭、化工、电力、医疗、科研、教育等领域。煤炭主业方面，在山西具备一个年产60万吨的主焦煤生产矿井和一个年产60万吨的技改矿井；在内蒙的大型矿井一城梁煤矿，已经获得开工“路条”。化工产业方面，拥有国内首个掌握锂盐生产技术的高新企业，具备六氟磷酸锂生产技术自主知识产权；拥有世界先进的离子膜电解工艺生产氢氧化钾技术。其他产业方面，工程公司具备房屋建筑工程施工总承包一级和房地产开发四级资质，正在全力打造河北省大型综合性建筑企业；河北煤炭科学研究院是河北省唯一的煤炭科研机构，设有河北省防治水中心和全国柴油机械防爆检测检验中心；总医院以骨科品牌为特色，拥有世界一流的飞利浦256排极速CT等高端医疗设备，正在向三级医院进军。

一、主要指标

主要经济指标超额完成。2012年完成煤炭产量103万吨，超计划3万吨；实现营业收入25.5亿元，超计划5000万元；实现利润5100万元，超计划100万元；杜绝了各类安全事故，连续实现了第九个安全年。

煤炭主业实现健康发展。通过加强成本管理，压缩各项费用支出，煤炭完全单位成本同比下降了12.3%。全年完成煤炭产量55万吨，实现销售收入3.4亿元，利润1.3亿元。

二、企业管理

加强财务管理。加大资金集中管控力度，实施三级账户实时联动归集的资金集中管理模式，加快了资金周转率，实现了资金资源的优化配置，降低了财务费用，全年减少利息支出1000多万元；加强对外投资管理，充分运用法律手段，维护和行使股东投资权益，努力增加经济效益，全年非控股对外投资项目共计获得收益1亿元；积极开展资本运作，经努力，获得冀中能源和省国资委低利率5亿元定向债务融资的批复，有效支撑了企业今后几年的发展。此外，还积极跑办国家有关财税优惠政策的落实，全年争取到国家安全改造资金2573万元，减免税费2700万元。

加强经营分析和预算管理。坚持每月召开经营分析会和预算平衡会，开展全面的经营分析和预算，实现了经营管理与生产过程管理的有效对接。加大了预算执行和月度经营指标完成的管控力度，将集团公司的正确决策通过经营分析和全面预算这两个有效途径，全面落实到各单位具体工作中，使经营和财务管理工作更具有指导性、针对性和可操作性，激发和调动了各阶层的工作积极性，成本费用普遍得到降低，集团公司的管控能力和基层单位的执行力有了明显的改善和提高。

三、重点项目

煤炭建设项目前期工作取得重大进展。城梁煤矿项目于2012年2月获得国家能源局可以开展前期工作的“路条”，与之配套的五原化肥项目土地指标，也于2012年11月份得到落实。

矿井技改和建设实现了快速推进。老母坡矿60万吨技改项目，于2012年5月1日实现联合试运转，2012年10月1日技改完成，并通过了山西省、临汾市和古县组织安全整顿验收和矿井技改验收，拿到合法生产手续。金谷煤业、全年完成开拓进尺2200米，地面土建工程框架基本完成。

四、科技创新

组建了技术部，完善了以总工程师为首的技术管理体系；结合科研机构，详细论证、审定了老母坡、金谷的技术改造方案和城梁、塔什店两矿的初步设计，使设计方案既体现技术先进，又符合实际条件，得到了实质性的优化，为加快建设速度、降低建设成本和建成后的安全高效提供了技术保障；加大了科研攻关力度，全年开展科技项目25项，12项成果通过鉴定，3项获得国家专利；注重科技转化和推广，老母坡煤矿沿空留巷技术方案已优化确定，实施后年可多回收煤炭资源15万吨，采区回采率将达到93%以上。

五、节能减排

2012年公司节能量计划目标860吨标准煤。万元工业增加值能耗计划3.0吨标准煤/万元。实际实现，主要污染物化学需氧量削减3.67吨，二氧化硫削减15.2吨，氮氧化物削减12.9吨，烟（粉）尘削减4.34吨，全面完成年度减排目标。

六、安全生产

全年累计投入安全专项资金6885万元，老母坡煤矿六大安全保障系统建成并通过验收，金谷煤业安全设施建设与矿井建设同步推进；扎实推进安全质量标准化建设，老母坡煤矿达到了山西省二级标准；推进职业健康安全管理体系建设，生产经营单位全部通过体系认证；加大安全风险抵押力度，促进了安全压力的传递和责任落实；强化全员安全培训和隐患排查，全年培训各类人员5600人次，查处各类安全隐患2754条。

七、企业党建与科学发展

围绕科学发展主题发挥推动作用，激发了干事创业活力。以创先争优活动为抓手，深入推行党员亮牌示范、党员“一带二”等主题活动，党建工作活力和服务中心推动工作能力，进一步得到提升。助推煤炭主业建设快速推进。以老母坡60万吨技改工程如期通过整体验收、城梁煤矿顺利拿到国家能源局“路条”、金谷煤矿和新疆塔什店一号矿井全面开工建设为标志，公司煤炭主业重建实现新跨越。助推企业科学发展步伐加快。各级党组织把创先争优活动与提高党建工作水平、促进提质增效结合起来，努力转变发展方式，提高企业经济效益，实现了协调持续发展。特别是在煤炭形势异常严峻、化工板块停产情况下，各单位加大结构调整力度，推进产品升级，提高了科学发展能力。助推党建工作活力不断增强。全面推行党建质量管理体系，系统构建“六个支撑”、“四项长效机制”，实现党建工作规范化、科学化。实施“四创”项目109项、攻关课题76项、认责承诺1728项、党员对标目标1620个，破解了一批制约企业科学发展的突出问题。完善党建制度建设，建立了涵盖党委、组织、宣传、纪检、工团等各项工作制度，促进了基层党组织晋档升级。

围绕科学发展主题发挥保证作用，巩固了企业发展基础。各级党组织通过抓班子带队伍、优化组织结构、推进文化建设等措施，有力地推动了企业科学发展。在组织保证方面，先后成立了新疆煤矿工作处等7个工作机构，调整选拔35名处级领导干部，充实了队伍，加强了班子。创新地提出了“星级党组织”品牌创建活动，培育了一批具有较强示范作用的“星级党组织”。推行党员“七权七责”，落实党员基本权利，强化党员责任意识，激发了党员队伍内生动力。规范了“五个集中”、“三会一课”、党员管理培训等制度，大力开展“一创两争夺红旗”、“三基四创”、“基层建设年”等活动，企业党建水平得到整体提升。在人才保证方面，深入推行“导师制”人才培养工程，探索建立人才培养管理体系，使人才培养模式更加深入人心、措施更加严密有力、机制更加灵活有效。以推进会、专题论坛、成果发布会等形式，对本公司创新实施的人才培养特色做法和取得的成效，进行交流推介，增强了“导师制”人才培养工作的影响力和辐射力，已经成为公司党委又一项品牌工作。在纪律保证方面，围绕构建惩防体系，通过加强反腐倡廉教育、全力推进廉洁文化建设、建立监督联席会议制度等措施，发挥了反腐倡廉建设在助推企业改革发展中的重要作用。在文化保证方面，以冀中能源“聚和”文化为统领，对公司文化定位、文化元素和基本内容进行再提炼、再梳理，形成了具有邢矿特色的“和新”文化体系。各基层单位结合自身实际，扎实推进企业文化建设工作，打造了一批特色鲜明的个性文化。在思想政治工作创新方面，申报创新课题22项，其中《邢矿特色文化落地途径的研究与实践》等五项成果，获省国资委思想政治工作案例创新奖，增强了思想政治工作的针对性和实效性。

围绕科学发展主题发挥凝聚作用，营造了和谐稳定发展环境。落实社平董事长“企业发展、惠及职工”的要求，一年来，进一步加大了和谐矿区建设工作力度。棚户区改造工程任务全面完成，新建住宅869户，累计建成2593户；建筑面积200多万平方米、可安置14000多户的沉陷区治理工程，经各方共同努力，规划、设计、土地征用已全部完成，地勘工作已全面展开，明年初将全面开工建设；继续开展“金秋助学”、“送温暖”活动，累计发放助学和慰问金17万元，开展了“职工互助一日捐”活动，捐款16万元，有效地解决了职工就医、子女上学和生活困难问题；总医院出台并执行了内部职工就医优惠政策，全年减免内部职工就医费用70余万元；拓宽信访工作渠道，变上访为下访，解疑释惑，化解矛盾，营造了和谐稳定的发展环境，集团公司被评为“河北省模范劳动关系和谐企业”。（赵媛媛）

北汽福田汽车股份有限公司宣化福田雷萨泵送机械厂

北汽福田汽车股份有限公司宣化福田雷萨泵送机械厂主要生产混凝土泵车、混凝土搅拌车、车载泵、背罐车以及搅拌站等各种工程机械产品，是北汽福田汽车集团“六大战略业务”之一，2012年企业围绕“改变、聚焦、增收”的年度经营方针，着力提升市场竞争能力，重点做好以下三方面工作：

一、人尽其才共同发展

人才是企业发展之本、竞争之本，随着市场竞争日趋激烈，北汽福田宣化福田雷萨泵送机械厂视人才为企业第一资源，把依靠人才作为企业发展的根本前提，把尊重人才作为企业发展的根本准则，把推进企业和员工共同发展作为人才战略的根本任务。在人力资源实践活动中，善于为各类人才提供充分施展才华的舞台，做到人尽其才，才尽其用。同时，通过各种有效途径，不断提高企业人力资源管理水平和人才的综合素养，促进企业与员工的互相发展，并让员工分享企业发展成果，实现共同发展，共享成功。目前，人才已成为实现企业自身战略目标的一个非常关键的因素，2012年北汽福田宣化福田雷萨泵送机械厂不惜重金招聘研发、技术、产品调试、电器装调、采购商务管理等专业人才以及泵车结构件焊接高级技师等共计66人，使新能量、新思想、新技术不断注入企业，充实各方面力量，使企业具备了不断创新，不断改变的能力。

二、L8系列新产品研发并批量生产

推陈出新是企业发展的根本，经过八年的发展，2012的福田雷萨已经发展成为集混凝土泵车、混凝土搅拌车、车载泵、背罐车以及搅拌站成套混凝土设备等产品的专业制造商。八年励精图治，在确保产品体现客户价值后，在服务上更是践行了行业的最高标准。一体化设计，一体化制造，一体化服务，使福田雷萨品牌在行业中形成了独具特色的竞争优势。2012年是福田雷萨“十二五”发展规划的关键年更是福田雷萨的丰收年，2012年12月24日，北汽福田宣化福田雷萨泵送机械厂与德国研究院联合，创新推出全新L8系列混凝土搅拌车、混凝土泵车、车载泵、背罐车、搅拌站等新型产品在京荣耀上市。此次发布的全新泵车产品，从39米到61米，从三桥到四桥，从5臂到7臂，可谓盛况空前，成就卓著。其中3桥50米泵车创造了3桥世界最高新记录，而61米泵车更是首款4桥全球最高的全钢臂架泵车，同时，其采用的专利7节臂技术也让中国泵车技术达到了新的顶峰。除了桥长比的突破，福田雷萨更在技术创新的同时，形成新业务形态，其应用全新QYF技术理念，将为客户创造更高价值。福田雷萨携L8系列新产品荣耀登场，标志着福田雷萨力求以国产新技术打破垄断局面，创造“三分天下，四足鼎立”新格局的开端。此次雷萨“新品秀”在混凝土机械历史上书写下浓墨重彩的一笔，同时唤起了创造工程机械新奇迹的渴望，有专家指出：“下一个黄金十年，将由福田雷萨开启”。

三、全员开展精益制造

所谓精益制造，就是以最少的投入，获得最大的产出，即以最少的投资、最小的空间、最低的制造过程库存、最快的响应、最短的停线时间、最短的人机工程、最有效的过程防错、最简单有效的工艺流程等生产出满足质量要求的产品。这么多“最”所表述的实际是一个动态的、持续的过程，就是向着及时制造、消灭故障、消除一切浪费，向零缺陷、零库存无限接近，永无止境。2012年，北汽福田宣化福田雷萨泵送机械厂对质量积分活动、标准化、TPS改善、技术改造、试制试验设备、成本降低、OTD订单管理、安全生产、员工技能培养鉴定等9个重要环节进行展开梳理，分别从组织、职能、时间三个维度入手，制定了围绕安全、质量、成本、响应、人员发展5个目标，通过人员参与、制造质量、标准化、缩短制造周期、持续改进5大原则促使员工为实现目标而付诸行动，33个支撑5大原则的核心管理要素以及134个核心项目。力求将精益文化的基因注入到精益制造的目标、原则、要素和要求中，使全员参与、持续改进的文化在这些目标和原则中生根发芽、开花结果，促进企业生产出精益求精的产品满足广大客户的需要。

2012年是北汽福田宣化福田雷萨泵送机械厂“十二五”发展规划关键的一年，是引进人才突破改变的一年，是推陈出新行业夺冠的一年，也是精益制造满足客户价值创造的一年，在属地领导的大力帮助和关怀下，立足企业发展与社会发展相结合，聚焦市场、聚焦产品、聚焦质量，在行业环境劣化情况下，实现了市场竞争力逐步提升，在产品质量提升、销量增长、人才培养等方面有了长远的发展。2012年销售收入达到17亿元，为2013年销售收入突破30亿元奠定了坚实基础，为“2020”战略实现做了完美铺垫。未来只要我们持之以恒的坚持改变，以市场为中心，以客户为导向，以“12346策略”为主线，扎扎实实的做好各项工作，就一定能让雷萨成为我们每一个人最响亮的代号！最耀眼的名片！一定能让每一个雷萨人获得无限尊严与荣耀！

承德供电公司

2012年，是承德供电公司创新求实、跨越发展的奋进之年。在冀北公司党组的坚强领导下，公司完成历史上难度最大、历时最长的改革创举，实现企业管理的崭新跨越与提升。公司广大干部员工以强烈的时代感、责任感、紧迫感投身到公司的各项工作中，圆满完成全年工作。

公司完成固定资产投资10.83亿元；开工110千伏及以上线路67.6公里、变电容量10万千伏安，投产110千伏及以上线路322公里、变电容量153万千伏安，开工、投产计划完成率均达到100%；实现售电量135.27亿千瓦时，目录口径平均电价597.11元/兆瓦时；资产总额58.61亿元；流动资产周转率176.61次；全员劳动生产率39.6万元/人·年。截至到2012年12月31日，实现连续安全生产3675天；全面完成党风廉政建设责任目标，确保职工队伍稳定。

一年来，我们汇聚众智，提质塑形，改变传统与落后，在体制的变革中深感使命之重。

把握精髓谋定而动。紧紧围绕国网公司“三集五大”体系建设总体部署，准确领会冀北公司党组工作要求，领导带队深入基层宣讲政策，广泛开展思想调研，主动向承德市委、市政府汇报改革进展，得到广大员工充分理解和政府大力支持。以机构重组的撤并之策、岗位调整的去留之变、变革发展的增转之道为着力点，以主多分开为契机，超前谋划集体企业整合，完成清产核资及股权清退，为业务支撑机构和人员安置提供有效保障。两名处级领导干部和十五名科级干部发扬“承德供电春泥精神”，主动申请提前退居二线，72名临退人员主动申请协岗，为更多青年人提供机会和舞台。

稳步推进全员参与。加强“四好”班子建设，加大干部交流力度，提高干部队伍履职能力和综合素质。举办中青年管理人员提升培训班，为改革发展积蓄人才力量。“三集五大”期间组织108人转岗培训，全员培训率100%，人才当量密度提升至88.51%，在冀北五市排名居首。完成2667名农电工技能鉴定工作，农电工业务技能水平大幅提升。组织公开选拔竞聘，62名优秀人才进入市区管理和生产岗位，严格执行“六统一”招聘模式，招聘高校毕业生71人。15名优秀员工在冀北公司选拔中脱颖而出。

变革创新亮点呈现。探索供电所新的管理思路，初步实现营配分开管理模式。高标准完成“大建设”、“大营销”、“品牌建设”三个专业验收。作为冀北唯一地市公司迎接国网公司综合验收，公司特色工作、亮点和成效展现出“承德供电优势”，得到国网公司曹志安副总经理的充分肯定和高度评价，公司荣获冀北公司“三集五大”体系建设突出贡献奖。

一年来，我们强基固本，立体防控，整合业务与流程，在转型的过程中牢记电网之责。

安全保持良好局面。以“安全年”活动为抓手，扎实开展“安全生产月”、教育警示周等活动。实施“三进四保”特色安全举措，强化各类事故风险管控能力，发挥输电线路危险点立体防控机制，出色完成抗击山火、抗洪抢险工作。成立电力治安办公室，加强警企联动。构建“重点看守、立体防控、督导有力、反应快速”的“十八大”保电工作机制，以10大安保防区为重点，4个防区督导组、15支专业巡线队伍实施动态巡视，3088名群众护电人员驻守现场，承德电网实现“零缺陷、零疏漏、零事故”的安全稳定局面。

电网保持平稳运行。推进“大运行”体系建设，整合电网调度和设备运行资源，调度体系功能结构得到优化调整。地、县两级调度全部实现调控一体和业务转型，完成阶段性技术支持系统建设和调控场所改造，构筑新型电网调度运行体系。全面提升电网安全管控水平，发布电网风险预警22次，电网风险防范能力显著提高。

设备保持健康状态。按照“大检修”模式成立专业化检修公司，加强“一书三卡五定”现场标准化作业管理，控制电网检修风险。开展全过程技术监督，及时整改设备缺陷61项，梳理设备风险事件194项。推进配网带电作业，提高配网供电可靠性，配网状态检修通过冀北公司试点验收。

一年来，我们助力发展，创造价值，对接政府与民生，在布局的谋划中感受责任之大。

超前规划科学定位。依托经研所业务支撑，县分公司发展建设部管理支撑，实现机构扁平化、业务集约化、管理专业化的规划管理体系。增加项目储备，完成9项工程的项目前期及8项工程的工程前期准备，对主配网“十二五”规划项目进行调整修编，编制《电网建设服务地方规划与发展报告》上报市政府。

加快建设精益管控。优化“大建设”业务范围和界面划分，构建市县两级管控、一体化运作新模式。建立政企联动机制，每项工程均与地方政府签订《电网工程建设目标责任书》。全年完成总投资8.36亿元，新增线路322公里、变电容量153万千伏安。10项工程全部荣获国网公司优质工程称号，投产规模达历年之最。作为冀北公司独立运作后投运的首座220千伏智能站，热河变电站工程荣获公司历史上首面国网公司区域项目管理流动红旗。完成49项农网改造升级工程和275个帮扶村电网改造任务，一个县通过河北省发改委和冀北公司电气化县联合验收，围场御道口风光储智能微电网工程项目，入选国务院新闻办、新华社联合摄制的“十八大”献礼片《环保在中国》。

一年来，我们履职尽责，勇于担当，传递责任与使命，在企业的前行中塑造品牌之形。

社会责任有声有色。推进国网公司社会责任管理试点工作，在全国率先倡导成立社会责任联盟、新农家联盟、孝心联盟，社会责任管理凝炼形成“承德供电模式”。编印《冀北电力有限公司服务承德市经济社会发展白皮书》，创办《供电参考》，为承德市委、市政府和重要客户及时提供参考信息。开展“日省一元钱，植树绿家园”活动。组织策划京津冀20所高校传媒走进公司，开展央企社会责任寻访活动，邀请新华社等14家中央媒体报道亮点工作。“两会”期间，与全国人大代表一起做客《中青在线》，与广大网友进行互动交流。《中国青年报》以“银线传情、光明有约”为题，整版刊发公司为民服务关注民生纪事，并被新浪、网易等多家主流媒体转载。

品牌建设有形有力。围绕“社企和谐兴冀、社区光明同行”活动，开展亲情帮扶“心贴心”、光明助老“孝为先”、惠民进户“献真情”、安全用电“进校园”等活动，实施“六通”民心工程，解决用电客户急难险重问题。12支特色服务队活跃在基层尽展风采，打造具有承德特色的“一县一品牌”和“一所双模范”服务模式。编印《我们的品牌》专题手册，总结展示品牌建设成果。充分利用中央媒体宣传“马背电工”李国军、绿舟服务队事迹，全年在省级以上媒体发稿563篇。

一年来，我们倾心尽力，降本增效，强化集约与规范，在精益的管控中体现执行之力。

提质塑形挖潜增效。“大营销”体系建设后，统一城乡业务模式与流程，管理更加专业，服务更加贴心，主营业务更加集约，账务核算更加集中。建立三级用电稽查网络，重拳打击窃电行为，全年通过营业普查及营销稽查减少损失656万元。灵活应对市场低迷现状，建立增供扩销联动机制，全年累计增加售电量5.5亿千瓦时。加强低压分线、分台区线损管理，消除线损率超过15%的线路和台区。开展“打造高效运行营销团队”和“三提升”专项活动，营销系统管控力、管理效率及经济效益明显提升。

强化管理规范经营。完善财务标准体系和风险在线监控，深化资金集中管理和资本集中运作，加强工程全过程财务管理和预算集约调控。完成国网公司依法治企综合专项检查及财务专项检查“回头看”工作，整改率达到100%。全面分解同业对标各项指标，指标体系排名处于冀北前列。深化物资调配体系建设，实现计划、合同、仓储、配送各环节有效衔接，高效运转。坚持月度例会和生产周例会制度，召开总经理办公会24次，党委会17次。规范集体企业管理，做优做强集体企业，实现“两级法人、一级管理”新模式。

一年来，我们以人为本，创先争优，弘扬新风与正气，在奋进的征程中演绎和谐之韵。

汇聚力量共谋发展。做好“三集五大”体系建设员工思想稳定工作，有效化解各类矛盾。抵制歪风邪气，弘扬正气，严厉打击写黑信、告黑状不良倾向，公司信访稳定工作创历史最好水平。严格落实党风廉政建设责任制，认真执行“三重一大”制度，扎实推进惩防体系建设，牢牢构筑“大行风”工作格局。开展“面对面、心贴心、实打实，服务职工在基层”活动，帮助职工解决实际困难。丰富离退休人员生活，组织离退休人员疗养，举办首届农电工“智能、技能、体能”竞赛会。

典型引领共展风采。深入开展创先争优，持续深化“三电三心”惠民行动，公司在承德市创先争优表彰大会上作典型发言。扎实推进企业文化建设，承德市企业文化现场经验交流会在公司召开。联合《中国青年》杂志开展弘扬雷锋精神主题活动，“马背电工”李国军入选“中国好人榜”，“绿舟”服务队被评为“感动中国电力十大团队”。发挥典型引领作用，对“十八大保电”、“三集五大”、“抗击山火”等先进典型进行隆重表彰。开展“青春光明行、爱心暖夕阳”志愿服务活动，爱心奉献社会弱势群体。公司多个单位分别获得国网公司工人先锋号、先进班组、工会工作先进单位称号。两项成果荣获国网公司优秀合理化建议。多人分别荣获全国能源化学系统“五一”劳动奖章、国网公司劳动模范、河北省“五一”劳动奖章、河北省能工巧匠、河北省“创先争优”先进个人等荣誉称号。

保定卷烟厂

2012年，保定卷烟厂全体干部职工高举“打造一流企业”的奋斗旗帜，以昂扬向上、追求卓越的精神状态，顽强拼搏、求真务实的工作作风，圆满完成了全年各项目标任务。

精益生产上水平：围绕“消除浪费、持续改善”的精益生产核心理念，保定卷烟厂加大在线监控与分析能力，消除工作中的一切非增值流程与动作，以最少的投入实现最大产出，成本控制水平得到显著提高；探索实施以“时间定额管理”为核心的准时化生产，减少指标波动，实现了生产节奏的均衡性；积极构建工艺质量三大管控体系，实施牌号经理制和带班制，产品质量持续保持稳定；充分利用六西格玛管理工具，提升工艺质量精准控制能力；加强设备现场管理，推行“三个清洁”，实现了设备清洁行为的习惯化和制度化；充分利用技术研究会平台，建立以技术带头人命名的技术研究室，促进技术成果向生产力转化；广泛开展形式多样的机台竞赛活动，以活动带动活力，活力激发创新力；深入推进能源管理工作，通过开展紧缺能源体验等系列活动，进一步增强员工清洁生产、节能减排意识。

管理创新结硕果：计划管理新进展。各部门围绕“系统”“运营”管理理念，制定年度规划及支持方案，目标量化清晰，措施科学可行；计划管理办公室每月进行严格督查及考核，确保各项工作有序进行、高效完成；深化项目经理责任制，制作管理看板，公开管理，公证监督，相互借鉴，相互学习，促进工作全面提升。6S管理新举措。以打造“数字6S、效率6S、卓越6S”为指导，以创建五星级企业为目标，完善考核标准，创新考评方式，建立“部门自查、分组检查、综合检查和重要时期检查”四级检查模式，有效调动了各部门自主管理积极性，使6S管理真正成为提升现场管理和创新管理的科学工具。内控水平新提升。始终坚持严格规范这条“生命线”，扎实推进“两项工作”及办事公开民主管理，加强投资项目和全面预算管理，严格物资采购和工程项目监管；持续推进体系建设，不断提高内审质量，确保体系规范运行。

服务保障更有力：强化质量安全意识，确保所有自采物资、烟用添加剂等，符合食品安全等级，为一线提供优质的原辅材料；大力推行精益物流管理，明确各工序作业时间，提高快速响应能力和物流服务水平；实施同城物流配套项目，实现了工商联运；在信息保障方面。完善数采、MES运行体系，建立定期沟通机制，为生产提供高效、规范的信息服务；2012年，保定卷烟厂被中烟公司评为“NC项目实施优秀企业”。在安全保障方面。规范岗位操作标准，抓好重点危险源管控，安全技术防范水平不断提高，实现了“5022”安全目标，2012年，保定卷烟厂荣获“保定市治安防范先进单位”。

队伍建设显生机：有针对性的开展岗位培训工作，全年参训总量达4827人次；自主开发精品课程16门，编制省级培训教材2部，初步形成了具有保烟特色的精品课程体系，2012年，保定卷烟厂荣获“中国企业ELN创新奖”，被中华全国总工会评为“全国职工教育培训示范点”；健全新员工培养机制，编制入职手册，建立成长档案，实现员工成长的终身教育、终身管理；创建员工成长积分管理模式，强化员工自主管理，挖掘潜能，实现“岗位增效、企业增盈、自我增值”；高技术、高技能人才显著增加，1人获得高级技师资格，6人获得技师资格，2人获得高级职称，19人获得中级职称；开展生产班组管理模式创建工作，对班旗、班徽等进行修改完善，举办丰富多彩的班组活动，制丝车间甲班与卷接包车间丙班获得“全国质量信得过班组”一等奖，三个班组荣获“河北省质量管理优秀班组”称号。

企业文化促和谐：加大文化宣传，丰富文化活动，逐步使共好文化升华为共同信仰，让员工“人生有信仰、事业有追求、工作有激情”；以开展厂内纪念日为载体，举办110周年和“一流愿景”五周年主题活动，开展第三届职工运动会及书画摄影展，营造“工作快乐、快乐工作”的和谐氛围；规范整理企业年鉴及历史档案，留存企业发展的宝贵资料。同时，以党的十八大胜利召开为契机，进一步加强党建和思想政治工作，扎实开展“235”及“三讲三爱三珍惜”教育实践活动；加强效能监察，规范权力运行，推动廉政建设深入开展；积极推进民主管理，构建和谐劳动关系，实现了职工收入稳定增长。2012年，保定卷烟厂荣获“河北省企业文化建设示范单位”、“保定市人居环境建设突出贡献单位”。

张家口路桥建设集团有限公司

张家口路桥建设集团有限公司前身是张家口市第一公路工程公司（原张家口地区公路工程队成立于1953年）和第二公路工程公司（原张家口市公路工程队成立于1984年）。1998年整合为张家口路桥建设集团有限公司。

张家口路桥建设集团有限公司现具有中华人民共和国住房和城乡建设部2002年首批颁发的公路工程施工总承包壹级资质；桥梁、隧道、路基、路面专业承包壹级资质；由河北省住房和城乡建设厅颁发的铁路工程施工总承包叁级资质和河北省交通运输厅颁发的二类甲级、二类乙级公路养护施工资质；试验公路工程综合乙级资质；张家口市住房和城乡建设局颁发的市政公用工程施工总承包叁级资质。目前是张家口地区唯一具有国家壹级公路施工总承包资质的大型和专业化公路施工企业。

路桥集团注册资金3.18亿元，下设十三个职能部门，三个子公司和三个分公司。现有员工共计570人，具有职称技术人员84人，其中高级职称人员9人，中级职称人员35人，一级注册建造师24人，二级注册建造师16人；各类技师14人以及技术工人114人。拥有专业大型设备：同步碎石封层车（LMT53//TFC型）、沥青拌合设备（H4000型）、进口（12m）摊铺机、进口双钢轮压路机（cc722型）、47米混凝土泵车，冲击式压路机（YCT25/QTY360型）、门式起重机（LDSBH60/st－28m－12m）、沥青改性设备（LQG型）、全自动商品混凝土搅拌生产线等各类机械设备千余台（套），设备总功率达7105.5万千瓦，固定资产总值2.0亿，年施工能力达15亿元以上。路桥集团下设的冀垣公司拥有储量38000吨的现代化沥青库，是河北省储量第二大沥青储备库，并且拥有234米沥青接卸国家级铁路专用线。路桥集团所属子（分）公司共有7个办公地点，占地约343亩，办公楼建筑面积10823平方米。东环山中城项目固定资产1.35亿元，可开发利用土地1360亩。

随着积累的增加和综合实力的提升，路桥集团以往主要承担张家口地区公路工程施工任务，现在逐步拓展到全国多个省、市高等级公路施工领域，成为华北地区规模较大的综合性公路工程施工企业。营业范围覆盖公路、桥梁、隧道、市政、河道改造等工程施工及公路用沥青的采购、加工、销售等业务。近年来，集团公司先后参加了40多项国家和省级重点工程建设，所参建的工程项目占本地区公路建设的80%以上。并且参建了河北省京张、丹拉、宣大、张石、张承、张涿和京化高速公路等；明湖工程、大型城市立交桥、城市快速路、北环高架桥、洋河综合治理工程；西太平山隧道、大华岭隧道路面工程、卧佛寺隧道、煤窑山隧道工程等；省外支援四川平武县灾后重建工程，参与修建了张花、汝郴、唐曹和阿荣旗至北海高速公路等。工程竣工合格率和优良率均为100%，得到了业主和监理部门的认可，为公路建设作出了积极的贡献。

在生产经营中，路桥集团始终坚持“诚信为本、质量为先、遵规守法、绿色施工”的经营宗旨，向顾客提供满意认可的优质产品。集团公司现在持有质量GB/T19001－2008、环境GB/T24001－2004和职业健康安全GB/T28001－2001三位一体国际标准认证和GB/T50430－2007国家认证。我们坚持从严治企，科学创新的经营理念，广泛应用新技术、新工艺、新材料、新设备，在推动公司创新发展中，路桥集团《直接投入法DUROFLEX添加剂改性沥青混合料沥青路面施工工法》课题，2012年度被评为部级工程建设工法。《打裂压稳技术结合高弹改性沥青应力吸收层在“刚改柔”施工中对刚性路面处治的施工工法》课题，2012年度被评为省级工程建设工法。

路桥集团始终坚持“两个文明”建设和“两个效益”一起抓，发扬“团结凝聚、务实创新、攻坚克难、争创一流”的路桥精神，培养了一支“特别能吃苦、特别能战斗、特别能奉献，善于打硬仗”的职工队伍，建设了一大批优质精品工程，路桥集团先后多次受到省、市党委政府的表彰和奖励。连续多年被评为省、市级“文明单位”、“公路施工先进单位”、“科技工作先进单位”和“最佳形象单位”、“先进基层党组织”；2007年度在张家口市三年大变样建设表彰中，被市政府授予“快速路建设杰出贡献奖”；2009年被评为河北省重点行业排头兵建筑业第八名，2010年、2011年连续俩年被张家口市评为“百强企业”，我公司排名第十七位，并连续三年荣获河北省工商管理局颁发的“重质量、守信誉”诚信单位；在2012年中国公路建设行业协会“百家优秀会员”评选中，集团公司榜上有名。

2012年对路桥集团来说，是极为不平凡的一年。全球经济下滑、国内产业结构大幅度调整、十八大维稳任务繁重、公路建设市场萎缩、工程任务锐减，但在上级领导的正确领导和大力支持下，按照集团董事会年初确定的“在做实做强本地传统优势产业的同时、积极拓展外阜市场，强素质、抓管理、创效益、创品牌，坚持以项目管理为重点、以精细化管理为手段，严格控制项目成本、压缩非生产性开支”的总体目标要求，坚持以科学持续发展为指导，紧紧围绕生产经营和经济效益这个中心，认真谋划，科学安排、扎实推进各项工作，实现了稳中求进的总体发展目标，共承建施工项目 22 个，完成产值 11.96 亿元，实现利润 6822 万元。2012 年实际完成固定资产投资 1028 万元。困难之年实现了从规模数量型向质量效益型、从任务分配型向市场经营型、管理效益型的巨大转变。

作为通泰控股集团的龙头企业，面对机遇与挑战并存的 2013 年路桥集团在做实做强本地传统产业的同时，将继续加大工程投标力度，坚持“走出去”的战略不动摇，积极寻求与有实力的大公司、大企业合作的途径和渠道，抢占外阜市场，为未来的发展拓展足够的空间。同时，加强内部管理，完善规章制度，建立于央企等大企业对接的现代企业管理制度，尤其是选人用人机制、绩效考核机制、奖励激励机制的制度建设，为企业练好内功、增强人员素质、提高工程质量奠定了扎实的基础。此外路桥集团还将做好 BOT 项目的策划、运作，打造具有张家口特色的路桥品牌。

路桥集团董事长、总经理衷心感谢各级领导、各界朋友、新老客户的大力支持和关照，真诚希望与国内外有实力的大企业、大集团进行广泛的合作，实现共谋发展，互利双赢，为我国公路建设事业做出更大的贡献！

武安市新峰水泥有限责任公司

武安市新峰水泥有限责任公司成立于 2001 年，注册资金 2.9 亿元，公司位于河北省武安市午汲镇北白石村东，是河北省建材行业的大型熟料生产基地，邯郸建材行业的核心骨干企业，现年产新型干法水泥熟料 500 万吨、水泥 200 万吨。截至 2010 年底，新峰公司总资产达 16.87 亿元，实现年销售收入 5.54 亿元，利税 9246 万元，利润 7441 万元。

武安市新峰水泥有限责任公司开始筹建于 1999 年，2001 年 9 月正式投产，建成年产 30 万吨综合利用水泥粉磨站，对消纳武安当地粉煤灰、炉渣、石灰石、铁矿石等资源，保护环境起到了积极的作用。

2004 年为淘汰落后产能、发展新型干法水泥熟料生产线，开始筹建武安市第一条日产 3000 吨新型干法水泥熟料生产线，该项目被列入省重点项目建设，总投资 1.99 亿元，其中企业自筹 30%，其余 70% 为银行贷款。该项目采用窑外预分解新型干法水泥生产技术，主要设备包括双系列五级旋风预热器、分解炉和 4.0×60m 回转窑等，建成年可用利用粉煤灰、硫酸渣、废石、尾矿砂等工业废渣 110 万吨，年可节约标煤 13 万吨，2006 年建成投产。

2006 年为加快发展大型干法旋窑水泥，等量淘汰落后的立窑水泥生产线，提升当地水泥工业层次，减少环境污染，新峰公司在现有厂址内积极开展一期、二期扩建工程，新上 2×4800t/d 新型干法熟料生产线和 2×12MW 余热发电工程，被河北省确定为重点建设项目，邯郸市十大重点发展和支撑项目。

其中 2×4800t/d 新型干法熟料生产线采用先进的 2×400 辊式磨为生料磨，4.8×72m 回转窑＋第二代改进型双系列 CDC 五级旋风预热器系统＋第三代新型空气梁篦冷机系统。项目总投资 9.14 亿元，该新项目每条生产线可替代 15 条立窑水泥成产线，可有效减少环境污染和资源浪费，对调整武安水泥产业结构，由立窑到旋窑，由小到大，提高产业集中度，增强市场竞争能力，有积极的促进作用。2×4800t/d 新型干法熟料生产线于 2010 年 6 月、2011 年 6 月分别建成投产

为进一步提高资源综合利用效率，利用窑尾余热建设 2×12MW 余热发电工程，该项目总投资 1.20 亿元，主要建设内容为 6 台余热锅炉配 2×12MW 凝汽式发电机组，年发电量 1.7 亿千瓦时。该项目于 2011 年 8 月成功并网发电。

2008 年 2 月新建年产 120 万吨的水泥粉磨站，该项目总投资 1 亿元，2009 年 2 月建成投产。

2010 年初，新峰公司与广东亚仿科技股份有限公司合作实施水泥工业节能减排全范围数字化管控技术工作。该项目总投资 8757.15 万元，资金全部由企业自筹。该项目主要建设内容为：在日产 2500 吨新型干法水泥熟料生产线、2×4800t/d 新型干法熟料生产线和 2×12MW 余热发电工程以及 3×11 米、4.2×13 米两条水泥粉磨生产线的各个环节建立数字化管控系统，使整个企业全面进入数字化生产操作、数字化生产监控、数字化办公管理的数字化模式。将先进的数字化管控技术完全融入企业的生产、监控、管理中来。该项目于 2011 年 12 月 23 日顺利通过国家工业和信息化部科技成果鉴定。该项目的创新为实现水泥工业节能减排开创了一条新路，项目的系统复杂，技术难度大，研制思想与技术路线正确，创新性强，社会经济效益显著，其总体水平达到国内领先，在有效解决流程工业系统节能的理论、方法、工具等方面国际首创，技术水平达到国际领先。

中油金鸿华北公司

2012 年，中油金鸿华北公司走过了不平凡的一年。2012 年是集团公司改革创新、重组上市的一年，也是华北大区快速布局发展的一年。一年来，华北公司紧紧围绕集团公司 2012 年陈义和总裁提出的“稳健调整产业结构，优化产业成本，强化核心竞争力，实现集团跨越式持续发展”工作思路，积极有序地开展各项工作。在集团公司的正确领导和关心下，在各分（子）公司的共同努力下，华北公司结合自身及各分（子）公司的实际情况，以建设“安全生产年”和“市场开发年”为目标，以传帮带为导向加强人才储备，以“五个不用，六个不放过”为管理标准，不断加强和完善基础管理。利用集团化经营和气源优势，努力拓宽市场范围，强化天然气发展的全面利用和均衡布局，努力实现以应张线发展为中心，所属其他省市分

（子）公司市场业务发展积极稳步推进，按照各公司所处地域的经济发展情况，制定切实可行的市场发展计划和建设规模，保证了各公司投运后的项目能够在最短时间内收回建设成本，实现项目利润的最大化。逐步形成华北公司所辖各分（子）公司以中心市场的项目建设和天然气利用带动、辐射至周边重点区域的发展模式，实现各类天然气用户达到区域最大饱和的战略目标。狠抓工作目标，签订年度工作目标责任状，并取得了较好的成果，为公司各项事业的快速、稳健发展奠定了坚实的基础，继续保持了华北大区健康和谐发展的良好态势。

一、圆满完成各项工作目标

2012年，华北大区全年完成天然气销售9300万方，实现销售收入3.06亿元，其中：天然气营业收入1.72亿元，开户及工程安装收入1.34万元。实现净利润6612万元，完成全年计划的110%，超额完成集团公司下达的利润指标。

二、各公司发展势头强劲

（一）应张公司全年无一起安全责任事故，圆满完成全年的天然气输配任务。

（二）应张天然气输气管道支线工程项目建议书，已于2012年5月10日得到省发改委的批复函，现正在进行应张支线工程的项目建设前期工作。

（三）张家口中油新兴天然气公司精心研究制定了天然气置换方案，将中心城区14万煤气用户由北向南划分为18个片区梯次进行置换。2012年8月全部完成居民用户14万户、商业用户218户、工业用户4户的天然气置换工作，比原计划提前一年完成。使张家口彻底告别了煤气时代，用上了清洁能源天然气，为集团公司强化核心竞争力提供了有力保障和依托。

（四）宣化金鸿公司全年完成阳原县、宣化县的区域市场开发公司，尤其阳原县市场实现当年投资当年见效，这是各分子公司学习的榜样和赶超的目标。同时还在开发的蔚县市场和下花园市场，已经基本完成。

（五）亚燃公司公交南站加气站已于2012年2月中旬正式为1路公交投产运行，手续齐备，运行良好。纬一东路加气站项目于2012年初整体调试成功，截至目前试运转正常。该站因土地、规划等手续问题暂无法正式投入运营。东山加气母站于2012年4月中旬开工建设，现已完成站内所有设备的安装、调试及内部验收等工作，已于1月18日正式投产运行。红旗楼路加气子站主体已竣工，平门公交加气站修建性规划已通过评审，完成总平面布置设计。纬一桥公交加气站目前完成总平面布置设计，电力准备进场施工，目前设备已经到场。西外环和北外环加气站正在确定选址中。

（六）延安公司新办公楼、餐厅已经建设完成，基本具备了办公条件。完成延安经开区、榆林地区LNG/CNG加气站的土地选址、项目立项、土地预审等审批手续。

（七）绥化公司2012年全年累计完成户内安装共计2783户，庭院埋线管线完成3100米，完成中压管网铺设220米。12月9日从CNG减压站至弘坤玉龙城小区内中压管网全线贯通并成功完成置换点火，标志着集团公司在东北区域点火成功，同时加快推进了集团公司“东北区域一体化”战略布局的实施。

（八）海拉尔中油金鸿燃气有限公司于2012年8月成立，成立后公司克服重重困难完成了海拉尔园区的选址和征地工作，开发了一些优良的汽车用户，为公司大力开发海拉尔汽车加气市场打下了坚实的基础。

（九）张家口中油金鸿天然气销售有限公司于2012年7月注册成立，在最短的时间内完成了华北区域市场内的天然气结算业务和中石油的结算业务，尤其在2012年国家气源大环境不景气的不良条件下，积极协调上游气源，确保了应张沿线所有市场的冬季及春节用气的安全保障。

（十）张家口金鸿液化天然气有限公司于2012年11月注册成立，该公司依托张家口液化工厂为气源，计划建设8座LNG加注站，以张家口为中心，辐射内蒙、东北、山西、延安等地区，目前已建成张家口基业LNG加注站和怀来县新保安LNG加注站，投产运行在即。

（十一）兴安盟公司积极开发区域市场，克服了区域市场狭隘的问题，最大限度的完成了区域市场的开发，实现的持续三年稳定发展的工作目标。

（十二）普华公司在区域市场竞争极为紧张的情况下，克服先天不足，闯出自己的一片天地，这是难能可贵的，全年不仅平稳、安全的保障大同市的供气，还开发了一些优质的工业用户。

（十三）黑投公司，2012年在总经理的带领下，全体员工积极开发区域市场，跑办各方关系，认真落实华北公司下达各市场开发各项工作目标，全年共开发区域市场6个，开发汽车市场5个。

（十四）华北公司分布式能源工作小组，认真落实集团公司的工作部署，在马进京顾问的带领下，完成了张家口市分布式能源项目的前期工作，并取得了省发改部门的批复文件，这是集团公司第一个真正取得批复文件的分布式能源项目。

三、市场销售取得明显成就

（一）2012年3月，华北公司与阳原县政府成功举行了《阳原县清洁能源综合利用项目》签约仪式，开发利用项目包括陶瓷工业园区、车用燃气、商服用气、居民用气、分布式能源站，经济效益十分可观，为带动阳原县能源结构调整及招商引资保障起到了积极的推动作用。同时，签订了《天然气综合利用特许经营协议》，标志着华北公司在张家口地区县域市场开发取得了实质性的进展。同年10月，阳原达鑫陶瓷工业园区正式点火通气，成为张家口县域第一家天然气工业用户。

（二）2012年6月，华北公司与张家口基业汽车销售有限公司成功签订了《低碳物流示范项目车用LNG战略合作协议》。根据张家口市天然气利用发展规划的方案，未来五年内，将在张家口及所属县区建设52个车用天然气利用项目，快速推进低碳物流项目建设。

（三）同月，华北公司与宣化县政府成功签订了《清洁能源利用项目合作协议》，将在宣化县及宣化县的四大产业园区和两个新城区建设天然气综合利用项目，同年8月，又与宣化县政府签署了《天然气公交车供用气合作协议》，对今后在县区公交客车使用天然气进一步得到推广。

（四）2012年9月，亚燃公司与万全县政府成功签署了《万全县清洁能源综合利用项目》协议，共同合作开发万全县两个经济开发区的清洁能源综合利用项目，实现车用、民用、工业燃气应用及冷热电分布式能源一体化供应。

（五）2012年11月，华北公司与国电怀安热电公司成功签订了《天然气市场开发战略合作框架协议》，双方将在天然气电站、分布式天然气新能源项目、低碳物流及天然气供应等项目上共同合作，加快推进张家口区域天然市场的开发，促进清洁能源的综合推广利用。

（六）制定完成了车用天然气市场调研报告相关提纲，指导完成相关市场调研。编制了《清洁能源综合利用项目建议书》，明确了清洁能源利用合作方案，指导完成阳原县的市场调研报告，制定阳原县分期滚动投资发展战略，并顺利通过内部审批和立项。

（七）完成了华北区内各分（子）公司项目的审议工作市场及投资统计各项工作。举办了“金鸿能源”冠名的羽毛球赛，完成了“金鸿能源”的高速单立柱广告牌的投放工作。

（八）制定了各分（子）公司市场三年整体规划，帮助各分子公司理清未来三年的市场发展思路，让各公司针对本企业近、中、远期的发展有工作方向、有工作目标。

（九）全年完成居民用户开发32400户，商业120余户，工业20余户。

四、安全生产运行良好

（一）调整了华北公司安委会机构成员，从安全领导机构上得到了保障。严格落实安全生产责任制，与各分（子）公司、各部室签订了《安全生产责任书》，同时，与驻张各分（子）公司签订了《维稳及信访工作目标责任书》和《消防安全责任书》。

（二）为切实做好重要节假日的安全工作，确保各公司的生产设施、设备的安全运行，华北公司成立了安全检查组，按时对各公司生产运行情况进行检查。

（三）定期组织安全管理知识的培训，组织驻张各分子公司相关人员参加了张家口市安监局组织的企业安全生产事故调查处理研讨班及安全管理人员培训，并取得安全生产培训合格证书。

（四）召开专题会议，布置深化“安全生产年”活动的开展。制定了《开展深化“安全生产年”活动实施方案》，成立了领导机构，并实行专人负责。通过深化“安全生产年”活动的开展，大家安全意识和责任意识有了显著提高，安全隐患集中整改，各类燃气设施设备运行安全，整体管理水平有明显提升。

（五）维护稳定及信访工作、扎实有效。制定了“两会”至“十八大”期间维稳及信访工作实施方案，成立了领导机构。实行值班报告制度，对紧急重大信访信息，做到急事急报，特事特报，大事快报，确保了“两会”及“十八大”期间不发生聚集进京事件，保障公司生产生活秩序良好。

（六）完成运营管理及设备管理方面的工作。

五、基础管理水平显著提升

（一）认真完成了各类文件收、发工作，对集团公司下达的各项任务和各分（子）公司上报的请示报告能够及时落实和批复，促进各项工作的有序开展。2012年，全年共收到公文413份，发文213份，执行、落实、批复率达100%。

（二）及时有效地完成了集团公司部署的的各项工作，完善华北公司人力资源的基础管理工作，编制完成了华北公司2012年人员配备规划的方案。制定了华北公司高管、中层、员工及各分（子）公司高管胜任能力与素质测评方案，为今后考核各层级人员综合素质提供了标准和依据。制定华北区《员工职业生涯规划》和《胜任能力评价》的工作。编制了《员工手册》和人力资源管理流程图及人员调动的相关规定并实施。制定、修改和完善了华北公司及各分（子）公司现行的组织机构图及岗位说明书、部门职责书。制定并实施了《关于在华北公司区域内试行开展传、帮、带活动实施方案》。建立健全培训机制，共组织完成各类培训23次，提升业务、技能水平。积极稳妥地推进公司绩效及薪酬管理。同时，为建立企业平稳持续发展的人才梯队建设，组建了华北区总经理人才库，并定期召开总经理培训班。

（三）根据各分子公司的三年发展规划，制定了每个公司的年度工作目标。为确保各分（子）任务分配的合理性，组织华北公司领导班子召开专题会议，对年度工作目标进行详细分解并下发。同时，与华北公司各分管副总签订了工作目标，为华北区全年工作目标的顺利完成提供有力保障。

（四）为实现公司精细化管理，树立企业形象，制订了公司《员工工作日常行为规范》手册，制定全年52周的监督检查执行办法，每周轮值小组负责检查规范的落实情况，并对违规行为进行处罚。

（五）完善和修正了华北公司物资管理的漏洞和不足，增加了一些先进的管理办法，加强了对华北公司各分（子）公司工程物资的管理和监督。配合集团公司对所有物资供应商进行招标入围工作，确定了优秀供应商，为集团和各分（子）公司今后的物资采购工作打下了坚实基础。在资金紧张情况下，多方协调财务部门、供应商、各分（子）公司，及时供应物资，保障了各分（子）公司的工程建设。严格按照国家相关法律法规进行招标工作，认真落实集团公司的招标工作精神，做到不违法、不违规。

（六）严格按照集团要求上报大事记，共收集四季。收集“感

动金鸿日”图片作品12期，充分突出基层一线感人事迹。协助集团公司提供收集上市资料、网站资料及年会视频资料。

（七）2012年7月份，向中国城市燃气协会递交入会申请，华北公司成功被中国城市燃气协会选举为“常务理

事单位”，为公司在燃气行业的宣传和政策的及时了解提供了有力保障。

六、企业文化不断得到深化

（一）为充分体现对一线员工的关爱和重视，五一劳动节和中秋、国庆双节来临前夕，华北公司组成慰问小组赴其所辖张宣两地各分（子）公司，为奋战在一线的员工带去了公司对他们最亲切的节日祝福与慰问。

（二）不断充实和完善《华北大区简报》的内容。加强各分（子）公司、各部室上报稿件的数量和质量，对企业文化建设工作起到推波助澜的作用。截至目前，《华北大区简报》共出版12期，有效地宣传了华北公司开展的各项工作。

（三）为公司办公固定电话、员工个人移动电话集团办理彩铃业务，进一步加大了华北公司的企业影响及宣传力度。

（四）严格执行集团公司VI系统标识规定，统一基层员工工装，提高企业对外形象。

（五）2012年，华北大区成立了宣讲团，主要任务是，向各分（子）公司授送“和”字书轴，传递集团公司“天地人和成大业”的企业文化核心理念。高度重视宣传工作，积极主动向省级主流媒体推出宣传稿件，展示了燃气行业的良好风貌。

（六）不断深入贯彻“三个统一”思想，并制作了“三个统一”宣传大字及企业文化宣传图板，并装订上墙。强化企业核心竞争力，提高员工综合素质，推动企业科学发展。

七、财务管理明显增强

（一）高度重视预算报表编制，用友财务软件新旧帐套对接工作顺利完成，建立健全各类合同台账、完善财务档案管理和各项管理制度，合理调配货币资金。制定了内部资金往来管理制度，加强资金调度的控制管理，保障企业资金的安全、有效、合理及最大化的发挥效力。

（二）组织财务部门专题培训会，加强业务交流，提高人员素质和团队凝聚力。重视税务筹划培训，了解国家不断调整完善的税收政策，达到合理纳税。

（三）积极开展外部融资，最大化地保障资金需求。坚持不懈走多种资本结构筹资的道路，多次与建设银行、商业银行接洽、商谈，完成多项融资工作。2012年，全年共计融资4.05亿元。

（四）及时清理应收账款，加强资金管理。每季度末，对各分（子）公司的应收账款进行监督检查，并制定了合理有效的应收账款管理方法，做到了事先预防、监督回收，保证了应收账款的合理占用水平和收款安全，尽可能降低经营风险。

（五）开展内部审计工作，强化分（子）公司财务管理。9月份，组成四个财务审计小组，赴黑龙江、内蒙、延安、宣化进行内部审计工作，通过内部审计，对及时规避经营风险、加强公司内部约束、提高企业经济效益等方面起到非常重要的作用。

八、党委工作稳中求进

（一）加强党委自身建设，建立了十五项工作制度，形成了《华北区党建工作制度汇编》，专门制定了“中油金鸿华北投资管理有限公司党建工作领导责任制”制定下发了《华北区党委2012年党建工作要点》、《二〇一二年纪检工作要点》、《华北区领带干部廉政建设“一岗双责”分解表》，对党建工作进行了认真部署。制定下发了《二〇一二年度分子公司工作目标考核分解表》、《二〇一二年度高管层工作目标考核细则》、《行为规范》和《干部选拔聘用方案》、《干部考核办法》。在华北区党委管辖12个分（子）公司中，成立10个党组织，党建工作实现了全覆盖。

（二）打造学习型党组织，加强廉洁自律教育，树立清廉意识。开展创先争优“主题实践”活动，大力培养树立先进典型。开展“落实安全生产年，走基层，办实事”主题实践活动，进社区开展帮扶活动，为居民办实事，并捐赠物资，并将主题实践活动纳入年度目标考核之中。党委牵头考核各分子公司的年度责任目标，牵头考核华北区高管层领导干部、机关各部室中层干部，各分子公司领导班子。起到监督保障作用。

华北大区从成立至今两年多的时间，基本实现了从无到有，从有到好，从好到强，从强到大。强强开拓市场，与各地区的频频签约合作协议、各分（子）公司所在地域的周边县区纷纷取得特许经营权，多个项目的陆续投产运行，各项基础管理工作不断增强，使华北公司逐渐成为集团公司后续的中心市场和利润增长点，推动集团公司走向快速发展的道路。

廊坊市国土土地开发建设投资有限公司

河北省廊坊市国土土地开发建设投资有限公司（简称地建投），是廊坊市政府批准成立的以土地开发建设和城中村、旧城改造开发建设投资为主业的市属国有企业，是为推动城市建设，以公益性为主，服务于社会的国有资本运营机构和政策性投资及建设机构。公司成立以来，已承担了廊坊市大部分城区改造和国土开发建设任务，是廊坊的国有企业唯一上市公司。

一、基本情况

廊坊市国土土地开发建设投资有限公司成立于2009年3月9日，注册资金4亿元，办公地点在廊坊市第八大街峰尚中心大楼。下辖全资公司：凯创房地产开发有限公司、凯富物业服务有限公司；控股公司：廊坊发展股份有限公司、国开兴安投资有限公司、国开万庄新城开发建设投资有限公司、凯创九通投资有限公司、凯创嘉华投资有限公司；参股公司：康城公司、宗泰公司。

公司主要任务是园区开发建设及运营、土地一级开发、城中村旧城改造、保障房建设、新民居建设、城区重点工程建设及上市公司管理运营等。公司成立三年来，累计完成投资逾70多亿元，涉及拆迁改造面积近300万平方米，控股开发建设总规划面积近200平方公里的4个园区，建设面积200万平方米，100余栋高楼平地拔起，资产规模从4亿元增长到50亿元，2011年6月29日，公司成功借壳上市（600149—华夏建通），成为河北省市属国有城建企业中唯一一家上市公司。

公司现有员工316人，大专以上学历人员占90%，其中研究生25人，博士6名。

2012年公司被廊坊市人民政府授予廊坊市先进集体单位，被市直文明工作委员会评为“市直文明单位”。

二、主要任务

廊坊地建投，作为市属国土土地开发建设和投资企业，承担着现阶段全市的重要园区建设、城中村与旧城改造、保障房、新民居建设等任务。主要有：

1. 河北廊坊新兴产业示范区

河北廊坊新兴产业示范区是由河北省人民政府第62次常务会议批准的省级示范区，规划总面积72.96平方公里，公司承担开发的基础设施建设范围为30平方公里，总投资约130亿元。其中起步规划面积为10平方公里，建设投资约50亿元。2012年累计完成投资约15亿元，基本完成“九通一平”建设，目前正式入园项目5个，总投资逾200亿元。示范区为公司与安次区政府共同出资建设，公司负责示范区的基础设施建设、融资和运营管理。

2. 万庄生态新城

万庄生态新城规划总面积约80平方公里，起步区10平方公里，2011年6月，地建投通过产权交易市场购入上海上实公司股权，实现控股60%，成为万庄新城开发建设主体。2012年，累计完成投资5亿多元，其中由地建投公司和昌悦公司成立的宗泰项目公司，成功引进华北油田北迁项目（石油总部基地）。

3. 廊坊光明片区改造

以廊坊市区光明西道为中心，涉及城中村改造、企事业单位搬迁、道路景观整治等，改造土地面积约2200亩，拆迁地上建筑物面积约120万平方米，回迁安置面积约80万平方米，共计提供回迁房5594套，2012年累计投资约25亿元，是廊坊城建史上拆迁安置第一大工程。

4. 商业中心区改造

廊坊市商业中心区改造项目是落实城镇面貌三年大变样的重点工程，于2010年4月启动，涉及拆迁建筑面积约34万平方米，分两期实施改造。其中，商业中心区（一期）占地204亩，拆迁建筑面积约14万平方米，万达广场项目已入驻开业。为一期改造配建的康健新里小区已交付使用；累计投资5.16亿元的春和花园小区项目（由12栋楼组成，总建筑面积15.1万平方米的），已于2012年4月19日竣工交房。商业中心区（二期）占地近260亩，拆迁建筑面积约20万平方米，将建设成为57万平方米的大型商业综合体，是2012年廊坊市十大重点工程之一。公司已完成商业二期回迁区域总体规划、回迁区的地勘工作以及回迁楼施工图初步设计。

5. 富士康公租房

公司承担了富士康在廊坊厂区的公租房和配套人才用房及厂房的建设，一期项目占地面积62亩，总建筑面积11.2万平方米，共建设2246套房，总投资额约3.5亿元。该工程于2010年底动工，2012年底完成竣工验收。

6. 新民居建设

目前正在进行的村庄整治项目共涉及11个村，其中包括永清县10个村、文安县1个村，总拆迁面积3304.15亩，可置换土地指标1769.11亩，2012年各项目在稳步推进中，累计完成投资5.9亿元。

7. 政府项目

梦廊坊大剧院项目。该项目由地建投公司代表市政府作为投资主体。建设规模约18.5万平方米，总投资预计30亿元，目前项目已成功立项正在按照市委市政府要求稳步推进。

河北廉政教育基地项目。市纪委委托地建投全资子公司凯创房地产开发有限公司负责项目建设，项目占地面积约66679平方米（约100亩），总建筑面积约2.1万平方米，项目总投资约1.5亿元，2012年底一期九栋楼主体全部封顶，二次结构已完成。

8. 其他项目

公司还承担了廊坊发展大厦、阳光高第小区、帝景天城小区等回迁住房、保障性住房的建设。同其他企业一起承担了25平方公里的广阳现代服务业园区、15平方公里的广阳高新科技成果孵化园开发建设等任务。

2012年项目总计投入约35亿元。

三、突出成绩

被誉为“廊坊三杰”。2012年，廊坊市地建投公司在市委、市政府的直接领导下，承担了大部分全市最大的城市改造和开发项目，担当了让廊坊更靓丽，让城市更璀璨，让居民更幸福的光荣任务。他们高起点，高质量，高速度的进行工作，在规范中前行，在稳健中发展，短短的三年时间，外界已把他们与发展了二十多年的荣盛、华夏并称为“廊坊三杰”，这些荣誉的取得是地建投人共同努力的结果。

在规范中提高。2012年公司定为“规范提高年”。坚持“在规范中发展，以规范促发展，以规范保发展”的企业定位，努力构建和谐规范、科学管控的现代企业制度，聘请专业的管理咨询机构重新梳理了组织架构，最终确定成立4个专业委员会、12个中心（部、室），实现了“既保证充分发挥委员会决策作用，又大幅提高工作效率”的目标。2012年公司以规范化为抓手，有效推动了公司党风廉政建设和反腐工作深入开展。公司目前开展的十几个建设项目，全部在依法依规的范围内办理，树立了良好的国企形象。

以惟实保发展。2012年，地建投公司在深入贯彻落实十八大精神过程中，致力于继续增强地建投作为国有企业的活力、控制力、影响力的同时，深刻领会习近平总书记提出的“空谈误国，实干兴邦”的要求，并将其贯彻到实际工作中，坚持思想惟实、工作惟实、效益惟实、建设惟实，脚踏实地的做好每个项目，在经济环境困难的情况下，取得了利润同比增长24.5%的成绩，超额完成了年初董事会确定的利润增长20%目标。公司成立以来，净资产增长164%，国有资产保值率264%，是廊坊市发展最快的企业之一。

中国东方资产管理公司
石家庄办事处

2012年，中国东方资产管理公司石家庄办事处认真践行科学发展观，抓住主流，创新发展，全力开展新商业化业务拓展，积极推进可疑类收官处置，以制度改革推动工作创新，以合规经营实现规范管理，各项工作取得了新进展。

一、全力拓展商业化业务

2012年，办事处党委班子带领全体员工，开拓创新，拼搏进取，可疑类不良资产处置收现业务完美收官，商业化业务利润大幅提高，较好地完成了总部下达的任务目标。

与过去几年的商业化业务开展情况相比，2012年的业务拓展除了在项目数量、资产规模、实现收益方面大幅提升外，还具有渠道更广、类型更多、交易结构更优化的特点，反映出办事处商业化业务运作能力在进一步提高。各业务团队深入市场，走访了省内外银行、信托、信用社等多家金融机构以及数百家企业，涵盖了能源、交通、科技、制造、机械、化工、日化等多种行业，从中筛选、争取、提炼出合适的商机，牢牢把握。从业务类型上看，包括了委贷增信、不良收购、有限合伙等多种方式；从分布区域上看，不仅有河北本地区的唐山、邯郸、秦皇岛等地市，还有跨区域的宁夏、上海等地区；从所属行业上看，涉及房地产、能源、化工、材料等多个领域，适当分散了风险。

二、努力推进可疑类收官处置

2012年办事处以“深挖细作，全面推进，确保可疑类业务颗粒归仓”为指导方针，超额完成了建行可疑类不良资产处置任务。

为拓宽收现渠道，办事处在剩余质量差、推进难的资产中深挖潜力，寻找线索，筛选、启动了一批历史上的“老大难”项目作为补充。石家庄某轻型车项目，企业停产已10余年，债权价值评估为零，属典型的“三无”债权。办事处抓住企业与原合作单位土地归属权纠纷这一线索，深入调查保持关注，在掌握到纠纷和解企业办理了土地登记后，及时利用这一契机与企业谈判，最终和企业达成了债权重组方案。这种“沙里淘金”的精神和做法，不但对办事处完成整体收现任务至关重要，也最大限度的维护了国有债权的合法利益，避免了国有资产流失。

三、优化监管模式

目前，办事处管辖债转股企业5个。通过严格审议相关议题，切实维护我公司的合法权益。通过对企业的走访、调研，进行掌握企业财务状况及重大事项及时，引导企业发展健康有序。

积极向债转股企业提供综合金融服务。针对某集团资金需求旺盛、投资项目增加的态势，向企业积极推荐委贷、增信、金融租赁等业务模式；关注某公司拟非公开发行股票事宜并尝试合作；基于对企业经营、财务状况的熟悉为某集团提供财务顾问服务。

四、强化风险意识

严格两会（经营审查委员会、开评估审核与中介机构管理委员）审查，加强风险管理。在项目审查中继续强化合规审查、尽职审查和效益审查，进一步提高了审查的质量和水平，切实起到了审查把关、防控风险的作用，有效促进了可疑类资产处置和商业化业务拓展。

在商业化业务拓展过程中，办事处坚持依法合规经营，依靠自律和他律防范各类风险，维护各项业务健康开展。根据工作需要，制定下发了投后管理、风险评级的一系列文件，进一步规范相关工作。在获得总部商业化业务审批二级授权后，办事处随即下发了《关于权限内商业化业务流程控制有关规定要求的通知》，对权限内项目报审、授信执行等一系列工作进行明确和规范。此外，通过廉政档案、学习文件、组织观看教育影片等方式，教育员工树立正确的人生观、价值观、权力观、利益观，筑牢思想道德防线。

五、加强内部管理

在公司处于转型发展的过渡阶段，从总公司到办事处目前都面临着重要的发展机遇，肩负着繁重的工作任务。为此，办事处班子成员继续把加强作风、转变观念作为工作的重点。通过党委中心组理论学习等方式，班子成员和处以上党员干部认真学习了学习党的十八大报告、《胡锦涛同志在十七届中央纪委第七次全会上关于保持党的纯洁性的讲话》、修订后的新党章等重要文件，坚持用科学的理论武装头脑、指导实践、推动工作。通过民主生活会多种形式，认真征求党内外群众意见建议，开展了深刻的批评与自我批评，进一步健全落实民主集中制、完善内控，增强领导班子的凝聚力、战斗力，更好地发挥领导核心作用。

在日常管理中坚持以人为本原则，在做好中心工作的同时，利用各种机会，培养员工能力，提高员工素质，关心员工生活，满足员工必需。积极组织员工参加公司2012年度有奖征文比赛并获优秀组织奖，促进了学习型组织的建设；开展劳动竞赛，有效推进办事处商业化业务进展；下半年办事处某员工被查出患有重病，办事处领导在第一时间登门慰问，安排治疗，并根据有关政策给予特殊补贴，在精神和物质上对其本人和家庭进行大力支持。通过乒乓球比赛、观看影片、员工体检等多种方式，活跃气氛，调节身心，营造和谐团结、奋发进取的良好局面。

河北顺邦物流有限公司

河北顺邦物流有限公司（以下简称顺邦公司）始建于1993年，旗下拥有物流、金融、电子商务、贸易和项目投资等5大事业部，以钢铁贸易、物流连锁、电子商务、软件研发、金融监管、融资担保和项目投资为主营业态。

公司通过ISO9000质量管理体系认证，先后被评选为中国物流与采购联合会常务理事单位、中国物流杰出诚信品牌建设单位、中国能源物流最佳企业、中国建设银行优秀合作伙伴、中国物流与采购联合会科技进步奖、河北省首批AAA级物流企业、河北省金属材料流通协会会长单位、河北省现代物流协会副会长单位、河北省信息化与工业化融合重点企业、河北省电子商务试点企业、河北省物流业“双十示范工程”示范企业、河北省优秀互联网站、“十一五”期间物流业优秀企业、首届河北省物流行业领军企业等荣誉称号。

公司通过二十多年对钢铁供应链的不断探索和深入研究，独创了“金三角商业环境盈利模式”，该模式通过对信息流、资金流、商流和物流的资源整合，构建产业链企业联盟，合理配置产业链资源，形成物流、信息化、金融三位一体的服务，引领钢铁业产业转型升级。

（一）物流：打造顺邦物流连锁服务品牌，提供园区、设计、规划、市场管理、仓储、加工、运输、贸易、配送等服务。

公司拥有物流连锁总部示范基地（石家庄装备制造基地百营物流中心）、直属钢材市场（石家庄北二环钢材市场）、物流加工中心（饶阳顺邦物流园区）、河北钢铁总部基地，以及全国几十家连锁加盟仓库，服务钢铁上中下游企业近10000多家。

其中百营物流中心是省重点项目，依托石家庄装备制造基地，以金属材料为经营主线，为本区域企业提供交易、仓储、配送、加工、生活配套等服务，具备电子商务、物流金融等增值特色功能，通过供应链模式的物流服务，整合传统贸易与电子商务、物流金融有机结合。

（二）电子商务：提供全程电子商务服务，包括硬件设备、软件服务、电子交易和信息服务等。

1. 新钢铁现货电子交易平台 www.nsteel.cn，采用自主开发的“新钢e资源共享交易系统”，是国内首家采用“群概念”、“交易圈”、“商圈”、“交易网络”、“云计算”等的第三代电子商务平台。

2. 亿商道系统服务平台 www.eshangdao.com，是大宗商品交易系统一站式服务平台，主要系统服务有仓储管理、进销存、物流金融监管、网上交易、支付结算、配货与运输调度、客户管理、市场管理等。

3. “新钢宝—E商贸通”，国内钢铁行业交易支付结算平台 www.steelpay.cn，提供二次结算、清算对账、资金结算、在线融资等特色服务，是安全、便捷、大额电子支付的应用之道。

4. 中国物流金融网 www.chinalfn.com，该系统适用于融资产品服务的全程监管，可实现全程7×24小时保证无间断的动态监管与静态监管，在保证实物信息与监控信息有效对称的同时，并对所有数据做了多次备份与预警方案。

（三）金融：根据行业的金融服务需求，配套第三方监管资质、与银行开创与时俱进的融资产品、利用担保的金融杠杆工具，服务于整个产业链。

公司拥有完善的标准物流服务体系和先进的物流金融监管系统，已获得中行、工行、农行、建行等四大银行以及十几家商业银行的第三方物流监管资格。

顺邦公司将坚定不移地推进“金三角商业环境盈利模式”与实体产业深度融合，提升集团多业态持续发展源动力；坚定不移地构建现代物流产业体系，顺势而为发展战略性新兴产业；坚定不移地实施创新驱动战略，助力品牌建设和产业扩张；坚定不移地实施人才强企战略，打造高素质的优秀团队。努力打造“产业结构合理、竞争优势突出、发展活力强劲、效益增长持续、创新能力一流”的中国物流业集成服务典范企业和行业跨越发展的领军企业。

河北新宇宙电动车有限公司

河北新宇宙电动车有限公司，座落于石家庄装备制造基地，2006年成立。公司主要研发生产“跃迪”牌移动警务室、电动巡逻车、电动汽车、电动观光车、电动场地车、电动货车和电动叉车等各类新能源特种车辆。特别是2009年与清华大学联合研发生产的移动警务室，被深圳第26届世界大学生运动会指定为海上安保专用产品。2012年公司被公安部确定为“公安警用车辆采购目录企业”，同年还被国家有关部委评定为“中国新兴产业创新示范单位”。产品低碳环保、经济节能，造型独特、款式众多，具有充电便利、零排放、无污染、低噪音、低价位等特点。广泛应用于公安交警的执行安保，适用于都市、乡村、车站、别墅区、度假村、大型公园、旅游胜地、城市步行街、高尔夫球场等场所。国内现有180多家代理商，产品还远销日本、韩国、印度、巴西、老挝、叙利亚、哈萨克斯坦等国家。在行业内享有较高的声誉，赢得了国内外消费者的青睐。

公司年产3万辆电动汽车项目，符合国家战略性新兴产业规划，2010年列为河北省重点建设项目，占地350.8亩，总投资10.6亿元，总建筑面积16.4万平方米，配置各种机械设备362台套。第一期占地175亩，投资5亿元，目前已经建成技术水平国内领先的集冲压、焊接、涂装、总装四条生产流水线。按照轿车的设计和理念，采用轿车的工艺和标准，结合乘用车的配备和性能，正在打造国内第一家具有大批量开发生产多种类型的电动汽车生产厂家。第二期工程占地175.8亩，拟投资5.6亿元，建成装备水平国内一流的集工艺装备和研发基地，利用公司在电动汽车方面的近50项专利，结合电动汽车锂离子电池研究开发和利用，结合电动汽车永磁无刷电机的利用和创新等，打造国际国内电动汽车行业研究开发、制造销售的驰名品牌企业。107国道、京广铁路和青银高速从厂前穿过，交通便利，位置优越。产品定位于特种环境，特种业务和各种场地用车等，填补了河北省空白，目前，警用车辆全国销量第一。

广发证券河北分公司

广发证券股份有限公司于1993年成立，是首批综合类证券公司并获创新试点资格。2010年在深圳证券交易所成功实现借壳上市，截至2012年12月31日，公司注册资本59.19亿元，合并报表资产总额899.77亿元，资本实力及盈利能力在国内证券行业持续领先，总市值居国内上市证券公司前列，从96年开始稳居10大行列。广发证券股份有限公司河北分公司成立于2009年3月，立足于雄厚的咨询力量为投资者提供专业稳健的理财服务，拥有员工500余名、投资者26万余人、托管客户资产176亿元、累计为河北企业直接融资额近60多亿元。河北分公司下设运营管理部、业务管理部、机构业务部、财务部四个部门，目前在河北省石家庄、保定、唐山、秦皇岛、廊坊、邯郸、邢台、张家口、沧州9个城市拥有营业网点11家。

广发证券河北分公司面向个人投资者，通过整合公司优质金融资源，提供一系列涵盖交易代理、财富管理、证券信用融资、资产管理等综合化和个性化的服务。河北分公司秉持不断创新的理念，加大营业部网点服务渠道与通道交易系统等硬件建设力度，努力打造专业的客户经理与投资顾问队伍，并推出金管家综合财富管理品牌及完整的零售业务服务体系，提供更多元的投资产品，不断提高专业服务水平，实现向财富综合管理服务转型。

河北分公司目前拥有丰富的业务产品，包括基金类产品（现金管理类、QDII基金、权益类、低风险类、交易类、基金专户理财）、广发证券资产管理计划（大集合产品、消极和产品、财富管理业务、“法宝”市值管理业务）、私募类产品（银行理财产品、中短期固定收益信托投资产品、股权收益信托产品、伞形结构化信托、阳关私募基金、债券及中小私募债券投资产品、定向增发投资产品、股权投资PE基金）及传统股票交易。河北分公司已经开展了中小企业私募债、城投债、新三板业务的承揽与承做业务，并已经取得初步的效果。

广发证券河北分公司始终坚持把客户利益放在首位，以规范的经营管理、优秀的投资能力和严格的风险控制，在合法合规的前提下进行业务的开拓与创新，为河北金融市场及广大投资者提供“专业、专心、专为您”的服务品牌。

中国东方资产管理公司
石 家 庄 办 事 处

石家庄办事处与河北省金融机构业务合作推介会

中国东方资产管理公司（以下简称东方资产）成立于1999年，是经国务院及中国人民银行批准设立，具有独立法人资格的国有独资金融企业。公司注册资本人民币100亿元，由财政部全额拨入。石家庄办事处作为东方资产的驻冀分支机构，成立于2000年5月。

成立至今，石家庄办事处始终以最大限度保全国有资产、防范和化解金融风险，促进国企改革为使命，在不良资产管理与处置、政策性债转股等方面发挥了积极作用，为落实国家宏观调控政策、促进经济增长做出了自身的贡献。

近年来，东方资产开始商业化转型，从单一处置银行不良资产的政策性银行金融机构，成功转型为自主经营、自负盈亏和可持续发展的商业化综合金融服务集团，旗下拥有保险、证券、信托、租赁、信用评级和资产管理等多种金融服务业态。2012年，集团拨备前净利润突破60亿元，总资产超过2100亿元。石家庄办事处积极探索市场，通过大力拓展商业化新业务，综合利用进一步切实服务实体经济，为丰富金融市场、支持企业发展、促进地方经济繁荣贡献自身力量。一方面，利用长期以来在不良资产业务方面积累的丰富经验，积极开展不良资产业务。通过债务的重组、整合，缓解企业压力，同时利用平台公司给企业提供其他金融服务，为危机企业和问题项目提供综合金融解决方案，服务和支持实体经济的发展。另一方面，利用东方公司旗下拥有的多元化的服务平台，以为客户提供高附加值的金融服务为目标，应用更多的技术手段，融合不同产品的功能，为客户提供综合化、专业化的“一揽子金融服务”。

办事处始终强化依法合规经营意识。几年以来，各项工作按照国家和总公司有关政策、法律法规及文件要求，有序、健康运行。合规意识和风险意识深入人心，内部管理规范有序。2007年通过ISO9001质量管理体系认证后，工作效率进一步提高。办事处员工整体素质较高，目前2/3以上员工具有银行业从业资格或证券业从业资格。

成立以来，石家庄办事处坚持不断转变观念，开拓创新，在转型中强管理，抓合规，增效益，促发展，在加强内部管理、提高风险防范能力和推进商业化转型等方面做出了很多努力。按照商业化经营的要求，确定了“科学管理，稳健经营，优质服务，创新发展”的经营管理理念，采取内抓控制管理、外抓创新开拓的措施，从拓展市场、机构调整、机制转换、业务创新、搭建平台等多方面倾力打造现代化的金融企业。

石家庄办事处召开2012年工作会议。会上展示了中国金融工会颁发的“全国金融模范职工之家”和中国银监会颁发的“文明单位”奖牌

石家庄办事处业务研讨会现场

石家庄办事处积极参与省“四帮一”扶贫工程，向帮扶对象邢台威县章台镇北胡帐村捐款8万元

中国工商银行

2012年3月23日，工行河北省分行许杰行长代表金融机构发言

2012年11月25日，工商银行总行易会满副行长在河北会见省委常委、常务副省长杨崇勇，省长助理、金融办主任江波

中国工商银行河北省分行成立于1985年，目前在全省拥有11家二级分行，827个分支机构，在职员工2万余人，是河北信贷规模最大的国有股份制商业银行。截至2012年末，本外币资产总额超5000亿元，各项贷款余额逾3000亿元，全部存款余额超4750亿元。

2012年，工行河北省分行认真贯彻落实省委、省政府和工总行的各项决策部署，把服务“经济强省、和谐河北”建设作为第一要务，各方面工作保持了持续健康发展的良好态势，再次被河北省政府授予“金融贡献奖”，系四大国有商业银行中唯一连续五年获此殊荣的单位，并连续两年获评“河北网民最信赖的银行品牌”，石家庄中华支行等17家支行荣获2012年度河北省银行业协会文明规范服务百佳和千佳示范单位称号。人民币各项贷款增加362.3亿元，增幅13.67%，同比多增87.76亿元，余额突破3000亿元，达到3012.41亿元。各项贷款增量、余额均居国有四大行首位。全年各项贷款累计投放达到1635.45亿元，较2011年多投放487.35亿元。新增存贷比高达136%。重点项目和实体经济支持力度加大。累计投放项目贷款146.58亿元，其中向曹妃甸区和渤海新区投放项目贷款34.84亿元。小微企业贷款余额392.88亿元，增

2012年5月11日，工行河北省分行再次获评河北网民最信赖的银行品牌

2012年9月12日，中国工商银行私人银行中心（河北）开业

河北省分行

加76.93亿元，增量排工行系统第5位，同比增加16.12亿元；涉农贷款余额636.84亿元，增加135.11亿元，同比增加18.24亿元；小微企业贷款、涉农贷款均达到“两个不低于”要求。不良贷款继续保持双降。不良贷款额、不良贷款率分别较年初下降1.36亿元和0.17个百分点。对地方税收贡献进一步提升。全年实现经营利润105.13亿元，缴纳地方各项税款14.79亿元，较上年多缴纳2.67亿元。新建及优化物理网点93家，新投产离行式自助银行102家。特别是县域机构网点设置进一步优化，填补部分机构空白县域，年内邢台南和、沧州海兴、张家口赤城3家县域支行实现对外营业；邯郸肥乡、秦皇岛卢龙、保定涞水3家县域支行及唐山迁安马兰庄镇网点正在积极筹备；在县域新投产离行式自助银行69家。

2012年5月25日，工商银行总行魏国雄首席风险官一行到河北调研，并走访企业

2012年5月9日，工行河北省分行许杰行长（左2）实地考察渤海新区黄骅大港规划建设情况

2012年8月，工行河北省分行组织在街头开展反假币宣传

2012年12月，工行河北省分行在河北首届最美大堂经理评比中因获奖人数最多勇拔头筹

中国农业银行股份

总行党委书记、董事长蒋超良拜会河北省委省政府领导并进行工作调研

杨光行长到保定高碑店龙赵庄村指导帮扶工作

河北省委常委、常务副省长杨崇勇到农行视察慰问

中国农业银行股份有限公司是国际化公众持股的大型上市银行，中国四大商业银行之一。最初成立于1951年，是新中国第一家国有商业银行。2009年1月，整体改制为股份有限公司，2010年7月在上海、香港两地面向全球挂牌上市，成功创造了此前全球资本市场最大规模的IPO，总市值位列全球上市银行第五位。农业银行秉承“诚信立业，稳健行远”的核心价值观，坚持审慎稳健经营、可持续发展，以覆盖面最广的网点网络体系和领先的信息科技优势，向全球超过3.5亿客户以及近300万家企业提供高效、优质的全方位金融服务，客户总数量与机构网点势力分布均居大型商业银行首位。农业银行品牌价值在英国《银行家》杂志发布“2012年全球银行品牌500强排行榜”上位居全球第18位。

农行河北省分行作为中国农业银行股份有限公司在河北省的一级分行，在全省11个地级市设有二级分行11个，拥有城区支行143个、县域支行219个、分理处659个，在岗员工2.25万人。近年来，在总行党委的正确领导下，农行河北省分行紧紧围绕全省建设“经济强省、和谐河北”战略目标，充分发挥横跨城乡、网点网络、客户资金、品牌形象等优势，大力支持全省经济建设，努力提升金融服务水平，连续第三年被河北省政府授予“金融贡献奖”。并荣获权威机构评选的“河北财经企业经营最具开拓奖”、“金融服务最佳银行”、“最具社会责任好分行”和“最受河北网民信赖的银行品牌”。

农行河北省分行落实科学发展观，坚持城乡业务“双轮驱动”，推进经营转型，业务经营实现健康快速发展。2012年末，

农行捐助的阜平县大道小学奠基

农行河北分行与河北建投银企合作签约仪式

有限公司河北省分行

全行各项存款（含同业）突破5000亿元大关，达到5077.24亿元，比年初增加608.54亿元，总量、增量均居四大行首位。各项贷款突破2000亿元，达到2046.06亿元，比年初增加231亿元。实现中间业务收入27.6亿元，同比多收0.82亿元。经营效益大幅增加，实现净利润88.96亿元。

总行党委委员、副行长、纪委书记龚超同志一行莅临河北检查指导

农行河北省分行始终坚持以客户为中心，围绕创新服务手段、培育服务文化、丰富服务内涵等方面努力提升金融服务水平。2012年末，完成了全辖83%网点的装修改造工作，新装修网点实现了功能合理分区，形象大为改观。注重深化分层服务，完善了私人银行、财富中心、理财中心、理财区四位一体的高端客户服务体系，着力满足不同客户的金融需求。开展了网点文明服务导入活动，配齐了营业网点大堂经理，有效促进了网点文明标准服务水平的整体提升。

举办全省农行2012年柜台业务技术比赛

召开全省农业银行2012年工作会议

省分行开展“‘e市场，赢头彩’电子银行走进专业市场”营销活动

杨光行长在河北分行私人银行部成立仪式上与客户代表共同揭牌

交通银行

尹兆君行长走访邯郸新兴铸管集团

交通银行河北省分行自1990年12月正式对外营业，95年4月升格为直属分行，2004年10月调整为省分行，目前在河北省11个地市中成立网点的城市有：石家庄市、唐山市、秦皇岛市、邯郸市、保定市、沧州市、廊坊市、邢台市、张家口市等9个地市，尚有承德市、衡水市正在筹建，计划今年9月开业。目前，全行共有营业网点82个，员工2300余人。交通银行河北省分行作为一家省级国有银行，始终将支持河北经济发展作为己任，紧密结合省委省政府提出的建设“经济强

在河北省2012年外汇知识竞赛中取得优异成绩

加强基层建设年活动帮扶捐赠仪式

向沧州肃宁县帮扶村捐款

交通银行河北省分行河北沿海地区业务发展研讨会

河北省分行

省，和谐河北”的战略目标，不断加大信贷投放力度，加快金融产品创新，以优质高效的金融服务助推河北经济社会又好又快发展，实现地方经济与自身发展的互惠共赢。2011年、2012连续被省政府授予“金融贡献奖”和“金融创新奖”。截至2012年末，分行资产总额达到886亿元，较上年增长8%；人民币各项存款余额818亿元，较上年增长8%，其中：人民币储蓄存款余额253亿元，较上年增长14%；人民币各项贷款余额597亿元，较上年增长12%；实现拨备后利润17.8亿元，较上年增长10%。不良贷款余额和占比实现双降。

荣获“2012年度河北网友最信赖的银行品牌”称号

举办“弘扬优秀体育文化、助推交行二次改革”登山比赛

成功举办石家庄烟草新商盟网上跨行支付平台正式启动会

交通银行“新商盟网上跨行支付平台”研讨会

经营分析会议

中国邮政储蓄

2012年4月19日，邮储银行河北省分行机关召开"改进作风、夯实基础、提高素质争先创优"主题竞赛活动动员大会

1986年，河北邮政储蓄恢复开办。2008年1月18日，中国邮政储蓄银行河北省分行挂牌成立。经过20多年的发展，在各级党委政府的亲切关怀和社会各界的大力支持下，为满足城乡居民日益增长的金融服务需求，服务"三农"，支援河北经济建设及保持国家金融稳定做出了积极的贡献。

一是业务规模日益壮大。截至2012年底，全省各项存款余额达到2216.2亿元；全省开立个人储蓄账户3800多万户，持有邮政储蓄绿卡的客户超过1900万户；每年通过邮政金融办理的个人结算金额达1.36万亿元。累计发放各类贷款695.18亿元，贷款结余297.39亿元；已有700多亿元的邮储资金，通过银团贷款等方式回流河北。

二是业务产品不断丰富。邮储银行河北省分行不断拓展服务领域，现已开办了本外币储蓄存款业务、公司业务、银行卡业务、信用卡业务、小额贷款业务、个人商务贷款、理财业务、结售汇、汇兑业务、各种代收代付业务以及小企业贷款业务、银团贷款业务、同业拆借业务、票据业务等各种银行业务，基本形成了包括负债业务、中间业务、资产业务在内的业务种类较为齐全的金融业务框架。

2012年10月30日，邮储银行河北省分行、河北省个私企业协会联合召开"邮银助企"活动推进会

2012年6月4日，邮储银行工会河北省分行委员会召开第一次代表大会

邮储银行河北省分行机关举行学习贯彻党的十八大精神报告会

银行河北省分行

三是内控管理更加严密。邮储银行河北省分行认真贯彻执行国家金融政策和法律、法规，依法合规经营，建立健全了审计检查队伍，形成了较为完善的内部风险防范控制体系，有效地防范和化解了金融风险，良好的资产质量和企业形象，得到了社会公众的充分信任和高度赞誉。

四是网络实力进一步加强。全省1387个邮政储蓄网点，70%以上分布在县及县以下农村地区，建成了全省覆盖城乡网点面最广，交易额最多的个人金融服务网络；拥有ATM1256台，POS5775台。邮政储蓄计算机网络系统已成为我国最大的个人金融实时处理系统。

今后，中国邮政储蓄银行河北省分行将进一步发挥邮政储蓄网络覆盖城乡二元经济的优势，按照服务城乡大众，支持“三农”的零售银行定位，努力促进地方经济发展与和谐社会建设，为促进经济强省和谐河北建设做出新的更大的贡献。

2012年10月25日，邮储银行河北省分行与保定市人民政府举行战略合作签字仪式

邮储银行河北省分行举办十佳理财经理大赛

邮储银行河北省分行机关开展“打造合规文化 创建和谐团队”主题教育活动

华夏银行

分行王宏杰行长一行带着米、面、油和慰问金，到保定市阜平县大台乡坊里村看望了部分老党员和特困户

华夏银行石家庄分行成立于1998年2月，是总行在河北设立的直属支行，也是河北省内设立的第一家股份制商业银行。2004年12月，经银监会和总行批准，华夏银行石家庄支行升格为分行，全称“华夏银行股份有限公司石家庄分行”，简称“华夏银行石家庄分行”。在总行的正确领导和省市各级政府的关心下，在社会各界的支持和广大客户的呵护下，石家庄分行一直秉承与地方经济同谋发展，与企业共同成长，以客户为中心的理念，真情服务社会，始终将自身发展深深地根植于河北改革开放和经济发展的主流之中。目前，石家庄分行领导班子6人，其中行长1名，副行长5名，地区首席信用风险官1名。分行设17个部门，即：办公室、人力资源部、计划财务部、公司业务部、个人业务部、国际业务部、中小企业信贷分部、金融市场部、会计部、信息技术部、合规部、监察室、保卫部、授信审批中心、授信管理中心、资产保全中心、金融市场部。分行目前拥有21家分支机构。其中包括保定、唐山、沧州3家二级分行；12家本部同城机构和2家异地支行，即分行营业部、裕华东路支行、槐安路支行、红旗支行、广安街支行、和平西路支行、建设南大街支行、新华路支行、建华支行、和平东路支行、金马支行、中山支行，正定支行和辛集支行；保定、沧州两家二级分行分别下设了1家同城机构，唐山一家二级分行又下设2家同城机构，分别是保定东风路支行、沧州千童支行、唐山丰润支行、唐山迁安支行，员工总人数900多人。经中国银行业监督管理委员会和总行批准，开办的主要业务有：办理人民币存款、贷款、结算、票据贴现业务；代理发行金融债券；代理发行、代理兑付、销售政府债券、代理收付款项；办理华夏卡业务、个人贷款业务。办理外汇存款、外汇贷款、

分行召开2012年工作会议暨纪检监察工作会议

分行举办vip客户登山踏青活动

分行组织举办服务标杆网点集中培训

石家庄分行

外汇汇款及外币兑换业务；国际结算；结汇、售汇，外汇票据的承兑和贴现；总行授权的代客外汇买卖。资信调查、咨询、见证业务。经中国银行业监督管理委员会批准的其他业务等。

2012年，石家庄分行取得了建行以来最好的经营业绩。年末，资产总额达到434亿元，比年初增加123亿元，增长40%；一般性存款余额398亿元，比年初增加114亿元，增长40%，完成计划的115%；一般性存款日均338亿元，比年初增加85亿元，增长34%，完成计划的123%；实现利润8亿元，比上年增加1.3亿元，增长19%，完成总行计划；实现中间业务收入1.73亿元，比上年增加0.61亿元，增长55%，完成计划的109%；不良贷款余额比年初下降0.1亿元，不良贷款率年初下降0.21个百分点，不良贷款继续“双降”，控制在总行计划之内；实现国际结算量16.8亿美元，比上年增加4.3亿美元，增长34%，完成总行基准计划；个人金融资产总量110亿元，比年初增加40亿元，增长56%，完成计划的132%。

分行举办ETC业务启动仪式

分行召开义务监督员座谈会

华夏银行石家庄正定支行开业

Bank 中國光大银

2012年7月17日，光大银行石家庄友谊大街支行开业庆典，分行高名安行长致辞

中国光大银行成立于1992年8月，总部设在北京，是国有控股的全国性股份制商业银行。中国光大银行所属的中国光大集团，是中央直属的骨干企业，创办人为原全国人大副委员长、原全国政协副主席王光英先生。2010年8月18日，中国光大银行在上海成功上市（股票代码：601818），与中农工建四大国有银行的大股东均为财政部直属的中央汇金公司。同时，中国光大银行是全国最早一家具有全面代理中央财政业务的商业银行。

目前，中国光大银行已形成了全国性的经营网络，分支机构700多家，覆盖全国28个省（自治区、直辖市）的82个经济中心城市。2012年，光大银行实现营业收入597.93亿元，同比增长29.78%；实现营业利润315.47亿元，同比增长30.65%。中国光大银行连续三年被评为“年度最具创新银行”，并荣膺“2011CCTV中国年度品牌”，“阳光理财”系列产品是国内最具竞争优势的理财品牌之一，先后被评为“百姓最认可的理财品牌”、“最受欢迎的理财产品”等。

2012年是中国光大银行成立20周年，20年的成就足以令人骄傲。如今的光大银行，正凭借强大的股东背景，全国的经营网络，高素质的员工队伍，卓越的创新能力，按照“一年奋力起步，三年改变面貌，五年形成

2012年11月30日，河北省知识产权局与中国光大银行石家庄分行中小企业专利权质押融资战略合作协议签约仪（左三为分行高名安行长）

行石家庄分行

自身特色，十年勇争同业前列”的指导思想，落实“更有内涵的发展”，推进模式化经营，努力打造国内最具创新能力的银行。

中国光大银行石家庄分行成立于1999年3月18日，是中国光大银行在河北省设立的一级分行，业务范围覆盖河北全省。作为在冀分支机构，中国光大银行石家庄分行始终以服务河北经济发展为己任，大力支持“经济强省、和谐河北”建设。截止2012年末，中国光大银行石家庄分行资产总额达428.19亿元，一般存款达307.48亿元，各项贷款234.94亿元。截至目前，除在石家庄地区外，光大银行石家庄分行在唐山、邯郸、廊坊三地拥有三家二级分行，分行共拥有16家营业网点，员工600余人。

2012年8月1日，光大银行石家庄分行举办“中国光大银行20周年成就展”

2012年7月18日，光大银行石家庄分行与河北高速公路管理局联合推出光大银行首张ETC联名卡

中国光大银行石家庄分行在阳光理财、汽车全程通、工程机械按揭业务、阳光供应链、中小企业阳光创值计划、现金管理、企业年金等业务领域树立了良好的品牌形象。凭借卓越服务能力、创新能力和出色的业绩表现，中国光大银行石家庄分行2008年、2009年、2010年连续三年荣获河北省政府颁发的“金融贡献奖”，2011年又荣获省政府颁发的“金融创新奖”。光大银行石家庄分行致力于为大中型行业龙头企业以及资质优良的中小企业，财政、政府机构客户、同业和广大个人客户提供专业的公司及零售银行产品服务。目前，中国光大银行石家庄分行正在以更有内涵的发展方式，追求规模、质量、效益和业务结构的均衡发展和全面提升。

2012年12月8日，光大银行石家庄分行举办抓内控、促合规、防案件知识竞赛

光大银行石家庄分行举办“颂巾帼 学雷锋”先进员工表彰大会(左四为分行高名安行长)

PICC 中国人民财产保险
PICC PROPERTY AND CASUALTY COMPANY LIMITED

总经理　魏丙申

中国人民财产保险股份有限公司河北省分公司（简称：中国人保财险河北省分公司）目前已为全省10万多个企业，900多万个家庭户（次），240多万辆机动车、5000多万亩农作物和林木、100多万头各类牲畜办理了各种保险，为社会提供2.6万亿风险保障。仅自1998年以来，人保财险河北省分公司就处理各类保险赔案600多万件，共计赔款近500亿元。为千千万万个企业和家庭及时提供了经济补偿，在经济生活中充分发挥了保险补偿作用和社会管理功能，有力地促进了河北省经济的稳定持续快速发展。中国人保财险河北省分公司注重保持公众公司形象，注重社会责任，努力为我省企事业单位、及城乡百姓提供更广泛的险种。公司在广泛开展企业财产保险、机动车辆保险等传统险种的基础上，不断开发适销对路的产品。目前，中国人保财险河北省分公司已开办的险种达600多个，涉及财产保险、机动车辆保险、责任保险、意外伤害保险、健康保险、保证保险等众多方面，最大限度地满足社会需求。中国人保财险河北省分公司还积极发展农村保险，为建设新农村保驾护航。人保财险河北分公司连续九年被河北省委、省政府授予“民主评议行风优秀单位”，评议成绩始终位居保险行业第一；连续五年被省政府授予“金融贡献奖”荣誉称

开展“情系‘三农’、保险下乡、真诚服务”“三下乡”宣传活动

省治安保险工作现场推进会

举行“客户节职场开放日”

人保财险查勘车整装待发

及时进行现场查勘定损

号；获得了“河北省服务名牌”和“河北网友最信赖的品牌”荣誉称号；被河北省工商行政管理学会授予年度“重质量守信誉单位”称号，被河北省质量与名牌学会授予的2012年顾客满意度测评“达标单位”称号。在河北保监局2012年上半年“服务质量评价”中排名财险公司第一名；被河北省社会治安综合治理委员会办公室、见义勇为基金会授予“支持见义勇为、弘扬社会正气”荣誉单位。

河北省委书记张庆黎会见中国人保集团公司董事长吴焰

深入到玉米受灾现场查勘受灾情况

中国人保集团公司与河北省人民政府签署战略合作协议

将100万元预付赔款送到保定涞源供电公司

400多万元农险赔款帮助7000农户及时恢复生产生活

中国人保寿险河北省分公司

党委书记、总经理　孙大震

裕华西路15号中国人保寿险河北省分公司办公楼

中国人民保险公司始创了新中国的保险事业，与共和国同生共长，是新中国成立的第一家保险公司，是中央直管的大型国有保险金融集团，是世界500强上市企业。作为2008年北京奥运会、2010年上海世博会和广州亚运会唯一保险合作伙伴，目前总资产突破12000亿元，“十一五”期间，中国人保累计承担保险责任金额超过360亿万元，累计支付各类保险赔款超过3000亿元，位居全国保险业之首。

中国人保寿险河北省分公司自2007年12月27日成立以来，既传承了PICC中国人保60年的悠久历史和灿烂文化，又彰显了新中国60大知名品牌无限魅力，在中国人保寿险“规模效益化”指导思想的引领下，以担当中国人保振兴之策为己任，走改革创新之路，公司始终坚持“人民保险、服务人民”的宗旨，拥有365天24小时的全天4008895518专线服务电话和ePICC电子商务平台在内的销售服务体系，拥有覆盖全省所有城市遍布城乡完善的机构网点。 2009年至2011年保费收入连续三年排名全国系统首位，河北寿险市场第二位。中国人保寿险河北省分公司以PICC厚重的历史为光荣；以“以人为本，和谐奋进”的企业文化为基石；以回报社会为责任，为全省人民群众提供生存、养老、疾病、医疗、身故、残疾、意外等多种保险保障。几年来，为300多万人提供了各类别人身保险服务，承保风险保障金额达700多亿元，受理各类理赔3万多件次，给付赔款金额达1.6亿元，得到了社会的广泛赞誉，先后被中国金融工委全国委员会评为全国金融系统“创建学习型组织先进单位”；被中国保监会授予“科学发展、克难攻坚”主题实践活动组织奖；被人保集团公司评为“青年文明号”；被总公司授予“特别贡献奖”、“创业功勋省级机构奖”；被河北省服务质量评选委员会和河北省质量技术监督局评为“2011年度河北省服务品牌”；被河北省人民政府授予“2011年度金融稳定奖”；被河北新闻网网友评为“2012年最值得信赖的保险品牌”。中国人保寿险河北省分公司将以担当中国人保寿险振兴之策为己任，以更好、更快的发展，更有效、更快捷的保障和服务，鼎立燕赵，善行河北。

2012年9月2日，中国人保集团与河北省人民政府在石家庄太行国宾馆签署战略合作协议

2012年5月18日，中国人保第四届客户节启动仪式

2012年3月23日，中国人保北方信息中心项目合作框架协议签字仪式

峰源公司第一船进口煤
成功运抵芜湖电厂专用码头

中国华电集团公司河北分公司

中国华电集团公司河北分公司成立于2007年12月26日，是中国华电集团公司在河北省的派出机构，负责华电集团和华电国际在河北省的项目发展、市场营销、燃料管理以及对区域所属企业的责任制考核、经营管理、人力资源管理和安全生产管理工作。

华电河北分公司目前共有七个直属企业，分别是：河北华电石家庄热电有限公司、河北华电石家庄裕华热电有限公司、河北华电石家庄鹿华热电有限公司、石家庄华电供热集团有限公司、河北华电混合蓄能水电有限公司、河北华瑞能源集团有限公司、河北华电沽源（康保）风电有限公司。

2012年，华电河北分公司认真贯彻落实省委省政府和华电集团公司要求，较好地完成了各项任务，发电量、控股装机容量实现重大突破，电源结构、经济指标进一步优化。发电量完成105.48亿千瓦时，同比增长44.03%。售热量完成2623万吉焦，同比增加0.63%。实现利润24542万元，税金19717万元。

截至2012年底，华电在河北控股装机容量达到219.2万千瓦，集中供热面积6700万平米，热用户约1600个，年供热量超过2600万吉焦，承担石家庄市主城区70%民用采暖负荷。

集团公司李庆奎书记会见张庆伟省长

2012年12月2日，省委常委、石家庄市委书记孙瑞彬与华电河北分公司康金柱总经理在现场研究抢险方案

智能热网技改招标审查

石热现场检修

供热工作受到百姓表扬

河北省

省联社组织全省农信社开展金融服务日活动

河北省农村信用社成立于上世纪50年代，历经60年风雨，在改革发展中不断壮大。2005年6月，河北省农村信用社联合社挂牌成立，在省政府授权下，行使对全省农村信用社的行业管理职能。近年来，全省农信社坚持“立足三农、面向县域（社区）、服务中小企业”的市场定位，坚持走社区银行、零售银行、便民银行的发展道路，已经成为名副其实的地方金融主力军。

点多面广，实力雄厚。截至2012年末，河北省农信社在全省设有3家市级联社、8个办事处、154家县级行社，全辖共有4935个营业网点，5万多名员工，网点服务覆盖全省各个乡镇。存款余额6630亿元，贷款余额4081亿元，均居全省各金融机构之首。

创新产品，便民惠农。近年来，河北省农信社致力于提高金融服务水平，打造农信特色品牌，目前已开发了两个大类、10个系列、53个信贷产品，进一步满足了广大客户对贷款的多种需求。搭建了便民服务平台“助农金融服务点”，使农民足不出村便可办理查询、转账、小额存取款、消费、汇款、中间业务缴费等基础金融业务。开通了网上银行、电话银行、短信服务平台，推出了信通卡、惠农一卡通、小额贷款卡、学子卡、联名

河北省农村信用社联合社　河北金融学院
建立干部培训学院战略合作协议签订仪式

省联社与河北金融学院签订战略合作协议，为干部员工接受系统培训搭建平台

农村信用社

卡等多种银行卡。在全省设立助农服务点36628个，行政村覆盖率达79%，布放POS机38991台，开通取款机1960台，存取款一体机654台，"信通卡"存量达1995.6万张，网银客户达11.5万户，服务产品的不断创新带动了河北农信整体服务能力的持续提高。

深化改革，加快发展。河北农信持续深化"双改"工作，全面优化股权结构，改制工作取得显著成果。截至2012年12月末，共有28家县级机构启动农商行改制工作，其中2家已经挂牌开业，8家获得开业批复，其余18家机构的筹建申请已报至银监会等待批复；共有35家县级联社启动了改制股份公司工作，其中已开业4家，已批准开业5家，批筹10家，已向监管部门提交筹建申请9家。河北农信改革发展取得了令人瞩目的成绩，县级行社产权制度改革稳步推进，经营管理机制逐步转换，各项业务持续健康发展，主要经营指标显著改善，风险防控能力稳步提高，金融服务水平大幅提升，总体步入了良性发展轨道，在支持县域经济发展中发挥的作用日益突出。

省联社在全省农信社开展落实贷款五项新制度，全力以赴清收不良贷款活动

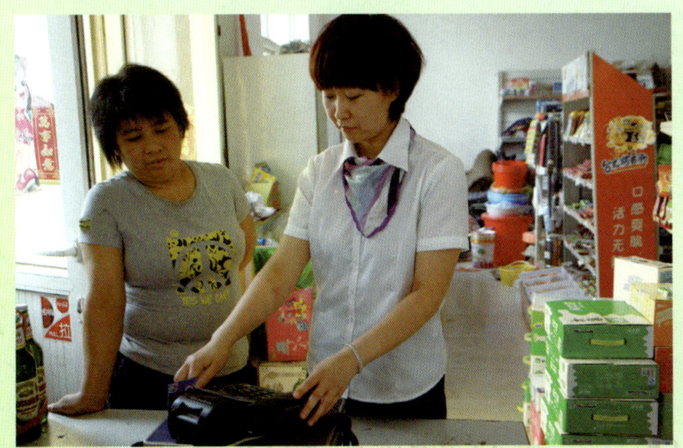

省联社在全省推广"农信村村通"工程。图为农民到本村助农服务点取款

省联社在全省开展"农信进万家"活动。图为大厂联社深入小微企业上门提供金融服务

省联社在全省推广小额信贷业务。图为怀来联社到农户家中为农民评级授信

省农信社利用点多面广的优势，积极开展新农保代理工作

全省农信社"双改"工作成效显著。图为邢台农商行开业现场

河北省国有资产控

河北国控董事长　邱建武

2012年，河北省国有资产控股运营有限公司在省国资委的正确领导下，积极应对复杂局面，勇于战胜各种困难挑战，全面、高质量地完成了全年任务指标。根据财务快报统计，截至2012年12月底，资产总额172.98亿元，同比增长39.41%；净资产111.75亿元，同比增长22%。全年实现营业收入144.65亿元，同比增长65.54%；实现利税3.75亿元，同比增长20.88%。

2012年，面对经济效益下滑的压力，公司领导班子带队，积极跑市场、盯客户、抓回款，攻坚克难，拓展经营，成效良好。一是调整结构，多元经营。着力增加高附加值和市场需求大的产品的经营规模，有效化解了市场波动风险。矿业板块打造了探矿、采矿、评价、物流一体化的全产业链。民爆板块形成了雷管、水枪弹等五种产品规模化、系列化生产。物流板块经营品种由原来的10多个增加到了20多个，经营的内在稳定性进一步增强。二是放大优势，扩量增效。放大食品安全监测优势，全年共完成检测6600多批次，增长65%。发挥纺织原料经营优势，化纤、棉花销售分别增长36.09%和326%。在中央储备库多数闲置的情况下，新增国储糖1.55万吨。招标代理、工程监理"以量补价"，营业收入增长188.89%。三是创新经营，抢占先机。积极创新经营理念和模式，通过开展关系营销、发展"海进江"业务、实施供应链联合运作等，赢得了市场，培育了一批短平快业务，保持了经营的平稳增长。四是精耕细作，提质增效。坚持眼睛向内，深挖潜力，合理组织生产，严控各项开支，全年费用增长率低于营业收入增长率46.55个百分点，降本降耗成效明显。五是盘活资产，增强活力。通过将闲置房产长租短临，提高了资产的利用率，促进了效益增长。六是技术创新，助推发展。2012年，全系统共实施9个技术创新项目、4个技术改造项目，其中滤芯粘合剂、爆炸灰等项目增效作用正在显现，特别是水枪弹、爆炸灰、数码电子雷管等高端产品及进口美国的高强度导爆管雷管生产线等，推动民爆业务迈向了价值链的高端和产业链的前端。

2012年，公司先后荣获了省政府"河北省就业先进企业"、省安委会"安全管理先进单位"、省财政厅"财务工作突出单位"，省国资委"创先争优先进基层党组织"、"财务工作先进单位"等荣誉称号。驻村

铜兴矿业股权转让签字仪式

2012年度工作总结会议

股运营有限公司

工作组被评为了“省委加强基层建设年活动优秀驻村工作组”。所属企业中，国控矿业公司荣获了省国土厅“河北省矿产资源利用现状调查优胜单位二等奖”，撰写的23个矿区的核查报告，18个获得了“优秀成果奖”；寿王坟铜矿被省委省政府授予了“河北省文明单位”；煤业工贸公司被中国招投标协会授予了“诚信创优3A单位”，监理的羊东风井井筒工程被中国煤炭建设协会授予了“优质工程”和“太阳杯”工程奖；友爱医院荣获了“石家庄市护理专业技能训练和竞赛活动先进单位”奖。

公司董事长在公司联欢晚会上致辞

友爱医院增资扩股

公司与普洱市政府签署矿产资源合作开发协议

邱建武董事长调研卫星化工股份有限公司

冀中能源股份有限公司

首创矸石充填技术，把矸石直接充填到井下的巷道里

冀中能源股份有限公司是冀中能源集团的核心子公司，1999年在深交所上市，股票简称为“冀中能源”，股票代码为000937。近年来，冀中能源股份公司积极落实科学发展观，优化产业结构，转变发展方式，公司规模迅速扩大，经济实力大幅提升，现已发展成为集煤炭、电力、化工、建材、物流于一体的大型现代化综合能源企业。综合实力位居中国500强企业第121位，是中国最具价值上市公司50强企业之一，连续多年入选“深证成指”、“深证100”及“巨潮100”指数。

风源热泵技术国内领先

2012年，冀中能源股份公司全面贯彻落实省第八次党代会精神，争当经济强省和谐河北排头兵，克服煤炭价格下跌和增支因素增加等双重挤压带来的冲减利润因素，实现经济总量逆势增长，完成原煤产量3642万吨，营业收入300亿元，净利润23亿元，再次位居全省上市企业首位，一举夺得“河北省政府质量奖”，成为全省首家且唯一一家荣获此项大奖的煤炭企业。公司获评“2012年度中国最具影响力企业”，成为全省唯一一家获此殊荣的企业，公司党委被评为“全国创先争优先进基层党组织”。

科技创新增动力。围绕制约企业发展的重大难题，积极开展技术攻关，全年获省部级以上科技进步奖7项、国家专利1项，其中邢东矿井下排矸、章村矿薄煤综采项目分获国家能源局、中国煤炭协会科技进步二等奖。8项科技成果通过专家鉴定，均达到国际领先或先进水平。生产效率显著提高。积极推广应用先进、适用的新装备、新工艺，东庞矿分别创出6.5米高架综采月产35.2万吨、井工矿煤巷月进1050米的省内新水平。章村矿、邢东矿、邢台矿分别以月产10.5万吨、3.5万吨和8.3万吨打破了集团公司薄煤综采、充填开采纪录。科技创效优势彰显。邢台矿煤泥干燥项目变低价值煤泥为高附加值中煤销售，全年净增利润700万元。邢东矿井下排矸系统，降低原煤灰分十个百分点，缓解了主井提升压力，开创了省内煤矿井下分选的先河。绿色矿山建设成绩突出。邢东矿成为河北省首批工业旅游示范点，东庞矿、邢东矿被评为“中国最美矿山”。股份公司被评为全

大力实施“精煤战略”所产原煤全部入洗

极复杂条件下成功应用全国首套6.5米高架综采

井下生态大巷

转型升级铸就竞争力

国首个“中华环境友好煤炭示范矿区”，被河北政府授予“双三十”减排优秀单位。

管理升级提质量。全面导入卓越绩效管理模式，对企业所有流程都进行了全面梳理再造，企业运行效率大幅提高。大力推进安全质量标准化建设，使职工“体面劳动”成为现实。公司各矿保持了安全质量标准化一级水平；水泥厂、玻纤公司达到行业一级标准，金牛化工达到了危化品企业二级标准。邢东矿、显德汪矿被授予“河北省安全文化建设示范单位”荣誉称号。遵循“科学、严谨、务实、高效”的管理理念，全面加强人力资源、财务资源、基础设施、信息资源、技术资源等基础管理，提高了企业管理的精细化、科学化水平。建立了完善的员工绩效管理和薪酬管理系统，建立各级各类人员考核量化评分标准和提高薪酬的长效激励机制。重视财务资源的管理，严格遵守国家的相关法律法规，制定了完善的财务管理制度和核算办法。推行全面预算管理，细化资金流量核算，依据公司发展战略的要求，积极筹措资金，确保公司发展战略的实施和经营活动正常运行。建立物资供应、财务NC、生产调度系统、自动化办公等9大系统，生产、管理和经营的数字化程度大幅提高。

绿色生态矿山

矿区废弃物全部达标排放

结构调整创业绩。准确研判市场走势，抢抓市场，苦练内功，在国内煤炭市场持续低迷，煤炭价格连连下滑的情况下，实现“可利用资源效益最大化”的经营目标。一方面，深挖潜，努力优化产品结构。不断对洗选工艺系统进行升级改造，持续提高洗选加工能力、原煤入洗率和精煤产量，产品对市场的适应性不断增强。对外紧盯客户需求，及时调整营销策略，保证了即产即销，上千万吨精煤产品中，质量始终稳定控制在客户要求的范围，保持了产品售价的高位运行。另一方面严管理，严格控制各项支出。多次召开现场会，全面推广各单位挖潜增效、节支降耗的新理念、好做法，增收节支不断向以制度、职工、岗位推动主导的成本控制工作转变，初步塑造了以“岗位增值，职工增收，企业增效”为核心的精细管理文化。进一步完善全面预算管理，实现了制度建设与手段管控的有效结合。强化资金费用管理，严控非生产性投资，办公费等四项费用同比下降20%，压缩项目投资和维简费近9亿元。

冀中能源邢台矿业

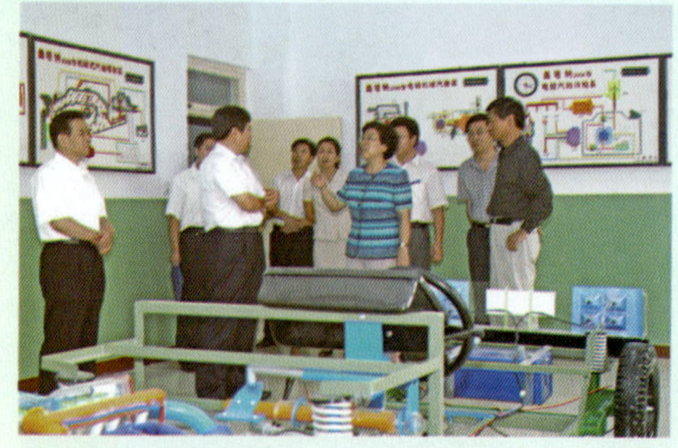

2012年5月，省国资委副主任毛丽君到冀中工程技师学院视察工作

冀中能源邢台矿业集团有限责任公司（以下简称：冀中能源邢矿集团）是冀中能源集团的子公司，其前身为邢台矿务局，最早成立于1973年6月，是原煤炭工业部直属的94家国有大型煤炭企业之一。截至2012年底，公司总资产60.14亿元，净资产27.61亿元，在册职工3554人，下辖8个全资子公司、6个控股子公司、11个分公司、9个参股公司，产业涉及煤炭、化工、电力、医疗、科研、教育等领域。煤炭主业方面，在山西具备一个年产60万吨的主焦煤生产矿井和一个年产60万吨的技改矿井；在内蒙的大型矿井-城梁煤矿，已经获得开工“路条”。化工产业方面，拥有国内首个掌握锂盐生产技术的高新企业，具备六氟磷酸锂生产技术自主知识产权；拥有世界先进的离子膜电解工艺生产氢氧化钾技术。其它产业方面，工程公司具备房屋建筑工程施工总承包一级和房地产开发四级资质，正在全力打造河北省大型综合性建筑企业；河北煤炭科学研究院是河北省唯一的煤炭科研机构，设有河北省防治水中心和全国柴油机械防爆检测检验中心；总医院以骨科品牌为特色，拥有世界一流的飞利浦256排极速CT等高端医疗设备，正在向三级医院进军。

邢矿集团在山西打造了薄煤综采示范矿，使老母坡矿生产能力由30万吨一跃升至60万吨，先进的管理理念和强大的技术实力，树立了邢矿集团的良好形象。图为老母坡煤业薄煤综采工作面

2012年，冀中能源邢矿集团完成煤炭产量103万吨，超计划3万吨；实现营业收入25.5亿元，超计划5000万元；实现利润5100万元，超计划100万元；杜绝了各类安全事故，连续实现了第九个安全年。公司节能量计划目标860吨标准煤。万元工业增加值能耗计划3.0吨标准煤/万元。实际实现，主要污染物化学需氧量削减3.67吨，二氧化硫削减15.2吨，氮氧化物削减12.9吨，烟（粉）尘削减4.34吨，全面完成年度减排目标。

冀中能源邢矿集团在内蒙古巴彦淖尔市磴口县开工建设的2×350MW热电项目已并网发电

邢矿集团高级技校获得“冀中工程技师学院（本科）”、“国家二级安全培训”办学资格

集团有限责任公司

邢矿集团油脂分公司“宴友”系列植物油以其良好稳定的产品质量得到了广大消费者的厚爱。图为全自动灌装生产线

冀中能源邢矿集团办公大楼

邢矿集团天津金牛电源材料有限责任公司生产的六氟磷酸锂，在国内市场占有率达到了30%，雄居全国第一

总医院骨科被列入“河北省重点发展学科”，医疗救援中心大楼正在加紧建设，为打造冀南一流强院奠定了坚实基础

唐山国丰钢

厂区一角

唐山国丰钢铁有限公司成立于1993年，是由国务院国资委下属的中央骨干企业——香港中旅集团有限公司与唐山市丰南区丰南镇经济发展总公司共同出资兴办的钢铁联合企业，注册资本12.38亿元（人民币），其中港中旅集团控股51%，丰南镇占股49%。

2003年10月，为了实现集中发展，规避低水平重复建设，在区委、区政府的积极推动下，国丰以资本为纽带，完成“三丰”整合（国丰、新丰、银丰钢铁、银丰烧结），被誉为河北省钢铁企业联合重组的开山之作，2005年又整体收购了唐山群利钢铁有限公司，从此国丰步入跨越式发展快车道。

企业整合以来，国丰先后投资140多亿元实施了装备升级、结构调整和技术改造，1450mm热连轧生产线等部分工艺装备达到了国内同行业先进水平。同时，淘汰小烧结、小高炉、小转炉等落后装备，共淘汰炼铁能力200万吨，炼钢能力150万吨。2011年，国丰又投资20.6亿元启动了南区综合技改工程，涉及料场改造、环保治

厂区绿化

炼钢转炉

板坯连铸车间

铁有限公司

公司办公大楼

理、节能减排、信息化升级、生活区完善、620mm带钢线以及厂区形象提升7大系统33个项目，到年底已竣工项目17个，230平方米烧结机脱硫、转炉余热发电、烧结余热发电、50MW煤气发电以及能源管控中心等一批节能减排项目相继投入运行，二次能源综合利用效率显著提高，全年循环经济创效2.9亿元。

国丰钢铁成立以来，累计实现利税252亿元，上交税金102亿元，为当地经济社会发展做出了突出贡献。公司先后被评为“全国钢压延效益十佳企业”、“中国最诚信企业”、“河北省著名商标企业”、“河北省文明单位”，连续多年被中国农业银行河北省分行，市、区人民银行和农行评为“AAA+级信用客户”、“最守信用贷款企业”等荣誉称号，是中国银行授信企业。

2012年生产铁水817万吨，钢坯798万吨，热轧卷板775万吨，冷硬板17.5万吨、镀锌板4.8万吨。实现销售收入264亿元，利税9.35亿元，其中利润1.59亿元。截至2012年底，公司拥有总资产280亿元、净资产94亿元，职工13500人，名列全国民营企业500强第52位、制造业500强第36位。

热轧宽带钢

热连轧板带生产线

厂区全景

邢台钢铁有限责任公司

2012年7月6日，董事长袁世臻在全国电渣产品应用技术研讨会上发言

邢钢是全国制造业500强，全国最大的优特钢线材专业生产企业和国内品种最多的线材企业，具有300万吨铁、钢、材配套生产能力。

近年来，邢钢认真践行科学发展观，通过实施“做精、做专、做强”发展战略，实现了从普钢到特钢的战略转移，在全国长材生产企业中第一家配备了RH真空精炼炉，使用了铁水预脱硫、轻压下大方坯连铸机等高端技术，现可生产出190多个钢种1300多种产品，形成了冷镦钢、帘线钢、弹簧钢、轴承钢、预应力钢、焊接用钢、纯铁等碳钢十七大系列和不锈钢系列产品，可充分满足用户多品种、多规格、小批量、多频次的需求。

邢钢具有强大的技术研发能力，建有北京科技中心和博士后科研工作站，五大类二十五个品种获国家冶金实物产品金杯奖。邢钢积极对接国际先进管理体系，在全国钢铁企业中首家通过《国际汽车质量管理体系》、《职业健康安全管理体系》和《环境管理体系》三大体系整合认证，并先后通过计量管理体系、实验室管理体系、SA8000社会责任管理体系、能源管理体系认证。

邢钢延伸产业发展迅速，在北京建有中国最大的汽车冷成型异型件生产线和焊网生产线，在邢台市开发区建设的邢台钢铁线材精制有限责任公司，拥有全国最先进的退火炉、酸洗和电镀工艺，大规格精制线材加工和高端紧固件生产能力在全国独具特色，太阳能单（多）晶硅切割丝引入德国、意大利设备及工艺，质量优良。

2012年11月19日，邢钢与河北联合大学建立战略合作关系

2012年07月24日，日本本田公司在邢钢技术交流

2012年05月09日，邢钢大气环境综合整治项目典礼仪式，省市相关部门领导参加

不锈钢AOD炉

具有国际先进水平的高端线材生产线

河北省烟草专卖局
中国烟草总公司河北省公司

河北省烟草专卖局、中国烟草总公司河北省公司，简称河北省烟草专卖局（公司），前身是成立于1982年的河北省烟草公司和成立于1984年的河北省烟草专卖局。1985年1月，河北省烟草公司上划中国烟草总公司，更名为中国烟草总公司河北省公司，与河北省烟草专卖局一套机构、两块牌子，归属国家烟草专卖局、中国烟草总公司统一管理，负责全省卷烟市场管理和生产经营工作。2003年6月烟草行业实施工商管理体制改革后，主要负责全省烟草市场管理和卷烟、烟叶经营。现下辖11个地市级烟草专卖局（公司）、136个县级烟草专卖局、140个卷烟营销部，从业人员9485人。

河北省烟草专卖局（公司）自组建以来，在国家烟草专卖局党组的正确领导和地方各级党委、政府及有关部门的大力支持下，坚持以科学发展观为统领，以维护国家利益和消费者利益为己任，锐意改革，创新进取，卷烟市场不断规范，经济效益不断提高，为增加国家财政积累、支持地方经济发展做出了积极贡献。

2011年6月新一届党组成立以来，在省委省政府和国家烟草专卖局的正确领导下，提出了明确一个目标，突出一个主题，抓住一条主线，把握五个重点，强化八种意识的“11158”发展思路，坚持以严格规范为统领，牢固树立全员、全方位服务理念，更加注重零售户和烟农利益，科学实施宏观调控，突出品牌培育第一要务，扎实推进终端服务、保持打假高压态势、全面夯实管理基础、不断强化干部队伍建设，各项工作取得明显成效。2011—2012年，共实现销售收入787.62亿元，实现税利147.57亿元。2012年，河北省局（公司）被评为全国烟草行业卷烟销售工作先进单位、会计信息质量先进单位、离退休干部工作先进集体。

“3.15”法律宣传服务

省局（公司）领导与行业青年干部座谈

召开跨区域卷烟打假协调会议

注重党员卷烟零售户作用发挥，组织党员零售户在西柏坡重温入党誓词

卷烟物流中心作业现场

公开销毁假烟现场

河北省天然气

HEBEI NATURAL GAS

现代化的调控中心

河北省天然气有限责任公司成立于2001年4月27日，是河北建设投资集团有限责任公司出资设立的一家从事天然气输送、销售及综合利用的专业燃气公司。2006年2月，河北建投集团引入战略合作者，联合香港中华煤气有限公司（股票代码：0003.HK）将河北省天然气有限责任公司改组为中外合资企业，公司注册资本5.2亿元人民币，河北建投集团和中华煤气分别持股55%和45%。2010年2月，公司中方股东变更为新天绿色能源股份有限公司（股票代码：00956.HK）。

河北省天然气有限公司秉承“安全供气、改善环境、致力民生、服务大众”的社会承诺，以调整河北省能源结构、改善大气环境为己任，积极投资河北省能源基础设施建设。目前，公司已建成长输管线550余公里，城市管网401余公里，现正在为包括石家庄、保定、邢台、邯郸、承德五市在内的40余家市县、200万户居民用户、近万家公福商业用户及近千家工业用户、25000多辆汽车提供稳定、安全、清洁的天然气供应。2011年销售天然气12.13亿立方米，已跃居中石油在华北地区用户中的第三位。2012年销售天然气12.46亿立方米，约占全

2006年1月6日鹿泉门站至富新门站管线氮气置换 030

有限责任公司
COMPANY LIMITED

省天然气销售量的30%，已经成为全省燃气行业的龙头企业，是中石油在河北省最大的天然气承销商。目前，公司拥有20家分支机构，压缩天然气母站两座，并拥有一支专业运输车队。公司资产规模达21.99亿元，已成为河北省最大的天然气输配设施运营商之一。

客服

近年来，河北省天然气有限责任公司加大城市燃气市场开发力度。目前公司已投资经营石家庄高新技术开发区和经济技术开发区、石家庄南部山前工业区、邯郸开发区、承德、保定、保定开发区、沙河、宁晋、清河、涞源、晋州、辛集、深州、乐亭、平泉、昌黎、曹妃甸、滦平、肥乡、大曹庄等20家城市燃气市场。截至2013年1月底，公司已经累计为河北省供应天然气67.95亿方，折合热值相当于825.1万吨标煤的发热量，减少二氧化硫排放99015.5吨，为河北省的能源结构调整和环境的可持续发展做出了突出贡献。

为加快公司发展，拓宽经营领域，公司将液化天然气、煤层气作为今后发展的新方向。未来，公司将以新天绿色能源股份有限公司上市为契机，以安全生产为基础，以经济效益为中心，以投资河北省内主干长输管线和城市管网为重点，以市场合作、有序竞争为手段，积极发展公司管道、CNG、LNG三大业务板块，努力实现气源供应的多元化和供气网络布局的科学化，努力将公司打造为华北地区领先的现代化燃气企业集团。

腾飞中的河北广电网络集团

河北广电信息网络集团股份有限公司于2005年7月12日正式挂牌成立，为省属大型文化企业。现有150家分(子)公司、总资产近40亿元、有线数字电视用户600万，主营全省有线电视传输基本业务和付费电视、高清电视、数据专线 、互联网宽带等增值业务。按照省、市、县“三级贯通”和统一规划、统一建设、统一管理、统一运营“四个统一”的要求，搭建了全省数字电视平台、传输平台和增值业务平台，大力实施模拟变数字、标清变高清、单向变双向、看电视变用电视四大工程，努力推动集团公司又好又快发展，为建设经济强省、和谐河北做出积极贡献。

有线数字电视 无限精彩生活

主要业务

视频点播

——想看什么，就点什么

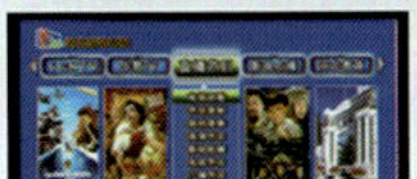

利用有线电视前端播控平台的云计算、云存储等技术，使用户通过智能机顶盒即可点播自己需要的节目或信息：高清电影、高清电视剧、实事新闻、精彩综艺……

时移回看

——直播不等你，我们等你

在观看节目时可随时按暂停或后退键，对当前播放的节目进行暂停或后退播放。也可以选择过去七天中播放的节目进行重新收看。

飞视业务

——让电视无处不在

飞视业务依托有线电视网络+Wi-Fi无线覆盖技术，实现了有线电视向笔记本电脑、平板电脑、智能手机等多终端的推送，在家里或机场、车站等公共场所自由观看。

可视电话

——视频通话让真情面对面

是利用有线宽带网络和互动机顶盒实时传输图像和语音信号，实现通话时能够看到对方影像，达到了既闻其声又见其人的效果。

3D频道

——身临其境，3D视界

运用先进的数字视频处理技术，通过高清机顶盒加上具有3D功能的电视机就能让用户体验到高清晰、立体感极强的视觉冲击效果。

高清直播

——升级你的眼球，享悦你的耳膜

高清数字电视是从电视节目的采集、制作、传输、以及到用户终端的接收全部实现高清化，特别是通过有线网络所特有的超大播出带宽传送的高清数字电视具有极高的清晰度，屏幕宽高比16：9，同时在声音系统上，支持杜比5.1声道传送，带给人Hi-Fi级别的听觉享受。

有线宽带

——无需重新布线，电视、互联网一线通

采用同轴电缆双项技术，真正做到了一根同轴电缆入户，不用重新打孔穿线，无需多余线路既可上网也可以看电视打电话。

动感游戏

——真实体验 趣味无限

利用智能机顶盒和重力感应遥控器，让您在电视机前即可真实体验乒乓球、篮球、网球、保龄球等多种运动，达到趣味健身的目的。

CNTV

——互动点播多一种选择

综合数字电视、互联网、多媒体通讯等多种技术集一体，让互动点播多一种选择。

用户服务

河北广电网络集团以全面完善服务体系为基础，着力提升服务水平，打造服务品牌。通过不断创新服务模式，完善服务措施，为用户提供全方位、精细化、差异性的服务。

中国电信

2012年6月，中国电信集团公司王晓初董事长（右一）与张庆伟省长等领导到河北电信视察

中国电信河北分公司于2002年12月挂牌运营，下辖11个市级分公司，138个县级分公司。经过十年来的不懈努力，河北电信网络能力、产品体系、服务能力、管理水平都实现了长足发展，连续多届获得“河北省最具影响力和最具成长性企业”、“河北省诚信企业”称号。

现已建成覆盖全省的CDMA 3G网络和固定通信网络。随着“宽带中国 光网城市”项目的快速推进，全省宽带网络覆盖已达1000万户，FTTX覆盖区域已超过70%，全省94%的电信宽带用户带宽达到4M以上，“电信光宽带”做到了有口皆碑。移动通信基站达1万多个，WLAN公共运营接入点（AP）达到8000个，3G信号现已覆盖全部的县以上城市及乡镇，行政村覆盖比例达90%以上，高速公路、高速铁路覆盖率接近100%。特别是在京广高铁全线贯通之际，河北电信率先实现了3G网络在河北段的全程覆盖。

面向客户感知，以实体渠道、电子渠道、直销渠道并举，形成了便捷、高效的客户服务体系。全省自办营业厅400处，社会代理店面8400多家，村级缴费站近3万处。同时全面推广10000号受理和网厅、掌厅、自助营业

2012年10月，省委书记、省人大常委会主任张庆黎到河北电信视察

2012年9月，河北电信举行终端订货会。公司领导与合作伙伴共贺新品上市

2012年12月，河北电信成立十周年联欢会

2012年12月，IPHONE5上市。图为廊坊发售现场

2012年7月新入职员工拓展训练

河北分公司

厅等电子化服务模式，提高了用户使用电信业务的方便性。对公众客户深化落实“五个一”服务承诺，开展了“三提升、三争创、一满意”活动；对行业客户、重点客户推行“一站式”服务，促进了服务水平的提升。

河北电信与河北银联签署合作协议。左二为河北电信党组书记、总经理王国权

天翼品牌统领的各项业务得到了广大客户认可，丰富的行业应用解决方案更是为政府部门、企事业单位的管理运营插上了信息化的翅膀。至2012年末，已有司法E通、警务E通、电力E通、烟草E通等行业应用项目入网用户规模达万户以上。此外，河北电信还与省工信厅合作，针对全省中小企业开展了数字企业建设活动，已建设数字企业近500家。

用心服务

在履行社会责任方面，全力以赴做好奥运通信保障、“412抚宁山火”、“721”涞源洪灾抢险救灾应急通信、“村通”工程、节能减排、通信设施共建共享等工作，得到了各级地方政府的好评。以创先争优活动为主线，组织全部党员开展系列专题活动。文明单位创建活动扎实推进，全省已有9个市级分公司被评为市级以上文明单位，其中张家口、邯郸分公司被评为省级文明单位。

今后，河北电信将继续秉承“用户至上，用心服务”的服务理念，以品质高、容量大、速率快、安全性强的现代通信网络和完善的业务产品、服务支撑体系为基础，努力向“智能管道的主导者、综合平台的提供者、内容和应用的参与者”迈进，为繁荣我省通信事业，推动经济社会发展，做出更大的贡献。

2012年3月，中国电信河北分公司在河北传媒学院举行天翼飞Young品牌发布会

2012年9月，河北电信员工霍少丹（左四）在中央企业职工技能大赛上获金奖

转型发展中的中国铁通河北分公司

和谐奋进的河北铁通领导班子

第五次职工代表大会

第三届通信行业节能减排大会领奖

中国铁通集团有限公司河北分公司（以下简称：河北铁通）成立于2001年4月，隶属于中国铁通集团有限公司。中国铁通是由铁道部通信系统整体划转成立的，这支队伍有着百年铁路、百年通信的光荣传统，具有铁路高度集中、大联动机、半军事化的显著特点。2004年以前归铁道部领导，2004年后交国务院国资委管理，2008年5月电信改革后，中国铁通成为中国移动的全资子公司。河北铁通十年来在探索中前进、在改革中创新、在发展中壮大，经过市场和竞争的洗礼，目前在河北省的11个地级市均设立了分公司，实行三级管理，即省公司—地市公司—县区域经营部。主要为家庭客户提供轻松固话、“炫100”+“光时速”精品宽带业务；为政企、集团客户提供语音数据综合专线、呼叫中心、数字电路、VPN、视频会议、网络监控等综合信息服务。

河北铁通的网络是中国铁通网络最重要的节点之一，铁通骨干光缆和五大骨干环中的东北环、西北环、京沪穗环等三大环途经河北铁通网络承接。同时承载着重要的铁路调度指挥、站场通信、售票业务传输通道。特别是河北铁通的数据网络，结构合理、扁平化、集中维护，设备能力强。

目前，河北铁通正处于转型发展中，通过认真学习贯彻十八大精神，坚持“一个中国移动、协同发展”的原则，与移动公司优势互补，实现共赢发展，一方面推进经营低成本、轻资产、少人员，一方面推进管理科学化、手段集中化、组织扁平化，加强与移动公司的网络融合、用户融合、内容融合、渠道融合、服务融合，突出流量经营大发展和资源市场大发展，完善市场保障体系、网运保障体系、计划建设保障体系、管理保障体系等四个保障体系的建设，着力于团队素质建设、成本标杆管理、安全控制单元、落实质量标准、创新经营模式等五个质量效益重点，充分发挥铁通在移动全业务经营中的应有作用。

近年来，河北铁通先后荣获了中国通信行业协会“2011年通信网络运维管理先进单位”、“2012通信节能管理创新先进单位”、石家庄分公司公里街营业厅“全国级青年文明号”、“3•15特别贡献奖”等十余个省部级以上先进荣誉，网络质量、客户服务等九项工作在铁通公司名列前茅。

网运管理向上集中

落实质量战略

河北省国和汽车投资有限公司

河北省国和汽车投资有限公司是河北省人民政府国有资产监督管理委员会出资组建的国有独资公司，注册资本两亿元，总资产30亿元，总部设在石家庄。

公司主要从事汽车相关行业的投资及投资资产管理。拥有三十多家汽车4S店，职工2000余人。经销一汽大众、上海大众、上海大众斯柯达、东风雪铁龙、通用别克、雪佛兰、郑州日产、铃木、三菱、东南、一汽解放、东风轻卡等近二十个品牌，在石家庄市管理河北国际汽车贸易园区、时代汽车广场、北外环市场、河北万博市场等4座大型汽车市场，四个市场占地874.8亩，建筑面积近40万平米。四个市场年销售汽车近10万辆。同时还在省内沧州、保定、邢台、邯郸、张家口、唐山、秦皇岛等市设立了经销公司，形成了以省会石家庄为中心，辐射全省的汽车销售网络。

党委书记、董事长　杨永君

为实现企业的跨越式发展，公司以调结构、转方式为抓手，在做强汽车经销和维修业务的同时，积极拓展新的业务领域，从2011年开始逐步开发了医药物流、第三方物流、煤炭物流、进出口贸易等新业务，形成了“一基多元”的发展格局。各项指标实现快速增长，2012年营业收入已达到100亿元的规模，利税突破一亿元。

2012年2月22日，石家庄市委书记孙瑞彬来国际汽车园视察工作

国和汽车公司作为省级国有企业，自成立以来社会影响力稳步提升，被省政府命名为“河北省‘十二五’期间现代物流重点龙头企业”；被河北省商业联合会评为“河北省流通产业AAAA信用企业”、“年度文明经营优质服务先进单位”，“河北省流通产业名牌企业”， 2011年成功入围“中国服务业500强”，名列221位。2011年国和汽车公司党委被省国资委党委评选为国资委系统企业红旗党委，2012年分别被省委、省国资委党委授予全省创先争优先进基层党组织和省国资委系统企业创先争优先进基层党组织。

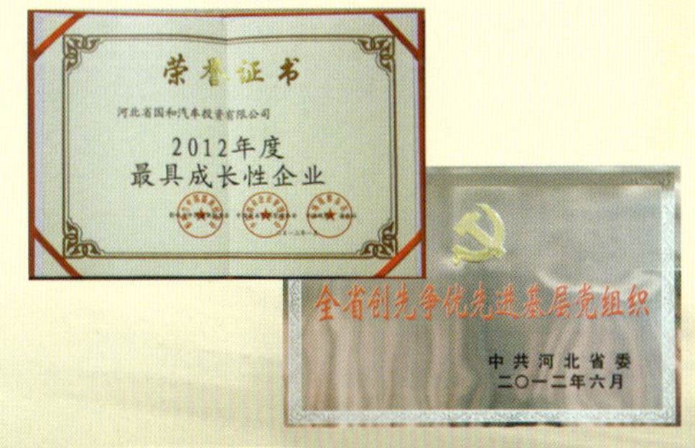

荣誉证书

河北省国和汽车投资有限公司

2012年度

最具成长性企业

全省创先争优先进基层党组织

中共河北省委

二〇一二年六月

河北国和冀铁集团战略合作签约仪式

2012年1月6日，河北国和冀铁集团战略合作签约仪式

2012年6月9日，新党员入党宣誓

2012年11月29日，“河北港口杯”省国资委系统企业之歌大赛

北方工程设计

姜泽栋董事长陪同国家国防科工局局长马兴瑞视察公司

北方工程设计研究院有限公司隶属于中国兵器工业集团公司，由创建于1952年的国家级综合勘察设计机构——北方设计研究院和中国兵器工业北方勘察设计研究院2010年重组而成。

公司注册资本1亿元，现有员工1300余人，其中国家级设计大师1人、河北省建筑、勘察、工程设计大师6人、中国兵器科技带头人3人；国家注册咨询工程师、一级注册建筑师、一级注册结构工程师、一级注册建造师、注册公用设备师、注册岩土工程师、高级项目经理、项目经理380余人；配置有坦克装甲车辆、发动机、弹箭、枪械、光电、建筑、结构、综合工程、非标设备、工程测量、岩土工程、地质勘察等50多个主要专业。

公司具有国家授予的军工、建筑、市政等多个行业甲级咨询、设计资质以及风景园林设计、建筑智能化系统设计等多项专业甲级资质；工程勘察综合甲级资质；建筑智能化工程、电子工程、地基与基础工程等专业承包壹级资质；房屋建筑工程、冶炼工程、市政公用、机电安装等工程监理资质以及施工图设计文件审查资质。享有国家对外经济贸易部门授予的独立对外经营权，是国际咨询工程师联合会（FIDIC）的成员协会会员。公司设有包括军工工业工程、民用建筑、工程勘察设计等多个综合设计院和热能电力、电磁防护、环境市政、园林景观等多个专业性设计研究所；在北京、上海、深圳、重庆、南京、厦门、大连、青岛等地设有分支机构。

公司凭借六十多年的文化积淀、几代人的技艺传承和创新精神，孕育了丰硕的成果。在工业工程领域，建立了全方位、全过程服务军工的业务架构，以全力满足国家高新武器装备研制生产的需要；出色地完成了重庆宗申摩托车生产线、长安奥拓轿车总装生产线、长安汽车生产线、北方奔驰载重汽车总装生产线等民用工业项目，实现了从自动化制造向信息化、数字化制造及管理的跃升。在工程总承包领域，设计建造的世界上最大的摩托车发动机生产车间——宗申摩托车生产线，成为摩托车行业的样板工程；设计建造的中国最大的红外技术

内蒙古北方重型汽车有限公司奔驰重型汽车项目

研究院有限公司

产业化生产基地等项目，创造了“当年设计、当年搬迁、当年施工”、被长春市市长誉为“东光模式”和“东光速度”的东光产业园项目。

在产业园区和校园规划、在科教、医疗、公共设施、居住、城市综合体、物流、园林景观等等民用建筑领域取得了骄人的业绩，先后承担了河北科技大学、河北农业大学等数十座大学规划和设计，完成了西柏坡红色胜典主题公园、河北省园博园、石家庄万达广场、河北省公安厅、邯郸中心医院、河北省新合作大厦等河北省重点项目，为河北省规划并设计了一批工业聚集区，承接了上海世博会拉脱维亚国家馆和第26届世界大学生运动会火炬塔和青春大道等项目的设计，与阿里巴巴公司、深圳招商局、大连国际、大连万达、恒大集团等超大型企业集团建立了广泛的合作关系，为全球物流业龙头企业普洛斯公司打造的集物流仓储及办公建筑为一体的深圳普洛斯盐田物流中心项目成为精品项目。

孙兆杰总经理荣获河北省建筑设计大师

上海世博会拉脱维亚馆

在工程勘察与岩土工程领域，完成了亚洲最大的九公里火剪撬桩基工程，承担了以京石高速铁路石家庄枢纽、左离高速公路一标段为代表的高速铁路、高速公路项目，巩固并延伸了兵器、铁路、公路、工民建等工程勘察设计市场，开拓了油气管道、核电、地灾治理、矿山治理等市场领域。

在专业工程领域，公司拥有全国领先的电磁防护技术，为国家安全部门、各级政府部门、各军工集团、工厂、高等学府以及军队系统成功地设计制造了近千座不同用途、不同规模的电磁屏蔽室、屏蔽暗室、电磁屏蔽车等；热能电力专业，与大唐发电、国能生物发电、广东长青、武汉凯迪、中广核等大型集团公司建立了合作关系，设计并建造了多座生物质发电厂，承揽了北方客车总装厂金太阳光伏发电示范工程、大唐天威甘肃矿区太阳能光热发电试验等项目；市政环保方面，承担了华药项目、石药、哈药等集团的制药废水治理项目，英利绿色能源控股有限公司、长江电工工业有限公司的含重金属废水治理，辛集制革园区污水处理厂等制革废水处

河北省园博园实景

第26届世界大学生运动会火炬塔

北方工程设计

电磁屏蔽暗室

理项目，石家庄高新技术产业开发区污水处理厂深度处理工程、青岛天城地下污水处理厂、保定白洋淀温泉城人工湿地生态污水处理系统等污水处理项目。

在经济全球化的大背景下，与世界近百个国家和地区建立了广泛的技术经济合作和业务往来，完成260余项援外或外经贸项目，积累了建设国际化工程集团的宝贵经验和财富。同时，与日本、美国、新加坡等境外设计公司及国内领先的专业设计所合作，引进园林景观、绿色设计、集约化设计等先进理念，寻求新市场和新突破。

多年来，公司荣获国家发明奖4项，省部级科技进步奖100项，国家优秀工程设计金奖3项，银奖14项，铜奖6项，省部级优秀工程设计奖、咨询奖及其他奖项近300项，主编和参编国家和省部级及行业标准、规范35项，一直位列全国勘察设计百强企业，并“中国AAA级诚信企业”、“当代中国建筑设计百家名院”等荣誉。作为中国兵器工业集团公司的子公司，作为国家战略团队的一份子，公司积极履行社会责任，荣获“全国五一劳动奖状”、“河北省文明单位”、“河北省诚信企业”等荣誉称号。

公司始终坚持国家利益高于一切，始终坚持以科技创新和管理创新为动力，始终坚持把人才作为事业发展的决定性因素，忠实履行“服务于国家国防安全、服务于国家经济发展”的核心使命，遵循“精心设计、精确建造、精细服务，持续改进、持续提高、超越需求”的质量方针，溶聚“民主、表现文化，制度、执行文化，学习、专家文化，规划、系统文化和创新、领先文化”，着力提升技术地位、市场地位和行业竞争力。

在新的发展战略转型期，公司制定了“以军为根，以设计为本，以工业工程、岩土工程为两翼，以专业技术、专业工程为支撑”，的发展构想和“一体化经营、专业化联合、特色化发展”的经营策略，将逐步发展成为集咨询、勘察、设计、建造、检测、监理、项目管理、工程总承包以及具有投融资性质的工程服务等工程建设全过程一体化的高科技国际化工程集团。

威县污水处理厂

恒安国际深基坑桩锚联合支护

西安兵器产业园

河北省政府整体鸟瞰图

新合作大厦（超高、超限建筑）

河北工业大学新校区

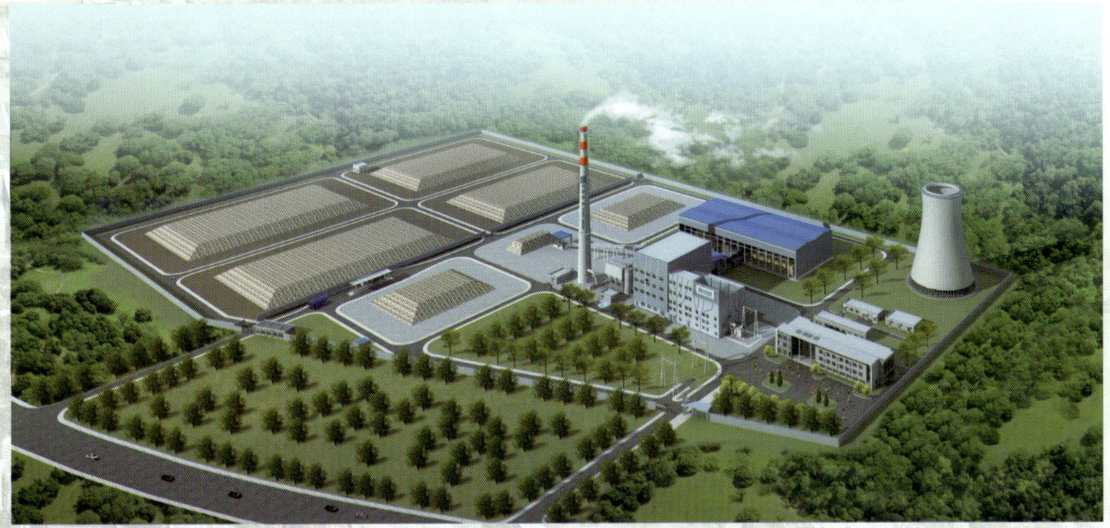

沂水长青生物质发电厂工程总承包

河北省电力勘
成长中的“国际

院长周卫作为河北省劳动模范参加省劳模表彰大会

元氏变电站——河北南网首座500kV智能变电站，河北设计院设计并投运的第一座500kV智能变电站，全设计采用数字化三维技术，工程中形成15项创新

河北省电力勘测设计研究院（简称“河北设计院”）隶属于世界500强企业中国电力建设集团有限公司，创建于1958年。河北设计院属于知识密集型企业，主要从事电力系统规划，输变电工程、发电工程（燃煤发电、燃气发电、生物质发电、风力发电、垃圾发电、地热发电等）、工业与民用建筑工程的设计，技术咨询，工程勘察，岩土工程，工程监理，工程总承包等业务。

河北设计院设北京、上海2个分院，并设非洲、印尼和沙特3个驻外机构。目前，河北设计院国际项目管理师（IPMP）56人，澳大利亚项目管理师（RegPM）16人。

建院以来，河北设计院完成了逾千项电力工程的勘测设计工作，国内业务服务范围东到上海、西至西藏、南抵海南、北达黑龙江，涉及全国27个省市自治区，国际业务市场发展到孟加拉、越南、印尼、刚果（布）、肯尼亚、希腊、摩洛哥、柬埔寨、尼日利亚等国家，在积累了丰富的勘测设计经验的同时，先后有100余项工程获得省部级及以上奖励。

河北设计院始终坚持“科技兴企”战略，建立了完善的科技研发体系。为实现企业工程实际与前沿理论的紧密结合，提升企业科技研发的水平和质量，广泛开展了技术研发合作，加强与高等院校和科研院所的技术交流。在大力开展自主研发的同时，广泛承接国家电网公司、河北省建设厅、中国华能集团、河北省电力公司等单位的科研项目，实施的重大、重点科技项目30余项，形成了一批优秀的科研成果，并得到有效转化，极大地提高了工程设计质量和人员的技术水平。 2011年河北设计院在河北省科研单位中专利申报数量排名第二，

河北国华定州电厂——获中国建设工程鲁班奖，河北设计院承担设计，采用世界首台双缸双排汽660MW超临界空冷汽轮机组、锅炉点火“零”油耗，除尘、脱硫、脱硝环保三同时

国家风电研究检测中心试验基地——河北设计院承担设计，集风电、光伏发电、储能于一体，全国第一个风光储项目

向家坝－上海±800千伏特高压直流输电示范工程线路工程——河北设计院承担勘察设计，获2010年度电力行业工程优秀勘测设计一等奖

测设计研究院
型工程咨询公司”

现拥有近百项专利、专有技术，获得各级科技成果奖项30余项。

河北设计院作为电力行业甲级勘测设计单位，逐步成长为河北电力的一面旗帜，河北省的重点明星企业。多年入选全国勘察设计综合实力百强单位，连续被评为省级文明单位、河北省勘察设计先进单位、河北省“重合同守信用企业”、银行信用等级AAA企业、国家级CAD应用示范企业、全国电力行业质量效益型企业、用户满意服务、用户满意企业、卓越绩效先进企业，是工程设计责任保险参保单位。2006年至2012年连续7年入选美国《工程新闻记录》（简称《ENR》）杂志中国工程设计企业60强单位。2008年荣获中国质量协会颁发的“中国质量鼎”，是全国唯一一家获得本项殊荣的电力设计单位，也是河北省首次获得“中国质量鼎”这一殊荣的先进企业。2009年成为河北省首家获得河北省政府设立 “河北省质量管理奖”殊荣的勘测设计企业。2011年取得高新技术企业称号。2013年，河北省政府公布的“河北省政府质量奖”名单中，河北设计院作为其中唯一一家高端设计企业名列其中，是同时获得组织奖和个人奖的两家企业之一，也是河北省电力行业率先获此殊荣的企业。

在这个追求转变与发展、效率和质量的时代，河北设计院正在紧紧抓住新的历史机遇，凝聚力量、坚定不移走国际化道路，在世界范围内谋求最广泛的合作和更大的发展，为电力建设运营提供全过程、专业化服务，创建成为国内一流，具有国际竞争力的国际型工程咨询公司！

河北省推进质量兴省工作电视电话会议上，党委书记邵卫东上台领取“河北省政府质量奖”奖牌

青年志愿者为石家庄新火车站义务服务

向雅安地震灾区捐款

综合办公大楼

职工联欢活动中，院领导上台与职工演员合影

河北省体育

河北省体育局高度重视河北省体育彩票事业发展，多次召开体育彩票工作会议，群策群力，共谋发展

河北省体育彩票管理中心（以下简称：省体彩中心）成立于1995年，隶属于河北省体育局，为自收自支正处级事业单位。省体彩中心于2006年通过引进ISO-9001质量管理体系，先后获得省体育局“省体育系统先进单位”、石家庄地税局“纳税先进单位”、省直工委“先进职工之家”、“先进职工小家”和“职代会达标单位”；国家中心“销售贡献奖”、“宣传工作突出单位”、“公益宣传优秀奖”、“网点管理优秀奖”等各种奖励70多项。

省体彩中心下辖十一个市级分中心，实行垂直管理，职工总数为220人。销售渠道方面：我省体育彩票销售网点为5500多个，竞彩标准店148个，即开票社会销售点2000余个，覆盖我省所有市、区、县并深入乡镇，形成了较为完善的销售网络。产品方面：我省体育彩票游戏包括概率型、竞猜型和即开型三大类十三种玩法。

公益为本，关注民生。全省已建成6个国家级全民健身中心，4400余条全民健身路径，300余处全民健身工程。仅2011-2012年，体彩投入公益金1005万元，为全省350个社区配备健身器材3465件，2013年计划投入公益金700万元，为我省300个社区配备建设器材2100件。“百县千乡万村”农民体育健身工程是体育彩票利民惠众的集中展示项目，目前已投资

即开型体育彩票户外小规模销售活动受到彩民青睐

刘龙的投注站荣获诚信网点称号

河北省体育彩票管理中心向涞源贫困小学捐赠体育用品

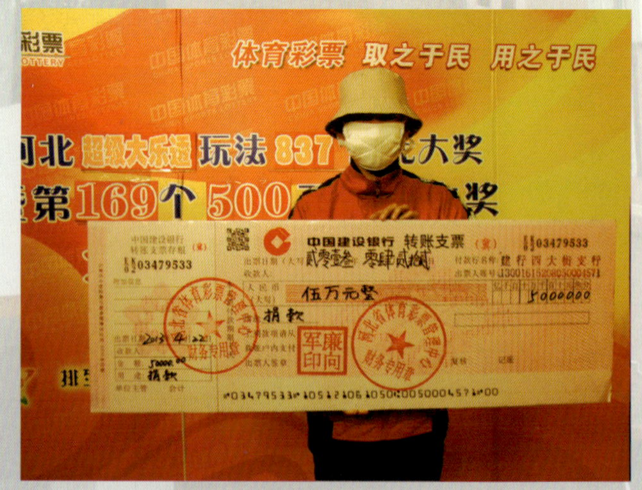

河北中奖彩民为雅安地震灾区捐款5万元

彩票管理中心

2.5亿元在25000多个村建成农民体育健身工程，达到现有村数的50%以上。

截至2012年12月31日，省体彩中心已累计发行中国体育彩票181.5亿元，筹集体彩公益金55.6亿元，增加税收4.5亿元，创造就业岗位13000多个。体育彩票事业的健康、快速发展，为我省群众体育、竞技体育的发展和场馆建设提供了强大的资金支持。体彩公益金广泛用于“全民健身计划”和“奥运争光计划”的组织和实施，例如大型公益体育设施建设、社区体育设施建设、校园体育教学器材的配备、高水平体育赛事赞助、优秀体育人才培养等。

河北省体育彩票管理中心打造的快乐操场活动，为全省近百所学校的孩子们送上快乐与健康

每年一届的“体育彩票杯”元旦长跑活动引导民众热爱生活、崇尚健康

遍布大街小巷的健身路径，成为人们休闲娱乐的好去处

“体育彩票杯”轮滑大赛为轮滑爱好者提供展示的舞台

美丽承秦

承秦高速公路秦

承秦高速秦皇岛段最后一个控制性工程——跨大秦铁路桥吊装最后一片大梁

2012年12月28日，承秦高速公路秦皇岛段正式建成通车。至此，河北省高速公路通车里程突破5000公里。

2012年，在省交通运输厅和高管局的正确领导和亲切关怀下，在沿线各级地方政府和人民群众的大力支持下，承秦筹建处领导班子带领全体员工和广大建设者，认真贯彻落实全省交通运输工作会议精神，把保通车作为全年的中心工作来抓，一心一意抓建设，发扬“齐心协力、务实高效、攻坚克难、事争一流”的精神，坚持“管理科学、施工精细、技术创新、环境和谐”的建设理念和确保安全、确保质量、确保工期、确保清廉的工作方针，顽强拼搏、勇于担当，圆满完成了“确保按期建成通车”的任务目标。把承秦高速公路秦皇岛段建成了一条“功能完善、安全优质、生态环保、景观优美”的和谐之路。

2012年是承秦高速秦皇岛段的“决战年”、“通车年”，广大建设者顽强拼搏、攻坚克难，克服一个又一个难关。跨大秦铁路桥是承秦高速秦皇岛段最后一个控制性工程，它能否按期架通，关系到承秦高速年底是否能够顺利建成通车。由于要跨越世界上最繁忙的大秦铁路，必须要保证铁路运输的安全。经过无数次反复地跑办、沟通、协调，制定了详细的架设方案，把每个动作和步骤都精确到分钟，按照应急预案做好了充分的准备，2012年10月13日至18日，利用大秦铁路每天两小时的集中修时间点，共计12个小时，承秦高速秦皇岛段成功跨越大秦铁路。上徐枢纽互通跨京哈高速钢箱梁吊装是又一项控制工程。京哈高速公路车流量大，安全风险极高，筹建处与施工单位多次就吊装和交通组织方案进行研究，最终提前一个月顺利完成吊装。2012年7月21日到8月4日，秦皇岛市连续遭受5次暴雨的侵袭。筹建处连夜召开防汛调度会，在暴雨来临前紧急启动防汛工作应急预案，要求各施工单位迅速转移河道内及低洼地势等危险部位的人员和设备，并调动大量机械设备和人员疏通河道、加固护坡、修挖排水渠，经受住了特大暴雨的考验，未造成人员伤亡和较大的财产损失，保证了工程建设的安全。在工程收尾阶段，施工又遇到了30年来最低气温的考验，筹建处果断采取各项低温施工措施，完

河北省高速公路通车里程突破5000（公里）

长路如歌
皇岛段建成通车

成了全部伸缩缝的安装，冒雪完成了钢护栏等附属工程的安装。

槐尖山隧道

在工程建设过程中，筹建处始终遵循“最小破坏、最大保护，最小投入、最大节约，尽最大努力减少建设过程中的资源浪费”的理念，多动脑筋、少动自然，走出了一条节约环保的新路子。承秦高速秦皇岛段地处燕山深处，沿线植被丰富、生态环境良好，土地资源稀缺。筹建处科学安排，调整施工计划，利用路基、互通区、服务区建设桥梁预制场28个，沥青拌和站、水稳拌和站、料场15处，利用弃渣场作加工区、拌和站等方式，共节约临时占地1540余亩，节省资金2300多万元。

收费站

继续坚持不懈狠抓工程质量。一是加强现场管控，联合市质监站每月对全线工程质量进行一次全面检查，下发质量检查报告，通报检查结果，督促施工单位及时对存在的问题进行整改，整改完成后由驻地办、总监办、项目工程师进行检查，确保存在的问题整改到位。二是进一步推行施工标准化和精细化管理，加大混凝土质量通病治理力度。三是高度重视工程质量举报工作，及时消除质量隐患。全年在施工现场共张贴工程质量监督举报电话2000余份，接到举报电话5次，都进行了核查并对存在的问题进行了处理。通过以上措施，工程质量得到了保证，取得了优异成绩，在12月16日进行的交工验收会上，工程质量评分为98.9分。沥青路面平整度得到了有关领导的一致好评，中央分隔带护栏预制安装质量和防眩网固定安装方式全省第一。

深入开展“创先争优”活动，以“劳动竞赛”、“科技攻关”、“对标”、“亮旗示范”等形式不断丰富和深化创建活动主题和内容。2012年1月筹建处党支部被省交通运输厅创先争优领导小组授予“攻坚克难”先锋旗，6月被省交通运输厅党组评为“先进党支部”。2013年1月被河北省交通运输厅授予“河北省高速公路通车突破5000公里建设先进单位”称号；2013年1月被河北省交通运输厅授予“河北省交通重点项目建设创先争优劳动竞赛优秀单位”称号；2013年1月被河北省高速公路管理局授予“2012年度保通车建设先进单位”称号；2013年1月被秦皇岛市预防职务犯罪协会授予“2012年度预防职务犯罪工作先进单位”称号。

八道河互通

承德供

2012年3月31日，冀北电力有限公司总经理、党组副书记尹积军在北京与到访的承德市市长赵凤楼一行举行会谈。双方深入探讨了加快特高压电网入承、服务承德地区经济社会发展和百姓生活等方面工作

承德供电公司地处燕山腹地、河北省最北部承德市中心，隶属冀北电力有限公司，属国家大型供电企业，负责承德市八县三区3.9519万平方公里，369万人口的输、配、供、用电管理工作。公司现有11个职能部门、6个业务支撑机构、8个直供直管县分公司，员工总人数2653人。2012年，公司售电量达135.27亿千瓦时。

近年来，承德供电公司广大干部员工在企业发展中，全力拼搏，屡创佳绩，先后荣获“全国五一劳动奖状”、“全国精神文明建设先进单位”、“全国企业文化建设先进单位”、“全国模

2012年9月25日，公司联合8家联盟单位以“我们的担当”为主题，召开承德市“社会责任联盟”誓师大会暨揭牌仪式

“马背电工”李国军同志长年如一日，一个人，一匹马，在艰苦的工作环境中坚守自己平凡的工作岗位

冀北公司首座智能变电站热河220千伏输变电工程如期投运，有力的推动了地方经济的快速发展

“绿舟服务队”12年义务为出行不便的库区群众捎买日常用品，为村民服务不计回报

电公司

2012年12月4日，国家电网公司党组成员、副总经理曹志安带领验收组，对公司“三集五大”体系建设进行综合评估验收并给予充分肯定

范职工之家”、全国“安康杯”竞赛优胜单位、“河北省五一劳动奖状”、“河北省文明单位”、“河北省先进集体”、“河北省服务名牌”、“河北省先进基层党组织”、“河北省企业文化建设示范单位”、“河北省学习型组织标兵单位”、“河北省扶贫开发工作先进集体”、“河北省农村精神文明建设帮建工作先进单位”、“国家一流供电企业”、“国家电网公司文明单位”、全国供电系统“安全文明生产达标企业”等荣誉称号，连续多年被评为承德市业绩突出单位、优秀企业和先进集体，在地方万人评行风和“三杯”竞赛活动中，多次摘得桂冠。

截至目前，承德地区已拥有500千伏变电站2座；220千伏变电站14座；110千伏变电站54座。公司110千伏及以上变电容量达913万千伏安，输电线路6329公里。承德电网实现了以500千伏为主供电源，220千伏为主网架，110千伏及以下电网布局合理的网络结构。

2012年11月29日，由公司牵头联合10家联盟企业，以“关爱我们的父亲母亲”为主题的“孝心联盟”推进会暨揭牌仪式在滦平分公司召开

2012年9月21日，全市企业文化建设现场经验交流会在公司召开

国家重要会议及承德重要活动期间，公司各部门、各单位切实做好应对突发事件的充分准备，确保供电万无一失

2012年7月21日15时许，河北承德突降暴雨，造成58660户村民家中断电。供电员工第一时间积极投身到恢复供电抢修工作中

承德供电公司在帮扶村建设工作中咬定目标、真抓实干，效果显著

沧州公共交通

荣获全国五一劳动奖状

沧州公交公司属国有独资、公益性服务型企业，始建于1969年9月，2012年6月26日，经市政府批准，正式组建沧州公共交通集团有限公司。集团现有员工近1400名，营运线路48条、营运车辆近700部、年运营里程2600万公里，客运量7000万人次。集团下设8个运营公司（含渤海新区通达公交公司和南大港公交分公司），以及公交维护厂、公交旅行社、出租旅游公司、公交驾校、渤海新区恒达出租车公司、建业商务公司、新锐文化传媒公司等7个服务经营单位，服务范围涵盖了城市及近郊客运、出租旅游、车辆维修、公交广告、驾驶员培训、商务管理、出租车信息发布等产业。2008年获“全国五一劳动奖状”，2012年被评为省级文明单位。

作为公益性服务“窗口”行业，沧州公交集团公司以方便群众出行、打造城市亮点、强化服务功能、助推城市发展为己任，坚持“视政府形象和人民利益高于一切”“公交优先，首先优秀”的发展理念，深化改革，迎难而上，锐意进取，使企业保持持续、稳定、快速发展态势。面对紧张的财政状况，集团公司不等不靠，通过银行贷款、职工借资、厂家赊欠、企业融资等方式筹资购置新型城市大巴车对线路运力进行更新或补充。为改善大气环境，做好节能减排，自2011年起，集团开始实施绿色公交发展计划，将天然气等低碳环保新能源公交车确定为今后重点发展运力，至2015年底，市区所有运营车辆全部更换为新能源空调公交车。主市区按照“有路就有公交车”的思路，变原来的“滞后填补”为“超前带动”，配合居民区、商业网点、医院、学校等

夜色中的公交场站

集团有限公司

公交车上讲安全

开工建设，提前谋划开通公交线路，使公交拉动作用得到充分发挥。加快城乡公交一体化步伐，相继在渤海新区和南大港产业园区组建成立了公交分公司，开拓公交客运市场，取得了良好社会效益。实施科技振兴公交战略，建设智能调度系统，实现了对运营车辆的实时监控、IC卡刷卡数据无线上传和各项营运数据的自动汇总生成，运营指标明显优化，OA办公自动化系统的推行，使工作效率大幅提升。坚持“只有不周服务，没有无理乘客”的服务理念，每年定期开展文明服务月、社会公德宣传月、星级车长评定、公交服务明星评选等系列活动，同时强化员工培训，开通公交网站和公交王敏服务热线，开展千人评公交等活动，主动接受社会监督，使提升优质服务水平有的放矢，相继推出沧州双层巴士航空班、505路、16路巾帼服务明星线路，420路“雷锋号线路”等服务品牌，在全市服务窗口行风评议中多次获得第一名，涌现出以十六大代表、全国劳动模范王敏为代表的一大批先模人物。不断强化企业管理，建立起以目标责任制为主线的绩效考评体系，2010年率先引入国际通行的ISO9001质量管理认证体系，形成岗位有目标、工作有规范、考核有依据的现代企业管理模式。加快基础设施建设，自2007年以来共新建公交场站五处，场站面积超过300亩，形成了方位合理、衔接有序的场站布局，为公交发展奠定基础。

礼仪

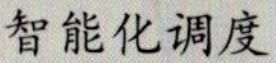

智能化调度

现代化公交枢纽

保定卷烟厂——打造

保烟“激情飞扬”浮雕

保定卷烟厂创办于1902年，是中国国办第一家卷烟厂，由始建之初的手工作坊，历经百年，曲折发展，如今这个走过110年风雨历程的企业已经发生了天翻地覆的变化。

保烟憩园

百年历史凝练了丰厚的文化底蕴，科学管理铸就了保烟新的辉煌。秉承“国家利益至上、消费者利益至上”的行业共同价值观，在实践中提炼、升华，保烟构建了独具特色的“共好”文化。近年来，保烟紧紧围绕“打造全国一流的卷烟生产企业”的奋斗目标，以生产为中心，以强内力、激活力、促发展为主旨，从规范化管理，标准化操作，精细化实施入手，坚持科学发展，实施精细管理，培养人才队伍，打造着“富有保烟特质的管理品牌”。全体保烟人携手同心，砥砺奋进，脚踏实地，困难再艰而毅力更坚，走出了一条相互尊重、理解、关心、和谐共好的发展之路。保烟管理创特色、文化求先进、设备保高效、人才重培养、环境塑和谐，企业严格规范、富有效率、充满活力；保烟人“人生有信仰、事业有追求、工作有激情”，锤炼了一支“难不倒、压不垮、打得赢”的钢铁之师；在保烟，“科学管理、系统谋划、严谨要求、追求卓越”；在保烟，“主动赢得尊严，自强获得尊重”； 在保烟，“共好”信仰支撑保烟人誓争一流的信念；保烟人用智慧和汗水扬起奋进的风帆，用豪情满怀歌颂“一流愿景”新篇！

扶贫助教、爱心捐款，义务劳动、见义勇为，保烟变得更加绚丽多彩，充满张力，企业融入了社会，文化

保烟厂区夜景

全国一流的卷烟生产企业

滋润着品牌，如鱼得水，相得益彰。保定卷烟厂先后荣获全国职工教育培训示范点，AAA级信用企业，河北省质量效益型先进企业，河北省企业文化建设先进单位，河北省企业文化建设示范单位，保定市人居环境建设突出贡献单位，保定市治安防范先进单位，保定市工业企业50强，保定市纳税超亿元工业企业等荣誉称号，企业利税连年递增，屡创新高，实现了企业发展的新突破。企业孕育着开拓未来的力量源泉与强劲发展动力。

潮头登高再击桨，无边胜景在前头。保烟十二五技改即将启动，面向未来，保烟人将勇往直前，扬“一流”之帆，驶“共好”之船，激情飞扬，朝气蓬勃，开启新希望、新梦想、新征程，打造装备一流、工艺先进、布局合理、管理精细的现代新保烟，建设成为充满阳光、更加和谐、幸福延绵的实力保烟、活力保烟、魅力保烟、和谐保烟。

举办职工运动会，喜迎十八大。图为厂领导在为职工加油

卷接包车间

举办迎新春职工健康跑比赛

《保烟人》杂志、《保烟人》报纸

举办“五载奋斗路　辉煌耀征程”颂诗会

举办“魅力保烟百十载　荣耀五年更精彩”迎新春职工联欢晚会

东旭

河北省委书记周本顺(右)会见并听取东旭集团李兆廷董事长的光电产业发展情况汇报

东旭集团1997年成立于河北石家庄，是集光电显示、光伏、节能照明、绿色建材、装备制造、房地产六大产业为一体的大型高科技企业集团，拥有一家上市公司（宝石A、宝石B）和二十余家全资及控股子公司，员工1万多人。目前，集团拥有30余名博士，50余名教授级高工及行业专家，已累计开发400余项高新技术专利成果，并以每年30%的申请率递增，形成并巩固了企业的核心技术优势。

时任河北省委副书记、省长胡春华(左)视察东旭集团旭新项目

东旭人以振兴民族光电产业为己任，通过多年自主研发，成功突破了国外技术封锁，开发出拥有自主知识产权的平板显示玻璃基板的整套工艺及制造技术，建成了国内第一条TFT-LCD液晶玻璃基板生产线，填补了国内空白，并迅速实现产业规模化，先后在石家庄、郑州、成都、绵阳、营口等地投资建设了近20条液晶玻璃、等离子玻璃基板生产线。同时，东旭集团从可持续发展战略出发，致力于太阳能光伏、绿色照明和绿色建材等节能环保产品研发生产。目前，东旭在全国建设了十一大产业基地，带动了国内相关产业的转型升级。2012年4月13日，时任中共中央政治局常委、全国人大常委会委员长吴邦国视察东旭集团郑州旭飞公司，对东旭在科技创新方面取得的成绩予以了充分肯定，勉励公司再接再厉，取得更大的成绩，为推动国内光电显示产业发展做出更大贡献。

石家庄旭新光电科技有限公司成立于2009年9月，注册资本12.46亿元，是河北省重点建设项目。首条液晶玻璃生产线已于2012年6月29日实现量产和批量销售，产品荣获河北省名牌产品称号。二线、三线正在紧张筹建

时任河北省委副书记、省长陈全国(右)，河北省委常委、石家庄市委书记孙瑞彬(左)视察旭新光电产业园

2013年中国(河北)光电产业发展座谈会在河北举行，河北省委书记周本顺、省长张庆伟会见中国生产力学会蒋正华(中)等领导专家一行

中，预计年末可实现投产目标。旭新公司三条液晶玻璃生产线全部投产后，可年产245万平米玻璃，将成为“京津冀”地区最大的G5新型环保液晶玻璃基板生产基地，将对河北经济发展和科技进步起到巨大的推动作用。

2012年8月24日，河北省委副书记、省长张庆伟(左三)考察旭新公司。东旭集团董事长李兆廷(左二)东旭集团总裁、旭新公司董事长李青(左一)向领导一行汇报产业建设情况

东旭宝石（集团）公司是集制造和科研于一体的多元化、高科技大型企业。2010年被东旭集团成功重组后，其资产实现大规模保值增值。与此同时，东旭集团还将液晶玻璃基板等优势资源注入宝石股份，成功实现了产业转型升级，业绩大幅增长，促使国有资产大幅保值增值。

近年来，东旭集团在河北的发展，得到了河北省委省政府以及其他相关部门领导的高度关注和关怀。中共中央政治局委员、广东省委书记胡春华（时任河北省委副书记、省长），全国政协副主席兼秘书长张庆黎（时任河北省委书记），河北省委书记周本顺，省委副书记、省长张庆伟，省委常委、常务副省长杨崇勇，省委常委、石家庄市委书记孙瑞彬等领先后多次深入旭新、宝石生产线考察调研，对东旭在河北的发展给予了高度关注和大力支持。

河北省委常委、常务副省长杨崇勇(左二)视察旭新光电产业园

2013年，东旭集团董事长李兆廷当选十二届全国人大代表，作为河北代表团成员参加了十二届全国人民代表大会，就企业自主创新以及如何推动河北经济可持续发展建言献策，引起了强烈的社会反响。未来，东旭集团将继续坚持自主创新，做大做强优势产业，并致力于实现产业延伸突破，不断引领中国科技创新和产业升级，为践行“中国梦”，实现中华民族伟大复兴而不懈奋斗。

改制重组后的东旭宝石成功实现了产业转型升级，昔日的宝石重新焕发出生机与活力

2012年6月29日，东旭集团第一块全新环保G5TFT-LCD玻璃基板在旭新公司成功下线

河北帝华

董事局主席　李在明

帝华企业集团始创于1984年，是中国经济改革开放初期第一代民营建筑承包企业，也是改革开放后第一批民营经贸企业。 90年代初在北京二次创业，兴办钢材交易市场并建设钢管厂。1994年在河北唐山建设钢铁生产基地，1998年在河北石家庄正式进军房地产业。

山东潍坊滨海星城海景住宅项目

帝华企业集团现已发展成以房地产和电梯制造为主业，建筑施工、金融服务、农业种植等多业并举的大型企业集团，总部在石家庄，业务覆盖河北、河南、山东三省十一市，拥有26家具有独立法人资格的控股公司，总注册资本金超过30亿元。2012年三省总营业额达56亿元，三省总上缴税、费合计达2.4亿元，员工1890人。集团拥有国家住房和城乡建设部批准的房地产开发一级资质，连续五年位居中国房地产企业100强，2011年荣获“全国安居工程建设100强企业”荣誉称号。

帝华企业集团董事局主席李在明，曾在北京的大兴县，河北唐山的丰润县、丰南市，山西阳泉盂县，河北石家庄的鹿泉市、平山县、行唐县、晋州市、赵县，河南的新郑市、巩义市，江苏的连云港市，创办过、经营过钢管厂、轧钢厂、炼铁厂、炼钢厂。2008年，为了响应国家产业结构转型，李在明同志主动停产并关闭了钢铁产业板块。2009年，率先涉足先进装备制造业，开始创办电梯制造工业企业。目前，集团电梯制造工业分别有山东富春华电梯制造有限公司和河北富春华电梯制造有限公司两个生产基地。其中，山东富春华电梯公司占地1700亩，已取得生产许可证并投入生产，设计生产能力达到年产电梯30000台，预计年销售收入100亿元。河北富春华电梯公司总占地将达500亩，一期占地210亩，一期厂房已基本建设完毕，2013年投入生产，设计生产能力达到年产电梯15000台，预计年销售收入将达50亿元。

帝华企业集团自创办以来，热心公益事业，积极承担社会责任。始终坚持“建一个楼盘，富一方百姓；办

山东济南帝华广场商业综合体项目

山东济南北岸新城项目城市综合体

山东济南北岸新城项目五星级酒店

山东济南北岸新城项目公园式豪宅

企业集团

一家企业，尽一份责任”的企业宗旨。从2001年开始，就一直为各项目周边的村民提供方便，为当地政府分忧解愁，累计投资8000万元无偿的建设道路、工厂、供热站、垃圾处理站等公益配套工程。2004年积极捐资150万元为南庄村小学进行校舍改造。2005年投资150万元建设台头村老年活动中心，并购置各类健身器材。2007年，在石家庄市委“百企帮百村、共建新农村”活动中，积极捐助100万元帮扶农村进行道路硬化、下水管道、文化中心建设。2007年在河北省“生育关怀行动”启动大会上积极捐助80万元为计划生育困难家庭解困济贫。2008年汶川地震发生后，李在明同志个人带头，积极向地震灾区捐款、捐物共计200万，并在第一时间内向抗震救灾组织捐献价值25万元的简易房、安置房设施。2009年李在明同志捐资300万成立“在明奖学金基金会”资助贫困学生。2010年积极响应中央统战部号召，捐款50万支援受雪凝灾害的贵州毕节灾区。2012年，为河北省青年创业促进会捐款300万元。集团董事局主席李在明先后获得获石家庄市五一建功立业奖章、石家庄市劳动模范、河北省先进中国特色社会主义事业建设者等荣誉称号。

河北石家庄西部峰景项目园林绿化景观

河北石家庄西部峰景项目立面景观

河北石家庄西部峰景项目鸟瞰图

张家口路桥建设

集团有限公司董事长　李　冰

2011年路桥集团春节晚会

张家口路桥建设集团有限公司前身是张家口市第一公路工程公司（原张家口地区公路工程队成立于1953年）和第二公路工程公司（原张家口市公路工程队成立于1984年）。1998年整合为张家口路桥建设集团有限公司。

张家口路桥建设集团有限公司现具有中华人民共和国住房和城乡建设部2002年首批颁发的公路工程施工总承包壹级资质；桥梁、隧道、路基、路面专业承包壹级资质；由河北省住房和城乡建设厅颁发的铁路工程施工总承包叁级资质和河北省交通运输厅颁发的二类甲级、二类乙级公路养护施工资质；试验公路工程综合乙级资质；张家口市住房和城乡建设局颁发的市政公用工程施工总承包叁级资质。目前是张家口地区唯一具有国家壹级公路施工总承包资质的大型和专业化公路施工企业。

路桥集团注册资金3.18亿元，下设十三个职能部门，三个子公司和三个分公司。现有员工共计570人，具有职称技术人员84人，其中高级职称人员9人，中级职称人员35人，一级注册建造师24人，二级注册建造师16人；各类技师14人以及技术工人114人。拥有专业大型设备，固定资产总值2.0亿，年施工能力达15亿元以上。路桥集团下设的冀垣公司拥有储量38000吨的现代化沥青库，是我省储量第二大沥青储备库，并且拥有234米沥青接卸国家级铁路专用线。

现张家口路桥建设集团有限公司，逐步拓展到全国多个省、市高等级公路施工领域，成为华北地区规模较大的综合性公路工程施工企业。营业范围覆盖公路、桥梁、隧道、市政、河道改造等工程施工及公路用沥青的采购、加工、销售等业务。近年来，集团公司先后参加了40多项国家和省级重点工程建设，所参建的工程项目占本地区公路建设的80%以上。并且参建了我省京张、丹拉、宣大、张石、张承、张涿和京化高速公路等；明湖工程、大型城市立交桥、城市快速路、北环高架桥、洋河综合治理工程；西太平山隧道、大华岭隧道路面工程、卧佛寺隧道、煤窑山隧道工程等；省外支援四川平武县灾后重建工程，参与修建了张花、汝郴、唐曹和阿荣旗至北海高速公路等。工程竣工合格率和优良率均为100%，得到了业主和监理部门的认可，为公路建设作出了积极的贡献。

在生产经营中，路桥集团始终坚持“诚信为本、质量为先、遵规守法、绿色施工”的经营宗旨，向顾客提供满意认可的优质产品。集团公司现在持有质量GB/T19001-2008、环境GB/T24001-2004和职业健康安全GB/T28001-2001三位一体国际标准认证和GB/T50430-2007国家认证。我们坚持从严治企，科学创新的经营理念，广泛应用新技术、新工艺、新材料、新设备，在推动公司创新发展中，路桥集团《直接投入法DUROFLEX添加剂改性沥青混合料沥青路面施工工法》课题，2012年度被评为部级工程建设工法。《打裂压稳技术结合高

西太平山隧道

京藏高速

隧道工程

京化土木至胶泥湾段

集团有限公司

弹改性沥青应力吸收层在“刚改柔”施工中对刚性路面处治的施工工法》课题，2012年度被评为省级工程建设工法。

集团有限公司总经理　王　岩

路桥集团始终坚持“两个文明”建设和“两个效益”一起抓，发扬“团结凝聚、务实创新、攻坚克难、争创一流”的路桥精神，培养了一支“特别能吃苦、特别能战斗、特别能奉献，善于打硬仗”的职工队伍，建设了一大批优质精品工程，路桥集团先后多次受到省、市党委政府的表彰和奖励。连续多年被评为省、市级“文明单位”、“公路施工先进单位”、“科技工作先进单位”和“最佳形象单位”、“先进基层党组织”；我公司连续三年荣获河北省工商管理局颁发的“重质量、守信誉”诚信单位；在2012年中国公路建设行业协会“百家优秀会员”评选中，集团公司榜上有名。

2012年对路桥集团来说，是极为不平凡的一年。全球经济下滑、国内产业结构大幅度调整、十八大维稳任务繁重、公路建设市场萎缩、工程任务锐减，但在上级领导的正确领导和大力支持下，按照集团董事会年初确定的“在做实做强本地传统优势产业的同时、积极拓展外阜市场，强素质、抓管理、创效益、创品牌，坚持以项目管理为重点、以精细化管理为手段，严格控制项目成本、压缩非生产性开支”的总体目标要求，坚持以科学持续发展为指导，紧紧围绕生产经营和经济效益这个中心，认真谋划，科学安排、扎实推进各项工作，实现了稳中求进的总体发展目标，共承建施工项目22个，完成产值11.96亿元，实现利润6822万元。2012年实际完成固定资产投资1028万元。困难之年实现了从规模数量型向质量效益型、从任务分配型向市场经营型、管理效益型的巨大转变。

◀ 张承工地现场
▲ 明湖工程
▶ 拌合设备

作为通泰控股集团的龙头企业，面对机遇与挑战并存的2013年路桥集团在做实做强本地传统产业的同时，将继续加大工程投标力度，坚持“走出去”的战略不动摇，积极寻求与有实力的大公司、大企业合作的途径和渠道，抢占外阜市场，为未来的发展拓展足够的空间。同时，加强内部管理，完善规章制度，建立于央企等大企业对接的现代企业管理制度，尤其是选人用人机制、绩效考核机制、奖励激励机制的制度建设，为企业练好内功、增强人员素质、提高工程质量奠定了扎实的基础。此外路桥集团还将做好BOT项目的策划、运作，打造具有张家口特色的路桥品牌。

路桥集团董事长、总经理衷心感谢各级领导、各界朋友、新老客户的大力支持和关照，真诚希望与国内外有实力的大企业、大集团进行广泛的合作，实现共谋发展，互利双赢，为我国公路建设事业做出更大的贡献！

石家庄市地产

集团董事长、党支部书记　郝　平

石家庄市地产集团有限公司（以下简称“地产集团”）是石家庄市委、市政府为完善土地收购储备制度，加大土地一级开发力度，加速土地市场建设，建立投融资平台而专门设立的市属大型国有企业，地产集团于2007年5月25日注册登记，2008年12月24日正式揭牌成立，与原有事业机构石家庄市土地储备中心合二为一，实行“一套人马、两块牌子”的运作模式，主要承担着全市土地储备、大片区土地征收、土地一级开发、大型土地开发整理、储备土地经营、土地开发投融资、房地产开发经营等职责，是我市目前唯一一家退出银监会监管的政府融资平台。

为加快存量土地盘活速度，完善土地收储政策，郝平董事长带队进行实地摸底调查

地产集团由土地储备、规划征收、计划发展、行政财审、工程及项目经营六大业务板块组成，下设9个部门及6个子公司，注册资金10亿元，子公司涉及土地开发整理公司、房地产开发公司及物业管理公司。2009年—2011年，地产集团连续三年超额完成土地收储和融资任务，出色承担并完成了被誉为省政府“眼珠子、脸蛋子”工程的民心广场拆迁建设，通过多种招商引资模式成功引进恒大、保利、万达、华润、华强、苏宁等大企业落户石家庄，为我市引入资金近千亿元，多次受到石家庄市委、市政府的高度评价和肯定。

集团门口

地产集团运作项目

集团有限公司

2012年，地产集团认真贯彻落实市委、市政府的指示精神，注重把优化发展环境工作落到实处，加强领导、完善制度、明确责任、强化督查，全力推动了集团建设又好又快发展。2012年全市实现土地收储23916亩，超额完成全年23678亩的任务目标，其中地产集团（储备中心）直接收储7844亩。在融资方面，不断克服不利的金融形势影响，积极与发债机构、保险机构、信托机构以及资产公司等非银行金融机构对接落实新的融资品种，除各家银行常规贷款外，主要运作了28亿元7年期市区内棚户区改造项目企业债券以及20亿元兴业银行短期融资券和20亿元中期票据融资，全年实现融资72.4亿元。同时为促进集团发展大跨越，先后启动了滹沱河生态园、省三建南三条、威远地块以及水源片区旧城改造、煤矿机片区连片收储、高柱小区旧城改造、肖家营片区等两批市场化运作项目。

集团副董事长、总经理　赵汉增

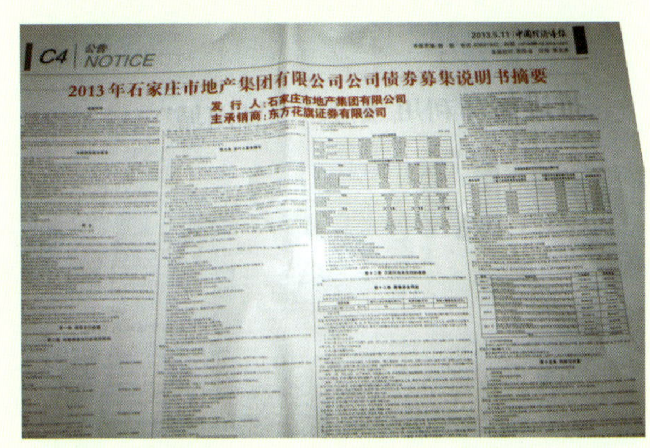

C4 公告 NOTICE

2013年石家庄市地产集团有限公司公司债券募集说明书摘要

发行人：石家庄市地产集团有限公司

主承销商：东方花旗证券有限公司

债券发行

在新的形势下，地产集团将继续发挥自身优势，严格按照做大做强、实现市场化运作的发展理念，紧紧围绕“集中连片、净地收储、增加收益”的工作主线，积极探索、创新思路，超前谋划、主动作为，为我市城市建设作出更大的贡献。

建成后的民心广场

廊坊市国土土地开发

2012年4月10日下午，时任廊坊市市长聂瑞平（右一）、副市长李刚（中），在商业二期常务副指挥长鲍涌波（左一）的陪同下，到商业二期征收改造现场检查

2012年7月4日，地建投公司在天都酒店召开庆七一与商业二期征收工作总结表彰大会，总结表彰公司近百人参加商业二期征收补偿工作，两个多月完成了久拖未决的80多户征收工作，受到市委市政府领导赞扬

廊坊市国土土地开发建设投资有限公司（简称地建投），是廊坊市政府批准成立的以土地开发建设和城中村旧城改造开发建设投资为主业的市属国有企业，是为推动城市建设，以公益性为主，服务于社会的国有资本运营机构和政策性投资及开发建设企业。

公司成立于2009年3月9日，注册资金4亿元，办公地点在廊坊市第八大街峰尚中心大楼。下辖全资公司：凯创房地产开发有限公司、凯富物业服务有限公司；控股公司：廊坊发展股份有限公司（上市公司—股票代码600149）、国开兴安投资有限公司、国开万庄新城开发建设投资有限公司、凯创九通投资有限公司、凯创嘉华投资有限公司；参股公司：康城公司、宗泰公司。公司主要业务为重要园区建设、城中村与旧城改造、保障房、新民居建设及上市公司的管理等。

新兴产业示范区

地建投公司开发建设的主要为中科院工程热物理研究所人员居住的全市智能化程度最高的帝景天城小区鸟瞰效果图

商业中心二期回迁改造工程效果图

建设投资有限公司

现有员工316余人，大专以上学历人员占90%，其中研究生25人，博士6名。

公司成立三年来，累计完成投资逾70多亿元，涉及拆迁改造面积近300万平方米，控股开发建设总规划面积近200平方公里的4个园区，建设面积200万平方米，100余栋高楼平地拔起，资产规模从4亿元增长到50亿元，2011年6月29日，公司成功借壳上市，成为河北省市属国有城建企业中唯一一家上市公司。公司先后荣获“2009-2010年度河北省城市建设先进单位”、“廊坊市先进集体单位”、“市直文明单位”等称号。公司董事长兼总经理鲍涌波，获得“河北省城镇面貌三年大变样工作模范”、“2009-2010年度河北省城市建设先进工作者”、“廊坊市2009年度有突出贡献的中年优秀人才”、“廊坊市优秀专家”等荣誉。

地建投公司董事长兼商业二期开发建设指挥部常务副指挥长鲍涌波（右二）、副指挥长邓克路（右三）、副指挥长娄玉新（右四）等人在2012年春节期间踏着积雪到商业二期现场调研和解决问题

2012年4月10日，美国JM集团在新兴产业示范区举行开工奠基仪式，兴建亚洲最大的环保大管材项目。图为海峡两岸关系协会会长陈云林（中）、国务院侨办原主任李海峰（右二）、河北省委副书记赵勇（左二）等领导挥锨奠基

2012年5月20日，廊坊市国土土地开发建设投资有限公司“两园”推介会暨美国高端商务洽谈会在北京国贸大酒店成功举行。图为廊坊市委书记赵世洪（左四）及公司董事长鲍涌波（左一）等领导在活动现场

地建投公司控股开发建设的河北廊坊新兴产业示范区主干道路已竣工通车

2013年1月29日，地建投公司举行2012年工作总结和文艺演会，图为公司员工在进行文艺演出

地建投公司为提高中层以上管理人员的综合素质，专门和复旦大学联合举办中高层领导干部研修班，图为研修班人员参观复旦大学校史馆

石家庄汇丰房地

董事长　宋洪欣

石家庄汇丰房地产开发有限公司成立于2007年，是一家房地产开发及施工综合企业，从事房地产和建筑行业多年。公司的经营范围为：市政工程、建筑、装饰装修工程、环保工程、绿化工程的设计与施工。公司拥有先进的经营管理体系，高级技术人员，管理人员；能够承建各类公共、民用建设项目的施工工作。作为一个时代企业，有理由和责任对居住者负责、对城市负责、对未来负责，这种极度负责的态度已成为企业的精神信念。通过多年的诚信经营，得到了各级政府、业界和广大消费者的认可和支持，树立了良好的口碑。

企业的价值观：厚德载物。企业的合作观：沟通、分享、真诚、双赢。领导人形象：以和气迎人、以正气接物、以浩气临事、以 静气养生。

团队，是一个涵盖了观念意识，知识能力，道德操守，身心素质等不同的综合体。企业正是这样一个集

汇丰地产世纪名园。“世纪名园”小区属于住宅楼项目，共3栋住宅，建筑面积为28023.88平方米，是一个复合式、多功能小区，为业主打造一个高品质、多元化、超便利的理想居所

产开发有限公司

体——专注、严谨、创新、优质水准，用服务塑造品牌，以品牌赢得市场。

人类没有任何一种重要思想不被建筑艺术写在石头上，建筑不仅是功能的、经济的、艺术的，更应该是时代的，有社会责任感的。

每个人都要买房子，其实消费者主要需要的不仅是房子本身，而是房子的意味，既作为购房者的情感、个性、身份、财富的符号，形式与表征及其独特的心理情感需求。

激情创造未来、创新改变未来，我们将积极运作项目，实施品牌战略。稳步向前，大道天成！用心愿、用一砖一石的真诚，筑写城市这本大书的灿烂页章。成就广厦千万间的福祉！

公司目前开发的“世纪公馆”为桥西新地标，为桥西区经济建设、发展增添一份力量！

“世纪公馆”是商务公寓产品，三面临街，无论从交通和配套上都完全符合中小企业、创业青年可商可住的需求，更是一个汇聚财富的风水宝地。4万平方米，98米高度，楼基连带高智能机械车库，车位300余个。一座拔地而起的现代化大楼将成为桥西区地标性建筑

世纪名园鸟瞰图

武安市新峰水泥

董事长兼总经理田海奎在向副省长张杰辉介绍企业情况

武安市新峰水泥有限责任公司成立于2001年，注册资金29000万元。公司位于河北省武安市午汲镇北白石村东，是河北省建材行业的大型熟料生产基地，邯郸建材行业的核心骨干企业，为“河北省首批循环经济试点企业”、“河北省资源综合利用企业”、“ 河北省著名商标企业”、“河北省高新技术企业”。现年产新型干法水泥熟料500万吨、水泥200万吨。

2004年为淘汰落后产能，发展新型干法水泥熟料生产线，开始筹建武安市第一条日产3000吨新型干法水泥熟料生产线。该项目被列入省重点项目建设，总投资19946万元，其中企业自筹30%，其余70%为银行贷款。该项目采用窑外预分解新型干法水泥生产技术，主要设备包括双系列五级旋风预热器、分解炉和4.0×60m回转窑等，建成年可利用粉煤灰、硫酸渣、废石、尾矿砂等工业废渣110万吨，年可节约标煤13万吨，2006年建成投产。

公司办公大楼

2006年为加快发展大型干法旋窑水泥，等量淘汰落后的立窑水泥生产线，提升当地水泥工业层次，减少环境污染，新峰公司在现有厂址内积极开展一期、二期扩建工程，新上2×4800t/d新

余热发电机

熟料库

有限责任公司

型干法熟料生产线和2×12MW余热发电工程，被河北省确定为重点建设项目，邯郸市十大重点发展和支撑项目。

2010年初，新峰公司与广东亚仿科技股份有限公司合作实施水泥工业节能减排全范围数字化管控技术工作。该项目总投资8757.15万元，资金全部由企业自筹。该项目主要建设内容为：在日产2500吨新型干法水泥熟料生产线、2×4800t/d新型干法熟料生产线和2×12MW余热发电工程以及3×11米、4.2×13米两条水泥粉磨生产线的各个环节建立数字化管控系统，使整个企业全面进入数字化生产操作、数字化生产监控、数字化办公管理的数字化模式。将先进的数字化管控技术完全融入企业的生产、监控、管理中来。该项目于2011年12月23日顺利通过国家工业和信息化部科技成果鉴定。该项目的创新为实现水泥工业节能减排开创了一条新路，项目的系统复杂，技术难度大，研制思想与技术路线正确，创新性强，社会经济效益显著，其总体水平达到国内领先，在有效解决流程工业系统节能的理论、方法、工具等方面为国际首创，技术水平达到国际领先。

新峰循环经济示范园区根据规划建设，将完成由传统建材工业向节能环保、资源节约的绿色建材产业转型，形成钢铁-采选矿-电力-市政工程-建材的资源循环利用的完整产业链条，促进区域大宗工业固体废弃物的有机耦合，建设成为节能低碳、生态环保、技术先进、效益显著、具有标杆示范作用的国家级循环经济示范园区。示范园区项目预计总投资300亿元，项目完全建成投产后年产值将达1000亿元，每年可缴纳利税300亿元。

田海奎总经理参加洽谈会签约仪式

运输车

熟料生产线全景

员工生活区

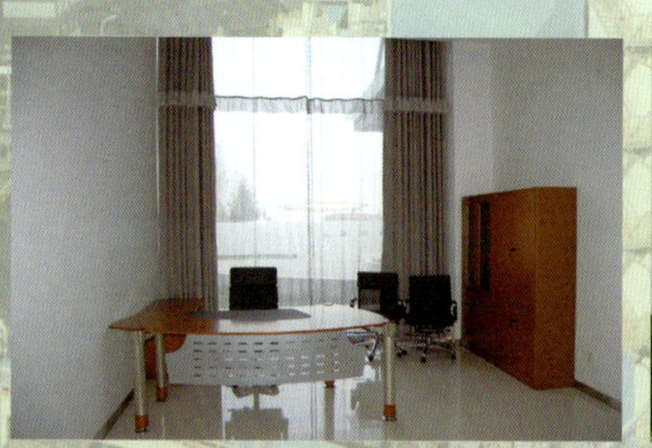
标准的办公室

部门会议室

开滦集团国际物流有限责任公司

KAILUAN GROUP INTERNATIONAL LOGISTICS CO.,LTD

开滦集团公司副总经理　吴爱民

河北省委常委、省纪委书记臧胜业，省政府副省长宋恩华到曹妃甸数字化煤炭储配基地现场调研考察

开滦集团国际物流公司2013年党政暨安全 职代 双先会议

开滦集团国际物流有限责任公司是开滦集团所属全资子公司，是生产服务性、综合服务型物流企业。公司下设铁路运输分公司、港口储运分公司、进出口分公司、中煤物资分公司、汽车运输分公司5家分公司；代表开滦集团管理华南公司、沙钢能源公司、通达物流公司、唐山曹妃甸动力煤储配有限公司、唐山湾炼焦煤储配有限公司、香港公司、香港国际公司、上海开滦海运有限公司等8家全资或多元控股子公司。运营网络分布于东北、华北、华南、华东、西北和香港等地区。经营范围涵盖国内外煤炭流通加工、物资分拣、仓储、配送，铁路、公路运输、港口储运中转、进出口贸易、物流园区、电子商务、船代、货代等业务；服务于煤炭生产、洗选加工、煤机制造、冶金、焦化、电力、化工等供应链上下游客户。公司基础设施齐全，拥有自营铁路线路和内燃机车资源，年运输能力5000万吨以上；拥有丰富的仓储资源、专业运输车队、配煤加工场地及设施、国家二级质检化验机构。

该公司是中国物流与采购联合会常务理事、河北省现代物流协会副理事长、河北省电子商务协会常务副会长、唐山市物流行业协会会长单位。近年来，公司先后被评为全国物流行业先进集体、全国制造业与物流业联动发展示范企业、国家5A级综合服务型物流企业、中国物流百强第七名、中国供应链管理杰出服务商、中国物流实验基地、中国物流产学研基地、中国煤炭物流领军企业等殊荣。

唐山湾生态城

唐山湾生态城位于渤海之滨的唐山市南部沿海，曹妃甸新区东部，唐山港曹妃甸港区和京唐港区之间，距唐山主城区80公里、距北京220公里、天津120公里、秦皇岛170公里，远期规划建成面积150平方公里、人口100万的生态城市。2007年1月，唐山市委、市政府启动唐山湾生态城的勘测选址、规划设计等工作。2008年12月，河北省政府正式批复《唐山市曹妃甸新城总体规划（2008－2020年）》。2009年3月11日，唐山市委、市政府举行唐山湾生态城开工奠基仪式，唐山湾生态城正式开工建设，按照“三年出框架，五年见规模”的目标，唐山湾生态城的开发建设全面展开、快速推进。

青龙湖商业街

滨海岸线

2012年，唐山湾生态城管委会围绕“抢抓机遇、创优环境、活化资产、理顺关系、转变观念、强化落实”的工作思路，集中力量，务实开拓，逐个化解前进中遇到的困难和问题，稳步推进生态城市开发建设。2012年，共组织实施项目24个，完成固定资产投资40亿元。其中，基础设施类项目11个，完成投资24.85亿元。起步区道路和西区路网建设基本完成，北区路网建设全面展开；滨海大道全线正式通车，收费站已投入使用；砌筑城市内河水系及内湖岸线整理12公里。市政公用设施类项目9个，完成投资6.96亿元。市民服务中心、曹妃甸论坛会址等大型公共建筑设计工作已完成；唐山工业职业技术学院项目一期主体结构已基本完成，二期工程已完成总工程量的59%；地震预警中心、普拉克污水处理厂已经完工并投入使用；曹妃甸第一中学、可持续发展展示中心等项目主体已基本完工，可持续发展展示中心项目正在进行内外装修和室外附属工程；月亮湾市民休闲长廊工程、滨海大道绿色通廊项目有序推进。商住开发类项目4个，完成投资8.19亿元。美和蓝湾住宅项目一期15万平米已基本完工，彩虹嘉园项目一期主体结构已完成工程量的80%，青龙湖商业街项目主体和外装工程已基本完成，英伦小镇、金海湾等住宅开发项目正进行施工。河北联合大学选址方案已研究确定，造地工作正在进行填土施工，已经完成造地填土170万立方米约2500亩，完成所需造地量的95%；引进以色列政府支持建设海水淡化厂和污水处理厂项目预选址、项目可行性研究报告已完成；滨海大道海防工程已启动。

美和蓝湾住宅项目

建设中的可持续发展展示中心

建设中的唐山工业职业技术学院

北汽福田宣化福田

12方新款搅拌车

奔驰底盘52米泵车

北汽福田汽车股份有限公司宣化福田雷萨泵送机械厂（以下简称：北汽福田宣化福田雷萨泵送机械厂）是福田汽车集团下属企业，成立于2003年10月，注册资本6.44亿元，占地面积26万平方米，建筑面积15.6万平方米，固定资产9.8亿元，2005年6月29日正式投产。现有员工1400人，其中中高级管理技术人才186人、专家型人才97人、产业技术工人1100余人，拥有国际一流的数控精细等离子切割机、数控火焰切割机、数控激光切割机、数控折弯机、龙门刨铣床、高精密液压过滤机、颗粒度检查仪、臂架焊接机器人、连杆焊接机器人等各类设备百余台，具备年产1.5万辆工程机械生产能力。企业以“为全球用户提供高品质工程机械整体解决方案”为使命；以“成就全球工程机械用户的价值理想”为愿景；以“科技、创造、品质”为企业核心价值观。率先通过国家一级安全质量标准化、ISO9000质量管理体系、CCC产品一致性认证，并连续三年荣获河北省百强企业、总产值增长排头兵企业。2012年实现销售收入17亿元。

北汽福田宣化福田雷萨泵送机械厂立足科技创新，以驱动城市现代化为己任，在城市建设、城市物流等领域全面出击。目前，主要产品有：3方、4方、6方、8方、9方、10方、12方、14方、15方、16方、18方、21方12款混凝土搅拌车，被业内专家称为“中国第四代混凝土泵车”代表和象征的国产底盘22米、37米、39米、42米、45米、47米、48米、49米、50米、52米、53米、56米、57米、58米、61米、68米系列混凝土泵车，9014、9018、10022等系列车载泵，背罐车、搅拌站等产品，可满足不同用户的需求。特别是L8系列产品上市后，以极高的操控性与耐用性，以低油耗和高泵送效率，深得用户青睐。

北汽福田宣化福田雷萨泵送机械厂是属地政府招商引资结出的硕果，在属地政府的支持关怀下，企业快速成长、不断壮大。作为河北省重点企业，将以精良的产品和完善的服务，奉献用户、回报社会，不断为河北省经济发展做出新的贡献。

雷萨泵送机械厂

背罐车

9018车载泵

泵车结构车间

泵车臂架焊接机械手

泵车机加工车间

北汽福田宣化福田雷萨泵送机械厂鸟瞰图

工厂大门

唐港铁路

董事长　薛继勇

党委书记　梁金生

唐港铁路有限责任公司是在原唐山滦港铁路有限责任公司的基础上，通过“增资扩股、变更登记”的方式，组建新的合资铁路公司。由太原铁路局、唐山港口实业集团公司、国投交通公司、唐山曹妃甸实业港务有限公司、大唐国际发电股份有限公司、河北建设交通有限责任公司、华润电力（唐山曹妃甸）有限公司7家企业共同出资组建。公司于2005年8月19日正式挂牌成立，注册资本23.4226亿元。公司现共设运营车站11个，线路营业里程232公里，正线延展里程393.513公里。主营业务是煤炭、焦炭、钢材、矿粉等货物。

一、安全生产持续稳定。一是不断深化安全风险控制。根据路局215条安全风险控制措施，明确了公司各个系统安全风险控制项点118个，对每一个项点制定了针对性的防控措施，实现了安全生产从问题研判、责任落实、破解难题、联控联防、检查督导的全方位、全过程控制。二是强化现场检查。全年公司干部深入现场检查 4120 人次，发现解决安全问题3218 件，签发《安全问题通知书》698 张，消除了安全隐患；三是不断推进安全立项攻关活动，全年公司9个部门完成安全立项攻关62项，集中地解决了一批在安全生产、经营管理工作中的重点、难点问题。截至2012年12月31日公司连续安全生产2007 天，实现了公司连续第五个安全年。

二、运输任务再创新高。2012年，受煤炭价格下滑的影响，市场需求量变化较大，煤炭滞港较为严重，京唐港、曹妃甸港场存大幅增加，对后续煤炭到达造成较大影响。为此，公司采取了协调港口采取非常措施进行垛位扩能整合、曹西港利用二期新建场地进行倒垛堆存、京唐港租用外围场地进行汽车倒运、加强京唐港站作业组织等措施，使在港周转效率大幅提高。通过各部门的通力协作，公司全年累计完成货运量15808万吨，完成计划指标的105.39%。其中全年累计发送货物247.58万吨，到达货物13794.79万吨，剥岩土运量1508.6万吨。

技术演练提素质

精检细修保畅通

扩能改造千人大会战

有限责任公司

提前15天完成了年度1.5亿吨的运量目标，创唐港公司运量历史新高。

总经理　赵培基

三、经营收入持续攀升。2012年，完成运输收入321,795万元，同比增33.44%；成本、费用支出190,565万元，同比增长14.2%；完成利润131,230万元，同比增长76.7%，公司各项经营目标均超额完成。

四、设备设施质量稳步提高。一是强化安全设备投入。2012年公司投入资金13053万元，对设备设施、机具进行更新补充；二是强化薄弱环节整修力度。充分利用春秋两次集中修时机，对管内的设备设施进行整修整治。完成大机捣固203.6km延长/568km遍、放散及焊联45.012km、大机打磨255.71km/1468km遍、成段更换曲磨轨及钢轨焊联8.231公里；电务CTC/TDCS软件升级累计完成22站、工电联整累计完成21组、电源屏升级改造累计完成6站；供电接触网平推检修381.882条公里、变电所检修试验9所；隔离开关改造57处、接触网正馈线增加27.5KV避雷器98组；更换硅橡胶绝缘子10377串。通过强化行车设备整治，有效提升了设备质量，为运输安全提供了坚实的保障。

团结务实的公司领导班子

公司领导深入现场检查指导

五、重点建设项目稳步推进。曹妃甸西站改扩建工程、东港站站改工程是路局“短、平、快”重点建设项目，工期紧、要求高。自去年5月20日开工后，公司领导、各相关部门严格按照工程建设标准，严密组织，稳步推进。经过施工单位、监理单位及工务、电务、供电等专业人员三个多月的协同作战，投资21848万元的曹妃甸西站站场改扩建工程工程于8月15日圆满完工，达到了开通使用条件，有效增加了运能。

2012年公司干部职工真抓实干，合力攻坚，各项工作成绩斐然。公司被授予2012年度全国“安康杯”竞赛优胜单位、全国厂务公开民主管理先进单位、振兴唐山先进单位、海港开发区目标管理先进单位等荣誉称号，实现了铁路科学发展和服务地方经济的双赢目标。

运用现代化的设备，强化设备检修

安全畅通的2万吨重载列车

优美洁净的站区

开滦（集团）蔚州

2012年，公司北阳庄矿现代综合数字化安全调度指挥系统投入试运行

开滦（集团）蔚州矿业有限责任公司成立于2003年，是开滦（集团）、大唐国际共同投资组建的国有大型煤炭企业。矿区总面积264平方公里，资源储量14.9亿吨。拥有员工13000人，资产总额38.01亿元。现有崔家寨矿、单侯矿、西细庄矿、郑沟湾矿、兴源矿、南留庄矿6对生产矿井，一对在建矿井北阳庄矿，德胜庄煤矿项目已取得前期工作路条。公司主导产品为煤炭，煤种以长焰煤为主，其次为不粘结煤，局部为无烟煤。所产原煤低灰、低硫、低磷、弱粘结性、发热量高，是符合当前环保要求的发电、供热、气化的优质动力煤。在兼并重组的13家20处地方矿井中，蔚州地煤公司已与11家地方煤矿实际控制人签订了《兼并重组协议书》。公司先后获得中国煤炭工业信用评价AA级信用企业，河北省明星企业、诚信企业、纳税百强企业，河北省企业文化建设示范单位等荣誉称号。

进入“十二五”以来，蔚州公司以争第一，做唯一，打造开滦外埠旗舰企业的雄心壮志，不断加快产业结构调整和经济发展方式转变步伐，努力推进投资驱动向创新驱动转变、依赖资源向依靠科技转变，企业发展

2012年建成的井下永久避难硐室

2012年企业安全文化建设再上新台阶，单侯矿和崔家寨双双被中国煤炭工业协会命名为安全质量标准化煤

公司国内领先水平的现代化综合机械化采煤工作面，2012年实现人均千吨最好成绩

公司利用开拓、风选煤矸石生产建筑用砖的砖厂车间一角

2012年，公司煤炭物流再创新佳绩，贸易收入达到96亿元，与2011年相比将近翻了一番

矿业有限责任公司

速度、经济运行质量显著提高，产量、销量、收入、利润等五项经济指标创出历史新高，实现了“十二五”开局高起步。按照“做实主业，壮大物流，探索煤气化，涉足旅游业，开发房地产，培育林牧业，建设煤矸石砖厂，综合利用矿井水”一主多元的产业发展战略，蔚州公司不断改造和提升煤炭传统产业，加速发展接续和替代产业及循环经济，开发了一批科技含量高、发展前景好、资源消耗低、环境污染少的产业项目，有力提升了公司可持续发展能力。通过大力实施技术改造、装备升级和现代化矿井建设，促进煤炭传统产业优化升级，“十二五”末煤炭产能将达到1000万吨。2012年物流收入达到96亿元，占到企业总收入的70%以上。

公司办公大楼

公司现代设施农业产业园开工建设

蔚州公司深入落实科学发展观，大力发展循环经济，积极打造河北最大的建材加工基地和生态示范基地。形成“地下办矿、地面生态、山坡植树、文化旅游、林间养殖、矸石制砖、疏干水入库”的转型发展格局。2012年，蔚州公司与南留庄镇工农联建现代设施农业产业园，一期工程1019亩157栋大棚于2012年10月份完工，已注册“蔚林”商标。受到设能够市领导及社会各界的广泛关注。煤矸石砖厂一期工程年产6000万标块，2013年二季度将正式投产，可安排100多人就业，将积极带动张家口区域新型建材产业发展。公司与地方合作开发1.55万亩的荒山资源。2012年，已完成1000亩造林和500亩荒山绿化工程，栽植油松11万株。申请建立林场旅游点，利用工业符号、农业符号发展文化旅游业、林间养殖业，在林场建设职工疗养培训中心等项目正在有序推进之中。打造展示开滦文化、蔚州风情，集文化旅游、生态休养、培训观光“三位一体”的亮丽名片。

站在新的发展起点上，蔚州公司将认真贯彻落实党的十八大精神，进一步加快经济结构调整，加快发展方式转变，愿社会各界一道，加强交流与合作，将传统的资源优势转化为现代产业优势，为建设经济强省、和谐河北竭诚共进。

蔚州矿业公司单侯矿工业广场

公司南留庄现代设施农业产业园一期工程1019亩，157栋大棚建成投入生产

中油金鸿华北投

董事长　何雷

总经理　王磊

张家口主城区14万户居民天然气置换成功

中油金鸿华北投资管理有限公司（以下简称华北管理公司）成立于2010年3月，是隶属于中油金鸿能源投资股份有限公司的全资子公司。主要经营投资管理、投资顾问、技术开发、技术咨询、技术服务、技术转让和技术培训。公司注册资本金5000万元人民币，法定代表人王磊，注册地址为河北省张家口市高新区清水河南路65号。

华北管理公司本着“奉献清洁能源，构建和谐社会”的经营理念，谋机遇，求发展，公司规模逐步发展壮大。目前已在河北、山西、内蒙、陕西等地设立了15个分(子)公司，分别从事天然气长输管线建设；城市管网建设及运营；汽车加气站建设管理、运营；车辆安全检测、尾气检测、双燃料汽车改装、气瓶检测；液化天然气生产、运输及销售等业务，各公司在当地均取得燃气特许经营权。至此，华北管理公司进入天然气产业迅猛发展时期，目前，华北区发展天然气民用户近20万户，商业用户330户，工业用气15户，日高峰供气量达30万立方，张宣两地100多万人口用上清洁环保的天然气。发展天然气产业，减轻了环境污染，为当地就业、改善环境、促进地方经济发展发挥了重要作用，为北京大气环境治理做出积极贡献。

华北管理公司党委按照集团党委要求，加强自身和各分(子)公司党组织建设，实现党组织工作全覆盖，注重抓领导班子建设和党员干部队伍建设，公司党委牵头抓华北区高管中层、各分（子）公司的年度目标考核，实实在在体现了

公交车加天然气

油改气汽车改装厂

天然气长输管线冬季施工—水泉沟穿越

资管理有限公司

党委书记　乔洪信

党管干部的新举措。注重企业文化建设，坚持“民众为天、诚信为地、德才为人、天地人和成大业”的经营理念，坚持“商者无域、相融共生”的经营策略，坚持“市场一体化，管理规范化，运营标准化，安全专业化”的发展目标，培育“肩负责任，努力向上，勇于创新，和谐共进，爱岗敬业，知恩图报”的企业价值观，树立“守法遵规，忠孝共兼，善恶有别，宽厚包容”的道德风尚，打造华北区团结协作的团队精神、认真负责的敬业精神、艰苦奋斗的创业精神、勇于创新的进取精神。

随着公司的快速发展，现已建立集天然气运输、销售、天然气综合利用一体化的产业链，可以为各类用能客户、各类区域客户提供安全可靠地清洁能源供应，这将更有力地推动企业上等升级的各项工作，对于提高城市的整体形象，改善人居环境，调整产业结构，带动经济的发展，发挥更加积极的意义。

华北区庆祝集团成立十周年

进社区帮扶困难户

天然气长输管线张家口末站

丰富多彩的职工文化生活

河北顺邦物

河北省副省长姜德果莅临指导

中行动产质押签约仪式

河北顺邦物流有限公司（以下简称顺邦公司）始建于1993年，旗下拥有物流、金融、电子商务、贸易和项目投资等5大事业部，以钢铁贸易、物流连锁、电子商务、软件研发、金融监管、融资担保和项目投资为主营业态。

公司通过ISO9000质量管理体系认证，先后被评选为中国物流与采购联合会常务理事单位、中国物流杰出诚信品牌建设单位、中国能源物流最佳企业、中国建设银行优秀合作伙伴、中国物流与采购联合会科技进步奖、河北省首批AAA级物流企业、河北省金属材料流通协会会长单位、河北省现代物流协会副会长单位、河北省信息化与工业化融合重点企业、河北省电子商务试点企业、河北省物流业“双十示范工程”示范企业、河北省优秀互联网站、“十一五”期间物流业优秀企业、首届河北省物流行业领军企业等荣誉称号。

公司通过二十多年对钢铁供应链的不断探索和深入研究，独创了“金三角商业环境盈利模式”。该模式通过对信息流、资金流、商流和物流的资源整合，构建产业链企业联盟，合理配置产业链资源，形成物流、信息化、金融三位一体的服务，引领钢铁业产业转型升级。

（一）物流：打造顺邦物流连锁服务品牌，提供园区、设计、规划、市场管理、仓储、加工、运输、贸易、配送等服务。

公司拥有物流连锁总部示范基地（石家庄装备制造基地百营物流中心）、直属钢材市场（石家庄北二环钢材市场）、物流加工中心（饶阳顺邦物流园区）、河北钢铁总部基地，以及全国几十家连锁加盟仓库，服务钢铁上中下游企业近10000多家。

其中百营物流中心是省重点项目，依托石家庄装备制造基地，以金属材料为经营主线，为本区域企业提供交易、仓储、配送、加工、生活配套等服务，具备电子商务、物流金融等增值特色功能，通过供应链模式的物流服务，整合传统贸易与电子商务、物流金融有机结合。

金融业务网站页面

新钢铁网站页面

百营钢铁现货超市网站页面

流有限公司

（二）电子商务：提供全程电子商务服务，包括硬件设备、软件服务、电子交易和信息服务等。

1、新钢铁现货电子交易平台www.nsteel.cn，采用自主开发的“新钢e资源共享交易系统”，是国内首家采用“群概念”、“交易圈”、“商圈”、“交易网络”、“云计算”等的第三代电子商务平台。

2、亿商道系统服务平台www.eshangdao.com，是大宗商品交易系统一站式服务平台，主要系统服务有仓储管理、进销存、物流金融监管、网上交易、支付结算、配货与运输调度、客户管理、市场管理等。

3、“新钢宝—E商贸通”，国内钢铁行业交易支付结算平台www.steelpay.cn，提供二次结算、清算对账、资金结算、在线融资等特色服务，是安全、便捷、大额电子支付的应用之道。

4、中国物流金融网www.chinalfn.com，该系统适用于融资产品服务的全程监管，可实现全程7×24小时保证无间断的动态监管与静态监管，在保证实物信息与监控信息有效对称的同时，并对所有数据做了多次备份与预警方案。

（三）金融：根据行业的金融服务需求，配套第三方监管资质、与银行开创与时俱进的融资产品、利用担保的金融杠杆工具，服务于整个产业链。

河北省常务副省长杨崇勇莅临指导

饶阳不锈钢丝生产车间

公司拥有完善的标准物流服务体系和先进的物流金融监管系统，已获得中行、工行、农行、建行等四大银行以及十几家商业银行的第三方物流监管资格。

顺邦公司将坚定不移地推进“金三角商业环境盈利模式”与实体产业深度融合，提升集团多业态持续发展源动力；坚定不移地构建现代物流产业体系，顺势而为发展战略性新兴产业；坚定不移地实施创新驱动战略，助力品牌建设和产业扩张；坚定不移地实施人才强企战略，打造高素质的优秀团队。努力打造“产业结构合理、竞争优势突出、发展活力强劲、效益增长持续、创新能力一流”的中国物流业集成服务典范企业和行业跨越发展的领军企业。

百营物流中心主楼

北二环钢材市场

企业荣誉

稀土高铁铝合金电力电缆

河北欣意电

全国人大代表、河北欣意副董事长兼总裁于贵良与河北省委书记张庆黎在全国人代会上合影

2012年3月，河北欣意电缆有限公司在石家庄高新技术产业开发区成立，注册资本壹亿元人民币，主要产品是拥有完全自主知识产权的欣意牌稀土高铁铝合金电力电缆。安徽欣意电缆有限公司董事长林泽民先生兼任河北欣意董事长、法人代表。全国人大代表于贵良先生任河北欣意副董事长兼总裁；秦伟先生任董事。

河北欣意稀土高铁铝合金电力电缆项目位于石家庄高新技术产业开发区，是石家庄市政府重大招商引资项目和河北省重点项目。该项目总占地2000亩，分三期建设。一期工程总投资25亿元，用地700亩，其中600亩用于生产厂房及相关附属设施建设，100亩用于办公和研发。一期工程的设计产能为每年100亿元。二期、三期工程用地1300亩，用于扩大再生产和研发基地、院士工作站建设。项目全部建成后将形成每年1000亿元产值的生产能力。届时，石家庄将成为世界最大的以铝代铜电缆研发、生产基地，并将形成“以铝代铜”高端产业群。

银企合作协议签约仪式

安徽欣意电缆有限公司经过多年消化吸收国内外先进技术工艺，研制成功了具有完全自主知识产权的稀土高铁铝合金电力电缆，实现了中国电缆行业的“以铝代铜”，被称之为一场有色金属的材料革命。

欣意公司已真正掌握稀土高铁铝合金电力电缆的核心技术，拥有行业科技制高点，牢牢把握住了发展战略主动权。在国内大力推广稀土高铁铝合金电力电缆，有助于实现中国电缆产业结构优化和全面升级，加速企

稀土高铁铝合金电力电缆项目投产仪式

奠基仪式

一场有色金属的材料革命

缆有限公司

业参与国际化分工进程，扩大出口创汇，促进民族品牌做大做强，为实现由“中国制造”向“中国创造”的转变做出更大的贡献。

欣意公司是全世界四大铝合金电力电缆专业制造商中惟一的中资企业。已向美国、日本等二十多个国家申请了产权保护。与国外同类产品相比，欣意牌稀土高铁铝合金电力电缆的性价比更具竞争力。产品连续七年出口美国二十三个州，无一例质量事故。目前，欣意公司已申报80余项专利，并分别通过了美国UL、加拿大CUL、澳大利亚SAI GLOBAL、马来西亚SIRIM认证。

欣意牌稀土高铁铝合金电力电缆可广泛应用于电力、汽车、交通、矿产、船舶、化工、军事等领域，在复杂恶劣的工程环境下使用，其优势更为明显。产品2009年进入中国国内市场，已成功应用到上千个工程项目，获得了国家住房和城乡建设部、国家消防总局、国家电网、南方电网、中国铁路、中国石化、大唐集团等权威认证和推广使用。欣意公司主导编制的产品国家标准即将颁行。

河北欣意董事会成员

石秀诗参观

厂区一角

河北新宇宙电动车有限公司

河北新宇宙产品被第26届大运会指定为专用产品授牌现场

与河北大学校企合作签约仪式

河北新宇宙电动车有限公司，座落于石家庄装备制造基地，2006年成立。公司主要研发生产“跃迪”牌移动警务室、电动巡逻车、电动汽车、电动观光车、电动场地车、电动货车和电动叉车等各类新能源特种车辆。特别是2009年与清华大学联合研发生产的移动警务室，被深圳第26届世界大学生运动会指定为海上安保专用产品。2012年公司被公安部确定为“公安警用车辆采购目录企业”，同年还被国家有关部委评定为“中国新兴产业创新示范单位”。产品低碳环保、经济节能，造型独特、款式众多，具有充电便利、零排放、无污染、低噪音、低价位等特点。广泛应用于公安交警的执行安保，适用于都市、乡村、车站、别墅区、度假村、大型公园、旅游胜地、城市步行街、高尔夫球场等场所。国内现有180多家代理商，产品还远销日本、韩国、印度、巴西、老挝、叙利亚、哈萨克斯坦等国家。在行业内享有较高的声誉，赢得了国内外消费者的青睐。

公司年产3万辆电动汽车项目，符合国家战略性新兴产业规划， 2010年列为河北省重点建设项目，占地350.8亩，总投资10.6亿元，总建筑面积16.4万平方米，配置各种机械设备362台套。第一期占地175亩，投资5亿元，目前已经建成技术水平国内领先的集冲压、焊接、涂装、总装四条生产流水线。按照轿车的设计和理念，采用轿车的工艺和标准，结合乘用车的配备和性能，正在打造国内第一家具有大批量开发生产多种类型的电动汽车生产厂家。107国道、京广铁路和青银高速从厂前穿过，交通便利，位置优越。产品定位于特种环境，特种业务和各种场地用车等，填补了河北省空白，目前，警用车辆全国销量第一。

公司技术骨干

雅安地震捐赠现场

栾城公安警车配备跃迪电动巡逻车

工厂一角

贵阳公安局发车仪式

邯郸中亚轻质碳酸钙制造有限公司

邯郸中亚轻质碳酸钙制造有限公司是由邯郸市国龙轻质碳酸钙制造有限公司与美国卡菲亚国际投资公司共同组建，于2009年9月经河北省人民政府批准成立的一家中外合资企业，是邯郸市及邯郸市峰峰矿区外资投入的独家合资企业。公司所生产的产品轻质碳酸钙用途广泛，主要用于塑料、塑钢、涂料、造纸、日用化工、制药等产品的无机填料，在国内外市场供不应求。

董事长兼总经理　朱自恩

公司拥有在国内轻质碳酸钙行业最先进的新工艺生产线，技术力量雄厚，各种中级技术人员30名，高级技术人员10名，高级工程师3名。公司第一期新建年产6万吨轻质碳酸钙生产线，计划在五年内总投资额5000万美元，年产设计能力将达到24万吨。按照设计能力投产后年利润将达到3.6个亿，上缴利税2千多万元，为峰峰矿区解决1000多人的再就业问题。

公司的宗旨：诚信经营、服务用户、创知名品牌、争一流企业，为峰峰矿区的经济发展增光添彩。

公司大门

公司生产厂房

中国邯郸中亚
轻质碳酸钙制造有限公司
欢迎您

保定国家高新

保定高新区党工委书记、管委会主任孙金博

保定国家高新技术产业开发区(简称保定高新区),1992年11月9日经国务院批准设立,是全国108家国家级高新技术产业开发区之一。初期批设面积12平方公里(包括中心区、西区和东区)。2003年4月,以科技部批准设立国家级新能源基地为标志,成为国内最早涉足新能源领域的高新区。2006年,市委、市政府提出发挥高新区优势、打造“中国电谷”(即建设以光伏发电、风力发电为核心,以输变电、节电、储电、电力自动化为基础的新能源与能源设备企业群和产业群)的战略构想,全面确立了以新能源和能源设备制造为主导的产业体系;2008年,市委、市政府出台《进一步加快高新区发展的意见》,大面积拓展园区发展空间,形成“以国务院批准区为核心、托管两乡、共建一园”的空间格局(托管大马坊乡和贤台乡,与徐水共建大王店工业园),实际管辖面积约60平方公里,电谷中长期规划总面积约118平方公里。下辖两乡、一个街道,共34个行政村、3个社区,总人口10万。全区各类企业2940家,其中工业企业800余家,规模以上企业62家,已认定高新技术企业60家(高新技术企业数位居省内高新区第二)。

2012年6月17日国家科技部部长万钢(左二)参观保定高新区英利集团

近年来,在市委、市政府的正确领导下,保定高新区紧紧围绕“产业集聚、创新驱动、突出特色”的发展思路,大力培植龙头企业、壮大产业集群,走出了一条具有区域特色的新能源发展之路。光伏产业具有国际影响。建立起多晶硅、单晶硅、薄膜电池完整光伏生产体系。龙头企业英利集团,建成了世界领先的全产业链多晶硅电池生产体系,2011年光伏电池产量达到1.7G瓦,产品销量位居世界第四;2012年在光伏产业遭遇寒冬的不利形势下,英利集团实现光伏组件出货量超过2.3G瓦,同比增长40%,跃居全球第一。风电产业体系完备。拥有风电企业20余家,涵盖风电整机、叶片等关键环节。国电联合动力、天威风电、惠德风电等三大支柱企业,整机产能已突破1000台。国电联合动力公司已连续三年保持国内同行业前三强位次。输变电及储电节电等产业优势突出。形成了以世界著名的超大变压器制造商天威集团为

2012年5月9日保定高新区国家大学科技园开园

2012年3月28日保定高新区举行中国电谷2012年项目集中奠基仪式

技术产业开发区

龙头的输变电产业，以风帆为龙头的新型储电节电产业，和以三川电气、宇能电气、天河电子等为代表的一批高成长性科技型中小企业群，凸显了中国电谷的“电”字优势。品牌聚集力正在全面显现。中国电谷集合了新能源与能源设备相关企业170余家，吸引了日本三菱、美国江森、中国国电、中国兵装、中航集团等国内外知名企业。创新资源加速汇集。截至目前，保定高新区拥有4个国家级重点实验室，6个国家级企业技术中心，14个省级技术中心，25个高新区级企业技术中心；建有国家级光伏系统检测中心、风能检测中心和15名院士参加的国内首家风电叶片研发中心；取得各类国家标准及行业标准200多项，专利3000多项，多项成果达到国际、国内领先水平。国家部委大力支持。中国电谷的辐射带动优势，得到了国家发改委、科技部、国家能源局等部委的高度评价与支持，近年来先后获批国家可再生能源产业化基地、国家新能源高技术产业基地等8个国家级称号。

保定高新区将以“创建国内一流、中部领先的创新型特色园区”为目标，通过“特色立区、科技强区、服务兴区、城建亮区”四轮驱动，完善“两大体系”、突出“三个重点”、强化“四种意识”、抓好“五方面工作”，努力打造具有国际影响力的新能源装备与技术中心、国家智能电网产业先导区和科技新城。

保定高新区党工委副书记、管委会常务副主任张志奎到区企业调研

2012年10月9日中央人民广播电台台长王求（左二）到保定高新区慰问“油条哥”

太阳能路灯在“中国电谷”得到了普遍应用

全国最大的风电叶片生产企业——中航惠腾公司

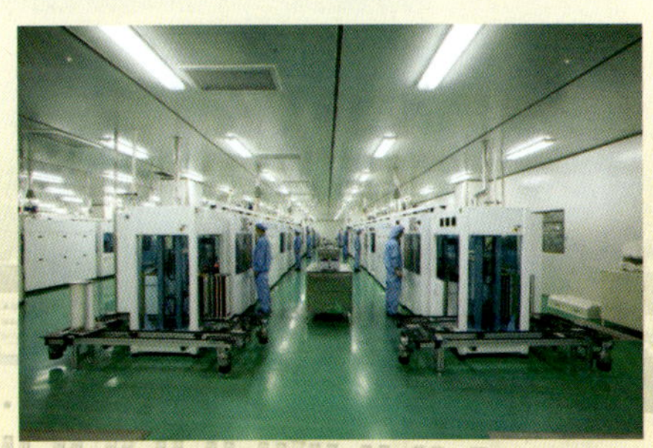

满负荷运转的英利光伏产业园电池车间印刷工序生产场景

2012年，保定高新区完成了十余条道路的升级改造。图为改造完成后的天鹅路口

保定高新区全景鸟瞰

承德市高新技

2012年2月3日，国家发改委外资司司长孔令龙（左一）视察承德热河克罗尼仪表公司

2012年4月12日，承德市委书记郑雪碧（右一）在上板城工业园区调研

1992年6月，承德高新区经河北省人民政府批准建立。批准规划面积6.2平方公里，分为西区、东区、南区和闫营子区。自2009年以来，相继托管了上板城整建制镇、7个行政村和冯营子镇，代管了规划面积20平方公里的唐山曹妃甸承德临港工业园。目前，辖区面积突破300平方公里，人口近11万，是全市唯一一家国家级高新技术产业开发区。建区以来，承德高新区主要经历了实施“退市进郊”战略，承接市区企业外迁集中发展阶段；到加大招商引资力度，逐步形成绿色饮料食品制造、生物医药制造、智能化仪器仪表、汽车零部件、装备制造五大产业的发展格局，促进产业聚集发展阶段；再到大力发展以健康、智能、新材料、新能源和现代服务业五大产业为导向，优化产业结构和布局、强化城市基础设施建设、健全完善体制机制、增强和完善管理职能，建设科学发展示范区，转型发展为中心工作三个重大转变。逐步形成集经济建设、城市建设与管理、社会事务管理于一身的发展与管理模式。

截至2012年底，累计注册工商企业509家，其中，工业企业214家，规模以上工业企业31家，有效期内高新技术企业6家。组织实施省级以上科技攻关项目46项，承担国家火炬计划项目4项，完成科技成果31项。

围绕城市发展“一体两翼”战略架构和“五加二”现代产业体系发展定位，确定把承德高新区建成“特色鲜明、环境一流”的国家级高新技术产业开发区，在经济发展速度、发展路径与方式上，实现“翻番、晋位、转型、跨越”。“翻番”：到“十二五”末，确保技工贸总收入、地区生产总值、工业总产值、全部财政收入、固定资产投资、实际利用外资等主要经济指标翻两番以上；“晋位”：在国家级高新区综合实力排名中位次前移，在全市“一体两翼”发展格局中走在前列，成为全市经济发展的重要增长极；

承德市金建检测仪器有限公司检测中心

承德颈复康药业集团有限公司生产线

“转型”：在发展方式上实现科学发展，由过去自然的发展状态向打造现代服务业和高新技术产业两大支撑转变，由单纯发展产业向发展产业与建设城市，产城良性互动转变，由传统的要素驱动向创新驱动转变；“跨越”：在发展速度上实现新的跨越，在产业层次、生态环境、管理水平等各个方面全面提升。

通过五年努力，把核心区建设成为具有国际化水平的国际会议会展中心、旅游服务中心、研发与科技孵化中心和区域性金融商业中心，形成以现代服务业为支撑，宜居、宜业、宜游的新城核心区；把上板城建设成为以新材料、新能源、绿色食品、生物制药产业为支撑，城市功能配套完善，生态环境优良的高新技术产业聚集区；把唐山曹妃甸承德临港工业园建设成为先进装备制造和物流业集聚的临港产业基地和外向型经济发展平台。

2012年3月27日，龙庄伟副省长（左二）视察承德高新区创业服务中心

2012年3月21日，市委常委、市委宣传部部长赵险峰（右二）在上板城镇陈家沟村调研

科技研发中心大厦

承德高新区未来发展规划沙盘

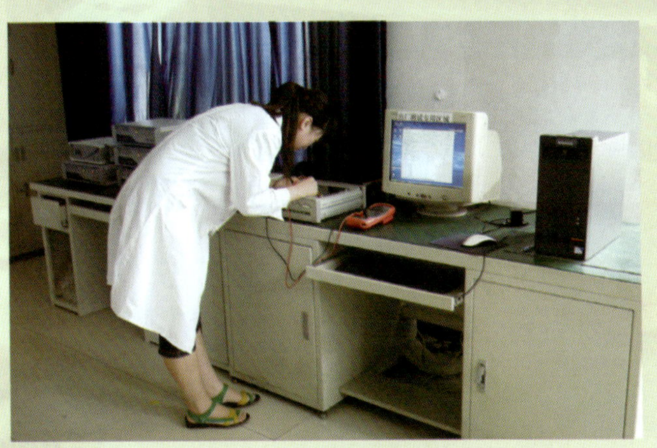

承德市五岳电子技术有限公司标准实验室

河北露露股份有限公司技术中心

沧州临港经

瀛海香料绿化一角

化工科学城

沧州临港经济技术开发区成立于2003年，2006年7月，通过了国家发改委等六部委对全国开发区的清理整顿审核，命名为“河北沧州临港化工产业园区”；2009年7月，开发区成功扩大规划面积至26平方公里；2010年11月，开发区正式升级为国家级经济技术开发区，定名为“沧州临港经济技术开发区”。同年，河北沿海发展正式上升为国家战略，开发区作为增长极之一，又迎来了新一轮的发展机遇。2012年，开发区被评为国家循环化改造示范试点园区；近日，沧州临港经济技术开发区被工信部评为国家新型工业化产业示范基地，使临港开发区成为国内少有的集“国家级经济技术开发区、国家循环化改造示范试点园区和国家新型工业化产业示范基地”三大国家级称号于一身的开发区。

成立10年来，临港开发区依托港口优势，吸引了来自美国、法国、德国、加拿大、印度、香港等国家和地区的多个世界500强企业及中国化工集团、冀中能源集团等一批国内500强企业入驻，形成了以石油化工、新型材料、装备制造、电力能源、港口物流五大产业为主导的临港产业聚集区，其中石油和化工产业是临港开发区主导产业，占临港开发区总产值比重为64.7%。截至目前，临港开发区共引进项目80多个，总投资600多亿元，初步形成了以河北金牛化工P V C、沧州大化T D I为龙头企业的石化产业体系。

临港开发区建区以来始终坚持科学发展之路，把促进“两化融合”作为“调结构、转方式”的重要举措和

沧州大化集团有限公司

河北金牛化工股份有限公司

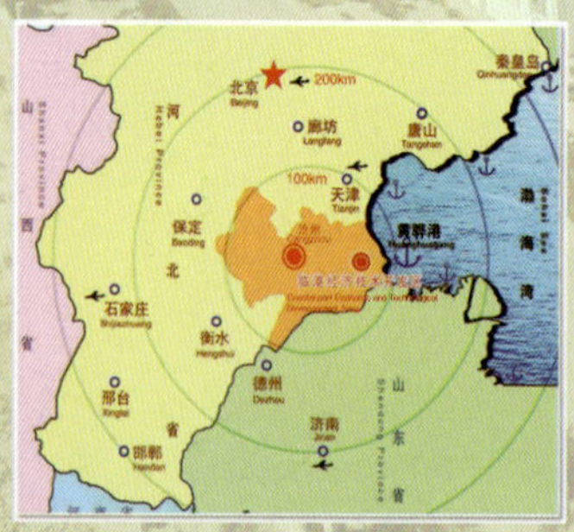

区位图

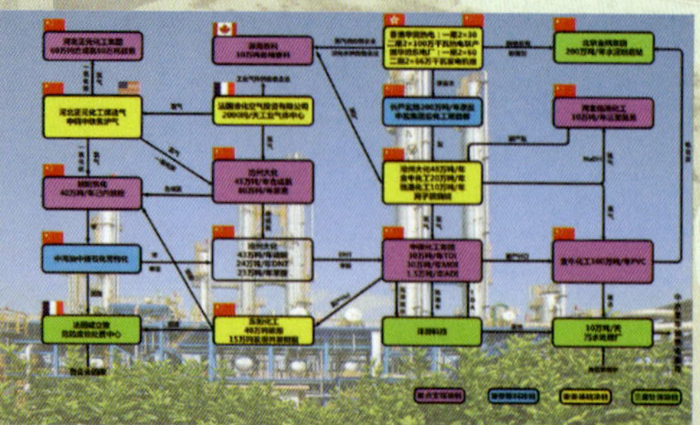
起步区产业循环

总体规划图

济技术开发区

建设新型化工业化示范基地的重要内容。在“十二五”期间重点规划了化工产业项目31个、总投资527亿元，为其服务配套的公共服务平台项目8个、总投资100多亿元，通过这些项目的实施将在2015年实现产值1040亿元、利税190亿元的目标。

为实现新型工业化发展道路，临港开发区致力于以信息网络做支撑，不断完善改进现代信息技术，搭建公共信息数据平台、电子政务应用平台、环境监测监控平台、安全生产监控平台、现代物流信息平台等各类公共服务平台。通过信息化技术推广，促进企业技术改造，提升企业车间半自动化、自动化水平；采用先进生产工艺，实现企业新产品的转型。

为更好地支持新型工业化产业示范基地的创建和发展，临港开发区还出台了若干鼓励政策：一是人才强区政策。从2012年起，开发区财政每年安排1000万元财政预算，用于人才引进的专项投入，此后逐年递增10%。到2020年，争取引进或柔性方式引进大批专家顾问来开发区企业、科研机构专职或兼职，主持科技创新或科技成果转化项目，全区人才开发专项投入达到3亿元。二是设立沧州临港经济技术开发区新型工业化产业示范基地“十二五”期间发展资金，额度为8000万元，专项用于支持新型工业化产业示范基地的建设。三是出台科技创新激励政策。对于落户的国家级研发中心、实验室，开发区将给予50亩地用于建设研发中心，并给予2000万元的政府扶持资金；对于落户的省级研发中心、实验室，开发区将给予30亩地用于建设研发中心，并给予1000万元的政府扶持资金。

金隅水泥

如今，沧州临港经济技术开发区拥有了三块国家级金字招牌，将充分利用国家级平台的作用，大力发展各项事业，以更加开放的视野和思维、更加科学的理念和举措，继往开来，努力打造环境友好、资源节约、特色鲜明的一流国家级开发区，为沧州建设现代化沿海强市做出应有贡献。

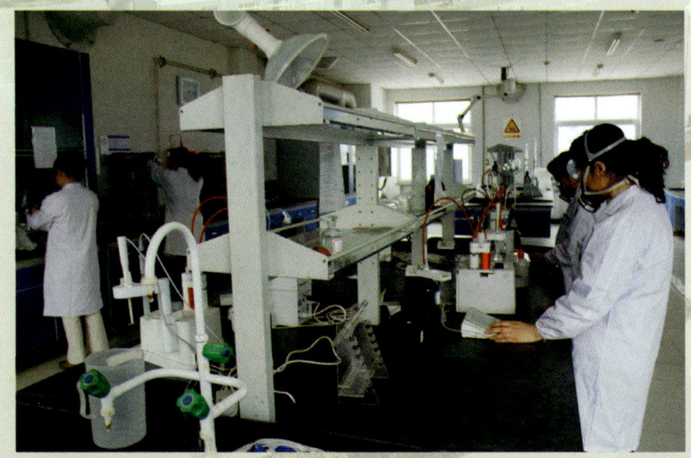
科学严谨的分析队伍

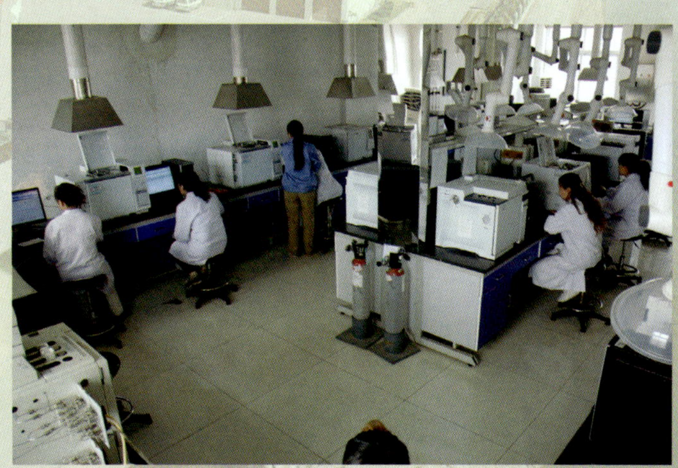
聚海公司先进的仪器分析室

河北唐山海港

开发区党工委书记、管委会主任袁志刚到城市建设一线现场办公

中材重机生产车间

河北唐山海港经济开发区是1993年6月经河北省人民政府批准成立的省级开发区，规划面积32.85平方公里（含2009年8月省政府批准扩区的13.85平方公里）。建区以来，开发区从一片盐碱滩涂上起步，从无到有，从小到大。目前，开发区常住人口3万，建成区面积19平方公里，各类企业749家。

港口优势日益突出。唐山港京唐港区1989年8月开工建设，是唐山市最早开发建设的国家一类对外开放口岸，1992年国内通航，1993年国际通航。现已建成一、二港池全部及三、四、五港池部分泊位，有1.5—20万吨级泊位33个，各类货物堆场近700多万平方米，货种涵盖煤炭、水泥、钢材、矿石、集装箱等十多大类上百个品种，港口腹地远扩山西、内蒙等广阔地区，航线通达国际国内150多个港口，形成了港口、铁路、公路、高速公路全方位综合交通运输体系。2009年吞吐量突破亿吨大关，2012年完成货物吞吐量1.7亿吨，进口矿石量全国排名第九，钢材发运量全国第三，进口焦煤量全国第一。2011年开通韩国釜山国际集装箱航线，是全省唯一一条外贸集装箱航线。2012年完成集装箱吞吐量35.2万标箱，跃居全省第一。2010年7月，唐山港集团在上海证券交易所挂牌上市，成为河北第1家港口上市企业，打开了河北港口建设通向资本市场之门。上市两年多时间，累计从资本市场融资达40亿元。

主导产业加速发展。与一批国内外知名大公司、大集团成功对接，吸引了西班牙德佳德斯、德国蒂森克虏勃等世界500强企业和大唐国际、中钢集团、北燃集团、首钢集团、中材建设、开滦集团等国内知名企业纷纷落户，培育形成了煤化工、装备制造、港口物流等支柱产业。煤化工产业目前已具备煤气制甲醇、甲醇制烯烃、焦油深加工、粗苯精制及下游产品四条比较完整的产业链条，形成了焦炭550万吨/年、煤气制甲醇20万吨/年、煤焦油深加工30万吨/年、粗苯加氢精制20万吨/年的生产能力，2009年，开发区煤化工产业园被省科技厅

中央储备粮唐山直属库油脂油料仓储物流项目

中润煤化工外景

经济开发区

命名为“省级煤化工特色产业基地”。以唐山港京唐港区为依托的港口物流产业，集物流仓储、批发零售、金融业及租赁商务为一体，业务范围覆盖煤炭、矿石、钢铁、集装箱、液化产品运输五大板块，规划建设的物流园区于2010年9月被省政府批准为首批省级交通枢纽型物流产业聚集区，已有长久汽车物流产业园、中钢京唐物流基地等重点项目入驻。以唐山中材重型机械有限公司为主导的装备制造产业发展迅速，已经形成大型水泥设备出口基地，具备年加工2万吨的生产能力。开发区内无农业，二三产业协调并进的发展格局初步形成。

省领导张和、张杰辉到开发区考察

2012年全区工作会议

区域环境日趋优化。建成了总长90公里“十一纵八横”贯通全区的城市路网；兴建了文化中心、海韵广场、湖林新河生态公园等一批地标性建筑和一批现代化住宅小区；建有完善的污水处理、城区供气、二期供水等配套基础设施，具备了较强的城市综合承载能力。扎实推进园林绿化工程，大力营造景观带、休闲公园、交通干线节点，建成区绿地面积达367万平方米，绿化覆盖率40.23%，人均公园绿地面积达14.9平方米，超过国家园林城标准。投资8500万元实施了两条商贸街街景改造和亮化工程，亮化效果达到全省一流水平。

台湾台东市考察团来开发区访问

乐亭新区银企对接会

乐亭新区驻华商务参赞外企代表重点招商项目推介会在北京举行

唐山港京唐港区二号港池

京唐港20万吨级矿石码头试运营现场

唐山南堡

多功能体育馆

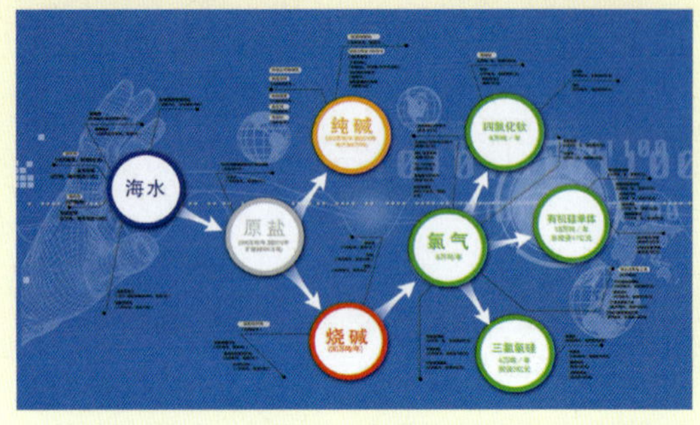

海洋化工循环产业链

南堡经济开发区成立于1991年，1995年被省政府批准为省级经济开发区，现隶属于唐山曹妃甸区，总面积381.41平方公里，城区规划面积26平方公里，辖一个乡镇十个行政村，一个街道办事处三个居委会，总人口5.6万。南堡经济开发区位于环渤海经济圈中心地带，西邻天津滨海新区，背靠唐山市主城区，面向曹妃甸大港，汉南铁路、张唐铁路以及谋划的蒙曹铁路、唐曹铁路贯穿全境，沿海高速、唐曹高速交汇贯通，是津唐曹半小时经济圈的核心区域，是环渤海地区最具发展潜力的开发区之一。近二十多年的开发建设，南堡开发区逐步形成了以南堡盐场和三友集团为主体的海洋化工循环产业体系，盐、纯碱、烧碱、化纤等盐化工产品在全国享有盛誉，钛、硅等新兴材料产业蓬勃发展。区内道路交通、水电气暖、生活服务等配套设施日益完善，医院、学校、幼儿园、文化、体育等社会服务设施日益健全，一座现代化滨海化工城已具雏形。

2012年，南堡经济开发区坚持以科学发展为主题，以转方式、调结构、快发展为主线，以打造经济强区、活力南堡、幸福家园为目标，深入实施“投资拉动、项目带动、创新驱动”三大战略，着力构建“两区一中心”发展格局，合力启动经济总量倍增、东区全面开发、重点项目建设、基础设施建设、民生改善、统筹城乡发展、优化发展环境七项攻坚行动，保持了经济平稳较快发展，社会大局和谐稳定，各项事业取得了新成绩。全年完成地区生产总值77.5亿元，实现全部财政收入11.85亿元，实现全社会固定资产投资44.9亿元，实际利用外资900万美元，完成进出口总额4.9亿美元。

项目建设在调优结构中实现新突破。围绕项目落地开工和投产达效，深化“一个项目、一位领导、一套班子”的工作机制，着力解决项目引进和落地开工涉及的规划、用地、核准、安环评、通路、通水、通电等关键问题，有效促进了项目按计划顺利推进。全年实施各类项目126项，总投资486亿元，年内完成投资44亿元。

海裕广场

经济开发区

开发区管委会办公大楼

招商引资在优化发展环境中取得新成绩。深入开展“打造优良环境，助力南堡发展”寻计问策活动，制定出台了《关于鼓励招商引资、支持项目建设的若干规定 》、《关于推行全员招商的意见》等政策规定，优化了项目入区、审批、建设等关键流程，认真落实首问负责制和限时办结制，为项目引进和建设提供“全程代办”和“保姆式服务”。 年内组织开展小团组招商活动20余次，在深圳成功举办了投资环境暨重点项目推介会，重点推进和洽谈项目44个，总投资超过300亿元，引进市外资金20.87亿元，全区项目库常年储备保持在100个以上。

天赫钛业车间

城市建设在精细化管理中得到新提升。建立完善重点城建项目台账，明确责任部门、责任领导，落实到具体责任人，做到定责任、定人员、定进度，包任务、包质量、包达标，形成“纵向到底、横向到边、全覆盖、无缝隙”的责任体系，全年实施基础设施项目42项，总投资9.2亿元。

城乡事业在保障民生中取得新成效。社会保障能力加快提升，城乡医保参保率达到100%，城乡养老保险实现全覆盖，五保集中供养率88.6%；扎实开展“健康南堡、幸福人民”行动，为全区45岁以上居民免费体检并建立健康档案。重点民生工程持续推进，九年一贯制学校、南堡医院改造项目前期工作积极准备，完成了60套保障性安居工程，实施既有建筑节能改造4400平方米。大力支持农村建设发展，全年投资3600余万元，硬化村庄街道1.1万延长米，新建标准化村卫生室9个、村民活动中心3个，实施水稻增产工程3000亩，新建一个80亩畜牧养殖园区。

和谐社会在保障发展中开创新局面。持续开展食品药品安全、校园及周边环境安全、文化娱乐市场安全、消防安全等综合整治行动，保持了全区社会安全稳定态势。重点推进环保监测站、企业排污口在线监测系统建设，制定实施部分企业限排和报排制度，严厉打击偷排偷放等环境违法行为，年内削减COD240吨、氨氮22吨、二氧化硫900吨、氮氧化物160吨。认真抓好社会治安综合治理，严厉打击涉黑涉毒涉黄等违法犯罪行为，保持了严打的高压态势。

原盐生产

三友集团股份公司

污水处理厂

唐山湾国

2012年10月30日，成功举办“唐山湾海岛发展经验交流研讨会暨2012唐山湾海岛发展论坛”

2012年7月31日，“光耀香江”香港回归15周年大型评选活动在香港举办盛大颁奖典礼，唐山湾国际旅游岛荣获“内地投资热点奖”

唐山湾国际旅游岛，原名乐亭县三岛旅游区，位于河北省唐山市东南部，由菩提岛、月岛、祥云岛及其北侧半岛陆地组成，规划面积100平方公里。2009年6月，为进一步加快三岛开发建设步伐，提升开发建设品质，唐山市委、市政府成立了“唐山湾三岛开发建设指挥部”，采取托管方式，将三岛整体划归开发建设指挥部管理，正式拉开了唐山湾国际旅游岛开发建设的序幕。2011年5月经省政府批准成立唐山湾国际旅游岛党工委、管委会（正处级），负责旅游岛的规划建设、招商引资、监督管理、协调服务等工作。

唐山湾国际旅游岛整体开发计划总投资3000亿元，建设起止年限2010—2018年。目前，已完成总体规划和控制性详细规划编制，并在总规的基础上确立了6大战略目标，即“环东北亚国际休闲旅游度假目的地”、“京津唐承四市的子城”、“中国北方游艇帆船第一港”、“中国温泉第一岛”、“低空休闲之乡”、“银发之城（老年养生养老基地）”。开发建设三年来，依靠从当地一家民营企业拆借的三百万元起步，坚持市场化的运作，共启动实施工程70余项，完成投入100余亿元，其中征地拆迁投入20余亿元（含翔云岛林场用地）；路网、桥梁、港池、码头等投入40亿元；功能性旅游设施投入30亿元。辖区历史遗留问题基本得到解决，起步区征地拆迁基本完成。旅游区先后被省政府列为省级综合改革试验区、十二五省级重点项目、河北省国家级旅游产业装备基地；被国家海洋局确定为国家级海岛开发利用示范基地，允许在海岛开发方面先试先行；在中国旅游投资“ITIA”大奖年度评奖活动中荣获“中国最具投资潜力的旅游开发区奖”。此外，唐山湾控股集团公司（管委会下属企业）已发展成为总资产90亿元的大型国有企业，拥有分公司、子公司13家，拥有干部、员工500余人，2012年，集团公司实现收入总额1.5亿元，纯利润2800万元。

2012年，在省委、省政府和唐山市委、市政府的正确领导下，唐山湾国际旅游岛全面推进开发建设，在改善道路交通条件、完善配套设施、提高管理服务水平、优化发展环境等方面取得了突破性进展。一年来，主要经济指标稳步增长，实现旅游区社会生产总值20.5亿元，较2011年同比增长7.8 %；完成全社会固定资产投入80.7亿元，较2011年同比增长35.2%；实际完成固定资产投入61亿元，较2011年同比增长26%。

2012年6月，唐山湾国际旅游岛成功举办了中国南北游艇产业与人才战略合作座谈会，为游艇产业发展奠定了良好的基础

10月18日，河北长芦大清河盐化集团有限公司嘉莱度假村项目正式签约

2012年6月9日，四季海水浴场、房车露营地项目正式签约，总签约金额共计23亿元人民币

2012年6月，唐山湾国际旅游岛成功举办了中国南北游艇产业与人才战略合作座谈会，为游艇产业发展奠定了良好的基础。7月18日举办的唐山湾国际旅游岛“海陆空”三栖立体旅游服务模式启动仪式，10月底召开的唐山湾第二届海岛论坛等大型活动，吸引了包括中央电视台、新华社、河北卫视等媒体的报道，极大地提高了旅游岛品牌的知名度和美誉度。2012年唐山湾国际旅游岛先后荣获“'光耀香江'香港回归15周年香港内地投资热点奖”、“中国生态旅游服务十大新锐品牌金典奖”等一系列荣誉称号，有效地提升了旅游岛的品牌形象。

唐山湾国际旅游岛已完成总体规划和控制性详细规划编制，并由唐山市规划委员会审批通过

2012年1月5日，在北京举办的首届中国旅游业的“奥斯卡”、《2011年度中国旅游投资“ITIA”大奖》年度评奖活动中，唐山湾国际旅游岛凭借得天独厚的资源优势及独具特色的创新旅游发展模式，荣获“中国最具投资潜力的旅游开发区奖”

2012年7月18日，唐山湾国际旅游岛隆重举行直升机观光旅游航线开通暨海陆空俱乐部揭牌仪式，这是旅游岛继房车、游艇后推出的首个直升机游览项目，标志着唐山湾国际旅游岛在全国率先步入“海陆空”立体旅游时代

三贝明珠码头及配套设施项目位于唐山湾国际旅游岛北岸，包括客运中心、停车场、商业服务、集散广场等，共占地约200亩，泊位150艘，停车泊位2000辆，计划年客流量100万人次

涞源经济开发区

涞源有色公司召开新闻发布会

奥宇公司办公楼

新昌发电厂

涞源经济开发区位于县城东部，紧邻建设中的涞源新区，距张石高速路口1.5公里、涞源火车站1.7公里，开发区内主干路南连108国道、北接207国道，区内建有自备铁路和站台。2012年7月，经河北省人民政府批准为省级经济开发区。总规划面积15.5平方公里，其中，批准的省级开发区面积11.1平方公里，并规划了4.4平方公里的配套安置区。2012年，涞源经济开发区全年实现地区生产总值7.33亿元，主营业务收入38.51亿元，工业增加值7.2亿元，财政收入2.71亿元，完成固定资产投资2.83亿元。

涞源经济开发区依托区位优势、资源优势，按照工业产业转型升级载体、区域经济发展动力引擎、工业化和城市化建设的产业支撑的功能定位，规划为“一区三园”，即：核心区经济开发区，独山城铁矿工业园（距核心区11公里）、大湾钼矿工业园（距核心区1.5公里）、木吉村铜矿工业园（距核心区5公里）。核心区按照“区中园”的模式，规划为生态化钢冶炼基地、有色金属深加工基地、矿冶设备修筑造基地、商贸物流中心、高新技术产业孵化园、中小企业创业园、现代科技农业示范园。以钢铁及有色金属冶炼为主导，以现代装备制造、新型建材、现代农业、现代物流业和清洁能源生产为支柱的多元化产业集群体系正在加速形成。

招商引资成效显著。总投资110亿元的奥宇200万吨特钢、总投资53亿元的河北钢铁集团铜钼冶炼项目、总投资4.5亿元的北京中宝通国际投资公司新型建设项目、总投资3.5亿元的保定标正精密铸造、总投资3亿元的山东衡基环保科技有限公司尾矿提炼加工项目、总投资2亿元的河南信阳大业公司冶金辅料项目、一期投资1.5亿元的北京双彩集团食品加工项目、总投资1亿元的美国MDC公司金属合金爆破焊接项目、总投资1亿元的森华石材公司高端石材加工项目等均已达成入区意向。中航科技集团、河北钢铁集团、河北建投集团、江苏雨润集团、三一重工集团、河北德龙集团、河北奥威集团等一大批战略合作伙伴入驻开发区并启动项目建设。涞源经济开发区已进入项目集中规模化建设，全面发力的关键阶段，正在成为保定市西部地区产业聚集发展的龙头，河北省经济发展新的增长极。

河北建投太阳能项目

河北建投新能源有限公司

河北建投集团涞源风能项目

建设中的皮革园区

河北无极经济开发区

石家庄市委书记孙瑞彬来开发区调研

石家庄姜德果市长到皮革园区调研研

2012年，无极经济开发区会紧紧围绕“建设与招商同行，管理与发展并重，效益与环保同步”总体原则，不断加大园区开发建设力度，不断创新招商引资机制，不断提高管理服务水平，开发区的凝聚力和吸引力得到进一步提升，为项目落户开发区创造了条件、奠定了基础。2012年，开发区地区生产总值完成29.3 亿元，工业总产值完成25亿元，固定资产投资完成13.94 亿元，财政收入完成2.61 亿元。

基础设施建设一步完善。基础设施建设是开发区持续、健康发展的基础和前提。2012年，开发区千方百计筹措资金，加大投入，对区道路、管网、水、电、热等基础设施进行了进一步建设和完善。投资900多万元建设水厂一座；投资7000万元，建设完成了总长度7千米的开发区4条主干道；总投资2.35亿元，占地120亩的南区热电厂进入施工建设阶段。基础设施的日趋完善，为项目落户创造了条件，奠定了基础。

招商引资力度进一步增强。招商引资是开发区各项工作的重中之重。2012年，按照全县招商引资动员大会确定的工作目标，开发区立足自身实际，紧紧围绕皮革、化工、装备制造三大产业，积极与一些国内、国际知名企业进行接触、谋求合作。全年共与上海汉唐集团、卡森国际控股集团、上海申沃客车有限公司、霸州市京龙车辆有限责任公司和河北学旺太阳能有限公司等，就国际皮革城项目、清洁和新能源动力车项目、太阳能光热发电项目、卡森现代皮革产业国项目等进行了洽谈，总投资额达到了123.8亿元。

荷兰客商来开发区考察

卡森皮革产业园项目签约仪式

北区主干道开工仪式

霸州经济开发区

2012年，霸州经济开发区按照霸州市委、市政府的总体部署和工作要求，以大力推进重点项目建设为主线，全力落实好第四届霸州市文化艺术节涉项任务，系统全面的加强了社会建设和管理，通过抓项目、保民生、促稳定，圆满完成了年初确定的各项工作任务和目标，经济社会发展迈上了新台阶。

2012年全区经济运行平稳，全年完成财政收入12.4亿元，同比增长29.9%；完成固定资产投资97亿元，同比增长1.5%；实际利用外资2542万美元，同比增长35.2%；实际利用内资98.3亿元，同比增长15.1%；工业总产值193亿元，同比增长23%；出口额17106万美元，同比增长13.8%；国内生产总值107亿元，同比增长14.8%。

以园区建设为载体，以项目建设为抓手，同步推动经济增长和产业转型升级。2012年全区共运作项目41个，其中完工项目12个，续建项目7个，新开工项目6个，计划开工项目9个，谋划项目7个。重大项目建设得到快速推进。达利集团北方产业基地项目5月份正式开工建设，已累计完成投资6.5亿元，主要生产车间、物流仓库以及办公楼和宿舍楼已全面竣工。总投资60亿元的吉利集团霸州产业基地项目顺利开工建设，部分主体工程建设已完工，试赛车场一期工程即将动工。总投资300亿元的中国青旅集团霸州国际老年温泉健康城项目已成功被列入2012年省重点建设项目。电子信息、汽车制造等科技型产业蓬勃发展。由霸州市新源照明电子有限公司投资兴建的新建年产1.9亿只LED发光二极管和200万盏LED灯具项目、由霸州市泰华电子科技有限公司投资兴建的LED电子显示屏封装建设项目、由霸州市华凯电器配件厂投资兴建的牧场信息化管理系统设备生产项目等一批技术新颖、产品附加值高的电子信息产业项目已经竣工投产。2012年，投资90亿元的霸州“中沃-京龙”清洁能源汽车产业园项目顺利签约。现代制造业向高端化挺近。由河北恒源实业集团投资兴建的年产12万吨高档生活用纸项目已经建设完成，由廊坊隆冀达金属零部件有限公司投资兴建的年产500万套新型节能采暖炉设备等项目顺利入场建设，新材料，新技术的引入使霸州开发区现代制造业不断向高端化迈进。省重点项目申报为重点项目建设提供了有力保障。通过积极运作，2012年全区共申报省重点建设项目17个，其中新报项目13个，转接项目4个，为该区争取到更多的土地指标，使部分项目建设得到快速推进。

霸州市国土资源局

霸州市国土资源局成立于2002年，是由原霸州市土地局和霸州市地矿局合并组建而成的，具有土地、矿产、测绘三项行政管理职能。局机关内设办公室、政策法规股、综合审批股、监察室4个股室；下属土地利用管理所、地矿管理所、土地开发整理服务中心、土地储备供应中心、土地交易服务中心、教育培训中心、财务审计中心、规划编制中心、耕地保护中心、地籍管理所、信息管理中心、执法监察局12个事业单位；共有7个基层分局；加挂地理信息局牌子。全市系统现有在职人员302人，其中，局机关168人。

近年来，该局在上级部门的正确领导下，深刻贯彻落实市委、市政府的部署要求，坚持以科学发展观为统领，以“保发展、保红线、保民生、促稳定”为核心，有效保护资源，切实服务发展，加强规范管理，不断提升国土资源管理工作水平，为霸州市经济可持续发展提供了有力的资源保障。曾先后获得全国土地登记和地籍调查先进单位、全国政务信息网上公开示范单位、全国保增长保红线行动成效显著单位、全国国土资源系统信访工作先进集体、河北省县乡村级干部国土资源法律知识宣传教育培训活动先进集体、河北省国土资源系统政风行风建设优秀单位、河北省国土资源系统五五普法工作先进集体、廊坊市文明单位、廊坊市思想政治工作创新奖、廊坊市创建环京津文明城镇群工作先进单位、廊坊市国土资源系统政风行风建设先进单位和精神文明建设先进单位等诸多殊荣，并连续十一年被评为霸州市实绩突出领导班子，连续五年荣获霸州市支持项目建设突出贡献奖和引进资金奖。

团结务实的局领导班子

该局政务大厅工作人员为前来办证群众讲解节约集约用地政策，有效落实了最严格的节约集约用地制度

7月12日，省地理信息局总工程师李爱生、廊坊市国土资源局副局长李永成、副市长韩清华触摸数字霸州启动球，“数字霸州”建设正式启动

6月22日晚，霸州市国土资源局在华夏收藏馆举办“殷殷大地情”主题晚会

为庆祝全国第二十二个土地日，霸州市国土资源局在市区繁华地段开展国土资源法律法规宣传活动

7月25日，霸州市国土资源局召开“打造效能国土、提升双保能力”主题实践活动动员大会

白沟新城

中国商贸名城 中国箱包之都

电子商贸大厦

白沟新城是原高碑店市白沟镇与原白洋淀温泉城开发区合并组建，2010年8月经省委、省政府正式批复。白沟新城地处“京津冀都市圈”与“环首都经济圈”核心区域，北距北京102公里，东至天津108公里，南到保定62公里，保津高铁、大广高速、保津高速直通本区，半小时内即可“上天”、“入海”。白沟新城总面积64平方公里，建成区面积25平方公里。辖33个村街，常住人口15万。

白沟镇总面积54.5平方公里，辖33个村街，是北方著名商镇，始于汉，兴于三国，盛于明清，是历史上著名的水陆码头，现在已发展成为中国箱包之都和著名的小商品集散中心，素有“燕南大都会”和“南有义乌、北有白沟”的美誉。箱包制造和商贸物流是白沟镇的主导产业。箱包业是白沟特色产业，经过30多年的发展，已形成了一个辐射周边6个县（市）、55个乡镇、500多个自然村，从业人员超过100万人的区域特色产业集群。拥有规模以上企业350多家、规模以下企业3000多家，形成了从原辅材料生产到成品销售的庞大产业链和产业集群，年产箱包7.5亿只，是全国最大的箱包产销基地。有150多家企业在130多个国家和地区建立了直销窗口或公司。先后被中国皮革协会、中国塑料工业加工协会命名为“中国箱包之都”、“中国合成革产销基地”。商贸物流业发达，拥有箱包交易城、服装城、国际商贸城等十三大商城，形成了集箱包、服装、鞋帽、食品、小商品、五金、机电、灯饰、建材、电子、汽配、汽贸等十几大行业为一体的综合商贸集群，经营面积超过300万平方米，引进国内外知名品牌8000多个，日上市商品超过150大类，200多万个品种，2012年市场总成交额达506.4亿元。东、南、北三个物流园区货运线路通达全国所有县级以上城市，货物年吞吐量超过1200万吨。

白沟镇先后被国家发改委等11部委确定为“全国小城镇发展改革试点镇”，被联合国开发计划署命名为“中国可持续发展小城镇试点”。2010年，中央编办、中央农办、国家发改委、公安部、民政部、财政部联合

华润温泉冬景

污水处理厂

中国最受游客喜爱的地方

下发了《关于开展经济发达镇行政管理体制改革试点工作的通知》（中编办发【2010】50号文件），白沟镇被批准为河北省唯一的“经济发达镇行政管理体制改革试点”。

白洋淀温泉城总面积9.53平方公里，是1992年经国务院批准建立的省级开发试验区，并被省政府批准为省级旅游度假区、省级经济技术开发区。拥有独特的“三水”资源：一是白洋淀水：白洋淀为国家AAAAA级景区，历史悠久，风景如画，一年四季景随时移，是国内著名的旅游胜地。二是温泉水：地下蕴藏着极其丰富的高品质温泉资源，具有埋藏浅（500—1500米）、储量大（821亿立方米）、温度高（70—90摄氏度）、水质好（富含锂、锶、钠等多种对人体健康有益的矿物质）的特点。三是矿泉水：经地质矿产部鉴定，是国内罕见含有多种人体所需微量元素的天然含“硒”矿泉水，被誉为“神泉秀水”。白洋淀温泉城依托“三水”资源，以打造环京津地区高端商务休闲中心和旅游度假基地为目标，以香港华润集团、北京城建集团和香港中基集团等企业为龙头，已完成投资近百亿元，建成开放了华润大学、芦乡国际等一批品质高、功能完备的旅游休闲项目。初步形成了集温泉疗养、高端商务、会议培训、休闲度假于一体的多业态综合旅游休闲产业带。

白沟新城组建以来经济发展迅速，组建初期各项经济指标增速一度超100%，出口创汇连续三年增速达100%，创造了“白沟新城速度”，目前白沟发展速度趋于平稳，各项经济指标平均增速在30%以上。

白沟国际化新城全面升级工程启动仪式现场

国际商贸城

箱包交易城

温泉城旅游码头

物流仓储产业园

曹妃甸化学

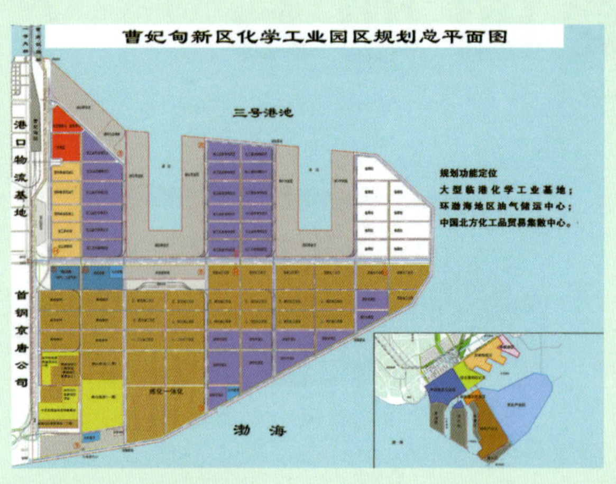

曹妃甸工业区是国家批准的首批国家循环经济示范区之一。位于环渤海经济圈的核心位置、河北沿海经济隆起带的中心区域；距北京220公里，距天津120公里，交通便利。

曹妃甸化学工业园区位于曹妃甸工业区东南部，北临三号港池，西邻首钢，东、南濒海，起步区规划面积32平方公里，东部发展备用地68平方公里。园区南部集中建设大型炼化一体化项目，向北依次布局基础原料项目、综合化学品项目和化工新材料项目，形成自南向北，装置由重而轻、原料递次供应格局；园区北部集中布置化学品码头、仓储、物流、贸易等项目。

一、发展愿景　着力打造世界一流化工基地。园区开发建设遵循“一体化”理念，通过对区内产品项目、公用辅助、物流传输、环境保护和管理服务的整合，致力于为入区投资者提供最佳的投资环境。园区产业规划定位集中概括为“一个主体、两大特色、三类支撑”，即以石油化工为主体，构建大型化学工业基础；以外向型一体化为产业特色，化工新材料和特种化学品为产品特色；以碳一化工、盐化工及化学品物流为支撑，形成多种产业类型相融合的一体化产业网络。全力打造以千万吨级炼油项目为龙头的大型临港化学工业基地、环渤海油气储运中心和中国北方化工品贸易集散中心。

二、园区独具六大发展优势　化学工业园区的开发建设具备得天独厚的优势。一是交通便捷：曹妃甸港区与韩国仁川港、日本长崎港、神户港联络的海运航线十分顺畅。曹妃甸后方交通网络发达，已经形成对接环京津、环渤海、面向三北，连通全国的路网体系。公路通道包括：唐承、京沈、城区环城高速、唐津、唐港、沿海高速、唐曹高速等，铁路通道包括：大秦、京秦、迁曹铁路，以及正在建设的张唐铁路，将构成曹妃甸通往全国的重要通道。另外，曹妃甸到唐山三女河机场80多公里，全程高速相通，航空条件也十分便利。二是港口条件优良：曹妃甸是渤海沿岸唯一不需开挖航道和港池即可建设30万吨级大型泊位的天然港址，已建成2-30万吨级泊位共计47个，形成 2.5亿吨港口吞吐能力，可建设5-10万吨级液体化学品码头的岸线长达11km，已建成5万吨级液体化工码头泊位2个。三是土地资源丰富：土地全部填海造地所成，附近没有居民区，不涉及居民拆迁，环境容量大，为临港化工产业提供了充足的用地。四是资源禀赋良好：曹妃甸拥有丰富的原盐、石油、天然气资源，发展化工产业所依赖的资源组合条件完备，目前，30万吨级原油码头年接卸能力达到2000万吨；LNG码头年接卸能力设计450万吨；区域内原盐年产量达到200多万吨，曹妃甸超大型海水淡化装置排放的浓盐水可提供原盐资源。五是政策环境优越：2011年，国务院批复《河北沿海地区发展规划》，曹妃甸开发建设上升为国家战略；2012年7月，综合保税区获国务院批复，优惠政策与洋山港保税区同等；2013年1月2日，曹妃甸

25万吨矿石码头　　曹妃甸煤炭码头　　中石化320万方原油商业储备基地项目实景图

工业园区

京沈高速公路

国家级经济技术开发区获批。曹妃甸独享省级四税“定额分享、超收全返”财政优惠政策，入区企业可以享受税收、人才、贷款等多方面的财政扶持。六是人才优势：唐山市拥有8所大学，各种专业技能学校218所，在校学生18万余人，可满足企业用工需求；唐山地区劳动力成本低廉，并且一直低于全国平均水平；京津巨大人才储备和强大的研发能力可提供强有力的人才、技术支撑。

三、园区开发建设日新月异 （一）是基础设施配套日益完善。为加快项目建设，推动产业聚集，园区不断加大基础设施和市政工程建设力度。修建道路21.5公里，年底前园区形成南北贯通、局部成环的路网主骨架，排涝河道、雨水、电力、供水、生活污水、生产污水、通讯等市政管网建设同步建成；污水处理厂一期1万吨/年工程、110KV变电站工程、入海排污口工程正在启动建设，计划2014年5月底建成。（二）是产业聚集成效显著。截至2013年5月底，园区共实施重点产业项目15个和贸易项目1个，总投资853亿元，其中：投产项目1个，总投资26亿元；在建项目10个，总投资约452亿元；新开工项目1个，投资20亿元；前期项目3个，总投资355亿元；贸易项目1个，注册资本1亿元，已完成工商注册并正式运营。（三）是龙头项目取得突破。中石化曹妃甸千万吨级炼油项目，是由中国石油化工集团公司投资，北京燕山石化公司建设，总投资270亿元，占地3780亩，主要建设1200万吨/年炼油和100万吨/年PX装置。目前，该项目已经取得国家发改委“路条”，已进入核准阶段，未来将逐步建成世界一流的炼化基地。

四、园区未来5年的主要任务及工作重点 依托良好的港口条件及周边原油、煤、盐化工产业基础，以炼化一体化项目、新型路线制烯烃等产业为主导，积极向下游延伸产业配套，重点发展精细化工、化工新材料、特种化学品等高附加值、高科技含量产品，突出焦化副产品苯、C4、C5、氢气等资源综合利用的循环经济特色。未来拟建成与周边产业配套性强、外向型特点显著、循环经济特色突出的化学产业集群，成为国内领先、世界先进的大型、综合、现代临港化工产业基地。

30万吨级原油码头

联系方式
地址：河北省唐山市曹妃甸工业区化学工业园区管委会
邮编：063210
电话：0315-8825666
传真：0315-8825666
邮箱：cfdchem@126.com

液化码头

迁曹铁路

华润电厂

沧州渤海新区

河北农业大学渤海校区

盛泰国际大酒店

中捷区域面积为268平方公里，总人口4.2万。2012年，中捷实现社会总产值245亿元，GDP90亿元，财政收入38.2亿元。财政总量位居河北省省级开发区第一，全国农垦第一，沧州县市区第三。

中捷源于友谊，走在体制前沿。中捷成立于1956年，前身为“国营中捷友谊农场”，历经47年的农垦体制和近5年的开发区体制，于2007年，成为渤海新区核心区，享受省委、省政府赋予渤海新区的各项优惠政策。2012年，规划人口100万，面积110平方公里的沿海中心城市——黄骅新城并入中捷区划。港、产、城的结合部位以及高标准的城市与产业规划，受到广大客商的关注。

休闲宜居宜业成为中捷城市的品味。休闲是中捷的品位，宜居是中捷的追求。多年来，中捷斥巨资完成了城市、产业、生态项目的总规和控规以及部分项目的修建性详规。在中捷，五星级酒店和高尔夫球场建成营业，成为沧州地区一张靓丽的名片；世博欢乐园一期建成开馆，实现了文化旅游项目零的突破；中斯合作的尼特拉葡萄酒堡，成为一座休闲、娱乐的公园式庄园；七星湖公园集游乐、休闲、水系为一体；河北农大渤海校区与北京中医药大学东方学院的落户，浓厚了中捷的人文气息；北师大附属学校项目也已经开始前期建设。目前，

中海油厂区远眺

晨练

七星湖公园

广场夜景

中捷产业园区

万人徒步

中捷正在倾力打造沿河的“一线三点”、 绕城的“两环两带”、城区的“一海一岛”三大景观带。

五大创业版块科学规划中捷经济发展蓝图。五大园区的规划和建设，使中捷占据了园区聚商的制高点。石化工业区，占地40平方公里，中海油中捷石化等石化企业百亿元投资落地，产能达效后，中捷“千亿元收入、百亿元财政”的目标不再遥远；海滨经济区，占地50平方公里，投资13亿元的中铁物流项目和投资38亿元的午易家居物流港项目，将把中捷打造成为煤炭、粮食等散杂货的中转站，集陶瓷、建材物流、商贸、交流、科研、展览、购物于一体的华北地区建材集散物流中心；高端制造区，占地30平方公里，目前已报批省级高新技术开发区，该区域以科研、信息、高端制造为主，并利用中国低航线新机遇，打造中捷自己的航空城；现代农业区，投资70亿元，占地50平方公里，致力于国家级现代农业示范区的打造，集科技、高效、有机、生态、标准、会展、娱乐、休闲、观光为一体；城市建设区，占地面积40平方公里，其中黄骅新城起步区面积26平方公里，主要致力于国际旅游、商务休闲、总部经济、科技创智、综合服务等方面的打造；14平方公里的老城区，主要任务是去旧立新，“田园生态城，渤海创智谷”已经成为中捷城市的新航标。

中捷产业园区正在实施三五年质变发展的大战略。中捷人正以满腔热忱欢迎四方来客，这里不仅是投资的热土，还是生活的乐园。

北京奥运会期间，捷克霍夫采民乐团来中捷演出

消夏晚会

中捷斯文化交流

沧州名人高尔夫

芳泽佳苑小区

休闲新区、经济

鹿泉市委书记　郝竹山

鹿泉市位于河北省西部，西倚太行山，东、南、北三面呈月牙型环绕省会主城区，面积603平方公里，山区、丘陵、平原各占三分之一，辖9镇、3乡和2个省级开发区，208个行政村，户籍人口39万，区域居住人口近50万，是省会中部片区组团城市之一，省市定位是“省会西花园”。近年来，鹿泉市围绕建设“休闲新区、经济强市、幸福鹿泉”的奋斗目标，全力加快转变发展方式，着力改善“两个环境”，持续加大民生投入，开创科学发展新局面。

历史文化源远流长。有文字记载的历史达4000多年，战国时称石邑，隋设立鹿泉县，唐改称获鹿县，金、元时称镇宁州，明清恢复获鹿县建制。1994年5月经国务院批准，撤销获鹿县，设立鹿泉市。境内现存土门关、十方院、铁行会馆等文物古迹29处。

整体经济趋稳向好。2012年，全市生产总值完成290亿元，同比增长5.8%；三次产业占比达到7.2：59.2：33.6；财政收入完成20.8亿元，公共财政预算收入完成10.9亿元，分别增长21.3%和16.7%；农民人均纯收入、城镇居民人均可支配收入分别达到11271元、21598元，分别增长12%、11.1%。

产业结构加速升级。牢固树立“抓项目就是抓发展”的理念，先后引进建设了长城影视、河北融投、光谷一期、康师傅饮品、中友机电等一批重大优质项目，逐步形成了以休闲服务和电子信息、轻工食品、装备制造、新型建材为主的“1+4”特色产业新格局，2012年主导产业提供税收占比达到66.5%，基本实现了资源型经济向多元化新型经济转变。

生态环境日趋优化。坚持环境带动全局战略，着力加强生态环境建设。实施了西柏坡高速、西山等绿化工程，森林覆盖率达到36.46%。拆除了55家企业的80台3米以下水泥磨机、801座料仓，关停了全部13家采石企业，淘汰水泥落后产能1085万吨、采石510万方，削减粉尘1200吨，被评为河北省环境保护目标管理优秀市。

市委市政府大院

高尔夫球场

强市、幸福鹿泉

城乡面貌焕然一新。实施了总投资7.9亿元的20项重点城建交通工程。市政广场、高温水入城一期、太平河景观提升、会馆路综合市场等竣工投用，建成区污水处理率达到95.3%，集中供热率提高到89.7%，绿化覆盖率达到42.5%，连续三次荣获河北省“宜居城市金奖”。获平路、衡井线、装院路、石环北斗路连接线等通车，公路密度达到1.44公里/平方公里。完成了石铜路、307国道等6条干线治理，市乡村投入1.5亿元用于农村环境整治，90%以上的村达到街道整洁、村容靓丽的标准。

鹿泉市市长　周永会

社会事业全面进步。认真落实民生财政增长机制，重点实施智有所强、老有所养、病有所医、弱有所助、住有所居、居有所安“六有幸福工程”，2012年用于民生领域的财政资金达到5.7亿元，基本实现了城乡养老、医保、低保、健康档案、优质教育以及乡村文化站（室）、标准化卫生室等惠民政策的全覆盖。顺利通过国家级义务教育发展基本均衡市验收，成为全国唯一的慢性非传染性疾病防控和卫生应急“双示范市”。

石家庄科林电气股份有限公司

石家庄君乐宝乳业有限公司

中国最大的山门——抱犊寨南天门

抱犊寨夕阳卧佛

高邑县 华北建陶之都 河北蔬菜强县

2012年十大重点项目集中开工仪式

高邑县位于石家庄最南端，县域面积230平方公里，辖三乡三镇一个办事处，107个行政村，人口20万，耕地25万亩。

区位优越交通便利。北距石家庄、南距邢台各50公里，历史上有“枕京师而扼南国，倚太行而控东溟”之称。京珠高速、107国道、京广铁路、京广高铁、石邢公路纵贯南北，连接晋冀鲁的393省道横穿东西，是“西煤东输”重要通道。京广高铁“高邑西站”是石家庄以南、河北省境内唯一一家县级站点，辐射周边七县260多万人口。南水北调中线干渠从县域西部穿过，并留有出水口。

工业经济发展迅猛。规划建设了凤凰山开发区、城东工业区、锌业园区三个工业园区，2012年成功申报省级经济开发区。全县形成了建陶、化工、纺织三大传统特色产业。建陶产业是石家庄十大特色产业之一、“河北省建筑陶瓷特色产业基地”、“河北省中小企业特色产业集群”，拥有企业50余家，生产线60多条，年生产能力1.8亿平米，年销售收入47亿元。氧化锌企业27家，生产线106条，年生产能力9万吨，产品销往全国各地和东南亚、欧洲等20多个国家和地区，2009年被石家庄市列为全市50个产业集群之一。纺织产业纺纱能力50万锭，其中精梳精纺能力20万；织机1万多台，年产各种坯布3亿米，年销售收入20亿元。

特色农业初具规模。蔬菜产业种植面积达到10万亩，形成了3大蔬菜园区、44个蔬菜专业村，是河北省30个蔬菜强县之一，被农业部命名为“全国无公害蔬菜丰收计划项目示范县”。苗木产业大苗基地达到1.5万亩，多次获得“全省绿化造林先进县”、“全省农田林网建设先进单位”等荣誉。

招商引资项目签约仪式

70岁以上老人生活补贴发放仪式

建陶产业基地生产车间

蔬菜产业化项目区

现代化纺织基地生产车间

丰宁满族自治县

丰宁位于河北北部，全县总面积 8765平方公里，是河北面积第二大县，辖9镇17乡、309个行政村，总人口40万人，少数民族人口占总人口的70.8%，满族人口占62.3%。2005年被河北省确定为扩权县，2010年被列为河北省环首都经济圈14县之一，2010年再次被国务院扶贫办确定为扶贫开发重点县。2012年，全县完成生产总值78.9亿元，增长13%；财政收入10.01亿元，增长24%；全社会固定资产投资105亿元，增长24.5%；城镇居民人均可支配收入13332元，增长12%；农民人均纯收入4020元，增长15.9%。

重点项目集中开工仪式

丰宁发展优势明显：一是近邻京津，区位优越。县城距北京界18.5公里，怀丰一级路贯通后，到北京市区仅为90分钟，近邻北京高端消费市场，央企、跨国公司、知名学府、科研院所集聚，人才、资本、智力密集；北靠内蒙、西近山西两个重要的大能源、大化工基地，合作潜力巨大。二是历史悠久，文化底蕴深厚。是天下第一鸟“华美金凤鸟”的故乡，红山文化、龙山文化、山戎文化几经兴替，农耕文化与草原文化水乳交融，满蒙文化繁荣发展壮大。清朝设四旗厅，乾隆皇帝取“丰芜康宁”之意御批设立丰宁县，1987年经国务院批准成立满族自治县。是当代著名诗人郭小川的故乡。满族传统文化各具特色，滕氏布糊画获得民间工艺最高奖山花奖，作品《和平昌盛图》与“凤凰宝象瓶”被人民大会堂收藏，丰宁满族剪纸相继被评为国家级和世界级非物质文化遗产。三是地域辽阔，资源富集。全县有耕地108万亩，正常年份粮食产量2亿公斤。有林地面积606万亩，草场面积736万亩，森林覆盖率46.23%。已探明钼、铁、金银、铂钯、油母页岩等金属、非金属矿藏30多种，钼资源储量位居全国前列。水资源丰富，潮河、滦河发源于丰宁，分别占密云水库、潘家口水库水量的56.7%、13.6%，是京津重要的生态屏障和水源地。四是气候宜人，风光秀丽。境内山川、森林、草原、峡谷、温泉、古洞、奇松等旅游资源呈多样化分布，天蓝水清草绿，空气质量优良，负氧离子丰富，是天然的氧吧。京北第一草原获得“中国最佳休闲旅游目的地”称号，平均海拔1400米，年平均气候1.4℃，夏季平均气温17.5℃，是距离北京最近的草原和理想的消夏避暑胜地。

正在建设中的奶牛养殖小区

京北第一草原风光

九龙松

丰宁县城全景

承德 

张庆伟省长(左二)在市委书记郑雪碧(左一)和市长赵凤楼(右三)陪同下视察兴隆抗洪救灾情况

市委书记郑雪碧(右三)在丰宁县凤山工业聚集区视察

承德市位于河北省东北部，南邻京津，北倚辽蒙，是环京津、环渤海及冀辽蒙交界地区的重要城市，全市总面积3.95万平方公里，辖8县、3区、1个高新技术产业开发区，205个乡镇，2516个行政村，161个居民委员会。总人口376.92万人，其中农业人口262.9万人。

承德地处燕山腹地，地域广袤。北部是七老图山脉，有茫茫林海，广袤草原；中部属燕山山脉，为低山丘陵区，林木茂盛；南部属燕山山脉东段之延续，峰峦重迭，峡谷幽深。海拔200—1600米，最高峰雾灵山2118米。属亚温带向亚寒带过渡地带，半湿润半干旱、大陆性季风型气候，四季分明，光照充足，昼夜温差大，年均气温8.9C0，无霜期160天左右。夏季多温凉，冬季少严寒，年降水量350—650毫米。

承德历史悠久，旅游资源得天独厚，风格奇特，素有“紫塞明珠”之美誉。境内文物古迹荟萃，自然风光秀丽，民俗风情浓郁。始建于1703年的避暑山庄及周围寺庙，是世界现存最大的皇家园林和寺庙群，1994年被联合国教科文组织列入世界文化遗产名录，从而使承德步入了世界文化名城的行列。拥有中国十大风景名胜、全国旅游胜地四十佳、国家重点风景名胜区、中国摄影之乡等多项桂冠，是国家甲类开放城市。

承德物产资源丰富。境内有滦河、潮河、辽河、大凌河四大水系，年径流量37.6亿立方米，是北京、天津和唐山市的重要水源地，潘家口水库93.4%、密云水库56.7%的水来自于承德。全市有林地面积2580万亩，草地面积2800万亩，分别占河北省的47.1%和43.7%，森林覆盖率55.8%，是京津的重要生态屏障和绿色食品生产供应基地，是华北地区最大的食用菌生产基地，是中国北方地区重要的中药材生产基地。已发现的矿产有128种，开发利用50种。超贫钒钛磁铁矿资源居全国第二位，是除四川攀枝花外唯一的大型钒钛磁铁矿基地，已探

市委书记郑雪碧(左)和双滦区御祥园社区居民在一起，并亲切鼓励社区小“画家”为社区做贡献

市长赵凤楼(右四)、常务副市长宋立民(右一)出席与中关村战略合作协议签字仪式

明储备量3.57亿吨，超贫钒钛磁铁矿资源量75.59亿吨；黄金产量居河北省第一位；钼、银、铜、铅锌和花岗岩、大理石等资源丰富。

承德经济稳中有进。面对主要工业品市场持续低迷的复杂经济环境，全市上下紧紧围绕年初既定目标，认真贯彻落实“323”（“3”即““5+2”现代产业体系”、中心城市和县城建设、扶贫攻坚三项重点工作；“2”即产业发展和融资两个平台；“3”即基础设施、生态环境、软环境三个支撑）经济发展战略，坚持“稳中求进、好中求快”的主基调，强调度、解难题、求突破，整体经济企稳回升基础不断巩固，主要指标实现预期。初步核算，2012年全市完成生产总值1180.9亿元，增长10.5%，高于全省平均水平0.9个百分点，居省内各市第二位。其中第一产业增加值185.2亿元，增长4.6%，居各市第一位；第二产业增加值625.4亿元，增长13%，居各市第一位；第三产业增加值370.3亿元，增长9.4%，居省内各市第七位。规模以上工业平稳较快增长。全市入统工业企业434家，全年共完成增加值484亿元，增长13.8%，高于全省水平0.4个百分点，居省内各市第六位，保持态势。固定资产投资高位运行。全市完成全社会固定资产投资1022.1亿元，首次突破千亿元大关，增长30%，增速连续10个月居全省各市第一位。消费品市场有所回暖。全年实现全社会消费品零售额345.9亿元，增长15.5%，与全省平均增速持平，居省内各市第七位。消费价格指数持续回落。居民消费价格总水平8月份出现反弹后继续回落，到12月又上涨了1.9个百分点。全年居民消费价格上涨2.1%。“两个收入”稳步增长。2012年，全市城镇居民人均可支配收入16832元，同比增长11.9%，其中市区城镇居民人均可支配收入18706元，增长12.4%。全市农民人均纯收入5546元，增长12.4%。财政收入平稳增长。全市实现全部财政收入175.5亿元，同比增长14.4%，其中一般预算收入86.5亿元，同比增长16.1%。节能降耗平稳推进。全市规上工业综合能耗858.5万吨标准煤，同比增长6.4%，规上工业单位增加值能耗同比下降6.52%。单位GDP能耗同比下降4.01%。

市委书记郑雪碧在津承深化合作项目推介会上作主旨推介演讲

赵风楼市长(右二)陪同国务院扶贫办主任范小建(右一)在滦平调研

市委书记郑雪碧(左)与正在给山楂树剪枝的农民交流

市长赵风楼(右三)在承德高新技术产业开发区调研

市委书记郑雪碧(右)与村民代表亲切攀谈

承德市双桥区
打造靓丽核心区

外八庙周边环境整治及城郊村改造工程于2010年2月启动，历时100天圆满完成涉及6081户2万余人的拆迁工作，拆迁面积150万平方米。2012年5月，常务副省长杨崇勇视察拆迁改造工作。2012年底，已开工建设回迁房62.6万平方米，其中27.5万平方米基本竣工

双桥区是承德市委、市政府所在地，是承德市中心城区，北、东、南同承德县接壤，西部与双滦区毗邻。境内有驰名中外的避暑山庄和外八庙，是理想的旅游胜地。

历史悠久，文化底蕴丰厚。拥有5000年的红山文化、300年的山庄文化，形成了博大精深、独具特色的“大避暑山庄文化”。

风景优美，旅游资源丰富。坐落在辖区内的避暑山庄及其周围寺庙是全国首批十大文明风景旅游区示范点，中国十大风景名胜之一，1994年底，被联合国教科文组织列为世界文化遗产。近年来，市、区两级政府投入大量资金，对闻名遐迩的避暑山庄和外八庙进行大规模整修、对周边环境进行彻底整治，避暑山庄著名的“康乾七十二景”已有40景整修完毕，外八庙中有7座寺庙对游人开放，2010年启动实施了外八庙景区周边环境整治工程，景区周边环境得到极大改善。

近年来按照市委、市政府的要求，圆满完成了中心广场、城南立交桥、迎宾大道、五烈河橡胶坝等重点工程的拆迁、安置工作，市区居民的生活环境得到极大改善

双峰寺水库是海河流域“十二五”唯一一座大型水库，也是我省“十二五”最大的水利项目之一，被列为全省“一号”水利枢纽工程

《帝苑梦华》是中国首部大型原创多媒体皇家歌舞诗，它撷取了最具文化特质、最富民族意韵、最富丰沛情感的承德元素，是一台诗意映现承德皇家文化、佛教文化、民俗文化、生态文化和多民族文化融合发展的舞台演艺精品

建设国际旅游城

交通便利，区位优势明显。总投资18.4亿元的“四纵五横”城市道路和改建工程，完善了城市路网，提高了通行能力，有效地改善了市区道路的交通状况。“一环八射”的高速公路规划，总建设规模约1000公里，京承、承唐、承朝、承秦已建成通车。另外，随着民用机场和京沈高铁的开工建设，必将使双桥成为连接京津辽蒙，辟通港口、连接周边大中城市的重要枢纽。

多措并举，发展环境优越。近年来高度重视优化发展环境工作，通过制定空港城招商引资政策、产业项目建设会商办法，实行招商项目全程代办制，减少行政审批环节和审批事项等一系列措施，不断强化服务意识，提高行政效率，努力营造风清气正、开放文明、尊商重商、安商富商的浓厚社会氛围，为企业发展提供良好的发展环境，努力实现企业、政府、百姓的多方共赢，推动全区经济社会平稳快速发展。

2012年，全区乡村旅游经营户达到240余户，从业人员达2300 余人，共接待游客70 万余人次，实现旅游收入1400 余万元

承德市碧峰门民俗文化街是全省重点旅游文化产业建设项目，是承德市第一条商业文化街。总投资4亿元，占地总面积4.81万平方米，总建筑面积6.8万平方米，全街长约1.09公里住

承德北部新城，总规划面积35平方公里，力争用五年左右时间，建成商、旅、文、卫、体育有机而高效联动发展的区域，构建承德现代服务业聚集区和现代物流产业聚集区

平泉县 辽河源头 中国菌乡

张杰辉副省长在平泉调研

第二届契丹文化研讨会在平泉召开

平泉位于冀、辽、蒙三省交界区，素有“京冀门楣、通衢辽蒙”之称，全县总面积3296平方公里，辖10镇9乡1个街道办事处、260个行政村11个社区，总人口48万。是国家扶贫开发工作重点县、可持续发展示范区，是省少数民族县、统筹城乡发展试点县和重点培育的中等城市。平泉地理位置优越，承朝高速、锦承铁路、遵小铁路、101国道、平双公路、平铁公路“六线”汇聚，四通八达，是内蒙东部的出海通道，连接东北与华北的交通要道。平泉文化积淀深厚，是契丹民族的发祥地，有大长公主墓、窦景庸墓等古墓群160多处，“契丹始祖传说”被列入国家非物质文化遗产名录，享有“契丹祖源 圣地平泉”之美誉。平泉自然资源丰富，已探明矿产资源40多种，开发利用20多种。全县森林覆盖率达56%，是中国七大河流之一辽河的发源地，是华北地区最绿的县份之一。

2012年，平泉县面对复杂严峻的经济形势，全县上下紧紧围绕区域中心城市建设核心目标，着力稳增长、调结构、统城乡、增活力、惠民生，凝心聚力、砥砺奋进、攻坚克难，进一步巩固了经济平稳较快发展、社会和谐稳定的良好局面。

综合实力不断增强。预计实现地区生产总值120亿元、同比增长16.5%；全部财政收入17亿元、增长18.2%，其中公共财政收入7.15亿元，增速高于财政收入增速3.2个百分点。完成固定资产投资120亿元、增长24.4%；社会消费品零售总额38.1亿元、增长16%；城镇居民人均可支配收入16300元、农民人均纯收入6300元，同步增长11%。居民储蓄余额91.5亿元，增速高于GDP增速4.7个百分点。

开放引资成效显著。累计谋划千万元以上项目1333个，其中百亿元以上8个。争取民族县现场办公承诺支持项目299个、资金33.9亿元。成功签约油画创意产业园等千万元以上经济合作项目96个、总投资260亿元，其中

平泉城市建设新貌

平泉县郭杖子乡梓椤树社区新民居

契丹祖地 神州碳都

亿元以上33个。引进县外资金53.6亿元、增长27%，其中社会性资金41亿元、增长31.8%。

重点建设成果丰硕。累计实施北方食用菌交易市场等千万元以上项目209个、完成投资88.2亿元，其中亿元以上53个、完成投资56.2亿元。汽车产业园等6个项目列入省重点，远奥飞机组装制造等14个项目列入市重点，规模与数量稳居全市首位。

杨汭副省长参观山庄集团

工业加快转型升级。累计实施舒适园林工具等千万元以上生产性项目107个，完成投资35.1亿元。金盛绿色建材等50个项目试产投产。实现规模工业增加值41亿元、增长22.8%。传统产业升级步伐加快，鸿泰鑫汽车线束等28个技改扩能项目完成投资12.7亿元，山庄、泉力分别跻身省企百强和民企百强。新兴产业培育初见成效，青山锂电池等25个新兴产业项目完成投资12.8亿元，远奥首架飞机亮相珠海航展，希翼风光互补路灯成为一道靓丽的城市风景。工业聚集区新入驻企业9家、总数达91家，主营业务收入90亿元、增长20.8%。

农业特色愈加凸显。新建各类设施园区1.3万亩。食用菌品种和层级结构调整取得突破性进展，总量达3.4亿袋，产值稳居全国县级第一，被列为中国绿色食用菌十强县。新增设施园艺5885亩、新造林7万亩、新增养殖大户218户。四大主导产业提供农民人均纯收入4420元。完成大田作物结构调整6.2万亩，被评为全国粮食生产先进县。重点项目“1860”计划稳步推进，累计实施润隆工厂化生产双孢菇等亿元以上项目18个，完成投资8.05亿元。市级以上龙头企业和专业合作社分别达56家、480家，均居全省县级首位。

商贸物流加快拓展。平泉经济开发区晋升为省级经济开发区，《物流产业聚集区总体发展规划》获省批复。华北物流中心、汽车产业园、万城新天地商城、再生资源回收利用基地加快建设，玉宇明珠特色商业街、家乐家双桥二店、亮达国际酒店完成主体，客官国际、泽州酒店通过四星级评定。“8890”家政网络服务中心开通运行，“家电下乡”保持全市首位。

辽塔

首届中小型风力发电系统多领域应用高层论坛在平泉召开

泽州园博物馆

文化产业实力增强。乐舞《契丹传说留人间》编排演出，展示平泉元素电影《我是你是我》、《州官传奇》拍摄完成。四大文化产业园加快建设，辽河源旅游路建成通车，“飞瀑迎宾”二期、“九龙蟠杨”保护工程稳步推进；“中华菌文化网”试运行，中国食用菌协会文化专业委员会主任委员单位落户平泉；活性炭科技创意城、炭宝来养生保健品研发项目确定选址，华净活性炭产业园竣工投用，展馆对外开放；酒文化博物馆、文化广场即将开工，园区路网加快建设。休闲旅游蓬勃发展，新开发精品线路2条。被命名为省“文化产业十强县”。

滦平县 环首都绿生态经济

河北省委副书记赵勇来滦平县调研

十八大精神宣讲

滦平县位于河北省东北部，全县总面积2993平方公里，辖20个乡镇、1个街道办事处，200个行政村、9个居委会，总人口31.5万，以满族为主的少数民族人口19.4万，占总人口的61.8%。县内区位优势明显，交通便捷，东部和东南部与双滦区、承德县为邻，西部、西南部与北京市怀柔、密云两县接壤，北部与丰宁、隆化毗连，西南距北京市区165公里，东与承德市区毗邻；京承高速、京通铁路、101国道、112线贯穿全县，是内联京津、外通辽蒙的交通枢纽。县内资源丰富，景观独特，历史悠久，文化底蕴丰厚。目前已发现可利用矿产30多种，其中铁矿资源远景储量达30亿吨，占承德市的30%以上；境内有潮河、滦河两大河流，是京津两市的重要水源地。被誉为“万里长城，金山独秀”的世界文化遗产金山岭长城是国家一级旅游景区，目前正在争创5A级景区；白草洼国家级森林公园，是华北地区自然植物群落保存最好的景区之一；境内小兴洲是与山西洪洞齐名的中国历史上八大移民基地和十大寻根圣地之一；清代御路、行宫、敕建寺庙等历史文化遗址、遗迹都具有很好的开发前景。

近年来，滦平县紧紧围绕“提速、增效、进位”的总体思路和目标，以“科学发展、富民强县”为主题，以加快转变经济发展方式为主线，以环首都绿色经济圈建设为统领，解放思想、真抓实干，各项工作都取得了新成效。县域经济综合实力稳步提升。2012年，全县生产总值达到122.5亿元，增长12.5%；全部财政收入达到20.1亿元，增长16%；全社会固定资产投资完成110亿元，增长29%；社会消费品零售总额达到27.7亿元，增长16.4%；城镇居民人均可支配收入达到18092元，农民人均纯收入达到4871元，分别增长14%和18.9%。民营经济实现增加值100亿元，同比增长10.7%，在全省综合排位中列第4位，被省政府评为民营经济发展先进县。

未来五年，滦平要以三大重点经济板块为率先突破，构建循环型矿业、战略新兴产业、休闲旅游服务业及生态型农业等四大经济产业体系，推动经济转型与跨越发展，全力打造承德国际旅游城市的精品板块，建设环

两城创建评审会

转山湖风景区

金山夕照

色经济圈
发展先行区

首都绿色经济圈生态经济发展的先行区、转型发展的示范区和科学发展的样板区。

按照这一发展定位，滦平县十二五期间整体发展目标是：到2015年，全县生产总值、工业增加值和全部财政收入比“十一五”末增长两倍，分别达到260亿元、110亿元和36亿元，城乡居民收入分别达到27000元和6800元，年均增长15%和14%。县域经济综合实力在全省排位前移到30位以内。县城建成区面积达到15平方公里、县城人口达到10万人，全县城镇化率达到50%。产业结构调整取得突破性进展，生态型现代产业体系初步形成。覆盖城乡居民的基本公共服务体系逐步完善，社会保障水平进一步提高。以金山岭生态文化旅游经济区建设为突破口，逐步将旅游业培育成为县域经济的战略性支柱产业，同时带动第三产业的快速发展，保持国民经济平稳较快发展的强大后劲，推进县域经济社会的跨越发展，将滦平县建设成为联接北京世界级城市和承德国际旅游城市这一国家级精品旅游走廊上的重要支点。

2012年5月9河北省委常委、常务副省长杨崇勇来滦平县考察

项目合作签约仪式

省驻滦平扶贫工作队对接仪式

县城景观

隆化县
河北大米之乡

省政府副省长龙庄伟、省政协副主席段惠军来隆化县督导检查工作。图为领导视察县金风电控设备有限公司

隆化县是国务院确定的国家扶贫重点县和河北省政府确定的民族县。下辖25个乡镇（辖362个行政村）、1个街道（辖5个社区），总人口43.89万人，其中满、蒙、回等少数民族人口25.7万人。

2012年，隆化县委、县政府面对外部环境复杂多变、矛盾困难较多的形势下，带领全县人民以邓小平理论和“三个代表”重要思想为指导，深入贯彻落实科学发展观，认真执行省委、省政府的各项决策举措，牢牢把握稳中求进、稳中求好、好中求快工作主基调，加快转变经济发展方式，扎实做好稳增长、调结构、惠民生、促和谐的各项工作，大力加强经济、社会、文化建设，全县经济社会发展呈现出稳中有进的良好态势。全县完成地区生产总值98.2亿元，同比增长11.5%，其中第一产业增加值24亿元，同比增长3.9%，第二产业增加值 50亿元，同比增长16.1%，其中工业增加值43.1亿元，同比增长16.2%，第三产业增加值24.2亿元，同比增长10.3%。完成全部财政收入12亿元，同比增长20%，其中县级收入4.94亿元。全社会固定资产投资85.7亿元，同比增长29.6%；社会消费品零售总额26.7亿元，同比增长15.2%；城镇居民人均可支配收入15997元，同比增长10.2%；农民人均纯收入4552元，同比增长10.2%。

工业经济在加快调整中实现逆势攀升。矿产品开采加工、装备制造、农副产品加工三大主导产业实现稳步发展，工业经济在宏观形势异常艰难的情况下实现稳步提升。49家规模以上企业完成总产值92.8亿元，增加值36.7亿元，上缴税金6亿元，同比分别增长16.5%、17%和10.4%。工业经济结构逐步优化，支撑能力和发展后劲日益增强。2012年，全县新增民营企业50家，个体户1300个，民营经济实现营业收入220亿元，完成增加值60亿元，上缴税金11亿元，民营经济已成为县域经济发展的主力军。

省级农业产业化龙头企业承德格林公司扩建项目竣工投产

隆化县与浙江美欣达集团有限公司、北京高科能源投资有限公司签订隆化县地热资源整装勘查与综合开发深化合作协议

隆化县与云南云天化国际化工股份有限公司、河北远通矿业有限公司和北京华夏建龙矿业科技有限公司共同投资80亿元建设的铁磷资源综合回收及120万吨缓控释肥项目实现签约

中国书法之乡

省委常委、副省长聂辰席来隆化县就旅游产业发展进行调研

农业经济在结构优化中健康发展。加大结构调整力度，推动种养殖基地上规模、上水平，“肉牛、蔬菜、杏果、水稻”四大主导产业规模得到进一步巩固，中药材、草莓、食用菌等特色产业呈现加速发展态势。2012年，农林牧渔实现产值41.6亿元，同比增长4.2%，粮食总产量达32万吨，实现四连增。肉牛饲养量达44.88万头，其中存栏27万头，蔬菜种植面积达到17.2万亩，总产量逾43万吨，杏果基地面积超102万亩，果品产量达3万吨，水稻播种面积稳定在23万亩，其中绿色食品水稻16.3万亩。中药材种植面积6万亩，成功争列省级中草药种植基地县。食用菌发展到1600万棒，草莓和蓝莓种植分别达到400亩、200亩，实现了快速起步。全县市级以上产业化龙头企业38家，比2011年新增10家，其中省级重点龙头企业4家。全县拥有各类农民专业合作社261家，完成工商注册220家，其中省级示范社3家、市级示范社14家。产业化经营率达到63.7%，农业产业化发展水平显著提升。隆化县被确定为全国蔬菜生产重点县、省级标准化肉牛示范区和省级粮食生产大县。

第三产业在蓬勃发展中拓展提升。借势森林、温泉等养生资源，加快融入承德国际旅游城市和环京津休闲旅游产业带，投入旅游开发资金4亿元， 4个投资过亿元旅游项目加快推进，枫水湾森林温泉城正式运营，曼陀罗世界山庄和靠山店休闲农庄成功入选“河北省首批四星级农家乡村酒店”，七家-茅荆坝森林温泉旅游区纳入承德市五大精品旅游板块之一，全年接待游客75万人次，实现旅游收入3亿元，同比分别增长22%和108%。围绕产业融合，加快文旅联动，拓展提升现代服务业。“中国书法之乡”正式授牌，“八大怪”、“隆化中幡”收入第四批省级非物质文化遗产名录。商贸物流业活力增强，新增商品零售经营面积3万平方米，乡村连锁超市和农家店总数达到330家。2012年实现外贸出口额471万美元，比上年增加151万美元，增长147%。金融业服务县域经济发展的能力不断增强，各项存款余额78.06亿元，贷款余额52.2亿元，存贷比达到66.9%。餐饮、建筑、家政等服务业呈现快速繁荣发展。

省重点、隆化县总投资12亿元的阀门工业园项目开工奠基

隆化县奥体中心竣工投用剪彩

隆化县与北京部分行业项目对接洽谈会

河北省御

2012年7月23－24日，河北省委常委、宣传部长艾文礼一行来该场调研。（左为艾文礼，中为御道口牧场场长徐卫东）

御道口牧场地处河北省最北部的坝上地区，西接内蒙古多伦县，东部、北部与机械林场相连，南部与围场县毗邻，距历史文化名城承德市260公路，距首都北京400公里，全场总面积149.5万亩，其中林地面积60余万亩；天然草场80余万亩。海拔1230米至1820米，有植物50科659种，野生动物100多种，山野珍品数十种，是国家4A级草原森林风景区和省级自然保护区。2012年共接待游客42.8万人次，实现旅游直接收入1158万元，实现社会收入近1.5亿元。

御道口牧场现有25个自然村，总人口6986人，其中职工2200人，以汉、满和蒙古族为主。2012完成全场生产总值12278万元，增长21.6%；完成固定资产投资1.59亿元；实现利税4468万元，增长22.35%，农民人均纯收入达到6055元，增长26.1%；城镇居民可支配收入达到14260元，增长20.3%。

2012年1月8日，召开了全场经济工作会议

御道口牧场1953年建场，始称御道口畜牧场，当时隶属于原热河省农业厅，1955年热河省建制撤销，归属河北省人民政府农林厅领导。1972年划归承德地区行署领导。1974年改属河北省农林局。1980年—2003年3月隶属于河北省农垦局。2003年4月河北省农垦管理体制改革后隶属于承德市人民政府，实行计划单列、财政单列，在业务上接受市直各职能部门的指导，在市直各职能部门授权下行使职能。

这里四季分明，春夏绿草如茵，山花烂漫；秋季层林尽染，野果飘香；冬季银装素裹，玉树琼花。这里与最大的皇家园林承德避暑山庄遥相辉映，成为京承黄金旅游线的重要组成部分，是环京津休闲旅游产业带的最佳休闲度假目的地。先后荣获“十佳游客满意度风景名胜区”“中国最佳旅游品牌景区”、“中国十佳森林公园”和“中国明星旅游目的地”等殊荣。这里曾是清代皇家猎苑木兰围场的一部分，是清朝康、乾年间的皇家避暑、狩猎胜地，木兰围场七十二围中该场就占有六围。康熙练兵台、御泉、卧牛盘、天梯梁、翠花宫、古御

城镇基础设施建设日趋完善，城乡统筹呈现新面貌。2012年实施城建项目20个，完成投资1.03亿元

改善民生尽心竭力，和谐稳定开创新局面。实施棚户区改造工程，解决480户职工群众住房困难.

道口牧场

道等历史遗迹，蕴含着丰富的清代皇家文化内涵，神仙洞、桃山湖、太阳湖、月亮湖、百花坡、大峡谷、龟山等自然景观令人叹为观止，流连忘返。

近年来，场党政以富民强场为目标，强力推进“林业、畜牧业、旅游业、清洁能源”四大主导产业进程，形成以四大主导产业为支撑的经济发展格局。这里风能、太阳能资源丰富，清洁能源发展前景广阔。以“皇家、生态、民俗”为特色的休闲旅游业快速发展，成为京北黄金旅游线上的一棵璀璨的明珠。丰富独特的资源禀赋、优美怡人的自然风光，深邃厚重的历史内涵、风情浓郁的满蒙民俗，共同赋予了这片富饶与神奇的土地。勤劳朴实的御道口牧场人民在场党政的带领下，正以只争朝夕的精神，同心协力，艰苦奋斗，全面开创全场经济社会又好又快发展的新局面。

生态建设成绩显著。图为御道口牧场育苗基地一角

热情好客的牧场人真诚期待各级领导、各方宾朋、各地客商来御道口考察指导、旅游度假、投资兴业、共创美好未来。

总投资7.5亿元的承德御道口500KV输变电工程开工建设，为风电税收超亿元的目标打下了坚实的基础

四星级标准御道口大酒店和枫林苑大酒店先后投入使用，景区接待档次显著提升

桃山湖

景区基础设施明显改善，四条廊道全部贯通。投资近700多万元的冀运旅游服务公司桃山湖、大峡谷、太阳湖环保车项目正式投入运营

完成投资近1800万元太阳湖景区包装工程，提升了景区核心景点的档次

张家口市

区委书记　陈晓明

中央政治局委员、中央书记处书记、中央宣传部部长刘云山调研“大境门”景区

区长王亚军调研明德南地下商业街

桥西区位于河北省张家口市城区西北部，地处燕山西部大马群山余脉翠屏山南麓，蒙古高原与华北平原的过渡地带。辖区集高山、大川、平地于一体，风光独特。气候属暖温带与中温之过渡带的东亚半干旱大陆性季风气候，一年四季分明，夏季炎热短促；秋季晴朗冷暖适中，年平均气温7.8℃，无霜期144天。桥西区辖1个镇、7个街道办事处、20个行政村（包括2012年8月托管的万全县苏家桥村）、38个社区居民委员会。总面积118.39平方千米，耕地面积204.37公顷。总人口21.54万人。

历史源远流长，文化底蕴深厚：位于桥西区的张家口堡（堡子里、下堡）是张家口市区的发源地，明宣德四年(1429年)建立，历经明、清、民国直至解放后的今天，虽然已经走过了五百八十个春秋，但仍保存着深厚的历史记忆和灿烂的文化遗存，是我国大中城市中为数不多、保存完好的明清古街区之一。建于明洪武二十六年（公元1393）的赐儿山云泉禅寺，距今已有600余年的历史，寺内庙宇众多、树异洞奇，是中国北方佛教文化的一朵美丽奇葩。兴起于明末清初的“张库大道”（张家口—乌兰巴托）端点，就在桥西区的大境门外。当时大量的皮毛、茶叶、绸缎等大宗商品经此进入蒙俄及东欧市场，使张家口成为中俄、中蒙物资贸易的重要通道和主要集散地，到清朝末年，已发展成为中国北方仅次于北京的第二大商埠，与南方的广州并称为“陆水双码头”。 见证了张家口皮都形成和兴旺，建于清乾隆四十七年(1782年)的水母宫，四周榆柳环合，松青柏翠，草木繁茂，建筑古朴灵秀，庙内塑有峨冠彩披的水母娘娘像，庙下一股泉水喷涌而出。驰名中外的古长城关口之一 “大境门”，建于清顺治元年（公元1644年），距今已有360多年历史，历来都是兵家必争之地，是扼守北京的北大门。

地理位置优越，交通便利：桥西区北靠内蒙古大草原，南接华北平原，西连煤都大同，东屏京都大道，局京、冀、晋、蒙之要冲。区域内路网结构完善，基本形成了主城区与西外环、北外环等城市快速路相互通，城市快速路与张石、丹拉等高速公路相连接，区内任意节

十九中学新教学楼

举行桥西医院扩建暨南营坊社区卫生服务中心新楼落成揭牌仪式

占地50亩的古道珍禽生态园，养殖孔雀等珍禽3000余只

桥西区

点均可在15分钟内驶入高速公路的路网框架。桥西区是张家口市的主城区，张家口市的发祥地，是全市的政治生活中心、文化教育中心，商贸物流中心、旅游服务中心。

旅游资源丰富：桥西区西北部的浅山丘陵区，奇峰异石遍布，植被茂密，具有浓厚文化历史的赐儿山云泉禅寺、水母宫等旅游景区散布山间。近年来，经实施“增绿添彩”和城市面貌三年大变样等重点建设工程，又开发建设了多处旅游景区：西太平山景区、西泽园景区、小白山景区、八角台景区等遍布林间。与城区内的堡子里、大境门景区等共同构成了桥西区丰富的旅游资源。

区长　王亚军

尚峰广场夜景效果图

总建筑面积5.2万平方米的大境门步行街

万株大树进城工程后，城区清水河岸边绿化景观

投资1000余万元修建40公里的森林防火通道

宣化县 打造新兴 建设强市

县委书记　郝富国

省长张庆伟视察宣化县园区建设

宣化县地处河北省西北部，张家口市中心腹地，东靠京津，西接晋蒙，南连中原腹地。总面积2052平方公里，总人口28万。

无可比拟的区位优势。宣化县地处环首都经济圈的重要节点，东距首都北京150公里，南距天津新港250公里，西距“煤海”大同180公里，北距陆路港口内蒙集宁170公里，是环渤海经济带和晋冀蒙经济带交汇处的区域中心，是连接东部经济区和西部资源区的重要纽带，具有吸纳京津产业转移、承接西部资源输送的独特区位优势。

便捷完善的交通网络。宣化县境内拥有京包、大秦、宣庞，以及拟建在建的张唐、蓝张、京张城际6条铁路，宣大、京藏、张石、张承、京新5条高速公路，110、112两条国道，紧邻张家口海关和军民合用机场，已构成集“陆、海、空”为一体的现代化交通体系，初步具备了对接华北、面向全国、沟通世界的能力，交通极为便利。

丰富多样的资源禀赋。境内现已发现金、银、铁、煤、钼、镁、膨润土等矿产资源近30种，储量巨大、极具开发潜力。其中膨润土探明储量1.33亿吨，位居河北省第一位、全国第三位；沸石探明储量693万吨，位居河北省第三位；黄金储量达80吨，位居全市第一；铁矿探明储量1亿吨，远景储量1.55亿吨；煤炭探明储量1.7亿吨，远景储量3亿吨，矿产资源非常丰富。

高效发展的现代农业。以发展现代农业为主攻方向。全县规模以上养殖基地超过40个，蔬菜种植稳定在8万亩左右，正邦、华信等一批产业化项目落户。先后荣获“全国粮食生产先进县”、“全国生猪调出大县”、“全国生猪标准化示范县”和“河北省肉羊标准化规模养殖示范区”、“河北省粮食综合生产能力提高较快

明湖大桥

居民住宅小区景观

生猪标准化养殖基地

盛华氯碱项目一角

蔬菜标准化种植基地

发达的装备制造

产业隆起带
名城核心区

县”、“河北省推进社会主义新农村建设先进县”等荣誉称号。

充满活力的发展前景。依托优越的区位、交通、资源等优势，宣化县坚持以“两区”（园区建设、新区开发）为主抓手，着力打造环京津产业高地、冀西北宜居福地、张家口核心组团，全县发展潜力巨大，发展势头良好，前景极为广阔。东山高新技术产业集聚区。规划总面积18.9平方公里，其中起步区3平方公里，现已成功获批省级高新技术产业开发区。园区自建设以来，累计投资7亿多元，完成起步区“十通一平”基础工程，可满足项目建设各种要求。园区着重培育新技术、新材料、新能源、生物医药等现代产业集群，将成为张家口市高新技术产业发展的重要基地。望山循环经济示范园区。规划总面积12.1平方公里，以“循环、高效、绿色、环保”为鲜明特色，现已被列为省级循环经济示范园区和省级工业经济综合利用示范基地。园区开工建设以来，累计完成投资8亿多元，实施了道路、供排水、污水处理等“十通一平”基础工程，可为项目入驻提供强有力的基础保障。目前，总投资137亿元的盛华氯碱基地、金隅建材项目已试车生产。沙岭子现代商贸服务区。规划总面积6.8平方公里，定位为发展现代汽贸物流、高端服务产业。现已引进全国500强企业——庞大集团投资建设西北总部基地项目，并配套星级酒店、会展中心等高端服务设施。南山产业集聚区。规划面积24.2平方公里，目前，吉利集团沃尔沃汽车制造项目已落户，成为全国第三家沃尔沃汽车生产基地。其中，总投资125亿元的整车生产、总投资32亿元的发动机生产项目已开工建设。依托吉利集团在全国和世界汽车制造领域的影响力，将整合海关监管、公铁联运等现代物流服务体系，着力打造辐射三北、面向全国、服务国际的汽车装备制造及运输产业体系，发展前景极为广阔。洋河新区。规划总面积32.8平方公里，将着力打造全市政治、经济、文化中心。目前，“三横四纵一桥”路网工程和多项公共设施项目已开工建设，城市框架已全部拉开，土地一级开发条件成熟。未来，这里将成为全县基础设施建设、商住服务发展、产业集中集聚的主阵地。

县长　王小军

洋河新区效果图

新天绿色能源办公大楼

东山园区

赵川文化广场

张北县 中国

2012年7月，全国政协主席贾庆林考察高效节水示范区

张北县地处河北省西北部，内蒙古高原南缘的坝上地区。全县共辖18个乡镇、366个行政村、1158个自然村，总人口36.5万人，其中农业人口30.5万人。全县总面积4185平方公里，其中耕地面积151万亩、林地面积183万亩、草地面积151.3万亩。

历史悠久，是底蕴深厚的文化之城。境内存有战国（燕、赵）、秦、汉、南北朝（北魏、北齐）、明、清六代长城。战国“无穷之门”位于坝头野狐岭一带，为赵长城北部最重要的关隘。北魏置怀荒镇。辽金时期为皇家重要的“纳钵”之所、帝后巡幸之地。辽代属西京道归化州。金设抚州。元代为朝廷“腹里”，大德十一年元武宗海山建中都于旺兀察都（今元中都遗址属国家级重点文物保护单位）。明初置兴和守御千户所。清雍正二年，属张家口理事同知厅。民国二年改厅设县，属察哈尔特别行政区，苏蒙烈士陵园建于此，因位于张家口之北而得名。1928年属察哈尔省。1952年改隶河北省，先后为察北专区和坝上五县合并后县府所在地。2005年被列为河北省首批扩权强县之一。

张北伊利液态奶二期扩建竣工投产，新上12条生产线，生产能力达到日产液态奶790吨

区位优越，是距北京最近的草原之城。地处坝首，背靠内蒙，面临京津，扼南北交通之咽喉，俗有“坝上重镇”之称。古“北方丝绸之路”--张（张家口）库（仑）商道纵贯全境。县城距北京225公里，距石家庄560公里，交通便利。207国道、张化、张商等六条国省干线和张石高速公路聚集辐射，构成了以县城为枢纽的交通运输网络，使张北成为京津唐、晋冀蒙重要的交通枢纽和物流中心。

气候独特，是夏季如秋的凉爽之城。县内海拔1400—1600米，有塞外第一高峰——桦皮岭，年降雨量350毫米左右，无霜期90—110天，年均气温3.2℃，有距北京最近的坝上草原，自然风光秀美，天蓝、云白、草碧、水清，气候凉爽宜人，夏季气温一般不超过30℃，是夏秋避暑和生态休闲旅游胜地，有“夏季爽天下”之美称。

资源丰富，是有机天然的原生态之城。农产品以冷凉作物为主，主要盛产甜菜、蔬菜、杂豆、亚麻、马铃薯、裸燕麦等，是晋、冀、蒙重要的畜产品集散地和华北地区重要的牛羊肉肉食品生产基地之一。境内风能可开发资源达500万千瓦以上，是国家级优质风能资源区；矿藏已发现和探明金银、铅锌、铁、褐煤、硅藻土、萤

低碳经济示范县
十佳文化旅游明星县

石等4大类型38个矿种。褐煤、铅锌、铁等主要矿藏储量分别达4.6亿吨、144万吨和500万吨。其中，蔡家营铅锌矿是我国罕见的特大型多金属矿床，储量位居全省之首；海流图硅藻土矿是华北地区最大的硅藻土矿。

第四届张北草原音乐节被誉为“中国最环保、最绿色、最原生态的大型户外音乐节”

全国热气球锦标赛

县医院门诊急诊楼竣工启用，成为区域医疗卫生服务中心

蔡家营铅锌矿是我国罕见的特大型多金属矿床，储量位居全省之首，年生产能力达75万吨，2012年产年产值达56746万元

逐步将佳圣现代农业科技示范园区建成河北省规模最大的智能联动温室。图为无土栽培

以风光储输为代表的新能源产业效益向好，被评为“中国低碳经济示范县”。图为4万千瓦太阳能光伏发电

高效节水示范区膜下滴灌

博天糖业原料种植基地

加速崛起的“草原水城”

县委书记、县长　郭有和

闪电湖风光

沽源县位于河北省西北部坝上地区，全县总面积3654平方公里，辖4镇10乡，共233个行政村，总人口23万人。

沽源气候独特，生态良好。平均海拔1536米，年均气温2.1摄氏度。滦河、白河、黑河发源于此，境内有水域面积6.1万亩、林草面积420万亩，是京津地区重要水源地和生态功能区。原生态的自然环境造就了闪电河湿地、滦河源、五华草甸等优美景观，其中闪电河湿地是河北省唯一一处国家级湿地公园，并成功入选“中国特色旅游最佳湿地”。沽源历史文化底蕴深厚，曾是辽、金、元三代帝王的避暑胜地，境内有察汗脑儿行宫、元代梳妆楼、九连城遗址、历代长城、张库古商道等多处历史文化遗址。这为发展旅游业奠定了得天独厚的基础。

沽源资源丰富，前景广阔。340万千瓦的最佳风能，600多万千瓦的优质太阳能，储量相当的铀资源为新型能源发展奠定了坚实的基础；错季蔬菜、奶牛、肉牛、肉羊、食用菌等特色农牧产品享誉全国，被誉为“出自最佳生态环境的绿色有机食品”；优质褐煤、铀钼、铅锌、沸石等20余种矿藏遍布全县，其中钼、褐煤、沸石三大矿藏储量分别达到11万吨、3.37亿吨和10亿立方米。

沽源区位优越，蓄势待发。207国道和半虎线、宝平线、张沽线三条省道纵横贯穿，张石、张承、二秦高速和蓝张铁路“三高一铁”交通路网加速构建，重点打造以食品加工、包装、集散、信息、金融等现代服务业为主要内容的现代商贸物流城，将成为链接张承蒙的旱码头、辐射京西北的桥头堡，服务京津冀的后花园。

沽源环境开放，商机无限。按照“产业向园区集中、人口向社区集中”的思路，规划建设占地10平方公里的省级经济开发区，为产业发展搭建了良好的载体平台。同时，制定出台了一系列政策规定，形成了一套健全、稳定的投融资优惠政策体系，为投资创业营造了便捷、优越、开放、宽松的投资环境。

沽源水城崛起，生机盎然。依托青年湖贯通县城南北、湿地草原环绕县城周边的独特自然禀赋，制定完善了总面积24.5平方公里、可聚集10万人口的草原水城远景规划。水城广场、滨湖公园、青年湖大桥和融金广场等一大批地标建筑已经完成，湿地公园、滦河路、外环路等重大城建项目相继实施，“七横十纵一环水、四园五湖九组团”的城市格局正在形成。生态和谐、品味独特的宜居、宜业、舒适、繁荣的草原水城正加速崛起。

林海

冬韵

风力发电

沽源县

近年来，沽源县深入贯彻党的十八大精神，抢抓建设首都经济圈和环首都扶贫攻坚示范区的重大机遇，牢牢把握“发挥县域特色、加快发展步伐、致力跨越赶超、实现绿色崛起”主基调，全力构建生态旅游、现代农业、食品加工、清洁能源、矿产开发、商贸物流“六位一体”的现代产业体系，突出城乡统筹、扶贫攻坚、项目建设、改善环境、社会事业、社会管理六项重点，树正气、树信心、树形象，切实提升干部队伍素质和管理水平，为全面建成小康社会努力奋斗。以滦河源、沽水福源、五花草甸为代表的28个景区景点，年接待游客超过86万人次，实现旅游综合收入7亿元；全县风电项目累计装机容量达到88万千瓦，并网发电达到78万千瓦；一批肉牛深加工、獭兔深加工、马铃薯深加工等农业产业化龙头企业正在兴建；460铀钼矿治综合回收项目实现投产达效，高端沸石开发，煤化工、煤电路一体化项目正在成为沽源的攻坚目标。

昨天的沽源给人以朴实的精神，今天的沽源给人以实干的力量，明天的沽源给人以厚实的希望。在这古老神奇、天赐神韵的草原上，沽源正和着时代的音符，以其独特的魅力直击长空、赢得未来！

“草原水城”鸟瞰效果图

元代梳妆楼古墓葬

五花草甸风景区

滦河源风景区

现代农业

天鹅群集

尚义县——

县委书记　孙海东

尚义县位于河北省西北部，内蒙古高原南缘。县域总面积2600.98平方公里，辖7镇7乡，172个行政村，622个自然村，总人口19.44万人；平均海拔1300米，年均气温3.5℃，属首都绿色屏障保护地。全县气候环境宜人、生态环境良好、区位优势独特、矿产和农牧资源丰富，被誉为塞外的“香格里拉”。

狠抓项目建设，37个重点项目集中开工

生态良好，旅游资源丰富。境内自然景观古厚真璞，保持着完好的原生态植被，自然风貌南北迥异，以坝缘为界，坝上地区风清气爽，天高云淡，绿草如茵，人情醇厚，农耕文明和游牧文化于此交融，流淌着独特的地域气息；坝下地区峰峦叠嶂，沟壑纵深，层林尽染，碧水潺潺，气候舒适宜人。独特的气候条件和原生态自然环境造就了大青山森林公园、石人背地质公园、察汗淖湿地等风貌迥异的自然景观。尚义文化底蕴深厚，曾是辽、金、元、清皇家避暑狩猎的胜地，境内有仰韶文化遗址、北魏柔玄镇遗址、明长城遗址、张库大道等多处历史人文景观。现已建成风电山庄、察哈尔私人牧场、五台蒙古营、七彩山庄等旅游度假区，是避暑、休闲、度假和养生的理想之地。

区位独特，交通便利快捷。地处晋冀蒙三省交界处，西临内蒙古，南接山西省，毗邻京津，是河北省的“西大门”，是“京津冀经济圈”、“晋冀蒙经济圈”的交汇地，境内110国道、东尚公路、张尚公路、白郭公路和张集铁路纵横贯穿，构成了“三纵六横”的交通路网，是“承南接北、东出西联”的重要交通枢纽。借助独特的区位优势和便捷的交通优势，开工实施了西环路服务区、商贸城等建设工程，引进了小蒜沟综合物流园区等建设项目，为发展商贸物流业奠定了坚实的基础。

资源丰富，发展前景广阔。境内风力资源充足，属风能资源丰富区，绝大多数时间内风速处于可利用范围

加快设施农业发展，各类蔬菜棚室发展到1300个

全面推广高效旱作农业，粮食实现稳定增收

全面建成无公害绿色、错季优质蔬菜生产基地，2012年被列入国家蔬菜产业重点县

塞外“香格里拉”

内，年满负荷利用时数平均在2200小时以上。全县风电装机容量和并网发电容量分别达到150万千瓦和135万千瓦，已建成全市首个百万千瓦风电基地。境内光照充足、昼夜温差大，发展绿色农业得天独厚，建成高效节水蔬菜双万亩园区1处，两千亩以上园区5处，千亩以上示范基地8处，发展各类养殖园区74个、养殖专业村112个，以绿色蔬菜和绿色肉制品为主的30多个农产品品种，畅销海内外10多个国家和地区，被评为“全国农业节水示范县”、“全国蔬菜产业重点县”。境内矿产资源丰富，主要有稀有金属、能源矿、有色金属、赤铁矿、石墨、硅藻土、紫砂页岩等10类40多个矿种，极具开发和利用价值。

县长　高　领

深度挖掘文化旅游资源，加快推进旅游产业高起点发展

坚持集约高效发展理念，着力提升工业经济发展水平

不断壮大风电产业开发建设规模，全力打造工业经济新引擎

全力打造坝上风情、欧陆特色、农牧山水文化城市品牌

察汗淖尔国家湿地公园2012年12月通过国家湿地评委会审查，正式批为国家级湿地公园

着力改善生态环境，风清气爽、水净河畅的宜居宜业环境初步形成

中国剪纸

县委书记　王志军

2012年5月12日　刘云山等首长一行在中国剪纸第一街视察

蔚县古称蔚州，又名萝川，殷商时期为古代国地，战国归赵，秦时为代郡，北周宣武帝时（公元580年）始置蔚州，民国年间改州为县至今。蔚县位于河北省西北部，张家口市最南端，处在三山（恒山、太行山、燕山）交汇一河（壶流河）纵贯，连结两省（河北省、山西省）通衢七县（涿鹿县、涞水县、涞源县、灵丘县、广灵县、阳原县、宣化县）的重要位置，县域东西横距74.55公里，南北纵距71.25公里。全县呈盆地状，总面积3220平方公里，辖22个乡镇、561个行政村，总人口49.79万人，农业人口41.65万人。

蔚县文化底蕴深厚。境内名胜古迹不胜枚举，有东亚人类起源地的泥河湾遗址，雄伟壮观的赵长城遗址，挺拔隽秀的南安寺塔，斗拱飞檐的玉皇阁，风格独特的暖泉西古堡“瓮城”，梵唱缭绕的重泰古寺，京西现有保存最完整的蔚州古城，还有最负盛名的古堡和戏楼。境内现有文物遗存点1613处，其中国保9处，省保30处，是全国第二、河北省第一国保文物大县，被誉为“河北省古建筑艺术博物馆”。民间艺术独具风情，蔚县是“中国民间艺术之乡”、“中国剪纸艺术之乡”、“中国剪纸艺术研究基地”。蔚县剪纸被列为第一批国家级非物质文化遗产名录，2009年被列入《人类非物质文化遗产代表作名录》。拜灯山、蔚县秧歌被列为第二批国家级非物质文化遗产名录；打树花、蔚县古民居建筑艺术被列为省级非物质文化遗产。

蔚县生态资源独特。自然风光千姿百态，堪为京西旅游胜地。南部深山区有34万亩原始森林，生长着1310余种植物和47种动物；海拔2158米、面积33平方公里的“空中草原”，生长着美丽圣洁的奥地利国花—雪绒花；飞狐峪被誉为大秦古道，是3000多年前的南北丝绸之路。海拔2882米的小五台山为河北第一峰，是国家级自然保护区和军事禁区，充满着神秘感，是登山爱好者的乐园。

蔚县煤炭资源丰富。是全国100个重点产煤县之一，煤田总面积264平方公里，现已探明储量20亿吨，远景储量40亿吨，是河北省尚未大规模开采且保护较完整的煤田，素有“燕赵煤仓”之称。其他矿产资源有铁、

第三届剪纸艺术节开幕

天下奇绝—打树花

艺术之乡——蔚县

锗、锰、金、萤石、重晶石、大理石、石灰石、云母、石棉等30多种。

蔚县农业特色鲜明。杏扁产业基地面积达50万亩，是“中国仁用杏之乡”、“河北省优质仁用杏基地”。烟叶产业享誉省内外，是河北省第一烤烟大县和张家口卷烟厂原料供应基地。中部河川地势平坦，土地肥沃，水源充沛，历史上就是京西著名的“米粮川”，蔚县“桃花米”明清年间与济南章丘“龙山小米”、山西沁州“黄小米”、金乡县“金米”并称为全国“四大贡米”而久负盛名，如今的“蔚州”牌贡米为国家绿色食品指定标志产品，荣获“全国信誉名优产品”称号。

县长　燕旺林

现代设施农业产业园开工

蔚县交通优势明显。蔚县处于京津冀、晋冀蒙两大经济圈和环渤海都市圈重合地带，国道109线、112线与省道下广线、天走线纵横交贯全境，沙蔚地方铁路建成通车，张石高速全县贯通，京蔚高速西段奠基开工。高速路网建成后，县境内将形成贯通南北、连接东西的“十字型”高速路网，全县出境口达到8个，蔚县将成为重要的陆上物流港。

蔚县是革命老区。1929年建立党组织，1932年建立中共蔚县工作委员会，老一辈无产阶级革命家聂荣臻、杨成武等曾在这里战斗过，是原最高人民检察院副检察长张苏、狼牙山五壮士班长马宝玉的故乡。

风电

生活垃圾处理场

蔚县古州衙效果图

蔚县电厂

蔚县经济开发区鸟瞰图

怀来县 中国葡萄之乡

怀来县重点工作会议

百强企业下县市第一站怀来授牌

河北省着力改善两个环境电视电话会怀来分会场

怀来县地处河北省西北部，东邻北京，西接晋蒙，全县总面积1801平方公里，辖17个乡镇，279个行政村，总人口35.4万人，是全国著名战斗英雄董存瑞烈士的故乡，有新中国成立后修建的第一座大型水利工程——官厅水库，国内规模最大、功能最全、保存最完整的古驿站——鸡鸣驿城，有“中国葡萄之乡”、“中国葡萄酒之乡”的美誉，是首都经济圈重要县区之一。近年来，围绕建设京畿科学发展强县的总目标，以加快转变经济发展方式为主线，坚持绿色发展、和谐发展、率先发展，强力实施“一产抓特色、二产抓提升、三产抓拓展”经济发展战略，实现了经济社会又好又快发展。2012年，全县地区生产总值完成112.3亿元，全部财政收入完成15.5亿元，全社会固定资产投资完成73.9亿元，城镇居民人均可支配收入达到18239元，农民人均纯收入达到8986元。

区位优势明显。怀来县是连接首都和西北地区的交通枢纽，是京西北主要物流集散和客流集中转乘之地，自古就有“塞北通衢”之称。境内有京包、丰沙、大秦、沙蔚四条铁路穿境而过；110国道、宝平、康祁等国省干线纵横交错，京藏、京新等高速公路贯穿全境，全县公路总里程达1172公里。北京市郊铁路S2线延伸至怀来，公交880线也将开通到县城，京张城际铁路即将启动建设，区位优势进一步凸显。

物产资源丰富。已探明矿藏20多种，探明储量13种。有地热资源30平方公里，水温高达88摄氏度，是国家规定的五级高温水，含多种人体必需的矿物质和微量元素。作为著名的“水果之乡”，现有果树栽培面积57万亩，年产各类干鲜果品23万吨，拥有全国最大的八棱海棠、国光苹果种植基地，是全国经济林建设百强县之一。

产业发展迅速。葡萄和葡萄酒产业是县域经济的第一支柱产业，已形成集育种、生产、研发、销售、观光于一体的产业体系。目前，全县葡萄种植面积达27万亩，在建和建成的葡萄加工企业达33家，拥有“沙城葡萄

中法葡萄酒庄园

大发正大肉鸡屠宰加工厂生产线

维克特矿山机械

中国葡萄酒之乡

酒”国家地理标志，“沙城产区”的12大品牌、50多个品种的葡萄酒产品，在国内市场占有率达14%，“长城”葡萄酒被列为2008年北京奥运会指定用酒和2010年上海世博会唯一指定用酒。大力发展装备制造、绿色节能、电子信息、新能源和环保材料五大新兴产业，以电子信息产业为先导的高科技项目达到28个。环京服务业基本形成了以旅游业和现代物流业为重点的发展格局。建成了环湖观光、酒庄品游等10大景区，拥有鸡鸣驿、黄龙山庄等30个旅游景点。成功举办了“中国怀来葡萄采摘暨葡萄酒节”等一系列旅游节日，年接待游客300万人次以上。围绕建设京西北现代商贸物流区，建成京西果菜批发市场、沙城建材大市场等专业或集贸市场22个，年成交额达65亿元。

城市焕然一新。以创建国家园林县城为抓手，立足打造现代化生态型中等城市，加快推进城镇化建设，初步形成“点线面互动结合，人景业融为一体”的城市格局。目前，县城规划面积达52平方公里，建成面积发展到16.6平方公里，全县森林覆盖率达到35%，城区绿化覆盖率达到42%，绿地率达到37.6%，形成了“六纵七横”路网格局。先后被评为“省级园林县城”和“全省城镇面貌三年大变样工作进步县”；2011年，县城沙城镇通过了国家级生态园林城镇专家组验收，2012年荣获河北省人居环境进步奖。

经济工作会议

世界500强企业到怀来实地考察

北宗黄酒

北京市郊S2线开通
怀来首班车北京北站

鸡鸣驿邮驿文化节

长城葡萄酒公司

华美光电子

城区一览

崇礼县：滑雪胜地

县委书记李莉检查矿山企业安全生产工作

崇礼被国家发改委、农业部列为全国蔬菜产业重点县

崇礼县位于河北省西北部，属内蒙古高原与华北平原过度地带，总面积2334平方公里。境内气候冷凉、土质肥沃、水源清洁，是发展错季蔬菜的天然基地。矿产资源储量丰富，有金、银、铜、铁等8大类36种；其中，黄金远景储量140吨，磁铁1.2亿吨，褐煤1.3亿吨，玄武岩10亿立方米。风能储量优厚，达到110万千瓦。生态优越，森林覆盖率达43.1%，是河北省天然次生林面积最大的县份，夏季平均气温19℃，空气中负氧离子浓度达到1万个/立方厘米，是城市的10倍，是休闲避暑的理想胜地。冬季年均降雪量60多厘米，累计积雪量达1米左右，存雪期长达150多天，雪质参数均符合滑雪标准，平均气温零下12℃，平均风速2级，山地坡度多在5度-35度，被誉为“华北地区最理想的滑雪地域”。

2012年，县委、县政府坚持以科学发展观为统领，按照“强势推进，狠抓落实”工作总要求，奋发进取，创新突破，全力做好稳增长、调结构、保稳定、惠民生、促和谐各项工作，较好完成了县十五届人大一次会议确定的各项目标任务，全县经济社会继续保持了平稳较快发展的良好势头。2012年，县地区生产总值完成33.7亿元，同比增长12%。全部财政收入完成6.18亿元，同比增长23.4%；其中地方公共财政预算收入完成3.04亿元，同比增长6.6%；全社会固定资产投资完成47.4亿元，同比增长33.6%，城镇居民人均可支配收入达到16192元，同比增长13.3%；农民人均纯收入达到5145元，同比增长14.8%。

项目建设实现新突破。全县实施千万元以上重点项目113个，总投资310.8亿元，完成投资48.3亿元，同比增长17.2%。列入省市重点项目6个。争取政策性资金1.8亿元。在全市招商月活动中，成功签约百龙新雪国旅游度假区、中国 崇礼国际会议中心和崇礼四季风情度假区项目。总投资250亿元的崇礼太舞四季文化旅游度假区和翠云山国际旅游度假区项目开工建设。

特色产业形成新格局。第三产业增加值完成7.6亿元，同比增长13.5%。2012年，全县共接待游客125万人次，实现旅游综合收入8.37亿元，同比分别增长27.7%和33.6%。成功举办了第十二届中国 崇礼国际滑雪节

夏季休闲避暑、观光度假、生态疗养的最佳胜地

崇礼秋色

万龙雪场

避暑乐园　越野天堂

和冬夏两届中国城市发展论坛。在2012年中国旅游产业发展年会上崇礼县被评为“中国县域旅游之星”十强，“崇礼滑雪”被评为2012年中国体育旅游精品项目和张家口最有影响力旅游产业品牌。第二产业增加值完成19.2亿元，同比增长13.7%。黄金、铁精粉产量分别达到2.5吨和97万吨，两项入库财政收入3.97亿元，占全部财政收入的64.2%。风电累计并网发电30万千瓦。第一产业增加值完成6.9亿元，同比增长5.7%。全县新增设施蔬菜6235亩，累计达到2.95万亩，被评为全国蔬菜产业重点县。

政府代县长白银海深入基层检查指导工作

城市面貌呈现新气象。致力打造精品旅游城市，重点实施了旅游文化新区、行政服务区、市政基础、住房保障、景观建设五大工程。省级园林县城创建完成秀水湾、迎宾园、北国风光、黑山湾四大公园基础工程。旅游文化新区累计完成投资21.4亿元，完成建筑面积56万平米，日韩风情街、酒吧文化城、旅游服务中心等一批项目投入使用，欧式风情小镇进一步彰显。行政服务区开工率达到68.8%。市政工程扎实推进，集中供热新建换热站13个，新增供热面积103万平米，累计达到198万平米，县城集中供热实现全覆盖；完成县城4条街道改造和3条供水管网铺设。住房保障步伐加快，续建424套保障房交付使用，新建496套完成部分主体。城市管理逐步规范，完成长青路、裕兴路、旅游文化新区楼体亮化，雪都夜景特色进一步凸显；建成城市数字化管理指挥中心，城市管理逐步向精细化、标准化、数字化方向迈进。

崇礼县全貌

社会事业开创新局面。2012年全县财政用于民生支出6.2亿元，占公共财政预算支出的71.9%。完成校安工程1.1万平米，县第二幼儿园完成装修。新建县医院主体完工，村卫生室全部实现药品零差率销售，在全省率先建成卫生协管平台。社会保障力度加大，新农合参合率和新农保参保率分别达到95.7%和97%；城乡低保平衡发展；城镇居民和职工医保参保率分别达到95%和96%。就业再就业成效显著，城镇登记失业率控制在4.4 %以内。计生工作常抓不懈，被评为省、市计生工作先进县。国土资源工作扎实有效，被评为全国国土资源节约集约模范县。

荣晨酒店　集住宿、餐饮、休闲娱乐、商务会议、度假养生为一体的五星级度假酒店

城镇面貌　致力打造北京周边以滑雪为核心的精品旅游城市，实施了道路、桥梁、河道、绿化、住房、景观等工程，城市面貌焕然一新

旅游文化新区　集餐饮住宿、文化娱乐、会议会展、主题购物、养生保健为一体，可容纳10000名游客，安排4000人就业的旅游文化服务“黄金宝地”和游客集散中心

魅力钢城

迁安，渤海之滨的一颗璀璨明珠，是一座集历史之韵、文化之魂、山水之秀、文明之风和现代之气于一体的现代化中等城市，有“古韵迁安、绿都水城”的美誉。迁安市位于河北省东北部，地处环渤海经济圈和环京津城市带的重要节点，1996年撤县设市，面积1208平方公里，人口73.6万，共辖19个镇乡、1个城区街道办事处。先后荣获了国家卫生城市、国家园林城市、国家级生态示范区、国家可持续发展实验区、“绿动　2011中国经济十大领军城市”、中国宜居城市等荣誉称号，并跻身第三批国家综合改革试点城市。2012年在中国中小城市综合实力百强评比中列第22位，在中国县域经济基本竞争力百强评比中列第24位。2012年，迁安综合实力进一步增强，全市实现地区生产总值900.9亿元，同比增长14.4%；累计完成全社会固定资产投资379.5亿元，同比增长30.2%；累计完成全部财政收入91亿元，同比增长16.4%，完成公共预算财政收入39亿元，同比增长26.7%；城镇居民人均可支配收入和农民人均纯收入分别达到24400元、14468元，同比分别增长12%和13.9%。

历史悠久，文化底蕴深厚。市内历史文化景观众多，年代跨度较大，其中历史景观包括反映早期人类文明的石器时代遗址爪村遗址（旧石器时代晚期）及安新庄遗址（新石器时代）；反映中国边关文化的长城遗址；以及反映中华民族融合历程的建昌营清真古寺。从大量史料、出土文物及当地传说可以考证，迁安为华夏黄帝文化发源地。文化的源远流长赋予了迁安众多的典故传说，历史上有名的女娲补天、轩辕擂鼓、大禹治水、夷齐让国、老马识途、棒打龙头、唐王征东等典故耳熟能详。

交通便利，区位优势明显。迁安是京东门户，是辐射三北的物流枢纽。迁安地处“京津唐秦承”都市圈的中心位置，是河北省贯彻“东出西联”、“两环带动”经济发展战略的一线地区。境内京沈高速、102国道纵横沟通，京秦、大秦、卑水、迁曹等铁路连接成网，津秦高速铁路在迁安设有客运站，通车以后，1小时可达北京、半小时可达天津，铁路、公路运输可直达秦皇岛港、曹妃甸港、京唐港、天津港，形成了辐射晋、冀、辽、蒙的“三小时经济圈”和

中国银行迁安支行

河北联合大学迁安学院

迁安医院

体育中心

黄台山斜拉桥

钢城路夜景

绿色迁安

通达京津大中城市的“1小时通勤圈”。

经济繁荣，现代产业体系建设步伐不断加快。“四五”转型攻坚计划的坚定实施，使得迁安现代产业体系建设步伐不断加快，精品钢铁业链条延伸、提档升级；装备制造业高端起步、迅速崛起；现代物流业龙头带动、集群跟进；战略性新兴产业和传统优势产业快速发展。近几年，首钢集团、浙江物产、天津物产、芬兰斯道拉恩索公司、河北钢铁集团等世界500强企业和徐州重工、柳州重工、葵花药业、红星美凯龙等中国百强和行业领军企业纷纷入驻迁安。迁安已成为代表世界先进水平的全国最大硅钢生产基地，亚洲最大的线材生产基地，亚洲第二条、中国第一条八色印铁生产线已经投产。迁安还是全国最大的重型矿车、彩印包装和手工地毯生产基地。

政府大楼

右岸新城

风景宜人，旅游资源丰富。迁安市地处燕山南麓，北部与西部地形呈脊背状，中部为滦河河谷平原，内部环境差异非常明显，植被丰茂，风光秀美，有林地面积66.8万亩，林木覆盖率达40%。城市规划区内滦河、三里河穿城而过，龙山、佛山、黄台山三山拱卫，拥有6个超千亩城市公园，实现了300米见绿，500米入园，形成了“一城山色半城湖”的山水园林景观。荣获“中国宜居城市”称号，黄台湖景区被评为“国家级重点水利风景区”，三里河生态走廊获“全国人居环境范例奖”和“世界景观奖”。目前，迁安境内已建有国家AAAA 级景区一个（山叶口景区），AAA 级景区两个（白羊峪长城 旅游区、红峪山庄旅游区），世界文化遗产——长城在迁安境内蜿蜒 45 公里，其中唯一一段 1.5 公里长的大理石长城，堪称长城绝景；国家 AA 级景区5个（灵山旅游区、山叶口旅游区、徐流口旅游区、尚庄成山旅游区、卧龙山庄旅游区）；全国工业旅游示范点两个（贯头山酒工业园区、弘业地毯集团）；河北省乡村旅游示范点一个；全国特色景观旅游名村一个。

长城

中国最具投资价值百强县

滦河晨曦

滦县新城夜景

滦县史称滦州，位于唐山市东部，总面积1028平方公里，辖12个镇、2个街道办事处，504个行政村、26个居委会，人口55万。2012年，完成地区生产总值360.9亿元，比上年增长15.7%，其中三次产业增加值分别为35.9亿元、220.2亿元、104.8亿元，分别增长4.8%、20.2%和10.1%；完成全部财政收入29亿元，其中公共财政预算收入12.28亿元，分别增长25.5%和32.8%；完成全社会固定资产投资190.7亿元，增长28.3%；城镇居民人均可支配收入达到24132元，农民人均纯收入达到10297元，分别增长12.3%和13.8%；全年实施重点建设项目117个，完成投资179亿元。

一产方面。坚持工业反哺农业，注重引导工商资本支持农业发展，加快农业产业化步伐，推进农业现代化进程，全县农业产业化龙头企业累计达到70家，全年实现农业产业化经营总额65亿元，产业化经营率达到72%。成功引进实施伊利集团年产45万吨高端乳制品生产基地项目，建成后将成为世界最大的单体液态奶工厂。实施了首农集团万头养牛基地和农业循环产业园项目，5家规模奶牛养殖厂被评为“河北省畜牧业百强优秀企业”。5000亩现代农业示范区和各镇500亩农业生态园建设初具规模。“郎红棚业”、“响水桥”分别荣获河北省著名商标和唐山市知名商标。二产方面。实施工业强县战略。矿山开采、钢铁冶金、水泥建材“三大”传统产业实现规模以上产值410.4亿元，“四大”工业园区（滦县经济开发区、工业聚集区、装备制造产业园区、榛杨

滦县时代广场全景

工业区）实现规模以上产值333.5亿元，分别占全县规模以上工业总产值的76.2%和61.9%；20家纳税超千万元工业企业实现税收20.5亿元，占全县税收的76.2%。滦州重型工程机械、冀东专用车三期等项目均完成年度投资计划。金地生物质能源装备制造项目成功列入科技创新国家示范项目和战略性新兴产业高端技术项目。建立中北大学博士生产学研基地和中国科学院生物质气化排放控制中试基地，实现了我县企业与国家高级科研院所合作的新突破。完成工业技改和产业延伸项目投资80.8亿元，单位生产总值和单位工业增加值能耗分别下降3.93%和7.6%，化学需氧量、氨氮、二氧化硫和氮氧化合物排放量分别削减2.9%、4.1%、8.6%和3.3%。三产方面。旅游业、商贸业齐头并进、上档升级。滦州古城全年完成投资20亿元，“八大”主题商街（韩国风情街、婚俗文化街、小吃街、民俗街、庙会街、缅玉街、大型餐饮街、休闲养生街）开街，被评为省级风景名胜区；青龙山景区被评为国家AAAA级景区；全年各景区景点接待游客突破600万人次，该县荣获“中国最佳旅游服务示范县”称号。按照五星级标准建设的滦州国际大酒店已经建成，庞大集团汽车产业园项目扎实推进，滦县物流产业聚集区获批省级物流园区。全年实现社会消费品零售总额96.4亿元，增长15.4%。

国家AAAA级景区——青龙山

滦州古城

唐山金地重型水泥机械制造有限公司

滦县司家营铁矿

滦县冀东水泥

滦县伊利乳业

滦州龙山中山公园

滦州国际大酒店

廊坊市

市政府党组成员、市公安局党委书记、局长　王金水

廊坊市公安局下辖12个县（市、区）公安（分）局，分别是广阳、安次、经济技术开发区和东方大学城4个分局，霸州、三河2个市局和大厂、香河、固安、永清、文安、大城6个县局。全市公安机关警力总数4917人，其中市局机关警力1050人。市局内设机构31个（其中综合管理机构9个，执法勤务机构20个，事业单位2个），有交警、刑警、巡警、特警、国保5个副处级单位。全市共有149个派出所，9个看守所，9个车管所，30个责任区刑警队，33个交警中队，11个巡警队，基层一线警力达到4302人，占总警力87.5%。

市公安局党委扩大会议

近年来，全市公安机关以科学发展观为统领，认真贯彻落实市委、市政府和省公安厅决策部署，忠实履行宪法和法律赋予的神圣职责，不断调整工作思路，创新工作方法，完善工作机制，强化自身建设，有力地推动了公安事业的发展进步，有力地保障了各项公安保卫任务的完成，为维护和促进经济社会又好又快发展做出了不懈努力。特别在成功打赢“奥运安保”、“国庆60周年安保”这两场重大战役后，全市公安机关按照“老老实实做好自己的功课、勤勤恳恳办好群众的事情、兢兢业业尽好维稳的职责”三句话的总要求，紧紧围绕解决好影响社会和谐稳定的源头性、根本性、基础性问题，更加注重基层基础建设，更加注重机制创

全市公安工作会议现场

廊坊市公安局战时奖励表彰仪式

社会治安集中整治行动

廊坊市公安局指挥大厅

公　安　局

新，更加注重能力建设，以“六个坚持、六个突破”（坚持公安主责，在“对接并轨”上实现新突破；坚持强制入轨，在公安信息化建设上实现新突破；坚持执法为民，在执法规范化建设上实现新突破；坚持民生警务，在和谐警民关系建设上实现新突破；坚持警务前移，在基层基础工作深化上实现新突破；坚持严格管理，在队伍整体素质提升上实现新突破）为发力点，深入推进“三项重点工作”、“三项建设”和社会管理创新“八大工程”，下好“先手棋”、把握“主动权”、打好“组合拳”，全力推动“环京安全带和京畿平安示范区”建设，忠实履行了“以廊坊稳定拱卫首都安全”的政治责任，出色完成了党的十八大安保这第三场重大战役的“硬任务”，全面提升了维护国家安全和社会稳定的能力水平，实现了公安工作和队伍建设的创新发展、科学发展。

环京县（市、区）全国“两会”安保工作视频调度会现场

廊坊市公安局打黑恶除痞霸“雷霆”行动暨“平安社区”创建活动动员部署会议

2008年，市公安局被公安部评为全国公安机关“三基”工程建设先进集体、全国公安机关“奥运安保”先进集体。2009年，市公安局被公安部授予全国公安机关排查化解矛盾纠纷先进集体荣誉称号。2010年度，全省公安机关执法规范化建设现场会在廊坊召开，推广“廊坊经验”；霸州市公安局被公安部命名为全国公安机关执法示范单位。2011年度，市公安局被授予全国“扫黄打非”工作先进集体称号。2012年度，市公安局被省委省政府评为全省信访维稳工作先进集体，成功承办全国首届“执法公信力”论坛、全省公安机关“实战训练年”活动推进会等大型会议。仅2008年以来，有40人、10个集体受到国家表彰，350人、167个集体受到省级表彰，115人荣立个人一等功，69人、10个集体荣立二等功。

反恐演练现场

王金水局长深入交警一大队督导检查

中国最具投资潜力

霸州市第四届文化艺术节开幕剪彩

霸州胜芳国际家具博览城

四通八达的交通网络

霸州地处河北省冀中平原东部，位于京、津、保三角地带中心，属环京津、沿渤海城市群。全市幅员面积800平方公里，辖7镇5乡、一个省级经济技术开发区、两个省级工业聚集区和两个办事处，383个行政村（街），总人口60万。近年来多次跻身河北省“十强”县（市）行列，先后荣获“全国生态文明先进市”、“全国科技进步先进市”、“中国特色魅力城市”、“中国最具投资潜力百强城市”、“中国最具区域带动力百强城市”、“中国宜居宜业典范市”、首家县级“中国金融生态城市”、“国家国土资源节约集约模范县”称号。

独特而便捷的区位交通。北距首都北京80公里，东临海港城市天津70公里，西距古城保定65公里。京九铁路和津霸联络线、保津和大广高速公路、106和112国道、正在建设的津保城际铁路和规划建设的京九客运专线，在霸州形成四个“黄金十字交叉”。京九铁路京南第一大站——霸州站，为国家二级站，座落在霸州市开发区。市内设地方铁路专用线及货场，货物可直抵香港。保津高速公路自西向东贯穿全市，并于霸州镇、胜芳镇和扬芬港镇各设有一个出口。由霸州驱车至首都机场仅需1个多小时，至天津机场仅需50分钟，至天津新港为1小时。便捷的交通网络使霸州成为华北地区重要的交通枢纽。

科学而清晰的产业布局。三次产业结构发展到5.8：65.6：28.6。充分利用京津市场资源，全力构建以战略性新兴产业为主体、现代服务业和高效都市农业双翼驱动的“一体两翼”现代产业体系。以三大“旗舰”、十大“巨人”、“二十强”、“百颗星”为代表的民营企业成为霸州经济的中流砥柱。以国际温泉度假区、金属玻璃家具产业园和津港工业园为承载的生产力布局持续优化。坚持淘汰落后产能，单位工业增加值能耗逐年下降，超额完成“双

印象霸州鸟瞰图

百强城市——霸州市

三十”和“十一五”减排任务，荣获“河北省环境保护模范城市”称号。

LNG汽车产业园项目签约仪式

浓郁而厚重的城乡文化。按照每年一推动、两年一节点、五年大提升、十年造一城的信念，矢志不移建设文化主题城市。建成了益津书院、华夏民间收藏馆、中国自行车博物馆、中华戏曲大观园、 牛河历史文化公园等一大批精品工程，引进了国家画院创展基地、国家京剧展演基地等“国字头”文化交流平台。全面叫响“文化艺术节”、“四乡一镇”、“月月唱大戏”、“周周小剧场”、“天天办展览”等文化品牌，公共文化基础设施遍布城乡，农村书屋、广播电视、文化大院实现全覆盖，入选首批创建国家公共文化服务体系示范项目。连续十五年保持“全国文化先进县（市）”称号。2011年，中央政治局委员、中央书记处书记、中宣部部长刘云山同志亲临霸州视察，对文化名城建设给予高度评价。

高效而优越的发展环境。以全省“三年大变样”、“三年上水平”为抓手，实施了投资250亿元的100项重点工程，城乡基础功能设施日趋完备，市区建成区面积达到17.6平方公里，城市化率达到55%。两次荣获“燕赵杯”竞赛A组金奖，“三年大变样”名列全省县级市第一，成功创建省级卫生城市、省级园林城市，并被评为全国无障碍建设创建城市、全省新农村建设先进市。积极优化经济发展软环境，不断完善行政审批中心、票据审核中心、统一收费中心等“十大服务中心”服务职能，倾心打造环渤海地区“审批环节最少、办事效率最高、行政成本最低、投资者最满意”的最佳商务城市。

李少春大剧院

温泉之乡—霸州

牤牛河历史文化公园

荣高堂纪念馆

胜芳古镇文昌阁

三河市 科学发展 建设繁荣

时任廊坊市长聂瑞平同志到三河视察项目工作

三河市长谷正海视察矿区源头治超工作

三河市长谷正海视察民生工作

三河因泃河、洳河、鲍邱河三水流经县域而得名，于唐开元四年（716年）建县，1993年撤县设市，2005年被河北省确定为首批扩权县。现辖10镇、5区(燕郊国家高新技术产业开发区、国家级农业科技园区、工业新区、三河经济开发区、新兴产业示范区)、1办（机场办）、5个街道（已建4个，1个正在筹建）、395个村街。幅员面积634平方公里，户籍总人口58万。

三河地处北京东大门，西距天安门和首都机场均30公里、南距天津125公里、东到唐山121公里。“半小时能上天、1小时可下海”是对这里的生动写照。2000年以来，综合经济实力连续跻身“全国百强”、“河北十强”。2012年，全市地区生产总值完成425.1亿元，增长10.1%。全部财政收入完成69.5亿元，增长22.2%；地方公共财政预算收入完成43.2亿元，增长20.8%，位居全省县级榜首。先后获得“全国素质教育先进市”、“全国科技进步考核先进市”、“全国计划生育优质服务先进县”、“全国粮食生产先进县”等荣誉称号。

一产上，共有高油大豆、特色玉米、优质麦、蔬菜专业村52个，蔬菜、特色玉米、食用菌、大豆基地15个，各类规模养殖场638家，重点培育了汇福粮油、福成养牛2家国家级龙头企业。福成

灯塔颂书画作品展开幕式

2012年度总结表彰大会

创先争优
幸福新三河

集团2004年7月在沪成功上市，汇福集团是亚州最大的粮油加工企业之一，“福成及图”和“汇福英文及图”商标评为中国驰名商标。农业产业化经营率保持在70%以上。二产上，以电子信息、新能源、新材料、现代制造为主的“三高”（高端、高新技术、高附加值）产业异军突起，汉能全球研发中心、晶龙太阳能、日本富士星光PS版、韩国世原精工汽车配件等项目不断涌入。三产上，以医疗健康、休闲旅游、现代物流、文化创意为主的“新兴”产业迅速崛起。目前，三河拥有12家星级酒店、3个高尔夫球场和1家马术训练基地等，沃尔玛、家乐福、乐天玛特等世界著名商业品牌，香港胜记仓中国物流城、成功（中国）大广场、港中旅海泉湾、安邦财险后援服务中心、空港物流园等大项目纷纷入驻三河。

三河市长谷正海视察操场社会化开放工作

治超和打击抢栽抢建动员大会

固安县——中国温泉之乡

县委书记薛永纯为新一中揭牌

4月23日，在香港举行项目签约仪式

固安县位于廊坊市中部，北邻北京市大兴区，东接永清县，南为霸州市，西南和西部与保定雄县、高碑店市、涿州市接壤。全县幅员面积703平方公里，辖9个乡镇、3个基层工作委员会：固安镇、牛驼镇、宫村镇、马庄镇、柳泉镇、东湾乡、渠沟乡、彭村乡、礼让店乡、东红寺工委、知子营工委、公主府工委，5个产业园区（其中省级园区4个，分别为固安工业区、固安温泉商务产业园区、固安新兴产业示范区、固安现代物流园区，另有一个大清河产业园区），街道办事处1个。421个行政村，耕地44246公顷，2012年全县总人口450103人；同比增长2.5‰，人口自然增长率2.35‰；非农业人口112503人，同比增长31.5%。

历史悠久绵长。固安古称“方城”，有文字记载始于西周，是一座有着3000多年历史的古城，荆轲刺秦王“献督亢地图于秦”的“督亢”即今固安一带，历史上一直是著名的富庶之地。隋开皇六年始称“固安”。县城北部的永定河为清代康熙帝赐名，寓意“永远安定、国泰民安”。

区位得天独厚。固安位于北京天安门正南50公里，与大兴区隔永定河相望。是省政府确定的环首都绿色经济圈重点县份，也是廊

固安县林城村新民居

固安福朋酒店

国家级非物质文化遗产：固安屈家营音乐会，图为会堂

京南蔬菜生产基地固安

中国花木之乡固安是京南花卉生产基地

中国花木之乡

坊市“大四点”发展格局中的一点。即将启动建设的北京新机场与固安相距不足10公里。

交通便捷通畅。固安域内拥有京九铁路、大广高速、廊涿高速、106国道、廊涿公路等几条交通干道，又有849路环城公交和943、828等过境公交与北京联通，出行十分方便快捷。

资源丰富独特。固安的气候、土壤条件适宜多种农作物生长，有着良好的农业基础。同时，县内还有储量丰富的温泉水、矿泉水两种优质地下水资源。

文化底蕴深厚。长期以来，不同类别、不同起源的文化在固安碰撞、融合，衍生了丰厚的物质和非物质文化遗产。固安柳编、焦氏脸谱、金氏内画享誉全国。屈家营古乐被列为国家级非物质文化遗产，与西安仿唐乐舞、湖北编钟乐、北京智化寺古乐并称“中国四大古乐”，被誉为“音乐活化石”、“中国文化之瑰宝”。此外，小冯村古乐、官庄诗赋弦等也均被列入国家级、省级非物质文化遗产。2007年以来，固安先后被国家权威机构命名为“中国温泉之乡”、“中国钓具之乡”、“中国花木之乡”、“中国民间文化艺术之乡”、“中国矿泉水之乡”。

副省长张杰辉到固安调研

廊坊市委书记赵世洪在薛永纯书记陪同下到慕贤营村调研

固安工业区一角

人民广场

固安城南公园一角

固安县人民广场

固安温泉园区极品酒店奠基仪式

永清县

先进产业聚集地

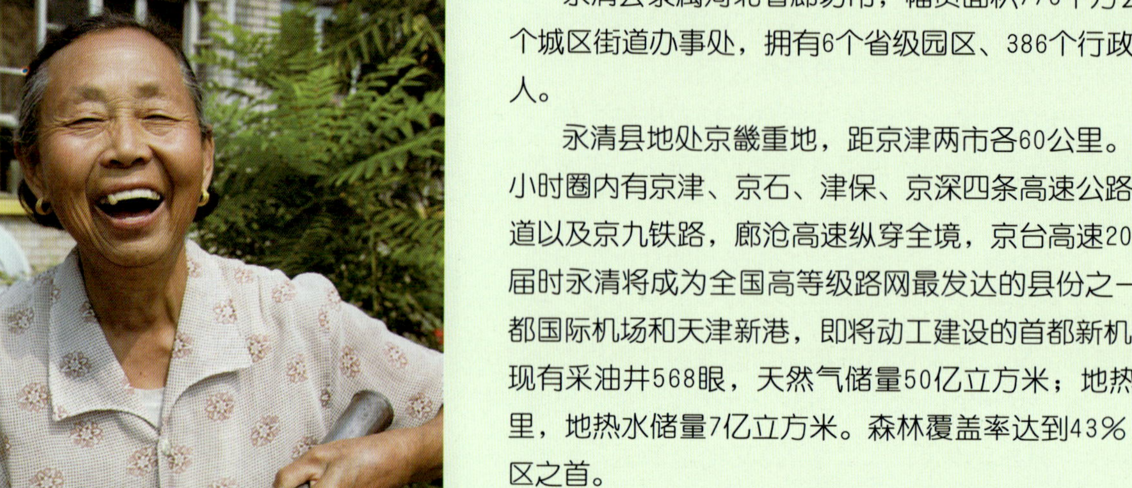

永清农村集中供水让5万百姓受益

永清县隶属河北省廊坊市，幅员面积776平方公里，辖5镇4乡、1个城区街道办事处，拥有6个省级园区、386个行政村，总人口38.2万人。

永清县地处京畿重地，距京津两市各60公里。域内交通发达，半小时圈内有京津、京石、津保、京深四条高速公路和102、106两条国道以及京九铁路，廊沧高速纵穿全境，京台高速2014年将建成通车，届时永清将成为全国高等级路网最发达的县份之一。1小时圈内有首都国际机场和天津新港，即将动工建设的首都新机场距离仅15公里。现有采油井568眼，天然气储量50亿立方米；地热面积300多平方公里，地热水储量7亿立方米。森林覆盖率达到43%，位居华北平原地区之首。

近年来，永清县紧紧围绕“先进产业聚集地，生态宜居幸福城”目标定位，以“强县富民”为主题，按照“精良管理、高端发展”工作要求，突出“北京新空间、廊坊新市区、产业新高地、文化新地标、生活新乐园”五大建设，深入实施“园区提升、人才聚集、环境

田圆山庄温泉疗养会馆

过境的首条高速——廊沧高速竣工通车

中国造纸工业核心研发基地——中轻造纸基地项目生产车间一角

占地10万平方米的高档住宅小区

占地200亩的县人民公园

生态宜居幸福城

优化、民生幸福、基础强化”五大战略，全面快速对接京津廊，积极转变发展方式，大力调整产业结构，新型城镇化、特色城镇化、农业现代化和现代服务业发展加快推进，经济社会取得了突破跨越发展。2012年，全县GDP达到76.4亿元，全部财政收入完成9.47亿元，城乡居民收入分别达到22825元和9035元。先后荣获了“国家级无公害蔬菜生产示范基地”、“全国绿化模范县”、“全国绿色小康县”、“省级园林县城”、“中国温泉之乡”、“河北省推进社会主义新农村建设先进县”等多个国家、省级荣誉。

幸福互助院的老人们喜过端午节

整齐划一的新民居社区——九兴区

遍及城乡的群众建身活动

贾广健艺术馆正式挂牌并对外开放

大城县 中国绿色 中国京作

县长朱建强为60周岁以上老人代表发放城乡居民社会养老金

县体育场

大城地处黑龙港流域，位于廊坊市最南端，东、南、西、北分别与天津静海，沧州青县、河间、任丘，廊坊文安接壤，全县幅员面积904平方公里，人口48万，辖10个乡镇，1个省级工业园区，1个城区办事处，394个村街。

文化底蕴深厚，人才辈出。大城古称徐州，战国时更名平舒，西汉置县，五代时改为大城。境内有古文化遗迹燕赵古长城、秦始皇幼子墓、姜太公钓鱼台等等。大城名人辈出，著名爱国总理张绍曾，爱国将领张学良，胡子将军孙毅，当代著名书画家史国良、刘进安等，都是大城人民的杰出代表。

地处京畿要地，交通便捷。大城地处京津走廊之间，距首都机场150公里，距天津机场70公里，距天津港80公里，距黄骅港130公里，距京沪高速公路、高速铁路20公里，西至京九铁路15公里，东至京福高速、京沪铁路均为8公里。全县公路通车总里程1046.4公里，密度1.1公里/平方公里。省道津保南线、廊泊路贯穿全县东西、南北。2011年建成通车的廊沧高速及其县城、龙街连接线，打通了大城通往北京、天津的快速通道，使大城真正从空间上融入“一小时入京、半小时下卫”的环京津经济圈。

产业特色鲜明，民营主导。大城人经商传统悠久，有近2万人的营销队伍遍布全国，经过多年发展，形成了保温建材、化工、有色金属拆解加工、汽摩配件、食品、红木古典家具等特色产业。大城保温建材全国闻名，产品全国市场占有量达到40%以上，被命名为中国绿色保温建材之都、全国保温建材特色产业基地等称号，河北华美集团的“华美”商标被国家工商总局认定为“中国驰名商标”；有色金属拆解加工产业集群，被河北省确定为第一批循环经济示范试点单位；红木古典家具产业集群与福建仙游、广东中山并称中国红木家具三大生产基地，是中国北方最大的生产销售基地，被中华木工委授予“中国京作古典家具之乡”荣誉称号；摩配市场是全国三大摩配市场之一。

后发优势明显，资源丰富。煤炭、煤层气资源，大城煤炭资源1500米以浅储量近60亿吨，是全国奇缺的“气肥煤”，煤炭中含有大量煤层气，2000米以浅储量为2051.9亿立方米，属最容易开采成功的气田。截至2012年底，开滦集团注资2.4亿元，挂牌组建大城能源投资公司，全面完成投资4亿元的详查精查，启动矿区

保温建材之都 古典家具之乡

总体规划设计，第一口矿井在“十二五”期间出煤将成为现实。地热资源，大城县属京南温泉带，全县地热异常区526.16平方公里，地热水资源出口温度达60℃以上，出水量100吨/时，开发前景广阔。土地资源，全县未利用地高达8.8万亩，居廊坊之首，在京津周边更不可多得。全县土地利用总体规划获省政府批准，争取到2020年建设用地总规模140平方公里，为未来发展提供了充足空间保障。

2012年11月17日，大城县2012年百亿元以上项目集中签约仪式

招商政策优惠，平台完备。园区平台，现代制造业工业园区被省政府批准为省级工业园区，在2012年全省107个省级开发区综合评价中，大城工业园区排名由47位跃升至25位，上升幅度全省第一。起步区实现路、水、电、讯等“九通一平”，为项目入驻提供了良好的基础条件。招商中心、商务会馆建成投入使用，公租房项目主体竣工。深圳前景、融信华创等大批国内外知名企业纷至沓来，中 开泰煤和煤层气综合开发、天津翔达红木文化产业城、四川威龙地热、四川中能甲烷资源开发等一批重大项目签约建设。招商政策，2011年，出台《关于鼓励招商引资的实施办法》，对成功引进域外客商到大城兴办企业的有功人员，根据企业实际投资额度，对引资人按照相应的奖项给予现金奖励。其中，对引进固定资产投资10亿元（含）以上重大项目的，实行“暴富式重奖”，一次性奖励引资人300万元。行政服务，将25个行政审批部门集中到县行政服务中心统一办公；连续多年实行绿色通行卡、企业静心工作日等相关制度，企业生产经营“静心工作日”期间，任何部门和单位均不得到企业检查和收费；对重点项目，实行县四大班子领导分包负责制，县级领导亲自协调解决项目建设过程中出现的各类问题。

2012年11月17日，县长朱建强在大城县2012年重点项目集中开工奠基仪式上致辞

保温建材生产车间

大城县滨河带状公园同庆广场

廊沧高速龙街连接线

蓬勃发展的大城新城区

经济强区、魅力新区

北市区委副书记、区政府区长　张少轩

北市区位于保定市区东北部，北与徐水县毗邻，南与南市区以一亩泉河（护城河）、西大街、东大街为界，西与新市区以京广铁路、瑞祥大街为界，东与清苑县接壤。辖3乡、5街道、59个村、54个社区和1个省级开发区——保定工业园区。辖区总面积81平方公里，耕地面积4.8万亩，总人口33万，其中城市人口27.4万，农村人口5.6万。

2012年，在保定市委、市政府的坚强领导下，北市区委、区政府团结带领全区各级各部门和广大干部群众，心无旁骛干事业、一心一意谋发展，全力打造“经济强区、魅力新区”，各项工作取得了显著成绩。

北市区项目集中奠基仪式

区域经济快速发展，综合实力跨越提升。2012年，全区生产总值完成94.9亿元，同比增长12%。固定资产投资完成121.2亿元，同比增长28.4%。规模以上工业增加值完成10.5亿元，同比增长22.7%。全部财政收入完成24.2亿元，同比增长21%。公共财政预算收入完成5.7亿元，同比增长81.2%。社会消费品零售总额完成44.7亿元，同比增长14.5%。农民人均纯收入达到12940元，同比增长16.2%。实际利用外资完成2608万美元。

蓬勃发展的东湖文化产业集聚带

园区发展日臻完善，项目建设突飞猛进。位于七一路高速引线两侧的“河北保定工业园区”（以下简称“园区”），其规划面积13000多亩。2012年园区项目共列入省重点项目3个、市重点项目 6个、区重点项目26个，年内共完成投资39.2亿元。截至2012年底，园区共有立中集团、长天药业等企业88家，完成地区生产总值42.76亿元，工业增加值31.65亿元；财政收入6.10亿元；固定资产投资完成39.86亿元，实现主营业务收入148.72亿元，实现出口交货值20234万美元，经济支撑作用明显增强。

注重工业提质增效，企业创新能力不断增强。加快创新平台建设，2012年建立了河北省兽用生物制品工程技术研究中心、保定市口服固体制剂分析工程技术研究中心、保定市特种气体工程技术研究中心和瑞普生物药

未来石城市综合体项目效果图

东湖远景规划图

——保定市北市区

业院士工作站，全区工程技术研究中心总数达到5个。组织实施技术创新工程，在保定市率先设立1500万元工业技改专项资金和500万元中小企业发展专项资金，制定了相应管理办法。保定普天奥电子科技、九安门业、金能换热、通达泵业等7家企业、8个项目完成工业技术改造，企业自主创新能力明显提升。

特色种养业加快建设，产业化水平不断提升。发展城郊型农业，出台了《加快蔬菜产业发展的意见》和《设施蔬菜贷款贴息奖励办法》，加快了付村、东良、南常保、杨指挥营四大蔬菜片区的建设，优质蔬菜播种面积达1.3万亩，产量5.7万吨。打造农业产业示范新亮点，投资2300万元，完成了农业生态示范园主体建设，移植树木2000余株，建成2 个高档大棚和14个设施蔬菜大棚，引进了草莓、菌类等新品种；完成了鑫博生猪标准化养殖场建设，全区生猪标准化养殖场达到5家；启动了头台阳光牧场标准化建设，全区标准化牧场达到3家。

国家民政部、省民政厅领导到百楼乡头台村检查指导工作

北市区张少轩区长（前列左一）视察农业观光园项目

科技实力资源雄厚，教育事业蒸蒸日上。辖区院校集中，有河北大学、华北电力大学等一批高等院校，十三中、河北小学等31所中小学校，中考成绩连续多年居保定市三区之首。被科技部评为“科技进步先进区”，连续多年被市政府评为全市“教育工作先进区”，历来是保定文教大区。2012年，筹资6400万元，加强区属学校基础设施改善和信息技术教育设施配备，全面提升了现代化教学水平，被省政府评为“教育综合工作先进区”。此外，被誉为近代军官摇篮的保定军校、抗战前与南开齐名的百年名校育德中学，也坐落在该区。

全国省市人大代表观摩北市区重点项目现场

城区建设如火如荼，辖区形象日新月异。北市区是保定市北移东扩、拓宽发展空间的重要区域，是融入京津都市圈，接受京津冀辐射的桥头堡和承接区。2012年，该区围绕北部居住与服务业、中部文化与居住、文化科教、东部市场与物流、高铁商务与综合服务、南部传统商业与居住六大组团，重点实施“北进东拓、西优南联”（北进：产业及居住发展空间向北推进；东拓：商务商贸等综合服务业向东拓展；西优：优化西部城市空间结构和用地布局；南联：联合南市区提升城市功能，促进旧城复兴）战略，极大地拓展了城区发展空间。在市区东部建设的东湖片区、高铁片区正在稳步推进，“未来石”城市综合体加快建设，一批地标性建筑正在加速崛起。

社会管理成效显著，人居环境持续改善。该区是民政部命名的“全国和谐社区建设示范城区”，首批国家级“社区卫生服务示范区”。2012年，被民政部命名为“全国农村社区建设实验全覆盖示范单位”。54个社区中有49个达到了 “精品社区”建设标准，先后获得国家荣誉16项、省级荣誉51项，社区工作持续在全市领先、全省领跑。2012年投入320万元，建成了天马、迎宾、鑫和、盛和高标准和谐社区，完成了金昌西、西关大街等8个社区上档升级，一批以“自然、健康、国际化”为标志的生态型社区相继建成，北部新城宜居区已成为保定市宜居的首选之地。

定州市
文化名城 物流中心

2011年5月，时任国务院副总理回良玉视察定州农业

CCTV-7“春耕行动中国行”走进定州大型公益演出活动现场

定州市辖25个乡镇（城区），518个村（社区），总面积1275平方公里，总人口121.5万。2012年，完成生产总值239.6亿元，财政收入24.2亿元。

历史文化名城。新石器时代先人就在此繁衍生息，战国和汉代3次建立中山国都，后历代设州置府。现有国家级文保单位7处，省级15处，市级54处，馆藏文物5万余件，居河北省各市县首位，是全国秧歌文化之乡、全国吹歌文化之乡，是联合国地名组织命名的“千年古县”。河北省十大历史文化名城之一。

交通运输枢纽。地处京津之翼、石保之间，自古就有“九州咽喉地、神京扼要区”之称，京广铁路、107国道、京港澳高速公路和京石高速铁路纵贯南北，朔黄铁路和即将建设的石津高速曲阳支线横穿东西，石家庄国际机场定州城市航站楼运营，朔黄铁路货运站今年建设，打造“两高三铁”双十交叉口，打造通铁、通航、通港、通高速的“四通”城市。

新兴工业基地。唐河循环经济产业园区规划面积43平方公里，是河北省“十二五”销售收入超千亿元产业聚集区， 2012年建成区面积9.77平方公里，入园企业81家，完成主营业务收入262.9亿元。沙河经济开发区规划占地40.36平方公里，目前入驻企业68家，正在申报省级园区。四大基地建设不断加快，汽车产业形成40万辆产能，到2015年建成年产80万台整车、60万台发动机和200家配套企业的“千亿元汽车城”。煤化工产业形成370万吨焦炭、35万吨甲醇产能，到2015年建成年产500万吨焦炭、100万吨甲醇等深加工产品，国内最大的煤化工基地。定洲电厂装机容量达到240万千瓦，随着太阳能电池、热电联产、光伏发电、垃圾发电等项目的实施，打造河北重要的能源基地。定州伊利日处理鲜奶2000吨，

长安150周年大型庆典暨新长安之星上市现场

集中签约仪式

宜居新城 旅游胜地

成为亚洲最大的单体液态奶生产基地。

现代农业之乡。是全国第二批101个国家级现代农业示范区之一，培育形成蔬菜、畜牧、花木三大特色产业，首农循环农业科技示范区、息仲现代农业科技园区等一批重大项目正在建设，先后被命名为国际绿色产业示范区、全国无公害农产品生产基地、国家蔬菜产业重点县和全国粮食、生猪、油料生产大县，2012年再次被评为全国粮食生产先进县。

商贸物流中心。有各类市场150多处，其中国家级“定点市场”、全省十大农副产品市场各一处，市场总量和种类居河北省首位，粮食、汽车、焦炭物流中心正在加快建设。

区域中心城市。规划建设占地90平方公里、容纳80万人的中心城市，目前城市建成区面积36平方公里，常住人口40万。市区基础设施完善，建成一批公园广场、高层住宅、星级宾馆、综合商厦，教育、卫生设施居全省前列，是全国文化工作先进市、省级园林城市。到2015年将建成历史文明与现代文明、生态文明相辉映，以文化名城、物流中心、宜居新城、旅游胜地为标志的区域中心城市。

张寒晖诞辰110周年纪念大会会场

唐河循环经济产业园区鸟瞰

定州城市一瞥

中国中药材

安国市委书记　韩占山

河北安国现代中药工业园区

河北省人民政府
二〇一一年七月

2011年度教育工作

先进县(市、区)

保定市人民政府
二〇一二年三月

区域位置　安国市位于河北省中部，保定市境南端。地处京、津、石三角中心地带，环京津和环渤海经济圈中。北距北京220公里（距保定62公里），南距石家庄113公里，东北距天津235公里。全市总面积486平方公里。县境与定州市、望都县、清苑县、博野县、安平县、深泽县等6县（市）接壤。

行政区划　辖11个乡镇（办事处）：6镇（祁州镇、伍仁桥镇、石佛镇、郑章镇、大五女镇、西佛落镇）、4乡（南娄底乡、明官店乡、西城乡、北段村乡）、1个办事处（祁州药市办事处），198个行政村，人口41万。1991年撤县建市，是国内最早的对外开放县市之一，2005年被省确定为首批扩权县（市）。

资源条件　地处华北平原腹地，地貌以洪积、冲积平原为主，地势平坦，土地肥沃，全市耕地面积50万亩，各类基础服务设施一应俱全。

历史文化　古称祁州、义丰、蒲阴，有两千余年文字可考的文明史，文化底蕴深厚。药业历史始于宋，盛于明清，迄今已逾千年，素有“药都”、“天下第一药市”之称，享有“草到安国方成药，药经祁州始生香”的美誉。拥有全国重点文物保护单位——药王庙，供奉的邳彤是中国历史上唯一一位皇封药王。2006年安国药市被列入国家首批非物质文化遗产。

安国市是世界文化名人、元代戏剧家关汉卿的故里，安国籍吴弘道、杨果等文学家、戏剧家在中国古典文学史上占有重要地位。解放后，毛泽东、刘少奇、周恩来等老一辈革命家先后视察安国，并建有毛主席视察纪念馆，收藏了许多珍贵的照片资料。

传统技能　历来有传统中药材炮制及丸、散、膏、丹等各种剂型的加工技能优势，安国籍药工遍布全国各地，“百刀槟榔、蝉翼清夏、云片鹿茸、镑制犀角”号称祁州四绝。

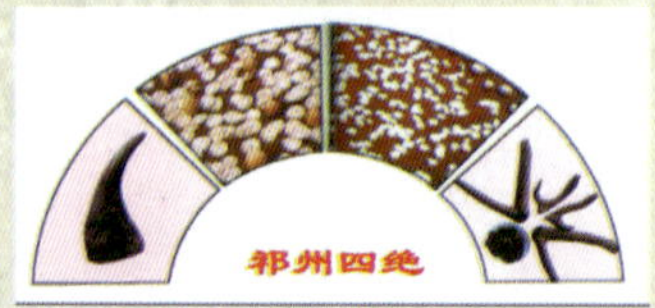

特色产业　安国药业特色鲜明，药业经济涵盖了一二三产业，是县域经济的支柱。中药材种植品种300多

药都新貌

之乡——安国市

安国市市长　张贺良

个，年提供中药材近4000万公斤，占全省药材产量的70%以上，其中，鸡冠花、芥穗占全国产量的70%以上，防风占全国产量的50%以上，瓜蒌、北沙参、紫菀占全国产量的30%以上，从事中药材种植的农户5万户，占总农户的50%以上，是国务院命名的“中国中药材之乡”和全国首批中药材种植无公害生产示范县。中药材专业市场经营辐射全国各地及欧美、东南亚等20多个国家和地区，经营品种2800多种，常用品种450多种，通过GSP认证的企业73家，从业人员2.5万人。2012年中药材市场成交额达110亿元，是全国最大的中药材集散地和出口基地。中药加工业初具规模，绿色循环工业区快速发展，入驻企业67家，在建项目18个，全年实现产值60亿元。拥有GMP认证的制药和饮片加工企业35家，有生产批号的中成药品种510个。来自药业的GDP、财政收入、农民人均纯收入均占这三项总额的近40%。除药业外，纺织、机械制造也有一定基础，伍仁桥棉织工业园区、石佛水泵工业园区已初具规模。

张庆伟省长到安国视察

省政府特邀咨询孙士彬来安国指导工作

药王庙

千年药都大门

涞水县 建设环首都

2012年4月21日，涞水县委书记王义民（右三）就农村公路建设和幸福乡村建设到涞水镇北郭下村进行调研

涞水县悟空寺村。该村是省"十二五"扶贫攻坚重点村，2012年，省委书记、省人大常委会主任张庆黎曾三次就深入开展加强基层建设年活动和推进扶贫开发工作到悟空寺村进行调研

涞水地处河北省中部偏西，太行山东麓北端，总面积1650平方公里，山丘区占84%。全县辖15个乡镇、284个行政村、588个自然村，总人口35万。涞水位于国家确定的燕山—太行山连片特困地区，是河北省确定的环首都扶贫开发攻坚示范区9个重点县之一，也是环首都绿色经济圈重点县之一，地处首都经济圈紧密圈层，比较优势日益凸显，发展潜力无限。

历史悠久，人杰地灵。公元598年建县，因拒马河贯穿全境，始称涞水，至今已有1415年的历史，素有千年古县之称。境内历史文物众多，有庆化寺花塔、清怡贤亲王墓、西岗塔等3处国家文物保护单位和摩崖石刻、千佛舍利塔等11处省级文物保护单位，涞水高洛古乐入选国家首批非物质文化遗产名录。成语"闻鸡起舞、中流击楫"的主人公祖逖，南北朝时期的大科学家祖冲之，南极科考队首任队长、长城站、中山站首任站长、科学家郭琨都是涞水的杰出代表。同时，涞水是革命老区，为平西抗日根据地腹地，冀热察挺进军司令部、冀热察区委（当时的河北省委）、平西军分区、平西专署均驻于此，聂荣臻、肖克等老一辈无产阶级革命家曾生活和战斗在这里，曹火星创作的《没有共产党就没有新中国》从这里唱响全国，红色经典歌剧《白毛女》的雏形—《白毛仙姑》从这里诞生。

区位优越，交通便捷。涞水与北京接壤110公里，距北京市中心90公里，距天津市中心170公里，距保定市中心75公里，属大北京经济圈内圈。京原、高易铁路，112、108、京赞路等国省干道贯穿县境；建成、在建和即将开工建设的张石、廊涿、张涿、京昆等四条高速、9个高速出口，使涞水成为京西南重要的高速交通枢纽，特别是京昆高速建成后，由县城到北京西六环莲石路口只有60公里，真正纳入北京半小时交通圈；张涿高速通车后，从县城到野三坡只需30分钟；已开通到涞水县城和野三坡景区的北京917公交专线，实现了涞水与首都

2012年8月23日，"7·21"洪涝灾害中涞水受灾最为严重的乡镇——三坡镇的重建工作迅速展开，许多当地村民不等不靠自发加入到重建家园的队伍中

2012年8月27日，涞水县野三坡灾后重建全面启动

2012年11月19日，10余名工人在涞水县野三坡百里峡景区入口处搭建着新的检票处

现代化生态卫星城

交通同城化。同时，首都第二机场（大兴、固安）选址距涞水县城只有50公里，建成后从县城经廊涿高速仅需半小时即可抵达。

2012年9月16日，涞水县委常委、县长于舒心（右二）到三坡镇指导灾后重建工作

资源丰富，生态良好。山区、丘陵、平原地貌兼备，已探明的矿物种类30余种，具有开采价值的18种，主要为石灰石、石材、砂石料、铁、铜、铅、锌等，多样的地理、矿产资源，蕴藏着巨大商机。涞水是生态大县，没有重大污染和破坏性建设，作为全国“三北”防护林工程重点县、河北省造林重点示范县，林地面积以每年3万亩以上的速度逐年递增，增速在河北省名列前茅，2011年被环保部授予“国家级生态示范区”荣誉称号。良好的生态环境促进了旅游业加速发展，野三坡景区拥有“世界地质公园”、“国家5A级景区”、“国家级重点风景名胜区”、“国家森林公园”、“中华生态保护示范单位”等多项桂冠。日常年份接待游客300万人次以上，门票收入6000万元以上，总收入达8亿元，旅游业已发展为涞水最富活力的主导产业。

古典（红木）家具是涞水最具特色的工业产业，已有300年的历史，主要生产仿明清古典家具，是“北方明清红木家具之乡”

产业亮点突出，特色鲜明。电极、玻璃器皿、古典（红木）家具是涞水最具特色的工业产业。碳电极占国内市场70%的份额，占国际市场30%的份额，是“全球最大的炭电极生产基地”，近期研发的碳/碳复合材料产品性能已达到国际先进水平。玻璃器皿产品分8大系列2000余个品种，98%以上的产品销往欧、美、日、东南亚、澳大利亚、香港等120多个国家和地区，是“华北最大玻璃器皿手工吹制基地”。古典（红木）家具已有300年的历史，主要生产仿明清古典家具，产品除国内销售外，主要销往日本、新加坡、加拿大、美国等国家和地区，是“北方明清红木家具之乡”。

三坡景区松树口村。在幸福乡村建设中，当地通过建设新民居，发展农家游，发展特色游实现脱贫致富，家家住楼房，户户奔小康的梦想一步步成为现实

水县石亭镇蓬家磨村百亩食用菌大棚基地

廊涿高速涞水出站口。到2012年涞水县基本形成了以张石、廊涿、张涿、京昆4条高速为主架，112、108国道、京赞线、宝平线为依托，保野路、涿娄路、拦紫路、高速连接线以及遍布城乡的农村公路为支脉的交通网络格局

中国服装名城

中共容城县县委书记　张浩

容城县地处北纬38°57′04″～39°08′32″，东经115°45′26″～116°04′02″之间，位于太行山东麓、冀中平原中部、南拒马河下游南岸，在大清河水系冲积扇上，属太行山麓平原的过渡带。东与雄县、白沟白洋淀温泉城接壤，北与定兴县相连，西与徐水县交界，南与安新县毗邻。总面积314平方公里，现有耕地面积31.2万亩。现辖5镇3乡，127个行政村，总人口26.58万人，其中城镇人口9.09万人。民族构成99.9%以上为汉族，有极少量满、蒙、回族等少数民族。

保定市市长马誉峰视察大水服装公司

容城位于京、津、石三角腹地，距石家庄160公里，距北京、天津均为120公里，位于“两环”（环京津、环渤海）经济圈内。西临京广铁路和京深高速公路，津保公路和保津高速公路横贯全境，正在建设中的津保城际铁路从县城北部经过，白洋淀站设在容城境内。容城县乡村公路纵横交错，四通八达，交通十分便利。

容城自汉景帝中元三年（公元前154年）置县，至今历经2000余载，境内有属商代文化层的上坡遗址、燕国重要城邑南阳遗址、燕桓公与宋代杨延昭阅兵之地晾马台遗址。元初理学家、诗人刘因、明朝忠臣杨继盛、清初大儒孙奇逢并称“容城三贤”，更有狼牙山五壮士中的胡德林、胡福才，为容城增添了新的光彩。

党的十一届三中全会以来，容城服装业从起步到兴起、从万人裤子大军闯市场到联合办厂、再到股份制、股份合作制企业的形成，始终呈现出蓬勃发展的良好势头，逐步发展成为县域特色支柱产业。特别是近年来，容城县委、县政府审时度势，强力推进服装产业转型升级，通过品牌创建、产业招商等重大战略措施的实施，

容城县城新貌一角

容城县民政服务中心

——容城

使容城服装进入了一个崭新发展阶段，成为闻名全国的“北方服装之乡”，与浙江义乌、诸暨并称全国三大衬衫基地，素有“南石狮、北容城”之誉，1999年、2000年、2001年连续被中国服装协会评为“中国服装名城”，全县拥有服装企业920家，其中规模企业159家，年产值超亿元的企业12家，已经形成了龙头企业带动、骨干企业支撑、服装加工户遍地开花的产业格局。

2012年，容城县按照“三三二”（利用三个资源、打造三个增长极、培育两个市场）发展战略，团结一心，奋力开拓，全县经济社会保持了持续健康快速发展。全县地区生产总值完成53.28亿元，同比增长13%。全部财政收入完成3.92亿元，同比增长21%；其中，地方公共财政预算收入完成2.58亿元，同比增长19.4%。固定资产投资完成35.4亿元，同比增长35%。城镇居民人均可支配收入完成1.82万元，同比增长12%。农民人均纯收入完成9926元，同比增长16.7%。

容城县人民政府县长 李绍祥

2012年10月，容城县容城·白洋淀旅游商贸区奠基仪式

县委书记张浩到企业指导工作

县长李绍祥深入蔬菜大棚查看蔬菜生长情况

县委书记张浩、县长李绍祥到金台东路拆迁现场指导工作

容城县白沟桥南轻纺城

建设中的城中村改造重点工程——领秀城

2012年元宵节奥威路夜景

安新县 建设秀美京南水乡

省长张庆伟视察白洋淀

新农村建设

大型住宅小区建设

安新县地处河北省中部，总面积 738平方公里，辖9镇3乡、207个行政村，1个城区办事处，4个社区居委会，人口44万。白洋淀总面积366平方公里，素有“华北明珠”之称，其中85%的水域面积位于安新境内。

区位环境优越。安新北距北京164公里，东距天津158公里，南距石家庄180公里，西距保定45公里，地处京、津、冀“一小时都市圈”。毗邻京珠高速、津保高速、京石高铁等重要交通干线，正在谋划建设的河北省六纵公路之一的保静线南北纵贯全境，交通十分便捷。

自然资源独特。白洋淀上承九河，下注渤海，最大蓄水量10.37亿立方米（水位大沽高程10.5米时），淀内12万亩芦苇英姿婆娑，5万亩荷花争奇斗艳，50多种鱼类翔游浅底，素有“鱼米之乡”、“芦苇之乡”的美誉。境内蕴藏着丰富的地热资源，储藏面积350多平方公里，储量150多亿吨，并且埋藏浅、水温高、水质好、自喷力强，非常适合发展温泉生态养殖、温泉保健旅游等项目，开发前景广阔。

文化底蕴深厚。白洋淀自古就是文人游览观光之地，帝王巡幸驻跸之所。清帝康、乾，数览白洋，留下诸多脍炙人口的诗文传说；水上奇兵雁翎队、《小兵张嘎》、《新儿女英雄传》、《白洋淀纪事》等谱写了一曲曲水乡儿女英勇救国的赞歌；河北梆子、老调、昆腔、丝弦、梅花调等曲艺文化历史悠久；苇编工艺、放荷灯、踩高跷等民俗文化独树一帜。

农业发展特色鲜明。以养鸭业、水产养殖、芦苇加工为主的特色农业极具发展优势。养鸭业，形成了集种鸭养殖、鸭雏孵化、鸭蛋加工、羽绒加工、鸭产品销售于一体的产业发展格局，并成功申报注册了白洋淀咸鸭蛋、白洋淀皮蛋等地理标志产品保护，今年4月7日在保定二套节目予以了报道，年创产值10亿元。水产养殖业，无公害水产养殖面积2万多亩，河蟹、草鱼、鳙鱼、鲢鱼四个无公害产品通过农业部认证。芦苇加工业，芦苇工艺画被保定市列为全市第一旅游纪念品，获展上海世博会。永乐

旅游码头夜景

打造生态、宜居、休闲、旅游名城

芦苇艺术画荣获第七届中国国际旅游商品博览会金奖及河北省第五届旅游商品大赛金奖，丙军芦苇工艺代表保定在2011年义乌中国国际旅游商品博览会上荣获大赛银奖。

工业经济极具潜力。有色金属加工业，我县已有 100多年的发展历史，在发展的过程中逐步形成了集回收、电解、线缆加工、精密仪器制造于一体的完整产业链，成为华北地区最大的废旧有色金属集散地。特别是与全国500强企业——天津钢管集团合作建设的总投资35亿元的河北大无缝铜业有限公司铜光亮杆项目落户安新，总投资2.2亿元的有色金属物流中心一期工程建成投入使用，进一步壮大了安新有色金属产业的发展实力。规划的循环经济工业园区已通过市级认定，正在积极规划建设。安新被河北省确定为20个循环经济产业示范县之一。制鞋业，素有“南温州、北安新”之说，目前已形成年产1.5亿双的产业规模，产品畅销国内及俄、德、日等20多个国家和地区，安新已成为华北地区最大的鞋业生产基地。规划的鞋服羽绒工业园区已经通过市级工业园区认定，正在建设过程中，安新制鞋产业规模将进一步扩大，整体实力将大幅提升。羽绒业，安新被河北省政府确定为羽绒生产基地，也是华北地区最大的羽绒集散地，培育了一批国优和省级名牌企业，产品以羽绒服装、睡袋、被褥以及休闲健身系列为主，畅销长江以北，并远销西欧、日本、俄罗斯等30多个国家和地区。

重点项目集中开工仪式

港安有色金属公司项目竣工投产

旅游事业蓬勃发展。依托白洋淀特有的资源优势，以打造旅游经济强县为目标，立足京津客源市场，大力开发生态游、文化游、民俗游、红色游，统筹推进“吃、住、行、游、购、娱”旅游六要素协调发展，累计投资20多亿元，相继开发建成了旅游码头、荷花大观园、白洋淀文化苑等一大批旅游基础设施和精品景点。2007年，荣获国家首批5A级旅游景区桂冠，跻身全国顶级景区行列，成为安新乃至河北对外开放的窗口和名片。2010年顺利通过国家5A级旅游景区复核验收。2011年白洋淀景区荣膺“到河北，不得不去的地方”评选活动第一名。

安新县环城水系建设

白洋淀旅游码头

中国设施

省委常委、副省长聂辰席来饶调研。衡水市委书记刘可为、市长杨慧、市委常委市委秘书长王金刚、副市长李洪林陪同调研

省委副书记赵勇来饶阳调研

2012年，全县总面积573平方公里，耕地面积37546公顷，总人口294051人，人口自然增长率6.23‰。国民生产总值45.43亿元，同比增长10.0%，其中，农业总产值314715万元，同比增长2.2%；粮食总产值2.29亿公斤；规模以上工业总产值457695万元，同比增长27.8%。全部财政收入完成2.01亿元,同比增长32.09%，财政支出8.34亿元，同比增长18.59%。全社会固定资产投资29.98亿元，同比增长16.3%。社会商品零售总额实现234022万元，同比增长15.0%。职工年平均工资29696元，同比增长15.34%，农民人均纯收入3796元，同比增长14.1%。年末城乡居民存款余额63.3亿元，增长20.87%。

重项工作扎实推进。大力实施“项目主导、农业转型、城建突围、文化提升”四大战略，以重点工作突破，活跃带动全局。招商引资成效显著，全年新开工亿元以上项目12个，总投资105亿元，北方轻纺城、现代农业装备基地、康绿食品、新发地农产品物流园等4个超10亿元项目签约落地。农业特色更为突出，全年新增蔬菜播种面积1.64万亩，新增设施葡萄8600亩，被命名为“河北省特色产业发展示范县”和“中国设施葡萄之乡”。城乡容貌明显改观，启动建设了开发区“七纵七横”路网、东外环复堤、人和路贯通等21项城建工程，深入开展了绿化造林和城乡环境综合整治，饶阳镇和圣水村入选国家级生态镇村。文化产业集聚成效明显，北方民族乐器园、华日青铜文化园建设扎实推进，被评为“全市文化产业发展先进县”。

农业特色更为突出。坚持把农业现代化作为加快发展的基础，大力抓好特色农业发展。全县蔬菜播种面积

东照线缆车间

亿博产品

饶阳亿博日用制品有限公司

河北冀胜铁路器材有限公司

葡萄之乡——饶阳

达到38万亩，葡萄种植面积达到7.2万亩，绿色有机果蔬面积达到1.2万亩，被命名为“河北省特色农业发展示范县”和“中国设施葡萄之乡”。产业化水平不断提高，启动了占地100平方公里的现代农业示范区建设，众悦、兴地、绿科等产业化项目加快推进，向阳、五谷丰、祥湾等7家合作社被认定为国家和省级示范社。农业基础设施明显改善，投资5000多万元实施了农业综合开发、节水灌溉、路网电网改造等基础设施工程。

城乡容貌明显改观。坚持把城镇化作为加快发展的保障，统筹推进城乡发展。完成了县城、开发区总体规划调整和五公、尹村、官亭、同岳四个乡镇规划编制，规划体系逐步健全。开工建设了人和西路贯通、东出口改造、健康路商贸市场等21项城建工程，县城承载能力不断增强。大力开展了省级园林县城创建和城乡容貌整治活动，县城新增绿地6.8万平方米，全年植树造林1.56万亩。

社会事业全面发展。坚持把社会和谐、人民幸福作为一切工作的出发点和落脚点，大力压缩行政支出，集中有限财力，着力解决群众最急需、最紧迫的现实问题。2012年用于民生支出达到4.1亿元，比上年增加1.2亿元。为民承诺十件实事好事基本完成，城乡居民医疗保险、养老保险实现全覆盖，教师工资水平全面提高，困难群体生活得到有效保障，社会治安状况明显改善，社会和谐稳定，让人民群众享受到了经济发展带来的成果。

省委贯彻落实省八届二次全会精神督导组来饶阳检查指导工作

省林业厅厅长王海洋、市委副书记周金中一行来饶就林果特色产业进行调研，县委书记贾超绪、县长支斌陪同

饶阳铁建电务器材有限公司

河北东照线缆有限公司

坤辉厂房

坤辉厂房

坤辉半成品

坤辉公司钢帘线

休闲服装名城·电线

中共宁晋县委书记　李江山

宁晋县位于河北省中南部，辖10镇4乡、1个省级开发区和1个省级工业聚集区，346个行政村，总面积1046平方公里，总人口73万，是河北省首批扩权县之一。宁晋县历史悠久，《尚书　尧典》称杨纡，汉置瘿陶郡，唐天宝元年改瘿陶为宁晋，寓“安宁晋福”之意。区位优越，交通便利。距省会石家庄60公里，距北京、天津均在单日往返里程之内。西临京广铁路、京珠高速、107国道，青银高速和308国道穿境而过。资源丰富，主要矿藏有石油、盐矿、煤矿等。

市委书记王爱民视察凤来仪酒业

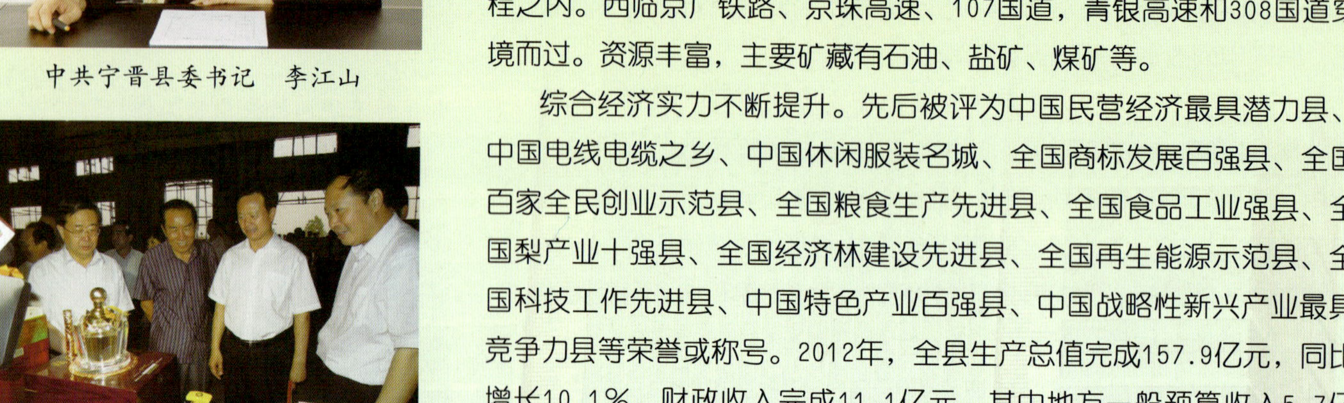

综合经济实力不断提升。先后被评为中国民营经济最具潜力县、中国电线电缆之乡、中国休闲服装名城、全国商标发展百强县、全国百家全民创业示范县、全国粮食生产先进县、全国食品工业强县、全国梨产业十强县、全国经济林建设先进县、全国再生能源示范县、全国科技工作先进县、中国特色产业百强县、中国战略性新兴产业最具竞争力县等荣誉或称号。2012年，全县生产总值完成157.9亿元，同比增长10.1%。财政收入完成11.1亿元，其中地方一般预算收入5.7亿元，同比增长8.4%。全社会固定资产投资完成142.8亿元，同比增长17.7%。社会消费品零售总额53.1亿元，增长17.5%。城镇居民人均可支配收入16668元，农民人均纯收入8233元，同比分别增长10.3%、14%。

晶龙科技中心夜景

工业经济实力雄厚。初步形成了光伏产业、传统产业（电线电缆、纺织服装、机械制造）、新兴产业（盐化工、生物制药）“三足鼎立”的产业格局，2012年全县规模工业总产值实现305.61亿元，其中，高科技企业产值占全部工业产值的35%。晶龙集团是国家级技术创新示范企业，被列为省重点培育的十家千亿元企业之一，位列世界新能源500强、中国企业500强，连续八年荣登中国电子信息百强企业，连续七年入选河北百强企业。宁纺集团是中国印染行业十强、国家灯芯绒开发基地。宁晋商贸十分活跃，美、日、澳等12个国家和地区的客商在宁投资，注册登记外资企业38家，具有进出口权企业63家。

农业生产基础扎实。拥有耕地100万亩，2012年粮食总产79.5万吨。全县农业产业化经营额88亿元，经营率68%。粮食深加工、奶牛、食用菌三条龙型经济

晶龙集团二工业园区

宁纺车间

河北华栋化工有限公司项目施工

电缆之乡——宁晋县

和优质梨特色产业健康发展。玉锋集团是世界规模最大的VB12生产基地，健民公司是全国最大的土霉素碱生产企业，国宾公司是华北最大的食用菌生产加工企业，“宁晋鸭梨”是国家地理标志产品和河北省重点推介品牌。

宁晋县人民政府县长　顾鹏图

省长张庆伟视察晶龙集团

城乡面貌日新月异。城区功能日臻完善，自来水厂、污水处理厂、垃圾处理场、管道天然气等基础设施齐全，城区道路形成了城区大外环和“八纵九横”的路网框架。目前，县城建成区面积21.5平方公里，城镇化率47.5%。全面推进农村面貌改造提升工作，凤凰镇被评为“全国环境优美乡镇”，大陆村镇被评为“河北省文明小城镇”，小河庄、黄儿营西村被评为“河北省新民居建设优秀示范村”。

发展环境日益优化。认真贯彻省委“着力改善发展环境，着力改善生态环境”重大战略部署，集中开展了改善环境“百日整治”专项行动和新一轮思想大解放活动，探索建立了《入区亿元项目联席会议制度》、《宁晋县招商引资引智22条》等一系列制度和措施，着力打造风清气正、开放文明、和谐稳定的发展环境和生产转型、天蓝水净、地绿山青的生态环境，用优惠政策吸引客商，用诚信和服务感动客商，用可观的利益留住客商。为宁晋科学发展、争先进位，走在全省全市前列提供了坚强保障。

面对新的发展机遇，县委、县政府深入贯彻落实科学发展观，以“调高标尺、对标先进，依托中原、对接京石，争做冀中南区域增长极重要的战略支点”为总体目标，以三年倍增计划为抓手，进一步坚定发展信心，凝聚发展共识，明确目标，奋力拼搏，推动宁晋在新一轮发展中再上新台阶。

城区公园大门

小河庄新民居

宁晋县水榭花都夜景

永进高塔夜景亮化

行政服务中心公园

家乐园宁晋天一广场

中国玻璃城

中共沙河市委书记　曲斌

沙河市位于河北省南部，太行山东麓，全市总面积999平方公里，辖15个乡（镇、办），290个行政村、19个社区，总人口48万。地势西高东低，山区、丘陵、平原大体各占三分之一。2012年，全市生产总值完成204.7亿元，全社会固定资产投资完成142亿元，全部财政收入完成21.5亿元。近年来，沙河市经济社会各项事业均取得长足进步，县域经济综合实力自2004年连续多年位居全省136个县（市、区）前“三十强”之列，位居邢台市之首。

以玻璃产业为主导的沙河市经济开发区

历史悠久，人文荟萃。沙河古为冀州地，春秋时属晋，战国时属赵，隋开皇16年置县，至今已有1400多年的历史，1987年撤县设市。始于汉魏时期的沙河冶铁业，到宋代在全国占有举足轻重的地位。宋璟“三绝碑”、梅花亭等被列入国家级重点文物保护单位，“藤牌阵”被列入中国第一批非物质文化遗产。在数千年的历史长河中，沙河涌现出唐代名相宋璟、元代中书左丞张文谦、明代右副都御史朱裳等历史文化名人，中国人民志愿军一级战斗英雄杨春增是战争年代沙河优秀儿女的杰出代表。深远的历史积淀、丰厚的文化熏陶，形成了沙河人民吃苦耐劳、纯朴聪慧、开拓创新、诚信友善的优良传统。

世界上日熔化量最大的浮法生产线

区位优越，交通便利。沙河素有“赵北之咽喉，襄南之藩蔽”之称，地处晋、冀、鲁、豫接壤地带，西依能源基地山西，东联沿海经济隆起带，北接京津及环渤海经济区，南承中原经济区，是承东启西、沟通南北的重要通道和支点。京广铁路、京广高铁、京珠高速公路、107国道四条国家级交通大动脉贯通市区；邢临、邢汾高速，329省道穿镜而过；周边有济南、太原、郑州、石家庄四个省级机场和邯郸一个市级机场，距

金宏阳薄膜太阳能电池生产线

玻璃产品

总投资57亿元的三新产业基地

——沙河市

市区5公里的邢台机场即将复航。优越的区位、便利的交通，使得沙河具有良好的产品辐射和客运物流条件。

资源丰富，能源充足。沙河矿产丰富，目前已发现的矿藏有40余种，探明储量的10余种。其中，煤储量10亿吨、铁矿石储量3.5亿吨、瓷土储量3亿吨、石英砂储量8亿吨、大理石储量5亿立方米，是全国100个重点产煤县（市）之一和全国著名的优质铁矿石、优质瓷土产地。南水北调中线工程总干渠纵贯市域南北，邢沧干渠从市区北部通过，7座大中小型水库蓄水量达5亿立方米；年供电能力达36亿千瓦时，总投资50亿元的沙河电厂一期2×600MW机组一号机组已并网发电；年供天然气能力15亿立方米，总投资15亿元的中油金鸿天然气项目已签约我市，建成后，全市年供气能力将达到30亿立方米。丰富的资源，富足的能源，为沙河经济发展提供了坚实支撑。

沙河市人民政府市长　　刘果芳

自然风光优美，城市功能完善。地貌资源丰富，自然风光秀美。其中，北武当山巍峨高耸，九龙沟潭深水澈，太行三峡沟奇谷幽，映雪湖碧波荡漾，秦王湖山水蜿蜒，保存完好的王硇古石楼群被称为“太行川寨”。全市森林覆盖率达32%，西部山区3万亩松林是太行山绿化面积最大的省级森林公园，被誉为“天然氧吧”。城市规划区面积28平方公里，建成区面积达18平方公里，市区人口13万，城市化率达到47%，先后被评为“省级园林城市”和“全国宜居宜业典范县（市）”，正在创建国家级园林城市。环境优美的沙河，既有风格鲜明的山水园林特色，又是现代气息浓郁的新型工业城市。

河北省沙河玻璃技术研究院

经济基础雄厚，综合实力显著。特色产业聚集优势明显，已经建成2家省级工业园区。其中，新型建材业，年产平板玻璃量占全国总量的20%左右，已经成为全国最大的平板玻璃生产和深加工基地，被国家工信部评为全国建材行业唯一一家“国家级新型工业化产业示范基地”；医药化工业，恒利集团生产的“康必得”抗感冒药享誉全国，炭黑区域产能位居全国第一，其龙头企业龙星化工集团在全国同行业排名第二；冶金制造业，拥有全国品质最好的球墨铸铁和北方最具发展潜力的机械通用零部件市场；农副产品加工业，饲料生产全国闻名；新能源产业，风电装备制造和非晶硅光伏产业正在迅速崛起；新材料产业基地正在加快建设。

王硇古石楼群

城市俯瞰

千山中晶玻璃深加工生产线

中国最佳生态宜居县——巨鹿

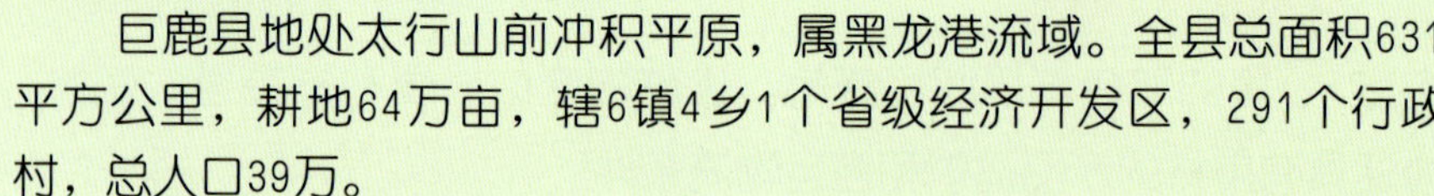

巨鹿杏节

巨鹿县地处太行山前冲积平原，属黑龙港流域。全县总面积631平方公里，耕地64万亩，辖6镇4乡1个省级经济开发区，291个行政村，总人口39万。

历史人文。秦代为三十六郡之一，是巨鹿之战、黄巾起义的发源地，也是大唐名相魏征、杰出天文学家僧一行（张遂）、东汉农民起义领袖张角等故里。拥有22项非物质文化遗产，“西路乱弹”被列入省级非物质文化遗产。

自然环境。属暖温带半干旱、半湿润大陆季风区，四季分明，气温适中，耕地土质多为沙壤，适宜于多种作物种植，林木覆盖率30%，地下水为天然弱碱水。先后被评为国家级生态示范区、中国最佳生态宜居县、全国生态文明先进县。

生活社区

工业经济。搭建起了“一区两新三基”工业经济格局。“一区”，即23平方公里的省级经济开发区，基本实现“九通一平”，建有省级中小企业创业孵化园和省民营企业人才培训基地；“两新”，即新能源、新医药产业，神州巨电公司拥有3项国家专利，是国家锂电池技术标准起草委员会成员之一，投资21亿元的富华安德生物医药科技园正在建设。“三基”，即机械装备制造、纺织服装、食品加工产业，拥有企业700多家，行业年产值达125亿元，建成省名牌产品企业4家、省优质产品企业1家，拥有省著名商标7件。

特色农业。形成了中药材、小杂粮、设施蔬菜、特色养殖四大特色产业，拥有地理标志证明商标3个。以金银花、枸杞为主的中药材种植面积20余万亩，是中国道地药材产业之乡、全国中药材流通追溯系统产地试点县、省十大中药材生产示范县；杂交谷面积5万亩，是国家级小杂粮良种繁育基地；设施蔬菜面积近4万亩，南哈口瓜菜等20个农产品分别获得国家绿色食品认证和无公害农产品认证；特色养殖产业，拥有三田乳业1个国家级标准化养殖示范场、2个省级标准化养殖示范场和6个市级标准化养殖示范场，建有全省最大的肉鸡孵养加一体化基地。

食品产业

巨鹿神州巨电新能源

机件加工业

三鑫橡胶

巨鹿枸杞

平安文化广场

平乡县：自行车名城 生态化水乡

平乡县位于邢台中东部，总面积406平方公里，辖3镇4乡，253个行政村，总人口31.78万人，人口自然增长率6.71‰。2012年，全县生产总值完成37.1亿元，同比增长12.1%，增幅位居全市第三。全部财政收入完成3.4亿元，同比增长30.2%。全社会固定资产投资完成42.5亿元，同比增长20.6%。规模以上工业增加值完成8.2亿元，同比增长23.4%，增幅位居全市第一。民营经济增加值完成26.03亿元，同比增长13.5%。粮食总产量达到22.9万吨，同比增长3.4% 。全社会消费品零售总额完成19.7亿元，同比增长15.7%，增幅位居全市第一。在岗职工年平均工资达到3.1万元，农村居民人均纯收入达到4948元，城镇居民人均可支配收入达到1.56万元。年末城乡居民存款余额达到49.8亿元，同比增长19.3%。**项目建设迈出新步伐**。市级以上重点项目12个，总投资33.8亿元，年计划投资17.6亿元，完成投资18亿元。特别是好孩子北方基地项目，投资10.1亿元，年产儿童用车650万辆，一期10万平方米厂房已全部完工并投入试生产，实现了平乡县上市企业“零”的突破。同时，大力招商引资，共有24个大项目成功落户，协议总投资198亿元。其中，总投资30亿元的凯盈新能源项目，实现了该央企入驻“零”的突破。**城乡面貌呈现新变化**。围绕创建省级园林县城，相继投入资金5.3亿元，实施“双环十街”“四园一圃”“五廊一道”等重点项目26个，提前一年通过省级园林县城验收。**基础设施建设实现新跨越**。在道路建设上，累计投资1.5亿元，完成邯黄铁路连接线、南外环、振兴大街南北延等重点工程15公里。在园区建设上，按照“一园两区”和“双二十、双百亿”规划目标，将河古庙自行车园区和丰州工业区重新规划，整合开发，统一管理和运作。“三农”工作实现新突破。投资2.36亿元，对平乡、节固两个乡的土地进行开发整治，总规模达11万亩，新增耕地面积4400亩，新打机井348眼，铺设防渗管道12.2万米，实施节水灌溉2万亩，改造中低产田4000亩。被评为全省“扶贫工作十大先进县”。

邢台市委书记王爱民一行到平乡县观摩重点项目进展情况

2012年7月10日，杨宪春县长为中国外运河北公司平乡办事处揭牌

河北平乡工业园区效果图

邢台惠恩纳电镀车间

好孩子车间

中国自行车零件城开业现场

邯郸市复兴区

汽贸城会展中心

H型大道

王郎文化墙

复兴区位于河北省南部，邯郸市区西部，总面积37平方公里，全区辖1个乡、七个街道，共有15个农村社区和45个城市社区。2012年，全区耕地总面积561.71公顷，总人口25.6646万；全区生产总值完成200 亿元，同比增长10%；全部财政收入完成18.1亿元，超额完成市调整任务；公共预算收入完成2.1亿元，可比增长50.6%；全社会固定资产投资完成101亿元，同比增长22.3%；社会消费品零售总额完成17.4亿元，同比增长15.5%；引进外资5101万美元，同比增长18.2%；出口创汇1291万美元，提前三个月完成全年任务；城镇登记失业率，人口自然增长率，单位GDP能耗，二氧化硫、氮氧化物、氨氮排放量，化学需氧量，均控制在市定范围内。

2012年，复兴区紧紧围绕“三个担当”（ 担当起人民路西延建设的历史重任，努力实现更强、更优、更美的目标；担当起邯钢工业区建设和化工区搬迁的历史重任，为邯郸经济社会又好又快发展做出贡献；担当起“森林复兴”建设的历史重任，还西部城区碧水、蓝天、绿地），紧扣现代钢城、新兴商城、生态绿城“三大目标”，实施精钢强区、三产兴区、生态靓区“三大战略”，着力构建南部工业循环发展区、中部商住服务核心区、北部行政物流新兴区“三大板块”，相继组织实施了森林复兴建设、拆迁扫尾、疑难信访化解、重点项目攻坚等大会战，一系列影响全区发展的基础性、前置性问题得以有效破解，创树了被新闻媒体赞誉的“攻坚克难的‘复兴模式’”，全区经济社会实现了全面发展。先后荣获了全国全民健身先进单位、省国土绿化突出贡献单位、省及市人口和计划生育工作先进区、市造林绿化工作先进单位、市安全生产先进单位、市法治政府建设先进单位、市社会保险工作先进单位、市体育工作优秀单位、市综合治税先进单位、市淘汰落后产能工作优秀单位、爱国卫生先进县（区）等荣誉称号。

邯钢工业区总体规划图

邯钢工业区

赵苑公园

品文化昌黎 游黄金海岸 饮干红美酒

五峰山李大钊塑像。五峰山位于昌黎县城北5公里处，革命先驱李大钊曾多次到五峰山客居、从事革命活动，已被列为全国第二批红色旅游经典景区

秦皇岛市昌黎县位于河北省东北部，始建于公元923年，取“黎庶昌盛”之意定名。全县辖16个乡镇，1个城郊区， 446个行政村，人口55万，总面积1212平方公里。1988年被国务院确定为首批沿海对外开放县，2005年成为全省首批扩权县。

名胜古迹和人文景观众多。昌黎县北枕碣石，东临渤海，西南挟滦河，自然禀赋优越，山、海、滩、林等兼具。千古神岳碣石山上曾有九代帝王登临，曹操在此留下了“东临碣石、以观沧海”的千古名篇。五峰山韩文公祠是中国共产党创始人之一李大钊曾长期从事革命活动的地方，《我的马克思主义观》《再论问题与主义》等革命论著创作于此。东临渤海，海岸线全长64.9公里，有“东方夏威夷”之称的黄金海岸是中国最美八大海岸之一，翡翠岛海洋大漠风光，国内独有，世界罕见。**投资环境优越。**昌黎区位得天独厚，紧连华北与东北经济走廊，已融入以天津滨海新区、唐山曹妃甸港为核心的1小时经济圈。文化底蕴深厚。昌黎是唐宋八大家之一韩愈的故里，是全国文化先进县、全国教育强县和全国科技工作先进县。还是全国民间艺术之乡、全国民歌之乡和吹歌之乡。昌黎地秧歌已被列入首批国家非物质文化遗产名录。干红酒产业独具魅力。是中国第一瓶干红酒诞生地，拥有全国最大优质酿酒葡萄基地5万亩。昌黎被国家有关部门命名为“中国干红葡萄酒之乡”、“中国酿酒葡萄之乡”和“中国干红葡萄酒城”。昌黎是沿海渔业大县，浅海滩涂养殖面积近50万亩，高档海产品扇贝21万吨，占全省养殖总量的50%。**综合实力雄厚。**2012年，全县地区生产总值完成175亿元，比上年增长12%；实现财政总收入13.36亿元，比上年增长23.6%，其中公共财政预算收入完成6.9亿元，比上年增长37.5%；全社会固定资产投资完成87.1亿元，比上年增长18.3%；全县规模以上工业增加值完成52.5亿元，比上年增长17.1%；城镇居民人均可支配收入达到1.9万元，农民人均纯收入达到9445元，分别比上年增长13.8%和12%。主要指标增幅全市领先，其中GDP、规模以上工业增加值和公共财政预算收入三项指标增幅在全省扩权县、沿海县中排名前列。

华夏长城庄园酒窖

昌黎地秧歌作为一种传统的民间艺术，最早产生于元代，流传至今，已有千余年的历史

翡翠岛，位于昌黎县新开口以南黄金海岸国家级自然保护区核心区，是一座由黄色细沙和绿色植被相间构成的半岛，素有“京东大沙漠”之称，现为国家2A级旅游景区

葡萄沟.位于昌黎县城西9公里的“葡萄之乡”十里铺西山场村，是集农业观光、新农村建设和特色产业发展于一体的乡村休闲旅游景点，现为国家3A级旅游景区、国家级农业旅游示范点

全力打造宜居宜业宜游的

区委书记李士海（中）深入大社镇调研

国家级森林公园、AAA级旅游景区——元宝山森林公园

峰峰矿区位于河北省南部，是邯郸市“1+6”中心城市之一，总面积320平方公里，辖9个镇、148个农村社区、68个城市社区，总人口50.8万，其中城镇人口31.6万，是一个工农交叉、城乡交错的资源型老工矿区。

峰峰历史源远流长，文化底蕴深厚。区内现有名胜古迹120多处，其中南北响堂石窟、磁州窑遗址、玉皇阁和水浴寺石窟等国家和省市重点文物保护单位25处，北齐石窟文化和磁州窑文化列入邯郸十大文化脉系。南北响堂石窟为全国首批重点文物保护单位，现有16窟，大小佛像4300多尊，刻经6万多字，雕刻精美，气势恢弘，响堂山景区被评为国家4A级旅游景区和国家级风景名胜区。磁州窑作为中国最大的民窑体系，万年窑火相传，百代历久弥新，素有“南有景德，北有彭城”之美誉，区内保存有国内规模最大、现状最为完好的古陶瓷文化遗存，“磁州窑制瓷技艺”等18项非物质文化遗产列入国家和省市保护名录，刘立忠被联合国科教文组织授予“国际民间艺术大师”称号，闫保山、任双合被评为“中国陶瓷艺术大师”称号。

峰峰自然资源丰富，发展优势突出。全区已探明具有开采价值的资源有煤、石灰石等30余种，储量极为丰富。区内行业门类齐全，现有各类工矿企业1000余家，峰峰集团、金隅太行、邯峰电厂等均在境内，河北钢铁邯钢集团、中冶科工、雨润集团等国内外500强企业在峰投资置业。近年来，全区加快经济结构调整步伐，形成了以煤化工、钢铁、陶瓷和建材四大产业为主导，机械制造、电子电器等新型产业快速发展的格局，千万吨级绿色煤化工产业基地初步建成，列入省首批“3255”循环经济示范区。

峰峰城市山水相依，商贸物流繁荣。滏阳河自西向东蜿蜒流淌，连续11年实施综合治理，建成8道橡胶坝，

竹林寺宝塔及峰峰全景

富强峰峰、美丽峰峰

城区段正在建设百万平米的观光水面、滨河游园、滨河道路和亲水走廊；元宝山横亘南北绵延灵动，元宝亭、福塔、峰峰书院成为一道道靓丽风景。25处景观游园遍布城区，其中元宝山森林公园被评为省“五星级公园”、省市“十佳公园”、国家3A级旅游景区和国家级森林公园，荣获“河北省人居环境奖”。全区森林覆盖率达21%，建成区人均绿地面积达13平方米，绿地率和绿化覆盖率分别达到35%和43%，峰峰被评为省级卫生区。上海世纪华联等一批知名商贸企业落户峰峰，商贸物流、文化旅游等服务业日益繁荣。

区委副书记、代区长牛颖建（中）深入企业调研

峰峰综合实力强劲，工作成绩斐然。2012年，全区生产总值完成175.1亿元、增长10.3%，全部财政收入完成32.4亿元、增长5.8%，其它各项指标均达到历史最好水平。先后被评为“全国服务农民、服务基层文化建设先进集体”、“全国科技先进区”、“全国科普示范城区”、“全国先进文化区”、“全国绿化先进集体”、“全国质量兴市先进区”、“国家级瘦肉型猪标准化示范区”、“国家太行山星火产业带中草药产业科技示范基地”等，被确定为河北省首家“全国农村社区建设实验全覆盖示范单位”，享有“中国磁州窑之乡”、“全国武术之乡”等荣誉称号。

国家重点文物保护单位——磁州窑遗址

国家重点文物保护单位——玉皇阁

武安——谱写

时任武安市委书记孟广军（右四）调研生态环境建设

武安位于河北省南部、太行山东麓，晋冀豫三省交界地带，总面积1806平方公里、人口80.04万，辖22个乡镇、502个行政村、1个省级工业园区，是全国“百强”、全省“十强”县（市），是河北省首批扩权县（市）和重点培育的新兴中等城市、区域次中心城市，还是著名的地方戏曲之乡、古代冶炼之乡、中国小米之乡，有“冀南宝地”、“太行明珠”之称。2012年，全市生产总值完成580.4亿元，财政总收入65.34亿元，县域经济基本竞争力首次晋升全国“百强”第50位。

武安是“千年古县”。距今约一万年的“磁山文化”发源于此，春秋属晋，战国归赵，西汉初置县，1988年撤县建市。武安傩戏被称为“戏剧活化石”，为黄河流域唯一留存，并拥有平调、落子两个地方剧种，全国罕见，三者均为国家非物质文化遗产。武安是革命老区，邓小平、刘伯承等老一辈革命家曾生活和战斗在这里。

武安是中国优秀旅游城市。按照“八百里太行山水、一万年磁山文化、 河源度假胜地”的发展定位，先后开发出京娘湖、朝阳沟等国家4A级景区5处，荣膺国家地质公园、国家森林公园等5个“国字头”称号，打造出“红色、文化、生态、地质”4条精品旅游线路，年接待游客达130多万人。目前，正在捆绑创建国家5A级景区。

武安是国家园林城市。本着“新区现代化、老区古文明、城区园林式、全市生态型”的定位，近年来先后实施二环路等重点城建工程146项，打造了冀南标准最高的体育中心等一批新地标建筑，绿地面积突破万亩，建成区面积达29.6平方公里、人口24.48万人，城镇化率达52%，涌现出淑村白沙、磁山二街等50多个新农村示范村。目前，正以“拉框架、建精品、创特色、扩绿量”为着力点，重点开发城市东部、西苑、 湖“三大新区”，建设历史文化街区、商务中心区、滨水景观区等“三大特色街区”，积极创建国家生态园林城市。

武安市体育中心全景

科学发展新篇章

武安是新兴工业城市。作为传统的老工业基地和基础原材料基地，近年来，坚持以科学发展为主题，以调结构、转方式为主线，举全市之力开展再次创业，相继实施了建设总投资300亿元的奥钛新能源等一批战略支撑项目，形成了以精品钢材、精细煤化工、新型建材三大产业为支撑，新能源、新材料、装备制造、循环经济等竞相发展的县域工业格局。2012年规模以上工业企业完成增加值301.6亿元，增长13.1%。目前，正集中力量打造新能源、中原冶金装备制造、新峰循环经济“三大园区”，力争五年内全市规上工业产值达到3000亿元以上，实现“再造两个武安”。

时任武安市长李明朝在钢铁企业调研(中)

荣获2012年度的省十佳公园——西岭湖公园

新峰循环经济示范园一角

2012年5月七步沟景区正式开业

临漳县

打造冀南次中心城市

企业——永不分梨车间

邺城公园文昌阁

临漳古时称“邺”，是“三国故地、六朝古都”。位于东经114° 20′—114° 46′，北纬36° 7′—36° 24′之间，地处河北河南两省交界、晋冀鲁豫四省要冲。县境东西35公里，南北26.5公里，海拔高度在65米到85.8米之间，全境地势平缓开阔，由西南向东北倾斜，属北温带大陆性季风气候，四季分明，年平均气温13.5℃，极端最低气温-18.5℃，极端最高气温42.5℃；年平均降水量615.8毫米，历史年最高降水量1390.6毫米，最低降水量227.4毫米。全县总面积744平方公里，耕地75万亩，辖5镇9乡、425个行政村，总人口70万。是全国科教兴村示范县、全国科技工作先进县、全国粮食生产百强县、国家生态家园富民计划示范县、全国獭兔养殖基地县、全国桃产业十强县、中国蟠桃之乡、全国食用菌优秀基地县、全国粮食生产先进县标兵、全国整建制高产创建示范县、全国粮食生产先进县；是建安文学发祥地、中国鬼谷子文化之乡、鬼谷子诞生地、鬼谷子故里、佛教文化之都。

临漳是一个传统的农业大县、工业小县、文化资源大县、财政穷县。针对临漳这一县情，县委、县政府明确提出：在农业上“保先进、唱新戏”（既要保持农业上的先进，又要力争取得新的成绩），在工业上“优存量、抓增量”（既要抓好现有企业壮大，又要着力大上项目发展工业），在文化上“抓繁荣、促振兴”（既要丰富群众文化生活，又要培育壮大文化产业），在财政上“保质量、上数量”（既要注重现有财政可用财力，又要千方百计增加财政收入）。2011年县第十次党代会后，县委、政府认真贯彻落实省、市决策部署，围绕科学发展这一中心，突出工业化、城镇化、农业现代化、文化四项重点，打造冀南次中心城市，建设文明和谐新邺都，实现了由“农业大县”向“工业强县”、“财政穷县”向“经济强县”的大步跨越。

2012年，在市委、市政府的坚强领导下，全县上下围绕主题、紧扣主线，持续实施工业强县、项目立县、

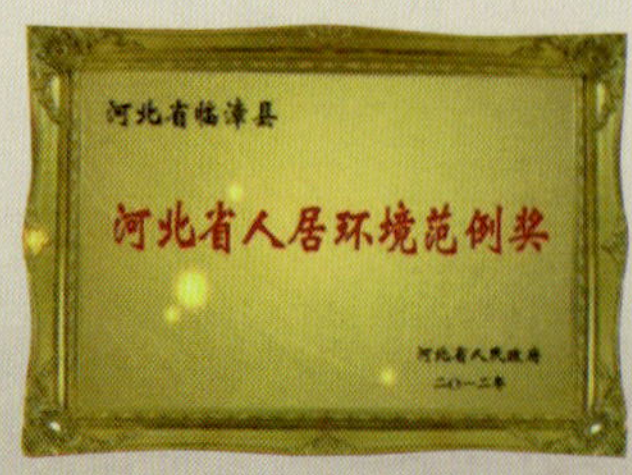

建设文明和谐新邺都

开放兴县、民营活县四大战略，抓投资、保增长，提质量、增效益，惠民生、促和谐，各项工作都取得了新的成绩。全县生产总值完成100.4亿元，同比增长12.2%；全社会固定资产总投资完成93亿元，同比增长28%；全部财政收入完成3亿多元，同比增长23.5%，其中公共预算完成1.86亿元，同比增长21.5%；规模以上工业增加值完成16.2亿元，同比增长30.1%；农民人均纯收入完成8759元，同比增长11.4%；全社会消费品零售总额达到29.9亿元，同比增长15.3%；万元GDP能耗、化学需氧量、氨氮排放量分别下降2.97%、2.7%和3.3%，圆满完成了省、市下达目标，全县综合经济实力和群众生活水平都迈上了一个新的台阶。

邺城博物馆

佛像展览

出土佛像

临漳大门汉阙

曹操塑像

邯钢工业园

中国最具投资潜力

2012年2月16日，涉县县委书记范保平（前右二）、县长殷立君（前左二）在有关部门负责人的陪同下，到赤水湾工地进行现场办公

涉县县域总面积1509平方公里。2012年末，耕地面积13859公顷；人口40.97万，人口自然增长率为11.10‰。2012年，全县生产总值完成263.24亿元，居全市第2位，增长11.2%；其中，第一、二、三产业增加值分别完成9.4亿元、184.14亿元和69.7亿元，分别增长1.2%、11.3%和12.2%。全部财政收入(不含基金)达到20.14亿元，增长0.7%；全部财政支出19.4亿元，下降3.0%。农民人均纯收入达到6667.47元，增长10%；城镇在岗职工平均工资为33988元，增长6%。全社会固定资产投资完成181.43亿元，增长21.7%。全县社会消费品零售总额为53.73亿元，增长15.6%。全县民营经济增加值完成123亿元，增长14.2%。年末城乡居民储蓄存款余额为72.09亿元，增长14.6%。全县二级以上天数达到323天。

农业发展态势良好。 大力扶持发展现代农业、特色产业，农业综合效益大幅提升。全年新建核桃基地4万亩，核桃总产量达到1.65万吨、产值3.5亿元，创历史新高；中药材种植面积达到5万亩，亩均效益达到2000元～3000元，两大产业成为农民增收的重要渠道。农业产业化率连续七年居全市第一。粮食总产量达到11万吨，增长14.9%，增幅居全市第一。完成太行山绿化3万亩，封山育林6万亩。继摘掉“国家贫困县”帽子后，首次被列为“国家农业综合开发县”。

工业经济运行平稳。 强力推进项目、园区建设，经济发展后劲显著增强。重点实施的108个项目中，天铁高线二期、清漳水泥新型建材等32个项目竣工，洁神新能源汽车产业园、博特制药、以岭药业等70个项目开工在建，累计完成投资94.8亿元，占年度计划的116%。“三区一园”加快发展，涉县经济开发区海巨纺织、亚盛皎洁二期等项目推进顺利，龙西工业聚集区建成区面积达到6.5平方公里，井店循环经济生态产业园列入全省“3255”循环经济示范区。全县规模以上工业总产值、增加值分别达到550亿元、117亿元，增长10.8%、14%。节能减排顺利完成“双三十”各项指标任务。

旅游商贸业势头强劲。 《娲皇宫总体策划修编》、《娲皇宫修建性详细规划修编》、《清漳河文化产业园

新城区一角

赤水湾景区

2012年7月建成通车的跨清漳河迎春大桥

中小城市百强——涉县

规划》等编制完成。用60天时间，建成占地1300亩、水面500亩的赤水湾一期工程，成为涉县旅游的又一新亮点。女娲文化旅游资源综合开发、清泉寺修缮复原、一二九师司令部旧址景区环道等工程进展顺利，佛趾山滑雪场二期、盘龙山景区综合开发一期工程建成投用。成功举办公祭女娲大典。全县共接待游客216万人次，旅游综合收入6.5亿元。娲皇宫风景名胜区成为国家级风景名胜区，涉县荣获“亚洲金旅奖 十大文化特色旅游名县”称号。阳光世贸进驻涉县，建龙物流、中原古镇等商贸重点项目推进顺利，区域商贸物流中心地位进一步凸显。

2012年4月23日，涉县政府县长殷立君（右二）督导检查非煤矿山安全生产工作

2012年11月9日，涉县举行太行山药用资源综合开发利用项目奠基仪式

招商引资成效显著。 组团参加河北省（香港）投资贸易洽谈会、廊坊“5.18”经贸洽谈会、北京项目集中签约会等活动，签约招商项目69个，开工在建58个，到位资金22亿元。博特制药、以岭药业、新能源产业基地LED、PCCP-E型管道生产线、圣美欧新型建材、北平建材微粉等一批新兴产业项目、产业延伸配套项目落户涉县。举办了中国 涉县旅游招商恳谈会，成功签约总投资达11.41亿元的11个重大旅游项目，构筑了大招商、大开放的崭新局面。在邯郸市举办了洁神新能源汽车推介展示暨体验行活动，充分展示了涉县产业结构调整和招商引资的成果。全年实际利用外资3300万美元，出口创汇1086万美元。

2012年10月27日，涉县在邯郸市区举行河北洁神新能源汽车推介展示暨体验行活动

经济适用住房与廉租房项目——龙山庭院

中药材种植基地

2012年8月建成通车的涉县将军大道

2012年5月25日，涉县第五届运动会开幕暨涉县体育场落成剪彩仪式

河北省新民居建设示范村——涉县龙虎乡凤凰新村

肥乡县 建设肥沃之乡

县委书记 殷立君

县长赵洪山基层调研工作

肥乡县位于河北省南部，是邯郸市“1+6”中心城市之一，辖2镇7乡，265个行政村，总面积502.5平方公里，总人口38.1万，耕地57.8万亩。

肥乡历史悠久，三国魏文帝曹丕黄初二年（公元221年）建县，至今已近1800年历史。肥乡文化底蕴深厚，土纺土织、四股弦、皮影戏被列入国家级非物质文化遗产，现存有平原君赵胜墓、圣井、窦默墓三个省级文物保护单位和井堂寺、李沆碑等历史文化古迹，相关历史典故30多个。肥乡区位优势独特，地处晋冀鲁豫四省交界，距天津、青岛、日照、黄骅等港口均不足500公里，距石家庄、太原、济南、郑州4个省会城市均在200公里左右，县界西端距邯郸主城区仅9公里，距邯郸东部新城规划边界仅1.6公里。肥乡交通四通八达，西临京广铁路、京广高铁、京珠高速、107国道和邯郸机场，青兰高速、邯济铁路和309国道横穿东西，省道定魏公路纵贯南北，东临大广高速，形成了省道、国道、高速、铁路和机场纵横交错、立体便捷的交通网络。特别是邯黄铁路从县城东侧穿过，即将建设的集仓储、物流一体的邯黄铁路肥乡站，将成为中原经济区重要的陆路交通出海港。肥乡农业资源丰富，素有“华北粮仓、冀南棉海”之称，是“中国圆葱之乡”、“中国食用菌”之乡、国家优质棉基地县、国家蔬菜产业重点县和省粮食核心生产区、省万亩彩叶观赏苗木核心产区。肥乡生态环境良好，森林覆盖率达到12%，被评为省平原绿化先进县、省通道绿化先进县，县城被评为省级园林县城。肥乡发展环境优越，拥有省级经济开发区、市级工业聚集区，是中国最佳投资环境县、中国最具吸引力特色县、中国最具特色经济发展潜力县，是投资的沃土和创业的宝地。近年来，肥乡县抢抓邯郸市实施“东部振兴”、“1+6”中心城市等战略机遇，励精图治，奋力赶超，经济社会呈现出又好又快发展强劲态势。2012年，全

远达车辆制造有限公司

文化广场

河北肥乡经济开发区一角

广安公园

打造美丽新城

县生产总值完成73亿元，增长12.2%；全部财政收入突破4亿元大关，增长26.2%；固定资产投资完成65.6亿元，增长39.5%；规模以上工业增加值完成22.08亿元，增长23.1%。农村互助养老、农村“五化”管理、新民居建设、“吨粮县”建设等多项工作走在省、市乃至全国前列。

开放的肥乡大地春潮涌动。肥乡县正在紧紧围绕建设肥沃之乡、打造美丽新城的奋斗目标，按照对标肥西、对接邯郸，服务邯郸、发展肥乡的基本路径，全力打好打赢打胜重点项目、经济开发区、城镇化建设、产业转型升级、招商引资、环境治理六大攻坚战，全面推动经济社会科学跨越、绿色崛起！

肥乡政府县长　赵洪山

邯郸东郊热电工程

县委书记殷立君调研城建工作

县城出入口

永年县——全国蔬菜产业十强县 中国紧固件之都

全国政协主席贾庆林到永年视察

永年县位于河北省南部、邯郸市北端，素有“邯郸北大门”之称，总面积908平方公里，人口95.4万，耕地96万亩，辖20个乡镇、450个行政村，是河北省第一人口大县、河北蔬菜之乡，也是全国农业发展、蔬菜产业“双十强县”、中国紧固件之都和闻名世界的太极之乡。

历史文化悠久。春秋时即有建制，古称曲梁、易阳、广年，隋代改称永年至今，具有7000多年的文明史和2000多年的建县史，境内有包括国家级文保单位广府古城、弘济桥、仰韶文化遗址、赵王陵、朱山石刻等在内的历史文化遗存321处。特别是广府古城，远为隋末夏王窦建德建都之所，近乃杨、武式太极拳发源之地，文化底蕴深厚，自然风光旖旎，保存完好的古城墙外有宽阔的护城河和面积4.6万亩的全省三大洼淀之一——永年洼，是独具特色的“古城、水城、太极城”。广府被评为国家级4A景区、国家级湿地公园，广府古城评为中国历史名镇和中国文化旅游名镇。永年被命名为“中国最佳休闲旅游县”。

省长张庆伟到永年县杜刘固村指导工作

区位优势独特。京广铁路、107国道、京港高铁、京珠高速公路、赵辛公路纵穿南北，青兰高速、309国道横贯东西，县内中华大街、人民路等8条干道与邯郸主城区对接。县城临关是邯郸市最近的卫星城，南距邯郸市10公里，北距省会石家庄149公里，距首都北京426公里。特别是永年融入邯郸市“1+6”大都市格局后，区位十分独特，交通更加便捷。

产业特色突出。蔬菜、标准件、特钢是三大传统优势产业。蔬菜产业，起步较早，已有30多年历史，现有12个乡镇，200多个行政村，8万农户，20万多劳动力从事蔬菜生产经营，种植面积82万亩，蔬菜品种达200多种，年产鲜菜340万吨，加工出口30万吨，年产值42亿元。永年大蒜属于国家地理标志保护产品，永年被命名为

国家十大节能减排企业--河北高晶电器设备公司

中国最佳休闲旅游县
中国太极拳之乡

省委书记张庆黎到永年县杜刘固村视察工作

"全国无公害蔬菜生产示范基地县"、"全国蔬菜产业十强县"，是邯郸市唯一省级蔬菜示范基地县，位列河北省蔬菜生产十强县之首。标准件产业，有16个乡镇、200多个村生产标准件，各类加工企业3880家，从业人员30万人，遍布全国的经销网点达1.8万个，年产量283万吨，产值188亿元，产销量占全国市场份额的45%以上，是全国最大的标准件生产集散地。永年标准件产业被评为"河北省十大特色产业"。永年被命名为"河北省特色产业基地"和"河北省五金出口基地"。特钢产业，有永洋钢铁（全国制造业500强）、紫山特钢、建发轧钢等8家企业发展钢后延伸，主要生产轻轨、重轨、模具钢、冷轧辊钢、齿轮钢、弹簧钢、轴承钢等50多个系列产品，年产值181亿元，利润5.7亿元，上缴税金3亿元，占永年税收的23.5%。

对外贸易活跃。实施开放兴县战略，以工业园区（工业聚集区）、标准件聚集区、高新建材区、农产品加工区、广府生态文化园区等"五大园区"为依托，持续完善设施配套，深入开展招商引资，德国科尔勃、香港万和、太平洋公司、北京红冶、上海复星等知名企业纷纷落户永年，中慈、中建投、中房、中青旅等中字头企业与永年签订战略性合作协议。2012年，实际利用外资4576万美元，获得自营进出口权企业105家，出口创汇7207.1万美元，位居全市前列。围绕"建大市场、培大物流、兴大商贸、活大流通"，新建改建40多家综合或专业市场，建成农家连锁店998家，总量全市第一，被评为国家级先进县，被商务部确定为"全国商务综合行政执法试点县"。2012年，全社会消费品零售总额93.3亿元，增长15.4%，经济开放度、活跃度进一步增强。

社会事业繁荣。科技工作连续三年被评为"全国科技进步先进县"。校安工程受到省政府表彰。计生工作荣获全国计生优质服务先进县、全国阳光计生行动示范单位等称号。体育竞技屡创佳绩，永年运动员在国际国内比赛中荣获9金2银2铜的好成绩。民俗活动"抬花桌"抬上中央电视台，在永年拍摄的《广府太极传奇》曾在央视热播，社会反响热烈。广府一临　关文化生态保护区和广府清明传统节日示范基地列入省级保护名录，杨式太极拳、武式太极拳、永年吹歌等被列入国家级非物质文化遗产。红会组织被评为"全省最佳县级红十字会"。永年还荣获全国体育工作先进县、全国武术之乡、中国太极拳之乡、太极拳圣地等荣誉称号。

新永年县第一医院即将投用

政府街新世纪盛装开业

残疾运动员、永年县人张翠平荣获伦敦奥运会两金一铜

廊坊市电子信息工程学校

旅游专业正在进行形体训练

汽修专业学生在实训

单片机控制装置安装与调试

实训楼

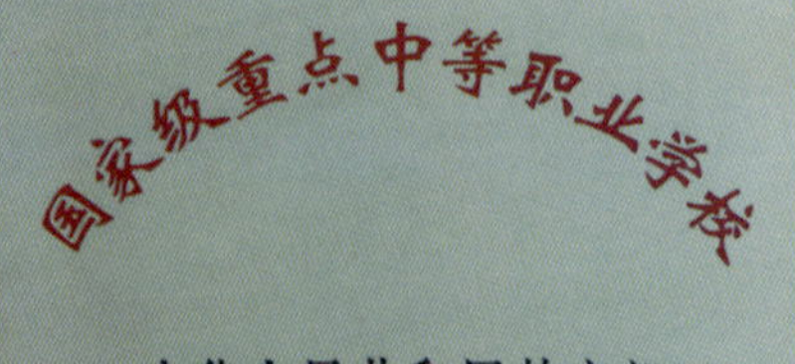

廊坊市电子信息工程学校，又名廊坊市职业技术教育中心，是集普通中专、五年一贯制大专和各类短训班为一体的国家级重点中等职业学校。学校建于1991年，时名廊坊市综合职业技术学校；1993年更名为廊坊市职业技术教育中心；2001年在廊坊市职业技术教育中心基础上，增挂“廊坊市职业中专学校”校牌；2002年经廊坊市人民政府批准，将廊坊市职业中专学校更名为廊坊市电子信息工程学校，与廊坊市职业技术教育中心实行一所学校两块牌子，统一管理。

2012年，学校有教职工200人，其中高级职称67人，中级职称69人，省级教学名师、教学能手7人。在校生3657人，招生1010人，毕业677人，就业660人，毕业生就业率达97%。年内，学校加强校内优质课、省级师生专业技能比赛，国家级、省级骨干教师培训建设，打造“双师型”（教师不仅有毕业证书，而且还要取得相应专业的专业技能等级证书）、“专家型”（在相应专业、相关领域是专家）、“名师型”（在相应专业、相关领域有较高的知名度和社会认可度）教师队伍，19人的课被评为校内优质课，17人参加国家、省级骨干教师、专业带头人培训。全年完成荣盛集团、廊坊供电公司、市旅游局、市质量监督局等单位人员培训工作。与市农机站、供销社、旅游局等单位合作，培训农机服务人员、农村经营管理人员等五个阳光工程的培训项目8686人次。年内，全省中职学校学生技能大赛获团体一等奖；被省委、省政府评为“2010—2011年度文明单位”；被市委、市政府评为“百万农民大培训”活动优秀培训基地。